| 제9판 |

형법각론

Strafrecht Besonderer Teil

김성돈

박영사

제9판 머리말

각칙 구성요건은 형사실무에서나 사례문제의 해결과정에서 행위자 행위의 범죄성립요건 충족 여부를 판단함에 있어 종착점이자 '출발점'이다. 고의범이나 과실범, 작위범이나 부작위범 또는 미수책임이나 예비·음모죄의 죄책을 지울 경우, 그리고 심지어 공동정범, 간접정범이나 교사범 또는 방조범등 가담형태를 결정하는 일도 각칙 구성요건, 그 중에 특히 구성요건의 행위 표지에 대한 해석론에서 출발한다(『총론』에서는 각 구성요건에 해당하는 다양한 개별 행위들의 공통된 전제조건을 '행위귀속'의 표지라는 이름하에 취급하였다).

『형법각론』에서는 구체적 사례가 발생할 경우 행위자의 행위가 어느 각칙 구성요건에 해당하는지를 판단할 수 있는 1차적 정보로서 각칙의 개별 '구성요건적 행위'를 위시한 특별한 표지들에 대한 판례법리 및 그에 대한 보충 또는 대안적 해석론에 관한 정보를 체계화하여 제공한다. 그런데 각칙 구성요건의 해석론은 실제 형사사건에 선제적으로 접근하고 해결해야 할 형사실무가 선도적인 역할을 수행해왔고, 형법이론학은 대법원의 판례 법리를 추수(追隨)하여 이를 정리하거나 이견을 제시하는 역할 등에 그치고 있다. 『형법각론』에서 학설보다는 대법원 판례 법리 및 판례사안 등의 소개와 분석에 더 많은 지면이 할애되고 있음도 이 때문이다.

대법원 판례에 나타난 각칙 규정에 대한 해석 방법에서 엿보이는 최근의 경향성 내지 특징점을 개관하면 다음과 같다. 첫째, 보호법익을 기준으로 삼은 목적론적 해석의 비중이 점점 높아지고 있다(예, 주거침입죄의 침입개념). 둘째, 사회전반에 걸쳐 피해자의 관점이 중요하게 부상함에 따라 종래 성범죄 구성요건에 의해 보호하는 법익인 성적 자기결정권에 대한 시민들의 민감도가 높아졌고, 그 결과 가벌성을 확장하는 방향으로 법리 변경이 이루어지고 있다(예, 강간죄의 객체, 위계에 의한 간음에 위계, 강제추행죄의 폭행 협박 등). 셋째, 민사책임과 형사책임을 구별하는 보다 넓은 의미의 체계론적 해석에 근거하여 과거 재산범죄 영역에서 형벌권의 부과대상이 되었던 사례유형들을 민사책임의 영역으로 전환하는 섬세한 법리들이 다수의 판례변경을 이끌어내고 있다(예, 배임죄의 타인사무처리자). 넷째, 법익보호를 위해 자유를 제한하는 형법의 작동방식을 자유이념에 기초한 헌법정신에 충실하도록 하는 차원에서 헌법의 기본권 정향적 해석방법의 약진 현상이 점진적으로 확장일로에 있다(업무방해죄의 '위력', 일반교통방해죄의 '방해', 병역기피죄의 '정당한 사유' 등).

각칙 구성요건에 대한 대법원의 해석경향을 총체적으로 판단하여 일의적으로 결론내리기는 어렵다. 하지만 대법원의 도그마틱에서도 기본적으로는—『총론』에서 강조하였듯이—법발견 방법적 측면에서는 '연역적-귀납적 혼합적 법발견방법(후성법학적 법발견 방법)에 따르고 있고, 개념 접근법에서는 자연주의적 존재론적 접근법에서 '규범적 평가적 접근법'에로의 변화가 감지되고 있다. 그럼에도 대법원의 해석론을 긍정적으로만 평가할 수 있는 것은 아니다. 대법원의 해석 태도 중에 구성요건 별로 여전히 기계론적 개념법학적 도그마틱이나 연역추론적 삼단논법에 따른 해석에 집착하고 있는 경우도 엿보인다(예, 업무상 위력에 의한 간음등죄의 '위력', 직권남용죄의 '남용'). 무엇보다도 각칙규정에 대한 해석공식의 내용에 '사회상규나 조리, 신의성실' 등 고도로 추상적 불확정 개념을 포함시키고 있어 해석의 구체화 요구라는 헌법적 요구에 미달하고 있는 측면도 있다(예, 사기죄의 '기망', 배임죄의 '임무위배', 횡령죄의 '보관', 배임수증재죄의 '부정청탁' 등).

각칙 구성요건의 해석론의 다양한 분야들 중에 형사실무는 물론이고 형법이론학의 적극적 손길을 여전히 기다리고 있는 문제영역도 있다. 각칙 구성요건의 해석과 형벌이론과의 관계문제도 그 중에 하나로 꼽을 수 있지만, 실무적 차원에서 보다 중요한 실익을 가진 문제영역이 있다. 각칙 구성요건의 다양한 분류법이 그것이다. 각칙 구성요건의 분류문제는 형법각론에서 형법총론의 범죄이론(및 그 범죄체계론)과 같은 거시적 이론체계에 비견할 만한 체계의 문제라고 할 수 있다. 각칙 구성요건의 분류의 문제에 대한 소홀함을 보충하기 위해 본서 제8판에서부터 이 이슈를 '각론의 총론'이라는 제목 하에 취급하기 시작했고, 제9판에서는 이 분류의 문제를 좀 더 중요하게 다루기를 시도해 보았다. 내놓을 만한 가시적 성과는 없지만, 적어도 문제제기 또는 장차 다루어야 할 이슈들에 대한 관심도를 제기하는 수준의 기여는 했기를 바랄 뿐이다.

이번 여름 무더위를 겪으면서 '안정된 기후에서 살 권리'가 형법적으로 보호되어야 할 법익으로 취급되어 형법각칙 구성요건에 편입되는 시기가 목전에 다가오고 있다는 생각이 강하게 들었다. 이미 쟁점화되고 있는 인공지능(AI) 기술을 이용한 신종범죄들에 관한 구성요건도 신설되거나 보완적으로 정비될 경우 형법의 해석과제는 점점 늘어나고 까다로워질 전망이다. 형법의 해석과 적용과정 속에서 누군가가 원하는 결론을 내기 위해 단편적 법적 지식들을 이리저리 짜 맞춰 가는 것은 '법기술자'의 일이지, '선과 형평의 아티스트'(키케로)의 일이 아니다. 단조롭게 반복되는 일상사례를 매끄럽고 무리없이 처리할 수 있게 되는 유능함은 법조'경력'만 높일 뿐, 박학다식한 법적 지식과 사실에 대한 섬세한 감수성을 가지고 창조적으로 법(법리)을 발견하는 '법전문가'로서의 능력이라고 말하기는 어려울 것이다.

『형법각론』 속에 소개된 다양한 해석태도들을 통해서 '올바른 하나의 해석은 없다'는 점을 알아갔으면 한다. 과거의 사례에 대해 경험적 법지식인 판례 법리에 대한 맹목적 암기에 만족하지 않기를 바란다. 대법원이 구체적 사례에 맞추어 발견한 고정된 법(법리=해석공식)의 계속·반복적 적용에 대해 수동적 자세를 취하기 보다는 과거의 사례와 새로운 사례를 비교하는 방법을 통해 적극적으로 사안의 본질에 접근함으로써 법적용상의 평등원칙이 방법적으로 얼마나 실현되고 있는지를 비판적으로 검토하는 적극적 법조인이 되기를 기대한다. 더 나아가 사례와 규범의 상호작용을 통한 가소성 있는 법을 발견하는 법전문가로 성장하기 위해 구체적 사건속의 사실관계의 굴곡진 모습과 그 사회적 의미차원에 접근할 수 있는 섬세한 감수성과 형법체계의 부분과 전체에 대한 이해에 기반한 비판적 능력을 키워감으로써 장차 '법의 문을 여는 열쇠'(이에 관해서는 『총론』 머리말 참조)를 가지게 되기를 ….

2024년 여름 끝자락에서 가을을 기다리며

초판 머리말

형법각론은 형법각칙 규정에 대한 해석론이다. 형법각칙은 개별 범죄의 구성요건에 관한 기본정보를 담고 있는 규정이다.

'범죄구성요건=각칙상의 구성요건요소+총칙상의 구성요건요소'임을 전제로 해서 보면, 그리고 총칙상의 구성요건요소에 관한 규정이나 범죄성립배제사유(위법성조각사유, 책임조각사유)에 관한 규정이 각칙상의 일정한 범죄유형에 대해 공통적으로 적용되는 것임을 감안하면, 형법공부의 출발점이 되는 것은 범죄구성요건의 윤곽을 규정하고 있는 형법각칙의 규정이라고 해도 과언이 아니다. 대학에서 형법총론을 먼저 배우고 난 뒤 형법각론을 배우는 것은 편의 또는 관행의 문제이지 여기에 어떤 절대적인 원칙과 기준이 있는 것도 아니다.

로스쿨 체제하에서는 '총론 먼저 각론 나중'이라는 기존의 공부순서가 뒤바뀌는 급격한 변화가 올 수도 있고, 그렇지는 않더라도 양자의 경계선이 예정에 비해 훨씬 희미해져 장차 형법이라는 하나의 교과목 아래 융합될 것이라는 전망도 가능하다. 그럼에도 불구하고 서술적인 측면에서 보면 형법총론의 내용과 형법각론의 내용은 여전히 구분될 수 있고 또 구분되어야 한다. 형법규정의 입법기술과 형법학의 발전과정을 보면 총칙과 각칙의 규정이 미분화되어 총칙규정 없이 각칙규정만 있던 시절이 있었지만, 오늘 유럽법계의 형법전은 물론이고, 미국의 모범형법전도 총칙과 각칙은 구분되어 규정되어 있다. 이러한 측면에서 형법각론의 의의는 형법학에서 여전히 중대한 역할과 의미를 가질 것으로 생각된다.

형법각론에서는 개별 범죄의 중요 구성요소에 대한 보다 간명한 설명을 제공하는 것을 목표로 삼았다. 따라서 외국의 입법례나 입법론에 관한 내용은 과감하게 생략하여 우리나라 현행 형법각칙상의 개별 범죄구성요건 요소에 대한 학계의 해석론과 판례의 태도를 충실히 전달하는 데 중점을 두었다. 공부대상의 성격상 형법각론은 형법총론에 비해 학생에 대한 서비스 정신이 훨씬 충실하게 구현되어야 한다. 이 점에 유념하여 형법각론에서는 각칙의 범죄의 개별요소를 중심으로 판례사안을 별도로 분류하여 요약해 넣었고, 각 요소들에 대한 주요 판례의 요지는 각주에 별도로 정리하여 밑줄을 치는 방법으로 부각시켰다.

각칙의 요소는 총칙의 요소와 결합해야만 비로소 범죄의 구성요건 요소에 관한 완성된 정보를 제공해준다. 따라서 각론공부와 총론공부는 언제나 학습자의 시선의 상호완래를 필요로 한다. 각론없는 총론은 공허하지만 총론없는 각론은 맹목이다. 총론작업에서와 마찬가지로 학습자의 눈높이에서 원고를 읽어주고 교정을 해 준 성균관대학교 법과대학 재학생 주언이와 용재, 사법연수원생 윤건, 대학원생 강지명과 서용성에게 감사한다. 형법각론의 발간에 지원을 아끼지 않은 성균관대학교 출판부의 출판부장 한상만 교수님과 손호종 실장님, 편집부의 현상철 선생님, 그리고 윤지현 씨께도 감사드린다.

2008년 1월

김성돈

차례

제 1 편 형법각론의 총론

제 1 절 형법각론의 과제 ···························· 3

Ⅰ. 형법각론의 과제와 형법총론의 과제 ···························· 3

Ⅱ. 형법각칙과 형법총칙의 관계 ···························· 3

1. 각칙의 '특별한' 구성요건요소와 총칙의 '일반적' 범죄성립요건 ···························· 3
2. 단계별 범죄성립 심사 ···························· 5
3. 총칙과 각칙의 분화 및 구분의 상대성 ···························· 6

Ⅲ. 형법각론의 해석대상과 범죄분류의 의의 ···························· 7

1. 형법각론과 범죄각론 ···························· 7
2. 형법각칙 범죄분류의 의의 ···························· 8

제 2 절 형법각론에서의 범죄(구성요건)분류와 그 실익 ···························· 9

Ⅰ. 결과발생을 요건으로 하는지에 따른 분류 및 그 실익 ···························· 9

1. 결과범/거동범 ···························· 9
2. 단순거동범과 부진정 거동범 ···························· 9
3. 분류실익 ···························· 10

Ⅱ. 보호법익의 보호정도를 기준으로 하는 분류 및 그 실익 ···························· 11

1. 침해범/위험범 ···························· 11
2. 구체적 위험범/추상적 위험범 ···························· 11
3. 분류실익 ···························· 12

Ⅲ. 보호법익과 구성요건적 결과 등 다양한 변수를 함께 고려하는 분류 ···························· 12

1. 침해범과 결과범의 관계 ···························· 12
2. 해석을 통해 인정되는 구체적 위험범 ···························· 13
3. 추상적 위험범의 재분류(거동범 및 결과범과의 관계에서) ···························· 13
4. 현행형법과 추상적 위험범과 결과범의 중층구조 ···························· 16
5. 분류실익 ···························· 18

Ⅳ. 범죄의 기수와 미수의 구별기준 ···························· 19

1. 형식적 기준: 결과발생여부 ······ 20
2. 실질적 기준: 법익침해 또는 그 위험성 ······ 20
3. 보충적 기준: 실행행위의 단계적 구분에 따른 구별 ······ 21
Ⅴ. 기수시기 및 범행종료시기를 기준으로 삼는 분류 ······ 23
1. 즉시범/상태범/계속범 ······ 23
2. 분류실익 ······ 24
Ⅵ. 특별 구성요소를 기준으로 삼는 분류 ······ 25
1. 일반범/신분범/목적범등/자수범 ······ 25
2. 임의적 가담범/필요적 가담범 ······ 26
제 3 절 한국 형법각칙의 특징과 예방형법 ······ 30
Ⅰ. 추상적 위험범에 의해 견인되는 예방형법 ······ 30
Ⅱ. 전단계 범죄화의 다른 예들 ······ 31
제 4 절 형법각론의 해석과제와 형법의 해석 방법론 ······ 33
Ⅰ. 형법각론의 과제 ······ 33
Ⅱ. 형법각칙의 해석 방법과 법학교육의 과제 ······ 34
1. 해석 및 법발견 방법의 기초 ······ 34
2. 대법원의 해석방법과 과제 ······ 36
3. 판례법리와 형법공부의 방법의 문제점 ······ 38
4. 법학교육과 형법학의 과제 ······ 39

제 2 편 개인적 법익에 대한 죄

제 1 장 생명과 신체에 대한 죄

제 1 절 살인의 죄 ······ 43
Ⅰ. 총설 ······ 43
1. 의의 및 보호법익 ······ 43
2. 구성요건의 체계 ······ 45
Ⅱ. 살인죄 ······ 46
1. 의의, 성격 ······ 46
2. 구성요건 ······ 46
3. 살인죄의 미수와 기수시기 ······ 52
4. 살인죄와 가담형태 ······ 52

5. 위법성조각사유 ······ 54
6. 죄수, 타죄와의 관계 ······ 57
Ⅲ. 존속살해죄 ······ 58
1. 의의, 성격, 존폐론 ······ 58
2. 구성요건 ······ 60
3. 공범과 신분 ······ 61
Ⅳ. 촉탁·승낙살인죄 ······ 62
1. 의의, 성격 ······ 62
2. 구성요건 ······ 62
3. 공범관계 ······ 64
Ⅴ. 자살교사·방조죄 ······ 64
1. 의의 및 입법론 ······ 64
2. 구성요건 ······ 65
3. 실행의 착수 및 기수시기 ······ 66
4. 합의동사(合意同死) 사례 ······ 67
Ⅵ. 위계·위력에 의한 살인죄 ······ 67
1. 의의, 성격 ······ 67
2. 구성요건 ······ 68
3. 처벌상의 문제 ······ 69
Ⅶ. 살인예비·음모죄 ······ 69
1. 의의, 성격 ······ 69
2. 예비·음모죄의 성립요건 ······ 69
3. 살인예비죄의 중지 ······ 71
4. 살인예비죄의 공범 ······ 71
5. 죄수관계 ······ 71
제 2 절 상해의 죄 ······ 71
Ⅰ. 총설 ······ 71
1. 의의 및 보호법익 ······ 71
2. 구성요건의 체계 ······ 73
Ⅱ. 상해죄 ······ 74
1. 의의, 성격 ······ 74
2. 구성요건 ······ 74
3. 위법성조각사유 ······ 78
4. 죄수 ······ 79
Ⅲ. 존속상해죄 ······ 79
Ⅳ. 중상해죄 ······ 79

1. 의의, 성격 ······ 79
2. 구성요건 ······ 80
Ⅴ. 존속중상해죄 ······ 81
Ⅵ. 특수상해죄 ······ 82
Ⅶ. 상해치사죄·존속상해치사죄 ······ 82
1. 의의, 성격 ······ 82
2. 구성요건 ······ 83
3. 상해치사죄와 공범관계 ······ 84
Ⅷ. 상해의 동시범 ······ 85
1. 의 의 ······ 85
2. 법적 성격과 입법론 ······ 86
3. 특칙의 적용요건 ······ 87
4. 특칙의 적용범위 ······ 88
5. 특칙의 효과 ······ 89
Ⅸ. 상습상해등죄 ······ 89
1. 의의, 성격 ······ 89
2. 상습성 ······ 89
3. 상습범과 공범 ······ 90
4. 죄수 ······ 90
제 3 절 폭행의 죄 ······ 90
Ⅰ. 총설 ······ 90
1. 의의 및 보호법익 ······ 90
2. 구성요건의 체계 ······ 91
Ⅱ. 폭행죄 ······ 92
1. 의의, 성격 ······ 92
2. 구성요건 ······ 92
3. 위법성조각사유 ······ 93
4. 죄수, 타죄와의 관계 ······ 94
Ⅲ. 존속폭행죄 ······ 94
Ⅳ. 특수폭행죄 ······ 94
1. 의의, 성격 ······ 94
2. 구성요건 ······ 95
Ⅴ. 폭행치사상죄 ······ 99
1. 의의, 성격 ······ 99
2. 구성요건 ······ 99
3. 위법성조각사유 ······ 99

4. 처벌 및 동시범특칙의 적용여부 ········· 99
Ⅵ. 상습폭행죄 등 ········· 100
제 4 절 과실치사상의 죄 ········· 100
Ⅰ. 총설 ········· 100
1. 의의 및 보호법익 ········· 100
2. 구성요건의 체계 ········· 101
3. 과실범의 일반적 성립요건(총론 요약) ········· 101
Ⅱ. 과실치상죄 ········· 103
1. 의의, 성격 ········· 103
2. 구성요건 ········· 103
Ⅲ. 과실치사죄 ········· 103
Ⅳ. 업무상과실치사상죄 ········· 104
1. 의의, 성격 ········· 104
2. 구성요건 ········· 105
3. 공범과 신분 ········· 108
4. 죄수, 타죄와의 관계 ········· 109
Ⅴ. 중과실치사상죄 ········· 109
제 5 절 낙태의 죄 ········· 110
Ⅰ. 총설 ········· 110
1. 의의 및 보호법익 ········· 110
2. 구성요건의 체계 ········· 112
3. 입법론 ········· 112
Ⅱ. 자기낙태죄 ········· 114
1. 의의, 성격 ········· 114
2. 구성요건 ········· 114
3. 위법성조각사유(모자보건법상의 적응요건) ········· 115
4. 공범관계 ········· 116
Ⅲ. 동의낙태죄 ········· 116
1. 의의, 성격 ········· 116
2. 구성요건 ········· 116
Ⅳ. 업무상동의낙태죄 ········· 117
1. 의의, 성격 ········· 117
2. 구성요건 ········· 117
Ⅴ. 부동의낙태죄 ········· 118
1. 의의, 성격 ········· 118

2. 구성요건 ···· 118
3. 죄수 ···· 118
Ⅵ. 낙태치사상죄 ···· 118
제 6 절 유기와 학대의 죄 ···· 119
Ⅰ. 총설 ···· 119
1. 의의 및 보호법익 ···· 119
2. 구성요건체계 ···· 121
Ⅱ. 유기죄 ···· 121
1. 의의, 성격 ···· 122
2. 구성요건 ···· 122
3. 죄수, 타죄와의 관계 ···· 125
Ⅲ. 존속유기죄 ···· 126
Ⅳ. 중유기죄·존속중유기죄 ···· 126
Ⅴ. 학대죄·존속학대죄 ···· 126
1. 의의, 성격 ···· 126
2. 구성요건 ···· 127
Ⅵ. 아동혹사죄 ···· 128
1. 의의, 성격 ···· 128
2. 구성요건 ···· 129
Ⅶ. 유기등치사상죄 ···· 129

제 2 장 자유에 대한 죄

제 1 절 협박의 죄 ···· 131
Ⅰ. 총설 ···· 131
1. 의의 및 보호법익 ···· 131
2. 구성요건의 체계 ···· 132
Ⅱ. 협박죄 ···· 132
1. 의의, 성격 ···· 132
2. 구성요건 ···· 133
3. 위법성조각사유 ···· 136
4. 죄수, 타죄와의 관계 ···· 137
Ⅲ. 존속협박죄 ···· 138
Ⅳ. 특수협박죄 ···· 138
Ⅴ. 상습협박죄 ···· 138

제 2 절 강요의 죄 ······ 139
Ⅰ. 총설 ······ 139
1. 의의 및 보호법익 ······ 139
2. 구성요건의 체계 ······ 139
Ⅱ. 단순강요죄 ······ 140
1. 의의, 성격 ······ 140
2. 구성요건 ······ 140
3. 위법성조각사유 ······ 143
4. 죄수, 타죄와의 관계 ······ 144
Ⅲ. 특수강요죄 ······ 145
Ⅳ. 중강요죄 ······ 145
1. 의의, 성격 ······ 145
2. 구성요건 ······ 145
Ⅴ. 인질강요죄 ······ 146
1. 의의, 성격 ······ 146
2. 구성요건 ······ 146
3. 해방감경규정 ······ 147
4. 죄수, 타죄와의 관계 ······ 148
Ⅵ. 인질상해·치상죄 ······ 148
1. 의의, 성격 ······ 148
2. 구성요건 ······ 148
3. 미수처벌규정의 적용범위 ······ 148
Ⅶ. 인질살해·치사죄 ······ 149
제 3 절 체포와 감금의 죄 ······ 149
Ⅰ. 총설 ······ 149
1. 의의 및 보호법익 ······ 149
2. 구성요건의 체계 ······ 150
Ⅱ. 체포·감금죄 ······ 151
1. 의의, 성격 ······ 151
2. 구성요건 ······ 151
3. 위법성조각사유 ······ 155
4. 죄수, 타죄와의 관계 ······ 155
Ⅲ. 존속체포·감금죄 ······ 156
Ⅳ. 중체포감금죄·존속중체포감금죄 ······ 156
1. 의의, 성격 ······ 157

2. 구성요건 ········ 157
Ⅴ. 특수체포·감금죄 ········ 157
Ⅵ. 상습체포·감금죄 ········ 158
Ⅶ. 체포·감금치사상죄, 존속체포·감금치사상죄 ········ 158
제 4 절 약취·유인의 죄 및 인신매매의 죄 ········ 159
Ⅰ. 총설 ········ 159
1. 의의 및 보호법익 ········ 159
2. 구성요건의 체계 ········ 160
Ⅱ. 미성년자약취·유인죄 ········ 161
1. 의의, 성격 ········ 162
2. 구성요건 ········ 162
3. 위법성조각사유 ········ 165
4. 죄수, 타죄와의 관계 ········ 166
Ⅲ. 추행등목적약취·유인죄 ········ 166
1. 의의, 성격 ········ 167
2. 구성요건 ········ 167
3. 공범관계 ········ 169
4. 타죄와의 관계 ········ 169
Ⅳ. 인신매매죄 ········ 170
1. 의의, 성격 ········ 170
2. 구성요건 ········ 170
3. 타죄와의 관계 ········ 171
Ⅴ. 추행등목적매매죄 ········ 171
1. 의의, 성격 ········ 172
2. 구성요건 ········ 172
Ⅵ. 피약취·유인·매매자국외이송죄 ········ 173
1. 의의, 성격 ········ 173
2. 구성요건 ········ 173
3. 타죄와의 관계 ········ 173
Ⅶ. 약취, 유인, 매매, 이송 등 상해·치상죄 ········ 174
1. 의의, 성격 ········ 174
2. 구성요건 ········ 174
3. 죄수관계 ········ 175
Ⅷ. 약취, 유인, 매매, 이송 등 살인·치사죄 ········ 175
Ⅸ. 피약취, 유인, 매매, 이송자수수·은닉, 모집등죄 ········ 176
1. 의의, 성격 ········ 176

2. 구성요건 ···· 177
3. 공범관계 ···· 177
제5절 강간과 추행의 죄 ···· 178
Ⅰ. 총설 ···· 178
1. 의의 및 보호법익 ···· 178
2. 구성요건의 체계 ···· 179
Ⅱ. 강간죄 ···· 181
1. 의의, 성격 ···· 181
2. 구성요건 ···· 182
3. 위법성조각사유 ···· 186
4. 죄수, 타죄와의 관계 ···· 186
Ⅲ. 유사강간죄 ···· 187
1. 의의, 성격 ···· 187
2. 구성요건 ···· 188
3. 타죄와의 관계 ···· 189
Ⅳ. 강제추행죄 ···· 189
1. 의의, 성격 ···· 189
2. 구성요건 ···· 189
3. 타죄와의 관계 ···· 194
Ⅴ. 준강간·준강제추행죄 ···· 194
1. 의의, 성격 ···· 194
2. 구성요건 ···· 194
Ⅵ. 강간등상해·치상죄 ···· 197
1. 의의, 성격 ···· 197
2. 구성요건 ···· 197
3. 공범관계 ···· 200
4. 죄수, 타죄와의 관계 ···· 200
Ⅶ. 강간등살인·치사죄 ···· 200
1. 의의, 성격 ···· 200
2. 구성요건 ···· 201
3. 죄수, 타죄와의 관계 ···· 201
Ⅷ. 미성년자등위계등간음·추행죄 ···· 201
1. 의의, 성격 ···· 201
2. 구성요건 ···· 202
Ⅸ. 피감호자위계·위력간음죄 ···· 204
1. 의의, 성격 ···· 204

2. 구성요건 ···· 205
3. 타죄와의 관계 ···· 206
X. 피구금자간음죄 ···· 207
1. 의의, 성격 ···· 207
2. 구성요건 ···· 207
3. 타죄와의 관계 ···· 208
XI. 미성년자 의제강간·강제추행죄 ···· 208
1. 의의, 보호법익 ···· 208
2. 구성요건 ···· 209
3. 타죄와의 관계 ···· 210
XII. 상습강간 등 죄 ···· 210
XIII. 강간 예비·음모 ···· 210

제3장 명예와 신용·업무에 대한 죄

제1절 명예에 관한 죄 ···· 212
I. 총설 ···· 212
1. 의의 ···· 212
2. 명예개념과 보호법익 ···· 212
3. 구성요건의 체계 ···· 214
II. 명예훼손죄 ···· 215
1. 의의 및 입법론 ···· 215
2. 구성요건 ···· 215
3. 위법성조각사유 ···· 225
4. 죄수, 타죄와의 관계 ···· 231
III. 허위사실적시명예훼손죄 ···· 232
1. 의의, 성격 ···· 232
2. 구성요건 ···· 232
IV. 사자명예훼손죄 ···· 232
1. 의의, 성격 ···· 233
2. 구성요건 ···· 233
3. 고소권자 ···· 234
V. 출판물등에의한명예훼손죄 ···· 234
1. 의의, 성격 ···· 234
2. 구성요건 ···· 235
3. 공범관계 내지 간접정범 ···· 237

Ⅵ. 모욕죄 ····· 237
1. 의의, 성격 ····· 237
2. 구성요건 ····· 238
3. 위법성조각사유 ····· 240
4. 죄수, 타죄와의 관계 ····· 241

제 2 절 신용·업무와 경매에 관한 죄 ····· 242
Ⅰ. 총설 ····· 242
1. 의의 및 보호법익 ····· 242
2. 구성요건의 체계 ····· 243
Ⅱ. 신용훼손죄 ····· 243
1. 의의, 성격 ····· 243
2. 구성요건 ····· 243
3. 죄수, 타죄와의 관계 ····· 245
Ⅲ. 업무방해죄 ····· 245
1. 의의, 성격 ····· 245
2. 구성요건 ····· 246
3. 위법성조각사유 ····· 255
4. 죄수, 타죄와의 관계 ····· 256
Ⅳ. 컴퓨터등업무방해죄 ····· 257
1. 의의, 성격 ····· 257
2. 구성요건 ····· 257
3. 죄수, 타죄와의 관계 ····· 259
Ⅴ. 경매·입찰방해죄 ····· 260
1. 의의, 성격, 보호법익 ····· 260
2. 구성요건 ····· 260
3. 위법성조각사유 ····· 263
4. 타죄와의 관계 ····· 263

제 4 장 사생활의 평온에 대한 죄

제 1 절 비밀침해의 죄 ····· 264
Ⅰ. 총설 ····· 264
1. 의의 및 보호법익 ····· 264
2. 구성요건의 체계 ····· 265
Ⅱ. 비밀침해죄 ····· 266
1. 의의, 성격 ····· 266

2. 구성요건 ········ 266
3. 위법성조각사유 ········ 268
4. 타죄와의 관계 ········ 269
5. 고소권자 ········ 269
Ⅲ. 업무상비밀누설죄 ········ 269
1. 의의, 성격 ········ 269
2. 구성요건 ········ 270
3. 위법성조각사유 ········ 272
4. 타죄와의 관계 ········ 273
제 2 절 주거침입의 죄 ········ 273
Ⅰ. 총설 ········ 273
1. 의의 및 보호법익 ········ 273
2. 구성요건의 체계 ········ 276
Ⅱ. 주거침입죄 ········ 276
1. 의의, 성격 ········ 276
2. 구성요건 ········ 277
3. 위법성조각사유 ········ 285
4. 죄수, 타죄와의 관계 ········ 286
Ⅲ. 퇴거불응죄 ········ 287
1. 의의, 성격 ········ 287
2. 구성요건 ········ 287
Ⅳ. 특수주거침입죄 ········ 289
1. 의의, 성격 ········ 289
2. 구성요건 ········ 289
Ⅴ. 주거·신체수색죄 ········ 289
1. 의의, 성격 ········ 290
2. 구성요건 ········ 290
3. 위법성조각사유 ········ 290
4. 죄수, 타죄와의 관계 ········ 290

제 5 장 재산에 대한 죄

제 1 절 절도의 죄 ········ 291
Ⅰ. 총설 ········ 291
1. 의의 및 보호법익 ········ 291
2. 구성요건의 체계 ········ 292

Ⅱ. 단순절도죄 ······ 293
1. 의의, 성격 ······ 293
2. 구성요건 ······ 293
3. 죄수, 타죄와의 관계 ······ 314
Ⅲ. 야간주거침입절도죄 ······ 315
1. 의의, 성격 ······ 315
2. 구성요건 ······ 315
3. 위법성조각사유 등 ······ 317
Ⅳ. 특수절도죄 ······ 318
1. 의의, 성격 ······ 318
2. 구성요건 ······ 318
3. 죄수, 타죄와의 관계 ······ 321
Ⅴ. 자동차등불법사용죄 ······ 322
1. 의의, 보호법익 ······ 322
2. 구성요건 ······ 323
3. 죄수, 타죄와의 관계 ······ 324
Ⅵ. 상습절도죄 ······ 324
1. 의의, 성격 ······ 324
2. 구성요건 ······ 325
3. 공범과 신분 ······ 325
4. 죄수, 타죄와의 관계 ······ 325
Ⅶ. 친족상도례 ······ 326
1. 의의, 성격 ······ 326
2. 적용범위 ······ 327
3. 적용효과 ······ 329
4. 관련문제 ······ 330
제 2 절 강도의 죄 ······ 330
Ⅰ. 총설 ······ 330
1. 의의 및 보호법익 ······ 330
2. 구성요건의 체계 ······ 331
Ⅱ. 단순강도죄 ······ 332
1. 의의, 성격 ······ 332
2. 구성요건 ······ 332
3. 위법성조각사유 ······ 339
4. 죄수, 타죄와의 관계 ······ 340
Ⅲ. 특수강도죄 ······ 341

1. 의의, 성격 ···· 341
2. 구성요건 ···· 341
Ⅳ. 준강도죄 ···· 342
1. 의의, 성격 ···· 342
2. 구성요건 ···· 343
3. 공범관계 ···· 347
4. 준강도의 처벌 ···· 348
5. 죄수, 타죄와의 관계 ···· 348
Ⅴ. 인질강도죄 ···· 349
1. 의의, 성격 ···· 350
2. 구성요건 ···· 350
3. 죄수, 타죄와의 관계 ···· 351
Ⅵ. 강도상해·치상죄 ···· 351
1. 의의, 성격 ···· 351
2. 구성요건 ···· 351
3. 공동정범의 초과 ···· 353
4. 죄수 ···· 354
Ⅶ. 강도살인·치사죄 ···· 354
1. 의의, 성격 ···· 354
2. 구성요건 ···· 355
3. 공동정범의 초과 ···· 356
4. 죄수, 타죄와의 관계 ···· 356
Ⅷ. 강도강간죄 ···· 357
1. 의의, 성격 ···· 357
2. 구성요건 ···· 358
3. 죄수, 타죄와의 관계 ···· 359
Ⅸ. 해상강도죄, 해상강도상해·치상죄, 해상강도살인·치사죄, 해상강도강간죄 ···· 359
1. 의의, 성격 ···· 360
2. 구성요건 ···· 360
Ⅹ. 상습강도죄 ···· 360
XI. 강도예비·음모죄 ···· 361
제3절 사기의 죄 ···· 362
Ⅰ. 총설 ···· 362
1. 의의 및 보호법익 ···· 362
2. 구성요건체계 ···· 363
Ⅱ. 사기죄 ···· 364

1. 의의, 성격 ········· 364
2. 구성요건 ········· 364
3. 위법성조각사유 ········· 382
4. 친족상도례의 적용문제 ········· 383
5. 죄수, 타죄와의 관계 ········· 383
6. 관련문제 ········· 386
Ⅲ. 컴퓨터등사용사기죄 ········· 397
1. 의의, 성격 ········· 397
2. 구성요건 ········· 398
3. 죄수, 타죄와의 관계 ········· 401
Ⅳ. 준사기죄 ········· 402
1. 의의, 성격 ········· 402
2. 구성요건 ········· 402
Ⅴ. 편의시설부정이용죄 ········· 403
1. 의의, 성격 ········· 403
2. 구성요건 ········· 404
3. 타죄와의 관계 ········· 406
Ⅵ. 부당이득죄 ········· 406
1. 의의, 성격 ········· 406
2. 구성요건 ········· 407
Ⅶ. 상습사기죄 ········· 408
제4절 공갈의 죄 ········· 409
Ⅰ. 총설 ········· 409
1. 의의 및 보호법익 ········· 409
2. 구성요건체계 ········· 409
Ⅱ. 단순공갈죄 ········· 410
1. 의의, 성격 ········· 410
2. 구성요건 ········· 410
3. 위법성조각사유 ········· 416
4. 죄수, 타죄와의 관계 ········· 416
Ⅲ. 특수공갈죄 ········· 418
Ⅳ. 상습공갈죄 ········· 418
제5절 횡령의 죄 ········· 419
Ⅰ. 총설 ········· 419
1. 의의 및 보호법익 ········· 419

2. 횡령죄의 본질 ··· 420
3. 구성요건의 체계 ··· 421
Ⅱ. 단순횡령죄 ··· 421
1. 의의, 성격 ··· 421
2. 구성요건 ··· 421
3. 공범과 신분 ··· 440
4. 죄수, 타죄와의 관계 ··· 440
5. 관련문제(명의신탁·양도담보·매도담보) ··· 444
Ⅲ. 업무상 횡령죄 ··· 455
1. 의의, 성격 ··· 455
2. 구성요건 ··· 455
3. 공범과 신분 ··· 457
4. 죄수 ··· 457
Ⅳ. 점유이탈물횡령죄 ··· 457
1. 의의, 성격 ··· 457
2. 구성요건 ··· 458
3. 죄수 ··· 459
제 6 절 배임의 죄 ··· 460
Ⅰ. 총설 ··· 460
1. 의의 및 보호법익 ··· 460
2. 배임죄의 본질과 횡령죄와의 관계 ··· 461
3. 구성요건의 체계 ··· 462
Ⅱ. 단순배임죄 ··· 462
1. 의의, 성격 ··· 462
2. 구성요건 ··· 463
3. 공범관계 ··· 479
4. 죄수, 타죄와의 관계 ··· 481
5. 관련문제(이중매매·이중저당·이중양도담보) ··· 482
Ⅲ. 업무상배임죄 ··· 489
1. 의의, 성격 ··· 489
2. 구성요건 ··· 489
3. 공범관계 ··· 489
Ⅳ. 배임수증재죄 ··· 490
1. 의의, 성격, 보호법익 ··· 490
2. 배임수재죄(제1항) ··· 491
3. 배임증재죄(제2항) ··· 495

4. 몰수와 추징 ··· 496

제7절 장물의 죄 ··· 497

Ⅰ. 총설 ··· 497

1. 의의 및 보호법익 ··· 497
2. 장물죄의 본질 ··· 498
3. 장물의 개념과 요건 ··· 500
4. 구성요건의 체계 ··· 506

Ⅱ. 장물(취득, 양도, 운반, 보관, 알선)죄 ··· 506

1. 의의, 성격 ··· 507
2. 구성요건 ··· 507
3. 죄수, 타죄와의 관계 ··· 512
4. 친족간의 특례 ··· 514

Ⅲ. 상습장물죄 ··· 514

Ⅳ. 업무상과실·중과실 장물(취득, 양도, 운반, 보관, 알선)죄 ··· 515

1. 의의, 성격 ··· 515
2. 구성요건 ··· 515

제8절 손괴의 죄 ··· 517

Ⅰ. 총설 ··· 517

1. 의의 및 보호법익 ··· 517
2. 구성요건의 체계 ··· 517

Ⅱ. 재물(문서등)손괴죄 ··· 518

1. 의의, 성격 ··· 518
2. 구성요건 ··· 518
3. 위법성조각사유 ··· 523
4. 죄수, 타죄와의 관계 ··· 523

Ⅲ. 공익건조물파괴죄 ··· 524

1. 의의, 성격 ··· 524
2. 구성요건 ··· 524

Ⅳ. 중손괴죄, 손괴치사상죄 ··· 525

1. 의의, 성격 ··· 526
2. 구성요건 ··· 526

Ⅴ. 특수손괴죄, 특수공익건조물파괴죄 ··· 526

Ⅵ. 경계침범죄 ··· 526

1. 의의, 성격 ··· 526
2. 구성요건 ··· 527

3. 죄수, 타죄와의 관계 …… 529
제 9 절 권리행사방해의 죄 …… 530
Ⅰ. 총설 …… 530
1. 의의 및 보호법익 …… 530
2. 구성요건의 체계 …… 530
Ⅱ. 권리행사방해죄 …… 531
1. 의의, 성격 …… 531
2. 구성요건 …… 531
3. 위법성조각사유 …… 535
4. 죄수 …… 535
Ⅲ. 점유강취·준점유강취죄 …… 536
1. 의의, 성격 …… 536
2. 구성요건 …… 536
Ⅳ. 중권리행사방해죄 …… 537
1. 의의, 성격 …… 537
2. 구성요건 …… 537
Ⅴ. 강제집행면탈죄 …… 538
1. 의의, 성격 …… 538
2. 구성요건 …… 539
3. 공범관계 …… 543
4. 죄수 및 타죄와의 관계 …… 543

제 3 편 사회적 법익에 대한 죄

제 1 장 공공의 안전과 평온에 대한 죄

제 1 절 공안을 해하는 죄 …… 547
Ⅰ. 총설 …… 547
1. 의의 및 보호법익 …… 547
2. 구성요건의 체계 …… 548
Ⅱ. 범죄단체등조직죄 …… 548
1. 의의, 성격 …… 548
2. 구성요건 …… 549

3. 죄수, 타죄와의 관계 ········ 552
Ⅲ. 소요죄 ········ 553
1. 의의, 성격 ········ 553
2. 구성요건 ········ 553
3. 공범규정의 적용 ········ 555
4. 타죄와의 관계 ········ 555
Ⅳ. 다중불해산죄 ········ 555
1. 의의, 성격 ········ 555
2. 구성요건 ········ 556
Ⅴ. 전시공수계약불이행죄 ········ 557
1. 의의, 성격 ········ 557
2. 구성요건 ········ 557
3. 성립(기수)시기 ········ 558
Ⅵ. 공무원자격사칭죄 ········ 558
1. 의의, 성격 ········ 558
2. 구성요건 ········ 558
3. 타죄와의 관계 ········ 559
제 2 절 폭발물에 관한 죄 ········ 559
Ⅰ. 총설 ········ 559
1. 의의 및 보호법익 ········ 559
2. 구성요건의 체계 ········ 561
Ⅱ. 폭발물사용죄 ········ 561
1. 의의, 성격 ········ 561
2. 구성요건 ········ 562
3. 죄수 ········ 563
Ⅲ. 전시폭발물사용죄 ········ 563
Ⅳ. 폭발물사용예비·음모·선동죄 ········ 563
1. 의의, 성격 ········ 563
2. 구성요건 ········ 564
Ⅴ. 전시폭발물제조등죄 ········ 564
1. 의의, 성격 ········ 564
2. 구성요건 ········ 564
제 3 절 방화와 실화의 죄 ········ 565
Ⅰ. 총설 ········ 565
1. 의의 및 보호법익 ········ 565

2. 구성요건의 체계 ········ 566
Ⅱ. 현주건조물등방화죄 ········ 567
1. 의의, 성격 ········ 567
2. 구성요건 ········ 567
3. 위법성조각사유 ········ 572
4. 죄수, 타죄와의 관계 ········ 572
Ⅲ. 현주건조물등방화치사상죄 ········ 573
1. 의의, 성격 ········ 573
2. 구성요건 ········ 573
3. 죄수 및 타죄와의 관계 ········ 574
Ⅳ. 공용건조물등방화죄 ········ 575
1. 의의, 성격 ········ 575
2. 구성요건 ········ 575
Ⅴ. 일반건조물등방화죄(타인소유/자기소유) ········ 576
1. 의의, 성격 ········ 576
2. 구성요건 ········ 576
Ⅵ. 일반물건방화죄(타인소유/자기소유) ········ 577
1. 의의, 성격 ········ 577
2. 구성요건 ········ 577
Ⅶ. 연소죄 ········ 578
1. 의의, 성격 ········ 578
2. 구성요건 ········ 578
Ⅷ. 진화방해죄 ········ 578
1. 의의, 성격 ········ 579
2. 구성요건 ········ 579
Ⅸ. 폭발성물건파열죄/폭발성물건파열치사상죄 ········ 580
1. 의의, 성격 ········ 580
2. 구성요건 ········ 580
Ⅹ. 가스등방류죄/가스등방류치사상죄 ········ 581
1. 의의, 성격 ········ 581
2. 구성요건 ········ 581
XI. 가스등공급방해죄/공공용가스등공급방해죄/가스등공급방해치사상죄 ········ 582
XII. 방화등예비·음모죄 ········ 583
XIII. 실화죄 ········ 583
1. 의의, 성격 ········ 583
2. 구성요건 ········ 583

XIV. 업무상실화/중실화죄 ··· 585
XV. 과실폭발성물건파열등죄 ··· 586

제 4 절 일수와 수리에 관한 죄 ··· 586

I. 총설 ··· 586
1. 의의 및 보호법익 ··· 586
2. 구성요건체계 ··· 587
II. 현주건조물등일수죄 ··· 588
1. 의의, 성격 ··· 588
2. 구성요건 ··· 588
III. 현주건조물등일수치사상죄 ··· 589
1. 의의, 성격 ··· 589
2. 구성요건 ··· 589
3. 결과적 가중범의 미수 ··· 589
IV. 공용건조물등일수죄 ··· 590
V. 일반건조물등일수죄(타인소유/자기소유) ··· 590
VI. 일수 예비·음모죄 ··· 591
VII. 방수방해죄 ··· 591
1. 의의, 성격 ··· 591
2. 구성요건 ··· 591
VIII. 과실일수죄 ··· 592
IX. 수리방해죄 ··· 592
1. 의의, 성격 ··· 592
2. 구성요건 ··· 592

제 5 절 교통방해의 죄 ··· 593

I. 총설 ··· 593
1. 의의 및 보호법익 ··· 593
2. 구성요건의 체계 ··· 594
II. 일반교통방해죄 ··· 594
1. 의의, 성격 ··· 594
2. 구성요건 ··· 595
III. 기차·선박등교통방해죄 ··· 597
1. 의의, 성격 ··· 597
2. 구성요건 ··· 598
IV. 기차등전복죄 ··· 598
1. 의의, 성격 ··· 598

2. 구성요건 ···· 598
3. 타죄와의 관계 ···· 600
Ⅴ. 교통방해 예비·음모죄 ···· 600
Ⅵ. 교통방해치사상죄 ···· 600
1. 의의, 성격 ···· 600
2. 구성요건 ···· 601
Ⅶ. 과실교통방해죄/업무상과실·중과실교통방해죄 ···· 601
1. 의의, 성격 ···· 601
2. 구성요건 ···· 601
3. 죄수, 타죄와의 관계 ···· 602

제 2 장 공중의 건강에 대한 죄

제 1 절 먹는 물에 관한 죄 ···· 603
Ⅰ. 총설 ···· 603
1. 의의 및 보호법익 ···· 603
2. 구성요건의 체계 ···· 604
Ⅱ. 먹는물사용방해죄 ···· 605
1. 의의, 성격 ···· 605
2. 구성요건 ···· 605
Ⅲ. 먹는물유해물혼입죄 ···· 606
1. 의의, 성격 ···· 606
2. 구성요건 ···· 606
3. 타죄와의 관계 ···· 607
Ⅳ. 수돗물사용방해죄 ···· 607
1. 의의, 성격 ···· 607
2. 구성요건 ···· 607
Ⅴ. 수돗물 유해물혼입죄 ···· 608
Ⅵ. 먹는물혼독치사상죄 ···· 608
Ⅶ. 수도불통죄 ···· 609
1. 의의, 성격 ···· 609
2. 구성요건 ···· 609
3. 위법성조각사유 ···· 610
Ⅷ. 예비·음모죄 ···· 610
제 2 절 아편에 관한 죄 ···· 610
Ⅰ. 총설 ···· 610

1. 의의 및 보호법익 ······ 610
2. 구성요건의 체계 ······ 611
3. 입법론 ······ 612
Ⅱ. 아편등흡식죄 ······ 612
1. 의의, 성격 ······ 612
2. 구성요건 ······ 612
3. 타죄와의 관계 ······ 613
Ⅲ. 아편흡식장소제공죄 ······ 613
1. 의의, 성격 ······ 613
2. 구성요건 ······ 613
Ⅳ. 아편등제조·수입·판매·판매목적소지죄 ······ 614
1. 의의, 성격 ······ 614
2. 구성요건 ······ 614
3. 죄수 ······ 615
Ⅴ. 아편흡식기제조·수입·판매·판매목적소지죄 ······ 615
1. 의의, 성격 ······ 615
2. 구성요건 ······ 615
Ⅵ. 세관공무원의 아편등수입·수입허용죄 ······ 616
1. 의의, 성격 ······ 616
2. 구성요건 ······ 616
3. 공범과 신분 및 공범규정의 적용문제 ······ 616
Ⅶ. 상습아편흡식·제조·수입·판매죄 ······ 616
Ⅷ. 아편등소지죄 ······ 617
1. 의의, 성격 ······ 617
2. 구성요건 ······ 617

제3장 공공의 신용에 대한 죄

제1절 통화에 관한 죄 ······ 618
Ⅰ. 총설 ······ 618
1. 의의 및 보호법익 ······ 618
2. 구성요건의 체계 ······ 619
Ⅱ. 내국통화위조·변조죄 ······ 619
1. 의의, 성격 ······ 619
2. 구성요건 ······ 620
3. 죄수, 타죄와의 관계 ······ 622

Ⅲ. 내국유통 외국통화위조·변조죄 ········· 623
1. 의의, 성격 ········· 623
2. 구성요건 ········· 623
Ⅳ. 외국통용외국통화위조·변조죄 ········· 624
1. 의의, 성격 ········· 625
2. 구성요건 ········· 625
3. 외국인의 국외범과 형법 제5조의 해석 ········· 625
Ⅴ. 위조·변조통화행사등죄 ········· 626
1. 의의, 성격 ········· 626
2. 구성요건 ········· 626
3. 죄수, 타죄와의 관계 ········· 627
Ⅵ. 위조·변조통화취득죄 ········· 629
1. 의의, 성격 ········· 629
2. 구성요건 ········· 629
3. 죄수, 타죄와의 관계 ········· 629
Ⅶ. 위조통화취득후지정행사죄 ········· 630
1. 의의, 성격 ········· 630
2. 구성요건 ········· 630
3. 사기죄와의 관계 ········· 630
Ⅷ. 통화유사물제조등죄 ········· 631
1. 의의, 성격 ········· 631
2. 구성요건 ········· 631
Ⅸ. 통화위조·변조의 예비음모죄 ········· 632
제 2 절 유가증권·우표와 인지에 관한 죄 ········· 632
Ⅰ. 총설 ········· 632
1. 의의 및 보호법익 ········· 632
2. 구성요건의 체계 ········· 633
Ⅱ. 유가증권위조·변조죄 ········· 634
1. 의의, 성격 ········· 634
2. 구성요건 ········· 634
3. 죄수, 타죄와의 관계 ········· 639
Ⅲ. 유가증권(권리의무에 관한)기재의 위조·변조죄 ········· 640
1. 의의, 성격 ········· 640
2. 구성요건 ········· 640
Ⅳ. 자격모용에 의한 유가증권작성죄 ········· 641
1. 의의, 성격 ········· 641

2. 구성요건 ………… 641
Ⅴ. 허위유가증권작성죄 ………… 642
1. 의의, 성격 ………… 642
2. 구성요건 ………… 642
Ⅵ. 위조·변조 유가증권행사등죄 ………… 643
1. 의의, 성격 ………… 643
2. 구성요건 ………… 643
3. 죄수, 타죄와의 관계 ………… 645
Ⅶ. 인지·우표등위조변조죄 ………… 645
1. 의의, 성격 ………… 645
2. 구성요건 ………… 645
Ⅷ. 위조·변조인지·우표등행사등죄 ………… 646
Ⅸ. 위조·변조인지·우표취득죄 ………… 646
Ⅹ. 소인말소죄 ………… 647
XI. 인지·우표유사물제조등죄 ………… 647
XII. 위조·변조죄 등의 예비음모죄 ………… 648
제3절 문서에 관한 죄 ………… 648
Ⅰ. 총설 ………… 648
1. 의의 및 보호법익 ………… 648
2. 구성요건의 체계 ………… 649
3. 문서에 관한 죄의 기본개념 ………… 649
Ⅱ. 사문서등위조·변조죄 ………… 659
1. 의의, 성격 ………… 659
2. 구성요건 ………… 660
3. 죄수, 타죄와의 관계 ………… 667
Ⅲ. 공문서등위조·변조죄 ………… 668
1. 의의, 성격 ………… 668
2. 구성요건 ………… 668
Ⅳ. 자격모용에의한사문서작성죄 ………… 671
1. 의의, 성격 ………… 671
2. 구성요건 ………… 671
Ⅴ. 자격모용에의한공문서작성죄 ………… 672
1. 의의, 성격 ………… 672
2. 구성요건 ………… 672
Ⅵ. 사전자기록위작·변작죄 ………… 673
1. 의의, 성격 ………… 673

2. 구성요건 ··· 673
3. 타죄와의 관계 ··· 676
Ⅶ. 공전자기록위작·변작죄 ··· 676
1. 의의, 성격 ··· 676
2. 구성요건 ··· 676
Ⅷ. 허위진단서등작성죄 ··· 677
1. 의의, 성격 ··· 677
2. 구성요건 ··· 677
3. 타죄와의 관계 ··· 679
Ⅸ. 허위공문서등작성죄 ··· 680
1. 의의, 성격 ··· 680
2. 구성요건 ··· 680
3. 허위공문서작성죄의 간접정범 인정여부 ··· 684
4. 타죄와의 관계 ··· 686
Ⅹ. 공정증서원본등부실기재죄 ··· 687
1. 의의, 성격 ··· 687
2. 구성요건 ··· 688
3. 타죄와의 관계 ··· 692
Ⅺ. 위조·변조·작성등사문서(전자기록)행사죄 ··· 692
1. 의의, 성격 ··· 693
2. 구성요건 ··· 693
Ⅻ. 위조·변조·작성등공문서(전자기록)행사죄 ··· 695
1. 의의, 성격 ··· 695
2. 구성요건 ··· 695
XIII. 사문서등부정행사죄 ··· 696
1. 의의, 성격 ··· 696
2. 구성요건 ··· 697
XIV. 공문서등부정행사죄 ··· 698
1. 의의, 성격 ··· 698
2. 구성요건 ··· 698
제 4 절 인장에 관한 죄 ··· 701
Ⅰ. 총설 ··· 701
1. 의의 및 보호법익 ··· 701
2. 구성요건의 체계 ··· 702
3. 인장에 관한 죄의 기본개념 ··· 702
Ⅱ. 사인등위조·부정사용죄 ··· 704

1. 의의, 성격 ······ 704
2. 구성요건 ······ 704
3. 타죄와의 관계 ······ 706
Ⅲ. 위조사인등행사죄 ······ 706
1. 의의, 성격 ······ 706
2. 구성요건 ······ 706
Ⅳ. 공인등위조·부정사용죄 ······ 707
1. 의의, 성격 ······ 707
2. 구성요건 ······ 707
Ⅴ. 위조공인등행사죄 ······ 708
1. 의의, 성격 ······ 708
2. 구성요건 ······ 708

제 4 장 사회의 도덕에 대한 죄

제 1 절 성풍속에 관한 죄 ······ 709
Ⅰ. 총설 ······ 709
1. 의의 및 보호법익 ······ 709
2. 구성요건의 체계 ······ 710
Ⅱ. 음행매개죄 ······ 710
1. 의의, 성격 ······ 711
2. 구성요건 ······ 711
3. 죄수, 타죄와의 관계 ······ 712
Ⅲ. 음화등반포(판매·임대·공연전시·상영)죄 ······ 712
1. 의의, 성격 ······ 712
2. 구성요건 ······ 712
3. 공범관계 ······ 717
Ⅳ. 음화등제조(소지·수입·수출)죄 ······ 717
1. 의의, 성격 ······ 717
2. 구성요건 ······ 717
Ⅴ. 공연음란죄 ······ 718
1. 의의, 성격 ······ 718
2. 구성요건 ······ 718
3. 죄수, 타죄와의 관계 ······ 720
제 2 절 도박과 복표에 관한 죄 ······ 721
Ⅰ. 총설 ······ 721

1. 의의 및 보호법익 ········ 721
2. 구성요건의 체계 ········ 722
Ⅱ. 단순도박죄 ········ 722
1. 의의, 성격 ········ 722
2. 구성요건 ········ 723
3. 위법성조각사유 ········ 724
4. 죄수, 타죄와의 관계 ········ 726
Ⅲ. 상습도박죄 ········ 726
1. 의의, 성격 ········ 726
2. 구성요건 ········ 726
3. 공범과 신분 ········ 726
4. 죄수 ········ 727
Ⅳ. 도박장소등개설죄 ········ 727
1. 의의, 성격 ········ 727
2. 구성요건 ········ 727
3. 죄수, 타죄와의 관계 ········ 729
Ⅴ. 복표발매·중개·취득죄 ········ 729
1. 의의, 성격 ········ 729
2. 구성요건 ········ 729

제 3 절 신앙에 관한 죄 ········ 730
Ⅰ. 총설 ········ 730
1. 의의 및 보호법익 ········ 730
2. 구성요건의 체계 ········ 731
Ⅱ. 장례식등방해죄 ········ 731
1. 의의, 성격 ········ 731
2. 구성요건 ········ 732
Ⅲ. 시체등오욕죄 ········ 733
1. 의의, 성격 ········ 733
2. 구성요건 ········ 733
Ⅳ. 분묘발굴죄 ········ 734
1. 의의, 성격 ········ 734
2. 구성요건 ········ 734
3. 위법성조각사유 ········ 735
Ⅴ. 시체등손괴·유기·은닉·영득죄 ········ 735
1. 의의, 성격 ········ 735
2. 구성요건 ········ 735

Ⅵ. 변사체검시방해죄 ······ 737
1. 의의, 성격 ······ 737
2. 구성요건 ······ 737
3. 공무집행방해죄와의 관계 ······ 738

제 4 편 국가적 법익에 대한 죄

제 1 장 국가의 존립과 권위에 대한 죄

제 1 절 내란의 죄 ······ 741
Ⅰ. 총설 ······ 741
1. 의의, 보호법익 ······ 741
2. 구성요건의 체계 ······ 742
Ⅱ. 내란죄 ······ 742
1. 의의, 성격 ······ 742
2. 구성요건 ······ 743
3. 공범관계 ······ 745
4. 죄수, 타죄와의 관계 ······ 745
Ⅲ. 내란목적살인죄 ······ 746
1. 의의, 성격 ······ 746
2. 구성요건 ······ 747
3. 공범관계 ······ 747
4. 타죄와의 관계 ······ 747
Ⅳ. 내란 예비·음모·선동·선전죄 ······ 748
1. 의의, 성격 ······ 748
2. 예비·음모죄 ······ 748
3. 선동·선전죄 ······ 749
제 2 절 외환의 죄 ······ 750
Ⅰ. 총설 ······ 750
1. 의의 및 보호법익 ······ 750
2. 구성요건의 체계 ······ 750
Ⅱ. 외환유치죄 ······ 751
1. 의의, 성격 ······ 751

2. 구성요건 ······ 751
Ⅲ. 여적죄 ······ 752
1. 의의, 성격 ······ 752
2. 구성요건 ······ 752
Ⅳ. 모병이적죄 ······ 753
Ⅴ. 시설제공이적죄 ······ 753
Ⅵ. 시설파괴이적죄 ······ 754
Ⅶ. 물건제공이적죄 ······ 754
Ⅷ. 간첩죄 ······ 754
1. 의의, 성격 ······ 755
2. 구성요건 ······ 755
3. 죄수 ······ 757
Ⅸ. 일반이적죄 ······ 757
1. 의의, 성격 ······ 757
2. 구성요건 ······ 758
Ⅹ. 이적 예비·음모·선동·선전죄 ······ 758
XI. 전시군수계약불이행죄 ······ 758
제 3 절 국기에 관한 죄 ······ 759
Ⅰ. 총설 ······ 759
1. 의의 및 보호법익 ······ 759
2. 구성요건의 체계 ······ 759
Ⅱ. 국기·국장모독죄 ······ 760
1. 의의, 성격 ······ 760
2. 구성요건 ······ 760
Ⅲ. 국기·국장비방죄 ······ 761
1. 의의, 성격 ······ 761
2. 구성요건 ······ 761
제 4 절 국교에 관한 죄 ······ 761
Ⅰ. 총설 ······ 761
1. 의의 및 보호법익 ······ 761
2. 구성요건의 체계 ······ 762
Ⅱ. 외국원수에대한폭행(협박·모욕·명예훼손)죄 ······ 762
1. 의의, 성격 ······ 762
2. 구성요건 ······ 763
Ⅲ. 외국사절에대한폭행(협박·모욕·명예훼손)죄 ······ 763

Ⅳ. 외국국기 · 국장모독죄 ……… 764
Ⅴ. 외국에대한사전죄 ……… 764
1. 의의, 성격 ……… 764
2. 구성요건 ……… 765
Ⅵ. 중립명령위반죄 ……… 765
1. 의의, 성격 ……… 765
2. 구성요건 ……… 765
Ⅶ. 외교상의기밀누설(탐지 · 수집)죄 ……… 766
1. 의의, 성격 ……… 766
2. 구성요건 ……… 766

제 2 장 국가의 기능에 대한 죄

제 1 절 공무원의 직무에 관한 죄 ……… 768
Ⅰ. 총설 ……… 768
1. 의의 및 보호법익 ……… 768
2. 구성요건의 체계 ……… 769
3. 직무범죄의 기본개념 ……… 769
Ⅱ. 직무유기죄 ……… 771
1. 의의, 성격, 보호법익 ……… 771
2. 구성요건 ……… 772
3. 죄수, 타죄와의 관계 ……… 774
Ⅲ. 피의사실공표죄 ……… 776
1. 의의, 성격, 보호법익 ……… 776
2. 구성요건 ……… 776
3. 위법성조각사유 ……… 777
Ⅳ. 공무상비밀누설죄 ……… 777
1. 의의, 성격, 보호법익 ……… 777
2. 구성요건 ……… 778
3. 위법성조각사유 ……… 780
4. 타죄와의 관계 ……… 780
Ⅴ. (일반)직권남용죄 ……… 780
1. 의의, 성격, 보호법익 ……… 780
2. 구성요건 ……… 781
3. 죄수 및 타죄와의 관계 ……… 792
Ⅵ. 불법체포 · 감금죄 ……… 793

1. 의의, 성격, 보호법익 793
2. 구성요건 793
3. 위법성조각사유 794
Ⅶ. 폭행·가혹행위죄 794
1. 의의, 성격, 보호법익 794
2. 구성요건 794
3. 특별형법 795
Ⅷ. 선거방해죄 795
1. 의의, 성격, 보호법익 795
2. 구성요건 796
Ⅸ. 뇌물죄 일반론 796
1. 의의 및 보호법익 796
2. 뇌물죄의 체계와 상호관계 799
3. 뇌물의 개념 801
Ⅹ. (단순)수뢰죄 805
1. 의의, 성격 806
2. 구성요건 806
3. 죄수, 타죄와의 관계 808
4. 뇌물의 몰수와 추징 809
XI. 사전수뢰죄 810
1. 의의, 성격 811
2. 구성요건 811
3. 객관적 처벌조건 811
XII. 제3자뇌물제공죄(제3자뇌물수수죄) 812
1. 의의, 성격 812
2. 구성요건 813
XIII. 수뢰후부정처사죄 813
1. 의의, 성격 814
2. 구성요건 814
3. 죄수, 타죄와의 관계 814
XIV. 부정처사후수뢰죄 815
XV. 사후수뢰죄 816
XVI. 알선수뢰죄 816
1. 의의, 성격 816
2. 구성요건 817
3. 특별법상의 알선수재죄 819

4. 타죄와의 관계 …… 821
XVII. 증뢰죄(뇌물공여죄 및 증뢰물전달죄) …… 821
1. 의의, 성격 …… 821
2. 구성요건 …… 822
3. 죄수, 타죄와의 관계 …… 823
XVIII. 공무원의 직무상 범죄에 대한 형의 가중 …… 824

제 2 절 공무방해에 관한 죄 …… 824
I. 총설 …… 824
1. 의의 및 보호법익 …… 824
2. 구성요건의 체계 …… 825
II. 공무집행방해죄 …… 826
1. 의의, 성격 …… 826
2. 구성요건 …… 826
3. 죄수, 타죄와의 관계 …… 832
III. 직무·사직강요죄 …… 833
1. 의의, 성격, 보호법익 …… 833
2. 구성요건 …… 833
3. 죄수, 타죄와의 관계 …… 834
IV. 위계에의한공무집행방해죄 …… 835
1. 의의, 성격 …… 835
2. 구성요건 …… 835
3. 타죄와의 관계 …… 839
V. 법정·국회회의장모욕죄 …… 840
1. 의의, 성격 …… 840
2. 구성요건 …… 840
3. 타죄와의 관계 …… 841
VI. 인권옹호직무방해죄 …… 841
1. 의의, 성격 …… 841
2. 구성요건 …… 841
VII. 공무상비밀표시무효죄 …… 843
1. 의의, 성격 …… 843
2. 구성요건 …… 843
3. 타죄와의 관계 …… 846
VIII. 공무상비밀침해죄 …… 846
IX. 부동산강제집행효용침해죄 …… 847
1. 의의, 성격 …… 847

2. 구성요건 ······ 847
3. 타죄와의 관계 ······ 848
X. 공용서류등무효죄 ······ 848
1. 의의, 성격 ······ 848
2. 구성요건 ······ 849
3. 타죄와의 관계 ······ 850
XI. 공용물파괴죄 ······ 850
1. 의의, 성격 ······ 850
2. 구성요건 ······ 850
XII. 공무상보관물무효죄 ······ 851
1. 의의, 성격 ······ 851
2. 구성요건 ······ 851
XIII. 특수공무방해죄 ······ 852
1. 의의, 성격 ······ 852
2. 구성요건 ······ 852
XIV. 특수공무방해치사상죄 ······ 852
제 3 절 도주와 범인은닉의 죄 ······ 853
I. 총설 ······ 853
1. 의의 및 보호법익 ······ 853
2. 구성요건의 체계 ······ 854
II. 단순도주죄 ······ 854
1. 의의, 성격 ······ 854
2. 구성요건 ······ 855
III. 집합명령위반죄 ······ 857
1. 의의, 성격 ······ 857
2. 구성요건 ······ 857
IV. 특수도주죄 ······ 858
1. 의의, 성격 ······ 858
2. 구성요건 ······ 858
V. 단순도주원조죄 ······ 859
1. 의의, 성격 ······ 859
2. 구성요건 ······ 859
VI. 간수자도주원조죄 ······ 860
1. 의의, 성격 ······ 861
2. 구성요건 ······ 861
VII. 범인은닉·도피죄 ······ 861

1. 의의, 성격 ······ 861
2. 구성요건 ······ 862
3. 죄수 ······ 867
4. 친족 간의 특례 ······ 868

제 4 절 위증과 증거인멸의 죄 ······ 870

Ⅰ. 총설 ······ 870
1. 의의 및 보호법익 ······ 870
2. 양자의 관계 ······ 870
3. 구성요건의 체계 ······ 871

Ⅱ. 단순위증죄 ······ 871
1. 의의, 성격 ······ 871
2. 구성요건 ······ 872
3. 공범관계 ······ 877
4. 자백·자수의 특례 ······ 877
5. 죄수, 타죄와의 관계 ······ 878

Ⅲ. 모해위증죄 ······ 879
1. 의의, 성격 ······ 879
2. 구성요건 ······ 879
3. 공범관계 ······ 879

Ⅳ. 허위감정·통역·번역죄 ······ 880
1. 의의, 성격 ······ 880
2. 구성요건 ······ 880
3. 죄수 ······ 881

Ⅴ. (단순)증거인멸죄 ······ 881
1. 의의, 성격 ······ 881
2. 구성요건 ······ 882
3. 친족 간의 특례 ······ 885
4. 죄수, 타죄와의 관계 ······ 885

Ⅵ. 증인은닉·도피죄 ······ 885
1. 의의, 성격 ······ 885
2. 구성요건 ······ 886
3. 타죄와의 관계 ······ 886

Ⅶ. 모해증거인멸/증인은닉·도피죄 ······ 886

제 5 절 무고의 죄 ······ 887

Ⅰ. 총설 ······ 887

1. 의의 및 보호법익 ······ 887
2. 구성요건의 체계 ······ 887
Ⅱ. 무고죄 ······ 888
1. 의의, 성격 ······ 888
2. 구성요건 ······ 888
3. 죄수, 타죄와의 관계 ······ 894
4. 자백·자수에 대한 특례 ······ 895

사항색인 ······ 897

주요 참고문헌 · 인용표시

참고문헌

1. 교과서

강구진	형법강의 각론Ⅰ, 박영사, 1983	(강구진)
김성천/김형준	형법각론, 동현출판사, 2000	(김성천/김형준)
김일수/서보학	새로쓴 형법각론(제6판), 박영사, 2005	(김일수/서보학)
김종원	형법각론(상), 법문사, 1973	(김종원)
박상기	형법각론(제6판), 박영사, 2005	(박상기)
배종대	형법각론(제5판), 홍문사, 2004	(배종대)
손동권/김재윤	형법각론(제2판), 율곡출판사, 2022	(손동권/김재윤)
안동준	형법각론의 재구성, 전남대학교 출판부, 2007	(안동준)
오영근	형법각론, 박영사, 2005	(오영근)
오영근	형법각론(제8판), 박영사, 2023	(오영근 제8판)
유기천	형법학(각론강의 上, 下), 일조각, 1982	(유기천 上, 下)
이재상/장영민/강동범	형법각론(제13판), 박영사, 2023	(이재상/장영민/강동범)
이정원	형법각론(제3판), 법지사, 2003	(이정원)
이형국	형법각론Ⅰ, 법문사, 1997	(이형국, 형법각론Ⅰ)
이형국	형법각론Ⅱ, 법문사, 2005	(이형국, 형법각론Ⅱ)
이형국/김혜경	형법각론(제3판), 법문사, 2023	(이형국/김혜경)
임 웅	형법각론(4정판), 법문사, 2012	(임웅)
서일교	형법각론, 박영사, 1982	(서일교)
정성근/박광민	형법각론, 삼지원, 2002	(정성근/박광민)
정성근/정준섭	형법각론 강의(제2판), 박영사, 2022	(정성근/정준섭)
정영일	형법개론(개정판), 박영사, 2004	(정영일)
황산덕	형법각론, 방문사, 1984	(황산덕)
허일태	형법연구Ⅰ, 세종, 1997	(허일태)

2. 기타

김종원교수화갑기념논문집간행위원회	김종원교수화갑기념논문집, 법문사, 1991	(필자, 김종원화갑기념논문집)
東巖이형국교수화갑기념논문집간행위원회	현대형사법의 쟁점과 과제(東巖이형국교수화갑기념논문집), 법문사, 1998	(필자, 東巖이형국교수화갑기념논문집)
성시탁교수화갑기념논문집간행위원회	성시탁교수화갑기념논문집, 박영사, 2003	(필자, 성시탁교수화갑기념논문집)
心耕정성근교수화갑기념논문집간행위원회	공범론과 형사법의 제문제(上·下) 삼영사, 1997	(필자, 공범론과 형사법의 제문제 上·下)
이상돈	경영과 형법, 법문사, 2011	(필자, 경영과 형법)
한국비교형사법학회편	비교형사법연구 창간호~제7권 제2호, 세종출판사, 1999~2005	(필자, 비교형사법연구)
한국형사법학회편	형사법연구 창간호~제24호, 법원사, 1988~2005	(필자, 형사법연구)
한국형사판례연구회편	형사판례연구(1)~(14), 1994~2006	(필자, 형사판례연구)
한석훈	기업범죄의 쟁점연구, 법문사, 2013	(필자, 기업범죄의 쟁점연구)
志松이재상교수화갑기념논문집간행위원회	형사판례의 연구 I(志松이재상교수화갑기념논문집), 박영사, 2003	(필자, 志松이재상교수화갑기념논문집(Ⅰ))

약어표

가폭법 = 가정폭력범죄의 처벌 등에 관한 특례법

성폭법 = 성폭력범죄의 처벌 등에 관한 특례법

아동학대처벌법 = 아동학대범죄의 처벌등에 관한 특례법

아청법 = 아동·청소년의 성보호에 관한 법률

연명의료결정법=호스피스완화 및 임종과정에 있는 연명의료 결정에 관한 법률

중대재해처벌법 = 중대재해 처벌 등에 관한 법률

특가법 = 특정범죄 가중처벌 등에 관한 법률

특강법 = 특정강력범죄의 처벌에 관한 특례법

특경법 = 특정경제범죄 가중처벌 등에 관한 법률

폭처법 = 폭력행위 등 처벌에 관한 법률

제1편

형법각론의 총론

제 1 절 형법각론의 과제
제 2 절 형법각론에서의 범죄(구성요건)분류와 그 실익
제 3 절 한국 형법각칙의 특징과 예방형법
제 4 절 형법각론의 해석과제와 형법의 해석 방법론

제 1 절 형법각론의 과제 §1

Ⅰ. 형법각론의 과제와 형법총론의 과제

형법각론은 한국 형법전 제2편 각칙에 규정되어 있는 개별 범죄구성요건 요소들에 대한 해석론이다. 형법총론의—특히 범죄론의—중심과제가 '모든' 범죄종류들에 공통된 '일반적' 범죄성립요건에 관한 총칙의 규정들을 체계적으로 분류하고 해석하는 일이었다면, 형법각론의 중심과제는 각칙 구성요건들의 '특별한' 개별 요소들을 학문과 실무에서 전통적으로 사용해온 해석방법들(문리적 해석, 역사적 해석, 체계적 해석, 목적론적 해석 등)에 의거하여 해석론을 전개하는 일이다. 1

형법각론과 형법총론은 하나의 공통 목표를 지향한다. 실제로 전개된 형사사건의 사실관계 속의 행위관련적 사실과 행위자 관련적 사실이 총칙의 유형별 범죄성립요건의 하위요소들과 각칙의 특별한 구성요건들의 하위요소들의 결합체인 '범죄성립요건'에 포섭될 수 있는지를 심사함에 있어 검토해야 할 '적용관련적 형법 지식'(=도그마틱적 지식)을 체계적으로 분류하고 정돈하는 일이다. 형법규정의 해석을 통해 얻어진 적용관련적 형법지식은 총론과 각론 교과서에 학설의 이름으로 또는 판례법리의 이름으로 소개되어 있고 정리되어 있다. 그러나 형법공부의 최종목표는 범죄성립요건에 관한 형법적 기본지식을 반복적으로 학습하는 일에 끝나는 것이 아니다. 이 기본지식을 새로운 사실관계에 적용하여 행위자의 행위가 어떤 범죄의 범죄성립요건을 충족시키는지를 독자적으로 결론내릴 수 있는 능력까지 구비하는 일이다. 이러한 차원의 문제해결 능력은 법학 방법론 일반 및 '법' 발견 능력을 선행조건으로 한다(법 발견 방법에 관해서는 『총론』 제2부 '범죄와 범죄론의 기초지식' 참조). 2

Ⅱ. 형법각칙과 형법총칙의 관계

1. 각칙의 '특별한' 구성요건요소와 총칙의 '일반적' 범죄성립요건

형법각론의 해석 대상인 각칙 규정에는 개별 범죄에 고유한 구성요건 요소에 관한 정보가 들어 있다. 그러나 각칙의 구성요건의 요소들이 모두 충족된다고 해서 해당 범죄의 '성립'이 인정되는 것은 아니다. 각칙 구성요건에는 문제되는 특정 범죄종류에 '특별한' 구성요건요소에 관한 정보만 있을 뿐, '모든' 범죄종류의 성립을 위해 형법이 요구하는 이른바 '일반적' 범죄성립요건은 포함하고 있지 않기 때문이다.[1] 예컨대, 살인죄라는 각칙구성요건("사람을 살해 3

1) 일반적 범죄성립요건을 기준으로 삼을 때 형법각칙의 '구성요건' 중에 특별한 요소들(예, 존속살해죄의 행위객체

한 자는 5년 이상의 유기징역 또는 사형에 처한다")에는 살해행위자, 살해행위, 살해행위의 객체인 사람, 그리고 그 사람의 사망이라는 구성요건적 결과 등이 기술되어 있을 뿐, 살인죄의 '성립'을 위해 심사되어야 모든 요소들이 망라적으로 규정되어 있지는 않다.

4 살인죄의 성립을 인정하기 위해서는 총칙에 규정되어 있는 일반적 성립요건들도 충족되어야 한다. 예컨대 행위자가 주관적으로 살해의 '고의'를 가지고 행위해야 하고, 살해행위와 사망의 결과 사이에 '인과관계'도 인정되어야 한다(고의 작위 기수에 의한 살인죄). 이 뿐만 아니라 행위자가 생명에 대한 위험에 직면해있는 자를 구조행위를 하지 않은 부작위를 함으로써 그 자를 죽게 한 경우에는 그 부작위 행위자가 위험에 처한 자의 생명을 구조해야 할 '작위의무'가 인정되어야 한다(부작위에 의한 살인죄). 행위자가 직접 살해행위를 하지 않고 다른 사람으로 하여금 살인이라는 죄를 범하게 한 경우 살인죄가 성립하였다고 하기 위해서는 그 다른 사람이 '살인죄로 처벌되지 않는 자'이어야 하는 소극적 요건을 요구할 뿐 아니라 행위자가 그 다른 사람을 '도구로 이용' 내지 '우월적 의사지배를 통한 행위지배' 한다는 적극적 요건도 요구된다(간접정범 형식의 살인죄 성립 요건). 더 나아가 행위자가 이러한 적극적 요건을 충족하지 못한 경우에는 살인죄의 공범이 성립하였다고 하기 위해서는 살해행위를 하는 다른 사람의 행위를 '교사'하거나 '방조'가 인정되어야 한다(살인죄의 공범).

5 『형법총론』에서는 이와 같은 유형별(고의 작위 기수범/고의 부작위범/간접정범/공범 등)로 분류되는 범죄종류들의 범죄성립을 위해 '공통적'으로 요구되는 범죄의 '구성요건' 요소들을 규정한 총칙규정들의 해석론을 전개하였다. '일반적' 범죄성립요건에 관한 총칙규정에 따르면 각칙의 특정 범죄가 '성립'되었다고 하기 위해서는 위와 같은 총칙에서 요구되는 유형별 '구성요건'의 요소를 갖춘 것만으로는 충분치 못하다. 위법성과 책임의 요소도 갖추어야 범죄가 성립할 수 있다.

6 그러나 총칙규정에는 위법성이나 책임을 구성하는 적극적 요소가 아니라 그 소극적 요소, 즉 위법성조각사유와 책임조각사유만 규정되어 있다. 이 때문에 위법성과 책임은 총칙에 규정된 위법성조각사유 또는 책임조각사유의 부존재 확인을 통해서 인정된다고도 말할 수 있다. 물론 각칙에 규정된 특별한 위법성조각사유(명예훼손죄의 특칙; 제310조)와 책임조각사유(친족의 범인은닉죄나 증거인멸죄 등: 제154조 제4항 등)도 있다.

7 이외에도 총칙에 규정되어 있지 않지만 '일반적' 범죄성립요건으로서 구성요건해당성이나 위법성 또는 책임 판단에서 심사되어야 할 요소들도 있다. 이러한 요소들은 형법이론학이나 판례 법리 등을 통해 인정되어 있다. 허용된 위험의 창출이나 위험 감소의 경우 행위자의 행위가 구성요건에 해당하는 행위로 평가되지 않는다는 객관적 (행위)귀속에 관한 이론도 적용해야 한다. 판례가 사용하는 사회적 상당성 법리를 적용할 수도 있다. 과실범의 경우 신뢰의 원칙이나 부작위범의 경우 사실상의(개별적) 작위가능성, 부작위와 작위의 작위와의 상응성 등도

인 직계존속, 공무집행방해죄의 방해의 적법한 공무수행 등)이 당해 범죄의 구성요건요소 외의 다른 요소, 즉 위법성관련 요소나 책임관련 요소 등도 포함되어 있는 것으로 해석될 수 있는지에 대해서는 논란이 있다.

총칙에 명문화되어 있지 않지만, 총칙규정의 해석론에서 도출된 요소이므로 범죄성립요건으로 심사되어야 한다. 의무의 충돌, 기대불가능성 등도 총칙이나 각칙규정에 없지만 형법이론상 또는 판례법리상 위법성조각사유 또는 초법규적 책임조각사유로 인정되고 있으므로 심사되어야 한다. 이 뿐만 아니라 행위자가 위법성조각사유의 전제사실에 관한 착오를 일으킨 것인지도 관련 명문의 규정이 없지만 일반적 범죄성립요건 심사의 일환으로 거론하여 학설 또는 판례법리에 따라 해결해야 한다.

2. 단계별 범죄성립 심사

일반적 범죄성립요건인 구성요건해당성, 위법성, 책임이라는 세 개의 상위개념을 사용하여 범죄성립요건을 심사하는 과정을 단계별로 구분하면 이렇다. 먼저 각칙의 범죄구성요건요소와 총칙의 유형별 범죄구성요건 요소들이 합쳐야만 완전체로서의 구성요건이 만들어지고, 행위자의 행위가 이 완전체로서의 구성요건요소를 모두 충족시키는 경우에 비로소 '구성요건해당성' 심사가 끝날 수 있다.[2] 행위자의 행위에 대해 구성요건해당성이 인정되더라도 총칙의 위법성조각사유들 중의 어느 하나를 충족시키지 말아야 '위법성'이 인정되고, 마지막으로 '위법성'이 인정되는 행위라도 그 행위가 총칙상의 책임조각사유들의 중의 어느 하나를 충족하지 않은 것으로 평가되어야 비로소 '책임'이 인정되어 '범죄'의 성립여부에 대한 심사가 종결된다. 8

9

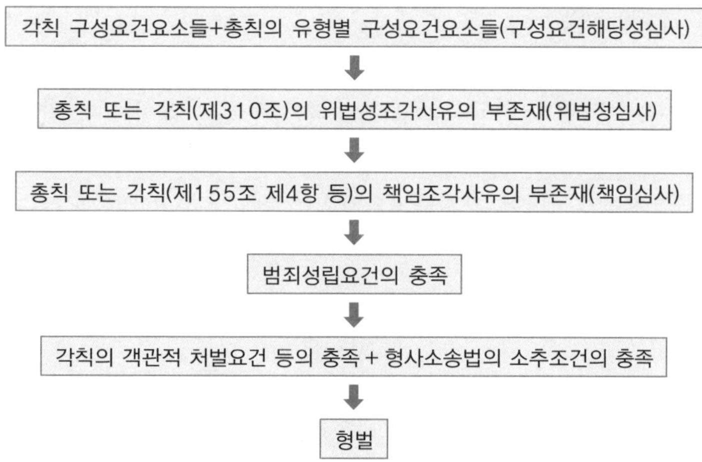

2) 형사실무에서는 특히 판결문의 적용법조로 각칙규정을 적시하면서도 총칙규정은 명시적으로 적시하지 않는 경우도 많다. 총칙의 요소와 각칙의 요소가 합쳐져야 완전체로서의 범죄성립요건이 만들어진다는 점에서 볼 때 총칙규정도 적용법조로 분명히 적시되어야 한다.

3. 총칙과 각칙의 분화 및 구분의 상대성

(1) 분화의 역사

10 범죄의 '성립'을 위해 요구되는 요소들을 규정함에 있어 각 범죄종류에 고유한 특별한 개별요소들과 범죄의 일반적 요소들을 편제상 각칙과 총칙으로 구분하는 입법방식은 처음부터 존재하였거나 우연히 생긴 것이 아니다. 역사적으로 보면 총칙과 각칙의 구분이 이루어진 것은 그리 오래된 일은 아니었다. 형법의 역사 속에서 총칙과 각칙의 구분이 없었던 시기도 있었다. 우리나라 조선시대에 적용된 대명률직해에는 총칙격에 해당하는 명례율(名例律)이 있었지만, 예컨대 책임조각사유는 개별 범죄종류와 함께 산발적으로 규정되어 있었고, 착오규정도 개별범죄 종류별로 각칙조항에 들어 있었으며, 오늘날의 미수범에 관한 총칙규정도 없었다. 정당방위에 관한 내용도 주거침입에 관한 죄나 간통현장에서의 살인 등 개별 범죄종류별로 규정되어 있었고, 살인죄에 관한 규정에 교사에 관한 내용도 규정되어 있는 등 오늘날 총칙의 규율대상과 각칙의 규율대상이 체계적으로 분류되어 있지 않았다.[3]

11 한국 형법의 역사에서 양자의 체계적 구분은 최초의 근대 형법전으로 평가되는 1905년 형법대전부터였다고 할 수 있다(예, 총칙의 일반적 범죄성립요건에 관한 규정은 제2편 죄례 제1장 범죄분석(犯罪分析, 제1~제9절에 편제되어 있었고, 각칙의 개별범죄는 제4편 율례 제1장 반란소간율(反亂所干律, 제1~5절)~제14장 잡범률(雜犯律, 제1~10절)에 규정되어 있었다).

(2) 구분의 상대성

12 총칙과 각칙의 구분은 절대적이지 않고 상대적인 구분일 뿐이다. 일반화의 한계선은 논리적으로 미리 결정될 수 없기 때문이다. 독일의 형법학자 중에는 총칙을 동일한 나무의 '줄기+큰가지들'로, 각칙을 그 '작은 가지들+잎사귀들'로 비유하고 있기도 한다. 물론 작은 가지가 자라면 큰 가지가 되므로 총칙과 각칙의 구분이 내용적으로 고정되어 있는 것이라고 하기는 어렵다.

13 한국 형법의 원형으로 볼 수 있는 독일 형법의 경우도 예를 들면 독일의 카롤리나 형법전은 정당방위는 살인죄의 경우에만 적용되도록 규정되어 있었으므로 각칙의 규정사항이었고, 교사범은 각칙규정들 속에 범죄종류별로 흩어져 있었으며 책임무능력의 특별사례인 형사미성년자는 각칙의 절도죄에서만 고려되었다. 독일 형법의 역사에서 각칙으로부터 총칙의 분화는 입법, 사법(판례) 그리고 학문영역에서 장기간 지속된 '일반화'의 과정을 거쳐 이루어졌다. 총칙을 분리시킴은 초기 법전편찬기술과 죄형법정주의원칙의 타당성을 무제한적으로 관철시키려는 목적에 기여하였고, 19세기 말 학문적인 컨셉으로부터 일반화 운동이 그 정점에 달하게 되었다.[4]

---

3) 자세한 내용은 안성훈/김성돈, 『조선시대 형사법제 연구. 총칙의 현대 형사법 편제에 따른 재정립』, 한국형사정책연구원, 2015 참조.

4) 이에 관한 자세한 내용은 Martin Finke, Das Verhältnis des Allgemeinen zum Besondren Teil des Strafrechts,

(3) 구분의 합리적 진보성

총칙과 각칙의 분화를 통해 일반적 범죄성립요건을 추출해낸 것은 법문화에서 커다란 진보로 평가될 수 있다. 객관적으로는 법익침해적 결과가 발생하였지만, 그것은 행위자의 잘못으로 인한 우연적 결과일 뿐이라는 점을 통찰하게 되면 국가형벌이 반드시 잘못(책임있는 행위=불법행위)에 대해서만 부과할 수 있게 할 수 있다. 이와 같은 계몽주의 사상에 기원을 둔 책임원칙을 수용하면, 모든 범죄에 고의 또는 과실이라는 행위자의 주관적 태도나 행위와 결과 간의 인과관계를 일반적으로 요구하고 이를 총칙으로 분화시키는 입법기술로 이어지게 된다. 형법전의 위법성조각사유는 형식적으로 구성요건요소에 해당하더라도 전체 법질서를 기준으로 삼을 때 그리고 실질적인 위법성의 관점에서 볼 때 그 행위가 '전체로서의 법질서'에 위반되지 않는 것으로 평가될 수 있는 예외적 사정들이 있음을 통찰하고, 이른바 '정당화사유'들로 표준화하여 총칙규정에서 두고, 이 정당화사유들이 원칙적으로 모든 범죄종류에 대해 타당하도록 구상되었다. 책임조각사유들도 마찬가지다. 자유라는 이념을 법의 중심자리에 두고 '자유 없이 책임 없다'는 기본적 법사상에 기초하여 자유를 제한하는 비정상적 행위자 사정 및 행위사정들을 책임조각사유로 표준화하여 이를 모든 범죄종류에 대해 적용할 수 있도록 총칙규정에 두게 된 것이다. 오늘날 모든 범죄에 대해 타당한 통일적 범죄개념에 대한 정의를 공식화하고 있는 범죄에 관한 이론들(범죄론)은 법적 안정성에 기여하므로 총칙과 각칙을 분화시키는 일이 목적합리적인 차원을 가지고 있음을 보여주고 있다. 14

Ⅲ. 형법각론의 해석대상과 범죄분류의 의의

1. 형법각론과 범죄각론

형법각론은 기본적으로 형법 각칙규정의 범죄종류들의 구성요건요소들에 대한 해석론을 중심에 두고 있지만, 해석의 대상은 형법각칙 규정의 구성요건 요소들에만 국한되지 않는다. 형식적 의미의 '범죄'가 형법각칙에만 규정되어 있는 것이 아니기 때문이다. 그 법률의 명칭이 무엇이든 각칙규정에 있는 구성요건요소를 일부 변형하면서 그 형을 가중하고 있거나, 각칙규정에는 없는 독자적 구성요건을 만들어 규정하고 있는 수많은 실질적 의미의 형법(형사특별법 또는 행정형법)에도 형벌을 법효과로 두고 있는 형식적 의미의 범죄들은 무수히 많다. 이러한 범죄의 구성요건들까지 모두 염두에 두면 형법각칙은 (형법의 범죄를 넘어서 형사특별법의 범죄까지 포함한) '범죄'각칙을 의미하고, 이러한 구성요건요소들까지 해석대상으로 삼아야 할 형법각론은 '범죄'각론이라고 부를 수 있다.[5] 15

1975. J. Schweizer Verlag·Berlin 참조.

5) 특히 형법전 범죄종류 및 ― 후술하게 될 ― 범죄분류에 관한 해석법리가 익숙해지면 실무상 자주 접하게 되는 특별형법상의 독립구성요건의 법적 성격을 규명하는 데에도 그러한 해석법리를 응용할 수 있다(이에 관해서는 후술할

16 '형법'각론이 '범죄'각론이 되려면 다양한 형사특별법상의 범죄구성요건들도 모두 해석의 대상으로 삼아야 할 것이다. 그러나 이 책에서는 필요한 경우에 한하여 형사특별법의 범죄구성요건들을 소개하거나 그에 대한 대법원의 해석태도를 일부 소개하는 데 그치고, 기본적으로는 기본법에 해당하는 형법각칙의 범죄구성요건들에 대한 해석론을 전개하는 데 중점을 둔다.

17 형사특별법은 범죄에 형벌에 관한 규정이라는 점에서는 '형법'과 차이가 없지만, 그 형식이나 내용 또는 입법목적 등의 관점에서 보면 일반 형법과 적지 않은 차이가 있다. 일반인에게 가장 익숙한 형사특별법으로는 엄벌주의 내지 중형주의적 형사정책에 기반하여 형법전의 기본 범죄구성요건 요소를 그대로 두고 행위수단이나 행위상황 또는 행위자의 숫자만 달리하거나 형법전의 구성요건을 결합시켜 법정형을 가중하고 있는 결합범 형식의 변형구성요건을 두고 있는 법률들(폭력행위 등 처벌에 관한 법률, 특정범죄 가중처벌 등에 관한 법률)이다. 형법의 구성요건 요소에 추가적으로 요소를 요구하거나 형법의 구성요건 요소를 변형하지 않고, 행위자가 얻은 재산상의 이익이 일정 금액 이상인 경우 형법각칙의 법정형에 비해 가중된 법정형을 두고 있는 형사특별법(예, 특정경제범죄 가중처벌 등에 관한 법률)도 있다. 이러한 법률들은 독자적인 행위규범적 성격을 가지고 있지 않고, 단순한 양형지침에 불과하다고 평가될 수 있다. 실무상으로는 이념적으로 중요한 형사특별법으로는 아동, 청소년, 여성, 노동자 등과 같은 사회적 약자의 법익을 더 두텁게 보호하기 위해 이들을 피해자(행위객체)로 하는 변형 또는 독자적 구성요건을 두고 있는 법률이다(「아동학대범죄의 처벌 등에 관한 특례법」, 「성폭력 등에 관한 특별법」, 「아동·청소년 성보호에 관한 법률」, 「중대재해처벌 등에 관한 법률」 등). 형사입법론에서 많은 분석가들이 흩어져 있는 '형사특별법들의 형법전 편입방안'이 기본법으로서의 형법의 기능과 권위를 살리는 길이라고 주장하지만, 마지막에 분류된 형사특별법은 일반 형법과 이념적 차원에서 입법목적을 달리하는 고유의 규율영역을 가지고 있으므로 법체계적 관점이나 기술적 측면에서 형법전 편입이 불가능할지도 모른다.

2. 형법각칙 범죄분류의 의의

18 형법각칙의 해석 대상이 되는 개별 범죄는 각 구성요건에서 보호되고 있는 법익을 기준으로 삼으면 크게 세 가지로 분류될 수 있다.

19
- 개인적 법익을 보호법익으로 하는 범죄종류들(제250조~제372조까지): 제24장부터 제42장까지
- 사회적 법익을 보호법익으로 하는 범죄종류들(형법 제114조~제121조, 제158조~제249조): 제5장, 제6장 및 제12장부터 제23장까지
- 국가적 법익을 보호법익으로 하는 범죄종류들(제87조~제113조): 제1장부터 제11장까지(단, 제5장 및 제6장은 제외함)

20 이러한 분류는 각칙 구성요건의 개별 요소(개념)들이 해당 구성요건에서 보호되는 법익을 기준으로 삼아 해석된다는 점에서 그리고 서로 다른 구성요건 속에 들어 있는 동일한 개념표지가 보호법익이 무엇이냐에 따라 그 의미가 다르게 해석될 수 있다는 점(예, 서로 다른 구성요건들에서 폭행, 협박, 위계, 위력 등이 동일한 행위수단으로 규정되어 있지만, 구성요건별로 그 의미가 다르게 파악됨)에서 중요한 분류실익이 있다. 이 뿐만 아니라 각칙 구성요건은 보호법익의 보호정도를 기준으로 삼아 재분류될 수 있다. 각칙 구성요건은 법익 외의 다른 기준, 즉 각 구성

'공유수면관리법 위반죄'의 계속범성, '운전자폭행치상죄'의 추상적 위험범성 참조).

요건이 충족되기 위해서 일정한 '결과'의 발생을 요하는지의 여부를 기준으로 삼아서도 재분류될 수 있다. 이러한 분류의 실익은 각각 고유한 해석론적 쟁점(분류의 실익)을 내포하고 있다. 어떻게 분류되는지에 따라 공소시효의 완성시기가 달라질 수도 있고, 기수시기와 미수시기가 달라지기도 한다. 구성요건별로 공범과 정범의 구별표지가 달라질 수도 있고, 총칙의 임의적 공범규정의 적용 여부가 달라지기도 한다.

각칙구성요건의 개별요소들에 대한 해석론적 쟁점들을 일정한 기준과 체계성을 가지고 일관성 있게 해결하기 위해서, 그리고 각 쟁점들을 구성요건별로 일일이 취급하는 번거로움을 피하기 위해서는 범죄각칙에 해당하는 구성요건의 종류들을 일정한 기준에 따라 재분류하는 단계를 미리 거칠 필요가 있다. 이와 같은 현실적 요구와 필요성에 따라 각칙구성요건에 대한 분석과 분류가 시작된 것은 『총론』에서 언급했듯이 구성요건개념을 '범죄의 지도형상'으로 이해하였던 구성요건 이론을 전개한 벨링의 공적이었다. 각칙 구성요건의 분류법은 각칙의 모든 범죄종류/형사특별법의 범죄종류들에 대해서도 타당하므로 이하 제2절의 범죄분류(내지 구성요건 분류)는 각론의 일반론(총론)에 해당한다. 21

제 2 절 형법각론에서의 범죄(구성요건)분류와 그 실익 §2

I. 결과발생을 요건으로 하는지에 따른 분류 및 그 실익

형법학에서 포착하고 있는 구성요건의 형식적인 측면인 '구성요건적 결과'를 기준으로 삼을 때 형법각칙의 모든 범죄는 결과범과 거동범으로 나누어진다. 1

1. 결과범/거동범

'결과범'은 입법자가 '구성요건적 행위'와 구별하여 규정한 별도의 '결과'가 발생할 것을 구성요건에서 명시적으로 요구하고 있는 범죄(예, 살인죄, 상해죄, 강도죄 등)이고, '거동범'은 결과가 발생할 것을 요구하지 않고 일정한 '행위'만 있으면 해당 구성요건의 충족이 인정되는 범죄이다(폭행죄, 협박죄, 위증죄 등). 거동범 대신 '행위범'으로 불려지기도 한다. 2

2. 단순거동범과 부진정 거동범

각칙 구성요건들 중에는 형식상 결과를 구성요건요소로 요구하지 않은 거동범의 형식을 취하고 있으면서도 미수처벌규정을 두고 있는 구성요건들도 있다. 예를 들면 협박죄의 구성요건이 여기에 속한다. 이러한 구성요건의 경우는 구성요건적 '행위'의 존부를 기준으로 삼아 가벌성인정/가벌성부정을 구분하는 종래의 단순 이분법적 구분이 유효하지 않게 된다. 이러 3

한 구분법은 미수처벌규정이 없는 거동범의 경우에만 타당할 뿐이기 때문이다. 이와 같이 각칙의 구성요건에서 결과발생을 구성요건 요소로 요구하고 있지 않아서 형식적인 분류법에 따르면 다같이 거동범으로 분류될 수 있지만, 종래 학설상 다수견해는 미수처벌규정이 없는 거동범과 미수처벌 규정이 있는 거동범으로 나누어 전자만 '단순' 거동범으로 불러왔다. 문제는 구성요건의 형식면에서 보면 거동범이지만, 미수처벌규정이 있는 구성요건은 어떻게 취급할 것인지에 있다.

4 이에 대해 일부 견해는 미수처벌규정이 있는 거동범의 경우 해당 구성요건에서 보호되는 '법익'의 보호정도에 초점을 맞추어 이를 '침해범'으로 분류한다. 이에 따르면 보호법익에 대한 현실적 침해가 있으면 기수, 보호법익에 대한 위험성만 인정되면 미수가 되는 것으로 해석되어야 한다고 한다. 이러한 해석태도를 견지하는 입장은 후술할 침해범과 위험범의 구별함에 있어 미수처벌규정의 존부라는 형식적 기준을 사용하기도 한다. 그러나 어떤 구성요건을 침해범으로 해석할 것인지 위험범으로 해석할 것인지는 보호법익의 정도에 따른 실질적 구별문제로서 결과발생 여부라는 형식적 기준에 따른 구분법인 결과범과 거동범의 문제와 다른 차원의 문제이다. 이 때문에 위 견해는 각칙의 협박죄의 구성요건의 해석론으로도 취하기 어려운 난점이 있을 뿐만 아니라 각칙규정의 해석론으로 일관되게 주장되기 어렵다.[6] 각칙 구성요건 중에는 형식상 명시적으로 '결과'발생을 요구하지 않으면서도 미수처벌규정을 두고 있는 구성요건들을 침해범으로 분류해 버리면, 법익침해적 결과를 구성요건적 결과로 요구하고 있는 '전형적 결과범'(후술할 '결과범 이자 침해범')과의 관계를 설명하기 어렵게 되기 때문이다.

5 따라서 미수처벌규정을 두고 있지 않아 '구성요건적 행위'의 인정 여부에 따라 가벌성인정/가벌성부정을 결정지우는 구성요건과, 미수처벌규정을 두고 있으면서도 구성요건적 결과를 명시적으로 요구하지 않고 있는 구성요건을 '결과범과 거동범'이라는 형식적 분류 차원에서 재분류할 필요가 있다. 이 책에서는 전자를 '진정' 거동범(=단순 거동범)이라고 부르고, 후자는 '부진정' 거동범으로 부르기로 한다. 부진정 거동범의 경우 미수처벌 규정의 존재 때문에 해석상 기수/미수를 구별하는 기준을 새롭게 이론화할 필요가 있다. 이에 관해서는 후술할 추상적 위험범의 세부유형론에서 논하기로 한다.

3. 분류실익

6 결과범과 거동범의 구분 실익은 분명하다. 결과범인 경우는 기수가 되기 위해서는 구성요건적 결과가 발생할 것이 요구되므로 이 범죄의 성립을 위해서는 행위와 결과간의 인과관계가 인정될 것이 요구된다. 반면에 구성요건적 결과를 요하지 않는 거동범의 경우는 인과관계

---

6) 자세한 내용은 김성돈, "침해범/위험범, 결과범/거동범, 그리고 기수/미수의 구별기준", 형사판례연구 제17권(2009), 17면 이하 참조.

라는 요건이 요구되지 않는다. 결과범의 경우 결과발생이 없거나 결과가 발생하였더라도 행위와 결과간의 인과관계가 부정되면 미수가 되지만, 거동범의 경우는 결과가 발생하지 않아도 이 죄의 구성요건이 실현된 것으로 되므로 미수처벌규정을 두고 있지 않은 경우가 일반적이므로 기수와 미수의 구별문제도 처음부터 제기되지 않는다. 그러나 거동범 중 미수처벌규정을 두고 있는 부진정 거동범의 경우는 기수와 미수를 구별할 필요가 있고, 그 기준이 무엇인지 언제 미수가 되는지가 중요한 해석론상의 쟁점이 될 수 있다(협박죄 참조).

Ⅱ. 보호법익의 보호정도를 기준으로 하는 분류 및 그 실익

1. 침해범/위험범

형법상의 범죄는 당해 범죄구성요건을 통해 법익이 어느 정도로 보호되고 있는가에 따라 침해범과 위험범(또는 위태범)으로 대별될 수 있다. '침해범'은 보호법익에 대한 현실적 침해가 있어야 범죄구성요건이 충족되는 범죄이고(예컨대 살인죄, 상해죄, 강도죄 등), '위험범'은 보호법익에 대한 현실적 침해가 없어도 법익침해의 위험성만으로도 해당 구성요건이 충족되는 범죄이다. 7

2. 구체적 위험범/추상적 위험범

위험범은 각칙규정에 기술된 구성요건의 형식을 기준으로 삼으면, 다시 구체적 위험범과 추상적 위험범으로 나누어진다. '구체적 위험범'은 법익침해에 대한 구체적·현실적인 위험이 발생될 것을 요하는 범죄로서(예, 자기소유일반건조물방화죄, 일반물건방화죄 등) 범죄구성요건에 명문으로 법익에 대한 '위험발생'을 요구하고 있고, 형식상 이 위험발생은 당해 구성요건의 구성요건적 결과로 이해될 수 있다. 8

'추상적 위험범'은 법익침해라는 현실적 결과발생을 요하지 않을 뿐 아니라 구체적·현실적인 위험의 발생도 요구하지 않는 구성요건 형식을 말한다(예, 모욕죄, 명예훼손죄, 일반교통방해죄, 공무집행방해죄 등). 9

判 대법원은 추상적 위험범에 해당하는 공무집행방해죄의 경우에는 "직무집행의 방해라는 구체적 결과발생을 요하지 않는다"[7]고 하거나, 모욕죄의 경우에도 "피해자의 외부적 명예가 현실적으로 침해되거나 구체적·현실적으로 침해될 위험이 발생하여야 하는 것도 아니다"[8]라고 한다. 하지만 대법원은 일반교통방해죄의 경우에는 "교통방해의 결과가 현실적으로 발생하여야 하는 것은 아니다"라고 하면서도 "교통이 불가능하거나 또는 현저히 곤란한 상태"가 발생하면 바로 기수가 된다[9]고 하며. 명예훼손죄의 경우도 이 죄를 명시적으로 추상적 위험범으로 해석하면서도 "(전략) 적시된 사실이 특정인의 사회적 평가를 침해할 가능성이 있을 정도로 구체성을 띠어야 하나, 위와 같이 침해할 위험이 발생한 것으로 족하고 침해의 결과를 요구하지 않(는다)"[10]고 한다. 교통 10

7) 대법원 2018.3.29. 2017도21537.
8) 대법원 2016.10.13. 2016도9674.
9) 대법원 2005.10.28. 2004도7545.

방해죄의 경우 교통이 불가능하거나 현저히 곤란함이라는 일정한 상태 또는 명예훼손의 경우 '위험의 발생'을 운운하고 있음은 보호법익의 보호정도와 관련하여 구체적 위험범에 가깝게 해석하고 있는 측면도 있다(해석상 성립요건을 어느 정도 보강하고 있는 추상적 위험범에 관해서는 후술할 '추상적 위험범 재분류' 참조).

11 이러한 형식의 구성요건에는 구체적 위험범의 경우와 같이 구성요건의 형식적 문언에서도 해당 보호법익의 '위험' 또는 '위태화'와 관련된 아무런 문구(내지 표현)가 등장하지 않는다. 추상적 위험범의 경우 법익에 대한 '위험'이 당해 범죄구성요건을 만드는 입법자의 머릿속(입법자의 입법동기)에만 있다. 이 때문에 이러한 구성요건의 경우는 구성요건에 규정되어 있는 구성요건적 '행위'를 하기만 하면 — 구체적 위험범의 경우와 같이 — 아무런 구체적 현실적 위험이 발생하지 않아도 범죄는 성립한다. 예컨대 도로교통법상의 음주운전죄와 같이 혈중 알코올농도가 일정한 정도(0.03% 이상)에 이른 상태에서 운전을 하기만 하면 타인의 재산이나 신체 또는 생명에 아무런 침해 내지 침해의 위험을 야기하지 않고 무사히 목표지점에 도착한 경우에도 음주운전죄는 성립한다.

3. 분류실익

12 침해범의 경우는 해당 범죄의 성립 및 기수를 인정하기 위해서는 '보호되는 법익의 현실적 침해'를 요한다는 점에서 위험범의 경우와 결정적으로 차이가 있다. 위험범을 다시 구체적 위험범/추상적 위험범으로 구별하는 것도 성립요건상의 차이 때문이다. 즉, 그 범죄의 성립을 위해서는 아무런 당해 법익 침해의 위험성조차 요구되지 않는 추상적 위험범의 경우와는 달리, 구체적 위험범의 경우는 법익이 침해될 위험성이 현실적으로 나타날 것이 요구되고 이 구체적 위험발생은 동시에 '구성요건적 결과'이므로 행위자의 고의의 인식대상이 된다.

13 그러나 형법각칙 및 특별형법에는 법익의 보호정도와 관련해서는 추상적 위험범으로 분류될 수 있지만 당해 법익과 무관한 독립된 구성요건적 결과를 구성요건요소로 명시하고 있는 구성요건, 추상적 위험범이자 거동범이면서도 미수처벌규정을 두고 있는 구성요건 등이 있다. 이러한 구성요건들은 위와 같은 이분법적 구분으로 분류될 수 없고 그 다층성을 포착하기 위한 보다 정밀한 기준을 가지고 그 법적 성격을 규명할 필요가 있다.

Ⅲ. 보호법익과 구성요건적 결과 등 다양한 변수를 함께 고려하는 분류

1. 침해범과 결과범의 관계

14 형법상 구성요건의 '표준모델'은 보호되는 법익의 측면에서는 침해범이면서도 동시에 그 법익침해적 결과가 구성요건적 결과로 요구되어 결과범에 해당하는 구성요건이라고 할 수 있다. 이러한 구성요건의 특성은 구성요건적 결과가 당해 구성요건이 보호하는 법익의 현실

10) 대법원 2020.11.19. 2020도5813.

적 침해와 일치성을 보이는 점에 있다. 예컨대 살인죄의 경우 사람의 생명의 침해가 곧 사망의 결과이므로 살인죄는 '침해범이자 결과범'인 것이다.

모든 침해범은 결과범이지만, 결과범이라고 해서 모두 침해범은 아니다. 예컨대, 구체적 위험범은 형식적으로는 '법익'에 대한 구체적·현실적 위험이 결과로서 발생해야 할 것이 요구되므로 결과범이지만, 법익에 대한 현실적 '침해'가 요구되는 것이 아니므로 침해범이 아니다.[11] 15

2. 해석을 통해 인정되는 구체적 위험범

구체적 위험범과 추상적 위험범으로 분류함에 있어 통상적으로 사용해 온 기준은 입법자가 법익에 대한 '위험'의 발생을 구성요건요소로 요구하고 있는가라는 기준이었다. 그러나 형법의 해석상 위험발생이 구성요건에 명시되어 있지 않고, 별도의 구성요건적 결과로 요구되어 있지 않은 경우에도 그 가벌성 확장을 막기 위한 해석론을 전개하여 이를 구체적 위험범으로 분류하기도 한다. 이러한 해석론에 따르면 예컨대 유기죄의 경우는 전통적인 기준에 따를 때 추상적 위험범으로 분류되지만, 학설상 이 구성요건의 충족을 위해 명문의 규정이 없는 '위험발생'이라는 요건을 추가적으로 요구함으로써 범죄성립의 문턱을 높이기도 한다. 실제로 대법원이 명예훼손죄의 경우 이러한 해석론을 전개하고 있음은 앞서 살펴보았다. 16

判 대법원은 이와 반대방향에서 구성요건의 충족을 완화하기 위해 전통적으로 침해범으로 분류되어 온 구성요건을 '구체적 위험범'으로 해석하기도 한다. 이러한 해석에 따르면 해당 구성요건이 보호하는 법익의 현실적 침해가 없고, 법익에 대한 위험의 발생만으로 해당범죄는 기수가 되고, 위험발생이 없는 경우에는 미수가 된다고 한다. 강학상 침해범으로 해석되고 있는 구성요건 중에 대법원이 구체적 위험범으로 파악하는 대표적인 구성요건은 횡령죄와 배임죄의 구성요건이다(횡령죄와 배임죄 참조). 17

3. 추상적 위험범의 재분류(거동범 및 결과범과의 관계에서)

추상적 위험범은 보호법익의 보호정도와 관련해서는 법익침해 또는 법익에 대한 위험발생의 전단계에서 범죄성립이 인정되어 법익을 가장 강하게 보호하는 입법형식이지만, 형사입법자는 가벌성 확장을 방지하기 위해 보호법익과는 독립된 별도의 결과발생을 명시적으로 요구하는 등 입법기술상 다양한 형식의 추상적 위험범의 구성요건을 만들어 두고 있다. 18

(1) 제1유형의 추상적 위험범

추상적 위험범 형식의 구성요건은 원칙적으로 '법익침해'라는 결과나 '위험의 발생'이라는 결과가 없더라도 구성요건적 행위만으로 그 구성요건이 실현된다. 이 때문에 입법기술상 추상적 위험범은 결과범이 아니라 거동범의 형식으로 만들어지는 것이 보통이다. 형법규정에 19

---

11) 물론 구체적 위험범 형식의 구성요건 가운데 미수처벌 규정을 두고 있지 않는 경우도 있다. 이러한 경우 구체적 위험이 발생하지 않을 경우 무죄가 되는 것이 아니라 그 보호법익의 침해를 요건으로 하고 있는 침해범의 기수로 처벌된다(예, 중상해죄에서 생명에 대한 위험발생하지 않은 경우는 '중상해죄'의 미수가 아니라 '상해죄'의 기수로 처벌된다).

서 보호법익의 보호정도를 기준으로 삼을 때 추상적 위험범 형식의 구성요건은 대부분 거동범의 형식으로 만들어져 있다(추상적 위험범의 기본형식). 형법의 폭행죄, 낙태죄, 유기죄, 학대죄, 아동혹사죄, 모욕죄, 비밀침해죄,[12] 권리행사방해의 죄(제323조), 범죄단체조직죄, 소요죄, 다중해산불이행죄, 공무원자격사칭죄 등 공안을 해하는 죄, 피의사실공표죄, 공무상비밀누설죄, 폭행가혹행위죄, 선거방해죄, 뇌물의 죄, 도로교통법의 음주운전죄 등이 여기에 속한다. 이러한 구성요건은 구성요건적 행위만 있으면 성립하고 미수처벌규정도 없다.

(2) 제2유형의 추상적 위험범

20 현행 형법에는 추상적 위험범으로 해석될 수 있고 **미수가 처벌되지 않는다**는 점에서 제1유형과 동일하지만, '일정한 결과'를 구성요건요소로 해석할 필요가 있다는 점에서 제1유형과 구별되어야 할 구성요건들도 있다. 특히 구성요건에 행위수단과 별개로 요구되어 있는 이 '일정한 결과'는 방해, 훼손 등이라는 용어로 표현되어 있어 해당 구성요건이 보호하는 법익과도 일정한 관련성을 가지고 있음이 시사되어 있다. 그러나 이러한 '결과'는 미수·기수의 형식적 구별기준으로 기능하는 '법익침해적 결과' 그 자체는 아니므로 법익침해 자체가 구성요건적 결과로 규정되어 있는 진정한 의미의 — 구성요건의 표준모델인 — 결과범(침해범이자 결과범)에서 말하는 '결과'와는 다르다. 따라서 이러한 결과는 '부진정' 결과로 별도로 취급할 필요가 있고. 이에 해당하는 구성요건을 '부진정 결과범'으로 부를 수 있다. 위계에 의한 공무집행방해죄나 직권남용권리행사방해죄, 교통방해죄, 명예훼손죄, 신용훼손죄, 업무방해죄 등이 이러한 형식의 구성요건에 속한다.

21 判 대법원은 구성요건별로 '방해', '훼손' 등의 표지를 다르게 해석하고 있다. '위계에 의한 공무집행방해죄'의 경우 이 죄의 보호법익인 '국가기능 작용인 공무'는 개별행위로 침해될 성질의 것이 아님에도 불구하고, 이 죄가 성립하기 위해서는 '위계'만으로는 부족하고 "현실적으로 상대방 공무원의 공무집행이 곤란하게 되는 상태에 이를 것을 요하고", "공무방해의 고의"도 요구되는 것으로 해석한다.[13] 직권남용권리행사방해죄의 경우도 국가기능 작용인 공무수행의 적정성이라는 법익이 일회적 행위로 침해될 성질이 아니고 미수처벌규정이 없지만, 법익의 침해가 아닌 '상대방의 구체적 권리의 현실적으로 방해'를 요한다고 한다. 대법원은 공공의 교통의 안전을 보호법익으로 하는 일반교통방해죄의 경우도 '교통방해'를 현실적 교통방해의 결과까지 요구하지는 않지만, '교통이 불가능하거나 현저히 곤란한 상태'로 해석하고,[14] 업무방해죄의 경우도 현실적 (방해적 결과)를 요구하는 것이 아니라, 업무가 방해될 위험성이 있으면 족한 것이라고 한다. 특히 대법원이 업무방해죄의 성립을 위해 요구하는 요건인 '업무가 방해될 위험성'을 부진정 결과로 분류될 수 있는지에 관해서는 해석상 논란의 여지가 있다. 이 요건이 모든 업무방해죄의 성립요건으로 요구되지 않고 '위계'를 수단으로 한 특수한 사례유형의 경우에만 요구되고 있기 때문이다(이에 관해서는 업무방해죄 부분 참조).

---

12) 비밀침해죄 중 신서개피죄(제1항)는 그 내용을 알 것을 요구하지 않고 있으므로 구성요건적 행위만으로 성립하므로 추상적 위험범에 해당하지만, 기술수단을 이용한 비밀침해죄(제2항)는 그 내용을 알 것을 구성요건요소로 요구하고 있으므로 침해범으로 해석된다.

13) 반면에 폭행협박에 의한 공무집행방해죄의 경우는 폭행·협박만 있으면 족하고, 상대방 공무원의 공무가 방해될 것이 구성요건에 기술되어 있지 않다.

14) 대법원 2018.5.11. 2017도9146.

(3) 제3유형의 추상적 위험범

중한 결과발생을 구성요건 요소로 규정하고 있어 결과적 가중범이면서도 보호법익(1차적 법익)의 관점에서 추상적 위험범으로 해석될 수 있어 독자적으로 분류할 유형도 있다. 이 유형에 속하는 구성요건은 **미수처벌이 되지 않는다**는 점에서 제1유형 및 제2유형과 동일하지만, 앞의 제2유형의 경우와 달리 당해 구성요건이 보호하는 법익과 밀접하게 관련된 '유사 결과'가 아니라, 기본범죄의 구성요건이 보호하는 법익에 대해서가 아니라 전적으로 행위객체에 대한 결과로서 '중한 결과'라는 점에서 차이가 있다. 예컨대 현주건조물방화치사상죄의 주된(1차적) 보호법익은 기본범죄인 현주건조물방화죄의 보호법익인 공공의 안전이지만 '중한 결과'는 이와 무관하게 사망 또는 상해로서, 사람의 생명 또는 신체의 완전성 침해에 해당한다. 22

따라서 기본범죄의 보호법익에 대한 보호정도를 기준으로 삼을 경우, 이러한 구성요건은 침해범 내지 결과범으로 분류되는 통상적인 결과적 가중범(폭행치사상죄, 상해치사죄등)과는 달리 추상적 위험범의 일종으로 분류되어야 한다. 현주건조물방화치사상죄, 일수건조물치사상죄, 특히 특가법상의 운전자폭행죄, 운전자폭행치사상죄가 여기에 속한다. 23

判 대법원은 특정범죄가중처벌에 관한 특례법상의 운전자폭행치사상죄(제5조의10 제2항)를 추상적 위험범으로 분류하면서 통상적인 결과적 가중범에 해당하는 폭행치사상죄나 상해치사죄 등과 차별화하는 태도를 유지한다. 즉 대법원은 이 죄의 주된 보호법익(1차적 보호법익)은 사람의 신체의 완전성이 아니라 도로교통의 질서 및 시민의 안전이라는 사회적 법익(공공위험범)으로서 운전자에 대한 폭행 또는 협박(형법상의 폭행협박죄에 비해 가중)을 기본범죄로 하면서, 사람의 생명·신체라는 법익에 대한 침해적 결과를 '중한 구성요건적 결과'라고 하면서 이러한 형식의 결과적 가중범을 침해범(=결과범)이나 구체적으로 위험범으로 분류하지 않는다. 대법원은 이러한 형식의 구성요건을 '추상적 위험범'으로 분류함으로써 생기는 성립요건상 중요한 차이가 있음을 인정한다(침해범과 위범범의 분류실익 참조). 24

(4) 제4유형의 추상적 위험범

보호법익의 보호정도를 기준으로 삼으면 추상적 위험범에 속하지만, 보호법익의 침해와 무관하면서도 행위객체 대해 별개의 독립된 '결과'(즉, 행위객체에 대한 일정한 외부적 효과로서의 결과)를 구성요건 요소로 요구하고 있는 구성요건들도 있다. 특히 여기에 속하는 구성요건은 **미수처벌규정이 존재하므로** 법익과 무관한 구성요건적 결과가 발생한 경우만 기수가 되고, 결과가 발생하지 않으면 미수가 되는 것으로 해석된다. 예를 들면 현주건조물방화죄의 경우 현주건조물에 방화행위를 하기만 하면 — 예컨대 방화의 목적물이 주거가 인가와 멀리 떨어진 외딴 곳에 있어서 — 이 죄의 법익에 해당하는 공공의 위험은 현실적으로 발생하지 않더라도 이 죄가 성립한다. 그러나 이 죄는 공공의 위험과 무관하게 해당 구성요건에서 별도로 요구되고 있는 목적물에 대한 '불태움'이라는 결과가 발생해야 기수가 되고, 이 결과가 발생하지 않으면 미수로 처벌될 수 있을 뿐이다. 현주건조물방화죄 외에도 공용건조물등방화죄 등이 이 유형의 추상적 위험범에 속한다. 25

26 判 대법원은 현주건조물방화죄의 경우 이 죄의 미수처벌이 존재하는 것을 근거로 종래 이 죄의 소훼개념을 방화행위 이후 불길이 매개물을 떠나 행위객체인 목적물(건조물 등)에 옮겨 붙어 독립하여 연소하는 시점으로 보고 이를 죄의 기수로 인정하고 있다(독립연소성설). 소훼개념이 '불태움'으로 용어 순화가 있더라도 이 법리에는 변경이 없을 것으로 보인다.

(5) 제5유형의 추상적 위험범

27 형법에는 추상적 위험범이면서도 '구성요건적 행위'만 기술되어 있지만, 미수가 처벌되는 구성요건도 있다. 이 구성요건은 외관상 어떠한 의미의 결과도 구성요건 요소로 요구하고 있지 않은 점에서는 제1유형과 동일하나 미수처벌규정과 결합되어 있는 점에서는 제4유형과 공통된다. 예를 들면 협박죄는 '사람을 협박한 자'로만 되어 있어 협박행위만 있고, 구성요건 실현을 위해 요구되는 구성요건적 결과발생이 명시되어 있지 않지만 미수처벌규정이 있다.

28 이러한 구성요건의 경우 앞서 살펴보았듯이 위험범이냐 침해범이냐에 관해 견해대립이 있다. 협박을 '일반적으로 공포심을 일으키게 할 정도의 해악의 고지'로 해석한다는 전제하에서 보면, 협박행위를 통해 상대방이 현실적으로 공포심을 일으킬 것을 요구하지 않는다고 볼 수 있으므로, 침해범이 아닌 추상적 위험범으로 분류하는 것이 타당하다.

29 그러나 이러한 추상적 위험범 형식의 구성요건은 결과범(침해범이자 결과범)에서 요구하는 법익침해적 결과는 물론이고 제2유형, 제3유형, 제4유형의 추상적 위험범의 구성요건과는 달리 어떤 의미에서의 '결과'도 기술되어 있지 않지만, 미수처벌 규정을 두고 있는 특징을 가지고 있다. 이 때문에 이러한 구성요건은 앞서 살펴보았듯이 엄밀한 의미에서 '결과범'이나 '거동범' 어느 한쪽으로 분류될 수 없어 부득이 '부진정 거동범'으로 명명하였다. 이러한 구성요건의 경우 기수와 미수를 구별할 수 있는 기준 내지 이론이 필요하다(이에 관해서는 아래 Ⅲ. 3 참조).

4. 현행형법과 추상적 위험범과 결과범의 중층구조

(1) 추상적 위험범과 결과범의 재분류

30 추상적 위험범의 구성요건을 중심에 두면서, 보호법익의 보호정도와 구성요건적 결과라는 두 가지 서로 다른 층위의 기준을 종합적으로 고려하면 추상적 위험범은 다음과 같이 세분화될 수 있다. ① '추상적 위험범이면서 단순 거동범' 형식(제1유형: 추상적 위험범 디폴트형식), ② '추상적 위험범이면서 부진정 결과범' 형식(제2유형) ③ '추상적 위험범이면서 법익과 무관한 독립된 결과를 요구하는 결과적 가중범'(제3유형) ④ '추상적 위험범이면서 결과범' 형식(제4유형), ⑤ '추상적 위험범이면서 부진정 거동범' 형식(제5유형)

31 다른 한편 위와 같은 서로 다른 층위의 기준을 종합적으로 고려하면서도 '구성요건적 결과'에 중심을 두면 결과범은 다음과 같이 세분화될 수 있다. ① 현실적 법익침해를 요하고 그것을 '구성요건적 결과'로 규정하고 있는 형식(결과범이자 침해범; 결과범 디폴트형식), ② 법익의 현실적 침해가 아니라 법익침해의 위험성을 '구성요건적 결과'로 규정하고 있는 형식(결과범이자 구체적 위험범), ③ 당해 구성요건에서 보호되는 법익의 침해 또는 침해될 위험성과 독립

된 별도의 결과가 '구성요건적 결과'로 규정되어 있는 형식(결과범이자 제3유형의 추상적 위험범), ④ 위 세 가지 차원의 어떤 결과도 구성요건의 충족을 위해 요구되지 않고 미수처벌규정도 없지만, 행위 수단 이외의 일정한 결과를 요구되는 것으로 '해석'되는 형식(결과범이자 제2유형의 추상적 위험범). ⑤ 보호법익과 독립된 구성요건적 결과가 요구되지만 미수처벌규정이 있는 형식(결과범이자 제4유형의 추상적 위험범).

32

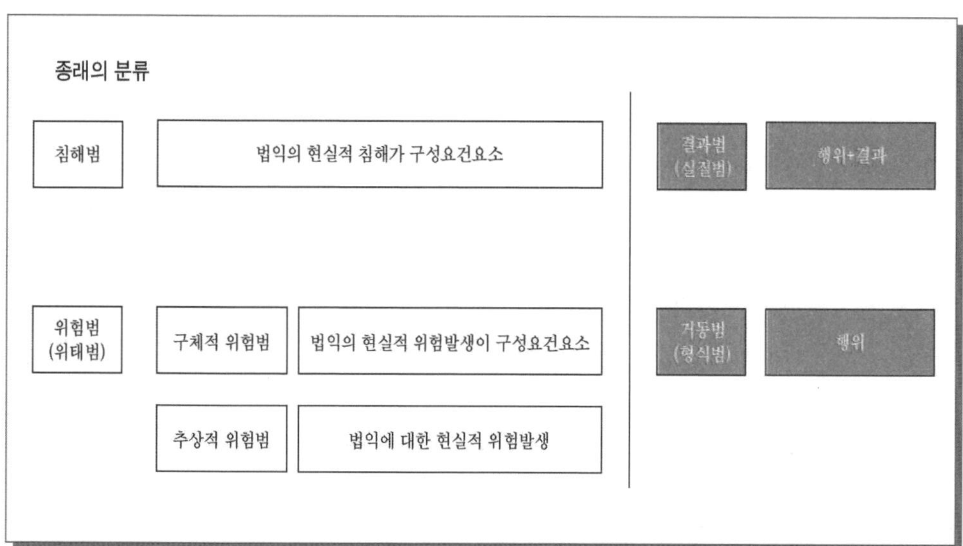

33

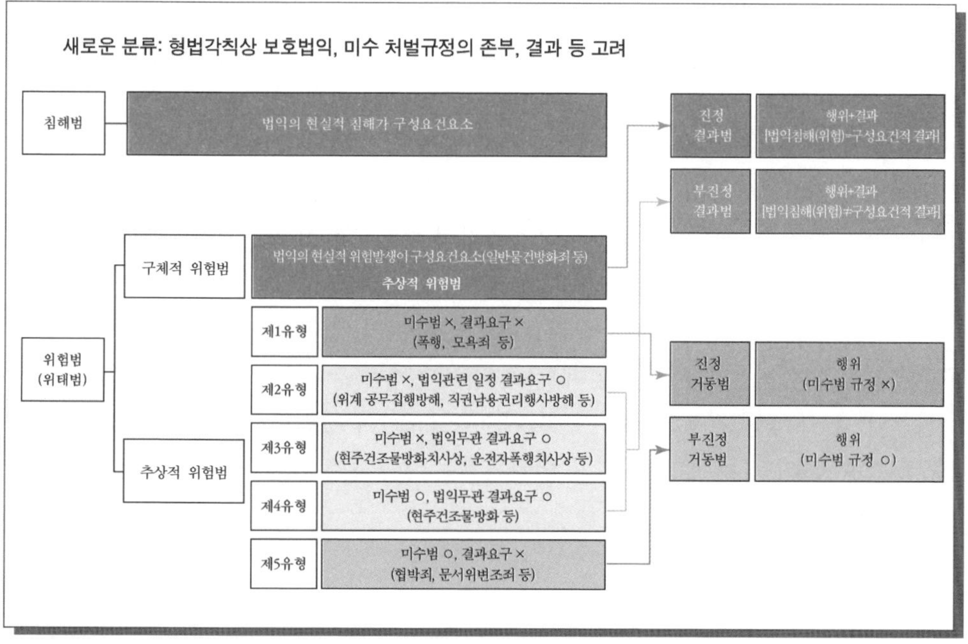

(2) 형법각칙의 범죄분류와 분류기준의 중층성

34 이처럼 보호법익의 보호정도라는 기준과 구성요건적 결과발생, 또는 미수처벌의 근거규정의 존부 등 다양한 변수를 고려하면 형법각칙의 범죄분류는 입법자의 입법컨셉과 그에 대한 해석에 따라 얼마든지 달라질 수 있는 것이지, 결코 단일한 기준으로 일도양단적으로 분류될 수 있는 것이 아니라고 할 수 있다. 이에 따르면 침해범=결과범, 구체적 위험범=결과범이라는 도식이 타당한 것과는 달리, 모든 추상적 위험범은 거동범이라는 진술은 현행 형법상 항상 타당하지 않은 독단적 진술이다. 침해범/위험범의 분류방식과 결과범/거동범이라는 분류방식은 동일한 구성요건을 서로 다른 기준에 따라 구분되는 다른 층위의 것이므로 입법자의 입법구상에 따라 추상적 위험범=거동범은 도식은 얼마든지 해체될 수 있기 때문이다. 그러나 어떤 범죄를 침해범으로 분류할 것인가 위험범으로 분류할 것인지의 일차적 기준이 되는 보호법익은 당해 구성요건에서 부차적으로 보호하는 법익이 아니라 주된 보호법익을 기준으로 삼는 것이 타당하다. 특히 결과적 가중범의 경우 특히 기본범죄의 보호법익을 기준으로 삼아 위험범인지 침해범인지를 분류해야 하고, 중한 결과나 행위객체와 관계된 보호법익을 분류의 기준으로 삼아서는 안 된다. 만약 중한 결과라는 구성요건적 결과발생을 기준으로 삼으면 모든 결과적 가중범은 '결과범'이자 침해범으로만 분류될 뿐이다.

5. 분류실익

(1) 제4유형의 추상적 위험범과 구체적 위험범의 구별실익1: 인과관계

35 이러한 관점에서 보면 위험범의 경우에는 인과관계가 요구되지 않는다는 의미로 이해하는 견해[15]는 위험범의 경우 구체적인 위험발생이 구성요건적 결과라는 점을 간과하고 있다. 또한 '추상적 위험범은 항상 거동범에 해당하는 것'이라는 견해[16]는 현행 형법에 대한 타당한 해석적 결론으로 수용되기 어렵다. 현행형법에 규정되어 있는 결과범으로서의 추상적 위험범의 구성요건형식이 존재하는 것을 간과하거나 무시하고 있기 때문이다.

36 앞서 살펴보았듯이 행위와 구성요건적 결과간의 형법상의 인과관계라는 요건은 법익침해의 위험을 결과로 하는 구체적 위험범의 경우뿐 아니라 예외적으로 구성요건적 결과를 별도로 필요로 하는 추상적 위험범(추상적 위험범의 제4유형)의 경우에도 요구된다고 할 수 있다. 그러나 추상적 위험범이자 거동범인 제1유형의 경우에는 결과범이 아니므로 인과관계를 요하지 않는다. 제3유형의 경우도 부진정 결과는 구성요건적 행위와 독립된 구성요건적 결과가 아니므로 미수처벌규정을 두고 있지만 인과관계는 요구되지 않는다고 할 것이다.

---

15) 임웅, 84면.
16) 박상기, 80면.

(2) 제3유형의 추상적 위험범과 구체적 위험범을 구별할 실익 2: 성립요건상의 차이

결과적 가중범 형식의 구성요건들 가운데 제3유형의 구성요건들을 추상적 위험범으로 별도로 분류해야 할 실익도 있다. 통상의 결과적 가중범의 경우와는 달리 보호법익에 대한 현실적 침해로서의 구성요건적 결과나 보호법익에 대한 위험의 구체화로서 '구성요건적 결과'가 발생할 것이 요구되지 않고 기본범죄 행위만 있고, 중한 결과가 발생하기만 하면 이 죄의 구성요건이 실현되기 때문이다. 37

判 대법원은 특정범죄가중처벌에 관한 특례법상의 운전자폭행치사상죄(제5조의10 제2항)의 법적 성격을 제3유형의 추상적 위험범으로 분류하면서 이 죄를 구체적 위험범에 해당하는 것으로 해석한 원심법원과 그 성립요건에 중요한 차이를 인정하고 있다. 대리운전 기사 A가 술에 취한 갑을 승용차의 뒷좌석에 태운 채 도로(통행이 잦은 넓은 도로)에서 신호대기를 위하여 정차 중 차주인 갑이 별다른 이유 없이 화를 내며 손으로 A의 얼굴을 2회 때리고 목을 졸라 14일간의 치료를 요하는 상해를 가한 사안에 대해 원심법원(1심법원과 2심법원)은 위 죄의 법적 성격을 구체적 위험범으로 해석하는 전제하에 이 죄의 성립을 위해서는 운전자에 대한 폭행·협박으로 인하여 교통사고의 발생 등과 같은 구체적 위험을 초래하는 중간 매개원인이 유발되고 그 결과로써 불특정 다중에게 상해나 사망의 결과를 발생시킬 것을 요구함으로써 갑에 대해 특가법상의 운전폭행치상죄의 성립을 부정했다.[17] 대법원은 이 죄를 추상적 위험범의 분류함으로써 갑에 대한 운행 중인 자동차의 운전자를 폭행하거나 협박하고 그로써 운전자나 승객 또는 보행자 등을 상해나 사망에 이르기만 하였다면 운전자폭행치상죄의 구성요건을 충족시키는 것으로 판단하였다.[18] 38

Ⅳ. 범죄의 기수와 미수의 구별기준

형법각칙의 범죄구성요건의 해석상 기수시기는 구성요건별 그리고 구성요건의 행위태양별로 각기 달라서 일반적인 기준으로 설정하기는 어렵다. 이점은 미수시기에 대해서도 마찬가지이다. 미수범의 성립요건상 실행의 착수시기가 언제인지에 관해서는 총칙 규정의 해석을 통해 일반화된 기준을 설정하기는 했지만, 이 기준 역시 구성요건을 실현하는 구체적인 사정에 따라 달라져서 기본적으로 각칙규정의 해석에 맡겨져 있다. 39

기수와 미수의 구별도 마찬가지이다. 학설을 통해서든 판례를 통해서든 기수와 미수를 구별하기 위한 단일한 법리가 제시된 적은 없다. 이하에서는 형법학과 형사실무가 어떤 범죄의 미수와 기수를 구별하기 위해 어떤 일반화될 수 있는 차원의 기준을 사용하고 있는지를 살펴본다. 40

判 대법원은 기수와 미수의 구별을 위해 통일된 법리를 사용하지 않고 각칙상의 범죄종류 및 행위태양에 따라 가변적인 기준을 사용하고 있다. ① '결과'발생 여부라는 형식적 기준에 따라 구별하는 경우가 가장 일반적이다. ② 법익침해 또는 그 위험성이라는 실질적 기준을 사용하는 경우도 있다. 이에 따르면 법익이 침해되면 기수 41

17) 원심은 따라서 교통사고 등의 발생 없이 직접적으로 운전자에 대한 상해의 결과만을 발생시킨 경우에는 위 죄가 성립하지 않고 형법상 상해죄 또는 폭행치상죄의 성립만 인정하는 것으로 보았다.

18) 대법원 2015.3.26. 2014도13345 참조.

이고 법익침해의 위험성만 인정되면 미수가 인정된다(예, 주거침입죄). ③ 최근에는 구성요건의 충족(실현)여부라는 기준을 가지고 기수와 미수를 구별하기도 한다(예, 준강제추행죄).

1. 형식적 기준: 결과발생여부

42 기수와 미수의 구별기준으로서 '결과발생여부'는 구성요건의 형식만 관찰하면 쉽게 사용할 수 있는 기준이다. 구성요건속에 기술된 '결과' 중에 가장 전형적인 결과는 해당구성요건의 법익침해적 결과가 구성요건적 결과로 요구되어 있는 경우이고(침해범이자 결과범), 보호법익에 대한 위험의 발생도 구성요건적 결과로 규정되어 있는 경우도 있다(구체적 위험범이자 결과범). 추상적 위험범의 제2유형, 제3유형, 제4유형도 법익과 일정한 관련성이 있는 결과(제2유형), 당해 법익과 독립된 중한 결과(제3유형, 4유형)가 구성요건에 기술되어 있다. 이러한 구성요건들의 경우, 미수처벌규정이 없는 경우(제2유형, 제3유형)의 경우는 그 결과가 발생하면 해당범죄가 성립하고 미수·기수를 구별할 필요가 없다. 반면에 미수처벌규정이 있는 경우(제4유형)의 경우는 그 결과발생여부에 따라 기수·미수가 결정된다.

43 각칙에서 미수처벌규정의 유무는 입법단계에서 일정한 원칙과 기준을 가지고 일관성 있게 관철된 것이 아니어서 해석상 미수처벌규정의 유무를 가지고 침해범과 위험범 또는 결과범과 거동범으로 분류할 수 있는 근거로 삼을 수는 없다. 예컨대, 보호법익을 기준으로 했을 때 침해범이면서 미수처벌규정이 없는 경우도 있고(기술수단이용비밀침해죄), 구체적 위험범이자 결과범이면서도 미수처벌규정이 없는 경우도 있으며(중상해죄), 권리행사방해죄의 경우는 동일한 구성요건 형식('~하여 의무없는 일을 하게 하거나 권리행사를 방해)을 가지고 있으면서도 일반권리행사방해죄(강요죄)의 경우는 미수처벌규정이 있고, 직권남용권리행사방해죄의 경우는 미수처벌규정이 없다.

2. 실질적 기준: 법익침해 또는 그 위험성

44 미수와 기수를 구별하기 위해 형법이론과 실무가 가장 많이 사용해온 기준은 결과발생 여부라는 형식적 기준이다. 법익의 침해 또는 침해될 위험성이라는 실질적인 기준을 미수와 기수의 구별기준으로 사용하면 해석자의 주관 내지 판단작용이 개입할 여지가 커진다. 보호법익 자체가 구성요건에 직접 기술되어 있지 않고 있을 뿐 아니라 해석을 통해 도출된 보호법익이 다시 당해 구성요건의 해석기준으로도 사용되기 때문이다. 물론 실질적인 기준은 법적 안정성이 떨어지는 기준이지만 형사정책적 관점에서 특히 보호법익이 침해될 위험(또는 우려)을 — 미수처벌규정이 없는 구성요건의 경우 — 범죄성립의 요건으로 삼거나, — 미수처벌규정이 있는 구성요건의 경우 — 기수·미수의 구별기준으로 삼으면 구체적인 상황에 따라 그 기수시기를 당길 수도 있는 장점이 있다. 그러나 법적 안정성이 저하될 가능성도 커지게 되는 단점도 있다.

45 무엇보다도 구체적 위험범의 경우는 법익에 대한 위험발생만으로 이미 기수가 되므로 법

익침해 여부를 기준으로 삼는 것은 침해범의 경우에만 타당한 기준이 될 수 있다. 심지어 침해범의 형식을 갖춘 구성요건의 경우 보호법익에 대한 위험성만으로 기수를 인정하기도 하므로 위 실질적 기준은 단독적인 기준으로 사용하기보다는 형식적 기준을 보충할 경우에만 활용하는 것이 바람직할 것으로 보인다.

判 대법원은 주거침입죄의 경우 많은 사례에서 주거의 사실상의 평온이 침해될 위험이 있으면 미수, 사실상의 평온 침해가 현실화되면 기수로 본다. 이로써 신체의 일부만 들어가도 주거침입죄의 기수가 된다고 함으로써 침입이라는 개념의 형식성을 무너뜨리거나,공동주택의 공용부분도 주거개념에 포함시키는 법리를 전개함에 따라 행위자의 신체가 현관에 모두 진입한 경우라도 주거의 사실상의 평온이라는 법익 침해의 유무에 따라 미수와 기수를 결정한 종래 판례 법리와 조화로운 해석이 어려운 상태에 놓이게 되었다. 대법원은 또한 횡령죄와 배임죄의 경우에도 보호법익에 대한 구체적 위험의 발생여부를 기수와 미수의 구별기준으로 삼고 있다(해당 범죄구성요건 참조). 특히 대법원은 계속범의 경우 '계속성'의 의미를 법익침해가 일정한 시간 계속될 것을 요구하는데 이에 따르면 어느 정도의 시간적 계속성이 필요한지가 문제되므로 기수시기가 불확정상태에 빠지게 된다(이에 관해서는 아래 Ⅳ. 및 체포·감금죄 참조). 46

3. 보충적 기준: 실행행위의 단계적 구분에 따른 구별

제5유형의 추상적 위험범에 해당하는 구성요건의 경우는 결과발생 여부라는 형식적 기준이 기수와 미수를 구별하기 위한 유용한 기준이 되기 어렵다. 미수를 처벌하면서도 형식적으로 '결과'가 이 죄의 구성요건에 명시적으로 기술되어 있지 않기 때문이다. '법익침해 또는 그 위험성'이라는 두 번째 기준을 사용하는 것도 불가능하다. 추상적 위험범으로 분류하는 전제하에서 보면 법익침해여부는 물론이고 구체적 위험의 발생도 이 죄의 성립 자체에 영향을 주지 않기 때문이다.[19] 이 때문에 제5유형의 추상적 위험범의 경우 미수/기수 구별을 위한 기존의 기준이 무용하므로 새로운 기준을 세울 것이 요구된다. 47

새로운 기준을 세우기 위한 돌파구를 마련하려면, 실정형법의 구성요건에 기술된 '결과'를 재분석하여 각각의 의미차원을 고려하여 새롭게 자리매김할 것이 요구된다. 우선 형법상 '결과'는 다음과 같이 다양한 맥락에서 등장한다. 48

(1) 전(前)구성요건적 행위개념에 내포된 속성으로서의 결과

이러한 의미의 결과는 가장 넓은 의미의 결과로서 행위자의 주관적 의사와 구분되는 외부세계의 변화이다. 특히 인과적 행위이론에 의하면 의식작용에 기한 행위가 외부거동으로 나타나면 이러한 외부세계의 변화로서의 결과가 생기고 이러한 결과가 행위와 인과적으로 연결될 때 비로소 형법상 행위성을 가지게 된다고 한다. 그러나 인과적 행위이론을 거부하면, 49

19) 다른 한편, 기수와 미수의 구별은 결과범의 경우 구성요건적 결과발생여부 또는 침해범의 경우 법익침해 여부가 아닌 도그마틱상 요구되는 다른 기준을 통해서도 가능하다. 인과관계의 인정여부를 기준으로 하는 경우가 그러하다. 그러나 추상적 위험범이지만 결과범은 아닌 제3유형의 추상적 위험범의 경우에는 인과관계의 인정여부라는 기준도 사용하기 어렵다.

이러한 의미의 '행위내포적 결과'는 오늘날 형법상 아무런 중요성을 가지지 않는 것으로 취급된다(예, 모욕의 의사에 기한 화자의 발언이 성대를 진동시키거나 외부공기의 파동을 바꾸는 경우를 생각하라).

(2) 구성요건적 행위와 독립된 객관적 외부적인 상태로서의 '구성요건적 결과'

50 구성요건 속에서 전형성을 가지고 있는 결과이자, 외부적으로 확인하기 쉬운 결과이다. 이러한 차원의 결과는 형법상 어떤 행위이론을 취하는 입장에서도 모두 행위와 분리되는 독자적 결과라고 한다(물론 해석상 이러한 구성요건적 결과가 행위와 인과적으로 연결될 것을 요구한다). 앞서 살펴보았듯이 침해범의 경우에는 법익침해적 결과가, 구체적 위험범의 경우는 법익에 대한 구체적 위험의 발생이, 그리고 추상적 위험범의 제2유형의 경우는 법익과 무관한 독자적 구성요건적 결과가 이러한 차원의 구성요건적 결과에 해당한다.

(3) 구성요건적 행위가 미분(微分)된 일정한 상태로서의 결과

51 전(前)구성요건적 행위이론에서 말하는 행위내포적 결과도 아니고 구성요건적 행위와 독립된 구성요건적 결과로도 분류되지 않는 차원의 결과도 생각해 볼 수 있다. 어떤 사태의 진행경과를 정밀하게 분석해 들어가 보면, 전(前)구성요건적 행위에 내포된 '결과'를 생각해 낼 수 있었듯이, 구성요건적 행위에 내포된 '결과'도 생각해 볼 수 있다. 구성요건적 행위의 단계를 세분화하는 이러한 사고는 실정법적 근거도 가지고 있다. 형법 제25조에서 행위의 단계가 이미 분화되어 있기 때문이다. 즉 형법 제25조는 구성요건적 행위에의 직접적 개시라는 의미의 실행에 착수한 행위는 시공간적 변화에 따라 다음과 같은 단계로 미분하고 있다. 실행에 착수 → 실행행위를 다하지 못한 단계(행위미종료) → 실행행위를 다한 단계(행위종료) → 구성요건적 결과의 발생. 여기에서 구성요건적 행위에 내포된 결과가 위치하는 단계는 '행위미종료 이후의 행위종료단계'라고 할 수 있다.

52 判 대법원이 협박죄의 미수가 되는 경우로 들고 있는 세 가지 규정도 이러한 맥락에서 이해할 수 있다. 즉 대법원은 '해악고지의 미도달, 미지각, 미이해'를 협박행위가 미종료된 구체화사례로 볼 수 있는 것이다. 가능하고도 설득력 있는 도그마틱으로 보인다. 이에 따르면 구성요건적 행위만 요구되어 있고, 어떤 의미의 구성요건적 결과발생도 요구하지 않으면서도 미수를 처벌한다고 규정되어 있는 특수한 구성요건의 경우 '행위종료여부'를 미수와 기수를 구별하는 유용한 기준으로 삼을 수 있을 것으로 보인다.

53 이와 같이 구성요건적 행위에 내포된 결과 '결과'는 형식적으로 볼 때 엄밀한 의미에서 행위와 독립된 외부적 '결과'라기 보다는 구성요건적 행위의 단면 중 외부적 결과에 맞닿아 있는 행위의 일정한 '상태'라고 할 수 있다. 이에 따르면 구성요건적 행위에 내포된 일정한 상태에 이를 경우(행위종료)에만 기수가 되고, 그러한 상태에 이르지 못한 경우(행위미종료)는 미수가 된다.

54 이와 같이 입법자가 만든 미수처벌규정 때문에 구성요건적 행위를 다시 분화시켜 행위자의 행위가 결과에 상응할 만한 일정한 외부상태에 도달하였는지의 여부에 따라 기수와 미수를 구별해야 하는 추상적 위험범의 형식

을 강학상 '부진정' 거동범으로 부를 수 있음은 앞서 살펴보았다. 반면에 추상적 위험범이면서도 미수처벌규정을 두고 있지 않은 구성요건의 경우 구성요건적 '행위'만으로 그 구성요건이 실현되므로, 이러한 추상적 위험범의 형식을 '진정' 거동범이라 부를 수 있다. 부진정 거동범으로 분류되는 구성요건으로는 협박죄 외에 특히 통화위조변조죄, 유가증권위조변조죄, 문서위조변조죄 등이 있다. 폭행죄, 모욕죄, 위조통화취득후지정행사죄 등 미수처벌규정이 없는 구성요건은 '진정 거동범'으로 분류된다.

Ⅴ. 기수시기 및 범행종료시기를 기준으로 삼는 분류

1. 즉시범/상태범/계속범

각칙의 범죄(구성요건)는 기수 이후 범행종료 전까지 행위 또는 법익침해 상태가 계속되고 있는지에 따라 즉시범·계속범·상태범으로 분류될 수 있다. 55

'즉시범'이란 법익침해 혹은 침해의 위험발생이 있으면 기수가 되고 그로써 범죄가 종료되는 범죄를 말하고(예, 살인죄), '계속범'은 기수가 된 후에도 법익침해'행위' 및 법익침해'상태'가 범행종료시까지 계속되는 범죄이다(예컨대 감금죄, 주거침입죄 등). 56

'상태범'이란 일정한 행위에 의해 법익침해가 발생함으로써 범죄가 기수로 되고 법익침해 '행위'도 종료되지만 법익의 침해'상태'는 기수 및 종료 이후에도 존속되는 범죄를 말한다(예컨대 절도죄). 57

'계속범'의 '계속'의 의미에 대해서는 견해가 일치되어 있지 않다. 계속을 기수이후에 일정한 시간적 계속이라는 의미로 이해하는 견해[20]도 있지만, 기수가 되기 위해서 일정한 시간적 계속이 요구되는 것으로 이해하는 견해도 있다. 어느 견해에 따를 것인지에 따라 계속범의 개념정의도 달라지게 된다. 58

判 대법원은 기수가 되기 위해 일정한 시간적 계속을 요하는 범죄로 정의하면서 후자의 견해를 취한다.[21] 그러나 이러한 입장에 따르면 기수에 이르기까지 어느 정도의 시간적 계속성을 요하는지와 관련하여 정해진 기준이 없기 때문에 기수와 미수의 구별이 판단자의 자의에 맡겨지게 되는 문제점이 발생한다. 59

계속범은 즉시범 및 상태범과 기수시기에서 모두 동일하지만, 범행종료시기 면에서는 즉시범 및 상태범과 구별된다. 상태범은 기수시기와 종료시기가 일치한다는 점에서는 즉시범과 동일하지만,[22] — 후술하듯이 — 정당방위의 성립시기와 제3자의 공범가담시기에서 즉시범과 다르다.[23] 그러나 대법원은 어떤 범죄의 성격을 규명할 때 "상태범 또는 상태범에 해당한 60

---

20) 오영근, §92/19; 임웅, 91면.

21) "체포죄는 계속범으로서 체포의 행위에 확실히 사람의 신체의 자유를 구속한다고 인정할 수 있을 정도의 시간적 계속이 있어야 기수에 이르고, 신체의 자유에 대한 구속이 그와 같은 정도에 이르지 못하고 일시적인 것으로 그친 경우에는 체포죄의 미수범이 성립할 뿐이다."고 하기 때문이다(대법원 2020.3.27. 2016도18713).

22) "내란죄는 다수인이 한 지방의 평온을 해할 정도의 폭동을 하였을 때 이미 내란의 구성요건은 완전히 충족된다고 할 것이어서 상태범으로 봄이 상당하다"(대법원 1997.4.17. 96도3376).

23) 즉시범과 상태범의 구별실익이 없기 때문에 동의어로 파악해야 한다는 견해(이재상/장영민/강동범, §5/21)에는

다"고 하고 있어 양자를 분명하게 구별하지 않을 경우도 있다.

2. 분류실익

61 계속범과 즉시범을 분류할 실익은 공소시효의 기산점, 정당방위나 공범의 성립시기가 다르다는 점에 있다. 계속범은 기수 이후 계속되는 법익침해상태가 종료되어야 범죄가 종료되는 것이기 때문에 기수시기와 범행종료시기가 일치하는 즉시범에 비해 공소시효의 기산점이 뒤로 늦추어진다.[24)]

62 判 대법원은 1990년경 이래로 계속 반복해서 2016.11.10.경까지 공유수면인 바닷가를 허가 없이 점거하였다는 이유로 공유수면관리법위반으로 기소된 경우 공유수면관리법위반 범죄를 계속범으로 보는 전제하에서 공유수면에 대한 점용이 계속되고 있는 한 행위도 계속되고 있으므로 공소시효의 기산점은 점용행위가 끝나는 시점이라고 하면서, 위 범죄를 즉시범 또는 상태범으로 해석하는 전제하에서 최초 점용시를 공소시효의 기산점으로 보아 공소시효가 완성되었다고 판단한 원심법원의 법리를 배척하였다.[25)]

63 뿐만 아니라 계속범은 정당방위나 공범의 성립시기도 범죄의 종료시까지 가능하다는 점에서 기수시까지 정당방위 및 공범성립이 인정되는 즉시범과 차이가 난다. 또한 상태범과 즉시범을 구별할 실익은 기수 이후에 가담하는 공범자를 처벌할 수 있느냐 하는 점에 있다.[26)]

64 상태범의 경우는 기수 이후 존속하는 법익침해상태에서 이루어지는 행위가 별개의 법익을 침해하지 않아서 불가벌적 사후행위가 되더라도 거기에 가담하는 공범자의 처벌이 가능한 반면에 즉시범의 경우는 그렇지 않다. 특히 상태범의 경우 주된 행위를 한 행위자에게 인적처벌조각사유가 인정되는 등 불가벌이 되더라도 불가벌적 사후행위에 가담한 공범자에게 별도의 공범성립이 인정될 수 있다. 계속범의 경우는 — 포괄일죄의 경우와 마찬가지로 — 기수가 된 이후에도 법익침해 상태 뿐 아니라 '행위'까지도 계속되고 있으므로 당해 범죄로 확정판결을 받은 후에도 그 범죄행위를 계속하는 한 다시 당해 범죄로 처벌될 수 있다.[27)]

동의하기 어렵다.

24) "폭력행위 등 처벌에 관한 법률 제4조에서 정한 단체 등의 구성죄는 같은 법에 규정된 범죄를 목적으로 한 단체 또는 집단을 구성함으로써 즉시 성립 완성되는 즉시범이므로 범죄성립과 동시에 공소시효가 진행되는 것이다"(대법원 2013.10.17. 2013도6401).

25) 대법원 2010.9.30. 2008도7678.

26) "도주죄는 즉시범으로서 범인이 간수자의 실력적 지배를 이탈한 상태에 이르렀을 때에 기수가 되어 도주행위가 종료하는 것이고, 도주원조죄는 도주죄에 있어서의 범인의 도주행위를 야기시키거나 이를 용이하게 하는 등 그와 공범관계에 있는 행위를 독립한 구성요건으로 하는 범죄이므로, 도주죄의 범인이 도주행위를 하여 기수에 이르른 이후에 범인의 도피를 도와주는 행위는 범인도피죄에 해당할 수 있을 뿐 도주원조죄에는 해당하지 아니한다"(대법원 1991.10.11. 91도1656).

27) "부설주차장을 주차장 외의 용도로 사용하여 주차장법을 위반한 죄는 계속범이므로 종전에 용도 외 사용행위에 대하여 처벌 받은 일이 있다고 하더라도, 그 후에도 계속하여 용도 외로 사용하고 있는 이상 종전 재판 후의 사용에 대하여 다시 처벌할 수 있다"(대법원 2006.1.26. 2005도7283).

Ⅵ. 특별 구성요소를 기준으로 삼는 분류

1. 일반범/신분범/목적범등/자수범

(1) 의의

행위주체의 객관적 주관적 속성을 기준으로 하면 형법의 모든 범죄종류는 일반범/신분범/자수범/목적범등으로 분류될 수 있다. '일반범'은 누구나 행위주체(정범)가 될 수 있는 범죄를 말하고, '신분범'은 일정한 신분을 가진 자만이 행위주체가 되는 범죄를 말한다. '목적범등'은 주관적 구성요건요소로서 고의 외에도 목적, 불법영득의사, 내적 경향 등을 초과주관적 구성요건요소를 요구하는 범죄종류를 지칭한다. 65

'자수범'은 행위자 스스로(몸소) 구성요건에 기술된 실행행위를 하여야 그 범죄의 정범이 될 수 있는 범죄를 말한다. 그러나 형법각칙의 해석상 자수범이라는 범죄를 별도로 인정하지 않으려는 자수범 개념 부인론도 존재한다. 이 때문에 형법각칙(및 특별법)의 해석상 자수범이라는 범죄유형을 별도의 범주로 분류할 수 있는지부터 첨예한 논란의 대상이 되어 있다. 자수범 개념 긍정론 내부에서도 자수성의 본질적 표지 무엇인지 그리고 어떤 구성요건이 자수성이 요구되는 범죄인지에 관해 견해가 일치되어 있지 않다(자세한 내용은 총론 가담형태론 중 자수범 부분 참조). 66

(2) 분류실익

형법각칙의 범죄(구성요건)를 일반범·신분범·목적범등·자수범으로 분류해야 할 실익은 가담형태론에서 찾을 수 있다. 총론의 가담형태론에서 설명했듯이 한 개의 범죄에 관여하는 가담자가 2인 이상인 경우 그 가담자의 가담형태가 정범인가 공범인가를 구별하기 위해 사용되는 '행위지배'라는 척도의 적용범위에서 그 실익이 인정된다. 행위지배라는 척도는 '일반범'에만 타당한 반면, 신분범이나 목적범 등, 또는 자수범의 경우에는 정범과 공범의 구별을 가담자의 행위지배 여부가 아니라 '신분성', '목적등', '자수성'이라는 해당 구성요건에 고유한 표지를 본질적 구별표지로 삼아야 하기 때문이다. 67

1) 비신분범/신분범 비신분자가 신분자가 범하는 신분범에 가담한 경우 비신분자는 형법 제33조의 적용에 따라 신분범죄의 공범(교사범, 방조범)은 물론이고 '공동정범'의 성립까지 가능하다. 이 경우 신분이라는 정범성표지를 충족하지 못한 비신분자도 공동'정범'이 되는 근거는 그 신분자가 (기능적) 행위지배를 하였는지의 사정이 결정적인 것이 아니다. 비신분자도 신분범의 공동'정범'이 될 수 있다고 특별히 규정한 형법 제33조 때문이다. 물론 제33조 적용을 통하기만 하면 비신분자에게 무조건 공동정범이 성립된다고 할 수 있는 것은 아니다. 비신분자에게 (기능적) 행위지배도 인정되지 않으면 제33조의 적용 테두리 내에서도 공동정범이 아니라 공범(방조)성립만 인정된다고 해야 할 것이다. 특별규정(제33조)의 정범확장기능 68

도 원칙적 법리(정범과 공범의 구별기준에 관한 법리) 토대 안에서 작동한다고 해야 하기 때문이다.

69 2) 비목적범/목적범 목적범 등의 경우는 목적 등의 요소가 구성요건요소이므로 이 요소를 충족하지 못한 행위자는 처음부터 해당 범죄구성요건을 충족시킬 수 없다. 목적등을 가지지 못한 자라도 목적범등에 가담한 경우는 공범종속성원칙에 따라 공범(협의의 공범)성립은 가능하지만, 공범종속성원칙의 적용을 받지 않는 공동'정범'은 될 수 없다. 목적등은 '신분'이 아니므로 공범종속성원칙의 특별규정인 제33조도 적용될 수 없기 때문이다.[28)]

70 3) 비자수범/자수범 자수범의 경우 직접 구성요건적 행위를 하지 않아 자수성요건을 충족하지 못한 가담자는 정범은 될 수 없지만, 공범은 성립가능하다. 자수성요건을 갖추지 않은 가담자도 해석상 공동정범은 성립가능하다는 해석론도 가능하다. 공동정범의 정범표지인 기능적 행위지배 개념을 분업적 역할 분담이라는 의미로 해석될 수 있을 뿐 아니라 예비음모단계에서의 기여도 기능적 행위지배가 인정된다고 해석될 수 있다면,[29)] 자수성 요건의 현격한 완화가 이루어져 공동정범의 성립이 가능할 수 있기 때문이다. 그러나 자수성을 요건을 갖추지 못한 가담자에게 해당 범죄의 간접정범의 성립은 인정되기 어렵다. 간접정범의 경우는 공동정범의 경우와는 달리 '공동'으로 가담하는 것이 아니라, '간접적' 가담, 즉 자수성요건이 '대체'가 이루어지는 경우이기 때문이다. 이 때문에 자수범은 간접정범의 형식으로 범해질 수 없는 범죄라는 소극적 정의가 일반적으로 받아들여지고 있다.

2. 임의적 가담범/필요적 가담범

(1) 의의

71 각칙구성요건 중에는 한 사람이 실현할 것을 예상하여 규정하고 있는 구성요건도 있고, 처음부터 2인 이상에 의해 실현될 것을 예정해 둔 구성요건도 있다. 전자에 해당하는 구성요건은 한 사람에 의해 실현될 수도 있지만, 두 사람 이상이 해당 구성요건의 실현에 가담할 수도 있다. 한 사람에 의해 실현되는 경우에는 해당 구성요건의 해석문제가 제기될 뿐이지만, 두 사람 이상의 가담이 있는 경우에는 각 관여자의 가담형태에 따라 정범(공동정범, 간접정범 등)에 해당하는지 또는 공범(교사범, 방조범)에 해당하는지가 쟁점이 된다. 이와 관련해서는 공동정범, 간접정범, 교사범 또는 방조범에 관한 총칙규정의 해석론의 문제가 관건이 된다. 가담형태를 결정하는 총칙규정을 임의적 공범규정이라고 부르고 임의적 공범규정이 적용되는 각칙 구성요건 형식을 '임의적 가담범'이라고 부를 수 있다.

72 이에 반해 구성요건의 형식상 처음부터 2인 이상이 실현할 것으로 규정되어 있는 구성요

28) 물론 대법원은 모해목적 위증죄의 모해목적을 신분으로 인정하기도 하지만 이론적으로 근거지우기 어렵다(이에 관해서는 『총론』 공범론의 신분개념 참조).

29) 실제로 대법원은 예비·음모단계에서의 기여도 기능적 행위지배가 인정될 수 있는 것으로 평가될 수 있다면 공동정범의 성립이 가능하다고 한다.

건은 반드시 2인 이상이 당해 구성요건의 실현에 가담해야만 성립할 수 있다. 이러한 구성요건의 경우 그 실현에 관여한 2인 이상의 내부 가담자는 모두 당해 구성요건의 '행위자'이자 정범이 되기 때문에 가담형태의 문제, 즉 공범과 정범의 구별문제가 제기되지 않는다. 따라서 이러한 각칙 구성요건에 관여한 내부가담자에게는 처음부터 총칙의 임의적 공범규정이 적용되지 않는다.[30] 이 때문에 이러한 각칙 구성요건을 강학상 '필요적 가담범'(=필요적 공범)이라고 부를 수 있다. 필요적 가담범의 성립 여부가 문제될 경우 총칙의 임의적 공범규정에 관한 해석문제도 제기되지 않고, 전적으로 당해 각칙 구성요건의 해석문제로 집중된다.

73 각칙 구성요건 중 합동범의 경우도 필요적 가담범으로 분류될 수 있는지에 관해서는 해석상 견해가 일치되어 있지 않지만, 집단범[31]과 대향범[32]의 경우 이를 필요적 가담범 형식의 구성요건으로 분류하는 데에는 이견이 없다(『총론』 필요적 공범론 참조).

74 필요적 가담범과 관련한 각칙구성요건 해석론에서 가장 미개척분야는 어떤 구성요건을 대향범으로 범주화할 수 있는가 하는 점이다. 특히 대향자 중 일방만 처벌하고 상대방은 처벌되지 않은 것으로 규정된 형식의 구성요건을 대향범으로 인정할 수 있는지, 있다면 어떤 구성요건에 그러한 구성요건에 속하는지의 문제는 실무상 각 관여자의 가벌성 여부와 직결되는 문제이다. 상대방이 처벌되지 않는 구성요건은 대향범에 속하지 않는다고 하는 일부 견해[33]도 있지만 판례와 다수 견해는 이러한 구성요건도 대향범으로 분류하며 특히 불가벌적 대향자의 존재를 염두에 두고 있는 구성요건을 편면적 대향범으로 부른다.

75 총칙규정의 해석론에 비해 각칙규정의 해석론을 상대적으로 소홀하게 취급해 온 형법이론학에서 대향범의 경우 불가벌적 대향자에게 임의적 공범규정 적용여부를 둘러싼 논의는 일정부분 있었지만, 정작 이 쟁점의 선결문제, 즉 어떤 구성요건이 대향범으로 분류되는지의 문제에 관한 논의의 진척은 없었다. '상대방을 필요로 하는 범죄, 즉 가담자들이 서로 반대되는 방향의 의사를 가지고 일정한 목표를 달성하기 위해 구성요건적 행위를 하도록 만들어진 구성요건'이라는 일반적 수준의 개념정의를 제시해 왔을 뿐 구체적으로 어떤 구성요건이 이러한 범죄로 분류될 수 있는지에 관해서는 더 이상 진척이 없었다. 위 정의에 따르면 음화판매죄(제243조)나 미성년자의제강간등죄(제305조) 등은 대향범으로 분류될 수 있지만, 범인은닉·도피

---

30) 필요적 가담범 형식의 구성요건에 관여한 자가 '외부가담자'인 경우에는 임의적 공범규정이 적용될 수 있다는 점에 관해서는 『총론』 필요적 공범 참조.

31) 소요죄(제115조), 다중불해산죄(제116조), 특수공무방해죄(제144조), 특수폭행죄(제261조), 특수체포·감금죄(제278조), 특수협박죄(제284조), 특수주거침입죄(제320조), 해상강도죄(제340조), 특수손괴죄(제369조) 등이 있다. 내란죄(제87조) 등이 여기에 속한다.

32) 이러한 구성요건은 다시 각 가담자에 대해 동일한 법정형이 부과되어 있는 구성요건도 있고, 상이한 법정형이 부과되어 있는 구성요건도 있다. 전자에 해당하는 대향범으로는 도박죄(제246조), 아동혹사죄(제274조), 인신매매죄(제289조 제1항~제4항) 등이 있고, 후자에 해당하는 구성요건으로는 뇌물죄(제129조, 제133조), 배임수증재죄(제357조 제1항, 제357조 제2항) 등이 있다.

33) 오영근, §32/28.

죄(제151조 제1항)나 업무상비밀누설죄(제371조) 등 상대방의 존재를 전제로 하는 유사한 구조의 구성요건의 경우도 위 정의에 따라 편면적 대향범으로 분류될 수 있는지는 본격적인 해석론의 대상이 되지 않았다.

76 判 대법원도 종래 "대립적 범죄로서 2인 이상의 서로 대향된 행위의 존재를 필요로 하는 필요적 공범관계에 있는 범죄"[34]라는 개념정의를 출발점으로 삼아 일정한 구성요건을 대향범으로 보는 취급해 왔다. 2인 이상의 서로 대향적 행위의 존재를 필요로 하는 범죄에 대한 이와 같은 태도는 금품등의 수수관계, '매도, 매수관계'[35] 또는 '양도, 양수관계'[36]를 넘어서, 심지어 '쟁의행위 중 쟁의행위로 인해 중단된 사업을 수행하기 위하여 그 사업과 관계없는 자를 대체 또는 채용하는 업무'를 한 노동조합법[37]위반죄[38]의 경우까지 대향범으로 보는 태도를 견지해 왔고, 특히 대법원은 '비밀누설과 누설을 받는' 관계의 경우인 공무상비밀누설죄,[39] 부동산 이중매매 사례의 경우 배임죄[40]의 구성요건도 대향범으로 취급하는 전제하에서 임의적 공범규정 적용배제론과 예외적 허용론 사이에서 줄타기를 해 왔다.

그러다가 대법원은 최근 대향범 개념을 소극적으로 정의하는 차원의 전향적 법리를 설시함으로써 대향범 구성요건의 확장경향에 일정한 선을 긋는 태도를 보이고 있다. 즉 대법원은 "구성요건상으로는 단독으로 실행할 수 있는 형식으로 되어 있는데 단지 구성요건이 대향범의 형태로 실행되는 경우"는 대향범이 될 수 없다고 한다.[41] 이에 따르면 각칙 구성요건 중에 대향범으로 분류할 수 있는 구성요건의 수가 현저하게 줄어들 수 있다. 행위자의 행위방식이나 구체적 사례의 특성상 실질적으로 대향범으로 해석할 수 있는 여지가 사전에 차단되기 때문이다. 이러한 판례의 취지에 따르면 종래 실질적으로 분류법에 따라 대향범으로 취급해 왔던 구성요건의 경우는 더 이상 대향범이 되지 않는다. 따라서 행위자의 행위에 가담한 불가벌적 대향자에 대한 임의적 공범규정적용의 원칙적 차단이라는 법리는 더 이상 유효하지 않게 된다. 예컨대 공무상비밀누설죄나 업무상비밀누설죄의 경우 인터넷상에서 불특정 다수인을 상대로 누설행위를 할 수 있으므로 단독으로 실행할 수 있는 형식의 구성요건

34) 대법원 1983.3.12. 84도2747.

35) 대법원 2001.12.28. 2001도5158. "따라서 매도인에게 따로 처벌규정이 없는 이상 매도인의 매도행위는 그와 대향적 행위의 존재를 필요로 하는 상대방의 매수범행에 대하여 공범이나 방조범관계가 성립하지 않는다."

36) 대법원 1988.4. 25. 87도2451.

37) 사용자는 쟁의행위 기간 중 그 쟁의행위로 중단된 업무의 수행을 위하여 당해 사업과 관계없는 자를 채용 또는 대체할 수 없고, 이를 위반한 자는 1년 이하의 징역 또는 1천만 원 이하의 벌금으로 처벌된다(노동조합 및 노동관계조정법 제91조, 제43조 제1항 참조).

38) 대법원 2020.6.11. 2016도3048.

39) "공무원인 피고인 2가 직무상 비밀을 누설한 행위와 피고인 1이 그로부터 그 비밀을 누설받은 행위는 대향범 관계에 있다 할 것인데, 형법 제127조는 공무원 또는 공무원이었던 자가 법령에 의한 직무상 비밀을 누설하는 행위만을 처벌하고 있을 뿐, 직무상 비밀을 누설받은 상대방을 처벌하는 규정이 없는 점에 비추어 볼 때, 직무상 비밀을 누설받은 자에 대하여는 공범에 관한 형법총칙 규정이 적용될 수 없다"(대법원 2009.6.23. 2009도544).

40) "업무상배임죄의 실행으로 인하여 이익을 얻게 되는 수익자 또는 그와 밀접한 관련이 있는 제3자를 배임의 실행행위자와 공동정범으로 인정하기 위해서는 실행행위자의 행위가 피해자인 본인에 대한 배임행위에 해당한다는 것을 알면서도 소극적으로 그 배임행위에 편승하여 이익을 취득한 것만으로는 부족하고, 실행행위자의 배임행위를 교사하거나 또는 배임행위의 전 과정에 관여하는 등으로 배임행위에 적극 가담할 것을 필요로 한다"(대법원 1999.7.21. 99도1911).

41) "2인 이상의 서로 대향된 행위의 존재를 필요로 하는 대향범에 대하여 공범에 관한 형법 총칙 규정이 적용될 수 없다. 이러한 법리는 해당 처벌규정의 구성요건 자체에서 2인 이상의 서로 대향적 행위의 존재를 필요로 하는 필요적 공범인 대향범을 전제로 한다. 구성요건상으로는 단독으로 실행할 수 있는 형식으로 되어 있는데 단지 구성요건이 대향범의 형태로 실행되는 경우에도 대향범에 관한 법리가 적용된다고 볼 수는 없다"(대법원 2022.6.30. 2020도7866).

에 해당하므로 더 이상 대향범으로 분류할 수 없다. 이 점은 배임죄의 경우도 마찬가지이다.

(2) 분류실익

각칙 구성요건이 임의적 가담범으로 분류되는지 필요적 가담범으로 분류되는지는 각 가 77
담형태에 따른 취급상의 차이를 가져온다. 임의적 가담범으로 분류되면 총칙의 임의적 공범규정이 적용되므로 가벌성 확장으로 귀결될 수 있다. 총칙의 임의적 공범규정은 다양한 귀속조건을 기반으로 구성요건실현에 정형화된 행위로 관여하지 않는 가담자에게도 가벌성을 확장하기 때문이다(처벌확장사유). 반면에 필요적 가담범으로 분류될 경우 각 내부 가담자의 경우는 각칙 구성요건에 정형화된 구성요건실현을 충족하여야만 해당 구성요건의 행위자(정범)으로 처벌될 수 있을 뿐이고, 정형화된 구성요건 형식을 충족시키지 않는 느슨한 가담형식, 즉 귀속되는 방식으로는 총칙의 임의적 공범 규정도 적용되지 않는 것이 원칙이다.[42)]

判 대법원이 필요적 가담범으로 분류되는 모든 범죄구성요건의 경우 내부가담자에 대해 총칙의 임의적 공 78
범규정적용을 배제한다는 입장을 표방한 바는 없다. 하지만 필요적 가담범 형식의 대표적 구성요건 유형인 '대향범'에 관해서는 총칙의 공범규정을 확대 적용하지 않는다는 태도를 분명히 취하고 있다.[43)] 반면에 대법원은 형법 제48조 제1항의 '범인'에 공범자도 포함시키는 전제하에, 이 경우 공범자에 대해 다시 필요적 공범도 포함시킴으로써 결국 필요적 가담범으로 관여한 자가 형법의 몰수 대상자로 인정한다.[44)] 이외에도 대법원은 절차법 영역에서 필요적 가담 형식의 구성요건 실현에 가담한 내부가담자를 유리하게 취급하는 해석론을 전개하는 경우도 있고, 불리하게 취급하는 경우도 있다. 형사소송법 제253조 제2항(공범자에 대한 공소시효 정지의 효력)에서 말하는 '공범'에는 뇌물공여죄와 뇌물수수죄 사이와 같은 대향범 관계에 있는 자는 포함하지 않는다[45)]고 해석하지만 압수·수색 영장에 기재된 피의자 또는 피고인의 인적 관련성의 인정범위에 관해서는 "압수·수색영장에 기재된 대상자의 공동정범이나 교사범 등 공범이나 간접정범은 물론 필요적 공범 등에 대한 사건에 대해서도"넓히는 해석태도[46)]를 취하고 있기 때문이다.

---

42) 그러나 필요적 공범의 '외부관여자'는 그 필요적 공범(정범)과의 관계에서 보면 '공범'이 될 수 있어서 그에 대해 총칙상의 임의적 공범규정을 적용할 수 있고, '내부가담자'도 대향관계에 있는 상대방의 구성요건 실현에 최소한의 협력행위를 하는 정도를 넘어선 적극적인 관여등을 통해 불법을 창출할 것을 요건으로 하여 편면적 대향범의 경우에도 임의적 공범규정의 적용을 예외적으로 허용할 수 있다는 태도도 있다. 이에 관해서는『총론』필요적 공범 참조.

43) "뇌물공여죄와 뇌물수수죄 사이와 같은 이른바 대향범 관계에 있는 자는 강학상으로는 필요적 공범이라고 불리고 있으나, 서로 대향된 행위의 존재를 필요로 할 뿐 각자 자신의 구성요건을 실현하고 별도의 형벌규정에 따라 처벌되는 것이어서, 2인 이상이 가공하여 공동의 구성요건을 실현하는 공범관계에 있는 자와는 본질적으로 다르며, 대향범 관계에 있는 자 사이에서는 각자 상대방의 범행에 대하여 형법 총칙의 공범규정이 적용되지 아니한다"(대법원 2015.2.12. 2012도4842).

44) 대법원 2006.11.23. 2006도5586.

45) "형사소송법 제248조 제1항, 제253조 제1항, 제2항에서 규정하는 바와 같이, 형사소송법은 공범 사이의 처벌에 형평을 기하기 위하여 공범 중 1인에 대한 공소의 제기로 다른 공범자에 대하여도 공소시효가 정지되도록 규정하고 있는데, 위 공범의 개념이나 유형에 관하여는 아무런 규정을 두고 있지 아니하다. 따라서 형사소송법 제253조 제2항의 공범을 해석할 때에는 공범 사이의 처벌의 형평이라는 위 조항의 입법 취지, 국가형벌권의 적정한 실현이라는 형사소송법의 기본이념, 국가형벌권 행사의 대상을 규정한 형법 등 실체법과의 체계적 조화 등의 관점을 종합적으로 고려하여야 하고, 특히 위 조항이 공소제기 효력의 인적 범위를 확장하는 예외를 마련하여 놓은 것이므로 원칙적으로 엄격하게 해석하여야 하고 피고인에게 불리한 방향으로 확장하여 해석해서는 아니 된다"(대법원 2015.2.12. 2012도4842).

79 각칙 구성요건의 해석론을 통해 어떤 구성요건이 필요적 가담범 형식의 구성요건에 해당하는지를 판단하는 것은 실무상 다양한 측면에서 중요한 실천적 의의를 가진다. 특히 논란이 많은 대향범 구성요건의 경우는 내부가담자의 공범성립여부와 관련하여 중요한 의미가 있다. 내부가담자에 대한 공범규정적용배제론이라는 도그마가 존재하는 한, 어떤 구성요건이 편면적 대향범으로 해석되는지에 따라 관여자의 가벌성에 직접적인 영향을 미치지 때문이다. 대법원이 최근 대향범에 관한 소극적 개념정의를 내린 것도 구체적 사례에서 문제된 특정 구성요건(마약류 불법거래 방지에 관한 특례법 제7조 제1항에서 정한 '불법수익 등의 출처 또는 귀속관계를 숨기거나 가장'하는 행위를 구성요건적 행위로 하는 자금세탁죄)을 대향범에서 제외시킴으로써 얻을 수 있는 중요한 형사정책적 효과를 고려한 탓으로 평가될 수 있다. 즉 편면적 대향범에 대한 임의적 공범규정의 적용불가론이라는 도그마를 더 이상 해당 구성요건에 대해서는 적용하지 않으려는 취지에서 구성된 법리인 것으로 보인다. 이와 같이 대향범 구성요건의 목록을 넓히느냐 축소하느냐의 문제는 총칙의 임의적 공범규정의 적용범위가 달라져 형사처벌 대상행위가 가변적이 된다는 점에서 보면 각칙구성요건의 해석상 대향범 개념정의는 공범론의 중요한 쟁점과 불가분적으로 연관되어 있다.

80 특히 필요적 가담범에 해당하는 구성요건 중에 대향범(편면적 대향범)의 경우 내부가담자인 불가벌적 대향자에게도 총칙의 임의적 공범규정이 적용될 수 있는지에 관해서도 해석상 판례와 학설 간에 견해가 대립되고 있고, '임의적 공범규정 적용배제'라는 판례의 엄격한 도그마에 따를 경우 어떤 구성요건이 대향범으로 분류되는지의 여부는 해당 구성요건에 관여한 내부관여자의 행위에 대해 공범성립가능성을 원천 차단하는 효과를 가져온다. 각칙구성요건의 분류론이 총론의 공범론의 쟁점과 결합되어 가벌성의 축소와 확장으로 귀결되는 실천적 의의를 가진다는 점에서 볼 때 형법각칙 구성요건의 해석론적 과제 중에 분류학의 중요성은 더욱 커지고 있다.

§3 제 3 절 한국 형법각칙의 특징과 예방형법

Ⅰ. 추상적 위험범에 의해 견인되는 예방형법

1 법익보호법으로서 형법의 과제 및 형법의 보충성원칙에 충실하려면 형벌권은 보호법익이 현실적으로 침해된 이후에 개입하는 것이 가장 바람직할 것이다. 이와 같은 형법적 개입 컨셉을 실현하는 입법 모델은 '침해범' 형식의 구성요건일 것이다. 그러나 우리 형법의 규범현실을 보면 이러한 입법모델은 '이상'일 뿐임을 쉽게 알 수 있다.

2 형법전에는 법익침해가 현실화되기 전이라도 그 법익침해의 위험성만으로도 성립하는 구체적 위험범이나 구체적 위험의 발생도 요구하지 않고 구성요건적 행위만 있어도 형벌권을

46) 대법원 2023.6.1. 2018도18866.

발동시키는 것을 내용으로 하는 추상적 위험범 형식의 구성요건의 숫자가 침해범의 구성요건에 비해 압도적으로 더 많기 때문이다.

형법전의 각칙 조문 305개 중 '예비 · 음모, 미수범, 정의 규정, 동력규정, 몰수추징, 동시범, 상습범, 친족간특례, 자백자수, 형의 감경, 병과형, 친고죄, 반의사불벌, 세계주의, 위헌결정 등으로 삭제된 규정' 등 합계 88개 조문을 제외한 217개 조문에서 추상적 위험범의 성격을 가지는 범죄종류는 무려 — 추상적 위험범인지 여부에 대하여 견해대립이 있는 18여 개의 범죄를 포함하면 — 177여 개나 된다. 3

위험범이 침해범을 압도하는 역전현상은 구체적인 개별 행위를 통해서는 침해될 수 없는 성격의 법익들(예, 국가의 기능작용과 같은 국가적 법익, 도로교통의 안전과 같은 사회적 법익) 때문일 수도 있다. 그러나 그렇지 않는 성격의 법익의 경우에도 형법이 법익보호과제를 보다 충실히 수행하도록 하기 위해서는 법익침해 후에 형벌권이 개입하기 보다는 법익침해 이전에 개입하는 것이 효과적일 수 있음을 감안한 탓도 있다. 4

오늘날 법익침해라는 결과가 현실적으로 발생하기 이전 단계의 '위험성'만으로 가벌성을 인정하는 구성요건들의 특징을 '전단계 범죄화'라고 부른다. 특히 추상적 위험범이자 거동범의 형식으로 되어 있는 구성요건의 경우는 행위자의 구성요건적 '행위'만으로 범죄성립요건이 충족되기 때문에 국가형벌권의 개입시기가 현저하게 앞당겨진다. 예컨대, '환경' 그 자체를 보호법익으로 하는 구성요건을 입법화할 경우, 사람의 상해나 사망, 또는 환경의 오염이라는 결과를 별도로 요구하지 않고 환경 유해물질을 일정한 한도를 초과한 '투기행위' 그 자체만을 가벌성의 대상행위로 규정하게 된다. 이러한 맥락에서, 형법의 '예방목적'을 가장 효과적으로 실현할 수 있는 '추상적 위험범+거동범' 형식의 구성요건이 현대 형사입법자의 총아寵兒로 불리워지고 있을 정도이다.[47] 5

형법에서 예방사상은 고대 그리스철학에서 기원하였고, 19세기 말에서 20세기 초 실증주의에 기초한 근대학파의 예방목적 사상 또는 사회방위사상으로 나타나 응보사상과 격돌하는 학파논쟁의 양상을 만들어냈다(학파논쟁에 관해서는 『총론』 제4부 제2편 형벌론 참조). 예방사상은 현대국가에서 개인의 '자유'보다는 시민생활이나 사회의 '안전'을 우위에 두는 위험형법의 기치하에서 전통적인 책임형법과 전선을 형성하고 있다.[48] 6

Ⅱ. 전단계 범죄화의 다른 예들

예방형법 내지 위험형법의 작동에 견인차 역할을 하는 전단계 범죄화는 '추상적 위험범+거동범'의 형식의 구성요건에서 전형적으로 나타난다. 형사입법자는 이 외에도 다양한 구성 7

47) 추상적 위험범 형식의 구성요건(예, 집시법위반, 구 폭처법상 범죄단체구성죄 등)에 대하여 수차례 헌법소원이 청구되었으나, 헌법재판소는 일관되게 합헌결정을 내린 바 있다. 헌법재판소 1997.3.27. 95헌바50 등 참조.

48) 김성돈, "책임형법의 위기와 예방형법의 한계", 형사법연구 제22권 제3호(2010), 3면 이하 참조.

요건을 만들어 형법의 예방목적의 구현에 활용하고 있다. 결과발생에 이르기 전단계인 실행의 착수만으로 범죄가 된다고 하는 '미수' 처벌규정도 전단계 범죄화의 하위사례로 볼 수 있다. 뿐만 아니라 실행의 착수에 이르지도 않은 상태, 즉 예비/음모(경우에 따라 선동/선전)를 처벌하는 구성요건들은 형벌권의 개입시기를 추상적 위험범이자 거동범 형식의 구성요건들의 경우보다 더 앞당기고 있을 뿐 아니라 구성요건적 행위의 정형화 요구도 현저하게 약화시키고 있다.

8 추상적 위험범 형식의 구성요건이나 예비·음모죄의 구성요건의 수를 과다하게 늘리는 입법태도는 전단계 범죄화 전략을 무절제하게 구사하게 되고, 이로써 시민의 자유영역이 과도하게 제한하는 결과가 초래될 수 있다. 이 뿐만 아니라 근대형법이 기틀을 잡을 당시부터 범죄자의 '마그타 카르타'로서의 소임을 다해 줄 것으로 기대되었던 형법이 당시 형사입법자나 형법학자들이 기대와 예상과는 달리 오히려 시민의 '자유'를 제한하는 방향으로 전개해 가고 있는 현상들도 관찰된다. 실증주의 사상의 급부상에 따른 법과 도덕의 준엄한 구별 및 자유주의와 법치국가원칙(죄형법정주의)의 결합 등 근대 형법의 기반이 마련될 시기부터 시민의 자유를 위해 가벌성을 제한적 기능을 실제로 담당해왔던 법익개념도 오늘날 오히려 가벌성을 적극적으로 근거지우는 기능으로 돌아서고 있다.

9 형법전의 테두리를 벗어나 새로운 범죄화 영역들을 둘러보면, 법익의 기능변화를 말해주는 단서들이 도처에서 발견된다. 국가 또는 사회의 다양한 제도들의 '기능'을 내용으로 하는 추상화된 보편적 법익들의 보호를 위한 특별법들(예, 자본시장법), 과거에는 형벌권의 보호대상이 되지 않았던 비인간 존재들에게 법인격을 부여함으로써 법익을 창출하고 그 법익에 대한 공격행위를 형사처벌하는 형벌법규들(예, 동물보호법) 등이 그 예이다. 이러한 형벌법규들을 통해 법익은 가벌성을 제한하는 기능을 더 이상 하지 않고 가벌성을 근거지우기 위한 형법의 강력한 내동력원으로서의 변모된 기능을 수행하고 있음을 알 수 있다. 본래 추상성을 가진 법익의 속성 중 일부 확인될 수 있는 구체적 속성마저도 남기지 않는 새로운 법익들은 사회의 기능가치와 행위가치 및 제도들과의 구별도 어렵게 만들고 있다. 특히 성적 자기결정권 등과 같은 특정 법익에 대한 높아져 가는 일반시민의 민감성과 피해자 중심주의라는 새로운 형사정책적 경향성이 연합하여 중형주의 형사정책에 정당성을 부여하고 있다. 형벌을 통한 개인의 자유와 권리(헌법적 기본권)에 대한 제한 및 과잉제한은 형법의 영토를 팽창하는 입법작용으로도 나타나지만 가벌성을 확대를 겨냥하여 기존의 구성요건을 확장적으로 해석하는 경향성으로도 나타나고 있다. 무릇 법익없는 범죄는 없으므로 법익이 각칙 구성요건의 해석에서 중요한 기준으로 사용되는 과정에서 목적론적 해석을 통한 확장해석의 기초가 되고 있기 때문이다.

10 '소극적 가벌성제한'에서 '가벌성의 적극적 근거지움'에로의 법익의 기능변화가 법익원칙

에 기초된 자유보장이라는 근대적 이념보다는 '법익보호를 통한 자유제한'이라는 컨셉을 통해 자유보다는 '안전'이라는 현대적 이념을 형법의 기본설계도에 그려 넣으려는 입법론과 해석론에 날개를 달아주고 있다. 이러한 상황에서 최종적인 법 발견자이자 법선언자인 (대)법원의 발걸음을 살펴 그 방향성을 어떻게 통제해야 하는지가 형법해석론의 중심과제로 되어 있다.

제4절 형법각론의 해석과제와 형법의 해석 방법론 §4

Ⅰ. 형법각론의 과제

한국의 형법이론학은 90년대 환경오염이나 테러의 위협등으로부터 시민의 안전을 보호를 겨냥하는 위험형법적 입법추세에 대한 독일형법학계의 비판론을 집중적으로 소개하였다. 그 과정에서 다수의 형법학자들은 추상적 위험범의 증가 등 전단계 범죄화가 그 즈음 독일 뿐 아니라 한국에서도 엿보이는 새로운 형사정책적 경향성인 것처럼 부각시키면서, 형법의 자유보장과제를 강화하기 위해서는 법치국가원칙의 절대적 고수만이 해법이라는 처방을 스테레오 타입과 같이 내놓았다. 그러나 이러한 학문적 처방이 형법의 규범현실을 직시한 효과적인 해법이 되기는 어렵다. 앞서 살펴보았듯이 한국 형법은 이미 1953년 제정형법 시대부터 예방형법 내지 위험형법을 특징으로 하고 있었기 때문이다. 1

이 뿐만 아니라 최근 형법의 영역이 팽창되고 있는 한국의 규범현실의 변화상에 대해 우려를 표방하는 형법학자들이 내놓는 해법도 현실적 해결책이 될 수 있는지 의문이다. 다수의 형법학자들은 신종범죄화 영역에서 보여지고 있는 새로운 법익들(예, 동물의 생명권·복지권), 사회의 제도나 기능체계와 같은 보편적 법익의 확장추세 등에 대해 '법익의 (형법)체계 비판적 기능'을 강조하면서 법익보호원칙이 형법의 팽창을 막을 수 있다고 주장한다. 그러나 법익이론을 통해 가벌성을 제한하려는 태도는 문제의 소지를 정확하게 파악하지 못한 공허한 구호라는 생각을 떨치기 어렵다. 법익은 — 입법영역에서 뿐 아니라 해석영역에서 목적론적 해석기준으로서 — 더 이상 가벌성을 제한하는 체계비판적 기능을 하지도 못하고 비범죄화의 근거가 되지도 못한다. 헌법적 가치에 위배되지 않는 한 사회내에서 어떤 종류의 법익이라도 보호될 필요가 있음이 현실적으로 기초지워질 수 있고, 이러한 한도내에서 법익은 오히려 가벌성을 적극적으로 근거지우는 기능을 하고 따라서 법익은 형법팽창에 더 이상 걸림돌이 아니라 형법팽창의 수단이 되고 있음을 직시하고 있지 못하고 있기 때문이다. 2

현대 사회에서 형사입법의 새로운 경향이나 현대사회의 변화를 따라가지 못하고 있는 현 3

행형법의 태도 등 규범현실을 바꾸려는 입법론적 과제는—형사정책학의 과제이므로—형법각론에서 다룰 사항이 아니다. 예비법률가들이 형법각론에서 공부해야 할 법적 지식은 현행형법을 대상으로 한 해석적 지식이다.

4 그러나 '형법각론'은 현행형법의 규정들의 체계 및 그 속의 법적 개념(법률용어)들을 해석한 결과 및 그 결과를 구체적 사례에 적용한 예들을 배우고 익히도록 하는 보조수단으로서의 역할만 해서는 안 된다. 그러한 역할은 판례집이나 수험서 또는 인터넷 검색으로 대체할 수 있기 때문이다. 형법각론 공부는 과거 구체적 사건에 대해 발견된 과거의 판례법리를 전부로 삼아서는 안 된다. 판례의 법리로 소개되어 있는 해석결과들이 일점일획이라도 오류가 없는 고정된 '도그마'가 아니라는 점, 법(리)은 구체적 사례의 특성에 따라 변화될 수 있는 가소성을 가진 것이라는 점, 따라서 판례법리는 판례변경을 통해 장차 다른 해석공식으로 대체되거나 구체적 사례의 본질적 속성을 수용하는 법발견 방법을 통해 새로운 사건에 적용되는 법리로 변화될 수 있는 것이라는 점까지 공부해야 한다. 특히 형법각론은 법원의 해석이나 다른 학자들의 해석 결과들과 그 근거들을 비판적으로 분석하면서 보충적 또는 대안적 해석옵션(법이론들 또는 법리)을 만들 수 있는 잠재력을 키울 수 있는 기회도 제공해야 한다.

5 해석의 대상이 된 법률용어(법적 개념)의 추상성과 일반성이 높아질수록 해석주체에 의해 해석결과가 달리지는 견해 차이는 커지게 마련이다. 가늠하기 어려울 정도의 넓이와 깊이를 가진 법률언어의 광산에서 채굴된 광물들 중에 어느 견해가 객관적이고 타당한 보석처럼 빛나는 '법'인지를 선광해 내는 작업은 다른 학문분과에서는 볼 수 없는 실천적 함의를 가진다. 그 해석결과가 피고인의 인생이나 피해자 또는 사회전체에 미치는 영향력 때문이다.[49] 이 때문에 법원에 의해 선언내지 발견되는 법(판례의 법리)이 객관성을 담보받는 '정당한' 법인지를 논구하는 일은 오늘날 '법치주의와 민주주의'를 구성하는 요소로 의미부여하지 않으면 안 될 정도로 그 중요성이 크다. 다른 학문영역에서와는 달리 그 견해 차이가 오늘날 '법학방법론'이라는 이름의 독자적인 학문분과로서 자리매김되고 있을 정도이다(법률기술자가 아니라 구체적 사례에 타당한 법발견 능력을 가진 법전문가가 되기 위한 기초공부에 관해서는 『총론』 범죄체계론 참조).

Ⅱ. 형법각칙의 해석 방법과 법학교육의 과제

1. 해석 및 법발견 방법의 기초

6 ① 법률의 해석은 언어를 대상으로 하고, 해석의 대상인 법률언어는 외부세계의 사실을 있는 그대로 복제한 '모사체'로서의 개념이 아니라 그 개념적 공간 안에 다양한 사실들을 포

49) 만약 자연과학자가 법원의 법발견 방식(판단주체의 수에 따라 달라지는 법, 판단주체가 바뀜에 따라 다르게 발견되는 법, 불분명한 근거 또는 판단주체의 선언적 주장만으로 발견되는 '법' 등)의 진상을 안다면, 공포나 전율을 느낄 수도 있을 것이다.

섭해 넣을 수 있는 '의미체'로서의 개념이다. 이 때문에 법률의 해석은 개념과 사실의 일 대 일 관계를 찾는 기계적 작업이 아니라 개념의 의미내용을 밝히는 일종의 구성적 작업일 수밖에 없다.

② 법률속의 개념들을 해석하여 구체적 사례에 적용되기 위해서는 그 법률이 사례에 적용 7
될 수 있도록 구체화된 언어로 가공되는 과정을 거쳐야만 비로소 살아있는 '법'을 얻어낼 수 있다. 이 때문에 '법'은 객관적으로 미리 주어진 고정된 실체로 존재하는 것이 아니라 구체적 사안의 특수성을 그 속에 담을 수 있도록 '되어가는' '가소성'을 가진 것으로 파악되어야 한다.

③ 구체적 사례의 특수성을 포착하기 위해 사례와 상호관계 속에서 발견되는 가소성을 가 8
진 법은 대상의 가변적 형태에 따라 재구성적으로 '발현'되는바, 이러한 차원의 법발견학을 후성(後成)법학이라고 부를 수 있다. 후성법학적 법발견 방법은 19세기 엄격한 개념법학의 연역추론적 법발견 방법과도 다르고, 개념법학적 기계론적 법발견 방법에 대한 비판 및 반동으로 등장한 자유법학 및 이익법학 또는 미국의 법현실주의와 같이 법률구속성의 한계를 자유롭게 뛰어넘는 법창조적 법발견 방법과도 다르다('후성법학'이라는 용어의 출처 및 전통적 법발견 방법과 후성법학적 법발견 방법의 비교에 관해서는 『총론』 참조).

④ 후성법학은 '선천적' 법률의 문언의 한계를 벗어나지 않는 범위 내에서 사회변화와 9
사안의 구체적 특수성을 자신 안에 담으면서 발견된 '법'은 법률의 '후천적' 발현형태로서 불가변적으로 고정된 것으로 보지 않고 가소성적 성격을 가진 것으로 이해한다. 외부 세계의 변화에 압력을 받으면서도 작동적 폐쇄성을 가지지만, 그 외계의 변화를 인지적으로 수용하는 개방성을 가지고 자기생산을 거듭하는 '체계'와 같이, 새로운 사안과 접촉하면서 재구성되는 '후성적 법'은 법적 안정성과 구체적 타당성을 모두 실현할 수 있는 도그마틱적 차원의 법이다.

⑤ 법률해석을 통해 발견된 '법'은 가소성을 가지지만, 그 자체 안정화된 구조를 가지고서 10
전체로서 하나의 작동하는 체계(system of one working whole)를 이루고 있다. 그러나 개별적인 사안에서 구체적인 타당성에 맞게 끊임없이 재구성되는 법(법리)들은 해석의 본질상 해석자(또는 법관)의 주관성이 개입되면서 다양한 견해(학설)들의 '정글'을 만든다. 서로 다른 학설들이 대립하거나 학설과 판례가 서로 불일치하는 형국 속에서 법에 관한 어떤 견해가 법에 관한 '진실한' 진술을 하고 있는지를 밝히는 것은 현실적으로 불가능하다.

⑥ 법학은 진리를 탐구하는 학문이 학문공동체내에서 승인된 방법에 따라 탐구된 내용의 11
진실성 여부에 대한 치열한 검증과정을 거치듯이, 학계와 실무계에서 공인된 법학방법론에 따른 법률해석을 통해 획득된 법의 진실성을 비판적으로 검증하여 모든 학문의 이상인 객관성에 도달할 책무가 있다. 특히 법학의 경우는 다른 학문영역에서는 찾아보기 어려운 실천적 차원을 가지고 있어 법원에 의해 발견된 법에 대한 비판적 검증은 더욱 치열해야 한다. 법원

이 어떤 해석방법을 통해 어떤 법을 발견하는지에 따라 법공동체내의 구성원의 삶과 운명이 달라지기 때문이다. 이러한 관점에서 볼 때 법률해석 방법 내지 법발견 방법을 아우르는 법학 방법론은 '법치주의와 민주주의'의 구성적 요소라고 할 수 있다.

2. 대법원의 해석방법과 과제

12 ① "법해석은 법적 안정성을 해치지 아니하는 범위 내에서 구체적 타당성을 찾는 방향으로 이루어져야 한다."[50]는 대법원의 해석 지침은 후성법학의 노선과 전적으로 일치한다. 구체적 사안의 특수한 사정과 사회의 변화 및 법공동체 속의 시민들의 가치의식들의 변화를 모두 담아서 법선언(발견)자로서의 역할을 수행해 온 대법원이 가소성을 가진 법의 모습을 드러내고 있음을 우리는 수많은 형사판결문을 통해서 확인할 수 있다. 가장 최근 대법원은 강제추행죄의 폭행 협박의 정도에 관한 법의 모습을—'기습추행'이라는 특수한 사안에 맞춰 일부 바꾼 후—그 시간적 사회적 변화의 압력에 유연하게 대처하기 위해 모든 추행 사안에서 최협의설에서 협의설로 변모시켰다.[51]

13 ② 대법원이 법학에서 오랫동안 공인되어온 해석방법의 표준인, 문리적 해석, 연혁적 해석, 체계적 해석, 그리고 목적론적 해석방법을 사용하면서 사안에 따라 달라지는 법(=법리)을 발견해 왔다. 이러한 과정에서 대법원은 형법의 해석은 법률용어가 해석의 여지가 없을 정도로 비교적 분명한 언어로 되어 있는 경우에는 문리적 해석에 의존하여야 하고 그것이 피고인의 자유보장을 과제를 수행하는 죄형법정주의에 합치되는 것이라는 점을 강조하기도 했다. 그러나 "비교적 분명한 언어"라는 말은 상대적인 것이어서 그것을 해석방법의 위계 내지 우선 순위성을 정하는 기준으로 삼기는 어렵다. 더구나 다른 법령과의 관계를 고려하는 체계 논리적 해석방법에 따르면 어떤 법률용어가 당해 규정(text)속에서 가지고 있는 맥락적 의미(contex)가 가장 기본적인 해석내용이 경우도 있고, 이러한 차원의 맥락적 의미는 때로는 문법적 기초를 넘어설 수도 있고, 사전적 의미와 차이를 보일 수도 경우도 있다.

14 ③ 특히 대법원은 문언의 통상적인 의미를 밝히는 문리적 해석방법을 그 언어가 가지는 '사전적 의미'를 좇는 방법으로 축소하는 경우도 있지만,[52] 처벌의 공백을 메우기 위하거나

50) "해석은 법적 안정성을 해치지 아니하는 범위 내에서 구체적 타당성을 찾는 방향으로 이루어져야 한다. 이를 위해서는 가능한 한 원칙적으로 법률에 사용된 문언의 통상적인 의미에 충실하게 해석하는 것을 원칙으로 하면서, 법률의 입법취지와 목적, 제정 개정연혁, 법질서 전체와의 조화, 다른 법령과의 관계 등을 고려하는 체계적 논리적 해석방법을 추가적으로 동원함으로써 타당성 있는 법해석의 요청에 부응하여야 한다."(대법원 2018.6.21. 2011다112391 전원합의체).

51) 대법원 2023.9.21. 2018도1387.

52) 이른바 땅콩 회항사건에서 항공기 안전법상의 "운항중의 '항로'" 개념에 대한 해석이 그러하다. 법률언어의 해석에 사전적 의미에 종속된다면, 법률전문가가 아니라 어문학자 또는 AI가 해석주체도 되어도 무방하리라는 비판에 직면할 수 있다. 더구나 국어사전의 내용이 사회의 변화 속도를 따라가는 것도 아니다. 국어사전의 뜻풀이와 현실의 언어관용이 다른 경우가 많은 것도 이 때문이다.

더 중한 처벌을 근거지우기 위해 '보호법익 또는 처벌의 필요성을 고려한 목적론적 해석방법'을 통한 확정해석을 도모한 경우도 허다하다. 그러면서도 대법원이 많은 판결례에서 형법의 해석을 위해서는 문리적 해석을 통하는 길이 죄형법정주의와 조화될 수 있음을 애써 강조하는 경우도 있다. 그러나 확장해석도 문언의 가능한 의미내용을 넘어서서 유추에 이를 정도가 아닌 한, 죄형법정주의에 반하는 것이 아님은 이견의 여지가 없다. 이 때문에 대법원이 사안별로 처벌/불처벌이라는 결론을 선취한 후, 그 결론 도출에 유리한 해석방법을 선택적으로 사용하고 있다는 의혹도 배제하기 어렵고, 대법원은 죄형법정주의라는 형법의 대원칙마저도 결론을 정당화하기 위한 도구로 사용하고 있다는 의심으로부터도 자유롭지 못하다.

④ 대법원이 이러한 의혹과 의심으로부터 벗어나려면, 사안의 특수성을 고려하여 발견한 15
법(법리=해석공식)도 학문성의 전제조건인 개념의 '명확성', 개념사용의 '일관성', '체계정합성 및 통일성'을 유지해야 한다. 해석을 통해 발견된 법(법리)이 법률의 언어보다 더 추상적이고 모호하여 재차의 해석이 요구되는 수준[53]이 되지 않게 해야 한다. 법률언어가 죄형법정주의의 명확성요구에 부합하는 언어이어야 하듯이, 법관이 그 해석과정에서 법학내에서 수용되고 있는 '해석방법'의 표준을 지키면서 발견한 법('법리'=해석공식)도 헌법상의 명확성요구에 부합할 수 있을 정도로 충분히 구체적인 용어로 구성되어야 하기 때문이다. 이 뿐만 아니라 학문성의 전제조건을 충족시키며 발견된 법(법리)이 모든 학문의 이상적 목표인 '객관성'(진실성)을 담보하려면, 대법원의 해석결과는 법에 관한 근거지워진 묘사적 차원의 진술이어야 한다. 법에 관한 진술이 근거가 제시된 묘사적 차원의 진술이 아니라 단순한 선언적 주장형식이나 의견표명에 그친다면 비판적 검증의 대상이 될 수 없기 때문이다.

⑤ 특히 사실인정의 차원에서 사실감수성이 발휘하여 민감한 사실관계의 특수성을 섬세 16
하게 포착할 것이 요구되듯이, 그에 상응하여 언어적 차원에서도 개념적 감수성을 발휘하여 사안의 본질을 정교하게 포섭하도록 개념을 재구성해 나갈 것이 요구된다. 법원은 동일한 해석공식 내지 개념정의를 그대로 사용하면서도 사안에 따라 어떤 경우는 포섭긍정(유죄), 어떤 경우는 포섭부정(무죄)의 결론을 내린다.[54] 이 때문에 법원의 포섭결론이 보다 높은 수준의 학문성을 가지기 위해서는 — 법관이 언어에 대한 감수성을 더 높여 — 보다 정교한 해석공식을 사용하거나 기존의 개념정의를 미세하게 재구성해야 할 필요가 있을 것이다.

⑥ 그러나 대법원이 '법리' 구성에서도 학문적 일관성과 체계성을 중시하지 않는 경우가 17
많은 것은 물론이고, 발견된 법을 구체적 사례에 적용(포섭) 여부를 판단 방법에서도 이른바

53) 예, 사기죄의 '기망'이나 횡령죄의 '보관' 개념의 해석이 그러하다.

54) 구체적 사례의 특수성에 따라 결론이 달라지는 하급심 판결과 대법원 판결의 예들은 헤아릴 수 없이 많지만, 특히 자동차를 이용한 특수폭행죄의 성립여부와 관련해서는 '자동차 vs. 차량 밖의 사람'사례(자동차를 위험한 물건으로 봄), '라노스 vs. 소나타사례'(2007도3520: 라노스를 위험한 물건이 아니라고 함), '그랜저 vs. BMW(SUV)'사례(2010도10256: 그랜저를 위험한 물건에 포함시킴) 등의 경우가 대표적인 예에 해당한다.

종합적 판단 방법을 활용하면서 설명이나 검증을 불가능하게 만드는 경우가 허다하다. 사안의 구체적 타당성을 고려하기 위해 만능열쇠처럼 활용하는 이른바 '종합적 판단 방법' 때문이다. 이러한 판단방법은 개념정의 내지 법리는 그대로 둔 채 해당 사례 속에서 고려해야 할 사항들을 저인망처럼 사용하여 원하는 결론을 도출해 내므로, 법리를 레토릭 내지 포장술로 전락될 우려가 있다. 또 이로써 내려지는 법관의 법적 결정은 봉인되어 해독 불가능한 '블랙박스' 상태가 되므로 사법권력을 통제되지 않은 권력으로 만들 수 있다. 이 때문에 법발견에서 현대 법이론의 요청인 연역적－귀납적 혼합방법(내지 후성법학적 법발견 방법)에 충실하려면. 대법원이 만능열쇠처럼 활용하는 '종합적 판단방법'은 그 결론에 이르는 중간과정이 보다 투명한 방법으로 판결문에 적시되는 조건하에서 제한적으로만 사용되어야 한다.

3. 판례법리와 형법공부의 방법의 문제점

18 ① 후성(後成)적으로 만들어지는 '법'의 내용을 공부하는 일에서 판례(＝법리)의 중요성은 아무리 강조해도 지나치지 않는다. 입법자의 '법률'이 아니라 법관의 '법'이 사실상 또는 법적 구속력을 가지고 실제 사건에 적용되기 때문이다. 이 때문에 예비법률가들이 장차 법실무에서 직업활동을 수행할 수 있는 자격을 부여받기위해 갖추어야 할 법적 지식도 계속·반복적으로 사례에 적용될 '해석공식'(＝판례법리)이어야 함은 당연하다.

19 ② 이 때문에 예비법률가들이 판례법리를 암기하는 일도 일정부분 피해갈 수 없을 것으로 보인다. 법률가로서의 자격부여를 위한 테스트 과정에서 법원의 해석공식 및 그 의미내용을 알고 있는지가 측정되고 있기 때문이다. 그러나 이렇게 암기된 해석공식은 관문 통과라는 측면 이상의 의미를 가진다. 암기된 법리의 내용은 법률가에게 긴요한 법적 지식의 저장고 속에 있다가 유사한 사안에 대해 '리걸 마인드'를 발휘해야 할 실무현장에서 다시 끄집어내어 그대로 재활용되거나 기본적인 응용과정을 거쳐 법의 재구성에 밑거름으로 사용할 수 있기 때문이다

20 ③ 그러나 앞서 언급했듯이 법원에 의해 발견되는 법 내지 판례법리는 항상 구체적인 사안의 특수성에 따라 가소성을 발휘하는 것을 본질적 특성으로 한다. 이 때문에 과거의 사건에 대해 구체적 타당성 확보차원에서 맞춤형으로 선고된 판결에서 확인된 법은 '경험적 차원의 법'일 뿐이다. 보다 거칠게 말하면 과거의 판결에서 선언된 법은 새로운 사안에 대해서는 '죽은 법'이라고 할 수 있다. 물론 이러한 법(－법리)도 판례견경이 되기 전에는 암기될 수준으로 중요하게 다루어져야 한다. 유사사례들에서는 계속·반복적으로 적용되는 구속력을 가질 뿐 아니라 판례변경도 과거의 법과 체계적으로 연관관계 속에서 이루어지며, 법학교육에서 법발견 방법학을 익힐 경우 유용한 학습자료로 활용될 수 있기 때문이다.

21 ④ 대법원에 의해 생산된 해석공식들은 그 공식의 내적 구조 및 사용된 용어들의 구체화 정도에 따라 두 가지로 대별될 수 있다. 하나는 '완결된 폐쇄형 공식'이고, 다른 하나는 '미완

성된 개방형 공식'이다. 물론 구체적 사안의 포섭능력 면에 초점을 맞추더라도 이 구분은 절대적이지 아니라 상대적인 구분에 불과하다. 예컨대 그 용법 유보적으로 정의된 "위험한 물건"에 대한 해석공식의 경우 (그 공식 속에 '사회통념상'이라는 기준 때문에) 이를 폐쇄형을 볼 수 있고, 개방형으로 볼 수도 있다. 그러나 어느 경우든 구속력 있게 적용될 수 있는 수준으로 구체화된 '법'인지의 문제와 실제로 법원이 구체적인 사안에 그 공식을 그대로 포섭하는지는 별개의 문제라는 점을 유의해야 한다.

⑤ 이 때문에 간결하게 요약된 사안과 그에 적용될 법리를 그 사안에 적용할 수 있는지에 22
관한 과거 사건에 대한 정보를 담고 있는 판결요지를 법률가 자격 검증을 위한 테스트 소재로 삼는 것은 어떤 의미에서도 정당화되기 어렵다. 이러한 테스트는 결국 특정 사건이 취급된 일회적 '경험'치 내지 사건의 이력에 대한 암기여부를 검증대상으로 삼기 때문이다.

⑥ 다른 사례에 대해 이미 과거에 발견된 법리는 물론이고, 포섭긍정/포섭부정은 그 결론 23
의 근거에 대한 이해나 기본적 배경적 지식이 없이는 진정한 의미의 법적 지식이 아니다. 법리와 사례가 개념적으로 마디마디 연결되는 과정을 묻지 않고 법원이 실제로 어떤 결론을 내렸는지에 치중하는 변호사시험은 중간 풀이과정 없이 답만 요구하는 수학시험과도 맹목적이다. 이러한 시험은 과거의 사안에서 발견된 기본적 법적지식을 익히게 한 후 새로운 사안을 접할 경우 '법'을 발견하기 위한 역량을 키워야 할 법학교육을 수험적합적 공부법 내지 시험대비용교수법을 강요하여 법학교육을 파행으로 이끌어갈 수밖에 없다.

4. 법학교육과 형법학의 과제

① 법학교육은 '법기술자'를 배출하는 과정이 아니다. 법기술자는 법률의 형식적 합리성을 24
기술적 차원이나 형식논리적 차원에서 세밀하게 따지는 일에 능숙한 자를 말한다. 법기술자는 그러나 법이 사회적 현실이나 인간의 실제적 삶을 반영해야 할 요구를 가진 것임에 눈감음으로써 법을 일상적 사회적 삶과 괴리된 단순한 법률기술로 보는 도구주의적 시각을 드러내어 법학을 권력옹호학, 권력도구학으로 전락시킨다. 법학교육의 전 과정은 법학적 법률가를 길러내는 과정이어야 한다. 법률교육이 아닌 '법학'교육의 세례를 받아 탄생할 학문적 법률가는 살아 꿈틀거리는 현실사건과 접촉한 법률을 일차적 대상으로 삼아 그리고 법률의 해석을 통해 하나의 통일된 전체로서 작동하는 법을 법학 방법론의 표준을 준수하면서 발견해야 하고, 이러한 차원의 법 발견발과정에서 자유와 정의를 추구하는 동시에 사회내의 다양한 이해관계의 충돌을 조정해가는 형평의 학문(예술) 방법을 연마해야 한다.

② 법률(lex)을 만드는 것은 진리가 아니라 권위이지만, 법을 만드는 것은 권위가 아니라 25
진리(진리에 이르는 방법)이어야 한다. 법률은 사회 내에서의 정치적, 경제적, 혹은 문화적, 도덕적 차원에서 다양한 주체들 간의 충돌하는 이해관계들이 국회 내 — 당파성을 가진 — 다수

당의 힘에 의해 결단된 산물이다. 그러나 법률의 해석을 통해 발견되어야 할 법(ius)은—이미 고대 로마에서부터—'정의와 형평의 예술'이라고 불리워 온—학문적 성찰(juris-prudentia)의 산물이다. 이 때문에 학문적 '법'(=법리)이 법적 진리(진실)에 근접해가기 위해서는 법발견을 위한 학문적 법학의 전제조건 및 법학방법론에 따라 법의 객관성을 담보받아야 한다. 그러나 자연과학 같이 수학적 엄정성을 가지고 검증될 수 없는 법적 진술의 특성상 법에 있어서의 객관성은 비판적 검증이 유일하다. 법원은 심급을 통해, 학문은 학문공동체내에서의 토론이나 논문심사과정에서 비판적 검증을 통해 그 진실성 내지 객관성을 통제한다.

26 ③ 법원에서 발견된 법의 진실성을 추구하기 위해서는 전체로서의 법질서의 관점도 중요하지만 현실적으로 발견되는 법에 대한 의미있는 비판적 관점을 제공해 줄 수는 없다. 이러한 비판적 시각은 '법'이 무엇인가라는 물음을 가지고 보편타당한 '법'개념을 찾아 위한 학문영역인 법철학 내지 법이론의 도움을 받아야 한다.

27 ④ 그런데 오늘날 법학교육에서 기초법학 분과인 법철학이나 법이론이 뒷전에 제쳐지고 있는 것이 현실이다. 법원에 의한 해석과정에서도 법철학이나 법이론이 개입되고 있는 모습은 찾아보기 어렵다. 이러한 현실 속에서 기초법학의 부재를 대체할 수 있는 강력한 통제수단이 있다. 자유제한법인 형법에 대한 최종적이면서 실효적인 통제권을 행사하고 있는 것은 자유보장법인 헌법이 그것이다. 시민의 자유와 권리를 제한하는 형법의 과잉을 통제하기 위한 헌법적 통제수단들은 형사입법에 대해서 뿐만 아니라 형사사법에 대해서도 강력한 구속력을 가진다.

28 ⑤ 헌법의 비례성원칙 및 기본권의 본질적 내용 금지원칙 또는 인간존엄 및 그에 기초한 책임원칙 등은 예방형법을 지향한 목적론적 해석 방법을 통한 가벌성 확장의 한계선이 될 수 있다. 최근 형사실무나 학계에서는 이러한 헌법적 한계선에 의거하여 헌법합치적 해석 방법을 통해 발견되는 법의 적용범위를 제한하는 예들이 많아지고 있다. 이러한 예들은 특히 비례성원칙의 균형성심사에서 저울의 한쪽 추에 올려놓을 법익의 무게에 가중치를 매겨온 그 동안의 형사실무에 중대한 기류 변화를 가져오고 있다.

29 ⑥ 이러한 변화에 부응하기 위해서는 예비법률가들도 형법각론의 다양한 해석과제들을 익힘에 있어 균형심사에서 법익의 반대편에 올려질 헌법의 자유권적 기본권이 만들어내는 미세한 눈금변화를 읽어내는 통찰력을 키워야 한다. 동시에 헌법합치적 해석방법이 잠재적 범죄자의 기본권 유보를 내용으로 하는 형법각칙(내지 범죄각칙) 구성요건의 해석에서 중요한 법발견 수단이 될 수 있음을 염두에 두어야 한다(형법총론 위법성조각사유의 정당행위 부분 참조).

30 ⑦ 마지막으로 예비법률가들은 형법학이 권력옹호학 내지 권력도구학의 오명을 벗고 헌법질서가 인정하는 자유의 조건들을 규명하는 자유학으로서의 면모를 키워나갈 수 있는 비전을 가져야 한다.

제2편

개인적 법익에 대한 죄

제 1 장 생명과 신체에 대한 죄

제 2 장 자유에 대한 죄

제 3 장 명예와 신용·업무에 대한 죄

제 4 장 사생활의 평온에 대한 죄

제 5 장 재산에 대한 죄

제 1 장　생명과 신체에 대한 죄 §5

생명과 신체에 대한 죄는 사람의 생명이나 신체를 침해하거나 위태롭게 하는 것을 내용으로 하는 범죄이다. 생명과 신체(의 완전성)는 인간생존의 기본조건으로서 형법이 보호하는 가장 중요한 법익이다. 형법은 생명과 신체(의 완전성)에 대한 침해나 그 위태화를 막기 위해 살인의 죄, 상해와 폭행의 죄, 과실치사상의 죄, 낙태의 죄, 그리고 유기와 학대의 죄를 규정하고 있다. 살인의 죄에 관한 규정은 사람의 생명을, 상해와 폭행의 죄는 사람의 신체(의 완전성)를 보호한다. 과실치사상의 죄는 과실로 사람의 생명이나 신체를 침해하는 행위를 범죄로 하고 있다. 낙태의 죄는 태어나지 않은 태아의 생명을 보호하기 위한 범죄이고, 유기와 학대의 죄는 생명 또는 신체가 침해된 경우뿐 아니라 침해될 위험으로부터도 보호해주는 범죄이다. 1

제 1 절　살인의 죄 §6

Ⅰ. 총설

1. 의의 및 보호법익

(1) 의의

살인의 죄는 사람을 살해함으로써 사람의 생명을 침해하는 것을 내용으로 하는 범죄이다. 1

(2) 보호법익

살인의 죄의 보호법익은 사람의 생명이다. 아직 태어나지 않은 태아는 낙태죄에 의해 보호받고, 이미 사망한 시체는 시체오욕죄(제159조), 시체손괴죄(제161조)에 의해 보호될 뿐이다. 살인의 죄를 통해 사람의 생명이 보호받는 정도는 침해범으로서의 보호이다. 2

(3) 형법과 생명보호

사람의 생명은 인간생존의 기본전제이자 인간의 존엄과 가치 보장의 전제조건이다.[1] 이러한 의미에서 형법은 사람의 생명을 보호함에 있어서 '절대적 생명보호'를 원칙으로 삼고 있다고 보는 견해가 일반적이다. 절대적 생명보호원칙이란 생존의 가치 없는 사람의 생명이란 있을 수 없고, 사람의 생명은 어느 누구도 침해할 수 없는 신성한 것이며, 누구도 포기할 수 없는 절대적 법익으로서 생명에 따라 그 보호정도에서 상대화됨이 없이 보호되어야 한다는 원 3

1) "사람의 생명(권)이란 인간의 생존본능과 존재목적에 바탕을 둔 선험적이고 자연법적인 권리이기 때문에 헌법에 명문의 규정이 없어도 헌법에 규정된 모든 기본권의 전제(기본권 중의 기본권)로서 보호되어야 한다"(헌법재판소 1996.11.28. 95헌바1 전원재판부).

칙을 말한다. 이에 따르면 사람의 생명은 원칙적으로 생존능력, 생존가치, 건강상태, 사회적 지위 여하 등 일체의 가치평가를 묻지 않고 평등하게 보호되어야 한다고 한다.

4 하지만 오늘날의 법제도가 생명보호의 절대성 내지 생명의 신성성(神聖性) 윤리를 그대로 유지하고 있는 것은 아니다.[2)] 생명보호의 상대성 또는 공리주의적 생명관을 엿볼 수 있는 법률규정도 있다. 예컨대 형법전에는 사형제도가 여전히 존치되어 국가의 사법살인이 허용되고 있고, 「장기 등 이식에 관한 법률(장기이식법)」은 뇌사자를 사람으로 보고 있으면서도 심장이식을 가능하게 하여 뇌사자를 사망케 하는 것을 허용하고 있다. 「호스피스·완화의료 및 임종과정에 있는 환자의 연명의료결정에 관한 법률(연명의료결정법)」도 절대적 생명보호원칙이 생명권자의 자기결정권에 의해 뒤로 밀려지고 있는 사회의 법감정을 반영하여 일정한 요건(예, 임종과정의 환자가 회생가능성이 없을 것)하에서 존엄사를 허용하고 있기 때문이다.

5 判 대법원도 생명이 자기결정권과 비교형량의 대상이 되고 있어 생명보호 절대주의 원칙을 일정부분 상대화시키고 있다. 대법원은 환자의 명시적인 수혈 거부 의사가 있는 경우라도 수술과정에서 수혈을 하지 않으면 생명에 위험이 발생할 수 있는 응급상태에 이른 경우 의사는 환자에게 수혈을 해야 한다고 함으로써 원칙적 생명보호를 선언하면서도, 생명과 자기결정권을 비교형량할 수 있는 특별한 예외적인 경우를 하고 있기 때문이다.[3)]

6 사회적 담론 차원에서도 생명보호의 상대화를 향한 발걸음이 재촉되고 있다. 특히 공리주의적 시각은 독자적 생존능력 없이 고통을 당하고 있는 영아의 생명단축이 반윤리적이 아니라는 논거를 찾으려고 하고 있고, 샴쌍둥이와 같은 기형아의 경우 한 생명을 위해 다른 생명을 포기해야 하는 분리수술도 단순한 논란의 차원을 넘어서 그 수술 성공사례가 전 세계적인 뉴스거리가 되고 있기도 하다.[4)]

2) 이 때문에 오늘날 더 이상 생명보호 절대원칙을 강조하지 않고 생명을 최대한 평등하게 보호해야 한다는 의미에서 최대한 생명보호원칙(임웅, 10면)이라고 말하는 데 그치지 않고 상대적 생명보호의 원칙(배종대, §12/1)을 선언하기까지 하고 있다.

3) "환자의 명시적인 수혈 거부 의사가 존재하여 수혈하지 아니함을 전제로 환자의 승낙(동의)을 받아 수술하였는데 수술 과정에서 수혈을 하지 않으면 생명에 위험이 발생할 수 있는 응급상태에 이른 경우에, 환자의 생명을 보존하기 위해 불가피한 수혈 방법의 선택을 고려함이 원칙이라 할 수 있지만, 한편으로 환자의 생명 보호에 못지않게 환자의 자기결정권을 존중하여야 할 의무가 대등한 가치를 가지는 것으로 평가되는 때에는 이를 고려하여 진료행위를 하여야 한다."(대법원 2014.6.26. 2009도14407).

4) 호주 ABC 뉴스사의 2018. 11. 9.자 샴쌍둥이 분리수술 성공 사례 기사 참조(www.abc.net.au/news/2018-11-09/conjoined-twins-nima-dawa-successful-separation-surgery/10482752).

2. 구성요건의 체계 7

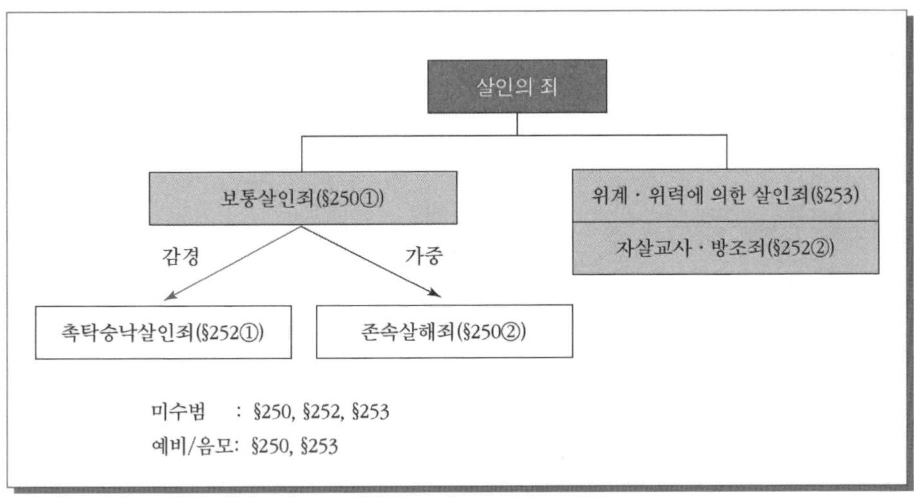

(1) 다양한 살인죄의 구성요건

살인의 죄의 기본적 구성요건은 (보통)살인죄이다. 존속살해죄는 이에 대한 가중적 구성 8
요건이고, 촉탁·승낙에 의한 살인죄는 (보통)살인죄의 감경적 구성요건이며,[5] 위계·위력에 의한 살인죄와 자살교사·방조죄는 살인죄의 독립된 변형구성요건이다. 형법전의 모든 살인의 죄의 경우 미수범을 처벌하고, 살인죄, 존속살해죄, 위계·위력에 의한 살인죄의 경우는 예비·음모도 처벌한다. 특가법에는 살인죄의 가중적 구성요건으로 보복목적살인죄(제5조의9 제1항). 미성년자 약취·유인살인죄(제5조의2 제2항 2호)가 있고, 성폭법에는 강간등살인죄(제9조 제1항) 등이 존재한다.

(2) 입법론

양형의 재량범위를 제한하고 죄형의 균형을 유지하기 위해서 우리나라의 형법도 미국이 9
나 독일 또는 프랑스처럼 살인죄를 1급살인죄와 2급살인죄, 또는 모살(Mord, murder)과 고살(Totschlag, manslaughter)죄로 구분하여 입법화하자는 주장이 있다. 그러나 형법전에는 강간등살인죄(제301조의 2), 인질살해죄(제324조의 4), 강도살인죄(제338조), 해상강도살해죄(제340조 제3항), 내란목적살인죄(제89조) 등이 별도로 존재하고, 특가법에도 가중 살인죄가 규정되어 있어 행위자의 특별한 내적 동기나 목적 또는 행위방법이 살인죄에 반영되어 있다. 이들은 보통 살인죄에 비해 높은 법정형이

5) 기본구성요건에 비해 형이 가중되거나 감경되는 효과가 불법 때문인지 책임 때문인지에 대해서는 해석론상 견해가 갈린다. 이에 관한 해석론은 그 자체로는 범죄성립여부에는 직접적인 영향을 미치지 않지만, 각각의 요소(예, 존속살해죄의 경우 상대방이 '직계존속'인지, 촉탁 승낙살인죄의 경우 상대방의 촉탁이나 승낙이 있었는지)에 대한 착오가 있는 경우에는 행위자의 고의의 인식대상에 포함되는지에 따라 범죄성립에 영향을 미친다. 이 점에 관해서는 해당 구성요건에 대한 해석부분에서 다루기로 한다.

부과되어 있기 때문에 위와 같은 입법례를 따라갈 현실적인 필요성은 없는 것으로 보인다.

Ⅱ. 살인죄

> 第250조(살인죄) ① 사람을 살해한 자는 사형, 무기 또는 5년 이상의 징역에 처한다.
>
> 第254조(미수범) 第250조, 第252조, 第253조의 미수범은 처벌한다.

1. 의의, 성격

10 사람을 (고의로) 살해함으로써 성립하는 범죄이다. 살인의 죄의 기본적 구성요건이다. 사람의 생명침해가 사람의 사망이라는 결과와 일치하므로 침해범이자 결과범이다.

2. 구성요건

(1) 객관적 구성요건

11 **1) 주체** 자연인이면 누구든지 행위주체가 될 수 있으므로 비신분범이다. 다만, 부작위에 의한 살인죄가 될 경우에는 행위주체가 보증인적 지위에 있을 것을 요하므로 진정신분범이 된다. 자살행위는 현행법상 범죄가 아니므로 자살미수자는 이 죄의 주체가 될 수 없다.

12 **2) 객체** 행위자 이외의 살아 있는 사람이 행위객체이자 보호객체가 된다. 여기서 사람이란 자연인만을 의미하고 생명이 없는 법인은 이 죄의 객체가 될 수 없다.

13 **(가) 사람** 살아있는 사람은 출생이후 사망 전까지 생명을 유지하고 있는 상태의 사람을 말한다. 생존능력의 유무나 장래적 생존기능의 유무와 무관하므로, 무뇌아, 기형아, 빈사상태에 있거나 불치인 환자, 신체장애인, 사형판결이 확정된 자 등도 모두 살인죄의 객체가 된다.

14 분만 중 또는 분만 직후의 '영아'는 종래 영아살해죄의 객체로 별도 취급되어 살인죄의 객체에 포함되지 않았으나, 2023. 7. 형법개정으로 형법제정이래 70년 만에 영아살해죄의 구성요건이 삭제됨에 따라 살인죄의 객체인 '사람'에 포함된다. 특히 태아가 분만 '중'인 경우는 종래 법률의 규정에 따라 '영아'(사람)가 되었지만, 영아살해죄가 존재하지 않는 조건하에서는 진통설에 따라 '사람'이 된다.

15 判 대법원은 살아 있는 사람은 생존능력의 유무나 생존기능의 유무는 상관하지 않고 살인죄의 객체가 된다고 본다.[6] 따라서 낙태시술되었으나 살아서 태어나 '정상적으로 생존할 능력이 없는 미숙아(대법원 2005.4.15. 2003도2780)', '자살 중인 자'(대법원 1948.5.14. 4281형상38), 이미 '총격을 받은 후 확인사살의 대상이 된 자'(대법원 1980.5.20. 80도306)도 이 죄의 객체로 인정하였다.

16 의식회복이 불가능하고 더 이상 회생가능성 없이 무의미한 연명의료행위에 의해 그 생명이 연장되고 있을 뿐인자도 연명의료중단결정이 내려지기 전에는 살인죄의 객체가 된다. 출

---

6) 대법원 1980.5.20. 80도306.

생 전 상태인 '배아' 또는 '태아'는 각각 생명윤리법과 형법에 의해 보호의 대상이 되는 생명체이지만 아직 사람은 아니다. 사망한 이후에는 '사체'이므로 이미 사람이 아니다. 하지만 오늘날 생명과학기술의 눈부신 발달로 인해 사람의 생명의 시작점과 종점을 명확하게 긋는 문제에서 많은 논란이 생기고 있다.

(나) 사람의 시기始期 사람은 출생해야 사람이 된다. **배아기와 태아기를 거쳐 분만으로 인해 출생이 되는 시점이 언제인지가** 문제된다. 17

가) 학설 대립 이와 관련해서는 ① 태아의 신체 일부가 모체에서 노출된 때를 사람의 시기로 보는 견해(일부노출설: 일본의 통설·판례), ② 분만이 완료되어 태아가 모체로부터 완전히 분리된 때를 사람의 시기로 보는 견해(전부노출설: 우리 민법상의 통설), ③ 태아가 모체로부터 완전히 분리하여 태반에 의한 호흡을 멈추고, 독립하여 폐에 의한 호흡을 시작한 때를 사람의 시기로 보는 견해(독립호흡설), ④ 태아가 태반으로부터 분리되기 시작하면서 산모에게 규칙적인 진통이 개시되는 때를 사람의 시기로 보는 견해(진통설 또는 분만개시설) 등이 대립한다. 18

민법이 전부노출설을 취하는 것은 권리능력의 주체가 될 수 있는지의 여부(민법 제3조)를 기준으로 사람의 시기를 정하기 때문이다. 형법해석에서 영아살해죄(구 형법 제251조)의 구성요건이 삭제를 전후로 하여 사람의 시기를 정함에 있어 그 근거지움에 변화가 생겼다. 영아살해죄가 폐지되기 전에는 영아살해죄의 존재가 진통설의 유력한 근거로 작용하였다. 영아살해죄는 '분만 직후'의 영아 뿐 아니라 '분만 중'인 영아도 영아살해죄의 객체로 규정하고 있었는데, 살인죄와 영아살해죄의 구성요건을 체계적으로 해석하면 분만중의 태아는 '사람'(구 형법상의 용어로는 '영아'라고 부름)으로 해석될 수 있었기 때문이다. 하지만 영아살해죄가 존재하지 않더라도 사람의 시기는 진통설적 관점에서 결정하는 것이 바람직하다.[7] 태아가 장차 출생을 앞두고 모체로부터 분리 또는 노출 혹은 더 나아가 독립호흡을 하기 전이라도 외부로부터 침해를 당할 우려가 있으므로 그 단계에서 보호할 필요성이 절실하고,[8] 진통설은 이러한 필요에 가장 부응할 수 있기 때문이다. 19

判 대법원도 종래 영아살해죄에 관한 규정과 연관성을 좇는 체계적인 해석을 통하여 진통설(또는 분만개시설)을 취해왔다.[9] 진통설에서 말하는 진통은 태아가 모체 밖으로 배출되는 과정에서의 산모에게 가해지는 압박진통이나 분만개시 이전의 사전진통이 아니라 자궁경부의 자궁구가 열리고 태아가 태반으로부터 분리되면서 시작하는 개방진통을 의미한다. 20

나) 제왕절개수술의 경우 개방진통이 시작되기 전에 제왕절개수술을 하여 분만한 경우에는 언제부터 사람이 되는지가 문제될 수 있다. 이와 관련해서는 ① 자궁절개시설,[10] ② 복부 21

7) 특히 분만 중인 태아가 '사람'에 포함되면, 분만 중인 태아에 대한 상해, 낙태미수 또는 과실낙태의 경우는 별도의 처벌규정이 없지만, 형법의 상해죄, 살인미수죄 또는 과실치사죄로 처벌할 수 있다.

8) 종래 진통설의 유력한 근거 중 하나는 영아살해죄(구 형법 제251조)의 존재였다.

9) 대법원 1982.10.12. 81도2621.

10) 김일수/서보학, 21면; 배종대, §12/8; 이재상/장영민/강동범, §2/9; 손동권/김재윤, §2/9; 임웅, 15면.

피하지방층절개시설,[11] ③ 일부노출설[12] 등이 대립한다.

22 判 이에 관한 대법원의 태도는 아직 없다. 다만 조산사가 산모의 출산일을 도과하여 모체내에서 태아가 사망한 사건에 대해 그 산모를 업무상과실치사죄로 기소한 검사가 '의학적으로 제왕절개 수술이 가능하였고 규범적으로 수술이 필요했던 시기'부터 태아도 사람이 된다는 주장을 하였으나, 대법원은 그러한 시기는 판단자 및 상황에 따라 달라지므로 사람의 시기가 불명확하게 될 우려가 있음을 이유로 분만진통에 갈음하는 분만개시시점이 될 수 없음은 분명히 하였다.[13]

23 생각건대, 제왕절개수술을 통해 분만할 경우 개방진통의 시기와 가장 유사한 시점은 '자궁절개시'라고 할 수 있다. 자궁구가 열리고 태아가 태반으로부터 분리되기 시작하는 시점이기 때문이다. 진통설은 자연분만의 경우 사람의 시기를 정하는 해석기준에 그칠 뿐이므로, 진통이 없을 수도 있는 인공분만이나 제왕절개수술에 의한 분만의 경우를 모두 포괄하기 위해서는 진통설이라는 용어보다 분만개시설이라는 용어가 더 적합한 것으로 보인다.

24 (다) 사람의 종기 사람의 생명은 사망함으로써 종료한다.

25 가) 죽음의 정의 **사람의 사망시기가 언제인가는 죽음에 대한 정의를 어떻게 내릴 것인가의 문제**이다. 이에 대해서는 ① 호흡이 되살아날 수 없는 상태로 영구히 종지한 때를 사망한 것으로 보는 견해(호흡종지설), ② 심장의 고동인 맥박이 되살아날 수 없는 상태로 종지한 때를 사망으로 보는 견해(맥박종지설 또는 심장사설),[14] ③ 뇌의 기능이 되살아 날 수 없는 상태로 종지한 때에 사망으로 보는 견해(뇌사설)[15] 등이 대립한다.

26 이러한 견해대립은 의료현장에서 장기이식술이 현실화됨에 따라 형법의 개념이해가 공리주의적 사고의 영향권 하에 들어오면서부터 생겨났다. 즉 사람의 종기에 관하여 심장사설(맥박종지설)에 의할 때 뇌가 소실된 상태에서 장기(특히 심장)를 이식하면 상해죄 또는 살인죄의 구성요건을 충족하게 되지만, 뇌사설을 취하는 경우 뇌기능이 소실되면 이미 사람이 아니므로 — 심장이 멈출 때까지 기다릴 필요 없이 — 인공호흡장치를 통해 심장박동을 계속 유지시켜놓은 상태에서 장기이식을 하더라도 상해죄나 살인죄가 되지 않기 때문이다. 따라서 오늘날 법현실이 이미 뇌사설을 수용하고 있다는 이유로 뇌사설을 죽음에 대한 타당한 정의로 파악하려는 견해가 유력하게 주장되고 있다.[16]

27 나) 뇌사설의 문제점 뇌사설은 애초 '불가역적인 혼수상태'에 있는 환자에 대한 — 환자,

11) 오영근, §2/7.
12) 이정원, 35면.
13) 대법원 2007.6.29. 2005도3832.
14) 김종원, 30면; 김일수/서보학, 21면; 오영근, §2/11; 허일태, "생명의 종기", 형법연구(I), 1997, 330면.
15) 김성천/김형준, 18면; 박상기, 23면; 배종대, §12/16; 이재상/장영민/강동범, §2/4; 이형국/김혜경, 13면; 임상규, "장기이식법상의 뇌사관련규정의 문제점", 형사법연구 제13권(2000), 162면; 임웅, 17면; 손동권/김재윤, §2/10; 정성근/정준섭, 6면.
16) 뇌사설은 1968년 8월 9일 제22차 세계의사학회에서 채택된 Sydney선언이 취한 입장이다. 하지만 현재 의학계에서도 뇌사가 사망의 정의로 일반적으로 인정되고 있는 것은 아니다.

가족, 병원, 그리고 사회의 — 비용부담을 줄이기 위해 1980년대 초 미국의 하버드 위원회가 뇌사판정의 기준을 만드는 과정에서 확립된 이론으로 공리주의적 사고의 산물이다.[17] 하지만 체온이 유지되고 있음에도 뇌사상태라고 하여 죽은 사람으로 취급하는 것은 우리의 전통적 정서에 반하며 뇌사가 폐사와 심장사보다 선행하는 경우 뇌사설이 불합리하다는 비판이 있다. 뿐만 아니라 오늘날 현대의학이 중환자의료에 대한 통합적 대처능력을 발달시킴에 따라 사람의 신체를 통제하는 것이 뇌만이 아님을 드러내는 임상사례들도 보고되고 있다. 다시 말해 전뇌가 기능을 상실한 경우에도 '신체의 총체적 유기적 기능'이 가능하다는 것이다.[18] 예컨대 뇌사환자가 임신을 3개월 이상 유지할 수 있었고 건강한 아이를 낳을 수도 있었다고 한다. 더 나아가 의학기술과 의학지식의 진보에도 불구하고 뇌사판정이 안정적으로 확립되었다고 보기도 어렵다는 문제도 있다.[19]

다) 심장사설과 공리주의적 관점의 조화가능성 뇌사설의 결정적인 의의는 뇌사자로부터 장기적출 및 심장 등 이식수술을 가능하게 하는 공리주의적 시각의 관철에 있다. 그러나 죽음에 관한 전통적인 정의를 유지하는 심장사설을 취하면서도 적법한 장기적출 및 이식수술을 가능케 하는 공리주의적 결론을 확보할 수 있다. 전뇌의 기능이 소실된 자뿐 아니라, 무뇌아(뇌간만 있는 상태), 회복될 수 없는 식물상태의 인간, 태어나자마자 고통스럽게 죽을 수밖에 없는 선천적인 중증장애상태의 유아 등도 심장사설의 입장에서 보면 살아있는 사람에 분명하지만 안락사를 정당화하는 법리 또는 장기이식법의 적용 등을 통한 방법이 가능하기 때문이다. 28

장기이식법이 뇌사설을 입법화한 것인지와 관련하여 ① 이를 긍정하는 견해[20]도 있지만, ② 이 법의 '살아있는 사람'에 대한 법적 정의 — 사람 가운데 뇌사자를 제외한 사람 — 에 따르면 사람을 '살아있는 사람,' '뇌사자,' '죽은 자'로 범주화될 수 있는데,[21] 이러한 입법태도에 따르 29

17) 미국과 다른 나라에서 뇌사설이 죽음에 대한 새로운 정의로 수용되게 된 배경에 대해서는 피터 싱어(장동익 옮김), 삶과 죽음, 철학과 현실사, 2003, 37면 이하 참조.

18) 이러한 반전된 분위기는 이미 1980년대 중반부터 생겼다고 한다. 특히 1986년 일본에서는 뇌가 죽은 사람은 뇌가 생성하는 항이뇨호르몬(항이뇨작용과 혈관수축작용 담당)이 부족하다는 사실에 주목하여 뇌사에 이른 환자에 대해 이 호르몬을 투여한 결과 2 내지 3일 내에 죽었을 뇌사환자가 평균 23일 동안 살았다는 보고가 신경외과 학술지에 발표되면서 뇌사를 인간의 죽음으로 받아들일 수 없다고 하였다. 이 때문인지는 몰라도 일본에서는 심장정지, 호흡정지, 동공의 열림(동공산대 내지 대광반사의 소실)이라는 세 가지 징후가 있는 때를 사망의 시기로 보는 3징후설 내지 종합판정설이 여전히 다수설이다.

19) 통상적인 검사기준에 따르면 뇌사가 일어났다고 할 수 있음에도 불구하고, 새로운 검사기준들에 의하면 뇌의 어떤 기능이 계속된다는 것을 보여준다고 한다. 즉 뇌는 감각과 신경계를 통한 정보처리 기능 외에도 여러 신체기능을 조절하는 다양한 호르몬을 공급하는데, 표준적 검사에 의해 뇌사로 판정된 대부분의 환자의 뇌에서 이러한 호르몬이 계속 공급된다고 한다. 뿐만 아니라 장기적출을 위해 뇌사환자를 절개했을 때, 혈압이 상승하거나 심장박동이 빨라지는 반응도 나타나고 있어서 뇌사설이 사람의 죽음에 대한 일종의 허구를 기능적으로 정당화하고 있는 측면도 배제할 수 없다.

20) 박상기, 22면.

21) 장기이식법 제4조 제5호: "살아있는 사람"이란 사람 중에서 뇌사자를 제외한 사람을 말하며, "뇌사자"란 이 법에 의한 뇌사판정기준 및 뇌사판정절차에 따라 뇌 전체의 기능이 되살아날 수 없는 상태로 정지되었다고 판정

면 뇌사자도 분명히 '사람'으로 분류되어 있고 '죽은 자'로 분류되어 있지 않기 때문에 뇌사설이 죽음에 대한 정의로 입법화된 것이 아님이 분명하다. 오히려 이 법에서는 일정한 요건 하에 뇌사자의 장기이식이 법적으로 허용되고 있으므로 전통적인 심장사설의 입장에서 위법성조각사유(제20조의 법령에 의한 행위)가 규정된 것으로 이해하는 것이 타당하다.

30 3) 행위 살해하는 것이다.

31 살해란 사람의 생명을 자연적 사기에 앞서서 고의로 단절시키는 행위를 말한다. 살해하는 수단·방법에는 제한이 없다. 유형적으로 흉기로 찌르거나刺殺, 때리거나打殺, 목을 조르는絞殺 경우는 물론이고, 무형적으로 정신적 고통이나 충격을 가해서도 살해할 수 있다. 다만 주술적 방법이나 저주기도 등 미신적 방법을 통한 경우에는 실제로 피해자가 사망하였더라도 구성요건적 실행행위의 정형성을 갖추지 못했을 뿐 아니라 형법상의 인과관계를 인정할 수도 없다.

32 살해는 작위에 의해서뿐만 아니라 부작위에 의해서도 가능하다. 다만 이 경우 행위자가 피해자의 생명을 보호해야 할 보증인적 지위에 있어야 한다.[22] 이러한 한도 내에서 부작위에 의한 살인죄는 작위에 의한 살인죄의 경우와는 달리 진정신분범이 된다.

33 **상대방에게 에이즈**(AIDS: 후천성면역결핍증)**를 감염시킬 의사를 가지고 예방조치 없이 성관계를 맺은 경우를 살해행위의 방법으로 인정할 수 있을 것인지**가 문제된다. 이와 관련해서는 ① 살인죄의 고의를 부정하는 견해도 있고, ② 불치의 병을 유발시키는 중상해행위로 보는 견해도 있다. 감염 및 발병에 의한 사망의 결과에 이를 확률이 극도로 낮다고 하더라도 에이즈 감염을 통해 장차 상대방을 죽게 하려는 명백한 의도가 있는 이상 살해의 고의 자체를 부정할 수는 없다.[23] 하지만 어떠한 행위의 살해행위성을 인정하려면 행위 당시 객관적인 관점에서 그 행위 자체만으로 즉시 또는 가까운 시일 내에 사망의 결과를 야기하거나 생명에 대한 위험을 창출시킬 정도가 되어야 한다. 그러나 에이즈 감염을 유발할 의도로 성관계를 맺는 행위가 사망의 결과를 야기시킬 정도에 이르는 구성요건적 행위적격성을 인정할 수 있기는 어렵다. 따라서 성관계를 통한 에이즈 감염 유발행위는 그 자체 구성요건에 해당하는 살해행위라고 하기 보다는 불치의 병을 유발시키는 중상해행위라고 평가하는 것이 타당하다.[24]

(2) 주관적 구성요건

34 1) 고의 살인죄의 고의란 살해의 고의이다.[25] 살해의 고의란 생명이 있는 자연인을

된 사람을 말한다.

22) 살인죄는 결과범이기 때문에 부작위에 의한 살인죄의 경우는 거동범인 경우와는 달리 부작위가 작위와의 상응성(내지 행위정형의 동가치성)요건까지 구비할 필요는 없지만, 판례는 살인죄의 경우에도 이러한 요건을 필요로 하는 것 같은 태도를 취하고 있다. 이에 관해서는 『총론』의 부작위범론 참조.

23) 김성천/김형준, 90면; 임웅, 22면; 전지연, "성행위를 통한 AIDS 전염의 형법적 취급에 관한 고찰", 성시탁 교수 화갑기념 논문집, 1993, 695면.

24) 실제로는 「에이즈예방법」 제25조의 '전파매개행위죄'로 처벌되고 있다.

25) 살해의 고의가 없으면 사람을 사망에 이르게 하는 결과가 발생한 경우에도 과실치사죄(제267조), 상해치사죄

살해한다는 인식 및 의사를 말한다. 사망의 결과발생을 희망하거나 목적할 필요는 없다.[26] 살해행위와 결과 사이의 인과과정에 대한 인식도 요구되지만 양자 간에 본질적인 차이가 없는 한 정확한 인과과정을 그대로 인식해야 하는 것은 아니다. 사망의 결과를 발생시킬 만한 가능성만 인식해도 고의인정에 필요한 인식적 요소는 충족되고(인식이나 예견의 불확정성),[27] 사망의 결과에 대한 용인의사만으로 고의의 의욕적 요소가 충족된다(미필적 고의).

判 대법원은 형사재판에서 피고인이 피해자 사망에 대한 인식은 물론이고 의욕도 부인하는 것이 일반적이고 피고인의 내심을 증거를 통해 입증하는 것이 어려움을 감안하여 이른바 종합판단설[28]에 근거에 피고인의 고의를 추단하는 경우가 많다. 또 순간적·우발적으로 사람을 살해할 것을 결의한 때에도 살해의 고의를 인정한다.[29] 35

例 **살인의 고의가 인정된 경우:** 피해자가 맞아 죽어도 무방하다고 생각하고 총을 발사한 경우(대법원 1975.3.11. 75도217), 36
칼로 사람의 복부(대법원 1983.11.22. 83도2481)나 목을 찌른 경우(대법원 1966.3.15. 65도96), 사람의 목을 조르거나(대법원 1984.4.10. 84도331) 질주하는 차에서 사람을 추락시킨 경우(대법원 1957.5.24. 57형상56), 돌이나 각목으로 사람의 머리를 강타한 경우(대법원 1978.1.17. 77도3636), 인체의 급소를 잘 아는 무술교관이 울대(성대)를 가격한 경우(대법원 2000.8.18. 2000도2231), 피해자의 종아리 부위 등을 20여 회나 칼로 찌른 경우(대법원 2000.10.25. 97도3231), 9세 여아의 목을 졸라 실신시킨 후 그 곳을 떠나버린 경우(대법원 1994.12.22. 94도2511), 피해자가 욕하는 데 격분하여 예리한 칼로 왼쪽 가슴부분에 길이 6cm 깊이 17cm의 상처 등이 나도록 찔러 곧바로 좌측심낭까지 절단된 경우(대법원 1991.10.22. 91도2174), 6세 된 여아의 목을 손목으로 3~4분 누른 경우(대법원 1985.3.12. 85도198), 식칼로 복부를 1회 찌른 후 다시 도망가다가 배를 움켜쥐고 엎드려 있는 피해자를 추적하여 옆구리를 1회 찔러 사망케 한 경우(대법원 1986.5.27. 86도367), 내무반에서 약 25분 동안 피해자의 옆구리, 복부, 가슴부위를 약 15~18회 가량 발로 차거나 밟고 이로 인해 침상에 쓰러져 물도 제대로 마시지 목하고 옷을 입은 채로 오줌을 싸고 의사표현도 잘하지 못하는 피해자를 향해 꾀병부리지 말라며 폭행을 하려 하였으나 피해자의 상태를 인지하고 있던 옆 동료의 만류로 더 이상의 추가 폭행은 하지 못한 경우(대법원 2015.10.29. 2015도5355) 등.

2) 구성요건적 착오　구체적 사실에 대한 구성요건적 착오의 경우 발생사실에 대해 고의가 인정될 수 있을 것인지가 문제된다. 객체의 착오의 경우에는 발생사실에 대한 고의를 인정하는 데 이견이 없다.[30] 방법의 착오의 경우에는 ① 법정적 부합설에 따라 고의를 인정하는 견해(통설·판례[31])가 있지만, ② 구체적 부합설에 따라 발생사실에 대한 고의가 조각된다고 보는 것이 타당하다. 37

상대방이 직계존속인 것을 알지 못하고 살해한 때에는 형법 제15조 제1항에 따라 가중적 구성요건인 존속살해죄의 고의가 조각되어 보통살인죄로 처벌된다. 상대방이 농담으로 자신을 살해해 달라고 하는 것을 진담으로 여기고 살해한 경우에는 감경적 구성요건인 촉탁살인 38

(제259조), 폭행치사죄(제262조)가 성립할 뿐이다.

26) 대법원 1986.6.10. 86도783; 대법원 1998.6.9. 98도980.

27) 대법원 2006.4.14. 2006도734.

28) "범행 당시 살인의 범의가 있었는지 여부는 피고인이 범행에 이르게 된 경위, 범행의 동기, 준비된 흉기의 유무, 종류, 용법, 공격의 부위와 반복성, 사망의 결과발생가능성 정도, 범행 후에 있어서의 결과회피행동의 유무 등 범행 전후의 객관적인 사정을 종합하여 판단할 수밖에 없다"(대법원 2000.8.18. 2000도2231).

29) 대법원 1983.9.13. 83도1817.

30) 대법원 1954.4.27. 4286형상73.

31) 대법원 1984.1.14. 83도2813.

죄의 고의가 인정되므로 보다 중한 보통살인죄가 아니라 경한 촉탁살인죄의 고의가 인정되어 촉탁살인죄로 처벌된다.

3. 살인죄의 미수와 기수시기

(1) 실행의 착수

39 살인행위의 실행의 착수가 인정되려면 행위자가 살해의 고의를 가지고 타인의 생명을 위태롭게 하는 행위를 직접 개시하여야 한다.

40 例 **실행의 착수가 인정된 경우:** 상관인 중대장을 살해 보복할 목적으로 수류탄의 안전핀을 빼고 그 사무실로 들어간 때(대법원 1970.6.30. 70도861), 낫을 들고 피해자에게 접근하였을 때(대법원 1986.2.25. 85도2773), 독약혼입의 음료수를 교부한 때(대법원 2007.7.26. 2007도3687) 등

41 범행지와 결과지가 다른 격리범의 경우 원인행위가 완료된 때(독약을 우체국에 접수시킨 때)에 살인죄의 실행의 착수가 인정되고, 간접정범의 경우에는 이용자의 행위를 기준으로 하여 실행의 착수를 인정한다. 실행에 착수한 후 자의에 의한 중지나 결과방지가 있는 경우에는 중지미수범이 되고, 실행에 착수했으나 수단 또는 대상의 착오로 인하여 결과발생이 불가능한 경우에는 위험성이 있으면 불능미수범이 된다.[32]

(2) 기수시기

42 살인죄는 살해행위로 인하여 피해자가 사망하면 기수가 된다. 따라서 행위와 사망의 결과 사이의 형법상의 인과관계(자연과학적 의미의 인과관계 및 객관적 귀속)를 구성요건요소로 하는 전형적인 결과범이다. 형법상의 인과관계가 인정되는 한 양자 사이에 시간적 간격이 있어도 상관없다. 따라서 수일, 수개월 뒤에 사망하였어도 살인죄는 성립한다. 행위자의 행위가 사망의 유일한 원인이 아니거나 직접적인 원인이 아닌 경우에도 형법상의 인과관계는 인정되어 살인죄가 성립한다.[33] 형법상의 인과관계가 부정될 경우에는 살인죄의 미수범으로 처벌된다.

4. 살인죄와 가담형태

(1) 공동정범

43 2인 이상이 살인죄에 가담한 경우 '기능적 행위지배'가 인정될 것을 요건으로[34] 살인죄의 공동정범의 성립이 인정된다.

(2) 간접정범의 성부

44 살해는 간접적인 방법으로도 가능하다는 데 이견이 없다. 예컨대 독약이 들어 있는 주사약을 사정을 모르는 간호사로 하여금 주사하게 한 의사나 정신병자를 이용하여 타인을 살해

---

32) 대법원 1984.2.14. 83도2967.
33) 대법원 1982.12.28. 82도2525.
34) 대법원 2010.9.9. 2010도6924.

하게 한 자는 살인죄의 간접정범이 된다. 강제나 기망에 의하여 피해자를 자살하게 한 경우도 간접적인 살해행위에 해당하지만, 이에 대해서는 형법이 특히 위계·위력에 의한 살인죄(제253조)가 된다고 규정하고 있으므로 살인죄의 간접정범은 되지 않는다.

자살의 의미를 이해할 수 없는 유아나 정신병자에 대해 강제나 기망을 수단으로 하여 죽인 경우는 자살교사·방조죄나 위계·위력에 의한 살인죄가 아니라 살인죄의 직접정범이 된다.[35) 45

무고나 위증의 방법으로 국가의 형사재판을 이용하여 사형을 선고받게 하고 집행받게 한 경우 살인죄의 간접정범이 될 수 있는지가 문제된다. ① 진술발견의 책무를 지고 있는 법원에 대해 무고자나 위증자의 우월적 의사지배를 인정할 수 없어서 이를 부정하는 견해도 있지만, ② 긍정하는 견해[36)]가 타당하다. 무고자나 위증자는 허위의 진술을 통해 그 허위성을 모르는 법원의 심리과정에 대해 의사지배를 할 수 있기 때문이다. 46

判 대법원은 경찰관이 허위의 진술서를 작성하여 검사에게 영장을 청구하고, 영장전담판사가 이에 기하여 피해자에 대한 구속영장을 발부한 경우에 대해 직권남용감금죄의 간접정범을 인정하고 있는 바,[37)] 판례의 논지대로라면 살인의 경우도 긍정설을 취할 것으로 보인다. 47

(3) 교사범, 방조범

살인의사가 없는 사람으로 하여금 살인의 결의를 가지게 한 경우 살인죄의 교사범의 성립이 인정된다. 피교사자가 살인을 승낙하지 않았거나 승낙은 했지만 실행의 착수에 이르지 않은 경우는 교사자는 살인예비 음모죄로 처벌된다(제31조 제2항, 제3항). 피교사자가 살인의 승낙조차 하지 않은 경우 피교사자는 처벌받지 않지만, 승낙한 피교사자는 살인예비 음모죄로 처벌된다(제31조 제2항). 48

살인죄의 범행결의를 하고 있는 자를 도와 그 범행을 용이하게 하거나 법익침해를 강화한 자는 살인죄의 방조범이 된다. 살인죄의 방조범이 성립하려면 피방조자가 실행의 착수에 이르러야 한다. 49

살인죄의 교사범이든 방조범이든, 직접 살행행위를 하는 정범(피교사자, 피방조자)은 살인죄의 구성요건해당성과 위법성은 인정되어야 한다(제한종속형식). 50

例 **살인죄의 방조가 인정된 사례**: 피해자가 죽고 싶다고 하며 기름을 사오라고 하자 휘발유를 1통 사다준 경우(대법원 2010.4.29. 2010도2328), 상대방이 살인할 것을 알고 그에 소요되는 비용을 제공한 경우(대법원 1947.12.30. 4280형상131), 환자인 남편이 죽기를 바라며 병원에서 계속 치료를 권하는 '의학적 충고'에 반하여 끈질기게 퇴원요구를 하는 부인의 요청을 이기지 못한 주치의가 퇴원조치를 취함으로써 환자가 사망한 경우(대법원 2004.6.24. 2002도995) 등. 51

---

35) "피고인이 7세, 3세 남짓 된 어린 자식들에 대하여 함께 죽자고 권유하여 물속에 따라 들어오게 하여 결국 익사하게 하였다면 비록 피해자들을 물속에 직접 밀어서 빠뜨리지는 않았다고 하더라도 자살의 의미를 이해할 능력이 없고 피고인의 말이라면 무엇이나 복종하는 어린 자식들을 권유하여 익사하게 한 이상 살인죄의 범의는 있었음이 분명하고 살인죄의 법리를 오해한 위법이 없다"(대법원 1987.1.20. 86도2395).

36) 김성천/김형준, 27면; 임웅, 20면.

37) 대법원 2006.5.25. 2003도3945.

5. 위법성조각사유

(1) 일반적 위법성조각사유

52 사람의 생명이라는 법익의 중대성 때문에 살인죄의 위법성조각사유 역시 다른 범죄에 비해 더 엄격한 제한을 받는다. 피해자의 승낙이 있어도 살인죄의 위법성이 조각되지 않고 촉탁·승낙살인죄(제252조 제1항)가 그대로 인정된다. 살인죄의 경우 원칙적으로 긴급피난에 의해 위법성이 조각될 수도 없다. 생명과 생명을 비교형량하는 것은 불가능하므로 긴급피난의 상당한 이유(즉 우월한 이익의 원칙)라는 요건을 충족시킬 수 없기 때문이다.[38] 다만 부작위에 의한 살인죄의 경우에는 위법성이 조각될 수 있다. 부작위범의 경우 의무의 충돌법리에 따라 동가치한 의무의 충돌이 있으면 위법성이 조각된다고 할 수 있기 때문이다.

53 정당방위의 경우는 타인의 부당한 공격을 전제로 하기 때문에 생명을 침해하는 살인죄의 구성요건에 해당하는 행위가 정당방위로 위법성이 조각되는 경우가 얼마든지 인정될 수 있다.

54 법령에 의한 정당행위로서 위법성이 조각되는 경우도 있다. 경찰관 직무집행법 제10조의4의 무기사용을 허용하는 요건을 충족할 경우,[39] 장기이식법에서 뇌사자로부터 장기 등을 적출할 경우, 연명의료 중단결정에 의한 존엄사의 경우, 사형수에 대한 사형집행, 전투 중 적군의 사살 등도 정당행위로서 위법성이 조각될 수 있다.

(2) 안락사

55 1) 의의 안락사Euthanasia란 회복할 수 없는 죽음의 단계에 들어선 중환자의 고통을 덜어주기 위해 치료를 중단하거나 약물을 투여하는 등의 방법으로 생명의 종기를 인위적으로 앞당기는 의사의 행위를 말한다. 안락사가 살인죄나 촉탁·승낙살인죄 혹은 자살방조죄의 구성요건에 해당할 수 있지만 위법성조각사유로 인정될 수 있는가, 있다면 어떤 경우에 어떤 근거로 위법성이 조각되는가에 관해서는 견해가 대립되어 왔다. 그러나 2016. 2. 3. 제정된 연명의료결정법에 따라 안락사의 허용범위와 허용근거 그리고 존엄사와의 관계가 법적으로 재정립되었다.

56 2) 안락사의 종류 직접적으로 생명단절(또는 단축)의 효과를 가져오지 않는 의사의 행위는 형법상 위법성조각사유로서의 안락사의 문제로 취급되지 않는다. 예컨대, 환자의 고통을 제거하기 위해 모르핀을 사용하는 경우 등과 같이 치료의 부수효과로서 간접적으로 생명단축의 효과가 발생하는 경우가 그러하다. 연명의료결정법은 말기환자로 진단받은 환자 또

---

38) 다만 이 경우에도 책임조각은 가능하다. 이에 관해서는 『총론』의 책임조각사유 참조.

39) 이 경우는 정당방위상황을 전제로 하고 있으므로 정당방위로 위법성조각을 인정할 수도 있다. "그럼에도 불구하고, 원심은 이와 달리 피고인이 공소외 1을 향하여 실탄을 발사한 행위가 경찰관의 무기 사용의 허용범위를 벗어난 위법행위라고 판단하였으니, 거기에는 경찰관직무집행법 제10조의4 제1항 소정의 경찰관 무기 사용의 허용범위 및 정당방위 등에 관한 법리를 오해하여 판결에 영향을 미친 위법이 있다"(대법원 2004.3.25. 2003도3842).

는 임종과정에 있는 환자의 신청과 의사의 설명의무를 전제로 하여 통증과 증상의 완화 등 치료를 목적으로 하는 호스피스·완화의료를 할 수 있도록 하고 있는 바, 이 경우에도 의사에게는 생명단절의 고의가 없고 그러한 치료목적의 의료행위가 간접적으로 생명단축의 효과가 발생하더라도 그것만으로 안락사의 문제가 생기지는 않는다. 안락사는 의사가 의료중단행위 또는 일정한 시술행위를 통해 직접적으로 환자의 사망시기를 앞당기는 경우에만 문제된다.

(가) 소극적 안락사

① 의의 '소극적 안락사'는 의사가 환자의 생명유지에 필요한 의료적 조치를 취하지 57
않아 환자가 사망하는 경우를 말한다. 이러한 소극적 안락사의 경우 의사에 대해 형법상 촉탁·승낙살인죄의 위법성을 조각시켜야 한다는 것이 통설적 견해이다. 다만 이 경우 의사의 행위가 위법성이 조각되기 위해서는 다음과 같은 조건을 갖추어야 한다고 한다. 첫째, 환자가 감내할 수 없는 육체적 고통에 시달리고 있을 것, 둘째, 의학적 견지에서 불치의 질병으로 죽음의 시기가 임박하였을 것, 셋째, 원칙적으로 환자의 진지한 촉탁 또는 승낙이 있을 것, 넷째, 의사의 치료중단이 환자의 육체적 고통을 제거하거나 경감하기 위한 목적하에서 이루어질 것 등이다.[40]

② 형법적 취급 **소극적 안락사의 위법성조각근거**에 대해서는 (i) 피해자의 승낙을 근거 58
로 삼는 견해,[41] (ii) 업무로 인한 행위 때문이라는 견해, (iii) 사회상규불위배행위를 근거로 위법성이 조각된다는 견해[42] 등이 대립한다.

생각건대 형법이 촉탁·승낙살인죄를 별도로 처벌하고 있으므로 피해자의 승낙에 기한 행 59
위로 파악할 수는 없다. 상해에 이르는 의사의 치료행위 조차도 업무로 인한 행위에 근거한 위법성조각사유로 인정될 수 없는 이상, 생명훼손적 행위에 대해서까지 업무로 인한 행위로 위법성을 조각시키는 것은 더더욱 곤란하다. 따라서 소극적 안락사는 앞에서 열거된 위법성조각사유의 전제조건들이 각각 '긴급성,' '목적의 정당성', '수단의 사회적 상당성', '보충성', '법익균형성'이라는 정당행위 내지 사회상규불위배행위의 요건을 충족시키는 행위로 평가하는 것이 타당하다.

③ 구별개념 그러나 소극적 안락사가 연명의료결정법을 통해 법제화(허용)되었다거나 60
'법령에 의한 행위'로 위법성이 조각된다[43]고 말할 수는 없다. 연명의료결정법에서 말하는 연명의료중단결정(이른바 존엄사)은 안락사와는 달리 '회생불가능성'이 인정되는 '임종과정에 있

---

40) 이에 반하여 식물인간과 같이 환자가 육체적 고통을 느낄 수 없는 경우까지 안락사의 범주에 포함시키는 견해(임웅, 23면)가 있지만, 식물인간은 뒤에서 설명할 존엄사의 대상인 '임종과정에 있는 환자'도 아니고, 호스피스·완화의료의 대상인 '말기환자'에도 해당하지 않는다.

41) 손동권/김재윤, §2/23; 정성근/정준섭, 8면.

42) 김일수/서보학, 347면; 배종대, §13/14; 이형국/김혜경, 20면; 임웅, 28면.

43) 이승호, "안락사 논의와 연명의료 중단 법률의 주요쟁점에 관한 소고", 일감법학 제35호, 건국대학교 법학연구소, 2016/10, 210면.

는 환자'로 제한하고 있어 그 요건상 분명한 차이가 있다. 더욱이 소극적 안락사의 대상은 연명의료결정법에서 '말기환자'에 가깝지만, 연명의료결정법은 말기환자를 '연명의료중단결정'의 이행대상으로 보지 않고 '호스피스·완화의료'의 대상으로 규정하고 있을 뿐이다. 호스피스 완화의료는 비록 그 대상을 말기환자 뿐 아니라 임종과정에 있는 환자까지 포함하고 있지만, 환자의 평안한 사망을 '준비'하는 과정일 뿐 환자를 사망시기를 단축시키는 시술이 아니고, 연명의료를 '중단'하는 것도 아니다. 이러한 관점에서 볼 때 그 자체로써 환자를 사망에 이르게 하는 안락사 시술은, 연명의료중단의 영역도 아니고 호스피스·완화의료의 영역도 아닌, 아직은 '법으로부터 자유로운' 제3의 영역에 위치하고 있다.

61 (나) 적극적 안락사 적극적 안락사란 의사가 소극적으로 계속적인 치료를 중단하는 것이 아니라 치명적인 약물을 투여하는 등 적극적인 작위를 통해 죽음의 시기를 앞당기는 경우를 말한다. 적극적 안락사는 소극적 안락사와 그 기본적 전제조건은 동일하지만 죽음의 시기를 앞당기는 방법에서 차이가 있을 뿐이다.

62 **적극적 안락사의 위법성조각여부**에 대해서는 (ㄱ) 소극적 안락사와는 달리 위법성이 조각되지 않고 의사의 행위가 촉탁·승낙살인죄나 자살방조죄에 해당하는 것이라는 견해(다수설)와 (ㄴ) 적극적 안락사도 사회상규불위배행위로서 위법성이 조각될 수 있다는 견해[44]가 대립한다.

63 환자에 대한 치료를 부작위함으로써 죽게 하는(let die) 소극적 안락사와 환자를 죽이는(killing) 적극적 안락사를 개념적으로 구별하기란 어렵고, 생명에 대한 환자의 자기결정권과 존엄하게 죽을 권리를 인정한다면, 죽음에 이르게 하는 방법의 차이만 있을 뿐 실제상의 차이도 없이 그에 대한 형법적 평가를 달리하는 태도는 문제가 있다. 뿐만 아니라 죽음에 이르게 하는 방법의 차이와 관련해서도 그것이 작위인지 부작위인지를 구별하는 것도 어려운 경우가 많다. 따라서 다른 조건이 소극적 안락사의 경우와 동일하다면 적극적 안락사도 사회상규불위배행위로서 위법성이 조각되는 것으로 보는 것이 타당하다.

(3) 존엄사

64 1) 의의 '존엄사death with dignity'란 '임종과정에 있는 환자'에 대해 연명의료를 시행하지 아니하거나 중단함으로써 생명연장에 관한 환자의 자기결정권을 존중하여 인간으로서 최소한의 품위와 가치를 가진 죽음에 이르게 하는 것을 말한다.

65 2) 안락사와의 차이 안락사가 아직 임종과정에 있는 상태에는 이르지 않은 환자가 느끼는 고통을 종식시키기 위해 특정 치료행위를 중단하거나 적극적인 작위를 통해 죽음의 시기를 인위적으로 앞당기는 경우를 가리키는 반면, 존엄사는 회생불가능하고 치료가 무의미한 환자에게 치료 효과없이 임종과정의 기간만을 연장하는 의학적 시술을 중단하기 때문에

44) 오영근, §2/27(사회상규불위배행위); 임웅, 26면(사회상규불위배행위, 단 환자가 명시적인 의사를 표명할 수 없을 경우에는 추정적 승낙).

자연적인 죽음에 이르게 하는 경우를 가리킨다.[45)]

안락사를 허용하거나 허용여부가 형사실무에서 문제된 경우는 없었던 반면, 존엄사의 경 66
우는 2009년 대법원이 식물인간상태에 있어 소생가능성이 없는 환자에 대해 인공호흡기를
떼 달라는 가족의 요구를 받아들인 것이 계기가 된 후,[46)] 다양한 사회적 논의를 거쳐 입법화
된 「호스피스·완화의료 및 임종과정에 있는 환자의 연명의료결정에 관한 법률」(연명의료결정
법)에 그 요건과 절차가 규정되었다.

3) 존엄사의 대상과 요건 및 효과 존엄사는 '임종과정에 있는 19세이상의 환자'만을 대 67
상[47)]으로 하기 때문에 ① 회생의 가능성이 없고, ② 치료에도 불구하고 회복되지 아니하며,
③ 급속도로 증상이 악화되어 사망에 임박한 상태(법 제2조 제1호)로 될 것이 요구된다. 임종과정 여부
는 담당의사와 해당 분야의 전문의 1명에 의한 의학적 판단에 따른다(법 제16조).

담당의사가 연명의료의 중단 결정을 이행할 수 있는 경우는 다음과 같다. 첫째, 연명의료 68
계획서, 연명의료의향서 또는 환자가족의 진술을 통하여 환자의 의사로 보는 의사가 연명의
료중단결정을 원하는 것이고, 임종과정에 있는 환자의 의사에도 반하지 않는 경우, 둘째, 환
자가 사전연명의료의향서를 작정하지 않은 상태 또는 의사를 표현할 수 없는 의학적 상태인
경우에는 환자 가족 2인 이상(또는 환자 가족이 1명인 경우에는 그 1명)의 일치하는 진술을 통해
환자의 의사로 간주하도록 함으로써 연명의료중단등결정이 있는 것으로 보는 경우이다(법 제15조).

4) 존엄사의 효과 연명의료중단등결정은 '법령에 의한 행위'이다. 따라서 심폐소생술, 69
혈액투석, 항암제 투여, 인공호흡기 착용 등이 임종과정에 있는 환자의 임종기간만을 연장할
뿐인 경우에는 이러한 연명의료를 하지 않거나 중단함으로써 환자가 임종을 맞이하게 되더
라도 촉탁·승낙살인죄 등의 위법성이 조각된다.

6. 죄수, 타죄와의 관계

(1) 죄수

생명은 일신전속적 법익이기 때문에 살인죄의 피해자가 수인인 경우에는 '보호법익이 각 70
기 다른 경우로 취급되므로' 살인죄의 수죄가 된다. 그러나 예컨대 1개의 폭탄으로 여러 사람
을 죽게 한 경우 수개의 살인죄가 성립하지만, 형법 제41조의 한 개의 행위로 수개의 죄를

45) 이러한 의미의 존엄사 내지 자연사는 이미 1976년 미국에서는 캘리포니아 주를 필두로 하여(Natural Death Act) 다른 대부분의 주들도 합법화되었으며(Journal of Medical Ethics Vol. 4, No.2, Jun, 1978), 1980년 로마 교황청도 이를 인정하였고, 2000년에는 대만도 자연사법을 통과시켰으며, 2016.1.27.에는 프랑스에서도 소생가망이 없는 말기환자가 생명연장치료를 거부하고 죽음을 선택할 수 있게 허용한 법안이 상·하원을 통과하였다.

46) 대법원이 '연명치료중단'을 사회상규에 위배되지 아니하는 행위로 허용한 요건은 다음과 같았다. ①의학적으로 환자가 의식의 회복가능성이 없을 것, ②생명과 관련한 중요한 생체기능의 상실을 회복할 수 없을 것, ③환자의 신체상태에 비추어 짧은 시간 내에 사망에 이를 수 있음이 명백할 것, ④추정적 의사를 포함한 환자의 자기결정에 기할 것 등(대법원 2009.5.21. 2009다17417 전원합의체).

47) 연명의료결정법은 임종과정에 있는 환자도 말기환자와 같이 호스피스·완화의료의 대상으로 규정하고 있다.

범한 경우에 해당하여 각 죄는 상상적 경합이 인정된다. 다른 한편 행위자의 살해행위가 다른 포괄일죄의 다른 요건들을 갖추었지만, 다만 피해자가 여러 명인 경우도 상상적 경합이 인정될 수 있는지가 문제된다.

71 判 대법원은 동일 장소에서 동일 방법에 의하여 시간적으로 접착되어 수인을 살해하면 수개의 살인죄의 실체적 경합으로 인정할 뿐,[48] 상상적 경합의 여지를 인정하지 않는다.

72 동일인에 대한 계속된 살인예비, 살인미수 및 살인기수와 동일인에 대한 상해와 살인은 법조경합(보충관계)에 의하여 하나의 살인죄만 성립한다.

73 判 대법원도 동일인에게 수회의 공격을 가하여 살해의 목적을 달성한 때에도 그 수개의 공격행위가 동일 의사에 의해 계속된 것이면 포괄하여 하나의 살인기수죄만 인정한다.[49]

(2) 타죄와의 관계

74 칼로 찔러 살해하면서 피해자가 입고 있는 의복까지 손괴하였더라도 손괴죄는 살인죄에 흡수(불가벌적 수반행위)된다. 보험금을 받아낼 목적으로 피보험자를 살해하더라도 보험금수령은 살인의 동기에 불과하기 때문에 사기죄가 별도로 성립하지 않고 살인죄만 성립한다.[50]

75 判 대법원은 사람을 살해한 후 범죄의 흔적을 인멸할 목적으로 시체를 다른 장소에 유기(손괴)한 때에는 시체유기죄(시체손괴죄)와 살인죄가 실체적 경합관계를 인정하지만,[51] 살인, 강도살인 등의 목적으로 사람을 살해한 자가 그 살해의 목적을 수행함에 있어 사후 시체의 발견이 불가능 또는 심히 곤란하게 하려는 의사로 인적이 드문 장소로 피해자를 유인하거나 실신한 피해자를 끌고 가서 그곳에서 살해하고 시체를 그대로 둔 채 도주한 경우에는 비록 결과적으로 시체의 발견이 현저하게 곤란을 받게 되는 사정이 있다 하더라도 별도로 시체은닉죄의 성립을 인정하지 않는다.[52]

Ⅲ. 존속살해죄

> 第250조(존속살해죄) ② 자기 또는 배우자의 직계존속을 살해한 자는 사형, 무기 또는 7년 이상의 징역에 처한다.
>
> 第254조(미수범) 전4조의 미수범은 처벌한다.

1. 의의, 성격, 존폐론

(1) 의의, 성격

76 자기 또는 배우자의 직계존속을 살해함으로써 성립하는 범죄이다. 보통살인죄의 가중적 구성요건으로 부진정신분범이다. 이 죄의 **형 가중의 근거**에 대해서는 ① 책임가중설과 ② 불

48) 대법원 1991.8.27. 91도1637.
49) 대법원 1969.9.28. 65도695.
50) 대법원 2001.11.27. 2001도4392.
51) 대법원 1997.7.25. 97도1142.
52) 대법원 1986.6.24. 86도891.

법가중설이 대립한다. 직계존속을 살해하면 비난가능성(책임)이 더 크다는 것도 결국은 효를 인륜의 근본으로 한 가족주의적 윤리관을 가지고 있는 동양사회의 가치체계에서 비롯된 사회적 평가의 문제이므로 불법이 가중된 것이라고 보는 것이 타당하다.[53)]

(2) 존폐론

존속살해죄가 **존속의 생명을 일반인의 생명보다 중하게 보호하는 것이 되어 헌법상 법 앞의 평등원칙**(헌법 제11조 제1항)**에 반하는지**와 관련하여 위헌이라는 견해와 합헌이라는 견해가 대립한다. 전자는 존속에 대한 범죄의 가중처벌규정이 봉건적 가족제도의 유산일 뿐 법과 도덕의 준별원칙에 반하고 및 사회적 신분으로 인한 차별이라는 점을 논거로 삼고 있는 반면,[54)] 후자는 친자관계를 지배하는 도덕적 가치가 반드시 봉건사상이라고 할 수 없고, 존속에 대한 두터운 보호가 인륜이라는 도덕적 기본가치에 근거를 둔 합리적 차별일 수 있다는 점 등을 논거로 한다.[55)] 77

判 헌법재판소는 "친자관계의 도덕적 가치는 우리 사회윤리의 본질적 구성부분을 이루고 있는 가치질서로서, '비속'에 대한 가중처벌은 합리적 근거가 있으므로 평등원칙에 반하지 않는다"고 하면서 합헌설을 유지하고 있다.[56)] 78

법과 도덕은 기본적으로 구별되어야 한다는 명제는 타당하다. 하지만 형법이 법익보호와 함께 사회윤리적 행위가치도 함께 보호하고 있는 측면도 있다. 특히 존속살해죄의 규정은 효를 중심으로 한 우리 고유의 전통적 법사상이 계승되어 있는 것이라고 볼 수도 있다. 무엇보다도 존속살해에 대한 형의 가중문제는 형이 불합리하게 과도해서 헌법상 과잉금지원칙에 반하는 정도가 아닌 한,[57)] 그 자체만으로 평등의 원칙에 위반된다고 할 수는 없다. 그러나 모든 인격적 가치에 대해 평등관계를 요구하고 있는 현대의 법사상[58)]에 비추어 보면 비속살해죄의 가중처벌 규정까지 있어야 "도덕의 불평등" 문제가 완전히 해소될 수 있을 것[59)]이라는 논리를 뒤집어 보면, 비속살해에 대해 감경태도로 나아간 영아살해죄의 규정이 폐지된 것과 균형을 맞추려면 존속살해에 대한 가중 처벌규정도 위헌은 아니지만, 장차 폐지되는 것이 바람직할 것으로 보인다. 형법규정이 근본적으로 도덕을 강요하기 위한 도구가 되지 말아야 하기 때문이다. 79

---

53) 책임가중설에 따르면 신분관계가 책임을 가중한다고 하면서도 책임요소인 이 신분관계가 행위자의 고의의 인식대상이 된다고 함으로써 이론구성상 문제점을 보이고 있다.

54) 유기천(상), 37면; 임웅, 31면.

55) 김일수/서보학, 32면; 김종원, 38면; 박상기, 27면; 손동권/김재윤, §2/28; 이재상/장영민/강동범, §2/33.

56) 헌법재판소 2002.3.28. 2000헌바53 전원재판부.

57) 종래 존속살해죄에 대해서는 법정형이 사형과 무기징역뿐이었으나 1995년 형법 개정에서는 사형, 무기 또는 7년 이상의 징역으로 완화하여 과잉금지의 원칙과 관련된 문제점을 어느 정도 해소하였다.

58) 존속가중처벌의 기원은 로마법상 근친살인(parricidium)에서 기원하고, 이러한 로마법사상이 프랑스법(형법 제221-4조 제1항 4호)에 계수되었지만, 영미법에서는 이러한 존속가중처벌은 존재하지 않는다. 일본은 1995년 존속살해죄를 위시하여 모든 존속범죄에 관한 규정을 폐지하였다.

59) 임웅, 32면.

2. 구성요건

(1) 객관적 구성요건

80 **1) 주체** 행위객체(직계존속)의 직계비속 또는 직계비속의 배우자이다(신분범). 직계비속은 혈통이 상하의 직계로 연결되는 친족(부모·자·손·외손)으로서 특정인을 기준으로 그 아래 항렬을 말한다.

81 **2) 객체** 자기 또는 배우자의 직계존속이다. 직계존속이란 혈통이 조상으로부터 자손에 직통하는 친족에 있어서 특정인을 기준으로 그에 선행하는 세대에 있는 자로서 부모·조부모·외조부모 등을 말한다. 존속의 관념은 혈족에 한하며 인척은 제외된다.

82 직계존속은 법률상의 개념이고 사실상의 존속은 포함하지 않는다. 따라서 사실상 혈족관계가 있어도 인지절차를 완료하지 않는 한 직계존속은 아니며, 아무런 관계없는 타인이라도 합법절차에 의하여 양친자관계를 창설할 의사로 입양관계가 성립하면 직계존속이 된다.[60] 하지만 '입양요건을 갖추지 못한 경우에는 친생자인 것처럼 출생신고를 하여도 입양의 효력이 발생하지 않는다.'[61] 법률상의 개념이란 민법에 의한 친족관계를 말하며 반드시 호적의 기재에 의해서 정해지는 것은 아니다.[62] 때문에 법률상의 양친은 물론이고, 혼인 외의 출생자와 생모 사이에도 자의 출생으로 당연히 법률상의 친자관계가 생기므로 생모는 직계존속이 되지만, 인지 전의 사생아의 실부는 직계존속이 아니다.[63] 계모자관계나 적모서자관계도 민법상의 법정혈족에서 제외되었기 때문에, 계모·서모도 직계존속이 아니며 계부도 전부소생자에 대해 직계존속이 아니다.

83 **타인의 양자로 입양된 자가 실부모를 살해한 경우** ① 실부모와의 친자관계는 그대로 존속하므로 존속살해죄가 된다는 견해(통설·판례[64])가 있었다. ② 하지만 민법의 일부개정(2008.1.1 시행)으로 신설된 친양자제도(민법 제908조의 3)에 의하면 입양한 양자는 원칙적으로 양친과의 친족관계만 인정되고 종전의 친족관계는 종료된다. 따라서 개정민법 시행 이후 일반양자의 경우에는 기존의 통설·판례가 타당하지만, 친양자의 경우에는 실부모살해에 대해 보통살인죄가 된다고 해야 할 것이다.

84 배우자의 직계존속에 대해서도 이 죄는 성립한다.[65] 배우자란 부부의 일방이 상대방을 가

---

60) "당사자가 입양의 의사로 친생자 출생신고를 하고 거기에 입양의 실질적 요건이 구비되어 있다면 그 형식에 다소 잘못이 있더라도 입양의 효력이 발생하고, 이 경우의 허위의 친생자 출생신고는 법률상의 친자관계인 양친자관계를 공시하는 입양신고의 기능을 하게 되는 것이다"(대법원 2007.11.29. 2007도8333).

61) 대법원 1981.10.13. 81도2366.

62) 대법원 1983.6.28. 83도996(존속'상해'죄).

63) "혼인 외 출생자 또는 사실혼관계에서 출생한 자인 경우 모와의 관계는 출생에 의해 자연혈족적인 직계존속관계가 성립하지만, 부와의 직계존속성은 인지에 의하여 결정된다. 따라서 인지되지 아니한 사생자가 그의 생모를 살해한 경우에도 존속살해죄가 성립(한다)"(대법원 1980.9.9. 80도1731).

64) 대법원 1967.1.31. 66도1483.

리킨 것이고, 민법상 적법한 혼인절차를 거친 부부 사이에만 이 죄의 배우자가 되며, 사실혼 관계에 있는 자는 제외된다. 이혼 합의가 있고 별거생활 중이라도 법률상 이혼이 성립하지 않으면 배우자관계는 존속한다.

사망한 배우자의 직계존속을 살해한 경우에는 ① 생존배우자가 재혼하기 전까지는 존속살해죄가 성립한다는 견해와 ② 보통살인죄가 된다고 보는 견해가 대립한다. 사망으로 배우자관계는 소멸하므로 보통살인죄가 된다고 보는 것이 타당하다. 다만 배우자의 신분관계는 살해행위시에 있으면 충분하므로 동일기회에 배우자를 먼저 살해하고 계속하여 그의 직계존속을 살해한 때에는 존속살해죄가 성립한다. 85

(2) 주관적 구성요건

1) 고의 자기 또는 배우자의 직계존속을 살해한다는 사실에 대한 고의가 있어야 한다. 86

2) 구성요건적 착오 일반인을 살해할 고의를 가지고 했으나 실제로 사망한 자가 자기의 직계존속이었다면 객체의 착오인 경우와 방법의 착오인 경우 그 결론이 달라진다. 객체의 착오인 경우는 형법 제15조 제1항이 적용되어 존속살해죄의 고의가 조각되므로 보통살인죄로 처벌된다.[66) 87

방법의 착오인 경우는 ① 법정적 부합설(죄질부합설)의 입장에 따르면 발생한 사실, 즉 존속살해죄의 기수가 인정되지만 다시 형법 제15조 제1항이 적용되어 단순살인죄가 인정된다. 하지만 ② 구체적 부합설의 입장에 따르면 살인미수와 과실치사죄(존속살해죄의 과실치사규정은 없음)의 상상적 경합이 된다. 88

반대로 존속살해의 의사로 보통살인의 결과가 발생하였다면, 객체의 착오인 경우에는 대상의 착오로 인하여 존속살해의 결과는 처음부터 발생할 수가 없으므로 존속살해의 (불능)미수가 인정되고 형법 제15조 제1항의 해석론상 존속살해의 고의 속에는 보통살해의 고의가 당연히 포함되어 있다고 할 수 있어 보통살인죄의 기수도 인정되고 양자는 상상적 경합이 된다.[67) 방법의 착오의 경우에는 법정적 부합설에 따르면 보통살해죄의 기수와 존속살해의 (장애)미수가 되어 양자는 상상적 경합이 되지만, 구체적 부합설에 따르면 존속살해죄의 (장애)미수와 과실치사죄의 상상적 경합이 인정된다. 89

3. 공범과 신분

직계비속이 아닌 자가 직계비속인 자의 존속살해죄에 가담하거나 그 반대의 경우에 신분과 공범의 문제를 규율하고 있는 형법 제33조의 적용문제가 제기된다. 이에 관해서는 『총론』 90

65) 배우자의 혈족, 배우자의 혈족의 배우자는 혈족이 아니라 인척이므로 시부모·처부모는 인척에 불과하다. 그러나 형법의 규정에 따라 배우자의 직계존속에 대해서도 자기의 직계존속과 같이 취급된다.

66) "직계존속임을 인식치 못하고 살인을 한 경우는 형법 제15조 소정의 특별히 중한 죄가 되는 사실을 인식하지 못한 행위에 해당한다"(대법원 1960.10.31. 4293형상494).

67) 김일수/서보학, 30면; 박상기, 29면; 임웅, 34면.

공범과 신분 참조.

Ⅳ. 촉탁·승낙살인죄

제252조(촉탁·승낙에 의한 살인죄) ① 사람의 촉탁이나 승낙을 받아 그를 살해한 자는 1년 이상 10년 이하의 징역에 처한다.

제254조(미수범) 제250조, 제252조, 제253조의 미수범은 처벌한다.

1. 의의, 성격

91 피해자의 촉탁이나 승낙을 받아 그를 살해하는 범죄로서 동의살인죄라고도 한다. 살인죄에 비해 형을 감경하는 감경구성요건이다. 이 죄의 형감경의 근거에 대해서 ① 책임감경설, ② 불법감경설, ③ 불법·책임감경설이 대립한다. 책임감경과 결부되고 있는 사유인 행위자의 심리적 갈등이나 동정 또는 특수한 동기는 양형에서 고려될 뿐이고 책임감경사유라고 할 수 없다. 오히려 이 죄는 피해자의 자기결정권에 근거한 생명포기와 피해자의 의사에 반하지 않는 생명침해이므로 일반살인과 비교하여 불법이 감경된다고 보는 것이 타당하다. 이 죄는 형법 제24조의 '법률의 특별한 규정'에 해당하므로 피해자의 승낙이 있어도 처벌된다.

2. 구성요건

(1) 객관적 구성요건

92 1) 객체　객체는 촉탁·승낙을 한 사람이다. 행위자 이외의 자연인이면 충분하고, 자기 또는 배우자의 직계존속이건 아니건 상관없다. 촉탁·승낙자는 죽음이 무엇인가를 이해하고 선악의 효과를 판단할 수 있는 능력을 갖추고 자유로운 의사결정을 할 수 있는 사람이라야 한다. 따라서 유아, 정신병자 기타 심신상실자는 이 죄의 객체가 될 수 없고 살인죄의 객체가 될 수 있을 뿐이다.

93 2) 행위　행위는 촉탁이나 승낙을 받아 살해하는 것이다.

94 (가) 촉탁·승낙의 의의　'촉탁'이란 이미 죽음을 결의한 자가 타인에게 자신을 살해해 주도록 요청하는 진지하고도 명시적인 의사표시를 말한다. 따라서 촉탁은 행위자의 범행결의에 직접 영향을 미치게 하는 피해자의 의사표시이므로 촉탁 이전에 행위자가 이미 살해를 결의하고 있을 때에는 촉탁이 아니라 승낙살인이 문제된다. 촉탁의 상대방은 반드시 특정되어 있을 필요가 없고 여러 사람·일반인에 대한 촉탁도 무방하며, 상대방이 특정된 경우 제3자에 대해서는 이 죄가 성립하지 않는다.

95 '승낙'이란 이미 살해를 결의하고 있는 행위자에게 피해자가 동의하는 의사표시를 말한다. 사실상 피해자가 자신에 대한 타인의 살해를 방조하는 것과 같다. 승낙의 상대방도 촉탁의

상대방과 마찬가지로 특정될 필요가 없으나 특정된 때에는 제3자에 대해서 이 죄가 성립하지 않는다.

(나) 촉탁·승낙의 요건 촉탁은 피살자 자신의 촉탁에 의한 것임을 요한다. 피살자를 대신한 타인의 촉탁으로 살해한 때에는 원칙적으로 보통살인죄를 구성한다. 사물 변별력을 가진 피살자의 자유롭고 진의에 의한 촉탁이어야 하므로 흥분상태, 농담, 취중의 촉탁에 의한 살해는 보통살인죄가 된다. 촉탁이 기망, 위계 또는 위력에 의한 때에는 위계·위력에 의한 살인죄가 된다. 촉탁은 구두나 서면 혹은 동작으로도 할 수 있지만 반드시 명시적임을 요하며, 늦어도 살해행위시까지는 의사표시가 있어야 한다. 96

승낙 역시 피살자 자신에 의한 것이어야 하고 대신한 승낙은 무효이다. 사물 변별능력이 있는 자의 자유롭고 진의에 의한 승낙이어야 하는 것은 촉탁의 경우와 같다. 하지만 반드시 명시적일 필요가 없고 묵시적 양해여도 좋다. 승낙 역시 늦어도 살해행위시까지는 존재해야 하며 살해행위가 미수에 그친 후 사후적 승낙이 있더라도 살인미수죄가 될 뿐이다. 97

(다) 실행의 착수 및 기수시기 이 죄의 실행의 착수시기는 행위자의 살해행위를 기준으로 해야 한다. 살해의 촉탁을 받아 이에 응하거나 승낙을 얻는 것도 이 죄의 구성요건에 해당하는 행위이지만, 아직 이 단계에서는 생명침해에 대한 유형적인 인과가능성과 현실적 위험성이 없기 때문이다. 따라서 살해에 대한 촉탁·승낙을 받은 것만으로는 이 죄의 실행의 착수가 있다고 할 수 없고 불가벌적 예비에 불과하다. 98

이 죄의 기수가 되려면 촉탁이나 승낙을 받아 피살자를 살해하여야 한다. 촉탁·승낙에 기한 살해행위와 사망 간에 형법상의 인과관계가 인정되지 않으면 이 죄의 미수가 된다. 99

(2) 주관적 구성요건

1) 고의 촉탁 또는 승낙이 있다는 것을 인식하고 피살자를 살해한다는 의사가 있어야 한다. 행위의 특별한 동기는 필요하지 않다. 행위자 자신의 이익을 위해서 살해하건 피살자의 이익을 고려하여 살해하건 상관없다. 100

2) 구성요건적 착오 촉탁 또는 승낙이 없었으나 행위자가 있는 것으로 오인하고 살해한 때에는 형법 제15조 제1항에 의하여 촉탁·승낙살인죄가 된다(통설). 반면에 촉탁 또는 승낙이 있었음에도 불구하고 없는 것으로 오인하고 살해한 경우에 대해서는 ① 촉탁·승낙살인죄설, ② 보통살인죄설, ③ 보통살인미수죄와 촉탁·승낙살인죄의 상상적 경합설(다수설) 등이 대립한다. 이 경우에도 형법 제15조 제1항의 취지에 따라 큰 고의(보통살해의 고의)에는 작은 고의(촉탁·승낙살해의 고의)가 포함되어 있는 것이므로 촉탁·승낙살인죄가 인정되고, 보통살인죄의 결과가 실현되지 않았기 때문에 보통살인죄의 미수가 되고 양죄는 상상적 경합이 된다고 보는 것이 타당하다. 101

3. 공범관계

102 **타인으로 하여금 자신을 살해하도록 촉탁·승낙을 하였으나 죽지 않고 살아남은 자가 촉탁·승낙살인죄의 교사범이 될 수 있는지가 문제된다.** 촉탁·승낙한 자에 대한 처벌규정은 없어 불가벌적 대향자이기는 하지만, 이 죄의 구성요건에 의해 보호되는 피해자(법익향유자)이므로 당해 촉탁·승낙살인 미수죄의 교사범도 인정될 수 없다.[68]

Ⅴ. 자살교사·방조죄

> 第252조(자살교사·방조죄) ② 사람을 교사하거나 방조하여 자살하게 한 자도 제1항의 형에 처한다.
>
> 第254조(미수범) 전4조의 미수범은 처벌한다.

1. 의의 및 입법론

(1) 의의

103 사람을 교사하거나 방조하여 스스로 자살하게 함으로써 성립하는 범죄이다. 자살관여죄라고도 한다. 자살자의 의사에 반하지 않는 생명침해라는 점에서 촉탁·승낙에 의한 살인죄와 유사하므로 양자가 동일한 법정형으로 처벌된다. 형법상 자살이나 자살미수 자체는 처벌되지 않지만, 타인의 생명은 본인의 생존의사와 관계없이 보호되어야 하므로 자살과 구별하여 독립범죄 유형으로 규정되었다(공범종속성설). 따라서 총칙상의 공범규정은 이 죄에 적용되지 않는 것으로 보아야 한다.

(2) 입법론

104 자살방조죄에 대한 비범죄화 논의가 서서히 고개를 들고 있다. 의사의 조력자살의 허용하기 위한 법률안이 국회에 발의되기도 했다 이러한 법률이 통과되면 자살방조죄는 적어도 법령에 의한 행위로 위법성이 조각될 수 있는 길이 열리게 된다. 앞서 언급했던 생명에 대한 자기결정권을 인정해가는 법발전 추세에 비추어 보면 자살방조행위에 대한 무제한적 형사처벌을 인정하는 형법의 태도는 일정부분 변화되어야 할 것으로 보인다.

105 독일에서는 단순자살방조를 처벌하는 구성요건 자체는 없었고, 업무로서 행해지는 자살방조를 처벌하는 내용의 자살방조죄만 존재하였지만(구 독일형법 제217조), 이마저도 헌법재판소가 일반적 자기결정권을 침해한다는 이유로 위헌판결을 내렸다(BVerfG – 2 BvR 2347/15). 오스트리아에서도 타인의 자살을 원조한 자를 처벌하는 내용의 형법 제78조가 자살에 대한 결정권을 침해한다는 이유로 헌법불합치결정이 내려졌다(VfGH G139/2019).

---

68) 이른바 '불가벌적 대향자'에 대한 공범규정의 적용여부에 관해서는 『총론』의 필요적 공범 참조.

2. 구성요건

(1) 객관적 구성요건

1) 주체 주체에는 제한이 없다. 자연인이면 누구나 주체가 될 수 있으며, 직계존속이나 직계비속도 주체가 된다. 다만 자살자 자신은 이 죄의 필요적 공범에 해당하지만 불가벌이다. 그리고 자살자 스스로 자기를 살해하여 달라고 타인을 교사하여도 촉탁살인죄에 있어서의 촉탁이 될 뿐이고 이 죄가 성립하지는 않는다. 106

2) 객체 행위자 이외의 자연인이다. 자기 또는 배우자의 직계존속도 객체가 된다. 다만 자살은 자유로운 의사결정에 의하여 스스로 생명을 단절하는 것이므로 이 죄의 객체는 자살의 의미를 이해하고 그 결과를 판단할 수 있는 능력이 있는 자라야 한다. 따라서 어린아이, 심신상실자에 대한 자살의 교사·방조는 살인죄의 직접정범이 된다. 또 자살의 의미를 이해할 수 있는 자에 대해서 위계 또는 위력으로 의사결정의 자유를 잃게 하여 자살하게 한 경우에는 위계·위력에 의한 살인죄(제253조)가 성립한다. 107

3) 행위 교사하거나 방조하여 자살을 하게 하는 것이다. 108

(가) 자살교사 자살의사가 없는 자에게 자살을 결의하게 하는 것이다. 교사는 제31조의 교사와 같은 의미로 본다. 교사의 수단·방법에는 제한이 없다. 따라서 권유·종용·명령·지휘·지시·애원·간청·이익제공의 방법도 무방하며, 명시적이건 묵시적이건 상관하지 않는다. 다만 위계 또는 위력을 사용한 때에는 위계·위력살인죄에 해당한다. 109

(나) 자살방조 자살을 결의하고 있는 자에 대해서 그의 자살을 용이하게 실행하도록 도와주는 것이다. 방조도 형법 제32조의 방조와 같은 의미로 본다. 방조의 수단·방법에도 제한이 없다. 그러나 타인의 자살실행 도중에 실행에 가담하여 살해의 목적을 달성한 때에는 살인죄가 된다.[69] 110

判 대법원은 자살방조를 폭넓게 인정한다. '자살도구인 총, 칼 등을 빌려주거나 독약을 만들어주거나, 조언 또는 격려를 한다거나 기타 적극적·소극적·물질적·정신적 방법이 모두 자살방조에 해당한다고 하면서 분신자살한 자가 자살할 것을 알고, 유서를 대필해주고 증거물인 수첩, 업무일지, 메모 등을 사후에 조작·은폐한 경우 자살방조를 인정하였다.[70] 111

(다) 자살교사·방조와 촉탁·승낙살인과의 구별 **자살방조죄와 촉탁살인죄는 행위자가 타인의 자살에 관여하는 점에서는 공통되지만 어떠한 점에서 양자를 구별할 수 있는지**가 문제된다. 이 112

---

69) 대법원 1948.5.14. 4281형상38.

70) 대법원 1992.7.24. 92도1148. 한국판 드레퓨스 사건으로 불린 '유서대필 사건'은 재심재판에서 국립과학수사연구 감정인이 작성한 감정결과 중 유서와 피고인의 필적이 동일하다는 부분이 믿을 수 없는 것으로 판단되어 24년 만에 무죄가 확정되었다(대법원 2015.5.14. 2014도2946). 이 재심무죄 판결은 유서를 대필한 사실의 실체진실성의 문제(problem of fact)가 관건이었고, 자살자의 유서대필이 형법의 자살방조에 해당하는지의 문제(problem of law)를 다룬 것은 아니다.

와 관련해서는 (ㄱ) 행위자에게 행위지배가 있으면 촉탁살인죄이고 자살자에게 행위지배가 있으면 자살방조라는 견해(행위지배기준설)와 (ㄴ) 자살의 주도적 역할을 행위자가 담당하면 촉탁살인죄이고 자살자가 담당하면 자살방조라고 하는 견해(주도적 역할기준설)가 대립한다. 행위지배기준설은 원래 정범과 공범을 구별하는 기준으로서 자살방조죄가 공범이 아니라 정범이라는 점과 조화될 수 없다. 형식적으로 보면 자살방조죄는 자살에 간접적으로 관여하는 경우이고 촉탁살인죄는 피해자의 촉탁을 받아 직접 살해한다는 점에서 구별된다. 이러한 구별에 따르면 자살방조죄는 주도적 지위에서 죽음을 최종적으로 지배한 자가 자살자인 경우이고, 촉탁살인죄의 경우는 행위자가 그러한 지위에 있는 자라고 설명하는 주도적 역할기준설이 타당하다.

113 자살을 교사하여 자살을 결의시키고 그의 촉탁을 받아 살해한 때에도 촉탁살인죄만 성립한다. 즉 자살교사죄는 촉탁살인죄에 대하여 보충관계에 있다.

(2) 주관적 구성요건

114 자살교사의 고의는 자살자로 하여금 자살을 결의하게 한다는 인식 및 의사가 있으면 충분하고 자살실행 내지 자살의 결과발생은 그 내용이 아니다.

115 자살방조의 고의는 자살자의 자살행위에 대하여 정신적 또는 물질적인 원조를 한다는 인식 및 의사이다. 행위자의 동기 여하는 묻지 않는다. 행위자 자신의 이익을 위한 것이든 자살자의 고통을 덜어 주기 위한 동정에 의한 것이든 이 죄의 성립에 영향이 없다.

116 判 대법원은 자살교사 또는 방조의 경우에도 협의의 공범의 경우에서와 마찬가지로 교사자 또는 방조자에게 이중의 고의가 필요하다는 태도를 취하고 있는 듯하다. 이 점은 특히 자살방조죄가 성립하기 위해서는 방조행위자가 한편으로는 '상대방의 구체적인 자살의 실행을 원조하여 이를 용이하게 하는 행위'에 대한 인식이 필요하다고 하고, 다른 한편으로는 '상대방이 자신의 도움을 받아 자살할 수도 있음을 예상할 것이 요구된다'는 판시내용[71)]을 통해 알 수 있다.

117 例 대법원은 판매대금 편취의 목적으로 인터넷 자살사이트에 청산염 등 자살용 유독물 판매광고의 글을 게시한 행위는 자살방조죄에서 요구되는 방조 상대방의 구체적인 자살의 실행을 원조하여 이를 용이하게 하는 행위 및 그 점에 대한 행위자의 인식이 없기 때문에 자살방조에 해당하지 않는다고 하였지만(대법원 2005.6.10. 2005도1373), 자녀문제와 고부갈등, 그리고 경제적 어려움 등으로 인하여 가정불화를 겪고 있는 피해자와 말다툼을 하다가 피해자가 죽고 싶다 또는 같이 죽자고 하며 기름을 사오라는 말을 하자 이에 휘발유 1병을 사다주었는데, 그 직후에 피해자가 몸에 휘발유를 뿌리고 불을 붙여 자살한 경우에는 피해자에게 휘발유를 사다주면 이를 이용하여 자살할 수도 있다는 것을 충분히 예상할 수 있었음에도 피해자에게 휘발유를 사다준 것이기 때문에 자살방조의 고의가 인정된다고 하였다(대법원 2010.4.29. 2010도2328).

3. 실행의 착수 및 기수시기

118 이 죄의 실행의 착수시기와 관련하여 (ㄱ) 자살행위를 기준으로 해야 한다는 견해와 (ㄴ) 교

71) 대법원 2010.4.29. 2010도2328.

사·방조행위를 기준으로 해야 한다는 견해(다수설)가 대립한다. 어느 입장을 취할 것인지에 따라 자살을 교사·방조하였으나 상대방이 자살행위를 하지 아니한 때의 미수범 성립여부가 달라진다. 생각건대 이 죄를 공범유형으로 보지 않고 독립된 범죄유형으로 보는 한 피해자의 자살행위를 기준으로 할 것이 아니라 행위자의 교사·방조행위를 기준으로 실행의 착수를 논해야 한다. 따라서 상대방의 자살행위로 나아가지 않았더라도 자살교사·방조행위가 있는 한 이 죄의 미수범은 성립한다.

자살로 인한 사망의 결과는 이 죄의 구성요건적 결과가 되므로 자살을 교사·방조하여 상 119
대방이 자살행위를 하여 자살의 결과가 발생하면 이 죄는 기수가 된다. 따라서 자살로 나아갔으나 자살에 실패한 때 또는 자살교사·방조와 자살 사이에 형법상의 인과관계가 없는 때에는 이 죄의 미수범이 성립한다.

4. 합의동사(合意同死) 사례

서로 합의하여 공동자살을 하기로 하였으나 그 중에 한 사람 또는 두 사람 모두가 생존한 120
경우 그 생존자(들)의 죄책은 각자의 구체적인 관여형태에 따라 다르게 판단해야 한다. 첫째, 한 사람만 생존한 경우 그 생존자가 진정으로 함께 자살할 것을 약속하고 공동자살을 권유하였거나 타방의 자살을 방조한 사실이 있으면 자살교사죄 또는 자살방조죄가 성립하지만, 그 생존자가 실제로 함께 자살할 의사 없이 이를 가장하거나 상대방의 자살을 계획적으로 유혹한 때에는 위계에 의한 살인죄(제253조)가 되지만, 둘째, 두 사람 모두 진심으로 자살할 의도가 있었으나 그 중 한 사람이 스스로 자살을 감행할 용기가 없어서 나머지 사람이 상대방의 촉탁·승낙을 받아 먼저 상대방을 살해하고 자신도 뒤이어 자살을 시도하였으나 생존한 경우에는 촉탁·승낙살인죄(제252조 제1항)가 인정된다. 셋째, 두 사람 모두 진심으로 자살하기를 원했고 서로 도와준 사실조차 없었지만 우연히 한 사람만이 살아남았거나 두 사람 모두 살아남은 경우에는 생존자들은 모두 불가벌이 된다.

Ⅵ. 위계·위력에 의한 살인죄

> 제253조(위계·위력에 의한 살인죄) 전조의 경우에 위계 또는 위력으로써 촉탁 또는 승낙하게 하거나 자살을 결의하게 한 때에는 제250조의 예에 의한다.
>
> 제254조(미수범) 전4조의 미수범은 처벌한다

1. 의의, 성격

위계 또는 위력으로써 사람의 촉탁 또는 승낙을 받아 그를 살해하거나 자살을 결의시켜서 121
자살하게 함으로써 성립하는 범죄이다. 위계·위력을 수단으로 사용한다는 점에서 자유로운 의사결정을 전제로 한 촉탁·승낙살인 및 자살관여죄와 구별된다. 의사자유를 제압당한 피살자를 이용하여 살해행위를 한 것이므로 이론상 살인죄의 간접정범인 것을 형법상 독립된 범죄유형으로 규정하였다.

2. 구성요건

122 이 죄는 위계 또는 위력이라는 행위수단을 제외하면 촉탁·승낙살인죄와 자살교사·방조죄의 구성요건과 동일하다.

123 '위계'란 행위자의 행위목적을 이루기 위하여 상대방에게 오인, 착각, 부지를 일으키게 하여 그 오인, 착각, 부지를 이용하는 것을 말한다. 형법상 '위계'를 행위수단으로 하고 있는 다양한 구성요건이 있지만, 상대방의 지적 능력의 차이, 정보접근권한이나 의무의 존부, 또는 보호법익 등에 따라 위계의 인정여부가 달라질 수 있다. 이에 관해서는 위계에 의한 미성년자등간음·추행죄의 '위계'개념과 관련하여 후술하기로 한다.

124 '위력'이란 사람의 의사를 제압할 수 있을 정도의 유형·무형의 힘을 말한다. 폭행·협박을 사용한 경우뿐만 아니라 사회적·경제적 지위를 이용한 경우에도 위력에 해당한다.

125 判 대법원은 이 죄의 위력을 '구체적인 상황 하에서 피해자의 단순한 주관이나 심리상태만에 의하지 않고 사회통념에 비추어 그 행위의 내용이 일반적으로 피해자의 항거를 현저히 곤란하게 하여 자살 이외의 방법을 선택하는 것이 극히 곤란한 상황에 처하여 자살에 이를 정도'[72]의 것이어야 한다고 하면서 형법상 다른 '위력구성요건'의 '위력'에 비해 유·무형력의 정도와 달리 해석한다.[73]

126 [형법상 위력구성요건과 위력개념] 형법전에는 15개의 구성요건이 '위력'을 행위태양으로 규정하고 있다. 동일한 법령의 용어는 특별한 사정이 없는 한 동일하게 해석·적용되어야 하는 것이 원칙이지만(대법원 2020.8.27. 2019도11294 전원합의체), 구성요건의 보호법익 등을 고려하면 법률상의 개념의 외연은 같아도 내포는 얼마든지 다르게 해석될 수 있다. 후술하듯이 폭행개념이나 협박개념이 구성요건별로 그 유형력 또는 무형력의 정도가 다르게 해석되고 있는 것이 그 예이다. 대법원은 형법전의 다양한 구성요건들 속의 '위력'개념을 획일적으로 '사람의 의사를 제압할 수 있는 유·무형의 힘'으로 해석해 오다가, 특히 '업무방해죄'의 위력 개념에 대해서는 의사자유를 제압할 정도 외에 의사자유를 '혼란'하게 할 정도를 포함시키는 변화를 보였다. 구성요건의 체계, 보호법익, 피해자의 취약성이나 공격방법, 상대방의 협력적 행위의 필요여부 등을 고려하면, 위력개념도 구성요건별로 다음과 같이 유무형력의 정도의 차이를 인정하는 해석이 가능할 것으로 보인다.[74]

① 최협의의 위력　사람의 의사를 제압하여 항거를 곤란하게 하여 자살이외의 다른 방법을 선택하는 것이 극히 곤란한 상황에 처하도록 할 정도의 유무형력의 행사(예, 제253조(위력등촉탁살인)).

② 협의의 위력　사람의 의사를 제압할 정도의 유무형력의 행사(예, 제144조(특수공무방해), 제258조의2(특수상해), 제261조(특수폭행), 제278조(특수체포, 감금), 제284

---

72) 대법원 1997.2.11. 96도2964.

73) 이에 따르고 있는 하급심의 판결도 있다. "자신의 처와 정을 통한 피해자를 수일간에 걸쳐 폭행·협박하고 심하게 책임추궁을 하여 피해자가 죄책감에 괴로워하던 끝에 자살을 결의하게 되었다 하더라도 그러한 사정만으로는 위력자살결의죄가 성립되지 아니한다"(서울고법 1980.2.24. 88노3543).

74) 이에 대한 상세한 논의는 김성돈, "형법상 위력개념의 해석과 업무상위력간음죄의 위력", 형사정책연구 제30권 제1호(2019), 123면 이하.

조(특수협박), 제320조(특수주거침입), 제324조 제2항(특수강요), 제340조(해상강도), 제350조의2(특수공갈), 제369조(특수손괴)).

③ 광의의 위력 사람의 의사를 제압하거나 혼란케 할 정도의 유무형력의 행사(예, 제314조(업무방해), 제315조(경매,입찰방해), 제302조(미성년자등간음), 제303조(업무상위력등간음)).

위계·위력에 의한 피해자의 자살과 촉탁·승낙살해가 중첩한 때에는 전체로서 포괄하여 위계·위력에 의한 살인죄만 성립한다. 127

이 죄의 기수가 되려면 위계·위력을 통해 살해하거나 자살을 결의케 하여 실제로 사망의 결과가 발생해야 한다. 피해자가 촉탁·승낙하도록 위계 또는 위력을 행사했으나 피해자가 자살에 응하지 아니하였거나, 피해자가 자살을 감행했지만 사망의 결과가 발생하지 아니한 때에는 미수가 된다. 128

3. 처벌상의 문제

이 죄의 처벌이 "제250조의 예에 의한다"로 되어 있지만 보통살인죄의 예로 처벌하는 것으로 새길 수는 없다. 촉탁·승낙살인 및 자살관여행위도 위계·위력을 사용한 때에는 애당초 살인죄를 실행한 것과 같이 취급한다는 취지이므로 피해자가 누구인가에 따라 보통살인죄의 형 또는 존속살해죄의 형으로 처벌하는 것으로 해석해야 한다. 129

Ⅶ. 살인예비·음모죄

> 第255조(예비·음모) 제250조와 제253조의 죄를 범할 목적으로 예비 또는 음모한 자는 10년 이하의 징역에 처한다.

1. 의의, 성격

형법 제28조에 대한 특별규정으로서, 살인의 죄 가운데 보통살인죄, 존속살해죄, 그리고 위계·위력에 의한 살인죄의 법익의 중대성과 행위의 위험성을 고려하여 실행의 착수 이전 단계인 사전준비행위나 2인 이상이 모의하는 행위를 처벌하기 위한 기본범죄의 수정구성요건이다. 130

2. 예비·음모죄의 성립요건

(1) 살인예비

'예비'란 실행의 착수에 이르지 않은 단계에서 범행을 위한 심리적 준비행위 이외의 일체의 행위를 말한다. 예비행위가 있다고 하기 위해서는 범죄실현의 의사가 있어야 하며, 객관적으로 실행행위를 가능하게 하거나 용이하게 하는 준비행위가 있어야 한다. 그러나 구성요건 실현을 준비행위가 구성요건적 행위와 같은 정형성을 가지지 않기 때문에 가벌성의 확장 131

을 막기 위해 보다 엄격하게 해석이 요구된다.

132 判 대법원은 살인죄의 예비행위로 포섭될 수 있는 범위를 제한하기 위해 다음과 같은 기준을 마련해 두고 있다. 즉 살인죄의 예비행위가 되기 위해서는 ① "객관적으로 보아서 살인죄의 실현에 실질적으로 기여할 수 있는 외적 행위"를 필요로 한다고 하고,[75] ② 살해의 용도에 공하기 위한 흉기를 준비한 경우 "살해할 대상자가 확정될 것"[76]을 요구한다.

133 이에 따르면 살해의 의도로 무기제공이나 흉기구입 또는 행동자금을 교부한 경우에는 살인예비죄가 될 수 있지만, 인터넷상에 단순히 살인을 예고하는 글을 게시하거나 누군가를 살해하려는 마음을 품고 흉기를 소지한 채 거리를 배회하는 것만으로는 살인예비죄가 성립하기 되기 어렵다.

134 例 **살인예비가 인정된 경우:** 권총등을 교부하면서 사람을 살해하라고 한 경우(대법원 1950.4.18. 4283형상10), 살해할 자들을 고용하면서 대가의 지급을 약속한 경우(대법원 2009.10.29. 2009도7150).

135 例 **살인예비가 부정된 경우:** 살해에 사용하기 위해 흉기를 준비하였지만 그 흉기로 살해할 대상이 확정되지 아니한 경우(대법원 1959.7.31. 59도308).

(2) 살인음모

136 '음모'란 범행을 위한 심리적 준비행위로서 2인 이상의 자 사이의 합의를 말한다. 음모의 경우에도 예비와 마찬가지로 그 실행행위의 정형성 결여로 인한 가벌성의 무한 확대를 막기 위한 객관화된 기준이 해석상 요구된다.

137 判 대법원은 "특정범죄의 실행을 위한 준비행위라는 것이 객관적으로 명백하게 인식되어야 하며, 범죄실행의 합의에 실질적인 위험성이 인정되어야 한다"[77]는 점을 음모를 제한하기 위한 객관적 기준으로 제시하고 있는데, 이 기준은 살인음모죄의 경우에도 그대로 적용될 수 있을 것이다.

(3) 예비·음모의 고의

138 예비·음모의 고의란 '살인행위를 준비한다는 의사'로서 예비·음모죄라는 수정된 구성요건의 주관적 구성요건으로서의 고의를 말한다.[78]

(4) 살인죄를 범할 목적

139 살인예비·음모죄가 성립하기 위해서는 기본범죄인 살인죄를 범할 목적이 있어야 한다. 이

---

75) "여기서의 준비행위는 물적인 것에 한정되지 아니하며 특별한 정형이 있는 것도 아니지만, 단순히 범행의 의사 또는 계획만으로는 그것이 있다고 할 수 없고 객관적으로 보아서 살인죄의 실현에 실질적으로 기여할 수 있는 외적 행위를 필요로 한다"(대법원 2009.10.29. 2009도7150).

76) 대법원 1959.9.1. 4292형상387.

77) "형법상 음모죄가 성립하는 경우의 음모란 2인 이상의 자 사이에 성립한 범죄실행의 합의를 말하는 것으로, 범죄실행의 합의가 있다고 하기 위하여는 단순히 범죄결심을 외부에 표시·전달하는 것만으로는 부족하고, 객관적으로 보아 특정한 범죄의 실행을 위한 준비행위라는 것이 명백히 인식되고, 그 합의에 실질적인 위험성이 인정될 때에 비로소 음모죄가 성립한다"(대법원 1999.11.12. 99도3801).

78) "살인예비죄가 성립하기 위하여는 형법 제255조에서 명문으로 요구하는 살인죄를 범할 목적 외에도 살인의 준비에 관한 고의가 있어야 (한다)"(대법원 2009.10.29. 2009도7150).

경우 목적은 예비·음모죄의 준비행위에 대한 고의 이외에 요구되는 초과주관적 구성요건요소이다. 살인죄를 범할 '목적'은 살해행위를 하면 상대방이 사망에 이르게 될 것이라는 점에 대한 '인식 및 의욕'을 말하는데, 대법원은 이때 '인식'의 정도와 관련하여 '미필적 인식'으로 족하다고 한다(총론의 '목적의 인식' 정도에 관한 부분 참조).

3. 살인예비죄의 중지

살인을 예비 또는 음모한 자가 실행의 착수 이전에 이를 중지한 경우에 중지범의 규정을 준용할 수 있는지와 관련하여 ① 이를 긍정하는 견해도 있지만 ② 부정하는 것이 타당하다. 예비란 실행의 착수 이전의 단계를 말하므로 실행의 착수를 전제로 하는 중지범규정을 적용할 수 없기 때문이다. 판례도 같은 이유로 예비의 중지를 부정한다.[79] 140

4. 살인예비죄의 공범

살인예비죄의 공동정범의 성립은 인정될 수 있지만(통설, 판례), 살인예비죄의 방조는 구성요건적 정형성을 갖추지 못한 무정형의 예비행위에 대해 다시 방조라는 처벌확장사유를 추가시키면 처벌의 범위가 부당하게 확장될 우려가 있기 때문에 그 가벌성을 부정하는 것이 타당하다. 판례도 예비죄의 방조범을 부정한다.[80] 141

5. 죄수관계

이 죄는 살인미수 및 살인기수와 보충관계에 있으므로 예비·음모가 발전하여 살인미수·살인기수에 이르면 살인미수 또는 살인기수죄만 성립하고 예비·음모죄는 별도로 성립하지 않는다. 142

제 2 절 상해의 죄 §7

Ⅰ. 총설

1. 의의 및 보호법익

(1) 의의

상해의 죄는 폭행의 죄와 함께 사람의 신체를 침해함으로써 성립하는 범죄이다. 상해와 폭행은 구별하기도 어렵고 상해가 폭행으로 인해 발생하기도 하기 때문에 상해를 폭행의 결과적 가중범으로 규정하고 있는 입법례[81]도 있고, 양자를 하나의 구성요건에 복합적으로 규 1

79) 대법원 1991.6.25. 91도436.
80) 대법원 1979.5.22. 79도552.

정하는 입법례[82]도 있다. 하지만 현행 형법은 양자를 독립된 구성요건에 두고 있을 뿐 아니라, 폭행의 결과적 가중범으로서 폭행치상죄를 별도로 두고 있고, 상해죄에는 폭행죄에 없는 미수범처벌 규정까지 따로 마련하여 양자를 엄격하게 구별하고 있다.

(2) 보호법익과 보호의 정도

2 1) 보호법익 상해의 죄와 폭행의 죄의 보호법익에 관해서는 ① 양 죄 모두 신체의 불가침성 내지 완전성을 보호하는 구성요건으로 파악하는 견해(불구별설)[83]와 ② 폭행죄의 보호법익은 신체의 외적인 완전성(즉 신체의 건재)이지만 상해죄의 보호법익은 신체의 내부적 기능의 완전성(즉 신체의 건강)으로 파악해야 한다는 견해(구별설)[84]가 대립한다.

3 判 대법원은 상해죄의 보호법익에 관한 태도표명은 없지만 신체의 건재와 신체의 건강 모두를 상해죄의 보호법익으로 보는 종합설적 태도를 취하는 것으로 보인다. "상해는 피해자의 신체의 완전성을 훼손하거나 생리적 기능에 장애를 초래하는 것"[85]이라고 판시하고 있기 때문이다.

4 상해죄와 폭행죄 모두 사람의 '신체'에 대한 공격을 행위태양으로 하는 점에서는 동일하다 따라서 그 공격행위가 신체 대한 완전성을 훼손을 위한 공격하든 신체의 생리적 기능 훼손을 위한 공격이든 차이가 없다는 점에서 보면 양 죄의 보호법익에 대한 불구별설이나 종합설의 태도가 타당한 것으로 보인다. 상해죄와 폭행죄의 보호법익을 무엇으로 볼 것인지는 예컨대, 타인의 모발을 그 모근은 그대로 둔 채 모근 가까이부터 잘라버린 경우(모발절단사례) 폭행죄 외에 상해죄의 성립도 인정할 수 있는지가 문제된다.

5 이와 같은 한계사례의 경우 상해죄 성립여부는 보호법익의 문제 뿐 아니라 보호법익의 보호를 어느 정도로 보호할 것인지의 문제, 그리고 상해와 폭행 개념을 어떻게 정의할 것인지 등 다양한 변수와 관련되어 있다. 이에 관해서는 후술한다.

6 2) 법익의 보호정도 ① 보호법익에 관해 구별설을 취하면서 법익의 보호정도와 관련하여 (ㄱ) 상해죄와 폭행죄를 모두 침해범으로 해석하는 견해(다수설)와 (ㄴ) 상해죄는 침해범, 폭행죄는 추상적 위험범으로 보는 견해[86]가 갈라지고 ② 보호법익에 관해 불구별설을 취하는 전제하에서도 상해죄는 침해범, 폭행죄를 추상적 위험범으로 해석하는 견해도 있다.

7 判 대법원은 상해가 인정되기 위해서는 신체의 완전성이 '훼손'되거나 신체의 생리적 기능의 '장애가 초래'될 것이라는 결과를 요구하고 있으므로 상해죄를 침해범으로 보고, 폭행죄는 '신체에 대한 불법한 유형력의 행

---

81) 일본형법 제208조는 폭행죄를 폭행을 가한 자가 사람을 상해에 이르지 아니한 때로 규정하고 있고, 폭행치상과 상해미수의 처벌규정을 두고 있지 않다. 스위스 형법 제126조(폭행죄)와 제123조(상해죄)도 상해죄를 폭행죄의 결과적 가중범처럼 규정하고 있는 것으로 보인다.

82) 독일 형법 제223조 1항은 신체침해에 대한 범죄로서 신체부당취급과 건강침해를 규정하고, 전자에 폭행과 학대의 요소를 포함시키고 있다.

83) 박상기, 44면; 배종대, §18/3.

84) 손동권/김재윤, §3/3; 오영근, §3/7; 이형국/김혜경, 50면; 임웅, 50면; 정성근/정준섭, 23면.

85) 대법원 2017.6.29. 2017도3196.

86) 오영근, §3/6.

사'로서의 폭행행위만 있으면 족한 것으로 보고 있으므로 양자를 각각 침해범과 추상적 위험범으로 보고 있다.

상해죄는 침해범, 폭행죄는 추상적 위험범으로 보는 것이 타당하다. 신체에 대한 유형력의 행사인 폭행만으로 신체의 외적 완전성 또는 신체의 건강이라는 법익이 침해될 위험성은 이미 인정될 수 있는 것으로 볼 수 있고 상해죄가 성립하기 위해서는 신체의 완전성이 훼손되거나 신체의 내적 건강(생리적 기능)의 장애를 초래되는 현실적 법익침해(결과로서의 상해)가 발생할 것이 요구되는 것으로 해석하는 것이 바람직하기 때문이다. 상해죄를 침해범으로 해석하면 위 모발절단 사례의 경우 피해자의 신체의 외적 완전성이 훼손되었다는 점에서 생리적 기능의 장애가 발생여부와 무관하게 상해죄의 성립도 인정할 수 있다. 그러나 상해죄의 성립여부는 '행위로서의 상해'가 아니라 '결과로서의 상해'개념을 어떻게 정의하느냐에 따라 달라진다. 이에 관해서는 후술한다. 8

2. 구성요건의 체계

9

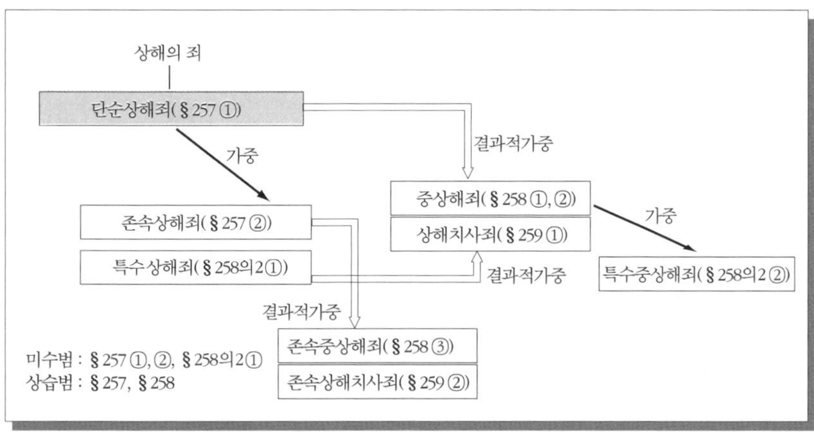

상해의 죄의 기본적 구성요건은 단순상해죄이다. 존속상해죄와 중상해죄, 특수상해죄, 상습상해죄, 상해치사죄, 존속중상해죄, 존속상해치사죄는 단순상해죄의 가중적 구성요건이다. 단순상해죄와 존속상해죄, 특수상해죄의 미수범은 처벌한다. 폭처법은 '2인 이상의 자가 공동하여 상해한 경우'를 가중처벌하고(제2조 제2항), 특가법은 보복상해죄 및 보복상해치사죄를 가중처벌하고 있다(제5조의 9 제2항, 제3항). 10

'2명 이상이 공동으로' 상해를 한 경우, 법정형의 2분의 1을 가중처벌하도록 하고 있는 폭처법(제2조 제2항)을 적용할 것인지 상해죄의 법정형으로 처벌하도록 하고 있는 형법의 공동정범규정을 적용할 것인지가 문제된다. 상해 뿐 아니라 '폭행/협박/주거침입/퇴거불응/감금/공갈재물손괴'의 경우도 동일한 문제가 발생한다. 형법의 공동정범의 경우와 그 요건이 전적으로 동일한 경우를 가중 처벌하는 폭처법규정은 동일한 사안에 대해 합리적 차등 취급의 근거가 없어 위 11

헌적 규정으로 보인다.

12 判 대법원은 폭처법의 '공동'을 형법의 '공동'과는 달리 합동범의 '합동'의 의미로 해석하여 그 성립범위를 제한하고 있다.[87] 그러나 보충적 해석을 통해 폭처법의 적용을 제한할 성질의 문제가 아니라 입법적 해결이 요망된다. 헌법재판소는 양벌규정의 경우 보충적 해석을 통하더라도 위헌성을 치유할 수 없다는 태도를 취한 바 있다.

Ⅱ. 상해죄

> 제257조 (상해죄) ① 사람의 신체를 상해한 자는 7년이하의 징역, 10년이하의 자격정지 또는 1천만원 이하의 벌금에 처한다.
>
> (미수범) ③ 전2항의 미수범은 처벌한다.

1. 의의, 성격

13 사람의 신체를 상해함으로써 성립하는 범죄이다. 침해범이고 폭행죄와는 달리 반의사불벌죄가 아니다.

2. 구성요건

(1) 객관적 구성요건

14 1) 객체 사람의 신체이다. 여기서 사람은 자기 이외의 생존하는 자연인을 말한다. 자기의 신체상해(자상행위)는 원칙적으로 죄가 되지 않는다. 다만 병역기피의 목적이나 훈련기피의 목적으로 자상한 경우에는 처벌된다(병역법 제86조, 군형법 제41조 제1항). 피해자의 자상행위가 저항할 수 없는 강요에 의해서 행해진 때에는 강요자가 이 죄의 간접정범이 된다.[88]

15 사람은 생존하는 사람을 의미하므로 사람이 아닌 '태아'는 이 죄의 객체가 될 수 없다. 따라서 임신 중 계획적인 약물이나 병균의 투입, 방사선 조사 등의 작용으로 태아가 뇌장애를 일으켜 기형아, 불구아로 출산된 경우에도 상해죄를 인정할 수 없다. 출생한 기형아에 대한 상해를 인정하면 유추금지원칙에 반하기 때문이다.[89] 더 나아가 태아가 모체의 일부임을 근거로 삼아 태아에 대한 상해를 임산부에 대한 상해로 볼 수도 없다.[90] 왜냐하면 자기낙태를 처벌하는 취지에 비추어 태아를 모체의 일부라 할 수 없고, 모체상해를 인정하면 낙태의 고의 있는

87) 대법원 2000.2.25. 99도4305 등.

88) "피고인이 피해자를 협박하여 그로 하여금 자상케 한 경우에 피고인에게 상해의 결과에 대한 인식이 있고 또 그 협박의 정도가 피해자의 의사결정의 자유를 상실케 함에 족한 것인 이상 피고인에 대하여 상해죄를 구성한다"(대법원 1970.9.22. 70도1638: 중상해죄의 간접정범).

89) 태아의 건강을 악화시키는 행위의 효과가 사람일 때까지 미치고 있는 것이라면 태아상해를 인정할 수 있다는 견해로는 안동준, 26면.

90) "태아를 사망에 이르게 하는 행위가 임산부 신체의 일부를 훼손하는 것이라거나 태아의 사망으로 인하여 그 태아를 양육, 출산하는 임산부의 생리적 기능이 침해되어 임산부에 대한 상해가 된다고 볼 수는 없다."(대법원 2007.6.29. 2005도3832). 하지만 사망한 태아가 자궁 내에 잔존한 상태는 임산부에 대한 '상해'를 인정할 수 있다.

자에게 중한 상해죄를 인정해야 하는 불합리한 결과가 되기 때문이다. 하지만 태아상해로 인해 모체의 생리적 기능에 장애를 가져오는 데 대한 미필적 고의가 있는 경우에는 모체에 대한 상해죄를 인정할 수는 있다.

2) 행위 및 결과 상해이다. 16

(가) 상해의 의의 이 구성요건의 상해는 '구성요건적 행위'이자 '구성요건적 결과'에 해당 17
한다. 종래 학설상 구성요건적 행위로서의 상해개념이 무엇인지를 밝히려는 견해는 없었다. 결과로서의 상해개념과 관련해서는 ① 상해죄와 폭행죄의 보호법익에 관해 불구별설이나 종합설의 입장에서 (ㄱ) 상해개념을 '신체의 완전성 훼손' 또는 '생리적 기능의 장애'로 해석하는 견해(제1설),[91] (ㄴ) 특히 모발절단사례의 경우 상해죄를 폭행죄와 구별하기 위해 상해개념을 생리적 기능훼손 외에도 신체의 외관에 '중대한' 변경을 가져와야 하는 것으로 해석하는 견해(제2설),[92] 그리고 ② 양 죄의 보호법익 및 보호의 정도를 모두 구별하는 전제 하에서 상해개념을 신체의 '생리적 기능의 훼손'으로 제한하는 견해(제3설: 다수설) 등으로 갈리고 있다.

判 대법원은 보호법익과 관련해서는 종합설적 견해를 취하는 전제하에서 상해죄 성립을 위해 "신체의 완전 18
성을 해하는" 상해행위 이외에도 이와 인과관계가 인정되는 결과로서의 상해를 별도로 요구한다. 이러한 태도는 "신체의 완전성이 훼손되거나 생리적 기능의 훼손의 초래"라는 법익침해적 결과와 구성요건적 결과인 상해가 일치될 것을 요구하는 태도이다. 이에 따르면 상해죄의 상해행위와 폭행죄의 폭행행위는 외형상 구별되지 않지만, 침해범으로서의 상해죄의 경우에는 추상적 위험범으로서의 폭행죄의 경우와 달리 상해라는 구성요건적 결과발생을 추가적으로 요구하고 그에 따라 고의내용도 폭행죄의 고의와 달라지게 된다.[93]

생각건대 상해죄와 폭행죄의 보호법익을 엄격하게 구별하지 않고 양 죄는 신체의 완전성 19
이든 신체의 생리적 기능이든 모두 보호한다고 보게 되면, 행위로서의 상해에는 신체의 완전성을 공격하는 행위도 포함되게 된다. 이에 따르면 상해죄의 상해는 폭행죄의 폭행과 형식적으로 구별되지 않더라도 양 죄를 구별하고 있는 입법컨셉에 부합하려면 결과로서의 상해는 신체의 완전성의 훼손 또는 생리적 기능의 장애로 좁히는 것이 바람직한 해석태도라고 할 수 있다. 이에 따르면 통상적으로 건강악화, 신체상처, 신체일부 절단, 질병감염 등이 상해에 해당하게 된다. 생리적 기능의 장애라는 결과로서의 상해개념에는 육체적 기능의 장애 뿐 아니라 정신적 기능의 장애도 포함되는 것으로 해석될 수 있다. 오늘날 신경과학(뇌과학)의 연구에 따르면 정신적 기능의 장애는 뇌기능의 장애에서 초래하는 것이고, 뇌는 생물학적으로 보면 신체의 일부이기 때문이다.

判 대법원도 일찍부터 '생리적 기능에 육체적 기능뿐 아니라 정신적 기능도 포함된다'고 함으로써 상해개념 20
의 확장을 도모하고 있다.

---

91) 유기천(상), 47면.

92) 배종대, §18/5.

93) 이 때문에 한국형법의 상해죄와 폭행죄의 관계는 독립된 것이므로, 상해죄를 폭행죄의 결과적 가중범으로 이해하는 일본형법의 입법태도와 확연하게 차이를 보인다.

21 例 이에 따라 대법원은 보행불능, 수면장애, 식욕감퇴 (대법원 1969.3.11. 69도161), 실신하여 구급차 안에서야 정신을 차리게 된 경우(대법원 1996.10.10. 96도2529)도 상해가 되고, '불안, 불면, 악몽, 자책감, 우울감정, 대인관계 회피, 일상생활에 대한 무관심, 흥미상실'등의 증상을 외상 후 스트레스 장애로서 상해에 포함시키고 있다(대법원 1999.1.26. 98도3732). 이 뿐만 아니라 대법원은 생리적 기능훼손은 반드시 질병을 일으키는 것에 한하지 않기 때문에 신체에 상처를 입히거나 그 일부가 떨어지게 하는 것도 외상의 정도(대법원 1983.7.12. 83도1258)나 치료기간(대법원 1983.11.8. 83도1667) 및 치료유무를 묻지 아니하고 상해가 된다고 하고 처녀막파열의 경우와 같이 외관상 상처가 없는 경우도 상해가 된다고 한다(대법원 1972.6.13. 72도855).

22 **모발이나, 수염을 잘라내는 것과 같이 신체의 외관에 중대한 변경을 가져오는 경우**(앞의 모발 절단사례 참조), **상해죄의 인정여부는 일의적으로 답할 수 없고, 상해개념을 어떻게 정의하느냐에 따라 판단이 달라질 수 있다.** 제2설에 따르면 소량의 모발이나 손톱을 자르는 정도는 상해가 되지 않고 폭행에 불과하다고 하지만 눈썹의 전부나 여자의 모발 등을 전부 잘라내는 것은 외관의 중대한 변경인 이상 무조건 상해가 된다. 반면에 제1설과 제3설에 따르면 신체의 외관변형의 중대성 여부가 결정적인 것이 아니라 신체의 외관 변형이 정신적 기능의 장애에 이를 정도가 되면 생리적 기능장애에 포함될 수 있으므로 상해죄의 성립이 인정되고 그럴 정도가 아니면 폭행죄만 인정될 것이다.

23 判 대법원은 강간행위자가 피해자의 음모를 뿌리부분에서부터 절단한 경우 "병리적으로 보아 피해자의 신체의 건강상태가 불량하게 변경되거나 생활기능에 장애가 초래되었다고 할 수는 없(음)"을 근거로 폭행의 가능성은 인정하면서도 '상해'는 부정하였다.[94] 이러한 태도는 위 제1설 또는 제3설과 같은 취지라고 할 수 있지만, 생리적 기능에 육체적 기능 뿐 아니라 정신적 기능도 포함시키는 최근의 판례추세에 따르면 '상해'의 여지도 인정할 수 있다. 이에 따르면 특히 여성의 머리카락을 전부 밀어버린 경우에도 피해자가 받게 될 스트레스 지수가 얼마나 될 것인지에 따라 폭행을 넘어서 상해로 인정될 수도 있을 것이다.

24 단순상해죄의 '법익침해적 결과'로서의 상해개념과 강간치상죄, 강제추행치상죄 또는 강도치상죄 등과 같은 결과적 가중범의 '중한 결과'로서의 상해개념의 내포를 동일하게 파악해야 할 것인지 다르게 파악해야 할 것인지가 문제된다. 결과적 가중범의 상해 개념을 단순상해죄의 상해 개념에 비해 좁게 해석하는 것이 바람직하다는 주장이 있다(이른바 상대적 상해개념이론). 결과적 가중범의 법정형의 상향정도를 고려하여 결과적 가중범 성립요건에 대한 제한적 해석을 할 필요가 있다는 점을 이유로 한다.

25 그러나 결과적 가중범의 성립을 제한하려는 해석태도를 견지하려면 인과관계나 중한 결과에 대한 예견가능성 등을 엄격하게 해석하는 것에 추가하여 법익침해적 결과로서의 상해의 내포까지 다르게 파악할 실질적인 근거는 없다.

94) "음모는 성적 성숙함을 나타내거나 치부를 가려주는 등의 시각적·감각적인 기능 이외에 특별한 생리적 기능이 없는 것이므로, 피해자의 음모의 모근 부분을 남기고 모간 부분만을 일부 잘라냄으로써 음모의 전체적인 외관에 변형만이 생겼다면, 이로 인하여 피해자에게 수치심을 야기하기는 하겠지만, 병리적으로 보아 피해자의 신체의 건강상태가 불량하게 변경되거나 생활기능에 장애가 초래되었다고 할 수는 없을 것이므로, 그것이 폭행에 해당할 수 있음은 별론으로 하고 강제추행치상죄의 상해에 해당한다고 할 수는 없다"(대법원 2000.3.23. 99도3099).

判 대법원도 형법상 결과로서의 상해개념의 범위를 좁히려는 차원에서 상해를 "피해자의 신체의 건강상태가 불량하게 변경되고 생활기능에 장애가 초래되는 것"으로 보면서도, "㉠ 피해자가 입은 상처가 극히 경미하여 굳이 치료할 필요가 없고 ㉡ 치료를 받지 않더라도 일상생활을 하는 데 아무런 지장이 없으며 ㉢ 시일이 경과함에 따라 자연적으로 치유될 수 있는 정도"라는 세 가지 표지를 상해부정을 위한 법리로 인정하면서 이를 결과적 가중범인 '강도상해죄'의 '상해'에도 그대로 적용하고 있다.[95) 26

물론 대법원이 이 법리를 엄격하게 관철시키지 않는 경우도 있다. 즉 수면제와 같은 약물을 투약하여 피해자를 일시적으로 수면 또는 의식불명 상태에 이르게 한 경우(졸피뎀이나 트리아졸람을 탄 커피를 마신 후 3시간 동안 의식을 잃었다가 깨어난 경우 급성 약물 중독증세 등이 없더라도) 그 약물로 인하여 피해자의 건강상태가 불량하게 변경되고 생활기능에 장애가 초래되었다면 "자연적으로 의식을 회복하거나 외부적으로 드러난 상처가 없더라도" 강간치상죄나 강제추행치상죄에서 말하는 상해에 해당하는 것이라는 판결[96)]이 특히 그러하다. 이와 같이 대법원이 결과적 가중범의 경우 구체적 타당성에 부합한 결론을 내리기 위해 '종합적 판단방법'[97)]에 의거 상해여부를 판단하고 있음은 대법원이 상대적 상해개념이론을 따르는 것이 아니라, 사안의 특수성을 고려하여 상해에 관한 법을 후성적으로 상해에 관한 법을 발견(선언)하고 있음을 알 수 있다.

例 **상해로 인정된 경우:** 외상후 스트레스 장애로서의 '불안, 불면, 악몽, 자책감, 우울감정, 대인관계 회피, 일상생활에 대한 무관심, 흥미상실' 등의 증상(대법원 1999.1.26. 98도3732), 보행불능, 수면장애, 식욕감퇴 등 기능의 장애를 일으킨 경우(대법원 1969.3.11. 69도161), 실신하여 구급차 안에서야 정신을 차리게 된 경우(대법원 1996.10.10. 96도2529), 생리적 기능훼손은 반드시 질병을 일으키는 것에 한하지 않기 때문에 신체에 상처를 입히거나 그 일부가 떨어지게 하는 것도 외상의 정도(대법원 1983.7.12. 83도1258)나 치료기간(대법원 1983.11.8. 83도1667) 및 치료유무를 묻지 아니하고 상해가 된다고 하며, 외관상 상처가 없는 처녀막파열의 경우(대법원 1972.6.13. 72도855) 등도 그러하다. 27

例 **상해가 부정된 경우:** 치료 없이도 일상생활에 지장이 없고 자연치유될 수 있는 단순한 통증에 불과한 경우는 상해라고 할 수 없기 때문에(대법원 2000.2.25. 99도3910), 약 1주간의 치료를 요하는 좌측팔 부분의 동전 크기의 멍이 든 경우(대법원 1996.10.23. 96도2673)는 상해를 부정하고 있다. 28

(나) 상해의 방법 상해의 수단, 방법에는 제한이 없다. 폭행과 같은 유형적 방법이 보통 29
이지만, 사람을 공포·경악케 하거나 크게 고민할 사항을 고지하거나 음향에 의한 위협으로 정신장애를 일으키게 하는 등 무형적 방법으로도 가능하다. 행위자 자신의 동작이나 자연력, 동물, 기계에 의하건, 타인 또는 피해자를 도구로 이용하는 간접정범으로 행하건 묻지 않는다. 또 작위는 물론, 보증의무자의 부작위(병자에게 의약품을 공급하지 않거나 음식물을 주지 않고 신체를 쇠약하게 하는 것)도 가능하다.

(다) 미수·기수 상해죄는 결과범이자 침해범이기 때문에 신체손상이나 건강상태 악화 30
의 결과가 발생한 때에 기수가 된다. 상해의 고의를 가지고 실행에 착수하였으나 상해의 결과가 발생하지 않은 경우 폭행죄가 아니라 상해미수가 된다. 상해행위와 결과발생 사이에 형

95) 대법원 2003.7.11. 2003도2313.
96) 대법원 2017.6.29. 2017도3196.
97) "그리고 피해자에게 이러한 상해가 발생하였는지는 객관적, 일률적으로 판단할 것이 아니라 피해자의 연령, 성별, 체격 등 신체·정신상의 구체적인 상태, 약물의 종류와 용량, 투약방법, 음주 여부 등 약물의 작용에 미칠 수 있는 여러 요소를 기초로 하여 약물 투약으로 인하여 피해자에게 발생한 의식장애나 기억장애 등 신체, 정신상의 변화와 내용 및 정도를 종합적으로 고려하여 판단하여야 한다"(대법원 2017.6.29. 2017도3196).

법상의 인과관계가 부정되는 경우에도 상해미수가 된다.

(2) 주관적 구성요건

31 상해의 고의가 있어야 한다. 즉 생리적 기능을 훼손하는 데에 대한 인식 및 의사가 있어야 한다. 반드시 확정적일 필요가 없고 미필적 고의로 족하다. 상해죄는 결과범이므로 상해의 원인인 폭행의 고의만 있으면 충분하고 상해의 고의는 필요 없다는 판례의 태도[98]는 현행 형법의 해석론으로는 문제점이 있다. 현행 형법은 폭행의 고의로 상해의 결과를 발생시키면 폭행치상죄로 처벌하고(제262조), 상해의 고의로 폭행의 결과가 발생되면 상해미수죄(제257조 제3항)로 처벌하도록 규정하고 있으므로 상해죄가 고의범이라는 것을 입법적으로 해결하였다.

3. 위법성조각사유

32 싸움으로 상해를 입힌 예외적인 경우[99]를 제외하고는 상해행위도 정당방위나 긴급피난과 같은 총칙상의 위법성조각사유에 해당하는 경우에는 위법성이 조각될 수 있다.

(1) 피해자의 승낙에 기한 상해

33 피해자의 승낙에 기한 상해행위도 원칙적으로 위법성이 조각될 수 있다. 하지만 상해행위는 생명유지의 기본조건인 사람의 신체를 침해하는 것이기 때문에 피해자의 승낙에 기하더라도 승낙행위 자체는 물론이고 승낙에 기한 행위의 속성도 사회상규에 위배되지 않는 경우에 한하여 위법성이 조각된다.

34 따라서 결투에 의한 상해나 채무자의 신체포기각서에 따른 상해는 승낙이 있어도 위법성이 조각될 수 없다. 뿐만 아니라 병역법이나 군형법에 저촉되는 병역기피나 훈련기피를 목적으로 하는 자상행위에 가담한 상대방의 상해행위도 피해자의 승낙이 위법성을 조각하지 못한다. 더 나아가 복싱, 레슬링, 유도 등 운동경기 도중의 상해는 피해자의 승낙에 기하여 위법성이 조각되지만 이 경우에도 행위자에게 고의가 있고 경기 규칙을 준수하지 않은 경우에는 위법성이 조각되지 않는다.[100]

35 **의사의 치료행위에 따른 상해의 형법적 취급**에 관해 ① 구성요건해당성배제설과 ② 위법성조각설이 대립한다. 의사의 전단적 치료행위로부터 환자의 자기결정권을 보호하기 위해 피해자의 승낙에 기해 위법성이 조각되는 것으로 보는 것이 타당하다. 따라서 위법성이 조각되기 위해서는 의사가 충분한 설명의무를 다하고 그에 따라 환자의 유효한 승낙이 있고 치료의 목적과 의학적 방법에 있어서도 사회상규에 반하지 않는다는 요건을 구비하여야 한다.

(2) 교사나 부모의 체벌

36 부모의 체벌이 사회상규에 의해 위법성이 조각될 수 있음은 별론으로 하더라도, 교사의

98) 대법원 1983.3.22. 83도231.

99) 대법원 1984.5.22. 83도3020; 대법원 1984.6.26. 83도3090 등.

100) 물론 그 규칙위반이 사소한 경우에는 사회상규에 위배되지 않는 행위로 다시 위법성이 조각될 수 있다.

체벌은 대법원의 태도가 일정한 요건하에서 위법성이 조각될 수 있는 것으로 해석하지만 초중등교육법 제18조 및 동시행령 제31조에 따라 위법성이 조각될 수 없다고 봐야 한다(『총론』 제20조의 정당행위 부분 참조).

4. 죄수

동일의사에 의한 수개의 행위로 동일인의 신체를 상해하면 포괄일죄가 되지만 수인의 신체를 상해하면 수죄가 된다.[101] 상해의 고의로 폭행을 가한 후에 상해를 입힌 경우 폭행은 상해죄에 흡수되어 상해죄만 성립한다. 37

Ⅲ. 존속상해죄

> 제257조 ② (존속상해죄) 자기 또는 배우자의 직계존속에 대하여 1항의 죄를 범한 때에는 10년 이하의 징역 또는 1500만원 이하의 벌금에 처한다.
> ③ (미수범) 전2항의 미수범은 처벌한다.

자기 또는 배우자의 직계존속의 신체를 상해함으로써 성립하는 범죄이다. 이 죄는 상해죄에 비하여 형이 가중되는 부진정신분범이다. 자기 또는 배우자의 직계존속의 의미는 존속살해죄의 직계존속의 의미와 동일하고, 신체상해는 상해죄의 신체상해와 의미가 같다.[102] 38

Ⅳ. 중상해죄

> 제258조 (중상해죄) ① 사람의 신체를 상해하여 생명에 대한 위험을 발생하게 한 자는 1년 이상 10년 이하의 징역에 처한다.
> ② 신체의 상해로 인하여 불구 또는 불치나 난치의 질병에 이르게 한 자도 전항의 형과 같다.

1. 의의, 성격

(1) 의의

사람의 신체를 상해하여 생명에 대한 위험을 발생하게 하거나(제1항) 불구 또는 불치나 난치의 질병에 이르게 함으로써(제2항) 성립하는 범죄이다. 중한 상해의 결과로 인하여 피해자가 계 39

101) "상해를 입힌 행위가 동일한 일시, 장소에서 동일한 목적으로 저질러진 것이라고 하더라도 피해자를 달리하고 있으면 피해자별로 각각 별개의 상해죄를 구성한다고 보아야 할 것이고 1개의 행위가 수개의 죄에 해당하는 경우라고 볼 수 없다"(대법원 1983.4.26. 83도524).

102) "호적상 친권자라고 등재되어 있다 하더라도 사실에 있어서 그렇지 않은 경우에는 법률상 친자관계가 생길 수 없다 할 것인 바, 모가 타인과 정교관계를 맺어 피고인을 출산하였다면 피고인과 피해자(계부) 사이에는 친자관계가 없으므로 존속상해죄는 성립할 수 없다"(대법원 1983.6.28. 83도996).

속적으로 고통을 받게 되므로 단순상해죄보다 형을 가중하는 가중적 구성요건이다.

(2) 성격

40 **중상해죄의 성격**에 대해서는 ① 중한 상해도 상해의 개념에 포함되어 있으므로 단순고의범이라는 견해[103)]와 ② 상해의 고의만 있으면 성립하고 중한 상해발생은 양형에서 고려될 뿐이라는 견해,[104)] ③ 단순상해죄의 결과적 가중범에 관한 규정으로 보는 견해(다수설)가 대립한다.

41 단순고의범설은 중상해죄의 미수범 처벌규정이 없는 것을 설명하기 어렵고, 상해의 고의만 있으면 중한 상해에 대한 과실이 없어도 중상해죄가 성립한다고 해석하는 것은 결과책임을 인정하여 책임주의에 반한다. 형의 불균형이나 책임주의 문제를 해소하기 위해서는 이 죄는 단순상해의 고의를 가지고 행위하다가 과실로 중한 상해의 결과를 야기한 경우뿐만 아니라 고의로 중한 상해의 결과를 야기한 경우에도 성립하는 부진정결과적 가중범으로 보아야 한다.

2. 구성요건

42 이 죄를 부진정결과적 가중범으로 보면 기본범죄로서 단순상해, 중한 결과로서 중한 상해라는 결과발생 및 양자의 형법상의 인과관계, 더 나아가 중한 상해에 대한 과실 또는 고의가 인정되어야 한다.

43 형법상의 인과관계, 중한 결과에 대한 과실 또는 고의라는 요건도 총론상의 결과적 가중범에서 설명한 내용과 동일하고 상해에 대해서는 상해죄에서 설명한 내용과 같다. 이 죄의 고유한 구성요건요소로서 중상해의 결과는 다음과 같다.

(1) 중한 결과

44 1) 생명에 대한 위험발생 생명에 대한 구체적 위험의 발생을 의미하고 치명상이 이에 해당한다. 이로 인하여 피해자가 사망한 때에는 상해치사죄가 성립한다. 구체적으로 의학적 판단이 자료가 되지만 최종적으로는 법률적 판단을 한다.

45 2) 불구 불구란 신체의 전체 조직에서 고유한 기능을 하는 중요부분이 상실된 경우를 말한다. 상실된 부분이 인공적인 장치에 의해 대체 가능한 경우에도 불구에 해당한다. **신체의 어느 부위가 중요부분인지에 대해서는** ① 피해자의 직업과 같은 개인적 사정을 고려하여 판단해야 한다는 견해와 ② 일반인의 관점에서 객관적으로 판단해야 한다는 견해가 대립한다.

46 평등한 법적용을 위해서나, 신체 고유기능의 상실 및 불치·난치와의 균형상 신체조직에 있어서의 기능을 기준으로 일반인의 관점에서 판단하는 방법이 타당하다. 따라서 실명, 청력상실, 팔, 다리, 혀 등을 절단하는 것 또는 마비 등은 불구라 할 수 있으나 피아니스트의 새끼손가락을 절단하더라도 불구라고는 할 수 없다. 하지만 엄지발가락은 누구에게나 체중지탱

103) 정성근/정준섭, 28면.
104) 이정원, 85면.

과 보행에 필수적인 역할을 하는 신체의 중요부분이므로 무용가뿐만 아니라 일반인도 절단되면 불구가 된다.

신체내부의 장기상실도 불구에 포함시키는지에 대해서도 ① 부정설[105]과 ② 긍정설(다수설)이 대립한다. 부정설은 장기의 상실은 불치 또는 난치 속에 포함시킬 수 있으므로 불구는 신체의 외형적 부분에 국한시켜야 한다고 한다. 하지만 장기의 상실이 불치 또는 난치에는 해당할지 몰라도 불치나 난치의 '질병'이라고도 할 수 없으므로 장기상실도 불구개념에 포함시키는 것이 타당하다.[106] 47

3) 불치 또는 난치의 질병　의학적 치료가능성이 없거나 현저히 치료가 곤란한 질병을 말하는 것으로 육체적 질병뿐 아니라 정신적 질병도 포함된다. 의학적 판단이 중요한 기준이며 인공적 방법으로 대체 가능한 의학적 치료방법이 있으면 불치라고 할 수 없다. 심폐기능장애, 현저한 장기손상, 에이즈 감염, 척추손상으로 인한 장애, 기억상실, 정신병유발 등은 난치의 질병에 해당한다. 그러나 상처의 흔적이나 흉터는 질병이 아니므로 없애기 곤란한 경우에도 여기에 해당하지 않는다. 48

例 중상해(불구)로 인정된 경우: 안부에 폭력을 가하여 실명케 한 경우(대법원 1960.4.6. 4292형상395), 콧등을 길이 2.5센티미터, 깊이 0.56센티미터 절단시킨 경우(대법원 1970.9.22. 70도1638). 49

例 중상해가 부정된 경우: 앞니 또는 아랫니 2개가 빠진 경우(대법원 1960.2.29. 4292형상413). 50

(2) 미수

중상해죄의 미수범 처벌규정은 별도로 없다. 그렇다고 해서 중상해의 고의로 미수에 그친 자를 불가벌로 하면 단순상해의 미수범 처벌이 있는 경우와 균형을 잃는다. 따라서 중상해의 미수는 상해미수로 처벌한다고 해석해야 한다. 이에 따르면 중상해나 상해의 고의로 단순상해의 결과가 발생하면 상해죄의 기수범이 되며, 중상해나 단순상해의 결과가 발생하지 않으면 상해미수범으로 처벌된다. 51

Ⅴ. 존속중상해죄

제258조(존속중상해죄) ③ 자기 또는 배우자의 직계존속에 대하여 전 2항의 죄를 범한 때에는 2년 이상 15년 이하의 유기징역에 처한다.
제264조(상습범) 상습으로 제257조, 제258조, (제260조 또는 제261조)의 죄를 범한 때에는 그 죄에 정한 형의 2분의 1까지 가중한다.

105) 정성근/정준섭, 29면.

106) 독일형법 제224조 1항은 중상해를 1. 신체의 중요부분, 한쪽 또는 양쪽의 시력, 청력, 음력, 생식력 상실이나 영구적 훼손 2. 질병, 신체마비, 정신병의 결과를 야기한 때라고 구체적으로 열거하여 제1호의 경우는 신체조직의 외형적 상해로 한정하고 있지만, 스위스형법 제122조는 열거방법을 취하지 않고 "사람의 중요한 기관(organes importants)을 불능"케하는 것을 중상해의 구성요건 중 하나로 규정하고 있다.

52 자기 또는 배우자의 직계존속에 대하여 중상해죄를 범함으로써 성립하는 범죄이다. 중상해에 비해 신분 때문에 형이 가중되는 가중적 구성요건으로 부진정신분범에 해당한다. 객체가 직계존속인 점을 제외하고는 중상해죄의 내용과 동일하다.

Ⅵ. 특수상해죄

> 第258조의 2(특수상해) ① 단체 또는 다중의 위력을 보이거나 위험한 물건을 휴대하여 第257조第1항 또는 제2항의 죄를 범한 때에는 1년 이상 10년 이하의 징역에 처한다.
> ② 단체 또는 다중의 위력을 보이거나 위험한 물건을 휴대하여 第258조의 죄를 범한 때에는 2년 이상 20년 이하의 징역에 처한다.
> ③ 제1항의 미수범은 처벌한다.

53 단체 또는 다중의 위력을 보이거나 위험한 물건을 휴대하여 상해죄나 존속상해죄 또는 중상해죄를 범한 경우에 성립하는 범죄이다. 집단의 위력이나 위험한 물건을 가지고 상해하는 행위방법의 위험성 때문에 단순상해죄·존속상해죄나 중상해죄에 비해 형이 가중되는 가중적 구성요건이다.

54 형법전에는 '단체 또는 다중의 위력을 보이거나, 위험한 물건을 휴대하여'라는 동일한 행위태양으로 규정되어 있는 형식에 대해 '특수~죄'라는 죄명이 붙여진 구성요건이 8개[107]가 있다. 단체 또는 다중의 위력, 위험한 물건, 휴대 개념의 해석론은 '특수폭행죄'에서 다룬다.

Ⅶ. 상해치사죄·존속상해치사죄

> 第259조(상해치사죄) ① 사람의 신체를 상해하여 사망에 이르게 한 자는 3년 이상의 유기징역에 처한다.
> (존속상해치사죄) ② 자기 또는 배우자의 직계존속에 대하여 전항의 죄를 범한 때에는 무기 또는 5년 이상의 징역에 처한다.

1. 의의, 성격

55 상해치사죄는 사람의 신체를 상해하여 사망에 이르게 함으로써 성립하는 범죄이다. 상해의 고의로 중한 사망의 결과를 발생시킨 것이므로 상해죄의 결과적 가중범이다. 존속상해치사죄는 자기 또는 배우자의 직계존속의 신체를 상해하여 사망에 이르게 하는 존속상해죄의 결과적 가중범이자, 신분관계로 인해 형이 가중되는 부진정신분범이고,[108] 상해치사죄에 대하여

---

107) 특수상해죄, 특수폭행죄, 특수협박죄, 특수강요죄, 특수체포감금죄, 특수주거침입죄, 특수공갈죄, 특수손괴죄 등이 그 예이다.

108) "존속상해치사죄는 헌법상의 평등의 원칙에 위배되지 아니하며 사생활의 자유를 침해하지 아니하므로 이 규정은 위헌이라 할 수 없다"(헌법재판소 2002.3.28. 2000헌바53 전원재판부).

는 형이 가중되는 가중적 구성요건이다.

2. 구성요건

사람의 신체상해에 대해서는 상해죄, 자기 또는 배우자의 직계존속에 대해서는 존속살해 56
죄에서 설명한 내용과 같다. 결과적 가중범이므로 결과적 가중범의 일반적 성립요건에 따라 기본범죄인 고의의 상해행위, 중한 결과로서 사망의 결과발생, 양자간의 형법상 인과관계, 그리고 중한 결과에 대한 예견가능성(과실)이 있어야 한다.

(1) 상해행위

행위자가 일정한 물리력을 행사하여 사망의 결과가 발생한 경우 실무상 그 물리력이 폭행 57
의 고의에 기한 것인지 상해의 고의에 기한 것인지를 구별하기 어렵다. 폭행치사죄와 상해치사죄는 동일한 법정형으로 처벌하기 때문에 피해자가 외상을 입고 사망한 경우는 대부분 상해치사죄로 의율되는 경우가 많다.

例 대법원은 주먹으로 안면 등을 무수히 강타하고 양산 끝으로 두경부를 찔러 사망케 한 때(대법원 1960.10.26. 4293형상291), 안 58
면과 흉부에 강도의 타격을 가하여 사망케 한 때(대법원 1955.6.7. 4288형상88)에 상해의 고의가 있다고 하여 상해치사죄를 인정하였다.

(2) 형법상의 인과관계

상해행위가 반드시 사망의 결과에 대한 유일한 원인일 필요는 없다. 판례는 상당인과관계 59
설에 따라 상해행위가 직접 사망의 원인은 아니었다 하여도 이로부터 다른 간접원인이 결합하여 피해자가 사망한 때[109]에도 인과관계를 인정한다.

判 대법원은 결과적 가중범의 경우 인과관계를 고의범의 경우와 마찬가지로 행위자의 행위가 결과발생에 직 60
접적 원인이거나 유일한 원인일 것을 요구하지 않고, 고의범의 경우와 유사한 정도로 발생한 결과가 일반인의 경험범위내에 있는가라는 객관적 예견가능성이라는 척도에 따라 판단한다.

例 인과관계가 인정된 경우: 폭행을 당한 피해자에게 지병이 있는 경우(대법원 1970.10.10. 79도2040), 피해자가 충분한 치료 61
를 하지 않았기 때문에 사망한 경우(대법원 1961.9.21. 4294형상447), 폭행으로 임신부가 넘어져 낙태하고 이로 인하여 심근경색으로 사망한 경우(대법원 1972.3.28. 72도296), 행위자의 상해행위를 피하려고 도로를 횡단하다가 다른 차량에 치어 사망한 경우(대법원 1996.5.10. 96도529) 등.

'상해를 입어 정신을 잃고 빈사상태에 빠진 피해자를 사망한 것으로 오인하고 자살한 것처럼 62
가장하기 위하여 베란다 아래의 바닥으로 떨어뜨림으로써 비로소 사망의 결과가 발생한 경우'에도 상해와 사망 간의 인과관계가 있는지가 문제된다. 이와 관련하여 ① 인과관계를 인정하여 상해치사죄가 된다고 하는 견해[110]와 ②인과관계를 부정하여 상해죄와 과실치사죄의 경합범으로 보는 견해[111]가 대립한다.

---

109) 대법원 1982.12.28. 82도2525.
110) 손동권/김재윤, §3/39.

63 判 대법원은 행위자의 상해행위와 피해자의 사망사이의 인과관계에 관한 판단은 하지 않은 채, 행위자의 오인과 중한 결과가 발생한 사실에 초점을 맞추어 단일의 상해치사죄가 성립한다고만 판시하고 있다.[112] 이 판결의 문제점에 관해서는 『총론』 결과적 가중범의 인과관계 참조.

64 결과적 가중범(상해치사죄)의 경우 형법상의 인과관계가 인정되기 위해서는 중한 기본범죄(상해)에 의해 창출된 위험이 다른 변수에 의해 끊어짐이 없이 지속적으로 결과발생으로 '연결'되어 중한 결과발생(사망)에 이를 것을 요한다. 그러나 위 사례의 경우 피해자의 사망은 구타행위 및 그로 인한 상해가 피해자에게 치명적인 영향을 미쳐 피해자가 사망한 것이 아니라 행위자의 별개 독립적 행위(범행은폐행위 내지 자살가장행위)에 의해 발생한 것이기 때문에 상해죄와 과실치사죄의 실체적 경합으로 인정하는 후설이 타당하다.

(3) 사망에 대한 예견가능성

65 행위자는 사망의 결과를 예견할 수 있어야 한다. 예견할 수 있다는 것은 행위자가 주의를 기울이면 알 수 있는 경우, 즉 과실이 있는 때를 의미한다. 사망에 대한 예견가능성이 없는 경우에는 상해죄 또는 존속상해죄가 될 뿐이고, 사망에 대해 고의가 있는 경우에는 살인죄 또는 존속살인죄가 성립한다.

(4) 미수의 성립여부

66 **상해치사죄의 미수처벌규정이 없기 때문에 상해행위가 미수에 그친 상태에서 사망의 결과가 발생한 경우** 행위자를 어떻게 처벌할 수 있을 것인지가 문제된다. ① 사망에 대해 과실이 있을 것을 조건으로 상해미수와 과실치사죄의 경합범으로 볼 것인지 아니면 ② 기본범죄가 미수인 경우에도 상해치사죄의 성립을 인정할 것인지가 대립할 수 있다. 형법의 규정상 사람의 신체를 '상해하여'라고 규정되어 있는 이상 상해의 결과발생까지를 요하는 것은 아니라고 할 것이므로 이 경우에도 상해치사죄의 성립을 인정하는 것이 타당하다.

3. 상해치사죄와 공범관계

(1) 상해치사죄의 공동정범

67 **상해치사죄(결과적 가중범)의 공동정범을 인정할 수 있는지**에 대해서는 견해가 갈린다. ① 과실범의 공동정범을 부정하는 입장에서 결과적 가중범의 공동정범도 부정하여 동시범으로 처리하는 견해, ② 과실범의 공동정범의 문제와는 별개로 결과적 가중범의 공동정범을 인정하는 견해 등이 있다.

68 判 대법원은 결과적 가중범의 경우 공동가담자 중의 1인이 기본범죄행위 도중 중한 결과를 발생시킨 경우 다

111) 장영민, "개괄적 과실(culpa genralis)? 결과적 가중범에서의 결과귀속의 문제", 형사판례연구(6), 62면.

112) "피고인의 구타행위로 상해를 입은 피해자가 정신을 잃고 빈사상태에 빠지자 사망한 것으로 오인하고, 자신의 행위를 은폐하고 피해자가 자살한 것처럼 가장하기 위하여 피해자를 베란다 아래의 바닥으로 떨어뜨려 사망하게 하였다면, 피고인의 행위는 포괄하여 단일의 상해치사죄에 해당한다"(대법원 1994.11.4. 94도2361).

른 가담자에게 중한 결과에 대한 예견가능성이 있을 것을 요건으로 하여 결과적 가중범의 공동정범을 인정한다. 다른 공범자가 '폭행 기타의 신체침해행위를 공동으로 할 의사가 있으면 성립되고 결과를 공동으로 할 의사는 필요없다'고 함으로써 상해치사죄의 공동정범을 인정한다.[113]

결과적 가중범은 고의의 기본범죄라는 독자적 불법을 갖추고 있는 범죄이기 때문에 공동정범의 문제도 과실범의 공동정범과 별개로 파악하는 것이 타당하다. 따라서 과실범의 공동정범을 부정하더라도 기본범죄에 대한 공동가담의 의사가 있고, 중한 결과에 대한 예견가능성이 각 가담자에게 있는 한 결과적 가중범의 공동정범을 인정하는 것이 타당하다. 이에 따르면 공동으로 상해를 범하던 자 중의 1인이 살인의 의사로 사람을 살해한 경우에도 나머지 가담자는 예견가능한 범위 내에서 상해치사죄의 죄책을 부담하게 된다. 69

(2) 교사범·방조범

결과적 가중범의 공동정범을 인정할 수 있는 것과 마찬가지로 교사자 또는 방조자도 사망의 결과에 대해 예견가능한 범위 내에서 상해치사죄의 교사범 또는 방조범이 인정된다.[114] 70

Ⅷ. 상해의 동시범

> 제263조(동시범) 독립행위가 경합하여 상해의 결과를 발생하게 한 경우에 있어서 원인된 행위가 판명되지 아니한 때에는 공동정범의 예에 의한다.

1. 의의

(1) 동시범의 의의

동시범이란 '독립행위'가 경합한 경우로서 2인 이상이 서로 의사연락 없이 동일 객체에 대해 동시 또는 이시에 각자 범죄를 실행한 경우를 말한다. 2인 이상의 의사연락이 없는 '독립행위'는 2인 이상이 공동의 의사를 요하는 공동정범의 '공동행위' 또는 2인 이상의 의사연락 외에도 현장성이 인정될 것을 요하는 합동범의 '합동행위'와 구별된다. 71

형법의 책임원칙에 따르면 2인 이상이 상호 의사연락없이 동시에 범죄구성요건에 해당하는 행위를 하였을 때에는 원칙적으로 각자에 대하여 그 죄를 논하여 자기 행위로 인하여 발생된 결과에 대해서만 책임을 부담시키고,[115] 만일 결과발생의 원인된 행위가 누구의 행위에 의한 것인지 판명되지 아니한 때에는 각자를 미수범으로 처벌한다(형법 제19조). 72

(2) 상해죄의 동시범의 의의

형법 제263조는 동시범에 관해 책임원칙에 입각한 제19조의 예외를 인정한다. 독립행위가 경합한 경우에도 상해의 결과가 발생한 이상 그 상해의 원인된 행위가 판명되지 아니한 때에 73

113) 대법원 1978.1.17. 77도2193.
114) 대법원 1997.6.24. 97도1075.
115) 대법원 1985.12.10. 85도1892

는 공동정범의 예에 의하도록 함으로써 책임원칙에 대한 예외를 인정하고 있기 때문이다. 이러한 특칙은 상해나 폭행이 집단적으로 이루어질 경우 그 원인되는 행위를 한 자를 밝히기 곤란한 점에 대한 형사정책적 고려에서 입법화된 규정이다.

2. 법적 성격과 입법론

(1) 동시범특칙의 성격

74 **상해죄의 동시범특칙의 법적 성격**에 관해서는 다양한 견해가 대립한다. ① 피고인에게 자기 행위로 인해 상해의 결과가 발생한 것이 아니라는 거증책임을 지운 정책적인 예외규정이라는 다수 견해[116](거증책임전환설), ② 원인행위가 판명되지 않으면 형법 제263조에 따라 피고인의 행위와 상해결과 간에 사실상의 인과관계가 있는 것으로 추정되지만, 피고인이 그 추정력을 깨뜨려 의심스러운 상태로 만들면 미수범을 인정하여야 한다고 해석하는 견해[117](인과관계의 사실상 추정설), ③ '공동정범'에 관한 법률상의 책임추정을 허용한 것으로 보는 견해[118](법률상책임추정설), ④ 소송법상으로는 상해결과에 대한 거증책임을 피고인에게 전환할 것을 인정하지만, 실체법상으로는 공동정범의 범위를 확장시킨 일종의 의제라고 보는 견해[119](이원설) 등이 있다.

75 형법 제263조의 문언 속에 인과관계를 추정하거나 거증책임을 전환하는 취지의 언명이 없다.[120] 이 때문에 이 규정의 법적 성격을 인과관계의 존재 증명에 관한 문제에 초점을 맞추고 있는 것으로 새기는 여타 견해, 즉 거증책임전환설, 사실상추정설, 이원설은 취하기 어렵다. 인과관계의 문제는 기수냐 미수냐의 문제와 직결되어 있는 것이므로 입법자가 이 문제를 '추정' 등의 방법으로 해결하고자 했다면, 제263조를 "독립행위가 경합한 경우에 그 결과발생의 원인된 행위가 판명되지 아니한 때에도 각자를 '기수'로 본다"로 규정했어야 했을 것이지만, 제263조가 이러한 규정형식을 취하지 않고 '공동정범의 예에 의한다'라고 규정하고 있는 '공동정범'의 특수성을 염두에 둔 해석방법을 펼쳐야 함을 암시한다.

76 따라서 형법 제263조는 공동가담의 의사라는 주관적 요건이 존재하지 않은 동시범의 경우를 공동가담의 의사가 존재하는 공동정범으로 만드는 규정, 즉 공동가담의 의사를 법률상 '의제'하는 규정으로 '해석'하는 것이 타당하다. 이에 따르면 원인된 행위가 판명되지 못하면

---

116) 다수설 중에는 형법 제263조가 과실범의 경우에 처벌의 흠결을 피하기 위한 규정이므로 과실부분에 한하여 거증책임전환적 성격을 가지는 것으로 이해해야 한다고 보는 제한적 거증책임전환설의 입장도 있다(김일수/서보학, 73면).

117) 손동권/김재윤, §3/45. 피고인이 인과관계의 부존재를 증명할 증거를 제출하면 족하다고 보는 이른바 증거제출책임설(오영근, §3/67)도 여기에 포함될 수 있다.

118) 강구진, 70면.

119) 신동운, 형사소송법, 법문사, 1993, 579면; 정성근/박광민, 57면.

120) 그러나 대법원은 1996.10.25. 95도1473에서 형법 제310조의 적용과 관련해서는 법문에 명시적인 표현이 없어도 사실의 진실성 등에 관한 거증책임책임의 전환을 인정하고 있다. 이에 관해서는 명예훼손죄 부분 참조.

'미수'가 되어야 할 것이지만, 공동정범'의제'규정이 있기 때문에 원칙적인 동시범의 경우와 같이 관여한 각자의 행위와 결과 간의 인과관계를 검토하지 않고, 전체행위와 결과 간에 인과관계만 인정되면 공동정범'기수'가 된다.

判 대법원도 이 규정을 인과관계의 추정에 관한 특칙규정으로 보고 있지는 않은 것으로 보인다. 대법원이 "가해행위를 한 것 자체가 분명하지 않은 사람에 대하여 동시범으로 다스릴 수 없다"[121]고 판시하고 있음은 피고인의 유죄를 입증할 책임이 있는 검사(국가)가 원칙적으로 상해의 결과가 누구의 행위에 의한 것인지를 철저히 규명할 것을 요구하고 있기 때문이다. 77

(2) 입법론

제263조 규정은 행위자에게 개별행위책임의 원칙을 벗어나 자신의 행위에 대한 책임이상의 처벌을 받게 하는 일종의 연대책임을 인정하고 있어 책임주의원칙에 반한다.[122] 뿐만 아니라 인과관계의 문제 역시 피고인에게 입증책임을 전가하고 있고, '의심스러울 때는 피고인의 이익으로'라는 대원칙을 무시하는 것이므로 헌법상의 무죄추정의 원칙(소극적·실체적 진실주의원리)에도 반하는 위헌적인 규정이다.[123] 따라서 이 규정은 입법론상 폐지되어야 마땅하지만 폐지되기 전에는 해석론상 그 적용범위라도 극도로 제한되어야 할 것이다. 78

3. 특칙의 적용요건

(1) 독립행위의 경합

2인 이상의 행위가 서로 의사연락 없이 동일객체에 대하여 행하여져야 한다. 반드시 같은 장소가 아니어도 무방하다는 점에 대해서는 이견이 없다. 하지만 **독립행위가 시간적인 근접성을 가져야 하는지**에 대해서는 견해가 갈린다. ① 시간적 근접성을 요하지 않는다는 다수 학설(다수설)과 판례[124]가 있지만 ② 근접한 시간대에 행해져야 하는 것으로 해석하는 것이 타당하다.[125] 상해의 동시범규정은 제19조에 대한 예외규정이므로 예외규정은 엄격하게 해석해야 하며, 공동정범 아닌 것을 공동정범의 예로 처벌하기 위해서는 적어도 외형상으로 공동정범과 같이 볼 수 있는 정도의 행위로 한정할 필요가 있다. 따라서 독립행위는 적어도 동일기회라고 할 수 있는 정도로 근접할 것으로 제한하는 것이 타당하다. 79

(2) 상해의 결과발생

상해의 결과가 발생해야 한다. 상해행위는 있었으나 상해결과가 발생하지 않거나 다른 결과가 발생한 때에는 제19조에 따라 미수범 또는 자기행위에 의하여 발생된 결과에 대해서만 80

121) 대법원 1984.5.15. 84도488
122) 헌법재판소 2018.3.29. 2017헌가10(5인의 합헌의견에 대한 4인의 반대의견임).
123) 배종대/이상돈, 형사소송법, §104/24.
124) "시간적 차이가 있는 독립된 상해행위나 폭행행위가 경합하여 사망의 결과가 일어나고 그 사망의 원인이 된 행위가 판명되지 않는 경우에는 공동정범의 예에 의하여 처벌할 것이다."(대법원 2000.7.28. 2000도2466: 2시간 차이; 대법원 1981.3.10. 80도3321: 3시간 차이).
125) 김종원, 63면; 임웅, 68면.

책임을 부담한다. 그리고 애당초 '상해 또는 폭행을 한 것 자체가 분명하지 않은 경우'에는 이 규정을 적용할 여지가 없다.[126)]

(3) 원인된 행위의 불판명

81 증거조사 결과 누구의 행위에 의해서 상해결과가 발생된 것이라는 심증을 얻지 못한 것이라야 한다. 만일 원인된 행위가 판명되었거나 특정인의 행위로 발생되지 않았음이 증명되었을 때에는 그 특정인에 대해서는 이 규정의 적용이 처음부터 배제된다.

4. 특칙의 적용범위

82 형법 제263조는 "상해의 결과를 발생하게 한 경우"로 규정되어 있으므로 상해죄와 폭행치상죄에 대하여 적용된다는 점에서는 이견이 없다. **폭행치사죄와 상해치사죄에 대해서도 제263조가 적용되는지**에 대해서는 견해가 대립한다. 이와 관련하여 ① 상해의 결과를 발생케 한 이상 상해의 범위를 넘어 사망한 경우에도 제263조가 적용된다는 견해[127)]가 있으나 ② 폭행치사죄와 상해치사죄는 최종적으로 상해의 결과가 발생한 것이 아니어서 이 경우까지 제263조가 적용하면 피고인에게 불리한 유추적용이 되므로 특칙규정의 적용이 배제되어야 한다. 마찬가지의 이유에서 과실치사죄의 경우에도 특칙규정이 적용될 수 없다고 해야 한다.[128)]

83 상해치사죄의 경우에는 개별 행위자의 상해와 사망 사이의 인과관계가 판명되지 않더라도 상해의 공동이 있고 그 공동의 상해와 사망 사이에 형법상의 인과관계가 인정되며 사망에 대해 각자의 예견가능성이 인정되면 제263조의 적용이 아니라 결과적 가중범의 공동정범의 법리에 따라 상해치사죄의 공동정범이 된다.[129)] 앞서 언급했듯이 책임원칙의 예외규정을 제한적으로 해석되어야 하므로 과실치상죄나 과실치사죄의 경우에도 상해의 결과가 발생하기는 하지만, 구성요건의 체계상 제263조의 적용을 배제하는 것이 바람직하고, 보호법익을 달리하는 강간치상죄나 강도치상죄의 경우에도 위 규정의 적용은 배제되어야 한다.

84 判 대법원은 상해치사죄[130)]뿐만 아니라 폭행행위가 경합하여 사망의 결과가 일어난 경우에도 공동정범의 예에 의한다고 함으로써 폭행치사죄에 대해서도 제263조를 적용한다.[131)] 그러나 강간치상죄의 경우는 상해죄의 죄와 보호법익을 달리하므로 제263조가 적용되지 않는다고 한다.[132)] 과실치사죄의 경우 원인된 행위가 판명되지 않은 동시범에 대해 무죄를 선고한 하급심판결이 있다.[133)]

---

126) 대법원 1984.5.15. 84도488.
127) 정성근/박광민, 59면.
128) 과실치상죄의 경우에는 '상해'의 결과가 발생한 경우이긴 하지만 상해나 폭행이 집단적으로 이루어진 경우가 아니므로 특칙규정의 적용대상에서 제외시키는 것이 타당하다(안동준, 229면).
129) 이재상/장영민/강동범, §3/37.
130) 대법원 1985.5.14. 84도2118.
131) 대법원 2000.7.28. 2000도2466.
132) 대법원 1984.4.24. 84도372.
133) 광주고법 1961.2.20. 4293형공817.

5. 특칙의 효과

“상해의 결과를 발생하게 한 때에는 공동정범의 예에 의하여” 처벌된다. 이때 **공동정범의 예에 의한다는 말의 의미**를 ① **각자가 동시범**이 된다고 해석하는 견해가 있다.[134] ② 그러나 형법 제263조는 공동정범의 일반이론 및 성립요건을 입법적으로 수정하여 확대적용하고 있는 것이므로 — 그 입법의도나 입법형식에 대해 우리가 동의하지 않는 것과는 별개로 — 공동정범이 아닌 것을 공동정범으로 만드는 규정이다. 따라서 **각자를 공동정범**으로 보아야 하는 것으로 해석하는 것이 타당하다. 만약 동시범으로 본다면 형법 제263조는 “동시범은 동시범”이라는 동어반복에 지나지 않게 된다. 85

Ⅸ. 상습상해등죄

> 第264조(상습범) 상습으로 第257조(상해), 第258조(중상해), 第258조의2(특수상해), 第260조(폭행) 또는 第261조(특수폭행)의 죄를 범한 때에는 그 죄에 정한 형의 2분의 1까지 가중한다.

1. 의의, 성격

상습으로 상해죄, 존속상해죄, 중상해죄, 존속중상해죄, 특수상해죄를 범함으로써 성립하는 범죄이다. 상해행위의 상습화 경향에 대비하여 형사정책적 견지에서 상습이 없는 상해 관련죄에 비하여 형의 2분의 1까지를 가중하는 가중적 구성요건이다. 86

하지만 상습범의 잘못된 범죄습관의 근본원인이 사회환경 및 행위자의 인격적 결함에 있는 것이라면 상습가중주의는 책임주의나 처우의 개별화 내지 과학적 처우에 부합하지 않는다. 가중적 의미는 형법상 경합범에 대한 가중처리로 충분한 것으로 보이므로 형법상 상습범 가중처벌규정은 누범처벌규정과 함께 폐지하는 것이 바람직하다. 87

2. 상습성

상습성이란 일정한 행위를 반복하여 행하는 습벽(버릇)을 말한다. 상습은 개별 행위의 속성이 아니라 행위자의 특성을 이루는 객관적 성질(행위자관련적 성질)을 의미하므로 신분에 해당한다.[135] 따라서 행위의 반복이 있는 것만으로 부족하고 행위자가 그러한 동일한 행위반복의 습벽을 가져야 상습성을 인정할 수 있다. 상습성 유무는 범죄학적 견지에서 법관의 자유심증에 의하여 판단될 것이다. 상습성 인정의 자료는 제한이 없으며, 상해회수나 누범에 있어서의 반 88

134) 김일수/서보학, 75면; 임웅, 69면.
135) 대법원 1972.6.27. 72도594.

복적 행위도 상습성을 인정하기 위한 하나의 자료가 될 수 있다. 어떤 경우든 상습범가중처벌 규정에 열거되지 아니한 다른 유형의 범죄까지 고려하여 상습성유무를 결정해서는 안 된다.[136]

3. 상습범과 공범

89 상습범은 상습성을 가진 신분자에 대해 형이 가중되는 부진정신분범이므로 상습성이 없는 자가 상습자의 신분범에 가담한 경우 및 그 반대의 경우 공범과 신분에 관한 형법 제33조의 적용문제가 발생한다. 이에 관해서는 『총론』 공범과 신분 참조.

4. 죄수

90 상습범은 집합범에 해당하므로 상습자의 수개의 상해행위는 포괄일죄가 된다(통설·판례[137]). 하지만 상습성은 행위자의 속성이지 행위의 속성이 아니기 때문에 수개의 행위를 한 개의 행위로 통합하여 일죄로 평가할 수 있는 기준이 될 수 없다. 따라서 상습자의 개별행위는 별개의 죄를 구성한다고 볼 수밖에 없고,[138] 상습자의 수개의 상해행위가 포괄일죄로 되려면 포괄일죄의 다른 요건(단일한 범의, 동일한 행위태양, 동일한 피해법익, 시간적 장소적 근접성)까지 구비하여야 한다. 하지만 이렇게 되면 상습범이 포괄일죄의 다른 요건을 갖추지 못한 경우 경합범처벌규정에 의해서도 가중되고 상습범처벌규정에 의해 다시 가중되는 가혹한 결과가 초래되므로 먼저 상습범가중처벌규정부터 폐지되어야 한다.

§8 제3절 폭행의 죄

Ⅰ. 총설

1. 의의 및 보호법익

1 폭행의 죄는 상해의 죄와 함께 사람의 신체에 대한 침해를 내용으로 하는 범죄이다. 하지만 폭행의 죄는 상해의 죄와 보호법익 및 보호의 정도를 달리한다. 상해의 죄가 신체의 건강을 침해범의 형식으로 보호하는 것임에 반하여 폭행의 죄는 신체의 건재를 추상적 위험범의 형식으로 보호한다.

2 [형법상 폭행의 개념] 일반적으로 폭행이란 유형력의 행사를 말한다. 이러한 폭행은 형법상 폭행죄의 구성요건 이외의 다른 여러 구성요건에 행위태양으로 규정되어 있다. 하지만 동일한 폭행이라는 구성요건요소는 해당 범

136) 대법원 2018.4.24. 2017도21663.
137) 대법원 1981.4.14. 81도69.
138) 박상기, 62면; 이재상/장영민/강동범, §4/60.

죄구성요건을 통해 보호하려는 법익이 무엇인가에 따라 다른 내포를 가진 개념으로 해석된다.

① **최광의의 폭행** 사람에 대해서건 물건에 대해서건 대상에 상관없이 유형력을 행사하는 모든 경우를 말한다. 내란죄(제87조),[139] 소요죄(제115조), 다중불해산죄(제116조) 등의 폭행이 여기에 해당하는데, 이들 범죄의 경우 사회의 평온을 보호법익으로 하기 때문에 그러한 법익을 보호하기 위해서는 폭행으로 인정되는 데에 별다른 제한사항이 없다.

② **광의의 폭행** 사람에 대한 직접·간접의 유형력의 행사를 의미한다. 따라서 직접으로 사람의 신체에 대하여 가해질 필요가 없고 물건에 대한 유형력의 행사가 간접적으로 사람의 신체에 대하여 작용하면 족하다. 공무집행방해죄(제136조), 특수도주죄(제146조), 강요죄(제324조) 등의 폭행이 여기에 해당한다. 이들 범죄의 보호법익은 폭행당하는 사람의 구체적인 직무나 외부적 의사활동을 보호하는 것이기 때문에 사람에 대해 최소한 간접적인 영향을 줄 수는 있어야 한다.

③ **협의의 폭행** 사람의 신체에 대한 유형력의 행사를 의미한다. 특수공무원의 폭행·가혹행위죄(제125조)나 폭행죄(제260조), 강제추행죄(제298조)의 폭행이 여기에 해당하는데, 사람의 신체를 보호법익으로 하는 범죄의 폭행이기 때문에 반드시 신체에 대한 직접적인 유형력일 필요는 없지만 '사람'에 대해서는 직접성을 가져야 한다.

④ **최협의의 폭행** 상대방의 반항을 불가능하게 하거나 현저히 곤란하게 할 정도의 유형력의 행사를 의미한다. 강도죄(제333조)나 강간죄(제297조)의 폭행이 여기에 해당하는데 이들 범죄는 사람의 의사의 활동뿐만 아니라 의사결정의 자유도 보호하는 것이기 때문에 행위객체에 대한 가장 강력한 정도의 영향을 요한다.

2. 구성요건의 체계

3

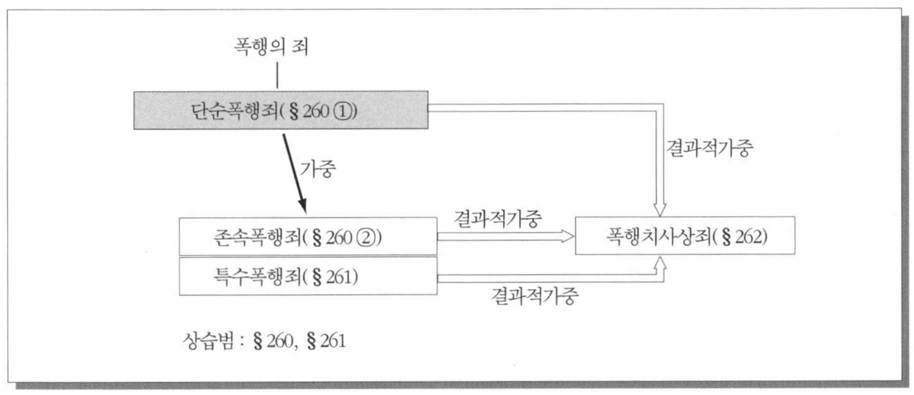

폭행의 죄의 기본적 구성요건은 단순폭행죄이다. 존속폭행죄와 상습폭행죄, 특수폭행죄는 이에 대한 가중적 구성요건이고, 폭행치사상죄는 결과적 가중범에 해당한다. 4

폭처법은 2인 이상이 공동하여 폭행하는 경우를 가중처벌하고 있고(동법 제2조 제2항), 폭행이 보복범죄인 경우에는 특가법 제5조의9 제2항에 의해 가중처벌되며, 특가법 제5조의10은 운행중(일시 정지한 경우 포함) 자동차의 운전자를 폭행한 경우 또는 그 행위로 인하여 사람이 사망 또는 상해를 입은 경우 가중처벌한다.[140] 5

---

139) 대법원 1980.5.20. 80도306 전원합의체. "내란죄에 있어서 폭동의 내용으로서의 폭행 또는 협박은 최광의의 것으로서 이를 준비하거나 보조하는 행위를 총체적으로 파악한 개념이라고 할 것이다."

Ⅱ. 폭행죄

> 第260条(폭행죄) ① 사람의 신체에 대하여 폭행을 가한 자는 2년 이하의 징역, 500만원 이하의 벌금, 구류 또는 과료에 처한다.
>
> (반의사불벌죄) ③ 피해자의 명시한 의사에 반하여 공소를 제기할 수 없다

1. 의의, 성격

6 사람의 신체에 대하여 폭행함으로써 성립하는 범죄이다. 거동범이자 추상적 위험범이고, 피해자의 명시적 처벌의사가 없으면 공소를 제기할 수 없는 반의사불벌죄에 해당한다.

2. 구성요건

(1) 객관적 구성요건

7 1) 객체 사람의 신체이다. 여기의 사람도 자연인인 타인을 말하므로 상해죄의 객체와 같다. 외국인도 상관없지만 그 외국인이 외국의 원수나, 외교사절인 경우(제107조 제1항, 제108조 제1항) 또는 근로자인 경우(근로기준법 제107조, 제7조)에는 별도로 취급하는 특별규정이 있다.

8 2) 행위 폭행을 가하는 것이다. 폭행죄가 신체의 완전성을 보호하기 위한 범죄이므로 여기서의 폭행은 사람의 신체에 대한 유형력의 행사를 의미한다(협의의 폭행개념).

9 (가) 유형력의 행사 유형력이란 광의의 물리력을 말한다. 언어에 의해서 사람에게 공포심을 일으키는 무형력의 행사는 폭행이 아니라 협박에 해당한다. 신체에 대한 물리적 유형력 행사는 역학적 작용뿐만 아니라 에너지 작용이나 화학적·생리적 작용도 유형력에 포함된다. 역학적 작용에 해당하는 폭행으로는 구타행위, 발로 차거나 밀치는 행위, 침을 뱉거나 손·옷을 잡아당기는 행위 등이 있다. 에너지작용에 의한 폭행은 빛, 열, 전기에 의해 고통을 주는 경우를 말한다. 화학적 작용에 의한 폭행에는 마취약을 사용하거나 또는 심한 악취가 나게 하는 경우도 포함될 수 있다. 마찬가지로 구체적 사례에 따라 언어적 암시나 비언어적 지시에 의해 유도된 주의집중과 지각, 또는 의식상태가 일시적으로 변화하도록 최면술을 이용하는 경우, 전화를 계속 걸어 벨을 울리는 경우 또는 층간 소음을 일으키는 경우도 폭행이 될 수 있다.

10 **判 대법원은 음향으로 청각기관을 자극하는 경우가 폭행이 될 수 있는지에 관해 상대방에 고통을 느끼게 할 정도의 특수한 방법과 특별한 사정이 있을 경우 예외적으로 폭행이 인정될 수 있다고 한다.[141] 이에 따르면 확성**

---

140) 이 구성요건의 추상적 위험범으로서의 법적 성격에 관해서는 제1편 형법각론의 총론 부분 참조.

141) "거리상 멀리 떨어져 있는 사람에게 전화기를 이용하여 전화하면서 고성을 내거나 그 전화대화를 녹음 후 듣게 하는 경우에는 특수한 방법으로 수화자의 청각기관을 자극하여 그 수화자로 하여금 고통스럽게 느끼게 할 정도의 음향을 이용하였다는 등의 특별한 사정이 없는 한 신체에 대한 유형력의 행사라고 할 수 없으므로 폭행에 해당하지 않는다"(대법원 2003.1.10. 2000도5716).

기, 자동차 경적, 공사장의 발파음을 통해 청각을 자극하는 소음도 폭행이 될 수 있다.

判 폭언과 욕설의 폭행 해당 여부에 관해 대법원은 폭언을 수차 반복한 경우(대법원 1956.12.12. 4289형상297)는 폭행에 해당하지만, 상대방에게 불쾌감을 주는 욕설을 한 경우(대법원 2001.3. 9. 2001도277)는 폭행에 해당하지 않는다고 판시하였다. 11

유형력의 행사는 사람의 신체에 대하여 행하여지면 충분하고 반드시 신체에 접촉할 필요는 없다. 사람의 신체를 향하여 돌을 던졌으나 그 돌이 명중하지 않아도 폭행이 된다. 그러나 물건에 대한 유형력의 행사는 폭행죄의 폭행은 아니다. 12

例 폭행 긍정 사례: 어린아이를 업은 사람을 넘어지게 한 때에는 어린아이에 대해서 폭행이 되고(대법원 1972.11. 28. 72도2201), 때릴 듯이 손발이나 물건을 휘두르거나 던지는 행위는 신체에 대한 직접적인 접촉이 없어도 폭행이 된다(대법원 1990.2. 13. 89도1406). 13

例 폭행 부정 사례: 비닐봉지에 넣어 둔 인분을 타인의 집 마당에 던진 경우(대법원 1977.2. 28. 75도2673), 방문을 열어주지 않으면 죽여버린다고 폭언하면서 시정된 방문을 수회 발로 찬 경우(대법원 1984.2. 14. 83도3186), 홧김에 피해자의 집 대문을 발로 찬 경우(대법원 1991.1. 29. 90도2153)는 사람에 대한 유형력의 행사가 아니므로 폭행이 부정되었다. 14

정당한 이유 없이 길을 막거나 시비를 걸거나 주위에 모여들거나 뒤따르거나, 또는 몹시 거칠게 겁을 주는 말 또는 행동으로 다른 사람을 불안하게 하거나 귀찮고 불쾌하게 한 사람, 또는 여러 사람이 이용하거나 다니는 도로·공원 등 공공장소에서 고의로 험악한 문신을 노출시켜 타인에게 혐오감을 준 사람의 행위는 경범죄처벌법상의 불안감 조성행위(제3조 제1항 19호)에 해당할 뿐이다. 15

(나) 유형력의 수단·방법 유형력을 행사하는 수단·방법에는 제한이 없다. 직접적·간접적인 유형력을 불문하고, 부작위로도 가능하다. 다만 단체나 다중의 위력을 보이거나(또는 위력을 가장하거나) 위험한 물건을 휴대하여 폭행을 가한 때에는 특수폭행죄(제261조)에 해당하고 상습으로 폭행을 범한 때에는 상습폭행죄(제264조)에 해당한다. 16

3) 미수·기수 이 죄는 거동범이므로 불법한 유형력의 행사만 있으면 기수가 되고 반드시 폭력에 의한 구체적 결과발생이나 상해결과를 초래할 필요가 없다. 폭처법에 위반한 폭행죄에 대해서는 미수도 처벌한다는 규정이 있지만(제6조), 폭행죄는 불법한 유형력의 행사만으로 기수가 되는 거동범이므로 미수처벌규정의 존재의미는 없다. 17

(2) 주관적 구성요건

폭행의 고의가 있어야 한다. 폭행의 고의는 사람의 신체에 대해 유형력을 행사한다는 인식 및 의사이다. 미필적 고의로 족하다. 현행 형법은 폭행죄와 상해죄의 고의를 명백히 구별하므로 폭행의 고의로 상해의 결과가 발생하면 폭행치상죄가 될 뿐이다. 18

3. 위법성조각사유

폭행죄의 구성요건에 해당하더라도 형법상 위법성조각사유 가운데 어느 하나에 해당하면 19

위법성이 조각된다. 교육법상 교사의 체벌이 금지되었고, 민법상 친권자의 징계권에 관한 규정도 삭제되었기 때문에 교사나 친권자의 폭행이 법령에 의하여 위법성이 조각될 수는 없다. 그러나 일반인의 폭행은 사회상규에 위배되지 않을 것을 근거로 위법성이 조각될 수 있는 여지는 여전히 존재한다.

20 例 술취한 자가 시비를 걸면서 팔을 잡아 뿌리친 경우(대법원 1980.9.24. 80도1988), 강제연행을 모면하기 위해 팔꿈치로 이를 뿌리치면서 가슴을 잡고 벽에 밀어붙인 경우(대법원 1982.2.23. 81도2958) 등과 같은 소극적인 저항행위는 사회상규불위배성을 근거로 위법성이 조각되었다.

4. 죄수, 타죄와의 관계

21 폭행할 것을 상대방에게 고지한 후 폭행한 경우 협박의 내용이 폭행과 다르지 않는 한, 그 협박행위는 불가벌적 수반행위로서 폭행죄에 흡수된다. 폭행이 상해행위의 수단으로 사용된 때에도 폭행은 상해죄에 흡수된다.

Ⅲ. 존속폭행죄

> 第260條(존속폭행죄) ② 자기 또는 배우자의 직계존속에 대하여 제1항의 죄를 범한 때에는 5년 이하의 징역 또는 700만원 이하의 벌금에 처한다.
> (반의사불벌죄) ③ 피해자의 명시한 의사에 반하여 공소를 제기할 수 없다.

22 이 죄는 객체가 자기 또는 배우자의 직계존속이라는 점만 제외하고 폭행죄와 다른 내용이 없다. 이 죄 역시 피해자의 명시적인 처벌의사가 없으면 공소를 제기할 수 없는 반의사불벌죄에 해당한다.

Ⅳ. 특수폭행죄

> 第261條(특수폭행죄) 단체 또는 다중의 위력을 보이거나 위험한 물건을 휴대하여 제260조 제1항(폭행) 또는 제2항(존속폭행)의 죄를 범한 때에는 5년이하의 징역 또는 1000만원 이하의 벌금에 처한다.

1. 의의, 성격

23 단체 또는 다중의 위력을 보이거나 위험한 물건을 휴대하고 사람의 신체를 폭행함으로써 성립하는 범죄이다. 집단의 위력이나 위험한 물건을 가지고 폭행하는 행위방법의 위험성 때문에 단순폭행죄에 비해 형이 가중되는 가중적 구성요건이다. 폭행죄나 존속폭행죄의 경우와는 달리 반의사불벌죄의 규정이 적용되지 않는다.

2. 구성요건

(1) 객관적 구성요건

1) 단체 또는 다중의 위력을 보임

(가) 단체 단체란 공동목적을 가진 다수인의 계속적·조직적인 결합체를 말한다. 단체가 되려면 일정한 조직 하에 어느 정도 계속성을 가져야 하므로 조직이 없는 집합체나 일시적인 결합체는 단체가 아니다. 따라서 일시적으로 시위할 목적으로 모인 집합체나 군중집회는 단체가 아니라 다중에 해당한다. 24

공동의 목적은 불법함을 요하지 않는다. 따라서 범죄를 목적으로 하는 불법단체뿐만 아니라 법인·정당·노동조합 기타 사회단체도 상관없다. 단체의 구성원은 적어도 단체의 위력을 보일 수 있는 정도의 다수여야 한다. 하지만 그 다수가 반드시 동일한 장소에 집합하고 있을 필요가 없고, 소집 또는 연락을 통해서 집합이 가능하면 충분하다. 단체는 반드시 법령에 근거하여 성립될 필요도 없다. 따라서 조합 이외에 개인적인 결사도 단체가 될 수 있다. 25

(나) 다중 다중이란 '단체에 이르지 못한 다수인의 단순한 집합'을 말한다. 즉 계속적 조직체가 되지 못한 일시적 결합체를 말한다. 공동목적의 유무도 불문하고, 그 목적의 적법여부성도 상관없다. 다중의 인원수는 제한이 없으며 집단적 위력을 보일 수 있는 정도이면 충분하다.[142] 다만 한 지방의 평온을 해할 정도의 다수인 때에는 소요죄(제115조)가 성립한다. 26

(다) 위력을 보임 위력이란 사람의 의사를 제압할 수 있는 세력을 말한다. 의사제압을 할 수 있는 세력은 유형력·무형력을 불문한다(통설·판례). 위력을 보임은 사람의 의사를 제압할 만한 세력을 상대방에게 인식시키는 것을 말한다. 위력을 인식시키는 방법으로는 시각, 청각, 촉각 등 어느 감각에 작용시키든 상관없다. 27

폭행죄는 신체의 완전성을 보호함에 있어 그 보호의 정도를 추상적 위험범의 형식으로 보하므로, 위력을 상대방에게 인식시킴으로써 충분하고 상대방에게 위력을 실제로 행사하거나 '상대방의 의사가 현실적으로 제압될 필요도 없다.'[143] 28

---

142) "다중은 그 수로써 결정할 것이 아니라 구체적인 경우에 따라 집단적 세력을 배경으로 한 것이면 불과 5명이라도 다중에 해당한다"(대법원 1961.1.18. 4293형상896). 하지만 "본조 소정의 '다중'이라 함은 단체를 이루지 못한 다수인의 집합을 지칭하는 것이므로 불과 3인의 경우에는 그것이 어떤 집단의 힘을 발판 또는 배경으로 한다는 것이 인정되지 않는 한 '다중의 위력'을 보인 것이라고 할 수 없다"(대법원 1971.12.21. 71도1930). "이는 결국 집단적 위력을 보일 정도의 다수 혹은 그에 의해 압력을 느끼게 해 불안을 줄 정도의 다수를 의미한다 할 것"이다"(대법원 2006.2.10. 2005도174).

143) "폭력행위 등 처벌에 관한 법률 제3조 제1항(현행형법 제261조)소정의 (중략) 다중의 '위력'이라 함은 다중의 형태로 집결한 다수 인원으로 사람의 의사를 제압하기에 족한 세력을 지칭하는 것으로서 그 인원수가 다수에 해당하는가는 행위 당시의 여러 사정을 참작하여 결정하여야 할 것이며, 이 경우 상대방의 의사가 현실적으로 제압될 것을 요하지는 않는다고 할 것이지만 상대방의 의사를 제압할 만한 세력을 인식시킬 정도는 되어야 한다"(대법원 2006.2.10. 2005도174).

29 **폭행 현장에 그 단체 또는 다중이 현존해야 하는지에 대해서** ① 이 죄를 합동범과 동일하게 취급하여 현장에 있어야 한다는 견해(적극설), ② 현장에 있을 필요가 없다는 견해(다수설), ③ 단체는 현장에 있을 필요가 없으나 다중은 현장에 있어야 한다는 견해[144]등이 대립한다.

30 이 죄는 단체 또는 다중 자체를 보이는 것이 아니라 단체 또는 다중의 위력을 보이는 것이며, 위력을 보이고 폭행하는 것일 뿐 단체 또는 다중이 시간적·장소적으로 협동관계를 보여 폭행하는 합동범도 아니기 때문에 소극설이 타당하다. 다만 단체 또는 다중은 실제로 존재하여야 하며, 존재하지 않는 단체나 다중을 가장하여 위력을 보인 때에는 이 죄가 성립하지 않는다.

2) 위험한 물건의 휴대

(가) 위험한 물건

31 가) 의의 및 범위 위험한 물건이란 그 물건의 '객관적 성질이나 사용방법'에 따라 사람의 생명·신체에 해를 끼치는 데에 사용될 수 있는 일체의 물건을 말한다. 따라서 그 본래의 성질이 살상을 위해서 제조된 것(성질상의 위험한 물건)뿐만 아니라 용법에 따라 일반인이 사실상 위험을 느낄 수 있는 물건(용도상의 위험한 물건)도 포함한다[145](용법유보적 위험한 물건개념).[146] 이 때문에 반드시 무기나 폭발물과 같이 강력한 파괴력을 가진 물건일 필요는 없으나[147] 휴대할 수 있는 물건인 한 무엇이든 위험한 물건이 될 수 있다. 그러나 전신주나 돌담벽 또는 기둥에 부딪치게 한 경우의 전신주, 돌담벽, 기둥은 위험한 물건이 될 수 없고, 주먹이나 발은 신체의 일부분으로 휴대물건이 아니므로 위험한 물건에 해당하지 않는다.

32 判 대법원은 위험한 물건을 용법유보적으로 개념정의하고 있지만, "위험한 물건인가의 여부는 구체적인 사안에서 그 물건의 성질과 사용방법을 종합하여 사회통념에 비추어 그 물건을 사용하면 상대방이나 제3자가 생명 또는 신체에 위험을 느낄 수 있는지 여부에 따라 판단"하는 이른바 종합적 판단설에 입각하고 있다. 따라서 동일한 물건이라고 해서 항상 '위험한 물건'에 포섭되는 결론이 내려지는 것이 아니다.

33 例 용법상 위험한 물건으로 인정된 물건: 면도칼, 파리약병 2개, 마요네즈병, 깨어진 맥주병이나 항아리 조각, 깨어지지 않은 맥주병, 드라이버, 가위, 곡괭이 자루(대법원 1990.1.25. 89도2245), 세멘벽돌(대법원 1990.1.23. 89도2273), 의자와 당구 큐대(대법원 1997.2.25. 96도3346), 삽날 길이 21센티가량의 야전삽(대법원 2001.11.30. 2001도5268)은 물론 실탄이 장전되지 않은 공기총(대법원 2002.11.26. 2002도4586) 등.

34 例 용법상 위험한 물건으로 인정되지 않은 물건: 피해자의 '머리를 톡톡 건드리는데 사용한 당구공(대법원 2008.1.17. 2007도9624)이나 중형(쏘나타) 승용차를 향하여 충격한 소형(라노스) 승용차(대법원 2009.3.26. 2007도3520), 행패를 부리다가 경륜장 사무실 안의 직원들 5~6명이 있는 상태에서 소란을 피우면서 던졌지만 특정인을 겨냥하여 던진 것이 아닌

---

144) 박상기, 68면.

145) "위험한 물건이라 함은 흉기는 아니라고 하더라도 널리 사람의 생명, 신체에 해를 가하는 데 사용할 수 있는 일체의 물건을 포함한다고 풀이할 것이므로, 본래 살상용·파괴용으로 만들어진 것뿐만 아니라 다른 목적으로 만들어진 칼, 가위, 유리병, 각종 공구, 자동차 등은 물론 화학약품 또는 사주된 동물 등도 그것이 사람의 생명·신체에 해를 가하는 데 사용되었다면 본조의 '위험한 물건'이라 할 것이다"(대법원 2002.9.6. 2002도2812).

146) 대법원 2010.11.11. 2010도10256.

147) 대법원 1978.10.31. 78도2332.

것으로 보이는 소화기(대법원 2010.4.29. 2010도930) 등의 경우는 그 행위로 인하여 사회통념상 피해자나 제3자에게 생명 또는 신체에 위험을 느끼게 하였으리라고 보여지지 아니한다는 이유로 위험한 물건으로 인정되지 않았다.

나) 흉기와의 관계 형법에는 위험한 물건 외에 흉기라는 개념도 사용되고 있다(제331조, 제334조). 35
따라서 **위험한 물건과 흉기와의 관계**가 문제된다. ① 흉기와 위험한 물건은 모두 사람의 생명·신체에 위험을 준다는 점에서 같은 것이고 양자를 엄격히 구별하기도 곤란하므로 동일한 것으로 보아야 한다는 견해[148](불구별설)와 ② 흉기는 제작목적부터 인명살상·손괴의 목적으로 만들어진 물건으로서 특수한 것이지만 위험한 물건은 반드시 제작목적이 살상·손괴에 있지 않는 일반적인 것이므로 특수개념인 흉기가 일반개념인 위험한 물건에 포함된다는 다수 견해(구별설)가 대립한다.

군형법(제50조 등), 성폭법(제4조)에서 흉기나 그 밖의 위험한 물건이라고 규정하고 있음에 비추어 36
흉기는 일반개념인 위험한 물건에 포함되는 특수개념으로서 위험한 물건의 일종으로 보는 것이 타당하고, 형법도 양자를 구별하고 있으므로 구별설이 타당하다.

(나) 휴대 **휴대의 개념 내용이 무엇인지**에 대해서 견해가 갈린다. ① 범행현장에서 몸에 37
지니거나 몸에 지니고 있는 것을 이용하는 것으로서 소지보다 좁은 개념이라는 견해(협의설), ② 몸 가까이 두고 쉽게 사용할 수 있는 위치에 있으면 족하지만 반드시 몸에 부착할 필요는 없다고 하는 견해[149](중간설), ③ 소지뿐 아니라 널리 이용 또는 사용하는 경우도 포함된다는 견해[150](광의설) 등이 대립하고 있다.

判 대법원은 자동차를 행위수단으로 사용하는 사례의 경우 '휴대'를 '소지뿐만 아니라 널리 이용한다는 뜻 38
도 포함'되는 것으로 봄으로써 광의설을 취하고 있다.[151] 그러나 자동차가 행위수단으로 사용된 경우 이외의 사례의 경우는 '휴대'를 "범행현장에서 사용하려는 의도 아래 위험한 물건을 소지하거나 몸에 지니는 경우"를 의미한다고 판시[152]함으로써 여전히 협의설을 취하고 있다. 이 점은 구체적 사례에 따라 개념에 대한 해석내용이 유동적으로 달라질 수 있음을 보여준다. 하지만 그 유동성의 한계가 어디인지에 관한 심각한 질문을 던져주는 소재이다.

협의설이 타당하다. '이용'은 물건을 그대로 두고도 그 물건의 성질을 필요에 따라 수단으 39
로 활용하는 것을 의미하므로 몸에 지닌다는 의미의 '휴대'라는 문언의 일상적인 의미와 크게 다르기 때문이다. 몸에 지니지 않은 채 물건을 손으로 지배한다고 하는 의미도 몸에 지닌다는 일상적인 의미를 벗어나는 해석이다.

휴대라고 하기 위해서는 반드시 범행 이전부터 몸에 지니고 있어야 할 필요가 없고 현장에 40
서 범행에 사용할 의사로 위험한 물건을 집어 들거나[153] 집어 던진 경우도 포함된다. 따라서

148) 이재상/장영민/강동범, §3/53.
149) 손동권/김재윤, §4/24.
150) 이정원, 101면.
151) 대법원 1997.5.30. 97도597.
152) 대법원 2017.3.30. 2017도771.
153) 대법원 1984.1.31. 83도2959; 대법원 2004.6.11. 2004도2018.

깨어진 유리조각을 들고 있다가 피해자의 얼굴에 던지는 경우도 위험한 물건을 휴대한 것이 된다.[154] 그러나 그 범행과 전혀 무관하게 우연히 소지하게 된 경우는 휴대한 것이 아니다.

41 **몸에 지니고 있음을 상대방에게 인식시켜야 휴대가 되는지**에 대해서도 견해가 갈린다. ① 몸에 지니고 있음을 반드시 상대방에게 인식시켜야 한다는 견해[155]도 있지만, ② 문언상 위험한 물건을 '보여'가 아니라 '휴대하여'라고 규정되어 있기 때문에 상대방에게 인식시킬 필요가 없다고 해석하는 것이 타당하다(다수설). 물론 이 경우에도 상대방이 인식가능한 방법으로 몸에 지니고 있어야 한다고 본다. 따라서 폭행자가 위험한 물건을 지니고 있었더라도 그 사실을 폭행자 자신이 전혀 몰랐거나 상대방이 전혀 인식불가능한 방법으로 몸에 지닌 때에는 휴대라고 할 수 없다.

42 判 대법원은 피해자가 위험한 물건의 휴대사실을 인식하지 못한 경우에도 이 죄가 성립한다고 하고,[156] 더 나아가 '휴대'의 해석상 범행 현장에서 범행에 사용하려는 의도 아래 위험한 물건을 소지하거나 몸에 지닌 이상 행위자가 이를 실제로 범행에 사용하였을 것까지 요구되지는 않는다고 하며,[157] 범행 현장에 있는 위험한 물건을 사실상 지배하면서 언제든지 그 물건을 곧바로 범행에 사용할 수 있는 상태에 두면 충분하고, 그 물건을 현실적으로 손에 쥐고 있는 등 행위자와 그 물건이 반드시 물리적으로 부착되어 있어야 할 필요도 없다고 한다.[158]

43 **3) 폭행** 이 죄의 폭행은 폭행죄의 폭행과 같기 때문에 사람의 신체에 대한 직접적인 불법한 유형력의 행사이어야 한다. **부작위에 의한 특수폭행이 인정될 수 있는지**가 문제된다. ① 폭행이 '단체 또는 다중의 위력을 보이거나 위험한 물건을 휴대한 채' 이루어져야 한다는 특수한 행위방법을 요하므로 이 죄는 부작위에 의해 실현될 수 없다는 견해[159]가 있다. ② 하지만 보증인이 특수한 상황에서 폭행당하는 피해자를 보호하려는 제3자의 행위를 방지하는 것과 동일하게 평가될 수 있는 경우에는 부작위가 직접적인 작위와 상응성이 인정될 수 있으므로 부작위범도 가능하다.[160]

(2) 주관적 구성요건

44 고의범이므로 단체 또는 다중의 위력을 보이거나 위험한 물건을 휴대한다는 사실과 폭행한다는 사실에 대한 인식과 의사가 있어야 한다. 위험한 물건을 범행에 사용하려는 의사를 가지고 휴대하여야 하며[161] 그 범행과는 전혀 무관하게 우연히 이를 소지하게 된 경우까지를 포함하지는 않는다.[162] 위험한 물건을 휴대하였지만 그것을 인식하지 못한 채 폭행한 경우에는

---

154) 대법원 1982.2.23. 81도3074.
155) 박상기, 69면; 이형국/김혜경, 76면.
156) "피고인이 이 사건 폭력행위 당시 판시 과도를 범행현장에서 호주머니 속에 일부러 지니고 있었던 이상 피해자가 그 사실을 인식하지 못하였어도 위험한 물건을 휴대한 경우로서 폭력행위등처벌에관한법률 제3조 1항 소정의 죄에 해당한다"(대법원 1984.4.10, 84도353).
157) 대법원 2004.6.11. 2004도2018.
158) 대법원 2024.6.13. 2023도18812.
159) 이재상/장영민/강동범, §3/55.
160) 오영근, §3/103.
161) 대법원 1985.9.24. 85도1591.

형법 제15조 제1항에 따라 단순폭행죄만 성립한다.

Ⅴ. 폭행치사상죄

> 제262조(폭행치사상죄) 제260조와 제261조의 죄를 지어 사람을 사망이나 상해에 이르게 한 경우에는 제257조부터 제259조까지의 예에 따른다.

1. 의의, 성격

폭행죄, 존속폭행죄 또는 특수폭행죄를 범하여 사람을 사망이나 상해(사상)에 이르게 함으 45
로써 성립하는 범죄이다. 진정결과적 가중범이다.

2. 구성요건

폭행, 존속폭행 또는 특수폭행(고의범)이 있어야 하고 폭행 등과 사상의 결과 사이에 형법 46
상의 인과관계도 인정되어야 하며. 치사상의 결과에 대한 예견가능성도 있어야 한다.

3. 위법성조각사유

결과적 가중범의 특성상 기본범죄행위의 위법성이 조각되면 중한 결과가 발생하였더라도 47
결과적 가중범의 성립이 부정된다. 따라서 폭행이 피해자의 승낙에 기한 행위이거나 폭행에 대해 사회상규불위배성이 인정되면 사상의 결과가 발생한 경우에도 과실치상 또는 과실치사죄의 성립여부만 남게 된다.

4. 처벌 및 동시범특칙의 적용여부

이 죄에 해당하면 발생된 결과에 따라 상해죄, 존속상해죄, 중상해죄, 존속중상해죄, 상해 48
치사죄에 정한 형으로 처벌한다. 다만 결과적 가중범이므로 제257조 제3항(상해죄의 미수범)은 적용되지 않는다고 해석해야 한다. 폭행치상죄도 상해죄에 정한 형으로 처벌하는 현행법의 태도를 상해죄가 폭행죄의 결과적 가중범이 아니라는 태도와 조화시키기 위해서는 입법론상 폭행치상죄에 대해서도 독립된 법정형을 정하는 것이 바람직하다.

'특수폭행을 하여 상해의 결과에 이른 경우' 제262조의 해석상 형법 제258조의2 제1항(특수 49
상해)의 예에 의하여 처벌하여야 할 것인지 아니면 형법 제257조 제1항의 예(단순상해)에 의하여 처벌할 것인지가 문제된다. 특수상해죄는 원래 폭처법에 있었으나, 폭처법상의 특수폭행죄가 삭제됨에 따라 형벌체계의 균형을 맞추기 위한 차원에서 2016.1.6. 형법개정과 함께 형

---

162) 대법원 1990.4.24. 90도401.

법전에 편입된 것이고, 신설된 형법 제258조의2도 특수상해에 대한 적용규정이므로 종전과 같이 특수폭행보다 중한 단순상해죄의 예에 의하여 처벌하는 것으로 해석함이 타당하다.

50 判 대법원도 특수폭행을 하여 상해의 결과에 이른 경우 제262조의 해석상 입법연혁이나 제258조의2 제1항의 적용범위를 제한적으로 해석하여 특수상해죄로 처벌하지 않고 단순상해로 처벌하는 태도를 취한다.[163] 다른 한편 대법원은 형법 제263조의 해석상 폭행치상죄 뿐 아니라 폭행치사죄의 경우에 공동정범을 의제하는 태도를 취한다.[164] 하지만 책임원칙의 예외를 규정하는 제263조의 제한해석상 폭행치사죄의 경우에는 제263조의 적용을 배제하는 것이 바람직하다.

Ⅵ. 상습폭행죄 등

> 제264조(상습범) 상습으로 제257조, 제258조, 제258조의2, 제260조 또는 제261조의 죄를 범한 때에는 그 죄에 정한 형의 2분의 1까지 가중한다.

51 상습으로 폭행죄, 존속폭행죄 또는 특수폭행죄를 범함으로써 성립하는 범죄이다. 상습성으로 인해 형이 가중되는 가중적 구성요건이며 부진정신분범이다. 상습성에 대해서는 상습상해죄에서 설명한 것과 같다. 폭행죄와 달리 상습폭행죄는 반의사불벌죄가 아니다.[165]

§9 제 4 절 과실치사상의 죄

Ⅰ. 총설

1. 의의 및 보호법익

(1) 의의

1 과실치사상의 죄는 과실로 타인의 생명·신체를 침해하는 것을 내용으로 하는 범죄이다. 형법은 고의처벌을 원칙으로 하고, 과실은 법률에 특별히 규정이 있을 때에만 예외적으로 처벌한다(제14조). 과실치사상의 죄는 사람의 생명·신체라는 법익의 중요성 때문에 형법이 특별히 처벌하고 있다. 과실범의 구성요건은 고의범 구성요건에 비해 극히 소수에 불과하다.[166] 그

163) 대법원 2018.7.25. 2018도3443.

164) 대법원 2000.7.28. 2000도2466.

165) "단순폭행, 존속폭행의 범행이 동일한 폭행 습벽의 발현에 의한 것으로 인정되는 경우, 그중 법정형이 더 중한 상습존속폭행죄에 나머지 행위를 포괄하여 하나의 죄만이 성립한다. 그리고 상습존속폭행죄로 처벌되는 경우에는 형법 제260조 제3항이 적용되지 않으므로, 피해자의 명시한 의사에 반하여도 공소를 제기할 수 있다."(대법원 2018.4.24. 2017도10956).

166) 과실치사상의 죄 외에 형법상 과실을 처벌하는 구성요건은 사회적 법익에 대한 죄 중 '실화의 죄'와 '준실화의 죄' 그리고 재산적 법익의 죄 중 '업무상과실장물취득죄' 뿐이다.

러나 과실범 구성요건 중에 과실치사상의 죄는 교통사고, 의료사고 그리고 산업재해 등과 관련하여 그 발생빈도도 잦을 뿐 아니라, 구성요건의 해석·적용에서 다툼의 여지가 많으므로 실무상 중요한 의미를 가진다.

(2) 보호법익

과실치사상의 죄의 보호법익은 사람의 생명 또는 신체의 건강이다. 보호법익이 보호받는 2
정도는 침해범으로서의 보호이고, 법익 침해적 결과와 구성요건적 결과가 일치되는 전형적 결과범이다.

2. 구성요건의 체계

3

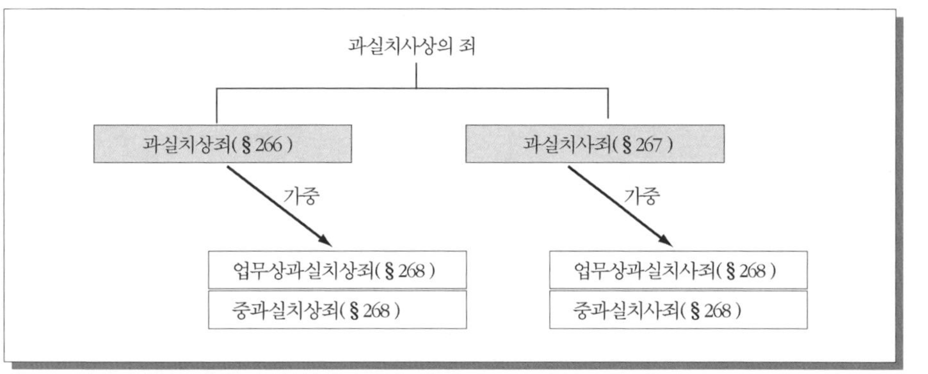

과실치사상의 죄의 기본적 구성요건은 과실치상죄와 과실치사죄이고, 업무상과실·중과실 4
치사상죄는 이에 대한 가중적 구성요건이다. 이 가운데 과실치상죄는 반의사불벌죄로 규정되어 있고, 교특법 제4조 제1항에서는 보험이나 공제조합에 가입한 자동차 운전자의 업무상 과실치상 또는 중과실치상죄를 일으킨 경우 사고후 도주, 음주측정불응, 신호위반등 15개 중대법규를 위반한 사안이거나, 중상해의 결과가 발생하는 등 일정한 예외사유에 해당하지 않는 공소를 제기할 수 없도록 하는 특례규정을 두어 과실범을 실질적으로 비범죄화하고 있다.[167] 한편 특가법은 교통사고 후 도주자에 대한 가중처벌규정을 두고 있다(제5조의3).

3. 과실범의 일반적 성립요건(총론 요약)

과실치사상의 죄의 성립요건 중 각칙에 특별하게 규정된 요건은 업무상과실치사상죄 구 5
성요건 중 '업무' 뿐이다(이에 관해서는 후술). 이 외에 과실치사상의 죄를 구성하는 범죄성립요건은 총칙에 규정되어 있다. 이 때문에 과실치사상의 죄에 속하는 다른 범죄의 성립요건들에 대한 심사에서 총칙 제14조의 '과실'요건과 형법 제17조의 '인과관계'요건 심사가 공통적으로

167) 예외사유 가운데 중상해의 결과 발생 추가는 헌법재판소 2009.2.26. 2005헌마764, 2008헌마118(병합) 참조.

요구된다. '과실' 및 '인과관계' 판단은 형법총론의 과실범 성립요건 및 인과관계와 객관적 귀속 부분에서 설명되었다. 과실범의 과실인정여부 및 인과관계 판단에서 중요한 기초지식을 요약하면 다음과 같다.

6 ① 객관적 주의의무의 위반을 내용으로 하는 객관적 과실 인정여부 판단은 일차적으로 형법전 외의 다양한 법규에 규정된 '주의규정'을 행위자가 위반하였는지에 따라 판단된다. 그러나 이것으로 과실인정여부가 끝나는 것은 아니다. 구체적인 상황을 고려하여 행위자가 기울여야 할 '정상의 주의의무'(객관적 주의의무)가 있는지를 평가하여 최종적으로 과실인정여부를 판단하기 위한 학설 또는 대법원에 의해 확립된 판례법리를 적용하여야 한다. 이에 따르면 ㉠ 행위자가 속한 직업군 또는 생활영역내의 신중하고 양심있는 제3자(규범적 평균인)가 행위자가 행위할 당시의 시점으로 거슬러 올라가 봤을 때(사전판단) 결과발생(상해 또는 사망)에 대한 예견가능성(즉 객관적 예견가능성)의 인정 여부를 판단한다.[168] ㉡ 이 판단에서 객관적 예견가능성이 부정되면 객관적 주의의무(결과예견 의무 및 결과회피의무)도 존재하지 않아 그 의무를 행위자가 위반하였는지 또는 과실인정여부는 심사될 필요도 없다. 또한 구체적인 상황속에서 객관적 예견가능성이 인정되더라도 그것만으로 객관적 주의의무가 인정되는 것은 아니다. ㉢ '신뢰의 원칙'이 적용되는 경우(판례) 또는 '허용된 위험'의 창출로 인정될 경우(학설)에는 준수해야 할 객관적 주의의무도 부정되고 이에 따라 최종적으로 행위자의 과실도 부정된다. 과실인정여부에 관한 이러한 법리는 학설에서 뿐만 아니라 판례법리로서 확립되어 있다. 이러한 법리는 행위자가 법규상의 주의규정을 준수하였더라도 또는 법규상 주의규정이 규범화되어 있은 경우에도 적용되어야 한다.

② 과실범의 경우 인과관계의 인정여부에 관한 판단에서는 두 가지 다른 차원의 문제를 모두 판단해야 한다. 하나는 행위와 결과간의 자연과학적 의미의 인과성 문제이고, 다른 하나는 과실(주의의무위반)와 결과 간의 형법상의 인과관계(내지 객관적 귀속)의 문제이다. ㉠ 행위와 결과간의 자연과학적 의미의 인과성 문제에 관해서는 학설과 판례가 다른 접근법을 취한다. 학설은 인과성여부를 합법칙적 조건설에 따라 확인할 것을 요하지만, 대법원은 자연과학적 의미의 인과성을 사실문제로 취급하여 '합리적 의심의 여지없을 정도의 증명을 요구한다. ㉡ 과실과 결과간의 형법상 인과관계(내지 객관적 귀속)의 문제는 학설과 판례가 각기 다른 용어를 사용하지만, 기본적으로는 이 문제를 법률상의 문제로 보고 규범적 평가차원에서 접근하는 점에서는 양자가 동일하다. 상당인과관계설을 취하는 일부 학설과 판례는 상당성 판단기준으로서 '일반인의 경험칙'(제1기준)과 '합법적 대체행위이론'(제2기준)에 따라 형법상 인과관계를 판단하는 반면, 객관적 귀속이론에 따르는 다수의 학설은 객관적 귀속척도로서 '객관적 예견가능성'(제1기준)과 '의무위반관련성'(제2기준)을 사용하여 발생한 결과를 과실로 귀속할 수 있는지를 판단한다. 특히 대법원과 학설이 사용하는 제1기준인 일반인의 경험칙과 객관적 예견가능성은 확률적 개연성여부를 묻는 점에서 내용적으로 동일하다.[169] 제2기준인 '합법적 대체행위이론'(판례)이나 '의무위반관련

168) 과실범의 과실은 원칙적으로 고의범의 고의와 마찬가지로 '행위자'의 주관적 태도에 초점을 맞춰 구성요건실현에 대한 인식(예견)가능성을 본질적 내용으로 이해한다면(주관적 과실론), 주관적 예견가능성도 과실여부를 판단함에 있어 고려하는 것이 당연하겠지만, 객관적 예견가능성을 기준으로 삼아 객관적 주의의무의 존부를 판단하더라도 행위자가 구체적 상황 하에서 획득하게 된 특수지식(확장된 상황지식)을 과실인정에 추가적으로 고려하지 않을 수 없다. 이 점에 관해서는 『총론』의 과실개념 및 체계적 지위 참조.

169) 과실인정을 위해 객관적주의무의 존부를 판단하기 위한 척도인 객관적 예견가능성(평균인 표준설)과 인과관계 판단을 위한 제1기준인 객관적 예견가능성은 판단 시점에서 다르다(전자의 경우는 '사전판단', 후자의 경우는 '사후판단'). 그러나 실제로 결론 면에서는 차이가 없다. 이 때문에 과실범에서는 일반인의 경험법칙 내지 객관적 예견가능성이라는 제1기준은 이미 객관적 과실여부를 판단하는 경우의 기준(평균인 표준설)의 내용과 중첩된다는 인식하에서 실제로 주의의무위반과 결과간의 인과관계 내지 객관적 귀속 판단에서 의미있는 역할을 하는 규범적 평가 기준은 제2기준이고, 객관적 귀속이론은 바로 고의범 보다는 '과실범의 경우' 도그마틱에서 실천적 의미를 가진 이론으로 발전된 것으로 평가된다. 이에 관해서는 『총론』 과실범론 참조.

성'(학설)은 '주의에 합치되는 행위를 하였더라도 마찬가지의 결과가 발생하였을 것인가'를 물어 직접적 인과관계 내지 객관적 귀속여부를 평가하는 점에서 공통된다. 특히 과실범의 인과관계 판단을 위한 제2기준은 부작위범의 경우 부작위와 결과간의 형법상 인과관계를 판단하기 위한 기준과 동일하다.

Ⅱ. 과실치상죄

> 제266조(과실치상죄) ① 과실로 인하여 사람의 신체를 상해에 이르게 한 자는 500만원 이하의 벌금, 구류 또는 과료에 처한다.
> (반의사불벌죄) ② 제1항의 죄는 피해자의 명시한 의사에 반하여 공소를 제기할 수 없다.

1. 의의, 성격

과실로 인하여 사람의 신체를 상해에 이르게 함으로써 성립하는 범죄이다. 피해자의 명시한 의사에 반하여 공소제기를 할 수 없는 반의사불벌죄에 해당한다. 7

2. 구성요건

과실은 행위자가 '객관적 주의의무'를 위반함(객관적 과실)으로 인해 상해의 결과가 발생할 것(또는 발생할 가능성)에 대한 인식을 하지 못한 경우(주관적 과실: 인식 없는 과실) 또는 행위자가 상해의 결과발생(또는 그 가능성)에 대한 인식은 하였지만, 객관적 주의의무를 위반하여 상해의 결과가 발생하지 않을 것이라고 믿은 경우(인식 있는 과실)에 인정된다. 행위자의 행위와 상해 사이에 자연과학적 의미의 인과성 및 형법상의 인과관계가 인정되어야 한다. 객체에 해당하는 사람 및 구성요건적 결과인 상해에 대해서는 상해죄의 내용과 같다. 8

Ⅲ. 과실치사죄

> 제267조(과실치사죄) 과실로 인하여 사람을 사망에 이르게 한 자는 2년 이하의 금고 또는 700만원 이하의 벌금에 처한다.

과실로 인하여 사람을 사망에 이르게 함으로써 성립하는 범죄이다. 사망의 결과만 다르고 그 외 나머지 요건은 과실치상죄의 경우와 동일하다. 9

특히 주의의무의 존부는 다시 위험에 대한 객관적 예견가능성의 인정여부에 따라 달라진다. 객관적 예견가능성이 긍정되면, 신뢰의 원칙이 적용되거나 허용된 위험의 창출이 아닌 한, 주의의무도 인정되고, 행위자가 기울인 주의정도가 일반적 평균인의 주의정도에 미치지 못한 경우 객관적 주의의무 '위반'이 인정된다(객관적 과실). 반면에 위험에 대한 객관적 예견가능성이 부정되면, 행위자가 기울여야 할 주의의무도 존재하지 않으므로 객관적 과실이 부 10

정되고 과실범의 객관적 구성요건해당성이 부정된다.

11 객관적 과실 인정여부에 관한 대법원의 법리는 폐쇄적 해석공식이 아니라 개방적 해석공식이다. 특히 정상적인 주의의무가 존재하는 것으로 인정된다고 하더라도 주의의무의 '위반'(객관적 과실) 여부는 행위자와 동일한 직업군 또는 생활권내의 일반적 평균인의 주의정도를 표준으로 삼기 때문에 구체적 사례의 사실관계의 특수성에 따라 가변적이기 때문이다. 개방적 해석공식은 유사사례가 축적되지 않아 그 예견가능성 여부를 일반적인 수준에서 판단하기 어려운 새로운 사례의 경우, 법관은 당해 사건에서 발생된 결과에 관한 선행지식을 가지고 행위자에 대한 처벌여부에 관한 사전 결단을 내린 후, 그 결론을 정당화하는 차원에서 위험에 대한 위험에 대한 예견 또는 회피조치를 취할 가능성 여부를 맞추어가기 때문에 과실법리는 '레토릭'적 측면이 강하다. 이 점은 업무상 과실의 경우에도 마찬가지이다.

12 例 **과실이 인정된 사례:** 노후된 가옥의 임차인이 연탄가스 냄새가 많이 난다고 수선요구를 하였으나 임대인이 이에 대한 조치를 하지 않아 연탄가스로 사망한 경우(대법원 1993.9.10. 93도196), 함께 술을 마신 후 만취된 피해자를 촛불이 켜져 있는 방안에 혼자 눕혀 놓고 촛불을 끄지 않고 나오는 바람에 화재가 발생하여 피해자가 사망한 경우(대법원 1994.8.26. 94도1291), 파도가 치는 바닷가 바위 위에서 곧 전역할 병사를 헹가래쳐서 장난삼아 바다에 빠뜨리려고 하다가 그가 발버둥치는 바람에 그의 발을 붙잡고 있던 피해자가 미끄러져 익사한 경우(대법원 1990.11.13. 90도2106)

13 例 **과실이 부정된 사례:** 임대한 방실의 부엌으로 통하는 문과 벽사이에 0.4센티미터 정도의 틈은 임차인의 통상의 수선관리 의무에 속한 것이므로 그 틈으로 스며든 연탄가스에 중독되어 임차인이 사망한 경우는 임대인의 과실이 부정되었고(대법원 1985.3.12. 84도2034). 담임교사가 유리창을 청소할 때는 교실 안쪽에서 닦을 수 있는 유리창만을 닦도록 지시하였는데도 유독 피해자만이 베란다로 넘어 갔다가 밑으로 떨어져 사망한 경우 담임교사의 과실이 부정되었다(대법원 1989.3.28. 89도108).

Ⅳ. 업무상과실치사상죄

> 第268條(업무상 과실·중과실치사상죄) 업무상과실 또는 중대한 과실로 사람을 사망이나 상해에 이르게 한 자는 5년 이하의 금고 또는 2천만원 이하의 벌금에 처한다.

1. 의의, 성격

14 '업무'상의 과실로 인하여 사람을 사망이나 상해에 이르게 함으로써 성립하는 범죄이다. 업무자의 과실을 근거로 과실치사상죄에 대하여 형을 가중하는 가중적 구성요건이다. 업무가 형법상 신분에 해당하므로 부진정신분범이다.

15 업무자의 과실행위에 대해 **형을 가중하는 근거**에 대해서는 견해들(업무자의 고도의 주의의무 또는 예견가능성, 업무자 주의능력의 비교우위, 양자의 결합 등)이 분분하다. 그러나 이러한 견해들은 모두 이미 가중된 형법의 태도를 사후적으로 설명하거나 가중형을 부과하는 입법자의 태도를 추정하는 차원에서 등장한 것일 뿐, 실제 사안에서 행위자의 죄책을 논함에 있어 요구되는 해석론적 차원의 견해들이 아니다.

2. 구성요건

업무상과실치상죄도 다른 과실범의 경우와 마찬가지로 과실, 결과발생, 과실과 결과 사이의 형법상의 인과관계 등 일반적인 요건이 충족되어야 한다. 하지만 이 죄의 주체가 일정한 업무에 종사하는 업무자이어야 하고 과실도 업무상과실이어야 한다는 점에서 차이가 있다. 16

(1) 업무

1) 업무의 개념 형법상 업무란 '사람이 사회생활상의 지위에서 계속 또는 반복하여 행하는 사무'를 말한다. 업무상과실치사상죄의 업무에는 수행하는 직무 자체가 위험성을 갖기 때문에 안전배려를 의무의 내용으로 하는 경우는 물론 사람의 생명·신체의 위험을 방지하는 것을 의무의 내용으로 하는 업무도 포함된다.[170] 17

(가) 사회생활상의 지위 사회생활상의 지위란 사람이 사회생활의 유지를 위하여 행하는 사회적 활동을 할 수 있는 처지를 말한다. 생활수단으로서의 직업이나 직무 또는 영업은 업무에 해당하지만, 가사, 산보, 수면, 육아, 가사일 등 누구에게나 공통되는 개인적·자연적 생활현상은 업무가 될 수 없다. 버스차장(대법원 1975.5. 13. 75도877)이나 오토바이로 물건을 배달하는 상점점원(대법원 1972.5. 9. 72도701)도 사회생활상의 지위로 인정되어 업무자로 인정된다. 18

[형법상 업무 개념] 형법에는 업무라는 개념이 과실범의 형 가중요소로서뿐만 아니라 여러 구성요건에서 다음과 같이 다양한 용례를 가지고 사용되고 있다. 19

① 진정신분범의 업무 일정한 업무자의 행위만이 구성요건에 해당하는 위법행위가 되는 업무이다. 업무상비밀누설죄(제317조), 허위진단서등작성죄(제233조), 업무상과실장물죄(제364조)에 있어서의 업무가 여기에 해당한다.

② 부진정신분범의 업무 일정한 업무자의 행위에 대하여 형이 가중되는 업무이다. 이러한 업무는 과실범에 많으나 그렇지 않은 경우도 있다. 생명·신체에 대한 위험한 업무자의 업무가 대부분이지만 그렇지 않은 경우도 있다. 업무상과실치사상죄(제268조), 업무상실화죄(제171조), 업무상과실교통방해죄(제189조), 업무상 횡령죄와 업무상배임죄(제356조)에 있어서의 업무가 여기에 해당한다.

③ 보호법익으로서의 업무 신분범에 있어서의 업무는 행위주체와 관련된 업무이지만, 업무가 보호법익으로서의 의미를 가지는 경우도 있다. 업무방해죄(제314조 제1항), 컴퓨터등업무방해죄(제314조 제2항)에 있어서의 업무가 여기에 해당한다. 특히 업무방해죄에 있어서의 업무는 생명·신체에 대한 위험성 수반이나 위험방지 업무일 필요가 없으며, 형법상 보호할 가치 있는 업무에 한정되며, 주로 사무에 한정된 업무라는 점이 업무상과실치상죄의 업무와 구별된다.

④ 행위태양으로서의 업무 업무 자체가 구성요건적 행위의 태양(상황)을 이루는 요소로서 사용되는 경우로서, 예컨대 16세 미만 자를 생명 또는 신체에 위험한 업무에 사용할 영업자 또는 그 종업자에게 인도함으로써 성립하는 아동혹사죄(제274조)의 업무가 여기에 해당한다.

⑤ 총칙상의 업무 형법 제20조의 정당행위의 내용이 되는 업무이다. 이 업무는 위법성을 조각시키는 행위의 요소가 되며, 법령상 인정되는 업무 외에 업무의 내용이 사회상규에 위반되지 않으면 충분하고 업무 자체가 반드시 적법한 업무일 필요는 없다.

---

170) 대법원 2017.12.5. 2016도16738.

20 (나) 계속성 업무는 객관적으로 상당한 횟수 반복하였거나, 일 회를 행하였더라도 계속·반복할 의사로 행해진 것이라야 한다.[171] 버스운전자가 취업 첫날 운전에서 또는 승용차를 구입한 첫날 운전 도중 사고를 내었거나 의사가 개업 첫날 의료사고를 낸 때에도 계속 반복할 의사가 있어서 업무성이 인정될 수 있다. 그러나 평소 자전거로 상품을 배달하는 자가 공휴일 날 우연히 일회적으로 친구의 승용차를 운전한 경우는 계속성이 부정되어 업무에 해당하지 않는다.

21 例 대법원은 업무상과실치사상죄의 경우도 '업무'의 계속성을 요구한다.[172] 따라서 호기심으로 단 1회 운전한 경우(대법원 1966.5.31. 66도536), 건물 소유자가 안전배려나 안전관리 사무에 계속적으로 종사하거나 그러한 계속적 사무를 담당하는 지위를 가지지 않은 채 단지 건물을 비정기적으로 수리하거나 건물의 일부분을 임대하였다는 사정만 있는 경우(대법원 2017.12.5. 2016도16738) 계속성 요건의 불충족으로 업무상과실치상죄의 '업무'성이 부정되었다.

22 (다) 사무 사회생활을 유지하면서 종사하는 일인 이상 반드시 수입을 얻기 위한 직업이나 영업으로서의 일일 필요가 없다. 공무, 사무, 본무, 겸무, 오락적 업무 또는 주된 직업의 부수적 업무도 상관없다. 하지만 소매치기나 밀수 등과 같이 사회적으로 용인될 수 없는 불법한 일은 형법상 업무에 해당하는 사무가 될 수 없다. 면허의 유무 또는 업무의 적법유무도 문제되지 않는다.[173] 따라서 무면허운전자의 운전행위, 무면허의료행위, 무면허골재채취도 업무에 해당한다.

23 2) 생명 또는 신체에 대하여 위험이 수반되는 업무 업무상과실치사상죄의 업무는 위의 업무개념을 충족시켜야 할 뿐 아니라 그 성질상 사람의 생명 또는 신체에 대하여 위험이 수반되는 업무임을 요한다. 이러한 업무에 종사하는 업무자에는 행위자 자신이 그 업무에 직접 종사하는 자 외에 위험이 발생하기 쉬운 생활관계에서 예상되는 위험을 방지할 것이 기대되는 지위에 있는 자(유아원이나 유치원의 운영자, 도로나 공사장의 책임자와 감독자 등)도 포함된다.

(2) 업무상 과실

24 1) 의의 업무상과실이란 업무상 요구되는 필요한 주의를 태만한 것을 말한다. 업무상 요구되는 주의의무는 법령의 주의규정에 나타날 경우도 있고, 업무의 성질과 구체적 상황 속에서 결과에 대한 예견가능성을 전제로 요구되는 정상의 주의의무로 나타날 수도 있다. 이 경우 예견가능성판단은 행위자가 속해 있는 직업이나 생활영역 내의 신중하고 양심 있는 제3자(교통사고의 경우에는 평균적 운전자, 의료사고의 경우에는 보통의 의사[174] 등)를 척도인으로 삼아

---

171) "업무상과실치상죄에 있어서의 '업무'란 … 수행하는 직무 자체가 위험성을 갖기 때문에 안전배려를 의무의 내용으로 하는 경우는 물론 사람의 생명·신체의 위험을 방지하는 것을 의무내용으로 하는 업무도 포함되는데, 안전배려 내지 안전관리 사무에 계속적으로 종사하여 위와 같은 지위로서의 계속성을 가지지 아니한 채 단지 건물의 소유자로서 건물을 비정기적으로 수리하거나 건물의 일부분을 임대하였다는 사정만으로는 업무상과실치상죄에 있어서의 '업무'로 보기 어렵다"(대법원 2009.5.28. 2009도1040).

172) "업무상과실치상죄에 있어서의 '업무'란 사람의 사회생활면에서 하나의 지위로서 계속적으로 종사하는 사무를 말한다"(대법원 2017.12.5. 2016도16738).

173) 대법원 1979.9.11. 79도1250; 대법원 1985.6.11. 84도2527.

판단(객관적 예견가능성)하고, 여기에서 요구되는 객관적 주의의무의 내용은 결과예견의무와 결과회피의무를 말한다.

2) 업무상과실의 구체적인 내용

(가) 자동차운전자의 주의의무 자동차운전자에게 요구되는 업무상주의의무로는 다른 차 25
량과의 충돌이나 보행자 또는 승객에 대한 사상의 결과를 방지할 주의의무가 있다. 자동차운전자의 과실 인정여부를 판단할 경우에도 도로교통법 등에 규범화된 주의규정이 일차적인 기준이 되겠지만, 운전자가 기울여야 할 '주의의무'의 존부는 '행위자의 행위당시 평균적인 운전자에게 법익침해의 위험에 대한 예견가능성'을 기준으로 삼는 개방적인 법리가 적용된다.

例 운전자에게 인정된 판례상의 주의의무: **제한속도·안전거리·앞지르기 방법 등 법규상의 주의규정이** 26
없는 경우라도 사전에 차체를 정비·점검하여 고장 여부를 조사·수리해야 할 주의의무(대법원 1968.2.20. 68도16), 운전 중 전방 좌우를 주시하면서 언제나 급제동할 준비를 하여 사고방지를 위한 모든 조치를 취해야 할 주의의무(대법원 1970.2.24. 70도62), 보행자의 무단횡단이나 어린아이가 갑자기 도로에 뛰어드는 경우까지 예견해야 할 주의의무(대법원 1970.8.18. 70도1336), 시동이 꺼져 있는 자동차의 조수석에 앉아 있던 어린이가 시동을 걸거나 브레이크를 조작해서 정차된 자동차가 미끄러져 사고가 발생하지 않도록 안전조치를 취해야 할 주의의무(대법원 1970.10.30. 70도1711) 등이 있다.

(나) 의사의 주의의무 환자는 치료에 대한 당부를 판단할 수 없고, 특히 의사의 수술은 27
중대한 결과발생을 가져올 수 있기 때문에 의사에 대해서는 비교적 엄격한 주의의무가 요구된다. 따라서 적절한 진단방법을 취하지 않거나 오진이 있는 때에 원칙적으로 업무상 과실을 인정한다.[175]

뿐만 아니라 의사는 환자에게 적절한 치료를 하거나 그러한 조치를 하기 어려운 사정이 28
있다면 신속히 전문적인 치료를 할 수 있는 다른 병원으로 전원시키는 등의 조치를 해야 할 의무가 있다.[176] 하지만 어떤 방법으로 치료 또는 조치를 취할 것인가는 의사의 전문지식과 경험에 따라 판단하는 것이므로 다른 조치를 취하지 않았다고 해서 과실을 인정할 수 없으며,[177] 병원시설이 미비하여 수술 불가능한 환자에게 시설을 갖춘 종합병원에 갈 것을 지시하였다면 치료 시행상의 주의의무 위반은 아니라고[178] 해야 한다.

의사가 기울여야 할 객관적 주의의무도 평균적인 의사를 척도인으로 삼은 사전판단에 따 29
라 환자에게 치사상의 결과가 발생할 것에 대한 예견가능성이 인정될 경우에 인정된다.

例 의사에게 인정된 판례상의 주의의무: **의료법상 별도의 주의규정이 없는 경우라도,** 항생제를 주사할 때 30
마다 부작용 예방을 위한 사전·사후의 적절한 조치를 취해야 할 의무(대법원 1976.12.28. 74도816), 수술 전에는 간기능검사 등 환자를 정밀검사하여 수술 감내 여부를 확인해야 할 의무(대법원 1986.10.14. 85도1789), 마취회복 담당의사의 경우 환자가 완전히 회복할 때까지 주위에서 관찰하거나 환자를 떠날 때에는 담당간호사를 특정하여 환자의 상태를 계속 주시하도

174) 대법원 2006.10.26. 2004도486.
175) 대법원 1993.7.27. 92도2345; 대법원 1996.9.24. 95도245.
176) 대법원 2018.5.11. 2018도2844.
177) 대법원 1984.6.12. 82도3199.
178) 대법원 1983.5.24. 82도289.

록 해야 할 의무(대법원 1994.4.26. 92도3283), 마취제를 정맥주사할 때에는 의사 스스로 주사를 놓든지 부득이 간호사에게 주사하게 할 때에도 상세한 지시를 하고 그 장소에 입회하여 주사가 잘못 없이 끝나도록 조치해야 할 의무(대법원 1990.5.22. 90도579), 태반조기박리에 대응한 응급제왕절개인 경우 수혈용혈액을 준비해야 할 주의의무(대법원 2000.1.14. 99도3621), 수련병원의 전문의와 전공의 등의 관계처럼 의료기관 내의 직책상 주된 의사의 지위에서 지휘·감독 관계에 있는 다른 의사에게 특정 의료행위를 위임하는 수직적 분업의 경우에는, 그 다른 의사에게 전적으로 위임된 것이 아닌 이상 주된 의사는 자신이 주로 담당하는 환자에 대하여 다른 의사가 하는 의료행위의 내용이 적절한 것인지 여부를 확인하고 감독하여야 할 업무상 주의의무(대법원 2022.12.1. 2022도1499) 등.

31 3) 업무상과실의 제한　객관적 주의의무는 결과에 대한 예견가능성이 인정된다고 해서 항상 요구되는 것은 아니다. 오늘날 객관적 주의의무를 제한할 수 있는 이론적 장치로는 허용된 위험과 신뢰의 원칙이 있다.

32 (가) 허용된 위험　사회적 유용성과 필요성이라는 관점에서 일정한 정도의 위험에 대해서는 사회가 그 위험을 감수하여 예견의무와 회피의무를 이행하지 않았더라도 과실을 인정하지 않는 경우를 말한다.

33 (나) 신뢰의 원칙　사회적으로 필요불가결 하면서도 위험을 수반하고 있는 업무(허용된 위험)에 종사하는 자가 스스로 주의의무를 다하면서 타인도 주의의무를 다할 것이라고 신뢰하는 것이 상당한 경우에는 비록 타인이 주의의무를 준수하지 않음으로 말미암아 법익침해의 결과가 발생했다고 하더라도 자신은 그 결과에 대해 책임을 지지 않는 원칙을 말한다. 도로교통사고와 관련하여 판례에서 적용되기 시작한 이 원칙은 오늘날 의료사고에 대해서도 적용되고 있다. 신뢰의 원칙이 적용되는 판례사안의 유형화 및 신뢰의 적용이 없는 경우에 관해서는 『총론』 과실범론 참조.

3. 공범과 신분

34 **업무자**(신분자)**의 과실행위에 비업무자**(비신분자)**가 가담한 경우 신분없는 자에게도 공범과 신분에 관한 형법 제33조가 적용되는지가 문제된다.** 협의의 공범의 경우와 공동정범의 경우를 구별하여 판단해야 한다. 먼저 협의의 공범의 경우, 정범이 과실범인 경우는 공범성립 자체가 성립할 수 없다. 따라서 비업무자에 대해서는 형법 제33조의 적용과 무관하게 업무상과실치사상죄의 교사범 또는 방조범이 성립하지 않는다.

35 다음으로 공동정범의 경우는 과실범의 공동정범을 부정하느냐 긍정하느냐에 따라 제33조의 적용여부가 달라진다. 과실범의 공동정범을 부정하는 견해에 따르면 협의의 공범의 경우와 마찬가지로 제33조의 적용여부와 무관하게 업무상과실치상죄의 공동정범이 성립하지 않는다. 반면에 과실범의 공동정범을 긍정하는 태도(판례)에 따르면 비업무자에 대해서는 형법 제33조가 적용되어 비업무자에게도 업무상과실치사상죄의 공동정범의 성립이 인정된다.

4. 죄수, 타죄와의 관계

(1) 죄수

한 번의 사고로 2인을 동시에 치사상시킨 경우 2개의 업무상과실치사상죄의 상상적 경합이 된다. 36

(2) 타죄와의 관계

업무상과실치사상죄와 도로교통법위반죄의 죄수관계는 전자의 사고유발행위(과실행위)가 후자의 위반행위(예컨대 무면허운전행위)에 기인한 경우가 아니라 양자가 별개의 행위라고 평가될 경우에는 실체적 경합이 된다. 따라서 무면허운전 도중에 과실치사상을 범한 때에는 무면허운전죄와 업무상과실치사상죄의 실체적 경합이 된다.[179) 37

알코올 등의 영향으로 정상적인 운전이 곤란한 상태에서 자동차를 운전해 가다가 과실로 치사상의 결과를 발생하게 한 경우에는 "음주로 인한 특정범죄가중처벌 등에 관한 법률 위반(위험운전치사상)죄와 도로교통법 위반(음주운전)죄는 입법 취지와 보호법익 및 적용영역을 달리하는 별개의 범죄이므로, 양 죄가 모두 성립하는 경우 두 죄는 실체적 경합관계에 있다."[180) 38

Ⅴ. 중과실치사상죄

> 제268조(업무상과실·중과실치사상죄) 업무상과실 또는 중대한 과실로 사람을 사망이나 상해에 이르게 한 자는 5년 이하의 금고 또는 2천만원 이하의 벌금에 처한다.

중대한 과실로 인하여 사람을 사망이나 상해에 이르게 함으로써 성립하는 범죄이다. 업무상과실치사상죄와 같이 과실치사상죄의 가중적 구성요건이다. 중대한 과실이란 조금만 주의하였더라면 결과의 발생을 회피할 수 있었음에도 불구하고 이를 태만히 한 경우와 같이 행위자의 경솔성이 인정되는 과실을 의미한다. 39

判 대법원은 "주의의무를 심히 게을리한 경우" 또는 "주의위반의 정도가 현저한 경우", "약간만 주의를 하여도 결과발생을 쉽게 예견할 수 있는 경우"등 그 정도를 측정하기 어려운 수식어를 쓰고 있는 동시에 "구체적 상황에 비추어 사회통념에 따라 판단"할 수 있다는 개방적 해석공식까지 사용하고 있어,[181) 중과실인정여부는 사안의 구체적 사실관계에 따라 달라진다. 40

---

179) 대법원 1972.10.31. 72도2001. 무면허운전자가 음주운전까지 한 경우 음주운전죄와 무면허운전죄는 1개의 운전행위에 의한 것이므로 두 개의 죄는 상상적 경합이 된다(대법원 2010.1.14. 2009도10845).

180) 대법원 2008.11.13. 2008도7143. 그러나 음주 또는 약물의 영향으로 정상적인 운전이 곤란한 상태에서 자동차를 운전하여 사람을 상해에 이르게 함과 동시에 다른 사람의 재물을 손괴한 때에는 특가법 위반(위험운전치사상)죄 외에 업무상과실 재물손괴로 인한 도로교통법 위반죄가 성립하고, 위 두 죄는 1개의 운전행위로 인한 것으로서 상상적 경합관계에 있다(대법원 2010.1.14. 2009도10845).

181) 대법원 1980.10.14. 79도305.

41 例 중과실이 인정된 경우: 사람이나 자동차의 출입이 빈번하고 근처 거주하는 어린아이들이 문주 근방에서 놀이를 하는 사례가 많은 주차장의 관리인이 출입구 문주의 하단부분에 금이 가 있어 전도될 위험이 있었음에도 소유자에게 그 보수를 요구하는 데 그친 경우(대법원 1982.11.23. 82도2346). 성냥불이 꺼진 것을 확인하지 아니한 채 플라스틱 휴지통에 던진 경우(대법원 1993.7.27. 93도135), 84세 되는 여자 노인과 11세의 여자 아이를 상대로 안수기도를 하면서 그들의 배와 가슴 부분을 세게 때려 사망케 한 경우(대법원 1997.4.22. 97도538).

42 例 중과실이 부정된 경우: 동행한 일행이 함께 수차에 걸쳐서 흥겹게 술을 마신 상태에서 음주만취하여 주의능력이 상당히 저하된 상태에 있었다면 그 일행 중의 일부가 갑자기 '러시안 룰렛' 게임을 하다가 사망한 경우(대법원 1992.3.10. 91도3172).

§ 10 제 5 절 낙태의 죄

Ⅰ. 총설

1. 의의 및 보호법익

(1) 의의

1 낙태의 죄는 태아를 낙태시키거나 그로 인해 임산부의 상해 및 사망에 이르게 하는 것을 내용으로 하는 범죄이다. 낙태의 죄는 현실적으로 실무에서 처벌되는 예가 매우 드물기 때문에[182] 현실과 규범과의 거리가 먼 범죄로 알려져 있지만 형법해석론상으로는 적지 않은 쟁점거리를 안고 있다.

(2) 낙태개념

2 **형법의 낙태개념을 어떻게 해석할 것인지**에 대해서는 ① "임신중절에 의하여 태아를 살해하는 것"만이 낙태라고 하는 견해(협의설)[183]와 ② "자연적 분만기에 앞서 인위적으로 태아를 모체 밖으로 배출하거나 모체 안에서 살해하는 것"이라고 하는 견해(광의설)가 대립한다.

3 협의설은 태아의 생명에 위험을 주지 않고 모체의 건강을 위하여 조기출산케 하는 인공출산은 낙태죄의 구성요건에 해당할 수 없다는 것을 그 이유로 한다. 하지만 형법의 낙태개념이 반드시 태아의 사망을 의미한다고 할 수 없고, 낙태미수를 처벌하지 않는 우리 형법의 해석상 태아보호를 위해 태아살해뿐만 아니라 태아의 생명에 위태화를 초래하는 행위도 처벌하는 것이 생명보호를 최대화하는 태도이다. 태아는 모체 안에 있을 때가 가장 안전하기 때문에 자연적 분만기에 앞서서 모체 밖으로 배출할 때 이미 생명에 위태화를 초래하므로 이를

---

182) 2010년부터 2020년 8월까지 검찰의 낙태죄 기소건수는 연 평균 9.4건(2019년부터는 모두 불기소처리)이고, 법원 제1심을 기준으로 낙태죄 관련 125건의 판결 중 징역형은 7건, 벌금형은 14건, 나머지는 선고유예나 집행유예를 받았다고 한다. 한국일보, 2020.10.27.자 기사(https://www.hankookilbo.com/News/Read/A2020102714140001768).

183) 이재상/장영민/강동범, §5/1.

낙태의 개념 속에 포함시키는 광의설이 타당하다(통설·판례[184]).

(3) 보호법익

낙태의 죄의 보호법익에 대해서도 ① 태아의 생명을 주된 보호법익으로 하지만 부차적으로 모체의 생명·신체의 안전도 보호한다는 견해[185]와 ② 태아의 생명만이 보호법익이고 임부의 생명·신체는 태아의 생명보호에 수반되는 부수적 의미에 불과하다는 견해[186]가 대립한다. 4

우리 형법상 낙태의 죄의 전체 구성요건을 보면 태아의 생명만을 보호법익으로 하는 구성요건도 존재하지만 모체의 생명·신체의 안전을 보호법익으로 하는 구성요건도 존재한다. 뿐만 아니라 임부의 동의여부와 임부의 치사상의 결과여하에 따라 형의 경중도 달리하고 있는 구성요건도 있다. 따라서 자기낙태와 동의낙태죄는 부녀 자신의 자상행위가 되므로 태아의 생명[187]만이 보호법익이 되고,[188] 그 외 다른 낙태의 죄는 부차적으로 부녀의 생명·신체도 보호법익이 된다고 해석하는 것이 타당하다. 5

(4) 보호정도

낙태개념에 대한 서로 다른 견해는 태아의 생명을 보호하는 정도와 관련해서도 서로 다른 견해로 이어진다. ① 낙태를 광의로 이해하는 견해는 태아의 생명이 위험범의 형식으로 보호되고 있다는 태도(위험범설)[189]를 취하는 반면, ② 낙태개념을 태아살해에 국한시키는 견해는 태아의 생명이 침해범의 형식으로 보호된다는 태도(침해범설)[190]를 취한다. **견해 대립의 실익은 태아를 모체 밖으로 배출하여 다시 살해할 경우 각 학설의 결론이 차이가 나는 점에 있다.** 침해범설에 따르면 낙태미수와 살인죄의 상상적 경합이 되지만 낙태미수는 불가벌이므로 살인죄만 성립한다고 한다. 반면에 위험범설에 따르면 낙태죄와 살인죄의 경합범이 된다.[191] 6

낙태개념을 광의로 파악하는 태도를 취한 이상 위험범설이 타당하다. 위험범설 내에서도 **구체적 위험범설**[192]과 **추상적 위험범설**(통설)이 대립하는데, 형법의 해석상 추상적 위험범설이 타 7

184) "낙태죄는 태아를 자연적 분만기에 앞서서 인위적으로 모체 밖으로 배출하거나 모체안에서 살해함으로써 성립하고, 그 결과 태아가 사망하였는지의 여부는 낙태죄의 성립에 영향이 없다"(대법원 2005.4.15. 2003도2780).

185) 김일수/서보학, 46면; 배종대, §25/1; 손동권/김재윤, §6/2; 이재상/장영민/강동범, §5/3; 임웅, 102면.

186) 김성천/김형준, 97면; 박상기, 83면.

187) 태아의 생명뿐만 아니라 신체도 보호법익에 포함시키는 견해(김종원, 79면; 오영근, §5/2; 정성근/박광민, 83면)도 있지만, 그렇게 되면 태아의 건강침해가 있었으나 치유되어 정상적으로 출산된 경우도 낙태로 보아야 하는 문제점이 있다.

188) "인간의 생명은 잉태된 때부터 시작되는 것이고 회임된 태아는 새로운 존재와 인격의 근원으로서 존엄과 가치를 지니므로 그 자신이 이를 인식하고 있든지 또 스스로를 방어할 수 있는지에 관계없이 침해되지 않도록 보호되어야 함이 헌법 아래에서 국민일반이 가지는 건전한 도의적 감정과 합치된다"(대법원 1985.6.11. 84도1958).

189) 이형국/김혜경, 110면.

190) 이재상/장영민/강동범, §5/3.

191) "산부인과 의사인 피고인이 약물에 의한 유도분만의 방법으로 낙태시술을 하였으나 태아가 살아서 미숙아 상태로 출생하자 그 미숙아에게 염화칼륨을 주입하여 사망하게 한 사안에서, 염화칼륨 주입행위를 낙태를 완성하기 위한 행위에 불과한 것으로 볼 수 없고, 살아서 출생한 미숙아가 정상적으로 생존할 확률이 적다고 하더라도 그 상태에 대한 확인이나 최소한의 의료행위도 없이 적극적으로 염화칼륨을 주입하여 미숙아를 사망에 이르게 하였다면 피고인에게는 미숙아를 살해하려는 범의가 인정된다"(대법원 2005.4.15. 2003도2780).

당하다. 태아를 인위적으로 모체 밖으로 배출하기만 하면 특별한 의학적 조치가 없는 이상 태아는 사망하게 될 위험이 있고, 낙태미수를 처벌하지 않는 우리 형법의 해석상 자연분만기 이전에 모체 밖으로 배출시키는 행위 자체를 처벌한다고 보아야 하기 때문이다.

2. 구성요건의 체계

8

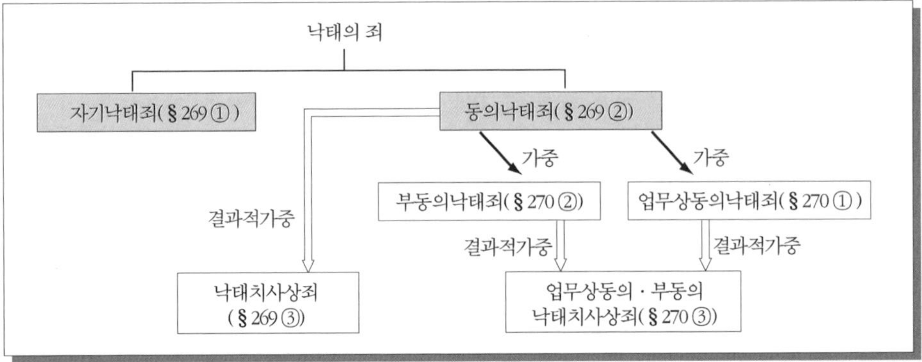

9 낙태의 죄에서 기본적 구성요건은 자기낙태죄와 동의낙태죄이다. 동의낙태죄에 대해서는 업무상동의낙태죄, 부동의낙태죄가 각각 가중적 구성요건으로 규정되어 있다. 낙태치상죄와 업무상낙태치사상죄가 결과적 가중범으로 규정되어 있다. 낙태미수는 처벌하지 않는다.

3. 입법론

10 정치적으로 낙태가 여전히 뜨거운 논쟁거리가 되고 있지만 세계적인 입법추세로 보면 낙태는 과거의 전면적 금지태도가 제한적 자유화의 경향으로 바뀌어지고 있는 것으로 보인다. 외국의 입법례에서도 낙태행위가 널리 비범죄화 되어가고 있고, 현실적으로 불법적 낙태가 빈번하게 이루어지고 있음에도 이에 대해 형법이 적용된 예가 극히 드문 현실을 고려하여 우리나라에서도 입법론적으로 이 죄를 폐지해야 한다는 견해[193]도 있다. 하지만 아직까지는 전면적으로 폐지하기 보다는 낙태의 허용범위를 넓히려는 태도[194]가 대세를 이루고 있다.

11 우리나라의 모자보건법은 일정한(의학적·우생학적·윤리적) 적응요건이 있을 경우 낙태죄를 허용(위법성조각)하는 태도(적응방식)[195]를 취하고 있다. 하지만 여기서 한걸음 더 나아가 임신한 날로부터 일정한 기한(대체로 12주) 내에는 낙태를 무조건 허용하는 방식(기한방식)[196] 또는 기한방식과 적응방식을 병행하는 방식(결합방식)[197]을 통하여 또는 사회적·경제적 사유에 의한 낙태

---

192) 배종대, §25/1.
193) 김일수/서보학, 49면; 임웅, 107면.
194) 이재상/장영민/강동범, §5/16.
195) 일본(모체보호법 제14조, 우생보호법 제14조), 스칸디나비아 제국, 영국 낙태법(1967)의 태도이다.
196) 프랑스 형법(제223-11조 제1항 제1호)과 미국 연방대법원의 판례의 태도가 이에 해당한다.

의 허용가능성을 고려하는 전제 하에서 임부의 자기결정권의 인정범위를 넓혀가면서 낙태의 비범죄화 범위를 확장해 나가는 것이 바람직할 것으로 보인다.

判 헌법재판소는 2012년 8월 낙태죄 합헌결정[198]을 내린 이후 7년 만인 2019년 4월 자기낙태와 의사등의 12
동의낙태를 처벌하는 형법상의 조항들에 대해 헌법불합치결정을 내렸다.[199] 이에 의하면 위 조항들은 “입법목적을 달성하기 위하여 필요한 최소한의 정도를 넘어 임신한 여성의 자기결정권을 제한하고 있어 침해의 최소성을 갖추지 못하였고, 태아의 생명 보호라는 공익에 대하여만 일방적이고 절대적인 우위를 부여함으로써 법익균형성의 원칙도 위반하였으므로, 과잉금지원칙을 위반하여 임신한 여성의 자기결정권을 침해”한다고 한다. 이 조항들(제269조 제1항, 그리고 제270조 제1항 중 ‘의사’ 부분)은 2021.1.1.자로 무효가 되었다. 위 헌법재판소의 헌법불합치 결정에 따르면, 태아가 모체를 떠난 상태에서 독자적으로 생존할 수 있는 시점인 임신 22주 이내이면서 동시에 임신유지와 출산여부에 관한 자기결정권을 행사하기에 충분한 시간이 보장되는 한도 내에서는 ‘사회·경제적 사유’에 근거하더라도 임부의 자기낙태와 의사 등의 동의낙태가 허용될 수 있는 길이 열리게 되었다.[200]

197) 독일 형법 제218a조는 임신 12주 이내의 낙태는 의사와 상담을 거치고 의사의 시술을 요건으로 구성요건해당성을 배제되고(제1항), 그 이후의 낙태는 임산부의 의학적 적응이 있는 경우 또는 의사의 진단결과 임신사유가 성범죄에 기한 것으로 인정되어 임산부의 동의에 따라 12주 이내에 의사에 의해 낙태시술이 이루어진 경우 위법성이 조각되며(제2항, 제3항), 임신 22주 이내의 의사의 상담을 받아 의사에 의해 시술된 경우 임산부에 대해서 면책가능성이 인정되며, 임산부가 시술당시 특별한 곤경에 처해 있었던 경우에는 형면제가 가능하다(제4항). 오스트리아 형법 제97조도 임신 3개월 이내는 낙태는 의사와 상담을 거친 후에 허용하고, 3개월 이후의 낙태는 의학적·우생학적 적응이 있는 경우에 허용하고 있다.

198) 헌법재판소 2012.8.23. 2010헌바402.

199) 헌법재판소 2019.4.11. 2017헌바127

200) 헌법재판소의 헌법불합치결정 이후 다양한 개정법률 안이 제출되었으나 자기낙태죄를 완전히 폐지할 것인지 여부 등에 대하여는 사회적 합의 및 충분한 심의를 거칠 필요성이 있다는 국회입법조사처의 의견 등이 개진되어 있는 상황이다(국회 법제사법위원회, 2019. 7. 형법 일부개정법률안 검토보고서 참조). 2020.11.25.자로 발의된 형법 일부개정법률안(정부안)에서는 임신 14주 이내의 낙태행위, 일정한 사유에 따라 모자보건법상 상담을 받고 24시간이 지난 후 의사에 의하여 의학적으로 인정된 방법으로 임신 24주 이내에 이루어진 낙태행위를 처벌대상에서 제외하는 내용을 담고 있다.

Ⅱ. 자기낙태죄

> 제269조 (자기낙태죄) ① 부녀가 약물 기타 방법으로 낙태한 때에는 1년 이하의 징역 또는 200만원 이하의 벌금에 처한다.

1. 의의, 성격

13 부녀가 약물 기타 방법으로 낙태함으로써 성립하는 범죄이다. 임신한 부녀, 즉 임부 자신의 낙태행위는 일종의 자상행위이므로 이 죄의 보호법익은 오로지 태아의 생명이다. 임부만이 주체가 되는 것이므로 진정신분범이다.

2. 구성요건

(1) 객관적 구성요건

14 1) **주체** 주체는 임부이다. 임부가 타인에게 부탁하여 낙태하게 한 때에도 이 죄가 성립한다. **임부 아닌 자가 이 죄의 간접정범이 될 수 있는지**에 대해 ① 이를 긍정하는 견해[201]도 있으나 ② 임부 이외의 자는 동의 또는 부동의 낙태죄의 주체가 되도록 규정되어 있기 때문에 이 죄의 간접정범은 생각할 수 없다. 임부에게 강제나 임부의 착오를 이용하여 약물을 복용시켜 낙태에 이르게 하면 부동의낙태죄의 직접정범이 될 뿐이다.

15 2) **객체** 객체는 모체 내에 살아 있는 태아(fetus)이다. 태아란 수정란이 자궁에 착상(수태)한 때로부터 분만이 개시되기 전까지의 생명체를 말한다. 착상(태아의 시기)은 수정후 9일 내지 13일 사이에 이루어지고 분만개시 전은 개방진통이 있기 전(태아의 종기)을 말한다. 착상 이전의 배아(embryo)상태는 태아가 아니므로 낙태죄의 객체가 되지 않는다.[202] 인공수정의 경우에도 자궁에 착상되어야 형법상 보호객체가 된다. 착상된 이상 임신기간의 장단이나 태아의 발육정도 및 생존능력은 묻지 않는다. 임신의 원인도 묻지 않는다. 사실혼, 간통, 또는 강간에 의한 임신의 경우도 태아는 낙태죄의 객체가 된다(다만 모자보건법 제14조의 위법성조각사유 참조). 생명 있는 태아만 보호하므로 사태는 객체가 될 수 없다.

16 3) **행위** 약물 기타의 방법으로 낙태하는 것이다.

17 (가) 낙태의 의의 낙태란 자연적 분만기에 앞서 인위적 방법으로 살아 있는 태아를 모체 밖으로 배출시키거나 모체 내에서 살해하는 것을 말한다(광의설: 통설·판례). 자연적 분만기에 앞서 모체 밖으로 배출시킨 이상 태아의 사망 여부와 관계 없이 이 죄가 성립한다. 유산되었

---

201) 유기천(상), 82면.

202) 일반적으로 배아는 수정 후 14일 이전(수정 후 착상이 완료되는 시점) 시점의 '수정란 및 수정된 때부터 발생학적으로 모든 기관이 형성되기까지의 분열된 세포군'을 말한다(생명윤리안전법 제2조 제2호). 배아가 보호할 가치 있는 생명체인지 단순한 세포덩어리인지에 대해서는 과학계뿐만 아니라 사회일반에서도 논란이 뜨겁다. 생명윤리안전법에서는 연구목적의 잔여배아 손상을 허용하는 태도를 보이고 있다.

거나 이미 사망한 사태를 인위적으로 배출시키는 것은 낙태가 아니다.

(나) 낙태의 수단·방법　　낙태의 수단·방법에는 제한이 없다. 약물은 예시에 불과하다. 유 18
형적 방법(약물, 수술, 안마, 기구사용), 무형적 방법(화학적 작용, 정신적 충격)에 의하건, 임부 스스로 또는 타인에 의뢰해서 하건 상관없다. 따라서 임부가 타인에게 의뢰하여 낙태한 때에도 임부는 자기낙태죄만 성립하고 (업무상)동의낙태죄의 공범이 되지 않는다. 임부가 타인과 공모하여 실행행위를 함께 한 때에는 임부는 자기낙태죄의 공동정범이 되고 타인은 (업무상)동의낙태죄의 공동정범이 된다. 또한 이 죄는 자수범이 아니므로 임부가 타인을 이용하여 간접정범으로 이 죄를 실현할 수도 있다.[203]

부녀가 자살을 기도하였다가 태아를 낙태시킨 경우의 죄책에 관해 ① 구성요건해당성이 없 19
으므로 처벌되지 않는다고 하는 견해도 있으나, ② 낙태의 미필적 고의가 인정되므로 이 죄가 성립한다.

(다) 기수시기　　이 죄는 (추상적) 위험범이므로 태아가 모체 밖으로 배출되거나 모체 내 20
에서 살해된 때에 기수가 된다. 따라서 모체 밖으로 배출된 생존 영아를 다시 살해하면 낙태죄와 살인죄(또는 영아살해죄)의 실체적 경합이 된다. 낙태행위를 시도하였으나 모체 밖으로 배출시키지 못하고 태아가 생존하고 있으면 낙태미수가 되지만 현행법상으로 불가벌이다.

(2) 주관적 구성요건

낙태의 고의는 태아를 자연적 분만기에 앞서 모체로부터 분리·배출시키거나 모체 내에서 21
살해한다는 것에 대한 인식 및 의사이다. 임신하였으나 임신한 줄 모르고 낙태한 경우에는 구성요건적 착오로 고의가 조각된다. 반대로 임신하지 않았으나 임신하였다고 오인한 상태(상상임신)에서 낙태행위를 하였다면 위험성 없는 불능범이 된다. 낙태가 국가정책에 순응하는 것으로 믿은 경우라도 낙태의 고의가 조각되지 않고 위법성의 착오로 문제될 수 있을 뿐이다.[204]

타인의 과실에 의한 낙태는 부녀에게 상해 또는 사망의 결과가 발생한 경우 부녀에 대한 22
과실치사상죄(제266조)가 될 수 있다. 임부의 임신사실을 알면서 임부를 살해한 자에 대해서는 살인죄와 부동의낙태죄의 상상적 경합이 된다.

3. 위법성조각사유(모자보건법상의 적응요건)

낙태가 긴급피난 등으로 위법성이 조각될 수도 있지만, 모자보건법이라는 법령에 의해 위 23
법성이 조각될 수 있는 경우가 많다. 모자보건법 제14조는 의학적,[205] 우생학적,[206] 윤리적[207]

203) 예컨대 낙태를 시도한 임부가 태아를 모체 밖으로 배출시키지 못하였으나 출혈로 생명에 위험을 느껴 의사의 도움으로 부득이 낙태수술을 받고 생명을 구한 때에는 의사의 긴급피난행위를 이용한 간접정범이 된다.

204) 대법원 1965.11.23. 65도876.

205) 임신의 지속이 보건의학상의 이유로 모체의 건강을 심히 해하고 있거나 해할 우려가 있는 경우(법 제14조 제1항 제2호, 제5호)이다.

적응이 있는 경우에 본인과 배우자의 동의를 얻어 의사에 의한 임신중절수술을 허용하고 있다. 이 규정은 자기낙태죄(제269조 제1항), 동의낙태죄(제269조 제2항), 업무상동의낙태죄(제270조 제1항)에 한하여 적용된다(동법 제28조), 임신한 날로부터 24주 이내(동법시행령 제15조 제1항)에만 적용되고 그 기간을 넘으면 적응요건을 구비하여도 위법성이 조각되지 않는다.

4. 공범관계

24 타인이 임부를 교사 또는 방조하여 낙태하게 한 경우에는 임부는 자기낙태죄에 해당하지만 타인은 형법 제33조에 의해 자기낙태죄의 교사 또는 방조범이 된다.

25 타인이 임부와 의사를 교사하여 낙태한 경우에는 임부는 자기낙태죄에 해당하고 의사는 업무상동의낙태죄에 해당하지만 업무자가 아닌 타인은 여전히 형법 제33조의 적용을 받아 임부에 대한 자기낙태죄의 교사범과 의사에 대한 동의낙태죄의 교사범[208]에 해당하고 양죄는 한 개의 교사행위에 의한 경우이므로 상상적 경합에 해당한다.

Ⅲ. 동의낙태죄

> 제269조 (동의낙태죄) ② 부녀의 촉탁 또는 승낙을 받아 낙태하게 한 자도 제1항의 형과 같다.

1. 의의, 성격

26 이 죄는 부녀의 촉탁 또는 승낙을 받아 낙태하게 함으로써 성립하는 범죄이다. 행위자의 낙태행위를 기준으로 하여 임부의 자기낙태죄와 독립된 구성요건으로 규정한 것이다. 자기낙태죄와는 필요적 공범관계에 있으며, 임부의 승낙이 위법성을 조각하지 않는 특별한 규정에 해당한다.

2. 구성요건

(1) 주체

27 이 죄의 주체는 형법 제270조 제1항(업무상동의낙태죄)에 열거되어 있는 의사·조산사 등의

---

206) 본인 또는 배우자에게 우생학적·유전학적 정신장애나 신체질환이 있는 경우와 전염성 질환이 있는 경우(법 제14조 제1항 제1호)이다.

207) 강간 또는 준강간에 의한 임신과, 법률상 혼인할 수 없는 혈족이나 인척 간의 임신의 경우(제14조 제1항 제3호, 제4호)이다. 미성년자 간음 및 업무상 위력에 의한 간음으로 임신한 때에는 중절수술은 허용되지 않는다.

208) 이 경우 부진정신분범에 비신분자가 가담한 경우 형법 제33조의 단서를 적용하자는 다수설에 따르면 일반동의낙태죄의 교사범이 될 것이지만, 이 경우에도 일단 형법 제33조 본문을 적용하자는 판례 및 소수설에 따르면 업무상동의낙태죄의 교사범이 된다.

특수한 업무에 종사하는 자 이외의 자이다.

(2) 행위

구성요건적 행위는 부녀의 촉탁 또는 승낙을 받아 낙태하게 하는 것이다. 여기서의 '부녀'는 임부를 말한다. '촉탁'은 부녀가 낙태를 의뢰 또는 부탁하는 것을 말하고, '승낙'은 시술자 쪽에서 낙태에 대한 임부의 동의를 얻는 것이다. 어느 경우이건 그 의사표시가 의사능력 있는 부녀의 하자 없는 자유로운 의사에 의한 것이라야 한다. 따라서 기망이나 강요에 의한 촉탁 또는 승낙이 있는 경우에는 부동의낙태죄(제270조 제2항)가 성립한다. 28

'낙태하게 하는 것'은 행위자 스스로 낙태행위를 하는 것을 말한다. 따라서 임부에게 낙태를 교사하는 경우, 임부의 부탁으로 수술비나 낙태약을 구해주거나 의사를 소개해 주는 경우에는 자기낙태죄의 공범이 될 뿐이다. 남편 등 보증의무 있는 자가 타인의 낙태를 방치하면 부작위로도 이 죄를 범할 수 있다. 29

(3) 공범관계

임부의 촉탁·승낙을 받아 낙태를 시도하다가 임부의 생명에 위험을 초래하고 의사의 긴급피난을 이용하여 낙태를 하게 하는 경우에는 이 죄의 간접정범이 된다. 임부의 촉탁 또는 승낙을 받은 자가 자신이 낙태행위를 하지 않고 타인에게 부탁하여 낙태수술을 하게 하면 타인의 업무자 여부에 따라 이 죄 또는 업무상동의낙태죄의 교사범이 된다. 30

Ⅳ. 업무상동의낙태죄

> 제270조 (업무상동의낙태죄) ① 의사, 한의사, 조산사, 약제사 또는 약종상이 부녀의 촉탁 또는 승낙을 받아 낙태하게 한 때에는 2년 이하의 징역에 처한다. ④ 7년이하의 자격정지를 병과한다.

1. 의의, 성격

한의사, 조산사, 약제사 또는 약종상이 부녀의 촉탁 또는 승낙을 받아 낙태하게 함으로써 성립하는 범죄이다. 동의낙태죄에 비하여 신분 때문에 형이 가중되는 부진정신분범이다. '의사'부분은 헌재결 2017헌바127에 따라 2021. 1. 1.이후 무효인 규정이 되었으므로, 나머지 주체들에 대해서만 살펴본다. 31

2. 구성요건

주체가 열거되어 있기 때문에 구성요건에 열거된 자 이외에, 예컨대 제약업자나 안마사 등은 이 죄의 주체가 될 수 없다. 뿐만 아니라 위에 열거된 자들은 모두 면허를 가진 자에 한한다. 그 밖의 요건은 동의낙태죄의 내용과 같다. 32

Ⅴ. 부동의낙태죄

> 제270조(부동의낙태죄) ② 부녀의 촉탁 또는 승낙없이 낙태하게 한 자는 3년 이하의 징역에 처한다. ④ 7년이하의 자격정지를 병과한다.

1. 의의, 성격

33 부녀의 촉탁 또는 승낙 없이 낙태하게 함으로써 성립하는 범죄이다. 동의가 없기 때문에 동의낙태죄에 비해 형이 가중된 구성요건이다.

2. 구성요건

34 이 죄의 주체에는 제한이 없다. 제270조 제1항에 열거된 업무종사자도 이 죄의 주체가 될 수 있다. 부녀의 촉탁이나 승낙이 없으면 충분하고 반드시 본인의 의사에 반할 것을 요하지 않는다. 따라서 부녀 모르게 낙태시킨 때에도 이 죄가 성립한다. 형식적인 촉탁 또는 승낙이 있었다 하더라도 그에 하자가 있는 경우에는 이 죄가 성립한다.

35 부녀의 촉탁 또는 승낙이 없었음에도 불구하고 있다고 오신한 때에는 이 죄의 고의가 조각되며, 제269조 제2항(동의낙태) 또는 제270조 제1항(업무상 동의낙태)의 죄가 성립한다. 또 과실에 의한 때에는 모체에게 상해가 발생한 경우 모체에 대한 과실치상죄의 문제가 된다. 이 죄에서도 낙태하게 하는 것은 행위자가 직접 낙태행위를 한 경우를 가리킨다.

3. 죄수

36 낙태행위에 당연히 수반되는 부녀의 신체상해는 불가벌적 수반행위로서 낙태죄에 흡수된다. 하지만 그 범위를 초과하는 상해에 대해서는 고의 유무에 따라 이 죄와 상해죄의 상상적 경합이 되거나 낙태치상죄가 성립한다. 임신한 부녀임을 알면서 그를 살해한 때에는 이 죄와 살인의 상상적 경합이 되며, 부녀에게 낙태를 강요하여 낙태를 하였으면 이 죄와 강요죄의 상상적 경합이 된다.

Ⅵ. 낙태치사상죄

> 제269조(낙태치상죄/낙태치사죄) ③ 제2항의 죄를 범하여 부녀를 상해에 이르게 한 때에는 3년 이하의 징역에 처한다. 사망에 이르게 한 때에는 7년 이하의 징역에 처한다.
> 제270조(업무상동의낙태 부동의낙태치상죄/치사죄) ③ 제1항 또는 제2항의 죄를 범하여 부녀를 상해에 이르게 한 때에는 5년 이하의 징역에 처한다. 사망에 이르게 한 때에는 10년 이하의 징역에 처한다. ④ 7년이하의 자격정지를 병과한다.

37 이 죄는 동의낙태죄, 업무상동의낙태죄, 부동의낙태죄에 대한 결과적 가중범이다. 낙태행

위 자체가 일종의 상해로서의 성질을 가지고 있으므로 결과적 가중범으로서의 상해는 낙태행위에 당연히 수반되는 신체손상이나 심신쇠약을 넘어서서 임부의 건강상태를 더욱 불량하게 하는 사실이 있어야 한다(자궁이나 내장의 손상 또는 정신분열적 징후 등).

낙태는 미수에 그치고 임부에 대한 치사상의 결과가 발생한 경우 낙태치사상죄의 성립여 38
부에 대해서는 ① 이 죄는 부녀를 사상에 이르게 함으로써 완성되며 낙태행위의 기수·미수를 묻지 않는다는 견해[209]와 ② 이 죄는 낙태죄를 범하여 사람을 사상에 이르게 함으로써 성립하고 낙태미수는 처벌규정이 없으므로 **낙태가 기수에 이를 것을 요한다**는 견해[210]가 대립한다.

형법의 낙태치사상죄의 "전항의 죄를 범하여"는 낙태미수를 처벌하지 않는 상태에서 낙태 39
기수만을 포함한다고 해석하는 것이 타당하다. 따라서 낙태행위 자체가 미수에 그쳤으나 임부에게 치사상의 결과가 발생한 경우에는 (업무상)과실치사상죄만 성립한다.

업무상동의낙태치사상죄가 인정되기 위해 주체에게 임부의 상해나 사망의 결과를 예견하 40
고 방지할 업무상 주의의무가 인정되어야 하는 것은 일반과실범이나 결과적 가중범의 성립요건에서 설명한 바와 같다.[211]

제6절 유기와 학대의 죄 §11

Ⅰ. 총설

1. 의의 및 보호법익

(1) 의의

유기의 죄는 도움을 요하는 자를 보호할 의무 있는 자가 유기하는 것을 내용으로 하는 범 1
죄이고, 학대의 죄는 보호자 또는 감독자가 자신의 보호 또는 감독을 받는 사람을 학대하는 것을 내용을 하는 범죄이다. 우리 형법은 유기의 죄와 학대의 죄가 그 행위객체의 처해 있는 상황이 유사하다는 점에서 같은 장에 규정하고 있다. 특히 우리 형법은 보호의무 있는 자의 유기만을 처벌하기 때문에 보호의무가 없는 일반인의 긴급구조의무위반도 처벌하고 있는 다른

209) 김일수/서보학, 57면; 배종대, §27/10.
210) 김종원, 84면; 이재상/장영민/강동범, §5/31; 박상기, 92면; 오영근, §5/15; 임웅, 112면; 정성근/정준섭, 61면.
211) "낙태수술을 하고 태아를 낙태시킨 순간부터 심한 하출혈을 하는 것을 보고 자궁수축제와 지혈제를 주사하고 압박담뽕을 하였으나 아무런 효험이 없이 여전히 출혈이 계속되었을 경우 위 출혈상태로 보아 "이완성 자궁"으로 인한 출혈이라는 것을 예견하였거나 예견할 수 있었을 것이므로 의사로서는 출혈의 근원을 제거하기 위하여 환자로 하여금 자궁절개수술을 받도록 조치를 하여 그 출혈로 인한 사망을 예방하여야 할 주의의무가 있다"(대법원 1971.8.31. 71도1254).

나라의 입법례[212)]와 차이가 있다.

(2) 보호법익

2 1) 유기의 죄 유기의 죄는 요부조자要扶助者의 생명 또는 신체에 대한 안전을 보호하기 위한 위험범이다. 하지만 **유기의 죄를 구체적 위험범으로 해석할 것인지 추상적 위험범으로 해석할 것인지**에 대해서는 견해가 대립한다. ① **구체적 위험범설**에 의하면 유기 후 타인이 구조하는 사실을 확인하고(또는 구조가 처음부터 확실한 때) 그곳을 떠난 경우에는 구체적 위험이 없으므로 유기죄는 성립하지 않는다[213)](유기의 미수는 불가벌). ② 하지만 유기의 죄는 **추상적 위험범**으로 해석해야 한다(다수설). 유기의 죄는 요부조자를 보호 없는 상태에 둠으로써 생명·신체에 위험을 가져오게 하는 데에 그 본질이 있고, 보호의무위반죄로서의 성격을 가지고 있어서 일단 의무위반이 있으면 구체적 위험이 발생할 것을 요하지 않기 때문이다.

3 다만 형법이 유기의 결과로 피유기자의 생명에 구체적 위험이 발생한 때에 특히 형을 가중하고 있는 중유기죄(제271조 제3항, 제4항)는 '생명에 대한 위험발생'이 구성요건적 결과에 해당하기 때문에 구체적 위험범이라고 해야 한다.

4 2) 학대의 죄 학대의 죄는 ① 피보호자 내지 피감독자의 생명 또는 신체의 안전을 보호하는 범죄라고 하는 견해, ② 신체의 안전만을 보호법익이라고 하는 견해, ③ 생명 또는 신체의 안전 및 인격권까지 보호법익으로 한다는 견해 등이 있다. 학대행위를 육체적 고통뿐 아니라 정신적 고통을 가하는 가혹한 대우라고 해석하는 한 인격권까지 보호법익으로 보는 것이 타당하다.[214)] 다만 '아동혹사죄'는 아동의 생명·신체의 안전과 함께 아동의 복지권도 보호법익으로 한다.[215)]

5 학대의 죄의 법익의 보호 정도 역시 유기의 죄와 마찬가지로 추상적 위험범으로서의 보호이다.

212) 독일은 구조의무 없는 자의 불구조죄를 명문화하고 있고(독일형법 제323c조), 일본형법도 독일의 영향을 받아 보호의무 없는 자의 유기행위(제217조)와 보호책임자의 유기행위를 규정하여 후자를 중하게 처벌하고 있다(제218조).

213) 유기천(상), 86면.

214) 물론 거꾸로 보호법익을 어떻게 이해하느냐에 따라 학대개념의 해석범위도 달라진다.

215) 오영근, §6/25.

2. 구성요건체계

6

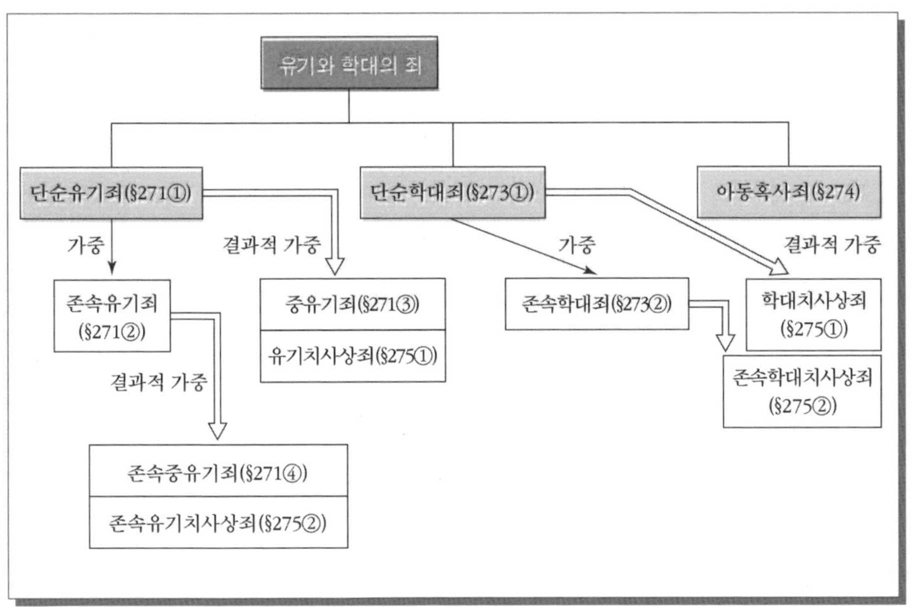

유기의 죄는 단순유기죄를 기본적 구성요건으로 하고, 존속유기죄를 가중적 구성요건으로 하고 있다. 중유기죄, 유기치사상죄, 존속유기치사상죄는 결과적 가중범으로 규정된 가중적 구성요건이다. 7

학대의 죄는 단순학대죄를 기본적 구성요건으로 하고, 존속학대죄와 학대치사상죄는 가중적 구성요건으로 규정하고 있다. 이 외에 학대죄와 독립된 구성요건으로 아동혹사죄를 별도로 규정하고 있다. 「아동복지법」은 아동학대에 대한 정의규정[216] 및 아동에 대한 신체적, 정서적 학대행위 등을 처벌하는 특별규정(제71조, 제17조)을 두고 있다. 한편, 「아동학대범죄의 처벌에 관한 특례법」은 아동학대치'사'죄와 아동학대중상해죄 대한 가중처벌과 상습아동학대죄에 관한 규정, 그리고 아동복지시설의 종사자 등에 대한 가중처벌 등을 규정하고 있다. 8

Ⅱ. 유기죄

> 제271조(유기죄) ① 나이가 많거나 어림, 질병 그 밖의 사정으로 도움이 필요한 사람을 법률상 또는 계약상 보호할 의무가 있는 자가 유기한 경우에는 3년 이하의 징역 또는 500만원 이하의 벌금에 처한다.

216) 「아동복지법」 제3조 제7호 "아동학대"란 보호자를 포함한 성인이 아동의 건강 또는 복지를 해치거나 정상적 발달을 저해할 수 있는 신체적·정신적·성적 폭력이나 가혹행위를 하는 것과 아동의 보호자가 아동을 유기하거나 방임하는 것을 말한다.

1. 의의, 성격

9 나이가 많거나 어림, 질병 그 밖의 사정으로 도움이 필요한 사람을 법률상 또는 계약상 보호할 의무가 있는 자가 유기함으로써 성립하는 범죄이다. 보호의무 있는 자의 유기행위만을 처벌하므로 진정신분범이고, 추상적 위험범이자 거동범이다.

2. 구성요건

(1) 객관적 구성요건

10 **1) 주체** 부조를 요하는 자를 보호할 법률상 또는 계약상 의무 있는 자이다. 이를 보호의무자라 한다.

11 (가) 보호의무 여기의 보호의무는 요부조자를 생명·신체에 대한 위험으로부터 보호해야 할 의무로서 그 상대방이 직면하게 될 생명·신체에 대한 위험을 실질적으로 차단하기 위하여 필요하고도 가능한 조치를 다하는 것을 내용으로 한다.[217] 따라서 민법상의 부양의무(민법 제975조)와 반드시 일치하지 않는다. 민법상의 부양의무는 주로 피부양자가 자기의 자력 또는 근로에 의하여 경제생활을 유지할 수 없는 경우에 부양할 책임을 말하는 데 대하여 이 죄의 보호의무는 일상적인 기와침식起臥寢食의 동작이 부자유한 사람을 생명·신체의 위험으로부터 보호해야 할 의무이기 때문이다.

(나) 보호의무의 근거

12 **가) 법률·계약에 의한 보호의무** 형법은 보호의무의 근거로서 법률상 또는 계약상의 의무로 한정하고 있다. 법률상의 보호의무는 보호의무가 법률에 규정되어 있는 경우로서, 경찰관직무집행법 제4조의 경찰관의 보호조치의무, 도로교통법 제54조 제1항, 제148조의 사고운전자의 구호의무, 민법 제826조 제1항의 부부간의 부양의무,[218] 민법 제913조의 친권자의 보호의무, 제945조의 미성년후견인의 의무, 제947조의 성년후견인의 의무, 제974조의 친족의 부양의무 등이 있다. 하지만 보호의무는 행위자에게 신분상의 지위로 인해 특별히 주어진 것이어야 하므로 법적 의무이긴 하지만 모든 사람을 준수대상으로 하고 있는 일반적 부조의무 내지 신고의무(예: 경범죄처벌법 제3조 제1항 제6호의 도움이 필요한 사람 등의 신고의무)는 이 죄의 보호의무의 근거가 될 수 없다.

13 계약상의 보호의무는 그 계약이 유기자와 피유기자 사이에 맺어진 것 외에 제3자와 맺어

---

217) 대법원 2015.11.22. 2015도6809 전원합의체(세월호 사건).

218) "법률상 부부는 아니지만 사실혼 관계에 있는 경우에도 위 민법 규정의 취지 및 유기죄의 보호법익에 비추어 위와 같은 법률상 보호의무의 존재를 긍정하여야 하지만, 사실혼에 해당하여 법률혼에 준하는 보호를 받기 위하여는 단순한 동거 또는 간헐적인 정교관계를 맺고 있다는 사정만으로는 부족하고, 그 당사자 사이에 주관적으로 혼인의 의사가 있고 객관적으로도 사회관념상 가족질서적인 면에서 부부공동생활을 인정할 만한 혼인생활의 실체가 존재하여야 한다"(대법원 2008.2.14. 2007도3952).

진 계약도 무방하다. 그리고 계약은 명시적이든 묵시적이든 상관없다. 간호사나 보모와 같이 업무의 성질상 당연히 보호의무가 포함된 때에는 명시적 계약에 해당하며, 사용자의 근무 중인 근로자 보호의무는 묵시적 계약의 일종이다.

나) 보호의무의 범위확장여부 **법률상 또는 계약상의 의무 이외에 보호의무를 인정할 수 있는지**와 관련해서는 ① 법률 또는 계약상의 보호의무를 예시에 불과한 것으로 파악하고 사무관리·관습·조리에 근거한 보호의무를 인정하는 견해[219](긍정설)와 ② 형법 제18조(부작위범의 보증의무)를 '법률'에 포함시켜 보호의무를 실질적으로 확대하는 견해[220](제18조 포함설) ③ 법률상 또는 계약상의 의무 이외에 보호의무를 전면 부정하는 견해(부정설) 등이 대립한다. 부정설이 타당하다. 그 이유는 다음과 같다. i) 사무관리는 원래 재산상의 이해관계를 합리적으로 해결하기 위해서 의무 없이 타인의 사무를 처리한 경우에 인정하는 사법상의 제도에 불과하므로 이를 특별한 근거 없이 유기죄의 보호의무의 근거로 삼을 수는 없다. ii) 관습·조리에 의한 보호의무라고 예시되고 있는 내용 역시 대부분 묵시적 계약(동거피고용인의 발병시 보호의무·유아보호의무)이나 법률상 보호의무(운전자의 조치의무는 도로교통법 제54조 제1항)로 포섭되는 것이므로 별도로 보호의무의 근거를 넓힐 필요도 없다. iii) 학대죄(제273조 제1항)의 보호·감독자에 조리상의 보호·감독자까지 포함시키고 있는 것과 균형상의 이유를 들어 조리상의 보호의무를 인정하려는 태도 역시 학대죄와 유기죄의 구성요건 객체가 다름에도 불구하고 학대죄의 해석을 유기죄에 적용하려는 지나친 확대해석의 태도라고 하지 않을 수 없다. iv) 더 나아가 형법 제18조가 유기죄의 보호의무의 근거가 되는 '법률'에 포함될 수 있다는 견해 역시 부작위범의 보증의무의 발생근거로 조리나 관습까지를 포함하는 전제라면 허용될 수 없는 확대해석이므로 받아들일 수 없다. 14

判 대법원도 유기죄의 주체를 법률상·계약상의 의무 있는 자로 한정하고 있음에도 불구하고 그 범위를 초월하여 행위자에게 불이익하게 확대해석하는 것은 형벌확장이 되어 죄형법정주의 원칙에 반하는 것으로 허용될 수 없다는 태도를 취한다.[221] 15

이러한 해석론에 따르면 법률상 또는 계약상의 의무가 없는 때에는 가령 다른 범죄에 의하여 위험이 발생한 때에도 이를 구조해야 할 보호의무는 생기지 않는다.[222] 결국 유기죄의 보호 16

---

219) 김종원, 90면.

220) 이정원, 131면; 이형국/김혜경, 126면.

221) "현행 형법은 유기죄에 있어서 구법과는 달리 보호법익의 범위를 넓힌 반면 보호책임 없는 자의 유기죄는 없애고 법률상 또는 계약상의 의무 있는 자만을 유기죄의 주체로 규정하고 있으니 명문상 사회상규상의 보호책임을 관념할 수 없다고 하겠으니 유기죄의 죄책을 인정하려면 보호책임이 있게 된 경위, 사정, 관계 등을 설시하여 구성요건이 요구하는 법률상 또는 계약상의 보호의무를 밝혀야 하고 설혹 동행자가 구조를 요하게 되었다 하여도 일정거리를 동행한 사실만으로서는 피고인에게 법률상·계약상의 보호의무가 있다고 할 수 없으니 유기죄의 주체가 될 수 없다"(대법원 1977.1.11. 76도3419).

222) "강간치상의 범행을 저지른 자가 그 범행으로 인하여 실신상태에 있는 피해자를 구호하지 아니하고 방치하였다고 하여도 그 행위는 포괄적으로 단일의 강간치상죄만을 구성한다"(대법원 1980.6.24. 80도726).

의무의 범위를 넓히는 문제는 입법론적으로 사회공동생활상 조난당한 이웃을 보호해야 하는
17 의무규정(소위 선한 사마리아인의 규정)을 두는 방법으로 해결할 수밖에 없다.

判 다만 대법원은 최근 '계약상의 의무'를 계약에 기한 주된 급부내용으로 부조를 제공하는 경우로만 한정하지 않고, 계약 해석상 계약관계의 목적이 달성될 수 있도록 상대방의 신체 또는 생명에 대하여 주의와 배려를 한다는 '부수적 의무'의 한 내용으로 상대방을 부조하여야 할 의무도 계약상의 의무에 포함시킴으로써 — 비록 '민사적 부조의무 또는 보호의무가 인정된다고 해서 형법상 유기죄의 계약상 의무가 당연히 긍정된다고 말할 수 없다'[223]고 하면서 그 확장에 신중론을 전개하고 있긴 하지만 — 사실상 보호의무의 범위를 확장하고 있다.[224]

18 2) 객체 나이가 많거나 어림(노유), 질병 그 밖의 사정으로 인하여 부조를 요하는 자(요부조자)이다. '영아'는 영아유기죄의 객체로 규정되어 단순유기죄에 비해 그 형이 감경된 법정형이 적용되는 특별 취급을 받아왔다. 그러나 2023. 7. 형법개정에 따라 영아유기죄의 구성요건이 삭제됨에 따라 '영아'도 단순유기죄의 객체에 포함된다.

19 (가) 요부조자 요부조자란 정신적·육체적 결함으로 인하여 타인의 도움 없이는 자신의 생명·신체에 대한 위험을 스스로 극복할 수 없는 사람을 말한다. 요부조자인가의 여부는 일상생활에 필요한 동작의 가능성을 기준으로 구체적 사정을 고려하여 판단해야 한다. 형법은 유기죄의 주체는 제한하고 있는 반면에 객체는 노유, 질병을 예시하고 그 밖의 사정이라는 일반적 규정을 둠으로써 그 범위를 확대하고 있다.

20 (나) 나이가 많거나 어림·질병·그 밖의 사정 나이가 많거나 어림(노유)이란 노인과 어린아이를 말한다. 연령을 기준으로 정할 수 없고, 정신적·육체적 기타 구체적 사정을 고려하여 일상생활능력이 있는가에 따라 결정해야 한다. 영아의 경우, 유기의 성질상 분만완료 이전의 영아가 아니라 전부 노출된 이후의 영아로서 일반적 의미의 영아, 즉 젖먹이와 같이 보호자의 도움 없이는 활동할 수 없는 유아가 이 죄의 객체가 된다. 질병은 육체적·정신적 질환을 의미한다. 그 원인, 치료기간의 장단, 치료의 가능성 유무는 묻지 않는다. 정신병자, 사고로 부상당한 자, 말기중환자가 여기에 해당한다.

21 '그 밖의 사정'이란 노유, 질병과 마찬가지의 정도로 타인의 도움 없이는 생명·신체에 대한 위험을 스스로 극복할 수 없는 정도의 사정을 의미한다. 이러한 사정은 일시적이라도 무방하며, 요부조자 스스로 야기한 원인도 상관없다. 불구자, 백치, 분만 중의 부녀, 음주만취자, 최면에 빠진 자, 기아자 등이 이에 해당한다. 하지만 타인의 경제적 도움 없이 생계를 유지할 수 없는 극빈자라도 움직일 수 있는 자이면 그 밖의 사정에 포함시킬 수 없다. 깊은 잠

223) 대법원 2011.11.24. 2011도12302.

224) "피해자가 피고인의 지배 아래 있는 주점에서 3일 동안 과도하게 술을 마시고 추운 날씨에 난방이 제대로 되지 아니한 주점 내 소파에서 잠을 자면서 정신을 잃은 상태에 있었다면, 피고인은 주점의 운영자로서 피해자의 생명 또는 신체에 대한 위해가 발생하지 아니하도록 피해자를 주점 내실로 옮기거나 인근에 있는 여관에 데려다 주어 쉬게 하거나 피해자의 지인 또는 경찰에 연락하는 등 필요한 조치를 강구하여야 할 계약상의 부조의무를 부담(한다)"(대법원 2011.11.24. 2011도12302).

이나 임신 중에 있다는 이유만으로도 그 밖의 사정에 들어갈 수 없다.

3) 행위　　유기이다. 유기란 요부조자를 보호 없는 상태에 둠으로써 그 생명·신체에 위험을 가져오는 행위를 말한다. 현재의 보호 상태에서 다른 상태로 장소적 이전을 하는移置 적극적 유기와, 원래 상태 그대로 두고 떠나거나置去 생존에 필요한 보호를 하지 않는 소극적 유기도 포함한다.[225] 22

유기의 방법은 묻지 않는다. 따라서 위험을 모르는 어린아이, 정신병자, 강제상태하에 있는 자를 위험장소에 가게 하거나 스스로 위험에 빠지는 것을 그대로 방치하는 부작위도 유기가 된다.[226] 그러나 종전의 장소보다 위험이 적은 장소로 옮기는 경우에는 유기가 되지 않는다. 유기죄를 추상적 위험범으로 해석하는 한 유기의 정도도 특별한 제한이 없다. 23

4) 기수시기　　추상적 위험범이므로 유기행위가 있으면 바로 기수가 된다. 요부조자의 생명·신체에 위험이 현실적으로 발생할 필요도 없고, 반드시 보호 가능성이 전혀 없어야 할 필요도 없으며 결과가 발생할 필요는 더더욱 없다. 따라서 타인의 구조를 확실히 기대할 수 있는 때(어린아이를 고아원 앞에 버리는 경우)나 타인의 구조가 없으면 스스로 구조할 의사로 근처에서 지켜보고 있는 때에도 유기죄의 기수가 된다. 24

(2) 주관적 구성요건

행위자가 보호의무자이며 요부조자를 유기한다는 점에 대한 인식과 의사가 있어야 한다.[227] 보호의무의 발생원인이 된 사실이 존재하는 것을 인식하지 못했거나, 보호의무에 기한 부조의무를 게을리한다는 의식이 없으면 구성요건적 착오로서 고의가 조각되어 불가벌이 되며,[228] 자신에게 형법상 보호의무가 없다고 오신한 때에는 포섭의 착오로 위법성의 착오문제가 된다. 25

3. 죄수, 타죄와의 관계

피해자가 상해 또는 사망할 것임을 예견하면서 이를 용인하고 유기한 때에는 (부작위에 의한) 상해죄 또는 살인죄가 되며, 이 경우 유기죄는 상해죄나 살해죄에 대하여 보충관계에 있다. 26

---

225) 김일수/서보학, 110면; 오영근, §6/12. 소극적 유기와 적극적 유기를 각각 협의의 유기와 광의의 유기로 표현하기도 하지만, 이 표현은 적절하지 않다. 개념적으로 보면 광의의 유기란 협의의 유기를 포함하고 있어야 하는데, 소극적 유기와 적극적 유기는 서로 다른 내용을 가지고 있기 때문이다.

226) "생모가 사망의 위험이 예견되는 그 딸에 대하여는 수혈이 최선의 치료방법이라는 의사의 권유를 자신의 종교적 신념이나 후유증 발생의 염려만을 이유로 완강하게 거부하고 방해하였다면 이는 결과적으로 요부조자를 위험한 장소에 두고 떠난 경우와 다름이 없다 할 것이고 그때 사리를 변식할 지능이 없다고 보아야 할 11세 남짓한 환자 본인 역시 수혈을 거부하였다고 하더라도 생모의 수혈거부행위가 위법한 점에 영향을 미치지 않는다"(대법원 1980.9.24. 79도1387).

227) "국민의 생명과 신체의 안전을 보호하기 위한 응급의 조치를 강구하여야 할 직무를 가진 경찰관인 피고인으로서는 술에 만취된 피해자가 향토예비군 4명에게서 떠메어 운반되어 지서 나무의자에 눕혀 놓았을 때 숨이 가쁘게 쿨쿨 내뿜고 자신의 수족과 의사도 자제할 수 없는 상태에 있음에도 불구하고 근 3시간 동안이나 아무런 구호조치를 취하지 아니한 것은 유기죄에 대한 범의를 인정할 수 있다"(대법원 1972.6.27. 72도863).

228) 대법원 1988.8.9. 86도225.

27 다른 범죄행위 도중에 그 범죄의 피해자에게 유기죄에 의해 발생할 정도의 위험이 발생한 경우라도 그 범죄만 성립할 뿐 유기죄는 별도로 성립하지 않는다. 피해자를 보호할 법률상·계약상의 의무가 행위자에게 존재하지 않기 때문이라는 점에 대해서는 앞에서 설명하였다.

Ⅲ. 존속유기죄

> 제271조(존속유기죄) ② 자기 또는 배우자의 직계존속에 대해서 제1항(유기)의 죄를 지은 경우에는 10년 이하의 징역 또는 1,500만원 이하의 벌금에 처한다.

28 자기 또는 배우자의 직계존속을 유기함으로써 성립하는 범죄이다. 신분 때문에 형이 가중되는 가중적 구성요건이다. 배우자, 직계존속에 대해서는 존속살해죄에서 설명한 내용과 같다. 이 죄의 고의는 단순유기의 고의 외에 객체가 자기 또는 배우자의 직계존속이라는 것을 인식하고 있어야 한다.

Ⅳ. 중유기죄·존속중유기죄

> 제271조(중유기죄) ③ 제1항(유기)의 죄를 지어 사람의 생명에 위험을 발생하게 한 경우에는 7년 이하의 징역에 처한다.
> (존속중유기죄) ④ 제2항(존속유기)의 죄를 지어 사람의 생명에 위험을 발생하게 한 경우에는 2년 이상의 유기징역에 처한다.

29 유기죄 또는 존속유기죄를 범하여 피해자의 생명에 구체적 위험을 발생하게 함으로써 성립하는 가중적 구성요건이다. 생명에 대한 위험이 구성요건의 결과로 규정되어 있기 때문에 구체적 위험범이고, 중상해죄의 경우와 마찬가지로 중한 결과가 과실로 야기된 경우는 물론이고 고의로 야기된 경우에도 성립하는 부진정결과적 가중범이다. 다른 요건은 유기죄 또는 존속유기죄의 내용과 같다.

Ⅴ. 학대죄·존속학대죄

> 제273조(학대죄) ① 자기의 보호 또는 감독을 받는 사람을 학대한 자는 2년 이하의 징역 또는 500만원 이하의 벌금에 처한다.
> (존속학대죄) ② 자기 또는 배우자의 직계존속에 대하여 전항의 죄를 범한 때에는 5년 이하의 징역 또는 700만원 이하의 벌금에 처한다.

1. 의의, 성격

30 자기의 보호 또는 감독을 받는 사람을 학대하거나(학대죄) 자기 또는 배우자의 직계존속을

학대함으로써(존속학대죄) 성립하는 범죄이다. 학대죄는 유기죄와 독립된 구성요건으로서 진정신분범이고, 존속학대죄는 학대죄의 가중적 구성요건으로서 부진정신분범이다.

학대죄와 존속학대죄는 다같이 학대행위만으로 성립하는 추상적 위험범이자 거동범이고, 육체적으로 고통을 주거나 정신적으로 차별대우하는 행위가 있으면 성립하는 즉시범이다.[229) 31

2. 구성요건

(1) 객관적 구성요건

1) 주체 이 죄의 주체는 사람을 보호 또는 감독하는 자(학대죄), 직계존속을 보호 또는 감독할 의무 있는 직계비속과 그 배우자이다(존속학대죄). 32

보호 또는 감독의 근거에 관해서는 ① 유기죄와 균형상 법률 또는 계약에 의한 경우에 한한다는 견해[230)]와, ② 이러한 제한 없이 사무관리·조리 또는 관습에 의한 경우도 포함하는 견해(다수설)가 대립한다. 유기죄의 규정처럼 '법률상 또는 계약상'이라는 제한이 없으므로 그 근거를 제한적으로 해석해야 할 이유가 없고, 학대로 인하여 사람의 생명·신체에 대한 위험을 야기시키는 것은 법률·계약에 의하지 아니한 보호·감독관계에서도 생길 수 있으므로 후자의 견해가 타당하다. 33

2) 객체 자기의 보호 또는 감독을 받는 자(학대죄) 및 자기 또는 배우자의 직계존속(존속학대죄)이다. 보호 또는 감독을 받는 자이면 아동, 소년, 질병자, 불구자, 노약자, 부녀 등 제한이 없으나 18세 미만의 아동에 대한 학대는 특별법인 아동복지법(제17조 및 제71조)이 적용된다. 34

3) 행위 학대하는 것이다. 학대는 부작위로도 가능하다는 점에는 이견이 없지만, **학대의 개념**에 대해서는 견해가 갈린다. ① 생명 또는 신체의 안전을 위태롭게 할 육체적 고통을 주는 처우로서 폭행 이외의 것을 의미하는 것으로 제한하는 견해[231)]와 ② 육체적으로나 정신적으로 고통을 가하는 가혹한 대우를 의미한다는 견해가 대립한다. 35

判 대법원도 학대죄의 '학대'를 '육체적으로 고통을 주거나 정신적으로 차별대우를 하는 행위'로 정의하고 있다. 특히 대법원은 형법의 규정체계상 학대와 유기의 죄가 같은 장에 위치하고 있는 점 등에 비추어 단순히 상대방의 인격에 대한 반인륜적 침해만으로는 부족하고 적어도 유기에 준할 정도에 이르러야 할 것을 요구하면서, 피해자와 단순히 성관계를 가진 행위는 학대에 해당하지 않는다고 한다.[232)] 36

학대죄는 생명·신체를 보호법익으로 하고 있고, 이러한 법익을 추상적 위험범이자 거동범 형식으로 보호하고 있는 것으로 해석되고 있으며 특히 신체의 내적 건강에 정신적 기능 장애도 포함되는 이상 보호법익을 위태롭게 하는 학대행위에 정신적 고통을 가하는 행위도 포함 37

229) "자기의 보호 또는 감독을 받는 사람에게 육체적으로 고통을 주거나 정신적으로 차별대우를 하는 행위가 있으면 성립하는 상태범 또는 즉시범이다"(대법원 1986.7.8. 84도2922).

230) 김성천/김형준, 148면.

231) 김종원, 94면; 이재상/장영민/강동범, §6/24.

232) 대법원 2000.4.25. 2000도223.

하는 것이 타당하다. 이 뿐만 아니라 육체적·정신적 고통을 주는 처우로서의 학대가 되려면 유기죄와의 관계상 적어도 생명·신체에 위험을 줄 수 있는 정도에 이르러야 할 것이 요구되므로 폭행을 학대에서 제외할 이유도 없다.[233] 이에 따르면 일상생활에 필요한 음식을 주지 않거나 필요한 정도의 휴식이나 수면을 허용하지 않는 경우, 어두운 좁은 방에 감금하거나 어린아이를 닭장에 가두고 전신을 구타한 경우(폭행)[234]도 학대가 된다.

38 학대개념을 이렇게 파악하면 학대는 폭행·협박·음란행위를 포함한 일체의 정신적·육체적 고통을 주는 행위로 정의되는 가혹행위(제125조의 직권남용죄, 제277조의 중체포감금죄)와도 구별될 수 있다. 학대는 가혹행위에서 협박·음란행위를 제외한 육체적·정신적 고통을 주는 행위이기 때문이다. 그러나 실제로 18세 미만의 아동에 대한 학대를 처벌하는 특별법인 아동복지법(제17조 및 제71조)은 학대를 '아동의 건강이나 복지를 해치거나 신체적·정신적·성적 폭력 또는 가혹행위'로 망라하고 있으므로 이러한 구별의 실무상의 의의는 거의 없다.

(2) 주관적 구성요건

39 단순학대죄는 자신이 보호·감독자의 지위에 있다는 사실과 보호·감독을 받는 사람을 학대한다는 사실에 대한 인식과 의사가 있어야 한다. 생명·신체에 대한 위험발생까지 인식할 필요가 없다. 존속학대죄는 이 외에 행위객체가 자기 또는 배우자의 직계존속이라는 사실도 인식해야 한다.

40 학대죄의 성립범위를 제한하기 위해 학대죄를 고의 외에 초과주관적 구성요건요소로서 학대의 내적 경향이 요구되는 경향범으로 해석될 수 있는지가 문제된다. 육체적·정신적 고통을 주는 처우로서 폭행도 포함하는 등 학대개념이 확장되는 것 같이 보이지만, 유기의 죄와의 체계적 해석상 학대로 인정하려면 적어도 유기에 준할 정도에 이를 것으로 제한하는 이상, 초과주관적 내적 경향까지 요구되는 것으로 해석할 필요는 없을 것으로 보인다.

Ⅵ. 아동혹사죄

> 제274조(아동혹사죄) 자기의 보호 또는 감독을 받는 16세 미만의 자를 그 생명 또는 신체의 위험한 업무에 사용할 영업자 또는 그 종업자에게 인도한 자는 5년 이하의 징역에 처한다. 그 인도를 받은 자도 같다.

1. 의의, 성격

41 자기의 보호 또는 감독을 받는 16세 미만의 아동을 생명 또는 신체에 위험한 업무에 사용

233) 폭행을 학대에서 제외시키는 입장으로는 김일수/서보학, 113면; 배종대, §32/2; 손동권/김재윤, §7/22 등.
234) 대법원 1969.2.4. 68도1793.

할 영업자 또는 그 종업자에게 인도하거나 인도받음으로써 성립하는 범죄이다. 추상적 위험범이자 거동범의 형식으로 규정되어 있고, 진정신분범이면서 인도하는 자 뿐 아니라 인도받는 자도 처벌하므로 필요적 공범 중 대향범이다.

2. 구성요건

(1) 객관적 구성요건

1) 주체 및 객체 주체는 보호·감독의 지위에 있는 자이고 그 대향자는 생명 또는 신체에 위험한 업무에 사용할 영업자 또는 그 종업자이다. 객체는 보호·감독을 받고 있는 16세 미만자이다. 16세 미만자이면 성별, 기혼, 미혼, 발육 정도는 묻지 않는다. 42

2) 행위 생명 또는 신체의 위험한 업무에 사용할 영업자 또는 그 종업자에게 인도하거나 인도받는 것이다. 인도계약을 체결하는 것만으로 부족하고 현실적으로 인도가 있어야 한다. 하지만 현실적으로 위험한 업무에 종사할 필요는 없다. 위험한 업무에 종사까지 시키면 이 죄와 학대죄의 실체적 경합이 될 수 있다. 43

생명·신체에 위험한 업무의 구체적인 범위는 여자와 18세 미만자에게 도덕상 또는 보건상 유해·위험한 사업에 사용하지 못하도록 금지하고 있는 근로기준법 제65조의 금지직종(동법시행령 제40조)보다 제한적으로 해석해야 한다. 아동혹사죄의 업무는 생명·신체에 대한 위험한 업무라야 하고, 근로기준법 위반의 법정형(근로기준법 제109조: 3년 이하의 징역 또는 2천만원 이하의 벌금)보다 이 죄의 법정형이 더 중하기 때문이다. 44

(2) 주관적 구성요건

이 죄의 고의로 아동이 16세 미만자라는 인식과 생명 또는 신체의 위험이 있는 업무에 사용한다는 인식과 의사가 있어야 한다. 45

Ⅶ. 유기등치사상죄

> 제275조(유기치사상죄) ① 제271조 또는 제273조(유기, 학대)의 죄를 범하여 사람을 상해에 이르게 한 때에는 7년 이하의 징역에 처한다. 사망에 이르게 한 때에는 3년 이상의 유기징역에 처한다.
>
> (존속유기·학대치사상죄) ② 자기 또는 배우자의 직계존속에 대하여 제271조 또는 제273조의 죄를 범하여 상해에 이르게 한 때에는 3년 이상의 유기징역에 처한다. 사망에 이르게 한 때에는 무기 또는 5년 이상의 징역에 처한다.

유기 등 치사상죄는 아동혹사죄를 제외한 유기·학대의 죄를 범하여 사람을 상해 또는 사망에 이르게 함으로써 성립하는 범죄이다. 단순유기죄 등에 대한 가중적 구성요건으로서 진정결과적 가중범에 해당한다. 존속유기·학대치사상죄는 유기치사상죄에 대해 신분관계로 인해 형이 가중되는 가중적 구성요건으로서 부진정신분범이다. 46

47 유기와 사상사이의 인과관계는 그 사이에 제3자의 행위가 일부 기여한 경우에도 인정될 수 있다.[235] 유기행위가 부작위인 경우에는 보호조치를 다하였더라도 마찬가지로 결과가 발생하였을 가능성이 있으면 인과관계가 부정된다.[236] 인과관계가 부정되는 때에는 유기죄와 과실치사상죄의 상상적 경합이 될 뿐이며, 행위자에게 치사상에 대한 과실도 없는 때에는 유기죄·학대죄 등으로 처벌될 뿐이다. 진정결과적 가중범이므로 애당초 살해 또는 상해의 의사가 있는 때에는 유기등치사상죄가 성립하지 않고 부작위에 의한 살인죄 또는 상해죄만 성립하며 유기죄·학대죄 등은 이에 흡수된다.

235) "유기행위가 피해자의 사상이라는 결과를 발생하게 한 유일하거나 직접적인 원인이 된 경우 뿐만 아니라 그 행위와 결과 사이에 제3자의 행위가 일부 기여하였다고 할지라도 유기행위로 초래된 위험이 그대로 또는 그 일부가 사상이라는 결과로 현실화된 경우라면 상당인과관계를 인정할 수 있다"(대법원 2015.11.22. 2015도6809 전원합의체).

236) "치사량의 청산가리를 음독했을 경우 미처 인체에 흡수되기 전에 지체 없이 병원에서 위 세척을 하는 등 응급치료를 받으면 혹 소생할 가능은 있을지 모르나 이미 이것이 혈관에 흡수되어 피고인이 피해자를 변소에서 발견했을 때의 피해자의 증상처럼 환자의 안색이 변하고 의식을 잃었을 때는 우리의 의학기술과 의료시설로서는 그 치료가 불가능하여 결국 사망하게 되는 것이고 또 일반적으로 병원에서 음독환자에게 위세척, 호흡촉진제, 강심제 주사 등으로 응급가료를 하나 이것이 청산가리 음독인 경우에는 아무런 도움도 되지 못하는 것이므로 피고인의 유기행위와 피해자의 사망 간에는 상당인과관계가 없다 할 것이다"(대법원 1967.10.31. 67도1151).

제 2 장 자유에 대한 죄 § 12

형법은 자유에 대한 죄에서 '~을 실현할 자유'라는 의미의 적극적 자유가 아니라, '~로부터의 자유'라는 소극적인 의미의 자유를 보호한다. 형법이 규정하고 있는 자유에 대한 죄로는 의사결정의 자유를 보호하는 '협박의 죄,' 의사결정과 의사활동의 자유를 함께 보호하는 '강요의 죄,' 신체활동의 자유를 보호하는 '체포·감금의 죄,' 개인의 신체활동을 포함한 자유로운 생활관계를 보호하는 '약취와 유인의 죄,' 성적 의사결정의 자유를 보호하는 '강간과 추행의 죄'가 있다. 1

제 1 절 협박의 죄 § 13

Ⅰ. 총설

1. 의의 및 보호법익

(1) 의의

협박의 죄는 사람을 협박하여 개인의 자유로운 활동의 전제가 되는 '의사결정의 자유'를 공격하는 범죄이다. 의사결정의 자유를 공격하는 행위를 함으로써 의사활동의 자유나 신체활동의 자유를 제한으로 나아가는 경우가 많기 때문에 협박의 죄는 의사활동의 자유 등을 보호법익으로 하는 범죄들(강요의 죄, 체포·감금의 죄, 약취·유인의 죄, 강간과 간음의 죄 등)을 범하기 위한 수단적 의미를 가진다. 1

(2) 보호법익

협박의 죄의 보호법익은 개인의 의사결정의 자유이다. **보호의 정도**와 관련해서는 ① 침해범설(다수설)과 ② 위험범설이 대립한다. 침해범설은 위험범설에 따르면 협박죄의 미수가 처벌되고 있음에 착목하여 상대방의 의사결정의 자유가 현실적으로 침해된 경우에 한하여 기수를 인정해야 한다고 주장한다. 2

구성요건의 실질적인 해석기준인 보호법익의 문제와 당해 범죄의 구성요건의 형식적 요건의 충족여부에 관한 문제인 기수/미수의 문제는 차원이 다른 문제이다. 이 뿐만 아니라 침해범설에 따르면 기수/미수의 구별이 피해자의 개인적 성격(예, 마음의 여림과 강함)에 종속되므로 법적 안정성이 보장되기 어렵다. 협박죄를 위험범으로 해석하는 것이 타당하다. 후술하듯이 위험범설을 취하느냐 침해범설을 취하느냐에 따라 협박개념에 대한 정의가 달라진다. 3

4 判 대법원은 협박죄를 위험범으로 해석하고,[1] 협박행위를 침해범설의 경우와 다르게 정의하는 동시에 협박죄의 미수가 되는 경우를 협박개념의 해석을 통해 독자적으로 밝혀내고 있다.

2. 구성요건의 체계

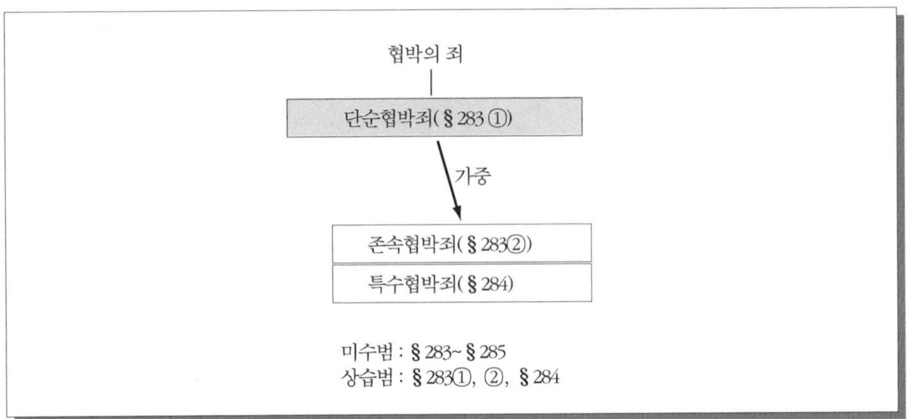

5 협박의 죄는 단순협박죄를 기본적 구성요건으로 하고, 존속협박죄, 특수협박죄, 상습협박죄를 가중적 구성요건으로 규정하고 있다. 모든 협박죄의 미수범을 처벌하며, 단순협박죄와 존속협박죄에 한하여 반의사불벌죄로 하고 있다. 폭처법은 2인 이상의 공동협박을 가중처벌하고(제2조 제2항), 특가법은 보복목적의 협박(제5조의9 제2항)과 운행중(일시정지한 경우도 포함)인 자동차의 운전자를 협박(제5조의10)한 경우를 가중처벌하며, 정보통신망법은 공포심이나 불안감을 유발하는 부호·문언·음향·화상 또는 영상을 반복적으로 상대방에게 하는 행위를 처벌하고 있다(제74조 제1항 3호). 한편, 성폭법은 성적 욕망 또는 수치심을 유발할 수 있는 촬영물 또는 복제물을 이용하여 사람을 협박한 행위를 처벌하고 있다(제14조의3 제1항).

Ⅱ. 협박죄

> 제283조 (협박죄) ① 사람을 협박한 자는 3년 이하의 징역, 500만원 이하의 벌금, 구류 또는 과료에 처한다.
> (반의사불벌죄) ③ 제1항 및 제2항의 죄는 피해자의 명시한 의사에 반하여 공소를 제기할 수 없다.

1. 의의, 성격

6 사람을 협박함으로써 성립하는 범죄이다. 누구라도 협박죄의 주체가 될 수 있으므로 비신

---

1) "협박죄는 사람의 의사결정의 자유를 보호법익으로 하는 위험범이라 봄이 상당하(다)"(대법원 2007.9.28. 2007도606 전원합의체).

분범이다. 추상적 위험범이자 즉시범이며, 반의사불벌죄이다.

2. 구성요건

(1) 객관적 구성요건

1) 객체 사람이다. 여기의 사람은 자기 이외의 자연인을 말하고 법인은 포함하지 않 7
지만,[2] 제3자에 대한 해악고지의 경우 제3자에는 법인도 포함된다. 이 죄의 객체인 사람은 해악고지에 의해서 공포심을 일으킬 만한 정신적 능력(내지 의사능력)이 있어야 한다. 따라서 영아, 명정자, 정신병자, 수면 중인 자 등은 이 죄의 객체가 될 수 없다(통설).

2) 행위 행위는 협박하는 것이다. 8

(가) 협박의 개념 이 죄의 협박은 일반적으로 사람에게 공포심을 일으키게 할 정도의 9
해악의 고지를 의미한다(협의의 협박개념). 해악의 내용은 반드시 합리적이거나 실현가능성이 있을 필요가 없다. 고지된 해악은 해악의 발생이 가능한 것으로 생각될 수 있을 정도로 구체성을 띄어야 한다. 고지가 있다고 하더라도 구체적 해악내용이 포함되어 있지 않으면 협박이 될 수 없다.[3]

협박이 되는지는 고지내용을 개별사안의 특수한 상황에 비추어 객관적으로 판단해야 한 10
다. 따라서 보통사람에게는 공포심이 생길 수 없는 해악이라도 상대방이 심약한 상태에 빠졌거나 미신에 빠져 있는 경우와 같이 특수한 심리상태에 처해 있다면 협박이 될 수 있다.

例 구체적 내용이 없어서 해악의 고지를 부정한 판례: 같은 동네에 사는 동년배끼리 이장선거에서 낙선하 11
자 상대방에 대한 불만으로 '두고보자'고 말한 경우(대법원 1974.10.8. 74도1892), 전화를 통하여 '한번 만나자, 나한테 자신 있나'라고 말한 경우(대법원 1985.7.5. 85도638), 여러 차례 수박 절취를 당한 피고인이 자신의 수박밭에 들어와 두리번거리는 피해자를 발견하고 '앞으로 수박이 없어지면 네 책임으로 한다'고 말한 경우(대법원 1995.9.29. 94도2187) 등.

[형법의 협박개념] 형법에는 협박을 행위수단으로 하는 다수의 각칙구성요건들이 있는데, 각 구성요건이 보호하 12
는 법익등을 기준으로 삼을 때 협박개념은 다음과 같이 구성요건별로 다른 의미로 이해되고 있다.
① 광의의 협박 공포심을 일으키게 할 만한 일체의 해악고지를 의미한다. 고지된 해악의 내용과 성질 및 고지방법에는 아무런 제한이 없으며, 해악고지의 결과 상대방이 공포심을 느꼈는가의 여부도 묻지 않는다. 소요죄(제115조), 공무집행방해죄(제136조), 특수도주죄(제146조) 등에서 사용되는 협박이 여기에 해당한다.
② 협의의 협박 상대방에게 현실적으로 공포심을 일으킬 수 있을 정도의 해악의 고지를 의미한다. 하지만 그로 인해 상대방의 반항이 억압될 정도일 것을 요하지는 않는다. 협박죄(제283조), 강요죄(제324조), 강제추행죄(제298조), 공갈죄(제350조)의 협박이 여기에 해당한다.
③ 최협의의 협박 상대방의 반항을 불가능하게 하거나 현저히 곤란하게 할 정도의 해악의 고지를 의미한다.

---

2) 대법원 2010.7.15. 2010도1017. "협박죄는 사람의 의사결정의 자유를 보호법익으로 하는 범죄로서 형법규정의 체계상 개인적 법익, 특히 사람의 자유에 대한 죄 중 하나로 구성되어 있는바, 위와 같은 협박죄의 보호법익, 형법규정상 체계, 협박의 행위 개념 등에 비추어 볼 때, 협박죄는 자연인만을 그 대상으로 예정하고 있을 뿐 법인은 협박죄의 객체가 될 수 없다."

3) 대법원 1995.9.29. 94도2187.

하지만 상대방이 반드시 반항의사를 완전히 상실하거나 반항이불가능한 상태가 되어야 하는 것은 아니고 보통 사람이면 위험을 느껴 반항할 생각을 갖지 못할 정도이면 충분하다. 강간죄(제297조), 강도죄(제333조), 준강도죄(제355조) 등의 협박이 여기에 해당한다.

13 (나) 구별개념 : 경고·폭언 협박이라고 하기 위해서는 해악의 발생이 직접·간접으로 행위자에 의하여 좌우될 수 있는 것이어야 한다. 따라서 단순히 자연발생적인 천재지변이나 길흉화복의 도래를 알리는 것은 경고일 뿐 협박이 될 수 없다. 해악고지가 전혀 없는 단순한 욕설이나 폭언은 협박이 되지 못하고 폭행 내지 모욕 또는 명예훼손죄가 성립될 수 있을 뿐 협박이 될 수 없다.

14 判 대법원은 천재지변이나 길흉화복을 고지한 경우라도 경고성 발언을 넘어 일정한 요건이 충족되면 협박이 될 수 있다고 한다. 즉 고지의 의도가 상대방에게 공포심을 일으키기 위한 것이고, 자신이 그것을 지배하거나 영향을 미칠 수 있는 명시적 묵시적 언동이 있으면 협박이 될 수 있다고 한다.[4] 이 뿐만 아니라 외형상 일정한 해악이 고지된 경우에도 '행위자에게 해악을 실현할 의사가 없음이 객관적으로 명백'하거나, '감정적인 욕설'적 표현에 불과한 경우에는 '폭언'에 해당할 뿐 협박이 될 수 없다고 한다.

15 例 **협박을 부정한 판례:** 술이 취한 상태에서 경찰서에 연행되어 경찰로부터 뺨까지 얻어맞자 흥분하여 항의조로 "내가 너희들의 목을 자른다. 내 동생을 시켜서라도 자른다"라고 말한 경우는 해악실현의사가 없는 폭언에 불과하고(대법원 1972.8.29. 72도1565), 말다툼 중에 '입을 찢어 버릴라'는 감정적인 욕설에 불과하다(대법원 1986.7.22. 86도1140). 경영위기에 놓인 회사의 직원 중 일부가 동료 직원 및 주요 투자자와 협의를 거쳐 회사 갱생을 위한 자구책으로 마련한 '사임제안서'를 대표이사에게 전달한 행위는 '협박'으로 볼 수 없고, 이에 해당하더라도 사회통념상 용인할 수 있는 정도이거나 회사의 경영 정상화라는 정당한 목적을 위한 상당한 수단에 해당하여 사회상규에 반하지 아니한다(대법원 2022.12.15. 2022도9187).

16 (다) 협박의 내용 협박에서 고지되는 해악의 내용에는 제한이 없다. 따라서 생명, 신체, 자유, 명예, 신용, 업무, 재산 등에 대한 해악과 같이 형법상의 법익으로 한정할 이유가 없다.

17 해악의 내용은 그것이 실현됨으로써 범죄가 되거나 불법해야 할 필요가 없다. 그러므로 경우에 따라서는 해고의 통고, 형사고소를 한다거나 신문에 공개하겠다는 고지도 해악이 될 수 있다. 해악의 내용은 작위뿐만 아니라 부작위도 가능하다. 해악 내용이 부작위인 경우에 협박자에게 해악제거의 의무가 있는지는 아무 상관이 없다. 단순히 자해를 고지하는 것만으로는 원칙적으로 협박이 될 수 없다. 그러나 자해행위를 할 것 같은 시늉에 불과한 정도를 넘어서서 자신의 요구에 응하지 않으면 피해자에게 어떠한 해악을 가할 듯한 위세를 보이면 협박이 될 수 있다.[5]

---

4) "공갈죄의 수단으로서 협박은 객관적으로 사람의 의사결정의 자유를 제한하거나 의사실행의 자유를 방해할 정도로 겁을 먹게 할 만한 해악을 고지하는 것을 말하고, 그 해악에는 인위적인 것뿐만 아니라 천재지변 또는 신력이나 길흉화복에 관한 것도 포함될 수 있으나, 다만 천재지변 또는 신력이나 길흉화복을 해악으로 고지하는 경우에는 상대방으로 하여금 행위자 자신이 그 천재지변 또는 신력이나 길흉화복을 사실상 지배하거나 그에 영향을 미칠 수 있는 것으로 믿게 하는 명시적 또는 묵시적 행위가 있어야 공갈죄가 성립한다"(대법원 2002.2.8. 2000도3245).

5) 대법원 2011.1.27. 2010도14316.

例 **자해행위를 협박으로 인정한 판례:** 피해자의 횟집에서 술을 마시던 중 피해자에게 화가 나서 횟집 주방에 있는 회칼 2자루를 들고 나와 죽어버리겠다며 자해하려고 한 경우는 협박이 된다(대법원 2010.1.27. 2010도14316). 18

例 **자해행위의 협박성을 부정한 판례:** 경찰관의 임의동행 요구에 항의하며 자기집 안방으로 피하여 문을 잠구었고, 그에 따라 피요구자의 승낙을 조건으로 하는 임의동행하려는 직무행위는 끝난 상태에서, 방안에서 면도칼로 앞가슴을 그어 피를 보이며 '방안으로 들어오면 죽어버리겠다'고 말한 경우는 자해자학 행위는 되지만 경찰관에 대한 협박에 해당하지 않는다(대법원 1976.3. 9. 75도3779). 19

(라) 협박의 방법　해악고지의 방법에도 제한이 없다. 언어, 문서와 같은 명시적인 방법뿐 아니라 '한마디 말도 없는 거동'과 같은 묵시적 방법으로 가능하다. 따라서 아무말도 없이 상대방을 향하여 가위로 찌를 듯이 행위한 경우도 신체에 대한 위해를 가할 해악의 고지가 될 수 있다.[6) 20

문서에 의한 해악고지는 허무인 명의를 사용하거나 익명이라도 무방하며, 발견하기 쉬운 장소에 게시하여 상대방에게 읽어보게 하거나 협박이 기재된 문건을 여러 사람에게 반포하는 것도 협박이 된다. 고지된 해악의 발생이 확실할 필요가 없고, 피해자에게 해악을 가할 의사가 진실로 있는가도 묻지 않는다. 다만 행위자에게 해악고지 의사는 있어야 하며, 상대방에게 공포심을 생기게 하여 '사실상 해악발생이 일응 가능한 것으로 생각될 수 있을 정도의 구체적인 해악고지'[7)]가 있어야 한다. 해악은 장래 발생할 해악 또는 조건부 해악고지도 상관없다. 따라서 해악고지는 명백하거나 현재의 위험을 내포하고 있을 필요가 없다. 집단절교나 따돌림(소위 왕따)의 통보는 그 특성상 원칙적으로 협박이 될 수 없지만, 그것이 공포심을 일으킬 수 있는 경우에는 협박이 될 수도 있다. 21

(마) 협박의 양태　해악고지는 제3자에 대해서도 가능하고, 제3자에 의해서도 가능하다. 22

① 제3자에 '대한' 해악고지　고지된 해악이 반드시 피해자에 대한 것일 필요는 없고, 제3자에 대한 해악고지도 협박이 될 수 있다. 제3자에 대한 해악고지의 제3자에는 자연인 뿐만 아니라 법인도 포함되고, 피해자와 친족 등 밀접한 관계가 있어야 하며,[8)] 그 해악의 내용이 피해자 본인에게 공포심을 일으킬 만한 정도이어야 한다.[9)] 23

例 **피해자와 밀접한 관계가 부정된 판례:** 혼자 술을 마시던 중 A 정당이 국회에서 예산안을 강행처리하였다는 것에 화가 난 피고인이 공중전화를 이용하여 경찰서에 여러 차례 전화를 걸어 전화를 받은 각 경찰관에게 경찰서 관할구역 내에 있는 A 정당의 당사를 폭파하겠다는 말을 한 경우(A 정당에 대한 해악의 고지가 각 경찰관 개인에게 공포심을 일으킬 만큼 서로 밀접한 관계에 있다고 보기 어렵다는 이유로 협박죄를 부정함)(대법원 2012.8.17. 2011도10451). 24

例 **피해자와 밀접한 관계가 인정된 판례:** 채권추심 회사의 지사장이 회사로부터 자신의 횡령행위에 대한 25

---

6) 대법원 1975.10.7. 74도2727.
7) 대법원 1995.9.29. 94도2187.
8) 대법원 2013.4.1. 2010도13774.
9) 대법원 2010.7.15. 2010도1017.

민·형사상 책임을 추궁당할 지경에 이르자 이를 모면하기 위하여 회사 본사에 '회사의 내부비리 등을 금융감독원 등 관계 기관에 고발하겠다'는 취지의 서면을 보내는 한편, 위 회사 경영지원본부장이자 상무이사에게 전화를 걸어 자신의 횡령행위를 문제삼지 말라고 요구하면서 위 서면의 내용과 같은 취지로 발언한 경우(대법원 2010.7.15. 2010도1017).

26 ② 제3자에 '의한' 해악고지 행위자가 아니라 제3자가 피해자에 해악을 가할 것을 고지하는 경우도 협박이 될 수 있다. 이 경우 제3자는 허무인이라도 상관없지만, 행위자가 그 제3자에게 영향을 미칠 수 있음을 상대방에게 인식케 하여야 한다.[10] 그러나 행위자가 실제로 제3자에게 영향을 줄 수 있는 지위에 있음을 요하지는 않는다.

27 3) 기수 및 미수 협박죄를 ① **침해범**으로 보는 견해는 협박을 '해악의 고지를 통해 상대방으로 하여금 공포심을 일으키게 함'으로 정의한다. 이에 따르면 의사결정의 자유가 현실적 침해, 즉 상대방이 공포심을 일으킨 때 기수가 되고 상대방이 공포심을 일으키지 않으면 미수가 된다. 하지만 이 죄를 ② (**추상적**) **위험범**으로 해석하는 것이 타당하다. 이에 따르면 협박을 '일반적으로 사람으로 하여금 공포심을 일으키게 할 정도의 해악의 고지'로 정의한다. 이에 따르면 상대방이 현실적으로 공포심을 일으켰는지 여부와 관계없이 그로써 구성요건은 충족되고 협박죄의 기수가 된다.

28 判 대법원도 이 죄를 위험범으로 해석하면서 기수인정을 위해 현실적인 공포심을 요하지 않고, 해악의 고지가 현실적으로 상대방에게 도달하지 아니한 경우, 도달은 하였으나 상대방이 이를 지각하지 못한 경우, 또는 고지된 해악의 의미를 상대방이 이해하지 못한 경우에만 협박의 미수를 인정한다.[11]

(2) 주관적 구성요건

29 이 죄의 고의는 상대방에게 해악을 고지하여 공포심을 일으킨다는 인식과 의사이다. 이러한 고의의 내용에 고지한 해악을 실제로 실현할 의사(의도나 욕구)는 필요하지 않다.[12]

3. 위법성조각사유

30 협박이 정당한 권리행사를 위한 수단으로 이루어진 경우에 목적과 수단의 관계에 비추어 사회상규에 위배되지 아니한 때에는 위법성이 조각될 수 있다. 그러나 외관상 권리행사처럼 보여도 권리남용인 때에는 사회상규에 위배되어 위법성이 조각되지 않는다.

31 判 대법원은 협박이 사회상규위배성을 이유로 위법성이 조각되는지의 여부를 '이 경우 권리남용인가 아닌가는 해악고지 내용이 '사회의 관습이나 윤리관념 등에 비추어 볼 때 사회통념상 용인될 수 있는 정도'[13]인지를 기준으로 삼는다.

32 例 위법성조각이 인정된 판례: 신문기자가 증여세 포탈에 대한 취재를 요구하면서 이에 응하지 않으면 자신이 취재한 내용대로 보도하겠다고 말한 경우는 '사회상규에 위배되지 않아서'(대법원 2011.7.14. 2011도639), 남편을 유혹하여 부

10) 대법원 2006.12.8. 2006도6155.
11) 대법원 2007.9.28. 2007도606 전원합의체.
12) 대법원 1991.5.10. 90도2102.
13) 대법원 2011.5.26. 2011도2412 등.

정한 행위를 한 데에 대하여 사과하게 하라는 것을 요구하며, 그 뜻을 강조하기 위하여 고소를 하겠다거나, 시집 가는 데에 방해를 하겠다는 등의 언사를 한 경우 '사회의 관습이나 윤리관념 등에 비추어 볼 때 사회통념상 용인될 수 있는 정도'(대법원 1998.3.10. 98도70)로서 협박죄가 될 수 없다고 하였다.

例 **위법성조각이 부정된 판례:** 친권자가 야구방망이로 때릴 듯한 태도로 "죽여버린다"고 협박한 행위는 인격형성에 장애를 가져올 우려가 크고 교양권의 행사라고 볼 수도 없어서(대법원 2002.2.8. 2001도6468), 사채업자가 채무자에게 채무를 변제하지 않으면 피해자가 숨기고 싶어하는 과거의 행적과 사채를 쓴 사실 등을 남편과 시댁에 알리겠다는 등의 문자메시지를 발송한 경우는 '사회의 관습이나 윤리관념 등 사회통념에 비추어 용인될 수 있는 정도라고 볼 수 없어서'(대법원 2011.5.26. 2011도2412) 협박죄의 위법성이 조각되지 않는다고 하였다. 33

집단적 노무 거부행위의 일환으로 파업을 함으로써 상대방에게 공포심을 일으킬 정도가 될 경우 그 파업의 목적과 수단이 정당한 쟁의행위로서 법이 정한 절차에 따른 헌법상의 기본권실현의 일환으로 이루어진 때라면, 협박죄의 위법성이 조각된다는 법리구성보다는 구성요건해당성부터 배제되는 것으로 보는 것이 타당하다(『총론』 제1편 제2장 제7절 '법령에 의한 행위' 및 『각론』 업무방해죄 참조). 34

4. 죄수, 타죄와의 관계

자유권은 일신전속적 법익이므로 피해자가 수인인 경우에는 피해자의 수만큼 수죄가 성립한다. 따라서 한 번의 해악고지가 수인에 대해 협박을 구성하는 경우에는 수개의 협박죄가 성립하고, 각 죄는 상상적 경합이 된다. 폭행을 가한 후 죽이겠다고 협박한 경우 또는 죽이겠다고 협박한 후 폭행을 가한 때에는 폭행죄와 협박죄의 실체적 경합범이 된다. 하지만 폭행을 가하겠다고 고지한 후 고지된 일시·장소에서 구타한 때에는 폭행의 고지가 폭행죄에 흡수되어 협박죄는 성립하지 않는다. 물론 이 경우에도 현실로 가한 폭행과 고지한 폭행의 내용이 서로 다르다면 폭행죄와 협박죄의 실체적 경합이 된다. 35

상대방을 협박하여 추행한 경우에는 강제추행죄만 성립하고, 협박을 하여 상대방에게 의무없는 일을 하게 하거나 권리행사를 방해한 경우에는 강요죄만 성립한다. 36

例 타인의 영업장에서 식칼을 들고 협박을 한 후 다시 그 영업장을 돌아다니면서 손님을 내쫓아 영업을 방해한 경우에는 슈퍼마켓 사무실에서 식칼을 들고 피해자를 협박한 후 다시 식칼을 들고 매장을 돌아다니면서 특수협박죄와 업무방해죄의 실체적 경합이 된다(대법원 1991.1.29., 90도2445). 상대방에 대한 협박행위와 상해행위가 같은 시간 같은 장소에서 동일한 피해자에게 가해진 경우에는 협박은 특별한 사정이 없는 한 상해의 단일범의 하에서 이루어진 하나의 폭언에 불과하여 상해죄의 성립만 인정된다(대법원 1976.12.14. 76도3375). 37

Ⅲ. 존속협박죄

> 제283조 (존속협박죄) ② 자기 또는 배우자의 직계존속에 대하여 제1항의 죄를 범한 때에는 5년 이하의 징역 또는 700만원 이하의 벌금에 처한다.
> (반의사불벌죄) ③ 제1항 및 제2항의 죄는 피해자의 명시한 의사에 반하여 공소를 제기할 수 없다.
> 제286조 (미수범) 전3조의 미수범은 처벌한다.

38 자기 또는 배우자의 직계존속에 대하여 협박함으로써 성립하는 범죄이다. 협박죄에 비해 신분 때문에 형이 가중되는 가중적 구성요건으로 부진정신분범이다. 존속에 대해서는 존속살해죄, 협박에 대해서는 협박죄의 내용과 같다. 협박죄와 같이 반의사불벌죄이다.

Ⅳ. 특수협박죄

> 제284조 (특수협박죄) 단체 또는 다중의 위력을 보이거나 위험한 물건을 휴대하여 전조 제1항, 제2항의 죄를 범한 때에는 7년 이하의 징역 또는 1천만원 이하의 벌금에 처한다.
>
> 제286조 (미수범) 전3조의 미수범은 처벌한다.

39 단체 또는 다중의 위력을 보이거나 위험한 물건을 휴대하여 단순협박죄 또는 존속협박죄를 범함으로써 성립하는 범죄이다. 집단의 위력이나 위험한 물건을 가지고 협박하는 행위방법의 위험성 때문에 단순협박죄나 존속협박죄에 비해 형이 가중되는 가중적 구성요건이다. 단체 또는 다중의 위력이나 위험한 물건의 휴대의 개념은 특수폭행죄의 내용과 같다. 특수폭행죄의 경우와 마찬가지로 반의사불벌죄의 규정이 적용되지 않는다.

40 다수인이 집단절교를 통고하는 행위가 다중의 위력을 보이는 방법으로 이루어지는 경우에는 상대방이 그로 인해 공포심을 일으킨다면 예외적으로 특수협박죄가 될 수 있다.

Ⅴ. 상습협박죄

> 제285조(상습범) 상습으로 제283조 제1항, 제2항 또는 전조의 죄를 범한 때에는 그 죄에 정한 형의 2분의 1까지 가중한다.
>
> 제286조(미수범) 전3조의 미수범은 처벌한다.

41 상습으로 협박죄·존속협박죄·특수협박죄를 범함으로써 성립하는 범죄이다. 상습성 때문에 형이 가중되는 가중적 구성요건이다. 상습성에 대해서는 상습상해죄, 기타에 대해서는 협박죄의 각 구성요건에서 설명한 내용과 같다.

제 2 절 강요의 죄

§ 14

Ⅰ. 총설

1. 의의 및 보호법익

(1) 의의

강요의 죄는 폭행 또는 협박에 의하여 개인의 의사결정의 자유뿐만 아니라 의사활동의 자유까지 침해함으로써 권리행사를 방해하는 범죄이다. 의사결정의 자유를 침해한다는 점에서 협박죄와 같지만 의사활동의 자유까지 침해한다는 점에서는 협박죄와 구별된다. 뿐만 아니라 강요의 죄는 일반적 자유를 침해하는 범죄이므로 폭행·협박을 수단으로 하여 재산권을 침해하는 공갈죄와 구별된다. 1

(2) 보호법익과 법적 성격

강요의 죄의 보호법익은 의사결정의 자유 및 의사활동(행동)의 자유이다. 이 경우 자유는 외부로부터 부당한 간섭을 받지 않는다는 소극적 의미의 자유를 말한다. 다만, 중강요죄, 인질상해·치상죄, 인질살해·치사죄는 인질의 생명·신체의 안전까지도 보호법익으로 한다. 강요의 죄의 법적 성격은 침해범이지만, 중강요죄의 경우만 구체적 위험범으로 해석된다. 2

2. 구성요건의 체계

3

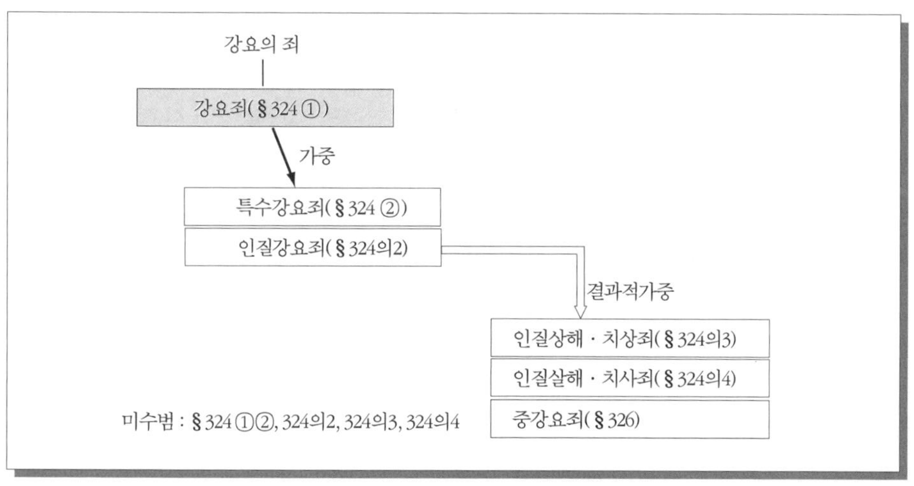

강요의 죄의 기본적 구성요건은 강요죄이고, 가중구성요건에 해당하는 특수강요죄(2016.1.6. 형법개정으로 신설)가 있다. 인질강요죄는 강요죄와 체포·감금죄 또는 약취·유인죄의 결합범 4

으로서 가중적 구성요건이다. 결합범으로서 인질상해죄와 인질살해죄가 있고, 결과적 가중범으로서 인질치상죄 및 인질치사죄가 있으며, 중강요죄도 가중적 구성요건으로 규정되어 있다. 강요죄가 2인 이상이 공동으로 범해진 경우에는 폭처법(제2조 제2항)에 의해 가중처벌된다.

5 그 외 아동청소년 대상 성범죄의 피해자 또는 아동복지법에 따른 보호자를 상대로 합의를 강요한 경우 아청법(제17조)에 의해, 아동학대범죄의 피해아동 또는 아동복지법에 따른 보호자를 상대로 합의를 강요한 경우 아동학대처벌법(제60조)에 의해, 그리고 자기 또는 타인의 형사사건의 수사 또는 재판과 관련하여 필요한 사실을 알고 있는 사람 또는 그 친족에게 정당한 사유없이 면담을 강요하거나 위력을 행사한 경우 특가법(제5조의9)에 의해 처벌된다. 한편, 성적 욕망 또는 수치심을 유발할 수 있는 촬영물 또는 복제물을 이용한 협박으로 강요한 경우 성폭법(제14조의3)에 의해 처벌된다.

6 강요의 죄는 형법전의 편제상 재산적 법익에 대한 죄에 해당하는 권리행사방해죄와 같은 장(제37장)에 규정되어 있지만 협박의 죄나 다른 의사활동의 자유를 침해하는 범죄구성요건들과 함께 규정하는 것이 바람직하므로 자유에 대한 죄의 편장 부분(제30장)에 규정하는 것이 바람직하다.

Ⅱ. 단순강요죄

> 제324조 (강요죄) ① 폭행 또는 협박으로 사람의 권리행사를 방해하거나 의무 없는 일을 하게 한 자는 5년 이하의 징역 또는 3천만원 이하의 벌금에 처한다.
>
> 제324조의5 (미수범) 제324조 내지 제324의4의 미수범은 처벌한다.

1. 의의, 성격

7 폭행 또는 협박으로 사람의 권리행사를 방해하거나 의무 없는 일을 하게 함으로써 성립하는 범죄이다. 협박죄가 의사결정의 자유를 보호하는 기본적 구성요건이라면 강요죄는 의사활동의 자유를 보호하는 가장 기본적인 구성요건이다. 행위주체에 제한이 없는 비신분범이다. 직권남용권리행사방해죄의 경우는 권리행사의 방해 또는 의무없는 일을 하게 함이라는 요건은 강요죄와 동일하지만 행위수단이 다르고 강요죄와는 달리 미수도 처벌된다. 침해범이자 결과범이고, 신분범이다.

2. 구성요건

(1) 객관적 구성요건

8 **1) 객체** 사람이다. 의사의 자유를 보호하므로 여기의 사람도 자연인인 타인을 말하며, 의사의 자유를 가진 자연인에 한정된다. 폭행·협박의 상대방과 권리행사를 방해당한 사람(피

강요자)이 동일인일 필요는 없다. 폭행·협박의 상대방과 피강요자가 다른 경우(이른바 삼각강요)에는 피강요자가 해악을 느낄 수 있는 공감관계가 존재하거나 강요자가 피강요자에게 영향을 미칠 수 있는 지위에 있어야 한다.[14)]

2) 행위 폭행 또는 협박으로 사람의 권리행사를 방해하거나 의무 없는 일을 하게 하 9
는 것이다.

(가) 폭행 또는 협박

가) 폭행 이 죄의 폭행은 의사활동의 자유를 침해하는 수단이므로 반드시 사람의 신체 10
에 가해질 필요가 없고 사람에 대한 직접·간접의 유형력의 행사를 말한다[15)](광의의 폭행). 따라서 물건에 대한 유형력의 행사라도 이로 인해 사람의 행동의 자유에 영향을 미칠 수 있다면 이 죄의 폭행에 해당한다. 작위적 폭행과의 상응성이 인정되는 한 부작위에 의한 폭행도 가능하다. 맹인의 지팡이를 탈취하여 보행할 권리를 방해하는 경우, 불구자가 타고 가는 휠체어를 손괴하여 통행불가능하게 한 경우가 그 예이다.

> 判 대법원은 피해자로 하여금 주차장을 이용하지 못하게 할 의도로 다른 사람의 차량을 피해자 주택 대문 앞 11
> 에 주차한 경우에는 피해자에게 유형력의 행사가 없고, 피해자도 자신의 차량을 용법에 따라 정상적으로 사용할 수 있었다면 이 죄가 성립을 부정하였다(대법원 2021.11.25. 2018도1346).

상대방의 의사형성을 불가능하게 하는 절대적 폭력과 상대방의 의사에 심리적 영향을 미 12
치는 심리적 폭력도 여기에 포함된다. 따라서 마취제나 수면제를 사용하여 사람이 할 수 있는 일을 하지 못하게 한 경우도 이 죄의 폭행이 될 수 있다.

나) 협박 강요의 수단인 협박은 객관적으로(일반적으로) 공포심을 일으키게 할 정도의 13
해악의 고지를 말한다(협의의 협박). 고지되는 해악의 내용은 제한이 없다. 범죄행위를 저지른 부하 직원에게 상사가 징계절차에 앞서 자진 사직을 권유한 것만으로는 이 죄의 협박이 되지 않는다.[16)]

'객관적으로 공포심을 일으키게 할 정도'라는 협박개념을 보호법익의 관점에서 보면, "객 14
관적으로 사람의 의사결정의 자유를 제한하거나 의사실행의 자유를 방해할 정도로 겁을 먹게 할 정도"의 해악고지로 해석할 수 있다.[17)] 이 해석공식은 형법이론상 아래 두 가지 의미를 가진다.

① 구성요건에 해당하는 행위의 적격성을 인정받으려면 최소한 '법익에 대한 허용되지 않 15
은 위험의 창출'이라는 전제조건을 충족시켜야 한다는 행위귀속의 이론이 함축되어 있다.[18)]

---

14) 삼각강요의 경우에는 피강요자만이 이 죄의 피해자이고, 폭행·협박의 상대방은 폭행죄 또는 협박죄의 피해자가 된다. 따라서 강요자에 대해서는 강요죄와 폭행 또는 협박죄의 상상적 경합이 인정된다.
15) 대법원 2021.11.25. 2018도1346.
16) 대법원 2008.11.27. 2008도7018.
17) 대법원 2003.9.26. 2003도763.
18) 이에 관해서는 김성돈, "객관적 귀속이론과 구성요건에 해당하는 행위의 실체요건", 형사법연구 제34권 제3호

16 判 대법원은 이러한 행위귀속의 전제조건을 가지고 강요죄의 협박행위를 제한적으로 해석하는 태도를 취하고 있음을 알 수 있다. 즉 대법원은 "행위자가 직무상 또는 사실상 상대방에게 영향을 줄 수 있는 직업이나 지위에 있고, 그 직업이나 지위에 기초하여 상대방에게 일정한 요구를 한 경우라도 상대방이 일정한 지위에 기초한 요구행위에 대해 상대방이 일정한 이익을 대가로 받을 것을 기대하며 행위자의 요구에 응한 경우"라면 협박행위를 부정하기 때문이다.[19]

17 ② 행위자가 법익에 대해 창출한 위험이 '허용된 위험' 또는 '위험의 감소'인 경우에는 구성요건적 행위의 최소한의 전제조건인 '법익에 대한 위험의 창출'이 부정되어 구성요건적 행위적격성을 충족하지 못한다. 구성요건해당성배제사유로서 학설상 인정되어온 '사회적 상당성'이론도 같은 맥락이다. 이에 따르면 해악고지가 있어도 그 행위가 역사적으로 생성된 사회생활의 질서범위에 속하여 '사회적 상당성이 인정되는 행위'인 경우에는 구성요건적 행위로 평가될 수 없다(객관적 '행위'귀속의 부정).

18 判 대법원도 기본적으로 사회적 상당성 이론을 범죄성립배제를 위한 법리로 수용하고 있는 것으로 보인다. 다만 판례상 사회적 상당성 부정을 구성요건해당성배제 사유로 파악하는지는 분명하지는 않다. 그러나 대법원은 피고인(들)이 '소비자불매운동'의 일환으로 A회사가 특정 신문들에 광고를 편중했다는 이유로 기자회견을 열어 A회사에 대하여 불매운동을 하겠다고 하면서 특정 신문들에 대한 광고를 중단할 것과 다른 신문들에 대해서도 특정 신문들과 동등하게 광고를 집행할 것을 요구하고 A회사 인터넷 홈페이지에 'A회사는 앞으로 특정 언론사에 편중하지 않고 동등한 광고 집행을 하겠다'는 내용의 팝업창을 띄우게 한 사례에 대해 그 표현이나 행동이 '정치적 표현의 자유나 일반적 행동의 자유 등의 관점에서도 전체 법질서상 용인될 수 있을 정도로 사회적 상당성을 갖추지 못했음'을 근거로 A회사의 '사람'에 대한 강요죄나 공갈죄의 수단인 협박을 인정한 점[20]을 보면 사회적으로 상당한 행위를 구성요건해당성 배제사유로 인정하는 취지로 보인다.

19 (나) 강요행위 폭행 또는 협박의 결과로서 사람의 권리행사를 방해하거나 의무 없는 일을 하게 하여야 한다.

20 **가) 권리행사방해** 권리행사를 방해한다는 것은 실제로 행사할 수 있는 권리를 행사할 수 없게 하는 것을 의미한다. 이때 권리란 '재산적 권리뿐 아니라 비재산적 권리(예, 개인의 계약체결에 대한 자유권)도 포함되고, 그 권리에 법률상 위법 기타 제한이 있어도 무방하다.'[21]

21 계약포기서 또는 소청취하서에 날인하게 한 경우 또는 해외도피를 방지하기 위해 피해자의 여권을 강제회수한 경우(대법원 1993.7.27. 93도901)는 권리행사방해에 해당하지만, 타인이 조성한 묘판을 파헤치는 논의 점유자를 폭행으로 중지시킨 경우 권리행사에 대한 방해가 아니므로 이 죄에 해당하지 않는다(대법원 1961.11.9. 4294형상357).

(2022), 29면 이하 참조,

19) 대법원 2019.8.29. 2018도13792 전원합의체에 의하면 직권남용권리행사방해죄나 뇌물요구죄 등의 성립가능성은 인정되는 것은 별론으로 하더라도 강요죄는 성립하지 않는다고 한다.

20) 대법원 2013.4.11. 2010도13774. 이 사건과 관련하여 대법원 2013.3.14. 2010도410 판결에서는 광고중단 압박이 회사의 광고주들(사람)에 대한 위력이 인정되어 업무방해죄의 성립을 인정하였으나, 광고중단 압박의 직접적 상대방이 아닌 제3자인 신문사에 대해서는 위력의 행사와 동일시 될 수 있는 예외적 사정이 없음을 이유로 업무방해죄의 성립을 부정하였다.

21) 대법원 1962.1.25. 4293형상233.

나) 의무 없는 일의 강요 의무 없는 일을 하게 한다는 것은 자기에게 아무런 권리나 권한이 없고, 상대방에게도 의무가 없음에도 불구하고 일정한 작위·부작위 또는 수인을 강요하는 것을 말한다. 여기서의 의무는 도덕상의 의무가 아니라 법률상의 의무를 말하며,[22] 공법상의 의무이건 사법상의 의무이건 묻지 않는다. 법률행위이건 사실행위이건 묻지 않는다. 강요행위의 일부분에 피강요자의 의무에 속하는 사항이 포함되어 있어도 이 죄는 성립한다. 22

例 **강요가 인정된 판례:** 타인을 협박하여 법률상 의무 없는 진술서나 사죄장을 작성하도록 하면 사람의 자유권행사를 방해하는 것으로서 강요죄가 된다(대법원 1974.5.14. 73도2578), 골프시설의 운영자가 골프회원에게 불리하게 변경된 내용의 회칙에 대하여 동의한다는 내용의 등록신청서를 제출하지 아니하면 회원으로 대우하지 아니하겠다고 통지한 경우 강요죄에 해당한다(대법원 2003.9.26. 2003도763). 23

다) 기수 및 미수 이 죄는 침해범이자 결과범이므로 폭행 또는 협박에 의하여 권리행사를 방해한 결과가 현실적으로 발생하여야 기수가 된다.[23] 따라서 협박이 미수에 그친 경우 또는 폭행·협박을 하였으나 현실로 권리행사를 방해하지 못하였거나 폭행·협박과 권리행사방해 사이에 형법상의 인과관계가 없는 때에는 이 죄의 미수가 된다. 24

判 이와는 달리 대법원은 권리행사방해죄(제323조)의 경우는 미수처벌규정이 없고, 추상적 위험범이자 거동범으로 해석되며, 타인의 권리행사의 방해라는 결과가 현실적으로 발생할 필요가 없고 권리행사가 방해될 우려(위험성)가 있으면 성립한다고 하는 반면,[24] 강요죄(제324조)와 구성요건 구조가 유사한 직권남용권리행사방해죄(제123조)의 경우는 미수처벌규정도 없고 추상적 위험범으로 해석하면서도 권리행사의 방해라는 결과가 현실적으로 발생하여야 성립한다[25]고 한다. 자세한 내용은 관련 구성요건의 해석론 참조.[26] 25

(2) 주관적 구성요건

고의가 있어야 한다. 이 죄의 고의는 폭행 또는 협박에 대한 인식과 의사뿐만 아니라 권리행사를 방해하거나 의무 없는 일을 하게 한다는 인식과 의사도 있어야 한다. 26

3. 위법성조각사유

(1) 사회상규에 위배되지 않는 강요행위

타인의 권리행사를 방해하거나 의무없는 일을 하게 하더라도 그것이 강요하는 행위자의 권리실현을 위한 수단으로 이루어지는 경우가 많다. 정당한 권리행사의 일환으로 상대방의 의무이행을 촉구하기 위해 사용한 폭행·협박이 강요죄의 구성요건을 충족시키더라도 그 강 27

---

22) "여기에서 '의무 없는 일'이란 법령, 계약 등에 기하여 발생하는 법률상의 의무 없는 일을 말하므로, 폭행 또는 협박으로 법률상 의무 있는 일을 하게 한 경우에는 폭행 또는 협박죄만 성립할 뿐 강요죄는 성립하지 아니한다"(대법원 2008.5.15. 2008도1097).
23) 대법원 1993.7.27. 93도901.
24) 대법원 2017.5.17. 2017도2230.
25) 대법원 2006.2.9. 2003도4599.
26) 이 책의 분류법에 따르면 권리행사방해죄는 제1유형의 추상적 위험범에 해당하고, 직권남용권리행사방해죄는 제4유형의 추상적 위험범에 해당한다.

요행위의 위법성이 조각될 수 있는지 있다면 어떤 요건을 충족시켜야 하는지가 문제된다.[27)]

28 判 대법원은 사회통념상 권리남용이 아니거나 '사회통념상 허용되는 정도나 범위를 넘어서지 않는 것'으로 평가될 수 있어야 위법성이 조각될 수 있다고 한다.[28)] 경우에 따라 사회통념상 허용여부를 판단하기 위해 형법 제20조의 정당행위 내지 사회상규불위배행위로 인정되기 위한 다섯 가지 요건(목적의 정당성, 수단의 상당성, 보충성, 균형성, 긴급성 등)이 사용하기도 한다.

29 例 대법원은 민주노총 전국건설노조 건설기계지부 소속 노조원 수명이, 현장소장인 피해자 A가 노조원이 아닌 피해자 B의 건설장비를 투입하여 수해상습지 개선사업 공사를 진행하자 '민주노총이 어떤 곳인지 아느냐, 현장에서 장비를 빼라'는 취지로 말하거나 공사 발주처에 부실공사가 진행되고 있다는 취지의 진정을 제기하는 방법으로 공사현장에서 사용하던 장비를 철수하게 하고 '현장에서 사용하는 모든 건설장비는 노조와 합의하여 결정한다'는 협약서를 작성하게 한 경우는 사회통념상 허용되는 정도나 범위를 넘는 것으로서 강요죄의 수단인 협박에 해당한다고 판시하였다(대법원 2017.10.26. 2015도16696).

(2) 피해자의 승낙

30 강요죄는 보호법익이 피해자의 의사결정 및 의사활동의 자유이기 때문에 피해자의 의사에 반하는 것을 본질적인 불법내용으로 한다. 따라서 피해자의 승낙이 있는 경우에는 강요행위의 구성요건해당성이 조각된다(양해).

4. 죄수, 타죄와의 관계

(1) 죄수

31 이 죄는 자유를 침해하는 가장 일반적 범죄이므로 체포·감금의 죄, 약취·유인의 죄, 강간죄·강제추행죄가 성립하는 때에는 법조경합에 의하여 강요죄는 성립하지 않는다(특별관계). 폭행죄·협박죄는 강요죄와 보충관계에 있기 때문에 강요죄가 성립하면 폭행죄·협박죄는 별도로 논할 필요가 없다(보충관계).

32 강요죄의 보호법익인 자유는 일신전속적 법익이기 때문에 1개의 강요행위로 수인을 강요한 경우에는 피해자의 수만큼 범죄가 성립하고 각 죄는 상상적 경합이 된다.

(2) 타죄와의 관계

33 타인에게 구체적인 범죄를 강요한 때에는 강요죄가 성립하는 외에 강요한 그 범죄의 교사범 또는 간접정범이 별도로 성립하고, 강요죄와 그 범죄의 교사범 또는 간접정범(또는 제34조 제2항의 특수간접정범)은 상상적 경합이 된다.

34 권리행사의 방해나 의무 없는 일을 강요한 후 사후적으로 재물갈취 또는 재물강취의 고의가 생겨 갈취 또는 강취행위로 나아가면 강요죄와 공갈죄 또는 강도죄의 실체적 경합이 된다. 하지만, 처음부터 재물갈취 또는 강취의 고의로 강요행위를 한 후 이를 근거로 갈취 또는

27) 독일형법은 이러한 사정을 고려하여 강요죄의 구성요건에 목적을 달성하기 위한 폭행이나 협박의 사용이 비난받아야 할 경우 그 강요행위가 위법하다고 규정하고 있다(독일형법 제240조 제2항).

28) 대법원 2017.10.26. 2015도16696.

강취한 경우에는 포괄하여 공갈죄 또는 강도죄만 성립한다.[29]

Ⅲ. 특수강요죄

> 제324조(특수강요죄) ② 단체 또는 다중의 위력을 보이거나 위험한 물건을 휴대하여 제1항의 죄를 범한 자는 10년 이하의 징역 또는 5천만원 이하의 벌금에 처한다.
>
> 제324조의5(미수범) 제324조 내지 제324의4의 미수범은 처벌한다.

단체 또는 다중의 위력을 보이거나 위험한 물건을 휴대하여 강요죄를 범한 자를 처벌하는 구성요건이다. 집단의 위력이나 위험한 물건을 가지고 강요하는 행위방법의 위험성 때문에 단순강요죄에 비해 형이 가중되는 가중적 구성요건이다. 단체 또는 다중의 위력, 위험한 물건의 휴대는 폭행죄의 설명과 동일하다. 35

Ⅳ. 중강요죄

> 제326조(중권리행사방해) 제324조 또는 제325조의 죄를 범하여 사람의 생명에 대한 위험을 발생하게 한 자는 10년 이하의 징역에 처한다.

1. 의의, 성격

강요죄를 범하여 사람의 생명에 대한 위험을 발생하게 함으로써 성립하는 범죄이다. 이 죄의 성격에 관하여 이를 고의범으로 보는 견해도 있으나 중상해죄에서 설명한 것과 같은 이유에서 부진정결과적 가중범으로 보는 것이 타당하다. 중한 결과가 '위험'으로 규정되어 있는 구체적 위험범이다.[30] 36

2. 구성요건

기본범죄는 강요죄에서 설명한 내용과 같고, 중한 결과인 "사람의 생명에 대한 위험발생"은 중상해죄에서 설명한 내용과 동일하다. 중상해죄의 경우와 마찬가지로 생명에 대한 위험 37

---

29) "피고인이 투자금의 회수를 위해 피해자를 강요하여 물품대금을 횡령하였다는 자인서를 받아낸 뒤 이를 근거로 돈을 갈취하려다가 피해자가 돈을 교부하지 않음으로써 미수에 그친 경우, 피고인의 주된 범의가 피해자로부터 돈을 갈취하는 데 있었던 것이라면, 단일한 공갈의 범의 하에 갈취의 방법으로 일단 자인서를 작성케 한 후 이를 근거로 계속하여 갈취행위를 한 것으로 보아야 할 것이므로 위 행위는 포괄하여 공갈미수의 일죄만을 구성한다고 보아야 한다. 한편 이와는 달리 피고인의 처음 범의는 자인서를 받아내는 데에 있었으나 자인서를 받아낸 후 금전갈취의 범의까지 일으켜 폭행·협박을 계속한 것이라면 강요죄와 공갈미수죄의 실체경합으로 볼 여지가 있을 것이다"(대법원 1985.6.25. 84도2083).

30) 재산범죄의 일종인 점유강취·준점유강취죄(제325조)가 강요죄와 함께 중강요죄의 구성요건 속에 포함되어 있지만 중강요죄의 기본범죄행위로서 점유강취·준점유강취죄는 별도로 배치하는 것이 바람직하다.

발생에 대해서는 과실뿐 아니라 고의가 있어도 이 죄가 성립한다.

38 중강요죄의 미수처벌규정이 없기 때문에 중강요의 고의를 가지고 강요행위를 했으나 생명에 대한 위험이 발생하지 않은 경우에는 강요죄만 인정되고, 강요조차도 미수에 이르면 강요죄의 미수로 처벌되며, 강요가 기수에 이르고 사망의 결과가 발생한 경우에는 중강요죄와 과실치사죄의 상상적 경합이 된다.

Ⅴ. 인질강요죄

제324조의2(인질강요죄) 사람을 체포·감금·약취 또는 유인하여 이를 인질로 삼아 제3자에 대하여 권리행사를 방해하거나 의무없는 일을 하게 한 자는 3년 이상의 유기징역에 처한다.

제324조의5(미수범) 제324조 내지 제324의4의 미수범은 처벌한다.

제324조의6(형의 감경) 제324조의2 또는 제324조의3의 죄를 범한 자 및 그 죄의 미수범이 인질을 안전한 장소로 풀어준 때에는 그 형을 감경할 수 있다.

1. 의의, 성격

39 사람을 체포·감금·약취 또는 유인하여 이를 인질로 삼아 제3자에 대하여 권리행사를 방해하거나 의무 없는 일을 하게 함으로써 성립하는 범죄이다. 1995년 개정형법에 테러 활동에 대한 대처수단으로 신설된 가중적 구성요건으로 단순강요와 체포·감금 또는 약취·유인죄가 결합된 결합범이다.

2. 구성요건

(1) 객관적 구성요건

40 1) 객체 이 죄는 결합범으로서 인질의 객체와 강요의 객체는 서로 다르기 때문에 인질의 객체인 '사람'과 강요의 객체인 '제3자'라는 이중의 객체성을 모두 갖추어야 한다.[31] 인질의 객체인 사람은 자연인으로서 아무런 제한이 없으나 강요의 객체인 제3자는 자연인에 국한되지 않고 법인, 법인격 없는 단체, 국가기관 또는 외국의 정부도 포함된다. 다만 자연인인 경우에는 의사결정능력이 있고 의사활동을 할 수 있는 자연인에 제한되어야 함은 강요죄의 객체와 같다.

41 2) 행위 사람을 체포·감금, 약취 또는 유인하여 이를 인질로 삼아 제3자의 권리행사를 방해하거나 의무없는 일을 하게 하는 것(강요)이다.

---

31) 인질의 객체와 강요의 객체가 동일인이 아니기 때문에 인질에 대한 강요행위가 있어도 인질강요죄는 성립하지 않으며, 체포·감금·약취 또는 유인죄와 강요죄의 실체적 경합이 된다.

‘체포·감금, 약취 또는 유인’은 체포·감금죄, 약취·유인죄에서의 내용과 같고, ‘강요’는 인질을 제외한 제3자만 상대방인 점에서 강요죄와 다르고 나머지는 강요죄의 강요와 같다. ‘인질로 삼는다’는 것은 체포·감금, 약취·유인된 자의 생명 또는 신체 등의 안전에 관한 제3자의 우려를 이용하여 그의 석방이나 생명·신체에 대한 안전을 보장하는 대가로 제3자를 강요할 목적으로 체포·감금, 약취·유인된 자의 자유를 구속하는 것을 말한다. 42

체포·감금, 약취·유인으로 인질을 삼는 행위와 강요행위는 수단과 목적의 관계에 있지만 반드시 처음부터 강요의 목적으로 체포·감금, 약취·유인할 필요는 없다. 다른 목적으로 사람을 체포·감금, 약취·유인한 후에 인질강요의 고의가 생겨 제3자를 강요한 때에도 이 죄는 성립한다. 하지만 체포·감금, 약취·유인 등의 행위를 하지 않은 자가 강요한 경우에는 이 죄는 성립하지 않고 강요죄가 성립할 뿐이다. 43

3) 실행의 착수시기 이 죄의 **실행의 착수시기**에 관해서는 ① 인질강요의 의사로 체포감금 또는 약취유인행위를 개시한 때라는 견해,[32] ② 체포감금 또는 약취유인 후 강요행위가 개시된 때라는 견해,[33] 그리고 ③ 인질강요의 의사가 처음부터 있었던 경우는 체포감금 또는 약취유인을 개시한 때가 실행의 착수이지만 체포감금 또는 약취유인 후에 비로소 인질강요의 의사가 생긴 경우는 강요행위를 개시한 때라는 견해[34]가 대립한다. 이 죄는 강요의사가 사후에 생긴 경우에도 성립하고, 체포·감금죄 또는 악취·유인죄와 강요죄의 결합범이지만 강요죄인 이상 구성요건적 실행행위의 중점이 강요행위에 있기 때문에 강요행위시설이 타당하다. 44

4) 기수시기 이 죄는 침해범이기 때문에 강요행위로 인하여 강요의 결과(즉 권리행사가 현실로 방해되거나 의무 없는 일의 이행)가 발생하여 보호법익의 침해가 발생한 때에 기수가 된다. 강요행위와 강요의 결과 사이에 형법상의 인과관계가 부정되면 이 죄의 미수범이 된다. 45

(2) 주관적 구성요건 46

결합범이므로 체포감금 또는 약취유인의 고의가 있어야 할 뿐만 아니라 인질강요에 대한 고의도 있어야 한다. 미필적 고의로 족하다.

3. 해방감경규정

이 죄를 범한 자나 그 미수범이 인질을 안전한 장소로 풀어준 때에는 그 형을 감경할 수 있다(제324조의6). 범인에게 형감경의 효과를 부여함으로써 인질의 보호를 유도하려는 형사정책적 의미가 있는 순수 양형규정이다. 중지미수의 경우와 같이 반드시 자의에 의한 석방일 필요가 없으며, 인질을 안전한 장소에 풀어주면 제한 없이 이 규정이 적용될 수 있다. 47

---

32) 김일수/서보학, 129면; 박상기, 119면; 손동권/김재윤, §13/20; 임웅, 150면; 정성근/정준섭, 86면.
33) 배종대, §38/4; 이재상/장영민/강동범, §10/20; 이형국/김혜경, 160면.
34) 오영근, §10/22.

4. 죄수, 타죄와의 관계

48 일신전속적 법익이므로 1개의 인질강요행위로 수인의 권리행사를 방해한 때에는 피강요자의 수만큼 범죄가 성립하고, 각 범죄는 상상적 경합이 된다. 수인을 납치하여 인질로 삼고 1인에게 강요행위를 한 때에는 한 개의 인질강요죄만 성립한다. 이 죄가 성립하면 체포·감금죄 또는 약취·유인죄 및 공갈죄 등은 법조경합의 특별관계가 되므로 다른 죄는 별도로 성립하지 않는다.

49 체포감금 또는 약취유인한 자를 인질로 삼아 재물 또는 재산상의 이익을 취득하면 인질강도죄(제336조)만 성립한다.

Ⅵ. 인질상해·치상죄

> 제324조의3(인질상해·치상죄) 제324조의2의 죄를 범한 자가 인질을 상해하거나 상해에 이르게 한 때에는 무기 또는 5년 이상의 징역에 처한다.
>
> 제324조의5(미수범) 제324조 내지 제324의4의 미수범은 처벌한다.
>
> 제324조의6(형의 감경) 제324조의2 또는 제324조의3의 죄를 범한 자 및 그 죄의 미수범이 인질을 안전한 장소로 풀어준 때에는 그 형을 감경할 수 있다.

1. 의의, 성격

50 인질강요죄를 범한 자가 인질을 상해하거나 상해에 이르게 함으로써 성립하는 범죄이다. 인질상해죄는 인질강요죄와 상해죄의 결합범이며, 인질치상죄는 인질강요죄의 진정결과적 가중범이다. 인질에 대한 상해를 구성요건적 결과로 규정하고 있기 때문에 인질의 자유와 피강요자의 의사결정의 자유 및 의사활동의 자유 외에 인질의 신체의 안전도 보호법익이 된다.

2. 구성요건

51 인질상해죄는 상해에 대한 고의가 있는 경우이고, 인질치상 되는 상해에 대한 예견가능성이 있는 경우이다. 상해, 인질강요 등의 요건에 대해서는 상해죄와 인질강요죄의 내용과 같다.

3. 미수처벌규정의 적용범위

52 행위자가 인질에게 상해를 가했으나 상해의 결과가 발생하지 않은 경우 미수범으로 처벌된다.[35] 하지만 **이 죄의 미수처벌규정이 인질상해죄의 경우뿐만 아니라 결과적 가중범인 인질**

35) 이 경우 인질강요행위 자체가 기수인지 미수인지는 문제되지 않고 상해결과가 미수기수의 기준이 된다는 점은 결과적 가중범을 제외한 일반적인 결합범에 모두 공통된다.

치상죄에 대해서도 적용되는지가 문제된다. ① 제324조의5가 인질상해·살해와 인질치상·치사를 구별하지 않고 미수범도 처벌한다고 규정하고 있음을 근거로 인질치상죄의 미수처벌도 가능하다고 해석하는 견해[36]도 있지만 ② 결과적 가중범의 미수는 해석상 인정될 수 없기 때문에[37] 이 죄의 미수처벌규정은 결합범인 인질상해죄(및 인질살해죄)에 대해서만 적용된다고 해석함이 타당하다.[38]

Ⅶ. 인질살해·치사죄

> 제324조의4(인질살해·치사죄) 제324조의2의 죄를 범한 자가 인질을 살해한 때에는 사형 또는 무기징역에 처한다. 사망에 이르게 한 때에는 무기 또는 10년 이상의 징역에 처한다.
>
> 제324조의5(미수범) 제324조 내지 제324의4의 미수범은 처벌한다.

인질강요죄를 범한 자가 인질을 살해하거나 사망에 이르게 함으로써 성립하는 범죄이다. 53
행위나 결과가 상해 대신에 살해나 사망으로 되어 있는 점을 제외하면 인질상해·치상죄의 요건과 같다. 따라서 이 죄의 미수처벌규정도 고의범인 인질살해죄에 대해서만 적용되고 결과적 가중범인 인질치사죄에 대해서는 적용되지 않는다고 해석하는 것이 타당하다.

이 죄의 경우 인질을 안전한 장소로 풀어준 때에 형을 감경하는 해방감경규정이 없다. 하 54
지만 인질살해미수의 경우에 한해서는 해방감경규정을 두는 것이 이 규정의 취지에 부합한다.

제 3 절 체포와 감금의 죄 §15

Ⅰ. 총설

1. 의의 및 보호법익

(1) 의의

체포와 감금의 죄는 불법하게 사람을 체포 또는 감금함으로써 개인의 신체적 활동의 자유 1
를 공격함으로써 성립하는 범죄이고 그 중에서도 특히 감금의 죄는 장소선택의 자유, 즉 일정한 장소를 떠날 수 있는 자유를 제한하는 범죄이다. 따라서 단순히 어떤 장소에 들어오지

36) 박상기, 121면; 배종대, §38/9; 임웅, 151면.
37) 이에 관해서는 『총론』의 결과적 가중범의 미수 참조.
38) 법무부 "형법개정법률안 제안이유서" 149면, 154면도 미수범 처벌규정은 고의범인 인질상해와 인질살인에 대한 처벌을 상정한 것이라고 밝히고 있다.

못하게 하거나 일정한 장소에서 나오게 하는 것은 체포와 감금의 죄에 해당하지 않고 경우에 따라 강요의 죄가 성립할 뿐이다.

(2) 보호법익 및 보호의 정도

2 체포와 감금의 죄의 보호법익은 사람의 신체활동의 자유 가운데 특히 장소선택의 자유이다. 장소선택의 자유는 일정한 장소로 들어갈 수 있는 자유가 아니라 일정한 장소를 떠날 수 있는 자유를 의미한다. 다수 견해는 이 죄를 침해범으로 해석하면서, 보호법익이 침해되었느냐의 여부는 현실적으로 장소를 이전하려고 하였는가를 묻지 않고, 행위시에 장소를 이전하려고 했다면 할 수 있었겠는가를 기준으로 판단해야 한다고 한다. 이러한 해석은 감금죄의 보호법익을 현실적 신체활동의 자유로 보지 않고 잠재적 신체활동의 자유로 볼 것을 전제로 한다. 이러한 전제 설정은 이 죄의 신체활동의 자유를 현실적인 신체활동의 자유로 보다면, 방안에서 잠든 피해자 몰래 밖에서 방문을 잠궜다가 잠에서 깨기 전에 열쇠를 열어둔 경우와 같은 예외적인 사례의 경우 감금죄의 기수 부정의 결론을 피해가기 위한 불가피한 이론구성으로 보인다.

3 그러나 이 죄의 보호법익을 '현실적 신체활동의 자유'로 보면서도 위와 같은 예외사례의 경우 행위자의 감금행위만으로 법익침해의 위험은 발생하였음에 근거하여 감금죄의 성립을 인정할 수도 있다. 이에 따르면 감금죄는 위험범으로 해석될 수도 있다.

4 감금죄를 침해범으로 해석하면서 보호법익을 잠재적 신체활동의 자유를 설정하든 위험범으로 해석하면서 보호법익을 현실적 신체활동의 자유로 설정하든 기수의 인정범위는 달라지지 않는다.

5 그러나 보호법익을 어떻게 보느냐를 둘러싼 견해 차이는 후술하듯이 감금죄로 보호되는 피해자의 범위에 관한 차이로 귀결된다. 특히 법익주체가 누리는 장소선택 내지 장소이전의 자유가 적극적 자유가 아니라 소극적으로 일정한 장소를 떠날 수 있는 자유를 의미한다면, 그 자유는 현실태로 보호되기 보다는 가능태로서 인정되는 것이 법익주체에게 유리하다. 여기에 더하여 체포죄와의 통일을 기할 필요성까지 염두에 둔다면 감금죄와 체포죄 모두 침해범으로 해석하는 것이 타당할 것으로 보인다.

2. 구성요건의 체계

6 체포와 감금의 죄의 기본적 구성요건은 체포·감금죄이고, 존속체포·감금죄와 상습체포·감금죄는 신분 때문에 형이 가중되는 가중적 구성요건이고, 중체포·감금죄는 행위방법 때문에, 특수체포·감금죄는 수단이나 방법의 위험성 때문에 형이 가중되는 가중적 구성요건이며, 체포·감금치사상죄와 존속체포·감금치사상죄는 결과적 가중범이다.

7 이 외에 직권을 남용하여 체포·감금한 때에는 형법의 불법체포·감금죄(제124조)에 의해서 처

벌되고, 폭처법에는 2인 이상이 공동하여 체포·감금한 경우를 가중처벌하는 규정(제2조 제2항), 특가법에는 보복목적으로 체포·감금한 경우를 가중처벌하는 규정(제5조의9 제2항) 등이 있다.

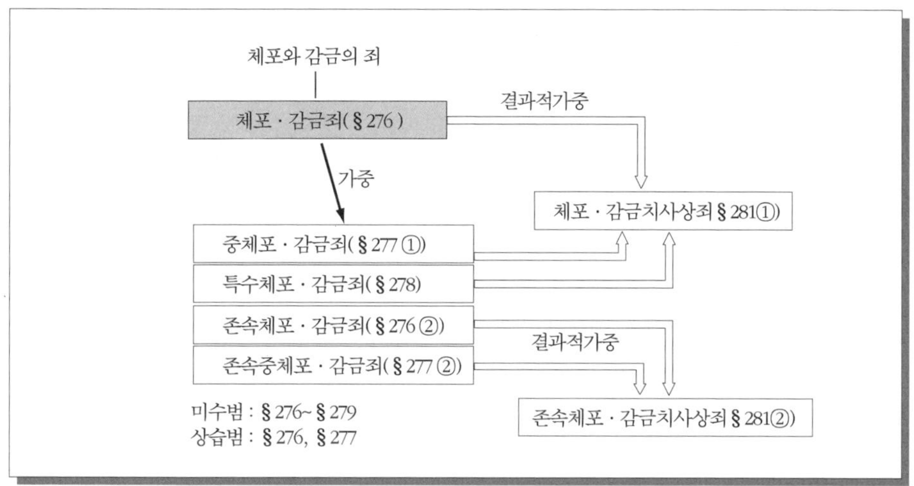

8

Ⅱ. 체포·감금죄

> 第276조(체포·감금죄) ① 사람을 체포 또는 감금한 자는 5년 이하의 징역 또는 700만원 이하의 벌금에 처한다.
>
> 第280조(미수범) 전4조의 미수범은 처벌한다.

1. 의의, 성격

사람을 체포 또는 감금함으로써 성립하는 범죄이다. 계속범이기 때문에 체포·감금죄가 종료되기 전까지는 공범 또는 공동정범의 성립이 가능하고, 피해자의 정당방위도 가능하며 공소시효도 진행하지 않는다. 9

2. 구성요건

(1) 객관적 구성요건

1) 객체 사람, 즉 신체활동의 자유를 가질 수 있는 자연인이다. 하지만 이 경우 **체포·감금죄의 객체가 될 수 있는 자연인의 범위**에 관해서 ① 신체활동의 가능성이나 의사유무를 묻지 않고 모든 자연인이 이 죄의 객체가 된다는 견해[39](최광의설), ② 신체활동이 기대되 10

39) 오영근, §7/3 이하.

는 잠재적인 활동의 자유를 가진 자이면 현실적으로 활동의사가 없는 자도 이 죄의 객체가 된다는 견해[40](광의설: 통설), ③ 현실적으로 신체활동의 자유를 가진 자만이 객체가 된다는 견해[41](협의설), ④ 신체활동의 의사를 가질 수 없는 영아, 명정자, 수면자는 객체가 될 수 없지만, 최소한의 활동의 가능성이 기대되는 정신병자, 불구자는 객체가 될 수 있다는 견해[42](절충설) 등이 대립한다.

11 判 대법원은 감금죄의 보호법익이 현실적 신체활동의 자유인지 잠재적 신체활동의 자유인지에 관해서는 물론이고 감금죄의 객체를 어느 범위까지 인정할 것인지에 대해서도 명시적인 입장표명은 없다. 다만 정신병자에 대해서도 감금죄의 성립을 인정하고 있음[43]으로부터 대법원이 광의설의 태도를 취하고 있는 것으로 평가할 여지가 있다.

12 체포·감금죄가 보호하려는 신체활동의 자유는 법적인 책임능력, 행위능력 내지 의사능력이 없는 자도 향유할 수 있다. 따라서 자연적·사실적으로 신체활동이 '가능'한 자는 모두 이 죄에 의해 보호받는 법익의 주체로 인정하고 따라서 감금의 객체가 될 수 있는 것으로 보는 광의설이 타당하다. 이에 따르면 정신병자, 만취자, 수면자, 불구자, 위계에 의하여 신체구속을 당하고 있는 자도 이 죄의 객체가 된다. 그러나 행위의사와 잠재적 활동의 자유도 애당초 없는 영아나 식물인간은 이 죄의 객체가 될 수 없다고 해야 한다.

13 2) 행위 체포 또는 감금이다.

14 (가) 체포 체포란 사람의 신체에 대하여 '직접적·현실적 구속'을 가하여 신체활동의 자유를 박탈하는 것을 말한다.[44] 체포의 수단과 방법에는 제한이 없다. 팔다리를 포박·결박하는 유형적 방법은 물론, 위계·협박에 의한 착오로 자승자박케 하는 무형적 방법, 경찰관에게 상대방을 현행범이라고 속여 체포하게 하는 것과 같이 간접정범의 형태로도 가능하다. 포박을 풀어주어야 할 법적 의무 있는 자가 풀어주지 않는 것과 같이 부작위로도 체포가 가능하다.

15 체포로 인해 침해되는 자유는 전면적 박탈일 필요가 없고, 어느 정도 자유롭게 활동할 수 있어도 전체적으로 신체활동의 자유가 제한되어 있으면 체포에 해당한다. 따라서 긴 밧줄로 사람을 묶어서 한쪽 끝을 잡고 있어도 체포가 된다.

16 신체에 대하여 현실적인 구속이 있을 것을 요하므로 예컨대 일정한 장소에 출석하지 않으면 구속하겠다고 협박하여 출석하게 하는 것은 강요죄(제324조)에 해당할 뿐이며 체포라 할 수 없

40) 이에 따르면 정신병자, 만취자, 수면자는 이 죄의 객체가 되지만 영아와 기타 활동의 가능성이 전혀 없는 자는 이 죄의 객체가 될 수 없다.
41) 이에 따르면 영아, 정신병자, 명정자, 수면자는 객체가 될 수 없게 된다.
42) 김일수/서보학, 134면.
43) 대법원 2002.10.11. 2002도4315(정신병자를 감금하여 방치한 후 사망한 경우에 감금과 사망과의 인과관계를 인정함으로써 감금치사죄의 성립을 인정한 사례).
44) "형법 제276조 제1항의 체포죄에서 말하는 '체포'는 사람의 신체에 대하여 직접적이고 현실적인 구속을 가하여 신체활동의 자유를 박탈하는 행위를 의미하는 것(이다)."(대법원 2018.2.28. 2017도21249).

다. 하지만 권총을 겨누거나 마취를 시키는 경우는 신체구속의 직접성이 있으므로 체포가 될 수 있다.[45)]

(나) 감금 감금이란 사람을 일정한 장소 밖으로 나가지 못하게 하거나 현저히 곤란하 17
게 하여 신체활동의 자유를 '장소적으로 제한'하는 것을 말한다. 일정한 장소는 가옥, 방실, 선박, 자동차에 같이 구획된 장소뿐만 아니라 한정된 지역이라도 무방하다. 감금과 체포를 신체의 활동의 자유에 대한 계속적 제한과 일시적 제한으로 이해하면서 양자를 구별하려는 입장도 있다. 그러나 체포가 신체에 대한 직접적인 제한을 가하는 것인 반면, 감금은 장소적 제한을 하는 점에서 양자를 구별하는 것이 타당하다.

체포의 경우와 마찬가지로 감금의 수단·방법에도 제한이 없다. 출입구를 지키고 있으면서 18
탈출을 봉쇄하는 유형적·물리적 방법 뿐만 아니라 피감금자를 방안에 넣고 열쇠를 잠그거나 마취시켜 사실상 출입을 불가능하게 하거나 수치심(목욕 중인 부녀의 옷을 숨겨 출입하지 못하게 하는 경우)을 이용하는 등 무형적·심리적 방법에 의해서도 감금은 가능하다.[46)] 피해자가 사실상 탈출할 수 있어도 탈출이 곤란한 경우나, 출구를 모르거나 인식하기 어려운 상태이면 감금이 된다. 사람이 방안에 있는 줄 모르고 문을 잠근 후 그 사실을 알고도 열어주지 않거나, 불법하게 구속되어 있는 자를 석방해야 할 자가 이를 알면서 방치하는 경우와 같이 부작위에 의한 감금도 가능하다. 수사기관에 허위사실을 신고하여 구속하게 하거나, 사람이 들어있는 줄 모르는 제3자를 시켜서 문을 잠그게 하는 경우와 같이 간접정범의 형태로도 감금이 가능하다. 피감금자가 그의 자연상태에서 누리는 신체활동의 자유를 제한하면 충분하므로 특정 구역 내부에서 일정한 생활의 자유가 허용되어 있는 경우라도 감금이 될 수 있다.[47)]

例 **감금이 인정된 사례:** 피고인이 대한상이군경회원 80여 명과 공동으로 호텔 출입문을 봉쇄하며 피해자들 19
의 출입을 방해한 경우(대법원 1983.9. 13. 80도277), 만 10세인 미성년자인 피해자에게 '집에 돌아가면 경찰이 붙잡아 소년원에 보낸다'고 위협하여 집에 돌아가지 못하게 한 경우(대법원 1998.5. 26. 98도1036), 피해자가 도피하면 생명 등에 대한 해를 당할지 모른다는 공포감에서 도피하기를 단념하고 호텔에서 함께 묵고 비행기로 출국한 경우(대법원 1991.8. 27. 91도1604), 위계에 의한 피해자의 착오를 이용하여 탈출을 방해하는 경우(대법원 1985.10. 8. 84도2424), 주행 중인 자동차에서 탈출 불가능하게 한 경우(대법원 1983.4. 27. 83도323), 피해자가 경찰서 안에서 직장동료인 피의자들과 같이 식사도 하고 사무실 안팎을 내왕하였다 하여도 피해자를 경찰서 밖으로 나가지 못하도록 그 신체의 자유를 제한하는 유형·무형의 억압이 있었던 경우(대법원 1991.12. 30. 91모5), 환자로부터 퇴원요구가 있는데도 구 정신보건법에 정해진 절차를 밟지 않은 채 방치한 경우(대법원 2017.8. 18. 2017도7134), 피해자가 자신의 휴대폰을 이용하여 30여 차례에 걸쳐 전화통화를 하였다는 등의 사정이 있는 경우(대법원 2011.9. 29. 2010도5962) 등.

3) 미수 및 기수의 시기

(가) 계속성의 의미 **체포의 죄와 감금의 죄를 '계속범'으로 이해하는 점에는 이견이 없으** 20

45) 손동권/김재윤, §10/5.
46) 대법원 1997.6.13. 97도877.
47) 대법원 2011.9.29. 2010도5962.

나, 계속성의 의미에 관해서는 다툼이 있다. ① 기수가 될 때까지 피해자의 자유가 침해가 계속될 것을 요하는 것으로 보는 견해와 ② 기수가 된 후에 일정한 시간의 계속을 요하는 견해가 있다.

21 判 대법원은 체포죄의 경우 기수가 되기까지 자유의 구속이 일정한 시간 계속될 것을 요구하고, 자유의 일시적 구속에 그치는 경우에는 체포미수가 되는 것으로 본다.48) 이러한 법리는 감금죄의 계속성에 대해서도 그대로 인정할 것으로 보인다.

22 그러나 자유구속이 일정시간 계속되어야 기수가 된다고 보면, 신체활동의 자유를 현실적으로 침해하는 행위를 개시한 시점(실행의 착수)부터 어느 정도의 시간이 흘러야 기수가 되는지가 불확실하여 법적 안정성이 담보되기 어렵다. 계속범의 경우는 범행종료시까지 법익침해상태도 계속되는 것일 뿐 아니라 기수가 된 후에도 법익침해행위가 — 부작위의 방법 등으로 — 일정한 시간 계속되는 것을 특징으로 한다면, 체포감금죄의 경우도 기수가 된 이후 자유구속이 일정한 시간 계속될 것을 요한다고 해석하는 것이 타당하다.49)

23 (나) 피해자의 인식 요부 **기수가 되기 위해 자유박탈 또는 제한에 대한 피해자의 인식이 반드시 필요한지**가 문제된다. ① 자유박탈이나 제한에 대해 피해자의 인식이 있어야 기수가 된다고 하는 견해50)와 ② 기수가 되는 데에는 피해자의 인식여부와 관계가 없다는 견해(다수설)가 대립한다.

24 이 죄의 보호법익을 잠재적 신체활동의 자유로 파악하는 견해는 이 죄를 침해범으로 해석하고, 따라서 피해자의 현실적인 인식이 없어도 잠재적 행동의 자유 침해만으로 기수가 된다고 한다. 현실적인 신체활동의 자유를 보호법익으로 보는 견해는 이 죄를 추상적 위험범으로 해석하고, 따라서 신체활동의 자유를 제약하는 객관적인 외부행위만으로 기수가 되므로 피해자의 현실적인 인식여부는 이 죄의 기수시기에 영향을 미치지 않는다고 본다. 만취자나 수면자가 있는 방 또는 연구에 몰두하고 있는 학자의 연구실을 열쇠로 잠갔다가 본인이 모르는 사이에 다시 문을 열어두는 경우 이들 피해자의 잠재적 장소이전의 자유는 침해되었으므로 이 죄의 기수가 되는 것으로 보는 것이 타당하다.

(2) 주관적 구성요건

25 이 죄의 고의는 신체활동의 자유를 박탈 또는 제한한다는 인식과 의사이다. 그 동기나 목적이 무엇인가는 묻지 않는다.

---

48) "체포죄는 계속범으로서 체포의 행위에 확실히 사람의 신체의 자유를 구속한다고 인정할 수 있을 정도의 시간적 계속이 있어야 기수에 이르고, 신체의 자유에 대한 구속이 그와 같은 정도에 이르지 못하고 일시적인 것으로 그친 경우에는 체포죄의 미수범이 성립할 뿐이다"(대법원 2020.3.27. 2016도18713).

49) 오영근, §7/10; 임웅, 130면.

50) 배종대, §40/12; 임웅, 128면. 다만 김일수/서보학, 136면은 기수가 되기 위해서만 필요하다고 한다.

3. 위법성조각사유

체포·감금행위는 체포영장 및 구속영장에 의한 피의자·피고인의 체포 및 구속(형사소송법 제200조의2, 제201조 제1항), 검사 또는 사법경찰관의 긴급체포(동법 제200조의3), 사인의 현행범 체포(동법 제212조), 경찰관의 술 취한 자 등 보호조치(경찰관 직무집행법 제4조 제1항 제1호), 정신질환자에 대한 입원(정신건강복지법 제43조, 제44조) 등의 요건을 충족시킨 경우에는 법령에 의한 정당행위가 된다. 정신병자의 안전과 보호를 위하여 친권자의 의뢰를 받고 일시 보호실에 감금한 때에는 사회상규에 반하지 않는 정당행위(제20조)로서 위법성이 조각될 수 있다.[51] 26

判 대법원은 '형제복지원 사건'에 대해 '수용시설에 수용 중인 부랑인들의 야간도주를 방지하기 위하여 그 취침시간 중 출입문을 안에서 시정조치한 행위는 형법 제20조의 정당행위(법령에 의한 행위)에 해당되어 (감금죄의) 위법성이 조각된다'고 판시하였다.[52] 그러나 이러한 대법원의 태도는 형법 제20조에 대한 헌법합치적 해석이라고 보기 어렵다. 피해자들을 형제복지원에 감금한 행위가 정당화되려면 '법률'에 근거하여야 하는데, 실제로 수용감금행위는 법률이 아닌 행정기관인 '내무부의 훈령'에 근거한 경우이기 때문이다. 그럼에도 대법원은 이 판결에 따른 원심법원의 판결이 법령위반임을 근거로 제기된 검찰총장의 '비상상고'를 기각하였다.[53] 27

피해자의 승낙에 의한 체포·감금의 형법적 평가에 관해서는 견해가 대립한다. ① 위법성이 조각된다는 견해[54]가 있지만, ② 구성요건해당성부터 배제되는 것으로(양해)이해하는 견해(다수설)가 타당하다. 체포·감금죄는 피해자의 의사에 반하는 것을 본질적인 불법내용으로 하므로 피해자의 동의가 있으면 불법을 구성하는 요소가 없기 때문이다. 28

4. 죄수, 타죄와의 관계

(1) 죄수

신체활동의 자유는 일신전속적 법익이므로 한 개의 행위로 같은 장소에서 수인을 감금한 때에는 수개의 감금죄가 성립하고 상상적 경합이 된다. 체포와 감금은 개념상 서로 구별되지만 실제로는 양자가 연속적으로 행해지는 경우가 많고 그 한계가 명백하지도 않을 뿐 아니라 같은 구성요건에 규정되어 법정형도 동일하기 때문에 엄격하게 구별할 필요가 없다. 따라서 사람을 체포한 자가 계속하여 감금한 때에는 포괄하여 하나의 감금죄가 성립한다(협의의 포괄일죄). 29

(2) 타죄와의 관계

체포 또는 감금의 수단으로 행해진 폭행·협박은 체포·감금죄에 흡수된다.[55] 사람을 체포· 30

51) 대법원 1980.2.12. 79도1349.

52) 대법원 1988.11.8. 88도1580.

53) 감금죄의 위법성조각 관련 대법원 판결의 문제점 및 비상상고 기각에 관한 비판으로는 김성돈, "형제복지원사건 비상상고사건 대법원 판결에 대한 비판적 소고", 형사법연구 제33권 제2호(2021), 85면 이하 참조.

54) 김종원, 110면; 배종대, §40/13; 임웅, 130면.

55) 자동차에 타지 않으면 가만 두지 않겠다고 위협하여 승차시킨 후 내려주지 않고 20여 분간 계속 자동차를 운행한 경우와 같이 "감금을 하기 위한 수단으로서 행사된 단순한 협박행위는 감금죄에 흡수되어 따로 협박죄를 구성하지 아니한다"(대법원 1982.6.22. 82도705).

감금하여 인질로 삼고 그 석방의 대가로 금품을 강취한 때에는 인질강도죄(제336조)가 성립한다.

31 判 계속범(예, 감금죄)의 도중에 다른 범죄를 범한 경우 계속범과 다른 범죄간의 경합관계는 다음과 같다. 첫째, 계속범의 도중에 다른 범죄를 범한 경우 그 계속범을 다른 범죄의 수단으로 삼고 있는 경우에는 그 다른 범죄와 계속범은 상상적 경합이 인정된다. 둘째, 계속범의 도중에 다른 범죄의 고의가 생겨 그 다른 범죄를 범한 경우에는 동시성은 인정되지만 각 계속범과 그 도중에 범한 범죄는 별개의 고의와 별개의 행위에 의한 것이므로 실체적 경합이 인정된다. 대법원도 이러한 법리를 견지하고 있다.

32 例 **계속범을 다른 범죄의 수단으로 삼은 경우 죄수 경합에 관한 판례:** ① 감금행위가 다른 범죄의 수단(강간 또는 강도행위)으로 된 때에는 그 다른 범죄(강간죄 또는 강도죄)는 항상 그 수단으로 감금행위를 수반하는 것은 아니므로 감금죄와 다른 범죄(강간죄 또는 강도죄)가 각각 성립(대법원 1997.1.21. 96도2715)하고, 양죄는 상상적 경합이 인정된다. ② 협박을 수단으로 하여 피해자를 감금하고 다시 그 기회에 강간을 하려다가 미수에 그친 경우 행위자가 한 협박은 감금죄의 실행의 착수인 동시에 강간미수죄의 실행의 착수에 공통되므로 감금죄와 강간미수죄의 상상적 경합관계가 인정된다(대법원 1983.4.26. 83도323).

33 例 **계속범의 도중에 다른 범죄가 범해진 경우 죄수 경합에 관한 판례:** ① 감금행위가 단순히 강도상해 범행의 수단이 되는 데 그치지 아니하고 강도상해의 범행이 끝난 뒤에도 계속된 경우에는 1개의 행위가 감금죄와 강도상해죄에 해당하는 경우가 아니므로 감금죄와 강도상해죄의 실체적 경합관계가 인정된다(대법원 2003.1.10. 2002도4380). ② 미성년자를 유인한 자가 계속하여 미성년자를 불법하게 감금하였을 때에는 미성년자유인죄 이외에 감금죄가 별도로 성립한다(대법원 1998.5.26. 98도1036).

Ⅲ. 존속체포·감금죄

> 第276條(존속체포·존속감금죄) ② 자기 또는 배우자의 직계존속에 대하여 제1항의 죄를 범한 때에는 10년 이하의 징역 또는 1천500만원 이하의 벌금에 처한다.
>
> 第280條(미수범) 전4조의 미수범은 처벌한다.

34 자기 또는 배우자의 직계존속을 체포·감금함으로써 성립하는 범죄이다. 신분 때문에 형이 가중되는 가중적 구성요건이며, 부진정신분범이다.

35 자기 또는 배우자의 직계존속은 존속살해죄에서, 체포·감금은 체포·감금죄에서 설명한 내용과 동일하다.

Ⅳ. 중체포감금죄·존속중체포감금죄

> 第277條(중체포·중감금죄) ① 사람을 체포 또는 감금하여 가혹한 행위를 가한 자는 7년 이하의 징역에 처한다.
>
> (존속중체포·존속중감금죄) ② 자기 또는 배우자의 직계존속에 대하여 전항의 죄를 범한 때에는 2년 이상의 유기징역에 처한다.
>
> 第280條(미수범) 전4조의 미수범은 처벌한다.

1. 의의, 성격

사람 또는 직계존속을 체포·감금하여 가혹한 행위를 함으로써 성립하는 범죄이다. 체포·감금행위와 가혹행위가 결합된 결합범이다. 직계존속에 대한 죄는 부진정신분범이다. 36

2. 구성요건

(1) 객관적 구성요건

1) 가혹행위 이 죄의 행위는 체포 또는 감금하여 가혹한 행위를 하는 것이다. 여기서 가혹한 행위란 폭행, 협박 또는 음란한 행위 등을 통하여 사람에게 육체적 또는 정신적 고통을 가하는 일체의 행위를 말한다. 반드시 생명 또는 신체에 위험을 줄 정도임을 요하지 않으므로 학대보다 넓은 개념으로 해석되어야 한다. 가혹행위는 폭행을 가하거나 추행을 하거나 기타 고문을 하는 유형적 방법과 협박을 하거나 굶기거나 적당한 수면을 허용하지 않는 무형적 방법을 모두 포함한다. 다만 이 죄에서 가혹한 행위는 감금 중에 행하여야 하므로 체포·감금의 수단으로 이루어진 폭행·협박은 체포나 감금 이전의 행위이므로 이 죄의 가혹행위라고 할 수 없다. 37

2) 미수 체포·감금하여 가혹한 행위를 하려고 하였으나 체포·감금을 하지 못한 때, 체포·감금은 하였으나 가혹한 행위를 하지 못한 때, 가혹한 행위 자체가 미수에 그친 때에 미수범이 성립한다. 38

(2) 주관적 구성요건

고의는 처음부터 체포·감금하여 가혹한 행위를 하려는 고의가 있거나 체포·감금 후 그 도중에 가혹한 행위를 하려는 고의가 생긴 경우를 모두 포함한다. 39

Ⅴ. 특수체포·감금죄

> 제278조(특수체포·특수감금죄) 단체 또는 다중의 위력을 보이거나 위험한 물건을 휴대 하여 전2조의 죄를 범한 때에는 그 죄에 정한 형의 2분의 1까지 가중한다.
>
> 제280조(미수범) 전4조의 미수범은 처벌한다.

단체 또는 다중의 위력을 보이거나 위험한 물건을 휴대하여 체포·감금죄, 존속체포·감금죄, 중체포·감금죄, 존속중체포·감금죄를 범함으로써 성립하는 범죄이다. 행위수단이나 방법의 위험성 때문에 형이 가중된 가중적 구성요건이다. 단체 또는 다중의 위력과 위험한 물건을 휴대한다는 의미는 특수폭행죄의 내용과 동일하다. 40

Ⅵ. 상습체포·감금죄

> 제279조(상습범) 상습으로 제276조 또는 제277조의 죄를 범한 때에는 전조의 예에 의한다.
>
> 제280조(미수범) 전4조의 미수범은 처벌한다.

41 상습적으로 체포·감금죄, 존속체포·감금죄, 중체포·감금죄, 존속중체포·감금죄를 범함으로써 성립하는 범죄이다. 상습으로 체포·감금죄(제276조 제1항)를 범한 경우에는 폭처법 제2조 제1항이 적용되어 형법의 적용이 배제된다.

Ⅶ. 체포·감금치사상죄, 존속체포·감금치사상죄

> 제281조(체포·감금등의 치사상죄) ① 제276조 내지 제280조의 죄를 범하여 사람을 상해에 이르게 한 때에는 1년 이상의 유기징역에 처한다. 사망에 이르게 한 때에는 3년 이상의 유기징역에 처한다.
>
> (존속체포·감금등의 치사상죄) ② 자기 또는 배우자의 직계존속에 대하여 제276조 내지 제280조의 죄를 범하여 상해에 이르게 한 때에는 2년 이상의 유기징역에 처한다. 사망에 이르게 한 때에는 무기 또는 5년 이상의 징역에 처한다.

42 모든 유형의 체포·감금의 죄를 범하여 사람 또는 직계존속을 사상에 이르게 함으로써 성립하는 범죄이다. 치상·치사의 결과가 발생한 경우에는 결과적 가중범이고, 존속체포·감금치사상죄는 부진정신분범이다.

43 사상의 결과는 반드시 체포·감금의 직접결과일 필요가 없고, 체포·감금시에 일어난 것이면 충분하다. 예컨대 승용차에 피해자를 태우고 질주하던 중 피해자가 차량을 빠져나오다가 떨어져 사망한 경우에는 감금치사죄가 성립한다.[56] 체포와 감금의 죄가 미수에 그친 경우에도 중한 결과인 사상의 결과가 발생하면 이 죄가 성립한다(통설).

44 **체포·감금 후 가혹한 행위로 인하여 사상의 결과가 발생한 경우**에는 ① 체포·감금죄와 상해(치사)죄의 경합범이라는 견해가 있으나 ② 체포·감금치사상죄의 기본범죄에는 중체포·감금죄도 포함되어 있기 때문에 체포감금치사상죄만 성립한다고 해야 한다.

45 判 대법원도 동거 여인이 술집에 나가지 못하게 감금하여 가혹행위를 하므로 이를 피하기 위해 창문을 통해 집 밖으로 뛰어 내리다가 사망한 때에는 (중감금행위와 피해자의 사망 사이에 인과관계가 인정될 경우) 감금치사죄의 성립만 인정한다.[57]

46 이 죄는 진정결과적 가중범이므로 사상의 결과에 대해서 고의가 없어야 한다. 따라서 체포와 감금을 살해하기 위한 수단으로 사용한 경우에는 체포·감금죄와 살인죄의 상상적 경합이

56) 대법원 2002.2.11. 99도5286.
57) 대법원 1991.10.25. 91도2085.

되며, 감금행위 도중에 살해의 고의가 생긴 때에는 감금죄와 살인죄의 실체적 경합이 된다.

제4절 약취·유인의 죄 및 인신매매의 죄 § 16

Ⅰ. 총설

1. 의의 및 보호법익

(1) 의의

약취와 유인의 죄는 사람을 약취 또는 유인하여 자기 또는 제3자의 실력적 지배에 둠으로써 개인의 신체활동을 포함한 자유로운 생활관계를 침해하는 것을 내용으로 하는 범죄이다. 반면에 인신매매의 죄는 어떤 경위로든 이미 실력적 지배 하에 들어온 사람을 상대방에게 대가를 받고 넘기는 것을 내용으로 하는 범죄이다. 1

종래 형법은 약취와 유인의 죄를 중심으로 규정하면서 행위객체가 부녀에 제한되는 부녀매매만을 인신매매의 행위태양으로 인정하는 구성요건을 두고 있었다. 하지만 2013.4.5.「인신매매방지의정서」(2000년 서명)에 따른 인신매매에 관한 국제적 기준의 이행입법 차원에서 이루어진 형법개정을 통해 약취나 유인의 방법이 아니더라도 사람을 매매의 대상으로 삼는 인신매매의 죄가 신설되었다. 2

약취·유인의 죄와 인신매매의 죄는 신체활동의 자유를 침해한다는 점에서는 체포·감금의 죄와 성질이 같지만 장소적 제한 없이 실력적 지배를 설정한다는 점에서는 다르고, 특정한 신체활동을 보호한다는 점에서 일반적인 활동의 자유를 보호하는 강요죄와도 다르다. 3

(2) 보호법익 및 보호의 정도

약취와 유인의 죄의 보호법익은 사람의 신체활동의 자유 가운데 장소선택의 자유이다. 다만, 미성년자에 대한 보호·감독자가 있는 경우에는 보호감독자의 감호권도 부차적인 보호법익으로 인정된다(통설·판례). 따라서 보호감독자 있는 미성년자에 대해서는 미성년자와 보호감독권자 쌍방의 동의가 없으면 이 죄가 성립하므로 미성년자가 가출하여 유인에 동의한 경우에도 보호감독자의 동의가 없으면 이 죄가 성립한다.[58] 4

인신매매의 죄는 실력적 지배 하에 있는 사람의 신체를 상대방에게 넘기는 것을 내용으로 5

---

58) "형법 제287조에 규정된 미성년자약취죄의 입법취지는 심신의 발육이 불충분하고 지려와 경험이 풍부하지 못한 미성년자를 특별히 보호하기 위하여 그를 약취하는 행위를 처벌하려는 데 그 입법취지가 있으며, 미성년자의 자유 외에 보호감독자의 감호권도 그 보호법익으로 하고 있다는 점을 고려하면 피고인과 공범들이 미성년자를 보호·감독하고 있던 그 아버지의 감호권을 침해하여 그녀를 자신들의 사실상 지배 하로 옮긴 이상 미성년자약취죄가 성립한다 할 것이고, 약취행위에 미성년자의 동의가 있었다 하더라도 본죄의 성립에는 변함이 없다"(대법원 2003.2.11. 2002도7115).

하기 때문에 신체활동의 자유뿐 아니라 인격권까지 보호법익이 된다. 보호법익이 보호받는 정도는 약취·유인의 죄는 물론이고 인신매매의 죄의 경우에도 침해범으로서의 보호이다.

2. 구성요건의 체계

(1) 형법 및 특별법상의 구성요건

6

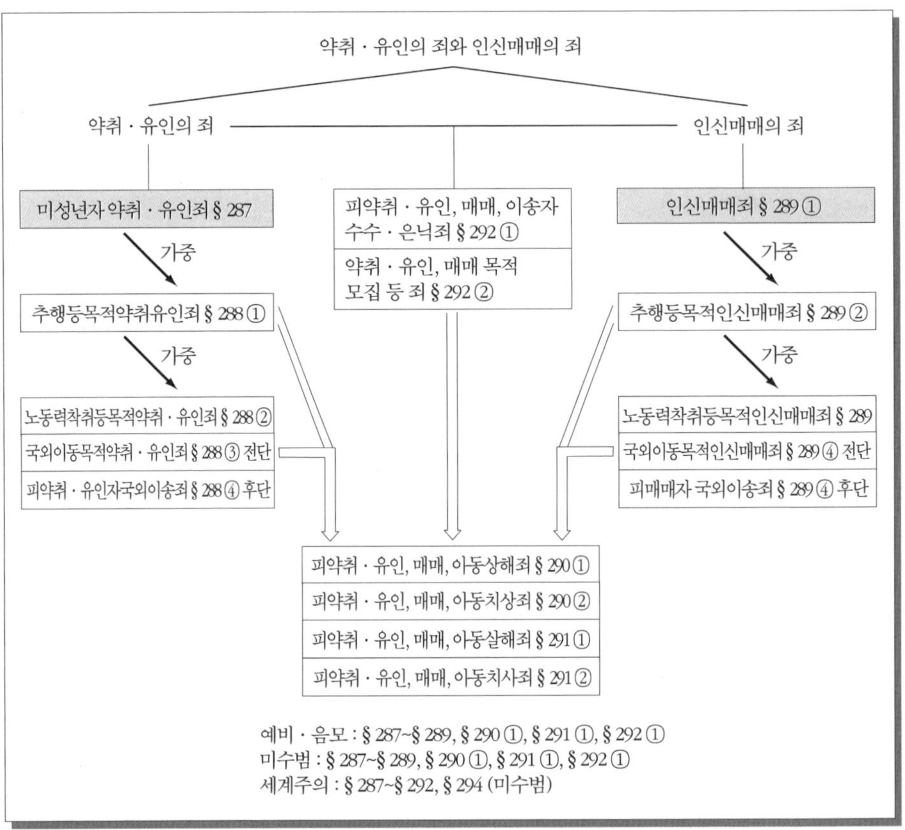

7 약취, 유인의 죄는 미성년자 약취·유인죄를 기본적 구성요건으로 하고, 목적에 따라 형을 가중하는 가중구성요건을 두고 있다. 인신매매의 죄도 인신매매죄를 기본적 구성요건으로 하면서, 약취·유인의 죄의 경우와 평행되게 목적에 따라 형을 가중하는 가중구성요건을 두고 있다. 뿐만 아니라 약취·유인, 매매 또는 이송된 사람을 국외에 이송하는 행위를 독립된 구성요건을 두고 있으며, 더 나아가 약취·유인의 죄와 인신매매의 죄의 결과적 가중범의 형태로 약취등치상죄와 약취등치사죄를 두고 있을 뿐 아니라 이보다 법정형을 더 상향조정한 결합범의 형식으로 약취등상해죄와 약취등살인죄를 두고 있다.

8 이외에 약취·유인·매매·이송된 사람의 수수·은닉죄는 약취·유인의 죄와 인신매매의

죄에 대한 방조행위를 독립된 범죄로 규정하고 있는 구성요건이고, 모집·우송·전달죄는 약취·유인의 죄와 인신매매의 죄를 범할 목적을 가진 자가 약취·유인의 죄와 인신매매의 죄를 범하기 위한 전단계의 행위 내지 방조행위를 범죄화하고 있는 독립된 구성요건이다. 약취·유인의 죄와 인신매매의 죄, 그리고 약취·유인 등상해죄와 약취·유인 등 살인죄에 대해서는 예비·음모도 처벌한다.

특가법에는 13세 미만자에 대한 약취·유인죄 및 피인취된 미성년자를 은닉하거나 그 밖의 9
방법으로 귀가하지 못하게 방조한 자를 가중처벌하는 변형구성요건이 규정되어 있고(제5조의2 제1항, 제2항, 제3항), 특강법에는 약취·유인의 죄를 특정강력범죄로 분류하여 처벌상의 특례를 규정하고 있다(제2조 제1항 제2호). 아청법에는 19세 미만의 아동청소년 매매행위와 국외 또는 국내이송행위를 가중처벌하는 규정이 있다(제12조).

(2) 해방감경규정

약취와 유인의 죄를 범한 자가 약취·유인, 매매 또는 이송된 자를 안전한 장소로 풀어준 10
때에는 그 형을 감경할 수 있는 해방감경규정(제295조의2)을 두고 있다. 이 규정은 피해자의 안전과 석방을 유도하기 위한 형사정책적 배려를 하고 있는데 이미 기수가 된 행위의 중지를 유도한다는 의미에서 특별한 중지규정이라 할 수 있다.

(3) 세계주의

2013.4.5. 형법개정으로 약취, 유인의 죄와 인신매매의 죄에 대해 국제간 형법적용의 원칙 11
인 세계주의에 관한 규정이 신설되었다. 인간의 기본적인 인권의 하나인 신체의 자유가 인류 공통의 가치임을 반영한 것이다. 이에 따라 형법의 약취·유인의 죄와 인신매매의 죄는 대한민국 영역 밖에서 죄를 범한 외국인에게도 적용될 수 있게 되었다. 형법각칙규정에 이러한 세계주의를 선언한 규정은 장차 형법총칙의 정비과정에 인류 공통의 법익을 침해하는 범죄에 대해 세계주의 원칙이 적용되게 하는 데 선구적인 역할을 할 것으로 보인다.

Ⅱ. 미성년자약취·유인죄

> 제287조(미성년자약취·유인죄) 미성년자를 약취 또는 유인한 자는 10년 이하의 징역에 처한다.
>
> 제294조(미수범) 제287조부터 제289조까지, 제290조제1항, 제291조제1항과 제292조제1항의 미수범은 처벌한다.
>
> 제295조의2(형의 감경) 제287조부터 제290조까지, 제292조와 제294조의 죄를 범한 사람이 약취, 유인, 매매 또는 이송된 사람을 안전한 장소로 풀어준 때에는 그 형을 감경할 수 있다.
>
> 제296조(예비, 음모) 제287조부터 제289조까지, 제290조제1항, 제291조제1항과 제292조제1항의 죄를 범할 목적으로 예비 또는 음모한 사람은 3년 이하의 징역에 처한다.

1. 의의, 성격

12 미성년자를 약취 또는 유인함으로써 성립하는 범죄이다. 이 죄는 피인취자의 자유에 대한 침해행위가 종료 전까지 계속되어야 하므로 계속범이다. 따라서 피인취자의 자유회복으로 이 죄는 종료하며, 종료 전까지는 그에 대한 정당방위나 공범성립이 가능하고, 공소시효는 종료 이후부터 진행된다.

2. 구성요건

(1) 객관적 구성요건

13 1) 주체 미성년자 본인을 제외한 모든 자연인이 주체가 된다. 미성년자의 보호감독자도 주체가 될 수 있고,[59] 실부모도 이 죄의 주체가 될 수 있다.[60] 하지만 미성년자의 보호감독자 중 일인(부)의 위임을 받은 자가 다른 보호감독자(모)로부터 서로 간의 내부적인 사정으로 인해 미성년자의 인도를 요구받은 경우에는 이를 거부하더라도 미성년자 약취죄를 구성하지 않는다.[61]

14 미성년자 본인은 자기를 약취·유인하는 데 동의 또는 협력하여도 이 죄의 정범은 물론 공범도 될 수 없다. 본인은 이 죄의 피해자이자 보호법익의 향유자로서 자신의 약취·유인에 어떤 형태로 가담하더라도 불가벌적 대향자에 불과하기 때문이다.[62] 하지만 미성년자가 다른 미성년자를 약취·유인하거나 이에 가담한 때에는 정범 또는 공범이 될 수 있다.

15 2) 객체 객체는 미성년자이다. 여기서의 미성년자는 형사미성년자(제9조)가 아니라 민법상의 미성년자, 즉 19세 미만자(민법 제4조)를 말한다. 미성년자이면 성별, 의사능력의 유무, 타인의 보호 또는 감독을 받고 있는가의 여부는 묻지 않는다. 따라서 미성년자라면 의사능력이나 활동능력도 없는 영아와 수면 중인 자는 물론, 성년에 가까운 사고력, 판단력 또는 경험을 가진 자라도 이 죄의 객체가 된다. 다만 영아에 대해서는 행위의 성질상 의사능력이나 판단력을 전제로 하는 유인죄는 성립할 여지가 없고 약취죄의 객체가 될 뿐이다.

16 **성년의제에 관한 민법규정(제826조의2)에 의해 혼인한 미성년자도 이 죄의 객체가 될 수 있는지**가 문제된다. ① 이를 부정하는 견해는 형법상 고유한 미성년자 개념이 없는 이상 민법상 성년자로 의제되는 자를 형법에서 미성년자로 취급하는 것은 죄형법정주의에 반한다고 한다.[63] ② 하지만 민법상의 성년의제 규정은 미성년자의 개념정의가 아니라 부부가 혼인생활 동안

---

59) "미성년자를 보호·감독하는 자라 하더라도 다른 보호감독자의 감호권을 침해하거나 자신의 감호권을 남용하여 미성년자의 본인의 이익을 침해하는 경우에는 미성년자 약취·유인죄의 주체가 될 수 있다"(대법원 2008.1.31. 2007도8011; 대법원 2013.6.20. 2010도14328 전원합의체).

60) 친권자의 지위를 상실한 실부모가 미성년자를 양육하기 위해 약취·유인한 때에도 이 죄는 성립한다.

61) 대법원 1974.5.28. 74도840.

62) 이에 관해서는 『총론』의 필요적 공범 참조.

63) 김일수/서보학, 141면; 이재상/장영민/강동범, §9/8.

행위능력자로 독립적인 활동을 할 수 있게 하자는 취지이므로 형법의 미성년자 보호취지와 다르다. 따라서 민법상의 성년의제자를 형법에서 미성년자에 포함시켜 이를 보호한다고 해서 죄형법정주의에 반한다고 할 수 없다. 그러므로 혼인한 미성년자도 이 죄의 객체가 된다고 해야 한다.

3) 행위 　약취 또는 유인하는 것이다. 17

(가) 약취·유인 　약취와 유인이란 '폭행 또는 협박과 기망 또는 유혹을 수단으로 하여 사람의 자유로운 생활관계 또는 보호관계로부터 이탈하게 하여 자기 또는 제3자의 사실적 지배 하에 두는 행위'를 말한다.[64] 약취는 폭행 또는 협박을 사용하는 데 대하여, 유인은 기망 또는 유혹을 사용하는 점에서 구별된다. 18

약취의 수단인 폭행·협박은 미성년자를 자기 또는 제3자의 실력적 지배 내에 둘 수 있는 정도의 것이면 충분하고, 반항을 억압할 정도일 필요가 없다.[65] 상대방을 심신상실이나 항거불능의 상태에 빠뜨려 자기 또는 제3자의 실력적 지배에 옮기는 것도 폭행에 해당하는 약취가 된다. 따라서 영아를 보호자 모르게 데려가거나 잠자는 유아를 안고 가는 것도 약취에 해당한다.[66] 자유로운 생활관계 또는 보호관계로부터의 이탈이라는 위협에 스스로 대처할 능력이 없는 상태의 있는 사람(특히 어린아이)의 경우, 폭행·협박외의 '불법적인 사실상의 힘'을 수단으로 해서도 약취가 이루어질 수 있다.[67] 19

判 대법원은 두 개의 유사한 사례의 경우 사실관계의 특수성을 고려하여 약취개념에 대한 해석내용의 일부인 '불법적인 사실상의 힘'에의 포섭여부에 대한 상반된 결론을 내리고 있다. 〔2010도14328 판결〕에서는 베트남 국적 여성인 피고인이 남편으로부터 집을 나가라는 말을 들은 후 베트남 친정으로 떠나기로 마음먹고 생후 약 13개월된 아들을 베트남으로 데리고 갔고, 남편과 협의이혼을 하면서도 피고인을 친권자 및 양육자로 지정한 사안에서 친권자인 모(母)로서 출생 이후 줄곧 맡아왔던 보호양육을 계속하고자 하는 취지에서 위 아들을 데리고 간 행위에 대해 '사실상의 힘에 불법성이 없다'고 보아 약취에 해당하지 않는다고 하였지만,[68] 〔2019도16421 판결〕에서는 한국과 프랑스에 따로 살며 이혼소송 중인 부부의 관계에서, 일방부부(프랑스에 거주)와 함께 생활하던 아이(만 5세)를 면접교섭을 위해 국내로 데려온 후 면접교섭기간이 종료하였음에도 프랑스에 다시 데려다주지 않고 연락을 두절한 후 법원의 유아인도명령 등에도 불응한 행위는 '불법적인 사실상의 힘'을 수단으로 사실상 지배하에 옮긴 적극적 행위와 형법적으로 같은 정도의 행위로 평가할 수 있다고 보아 약취에 해당한다고 보았다.[69] 20

64) 대법원 1998.5.15. 98도690.
65) 대법원 1991.8.13. 91도1184.
66) 이재상/장영민/강동범, §9/9.
67) 미성년자약취죄의 구성요건요소로서 약취란 폭행, 협박 또는 불법적인 사실상의 힘을 수단으로 사용하여 피해자를 그 의사에 반하여 자유로운 생활관계 또는 보호관계로부터 이탈시켜 자기 또는 제3자의 사실상 지배하에 옮기는 행위를 의미하고, 구체적 사건에서 어떤 행위가 약취에 해당하는지 여부는 행위의 목적과 의도, 행위 당시의 정황, 행위의 태양과 종류, 수단과 방법, 피해자의 상태 등 관련 사정을 종합하여 판단하여야 한다(대법원 2013.6.20. 2010도14328 전원합의체).
68) 대법원 2013.6.20. 2010도14328 전원합의체.
69) 대법원 2021.9.9. 2019도16421.

21 유인의 수단인 기망은 허위사실로 상대방을 착오에 빠뜨리는 것이고, 유혹은 기망정도에 이르지 않는 감언이설로서 상대방을 현혹시켜 판단의 적정을 그르치게 하는 것을 말한다. 유혹의 내용은 반드시 허위임을 요하지 않는다.[70] 기망·유혹의 경우에는 상대방의 하자 있는 의사를 이용하는 것이므로 적어도 의사능력 있는 자만이 유인의 대상이 될 수 있고, 유아와 같이 의사능력도 없는 자는 약취의 대상이 될 뿐이다.

22 약취·유인의 수단인 폭행·협박 또는 기망·유혹은 반드시 약취·유인된 자에 대하여 행해질 필요가 없고, 보호자에게 행해져도 무방하다. 따라서 맹인의 안내자를 폭행·협박하여 맹인을 다른 곳으로 옮기게 하고 사실적 지배를 한 때에도 이 죄가 성립한다.

23 (나) 사실적 지배 약취·유인이 있다고 하기 위해서는 폭행·협박 또는 기망·유혹을 한 것만으로 부족하고 이에 의해서 피해자를 자기 또는 제3자의 사실적(물리적·실력적) 지배하에 두어야 한다.[71] 사실적 지배는 본래의 생활환경이나 보호상태에서 이탈 또는 배제시켜 사실상 지배하에 두는 경우를 말하지만, 부모와의 보호관계가 일시적으로 침해·배제된 것만으로는 사실적 지배를 인정하기에 충분하지 못하다.[72] 보호관계로부터 이탈시킨 때에도 자기 또는 제3자의 사실적 지배에 두지 못하면(예, 부모로부터 도망치게 한 경우) 이 죄는 성립하지 않는다.

24 例 영화배우가 되겠다고 가출하여 찾아온 여자를 잡지사 기획실장이 돌아가라고 권유하였으나 그 여자가 말을 듣지 않고 자취방에서 머문 경우에는 사실상의 지배가 없으므로 이 죄가 성립하지 않지만(대법원 1998.5.15. 98도690), 사촌매형이 경영하는 청소대행업체에서 일하면서 숙식을 해결하고 있던 사고능력이 현저하게 떨어지는 미성년의 저능아를 제주도로 데려간 후 그로부터 8개월 후 다시 서울로 돌아올 때까지 보호자인 자신의 사촌매형에게 이 사실을 숨긴 후 한 번도 이야기하지 않은 경우에는 미성년자유인죄가 성립한다(대법원 1996.2.27. 95도2980).

25 **사실적 지배의 인정을 위해 약취·유인된 자를 장소적으로 이전해야 하는지와 관련하여** ① 이를 긍정하는 견해[73]도 있다. ② 하지만 보호감독자에게 폭행·협박·기망을 사용하여 그를 퇴거시키거나 이미 지배관계를 떠난 약취·유인된 자를 그대로 방치하는 부작위의 방법으로도 사실상의 지배를 설정할 수 있기 때문에 반드시 장소이전이 있을 필요는 없다.[74]

26 判 대법원도 독자적인 생활관계가 형성되었다고 할 만한 조건(부모의 출입을 봉쇄하거나, 미성년자와 부모가 거주하는 주거에 침입하여 부모만을 강제로 퇴거시키는 등)이 전제되면, 장소적 이전이 없었다 하더라도 미성년자를 사실상의 지배하에 둔 것으로 인정한다.[75]

---

70) 대법원 1996.2.27. 95도2980.

71) 대법원 1998.5.15. 98도690.

72) "주거지에 침입하여 미성년자의 신체에 위해를 가할 것처럼 협박하여 부모로부터 금품을 강취하는 경우와 같이 일시적으로 부모와의 보호관계가 사실상 침해·배제되었다 할지라도 …(중략)… 보통의 경우 시간적 간격이 짧아 그 주거지를 중심으로 영위되었던 기존의 생활관계로부터 완전히 이탈되었다고 평가하기도 곤란하다"(대법원 2008.1.17. 2007도8485).

73) 황산덕, 207면.

74) 김일수/서보학, 144면; 오영근, §9/6; 이재상/장영민/강동범, §9/11.

75) "미성년자가 혼자 머무는 주거에 침입하여 그를 감금한 뒤 폭행 또는 협박에 의하여 부모의 출입을 봉쇄하거

(다) 미수와 기수 약취·유인의 수단인 폭행·협박 또는 기망·유혹을 개시한 때 실행의 착수가 인정되고, 기존의 생활관계 및 보호관계로부터 실제로 이탈시킨 것으로 인정되어야 기수가 된다.[76] **기수시기에 관해서는 계속범의 계속성의 의미**와 관련하여 견해가 갈린다. ① 약취·유인된 자를 자기 또는 제3자의 사실상의 지배 하에 두고 다소 시간적 계속이 된 때에 비로소 기수가 된다고 하는 견해가 종래의 다수설이지만, ② 앞의 체포·감금죄에서 설명했듯이 약취·유인된 자를 사실상의 지배 하에 둠으로써 이미 기수가 되고, 사실상 지배상태의 시간적 계속성은 범행종료시까지 인정되는 것이라고 해석해야 한다.[77] 27

(2) 주관적 구성요건

이 죄의 고의는 미성년자인 피해자를 폭행·협박 또는 기망·유인에 의해서 자기 또는 제3자의 사실상의 지배에 둔다는 점에 대한 인식과 의사이다. 미필적 고의로 충분하며, 피해자의 의사에 반한다는 것은 인식할 필요가 없다.[78] 약취·유인의 동기나 목적은 무엇이든 상관이 없다. 다만 추행 등 목적으로 미성년자를 약취·유인한 경우에는 이 죄가 성립하지 않고 형법 제288조의 죄(추행 등 목적 약취·유인 등 죄)가 성립한다. 28

3. 위법성조각사유

약취·유인이 정당방위나 긴급피난에 의해 위법성이 조각될 수 있다. **피해자의 승낙의 형법적 평가**와 관련해서는 ① **구성요건해당성이 배제**(양해)된다고 하는 견해(다수설)와 ② **위법성이 조각**된다는 견해[79]가 대립한다. 이 죄의 불법이 피해자의 의사에 반하는 것만을 본질적인 내용으로 하는 것이 아니기 때문에 피해자의 승낙에 기한 행위는 위법성이 조각될 수 있는 것으로 평가하는 것이 타당할 것이다. 29

다만 미성년자의 승낙만 있는 경우에는 피해자의 승낙이 되지 않는다. 이 죄는 보호감독자의 감호권도 부차적인 보호법익이기 때문이다. 따라서 피해자의 승낙은 미성년자와 보호자 양측 모두의 동의가 있을 때에만 문제될 수 있다. 30

나, 미성년자와 부모가 거주하는 주거에 침입하여 부모만을 강제로 퇴거시키고 독자적인 생활관계를 형성하기에 이르렀다면 비록 장소적 이전이 없었다 할지라도 형법 제287조의 미성년자약취죄에 해당함이 명백하다"(대법원 2008.1.17. 2007도8485).

76) "미성년자를 기존의 생활관계 및 보호관계로부터 이탈시킬 의도가 없는 경우에는 실행의 착수조차 인정하기 어려우며, 범행의 목적과 수단, 시간적 간격 등을 고려할 때 사회통념상 실제로 기존의 생활관계 및 보호관계로부터 이탈시킨 것으로 인정되어야만 기수가 성립한다"(대법원 2008.1.17. 2007도8485).

77) "피고인이 11세에 불과한 어린 나이의 피해자를 유혹하여 위 모텔 앞길에서부터 위 모텔 301호실까지 데리고 간 이상, 그로써 피고인은 피해자를 자유로운 생활관계로부터 이탈시켜 피고인의 사실적 지배 아래로 옮겼다고 할 것이고, 이로써 간음목적유인죄의 기수에 이른 것으로 보아야 할 것이다"(대법원 2007.5.11. 2007도2318).

78) "본죄의 범의는 피해자가 미성년자임을 알면서 유인행위에 대한 인식이 있으면 족하고 유인하는 행위가 피해자의 의사에 반하는 것까지 인식할 필요는 없으며 또 피해자가 하자있는 의사로 자유롭게 승낙하였다 하더라도 본죄의 성립에 소장이 없다"(대법원 1976.9.14. 76도2072).

79) 배종대, §44/8; 손동권/김재윤, §11/12; 임웅, 157면.

31 例 15세의 소년이 복음전도회교인의 교리설교에 의하여 스스로 가출하여 복음전도회 지관에 입관할 것을 호소하였다고 하더라도 그를 피해자의 보호감독권자의 보호관계로부터 이탈시키고 피고인들의 지배 하에서 교리에서 말하는 소위 '주의 일'(껌팔이 행상)을 하도록 한 경우 미성년자유인죄에 해당하고(대법원 1982.4.27. 82도186), 미성년자인 피해자가 약취행위에 동의하였다고 하더라도 미성년자약취죄가 성립한다(대법원 2003.2.11. 2002도7115).

4. 죄수, 타죄와의 관계

(1) 죄수

32 이 죄는 약취적 요소와 유인적 요소가 포함되어 이루어지는 경우가 많기 때문에 구체적인 경우에 양자를 명백히 구별하기 어렵고, 또 실제로 양자가 합쳐져서 실행되는 경우도 있는데 이러한 경우에는 약취·유인죄의 포괄일죄가 성립한다(협의의 포괄일죄).

(2) 타죄와의 관계

33 약취의 수단으로 체포·감금행위를 하는 경우에는 약취죄와 체포·감금죄는 상상적 경합관계에 있게 되고, 약취·유인한 자가 피해자를 계속해서 감금한 때에는 감금죄와 실체적 경합이 된다.[80] 약취·유인행위가 인질강도 또는 인질강요의 수단으로 행해지면 약취·유인죄는 인질강도죄 또는 인질강요죄에 흡수된다. 약취유인한 자가 13세 미만의 미성년자를 폭행, 상해, 감금, 유기 또는 가혹한 행위 등을 한 경우에는 특가법(제5조의2 제2항 제3호)에 의하여 가중처벌된다.

Ⅲ. 추행등목적약취·유인죄

> 제288조(추행등목적약취·유인죄) ① 추행, 간음, 결혼 또는 영리의 목적으로 사람을 약취 또는 유인한 사람은 1년 이상 10년 이하의 징역에 처한다.
> ② 노동력착취, 성매매와 성적 착취, 장기적출을 목적으로 사람을 약취 또는 유인한 사람은 2년 이상 15년 이하의 징역에 처한다.
> ③ 국외에 이송할 목적으로 사람을 약취 또는 유인 … 한 사람도 제2항과 동일한 형으로 처벌한다.
>
> 제294조(미수범) 제287조부터 제289조까지, 제290조제1항, 제291조제1항과 제292조제1항의 미수범은 처벌한다.
>
> 제295조(벌금의 병과) 제288조부터 제291조까지, 제292조제1항의 죄와 그 미수범에 대하여는 5천만원 이하의 벌금을 병과할 수 있다.
>
> 제295조의2(형의 감경) 제287조부터 제290조까지, 제292조와 제294조의 죄를 범한 사람이 약취, 유인, 매매 또는 이송된 사람을 안전한 장소로 풀어준 때에는 그 형을 감경할 수 있다.
>
> 제296조(예비, 음모) 제287조부터 제289조까지, 제290조제1항, 제291조제1항과 제292조 제1항의 죄를 범할 목적으로 예비 또는 음모한 사람은 3년 이하의 징역에 처한다.

80) "미성년자를 유인한 자가 계속하여 미성년자를 불법하게 감금하였을 때에는 미성년자유인죄 이외에 감금죄가 별도로 성립한다"(대법원 1998.5.26. 98도1036).

1. 의의, 성격

추행 등 목적으로 사람을 약취 또는 유인함으로써 성립하는 범죄이다(제1항 제2항). 국외이송목적 약취·유인죄(제3항 전단)는 피해자를 대한민국 영역 외로 떠나보내는 국제인신매매행위의 전단계를 처벌하기 위한 범죄이자, 추행 등 목적으로 사람을 매매한 범죄(제1항 제2항)의 특별규정이므로 국외이송목적을 가지고 약취·유인한 경우에는 추행 등의 목적이 있어도 이 죄가 성립한다. 목적범, 침해범이다. 34

2. 구성요건

(1) 객관적 구성요건

1) 주체 주체에는 제한이 없다. 영리 등의 목적으로 약취·유인한 미성년자의 보호자도 이 죄의 주체가 될 수 있다. 35

2) 객체 자연인인 사람이다. 성년·미성년, 남녀성별, 연령은 묻지 않으며, 미성년자인 경우는 의사능력의 유무도 가리지 않는다. 이 죄의 목적을 가지고 미성년자를 객체로 약취·유인한 경우에는 미성년자 약취·유인죄가 아니라 가중적 구성요건인 이 죄가 성립한다. 36

(2) 주관적 구성요건

고의 외에 초과주관적 구성요건요소로 아래의 목적이 있어야 한다. 37

1) 추행, 간음, 결혼 또는 영리의 목적 '추행의 목적'이란 약취·유인된 자를 추행행위의 주체 또는 객체로 삼으려는 목적으로서, 여기서 추행이란 행위자 또는 제3자에게 성욕을 자극 또는 흥분시키는 행위로서 일반인에게 성적 수치심과 혐오감을 일으키는 일체의 행위를 말한다. 육체관계의 계속이라는 일시적 향락의 의사도 추행의 목적에 해당할 수 있다. 38

'간음의 목적'이란 결혼 아닌 성교행위를 할 목적을 말한다. 반드시 약취·유인한 자가 스스로 간음의 당사자가 되어야 하는 것은 아니다. 법률혼 또는 사실혼의 목적이 있는 경우에는 결혼목적 약취·유인죄에 해당한다. 39

'결혼의 목적'이란 진실로 결혼할 목적을 말한다.[81] **이 죄의 결혼의 의미**와 관련해서 ① 사실혼을 의미한다는 견해[82]와 ② 사실혼·법률혼을 불문하는 것으로 해석하는 견해(다수설)가 대립한다. 약취·유인한 이상 사람의 자유를 침해하는 점에서는 사실혼 목적이든 법률혼 목적이든 동일하고, 법률혼을 의미할 때에는 혼인이라는 용어를 사용하는 것이기 때문에 사실혼·법률혼을 모두 포함하는 것으로 보는 것이 타당하다. 하지만 단순히 내연관계나 첩관계 40

---

81) 종래 결혼목적 약취·유인죄는 다른 목적을 가진 약취·유인죄에 대해 그 형을 감경하는 감경적 구성요건이었으나, 최근 동남아시아 등 해외에서 결혼목적으로 부녀를 약취 또는 유인하는 사례가 빈번하게 발생하여 국제사회에서 비난의 대상이 됨에 따라 가중구성요건으로 변경하였다.

82) 이재상/장영민/강동범, §9/35.

를 맺을 목적, 결혼지참금만 취득할 목적으로 결혼한 경우에는 이 죄에 해당하지 않는다. 또 직접 약취·유인된 자와 결혼할 목적이라야 하고, 약취·유인된 자 이외의 제3자와 결혼할 목적이 있는 경우(예컨대 상대방과 결혼할 목적으로 그 부나 동생을 약취·유인한 경우)에는 이에 해당하지 않는다(다만 이 경우 피인취자를 이용하여 상대방과 결혼을 한 경우 그 상대방에 대한 인질강요죄는 성립할 수 있다). 행위자가 약취·유인된 자와 결혼할 목적이 있는 경우는 물론, 제3자와 결혼하게 할 목적이 있는 경우에도 결혼할 목적에 해당한다. 결혼할 목적으로 미성년자를 약취·유인한 때에도 미성년자 약취·유인죄가 아니라 이 죄가 성립한다.

41 '영리의 목적'이란 자기 또는 제3자로 하여금 재산상의 이익을 얻게 할 목적을 말한다. 반드시 계속적·반복적으로 이익을 얻어야 할 필요가 없으며, 취득한 이익이 반드시 영업적이거나 불법한 것임을 요하지 않는다. 따라서 약취·유인된 자를 일정한 업무에 종사케 하여 그 수입으로 채무를 변제하게 할 목적도 여기에 해당한다. 재산상의 이익은 약취·유인된 자를 이용하여 그 자유를 침해하는 수단으로 이득한 것이면 충분하고, 반드시 약취·유인행위 자체에서 이득할 필요가 없으며, 약취·유인한 후 제3자로부터 그에 대한 보수로 이득한 경우와 같이 다른 행위에 의해서 이익을 취득하여도 무방하다(통설). 그러므로 피해자가 부녀인 경우 부녀를 매매하여 영리를 취득할 목적인 때에도 영리목적에 해당하고, 약취·유인한 후 피해자를 노동에 종사하게 하여 그 대가를 취득하여도 상관없다. 하지만 피해자의 소지품을 편취하여 얻은 이익은 포함되지 않는다.

42 **2) 노동력착취, 성매매와 성적 착취, 장기 적출의 목적** '노동력착취의 목적'에서 착취란 경제적인 측면에서의 착취(exploitation) 목적을 의미한다. 이러한 의미의 착취는 행위자가 단순히 이기적인 이용을 의미하는 것이 아니라, 예컨대 수입의 50% 정도를 공제하는 것 같이 피해자의 기여분을 현저하게 불비례하게 이용하는 정도에 이르러야 한다.[83] 피해자를 다음과 같은 네 가지 상태에 빠지게 할 목적이면 노동력착취 목적이 인정된다. 첫째, 노예상태, 둘째, 노예상태와 유사한 예속상태, 셋째, 사실상 존재하는 또는 존재한다고 주장하는 채무관계를 청산하기 위해 채권자가 채무자의 노동력을 장기간에 걸쳐 착취하는 상태, 넷째, 불리한 노동관계에서 근로하는 상태 등이다.[84]

43 '성매매의 목적'이란 '성을 사고파는 행위'를 하게 할 목적을 말한다. 성매매란 반드시 장기간일 필요는 없지만 일정한 기간 동안 대가를 받고 고정되지 않은 상대방에 대해 또는 그러한 상대방 앞에서 성적 행위를 하는 것을 말한다. 성적행위는 스트립쇼와 같이 보는 자가 불특정 다수일 필요는 없다. 성매매는 성적 행위 그 자체만이 아니라 그에 직접 선행하거나 후행하여 성적 행위와 하나의 일체를 이루는 행위까지도 포함하기 때문에 고객과의 접촉, 대가

83) Lackner/Kühl, StGB, 26.Aufl., 2007, §232 Rn. 4.
84) 독일형법 제233조 참조.

의 협상 또는 성적 행위에 직접 이용되는 준비행위 등도 성매매에 포함된다.

'성적 착취의 목적'이란 앞에서 말한 성매매나 그 밖의 성적 행위를 하게 함으로써 얻어지는 경제적 측면에서의 이익을 착취할 목적을 말한다. 44

'장기적출의 목적'이란 장기를 신체로부터 분리시켜 낼 목적을 말한다. 여기서 장기란 신체의 기능을 유지하기 위한 구조적 통합체로 결합되어 있는 조직의 집합체를 의미한다. 따라서 신장·간장·췌장·심장·폐, 창자(소장, 대장), 흉선 등이 이에 해당하지만, 뼈, 골수, 힘줄, 피부와 같은 신체의 조직이나 난자, 정자, 또는 혈액은 장기에 포함되지 않는다. 뇌는 현대의학에서 이식될 수는 없지만 장기에 해당하므로 적출대상은 될 수 있다. 적출동기가 경제적 이익을 취할 목적인지 여부와는 상관없다. 장기적출을 하려는 사람과 약취·유인하는 사람이 동일인인지가 법문상 분명하지는 않으나 입법의 취지를 보면 동일인으로 해석하는 것이 타당하다.[85] 45

3) 국외이송의 목적 　'국외이송의 목적'이란 피해자를 대한민국 영역 외로 떠나보내려는 목적을 말한다. 국외이송의 목적을 가지게 된 동기는 묻지 않기 때문에 영리, 추행, 결혼, 노무종사 등 동기 내지 목적은 무엇이든 상관없다.[86] **'국외'의 개념해석**과 관련하여 ① 피해자의 거주국 영역 외라고 해석하는 견해[87]도 있지만, ② 법문에서 거주국 외라고 하지 않고 국외라고 규정하고 있는 이상 '대한민국 영역 외' 라고 해석하는 것이 타당하다(통설). 대한민국 영역 외에 이송할 목적이면 충분하고 타국의 영역 내에 들어갈 목적까지는 요하지 않는다. 공해상도 국외에 해당한다. 46

(3) 기수시기

고의 및 목적을 가지고 사람을 약취·유인하면 기수가 되며, 목적 달성의 여부는 기수·미수와 관계없다. 목적은 반드시 행위 전에 있을 필요가 없고 행위 도중에 있으면 충분하다. 47

3. 공범관계

이 죄의 목적을 가진 자가 목적이 없는 자로 하여금 미성년자를 약취·유인하게 한 경우 목적 없는 자는 미성년자 약취·유인죄가 되고, 목적을 가진 자는 목적을 신분으로 보지 않는 한 형법 제33조의 단서가 적용될 여지는 없다. 48

4. 타죄와의 관계

석방의 대가로 재물을 취득할 목적을 가지고 약취·유인한 경우의 죄책에 관해 ① 인질강도 49

85) 적출된 장기를 매매하면 장기이식법의 장기매매죄(제45조, 제7조)가 별도로 인정된다.

86) 종래 국외이송의 목적을 가지고 약취 또는 유인한 행위에 대해서는 미성년자약취·유인죄와 추행 등의 목적을 가진 약취·유인죄에 비해 법정형을 중하게 처벌하였기 때문에 이들 죄와 특별관계에 있었으나, 개정형법에서는 목적에 따라 법정형의 차등을 인정하지 않고 하나의 구성요건에 통합하였다.

87) 김성천/김형준, 204면; 김종원, 121면;

죄(제336조)에 해당한다는 견해[88]와 ② 영리목적에 해당하므로 이 죄에 해당한다는 견해[89]가 대립한다. 인질강도죄는 목적범도 아니고 그 성격상 재산범죄이며 그 실행의 착수시기도 석방이나 안전의 대가로 재물이나 재산상의 이익을 요구한 때로 보아야 하므로 영리목적약취·유인죄가 성립한다고 보는 것이 타당하다. 다만 이 경우에도 약취·유인된 자가 미성년자인 경우에는 특가법(제5조의2 제1항 제1호, 제2항 제1호)이 적용된다.

Ⅳ. 인신매매죄

제289조(인신매매죄) ① 사람을 매매한 사람은 7년 이하의 징역에 처한다.

제294조(미수범) 제287조부터 제289조까지, 제290조제1항, 제291조제1항과 제292조제1항의 미수범은 처벌한다.

제295조(벌금의 병과) 제288조부터 제291조까지, 제292조제1항의 죄와 그 미수범에 대하여는 5천만원 이하의 벌금을 병과할 수 있다.

제295조의2(형의 감경) 제287조부터 제290조까지, 제292조와 제294조의 죄를 범한 사람이 약취, 유인, 매매 또는 이송된 사람을 안전한 장소로 풀어준 때에는 그 형을 감경할 수 있다.

제296조(예비, 음모) 제287조부터 제289조까지, 제290조제1항, 제291조제1항과 제292조 제1항의 죄를 범할 목적으로 예비 또는 음모한 사람은 3년 이하의 징역에 처한다.

1. 의의, 성격

50 약취·유인 또는 그 밖의 경위로 인하여 실력적 또는 사실상의 지배 하에 있는 사람을 매매함으로써 성립하는 범죄이다. 사람의 신체의 자유뿐만 아니라 인격권도 보호법익으로 한다. 국내에서의 인신매매행위를 특히 처벌하기 위한 구성요건으로 매도인과 매수자를 똑같이 처벌하는 필요적 공범(대향범)이다. 매매는 사람의 신체에 대한 사실상의 인도와 인수행위를 말하는 것이므로 약취·유인죄와는 달리 계속범이 아니라 즉시범에 해당한다. 약취·유인한 자가 매매까지 한 경우 약취·유인죄와 이 죄는 별개의 죄가 된다.

2. 구성요건

(1) 객관적 구성요건

51 1) 주체 주체에는 아무런 제한이 없다. 친권자나 배우자도 이 죄의 주체가 될 수 있다. 매도자와 매수자는 필요적 공범으로서 이 죄의 주체가 된다.

52 2) 객체 약취·유인 또는 그 밖의 경위로 인하여 이미 실력적 지배 하에 있는 사람이

88) 김종원, 118면; 오영근, §9/16; 이형국/김혜경, 390면; 임웅, 158면; 정성근/정준섭, 237면.

89) 김성천/김형준, 199면; 김일수/서보학, 149면; 손동권/김재윤, §11/18; 이재상/장영민/강동범, §9/19;

다. 남녀를 불문하고, 성년·미성년, 기혼·미혼 여부와 상관없으며, 법질서에 호소할 정신적 지각능력 여부도 묻지 않는다.[90] 19세 미만의 아동·청소년의 성을 사는 행위, 아동·청소년 이용음란물을 제작하는 행위의 대상이 될 것을 알면서 매매하는 행위는 아청법 제12조가 적용된다.[91]

3) 행위 매매이다. 여기서 '매매'란 사람의 신체를 물건과 같이 유상으로 상대방 또는 제3자에게 인도하고 인수하는 사실상의 행위이다. 민법상의 매매와 같은 의미가 아니므로 교환이나 부담부 증여도 포함되지만, 대가의 수수가 없는 무상의 경우는 이 죄가 성립하지 않는다. 뿐만 아니라 반드시 의사에 반할 필요 없이 하자 있는 의사에 기한 경우도 매매의 대상이 될 수 있으므로 행위객체의 동의가 있어도 이 죄가 성립한다. 53

4) 미수와 기수 이 죄의 기수시기는 사람의 신체에 대한 실력지배의 이전이 있을 때이다.[92] 매매계약만 체결하고 인도하지 아니한 때, 매매계약을 체결한 후 인신인도에 실패한 때에는 이 죄의 미수범이 된다. 이 죄의 성질상 매매계약 후 인신의 교부로 실력지배가 설정되면 충분하므로 대금의 지급 여부는 이 죄의 완성에 영향이 없다. 그러므로 매매대금을 받았다 하여도 아직 인신의 교부 내지 인도가 없으면 미수가 될 수 있을 뿐이다. 54

(2) 주관적 구성요건

사람을 매매한다는 고의만 있으면 된다. 따라서 그 이외의 목적, 예컨대 추업에 사용할 목적이나 그 밖의 매매의 대가로 경제적 이익을 추구하려는 목적이 없어도 이 죄는 성립한다. 55

3. 타죄와의 관계

약취·유인된 자를 매매한 경우 매도인은 약취·유인죄와 이 죄의 실체적 경합이 된다. 인도받은 피해자를 성매매까지 시킨 매수인은 이 죄와 성매매알선법위반죄(제4조, 제18조) 실체적 경합이 된다. 56

Ⅴ. 추행등목적매매죄

> 제289조(추행등목적매매죄) ② 추행, 간음, 결혼 또는 영리의 목적으로 사람을 매매한 사람은 1년 이상 10년 이하의 징역에 처한다.
> ③ 노동력착취, 성매매와 성적 착취, 장기적출을 목적으로 사람을 매매한 사람은 2년 이상 15년 이하의 징역에 처한다.
> ④ 국외에 이송할 목적으로 사람을 매매 … 한 사람은 제3항과 동일한 형으로 처벌한다.

90) 대법원 1992.1.21. 91도1402 전원합의체 참조.
91) 뿐만 아니라 위 조항은 아동·청소년이 위 행위의 대상이 될 것을 알면서 국외에 이송하거나 국외에 거주하는 아동·청소년을 국내에 이송하는 행위도 가중처벌의 대상으로 삼고 있다.
92) 대법원 1959.3.13. 4292형상7.

> 第294조(미수범) 제287조부터 제289조까지, 제290조제1항, 제291조제1항과 제292조제1항의 미수범은 처벌한다.
>
> 第295조(벌금의 병과) 제288조부터 제291조까지, 제292조제1항의 죄와 그 미수범에 대하여는 5천만원 이하의 벌금을 병과할 수 있다.
>
> 第295조의2(형의 감경) 제287조부터 제290조까지, 제292조와 제294조의 죄를 범한 사람이 약취, 유인, 매매 또는 이송된 사람을 안전한 장소로 풀어준 때에는 그 형을 감경할 수 있다.
>
> 第296조(예비, 음모) 제287조부터 제289조까지, 제290조제1항, 제291조제1항과 제292조 제1항의 죄를 범할 목적으로 예비 또는 음모한 사람은 3년 이하의 징역에 처한다.

1. 의의, 성격

57 추행 등 목적으로 사람을 매매함으로써 성립하는 범죄이다(제1항, 제2항). 국외이송목적매매죄(제4항 전단)는 피해자를 대한민국 영역 외로 떠나보내는 국제인신매매[93]를 처벌하기 위한 범죄이고, 추행 등 목적으로 사람을 매매한 경우의 특별규정이므로 국외이송목적을 가지고 미성년자를 약취·유인하거나, 추행 등의 목적이 있어도 이 죄가 성립한다. 목적범이고 침해범이다.

2. 구성요건

(1) 객관적 구성요건

58 주체는 자연인인 사람인 이상 제한이 없다. 추행 등 목적이 있는 이상 보호자의 지위에 있는 자도 주체가 될 수 있다. 객체도 사람인 이상 제한이 없다. 남·녀, 성년·미성년, 기혼·미혼여부를 불문한다.

59 행위는 매매이다. 매매는 인신매매죄에서 설명한 내용과 같다.

(2) 주관적 구성요건

60 고의 외에 초과주관적 구성요건요소로서 추행, 간음, 결혼 또는 영리의 목적국외이송의 목적이 있어야 한다. 추행 등의 목적을 가지고 사람을 매매함으로써 기수가 되며 목적의 달성여부는 기수·미수와 상관이 없다.

---

93) 특히 부녀매매는 국제적으로 행하여질 가능성이 많으므로 이를 금지하기 위한 국제조약도 일찍부터 있었다. 1910년 5월 4일 파리에서 체결된 "추업을 행하게 하기 위한 부녀매매의 금지에 관한 국제조약"과 1921년 9월 30일 제네바에서 체결된 "부녀 및 아동의 매매금지에 관한 국제조약", 1933년 "성년부녀매매의 금지를 위한 국제조약", 그리고 1949년 12월 2일 국제연합총회에서 승인된 "인신매매 및 타인의 매춘으로부터의 착취의 금지에 관한 조약" 등이 그 예이다.

Ⅵ. 피약취·유인·매매자국외이송죄

> 제288조(피약취·유인자 국외이송죄) ③ … 약취, 유인된 사람을 국외에 이송한 사람도 제2항과 동일한 형으로 처벌한다.
>
> 제289조(피매매자 국외이송죄) ④ … 매매된 사람을 국외에 이송한 사람도 제3항과 동일한 형으로 처벌한다.
>
> 제294조(미수범) 제287조부터 제289조까지, 제290조제1항, 제291조제1항과 제292조제1항의 미수범은 처벌한다.
>
> 제295조(벌금의 병과) 제288조부터 제291조까지, 제292조제1항의 죄와 그 미수범에 대하여는 5천만원 이하의 벌금을 병과할 수 있다.
>
> 제295조의2(형의 감경) 제287조부터 제290조까지, 제292조와 제294조의 죄를 범한 사람이 약취, 유인, 매매 또는 이송된 사람을 안전한 장소로 풀어준 때에는 그 형을 감경할 수 있다.
>
> 제296조(예비, 음모) 제287조부터 제289조까지, 제290조제1항, 제291조제1항과 제292조 제1항의 죄를 범할 목적으로 예비 또는 음모한 사람은 3년 이하의 징역에 처한다.

1. 의의, 성격

약취·유인된 자 또는 매매된 자를 국외에 이송하는 행위를 함으로써 성립하는 범죄이다. 61
국외이송목적으로 약취·유인 또는 매매행위를 한 자뿐 아니라, 약취·유인 또는 매매행위에 가담하지 않았던 자가 사후적으로 국외이송행위를 한 경우를 처벌하기 위한 구성요건으로 침해범이다.

2. 구성요건

(1) 객체

현실적으로 약취, 유인 또는 매매된 자이다. 성년·미성년, 미혼·기혼, 남녀성별은 묻지 않 62
는다. 처음부터 국외에 이송할 목적으로 약취, 유인, 매매된 자일 필요가 없으며, 약취, 유인, 매매의 동기도 묻지 않는다.

(2) 행위

국외에 이송하는 것이다. 즉, 대한민국의 영역 외로 떠나보내는 것이다. 현실로 이송하여 63
야 한다. 대한민국의 영역을 떠남으로써 기수가 되며, 반드시 외국의 영역 내에 들어갈 필요가 없다. 따라서 공해상으로 나갔거나 무소속 국지에 도착하여도 이 죄는 기수가 된다.

3. 타죄와의 관계

국외에 이송할 목적으로 사람을 약취·유인 또는 매매한 자가 피해자를 국외로 이송한 경 64
우의 죄책이 문제된다. 국외이송목적 약취·유인죄(제288조 제3항) 또는 국외이송목적 매매죄(제289조 제4항)는 불완전한 두 행위범(단축된 이행위범)이므로 그 목적 실현을 위해서는 구성요건적 행위 외에 목적 실현을 위한 별도의 행위가 있어야 하고, 또 이 두 가지 범죄는 실제로 국외로 이송하려는 목적을 실현하지 못한 경우에도 성립한다. 반면에 국외이송죄는 현실적으로 이송함으로써 성립하는 별개의 범죄이다. 견련범을 인정하지 않는 형법의 해석상 두 죄의 성립을 인정하고 양자를 실체적 경합으로 취급함이 타당하다. 문서위조죄(또는 통화위조죄)와 동행사죄의 관계와 마찬가지이다.

Ⅶ. 약취, 유인, 매매, 이송 등 상해·치상죄

> 第290조(약취, 유인, 매매, 이송 등 상해·치상죄) ① 제287조부터 제289조까지의 죄를 범하여 약취, 유인, 매매 또는 이송된 사람을 상해한 때에는 3년 이상 25년 이하의 징역에 처한다.
> ② 제287조부터 제289조까지의 죄를 범하여 약취, 유인, 매매 또는 이송된 사람을 상해에 이르게 한 때에는 2년 이상 20년 이하의 징역에 처한다.
>
> 第294조(미수범) 제287조부터 제289조까지, 제290조제1항, 제291조제1항과 제292조제1항의 미수범은 처벌한다.
>
> 第295조(벌금의 병과) 제288조부터 제291조까지, 제292조제1항의 죄와 그 미수범에 대하여는 5천만원 이하의 벌금을 병과할 수 있다.
>
> 第296조(예비, 음모) 제287조부터 제289조까지, 제290조제1항, 제291조제1항과 제292조 제1항의 죄를 범할 목적으로 예비 또는 음모한 사람은 3년 이하의 징역에 처한다.

1. 의의, 성격

65 약취·유인의 죄와 인신매매의 죄를 범하여 약취·유인, 매매 또는 이송된 사람을 상해하거나 상해에 이르게 함으로써 성립하는 범죄구성요건이다. 2013.4.5. 신설된 구성요건으로 책임원칙에 부합하도록 하기 위해 상해를 고의로 범한 경우와 상해를 과실로 범한 경우에 법정형의 차이를 인정하고 있다. 제1항은 결합범이고, 제2항은 결과적 가중범에 해당한다.

2. 구성요건

(1) 객관적 구성요건

66 **1) 주체 및 객체** 이 죄의 주체는 약취·유인 또는 인신매매의 죄를 범한 자로서 그와 무관한 제3자는 이 죄의 주체가 될 수 없다. 객체는 약취·유인의 죄와 인신매매의 죄에 의해 약취·유인, 매매 또는 이송된 자이다.

67 **2) 행위** 상해 또는 상해에 이르게 하는 것(치상)이다.

68 (가) 상해 상해란 상해에 대한 고의가 있는 경우를 의미한다. 상해는 약취·유인, 매매,

이송 등이 완료된 직후 또는 피해자에 대한 실력적 지배를 행사하고 있는 동안에 이루어져야 한다. 상해개념은 상해죄의 상해와 동일하다.

(나) 치상 상해의 고의 없이 상해의 결과를 발생시킨 경우이다. 결과적 가중범이므로 69
약취·유인 등의 행위와 상해의 결과발생 사이에 인과관계가 있고, 상해에 대한 예견가능성이 있어야 한다.

(다) 상해·치상의 상대방 행위객체가 이미 약취·유인, 매매 또는 이송된 사람으로 특정 70
되어 있으므로 약취·유인 등의 피해자와 상해·치상의 피해자가 동일인이어야 한다. 이와는 달리 강도살인·치사죄나 강도상해·치상죄 등의 경우는 폭행·협박의 상대방과 상해·치상의 피해자가 동일인이 아니어도 성립할 수 있다.

3) 미수·기수 제1항의 죄는 결합범이고 미수처벌규정이 있으므로 약취·유인 등의 행 71
위가 기수에 이른 경우 상해의 고의를 가지고 행위하였으나 상해의 결과가 발생하지 않은 경우에는 이 죄의 미수범이 성립한다. 제2항의 죄는 결과적 가중범이고 미수처벌규정이 없으므로 약취·유인 등이 미수에 그치고 상해의 결과가 발생한 경우라도 이 죄는 성립하지 않고, 미수범이 성립할 여지도 없다.

3. 죄수관계

이 죄의 객체가 이미 약취·유인된 사람이므로 약취·유인 등이 미수에 그친 경우에는 이 72
죄는 성립하지 않는다. 따라서 약취·유인 등의 행위과정에서 상해의 고의를 가지고 상해의 결과가 발생한 경우라도 제1항의 죄가 성립하지 않고, 약취·유인 등 미수죄와 상해죄가 별도로 성립하고 양 죄는 상상적 경합에 해당한다. 반면에 제2항의 죄의 경우에는 약취·유인 등이 기수에 그쳤더라도 상해의 결과가 발생하지 않은 이상 이 죄가 성립하지 않고 약취·유인 등의 죄만 성립한다.

Ⅷ. 약취, 유인, 매매, 이송 등 살인·치사죄

> 제291조(약취, 유인, 매매, 이송 등 살해·치사) ① 제287조부터 제289조까지의 죄를 범하여 약취, 유인, 매매 또는 이송된 사람을 살해한 때에는 사형, 무기 또는 7년 이상의 징역에 처한다.
> ② 제287조부터 제289조까지의 죄를 .범하여 약취, 유인, 매매 또는 이송된 사람을 사망에 이르게 한 때에는 무기 또는 5년 이상의 징역에 처한다
>
> 제294조(미수범) 제287조부터 제289조까지, 제290조제1항, 제291조제1항과 제292조제1항의 미수범은 처벌한다.
>
> 제295조(벌금의 병과) 제288조부터 제291조까지, 제292조제1항의 죄와 그 미수범에 대하여는 5천만원 이하의 벌금을 병과할 수 있다.

> 제296조(예비, 음모) 제287조부터 제289조까지, 제290조제1항, 제291조제1항과 제292조 제1항의 죄를 범할 목적으로 예비 또는 음모한 사람은 3년 이하의 징역에 처한다.

73 약취·유인의 죄와 인신매매의 죄를 범하여 약취·유인, 매매 또는 이송된 사람을 살해하거나 사망에 이르게 함으로써 성립하는 범죄구성요건이다. 2013.4.5. 형법개정에 따라 신설된 구성요건으로 책임원칙에 부합하도록 하기 위해 살해를 고의로 범한 경우와 과실로 사망에 이르게 한 경우에 법정형의 차이를 인정함으로써 각각 결합범의 형식(제1항)과 결과적 가중범의 형식(제2항)으로 입법화된 것이다.

74 구성요건요소, 미수·기수 및 죄수관계는 제290조의 죄에서 설명한 내용과 동일하다.

Ⅸ. 피약취, 유인, 매매, 이송자수수·은닉, 모집등죄

> 제292조(피약취, 유인, 매매, 이송자수수, 은닉죄) ① 제287조부터 제289조까지의 죄로 약취, 유인, 매매 또는 이송된 사람을 수수(授受) 또는 은닉한 사람은 7년 이하의 징역에 처한다.
> ② 제287조부터 제289조까지의 죄를 범할 목적으로 사람을 모집, 운송, 전달한 사람도 제1항과 동일한 형으로 처벌한다
>
> 제294조(미수범) 제287조부터 제289조까지, 제290조제1항, 제291조제1항과 제292조제1항의 미수범은 처벌한다.
>
> 제295조(벌금의 병과) 제288조부터 제291조까지, 제292조제1항의 죄와 그 미수범에 대하여는 5천만원 이하의 벌금을 병과할 수 있다.
>
> 제295조의2(형의 감경) 제287조부터 제290조까지, 제292조와 제294조의 죄를 범한 사람이 약취, 유인, 매매 또는 이송된 사람을 안전한 장소로 풀어준 때에는 그 형을 감경할 수 있다.
>
> 제296조(예비, 음모) 제287조부터 제289조까지, 제290조제1항, 제291조제1항과 제292조 제1항의 죄를 범할 목적으로 예비 또는 음모한 사람은 3년 이하의 징역에 처한다.

1. 의의, 성격

75 약취·유인의 죄와 인신매매의 죄를 범하여 약취·유인, 매매 또는 이송된 자를 수수 또는 은닉하거나(제1항), 약취·유인의 죄와 인신매매의 죄를 범할 목적으로 사람을 모집, 운송, 전달(제2항)함으로써 성립하는 범죄이다. 제1항의 죄는 약취·유인, 매매 또는 이송행위가 있은 후에 자유권·인격권 또는 감호권이 이미 침해된 피해자를 수수 또는 은닉함으로써 법익침해를 더욱 강화하는 방조행위를 독립된 범죄로 만든 구성요건이고, 제2의 죄는 약취·유인의 죄와 인신매매의 죄를 범하기 위해 사람을 모집하는 예비행위나 운송 또는 전달하는 방조행위를 독립된 범죄로 만든 것으로 2013.4.5. 형법개정으로 신설된 구성요건이다. 제1항의 죄는 비목적범으로서 미수범도 처벌하지만, 제2항의 죄의 경우 목적범으로 규정되어 있으면서 미수처

벌규정은 없다.

2. 구성요건

(1) 주체 및 객체

제1항의 주체에는 제한이 없지만, 제2항의 경우 약취·유인의 죄나 인신매매의 죄를 범할 76
목적을 가진 자에 국한된다. 제1항의 객체는 이미 약취·유인, 매매 또는 이송된 사람으로 제한되어 있지만, 제2항의 객체는 장차 약취·유인의 죄와 인신매매의 죄의 객체로 될 수 있는 자이면 누구나 상관없다.

(2) 행위

사람을 수수 또는 은닉(제1항), 모집, 운송, 전달(제2항)하는 것이다. 77

1) 수수 또는 은닉 '수수'란 유상·무상을 불문하고 피해자를 교부받아 자기의 사실적 78
지배 아래 두는 것을 말한다. 약취·유인 등의 행위를 한 자로부터 직접 수수하지 않더라도 무방하다. '은닉'이란 피해자의 발견을 곤란하게 하기 위하여 장소제공 또는 방해를 위한 시설제공을 하는 일체의 행위를 말한다.

2) 모집, 운송 또는 전달 '모집'은 약취·유인의 죄 또는 인신매매의 죄를 목적으로 79
약취·유인 등의 대상을 물색하여 모으는 행위를 말하고, '운송' 또는 '전달'이란 모집된 사람을 특정 장소로 이동시키거나 공범자에게 인계하는 행위를 말한다. 모집, 운송 또는 전달은 모두 약취·유인의 죄나 인신매매의 죄를 범할 목적을 가진 자가 약취·유인, 매매 또는 이송행위의 전단계인 예비단계에서 독자적으로 또는 다른 공범자의 행위를 방조하는 행위를 말한다.

3. 공범관계

수수·은닉죄는 사후방조를 독립범죄화한 것으로 총칙상의 종범에 대한 특별규정이다. 따 80
라서 이 죄에 해당하는 경우에는 총칙 제32조의 규정은 적용되지 않는다. 다만 외부에서 이 죄의 협의의 공범으로 가담한 때에는 이 죄의 공범이 되며 그에 대해서는 총칙상의 공범규정이 적용된다.

§ 17

제5절 강간과 추행의 죄

Ⅰ. 총설

1. 의의 및 보호법익

(1) 의의

1 강간과 추행의 죄는 개인의 성적 자기결정의 자유를 침해하는 것을 내용으로 하는 범죄이다. 사람은 누구나 신체의 발달에 따라 성생활의 가능성을 속성으로 지니고 있으며, 이를 기초로 성적 자기결정의 자유를 갖는다. 강간과 추행의 죄는 개인의 성적 자기결정의 자유를 폭행·협박 또는 위계·위력의 방법으로 침해하거나 이에 준하는 방법으로 침해하는 행위를 범죄화하고 있다. 다만 형법은 개인의 자유를 보호하지만 이는 소극적으로 그 침해로부터 보호하는 것이기 때문에 성적 자기결정의 자유도 적극적으로 성행위를 할 자유를 보호하는 것이 아니라 불법한 성적 침해로부터의 원하지 않는 성행위를 하지 않을 의미의 소극적 자유만을 보호한다.[94)]

(2) 보호법익

2 강간과 추행의 죄의 보호법익은 개인의 성적 자기결정의 자유이다. 다만 이 죄 중에서 폭행 또는 협박을 수단으로 하는 범죄는 신체의 불가침성 또는 의사결정의 자유도 부차적인 보호법익이 된다.[95)] 종래 강간과 추행의 죄의 구성요건들을 "정조에 관한 죄"라는 제목으로 규정하고 있어서 이 죄가 여성의 정조를 보호법익으로 하는 것 같은 외관을 띠고 있었다. 하지만 1995년 개정형법에서는 제목을 삭제하고 '강간과 추행의 죄'로 대체함으로써 성적 자기결정의 자유가 이 죄의 보호법익으로 해석될 수 있도록 하였다. 강간죄는 물론이고 유사강간죄, 강제추행죄 및 준강제추행죄 등 모든 구성요건이 침해범에 해당한다.

---

94) "형법은 제2편 제32장에서 '강간과 추행의 죄'를 규정하고 있는데, 이 장에 규정된 죄는 모두 개인의 성적 자유 또는 성적 자기결정권을 침해하는 것을 내용으로 한다. 여기에서 '성적 자유'는 적극적으로 성행위를 할 수 있는 자유가 아니라 소극적으로 원치 않는 성행위를 하지 않을 자유를 말하고, '성적 자기결정권'은 성행위를 할 것인가 여부, 성행위를 할 때 상대방을 누구로 할 것인가 여부, 성행위의 방법 등을 스스로 결정할 수 있는 권리를 의미한다"(대법원 2019.6.13. 2019도3341).

95) 김일수/서보학, 155면; 이형국, 262면; 정성근/박광민, 167면. 특히 피구금자간음죄의 경우에는 범죄의 특수성으로 감호자가 구금상태에서도 피구금자에 대한 부당한 대우를 하지 않는다는 점과 감호자의 청렴성에 대한 일반인의 신뢰까지 부차적 보호법익으로 하고, 미성년자의제강간·강제추행죄의 경우에는 13세 미만자의 건전한 성적발육을 보호법익으로 한다.

2. 구성요건의 체계

(1) 형법상의 구성요건

3

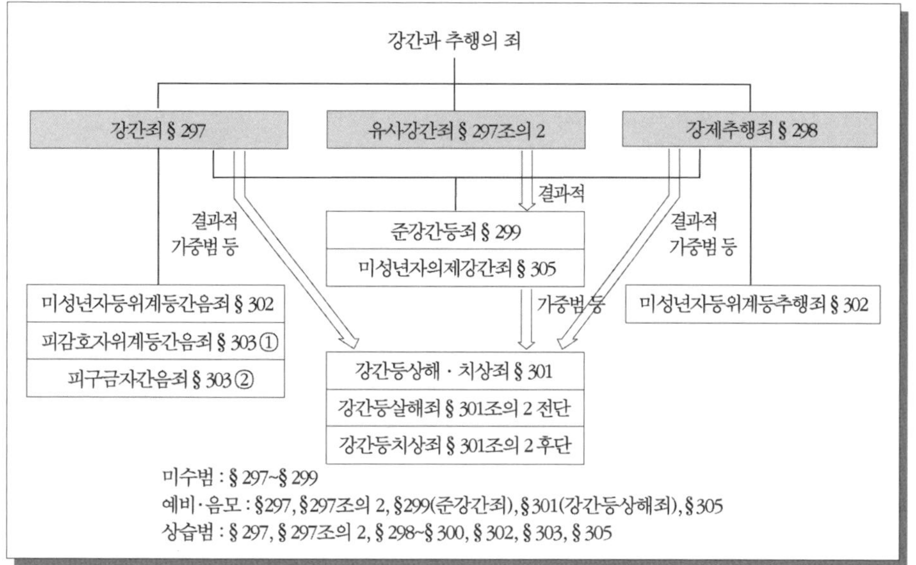

강간과 추행의 죄의 기본적 구성요건은 강간죄, 유사강간죄 그리고 강제추행죄이고, 준강간죄, 준강제추행죄 및 미성년자의제강간·의제강제추행죄는 강간죄, 유사강간죄 그리고 강제추행죄에 준하여 처벌하는 독립된 구성요건이다. 강간등상해·치상죄와 강간등살인·치사죄의 구성요건 가운데 상해/살인이 붙은 구성요건은 결합범이고, 치상/치사가 붙은 구성요건은 결과적 가중범이다. 이외에 미성년자등간음죄, 업무상위력에 의한 간음죄, 피구금자간음죄 등도 독립된 구성요건으로 규정하고 있다. 강간죄·유사강간죄·강제추행죄, 준강간죄·준강제추행죄의 미수범을 처벌한다. 4

종래 형법은 강간과 추행의 죄의 구성요건을 크게 남녀간의 성기간 결합인 성교행위를 전제로 간음구성요건(강간죄)과 간음 이외의 강제추행구성요건(강제추행죄)으로 양분화하고 있었다. 하지만 성적 자기결정권의 침해방법이 다양화됨에 따라 간음 이외의 방법으로 성적 자기결정권을 침해하는 일정한 행위태양이 보호법익에 대한 침해방법과 침해정도의 측면에서 강간죄의 경우와 근본적인 차이가 없다는 현실인식을 반영하여 2012.12.18. 개정형법을 통해 강간과 강제추행의 중간영역에 있는 유사강간구성요건(유사강간죄)을 신설함으로써 구성요건의 체계를 삼분화하였다.[96] 이 뿐만 아니라 n번방 사건을 계기로 성범죄로 인한 피해 발생을 5

96) 이에 관해서는 김성돈, "성폭력범죄의 행위유형에 대한 비판적 도그마틱", 성균관법학 제23권 제2호, 2011, 161면 이하.

미연에 방지하여 국민의 성적 자기결정권 등 기본권을 보호하고 범죄로부터 안전한 사회를 조성한다는 취지에서, 2020.5.19. 형법개정에서는 미성년자 의제강간 연령기준이 바뀌었고, 강간 등의 죄에 대한 예비·음모규정도 신설되었다. 강간죄, 유사강간죄, 강제추행죄 등의 경우는 상습범을 가중처벌하는 규정도 존재한다.

(2) 성폭법의 구성요건

6 성폭법에 법률상·사실상의 친족관계(4촌이내의 혈족·인척[97])에 있는 자에 의한 강간·강제추행·준강간·준강제추행죄(제5조), 공중밀집장소에서의 추행죄(제11조), 성적목적을 위한 다중이용장소침입죄(제12조), 전화·우편·컴퓨터 등 통신매체를 이용한 음란죄(제13조), 성적욕망 또는 수치심을 유발할 수 있는 타인의 신체에 대한 카메라이용촬영죄(제14조). 딥페이크를 처벌하는 허위영상물 등 반포등죄(제14조의2), 촬영물 등을 이용한 협박·강요죄(제14조의3) 등이 규정되어 있다.

7 判 대법원은 이른바 '몰래카메라'의 폐해를 막기 위해 신설된 '카메라등이용촬영죄'는 피해자의 성적 자기결정권 및 일반적 인격권 보호 뿐 아니라 '사회의 건전한 성풍속'도 보호법익으로 하며, 구체적으로 인격체인 피해자의 성적 자유와 함부로 촬영당하지 아니할 자유를 보호하기 위한 것으로 본다. 대법원은 여기서 말하는 '성적 자유'는 소극적으로 자기 의사에 반하여 성적 대상화가 되지 않을 자유를 의미한다고 보면서, 피해자가 공개된 장소에서 자신의 의사에 의하여 드러낸 신체 부분이라고 하더라도 이를 촬영하거나 촬영당하였을 때에는 성적 욕망 또는 수치심이 유발될 수 있으므로 '카메라등이용촬영죄'의 대상이 될 수 있다고 판단하였다.[98]

8 성폭법은 장애인에 대한 간음을 강간죄와 강제추행죄의 형으로 처벌하고 있으며, 이 경우 장애인의 범위는 신체장애뿐만 아니라 정신상의 장애까지 확대되어 있고(제6조), 13세 미만의 미성년자에 대한 강간, 강제추행 등은 가중처벌의 대상이 된다(제7조), 특수강간의 결과적 가중범인 특수강간치사상죄에 대해 미수를 처벌하는 규정(제15조)도 두고 있다. 다른 한편, 성폭법은 주거침입, 야간주거침입절도, 특수절도 등을 범한 자가 강간등을 범한 경우 이를 가중처벌하는 규정(제3조)을 두고 있다.[99]

9 判 대법원은 성폭법상 주거침입강간죄 등의 경우 사람의 주거 등을 침입한 자가 피해자를 간음등 성폭력을 행사한 경우에 성립하는 것으로서, 주거침입죄를 범한 후에 사람을 강간하는 등의 행위를 하여야 하고, 그 선후가 바뀌어 강간죄 등을 범한 자가 그 피해자의 주거에 침입한 경우에는 이에 해당하지 않고 강간죄 등과 주거침입죄 등의 실체적 경합범이 되며, 그 실행의 착수시기는 주거침입 행위 후 강간죄 등의 실행행위에 나아간 때라고 한다.[100]

(3) 그 밖의 특칙

10 더 나아가 특강법은 특수강간죄와 강간치사상죄를 특정강력범죄로 규정하여 특별히 취급

97) "의붓아버지와 의붓딸의 관계는 성폭력처벌법 제5조 제4항이 규정한 4촌 이내의 인척으로서 친족관계에 해당한다."(대법원 2020.11.5. 2020도10806).

98) 대법원 2020.12.24. 2019도16258(레깅스를 입은 피해자의 엉덩이를 촬영한 것에 대해 카메라등이용촬영죄의 성립을 긍정한 사례임).

99) 성폭법상의 주거침입강제추행죄는 2023. 2. 헌법재판소에 의해 강제추행의 다양한 행위태양을 고려하지 않고 법정형이 지나치게 가중된 과잉입법이라는 이유로 위헌결정이 내려졌다(헌법재판소 2023.2.23. 2021헌가9 등).

100) 대법원 2021.8.12. 2020도17796.

하고 있다(제2조). 아청법에는 청소년에 대한 강간·유사강간·강제추행 등을 가중처벌하는 규정(제7조)과 신상공개(제49조 이하)에 관한 규정을 두고 있다. 하지만 아청법에 위계·위력에 의한 간음과 강제추행죄는 규정하고 있으면서(제7조 제5항) 위계·위력에 의한 유사강간죄에 관한 처벌규정이 없는 것은 입법상의 불비이다.[101)]

(4) 친고죄 규정의 폐지

종래 성폭력범죄는 대부분 친고죄로 규정되어 있었다. 하지만 성폭력범죄가 범죄자와 피해자간의 사적인 관계나 피해자의 명예보호라는 측면을 넘어서 공공의 이익이라는 사회적 차원에 무게를 두는 방향으로 사회적 인식이 변화함에 따른 지속적 친고죄 폐지 요구에 부응하여 2012.12.18. 입법자는 "변화된 시대 상황을 반영하여 다양화된 성범죄에 효과적으로 대처하기 위하여"라는 개정이유를 내세워 형법, 성폭법, 그리고 아청법에 있던 성폭력범죄 관련 친고죄와 반의사불벌죄에 관한 규정을 전면 삭제하였다. 11

Ⅱ. 강간죄

> 제297조(강간죄) 폭행 또는 협박으로 사람을 강간한 자는 3년 이상의 유기징역에 처한다.
>
> 제300조(미수범) 제297조, 제297조의2, 제298조 및 제299조의 미수범은 처벌한다.
>
> 제305조의2(상습범) 상습으로 제297조, 제297조의2, 제298조부터 제300조까지, 제302조, 제303조 또는 제305조의 죄를 범한 자는 그 죄에 정한 형의 2분의 1까지 가중한다.

1. 의의, 성격

강간죄는 폭행 또는 협박으로 부녀를 간음함으로써 성립하는 범죄이다. 강제추행죄를 강간과 추행의 죄의 기본적 구성요건으로 보고 강간죄는 이에 대한 가중적 구성요건으로 보는 견해[102)]가 있다. 하지만 2012.12.18. 형법개정으로 유사강간죄도 강간과 추행의 죄의 구성요건으로 편입되었을 뿐 아니라 강간죄의 객체가 부녀에서 사람으로 바뀌었으므로 강간죄, 유사강간죄, 강제추행죄는 각각 성적 자기결정권을 침해하는 행위태양을 기준으로 삼아 불법의 정도를 구별하고 있는 독자적인 구성요건으로 보는 것이 타당하다. 강간죄는 폭행과 협박 그리고 간음행위가 구성요건적 행위로 되어 있는 결합범이며, 침해범에 해당한다. 12

---

101) 아청법 제7조 제5항은 위계 또는 위력으로써 아동·청소년을 간음하거나 아동·청소년을 추행한 자는 제1항부터 제3항(참고로 여기서 제2항은 유사강간에 대한 규정임)까지의 예에 따른다고 하고 있으나, '간음'과 '추행' 개념에 유사강간의 개념까지 당연히 포함되는 것은 아니기 때문에 결국 아청법 제7조 제5항은 실질적으로 위계위력에 의한 간음과 추행만을 규정하고 있는 셈이다.

102) 오영근, §11/2; 이재상/장영민/강동범, §11/4.

2. 구성요건

(1) 객관적 구성요건

13 1) 주체 **여자도 이 죄의 주체가 될 수 있는지**와 관련하여 ① 남자만 이 죄의 주체가 된다고 하는 견해(진정신분범설)[103]가 있지만, ② 이 죄의 본질적인 불법내용은 폭행·협박에 의한 강제적인 간음행위에 있으므로 여자도 남자인 정신병자를 이용하거나(간접정범), 남자와 폭행·협박행위를 분담함으로써 공동하여(공동정범) 이 죄를 범할 수 있다.[104] 따라서 이 죄는 신분범도 아니고 자수범도 아니다.

14 2) 객체 객체는 **사람**이다. 종래 부녀만 객체로 되어 있었기 때문에 남자는 강간죄에 의해 보호받지 못하기 때문에 헌법의 평등원칙에 반하는 것이 아닌가 하는 의문이 제기되기도 하였다. 이에 대해 강간행위는 남녀의 생리적·육체적 차이로 인하여 남성에 의해서 행해지는 것이 보통이므로 이 죄의 객체를 부녀에 한정하여도 사회관념상 합리적인 근거 없는 특권을 부여한 것은 아니기 때문에 위헌이라고는 할 수 없다는 것이 대법원의 태도였지만,[105] 최근 형법개정을 통해 객체를 '사람'으로 바꾼 것은 성적 자기결정권에 대한 사회적, 도덕적 관점의 변화상을 반영한 것이라고 볼 수 있다.

15 사람인 이상 기혼·미혼, 성년·미성년을 묻지 않으며, 음행의 상습이 있는 자는 물론 행위자와 종래부터 성적관계를 가졌던 자도 객체가 된다. 성교능력이 없는 13세 미만자도 객체가 될 수 있다.[106] 신체적 또는 정신적 장애가 있는 사람에 대한 강간은 성폭법에 의해 가중처벌된다(제6조 제1항).

16 **법률상의 처도 강간죄의 객체가 될 수 있는지**에 대해서는 ① 혼인계약의 내용에 강요된 동침까지 포함할 수 없으므로 긍정해야 한다는 견해[107]와 ② 부부관계의 특수성을 고려하여 아내는 이 죄의 객체가 될 수 없다는 견해, 그리고 ③ 별거중인 처에 한해서만 긍정하는 견해[108] 등이 대립한다. 민법상의 동거의무가 폭행·협박에 의한 부부관계까지 감수할 것을 의무화하는 것은 아니며, 혼인계약 후에도 부녀의 성적 자기결정권은 여전히 존재하는 것이므로 법률상의 처도 강간죄의 객체가 될 수 있다고 해석하는 것이 타당하다.

17 判 대법원은 법률상의 처가 강간죄의 객체가 될 수 있는지에 대해 과거 단호하게 부정하는 태도를 취했다.[109]

---

103) 김종원, 128면; 정성근/정준섭, 115면.
104) 대법원 1998.2.27. 97도1757(성폭법상의 합동강간죄를 인정함).
105) 대법원 1967.2.28. 67도1.
106) 다만 13세 미만의 사람에 대한 강간은 성폭법(제7조 제1항)에 의해서, 19세 미만의 아동·청소년에 대한 강간은 아청법(제7조 제1항)에 의해서 가중처벌된다.
107) 김성천/김형준, 221면; 오영근, §11/9; 조국, 형법의 성편향, 박영사, 2020, 31면.
108) 박상기, 148면.
109) "처가 다른 여자와 동거하고 있는 남편을 상대로 간통죄 고소와 이혼소송을 제기하였으나 그 후 부부간에 다시 새출발을 하기로 약정하고 간통죄 고소를 취하하였다면 그들 사이에 실질적인 부부관계가 없다고 단정할

하지만 그 이후 당사자 사이에 실질적인 부부관계가 인정될 수 없는 상태에 이른 경우에 한하여 이를 긍정하는 단계를 거쳐,[110] 결국 전원합의체 판결을 통해 혼인관계가 실질적으로 이루어지고 있는 법률상의 처에 대해서도 강간죄의 객체성을 전면 긍정하는 태도로 입장을 선회하였다.[111] 판례법리가 후성적 법 발견 방법학에 따라 변화되고 있는 전형적인 예이다.

종래 강간죄의 객체가 '부녀'로 제한되어 있었을 경우 남성이 여성으로 성전환수술을 받은 경우 그 대상자에 대한 강간죄의 성립여부가 문제되었다. 이에 대해서는 ① 성전환수술 후에도 임신과 출산능력이 없는 점과 법적 안정성을 이유로 부정하는 견해,[112] ② 현실적으로 여성으로서 성적 귀속감을 가지고 있는 사회적·규범적 성까지 고려하여 강간죄의 객체인 부녀가 될 수 있다는 견해(다수설), ③ 성전환 후 호적변경이 된 경우에는 부녀가 될 수 있다는 견해[113] 등이 대립하여 왔다. 18

判 대법원은 종래 여성으로 성전환수술을 한 자의 성별변경을 인정하지 않았다.[114] 하지만 성전환자에 대한 호적상 성별기재의 정정허용여부에 관한 사건에서 "성전환자는 출생시와는 달리 전환된 성이 법률적으로도 그 성전환자의 성이라고 평가받을 수 있다"고 하면서 성전환자에 대해 호적법 제120조의 절차에 따라 성별을 정정하는 호적정정을 허가하는 단계를 거쳐,[115] 최근 성의 결정에 있어 생물학적 요소와 정신적·사회적 요소를 종합적으로 고려해서 여성으로 성전환한 자도 강간죄의 객체로 인정하였다.[116] 19

강간죄의 객체가 '사람'으로 바뀐 개정형법하에서도 성전환수술을 한 남자를 여성으로 인정할 것인지는 여전히 문제될 수 있다. 형법의 강간죄가 객체가 '사람'이라고 하더라도 강간행위가 남녀간의 성기간의 결합인 '간음'으로 제한되어 있기 때문이다. 따라서 만약 남성이 성전환 한 경우 그를 여성으로 인정하지 않는다면 강간죄의 간음이라는 요건을 충족시킬 수 없어 강간죄가 성립하지 않고 그 대신에 유사강간행위의 행위태양의 하나(제1유형)로밖에 될 수 없을 것이다. 요컨대 개정형법에 따르면 성전환자의 경우 남자로 보든 여자로 보든 강간죄의 객체성은 인정되지만 남녀의 구별은 강간'행위'에의 포섭문제와 여전히 관련되어 있는 것이다. 20

수 없으므로 설사 남편이 강제로 처를 간음하였다 하여도 강간죄는 성립하지 아니한다"(대법원 1970.3.10. 70도29).

110) 대법원 2009.2.12. 2008도8601.

111) "형법은 법률상 처를 강간죄의 객체에서 제외하는 명문의 규정을 두고 있지 않으므로, 문언 해석상으로도 법률상 처가 강간죄의 객체에 포함된다고 새기는 것에 아무런 제한이 없다. … 결론적으로 헌법이 보장하는 혼인과 가족생활의 내용, 가정에서의 성폭력에 대한 인식의 변화, 형법의 체계와 그 개정 경과, 강간죄의 보호법익과 부부의 동거의무의 내용 등에 비추어 보면, 형법 제297조가 정한 강간죄의 객체인 '부녀'에는 법률상 처가 포함되고, 혼인관계가 파탄된 경우뿐만 아니라 혼인관계가 실질적으로 유지되고 있는 경우에도 남편이 반항을 불가능하게 하거나 현저히 곤란하게 할 정도의 폭행이나 협박을 가하여 아내를 간음한 경우에는 강간죄가 성립한다고 보아야 한다"(대법원 2013.5.16. 2012도14788 전원합의체).

112) 배종대, §47/4; 임웅, 170면.

113) 정성근/정준섭, 116면.

114) 대법원 1996.6.11. 96도791.

115) 대법원 2006.6.22. 2000스42 전원합의체 결정.

116) 대법원 2009.9.10. 2009도3580.

21 생각건대 남녀의 구별은 발생학적인 성인 성염색체의 구성을 판단인자로 삼기보다는 개인의 성귀속감을 고려하여 사회적·규범적 성 및 사회일반인의 평가를 종합적으로 판단하는 것이 타당하다. 따라서 여성으로서의 성귀속감을 가지고 있을 뿐 아니라 성전환수술을 통하여 사회일반인들도 여성으로 평가하고 있는 자에 대해서는 호적정정 이전이라도 성적 자기결정의 주체성을 인정하여 그에 대한 강간시도에 대해 강간죄의 성립을 인정하는 것이 타당할 것이다.

22 3) 행위 폭행 또는 협박으로 강간하는 것이다.

23 (가) 폭행 또는 협박 폭행은 사람에 대한 유형력의 행사이고, 제3자에 대한 폭행은 피해자에게 협박으로 된다. 협박은 해악을 고지하는 것이며, 제3자에 대한 해악고지도 무방하다.

24 **폭행·협박의 정도**에 대해서는 ① 합리적 또는 진지한 저항을 곤란하게 하는 폭행·협박으로 충분하다는 견해,[117] ② 피해자의 진지한 거부의사와 가해자의 협의의 폭행만 있으면 충분하다는 견해[118] 등이 있다.

25 생각건대 합리적 저항이나 진지한 저항여부는 판단기준이 모호하고, 신체에 대한 폭행을 의미하는 협의의 폭행을 의사결정의 자유에 대한 폭행의 정도로 가져오는 것은 강간죄의 성립과 관련하여 불합리한 결과를 가져올 수 있다. 따라서 최협의의 폭행·협박, 즉 상대방의 반항을 억압하는 경우나 현저하게 곤란하게 할 정도로 해석하는 것이 타당하다(통설·판례[119]).

26 判 대법원은 강간죄의 폭행개념을 '신체'에 대한 유형력의 행사로 한정하지 않는다. 이 때문에 대법원은 예컨대 '피고인이 간음할 목적으로 새벽 4시에 여자 혼자 있는 방문 앞에 가서 피해자가 방문을 열어 주지 않으면 부수고 들어갈 듯한 기세로 방문을 두드리고 피해자가 위험을 느끼고 창문에 걸터 앉아 가까이 오면 뛰어 내리겠다고 하는데도 베란다를 통하여 창문으로 침입하려고 한 경우'에 신체에 대한 직접적인 폭행이 없었지만 강간의 수단으로서의 폭행에 착수하였다는 결론을 내리고 있다.[120] 이러한 결론은 강간죄의 보호법익을 폭행죄의 경우처럼 신체의 완전성이 아니라 성적인 측면에서의 의사결정의 자유로 보는 전제하에서 합당한 결론이다.

27 항거의 불가능이나 곤란성 여부는 폭행·협박의 내용과 정도, 피해자와의 관계, 피해자의 연령·정신상태, 행위 시기, 성교 당시와 그 후의 정황 등 모든 사정을 종합하여 객관적으로 판단해야 하며[121] 사후적으로만 판단해서는 안 된다.[122]

28 반항을 전혀 불가능케 하는 절대적 폭력이나 스스로 반항을 포기하게 하는 강압적 폭력은

117) 최협의의 폭행·협박과 협의의 폭행·협박 사이의 중간개념이라고 한다. 조국, 앞의 책, 49면.

118) 박상기, 151면.

119) "강간죄가 되기 위하여는 가해자의 폭행 또는 협박은 피해자의 항거를 불능하게 하거나 현저히 곤란하게 할 정도의 것이어야 (한다)"(대법원 2005.7.28. 2005도3071).

120) 대법원 1991.4.9. 91도288.

121) 대법원 2001.10.30. 2001도4462.

122) "사후적으로 보아 피해자가 성교 이전에 범행현장을 벗어날 수 있었다거나 피해자가 사력을 다하여 반항하지 않았다는 사정만으로 가해자의 폭행·협박이 피해자의 항거를 현저히 곤란하게 할 정도에 이르지 않았다고 섣불리 단정하여서는 안 된다"(대법원 2005.7.28. 2005도3071).

물론이고 사람의 의식에 장애를 일으키거나 항거를 방해하기 위한 약물사용 또는 최면술을 거는 것도 이 죄의 폭행에 해당한다. 실행의 착수시에 그러한 정도의 폭행·협박이 있으면 족하고 폭행·협박으로 실제로 피해자가 항거불능의 상태에 빠질 필요는 없다.[123] 협박만으로 피해자를 간음(또는 추행)한 경우 협박과 간음(또는 추행) 사이에 시간적 간격이 있더라도 협박에 의하여 간음(또는 추행)이 이루어진 것으로 인정되어야 한다.[124] 폭행·협박은 행위자 스스로 가한 것이어야 하기 때문에 타인이 폭행·협박을 이용하여 피해자를 간음하면 준강간죄(제299조)가 성립될 수 있을 뿐이다.

例 유부녀인 피해자에 대하여 혼인 외 성관계사실을 폭로하겠다는 등의 내용으로 협박하여 피해자를 간음한 경우(대법원 2007.1.25. 2006도5979)에는 이 죄의 협박으로 인정되었지만, 애인인 피해자를 간음하려고 강제로 손목을 비틀며 여관으로 끌고 갔는데, 당시 방을 안내해 준 여관주인에게 피해자가 창피하다는 이유로 구조를 요청하지 않은 경우(대법원 1990.9.29. 90도1562)에는 이 죄의 폭행이 부정되었다. 29

(나) 강간 폭행·협박으로 반항을 억압하거나 현저하게 곤란한 상태에서 간음하는 행위를 강간이라고 한다. 여기서 간음은 성교행위로서 남자의 성기를 여자의 성기에 삽입하는 것을 말한다. 성교행위 이외의 성행위(계간 등)를 하거나 남성성기유사물을 여성성기에 삽입하는 경우 등은 유사성교행위로서 유사강간죄가 될 뿐이고 간음이 아니므로 강간죄가 되지는 않는다. 폭행·협박은 간음의 종료 이전에 있으면 충분하며 폭행·협박이 반드시 간음행위 보다 선행되어야 하는 것은 아니다.[125] 간음과의 사이에 인과관계가 있어야 한다. 따라서 폭행·협박을 가한 후 간음에 대하여 부녀의 동의가 있으면 간음 자체는 부녀의 의사에 반하지 않으며, 폭행·협박과 인과관계도 없으므로 강간미수죄가 될 수 있을 뿐이다. 30

(다) 실행의 착수와 기수시기 간음의 의사로 부녀의 반항을 현저히 곤란하게 할 정도의 폭행 또는 협박을 개시하면 실행의 착수가 인정된다.[126] 따라서 부녀의 옷을 벗기거나 간음의 준비가 있어야 하는 것은 아니다. 31

강간죄는 남자의 성기가 여자의 성기 속에 들어가기 시작하는 순간부터 기수가 된다. 이 죄의 본질이 사람의 성적 자기결정의 자유를 침해하는 데 있기 때문에 성욕만족이 있어야 기수가 되는 것은 아니다. 남자성기의 일부분이 여성성기에 삽입되면 충분하고 나아가서 전부 삽입을 요하지도 않는다. 32

간음할 목적으로 새벽 4시에 여자 혼자 있는 방문 앞에 가서 방문을 열어주지 않으면 부수고 들어갈 듯한 기 33

---

123) 손동권/김재윤, §12/8.
124) 대법원 2007.1.25. 2006도5979.
125) 대법원 2017.10.12. 2016도16948.
126) "강간죄는 부녀를 간음하기 위하여 피해자의 항거를 불능하게 하거나 현저히 곤란하게 할 정도의 폭행 또는 협박을 개시한 때에 그 실행의 착수가 있다고 보아야 할 것이고, 실제로 그와 같은 폭행 또는 협박에 의하여 피해자의 항거가 불능하게 되거나 현저히 곤란하게 되어야만 실행의 착수가 있다고 볼 것은 아니다"(대법원 2000.6.9. 2000도1253).

세로 방문을 두드리고 피해자가 위험을 느끼고 창문에 걸터앉아 가까이 오면 뛰어내리겠다고 하는데도 베란다를 통하여 창문으로 침입하려고 한 경우(대법원 1991.4.9. 91도288)에는 실행의 착수가 인정되었지만, 강간할 목적으로 피해자의 집에 침입하여 안방에 들어가 누워 자고 있는 피해자의 가슴과 엉덩이를 만지면서 간음을 시도한 경우(대법원 1990.5.25. 90도607)는 실행의 착수가 인정되지 않았다.

(2) 주관적 구성요건

34 고의가 있어야 한다. 이 죄의 고의는 폭행 또는 협박으로 부녀를 그 의사에 반하여 간음한다는 인식과 의사이다. 미필적 고의로 충분하다. 피해자의 동의가 없음에도 불구하고 있는 것으로 오인한 경우에는 고의가 조각된다. 남자를 여자로 오인한 경우는 강간죄의 불능미수가 된다. 강간죄의 객체가 부녀에서 '사람'으로 변경되었다는 점을 들어 상대방이 남자임에도 여자로 오인한 경우라도 불능미수의 문제가 되지 않는다는 견해가 제기될 수 있다. 그러나 '간음'행위는 남자와 여자의 성기의 결합을 전제로 하기 때문에 범인이 남자인 상대방을 여자로 오인한 경우라도 '간음'이라는 결과발생은 불가능하다(형법 제27조의 대상의 착오로 인한 결과발생 불가능). 따라서 범행당시 범인이 인식한 사정을 기초로 하면 간음이라는 결과가 발생할 '위험성'은 있다고 평가할 수 있으므로 강간죄의 불능미수 성립이 인정될 수 있다.

3. 위법성조각사유

35 피해자의 승낙이 있는 간음은 부녀의 성적 자기결정의 자유에 대한 침해 자체가 없기 때문에 강간죄의 위법성이 부정되는 것이 아니라 구성요건해당성이 부정된다. 13세 미만의 사람을 폭행·협박하여 간음한 때에는 피해자의 승낙여부와 상관없이 이 죄가 성립하고 성폭법(제7조 제1항)이 우선 적용되어 가중처벌된다. 13세 이상이라도 장애인인 아동·청소년에 대해 폭행·협박없이 간음한 경우 피해자의 동의여부에 관계없이 아청법상의 장애인인 아동청소년에 대한 간음죄로 처벌된다(제8조 제1항).

4. 죄수, 타죄와의 관계

(1) 죄수

36 강간죄는 결합범이므로 폭행·협박은 강간죄의 부분행위로서 강간죄가 성립하면 특별관계에 의해 성립하지 않는다. 동일한 폭행·협박을 이용하여 같은 피해자를 여러 번 간음한 때에도 일죄가 될 뿐이다. 하지만 같은 피해자인 경우라도 포괄일죄의 인정요건을 갖추지 못하면 수죄가 된다.

37 例 대법원도 피해자를 1회 간음하고 200미터쯤 오다가 다시 1회 간음한 때에도 피해자의 의사 및 그 범행시각과 장소로 보아 두 번째의 간음행위가 처음행위의 계속으로 볼 수 있으면 단순일죄로 보았고(대법원 1970.9.29. 70도1516), 같은 취지에서 동일한 폭행·협박으로 항거가 불능하거나 현저히 곤란한 상태가 계속되는 상태에서 수회에 걸쳐 간음한 경우 범인들의 의사 및 범행 시각과 장소로 보아 수회의 간음행위를 하나의 계속된 행위로 볼 수 있는 이

상 실체적 경합이 아니라 단순일죄가 된다고 하였지만(대법원 2002.9.3. 2002도2581), 피해자를 1회 강간하여 상처를 입게 한 후 약 1시간 후에 장소를 옮겨 같은 피해자를 다시 1회 강간한 행위는 그 범행시간과 장소를 달리하고 있을 뿐 아니라 각 별개의 범의에서 이루어진 행위로서 실체적 경합이 된다고 하였다(대법원 1987.5. 12. 87도694).

(2) 타죄와의 관계

타인의 주거에 침입하여 강간한 경우에는 주거침입죄와 강간죄의 실체적 경합이 되지 않고 성폭법 제3조의 주거침입강간죄가 적용된다. 부녀를 감금하고 있는 중에 강간의사가 생겨 강간한 때에는 감금죄와 실체적 경합이 된다. 감금을 수단으로 강간을 한 후 피해자를 계속하여 감금한 경우에도 감금죄와 강간죄는 실체적 경합이 된다. 38

判 대법원은 강간을 하기 위해서 부녀를 감금한 경우, 강간행위는 항상 그 수단으로 감금행위를 수반하는 것이 아니고 강간죄와 감금죄는 한 개의 행위에 의하여 실현된 것이므로 양죄는 상상적 경합이 된다고 한다.[127] 강간한 후 강도의 고의가 생겨 재물을 강취하면 강간죄와 강도죄의 실체적 경합으로 인정한다.[128] 39

강간죄가 성립하는 때에는 강제추행행위는 불가벌적 수반행위로서 강간죄에 흡수된다. 하지만 유사강간죄는 행위방법과 피해자에 대한 법익침해의 강도와 양상이 다를 수 있으므로 강간죄와 별개로 성립할 수 있다. 강요죄와 강간죄는 법조경합의 특별관계가 되어 강간죄만 인정된다. 40

Ⅲ. 유사강간죄

> 제297조의2(유사강간죄) 폭행 또는 협박으로 사람에 대하여 구강, 항문 등 신체(성기는 제외한다)의 내부에 성기를 넣거나 성기, 항문에 손가락 등 신체(성기는 제외한다)의 일부 또는 도구를 넣는 행위를 한 사람은 2년 이상의 유기징역에 처한다.
>
> 제300조(미수범) 제297조, 제297조의2, 제298조 및 제299조의 미수범은 처벌한다.
>
> 제305조의2(상습범) 상습으로 제297조, 제297조의2, 제298조부터 제300조까지, 제302조, 제303조 또는 제305조의 죄를 범한 자는 그 죄에 정한 형의 2분의 1까지 가중한다.

1. 의의, 성격

유사강간죄는 폭행 또는 협박으로 간음 이외의 일정한 형태의 유사 성교행위를 함으로써 성립하는 범죄이다. 종래 강간죄가 남녀간의 성기 결합(간음)을 전제로 하고 있기 때문에 개념상 간음 이외의 방법으로 성적 자기결정권을 침해하는 모든 행위태양을 강제추행죄로만 처벌할 수밖에 없었다. 이 때문에 이 죄는 2012.12.18. 형법개정에서 간음 이외의 일정한 행위태양을 유사 성교행위라고 보고 이에 대해 강제추행죄보다 더 큰 결과불법과 행위불법이 있음을 인정하여 이를 독립된 구성요건으로 만든 범죄이다. 41

127) 대법원 1983.4.26. 83도323; 대법원 1997.1.21. 96도2715 등.
128) 대법원 1977.9.28. 77도1350.

2. 구성요건

(1) 객관적 구성요건

42 1) 주체 주체에는 제한이 없다. 남자는 물론, 여자도 간접정범이나 공동정범 뿐 아니라 단독정범도 될 수 있다. 또 이 죄는 남자와 여자 사이에만 범해지는 것이 아니고 동성간의 행위에 의해서도 성립이 인정될 수 있다.

43 2) 객체 사람이다. 사람은 남녀·노소, 기혼·미혼을 묻지 않는다. 다만 13세 미만의 사람을 객체로 한 경우 성폭법에 의해 가중처벌되고(제7조 제3항), 13세 이상 19세 미만의 아동·청소년을 객체로 한 경우에는 아청법에 의해 가중처벌됨(제7조 제3항)은 강간죄의 경우와 같다. 성폭법은 신체적 또는 정신적 장애가 있는 사람을 객체로 한 경우도 가중처벌한다(제6조 제2항). 강간죄의 객체가 되는 법률상의 처도 이 죄의 객체가 될 수 있다.

44 3) 행위 폭행 또는 협박으로 유사 성교행위를 하는 것이다.

45 (가) 폭행 또는 협박 기습추행과 같이 기습 유사성교행위를 인정할 수 있는지와 관련하여 이 죄의 폭행·협박의 정도에 관해서는 견해가 대립될 수 있다. 대법원은 유사강간의 법적 성격을 강제추행의 가중규정으로 보아 기습 유사성교행위를 인정한다.[129] 이에 따르면 유사강간의 폭행·협박의 정도는 강제추행과 동일한 것으로 볼 수 있다. 유사강간죄의 성격은 그 불법의 유형이나 정도에서 강간죄의 관점에서 접근하는 것이 바람직하므로 기습유사성교행위는 인정되기 어렵고 폭행·협박의 정도도 강간죄와 동일한 것으로 보아야 할 것이다.

46 (나) 유사 성교행위 유사 성교행위는 두 가지로 그 유형이 나뉘어져 있다. 구강, 항문 등 신체(성기는 제외한다)의 내부에 성기를 넣는 행위(제1유형) 또는 성기, 항문에 손가락 등 신체(성기는 제외한다)의 일부 또는 도구를 넣는 행위(제2유형)이다. 제1유형 가운데 구강, 항문 이외의 신체의 내부로서 눈이나 귀가 포함될 수 있는지가 문제되고, 이를 긍정하더라도 강제추행죄와의 경계가 불명확해질 수 있다.[130] 제2유형의 경우에도 손가락 등 신체의 일부 또는 도구의 범위가 불명확하므로 강제추행죄와의 경계설정이 문제될 여지가 있다. 이 죄의 성격이 성적 자기결정권의 침해의 정도가 강간죄보다는 적고 강제추행죄보다는 크다는 점을 고려하여 합리적으로 해석할 수밖에 없지만, 남성간의 '폭행·협박에 의한 항문성교'는 강간죄가 아니라 유사강간죄의 제1유형에 해당함에는 의문이 없다.[131]

(2) 주관적 구성요건

47 유사강간에 대한 고의, 즉 폭행 또는 협박에 의하여 유사 성교행위를 한다는 인식과 의사

129) 대법원 2016.12.15. 2016도14099 및 동 판결의 원심인 서울고등법원 2016.8.30. 2016노1509 참조.

130) 구강, 항문 이외의 신체의 '내부'를 특정하기 어렵고, 구강, 항문을 해부학적으로 신체의 내부인지도 의문이므로 '내부'는 삭제하는 것이 바람직하다.

131) 군형법 제92조의 6은 '추행'이라는 제목하에 폭행·협박없는 항문성교도 2년 이하의 징역으로 처벌하고 있다. 이에 관해서는 강제추행죄에서 후술한다.

가 있어야 한다. 개인의 성적 자기결정권은 행위자의 주관적 목적 내지 내적 경향과 무관하게 침해될 수 있기 때문에 초과주관적 구성요건요소로서 성욕의 자극·흥분 또는 만족을 위한다는 목적 내지 내적 경향은 요구되지 않는다.

3. 타죄와의 관계

간음 이외의 일정한 유사 성교행위를 행위태양으로 하고 있으므로 유사 성교행위에서 더 나아가 간음행위까지 있게 되면 이 죄와 강간죄가 별도로 성립한다. 강제추행죄는 간음과 유사 성교행위 이외의 성적 자기결정권을 침해하는 행위이므로 유사강간죄가 인정되면 보충관계에 따라 강제추행죄는 성립하지 않는다. 공공연히 유사 성교행위를 한 경우에는 이 죄와 공연음란죄(제245조)가 상상적 경합이 될 수 있다. 48

Ⅳ. 강제추행죄

> 第298조(강제추행죄) 폭행 또는 협박으로 사람에 대하여 추행한 자는 10년 이하의 징역 또는 1천500만원 이하의 벌금에 처한다.
>
> 第300조(미수범) 제297조, 제297조의2, 제298조 및 제299조의 미수범은 처벌한다.
>
> 第305조의2(상습범) 상습으로 제297조, 제297조의2, 제298조부터 제300조까지, 제302조, 제303조 또는 제305조의 죄를 범한 자는 그 죄에 정한 형의 2분의 1까지 가중한다.

1. 의의, 성격

강제추행죄는 폭행 또는 협박으로 사람을 추행함으로써 성립하는 범죄이다. 강간죄 및 유사 강간죄와 함께 강간과 추행의 죄의 기본적 구성요건이며, 강간죄 등과 같이 주체에도 제한이 없으므로 신분범도 아니고 자수범도 아니다.[132] 고의 이외에 초과주관적 구성요건요소로서 행위자의 특별한 내적 경향을 필요로 하는 경향범도 아니다. 49

2. 구성요건

(1) 객관적 구성요건

1) 주체 주체에는 제한이 없다. 남자는 물론, 여자도 간접정범이나 공동정범 뿐 아니라 단독정범도 될 수 있다. 또 이 죄는 남자와 여자 사이에만 범해지는 것이 아니라 동성 사이에도 범해질 수 있다. 50

132) "강제추행죄는 사람의 성적 자유 내지 성적 자기결정의 자유를 보호하기 위한 죄로서 정범 자신이 직접 범죄를 실행하여야 성립하는 자수범이라고 볼 수 없으므로, 처벌되지 아니하는 타인을 도구로 삼아 피해자를 강제로 추행하는 간접정범의 형태로도 범할 수 있다."(대법원 2018.2.8. 2016도17733).

51 2) 객체 사람이다. 사람은 남녀·노소, 기혼·미혼을 묻지 않는다. 다만 13세 미만의 사람을 객체로 한 경우 성폭법에 가중처벌되고(제7조 제3항), 13세 이상 19세 미만의 아동·청소년을 객체로 한 경우 아청법에 의해 가중처벌(제7조 제3항)되는 것은 유사강간죄 및 강간죄의 경우와 같다. 신체적 또는 정신적 장애가 있는 사람에 대한 강제추행은 성폭법에 의해 가중처벌된다(제6조 제3항).

52 **법률상의 처도 이 죄의 객체가 될 수 있는지**에 대해서도 ① 긍정설[133]과 ② 부정설[134]이 대립하지만 강간죄에서와 같은 이유로 법률상의 처에 대해서도 강제추행죄를 인정할 수 있다고 보는 것이 타당하다.

53 3) 행위 폭행 또는 협박으로 추행하는 것이다.

54 (가) 폭행 또는 협박 이 죄의 폭행·협박의 개념은 강간죄의 경우와 같다고 하면서도 **폭행·협박의 정도**에 관해서는 견해가 일치하지 않는다. ① 강간죄의 경우와 마찬가지로 반항을 불가능하게 하거나 현저히 곤란하게 할 정도임을 요한다는 견해(다수설)와 ② 이 죄의 법정형이 벌금형까지 규정하고 있음에 비추어 강간죄의 폭행·협박과 폭행죄 및 협박죄의 그것의 중간정도, 즉 일반사람으로 하여금 항거에 곤란을 느끼게 할 정도 또는 상대방의 의사에 반하는 정도이면 족하다는 견해[135]가 대립한다.

55 判 대법원은 폭행행위 자체가 추행행위로 인정되는 경우(이른바 기습추행), 그 폭행은 '반드시 상대방의 의사를 제압할 정도임을 요하지 않고 그 의사에 반한 유형력의 행사가 있는 이상 힘의 대소강약을 불문한다'고 한다고 하면서 그 외의 경우 강제추행죄의 폭행협박은 원칙적으로 강간죄의 폭행 협박의 경우와 같이 최협의설을 취해왔다. 그러나 최근 대법원은 강제추행죄의 폭행을 신체에 대한 불법한 유형력의 행사로,협박은 객관적으로 공포심을 일으키게 할 정도의 해악고지로 해석함으로써 협의설로 변경하였다.[136] 이러한 판례변경은 법(=법리)이 불변의 잣대로서 고정되어 있는 것이 아니라 시대의 요청에 따라 '되어'가는 후성적인 것임을 보여주는 전형적인 예에 해당한다. 다만 대법원은 이 판례변경이 '부동의 추행죄'로의 전환을 인정하는 것이 아님을 밝히고 있는데, 이 점 역시 강간죄의 입법영역에서 제안되고 있는 '부동의강간죄'가 현실화되면, 그에 따라 '부동의추행죄'로 구성요건이 바뀌거나 적어도 해석상 법리변화가 생길 것으로 보인다.

56 강제추행죄의 추행은 강간죄의 간음과 달리 특정된 행위가 아니라 상대방의 성적 수치심 또는 혐오감을 일으킬 수 있는 다양한 양태로 이루어질 수 있고[137] 특히 강간죄와 같이 폭행과 간음이 별개 독립된 행위가 아니라 '폭행 자체가 추행행위'로 인정[138]되는 기습추행의 경우 폭행의 정도가 협의설로 바뀔 수밖에 없다면, 그에 상응하여 기습추행 이외의 경우도 폭행이나 협박의 정도와 관련하여 협의설을 취하는 것이 바람직하다.

57 **행위자의 협박을 받은 피해자가 자신의 신체를 이용하여 추행행위를 한 경우 간접정범의 방**

133) 김성천/김형준, 228면; 이형국/김혜경, 202면.
134) 김일수/서보학, 163면; 배종대, §48/1; 이재상/장영민/강동범, §11/19; 이형국, 269면; 정성근/정준섭, 113면.
135) 김성천/김형준, 229면; 박상기, 161면; 손동권/김재윤, §12/23; 임웅, 178면.
136) 대법원 2023.9.21. 2018도13877 전원합의체.
137) 예컨대 대법원 2020.12.24. 2020도7981은 회사대표가 회식장소에서 여성직원에게 '헤드락'을 한 것이 강제추행의 추행에 해당할 수 있다고 보았다.
138) 대법원 2002.4.26. 2001도2417.

법으로 이 죄가 성립될 수 있는지와 관련하여 협박을 한 경우 강제추행죄의 실행의 착수가 인정되므로 피해자의 자기추행사례는 이용자에 대해 강제추행의 직접정범이 성립한다는 견해가 있다. 이 견해는 형법상 간접정범은 행위자－제3자－피해자라는 3인구도를 전제로 하는 것임을 근거로 삼아, 제3자인 매개자없이 행위자－피해자 2인구도의 경우는 간접정범이 성립될 수 없다는 전제하에서 주장된다.[139]

제34조 제1항의 문언상 반드시 3인구도를 전제로 한다고 해석할 수는 없고, 기습추행의 경우와는 달리 협박만으로는 강제추행죄의 구성요건적 행위인 추행이 될 수 없다. 협박을 수단으로 피해자에 대한 우월적 의사지배를 통한 행위지배가 인정되는 경우에는 피해자의 자기추행의 경우도 — 자손행위의 경우 상해죄의 간접정범을 인정할 수 있듯이 — 강제추행죄의 간접정범이 성립할 수 있다고 보는 것이 타당하다. 58

判 대법원도 강제추행에 관한 간접정범의 의사를 실현하는 도구로서의 타인에는 피해자도 포함될 수 있으므로, 피해자를 도구로 삼아 피해자의 신체를 이용하여 추행행위를 한 경우에도 강제추행죄의 간접정범에 해당할 수 있다고 한다.[140] 59

폭행·협박은 반드시 추행 이전에 있을 필요가 없을 뿐 아니라, '기습추행'의 경우 그 폭행이 추행행위의 객체의 신체에 직접 닿을 필요도 없다.[141] 60

例 **기습추행의 경우 강제추행을 인정한 판례**: ① 피고인의 팔이 피해자의 몸에 직접 닿지 않았더라도 양팔을 높이 들어 갑자기 뒤에서 껴안으려는 행위는 피해자의 의사에 반하는 유형력의 행사로서 폭행행위에 해당하며, 그 때 기습추행에 관한 실행의 착수가 인정된다(대법원 2015.9.10. 2015도6980), ② 피해자의 옷 위로 엉덩이나 가슴을 쓰다듬는 행위, 피해자의 의사에 반하여 그 어깨를 주무르는 행위, 교사가 여중생의 얼굴에 자신의 얼굴을 들이밀면서 비비는 행위나 여중생의 귀를 쓸어 만지는 행위 등(대법원 2020.3.26 2019도15994 참조). 61

폭행이 추행 행위의 상대방인 행위객체에 직접 가해질 필요가 없으므로 예컨대 자녀를 추행하기 위해 그 어머니에게 폭행하면 그 자녀에 대한 협박이 될 수 있다. 협박과 추행 사이에 시간적 간격이 있더라도 추행죄가 성립할 수 있음은 강간죄의 경우와 같다.[142] 62

(나) 추행 추행은 공연음란죄와는 달리 공연히 행해질 필요가 없고 두 사람만 있는 장소에서도 가능하다. 그러나 추행은 불확정개념으로서 법관의 가치충전적 평가가 필요한 규범적 구성요건요소이다. 따라서 **어떤 행위를 추행개념에 포섭하고 무엇을 기준으로 할 것인지가 해석상 문제될 수 있다.**[143] 이와 관련하여 ① 성욕의 자극·흥분·또는 만족을 목적으로 하 63

---

139) 이용식, "피해자의 자손행위를 이용한 간접정범의 인정여부," 형사판례연구(30), 2022, 23면 이하.
140) 대법원 2018.2.8. 2016도17733.
141) "이른바 기습추행(의 경우), 피고인의 팔이 피해자의 몸에 직접 닿지 않았더라도 양팔을 높이 들어 갑자기 뒤에서 껴안으려는 행위는 피해자의 의사에 반하는 유형력의 행사로서 폭행행위에 해당하며, 그 때 기습추행에 관한 실행의 착수가 있는데, 마침 피해자가 뒤돌아 보면서 소리치는 바람에 몸을 껴안는 추행의 결과에 이르지 못하고 미수에 그쳤으므로 피고인의 행위는 아동·청소년에 대한 강제추행미수죄에 해당한다"(대법원 2015.9.10. 2015도6980).
142) 대법원 2007.1.25. 2006도5979.

는 행위로서 일반인으로 하여금 성적 수치심이나 혐오감을 느끼게 하는 일체의 행위라는 견해[144](광의의 추행개념+주관설)와 ② 성욕의 자극·흥분 또는 만족과 같은 주관적 요소와 무관하게 객관적으로 일반인에게 성적 수치심이나 혐오감을 일으키게 하는 일체의 행위라고 하는 견해(다수설: 광의의 추행개념+객관설)가 대립한다.

64 判 대법원은 추행을 일반인의 성적 수치심이나 혐오감을 일으키게 하는 일체의 행위가 아니라 상대방의 '성적 자기결정권을 침해'할 것을 부가적 요건으로 요구하는 동시에 그 행위가 '선량한 도의관념에 반하는 행위'이어야 한다고 한다. 나아가 대법원은 추행행위에 해당하는지 여부는 피해자의 의사를 비롯하여 그 시대의 성적 도덕관념에 이르기까지 종합적인 판단을 해야 한다고 하면서도, 성욕의 자극이나 만족을 얻을 목적(초과주관적 구성요건요소)은 추행의 인정여부에 기준이 되지 않는다고 한다(도덕적 추행개념+객관설).[145]

65 추행개념의 정의 속에 성적 자기결정권의 침해를 포함하는 대법원의 해석은 구성요건적 '추행행위'의 해석이 아니라 이 죄의 보호법익에 초점을 맞춘 '결과로서의 추행'(구성요건적 결과)에 대한 해석으로서 양자는 다른 차원의 문제이다. 특히 대법원과 같이 추행행위가 선량한 도의관념에 반할 것까지 요구하는 것은 불필요한 사족일 뿐만 아니라 이 죄가 성적 자기결정권의 보호를 넘어서 선량한 풍속(미풍양속)과 같은 도덕의 보호까지 겨냥하도록 유도할 수 있고, 그 결과 추행행위의 확장을 초래할 수도 있다(도덕적 추행개념의 외연 확장). 더구나 수치심, 혐오감에 이어 선량한 풍속이라는 고도의 추상적 개념까지 추행행위 개념의 정의 속에 가져오는 태도는 해석을 통해 개념의 구체화를 도모하고 있다고 보기도 어렵게 된다.

66 그러나 행위자의 성욕의 자극 목적 성욕의 만족목적 등과 같은 요소의 충족을 추행여부를 판단할 기준에서 배제하는 것은 타당한 태도로 보인다. 개인의 성적 자기결정권의 침해(보호)가 행위자의 주관적 경향이나 목적의 유무에 좌우되게 해서도 안 되고, 복수나 혐오 또는 호기심의 목적으로 성적 수치심을 주는 행위가 성욕자극이나 성욕의 만족 목적이 없다는 이유로 추행행위에서 배제되어서도 안 되기 때문이다. 결론적으로 구성요건적 행위로서의 추행개념은 광의의 추행개념+객관설의 입장에서 해석하는 것이 타당하다.

67 **신체부위에 따라 추행 여부가 달라지는지가 문제된다.** 이와 관련해서는 ① 추행이란 객관적으

143) 특히 군형법 제92조의 6은 폭행·협박이 없는 유사성교 이외의 성적 행위를 '그 밖의 추행'으로 규정하면서 형사처벌의 대상으로 하고 있다. 이와 같이 성적 자기결정권이 아니라 '군이라는 공동사회의 건전한 생활과 군기'를 보호법익으로 삼아 동성간 군인간의 합의에 의한 성적 행위를 형사처벌의 대상으로 삼고 있는 군형법의 태도는 보호법익의 범위가 분명하지 않을 뿐 아니라 행위의 시간과 장소에 관해서도 아무런 제한을 두고 있지 않아 위헌의 소지가 있다.

144) 김일수/서보학, 165면; 김종원, 133면; 박상기, 161면.

145) "강제추행죄는 개인의 성적 자유라는 개인적 법익을 침해하는 죄로서, 위 법규정에서의 '추행'이란 일반인에게 성적 수치심이나 혐오감을 일으키고 선량한 성적 도덕관념에 반하는 행위인 것만으로는 부족하고 그 행위의 상대방인 피해자의 성적 자기결정의 자유를 침해하는 것이어야 한다(대법원 2012.7.26. 2011도8805). "형법 제305조의 미성년자의제강제추행죄는 '13세 미만의 아동이 외부로부터의 부적절한 성적 자극이나 물리력의 행사가 없는 상태에서 심리적 장애 없이 성적 정체성 및 가치관을 형성할 권익'을 보호법익으로 하는 것으로서, 그 성립에 필요한 주관적 구성요건요소는 고의만으로 충분하고, 그 외에 성욕을 자극·흥분·만족시키려는 주관적 동기나 목적까지 있어야 하는 것은 아니다"(대법원 2006.1.13. 2005도6791).

로 성적 수치심이나 혐오감을 느낄 정도의 것이어야 한다는 것을 이유로 신체의 내밀한 부분에 대해서만 추행이 인정되므로 무릎이나 허벅지 또는 엉덩이만을 만지는 경우는 추행에 해당하지 않는다는 견해[146]가 일반적이다(구별설). ② 하지만 일반인의 입장에서 도덕적 비난을 넘어 추행행위라고 평가하기 위해서는 추행이 행해진 때의 당사자의 의사, 감정 또는 주위사정이 감안되어야 하므로 신체부위에 따라 본질적인 차이를 두지 않는 것이 바람직하다(불구별설).

判 대법원은 20대 초반의 미혼 여성인 어깨를 주무른 행위에 대해 "여성에 대한 추행에 있어 신체 부위에 따라 본질적인 차이가 있다고 볼 수는 없다"고 하면서 불구별설의 입장을 취한다.[147] 이러한 해석 법리가 남성 피해자에게도 적용될 수 있을지 문제되고, 위 불구별설적 법리와 최근에 변경된 폭행협박의 정도에 관한 판례법리가 합쳐지면 추행행위가 지나치게 넓어져 가벌성이 확장될 우려도 있다. "피해자의 의사, 성별, 연령, 행위자와 피해자의 이전부터의 관계, 그 행위에 이르게 된 경위, 구체적 행위태양, 주위의 객관적 상황과 그 시대의 성적 도덕관념 등을 종합적으로 고려하여 신중히 결정되어야 한다"[148]는 대법원의 종합적 판단방법이 막을 수 있을지도 의문이다. 68

생각건대 강제추행의 지나친 외연확장을 막기 위해서는 모든 범죄의 '구성요건적 행위' 적격성을 인정하기 위한 공통의 전제조건이 추행행위의 경우에도 충족되고 있는지가 심사되어야 한다. 다시 말하면, 법적으로 허용되지 아니한 위험창출이라는 객관적 귀속의 인정여부를 판단함에 있어 행위자의 행위가 피해자의 성적 자기결정권을 위태롭게 할 정도의 실질적이고 객관적인 외관을 보여주고 있는지가 심사되어야 한다. 이러한 심사과정에서 '허용된 위험의 법리' 또는 그 상위에 있는 '사회적 상당성법리'를 활용함으로써 상황상 자연스러운 신체접촉이나 사회생활의 질서범위내에 있는 행위로서 사회적으로 상당한 신체접촉 등이 추행행위에서 배제될 수 있기 때문이다. 69

例 **강제추행이 인정된 사례:** 거부의사를 밝힌 골프장 여종업원에게 함께 술을 마시지 않을 경우 신분상의 불이익을 가할 것처럼 협박하여 이른바 러브샷의 방법으로 술을 마시게 한 경우(대법원 2008.3.13. 2007도10050), 엘리베이터 안에서 피해자를 칼로 위협하는 등의 방법으로 꼼짝하지 못하도록 하여 자신의 실력적인 지배하에 둔 다음 자위행위 모습을 보여준 경우(대법원 2010.2.25. 2009도13716) 등. 70

例 **추행자체가 부정된 사례:** '사람과 차량의 왕래가 빈번한 도로에서 48세인 부녀에게 성적인 성질을 가지지 아니한 욕설을 하면서 자신의 바지를 벗어 성기를 보여준 경우'(대법원 2012.7.26. 2011도8805)에 대해 대법원은 건전한 성풍속이라는 일반적인 사회적 법익을 보호하려는 목적을 가진 형법 제245조의 공연음란죄에서 정하는 '음란한 행위'(또는 이른바 과다노출에 관한 경범죄처벌법 제1조 제41호에서 정하는 행위)로 인정되는 것과 별론으로 추행 자체가 인정되지는 않았다. 71

(2) 주관적 구성요건

강제추행에 대한 고의, 즉 폭행 또는 협박에 의하여 추행한다는 인식과 의사가 있어야 한 72

146) 김일수/서보학, 161면; 배종대, §48/3; 손동권/김재윤, §12/24.
147) 대법원 2004.4.16. 2004도52.
148) 대법원 2002.4.26. 2001도2417.

다. 고의 이외에 초과주관적 구성요건요소로서 성욕의 자극·흥분 또는 만족을 위한다는 목적 내지 내적 경향까지 필요하다는 견해[149]도 있다. 하지만 추행개념에서 설명하였듯이 개인의 성적 자기결정권은 행위자의 주관적 목적 내지 내적 경향과 무관하게 침해될 수 있기 때문에 강제추행죄는 일반인에게 성적 수치심을 야기시키는 행위를 하려는 고의만으로 성립하고 초과주관적 구성요건요소는 요하지 않는 범죄로 이해하는 것이 타당하다.[150]

3. 타죄와의 관계

73 공연하게 강제추행을 한 경우에는 이 죄와 공연음란죄(제245조)가 상상적 경합이 될 수 있다. 폭행 그 자체가 추행에 해당하는 경우에는 강제추행죄만 성립한다. 한편 성폭법 제11조는 대중교통수단, 공연·집회장소, 그 밖에 공중이 밀집한 장소에서 추행[151]한 경우를 처벌하고 있다(제11조).

Ⅴ. 준강간·준강제추행죄

> 제299조 (준강간, 준강제추행죄) 사람의 심신상실 또는 항거불능의 상태를 이용하여 간음 또는 추행을 한 자는 제297조, 제297조의2 및 제298조의 예에 의한다.
>
> 제300조(미수범) 제297조, 제297조의2, 제298조 및 제299조의 미수범은 처벌한다.
>
> 제305조의2(상습범) 상습으로 제297조, 제297조의2, 제298조부터 제300조까지, 제302조, 제303조 또는 제305조의 죄를 범한 자는 그 죄에 정한 형의 2분의 1까지 가중한다.

1. 의의, 성격

74 사람의 심신상실 또는 항거불능의 상태를 이용하여 간음, 유사 성교행위 또는 추행을 함으로써 성립하는 범죄이다. 행위의 수단으로 폭행 또는 협박을 사용하지 않고 심신상실이나 항거불능의 상태를 이용하여 간음, 유사 성교행위 또는 추행함으로써 성립하는 점에 특징이 있다. 자수범도 아니며 성적 추행의 특별한 행위경향을 요구하는 경향범도 아니다.

2. 구성요건

(1) 객관적 구성요건

75 **1) 주체** 주체는 강간죄나 강제추행죄의 그것과 같다. 이 죄의 **자수범인지**에 대해서는 ① 자수범임을 긍정하는 견해[152]도 있으나 ② 제3자에 대한 저항할 수 없는 강요를 통해 또

149) 김일수/서보학, 164면.
150) 대법원 2013.9.26. 2013도5856.
151) 이 경우의 '추행'도 강제추행죄의 추행행위와 동일하게 해석한다. "여기에서 '추행'이란 일반인을 기준으로 객관적으로 성적 수치심이나 혐오감을 일으키게 하고 선량한 성적 도덕관념에 반하는 행위로서 피해자의 성적 자기결정권을 침해하는 것을 말한다"(대법원 2020.6.25. 2015도7102).

는 정신병자를 이용하는 등 간접정범의 형태로 이 죄를 범할 수 있기 때문에 이 죄는 자수범이 아니라고 이해하는 것이 타당하다.

2) 객체 객체는 심신상실 또는 항거불능의 상태에 있는 사람이다. 76

(가) 심신상실 심신상실이란 정신기능의 장애로 인하여 정상적인 판단 능력을 잃고 있는 상태를 말한다. 이 죄의 **심신상실과 형법 제10조 제1항의 책임무능력자의 관계**와 관련해서 ① 양자를 동일한 의미로 해석하는 견해[153]도 있으나, ② 심신상실의 원인이 형법 제10조 제1항의 경우와 같이 생물학적·신경정신의학적 '심신장애'에서 비롯될 것일 필요가 없으므로—예컨대 수면상태도 포함될 수 있으므로—책임무능력의 경우보다 넓은 의미로 이해해야 한다(다수설). 77

例 대법원은 잠자는 부녀도 이 죄의 객체가 될 수 있다(대법원 2000.1.14. 99도5187)고 하지만, "피해자가 잠결에 피고인을 자신의 애인으로 잘못 알았다고 하더라도 피해자의 위와 같은 의식상태를 심신상실의 상태에 이르렀다고 보기 어렵다"(대법원 2000.2.25. 98도4355)고 한다. 78

심신미약의 경우를 심신상실의 개념에 포함시킬 것인지에 대해 ① 포함시켜야 하는 것으로 해석하는 견해[154]가 있지만 ② 형법은 심신미약자에 대한 강간·추행죄(제302조)를 별도로 규정하고 있으므로 심신미약은 제외되는 것으로 해석하는 것이 타당하다. 79

(나) 항거불능 항거불능이란 심신상실 이외의 원인 때문에 심리적 또는 물리적으로 반항이 절대적으로 불가능하거나 현저하게 곤란한 상태를 말한다.[155] 포박되어 있거나 기진맥진되어 있는 상태 또는 만취되어 있는 상태가 여기에 해당한다. 항거불능의 상태에 이르게 된 원인은 무엇이든 상관없으므로, 종교적 믿음에 대한 충격을 받는 등 정신적 혼란도 항거불능상태의 원인이 될 수 있다.[156] 80

의사를 신뢰한 환자에 대하여 치료를 가장하여 간음이나 추행한 경우의 죄책과 관련하여 ① 이 경우도 심리적으로 반항이 불가능한 상태에 해당하므로 이 죄에 해당한다는 견해(다수설)가 있지만, ② 이 죄의 항거불능이란 피해자가 반항하려고 해도 불가능한 경우를 말하는 것이기 때문에 의사를 신뢰한 환자의 경우는 항거할 것인가를 판단할 사정을 애당초 인식하지 않은 경우에는 이 죄의 항거불능에 해당하지 않는다고 해야 한다.[157] 81

---

152) 이재상/장영민/강동범, §11/26.
153) 김일수/서보학, 167면; 박상기, 158면.
154) 이재상/장영민/강동범, §11/28.
155) 대법원 2009.4.23. 2009도2001.
156) "피해자(교회 여신도)가 피고인(교회 노회장)에 대하여 갖고 있던 믿음과 경외감, 추행 당시의 피고인 및 피해자의 행위 내용과 태도, 그 당시 피해자를 둘러싼 제반 환경과 피해자의 심리상태, 연령, 지적능력 등에 비추어 보면, 피고인에 대한 종교적 믿음이 무너지는 정신적 충격을 받으면서 피고인의 행위가 종교적으로 필요한 행위로서 이를 용인해야 하는지에 관해 판단과 결정을 하지 못한 채 곤혹과 당황, 경악 등 정신적 혼란을 겪어 피고인의 행위를 거부하지 못하는 한편, 피고인의 행위를 그대로 용인하는 다른 신도들이 주위에 있는 상태에서 위와 같은 정신적 혼란이 더욱 가중된 나머지, 피고인의 행위가 성적(성적) 행위임을 알면서도 이에 대한 반항이 현저하게 곤란한 상태에 있었다"는 원심판결을 인용함(대법원 2009.4.23. 2009도2001).

82 判 대법원은 술에 취해 알코올 블랙아웃 상태에 있었다고 진술하는 여성(18세)에 대한 행위자(28세)의 준강제추행죄 성립여부에 관해 "피해자는 피고인이 추행할 당시 술에 만취하여 잠이 드는 등 심신상실 상태에 있었다고 볼 여지가 충분하다"는 태도를 취하고 있다.[158] 술에 취한 피해자의 심신상실 또는 항거불능상태여부를 판단할 경우, 행위자의 범행 당시 피해자의 음주량과 음주 속도, 경과한 시간, 피해자의 평소 주량, 피해자가 평소 음주 후 기억장애를 경험하였는지 여부 등 피해자의 신체 및 의식상태를 기초로 삼고 있음의 반영이다.

83 생각건대, 알코올 블랙아웃의 경우는 술을 마신 후 필름이 끊어져 사후적으로 기억을 못하는 경우를 말하므로 의식이 있는 상태에서 스스로 한 행동 부분도 기억하지 못할 가능성이 있다. 그러나 형사재판에서 술에 취한 피해자가 알코올 블랙아웃이라고 진술한다고 해서 알코올 블랙아웃의 가능성을 인정하여 이를 피고인의 유죄인정에 합리적 의심을 인정하는 근거로 삼아서는 안 될 것으로 보인다. 오히려 알코올 블랙아웃이 수반된 피해자의 상태를 술에 취한 정도 등을 기준으로 삼아 ① '의식상실이나 항거불능에 해당하지 않고 사후적 기억만 잃은 상태'(단순 블랙아웃)와 ② '의식상실상태'(패싱아웃[159]) 그리고 ③ '의식상실은 아니지만 기타 항거불능한 상태'(의식장애적 블랙아웃) 등으로 피해자의 상태를 등급화하여 판단하는 것이 바람직하다. 이에 따르면 알코올 블랙아웃 그 자체에 대한 독자적 의학적 기저(단순한 사후적 기억상실)만을 근거로 삼아 피해자가 준강간죄등의 성립을 충족시키는 상태에 있지 않았다(즉 성적 자기결정권에 대한 공격을 당할 당시 정상적인 의식 또는 정신상태의 인정)고 단정하는 것은 금물이다.[160]

84 3) 행위 심신상실 또는 항거불능의 상태를 이용하여 간음, 유사 성교행위 또는 추행하는 것이다. 여기서 '이용하여'란 행위자가 이러한 상태에 있는 피해자를 인식하고 또 그 상태를 간음, 유사 성교행위 또는 추행을 용이하게 하는 기회로 삼는 것을 의미한다.[161] 행위자가 간음 등을 하기 위하여 애당초 마취제, 수면제, 최면술을 사용하여 이러한 상태를 야기한 때에는 이 죄가 되지 않고 강간죄, 유사강간죄 또는 강제추행죄가 된다.

(2) 주관적 구성요건

85 상대방이 심신상실 또는 항거불능상태에 있다는 것을 알면서 그러한 상태를 이용하여 간

---

157) 김일수/서보학, 249면; 임웅, 183면 등. 따라서 의사의 행위는 피해자의 나이나 피해자와의 관계에 따라 미성년자에 대한 강간·강제추행죄(제302조), 피감호자간음죄(제303조 제2항), 위계에 의한 간음죄(제303조 제1항) 또는 성폭법의 미성년자에 대한 강간·강제추행죄(제6조 제7항, 제10항) 등에 해당한다고 보아야 한다.

158) 대법원 2021.2.4. 2018도9781.

159) 패싱아웃(passing out)은 알코올의 심각한 독성화와 전형적으로 결부된 형태로서의 의식상실의 상태, 즉 알코올의 최면진정작용으로 인하여 수면에 빠지는 의식상실을 말한다.

160) 이에 관해서는 김성돈, "알코올 블랙아웃과 심신상실", 형사판례연구 제29권(2021), 119면 이하.

161) "피고인의 행위를 전체적으로 관찰할 때, 피고인은 잠을 자고 있는 피해자의 옷을 벗기고 자신의 바지를 내린 상태에서 피해자의 음부 등을 만지는 행위를 한 시점에서 피해자의 항거불능의 상태를 이용하여 간음을 할 의도를 가지고 간음의 수단이라고 할 수 있는 행동을 시작한 것으로서 준강간죄의 실행에 착수하였다고 보아야 할 것이고, 그 후 피고인이 위와 같은 행위를 하는 바람에 피해자가 잠에서 깨어나 피고인이 성기를 삽입하려고 할 때에는 객관적으로 항거불능의 상태에 있지 아니하였다고 하더라도 준강간미수죄의 성립에 지장이 없다"(대법원 2000.1.14. 99도5187).

음, 유사 성교행위 또는 추행을 한다는 인식과 의사가 있어야 한다(고의).[162] ① 고의 이외에 초과주관적 구성요건요소로서 성적 추행이나 간음의 특별한 행위경향을 요구한다는 견해[163]가 있지만, ② 강제추행의 죄의 경우와 마찬가지의 이유에서 그러한 내적 경향까지 요구될 필요는 없다고 보는 것이 타당하다.

Ⅵ. 강간등상해·치상죄

> 제301조(강간등상해·치상죄) 제297조, 제297조의2 및 제298조부터 제300조까지의 죄를 범한 자가 사람을 상해하거나 상해에 이르게 한 때에는 무기 또는 5년 이상의 징역에 처한다.

1. 의의, 성격

강간, 유사강간, 강제추행을 하면서 상대방에게 고의로 상해를 입히거나 과실로 사망에 이르게 함으로써 성립하는 범죄이다. 강간등상해죄는 강간죄와 상해죄가 결합한 결합범으로서 가중적 구성요건이고, 강간등치상죄는 진정결과적가중범으로서 가중적 구성요건이다. 86

2. 구성요건

(1) 객관적 구성요건

1) 주체 이 죄의 주체는 강간죄, 유사강간, 강제추행, 준강간죄, 준유사강간, 준강제추행죄의 죄를 범한 자이다. 뒤에서 설명할 미성년의제강간·강제추행죄를 범한 자도 그 처벌의 예에 따라 이 죄의 주체가 된다. 이들이 각 죄의 미수에 그친 경우에도 이 죄의 주체가 된다. 87

2) 그 밖의 구성요건요소 이 죄의 행위는 강간등상해죄의 경우에는 강간 등의 주체가 고의로 상해행위를 하여 상해의 결과가 발생하게 하여야 하고, 강간등치상죄의 경우에는 강간·강제추행 등의 기본범죄행위, 과실에 의한 상해의 중한 결과발생, 양자 사이에 형법상의 인과관계 등 결과적 가중범의 성립요건이 요구된다. 88

(가) 상해의 결과 상해의 결과는 간음, 유사성교, 추행의 기회에 또는 이와 밀접한 관련 89

---

162) "피고인이 피해자가 심신상실 또는 항거불능의 상태에 있다고 인식하고 그러한 상태를 이용하여 간음할 의사로 피해자를 간음하였으나 피해자가 실제로는 심신상실 또는 항거불능의 상태에 있지 않은 경우에는, 실행의 수단 또는 대상의 착오로 인하여 준강간죄에서 규정하고 있는 구성요건적 결과의 발생이 처음부터 불가능하였고 실제로 그러한 결과가 발생하였다고 할 수 없다. 피고인이 준강간의 실행에 착수하였으나 범죄가 기수에 이르지 못하였으므로 준강간죄의 미수범이 성립한다. 피고인이 행위 당시에 인식한 사정을 놓고 일반인이 객관적으로 판단하여 보았을 때 준강간의 결과가 발생할 위험성이 있었으므로 준강간죄의 불능미수가 성립한다"(대법원 2019.3.28. 2018도16002 전원합의체).

163) 김일수/서보학, 166면.

이 있는 행위에서 생긴 것이면 충분하다. 따라서 간음 등 그 자체에서 발생한 경우는 물론, 그 수단인 폭행·협박에 의해서 야기된 경우[164] 또는 간음, 유사성교 또는 추행에 수반되는 행위에 의해 야기된 경우도 포함한다.[165]

90 (나) 상해의 정도 **상해의 정도**에 대해서는 ① **상해죄의 상해와 동일**한 개념으로 차등을 둘 필요가 없다는 견해(다수설)와 ② 상해죄의 상해에 비해 더 높은 정도를 요구하는 견해[166](상대적 상해개념)가 대립한다. 강간등상해·치사상죄의 경우는 상해죄에 비하여 법정형이 중하긴 하지만 중한 처벌효과의 제한은 상해개념 자체의 제한해석 및 결과적 가중범의 구성요건요소 중 다른 요소의 제한적 해석을 통해 도모하는 것이 바람직하고, 상해개념의 상대화를 통할 필요는 없을 것으로 보인다.

91 判 대법원은 '상해가 피해자의 반항을 억압할 만한 폭행 또는 협박에 의해 발생한 것이거나 합의에 따른 성교행위에서도 통상 발생할 수 있는 정도를 넘은 상해가 발생한 것이라면 이 죄의 상해에 해당한다'고 하면서[167] 상해개념 자체를 제한하기 위한 일정한 법리를 형성해 두고 있다. 즉 '자연치료가 가능한 경우, 일상생활에 장애가 될 수준이 아닌 경우, 또는 건강상태를 불량하게 변경하였다고 보기 어려운 경우' 등을 상해개념에 포함시키지 않는다. 그러나 사안의 특수성을 고려하여 상해개념에 대한 포섭여부를 달리할 경우도 있다. 즉 수면제와 같은 약물을 투약하여 피해자를 일시적으로 수면 또는 의식불명 상태에 이르게 한 경우에도 약물로 인하여 피해자의 건강상태가 불량하게 변경되고 생활기능에 장애가 초래되었다면 '자연적으로 의식을 회복하거나 외부적으로 드러난 상처가 없더라도' 이 죄의 상해에 해당한다 한다.[168]

92 例 **상해를 부정한 판례:** ① 강간 도중 흥분하여 피해자의 왼쪽 어깨를 입으로 빨아서 동전 크기 정도의 반상출혈상을 입힌 경우(대법원 1986.7.8. 85도2042), ② 강간하는 과정에서 피해자의 왼쪽 손바닥에 약 2센티미터 정도의 긁힌 가벼운 상처가 발생한 경우(대법원 1987.10.26. 87도1880), ③ 3~4일간의 가료를 요하는 외음부충혈과 양상박부근육통을 입은 경우(대법원 1989.1.31. 88도831), ④ 피해자의 음모의 모근 부분을 남기고 모간 부분만을 일부 잘라냄으로써 음모의 전체적인 외관에 변형만 생긴 경우(대법원 2000.3.23. 99도3099) 등.

93 例 **상해를 긍정한 판례:** ① 성경험 있는 피해자의 특이체질로 인해 새로 형성된 처녀막이 파열된 경우(대법원 1995.7.25. 94도1351), ② 여중생이 강간을 피하기 위해 몸싸움을 벌이던 중 전치 2주 정도의 우측슬관절부위 찰과상을 입은 경우(대법원 2005.5.26. 2005도1039) 등에 대해서는 상해를 인정하고, ③ 피고인이 피해자의 반항을 억압하는 과정에서 주먹으로 피해자의 얼굴과 머리를 때려 피해자가 코피를 흘리고 콧등이 부은 경우에는 비록 병원에서 치료를 받지 않더라도 일상생활에 지장이 없고 또 자연적으로 치료될 수 있는 것이라 하더라도 상해에 해당한다고 하며(대법원 1991.10.22. 91도1832), ④ 수면제와 같은 약물을 투약하여 피해자를 일시적으로 수면 또는 의식불명 상태에 이르게 한 경우에도 약물로 인하여 피해자의 건강상태가 불량하게 변경되고 생활기능에 장애가 초래되었다면 자연적으로 의식을 회복하거나 외부적으로 드러난 상처가 없더라도 상해에 해당한다(대법원 2017.6.29. 2017도3196).

94 (다) 형법상의 인과관계 간음 등과 폭행·협박, 그리고 상해의 결과 사이에 형법상 인과

164) 대법원 1988.11.8. 88도1628.
165) 대법원 1999.4.9. 99도519; 대법원 2009.7.23. 2009도1934.
166) 오영근, §11/58; 이재상/장영민/강동범, §11/37.
167) 대법원 2003.9.26. 2003도4606.
168) 대법원 2017.6.29. 2017도3196.

관계가 있어야 한다. 따라서 강간당한 피해자가 수치심이나 임신을 비관하여 자살한 경우, 강간으로 임신되어 낙태수술이나 분만 중에 사망한 경우에는 이 죄에 해당하지 않는다.

간음 등과 폭행이나 협박 등 기본범죄행위에서 직접 상해의 결과가 발생하지 않더라도 '기본범죄 행위의 기회에' 또는 이와 밀접하게 '수반되어 발생한 경우'에도 형법상의 인과관계를 인정할 수 있다.[169] 따라서 피해자가 폭행 등의 영향이나 협박상태 또는 긴급한 위해상황을 벗어나기 위해 도피하는 과정에서 발생한 상해의 결과도 기본범죄로 발생시킨 위험이 실현된 것이라고 할 수 있으므로 형법상의 인과관계를 인정할 수 있다. 그러나 '일반인의 통상적인 경험범위 내지' '객관적 예견가능성' 판단에서 사안별로 포섭결론이 달라지는 경우가 많다. 95

例 인과관계 긍정 사례: ① 강간범행의 와중에서 피해자가 피고인의 손가락을 깨물며 반항하자 물린 손가락을 비틀며 잡아 뽑다가 피해자에게 치아결손의 상해를 입힌 것과 같이 강간에 수반하는 행위에서 상해가 발생한 경우(대법원 1995.1.12. 94도2781), ② 폭행행위로 인해서가 아니라 강간을 하려고 성기를 삽입하려는 과정에서 약 2주간의 외음부 좌상을 입힌 경우(대법원 1999.4.9. 99도519). 96

例 인과관계 부정 사례: ① 피고인과 만나 함께 놀다가 큰 저항 없이 여관방에 함께 들어간 피해자가 피고인이 화장실에 가 있어 일단 급박한 위해상태에서 벗어나 있었음에도 피해자가 4층에 위치한 여관방에서 창문을 통하여 아래로 뛰어내려 상해를 입은 경우(대법원 1993.4.27. 92도3229), ② 피고인과 피해자가 여관에 투숙하여 별다른 저항이나 마찰 없이 성행위를 한 후, 피고인이 잠시 방 밖으로 나간 사이에 피해자가 방문을 안에서 잠그고 구내전화를 통하여 여관종업원에게 구조요청까지 한 후 피고인의 방문 흔드는 소리에 겁을 먹고 강간을 모면하기 위하여 3층에서 창문을 넘어 탈출하다가 상해를 입은 경우(대법원 1985.10.8. 85도1537).[170] 97

(라) 기수시기 및 미수처벌 간음 등의 기회에 상해의 결과가 발생한 이상 강간 등이 미수에 그친 경우에도 강간등상해죄 또는 강간등치상죄의 기수가 인정된다(통설·판례[171]). 98

강간등치상죄의 경우 결과적 가중범이기 때문에 미수처벌규정을 두지 않은 것은 이해가 될 수 있지만 형법이 고의범과 고의범의 결합범인 강간상해죄에도 미수처벌규정을 두고 있지 않은 것은 입법의 불비라고 할 수 있다. 따라서 강간 등의 기회에 상해의 고의를 가진 자가 상해의 결과에 이르지 못한 경우에는 강간등죄의 기수범(또는 미수범)과 상해미수범이 각각 성립하고 한 개의 행위 인정여하에 따라 양 죄의 상상적 경합 또는 실체적 경합이 인정될 수밖에 없다. 하지만 행위자가 특수강간 등의 요건을 구비한 경우에는 성폭법 제15조에서 특수강간등상해죄의 미수를 처벌하고 있으므로 이 한도 내에서만 미수처벌이 가능하다. 99

169) 대법원 2003.5.30. 2003도1256.

170) 대법원은 "이러한 상황에서 피해자가 강간을 모면하기 위하여 창문을 넘어 뛰어내리거나 또는 이로 인하여 상해를 입게 되리라고는 예견할 수 없었으므로 상당인과관계가 없다"고 판시하고 있으나 오히려 '상당인과관계를 긍정'하면서 결과적 가중범의 또 다른 요건인 '중한 결과에 대한 예견가능성'이 없다고 평가하는 것이 사실관계에 부합하는 형법적 평가일 것으로 생각된다.

171) 대법원 1999.4.9. 99도519.

(2) 주관적 구성요건

100 강간등상해죄의 경우에는 강간 등 행위와 상해행위에 대해 각각 고의가 있어야 한다. 하지만 강간등치상죄의 경우에는 진정결과적 가중범이므로 고의는 기본범죄행위인 강간 등에 대해서만 있으면 되고, 중한 결과에 대해서는 과실이 인정되어야 한다.

3. 공범관계

101 강간 등의 죄의 공동정범 중 1인이 강간 등의 실행행위를 하는 도중에 상해의 고의를 가지고 상해의 결과를 발생시킨 때에는 다른 가담자도 이 죄의 공동정범이 될 수 있다.[172] 다만 이 경우에도 다른 가담자에게도 상해결과에 대한 예견가능성이 존재하여야 강간등치상죄의 공동정범이 될 수 있고, 다른 가담자에게 상해의 고의까지 인정될 경우에는 강간등상해죄의 공동정범이 된다.

4. 죄수, 타죄와의 관계

102 강간행위를 종료한 이후에 비로소 상해(또는 살해)의 고의가 발생하여 피해자를 상해(또는 살해)한 경우에는 강간 등의 기회에 상해(또는 살해)를 한 것이 아니기 때문에 강간 등의 죄와 상해죄(또는 살인죄)의 실체적 경합으로 인정해야 한다. 강간 등으로 피해자를 상해에 이르게 한 후 다시 살인의 고의가 생겨 피해자를 살해한 경우에는 강간등치상죄와 살인죄의 실체적 경합이 된다.[173]

103 '강간치상의 범행을 한 자가 실신상태에 있는 피해자를 구호하지 않고 방치한 경우'에도 행위자에게 보호의무를 인정할 수 없으므로 유기죄가 별도로 성립하지 않고 강간치상죄만 성립한다.[174]

Ⅶ. 강간등살인·치사죄

> 第301조의2(강간등살해·치사죄) 제297조, 제297조의2 및 제298조부터 제300조까지의 죄를 범한 자가 사람을 살해한 때에는 사형 또는 무기징역에 처한다. 사망에 이르게 한 때에는 무기 또는 10년 이상의 징역에 처한다.

1. 의의, 성격

104 강간, 유사강간, 강제추행 등의 죄를 범한 자가 상대방을 고의로 살인하거나 과실로 사망에 이르게 함으로써 성립하는 범죄이다. 강간등살인죄는 결합범으로서 가중적 구성요건이고,

172) 대법원 1984.2.14. 83도3120.
173) 대법원 1987.1.20. 86도2360.
174) 대법원 1980.6.24. 80도726.

강간치사죄는 진정결과적 가중범으로서의 가중적 구성요건이다.

2. 구성요건

결과가 상해가 아니라 사망이고, 고의 또는 과실이 사망의 결과에 대한 것이어야 한다는 점을 제외하면 강간등상해·치상죄의 구성요건에서 설명한 내용이 그대로 타당하다. 105

例 대법원은 강간피해자가 수치심과 절망감으로 음독자살한 경우에는 강간과 자살 사이에 인과관계를 부정하였지만(대법원 1982.12.23. 82도1446), 피해자가 강간의 위협으로부터 창문 밖으로 탈출하려다가 추락하여 사망의 결과가 발생한 경우에는 강간미수행위와 추락 사이에 인과관계를 긍정하여 강간치사죄의 성립을 인정하였다(대법원 1995.5.12. 95도425). 106

강간, 유사강간, 강제추행의 미수·기수를 불문하고 강간등살인·치사죄가 성립하는 점은 강간등상해·치사죄의 경우와 마찬가지이다. 다만 강간등살인죄의 경우는 미수범처벌규정이 없지만, 성폭법 제15조에서 특수강간등살인죄의 경우뿐 아니라 형법상의 강간등살인죄의 경우에 대해서도 미수를 처벌하고 있으므로 처벌의 흠결이 생기지 않는다. 107

3. 죄수, 타죄와의 관계

강간 등의 고의로 폭행을 가하여 부녀를 사망시킨 후 간음 등의 행위를 한 때에는 포괄하여 강간등치사죄가 성립한다. 단 사망에 대한 인식이 있을 경우 시체오욕죄도 성립할 수 있다.[175] 강간의 고의로 피해자에게 폭행을 가할 때에 이미 살해의 고의까지 있었으면 강간살인죄가 성립한다.[176] 108

Ⅷ. 미성년자등위계등간음·추행죄

> 제302조(미성년자등위계등간음·추행죄) 미성년자 또는 심신미약자에 대하여 위계 또는 위력으로써 간음 또는 추행한 자는 5년 이하의 징역에 처한다.
>
> 제305조의2(상습범) 상습으로 제297조, 제297조의2, 제298조부터 제300조까지, 제302조, 제303조 또는 제305조의 죄를 범한 자는 그 죄에 정한 형의 2분의 1까지 가중한다.

1. 의의, 성격

미성년자 또는 심신미약자에 대하여 위계 또는 위력으로써 간음 또는 추행하여 성립하는 범죄이다. 행위객체나 침해방법의 특수성을 고려한 독립적 구성요건이다. 미성년자에 대하여 위계 또는 위력으로써 유사 성교행위에 대한 처벌규정을 두지 않은 것은 입법의 불비이다. 109

175) 대법원 1971.8.31. 71도1404.

176) 따라서 이 경우 살인죄와 강간치사죄의 상상적 경합범이 성립한다는 판결(대법원 1990.5.8. 90도670)은 1995년 형법개정을 통해 '강간살인죄'가 신설된 이후에는 더 이상 유지될 수 없다.

다만 13세 미만자에 대해서는 성폭법 제7조 제5항이, 13세 이상 19세 미만자에 대해서는 아청법 제7조 제5항이 적용된다.

2. 구성요건

(1) 객체

110 미성년자 또는 심신미약자이다. '미성년자'는 만 19세 미만의 자를 말하지만 이 죄에서의 미성년자는 형법 제305조의 관계상 13세 이상 19세 미만의 자로 제한된다.[177] **민법상의 성년의제제도에 따라 혼인한 미성년자는 이 죄의 객체에서 제외되는지**에 대해 ① 혼인한 미성년자는 성년자로 간주된다는 견해[178]가 있으나, ② 미성년자약취·유인죄의 경우와 동일한 이유에서 이 경우에도 형법상 미성년자로 보는 것이 타당하다. 19세 미만의 청소년에 대한 위계·위력에 의한 간음·추행은 아청법 제7조가 우선 적용된다.

111 '심신미약자'는 연령이 문제되지 않기 때문에 성년도 대상이 될 수 있지만, **형법 제10조 제2항의 요건을 충족시키는 '한정책임능력자'와 동일하게 해석될 수 있는지가 문제된다.** 형법 제10조 제2항은 '행위자'의 책임감경(형의 임의적 감경)을 위해 행위자에게 정신적 장애가 있고 그로 인하여 정상적인 판단능력과 행위통제능력이 미약할 것을 요건으로 하지만, 이 죄의 '심신미약자'는 위계 또는 위력에 의해 성적 자기결정권을 침해되는 피해자를 말하기 때문이다. 미성년자와 나란히 규정되어 있는 '심신미약자'는 미성년자와 마찬가지로 정신적인 측면에서 판단능력이나 대처능력이 저하되어 있는 자로 해석될 수 있기 때문에 한정책임능력자와 이 죄의 심신미약자를 구별할 필요는 없어 보인다.

112 判 대법원도 '심신미약자'란 정신기능의 장애로 인하여 사물을 변별하거나 의사를 결정할 능력이 미약한 사람을 말한다[179]고 한다.

(2) 행위

113 위계 또는 위력으로써 간음 또는 추행을 하는 것이다.

114 (가) 위계 '위계'라 함은 상대방을 착오에 빠지게 하여 정상적인 판단을 그르치게 하는 방법을 말한다. 기망이나 유혹의 수단을 사용하거나 상대방의 부지를 이용하는 것이 여기에 해당한다. **간음의 동기에 대한 오인이나 부지도 이 죄의 위계로 볼 수 있는지가 문제된다.**

115 判 종래 대법원은 이 죄의 위계에는 간음행위 그 자체에 대한 오인, 착각, 부지를 이용하는 것으로 제한적 해석태도를 취하였다.[180] 그러나 대법원은 최근 판례변경을 통해 이 죄의 위계는 간음행위 그 자체에 대한 것은 아

177) 대법원 2019.6.13. 2019도3341.

178) 김일수/서보학, 177면; 이재상/장영민/강동범, §11/42.

179) 대법원 2019.6.13. 2019도3341.

180) 이에 따라 청소년에게 성교의 대가로 돈을 주겠다고 거짓말을 하고 청소년이 이에 속아 피고인과 성교행위를 한 경우(대법원 2001.12.24. 2001도5074), 남자를 소개시켜 주겠다고 속여서 여관으로 데려온 미성년자와 성관계를 가진 경우(대법원 2002.12. 2002도2029) 등은 당해 미성년자에게 간음행위 자체와 관련해서는 기망이나 부지가

니더라도 그 성행위와 관련한 '중요한 동기'와 관련된 위계도 이 죄의 위계에 해당할 수 있음을 인정하였다.[181] 이에 따르면 간음 그 자체가 아닌 간음행위에 이르게 된 동기나 간음행위와 결부된 금전적·비금전적 대가와 같은 요소에 대한 위계적 언동이더라도 그것이 피해자가 성행위를 결심하게 된 중요한 동기를 이룰 만한 사정이 포함되어 있으면 피해자의 의사실현에 장애(하자)가 있었다고 평가될 수 있다면 위계에 해당한다.

위계에 관한 위 판례법리는 성행위와 관련한 동기의 '중요성' 여부에 관한 평가에서는 법관의 주관이 개입될 여지를 인정하는 개방적 해석공식으로 이루어져 있다. 이 때문에 사안을 위계에 포섭할 것인지의 여부는 사안의 구체적인 사실관계에 따라질 수 있다. 116

(나) 위력 '위력'에 대해 통설과 판례는 사람의 자유의사를 제압할 수 있는 유형 및 무형의 힘을 말하고, 폭행·협박은 물론 행위자의 지위·권세를 이용하는 일체의 행위가 여기에 포함되는 것으로 해석해 왔다.[182] 117

그러나 '자유의사'의 '제압'을 이 죄에서 말하는 위력의 내용으로 보는 해석이 타당한지에 대해서는 의문이 있다. 의사자유가 '제압'될 정도라면, 반항이 불가능하거나 저항이 현저히 곤란한 상태가 되어 피해자가 주체적 대응을 하지 못하고 행위자의 요구에 응하지 않을 수 없는 처지가 되어야 하기 때문이다(위력에 의한 살인죄 참조). 이 정도의 위력이라면 그 정도 면에서 강간죄의 폭행 또는 협박에 의한 경우와 같이 피해자가 반항이 억압되거나 현저하게 곤란하게 된 상태와 다를 바 없다. 대법원이 강제추행죄의 폭행 또는 협박의 정도도 최협의설에서 협의설로 변경하였다는 점도 이 죄의 '위력'을 자유의사의 '제압'으로 해석하는 태도에 변경을 가해야 할 또 다른 이유가 될 수 있다. 118

이와 같이 같이 성범죄 구성요건들을 체계적으로 이해하고, 피해자가 미성년자나 심신미약자와 같이 정신적으로 판단능력이나 대처능력이 저하된 사회적 취약자성(또는 후술할 피보호감독자의 열세적 지위)을 고려하면 이 죄(또는 후술할 피감호자위계위력간음죄)의 '위력'의 정도를 보다 완화시키는 방향으로 새롭게 해석할 필요성이 있다.[183] 이러한 필요성은 특히 이 죄의 구성요건에서 위력과 나란히 행위수단으로 규정되어 있는 위계 개념과 비교해 보더라도 생긴다. 이 죄의 '위계'는 판단능력이나 대처능력이 없는 '취약자'의 성적인 측면에서의 의사에 관련된 상대적으로 완화된 요건, 즉 하자있는 의사표시의 유발을 의미하는 것으로 이해된다. 119

있는 것이 아니므로 위계에 해당하지 않는다는 입장을 견지해왔다.

181) 대법원 2020.8.27. 2015도9436 전원합의체.

182) "청소년의 성보호에 관한 법률 위반(청소년 강간 등)죄에 있어서의 위력이란 피해자의 자유의사를 제압하기에 충분한 세력을 말하고 유형적이든 무형적이든 묻지 않으므로, 폭행·협박뿐 아니라 행위자의 사회적·경제적·정치적인 지위나 권세를 이용하는 것도 가능하며, '위력'으로써 간음하였는지 여부는 행사한 유형력의 내용과 정도 내지 이용한 행위자의 지위나 권세의 종류, 피해자의 연령, 행위자와 피해자의 이전부터의 관계, 그 행위에 이르게 된 경위, 구체적인 행위 태양, 범행 당시의 정황 등 제반 사정을 종합적으로 고려하여 판단하여야 한다."(대법원 2007.8.23. 2007도4818).

183) 후술하겠지만 대법원은 '위력에 의한 업무방해죄' 구성요건의 해석에서는 의사자유를 제압할 수 있는 정도 뿐 아니라 의사자유를 혼란케 할 정도도 위력개념에 포함시키는 방향으로 위력의 정도를 구성요건에 따라 달리 해석할 수 있는 여지가 있음을 이미 확인한 바 있다.

이러한 점에서 보면 판단능력과 대처능력이 떨어지는 특성을 가진 피해자의 성적 영역에서의 법익을 보다 두텁게 보호하기 위해서는 이 죄의 위력 역시 완화되는 방향으로 해석되어야 할 근거는 충분하다고 할 수 있다. 최근 법관에게 요구되는 성인지 감수성이 사실문제에 대해서 뿐 아니라 '법률문제'(해석과 적용)에 대해서도 관철되어야 한다는 관점에서 보더라도 '위력' 개념의 해석상의 전환이 도모되어야 할 시기가 무르익은 것 같다. 결론적으로 위력간음죄의 구성요건(미성년자등 위력간음죄 및 후술할 피감호자위력간음죄)상 '위력'의 정도에 관한한, 피해자의 자유의사를 '제압'할 것을 요하지 않고 의사를 '혼란'시키거나 '왜곡'시킬 정도의 유·무형력의 행사로도 충분하다고 해석하는 것이 바람직할 것으로 보인다.

120 判 대법원은 성폭법 제7조 제5항에서 규정한 13세 미만의 사람에 대한 위력에 의한 추행죄의 경우 신체적 접촉이 없는 경우도 추행에 포섭시키면서, 형법상 이 죄의 '위력'과 동일하게 13세 미만자에 대한 '위력'도 피해자의 의사자유를 '제압'할 정도로 해석하고 있다.[184] 그러나 성적 정체성이 확립되지 않은 13세 미만의 아동에게도 일반인에게 전제되어 있는 성적 자기결정권 행사의 장애를 초래할 정도의 높은 심리적 압박이 필요한지 그리고 그러한 아동에 대한 추행을 인정하기 위해 그 아동의 자유의사가 '제압'될 정도의 고강도 위력의 행사까지 있어야 한다고 볼 수 있는지는 의문이다. 특히 후술하듯이 대법원은 13세 미만자에 대한 성범죄 구성요건에 의해 보호되는 법익은 성적 자기결정권이 아니라 "외부로부터 부적절한 성적 자극이나 물리력의 행사가 없는 상태에서 심리적 장애 없이 성적 정체성 및 가치관을 형성할 권익"으로 보고 있다.

Ⅸ. 피감호자위계·위력간음죄

> 제303조(피감호자위계·위력간음죄) ① 업무, 고용 기타 관계로 인하여 자기의 보호 또는 감독을 받는 사람에 대하여 위계 또는 위력으로써 간음한 자는 7년 이하의 징역 또는 3천만원 이하의 벌금에 처한다.
>
> 제305조의2(상습범) 상습으로 제297조, 제297조의2, 제298조부터 제300조까지, 제302조, 제303조 또는 제305조의 죄를 범한 자는 그 죄에 정한 형의 2분의 1까지 가중한다.

1. 의의, 성격

121 업무, 고용 기타 관계로 인하여 자기의 보호 또는 감독을 받는 사람에 대하여 위계 또는 위력을 이용하여 간음함으로써 성립하는 범죄이다. 종래에는 행위객체가 상대적으로 열세에 있는 피감호'부녀'에 대해 제한되어 있었으나 성적 자기결정권에 대한 부당한 침해에 대한 양성평등적 보호차원에서 2012.12.18. 형법개정에서 행위객체를 '사람'으로 고쳤다. 2018.10.16. 형법개정에서는 법정형의 상한이 5년에서 7년으로 상향되었다. 진정신분범이자 자수범이다.

184) "11세인 여자 아이와 아파트 엘리베이트에 탄 피고인이 그 아이를 향하여 성기를 꺼내어 잡고 여러 방향으로 움직이다가 이를 보고 놀란 아이 쪽으로 가까이 다가간 행위는 비록 신체적인 접촉은 하지 아니하였고 엘리베이트가 멈춘 후 아이가 위 상황에서 바로 벗어날 수 있었다고 하더라도 아이의 성적 자유의사를 제압하기에 충분한 세력을 보인 것이므로 성폭법 제7조 제5항의 위력에 의한 추행에 해당한다"(대법원 2013.1.6. 2011도7164).

형법은 위계 또는 위력에 의한 '간음'행위만을 처벌하고 있으나 성폭법 제10조 제1항은 업무, 고용 기타 관계로 인하여 자기의 보호 또는 감독을 받는 사람을 위계 또는 위력으로 '추행'하는 행위도 처벌하고 있다.[185] 122

判 대법원은 성폭법상의 위력 추행의 경우, 위력행위 자체가 추행행위라고 인정되는 경우도 포함하고, 이 경우 위력은 현실적으로 피해자의 자유의사가 제압될 것임을 요하지도 않는다는 해석을 하고 있다.[186] 123

例 업무상 위력을 인정한 판례: 유치원 원장이 유치원 교사 또는 채용 예정된 피해자를 자기의 차량에 태우고 가다가 은밀한 장소에 이르러 강제로 키스를 한 행위, 두 손으로 피해자의 어깨를 감싸안고 이에 놀라 비명을 지르는 피해자의 왼손을 잡아 쥐고 주무른 행위, 전화기 전달을 빙자하여 오른손으로 피해자의 젖가슴 밑 부분을 닿게 하는 행위를 업무상 위력에 의한 '추행'으로 인정되었고(대법원 1998.1.23. 97도2506), 직장상사가 그 회사의 20대 초반의 미혼여성의 어깨를 주무르고 껴안는 행위 뿐 아니라(대법원 2004.4.16. 2004도52), 가벼운 교통사고로 인하여 비교적 경미한 상처를 입고 입원한 여성 환자들의 바지와 속옷을 내리고 음부 윗부분을 진료행위를 가장하여 수회 누른 행위에 대해서도 업무상 위력에 의한 추행이 인정되었다(대법원 2005.7.14. 2003도7107). 124

2. 구성요건

(1) 주체

주체는 업무, 고용 기타 관계로 인하여 사람을 보호·감독하는 지위에 있는 신분자에 한정된다. 125

(2) 객체

객체는 업무, 고용 기타 관계로 자기의 보호 또는 감독을 받는 13세 이상의 사람이다. 미성년자이건 성년자건 불문하지만, 13세 미만인 자는 제305조(미성년자의제강간)의 죄가 성립하고, 19세 미만의 자인 때에는 아청법 제14조(아동·청소년에 대한 강요행위등)가 우선 적용되고, 심신미약자인 경우에는 형법 제302조(미성년자·심신미약자간음죄)가 적용된다. 따라서 이 죄가 성립할 수 있는 객체는 사실상 심신미약자가 아닌 19세 이상인 사람에 한정된다. 126

보호·감독을 받게 된 원인에는 '기타관계'라는 포괄규정 때문에 제한이 없지만, 기본적인 법률관계(대부분의 경우에는 취업 내지 근로계약의 성립을 의미한다)는 성립되어 있어야 한다.[187] 업무는 개인적 업무와 공적 업무가 포함되며, 고용은 사용자와 피용자의 관계가 있음을 의미하는 것이고, 기타관계로 인한 보호·감독은 처가 운영하는 미장원에 고용되어 있는 부녀와 127

---

185) 그러나 (형법에든 성폭법에든) 간음과 '추행'은 처벌하면서 '유사성교행위'를 처벌하는 규정을 두지 않은 것은 입법의 불비로 보인다.

186) 대법원 1998.1.23. 97도2506.

187) "'업무·고용 기타관계로 인하여 자기의 보호 또는 감독을 받는 사람'이라 함은 직장의 내규 등에 의한 직제상 보호 또는 감독을 받는 관계에 있는 사람뿐만 아니라 직장 내에서 실질적으로 업무나 고용관계 등에 영향력을 미칠 수 있는 사람의 경우도 포함한다. 다만 위와 같이 실질적인 영향력을 가졌다는 이유로 문언의 포섭범위가 확대된다고 하더라도 그러한 영향력 행사의 전제가 되는 기본적인 법률관계(대부분의 경우에는 취업 내지 근로계약의 성립을 의미한다)는 성립되어 있어야 한다. 이를 넘어서는 해석은 죄형법정주의에서 파생된 엄격해석의 원칙에 반한다"(대법원 2020.7.9. 2020도5646; 성폭법상 피감호자에 대한 위력 '추행'사건임).

같이 사실상 보호·감독을 받는 상태에 있는 부녀도 포함한다.[188] 교통사고를 당한 환자가 병원 응급실에서 당직 근무를 하던 의사의 치료를 받는 경우도 '기타관계'에 해당할 수 있다.[189]

(3) 행위

128 위계 또는 위력으로써 간음하는 것이다. 위계·위력은 미성년자·심신미약자간음죄(제302조)의 해석내용과 같고, 간음은 강간죄(제297조)의 그것과 같다. 고용주가 불응할 경우 해고할 것이라고 피용자를 위협하는 경우가 '위력'에 의한 간음의 대표적인 사례에 해당한다.

129 判 대법원은 이 죄의 위력도 미성년자·심신미약자간음죄의 경우와 같이 '위력'을 상대방의 의사를 '제압'할 정도로 해석해 오면서, 최근 사회적으로 일반의 주목을 받은 '미투' 사건으로 분류되는 사건들에 대한 판결에서도 '의사자유를 제압할 정도'의 위력이라는 '낡고 무딘' 개념정의를 그대로 유지하고 있다.[190] 앞서 언급했듯이 위력구성요건들의 체계, 법익주체의 정신적 능력, 사회적 지위 등을 고려하여 해석하면 구성요건별로 위력개념의 위력의 정도를 세분화하여 재구성할 필요가 있다. 특히 사실인정의 차원에서 성인지 감수성이 발휘하여 민감한 사실관계의 특수성을 섬세하게 포착할 것이 요구되듯이, 그에 상응하여 언어적 차원에서도 개념적 감수성을 발휘하여 사안의 본질을 정교하게 포섭하도록 개념을 재구성해나갈 것이 요구된다. 대법원이 사안의 구체적 타당성을 고려하기 위해 만능열쇠처럼 활용하는 이른바 '종합적 판단설'은 법관의 법발견을 블랙박스화하는 것과 다를바 없다. 개념정의는 그대로 둔 채 포섭결론만 그때그때 달리하는 태도는 사법권력의 재량권을 극대화시키는 일에 복무할 수는 있지만, 연역적 귀납적 혼합방식을 통한 법발견이라는 현대 법이론의 수준에는 미흡하다.[191] '후성적 법학의 법발견 방법학'을 구사하여 추상적 수준의 판례'법리'를 구체화시킬 것이 요망된다.

3. 타죄와의 관계

130 13세 미만의 피감독자를 위계·위력으로써 간음한 때에는 이 죄의 특별규정인 제305조(미성년자의제강간죄)만 적용된다. 13세 이상의 미성년자 또는 심신미약자인 피감독자를 간음한 때에도 같은 취지로 미성년자·심신미약자간음죄(제302조)만 성립한다. 다만 19세 미만의 청소년인 때에는 아청법 제14조가 우선 적용된다.

---

188) 대법원 1976.2.10. 74도1519.

189) 대법원 2005.7.14. 2003도7107(성폭법상 피감호자에 대한 위력 '추행'사건임).

190) "'위력'이란 피해자의 자유의사를 제압하기에 충분한 힘을 말하고, 유형적이든 무형적이든 묻지 않고 폭행·협박뿐만 아니라 사회적·경제적·정치적인 지위나 권세를 이용하는 것도 가능하며, 현실적으로 피해자의 자유의사가 제압될 필요는 없다. 위력으로써 추행하였는지는 행사한 유형력의 내용과 정도, 행위자의 지위나 권세의 종류, 피해자의 연령, 행위자와 피해자의 관계, 그 행위에 이르게 된 경위, 구체적인 행위 모습, 범행 당시의 정황 등 여러 사정을 종합적으로 고려하여 판단하여야 한다"(대법원 2020.7.9. 2020도5646; 대법원 2019.9.9. 2019도2562).

191) 대법원이 사용하는 종합판단 방법 유형 및 그 문제점에 관해서는 김성돈, "죄형법정주의와 그의 적들", 형사법연구, 제34권 제2호(2022), 55면 이하 참조.

X. 피구금자간음죄

> 제303조(피구금자간음죄) ② 법률에 의하여 구금된 사람을 감호하는 자가 그 사람을 간음한 때에는 10년 이하의 징역에 처한다.
>
> 제305조의2(상습범) 상습으로 제297조, 제297조의2, 제298조부터 제300조까지, 제302조, 제303조 또는 제305조의 죄를 범한 자는 그 죄에 정한 형의 2분의 1까지 가중한다.

1. 의의, 성격

법률에 의해서 구금된 사람을 감호하는 자가 간음함으로써 성립하는 범죄이다. 피구금자에 대해 부당한 대우를 하지 않는다는 점 및 감호자의 청렴성에 대한 일반인의 신뢰도 부차적 보호법익이다. 진정신분범이자 자수범이다. 131

성폭법 제10조 제2항은 법률에 따라 구금된 사람을 감호하는 사람이 피구금자를 '추행'한 행위도 처벌하고 있다. 피구금자에 대한 유사 성교행위를 처벌하는 규정을 두지 않은 것은 입법상 불비이다. 132

2. 구성요건

(1) 주체

주체는 법률에 의하여 구금된 사람을 감호하는 자이다. 검찰, 경찰, 교정직 공무원 등의 신분자가 여기에 해당한다. **이 죄의 자수범여부**와 관련하여 ① 자수범성을 부정하는 견해[192]가 있으나, ② 감호자가 직접 구성요건을 실현시켜야 하는 점에서 간접정범에 의해 범할 수 없는 자수범에 해당하는 것으로 보는 것이 타당하다. 133

(2) 객체

객체는 법률에 의하여 구금된 사람이다. 법률에 의하여 구금된 사람이란 형사소송법에 의하여 구금된 자로서 체포·구속된 자, 또는 수형자가 이에 해당한다. 피고인의 지위에 있든 피의자의 지위에 있든 묻지 않으며 적법한 구금에 한하지 않고 위법한 구금인 경우도 포함한다. 또 소년원에 수용되거나 노역장에 유치된 자, 치료감호 중인 자를 포함한다. 그러나 선고유예, 집행유예 중에 있는 자, 보호관찰을 받고 있는 자는 구금된 자가 아니므로 이 죄의 객체가 될 수 없다. 피구금자의 승낙여부는 이 죄의 성립에 영향이 없다. 134

(3) 행위

행위는 간음이다. 간음함으로써 성립하며, 특별한 수단을 필요로 하지 않는다. 감호자가 폭행·협박을 사용하여 간음한 때에는 강간죄가 성립한다. 구금된 자는 심리적 열세에 처해 있어 감호자의 위압에 노출될 수 있고, 또 승낙을 거부할 수 없는 입장에 있기 때문이다.[193] 135

---

192) 김일수/서보학, 176면; 오영근, §11/84.

3. 타죄와의 관계

136 13세 미만의 피구금자를 간음한 때에는 제305조가 이 죄의 특별규정이므로 미성년자의제강간죄(제305조)만 성립한다. 하지만 13세 이상의 미성년자 또는 심신미약자인 피구금자를 간음한 때에는 이 죄가 성립한다.

XI. 미성년자 의제강간·강제추행죄

> 제305조(미성년자에 대한 간음,추행죄) ① 13세 미만의 사람에 대하여 간음 또는 추행을 한 자는 제297조, 제297조의2, 제298조, 제301조 또는 제301조의2의 예에 의한다.
> ② 13세 이상 16세 미만의 사람에 대하여 간음 또는 추행을 한 19세 이상의 자는 제297조, 제297조의2, 제298조, 제301조 또는 제301조의2의 예에 의한다.
>
> 제305조의2(상습범) 상습으로 제297조, 제297조의2, 제298조부터 제300조까지, 제302조, 제303조 또는 제305조의 죄를 범한 자는 그 죄에 정한 형의 2분의 1까지 가중한다.

1. 의의, 보호법익

137 16세 미만의 사람을 간음 또는 추행한 경우에 성립하는 범죄이다(제305조 제1, 2항). 구 형법상으로는 13세 미만의 사람에 대한 의제강간·강제추행죄만 규정하고 있었다. 그런데 13세 이상의 미성년자라도 정신적 미성숙으로 인하여 성적 자기결정 내지 승낙을 할 능력이 없어서 이른바 '그루밍'(Grooming) 성범죄의 대상이 되어왔다는 점, 외국입법례 상 의제강간·추행죄의 연령이 16세[194]로 되어 있는 경우가 대부분이라는 점에서 2020.5.19. 형법개정에 의해 13세 이상 16세 미만의 사람에 대한 규정이 제305조 제2항으로 추가되었다.

138 이 죄는 성적 자기결정권이 없거나 불완전한 자를 특별히 보호하고자 하는 취지를 가지고 있으므로, 다른 성범죄와 같이 성적 자기결정권이 아니라 16세 미만자의 건전한 성적 발육의 도모를 보호법익으로 파악해야 한다.

139 判 대법원은 이 죄의 보호법익에 관한 판시는 아니지만 구 성폭력범죄의 처벌 및 피해자보호 등에 관한 법률 제8조의2 제5항에서 규정한 13세 미만의 미성년자에 대한 추행죄의 보호법익을 판시하면서 이와 유사한 태도를 취하였다. 즉 "13세 미만의 아동이 외부로부터 부적절한 성적 자극이나 물리력의 행사가 없는 상태에서 심리적 장애 없이 성적 정체성 및 가치관을 형성할 권익"을 13세 미만자에 대한 추행죄의 보호법익으로 보고 있다.[195]

---

193) 피구금자가 자신을 간음하도록 감호자를 교사 또는 방조의 형식으로 관여한 경우에도 피구금자는 이 죄의 공범이 될 수 없다. 이 죄의 불가벌적 대향자이지만 보호법익의 향유자이기 때문에 절대적으로 보호되어야 하기 때문이다.

194) 외국입법례상 의제강간죄 연령에 대한 상세한 소개로는, 김한균, "형법상 의제강간죄의 연령기준과 아동·청소년의 성보호", 형사법연구 제25권 제1호(2013), 111면 이하.

195) 대법원 2009.9.24. 2009도2575

2. 구성요건

(1) 객관적 구성요건

1) 객체　16세 미만의 사람이다(제305조 제1항). 다만 피해자가 13세 이상 16세 미만의 자인 경우 가해자 연령은 19세 이상의 자로 제한된다(제305조 제2항). 가해자 연령을 이렇게 제한한 것은 13세 이상 16세 미만의 사람에 대한 의제강간·강제추행죄 규정을 둘 경우, 미성년자들 간의 합의에 의한 성행위가 처벌됨으로써 소년범죄가 양산될 우려가 있음을 고려한 취지이다.[196] 140

16세 미만자의 승낙이 있어도 이 죄의 성립에는 영향이 없다. 16세 미만의 사람은 불가벌적 대향자이지만 이 죄의 교사범 또는 방조범으로 처벌될 수 없는 것으로 해석되어야 한다. 16세 미만자는 이 죄의 보호법익의 향유자이기 때문이다. 141

2) 행위　간음 또는 추행이다. 폭행·협박 또는 위계·위력을 사용할 필요는 없다. 처음부터 폭행·협박으로 간음, 유사 성교행위 또는 추행의 행위를 한 때에는 강간죄, 유사강간죄 또는 강제추행죄가 성립하고, 폭행·협박이 있는 경우에는 성폭법 제7조 또는 아청법 제7조가 우선 적용되고, 폭행·협박이 없는 경우에는 성폭법이나 아청법의 규정이 없으므로 형법상의 미성년자의제강간등죄가 성립한다. 142

3) 미수처벌　이 죄의 미수처벌규정은 없으나 이 죄의 처벌은 강간죄·유사강간죄·강제추행죄 등의 예에 의하도록 하고 있으므로 이에 근거하여 이 죄의 미수범도 처벌될 수 있다고 해석하는 것이 타당하다(통설·판례[197]). 성폭법(제15조)과 아청법(제7조 제6항)에도 미수처벌 규정이 존재한다. 143

(2) 주관적 구성요건

이 죄의 고의가 인정되려면 피해자가 13세 미만이라는 사실과 간음, 유사 성교행위 또는 추행에 대한 인식과 의사가 있어야 한다. 13세 이상인 자로 인식하였으나 실제로는 13세 미만인 때에는 이 죄의 고의가 조각된다. 13세 미만으로 인식하였으나 실제로는 13세 이상인 때에는 대상의 착오로 결과 발생이 불가능한 경우로서 위험성 유무에 따라 이 죄의 불능미 144

---

196) 미국법상 가해자와 피해자의 연령차이가 일정 연령 이상 나는 것을 전제로 의제강간죄를 인정하는 취지의 법률을 이른바 '로미오와 줄리엣법(Romeo and Juliet law)'이라고 한다. 예컨대 미국 모범형법전(MPC) §213.3 (1)(a)는 피해자가 16세 미만의 사람인 경우 가해자가 피해자보다 4살 이상 나이가 많은 사람이어야 한다고 규정하고 있다.

197) "미성년자의제강간·강제추행죄를 규정한 형법 제305조가 '13세 미만의 부녀를 간음하거나 13세 미만의 사람에게 추행을 한 자는 제297조, 제298조, 제301조 또는 제301조의2의 예에 의한다'로 되어 있어 강간죄와 강제추행죄의 미수범의 처벌에 관한 형법 제300조를 명시적으로 인용하고 있지 아니하나, 형법 제305조의 입법 취지는 성적으로 미성숙한 13세 미만의 미성년자를 특별히 보호하기 위한 것으로 보이는 바 이러한 입법 취지에 비추어 보면 동 조에서 규정한 형법 제297조와 제298조의 '예에 의한다'는 의미는 미성년자의제강간·강제추행죄의 처벌에 있어 그 법정형뿐만 아니라 미수범에 관하여도 강간죄와 강제추행죄의 예에 따른다는 취지로 해석되고, 이러한 해석이 형벌법규의 명확성의 원칙에 반하는 것이거나 죄형법정주의에 의하여 금지되는 확장해석이나 유추해석에 해당하는 것으로 볼 수 없다"(대법원 2007.3.15. 2006도9453).

수범으로 처벌되거나 불능범으로서 불가벌이 된다. 주관적 구성요건요소로서 성욕을 자극·흥분·만족시키려는 주관적 동기나 목적을 요하는 것은 아니다.[198]

3. 타죄와의 관계

145 성폭법 제7조 제5항은 '13세 미만자'에 대한 위계 또는 위력으로써 간음하거나 추행한 경우를 가중 처벌하고 있으므로, 위계나 위력으로 13세미만의 사람을 간음 등을 하면 형법 제305조가 아니라 성폭법 제15조가 적용되고, 아청법 제7조 제5항은 '19세 미만의 아동·청소년'을 위계 또는 위력으로써 간음하거나 추행한 경우를 가중처벌하고 있으므로, 13세 이상 19세 미만의 사람을 위계나 위력으로 간음 등을 하면 형법 제305조가 아니라 아청법 제7조 제5항이 적용된다.

XII. 상습강간 등 죄

> 제305조의2(상습범) 상습으로 제297조, 제297조의2, 제298조부터 제300조까지, 제302조, 제303조 또는 제305조의 죄를 범한 자는 그 죄에 정한 형의 2분의 1까지 가중한다.

146 강간 등 성폭력범죄에 대한 상습범을 가중처벌하는 규정이다. 상습성 등의 개념은 상습상해죄 등에서 설명한 내용과 같다. 상습강간 등 죄는 성폭력범죄로부터 시민들의 안전을 지키기 위해 2010.4.15. 형법개정에서 내려진 중벌주의적 형사정책적 단안들 가운데 하나였다. 하지만 상습범가중처벌규정은 죄수문제와 관련하여 정의에 합치되는 해결방안(수죄설)을 마련하는 데 걸림돌이 된다는 점 및 상습성에 따른 형벌가중과 책임주의원칙과의 부조화의 문제점 등 때문에 상습범에 대한 가중처벌보다는 다른 합리적 대응방안을 마련하는 것이 바람직하다는 점 등을 고려하면, 상습범가중처벌규정을 신설하는 것은 현대의 형사정책적 흐름을 역행하는 태도이다.

XIII. 강간 예비·음모

> 제305조의3(예비, 음모) 제297조, 제297조의2, 제299조(준강간죄에 한정한다), 제301조(강간 등 상해죄에 한정한다) 및 제305조의 죄를 범할 목적으로 예비 또는 음모한 사람은 3년 이하의 징역에 처한다.

---

198) "초등학교 기간제 교사가 다른 학생들이 지켜보는 가운데 건강검진을 받으러 온 학생의 옷 속으로 손을 넣어 배와 가슴 등의 신체 부위를 만진 행위는 설사 성욕을 자극·흥분·만족시키려는 주관적 동기나 목적이 없었더라도 객관적으로 일반인에게 성적 수치심이나 혐오감을 불러일으키고 선량한 성적 도덕관념에 반하는 행위라고 평가할 수 있고 그로 인하여 피해학생의 심리적 성장 및 성적 정체성의 형성에 부정적 영향을 미쳤다고 판단되므로, (구) 성폭력범죄의 처벌 및 피해자보호 등에 관한 법률 제8조의 2 제5항에서 말하는 추행에 해당한다"(대법원 2009.9.24. 2009도2576).

현행 형법은 보호법익의 중대성과 행위자의 위험성 등을 고려하여 살인, 강도 등에 대해 147
서 예비·음모 규정을 두어 법익침해 전단계 범죄화를 형사처벌을 도모하고 있다. 그런데 성범죄에 대한 다양한 중벌주의적 형사정책적 단안들에도 불구하고 여성과 미성년자등 성적자기결정권을 행사함에 취약성을 보이는 피해자를 상대로 한 성범죄가 잇따르자 2020.5.19. 형법개정으로 강간, 강제추행, 준강간, 강간상해, 미성년자 의제강간·강제추행에 대해서도 전단계 범죄화 차원에서 예비·음모 규정을 도입하였다. 2020.5.19. 형법개정과 함께 성폭법(제15조의2) 및 아청법(제7조의2)에도 강간, 강제추행 등에 대한 예비·음모 규정이 신설되었다. 예비·음모는 그 행위 태양이 정형화되어 있지 않고, 가치중립적인 모습을 띠므로 내심의 목적에만 의존할 수밖에 없어 실제로 재판과정에서의 입증의 어려움이 있어 구성요건충족여부의 판단에 신중을 기할 필요가 있다.

§ 18

제 3 장 명예와 신용·업무에 대한 죄

1 인격적 법익 중에 개인의 명예나 신용은 생명, 신체 및 자유라는 법익에 못지않게 중요한 법익이다. 사람은 사회적 존재이기 때문에 사회의 다른 구성원들로부터 독립된 인격체로서의 가치를 인정받고 그 가치에 적합한 처우를 받아야 적절한 사회생활을 영위할 수 있다. 형법은 개인이 사회적으로 독립된 인격체로 인정되는 가치로서의 명예를 보호하기 위해 명예에 관한 죄를 규정하고 있다. 뿐만 아니라 형법은 자본주의 경제조직하에서 사람의 생활수단을 확보하기 위한 전제로서 사람의 경제적 활동의 자유와 안전을 보호하기 위해 신용·업무·경매에 관한 죄를 마련해 두고 있다.

§ 19

제 1 절 명예에 관한 죄

Ⅰ. 총설

1. 의의

1 명예에 관한 죄는 사람의 인격적 가치에 대한 사회적 평가를 위태롭게 하는 것을 내용으로 하는 범죄이다. 이러한 범죄를 형법은 크게 명예훼손죄와 모욕죄로 나누어 규정하고 있다. 명예훼손죄는 공연히 사실 또는 허위의 사실을 적시하여 사람의 명예를 훼손하는 것을 내용으로 하고, 모욕죄는 구체적 사실의 적시 없이 공연히 사람을 모욕하는 것을 내용으로 하는 범죄이다.

2. 명예개념과 보호법익

(1) 명예개념

2 명예에 관한 죄의 보호법익은 사람의 인격적 가치인 '명예'이다. 사람의 인격적 가치인 명예는 크게 내부적 명예, 명예감정(주관적 명예), 그리고 외부적 명예라는 세 가지의 내용으로 파악될 수 있다.

3 **1) 내부적 명예** 자기 또는 타인의 평가와 독립하여 객관적으로 가지고 있는 사람의 내부적 가치(진가) 그 자체를 말한다. 이러한 가치는 사회적 평가와 관계 없는 절대적 가치이므로 타인의 침해로 인해 훼손될 성질이 아니며 따라서 형법이 보호할 필요도 보호할 수도 없는 명예이다.

2) 외부적 명예 외부적 명예란 사람의 가치에 대한 인격적 평가로서 개인의 진가와 관계없이 일반적으로 주어지는 사회적 평가를 말한다. 외부적 명예는 타인의 침해에 의해서 훼손될 수 있으므로 형법적 보호의 필요성이 요구된다. 4

3) 명예감정 자신의 인격적 가치에 대한 주관적 평가 내지 감정으로서 명예의식 내지 주관적 명예라고도 한다. 명예감정은 자기 자신에 대한 가치평가이므로 타인의 침해에 의해 훼손될 수 있지만 사람마다 달라서 객관적으로 보호할 수 있는 판단의 기준이 없다. 5

(2) 형법상의 보호법익

명예훼손죄의 보호법익이 외부적 명예라는 데에는 이견이 없지만, **모욕죄의 보호법익**에 6
대해서는 견해가 일치하지 않는다. ① 명예감정이라고 하는 견해[1]와 ② 내부적 명예와 외부적 명예 모두 보호한다는 견해[2] 그리고 ③ 외부적 명예에 국한해야 한다는 견해(다수설)등이 대립한다.

명예훼손죄 뿐 아니라 모욕죄의 보호법익도 외부적 명예로 파악하는 것이 타당하다. 형법 7
은 명예훼손죄 뿐 아니라 모욕죄의 성립을 위해서도 공연성을 요건으로 인정하고 있고, 명예감정도 없는 국가에 대한 모욕(제105조, 제106조, 제109조)도 인정하고 있으며, 형법의 해석상으로 명예감정도 없고 명예감정이 침해될 위험성조가 없는 유아나 정신병자 또는 법인 등의 경우에도 이들의 인격적 가치를 보호하기 위해 모욕죄의 성립을 인정할 필요가 있기 때문이다. 특히 사람에 따라 천차만별인 명예감정을 형법이 모욕죄를 통해 보호한다면 국가형벌권이 피해자의 주관적 감정에 의해 좌지우지되는 문제도 초래된다. 명예훼손죄와 모욕죄는 보호법익의 측면에서는 동일하고 그 행위태양의 측면에서만 구별될 수 있다.

判 대법원은 모욕죄의 보호법익도 명예훼손죄의 경우와 같이 사람의 가치에 대한 사회적 평가인 이른바 외 8
부적 명예로 파악하고 있고, 구체적 사실의 적시유무에 따라 명예훼손죄와 모욕죄를 구별하고 있다.[3]

(3) 법익의 보호정도

명예훼손죄와 모욕죄의 보호법익이 보호받는 정도와 관련하여 ① 구체적 위험범설[4]과 ② 추 9
상적 위험범설(통설)이 대립한다. 양 죄는 구체적 위험발생을 구성요건요소로 두고 있지 않으며 미수처벌규정도 없기 때문에 공연히 사실을 적시하거나 공연히 모욕하는 행위를 함으로써 성립한다. 따라서 양 죄는 모두 추상적 위험범의 기본형인 추상적 위험범이자 거동범의 형식으로 규정되어 있는 것으로 해석하는 것이 타당하다.

---

1) 유기천(상), 144면.
2) 김일수/서보학, 144면.
3) "명예훼손죄와 모욕죄의 보호법익은 다같이 사람의 가치에 대한 사회적 평가인 이른바 외부적 명예인 점에서는 차이가 없으나 다만 명예훼손은 사람의 사회적 평가를 저하시킬 만한 구체적인 사실의 적시를 하여 명예를 침해함을 요하는 것으로서 구체적 사실이 아닌 단순한 추상적 판단이나 경멸적 감정의 표현으로서 사회적 평가를 저하시키는 모욕죄와 다르다"(대법원 1987.5.2. 87도739).
4) 배종대, §51/6.

10 判 대법원도 명예훼손죄와 모욕죄 모두를 추상적 위험범으로 해석한다. 그러면서도 대법원은 '모욕죄'의 경우에는 피해자의 외부적 명예가 현실적으로 침해될 필요도 없고, 구체적 위험의 발생도 요구되지 않는다고 하는 반면,[5] '명예훼손죄'의 경우에는 사회적 평가가 침해되는 결과가 요구되지는 않지만, "침해할 위험이 발생한 것으로 족하(다)"고 판시하고 있는 바,[6] 이는 정확하지 못한 표현이라고 하겠다. 법익침해의 위험 발생은 구체적 위험범의 요건이기는 하지만 추상적 위험범의 요건은 아니기 때문이다. 양 죄를 추상적 위험범으로 보는 한, 어느 경우든 그 성립을 위해서는 사회적 평가를 저하시킬 만한 사실적시(명예훼손죄)나 추상적 경멸적 표현(모욕죄)만 있으면 족한 것으로 봐야 한다.

3. 구성요건의 체계

11

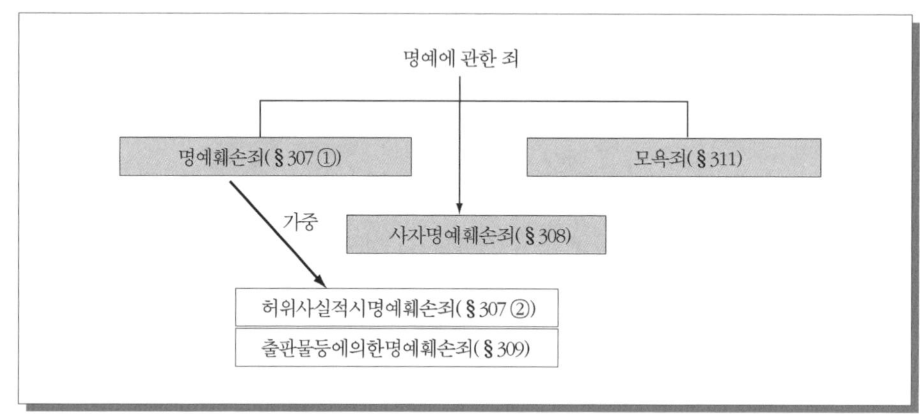

12 명예에 관한 죄의 기본적 구성요건은 명예훼손죄이고, 적시사실이 허위인 경우인 허위사실적시명예훼손죄와 출판물등에의한명예훼손죄는 이에 대한 가중적 구성요건이다. 사자명예훼손죄와 모욕죄는 독립된 구성요건으로 규정되어 있으며 제307조 제1항의 명예훼손죄에 한하여 특수한 위법성조각사유를 규정(제310조)하고 있다.

13 특별법상으로는 선거와 관련된 명예훼손행위에 대해 공직선거법의 후보자비방죄(제251조)[7]와 인터넷을 통한 명예훼손을 처벌하기 위한 정보통신망법의 명예훼손죄(제70조)가 있다.

---

5) "모욕죄는 피해자의 외부적 명예를 저하시킬 만한 추상적 판단이나 경멸적 감정을 공연히 표시함으로써 성립하므로, 피해자의 외부적 명예가 현실적으로 침해되거나 구체적·현실적으로 침해될 위험이 발생하여야 하는 것도 아니다"(대법원 2016.10.13. 2016도9674).

6) "추상적 위험범으로서 명예훼손죄는 개인의 명예에 대한 사회적 평가를 진위에 관계없이 보호함을 목적으로 하고, 적시된 사실이 특정인의 사회적 평가를 침해할 가능성이 있을 정도로 구체성을 띠어야 하나, 위와 같이 침해할 위험이 발생한 것으로 족하고 침해의 결과를 요구하지 않(는다)"(대법원 2020.11.19. 2020도5813).

7) 이 법 제251조 단서에는 후보자비방죄의 위법성을 조각시키는 요건으로 형법 제310조의 경우와는 달리 '오로지'라는 제한이 요구되어 있지 않다.

Ⅱ. 명예훼손죄

> 제307조(명예훼손죄) ① 공연히 사실을 적시하여 사람의 명예를 훼손한 자는 2년 이하의 징역이나 금고 또는 500만원 이하의 벌금에 처한다.
>
> 제310조(위법성의 조각) 제307조 제1항의 행위가 진실한 사실로서 오로지 공공의 이익에 관한 때에는 처벌하지 아니한다.
>
> 제312조(반의사불벌죄) ② 제307조와 제309조의 죄는 피해자의 명시한 의사에 반하여 공소를 제기할 수 없다.

1. 의의 및 입법론

(1) 법적 성격

공연히 사실을 적시하여 사람의 명예를 훼손함으로써 성립하는 범죄이다. 진실한 사실적시라도 사람의 명예를 훼손할 위험이 있음을 염두에 두어 규정한 추상적 위험범이다. 14

(2) 입법론

현대 사회에 있어서 갈수록 그 중요성을 더해가는 표현의 자유의 헌법적 지위 내지 위상[8]에 비추어 보면 사실 적시명예훼손을 형벌로 대응하는 것은 부적절하다. 건전한 비판을 차단하는 대신 허명과 체면만을 보호하므로 표현의 자유에 대한 과잉제한이고, 명예보호를 위한 법제의 국제적인 수준에도 미치지 못한다. 진실한 사실의 적시가 '공공의 이익에 관한 것'으로 규명되면 위법성이 조각될 수는 있지만(형법 제310조), 그 이전에 공소제기는 이루어지므로 '위축효과'를 막을 수 없을 뿐 아니라, 헌법상의 개인의 기본권인 표현의 자유를 공익을 위해서만 사용하라는 것이 되어 위헌적 측면도 있다.[9] 따라서 형법 제307조 제1항(및 정보통신망법 제70조 제1항)의 사실적시 명예훼손죄와 형법 제310조는 폐지하고 허위사실을 적시하더라도 진실한 사실로 오인하고 그 오인에 '상당한 이유'가 있는 때에는 벌하지 않는다는 취지가 반영되도록 개정하는 것이 명예보호와 표현의 자유 보장의 조화를 이루는 합리적인 방안이다. 사실의 적시를 통해 '사생활의 자유'나 '비밀'이 공격받는 사례들을 규율하기 위해서는 별도의 입법이 필요한 것으로 보인다. 15

2. 구성요건

(1) 객관적 구성요건

1) 주체 자연인인 사람이 행위주체가 된다는 데는 이견이 없다. 기업과 기업간, 언론사와 정당간의 상호 비방적인 명예훼손이 법인의 의사에 의한 법인의 행위로 인정되는 경우 16

8) "현대 민주사회에서 표현의 자유는 국민주권주의 이념의 실현에 불가결한 존재"(헌법재판소 2010.12.28. 2008헌바157)이자 "민주주의의 근간이 되는 중요한 헌법적 가치"(헌법재판소 2012.8.23. 2010헌마47)이다.

9) 이에 관해서는 김성돈, "진실사실적시명예훼손죄 폐지론", 형사정책연구 제27권 제4호(2016), 108면.

법인도 주체가 될 수 있다는 견해[10]가 있다. 하지만 법인의 범죄주체성을 부정하는 입장에서 보면 이에 관한 양벌규정이 없는 한 법인을 처벌할 수 없음은 물론 이 죄의 주체에 포함시킬 수도 없다.

17 2) 객체 명예이다.

18 (가) 명예 명예는 이 죄의 보호법익인 동시에 행위객체가 된다.[11] 행위객체로서의 명예는 사람의 인격적 가치에 대한 사회적 평가(이른바 '세평')를 의미하며 명예의 주체가 되는 사람의 행위와 인격에 대한 윤리적 가치에 한하지 않고 사회생활에서 인정되는 모든 가치를 포함한다.[12]

19 사람의 인격적 가치에 대한 사회일반의 평가는 그 사람의 진가와 일치할 필요가 없다. 사람의 진가와 관계없이 사회일반이 생각하고 있는 가정적 가치도 명예이다. 다만 인격적(긍정적) 가치라야 하고 소극적(부정적) 가치는 포함하지 않는다. 따라서 범죄자가 가지고 있는 악명은 명예가 될 수 없다. 적극적 가치이면 현재의 가치뿐만 아니라 장래의 가치나 과거의 가치도 현재 그 사람과 관련된 것이면 명예가 된다.

20 (나) 명예의 주체 명예의 주체는 사람이다. 사람의 범위는 다음과 같다.

21 가) 자연인 자연인이 명예의 주체가 된다는 데는 의문이 없다. 성별, 연령, 기혼, 미혼을 묻지 않는다. 유아나 정신병자 또는 백치도 명예의 주체가 되고, 실종선고를 받은 자는 물론이고 범죄자나 파렴치한도 그가 가지고 있는 긍정적 가치와 관련하여 명예의 주체가 된다. 외국원수, 외교사절에 대해서는 제107조, 제108조가 적용된다.

22 나) 법인 법인은 명예훼손죄의 주체는 될 수 없지만, 명예의 주체는 될 수 있다(통설·판례[13]). 법인은 해산 이후에도 청산이 종료되어 그 인격을 상실할 때까지는 명예의 주체가 된다.

23 다) 국가, 지방자치단체, 공직자 국가나 지방단체는 국민의 기본권을 보호해야 할 책임과 의무의 주체일 뿐, 국민에 대한 관계에서 형벌적 수단을 통해 보호되는 외부적 명예의 주체가 될 수 없다.[14] 다만 정부 또는 국가기관의 정책결정이나 업무수행에 관여한 '공직자'도 명

---

10) 김일수/서보학, 185면.

11) 명예훼손죄의 명예는 관념적 대상이기 때문에 보호법익일 뿐 감각적 대상인 행위객체가 될 수 없다는 견해(이형국, 303면; 임웅, 202면)가 있지만, 명예훼손죄의 행위는 사실적시를 통해 명예를 훼손하는 언어적 표현행위이므로 명예는 보호법익인 동시에 행위객체가 될 수 있다.

12) 다만 사람의 지불능력과 지불의사에 대한 경제적 평가도 사회적 가치에 속하지만 형법은 이를 인격적 가치와 구별하여 신용훼손죄(제313조)에서 보호하므로 명예훼손죄에서는 제외된다.

13) "명예훼손죄나 모욕죄의 대상으로서의 사람은 자연인에 한정할 이유가 없고 인격을 가진 단체도 포함된다고 해석하는 것이 적당하다고 사료된다"(대법원 1959.12.23. 4292형상539; 대법원 2000.10.10. 99도5407).

14) "형법이 명예훼손죄 또는 모욕죄를 처벌함으로써 보호하고자 하는 사람의 가치에 대한 평가인 외부적 명예는 개인적 법익으로서, 국민의 기본권을 보호 내지 실현해야 할 책임과 의무를 지고 있는 공권력의 행사자인 국가나 지방자치단체는 기본권의 수범자일 뿐 기본권의 주체가 아니고, 정책결정이나 업무수행과 관련된 사항은 항상 국민의 광범위한 감시와 비판의 대상이 되어야 하며 이러한 감시와 비판은 그에 대한 표현의 자유가 충

예의 주체로서 피해자가 될 수 있는지가 문제될 수 있다.

判 대법원은 국가나 지방단체 또는 정부나 국가기관의 명예주체성을 전면 부정하면서도 '공직자 개인'에 대해서는 일정한 조건하에서 명예의 주체성을 인정한다. 즉 공직자 개인에 대한 발언이 악의적이거나 심히 경솔한 공격으로서 현저히 상당성을 잃은 것으로 평가될 경우에 한하여 명예훼손이 인정될 수 있다는 태도를 취한다. 24

例 이른바 PD수첩 광우병 보도사건의 경우는 방송보도 내용이 미국산 쇠고기의 광우병 위험성에 관한 것으로 그 보도내용 중 일부가 허위사실 적시에 해당하더라도 공직자인 피해자들의 명예와 직접적인 연관을 갖는 것이 아닐 뿐만 아니라 피해자들에 대한 악의적이거나 현저히 상당성을 잃은 공격으로 볼 수 없다고 하면서 명예훼손의 고의를 부정하였고(대법원 2011.9.2. 2010도17237), 세월호 참사 국민대책회의 공동위원장이자 '4월 16일의 약속 국민연대' 상임운영위원이 언론사 기자와 시민 등을 상대로 기자회견을 하던 중 '세월호 참사 당일 7시간 동안 대통령 갑이 마약이나 보톡스를 했다는 의혹이 사실인지 청와대를 압수·수색해서 확인했으면 좋겠다.'는 취지로 행한 발언도 구체적인 사실을 적시라기 보다는 공적 인물과 관련된 공적 관심사항에 대한 의혹 제기 방식으로 표현행위를 한 것으로서 대통령인 개인에 대한 악의적이거나 심히 경솔한 공격으로서 현저히 상당성을 잃은 것으로 평가할 수 없어 명예훼손죄의 성립을 부정하였다(대법원 2021.3.25. 2016도14995). 25

라) 법인격 없는 단체 **법인격 없는 단체의 명예주체성**에 관해 ① 법인격을 가진 단체만이 명예의 주체가 된다는 견해(부정설)도 있지만, ② 법인격 없는 단체라 할지라도 법에 의해서 일정한 사회적 역할을 담당하고 통일된 의사를 형성할 수 있으면 공법상의 단체이든 사법상의 단체이든 명예의 주체가 된다고 해야 한다(긍정설). 긍정설에 따르면 정당, 노동조합, 적십자사, 병원, 종교단체, 상공회의소, 전국경제인연합회도 명예의 주체가 될 수 있다. 그러나 개인적인 취미생활을 위해 결합된 사교단체(등산, 낚시, 골프, 수영클럽 등)의 경우는 대외적인 법적 활동의 주체가 아니므로 여전히 명예의 주체가 될 수 없다고 해야 한다. 26

判 대법원은 부정설을 취하는 것으로 보인다. 법인격을 가진 단체만 명예훼손죄의 대상이 될 수 있고, 법인격 없는 단체의 경우는 — 후술할 집합명칭이 사용될 경우 — 일정한 요건이 충족되면 그 단체의 구성원인 자연인에 대해서는 명예훼손죄나 모욕죄가 성립할 수 있다고 보기 때문이다.[15] 27

마) 집합명칭(집단표시) 사용과 비난의 희석 법리 법인격 없는 단체나 법인격 없는 단체에도 이르지 못한 집합체(집단)를 명예의 주체가 될 수 없다는 전제하에 보면, 집합명칭(상인들, 학자들, 수사관들 등)을 사용하여도 그 단체 내지 집합체(집단)에 대해서는 명예에 관한 죄가 성립할 수 없다. 그러나 집합명칭을 사용한 경우에도 다음과 같은 일정한 요건 하에서는 — 해당 집단에 대한 명예훼손은 아니지만 — '구성원 모두 또는 개인에 대한 명예훼손'이 될 수 있다는 해석이 가능하다. 28

첫째, 사용된 집합명칭이 그 집단의 모든 구성원을 가리키는 경우(A대학교의 법대교수들은 29

분히 보장될 때에 비로소 정상적으로 수행될 수 있으므로, 국가나 지방자치단체는 국민에 대한 관계에서 형벌의 수단을 통해 보호되는 외부적 명예의 주체가 될 수는 없고, 따라서 명예훼손죄나 모욕죄의 피해자가 될 수 없다"(대법원 2016.12.27. 2014도15290).

15) 대법원 2000.10.10. 99도5407.

모두 빨갱이다)에는 집단구성원이 외부와 명백히 구별될 수 있을 정도로 그 집합명칭이 특정되어야 한다(예, 단순히 법대교수들이 아니라 A대학교의 법대교수) 특히 그 범위에 속하는 구성원 가운데 예외를 인정할 수 있는 평균적 판단(A대학교의 법대교수들 중 상당수)이 아니라 모든 구성원(법대교수 모두)을 가리켜야 한다.

30 둘째, 집단구성원의 1인 또는 수인을 지적하였으나 누구인지가 명백하지 않아 구성원 모두가 의심을 받는 경우에는 대상 집단의 크기나 규모(즉 구성원의 수)가 비교적 적거나 당시 주위 정황 등으로 보아 집단 내 개별 구성원을 지칭하는 것으로 여겨질 수 있어야 한다.

31 判 대법원은 집합적 명사를 쓴 경우 "그것에 의하여 그 범위에 속하는 특정인을 가리키는 것이 명백하면 이를 각자의 명예를 훼손하는 행위라고 볼 수 있다"[16]고 하는 입장이므로, 그 사용된 집합명칭이 피해자를 특정하지 못하는 , 막연한 표시 정도에 불과한 경우에는 그 구성원 개개에 대해 명예훼손죄의 성립이 인정될 수 없는 것으로 본다. 따라서 "서울시민 또는 경기도민"과 같은 식의 집합명칭을 사용하는 것은 명예훼손이 될 수 없다고 한다.[17]

32 例 이에 따라 대법원은 서울시교육청 내 공보실에서 피해자의 이름을 적시하지 않은 채 '3·19 동지회 소속 교사들이 학생들을 선동하여 무단 하교하게 하였다'는 내용의 보도자료를 기자들에게 배포한 경우 같은 고등학교 교사 66명 중 3·19 동지회 소속 교사 37명 모두에 대한 명예훼손이 된다고 하였고(대법원 2000.10.10. 99도5407), 민사 손해배상 판결이긴 하지만 '대전 지역 검사들'(대법원 2003.9.2. 2002다63558)이라는 표시나 '○○지방경찰청 기동수사대'라는 표시가 그 표시된 집단 내 개별구성원을 지칭하는 것이라고 하였다(대법원 2006.5.12. 2004도35199).

33 셋째, 집합명칭이 사용되더라도 이른바 비난의 희석 법리가 적용되어서는 안 된다.

34 判 대법원이 만든 '비난의 희석법리'란 집합명칭이 사용된 경우 그 적시되는 내용이 '그 집단에 속한 특정인에 대한 것이라고 해석되기 힘들고 집단표시에 의한 비난이 개별 구성원에 이르러서는 그 정도가 희석되어 구성원 개개인의 사회적 평가에 영향을 미치지 못할 정도로 평가될 경우에는 그 구성원 개개인에 대한 명예훼손죄(또는 모욕죄)가 성립하지 않는다'는 법리를 말한다.[18] 이와 같은 비난의 희석법리가 인정되면 구성원 개개인에 대한 명예훼손은 인정되지 않지만, 그 집합명칭으로 지칭되는 단체가 법인인 경우(판례) 그 법인 등에 대한 명예훼손(또는 모욕)은 여전히 가능할 수도 있다.

35 바) 사자 **사자의 명예주체성**에 대해서는 ① 사자명예훼손죄의 보호법익은 유족의 명예 또는 유족이 사자에 대하여 가지는 추모감정이며, 사자는 사람이 아니라는 이유로 사자의 명예주체성을 부정하는 견해[19](부정설)와 ② 사람은 사망하여도 역사적 존재자로서의 인격적 가치는 남는 것이기 때문에 사자도 명예의 주체가 된다는 다수 견해(긍정설)가 대립한다.

36 判 대법원은 "사자명예훼손죄는 사자에 대한 사회적, 역사적 평가를 보호법익으로 하는 것"이므로 그 구성요건으로서의 사실의 적시가 허위의 사실일 것이라는 요건이 충족되면 이 죄가 성립할 수 있다고 한다.[20]

---

16) 대법원 2000.10.10. 99도5407.

17) "명예훼손죄는 어떤 특정한 사람 또는 인격을 보유하는 단체에 대하여 그 명예를 훼손함으로써 성립하는 것이므로 피해자는 특정한 것임을 요하고, 다만 서울시민 또는 경기도민이라 함과 같은 막연한 표시에 의해서는 명예훼손죄를 구성하지 아니한다 할 것이(다)"(대법원 2000.10.10. 99도5407).

18) 대법원 2018.11.29. 2016도14678.

19) 박상기, 178면.

20) "사자명예훼손죄는 사자에 대한 사회적, 역사적 평가를 보호법익으로 하는 것이므로 그 구성요건으로서의 사

사자를 명예의 주체가 된다고 하는 견해는 특히 형법이 사자명예훼손죄라는 구성요건을 두고 있는 데 유념하고 있지만, 사자명예훼손죄가 보호하는 법익은 사자의 명예가 아니라 사자의 유족·지인을 포함한 일반대중의 추모감정이라고 해석할 수 있고, 형법상 권리의 주체나 법익의 향유자로서 사람이라고 할 때에는 살아있는 사람을 의미한다고 해야 하므로 사자는 명예의 주체가 될 수 없다고 보는 것이 타당하다. 37

3) 행위 공연히 사실을 적시하여 사람의 명예를 훼손하는 것이다. 38

(가) 공연성 '공연히'란 불특정 또는 다수인이 인식할 수 있는 상태를 의미한다(통설·판례[21]). 39

가) 불특정 또는 다수인 '불특정 또는 다수인'이란 대상이 불특정되어 있다면 그 수가 소수라도 상관없고, 다수인인 경우에는 특정되어 있어도 상관없음을 뜻한다. 여기서 불특정이란 행위시에 상대방이 구체적으로 특정되어 있지 않다는 의미가 아니라,[22] 공개된 장소에서의 통행인과 같이 상대방이 특수한 관계에 의하여 한정된 범위에 속하는 사람이 아니라는 의미이다. 다수인이란 숫자로 한정할 수 없으나 사회적 평가(명예)가 훼손된다고 평가할 수 있는 정도의 상당한 다수라는 의미이다. 40

나) 인식할 수 있는 상태 **'불특정 또는 다수인이 인식할 수 있는 상태'의 의미 내지 인식의 방법**과 관련하여 두 견해가 첨예하게 대립한다. ① 하나는 불특정 또는 다수인에게 전파될 가능성만 있어도 공연성이 인정된다는 견해[23](전파성가능성이론)이고, ② 다른 하나는 불특정 또는 다수인이 현실적으로 인식하지는 않았더라도 직접 인식하려면 언제든지 인식할 수 있는 정도가 되어야 공연성이 인정된다는 다수의 견해(직접인식가능성설)이다. 41

判 대법원은 공연성을 '불특정 또는 다수인이 인식할 수 있는 상태'라고 새기면서 개별적으로 소수의 사람에게 사실을 적시하였더라도 그 상대방이 불특정 또는 다수인에게 적시된 사실을 전파할 가능성이 있는 때에는 공연성이 인정된다고 일관되게 판시함으로써,[24] 이른바 전파가능성 이론을 공연성에 관한 확립된 법리로 정착시켜왔다.[25] 이에 따라 대법원은 발언 상대방이 이미 알고 있는 사실을 적시했더라도 전파될 가능성이 인정될 수 있다고 하고,[26] 개별적으로 한 사람에게 사실을 적시한 경우도 원칙적으로 공연성을 인정하지만,[27] '전파방법'이 특수한 경우에 주목하여 공연성개념을 제한하고 있는 경우도 있다.[28] 42

실의 적시는 허위의 사실일 것을 요하는 바 피고인이 사망자의 사망사실을 알면서 위 망인은 사망한 것이 아니고 빚 때문에 도망다니며 죽은 척하는 나쁜 놈이라고 함은 공연히 허위의 사실을 적시한 행위로서 사자의 명예를 훼손하였다고 볼 것이다"(대법원 1983.10.25. 83도1520).

21) 대법원 1976.4.25. 75도273; 대법원 1981.8.25. 81도149; 대법원 1996.7.12. 96도1007.

22) 대법원 1981.8.25. 81도149; 대법원 1991.6.25. 91도347.

23) 김우진, "명예훼손죄에 있어서의 공연성", 형사판례연구(9), 2001, 265면; 박상기, 182면.

24) 대법원 2020.11.19. 2020도5813.

25) 이러한 법리는 — 대법원 스스로의 평가에 의하면 — 정보통신망법상 정보통신망을 이용한 명예훼손이나 공직선거법상 후보자비방죄 등의 공연성 판단에도 동일하게 적용되어, 적시한 사실이 허위인지 여부나 특별법상 명예훼손 행위인지 여부에 관계없이 명예훼손 범죄의 공연성에 관한 판례의 기본 법리로 적용되고 있다고 한다.

26) 대법원 2020.12.30. 2015도15619.

27) 대법원 2005.12.9. 2004도2880.

43 다) 전파가능성에 대한 제한 법리 등 대법원은 전파가능성 법리를 곧이곧대로 사용하면 표현의 자유를 보장하기 위해 만들어진 공연성 요건을 무의미해지고 처벌이 확대되게 될 우려가 생길 수 있다는 학계의 비판을 수용하여, 두 가지 다른 차원의 대응방안을 마련하여 이를 재판실무에서 사용하도록 하고 있다.[29)]

44 하나는 **전파가능성 자체의 문제점을 해소하기 위한 방안**이다. 이를 위해 대법원은 ① 전파가능성의 인정범위를 제한하기 이해 증명의 정도를 강화할 경우를 인정한다. 즉 '특정의 개인이나 소수인에게 개인적 또는 사적으로 정보를 전달하는 경우'는 불특정 또는 다수인에게 전파 또는 유포될 '가능성'이 아니라 '개연성'을 증명의 정도로 요구하고 있다. ② 적시의 상대방과 피고인 또는 피해자의 관계에 따라 비밀유지의 가능성이 있을 경우 전파가능성을 부정하는 등 그 판단 기준을 사례별로 유형화하고 있다(이에 관해서는 공연성 부정 판례사안 참조).

45 다른 하나의 방안은 **명예훼손죄의 성립요건을 강화하는 방안**이다. 이를 위해 대법원은 ① 피고인의 고의인정에 엄격한 태도를 유지한다(이에 관해서는 '고의' 부분 참조). ② 적시된 사실이 특정인의 사회적 평가를 침해할 가능성이 있을 정도로 구체성을 띨 것을 요구하고 있다. ③ 표현의 자유와의 조화를 고려하기 위해 진실한 사실의 적시가 위법성이 조각되는 경우를 규정한 형법 제310조의 '공공의 이익'에 포섭될 수 있는 경우를 넓게 인정한다(이에 관해서는 '공익성' 요건 참조).

46 생각건대, '공공연히'와 동의어에 해당하는 '공연히'라는 법문상의 용어는 '숨김이나 거리낌이 없이 그대로 드러나게'를 의미하므로 공연성 요건은 어떤 사실이 유포되어 사회적으로 유해한 결과를 초래할 위험이 있는 명예훼손 행위만을 처벌하기 위함에 있으므로 표현의 자유가 제한되지 않도록 하기 위한 입법취지의 반영인 것으로 보인다. 그러나 공연성 요건의 해석상 전파가능성 법리가 만들어지면, 해자의 명예를 보호하는 형사정책적 목적이 과도하게 추구되고 표현의 자유의 위축을 초래할 수도 있다.

47 判 대법원이 전파가능성을 제한하기 위해 피해자와 행위자의 일정한 관계를 유형화하는 법리를 설정하고 있지만, 이 법리가 법관의 자의적 판단이 개입될 수 있다는 의혹을 제거하기 어렵다. 특히 피해자가 근무하는 학교법인의 이사장에게 진정서를 제출한 경우나 '기자가 취재한 상태에서 아직 기사화되어 보도되지 아니한 경우' 등에 대해 전파가능성을 부정하고 있는 판결에서 그러한 의혹이 생긴다.

48 例 공연성이 부정된 사례: ① 피해자와 그의 남편 앞에서 사실을 적시한 경우(대법원 1989.7.11. 89도886), ② 피해자의 친척 1인에게 불륜관계를 말한 경우(대법원 1981.10.27. 81도1023), ③ 피해자가 근무하는 학교의 법인 이사장 앞으로 진정서를 제출한

---

28) "어느 사람에게 귀엣말 등 그 사람만 들을 수 있는 방법으로 그 사람 본인의 사회적 가치 내지 평가를 떨어뜨릴 만한 사실을 이야기하였다면, 위와 같은 이야기가 불특정 또는 다수인에게 전파될 가능성이 있다고 볼 수 없어 명예훼손의 구성요건인 공연성을 충족하지 못하는 것이며, 그 사람이 들은 말을 스스로 다른 사람들에게 전파하였더라도 위와 같은 결론에는 영향이 없다"(대법원 2005.12.9. 2004도2880).

29) 대법원 2020.11.19. 2020도5813 전원합의체; 대법원 2020.12.10. 2019도12282.

경우(대법원 1983.10.25. 83도2190), ④ 다방 안의 다른 손님의 자리와 멀리 떨어져 있는 자리에서 피해자와 동업관계에 있고 친한 사이인 사람에게 피해자의 험담을 한 경우(대법원 1984.2.28. 83도891), ⑤ 피고인이 피해자의 여자문제 등 사생활에 관한 발언을 하였는데 이 발언의 상대방이 피고인을 명예훼손죄로 고소할 수 있도록 그 증거자료를 미리 은밀하게 수집, 확보하기 위하여 피고인의 발언을 유도하였다고 의심되는 사람들인 경우(대법원 1996.4.12. 94도3309), ⑥ 이혼소송 계속 중인 처가 남편의 친구에게 남편에 대한 명예훼손 문구가 기재된 서신인 증거자료를 동봉해 보낸 경우(대법원 2000.2.11. 99도4579), ⑦ 기자가 취재를 한 상태에서 아직 기사화하여 보도하지 아니한 경우(대법원 2000.5.16. 99도5622), ⑧ 타인으로부터 취득한 피해자의 범죄경력을 같은 아파트에 거주하는 자에게 보여주면서 '전과자이고 나쁜 년'이라고 말한 경우(대법원 2010.11.11. 2010도8265), 빌라의 관리자인 피고인들이 특정 빌라의 누수 문제로 그 아랫집에 거주하는 자부터 공사 요청을 받자 그와 전화통화를 하면서, 누수 공사가 신속히 진행되지 못하는 이유를 설명하고자, 이 사건 빌라의 위층을 임차하여 거주하는 가족인 피해자들이 누수공사협조의 대가로 과도하고 부당한 요구를 하거나 막말과 욕설('무식한 것들', '이중인격자')을 하였다는 취지의 발언을 한 경우(대법원 2022.7.28. 2020도8336) 등.

例 공연성이 긍정된 사례: ① 동네골목에서 동네사람 1인 및 피해자의 시어머니가 있는 자리에서 피해자에 대하여 "시커멓게 생긴 놈하고 매일같이 붙어 다닌다. 점방 마치면 여관에 가서 누워자고 아침에 들어온다"고 말한 경우(대법원 1983.10.11. 83도2222), ② 피고인이 행정서사 사무실에서 피해자와 같은 교회에 다니는 세 사람에게 "피해자가 처자식이 있는 남자와 살고 있다는데 아느냐"고 한 경우(대법원 1985.4.23. 85도431), ③ 피고인이 경찰관으로부터 고문을 받았다는 허위사실을 4인에게 순차로 유포한 경우(대법원 1985.12.10. 84도2380), ④ 진정서와 고소장을 특정 사람들에게 개별적으로 우송하여도 다수인에게 배포한 경우(대법원 1991.6.25. 91도347), ⑤ 지방의회 선거를 앞두고 현역 시의회의원이면서 후보자가 되려는 자에 대해서 특별한 친분관계도 없는 사람들에게 차례로 비방의 말을 한 경우(대법원 1996.7.12. 96도1007), ⑥ 거리나 식당 등 공공연한 장소에서 2, 3명에게 허위사실을 유포한 경우(대법원 1994.9.30. 94도1880), ⑦ 출판물 15부를 피고인들이 소속된 교회의 교인 15인에게 배부한 이상 배부받은 사람 중 일부가 위 출판물작성에 가담한 사람들인 경우(대법원 1984.2.28. 83도3124), ⑧ 개인블로그의 비공개대화방에서 상대방으로부터 비밀을 지키겠다는 말을 듣고 일대일로 대화(정보통신망법 위반사실임)한 경우(대법원 2008.2.14. 2007도8155) 등. 49

(나) 사실의 적시 사람의 인격적 가치에 대한 사회적 평가를 저하시킬 만한 사실을 지적하는 것을 말한다. 50

가) 사실 사실은 현실적으로 발생하고 증명할 수 있는 과거와 현재의 사건이나 상태를 말한다. 외적 사실은 물론이고 내적 사실도 사실에 해당한다. 과거사실과 현재사실이 원칙이지만 장래의 사실도 과거 또는 현재의 사실을 기초로 하거나 이에 대한 주장이 포함된 때에는 사실에 해당할 수 있다.[30] 따라서 범죄 혐의사실이 없어 내사가 종결된 사건에 대하여 공연히 "사건을 조사한 경찰관이 내일부로 검찰청에서 구속영장이 떨어진다"고 말한 것도 현재의 주장이 포함된 장래의 사실에 해당한다.[31] 51

구체성을 가진 사실인 이상[32] 반드시 악사·추행일 필요는 없고, 숨겨진 사실에 국한되지 않고 '이미 사회의 일부에 잘 알려진 사실,'[33]이나 '상대방에게 이미 알려져 있는 사실'[34]도 포 52

30) 이재상/장영민/강동범, §12/16.
31) 대법원 2003.5.13. 2002도7420.
32) 대법원 2003.6.24. 2003도1868.
33) 대법원 1994.4.12. 93도3535.
34) 대법원 1993.3.23. 92도455.

함한다. 직접 경험한 사실 외에 추측사실, 타인으로부터 전문한 사실도 무방하다.[35] 사실은 피해자에 관한 사항이어야 한다. 따라서 처의 간통사실을 공개하여도 남편에 대한 명예훼손은 되지 않는다.

53 진실한 사실이건 허위사실이건 상관없지만 후자의 경우는 허위사실유포명예훼손죄로 되어 형이 가중된다.[36] 진실한 사실이란 일부 세세한 부분이 진실과 약간 차이가 있거나 다소 과장된 표현이 있더라도 그 내용의 전체 취지를 보아 중요한 부분이 객관적 진실과 합치되는 것으로 충분하다.[37] 사실은 추상적 판단 영역인 가치판단과 달리 그 표현내용이 증거에 의해 입증가능한 것을 의미하다.[38] 그러나 주관적 확신에 의해서 이루어지는 가치판단도 증명할 수 있을 경우에는 사실에 해당한다. 증명할 수 없는 가치판단은 모욕죄의 수단이 될 수 있음과 별개로 명예훼손죄의 사실의 적시에는 해당하지 않는다.

54 **例 구체성 결여로 사실의 적시 요건이 부정된 사례:** '아무것도 아닌 똥꼬다리 같은 놈'이라는 구절 또는 '잘 운영되어 가는 어촌계를 파괴하려 한다'는 구절을 사용한 경우(대법원 1989.3.14. 88도1397), 피고인이 다만 피해자가 피고인의 범죄를 고발하였다는 내용의 언사만을 하고 그 고발의 동기나 경위에 관해서는 전혀 언급하지 않은 경우(대법원 1994.6.28. 98도696), 정당홈페이지 게시판에 국회의원선거 후보자가 되고자 하는 자들에 관하여 게시한 내용 중 '피해자도 얼마 후엔 백수되네' 등의 표현을 한 경우(대법원 2005.4.14. 2004도8073) 등.

55 **例 주관적 의견 또는 평가의 표명에 불과하여 사실적시 요건이 부정된 사례:** 목사가 예배 중에 특정인을 가리켜 "이단 중에 이단이다"라고 설교한 부분(대법원 2008.10.9. 2007도1220), 정당홈페이지 게시판에 국회의원선거 후보자가 되고자 하는 자들에 관하여 게시한 내용 중 '피해자는 빨갱이잖아요', '친일파 후손' 등의 표현을 한 경우(대법원 2005.4.14. 2004도8073). 재야사학자가 대학 명예교수인 피해자의 저서를 비평하면서 피해자가 '일본서기를 사실로 믿고 스에마쓰 야스카즈의 임나일본부설을 비판하지 않고 있다'고 하면서 피해자를 친일·식민사학자로 비난한 경우(대법원 2017.5.11. 2016도19255.) ○○동 동장인 자가 ○○동 주민들과 함께한 저녁식사 자리에서 "피해자는 이혼했다는 사람이 왜 마을제사에 왔는지 모르겠다"는 발언을 한 경우(대법원 2022.5.13. 2020도15642), 제국의 위안부라는 책을 출간한 저자가 자신의 책에서 위안부는 매춘부라는 내용을 적시한 경우(대법원 2023.10.26. 2017도18697) 등.

---

35) 대법원 1985.4.23. 85도431.

36) "형법 제307조 제1항, 제2항, 제310조의 체계와 문언 및 내용에 의하면, 제307조 제1항의 '사실'은 제2항의 '허위의 사실'과 반대되는 '진실한 사실'을 말하는 것이 아니라 가치판단이나 평가를 내용으로 하는 '의견'에 대치되는 개념이다. 따라서 제307조 제1항의 명예훼손죄는 적시된 사실이 진실한 사실인 경우이든 허위의 사실인 경우이든 모두 성립될 수 있고, 특히 적시된 사실이 허위의 사실이라고 하더라도 행위자에게 허위성에 대한 인식이 없는 경우에는 제307조 제2항의 명예훼손죄가 아니라 제307조 제1항의 명예훼손죄가 성립될 수 있다. 제307조 제1항의 법정형이 2년 이하의 징역 등으로 되어 있는 반면 제307조 제2항의 법정형은 5년 이하의 징역 등으로 되어 있는 것은 적시된 사실이 객관적으로 허위일 뿐 아니라 행위자가 그 사실의 허위성에 대한 주관적 인식을 하면서 명예훼손행위를 하였다는 점에서 가벌성이 높다고 본 것이다"(대법원 2017.4.26. 2016도18024).

37) 대법원 2000.2.25. 99도4757. 한편, 대법원은 민사재판에서 법원의 사실인정이 항상 진실한 사실에 해당한다고 단정할 수는 없고 판결에 대한 자유로운 견해 개진과 비판, 토론 등 헌법이 보장한 표현의 자유를 보장한다는 차원에서, 특별한 사정이 없는 한 그 진실이 무엇인지 확인할 수 없는 과거의 역사적 사실관계 등에 대하여 민사판결을 통해 어떠한 사실인정이 있었다는 이유만으로 이후 그와 반대되는 사실의 주장이나 견해 개진 등을 '허위사실적시'라고 쉽사리 보아서는 안 된다고 하였다(대법원 2017.12.5. 2017도1562).

38) 대법원 1998.3.24. 97도2956.

(나) 적시　적시란 사실을 지적하여 보고 내지 진술의 형식으로 외부에 표시하거나 전달하는 것을 말하는 것으로 가치판단이나 평가를 내용으로 하는 의견표현에 대치되는 개념이다.[39] 사람의 품성, 덕행, 명성, 신용 등 인격적 가치에 대한 객관적 평가를 저해할 경우에는 의견 또는 논평을 표명하는 표현행위도 사실 적시에 해당할 수 있지만, 사실의 적시를 전제로 하지 않은 순수한 의견 또는 논평일 경우에는 명예훼손에 해당하지 않는다.[40] 56

사실의 적시라고 하기 위해서는 피해자가 특정되어야 한다. 성명을 명시할 필요는 없으나 표현내용과 당시 상황을 종합 판단하여 누구를 지목하는지 알 수 있으면 충분하다.[41] 사실을 적시하는 수단과 방법에는 제한이 없다. 언어, 문서, 그림, 신문, 잡지, 라디오 기타 출판물에 의하든 상관없다.[42] 또 연극이나 소설의 등장인물을 이용하거나 만화에 의해서도 적시할 수 있다. 반드시 단정적으로 표현하지 않고 암시나 추측 등 우회적인 표현[43] 또는 질문에 의해서도 가능하며, 전해들은 사실을 전파하여도 무방하다. 단순히 '질문에 대한 확인대답'은 사실적시라고 할 수 없다.[44] 57

사실적시가 불특정 또는 다수인이 직접 인식할 수 있는 정도에 이르면 족하고 상대방 또는 불특정인이 인지하였음을 요하지도 않는다. 신문에 게재한 경우에는 배포가 되면 이 죄가 성립한다. 58

(다) 명예훼손　사람의 사회적 평가를 저하시킬 우려가 있는 사실의 적시가 곧 명예훼손 행위가 된다. 법문에는 "명예를 훼손한 자"라고 되어 있어도 이 죄는 추상적 위험범으로 해석되고 미수처벌규정도 없다. 따라서 현실적으로 상대방의 외부적 명예가 침해(즉 사회적 평가가 저하)는 결과가 발생할 필요도 없이 사회적 가치나 평가가 저하될 가능성만으로 명예훼손이 인정되고 이 죄가 성립한다. 59

어떤 사실의 적시가 상대방의 사회적 평가를 저하시킬 가능성이 있는지가 문제된다. 어떤 사람이나 법인에 대한 '사회적 평가' 그 자체는 객관적 지수로 측량하기 어렵기 때문에 사회적 평가의 '저하 가능성' 역시 객관적으로 확인불가능하므로 위 물음은 난문 중의 난문이다. 60

判 대법원은 어떤 표현이 "특정인의 사회적 가치 내지 평가가 침해될 가능성이 있는 구체적인 사실"의 표현 61

---

39) 대법원 2008.10.9. 2007도1220.

40) "다른 사람의 말이나 글을 비평하면서 사용한 표현이 겉으로 보기에 증거에 의해 입증 가능한 구체적인 사실관계를 서술하는 형태를 취하고 있더라도, 글의 집필의도, 논리적 흐름, 서술체계 및 전개방식, 해당 글과 비평의 대상이 된 말 또는 글의 전체적인 내용 등을 종합하여 볼 때, 평균적인 독자의 관점에서 문제 된 부분이 실제로는 비평자의 주관적 의견에 해당하고, 다만 비평자가 자신의 의견을 강조하기 위한 수단으로 그와 같은 표현을 사용한 것이라고 이해된다면 명예훼손죄에서 말하는 사실의 적시에 해당한다고 볼 수 없다"(대법원 2017.5.11. 2016도19255).

41) 대법원 1989.11.14. 89도1744.

42) 다만 신문, 잡지, 라디오 기타 출판물에 의한 경우에 비방의 목적이 있으면 출판물등에의한명예훼손죄(제309조)가 성립한다.

43) 대법원 1991.5.14. 91도420.

44) 대법원 1983.8.23. 83도1017.

인지에 대해 구체화된 해석공식을 제시하는 대신. "그 표현에 대한 사회 통념에 따른 객관적 평가에 의하여 판단하여야 한다"[45]고 하면서 명예훼손에의 포섭 여부를 구체적 표현의 내용이나 수위 등 사안의 사실관계에 따라 달라질 수 있다고 하지만, 다음과 같은 몇 가지 가이드라인적 법리를 제공하고 있다. 첫째, 어떤 사람이 범죄를 고발하였다는 사실이 주위에 알려졌다고 하더라도 그 '고발사실 자체만으로는 사회적 가치나 평가가 저하될 가능성이 인정될 수 있는 것은 아니다.'[46] 둘째, 부정적 평가가 내려질 수 있는 내용 뿐 아니라 "가치중립적인 표현을 사용하였다 하더라도 사회 통념상 그로 인하여 특정인의 사회적 평가가 저하되었다고 판단된다면 명예훼손죄가 성립할 수 있다." 따라서 '(주)진로가 일본아사히 맥주에 지분이 50% 넘어가 일본기업이 됐다'는 표현은 가치중립적 표현이지만 피해자 회사의 사회적 가치 내지 평가가 침해될 가능성이 없어서 명예훼손적 표현이 아니라고 한다.[47] 셋째, 어떤 사실을 공개적으로 밝히는 경우 "사회적으로 상당한 주목을 받는 점"을 판단기준의 하나로 내세우기도 한다. 따라서 피해자가 동성애자가 아님에도 불구하고 인터넷사이트에 7회에 걸쳐 피해자가 동성애자라는 내용의 글을 게재한 경우에 대해서는 현재 우리사회에서 자신이 스스로 동성애자라고 공개적으로 밝히는 경우 사회적으로 상당한 주목을 받는 점 등을 고려할 때 명예훼손행위가 된다고 한다.[48]

(2) 주관적 구성요건

62 1) 고의 이 죄가 성립하기 위해서는 사람의 사회적 평가를 저하시킬 수 있는 사실 또는 허위사실을 불특정 또는 다수인에게 알린다는 점 뿐 아니라 공연성에 대한 고의도 인정되어야 한다.[49] 고의인정에 적시의 동기는 문제되지 않는다. 비방의 목적이나 모해목적 등과 같은 초과주관적 요소도 요구되지 않는다. 사실을 적시할 때에 행위자가 다소 흥분하고 있었다고 하여도 고의가 조각되지 않는다.[50]

63 判 대법원은 특히 명예훼손죄의 성립을 제한하기 위해 고의요건을 강화하는 법리를 제시하고 있는바, 이에 따르면 사실의 적시(발설)가 '사실 확인요구에 대해 응답'[51]이나, '피해자에 대한 명예훼손적 발언을 유도하는 사람들에게 질문에 대한 대답'[52]으로 이루어진 경우 또는 '소문의 진위확인을 위한 차원에서 질문'하면서 사실적시가 이루어진 경우[53] 등은 명예훼손의 고의가 부정된다고 한다.

64 例 고의가 부정된 사례: ① 교회의 목사로 새로 부임한 자가 전임목사에 관한 교회 내의 불미스러운 소문의 진위확인을 위해 교회집사에게 이를 물어본 경우(대법원 1985.5.28. 85도588), ② 새조합장이 되어 사회를 보던 피고인이 그 회의 진행의 질서유지를 위한 필요조치로서 이사회의 불신임결의과정에 대한 진상보고를 하면서 피해자가 긴급이사회에서 불신임을 받고 쫓겨나간 사람이라고 발언한 경우(대법원 1990.4.27. 89도1467), ③ 피고인을 명예훼손으로 고소하기 위한

45) 대법원 2007.10.25. 2007도5077
46) 대법원 2009.9.24. 2009도6687; 대법원 1994.6.28. 93도696.
47) 대법원 2008.11.27. 2008도6728.
48) 대법원 2007.10.25. 2007도5077.
49) "전파가능성을 이유로 명예훼손죄의 공연성을 인정하는 경우에는 적어도 범죄구성요건의 주관적 요소로서 미필적 고의가 필요하므로 전파가능성에 대한 인식이 있음은 물론 나아가 그 위험을 용인하는 내심의 의사가 있어야 하고, 그 행위자가 전파가능성을 용인하고 있었는지의 여부는 외부에 나타난 행위의 형태와 행위의 상황 등 구체적인 사정을 기초로 하여 일반인이라면 그 전파가능성을 어떻게 평가할 것인가를 고려하면서 행위자의 입장에서 그 심리상태를 추인하여야 한다"(대법원 2004.4.9. 2004도340).
50) 대법원 1956.4.22. 4287형상36.
51) 대법원 1983.8.23. 83도1017.
52) 대법원 1996.4.12. 94도3309.
53) 대법원 1985.5.28. 85도588.

증거자료를 수집·확보하기 위하여 피해자에 대한 명예훼손적 발언을 유도하는 사람들에게 그 질문에 대한 대답으로 피해자의 여자문제 등 사생활을 적시한 경우(대법원 1996.4.12. 94도3309), ④ 피고인이 아무도 없는 사무실로 甲을 불러 단둘이 이야기를 하였고, 甲에게 그와 같은 사실을 乙에게 말하지 말고 혼자만 알고 있으라고 당부하였으며, 甲이 그 후 乙에게는 이야기하였으나 乙 외의 다른 사람들에게 이야기한 정황은 없는 경우(대법원 2018.6.15. 2018도4200), ⑤ 상급자가로부터 작업장 내에서 발생한 성추행 사건에 관하여 경과보고를 요구받으면서 직장 내 성희롱 관련 미조사에 따른 과태료 부과문제를 추궁당한 피고인(중간관리자)이 성추행 사건 관련 보고를 받아 이를 이미 알고 있었음에도 직원 5명이 함께 있는 자리에서 '피해자는 작업장 내에서 발생한 성추행 사건에 대해 애초에 나한테 보고한 사실이 없다'는 취지로 진술한 경우(대법원 2022.4.14. 2021도17744) 등.

2) 구성요건적 착오 허위의 사실을 진실한 사실로 오인하고 적시한 경우에는 제15조 제1항이 적용되어 허위사실유포명예훼손죄(제307조 제2항)의 고의가 조각되므로 단순명예훼손죄(제307조 제1항)의 인정 여부만 문제된다.[54] 반면에 진실한 사실을 허위의 사실로 인식하고 적시한 때에도 단순명예훼손죄가 인정된다.[55] 65

3. 위법성조각사유

(1) 일반적 위법성조각사유

1) 피해자의 승낙 명예의 주체가 자신에 대한 명예훼손을 승낙한 경우 위법성이 조각된다(통설). 피해자의 승낙이 있는 경우 명예훼손죄의 결과반가치와 행위반가치가 탈락함을 이유로 구성요건해당성이 조각된다고 보는 견해[56]도 있다. 명예훼손죄의 불법이 피해자의 의사에 반하는 것으로만 구성되어 있는 것이 아니기 때문에 위법성조각사유설이 타당하다. 66

2) 법령에 의한 행위 또는 업무로 인한 행위 형사재판에서 검사의 모두진술(형사소송법 제285조)과 피고인의 범죄사실·악행을 적시하거나, 증인의 증언, 변호인의 방어권행사나 반대신문 중에 상대방의 명예훼손적 사실적시가 있어도 법령에 의한 정당행위로 위법성이 조각될 수 있다. 신문, 라디오, TV 등 보도기관의 보도도 국민의 알 권리를 충족시키는 범위 내에서 정보의 이익이 있으면 업무로 인한 정당행위가 될 수 있다. 학술·예술 작품에 대한 공정한 논평 가운데 이루어진 사실적시도 업무로 인한 정당행위가 될 수 있다. 67

국회의원의 면책특권(헌법 제45조)의 형법적 의의와 관련하여 ① 위법성조각사유로 파악 하는 견해[57]가 있으나 ② 면책특권은 특수한 신분관계에 따른 면책에 불과하므로 인적 처벌조각사유에 해당한다고 보는 것이 타당하다. 68

3) 기타 사회상규불위배행위 명예훼손행위가 다른 위법성조각사유에 해당하지 않더라 69

---

54) 이 경우 형법 제310조의 위법성조각여부 또는 위법성조각사유의 전제사실의 착오문제 등이 제기된다. 이에 관해서는 후술한다.

55) 이 경우 경한 기본범죄의 기수와 중한 범죄의 미수의 상상적 경합이 된다는 견해(『총론』 고의 부분 참조)에 의하더라도 허위사실명예훼손죄의 미수는 불가벌이므로 여전히 단순명예훼손죄의 성립만 인정된다.

56) 김일수, 한국형법 Ⅲ, 434면.

57) 손동권/김재윤, §14/21.

도 정당한 목적을 위한 상당한 수단 등 정당행위의 요건을 갖추면 사회상규에 위배되지 아니하는 행위로 위법성이 조각될 수 있다.

70 例 **사회통념 또는 사회상규를 기준으로 삼은 판례사례:** ① 과수원을 경영하는 피고인이 사과를 절취당한 피해자의 입장에서 앞으로 이와 같은 일이 재발하지 않도록 예방하기 위하여 과수원의 관리자와 같은 동네 새마을지도자에게 각각 그들만이 있는 자리에서 개별적으로 피해자가 피고인 소유의 과수원에서 사과를 훔쳐간 사실을 말하였다 하더라도 통상적인 사회생활면으로 보나 사회통념상 위와 같은 피고인의 소위를 위법하다고는 말하기 어렵다(대법원 1986.10.14. 86도1341). ② 자신이 소속된 단체의 조사위원회에 제출한 자료에 자신의 주장을 입증하기 위해 피해자에 대한 명예훼손적 사실이 들어 있는 (과거의) 고소장 사본을 첨부한 경우 위법성이 조각될 수 있다(대법원 1995.3.17. 93도923). ③ 사단법인 진주민속예술보존회의 이사장이 이사회 또는 임시총회의 의장으로서 의안에 관하여 발언하다가 타인의 명예를 훼손하는 내용의 말을 하였다면 사회상규에 반하지 아니한다고 할 수 없으므로 위법성이 조각되지 아니한다(대법원 1990.12.26. 90도2473).

(2) 제310조의 특수한 위법성조각사유

71 1) 의의 형법은 개인의 명예를 보호하기 위해서 적시한 내용이 진실한 사실인 경우에도 명예훼손죄를 인정한다. 하지만 이러한 형법의 태도는 헌법상 표현의 자유와 국민의 알 권리 등을 지나치게 제한하는 결과를 초래할 수 있다. 따라서 형법은 개인의 명예보호와 표현의 자유 등과의 충돌을 조절하기 위해 명예훼손적 행위가 공공의 이익을 위해서 진실한 사실을 적시한 때에는 처벌하지 않는다는 특별규정(제310조)을 마련하고 있다.

2) 성격

72 (가) 실체법적 성격 제310조에서 일정한 요건을 갖춘 명예훼손행위를 "처벌하지 않는다"고 한 문언의 실체법적 의미는 위법성조각사유에 해당한다. 이 규정은 표현의 자유와 조화시키기 위해서 진실성과 공익성이 있는 때에 한하여 정당행위로 인정하자는 취지에서 나온 것이며, 제310조의 표제도 "위법성의 조각"으로 되어 있기 때문이다(통설·판례[58]).

73 (나) 소송법적 성격 **위법성조각사유인 적시사실의 진실성과 공익성에 관한 증명과 관련하여 증**① 피고인에게 입증책임이 있다는 태도(거증책임전환설)와 ② 범죄사실의 증명은 국가기관인 검사에게 있으므로 적시사실에 대해 진실성과 공익성이 없다는 점을 검사가 입증해야 한다는 견해(다수설)가 대립한다.

74 判 대법원은 "사람의 명예를 훼손하는 행위가 형법 제310조의 규정에 따라서 위법성이 조각되어 처벌대상이 되지 않기 위하여는 그것이 진실한 사실로서 오로지 공공의 이익에 관한 때에 해당된다는 점을 행위자가 증명해야 (한다)"고 하고 있어 거증책임의 전환을 인정하고 있다.[59]

---

58) "교회담임목사를 출교처분한다는 취지의 교단산하 재판위원회의 판결문은 성질상 교회나 교단 소속신자들 사이에서는 당연히 전파, 고지될 수 있는 것이므로 위 판결문을 복사하여 예배를 보러온 신도들에게 배포한 행위에 의하여 그 목사의 개인적인 명예가 훼손된다 하여도 그것은 진실한 사실로서 오로지 교단 또는 그 산하교회 소속신자들의 이익에 관한 때에 해당하거나 적어도 사회상규에 위배되지 아니하는 행위에 해당하여 위법성이 없다"(대법원 1989.2.14. 88도899).

59) 대법원 1996.10.25. 95도1473.

제310조는 "벌하지 아니한다"라고만 되어 있는데[60] 여기서 벌하지 않는 사유의 부존재가 곧 범죄사실에 해당하기 때문에 검사가 여전히 거증책임을 부담한다고 해야 한다. 75

3) 적용요건 제310조는 제307조 제1항의 죄에 한하여 적용되며,[61] 제310조에서는 위법성조각의 요건을 적시된 사실이 진실해야 하며, 그것이 오로지 공공의 이익에 관한 것이라야 한다고 한다. 76

(가) 진실성 적시된 사실은 진실한 사실임을 요한다. 진실한 사실은 세부 내용에서 다소 진실과 합치되지 아니하거나 약간의 과장된 표현이 있어도 그 중요부분이 객관적 사실과 합치하여 전체로서 진실하다고 볼 수 있으면 충분하다.[62] 77

(나) 공익성 사실의 적시는 오로지 공공의 이익에 관한 것이어야 한다. 공공의 이익이란 국가, 사회 기타 일반 다수인의 이익에 관한 것뿐만 아니라 특정한 사회집단이나 그 구성원의 관심과 이익이 되는 것을 말한다.[63] 공적 생활에 관한 사실이든, 개인적 생활에 관한 사실이든 묻지 않는다. 다만 개인의 사적인 신상에 관하여 적시된 사실인 경우 그 적시의 주요한 동기가 공공의 이익을 위한 것이어야 하고,[64] 객관적으로 공공의 이익에 관한 것이 되기 위해서는 상당한 정도로 명백하여야 하며, 사실적시가 공공의 이익상 필요한 한도를 초월하지 않아야 한다. 78

判 대법원은 명예훼손죄의 성립을 제한하기 위해 '오로지'라는 법문상의 표현을 그대로 적용하지 않는다. 공공의 이익이 유일한 동기일 것을 요하는 것은 아니며 주된 동기가 공공의 이익에 관한 것이라면 부수적으로 사익 또는 다른 목적이 포함되어 있어도 공익성 요건이 충족된 것으로 본다.[65] 그러나 대법원은 공익성 여부의 판단을 위해서도 "적시사실의 구체적 내용과 상대방의 범위, 표현방법, 훼손되는 명예침해 정도 등 제반사정을 고려"하는 이른바 종합적 판단설에 따르면서 구체적 사실관계의 특수성을 반영할 여지를 확보하고 있다.[66] 특히 대법원은 사인이라도 그가 관계하는 사회적 활동의 성질과 사회에 미칠 영향을 헤아려 공공의 이익에 관련되는지 판단하여야 한다[67]는 입장이다. 79

例 공익성이 긍정된 사례: ① 아파트 재건축을 방해하는 행위를 "강탈 · 도용", "악의에 찬", "행패", "협박과 80

---

60) 제310조를 거증책임전환 규정으로 해석하려면 독일이나 일본형법처럼 "진실이라고 증명되지 아니한 때" 또는 "진실이라는 증명이 있으면"이라는 표현이 있어야 한다,

61) 대법원 1993.4.13. 92도234.

62) 대법원 2001.10.9. 2001도3594.

63) 대법원 2001.10.9. 2001도3594.

64) "개인의 사적인 신상에 관한 사실이라고 하더라도 그가 관계하는 사회적 활동의 성질이나 이를 통하여 사회에 미치는 영향력의 정도 등의 여하에 따라서는 그 사회적 활동에 대한 비판 내지 평가의 한 자료가 될 수 있는 것이므로 개인의 사적인 신상에 관하여 적시된 사실도 그 적시의 주요한 동기가 공공의 이익을 위한 것이라면 위와 같은 의미에서 형법 제310조 소정의 공공의 이익에 관한 것으로 볼 수 있는 경우가 있다"(대법원 1996.4.12. 94도3309).

65) "행위자의 주요한 동기 내지 목적이 공공의 이익을 위한 것이라면 부수적으로 다른 사익적 동기가 내포되어 있더라도 형법 제310조의 적용을 배제할 수 없다"(대법원 1998.10.9. 97도158). 같은 취지로는 대법원 2020.3.2. 2018도15868.

66) 대법원 1995.11.10. 94도1942.

67) 대법원 2020.11.19. 2020도5813 전원합의체.

공포분위기 조성에 혈안이다"와 같이 과격하고 감정적인 표현을 사용한 유인물을 만들어 조합원에게 배포한 경우(대법원 1996.10.25. 95도1473), ② 신학대학교의 교수가 방송·출판물 등을 통하여 휴거론을 주장하는 종교단체인 구원파를 이단으로 비판하는 과정에서 종교지도자로 지목한 특정인이 독일에서 강연하다가 강단에서 끌어내려져 망신을 당했다는 사실을 적시한 경우(대법원 1996.4.12. 94도3309), ③ 개인택시운송사업조합 이사장 선거의 출마자가 선거운동과정에서 경쟁 후보자의 비리사실을 적시하면서 '조합원을 기만하고 우롱하는 행위' 등의 감정적이고 과격한 표현을 담은 한 장의 종이를 조합원에게 배포한 경우(대법원 1998.10.9. 97도158), ④ 노동조합 조합장이 전임 조합장의 업무처리 내용 중 근거자료가 불명확한 부분에 대하여 대자보를 작성하여 조합원인 운전자들의 대기실로 사용되는 배차실에 부착한 경우(대법원 1993.6.22. 92도3160), ⑤ 대통령후보에 대해 "상업학교 출신의 학력의 닮은 꼴 후계자"라는 표현을 사용하여 신문 등에 보도한 경우(대법원 2003.12.26. 2003도4227), ⑥ 한나라당 대전시 선거대책자문위원회 의장이 당원 200여 명을 두고 연설을 하면서 특정인이 대통령에 당선되지 않도록 하기 위해 "○후보의 장인이 인민위원장 빨치산 출신인데 애국지사 11명을 죽이고 형무소에서 공산당만세를 부르다가 죽었다", "공산당 김정일이가 총애하는 ○○○이 정권 잡으면 나는 절대 못산다"는 발언을 한 경우(대법원 2004.10.27. 2004도3919), ⑦ 지역 여성단체가 인터넷 홈페이지와 소식지에 학내성폭력사건의 철저한 진상조사와 처벌 그리고 성폭력근절을 위한 대책마련을 촉구하기 위한 목적으로 모대학 교수가 자신의 연구실내에서 제자인 여학생을 성추행하였다는 내용의 글을 게재한 경우(대법원 2005.4.29. 2003도2137), ⑧ 아파트 동대표인 피고인이 자신에 대한 부정비리의혹을 해명하기 위하여 그 의혹제기자가 명예훼손죄로 입건된 사실 등을 기재한 문서를 아파트 입주민들에게 배포한 경우(대법원 2005.7.15. 2004도1388), ⑨ 개인택시운송조합 전임 이사장이 새로 취임한 이사장의 비리에 관한 사실을 적시하여 조합원들에게 유인물을 배포한 경우(대법원 2007.12.14. 2006도2074), ⑩ 서울대학교 총학생회장인 피고인이 농활 답사 과정에서 자신을 포함한 학생회 임원진의 음주운전 및 묵인 관행에 대해 글을 써 교내 온라인 커뮤니티, 페이스북 등에 게시한 경우(대법원 2023.2.2. 2022도13425).

81 例 **공익성이 부정된 사례:** ① 연구소 소장의 비리를 폭로하면서 그 내용에 일부 진실한 사실이 포함되어 있지만 상대방을 비방하는 취지가 주조를 이루고 있는 청원서를 그 주장을 심사할 수 있는 권한을 가진 사람에게 발송하여 시정을 구하고 더 나아가 감독관청인 과기처장관 및 심사권한이 없는 정치인, 언론인, 언론기관 등에까지 발송한 경우(대법원 1995.11.10. 94도1942), ② 의료보험관리공단의 직원이 그 공단의 전산망에 설치된 전자게시판에 동료직원의 비리에 관한 진실한 사실을 지적하고 공직자로서의 품위를 손상시킨 행위에 상응하는 인사조치를 취할 것을 촉구한 경우(대법원 2000.5.12. 99도5734), ③ 회사의 대표이사에게 압력을 가하여 단체협상에서 양보를 얻기 위한 방법의 하나로 현수막과 피켓을 들고 확성기를 사용하여 반복해서 불특정다수의 행인을 상대로 소리치면서 거리행진을 한 경우(대법원 2004.10.15. 2004도3912), ④ 전교조 소속 교사들이 학교운영의 공공성, 투명성의 보장을 요구하여 학교가 합리적이고 정상적으로 운영되게 할 목적으로 공연히 사실을 적시하였더라도, 피해자들(이사장, 교장)의 거주지 앞에서 그들의 주소까지 명시하여 명예를 훼손한 경우(대법원 2008.3.14. 2006도6049).

82 (다) 주관적 정당화요소 행위자가 적시된 사실의 진실성과 공익성을 인식하고 공공의 이익을 위한다는 의사 내지 동기에 기한 행위를 하여야 한다. 공익성이 인정되는 한 표현이 다소 과장되어도 무방하다.

83 判 대법원은 명예훼손죄의 성립을 제한하는 차원에서 출판물등에의한명예훼손죄의 경우도 형법 제310조의 적용범위 속에 포함시킬 수 있도록 하기 위해 적시된 사실이 공익에 관한 것일 때에는 특별한 사정이 없는 한 비방의 목적은 부정되고, 반대로 사람을 비방할 목적이 있는 때에는 공익을 위한 동기가 부정된다는 입장을 취한다.[68] 예컨대 페이스북에 '과거 자신이 근무했던 회사 대표가 직원들에게 술을 강권하였다'는 취지의 허위사실

---

68) "형법 제309조 소정의 사람을 비방할 목적이란 가해의 의사 내지 목적을 요하는 것으로서 공공의 이익을 위한 것과는 행위자의 주관적 의도의 방향에 있어 서로 상반되는 관계에 있다고 할 것이므로, 적시한 사실이 공공의

을 게재한 경우 대법원은 회식참석 등은 단순한 근로자 개인의 취향 문제로 취급할 수 없고, 직장 갑질에 대한 사회적 관심을 환기시키기 위한 것임을 고려하여 공익성을 인정하면서 비방목적을 부정하였다.[69]

하지만 인간의 심리는 다양한 생각들이 복잡하게 응축된 다층적 구조로 이루어져 있어서 84
일정한 행위를 할 경우 상충되는 다른 목적과 동기가 얼마든지 병존할 수 있다. 이 때문에 대법원의 위 입장이 인간에 대한 지나친 소박한 이해에 경도된 나머지, 타인에 대한 비방의 목적과 공익을 위한 동기의 양립불가능성을 고정된 도그마로 삼는 태도로 이어져서는 안 될 것으로 보인다(이에 관해서는 출판물등에 의한 명예훼손죄 참조).

4) 제310조의 법적 효과

(가) 위법성조각 이 규정의 법적 성격을 위법성조각사유라고 보는 입장에 따르면 명예 85
훼손죄의 구성요건에 해당하는 행위라도 객관적 요건(진실성과 공익성)과 주관적 요건(진실성과 공익성에 대한 인식을 하면서 공익을 위한 동기 내지 목적을 가질 것)이 충족되면 명예훼손죄의 위법성이 조각된다.

(나) 진실성 또는 공익성에 관한 착오의 효과 **객관적으로 진실성 또는 공익성이 인정되지 않** 86
음에도 불구하고 이를 오인한 행위자의 착오의 효과가 문제된다. 이에 관해서는 ① 제310조가 위법성조각사유인 한 이 규정의 요건은 위법성조각사유의 전제사실이 되고 따라서 이 사실에 대한 착오는 위법성조각사유의 전제사실의 착오라고 하는 견해[70](위법성조각사유의 전제사실의 착오설), ② 제310조의 적용을 위한 특별한 주관적 정당화요소로서 '성실한 검토의무'를 인정하여 이를 허용된 위험의 법리와 결합시키면 성실한 진실성에 대한 성실한 검토의무를 이행한 이상 행위반가치가 탈락되므로 명예훼손의 결과가 발생하였음에도 불구하고 위법성이 부정된다고 하는 견해[71](허용된 위험설), ③ 진실성요건은 제310조에 규정되어 있지만 실제로는 명예훼손죄의 가중구성요건의 적용과 감경구성요건의 적용을 가르는 기준일 뿐 위법성조각 여부를 결정하거나 위법성조각사유의 전제사실이 될 수 없어서 이에 관한 착오도 위법성조각사유의 전제사실의 착오가 될 수 없고, 오직 형법 제15조 제1항의 적용을 가능케 하는 근거로서 행위자가 자신의 행위가 허용된 것으로 오인하도록 만든 요인이 된 경우에는 위법성의 착오가 될 수 있다는 견해[72](위법성착오설) 등이 대립한다.

이익을 위한 것인 때에는 특별한 사정이 없는 한 비방의 목적은 부정된다"(대법원 2005.4.29. 2003도2137). 하지만 "독자, 시청자, 청취자 등은 언론매체의 보도내용을 진실로 신뢰하는 경향이 있고, 언론매체는 이러한 신뢰를 기반으로 사회에 대한 비판·감시기능을 수행하는 것이라는 점 등을 고려하면, 언론매체가 피해자의 명예를 현저하게 훼손할 수 있는 보도내용의 주된 부분이 허위임을 충분히 인식하면서도 이를 보도하였다면 특별한 사정이 없는 한 거기에는 사람을 비방할 목적이 있다고 볼 것이고, 이 경우에는 위와 같은 법리에 의하여 위법성이 조각될 여지가 없는 것이다"(대법원 2008.11.27. 2007도5312).

69) 대법원 2022.4.28. 2020도15738.

70) 엄격책임설에 따르면 이 착오는 위법성의 착오에 해당하므로 형법 제16조가 적용된다고 하고, 제한책임설 내지 법효과전환책임설에 따르면 구성요건적 착오와 같이 취급되어 과실범 또는 과실책임만 인정하게 되나 이 죄의 과실범처벌이 없으므로 불가벌로 취급한다.

71) 김일수/서보학, 194면; 김재봉, "형법 제310조와 의무합치적 심사", 형사판례연구(8), 202면 이하; 임웅, 212면.

87 判 대법원은 이러한 경우 적시된 사실이 객관적으로 공공의 이익을 위한 것이고 행위자가 공공의 이익을 위해 그 사실을 적시하면서 진실한 사실이라고 오인한 데에 상당한 이유가 있을 것을 조건으로 위법성을 조각시킨다는 태도를 취한다.[73)]

88 생각건대 제310조의 진실성요건은 적시된 사실이 진실한 사실이 객관적으로 존재할 것을 전제로 한다. 따라서 적시된 사실이 허위의 사실인 이상 행위자가 그 진실성에 관한 주관적 오인이 있어도 '위법성'조각은 불가능하다. 이 때문에 범죄체계상 허위의 사실을 진실한 사실로 오인한 사례에 대해 위법성조각의 결론을 내리는 해결방안(허용된 위험설 및 판례)은 주장되기 어렵다. 특히 적시사실의 진실성은 위법성조각사유이면서도 동시에 제307조 제1항의 단순명예훼손죄의 구성요건요소이기도 하다. 이점에서 보면 진실성에 관한 오인을 단순히 위법성조각사유 관련적 착오만의 문제가 아니라 구성요건적 사실의 착오적 측면도 가지고 있다.

89 따라서 허위의 사실을 진실한 사실로 오인한 경우는 위법성조각사유의 전제사실의 착오가 아니라 형법 제16조의 위법성의 착오문제로 해결하는 것이 타당하다. 이러한 해결방안에 이를 수 있는 법적용 과정은 다음과 같다.

90 허위사실을 진실한 사실로 오인한 경우는 형법 제15조 제1항이 적용되어 형법 제307조 제1항의 객관적 구성요건의 충족이 인정된다. 이로써 위 오인사례는 제310조의 적용 트랙으로 들어오게 된다. 그러나 행위자가 진실한 사실이라고 오인한 (그러나 실제로는 허위인) '그' 사실의 적시가 공공의 이익과 관계되는 것으로 생각한 경우라면, 행위자의 이러한 행위는 다시 제16조의 적용대상이 될 수 있다. 자신의 행위가 위법하지 아니한 것(즉 형법 제16조의 '죄가 되지 아니한 것')으로 오인한 행위가 되기 때문이다. 형법 제16조의 위법성의 착오로 책임이 조각되려면 행위자는 자신의 행위가 허용되는 것으로 오인함에 있어 '정당한 이유'가 인정되어야 한다.

91 이러한 입장에 따르면 형법 제310조의 위법성조각사유에 대한 행위자의 오인이 위법성조각사유의 객관적 전제사실의 착오 문제로 해결될 수 있을 가능성은 진실성 요건에 관한 오인이 아니라 공익성요건에 관한 오인이 있는 경우일 뿐이다. 행위자가 진실한 사실을 적시하였고, 따라서 형법 제307조 제1항이 적용되지만 — 그 적시된 사실이 공공의 이익에 관계된 사실일 경우에는 다시 제310조 적용가능성이 열린다. 그러나 이 경우 행위자가 공익성에 관해 오인한 경우라면, 이는 위법성조각사유의 객관적 전제사실인 공익성요건에 관한 착오가 되는 것이다(위법성조각사유의 전제사실의 착오에 관한 해결방안에 관해서는 『총론』의 위법성의 착오 부분 참조).

5) 제310조의 적용범위

92 제310조는 제307조 제1항의 사실적시명예훼손죄의 경우에만 적용되고, 제307조 제2항의

72) 손동권/김재윤, §14/30–33.

73) "공연히 사실을 적시하여 사람의 명예를 훼손한 행위가 형법 제310조에 따라서 위법성이 조각되어 처벌받지 않기 위하여는 적시된 사실이 객관적으로 볼 때 공공의 이익에 관한 것으로서 행위자도 공공의 이익을 위하여 그 사실을 적시한 것이어야 될 뿐만 아니라, 그 적시된 사실이 진실한 것이거나 적어도 행위자가 그 사실을 진실한 것으로 믿었고 또 그렇게 믿을 만한 상당한 이유가 있어야 한다"(대법원 1994.8.26. 94도237).

허위사실명예훼손죄나 제309조 제2항의 출판물등에 의한 허위사실적시 명예훼손죄 등의 경우에는 원칙적으로 적용되지 않는다.

判 대법원은 모욕죄의 경우에는 제310조의 적용을 배제하지만,[74] 군형법상 상관명예훼손죄, 즉 '공연히 사 93
실을 적시하여 상관의 명예를 훼손한 경우'와 같이 허위사실의 적시는 아니지만 행위객체를 상관으로 정하여 형법 제307조 제1항의 사실적시에 의한 명예훼손죄보다 형을 높여 처벌하고 있는 군형법 제64조 제3항에 대해서는 제310조를 유추적용할 수 있다는 태도를 취한다.[75]

다른 한편 ① 행위자가 허위의 사실을 진실한 사실로 오인한 사례에서도 형법 제15조 제1항에 따라 제307조 제2항이 아닌 제307조 제1항이 적용되는 중간과정을 거쳐 제310조의 위법성조각사유가 적용가능하고, ② 행위자가 출판물을 이용한 경우에도 허위사실을 진실한 사실로 오인하고, 나아가 공공의 이익을 위한 목적으로 사실을 적시를 한 사례에서도 비방목적이 부정되고 허위사실에 대한 오인부분은 제15조 제1항에 따라 최종적용법조는 제307조 제1항이 적용되는 중간과정을 거쳐 결국 제310조의 위법성조각사유가 적용가능하게 된다.

4. 죄수, 타죄와의 관계

(1) 죄수

명예는 일신전속적 법익이므로 피해자가 수인인 경우 피해자의 수를 기준으로 죄수가 결 94
정된다. 따라서 1개의 문서로 2인 이상의 명예를 훼손한 때에는 수죄의 상상적 경합이 된다. 집합명칭에 의해 그 구성원들의 명예를 훼손한 경우에는 그 구성원 수만큼의 죄가 성립하고 그 수죄의 상상적 경합이 된다. 동일인에 대해 명예를 훼손하는 사항을 수회 반복하더라도 포괄일죄의 인정요건을 구비하면 일죄가 된다.

(2) 타죄와의 관계

이 죄와 모욕죄는 모두 외부적 명예를 보호법익으로 하지만 경멸적 표현이나 감정적 언 95
사를 통한 모욕이냐 사실적시냐는 구체적인 상황에서 달라지고 모욕죄는 사실적시로 인정되지 못할 경우에 한하여 성립할 수 있으므로 양죄는 묵시적 보충관계에 있다고 볼 수 있다(보충관계). 허위사실을 적시하여 명예와 신용을 동시에 훼손하면 신용훼손죄만 성립하고(특별관계), 진실한 사실을 적시하여 사람의 신용을 훼손하면 명예훼손죄만 성립한다. 이 죄와 공직선거법상의 후보비방죄(제251조)는 보호법익과 구성요건이 다른 별개의 범죄로서 상상적 경합범이 된다.[76]

---

74) 대법원 2004.6.25. 2003도4934.

75) "그 이유는 다음과 같다. 군형법상 상관명예훼손죄는 상관에 대한 사회적 평가, 즉 외부적 명예 외에 군 조직의 질서 및 통수체계 유지 역시 보호법익으로 한다. 그런데 군형법 제64조 제3항의 상관명예훼손죄는 행위의 상대방이 '상관'이라는 점에서 형법 제307조 제1항의 명예훼손죄와 구별되는 것일 뿐 구성요건적 행위인 명예훼손을 형법상의 개념과 다르게 해석할 이유가 없다. 따라서 군형법상 상관명예훼손죄와 형법상 명예훼손죄의 불법내용에 본질적인 차이가 있다고 보기 어렵고, 문제되는 행위가 '공공의 이익에 관한 때'에 해당하는지를 심사할 때에 상관명예훼손죄가 보호하고자 하는 군의 통수체계와 위계질서에 대한 침해 위험 등을 추가적으로 고려함으로써 위법성조각사유의 해당 여부를 판단하면 충분하다"(대법원 2024.4.16. 2023도13333).

76) 대법원 1998.3.24. 97도2956.

Ⅲ. 허위사실적시명예훼손죄

> 제307조 (허위사실적시명예훼손죄) ② 공연히 허위의 사실을 적시하여 사람의 명예를 훼손한 자는 5년 이하의 징역, 10년 이하의 자격정지 또는 1천만원 이하의 벌금에 처 한다.
>
> 제312조(반의사불벌죄) ② 제307조와 제309조의 죄는 피해자의 명시한 의사에 반하여 공소를 제기할 수 없다.

1. 의의, 성격

96 공연히 허위의 사실을 적시하여 사람의 명예를 훼손함으로써 성립하는 범죄이다. 적시사실의 허위성 때문에 단순명예훼손죄에 비하여 형이 가중되는 가중적 구성요건이다. 이 죄도 반의사불벌죄에 해당한다.

2. 구성요건

97 적시사실이 허위사실인 점을 제외하고는 단순명예훼손죄와 다를 바 없다. 적시사실의 허위성은 중요부분을 기준으로 삼아 판단하기 때문에 세부사항에서 객관적 진실과 약간 차이가 나거나 어느 정도 과장된 표현이 있어도 허위사실에 해당하지 않는다. 그러나 중요한 부분이 객관적 사실과 일치하지 않으면 허위성이 인정된다.[77] 일부사실은 허위이고 일부사실은 허위가 아닌 경우에도 허위사실이라고 할 수 없는 경우가 있다.[78]

98 이 죄가 성립하려면 적시사실의 허위성에 대해서도 행위자의 고의가 인정되어야 한다. 허위사실을 적시하였더라도 불미스러운 소문의 진위를 확인하고자 질문을 하는 과정에서의 발언이라면 명예훼손의 고의가 인정되지 않는다.[79] 적시사실의 허위성에 대해 착오를 일으켜 진실한 사실이라고 오인한 경우에는 제15조 제1항이 적용되어 중한 고의가 탈락하고 단순명예훼손의 고의만 인정된다. 행위자가 허위사실임을 인식한 경우에는 제310조의 위법성조각사유가 적용될 여지가 없다.

Ⅳ. 사자명예훼손죄

> 제308조 (사자명예훼손죄) 공연히 허위의 사실을 적시하여 사자의 명예를 훼손한 자는 2년 이하의 징역이나 금고 또는 500만원 이하의 벌금에 처한다.
>
> 제312조(친고죄) ① 제308조와 제311조의 죄는 고소가 있어야 공소를 제기할 수 있다.

---

77) 대법원 2014.3.13. 2013도12430.

78) 대법원 2000.2.25. 99도4757.

79) 대법원 2018.6.15. 2018도4200.

1. 의의, 성격

공연히 허위의 사실을 적시하여 사자의 명예를 훼손함으로써 성립하는 범죄이다. 적시사실이 허위[80]이지만 주체가 사자라는 점에서 독립된 구성요건으로 규정되어 있고 친고죄에 해당하며, 간접정범으로도 범해질 수 있기 때문에 자수범이 아니다. 99

判 대법원은 사자도 명예의 주체가 된다는 전제하에서 이 죄의 보호법익을 사자의 역사적 존재로서의 인격적 가치로 파악한다. 100

그러나 이 죄의 보호법익이 사자의 명예가 아니라 유족이나 지인을 포함한 일반대중의 추모감정으로 파악하는 것이 타당하다는 점은 앞서 설명하였다. 보호법익과의 관계상 사실적시명예훼손죄의 경우와 마찬가지로 민사상 손해배상으로 대응하는 것이 보다 적합하므로 비범죄화하는 것이 바람직하다. 101

2. 구성요건

(1) 객관적 구성요건

이 죄의 객체도 사자가 아니라 사자의 명예임은 단순명예훼손죄의 경우와 같다. 다만 자연인인 사자에 국한하므로 해산된 법인이나 소멸된 법인격 없는 단체의 명예가 훼손되어도 이 죄에 해당하지 않는다. 적시되는 사실은 허위사실에 국한되고 진실한 사실인 경우에는 아무런 죄가 되지 않는다. 102

(2) 주관적 구성요건

1) 고의 　이 죄의 고의로서 다른 죄의 경우와 마찬가지로 **미필적 고의만으로 족한지**에 대해 견해가 갈린다. ① 미필적 고의로는 부족하고 확정적 고의에 한한다는 견해도 있고, ② 적시하는 사실이 허위라는 점은 확정적 고의를 요하고 기타 부분은 미필적 고의로 충분하다는 견해도 있다. 103

생각건대 이 죄의 성립범위를 제한적으로 해석하려면 의욕적 요소와 관련해서는 가장 낮은 단계인 용인의사를 인정하여 미필적 '고의'만 있으면 족하지만 적시사실의 허위성에 관한 인식과 관련하여 가능성의 인식(즉 미필적 '인식')만으로는 부족하고 확실한 '인식'이 요구된다고 하는 것이 바람직하다. 고의인정을 위한 인식적 요소와 관련하여 허위사실 여부에 대한 가능성의 인식(미필적 인식)만으로 충분하다고 한다면 역사적 인물에 대한 평가를 하려는 시도가 대부분 사자명예훼손죄에 해당하게 될 것이므로, 이로 인하여 역사의 정확성과 진실이 은폐될 수 있기 때문이다. 104

---

80) 사자에 대한 진실한 사실의 적시도 명예훼손죄에 해당한다면 역사적 기록과 진실에 대한 공정한 평가도 범죄로 되기 때문이다.

105 2) 구성요건적 착오 ① 사자로 오인하고 허위사실을 적시하였으나 상대방이 생존자인 경우에는 허위사실적시명예훼손죄가 사자명예훼손죄와의 관계에서 가중구성요건이므로 제15조 제1항이 적용되어 사자명예훼손죄가 성립한다. ② 생존자로 오인하고 허위사실을 적시하였으나 사자인 경우는 '큰 고의에는 작은 고의가 포함되어 있다'는 논리에 따라 경한 고의를 인정하여 사자명예훼손죄가 성립한다. ③ 사자로 오인하고 진실한 사실을 적시하였으나 생존자인 경우에는 범죄의사가 없는 경우이고, 과실처벌규정이 없으므로 아무런 죄가 되지 않고, ④ 생존자로 오인하고 진실한 사실을 적시하였으나 사자인 경우에는 객체의 불능으로 인한 결과발생이 불가능한 경우로서 형법 제27조가 적용되어 위험성유무에 따라 불능미수의 가벌성여부가 문제되지만 명예훼손죄의 경우 미수처벌규정이 없으므로 무죄가 된다.

3. 고소권자

106 친고죄인 이 죄의 고소권자는 사자의 친족 또는 자손이다(형사소송법 제227조). 이러한 고소권자가 없는 때에는 이해관계인의 신청에 의하여 검사가 10일 이내에 고소권자를 지정해야 한다(형사소송법 제228조).

Ⅴ. 출판물등에의한명예훼손죄

> 제309조(출판물등에의한명예훼손죄) ① 사람을 비방할 목적으로 신문, 잡지 또는 라디오 기타 출판물에 의하여 제307조 제1항의 죄를 범한 자는 3년 이하의 징역이나 금고 또는 700만원 이하의 벌금에 처한다.
>
> ② 제1항의 방법으로 제307조 제2항의 죄를 범한 자는 7년 이하의 징역, 10년 이하의 자격정지 또는 1천500만원 이하의 벌금에 처한다.
>
> 제312조(반의사불벌죄) ② 제307조와 제309조의 죄는 피해자의 명시한 의사에 반하여 공소를 제기할 수 없다.

1. 의의, 성격

107 사람을 비방할 목적으로 신문, 잡지 또는 라디오 기타 출판물에 의하여 제307조 제1항의 명예훼손죄 또는 제2항의 허위사실적시명예훼손죄를 범함으로써 성립하는 범죄이다. 이 죄는 비방의 목적과 행위태양을 고려하여 형이 가중되는 가중적 구성요건이며 목적범이지만 자수범은 아니다. 반의사불벌죄에 해당한다. 계속범이 아니라 즉시범이다.

108 判 대법원도 이 죄를 즉시범으로 보고 있다. 신문 기타 출판물에 명예훼손적 내용을 게재하는 것만으로 명예훼손의 범행은 종료되며, 그 이후 신문이나 서적 등을 회수하지 않은 동안 범행이 계속되는 것은 아니기 때문이라고 한다. 정보통신망법상의 명예훼손죄의 경우도 마찬가지로 본다.[81]

---

81) "서적·신문 등 기존의 매체에 명예훼손적 내용의 글을 게시하는 경우에 그 게시행위로써 명예훼손의 범행은 종료하는 것이며 그 서적이나 신문을 회수하지 않는 동안 범행이 계속된다고 보지는 않는다는 점을 고려해 보면, 정보통신망을 이용한 명예훼손의 경우에, 게시행위 후에도 독자의 접근가능성이 기존의 매체에 비하여 좀 더

2. 구성요건

(1) 객관적 구성요건

1) 일반 요건　　사실적시의 태양이 높은 전파성과 장기간의 보존가능성을 가진 신문, 109
잡지, 라디오 기타 출판물 등을 매개로 이루어지기 때문에 별도로 '공연성'은 구성요건요소가 아니다.

피해자가 특정되어야 하지만 게재된 기사나 영상만으로는 피해자를 인식하기 어려워도 110
표현의 내용과 주위사정을 종합하여 누구에 대한 것인가를 알 수 있으면 피해자가 특정되었다고 할 수 있다.[82] 허위사실적시 출판물명예훼손죄의 경우 일부 사실적시 부분만을 따로 떼어 허위사실이라고 해서는 안 된다.[83]

2) 기타 출판물　　출판물은 인쇄한 유인물(제본 인쇄물)에 해당하는 것을 의미하는데, 출 111
판된 제본인쇄물이나 제작물은 아니라도 적어도 그와 같은 정도의 효용과 기능을 가지고 사실상 출판물로 유통·통용될 수 있는 외관을 가진 인쇄물로 볼 수 있어야 한다.[84]

例 대법원은 모조지에 싸인펜으로 기재한 삽입 광고물(대법원 1986.3.25. 85도1143), 제본방법이 조잡한 2장에 기재된 최고서 112
사본(대법원 1997.8.26. 97도133), 제호 없이 낱장의 종이에 자기주장을 광고하는 문안이 인쇄된 인쇄물(대법원 1998.10.9. 97도158), 컴퓨터의 워드프로세스로 작성·프린트된 A4 용지 7쪽 분량의 유인물(대법원 2000.2.11. 99도3048) 등은 출판물로 인정하지 않았다.[85]

TV, 영화, 녹음·비디오테이프, 인터넷의 통신망 또는 게시판이 출판물에 해당하는지와 관 113
련하여 ① 이 죄의 출판물을 예시규정으로 보아 포함된다고 해석하는 견해[86]와 ② 피고인에게 불리한 유추해석으로서 허용될 수 없다는 견해[87]가 대립한다.[88] 이러한 매체물이 대중에게 전파될 가능성이 높기 때문에 가중처벌할 필요는 있지만 법문에 열거되어 있지도 않고 인쇄매체를 전제로 하는 출판물이라도 할 수 없으므로 이 죄의 '기타 출판물'에 해당한다고 볼 수 없다. TV 역시 라디오와 같은 방송매체이기는 하지만 '출판물'이라고 할 수 없기는 마찬가

높다고 볼 여지가 있다 하더라도 그러한 정도의 차이만으로 정보통신망을 이용한 명예훼손의 경우에 범죄의 종료 시기가 달라진다고 볼 수는 없다"(대법원 2007.10.25. 2006도346).

82) 대법원 1989.11.14. 89도1744.

83) "타인의 발언을 비판할 의도로 출판물에 그 타인의 발언을 그대로 소개한 후 그 중 일부분을 부각, 적시하면서 이에 대한 다소 과장되거나 편파적인 내용의 비판을 덧붙인 경우라 해도 위 소개된 타인의 발언과의 전체적, 객관적 해석에도 불구하고 위 비판적 내용의 사실적시가 허위라고 읽혀지지 않는 한 위 일부 사실적시 부분만을 따로 떼어 허위사실이라고 단정하여서는 안 된다"(대법원 2007.1.26. 2004도1632).

84) 대법원 1997.8.26. 97도133.

85) 인쇄하지 않은 유인물이나 기타 출판물에 해당하지 않는 매체를 통한 사실적시는 형법 제307조 제1항 또는 제2항의 사실적시에 해당한다.

86) 김성천/김형준, 301면; 김일수/서보학, 201면.

87) 오영근, §12/62; 임웅, 219면.

88) '정보통신망법' 제61조는 인터넷 등 정보통신망을 통한 명예훼손행위에 대하여 처벌규정을 두고 있지만, TV 등 구체적인 매체를 명시하고 있지 않아 여전히 문제가 된다. 하지만 개인적으로 제작한 녹음·비디오테이프는 어떤 경우에도 이 죄의 기타 출판물에 해당한다고 할 수 없다.

지이다.[89] 다만 인터넷 통신망, 전자게시판 혹은 인터넷상의 동영상물(일명 UCC)은 정보통신망법(제70조)에서 인터넷통신망 속에 포함되어 있으므로 허위의 사실이고 비방의 목적이 있으면 이 법률에 따라 처벌대상이 된다.[90]

(2) 주관적 구성요건

114 1) 고의 적시사실의 진실성(제1항) 또는 허위성(제2항)에 대한 인식뿐 아니라 출판물 등을 통해 허위사실이 적시된다는 데에 대한 인식 및 의사가 있어야 한다. 행위자가 적시되는 사실이 허위라는 인식을 하지 못하였다면 형법 제309조 제1항의 죄로서 벌하는 것은 별론으로 하고 형법 제309조 제2항의 죄로서는 벌할 수 없다.[91] 뿐만 아니라 제보자가 기사의 취재나 작성과 직접적인 연관성이 없는 자에게 허위사실을 알려 준 때에는 기사화를 특별히 부탁하였거나 상대방이 기사화할 것이 고도로 예상되는 특별사정이 없는 한 상대방이 언론에 공개하여 기사화하였어도 이 죄는 성립되지 않는다.[92] 하지만 이러한 경우에도 피제보자가 전해들은 허위사실을 국회의원 등을 통해 공론화함으로써 불특정 또는 다수인에게 전파될 수 있음을 인식하면서 이를 용인하고 있었음을 인정할 수 있으면 제307조 제2항의 허위사실적시 명예훼손죄가 성립할 수 있다.[93]

115 2) 비방의 목적 고의 이외에 초과주관적 구성요건요소인 비방의 목적이 있어야 한다.[94] 비방의 목적이란 사람의 명예를 훼손시키기 위해서 인격적 평가를 저하시키려는 목적을 말한다. 비방의 목적 여부의 판단은 당해 적시사실의 내용과 성질, 당해 사실의 공표가 이루어진 상대방의 범위, 그 표현의 방법 등 그 표현 자체에 관한 제반사정을 감안함과 동시에 그 표현에 의하여 훼손되거나 훼손될 수 있는 명예의 침해 정도 등을 비교, 고려하여 결정해야 한다.[95]

116 判 대법원은 비방의 목적이 있으면 진실한 사실을 적시한 때에도 제310조의 규정이 적용될 여지가 없다고 하지만,[96] 제310조의 적용범위를 확대하기 위해 비방의 목적은 공공의 이익을 위한 주관적 동기와 서로 배척관계에 있다는 법리를 전개함으로써[97] 결국 제310조의 위법성조각사유의 적용가능성을 인정한다. 물론 이 경우 공익성요건과 비방목적이 병존불가능성이 불변의 도그마로 삼기 어렵다는 점에 관해서는 앞에서 설명한 바와 같다.

117 判 대법원은 최근 일명 '배드파더스 사건'으로 불리우는 양육비 미지급사례의 경우 양육비 비지급자의 신상

89) 이 때문에 이 죄는 현대사회에서 대중적 전파성이 높은 시청각매체와 인쇄매체를 포괄할 수 있도록 구성요건을 정비할 것이 요구된다.
90) 대법원 2005.2.18. 2004도8351.
91) 대법원 1994.10.28. 94도2186.
92) 대법원 2002.6.28. 2000도3045.
93) 대법원 2004.4.9. 2004도340.
94) "드러낸 사실이 거짓이라고 해서 비방할 목적이 당연히 인정되는 것은 아니(다)"(대법원 2020.12.10. 2020도11471).
95) 대법원 2003.12.26. 2003도6036.
96) 대법원 1998.10.9. 97도158.
97) 대법원 2000.2.25. 98도2188; 대법원 2020.12.10. 2020도11471.

정보 사이트를 운영하는 자가 정보를 제공받아 양육비 미지급자의 얼굴, 신상등을 공개한 사례에 대해 "양육비 미지급 문제라는 공적 관심 사안에 관한 사회의 여론형성이나 공개토론에 기여하였다"고 볼 수 있다고 하면서도, "글 게시 경위 등"을 고려하여 그 공개가 "특정된 개별 양육비 채무자를 압박하여 양육비를 신속하게 지급하도록 하는 것을 주된 목적으로 하는 사적 제재 수단의 일환"에 가깝다고 볼 수 있는 점과 문제된 사이트에서 "공개 여부 결정의 객관성을 확보할 수 있는 기준이나 양육비채무자에 대한 사전 확인절차를 두지 않고 양육비를 지급할 기회를 부여하지도 않은 것은 양육비채무자의 권리를 침해하는 정도가 크고," "얼굴 사진, 구체적인 직장명, 전화번호 등을 공개함으로써 양육비채무자가 입게 되는 피해의 정도가 매우 큰 점" 등을 종합하여, 공개행위의 비방목적을 인정하였다.[98] 이러한 판시는 공익목적과 비방목적의 관계에 관한 이익형량적 판단도 아니고, 결국 공개의 과정이나 피해등 결과를 고려하여 거꾸로 비방목적성을 행위자에게 귀속시키고 있다는 점에서 공익목적과 비방목적 양립불가론이라는 본래적 법리 조차도 사실상 포기하고 있는 것으로 평가될 수 있다.

3. 공범관계 내지 간접정범

비방의 목적을 가진 자가 비방의 목적을 가지지 않은 보도기관(기자)에 허위의 보도자료를 제공하여 이를 보도케 한 경우, 허위사실을 진실한 사실로 오인하면서 비방의 목적도 없이 공익을 위해 보도한 기자의 형사책임과 이를 이용한 자의 죄책이 문제될 수 있다. 118

判 대법원은 기자에게 비방의 목적이 없음을 근거로 출판물등에의한명예훼손죄의 성립이 부정하지만,[99] 이를 이용한 자는 (처벌되지 않는 자를 이용한 자이므로) 제34조 제1항에 따라 출판물등에의한명예훼손죄의 간접정범의 성립을 인정한다.[100] 119

Ⅵ. 모욕죄

> 제311조(모욕죄) 공연히 사람을 모욕한 자는 1년 이하의 징역이나 금고 또는 200만원 이하의 벌금에 처한다.
>
> 제312조(친고죄) ① 제308조와 제311조의 죄는 고소가 있어야 공소를 제기할 수 있다.

1. 의의, 성격

공연히 사람을 모욕함으로써 성립하는 범죄이다. 앞에서 설명했듯이 보호법익을 외부적 120

98) 대법원 2024.1.4. 2022도699.

99) 기자의 형사책임은 허위사실을 진실한 사실로 오인한 점에 기초하여 형법 제15조의 적용을 통해 다시 제307조 제1항의 구성요건해당성이 인정된다. 하지만 공익을 위한 목적이 인정되므로 제310조의 위법성조각사유의 적용문제 내지 위법성조각사유의 전제사실의 착오문제를 어떻게 해결하는지에 따라 달라진다. 대법원은 기자에게 위법성이 조각된다는 태도를 취하고 있음에 대해서는 앞서 설명한 바와 같다.

100) "출판물에 의한 명예훼손죄는 간접정범에 의하여 범하여질 수도 있으므로 타인을 비방할 목적으로 허위의 기사재료를 그 정을 모르는 기자에게 제공하여 신문 등에 보도되게 한 경우에도 성립할 수 있(고)"(대법원 2002.6.28. 2000도3045), "타인을 비방할 목적으로 허위사실인 기사의 재료를 신문기자에게 제공한 경우에 기사를 신문지상에 게재하느냐의 여부는 신문 편집인의 권한에 속한다고 할 것이나 이를 편집인이 신문지상에 게재한 이상 기사의 게재는 기사재료를 제공한 자의 행위에 기인한 것이므로 기사재료의 제공행위는 출판물에 의한 명예훼손죄의 죄책을 면할 수 없다"(대법원 1994.4.12. 93도3535).

명예로 보아야 한다는 점이나 추상적 위험범이라는 점에서는 명예훼손죄와 동일하지만 사실의 적시를 요하지 않고, 반의사불벌죄가 아니라 친고죄라는 점에서 명예훼손죄와 다르다. 표현범에 해당한다. 하지만 모욕죄는 헌법상 표현의 자유나 죄형법정주의의 명확성원칙, 그리고 형법의 보충성원칙과 조화를 이룰 수 없고, 인간의 감정을 보호하는 측면이 있음을 부인하기 어려운 점 등 비범죄화해야 할 이유가 많다. 그러나 최근 혐오표현에 관한 실효적인 규범체제가 정비되어 있지 않은 상황에서 모욕죄는 사회적으로 혐오표현을 규제하는 기능을 대행하는 순기능이 있다.[101]

2. 구성요건

(1) 객관적 구성요건

121 **1) 일반 요건** 모욕죄의 공연성 요건,[102] 집합명칭(집단표시)에 의한 모욕의 인정요건 내지 비난의 희석법리[103]등은 명예훼손죄에서 설명한 내용과 동일하다.

122 判 대법원은 〔2020도5813 전원합의체〕 판결에서 명예훼손죄의 구성요건인 공연성에 관해 '전파가능성 법리'가 타당함을 재확인 한 후, 이 법리를 모욕죄에도 동일하게 적용하고 있다. 특히 대법원은 모욕죄의 경우 공연성의 존부 판단에서도 발언 상대방이 발언자나 피해자의 배우자, 친척, 친구 등 사적으로 친밀한 관계에 있어 그러한 관계로 인하여 비밀의 보장이 상당히 높은 정도로 기대되는 경우에는 공연성을 부정하는 법리도 모욕죄에 대해서도 그대로 적용한다.[104]

123 例 대법원은 같은 정당에 소속된 상대방에게 카카오톡 메신저로 피해자가 같은 정당 소속 의원과 간담회에 참석한 사진을 보내면서 '거기에 술꾼인 피해자가 송총이랑 가 있네요 ㅋ 거기는 술 안 사주는데. 입 열면 막말과 비속어, 욕설이 난무하는 피해자와 가까이 해서 대장님이 득 될 것은 없다 봅니다.'는 취지의 메시지를 전송한 경우, 원심은 공연성을 긍정하였지만 대법원은 공연성을 부정하였다.[105]

124 **2) 명예의 주체** 사망한 자는 모욕죄의 구성요건에 의해 명예를 보호받지 않는다. 사죄모욕죄는 구성요건 자체가 없기 때문이다.

---

101) 최근 모욕죄는 헌법재판에 의해 합헌결정을 받았다. 하지만 모욕죄는 풍자·해학을 담은 문학적 표현, 부정적인 내용이지만 정중한 표현으로 비꼬아서 하는 말, 인터넷상 널리 쓰이는 다소 거친 신조어 등에 대한 처벌도 가능하게 하므로 헌법상 표현의 자유가 현저하게 위축시킬 뿐 아니라 어떤 행위가 모욕행위로 처벌대상이 되는지에 대한 예측가능성을 객관적으로 담보할 수도 없고, 형법의 보충성이나 국제인권기준에도 부합하지 않는 측면이 있어 과잉금지원칙에 반한다는 위헌의견이 더 설득력이 있어 보인다(헌법재판소 2013.6.27. 2012헌바37 전원재판부 반대의견 참조).

102) 외국원수나 외교사절에 대한 모욕에 대해서는 특별규정(제107조 제2항, 제108조 제2항)이 적용되며, 이 경우에는 공연성을 요건으로 하지 않는다.

103) "집단표시에 의한 모욕은, 모욕의 내용이 그 집단에 속한 특정인에 대한 것이라고는 해석되기 힘들고, 집단표시에 의한 비난이 개별구성원에 이르러서는 비난의 정도가 희석되어 구성원 개개인의 사회적 평가에 영향을 미칠 정도에 이르지 아니한 경우에는 구성원 개개인에 대한 모욕이 성립되지 않는다고 봄이 원칙이고, 그 비난의 정도가 희석되지 않아 구성원 개개인의 사회적 평가를 저하시킬 만한 것으로 평가될 경우에는 예외적으로 구성원 개개인에 대한 모욕이 성립할 수 있다."(대법원 2014.3.27. 2011도15631).

104) 대법원 2022.6.16. 2021도15122.

105) 대법원 2024.1.4. 2022도14571.

判 대법원은 명예훼손죄의 경우와 마찬가지로 외부적 명예를 보호법익으로 하면서 잔연인과 법인은 명예의 주체로 인정하지만[106] 법인격 없는 단체는 명예의 주체에 포함하고 있지 않다. 125

3) 모욕 모욕이란 구체적 사실을 적시하지 아니하고 사람의 인격적 가치에 대한 사회적 평가를 저하시킬 만한 추상적 판단이나 경멸의 감정을 표시하는 것을 말한다. 사실을 적시한 때에도 그것이 구체적 사실이 아니면 모욕죄에 해당한다. 하지만 일정한 표현을 하여 상대방의 기분을 상하게 할 수는 있어도 내용이 너무나 막연할 경우[107] 또는 문제의 표현이 전체 문언상 모욕에 해당하지 않는 경우[108]에는 모욕죄에 해당하지 않는다. 126

判 대법원은 모욕의 기준을 상대방의 주관적 감정이나 정서상 어떠한 표현을 듣고 기분 나쁜지 등 명예감정을 침해할 만한 표현인지를 기준으로 삼지 않고, 상대방의 외부적 명예를 침해할 만한 표현인지를 기준으로 판단하여야 한다[109]는 입장이다. 하지만 대법원은 모욕이 구체적 사실 적시의 방법으로 이루어지는 것이 아니라 추상적 가치판단 내지 경멸적 표현에 의해 이루어지는 모욕의 특성상 구체적 표현이 모욕인지에 대해 유동적으로 결론내리고 있어 결론에 대한 예측이 쉽지 않다. 127

例 **모욕이 부정된 판례:** 부모가 그런 식이니 자식도 그런 것이다'라는 표현은 내용이 너무 막연하여 모욕죄에 해당하지 않는다(대법원 2007.2.22. 2006도8915). 입주자대표회의 감사가 관리소장의 업무처리에 항의하기 위해 관리소장실을 방문하여 그와 언쟁을 하다가 "야, 이따위로 일할래.", "나이 처먹은 게 무슨 자랑이냐."라고 말한 경우는 상대방을 불쾌하게 할 수 있는 무례하고 저속한 표현이기는 하지만 객관적으로 상대방의 인격적 가치에 대한 사회적 평가를 저하시킬 만한 모욕적 언사에 해당하지 않는다(대법원 2015.9.10. 2015도2229). 직원들에게 피해자(민주노총 지부장)가 관리하는 사업소의 문제 등을 지적하는 내용의 카카오톡 문자메시지를 발송하면서 한 표현, 즉 '민주노총 ○○○지부장은 정말 야비한 사람인 것 같습니다'라는 표현은 피고인의 피해자에 대한 부정적·비판적 의견이나 감정이 담긴 경미한 수준의 추상적 표현에 불과할 뿐 피해자의 외부적 명예를 침해할 만한 표현이라고 단정하기 어렵다(대법원 2022.8.31. 2019도7370). 유튜브 채널에 피해자의 방송 영상을 게시하면서 피해자의 얼굴에 '개' 얼굴을 합성하는 방법으로 표현한 경우 영상의 전체적인 내용을 살펴볼 때, 피고인이 피해자의 얼굴 을 가리는 용도로 동물 그림을 사용하면서 피해자에 대한 부정적인 감정을 다소 해학적으로 표현하려 한 것에 불과하다고 볼 여지도 상당하므로, 해당 영상이 피해자를 불쾌하게 할 수 있는 표현이기는 하지만 객관적으로 피해자의 인격적 가치에 대한 사회적 평가를 저하시킬 만한 모욕적 표현을 한 경우에 해당한다고 단정하기는 어렵다(대법원 2023.2.2. 2022도4719). 박근혜 전 대통령의 사저 앞에서 유튜브 생중계 방송을 하던 유튜버가 자신과 정치 성향이 다른 유튜버에게 "저게 정상이냐, 병원 좀 가봐라"라는 발언을 한 경우(대법원 2024.5.9. 2024도2131) 등. 128

例 **모욕이 인정된 표현:** '도둑놈'(대법원 1961.2.24. 4293형상864), '망할년'(대법원 1990.9.25. 90도873)이라고 욕하거나, '개같은 잡년, 창녀 같은 년'(대법원 1985.10.22. 85도1629), '빨갱이, 무당년, 첩년'(대법원 1981.11.24. 81도2280), '애꾸눈, 병신'(대법원 1994.10.25. 94도1770), 서울중앙지방법원 서관 광장에 129

---

106) 물론 대법원은 명예훼손죄의 경우와 마찬가지로 법인에 대해서만 모욕죄를 인정하고 법인격없는 단체에 대해서는 모욕죄를 인정하지 않는다(대법원 2014.3.27. 2011도15631).

107) 대법원 2007.2.22. 2006도8915.

108) 대법원 2008.12.11. 2008도8917.

109) "어떤 표현이 모욕에 해당하는지는 상대방의 주관적 감정이나 정서상 어떠한 표현을 듣고 기분 나쁜지 등 명예감정을 침해할 만한 표현인지를 기준으로 판단하는 게 아니다. 당사자들의 관계, 해당 표현에 이르게 된 경위, 표현방법, 당시 상황 등 객관적인 여러 사정에 비춰 상대방의 외부적 명예를 침해할 만한 표현인지를 기준으로 엄격하게 판단해야 한다"(대법원 2024.5.9. 2024도2131).

서, 유튜브 방송에 출연하여, 승용차 운전석에서 안대를 착용하고 하차한 피해자에게 "안대 끼고 운전하지 맙시다. 안대 끼고 운전은 살인행위에요." 등으로 큰소리로 말하고, 다른 날 같은 장소에서 다시 유튜브 방송에 출연하여, 승용차 조수석에서 하차한 위 피해자에게 "안대 벗고 운전합시다. 사고 나요. 뒤져요 뒤져." 등으로 큰소리로 말한 경우(대법원 2023.2.2. 2022도14647) 등.

130 가치판단의 진부는 묻지 않으며, 표시된 내용이 타인의 능력, 덕성, 신분, 또는 신체상황 등 인격적 가치를 저하시킬 수 있는 것이면 족하다. 표시방법이나 수단에는 제한이 없다. 직접적으로 언어를 통하거나, 침을 뱉거나 빰을 때리는 것 같은 태도(거동)에 의하건 간접적으로 문서, 그림을 배부하거나 공개연설을 이용하건 묻지 않는다. 모욕의 여부는 행위자나 피해자의 주관적 감정이 아니라 구체적 상황을 고려하여 객관적 의미내용에 따라 판단해야 한다. 법률상 경의를 표시해야 할 작위의무자가 이를 표시하지 않은 경우와 같이 부작위에 의한 모욕도 가능하다. 간접정범의 형태로도 가능하다. 어떤 경우에도 피해자가 특정되어야 한다.[110)]

131 4) **명예가 침해될 위험 발생의 요부** 모욕죄의 성립을 위해서는 ① 이 죄가 구체적 위험범이라는 견해[111)]는 제3자가 모욕의 내용을 현실적으로 인식하여 결과발생의 구체적 위험을 요한다고 하지만, ② 모욕죄는 추상적 위험범이므로 외부적 명예를 저하시킬 만한 추상적 판단이나 경멸적 감정을 공연히 표시함으로써 성립한다.

132 判 대법원도 모욕죄의 성립을 위해서는 피해자의 외부적 명예가 현실적으로 침해되거나 구체적·현실적으로 침해될 위험이 발생할 필요가 없다고 한다.[112)]

(2) 주관적 구성요건

133 1) **고의** 공연히 사람을 모욕한다는 인식과 의사가 있어야 한다. 미필적 고의로도 족하다.

134 2) **경멸의사의 표현** 이 죄는 표현범이므로 고의 이외에 초과주관적 요소로서 경멸의 내심적 의사가 요구된다. 따라서 일상적인 욕을 과도하게 하여 객관적으로 모욕에 해당하지만 그것이 행위자의 경멸적 내심의 표현이 아닌 경우에는 모욕죄의 구성요건에 해당하지 않는다.

3. 위법성조각사유

135 **모욕죄에 대해서도 제310조의 위법성조각사유를 적용할 수 있는지**에 대해 ① 정치·학문·예술 분야에서 공정한 논평을 하기 위한 때에는 어느 정도의 경멸적 판단을 표시하는 것이 통례이므로 그것이 공익성을 가질 경우에 한하여 제310조를 적용해야 한다는 견해[113)]가 있다.

110) "모욕죄는 특정한 사람 또는 인격을 보유하는 단체에 대하여 사회적 평가를 저하시킬 만한 경멸적 감정을 표현함으로써 성립하는 것이므로 그 피해자는 특정되어야 한다."(대법원 2014.3.27. 2011도15631).

111) 배종대, §52/7.

112) 대법원 2016.10.13. 2016도9674.

113) 이재상/장영민/강동범, §13/43; 이형국, 261면; 임웅, 222면.

② 하지만 제310조의 적용은 제307조 제1항의 죄를 범한 때로 제한되어 있기 때문에 모욕죄에는 적용이 불가능하다고 해야 한다(통설·판례[114]).

피해자의 동의에 관한 형법적 효과와 관련하여 ① 구성요건해당성이 조각된다고 하는 견해[115]도 있으나 ② 명예훼손죄의 경우와 마찬가지로 위법성이 조각된다고 보는 것이 타당하다(다수설). 모욕죄의 경우에도 정당방위, 긴급피난, 정당행위의 요건을 충족시킬 경우에 위법성이 조각될 수 있다. 136

判 대법원은 자신의 의견에 대한 반박이나 반론을 구하면서 자신의 판단과 의견의 타당함을 강조하는 과정에서 나온 모욕적인 발언이나 '공정한 논평을 위해 불가피하게 사용된 모욕적 언사'또는 권리실현의 수단으로 사용된 모욕적 언사 등의 경우는 사회상규에 위배되지 않는 행위로서 위법성이 조각될 수 있다고 한다.[116] 137

例 **위법성을 부정한 판례:** 채권자가 채권추심을 함에 있어서 모욕적 언사를 사용한 때에는 그것이 부정행위자에게 뉘우침을 갖게 하고 자기의 급박한 권리침해를 방어하는 데 사용되는 정도의 언사라면 모욕죄가 되지 않는다(대법원 1966.7.26. 66도469), 불법주차를 하면서 아이를 차에 두고 내린 사건과 관련하여 피해자가 방송에 출연해서 견인업체 등의 잘못을 탓하며 자신의 범법행위를 변명하고 있다는 취지로 '그렇게 소중한 자식을 범법행위의 방패로 쓰시다니 정말 대단하십니다'라는 말을 방송국 시청자 홈페이지 등에 게재한 경우, 피해자이므로 사회상규에 위배되지 않는다(대법원 2003.11.28. 2003도3972). 138

4. 죄수, 타죄와의 관계

(1) 죄수

명예훼손죄와 마찬가지로 피해자가 여러 명인 경우에는 수개의 모욕죄가 성립하고 행위의 개수에 따라 상상적 경합 또는 실체적 경합으로 된다. 모욕적 언사와 함께 사실도 적시하여 명예를 훼손하면 명예훼손죄만 성립한다.[117] 139

(2) 타죄와의 관계

경멸의 의사로 뺨을 때리거나 얼굴에 침을 뱉는 폭행행위가 모욕행위에 해당하는 때에는 폭행죄와 이 죄는 보호법익을 달리하므로 상상적 경합이 된다. 외국원수·외교사절을 모욕한 경우에는 외국원수·외교사절에 대한 모욕죄(제107조 제2항, 제108조 제2항)만 성립한다. 140

---

114) 대법원 1959.12.23. 4291형상539.

115) 이형국/김혜경, 263면.

116) "피고인이 전제되는 객관적 사실관계를 토대로 자신의 판단과 피해자가 취한 태도 등이 합당한가 하는데 대한 자신의 판단·의견을 밝히고 그 타당성을 강조하는 과정에서 부분적으로 모욕적인 표현이 사용된 것에 불과하다면, 이는 사회상규에 위배되지 않는 행위로서 형법 제20조에 의하여 위법성이 조각(된다)"(대법원 2024.1.4. 2022도14571).

117) 모욕죄와 명예훼손죄의 보호법익을 다르게 보는 입장에서는 양죄가 별도로 성립하고 상상적 경합이 된다고 한다.

§ 20

제2절 신용·업무와 경매에 관한 죄

Ⅰ. 총설

1. 의의 및 보호법익

(1) 의의

1 사람의 신용을 훼손하거나, 업무를 방해하거나, 경매·입찰의 공정성을 침해하거나 위태롭게 하는 것을 내용으로 하는 범죄이다. 이러한 범죄들은 사람의 경제적·사회적 활동의 안전과 자유를 확보하면서 동시에 재산죄로서의 성질도 함께 가지고 있는 범죄들이라고 할 수 있다.

(2) 보호법익

2 신용훼손죄는 신용을 보호법익으로 하고, 경매·입찰방해죄는 경매·입찰의 공정성을 보호법익으로 하는 데 이견이 없다. 하지만 **업무방해죄의 보호법익**에 관해서는 ① 사람의 업무가 보호법익이라고 하는 견해[118]와 ② 개인의 경제적·사회적 업무수행활동의 안전과 자유가 보호법익이라는 견해[119]가 대립한다.

3 判 대법원이 이 죄의 업무를 "보호대상"이라고 함으로써 업무의 보호법익성을 인정하고 있다. 그러면서 이 경우 업무를 '타인의 위법한 행위에 의한 침해로부터 보호할 가치'있는 업무로 제한을 하는 동시에 이 죄의 업무 인정에 적법성도 요구되지 않는다고 한다.[120]

4 그러나 업무가 형법을 통해 '보호할 가치 또는 이익'으로 정의되는 보호법익이라면, 여기에 다시 업무를 보호할 가치있는 업무로 제약을 가하거나 '사회생활상 용인될 수 없는 정도의 반사회성을 띠는' 업무를 이 죄의 업무에서 제외하고 있고 있는 대법원의 태도는 업무가 자체만으로는 보호법익이 아님을 말해주는 셈이 된다.[121] 특히 적법하지도 않은 업무도 이 죄의 업무에 포함된다고 하는 것도 업무가 보호법익이 아니라 단순히 행위객체로 보고 있음의 증좌라고 할 수 있다.

5 생각건대, 업무방해죄의 업무는 물적 대상으로서 직접적 공격의 대상이 되는 행위객체일 뿐이기 때문에 업무방해죄의 보호법익은 업무수행활동의 안전과 자유로 보는 것이 타당하다. 신용·업무수행활동의 안전과 자유, 그리고 경매·입찰의 공정성의 보호의 정도는 추상적 위

---

118) 배종대, §55/2; 오영근, §13/13-17; 이재상/장영민/강동범, §13/13; 임웅, 226면.

119) 김일수/서보학, 206면; 이형국/김혜경, 265면; 정성근/정준섭, 157면.

120) "형법상 업무방해죄의 보호대상이 되는 '업무'라 함은 직업 또는 계속적으로 종사하는 사무나 사업을 말하는 것으로서 타인의 위법한 행위에 의한 침해로부터 보호할 가치가 있는 것이면 되고, 그 업무의 기초가 된 계약 또는 행정행위 등이 반드시 적법하여야 하는 것은 아니다"(대법원 1996.11.12. 96도2214).

121) 생명중에 보호할 가치가 없는 생명의 존재를 인정하지 않듯이 어떤 보호법익도 보호법익이라고 한 뒤에 다시 그 범위를 제약하는 경우는 없다.

험범으로서의 보호이다.

2. 구성요건의 체계

신용·업무와 경매·입찰의 죄는 서로 보호법익을 달리하는 독립된 구성요건들로 이루어져 있다. 추상적 위험범이자 거동범이기 때문에 어느 범죄에도 미수범처벌규정이 없다. 건설산업기본법에는 건설공사에 있어서의 입찰방해에 관한 벌칙규정이 있다. 6

7

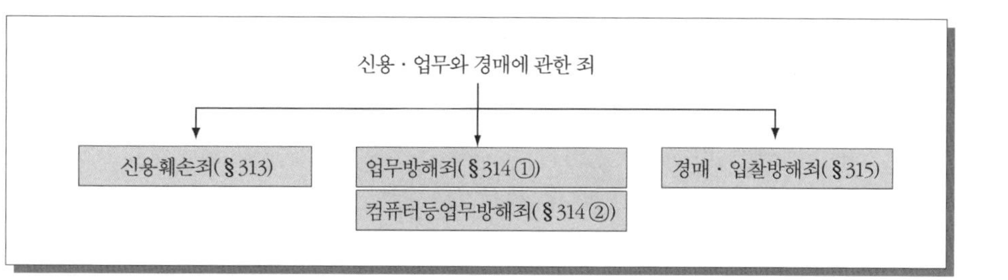

Ⅱ. 신용훼손죄

> 제313조(신용훼손죄) 허위의 사실을 유포하거나 기타 위계로써 사람의 신용을 훼손한 자는 5년 이하의 징역 또는 1천500만원 이하의 벌금에 처한다.

1. 의의, 성격

신용훼손죄는 허위사실을 유포하거나 기타 위계로써 사람의 신용을 훼손함으로써 성립하는 범죄이다. 여기서 보호법익으로서의 신용은 경제적 측면에서의 사람의 사회적 평가를 말한다. 사회적 평가라는 점에서 이 죄는 명예훼손죄와 성질이 같지만 사람의 인격적 가치에 대한 평가와 경제적 가치에 대한 평가는 반드시 일치하지 않으며, 인격적 가치가 낮은 사람도 경제적 신용은 높은 사람이 있으므로 형법상 독립된 범죄로 규정하고 있다. 추상적 위험범이자 거동범에 해당한다. 8

2. 구성요건

(1) 객관적 구성요건

1) 객체　사람의 신용이다. 9

(가) 신용　이 죄의 신용은 보호객체이면서 행위객체이다. 신용이란 사람의 경제적 활동에 대한 사회적 평가로서, 사람의 지불능력과 지불의사에 대한 사회적 신뢰를 의미한다.[122] 10

---

122) 대법원 2006.5.25. 2004도1313.

지불능력이 적으면 신용도 낮아지지만 지불능력이 있어도 지불의사가 없으면 지급이 실현될 수 없으므로 지불능력과 지불의사는 양자택일 관계가 아니라 모두 신용의 내용을 구성하는 요소가 된다.

11 (나) 사람 신용의 주체인 사람은 행위자 이외의 모든 사람이다. 자연인뿐만 아니라 법인과 법인격 없는 단체도 경제적 활동을 하는 이상 신용의 주체가 된다. 다만 이 죄가 사람의 신용을 보호하므로 자연인 중에서도 신용의 주체라고 할 수 없는 어린아이는 제외된다고 해야 한다.

12 判 대법원은 명예에 관한 죄의 경우에는 법인격없는 단체는 명예의 주체가 될 수 없다고 하면서도, 경제적 활동 영역에서의 명예(사회적 평가)에 해당하는 신용의 주체는 법인격없는 단체도 포함시킨다.[123]

13 2) 행위 허위의 사실을 유포하거나 기타 위계로써 신용을 훼손하는 것이다.

14 (가) 허위사실 '허위사실'이란 객관적 사실과 서로 다른 사항을 내용으로 하는 사실을 말한다.[124] 과거나 현재의 사실은 물론이고 미래의 사실도 입증할 수 있는 것이면 여기의 사실에 포함된다.[125] 전부 허위이건 일부 허위이건 묻지 않으며, 범인 자신이 그 사실을 조작한 것임을 요하지 않고 타인으로부터 전해들은 것이라도 상관없다. 기본적 사실은 진실하더라도 여기에 허위를 부가시킴으로써 신용훼손의 정도를 증가시킬 수 있으면 허위사실이 된다.[126] 그러나 단순한 의견진술이나 가치판단은 허위사실에 해당하지 않는다.[127]

15 (나) 유포 '유포'란 불특정 또는 다수인에게 전파하는 것을 말한다. 사실적시·주장·발설·전파 등이 이에 해당한다. 유포의 수단과 방법에는 제한이 없다. 언어, 문서, 그리고 자신이 직접 고지하거나 불특정 또는 다수인에게 전파될 것을 예상하고 타인의 입을 통하여 순차로 수인에게 고지해도 상관없다. 따라서 특정 소수인에게 고지한 경우도 유포에 해당하므로 유포는 명예훼손죄의 공연성보다 넓은 개념이다.

16 (다) 기타 위계 '위계'란 사람의 착오 또는 부지를 이용하거나 기망 또는 유혹의 수단을 사용하는 일체의 행위를 말한다. '기타' 위계라고 규정되어 있으므로 위계는 신용훼손의 포괄적 행위태양에 해당한다. 비밀로 행하든 공공연히 행하든 묻지 않으며, 위계의 상대방과 신용이 훼손되는 자가 같은 사람일 필요가 없다.

---

123) 업무방해죄에 있어서의 행위의 객체는 타인의 업무이고, 여기서 타인이라 함은 범인 이외의 자연인과 법인 및 법인격 없는 단체를 가리키므로, 법적 성질이 영조물에 불과한 대학교 자체는 업무방해죄에 있어서의 업무의 주체가 될 수 없다(대법원 1999.1.15. 98도663).

124) 대법원 2006.5.25. 2004도1313.

125) "허위사실의 유포라 함은 객관적으로 보아 진실과 부합하지 않는 과거 또는 현재의 사실을 유포하는 것으로서 미래의 사실도 증거에 의한 입증이 가능한 때에는 여기의 사실에 포함된다"(대법원 1983.2.8. 82도2486).

126) 대법원 2006.9.8. 2006도1580; 대법원 2021.9.30. 2021도6634.

127) "피해자가 '계주로서 계불입금을 모아서 도망가더라도 책임지고 도와줄 사람이 없다'는 취지의 피고인의 말은 피고인의 피해자에 대한 개인적 의견이나 평가를 진술한 것에 불과하여 이를 허위사실의 유포라고 할 수 없다"(대법원 1983.2.8. 82도2486).

(라) 신용훼손 '신용을 훼손'한다는 것은 사람의 지불능력과 지불의사에 대한 사회적 신뢰를 저하시킬 우려가 있는 상태를 야기하는 것을 말한다. 지불능력 또는 지불의사에 대한 신뢰와 무관하게 '이 점포의 물건값이 비싸다'고 한 것은 신용훼손이 되지 않는다.[128] 17

(마) 기수시기 법문상 '훼손'이라는 용어가 선택되어 있기 때문에 침해범으로 오인할 우려가 있다. 하지만 신용의 특성상 침해될 것까지 요구하면 신용침해라는 결과발생 여부를 확정하는 것이 매우 곤란하여 미수범에 관한 처벌규정도 없는 이 죄의 대부분을 처벌할 수 없게 된다. 따라서 이 죄를 추상적 위험범으로 해석하는 한 신용을 훼손하는 결과가 현실적으로 발생하였음을 요하지 않으며, 신용을 훼손할 만한 허위사실을 유포하거나 기타 위계의 행사가 있으면 이 죄는 기수가 된다. 18

(2) 주관적 구성요건

허위사실을 유포하거나 위계 기타 방법으로 사람의 신용을 훼손한다는 인식과 의사가 있어야 한다. 허위사실 유포·위계와 신용훼손 사이의 인과관계에 대한 인식도 있어야 한다. 허위사실을 진실한 사실로 오인하고 유포한 때에는 구성요건적 착오로서 이 죄의 고의가 조각되고 불가벌이 된다. 19

3. 죄수, 타죄와의 관계

공연히 허위사실을 적시하여 타인의 명예와 신용을 훼손한 경우에 ① 명예훼손죄와 신용훼손죄의 상상적 경합이 된다고 하는 견해[129]가 있으나 ② 신용훼손죄만 성립한다고 보는 것이 타당하다. 명예는 일반적인 차원의 사회적 평가이지만 신용은 특별히 경제적 차원의 사회적 평가이기 때문에 특별관계에 의하여 신용훼손죄가 인정되지 않는 경우에 한하여 명예훼손죄가 성립하기 때문이다. 20

진실한 사실을 적시하여 명예와 동시에 신용을 훼손한 때에는 명예훼손죄만 성립한다. 반면에 한 개의 행위로 신용훼손과 동시에 업무를 방해한 때에는 신용훼손죄와 업무방해죄의 상상적 경합이 된다. 21

Ⅲ. 업무방해죄

> 제314조(업무방해죄) ① 제313조의 방법 또는 위력으로써 사람의 업무를 방해한 자는 5년 이하의 징역 또는 1천500만원 이하의 벌금에 처한다.

1. 의의, 성격

업무방해죄는 허위사실을 유포하거나 위계 또는 위력으로써 사람의 업무를 방해함으로써 22

128) 대법원 1969.1.21. 68도1660.
129) 박상기, 190면.

성립하는 범죄이다. 이 죄의 보호법익을 업무라고 하는 것이 판례 및 다수설이지만, 업무는 행위객체이고 사람의 사회적·경제적 활동의 안전과 자유가 보호법익이라는 점에 대해서는 앞에서 설명하였다. 법익의 보호 정도는 추상적 위험범으로서의 보호이다.

2. 구성요건

(1) 객관적 구성요건

23 1) 객체 객체는 사람의 업무이다.

24 (가) 사람 여기의 '사람'은 업무의 주체로서 신용훼손죄에 있어서와 마찬가지로 자연인은 물론이고 법인과 법인격 없는 단체도 포함한다.[130)]

(나) 업무

25 **가) 업무의 개념** 이 죄에 있어서의 '업무'는 행위객체로서 사람의 사회생활상의 지위에 의하여 계속 반복적으로 종사하는 사무 또는 사업을 말한다.[131)]

26 사무 또는 사업은 사회인으로서 일반 업무도 포함하며, 반드시 재산적·경제적 업무에 국한되지 않고,[132)] 업무상과실치사상죄의 업무와는 달리 생명·신체에 대한 위험을 초래할 업무임을 요하지도 않는다. 주된 '주된 업무와 밀접불가분의 관계에서 계속적으로 수행되는 부수적 업무'도 이 죄의 업무에 해당한다.[133)] 다음과 같은 경우에는 이 죄의 업무에서 제외된다. 첫째 계속성이 없는 업무는 이 죄의 업무로 인정될 수 없다.

27 判 대법원은 이 죄의 업무도 계속성을 요구하면서, 오락을 위한 일시적 업무(자동차운전, 수렵) 또는 '일정한 자격에서 권리를 행사하는 것(주주로서 주주총회에서 의결권 행사)'은 이 죄의 업무성을 부정한다.[134)] 그러나 '행위자체는 1회성을 가지는 것이라도 그 행위가 계속성을 가진 본래의 업무수행의 일환으로 행해지는 경우'에는 업무성을 인정한다.[135)]

28 例 **업무성이 부정된 경우**: 계속하여 행하는 사무가 아닌 공장이전(대법원 1989.9.12. 88도1752), ② 건물임대인이 구청장의 조경공사 촉구지시에 따라 행한 임대건물 앞의 1회적 조경공사(대법원 1993.2.9. 92도2929), ③ 피해자가 하는 1회성 담장공사(대법원 1989.3.28. 89도110) 등.

29 例 **업무성이 인정된 경우**: 직장의 경비원이 상사의 명에 따라 직장의 업무를 일시 수행하는 경우에도 경비업무에 부수되는 업무에 해당하고(대법원 1971.5.24. 71도399), ③ 종중 정기총회를 주재하는 종중 회장의 의사진행 업무 자체는

---

130) 업무방해죄에 있어서의 행위의 객체는 타인의 업무이고, 여기서 타인이라 함은 범인 이외의 자연인과 법인 및 법인격 없는 단체를 가리킨다(대법원 2007.12.27. 2005도6404).

131) "업무방해죄의 보호대상이 되는 '업무'라 함은 직업 또는 사회생활상의 지위에 기하여 계속적으로 종사하는 사무나 사업을 말하고 이러한 주된 업무와 밀접불가분의 관계에 있는 부수적인 업무도 이에 포함된다"(대법원 1993.2.9. 92도2929).

132) 대법원 1995.10.12. 95도1589.

133) 대법원 1992.2.11. 91도1834.

134) 대법원 2004.10.28. 2004도1256.

135) 대법원 1995.10.12. 95도1589.

1회성이 있어도 본래의 업무수행의 일환으로 행한 것으로서 업무에 해당하며(대법원 1995.10. 12. 95도1589), ④ 사업장 이전을 추진·실시하는 행위는 그 자체로서 일정기간 계속성을 지닌 업무의 성격을 지니고 있으므로 업무에 해당한다(대법원 2005.4. 15. 2004도8701).

둘째, 형법상 보호할 가치가 없는 위법한 업무도 이 죄의 업무에서 제외된다. 보호할 가치가 있는 업무인가의 여부는 그 사무가 '사실상 평온하게 이루어지는 사회적 활동의 기반을 이루고 있느냐에 따라 결정'해야 하며,[136] 반드시 '그 업무의 기초가 된 계약 또는 행정행위 등이 반드시 적법함을 요하지 않는다.'[137] 따라서 법령에 근거하지 않았거나 행정적 훈시규정에 위반한 것만으로 업무가 아니라고 할 수 없다. 30

判 대법원은 원칙적으로 '그 업무의 기초가 된 계약 또는 행정행위 등이 반드시 적법함을 요하지 않는다'고 하면서 이 죄의 보호대상을 넓히면서도 '사회생활상 용인될 수 없는 정도의 반사회성을 띠는 경우'에는 이 죄의 업무에서 배제시킴으로써 업무(사무활동)자체의 위법정도에 따라 이 죄의 보호대상을 좁히고 있다. 31

例 **반사회성이 인정된 업무**: 의료인이나 의료법인이 아닌 자가 의료기관을 개설하여 운용하는 경우[138]에는 위법행위가 중하므로(대법원 2001.11.30. 2001도2015) 공인중개사가 동업관계의 종료로 부동산중개업을 그만두었음에도 공인중개사가 아닌 자가 중개업을 단독으로 계속하는 경우 등은 법에 의하여 금지된 행위로서 형사처벌의 대상이 되는 범죄행위에 해당하므로(대법원 2007.1.12. 2006도6599) 사회생활상 용인될 수 없는 정도의 반사회성을 띠는 업무로 인정되었다. 32

例 **보호가치성이 긍정된 업무**: 임대인의 승낙 없이 전차한 전차인이 그 건물내에서 평온하게 음식점 등 영업을 한 경우(대법원 1986.12. 23. 86도1372), 아파트 관리인 선임에 무효사유가 있어도 아파트 관리사무실의 경리가 관리단 총회에서 선임된 관리인에 의해 재임명되어 경리업무를 수행하고 있는 경우(대법원 2006.3. 9. 2006도382) 등. 33

例 **보호가치성이 부정된 업무**: 토지의 실제 소유권자가 적법한 절차에 의하여 점유이전을 받지 못한 상태에서 본건 밭을 자경하겠다는 내용의 내용증명 우편을 현재의 점유자들에게 발송한 후 경작한 경우(대법원 1977.10. 11. 77도2502), 수급인이 공사비의 선지급을 요구하며 스스로 공사를 중단하자 도급인이 적법하게 공사를 해제하고 수급인에게 공사현장에 남아 있는 수급인 소유의 공사자재를 수거해 갈 것을 통지하였음에도 수급인이 아무런 조치를 취하지 않자 도급인이 그 공사자재를 다른 곳으로 옮긴 경우(대법원 1999.1. 29. 98도3240), 법원의 직무집행정지 가처분결정에 의하여 그 직무집행이 정지된 자가 법원의 결정에 반하여 직무를 수행하는 경우(대법원 2002.8. 23. 2001도5592), 관리권을 상실한 아파트 관리업체의 공유부분을 점유한 경우(대법원 2005.8.19. 2004도7133). 회사운영권의 양도·양수 합의의 존부 및 효력에 관한 다툼이 있는 상황에서 양수인이 비정상적으로 위 회사의 임원변경등기를 마친 경우(대법원 2007.8.23. 2006도3687) 등. 34

나) 공무의 포함여부 **공무도 이 죄의 업무에 포함되는지**가 문제된다. 형법이 이 죄의 행위태양으로 공무집행방해죄(폭행·협박과 위계)보다 넓게 '허위사실유포·위계·기타위력'까지 인정하고 있기 때문이다. 따라서 ① 공무를 이 죄에서 제외하면 허위사실유포 기타 위력에 의한 공무방해의 경우에는 형법상 공무집행방해죄나 업무방해죄에도 해당하지 않을 우려가 35

136) 대법원 2002.8.23. 2001도5592.

137) 대법원 1991.6.28. 91도944.

138) "무자격자가 의료기관을 개설하여 운영하는 행위는 업무방해죄의 보호대상이 되는 업무에 해당하지 않더라도 고용된 의료인이 환자를 진료하는 행위는 업무방해죄의 보호대상이 될 수 있으므로, 의료기관의 개설·운영 형태, 해당 의료기관에서 이루어지는 진료의 내용과 방식, 피고인의 행위로 인하여 방해되는 업무의 내용 등 사정을 종합적으로 고려하여 판단해야 한다"(대법원 2023.3.16. 2021도16482).

생긴다는 이유로 이 죄의 업무를 공무·사적 업무를 구별하지 않고 공무도 업무에 포함한다는 견해[139](공무포함설), ② 업무 자체의 성질과 사회적 활동으로서의 업무 보호 필요성에 따라 비권력적 공무(사기업성 공무, 국립대학 입학업무, 국철사업 등)와 폭행·협박과 위계 이외의 수단으로 방해한 공무에 한해서만 업무에 포함시켜야 한다는 견해[140](공무구별설), ③ 공무라도 집행방해죄에 없는 행위유형으로 이루어진 경우만을 업무에 포함시켜 폭행·협박에 이르지 않은 위력으로서 공무집행을 방해한 경우와 공무원의 공무집행임을 모르고 공무를 방해한 경우를 업무방해죄로 처벌하자는 견해[141](보충설), ④ 이 죄가 개인의 재산적 질서 내지 개인의 경제적 활동의 자유만을 보호하기 위한 범죄이기 때문에 공무는 이 죄의 대상에서 제외되어야 한다는 견해[142](공무제외설) 등이 대립한다.

36 判 대법원은 종래 이 죄의 업무에 공무도 포함된다는 태도[143]를 취해오다가 최근 전원합의체 판결을 통해 형법이 업무방해죄와 별도로 공무집행방해죄를 규정하고 있는 취지를 살려 공무제외설로 그 태도를 변경하였다.[144]

37 생각건대 개인의 사회경제적 활동의 자유와 안전을 보호법익으로 하는 업무방해죄와 국가적 법익을 보호하기 위한 공무집행방해죄는 서로 구별되어야 한다. 형법이 공무집행방해죄의 경우에는 업무방해죄의 경우와는 달리 '허위사실 유포 기타 위력'을 행위태양으로 규정하고 있지 않은 것도 이러한 보호법익의 차이를 반영하여 그러한 행위태양으로는 국가기능으로서의 공무가 방해받을 위험성조차 없음을 고려한 결과이기 때문이다. 이러한 차이를 무시하고 공무도 업무에 포함시키면 공무원에 대한 위력행사를 모두 업무방해죄로 처벌함으로써 가벌성을 확대하는 우회로를 만들게 되는 결과가 될 수 있다. 따라서 공무제외설이 타당하다.

38 2) 행위 허위의 사실을 유포하거나 위계 또는 위력으로써 방해하는 것이다.

39 (가) 허위사실의 유포 '허위사실 유포'란 객관적으로 진실과 부합하지 않는 사실을 유포하는 것을 말한다. 단순한 의견이나 가치판단을 표시하는 것은 허위사실의 유포에 해당하지 않는다.[145]

40 判 대법원은 유포내용이 사실인지 단순한 의견인지를 판단할 경우에는 '언어의 통상의 의미와 용법, 증명가능성, 문제된 말이 사용된 문맥, 당시의 사회적 상황 등 전체적 상황을 고려하여 판단하고, 사실과 의견이 혼재되어 있는 경우에는 양자를 분리하여 별개로 범죄의 성립여부를 판단해서는 안 되고 전체적으로 보아 판단해야 한다고 하며, 기본적 사실이 진실이라도 이에 거짓이 덧붙여져진 경우도 타인의 업무를 방해할 위험이 있으면 업무

139) 김일수/서보학, 208면; 임웅, 229면. 이 견해에 따르면 업무방해죄와 공무집행방해죄가 경합한 때에는 법조경합의 특별관계에 의해서 공무집행방해죄만 성립한다고 한다.
140) 정성근/박광민, 221면.
141) 이형국, 332면.
142) 김종원, 168면; 배종대, §55/7; 손동권/김재윤, §15/16; 오영근, §13/23; 이재상/장영민/강동범, §13/15.
143) 대법원 1996.1.26. 95도1959; 대법원 2003.3.14. 2002도5883.
144) 대법원 2009.11.19. 2009도4166 전원합의체.
145) 대법원 2021.9.30. 2021도6634.

방해에 해당한다고 한다.[146)]

(나) 위계 위계란 일정한 목적달성을 위해 상대방에게 오인, 착각, 또는 부지를 일으켜 이를 이용하는 경우를 말한다.[147)] 법인 또는 법인격없는 단체는 업무의 주체이기는 하지만, 위계의 상대방은 될 수가 없다. 부지, 착각 또는 오인 등은 의식작용을 전제로 하므로 그 상대방은 자연인만 가능하기 때문이다. 41

判 대법원은 이른바 '쪼개기 송금' 사례의 경우 "컴퓨터 등 정보처리장치에 정보를 입력하는 등의 행위도 그 입력된 정보 등을 바탕으로 업무를 담당하는 사람의 오인, 착각 또는 부지를 일으킬 목적으로 행해진 경우에는 위계에 해당할 수 있으나, 위와 같은 행위로 말미암아 업무와 관련하여 오인, 착각 또는 부지를 일으킨 상대방이 없었던 경우에는 위계가 있었다고 볼 수 없다"는 이유로 업무방해죄의 성립을 부정하였다.[148)] 42

이 죄의 위계는 업무주체인 상대방이 정보에 접근하여 사실의 진위를 판단할 수 없는 업무자인 경우에는 그렇지 않은 업무주체의 경우와는 달리 그 위계의 정도를 다르게 평가해야 할 필요도 있다. 위계의 상대방 또는 위계의 정도 등과 관련해서 대법원은 사안의 특수성을 고려한 판례법리를 만들어 활용하고 있다. 43

① 신청을 받아 일정한 심사를 거쳐 사무를 처리하는 업무의 경우 상대방으로부터 신청을 받아 상대방이 일정한 자격요건 등을 갖춘 경우에 한하여 그에 대한 수용 여부를 결정하는 업무자에 대한 위계의 경우는 '상대방의 부지, 착각, 오인등을 일으키게 하고 이를 이용함'이라는 의미의 위계개념을 기준으로 삼아서는 위계의 인정 여부를 판단하기 어렵다. 그 업무자는 단순한 위계의 상대방이 아니라 신청서에 기재된 사유가 사실과 부합하지 않을 수 있음을 전제로 그 자격요건 등을 별도로 심사·판단하기 때문이다. 즉 이 경우 업무자는, 행위자의 신청내용을 리뷰하는 업무수행을 하기 때문에, 업무방해가 되기 위해서는 일반적인 의미의 위계보다 강화된 의미의 위계가 요구되는 것으로 해석될 필요가 있다. 44

判 대법원은 일정한 심사를 거치는 업무의 경우 '위계'인정을 어렵게 하는 강화된 법리를 마련하여 적용하고 있다. 즉 업무담당자가 사실을 충분히 확인하지 않은 채 신청인이 제출한 허위의 신청사유나 허위의 소명자료를 가볍게 믿고 이를 수용한 경우에는 업무담당자의 불충분한 심사에 기인한 것으로 보아 (신청인의 위계가 업무방해의 위험성을 발생시켰다고 할 수 없다는 이유로) 위계에 의한 업무방해죄의 성립을 부정하는 반면, 신청인이 업무담당자에게 허위의 주장을 하면서 '이에 부합하는 허위의 소명자료를 첨부하여 제출하고' 그 수리 여부를 결정하는 업무담당자가 관계 규정이 정한 바에 따라 그 요건의 존부에 관하여 나름대로 충분히 심사를 하였으나 신청사유 및 소명자료가 허위임을 발견하지 못하여 신청을 수리하게 된 경우에는 (이는 업무담당자의 불충분한 심사가 아니라 신청인의 위계행위에 의하여 업무방해의 위험성이 발생된 것이라는 이유로) 위계에 의한 업무방해죄가 성립을 인정한다.[149)] 45

146) 대법원 2021.9.30. 2021도6634.
147) 대법원 2010.3.25. 2009도8506.
148) 대법원 2022.2.11. 2021도12394('보이스피싱' 조직의 현금 수거책인 피고인이 2억 3천여만원을 끌어모은 뒤 무매체 입금거래의 '1인 1일 100만 원' 한도 제한을 회피하기 위하여 은행 자동화기기에 제3자의 주민등록번호를 입력한 사례임).

46 위 법리를 위계에 의한 업무방해죄의 성립여부를 업무자가 충분히 심사하였음에도 불구하고 허위임을 발견하지 못한 것인지 충분한 심사를 거쳤음에도 그 허위성을 발견한지 못한 것인지에 따라 결정하는 법리로 오해해서는 안 된다. 업무자가 허위성을 발견하지 못한 것이 업무자의 불충분한 심사 탓인지 아니면 행위자(신청인)의 위계 탓인지에 따라 결정하는 의미로 이해해야 한다. 이에 따르면 결국 신청인이 얼마나 적극적인 위계를 한 것인지가 관건이 된다. 업무자가 충분한 심사를 했어도 알지 못했을 정도로 허위의 증명서류 등을 첨부하여 신청한 경우에는 허위의 신청에 기초한 업무처리 결과는 행위자의 '위계'의 탓으로 귀속되는 것이다. 이러한 법리는 후술하듯이 위계에 의한 공무집행방해죄의 경우에도 그대로 적용된다(형식적 심사권한을 가진 공무원, 실질적 심사권한을 가진 공무원, 사실조사에 대한 의무까지 가진 수사공무원 등 공무원의 정보접근가능성에 따라 위계의 정도가 달라질 수 있다).

47 例 **업무방해죄의 성립이 부정된 판례:** 업무담당자가 사실을 충분히 확인하지 아니한 채 신청인이 제출한 허위의 신청사유나 허위의 소명자료를 가볍게 믿고 이를 수용하였다면, 이는 업무담당자의 불충분한 심사에 기인한 것으로서 신청인의 위계가 업무방해의 위험성을 발생시켰다고 할 수 없어 위계에 의한 업무방해죄의 성립이 부정되었고(대법원 2008.6.26. 2008도2537), 대학교 시간강사 임용과 관련하여 허위의 학력이 기재된 이력서만을 제출한 경우, 임용심사업무 담당자가 불충분한 심사로 인하여 허위 학력이 기재된 이력서를 믿은 것이므로 위계에 의한 업무방해죄의 성립이 부정되었다(대법원 2009.1.30. 2008도6950).

48 例 **업무방해죄의 성립이 긍정된 판례:** 주한외국영사관의 비자발급업무와 같이 상대방으로부터 신청을 받아 일정한 자격요건 등을 갖춘 경우에 한하여 그에 대한 수용 여부를 결정하는 업무의 경우 신청인이 업무담당자에게 허위의 주장을 하면서 이에 부합하는 허위의 소명자료를 첨부하여 제출하자 그 수리 여부를 결정하는 업무담당자가 관계 규정이 정한 바에 따라 그 요건의 존부에 관하여 나름대로 충분히 심사를 하였으나 신청사유 및 소명자료가 허위임을 발견하지 못하여 그 신청을 수리한 경우에는 업무방해죄가 긍정되었다(대법원 2004.3.26. 2003도7927).

49 ② 회사 등에서의 채용비리가 문제되는 경우 **회사나 공사 등에서 채용과정에서 공정하지 않은 채용업무가 문제되는 경우는 비리유형별 또는 채용업무 주체별로 위계의 상대방이 달라지고 그에 따라 위계에 의한 업무방해죄의 성립여부가 달라질 수 있다.**

50 判 대법원은 채용비리의 경우 업무수행 자체가 아니라 업무의 적정성 내지 공정성이 방해된 경우에도 업무방해죄가 성립을 인정하는 전제하에서, 채용비리의 구체적 유형에 따라 다음과 같이 다르게 판단하고 있다.
① **점수를 조작하는 행위로 특정지원자를 필기시험에 합격시켜 면접에 응시할 수 있게 하는 경우:** 이 경우는 면접위원이 채용업무의 피해주체로서, 점수조작행위는 해당지원자의 응시자격에 관하여 면접위원에게 오인을 일으키게 하는 위계에 해당하는 것임을 이유로 업무방해죄의 성립이 인정되었다(대법원 2010.3.25. 2009도8506).
② **심사위원들이 사전에 담합하여 특정지원자를 합격에 이르게 한 경우:** 이 경우는 채용업무행위의 피해주체가 해당 채용이 이루어지는 법인이 되는 경우로서 당해 회사의 대표자(또는 채용담당자)에 대한 위계에 의한 업무방해죄의 성립이 인정되었다.
③ **채용담당자의 불공정채용행위가 법인의 대표자(회사의 대표자나 공사의 사장 등)의 지시에 의한 경우:** 이 경우도 채용업무의 피해주체는 독립적 법인격을 가진 법인이지만, 법인은 자연과 달리 인식능력이 없어 오인, 착

149) 대법원 2020.9.24. 2007도5030 등 참조.

각 또는 부지라는 의미의 위계의 상대방이 될 수 없음을 근거로 위계에 의한 업무방해죄의 성립이 부정되었다(대법원 2007.12.27. 2005도6404).

④ 신규직원 채용권한을 가지고 있는 지방공사 사장이 시험업무 담당자들에게 지시하여 상호 공모 내지 양해하에 시험성적조작 등의 부정한 행위를 한 경우: 법인인 공사에게 신규직원 채용업무와 관련하여 오인·착각 또는 부지를 일으키게 한 것이 아니라는 이유로 위계에 의한 업무방해죄의 성립이 부정되었다(대법원 2010.3.25. 2009도8506).

⑤ 지방공기업 사장인 피고인이 내부 인사규정 변경을 위한 적법한 절차를 거치지 않은 채 채용공고상 자격요건을 무단으로 변경하여 공동피고인을 2급 경력직의 사업처장으로 채용한 경우: "채용공고가 인사규정에 부합하는지 여부는 서류심사위원과 면접위원의 업무와 무관하고, 피고인들이 서류 심사위원과 면접위원에게 오인, 착각 또는 부지를 일으키게 하여 이를 이용하였다고 볼 수 없으며, 공기업 대표이사인 피고인은 직원 채용 여부에 관한 결정에 있어 인사담당자의 의사결정에 관여할 수 있는 권한을 갖고 있어 관련 업무지시를 위력 행사로 볼 수 없고, 피고인들이 서류심사위원과 면접위원, 인사담당자의 업무의 공정성, 적정성을 해하였거나, 이를 해한다는 인식이 있었다고 단정하기 어렵다"는 이유로 업무방해죄의 성립이 부정되었다(대법원 2022.6.9. 2020도16182).

그러나 ③유형의 경우 위계의 상대방이 없음을 이유로 채용비리를 업무방해죄 성립을 부정하는 태도는 일반상식에 부합하기 어렵다. 채용권한이 법인의 대표자에게 있고 심사위원의 업무는 그로부터 위임된 업무이므로 결국 독립된 인격을 가진 법인은 대표자와의 관계에서도 타인(피해주체)에 해당할 수 있기 때문이다. 따라서 이러한 채용비리 유형의 경우 대표자의 지시가 '위력'에 해당할 수 있는지에 관한 검토가 추가적으로 필요하고, 채용비리에 관한 입법론적 방안마련도 요구된다. 51

③ 논문 대작(代作)의 경우 타인으로 하여금 논문을 대신 쓰게 한 후 그 논문을 자신의 작품으로 심사받은 경우 심사위원의 업무를 위계로 방해한 것에 해당할 수 있다. 이 점은 석박사학위논문의 경우에도 마찬가지이다. 업무방해죄의 위계에 해당함에는 의문이 없다. 학위논문을 작성함에 있어 자료를 분석, 정리하여 논문의 내용을 완성하는 일의 대부분을 타인에게 의존하였다면 그 논문은 타인에 의하여 대작된 것이라고 보아야 하기 때문에, 그리고 전체 논문의 초안 작성을 의뢰하고 그에 따라 작성된 논문의 내용에 약간의 수정만을 가하여 제출한 경우에도 업무방해죄의 위계가 인정된다.[150] 52

判 그러나 대법원은 학위논문의 '예비심사' 자료를 대작한 경우는 본심사 대상인 논문을 대작한 사례의 경우 적용될 수 있는 법리가 타당하지 않다고 한다. 즉 학위청구논문의 작성계획을 밝히는 예비심사 단계에서 제출된 논문 또는 자료의 경우에는 아직 본격적인 연구가 이루어지기 전이고, 연구주제 선정, 목차 구성, 논문작성계획의 수립, 기존 연구성과의 정리 등에 논문지도교수의 폭넓은 지도를 예정하고 있다고 할 것이어서 학위논문과 동일하게 볼 수 없음을 이유로 한다고 한다. 특히 대법원은 예비심사자료의 대작이 업무자(대학원장)의 업무방해의 결과를 초래할 위험성이 있는지도 의문이라고 한다.[151] 53

사례의 특수성을 고려하려는 취지는 이해가 가지만, 예심 자료와 본심 대상인 논문의 완성도가 다르다는 점이 법리를 달리할 정도로 본질적으로 다른지는 의문이다. 학위 논문 심사의 경우 예심이든 본심이든 관건이 되는 것은 그 '완성도 내지 불가변성'이 아니라 통과 또는 탈락이라는 심사의 결과이다. 예비심사는 본심사와 마찬가지

150) 대법원 1996.7.30. 94도2708.
151) 대법원 2023.9.21. 2021도13708

로 피심시자의 현재상태의 능력과 논문준비상태를 검증하는 관문적 성격을 가지고 이 심사에서 탈락하면, 본심사로 나아갈 수 없게 되고, 피심사자는 다음 학기에 그 예심자료를 보완 수정하여 재심사를 받아야 한다. 이처럼 예비심사의 통과는 본심으로 나아가기 위한 형식적 실질적 요건이다. 따라서 그 제출자료가 타인에 의해 대작된 것이라면 심사업무가 방해될 위험은 본심의 경우와 다를 바 없다. 이 뿐만 아니라 본심사의 경우도 피심사자가 작성하여 제출된 논문을 지도교수나 다른 심사위원이 폭넓게 지도를 하고 그 내용도 얼마든지 바뀔 수 있는 점은 예심심사 자료에 대해서와 다를 바 없다. 이처럼 본심 논문의 대작과 예심자료의 대작이 본질면에서 다르다고 할 수 없다면, 종래의 법리는 예심자료의 대작에 대해서도 그대로 적용되어야 한다. 대작했는지가 의심스러운지의 문제는 사실문제로서 법률문제가 아니다.

54 例 **허위사실유포, 위계로 인정된 경우:** ① 노조집행부가 일방적으로 유무결정 유인물을 배포하여 공장가동을 불가능하게 한 경우(대법원 1992.3.31. 92도58). ② 근무직원에게 야유와 협박으로 농성가담을 적극 권유한 경우(대법원 1992.5.8. 91도3051), ③ 타인명의의 허위학력과 경력을 기재한 이력서를 제출하고 입사시험에 합격한 소위 위장취업을 한 경우(대법원 1992.6.9. 91도2221), ④ 대학 입학시험 문제와 그 답안을 입시 수험생에게 알려준 경우 및 이를 알게 된 수험생이 답안을 시험답안지에 그대로 베껴 써서 그 정을 모르는 시험감독관에게 제출한 경우(대법원 1991.11.12. 91도2211), ⑤ 대학교 총장이 신입생을 추가로 모집함에 있어 기부금을 낸 학부모나 교직원 자녀들의 성적 또는 지망학과를 고쳐 석차가 추가로 모집하는 인원의 범위 내에 들도록 사정부를 허위로 작성한 다음 그 정을 모르는 입학사정위원들에게 제출하여 그에 따라 입학사정을 하게 한 경우(대법원 1993.5.11. 92도255), ⑦ 회사사업부장이 허위사실을 유포하여 직원들의 집단사표를 제출받아 소방업무의 경영 저해위험이 생긴 경우(대법원 2002.3.29. 2000도3231), ⑧ 특정 회사가 제공하는 게임사이트에서 정상적인 포커게임을 하고 있는 것처럼 가장하면서 통상적인 업무처리 과정에서 적발해 내기 어려운 사설 프로그램('한도우미 프로그램')을 이용하여 약관상 양도가 금지되는 포커머니를 약속된 상대방에게 이전해 준 경우(대법원 2009.10.15. 2007도9334).

55 例 **허위사실유포, 위계가 부정된 경우:** ① 어장의 대표자가 후임자에게 어장에 대한 (허위의) 채권이 있음을 이유로 어장의 인도를 거절한 경우(대법원 1984.7.10. 84도638), ② 인터넷 자유게시판 등에 업무방해가 될 만한 사실이지만, 실제의 객관적인 사실을 게시한 경우(대법원 2007.6.29. 2006도3839) 등.

56 (다) 위력 '위력'이란 사람의 의사자유를 제압·혼란케 할 정도의 일체의 세력 내지 억압적 방법을 말한다.[152] 폭행·협박 등 유형적 세력은 물론이고 사회적·경제적·정치적인 지위나 권세를 이용하는 무형적 세력도 포함하고, 제3자를 통하여 간접적으로 행사하는 것도 포함한다.[153] 범인의 위세, 인원수, 주위상황으로 보아 의사를 제압·혼란케 할 수 있는 세력이 있으면 족하고, 현실적으로 의사가 제압·혼란하게 되었음도 요하지 않는다.[154]

57 判 대법원은 종래 쟁의행위로서 집단적 노무제공의 중단인 '파업'도 업무방해죄에서 말하는 위력에 해당하는 것으로 보았다. 하지만 2011년 전원합의체 판결을 통해 파업(집단적 노무제공거부)이 업무방해죄가 되려면, 그 파업이 사용자의 예측을 넘어서 전격적으로 이루어져(전격성), 사용자의 사업운용에 심대한 혼란 내지 막대한 손해를 초래(혼란 내지 손해의 중대성)하는 등의 사유가 있어야 하는 것으로 태도를 변경하였다.[155] 대법원의 이

152) 대법원 2013.2.28. 2011도16718.
153) 대법원 2013.2.28. 2011도16718.
154) 대법원 1995.10.12. 95도1589.
155) "쟁의행위로서 파업이 언제나 업무방해죄에 해당하는 것으로 볼 것은 아니고, 전후 사정과 경위 등에 비추어 사용자가 예측할 수 없는 시기에 전격적으로 이루어져 사용자의 사업운영에 심대한 혼란 내지 막대한 손해를

러한 태도 변경사의 배후에는 '위력'개념에 대한 미세하지만 중대한 변화가 있었다. 즉 대법원은 1991.4.23. 90도2771 판결에서 파업행위의 업무방해죄성립을 인정하기 위해 종래 '의사의 제압'[156]으로 제한되어 있었던 위력개념을 사실상 확장한 후, 1991.11.8, 91도326 판결부터 명시적으로 위력개념을 '의사자유의 제압·혼란'으로 확장한 이래, 다시 20여 년 후 최근의 판례변경까지 이러한 개념확장을 유지해 온 것이라고 할 수 있다.

생각건대 업무방해죄의 위력이 위력자살죄의 경우의 위력처럼 상대방의 의사자유를 제압하는 경우로 제한하지 않고 의사의 자유를 혼란케 하는 정도까지 포함하여 해석하는 태도 자체에는 문제가 없어 보인다. 근로자의 파업행위와 관련하여 '무제한의 범죄화'를 표방한 대법원의 지나친 형법적용을 20여 년 만에 '제한적 범죄화'로 회귀한 2011년의 전원합의체 판결도 대법원이 노동 분야에서 정책법원으로서의 진일보한 태도를 보인 것으로 평가를 내릴 수 있다. 58

例 위력이 인정된 경우: ① 피해자가 시장번영회를 상대로 잦은 진정을 하고 협조를 하지 않는다는 이유로 시장번영회 총회의 결의에 의하여 피해자 소유점포에 대하여 정당한 권한 없이 단전조치를 한 경우(대법원 1983.11.8. 83도1798), ② 다수인과 함께 집행부측 종원들을 밀어내는 등으로 위세를 가하고 고성을 질러 수십 분 동안 회의장 전체를 통제불능의 아수라장으로 만들어 집행부 측의 회의진행을 포기하게 한 경우(대법원 1991.2.12. 90도2501), ③ 오전 9시 이전에 출근하여 업무준비를 하고 9시부터 근무하도록 되어 있는 직원들에 대하여 집단으로 오전 9시 정각에 출근하도록 한 경우(대법원 1996.5.10. 96도419), ④ 옥외집회시 고성능 확성기를 사용하여 사무실내에서 전화통화 및 대화가 어렵고 인근상인들이 소음으로 인한 고통을 호소하는 정도로 만든 경우(대법원 2004.10.15. 2004도4467), ⑤ 대부업체 직원이 대출금을 회수하기 위하여 소액의 지연이자를 문제삼아 법적 조치를 거론하면서 소규모 간판업자인 채무자의 휴대전화로 수백 회에 이르는 전화공세를 한 경우(대법원 2005.5.27. 2004도8447), ⑥ 자신의 명의로 사업자등록이 되어 있고 자신이 상주하여 지게차 판매 등을 하고 있는 지위를 이용하여, 피해자의 사업장 출입을 금지하기 위하여 출입문에 설치된 자물쇠의 비밀번호를 변경한 경우(대법원 2009.4.23. 2007도9924), ⑦ 특정 신문들에 광고를 게재하는 광고주들에게 소비자불매운동의 일환으로 광고중단을 압박하는 행위를 한 경우(대법원 2013.3.14. 2010도410) 등. 59

例 위력이 부정된 경우: ① 계약갱신 및 체납임금·관리비 상당액을 독려차 나온 사원에게 "너희들이 무엇인데 상인협의회에서 하는 일을 방해하며 협의회에서 돌리는 유인물을 압수하느냐 당장 해임시키겠다"고 한 정도의 욕설을 한 경우(대법원 1983.10.11. 82도2584), ② 만 74세를 넘긴 노인인 피고인이 주위에 종중원들 및 마을 주민들 10여 명과 지적공사 직원 3명이 모여 있는 데 나타나서 혼자 측량을 반대하면서 '내 허락 없이 측량을 하면 가만두지 않겠다'고 소리치는 등 약 40분 동안 시비를 한 경우(대법원 1999.5.28. 99도495), ③ 특정 신문사에 광고를 게재하는 광고주들에게 소비자불매운동의 일환으로 행한 광고중단 압박이 그 직접적 상대방이 아닌 제3자인 신문사에 대한 위력의 행사와 동일시될 수 있는 예외적 사정이 없는 경우(대법원 2013.3.14. 2010도410), ④ 고등학교 교장이자 학교입학전형위원회 위원장으로서 신입생 입학 사정회의에 참석하여 자신의 의견을 밝힌 후 계속하여 논의가 길어지자 면접위원인 피해자들에게 "참 선생님들이 말을 안 듣네. 중학교는 이 정도면 교장 선생님한테 권한을 줘서 끝내는데. 왜 그러는 거죠?" 등 발언을 한 경우(대법원 2023.3.30. 2019도7446). 60

(라) 업무방해 '업무방해'란 업무의 집행 자체를 방해하는 경우뿐만 아니라 업무의 경영 61

초래하는 등으로 사용자의 사업계속에 관한 자유의사가 제압·혼란될 수 있다고 평가할 수 있는 경우에 비로소 집단적 노무제공의 거부가 위력에 해당하여 업무방해죄가 성립한다고 보는 것이 타당하다"(대법원 2011.3.17. 2007도482 전원합의체).

156) 대법원 1987.4.28. 87도453.

을 저해하는 것도 포함한다.[157] 업무수행자체가 아니라 업무의 적정성 내지 공정성을 방해하는 경우에도 업무방해죄가 성립한다.[158] 부작위에 의한 업무방해도 가능하지만, 이 죄는 결과발생을 요하는 범죄행위가 아니므로 부작위가 적극적인 방해행위와의 상응성(형법적인 동등한 가치)이 인정되어야 한다.[159]

62 判 대법원은 업무방해죄의 성립을 위해서는 "업무방해의 결과가 실제로 발생함을 요하지 않지만, 업무방해의 결과를 초래할 위험이 발생할 것을 요한다"[160]고 한다. 업무방해죄 구성요건 중 '방해'에 대한 해석 결과로서 일반화되어 있다. 물론 대법원은 업무방해죄의 다른 행위수단(허위사실이나 위력)이 아니라 위계인 경우에만 이 요건을 요구한다.[161] '업무방해의 결과를 초래할 위험의 발생'을 이 죄의 성립요건으로 요구하고 있음은 대법원이 이 죄를 추상적 위험범으로 보지 않고 구체적 위험범으로 해석하겠다는 취지로 읽힐 수도 있다.

63 이 죄의 구성요건에서 행위수단으로 허위사실, 위계 또는 위력을 규정하는 것과 별도로 업무의 "방해"가 규정되어 있음을 고려하면, 위계에 의한 공무집행방해죄의 경우 위계라는 행위수단 외에 공무집행의 "방해"가 별도로 요구되어 있는 것과 비교된다. 그러나 대법원은 위계에 의한 공무집행방해죄의 "방해"는 공무집행 방해의 결과로 해석하는 반면, 이 죄의 "방해"는 업무방해의 위험성으로 해석하고 있다. 그리고 허위사실의 유포나 위력의 경우에는 업무방해의 위험성을 요건으로 요구하고 있지도 않다. 이와 같이 추상적 위험범으로서 미수처벌규정이 없지만, 법익침해적 결과가 아닌 다른 '일정한 결과'를 요건으로 요구하고 있는 공통점을 가지고 있는 구성요건의 형식을 추상적 위험범의 제2유형에 해당하는 것으로 분류할 수 있다(『각론』 구성요건 분류 참조). 교통방해죄도 이러한 유형에 속한다.

64 判 대법원이 이 죄의 성립을 부정하면서 '업무방해의 추상적 위험조차 없다'(위계의 경우)고 판시하고 있음을 근거로 삼아 이 죄의 성립요건으로 업무방해의 추상적 위험을 요구하고 있는 것이 판례의 입장으로 오해해서는 안 된다.

65 예컨대, 사립학교의 중간시험의 출제위원인 행위자가 문제선정을 한 후 그 문제를 외부에 유출을 한 것만으로는 추상적 위험조차 없어서 업무방해죄가 성립하지 않는다고 한 표현은

---

157) "고객의 의뢰에 따라 항공속달에 의하여 서류를 배달하는 것을 업무로 하는 피해자 회사가 그 업무를 수행함에 있어 고객이 배달을 의뢰하지 않은 이 사건 전단이 서류와 함께 전달이 됨으로써 이를 배달받은 사람으로서는 위 서류뿐 아니라 이 사건 전단도 배달을 의뢰한 고객이 보낸 것으로 오인하게 되고 더구나 이 사건 전단의 내용이 특정 종교를 심하게 비방하는 것으로서 사회통념상 용인되기 어렵다고 할 것이므로 결국 피해자가 배달을 의뢰한 고객의 위탁취지에 어긋나게 업무를 처리한 결과가 되었다고 할 것이고, 배달을 의뢰받은 서류 자체가 훼손되지 않고 배달되었다고 하여 피해자의 업무가 방해되지 않았다고 할 수 없다고 할 것이다. 뿐만 아니라 위와 같이 배달을 의뢰한 고객의 위탁취지에 어긋나게 배달이 이루어짐으로써 종국에는 피해자의 업무의 경영이 저해될 위험이 발행하였다고 하지 아니할 수 없다"(대법원 1999.5.14. 98도3767).

158) 대법원 2008.1.17. 2006도1721.

159) "업무방해죄와 같이 작위를 내용으로 하는 범죄를 부작위에 의하여 범하는 부진정 부작위범이 성립하기 위해서는 부작위를 실행행위로서의 작위와 동일시할 수 있어야 한다"(대법원 2017.12.22. 2017도13211).

160) 대법원 1999.12.10. 99도3487; 대법원 2002.3.29. 2000도3231.

161) 대법원이 업무방해죄의 경우 업무가 현실적으로 방해된 결과가 아니라 방해의 결과를 초래할 '위험성'으로 해석하는 점은 위계에 의한 공무집행방해죄의 경우 "방해"를 현실적 방해의 결과로 해석하는 것과 비교된다.

그 제출된 문제를 시험관리 업무자에게 제출하지 않았기 때문에 '위계' 행위 자체부터 부정된다는 의미의 표현일 뿐이다.[162)]

例 '대학입시에 합격시켜 달라'는 청탁을 받은 갑 교수가 수험생의 답안지에 비밀표시를 하도록 해놓고 채점위원으로 예상되는 을 교수에게 부정채점토록 부탁했으나 병 교수가 채점위원이 되었으므로 을 교수가 다시 병 교수에게 부탁하였으나 병이 이를 거절하고 대학교 교무처장에게 신고하여 입시 부정행위를 할 수 없게 되었다면 을의 범행가담 이후에 입시관리 업무가 방해될 만한 행위가 없다는 이유로 을에게 업무방해죄의 성립을 부정한 판례(대법원 1994.12.2. 94도1510)도 '위계' 자체가 존재하지 않는 사례로 평가될 수 있다. 66

(2) 주관적 구성요건

허위사실의 유포, 위계 또는 위력으로써 타인의 업무를 방해한다는 사실 또는 업무방해의 결과를 초래할 위험(판례)이 있다는 점에 대한 인식 및 의사가 있어야 한다. 67

3. 위법성조각사유

(1) 법령에 의한 행위

업무방해죄는 법령(노동조합 및 노동관계조정법 제4조)에 의한 정당한 쟁의행위로서 위법성이 조각되는 경우가 많다. 이 경우 정당한 쟁의행위인지의 여부를 형식적인 절차규정의 위반 등을 기준으로 해서만 판단해서는 안 되며,[163)] 그것이 근로자의 근로조건의 개선 기타 근로자의 정당한 이익을 주장하기 위한 상당한 수단인지의 여부를 판단해야 한다.[164)] 68

判 대법원은 '수급사업주' 소속 근로자들이 단체행동권의 행사로서 쟁의행위를 한 경우 그러한 쟁의행위가 위법성이 조각될 때 그 위법성조각의 효과는 원칙적으로 '수급사업주'에 한하고 '도급사업주'에 대한 관계에서까지 위법성이 조각되는 것이 아니라는 태도를 취한다. 이에 따르면 업무는 행위객체이기 때문에 행위객체별로 위법성조각의 효과가 달라지는 것이 대법원 '법리'라고 할 수 있다. 이러한 판례법리는 고정된 것이 아니라 사안의 특수성에 따라 움직인다. 대법원은 도급인 역시 수급인 소속 근로자의 근로에 의해 일정한 이익을 누리고 이러한 이익을 위해 그 사업장을 수급인 소속 근로자에게 근로의 장소로 제공한 것이기 때문에, 경우에 따라서는 수급인 소속 근로자의 쟁의행위에 기해 도급인의 법익을 침해한다고 하더라도 위법성이 조각되는 경우도 있다고 하기 때문이다.[165)] 69

例 **정당행위로 인정된 사례:** ① 시장번영회 회장이 이사회 결의와 시장번영회 관리규칙에 따라 관리비체납자의 점포에 대해 단전조치를 가한 형우(대법원 2004.8.20. 2003도4732), ② 백화점 입주상인들이 영업을 하지 않고 매장 내에서 점거농성만을 하면서 매장 내의 기존의 전기시설로 임의로 전선을 연결하여 각종 전열기구를 사용함으로써 화재위험이 높아 백화점 경영회사의 대표이사인 피고인이 부득이 단전조치를 취한 경우(대법원 1995.6.30. 94도3136) ③ 회사가 근로자들 70

---

162) 대법원 1999.12.10. 99도3487.

163) "쟁의행위가 위 냉각기간이나 사전신고의 규정이 정한 시기와 절차에 따르지 아니하였다고 하여 무조건 정당성이 결여된 쟁의행위라고 볼 것이 아니라 그 위반행위로 말미암아 사회, 경제적 안정이나 사용자의 사업운영에 예기치 않은 혼란이나 손해를 끼치는 등 부당한 결과를 초래할 우려가 있는지의 여부 등 구체적인 사정을 살펴서 그 정당성유무를 가려 형사상 죄책유무를 판단하여야 한다"(대법원 1992.9.22. 92도1855).

164) 대법원 1996.2.27. 95도2970.

165) 대법원 2020.9.3. 2015도1927.

과의 협의없이 공장내에 설치해 둔 CCTV에, 근로자들이 비닐봉지를 씌워 촬영하지 못하도록 한 경우[166] (대법원 2023.6.29. 2018도1917).

71 例 **정당행위로 인정되지 않은 사례:** ① 임대차기간 만료 후에 목적물을 명도하지 않자 명도받기 위해서 실력으로 업무를 방해한 경우(대법원 1962.4.12. 62도17), ② 한국조폐공사 노동조합이 임금 등 근로조건 개선을 내세워 쟁의행위에 돌입하였으나 그 주된 목적이 정부의 공기업 및 그 일환으로 추진되는 조폐창 통폐합을 반대하기 위한 대정부 투쟁에 있었던 경우(대법원 2002.2.26. 99도5380). ③ 호텔내 주점의 임대인이 임차인의 차임연체를 이유로 계약서상 규정에 따라 위 주점에 대하여 단전·단수조치를 취했는데, 약정기간이 만료되지 않았고 임대차보증금도 상당한 액수가 남아 있는 상태에서 계약해지의 의사표시와 경고만을 한 후 단전·단수조치를 한 것으로 인정된 경우(대법원 2007.9.20. 2006도9157).

(2) 기타 위법성조각사유

72 업무방해죄가 기타 정당방위,[167] 피해자의 승낙,[168] 더 나아가 사회상규에 위배되지 않는 행위[169]에 해당할 경우 위법성이 조각될 수 있다.

73 判 대법원은 위력이 정당한 권한행사의 일환으로 이루어진 경우에 대해 사안별로 법효과의 범죄체계적 지위를 다르게 자리매김하기도 한다. 즉 위력이 한편으로는 상대방의 업무에 지장을 초래하는 행위를 하였다고 하더라도 그것이 행위자가 가지는 정당한 권한행사에 기한 것일 때에는, 행위의 내용이나 수단 등이 사회통념상 허용될 수 없는 등 특별한 사정이 없는 한 업무방해죄를 구성하는 '위력'의 행사 자체를 부정함으로써[170] 구성요건해당성부터 부정된다고 하고 있지만, 다른 한편 30년 동안 점유해온 대지 위에 자신의 의사에 반하게 담장을 축조하려는 것을 다소 위력을 과시하여 이를 저지한 행위에 대해서는 자기의 대지에 대한 점유권을 보전하려는 행위로서 그 방법이 사회통념상 인용되는 범위를 일탈한 것으로 볼 수 없어 "위법성이 결여된 행위"[171]라고 한다.

4. 죄수, 타죄와의 관계

74 허위사실을 수회 반복하여 수인에게 유포하거나 위계와 위력을 함께 사용한 경우에도 업무방해죄는 일죄가 된다. 하지만 허위사실을 유포하여 타인의 신용을 훼손하거나 명예를 훼손함과 동시에 업무를 방해하면 신용훼손죄 또는 명예훼손죄와 업무방해죄는 상상적 경합이 된다.[172]

75 업무방해행위가 동시에 배임행위가 되거나 강요행위에 해당하는 경우에는 배임죄 또는 강요죄와 업무방해죄가 상상적 경합이 된다.

---

166) 이 판결에서 대법원은 회사가 CCTV를 작동시키지 않았거나 시험가동만 한 상태에서 촬영을 방해한 행위는 정당행위로 볼 수 없으나, 정식으로 CCTV 작동을 시작한 후에는 회사의 정당한 이익 달성이 명백하게 정보주체의 권리보다 우선하는 경우에 해당한다고 보기 어렵다는 판단을 근거로 그 촬영을 방해한 행위가 정당행위에 해당할 여지가 있다는 취지의 판시를 하였다.
167) 대법원 1977.5.24. 76도3460.
168) 대법원 1982.2.8. 82도2486.
169) 대법원 2006.4.27. 2005도8074.
170) 대법원 2013.2.28. 2011도16718.
171) 대법원 1982.6.8. 82도805.
172) "한국소비자보호원을 비방할 목적으로 18회에 걸쳐서 출판물에 의하여 공연히 허위의 사실을 적시·유포함으로써 한국소비자보호원의 명예를 훼손하고 업무를 방해하였다는 각 죄는 1개의 행위가 2개의 죄에 해당하는 형법 제40조 소정의 상상적 경합의 관계에 있다"(대법원 1993.4.13. 92도3035).

Ⅳ. 컴퓨터등업무방해죄

> 제314조(컴퓨터등업무방해죄) ② 컴퓨터 등 정보처리장치 또는 전자기록 등 특수매체기록을 손괴하거나 정보처리장치에 허위의 정보 또는 부정한 명령을 입력하거나 기타 방법으로 정보처리에 장애를 발생하게 하여 사람의 업무를 방해한 자도 제1항의 형과 같다.

1. 의의, 성격

컴퓨터 등 정보처리장치 또는 전자기록 등 특수매체기록을 손괴하거나 정보처리장치에 허위의 정보 또는 부정한 명령을 입력하거나 기타 방법으로 정보처리에 장애를 발생하게 하여 사람의 업무를 방해함으로써 성립하는 범죄이다. 76

종래 컴퓨터사용의 방해나 데이터의 부정조작이 업무방해죄를 구성하는지에 대한 해석상의 문제점을 입법적으로 해결하기 위해 1995년 형법개정에서 신설된 범죄이다.[173] 업무라는 보호법익의 보호정도와 관련해서는 업무방해죄의 경우와 같이 추상적 위험범이다. '정보처리장치의 장애발생'은 구성요건적 결과 또는 행위태양에 불과하다. 77

2. 구성요건

(1) 객관적 구성요건

1) 객체 　행위객체는 컴퓨터 등 정보처리장치 또는 전자기록 등 특수매체기록이다. 78

(가) 컴퓨터 등 정보처리장치 　자동적으로 계산이나 정보를 처리할 수 있는 전자장치를 갖춘 컴퓨터시스템을 말한다. 하드웨어(범용 컴퓨터, 미니콘컴퓨터, 오피스컴퓨터, 퍼스널마이크로컴퓨터, 제어용 컴퓨터 등)가 그 대표적인 예이다. 79

判 대법원은 정보처리장치에 하드웨어 뿐 아니라 소프트웨어도 포함하고[174] 이에 따르는 일부견해[175]도 있다. 80

그러나 소프트웨어는 정보처리장치가 아니라 정보처리에 이용되는 전자기록에 해당하므로 특수매체기록이다.[176] 여기의 정보처리장치는 시스템 자체가 자동적이고 독립적으로 정보처리능력을 갖춘 것으로서 업무에 사용되는 것이라야 한다. 따라서 업무와 관계없는 개인용 또는 가정용 컴퓨터, 마이컴내장 가전제품, 자동판매기, 자동개찰기의 부품인 마이크로프로세서나 휴대용계산기, 전자수첩, 전자사전 등은 이 죄의 객체가 아니다. 그것이 누구의 소유인가는 묻지 않는다. 81

---

173) 컴퓨터관련범죄의 폐해나 영향력의 광범위성을 이유로 컴퓨터등업무방해죄를 일반 업무방해죄보다 중하게 처벌하는 입법례(일본 형법 제234조의2)도 있지만 형법은 일반 업무방해죄의 법정형과 동일하게 처벌하고 있다.

174) 대법원 2004.7.9. 2002도631.

175) 김일수/서보학, 216면; 배종대, §55/17; 손동권/김재윤, §15/30.

176) 오영근, §13/40; 임웅, 232면.

82 (나) 전자기록 등 특수매체기록 '전자기록'이란 전자적 방식과 자기적 방식에 의하여 수록·보존되어 있는 기록 그 자체를 말한다. 전자적 방식이란 전자의 작용을 이용한 기록으로, 현재 기억소자의 주류가 되는 반도체기억집적회로(IC메모리)가 대표적 예이다. 자기적 방식이란 자기디스크, 자기테이프, 광자기디스크 등을 사용한 기록을 말한다. 일상생활에서 사용되는 현금카드나 신용카드 또는 승차권카드 등이 그 예이다.

83 '특수매체기록'이란 전자기록을 제외한 레이저광이나 광디스크를 이용한 기록을 말한다. 전자기록은 특수매체기록의 예시에 불과하다. '기록'이란 일정한 기록매체에 정보 또는 데이터가 수록·보존되어 있는 상태를 말한다. 어느 정도 영속성이 있어야 하므로 회선상으로 흘러가는 통신 중의 데이터나 중앙처리장치에서 처리 중인 데이터는 기록에 포함되지 않는다.[177]

84 전자기록과 특수매체기록은 업무용 컴퓨터 등 정보처리장치에 사용하는 기록에 한하기 때문에 개인의 비밀을 장치한 개인용 녹음테이프, 녹화필름, 마이크로필름 등은 비밀침해죄(제316조 제2항)의 객체가 될 뿐이고 이 죄의 객체가 되지 못한다.

85 2) 행위 행위객체를 손괴하는 행위, 정보처리장치에 허위의 정보 또는 부정한 명령을 입력하는 행위, 기타 방법으로 정보처리 그 자체에 장애를 일으키는 행위 등을 통해 사람의 업무를 방해하는 것이다. 세 가지 행위태양은 업무를 방해하는 수단에 해당한다.

86 (가) 정보처리장치·특수매체기록의 손괴 업무용의 컴퓨터 등 정보처리장치 또는 전자기록 등 특수매체기록을 손괴하는 것이다. 손괴는 물질적으로 훼손하거나 멸실케 하여 그 효용을 해하는 행위뿐만 아니라 자기디스크에 기록된 내용 등 전자기록의 내용을 말소시키는 것도 포함한다.

87 (나) 허위정보 또는 부정한 명령의 입력 '허위정보의 입력'이란 진실에 반하는 내용의 정보를 입력하는 것을 말하며, '부정한 명령의 입력'이란 사무처리 과정에서 주어서는 아니 될 명령을 입력하는 것(예, 은행 직원이 고객의 예금 중 일부 금액을 자신의 계좌로 옮기는 경우)을 말한다.

88 (다) 기타 방법의 장애발생 정보처리장치의 작동에 직접 또는 간접으로 영향을 줄 수 있는 가해행위를 하여 그 사용목적에 부합하는 기능을 하지 못하게 하거나 사용목적과 다른 기능을 하게 하는 일체의 행위를 말한다. 전자계산기의 전원을 절단하여 내장된 정보가 없어지게 하거나 통신회선의 절단, 입출력장치 등 부속설비의 손괴, 저압의 배전, 처리불능 데이터의 입력, 온도와 습도 등의 작동환경파괴, 바이러스 유포, 악성프로그램의 설치[178] 등이 그 예에 해당한다. 장애발생은 이 죄의 결과가 아니라 업무방해를 위한 행위태양(내지 수단)의 하나로 이해해야 한다.

89 判 대법원은 이 죄가 성립하기 위해서는 위 세 가지 방법 모두의 경우에 '정보처리에 장애가 현실적으로 발

177) 김일수/서보학, 216면.
178) 대법원 2013.3.28. 2010도14607.

생할 것'을 요구하고 있다.[179] 그러나 허위의 정보 또는 부정한 명령을 입력하는 행위태양으로 업무방해를 하려고 할 경우 예상되는 정보처리에 장애가 어떤 경우인지는 분명하지 않다. 이러한 경우는 오히려 정보처리의 기능적 측면에서 아무런 장애가 일어나지 않고 오히려 정상적으로 정보가 처리되는 외관을 보인다. 이 때문에 대법원의 위 요건은 재고되어야 할 것으로 보인다.

시스템관리자가 퇴직하면서 컴퓨터의 비밀번호를 후임자에게 알려주지 않은 것만으로는 정보처리장치의 작동에 직접 영향을 주어 그 사용목적에 부합하는 기능을 하지 못하게 하거나 사용목적과 다른 기능을 하게 하였다고 볼 수 없어 정보처리의 장애발생이 부정되었으나,[180] 대학의 컴퓨터시스템 서버를 관리하던 직원이 전보발령을 받아 더 이상 웹서버를 관리 운영할 권한이 없는 상태에서, 웹서버에 접속하여 홈페이지 관리자의 아이디와 비밀번호를 무단으로 변경한 행위는 정보처리의 장애발생이 인정되었으며,[181] 주식회사 대표이사인 피고인이, 악성프로그램이 설치된 피해 컴퓨터 사용자들이 실제로 인터넷 포털사이트에 해당 검색어로 검색하거나 검색 결과에서 해당 스폰서링크를 클릭하지 않았음에도 그와 같이 검색하고 클릭한 것처럼 인터넷 포털사이트의 관련 시스템 서버에 허위의 신호를 발송하는 방법을 사용되었을 경우에는 정보처리의 장애발생이 인정되었다.[182]

(라) 업무방해 업무방해 행위가 있어야 한다. '방해'란 정보처리장치의 용역을 통해서 처리하려는 업무에 지장을 초래하는 일체의 행위를 말한다. 추상적 위험범이므로 업무방해의 결과가 발생할 필요가 없고,[183] 업무를 방해할 위험만으로도 이 죄가 성립한다. 90

(2) 주관적 구성요건

이 죄의 고의는 컴퓨터 등 정보처리장치나 전자기록 등 특수매체기록을 손괴하거나 정보처리장치에 허위정보나 부정명령을 입력하거나 기타 방법으로 정보처리에 장애를 발생시킨다는 사실과 타인의 업무를 방해한다는 사실에 대한 인식과 실현의사가 있어야 한다. 91

3. 죄수, 타죄와의 관계

1개의 정보처리장치에 수회의 허위정보나 부정한 명령을 입력하여도 포괄일죄의 인정요건을 갖추면 일죄가 된다. 업무방해죄와 특별관계에 있으므로 이 죄가 성립한 때에는 업무방 92

179) 대법원 2022.5.12. 2021도1533.

180) "제314조 제2항의 … '컴퓨터 등 정보처리장치'란 자동적으로 계산이나 데이터처리를 할 수 있는 전자장치로서 하드웨어와 소프트웨어를 모두 포함하고, '기타 방법'이란 컴퓨터의 정보처리에 장애를 초래하는 가해수단으로서 컴퓨터의 작동에 직접·간접으로 영향을 미치는 일체의 행위를 말하며, 위 죄가 성립하기 위해서는 위와 같은 가해행위의 결과 정보처리장치가 그 사용목적에 부합하는 기능을 하지 못하거나 사용목적과 다른 기능을 하는 등 정보처리의 장애가 현실적으로 발생하였을 것을 요한다고 할 것이다"(대법원 2004.7.9. 2002도631).

181) 대법원 2006.3.10. 2005도382.

182) "피고인의 행위는 객관적으로 진실에 반하는 내용의 정보인 '허위의 정보'를 입력한 것에 해당하고, 그 결과 네이버의 관련 시스템 서버에서 실제적으로 검색어가 입력되거나 특정 스폰서링크가 클릭된 것으로 인식하여 그에 따른 정보처리가 이루어졌으므로 이는 네이버의 관련 시스템 등 정보처리장치가 그 사용목적에 부합하는 기능을 하지 못하거나 사용목적과 다른 기능을 함으로써 정보처리의 장애가 현실적으로 발생하였(다)"(대법원 2013.3.28. 2010도14607),

183) "포털사이트 운영회사의 통계집계시스템 서버에 허위의 클릭정보를 전송하여 검색순위 결정 과정에서 위와 같이 전송된 허위의 클릭정보가 실제로 통계에 반영됨으로써 정보처리에 장애가 현실적으로 발생하였다면, 그로 인하여 실제로 검색순위의 변동을 초래하지는 않았다 하더라도 '컴퓨터 등 장애 업무방해죄'가 성립한다"(대법원 2009.4.9. 2008도11978).

해죄는 성립하지 않는다. 이 죄의 업무방해가 동시에 배임에 해당하는 때에는 이 죄와 배임죄의 상상적 경합이 된다. 이 죄에 해당하는 행위가 동시에 직무집행을 하는 공무원에 대한 폭행에 해당하여 공무집행방해죄에도 해당하는 때에는 이 죄와 공무집행방해죄가 상상적 경합관계에 있게 된다.

93 **컴퓨터 등을 손괴하거나 전자기록을 소거하여 업무방해를 한 경우**에는 ① 손괴죄와 상상적 경합이 된다는 견해[184]가 있으나 ② 이 죄의 손괴행위에 모두 포함되므로 법조경합에 의해 흡수된다고 보는 것이 타당하다.[185]

Ⅴ. 경매·입찰방해죄

> 제315조(경매, 입찰방해죄) 위계 또는 위력 기타 방법으로 경매 또는 입찰의 공정을 해한 자는 2년 이하의 징역 또는 700만원 이하의 벌금에 처한다.

1. 의의, 성격, 보호법익

94 위계 또는 위력 기타 방법으로 경매 또는 입찰의 공정을 해함으로써 성립하는 범죄이다. 자유에 대한 죄로서의 성질과 함께 재산죄로서의 성격도 가지는 범죄이다. 추상적 위험범으로서,[186] 결과의 불공정성이 현실화되어야 할 결과범은 아니다.

2. 구성요건

(1) 객체

95 행위객체는 경매 또는 입찰이다. '경매'란 다수인으로부터 구두로 청약을 받고 그 중에서 최고가격의 청약자에게 승낙을 하여 매매를 성립(경락)시키는 것을 말한다. '입찰'이란 경쟁계약에 있어서 경쟁에 참가한 다수인으로부터 계약의 내용을 표시하게 하여 가장 유리한 청약자를 상대방으로 하여 계약을 체결(낙찰)하는 것을 말한다.[187]

96 경매·입찰의 종류는 묻지 않으며 국가·공공단체에 의한 것이건 개인이 실시하는 것이건 상관없다. 다만 이 죄의 방해 대상인 '입찰'을 공정한 자유경쟁을 통한 적정한 가격형성을 목적으로 하는 입찰절차를 말하고, 공적·사적 경제주체가 임의의 선택에 따라 진행하는 계약 체결과정은 이에 해당하지 않는다.[188]

---

184) 손동권/김재윤, §15/40; 이재상/장영민/강동범, §13/27.

185) 김일수/서보학, 219면; 배종대, §56/18; 오영근, §13/48.

186) "입찰방해죄는 위계 또는 위력 기타의 방법으로 입찰의 공정을 해하는 경우에 성립하는 위태범으로서 결과의 불공정이 현실적으로 나타나는 것을 필요로 하지 않(는다)"(대법원 2007.5.31. 2006도8070).

187) 경매는 경쟁자들이 서로 상대방의 청약조건을 알 수 있는 반면 입찰은 경쟁자들이 서로의 청약조건을 알 수 없다는 점에 차이가 있다.

188) 대법원 2023.9.21. 2022도8459.

1차 입찰이든 재입찰이든 '방해대상이 되는 경매·입찰이 현실적으로 존재해야 한다.'[189] 97
입찰시행자가 입찰을 실시할 법적 의무에 기하여 시행한 입찰이라야만 입찰방해죄의 객체가 되는 것은 아니다.[190]

(2) 행위

위계 또는 위력 기타 방법으로 경매 또는 입찰의 공정을 해하는 것이다. 98

1) 위계 또는 위력 기타 방법

(가) 의의 위계·위력은 예시에 불과하므로 이외의 기타 방법으로 가능하다. 위계·위력 99
은 신용훼손죄와 업무방해죄의 내용과 같다. 특히 위력의 사용은 폭행·협박의 정도에 이르러야만 되는 것도 아니며, 입찰장소 주변을 에워싸고 입찰참가자들의 입찰장 출입을 막은 경우도 위력에 해당한다.[191]

(나) 담합행위 담합행위란 경매·입찰의 경쟁에 참가하는 자 상호간에 통모하여 특정한 100
자에게 경락·낙찰되도록 하기 위해서 나머지 참가자는 일정한 가격 이상 또는 그 이하로 호가 또는 입찰하지 않을 것을 협정하는 것을 말한다. 위계에 의한 경매·입찰방해 행위에 해당한다.

입찰을 가장하거나 수인의 입찰자 중 1인만 입찰케 하고 나머지는 입찰을 포기할 것을 모 101
의하는 것도 담합행위가 된다. 반드시 입찰참가자 전원 사이에 담합이 이루어져야 하는 것은 아니고, 입찰참가자들 중 일부 사이에만 담합이 이루어진 경우라도 입찰방해죄가 된다.[192] 그러나 일부 담합이 있더라도 입찰시행자의 이익을 해함이 없이 자유로운 경쟁을 한 것과 동일한 결과로 되어 입찰의 공정을 해할 위험성도 없는 특수한 사정이 있는 경우에는 입찰방해죄가 성립하지 않는다.[193]

例 담합행위라고 인정되는 이상 낙찰가격이 입찰시행자에게 유리하게 결정되었고 또 담합자 사이에 금품의 102
수수가 없었어도 이 죄가 성립하고(대법원 1994.5.24. 94도600), 담합투찰한 경우 결과적으로 그 투찰에 참여한 업체의 수가 많아서 실제로 가격형성에 부당한 영향을 주지 않았다고 하더라도 이 죄가 성립하지만(대법원 2009.5.14. 2008도11361), 단순히 정보를 교환하여 응찰가격을 조정하는 행위는 담합행위에 포함되지 않는다(대법원 1997.3.28. 95도1199).

(다) 가장입찰·단독입찰 가장입찰이란 가장경쟁자를 조작하여 단독입찰을 경쟁입찰인 103
것처럼 꾸민 경우를 말하고, 단독입찰이란 다수의 입찰자 중 1인을 입찰하게 하고 나머지는

---

189) "실제로 실시된 입찰절차에서 실질적으로는 단독입찰을 하면서 마치 경쟁입찰을 한 것처럼 가장하는 경우와는 달리, 실제로는 수의계약을 체결하면서 입찰절차를 거쳤다는 증빙을 남기기 위하여 입찰을 전혀 시행하지 아니한 채 형식적인 입찰서류만을 작성하여 입찰이 있었던 것처럼 조작한 행위는 위 규정에서 말하는 입찰방해 행위에 해당한다고 할 수 없다"(대법원 2001.2.9. 2000도4700). "다른 입찰자들을 돌려보냄으로써 결국 재입찰이 실시되지 않았다면 처음부터 무슨 재입찰절차가 존재하였다 할 수 없어 결국 입찰방해죄는 성립할 수 없다"(대법원 2005.9.9. 2005도3857).

190) 대법원 2007.5.31. 2006도8070.

191) 대법원 1993.3.23. 92도3395.

192) 대법원 2006.12.22. 2004도2581.

193) 대법원 1983.1.18. 81도824.

입찰을 포기할 것을 모의한 경우를 말한다.

104 例 가장입찰이나 단독입찰이라는 입찰형태는 유찰방지를 위한 수단에 불과하였고 그 낙찰가격도 시장가격보다 높은 것이었다고 하더라도(대법원 1971.4.30. 71도519), 무모한 출혈경쟁을 방지할 목적에서 이루어져 입찰실시자의 이익을 해하지 않았고 담합자 간에 금품수수가 없었더라도(대법원 2003.9.26. 2002도3924) 위계에 의한 입찰방해에 해당한다.

105 (라) 신탁입찰 내부적으로 각자가 일정지분으로 입찰에 참가하지만 1인을 대표자로 하여 단독으로 입찰케 하는 경우를 말한다. 신탁입찰은 경쟁입찰의 한 방법에 지나지 않으므로 입찰방해죄에 해당하지 않는다.[194)]

106 2) 공정을 해하는 행위 '경매·입찰의 공정'은 경매 또는 입찰이 적정한 가격을 형성하는 공정한 자유경쟁을 말하고, '공정을 해하는 행위'란 '공정한 자유경쟁을 방해할 염려가 있는 상태를 발생시키는 것, 즉 공정한 자유경쟁을 통한 적정한 가격형성에 부당한 영향을 주는 상태를 발생시키는 것'을 의미한다.[195)] 경매·입찰가격의 결정뿐만 아니라 적법하고 공정한 경쟁방법을 해하는 행위도 포함한다.[196)]

107 지명경쟁입찰의 시행자인 법인의 대표자가 특정인과 공모하여 그 특정인이 낙찰자로 선정될 수 있도록 예정가격을 알려 주고 그 특정인은 나머지 입찰참가인들과 담합하여 입찰에 응한 경우에도 현실로 실시된 입찰의 공정을 해하는 것으로 평가된다.[197)] 하지만 공적·사적 경제주체의 임의의 선택에 따른 계약체결의 과정에 공정한 경쟁을 해하는 행위가 개재되었다 하여 입찰방해죄로 처벌할 수는 없다.[198)]

108 **적정가격의 기준**에 대해서는, ① 평균적인 시장가격을 기준으로 정해야 한다는 견해(시장가격설)[199)]와 ② 자유경쟁의 구체적 진행과정에서 얻어지는 가격이라는 견해(경쟁가격설)[200)]가 대립한다. 공정한 자유경쟁을 방해한 경우에는 낙찰가격이 시장가격 보다 높은 경우에도 이 죄의 성립을 인정하여야 하기 때문에 경쟁가격설이 타당하다.

109 判 대법원도 경쟁가격설의 입장이다. 이 죄가 위태범인 이상 결과의 불공정이 현실적으로 나타나는 것을 요하지 않고 이 죄의 행위에는 가격을 결정하는데 있어서 뿐 아니라 적법하고 공정한 경쟁방법을 해하는 행위도 포함되는 것으로 보기 때문에 그 낙찰가격이 시장가격보다 높은 경우라도 입찰의 공정을 해한 것으로 볼 수 있음을 근거로 한다.[201)]

194) 대법원 1957.10.21. 4290민상368.
195) 대법원 2003.9.26. 2002도3924.
196) 대법원 1971.4.30. 71도519; 대법원 2009.5.14. 2008도11361.
197) 대법원 2007.5.31. 2006도8070.
198) 대법원 2008.5.29. 2007도5037.
199) 김일수/서보학, 221면; 정성근/박광민, 213면.
200) 배종대, §56/2; 손동권/김재윤, §15/43; 이재상/장영민/강동범, §13/30; 임웅, 234면.
201) "이 죄는 위태범으로서 결과의 불공정이 현실적으로 나타나는 것을 요하는 것이 아니며 그 행위에는 가격을 결정하는데 있어서 뿐 아니라 적법하고 공정한 경쟁방법을 해하는 행위도 포함되므로 그 행위가 설사 유찰방지를 위한 수단에 불과하여 입찰가격에 있어서 국가의 이익을 해하거나 입찰자에게 부당한 이익을 얻게 하는 것이 아니었고 그 낙찰가격도 사정가격보다 높은 것이었다 하여도 실질적으로는 단독입찰을 경쟁 입찰인 것 같이 가장

3) 기수시기 이 죄는 추상적 위험범이자 거동범이므로 경매·입찰의 공정을 해하는 행위가 있으면 족하고 현실적으로 공정이 침해된 결과가 발생하였음을 요하지 않는다.[202] 따라서 담합행위의 경우에는 경매·입찰에 참가한 때에 기수가 되며[203] 담합에 의한 현실적 행동이 있음도 요하지 아니한다. 110

3. 위법성조각사유

경매·입찰방해죄에 해당하는 담합행위라도 무모한 출혈경쟁을 방지할 목적으로 상거래질서에 비추어 상당한 수단으로 이루어져 일반거래의 관념상 정당한 행위로 인정되는 경우에는 사회상규에 위배되지 않는 행위로 위법성이 조각될 수 있다.[204] 111

例 대법원도 담합의 목적이 주문자의 예정가격 범위 이내에서 적정한 가격을 유지하면서 무모한 출혈경쟁을 방지하기 위해 의사절충을 한 경우(대법원 1982.11.9. 81다537), 담합자끼리 금품수수가 있는 경우(대법원 1971.4.20. 70도2241), 담합이 있고 그에 따른 담합금이 수수되었다고 하더라도 자유로운 경쟁을 한 것과 동일한 결과로 되는 경우(대법원 1983.1.18. 81도824) 등은 입찰방해죄가 되지 않는다고 한다. 112

4. 타죄와의 관계

법원 경매업무를 담당하는 집행관의 구체적인 직무집행을 저지하거나 현실적으로 곤란하게 하면서 입찰의 공정을 해하는 행위를 한 경우에는 경매·입찰방해죄 외에 위계에 의한 공무집행방해죄가 별도로 성립하고, 양 죄는 상상적 경합이 된다. 그러나 그 집행관의 구체적인 직무집행을 저지하거나 현실적으로 곤란하게 하는 데까지는 이르지 않고 입찰의 공정을 해하는 정도에 그친 때에는 경매·입찰방해죄만 성립한다.[205] 113

하여 그 입찰가격으로서 낙찰되게 한 점에서 경쟁입찰의 방법을 해한 것이어서 입찰의 공정을 해하였다 할 것이다"(대법원 1971.4.30. 71도519).

202) "소위 담합행위를 한 경우에는 담합자 상호간에 금품의 수수와 상관없이 입찰의 공정을 해할 위험성이 있다 할 것이고, 담합자 상호간에 담합의 대가에 관한 다툼이 있었고, 실제의 낙찰단가가 낙찰예정단가 보다 낮아 입찰시행자에게 유리하게 결정되었다고 하여 그러한 위험이 없었다거나 입찰방해죄가 미수에 그친 것이라고 할 수 없다"(대법원 1994.5.24. 94도600).

203) "입찰자들의 전부 또는 일부 사이에서 담합을 시도하는 행위가 있었을 뿐 실제로 담합이 이루어지지 못하였고, 또 위계 또는 위력 기타의 방법으로 담합이 이루어진 것과 같은 결과를 얻어내거나 다른 입찰자들의 응찰 내지 투찰행위를 저지하려는 시도가 있었지만 역시 그 위계 또는 위력 등의 정도가 담합이 이루어진 것과 같은 결과를 얻어내거나 그들의 응찰 내지 투찰행위를 저지할 정도에 이르지 못하였고 또 실제로 방해된 바도 없다면, 이로써 공정한 자유경쟁을 방해할 염려가 있는 상태, 즉 공정한 자유경쟁을 통한 적정한 가격형성에 부당한 영향을 주는 상태를 발생시켜 그 입찰의 공정을 해하였다고 볼 수 없어, 이는 입찰방해미수에 불과하고 입찰방해죄의 기수에 이르렀다고 할 수는 없다"(대법원 2003.9.26. 2002도3924).

204) 임웅, 225면.

205) 대법원 2000.3.24. 2000도102.

§ 21

제 4 장 사생활의 평온에 대한 죄

1 인간은 사회적 존재인 동시에 개별적 존재이기도 하다. 개별적 존재인 인간은 자기 자신만의 고유한 영역 속에서 인격을 실현하고 인간의 존엄과 가치를 확보하기 위해 사생활의 영역에서 누구로부터 간섭받지 아니하고 자기만이 누릴 수 있는 물리적·정신적 퇴각공간에서 장소적·정신적 평온을 필요로 한다. 형법은 이러한 의미에서 헌법이 보장하고 있는 사생활의 비밀과 자유(제17조) 및 통신의 비밀(제18조)과 주거의 자유(제16조)를 구체화하여 비밀침해의 죄와 주거침입의 죄를 규정하고 있다. 비밀침해의 죄는 개인의 정신적 평온(사생활의 비밀)을 보호하기 위한 범죄이고, 주거침입의 죄는 개인의 장소적 평온(주거내 개인의 사실상의 평온)을 보호하는 범죄이다.

§ 22

제 1 절 비밀침해의 죄

Ⅰ. 총설

1. 의의 및 보호법익

(1) 의의

1 비밀침해의 죄는 사생활의 비밀을 침해하는 것을 내용으로 하는 범죄이다. 형법은 사생활의 비밀과 자유(헌법 제17조), 통신의 비밀(헌법 제18조)을 보장하고 있는 헌법의 취지에 따라 사생활의 비밀을 탐지하는 범죄유형(비밀침해죄)과 누설하는 범죄유형(업무상비밀누설죄)으로 나누어 규율하고 있다. 사적 대화의 비밀을 침해하는 행위는 통신비밀보호법 제3조(통신 및 대화비밀의 보호)와 제14조(타인의 대화비밀 침해금지) 및 제16조(벌칙)에 규정하고 있다.

(2) 보호법익

2 **비밀침해의 죄의 보호법익**에 대해서는 ① 비밀장치되어 있는 정보의 불가침성,[1] ② 사생활의 평온[2] 등이라는 견해가 있지만 개인의 비밀을 보호법익으로 보는 것이 타당하다. 다만 업무상비밀누설죄의 경우에는 개인의 비밀이라는 주된 법익 이외에 업무자의 비밀유지에 대한 일반인의 신뢰 내지 이익을 부차적 법익으로 보호한다. 사회의 중요 직업에 종사하는 업무자가 업무로 인해 알게 된 비밀을 누설하지 않는다는 데에 대한 일반인의 신뢰가 있을 때 개인

1) 김성천/김형준, 318면.
2) 김일수/서보학, 225면.

의 프라이버시권도 보장될 수 있기 때문이다.

3 **비밀이 보호받는 정도**와 관련하여 편지등개봉죄(제316조 제1항)와 업무상비밀누설죄(제317조)의 경우에는 ① 추상적 위험범으로 볼 것인지 ② 구체적 위험범으로 볼 것인지에 대해 견해가 대립한다. 편지등개봉죄와 업무상비밀누설죄의 구성요건의 경우에는 각각 "개봉한 자" 또는 "누설한 때"라고 되어 있으므로 '개봉행위' 또는 누설행위가 있으면 범죄가 완성되어 기수가 되는 추상적 위험범(제1유형)이라고 해석하는 것이 타당하다(미수처벌규정없음).[3] 기술수단이용비밀침해죄(제316조 제2항)는 "그 내용을 알아낸 자"로 되어 있어서 기술적 수단을 사용하는 행위 외에 별도로 법익침해적 결과(비밀침해라는 결과)의 발생을 요한다. 따라서 이 죄는 미수처벌규정이 없는 '침해범이자 결과범'으로 해석해야 한다.

2. 구성요건의 체계

4

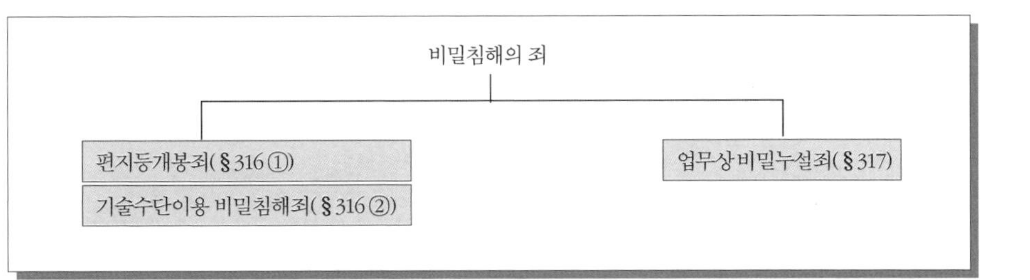

5 형법은 개인의 비밀과 국가적 비밀[4]의 구별을 전제로 하여, 개인의 비밀을 보호하기 위해서 비밀침해죄와 업무상비밀누설죄를 각각 독립된 구성요건으로 규정하고 모두 친고죄로 하고 있다. 특히 형법은 비밀침해죄에서는 일정한 행위태양만 처벌하고, 업무상비밀누설죄의 경우에는 개인의 비밀을 공개해서는 아니 될 업종에 종사하는 특수한 신분을 가진 자가 누설한 때에만 범죄로 하고 있다.

6 이외에 특별법으로 개인 간의 대화를 녹음하거나 도청함으로써 개인의 비밀을 침해하는 행위는 통비법(제3조, 제14조, 제16조)에서 규제하고, 전보·전화의 통신비밀보호를 위해 전기통신사업법(제83조)이 적용되며, 우편물이 객체인 경우에는 우편법(제3조, 제51조의2)이 적용되며, 영업비밀누설에 대해서는 부정경쟁방지법(제18조)이 적용된다.

3) 이재상/장영민/강동범, §14/7.
4) 국가적 비밀은 간첩죄(제98조), 외교상기밀누설죄(제113조), 공무상비밀누설죄(제127조)가 보호하고 있다.

Ⅱ. 비밀침해죄

제316조(비밀침해죄) ① 봉함 기타 비밀장치한 사람의 편지, 문서 또는 도화를 개봉한 자는 3년 이하의 징역이나 금고 또는 500만원 이하의 벌금에 처한다.
② 봉함 기타 비밀장치한 사람의 편지, 문서, 도화 또는 전자기록 등 특수매체기록을 기술적 수단을 이용하여 그 내용을 알아낸 자도 제1항의 형과 같다.

제318조(친고죄) 본장의 죄는 고소가 있어야 공소를 제기할 수 있다.

1. 의의, 성격

7 봉함 기타 비밀장치한 타인의 편지, 문서 또는 도화를 개봉하거나(제1항) 봉함 기타 비밀장치한 타인의 편지, 문서, 도화 또는 전자기록 등 특수매체기록을 기술적 수단을 이용하여 알아냄(제2항)으로써 성립하는 범죄이다. 제1항은 추상적 위험범이고 제2항은 침해범이지만, 양자 모두가 친고죄에 해당한다.

2. 구성요건

(1) 객관적 구성요건

8 1) 비밀의 주체　이 죄의 보호법익이 개인의 비밀이므로 비밀의 주체도 자연인에 한한다.[5] **자연인 이외에 법인이나 법인격 없는 단체도 비밀의 주체에 포함시킬 수 있는지**에 대해 ① 이를 긍정하는 견해[6]도 있으나 ② 프라이버시의 보호는 인간의 존엄과 인격적 가치를 보호하려는 것이므로 법인과 법인격 없는 단체는 비밀의 주체에서 제외하는 것이 타당하다. 단 업무상비밀누설죄의 경우 비밀의 주체에는 법인과 법인격 없는 단체도 포함한다.

9 **개인이 간직하고 있는 비밀로서 그 내용에 국가나 공공단체에 관한 비밀도 포함될 수 있는지**가 문제된다. ① 이 죄가 개인적 법익인 신용·업무에 대한 죄와 주거침입죄 사이에 개인적 법익에 대한 죄로 규정되어 있음에 비추어 국가나 공공단체에 관한 비밀을 제외시키는 견해도 있다 그러나 ② 비밀의 주체를 개인에 한정하면서 그 비밀을 개인이 간직하고 있으면 그 내용이 국가나 공공단체 등의 비밀이어도 상관없는 것으로 해석하는 것이 타당하다.[7] 비밀의 주체에 국가나 공공단체 등이 포함되는지의 문제와 비밀의 내용에 국가나 공공단체 등의 비밀이 포함되는지의 문제는 구별될 수 있기 때문이다. 따라서 편지 안에 비밀이 있는 경우 발신인이나 수신인 가운데 어느 일방이 국가나 공공단체이어도 상관없다.[8]

10 2) 객체　봉함 기타 비밀장치한 편지, 문서, 도화 또는 전자기록 등 특수매체기록이다.

5) 배종대, §58/1; 오영근, §14/4; 임웅, 238면.
6) 김성천/김형준, 318면; 손동권/김재윤, §17/4; 이재상/장영민/강동범, §14/7.
7) 다만 공무원의 직무와 관련된 비밀을 그 내용으로 하는 경우에는 이 죄가 아니라 공무상비밀침해죄(제140조 제2항)가 된다.
8) 배종대, §57/2; 오영근, §14/5.

(가) 편지·문서·도화·전자기록 등 특수매체기록 '편지'란 특정인으로부터 다른 특정인에게 의사를 전달하는 문서를 말한다. 우편에 의한 것이건 인편에 의한 것이건 상관없다. 의사를 전달하는 문서이어야 하므로 소포우편물, 도면, 사진 등은 편지가 아니다. 발송 전후는 묻지 않으나 수신인이 수령하여 읽고 난 다음에는 이 죄의 객체가 되지 않는다.[9] '문서'는 편지 이외의 것으로 문자 기타의 발음부호에 의하여 특정인의 의사를 표시한 것을 말하고 반드시 증명기능을 갖는 문서일 필요가 없다. 일기장, 메모장, 계산서, 유언서, 원고가 이에 해당한다. '도화'는 그림에 의하여 사람의 의사가 표시된 것을 말하며, 설계도, 안내도, 사진, 도표가 이에 해당한다. 그러나 사진, 도표라도 사람의 의사가 표시된 것이 아니면 여기의 도화는 아니다. '전자기록 등 특수매체기록'은 컴퓨터등업무방해죄에서 설명한 내용과 같다. 11

(나) 봉함 기타 비밀장치 '봉함'이란 봉투를 풀 기타 접착물로 붙인 것과 같이 그 외부 포장을 파훼시키지 않고서는 그 내용을 알아보지 못하게 만든 장치를 말한다. '비밀장치'는 봉함 이외의 방법으로 외부포장을 하거나 기타 특수 방법으로 그 내용을 알아보지 못하게 하는 장치를 말한다. **'기타 비밀장치'의 해석상 문서가 아니거나 개별적으로 잠금장치가 되어 있지 않은 것도 이 죄의 행위객체에 포함시킬 수 있는지가 문제된다.** 12

判 대법원은 '기타'를 일반조항 형식이라고 보면서 이 죄의 규정 취지상 그 행위객체를 넓히는 방향으로 목적론적 확장해석을 하여 문서 등 구성요건에 열거된 객체에 국한하지 않고, 따라서 봉함 이외의 방법으로 외부 포장을 만들어서 그 안의 내용을 알 수 없게 만드는 일체의 장치를 가리키는 것으로, 잠금장치 있는 용기나 서랍 등도 포함한다. 이 뿐만 아니라 대법원은 행위객체에 개별적으로 잠금장치가 되어 있지 않더라도 그 속의 내용물에 접근할 수 없는 특수한 사정이 있는 경우에도 이 죄의 객체가 된다고 한다.[10] 13

이 죄의 '기타'를 문맥상 비밀장치의 '수단 내지 방법'이 '봉함'이외의 것으로 확장하더라도 허용되는 확장해석의 정도를 넘어 금지되는 유추에 해당하지는 않는다. 따라서 '기타 비밀장치'에는 봉인한 것, 끈으로 묶은 것, 못을 박아둔 것, 금고에 넣고 열쇠로 잠가둔 것, 컴퓨터 시동 방지를 위해 열쇠로 잠가두거나 비밀문자를 설정해둔 것, 전자카드 판독이나 지문감식 장치가 설치된 것 등은 포함된다. 우편엽서와 같이 문서에는 해당하면서도 봉함되지 않은 것이라도 다른 방법으로 비밀장치가 되어 있는 한 이 죄의 객체로 인정될 수 있다. 14

3) 행위 개봉하거나 기술적 수단을 이용하여 그 내용을 알아내는 것이다. 15

---

9) 다만 편지가 우편관서의 취급 중에 있을 때에는 우편법 제48조(우편물개피훼손의 죄), 제49조(전용물건손상의 죄), 제51조(신서의 비밀침해의 죄), 제51조의2(비밀누설의 죄) 등이 적용되어 형이 가중되고, 이 죄의 적용은 배제된다.

10) "'봉함 기타 비밀장치가 되어 있는 문서'란 '기타 비밀장치'라는 일반 조항을 사용하여 널리 비밀을 보호하고자 하는 위 규정의 취지에 비추어 볼 때, 반드시 문서 자체에 비밀장치가 되어 있는 것만을 의미하는 것은 아니고, 봉함 이외의 방법으로 외부 포장을 만들어서 그 안의 내용을 알 수 없게 만드는 일체의 장치를 가리키는 것으로, 잠금장치 있는 용기나 서랍 등도 포함한다." 따라서 2단서랍의 경우 잠금장치가 되어 있는 아랫칸의 윗부분이 막혀 있지 않아 윗칸을 밖으로 빼내면 아랫칸의 내용물을 쉽게 볼 수 있는 구조로 되어 있다면, 아랫칸은 윗칸에 잠금장치가 되어 있는지 여부에 관계없이 그 자체로서 형법 제316조 제1항에 규정하고 있는 비밀장치에 해당한다(대법원 2008.11.27. 2008도9071).

16 (가) 개봉 '개봉'이란 봉함 기타 비밀장치를 훼손 또는 무효로 하여 그 내용을 알아 볼 수 있는 상태에 두는 것을 말한다. 개봉 방법은 묻지 않으나 비밀장치를 제거하거나 손괴할 것까지 요하는 것은 아니다. 봉투에 붙인 부분을 뜯거나 열쇠로 열거나 묶어둔 끈을 풀어두는 것으로 족하다. 편지 등의 내용을 알아볼 수 있는 상태에 두는 것으로 족하므로 그 내용을 인식하였음을 요하지 않는다(추상적 위험범). 따라서 개봉한 이상 그 내용을 읽지 않았거나 읽지 못한 경우에도 이 죄는 성립한다.

17 (나) 기술적 수단을 이용한 내용탐지 봉함 기타 비밀장치된 상태를 개봉하지 않고 기술적 수단을 이용하여 그 내용을 알아내는 것을 말한다. 자외선을 이용한 투시용 판독기(광학기계)를 이용하거나 비밀소지자의 비밀문자 또는 비밀번호를 이용하여 탐지해 내는 것이 대표적 예이다. 기술적 수단을 사용하지 않고 단순히 불빛이나 햇빛에 비춰보는 것은 여기에 해당하지 않는다. '내용을 알아냄'이라는 구성요건의 문언의 해석상 기술적 수단을 이용하여 탐지하는 경우에는 그 내용을 지득했을 때에 비로소 이 죄가 성립한다(침해범). 따라서 기술적 수단을 이용하여 탐지했으나 내용을 알아내는 데 실패한 경우에는 이 죄의 미수에 불과하지만 미수처벌규정이 없으므로 불가벌이다. 다만 타인의 전산망(컴퓨터)에 침입하여 전자기록(정보)을 소거 또는 교란(컴퓨터해킹)하는 데 그친 때에는 이 죄에 해당하지 않고 손괴죄 또는 컴퓨터 업무방해죄의 문제가 된다. 뿐만 아니라 전산망에 의하여 처리, 보관, 전송되는 타인의 정보를 훼손하거나 타인의 비밀을 침해, 도용 또는 누설한 자에 대해서는 '정보통신법'(제49조, 제71조)이 우선 적용되므로 이 범위 내에서 형법은 배제된다.

(2) 주관적 구성요건

18 이 죄의 고의로서 봉함 기타 비밀장치된 타인의 편지·문서·도화를 개봉한다는 인식과 의사 또는 기술적 수단을 이용하여 그 내용을 알아낸다는 인식과 의사가 있어야 한다. 타인의 편지를 자기의 것으로 오인하고 개봉한 때에는 고의가 조각된다. 타인에게 온 편지임을 알면서 자기가 뜯어 볼 권한이 있다고 믿고 개봉한 때에는 고의는 조각되지 않지만 위법성의 착오문제가 되어 정당한 이유 유무에 따라 책임조각이 문제될 뿐이다.

3. 위법성조각사유

19 **비밀침해에 대한 피해자의 승낙이 있는 경우** ① 위법성이 조각된다는 견해[11]가 있으나 ② 이 죄의 불법의 본질상 구성요건해당성배제사유로 보는 것이 타당하다. 외국 출장 중인 남편에게 온 편지를 아내가 뜯어보는 경우 추정적 승낙의 요건을 갖춘 때에는 위법성조각이 될 수 있다.

20 법령에서 타인의 비밀을 지득할 권한을 허용한 때에는 법령에 의한 정당행위로 위법성이

11) 김종원, 148면.

조각된다. 수형자의 접견·서신수발에 참여·검열(형집행법 제41조, 제43조), 피고인의 우편물·전신에 대한 압수·제출명령(형사소송법 제107조, 제120조), 법규위반·환부불가능의 우편물개피(우편법 제28조, 제35조), 우편물 검열(통신비밀보호법 제3조), 우편물 압수(군사법원법 제147조), 미성년자에 대한 친권행사(민법 제913조, 제909조 제1항) 등이 그 예이다.

4. 타죄와의 관계

문서 등을 손괴하여 개봉하면 손괴죄는 비밀침해죄에 흡수된다(불가벌적 수반행위). **편지 등을 절취 또는 횡령한 후에 개봉한 경우**에는 ① 절도죄나 횡령죄만 성립하고 비밀침해는 불가벌적 사후행위라고 하는 견해[12]도 있으나 ② 비밀침해죄는 재산죄와는 보호법익이 다르므로 비밀침해죄는 별도로 성립하고 각 죄는 실체적 경합이 되는 것으로 보아야 한다. 21

5. 고소권자

발신자는 물론이고 수신자도 친고죄인 이 죄의 고소권자가 된다. 수신자는 발신 전후와 도달 전에도 편지의 내용에 이해관계를 가진 피해자이기 때문이다. 발신자나 수신자 중 어느 한쪽이 고소하면 충분하고 쌍방이 고소할 필요는 없다. 22

Ⅲ. 업무상비밀누설죄

> 제317조(업무상비밀누설죄) ① 의사, 한의사, 치과의사, 약제사, 약종상, 조산사, 변호사, 변리사, 공인회계사, 공증인, 대서업자나 그 직무상 보조자 또는 차등의 직에 있던 자가 그 업무처리 중 지득한 타인의 비밀을 누설한 때에는 3년 이하의 징역이나 금고, 10년 이하의 자격정지 또는 700만원 이하의 벌금에 처한다.
> ② 종교의 직에 있는 자 또는 있던 자가 그 직무상 지득한 사람의 비밀을 누설한 때에도 전항의 형과 같다.
>
> 제318조(친고죄) 본장의 죄는 고소가 있어야 공소를 제기할 수 있다.

1. 의의, 성격

의사, 한의사, 치과의사, 약제사, 약종상, 조산사, 변호사, 변리사, 공인회계사, 공증인, 대서업자나 그 직무상 보조자, 종교의 직에 있는 자 또는 그 직에 있었던 자가 그 업무처리 중 지득한 타인의 비밀을 누설함으로써 성립하는 범죄이다. 23

이 죄의 보호법익도 개인의 비밀이지만 일정한 직업에 종사하는 자가 그 업무처리 중에 지득한 타인의 비밀을 지켜줄 것이라는 일반인의 신뢰도 부차적인 보호법익이 된다. 추상적 위험범이자 거동범이다(미수처벌규정없음). 24

이 죄가 편면적 대향범에 해당하는지가 문제된다. 이 점은 이 죄의 행위인 '누설'이 반드시 25

12) 박상기, 226면.

특정 상대방의 존재를 반드시 필요로 하는 것으로 해석될 수 있는지에 달려있다. '누설'이 특정 상대방의 존재를 항상 필요로 하는 것으로 해석될 수 없는 이상 구성요건의 형식적 측면에서 보면 업무상비밀누설죄를 대향범으로 해석하기 어려울 것으로 보인다('누설'의 해석 부분 참조).

26 判 대법원은 이 죄와 구성요건의 구조가 동일한 '공무상비밀누설죄'의 경우를 편면적 대향범에 해당하는 것으로 해석하면서 불가벌적 대향자가 공무원에게 비밀누설을 요구하는 등 적극적 가담이 있는 경우에도 총칙의 임의적 공범규정의 적용을 부정하고 있다(공무상비밀누설죄 부분 참조). 대법원이 '비밀누설죄'의 경우 구체적 사례에서 '누설'이 특정 상대방에 대한 것임을 전제로 이 죄의 법적 성격을 대향범으로 해석한 것이다. 그러나 최근 대법원은 대향범의 정의를 구성요건의 형식에서 반드시 대향적 관계에 있는 상대방의 존재를 요구하는 구성요건으로 제한하는 이른바 형식적 대향범 법리를 정립하고 있다.[13] 이러한 새로운 대향범 법리에 따르면 구성요건의 형식상 단독으로 실행될 수 있는 구성요건을 구체적 사례에서 대향범의 형태로 실행되기만 하는 경우는 대향범의 범주에서 배제되므로, 이러한 구성요건실현에 가담한 자의 경우에는 총칙의 임의적 공범규정적용배제론을 더 이상 적용할 수 없게 되는 결론과 결합하게 된다(이에 관해서는 『총론』의 필요적 공범 참조).

27 **이 죄가 자수범인지에 대해** ① 이 죄에 열거된 신분자가 아닌 자는 간접정범이 될 수 없음을 이유로 이를 자수범으로 보는 견해[14]가 있으나, ② 비신분자가 간접정범이 될 수 없는 것은 형법 제33조의 적용상의 문제에 불과하며 이 죄의 자수성 여부와 상관없다. 이 죄의 신분자(예컨대 의사)가 그 정을 모르는 비신분자(의사의 부인)를 이용하여 비밀을 제3자에게 누설하게 한 경우 신분자는 간접정범이 될 수 있으므로 이 죄는 자수범이 아니라고 해석하는 것이 타당하다.[15]

2. 구성요건

(1) 객관적 구성요건

28 1) 주체 의사, 한의사, 치과의사, 약제사, 약종상, 조산사, 변호사, 변리사, 공인회계사, 공증인, 대서업자 또는 그 보조자와 그 직업에 종사하였던 자, 종교의 직에 있는 자와 그 직에 있던 자에 한한다.[16] 여기에 열거되지 아니한 자는 이 죄의 직접정범이 될 수 없는 진정신분범이다.

---

13) 대법원 2022.6.30. 2020도7866. "2인 이상의 서로 대향된 행위의 존재를 필요로 하는 대향범에 대하여 공범에 관한 형법 총칙 규정이 적용될 수 없다. 이러한 법리는 해당 처벌규정의 구성요건 자체에서 2인 이상의 서로 대향적 행위의 존재를 필요로 하는 필요적 공범인 대향범을 전제로 한다. 구성요건상으로는 단독으로 실행할 수 있는 형식으로 되어 있는데 단지 구성요건이 대향범의 형태로 실행되는 경우에도 대향범에 관한 법리가 적용된다고 볼 수는 없다."(「마약류 불법거래 방지에 관한 특례법」 제7조 제1항에서 정한 '불법수익 등의 출처 또는 귀속관계를 숨기거나 가장'하는 행위인 자금세탁죄를 대향범이 아니라고 한 판례임).

14) 이형국/김혜경, 295면; 배종대, §59/2; 이재상/장영민/강동범, §14/18; 임웅, 244면.

15) 김성천/김형준, 324면; 김일수/서보학, 232면; 손동권/김재윤, §17/16; 오영근, §14/20.

16) 공무원 또는 공무원이었던 자가 법령에 의한 직무상의 비밀을 누설한 때에는 형법의 공무상 비밀누설죄(제127조)가 성립하며, 외교상의 비밀을 누설한 때에는 외교상의 비밀누설죄(제113조)를 구성한다. 또 기업의 임·직원이었던 자가 기업에 유용한 기술상의 영업비밀을 누설한 때에는 부정경쟁방지법에 의해 처벌된다(제18조).

의사, 한의사, 치과의사는 의사면허 있는 자를 말하며, 수의사는 포함하지 않는다. 약제사, 29
조산사도 면허 있는 자를 말하며, 약종상은 의약품 판매의 허가를 받은 자에 한한다. 변호사, 변리사는 등록되어 있는 자에 한하며 공증인은 법무부장관의 임명을 받은 자(공증인법 제11조)이며 대서업자는 법무사, 행정서사, 사법서사를 말한다. 그 보조자란 예컨대 의사의 조수, 변호사 사무소의 사무장 등을 말한다. 종교의 직은 승려, 목사, 전도사, 신부 등 종교단체에서 사제의 직무를 수행하는 자를 말한다.[17]

2) 객체 　업무처리 중 또는 직무상 알게 된 타인의 비밀이다. 30

(가) 비밀의 개념과 요건 　'비밀'이란 타인에게 알려지지 않은 사실 또는 특정인이나 제한 31
된 범위의 사람에게만 알려져 있는 사실로서 타인에게 알려지지 않는 것이 본인의 이익이 되는 사실을 말한다. 공지의 사실은 비밀이라 할 수 없고, 세평에 올라 있더라도 아직 공지의 정도에 이르지 아니하면 비밀이 될 수 있다.

이 죄의 비밀이 되기 위한 요건에 대해서는 ① 본인이 비밀로 하기를 원하는 의사가 있어 32
야 한다는 견해(주관설) 및 ② 객관적으로 비밀로 보호해야 할 이익이 있어야 한다는 견해(객관설)가 있었으나, 오늘날 ③ 본인이 비밀로 할 것을 원할 뿐만 아니라 객관적으로 비밀로 할 이익이 있어야 한다는 견해(절충설)가 통설이다. 타인에게 알려지지 않는 데 대하여 객관적으로 상당한 이익이 없는 한 비밀로 보호할 가치가 없고, 본인의 자의적인 비밀유지 의사는 비밀유지 이익에 의해 제한되어야 하기 때문이다.

(나) 비밀의 주체 　자연인, 법인, 법인격 없는 단체를 묻지 않으며, 자연인인 경우에는 사 33
자死者도 포함된다. 국가 또는 공공단체는 이 죄의 비밀의 주체가 되지 않는다고 해석해야 한다. 개인의 비밀인 이상 사생활은 물론 공적 생활에 관한 비밀도 상관없다.

(다) 업무처리 중 또는 직무상 지득한 비밀 　비밀은 업무처리 중 또는 직무상 지득한 것에 34
한한다. 따라서 업무처리나 직무와 관계없이 알게 된 사실은 이 죄의 비밀에 해당하지 않는다. 그 지득한 기회나 방법 여하는 묻지 않는다. 따라서 본인으로부터 전달받지 않고 본인이 모르는 사이에 알게 된 것과 비밀의 주체가 아닌 자에 의해 전달된 것도 포함된다.

3) 행위 　누설하는 것이다. '누설'이란 비밀을 알지 못하는 사람에게 임의로 알려주는 35
행위를 의미한다. 비밀의 주체인 본인에게 알리는 것은 누설이 아니다. 병원에서 분실된 진료기록의 일부를 증거로 제출하는 것도 누설이 아니다.[18] 상대방은 1인이건 다수인이건 상관없다. 수단과 방법에도 제한이 없다. 구두고지, 서면통지, 서류열람은 물론, 비밀을 기재한 서면을 고의로 방치하여 제3자가 열람하도록 하는 부작위에 의한 누설도 가능하다.

---

17) 비밀누설죄의 주체로서 변호사 아닌 변호인(형사소송법 제31조)이나 소송대리인(민사소송법 제88조제1항)이 제외된 것은 입법의 불비(김일수/서보학, 232면)이며, 더 나아가 타인의 비밀을 알 수 있는 업종으로 카운슬러, 세무사, 공인된 흥신소에 종사하는 자도 이 죄의 주체에 포함시키는 것이 바람직하다.

18) 대법원 1992.5.22. 91다39320.

36 **이 죄의 누설이 반드시 상대방의 존재를 전제로 하는지가 문제된다.** 형법은 사람의 사회적 평가(명예)를 저해하는 사실'적시'행위의 경우 문제되는 사실을 인터넷 게시판에 올리는 등 공공연하게 발설하는 등 상대방의 존재를 요구하지 않는 것으로 해석하고, 그 밖에 (허위사실의) 유포, (피의사실의) 공포, (음란문서 등의) 반포 등의 행위도 특정 상대방을 전제하여 외부에 어떤 사실이나 문서의 상태 등을 알리는 행위로 이해되지 않는다. 비밀의 '누설'도 법익주체의 비밀이 알려지는 것과 이해관계 있는 특정 상대방의 존재를 전제로 할 필요가 없다고 해석되는 것이 타당하다. 이에 따르면 이 죄는 반드시 대립되는 상대방의 존재를 필요로 하는 구성요건 형식인 '대향범'으로 분류되기 어렵다.[19] 또한 누설은 명예훼손죄의 '사실 적시'와 달리 공연성을 요건으로 하지 않기 때문에 불특정 또는 다수인이 인식할 수 있는 상태가 아니어도 상관없다.

37 **이 죄의 기수시기**와 관련해서는 ① 누설된 비밀이 상대방에게 도달한 때에 한하여 기수가 된다고 하는 견해[20](구체적 위험범설)도 있으나 ② 비밀을 누설한 행위를 한 때에 기수가 되고 내용이 상대방에게 도달되거나 상대방이 그 도달된 내용을 인식하고 이해하였음을 요하지도 않는다(추상적 위험범이자 거동범). 협박죄의 경우와 같은 미수처벌규정이 없기 때문이다.

(2) 주관적 구성요건

38 고의의 내용에는 신분주체에 대한 인식과 자기가 지득한 비밀을 누설한다는 인식 및 의사가 있어야 한다. 따라서 신분에 대한 착오가 있거나 지득한 사실이 타인의 비밀이 아니라고 오신한 때에는 구성요건적 착오로서 고의가 조각된다. 그러나 자기에게 누설할 권리가 있다고 믿고 누설한 때에는 위법성의 착오문제로 되어 정당한 이유가 있는 경우에 한하여 책임이 조각될 수 있을 뿐이다.

3. 위법성조각사유

(1) 피해자의 동의

39 **비밀의 주체가 누설에 대한 동의를 한 경우** ① 구성요건해당성이 조각된다는 견해가 다수설이나 ② 위법성이 조각되는 것으로 해석하는 것이 타당하다. 개인의 비밀 뿐만 아니라 부차적으로 일정한 업무자의 비밀유지의무에 대한 일반인의 신뢰도 이 죄의 보호법익으로 인정하는 한 피해자의 동의로 인해 불법이 모두 제거되는 것은 아니기 때문이다.

19) 특히 대법원은 업무상비밀누설죄와 동일한 규범구조를 가진 공무상비밀누설죄의 구성요건을 대향범으로 해석하고, 이에 따라 누설행위에 적극적으로 가담한 자에 대해 형법총칙의 임의적 공범규정의 적용을 배제하는 법리를 전개한다. 그러나 이러한 판례법리는—대향범 개념을 제한적으로 해석하는 새로운 판례 법리에 맞게—재조정될 필요가 있다. 이에 관해서는 전술한 이 죄의 법적 성격, 『총론』의 필요적 공범 및 『각론』의 공무상비밀누설죄 참조.

20) 김일수/서보학, 231면; 배종대, §59/1; 손동권/김재윤, §18/21.

(2) 긴급피난 및 정당방위

생명, 신체, 자유에 대한 침해를 방위하거나 위난을 피하기 위해서 비밀을 누설하는 경우 긴급피난이나 정당방위에 의해서도 위법성이 조각될 수 있다. 40

(3) 정당행위

법령에 의하여 비밀의 고지가 의무로 되어 있는 경우(감염병예방법 제11조, 후천성면역결핍증 예방법 제5조 제1항, 결핵예방법 제8조) 또는 변호인의 정당한 변호활동의 경우와 같이 정당한 업무로 인해 위법성이 조각될 수도 있다. 41

(4) 증언거부권자의 증언

이 죄의 주체는 대부분 소송법상 증언거부권(형사소송법 제149조, 민사소송법 제315조)을 갖고 있으므로 **증언거부권을 행사하지 아니하고 타인의 비밀에 관해 증언한 경우에 위법성이 조각될 수 있는지**가 문제된다. 이에 관해서는 ① 증언거부권을 행사하지 않으면 증언의무가 있으므로 위법성이 조각된다는 견해,[21] ② 증언을 거부할 수 있음에도 불구하고 자의로 증언하면 이 죄가 성립한다는 견해,[22] ③ 소송법상의 이익과 비밀보호 이익 간의 비교형량을 통하여 긴급피난의 요건이 충족될 경우에는 위법성이 조각될 수 있다는 견해[23] 등이 대립한다. 형사소송법이 증언을 거부할 수 있다고 해서 증언거부의 의무를 부과한 것은 아니다. 따라서 증언거부권을 행사하지 않았으면 비밀준수의무로부터 벗어나 증언의무에 따라 업무상의 비밀을 진술할 수 있으므로 일반적으로 위법성이 조각된다고 보는 것이 타당하다. 42

4. 타죄와의 관계

이 죄의 신분자가 공연히 비밀을 누설하여 사람의 명예를 훼손하였다면 이 죄와 명예훼손죄의 상상적 경합이 된다. 43

제 2 절　주거침입의 죄 §23

Ⅰ. 총설

1. 의의 및 보호법익

(1) 의의

주거침입의 죄는 사람의 주거 또는 관리하는 장소의 평온과 안전을 침해하는 것을 내용으로 하는 범죄이다. 형법은 개인의 자유로운 인격발전과 행복추구를 위한 필수조건인 주거에 1

21) 손동권/김재윤, §18/24; 이재상/장영민/강동범, §15/27.
22) 김성천/김형준, 327면; 김일수/서보학, 236면.
23) 오영근, §15/32; 임웅, 247면.

관한 권리를 헌법상의 기본권의 하나로 보장하고 있는 헌법(제16조)의 취지에 따라 주거의 평온과 안전을 침해하거나 위태화시키는 행위를 범죄로 처벌하고 있다.

(2) 보호법익

2 **주거침입의 죄의 보호법익의 내용이 구체적으로 무엇인지**에 대해서는 견해가 일치하지 않는다. ① 권한 없는 타인의 침해로부터 이를 방해받지 않을 이익을 말하는 주거권을 보호한다는 견해[24](주거권설), ② 권리로서의 주거권이 아니라 그 주거를 지배하고 있는 공동생활자 모두의 사실상의 평온을 보호한다는 다수 견해(사실상의 평온설), ③ 개인의 사적 장소는 주거의 사실상의 평온을 보호하고 공중이 자유로이 출입할 수 있는 개방된 장소는 업무상 비밀과 평온을 보호한다는 견해[25](구분설) 등이 대립한다.

3 주거권설에 따르면 형법적 보호가치가 적법한 권리에서 나오는 것이 아니라 그 실질적인 정당성에서 나오는 것이라는 점을 올바로 파악할 수 없게 되는 문제점이 생긴다.[26] 구분설은 주거의 기능이 혼용된 경우가 많아 구분이 쉽지 않고, 굳이 구분하지 않더라도 공공장소의 비밀은 사실상의 평온설에 의해서도 충분히 보호될 수 있어서 큰 의미가 없다. 결합설도 주거권설이 가지고 있는 문제점을 그대로 가지게 된다는 점에서 취하기가 곤란하다. 따라서 주거의 사실상의 평온설이 타당하다.

4 判 대법원도 주거의 사실상의 평온을 보호법익으로 하는 것이라는 입장에서 주거자의 적법한 권원의 유무와 무관하게 권리자의 권리실현의 일환으로 주거에 진입한 경우도 주거침입죄의 성립을 인정한다.[27]

5 例 **주거침입이 인정된 경우**: 근저당권설정등기가 되어 있지 아니한 별개 독립의 건물이 근저당권의 목적으로 된 토지 및 건물과 일괄하여 경매되어 당해 건물에 대한 경락허가결정이 당연무효라고 하더라도 이에 기한 인도명령에 의한 집행으로서 일단 이 사건 건물의 점유가 경락인에게 이전된 이상 건물의 소유자가 임의로 건물에 들어간 경우(대법원 1984.4.24. 83도1429).임대차기간이 종료한 후에 임차인이 계속 점유하고 있는 건물에 소유자가 마음대로 출입한 경우(대법원 2008.5.8. 2007도11322).

6 例 **주거침입이 부정된 경우**: 임대차종료 후 임차인이 불법하게 점유하고 있었는데 임대인이 임의로 문을 폐쇄하자 임차인이 판자를 뜯고 들어간 경우 무권리자의 사실상의 주거의 평온도 보호되어야 하므로 임차인에게 주거침입죄가 성립하지 않는다(대법원 1973.6.26. 73도460), 주택의 매수인이 계약금과 중도금을 지급하고서 그 주택을 명도받아 점유하고 있던 중 매도인이 매매계약을 해제하고 중도금반환청구소송을 제기하여 얻은 승소판결에 기하여 강제집행에 착수한 이후에 매수인이 잠가놓은 위 주택에 출입문을 열고 들어간 경우에는 그 주택에 대하여 보호받아야 할 매수인의 주거에 대한 평온상태는 소멸되었다고 볼 수 있으므로 주거침입죄가 성립하지 않는다

24) 박상기, 232면; 이재상/장영민/강동범, §15/8.
25) 임웅, 249면.
26) 주거권설에 따르면 임대차기간이 만료된 경우와 같이 적법한 권원은 없지만 사실상 평온하게 이용관리지배하고 있는 주거 등에 대해 임대인의 무단침입을 허용하게 되는 점에서 문제가 있다.
27) "주거침입죄는 사실상의 주거의 평온을 보호법익으로 하는 것이므로 그 주거자 또는 간수자가 건조물 등에 거주 또는 간수할 권리를 가지고 있는지의 여부는 범죄의 성립을 좌우하는 것이 아니며 점유할 권리 없는 자의 점유라고 하더라도 그 주거의 평온은 보호되어야 할 것이므로 권리자가 그 권리를 실현함에 있어 법에 정하여진 절차에 의하지 아니하고 그 주거 또는 건조물에 침입한 경우에는 주거침입죄가 성립한다"(대법원 1984.4.24. 83도1429).

(대법원 1987.5. 12. 87도3).

(3) 보호의 정도

보호의 정도에 관해서도 ① 침해범설[28]과 ② 추상적 위험범설[29]이 대립한다. 침해범설에 의하면 보호법익의 침해가 있어야 기수가 되고, 보호법익이 침해될 위험성이 있는 경우에는 미수가 된다고 한다. 침해범설은 주거권자가 외출하여 비어 있는 집에 들어간 경우 사실상 주거의 사실상의 평온에 아무런 침해가 없으므로 주거침입죄의 성립을 인정하기에 난점이 있다.[30] 따라서 불법적인 침입'행위'가 있으면 주거의 사실상의 평온이 깨어질 위험성이 생기는 것이 일반적이므로 추상적 위험범설이 타당하다. 7

判 대법원은 주거의 '사실상 평온이 침해'되었다고 볼 수 있는 이상 신체의 일부만 들어가도 주거침입죄가 기수가 된다고 하므로 침해범설에 입각하고 있는 것으로 보인다.[31] 이에 따라 대법원은 과거 공동주택의 공용공간에 이미 진입한 후 개인의 주거공간속으로 들어가려고 시도한 다수의 사례에 대해 '사실상의 평온이 침해될 위험성' 여부를 기준으로 삼아 미수(실행의 착수)와 불가벌 여부를 판단하였다.[32] 그러나 이러한 태도는 그 이후 주거개념의 확장, 즉 공동주택의 공용부분(아파트 계단, 복도 등)도 주거개념에 포함시키고 있는 판례 법리와 조화를 이룰 수 있을지 의문이다. 8

기수와 미수의 구별은 구성요건의 실질적인 해석기준인 보호법익의 현실적 침해여부 보다는 구성요건상의 결과 또는 구성요건의 '실현(충족)'이라는 형식적인 판단에 따르는 것이 법적 안정성의 확보에 유리하다. 특히 보호법익의 침해여부를 기준으로 삼으면 보호법익이 현실적으로 침해될 것을 요구하지도 않는 위험범의 경우에는 그 기준이 기수와 미수의 구별에 무용지물이 된다. 따라서 주거침입죄의 경우 주거 안에 불법적으로 '침입'하여 진입이 완료되면 기수가 되고, 진입에 성공하지는 못했지만 침입하려는 행위가 있을 뿐인 경우에는 미수라고 하는 것이 구성요건의 실현이라는 형식적인 기준에 따른 해석방법이라고 하겠다. 이러한 해석방법은 오히려 주거침입죄를 추상적 위험범의 형식으로 이해하는 태도와 조화를 이룰 수 있다.[33] 9

---

28) 김일수/서보학, 240면; 오영근, §15/12; 임웅, 240면; 정성근/박광민, 245면.

29) 김성천/김형준, 337면; 박상기, 230면; 손동권/김재윤, §18/5; 이재상/장영민/강동범, §15/8.

30) 물론 이 경우 사실상의 평온의 현실적인 의미의 평온이라고 하지 않고 규범적인 의미의 평온으로 이해하는 태도를 취하면 빈집의 경우에도 침해범설을 유지하는 것이 가능하다. 하지만, '사실상'이라는 의미를 규범적인 평가의 문제로 치환하는 언어적 조작이 가능한지는 의문이다.

31) "야간에 타인의 집의 창문을 열고 집안으로 얼굴을 들이미는 등의 행위를 하였다면 피고인이 자신의 신체의 일부가 집안으로 들어간다는 인식 하에 들어갔다고 하였더라도 주거침입죄의 범의는 인정되고 또한 비록 신체의 일부만이 집안으로 들어갔다고 하더라도 사실상 주거의 평온을 해하였다면 주거침입죄는 기수에 이르고, 사실상 주거의 평온을 해하는 정도에 이르지 아니하였다면 주거침입죄는 미수에 그친다"(대법원 1995.9.15. 94도2561).

32) 아래 주거침입죄의 '실행의 착수시기에 관한 판례' 참조.

33) 주거침입행위가 있으면 주거의 사실상의 평온이 침해될 위험이 있으므로 이 죄를 추상적 위험범으로 해석하고, 기수와 미수는 구성요건의 형식적 요건, 즉 주거침입행위를 시도하여 진입의 완료/미완료(행위미종료/행위종료)를 기준으로 삼아 구별하면, 이 죄의 성격은 앞서 설명한 협박죄의 경우와 같이 추상적 위험범이면서도 (부진정) 거동범으로 분류할 수 있다. 다만 퇴거불응죄의 경우는 진정부작위범이므로 거동범으로 해석하는 것이 타당하다.

2. 구성요건의 체계

10 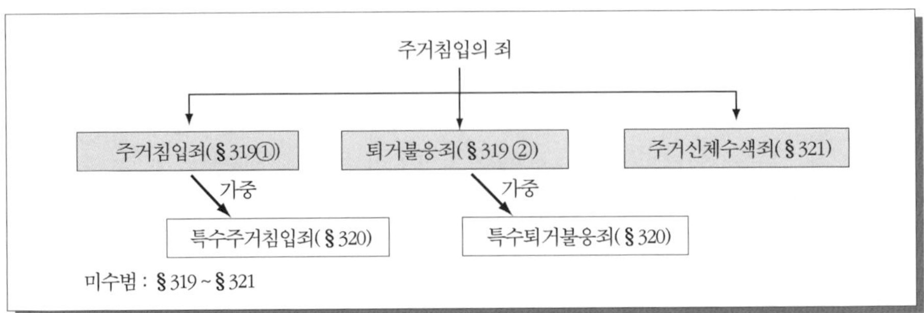

11 주거침입의 죄의 기본적 구성요건은 주거침입죄와 퇴거불응죄이고, 특수주거침입죄와 특수퇴거불응죄는 이에 대한 가중적 구성요건이다. 주거·신체수색죄는 독립된 구성요건이고, 주거침입의 죄의 모든 경우에 미수범을 처벌한다.

12 폭처법은 2인 이상이 공동하여 주거침입(또는 퇴거불응)의 죄를 범한 경우를 가중처벌하고(제2조, 제2항). 성폭법은 성적 욕망을 만족시킬 목적으로 공중화장실 등 및 목욕장 등의 다중이용장소에 침입(또는 퇴거불응)하는 경우를 처벌하고 있다(제12조).

13 성폭법은 주거침입이나 야간주거침입절도죄, 특수절도 등의 죄를 범한 사람이 강간, 준유사강간, 강제추행 및 준강간, 준강제추행죄를 범한 경우 가중처벌(무기징역 또는 7년이상의 유기징역)하는 구성요건[34]을 두고 있다(제3조 제1항).

Ⅱ. 주거침입죄

> 第319조 ① (주거침입죄) 사람의 주거, 관리하는 건조물, 선박이나 항공기 또는 점유하는 방실에 침입한 자는 3년 이하의 징역 또는 500만원 이하의 벌금에 처한다.
>
> 第322조(미수범) 본장의 미수범은 처벌한다.

1. 의의, 성격

14 주거침입죄는 사람의 주거, 관리하는 건조물, 선박이나 항공기 또는 점유하는 방실에 침입함으로써 성립하는 범죄이다. 계속범이라는 점에 대해서는 이견이 없다. 하지만 **이 죄의 형식적 성격**과 관련하여 ① 추상적 위험범이자 거동범이라고 보는 견해가 통설이지만 ② 추상적 위험범이면서도 결과범으로 보는 것이 타당하다.[35]

---

34) 이 가운데 주거침입 강제추행·준강제추행죄 부분은 헌법재판소 2023.2.23. 2021헌가9등(병합)에 의해 위헌결정되었다.

35) 앞에서 설명하였듯이 이 죄를 추상적 위험범으로 보면서 거동범이라고 하면 미수처벌규정의 존재를 설득력 있게

2. 구성요건

(1) 객관적 구성요건

1) 객체 사람의 주거, 관리하는 건조물, 선박, 항공기 또는 점유하는 방실이다. 15

(가) 사람의 주거 '사람의 주거'란 사람이 기거하고 침식에 사용되는 장소를 말한다. 반 16
드시 침식에 사용하는 장소일 필요가 없다는 견해[36]도 있다. 그러나 형법은 점유하는 방실을 별도로 규정하고 있기 때문에 주거의 개념은 제한적으로 해석하는 것이 타당하다. 기거침식에 사용되는 것이면 별장, 선박, 차량, 토굴도 주거에 해당한다. 영구적으로 사용할 필요는 없으나 점유하는 방실과의 관계상 다수의 시간적 계속성이 요구된다고 본다. 주거에 항상 사람이 현존할 필요가 없으며, 주거의 설비·구조 여하도 묻지 않는다. 낮에만 기거하는 장소, 천막집, 판자집도 주거에 해당한다. 구획된 일부, 주거용 차량, 건조물에 부속된 계단, 복도, 지하실도 주거에 포함된다. 그러나 야외의 토관, 빈집空家, 가출실업자가 기거하고 있는 지하도는 주거가 아니다.

判 대법원은 부속된 정원,[37] 건물을 둘러싸고 있는 위요지圍繞地[38]도 주거에 포함하고, 건조물의 소유관계 17
도 묻지 않기 때문에, 자기소유 집이지만 동거 중인 자가 멋대로 타인에게 매각하고 명도하여 그 타인이 점유하게 된 집에 소유자가 임의로 들어간 경우(대법원 1969.12.23. 69도2098)에도 주거침입죄를 인정한다.

判 대법원은 다가구용 단독주택이나 다세대주택·연립주택·아파트와 같은 공동주택 내부의 엘리베이터, 공 18
용 계단, 복도 등 공용 부분도 그 거주자들의 사실상 주거의 평온을 보호할 필요성이 있으므로 주거침입죄의 객체인 '사람의 주거'로 인정하였다.[39] 하지만, 공용공간이라도 그 공간의 특성이나 행위태양, 출입목적 및 경위 등에 따라 주거침입의 성립여부를 다르게 판단한다.[40]

例 따라서 교제하다 헤어진 피해자의 주거가 속해 있는 아파트 동의 출입구에 설치된 공동출입문에 피해자나 19
다른 입주자의 승낙 없이 비밀번호를 입력하는 방법으로 아파트의 공용 부분(공동현관)에 출입한 경우(대법원 2022.1.27. 2021도15507), 예전 여자친구의 사적 대화 등을 몰래 녹음하거나 그녀가 불안감을 불러일으킬 수 있는 문구가 기재된 마스크를 현관문에 걸어놓거나 다른 남자와 찍은 사진을 올려놓으려는 의도로 3차례에 걸쳐 야간에 그녀가

설명할 수 없기 때문에 '침입'을 이 죄의 독자적 결과로 이해하는 것이 바람직하다.

36) 배종대, §61/2; 이재상/장영민/강동범, §15/9.

37) 대법원 1967.12.26. 67도1439.

38) 대법원 2001.4.24. 2001도1092.

39) 대법원 2009.9.10. 2009도4335.

40) "아파트 등 공동주택의 공동현관에 출입하는 경우에도, 그것이 주거로 사용하는 각 세대의 전용 부분에 필수적으로 부속하는 부분으로 거주자와 관리자에게만 부여된 비밀번호를 출입문에 입력하여야만 출입할 수 있거나, 외부인의 출입을 통제관리하기 위한 취지의 표시나 경비원이 존재하는 등 외형적으로 외부인의 무단출입을 통제관리하고 있는 사정이 존재하고, 외부인이 이를 인식하고서도 그 출입에 관한 거주자나 관리자의 승낙이 없음은 물론, 거주자와의 관계 기타 출입의 필요 등에 비추어 보더라도 정당한 이유 없이 비밀번호를 임의로 입력하거나 조작하는 등의 방법으로 거주자나 관리자 모르게 공동현관에 출입한 경우와 같이, 그 출입 목적 및 경위, 출입의 태양과 출입한 시간 등을 종합적으로 고려할 때 공동주택 거주자의 주거의 사실상의 평온상태를 해치는 행위태양으로 볼 수 있는 경우라면 공동주택 거주자들에 대한 주거침입에 해당한다"(대법원 2022.1.27. 2021도15507).

거주하는 빌라 건물의 공동현관, 계단을 통해 2층 주거 현관문 앞까지 들어간 경우(대법원 2024.2.15. 2023도15164) 주거침입을 인정하였다.

20 공동주거는 자신이 공동생활에서 이탈한 이후에는 타인의 주거가 되므로 가출한 자식이 강도의사로 실부의 집에 침입하거나 별거 중인 처가 남편의 아파트에 함부로 들어간 때에도 이 죄는 성립한다.

21 判 대법원도 피고인이 피해자와 공동으로 관리·점유하는 피해 회사 사무실에 임의로 출입한 경우 원칙적으로 건조물침입죄가 성립한다고 볼 수 없고, 피고인이 피해자와의 관계에서 피해 회사에 대한 출입과 관련하여 공동생활관계에서 이탈하였거나 이에 관한 사실상의 지배·관리를 상실한 경우 등의 특별한 사정이 있고, 그리고 피해 회사에서 예정한 통상적인 출입방법이 아니라 객관적·외형적으로 드러난 행위태양을 기준으로 볼 때 사실상의 평온상태를 해치는 방법으로 피해 회사에 들어간 경우에 한해서만 건조물침입죄가 된다고 판시하였다.[41]

22 (나) 관리하는 건조물, 선박, 항공기 '관리'란 사실상 지배 보존하는 것을 말한다. 타인의 침입을 방지할 수 있는 인적·물적 설비가 있어야 한다. 반드시 출입 불가능 또는 곤란하게 할 설비임을 요하지 않고 건조물에 사람이 현존할 필요도 없다. 하지만 단지 출입금지의 입찰을 세워둔 것만으로는 관리라 할 수 없다.

23 '건조물'이란 주위벽, 기둥과 지붕 또는 천정으로 구성된 구조물로서 사람이 기거하거나 출입할 수 있는 장소로서,[42] 주거 이외의 건축물을 말하며 반드시 영구적인 구조물일 것을 요하지 않는다.[43] 빈집,[44] 폐쇄된 별장, 창고, 공장, 관공서의 청사, 학교, 극장 등이 이에 해당한다. 건조물의 부속물과 정원 등 건조물에 부속하는 위요지도 포함한다. 위요지란 '건조물에 직접 부속한 토지로서 그 경계가 장벽 등에 의하여 물리적으로 명확하게 구획되어 있는 장소'를 말한다.[45] 그러나 사람이 출입할 수 없는 개집이나 토지에 정착되지 않은 캠핑천막은 건조물이 아니다.

24 例 **건조물로 인정된 경우**: '알루미늄 샷시로 된 내부 1.5평 정도 되는 담배점포'(대법원 1989.2.28. 88도2430), '골리앗 크레인'(대법원 1991.6.11. 91도753), '축사출입차량의 소독을 위해 별개의 토지 위에 독립한 건조물로 존재하는 소독시설'(대법원 2007.12.13. 2007도7247), 골

41) 대법원 2023.6.29. 2023도3351(피해자로부터 피해 회사 출입을 위한 스마트키를 교부받아 별다른 제한 없이 사용하던 피고인이 야간에 이를 이용하여 피해 회사에 들어가 물건을 절취하여 야간건조물침입죄로 기소된 사건임).

42) 대법원 2007.12.13. 2007도7247.

43) 대법원 1989.2.28. 88도2430.

44) "6.25사변중 난을 피하기 위하야 공가로 된 가옥은 가옥의 점유자가 그 점유를 포기한 것이 아니고 사실상 점유가 일시 이탈되였음에 불과하야 점유의 의사가 계속될 뿐만 아니라 그후 수복으로 인하야 군경 또는 관계행정기관이 그 관리수호의 임에 당한 바임으로 설사 가주의 복귀 이전이라 하여도 이를 간수없는 건조물이라 할 수 없다."(대법원 1957.4.12. 4289형상350).

45) "여기서 위요지라고 함은 건조물에 인접한 그 주변의 토지로서 외부와의 경계에 담 등이 설치되어 그 토지가 건조물의 이용에 제공되고 또 외부인이 함부로 출입할 수 없다는 점이 객관적으로 명확하게 드러나야 한다. 따라서 건조물의 이용에 기여하는 인접의 부속 토지라고 하더라도 인적 또는 물적 설비 등에 의한 구획 내지 통제가 없어 통상의 보행으로 그 경계를 쉽사리 넘을 수 있는 정도라고 한다면 외부인의 출입이 제한된다는 사정이 객관적으로 명확하게 드러났다고 보기 어려우므로, 이는 다른 특별한 사정이 없는 한 주거침입죄의 객체에 속하지 아니한다고 봄이 상당하다"(대법원 2010.4.29. 2009도14643).

프장 부지에 설치된 사드(THAAD) 기지의 내부 부지(대법원 2020.3.12. 2019도16484: 건조물의 위요지) 등.

例 **건조물로 인정되지 않은 경우:** 지하수 물탱크시설(대법원 2007.12.13. 2007도7247), 타워크레인(대법원 2005.10.7. 2005도5351) 등. 25

‘선박’이란 수상교통의 수단으로 사용되는 제조물로서 그 크기는 묻지 않으나 사람의 주거에 상응하는 정도임을 요한다. ‘항공기’란 사람의 조종에 의하여 공중을 운행하는 기기를 말한다. 26

(다) 점유하는 방실 건조물 내의 사실상 지배관리하는 구획된 장소를 말한다. 명도받은 가옥 일부의 방,[46] 점포, 빌딩의 사무실, 연구실, 투숙 중인 호텔이나 여관의 방, 건축공사장의 임시가건물 등이 이에 해당한다. 27

2) 행위 침입이다. 28

(가) 침입 침입이란 주거자 또는 관리자의 의사 또는 추정적 의사에 반하여 주거 안으로 들어가는 것을 말한다.[47] 공연히 또는 폭력적으로 침입하였는지는 묻지 않는다. 의사에 반해서 들어가면 평온·공연하게 혹은 열린 문으로 들어간 때에도 침입이 된다. 침입은 신체의 침입을 의미하므로 밖에서 돌을 던지거나 창문으로 들여다보거나 전화를 계속 거는 것은 침입이 되지 않는다. 29

신체의 일부만 들어가도 주거침입의 기수가 되는지가 문제된다. ① 이를 긍정하는 일부 학설[48]이 있지만, ② 진입이 완료된 상태로서의 ‘침입’과 행위로서의 ‘침입’은 구별되어야 하고, 주거침입죄가 기수가 된 이후에도 침입행위와 법익침해가 상태가 계속되는 계속범인 한 신체일부가 들어가는 경우는 계속성이 인정되기도 어렵다. 신체의 일부가 들어간 경우는 침입행위가 시도되고 있을 뿐이다. 따라서 신체의 전부가 들어가야 진입 완료적 의미의 ‘침입’행위가 종료된다고 해석하는 것이 타당하다. 30

判 그러나 대법원은 보호법익의 침해여부를 기준으로 삼아, 신체의 일부만 들어가도 거주자가 누리는 사실상의 주거의 평온을 해칠 정도에 이르렀다면 이 죄의 기수가 된다고 본다.[49] 31

침입은 외부로부터의 침입임을 요하므로 처음부터 주거 내에 있는 자가 사후에 범죄의사가 생긴 때에는 침입이 될 수 없고,[50] 이미 적법하게 들어간 공간 내에서 다른 곳으로 옮기는 32

46) 대법원 1965.1.25. 64도587.

47) 공동주거권자 중 일방만의 동의가 있거나, 일반인의 출입이 허용되어 있는 공간에 진입하는 사례유형의 경우 침입개념의 해석상 주거자 또는 관리자의 의사에 반할 것이라는 요소가 요구되지 않는다는 태도를 취할 수 있다. 이러한 사례유형으로는 아래 예시 사례 중 다, 라, 마 유형 참조.

48) 김일수/서보학, 242면; 임웅, 257면.

49) “주거침입죄는 사실상의 주거의 평온을 보호법익으로 하는 것이므로, 반드시 행위자의 신체의 전부가 범행의 목적인 타인의 주거 안으로 들어가야만 성립하는 것이 아니라 신체의 일부만 타인의 주거 안으로 들어갔다고 하더라도 거주자가 누리는 사실상의 주거의 평온을 해할 수 있는 정도에 이르렀다면 범죄구성요건을 충족하는 것이라고 보아야 하고, 따라서 주거침입죄의 범의는 반드시 신체의 전부가 타인의 주거 안으로 들어간다는 인식이 있어야만 하는 것이 아니라 신체의 일부라도 타인의 주거 안으로 들어간다는 인식이 있으면 족하다”(대법원 1995.9.15. 94도2561).

것도 침입이 될 수 없다. 하지만 그 다른 공간이 독립적으로 구획된 공간이고 출입이 무상으로 이루어질 수 있는 것이 아니라면 침입이 될 수도 있다.

33 **부작위에 의해서도 침입이 가능한지**에 대해서 ① 주거침입죄의 경우 부작위는 주거침입에 대한 방조에 불과하다는 견해[51]가 있으나, ② 주거에 대한 보증인이 제3자의 침입을 방지하지 않거나 주거자의 의사에 반하여 침입하는 것을 알면서 그대로 방치하면 부작위에 의한 주거침입이 된다고 해야 한다(다수설). 부작위에 의한 침입은 주거자의 퇴거요구가 없다는 점에서 퇴거불응죄와 구별된다.

34 (나) 의사에 반하는 침입 침입이 되려면 주거자나 관리자의 의사에 반하는 것이어야 한다. 따라서 이 죄의 불법의 본질상 주거자나 관리자의 동의를 받은 경우에는 침입이 아니라 '초대' 등으로 인해 그 행위의 성질이 변하여 구성요건해당성조차도 부정되어야 한다. 하지만 주거자나 관리자(이하에서는 동의권자라 부른다)가 기망이나 강제에 의해 동의한 경우나 침입자의 내심의 의사를 모르고 동의를 해준 경우 등 주거침입죄의 성부가 문제될 수 있는 경우가 있다.

35 判 대법원은 최근 몇 가지 사례유형에 대해 주거침입죄의 주거권자의 '반의사성'이 침입개념의 구성적 요소가 될 수 없고, '객관적·외형적으로 드러난 행위태양에 비추어 사실상의 평온상태를 해치는 방법'이 침입의 본질적 요소를 이룬다는 해석론을 전개하고 있다. 대법원의 위와 같은 해석은 모든 사안의 주거침입에 대해 적용될 '일반적 법리'가 아님을 주의해야 한다. 공동주거권자 중 일방의 동의에 기한 주거에의 진입이 타방의 의사에 반하는 경우 또는 주거권자의 동의를 받지 않고 진입한 장소가 일반인의 출입이 허용되는 장소인 경우 등 사안의 특수성을 고려하여 침입에 관한 법리를 바꾼 것일 뿐이고, 일반적인 경우에는 침입개념에 주거권자의 반의사성은 여전히 유지되고 있다. 이 때문에 일부 학설의 평가와 같이 대법원이 침입의 개념정의를 바꾼 것으로 이해하면서 학설상으로도 '반의사성 요소 필요설'과 '반의사성 요소 불요설'의 대립이 있는 것처럼 접근해서는 안 된다. 아래에 제시된 사례유형별 대법원의 법리를 보면, 대법원은 다, 라, 마 사례유형의 경우 사안의 특수성을 고려하는 법발견 방법에 따라 '주거침입에 관한 법'을 그때그때 다르게 선언하고 있음을 확인할 수 있다.

36 가) 범죄목적 없이 기망에 의한 동의를 받고 타인의 주거에 들어간 경우 ① 피해자의 동의가 양해로 해석되어야 하고 양해의 성질상 승낙의 경우와는 달리 기망에 의한 동의도 하자가 있기는 하나 의사에 반하는 것이 아니므로 주거침입죄가 되지 않는다는 견해[52]와 ② 피해자의 동의가 평온·공연하게 이루어지지 않은 이상 하자 있는 동의인 경우에도 주거침입죄가 된다는 견해[53]가 대립한다.

37 주거침입죄의 불법의 본질상 동의의 성질을 구성요건해당성을 조각시키는 의사표시로 보아 기망에 의한 하자가 있더라도 유효한 동의로 인정하여 주거침입죄의 성립을 부정하는 것이 타당하다. 다만 이러한 결론은 행위자가 범죄목적 없이 상대방에게 자신의 진정한 동기를

50) 대법원 1984.2.14. 83도2897.
51) 박상기, 234면.
52) 김성천/김형준, 342면; 김일수/서보학, 240면; 박상기, 218면; 이형국/김혜경, 309면; 임웅, 253면.
53) 배종대, §61/10; 손동권/김재윤, §18/13; 오영근, §15/30; 정성근/정준섭, 178면.

숨기는 경우를 전제로 한다. 기망에 의한 동의가 있더라도 주거침입죄를 인정하는 것이 판례의 태도라고 하면서 소개되고 있는 사례들은 행위자에게 범죄목적이 있는 경우로서 이와는 그 유형을 달리하는 것임을 주의해야 한다.

38 **나) 범죄목적을 숨긴 채 동의를 받고 타인의 주거에 들어간 경우** 행위자가 범죄목적을 가지고 그 의사를 숨긴 채 기망 등을 통해 동의권자의 동의를 받아 들어간 경우 동의권자가 그 진의를 알았더라면 동의를 하지 않았을 것이라고 판단될 때에는 주거침입죄가 성립한다. 이러한 경우는 동의권자의 실질적인 의사에 반한 것이기 때문에 주거침입이 된다. 대법원이 행위자의 출입에 대해 동의권자가 형식적인 동의를 한 경우라도 주거침입죄가 되는 것으로 판시하고 있는 경우도 모두 이러한 사례에 해당한다.

39 例 '대리응시자들이 시험장에 입장한 경우'(대법원 1967.12.19. 67도1281), '강간할 의도를 숨기고 피해자가 사용 중인 공중화장실의 문을 노크하여 남편으로 오인한 피해자가 문을 열어준 화장실 안으로 들어간 경우'(대법원 2003.5.30. 2003도1256)에는 동의권자의 의사에 반하여 들어간 침입행위가 되는 것이기 때문에 주거침입죄에 해당한다. 그 밖에 절도목적(대법원 1983.7.12. 83도1394), 강도목적(대법원 1952.5.20. 4285형상80), 폭행목적(대법원 1955.12.23. 4288형상25)으로 들어간 경우에도 마찬가지이다.

40 다만 이러한 법리는 예컨대 뇌물을 주기 위해 동의권자의 동의를 받고 주거에 들어간 경우에는 적용되지 않는다. 뇌물을 수수받는 자의 의사에 반하는 침입이 될 수 없기 때문이다. 하지만 만약 공동주거권자인 또 다른 사람이 뇌물수수를 거부한다면 공동주거자 한 사람의 동의만을 받은 사례유형이 되어 주거침입죄의 성립이 인정될 수 있다.

41 **다) 범죄목적을 숨긴 채 동의 없이 일반인의 출입이 허용된 공공장소에 무단 출입한 경우** 일반적 출입이 허용된 장소(관공서의 청사, 음식점, 백화점 등)에 범죄목적을 숨기고 들어간 경우에는 동의권자의 동의조차 없이 들어가는 경우가 보통이다. 이 경우도 주거침입죄가 될 수 있는지에 관해서는 종래 판례와 학설이 대립하고 있었다. ① 판례는 종래 이러한 경우에도 위의 논리를 전개하여 동의권자가 진의를 알았더라면 동의를 하지 않았을 것이라고 판단하면서 주거침입죄를 인정하였다.[54] 하지만 ②학설은 일반적인 출입이 허가된 장소에는 범죄목적을 가지고 출입한다고 해서 주거의 사실상의 평온이 침해된 것이 아님을 이유로 주거침입죄의 성립을 부정하였다.

42 생각건대 범죄목적을 숨긴 사람이 '사적 장소'의 출입여부에 대해 동의절차를 거친 경우 동의권자의 실질적인 의사를 평가하여 주거침입죄의 성립여부가 결정되는 사례(위의 '나')와 일반인의 출입이 허용된 공간에 동의권자의 실질적인 의사가 문제되는 사례('다')는 사안의 본질이 다르기 때문에 달리 취급되는 것이 바람직하다. 후자의 사례의 경우 주거권자의 의사

---

54) "일반인의 출입이 허용된 음식점이라 하더라도 영업주의 명시적 또는 추정적 의사에 반하여 들어간 것이라면 주거침입죄가 성립된다 할 것이다. (중략) 대화내용을 도청하기 위한 도청용 송신기를 설치할 목적으로 손님을 가장하여 이 음식점에 들어간 사실을 알 수 있는 바, 사정이 이와 같다면 영업자인 피해자가 출입을 허용하지 않았을 것으로 보는 것이 경험칙에 부합한다 할 것이므로 피고인들은 모두 주거침입죄의 죄책을 면할 수 없다"(대법원 1997.3.28. 95도2674).

에 중심을 둔 종래의 판례법리〔앞의 95도2674〕에 따른다면 주거침입죄의 성립여부 판단에 있어 피해자의 주관적 의사가 배타적인 중요성을 가지게 된다. 이는 결국 이 죄의 보호법익의 개별화·주관화로 귀결되고, 이는 형법적 보호법익의 일반적·객관적 성격에 반할 수 있다.

43 判 대법원은 전원합의체 판결을 통해 '공동주거자 중 일방의 동의만 받고 주거의 사실상 평온을 해치지 않는 통상적인 방법으로 주거에 출입한 사안'에 대해 보호법익과의 관계를 고려하는 객관화된 시각을 견지하는 동시에 주거권자의 의사를 구체적 사례의 특수성에 부합되게 일정부분 후퇴시키는 해석 태도를 보여줌으로써 주거침입죄에 관한 해석론에 새로운 전기를 마련하였다.[55] 이와 같이 주거침입을 '사실상 평온상태를 해치는 행위태양으로 주거에 들어가는 것'을 의미하는 것으로 재정의하는 태도를 보이고 있는 최근의 판례 법리〔2020도12630 전원합의체〕는 주거권자의 주관적 의사에 반하는 것을 침입의 본질적 요소로 파악하고 있는 종래의 판례법리〔앞의 95도2674〕에 비해 주거침입 해당여부를 객관적·외형적으로 드러난 행위태양을 기준으로 삼는다는 점에서 차이가 크다.

44 例 그러나 문제되는 공간이 일반인의 출입이 허용되는 공공장소인 경우 침입하는 방법자체가 일반적인 출입방법이 아닌 비정상적인 방법인 경우(예, 출입이 금지된 시간 또는 침입방법 자체가 복면 또는 흉기를 휴대하였거나, 집단난입이나 담벽을 넘어 창문을 통해 들어가는 등)에는 주거침입이 되고(대법원 1990.3.13. 90도173), 특별히 개인적으로 내려진 출입금지에 위반한 경우(대법원 2003.5.13. 2003도604)는 범죄목적의 유무에 상관없이 주거침입을 인정하는 판례의 태도와도 동일한 선상에 있다. 심지어 판례는 그 거주자나 관리자와의 관계 등으로 평소 그 건조물에 출입이 허용된 사람이라 하더라도 주거에 들어간 행위가 거주자나 관리자의 명시적 또는 추정적 의사에 반함에도 불구하고 감행된 경우, 출입문을 통한 정상적인 출입이 아닌 사정으로부터 거주자나 관리자의 명시적 추정적 의사에 반하는 것으로 추론할 수 있다고 할 정도로 출입방법의 비정상성을 — 보호법익의 관점에서 — 중요한 고려사항으로 평가한다(대법원 1995.9.15. 94도3336).

45 判 이와 같이 보호법익의 관점을 고려한 객관적 행위태양을 기준으로 삼아 주거침입여부를 판단한 위 판결들을 포함한 판결〔2020도12630 전원합의체〕은 최근의 새로운 전원합의체 판결을 통해 공공장소 출입의 경우 주거권자의 의사를 더욱 후퇴시키는 방향의 법리로 발전되면서 〔95도2674 판결〕의 법리를 종국적으로 변하기에 이르렀다. 즉 "설령 행위자가 범죄 등을 목적으로 음식점에 출입하였거나 영업주가 행위자의 실제 출입목적을 알았더라면 출입을 승낙하지 않았을 것이라는 사정이 인정되더라도 그러한 사정만으로는 출입 당시의 객관적·외형적으로 드러난 행위태양에 비추어 사실상의 평온상태를 해치는 방법으로 음식점에 들어갔다고 평가할 수 없(다)"고 하면서 주거침입행위를 부정[56]하였다.[57]

46 例 대법원은 〔2017도18272 전원합의체〕 판결의 취지에 따라 150여 명의 조합원들과 함께 시청 1층 로비에 들

55) "주거침입죄의 구성요건적 행위인 침입은 주거침입죄의 보호법익과의 관계에서 해석하여야 한다. 따라서 침입이란 '거주자가 주거에서 누리는 사실상의 평온상태를 해치는 행위태양으로 주거에 들어가는 것'을 의미하고, 침입에 해당하는지 여부는 출입 당시 객관적·외형적으로 드러난 행위태양을 기준으로 판단함이 원칙이다. 사실상의 평온상태를 해치는 행위태양으로 주거에 들어가는 것이라면 대체로 거주자의 의사에 반하는 것이겠지만, 단순히 주거에 들어가는 행위 자체가 거주자의 의사에 반한다는 거주자의 주관적 사정만으로 바로 침입에 해당한다고 볼 수는 없다. 외부인이 공동거주자 중 주거 내에 현재하는 거주자로부터 현실적인 승낙을 받아 통상적인 출입방법에 따라 주거에 들어간 경우라면, 특별한 사정이 없는 한 사실상의 평온상태를 해치는 행위태양으로 주거에 들어간 것이라고 볼 수 없으므로 주거침입죄에서 규정하고 있는 침입행위에 해당하지 않는다" (대법원 2021.9.9. 2020도12630).

56) 대법원 2022.3.24. 2017도18272 전원합의체.

57) 같은 취지의 판결: "일반적으로 출입이 허용되어 개방된 시청사 로비에 관리자의 출입 제한이나 제지가 없는 상태에서 통상적인 방법으로 들어간 이상 사실상의 평온상태를 해치는 행위 태양으로 시청 1층 로비에 들어갔다고 볼 수 없으므로 건조물침입죄에서 규정하는 침입행위에 해당하지 않는다"(대법원 2022.6.16. 2021도7087).

어간 경우(대법원 2022.6.16. 2021도7087). 마트산업노조 간부와 조합원인 피고인들 7명(여 4명, 남 3명)이 홈플러스 강서점에 방문한 대표이사 등에게 해고 와 전보 인사발령에 항의하기 위하여 식품매장에 들어가 당시 현장점검을 하던 피해자(점장)와 대표이사 등 간부들(20명 이상)을 약 30분간 따라 다니면서 그 근처에서 피켓을 들고 서있거나 요구사항을 외친 경우(대법원 2022.9.7. 2021도9055), 업무시간 중 사전 면담약속·방문 통지를 한 후 방문하거나 면담요청을 하기 위해 방문하였다가 면담이 무산되어 은행 등을 점거한 경우(대법원 2024.1.4. 2022도15955) 등에 대해 관리자의 출입 제한이나 제지가 없는 상태에서 통상적인 방법으로 들어간 이상 관리자의 추정적 의사등과 무관하게 사실상의 평온상태를 해치는 행위 태양으로 진입한 것이 아니라는 이유로 건조물침입죄를 부정하였다.

라) 공동주거자 중 일방의 동의만 받은 경우 동일한 주거에 여러 사람이 함께 거주하는 경우(같은 집에 거주하는 부부, 같은 방의 하숙생, 한 집에 여러 세대가 사는 경우 등)에는 각자 공동사용 부분에 대하여 동의할 수 있는 주거자가 된다. 이러한 경우 그 중 한 사람의 동의만 받아 들어갔지만 그 출입이 다른 주거자의 의사에 반할 때 주거침입죄의 인정여부가 문제된다. 이에 대해 ① 다른 공동 주거자의 동의를 모두 받지 않으면 주거침입죄의 성립을 긍정하는 견해[58]도 있고, ② 주거침입죄의 성립을 부정하는 견해[59]도 있지만 주거침입죄의 보호법익을 주거의 '사실상의 평온'으로 보는 한 후자의 견해가 타당하다. 47

判 대법원은 종래 긍정설의 입장을 취하여, 부부 중 일방이 간통목적으로 타인을 주거에 들어오게 한 경우 다른 일방이 주거 내에 있지 않아도 주거침입죄가 성립한다고 보았다.[60] 그러나 앞서 언급했듯이 〔2020도12630 전원합의체〕 판결에서는 외부인이 공동거주자의 일부가 부재중에 주거 내에 현재하는 거주자의 현실적인 승낙을 받아 '통상적인 출입방법에 따라 공동주거에 들어간 경우'라면 그것이 부재중인 다른 '거주자의 추정적 의사에 반하는 경우'에도 주거침입죄가 성립하지 않는다고 함으로써, 종래 긍정설의 태도를 변경하였다.[61] 48

마) 공동주거자 중 일방이 다른 공동거주자에 의해 출입금지 상태에 있는 경우 공동거주자 중 한 사람이 법률적인 근거 기타 정당한 이유 없이 다른 공동거주자가 공동생활의 장소에 출입하는 것을 금지한 경우(예컨대 부부싸움 후 남편이 짐을 싸서 집을 나가자 그 아내가 출입문의 잠금장치를 교체한 경우), 다른 공동거주자가 이에 대항하여 공동생활의 장소에 들어간 경우 주거침입에 해당하는지가 문제된다. 49

判 이 경우에도 대법원은 다른 공동주거자의 주거내 진입은 '사전 양해된 공동주거의 취지 및 특성에 맞추어 50

58) 박상기, 238면; 이재상/장영민/강동범, §15/15; 정성근/박광민, 249면.
59) 김성천/김형준, 345면; 김일수/서보학, 239면; 배종대, §61/8; 임웅, 256면.
60) "남편이 일시 부재중 간통의 목적하에 그 처의 승낙을 얻어 주거에 들어간 경우라도 남편의 주거에 대한 지배관리관계는 여전히 존속한다고 봄이 옳고 사회통념상 간통의 목적으로 주거에 들어오는 것은 남편의 의사에 반한다고 보여지므로 처의 승낙이 있었다 하더라도 남편의 주거의 사실상의 평온은 깨어졌다 할 것이므로 이러한 경우에는 주거침입죄가 성립한다고 볼 것이다"(대법원 1984.6.26. 83도685).
61) 대법원 2021.9.9. 2020도12630 전원합의체. 전원합의체 판결의 다수의견의 근거는 다음 두 가지로 요약될 수 있다. ① 주거침입죄의 보호법익은 '사실상 주거의 평온'인데 공동거주자 중 주거 내에 현재하는 거주자의 현실적 승낙이 있었다면 이러한 사실상 주거의 평온을 깨트렸다고 볼 수 없다. ② 침입에 해당하는지 여부는 출입 당시 객관적, 외형적으로 드러난 행위태양을 기준으로 해야 하는데 사실상의 평온 상태를 해치는 행위태양이 아니라 단순히 주거에 들어가는 행위 자체가 다른 공동주거권자의 의사에 반한다는 주관적 사정에 따라 침입이라고 판단될 수는 없다.

공동생활의 장소를 이용하기 위한 방편에 불과할 뿐', 그의 출입을 금지한 공동거주자의 '사실상 주거의 평온이라는 법익을 침해하는 행위라고는 볼 수 없으므로' 주거침입죄는 성립하지 않는다고 하였고, 이 법리를 그 공동주거자의 승낙을 받아 해당 주거내로 함께 들어간 외부인의 출입 및 이용행위에 대해서도 적용하고 있다.[62)]

51 (다) 미수와 기수의 구별 주거침입죄를 침해범으로 보느냐 추상적 위험범으로 보느냐에 따라 기수와 미수시기가 달라진다.

52 判 대법원은 침해범설에 입각하여 보호법익의 침해여부에 따라 기수와 미수를 판단하는 태도를 취하여 신체의 일부만 들어가도 — 보호법익의 침해가 인정되는 이상 — 기수를 인정한다.[63)]

53 하지만 대법원의 논리에 따르면 신체의 전부가 들어가도 주거의 사실상의 평온이라는 보호법익의 침해가 없으면 미수가 될 뿐이라고 해야 하므로 '침입'이라는 문언에 반할 소지가 있다. 뿐만 아니라 계속범으로 인정하는데 이견이 없는 이 죄의 경우 순간적으로 신체의 일부가 주거에 들어간 때도 기수로 보면, 주거의 사실상의 평온의 침해행위와 침해상태가 시간적으로 계속되고 있는지도 의문이고. 기수가 되는데 일정한 시간적 계속성을 요한다는 대법원의 입장과도 조화되기도 어렵다.

54 앞에서 설명하였듯이 주거침입죄는 추상적 위험범으로 해석하는 것이 타당하고, 이에 따르면 주거의 사실상의 평온상태가 현실적으로 침해되었는지의 여부는 기수와 미수판단에 영향을 주지 못한다. 오히려 이 죄의 기수와 미수의 구별은 형식적으로 구성요건의 완전충족 내지 침입행위의 종료여부에 따라야 한다. 이에 의하면 신체의 전부침입이 완성된 경우가 기수로 되며, 그렇지 못한 경우는 미수가 된다고 해야 한다. 침입이 완성된 이상, 그 후 퇴거시키더라도 이 죄 이외에 적법하게 주거에 들어간 경우를 전제로 하는 퇴거불응죄는 성립하지 않는다.

55 例 대법원은 주거침입죄의 실행의 착수가 범죄구성요건의 실현에 이르는 현실적 위험성을 포함하는 행위를 개시하는 것으로 족하다는 전제 하에 ① 다세대 주택의 건물에 들어가 출입문이 열려 있으면 안으로 들어가겠다는 의사 아래 각 호실의 출입문을 당겨본 행위(대법원 2006.9.14. 2006도2824)에 대해서는 실행의 착수를 인정하였지만, ② 침입대상인 아파트에 사람이 있는지를 확인하기 위해 그 집의 초인종을 누른 행위(대법원 2008.4.10. 2008도1464), ③ 야간에 다세대주택에 침입하여 물건을 절취하기 위하여 가스배관을 타고 오르다가 순찰 중이던 경찰관에게 발각되어 그냥 뛰어내린 경우(대법원 2008.3.27. 2008도917)는 주거침입죄의 실행의 착수를 부정하였다.

56 대법원이 위 사례들에서 법익침해에 대한 위험성 여부를 기준으로 삼아 실행의 착수 인정

62) "공동거주자 중 한 사람이 법률적인 근거 기타 정당한 이유 없이 다른 공동거주자가 공동생활의 장소에 출입하는 것을 금지하고, 이에 대항하여 다른 공동거주자가 공동생활의 장소에 들어가는 과정에서 그의 출입을 금지한 공동거주자의 사실상 평온상태를 해쳤더라도 주거침입죄가 성립하지 않는 경우로서, 그 공동거주자의 승낙을 받아 공동생활의 장소에 함께 들어간 외부인의 출입 및 이용행위가 전체적으로 그의 출입을 승낙한 공동거주자의 통상적인 공동생활 장소의 출입 및 이용행위의 일환이자 이에 수반되는 행위로 평가할 수 있는 경우라면, 이를 금지하는 공동거주자의 사실상 평온상태를 해쳤음에도 불구하고 그 외부인에 대하여도 역시 주거침입죄가 성립하지 않는다고 봄이 타당하다."(대법원 2021.9.9. 2020도6085 전원합의체).

63) 대법원 1995.9.15. 94도2561.

여부를 판단한 것은 공용부분의 주거성을 인정한 법리가 형성되기 이전의 일이었다. 이 때문에 행위자가 주거개념에 새롭게 포함된 공용공간에 완전히 진입한 이후의 상태에 대해서도 종래 취해왔던 침해범설의 입장을 일관되게 유지할 수 있을 것인지는 의문이다. 공동주택의 공용부분(계단이나 복도, 엘리베이터)도 '주거'로 보는 현재 대법원의 법리에 의하면 첫 번째와 두 번째 사례의 경우와 같이 공동주택의 계단이나 복도에 진입한 행위는 이미 주거에 진입한 것이므로 그 자체만으로는 주거침입 '기수'가 인정될 수도 있기 때문이다.

(2) 주관적 구성요건

주거자, 관리자 또는 점유자의 의사나 추정적 의사에 반하여 타인의 주거 등의 공간에 들 57
어간다는 점에 대한 고의가 있어야 한다. 주거에 들어갈 정당한 권리가 있다고 오인한 때에는 위법성의 착오가 된다.[64]

3. 위법성조각사유

(1) 피해자의 동의

이 죄는 주거자의 의사에 반한 침입을 구성요건적 행위로 하고 있으므로 동의가 있는 경 58
우에는 구성요건해당성이 배제된다(양해). 외출 중인 이웃집의 화재진압을 위해서 혹은 의식불명의 환자를 구하기 위해 그 집에 들어간 때에는 추정적 승낙에 의해 위법성이 조각된다.

(2) 긴급피난

맹견의 추적을 받고 있는 자가 타인의 가옥에 몸을 피한 경우는 위법성이 조각된다. 59

(3) 정당행위

형사소송법상 영장집행, 민사소송법에 의한 강제집행, 민법상의 친권행사, 노동쟁의 중 단 60
체교섭 행위 등으로 이루어진 주거침입은 권한남용이 없는 한 정당행위로 위법성이 조각된다.[65] 하나의 주거공간을 공동으로 사용하는 자 중 일부가 주거침입이 정당행위로 위법성이 조각될 경우 다른 사용자(주거자 내지 관리인)에 대해서도 위법성이 조각될 수 있을지가 문제된다.

判 대법원은 종래 다른 사용자의 명시적 승낙이 없거나 그 추정적 의사에 반한 경우 그 다른 사용자에 대해 61
서는 주거침입죄의 위법성이 조각되지 않는다는 태도를 취했다. 그러나 최근의 대법원의 법리(2020도12630 전원합의체 판결)의 취지(앞의 사례유형 라 참조)에 따르면 공동주거자의 경우 다른 공동주거자의 의사에 반하는지의 여부는 위법성조각 인정여부를 판단하기 이전에 주거침입 자체를 구성하지도 않는다고 볼 수 있을 것이다.

---

64) "학생회관의 관리권은 그 대학당국에 귀속된다고 보아야 하므로 학생회의 동의가 있어 그 침입이 위법하지 않다고 믿었다 하더라도 이에 정당사유가 있다고 볼 수 없어 주거침입죄를 구성한다"(대법원 1995.4.14. 95도12).

65) 2인 이상이 하나의 공간에서 공동생활을 하고 있는 경우에는 각자 주거의 평온을 누릴 권리가 있으므로, 사용자가 제3자와 공동으로 관리·사용하는 공간을 사용자에 대한 쟁의행위를 이유로 관리자의 의사에 반하여 침입·점거한 경우, 비록 그 공간의 점거가 사용자에 대한 관계에서 정당한 쟁의행위로 평가될 여지가 있다 하여도 이를 공동으로 관리·사용하는 제3자의 명시적 또는 추정적인 승낙이 없는 이상 위 제3자에 대하여서까지 이를 정당행위라고 하여 주거침입의 위법성이 조각된다고 볼 수는 없다(대법원 2010.3.11. 2009도5009).

62 수사기관이 현행범체포나 추적을 위해 타인의 주거에 들어갈 경우에는 법령에 의한 행위(경찰관 직무집행법 제7조)로서 위법성이 조각된다. 하지만 사인의 경우에는 현행범 체포행위 그 자체는 법령에 의한 행위(형사소송법 제212조)로서 위법성이 조각되지만 **현행범 체포를 위해 주거침입까지 허용되는지**가 문제된다.

63 判 대법원은 위법성조각을 인정[66]한 경우도 있었고, 부정한 경우[67]도 있었다. 현행범체포의 허용한계도 결국은 정당행위 내지 사회상규에 위배되지 아니하는 행위를 판단하기 위해 대법원이 요구하는 다섯 가지 요건(목적의 정당성, 수단의 사회적 상당성, 긴급성, 균형성, 보충성)을 일반적 기준으로 삼아 판단하여야 한다면, 구체적 사정에 따라 결론이 달라질 수밖에 없을 것으로 보인다.

64 例 **정당행위로 인정된 경우:** ① 해고의 효력을 다투는 해고근로자가 노조사무실에 출입할 목적으로 경비원이 제지를 뿌리치고 회사내로 들어간 경우(대법원 1991.11.8. 91도326), ② 이혼후 자녀를 직접 양육하지 않는 모가 자녀를 직접 양육하는 부의 허락 없이 주거에 들어가 자녀들의 양육에 필요한 최소한의 행위만을 한 경우(대법원 2003.11.28. 2003도5931), ③ 연립주택 아래층 사람이 위층 피고인의 집으로 통하는 상수도관의 밸브를 임의로 잠근 후 피고인에게 이를 알리지 않아 수돗물이 나오지 않은 고통을 겪었던 피고인이 상수도관의 밸브를 확인하고 이를 열기 위하여 부득이 아래층 집으로 들어간 경우(대법원 2004.2.13. 2003도7393) 등.

65 例 **정당행위가 부정된 경우:** ① 피고인이 동리부녀자에 대해 욕설을 한 자에게 시비를 따지기 위하여 동네부녀 10명과 함께 그 집에 몰려 들어간 경우(대법원 1983.10.11. 83도2230), ② 건물소유권을 둘러싼 분쟁상태가 종결되지 않은 상태에서 소유자라고 주장하는 피고인이 피해자가 점유·관리하고 있는 문제의 건물에 들어간 경우(대법원 1989.9.12. 89도889), ③ 아내의 간통현장을 급습하여 그 사진을 촬영할 의도하에 아내의 상간자의 주택에 침입한 경우(대법원 2003.9.26. 2003도3000) 등.

4. 죄수, 타죄와의 관계

(1) 죄수

66 이 죄는 주거에 침입함으로써 성립하고 퇴거한 때에 종료하므로 그 후 다시 침입하면 별도의 주거침입이 된다. 밀집해 있는 주택이나 아파트의 한 동을 차례로 침입한 경우에는 포괄일죄의 요건을 구비하여도 주거침입죄의 보호법익이 각 주거의 사실상의 평온으로서 그 불법이 한 개로 총합될 수 있는 양적인 성질을 가진 것이 아니므로 수개의 주거침입이 인정되고, 각 죄가 법률상 한 개의 행위에 의해 이루어진 것이라면 상상적 경합이 된다.

67 야간주거침입절도(제330조) 및 특수절도죄(제331조)의 경우는 주거침입이 구성요건 요소이므로 이 죄가 성립하면, 별도로 주거침입죄가 인정되지 않는다(특별관계).

---

66) "피고인과 갑, 을의 세 사람이 함께 술을 마시고 그들이 사는 동리의 갑 집 앞길에 이르렀을 때 갑이 사소한 일로 피고인에게 폭행을 가함으로써 상호 시비중 갑이 그의 집으로 들어가기에 피고인도 술에 취하여 동인에게 얻어맞아 가면서 동인의 집까지 따라 들어가서 때리는 이유를 따지었던 경우에 피고인이 갑의 집에 따라 들어간 소위를 위법성 있는 주거침입이라고 논단하기 어렵다고 할 것이다"(대법원 1967.9.26. 67도1089).

67) "자기소유의 임야에 심어둔 밤나무를 손괴한 현행범인을 추적하여 그 범인의 아버지 집에 들어가서 그 아버지와 시비 끝에 상해를 입힌 경우에는 아버지에 대한 상해죄는 물론이고 주거침입의 위법성도 조각되지 아니한다"(대법원 1965.12.21. 65도899).

判 무단침입 후 주거침입죄로 확정판결을 받고나서도 퇴거하지 않고 계속 거주한 경우에는 '판결확정 이후의 주거침입행위 및 그로 인한 위법상태가 계속되고 있기 때문'에 별도의 주거침입죄가 된다.[68] 68

(2) 타죄와의 관계

주거침입은 다른 범죄를 범하기 위한 수단이 되는 경우에도 — 견련범이 인정되지 않는 현행법 하에서 — 원칙적으로 별개의 죄가 되고 실체적 경합이 된다. 그러나 다른 범죄가 주거침입의 수단이 되는 경우, 즉 주거침입을 위해 폭행을 하거나 재물을 손괴하는 경우 등은 각 죄와 주거침입죄가 상상적 경합이 된다. 69

判 대법원도 절도, 강도, 살인, 상해 등을 위하여 주거침입하면 각 죄는 주거침입죄와 실체적 경합이 된다고 한다.[69] 다른 한편 대법원은 특가법(제5조의4 제1항)상의 상습절도범이 그 범행의 수단으로 주거침입을 한 경우에는 주거침입죄가 별도로 성립하지 않고 상습절도죄 등 죄에 흡수된다고 하는 반면,[70] 형법(제332조)상의 상습절도범이 주간에 절도범행의 수단으로 주거침입을 한 경우에는 상습절도죄 외에 별도의 주거침입죄가 성립한다고 한다.[71] 70

判 대법원은 야간에 절도를 범한 경우라도 주거침입이 주간에 이루어진 것이라면 야간주거침입죄는 성립하지 않고 주거침입죄와 절도죄가 실체적 경합이 인정된다고 한다. 야간주거침입절도죄의 '야간'의 시점을 주거침입시로 해석하기 때문이다.[72] 71

Ⅲ. 퇴거불응죄

> 제319조(퇴거불응죄) ② 전항의 장소에서 퇴거요구를 받고 응하지 아니한 자도 전항의 형과 같다.
>
> 제322조(미수범) 본장의 미수범은 처벌한다.

1. 의의, 성격

사람의 주거, 관리하는 건조물, 선박, 항공기 또는 점유하는 방실에서 퇴거요구를 받고 응하지 아니함으로써 성립하는 범죄이다. 퇴거하지 아니하는 부작위가 구성요건적 행위로 되어 있는 진정부작위범이다. 추상적 위험범이자, 거동범이며 계속범이다. 72

2. 구성요건

(1) 주체 및 객체

주체는 퇴거를 요구받고 퇴거하지 않는 자이다. 즉 타인의 주거, 관리하는 건조물, 선박, 항공기 또는 점유하는 방실에 적법하게 또는 과실로 들어간 후 퇴거요구자의 퇴거요구에 불 73

68) 대법원 2008.5.8. 2007도11322.
69) 대법원 1988.12.13. 88도1807.
70) 대법원 1984.12.26. 84도1573 전원합의체.
71) 대법원 2015.10.15. 2015도8169.
72) 대법원 2011.4.14. 2011도300.

응하는 모든 자이다. 객체는 주거침입죄의 경우와 동일하다.

(2) 행위

74 퇴거요구를 받고 응하지 아니한 것이다.

75 **1) 퇴거요구** 퇴거요구는 주거자, 관리자, 점유자 또는 이러한 자의 위임을 받은 자에 한한다. 주거자인 이상 주거에 대한 법적 권한이 없는 자도 퇴거요구를 할 수 있다. 따라서 임대차계약해지 후 계속 주거하는 자도 퇴거요구를 할 수 있다. 하지만 권리자라도 사회통념상 합리성을 인정받을 수 있을 정도를 넘어서는 퇴거요구는 할 수 없다. 예컨대 채권자가 변제청구를 위하여 주거의 평온을 해하지 않는 정도에서 채무자의 주거에 머무는 경우에는 채무자의 퇴거요구가 제한된다.

76 例 예배방해의 목적으로 교회에 들어 온 것이라고(사후적으로) 판명된 자에 대한 교회당회의 퇴거요구가 인정되었고(대법원 1992.4.28. 91도2309), 폐쇄된 직장을 점거한 근로자에 대한 사용자의 퇴거요구도 인정되었다(대법원 1991.8.13. 91도1324).

77 퇴거요구는 1회로써 충분하고 반복할 필요도 없고 반드시 명시적일 필요도 없다.[73] 퇴거 요구가 공법상 또는 사법상의 권리에 의하여 제한되는 경우가 있다. 따라서 음식점에서 식사하고 있는 사람은 식사를 마칠 때까지 퇴거요구에 응할 필요가 없다.

78 퇴거를 요구받고 퇴거하지 않는 부작위 자체가 범죄로 되므로 애당초 주거자의 의사에 반하여 들어간 때에는 퇴거요구에 불응하더라도 주거침입죄만 성립한다.

79 **2) 퇴거 불응** 주거침입죄의 침입이 신체가 주거에 들어가야 함을 의미하는 것과 마찬가지로 퇴거불응죄의 퇴거 역시 행위자의 신체가 주거에서 나감을 의미한다. 따라서 퇴거요구를 받고 건물에서 나가면서 가재도구 등을 남겨 둔 경우는 퇴거불응죄가 되지 않는다.[74] 퇴거불응이 되려면 퇴거(작위)에 응할 수 있는 사실상의 행위(작위) 가능성이 있어야 거기에 대한 불응(부작위)이 구성요건적 부작위가 된다. 따라서 달리는 차에서 내리라고 하거나 해고된 노무자가 자기 물건을 정리하고 있는 동안, 옷을 벗고 있는 사람에게 나가라고 해서 나가지 않는다고 불응이 되는 것은 아니다.

80 **3) 미수와 기수** **이 죄의 미수를 인정할 수 있는지**에 대해 ① 이 죄를 진정부작위범이면서도 침해범으로 해석하여 퇴거불응이 주거의 사실상의 평온을 침해했다고 할 만한 단계에 이르기 전에 주거 밖으로 축출당한 때에 미수가 된다고 하는 견해[75]와 ② 퇴거불응죄도 주거침입죄와 마찬가지로 계속범이라는 전제하에서 퇴거불응 후 어느 정도의 시간이 지난 때에 기수에 이르는 것으로 일정한 시간이 지나지 않으면 미수가 된다고 하는 견해,[76] ③ 이 죄는 진정부작위범이자 거동범이므로 부작위(불응)가 있으면 곧바로 기수가 되고 미수는

73) 김일수/서보학, 249면; 손동권/김재윤, §18/26; 이재상/장영민/강동범, §15/26.
74) 대법원 2007.11.15. 2007도6990.
75) 임웅, 261면.
76) 오영근, 제8판, 226면.

성립할 여지가 없기 때문에 이 죄의 미수처벌규정은 입법상의 오류라고 하는 견해(다수설)가 대립한다.

생각건대 이 죄를 추상적 위험범으로 이해하는 한 기수/미수의 문제를 보호법익의 문제와 81
직결시킬 수는 없고, 계속범의 시간의 계속은 기수 이후의 법익침해의 상태의 계속을 의미하는 것이고, 기수가 되기 위해 시간적 계속이 요구되는 것이 아니다. 요컨대 이 죄의 구성요건적 행위가 '부작위'이므로 '작위범' 형식의 추상적 위험범(예, 협박죄)인 경우와는 달리 행위종료와 행위미종료 등을 구별하여 미수와 기수를 형식적으로 구별할 수도 없으므로 후자의 견해가 타당하다.

Ⅳ. 특수주거침입죄

> 第320조(특수주거침입죄) 단체 또는 다중의 위력을 보이거나 위험한 물건을 휴대하여 전조의 죄를 범한 때에는 5년 이하의 징역에 처한다.
>
> 第322조(미수범) 본장의 미수범은 처벌한다.

1. 의의, 성격

단체 또는 다중의 위력을 보이거나 위험한 물건을 휴대하여 주거침입죄 또는 퇴거불응죄 82
를 범함으로써 성립하는 범죄이다. 주거침입죄와 퇴거불응죄에 대하여 행위태양에서 불법이 가중되는 가중적 구성요건이다.

2. 구성요건

단체 또는 다중의 경우에는 전원이 주거에 침입할 필요가 없으며, 1인이 침입한 때에도 이 83
죄는 성립한다. 위험한 물건은 처음부터 휴대할 필요 없이 침입한 후 그 집에 있는 것을 휴대해도 상관없으며 상대방에 꺼내 보일 필요도 없고, 피해자가 그것의 존재를 인식하였음도 요하지 않는다. 하지만 일부는 망을 보고 나머지 일부만이 건조물에 들어갔을 경우에는 직접 건조물에 들어간 범인이 흉기를 휴대하지 않으면 이 죄가 성립하지 않는다.[77]

Ⅴ. 주거·신체수색죄

> 第321조 (주거·신체수색죄) 사람의 신체, 주거, 관리하는 건조물, 자동차, 선박이나 항공기 또는 점유하는 방실을 수색한 자는 3년 이하의 징역에 처한다.
>
> 第322조(미수범) 본장의 미수범은 처벌한다.

77) 대법원 1994.10.11. 94도1991.

1. 의의, 성격

84 사람의 신체, 주거, 관리하는 건조물, 자동차, 선박이나 항공기 또는 점유하는 방실을 수색함으로써 성립하는 범죄이다. 이 죄는 주거의 평온뿐만 아니라 신체의 불가침성도 보호법익이 되는 독립구성요건이며 주거침입죄의 경우와 마찬가지로 추상적 위험범이자 결과범이다.

2. 구성요건

85 이 죄의 객체는 사람과 자동차를 제외하고는 주거침입죄의 객체와 동일하다. '수색'이란 사람 또는 물건을 발견하기 위하여 사람의 신체 또는 일정한 장소를 조사하는 일체의 행위를 말한다. 수색을 개시한 때 실행의 착수가 있고, 수색을 종료하지 못한 경우(미종료미수)에 미수가 되고 수색을 종료한 때에는 기수가 된다.

86 **피해자의 동의가 있는 경우**에는 ① 위법성이 조각된다고 하는 견해[78]도 있지만, ② 이 죄의 불법이 피해자의 의사에 반하는 것을 본질적인 내용으로 하는 것이므로 구성요건해당성이 배제된다고 해석하는 것이 타당하다.[79]

3. 위법성조각사유

87 법령에 의한 정당한 수색(형사소송법 제109조, 제137조 등)은 위법성이 조각되지만, 정당한 목적을 위해서라도 그 절차와 수단이 사회통념상 용인되지 아니하는 경우에는 수색행위의 위법성이 조각되지 않는다.[80]

4. 죄수, 타죄와의 관계

88 절도나 강도의 목적으로 주거에 침입하여 금품을 물색하는 경우의 수색행위는 절취행위 또는 강취행위에 흡수된다(불가벌적 수반행위). 적법하게 주거 등에 들어간 자가 불법하게 객체를 수색하는 경우에 성립하며, 애당초 위법하게 침입하여 주거를 수색한 경우에는 이 죄와 주거침입죄의 실체적 경합이 된다.

---

78) 임웅, 262면.
79) 오영근, §15/55; 이재상/장영민/강동범, §15/29.
80) 대법원 2001.9.7. 2001도2917.

제 5 장 재산에 대한 죄 § 24

재산에 대한 죄는 개인의 재산적 법익을 침해하는 범죄를 말한다. 형법은 재산권을 국민의 기본권으로 보장하고 있는 헌법의 취지를 담보하기 위해서 타인의 재산을 침해하는 여러 가지 유형의 범죄구성요건을 마련하고 있다. 1

형법은 재산에 대한 죄를 행위객체나 불법영득의사의 유무 또는 침해방법 등을 기준으로 분류하지 않고, 행위태양을 기준으로 삼고 있다. 이에 따라 형법전에는 재산에 대한 죄가 절도의 죄, 강도의 죄, 사기의 죄, 공갈의 죄, 횡령의 죄, 배임의 죄, 장물의 죄, 손괴의 죄, 권리행사방해의 죄 등 9가지로 유형화되어 각 절에서 규정되어 있다. 형법상의 재산개념은 '재물'과 '재산상의 이익'으로 대별되어 있다. 2

제 1 절 절도의 죄 § 25

Ⅰ. 총설

1. 의의 및 보호법익

(1) 의의

절도의 죄는 타인의 재물을 그의 의사에 반하여 절취하는 것을 내용으로 하는 범죄이다. 객체가 재물로 한정되어 있는 재물죄이고, 그 재물을 상대방의 의사에 반하여 취거해가는 탈취죄이며, 불법영득의사를 필요로 하는 영득죄에 해당한다. 1

(2) 보호법익

절도죄의 보호법익에 대해서는 ① 관념적 권리인 소유권이 보호법익이고 점유는 행위객체에 불과하다는 견해[1](소유권설) ② 재물에 대한 사실상의 지배인 점유가 보호법익이라고 하는 견해[2](점유설), ③ 기본적으로 소유권이지만 부차적으로 점유 자체도 보호해야 한다는 견해[3](소유권 및 점유설)가 대립한다. 2

判 대법원이 절도죄의 보호법익이 무엇인지 명시적으로 언급하고 있지는 않다. 하지만 절도죄의 불법영득의 의사에 관한 판결[4]이나 친족상도례규정의 적용과 관련하여 절도죄의 피해자가 누구인지에 관한 판결[5]에 나타 3

1) 김성천/김형준, 358면; 김일수/서보학, 268면; 박상기, 250면; 배종대, §13/6; 이재상/장영민/강동범, §16/2.
2) 정영석, 316면.
3) 김종원, 178면; 손동권/김재윤, §20/2; 오영근, §10/6; 이형국, 377면; 정성근/박광민, 278면.
4) "단순한 점유의 침해만으로서는 절도죄를 구성할 수 없고 소유권 또는 이에 준하는 본권을 침해하는 의사, 즉

난 취지에 따르면 절도죄는 재물의 소유권 뿐 아니라 점유도 함께 보호법익으로 파악하는 태도를 취하고 있는 것으로 보인다.

4 절도죄는 소유권뿐 아니라 점유도 보호법익으로 보는 소유권 및 점유설이 타당하다. 횡령죄(타인'소유', 자기점유)나 권리행사방해죄(자기소유, 타인'점유')의 객체와 체계적으로 비교해 볼 때 절도죄의 경우 '타인의 재물'을 '타인소유 타인점유의 재물'로 해석해야 하는 것이 바람직하다.[6] 점유설에 따르면 사용절도와 절도죄를 구별할 수 없고, 소유권설에 따르면 권원에 터잡은 점유 내지 그렇게 추정할 수 있는 점유(평온한 점유)의 형법상 보호필요성에 부응할 수 없게 된다.[7]

(3) 보호의 정도

5 **절도죄의 보호정도**에 대해서 ① 위험범설[8]과 ② 침해범설(다수설)이 대립한다. 위험범설은 절취에 의해서 피해자가 민법상의 소유권이 상실되지 않는다는 것을 그 이유로 한다. 하지만 소유권에 대한 침해가 반드시 민법상의 소유권 상실을 의미하는 것은 아니다. 점유침탈로 인하여 소유권의 내용인 사용·수익·처분이 곤란하게 되어도 소유권이 침해되었다고 할 수 있다. 뿐만 아니라 소유권과 점유를 보호법익이라고 하면 소유권뿐만 아니라 점유도 침해되므로 절도죄를 침해범으로 이해하는 것이 타당하다.

2. 구성요건의 체계

6 절도의 죄의 기본적 구성요건은 (단순)절도죄이고, 야간주거침입절도죄와 특수절도죄, 상습절도죄는 이에 대한 가중적 구성요건이다. 1995년 개정형법에서 신설한 자동차 등 불법사용죄가 독립 구성요건으로 되어 있고, 이상의 각죄의 미수범을 처벌하며, 동력규정과 친족상도례의 규정이 적용된다. 이 밖의 특가법에서는 5인 이상의 공동 상습절도를 가중처벌하고(제5조의4), 성폭법에서는 야간주거침입절도, 특수절도의 죄를 범한 자가 강간, 준강간, 강제추행, 준강제추행죄를 범한 경우를 가중처벌한다(제3조제1항).

목적물의 물질을 영득할 의사가 있어야 한다"(대법원 1992.9.8. 91도3149).

5) "절도죄는 재물의 점유를 침탈함으로 인하여 성립하는 범죄이므로 재물의 점유자가 절도죄의 피해자가 되는 것이나 절도죄는 점유자의 점유를 침탈함으로 인하여 그 재물의 소유자를 해하게 되는 것이므로 재물의 소유자도 절도죄의 피해자로 보아야 할 것이다"(대법원 1980.11.11. 80도131). "절도죄는 점유자의 점유를 침탈함으로써 재물의 소유자를 해하는 범죄이고, 절취행위로 인하여 피해재물 소유자뿐만 아니라 점유자도 피해를 입게 된다고 할 수 있(다)"(헌법재판소 2012.3.29. 2010헌바89 전원재판부).

6) 임웅, 274면.

7) 손동권/김재윤, §20/2.

8) 이재상/장영민/강동범, §16/3.

7

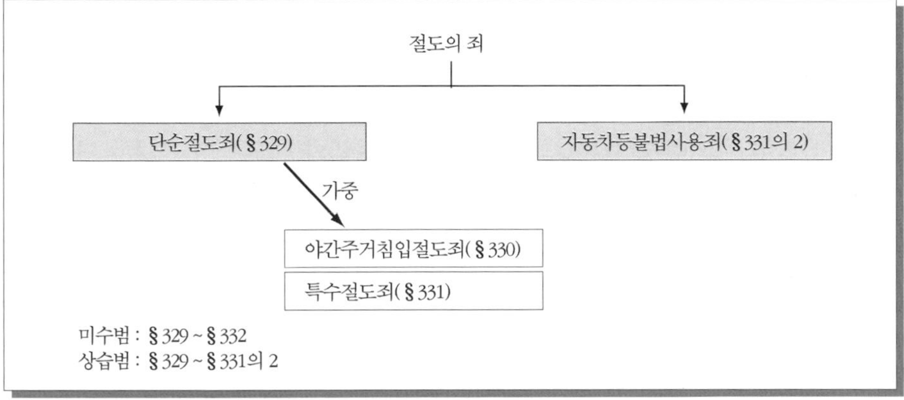

Ⅱ. 단순절도죄

> 第329조(절도죄) 타인의 재물을 절취한 자는 6년 이하의 징역 또는 1천만원 이하의 벌금에 처한다.
>
> 第342조(미수범) 제329조 내지 제341조의 미수범은 처벌한다.
>
> 第344조(친족간의 범행) 제328조의 규정(친족간의 범행과 고소)은 제329조 내지 제332조 또는 미수범에 준용한다.
>
> 第346조(동력) 본장의 죄에 있어서 관리할 수 있는 동력은 재물로 간주한다.

1. 의의, 성격

타인이 점유하는 타인의 재물을 절취함으로써 성립하는 범죄이다. 재산죄의 대표적 범죄로서 침해범, 결과범, 상태범, 재물죄, 영득죄, 탈취죄의 성격을 가지고 있다. 8

2. 구성요건

(1) 객관적 구성요건

1) 객체 타인의 재물이다. 이 죄의 보호법익을 소유권 및 점유라고 하는 입장에서 보면 '타인이 소유하고 점유하는 재물'이다.[9] 물론 이 경우 소유자로서의 '타인'과 점유자로서의 '타인'이 항상 동일인일 필요는 없다. 9

(가) 재물

가) 재물의 개념에 관한 견해의 대립 형법(제346조)은 "관리할 수 있는 동력은 재물로 간주한다"고 하고 있어서 **재산죄의 객체인 재물의 개념을 어떻게 이해할 것인지**가 문제된다. 이에 관 10

9) 이 점에서 절도죄는 타인소유인 자기점유물을 객체로 하는 횡령죄, 타인점유인 자기소유물을 객체로 하는 권리행사방해죄, 그리고 소유자는 존재하지만 어느 누구의 점유에도 해당하지 않는 재물을 객체로 하는 점유이탈물횡령죄와 구별된다.

해서는 ① 일정한 공간을 차지하고 있는 물체, 즉 유체물만을 재물로 보는 견해[10](유체성설)와 ② 사람이 관리할 수 있는 것이면 유체물뿐만 아니라 전기 기타 에너지와 같은 무체물도 재물이 된다는 견해[11](관리가능성설)가 대립한다. 유체성설은 제346조의 "간주한다"는 규정이 유체성설을 전제로 한 예외규정이라고 파악하고 있고, 관리가능설은 이 규정이 단순한 주의규정에 불과한 것이라고 하면서도 이 경우의 관리가능을 '물리적으로 관리가능한 경우'로 제한하여 채권과 같이 사무적·법률적으로 관리가능한 것은 제외시키고 있다.

11 例 대법원은 종래 타인의 전화를 무단으로 사용한 경우에 대해 "이러한 역무는 무형적 이익에 불과하고 '물리적 관리의 대상'이 될 수 없어 재물이 아니다"(대법원 1998.6.23. 98도700)라는 판시내용에서 관리가능성설을 취한 듯하였다. 하지만 최근 컴퓨터에 저장되어 있는 정보의 재물성에 대한 "컴퓨터에 저장되어 있는 정보는 유체물이라고 볼 수도 없을 뿐 아니라 '물질성을 가진 동력'도 아니므로 재물이 될 수 없다"(대법원 2002.7.12. 2002도745)는 판시내용에 따르면 재물에 관한 대법원의 태도는 기본적으로 유체성설의 입장인 것으로도 읽힌다. 물론 이 판시내용에서 동력의 관리가능 여부를 물질성에 기초를 두고 있는 대법원의 태도가 바람직한지는 의문이다.

12 절도죄의 행위태양을 고려하고 재물이라는 개념에 대한 문리적 해석에 기초하면 재물은 일단 유체물로 이해하는 것이 타당하다. 의제규정의 내용을 참조하여 '관리가능한 동력'까지 재물개념의 정의에 포함시키기는 어렵다.[12] 의제규정은 적용단계에서 해석상 좁게 인정되는 재물개념의 범위를 넓히는 입법기술의 산물이기 때문이다.

13 유체성설과 관리가능성은 모두 형법의 '적용단계'에서 관리가능한 무체물을 재물로 '취급'한다는 결론에는 차이가 없으므로 실무적으로 논의의 실익이 없다고들 한다. 하지만, 두 학설이 재물에 포함시키는 내용요소에는 실제로 분명한 차이가 있다. 즉 관리가능성설은 유체물 이외의 '관리가능한 무체물'도 그 자체 재물개념에 포함시키지만(재물 = 유체물 + 관리가능한 무체물 + 관리가능한 동력), 유체성설에 따르면 간주규정을 적용하더라도 '관리가능한 무체물'이 아니라 관리가능한 '동력'에만 국한시키고 있을 뿐(재물 = 유체물 + 관리가능한 동력)이기 때문이다. 관리가능성설은 동력규정이 주의규정에 불과하므로 이 규정을 두고 있지 않은 장물죄의 경우에도 그 행위객체인 재물에 '관리가능한 동력'을 포함시켜 재물개념의 확장을 도모한다.[13]

14 나) 절도죄의 객체 유체성설과 간주규정을 결합하는 태도를 전제로 삼아 형법상 절도죄의 객체범위를 정하면 다음과 같다.

15 (a) **유체물**—'유체물'이란 일정한 공간을 차지하고 있는 물체를 말한다. 고체뿐만 아니라 액체, 기체도 포함되므로 물, 가스, 증기 등도 여기에 해당한다. 현금도 유체물이지만 채권 기타의 권리는 유체물이 아니다. 다만 이러한 권리가 화체된 어음, 수표, 상품권, 예금통장 등은 유체물이 된다. 바닷물, 해, 달, 별 등은 유체물이긴 하지만 타인성이 없기 때문에 절도죄의 객체인 재물이 될 수 없다.

16 (b) **관리할 수 있는 동력**—관리가능한 동력도 (재물은 아니지만 재물로 간주되는) 절도죄의 객

10) 김일수/서보학, 270면; 박상기, 244면; 배종대, §64/5-6; 손동권/김재윤, §20/6.
11) 오영근, §16/10; 이재상/장영민/강동범, §16/10; 이형국, 384면; 임웅, 277~278면; 정성근/박광민, 263면.
12) 참고로 민법 제98조는 '물건'을 유체물 및 전기 기타 관리할 수 있는 자연력으로 정의하고 있다.
13) 오영근, 제8판, 233면.

체이다. 여기의 '관리'는 물리적 관리에 한하며 사무적·법률적 관리는 제외된다. 따라서 전기, 수력, 에너지, 인공냉기, 인공난기, 인공압력, 자기력 등은 물리적 관리가 가능한 동력이 될 수 있지만 채권과 같은 권리, 전파, 모사전송기Facsimile의 송수신 등은 물리적 관리가 불가능할 뿐만 아니라 동력에 해당하지도 않으므로 재물이 될 수 없다.

사람의 노동력, 소나 말의 견인력도 '관리가능한' 동력에 해당하는지에 대해 ① 이를 긍정하 17
는 견해[14]가 있지만 ② 관리가능한 동력이 되려면 자연적 에너지로서 유체물과 동일시 할 수 있어야 하고 무제한적으로 확대할 수 없기 때문에 관리가능한 동력에서 제외시켜 재산상의 이익으로 보는 것이 타당하다.[15]

例 관리가능한 동력인 전기(대법원 1958.10.31. 4291형상361)나 유체물인 유가증권인 주권株券(대법원 2005.2.18. 2002도2822)은 재물에 해당하지만, 18
정보(대법원 2002.7.12. 2002도745)는 유체물도 아니고 동력도 아니므로 재물성이 부정되었다.[16] 다른 한편 토지개량조합의 배수로에 특수한 공작물을 설치하여 저장한 물'은 재물성은 인정되지만, 물을 막은 사람의 사실상이나 법률상 지배가 불가능하므로 절도죄의 객체가 부정되었고(대법원 1964.6.23. 64도209), 채권이나 그 밖의 권리 등(대법원 1994.3.8. 93도2272), 자본의 구성단위 또는 주주권을 의미하는 주식(대법원 2005.2.18. 2002도2822), 전화서비스와 같은 역무(대법원 1998.6.23. 98도700)[17]는 물리적 관리가 불가능하므로 재물성이 부정되었다.

다) 재물의 재산적 가치 재산죄의 객체인 재물은 경제적 재산가치, 즉 금전적 교환가치 19
가 있어야 하는지가 문제된다.

判 대법원은 재물이 재산죄의 객체인 재물은 반드시 객관적인 금전적 교환가치를 가질 필요는 없고, 소유 20
자·점유자가 주관적인 가치를 가지고 있음으로써 족하다고 함으로써 객관적 경제적 가치를 재물의 본질적 요소로 인정하지 않는 태도를 위한다. 다만, 주관적·주관적 가치유무를 판별함에 있어서는 그것이 타인에 의하여 이용되지 않는다고 하는 소극적 관계에 있어서 그 가치가 인정되어야 할 것을 요한다.[18] 다른 한편 대법원은 사기죄의 재물은 주관적 소극적 가치만으로는 부족하고, 객관적 경제적 가치가 있어야 한다고 한다(이른바 경제적 재산개념설).

주관적 소극적 가치만으로 재산죄의 객체인 재물성을 인정하는 태도가 타당하다. 재물죄 21
는 재물에 대한 지배라는 형식적·법적 지위의 보호를 주된 목적으로 하는 것이므로 경제적 유용성이 기준이 될 수 없기 때문이다. 하지만 소유자나 점유자에 대해 그 재물이 적어도 타인에 의하여 이용되지 않는다는 의미의 소극적·주관적인 가치는 인정되어야 형법상 행위객체가 될 수 있다. 따라서 예컨대 폐품수집소에 방치되어 있는 물건은 경제적 가치가 있는 것이라도 그 소유자가 소유·점유를 욕구하지 않으면 형법이 보호하는 재물이 될 수 없다. 반대로 애인의 편지, 별세한 부모의 사진, 일기장 등과 같이 경제적 교환가치는 없이 주관적 가치

14) 이재상/장영민/강동범, §16/14.
15) 임웅, 279면.
16) 정보유출을 위해 디스켓, 문서를 복사하여 원본은 두고 복사본만 가져간 경우, 그 출력한 복사용지가 타인의 것이 아닌 한 복사용지에 대한 절도죄가 부정되고, 경우에 따라 업무상배임죄(제356조), 비밀침해죄(제316조 2항) 등이 적용될 수 있을 뿐이다.
17) 타인의 일반전화를 무단사용하는 것은 사기죄에도 해당하지 않는다(대법원 1999.6.25. 98도3891).
18) 대법원 1996.5.10. 95도3057.

만을 갖는 것도 재물에 해당한다.

22 例 선전용으로 무료배포되는 회사의 기술분야 문서사본(대법원 1986.9.23. 86도1205) 주민등록증(대법원 1969.12.9. 69도1627), 인감증명서(대법원 1986.9.23. 85도1775), 주권포기각서(대법원 1996.9.10. 95도2747), 찢어진 무효의 약속어음(대법원 1979.1.27. 74도3442), 폐지로 소각할 도시계획구조변경계획서(대법원 1981.3.24. 80도2902), 아무런 권리가 표창되어 있지 않은 백지의 자동차출고의뢰서용지(대법원 1996.5.10. 95도3057), 신용카드(대법원 1999.7.9. 99도857), 법원으로부터 송달된 심문기일 소환장(대법원 2000.2.25. 99도5775), 자살하려는 자가 자기(절취행위자) 앞으로 작성해 둔 유서(대법원 2007.11.30. 2007도3194) 등은 절도죄의 객체인 재물로 인정되었다.

23 라) 부동산의 재물성 **부동산 그 자체가 절도죄(또는 강도죄)의 객체인 재물이 될 수 있는지**가 문제된다.[19] 이에 대해서는 긍정하는 견해[20](적극설)와 부정하는 견해(소극설, 다수설)가 대립한다.

24 例 대법원은 피고인 소유토지 135평과 높은 언덕으로 인접한 국유지 89평과의 경계선을 표시하는 위 언덕의 10년생 내지 18년생의 포플라 및 아카시아나무 약 30본을 뽑아버리고 위 국유대지 1평 7합을 깎아내려 약 1m 높이의 석축을 쌓은 행위는 경계침범죄를 구성한다(대법원 1980.10.27. 80도225)고 하고, 권리절도, 즉 등기공무원을 기망하여 타인의 부동산을 자기명의로 이전등기한 경우에도 사기죄는 성립할 여지가 없고 공정증서원본부실기재죄와 동행사죄만 인정된다(대법원 1982.3.9. 81도1732)고 함으로써, 부동산을 절도죄의 객체로 인정하지 않는 태도인 것으로 볼 수 있다. 식재되어 있는 상태의 수목(대나무)을 베어간 경우(대법원 1980.9.30. 80도1874) 및 타인의 감나무에서 감을 수확한 경우(대법원 1998.4.24. 97도3425)에 대해 절도죄를 인정하는 판결내용을 두고 대법원도 부동산절도를 인정한 것이라고 평가하는 견해[21]가 있다. 그러나 해당 판결은 수목을 부동산 그 자체로 본 것이 아니라 자갈, 토사운반 등의 경우와 같이 토지로부터 분리된 동산으로서의 수목을 인정한 것이므로 대법원의 입장이 소극설의 취지라고 이해하는 것이 타당하다.

25 형법상의 '탈취'는 재물의 장소 이전을 개념적 요소로 하므로 가동성이 없는 부동산은 점유침해가 불가능하기 때문에 소극설이 타당하다. 부동산에 대한 절도죄를 인정하지 않더라도 부동산의 무단점거에 대해서는 경계침범죄(제370조)나 주거침입죄(제319조)나 강요죄로 대응할 수 있을 뿐 아니라 부동산 강취에 대해서는 강제이득죄(제333조), 부동산에 대한 권리침해는 공정증서원본등부실기재죄(제228조) 또는 공사문서위조 및 동행사죄(제225조, 제229조, 제231조, 제234조)로 처벌할 수 있다. 뿐만 아니라 부동산에 대한 침탈행위의 권리구제수단으로서 민사상 강제집행절차를 통해 먼저 침탈행위에 대응한 후에도 계속 침탈하는 경우를 대비해 형법이 부동산강제집행효용침해죄(제140조의2)까지 인정하고 있기 때문에 부동산에 대한 절도죄를 인정할 특별한 실익도 없다.

26 마) 사람의 신체 및 신체의 일부 관리할 수 있는 유체물이라도 민법상 권리의 '객체'가 될 수 없는 사람과 사람의 인체 일부나 인체에 부착된 치료보조장치는 재물이 될 수 없다. 그러나 시체나 분리된 인체의 일부, 의료보조장치, 금니 등은 재물이 될 수 있다.[22] 사람의 신체로부터 분리된 혈액, 장기, 수정 전의 정자, 난자, 착상 전의 배아 등 신체의 일부는 혈액관리법

---

19) 부동산 그 자체가 유체물로서 재물이 되고, 따라서 사기죄, 공갈죄, 횡령죄의 객체가 된다는 점에 대해서는 이견이 없다.

20) 오영근, §17/14; 임웅, 282면; 정성근/박광민, 267면.

21) 임웅, 283면; 정성근/박광민, 268면.

22) 시체, 유골, 유발 또는 관 속에 넣어 둔 물건을 손괴, 유기, 은닉 또는 영득한 경우에는 형법 제161조(시체 등의 영득)의 죄를 구성한다.

이나 생명윤리안전법 등에 의해 매매나 연구 등의 이용이 금지되어 있음과 무관하게 절도죄의 객체인 재물이 될 수 있다.

(나) 타인소유의 재물

가) 타인소유 타인이란 행위자 이외의 타인을 말하며 자연인은 물론 법인이나 기타 법인격 없는 단체도 포함된다. 단독소유물이 아닌 공동소유의 경우에도 타인소유에 해당한다. 타인소유 여부는 민법, 상법, 기타의 실체법에 의해 결정된다. 아래는 누가 소유자인지가 문제된 대법원 판례사례들을 유형화하여 정리한 것이다. 27

例 (a) 권한없이 심은 나무 또는 경작물 – 타인의 토지 위에 권한 없이 나무를 심은 경우 그 나무의 소유권은 토지소유자의 소유에 속하므로 나무를 심은 자가 그 나무에서 열린 과일을 따간 경우 절도죄가 성립한다.[23] 그러나 타인의 토지라도 나무가 아니라 토지에 단순한 작물을 경작한 경우에는 권한이 없어도 그 작물은 경작한 자의 소유가 되므로 토지소유자가 이를 뽑아버리면 손괴죄가 된다(대법원 1970.3.10. 70도82). 이 경우 토지소유자가 경작자 몰래 그 경작물을 처분한 경우에는 절도죄가 될 수 있을 것이다. 28

(b) 지입차량 – 할부로 자동차를 구입하여 회사에 지입하면서 자동차등록원부에 그 회사를 소유자로 등록한 이상 자동차의 소유권은 등록명의인인 회사에 있으므로 지입차주가 차량을 무단으로 가져와 버린 경우에는 절도죄에 해당한다(대법원 1998.11.14. 89도773). 다만 택시를 회사에 지입하여 운행하였다고 하더라도, 그 지입차주가 회사와 사이에 위 택시의 소유권을 보유하기로 약정한 경우라면, 택시를 회사 차고지에 입고하였다가 회사의 승낙을 받지 않고 이를 가져간 지입차주의의 행위는 권리행사방해죄에 해당할 수 있다.[24]

(c) 명의대여 – 명의대여약정에 따른 신청에 의하여 발급된 영업허가증과 사업자등록증도 명의차용인이 인도받음으로써 그의 소유가 되는 것이므로 명의대여자가 이를 가지고 간 경우에도 절도죄에 해당한다(대법원 2004.3.12. 2002도5090)

(d) 동산 이중양도 담보 – 돈사에서 대량으로 사육되는 돼지에 대한 이중의 양도담보설정계약이 체결된 경우 뒤에 양도담보설정계약을 체결한 이중양수 채권자가 임의로 돼지를 반출한 행위는 — 대내관계에서 그 돼지는 여전히 채무자의 소유이고/점유개정의 방법으로 인도된 경우라면 — 절도죄를 구성한다(대법원 2007.2.22. 2006도8649)고 한다.

(e) 무주물 또는 자연서식물 – 어느 누구의 소유에도 속하지 않거나 소유자가 유효하게 소유권을 포기한 재물, 즉 무주물은 타인의 재물이 아니다. 포획되지 아니하고 자연 상태에 있는 한 어류나 짐승은 무주물이다. 행정관청의 양식업 면허를 받은 양식장이라도 그 구역 내의 자연적으로 번식하는 수산물에 대해서는 양식업자의 소유권이 인정될 수 없다. 따라서 타인이 양식어업권의 면허를 받은 구역내에 자연서식하는 바지락을 채취한 경우에는 수산업법에 위반됨은 별론으로 하고 절도죄는 성립하지 않는다.[25]

(f) 불법원인급여물 – 불법원인급여물인 경우에도 소유권은 수급자에게 귀속되므로 성매매의 대가로 교부한 돈을 성매도인 몰래 가져가면 절도죄가 된다. 경작자 몰래 그 경작물을 처분한 경우에는 절도죄가 될 수 있다.

나) 금제품의 재물성 금제품이란 법률상 소유 또는 소지(점유)가 금지되어 있는 물건을 말한다. **금제품도 유체물인 이상 재물임에는 의문이 없지만 권리의 대상이 될 수 없으므로 절도죄의 객체가 될 수 있는지**가 문제된다. 29

이와 관련하여 ① 소유가 금지된 금제품도 개인소유만 금지할 뿐이고 국가가 소유권을 가지고 있으므로 절도죄의 객체가 된다는 다수 견해(적극설), ② 금제품은 경제적 이용가능성 또 30

23) 대법원 1998.4.24. 97도3425.

24) 대법원 2003.5.30. 2000도5767.

25) 대법원 1983.2.8. 82도696.

는 소유권의 대상이 될 수 없으므로 절도죄의 객체가 될 수 없다는 견해[26](소극설), ③ 소유가 금지된 금제품(절대적 금제품: 위조통화, 아편흡식기)은 절도죄의 객체가 될 수 없으나 소지만 금지된 것(상대적 금제품: 마약, 불법무기)은 절도죄의 객체가 될 수 있다는 견해[27](절충설)가 대립하고 있다.

31 判 대법원은 소유가 금지된 금제품이라도 그것이 절차에 따라 몰수되어 국고로 귀속되기 전에는 그 소지자의 점유자를 보호할 필요가 있다고 함으로써 금제품도 절도죄의 객체가 될 수 있다는 적극설의 입장이다.[28]

32 소지만 금지되어 있는 금제품은 소유권보호를 위해서 당연하고, 소유조차 금지되어 있는 물건이라도 궁극적으로 국가가 몰수하거나 그 금제품을 회수할 이익이 있는 당사자가 있는 경우에는 재물의 가치성이 없다고 할 수 없으므로 절도죄의 객체가 된다고 보는 것이 타당하다.

(다) 타인점유의 재물

33 가) 형법상 점유의 의의 형법상 점유란 지배의사를 가지고 재물을 사실상 지배하는 것을 말한다.[29] 사실상의 지배가 형법상 점유의 기준이 되는 한 소유권 없는 절도범인도 형법상 점유자가 될 수 있다. 이 점에서 형법상의 점유개념은 법적 개념을 전제로 하는 민법상의 점유와 구별된다. 따라서 민법상 점유를 인정할 수 없는 점유보조자(민법 제195조, 타인지시를 받아 사실상 지배하는 자)도 형법상의 점유를 할 수 있다.[30] 이와 같은 의미의 형법상 점유는 보호객체로서의 점유(권리행사방해죄의 적법한 권원에 의한 점유), 행위주체로서의 점유(횡령죄의 보관자), 행위객체로서의 점유(절도죄나 강도죄와 같은 탈취죄의 점유)로 구분될 수 있는데, 절도죄의 경우 점유는 보호법익이면서도 동시에 행위객체로서 의미를 가진다.

34 나) 점유의 개념요소 행위객체로서의 형법상의 점유(지배의사에 기한 재물에 대한 사실상의 지배)가 인정되기 위해서는 주관적·정신적 요소로서 지배의사, 객관적·물리적 요소로서 지배사실, 그리고 사회통념 내지 경험칙에 의하여 주관적 요소와 객관적 요소의 범위를 확대하거나 제한할 수 있는 사회적·규범적 요소가 있어야 한다.

35 **(a) 주관적·정신적 요소(지배의사)** — 재물에 대한 지배의사는 점유의 전제요건이므로 이것

---

26) 서일교, 134면.

27) 김종원, 177면; 배종대, §64/11; 이재상/장영민/강동범, §16/21; 이형국/김혜경, 325면.

28) "유가증권도 그것이 정상적으로 발행된 것은 물론 비록 작성권한이 없는 자에 의하여 위조된 것이라 하더라도 절차에 따라 몰수되기까지는 그 소지자의 점유를 보호해야 한다는 점에서 형법상 재물로서 절도죄의 객체가 된다" (대법원 1998.11.24. 98도2967).

29) "임차인이 임대계약 종료 후 식당건물에서 퇴거하면서 종전부터 사용하던 냉장고의 전원을 켜 둔 채 그대로 두었다가 약 1개월 후 철거해 가는 바람에 그 기간 동안 전기가 소비된 사안에서, 피고인이 이 사건 식당 건물에서 퇴거하기는 하였으나, 위 대형냉장고의 전원을 연결한 채 그대로 둔 이상 그 부분에 대한 점유·관리는 그대로 보유하고 있었다고 보아야 하며, 피고인이 위 대형냉장고를 통하여 전기를 계속 사용하였다고 하더라도 이는 당초부터 자기의 점유·관리하에 있던 전기를 사용한 것에 불과하고, 타인의 점유·관리하에 있던 전기를 사용한 것이라고 할 수는 없고, 피고인에게 절도의 범의가 있었다고도 할 수 없으므로 피고인을 절도죄로 의율할 수는 없다" (대법원 2008.7.10. 2008도3252).

30) 하지만 민법상의 간접점유(민법 제194조)와 상속에 의한 점유(민법 제193조)는 형법상 점유로 인정되지 않는다.

이 없으면 애당초 점유란 생각할 수 없다.[31] '지배의사'란 재물을 자기의사에 따라 사실상 관리·처분하는 일반적(잠재적) 의사를 말한다. 반드시 소유의 의사나 영득의 의사일 필요가 없다. 지배의사는 '사실상의 지배의사'이기 때문에 법적인 의미에서의 처분권이나 민법상의 의사능력·행위능력의 유무와 상관없다. 따라서 어린이나 정신병자도 사실상의 지배의사를 인정할 수 있다.

법인에게도 지배의사를 인정할 수 있는지와 관련하여 이를 긍정하는 견해[32]가 있지만, 법인은 자연적 지배의사를 스스로 가질 수 없고 기관이 법인을 위해 사실상의 지배를 하고 있는 것에 불과하므로 부정해야 한다. 36

지배의사는 특정재물에 대한 개별적·구체적 의사가 아니라 '일반적·추상적 의사'를 의미한다. 따라서 개개의 재물의 소재를 의식할 필요도 없고, 심지어 그 재물의 존재를 잊고 있어도 지배의사가 인정될 수 있다, 따라서 아직 수신여부도 모르는 편지함 속의 편지에 대해서도 점유가 인정될 수 있고, 손님이 잊고 간 음식점의 물건에 대해서도 음식점 주인의 점유가 인정될 수 있다. 또 지배의사는 계속적 의사가 있어야 할 필요가 없으므로 여행 중에 있어도 재물에 대한 적극적 포기의사가 없으면 점유는 인정된다. 37

지배의사는 현실적·적극적 의사임을 요하지 않고 '잠재적 지배의사'로 충분하다. 따라서 수면자나 무의식자뿐 아니라, 졸도하여 의식을 상실한 자가 현장에 떨어뜨린 물건[33]에 대해서도 점유가 인정된다. 사자死者의 경우에는 잠재적 지배의사조차 없어서 점유가 부정되어야 하는데 이에 관해서는 후술한다. 38

(b) 객관적·물리적 요소(지배사실) – 지배사실이란 재물에 대하여 사실상으로 지배하고 있는 상태를 말한다. 이러한 상태가 인정되려면 먼저, 점유자와 재물 사이에 '시간적·장소적으로 밀접한 연관성'이 있어야 한다. 상점 앞 도로변이나 아파트 주차장에 세워둔 자전거, 오토바이, 자동차 등에 대한 점유가 그 예이다. 다음으로 그 재물에 대한 지배가 적법한 근원에 기할 필요는 없지만 '사실상의 처분가능성'은 인정되어야 한다. 절도범인의 절취한 장물이 그 예에 해당한다. 39

(c) 사회적·규범적 요소 – 형법상의 점유는 사회통념 내지 경험칙을 고려하여 규범적으로 결정되기도 한다. 지배의사와 지배사실도 이와 같은 점유의 사회적·규범적 측면에 의해 그 범위가 좌우되기도 한다. 문제되는 경우는 다음과 같다. 40

a) 일시적 이탈의 경우 : 시간적·장소적 지배관계로부터 일시적인 이탈이 있어도 사회통념상 점유는 계속 인정될 수 있다. 여행이나 외출하여 빈집 안에 있는 물건은 주인이 아무리 41

---

31) 대법원 1981.8.25. 80도509.

32) 김일수/서보학, 277면; 임웅, 287면. 법인의 지배의사를 인정하면 회사대표이사가 회사재물을 영득한 경우 절도죄를 인정해야 하지만 이 경우는 횡령죄가 된다고 해야 한다.

33) 대법원 1956.8.17. 4289형상170.

면 곳에 가 있어도 그 점유를 상실하지 않는다.

42 例 도로변에 세워둔 자동차(대법원 1962.11. 15. 62도149)나 강간 피해자가 현장에 두고 간 손가방(대법원 1984.2. 28. 84도38)에 대해서도 피해자의 점유가 인정되는 것도 마찬가지의 이유 때문이다.

43 b) 분실한 물건의 경우 : 잘못 두고 오거나 잃어버린 재물도 원래의 점유자가 그 소재를 알고 이를 다시 찾을 수 있는 한 경험칙상 점유가 상실되지 않는다고 해야 한다.[34] 하지만 이러한 경우에도 그 알고 있는 장소가 타인의 배타적 지배범위 안에 있는 경우에는 그 관리자의 점유가 개시되어 원점유자의 점유는 상실된다. 따라서 여관, 화장실, 극장, 목욕탕 등에 놓고 온 물건은 그 주인이나 관리자의 점유에 속한다. 물론 두고 온 물건이 시내버스, 열차대합실, 백화점 등 공중의 출입이 자유롭고 빈번한 곳에 방치되어 있는 경우에는 관리자의 배타적인 지배가 미치기 어려워 점유이탈물이 된다.[35]

44 判 대법원이 당구장에서 분실한 금반지는 절도죄의 객체로 인정(대법원 1988.4. 25. 88도409)하지만 전동차 선반 위에 두고 온 물건은 점유이탈물로 보고 있음(대법원 1999.11. 26. 99도3963)은 물건에 대한 관리자의 배타적 지배여하를 기준으로 삼아 타인점유냐 점유이탈물이냐를 결정하는 법리에 따르고 있음을 알 수 있다. 그러나 대법원은 승객이 '고속버스'에 두고 내린 물건에 대해서는 고속버스 운전자가 그 물건을 '현실적으로 발견'하지 않는 한, 그 물건에 대한 점유를 개시할 수 없음을 근거로 점유이탈물로 인정하였다.[36] 다른 공간 안의 물건에 대해서는 '현실적으로 발견'여부를 척도로 삼지 않고 있는 것과는 대조된다. 이 대법원 판결에 대해 학설은 찬성론[37]과 반대론[38]이 갈라져 있지만, 일반공중의 출입이 자유로움 및 빈번함에서 시내버스나 지하철의 공간과 고속버스의 공간이 성격이 다르게 평가될 수 있음을 고려한다면, 고속버스에 승객이 두고 내린 물건에 대해서는 운전자나 운송회사의 배타적 지배를 인정하는 것이 바람직할 것으로 보인다. 택시에 승객이 두고 내린 물건에 대해 택시운전자의 배타적 지배관리가 인정되는지, 그 택시가 법인 택시 인지 개인 택시인지에 따라 달라지는지 등에 대해 생각해 봄직하다.

45 c) 이른바 책략절도의 경우 : 사실적인 의미의 지배의사와 지배사실이 확실한 경우에도 사회·규범적인 관점에서 점유가 부정될 수 있다. 그 점유확보가 점유침탈의 수단으로 이용된 경우가 그러하다. 특히 기망을 통한 점유이전이 이루어지는 경우 피기망자의 교부행위에 처분의사가 없는 경우에는 행위자가 점유침탈이 수단으로 기망한 것에 불과한 것이므로 절도죄가 된다. 그러나 피기망자가 처분의사에 의해 상대방에게 점유를 이전한 경우는 상대방의 점유확보는 점유침탈이 아니라 처분의사의 직접적 효과에 기한 것이므로 절도죄가 아니라 사기죄가 된다.

---

34) 하지만 어디에 두었는지 알 수 없는 때에는 점유를 인정할 수 없고 점유이탈물이 된다. 잃어버린 경우에는 무조건 점유가 상실된다는 견해는 오영근, §16/46.

35) 임웅, 287면.

36) "고속버스 운전사는 고속버스의 간수자로서 차내에 있는 승객의 물건을 점유하는 것이 아니라 승객이 잊고 내린 유실물을 교부받을 권능을 가질 뿐이므로 유실물을 현실적으로 발견하지 않는 한 이에 대한 점유를 개시하였다고 할 수 없고, 그 사이에 다른 승객이 유실물을 발견하고 이를 가져 갔다면 절도죄에 해당하지 아니하고 점유이탈물 횡령죄에 해당한다"(대법원 1993.3.16. 92도3170).

37) 배종대, §64/23; 오영근, §16/45; 임웅, 287~288면; 정성근/박광민, 283면.

38) 김일수/서보학, 280면; 손동권/김재윤, §20/17; 하태훈, "형법상의 점유개념", 형사판례연구(3), 171면.

判 대법원도 점유이전 내지 점유취득이 피기망자의 처분효과의 직접성에 의한 것인지 아니면 새로운 점유취득이 아직 점유이전이 있기 전의 점유침탈에 의해 야기된 것인지에 따라 사기죄와 절도죄를 구별하고 있는 것으로 평가된다.[39] 그러나 자전거를 살 의사도 없이 시운전을 빙자하여 교부받은 자전거를 타고 도주해 버린 경우 절도죄가 아니라 사기죄를 인정한 판결(대법원 1968.5.21. 68도480)은 예시된 아래의 다른 판례사안에 대한 결론과 달라 책략절도와 사기죄의 구별에 관한 법리가 바르게 적용된 것인지 의문이 있다. 46

例 타인이 들고 있는 책을 잠깐 보겠다고 속여 책을 건네받은 후 책을 들고 도망한 경우 그 타인은 처분의사로 점유를 이전한 것이 아니라 기망에 의해 점유침탈을 당한 것에 불과하므로 절도죄가 인정되었고(대법원 1983.2.22. 82도3115), 금은방에서 귀금속을 구입하지 않고 달아날 의사를 가진 자가 진의를 숨긴 채 점포 주인에게서 순금목걸이를 건네받고 화장실에 가는 것처럼 하고 도주한 경우에도 사회·규범적인 의미의 점유이전이 아직 이루어진 것이 아니므로 절도죄로 인정되었다(대법원 1994.8.12. 94도1487). 반면에 매장 주인이 매장에 유실된 손님(피해자)의 반지갑을 습득한 후 또 다른 손님인 피고인에게 "이 지갑이 선생님 지갑이 맞느냐?"라고 묻자, 피고인은 "내 것이 맞다"라고 대답한 후 이를 교부받아 가져간 경우(대법원 2022.12.29. 2022도12494)에는 매장 주인이 반지갑을 습득하여 이를 피해자를 위해 처분할 수 있는 권능 내지 지위를 취득하였고(점유가 매장 주인에게 있음), 이러한 권능 내지 지위에 기초하여 반지갑의 소유자라고 주장하는 자에게 반지갑을 교부한 것은 점유자의 처분행위에 의하여 점유가 이전한 것이므로 책략에 의한 절도가 아니라 사기죄의 성립이 인정된다(점유자의 처분지위에 관해서는 사기죄 참조). 47

다) 사자의 점유 재물에 대한 지배의사와 지배사실이 없는 죽은 사람의 점유는 원칙적으로 인정될 수 없다. 따라서 죽은 자의 휴대품은 그것이 죽은 자와 유족 기타의 자의 공동점유에 속한다고 볼 여지가 있거나 시체가 있는 장소를 일반적으로 점유(관리)하는 자가 있는 경우를 제외하고는 형법상 점유이탈물에 불과하여 그것을 우연히 발견한 자가 가져가도 절도죄는 인정되지 않는다. 48

살해 후 비로소 재물 탈취의사가 생겨 죽은 자의 휴대품을 취거한 경우 사자의 점유를 인정할 것인지가 문제된다. 이와 관련하여 ① 피해자의 사망과 시간적·장소적으로 근접할 것을 조건으로 죽은 사람의 생전점유가 침해된다고 하거나,[40] 보다 적극적으로 죽은 사람의 점유가 인정된다고 하는 견해[41](절도죄설)가 있지만 ② 사자의 점유를 인정할 수 없다는 견해[42](점유이탈물횡령죄설)가 대립한다. 49

判 대법원은 사자의 점유를 인정하지는 않지만 위와 같은 사안의 경우 '피해자가 생전에 가진 점유는 사망 후에도 계속된다'는 판시[43]를 하면서 절도죄설을 취하고 있다. 50

생각건대 사람은 사망과 함께 '지배의사를 상실'하므로 점유를 인정할 수 없고 형법상의 51

39) "피해자가 결혼예식장에서 신부측 축의금 접수인인 것처럼 행세하는 피고인에게 축의금을 내어놓자 이를 교부받아 가로챈 사안에서, 피해자의 교부행위의 취지는 신부측에 전달하는 것일 뿐 피고인에게 그 처분권을 주는 것이 아니므로 이를 피고인에게 교부한 것이라고 볼 수 없고, 단지 신부측 접수대에 교부하는 것에 불과하므로 피고인이 그 돈을 가져 간 것은 신부측 접수처의 점유를 침탈하여 범한 절취행위라고 보는 것이 정당하다"(대법원 1996.10.15. 96도2227).

40) 박상기, 254면; 임웅, 288면.

41) 배종대, §64/35.

42) 김일수/서보학, 271면; 김종원, 207면; 손동권/김재윤, §20/16; 이재상/장영민/강동범, §16/27.

43) 대법원 1993.9.28. 93도2143.

점유는 상속에 의한 점유의 승계도 인정되지 않으므로 살해한 후 그 사망한 자가 소지하였던 재물을 탈취한 경우에는 살인죄와 점유이탈물횡령죄의 실체적 경합이 된다. 다만 처음부터 재물을 탈취할 의사로 사람을 살해한 후 곧이어 그 재물을 영득하였다면 탈취된 재물에 대한 점유는 죽은 자에게 있는 것이 아니라 사자가 생전에 가지고 있던 점유를 침탈하였다고 할 수 있으므로 강도살인죄(제338조)의 성립이 인정된다.[44)]

52 라) 공동점유 절도죄의 객체가 타인점유의 재물이기 때문에 행위자의 단독점유에 속하지 않는 공동점유물도 타인 점유의 재물에 해당한다. 따라서 공동점유자 중의 1인이 상대방의 동의를 받지 않고 재물의 점유를 이전한 경우에는 절도죄가 성립한다. 공동점유의 인정 여부가 문제되는 경우는 다음과 같다.

53 (a) **대등관계의 공동점유**－동업자, 조합원, 부부 사이와 같이 수인이 대등하게 재물을 점유하는 공유물, 합유물[45)] 그리고 총유물의 경우에도 공동점유자 상호간에 점유의 타인성이 인정되므로 그 중 1인이 다른 공동점유자의 점유를 배제하고 단독점유로 옮긴 때에는 절도죄가 성립한다(통설·판례). 이 경우 공동소유 여부는 묻지 않는다.[46)](☞판례사안 참조) 하지만 공유물을 어느 1인이 단독점유하고 있다가 영득하면 타인소유 자기점유에 해당하므로 절도죄가 되지 않고 횡령죄가 된다.

54 **例 공동점유가 인정되어 절도죄 성립을 긍정한 판례**: 피해자가 점유·보관하여 처분하기로 되어 있는 물건을 공유자가 처분한 경우(대법원 1979.10.30. 79도1995), 동업관계로 수입된 금전을 일방이 임의 소비한 경우(대법원 1965.1.19. 64도536), 조합원의 1인이 공동점유에 속하는 합유물건을 다른 조합원의 승낙 없이 단독점유로 옮긴 경우(대법원 1982.12.28. 82도2058), 피해자인 남편과 그 처가 사실상 별개 가옥에 별거중이면서 남편의 인장이 든 돈 궤짝을 남편이 그 거주가옥에 보관 중이었다면 위 처가 돈 궤짝의 열쇠를 소지하고 있었다고 하여도 그 안에 든 인장은 위 처의 단독 보관하에 있는 것이 아니라 남편과 공동보관하에 있다고 보아야 할 것이므로 처가 남편의 동의 없이 불법영득의사로 위 인장을 취거한 행위는 절도죄가 되고(대법원 1984.1.31. 83도3027), 피해자와 동업자금으로 구입하여 피해자가 관리하고 있던 다이야포크레인 1대를 그의 허락 없이 다른 사람으로 하여금 운전하여 가도록 한 경우(대법원 1990.9.11. 90도1021) 등에 대해 절도죄의 성립이 인정되었다.

55 (b) **상하주종관계의 경우**－상점 주인과 종업원, 공장주인과 창고경비원, 집주인과 가정부의 관계처럼 상하 주종관계가 있는 경우에는 종된 관계에 있는 종업원 등은 재물을 사실상 지배, 감시하고 있어도 점유자로 인정될 수 없다. 주인의 의사에 따라 기계적으로 보조하는 수족과 같은 지위에 불과하므로 독립된 점유가 불가능하고 상위에 있는 사용자의 단독점유만 인정되기 때문이다. 따라서 종업원이 주인의사에 반하여 상점의 물건을 영득하면 주인의 점

---

44) 대법원 1968.6.25. 68도590.

45) 두 사람으로 된 동업관계 즉, 조합관계에 있어 그 중 1인이 탈퇴하면 조합관계는 해산됨이 없이 종료되어 조합재산은 남은 조합원의 단독소유에 속하므로, 두 사람으로 된 생강농사 동업관계에 불화가 생겨 그 중 1인이 나오지 않자, 남은 동업인이 혼자 생강 밭을 경작하여 생강을 반출할 행위는 절도죄를 구성하지 않는다(대법원 2009.2.12. 2008도11804).

46) 대법원 1987.12.8. 87도1831.

유를 침해한 절도죄가 성립한다.[47)]

하지만 상하주종관계의 경우에도 주인의 특별한 위임이 있는 경우 등 고도의 신뢰관계가 56
있는 경우에는 하위의 종된 지위에 있는 자의 단독점유가 인정될 수 있다. 따라서 이 경우 종된 지위의 자가 재물을 영득하면 타인소유 자기점유의 재물을 영득한 것이 되어 횡령죄가 인정된다.

例 **타인 소유 자기 점유가 인정된 판례:** 점포주인이 종업원(점원)에게 금고와 오토바이 열쇠를 맡기고 금고 57
안의 돈도 배달될 가스 대금으로 지급할 것을 지시하고 외출한 다음 점원이 금고 안의 현금을 꺼내어 오토바이를 타고 도주한 경우 종업원은 점포주인인 위 피해자의 점유를 보조하는 자에 지나지 않으나 위 범행당시는 위 피해자의 위탁을 받아 금고 안의 현금과 오토바이를 사실상 지배하에 두고 보관한 것이므로 횡령죄가 성립하고 (대법원 1982.3.9. 81도3396), 피해자의 승낙을 받고 그의 심부름으로 오토바이를 타고가서 수표를 현금으로 바꾼 뒤 마음이 변하여 그대로 도망한 경우 오토바이와 현금에 대한 횡령죄가 성립한다(대법원 1986.8.9. 86도1093).

(c) **고용관계에 있는 점유매개자(직접점유자)의 경우**—고용관계로 인해 피고용자에게 업무 58
처리나 처분권이 어느 정도 위임된 경우에는 피고용자의 단독점유를 인정할 수 있다. 은행, 백화점, 회사, 대형매장의 금전관리 출납직원, 영업관리를 위임받은 지배인, 독자적으로 지점을 운영하는 사용인 등에 대해서는 단독점유가 인정된다. 따라서 이들이 점유하고 있는 재물을 영득하면 타인소유 자기점유의 재물을 영득한 것이 되어 횡령죄가 성립한다.

(d) **위탁자로부터 위임을 받은 운반자의 경우—화물의 운반을 의뢰한 경우 운반자의 단독점유** 59
를 인정할 수 있는지에 대해서는 ① 단독점유를 인정하는 견해(횡령죄 인정),[48)] ② 운반자의 단독점유를 부정하는 견해(절도죄 인정)[49)] 등이 있으나, ③ 의뢰자의 현실적인 지배·감독이 불가능한 경우에 한하여 운반자의 단독점유를 인정하고 현실적인 지배감독이 가능한 경우에는 의뢰인에게 점유가 인정된다고 보는 것이 타당하다.[50)]

例 대법원도 위 ③설과 같은 취지에서 점포에 맡겨놓은 물건을 찾아서 운반해줄 것을 의뢰받은 짐꾼이 혼자 60
서 그 물건을 찾아 용달차에 싣고 가버린 경우(대법원 1982.11.23. 82도2394), 화물자동차 운전자가 회사 지시에 따라 화물운송 도중에 그 화물 중에서 커피 3상자를 매각 처분한 경우에는 운반자에게 횡령죄의 성립을 인정하였으나 (대법원 1957.9.20. 4290형상281), 운반자가 의뢰자와 동행하면서 은행에서 찾은 현금을 운반하던 중 그 일부를 영득한 경우 (대법원 1966.1.31. 65도1178) 또는 운반자인 철도공무원이 화차에 운송 중인 수탁화물의 포장을 풀고 탁상시계 등을 영득한 경우에는 운송 중의 화물의 점유가 철도청기관에 있는 것이고 운반자의 점유 하에 있지 않음을 이유로 하여 (특수)절도죄를 인정하고 있다(대법원 1967.7.8. 65도798).

---

47) "경리담당 직원의 요청으로 은행에 동행하여 경리직원이 은행에서 찾은 현금 200만원 중 50만원을 그의 부탁으로 사무실에 가져와서 그 일부를 영득하고 나머지를 교부한 사안에서 피고인이 50만원을 피해자를 위하여 운반하기 위해 소지하였다 하더라도 피해자의 점유가 상실된 것이라고 볼 수 없을 뿐더러 피고인의 운반을 위한 소지는 피고인의 독립적인 점유에 속하는 것이 아니고 피해자의 점유에 종속하는 점유의 기관으로서 소지함에 지나지 않으므로 이를 영득한 행위는 피해자의 점유를 침탈한 절도죄가 성립한다"(대법원 1966.1.31. 65도1178).

48) 김일수/서보학, 275면; 배종대, §14/29.

49) 박상기, 256면.

50) 이재상/장영민/강동범, §16/37; 정성근/박광민, 288면.

61 마) 위탁된 봉함 포장물의 경우 우편집배원이 배달 중인 우편물 속에서 현금(소액환)을 꺼내어 가진 경우와 같이 **봉함된 포장물을 위탁받은 자가 그 내용물을 영득한 경우 내용물에 대한 점유가 위탁자와 보관자 중 누구에게 있는지**가 문제된다. 이에 관해서는 ① 내용물뿐만 아니라 포장물 전체가 보관자의 점유에 속하고 이를 영득하면 횡령죄가 성립한다는 견해,[51] ② 내용물뿐만 아니라 포장물 전체가 위탁자의 점유에 속하고 이를 영득하면 절도죄가 성립한다는 견해,[52] ③ 위탁의 취지와 구체적인 형식을 준거로 해서 형식적인 위탁관계인 경우에는 위탁자의 점유이고 실질적인 위탁관계인 경우에는 보관자의 점유를 인정하는 견해[53]등이 있다.

62 判 대법원은 포장물 전체에 대해서는 보관자의 점유를 인정하지만, 내용물에 대한 점유는 위탁자에게 있다고 한다.[54]

63 점유의 이전 여부는 위탁의 취지와 구체적인 형식에 따라 결정된다. 따라서 내용물을 함부로 볼 수 없을 정도로 잠금장치까지 되어 있는 경우가 아닌 한 원칙적으로 보관자의 점유(또는 공동점유)라고 보는 것이 타당하다.

64 2) 행위 절취이다. 절취란 점유자의 의사에 반하여 재물에 대한 점유를 배제하고 자기 또는 제3자의 점유로 옮기는 것을 말한다. 따라서 절취는 기존의 점유배제와 새로운 점유취득이라는 요소로 구성되어 있다.[55] 새장 속의 새를 날아가게 하거나 기르는 동물을 도망하게 하는 것은 새로운 점유취득이 없으므로 절취가 되지 않는다.

65 (가) 점유배제 점유자의 의사에 반하여 그의 사실상의 지배를 제거하는 것을 말한다. 그 수단 방법은 묻지 않는다. 행위자가 직접 점유를 배제할 수도 있고, 정을 모르는 제3자를 이용한 간접정범의 형식으로 점유배제를 할 수도 있다. 점유자가 배제사실을 알고 있을 필요도 없다. **절도죄의 경우 피해자의 동의가 구성요건해당배제적 양해로 해석되는지 위법성조각적 승낙으로 해석되**는지가 문제된다.

66 判 대법원은 절도죄의 경우 피해자의 동의 내지 묵시적 동의를 구성요건해당성배제적 양해에 해당하는 것으로 해석하는 태도를 취한다. 이러한 태도는 피고인이 피해자에게 밍크 50마리에 대해 자기에게 권리가 있다고 주장하면서 이를 가져간 데에 대해 피해자의 묵시적인 동의가 있었다면 피고인의 주장이 후에 허위임이 밝혀졌더라도 절도죄의 절취행위에 해당하지 않는다고 한 판시내용[56]에서 추론해 낼 수 있다. 만약 대법원이 피해자의 동의를 위법성조각적 승낙으로 해석하였다면, 행위자의 허위적 주장에 기한 피해자의 (묵시적)동의는 유효한 승낙요건을 충족시키지 못해 행위자의 행위는 절도죄의 위법성을 조각시키지도 않았을 것이기 때문이다.

---

51) 김종원, 183면; 손동권/김재윤, §20/21; 오영근, §16/54; 임웅, 292~293면.
52) 황산덕, 279면.
53) 오영근, §16/54; 이재상/장영민/강동범, §16/38; 정성근/박광민, 269면.
54) "피고인이 보관계약에 의하여 보관 중인 정부소유의 미곡 가마니에서 삭대를 사용하여 약간량씩 발취한 경우에, 피고인이 발취한 포장함입 내의 보관 중의 정부소유미의 점유는 정부에 있다 할 것이므로 이를 발취한 행위는 절도죄에 해당한다"(대법원 1956.1.27. 4288형상375).
55) 이 두 가지 요소 외에 영득도 절취의 개념요소 속에 포함시킬 것인지에 대해서는 견해가 일치되어 있지 않다. 이에 관해서는 불법영득의사에 관한 설명에서 재개한다.
56) 대법원 1990.8.10. 90도1211.

절도죄의 점유배제는 점유자의 의사에 반한 것을 본질적 불법내용으로 하고 있기 때문에 점유자의 동의가 있으면 불법구성적 요소가 탈락된다. 따라서 피해자의 동의는 구성요건해당성배제적 양해로 해석되는 것이 타당하다. 이에 따르면 묵시적 동의 뿐 아니라 기망에 의한 동의와 같이 피해자의 하자있는 동의가 있는 경우에도 절취행위성이 부정된다. 67

'조건부 동의의 경우'에는 조건이 충족된 때에만 절취에 해당하지 않는다. 예컨대 현금투입을 조건으로 재물에 대한 점유배제를 동의하는 시스템인 자동판매기의 경우 조건에 따라 지정된 동전을 투입하고 물건을 꺼내간 경우에는 절취가 되지 않지만 판매기를 손괴하고 물건을 가져간 경우에는 절취가 되고, 위조동전이나 위조지폐를 사용한 경우에는 형법의 편의시설부정이용죄(제348조의2)가 된다. 68

점유배제 방법으로 기망을 사용하여 형식적인 점유의 이전이 있는 경우에도 상대방이 점유이전의 의사(처분의사)가 없었던 한 교부행위라고 할 수 없으므로 절도죄가 인정되고(앞의 책략절도에 관한 판례사례 참조), 착오로 인한 점유이전이라도 그것이 상대방의 교부행위의 직접적 효과라고 인정할 수 있으면 점유배제가 아닌 사기죄의 '처분행위'의 요건을 충족시키므로 사기죄가 된다. 69

(나) 점유취득　행위자 또는 제3자[57]가 재물에 대한 방해 없는 사실상의 지배를 설정하는 것을 말한다. 피해자의 점유침탈에 대응해서 취득된 새로운 점유를 의미하지만 양자가 시간적으로 일치될 필요는 없다. 따라서 달리는 자동차에서 재물을 떨어뜨린 다음 나중에 가져가면 그 때에 점유취득이 된다. 취득자의 의사에 따라 지배할 수 있으면 족하고, 종국적이고 확실한 지배일 필요도 없고 영구적일 것도 요하지 않는다. 70

(다) 실행의 착수시기와 기수시기

가) 실행의 착수시기　타인의 점유를 배제하는 행위가 개시된 때에 착수가 있다. 71

判 대법원은 절도죄의 실행의 착수시기를 일의적으로 정하지 않고, 점유침해에 밀접한 행위를 한 때에 실행의 착수를 인정하기도 하고, 그 시기를 보다 앞당겨 목적물을 물색한 때에 실행의 착수를 인정하기도 하는 등 구체적 사정에 따라 실행의 착수시기를 다르게 판단하고 있다(밀접행위설 또는 밀접설). 72

例 **실행의 착수가 인정된 판례:** ① 피해자집의 담을 넘어 침입하여 그 집 부엌에서 금품을 물색하던 중에 발각되어 도주한 경우(대법원 1987.1.20. 86도2199), ② 피해자집에 침입하여 회중전등으로 훔칠 물건을 물색한 때(대법원 1984.3.13. 84도71), ③ 소매치기가 피해자의 양복상의 주머니로부터 금품을 절취하려고 그 호주머니에 손을 뻗쳐 그 겉을 더듬은 때(대법원 1984.12.11. 84도2524), ④ 담을 넘어 훔칠 물건을 찾기 위해 담에 붙어 걸어간 때(대법원 1989.9.12. 89도1153), ⑤ 자동차 안의 밍크코트를 발견하고 이를 절취할 생각으로 공범이 위 차 옆에서 망을 보는 사이 위 차 오른쪽 앞문을 열려고 앞문손잡이를 잡아 당기다가 발각된 경우(대법원 1986.12.23. 86도2256), ⑥ 고속버스 선반 위에 놓여진 손가방의 한쪽 걸쇠를 연 경우(대법원 1983.10.25. 83도2432), ⑦ 주간에 절도의 목적으로 방안까지 들어갔다가 절취할 재물을 찾지 못하여 거실로 되돌아 나온 경우(대법원 2003.6.24. 2003도1985) 등. 73

57) 제329조에는 '제3자'의 지배하에 옮기는 것을 직접 규정하고 있지 않으나 강도죄(제333조)에서 '제3자'에게 취득하게 하는 것을 규정하고 있음에 비추어 제3자의 지배하에 옮기는 것도 포함한다고 보아야 한다.

74 例 실행의 착수가 부정된 판례: ① 평소 잘 아는 피해자에게 전화채권을 사주겠다고 하면서 골목길로 유인하여 돈을 절취하려고 기회를 엿본 경우(대법원 1983.3.8. 82도2944), ② 노상에 세워놓은 자동차 안에 있는 물건을 훔칠 생각으로 자동차의 유리창을 통하여 그 내부를 손전등으로 비추어 본 경우(대법원 1985.4.23. 85도464), ③ 피해자의 집 부엌문에 시정된 열쇠고리의 장식을 뜯은 경우(대법원 1989.2.28. 88도1165) 등.

75 나) 기수시기 재물에 대해 새로운 점유취득이 있으면 기수가 된다. 절도범은 상태범이므로 기수가 된 이후에 운반 등의 행위로 가담한 제3자의 행위는 장물운반죄 등 별도의 죄에 해당할 수는 있지만 절도죄의 승계적 공동정범이나 특수절도죄(합동절도죄)에 해당할 수는 없다.[58] 새로운 점유취득이 있다고 하기 위해서는 재물을 처분할 수 있는 안전한 장소에 옮기거나 이용할 상태에 두어야 한다는 견해(은닉설), 경계망을 완전히 이탈해야 한다는 견해(이전설) 등이 있다.

76 判 대법원은 목적물에 대한 타인의 점유를 배제하고 자기 또는 제3자의 지배하에 둔 때를 절도죄의 기수시기로 보기 때문에 실질적 점유취득여부를 기준으로 삼는 태도에 입각해 왔다(취득설).[59] 그러나 예컨대 타인의 토지의 심어진 나무를 절취할 고의를 가지고 나무를 캐내는 행위를 할 경우 나무의 크기나 무게 형상 등에 따라 혼자 반출 또는 운반하기 어려울 정도인 경우인지 타인의 도움을 받아야 할 정도인지에 따라 실질적 취득이 인정되는 시점이 달라질 수 있다. 따라서 '나무를 캐낸 때'를 절도죄의 기수로 인정한 대법원 판결내용을 가지고 나무의 경우에 획일적으로 적용될 절도의 기수시기에 관한 판례법리로 고착화시켜서는 안 될 것으로 보인다.

77 실질적 점유취득의 인정 여부는 재물의 크기, 점유형태(지배의 강약), 절취행위의 태양에 따라 달라질 수 있으므로 구체적 사안의 특수성을 고려하는 후성법학적 법 발견은 언제나 법리구성의 전제조건이 되어야 한다. 휴대가 가능하거나 쉽게 운반할 수 있는 재물은 손안에 넣거나 호주머니 또는 가방에 넣었을 때 점유취득이 인정되지만, 피아노, 냉장고, 가구 등과 같이 쉽게 운반할 수 없는 크고 무거운 재물은 피해자의 지배범위를 벗어날 수 있는 상태(예, 운반을 위해 자동차에 적재를 완료한 상태)가 되었을 때 취득했다고 할 수 있다.

78 例 절도죄의 기수를 인정한 판례: 소유자의 "도둑이야" 하는 고함소리에 당황하여 라디오와 탁상시계를 가지고 나오다가 탁상시계는 그 집 방문 밖에 떨어뜨리고 라디오는 방에 던진 채 달아난 경우(대법원 1964.4.22. 64도112), 창고에서 동판과 전선을 밖으로 들고 나와 손수레에 싣고 운반해 가다가 방범대원들에게 발각되어 체포된 경우(대법원 1984.2.14. 83도3242), 입목의 경우에는 운반하거나 반출하는 등의 행위가 아니라 그 입목을 캐낸 때(대법원 2008.10.23. 2008도6080) 등.

79 例 절도죄의 기수를 부정한 판례: 자동차를 절취할 생각으로 내리막길에 주차되어 있는 자동차의 조수석 문을 열고 들어가 시동을 걸려고 시도하는 등 차 안의 기기를 이것저것 만지다가 핸드브레이크를 풀게 되자 시동이 걸리지 않은 상태에서 약 10미터 전진하다가 가로수를 들이받는 바람에 멈추게 된 경우(대법원 1994.9.9. 94도1522) 등.

(2) 주관적 구성요건

80 1) 고의 타인이 점유하는 타인의 재물에 대한 인식과 절취한다는 사실에 대한 인식과 의사를 말한다. 고의의 내용에 재물에 대한 불법영득의 인식과 의사도 요구된다고 하는 견

58) 대법원 2008.10.23. 2008도6080.
59) 대법원 1964.12.8. 64도577.

해[60]도 있지만 불법영득의 의사는 일반적 주관적 구성요건 요소인 고의 이외에 별도로 요구되는 '특별한' 주관적 구성요건 요소(즉 초과 주관적 구성요건요소)로 파악하는 것이 타당하다.

2) 불법영득의사

(가) 의의　　불법영득의 의사란 권리자를 배제하고 타인의 물건을 자기의 소유물과 같이 이용 처분할 의사를 말한다. ① 절도죄를 위시한 영득죄의 경우 불법영득의사가 필요 없다는 견해(불필요설)도 있었으나 ② 현재로는 필요하다는 견해(필요설)가 통설·판례[61]이다. 불법영득의사를 고의의 내용으로 포함시키는 견해도 영득죄의 경우 불법영득(이득)의사 필요설에 입각하고 있다. 81

불법영득의사 필요설의 법적 효과는 분명하다. 불법영득의사 없는 사용절도는 가벌성이 부정되고 증거인멸의 의사를 가지고 타인의 물건을 절취한 경우도 절도죄의 성립이 부정된다. 그러나 행위자의 고의가 객관적으로 실현되지 않으면 미수가 되지만, 불법영득의사의 객관적 실현 여부는 기수 미수에 영향을 주지는 않는다(초과 주관적 구성요건 요소에 관한 총론 부분 참조). 82

(나) 체계적 지위　　**불법영득의 의사와 고의와의 관계**와 관련하여 ① 불법영득의사를 고의의 내용에 포함시키는 견해[62]와 ② 고의와 별개의 초과 주관적 구성요건요소로 이해하는 견해[63]가 대립한다. 83

判 대법원은 절도죄를 위시한 영득의 성립에 불법영득의사가 별도로 필요하다고 하면서도 그것을 고의의 한 요소로 인정하는지 고의와 별개의 초과주관적 요소를 요구하는지에 대해서는 명시적인 태도를 밝히고 있지는 않다. 다만, 횡령죄의 경우에는 대법원이 구성요건적 행위인 횡령 개념이나 반환거부 개념을 해석함에 있어 서 불법영득의사를 요구하는 것으로 해석하고 있음을 고려하면 불법영득의사를 고의의 요소로 보고 있는 것으로 읽힌다.[64] 84

불법영득의사를 고의와 별개의 초과 주관적 구성요건 요소로 취급해야 할 이유는 다음과 같다. 첫째, 절취란 타인의 재물에 대한 점유를 '절'도의 방법으로 '취'득하는 것이지 그 취득한 재물에 대한 사용수익처분을 불법하게 누리는 지위의 획득(영득)까지를 포함하는 개념이 아니다. 둘째, 구성요건적 행위인 절취를 점유의 배제 및 취득에 국한하는 이상 객관적 구성요건적 사실에 대한 주관적 태도인 고의의 대상도 점유의 배제 및 취득에 한정되어야 하고 그 취득한 재물에 대한 불법한 지위의 획득(영득)까지를 포함할 수는 없다. 셋째, 절취에 영득까지 포함시키더라도 이때의 영득의 의미는 불법영득의사의 내용 중 적극적 요소만 가리키 85

60) 배종대, §64/50; 오영근, §17/73; 정성근/박광민, 281면.

61) "형법상 절도죄의 성립에 필요한 불법영득의 의사라 함은 권리자를 배제하고 타인의 물건을 자기의 소유물과 같이 그 경제적 용법에 따라서 이를 이용하고 또는 처분할 의사를 말하는 것이다"(대법원 1996.5.10. 95도3057).

62) 배종대, §14/51; 오영근, §17/73; 정성근/박광민, 281면.

63) 이재상/장영민/강동범, § 6/49.

64) 대법원 1993.6.8. 93도874(반환의 거부); 대법원 2004.3.12. 2004도134(불법영득의사) 참조.

고 상대방이 가지는 소유자로서의 지위를 지속적(영구적)으로 배제한다는 소극적 요소는 담지 못한다.[65] 따라서 고의의 인식대상을 넘어서는 부분에 대한 행위자의 특별한 주관적 의사는 원칙적으로 고의와 별개의 개념으로 범주화하는 것이 타당하다. 그러나 횡령죄의 경우에는 횡령 개념의 본질을 영득행위로 해석해야 하는 점에서, 그리고 공갈죄나 사기죄, 그리고 강도죄의 경우에는 불법'이득' 부분에 관한 한, 구성요건의 표지(자기 또는 제3자의 이익)상 불법이득의사는 고의의 한 요소로 파악하는 것이 바람직할 것으로 보인다(이에 관해서는 해당 구성요건의 해석론 참조).

86 (다) 불법영득의사의 내용 불법영득의 의사는 원래의 소유권자를 그 지위에서 배제시키는 의사인 '소유자 배제의사(소극적 요소)와 소유권자에 유사한 지위를 향유하려는 의사(적극적 요소)로 이루어져 있다.

87 判 대법원도 불법영득의사가 인정되기 위해서는 소극적 요소(권리자 배제의사)와 적극적 요소(소유권 향유의사)가 모두 충족될 것을 요구한다.[66] 다만, 대법원은 적극적 요소인 소유권 향유의사의 내용을 "경제적 용법에 따라 이용하고 처분할 의사"라고 다시 제한하고 있으나 '객관적' 경제적 교환가치가 없어도 주관적 가치만 인정되면 절도죄의 성립을 인정하는 판례법리와의 조화를 위해서는 이 제한이 항상 타당성을 가지는 것은 아니라고 하겠다.

88 가) 소극적 요소 재물에 대한 기존의 소유자의 지위를 배제시키는 의사를 말한다. 이러한 의사는 반드시 영구적 내지 지속적이어야 한다는 점에서 사용한 뒤 반환할 의사를 가진 사용절도로부터 절도를 구별할 수 있는 기준이 된다.

89 例 소유자 배제의사의 결여로 불법영득의사가 부정된 사례: ① 피해자의 인감도장을 그의 책상서랍에서 몰래 꺼내어 가서 그것을 차용금증서의 연대보증인란에 찍고 난 후 곧 제자리에 넣어둔 경우(대법원 1987.12.8. 87도1959), ② 버스요금함 서랍 모델에 대한 최초 고안자로서의 권리를 확보할 생각으로 타인소유의 서랍 견본 1개를 가져와 변리사에게 의장출원을 의뢰하고 도면을 작성한 뒤 당일 이를 원래 있던 곳에 가져다 놓은 경우(대법원 1991.6.11. 91도878), ③ 내연녀와의 관계회복을 목적으로 그녀의 물건을 가져와 보관한 후 이를 찾으러 오면 물건을 반환하면서 타일러 다시 내연관계를 지속시킬 생각으로 물건을 가져온 경우(대법원 1992.5.12. 92도280), ④ 상사와의 의견충돌 끝에 사직의사 없이 단지 항의의 표시로 사표를 제출한 다음 평소 피고인이 전적으로 보관·관리해 오던 이른바 비자금관계서류 및 금품이 든 가방을 들고 나온 경우(대법원 1995.9.5. 94도3033) 등.

90 나) 적극적 요소 타인의 재물에 대하여 자기 또는 제3자로 하여금 소유자의 지위와 유

65) 손동권/김재윤, §20/37.

66) "절도죄의 성립에 필요한 불법영득의 의사란 타인의 물건을 그 권리자를 배제하고 자기의 소유물과 같이 그 경제적 용법에 따라 이용·처분하고자 하는 의사를 말하는 것으로서, 단순히 타인의 점유만을 침해하였다고 하여 그로써 곧 절도죄가 성립하는 것은 아니나, 재물의 소유권 또는 이에 준하는 본권을 침해하는 의사가 있으면 되고 반드시 영구적으로 보유할 의사가 필요한 것은 아니며, 그것이 물건 자체를 영득할 의사인지 물건의 가치만을 영득할 의사인지를 불문한다. 따라서 어떠한 물건을 점유자의 의사에 반하여 취거하는 행위가 결과적으로 소유자의 이익으로 된다는 사정 또는 소유자의 추정적 승낙이 있다고 볼 만한 사정이 있다고 하더라도, 다른 특별한 사정이 없는 한 그러한 사유만으로 불법영득의 의사가 없다고 할 수는 없다"(대법원 2014.2.2. 2013도14139).

사한 지위를 취득하게 할 의사를 말한다. 판매·보관·소비·선물제공 등 동기는 무엇이라도 상관이 없으며, 이러한 의사는 일시적이면 족하고 영구적이거나 지속적일 필요가 없다. 예컨대 살인범행의 증거를 인멸하기 위해 살해된 피해자의 주머니에서 꺼낸 지갑을 살해도구로 이용한 골프채와 옷 등 다른 증거품들과 함께 자신의 차량에 싣고 가다가 쓰레기 소각장에서 태워버린 경우에는 소유권 향유의사가 부정되어 절도죄의 성립이 부정된다.[67]

例 소유자 지위 향유의사가 부정된 사례: ① 소속중대의 M16소총 1정이 부족하자 이를 분실한 줄 알고 그 보충을 위하여 다른 부대의 소총 1정을 가져온 경우(대법원 1977.6.7. 77도1069), ② 서로 시비가 있었던 사람들 중 일행이 식칼로 찔러죽이겠다고 위협한 협박사실을 증명할 목적으로 시비가 있던 주변에 있던 식칼을 가져온 경우(대법원 1986.7.8. 86도354), ③ 상대방이 떨어뜨린 전화요금 영수증을 보고 상대방의 전화번호를 알아두기 위해 그것을 습득한 후 돌려주지 않은 경우(대법원 1989.11.28. 89도1679), ④ 가구회사의 디자이너가 자신이 제작하여 회사에 제출했으나 회사에서 채택되지 않아 임의처분이 허용되는 가구디자인 도면을 노동위원회에 구제신청을 하면서 자신이 그동안 회사업무에 충실하였다는 사실을 입증하기 위한 자료로 삼기 위하여 가지고 나온 경우(대법원 1992.3.27. 91도2831), ⑤ 사촌형제인 피해자와의 분규로 재단법인 이사장직을 사임한 뒤 피해자의 집무실에 찾아가 잘못을 나무라는 과정에서 화가 나서 피해자를 혼내주려고 피해자의 가방을 들고 나온 경우(대법원 1993.4.13. 93도328) 등. 91

불법영득의사의 적극적 요소는 절도죄와 손괴죄의 구별기준이 되기도 한다. 예컨대 타인의 새장에 있는 새를 날려 보내는 경우와 같이 소극적 요소만 있고 일시적이나마 소유자 지위를 향유하려는 적극적 의사가 없으면 손괴죄는 될 수 있지만 절도죄는 되지 않는다. 다만 음식물을 먹기 위해(소화로 인한 손괴) 절취한 경우와 같이 손괴가 소유자 지위 향유의사의 실현의 의미를 가질 때에는 적극적 요소를 충족시킨다. 92

타인(제3자)**의 부탁을 받고 그에게 주려는 의사로 절취한 이른바 '제3자를 위한 절취'도 불법영득의사**(의 적극적 요소)**를 인정할 수 있는지가 문제된다.** 다른 재산죄(예, 강도죄, 사기죄 등)의 구성요건에서와 같이 절도죄의 경우에는 '제3자를 위한 절도'가 명문의 규정이 없음을 근거로 하면 제3자를 위한 절도죄를 부정하는 태도를 위할 수도 있다. 그러나 이 경우도 절도죄의 성립을 인정될 수 있다고 보는 것이 타당하다. 어느 누구도 먼저 자기가 '영득'하지 않고서는 타인에게 영득하게 할 수 없는 점, 소유자 지위 향유의사라는 적극적 요소는 소극적 요소의 경우와는 달리 일시적으로도 족하다는 점 때문이다. 다만 타인(제3자)이 문밖에 서서 기다린 후 절취한 물건을 회수하는 경우 등과 같이 특별한 사정이 있는 경우에는 불법영득의사가 부정되어 절도죄가 성립할 수 있다. '일시적이라도 소유자 지위 향유의사를 인정할 수 없기 때문이다. 이러한 경우 제3자(회수자)는 불법영득의사 없는 매개자를 이용한 것이므로 이른바 '목적없는 고의있는 도구'에 관한 법리가 적용되면 절도죄의 간접정범이 성립가능하다. 93

(라) 영득의 대상(객체)

가) 견해의 대립 **불법영득의사를 가진 자가 영득할 구체적인 대상**이 무엇인지에 대해서 94

67) 대법원 2000.10.13. 2000도3655.

는 ① 소유자처럼 처분할 수 있는 성질의 '물체' 그 자체가 대상이라는 견해(물체설), ② 물체 그 자체가 아니라 '물체에 화체되어 있는 경제적 가치'가 대상이라는 견해(가치설), ③ '물체 그 자체와 함께 그 물체에 화체된 가치'가 대상이라는 견해(결합설)가 대립한다.

95 判 대법원은 목적물의 물질 그 자체를 영득할 의사 뿐만 아니라 그 물질의 가치만 영득할 의사가 있어도 불법영득의사를 인정하는 점에서 결합설을 취하고 있다.[68]

96 물체설에 따르면 물체 자체는 가치가 없고 물체의 일시사용으로 간접적 이익만 취득하는 경우(예컨대 예금통장을 훔친 후 예금만 인출하고 통장을 반환한 경우 통장에 대한) 절도죄를 인정할 수 없는 결함이 있고, 가치설에 따르면 소유자가 가치 없는 물건으로 방치하거나 경제적 가치가 없는 물건에 대해서는 영득을 인정할 수 없으며 가치 자체가 재물이 될 수 없다는 문제점이 있다. 따라서 양자의 결함을 시정할 수 있는 결합설이 타당하다.

97 나) 결합설의 내용 결합설은 물체와 가치 중 어느 하나가 택일적으로 대상이 되면 족한 것으로 이해해야 한다.[69] 만약 양자가 모두 대상이 되어야 한다고 한다면 가치가 화체되어 있는 물체를 반환한 경우에는 절도죄를 인정할 수 없는 문제가 생기기 때문이다. 따라서 물체만 영득해도 불법영득의 의사가 인정되고 물체는 반환하더라도 물체에 화체된 가치를 얻은 이상 불법영득의 의사가 인정된다고 해야 할 것이다. 물론 여기서 가치영득이라고 해서 물체에 대한 아무런 지배관계도 없이 오로지 가치 그 자체만을 영득하는 것을 의미하는 아니다.[70] 따라서 석유를 절취하여 난방용으로 소비한 경우 경제적 가치를 얻는 측면도 있지만 그 가치가 화체되어 있는 석유 그 자체에 대한 지배설정도 있어야 비로소 불법영득의 의사가 있다고 할 수 있다.

98 다) 물체에 결합된 가치의 의미 결합설에서 말하는 물체에 결합(화체)된 가치란 가치설에서 말하는 단순한 사용가치를 의미하는 것이 아니라 그 재물에 결합되어 있는 '특수한 기능적 가치'를 의미한다. 여기서 기능가치란 그 재물의 종류와 기능에 따라 개념 본질적으로 결합되어 있는 특수한 가치를 의미한다.

99 判 대법원도 영득의 대상을 물건 또는 그 물건이 가지고 있는(그 물건에 결합된) 기능가치라고 한다.[71] 그러나 대법원은 그 물건에 결합된 기능가치를 취득하고 그 물건 자체는 반환한 경우에는 그 기능가치의 취득을 '이익' 취득으로 보지 않아 불법영득의 의사를 부정한다. 다만, 그 기능 가치의 취득으로 인해 물건의 경제적 가치 감소 내지 소멸까지 있을 경우(예, 타인의 자동차를 장거리 이용한 후 돌려주었지만, 장거리 운행으로 인해 다량의 연료가 소비된 경우 등)에는 불법영득의사를 인정한다.

---

68) "절도죄에 있어서의 불법영득의 의사는 영구적으로 그 물건의 경제적 이익을 보유할 의사가 필요치 아니하여도 소유권 또는 이에 준하는 본권을 침해하는 의사, 즉 목적물의 물질을 영득할 의사나 물질의 가치만을 영득할 의사라도 영득의 의사가 있어야 한다"(대법원 1981.10.13. 81도2394).

69) 손동권/김재윤, §20/42; 이재상/장영민/강동범, §16/57; 임웅, 304면.

70) 이러한 의미에서 이른바 수정물체설(정성근/박광민, 298면; 성낙현, "절도죄의 보호법익과 불법영득의 대상", 고시계, 1999.11, 74면)도 결합설과 다르지 않다.

71) 대법원 1992.9.8. 91도3149.

例 **사용절도와 절도죄의 구별에 관한 판례사안:** 예금통장을 절취하여 예금의 전부 또는 일부를 인출한 후 반환한 경우(대법원 2010.5.27. 2009도9008) '예금계약 사실 및 예금액에 대한 증명'이라는 예금통장의 '기능적 가치'가 감소되었기 때문에 불법영득의 의사가 인정되었지만, 주민등록증을 사용한 후 반환한 경우나 절취한 현금카드(대법원 1998.11.10. 98도2642) 또는 타인의 신용카드(대법원 1999.7.9. 99도857)를 이용하여 현금을 인출한 후 그 카드를 반환한 경우는 신분증이나 현금카드 또는 신용카드가 가지는 특수한 기능가치(예, 카드의 경우 자동지금기계로부터 일정액의 현금의 인출을 가능하게 하는 기능)는 감소된 것이 아니라는 이유에서 불법영득의 의사가 인정되지 않았다. 100

다른 한편 신용카드 자체에 대해 사용절도가 인정되어 절도죄가 성립하지 않더라도 신용카드의 사용행위는 여신전문금융업법의 '신용카드부정사용죄'에는 해당한다.[72] 101

(마) 불법영득의사에서 '불법'의 의미 영득의사에 기한 영득이라도 그것이 법적으로 허용되는 한계 내에 있는 경우에는 불법한 영득이라고 할 수 없다. 이와 관련하여 **불법영득의사의 '불법'성을 판단하는 기준 내지 불법의 의미**가 무엇인지가 문제된다. 이에 관해서는 ① 영득의 결과 그 자체가 다른 법질서 전체의 입장에서 보아 타인의 재산권을 침해하였다고 평가할 수 있어야 불법하다는 견해(영득의 불법성설)와 ② 결과로서의 영득의 불법성과는 무관하게 행위수단 그 자체에 불법성이 인정되기만 하면 불법하다는 견해(절취 등 행위의 불법성설)가 대립한다. 102

判 대법원은 반환청구권이 있다고 하여도 절취를 점유자의 의사에 의하지 아니하고 그 점유를 취득하는 행위라는 점에 초점을 맞춰 점유자의 승낙을 받지 않고 그 물건을 가져간 이상 행위의 불법성이 인정되므로 결과적으로 권리의 실현이라고 하여도 절도행위가 된다고 함으로써[73] 행위의 불법성을 인정하는 태도를 취하고 있다(이 법리는 사기죄나 강도죄 등의 경우도 마찬가지로 적용됨). 103

例 **행위의 불법성설에 따른 판례:** ① 외상매매계약을 해제한 후 매도인이 매수인의 승낙을 받지 아니하고 물품을 가져가 버렸다면 외상 매매물품의 반환청구권이 매도인에게 있다고 해도 절도행위에 해당하고(대법원 1973.2.28. 72도2538), ② 회사가 피해자에게 철재를 외상판매하고 그 대금으로 지급받은 약속어음이 부도가 나자 그 회사의 사원이 피해자가 매수하여 점유하고 있는 철재를 무단으로 회사로 운반하여 갔다면 회사가 문제의 철재에 대해 반환청구권을 가지고 있는 경우에도 영득의사를 인정할 수 있고(대법원 1983.11.22. 83도2539), ③ 책상서랍에 들어 있는 운송회사의 여객운송수입금을 관리자의 승낙 없이 책상서랍을 공구로 뜯고 꺼내왔다면 원래 그 운송회사에 대한 유류대금채권의 변제에 충당하기 위한 채권추심의 차원이라고 하더라도 그 금원을 불법하게 탈취한 것이므로 불법영득의 의사를 인정하기에 충분하다(대법원 1983.4.12. 83도297). ④ 비록 약정에 기한 인도 등의 청구권이 인정된다고 하더라도, 취거 당시에 점유이전에 관한 점유자의 명시적·묵시적인 동의가 있었던 것으로 인정되지 않는 한, 점유자의 의사에 반하여 점유를 배제하는 행위를 함으로써 절도죄는 성립하는 것이고, 그러한 경우에 특별한 사정이 없는 한 104

---

72) "여신전문금융업법 제70조 제1항 제3호는 분실 또는 도난된 신용카드를 사용한 자를 처벌하도록 규정하고 있는데, 여기서 분실 또는 도난된 신용카드라 함은 소유자 또는 점유자의 의사에 기하지 않고 그의 점유를 이탈하거나 그의 의사에 반하여 점유가 배제된 신용카드를 가리키는 것으로서, 소유자 또는 점유자의 점유를 이탈한 신용카드를 취득하거나 그 점유를 배제하는 행위를 한 자가 반드시 유죄의 처벌을 받을 것을 요하지 아니한다"(대법원 1999.7.9. 99도857).

73) "타인이 점유하는 물건에 대하여 피고인에게 반환청구권이 있다고 하여도 절취라 함은 재물을 절취하는 행위, 즉 점유자의 의사에 의하지 아니하고 그 점유를 취득하는 행위이므로 피고인이 위 점유자의 승낙을 받지 않고 그 물건을 가져갔다면 그 물건의 반환청구권이 피고인에게 있다고 하여도 절도행위가 되는 것이다"(대법원 1973.2.28. 72도2538).

불법영득의 의사가 없었다고 할 수는 없다(대법원 2001.10.26. 2001도4546). ⑤ 채권확보의 목적으로 점유를 배제한 경우에도 불법영득의 의사를 인정한다(대법원 2006.3.24. 2005도8081).

105 영득의 불법성설에 의하면 행위자에게 재물에 대한 물권적 혹은 특정물채권에 의한 반환청구권 등이 있어서 실질적 소유권질서에 부합된다고 평가할 수 있으면 영득의사의 불법성이 제거되어 절도죄의 구성요건해당성이 배제된다고 한다. 하지만 이와 같은 전체 법질서의 관점에서 내려지는 부정적인 가치판단을 주관적 구성요건요소의 확정단계에서 하는 것은 체계모순을 드러내는 일이다.[74] 왜냐하면 반환청구권 등을 고려한 위법성조각여부의 심사는 절도죄의 구성요건해당성 단계의 행위평가인 영득의 의사의 인정여부에 대한 검토가 끝난 후에 비로소 이루어져야 하기 때문이다.

106 判 대법원이 경우에 따라 불법영득의사 인정여부에 대한 판단을 하면서 이와 함께 포괄적으로 반환청구권 등에 기초한 행위자의 점유이전행위의 위법성조각여부에 대한 검토까지 하고 있는 것은 영득의사 자체의 위법성평가까지 한꺼번에 수행하고 있는 것으로 보인다.

107 불법영득의사는 영득을 '불법하게' 할 의사를 의미하는 것이므로 이때의 불법에는 행위태양인 '절취'의 구성요건적 해당성 여부가 관건이 된다는 점에서 보면 절취의 불법성설이 타당하다.

(바) 사용절도

108 가) 사용절도의 의의 사용절도란 타인의 재물을 무단으로 일시사용한 후에 그 소유자에게 반환하는 것을 말한다. 절도죄의 성립에 필요한 불법영득의사 가운데 기존 소유자 배제라는 소극적 요소를 결하고 있어서 형법상 처벌되지 않는다. 물론 그 사용한 객체가 자동차, 선박, 항공기, 원동기장치자전거 중의 어느 하나인 경우에는 예외적으로 형법상의 자동차등불법사용죄(제331조의2)에 따라 처벌된다.

109 나) 절도죄와의 구별 절도죄의 불법영득의사의 소극적 요소인 기존 소유자 배제가 영구적 또는 지속적이어야 하는 반면, 사용절도는 재물에 대한 일시 사용에 그치는 경우이다. 이 때문에 가벌적인 절도죄와 불가벌인 사용절도를 구별하기 위해서는 소유자 배제의사의 지속성과 일시성의 한계선을 어디에 긋는지가 관건이 된다. 여기서 반환의사의 유무가 그 한계선을 그은 일차적 기준이 될 수 있을 것이고 반환의사는 절도죄의 고의와 마찬가지로 적어도 재물취거시에는 존재할 것을 요구할 수 있을 것이다.

110 그러나 **재물취거시 반환의사를 가지고 일시사용한 후 그 재물을 종국적으로 반환하지 않고 다른 장소에 방치한 경우** 절도죄를 인정할 것인지 사용절도를 인정할 것인지가 문제된다. 이와 관련해서는 ① 사후고의를 인정할 수 없는 것과 마찬가지로 사후적인 불법영득의사도 인

74) 이에 관한 적절한 분석은 임상규, "권리행사와 재산범죄", 형사법연구 제26호 특집호(2006), 730면("영득의사가 존재하느냐는 구성요건해당성의 문제이지만, 그 영득의사가 위법한가의 여부는 위법성의 문제로 보아야 한다").

정할 수 없기 때문에 자동차등불법사용죄에 해당하는 경우 이외에는 사용절도로 불가벌이라는 견해[75]와 ② 애초에 반환의사가 있었더라도 취거행위가 계속되는 동안에는 불법영득의 의사가 생겼기 때문에 절도죄가 성립한다는 견해가 대립한다.

判 대법원은 후자의 견해를 취한다. 재물취거시에는 일시사용 내지 반환의사가 있었으나 첫째, 반환하지 않 111
고 상당한 기간 점유를 계속하거나 둘째, 본래의 점유와 다른 곳에 버린 경우에는 사용절도를 부정하고 불법영득의 의사를 인정하고 있기 때문이다.[76]

생각건대 사용절도는 적극적으로 일정한 요건을 구비한 독립된 형태의 법형상이 아니라 112
절도죄의 성립요건 중에 불법영득의사의 결여를 근거로 하여 인정될 수 있는 소극적 구성물이다. 따라서 사용절도의 인정에 반환의사가 일응의 기준이 될 수는 있지만 절대적인 기준이 될 수는 없다. 사용절도의 인정여부는 오히려 불법영득의사의 소극적 요소(영구적 또는 지속적 소유자 배제의사)의 지속성의 시간 길이와 적극적 요소(재물 또는 재물에 결합된 고유한 기능적 가치를 소유자 지위에서 일시적이나마 향유하려는 의사)의 적극적 이용의 일시성 또는 가치감소의 정도를 연동시켜 해결하는 수밖에 없다. 따라서 애초의 반환의사대로 본래 장소에 반환하였더라도 일시적 사용수준을 초과하거나 재물의 가치가 단순한 사용가치의 감소 정도를 넘어서는 경우라서 불법영득의 의사가 인정될 수 있다면 사용절도는 인정될 수 없는 것이라고 볼 수 있다.

判 대법원도 이러한 취지에서 불법영득의사 여부의 판단에서 소유자와의 친분관계로 인한 추정적 승낙, 사 113
용의 경위와 동기, 반환 여부, 재물의 소모정도와 경미성 등 객관적 사정을 종합적으로 고려할 것을 요구하고 있다.[77] 이에 따르면 일시사용의 의도로 취거한 후 다른 장소에 방치하거나 장시간 또는 장거리 계속 사용하여 재물 본래의 경제적 목적을 충족시킬 수 없는 기능가치가 감소·소멸되는 경우(예컨대 배터리 완전소모, 새책을 헌책으로 반환한 경우 등)에는 불법영득의 의사를 인정하고, 자동차의 타이어 마모 등과 같이 자동차사용에 당연히 수반되는 가치감소의 경우에는 불법영득의 의사를 부정해야 할 것이다.

例 불법영득의사가 부정된 경우: ① 동네선배로부터 차량을 빌렸다가 반환하지 아니한 보조열쇠를 이용하 114
여 그 후 3차례에 걸쳐 위 차량을 2~3시간 정도 운행한 후에 원래 주차된 곳에 갖다 놓아 반환한 경우(대법원 1992.4.24. 92도118), ② 피해자의 승낙 없이 혼인신고서를 작성하기 위하여 피해자의 도장을 몰래 꺼내 사용한 후 곧바로 제자리에 갖다 놓은 경우(대법원 2000.3.28. 2000도493) 등.

例 불법영득의사가 긍정된 경우: ① 해변에 매어 놓은 배를 소유자의 승낙 없이 사용한 후 다른 장소에 방치 115
한 경우(대법원 1961.6.8. 4294형상179), ② 길가에 세워져 있는 오토바이를 소유자의 승낙 없이 타고 가서 용무를 마친 약 1시간 50분 후 본래 있던 곳에서 약 7, 8미터 되는 장소에 방치한 경우(대법원 1981.10.13. 81도2394), ③ 길가에 시동이 걸린 채 세워둔 타인의 승용차를 함부로 운전하여 200미터가량 간 경우(대법원 1992.9.22. 92도1949), ④ 강도상해의 범행을 저지르고 도주하기 위해

---

75) 정성근/박광민, 302면.

76) "일시사용의 목적으로 타인의 점유를 침탈한 경우에도 이를 반환할 의사 없이 상당한 장기간 점유하고 있거나 본래의 장소와 다른 곳에 유기한 경우에는 이를 일시사용하는 경우라고는 볼 수 없으므로 영득의사가 없다고 할 수 없다"(대법원 1988.9.13. 88도917).

77) 대법원 1985.3.26. 84도1613; 대법원 1987.12.8. 87도1959 등 참조.

중국집 앞에 세워져 있는 타인 소유의 오토바이를 승낙 없이 타고 가서 다른 곳에 버린 다음 버스를 타고 다른 지방으로 가버린 경우(대법원 2002.9.6. 2002도3465), ⑤ 타인의 영업점 내에 있는 그 타인 소유의 휴대전화를 허락 없이 가지고 나와 사용한 다음 1~2시간 후 그 영업점 정문 옆 화분에 놓아 둔 경우(대법원 2012.7.12. 2012도1132) 등.

3. 죄수, 타죄와의 관계

(1) 죄수

116 포괄일죄의 요건이 갖추어지면 행위가 수개인 경우에도 일죄가 된다. 따라서 예컨대 오후 10시부터 다음날 오전 0시까지 3회에 걸쳐 같은 창고에서 합계 6개의 쌀가마니를 절취하여도 절도죄의 포괄일죄가 된다.

117 判 대법원은 소유자가 다른 경우라도 포괄일죄의 요건을 갖추면 한 개의 절도죄만 성립하지만,[78] 관리인(점유자)이 서로 다른 경우에는 관리인의 수만큼 수개의 절도죄가 성립한다[79]고 한다.

118 하지만 죄수관계에 관한 이론에 따르면 재산범죄의 경우 비전속적 법익침해가 문제되므로 피해자가 여러 명인 경우라도 포괄일죄의 인정 요건을 갖춰지면, 구성요건의 일회 충족으로서 일죄로 인정하는 것이 타당하다. 절도죄의 보호법익인 소유권 및 점유권은 전속적 법익이 아니므로 소유자나 점유자가 여러 명 있어도 불법이 양적으로 증가된 것에 불과하기 때문이다(이에 관해서는 『총론』의 죄수이론 중 포괄일죄 참조).

119 야간주거침입절도죄나 특수절도죄, 강도죄나 강도상해·살인치사상죄, 강도강간죄 등 절도죄를 포함하고 있는 결합범 또는 결과적 가중범의 경우 절도죄는 성립하지 않는다(특별관계).

(2) 타죄와의 관계

120 주간에 주거침입하여 절취하면 주거침입죄와 절도죄의 실체적 경합이 되고, 야간에 주거침입하여 절취하면 야간주거침입절도죄(제330조)가 된다. 절도를 교사한 후 피교사자로부터 그 절취 장물을 편취하면 절도교사죄와 사기죄의 실체적 경합이 된다. 절도 교사자가 절취한 재물을 취득·보관하면 장물취득·보관죄와 실체적 경합이 된다. 살인의 목적으로 총검을 절취한 경우에는 살인예비죄와 절도죄의 실체적 경합이 된다.

121 절도죄는 상태범이기 때문에 절취가 기수로 된 이후의 행위가 절도행위와 보호법익이 같으면 불가벌적 사후행위로서 별도의 죄를 구성하지 않지만(흡수관계), 사후행위가 다른 사람의 법익이나 새로운 법익을 침해한 경우에는 별도의 죄를 구성한다.[80]

---

78) "단일범의로 절취한 시간과 장소가 접착되어 있고 같은 관리인의 관리하에 있는 방 안에서 소유자를 달리하는 두 사람의 물건을 절취한 경우에는 1개의 절도죄가 성립한다"(대법원 1970.7.21. 70도1133).

79) "피고인이 주인집에 침입하여 절취하고 그 무렵 세입자의 방에 침입하여 절취하려다가 미수에 그친 경우 범행장소와 물품의 관리자를 달리하므로 별개의 범죄를 구성한다"(대법원 1989.8.8. 89도664).

80) "열차승차권은 권리가 화체되어 있는 무기명증권이므로 이를 곧 사용하거나 권면가액으로 양도할 수 있고, 매입금액의 환불을 받을 수 있는 것으로서, 열차승차권을 절취한 자가 역직원으로부터 그 대금을 환불을 받음에 있어

判 대법원은 횡령죄의 경우에도 불가벌적 사후행위에 관한 이러한 법리를 유지해 오다가, 후행행위가 선행행위에 의해 침해된 법익의 양을 초과한 경우에도 별도의 죄를 구성하는 것으로 판례변경을 하였다(이에 관해서는 횡령죄의 죄수 참조). 이 판례 법리에 따르면 장차 절도죄의 경우에도 새로운 법익 침해 외에 선행절도행위에 의해 침해된 법익의 양을 초과하는 경우에도 별도의 절도죄가 인정될 것으로 보인다. 122

例 **불가벌적 사후행위로 인정된 사례:** 절취한 열차승차권을 사용하는 경우(대법원 1975.8.29. 75도1996)나 금융기관이 발행한 자기앞수표를 현금으로 바꾸는 경우(대법원 1982.7.27. 82도822) 123

例 **불가벌적 사후행위가 부정된 사례:** 절취한 예금통장을 이용하여 은행에서 예금을 인출한 경우(대법원 1974.11.26. 74도2817 : 사기죄, 사문서위조 및 동행사죄), 절취한 전당표로 전당물을 찾는 경우(대법원 1980.10.14. 80도2155 : 사기죄), 절취한 장물을 제3자에게 담보제공하는 경우(대법원 1980.11.25. 80도2310 : 사기죄), 절취한 신용카드를 사용한 경우(대법원 1996.7.12. 96도1181 : 신용카드부정사용죄), 대마취급자가 아닌 자가 절취한 대마를 흡입할 목적으로 소지하는 경우(대법원 1999.4.13. 98도3619 : 대마소지죄) 등은 새로운 법익침해가 있기 때문에 불가벌적 사후행위로 인정되지 않았다. 124

Ⅲ. 야간주거침입절도죄

> 第330条(야간주거침입죄) 야간에 사람의 주거, 관리하는 건조물, 선박, 항공기 또는 점유하는 방실(房室)에 침입하여 타인의 재물을 절취(竊取)한 자는 10년 이하의 징역에 처한다.
>
> 第342条(미수범) 제329조 내지 제341조의 미수범은 처벌한다.
>
> 第344条(친족간의 범행) 제328조의 규정(친족간의 범행과 고소)은 제329조 내지 제332조 또는 미수범에 준용한다.
>
> 第346条(동력) 본장의 죄에 있어서 관리할 수 있는 동력은 재물로 간주한다.

1. 의의, 성격

야간에 사람의 주거, 관리하는 건조물, 선박, 항공기 또는 점유하는 방실(房室)에 침입하여 타인의 재물을 절취(竊取)함으로써 성립하는 범죄이다(2020.12.8. 형법개정에 따라 쉬운 용어로 바뀜과 동시에 그 객체에 '항공기'가 추가되었다). 이 죄를 독자적 범죄라고 보는 견해[81]도 있지만, 야간이라는 행위상황에서 이루어진 주거침입죄와 절도죄의 결합범이라고 해야 한다. 침해범이며 상태범이다. 125

2. 구성요건

(1) 객관적 구성요건

1) 행위상황 이 죄는 '야간'에 이루어져야 한다. 야간의 의미와 적용범위에 관해서는 126

서 비록 기망행위가 수반된다고 하더라도 따로 사기죄로 평가할 만한 새로운 법익의 침해가 있다고 할 실익을 가지지 못하여 절도의 불가벌적 사후행위로 보아야 한다"(대법원 1975.8.29. 75도1996).

81) 김일수/서보학, 295면.

견해가 일치하지 않는다.

127 (가) 야간의 의미 **언제부터 언제까지가 야간에 해당하는지**에 대해서는 ① 이 죄의 입법취지를 고려하여 사람의 심리상태와 휴식·평온을 깨뜨리는 불안정한 기간인 황혼이 지고부터 여명이 있기까지의 시간대를 야간이라고 하는 견해[82](심리학적 해석설)와 ② 범죄지에서의 일몰 후부터 일출전까지를 의미한다는 견해(천문학적 해석설)가 대립한다. 심리적 불안상태는 주간에도 있을 수 있고, 심리학적 해석설에 따르면 법적안정성을 담보할 수 없으므로 천문학적 해석설이 타당하다(통설·판례[83]).

128 (나) 야간의 적용범위 **야간이라는 행위상황이 주거침입행위와 절취행위 중 어느 시점에 있어야 하는지**가 문제된다. 이에 대해서는 ① 주거침입과 절취행위 모두가 야간에 있어야 한다는 견해,[84] ② 양자 중 어느 하나만 야간에 있으면 충분하다는 견해,[85] ③ 주거침입이 야간에 있어야 한다는 견해,[86] ④ 절취행위가 야간에 있어야 한다는 견해[87]가 대립한다.

129 判 대법원은 주거침입이 주간에 이루어진 경우 (야간에 타인 재물 절취가 일어난 경우에도) 야간주거침입절도죄가 성립하지 않는다고 한다. 형법이 야간절도에 대해 별도의 처벌규정을 두고 있지 않고 있고, 구성요건의 문언을 보면 야간에 이루어지는 주거침입행위의 위험성에 주목하여 중하게 처벌하고 있는 것으로 새길 수 있기 때문이라고 한다.[88] 이에 따르면 주거침입이 주간에 이루어지고 야간에 재물 절취를 한 경우 주거침입죄와 절도죄의 경합범이 된다. 그러나 대법원은 야간에 주거에 침입하여 절취행위는 주간에 하는 경우도 야간주거침입절도죄가 성립하는지에 대해서는 위 판결에서 판단을 유보하고 있다.

130 생각건대 이 죄는 야간이라는 시간적 제한을 받는 주거침입절도의 결합범으로서 원칙적으로 야간에 이루어진 주거침입이 절취에 선행하는 경우를 규정하고 있다. 그리고 주거침입은 계속범으로서 주거침입이 주간에 있어도 절취가 야간에 있으면 주거침입행위도 야간까지 종료하지 않고 계속되고 있는 것으로 보아야 한다. 따라서 야간주거침입죄가 인정되려면 주거침입과 절취 중 어느 하나가 야간에 이루어지면 족하다고 해야 한다.

131 2) 행위 주거침입하여 절취하는 것으로서 주거침임죄와 절도죄에서 설명한 내용과 같다.

3) 실행의 착수, 기수시기

132 (가) 실행의 착수 주거침입죄와 절도죄의 결합범으로 시간적으로 주거침입이 선행하기 때문에 주거침입시에 실행의 착수가 있다. 예컨대 절도의 의사로 주거에 침입하기 위하여 문 사이로 손을 넣어 빗장을 벗기다가 발각되어 목적을 달성하지 못하였거나, 침입하여 재물에

82) 유기천(상), 213면.
83) 대법원 1972.7.25, 72도1273.
84) 김일수/서보학, 303면; 손동권/김재윤, §20/50.
85) 김종원, 191면; 배종대, §65/2; 이형국, 406면: 임웅, 316면; 정성근/박광민, 305면.
86) 오영근, §17/55; 이재상/장영민/강동범, §16/70.
87) 김성천/김형준, 387면; 박상기, 267면.
88) 대법원 2011.4.14. 2011도300, 2011감도5.

대한 물색행위가 없어도 이 죄의 미수가 된다. 절도의사를 가지고 문이 열려 있으면 들어가려는 의사로 출입문을 당겼으나 문이 잠겨 있었던 경우에도 이 죄의 미수가 된다.

判 대법원은 '행위통합적 구성요건인' 결합범의 경우 실행의 착수시기에 관한 일관성 있는 태도를 보이고 있지 않다. 특수강도죄 중 야간주거침입강도의 경우에는 주거침입시를 실행의 착수로 인정하는 판결도 있고, 폭행협박시를 기준으로 실행의 착수를 인정하는 판결도 있다(특수강도죄 부분 참조). 그러나 야간주거침입절도죄의 경우에는 일관되게 주거침입시에 실행의 착수를 인정하고 있다.[89] 133

例 실행의 착수가 인정된 사례: 절도의 목적으로 담을 넘어 그 집 마루 밑에 숨어 있다가 목적을 달성하지 못한 경우(대법원 1970.4.28. 70도507), 야간에 절도의 목적으로 상점 울타리를 침입하여 상점문 틈에 드라이버를 넣고 이를 비틀어 부수려 한 경우(대법원 1972.6.27. 72도1028), 야간에 아파트에 침입하여 물건을 훔칠 의도 하에 아파트의 베란다 철제난간까지 올라가 유리창문을 열려고 시도한 경우(대법원 2003.10.24. 2003도4417), 출입문이 열려 있으면 안으로 들어가겠다는 의사 아래 출입문을 당겨본 경우(대법원 2006.9.14. 2006도2824) 등. 134

例 실행의 착수가 부정된 사례: 점포 안에 있던 종업원이 주인의 돈을 야간에 훔친 때에는 주거침입행위 자체가 없기 때문에 절도죄만 인정되고, 야간주거침입절도죄의 성립은 부정되었다(대법원 1976.4.13. 76도414). 135

(나) 기수시기 기수시기는 절취행위가 종료한 때, 즉 재물취득시이다. 절취행위가 종료된 때에는 주거침입 자체의 미수·기수여부는 묻지 않는다. 따라서 야간에 길가에서 문을 열고 손을 넣어 방안의 물건을 절취한 때에도 재물을 취득한 것이므로 기수가 된다. 야간에 카페내실에 침입하여 정기적금통장을 훔쳐 나오던 중 발각되어 돌려준 때에도 이 죄의 기수가 된다.[90] 136

(2) 주관적 구성요건

야간주거침입에 대한 고의가 있어야 함은 물론이고 초과주관적 구성요건요소로서 불법영득의사도 있어야 한다. 137

3. 위법성조각사유 등

야간주거침입절도에 관한 피해자의 동의가 있는 경우에는 구성요건해당성이 배제된다. 하지만 주거침입에만 동의가 있을 뿐인 경우에는 절도죄가 인정된다. 절도만 동의했을 뿐인 경우에도 주거침입죄는 그대로 인정된다는 견해[91]가 있지만 절도의 동의가 있는 이상 주거에 들어와서 재물을 취거하라는 의미가 포함된 것이라고 해야 하므로 주거침입죄가 별도로 성립하지 않는다고 보아야 할 것이다. 138

---

89) "야간에 타인의 재물을 절취할 목적으로 사람의 주거에 침입한 경우에는 주거에 침입한 단계에서 이미 형법 제330조에서 규정한 야간주거침입절도죄라는 범죄행위의 실행에 착수한 것이라고 보아야 하며, 주거침입죄의 경우 주거침입의 범의로써 예컨대, 주거로 들어가는 문의 시정장치를 부수거나 문을 여는 등 침입을 위한 구체적 행위를 시작하였다면 주거침입죄의 실행의 착수는 있었다고 보아야 한다"(대법원 2003.10.24. 2003도4417).

90) 대법원 1991.4.23. 91도476.

91) 손동권/김재윤, §20/52.

Ⅳ. 특수절도죄

> 第331조(특수절도죄) ① 야간에 문이나 담 그 밖의 건조물의 일부를 손괴하고 제330조의 장소에 침입하여 타인의 재물을 절취한 자는 1년 이상 10년 이하의 징역에 처한다.
> ② 흉기를 휴대하거나 2명 이상이 합동하여 타인의 재물을 절취한 자도 제1항의 형에 처한다.
>
> 第342조(미수범) 제329조 내지 제341조의 미수범은 처벌한다.
>
> 第344조(친족간의 범행) 제328조의 규정(친족간의 범행과 고소)은 제329조 내지 제332조 또는 미수범에 준용한다.
>
> 第346조(동력) 본장의 죄에 있어서 관리할 수 있는 동력은 재물로 간주한다.

1. 의의, 성격

139 야간에 문이나 담 그 밖의 건조물의 일부를 손괴하고 주거에 침입하여 타인의 재물을 절취하거나(제331조 제1항), 흉기를 휴대하여 타인의 재물을 절취하거나(제2항 전단), 2명 이상이 합동하여 타인의 재물을 절취함으로써(제2항 후단) 성립하는 범죄이다. 제1항은 범행수단이나 방법의 강폭성을 이유로 제2항은 범행의 위험성과 집단성을 이유로 하는 절도죄와 야간주거침입절도죄에 대한 가중적 구성요건이다.

2. 구성요건

(1) 손괴 후 야간주거침입절도(제1항)

140 **1) 야간** 야간의 의미에 대해서는 야간주거침입절도죄와 같다. 하지만 이 죄는 야간에 문이나 담 그 밖의 건조물의 일부를 손괴하고 주거침입하여야 하는 점에서 야간주거침입절도죄의 경우에 비해 야간의 적용범위를 한정적으로 해석해야 한다. 따라서 ① 주간에 문 등을 손괴하고 주거침입하여 절취한 때에는 이 죄가 성립하지 않고, 손괴죄, 주거침입죄, 절도죄의 실체적 경합이 되며, ② 주간에 손괴하고 야간에 주거에 침입하여 절취한 경우에는 손괴죄와 야간주거침입절도죄의 실체적 경합이 된다. ③ 야간에 주거침입한 후에 절취하고 나오면서 건조물 일부를 손괴한 때에도 야간주거침입절도죄와 손괴죄의 실체적 경합이 된다.

141 **2) 문이나 담 그 밖의 건조물의 일부** '문이나 담'은 침입을 방지하기 위하여 설치된 모든 인위적 시설물을 말한다. '건조물'은 가옥 기타 이와 유사한 건축물로서 지붕과 주위 벽 또는 버팀기둥이 있고 그 내부에 사람이 출입할 수 있는 토지의 정착물을 말하며, 주위를 둘러싼 시설을 포함한다. '그 밖의 건조물의 일부'란 문, 담, 건조물 외의 침입방지를 위한 잠금장치, 도랑 등 시설을 포함한다.

142 **3) 손괴** 물리적으로 문 또는 담 그 밖의 건조물의 일부를 훼손하여 그 효용을 상실시키는 것을 말한다.[92] 일부의 손괴도 포함한다. 손괴는 주거 등에 침입하기 위한 수단으로 행

해져야 하며, 자물쇠나 방문 고리 등 인공적인 시설물은 손괴의 대상에 포함되지만 자연적인 장애물은 손괴의 대상이 되지 않는다. 열쇠로 잠금장치를 열고 들어가는 것은 물질적 훼손이 없으므로 야간주거침입절도만 성립한다.

야간에 출입문을 발로 걷어차 잠금고리의 아래쪽 부분이 떨어지면서 출입문이 열린 경우(대법원 2004.10.15. 2004도4505), 또는 연탄 143
집게와 식도로 방문고리를 파괴한 경우(대법원 1979.9.11. 79도1736)는 이 죄의 성립이 인정되었지만, 창문과 방충망을 창틀에서 분리한 경우(대법원 2015.10.29. 2015도7559)에는 물리적으로 훼손하여 효용을 상실케 한 것으로 볼 수 없어 이 죄의 성립이 부정되었다.

4) 실행의 착수, 기수시기 실행의 착수시기는 야간에 건조물 등의 일부를 손괴하기 시작 144
한 때이며,[93] 기수시기는 재물취득시이다.

(2) 흉기휴대절도(제2항 전단)

1) 흉기 '흉기'란 원래 사람을 살상하려는 목적으로 만들어진 물건을 말한다. 이에 반 145
해 '위험한 물건'(특수폭행죄)은 제작목적상으로나 본래적 성질상으로는 인명살상용은 아니나 그 용법상 사람의 생명이나 신체에 해를 가하는 데 사용될 수 있는 물건을 총칭한다. 따라서 개념적으로는 위험한 물건이라고 해서 모두 흉기라고 할 수는 없지만, 흉기라고 할 때에는 위험한 물건에 포함시켜서 용법상 사람의 살상에 이용되기에 적합한 물건도 포함하여 해석한다(구별설).[94]

흉기인가의 여부는 객관적인 성질에 따라 결정해야 하며, 휴대자의 주관에 따라 판단할 146
것은 아니다. 따라서 도끼, 망치, 철봉, 곤봉과 같이 본래 다른 용도로 제작된 도구라도 사람의 살상에 이용될 수 있는 물건으로서 일반인이 위험을 느낄 수 있는 것도 이 죄에서 말하는 흉기(용법상의 흉기)에 해당한다. 하지만 막대기, 돌덩이, 극히 작은 손칼, 새끼줄, 수건, 장난감 권총은 제작목적으로나 용도상 살상에 적합성을 가진 것이 아니기 때문에 흉기라고 할 수 없다. 흉기는 기구이어야 하므로 청산가리, 염산 등 독극물과 독가스, 맹견은 흉기가 아니라고 하는 견해[95]가 있으나, 액체나 기체 또는 동물도 물건인 이상 흉기에 포함시키는 것이 타당하다.[96]

---

92) 대법원 2004.10.15. 2004도4505.

93) "현실적으로 절취목적물에 접근하지 못하였다 하더라도 야간에 타인의 주거에 침입하여 건조물의 일부인 방문고리를 손괴하였다면 형법 제331조의 특수절도죄의 실행에 착수한 것이다"(대법원 1977.7.26. 77도1082); 대법원 1986.9.9. 86도1273.

94) "형법은 흉기와 위험한 물건을 분명하게 구분하여 규정하고 있는바, 형벌법규는 문언에 따라 엄격하게 해석·적용하여야 하고 피고인에게 불리한 방향으로 지나치게 확장해석하거나 유추해석해서는 아니 된다. 그리고 형법 제331조 제2항에서 '흉기를 휴대하여 타인의 재물을 절취한' 행위를 특수절도죄로 가중하여 처벌하는 것은 흉기의 휴대로 인하여 피해자 등에 대한 위해의 위험이 커진다는 점 등을 고려한 것으로 볼 수 있다. 이에 비추어 위 형법 조항에서 규정한 흉기는 본래 살상용·파괴용으로 만들어진 것이거나 이에 준할 정도의 위험성을 가진 것으로 봄이 상당하고, 그러한 위험성을 가진 물건에 해당하는지 여부는 그 물건의 본래의 용도, 크기와 모양, 개조 여부, 구체적 범행 과정에서 그 물건을 사용한 방법 등 제반 사정에 비추어 사회통념에 따라 객관적으로 판단할 것이다"(대법원 2012.6.14. 2012도4175). 위험한 물건과 흉기의 관계에 관해서는 특수폭행죄 부분 참조.

95) 김일수/서보학, 306면; 배종대, §65/7; 정성근/박광민, 286면.

96) 박상기, 269면; 손동권/김재윤, §20/55; 이재상/장영민/강동범, §16/76.

147 2) 휴대 '휴대'는 몸에 지닌다는 의미이다. 현장에서 범행에 사용할 의사로 몸에 지니고 있어야 한다. 손에 잡고 있거나 호주머니에 지니는 것도 무방하다. 휴대를 소지와 같은 의미로 해석하여 몸 가까이 두고 쉽게 잡을 수 있는 위치에 있어도 무방하다는 견해[97]도 있지만, 형법이 휴대와 소지를 용어상 구별하고 있음에 비추어 휴대는 소지보다 좁은 개념이라 해야 한다.

148 몸에 지니고 있음을 상대방에게 인식시킬 필요가 없지만 적어도 외부에서 인식 가능한 방법으로 지니고 있어야 한다. 반드시 처음부터 휴대할 필요는 없지만 적어도 실행의 착수시부터 기수시기까지 사이에는 휴대하고 있어야 이 죄가 성립한다.

(3) 합동절도(제2항 후단)

149 1) 합동의 의미와 합동범의 본질 특수절도의 유형인 2명 이상이 합동하여 절취하는 합동절도는 절도죄의 가중적 구성요건이다.[98] **합동범에서 합동의 의미 내지 합동범의 본질**에 관해서는 ① 공모공동정범설, ② 가중적 공동정범설, ③ 현장설, ④ 현장적 공동정범설 등이 대립하지만 현장설(통설·판례)의 태도가 타당하다.

150 현장설에 따르면 합동절도가 성립하기 위해서는 2명 이상이 주관적 요건으로서 공동가공의 의사와 객관적 요건으로서 실행행위의 분담이라는 공동정범의 성립요건 이외에도 시간적·장소적인 협동관계가 인정되어야 한다.[99] 절취현장의 근처에서 망을 보는 경우에도 시간적 장소적 협동관계는 인정될 수 있다.[100]

151 例 시간적·장소적 협동관계가 부정된 사례: 절도범인이 혼자 입목을 완전히 캐낸 후에 비로소 제3자가 가담하여 함께 입목을 운반한 경우(대법원 2008.10.23. 2008도6080).

152 例 시간적·장소적 협동관계가 긍정된 사례: 두 사람이 범행모의를 한 후 한 사람은 피해자의 집에서 절취행위를 하는 동안 다른 한 사람은 그 집 안의 가까운 곳에 대기하고 있다가 절취품을 가지고 나온 경우(대법원 1996.3.22. 96도313), 세 사람이 실행행위의 분담을 공모한 후 두 사람이 일정한 장소에서 범행대상을 물색하고 있는 동안 나머지 한 사람이 그 장소로부터 약간 떨어진 곳에 위치시켜 놓은 차량 안에서 대기하고 있었던 경우(대법원 1988.9.13. 88도1197), 두 사람이 절도를 공모한 후 한 사람이 기구를 가지고 출입문의 자물쇠를 떼어내거나 출입문의 환기를 열고 있는 동안 망을 보고 있는 경우(대법원 1986.7.8. 86도843) 등.

153 2) 합동절도의 공범 및 공동정범 합동절도는 필요적 공범이지만 협동관계에 있지 않은 제3자에 대해서는 협의의 공범(교사범 또는 방조범)이 성립할 수는 있다. 하지만 **합동범의 공동정범의 인정여부**에 관해서는 **부정설**[101]과 **긍정설**[102]이 대립한다. 부정설은 합동범의 공동정

97) 손동권/김재윤, §20/55; 임웅, 318면.

98) 형법상 합동범은 특수절도죄 외에도 특수도주죄(제146조), 특수강도죄(제334조 제2항)와 성폭법 제4조의 특수강간죄, 특수유사강간죄 및 특강법 제2조의 특수강간죄, 특수강제추행죄, 특수준강간죄, 특수준강제추행죄, 미성년자에 대한 특수간음·추행죄, 특수강간치상죄 등이 있다.

99) 대법원 1988.9.13, 88도1197.

100) 대법원 1989.3.14. 88도837.

101) 김성천/김형준, 390면; 박상기, 270면; 배종대, §65/14; 오영근, §17/73.

102) 김일수/서보학, 307면; 손동권/김재윤, §20/58.

범을 인정하게 되면 기능적 행위지배만 있고 현장에서 합동하지 않은 자까지 합동범의 적용을 받아 가중처벌되므로 책임주의에 반하고 합동이라는 문언의 의미를 공동으로 넓힌 것으로 되어 유추적용이 될 수도 있다고 비판한다.[103)]

判 대법원은 합동범의 현장설적 요건을 구비하지 못한 가담자라도 공동정범의 일반이론에 따라 정범성이 인정될 수 있는 자에 대해서는 합동범의 공동정범이 될 수 있다는 태도를 취한다.[104)] 154

합동범도 형법각칙상 독자적 구성요건인 이상 이를 필요적 공범으로 분류하더라도, 그 내부자(협동관계에 있는 자)가 아닌 제3자라면, 이 자에게 기능적 행위지배가 있는 한 공동정범의 성립을 부정하기는 어렵다. 예컨대 절취의 실행행위를 하지 않은 자(예컨대 망보는 자)도 기능적 행위지배가 인정되는 한 절도죄의 공동정범이 될 수 있듯이 현장에 없는 자도 현장에 있는 자들의 절도행위에 대해 기능적 행위지배가 인정되는 한 합동절도죄의 공동정범이 될 수 있다. 그러나 귀속규범적 성격을 가진 공동정범에 관한 총칙규정을 현장성을 요하는 합동범에도 적용하면 공동정범에 비해 중한 법정형을 부과하고 그 성립요건도 강화하고 있는 합동범의 입법취지를 무색케 하는 결과를 초래한다. 155

합동범의 공동정범에 관한 대법원 법리의 부당함을 막기 위해서는 합동범을 현장에 임장한 자가 직접 구성요건을 실현하는 행위를 할 것을 요건으로 하는 '자수범'으로 해석하는 것이 타당하다. 자수범의 경우 자수성을 구비하지 못한 자는 정범(간접정범은 물론이고 공동정범)이 될 수 없기 때문이다. 156

3. 죄수, 타죄와의 관계

(1) 죄수

야간에 흉기를 휴대하고 타인의 주거에 침입하면서 그 문을 손괴하고 들어가 재물을 절취한 경우 제1항과 제2항의 구성요건을 모두 충족시키고 있어 그 죄책이 문제된다. 이에 대해서는 ① 특수절도의 포괄일죄라는 견해[105)]와 ② 양죄의 상상적 경합관계를 인정하는 견해[106)]가 대립한다. 제1항의 죄와 제2항의 죄는 구성요건을 달리하고 행위태양도 다르기 때문에 양죄가 각각 성립하되 행위동일성이 인정될 경우 상상적 경합관계라고 하는 것이 타당하다. 157

2명 이상이 흉기를 휴대하고 합동하여 절취한 경우에는 제2항의 특수절도의 구성요건의 158

---

103) 부정설에 따르면 기능적 행위지배만 있는 제3자는 단순절도의 공동정범이 되거나 단순절도의 공동정범과 합동범의 교사 또는 방조의 상상적 경합이 된다고 한다.

104) "3인 이상의 범인이 합동절도의 범행을 모의한 후 적어도 2인 이상의 범인이 범행 현장에서 시간적, 장소적으로 협동관계를 이루어 절도의 실행행위를 분담하여 절도 범행을 한 경우에는 공동정범의 일반 이론에 비추어 그 공모에는 참여하였으나 현장에서 절도의 실행행위를 직접 분담하지 아니한 다른 범인에 대하여도 그가 현장에서 절도 범행을 실행한 위 2인 이상의 범인의 행위를 자기 의사의 수단으로 하여 합동절도의 범행을 하였다고 평가할 수 있는 정범성의 표지를 갖추고 있다고 보여지는 한 그 다른 범인에 대하여 합동 절도의 공동정범의 성립을 부정할 이유가 없다"(대법원 1998.5.21. 98도321 전원합의체).

105) 정성근/박광민, 312면.

106) 임웅, 320면.

선택적 행위태양을 동시에 충족시킨 경우로서 특수절도죄로 포괄일죄에 해당한다. 폭행 또는 협박하여 강도한 행위를 처벌하는 구성요건을 행위자가 폭행도 하고 협박도 하여 재물을 강취함으로써 실현하는 경우를 강도죄의 포괄일죄라고 하는 것과 같은 이치이다.

(2) 타죄와의 관계

159 제1항의 죄는 손괴 및 주거침입과 절도의 결합범 내지 야간주거침입절도죄와 손괴죄의 결합범이므로 손괴와 주거침입죄는 별도로 성립하지 않고 이 죄만 성립한다(특별관계). 제2항의 죄는 주거침입과 손괴가 그 요건이 아니므로 주간에 건조물의 일부를 손괴하고 침입하여 제2항의 죄를 범한 때에는 주거침입죄와 손괴죄는 이 죄와 실체적 경합이 된다.

160 야간에 공무소의 건조물을 파괴하고 이에 침입하여 절취한 때에는 공용물파괴죄(제141조 제2항)와 손괴후야간주거침입절도(제331조 제1항)죄의 상상적 경합이 된다.

Ⅴ. 자동차등불법사용죄

> 제331조의2 (자동차등불법사용죄) 권리자의 동의없이 타인의 자동차, 선박, 항공기 또는 원동기장치자전차를 일시 사용한 자는 3년이하의 징역, 500만원 이하의 벌금, 구류 또는 과료에 처한다.
>
> 제342조(미수범) 제329조 내지 제341조의 미수범은 처벌한다.
>
> 제344조(친족간의 범행) 제328조의 규정(친족간의 범행과 고소)은 제329조 내지 제332조 또는 미수범에 준용한다.
>
> 제346조(동력) 본장의 죄에 있어서 관리할 수 있는 동력은 재물로 간주한다.

1. 의의, 보호법익

(1) 의의, 성격

161 권리자의 동의 없이 타인의 자동차, 선박, 항공기 또는 원동기가 장치된 자전차를 일시 사용함으로써 성립하는 범죄이다. 타인의 재물을 일시 사용하여 불법영득의 의사가 부정되면 사용절도가 되어 절도죄로 처벌받지 않는 것이 원칙이지만, 자동차 등 일정한 객체에 대한 사용절도를 특별히 처벌하기 위한 범죄로서 독립적 구성요건이다.

(2) 보호법익

162 이 죄의 **보호법익**에 대해서는 ① 소유권이라고 하는 견해[107](소유권설)와 ② 소유자가 가지는 사용권은 물론이고 비소유자의 정당한 사용권도 보호한다는 의미의 사용권이라는 견해[108](사용권설)가 대립한다. 불법영득의사 없이 자동차 등을 일시 사용하는 경우 사용권은 소유권과 관계없이 침해될 수 있으므로 사용권설이 타당하다. 보호받는 정도는 침해범으로서의 보호이며, 계속범에 해당한다.

---

107) 박상기, 274면; 배종대, §65/17; 이재상/장영민/강동범, §16/88.

108) 김일수/서보학, 309면; 손동권/김재윤, §20/60; 오영근, §17/82; 정성근/박광민, 294면.

2. 구성요건

(1) 객관적 구성요건

1) 객체　자동차, 선박, 항공기, 원동기장치자전거이다. 자동차란 궤도에 의하지 않고 원동기를 이용하여 도로를 운행하는 차이고, 원동기장치자전거란 원동기가 부착된 자전거로서 총배기량 125cc 이하의 2륜 또는 50cc 미만의 원동기를 단 자전거를 말한다(도로교통법 제2조). 선박이란 수면을 운항하는 교통수단을 말하고, 항공기란 사람의 조종에 의하여 공중을 운항하는 기기이다. 모두 일반적인 교통수단으로 이용되는 경우에 국한되어야 한다. 163

2) 행위　권리자의 동의 없이 일시사용하는 것이다. 164

(가) 권리자의 동의 없이　'권리자'란 이 죄의 보호법익이 사용권이라는 점에 비추어 자동차 등의 소유자는 물론이고 권리자의 위임을 받은 사용권자도 포함한다. '권리자의 동의' 없이 사용한 이상 권리자가 알았거나, 평온·공연하게 사용한 경우에도 이 죄가 성립한다. 동의가 있으면 구성요건해당성이 배제된다. 동의는 사전에 있거나 적어도 사용시에 있어야 하고, 사후동의는 이 죄의 성립에 영향이 없다. 165

(나) 일시사용　'일시사용'은 권리자의 지배를 일시적으로 배제하고 자동차 등을 통행수단으로 이용하는 것을 말한다. 반드시 기관의 동력에 의하여 통행하였음을 요하지 않으나 통행수단으로 이용하여야 한다. 따라서 자동차에 들어가서 시동만을 걸었거나 자동차 안에서 잠자거나 장물을 자동차 안에 은닉하였다는 것만으로 사용이라 할 수 없다. 166

'일시'란 영득의사를 인정할 수 없을 만큼의 짧은 시간대를 의미한다. '사용'이란 처음부터 불법하게 사용을 개시한 경우만을 의미한다. 정당하게 사용하다가 동의의 범위를 초과하여 사용한 경우까지를 일시사용으로 본다면, 계약위반이 있으면 무조건 이 죄에 해당하게 될 것이라고 해야 하기 때문이다. 따라서 택시기사가 개인용무를 위하여 택시를 사용한 경우나 자동차를 빌린 사람이 처로 하여금 운전하게 하였다고 해서 이 죄가 성립하는 것은 아니다. 독자적인 이용이어야 하므로 무임승차나 달리는 자동차에 매달린 것만으로는 '사용'이라고 할 수 없다. 167

(다) 실행의 착수시기　① 자동차 등의 시동을 건 때 실행의 착수가 인정된다는 견해[109]가 있지만 ② 사용 개념의 해석상 시동을 걸기 전 사용할 의사로 승차(승선, 탑승)한 때를 실행의 착수시기라고 해야 한다.[110] 168

(라) 기수시기　① 이 죄는 침해범이므로 사회통념상 상당한 거리를 주행 또는 운항함으로써 자동차 등의 사용권이 침해된 때라고 보는 견해[111]와 ② 자동차등의 시동을 걸고 출발하는 시점 또는 불법사용을 개시한 시점이라고 하는 견해[112]가 대립한다. 사용과 동시에 사용권이 169

109) 임웅, 322면; 정성근/박광민, 295면.
110) 오영근, §17/88; 이형국, 414면.
111) 오영근, §17/88; 이형국, 414면; 임웅, 306면.

침해되고, 계속범의 속성상 일정한 거리의 사용은 기수 이후에 요구되는 요건이므로 후자의 견해가 타당하다.

(2) 주관적 구성요건

170 타인의 자동차, 선박, 항공기 또는 원동기장치자전거라는 사실의 인식 및 권리자의 동의 없이 일시사용한다는 인식과 의사가 있어야 한다(고의). 하지만 절도죄와는 달리 불법영득의 의사가 없는 사용절도의 특별한 경우이므로 불법영득의사라는 초과주관적 구성요건요소는 필요하지 않다.

171 권리자의 동의가 있다고 오인한 때에는 구성요건적 착오로서 고의가 조각된다. 동의가 있음에도 불구하고 없다고 오인한 때에는 불능미수범의 문제가 된다.

3. 죄수, 타죄와의 관계

172 이 죄는 절도죄에 대해 보충관계에 있기 때문에 자동차 등 이 죄의 객체에 대한 불법영득의사가 인정되면 절도죄가 성립하고, 이 죄는 성립하지 않는다.[113]

173 이 죄는 계속범이므로 자동차 등을 부정사용하는 동안에 그 차량으로 다른 범죄(예, 손괴죄)를 범한 경우에는 그 다른 범죄와 상상적 경합이 아니라 실체적 경합이 된다. 시간적으로 동시성이 인정된다고 해서 한 개의 행위가 되는 것은 아니기 때문이다. 하지만 일시사용을 위한 수단으로 폭행·협박한 때에는 양 죄의 상상적 경합이 된다. 다른 한편, 불법영득의 의사없이 타인의 자동차를 일시사용한 경우 이에 따른 유류소비행위는 위 자동차 일시사용에 필연적으로 부수되어 생긴 결과로서 별도의 절도죄를 구성하지 않는다.[114]

Ⅵ. 상습절도죄

> 제332조(상습범) 상습으로 제329조 내지 제331조의2의 죄를 범한 자는 그 죄에 정한 형의 2분의 1까지 가중한다.
>
> 제342조(미수범) 제329조 내지 제341조의 미수범은 처벌한다.
>
> 제344조(친족간의 범행) 제328조의 규정(친족간의 범행과 고소)은 제329조 내지 332조 또는 미수범에 준용한다.
>
> 제346조(동력) 본장의 죄에 있어서 관리할 수 있는 동력은 재물로 간주한다.

1. 의의, 성격

174 상습으로 절도죄, 야간주거침입절도죄 및 특수절도죄, 그리고 자동차등불법사용죄를 범함

112) 박상기, 276면.

113) "형법 제331조의 2에서 규정하고 있는 자동차등불법사용죄는 타인의 자동차 등의 교통수단을 불법영득의 의사 없이 일시사용하는 경우에 적용되는 것으로서 불법영득의 의사가 인정되는 경우에는 절도죄로 처벌할 수 있을 뿐 본죄로 처벌할 수 없다"(대법원 2002.9.6. 2002도3465).

114) 대법원 1985.3.26. 84도1613.

으로써 성립하는 범죄이다. 상습성을 가진 행위자의 신분에 의해서 형벌이 가중되는 부진정 신분범이다.

2. 구성요건

상습성개념 및 상습범의 가중처벌규정의 문제점 등에 관해서는 상해죄 부분에서 설명하였다. 175

절도의 죄에 있어서도 상습성은 절취행위를 수회 반복한 사실만으로 결정할 수 없고 범행의 반복을 통하여 절취의 습벽이 발현되어야 한다.[115] 1회의 범행이라도 과거의 범행경력으로 보아 절도의 습벽이 인정되면 상습범으로 될 수 있다. 하지만 습벽의 발현이 없이, 예컨대 우발적 동기나 경제적 사정의 급박성으로 절취를 반복하여도 상습범은 아니다.[116] 176

例 절도전과 5범인 자가 최종전과범죄 후 약 6년이 지나서 경제적 사정이 급박한 나머지 절도행위를 범한 경우(대법원 1982.1.19. 81도3133), 생업에 종사하면서 갱생하려고 노력하다가 실직하게 되어 단기간에 4회의 소매치기 범행을 한 경우(대법원 1982.6.8. 82도788) 상습성이 부정되었다. 177

상습성은 같은 종류의 범행형태를 반복하는 습벽이어서 다른 종류의 범죄 간에는 인정되지 않지만, 절도의 죄에 있어서는 단순절도, 야간주거침입절도, 특수절도, 자동차등불법사용은 절취라는 행위유형에 따른 것이므로 이를 각각 반복한 때에는 상습성이 인정되며, 이 중에서 가장 중한 특수절도의 상습범으로 처단해야 한다.[117] 178

3. 공범과 신분

상습범은 부진정신분범이므로 절도의 상습 있는 자의 행위에 상습 없는 자가 가담한 경우 비상습자의 죄책과 관련하여 제33조 단서를 적용해야 한다는 견해(다수설)가 있으나, 제33조 본문에 따라 상습절도죄의 공범 또는 공동정범이 성립하지만 처벌은 제33조 단서에 따라 단순절도죄의 법정형에 따라 처벌된다(판례).[118] 179

반면에 비상습자의 절취행위에 절취상습자가 가담한 경우에는 상습자는 제33조 단서의 적용을 받아 상습절도죄의 공범 또는 공동정범이 성립하고 처벌도 거기에 따라 처벌되지만 비상습자는 중한 형으로 벌하지 아니하므로 단순절도죄만 인정된다. 180

4. 죄수, 타죄와의 관계

(1) 죄수

절취행위가 수차 반복된 때에도 상습성이 인정되면 절도죄의 포괄일죄가 된다(통설·판례). 181

---

115) 대법원 1982.2.23. 81도3151; 대법원 1983.4.26. 83도445; 대법원 1987.9.8. 87도1371.
116) 대법원 1976.4.13. 76도259.
117) 대법원 2002.4.26. 2002도429.
118) 이에 관해서는 『총론』의 공범과 신분 참조.

하지만 상습성은 행위의 요소가 아니라 행위자의 일신전속적 신분에 불과한 것이므로 수개의 행위를 한 개로 묶을 수 있는 작용을 할 수 없다. 따라서 상습성이 인정되더라도 포괄일죄의 다른 요건을 갖추지 못하면 일죄가 아니라 수죄로 인정해야 할 것이다.[119]

(2) 타죄와의 관계

182 判 대법원은 단순절도와 야간주거침입절도와 모두 상습성이 인정되는 경우 '상습야간주거침입절도죄'만 인정하고(대법원 1980.5.27. 80도893), 단순절도, 야간주거침입절도, 특수절도, 또는 그 미수의 범행을 저지른 자가 자동차등불법사용의 범행을 추가로 범한 경우에도 그것이 절도의 습벽의 발현이라고 보여지는 이상 자동차불법사용의 범행은 상습절도 등에 흡수되므로 상습절도죄의 성립만 인정한다(대법원 2002.4.26. 2002도429).

다른 한편 대법원은 형법 제332조에 규정된 상습절도죄를 범한 범인이 범행의 수단으로 '주간에' 주거침입을 한 경우 상습절도죄와 별개로 주거침입죄를 구성하고, 상습절도죄를 범한 범인이 그 범행 외에 상습적인 절도의 목적으로 '주간에' 주거침입을 하였다가 절도에 이르지 아니하고 주거침입에 그친 경우에도 상습절도죄와 별개로 주거침입죄를 구성한다(대법원 2015.10.15. 2015도8169)고 하면서도, 특가법 제5조의4 제6항에 규정된 상습절도 등 죄를 범한 범인이 그 범행의 수단으로 주거침입을 한 경우, 또는 위 상습절도 등 죄를 범한 범인이 그 범행 외에 상습적인 절도의 목적으로 주거침입을 하였다가 절도에 이르지 아니하고 주거침입에 그친 경우에도 그것이 절도상습성의 발현이라고 보이는 이상 주거침입행위는 다른 상습절도 등 죄에 흡수되어 위 조문에 규정된 상습절도 등 죄의 1죄만을 구성하고 상습절도 등 죄와 별개로 주거침입죄의 성립을 부정한다(대법원 2017.7.11. 2017도4044).

Ⅶ. 친족상도례

> 제344조(친족간의 범행) 제328조의 규정은 제329조 내지 제332조의 죄 또는 미수범에 준용한다.
>
> 제328조(친족간의 범행과 고소) ① 직계혈족, 배우자, 동거친족, 동거가족 또는 그 배우자간의 제323조의 죄는 그 형을 면제한다.
> ② 제1항 이외의 친족간에 제323조의 죄를 범한 때에는 고소가 있어야 공소를 제기할 수 있다.
> ③ 전2항의 신분관계가 없는 공범에 대하여는 전2항을 적용하지 아니한다.

1. 의의, 성격

(1) 의의

183 친족상도례란 친족간에 범해진 재산죄(강도죄와 손괴죄 제외)를 취급함에 있어서 친족관계라는 신분상의 특수사정을 고려하여 범인을 유리하게 하는 특례규정을 말한다. 친족 간의 정서를 존중하여 법이 가급적 가정 내부사에 개입하지 않도록 하려는 법정책적 특별규정에 해당한다. 친족 사이의 재산죄에 대해서 불가벌로 하는 입법례도 있으나, 형법은 친족관계의 원근에 따라 형이 면제되는 경우(인적처벌조각사유)와 친고죄(소추조건의 특례인정)로 취급되는 경우를 구분하는 입법형식을 따르고 있다.

119) 상습성의 일죄 인정 기준의 문제점 및 판례의 절차법적 해법 및 입법적 해결방안 등은 상습상해죄 및 『총론』의 집합범 참조.

判 헌법재판소는 친족간의 원근에 따라 형면제인 경우와 친고죄로 취급되는 경우로 구분하는 친족상도례규정은 2012.3. 절도죄와 관련하여 합리적인 차별의 취급이 있다고 하면서 합헌결정을 내린 바 있다.[120] 그러나 그로부터 10년 후, 2024. 6. 헌법재판소는 형면제의 법효과를 부여하는 제1항의 규정에 대해서는 헌법불합치결정을 내렸다. "넓은 범위의 친족간 관계의 특성은 일반화하기 어려움에도 일률적으로 형을 면제할 경우, 경우에 따라서는 형사피해자인 가족 구성원의 권리를 일방적으로 희생"시킬 수도 있고, "피해자가 독립하여 자유로운 의사결정을 할 수 있는 사무처리능력이 결여된 경우에 심판대상조항을 적용 내지 준용하는 것은 가족과 친족 사회 내에서 취약한 지위에 있는 구성원에 대한 경제적 착취를 용인하는 결과를 초래할 염려"가 있는 사정이 고려되지 않고 있으며, "대부분의 사안에서는 기소가 이루어지지 않음으로 인해 형사피해자는 재판절차에 참여할 기회를 상실하고 있다"는 점 등을 헌법불합치결정의 결정의 주된 근거로 하였다. 다만 소추상의 특례를 인정하는 제2항의 규정에 대해서는 합헌결정을 내렸다.[121] 184

제328조 제1항이 2025.12.31.을 시한으로 입법자가 이 규정을 개정할 때까지 그 적용이 중지되었으므로, 아래의 해석론은 제1항이 어떻게 개정될지에 따라 달라질 수 있다. **따라서 친족상도례에 관한 이하의 진술은 제1항의 개정이 확정되기 전까지는 제2항에 대해서만 타당하므로 발췌 독서를 권한다.** 185

그러나 제1항의 적용 중지로 인해 제2항의 친족의 경우는 소추상의 특례규정이 적용되는 반면, 제2항의 더 가까운 친족의 경우는 소추상의 특례규정 조차 적용되지 못하는 역차별이 생길 수도 있다. 이러한 역차별이 생기지 않도록 하려면 제1항에 속하는 근친족이 문제될 경우 소추상의 특례규정은 여전히 적용가능한 것으로 잠정 해석할 수도 있다. 186

(2) 법적 성격

친족 사이의 범죄를 특별취급함에 있어 친족관계의 법적 성격은 각기 다르게 해석된다. ① (형면제의 경우(제328조 제1항: 근친간)에는 인적처벌조각사유로 인정되고), 형법개정 시까지는 적용이 배제된다. ② 친고죄로 취급되는 경우(제328조 제2항: 원친간)에는 고소가 소추조건으로 파악된다. 187

2. 적용범위

(1) 대상범죄

친족상도례규정이 적용되는 대상범죄에 관해 형법은 이 규정을 권리행사방해죄에 규정하면서 절도죄, 사기죄, 공갈죄, 횡령죄, 배임죄 및 장물죄에 준용하고 있다. 따라서 강도죄와 손괴죄를 제외한 재산범죄(기수 또는 미수)에 적용된다. 특별법상의 재산범죄는 적용배제를 명시하고 있는 규정이 없는 한 모두 친족상도례가 적용된다.[122] 188

---

120) "형식적인 측면에서 본다면 형법 제328조 제1항의 형면제는 유죄의 실체판결이고, 형법 제328조 제2항은 친고죄로 규정되어 있어서 제2항 절도죄에 대하여 더 유리한 취급을 하는 경우가 있다고 볼 수도 있다. 그러나 실질적인 측면에서 보면, (중략) 절도죄에 있어서 피해재물의 소유자와 점유자가 다른 경우, 범인과 소유자 및 점유자 쌍방 간에 모두 친족관계가 있어야 한다는 대법원 판례에 의하여 구체화된 이 사건 법률조항이 피해재물의 소유자와만 친족관계가 있는 사람과 소유자 및 점유자 모두와 친족관계가 있는 사람 간을 법률상 달리 취급하는 데에는 합리적인 이유가 있다."(헌법재판소 2012.3.29. 2010헌바89)

121) 헌법재판소 2024.6.27. 2020헌마468등.

(2) 친족관계의 범위

189 1) 친족의 범위 친족상도례가 적용되는 직계혈족, 배우자, 동거친족, 동거가족의 정의와 범위는 민법에 따른다.[123)]

190 (가) 직계혈족 자기의 직계존속과 직계비속을 말하고(민법 제768조), 자연혈족과 법정혈족(양친자관계)도 이에 포함된다. 동거 유무는 묻지 않는다. 혼인 외 출생자는 인지한 후에만 친족상도례가 적용된다. 범인이나 피해자가 다른 가에 입양된 후에도 생가를 중심으로 한 종전의 친족관계는 변함이 없다.[124)]

191 (나) 배우자 혼인으로 결합한 남녀의 일방으로서 동거 유무는 묻지 않는다. **사실혼관계에 있는 자도 배우자에 포함시킬 수 있는지**에 관해 ① 이를 긍정하는 견해[125)]도 있지만, ② 혼인은 법률혼만을 의미하므로 사실혼 또는 내연관계에 있는 자는 배우자가 아니라고 해석해야 한다.

192 (다) 동거친족 직계혈족과 배우자를 제외하고 동일한 주거에서 일상생활을 함께 하는 친족을 말한다. 친족은 배우자, 혈족, 인척을 말하지만(민법 제767조), 이 죄에서는 직계혈족과 배우자를 제외하고 방계혈족과 인척이 동거친족에 해당한다. 따라서 일시숙박하는 친족, 가출한 친족, 셋방 사는 친족(차가친족)은 동거친족에 포함되지 않는다. 이와 같은 동거친족은 형이 면제되는데 반하여, 동거하지 않으면 친고죄에 해당하는 친족상도례가 적용된다(제328조 제2항).

193 (라) 동거가족 가족은 배우자, 직계혈족 및 형제자매, 생계를 같이하는 직계혈족의 배우자, 배우자의 직계혈족, 배우자의 형제자매를 말한다(민법 제779조). 계모자관계는 인척이지만 직계혈족인 아버지의 생존시에 한하여 혈족의 배우자가 되어 가족에 포함된다.

194 (마) 그 배우자 '그 배우자'는 동거가족의 배우자만을 의미하는 것이 아니라, 직계혈족, 동거친족, 동거가족 모두의 배우자를 의미한다.[126)]

2) 친족관계의 존재범위

195 (가) 시간적 범위 친족관계는 행위시에 존재하면 족하고, 그 후에 소멸되어도 친족상도례는 적용된다. 혼인 외의 출생자에 대한 인지는 소급하여 효력이 발생하므로(민법 제860조) 범행 후에 인지되어도 친족상도례는 소급적용된다.[127)]

---

122) "특별법인 특정경제범죄가중처벌등에관한법률에 친족상도례에 관한 형법 제354조, 제328조의 적용을 배제한다는 명시적인 규정이 없으므로 형법 제354조는 특정경제범죄가중처벌등에관한법률 제3조 제1항 위반죄에도 그대로 적용된다"(대법원 2000.10.13. 99오1).

123) 대법원 1980.4.22. 80도485.

124) 대법원 1967.1.31. 66도1483. 다만 2005년 민법의 일부개정(시행 2008.1.1)으로 신설된 친양자제도에 의하면 입양한 양친과의 친족관계만 인정하고 종전의 친족관계는 종료된다(제908조의3).

125) 오영근, §17/93; 임웅, 311면.

126) 대법원 2011.5.13. 2011도1765.

127) "형법 제344조, 제328조 제1항 소정의 친족간의 범행에 관한 규정이 적용되기 위한 친족관계는 원칙적으로 범행 당시에 존재하여야 하는 것이지만, 부(父)가 혼인 외의 출생자를 인지하는 경우에 있어서는 민법 제860조에 의하여 그 자의 출생시에 소급하여 인지의 효력이 생기는 것이며, 이와 같은 인지의 소급효는 친족상도례에 관한 규정의 적용에도 미친다고 보아야 할 것이므로, 인지가 범행 후에 이루어진 경우라고 하더라도 그 소급효에 따라

(나) 인적 범위 **재물의 소유자와 점유자가 다른 경우에 친족관계가 어느 쪽에 필요한지**가 문제된다. 이에 대해서는 ① 행위자와 소유자 사이에 친족관계가 존재하면 충분하다는 견해[128)](소유자관계설), ② 소유자와 점유자 쌍방이 행위자와 친족관계가 있어야 한다는 견해(소유자·점유자관계설, 다수설)가 대립한다. 196

判 대법원은 친족상도례 규정은 절도범인이 피해물건의 소유자나 점유자의 어느 일방과 사이에서만 친족관계가 있는 경우에는 적용되지 않고 점유자와 소유자 모두가 친족관계에 있을 경우에만 적용된다고 한다.[129)] 대법원은 '횡령죄와 배임죄'의 경우에도 신뢰관계위반의 성격을 가지는 범죄이므로 행위자는 소유자뿐 아니라 위탁자와의 관계에서도 친족관계가 있어야 할 것을 요구한다.[130)] 그러나 대법원은 사기죄의 경우 피기망자와 재산상의 피해자가 다른 경우 양자 사이에 모두 친족관계가 있을 것을 요하지 않고, 행위자와 피기망자 사이에는 친족관계가 있을 필요가 없고, 재산상의 피해자와의 사이에만 친족관계가 있으면 족하다고 한다.[131)] 197

절도죄의 경우 소유권과 함께 평온한 점유도 보호법익이며 따라서 소유자는 물론이고 정당한 근원이 있는 점유자도 피해자에 포함되어야 하므로 소유자·점유자관계설이 타당하다. 사기죄와 공갈죄의 경우와 같이 피기망자 또는 피공갈자와 재산상의 피해자가 다른 경우 친족관계가 어디까지 인정되어야 할 것인지가 문제될 수 있다. 공갈죄의 경우에는 재산권뿐만 아니라 자유권도 보호법익으로 보는 데 이견이 없으므로 피공갈자와 소유자 사이에도 친족관계가 인정되어야 친족상도례가 적용되는 것으로 해석해야 할 것이다. 그러나 대법원은 사기죄의 경우 재산 이외에 거래의 진실성에 대한 일반인의 신뢰까지 보호법익으로 인정하면서도 피기망자 사이에는 친족관계를 요구하지 않고 있다(사기죄 참조). 198

3. 적용효과

(1) 일반적인 경우

직계혈족, 배우자, 동거친족, 동거가족 또는 그 배우자 간의 범죄는 형을 면제하고, 그 외의 친족 간의 범죄는 고소가 있어야 공소를 제기할 수 있는 친고죄로 취급한다. 범죄불성립의 경우에는 무죄판결을 하나 형면제의 경우는 유죄는 인정되지만 형면제의 실체판결을 하고(형사소송법 제322조), 친고죄의 경우 고소가 없이 공소가 제기된 경우에는 공소기각의 판결로 소송을 199

형성되는 친족관계를 기초로 하여 친족상도례의 규정이 적용된다"(대법원 1997.1.24. 96도1731).

128) 김성천/김형준, 382면; 김일수/서보학, 264면; 배종대, §65/33; 이재상/장영민/강동범, §16/97.

129) "친족상도례에 관한 규정은 범인과 피해물건의 소유자 및 점유자 모두 사이에 친족관계가 있는 경우에만 적용되는 것이고 절도범인이 피해물건의 소유자나 점유자의 어느 일방과 사이에서만 친족관계가 있는 경우에는 그 적용이 없다"(대법원 1980.11.11. 80도131).

130) "횡령범인이 위탁자가 소유자를 위해 보관하고 있는 물건을 위탁자로부터 보관받아 이를 횡령한 경우에 형법 제361조에 의하여 준용되는 제328조 제2항의 친족간의 범행에 관한 조문은 범인과 피해물건의 소유자 및 위탁자 쌍방 사이에 같은 조문에 정한 친족관계가 있는 경우에만 적용되고, 단지 횡령범인과 피해물건의 소유자 간에만 친족관계가 있거나 횡령범인과 피해물건의 위탁자 간에만 친족관계가 있는 경우에는 적용되지 않는다"(대법원 2008.7.24. 2008도3438).

131) 대법원 2007.3.15. 2006도2704.

종결한다(형사소송법 제327조).

(2) 장물죄의 특칙

200 장물범과 피해자(소유자 및 점유자) 간에 제328조 제2항의 친족관계가 있는 경우에는 친고죄로 취급한다.

201 장물범과 본범 간에 제328조 제1항의 친족관계가 있는 경우에는 그 형을 감경 (또는 면제)하고, 제328조 제2항의 친족관계가 있는 경우에는 형의 감경이나 면제의 효과를 인정하지 않는다.

4. 관련문제

(1) 친족관계의 착오

202 형면제의 효과가 부여되는 친족관계는 인적처벌조각사유이므로 객관적으로 존재하면 족하고, 고의의 인식대상이 아니다. 따라서 친족관계에 대한 착오가 있더라도 고의가 조각되지 않고, 범죄성립에 지장을 주지 않는다.[132] 예컨대 아버지 소유물이라 믿고 절취하였는데 제3자의 것인 경우에는 절도죄도 인정되고 형면제의 적용도 되지 않는다. 반대로 제3자 소유물로 알고 아버지 물건을 절취한 경우에는 객관적으로 친족관계가 인정되므로 친족상도례가 적용된다.

(2) 친족관계 없는 공범

203 친족상도례는 친족관계가 있는 범인에게만 적용되고, 친족관계가 없는 공범에 대해서는 적용되지 않는다(제328조 제3항, 제365조 제2항 단서). 친족관계는 일신전속적 성질을 가진 신분이므로 그 신분이 있는 사람에게만 적용되기 때문이다. 따라서 제3자가 친족상도례가 적용되는 범죄에 가담한 경우 친족관계에 있는 자에 대해서만 친족상도례가 적용되고 제3자는 여전히 공범 또는 정범으로 처벌된다. 하지만 반대로 친족관계에 있는 자가 제3자의 친족상도례 적용 대상 범죄에 가담한 경우에는 친족관계에 있는 자도 처벌된다(이에 관해서는 『총론』의 처벌조각적 소극적 신분과 공범 참조).

§26 제2절 강도의 죄

Ⅰ. 총설

1. 의의 및 보호법익

(1) 의의

1 강도의 죄는 폭행 또는 협박으로 타인의 재물을 강취하거나 재산상의 이익을 취득하거나 제3자로 하여금 취득하게 하는 행위 및 이에 준하는 행위를 내용으로 하는 범죄이다. 재산권

132) 대법원 1966.6.28. 66도104.

뿐 아니라 부차적으로 생명·신체 그리고 자유권을 침해하는 것을 내용으로 한다는 특징도 가진다.

2 강도의 죄는 재물죄이자 이득죄라는 점에서 그리고 행위수단으로 폭행·협박을 사용한다는 점에서 순수 재물죄이면서 폭행·협박을 수단으로 하지 않는 절도의 죄와 구별된다. 그리고 폭행·협박을 수단으로 사용하여 상대방의 의사에 반하는 재물 또는 재산상의 이득을 탈취한다는 점에서 폭행·협박이 존재하여 하자는 있지만 전적으로 상대방의 의사에 반하지는 않은 교부행위 또는 처분행위가 있을 것을 요하는 공갈죄와 다르다.

(2) 보호법익

3 강도의 죄는 재물과 재산상의 이익을 행위객체로 하므로 재산, 즉 재물에 대한 소유권 및 평온점유와 재산상의 이익을 포함한 재산 일반을 보호법익으로 한다. 뿐만 아니라 강도의 죄는 재산죄와 폭행죄 또는 협박죄의 결합범이므로 범죄구성요건에 따라 자유권(의사결정과 활동의 자유)과 생명 또는 신체의 완전성 등 인격적 법익도 부차적인 보호법익으로 한다. 보호법익이 보호받는 정도는 재물 또는 재산상의 이익을 취득할 것을 요하는 점에서 침해범으로서의 보호라는 점에 이견이 없다.

2. 구성요건의 체계

4

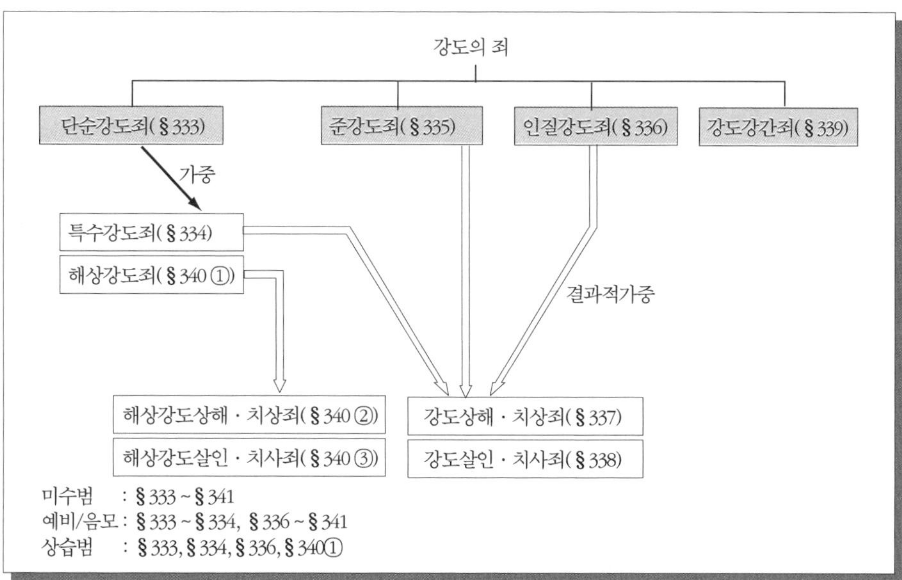

5 강도의 죄는 단순강도죄를 기본적 구성요건으로 하고, 특수강도죄와 해상강도죄를 가중적 구성요건으로 하며, 준강도죄와 인질강도죄 및 강도강간죄를 독립된 범죄유형으로 규정하고 있다. 그리고 강도상해·치상죄, 강도살인·치사죄, 해상강도상해·치상죄 및 해상강도살인·

치사·강간죄를 결합범 내지 결과적 가중범의 가중적 구성요건으로 규정하고 있다. 그 밖에 상습성으로 인하여 형이 가중되는 상습강도죄가 규정되어 있다.

6 강도의 죄는 범죄의 중대성을 고려하여 미수는 물론이고 예비·음모도 처벌하고 있다. 특가법은 강도상해·치상과 강도강간을 범한 자가 재범을 한 경우를 가중처벌하고(제5조의5), 성폭법은 특수강도죄를 범한 자가 강간, 준강간, 강제추행, 준강제추행죄를 범한 때에 가중처벌하는 특별규정을 두고 있으며(제3조), 특강법은 강도의 죄를 특정강력범죄로 규정하고 실체법 및 절차법상 특례조항을 두고 있다.

Ⅱ. 단순강도죄

> 제333조(강도죄) 폭행 또는 협박으로 타인의 재물을 강취하거나 기타 재산상의 이익을 취득하거나 제3자로 하여금 이를 취득하게 한 자는 3년 이상의 유기징역에 처한다.
>
> 제342조(미수범) 제329조 내지 제341조의 미수범은 처벌한다.
>
> 제346조(동력) 본장의 죄에 있어서 관리할 수 있는 동력은 재물로 간주한다.

1. 의의, 성격

7 단순강도죄는 폭행 또는 협박으로 타인의 재물을 강취하거나 기타 재산상의 이익을 취득하거나 제3자로 하여금 취득하게 함으로써 성립하는 범죄이다. 절도죄와 폭행죄 또는 협박죄의 결합범이며, 재물죄이자 이득죄, 침해범이면서 상태범에 해당한다.

2. 구성요건

(1) 객관적 구성요건

8 1) 주체 주체에는 아무런 제한이 없다. 직계혈족, 기타의 친족이 주체인 때에도 친족상도례의 규정을 준용하지 않는다.

9 2) 객체 재물 또는 재산상의 이익이다.

10 (가) 재물 재물의 개념은 절도죄에서 설명한 내용과 같다. 타인이 점유하는 타인소유의 재물이므로 자기의 소유물로써 타인이 점유하는 재물인 때에는 점유강취죄(제325조 제1항)의 객체가 되며, 공무소의 명령에 의하여 타인이 관리하는 것이면 공무상보관물무효죄(제142조)의 객체가 된다.

11 재물은 반드시 객관적인 경제적인 가치가 있을 것을 요하지 아니하고 주관적으로 가치가 있으면 족하다는 점에서는 절도죄의 재물의 경우와 마찬가지이다. 따라서 찢어진 어음은 원인채권을 변제받기 위한 증거 내지 수단으로 사용할 수 있으므로 그 어음 조각은 강도죄의 객체인 재물에 해당한다.[133] 부동산은 재물에 포함되지만 탈취의 수단으로는 공격이 이루어

질 수 없기 때문에 강도죄의 재산상의 이익에 포함된다. 따라서 예컨대 사람을 폭행 또는 협박하여 부동산의 소유권이전등기를 하도록 하는 경우에도 이 죄가 성립한다.

(나) 재산상의 이익 재산상의 이익은 재물 이외의 재산적 이익을 말한다.[134] 재산상의 이익은 적극적 재산의 증가이건 소극적 재산의 감소이건, 또 영구적 이익이건 일시적 이익이건 묻지 않는다. 12

언제 재산상의 이익이 인정될 수 있는지와 관련하여 형법상 재산개념을 어떻게 이해할 것인지가 문제된다. 이와 관련하여 ① 재산이란 민법상으로 인정되는 재산상의 권리와 의무의 총체이므로 그 경제적 가치와는 무관하게 법적으로 승인된 재산만이 형법상의 재산이 된다는 견해(법률적 재산설), ② 재산은 경제적 이익의 총체이므로 객관적으로 교환가치가 인정되면 법적으로 승인된 권리가 아니라도 재산상의 이익이 된다고 하는 견해[135](경제적 재산설), ③ 재산은 법적 보호를 받는 경제적 이익의 총체이므로 경제적 가치가 있는 이익 중에서 법적으로 승인된 것만 재산상의 이익이 된다고 하는 견해[136](법률적·경제적 재산설)가 대립한다. 13

判 대법원은 경제적 재산개념을 기초로 삼고 있다. 재산상의 이익은 반드시 사법상 유효한 재산상의 이득만을 의미하는 것이 아니고 외견상 재산상의 이득을 얻을 것이라고 인정할 수 있는 사실관계만 있으면 족하다[137]고 하기 때문이다. 14

例 재산상의 이익을 인정한 사례: 협박을 통해 지불각서를 받은 경우(대법원 1994.2.22. 93도428: 강도죄), 신용카드의 매출전표가 폭행·협박으로 작성되었지만 그 기재된 금액을 지급받을 수 있는 가능성이 있는 상태인 경우(대법원 1997.2.25. 96도3411: 강도죄), 금품 등 제공받을 것을 전제로 성행위를 하는 부녀와 성행위를 한 후 그 성행위의 대가의 지급을 면한 경우(대법원 2001.10.23. 2001도2991: 사기죄) 등. 15

생각건대 재산에 대한 형법적 보호가치는 반드시 재산권에 대한 사법상의 권리로부터 나오는 것은 아닐 뿐 아니라 사법상의 적법성 내지 유효성에서 담보되는 것만도 아니다. 사법상 형식적으로 위법하더라도 사실상 평온 하에 지배할 이익이 있다면 형법상 재산상 이익으로서 보호할 가치가 있다. 형법의 재산보호와 민법적 권리는 그 취지가 다르므로 형법적 보 16

---

133) 대법원 1987.10.13. 87도1240.

134) 다만 특허권, 실용신안권, 의장권, 상표권, 저작권 등 무체재산권도 재산적 이익이지만 이에 대한 침해는 각 특별법에서 규율하고 있으므로 형법이 적용되지 않는다.

135) 손동권/김재윤, §21/6; 오영근, §16/22; 이재상/장영민/강동범, §17/9; 임웅, 272면; 정성근/정준섭, 194면.

136) 김성천/김형준, 402면; 김일수/서보학, 315면; 박상기, 249면; 배종대, §17/7; 이형국/김혜경, 328면(사회적·경제적·재산설).

137) "형법 제333조 후단의 강도죄, 이른바 강제이득죄의 요건인 재산상의 이익이란 재물 이외의 재산상의 이익을 말하는 것으로서 적극적 이익(적극적인 재산의 증가)이든 소극적 이익(소극적인 부채의 감소)이든 상관없는 것이고, 강제이득죄는 권리의무관계가 외형상으로라도 불법적으로 변동되는 것을 막고자함에 있는 것으로서 항거불능이나 반항을 억압할 정도의 폭행 협박을 그 요건으로 하는 강도죄의 성질상 그 권리의무관계의 외형상 변동의 사법상 효력의 유무는 그 범죄의 성립에 영향이 없고, 법률상 정당하게 그 이행을 청구할 수 있는 것이 아니라도 강도죄에 있어서의 재산상의 이익에 해당하는 것이며, 따라서 이와 같은 재산상의 이익은 반드시 사법상 유효한 재산상의 이득만을 의미하는 것이 아니고 외견상 재산상의 이득을 얻을 것이라고 인정할 수 있는 사실관계만 있으면 된다"(대법원 1994.2.22. 93도428).

호대상은 형법의 재산보호 취지에 따라 독자적으로 판단하기 때문에 법질서의 통일성도 이 단계에서 고려할 필요는 없다.[138] 따라서 경제적 재산설이 타당하다.

17 3) 행위 폭행 또는 협박으로 재물을 강취하거나 기타 재산상의 이익을 취득하거나 제3자로 하여금 이를 취득하게 하는 것이다.

(가) 폭행·협박

18 가) 폭행 '폭행'이란 사람에 대한 유형력의 행사를 말한다. 강도죄는 의사결정이나 의사활동의 자유를 보호법익으로 하는 것이므로 반드시 사람이나 사람의 신체에 대한 것임을 요하지 않고 물건에 대한 것이라도 간접적으로 사람에 대한 유형력이 행사되면 족하다. 따라서 문을 걸어 잠가 피해자를 가두거나 피해자가 타고 가는 승용차를 전복시키는 것도 이 죄의 폭행이 된다.

19 **폭력적인 방법(절대적 폭력·심리적 폭력 포함) 이외의 경우에도 이 죄의 폭행이 되는지가 문제**된다. ① 다수의 견해는 약물 등으로 기절시킨 경우 또는 잠들게 한 경우 폭행을 인정하지만, ② 혼취강도를 준강도로 규정한 구형법(일본 현행형법)의 경우와는 달리 폭행과 상해를 엄격하게 구분하는 현행 형법의 해석상 강제가 아닌 기망의 방법으로 수면제를 먹이는 경우는 폭행이 될 수 없다는 견해[139]가 있다.

20 判 대법원은 폭행이외의 방법으로 수면제 등을 먹여 졸음에 빠지게 한 경우에도 폭행을 인정함으로써 이른바 혼수강도도 인정한다.[140] 하지만 대법원은 서로 싸움을 하다가 혼수상태를 야기시킨 후 재물탈취의사가 생긴 때에는 혼수상태가 재물탈취의 방법으로 이루어진 것이 아니어서 이 죄의 폭행을 인정하지 않았다.[141] 또한 대법원은 날치기나 들치기와 같이 재물취거의 수단으로 이루어진 폭행은 점유탈취의 과정에서 반항억압의 목적 없이 우연히 강제력이 가해진 경우이므로 강도죄의 폭행이 될 수 없고 절도죄의 성립만 인정되지만, 그 과정에서 상대방의 반항을 억압할 정도의 강제력이 행사된 경우에는 강도죄의 폭행으로 인정될 수 있다고 한다.[142]

21 기망의 방법으로 수면제나 약물등을 섭취하게 하여 기절시키거나 잠들게 하는 것은 약물 등의 효과가 의식장애 등 정신적인 장애나 급성 중독증이 초래될 경우 상해가 되는 것과 별개로(상해죄 또는 강도상해죄 참조), 그 자체 상대방의 반항을 불가능하게 하는 불법한 유형력에 해당하므로 강도죄의 폭행을 인정하는 것이 타당하다.

22 나) 협박 '협박'은 해악을 고지하여 공포심을 일으키는 것을 말한다. 해악의 내용은 제

138) 특히 법질서의 통일성은 위법성을 근거지우기 위해서가 아니라 위법성을 조각시키는 이론상의 근거가 되고 있다.

139) 오영근, 제8판, 280면.

140) "'아티만'(Ativan: 신경안정제) 4알을 탄 우유나 사와가 들어 있는 갑을 휴대하고 다니다가 사람에게 마시게 하여 졸음에 빠지게 하고 그 틈에 그 사람의 돈이나 물건을 빼앗은 경우에 그 수단은 강도죄에서 요구하는 남의 항거를 억압할 정도의 폭행에 해당된다"(대법원 1979.9.25. 79도1735).

141) 대법원 1956.8.17.4289형상170.

142) 대법원 2003.7.25. 2003도2316; 대법원 2007.12.13. 2007도7601 판결은 '날치기수법으로 피해자가 들고 있던 가방을 탈취하면서 가방을 놓지 않고 버티는 피해자를 5m가량 끌고 감으로써 피해자의 무릎 등에 상해를 입힌 경우,' 반항을 억압하기 위한 목적으로 가해진 강제력으로서 그 반항을 억압할 정도에 해당한다고 보아 강도치상죄의 성립을 인정하였다.

한이 없으며, 현실적으로 해악을 가할 의사나 실현가능성 유무도 묻지 않는다. 하지만 상대방이 해악의 발생가능성을 협박자의 의사에 의해 좌우되는 것으로 생각한 경우이어야 한다.

다) 폭행 · 협박의 정도 　폭행 · 협박은 상대방의 반항을 억압하거나 현저하게 곤란하게 할 정도이어야 한다(최협의의 폭행 · 협박).[143] 반항억압이란 폭행 또는 협박에 의하여 정신적 또는 신체적 자유를 상실 내지 저항을 심히 곤란하게 할 정도의 상태를 말한다. 현실적으로 반항능력이나 반항의사를 완전히 상실시킬 필요가 없으며, 예상되는 반항을 억압할 정도로 충분하다. 따라서 마취제, 수면제, 주류 등을 이용하여 혼수상태에 빠뜨리거나, 피해자의 머리를 때려 기절시킨 경우 등 피해자가 재산을 자의로 처분할 수 없는 상태이면 반항억압이 된다. 23

강도의 고의를 가진 경우에도 객관적으로 폭행 · 협박이 반항을 억압하거나 현저하게 곤란하게 할 정도임에 달하지 못한 경우에는 공갈죄가 된다.[144] 또 재물탈취시 폭행 · 협박하였어도 이로 인하여 피해자의 주의를 다른 데로 돌리게 하고 그 사이에 재물을 취거한 때에는 폭행(또는 협박)죄와 절도죄만 성립하고 강도죄는 성립하지 않는다. 24

判 폭행 · 협박이 반항을 억압할 정도이거나 현저하게 곤란할 정도인지에 관해 대법원은 피해자의 주관을 기준으로 하지 않고 폭행 · 협박의 객관적 성질에 따라 사회통념에 기준하여 판단한다.[145] 25

例 **반항억압할 정도임을 인정한 판례:** ① 수인이 피해자를 둘러싸고 폭행과 위협을 가하여 현실적으로 도피나 항거가 불가능한 상태에서 시계를 탈취한 경우에는(피해자가 정신적으로 항거불능한 것으로 생각하지 않았더라도) 특수강도죄가 성립된다(대법원 1960.8.30. 4293형상343). ② 택시운전사에게 안면에 주머니칼을 들이대고 금품을 강요한 경우 피해자의 반항을 억압할 정도의 폭행 · 협박이 된다(대법원 1967.11. 28. 67도1283). ③ 피해자의 뒤를 따라가다가 그 등을 발로 세게 차서 상해를 입힌 후에 물건을 빼앗은 것이라면 비록 느닷없이 한 것이라 하더라도 피해자의 반항을 억압할 수 있을 정도의 폭행에 해당한다(대법원 1972.1. 31. 71도2114). ④ 피해자가 맞은편에서 걸어오고 있는 것을 발견하고 접근하여 미리 준비한 돌멩이로 안면을 1회 강타하여 전치 3주간의 안면부 좌상 및 피하출혈상 등을 입히고 가방을 빼앗은 것이라면 피해자의 반항을 억압할 수 있을 정도의 폭행에 해당한다(대법원 1986.12. 23. 86도2203). ⑤ 신경안정제를 우유에 타서 마시게 하여 졸음에 빠지게 하거나(대법원 1979.9. 25. 79도1735), ⑥ 유효한 약제라고 속여 복용하게 한 경우(대법원 1954.6.29. 4286형상1110)도 폭행이 된다. 26

例 **반항억압할 정도임을 부정한 판례:** ① 피고인이 범행시 비록 칼을 내보이기는 하였으나 범행시간(주간)과 장소(노상) 및 불과 일 · 이백원 정도의 잔돈만을 소지하고 있는 15, 6세 정도의 소년만을 대상으로 범행한 점, 피해자가 '내 돈 돌려주어'라고 요구하였고, 피고인이 시계까지 벗어달라고 했으나 이를 못 주겠다는 피해자의 진술이 있는 점 등의 사정으로 보아 그 협박의 정도가 피해자의 반항을 억압함에 충분한 협박이라고 볼 수 없는 경우에는 강도죄로 처단할 수 없다(대법원 1976.8. 24. 76도1932). ② 다소의 강제력을 행사하여 사기도박으로 잃은 돈을 억지로 되돌려 받은 것은 강도죄에 있어서의 폭행, 협박의 정도에 이르지 않는다(대법원 1993.3. 9. 92도2884). ③ 도박자금으로 빌려준 돈을 변제 받기 위하여 대낮에 물리력을 행사하지 않고, 승합차에 태우고 공동묘지로 가서 '경찰서로 가자, 오늘 돈을 갚지 않으면 풀어 줄 수 없다. 돈을 더 주지 않으면 가만두지 않겠다'고 협박한 정도는 '공갈죄의 폭행과 협박에 27

143) 대법원 1993.3.9. 92도2884.
144) 대법원 1960.2.29. 4292형상997; 대법원 1961.5.12. 4294형상98.
145) "강도죄에 있어서 폭행과 협박의 정도는 사회통념상 객관적으로 상대방의 반항을 억압하거나 항거불능케 할 정도의 것이라야 한다"(대법원 1976.8.24. 76도1932; 대법원 1993.3.9. 92도2884 등).

해당함은 별론으로 하더라도 사회통념상 객관적으로 상대방의 반항을 불가능 또는 억압할 정도에 이르렀다고 볼 수 없다'(대법원 2001.3.23. 2001도359)

28 라) 폭행 · 협박의 상대방 폭행·협박의 상대방은 반드시 '재물의 소유자 또는 점유자일 필요가 없다'.[146] 특히 제3자에 대한 폭행은 점유자에 대한 협박이 될 수 있다. 제3자에 대한 폭행·협박의 경우 상대방인 제3자는 재물강취에 장애가 될 수 있는 자이면 충분하고, 재물 등에 대한 정당한 권리자이거나 이를 보호할 지위에 있을 것을 요하지 않는다. 의사능력자임도 요하지 않으며, 10세 정도의 아동이라도 재물관리능력이 있으면 폭행·협박의 상대방이 될 수 있다.

29 (나) 재물의 강취 재물의 강취란 반항을 억압할 수 있는 폭행·협박에 의해서 피해자의 의사에 반하여 그 재물을 자기 또는 제3자의 지배하에 옮기는 것을 말한다. 행위자 자신이 피해자의 재물을 직접 탈취하거나 피해자가 교부하는 재물을 수령하여도 강취에 해당한다. 또 피해자의 반항이 억압되어 있는 사이 재물의 강취를 피해자가 알지 못한 때에도 강취가 된다.

30 (다) 재산상의 이익 취득 반항이 억압될 수 있는 정도의 폭행·협박을 통해 상대방의 의사에 반하여 재산상의 이익을 취득하거나 제3자로 하여금 취득하게 하는 것이다(강제이득죄).

31 가) 강제이득의 형태 일반적으로 강제이득을 얻는 형태로 세 가지를 들 수 있다. 첫째는 피해자의 처분행위를 통해 이익을 얻는 경우(채무면제, 채무이행연기)이고, 둘째는 정당한 대가 없이 피해자에게 노무를 제공받는 경우(택시운전사에게 일정한 장소로 태워줄 것을 강요함)이며,[147] 셋째는 피해자에게 일정한 의사표시를 하게 함으로써 이익을 얻는 경우(소유권이전등기, 저당권설정등기 말소의 의사표시) 등이다. 상대방에게 의사표시를 하게 함으로써 이익을 취득하는 경우 그 의사표시가 민법상 무효 또는 취소할 수 있는 것이어도 강도죄의 성립에는 영향이 없다.

32 나) 처분행위의 요부와 이익취득의 시기 강제이득의 경우 통상적으로 이익의 취득이 외부로 드러나지 않기 때문에 구체적으로 언제 이익이 취득되었는지가 분명하지 않다. 따라서 **피해자의 의사표시나 처분행위 등 일정한 외관을 갖추어야 하는지**가 문제된다. 이와 관련하여 ① 재물강취죄의 강취가 점유이전이 있는 것처럼 이익취득의 경우에도 일정한 이익이 행위자에게 이전하였다고 볼 수 있는 외부적 사실(의사표시)이 필요하다는 견해[148](적극설)와 ② 재물강취에 있어서 억압상태하에서의 교부·처분행위를 반드시 처분행위라고 할 수는 없으므로 재산상의 이익취득에서도 피해자의 의사표시나 처분행위가 별도로 필요치 않다는 견해(소극

146) 대법원 1967.6.13. 67도610.

147) 대가를 지급받을 수 없는 단순한 노무제공은 재산상의 이익이라 할 수 없기 때문에 자가용승용차를 정차시켜서 운행하게 하면 강도죄가 되지 않고 강요죄에 해당할 뿐이다(이재상/장영민/강동범, §17/24).

148) 유기천(상), 225면.

설)가 대립한다. 채무면탈목적으로 살인행위를 한 경우 적극설을 취하면 단순살인죄가 되겠지만 소극설을 취하면 강도살인죄가 된다.

判 대법원은 재물강취의 경우와는 달리 재산상의 이득취득의 경우는 반드시 상대방의 의사에 의한 처분행위를 필요로 하지 않는다고 해석함으로써 소극설을 취한다.[149] 그러나 다른 한편 대법원은 이익취득의 경우 재물강취의 경우 재물의 취득 사실에 상응하게 '외견상 이익을 얻을 것이라고 인정할 수 있는 사실관계'가 존재할 것을 부가적으로 요구한다. 채무면탈을 위한 살인의 경우 단순살인죄가 아니라 강도살인죄가 되기 위해서는 피해자의 재산을 상속할 친척이 없고 채무자가 사실상 그 채권의 추궁을 면한 것과 같은 사실관계를 요구하는 것도 이 때문이다.[150] 33

강도죄는 피해자가 반항억압상태에서 전혀 의사표시나 처분행위를 할 수 없는 경우가 태반이다. 뿐만 아니라 외견상 피해자의 교부 또는 처분행위가 있는 때에도 피해자의 의사에 의한 것이 아니므로 법률상 처분행위라고 하기도 어렵다. 강제이득에 있어서도 사정은 마찬가지이기 때문에 소극설이 타당하다. 이 뿐만 아니라 재산상의 이익취득은 장래에 일어나거나 제3자의 부가적인 행위 또는 외부적인 관계가 변해야 일어나는 경우가 많은데 이러한 사정이 있는 경우에는 사법상 유효한 재산상의 이득까지는 요구할 수 없지만 적어도 이익취득이 구체적으로 현실화될 수 있는 '외견상의 가능성 내지 사실관계'가 존재할 것을 강도이득죄의 성립요건을 인정하는 것이 타당하다. 34

(라) 폭행·협박과 재물강취 또는 강제이득과의 관계

가) 목적과 수단의 관계 폭행 또는 협박은 재물강취나 강제이득의 수단으로 사용된 것이라야 한다. 따라서 반항을 억압할 정도의 폭행·협박이 있어도 재물강취나 이익취득(강취)의 수단으로 사용된 것이 아니거나 폭행이 피해자의 반항억압을 목적으로 함이 없이 점유탈취의 과정에서 우연히 가해진 경우[151] 혹은 처음부터 재물강취의 고의가 없던 자가 타인에 대하여 폭행 또는 협박을 가한 사실이 있다 해도 '그 타인이 재물취거의 사실을 알지 못하는 사이에 그 틈을 이용하여 우발적으로 재물을 취거한 경우'[152]에는 강도죄가 인정될 수 없다. 35

폭행·협박이 강취의 수단으로 사용되었다고 하기 위해서는 폭행·협박과 재물강취 사이에 시간적·장소적 관련성이 있어야 한다.[153] 이 때문에 상당한 시간이 경과한 후 폭행·협박이 있은 곳과는 다른 장소에서 금원을 교부받은 경우에는 강도죄가 성립할 수 없다.[154] 폭행·협 36

149) "형법 제333조(강도죄) 소정의 재산상의 이득행위는 같은 규정의 재물강취와 마찬가지로 반드시 상대방의 의사에 의한 처분행위를 필요로 하지 않는다고 해석함이 상당하다"(대법원 1964.9.8. 64도310).

150) 대법원 1971.4.6. 71도287.

151) 대법원 2003.7.25. 2003도2316.

152) 대법원 2009.1.30. 2008도10308.

153) "위 폭행 또는 협박에 의한 반항억압의 상태가 처음부터 재물 탈취의 계획하에 이루어졌다거나 양자가 시간적으로 극히 밀접되어 있는 등 전체적·실질적으로 단일한 재물 탈취의 범의의 실현행위로 평가할 수 있는 경우에 해당하지 아니하는 한 강도죄의 성립을 인정하여서는 안 될 것이다"(대법원 2009.1.30. 2008도10308).

154) "피고인이 피해자에게 폭행·협박을 한 후 그로부터 상당한 시간이 경과한 후인 같은 날 다른 장소에서 피해자로부터 금원을 교부받았다면 피고인의 폭행·협박으로부터 벗어난 이후에는 의사억업상태가 계속되었다고 보기

박은 원칙적으로 강취 이전에 있어야 하며, 재물취거 이후에 폭행·협박을 하면 경우에 따라 준강도죄가 인정될 수 있을 뿐이다.

37 강취의 목적이 아닌 다른 목적(강간)으로 폭행·협박하던 중에 재물강취의 고의가 생겨 계속 폭행·협박을 하여 재물을 빼앗은 경우에도 강도죄는 인정되지만, 다른 목적(강간)으로 폭행·협박하여 상대방이 항거불능상태가 되자 그 후 비로소 영득의사가 생겨 재물을 취거한 경우 강도죄의 성립이 인정될 수 있는지가 문제된다.

38 判 대법원은 ① 강간죄와 절도죄의 경합범을 인정한 경우[155]도 있고, ② 강간죄와 강도죄의 경합범을 인정한 경우[156]도 있다. 폭행·협박이 강취의 수단으로 사용된 것이 아니므로 강도죄가 성립하지 않고 따라서 강간죄와 절도죄의 경합범이 된다고 보는 것이 타당하다.

39 나) 인과관계 강취가 있다고 하기 위해서는 폭행·협박에 의한 반항억압과 강취사이에 인과관계가 있어야 한다. 폭행·협박으로 조성된 피해자의 반항억압 상태를 이용하여 재물을 취득한 경우에는 인과관계가 인정된다.[157] 따라서 반항을 억압할 수 있는 정도의 폭행·협박을 하였으나 피해자가 연민의 정에서 재물을 교부한 경우는 물론 반항을 억압할 수 있는 정도의 폭행·협박을 하여 피해자에게 공포심은 일으켰으나 반항이 억압되지 않은 상태에서 재물을 교부한 때에도 강도미수가 된다. 하지만 반항을 억압할 정도의 폭행·협박을 가하자 피해자가 재물을 그대로 두고 도주하거나 범인의 재물취득을 묵인한 때에도 이를 바로 영득하면 강도죄가 된다.

(마) 실행의 착수와 기수시기

40 가) 실행의 착수시기 강취는 강취의사로 폭행, 협박이 개시된 때에 착수가 있다. 강도의사로 타인의 주거에 침입하거나 타인의 재물을 탈취하였어도 폭행·협박으로 나아가지 않는 한 강도죄의 실행의 착수가 있다고 할 수 없다. 먼저 재물을 탈취하고 이를 확보하기 위해서 폭행·협박을 한 때에도 폭행·협박이 개시된 때에 강도죄의 착수가 있다.

41 나) 기수시기 재물 또는 재산상의 이익을 취득한 때에 기수가 된다. 재물을 탈취한 후 이를 확보하기 위해서 폭행·협박을 가하는 때에는 재물취득이 확보된 때에 기수가 된다. 재산상의 이익을 취득하기 위해 폭행·협박을 한 경우에는 적어도 외관상으로나 사실상 재산상의 이익을 얻을 수 있는 가능한 상태가 되어야 기수가 된다.

(2) 주관적 구성요건

42 1) 고의 폭행·협박으로 타인의 재물 또는 재산상의 이익을 취득한다는 고의가 있어야 한다.

는 어렵다 할 것이므로 특수강도죄의 미수로 처벌할 수는 있을지언정 이를 특수강도죄의 기수로 처벌한 원심판결에는 강취의 점에 관하여 법리를 오해한 위법이 있다"(대법원 1995.3.28. 95도91).

155) 대법원 1984.2.28. 84도38.

156) 대법원 1977.9.28. 77도1350.

157) 대법원 2009.1.30. 2008도10308.

2) 불법영득(이득)의 의사 고의 외에 초과주관적 구성요건요소로서 불법영득의사 내지 불법이득의사도 필요[158]하다.[159] 따라서 이른바 사용강도의 경우에는 불법영득의사가 없는 경우이므로 강도죄는 성립하지 않고 경우에 따라 강요죄가 성립할 수 있을 뿐이다. 다만 재물강취의 경우와는 달리 이득강도 또는 제3자 이득강도의 경우에는 구성요건상 불법이익 '취득'이 객관적 구성요건요소로 규정되어 있으므로 이 점에서 불법이득의사를 초과주관적 구성요건요소로서가 아니라 고의의 내용으로 이해하는 것이 바람직하다.[160] 43

권리자가 권리실현을 위해서 강취한 경우 불법영득의사의 '불법'의 의미와 관련하여 ① 절도죄의 경우와 유사하게 영득의 불법성설[161]과 ② 강취의 불법성설(판례)이 대립한다. 불법영득의 의사의 '불법'의 의미는 절도죄의 경우 영득의 불법이 아니라 '절취'의 불법으로 보아야 하듯이, 강도죄의 경우에도 영득의 불법이 아니라 '강취'의 불법으로 이해하는 것이 타당하다. 44

判 대법원도 영득의 불법이 아니라 강취'행위'의 불법에 초점을 맞추고 있다. '단순히 채권이 있다는 것만으로 불법영득의사를 부정할 수 없다고 하거나,[162] 외상물품대금채권의 회수를 의뢰받은 자가 그 추심과정에서 폭행을 가하여 재물을 취득한 경우에 불법영득의사가 인정된다[163]고 하기 때문이다. 45

3. 위법성조각사유

(1) 권리행사와 강취

재물을 취득할 수 있는 권리실현의 일환으로 강취한 경우 영득의 불법성설에 따르면 폭행·협박죄는 별론으로 하고 강도죄가 성립하지 않는다고 한다. 강취의 불법설에 따라 이 경우 원칙적으로 강도죄의 구성요건해당성은 인정되고, 다만 그 수단이 폭행이나 협박이 사회통념상 용인되는 범위 내의 것이거나 권리남용으로 평가될 정도가 아닌 경우에 한하여 강도죄의 위법성이 조각될 수 있을 뿐이라고 해야 한다. 46

158) "불법영득의 의사라 함은 권리자를 배제하여 타인의 물건을 자기의 물건과 같이 그 경제적 용법에 따라 이용처분하는 의사를 말하는 것이므로, 강간하는 과정에서 피해자들이 도망가지 못하게 하기 위해 손가방을 빼앗은 것에 불과하다면 불법영득의 의사가 있었다고 할 수 없다"(대법원 1985.8.13. 85도1170).

159) "피고인이 소총 소지자를 총기로 협박하여 그 소총을 교부받아 실탄을 장전한 후 소속 부대 하급자에게 건네주어 그로 하여금 소속 부대원들이 내무반에서 나오는지 여부를 감시하도록 지시한 경우, 피고인은 그 소총을 소지자로부터 자기의 지배하에 이전하여 그 소유자가 아니라면 할 수 없는 사용처분행위를 하였다고 할 것이므로, 비록 피고인의 지시에 따라 그 소총을 소지하고 있던 하급자가 나중에 피고인이 위병소를 빠져나갈 때 뒤따라 나가면서 그 소총에서 탄창을 제거한 후 그 소총을 원래의 소지자에게 던져준 사실이 있다고 하더라도, 그러한 사정만으로는 피고인에게 그 소총에 대한 군용물특수강도죄의 불법영득의사가 없었다고 할 수 없다"(대법원 1995.7.11. 95도910).

160) 강도의 죄의 경우뿐 아니라 공갈의 죄, 사기의 죄, 배임의 죄 등의 경우에도 이러한 해석을 하는 것이 일관된 태도일 것이다.

161) 임웅, 332면.

162) 대법원 1962.2.15. 4294형상677.

163) 대법원 1995.12.12. 95도2385.

(2) 불법재물의 강취

47 **재물의 점유 자체가 애당초 불법한 재물**을 강취한 경우 ① 강도죄의 위법성이 조각된다는 견해[164](법적·경제적 재산설)도 있다. 하지만 ② 경제적 재산설에 따라 예컨대 도박에서 패한 자가 승자에게서 도박에서 잃어버린 금원을 강취하거나 불법원인급여물을 강취한 때에도 강도죄는 인정되어야 한다.

4. 죄수, 타죄와의 관계

(1) 죄수

48 강도죄의 경우 비전속적 법익(재산권)뿐 아니라 전속적 법익(자유권)도 침해되므로 폭행·협박(전속적 법익침해)의 피해자가 수인인 경우에는 죄수도 수개가 된다. 따라서 강도가 가족 수인에게 폭행·협박하여 그 집안의 재물을 강취한 경우 강도죄의 단순일죄[165]가 아니라 전속적 법익의 특성상 피해자가 수인이므로 수죄가 성립하고 행위의 개수를 평가하여 경합관계를 결정하는 것이 타당하다. 뿐만 아니라 **동일한 장소에서 동일한 기회에 1개의 폭행·협박으로 수인으로부터 재물을 강취한 경우,** 전속적 법익을 침해받은 폭행·협박의 상대방 역시 수인이기 때문에 수죄가 성립한다. 이 경우 수인 각각에게 폭행·협박 행위가 있지만 (시간적·장소적 접착성 등) 포괄일죄의 요건이 충족되므로 수개의 죄가 법률상 한 개의 행위에 의한 경우이므로 상상적 경합이 된다.[166]

49 택시강도가 요금면탈을 받는 동시에 운전수의 수입금을 강취한 경우와 같이 동일기회에 재물과 재산상의 이익을 취득한 때에는 강도죄의 포괄일죄가 된다(협의의 포괄일죄).

(2) 타죄와의 관계

50 강도죄는 결합범이므로 폭행과 협박은 포괄하여 강도죄의 1죄만 성립한다(특별관계). 절취 후 계속해서 그 집안사람의 재물을 강취하거나 강취한 후 도주하면서 다시 절취한 때에도 한 개의 강도죄만 성립한다. 체포·감금을 강취의 수단으로 사용한 경우에는 강도죄와 체포·감금죄의 상상적 경합이 되지만, 불법감금한 후 강취의사를 가지고 재물을 강취하는 경우 또는 감금이 강도의 수단이 되는 데 그치지 않고 강도 후에도 감금이 계속되는 경우에는 감금죄와 강도죄의 실체적 경합이 된다.[167] 강도범인이 체포를 면탈할 목적으로 경찰관에게 폭행을 가한 경우 강도죄와 공무집행방해죄는 실체적 경합이 된다.[168]

---

164) 김일수/서보학, 317면.
165) 대법원 1996.7.30. 96도1285.
166) 대법원 1991.6.25. 91도643.
167) "감금행위가 단순히 강도상해범행의 수단이 되는 데 그치지 아니하고 강도상해의 범행이 끝난 뒤에도 계속된 경우에는 1개의 행위가 감금죄와 강도상해죄에 해당하는 경우라고 볼 수 없고, 형법 제37조의 경합범관계에 있다고 보아야 한다"(대법원 2003.1.10. 2002도4380).
168) 대법원 1992.7.28. 92도917.

강도죄는 절도죄와 마찬가지로 상태범이기 때문에 기수로 된 후의 장물처분행위는 새로운 법익을 침해하지 않는 한 불가벌적 사후행위가 된다. 51

Ⅲ. 특수강도죄

> 第334조(특수강도죄) ① 야간에 사람의 주거, 관리하는 건조물, 선박이나 항공기 또는 점유하는 방실에 침입하여 제333조의 죄를 범한 자는 무기 또는 5년 이상의 징역에 처한다.
> ② 흉기를 휴대하거나 2인 이상이 합동하여 전조의 죄를 범한 자도 전항의 형과 같다.
>
> 第342조(미수범) 제329조 내지 제341조의 미수범은 처벌한다.
>
> 第346조(동력) 본장의 죄에 있어서 관리할 수 있는 동력은 재물로 간주한다.

1. 의의, 성격

야간에 사람의 주거, 관리하는 건조물, 선박이나 항공기 또는 점유하는 방실에 침입하여 강도죄를 범하거나(제334조 제1항), 흉기를 휴대하여 강도죄를 범하거나(동조 제2항 전단), 2인이상이 합동하여 강도죄를 범함으로써(동조 제2항 후단) 성립하는 범죄이다. 야간이라는 행위상황, 행위수단의 위험성 및 집단성을 이유로 한 가중적 구성요건이다. 52

2. 구성요건

(1) 야간주거침입강도(제1항)

야간주거침입강도죄는 단순강도죄(제333조)와 주거침입죄(제319조 제1항)의 결합범이고, 야간이라는 행위상황에서 이루어져야 하는 야간주거침입절도에 상응한다. 야간의 의미와 야간의 적용범위는 야간주거침입절도죄의 설명과 동일하다. 관리하는 건조물과 항공기에 대해서는 주거침입죄의 설명과 같고 강도는 강도죄의 내용과 동일하다. 53

야간주거침입강도의 **실행의 착수시기**와 관련하여 ① 주거침입시라는 견해(주거침입시설)와 ② 폭행·협박시라는 견해(폭행·협박시설)이 대립한다. 판례는 주거침입시설을 취한 것도 있고,[169] 폭행·협박시설을 취한 것도 있다.[170] 54

주거침입시에 실행의 착수가 있다고 하게 되면 야간에 주거침입한 시점에서 체포된 경우 야간주거침입절도죄인지 야간주거침입강도죄인지가 오로지 행위자의 내심의 태도만으로 결정되는 불합리성이 있으므로 강도의 의사가 외부로 표출되는 폭행·협박시를 실행의 착수로 인정하는 것이 타당하다. 55

(2) 흉기휴대강도(제2항 전단)

흉기휴대는 흉기휴대절도의 내용과 동일하다. 절도범인이 처음에는 흉기를 휴대하지 않았 56

---

169) 대법원 1992.7.28. 92도917.

170) 대법원 1991.11.22. 91도2296.

으나 체포를 면탈할 목적으로 폭행·협박을 할 때 비로소 흉기를 사용한 경우 특수강도의 준강도가 되는지 단순강도의 준강도가 되는지가 문제된다. ① 단순절도가 흉기를 휘두른 행위는 폭행·협박의 수단일 뿐이므로 단순강도의 예에 따라 처단해야 한다는 견해가 있지만, ② 단순절도가 폭행·협박을 하는 경우나 특수절도가 폭행·협박을 하는 경우나 구별없이 '형법 제334조의 예에 의한 준강도(특수강도의 준강도)[171]가 된다.' 이에 관해서는 '준강도의 처벌' 부분 참조.

(3) 합동강도(제2항 후단)

57 합동강도의 합동의 의미도 합동절도의 경우와 동일하다. 따라서 여러 사람이 택시강도를 모의하고 나머지 사람들이 폭행에 착수하기 전에 겁을 먹고 도망친 1인에게는 협동관계가 인정되지 않아 합동강도가 성립하지 않는다.[172] 하지만 합동강도범 중 1인이 공모내용대로 행동을 개시하여 실행의 착수에 이른 이상, 망을 보다가 도망치더라도 합동강도범이 된다. 합동강도의 경우에도 합동절도와 마찬가지로 합동강도의 공동정범이 인정될 수 있다.

58 判 대법원도 합동강도죄의 공동정범을 인정한다. "특수강도의 범행을 모의한 이상 범행의 실행에 가담하지 아니하고, 공모자들이 강취해온 장물의 처분을 알선만 하였다 하더라도 특수강도의 공동정범이 된다"[173]고 판시하고 있기 때문이다. 위 판시내용에 따르면 대법원이 확장된 공모공동정범이론에 따라 공동정범이라는 결론을 내리고 있는 것 같지만, 공동정범이 된다고 하려면 공모자들의 강취행위에 가담하지 않은 자의 행위기여도 적어도 기능적 행위지배성이 인정되어야 할 것이다. 또한 공동정범에 비해 중하게 처벌하는 합동범의 요건을 강화하고 있는 입법취지에 반하는 결과를 초래하는 위 판례법리의 부당함을 막기 위한 이론적 장치로는 합동범에게 자수범적 성격을 인정하는 전제하에서 현장에 부재한 자에 대한 합동범 성립을 원천차단하는 것이 바람직하다 (앞의 합동절도죄 참조).

Ⅳ. 준강도죄

제335조(준강도죄) 절도가 재물의 탈환에 항거하거나 체포를 면탈하거나 범죄의 흔적을 인멸할 목적으로 폭행 또는 협박한 때에는 제333조 및 제334조의 예에 따른다.

제342조(미수범) 제329조 내지 제341조의 미수범은 처벌한다.

제346조(동력) 본장의 죄에 있어서 관리할 수 있는 동력은 재물로 간주한다.

1. 의의, 성격

59 절도가 재물의 탈환에 항거하거나 체포를 면탈하거나 범죄의 흔적을 인멸할 목적으로 폭행 또는 협박함으로써 성립하는 범죄이다. 절도죄와 폭행죄 또는 협박죄의 결합범인 점에서

171) 대법원 1973.11.13. 73도1553 전원합의체.
172) 대법원 1985.3.26. 84도2956.
173) 대법원 1983.2.22. 82도3103.

는 강도죄와 동일하지만 폭행·협박의 시간적 선후관계가 강도죄의 경우와 달라서 사후강도죄[174]라고 하기도 한다. 준강도죄는 행위의 주체가 절도범이지만 절도죄의 가중적 구성요건이 아닌 독립된 범죄유형이고, 목적범에 해당한다. ① 절도범인이 주체가 되는 신분범이라고 해석하는 견해[175]도 있지만, ② 이 죄는 신분범이 아니다. 이 죄에서 절도는 실질적으로 결합범의 한 내용이며, 일신전속적 특성, 관계 또는 상태도 아니며 절도가 계속적일 필요도 없기 때문에 누구나 절도로 나아가 이 죄의 주체가 될 수 있기 때문이다.

2. 구성요건

(1) 객관적 구성요건

1) 주체

(가) 절도의 기수·미수범　　주체가 절도로 되어 있으므로 모든 형태의 절도죄(제329조 내지 제332조)의 주 60
체가 이 죄의 주체가 될 수 있다. 절도의 기수·미수를 묻지 않는다(통설·판례[176]). 하지만 절도 예비단계에서 폭행·협박을 하더라도 이 죄는 성립하지 않는다. 따라서 절취의사로 야간에 타인의 주거에 침입하였다가 발각되어 폭행·협박을 하면 야간주거침입절도죄의 실행의 착수가 인정되어 이 죄를 구성하지만, 주간에 침입하여 폭행·협박을 하여도 절도죄의 실행의 착수가 없으므로 주거침입죄와 폭행·협박죄의 경합범이 된다.

(나) 절도의 정범　　절도죄의 교사범이나 방조범은 이 죄의 주체가 될 수 없고 절도의 정 61
범에 국한한다. 절취행위에 가담하지 않은 교사범은 폭행·협박을 하더라도 절도의 기회(시간적·장소적 근접성)에 하는 것이 아니어서, 그리고 현장에서 절도범을 돕는 방조범이 폭행·협박에 가담하면 절도죄의 합동범으로 바뀔 수 있어 결국 절도죄의 정범이 되기 때문이다. ① 정범인 이상 간접정범도 포함한다는 견해[177]가 있지만 ② 교사범의 경우와 같은 이유에서 절도죄의 간접정범은 포함되지 않고 공동정범이나 합동범에 국한된다고 하는 것이 타당할 것이다.

(다) 강도의 주체성　　**강도도 준강도의 주체가 될 수 있는지**가 문제된다. 이와 관련해서는 62
① 절도죄의 모든 구성요건을 충족시키므로 이 죄의 주체로 보아 강도의 준강도를 인정하는 견해[178](긍정설)와 ② 주체를 절도에 국한시키는 견해[179](부정설)가 대립한다.

判 대법원은 강도는 준강도죄의 주체가 될 수 없다는 견해를 취하고 있는 것으로 보인다. 절도범인이 체포면 63

174) 따라서 절도범인이 현장에서 강도로 돌변하여 재물을 탈취하는 이른바 '표변강도'와 구별해야 한다. 표변강도는 처음부터 강도죄이다.
175) 박상기, 288면.
176) 대법원 1990.2.27. 89도2532.
177) 이인규, 315면.
178) 김성천/김형준, 411면; 배종대, §69/4; 이재상/장영민/강동범, §17/32.
179) 김일수/서보학, 329면; 손동권/김재윤, §21/22; 이형국/김혜경, 382면; 임웅, 337면; 정성근/정준섭, 231면.

탈을 목적으로 경찰관에게 폭행·협박한 경우는 준강도죄와 공무집행방해죄의 상상적 경합이 된다고 하면서도, '강도'가 체포면탈을 목적으로 경찰관에게 폭행·협박을 한 경우에는 강도죄와 공무집행방해죄의 실체적 경합을 인정하고 있을 뿐 별도의 강도죄를 인정하고 있지 않기 때문이다.[180]

64 준강도의 인정취지는 절도가 폭행·협박을 사용함으로써 불법이 가중되므로 이를 강도와 같이 취급하는 데 있는 것이므로 애당초 폭행·협박을 행사한 강도범에 대하여 다시 강도의 준강도를 인정하기는 어렵다. 강도가 인정된 자에 대해 다시 준강도를 인정하면 강도죄와 준강도죄의 실체적 경합이 되어 과잉처벌이 된다. 따라서 강도의 준강도는 인정하지 않고, (폭행협박을 하여) 강도로 인정된 자가 체포면탈을 위해 다시 (위험한 물건을 휴대하여) 폭행·협박을 한 경우는 강도죄와 (특수)폭행죄·협박죄의 실체적 경합이 된다고 하는 것이 타당하다.

65 2) 행위 폭행 또는 협박을 가하는 것이다.

66 (가) 폭행·협박 이 죄는 강도와 같이 취급하므로 강도죄의 폭행·협박과 원칙적으로 같다. 따라서 상대방의 반항을 억압할 수 있는 정도라야 한다. 폭행은 반드시 상해를 야기하는 정도일 필요가 없으며,[181] 협박도 가해자가 현실로 해악을 가할 능력을 가질 필요가 없다. 또 폭행·협박이 실제로 상대방의 반항을 억압하였는지 현실적으로 억압할 수 있었는지도 묻지 않는다.[182] 폭행·협박은 재물의 소유자나 점유자에 대한 경우뿐 아니라 제3자에 대한 경우도 무방하다. 경찰관은 물론이고, 장애가 되는 방범대원,[183] 절도의 공범자를 추격하는 자에 대한 폭행·협박이라도 상관없다. 하지만 범행 직후에 우연히 지나가던 경찰관의 직무질문에서 체포된 자가 폭행·협박을 가한 경우에는 절도사실과의 관련성이 없으므로 준강도죄가 될 수 없다.

67 **例 준강도의 성립이 인정된 사례:** ① 피고인이 절도의 현장에서 발각되어 도주하다가 추격하여 온 피해자에 대하여 체포를 면할 목적으로 손전지로 피해자의 오른손을 구타한 경우(대법원 1961.9.20. 66도1108), ② 피고인이 절도의 목적으로 타인이 경영하는 자동차수리공장의 담을 넘으려다가 방범대원에게 발각되어 추격을 받자 체포를 면탈할 목적으로 주먹으로 동인의 안면을 1회 강타하여 지면에 넘어지게 한 경우(대법원 1968.4.23. 68도334), ③ 피고인이 오토바이를 절취하여 끌고 가다가 추격하여 온 피해자에게 멱살을 잡히게 되자 체포를 면탈할 목적으로 얼굴을 주먹으로 때리고 놓아주지 않으면 죽여버리겠다고 협박한 경우(대법원 1983.3.8. 82도2838), ④ 피고인이 체포를 면탈할 목적으로 피해자를 힘껏 떠밀어 콘크리트바닥에 넘어뜨려 상처를 입게 함으로써 추적을 할 수 없게 한 경우(대법원 1991.11.26. 91도2267).

68 **例 준강도죄의 성립이 부정된 사례:** ① 피고인이 옷을 잡히자 체포를 면하려고 충동적으로 저항을 시도하여 잡은 손을 뿌리친 정도의 폭행을 한 경우(대법원 1985.5.14. 85도619), ② 절도범인이 체포에 필요한 정도를 넘어 중상을 입힐 정도의 심한 폭력을 피하기 위하여 엉겁결에 솥뚜껑을 들어 위 폭력을 막아 내려다가 그 솥뚜껑에 스치어 피해자가 상처를 입게 된 경우(대법원 1990.4.24. 90도193), ③ 날치기수법으로 강력하게 재물을 탈취하였지만 피해자의 반항을 억압할 목적 없이 점유탈취의 과정에서 우연히 피해자를 전도시키거나 부상당하게 한 경우(대법원 2003.7.25. 2003도2316).

69 (나) 절도의 기회 준강도가 강도죄와 동일하게 평가되기 위해서는 폭행·협박이 절도의

---

180) 대법원 1992.7.28. 92도917.

181) 대법원 1959.11.6. 4292형상438.

182) 대법원 1981.3.24. 81도409.

183) 대법원 1968.4.23. 68도334; 대법원 1971.4.20. 71도441.

기회에 행해져야 한다. 절도의 기회란 절도의 실행의 착수 후 절취와 시간적·장소적으로 밀접한 연관성이 있는 상태를 말한다.

가) 장소적 근접성 폭행·협박은 절도현장 또는 그 부근에서 행해져야 한다. 현장에서 계속 추적 중에 있는 때에는 현장의 계속적 연장으로 보아 다소 거리가 떨어져도 절도의 기회라고 할 수 있다.[184) 70

例 장소적 접근성에 관한 판례: ① 폭행한 장소가 범행현장에서 200미터 떨어진 곳이라고 하여도 발각되어 계속 추격당하거나 재물을 면탈하고자 한 폭행·협박이라면 절도의 기회 계속 중에 폭행을 가한 것이라고 보아야 한다(대법원 1984.10. 11. 84도1398). ② 범행현장에서 2킬로미터 떨어진 곳까지 추격당하여 폭행·협박을 한 경우에도 장소적 근접성이 인정된다(대법원 1982.7. 13. 82도1352). 71

나) 시간적 근접성 폭행·협박은 적어도 절도의 실행의 착수 이후에 행해져야 한다는 점에는 이견이 없다. 하지만 **폭행·협박이 시간적으로 언제까지 이루어져야 하는지**에 대해서는 견해가 일치하지 않는다. 이와 관련해서는 ① 기수 직후까지 행해질 수 있다는 견해,[185) ② 종료전까지 행해져야 한다는 견해,[186) ③종료 직후라도 가능하다는 견해[187) 등이 대립한다. 72

절도죄와 같은 상태범의 경우는 기수시기와 범행종료시기가 일치하므로 ①설과 ③설은 차이가 없다. 생각건대 증거인멸목적을 위한 폭행·협박은 기수(종료) 후에도 가능하다는 점에서 볼 때 기수(종료) 직후로 보는 것이 타당하다. 73

判 대법원의 태도는 분명하지 않다. 범행의 종료 직후에 폭행·협박이 행해진 경우도 준강도의 성립을 인정하는 듯한 취지의 판결도 있고,[188) 종료전에 행해진 경우라야 한다는 판결[189)도 있다. 74

例 시간적 접근성을 인정한 판례: ① 피해자의 집에서 절도범행을 마친 지 10분가량 지나 피해자 집에서 200m가량 떨어진 버스 정류장이 있는 곳에서 뒤쫓아 온 피해자에 붙잡혀 피해자의 집으로 돌아왔을 때 비로소 피해자를 폭행한 경우 그 폭행은 사회통념상 절도범행이 이미 완료된 이후에 행하여졌으므로 준강도죄가 성립하지 않는다(대법원 1999.2. 26. 98도3321). ② 절도범인이 일단 체포되었으나 아직 신병확보가 확실하지 않은 단계에서 체포상태를 면하기 위해 폭행하여 상해를 가한 경우 그 행위는 절도의 기회에 체포를 면탈할 목적으로 폭행하여 상해를 가한 것으로서 강도상해죄에 해당한다(대법원 2001.10. 23. 2001도4142). 75

(다) 기수와 미수의 구별기준 이 죄의 행위는 절취행위와 폭행·협박행위로 이루어져 있 76

---

184) 대법원 1982.7.13. 82도1352.

185) 이재상/장영민/강동범, §17/36.

186) 김일수/서보학, 322면; 손동권/김재윤, §21/25.

187) 박상기, 289면; 배종대, §69/7; 이형국/김혜경, 384면; 임웅, 339면; 정성근/정준섭, 233면.

188) "절도범행이 종료되고 피해자가 절도범인의 체포사실을 파출소에 신고전화를 하려는데 피고인이 잘해보자고 하면서 폭행을 하였다 하더라도 그곳이 체포현장이고 주위사람에게 도주를 방지케 부탁한 상태 아래 일어난 것이라면 준강도죄가 성립한다"(대법원 1984.7.24. 84도1167).

189) "준강도는 절도범인이 절도의 기회에 재물탈환, 항거 등의 목적으로 폭행 또는 협박을 가함으로써 성립되는 것이므로, 그 폭행 또는 협박은 절도의 실행에 착수하여 그 실행중이거나 그 실행 직후 또는 실행의 범의를 포기한 직후로서 사회통념상 범죄행위가 완료되지 아니하였다고 인정될 만한 단계에서 행하여짐을 요한다"(대법원 1999.2.26. 98도3321).

다. 따라서 **이 죄의 기수와 미수를 구별하는 기준**을 어느 것으로 할 것인지가 문제된다. 이에 관해서는 ① 절도의 기수·미수가 기준이 된다는 견해[190](절취행위기준설), ② 폭행·협박의 기수·미수가 기준이 된다는 견해[191](폭행·협박행위기준설), ③ 절취행위와 폭행·협박행위 중 어느 하나가 미수로 되면 이 죄의 미수로 되고 양자가 모두 기수로 된 경우에만 이 죄의 기수가 된다는 견해[192](종합설)가 대립한다.

77 判 대법원은 종래 폭행·협박기준설을 취하였지만[193] 2004년 전원합의체 판결에서 재물취득의 여부를 기준으로 준강도죄의 기수·미수를 판단하는 절취행위기준설로 변경하였다.[194]

78 폭행·협박기준설에 의하면 절도미수에 그친 자가 그 이후에 폭행·협박을 하면 준강도죄로서 강도죄 기수와 같이 처벌되는 반면에 강도범이 먼저 폭행·협박을 했으나 재물강취를 하지 못하면 강도미수죄로 처벌되어 폭행·협박의 선후관계 때문에 기수·미수가 갈리는 불합리한 결과가 생긴다. 준강도죄는 결합범이자 기본적으로 재산범죄이므로 강도죄의 경우와 같이 절취행위의 기수·미수에 따라 기수·미수를 구별하는 것이 타당하다. 그리고 절도가 기수인 경우라도 폭행·협박이 강도죄의 그것에 미치지 못하는 정도(상대방의 반항을 억압할 정도에 이르지 못한 경우)라고 판단될 경우에는 준강도죄 자체가 성립하지 않기 때문에 종합설과 같이 준강도의 미수를 인정하는 것도 문제의 해결책이 되지 못한다. 뿐만 아니라 형법상 폭행죄는 거동범이므로 폭행행위만 있으면 성립하고 미수·기수를 따지는 것은 무의미하다.

(2) 주관적 구성요건

79 1) 고의 및 불법영득의사 절취에 대한 고의와 폭행·협박에 대한 고의뿐 아니라 재물취득에 관한 불법영득의 의사가 있어야 한다. 재산상의 이익취득은 고의의 내용으로 해석하는 것은 강도죄의 경우와 마찬가지이다.

80 2) 목적 목적범이기 때문에 재물탈환에 항거, 체포면탈, 범죄의 흔적 인멸 중 적어도 어느 하나의 목적을 가지고 있어야 한다. '재물탈환에 항거'는 탈취한 재물을 탈환 당하지 않기 위해서 대항하는 것이고,[195] '체포면탈'은 체포에서 이탈하는 것을 의미하며, 자기 이외에 공범자의 체포를 면탈하는 경우도 포함한다. '범죄의 흔적 인멸'은 모든 인적·물적 증거를 인

---

190) 김일수/서보학, 325면; 김종원, 202면; 이재상/장영민/강동범, §17/38; 정성근/정준섭, 234면.

191) 박상기, 291면; 배종대, §69/12.

192) 오영근, §18/50; 이형국/김혜경, 386면; 임웅, 341면.

193) 대법원 1969.10.23. 69도1353.

194) "형법 제335조에서 절도가 재물의 탈환을 항거하거나 체포를 면탈하거나 죄적을 인멸할 목적으로 폭행 또는 협박을 가한 때에 준강도로서 강도죄의 예에 따라 처벌하는 취지는, 강도죄와 준강도죄의 구성요건인 재물탈취와 폭행·협박 사이에 시간적 순서상 전후의 차이가 있을 뿐 실질적으로 위법성이 같다고 보기 때문인 바, 이와 같은 준강도죄의 입법 취지, 강도죄와의 균형 등을 종합적으로 고려해 보면, 준강도죄의 기수 여부는 절도행위의 기수 여부를 기준으로 하여 판단하여야 한다"(대법원 2004.11.18. 2004도5074 전원합의체).

195) 대법원은 '재물의 탈환에 항거할 목적'을 "일단 절도가 재물을 자기의 배타적 지배하에 옮긴 뒤 탈취한 재물을 피해자 측으로부터 탈환당하지 않기 위하여 대항하는 것"(대법원 2003.7.25. 2003도2316)으로 해석함으로써 절도기수범을 전제로 한다.

멸 또는 죄증을 무효로 하는 것을 의미한다. 증인을 살해하는 것도 범죄의 흔적 인멸이 된다. 목적의 달성은 기수요건이 아니다.

3. 공범관계

(1) 공동정범

절도의 공동정범이나 합동절도범 중 한 사람이 폭행·협박을 하여 준강도죄를 범한 경우 81
폭행·협박행위로 나아가지 아니한 다른 가담자에게도 준강도죄(또는 강도상해죄)의 성립을 인정할 수 있는지가 문제된다. ① 폭행·협박을 하지 않은 다른 가담자에게 준강도죄(또는 강도상해죄)의 공동정범의 성립을 부정하는 다수 견해(부정설)와 ② 그 다른 가담자에게 '폭행·협박에 대한 예견가능성'이 있을 것을 조건으로 준강도죄(또는 강도상해죄)의 공동정범을 인정하는 견해(긍정설)가 대립한다.

判 대법원은 긍정설을 취하는 것으로 평가할 수 있다. 폭행·협박에 대해 예견가능성이 있을 것을 요건으로 82
하여 절도를 범하고 폭행·협박으로 나아가지 않은 다른 가담자에게도 강도상해죄의 죄책을 인정할 수 있다는 취지의 판결[196)]을 하고 있기 때문이다. 이러한 취지의 판결은 폭행협박에 대한 예견가능성을 조건으로 하여 일단 준강도죄의 성립을 인정하는 전제하에 상해의 결과까지도 귀속시키고 있어서 결과적 가중범과 준강도죄의 규범구조를 동일시 하는 태도에 기초하여 위와 같은 취지의 판결을 하고 있는 것으로 보이지만, 후술하듯이 타당하지 않다. 다른 한편 대법원은 절도를 공모한 자에게 다른 공모자의 폭행행위를 예견할 수 없는 사정이 인정될 경우에는 (준)강도상해죄의 공동책임을 묻지는 않는다.[197)]

생각건대, 준강도죄는 절도죄의 결과적 가중범이 아니므로 '중한 결과에 대한 예견가능성 83
이 있을 것을 조건으로 하여 공동정범을 인정할 수 있는 결과적 가중범의 공동정범의 법리'를 준강도죄에 대해 그대로 적용할 수 없다. 따라서 다른 가담자에게 폭행·협박에 대한 예견가능성이 존재하는 경우에도 공동정범이 성립할 수 없다고 해야 한다. 강도상해죄의 경우라면 결과적 가중범의 법리에 따라 '강도'를 공모한 자 중 1인이 상해의 결과를 야기한 때에는 상해행위에 가담하지 않은 다른 공모자에게 상해의 결과에 대해 예견가능성이 인정될 것을 조건으로 강도치상죄의 공동정범을 인정할 수는 있다.[198)] 반면에 '절도'를 공모한 경우에는 이와 같은 결과적 가중범의 공동정범의 법리를 그대로 따를 수는 없고 공범의 초과에 관한 일반이론에 따라야 한다. 따라서 '절도'의 공동정범 또는 합동범의 경우 다른 공범자에게 폭행·협박 및 더 나아가 상해의 예견가능성여부와 무관하게 강도상해죄의 공동정범의 죄책을 부담하게 할 수 없다고 하는 부정설이 타당하다.

---

196) "특수절도의 범인들이 범행이 발각되어 각기 다른 길로 도주하다가 그 중 1인이 체포를 면탈할 목적으로 폭행하여 상해를 가한 때에는, 나머지 범인도 위 공범이 추격하는 피해자에게 체포되지 아니하고 위와 같이 폭행할 것을 전연 예기하지 못한 것으로는 볼 수 없다 할 것이므로 그 폭행의 결과로 발생한 상해에 관하여 형법 제337조, 제335조의 강도상해죄의 죄책을 면할 수 없다"(대법원 1984.10.10. 84도1887).

197) 대법원 1984.2.28. 83도3321; 대법원 1982.7.13. 82도1352 참조.

198) 이에 관해서는 강도상해·치상죄 부분에서 재론한다.

(2) 협의의 공범

84 절도를 교사 또는 방조하였으나 정범이 준강도죄를 범한 경우 준강도죄는 절도죄와 양적으로 차이가 있음에 불과하여 교사·방조자는 중첩되는 범위인 절도죄의 교사범 또는 방조범이 된다. 정범이 (준)강도상해까지 나아간 경우라도 교사·방조자는 절도죄의 교사범 또는 방조범과 과실치상죄의 경합범의 죄책을 질 수 있을 뿐이다.[199]

4. 준강도의 처벌

85 준강도죄는 '단순강도죄(제333조) 또는 특수강도죄(제334조)의 예에 의하여 처벌한다'. 하지만 이 규정의 해석상 **단순강도처벌이냐 특수강도처벌이냐의 준거점을 어디에서 구할 것인지**가 문제된다. ① 절도행위시를 기준으로 하여 단순절도이면 단순강도처벌, 특수절도이면 특수강도처벌이라고 하는 견해(절취행위기준설[200]), ② 폭행·협박행위시의 행위태양을 기준으로 하여 이 시점에 흉기를 휴대한 경우에는 특수강도처벌이고 그렇지 않은 경우는 단순강도처벌이라고 하는 견해(폭행·협박행위기준설[201]), 그리고 ③ 양자를 모두 고려하여 어느 하나라도 가중사유가 있으면 특수강도가 된다는 견해(종합설[202])가 대립한다.

86 준강도죄는 절도범이 절취의 기회에 폭행·협박을 하는 행위태양을 보임으로써 강도죄와 같은 불법행위로 평가되는 범죄이므로 그 처벌에 있어서도 강도죄와 같이 폭행·협박의 행위태양에 따라 단순강도의 예로 처벌할 것인지 특수강도의 예로 처벌할 것인지를 결정하는 것이 타당하다.

87 判 대법원도 폭행·협박행위기준시설을 따른다. 따라서 애초에는 흉기를 휴대하지 않은 절도범인이 체포를 면탈할 목적으로 폭행·협박을 가할 시점에 비로소 흉기를 휴대하여 사용한 경우 절도행위를 기준으로 하지 않고 폭행·협박시의 행위태양을 기준으로 삼아 특수강도의 예에 의하여 처벌하고 있다.[203]

5. 죄수, 타죄와의 관계

(1) 죄수

88 **절도가 체포면탈의 목적으로 추격하여 온 수인에게 폭행·협박을 가한 경우** ① 준강도죄의

199) 오영근, §18/55.
200) 임웅, 342면.
201) 김일수/서보학, 334면; 오영근, §18/56; 이재상/장영민/강동범, §17/41.
202) 손동권/김재윤, §21/30.
203) "강도죄에 있어서의 재물탈취의 수단인 폭행 또는 협박의 유형을 흉기를 휴대하고 하는 경우와 그렇지 않은 경우로 나누어 흉기를 휴대하고 하는 경우를 특수강도로 하고, 그렇지 않은 경우를 단순강도로 하여 처벌을 달리하고 있음에 비추어 보면 절도범인이 처음에는 흉기를 휴대하지 아니하였으나 체포를 면탈할 목적으로 폭행 또는 협박을 가할 때에 비로소 흉기를 휴대사용하게 된 경우에는 형법 제334조의 예에 의한 준강도(특수강도의 준강도)가 되는 것으로 해석하여야 할 것이므로 처음에 흉기를 휴대하지 않았던 절도범인인 피고인이 체포를 면탈할 목적으로 추적하는 사람에 대하여 비로소 흉기를 휴대하여 흉기로서 협박을 가한 소위를 특수강도의 예에 의한 준강도로 의율한 원심의 조처는 정당하다"(대법원 1973.11.13. 73도1553 전원합의체).

포괄일죄가 되고 그 중의 한 사람에게만 상해를 입혀도 포괄하여 강도상해죄만 성립한다고 하는 견해(통설·판례[204])가 있다. ② 하지만 폭행·협박의 상대방의 침해된 법익이 전속적 법익이므로 피해자 각자에 대해 준강도죄가 각기 성립하고, 단 그 수개의 폭행·협박을 법률상 한 개의 행위로 평가할 수 있을 것을 요건으로 하여 각 죄의 상상적 경합을 인정하는 것이 이론상 타당하다. 이에 따르면 한 사람에게만 상해를 입힌 경우에는 준강도죄와 강도상해죄의 상상적 경합이 되어 결국 강도상해죄로 처벌된다.

(2) 타죄와의 관계

준강도죄는 절도죄와 폭행죄 또는 협박죄의 결합범이므로 준강도죄가 성립하면 결합범을 구성하는 모든 행위는 포괄하여 준강도죄만 성립한다고 해야 한다(특별관계). 89

절도가 체포를 면하고 동시에 재물을 강취하기 위해 폭행·협박을 한 경우에는 강도죄만 성립하고 준강도죄는 성립하지 않는다(보충관계). 90

강도 또는 특수강도가 체포면탈의 목적으로 폭행·협박을 가한 경우 ① 강도죄 또는 특수강도죄만 성립한다는 견해와 ② 강도도 준강도의 주체가 될 수 있으므로 강도죄와 준강도죄의 실체적 경합이 인정된다는 견해가 대립한다. 생각건대 강도는 준강도죄의 주체가 될 수 없다고 해석하는 전제에서 보면 '강도죄 또는 특수강도죄'와 '폭행·협박죄 또는 특수폭행·협박죄'의 실체적 경합으로 보는 것이 타당하다.[205] 다만 이 경우 폭행·협박의 상대방이 경찰관인 경우에는 강도죄 또는 특수강도죄와 공무집행방해죄 또는 특수공무집행방해죄의 실체적 경합이 된다.[206] 91

단순강도가 처음에는 흉기를 휴대하지 않았지만 체포를 면탈할 목적으로 흉기를 휴대하고 폭행·협박한 경우에는 ① 특수강도의 예에 따라 처벌되는 준강도가 된다는 견해가 있지만, ② 강도죄와 특수폭행·협박죄의 실체적 경합으로 보는 것이 타당하다. 92

Ⅴ. 인질강도죄

> 第336조(인질강도죄) 사람을 체포. 감금. 약취 또는 유인하여 이를 인질로 삼아 재물 또는 재산상의 이익을 취득하거나 제3자로 하여금 이를 취득하게 한 자는 3년 이상의 유기징역에 처한다.
>
> 第342조(미수범) 제329조 내지 제341조의 미수범은 처벌한다.
>
> 第346조(동력) 본장의 죄에 있어서 관리할 수 있는 동력은 재물로 간주한다.

204) 대법원 1966.12.6. 66도1392; 대법원 2001.8.21. 2001도3447.
205) 김일수/서보학, 334면; 임웅, 337면.
206) 대법원 1992.7.28. 92도917.

1. 의의, 성격

93 사람을 체포·감금·약취 또는 유인하여 이를 인질로 삼아 재물 또는 재산상의 이익을 취득하거나 제3자로 하여금 취득하게 함으로써 성립하는 범죄이다. 체포·감금죄 또는 약취·유인죄와 공갈죄의 결합범이다.

94 이 죄의 보호법익은 1차적으로 타인의 재산이지만 부차적으로 인질의 자유와 제3자의 의사결정 및 의사활동의 자유이며, 침해범이다. 인질강요죄와는 달리 해방감경규정이 적용되지 않고, 영리목적 약취·유인죄와 달리 목적범도 아니다.

2. 구성요건

(1) 객관적 구성요건

95 1) 주체·객체 주체에는 제한이 없다. 미성년자를 보호·감호하는 자도 이 죄의 주체가 될 수 있다. 이 죄의 객체는 재물 또는 재산상의 이익이고, 인질은 재물 또는 재산상의 이익을 취득하기 위한 수단이다. 여기의 인질이 되는 '사람'은 성년·미성년, 남녀, 기혼·미혼을 묻지 않는다. 인질강요죄의 경우에는 반드시 인질과 재산상의 피해자가 달라야 하지만(3자관계), 이 죄는 인질과 재산상의 피해자가 다른 경우는 물론이고 동일인인 경우에도 인정된다.

96 2) 행위 체포·감금 또는 약취·유인하여 이를 인질로 삼아 재물 또는 재산상의 이익을 취득하거나 제3자로 하여금 취득하게 하는 것이다. 체포 또는 감금은 체포·감금죄와 내용이 같고, 약취 또는 유인도 약취·유인죄의 내용과 동일하다. 이 죄도 강도죄의 일종이지만 그 성격이 인질을 미끼로 재물이나 재산상의 이익을 취득하는 데 있으므로 약취의 단계에서 행사되는 폭행 또는 협박은 반드시 반항을 억압할 정도임을 요하지 아니한다.

97 '인질로 삼아'란 사람을 볼모로 삼아 그의 석방이나 생명·신체에 대한 안전을 보장하는 대가로 재물이나 재산상의 이익을 취득하기 위해 그의 자유를 구속하는 것을 말한다. 이 경우 대가가 재물이나 재산상의 이익이 아닌 경우, 예컨대 정치범이나 노동조합 간부를 석방하라는 조건은 이 죄가 아니라 인질강요죄(제324조의2)가 문제된다.

98 인질을 풀어주는 대가로 취득하는 것은 재물 외에도 일체의 경제적 이익을 포함한 재산상의 이익이면 족하다. 재물이나 재산상의 이익을 취득하는 자는 인질강도행위를 하는 자 이외의 제3자라도 무방하다.

99 3) 실행의 착수와 기수시기 이 죄의 **실행의 착수시기**를 ① 재물 또는 재산상의 이익을 취득할 목적으로 사람을 체포·감금 또는 약취·유인한 때로 보는 견해[207]가 있으나 ② 석방이나 안전의 대가로 재물 또는 재산상의 이익을 요구한 때에 실행의 착수가 있다고 보는 것

207) 오영근, §18/58; 임웅, 343면; 정성근/박광민, 340면.

이 타당하다. 이 죄는 목적범도 아니고 그 성격상 원래가 재산범죄이기 때문이다.

재물이나 재산상의 이익을 취득한 때에 기수가 된다. 다만 미성년자를 약취·유인한 인질강도인 경우에는 재물 또는 재산상의 이익을 요구만 하여도 특가법에 의하여 기수가 된다(제5조의2 제2항 제1호). 100

(2) 주관적 구성요건

사람을 체포·감금 또는 유인한다는 사실과 인질을 미끼로 삼아 재물 또는 재산상의 이익을 취득하거나 제3자로 하여금 취득하게 한다는 데에 대한 인식과 의사가 있어야 한다. 고의와 불법영득의사 또는 불법이득의사의 관계에 관해서는 강도죄의 경우와 같다. 101

3. 죄수, 타죄와의 관계

이 죄는 결합범이므로 이 죄가 성립하면 약취·유인죄 및 체포·감금죄는 별도로 성립하지 않는다(특별관계). 인질강도가 인질을 상해하거나 살해까지 한 경우에는 강도상해죄 또는 강도살인죄만 성립한다. 102

인질강도범이 미성년자를 약취·유인하고, 재물이나 재산상의 이익을 취득하거나 요구한 때, 재물·재산상의 이익을 취득할 목적이나 살해할 목적으로 미성년자 인질강도를 범한 때, 그리고 폭행·상해·감금·유기·가혹행위를 가한 때 그리고 이로 인해 치사한 때에는 특가법에 따라 가중처벌(제5조의2)된다. 103

Ⅵ. 강도상해·치상죄

> 제337조(강도상해·치상죄) 강도가 사람을 상해하거나 상해에 이르게 한 때에는 무기 또는 7년 이상의 징역에 처한다.
>
> 제342조(미수범) 제329조 내지 제341조의 미수범은 처벌한다.
>
> 제346조(동력) 본장의 죄에 있어서 관리할 수 있는 동력은 재물로 간주한다.

1. 의의, 성격

강도가 사람을 상해하거나 상해에 이르게 함으로써 성립하는 범죄이다. 강도의 기회에 사람에 대한 사상이 수반되기 쉽다는 점을 고려한 강도죄의 가중적 구성요건이며, 강도상해죄는 강도죄와 상해죄의 결합범이고, 강도치상죄는 강도죄의 진정결과적가중범이다. 104

2. 구성요건

(1) 객관적 구성요건

1) 주체 주체는 모든 강도범인이다. 단순강도, 특수강도, 준강도, 인질강도를 불문한 105

다. 강도의 실행에 착수한 이상 기수·미수는 불문한다(통설·판례[208]).

106 2) 행위 상해 또는 상해에 이르게 하는 것(치상)이다.

107 (가) 상해 상해란 상해에 대한 고의가 있는 경우를 의미하고, 상해가 절도의 실행 중 또는 실행 직후에 가해지면 되고, 반드시 금품을 강취한 단계에서 가해져야 하는 것은 아니다.[209]

108 강도죄는 반항억압 정도의 폭행이 있어야 하므로 가벼운 찰과상 정도는 단순강도의 폭행에 해당하고 이 죄의 상해라 할 수 없다. 사회통념상 간과할 수 없는 정도, 즉 의사의 치료적 처치를 요하는 정도의 상해라야 한다.

109 例 강도가 머리를 1회 때리고 넘어뜨린 후 발로 가슴을 1회 걷어차서 약 2주간의 치료를 요하는 상해를 입힌 경우는 강도상해죄의 상해가 인정되었지만(대법원 2002.1.11. 2001도5925), 피고인의 폭행으로 인하여 입은 피해자의 상처는 이마 부분이 긁혀서 경도의 부종이 있는 정도에 불과하고, 굳이 치료를 받지 않더라도 일상생활을 하는 데 지장이 없으며, 시일이 경과함에 따라 자연적으로 치유될 수 있는 정도이고, 피해자도 그 상처로 병원에서 치료를 받지 아니하였다는 사실이 인정되는 경우에는 강도상해죄의 상해가 부정되었다(대법원 2003.7.11. 2003도2313).

110 (나) 치상 상해의 고의 없이 상해의 결과를 발생시킨 경우이다. 결과적 가중범이므로 강도행위와 치상 사이에 인과관계가 있고 치상에 대한 예견가능성이 있어야 한다. 치상의 결과발생을 예견하지 못한 데 대한 과실도 없는 경우에는 이 죄는 성립하지 않는다. 치상의 결과는 적어도 폭행의 고의로 야기된 것이라야 한다. 따라서 강도의 기회에 폭행의 고의도 없이 과실로 영아를 밟아 상처를 낸 경우에는 강도치상죄가 아니라 강도죄와 과실치상죄의 실체적 경합이 된다.

111 (다) 상해·치상의 상대방 강도피해자에 한하지 않고, 체포·추적하는 경찰관에게 상해·치상의 결과를 야기한 때에도 이 죄가 성립한다.[210]

112 (라) 상해·치상의 발생원인(강도의 기회) 상해·치상의 결과는 깅도의 기회에 발생한 것이면 족하다. 강도의 기회란 실행에 착수하여 강도범행종료 직후까지 강도행위와 시간적·장소적으로 밀접한 연관성이 있는 범위를 의미한다. 그 범위 및 판단기준은 준강도죄의 '절도의 기회'와 동일하다.

113 判 대법원도 상해·치상의 결과가 강도의 수단인 폭행·협박에서 직접 발생해야 할 것을 요하지는 않고 적어도 폭행의 고의가 있는 이상 '강도의 기회'에 범인의 행위에서 발생된 것이면 충분하다고 본다.[211]

---

208) "강도상해죄는 반드시 재물강취의 목적을 달성함을 요하지 않는다"(대법원 1969.3.18. 69도154; 대법원 1988.2.9. 87도2492).

209) "강도상해죄는 절도가 그 실행 중 또는 실행 직후에 재물의 탈환을 항거하거나 체포를 면탈하거나 죄적을 인멸할 목적으로 상해를 가한 때에 성립하는 것으로서 반드시 무기를 들고 금품을 강취하고 그 계제에 상해를 가해야 하는 것은 아니다"(대법원 1986.4.8. 86도264).

210) 대법원 1996.7.12. 96도1108(강도살인죄 판례임).

211) "강도범인이 강도를 하는 기회에 범행의 현장에서 사람을 상해한 이상, 재물강취의 수단인 폭행으로 인하여 상해의 결과가 발생한 것이 아니고, 재물의 탈환을 항거하거나 체포를 면탈하거나 죄적을 인멸할 목적으로 폭행을 가한 것이 아니라고 하더라도 강도상해죄가 성립한다"(대법원 1992.4.14. 92도408).

例 강도의 기회 인정 사례: 강취현장에서 피고인의 발을 붙잡고 늘어지는 피해자를 30미터쯤 끌고 가서 폭행함으로써 상해한 경우(대법원 1984.6.26. 84도970), 택시강도가 소지한 과도로 운전수를 협박하자 이에 놀란 운전수가 급회전하는 충격으로 과도에 찔려 상처를 입은 경우(대법원 1985.1.15. 84도2397), 강도가 피해자의 승용차에 함께 타고 도주하다가 경찰관이 추적해오자 범행 후 1시간 20분이 경과한 때 피해자를 칼로 찔러 상해를 가한 경우(대법원 1992.1.21. 91도2727) 등. 114

例 강도의 기회 부정사례: 피해자의 부상이 체포과정에서 피해자의 적극적인 체포행위의 과정에서 스스로의 행위의 결과로 인해 생긴 경우(대법원 1985.7.9. 85도1109), 체포에 필요한 정도를 넘어서서 발로 차며 늑골 9, 10번 골절상, 좌폐기흉증, 좌흉막출혈 등 전치 3개월을 요하는 중상을 입힐 정도로 심한 폭력을 가해오는 체포자의 공격을 피하기 위하여 절도범이 엉겁결에 솥뚜껑을 들어 위 폭력을 막아 내려다가 그 솥뚜껑에 스치어 체포자가 상처를 입게 된 경우(대법원 1990.4.24. 90도193). 115

(마) 기수와 미수　강도상해죄의 경우에는 강도의 기수·미수를 불문하고 상해가 미수에 그친 경우에 미수가 된다.[212] 하지만 강도치상죄는 진정결과적 가중범이므로 치상의 결과가 발생해야 기수로 된다. 116

강도치상죄의 미수범도 인정할 수 있는지에 관해 ① 이를 인정하는 견해도 있지만 ② 부정하는 것이 타당하다. 고의범인 강도상해죄에 있어서는 강도의 기수·미수에 관계없이 상해가 발생하면 기수범이 된다고 보면서 강도치상죄에서는 중한 결과가 발생했음에도 불구하고 강도가 미수이면 전체를 미수범으로 인정하는 것은 불합리하기 때문이다. 형법이 강도상해와 치상을 포함하여 미수범 처벌규정을 둔 것은 인질상해·치상죄 및 『총론』의 결과적 가중범의 미수 부분에서 설명했듯이 입법의 실수다. 117

(2) 주관적 구성요건

강도상해죄의 경우에는 강도에 대한 고의 및 불법영득의 의사 내지 불법이득의 의사와 상해에 대한 고의가 필요하고, 강도치상죄의 경우에는 강도에 대한 고의 및 불법영득의 의사 내지 불법이득의 의사와 상해에 대한 과실이 필요하다. 불법영득의사 내지 불법이득의사의 체계적 지위는 강도죄의 경우와 같다. 118

3. 공동정범의 초과

강도의 공동정범 중 한 사람이 강도의 기회에 상해 또는 치상의 결과를 발생시킨 경우 이와 무관한 다른 가담자의 죄책이 문제된다. 상해에 대해 고의의 공동이 없는 한 다른 가담자에 대해 고의범인 '강도상해죄'의 공동정범을 인정할 수 없다는 점에는 이견이 없다. 119

하지만 이 경우 **다른 가담자에 대해 결과적 가중범인 '강도치상죄'의 공동정범을 인정할 것인지**에 대해서는 견해가 대립한다. 이와 관련해서는 ① 중한 결과인 상해에 대해 각자의 과실(예견가능성) 여부를 검토하여 결과를 야기하지 않은 다른 가담자에게도 강도치상죄의 단독 120

---

212) "절도범이 체포를 면탈할 목적으로 폭행을 가하여 피해자에게 상해의 결과를 발생케 한 경우에는 비록 재물의 절취는 미수에 그쳤다 할지라도 본조의 기수범으로 보아야 한다"(대법원 1971.1.26. 70도2518).

정범을 인정하자는 견해[213](단독정범설)와 ② 예견가능성이 있을 것을 전제로 해서 강도치상죄의 공동정범을 인정하자는 견해[214](공동정범설)가 대립한다. 결과적 가중범의 공동정범을 인정하는 입장에서 보면 직접 상해의 결과를 발생시킨 자가 강도상해죄가 되더라도 상해의 고의가 없는 다른 가담자에게 예견가능성이 인정되는 한 강도치상죄의 공동정범을 인정하는 견해가 타당하다.

121 判 대법원도 상해의 결과에 대해 예견가능성이 인정되는 한 상해의 결과에 대해서도 책임을 면할 수 없다고 한다.[215] 하지만 이 판시에서 대법원은 구체적으로 강도상해죄의 공동정범이 되는지 강도치상죄의 공동정범이 되는지에 대해서는 명백히 밝히고 있지 않다. 강도상해와 강도치상의 법정형이 동일하게 규정된 탓에 구별할 필요가 없을지 모르지만, 법리상으로는 다른 가담자에게 상해의 고의가 없으므로 '강도치상죄'의 공동정범 인정이 타당하다. 또 위 판시내용과 관련하여 판례의 태도가 다른 공범자에게 중한 결과에 대한 과실(예견가능성)여부를 묻지 않고 무조건 강도치상죄(또는 강도치사죄)의 책임을 지우고 있는 것으로 오해해서는 안 된다. 판시내용에서 '예견가능성' 요건의 인정 여부에 대한 명시적 태도표명이 없는 것은 이 쟁점이 당해 사건에서 제기되지 않았기 때문에 판시내용에서 구체적으로 거론하지 않은 것일 뿐(원심에서 이미 이 쟁점이 취급되었을 수도 있음), 원칙적으로 다수의 다른 판례들(특히 아래 대법원 1990.11.27. 90도2262 참조)를 보면, 예견가능성이 분명히 요건으로 인정하고 있기 때문이다. 이와 같은 유형의 사례에서는 (사례형 시험문제에서는 물론이고) 실무에서도 변호인이 사실관계를 기초로 이 쟁점을 적극적으로 제기할 필요성이 크다.

4. 죄수

122 동일기회에 수인에게 상해를 입힌 때에는 강도상해죄의 실체적 경합이 되지만,[216] 법률상 한 개의 행위 인정요건을 갖춘 때에는 상상적 경합이 될 경우도 있다.

Ⅶ. 강도살인·치사죄

> 제338조(강도살인·치사죄) 강도가 사람을 살해한 때에는 사형 또는 무기징역에 처한다. 사망에 이르게 한 때에는 무기 또는 10년 이상의 징역에 처한다.
>
> 제342조(미수범) 제329조 내지 제341조의 미수범은 처벌한다.
>
> 제346조(동력) 본장의 죄에 있어서 관리할 수 있는 동력은 재물로 간주한다.

1. 의의, 성격

123 강도가 사람을 살해하거나 사망에 이르게 함으로서 성립하는 범죄이다. 강도살인죄는 강

---

213) 오영근, §18/68; 임웅, 346면.

214) 이재상/장영민/강동범, §17/50; 이형국, 435면.

215) "강도합동범 중 1인이 피고인과 공모한 대로 과도를 들고 강도를 하기 위하여 피해자의 거소로 들어가 피해자를 향하여 칼을 휘두른 이상 이미 강도의 실행행위에 착수한 것임이 명백하고, 그가 피해자들을 과도로 찔러 상해를 가하였다면 대문 밖에서 망을 본 공범인 피고인이 구체적으로 상해를 가할 것까지 공모하지 않았다 하더라도 피고인은 상해의 결과에 대하여도 공범으로서의 책임을 면할 수 없다"(대법원 1998.4.14. 98도356).

216) 대법원 1991.6.25. 91도643.

도죄와 살인죄의 결합범이며, 강도치사죄는 진정결과적 가중범이다.

2. 구성요건

(1) 객관적 구성요건

1) 주체 주체는 모든 강도이다. 강도상해·치상죄의 경우와 마찬가지로 강도죄의 실행 124
에 착수한 단순강도죄, 준강도죄,[217] 인질강도죄의 범인이며, 강도의 기수·미수여부는 상관 없다. 해상강도의 살해·치사에 대해서는 별도의 규정(제340조 제3항)이 있으므로 해상강도범인은 제외된다.

2) 행위 살해하거나 사망에 이르게 하는 것(치사)이다. 살해는 고의가 있는 경우이고, 125
치사는 살인의 고의 없이 사망의 결과를 발생시킨 경우이다. 강도가 폭행·상해의 고의로 사망에 이르게 한 때에도 강도치사죄가 성립한다.

사망 또는 치사는 반드시 강도의 수단인 폭행에 의해서 야기된 것임을 요하지 않으며, '강 126
도의 기회'(시간적·장소적 근접성)에 일어나면 족하고,[218] 기수·미수의 구별도 살해·치사를 기준으로 결정한다는 점에 대해서는 강도상해·치상죄의 설명과 동일하다.

例 강도의 기회 인정 판례: 강도범행 직후 범행현장으로부터 약 150미터 떨어진 지점에서 신고를 받고 출동 127
한 경찰관에게 체포되어 파출소로 연행되기 위해 순찰차에 태워지려는 순간 체포면탈의 의사로 옆에 있던 경찰관을 칼로 찔러 사망케 한 경우 강도행위와 시간상 및 거리상 극히 근접하여 사회통념상 범죄행위가 완료되지 아니한 상태에서 이루어진 것이라고 보여지므로 강도살인죄가 성립한다(대법원 1996.7.12. 96도1108).

例 강도의 기회 부정 판례: 피해자를 살해하고 상당한 시간이 경과한 후 피해자 소유의 돈과 신용카드에 대 128
하여 불법영득의 의사를 가지고 그 재물을 취득한 경우는 살인의 범죄행위가 이미 완료된 후의 별도의 고의에 의한 행위이다(대법원 2004.6.24. 2004도1098).

3) 미수와 기수 강도의 기수·미수와 관계없이 살해행위가 미수에 그친 경우에 강도살 129
인죄의 미수범이 된다. 하지만 **결과적 가중범인 강도치사죄의 미수 인정여부**에 대해서 ① 강도의 미수가 과실로 사망의 결과를 야기한 때에 강도치사죄의 미수가 인정된다는 견해도 있으나 ② 강도치상죄의 미수에서 설명한 바와 같이 결과적 가중범의 미수는 부정된다고 하는 것이 타당하다.

(2) 주관적 구성요건

강도살인죄의 경우에는 강도에 대한 고의 및 불법영득의 의사 내지 불법이득의 의사와 살 130
인에 대한 고의가 필요하고,[219] 강도치사죄의 경우에는 강도에 대한 고의와 불법영득의 의사

---

217) "강도살인죄의 주체인 강도는 준강도죄의 강도범인을 포함한다 할 것이므로 절도가 체포를 면탈할 목적으로 사람을 살해한 때에는 강도살인죄가 성립한다"(대법원 1987.9.22. 87도1592).

218) "강도의 공범자 중 1인이 강도의 기회에 피해자에게 폭행 또는 상해를 가하여 살해한 경우, 다른 공모자가 살인의 공모를 하지 아니하였다고 하여도 그 살인행위나 치사의 결과를 예견할 수 있었다면 그 공범자는 결과적 가중범인 강도치사죄의 죄책을 면할 수 없다"(대법원 2000.12.8. 2000도4459).

내지 불법이득의 의사와 사망에 대한 과실이 필요하다. 고의와 불법영득 내지 불법이득의사의 관계에 관해서는 강도죄와 같다.

3. 공동정범의 초과

131 강도의 공동정범 중 1인이 강도의 기회에 살해 또는 치사의 결과를 발생시킨 경우 이와 무관한 다른 가담자에게 살해행위에 대해 고의의 공동이 없는 한 고의범인 강도살인죄의 공동정범의 죄책을 지울 수는 없다. 하지만 이 경우 **다른 가담자에게 결과적 가중범인 강도치사죄의 책임을 인정할 수 있는지**(강도상해·치상죄의 공동정범의 초과 부분 참조)가 문제된다. ① 결과적 가중범의 공동정범을 부정하는 입장에서는 강도치사죄의 동시범 내지 단독정범이 된다고 하지만, ② 결과적 가중범의 공동정범을 인정하는 입장에서 볼 때 사망의 결과에 대해 예견가능성이 있는 경우에 한하여 강도치사죄의 공동정범을 인정하는 것이 타당하다. 판례의 태도도 마찬가지이다.[220]

4. 죄수, 타죄와의 관계

(1) 탈취의사로 살해 후 재물취득

132 처음부터 재물탈취의사로 피해자를 살해한 후 재물을 탈취한 때에는 탈취가 사망의 전후에 있는가를 묻지 않고 강도살인이 된다.

(2) 살해 후 탈취의사로 재물탈취

133 살해한 직후에 재물탈취의사가 생겨 이를 영득한 경우에는 ① 일부학설과 판례[221]는 살인죄와 절도죄의 실체적 경합이 된다고 하지만, ② 살인죄와 점유이탈물횡령죄의 실체적 경합이 된다고 보아야 한다. 자세한 내용은 사자의 점유 참조.

(3) 채무면탈목적 살해

134 **채무면탈목적으로 채권자를 살해한 경우**에는 강도살인죄가 성립한다(통설·판례[222]). 다만 이 경우 사실상 또는 법적으로 채무를 면하거나 이익취득이 가능한 사정이 있어야 한다. 따

---

219) "강도살인죄가 성립하려면 먼저 강도죄의 성립이 인정되어야 하고 강도죄가 성립하려면 불법영득의 의사가 있어야 하는 것인 바, 피해자를 강간한 후 항거불능 상태에 있는 피해자에게 돈을 내놓으라고 하여 피해자가 서랍 안에서 꺼내주는 돈을 받는 즉시 팁이라고 하면서 피해자의 브라자 속으로 그 돈을 집어 넣어준 것이라면 이는 불법영득을 하려 한 것이 아니라 피해자를 희롱하기 위하여 돈을 빼은 다음 그대로 돌려주려고 한 의도였다고 할 것이므로 불법영득의 의사가 있었다고 보기 어렵다"(대법원 1986.6.24. 86도776).

220) "피고인들이 등산용 칼을 이용하여 노상강도를 하기로 공모한 사건에서 범행당시 차안에서 망을 보고 있던 피고인 갑이나 등산용 칼을 휴대하고 있던 피고인 을과 함께 차에서 내려 피해자로부터 금품을 강취하려 했던 피고인 병으로서는 그때 우연히 현장을 목격하게 된 다른 피해자를 피고인 을이 소지 중인 등산용 칼로 살해하여 강도살인행위에 이를 것을 전혀 예상하지 못하였다고 할 수 없으므로 피고인들 모두는 강도치사죄로 의율처단함이 옳다"(대법원 1990.11.27. 90도2262).

221) 대법원 1993.9.28. 93도2143.

222) 대법원 1971.4.6. 71도287.

라서 상속인의 채권행사가 여전히 가능한 경우에는 강도살인죄가 성립할 수 없고 살인죄만 성립할 수 있을 뿐이다. 물론 이러한 경우 강도가 재산상의 이익취득이 실패한 경우로서 강도의 실행에 착수한 점은 인정되므로 강도미수가 되어 — 사망이라는 결과가 발생한 이상 결합법의 법리에 따라 — 강도살인죄에 해당한다고 볼 수도 있다. 하지만 이 경우의 강도미수는 수단의 착오로 인해 채무면탈을 통한 재산상의 이익이라는 결과발생이 불가능한 경우에 해당(추상적 위험성설!)하여 불가벌적 (강도)불능미수가 되므로 결론적으로 살인죄만 성립한다고 해야 한다.

判 대법원도 앞서 언급했듯이 강제이득죄의 경우 재산상의 이익이 생길 가능성이 있는 사실관계가 존재할 것을 추가적인 성립요건으로 인정하고 있으므로, 채무의 존재가 명백할 뿐 아니라 채권자의 상속인이 존재하고 그 상속인에게 채권의 존재를 확인할 방법이 확보되어 있는 경우에는 이익을 취득할 수 있는 가능한 상태가 인정될 수 없음을 근거로 강도살인죄의 성립을 부정한다(대법원 2004.6.24. 2004도1098). 하지만 술집에서 두 사람밖에 없는 상황에서 술값의 지급을 요구하는 술집주인을 살해하고 곧바로 피해자가 소지하던 현금을 탈취한 경우(대법원 1999.3.9. 99도242)는 재물취득부분은 재물강취죄가 인정되고, 술값에 관한 이익취득도 외견상 이익이 생길 가능성이 있는 사실관계라는 추가적 요건요 요구되지 않으므로 강도살인죄의 성립이 인정되었다. 135

(4) 강도살인죄와 현주건조물방화치사죄의 관계

강도가 살해의사로 현주건조물에 방화하여 사망케 하였으면 강도살인죄와 현주건조물방화치사죄의 상상적 경합이 된다.[223] 136

Ⅷ. 강도강간죄

> 제339조(강도강간죄) 강도가 부녀를 강간한 때에는 무기 또는 10년 이상의 징역에 처한다.
>
> 제342조(미수범) 제329조 내지 제341조의 미수범은 처벌한다.
>
> 제346조(동력) 본장의 죄에 있어서 관리할 수 있는 동력은 재물로 간주한다.

1. 의의, 성격

강도가 부녀를 강간함으로써 성립하는 범죄이다. 강도죄와 강간죄의 결합범이다. 강도가 항거불능의 상태에 있는 부녀를 강간하는 것은 폭행·협박의 정도가 클 뿐만 아니라, 재산침해와 신체의 완전성 또는 의사결정의 자유침해 외에 성적 자기결정의 자유까지 침해하는 범죄이다. 비친고죄이다. 137

223) "강도가 피해자들의 재물을 강취한 후 그들을 살해할 목적으로 현주건조물에 방화하여 사망에 이르게 한 경우, 강도살인죄와 현주건조물방화치사죄에 모두 해당하고 양죄는 상상적 경합관계에 있다"(대법원 1998.12.8. 98도3416).

2. 구성요건

(1) 객관적 구성요건

138 **1) 주체** 주체는 모든 강도범인이다. 단순강도, 특수강도, 준강도, 인질강도, 강도상해의 범인이며 실행에 착수한 자이면 충분하고, 그 죄의 기수·미수는 묻지 않는다. 해상강도의 강간에 대해서는 별도의 규정(제340조 제3항)이 있으므로 이 죄의 주체에서 제외된다.

139 **강간범이 강간을 한 후 재물탈취의 고의가 생겨 피해자의 재물을 탈취한 경우**에 대해 강도강간죄는 인정되지 않지만, 강간행위 후의 재물탈취가 강도죄로 인정되는지에 대해 ① 강간죄와 강도죄의 실체적 경합이 된다는 견해[224]와 ② 강간죄와 절도죄의 실체적 경합이 된다는 견해가 대립한다.

140 判 대법원은 강간범이 강간행위 후에 강도의 범의를 일으켜 그 부녀의 재물을 강취하는 경우 강간죄와 강도죄의 실체적 경합을 인정하지만,[225] 강간범인이 강간의 종료 전에 강도행위를 한 때에는 이미 강간종료 전에 강도의 착수가 있으므로 강도강간죄의 성립을 인정한다.[226]

141 강간범이 폭행·협박으로 강간을 한 후 항거불능상태를 이용하여 피해자의 재물을 취득한 경우에는 강간죄와 강도죄가 성립하고 폭행·협박은 강간과 강도에 공통되는 것이므로 양자의 상상적 경합이 인정되지만, 폭행·협박으로 강간을 한 후 다시 강도의 고의로 폭행 협박을 하여 재물을 강취한 경우는 강간죄와 강도죄의 실체적 경합을 인정할 수 있다.

142 **2) 행위** 부녀를 강간하는 것이다.

143 (가) 강간 강간은 협의의 강간(제297조)과 준강간(제299조 전단)을 포함한다. 강간은 반드시 폭행·협박의 방법으로 행해질 필요가 없고 '강도의 기회'에 행해지면 충분하며 이 죄의 경우도 강도상해·치상죄, 강도살인·치사죄 등의 경우와 마찬가지로 '강도의 기회'는 시간적으로 강도의 범행의 종료전이어야 한다.[227]

144 재물탈취의 전후를 묻지 않지만, 강도에 착수도 하지 않고 강간행위를 한 경우에는 이 죄가 성립하지 않는다. 강간피해자인 부녀가 강도피해자와 일치할 필요도 없다.[228]

145 (나) 미수·기수 강간행위가 완성됨으로써 기수가 되고, 미수는 강간행위가 미수에 그친

224) 김일수/서보학, 343면; 오영근, 382면.

225) "강간범이 강간행위 후에 강도의 범의를 일으켜 그 부녀의 재물을 강취하는 경우에는 형법상 강도강간죄가 아니라 강간죄와 강도죄의 경합범이 성립될 수 있을 뿐"이므로, 강간 후 특수강도의 강취가 있어도 성폭력법 제5조 제2항의 특수강도강간죄로 처벌할 수는 없다(대법원 2002.2.8. 2001도6425).

226) "강간범이 강간행위 종료 전, 즉 그 실행행위의 계속 중에 강도의 행위를 할 경우에는 이때에 바로 강도의 신분을 취득하는 것이므로 이후에 그 자리에서 강간행위를 계속하는 때에는 강도가 부녀를 강간한 때에 해당하여 형법 제339조 소정의 강도강간죄를 구성한다"(대법원 1988.9.9. 88도1240).

227) "형법 제339조의 강도강간죄은 강도범인이 강도의 기회에 강간행위를 한 경우에 성립되는 것으로서 강도가 실행에 착수하였으나 아직 강도행위를 완료하기 전에 강간을 한 경우도 이에 포함된다"(대법원 1984.10.10. 84도1880).

228) 대법원 1991.11.12. 91도2241.

때이며 강도행위의 기수·미수는 상관없다.[229)]

(2) 주관적 구성요건

강도·강간에 대한 고의와 불법영득의 의사 내지 불법이득의 의사가 필요하다. 불법영득의 의사 내지 불법이득의 의사의 관계는 강도죄와 같다. 146

3. 죄수, 타죄와의 관계

(1) 죄수

부녀의 전속적 법익을 침해하는 죄이므로 죄수는 피해자가 수인인 경우에는 피해자의 수만큼 범죄가 성립한다. 147

(2) 타죄와의 관계

1) 강도가 강간 후 살해(상해)한 경우 강도가 강간한 후에 살해(상해)의 고의가 생겨 살해(상해)한 경우 강도행위가 강도강간죄와 강도살인죄(상해죄)의 부분적 공통관계에 있으므로 강도강간죄와 강도살인죄(강도상해죄)의 상상적 경합이 된다.[230)] 148

2) 강도가 강간으로 치사(치상)케 한 경우 강도가 부녀를 강간하여 치사(치상)케 한 경우에는 치사상의 결과가 강간으로 야기된 경우에는 강도강간죄와 강간치사상죄의 상상적 경합이 되지만, 치사상의 결과가 강도행위로 야기된 경우에는 강도강간죄와 강도치사상죄의 상상적 경합이 된다(통설·판례[231)]). 149

Ⅸ. 해상강도죄, 해상강도상해·치상죄, 해상강도살인·치사죄, 해상강도강간죄

> 第340조 ① (해상강도죄) 다중의 위력으로 해상에서 선박을 강취하거나 선박 내에 침입하여 타인의 재물을 강취한 자는 무기 또는 7년 이상의 징역에 처한다.
> ② (해상강도상해·치상죄) 제1항의 죄를 범한 자가 사람을 상해하거나 상해에 이르게 한 때에는 무기 또는 10년 이상의 징역에 처한다.
> ③ (해상강도살인·치사죄·해상강도강간죄) 제1항의 죄를 범한 자가 사람을 살해 또는 사망에 이르게 하거나 부녀를 강간한 때에는 사형 또는 무기징역에 처한다.
>
> 第342조(미수범) 제329조 내지 제341조의 미수범은 처벌한다.
>
> 第346조(동력) 본장의 죄에 있어서 관리할 수 있는 동력은 재물로 간주한다.

229) 대법원 1986.1.28. 85도2416.

230) 이재상/장영민/강동범, §17/59.

231) "강도가 재물강취의 뜻을 재물의 부재로 이루지 못한 채 미수에 그쳤으나 그 자리에서 항거불능의 상태에 빠진 피해자를 간음할 것을 결의하고 실행에 착수하였으나 역시 미수에 그쳤더라도 반항을 억압하기 위한 폭행으로 피해자에게 상해를 입힌 경우에는 강도강간미수죄와 강도치상죄가 성립하고 이는 1개의 행위가 2개의 죄명에 해당되어 상상적 경합관계가 성립된다"(대법원 1988.6.28. 88도820).

1. 의의, 성격

150 다중의 위력으로 해상에서 선박 또는 선박 안의 재물을 강취함으로써 성립하는 범죄이다(일명 해적죄). 해상강도의 죄에는 해상강도죄, 해상강도상해·치상죄, 해상강도살인·치사죄, 해상강도강간죄가 하나의 조항 속에 포함되어 있다. 해상강도상해죄와 해상강도살인죄, 그리고 해상강도강간죄는 결합범이며, 해상강도치상죄와 해상강도치사죄는 진정결과적 가중범이다.

151 강도죄와 강도죄의 결합범 및 결과적 가중범에 비해 현저하게 중하게 처벌하는 것은 해상에서의 강도행위는 육지에서의 강도행위에 비해 구조가능성도 희박하고 피해가 대량화될 수 있기 때문이다.

2. 구성요건

152 이 죄의 '해상'에는 영해와 공해를 모두 포함한다. 다만 이 죄의 성질상 육지의 지배력이 쉽게 미칠 수 있는 하천, 호수, 항만은 포함하지 않는다. '선박'은 그 대소, 종류 여하를 묻지 않으나 적어도 해상을 항해할 수 있어야 한다. 따라서 해상을 항해할 수 없는 보트는 제외된다.

153 해상강도죄(제1항)는 주체의 제한이 없으나, 해상강도상해·치상죄(제2항)와 해상강도살인·치사·강간죄(제3항)의 주체는 "해상강도의 죄를 범한 자"이다. 따라서 해상강도상해죄 등의 경우 형벌법규의 해석의 엄격성을 유지하기 위해서는 해상강도의 미수범은 여기에 포함되지 않는 것으로 보아야 한다.[232] 해상강도가 부녀를 강간한 후에 그를 살해한 경우에는 제3항의 죄가 성립할 뿐이다.

154 공해상에서 내국인이 범한 해적행위(제3조), 내국선박상에서 외국인이 범한 해적행위(제4조), 외국선박상에서 외국인이 내국인에 대해서 범한 해적행위(제6조) 등은 해상강도의 죄에 관한 규정(제340조)에 의하여 처벌할 수 있다.[233] 그러나 공해상의 외국선박상에서 외국인이 외국인에 대해서 범한 해적행위(국제법상 해적행위)는 이 규정에 의하여 처벌할 수 없다.

X. 상습강도죄

> 제341조(상습범) 상습으로 제333조, 제334조, 제336조 또는 전조 제1항의 죄를 범한 자는 무기 또는 10년 이상의 징역에 처한다.
>
> 제342조(미수범) 제329조 내지 제341조의 미수범은 처벌한다.
>
> 제346조(동력) 본장의 죄에 있어서 관리할 수 있는 동력은 재물로 간주한다.

232) 대법원 1995.4.7. 95도94 참조.
233) 대법원 2011.12.22. 2011도12927.

이 죄는 상습으로 강도죄, 특수강도죄, 인질강도죄, 해상강도죄를 범함으로써 성립하고 행위자의 상습성 때문에 형이 가중되는 부진정 신분범이다.[234] 강도이건 해상강도이건 결합범이나 결과적 가중범의 범죄유형에 대해서는 상습범가중규정의 적용이 없다. 따라서 이들 죄와 상습강도죄는 포괄일죄의 관계에 있지 않고 실체적 경합관계에 있다.[235] 155

XI. 강도예비·음모죄

> 제343조(예비, 음모) 강도할 목적으로 예비 또는 음모한 자는 7년 이하의 징역에 처한다.
> 제346조(동력) 본장의 죄에 있어서 관리할 수 있는 동력은 재물로 간주한다.

강도를 할 목적으로 예비·음모함으로써 성립하는 범죄로서 목적범이다. 강도예비·음모죄에서 말하는 강도는 단순강도, 특수강도, 인질강도, 해상강도를 포함한다. **준강도도 이 죄의 강도에 포함되는지**에 대해서는 ① 이를 포함하는 견해[236]가 있지만 ② 준강도죄는 절도의 범인 사후적으로 폭행협박을 하는 경우이므로 강도예비·음모죄에서 제외하는 것이 타당하다. 이에 따르면 이 죄의 목적도 강도의 목적이어야 하고 준강도의 목적은 포함될 수 없다. 강도의 목적 가운데 의욕적 요소는 확정적임을 요하지만 인식적 요소는 미필적 인식이라도 족하다. 156

判 대법원도 강도예비·음모죄가 되기 위해서는 미필적으로나마 강도의 목적이 있어야 한다고 하고, 준강도할 목적은 강도예비·음모죄의 목적에 해당하지 않는다고 한다.[237] 157

객관적 요소로서 예비 또는 음모의 사실이 있어야 한다. 단순한 강도계획이나 강도의사의 표시는 예비·음모라고 할 수 없고, 강도를 실현하기 위한 의사 내지 위험성이 객관적으로 표명되고, 그것이 강도실행에 이바지할 수 있는 정도라야 한다. 따라서 강도목적으로 흉기를 구입하는 준비행위 또는 강도에 사용할 흉기를 휴대하고 통행인의 출현을 기다리는 행위도 강도예비에 해당한다.[238] 강도의 목적으로 타인의 주거에 침입하였다가 발각된 경우에는 강도예비죄와 주거침입죄의 상상적 경합이 된다. 158

---

234) 대법원 1986.6.10. 86도778은 전과사실 없어도 3개월 사이에 16회에 걸쳐 특수강도행위를 반복하고 수인이 밤중에 칼로 협박하여 피해자를 묶어놓은 경우 등은 특수강도의 상습성을 인정하고 있다.

235) 대법원 1982.10.12. 82도1764.

236) 김일수/서보학, 346면.

237) "강도예비·음모죄가 성립하기 위해서는 예비·음모 행위자에게 미필적으로라도 '강도'를 할 목적이 있음이 인정되어야 하고 그에 이르지 않고 단순히 '준강도'할 목적이 있음에 그치는 경우에는 강도예비·음모죄로 처벌할 수 없다"(대법원 2006.9.14. 2004도6432).

238) 대법원 1948.8.17. 4281형상80.

§ 27

제3절 사기의 죄

Ⅰ. 총설

1. 의의 및 보호법익

(1) 의의

1 사기의 죄는 사람을 기망하여 재물을 편취 또는 재산상의 이익을 취득하거나 제3자로 하여금 취득하게 하는 행위를 내용으로 하는 범죄이다. 형법은 기망행위 외에 부당이득행위, 편의시설부정이용행위, 그리고 컴퓨터 등 정보처리장치를 부정사용하여 재산상의 이익을 취득하는 행위를 사기의 죄의 유형에 포함시키고 있다. 사기의 죄 중 컴퓨터등사용사기죄의 구성요건은 재상상의 이익만 객체로 하고 있어 순수 이득죄에 해당하지만 나머지 구성요건들의 경우는 재물 또는 재산상의 이익을 객체로 규정하고 있기 때문에 재물죄인 동시에 이득죄이다.

(2) 보호법익과 보호의 정도

2 1) 보호법익 **사기의 죄의 보호법익**을 무엇으로 할 것인지에 대해서는 ① 전체로서의 재산을 보호법익으로 한다는 견해[239](전체 재산설)와 ② 전체로서의 재산 이외에 부차적으로 거래의 진실성 내지 신의성실도 보호법익이 된다는 견해[240](거래의 진실성과 신의성실설), 그리고 ③ 개개의 재산과 의사결정의 자유가 보호법익이라고 하는 견해[241](개별재산설)가 대립한다. 사기죄의 보호법익에 거래의 진실성 내지 신의성실도 부차적으로 포함시키게 되면 재산상의 손해발생이 없더라도 사기죄의 성립을 인정하게 되고, 재산상의 피해자와 피기망자가 다른 경우 피기망자도 사기죄의 피해자가 된다.

3 判 대법원은 백화점 등 대형유통업체의 이른바 '변칙세일' 사건에서 소비자보호 차원에서 거래의 진실성과 신의성실에 반하는 경우 '손해발생'을 요건으로 함이 없이 사기죄의 성립을 인정하였다.[242] 이러한 태도는 공정거래법의 당연한 규율대상이 되는 변칙세일 사건이 — 공정거래위원장의 고발이 없어 — 사기죄로 기소된 데 대

---

239) 김일수/서보학, 412면; 박상기, 302면; 이재상/장영민/강동범, §18/3; 이형국/김혜경, 400면.
240) 김종원, 212면; 배종대, §70/4; 임웅, 357면 이하.
241) 오영근, §19/9.
242) "사기죄의 요건인 기망은 재산상의 거래에 있어 지켜야 할 신의와 성실의 의무를 저버리는 모든 적극적·소극적 행위로서 사람으로 하여금 착오를 일으키게 하는 것을 말하며, 일반적으로 상품의 선전·광고에 있어서 다소의 과장행위가 수반되는 것은 그것이 일반 상거래의 관행과 신의칙에 비추어 시인될 수 있는 한 기망이 없다고 하겠으나 거래에 있어 중요한 사항에 관하여 구체적 사실을 거래상의 신의성실의 의무에 비추어 비난받을 정도의 방법으로 허위로 고지한 경우에는 과장·허위광고의 한계를 넘어 사기죄의 기망 행위에 해당한다. 현대산업사회, 정보화사회에서 대형유통업체의 광고에 의하여 창출된 소비자의 기대와 신뢰는 보호되어야 하며 상술의 정도가 사회적으로 용인될 정도를 넘은 것이어서 사기죄의 기망행위를 구성한다"(대법원 1992.9.14. 91도2994).

한 대법원의 예외적 변칙 법리구성의 결과로 이해될 수 있다. 그러나 대법원은 — 후술하듯이 — 다른 일반 사기사건에서도 여전히 '손해발생'을 사기죄의 요건으로 인정하지 않는 태도를 취하고 있다. 다른 한편 대법원은 사기죄의 보호법익이 '개인의 재산권'임을 명시적으로 밝히고 있기도 하다.[243] 사기죄의 보호법익 및 성립요건에 관한 대법원의 보다 통일된 해석태도가 요망된다.

하지만 사기죄의 보호법익에 거래의 진실성과 신의성실까지 포함시키는 해석은 수용하기 어렵다. 재산침해의 행위태양인 기망행위의 반대측면에 불과한 거래의 진실성(및 신의성실)은 보호법익에 포함시키면 형법의 보충성에 반할 소지가 있고 사기죄를 처벌함으로써 거래의 진실성(및 신의성실)이 유지되는 것은 사기죄가 존재하는 반사적 이익에 불과하다. 개별재산설은 재산상의 손해발생을 사기죄의 요건에 포함시키지 않음으로써 사기죄의 보호법익의 중점을 피기망자의 자유보호에 두는 결과를 초래하여 사기죄의 성립범위를 지나치게 확대하는 결론으로 귀결될 수 있다. 따라서 사기죄의 보호법익은 '전체로서의 재산'이라고 보는 것이 사기죄의 성립을 제한하기 위한 가장 타당한 해석태도로 판단된다. 4

2) 보호의 정도 거래의 진실성과 신의성실도 보호법익으로 보는 견해에 따르면 재산상의 손해발생을 요하지 않으므로 사기죄를 위험범화할 가능성이 있다. 하지만 사기죄의 보호법익을 전체로서의 재산이라고 하게 되면 사기죄는 침해범으로 해석해야 하고, 재산상의 손해발생이 없는 경우에는 사기죄의 미수 성립가능성만 인정된다. 5

2. 구성요건체계

6

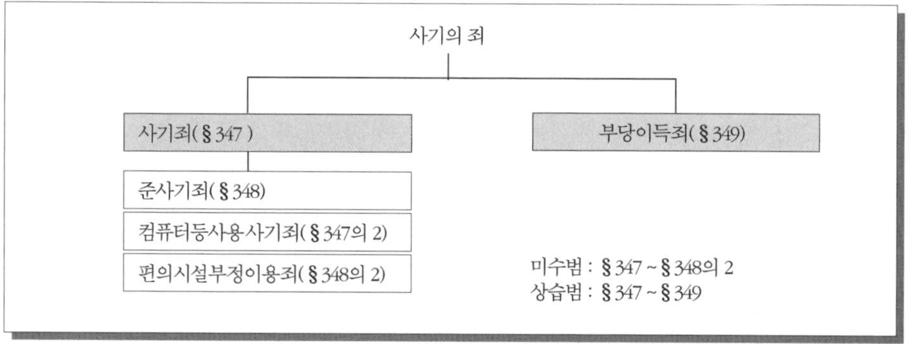

사기의 죄의 기본적 구성요건은 단순사기죄이다. 컴퓨터등사용사기죄와 준사기죄 그리고 편의시설부정이용죄는 사기죄를 보충하기 위한 수정구성요건이다. 부당이득죄는 타인의 궁박한 상태를 이용하는 것을 내용으로 하는 독자적인 구성요건이다. 사기죄의 죄는 부당이득죄를 제외하고는 미수범도 처벌되고, 친족상도례와 동력규정이 적용되며, 가중적 구성요건으 7

243) "사기죄의 보호법익은 재산권이므로, 기망행위에 의하여 국가적 또는 공공적 법익이 침해되었다는 사정만으로 사기죄가 성립한다고 할 수 없다"(대법원 2021.10.14. 2016도16343).

로 상습사기죄가 있다.

8 사기죄에 의하여 취득한 재물 또는 재산상의 이익의 가액이 5억원 이상인 경우는 특경법(제3조)에 의해 가중처벌된다. 보험사기방지특별법은 형법상의 사기죄와 상습사기죄의 특별구성요건인 보험사기죄(제8조) 및 보험사기상습범(제9조)을 두고 있고, 그로 인해 취득한 보험금의 가액이 5억원 이상인 경우 가중처벌(제11조)하고 있다.

Ⅱ. 사기죄

> 第347조(사기죄) ① 사람을 기망하여 재물을 교부받거나 재산상의 이익을 취득한 자는 10년 이하의 징역 또는 2천만원 이하의 벌금에 처한다.
> ② 전항의 방법으로 제3자로 하여금 재물의 교부를 받게 하거나 재산상의 이익을 취득하게 한 때에도 전항의 형과 같다.
>
> 第352조(미수범) 제347조 내지 제348조의2, 제350조와 제351조의 미수범은 처벌한다.
>
> 第354조(친족간의 범행, 동력) 제328조와 제346조의 규정은 본장의 죄에 준용한다.

1. 의의, 성격

9 사기죄는 사람을 기망하여 재물을 교부받거나 재산상의 이익을 취득하거나 또는 제3자로 하여금 재물을 교부받게 하거나 재산상의 이익을 취득하게 함으로써 성립하는 범죄이다. 재물죄인 동시에 이득죄인 점에서 강도죄와 같지만 순수 재물죄인 절도죄와 다르다. 절도죄와 강도죄가 상대방의 의사에 반하여 그 객체를 탈취하는 범죄(탈취죄)임에 반하여 사기죄는 상대방의 하자 있는 의사에 의한 교부행위 내지 처분행위 기타 이에 준한 행위를 통해서 객체를 취득하는 범죄(편취죄)라는 점에서 공갈죄와 유사하다. 하지만 사기죄는 교부행위 내지 처분행위가 기망 또는 이에 준한 수단에 의한 것임에 대해서 공갈죄는 공갈(폭행 또는 협박)을 수단으로 한다는 점에서 서로 구별된다.

2. 구성요건

(1) 객관적 구성요건

10 1) 객체 행위객체는 타인이 점유하는 타인의 재물 또는 재산상의 이익이다.

11 (가) 재물 재물의 개념은 절도죄의 경우와 같이 타인이 점유하는 타인소유의 재물을 말한다. 자기소유의 물건 또는 공무소의 명령에 의하여 타인이 관리하는 물건은 기망으로 취거하더라도 권리행사방해죄(제323조) 또는 공무상보관물무효죄(제142조)가 성립할 수 있을 뿐 사기죄는 성립하지 않는다. 부동산의 경우 견해대립이 있는 절도죄의 경우와는 달리 사기죄의 객체가 될 수 있다는 데에 대해 이견이 없다.

가) 금제품 **금제품의 사기죄 객체성**에 관해서 견해의 대립이 있지만 절도죄에서 설명한 바와 같이 소유금지의 금제품도 무주물이 아니라 궁극적으로 국가소유에 속하므로 점유금지의 금제품과 구별할 이유가 없다. 따라서 소지만 금지되는 상대적 금제품은 물론이고 소유도 금지되는 절대적 금제품도 사기죄의 객체가 될 수 있다고 해야 한다. 12

나) 불법원인급여물 **반환청구가 불가능한 불법원인급여물(예, 뇌물로 공여된 재물, 마약 구입용으로 전해받은 현금 등)도 사기죄의 객체가 될 수 있는지**에 대해서는 ① 부정설[244]과 ② 긍정설(다수설)이 대립한다. 13

부정설은 재산상의 손해가 없고 피해자에게 반환청구권도 없고 재산상의 손해도 없음을 이유로 한다. 민법상의 반환청구권은 사기죄의 성부와 관계없고, 기망을 수단으로 재물을 취득하는 행위태양이 위법할 뿐만 아니라 경제적 재산개념에 따를 경우 경제적 가치에 손해를 입힌 것도 부정할 수 없으므로 불법원인급여물도 사기죄의 객체가 된다고 하는 것이 타당하다. 14

判 대법원도 급여자가 수익자에 대한 반환청구권을 행사할 수 없다고 하더라도 수익자가 기망을 통하여 급여자로 하여금 재물을 제공하도록 한 이상 사기죄가 성립한다고 한다.[245] 다만, 대법원은 불법원인급여물의 경우 반환청구권이 없는 급여자에게 소유권이 인정될 수 없으므로 수익자에게 횡령죄의 성립은 부정하는 태도를 취한다. 15

다) 장물 동일한 맥락에서 절도범의 장물을 편취하는 경우에도 사기죄가 인정된다. 16

라) 문서 문서의 내용이 재물이나 재산상의 이익의 처분에 관한 사항을 포함하고 있어야 사기죄의 객체가 된다. 17

例 **사기죄의 객체가 인정된 경우:** 경매법에 의한 경락허가결정의 등본에 소유권이전등기를 완료되었다는 등기필의 취지가 기재되고 등기소인이 압날된 문서(대법원 1989.3.14. 88도975), 외형상 권리의무를 증명함에 족한 체제를 구비하고 있는 무효인 약속어음공정증서(대법원 1995.12.22. 94도3013), 주권을 포기한다는 의사표시가 담긴 처분문서인 주권포기각서(대법원 1996.9.10. 95도2747) 등. 18

例 **사기죄의 객체가 부정된 경우:** 수사기관에 제출하기 위하여 보험회사를 기망하여 발급받은 보험가입사실증명원은 보험가입사실을 증명하는 내용의 문서일 뿐 재물이나 재산상의 이익의 처분에 관한 사항을 포함하고 있지 않아서 사기죄의 객체로 인정되지 않는다(대법원 1997.3.8. 96도2625). 19

(나) 재산상의 이익 재물 이외의 전체적으로 재산상태의 증가를 가져오는 일체의 이익을 말한다. 영속적·일시적 이익, 적극적·소극적 이익을 불문하지만 구체적·직접적 이익이어야 한다. 존재하지도 않는 채권을 양도한 경우,[246] 또는 우연히 만난 채권자에게 거짓말로 핑계 20

---

244) 김일수/서보학, 425면; 안경옥, "불법원인급여와 사기죄의 성립", 형사법연구(17), 128면.

245) "민법 제746조의 불법원인급여에 해당하여 급여자가 수익자에 대한 반환청구권을 행사할 수 없다고 하더라도 수익자가 기망을 통하여 급여자로 하여금 불법원인급여에 해당하는 재물을 제공하도록 하였다면 사기죄가 성립한다"(대법원 2006.11.23. 2006도6795).

246) 대법원 1985.3.12. 85도74.

를 대고 그 자리를 회피한 것만으로 재산상의 이익을 취득하였다고 볼 수 없다. 경제적인 가치를 디지털로 표상하여 전자적으로 이전, 저장과 거래가 가능하도록 한 가상자산의 일종인 '비트코인'은 재물이 아니라 재산상이 이익에 해당한다.[247)]

21 앞서 설명하였듯이 경제적 재산개념에 따라 재산상의 이익은 사법상 유효한 것임도 요하지 않는다(판례). 따라서 금품 등을 대가로 받을 것을 전제로 성행위를 하는 부녀를 기망하여 성행위 대가의 지급을 면한 경우에는 사기죄가 성립[248)]한다.[249)]

22 例 **재산상의 이익이 긍정된 경우:** ① 연고권의 취득(대법원 1972.1.31. 71도1193), ② 담보의 제공을 받는 경우(대법원 1982.10.26. 82도2217), ③ 채권추심을 승인받는 것(대법원 1983.10.25. 83도1520), ④ 신축중인 다세대주택의 건축허가명의를 변경한 경우(대법원 1997.7.11. 95도1874), ⑤ 채무이행을 연기받을 목적으로 어음을 발행한 경우(대법원 1997.7.25. 97도1095), ⑥ 기존채무의 변제기를 연장 받은 경우(대법원 1999.7.9. 99도1326), ⑦ 기존채무의 변제를 위하여 약속어음 또는 당좌수표를 교부받음으로써 채무이행을 연기받은 경우(대법원 1998.12.8. 98도3282) 등.

23 例 **재산상의 이익이 부정된 경우:** ① 부재자의 재산관리인으로 선임된 경우(대법원 1973.9.25. 73도1080), ② 병원치료비를 지급함이 없이 임시로 그 채무의 이행을 피하기 위하여 도주한 경우(대법원 1970.9.22. 70도1615), ③ 채권자에 대한 채무이행을 위해 존재하지 않는 자신의 다른 채권을 양도한 경우(대법원 1985.3.12. 85도74), ④ 외상물품대금의 변제를 위하여 위조된 약속어음을 지급하였다고 하더라도 어음이 변제되지 않는 경우(대법원 1983.4.12. 82도2938) 등.

24 (다) 비재산적 법익의 경우 사기죄는 개인의 재산을 보호하므로 재산적 법익에 대한 침해가 아니면 사기죄가 성립하지 않는다.[250)] 공무원을 기망하여 인감증명·자동차운전면허증·여권 등을 교부받아도 사기죄의 성립은 부정된다.

25 判 대법원은 그러나 기망행위에 의하여 국가적 또는 공공적 법익을 침해하는 경우라도 두 가지 조건하에서 예외적으로 사기죄의 성립을 인정할 여지를 열어두고 있다.[251)] 첫째, 그 행위가 형법상 사기죄의 보호법익인 재산권을 침해하는 것과 동일하게 평가할 수 있는 것, 둘째, 다른 형벌법규에서 사기죄의 특별관계에 해당하는 처

---

247) 대법원 2021.11.11. 2021도9855.

248) "일반적으로 부녀와의 성행위는 경제적으로 평가할 수 없고, 상대방으로부터 금품이나 재산상의 이익을 받을 것을 약속하고 성행위를 하는 경우 그 약속 자체도 선량한 풍속 기타 사회질서에 위반하는 사항을 내용으로 하는 법률행위로서 무효이지만, 사기죄의 객체가 되는 재산상의 이익이 반드시 사법상 보호되는 경제적 이익만을 의미하지 아니하고 부녀가 금품 등을 받을 것을 전제로 성행위를 하는 경우 그 행위의 대가는 사기죄의 객체인 경제적 이익에 해당하므로 부녀를 기망하여 성행위의 대가의 지급을 면한 경우에는 사기죄가 성립한다"(대법원 2001.10.23. 2001도2991).

249) 경제적 재산개념에 따르면, 폭행·협박에 의해 대가를 면한 경우 폭행·협박의 정도에 따라 강도죄 또는 공갈죄도 성립할 수 있다.

250) "사기죄의 보호법익은 재산권이므로, 기망행위에 의하여 국가적 또는 공공적 법익이 침해되었다는 사정만으로 사기죄가 성립한다고 할 수 없다. 따라서 도급계약 당시 관련 영업 또는 업무를 규제하는 행정법규나 입찰 참가자격, 계약절차 등에 관한 규정을 위반한 사정이 있더라도 그러한 사정만으로 도급계약을 체결한 행위가 기망행위에 해당한다고 단정해서는 안 되고, 그 위반으로 말미암아 계약 내용대로 이행되더라도 일의 완성이 불가능하였다고 평가할 수 있을 만큼 그 위법이 일의 내용에 본질적인 것인지 여부를 심리·판단하여야 한다."(대법원 2021.10.14. 2016도16343).

251) "기망행위에 의하여 국가적 또는 공공적 법익을 침해한 경우라도 그와 동시에 형법상 사기죄의 보호법익인 재산권을 침해하는 것과 동일하게 평가할 수 있는 때에는 당해 행정법규에서 사기죄의 특별관계에 해당하는 처벌 규정을 별도로 두고 있지 않는 한 사기죄가 성립할 수 있다"(대법원 2021.11.11. 2021도7831).

벌 규정을 별도로 두고 있을 이에 따르면 기망을 수단으로 공과금을 면제받거나 관세를 포탈하여도 조세범처벌법 또는 관세법위반으로 처벌될 뿐 사기죄가 성립되지 않고,[252] 담당 공무원을 기망하여 납부의무가 있는 농지보전부담금을 면제받아 재산상 이익을 취득한 경우에는 부과권자의 직접적인 권력작용을 사기죄의 보호법익인 재산권과 동일하게 평가할 수 없는 것이어서 사기죄의 성립이 인정될 수 없다.[253] 그러나 공적 증명서류의 부정교부가 재산적 가치와 결부되어 재산적 이익취득이 있는 때에는 특별법상의 처벌규정[254]이 없으므로 사기죄의 성립이 인정될 수 있다.

2) 행위　사람을 기망하여 재물 또는 재산상의 이익을 취득하는 것이다. 구성요건의 해석상 (가) 기망행위가 있어야 하고 (나) 그 기망행위가 상대방의 착오를 야기시켜 (다) 재산상의 처분행위를 하게 하고 (라) 그로 인하여 재물을 교부받거나 재산상의 이익을 취득해야 하는 일련의 요건이 충족되어야 한다. (마) 피해자에게 재산상의 손해발생이 있음을 요하는지에 대해서는 견해가 대립한다(후술). 26

(가) 기망행위

가) 기망의 의의　기망이란 허위의 의사표시에 의하여 사람을 착오에 빠지게 하는 것을 말한다. 이미 착오에 빠져 있는 상태를 이용하는 것도 기망에 해당한다. 27

나) 기망의 내용　기망행위의 내용(대상)은 상대방이 재산적 처분행위를 함에 있어서 판단의 기초가 되는 '사실'이다. 사실이란 객관적으로 증명할 수 있는 과거와 현재의 상태 또는 관계를 말한다. 외적 사실(예: 대금지급능력)뿐 아니라 내적인 사실(예: 대금지불의사, 변제의사 등)도 포함한다. 뿐만 아니라 법률행위의 중요 부분에 관한 사실임을 요하지도 않는다. 따라서 동기나 용도를 기망한 경우에도 사기죄의 기망이 된다.[255] 28

장래의 사실은 ① 기망의 내용이 될 수 없다는 견해[256]가 있으나 ② 과거·현재의 사실과 관련성을 가지는 한 장래의 사실도 기망의 내용이 된다고 해야 한다(다수설). 예컨대 소비대차에 있어 지불능력은 장래의 사실이지만 이에 대한 채권자의 현재의 확신은 현재의 사실이 된다. 따라서 돈을 마련할 가망이 없음에도 불구하고 며칠 안에 돈을 지급하겠다고 속이고 29

252) "기망행위에 의하여 조세를 포탈하거나 조세의 환급·공제를 받은 경우에는 조세범처벌법 제9조에서 이러한 행위를 처벌하는 규정을 별도로 두고 있을 뿐만 아니라, 조세를 강제적으로 징수하는 국가 또는 지방자치단체의 직접적인 권력작용을 사기죄의 보호법익인 재산권과 동일하게 평가할 수 없는 것이므로 조세범처벌법 위반죄가 성립함은 별론으로 하고, 형법상 사기죄는 성립하지 않는다"대법원 2008.11.27. 2008도7303).

253) "이러한 침해행정 영역에서 일반 국민이 담당 공무원을 기망하여 권력작용에 의한 재산권 제한을 면하는 경우에는 부과권자의 직접적인 권력작용을 사기죄의 보호법익인 재산권과 동일하게 평가할 수 없는 것이어서 사기죄는 성립할 수 없다."(대법원 2019.12.24. 2019도2003).

254) 이러한 처벌규정의 예로는 「보조금 관리에 관한 법률」 제40조 제1호가 있다.

255) "사기죄의 실행행위로서의 기망은 반드시 법률행위의 중요부분에 관한 허위표시임을 요하지 아니하고 반드시 법률행위의 중요부분에 관한 착오임을 요하지 아니하고(대법원 1999.2.12. 98도3549) 상대방을 착오에 빠지게 하여 행위자가 희망하는 재산적 처분행위를 하도록 하기 위한 판단의 기초가 되는 사실에 관한 것이면 충분하므로, 용도를 속이고 돈을 빌린 경우에 만일 진정한 용도를 고지하였더라면 상대방이 빌려주지 않았을 것이라는 관계에 있는 때에는 사기죄의 실행행위인 기망이 있는 것으로 보아야 한다"(대법원 1996.2.27. 95도2828; 대법원 2002.7.26. 2002도262).

256) 박상기, 306면; 손동권/김재윤, §22/13; 이재상/장영민/강동범, §18/13.

물건을 가져간 경우에도 사기죄가 성립한다.

30 **의견이나 가치판단**도 ① 객관적으로 확정(증명)할 수 있는 것이 아니므로 원칙적으로 기망의 대상이 될 수 없다는 견해[257]가 있지만, ② 의견이나 가치판단도 일정한 요건하에서 기망의 대상이 될 수 있다는 견해(다수설)가 타당하다. 사실주장으로 연결되는 주관적 의견진술(예: 증시분석가의 전망 있는 주식이라는 의견), 사실주장이 포함되는 가치판단(예: 감정전문가의 고가품 판단) 등이 그러하다. 이러한 경우 특히 의견이나 가치판단에 사실의 주요내용을 포함하고 있거나 진술자의 전문적 지식이 뒷받침되어 일반인이 사실로 오인할 수 있는 정도로 표출되는 경우 기망이 될 수 있다.

31 다) 기망의 수단 기망행위의 수단·방법에는 제한이 없다. 작위에 의한 기망이든 부작위에 의한 기망이든 상관없고, 작위인 경우 명시적이건 묵시적이건 불문한다.

32 (a) **명시적 기망행위**－기망의 대표적 방법으로 언어나 문서의 표현수단을 사용하여 적극적으로 허위의 사실을 표명하는 것을 말한다. 매출전표를 허위로 작성하여 신용카드회사에 제출하여 금원을 교부받은 경우[258] 또는 도박 당사자의 일방이 우연성을 배제하고 승패수를 조작한 사기도박의 경우[259]등이 명시적 기망행위에 해당한다.

33 例 명시적 기망이 인정된 경우: 채무변제를 면할 목적으로 허위로 수표분실을 신고한 경우(대법원 1967.8.29. 67도660), 회사의 도산이 불가피한 상황에서 재력을 과시하기 위한 방법으로 변제자력을 가장하여 대출·지급보증·어음할인을 받은 경우(대법원 1997.2.14. 96도2904), 휴대폰 사용자들인 피해자들에게 음악편지도착 등의 문자메시지를 무작위로 보내어 마치 아는 사람으로부터 음악 및 음성메시지가 도착한 것으로 오인하게 하여 통화버튼을 눌러 접속하게 한 후 정보이용료가 부과되게 한 경우(대법원 2004.10.14. 2004도4705) 등.

34 (b) **묵시적 기망행위**－묵시적 기망이란 언어나 문서에 의한 의사표시 없이 설명가치 있는 행동 내지 태도에 의해 일정 사항에 대해 암묵적으로 허위의 외관을 표시하는 것을 말한다. 무전취식이나 무전숙박이나,[260] 훔친 예금통장으로 자신이 진정한 예금주인 것처럼 은행으로부터 예금을 인출한 경우[261] 등이 설명가치 있는 태도 내지 행동에 의한 묵시적 기망의 예이다.

35 例 묵시적 기망으로 인정된 경우: 압류사실을 고지하지 않고 부동산을 양도담보로 제공한 경우(대법원 1980.4.8. 79도2888), 절취한 장물을 담보로 제공하고 돈을 빌린 경우(대법원 1980.11.25. 80도2310) 등.

---

257) 이재상/장영민/강동범, §18/13; 이형국, 450면.
258) 대법원 1992.2.12. 98도3549.
259) 대법원 2011.1.13. 2010도9330.
260) 무전취식·무전숙박이 기망으로 되어 사기죄가 성립하기 위해서는 주문단계에서 언어 또는 태도로 지불의사에 대한 묵시적 기망이 있고, 주인은 그에 따라 손님을 신뢰하고 숙박 또는 음식제공이라는 처분행위를 하여야 한다. 하지만 음식을 먹거나 숙박을 하고 난 뒤 비로소 돈이 없음을 알고 도주한 때에는 기망행위가 없으므로 단순한 채무불이행에 불과하므로 사기죄가 성립하지 않는다.
261) 대법원 1974.11.26. 74도2817.

(c) 부작위에 의한 기망

36 a) 의의(묵시적 기망과의 구별) : 부작위에 의한 기망이란 이미 착오에 빠져 있는 상대방에게 그 착오를 제거해야 할 의무 있는 자가 고의로 그 고지의무를 이행하지 아니하고 그 착오를 이용하는 경우를 말한다.[262] 묵시적 기망이 설명가치 있는 행동이나 태도에 의해 상대방이 비로소 착오에 빠진 경우를 말하지만 부작위에 의한 기망은 행위자의 태도와는 무관하게 이미 착오에 빠져 있는 상대방에게 착오상태로부터 벗어나게 할 고지의무 있는 자가 고지의무를 이행하지 않고 그 착오를 이용한 경우를 말한다.

37 例 부작위에 의한 기망 긍정 사례: ① 경락허가결정된 부동산임을 묵비하고 전세를 놓은 경우(대법원 1974.3.12. 74도164), ② 토지에 가등기와 근저당권설정등기가 경료되어 있는 사실을 숨기고 매도한 경우(대법원 1981.8.20. 81도1638), ③ 임차보증금에 대한 압류·전부명령이 있음을 숨기고 점포를 전대한 경우(대법원 1983.2.22. 82도3139), ④ 다른 장소로 이전해야 가동할 수 있는 공장 사정을 고지하지 않고 매도한 경우(대법원 1991.7.23. 91도458), ⑤ 문제의 토지에 대해 도시계획이 입안되어 있어 장차 그 토지가 시당국에 의해 협의매수 또는 수용될 것이라는 점을 알면서도 고지하지 않고 매도한 경우(대법원 1993.7.13. 93도14), ⑥ 다른 회사에서 같은 용도·성능·이름을 가진 제품이 판시되고 있음을 숨기고 독점판매계약을 체결한 경우(대법원 1996.7.30. 96도1081), ⑦ 임차인이 등기부를 확인 또는 열람하는 것이 가능하더라도 임대목적물이 경매진행 중인 사실을 알리지 아니하고 임대차계약을 체결한 경우(대법원 1998.12.8. 98도3263), ⑧ 수표나 어음이 지급기일에 결제되지 않으리라는 점을 예견하였거나 지급기일에 지급될 수 있다는 확신이 없으면서도 그러한 내용을 수취인에게 고지하지 아니하고 이를 속여서 할인을 받은 경우(대법원 1998.12.9. 98도3282), ⑨ 특정 시술을 받으면 아들을 낳을 수 있을 것이라고 착오에 빠져 있는 피해자들에게 시술의 효과와 원리에 대해 사실대로 고지하지 않고 아들을 낳을 수 있는 것처럼 일련의 시술과 처방을 한 경우(대법원 2000.1.28. 99도2884), ⑩ 근저당권자로부터 근저당권에 기한 경매신청이 있을 것이라는 통고를 받고서도 이를 고지하지 않고 임대차계약을 체결한 경우(대법원 2004.10.27. 2004도4974), ⑪ 빌딩경락자가 금융기관에게 이면약정 내용을 감춘 채 중도금 대출을 받은 경우(대법원 2006.3.23. 2005도8645) 등.

38 例 부작위에 의한 기망 부정 사례: ① 채권자가 타인에게 채권양도한 사실을 밝히지 않고 채권양도 통지 전에 채무자로부터 외상대금을 수령한 경우(대법원 1984.5.9. 83도2270) ② 가등기담보사실을 묵비하고 임대차 계약을 체결하고 보증금을 수령하였으나 부동산의 시가가 임대차 보증금과 가등기담보채무액의 합산을 훨씬 초과한 경우(대법원 1985.4.9. 85도326), ③ 아파트신축 분양자가 아파트 준공 전에 자신의 채무변제에 대체하여 아파트를 분양한 후 소유권이전등기를 경료하기 전에 이 사실을 고지하지 않고 제3자에게 전세계약을 체결한 경우(대법원 1987.12.8. 87도1839), ④ 채무담보로 대물변제 예약이 된 자동차에 대해서 제3자와 매매계약을 체결한 경우(대법원 1989.12.24. 89도1397), ⑤ 자동차 할부금 채무를 묵비하고 중고자동차를 매각한 경우(대법원 1998.4.14. 98도231), ⑥ 피해자가에게 자동차를 매도하겠다고 거짓말하고 자동차를 양도하면서 자동차에 미리 부착해 놓은 GPS로 위치를 추적하여 자동차를 다시 절취해 한 경우(대법원 2016.3.24. 2015도17452), ⑦ 평소 알고 지내던 화가 A에게 추상적 아이디어만 제공하고 그림을 그려달라고 지시한 다음 A가 완성한 그림을 건네받아 배경색 덧칠 등 경미한 작업만 추가하고 자신의 서명을 한 뒤, A가 창작과정에 참여하였다는 점을 알리지 않은 채 자신의 친작(親作)인 것처럼 전시하고 이를 판매한 경우(대법원 2020.6.25. 2018도13696) 등.

39 b) 요건(고지의무 등) : 부작위에 의한 기망이 사기죄를 성립시키기 위해서는 피기망자가 행위자와 관계없이 스스로 착오에 빠져 있어야 하고, 행위자에게 피기망자의 착오를 제거해야 할 보증인적 지위(고지의무)가 있어야 하며, 고지의무의 불이행이 작위에 의한 기망과 동

262) 대법원 2020.6.25. 2018도13696.

가치하다고 판단될 정도의 상응성이 인정되어야 한다.

40 **고지의무의 발생근거**로는 법령(예, 상법 제651조 보험계약상의 고지의무), 사실고지가 명시된 계약, 고의 없이 유발시킨 선행행위에 의해 착오가 유발되고 그로 인해 상대방의 재산상 손해의 위험이 발생한 경우, 다만 보험계약상의 고지의무는 그 의무위반만으로는 기망이 될 수 없고 보험사고의 우연성을 해칠 정도가 되어야 한다.[263)]

41 判 대법원은 '법령, 계약'외에도 '관습, 조리 등'을 고지의무의 발생근거로 인정하고, 구체적인 사례의 경우 '거래실정과 신의성실의 원칙'에 의거하여 고지의무의 인정여부에 대한 결정을 내릴 수 있다고 한다.[264)] 이러한 태도는 고지의무의 '발생근거'와 '판단기준'을 구분하고 있는 것으로 읽힐 수도 있지만, 대법원도 '거래실정과 신의성실의 원칙'도 사실상 고지의무의 발생근거로 인정한다.

42 그러나 관습(관행), 조리 또는 신의성실의 원칙(신의칙) 그 자체만으로 고지의무를 인정할 수 있는지는 의문이다. 예컨대 계약관계에 의해 거래가 인정되는 경우에도 모든 경우 거래목적물에 대한 고지의무가 인정되는 것이 아니다. 그 목적물의 사실상 또는 법률상의 권리관계(예, 물건 자체의 하자 또는 담보권 등에 의한 제한)에 대해 항상 진실을 고지할 것 까지 요구하는 것은 '이상'일 뿐 오히려 거래상대방이 거래 목적물의 상태에 대한 정확한 정보를 파악해야 하는 것이 현실적이라고 할 수 있기 때문이다. 이에 따르면 조리나 관습 또는 신의칙도 처음부터 고지의무의 직접적 발생근거가 아니라 '계약관계'를 전제로 하여 당사자들 사이에 '특별한 신임관계'나 '특별히 고지해야 할 예외적 상황'이 존재하는 경우에 한하여 고지의무 인정을 위한 간접적 근거로 인정하는 것이 바람직할 것으로 보인다.

43 判 대법원은 상거래를 포함한 모든 거래에 있어서 신의칙에 근거한 고지의무의 인정이 무한 확대되는 것을 막기 위해 다음과 같은 전제조건을 요구한다. 첫째, 고지하면 거래관계 효력이나 채무이행의 장애를 초래하여 계약상의 채권확보를 못할 위험이 있고, 둘째, 상대방이 그 사정을 알았다면 거래(법률행위)를 하지 않았을 것이 경험칙상 명백하며, 셋째, 행위자가 이러한 사정을 알고 있었을 것을 요한다.[265)]

44 **이른바 '거스름돈 사기' 사례의 경우 부작위에 의한 기망이 인정될 수 있는지가 문제된다.** 거스름돈 사기란 교부자가 마땅히 교부해야 할 이상의 금액을 거스름돈을 교부한 경우 수령자

263) "보험계약자가 보험자와 보험계약을 체결하더라도 우연한 사고가 발생하여야만 보험금이 지급되는 것이므로, 고지의무 위반은 보험사고가 이미 발생하였음에도 이를 묵비한 채 보험계약을 체결하거나 보험사고 발생의 개연성이 농후함을 인식하면서도 보험계약을 체결하는 경우 또는 보험사고를 임의로 조작하려는 의도를 가지고 보험계약을 체결하는 경우와 같이 '보험사고의 우연성'이라는 보험의 본질을 해할 정도에 이르러야 비로소 보험금 편취를 위한 고의의 기망행위에 해당한다"(대법원 2017.4.26. 2017도1405).

264) "여기에서 법률상 고지의무는 법령, 계약, 관습, 조리 등에 의하여 인정되는 것으로서 문제가 되는 구체적인 사례에 즉응하여 거래실정과 신의성실의 원칙에 의하여 결정되어야 한다. 그리고 법률상 고지의무를 인정할 것인지는 법률문제로서 상고심의 심판대상이 되지만 그 근거가 되는 거래의 내용이나 거래관행 등 거래실정에 관한 사실을 주장·증명할 책임은 검사에게 있다."(대법원 2020.6.25. 2018도13696).

265) "거래의 상대방이 일정한 사정에 관한 고지를 받았더라면 당해 거래에 임하지 아니하였을 것이라는 관계가 인정되는 경우에는 그 거래로 인하여 재물을 수취하는 자에게는 신의성실의 원칙상 사전에 상대방에게 그와 같은 사정을 고지할 의무가 있다 할 것이고, 그럼에도 불구하고 이를 고지하지 아니한 것은 고지할 사실을 묵비함으로써 상대방을 기망한 것이 되어 사기죄를 구성한다"(대법원 1999.3.2. 98도3549).

가 교부시 그 사실을 알면서도 영득하는 것을 말한다.[266] 이 경우 (부작위에 의한 사기죄의 성립 여부를 판단함에 있어) **수령자가 교부자의 착오를 제거하기 위해 과잉으로 교부받은 사실을 고지해야 할 의무가 있는지**와 관련해서는 ① 수령자에게 고지의무를 인정(부작위에 의한 사기죄 성립 인정)하는 견해와 ② 수령자의 고지의무를 부정(점유이탈물횡령죄 인정)하는 견해[267]가 대립한다.

判 대법원은 피해자에게 사실대로 고지하여 피해자의 그 착오를 제거하여야 할 신의칙상 의무를 인정하는 전제하에서 그 의무를 이행하지 아니하고 피해자가 건네주는 돈을 그대로 수령한 경우에는 사기죄에 해당한다고 한다.[268] 45

생각건대 신의칙 그 자체만으로 고지의무를 인정할 수 없으므로 점유이탈물횡령죄가 될 뿐이라고 하는 견해가 타당하다. 이 뿐만 아니라 고지의무를 인정하는 입장을 취하더라도 단순한 묵비(부작위)와 작위적 기망과의 사이에 상응성이 있는지도 문제될 수 있다.[269] 일부 학설과 판례가 사기죄의 성립을 인정하는 한, 상응성 요건도 긍정하는 전제에 서 있는 것으로 보인다. 그러나 (작위의무의 부정과 별론으로) 행위반가치적 요소에 초점을 맞추면, 단순한 묵비(부작위에 의한 기망)가 작위적 기망과의 상응성도 인정하기는 어려울 것으로 보인다. 46

判 대법원은 부동산 거래에 있어서는 다음과 같은 거래유형의 경우 고지의무를 부정함으로써 사기죄의 성립을 인정하지 않는다. ① 부동산의 이중매매 또는 이중저당의 경우 — 부동산거래에서 매도인이 제1차 매매계약을 체결하였으나 아직 등기이전이 없는 상태에서 매매계약사실을 숨기고 후매수인과 다시 매매계약을 체결하고 그 부동산을 후매수인에게 이전할 경우 후매수인에게 1차 매매계약을 체결한 사실을 고지할 의무를 부정한다. 부동산 물권변동에 관한 형식주의하에서 1차 매매계약을 체결한 사실은 후매수인의 권리실현에 장애가 되지 아니하기 때문이다.[270] ② 명의신탁부동산을 처분한 경우 — 명의신탁의 부동산 소유권은 대외적으로 수탁자에게 있기 47

266) 만약 교부자가 교부직후 거스름돈을 과잉으로 교부한 사실을 간파하고 수령자에게 반환을 요구하였으나 수령자가 과잉수령사실을 거짓말로 부인한 사례의 경우, 그 거짓부인이 적극적인 기망행위(작위)가 되고, 이에 따라 교부자가 그 사실을 그대로 인정함으로써 청구권을 포기하면 착오로 인한 처분행위를 인정할 수 있으므로 어느 입장에 의하더라도 작위에 의한 사기죄가 성립한다.

267) 박상기, 308면; 정성근/박광민, 364면.

268) "피해자가 피고인에게 매매잔금을 지급함에 있어 착오에 빠져 지급해야 할 금액을 초과하는 돈을 교부하는 경우, 피고인이 사실대로 고지하였다면 피해자가 그와 같이 초과하여 교부하지 아니하였을 것임은 경험칙상 명백하므로, 피고인이 매매잔금을 교부받기 전 또는 교부받던 중에 그 사실을 알게 되었을 경우에는 특별한 사정이 없는 한 피고인으로서는 피해자에게 사실대로 고지하여 피해자의 그 착오를 제거하여야 할 신의칙상 의무를 지므로 그 의무를 이행하지 아니하고 피해자가 건네주는 돈을 그대로 수령한 경우에는 사기죄에 해당될 것이지만, 그 사실을 미리 알지 못하고 매매잔금을 건네주고 받는 행위를 끝마친 후에야 비로소 알게 되었을 경우에는 주고 받는 행위는 이미 종료되어 버린 후이므로 피해자의 착오 상태를 제거하기 위하여 그 사실을 고지하여야 할 법률상 의무의 불이행은 더 이상 그 초과된 금액 편취의 수단으로서의 의미는 없으므로, 교부하는 돈을 그대로 받은 그 행위는 점유이탈물횡령죄가 될 수 있음은 별론으로 하고 사기죄를 구성할 수는 없다고 할 것이다"(대법원 2004.5.27. 2003도4531).

269) 부작위에 의한 기망의 경우 상응성 요건이 요구되지 않는다는 견해는 김성룡, "묵시적 기망·부작위를 통한 기망 및 부작위의 상응성", 형사법연구 제24호(2003), 41면.

270) 대법원 2008.5.8. 2008도1652. 다만 대법원은 부동산 이중매매의 경우 선매수인에 대한 배임죄의 성립은 인정하지만, 이중저당 등의 경우 선순위저당권자에 대한 배임죄의 성립이 부정된다(이에 관해서는 배임죄 참조).

때문에 수탁자가 제3자에게 명의신탁물을 처분하면서 명의신탁사실을 고지할 의무를 부정한다.[271] ③ 미등기담보설정을 묵비한 경우 — 담보권설정사실이 등기되지 않은 부동산의 매도인은 매수인에게 담보설정사실을 고지할 의무를 부정한다. 미등기의 담보설정계약에 대해서는 매도인이 피담보채무를 변제하고 담보제공에 관한 계약을 해제할 수 있고 매수인은 소유권이전등기를 경료받아 부담 없이 소유권을 취득할 수 있기 때문이다. 다만, 담보권설정사실이 등기되었음에도 이를 고지하지 않은 경우에는 사기죄를 구성할 수 있다.[272]

48 라) 기망의 방법과 정도 기망은 객관적으로 볼 때 경험칙상 일반인을 착오에 빠지게 할 수 있을 만큼의 비난받을 방법으로 이루어져야 한다. 기망이 있더라도 그것이 '사회적으로 상당성이 인정되어 일반적으로 용인되는 행위'로서 보호법익인 재산 침해를 야기할 정도의 위험을 창출하지 않는 사술인 경우에는 사기죄의 구성요건에 해당하는 기망으로 인정될 수 없다(객관적 귀속이론의 '행위'귀속이론).

49 이에 따르면 기망한 사실이 법률관계의 효력에 영향이 없고 상대방의 권리실현에 장애가 되지 아니하는 사유인 경우 또는 누구라도 쉽게 허위임을 알 수 있는 단순한 거짓말은 기망이 인정될 수 없다.

50 判 대법원은 최근 '회사설립 과정에서 자본금 및 기술자 보유 요건을 가장하여 전문건설업을 부정등록하고, 이를 바탕으로 발주기관으로부터 공사를 수주하거나 조달계약을 체결하여 공사대금 내지 물품대금을 지급받은 경우' 사기죄의 기망이 되기 위해서는 도급계약이나 물품구매 조달계약 체결 당시 관련 영업 또는 업무를 규제하는 행정법규나 입찰 참가자격, 계약절차 등에 관한 규정을 위반한 사정외에 그 위반으로 말미암아 계약 내용대로 이행되더라도 일의 완성이 불가능하였다고 평가할 수 있을 만큼 그 위법이 일의 내용에 본질적인 것인지를 판단하여야 할 것을 요구한다.[273]

51 순전히 개인적인 의견이나 가치판단에 불과한 경우도 기망이 될 수 없다. 하지만 예측이나 가격표시 등이 구체적으로 객관화될 수 있는 사실관계와 연결되어 있는 경우 등은 사회적으로 용인되는 사술의 정도를 넘은 경우로서 기망에 해당할 수 있다.

52 判 대법원은 용인되는 기망과 비난받을 기망의 판단기준으로 "거래관계에서 지켜야 할 신의성실의무 위반성"[274]을 제시하고 있다. 이에 따라 대법원은 피해자에게 불행을 고지하거나 길흉화복에 관한 어떤 결과를 약속하고 그에 따른 대가를 받는 경우에도 '전통적인 관습 또는 종교행위로서 허용될 수 있는 한계'를 벗어나면 기망이 될 수 있다고 한다.[275] 과장·허위광고'의 경우, 대법원은 '일반 상거래의 관행과 신의칙에 비추어 시인될 수 있는 범위 내에서 다소의 과장이나 허위가 수반되는 정도의 추상적인 과장·허위광고'는 기망에 해당하지 않는

---

271) 부동산명의신탁의 경우 대법원은 횡령죄 또는 배임죄의 성립도 부정한다(이에 관해서는 횡령죄 참조).

272) 대법원 1985.3.12. 84도93.

273) "사기죄의 보호법익은 재산권이므로, 기망행위에 의하여 국가적 또는 공공적 법익이 침해되었다는 사정만으로 사기죄가 성립한다고 할 수 없다. 따라서 도급계약이나 물품구매 조달계약 체결 당시 관련 영업 또는 업무를 규제하는 행정법규나 입찰 참가자격, 계약절차 등에 관한 규정을 위반한 사정이 있더라도 그러한 사정만으로 도급계약을 체결한 행위가 기망행위에 해당한다고 단정해서는 안 되고, 그 위반으로 말미암아 계약 내용대로 이행되더라도 일의 완성이 불가능하였다고 평가할 수 있을 만큼 그 위법이 일의 내용에 본질적인 것인지 여부를 심리·판단하여야 한다"(대법원 2023.1.12. 2017도14104).

274) 대법원 1983.6.28. 83도1013; 대법원 1998.12.8. 98도3263; 대법원 2002.2.5. 2001도5789.

275) 대법원 2017.11.9. 2016도12460.

다[276]고 하지만, 이러한 정도를 넘어 구체적으로 증명가능한 허위의 사실을 사회적으로 용인되는 상술의 정도를 넘어서거나,[277] '거래에 있어 중요한 사항에 관한 구체적 사실을 신의성실의 의무에 비추어 비난받을 정도의 방법으로 허위로 고지한 경우'[278]에는 기망에 해당한다고 한다.

例 기망이 인정된 경우: ① 제소전 화해가 성립된 부동산에 대하여 그 사실을 고지하지 않은 채 전대차계약 53
을 맺은 경우(대법원 1980.7.8. 79도2734), ② 임대인의 승인 없이 임차권을 양도하거나 전대할 수 없도록 되어 있음에도 불구하고 임차인이 피해자에게 위 임대인의 승낙을 받은 것처럼 거짓말을 하여 이를 오신한 피해자와 임차권양도계약을 체결하고 그 보증인 및 권리금 등으로 도합 1,100만원을 교부받은 경우(대법원 1984.1.17. 83도2932), ③ 주식매도인이 주식매수인에게 주식거래의 목적물이 증자 전의 주식이 아니라 증자 후의 주식이라는 점을 제대로 알리지 않은 경우(대법원 2006.10.27. 2004도6503) ④ 첫 출하부터 종전가격과 할인가격을 비교표시하여 막바로 세일로 들어가는 이른바 백화점의 변칙세일의 경우(대법원 1992.9.14. 91도2994), ⑤ 백화점의 식품매장에서 당일 판매되지 못하고 남은 생식품들에 대하여 그 다음날 아침 포장지를 교체하면서 가공일자가 재포장일자로 기재된 바코드라벨을 부착하여 재판매하는 경우(대법원 1995.7.28. 95도1157) 등.

例 기망이 부정된 경우: ① 점포의 일부를 임차하고 있는 자가 나머지 부분을 임차하고 있는 자로부터 전대 54
를 위임받아 동 점포를 전대함에 있어 자신이 그 점포 전체를 임차하여 사용하고 있는 것처럼 이야기한 경우(대법원 1986.4.8. 86도236), ② 피고인 단독명의로 소유권이전등기가 되어 있는 부동산 중 1/2지분은 타인으로부터 명의신탁받은 것임에도 불구하고 피고인이 그의 승낙 없이 위 부동산 전부를 피해자에게 매도하여 그 소유권이전등기를 마쳐준 경우(대법원 1990.11.13. 90도1961), ③ 피고인들이 매수인들에게 토지의 매수를 권유하면서 언급한 내용이 객관적 사실에 부합하거나 비록 확정된 것은 아닐지라도 연구용역보고서와 신문스크랩 등에 기초한 경우(대법원 2007.1.25. 2004도45) 등.

마) 기망의 상대방 기망의 상대방(피기망자)은 재물에 대한 사실상의 처분능력이 있는 55
사람(타인)이어야 한다. 사기광고의 경우와 같이 불특정인이라도 상관없고, 재산상의 피해자와 동일인이건 동일인이 아니건 무방하다. 재산에 대한 처분권이 있는 이상 미성년자나 심신장애자도 기망의 상대방이 될 수 있지만, 유아나 심신상실자는 제외된다.

피기망자가 피해자와 동일인이 아닌 경우(이른바 삼각사기)에는 피해자의 재산에 대하여 56
처분행위를 할 수 있는 권한을 가지고 있거나 아니면 최소한 처분할 수 있는 사실상의 지위에 있어야 한다. 따라서 피해자소유의 부동산을 편취하기 위하여 허위의 소송자료를 제출하여 법원을 기망하는 경우(소송사기)에는 법원이 피해자의 재산을 처분할 수 있는 권한 있는 피기망자가 되고, 주인을 대리하여 상품대금을 수수할 수 있는 상점점원은 사실상의 지위를 가진 자로서 피기망자가 될 수 있다.[279] 하지만, 등기공무원을 기망하여 소유권이전등기를

276) 대법원 2008.10.23. 2008도6549.

277) "식육식당을 경영하는 자가 음식점에서 한우만을 취급한다는 취지의 상호를 사용하면서 광고선전판, 식단표 등에도 한우만을 사용한다고 기재한 경우, '한우만을 판매한다'는 취지의 광고가 식육점 부분에만 한정하는 것이 아니라 음식점에서 조리·판매하는 쇠고기에 대한 광고로서 음식점에서 쇠고기를 먹는 사람들로 하여금 그곳에서는 한우만을 판매하는 것으로 오인시키기에 충분하므로, 이러한 광고는 진실규명이 가능한 구체적인 사실인 쇠갈비의 품질과 원산지에 관하여 기망이 이루어진 경우로서 그 사술의 정도가 사회적으로 용인될 수 있는 상술의 정도를 넘는 것이고, 따라서 피고인의 기망행위 및 편취의 범의를 인정하기에 넉넉하다"(대법원 1997.9.9. 97도1561).

278) 대법원 2007.1.25. 2004도45.

하거나[280] 병원의 경비원을 속이고 입원환자가 도주한 경우 피기망자인 등기공무원이나 경비원은 재산적 피해를 입은 자의 재산을 처분할 수 있는 권한이나 지위에 있지 아니한 자이므로 사기죄가 성립하지 않는다. 법인이나 단체가 사기죄의 피해자인 경우 피기망자는 법인이나 단체의 업무처리자인 사람(자연인)이 된다.

(나) 피기망자의 착오

57 가) 착오의 의의 착오란 주관적으로 인식한 사실과 객관적인 사실의 불일치를 말한다. 기망행위에 의해 야기된 착오는 적극적 오인이든 소극적 부지이든 상관없다. 착오는 반드시 구체적인 상황에 대한 인식이 있을 것을 요하지 않지만, 적어도 일반적인 관념은 있어야 한다. 따라서 무임승차를 하였더라도 차장이 차표 없이 승차한 사람이 있는지를 물었을 때 대답하지 않으면 차장에게 착오를 일으킨 것이 되지만, 묻지도 않은 차장은 무임승차사실 자체를 모르기 때문에 착오도 없다. 착오가 법률행위의 중요부분에 대한 것일 필요가 없다는 점에 대해서는 기망의 의의에서 설명한 내용과 같다. 따라서 **동기나 용도의 착오**도 착오에 해당한다.[281]

58 나) 기망과 착오의 인과관계 기망과 상대방의 착오 사이에는 인과관계가 있어야 한다. 기망이 있어도 착오에 빠지지 않거나 기망과 착오 사이에 인과관계가 없는 때에는 사기미수죄가 될 뿐이다. 기망행위가 착오에 대한 유일한 원인임을 요하지 아니하므로 피해자의 과실이 경합한 때에도 그 인과관계가 부정되지 아니한다. 그러나 피기망자가 행위자가 말한 사실의 진실성 여부에 개의치 않겠다고 생각한 때에는 착오를 인정할 수 없다.[282] 이미 착오에 빠진 자의 착오를 계속 유지시키는 경우, 즉 부작위에 의한 기망인 경우에도 부작위(불고지)와 계속되는 착오 사이에 인과관계가 인정되어야 한다.

(다) 재산상의 처분행위

59 가) 처분행위의 의의 처분행위란 하자 있는 의사에 의하여 직접 재산상의 손해를 초래하는 일체의 행위를 말한다.[283] 재물에 대한 처분행위는 점유를 이전하는 교부나 재물취거의 묵인 내지 수인, 또는 청구권을 행사하지 않는 부작위로 나타나며, 재산상의 이익에 대한 처

---

279) 그러나 이러한 경우 피해자에 대해서는 간접정범에 의한 사기죄가 성립하지만, 피기망자에 대해서는 별도의 사기죄가 성립하지 않는다. "피해자에 대한 사기범행을 실현하는 수단으로서 타인을 기망하여 그를 피해자로부터 편취한 재물이나 재산상 이익을 전달하는 도구로서만 이용한 경우에는 편취의 대상인 재물 또는 재산상 이익에 관하여 피해자에 대한 사기죄가 성립할 뿐 도구로 이용된 타인에 대한 사기죄가 별도로 성립한다고 할 수 없다"(대법원 2017.5.31. 2017도3894).

280) 대법원 1981.7.28. 81도528.

281) 대법원 1996.2.27. 95도2828.

282) 배종대, §11/25.

283) "사기죄에서 처분행위는 행위자의 기망행위에 의한 피기망자의 착오와 행위자 등의 재물 또는 재산상 이익의 취득이라는 최종적 결과를 중간에서 매개·연결하는 한편, 착오에 빠진 피해자의 행위를 이용하여 재산을 취득하는 것을 본질적 특성으로 하는 사기죄와 피해자의 행위에 의하지 아니하고 행위자가 탈취의 방법으로 재물을 취득하는 절도죄를 구분하는 역할을 한다."(대법원 2017.2.16. 2016도13362 전원합의체).

분행위로는 계약체결, 채무면제의 의사표시(법률행위),[284] 노무제공, 청구권의 불행사,[285] 가등기의 말소[286] 등이 있다. 처분행위는 민법상 개념이 아니라 순수한 사실개념이므로 법률행위뿐만 아니라 사실행위도 포함하며, 취소 또는 무효인 법률행위도 상관없다.

나) 처분행위의 요건

(a) 객관적 요건(처분효과의 직접성) – 처분행위는 피해자에게 재산상의 손해를 발생시키는 직접적인 원인이 되어야 한다(처분효과의 직접성). 따라서 재산처분행위와 재산상의 손해발생 사이에 다른 추가적 행위가 개입하여 그 처분행위가 간접적 원인에 지나지 않으면 사기죄는 부정된다. 이와 같은 처분효과의 직접성은 사기죄와 절도죄(이른바 책략절도)를 구별하는 기준의 하나가 된다. 예컨대 반지를 손가락에 끼워보는 척하다가 그대로 달아나거나 결혼예식장에서 신부측 축의금을 접수인인 것처럼 행세하면서 하객으로부터 교부받아 가로챈 경우는 교부행위 이외의 탈취행위(도주)가 개입하여 재산상의 손해가 발생한 경우로서 처분효과의 직접성이 없으므로 사기죄가 아니라 절도죄가 성립한다.[287] 60

(b) 주관적 요건(처분의사) – 처분의사란 자신의 행위로 인하여 재물 또는 권리가 타인에게 이전되거나 채무부담 등이 자신에게 옮겨진다는 데에 대한 인식을 말한다. 처분의사는 처분능력을 전제로 하고 처분능력은 반드시 책임능력과 일치하지는 않지만 의사능력이 없는 유아나 정신병자와 같은 심신상실자는 처분행위를 할 수 없다. 따라서 이들을 기망하여 재물을 취득하면 절도죄가 성립한다. 처분의사는 하자 있는 의사이어도 무방하지만 자의적인 것임을 요하고 강요성이 없어야 한다. 따라서 수사관을 사칭하여 압수명목으로 취거해 간 경우, 피해자가 거부함에도 취거했다면 절도죄가 되지만 압수행위를 묵인하는 데 그쳤다면 점유이전의 자의성이 있는 사기죄의 성립을 인정할 수 있다.[288] 61

---

284) "단순한 채무변제 유예의 정도를 넘어서 채무의 면제라고 하는 재산상 이익에 관한 사기죄가 성립하기 위해서는 채무자의 기망행위로 인하여 그 채무를 확정적으로 소멸 내지 면제시키는 채권자의 처분행위가 있어야만 하는 것이므로, 단지 채무의 이행을 위하여 채권 기타 재산적 권리의 양도가 있었다는 사정만으로 그러한 처분행위가 있었다고 단정하여서는 안 될 것이고, 그것이 기존 채무의 확정적인 소멸 내지 면제를 전제로 이루어진 것인지 여부를 적극적으로 살핀 다음, 채무면제를 목적으로 하는 사기죄의 성립 여부를 판단하여야 할 것이다"(대법원 2009.2.12. 2008도10971).

285) "사기죄는 타인을 기망하여 착오를 일으키게 하고 그로 인한 처분행위를 유발하여 재물·재산상의 이득을 얻음으로써 성립하고, 여기서 처분행위라 함은 재산적 처분행위로서 피해자가 자유의사로 직접 재산상 손해를 초래하는 작위에 나아가거나 또는 부작위에 이른 것을 말하므로, 피해자가 착오에 빠진 결과 채권의 존재를 알지 못하여 채권을 행사하지 아니하였다면 그와 같은 부작위도 재산의 처분행위에 해당한다"(대법원 2007.7.12. 2005도9221).

286) "부동산 위에 소유권이전청구권 보전의 가등기를 마친 자가 그 가등기를 말소하면 부동산 소유자는 가등기의 부담이 없는 부동산을 소유하게 되는 이익을 얻게 되는 것이므로, 가등기를 말소하는 것 역시 사기죄에서 말하는 재산적 처분행위에 해당하고, 설령 그 후 위 가등기에 의하여 보전하고자 하였던 소유권이전청구권이 존재하지 않아 위 가등기가 무효임이 밝혀졌다고 하더라도 가등기의 말소로 인한 재산상의 이익이 없었던 것으로 볼 수 없다"(대법원 2008.1.24. 2007도9417).

287) 대법원 1996.10.15. 96도2227.

288) 김일수/서보학, 428면. 자의성을 부정하고 절도죄가 된다는 견해는 배종대, §71/44.

62 **처분행위에 처분의사가 있어야 하는지에 대해서는** ① 필요하지 않다는 견해[289](불요설), ② 재산상의 이익취득의 경우에는 필요없지만 재물교부(사기취재)에 한하여 처분의사가 필요하다는 견해[290](절충설), ③ 처분의사가 필요하다는 견해[291](필요설)가 대립한다.

63 사기죄가 기망으로 인해 형성된 하자 있는 '의사'에 기한 처분행위를 요건으로 하는 한, 처분행위에도 '의사'가 있어야 한다고 하는 것이 타당하다. 이러한 처분의사의 존재를 인정해야 처분의사조차 없는 탈취, 즉 의사에 반한 절도죄와 사기죄를 구별할 수 있다.[292]

64 **처분의사 필요설의 내부에서도 처분결과에 대한 인식까지 포함하는지**(포함설)[293] 아니면 처분결과에 대한 인식은 포함하지 않는지(불포함설)에 대해 견해가 갈린다.

65 判 대법원은 기본적으로 처분의사가 필요하다는 입장[294]에서 처분의사의 내용으로 처분결과에 대해서도 인식할 것까지 요구된다는 태도[295]를 취해 왔다. 그러나 2017년 전원합의체 판결을 통해 기망행위에 의해 유발된 착오로 인하여 피기망자가 내심의 의사와 다른 처분문서에 서명 또는 날인함으로써 피해자에 대한 재산상 손해를 초래한 사안(이른바 '서명사취' 사안[296])에 대해 처분결과에 대한 인식을 처분의사의 필요적 요소로 인정하지 않은 태도를 취했다.[297] 대법원의 판시내용에 따르면, 피해자가 처분결과에 대한 인식을 하였음에도 불구하고 처분행위를 한 경우에도 처분의사가 인정되어 사기죄의 성립이 인정될 수 있을 것으로 읽힌다.

66 그러나 피해자(=피기망자)가 처분결과에 대한 인식이 없으면 재물의 교부나 재산상의 이익취득이라는 처분효과가 처분행위에 기한 것으로 볼 수 없다. 자기손상적 성격을 가진 피해자의 처분의사에 처분결과에 대한 인식이 없으면 처분효과로 연결되는 처분의사 및 그에 기한 처분행위로 인정될 수 없기 때문이다.[298] 처분행위에 관한 이러한 법리는 '서명사취'라는 특수한 사안에 대해서도 적용되어야 한다. 이에 따르면 피기망자가 문서의 내용에 관하여 기

289) 박상기, 314면; 이재상/장영민/강동범, §18/31; 이형국/김혜경, 412면.

290) 김일수/서보학, 427면.

291) 배종대, §71/43; 오영근, §19/36; 임웅, 368면; 정성근/정준섭, 257면.

292) 즉 상대방을 기망하여 주의를 다른 곳으로 돌린 후 그 사이 재물을 취득한 때에는 피해자의 처분의사가 없으므로 (책략)절도가 될 뿐 사기죄가 되지 않는다.

293) 오영근, 제8판, 319면.

294) "처분행위란 재산적 처분행위를 의미하고 그것은 주관적으로 피기망자가 처분의사, 즉 처분결과를 의식하고, 객관적으로는 이러한 의사에 지배된 행위가 있을 것을 요한다"(대법원 1987.10.26. 87도1042).

295) 대법원 2001.7.13. 2001도1289('진실한 용도를 속이고 피해자로부터 부동산매도용 인감증명 및 등기의무자본인확인서 등을 교부받고 이를 이용하여 자신의 명의로 피해자의 부동산에 관한 소유권이전등기를 경료한 사안'에 대해 위 부동산에 관한 피해자의 처분의사에 기한 행위가 있었다고 할 수 없어 사기죄의 성립을 부정함).

296) 토지의 소유자이자 매도인인 피해자에게 토지거래허가 등에 필요한 서류라고 속여 근저당권설정계약서 등에 서명·날인하게 하고 인감증명서를 교부받은 다음, 이를 이용하여 피해자 소유 토지에 피고인을 채무자로 한 근저당권을 제3자에게 설정하여 주고 돈을 차용하는 방법으로 재산상 이익을 취득한 사안임.

297) "비록 피기망자가 처분행위의 의미나 내용을 인식하지 못하였더라도, 피기망자의 작위 또는 부작위가 직접 재산상 손해를 초래하는 재산적 처분행위로 평가되고, 이러한 작위 또는 부작위를 피기망자가 인식하고 한 것이라면 처분행위에 상응하는 처분의사는 인정된다. 다시 말하면 피기망자가 자신의 작위 또는 부작위에 따른 결과까지 인식하여야 처분의사를 인정할 수 있는 것은 아니다"(대법원 2017.2.16. 2016도13362 전원합의체).

298) 물론 피해자가 그 처분결과에 대해 인식하였음에도 제시된 서류에 서명 날인하였다는 점은 피해자의 귀책으로 인정할 수 있는 부분이 있다. 그러나 사기죄의 경우 피해자의 귀책을 행위자의 기망행위의 불법을 배제하는 사유로 보기는 어렵고 양형참작사유로만 고려할 수 있을 것으로 보인다.

망당하여 그에 대한 아무런 인식 없이 행위자에 의해 제시된 서면에 서명·날인하였다면, 그 명의의 문서를 위조하는 범행에 이용당한 것일 뿐, 그로써 초래된 결과와 관련해서는 그 의사에 기한 처분행위가 있었다고 평가할 수 없다(위 전원합의체 판결 반대의견 참조).

다) 처분행위자 재산의 처분행위자는 피기망자와 같은 사람임을 요한다. 하지만 처분행위자와 재산상의 피해자는 일치할 필요가 없다. 따라서 처분행위자가 타인의 재물을 처분한 때에도 사기죄가 성립한다. 67

피기망자인 처분행위자와 재산상의 피해자가 일치하지 않는 이른바 **삼각사기의 경우**[299] **절도죄와의 구별을 위해 처분행위자가 피해자가 어떤 관계에 있어야 하는지**가 문제된다. 이에 관해서는 ① 처분행위자에게 피해자의 재산을 유효하게 처분할 수 있는 법적권한이 있어야 한다는 견해(법적 권한설), ② 계약에 의해서 피해자의 재산을 처분할 수 있는 권한이 있으면 족하다고 하는 견해[300](계약관계설), ③ 법적 권한이 있는 경우뿐만 아니라 사실상 피해자의 재산을 처분할 수 있는 지위에 있으면 족하다는 견해(사실적 지위설)가 대립한다. 68

사실적 지위설이 타당하다. 사기죄의 처분행위는 법적으로 유효한 행위나 계약상 인정된 것에 한하지 않고 하자 있는 법률행위는 물론이고 사실행위도 포함하고 있으므로 처분행위자는 재산을 사실상 관리·보호하는 지위에 있으면 족하다고 할 수 있기 때문이다. 사실적 지위설에 따르면 피기망자가 재물처분에 관한 사실상의 지위도 없는 경우에는 절도죄(절도죄의 간접정범)가 되고, 재물에 대한 처분을 할 수 있는 사실상의 지위에서 피해자를 위하여 처분한 때에는 사기죄(삼각사기)에 해당한다. 69

判 대법원도 사실상의 지위설에 입각하고 있다.[301] 등기공무원을 기망하여 부동산소유권이전등기를 한 경우 사기죄가 성립하지 않고 공정증서원본부실기재죄와 동행사죄의 성립만 인정되는 것[302]도 등기공무원은 부동산 소유자의 재산을 처분할 법적 권한은 물론 사실상의 지위에도 있지 않기 때문이다. 70

라) 처분행위의 인과관계 기망행위와 착오 사이뿐 아니라 피기망자의 착오와 재산처분행위 사이('기망－착오－처분－이득')에도 인과관계가 있어야 한다.[303] 이와 같은 이중적 인과관 71

299) 삼각사기란 피기망자와 재산의 피해자가 서로 다른 사람이어서 기망행위자, 피기망자(재산처분행위자), 그리고 재산피해자의 세 사람 사이에 사기죄가 이루어지는 경우를 지칭한다. 소송사기가 대표적인 예이며, 신용카드 발행회사와 신용카드 사용자 그리고 가맹점 사이에도 삼각사기에 관한 법리가 적용될 수 있다.

300) 배종대, §71/52.

301) "피해자를 위하여 그 재산을 처분할 수 있는 권능이나 지위라 함은 반드시 사법상의 위임이나 대리권의 범위와 일치하여야 하는 것은 아니고, 피해자의 의사에 기하여 재산을 처분할 수 있는 서류 등이 교부된 경우에는 피기망자의 처분행위가 설사 피해자의 진정한 의도와 어긋나는 경우라고 할지라도 위와 같은 권능을 갖거나 그 지위에 있는 것으로 보아야 한다"(대법원 1994.10.11. 94도1575).

302) 대법원 1982.3.9. 81도1732.

303) "사기죄가 성립되려면 피기망자가 착오에 빠져 어떠한 재산상의 처분행위를 하도록 유발하여 재산적 이득을 얻을 것을 요하고 피기망자와 재산상의 피해자가 같은 사람이 아닌 경우에는 피기망자가 피해자를 위하여 그 재산을 처분 할 수 있는 권능이나 지위에 놓여져 있어야 하며 기망, 착오, 처분, 이득 사이에 인과관계가 있어야 한다"(대법원 1991.1.11. 90도2180).

계가 있어야 사기죄의 기수가 된다. 처분행위가 있어도 그것이 기망에 의한 착오 때문이 아니라 다른 원인, 예컨대 연민의 정으로 교부한 때에는 이 죄의 미수범이 된다.

72 삼각사기의 경우 재산상의 피해자는 법인 또는 단체가 될 수 있지만, 피기망자는 기망에 의해 착오에 빠져 처분의사를 가지고 처분행위를 해야 하므로 의사능력있는 자연인일 것이 요구된다. 따라서 피해자가 법인이나 단체인 경우에는 착오, 인과관계 등이 있었는지는 법인이나 단체의 대표자 등 자연인을 기준으로 삼아 판단하여야 한다.[304] 이 경우 피기망자인 자연인이 기망행위자와 동일인 이거나 기망행위자와 공모하는 등 기망행위를 알고 있었던 경우에는 착오 및 인과관계는 부정된다.[305]

(라) 재물 또는 재산상의 이익취득

73 피기망자의 처분행위에 의하여 재물을 교부받거나 재산상의 이익을 취득하여야 한다. 재물의 교부로 인해 이익이 결과적으로 누구에게 귀속하는지는 상관없다.[306] '반드시 재물의 현실적인 인도가 있어야 하는 것은 아니고 재물이 행위자의 사실상의 지배하에 들어가 그의 자유로운 처분이 가능한 상태에 놓인 경우'에도 재물의 교부가 인정된다.[307] 교부받거나 취득하는 것은 재산처분행위와 대응관계에 있다. 제3자에게 교부받게 하거나 취득하게 하여도 같다(제2항).

74 재산상의 이익은 적극적 이익의 취득 뿐만 아니라 채무를 면제받는 등의 소극적 이익까지 포함하는 점에서는 앞서 강도죄 부분에서 언급한 바와 같다(경제적 재산 개념). 특경법 제3조는 재산범죄(사기죄, 컴퓨터등사기죄, 공갈죄, 특수공갈죄, 횡령죄, 배임죄 등)의 경우 5억원 이상의 재물 또는 재산상의 이익을 취득한 경우 그 가액(취득액)에 따라 가중처벌한다.

75 判 대법원은 사기죄 등 특정경제범죄의 경우 취득액은 경합범에서 각 죄의 이득액을 합한 금액이 아니라 단순일죄 또는 포괄일죄가 인정될 경우 각 죄의 이득액을 합한 금액을 의미하는 것으로 해석하고[308] 특히 사기죄의 경우에는 대가가 일부 지급되거나 담보가 제공된 경우에도 편취액은 피해자로부터 교부된 금원으로부터 그 대가 또는 담보상당액을 공제한 차액이 아니라 교부받은 금원 전부라고 한다.[309] 다만, 근저당권설정등기가 되어 있는 부동산 편취의 경우 그 이득액은 부동산의 시가 상당액에서 근저당권의 채권최고액 범위내에서의 피담

---

304) "사기죄의 피해자가 법인이나 단체인 경우에 기망행위로 인한 착오, 인과관계 등이 있었는지는 법인이나 단체의 대표 등 최종 의사결정권자 또는 내부적인 권한 위임 등에 따라 실질적으로 법인의 의사를 결정하고 처분을 할 권한을 가지고 있는 사람을 기준으로 판단하여야 한다. (중략) 피해자 법인이나 단체의 업무를 처리하는 실무자인 일반 직원이나 구성원 등이 기망행위임을 알고 있었더라도, 피해자 법인이나 단체의 대표자 또는 실질적으로 의사결정을 하는 최종결재권자 등이 기망행위임을 알지 못한 채 착오에 빠져 처분행위에 이른 경우라면, 피해자 법인에 대한 사기죄의 성립에 영향이 없다"(대법원 2017.9.26. 2017도8449).

305) "피해자 법인이나 단체의 대표자 또는 실질적으로 의사결정을 하는 최종결재권자 등 기망의 상대방이 기망행위자와 동일인이거나 기망행위자와 공모하는 등 기망행위를 알고 있었던 경우에는 기망의 상대방에게 기망행위로 인한 착오가 있다고 볼 수 없고, 기망의 상대방이 재물을 교부하는 등의 처분을 했더라도 기망행위와 인과관계가 있다고 보기 어렵다(대법원 2017.8.29. 2016도18986).

306) 대법원 2009.1.30. 2008도9985.

307) 대법원 2003.5.16. 2001도1825.

308) 대법원 2011.8.8. 2009도7813.

309) 대법원 2017.12.22. 2017도12649.

보채권액, 압류에 걸린 집행채권액, 가압류에 걸린 청구금액 범위내에서의 피보전채권액을 뺀 실제의 교환가치를 의미한다고 한다.[310)]

(마) 재산상의 손해

가) 재산상 손해발생의 요부 사기죄가 성립하기 위해서 **재산상의 손해발생이 필요한 요건인지**가 문제된다. 이와 관련해서는 ① 피해자에게 현실적인 손해발생은 요하지 않는다는 견해[311)](불요설), ② 피기망자의 재산처분행위로 현실적인 손해가 발생해야 사기죄가 성립한다는 견해(필요설: 다수설), ③ 재물편취의 경우에는 재물의 교부 또는 상실 자체가 재산상의 손해가 되므로 별도의 재산감소가 필요하지 않지만 이익편취의 경우에는 전체 재산에 대한 감소가 필요하다는 견해[312)](이분설) 등이 있다. 76

判 대법원은 일관되게 불요설을 취하고 있다. 기망으로 인하여 재물의 교부가 있거나 재산상의 이익 취득이 있으면 피해자의 재산상의 손해가 없어도 사기죄가 성립한다고 하고 있기 때문이다.[313)] 77

불요설은 사기죄를 일종의 위험범으로 취급하여 그 성립범위를 지나치게 확장할 우려가 있다. 이분설은 사기죄의 재산범죄적 성격 보다는 의사자유 침해적 성격을 강조하는 태도와 연결되어 있으므로 사기죄의 재산범죄적 성격을 약화시킨다. 따라서 사기죄의 보호법익을 전체로서의 재산으로 보고, 보호법익의 정도를 침해범으로 해석하는 태도를 취하는 이상 필요설이 타당하다. 이에 따르면 손해발생이라는 법익침해가 사기죄의 구성요건적 결과이므로 손해발생이 없으면 사기죄의 불성립이 아니라 사기죄의 미수가 된다. 78

나) 재산상의 손해의 의의와 범위 형법상 재산이나 재산상의 이익을 경제적 가치의 총체로 의미하므로(경제적 재산개념), 재산상의 손해도 경제적 가치의 감소라는 관점에서 파악해야 한다. 79

재산상의 손해는 현실적으로 발생한 손해뿐 아니라 경제적 관점에서 재산상태의 약화로 볼 수 있는 구체적 위험이 있어도 손해발생과 동등하다고 평가될 수 있다. 따라서 승차권 없이 승차하는 경우는 물론이고, 지불능력 없는 자와 금전대부계약을 체결하고 금전을 교부한 경우 그가 현실적으로 지불불가능한 상태가 되거나, 변제기가 도래했을 때 변제불능한 상태에 빠지지 않더라도 재산상의 손해를 인정할 수 있다.[314)] 80

다) 손해액의 산정 재산상의 손해액의 산정은 피해자의 전체 재산을 처분행위가 있기 이전과 이후로 비교하여 산정한다. 따라서 피해자에게 이익상실과 동시에 이익의 취득도 있 81

310) 대법원 2007.4.19. 2005도7288 전원합의체.

311) 오영근, §19/47.

312) 김종원, 216면.

313) "기망으로 인하여 재물의 교부가 있으면 그 자체로써 곧 사기죄는 성립하고, 상당한 대가가 지급되었다거나 피해자의 전체 재산에 손해가 없다고 하여도 사기죄의 성립에는 영향이 없다"(대법원 1999.7.9. 99도1040; 대법원 2007.1.25. 2006도7470).

314) 대법원 1987.9.22. 87도1605.

을 경우에는 양자를 차감계산하여 감소한 경우에만 재산상의 손해를 인정하고 그 차감액이 바로 손해액이 된다. 이 경우 피해자의 취득이익에는 피해자가 직접 얻은 이익만 계산대상에 넣어야 하고, 기망행위로 인하여 피해자가 얻게 된 취소권이나 손해배상청구권과 같은 구제수단,[315] 피해자가 설정받은 담보권[316] 등은 계산대상에 포함하지 않는다.

82 손해액의 산정은 전체 계산의 원칙하에 객관적·개별적으로 평가해야 한다. '객관적'이란 객관적 관찰자가 경제거래의 관점에서 내리는 이성적 판단을 의미하고, '개별적'이란 피해자의 경제적 필요성과 목적달성에 적합한가를 고려한다는 의미이다. 따라서 피해자가 교부한 재산과 취득한 가치가 객관적으로 일치하여도 반대급부의 내용이 피해자에게 이용가치가 없거나 미달한 때에는 재산상의 손해가 인정되며, 피해자가 부담한 의무이행이 경제적 부담을 주거나 본래의 처분행위가 가지고 있는 경제적·사회적 목적이 없어진 때에도 재산상의 손해를 인정할 수 있다. 예컨대 구걸사기, 기부금사기, 보조금사기와 같이 피해자의 처분행위의 의도인 구걸, 기부, 보조의 취지와 전혀 다르게 사용되어도 재산상의 손해가 있는 사기죄가 된다.

83 라) 손해와 이익의 소재동일성 기망행위자(또는 제3자)가 피기망자(처분행위자)의 처분행위로부터 직접 취득한 재물 또는 재산상의 이익은 피해자가 입은 재산상의 손해와 동일한 소재(자료)로부터 발생한 것이어야 한다. 따라서 기망당하여 고가의 진품을 모조품으로 착각한 피기망자(처분행위자)가 이를 폐기(처분행위)한 경우에는 '손해'의 발생은 있지만 이로부터 기망행위자(또는 제3자)가 얻게 되는 '이익'은 없기 때문에 손해와 이익의 소재동일성이 부정되어 사기죄가 성립하지 않는다. 뿐만 아니라 기망행위자(또는 제3자)가 국가로부터 보상금이나 타인으로부터 보수를 얻기 위해 처분행위를 유발하여 재산상의 손해를 입히는 경우에도 손해와 이익(보상금 또는 보수)의 소재가 동일한 것이 아니므로 사기죄가 성립하지 않는다. 손해와 이익의 소재동일성이 양자의 가액동일성을 의미하는 것은 아니다.[317]

(바) 실행의 착수, 기수시기

84 가) 착수의 시기 사기죄의 실행의 착수시기는 편취의사로 기망행위를 개시한 때이다. 기망행위가 개시되면 족하고, 상대방이 착오에 빠졌는가는 묻지 않는다. 따라서 화재보험금 편취의 목적으로 가옥에 방화한 때는 아직 실행의 착수가 없고, 보험회사에 보험금 지급을 청구한 때에 비로소 착수가 있다. 사기도박의 경우(사기죄) 실행의 착수는 기망행위가 개시되면 충분하고 착오에 빠진 상대방이 이를 승낙하거나 재물의 교부행위를 개시할 필요는 없다.

85 나) 기수시기 현실적으로 재산상의 손해가 발생하거나 손해의 구체적 위험이 발생한 때에 기수가 되며 반드시 행위자가 불법한 이익을 취득하였음을 요하지 않는다. 기망행위 →

315) 대법원 1978.6.13. 78도721.
316) 대법원 1983.4.26. 82도3088.
317) 대법원 2009.7.23. 2009도2384.

피기망자의 착오 → 처분행위 → 재산상의 손해 사이에 삼중적인 인과관계가 있어야 하며, 이들 사이에 하나라도 인과관계가 인정되지 않을 때에는 미수가 된다.

例 **기수인정 시기에 관한 판례:** 동산의 경우에는 재물의 인도·교부시에 기수가 되므로[318] 유가증권을 편취한 경우에는 유가증권을 교부받았을 때(대법원 1984.12.26. 84도2303), 차명계좌를 이용한 경우 명의인을 기망하여 통장으로 돈을 송금받은 때(대법원 2003.7.25. 2003도2252)에 기수로 인정된다. 부동산의 경우는 부동산을 현실로 지배하거나 소유권이전등기를 경료한 때 기수가 되므로 목적물인 가옥에 입주하여 그 점유를 보유한 때(대법원 1961.7.14. 4294형상109) 기수로 인정되고, 보험사기의 경우는 통상 보험증권을 교부받을 때에 기수가 되지만, 보험증권 취득 후 보험사기의사가 생겨 방화·살인 등을 한 경우에는 보험금 수령한 때(대법원 2019.4.3. 2014도2754) 기수로 인정된다. 소송사기의 경우에는 승소판결확정시에 기수가 된다(후술). 86

(2) 주관적 구성요건

1) 고의 사기죄의 고의가 인정되기 위해서는 기망행위, 피기망자의 착오, 처분행위, 손해발생 및 이들 상호간의 인과관계를 인식하여야 한다. 사기죄의 고의는 행위당시를 기준으로 삼아 범행전후의 범인의 재력, 환경, 범행의 내용, 거래의 이행과정 등 객관적인 사정을 종합하여 판단하여야 한다.[319] 따라서 차용금 편취에 있어서는 차용당시를 기준으로 사기죄 성부를 판단해야 하고, 차용당시에 변제할 의사와 능력이 있었다면 그 후 경제사정의 변화로 변제할 수 없게 된 때에도 채무불이행이 될 뿐이고 사기죄는 성립하지 않는다.[320] 87

例 **기망(편취)의 고의가 인정된 사례:** 결제될 가망이 없는 어음을 담보로 제공하고 금원을 교부받은 경우(대법원 1971.1.26. 70도2495), 대금지급이 불가능하게 될 가능성을 충분히 인식하면서 물품을 납품받은 경우(대법원 1983.5.10. 83도340), 지급기일에 지급할 능력이 없음에도 불구하고 종전 채무의 변제기일을 늦출 목적으로 어음을 발행·교부한 경우(대법원 1998.12.9. 98도3282), 대출 당시 담보가치가 충분하여도 시세조정된 주식임을 알면서 이를 숨긴 채 담보로 제공한 경우(대법원 2004.5.28. 2004도1465), 의료기관이 청구한 진료수가 내역을 보험회사가 삭감할 것을 미리 예상하고 그만큼 허위로 과다하게 진료수가를 청구한 경우(대법원 2008.2.29. 2006도5945) 등. 88

2) 불법영득(이득)의 의사 사기죄의 경우에도 고의와 불법영득의사 내지 불법이득의사의 관계는 강도죄의 경우와 같다. 행위자에게 일정한 권리가 있어서 **권리실현의 수단으로 상대방을 기망하여 재물을 교부받거나 재산상의 이익을 취득한 경우에도 불법영득(이득)의 의사가 인정되는지**가 문제된다. 이와 관련하여 ① 권리자가 재물 또는 재산상의 이익을 취득한 경우에는 그 이득은 불법한 이득이 아니라는 견해(이득의 불법설)와 ② 권리자라도 사회통념상 용인될 수 없는 사취수단을 사용한 경우에는 불법영득의 의사가 인정된다는 견해(사취의 불법설)가 대립한다. 89

생각건대 절도죄의 불법영득의사의 불법의 의미와 관련하여 절취의 불법설을 옹호하면서 90

---

318) "피고인의 주문에 따라 제작된 도자기 중 실제로 배달된 것 뿐만 아니라 피고인이 지정하는 장소로의 배달을 위하여 피해자가 보관 중인 도자기도 피고인에게 모두 교부된 것이므로 그 전부에 대하여 사기죄의 기수가 된다" (대법원 2003.5.16. 2001도1825).

319) 대법원 1990.11.23. 90도1218.

320) 대법원 1996.3.26. 95도3034; 대법원 2016.4.28. 2012도14516.

설명한 바와 같이 사취의 불법설이 타당하다. 권리자가 결과적으로 볼 때 자신이 마땅히 취득해야 할 이득을 취득하였더라도 그 방법이 사회통념상 용인될 수 없는 기망을 수단으로 사용한 이상 불법영득(이득)의 의사는 인정되어 일단 사기죄의 구성요건해당성은 인정되고, 권리실현의 일환으로 이루어진 기망행위의 위법성이 조각될 수 있을 뿐이라고 해석하는 것이 범죄체계론상 타당한 해석태도이기 때문이다.

91 判 대법원도 기망행위(사취)의 불법설에 입각하고 있다. "기망행위를 수단으로 한 권리행사의 경우 그 권리행사에 속하는 행위와 그 수단에 속하는 기망행위를 전체적으로 관찰하여 그와 같은 기망행위가 사회통념상 권리행사의 수단으로 용인할 수 없는 정도라면 그 권리행사에 속하는 행위는 사기죄를 구성한다"[321]고 하고 있기 때문이다.

92 例 **사취의 불법성을 인정한 판례**: "피고인이 피해자로부터 냉동오징어를 구입하였더라도 그 잔대금을 지급할 의사 없이 계약금 명목으로 일부 금원을 지급하고 나머지 대금을 지급하지 않은 사안에서, 피고인이 위 잔대금채무를 이전에 피해자에 대하여 가지고 있었던 채권으로 상계할 의사를 가지고 있었다 하더라도 피해자가 위 채권의 존재 자체를 다투고 있는 상태에서 마치 현금으로 결제할 것처럼 기망하여 물품을 교부받은 것은 사회통념상 용인된다고 볼 수 없으므로 사기죄가 성립한다"(대법원 1997.11.11. 97도2220). "보험금을 지급받을 수 있는 사유가 있다 하더라도 이를 기화로 실제 지급받을 수 있는 보험금보다 다액의 보험금을 편취할 의사로 장기간의 입원 등을 통하여 과다한 보험금을 지급받는 경우에는 지급받은 보험금 전체에 대하여 사기죄가 성립한다"(대법원 2009.5.28. 2008도4665).

3. 위법성조각사유

93 사기죄의 경우 기망행위가 정당한 **권리자의 권리실현의 수단인 경우 위법성이 조각될 수 있는지**가 문제된다. 이에 대해서 ① 기망행위자에게 영득의 의사가 없으므로 사기죄의 구성요건해당성이 없다는 견해,[322] ② 권리행사가 자구행위의 요건을 구비한 때에만 위법성이 조각된다는 견해,[323] ③ 권리행사도 사회통념상 용인할 수 없는 정도이면 권리남용이 되므로 위법성이 조각되지 않고 사기죄가 성립한다는 견해,[324] ④ 기망으로 취득한 재물·재산상의 이익이 권리범위 내의 것이면 사기죄가 부정되지만, 그 범위를 초과한 때에는 가분할 수 있는 객체이면 그 초과부분에 대해서 사기죄가 성립하고 가분할 수 없는 객체이면 그 전부에 대해서 사기죄가 성립한다는 견해[325] 등이 대립한다.

94 기망행위가 권리자의 권리실현이라도 사취의 불법성이 인정되는 한 사기죄의 구성요건해당성이 인정되지만, 그 기망적 권리실현행위가 형법상 인정된 별도의 위법성조각사유에 해당하는 한, 위법성이 조각됨에는 의문의 여지가 없다.

---

321) 대법원 2003.12.26. 2003도4914.
322) 배종대, §71/110; 임웅, 379면.
323) 유기천(상), 274면.
324) 김일수/서보학, 441면; 오영근, §19/53; 정성근/박광민, 374면.
325) 김종원, 217면; 이재상/장영민/강동범, §18/44.

判 대법원도 위법성을 조각할 만한 정당한 권리행사방법인지를 별도로 요구하고 있으나 특단의 사정이 없는 한 사취행위의 불법성이 인정될 경우 통상적으로 위법성조각의 가능성을 부정하는 태도를 취하는 것 같다.[326) 95

例 위법성조각 부정 사례: 점유자가 자주점유로 추정받는다고 하더라도 자주점유의 권원에 관한 처분문서를 위조하고 그 성립에 관한 위증을 교사하는 등 적극적으로 법원을 기망하여 승소판결을 받고 등기까지 한 경우(대법원 1997.10.14. 96도1405), 산업재해보상보험급여를 지급받을 수 있는 지위에 있었다고 하더라도 허위내용의 목격자진술서를 첨부하는 등의 부정한 방법으로 요양신청을 하여 산업재해보상보험급여를 지급받은 경우(대법원 2003.6.13. 2002도6410), 자기앞수표를 갈취당한 자가 이를 분실하였다고 허위로 공시최고신청을 하여 제권판결을 선고받은 경우(대법원 2003.12.26. 2003도4914) 등. 96

4. 친족상도례의 적용문제

사기죄의 경우 **피기망자와 재산상의 피해자가 다른 경우 친족상도례가 적용되기 위해서 행위자가 양자 모두에 대해 친족관계가 있어야 하는지**가 문제된다. ① 사기죄의 보호법익에 거래의 진실성 및 신의성실에 대한 일반인의 신뢰까지 포함시키는 견해에 의하면 피기망자도 피해자에 포함시키므로 양자 모두에 대해 친족관계가 있어야 한다고 한다.[327) 하지만 ② 사기죄의 보호법익은 재산권에 국한해야 하므로 피기망자는 피해자가 될 수 없다. 따라서 행위자와 피기망자 사이에는 친족관계가 없어도 친족상도례가 적용될 수 있다고 보는 것이 타당하다. 97

判 대법원은 거래의 진실성 및 신의성실에 대한 일반인의 신뢰까지 보호법익으로 보고 있으면서도 친족상도례의 적용에 관한 한 피기망자와 관계에서는 친족관계를 요하지 않고 재산상의 피해자에 대해서만 친족관계가 있으면 족하다고 한다.[328) 이에 따라 대법원은 손자가 할아버지의 통장을 절취하여 이를 현금자동지급기에 넣고 예금잔고를 자신의 거래은행 계좌로 이체한 경우 은행(농협)이 피해자이고 은행과의 친족관계가 인정될 수 없으므로 친족상도례를 적용하지 않았다.[329) 98

5. 죄수, 타죄와의 관계

(1) 죄수

1) 한 개의 기망행위로 같은 사람으로부터 수회에 걸쳐 재물을 편취한 때에는 사기죄의 포괄일죄가 된다.[330) 같은 사람으로부터 수개의 기망행위로 재물을 편취한 경우 범의가 단일하고 범행방법이 동일하면 사기죄의 포괄일죄가 되고,[331) 범죄목적과 범행 방법이 다른 경우에 99

---

326) "피고인의 소위가 피해자에 대하여 채권을 변제받기 위한 방편이었다 하더라도 판시와 같은 기망수단에 의하여 약속어음을 교부받은 행위는 위법성을 조각할 만한 정당한 권리행사방법이라고 볼 수는 없고, 교부받은 재물이 불가분인 경우에는 그 전부에 대하여 사기죄가 성립한다"(대법원 1982.9.14. 82도1679).

327) 임웅, 382면 이하.

328) "법원을 기망하여 제3자로부터 재물을 편취한 경우에 피기망자인 법원은 피해자가 될 수 없고 재물을 편취당한 제3자가 피해자라고 할 것이므로 피해자인 제3자와 사기죄를 범한 자가 직계혈족의 관계에 있을 때에는 그 범인에 대하여 형법 328조 제1항을 준용하여 형을 면제하여야 한다"(대법원 1978.4.13. 75도781).

329) 대법원 2007.3.15. 2006도2704.

330) 대법원 1996.1.26. 95도2437.

는 포괄일죄의 요건을 구비하지 못한 것이 되므로 실체적 경합이 된다.[332] 한 개의 기망행위로 여러 사람을 기망하여 각자로부터 재물을 편취한 경우에는 비전속적 법익이 문제될 뿐이므로 사기죄 일죄가 된다.

100 2) 수개의 기망행위로 수인을 기망하여 재물을 편취한 경우 피해자가 여러 명인 경우 ① 실체적 경합이 된다는 견해와 ② 재산권은 전속적 법익이 아니므로 포괄일죄의 인정요건을 갖출 것을 전제로 일죄로 인정하는 견해가 대립한다.

101 判 대법원은 비전속적 법익인 재산죄의 경우 피해자가 여러 명인 경우에는 재산의 양적 증대가 있을 뿐 서로 다른 법익이 문제되지 않음에도 불구하고 피해자의 수만큼 별도의 죄가 성립하고 이들 수개의 죄 사이에는 실체적 경합을 인정한다.[333] 그러나 대법원은 부부가 기망의 피해자인 경우, 피고인이 부부인 피해자별로 계약서를 작성하고 피해자별 명의각 계좌로부터 돈을 송금 받아 편취하였지만, '기망행위의 공통성, 기망행위에 이르게 된 경위, 재산 교부에 관한 의사결정의 공통성, 재산의 형성·유지 과정, 재산 교부의 목적 및 방법, 기망행위 이후의 정황 등을 종합적으로 고려하여' 피해법익이 동일한 경우로 볼 수 있다고 판단하고 이를 포괄일죄로 인정하였다.[334]

102 3) 피해자를 기망하여 재물을 교부받아 사기죄를 성립시킨 후 다시 피해자를 기망하여 편취한 재물의 반환을 회피할 목적으로 기존 차입금원금을 새로이 투자하는 형식을 취한 경우에는 새로운 법익을 침해한 것이 아니어서 별도의 사기죄를 구성하지 않는다.[335] 반면에 편취한 약속어음을 편취한 사실을 숨기고 제3자에게 할인을 받은 경우에는 새로운 사기죄가 성립하고 두 개의 사기죄의 실체적 경합이 된다.[336]

103 타인에게 근저당권을 설정할 의사없이 금원편취의 목적으로 부동산에 근저당권을 설정하여 주겠다고 속이고 금원을 교부받아 사기죄의 성립요건을 충족시킨 행위자가 그 부동산에 관하여 다시 제3자의 명의로 근저당권설정등기를 마친 경우, 앞의 사기죄의 피해자와의 근저당권 설정약정이 사기 등을 이유로 취소되기 전까지는 근저당권설정의무가 있으므로 이 의무위반을 근거로 피해자에 대한 배임죄도 성립할 수 있는지가 문제된다.

104 判 대법원은 종래 이러한 사안의 경우 금원을 편취한 사기죄와는 전혀 다른 새로운 보호법익을 침해하는 행위로서 사기범행의 불가벌적 사후행위가 아니라 별도로 배임죄가 성립한다고 하였으나[337] — 후술하듯이 — 2020년 판례변경을 통해 이러한 경우 근저당권설정자의 의무는 '타인의 사무'가 아니라 '자기의 사무'에 해당하는 것임을 근거로 배임죄의 성립을 부정하였다.

(2) 타죄와의 관계

105 1) 횡령죄와의 관계 자기가 점유하는 타인의 재물을 기망수단을 사용하여 영득한 때

---

331) 대법원 2006.2.23. 2005도8646.

332) 대법원 1989.11.28. 89도1309.

333) 대법원 1997.6.27. 97도508.

334) 대법원 2023.12.2. 2023도13514(포괄일죄로 인정되면 그 편취한 이득액이 5억 원이상으로 특정경제범죄 가중처벌 등에 관한 법률 위반(사기)죄로 의율됨).

335) 대법원 2001.11.10. 2000도3483.

336) 대법원 2005.9.30. 2005도5236.

337) 대법원 2008.3.27. 2007도9328.

에는 자기점유재물에 대한 편취의 관념을 인정할 수 없고, 피해자의 처분행위도 없으므로 횡령죄만 성립한다.[338)]

2) 배임죄와의 관계 **타인의 사무를 처리하는 자가 본인을 기망하여 재산상의 이익을 취득하고 본인에게 손해를 가한 경우** ① 사기죄만 성립한다는 견해[339)](사기죄설)가 있지만, ② 양죄의 상상적 경합이 된다는 견해(상상적 경합설)가 대립한다. 106

判 대법원은 사기죄와 배임죄는 보호법익을 달리하는 별개의 범죄이지만 기망이 양죄의 공통행위이므로 양죄는 상상적 경합관계에 있다고 한다.[340)] 107

3) 위조통화(위조문서)행사죄와의 관계 **위조통화(위조문서)를 행사하여 재물을 편취한 경우** ① 위조통화행사죄(위조문서행사죄)와 사기죄가 보호법익을 달리한다는 이유로 실체적 경합이 된다는 견해(판례[341)])가 있으나, ② 양죄의 상상적 경합이 된다고 보아야 한다.[342)] 양죄가 보호법익을 달리한다는 것은 수죄 성립의 근거가 될 뿐이고 위조통화행사와 기망행위가 동일한 한 개의 행위인 이상 수죄 간에 상상적 경합이 인정될 뿐이기 때문이다. 108

4) 신용카드부정사용죄와의 관계 신용카드를 절취한 후 물품구매를 위해 여러 곳에서 여러 차례 사용한 경우 신용카드부정사용죄와 수개의 사기죄가 성립하고 절도죄 및 이들 죄 사이에는 실체적 경합관계가 인정된다.[343)](신용카드 관련 범죄와 사기죄 및 다른 범죄의 죄수문제에 대해서는 후술). 109

5) 수뢰죄와의 관계 공무원이 직무에 관하여 기망수단으로 재물의 교부를 받은 경우에도 수뢰죄와 사기죄의 상상적 경합이 된다.[344)] 110

6) 유사수신행위법 위반죄와의 관계 유사수신행위를 한 자가 출자자에게 별도의 기망행위를 하여 유사수신행위로 조달받은 자금의 전부 또는 일부를 다시 투자받는 경우, 유사수신행위법 위반 행위는 그 자체가 사기행위에 해당한다거나 사기행위를 반드시 포함한다고 할 수 없고, 유사수신행위법 위반죄는 사기죄와 구성요건을 달리하고 그 보호법익이 다르므로 사기죄는 불가벌적 사후행위가 될 수 없고 양죄는 실체적 경합이 인정된다.[345)] 111

7) 사기죄의 방조 의사가 보험금수령을 위해 입원하려는 환자에게 입원확인서를 발급 112

---

338) 대법원 1970.9.29. 70도1668; 대법원 1980.12.9. 80도1177.
339) 오영근, §19/62.
340) "업무상배임행위에 사기행위가 수반된 때의 죄수관계에 관하여 보면, (중략) 양죄는 각자의 그 구성요건이나 보호법익을 달리하는 별개의 범죄이고 형법상으로도 각각 별개의 장에 규정되어 있어, 1개의 행위에 관하여 사기죄와 업무상배임죄의 각 구성요건이 모두 구비된 때에는 양죄를 법조경합관계로 볼 것이 아니라 상상적 경합관계로 봄이 상당하다. 나아가 업무상배임죄가 아닌 단순배임죄라 하여 양 죄를 달리 볼 이유도 없다"(대법원 2002.7.18. 2002도669 전원합의체).
341) 대법원 1979.7.10, 79도840.
342) 김일수/서보학, 442면; 배종대, §71/111; 오영근, §19/63; 이재상/장영민/강동범, §18/50; 임웅, 380면.
343) 대법원 1996.7.12. 96도1181.
344) 대법원 1985.2.8. 84도2625.
345) 대법원 2023.11.16. 2023도12424.

한 경우에는 사기방조죄가 된다.[346]

6. 관련문제

(1) 소송사기와 사기죄

113 1) 소송사기의 의의 소송사기란 법원에 허위사실을 주장하거나 허위증거를 제출하여 법원을 기망함으로써 승소판결을 받아 상대방으로부터 재산적 이익을 취득하는 것을 말한다. 소송사기는 피기망자는 법원이지만 피해자는 소송의 상대방인 경우로서 피기망자와 재산상의 피해자가 일치하지 않는 삼각사기의 전형적인 형태이다.

114 2) 소송사기의 사기죄 성립 여부 **소송사기의 사기죄 성립여부**와 관련하여 ① 부정설[347]과 ② 긍정설(다수설)이 대립한다. 부정설은 민사소송의 본질적 구조상 법원은 당사자의 주장에 구속되므로 이를 이용하는 것을 사기죄의 기망이라 할 수 없고, 패소한 자의 부득이한 재산제공 또는 강제집행이 행해진 경우를 처분행위로 볼 수 없으며, 기망행위와 법원의 착오 사이에 인과관계도 인정할 수 없기 때문이라고 한다. 하지만 법원도 허위주장·허위증거에 의해서 착오를 일으키는 기망의 상대방이 될 수 있고, 처분행위의 주체는 패소한 소송의 상대방이 아니라 법원이다. 따라서 소송사기는 피기망자를 법원으로 하고 법원의 판결이 처분행위가 되어 사기죄에 해당할 수 있다고 보는 것이 타당하다.

115 判 대법원도 원고 또는 피고가 허위내용의 서류를 작성하여 이를 증거로 제출하거나 위증을 시키는 등의 적극적인 방법으로 법원을 기망하여 착오에 빠지게 한 결과 승소확정판결을 받음으로써 자기의 재산상의 의무이행을 면하게 된 경우에는 그 재산가액 상당에 대하여 사기죄가 성립한다고 함으로써 소송사기의 사기죄의 성립을 인정한다.[348] 이 뿐만 아니라 대법원은 소송사기에 관한 법리는 소송절차에서 이루어지는 '민사조정'에서도 마찬가지로 적용된다고 한다.[349]

3) 소송사기의 사기죄 성립요건

116 (가) 주체 소송사기의 주체는 원고뿐만 아니라 피고도 가능하다. 피고도 원고의 주장에 맞서 허위내용의 서류를 작성하여 이를 증거로 제출하거나 위증을 시키는 등 적극적인 방법

---

346) 대법원 2006.1.12. 2004도6557.

347) 김종원, 215면.

348) 대법원 1973.11.27. 73도1301; 대법원 2004.3.12. 2003도333 등.

349) "소송사기는 (중략) 이를 쉽사리 유죄로 인정하게 되면 누구든지 자기에게 유리한 주장을 하고 소송을 통하여 권리구제를 받을 수 있는 민사재판제도의 위축을 가져올 수밖에 없다. 이러한 위험성은 당사자 간 합의에 의하여 소송절차를 원만하게 마무리하는 민사조정에서도 마찬가지로 존재한다. 따라서 피고인이 그 범행을 인정한 경우 외에는 소송절차나 조정절차에서 행한 주장이 사실과 다름이 객관적으로 명백하고 피고인이 그 주장이 명백히 거짓인 것을 인식하였거나 증거를 조작하려고 하였음이 인정되는 때와 같이 범죄가 성립하는 것이 명백한 경우가 아니면 이를 유죄로 인정하여서는 안 된다. 소송당사자들은 조정절차를 통해 원만한 타협점을 찾는 과정에서 자신에게 유리한 결과를 얻기 위하여 노력하고, 그 과정에서 다소간의 허위나 과장이 섞인 언행을 하는 경우도 있다. 이러한 언행이 일반 거래관행과 신의칙에 비추어 허용될 수 있는 범위 내라면 사기죄에서 말하는 기망행위에 해당한다고 볼 수는 없다"(대법원 2023.1.25. 2020도10330).

으로 법원을 기망함으로써 재산상의 의무이행을 면할 경우에는 사기죄의 주체가 될 수 있다.[350] 원고 또는 피고가 아닌 자도 이들 중 일방을 이용하여 소송사기를 범할 경우 간접정범의 형태로 소송사기죄가 인정될 수 있다.[351]

(나) 기망행위로서 적극적 사술을 사용할 것 소의 제기가 있어도 허위사실의 주장·증거조작·위증교사 등 적극적 사술을 사용하지 않으면 소송사기의 기망이 될 수 없다.[352] 따라서 기한이 도래하지 않은 채권을 즉시 지급받기 위한 지급명령의 신청만으로는 기망행위에 해당하지 않으며,[353] 상대방에게 유리한 증거를 제출하지 않거나 상대방에게 유리한 사실을 진술하지 않은 정도만으로는 소송사기의 기망으로 인정될 수 없다.[354] 하지만 반드시 허위의 증거를 이용할 필요는 없다.[355] 117

(다) 법원의 판결이 처분행위에 갈음하는 내용과 효력이 있을 것 소송사기가 사기죄가 되려면 피기망자인 법원의 판결이 피해자의 처분행위에 갈음하는 내용과 효력이 있는 것이어야 한다. 그러나 판결내용에 따른 효력이 발생할 수 없는 경우에는 착오에 의한 재물의 교부가 있는 것으로 볼 수 없다. 허무인이나 유령법인[356] 또는 사망한 자[357]를 상대로 소송을 제기한 경우 법원의 판결이 있어서 그 판결이 실제로 효력을 발휘할 수 없는 무효의 판결이므로 사기죄의 성립이 부정된다.[358] 타인명의로 등기명의인을 상대로 그들 명의의 소유권보존등기 및 이전등기의 말소등기 소송을 제기한 경우에는 판결의 효과가 장래에 발생하는 것이므로 사기죄의 성립여부가 문제될 수 있다. 118

判 대법원은 "피고인이 타인명의로 등기명의인을 상대로 그들 명의의 소유권보존등기 및 이전등기의 말소등기 소송을 제기한 경우에는 가사 그 타인이 승소한다고 가정하더라도 등기명의인들의 등기가 말소될 뿐이고 이로써 그 타인이 위 부동산에 대하여 어떠한 권리를 회복 또는 취득하거나 의무를 면하는 것이 아니므로" 소송 119

---

350) 대법원 1987.9.22. 87도1090.

351) "자기에게 유리한 판결을 얻기 위하여 소송상의 주장이 사실과 다름이 객관적으로 명백하거나 증거가 조작되어 있다는 점을 인식하지 못하는 제3자를 이용하여 그로 하여금 소송의 당사자가 되게 하고 법원을 기망하여 소송상대방의 재물 또는 재산상 이익을 취득하려 하였다면 간접정범의 형태에 의한 소송사기죄가 성립하게 된다"(대법원 2007.9.6. 2006도3591).

352) "소송사기는 법원을 기망하여 제3자의 재물을 편취할 것을 기도하는 것을 내용으로 하는 것으로서, 사기죄로 인정하기 위하여는 제소 당시 그 주장과 같은 권리가 존재하지 않는다는 것만으로는 부족하고, 그 주장의 권리가 존재하지 않는 사실을 잘 알고 있으면서도 허위의 주장과 입증으로 법원을 기망한다는 인식을 요한다. 그러나 허위의 내용으로 소송을 제기하여 법원을 기망한다는 고의가 있는 경우에 법원을 기망하는 것은 반드시 허위의 증거를 이용하지 않더라도 당사자의 주장이 법원을 기망하기에 충분한 것이라면 기망수단이 된다"(대법원 2009.4.9. 2009도128).

353) 대법원 1982.7.27. 82도1160.

354) 대법원 2002.6.28. 2001도1610.

355) 대법원 2011.9.8. 2011도7262.

356) 대법원 1992.12.11. 92도743.

357) 대법원 2002.1.11. 2000도1881.

358) '소송비용을 편취할 의사로 소송비용의 지급을 구하는 손해배상청구의 소를 제기한 사안에 대해 "사기죄의 불능범에 해당한다"(대법원 2005.12.8. 2005도8105)는 판결도 같은 취지인 것으로 보인다.

사기죄의 성립을 부정하였다가(대법원 1983.10.25. 83도1566), 다시 입장을 바꾸어 "그 소송에서 위 토지가 피고인 또는 그와 공모한 자의 소유임을 인정하여 보존등기 말소를 명하는 내용의 승소확정판결을 받는다면, 이에 터잡아 언제든지 단독으로 상대방의 소유권보존등기를 말소시킨 후 자기 앞으로의 소유권보존등기를 신청하여 그 등기를 마칠 수 있게 되므로" 사기죄의 성립을 인정할 수 있다(대법원 2006.4.7. 2005도9858)고 한다.

120 (라) 사기의 고의 및 불법영득(이득)의 의사가 인정될 것 소송사기가 사기죄로 되려면 행위자에게 자신이 허위사실을 주장하거나 조작된 증거를 제출하여 법원을 기망하여 유리한 판결을 얻고, 이에 기초하여 상대방에게서 재물 또는 재산상의 이익을 취득한다는 점에 대한 인식과 의사(고의)가 존재해야 한다.[359] 단순히 주장내용이 객관적으로 허위사실이라는 요건만으로 사기죄를 인정하게 되면 민사재판제도의 위축을 가져올 우려가 있기 때문이다.[360] 따라서 '단순히 사실을 잘못 인식하였다거나 법률적 평가를 잘못하여 존재하지 않는 권리를 존재하는 것으로 믿고 제소한 경우'[361]나 '소송상 주장이 다소 사실과 다르더라도 그것이 존재한다고 믿는 권리를 이유 있게 하기 위해 과장된 표현 등을 한 경우'에는 사기죄의 고의를 부정해야 한다.[362] 소송사기의 경우에도 일반사기의 경우와 마찬가지로 불법영득의사가 있어야 한다.

121 **例 소송사기 긍정 판례:** ① 채권이 소멸했음에도 불구하고 판결정본(대법원 1992.12.22. 92도2218) 또는 약속어음 공정증서원본(대법원 1999.12.10. 99도2213)을 소지하고 있음을 기화로 해서 강제집행을 한 경우, ② 수표를 분실했다고 허위의 공시최고신청을 하고 법원의 제권판결을 받은 경우(대법원 1999.4.9. 99도364), ③ 반드시 허위의 증거를 이용하지 않더라도 법원에 허위의 지급명령을 신청한 경우(대법원 2004.6.24. 2002도4151), ④ 피고인이 특정 권원에 기하여 민사소송을 진행하던 중 법원에 조작된 증거를 제출하면서 종전에 주장하던 특정 권원과 별개의 허위의 권원을 추가로 주장하고 있는데, 법원이 종전의 특정 권원을 인정하여 피고인에게 승소판결을 선고한 경우(대법원 2004.6.25. 2003도7124) 등.

122 **例 소송사기 부정 판례:** ① 재판상 화해는 그것으로 인하여 새로운 법률관계가 창설되는 것이므로 화해의 내용이 실제 법률관계와 일치하지 않는다고 해서 사기죄가 성립할 여지가 없다(대법원 1968.2.27. 67도1579). ② 제3자 소유의 토지에 대한 소송상 화해의 경우 그 소송상 화해의 효력은 소송당사자들 사이에만 미치고 제3자인 토지소유자에게는 미치지 아니하며 그 화해조서에 기하여 위 토지들에 대한 제3자의 소유권이 매수인에게 이전되는 것도 아니므로 사기죄를 구성하지 않는다(대법원 1987.8.18. 87도1153). ③ 피고인이 소송제기에 앞서 그 명의로 피해자에 대한 일방적인 권리주장을 기재한 통고서 등을 작성하여 내용증명우편으로 발송한 다음, 이를 법원에 증거로 제출하였다 하더라도, 증거를 조작하였다고 볼 수는 없다(대법원 2004.3.25. 2003도7700). ④ 피고인이 가처분사건에서 변호사를 선임한 적이 없는데도 소송비용액확정신청을 하면서 소송비용액계산서의 비용항목에 사실과 다르게 변호사비용을 기재하기는 하였으나 이와 관련하여 소명자료 등을 조작하거나 허위의 소명자료를 제출하지는 않았으므로, 피고인의 소송비용액확정신청이 객관적으로 법원을 기망하기에 충분하다고 보기는 어려워 이를 사기죄의 기망행위라고 단정할 수 없다(대법원 2024.6.27. 2021도2340).

---

359) "이른바 소송사기가 사기죄를 구성하려면, 제소 당시 주장한 권리가 존재하지 않는다는 것만으로는 부족하고, 그와 같은 권리가 존재하지 않는다는 사실을 알고 있으면서도 허위주장을 하여 법원을 기망한다는 사실을 인식하여야만 할 것이(다)"(대법원 1993.9.28. 93도1941).

360) 대법원 2004.6.25. 2003도7124 참조.

361) 대법원 1993.9.28. 93도1941.

362) 대법원 1992.4.10. 91도2427.

4) 실행의 착수 및 기수시기

(가) 실행의 착수시기 소송사기의 실행의 착수시기는 원고가 주체인 경우에는 법원을 기망할 의사로 소를 제기한 때에 인정된다. 소장이 유효하게 송달되어야 하거나,[363] 피해자에 대한 직접적인 기망이 있어야 하는 것은 아니다.[364] 피고가 주체인 경우에는 허위내용의 증거나 답변서·준비서면을 제출한 때이다.[365] 법원에 지급명령을 신청한 경우에는 지급명령을 신청한 때 실행의 착수가 인정된다.[366] 하지만 가압류신청을 한 것만으로는 사기죄의 실행의 착수를 인정할 수 없다.[367] 가압류·가처분신청은 강제집행의 보전방법에 불과하고 그 기초가 되는 허위의 채권에 의하여 실제로 청구의 의사표시를 한 것이라고 할 수 없기 때문이다. 123

(나) 기수 및 종료시기 소송사기는 법원을 기망하여 승소판결이 확정된 때 사기죄의 기수가 된다.[368] 법원의 판결에는 집행력이 인정되므로 승소판결의 확정에 의하여 이미 재물 또는 재산상의 이익을 취득한 것으로 보아야 하기 때문이다. 따라서 별도의 집행절차가 필요한 것은 아니다. 124

例 대법원은 공시최고신청에 의한 사기의 경우에는 법원으로부터 제권판결을 받음으로써 기수가 되고(대법원 2003.12.26. 2003도4914), 지급명령에 의한 소송사기의 경우에는 허위의 내용으로 신청한 지급명령이 그대로 확정된 때에 기수가 된다(대법원 2004.6.24. 2002도4151)고 하였다. 125

소송사기를 범할 고의와 불법영득의 의사를 가지고 소를 제기하였으나 패소판결을 받고 그 판결이 확정되면 사기죄의 미수가 된다. 이 경우 소송이 종료된 시점이 바로 범죄'행위'의 종료시점이 된다.[369] 126

5) 죄수, 타죄와의 관계 법원을 기망하여 유리한 판결을 받은 후 상대방의 재물을 취득한 것은 사기죄의 포괄일죄가 된다. 다만 확정판결에 의한 소유권이전등기를 경료하였으면 사기죄와 공정증서원본부실기재죄와의 실체적 경합이 된다.[370] 127

(2) 신용카드와 사기죄

1) 신용카드의 의의 신용카드란 제시함으로써 반복하여 가맹점에서 물품의 구입 또는 용역의 제공을 받을 수 있는 증표로서 신용카드업자가 발행한 것을 말한다(여신전문금융업법 제2조 제3호). 128

---

363) "이러한 법리는 제소자가 상대방의 주소를 허위로 기재함으로써 그 허위주소로 소송서류가 송달되어 그로 인하여 상대방 아닌 다른 사람이 그 서류를 받아 소송이 진행된 경우에도 마찬가지로 적용된다"(대법원 2006.11.10. 2006도5811).
364) 대법원 1993.9.14. 93도915.
365) 대법원 1998.2.27. 97도2786.
366) 대법원 2004.6.24. 2002도4151.
367) 대법원 1982.10.26. 82도1529
368) 대법원 1997.7.11. 95도1874.
369) 따라서 "이 사건 공소시효는 1996.9.10. 대법원에서 피고인의 상고를 기각하는 내용의 판결이 선고된 때로부터 진행하는 것이라고 판단한 조치는 정당하다고 할 것이고, 이와 달리1988.9.1. 이 사건 소장을 법원에 제출한 때를 공소시효의 기산점으로 삼아야 한다는 상고이유의 주장은 받아들일 수 없다"(대법원 2000.2.11. 99도4459).
370) 대법원 1983.4.26. 83도188.

129 신용카드[371]는 카드 상에 표시된 자의 회원 자격과 가맹점과 회원사이의 신용거래에서 발생한 거래대금에 대하여 카드회사가 책임진다는 것을 증명해주는 사실증명에 관한 사문서에 해당하고(문서성), 재산죄의 객체인 재물(재물성)로 인정된다(통설·판례). **신용카드가 유가증권에 해당(유가증권성)하는지**에 관해서는 ① 이를 긍정하는 견해[372]도 있지만 ② 신용카드 그 자체에 경제적 가치가 화체되어 있거나 특정의 재산권을 표창하고 있는 것이 아니기 때문에 유가증권은 아니라고 하는 것이 타당하다.[373]

130 2) 신용카드와 관련된 범죄 신용카드는 재산죄의 객체인 재물이므로 타인의 신용카드를 절취, 강취, 편취, 갈취, 횡령하면 각각 그 해당범죄(절도죄, 강도죄, 사기죄, 공갈죄, 횡령죄)가 성립한다.[374] 또 신용카드(자기띠 기타 부분)를 위조·변조하거나 위조·변조된 신용카드를 판매·사용하거나 분실·도난(갈취, 편취, 횡령도 포함)된 신용카드를 판매 또는 사용하면 신용카드 위조·변조죄, 부정판매죄 또는 신용카드부정사용죄가 성립할 수 있다(여신전문금융업법 제70조 제1항 제1호, 제2호, 제3호). 현금카드를 부정사용한 경우는 여신전문금융업법상의 부정사용죄 성립이 인정되지 않는다.

3) 신용카드의 부정발급과 사기죄의 성립 여부

131 (가) 자기명의로 발급받는 경우 **처음부터 대금결제의사와 능력이 없으면서도 정상적으로 결제할 것처럼 가장하여 신용카드회사로부터 신용카드를 발급받는 경우** 신용카드 자체에 대한 사기죄의 성립여부가 문제된다.[375]

132 이와 관련하여 ① 신용카드 자체는 재산적 가치가 경미하고, 카드회사가 신청자의 재력상태에 대한 철저한 심사 없이 카드를 남발하는 상황에서 카드발급 자체에 기망행위를 인정할 수 없으므로 사기죄가 성립하지 않는다는 견해(부정설)가 있지만, ② 신용카드가 형법상 재물에 해당하고 카드의 발급으로 행위자는 카드회사의 재산을 처분할 수 있는 지위를 얻게 되고 그에 따라 카드회사의 재산에 손해를 끼칠 구체적인 위험이 발생하기 때문에 사기죄의 성립을 인정하는 것(긍정설)이 타당하다.

133 判 대법원도 이러한 경우 사기죄의 성립을 인정하고 있을 뿐 아니라, 이와 같이 카드를 발급받아 그 이후 카드를 사용하여 물품을 구입하고 현금을 인출하는 행위를 모두 사기죄의 포괄일죄로 인정하고 있다.[376]

---

371) 신용카드에는 신용카드회사, 카드가맹점 그리고 회원 간의 거래관계에서 사용되는 3 당사자카드(비씨카드, 비자카드, 국민카드 등)와 신용카드회사와 회원 간의 거래관계에서 사용되는 2 당사자카드(백화점카드)가 있는데 3 당사자카드를 사용한 경우 삼각사기의 문제가 제기될 수 있다.

372) 박상기, 502면.

373) 대법원 1999.7.9. 99도857.

374) 절취한 신용카드를 일시사용한 후 곧바로 피해자에게 반환한 경우 카드 자체에 대한 불법영득의 의사(기능가치의 소모)가 없기 때문에 절도죄는 부정된다(통설·판례)는 점에 대해서는 절도죄의 불법영득의사부분에서 설명하였다.

375) 자기명의의 카드발급신청서를 작성·제출한 것은 사문서의 무형위조이므로 형법상 처벌규정이 없어 문서죄에 해당하지 않고, 그 이후 그 카드를 사용하더라도 자기의 신용카드를 사용한 것이므로 여신전문금융업법상의 신용카드부정사용죄에도 해당하지 않는다.

376) 대법원 1996.4.9. 95도2466.

(나) 타인명의를 모용하여 부정발급받는 경우 **행위자가 타인의 동의를 받지 않고 그 타인의 이름을 모용하여 신용카드를 발급받는 경우**[377]에도 사기죄의 성부가 문제된다. 이에 대해서는 ① 신용카드 그 자체는 재산적 가치가 경미하여 카드회사에 재산상의 손해를 끼친 것으로 인정할 수 없으므로 사기죄의 죄책을 인정할 수 없다는 견해[378](부정설)가 있지만, ② 신용카드가 형법상 재물에 해당하고, 지불의사와 능력의 기망을 통한 카드의 교부(처분행위)가 이루어졌으며, 그로 인해 카드회사에 재산상 손해발생의 구체적 위험이 생겼기 때문에 사기죄가 성립한다(긍정설)고 보는 것이 타당하다. 134

判 대법원도 타인의 동의없이 타인명의를 모용하여 신용카드를 발급받은 경우 신용카드 자체에 대한 사기죄의 성립을 인정하는 취지인 것으로 보인다.[379] 135

4) 신용카드로 물품구입을 하는 경우 사기죄의 성립 여부

(가) 자기명의로 부정발급 받은 후 물품구입 등을 하는 경우 **자기명의로 부정발급받은 후 대금결제의사나 능력이 없이 가맹점에서 물품구입 등을 하는 경우** 사기죄의 성립을 인정할 것인가에 대해서도 견해가 대립한다. 136

① 카드소지자는 가맹점에 자기의 신용상태를 고지할 의무가 없을 뿐만 아니라 가맹점은 카드에 대한 형식적 심사밖에 할 수 없으므로 카드의 부정사용이 가맹점에 대해 기망행위가 될 수 없고, 카드회사의 손해발생에 대해서도 인과관계를 인정할 수 없다는 이유로 사기죄의 성립을 부정하는 견해[380](부정설)가 있으나, ② 대금결제의사나 능력 없이 물품을 구입하며 카드로 결제하는 것은 설명가치 있는 행동에 의한 묵시적 기망에 해당하므로 사기죄의 성립을 인정하는 견해[381](긍정설)가 타당하다. 137

判 대법원도 긍정설의 입장에서 신용카드 부정발급과 그 이후의 물품구입 또는 현금서비스를 받는 행위 등을 모두 하나로 묶어 사기죄의 포괄일죄라고 한다.[382] 138

긍정설 가운데에도 피기망자와 재산피해자가 누구인지에 관하여 (ㄱ) 판례는 포괄일죄의 입 139

---

377) 이 경우 카드발급신청서를 타인의 이름으로 작성하는 것이므로 사문서의 유형위조에 해당하여 사문서위조 및 동행사죄가 성립한다. 하지만 카드의 명의인은 카드회사이기 때문에 여신전문금융업법상의 신용카드위조죄나 위조신용카드취득죄는 성립하지 않는다. 카드를 발급받은 후 이를 사용하는 것은 신용카드부정사용죄에 해당한다.

378) 김일수/서보학, 443면; 배종대, §71/80; 정성근/박광민, 380면.

379) 대법원 2002.7.12. 2002도2134.

380) 김영환, "신용카드 부정사용에 관한 형법해석론의 난점", 형사판례연구(3), 308면; 김일수/서보학, 445면; 배종대, §71/85; 안경옥, "신용카드 부정취득, 사용행위에 대한 형사법적고찰", 형사법연구 제11권(1999), 262면.

381) 박상기, 340면; 임웅, 401면.

382) "대금결제의사와 능력이 없으면서도 있는 것같이 가장하여 카드회사를 기망하고, 카드회사는 이에 착오를 일으켜 카드사용을 허용해 줌으로써 피고인은 기망당한 카드회사의 신용공여라는 하자 있는 의사표시에 편승하여 자동지급기를 통한 현금대출도 받고, 가맹점을 통한 물품구입대금 대출도 받아 카드발급회사로 하여금 같은 액수 상당의 피해를 입게함으로써 카드사용으로 인한 일련의 편취행위가 포괄적으로 이루어지는 것이다. 따라서 카드사용으로 인한 카드회사의 손해는 그것이 자동지급기에 의한 인출행위이든 가맹점을 통한 물품구입행위이든 불문하고 모두가 피해자인 카드회사의 기망당한 의사표시에 따른 카드발급에 터잡아 이루어지는 사기의 포괄일죄이다"(대법원 1996.4.9. 95도2466).

장에 서 있기 때문에 카드회사가 피기망자이자 피해자라고 보고 있으나, (ㄴ) 3 당사자신용카드의 경우 카드가맹점이 피기망자이고 회원의 부정사용으로 재산상 손해를 입는 것은 카드회사라고 보아야 할 것이다.[383] 특히 카드발급 그 자체는 물품구입이라는 그 이후의 사기죄에 대한 준비행위에 불과하므로 카드회사를 부정사용부분에 대한 피기망자로 볼 수는 없다.

140 (나) 자기명의로 정상발급 받은 후 물품구입 등을 하는 경우 유효하게 정상적으로 발급받은 카드회원이 그 이후 대금결제의사나 능력도 없음에도 가맹점에서 물품구입 등을 하는 경우 사기죄가 성립하는지가 문제된다. 이 경우도 앞의 부정발급받은 신용카드를 부정사용하는 경우와 동일한 맥락에서 가맹점을 피기망자로 하여 카드회사에 재산적 손해를 입히는 삼각사기의 형태로 된 사기죄의 성립을 인정하는 것이 타당하다.

141 判 대법원도 카드회원이 일시적인 자금궁색 등의 이유로 채무를 일시적으로 이행하지 못하게 되는 상황이 아니라 이미 과다한 부채의 누적 등으로 신용카드사용으로 인한 대출금 채무를 변제할 의사나 능력이 없는 상황에 처한 경우 사기죄를 인정한다.[384]

142 (다) 타인의 이름을 모용하여 부정발급 받은 후 물품구입 등을 하는 경우 행위자가 타인의 이름으로 신용카드를 발급 받은 후 대금결제의사나 능력 없이 카드를 이용하여 가맹점에서 물품을 구입한 경우[385] 자기명의의 부정사용과 마찬가지로 가맹점을 피기망자로 하고 카드회사를 재산적 피해자로 하는 삼각사기로서 사기죄가 성립한다.

143 (라) 범죄로 취득한 타인의 신용카드를 가지고 물품구입 등을 하는 경우 타인의 신용카드(직불카드 포함)를 습득하거나 절취한 자가 카드가맹점에서 자기의 카드인 것처럼 가장하여 물품구입 등을 하는 경우 피기망자(카드회사)와 피해자(카드회사 또는 카드의 도난분실 신고를 해태한(15일 이내에 신고하지 않은 카드회원))가 다른 '삼각사기' 사안에 해당하여 사기죄가 성립한다.

144 判 대법원은 절취한 카드로 가맹점으로부터 물품을 구입하겠다는 단일한 범의를 가지고 그 범의가 계속된 가운데 동종의 범행인 신용카드 부정사용행위를 동일한 방법으로 반복하여 행한 경우 새로운 법익침해에 해당하므로 절도죄의 불가벌적 사후행위가 아니라 여신전문금융업법상의 신용카드부정사용 포괄일죄가 인정되고, 더 나아가 신용카드를 부정사용한 결과가 사기죄에 해당하고 그 각 사기죄가 실체적 경합관계에 해당한다고 하여도, 신용카드부정사용죄와 각 사기죄는 보호법익이나 행위태양이 달라 실체적 경합이 인정된다고 한다.[386] 이러한 사안의 경우 신용카드를 부정사용하면서 카드의 매출전표에 서명하여 이를 교부하는 행위가 사문서위조 및 동행사죄에 해당할 수 있지만 이는 신용카드부정사용에 전형적으로 수반되는 행위이므로 신용카드부정사용죄에 흡수되어 별도의 죄를 구성하지 않는다.[387]

383) 박상기, 338면.
384) 대법원 2005.8.19. 2004도6859.
385) 타인의 이름으로 된 신용카드를 발급받아 사용하는 경우도 사기로 취득한 타인의 신용카드를 부정하게 사용한 것이므로 여신전문금융업법상의 신용카드부정사용죄에도 해당한다.
386) 대법원 1997.1.21. 96도1181.
387) "(신용카드)부정사용죄의 구성요건적 행위인 신용카드의 사용이라 함은 신용카드의 소지인이 신용카드의 본래 용도인 대금결제를 위하여 가맹점에 신용카드를 제시하고 매출표에 서명하여 이를 교부하는 일련의 행위를 가리키고 단순히 신용카드를 제시하는 행위만을 가리키는 것은 아니라고 할 것이므로, 위 매출표의 서명 및 교부가 별도로

5) 신용카드로 현금서비스를 받는 경우와 사기죄 성립여부

(가) 자기명의로 부정발급받은 후 현금서비스를 받은 경우 **자기명의로 부정발급 받은 후 지불능력이나 지불의사 없이 현금자동지급기에서 현금서비스를 받은 경우**[388] ① 인출기관리자의 의사에 반한 점유배제로 볼 수 없으므로 절취행위가 될 수 없을 뿐 아니라 사람을 기망한 것도 아니기 때문에 무죄가 된다는 견해[389](무죄설)와 ② 행위자의 행위 전 과정을 보면 사기죄에 해당한다는 견해[390](사기죄설)가 대립한다. 145

행위자는 처음부터 지불능력이나 의사 없이 카드회사로부터 카드를 발급받았고, 여기에 기망된 카드발급자(사람)가 착오를 일으켜 회사의 이름으로 신용카드를 발급한 것은 곧 일정한 현금 등의 처분을 허용해 준 것이고 현금서비스는 행위자가 기계적 조작을 가해 실현시킨 것에 불과하기 때문에 사기죄설이 타당하다. 146

判 대법원도 대금결제의사와 능력을 속이고 부정하게 카드발급을 받아 현금서비스와 가맹점 물품구입을 한 경우 포괄하여 사기죄가 된다고 하였기 때문에 현금서비스를 받는 경우도 같은 이유에서 사기죄의 성립을 인정한 것으로 볼 수 있다.[391] 147

(나) 정상발급받은 신용카드를 사용하여 현금서비스를 받은 경우 **정상적으로 발급받은 자기의 신용카드를 과다한 부채누적 등으로 인한 지불능력이나 지불의사 없이 현금자동지급기에서 현금서비스를 받은 경우**[392] ① 처음부터 부정발급받은 경우와는 달리 사람을 기망하는 요소가 없으므로 사기죄의 성립을 인정하기는 곤란하고 오히려 절도죄의 성립을 인정해야 한다는 견해[393](절도죄설), ②정당한 카드소지인에게 카드회사가 부여한 한도 내에서 발생한 손해는 신용카드시스템에 내재된 허용된 위험에 불과하고 정당하게 카드발급을 받은 자에게 항상 용역공급을 허용하고 있는 자동지급기의 사용이 범죄행위가 될 수 없다는 견해[394](무죄설)가 대립한다. 148

判 대법원은 이 경우에도 정상발급받은 자신의 신용카드를 지불능력이나 지불의사가 없으면서 가맹점에서 물품을 구입한 사안(앞의 5)의 나))과 마찬가지로 기망행위 및 편취의 고의가 있음을 이유로 사기죄를 인정하는 태도를 취한다.[395] 149

사문서위조 및 동행사의 죄의 구성요건을 충족한다고 하여도 이 사문서위조 및 동행사의 죄는 위 신용카드부정사용죄에 흡수되어 신용카드부정사용죄의 1죄만이 성립하고 별도로 사문서위조 및 동행사의 죄는 성립하지 않는다"(대법원 1992.6.9. 92도77).

388) 이 경우 '허위정보나 부정한 명령의 입력 및 권한 없는 정보의 입력·변경'을 요구하는 컴퓨터등사용사기죄의 구성요건 중 어디에도 해당하지 않는다.

389) 김일수/서보학, 445면; 안경옥, 앞의 글, 263면; 오영근, §19/94; 이재상/장영민/강동범, §18/93; 하태훈, "현금자동인출기부정사용에 대한 형법적 평가", 형사판례연구(4), 330면.

390) 손동권/김재윤, §22/66; 오영근, §19/94.

391) 대법원 1996.4.9. 95도2466.

392) 이 경우도 인출된 현금은 재물일 뿐 재산상의 이익이 아니므로 컴퓨터등사용사기죄가 성립할 여지는 없다.

393) 정웅석, 1182면.

394) 김일수/서보학, 444면; 배종대, §71/98; 정성근/박광민, 382면.

395) "카드회원이 일시적인 자금궁색 등의 이유로 그 채무를 일시적으로 이행하지 못하게 되는 상황이 아니라 이미

150 현금자동지급기는 사기죄의 의사를 전제로 하는 기망의 대상이 될 수 없으므로 사기죄는 잘 수 없고, 지불능력이나 지불의사 없는 자가 현금자동자급기에서 현금을 인출하는 것은 현금자동지급기설치·관리자의 의사에 명백하게 반하는 것이므로 절도죄가 성립한다는 보는 것이 타당하다.

151 (다) 타인의 이름을 모용하여 부정발급받은 후 현금서비스를 받은 경우 **처음부터 지불능력이나 지불의사 없이 타인의 이름으로 신용카드를 발급받은 후 현금자동지급기에서 현금서비스를 받은 경우** ① 카드회사의 처분의사가 카드에 표시된 피모용자를 향한 것이지 모용자를 향한 것이 아니라는 이유로 절도죄의 성립을 인정하는 견해[396](절도죄설)와 ② 사기죄의 성립을 인정하는 견해[397](사기죄설)가 대립한다.

152 절도죄의 성립을 인정하는 것이 타당하다. 카드회사에 의하여 포괄적으로 허용된 행위는 피모용자를 향하는 것이고, 같은 맥락에서 보면 모용자가 현금자동지급기에서 현금서비스를 받는 것도 피모용자에게만 허용되어 있을 뿐, 모용자가 현금서비스를 받는 것은 현급자동지급가의 관리자의 의사에 반한 것이므로 절도죄설이 타당하다.

153 判 대법원도 카드회사의 내심의 의사는 물론 표시된 의사도 어디까지나 카드명의인인 피모용자에게 이를 허용하는 데 있을 뿐, 모용자에게 이를 허용한 것은 아니라는 점에서 모용자가 현금자동지급기에서 현금대출을 받는 행위는 현금자동지급기의 관리자의 의사에 반하여 그의 지배를 배제한 채 그 현금을 자기의 지배하에 옮겨 놓는 행위로서 절도죄에 해당한다고 한다.[398] 이와는 달리 대법원은 타인명의를 모용하였지만, 현금자동지급기에서 현금 서비스를 받는 것이 아니라 신용카드의 번호와 그 비밀번호를 이용하여 ARS 전화서비스나 인터넷 등을 통하여 신용대출을 받는 방법으로 재산상 이익을 취득한 사안의 경우에는 재물로서의 현금이 아니라 재산상의 이익을 취한 것이므로 절도죄가 아니라 컴퓨터사용사용사기죄의 성립을 인정하고 있다.[399]

과다한 부채의 누적 등으로 신용카드 사용으로 인한 대출금채무를 변제할 의사나 능력이 없는 상황에 처하였음에도 불구하고 신용카드를 사용하였다면 사기죄에 있어서 기망행위 내지 편취의 범의를 인정할 수 있다"(대법원 2005.8.19. 2004도6859).

396) 대법원은 이에 대해 컴퓨터등사용사기죄를 부정하지만(대법원 2002.7.12. 2002도2134), 타인의 신용카드를 사용하였기 때문에 여신전문금융업법상의 신용카드부정사용죄에 해당하는 것은 물품구입의 경우와 마찬가지이다.

397) 오영근, §19/83.

398) "피고인이 타인의 명의를 모용하여 신용카드를 발급받은 경우, 비록 카드회사가 피고인으로부터 기망을 당한 나머지 피고인에게 피모용자 명의로 발급된 신용카드를 교부하고, 사실상 피고인이 지정한 비밀번호를 입력하여 현금자동지급기에 의한 현금대출(현금서비스)을 받을 수 있도록 하였다 할지라도, 카드회사의 내심의 의사는 물론 표시된 의사도 어디까지나 카드명의인인 피모용자에게 이를 허용하는 데 있을 뿐, 피고인에게 이를 허용한 것은 아니라는 점에서 피고인이 타인의 명의를 모용하여 발급받은 신용카드를 사용하여 현금자동지급기에서 현금대출을 받는 행위는 카드회사에 의하여 미리 포괄적으로 허용된 행위가 아니라, 현금자동지급기의 관리자의 의사에 반하여 그의 지배를 배제한 채 그 현금을 자기의 지배하에 옮겨 놓는 행위로서 절도죄에 해당한다고 봄이 상당하다"(대법원 2002.7.12. 2002도2134).

399) 타인의 명의를 모용하여 발급받은 신용카드의 번호와 그 비밀번호를 이용하여 ARS 전화서비스나 인터넷 등을 통하여 신용대출을 받는 방법으로 재산상 이익을 취득하는 경우는 '카드회사가 피고인에게 모용된 명의의 신용카드를 사용할 권한을 주었다고 볼 수 없기 때문에' 미리 포괄적으로 허용된 행위가 아니므로 컴퓨터 등 정보처리장치에 권한 없이 정보를 입력하여 정보처리를 하게 함으로써 재산상 이익을 취득하는 행위로서 컴퓨터등사용사기죄에 해당한다(대법원 2006.7.27. 2006도3126).

(라) 범죄로 취득한 타인의 신용카드(또는 현금카드)를 사용하여 현금서비스(또는 예금인출)를 받는 경우 **절취 등 불법취득한 타인의 신용카드(또는 현금카드)와 비밀번호를 사용하여 현금자동지급기에서 현금서비스(또는 예금인출)를 받은 경우**[400] ① 현금인출이 자동지급기를 설치한 은행의 동의하에 이루어진 것이기 때문에 절도죄도 될 수 없고 현금은 재물이어서 컴퓨터등사용사기죄의 객체요건도 충족시킬 수 없어 무죄라는 견해(무죄설), ② 타인의 카드를 사용하여 임의로 비밀번호를 입력하는 것은 컴퓨터등사용사기죄의 '권한 없는 정보의 입력'에 해당하고 현금도 재산상의 이익에 포함될 수 있기 때문에 컴퓨터등사용사기죄가 성립한다는 견해(컴퓨터등사용사기죄설), ③ 인출된 현금(재물)에 대한 절도죄가 된다는 견해(절도죄설) 등이 대립한다. 154

절도죄설이 타당하다. 범죄로 취득한 타인의 카드를 이용하여 현금을 인출받는 것은 정당한 권리자에게만 지급하겠다는 현금지급기관리자의 조건부 동의에 반하여 현금에 대한 점유를 취득한 것이기 때문에 무죄설은 부당하고, 이 경우 행위자가 취득한 현금은 재물이므로 재산상의 이익만을 객체로 한 컴퓨터등사용사기죄는 인정될 수 없기 때문이다. 155

判 대법원 역시 신용카드로 현금서비스를 받은 경우 현금은 재산상의 이익이 아니라는 이유로 컴퓨터등사용사기죄를 부정하면서[401] 절도죄를 인정하고 있고,[402] 이러한 결론은 은행이 발행한 타인의 신용카드 겸 현금카드를 통해 예금을 인출한 경우에도 마찬가지로 유지하고 있다.[403] 하지만 '신용카드부정사용죄'의 인정여부와 관련해서는 그 인출된 현금이 현금서비스로 받은 것인지 아니면 예금인출로 인한 것인지는 차이가 있다. 이와 관련하여 대법원은 현금서비스를 받은 경우와는 달리 예금인출인 경우에는 신용카드의 본래적 기능이 아니라 현금카드의 기능이 사용된 것이므로 신용카드부정사용죄가 될 수 없다고 한다.[404] 156

(마) 갈취 및 강취한 현금카드를 이용하여 현금을 인출한 경우 현금카드 소유자로부터 그 카드를 갈취한 경우와 강취한 경우 그 카드를 이용하여 현금자동지급기에서 현금을 인출한 행위가 형법상 별도의 절도죄를 구성하는지의 문제는 피해자의 승낙의 형법적 효과와 직결되어 있다. 157

判 대법원은 갈취한 현금카드로 현금을 인출한 행위는 별도의 절도죄를 구성하지 않지 않지만, 강취한 현금카드로 현금을 인출한 행위는 별도의 절도죄를 구성하는 것으로 평가한다.[405] 판결내용을 분석하면 각각의 결론 158

---

400) 사기죄가 성립할 수 없다는 점에 대해서는 이견이 없다. 사기죄의 요건인 사람에 대한 기망행위, 사람의 착오 및 피기망자의 처분행위가 없기 때문이다. 뿐만 아니라 현금자동지급기는 대가지급을 조건으로 재물이나 편익을 제공하는 설비가 아니므로 편의시설부정이용죄도 성립하지 않는다.

401) "절취한 타인의 신용카드로 현금자동지급기에서 현금을 인출하는 행위가 재물에 관한 범죄임이 분명한 이상 이를 위 컴퓨터등사용사기죄로 처벌할 수는 없다"(대법원 2003.5.13. 2003도1178).

402) "범죄로 취득한 타인의 신용카드로 현금서비스를 수령한 경우 서비스 받은 현금에 대한 절도죄가 성립한다"(대법원 1995.7.28. 95도997).

403) 대법원 1998.5.21. 98도321 전원합의체(합동범의 공동정범에 관한 판례임).

404) "여신전문금융업법 제70조 제1항 소정의 부정사용이라 함은 위조·변조 또는 도난·분실된 신용카드나 직불카드를 진정한 카드로서 신용카드나 직불카드의 본래의 용법에 따라 사용하는 경우를 말하는 것이므로, 절취한 직불카드를 온라인 현금자동지급기에 넣고 비밀번호 등을 입력하여 피해자의 예금을 인출한 행위는 여신전문금융업법 제70조 제1항 소정의 부정사용의 개념에 포함될 수 없다."(대법원 2003.11.14. 2003도3977).

에 이르는 근거는 다음과 같다. ① 예금주인 현금카드 소유자를 협박하여 그 카드를 갈취한 다음 피해자의 승낙에 의하여 현금카드를 사용할 권한을 부여받아 이를 이용하여 현금자동지급기에서 현금을 인출한 행위는 모두 피해자의 예금을 갈취하고자 하는 피고인의 단일하고 계속된 범의 아래에서 이루어진 일련의 행위로서 포괄하여 하나의 공갈죄를 구성하므로, 현금자동지급기에서 피해자의 예금을 인출한 행위를 현금카드 갈취행위와 분리하여 따로 절도죄로 처단할 수는 없다. 왜냐하면 위 예금 인출 행위는 하자 있는 의사표시이기는 하지만 피해자의 승낙에 기한 것이고, 피해자가 그 승낙의 의사표시를 취소하기까지는 현금카드를 적법, 유효하게 사용할 수 있으므로, 은행으로서도 피해자의 지급정지 신청이 없는 한 그의 의사에 따라 그의 계산으로 적법하게 예금을 지급할 수밖에 없기 때문이다. ② 이와는 달리 강도죄는 공갈죄의 경우와는 달리 피해자의 반항을 억압할 정도로 강력한 정도의 폭행·협박을 수단으로 재물을 탈취하여야 성립하므로, 피해자로부터 현금카드를 강취하였다고 인정되는 경우에는 피해자로부터 현금카드의 사용에 관한 승낙의 의사표시가 있었다고 볼 여지가 없다. 따라서 강취한 현금카드를 사용하여 현금자동지급기에서 예금을 인출한 행위는 피해자의 승낙에 기한 것이라고 할 수 없으므로, 현금자동지급기 관리자의 의사에 반하여 그의 지배를 배제하고 그 현금을 자기의 지배하에 옮겨 놓는 것이 되어서 강도죄와는 별도로 절도죄를 구성한다.

159 (바) 기망 또는 공갈하여 취득한 신용카드 또는 직불카드를 결제수단으로 사용한 경우 피해자를 기망하여 신용카드를 교부받은 뒤, 그 신용카드를 결제수단으로 사용한 경우 (앞선 피해자 승낙의 법리에 의해) 신용카드 자체에 대한 사기죄 외에 별도의 사기죄는 성립하지 않지만, 여신전문금융업법상의 신용카드부정사용죄가 별도로 성립하는지가 문제된다. 피해자는 기망에 의해 하자있는 의사에 의해 또는 자유로운 의사에 의하지 않고, 신용카드에 대한 점유를 상실하였고, 기망자는 이로 인해 신용카드에 대한 사실상 처분권을 취득하였으므로 이 신용카드를 사용한 행위는 기망하여 취득한 신용카드 사용으로 인한 여신전문금융업법 위반죄에 해당한다고 보아야 한다.[406]

6) 죄수문제

160 (가) 사기죄의 죄수 **자기명의로 '부정발급' 받은 신용카드를 사용하여 서로 다른 가맹점에서 수차례의 물품구입 등을 한 경우는** 사기죄의 포괄일죄가 된다(판례).

161 **자기 명의로 '정상발급' 받은 신용카드를 사용하여 서로 다른 가맹점에서 수차례 물품구입 등을 하는 경우** ① 피해자를 가맹점으로 보아 수개의 사기죄가 성립한다고 하는 견해도 있지만, ② 사기죄는 전속적 법익이 아니므로 포괄일죄의 요건을 갖추는 한 피해자가 수인인 경우에도 일죄가 된다고 보는 것이 타당하다. 이와 같은 논리는 타인의 신용카드를 사용한 서로 다른 가맹점에서의 물품구입 등의 경우에도 그대로 적용해야 할 것이다.

---

405) 대법원 2007.5.10. 2007도1375.

406) 원심은 피기망자가 기망자에게 신용카드 사용권한을 준 것이므로 신용카드 사용 대금에 대해서 편취행위가 인정되더라도 신용카드부정사용에는 해당하지 않는다고 판단하였다. 하지만 대법원은 "'기망하거나 공갈하여 취득한 신용카드나 직불카드'는 문언상 '기망이나 공갈을 수단으로 하여 다른 사람으로부터 취득한 신용카드나 직불카드'라는 의미이므로, '신용카드나 직불카드의 소유자 또는 점유자를 기망하거나 공갈하여 그들의 자유로운 의사에 의하지 않고 점유가 배제되어 그들로부터 사실상 처분권을 취득한 신용카드나 직불카드'라고 해석되어야 한다"는 전제하에서 신용카드부정사용죄에 해당하는 것으로 판단하였다(대법원 2022.12.16. 2022도10629).

대법원은 카드사용으로 인한 카드회사의 손해는 현금인출행위이든 물품구입행위이든 불문하고 모두가 피해자인 카드회사의 기망당한 의사표시에 따른 카드발급에 터잡아 이루어지는 사기의 포괄일죄를 인정하고 있다.[407] 162

(나) 신용카드부정사용죄와의 관계 앞의 여러 사례유형 가운데 자기명의인 경우에는 사기죄와 별도로 신용카드부정사용죄의 성립은 인정되지 않는다. **타인명의카드를 사용하는 경우에는 사기죄와 별도로 신용카드부정사용죄가 성립하지만 양자의 관계**에 대해 견해가 갈린다. 카드를 부정사용하는 행위가 곧 사기죄의 묵시적 기망이 되는 것이므로 양죄는 한 개의 행위로 범한 것이 되어 상상적 경합관계에 있다고 보는 것이 타당하다. 163

判 대법원은 사기죄와 신용카드부정사용죄가 실체적 경합관계에 있다고 한다.[408] 164

(다) 절도죄와 신용카드부정사용죄와의 관계 절취한 타인의 신용카드를 이용하여 비밀번호를 입력하고 현금서비스를 받은 경우 컴퓨터등사용사기죄가 아니라 절도죄가 된다는 입장(판례)을 따르더라도, **절도죄와 신용카드부정사용죄의 경합관계**가 다시 문제된다. 신용카드의 부정사용행위와 그로 인해 현금인출구에서 교부된 현금을 취득하는 행위는 일련의 하나의 행위로 평가되기 때문에 양죄의 상상적 경합이 인정된다고 보는 것이 타당하다. 165

判 대법원은 이 경우 양죄의 보호법익과 행위태양이 다르기 때문에 실체적 경합관계가 인정된다고 한다.[409] 166

(라) 공갈의 의사로 카드를 건네받아 현금을 인출하는 경우 사람을 협박하여 현금카드를 갈취하고 이를 사용하여 현금자동지급기에서 수차례 예금을 인출한 경우 공갈죄의 포괄일죄가 된다.[410] 167

(마) 처음부터 사기의 의사로 카드를 발급받아 현금서비스를 받는 경우 사기죄의 포괄일죄가 된다.[411] 168

Ⅲ. 컴퓨터등사용사기죄

> 제347조의2(컴퓨터등사용사기죄) 컴퓨터 등 정보처리장치에 허위의 정보 또는 부정한 명령을 입력하거나 권한없이 정보를 입력·변경하여 정보처리를 하게 함으로써 재산상의 이익을 취득하거나 제3자로 하여금 취득하게 한 자는 10년 이하의 징역 또는 2천만원 이하의 벌금에 처한다.
>
> 제352조(미수범) 제347조 내지 제348조의2, 제350조와 제351조의 미수범은 처벌한다.
>
> 제354조(친족간의 범행, 동력) 제328조와 제346조의 규정은 본장의 죄에 준용한다.

1. 의의, 성격

컴퓨터 등 정보처리장치에 허위의 정보 또는 부정한 명령을 입력하거나 권한 없이 정보를 169

407) 대법원 1996.4.9. 95도2466.
408) 대법원 1996.7.12. 96도1181.
409) 대법원 1995.7.28. 95도997.
410) 대법원 1996.9.20. 95도1728,
411) 대법원 1996.4.9. 95도2466; 대법원 2005.9.30. 2005도5869.

입력·변경하여 정보처리를 하게 함으로써 재산상의 이익을 취득하거나 제3자로 하여금 취득하게 함으로써 성립하는 범죄이다.

170 사회환경이 컴퓨터에 대한 의존도가 높아짐에 따라 재산범죄에 관한 기존의 형법규정으로는 포섭할 수 없는 새로운 행위태양을 규율하기 위해 마련된 컴퓨터재산범죄이다. 보호법익이 전체로서의 재산이고 보호 정도도 침해범으로서의 보호라는 점에서는 사기죄와 같지만, 순수이득죄이고 사람에 대한 기망을 수단으로 하지 않는다는 점에서 사기죄와 다르다. 사기죄가 인정되지 않는 경우에 성립하기 때문에 사기죄와 보충관계에 있다.

2. 구성요건

(1) 객관적 구성요건

171 **1) 주체** 주체에는 제한이 없다. 프로그래머, 오퍼레이터, 컴퓨터정보처리 담당자뿐만 아니라 정보처리 전산망에 연결되어 있는 외부인도 주체가 될 수 있고, 그 프로그램을 통해 업무를 처리하는 지위에 있을 필요도 없다.

172 **2) 객체** 객체는 재산상의 이익이다. 배임죄와 마찬가지로 순수한 이득죄이다. 다만 현금자동지급기를 부정사용하여 현금을 인출한 경우를 이 죄로 처벌하기 위해 현금 등 재물도 특수한 형태의 재산상의 이익으로 보아 이 죄의 객체에 재물도 포함시키는 견해[412)]가 있다. 하지만 형법이 재물과 재산상의 이익을 구분하여 사용하고 있는 한, 재물 개념에 해당하는 것을 이를 재산상의 이익에 포함시키지 않는 것이 바람직한 태도이다.

173 判 대법원도 재물을 재산상의 이익에 포함시키지 않고 이 죄의 객체를 재산상의 이익에 국한시키고 있다.[413)] 이 죄의 객체에 재물을 포함시키기 위해서는 입법적 조치가 이루어져야 한다.[414)]

174 **3) 행위** 컴퓨터 등 정보처리장치에 허위의 정보 또는 부정한 명령을 입력하거나 권한 없이 정보를 입력·변경하여 정보처리를 하게 하여 재산상의 이익을 취득하거나 제3자로 하여금 취득하게 하는 것이다.

---

412) 김일수/서보학, 448면; 오영근, §19/97; 이재상/장영민/강동범, §18/58; 정성근/박광민, 387면; 임웅, 384면.

413) "우리 형법은 재산범죄의 객체가 재물인지 재산상의 이익인지에 따라 이를 재물죄와 이득죄로 명시하여 규정하고 있는데, 형법 제347조가 일반 사기죄를 재물죄 겸 이득죄로 규정한 것과 달리 형법 제347조의2는 컴퓨터등사용사기죄의 객체를 재물이 아닌 재산상의 이익으로만 한정하여 규정하고 있으므로, 절취한 타인의 신용카드로 현금자동지급기에서 현금을 인출하는 행위가 재물에 관한 범죄임이 분명한 이상 이를 위 컴퓨터등사용사기죄로 처벌할 수는 없다고 할 것이고, 입법자의 의도가 이와 달리 이를 위 죄로 처벌하고자 하는 데 있었다거나 유사한 사례와 비교하여 처벌상의 불균형이 발생할 우려가 있다는 이유만으로 그와 달리 볼 수는 없다"(대법원 2003.5.13. 2003도1178).

414) 이 죄는 1995년 개정형법에서 신설된 후 2001년 형법 일부개정을 통해 그 규율범위가 더 넓혀졌으나 의원입법의 형식으로 개정이 이루어졌기 때문에 이 조문의 구성요건에 '재물'을 누락시켜 현금자동지급기를 부정사용하여 현금을 인출하는 행위까지를 규율하려는 입법취지를 달성하지 못했다는 문제점을 여전히 안고 있는 구성요건이다. 이에 대한 자세한 설명은 이정훈, "최근 형법개정조문(컴퓨터등사용사기죄)의 해석론과 문제점", 형사법연구 제17호(2002), 131면 이하 참조.

(가) 컴퓨터 등 정보처리장치 자동적으로 계산이나 데이터를 처리할 수 있는 전자장치로서 사무처리용이어야 하고, 재산죄의 성격에 비추어 정보처리장치의 범위도 재산적 이익의 득실·변경에 관련된 장치에 국한되어야 한다. 따라서 은행의 온라인시스템과 연결된 전자계산기 또는 현금자동지급기 등은 여기에 해당하지만, 유료자동설비는 편의시설부정이용죄(제348조의2)의 수단이 될 뿐이다. 175

(나) 허위정보의 입력 '허위정보의 입력'은 진실에 반하는 자료를 정보처리장치에 입력시키는 것을 말한다. 금융기관의 온라인 시스템에 단말기를 통해 허위입금데이터를 입력하여 예금원장 파일의 잔고를 증액시키거나 범용단말기의 프로그램을 변경하여 예금을 인출하고서도 원장파일의 예금잔액이 감소하지 않도록 하는 것 등이 여기에 해당한다. 176

(다) 부정한 명령입력 '부정한 명령의 입력'은 당해 사무처리시스템에 예정되어 있는 사무처리의 목적에 비추어 지시해서는 안 될 내용을 입력하는 것을 말한다. 즉, 프로그램의 일부 또는 전부의 내용을 부정하게 변경·삭제·추가하여 프로그램을 조작하는 것을 말한다. 예컨대, 예금잔고를 부정하게 증액시키는 프로그램을 만들어 입력시키거나, 다른 사람 계좌에 있는 예금을 단말기조작으로 자신의 계좌로 이체시키는 것 등이 이에 해당한다. 하지만 종래 해석론상 문제가 되었던 진실한 자료를 부정하게 사용하는 경우는 여기에 해당하지 않고, 새로 신설된 행위태양인 '권한 없이 정보를 입력·변경'하는 경우에 해당한다. 177

(라) 권한 없이 정보를 입력·변경 '권한 없는 정보의 입력'이란 타인의 진정한 정보를 사용할 수 있는 법적 자격이나 권한 없이 정보처리장치에 입력시키는 것으로서 진정한 정보의 무권한 사용을 의미한다. 예컨대 비밀번호를 알고 있는 자가 타인의 신용카드를 일시 사용하여 현금을 인출하는 경우나 절취 또는 위조한 현금카드나 신용카드의 비밀번호를 사용하여 현금을 인출하거나 타인의 예금액을 자기계좌에 이체하는 경우,[415] 해킹이나 텔레뱅킹 또는 인터넷 뱅킹을 이용하여 자신의 계좌로 예금을 이체시켜 재산상의 이익을 취득하는 경우[416] 등이 이에 해당한다. 178

'권한 없는 정보의 변경'이란 컴퓨터에 저장되어 있는 전자기록이나 처리 내지 전송 중인 데이터를 권한 없이 해킹을 통해 변경하거나 하드웨어 조작으로 정보를 변경시키는 행위를 말한다. 변경된 정보가 정보통신망에 의해 처리되는 것인 때에는 정보통신망보호법(제49조, 제71조 제11호)도 적용될 수 있다. 179

타인의 현금카드(또는 신용카드)를 건네받아 일정한 금액을 인출하라는 위임을 받은 자가 그 180

415) "절취한 타인의 신용카드를 이용하여 현금지급기에서 계좌이체를 한 행위는 컴퓨터등사용사기죄에서 컴퓨터 등 정보처리장치에 권한 없이 정보를 입력하여 정보처리를 하게 한 행위에 해당함은 별론으로 하고 이를 절취행위라고 볼 수는 없고, 한편 위 계좌이체 후 현금지급기에서 현금을 인출한 행위는 자신의 신용카드나 현금카드를 이용한 것이어서 이러한 현금인출이 현금지급기 관리자의 의사에 반한다고 볼 수 없어 절취행위에 해당하지 않으므로 절도죄를 구성하지 않는다"(대법원 2008.6.12. 2008도2440).

416) 대법원 2004.4.16. 2004도353.

금액을 초과하여 인출한 후 그 차액을 취득한 경우의 죄책이 문제된다. 초과된 금액에 대한 횡령죄의 성립도 인정할 수는 없다. 횡령이 되려면 위탁관계가 있어야 하는데, 초과 인출금액에 대해서는 수임인과 위임인 사이의 위탁관계가 인정될 수 없기 때문이다.[417] 범죄로 취득한 타인의 카드를 이용하여 현금을 인출한 경우와는 달리 절도죄의 성립도 인정할 수 없다. 수임인이 위임인으로부터 현금을 인출하라는 위임을 받았기 때문에 인출된 금액의 전체에 대해 수임인의 점유가 인정되기 때문이다. 결론적으로 초과된 차액부분은 인출된 현금 전체와는 달리 재물이 아니라 재산상의 이익에 해당하므로 컴퓨터등사용사기죄가 된다고 하는 것이 타당하다.

181 判 대법원도 이에 대해 위임된 범위를 초과한 차액부분에 관해 컴퓨터 등 정보처리장치에 권한 없이 정보를 입력함으로써 재산상의 이익을 취득한 것이기 때문에 컴퓨터등사용사기죄에 해당한다고 한다.[418] 다른 한편 대법원은 예금통장에서 현금의 인출을 의뢰받은 자가 의뢰인의 의사에 반하여 의뢰받은 돈보다 많은 돈을 인출하여 모두 취득한 사안에 대해서는 그 전체 금액은 재물이 아니라 재산상의 이익이 되고, 현금인출을 의뢰받은 자의 사무는 타인의 사무가 되므로 배임죄가 성립한다고 한다.[419]

182 (마) 정보의 처리 '정보처리를 하게 한다'는 것은 입력된 허위정보나 부정한 명령에 따라 데이터의 처리가 이루어지는 것을 말한다. 정보처리장치에 의한 재산 처분행위라 할 수 있다. 이 행위는 구체적으로 프로그램조작, 입력조작, 처리과정의 조작으로 이루어진다. 허위정보나 부정명령의 입력과 정보처리 사이에는 인과관계가 있어야 한다.

183 (바) 재산상의 이익취득 재산상의 이익의 취득이란 현실적인 재물의 취득과 관계없이 정보처리의 결과 그 재물을 취득할 수 있는 지위를 얻는 것을 말한다. 예컨대, 은행의 예금원장 파일에 일정한 예금채권이 인상되어 이를 인출할 수 있는 지위를 얻거나 요금 파일의 기록을 조작하여 요금청구를 면제받게 되는 것을 말한다.

184 (사) 재산상의 손해발생 재산상의 이익취득 이외에 손해가 발생할 것을 요하는지에 대해서도 논란이 될 수 있을 것이나, 사기죄에서 설명한 것과 같이 이 죄의 재산범적 성격상 피해자에게 재산상의 손해발생을 기술되지 아니한 구성요건으로 해석하는 것이 타당하다. 따라서 사기죄에서와 같이 이익과 손해의 소재동일성도 갖추어야 하고, 침해범으로 보는 이상 재산상의 이익취득만으로 기수가 되는 것이 아니라 재산상의 손해발생을 기수와 미수의 기준으로 삼는 것이 타당하다. 뿐만 아니라 부정한 명령의 입력 등 → 정보처리 → 재산상의 손해발생 사이에 모두 인과관계가 인정되어야 한다.

185 (아) 실행의 착수 및 기수시기 컴퓨터에 허위정보나 부정명령을 입력하거나 권한 없이 정보를 입력·변경하기 시작한 때에 실행의 착수가 있고, 정보처리의 결과 재산상의 손해가 발

417) 그러나 만약 현금인출을 위임받은 자가 그 금액을 인출한 후 그 금액 전부를 위임인에게 반환하지 않은 경우에는 횡령죄가 성립할 수 있다.
418) 대법원 2006.3.24. 2005도3516.
419) 대법원 1972.3.28. 72도297.

생한 때에 기수가 된다. 이 경우 재산상의 손해도 그것이 현실적으로 발생할 것을 요하지 않음은 사기죄의 경우와 마찬가지이다. 손해발생이 없거나, 부정한 명령의 입력 등→정보처리→재산상의 손해발생 사이에 인과관계가 부정되면 미수로 된다.

判 하지만 대법원은 재산상의 이익을 취득할 수 있는 상태가 되기만 하면 실제로 현금을 인출하여 이익을 취득하거나 피해자에게 재산상의 손해발생이 없더라도 이 죄의 기수가 된다고 함으로써 사기죄의 경우와 마찬가지로 손해발생 불요설의 입장을 취한다.[420] 186

(2) 주관적 구성요건

이 죄의 고의는 컴퓨터 등 정보처리장치에 허위정보나 부정한 명령을 입력하거나 권한 없이 정보를 입력·변경하여 정보처리를 하게 한다는 사실과, 이로 인하여 재산상의 이익을 취득하고 피해자에게 손해를 발생하게 한다는 사실에 대한 인식과 의사이다. 이득사기죄와 마찬가지로 불법이득의 의사는 고의의 내용에 포함된다고 해석하는 것이 바람직하다. 187

3. 죄수, 타죄와의 관계

(1) 죄수

이 죄는 컴퓨터 등을 이용한 사기죄를 규정한 것이므로 기존의 사기죄와 행위태양만 다를 뿐이고 범죄의 성질은 사기죄와 같다. 따라서 컴퓨터 등을 이용하였더라도 처리과정에서 사람을 기망하여 이 죄의 행위를 하게 한 경우에는 사기죄만 성립한다(보충관계). 188

(2) 타죄와의 관계

허위의 입금데이터를 입력하여 자기의 예금잔고를 증가시킨 다음(예금채권의 취득) 자신의 현금카드를 사용하여 현금자동지급기에서 현금을 인출하는 행위를 하면 현금인출행위는 절도죄나 사기죄의 구성요건해당성 충족이 어려워 컴퓨터등사용사기죄만 성립한다.[421] 189

이 죄를 범한 후 취득한 예금채권을 예금통장을 이용하여 은행원에게 청구하여 인출한 경우 이 죄와 사기죄의 실체적 경합이 된다. 은행원에 대한 기망이 새로운 법익침해에 해당하기 때문이다. 타인의 현금을 자신의 통장에 보관하고 있으면서 타인의 재산업무를 처리하는 자가 이 죄를 범한 때에는 이 죄와 횡령죄 또는 배임죄의 상상적 경합이 된다. 190

---

420) "금융기관 직원이 전산단말기를 이용하여 다른 공범들이 지정한 특정계좌에 돈이 입금된 것처럼 허위의 정보를 입력하는 방법으로 위 계좌로 입금되도록 한 경우, 이러한 입금절차를 완료함으로써 장차 그 계좌에서 이를 인출하여 갈 수 있는 재산상 이익의 취득이 있게 되었다고 할 것이므로 형법 제347조의2에서 정하는 컴퓨터 등 사용사기죄는 기수에 이르렀다고 할 것이고, 그 후 그러한 입금이 취소되어 현실적으로 인출되지 못하였다고 하더라도 이미 성립한 컴퓨터 등 사용사기죄에 어떤 영향이 있다고 할 수는 없다"(대법원 2006.9.14. 2006도4127).

421) "컴퓨터등사용사기죄의 범행으로 예금채권을 취득한 다음 자기의 현금카드를 사용하여 현금자동지급기에서 현금을 인출한 경우, 현금카드 사용권한 있는 자의 정당한 사용에 의한 것으로서 현금자동지급기 관리자의 의사에 반하거나 기망행위 및 그에 따른 처분행위도 없었으므로, 별도로 절도죄나 사기죄의 구성요건에 해당하지 않는다"(대법원 2004.4.16. 2004도353).

191 이 죄의 행위를 하여 정보처리에 장애까지 발생시킨 경우에는 이 죄와 업무방해죄(제314조 제2항)의 상상적 경합이 된다. 특히 이 죄의 행위가 전자기록위작·변작죄(제227조의2, 제232조의2) 또는 동행사죄(제229조, 제234조)에 해당할 때에는 이 죄가 양 죄와 각각 상상적 경합관계에 있지만, 전자기록위작·변작죄와 동 행사죄는 실체적 경합관계에 있으므로 연결효과에 의한 상상적 경합의 문제로 된다(수뢰후부정처사죄와 공문서위조 및 동행사죄의 관계와 동일함).

Ⅳ. 준사기죄

제348조(준사기죄) ① 미성년자의 사리분별력 부족 또는 사람의 심신장애를 이용하여 재물을 교부받거나 재산상 이익을 취득한 자는 10년 이하의 징역 또는 2천만원 이하의 벌금에 처한다.
② 제1항의 방법으로 제3자로 하여금 재물을 교부받게 하거나 재산상 이익을 취득하게 한 경우에도 제1항의 형에 처한다.

제352조(미수범) 제347조 내지 제348조의2, 제350조와 제351조의 미수범은 처벌한다.

제354조(친족간의 범행, 동력) 제328조와 제346조의 규정은 본장의 죄에 준용한다.

1. 의의, 성격

192 미성년자의 사리분별력 부족 또는 사람의 심신장애를 이용하여 재물 또는 재산상의 이익을 취득하거나 제3자에게 취득하게 함으로써 성립하는 범죄이다. 미성년자의 지적능력의 부족이나 사람의 심신장애상태를 소극적으로 이용한다는 점에서 적극적인 기망수단을 사용하는 사기죄의 보충규정에 해당한다. 따라서 미성년자나 정신장애자에 대해서 처음부터 적극적인 기망을 사용한 때에는 사기죄가 성립하고 이 죄는 성립하지 않는다.

193 ① 이미 착오에 빠져있는 미성년자나 정신장애자를 이용하는 경우이기 때문에 보호법익인 재산이 침해될 것을 요하지 않는 위험범이라는 견해[422]도 있지만 ② 재산상의 손해가 발생해야 하고 미수범 처벌규정도 있으므로 침해범이라고 하는 것이 타당하다.

2. 구성요건

(1) 객관적 구성요건

194 **1) 미성년자의 사리분별력 부족** 미성년자는 19세 미만의 자를 말한다(민법 제4조). 사법상의 효과와 형법의 미성년자 재산보호는 입법취지를 구별해야 하기 때문에 민법상 성년의제제도(민법 제826조의2)에 의해 성년으로 간주되는 미성년자도 이 죄의 미성년자에 해당한다. 하지만 모든 미성년자가 아니라 지적 능력이 부족한 미성년자만 대상이 된다.

422) 이재상/장영민/강동범, §18/64.

'사리분별력 부족'이란 지각과 사고능력이 부족한 것을 말한다. 기망을 사용하지 않고 유혹만 있어도 처분행위를 하게 할 수 있는 상태에 있으면 여기에 해당할 수 있고, 심신장애와 비교할 때 구체적 사항에 대해서 지각과 사고능력이 부족하면 충분하다. 195

2) 사람의 심신장애 이 죄의 '사람'에는 미성년자도 포함되고, 남녀를 구별할 필요도 없다. '심신장애'란 재산상의 거래능력의 기초가 되는 정상적인 판단능력을 결하고 있는 상태를 의미하므로 형사책임무능력(제10조 제1항, 제2항)에 관한 심신장애 개념과 반드시 일치하지 않는다. 따라서 책임무능력자(심신상실자)이건 한정책임능력자(심신미약자)이건 상관없으나 그 정도가 심하여 의사능력까지 없는 경우에는 처분능력도 없으므로 이러한 자에 대해서는 이 죄가 아니라 절도죄가 성립한다. 196

3) 이용행위 '이용하여'란 유혹에 빠지기 쉬운 상태를 이용(편승)한다는 의미이다. 적극적인 유혹을 한 경우뿐만 아니라 스스로 재산처분행위를 하도록 하는 경우도 이용이 된다. 하지만 어느 경우든 사기죄의 요건인 기망행위가 되지 않을 정도라야 한다. 197

4) 재물 또는 재산상의 이익 취득 등 재물 또는 재산상의 이익취득은 사리분별력이 부족한 미성년자 또는 심신장애자의 처분행위에 의한 것이라야 한다. 재물 또는 재산상의 이익을 취득함과 함께 상대방에게 재산상의 손해를 발생시켜야 하고 이때에 비로소 기수가 된다. 198

(2) 주관적 구성요건

재물이득 및 재산상의 이익 취득의 경우 고의와 불법영득의 의사 및 불법영득의 의사의 관계에 관해서는 사기죄와 같다. 199

V. 편의시설부정이용죄

제348조의2 (편의시설부정이용죄) 부정한 방법으로 대가를 지급하지 아니하고 자동판매기, 공중전화 기타 유료자동설비를 이용하여 재물 또는 재산상의 이익을 취득한 자는 3년 이하의 징역, 500만원 이하의 벌금, 구류 또는 과료에 처한다.

제352조(미수범) 제347조 내지 제348조의2, 제350조와 제351조의 미수범은 처벌한다.

제354조(친족간의 범행, 동력) 제328조와 제346조의 규정은 본장의 죄에 준용한다.

1. 의의, 성격

부정한 방법으로 대가를 지급하지 아니하고 자동판매기, 공중전화 기타 유료자동설비를 이용하여 재물 또는 재산상의 이익을 취득함으로써 성립하는 범죄이다. 유료자동설비의 보급 확대와 더불어 사기죄 또는 절도죄로 처벌할 수 없는 행위태양을 규율하기 위한 보충적 구성요건의 역할을 한다. 뿐만 아니라 자동판매기를 이용한 재물취득은 사안이 경미하여 절도죄의 법정형으로 처벌하기가 부적절하므로 절도죄의 특별규정적 의미도 가진다. 200

201 이 죄의 보호법익도 사기죄와 마찬가지로 개인의 재산이며, 보호받는 정도는 침해범으로서의 보호이다.

2. 구성요건

(1) 객관적 구성요건

202 **1) 객체** 객체는 재물 또는 재산상의 이익이다. 사기죄의 객체와 차이가 없다. 다만 이 죄의 성질상 유료자동설비를 이용하여 취득할 수 있는 재물 또는 재산상의 이익에 한정된다고 본다.

203 **2) 행위** 대가를 지급하지 아니하고 자동판매기, 공중전화 기타 유료자동설비를 부정하게 이용하여 재물 또는 재산상의 이익을 취득하는 것이다.

204 (가) 편의시설 부정이용의 대상은 자동판매기, 공중전화 기타 유료자동설비이다. 이를 총칭하여 편의시설이라 한다. '자동판매기'는 금전투입에 응하여 우표, 승차권, 담배, 음료수, 음식물 기타 물품을 제공하는 자동기계설비를 말하고 '공중전화'는 대가를 지불하면 그에 상응하는 음향송수신기를 이용할 수 있게 해 주는 것에 제한된다.

205 判 대법원은 음향송수신기능을 이용하게 한 후 사후에 이용료가 청구되는 '일반전화'의 무단사용은 사람에 대한 기망도 없고 착오로 인한 처분행위도 없으므로 사기죄에도 해당하지 않는다[423]고 하고, 통신서비스는 재물에도 해당하지 않기 때문에 절도죄도 성립할 수 없다[424]고 한다.

206 '유료자동설비'란 지정 투입구에 대가를 지불하면 기계 또는 전자장치가 작동하여 일정한 물건이나 편익을 제공하는 일체의 자동기계설비를 말한다. 자동판매기, 공중전화 외에도 동전을 넣어서 자동작동하는 자동보관함, 텔레비전시청기, 뮤직박스, 자동저울, 전자오락기, 자동놀이기구 등 편익을 제공하는 자동설비는 물론이고, 공중교통기관의 자동유료개찰구도 그것이 무인화·자동화되어 있으면 유료자동설비에 해당한다.

207 이 죄의 자동설비는 대가를 받을 때에 작동하는 것에 한하기 때문에 예컨대 입장무료인 모임에 출입자를 제한하기 위한 자동설비 또는 회원만 출입이 가능한 카드용자물쇠부착출입문 등은 대가를 지불하는 자동설비가 아니므로 여기에 해당하지 않는다. 불특정 다수인이 사용하는 것임을 요하고, 개인적으로 이용하는 유료자동설비는 포함하지 않는다. 따라서 타인의 일반전화나 휴대폰도 여기에 해당하지 않는다. 또 현금자동지급기도 유료자동설비나 편의시설에 해당하지 않는다.

208 (나) 부정이용 '부정한 방법의 이용'이란 정해진 대가지급 없이 또는 사용규칙에 위반하여 유료자동설비를 용법대로 이용하는 것을 말한다. 그 방법에는 제한이 없다. 동전 유사물 또는 위폐를 사용하거나 부정하게 만든 선급카드, 변조한 IC카드, 정액승차권을 자동설비에

---

423) 대법원 1999.6.25. 98도3891.
424) 대법원 1998.6.23. 98도700.

주입하여 서비스를 제공받는 것이 그 예이다. 다만 여기의 '이용'은 정상적인 이용방법을 전제한 것이므로, 예컨대 고장난 자동판매기에서 동전을 넣지 않아도 나온 물건이나 자동설비를 파괴하고 그 속에 있는 현금이나 물품을 영득한 때에는 이 죄가 아니라 절도죄와 손괴죄의 경합범이 된다. 자동개찰구의 틈새로 빠져나가 승차하여도 용법에 따른 이용방법이 아니므로 이 죄가 성립할 수 없고 형법상으로는 불가벌이다.

타인의 후불식 전화카드(또는 신용카드)를 절취하여 공중전화기에서 사용한 경우 이 죄의 '부 209
정이용'이 되는지에 대해서는 견해가 갈린다. 이 죄의 '유료자동설비'를 대가지급이 선행되는 설비로 국한되게 해석하여 공중전화기가 이 죄의 객체에 해당되지 않는다고 보는 견해도 있다.

하지만 선불인지 후불인지에 관계없이 대가지급이 관련되는 한 유료자동설비로 보는 것 210
이 타당하므로 공중전화기를 이 죄의 유료자동설비에 해당한다고 보는 것이 타당하다. **타인의 후불식 전화카드를 이용하는 것이 이 죄의 행위태양인 '부정하게 이용'에 해당하는지**가 문제될 수 있다.

判 대법원은 '부정이용'을 유료자동설비의 설치자나 소유자에게 대가를 지급하지 아니한 경우만만으로 부정 211
하게 파악하여 위 사례의 경우 카드를 절취당한 그 타인에 의해 사후에 대가지급이 이루어지는 경우이므로 부정이용에 해당하지 않는다는 태도[425)]를 취한다. 이 뿐만 아니라 KT카드는 사용자에 관한 각종 정보가 전자기록 되어 있는 자기띠가 카드의 나머지 부분(카드번호와 카드발행자 등)과 불가분적으로 결합되어 전체가 하나의 문서가 되어 형법상 '문서'에 해당한다는 대법원에 태도[426)]에 의하면 위 사안의 경우 사문서부정행사죄의 성립도 인정될 수 있다.

하지만 이 죄의 부정이용을 행위자(이용자)가 대가지급없이 이용하는 경우를 말하는 것이 212
라고 새긴다면, 설치자나 소유자의 의사 또는 피해자의 사후적 대가지급여부와 상관없이 행위반가치적인 측면에 초점을 맞추고, 이용자가 재산상의 이익을 취득한 것도 분명하므로 이 죄의 성립을 인정하는 것이 타당하다.

타인의 후불식 전화카드를 무단 이용하는 행위는 공중전화기를 컴퓨터로 볼 수 있는지에 따라 행위자의 죄책 213
이 달라질 수 있다. 일반공중전화기 자체는 정보처리기능이 없으므로 컴퓨터에는 해당하지 않지만, 신용카드 겸용 공중전화기는 신용카드를 판독하는 정보처리기능이 있으므로 '컴퓨터 등 정보처리장치'로 볼 수 있다. 이 뿐만 아니라 정보의 개념에 형법상 데이터와 전자기록 모두 포함한다고 볼 것이므로 타인의 '카드'는 '정보'에도 해당한다. 더 나아가 KT카드의 경우 이미 카드번호와 비밀번호가 자기띠에 입력되어 있으므로 카드 소유자의 동의없이 이 카드를 사용한 것은 '권한 없이 정보를 입력'한 행위에 해당되고, 이를 통해 사용료를 전제로 한 서비스를 받아 '재산상 이익'을 취득하였으므로 컴퓨터등사용사기죄도 성립한다고 할 수 있다. 편의시설부정이용죄는 컴퓨터등사용사기죄에 특별관계로 흡수되므로 위 사안의 경우 컴퓨터등사용사기죄와 사문서부정행죄의 실체적 경합이 인정된다.

(다) 재물 또는 재산상의 이익취득, 재산상의 손해 재물 또는 재산상의 이익을 취득하고, 재 214

425) 대법원 2001.9.25. 2001도3625.
426) 대법원 2002.6.25. 2002도461.

산상의 손해가 발생하여야 하며, 이익과 손해의 소재동일성도 있어야 하고 부정이용행위와 재물 또는 재산상의 이익취득 및 재산상의 손해발생 사이에는 인과관계도 있어야 하는 점 등은 사기죄의 경우와 같다.

215 (라) 실행의 착수·기수시기 부정이용행위를 개시한 때에 실행의 착수가 있으며, 부정이용행위의 결과로 재산상의 손해가 발생(대부분의 경우 재물의 취득 또는 재산상의 이익의 취득시기와 일치)한 때에 기수가 된다.

(2) 주관적 구성요건

216 이 죄의 고의에는 대가를 지급하지 아니한다는 데에 대한 인식도 포함된다. 고의와 불법영득의사 내지 불법이득의사의 관계에 관해서는 사기죄의 경우와 같다.

3. 타죄와의 관계

217 **공중전화카드, 선불카드, (지하철이나 버스 등) 정액승차권상의 자기띠를 조작하여 액면금액이 초과된 후에도 계속 사용하는 경우** 자기띠 조작은 사전자기록변작죄에 해당하는 동시에 편의시설부정이용죄 및 컴퓨터등사용사기죄의 구성요건에도 해당한다. 하지만 편의시설부정이용죄는 컴퓨터등사용사기죄에 비하여 유료자동설비라는 표지가 추가된 것으로 양 죄는 특별관계에 있으므로 컴퓨터등사용사기죄는 성립하지 않고 편의시설부정이용죄와 사전자기록변작죄의 실체적 경합관계가 인정된다.

Ⅵ. 부당이득죄

> 제349조(부당이득죄) ① 사람의 궁박한 상태를 이용하여 현저하게 부당한 이익을 취득한 자는 3년 이하의 징역 또는 1천만원 이하의 벌금에 처한다.
> ② 전항의 방법으로 제3자로 하여금 부당한 이익을 취득하게 한 때에도 전항의 형과 같다.
>
> 제354조(친족간의 범행, 동력) 제328조와 제346조의 규정은 본장의 죄에 준용한다.

1. 의의, 성격

218 사람의 궁박한 상태를 이용하여 현저하게 부당한 이익을 취득하거나 제3자로 하여금 취득하게 함으로써 성립하는 범죄이다. 상대방의 궁박한 상태를 이용하여 폭리를 취한다는 점에서 엄밀한 의미에서는 상대방을 착오에 빠뜨리는 경우인 사기죄와 다르다. 하지만 상대방의 하자 있는 의사를 이용한다는 점에서는 사기죄와 유사한 범죄라고 할 수 있다. 이 죄의 보호법익은 사기죄와 마찬가지로 개인의 재산이다.

219 **보호의 정도**와 관련하여 ① 미수처벌규정이 없음을 이유로 위험범으로 해석하여 피해자에게 재산상의 위험을 초래하면 이 죄가 성립한다는 견해[427]도 있지만, ② 부당이득을 취득하여

야 완성되는 범죄이므로 사기죄와 같이 침해범이라고 해석하는 것이 타당하다.

2. 구성요건

(1) 객관적 구성요건

1) 사람의 궁박상태 궁박이라 함은 '급박한 곤궁'을 의미하는 것으로서[428] '궁박상태'는 220
반드시 파산·부도 등 경제적인 곤궁상태에 한하지 않고 생명·신체에 대한 육체적 곤궁상태, 명예·신용에 대한 정신적 곤궁상태는 물론이고 주택난·자금난 같은 사회적 곤궁상태도 포함될 수 있다. 궁박상태를 초래하게 된 원인도 묻지 않는다. 본인 스스로 궁박한 상태를 초래한 경우라도 상관없다. 궁박상태는 객관적으로 존재할 필요가 없고 상상한 궁박상태를 이용해도 무방하다.

2) 현저하게 부당한 이익 '부당한 이익'은 급부와 이익 사이에 상당성이 없는 경우를 221
말한다. '현저하게 부당한가'의 여부는 추상적·일반적 판단이 아니라 행위당시의 구체적 사정을 고려하여 사회통념 또는 건전한 상식에 따라 객관적으로 결정하여야 하며, 계약자유 및 신의성실의 원칙과 관련하여 신중하게 판단[429]하여야 한다.[430]

判 대법원은 이른바 '알박기'를 하여 인근토지의 40배가 넘는 대금을 받고 매도한 경우 부당의 '현저성'이 인 222
정이 인정되는지에 대해 '피해자가 궁박한 상태에 빠지게 된 데 대해 적극적으로 원인을 제공하였거나 상당한 책임을 부담하는 정도에 이르러야"할 것을 요구하고,[431] 300만원의 변제에 갈음하여 합금 600여 만원의 이득을 취득함으로써 지급받을 300만원을 공제한 300만원의 이득을 취득한 것만으로는 현저하게 부당한 이득을 취득한 것으로 인정하지 않았다."[432]

'현저하게 부당'이라는 표지는 ① 위법성의 표지라는 견해[433]가 있지만, ② 행위관련적 평가 223
적 요소가 아니라 취득하는 이익이 지나치게 크다는 의미에 불과하므로 구성요건의 표지에 해당한다고 해야 한다. 따라서 객관적으로 현저하게 부당한 것을 그렇지 않다고 오인한 경우는 위법성의 착오가 아니라 고의를 조각시키는 구성요건적 착오에 해당한다.

3) 궁박상태의 이용 현저하게 부당한 이익의 취득은 궁박상태를 이용한 것이어야 한 224
다. '이용하여'란 상대방의 경제적·육체적·정신적·사회적 궁박상태를 이익취득의 기회로 삼는 것을 말하고, 일종의 착취행위라 할 수 있다.

4) 기수시기 이 죄의 성격을 위험범으로 보는지 침해범으로 보는지에 따라 **기수시기** 225

427) 김일수/서보학, 461면; 손동권/김재윤, §22/89; 이재상/장영민/강동범, §18/74.
428) 대법원 2008.5.29. 2008도2612.
429) 대법원 1972.10.31. 72도1803.
430) "특히 부동산의 경우는 우리 헌법이 규정하고 있는 자유시장경제질서와 여기에서 파생되는 계약자유의 원칙을 바탕으로 당해 토지를 보유하게 된 경위 및 보유기간, 주변부동산의 시가, 가격결정을 둘러싼 쌍방의 협상과정 및 거래를 통한 피해자의 이익 등을 종합적으로 고려하여야 한다"(대법원 2008.5.29. 2008도2612).
431) 대법원 2009.1.15. 2008도8577.
432) 대법원 1972.10.31. 72도1803.
433) 김일수/서보학, 461면.

도 달라진다. ① 위험범설에 따르면 이익제공에 관한 계약체결이나 약속 등으로 재산상의 위험이 있으면 기수가 된다고 하나, ② 앞에서 설명하였듯이 침해범설이 타당하므로 부당한 이득을 취득함으로 상대방에게 재산상의 손해가 발생할 때 기수가 된다고 보아야 한다.

(2) 주관적 구성요건

226 이 죄의 고의는 궁박상태를 이용한다는 것과 현저하게 부당한 이익을 취득한다는 사실에 대하여 인식과 의사가 있어야 한다. 사기죄의 경우와 마찬가지로 불법이득의사는 고의의 내용으로 이해하여야 한다.

227 특히 상대방의 상태의 궁박성과 취득한 이익의 현저한 부당성은 규범적 구성요건요소이므로 이에 관한 착오가 사실관련성을 가질 경우에는 구성요건적 착오로서 일반인의 입장에서 현저하게 부당하게 생각하는 정도를 행위자도 생각한 경우에는 고의가 인정된다. 한편 궁박한 사실상태에 대한 인식은 있었으나 궁박성 내지 현저한 부당성의 범위를 너무 좁게 해석하여 자신의 행위가 거기에 해당하지 않는다고 오인한 경우에는 포섭의 착오가 되어 위법성의 착오에 관한 형법 제16조의 적용대상이 된다.

Ⅶ. 상습사기죄

제351조(상습사기죄) 상습으로 제347조 내지 전조의 죄를 범한 자는 그 죄에 정한 형의 2분의 1까지 가중한다.

제352조(미수범) 제347조 내지 제348조의2, 제350조와 제351조의 미수범은 처벌한다.

제354조(친족간의 범행, 동력) 제328조와 제346조의 규정은 본장의 죄에 준용한다.

228 상습으로 사기죄, 컴퓨터등사용사기죄, 준사기죄, 편의시설부정이용죄, 부당이득죄를 범함으로써 성립하는 범죄이다. 상습으로 인하여 형이 가중되는 가중적 구성요건이고, 부진정신분범이다. 상습범에 관한 일반이론(상습성의 인정요건, 죄수문제 등)이 그대로 적용되고 공범과 신분에 관한 형법 제33조의 적용대상이 된다. 특히 실무에서는 사기죄의 경우 상습성은 '동종의 범행수법에 의한 사기범행의 습벽 외에도 이종의 수법에 의한 사기범행을 포괄하는 사기의 습벽도 포함한다.'[434]

229 상습으로 사취한 재물 또는 재산상의 이익의 가액이 5억원 이상 50억원 미만인 경우와 50억원 이상인 경우 특경법에 의해 각각 가중처벌된다(동법 제3조).

434) 대법원 2002.2.11. 99도4797.

제 4 절 공갈의 죄 § 28

Ⅰ. 총설

1. 의의 및 보호법익

(1) 의의

공갈의 죄는 사람을 공갈하여 상대방의 하자 있는 의사에 의하여 재물을 교부받거나 재산상의 이익을 얻거나 제3자로 하여금 이를 얻게 하는 것을 내용으로 하는 범죄이다. 재물죄인 동시에 이득죄이고, 피해자의 하자 있는 의사에 기한 처분행위에 의하여 재물 또는 재산상의 이익을 취득하는 편취죄라는 점에서 사기죄와 같다. 다만 행위수단이 공갈행위(폭력·협박)라는 점에서 기망을 수단으로 하는 사기죄와 구별된다. 공갈죄는 피해자의 공포심을 이용하여 재물 또는 재산상의 이익을 취득한다는 점에서 강도죄와 유사하지만 피해자의 반항을 억압할 정도에 이르지 않는 폭행·협박을 수단으로 하는 점에서 상대방의 반항을 억압할 정도를 요구하는 강도죄의 폭행·협박과 정도의 차이가 있다. 1

(2) 보호법익

공갈의 죄는 공갈을 수단으로 공포심을 갖게 하여 타인의 재산을 침해하는 재산죄이므로 주된 보호법익은 개인의 재산이다. 동시에 공갈행위로 사람의 의사결정 내지 활동의 자유를 침해하여 재산을 취득하는 것이므로 의사결정 및 신체활동의 자유도 부차적인 법익이 된다. 이 때문에 피공갈자와 재산상의 피해자가 일치하지 않는 삼각공갈의 경우 — 재산상의 피해자만 사기죄의 피해자가 되는 삼각사기의 경우와는 달리 — 재산상의 피해자뿐 아니라 자유를 제한당하는 피공갈자도 이 죄의 피해자가 된다.[435] 보호받는 정도는 사기죄와 마찬가지로 침해범으로서의 보호이다. 2

2. 구성요건체계

공갈의 죄는 공갈죄를 기본적 구성요건으로 하고, 단체 또는 다중의 위력을 보이거나 위험한 물건을 휴대하여 공갈한 경우를 가중 처벌하는 특수공갈죄(2016.1.6.형법개정으로 신설)와 상습성을 이유로 형을 가중하는 상습공갈죄를 가중적 구성요건으로 규정하고 있다. 공갈의 미수범은 처벌하고, 친족상도례와 동력규정도 준용한다. 3

폭처법은 2인 이상이 공동 하여 공갈죄를 범한 경우를 가중처벌하는 규정을 두고 있으며(제2조 제2항), 특경법은 공갈죄로 취득한 이익의 가액이 5억원 이상 50억원 미만인 경우와 50억원 이 4

---

435) 따라서 행위자는 재산상의 피해자와 피공갈자 모두에 대해 친족관계가 인정되어야 친족상도례가 적용된다.

상인 경우 각각 가중처벌한다(제3조). 이익 취득액의 산정방법에 관해서는 사기죄의 재산상의 이익 부분 참조.

5

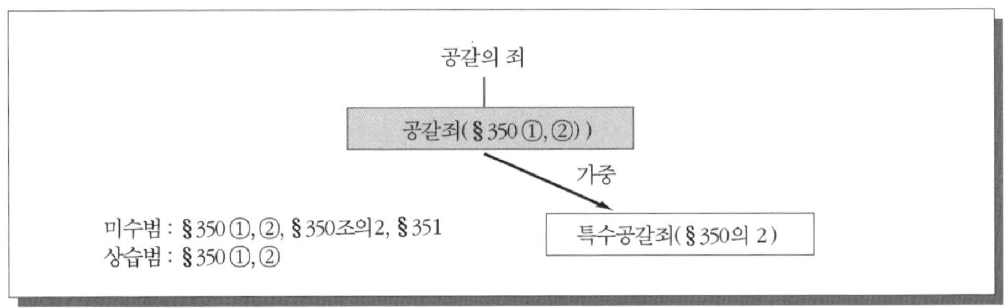

Ⅱ. 단순공갈죄

제350조(공갈죄) ① 사람을 공갈하여 재물의 교부를 받거나 재산상의 이익을 취득한 자는 10년 이하의 징역 또는 2천만원 이하의 벌금에 처한다.
② 전항의 방법으로 제3자로 하여금 재물의 교부를 받게 하거나 재산상의 이익을 취득하게 한 때에도 전항의 형과 같다.

제352조(미수범) 제347조 내지 제348조의2, 제350조와 제351조의 미수범은 처벌한다.

제354조(친족간의 범행, 동력) 제328조와 제346조의 규정은 본장의 죄에 준용한다.

1. 의의, 성격

6 사람을 공갈하여 재물의 교부를 받거나 재산상의 이익을 취득하거나 또는 제3자로 하여금 재물의 교부를 받게 하거나 재산상의 이익을 취득하게 함으로써 성립하는 범죄이다. 사기죄와 같이 재물죄인 동시에 이득죄이고 상태범에 해당한다.

2. 구성요건

(1) 객관적 구성요건

7 1) 객체 타인의 재물 또는 재산상의 이익이다. 자기의 재물은 권리행사방해죄의 객체가 될 뿐이다. 재물 또는 재산상의 이익은 사기죄의 그것과 같다.

8 '재물'은 타인이 점유하는 타인 소유의 재물로서 부동산, 관리할 수 있는 동력, 장물, 금제품, 불법원인급여물이 모두 공갈죄의 객체가 될 수 있다. 절도범이 절취한 금전의 경우 절도의 피해자와의 관계에서 예외적으로 타인소유의 재물이 아닌 경우도 있다.[436]

---

436) "금전을 도난당한 경우 절도범이 절취한 금전만 소지하고 있는 때 등과 같이 구체적으로 절취된 금전을 특정할 수 있어 객관적으로 다른 금전 등과 구분됨이 명백한 예외적인 경우에는 절도 피해자에 대한 관계에서 그 금전이 절도범인 타인의 재물이라고 할 수 없다." 이에 따르면 갑이 을의 돈을 절취한 다음 다른 금전과 섞거나 교환하지 않고 쇼핑백 등에 넣어 자신의 집에 숨겨두었는데, 을(절도의 피해자)의 지시를 받은 피고인이

'재산상의 이익'은 적극적·소극적 이익이건, 영구적·일시적 이익이건 상관없다. 따라서 채무이행연기, 소유권이전의 의사표시, 사무위임, 보수계약체결 등도 포함된다. 부녀와의 정교 그 자체는 재산상의 이익이 아니지만 그 정교 자체가 대가를 전제로 한 것인 경우에는 재산상의 이익이 될 수 있다(경제적 재산개념).[437] 따라서 대가를 지급하기로 약속하고 정교를 맺은 후 폭행·협박으로 그 대가지급을 면한 경우에는 폭행·협박의 정도에 따라 공갈죄나 강도죄가 성립한다. 9

2) 행위 공갈이다. 공갈이란 재물을 교부받거나 재산상의 이익을 취득하기 위하여 폭행 또는 협박으로써 상대방으로 하여금 공포심을 일으키게 하는 것을 말한다. 공갈의 상대방인 피공갈자에는 자연인만 포함되고 법인은 포함되지 않는다. 법인은 신체와 의사형성의 자유를 가지고 있지 않기 때문에 폭행 또는 협박의 상대방이 될 수 없기 때문이다. 그러나 법인이 재산상의 피해자로 될 수는 있다.[438] 10

(가) 폭행 '폭행'은 사람에 대한 일체의 유형력 행사를 말한다(광의의 폭행). 물건에 대한 유형력의 행사도 사람에 대한 간접적인 영향을 미치므로 이 죄의 폭행이 될 수 있다. 사람의 의사결정과 의사활동에 영향을 주는 심리적 폭력(강제적 폭행)에 한하고 절대적 폭력(물리적 폭력)은 제외되어야 한다. 절대적 폭력은 피공갈자의 의사형성을 전혀 불가능하게 하므로 피공갈자의 하자 있는 의사에 의한 재산상의 처분행위라는 요건을 충족시킬 수 없기 때문에 공갈죄가 성립하지 않고 강도죄가 성립할 수 있을 뿐이다. 11

(나) 협박 '협박'은 사람에게 공포심을 생기게 하는 해악의 고지로서 상대방이 현실적으로 공포심을 느낄 수 있는 것이라야 한다(협의의 협박). 고지되는 해악은 현재 또는 장래의 사항도 무방하며, 그 내용에도 제한이 없으므로 생명·신체·자유·명예·신용·재산에 대한 것도 포함된다. 12

고지된 해악내용의 진실 여부[439]와 위법 여부[440]도 묻지 않는다. 따라서 범죄사실을 수사기관에 신고하겠다고 고지하는 것도 협박이 될 수 있다. 천재지변이나 신력이나 길흉화복을 해악으로 고지하는 경우에도 행위자 자신이 그 천재지변 등을 사실상 지배하거나 그에 영향을 미칠 수 있는 것으로 믿게 하는 명시적 또는 묵시적 행위가 있으면 협박이 될 수 있다.[441] 13

폭력조직원 병과 함께 갑에게 겁을 주어 쇼핑백 등에 들어 있던 절취된 돈을 교부받아 갈취한 경우 피고인 등이 갑에게서 되찾은 돈은 타인인 갑의 재물이라고 볼 수 없으므로 폭력행위 등 처벌에 관한 법률 위반(공동공갈)이 부정된다(대법원 2012.8.30. 2012도6157).

437) "공갈죄는 재산범으로서 그 객체인 재산상 이익은 경제적 이익이 있는 것을 말하는 것인 바, 일반적으로 부녀와의 정교 그 자체는 이를 경제적으로 평가할 수 없는 것이므로 부녀를 공갈하여 정교를 맺었다고 하여도, 특단의 사정이 없는 한 이로써 재산상 이익을 취득한 것이라고 볼 수는 없는 것이며, 부녀가 접대부라 할지라도 피고인과 매음을 전제로 정교를 맺은 것이 아닌 이상 피고인이 매음대가의 지급을 면하였다고 볼 여지가 없으니 공갈죄가 성립하지 아니한다"(대법원 1982.2.8. 82도2714).

438) 김일수/서보학, 464면; 정성근/박광민, 401면.

439) 대법원 1961.9.21. 4294형상385.

440) 대법원 1991.11.26. 91도2344.

441) "공갈죄의 수단으로서의 협박은 객관적으로 사람의 의사결정의 자유를 제한하거나 의사실행의 자유를 방해할

14 해악고지의 방법에도 제한이 없다. 명시적·묵시적임을 묻지 않으며, 언어·문서·거동·동작에 의해 위해를 가할 기세를 보여도 협박이 된다. 다만 이 경우 거동 또는 피해자와의 특수한 사정에 의하여 상대방으로 하여금 어떠한 해악에 이르게 할 것이라는 인식을 가지게 하여야 한다.[442] 해악의 구체적 내용은 알릴 필요가 없으며 해악의 실현가능성과 실현의사 유무는 묻지 않지만, 해악발생이 행위자의 의사로 좌우될 수 있는 것이라고 고지되어야 한다.[443]

15 해악고지는 제3자를 통해서 이루어져도 무방하다. 이 경우 공갈자는 매개자인 그 제3자에 대해 영향을 미칠 수 있는 지위에 있다는 것을 상대방에게 알리거나 상대방이 그러한 사정을 추측할 수 있는 상황이 있어야 한다.

16 例 공갈죄의 협박이 인정된 사례: ① 피해자의 유혹으로 간통한 자가 이를 미끼로 협박하여 금원을 교부받은 경우(대법원 1984.5.9. 84도573), ② 방송사기자가 피해자 경영의 건설회사가 건축한 아파트의 진입도로미비 등 공사하자에 관하여 방송으로 계속 보도할 것 같은 태도를 보인 경우(대법원 1991.5.28. 91도80), ③ 부실공사에 대한 신문기사에 대하여 해당 건설업체의 반박 광고가 있자 신문사 사주 및 광고국장이 그 업체 대표이사에게 반박광고에 대한 기자들의 격앙된 분위기를 전하면서 자기회사 신문에 사과광고를 게재토록 하고 과다 광고료를 요구한 경우(대법원 1997.2.14. 96도1959), ④ 정신병원에서의 퇴원요구를 해 오는 배우자에게 재산이전 요구를 암묵적으로 표시한 경우(대법원 2001.2.23. 2000도4415), ⑤ 호텔투숙비의 지급을 면제받기 위해 폭력배와 잘 알고 있다는 지위를 이용하여 불법한 위세를 보인 경우(대법원 2003.5.13. 2003도709), ⑥ 영화의 소재가 된 폭력조직의 두목 또는 조직원이 그 영화제작에 투자한 피해자들에게 조직폭력배들의 불량한 성행, 경력 등을 이용하여 재물의 교부를 요구한 경우(대법원 2005.7.15. 2004도1565) 등.

17 例 공갈죄의 협박이 부정된 사례: ① 공동광업자 중 1인이 광업권 지분을 매수한 자에게 매도대금을 더 내지 않으면 징역을 가는 한이 있어도 다른 사람에게 매도하겠다고 한 경우(대법원 1969.12.9. 69도1552), ② 가출자의 가족에 대하여 가출자의 소재를 알려주는 조건으로 보험가입을 요구한 경우(대법원 1976.4.27. 75도2818), ③ 처와 처남 간의 상속재산 분배과정에 끼어들어 불화 끝에 처남을 고소·고발하겠다는 위협적인 말을 하여 재산 일부를 양도받은 경우(대법원 1984.2.14. 81도3202), ④ 토지매도인이 매매대금을 지급받기 위하여 매수인을 상대로 소유권이전등기말소청구소송을 제기하고 그 대금을 변제받지 못하면 소송을 취하하지 않고 예고등기도 말소하지 않겠다고 한 경우(대법원 1989.2.28. 87도690), ⑤ 지역신문의 발행인이 시정에 관한 비판기사 및 사설을 보도하고 관련 공무원에게 광고의뢰 및 직보배정을 타신문사와 같은 수준으로 높게 해 달라고 요청한 경우(대법원 2002.12.10. 2001도7095) 등.

18 (다) 폭행·협박의 정도 폭행 또는 협박은 사람의 의사결정과 활동의 자유를 제한하는 정

정도로 겁을 먹게 할 만한 해악을 고지하는 것을 말하고, 그 해악에는 인위적인 것뿐만 아니라 천재지변 또는 신력이나 길흉화복에 관한 것도 포함될 수 있으나, 다만 천재지변 또는 신력이나 길흉화복을 해악으로 고지하는 경우에는 상대방으로 하여금 행위자 자신이 그 천재지변 또는 신력이나 길흉화복을 사실상 지배하거나 그에 영향을 미칠 수 있는 것으로 믿게 하는 명시적 또는 묵시적 행위가 있어야 공갈죄가 성립한다"(대법원 2002.2.8. 2000도3245).

442) 대법원 2001.2.23. 2000도4415.

443) "조상천도제를 지내지 아니하면 좋지 않은 일이 생긴다는 취지의 해악을 고지하여 천도제를 지내게 하고 제비를 받은 경우는 길흉화복이나 천재지변의 예고로서 행위자에 의하여 직접, 간접적으로 좌우될 수 없는 것이고 가해자가 현실적으로 특정되어 있지도 않으며 해악의 발생가능성이 합리적으로 예견될 수 있는 것이 아니므로 협박으로 평가될 수 없다"(대법원 2002.2.8. 2000도3245).

도로서 충분하고, 반항억압의 정도에 이르지 않아야 한다.[444] 따라서 공갈죄의 폭행·협박과 강도죄의 그것은 질적 차이가 아니라 양적 차이에 불과하다.[445]

반항을 억압할 정도인지의 판단은 획일적으로 구별되지 않고, 행위자와 피해자의 성별·신분·체격과 범행장소와 시간 등 구체적 사정을 종합적으로 고려하여 객관적으로 판단한다. 어떤 행위가 그것만으로 공포심을 일으키기 부족하여도 다른 사정과 결합하여 공포심을 일으킬 수 있으면 공갈행위가 될 수 있다. 19

(라) 공갈의 상대방 공갈행위의 상대방(피공갈자)은 재산상의 피해자와 같은 사람임을 요하지 않는다. 피공갈자와 재산상의 피해자가 다른 경우(삼각공갈)에는 피공갈자가 피해자의 재산에 대해서 처분할 수 있는 사실상의 권한이나 지위에 있어야 하는 것은 삼각사기의 경우와 같다. 따라서 룸살롱의 종업원에게 신체에 위해를 가할 듯한 태도를 보여 이에 겁을 먹은 종업원으로부터 주류를 제공받아 이를 갈취한 경우에도 공갈죄가 성립한다.[446] 20

3) 피공갈자의 공포심 유발 및 재산적 처분행위 공갈죄가 성립하기 위해서는 공갈행위→피공갈자의 공포심 유발→피공갈자의 재산적 처분행위→공갈자의 재물 또는 재산상의 이익취득→재산상의 손해발생으로 이르는 일련의 요건이 충족되어야 하는 점에서 사기죄의 구조와 동일하다. 21

처분행위는 작위에 의해서뿐 아니라 부작위에 의해서도 가능하므로,[447] 피공갈자가 직접 처분행위를 하는 경우 뿐만 아니라 피공갈자가 공포심을 일으켜 묵인하고 있는 동안에 공갈자가 직접 재산상의 이익을 탈취한 경우에도 공갈죄가 성립할 수 있다.[448] 따라서 예컨대 택시승객이 운전자로부터 계속해서 택시요금의 지급을 요구받았으나 이를 면하고자 운전자를 폭행하고 달아났을 뿐인 경우에는 운전자가 폭행을 당하여 공포심을 일으켜 수동적·소극적 22

---

444) 대법원 1995.3.10. 94도2422.

445) "피고인들 일행 4명이 피해자를 체포하여 승합차에 감금한 상태에서 경찰관을 사칭하면서 기소중지 상태의 피해자에 대하여 '경찰서로 가자.', '돈을 갚지 않으면 풀어줄 수 없다.' 또는 '돈을 더 주지 않으면 가만 두지 않겠다.'는 등의 협박을 하였다는 정도만으로는, 공갈죄에 있어서의 폭행과 협박에 해당함은 별론으로 하더라도, 사회통념상 객관적으로 상대방의 반항을 억압하거나 항거불능케 할 정도에 이르렀다고 볼 수는 없다(경우에 따라 감금행위 자체를 강도의 수단인 폭행으로 볼 수 있다고 하더라도, 원심이 인정하고 있는 사정만으로는 이 사건에서의 감금행위가 위에서 말하는 반항을 억압하거나 항거불능케 할 정도라고 보이지 아니한다)"(대법원 2001.3.23. 2001도359).

446) "공갈죄에 있어서 공갈의 상대방은 재산상의 피해자와 동일함을 요하지 아니하나, 공갈의 목적이 된 재물 기타 재산상의 이익을 처분할 수 있는 사실상 또는 법률상의 권한을 갖거나 그러한 지위에 있음을 요한다"(대법원 2005.9.29. 2005도4738).

447) "재산상 이익의 취득으로 인한 공갈죄가 성립하려면 폭행 또는 협박과 같은 공갈행위로 인하여 피공갈자가 재산상 이익을 공여하는 처분행위가 있어야 한다. 물론 그러한 처분행위는 반드시 작위에 한하지 아니하고 부작위로도 족하여서, 피공갈자가 외포심을 일으켜 묵인하고 있는 동안에 공갈자가 직접 재산상의 이익을 탈취한 경우에도 공갈죄가 성립할 수 있다"(대법원 2012.1.27. 2011도16044).

448) "공갈죄의 본질은 피공갈자의 외포로 인한 하자있는 동의를 이용하는 재물의 영득행위라고 해석하여야 할 것이므로 그 영득행위의 형식에 있어서 피공갈자가 자의로 재물을 제공한 경우뿐만 아니라 피공갈자가 외포하여 묵인함을 이용하여 공갈자가 직접 재물을 탈취한 경우에도 공갈죄로 봄이 타당하다"(대법원 1960.2.29. 4292형상997).

으로라도 그 승객이 택시요금 지급을 면하는 것을 용인하여 이익을 공여하는 처분행위를 하였다고 할 수 없어 공갈죄가 성립하지 않는다.

23 처분행위자와 피공갈자는 동일한 사람이어야 하며, 피공갈자의 재산적 처분행위로 인하여 재산상의 손해발생이 직접적으로 일어나야 한다는 점(처분효과의 직접성), 그리고 공갈행위와 공포심 유발간에 인과관계가 인정되어야 한다는 점 등도 사기죄의 내용과 동일하다.

24 **4) 재물 또는 재산상의 이익취득** 재물을 취득하는 경우는 재물의 점유를 옮기는 피해자의 재물교부 또는 묵인에 의하여 취득할 수 있고, 재산상의 이익의 경우는 재산적 이익에 한하고 비재산적 이익인 때에는 강요죄(제324조)가 성립할 수 있을 뿐이다. 취득하는 불법이익은 이익취득의 수단·방법이 불법하다는 의미이고, 재산상의 이익 자체가 불법하다는 의미는 아니다.

25 공갈행위로 취득한 재산 중에 행위자가 취득할 수 있는 권리가 있는 때에도 그 재산의 가분·불가분을 묻지 않고 취득한 전부에 대해서 공갈죄가 성립한다. 이 경우 대가제공이 있어도 취득한 전부가 공갈이득액이 된다. 후일에 반환할 의사가 있어 공갈자와 피해자 사이에 유효한 계약이 성립하여도 공갈죄의 성립에는 영향이 없다.

26 **5) 재산상의 손해** **재산상의 손해발생을 요건으로 하는지**에 대해서는 ① 구성요건상 손해발생이 요건으로 규정되어 있지 않음을 이유로 상당한 대가를 지급하여 본인에게 손해가 없는 때에도 이 죄가 성립한다는 견해[449]가 있다. ② 하지만 공갈죄도 사기죄와 마찬가지로 침해범으로 해석하는 이상 피해자에게 재산상의 손해가 발생할 것을 요건으로 해야 한다(다수설).

6) 실행의 착수, 기수시기

27 **(가) 실행의 착수시기** 공갈의 의사로 폭행 또는 협박이 개시된 때에 실행의 착수가 있다. 상대방이 공포심을 일으켰는가는 묻지 않는다. 제3자를 통해서 해악 고지를 전달시킨 때에는 피해자에게 전달되거나,[450] 간접정범의 형태로 공갈한 경우에도 해악고지가 상대방에게 도달한 때에 실행의 착수가 있다.

28 **(나) 기수시기** 재물취득의 경우에는 피해자의 재산적 처분행위로 재물 또는 재산상의 이익을 취득하고 손해가 발생한 때에 기수가 된다. 부동산의 경우에는 소유권 이전등기가 경료되거나 그 현실의 점유이전이 있어야 하고[451] 동산은 현실의 인도가 있어야 한다.[452] 재산상의 이익 취득의 경우에는 재산상의 이익 내지 형식적 명의를 취득한 때에 기수가 된다. 채

449) 김종원, 223면; 오영근, §20/16.

450) "피해자의 고용인을 통하여 피해자에게 피해자가 경영하는 기업체의 탈세사실을 국세청이나 정보부에 고발한다는 말을 전하였다면 이는 공갈죄의 행위에 착수한 것이라 할 것이다"(대법원 1969.7.29. 69도984).

451) "부동산에 대한 공갈죄는 그 부동산에 관하여 소유권이전등기를 경료받거나 또는 인도를 받은 때에 기수로 되는 것이고, 소유권이전등기에 필요한 서류를 교부받은 때에 기수로 되어 그 범행이 완료되는 것은 아니다"(대법원 1992.9.14. 92도1506).

452) "자동차를 갈취하는 공갈죄에 있어서 자동차에 대한 소유권이전등록을 받기 전이라고 하더라도 자동차를 현실로 인도받은 때에 공갈죄의 기수가 된다"(대법원 2001.6.15. 2001도1884).

권의 경우에도 이를 취득해야 기수가 된다. 공갈행위, 공포심 유발, 재산처분행위, 손해발생 사이에 인과관계가 없으면 미수가 된다.

(2) 주관적 구성요건

1) 고의와 불법영득(이득)의사 공갈죄의 고의는 사람을 공갈하여 재물 또는 재산상의 29
이익을 취득한다는 인식과 의사이다. 고의와 불법영득의사 내지 불법이득의사의 관계에 관해서는 강도죄, 사기죄의 경우와 마찬가지이다.

2) 권리행사와 불법영득(이득)의사 정당한 권리행사가 공갈수단을 사용하여 권리범위 30
내의 재산을 취득한 경우에도 불법영득(이득)의사가 인정되는지가 문제된다. 이와 관련해서는 절도죄 등의 경우와 마찬가지로 **영득(이득)의 '불법'의 의미**를 둘러싸고 다툼이 있다.

이에 관해서는 ① 재산죄는 정당한 재산권을 보호하는 데 목적이 있으므로 문제의 재산에 31
대해 정당한 권리가 있는 경우에는 불법영득(이득)의사가 결여되어 공갈죄가 성립하지 않는다는 견해[453](영득(이득)의 불법설)와 ②정당한 권리행사인 경우라도 그 '수단 방법'이 사회통념상 용인된 범위를 일탈한 때에는 여전히 불법하게 영득(이득)하는 것이므로 공갈죄가 성립한다는 견해[454](갈취의 불법설)가 대립한다.[455]

判 대법원은 절도죄나 사기죄 등의 경우와 마찬가지로 공갈이 정당한 권리실현의 수단인 경우에도 그 수단 32
의 불법성이 인정되는 한 공갈행위를 구성(구성요건해당성이 인정된다)하는 것으로 보는 태도를 취한다.[456] 특히 대법원은 구성요건해당성(또는 불법영득의 의사 검토) 심사 단계에서는 권리행사의 '수단'의 불법성에 초점을 맞추고 위법성 심사 단계에서는 "추구된 목적과 선택된 수단을 전체적으로 종합하여 판단"[457]하고 있다.

형법상의 불법과 사법상의 정당한 이익의 저울질은 위법성심사에서 판단해야 함은 절도죄 33
의 경우 '절취의 불법설'을 지지하면서 설명한 바와 같다. 따라서 재산취득 자체가 폭행·협박을 수단으로 한 이상 일단 그 행위의 불법성 내지 불법영득(이득)의사는 인정되는 것이므로 공갈죄의 구성요건이 충족된다고 보는 '갈취의 불법설'이 타당하다. 정당한 권리에 기인한 공갈행위 자체의 불법성이 인정되면 그 행위가 구성요건에는 해당하지만, 그 행위의 위법성조각여부

453) 김일수/서보학, 470면; 박상기, 361면; 배종대, §74/17; 이재상/장영민/강동범, §19/16; 이형국/김혜경, 412면; 임웅, 418면.

454) 손동권/김재윤, §23/20; 오영근, §20/24; 정성근/정준섭, 288면.

455) 영득의 불법설은 정당한 권리행사인 경우 그 취득된 재산 자체에 불법성이 없으므로 공갈죄의 성립은 부정하고 폭행·협박죄 또는 강요죄만 성립될 뿐이라고 하는 점에서 정당한 권리행사라도 그 수단의 불법성이 인정되는 한 공갈죄의 성립을 인정하는 갈취의 불법설과 차이가 있다(장영민, "권리행사방해죄와 공갈죄의 성부", 형사판례연구(4), 405면).

456) "공갈행위로서 해악고지가 비록 정당한 권리의 실현수단으로 사용된 경우라도 하여도 그 권리실현의 수단·방법이 사회통념상 허용되는 정도나 범위를 넘는 것인 이상 공갈죄의 실행에 착수한 것으로 보아야 한다"(대법원 1996.3.22. 95도2801). "정당한 권리를 가졌다 하더라도 그 권리실행의 수단·방법이 사회통념상 허용되는 범위를 넘는 때에는 공갈죄의 성립을 방해하지 않는다"(대법원 1990.8.14. 90도114).

457) "(공갈)이 정당한 권리자에 의하여 권리실행의 수단으로서 사용된 경우 행위의 주관적인 측면과 객관적인 측면을 종합적으로 판단하여 그 방법이 사회통념상 허용되는 정도를 넘지 않는 한 공갈죄의 성립을 인정할 수는 없는 것이다"(대법원 1990.8.14. 90도114).

는 법질서의 전체의 관점에서 다시 재평가되어야 할 문제라는 점에서 판례의 태도가 타당하다.

3. 위법성조각사유

34 불법한 수단을 사용하여 구성요건에 해당하는 공갈행위도 정당방위, 자구행위 등의 요건이 충족되면 공갈죄의 위법성이 조각될 수 있다. 특히 공갈행위가 형법 제20조의 '정당행위요건' 내지 '사회상규에 위배되지 않는 행위 요건'을 충족시키면 폭행 또는 협박이 수반된 권리자의 공갈행위의 위법성도 조각될 수 있다. 하지만 권리실현의 일환으로 이루어진 공갈이 권리를 빙자하거나 권리남용에 해당하는 경우에는 위법성이 조각될 수 없다.[458]

35 **권리의 범위를 초과한 경우**에는 ① 그 취득재산이 가분이면 초과부분에 대하여 공갈죄가 성립하고, 불가분이면 전체에 대하여 공갈죄가 성립한다는 견해[459]도 있지만, ② 재산죄의 성질상 취득한 재산의 가분·불가분을 묻지 않고 그 전부에 대해서 공갈죄가 성립한다고 하는 것이 타당하다.

36 判 대법원도 취득한 재산의 가분성여부를 묻지 않고 전체로서의 공갈죄의 성립을 인정한다. 손해배상청구권의 범위를 넘어선 과다한 금액을 협박으로 요구한 경우 그 전체 금액에 대한 공갈죄를 인정하기 때문이다.[460]

37 例 **권리자의 공갈에 대해 위법성이 조각된 사례:** ① 범인으로 오인되어 경찰에 끌려가 구타당한 후 입원치료비 변상을 요구하면서 이에 불응하면 무고죄로 고소하겠다고 하여 치료비를 받은 경우(대법원 1971.11.9. 71도1629), ② 피고인이 공사한 건물의 대장상 평수보다 실제상의 평수가 많아 실제상의 평수에 따른 공사금의 지급을 요구하면서 그렇지 않으면 구청장에게 진정하여서라도 대장상의 건물평수가 부족함을 밝히겠다고 하는 의사표시를 한 경우(대법원 1979.10.30. 79도1660), ③ 피고인이 그 소유건물에 인접한 대지 위에 건축허가조건에 위반되게 건물을 신축, 사용하는 소유자로부터 일조권 침해 등으로 인한 손해배상에 관한 합의금을 받은 경우(대법원 1990.8.14. 90도114), ④ 국가안전기획부직원이 아들 담임선생의 부탁을 받고 그 담임선생의 채무자에게 채무변제를 독촉하는 과정에서 다소 위협적인 말을 한 경우(대법원 1993.12.24. 93도2339) 등.

4. 죄수, 타죄와의 관계

(1) 죄수

38 공갈죄가 성립하는 때에는 협박·폭행은 이에 흡수되어 별도로 성립하지 않는다(흡수관계). 한 개의 공갈행위로 같은 피해자로부터 수회에 걸쳐 재물을 교부받은 때에는 포괄일죄가 된다. 공갈을 통해 습득한 현금카드를 이용하여 다시 현금을 인출한 경우에도 별도의 절도죄가

---

458) 대법원 1971.7.6. 71도712; 대법원 1996.9.24. 96도2151.

459) 김종원, 223면; 이재상/장영민/강동범, §19/17; 임웅, 418면.

460) "피고인이 교통사고로 2주일간의 치료를 요하는 상해를 당하여 그로 인한 손해배상청구권이 있음을 기화로 사고차량의 운전사가 바뀐 것을 알고서 그 운전사의 사용자에게 과다한 금원을 요구하면서 이에 응하지 않으면 수사기관에 신고할 듯한 태도를 보여 이에 겁을 먹은 동인으로부터 금 3,500,000원을 교부받은 것이라면 이는 손해배상을 받기 위한 수단으로서 사회통념상 허용되는 범위를 넘어서 그 권리행사를 빙자하여 상대방을 외포하게 함으로써 재물을 교부받은 경우에 해당하므로 공갈죄가 성립한다고 할 것이다"(대법원 1990.3.27. 89도2036).

성립하지 않고 공갈의 포괄일죄가 된다.[461] 한 개의 공갈행위로 재물과 재산상의 이익을 취득한 때에도 공갈죄의 포괄일죄(협의의 포괄일죄)이다.

한 개의 공갈행위로 수인으로부터 재물을 갈취한 때에는 수개의 공갈죄의 상상적 경합이 된다. 동일인에 대해 수회에 걸쳐 갈취한 경우를 공갈죄의 실체적 경합으로 취급하는 판례[462]의 태도를 두고 공갈죄의 죄수결정에 관하여 행위표준설을 취한 것이라고 평가할 수는 없다. 사실관계에서 수개의 협박의 행위태양이 다른 경우이기 때문에 수죄가 되고 실체적 경합이 되는 것이지, 수개의 공갈행위가 있어도 단일한 범의에 기한 동일한 행위태양으로 행해지는 등 포괄일죄의 인정요건을 갖추면 여전히 일죄가 된다고 할 수 있으므로 공갈죄의 경우도 구성요건표준설에 따라 죄수가 결정되어야 한다는 점에서는 다른 죄와 다를 바 없다. 39

공갈죄는 상태범이므로 갈취한 재물을 처분하는 경우에는 새로운 법익을 침해하지 않는 한 불가벌적 사후행위가 되어 별도의 죄가 성립하지 않는다. 40

判 대법원도 타인을 공갈하여 재물을 교부케 한 경우에는 공갈죄를 구성하는 외에 그것을 소비하고 타에 처분하였다 하더라도 불가벌적 사후행위가 되어 별도로 횡령죄를 구성하지는 않았지만,[463] 예금통장과 인장을 갈취한 후 예금 인출에 관한 사문서를 위조한 후 이를 행사하여 예금을 인출하는 행위는 새로운 법익침해이므로 공갈죄 외에 별도로 사문서위조, 동 행사죄 및 사기죄의 성립을 인정하였다.[464] 41

(2) 타죄와의 관계

1) 사기죄와의 관계 협박과 기망을 동시에 사용하여 재물 또는 재산상의 이익을 취득한 경우 어느 요소가 상대방의 의사형성에 영향을 미쳤는가에 따라 사기죄 또는 공갈죄의 성립이 결정된다. 따라서 공포심 때문에 재산적 처분행위를 한 것이면 공갈죄만 성립하고 사기죄는 성립하지 않는다. 하지만 기망과 공갈이 상대방의 하자 있는 의사형성에 우열을 가릴 수 없을 정도로 동질적으로 작용한 때에는 사기죄와 공갈죄의 상상적 경합이 된다. 42

2) 수뢰죄와의 관계 **공무원이 직무행위와 관련하여 상대방을 공갈하여 재물을 취득한 경우** ① 직무집행의 의사 없이 이를 빙자하여 갈취하였으면 공갈죄만 성립하고 공무원이 직무집행의 의사로 직무와 관련하여 갈취하였으면 수뢰죄와 공갈죄의 상상적 경합이 된다는 견해(다수설)가 있다. ② 하지만 수뢰죄가 성립하기 위해서는 객관적으로 재물의 직무관련성이 인정되면 충분하고, 주관적으로 뇌물을 받은 대가로 직무집행을 할 의사가 있을 것까지 고의의 내용으로 하는 것이 아니므로 직무집행의 의사 유무와는 무관하게 수뢰죄와 공갈죄의 상상적 경합이 된다고 보아야 한다.[465] 43

461) 대법원 1996.9.20. 95도1728. 강도를 통해 습득한 현금카드를 이용하여 현금을 인출한 경우에는 별도로 절도죄가 성립한다(대법원 2007.5.10. 2007도1375)는 점에 관해서는 신용카드와 사기죄의 성립문제에서 이미 설명하였다.

462) "동일인에 대하여 여러 차례에 걸쳐 금전갈취를 위한 협박서신이나 전화를 한 경우에 포괄일죄가 아니라 1개의 협박행위마다 1개의 공갈미수죄가 성립한다"(대법원 1958.4.11. 4290형상360).

463) 대법원 1986.2.11. 85도2513.

464) 대법원 1979.10.30. 79도489.

465) 김일수/서보학, 473면; 임웅, 419면.

44 判 대법원은 전자의 견해를 취한다. 공무원이 직무집행의 의사 없이 또는 직무처리와 대가적 관계 없이 타인을 공갈하여 재물을 교부하게 한 경우에는 공갈죄만이 성립하고 , 이러한 경우 재물의 교부자가 공무원의 해악의 고지로 인하여 외포의 결과 금품을 제공한 것이라면 그는 공갈죄의 피해자가 될 것이고 뇌물공여죄는 성립될 수 없다"[466]고 보고 있기 때문이다.

45 3) 기타 타인의 소유물을 보관하는 자를 공갈하여 그 재물을 취득하면 공갈죄가 된다. 장물소지자를 공갈하여 그 정을 알면서 이를 교부받은 때에는 공갈자와 장물의 본범 사이에 내적 연관이 인정되지 않는 한 장물취득죄는 성립하지 않고(장물의 본질에 관한 유지설 또는 결합설의 입장) 공갈죄만 성립한다.

46 영리목적으로 사람을 약취·유인하여 그 석방의 대가로서 금품을 요구한 때에는 인질강도죄만 성립한다. 사람을 체포·감금하여 공갈한 때에는 체포·감금죄와 공갈죄는 실체적 경합이 되지만, 체포·감금이 공갈의 수단인 경우에는 상상적 경합이 된다. 공갈을 수단으로 업무를 방해한 경우에도 양죄는 상상적 경합이 된다.

Ⅲ. 특수공갈죄

> 제350조의2 (특수공갈죄) 단체 또는 다중의 위력을 보이거나 위험한 물건을 휴대하여 제350조의 죄를 범한 자는 1년 이상 15년 이하의 징역에 처한다.
>
> 제352조(미수범) 제347조 내지 제348조의2, 제350조, 제350조의2, 제351조의 미수범은 처벌한다.
>
> 제354조(친족간의 범행, 동력) 제328조와 제346조의 규정은 본장의 죄에 준용한다.

47 집단의 위력이나 위험한 물건을 가지고 공갈하는 행위방법의 위험성 때문에 공갈죄에 비해 형이 가중되는 가중적 구성요건이다. 단체 또는 다중의 위력, 위험한 물건의 휴대 개념은 특수폭행죄의 개념과 같다.

Ⅳ. 상습공갈죄

> 제351조(상습공갈죄) 상습으로 제347조 내지 전조의 죄를 범한 자는 그 죄에 정한 형의 2분의 1까지 가중한다.
>
> 제352조(미수범) 제347조 내지 제348조의2, 제350조와 제351조의 미수범은 처벌한다.
>
> 제354조(친족간의 범행, 동력) 제328조와 제346조의 규정은 본장의 죄에 준용한다.

466) "공무원이 직무집행의 의사 없이 또는 직무처리와 대가적 관계 없이 타인을 공갈하여 재물을 교부하게 한 경우에는 공갈죄만이 성립하고, 이러한 경우 재물의 교부자가 공무원의 해악의 고지로 인하여 외포의 결과 금품을 제공한 것이라면 그는 공갈죄의 피해자가 될 것이고 뇌물공여죄는 성립될 수 없다고 하여야 할 것이다"(대법원 1994.12.22. 94도2528).

상습으로 공갈죄를 범함으로써 성립하는 범죄이다. 공갈죄의 가중적 구성요건이자 부진정 신분범이다. 상습의 개념, 상습범의 일반이론, 공범과 신분에 대해서는 다른 상습범의 경우와 동일하다. 친족상도례 및 동력규정도 상습공갈죄에 대해 준용한다(제354조). 폭처법 제2조 제1항 제3호는 상습공갈죄에 대해서 가중처벌하고 있기 때문에 이 한도 내에서 형법규정의 적용은 배제된다. 상습범을 포괄일죄로 인정하는 실무의 태도에 따르면 이득액이 5억인 이상인 경우를 별도로 가중처벌하는 특경법의 적용에 있어서 이득액 계산은 상습공갈죄를 구성하는 수개의 행위로 취득한 가액을 합계한다. 48

제5절 횡령의 죄 §29

Ⅰ. 총설

1. 의의 및 보호법익

(1) 의의

횡령의 죄는 '위탁관계에 의해 보관하는 타인의 재물' 또는 '점유이탈물'을 불법하게 영득하는 것을 내용으로 하는 범죄이다. 보관 중인 위탁물의 횡령과 점유이탈물의 횡령은 다 같이 타인점유에 속하지 않은 재물을 영득하는 순수한 재물죄이므로 타인점유하의 재물을 행위객체로 전제하고 있는 절도죄, 강도죄, 사기죄, 공갈죄와 구별된다. 횡령죄는 타인의 소유권을 침해하는 재물죄라는 점에서는 절도죄와 동일하지만, 절도죄보다 가볍게 처벌된다. 타인의 점유침탈행위가 없고, 자기가 보관 중이거나 점유를 이탈한 물건에 대한 인간의 견물생심(見物生心)적 본성을 고려한 결과인 듯 보인다. 1

(2) 보호법익

횡령죄는 타인의 점유를 침해하는 범죄가 아니므로 소유권만을 보호법익으로 한다는 점에 대해 이견이 없다.[467] 점유이탈물횡령죄의 경우에도 마찬가지이다. 하지만 **보호법익이 보호받는 정도**에 관해서는 ① 위험범설[468]과 ② 침해범설[469]이 대립한다. 2

判 대법원은 횡령죄를 위험범,[470] 더 정확하게는 '구체적 위험범'으로 보고 있는 것으로 평가된다. 이에 따라 3

467) "횡령죄는 타인의 재물에 대한 재산범죄로서 재물의 소유권 등 본권을 보호법익으로 하는 범죄이다"(대법원 2019.12.24. 2019도9773).

468) 김성천/김형준, 486면; 박상기, 365면; 손동권/김재윤, §24/1; 이재상/장영민/강동범, §20/1; 임웅, 422면.

469) 김일수/서보학, 346면; 배종대, §76/2; 오영근, §21/3; 이형국/김혜경, 480면; 정성근/정준섭, 293면.

470) "횡령죄는 다른 사람의 재물에 관한 소유권 등 본권을 그 보호법익으로 하고 본권이 침해될 위험성이 있으면 그 침해의 결과가 발생되지 아니하더라도 성립하는 이른바 위태범이므로, 다른 사람의 재물을 보관하는 사람이 그 사람의 동의 없이 함부로 이를 담보로 제공하는 행위는 불법영득의 의사를 표현하는 횡령행위로서 사법(私法)상

'동업자를 위하여 목적물을 관리하고 보관하던 자가 동업자의 허락을 받지 않고 그 목적물을 제3자에게 처분하는 매매계약을 체결하고 계약금을 개인적으로 사용하였으나 다른 동업자가 그 이후의 추가적인 계약이행이 진행되는 것을 미연에 방지한 사례'에 대해 소유권 침해에 대해 '구체적인 위험'이 발생하지 않았음을 근거로 횡령미수가 인정되었다.[471] 대법원이 만약 이 죄를 추상적 위험범으로 보는 태도를 취한다면, 위 계약금을 개인적으로 사용한 것만으로 이미 재물에 대한 횡령 또는 반환거부가 되므로 횡령죄의 미수가 아니라 기수를 인정하였을 것이다.

4 횡령죄가 성립하려면 보관자가 불법영득의 의사를 외부로 표현하여 타인 소유의 재물을 영득하여야 한다. 그리고 이러한 불법영득은 보관중인 타인의 재물에 대한 사실상의 소유상태의 침해 또는 소유권의 내용인 사용·수익·처분권의 제한을 초래한다. 따라서 횡령죄의 성립(기수)을 위해서도 — 절도죄의 경우와 마찬가지로 — 소유권이 침해되는 결과 발생을 요건으로 해야 하고, 따라서 이 죄를 침해범으로 해석하는 것이 타당하다.

2. 횡령죄의 본질

5 **위탁물 횡령의 경우 횡령행위의 본질에 관해서는** ① 위탁의 취지에 반하여 권한초월의 처분을 하여 신뢰관계를 배반하는 데에 횡령행위의 본질이 있다는 견해[472](월권행위설)와 ② 위탁을 받아 보관하고 있는 타인의 재물을 위법하게 영득하는 데에 횡령행위의 본질이 있다는 견해[473](영득행위설)가 대립한다.

6 월권행위설에 의하면 보관하는 재물을 위탁의 취지에 반하여 일시사용·손괴· 은닉의 목적으로 처분하는 등 불법영득의 의사가 없는 경우에도 배신적 권한일탈이 있는 한 횡령죄가 성립하게 되고, 영득행위설에 의하면 그러한 경우 불법영득의 의사가 없으면 위탁자에 대한 신뢰관계의 배신이 있어도 횡령죄가 성립하지 않으므로 월권행위설에 비해 영득행위설이 횡령죄의 성립범위가 제한된다. 횡령죄는 소유권을 보호법익으로 하는 범죄이므로 횡령행위가 인정되려면 소유권을 침해하는 의사인 불법영득의 의사가 있을 것을 요하는 영득행위설이 타당하다.

7 判 대법원도 횡령죄의 성립에 불법영득의 의사가 필요하다는 취지에서 영득행위설에 입각하고 있다.[474] 영득행위설에 따르면 월권행위설과 마찬가지로 위탁에 따른 신뢰관계의 배신을 기초로 하면서도 단순한 배신이 민사상의 채무불이행까지도 횡령죄로 포섭하지 않도록 그 범위를 제한하기 위해 배신성이 불법영득의사로 외부에 표출된 경우에 한하여 횡령죄가 성립한다.

그 담보제공행위가 무효이거나 그 재물에 대한 소유권이 침해되는 결과가 발생하는지 여부에 관계없이 횡령죄를 구성한다"(대법원 2002.11.13. 2002도2219).

471) 대법원 2012.8.17. 2011도9113.

472) 정성근/정준섭, 292면.

473) 김일수/서보학, 347면; 김종원, 231면; 손동권/김재윤, §24/3; 이재상/장영민/강동범, §20/5; 이형국/김혜경, 462면.

474) "업무상 횡령죄가 성립되기 위하여는 업무로 타인의 재물을 보관하는 자가 불법영득의 의사로써 업무상의 임무에 위배하여 그 재물을 횡령하거나 반환을 거부하여야 할 것이고, 여기서 불법영득의 의사라 함은 타인의 재물을 보관하는 자가 자기 또는 제3자의 이익을 꾀할 목적으로 업무상의 임무에 위배하여 보관하는 타인의 재물을 자기의 소유인 경우와 같이 사실상 또는 법률상 처분하는 의사를 의미한다"(대법원 2002.2.5. 2001도5439).

3. 구성요건의 체계

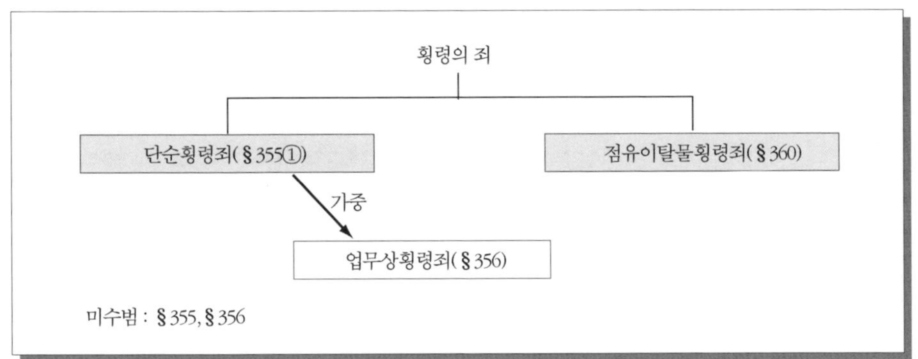

8

횡령의 죄는 단순횡령죄가 기본적 구성요건이다. 이에 대한 가중적 구성요건으로는 업무상 횡령죄가 있고, 횡령죄와는 성질을 달리하는 독립된 구성요건으로 점유이탈물횡령죄가 있다. 특경법은 횡령죄로 인한 이득액이 5억원 이상인 경우를 가중처벌하고 있다(제3조). 횡령의 죄는 점유이탈물횡령죄를 제외하고는 미수범이 처벌되고 친족상도례와 동력규정도 준용된다. 9

Ⅱ. 단순횡령죄

> 제355조(횡령죄) ① 타인의 재물을 보관하는 자가 그 재물을 횡령하거나 그 반환을 거부한 때에는 5년 이하의 징역 또는 1천500만원 이하의 벌금에 처한다.
>
> 제359조(미수범) 제355조 내지 제357조의 미수범은 처벌한다.
>
> 제361조(친족간의 범행, 동력) 제328조와 제346조의 규정은 본장의 죄에 준용한다.

1. 의의, 성격

타인의 재물을 보관하는 자가 재물을 횡령하거나 반환을 거부함으로써 성립하는 범죄이다. 순수재물죄이자 영득죄이며, 주체가 보관자로 제한되어 있는 진정신분범이며, 침해범(판례: 위험범) 및 상태범에 해당한다. 10

2. 구성요건

(1) 객관적 구성요건

1) 주체 주체는 위탁관계에 의하여 타인의 재물을 보관하는 자이다(진정신분범). 타인의 재물은 타인의 소유물을 의미하므로 타인의 소유물을 보관하는 자만이 주체가 된다.[475] 공동소유도 타인의 재물에 해당한다. 11

12 (가) 보관자의 범위 이 죄에서 '보관'이란 위탁관계에 의하여 타인이 맡긴 재물을 사실상 또는 법률상 지배·관리하는 것을 말한다. 사실상의 지배나 법률상의 지배는 모두 위탁관계에 의한 지배이어야 한다. 사실상의 지배라는 차원의 보관은 절도죄의 '점유'와 동일한 의미를 가지지만, 횡령죄의 보관은 위탁관계가 있는 지배(점유)를 말하므로 단순한 사실상의 지배인 절도죄의 점유와 다르게 파악되어야 한다. 또 위탁관계에 의한 점유는 행위주체의 신분요소를 근거지우는 점유이므로 침해로부터 보호받는 객체 또는 행위객체와 관련된 의미차원만 가진 절도죄의 점유와 그 체계적 지위 면에서도 차이가 있다. 뿐만 아니라 횡령죄에 있어서의 보관(점유)은 사실상의 지배 뿐 아니라 법률상의 지배도 포함되므로 자연인은 물론 법인도 보관자가 될 수 있다.

가) 사실상의 지배자

13 (a) **점유보조자**—민법적으로 점유권이 인정되지 않으나, 가사·영업관계 등에 의하여 타인의 지시를 받아 물건을 사실상 지배하는 점유보조자(민법 제195조)도 예외적으로 위탁관계에 근거하여 이 죄의 주체인 보관자가 된다.

14 화물 운송을 위탁받아 운반 중인 화물의 일부를 영득한 화물자동차의 운전자(대법원 1957.9. 20. 4290형상281), 주인의 심부름으로 오토바이 열쇠를 받은 후 오토바이를 타고 도주한 점포의 점원(대법원 1986.8. 19. 86도1093)은 위탁관계에 따른 사실상의 보관자로 인정되었다.

15 (b) **점유매개자**—제한물권이나 임대차 기타 위임·고용관계로 타인의 물건을 직접점유(민법 제194조)하게 된 점유매개자도 위탁관계가 있는 보관자가 될 수 있다. 회사나 은행의 직원이 회사의 공금을 보관하고 있는 경우, 사환에게 단독으로 은행에 돈을 입금시키도록 한 경우 등도 이에 해당한다.

16 例 지게꾼에게 단독으로 물건운반을 위탁한 경우에는 피해자의 위임에 의한 보관관계로 인정되고(대법원 1982.12. 23. 82도2394), 소유권 보존등기가 없는 건축허가명의를 수탁한 경우에도 건물에 대한 사실상의 보관자가 되며(대법원 1990.3. 23. 89도1911), 양도한 어업면허권이 아직 자기명의로 되어 있음을 틈타서 어업권손실보상금을 수령한 자도 보관자로서 횡령죄의 주체로 인정되었다(대법원 1993.8. 24. 93도1578).

17 (c) **공동점유자**—공동점유자간에 상하주종관계에 있을 때에는 상위점유자에게만 점유가 인정되기 때문에 하위점유자는 횡령죄의 보관자가 될 수 없다. 대등관계에 있는 점유의 경우도 상호간에 타인점유가 되기 때문에 단독보관자가 될 수 없어 횡령죄의 주체가 될 수 없다.

18 (d) **봉함물(비밀장치된 물건)의 점유—봉함물의 보관이 위탁된 경우 위탁자의 점유(보관)인지 수탁자의 점유(보관)인지에 대해 견해가 갈린다.** 봉함의 상태와 위탁자와 수탁자 간에 위탁관계의 내용여하에 따라 내용물을 포함한 봉함물 전체에 대해 수탁자의 점유가 인정될 수 있다(절도죄의 점유 참조).

475) 타인의 소유물을 자기가 보관하고 있어야 하므로 타인이 보관하는 타인소유의 재물은 절도죄의 객체가 되고, 보관 없이 우연히 자기 지배에 들어 온 재물은 점유이탈물횡령죄의 객체가 될 뿐이다.

判 대법원도 봉함물 전체에 대해서는 수탁자의 점유를 인정하지만, 그 안의 내용물에 대해서는 위탁자의 점유를 인정한다.[476] 이에 의하면 봉함된 개별 내용물에 대해서는 위탁자의 점유가 인정되므로 수탁자는 횡령죄의 주체가 될 수 없다. 따라서 만약 수탁자가 그 봉함장치를 해제하고 그 내용물을 취득한 경우에는 타인(위탁자)의 소유 및 점유물에 대한 절도죄가 된다. 19

(e) **차량의 보관자**—소유권 취득에 등록이 필요한 차량의 경우 등록명의인이 보관자인지 아니면 차량의 점유자가 보관자인지가 문제된다. 위탁관계에 따라 운행관리권을 받거나 보관을 위임받은 자라면 법률상의 처분권능이 없어도 보관자가 될 수 있다. 20

判 종래 대법원은 차량의 점유가 아니라 등록에 의하여 차량을 제3자에게 법률상 유효하게 처분할 수 있는 권능여부에 따라 결정하여야 한다는 태도를 취한 바 있다. 하지만 대법원은 이른바 대포차량의 형식을 이용하여 해당 차량을 사실상 처분하는 현실을 반영하여 2015년 전원합의체 판결을 통하여 차량의 등록명의자가 아니어도 차량 등록자인 소유자로부터 인도받아 사실상 점유하고 있는 자도 차량의 보관자로 인정하였다.[477] 그러나 부동산의 경우에는 보관자를 여전히 등기명의인으로 인정하고 있어 법률상 유효하게 처분할 수 있는 권능이 요구되는 법리가 유지되고 있다(후술). 21

(f) **법인의 대표자 등**—법인 소유의 자금에 대한 사실상 또는 법률상 지배·처분 권한을 가지고 있는 대표자 등은 법인에 대한 관계에서 자금의 보관자 지위에 있다. 따라서 법인이 특정 사업의 명목상의 주체로 특수목적법인을 설립하여 그 명의로 자금 집행 등 사업진행을 하면서도 자금의 관리·처분에 관하여는 실질적 사업주체인 법인이 의사결정권한을 행사하면서 특수목적법인 명의로 보유한 자금에 대하여 현실적 지배를 하고 있는 경우, 사업주체인 법인의 대표자 등이 특수목적법인의 보유 자금을 정해진 목적과 용도 외에 임의로 사용하면 위탁자인 법인에 대하여 횡령죄가 성립할 수 있다.[478] 22

나) 법률상의 지배자

(a) **유가증권의 소지자**—창고증권·선하증권·화물상환증 등 물권적 유가증권은 그 증권의 소지만으로 그 증권이 표창하는 재물을 자유롭게 처분할 수 있는 지위가 생긴다. 따라서 그 소지인은 재물에 대한 사실상의 지배(점유)는 없지만 법률상의 보관자로서 횡령죄의 주체가 될 수 있다. 23

하지만 채권의 지급담보를 위하여 채무자로부터 수표를 발행·교부받아 이를 소지한 채권자는 단순히 타인의 재물을 보관하는 것과는 달리 수표상의 권리를 유효하게 취득하는 것이므로 횡령죄의 주체가 되지 않는다.[479] 그러나 채권담보가 아닌 방법으로 수표를 보관한 때 24

476) 대법원 1956.1.27. 4288형상375.

477) "소유권의 취득에 등록이 필요한 타인 소유의 차량을 인도받아 보관하고 있는 사람이 이를 사실상 처분하면 횡령죄가 성립하며, 보관 위임자나 보관자가 차량의 등록명의자일 필요는 없다. 그리고 이와 같은 법리는 지입차량의 소유권이 있는 차량에 대하여 지입회사에서 운행관리권을 위임받은 지입차주가 지입회사의 승낙없이 보관중인 차량을 사실상 처분하거나 지입차주에게서 차량보관을 위임받은 사람이 지입차주의 승낙 없이 보관 중인 차량을 사실상 처분한 경우에도 마찬가지로 적용된다"(대법원 2015.6.25. 2015도1944 전원합의체).

478) 대법원 2017.3.22. 2016도17465.

에는 재물보관자에 해당할 수 있다. 회사로부터 수표발행권한을 위임받은 자는 그 수표자금으로서 예치된 금액에 대한 보관자의 지위가 인정된다.[480)]

25 (b) **은행예금의 명의자**－'긴급재정경제명령'(1993.8.12.)에 따라 금융실명제가 .전격 실시된 이후 타인소유의 금전을 위탁받아 그 보관방법으로 자신의 명의로 은행 기타 금융기관에 예금한 경우 그 예금에 대한 법률상 지배자는 예금명의자(수탁자)에게 인정된다는 점에는 이견이 없었다.

26 그러나 예금 출연자(위탁자) 등 제3자와 예금명의자 중 누구를 예금주(예금의 소유자)로 인정할 것인지에 대해서는 여전히 다툼이 있다. 이에 관해 예금 출연자 등 제3자와 예금명의자 중 누구를 예금주로 인정할지에 관한 대법원 민사판결(2009.3.19. 전원합의체)에서 금융실명제 아래에서의 예금주 확정 및 해석에 관한 일응의 기준을 제시하였다.[481)] 이에 따르면 위탁자 내지 출연자 등 제3자가 있을 경우 예금명의자가 그 예금금액을 인출하여 임의로 소비하면 사안의 특수성상 예금주가 누구인지에 따라 횡령죄의 성립여부도 달라진다.

27 判 대법원은 종래 금융실명제하에서도 예금명의자(수탁자)는 위탁관계에 의한 보관자이므로[482)] 예금명의자가 이를 임의로 인출하여 소비하거나 위탁자의 반환요구에 응하지 않으면 횡령죄가 성립을 인정하였고,[483)] 이러한 태도는 2014. 11. 차명계좌에 대한 형사처처벌조항이 추가된 금융실명법하에서도 그대로 유지되었다.[484)] 그러나 위 민사관련 전원합의체의 취지에 따르면 누가 예금주인지에 따라 예금명의자에 대한 횡령죄의 성립여부는 다르게 판단되어야 할 것으로 보인다. 즉 차명계좌일지라도 '예금명의자가 동시에 예금주'가 되는 원칙적인 사안의 경우에는 예금명의자는 예금에 대해 소유자로서의 지위를 얻게 되므로 그 예금을 임의인출하더라도 횡령죄의 성립이 부정될 것이고,[485)] 예외적으로 출연자 등 제3자가 예금주(예금 소유자)로 인정될 경우에만[486)] 예금명의인에게 횡령죄의 성립이 인정된다고 해야 할 것이다.

28 (c) **부동산의 보관자**－부동산의 경우에는 점유의 유무가 아니라 제3자에게 법률상 유효하

---

479) "채권자가 그 채권의 지급을 담보하기 위하여 채무자로부터 수표를 발행·교부받아 이를 소지한 경우에는, 단순히 보관의 위탁관계에 따라 수표를 소지하고 있는 경우와는 달리 그 수표상의 권리가 채권자에게 유효하게 귀속되고, 채권자와 채무자 사이의 수표 반환에 관한 약정은 원인관계상의 인적 항변사유에 불과하므로, 채권자는 횡령죄의 주체인 타인의 재물을 보관하는 자의 지위에 있다고 볼 수 없다"(대법원 2000.2.11. 99도4979).

480) 대법원 1983.9.13. 82도75.

481) 대법원 2009.3.19. 2008다45828 전원합의체 판결에 의하면 '출연자 등 제3자가 예금명의자를 대리하여 예금명의자 명의로 실명확인 절차를 거쳐 예금명의자 명의로 예금계약서 등을 작성한 경우, 그 예금계약서 등에 명백하게 표시된 예금명의자를 예금주로 보아야 하고, 이와 달리 실명확인 절차를 거치지 않은 출연자 등을 예금주로 인정하는 것은 엄격한 요건 하에 극히 예외적인 경우에 한하여 인정하여야 한다.'

482) 대법원 1983.9.13. 82도75; 대법원 2000.8.13. 2000도1855.

483) 대법원 2000.8.18. 2000도1856.

484) "타인의 금전을 위탁받아 보관하는 자가 보관방법으로 금융기관에 자신의 명의로 예치한 경우, 금융실명거래 및 비밀보장에 관한 긴급재정경제명령이 시행된 이후라도 위탁자가 그 위탁한 금전의 반환을 구할 수 없는 것은 아니므로, 수탁자가 이를 함부로 인출하여 소비하거나 또는 위탁자로부터 반환요구를 받았음에도 이를 영득할 의사로 반환을 거부하는 경우에는 횡령죄가 성립한다"(대법원 2015.2.12. 2014도11244).

485) 물론 출연자 등 실소유주는 예금명의자 사이의 내부관계에 따른 채권에 대하여 채권자대위권 등을 행사하는 방법으로 출연자의 예금을 책임재산으로 환원시킬 대응방안은 존재한다.

486) 대법원 2009.3.19. 2008다45828 전원합의체 판결 참조.

게 처분할 수 있는 권능을 가진 자가 그 부동산에 대한 보관자가 된다(통설·판례[487]). 따라서 (보존)등기 있는 부동산의 경우 원칙적으로 등기부상의 명의인은 사실상의 지배여부와 상관없이 보관자가 된다.[488]

判 대법원은 따라서 원인무효인 소유권이전등기의 명의자는 타인재물의 보관자가 될 수 없다.[489] 공동소유로 등기된 부동산의 타인 지분은 법적으로 유효하게 처분할 권능이 없으므로 공유자 중 1인은 타인지분에 대한 보관자가 될 수 없다.[490] 타인 소유의 토지에 관하여 허위의 보증서와 확인서를 발급받아 소유권이전등기를 임의로 마친 사람은 그와 같은 원인무효 등기에 따라 토지에 대한 처분권능이 새로이 발생하는 것이 아니므로 토지에 대한 보관자의 지위에 있다고 할 수 없다[491]고 한다. 29

미등기 부동산의 경우에는 위탁관계에 의해 부동산을 사실상 관리·지배하는 자가 보관자가 된다.[492] 타인의 부동산을 보관하는 자가 임의로 저당권설정을 하였다가 자기채무를 변제한 후 저당권등기를 말소하여 횡령행위 이전의 상태로 되돌린 경우에는 그때부터 다시 재물보관자가 된다. 30

등기명의인이 아니라도 그 부동산의 사실상의 지배·관리나 보관에 관한 법률상의 권한을 받은 경우에는 보관자가 될 수 있다.[493] 예컨대 미성년자의 법정대리인이나 후견인 또는 법인의 부동산을 사실상 관리하는 법인의 대표이사는 법률상의 권한 있는 보관자에 해당하므로 보관하던 부동산을 임의처분하면 횡령죄가 된다. 부동산 명의신탁의 경우 수탁자에 대해 보관자의 지위를 인정할 수 있는지에 대해서는 후술한다. 31

(나) 보관의 원인인 위탁관계

가) 위탁관계의 의의 　횡령죄의 본질은 재물의 영득이 위탁에 의한 신뢰관계를 배반함으로써 이루어진 점에 있기 때문에 재물의 보관이 위탁관계에 의한 것임을 필수 요건으로 한 32

---

487) "부동산에 대한 횡령죄에 있어서 타인의 재물을 보관하는 자의 지위는 동산의 경우와는 달리 부동산에 대한 점유의 유무가 아니라 부동산을 제3자에게 유효하게 처분할 수 있는 권능의 유무에 따라 결정하여야 한다"(대법원 2004.5.27. 2003도6988).

488) 이 경우 부동산 등기서류만 보관한 자는 부동산 보관자가 아니라 타인의 사무를 처리하는 자의 지위가 있을 뿐이다.

489) "횡령죄의 주체는 타인의 재물을 보관하는 자이어야 하고, 여기서 보관이라 함은 위탁관계에 의하여 재물을 점유하는 것을 의미하므로, 결국 횡령죄가 성립하기 위하여는 그 재물의 보관자가 재물의 소유자(또는 기타의 본권자)와 사이에 법률상 또는 사실상의 위탁신임관계가 존재하여야 하고, 또한 부동산의 경우 보관자의 지위는 점유를 기준으로 할 것이 아니라 그 부동산을 제3자에게 유효하게 처분할 수 있는 권능의 유무를 기준으로 결정하여야 하므로, 원인무효인 소유권이전등기의 명의자는 횡령죄의 주체인 타인의 재물을 보관하는 자에 해당한다고 할 수 없다"(대법원 2007.5.31. 2007도1082).

490) 대법원 2004.5.27. 2003도6988. 부동산 공동상속자 중 1인이 단독 점유하면서 다른 공동상속인의 지분까지 임의로 처분한 경우에도 유효한 처분권능이 없으므로 횡령죄가 성립하지 않는다(대법원 2000.4.11. 2000도565).

491) 대법원 2021.6.30. 2018도18010(허위보증서나 확인서에 마쳐진 원인무효인 소유권이전등기에 기초하여 다시 소유권이전등기를 마친 등기 명의인이 이 사건 토지들에 관한 수용보상금의 반환을 거부한 경우 보상금에 대한 점유 취득은 진정한 토지소유자의 위임에 따른 것이 아니므로 보상금에 대하여 어떠한 보관관계도 인정되지 않는다고 함).

492) 대법원 1993.3.9. 92도2999.

493) 대법원 1993.3.9. 92도2999.

다.[494] 위탁관계에 의해서 타인의 재물에 대한 사실상·법률상 지배를 행사하는 보관자의 신분이 부여되는 것이다. 위탁관계 없이 우연히 점유하게 된 타인의 재물이나 점유이탈물을 영득한 경우에는 횡령죄는 성립될 수 없고 사기죄 또는 점유이탈물횡령죄가 인정될 수 있을 뿐이다.

33 나) 위탁관계 발생근거 위탁관계는 사용대차·임대차·위임·고용 등 명시적 계약뿐 아니라 묵시적 합의, 또는 후견인·주식회사의 이사와 같이 법률의 규정이나 사무관리와 같은 법률행위에 의해서도 인정될 수 있다.[495] 위탁관계는 반드시 소유자에 의해서 이루어질 필요가 없고, 소유자의 의사에 반하지 않으면 제3자에 의하여 이루어져도 무방하다.[496] 위탁관계가 관습이나 조리 또는 신의성실의 원칙(신의칙)에 의해서도 발생할 수 있는지가 문제된다.

34 判 대법원은 위탁관계의 발생근거를 '신의성실의 원칙'[497]이나 '조리'[498]까지 넓히면서 재물에 대한 사실상의 지배력이 있는 상태를 보관에 포함시키고 있다.

35 例 이에 따라 대법원은 '송금절차의 착오로 자신의 계좌에 잘못 입금된 금원'에 대해 예금주와 송금자 사이에 신의칙상 보관관계를 인정하는 전제하에서 명의인이 금원의 반환을 거부한 경우 횡령죄의 성립을 인정한다(대법원 2010.12.9. 2010도891). 그러나 대법원은 '착오송금자와 명의간에 채권을 둘러싼 민사 분쟁 중 피해자가 착오로 피고인이 관리하는 갑 회사 명의 계좌로 송금된 금원'의 경우에는 피고인이 피해자의 착오로 갑 회사 명의 계좌로 송금된 금원 중 갑 회사의 피해자에 대한 채권액에 상응하는 부분에 관하여 반환을 거부한 행위가 정당한 상계권의 행사로 볼 여지가 있을 때 불법영득의사가 부정되어 횡령죄의 성립이 부정될 수 있다고 한다(대법원 2022.12.29. 2021도2088).

36 위탁관계의 발생근거를 넓게 인정하여 보관자의 범위를 넓히는 대법원의 태도는 후술할 배임죄의 타인사무처리의 근거를 관습이나 조리 또는 신의성실의 원칙에서 찾는 대법원의 태도와 같이 행위주체의 범위를 명확하게 설정하기 어려운 문제가 생긴다. 대법원은 예컨대 회사의 경영권을 인수한 자가 주주총회에서 자기 측 이사 3명이 선출된 후 곧바로 회사 소유의 예금을 인출하여 그 돈을 회사 인수를 위한 자신의 대출금 변제에 사용한 경우에 대해 횡령죄를 인정하면서 자기 측 이사가 선출됨으로써 '그 회사의 실질적 운영자의 지위'를 취득하였다[499]고 하는데, 여기서 실질적 운영자의 지위를 부여하는 근거가 사무관리인지, 조리인지,

494) 대법원 1994.11.25. 93도2404.

495) 대법원 2008.10.23. 2007도6463.

496) 대법원 1985.9.10. 84도2644.

497) 위탁관계는 사실상의 관계에 있으면 충분하고 피고인이 반드시 민사상 계약의 당사자일 필요는 없다. 위탁관계는 사용대차·임대차·위임·임치 등의 계약에 의하여 발생하는 것이 보통이지만 이에 한하지 않고 사무관리와 같은 법률의 규정, 관습이나 조리 또는 신의성실의 원칙에 의해서도 발생할 수 있다. 그러나 횡령죄의 본질이 위탁받은 타인의 재물을 불법으로 영득하는 데 있음에 비추어 볼 때 그 위탁관계는 횡령죄로 보호할 만한 가치가 있는 것으로 한정된다(대법원 2018.7.19. 2017도17494 전원합의체).

498) "채무자가 채무총액에 관한 지불각서를 써 줄 것으로 믿고 채권자가 채무자에게 그 액면금을 확인할 수 있도록 가계수표들을 교부하였다면 채권자와 채무자 사이에는 만약 합의가 결렬되어 채무자가 지불각서를 써주지 아니하는 경우에는 곧바로 그 가계수표들을 채권자에게 반환하기로 하는 조리에 의한 위탁관계가 발생한다"(대법원 1996.5.14. 96도410).

499) "주식회사는 주주와 독립된 별개의 권리주체로서 이해가 반드시 일치하는 것은 아니므로, 주주나 대표이사 또는 그에 준하여 회사 자금의 보관이나 운용에 관한 사실상의 사무를 처리하는 자가 회사 소유 재산을 제3자의 자금

신의칙인지가 분명하게 밝히고 있지는 않다.

判 다른 한편 대법원은 "위탁관계가 있는지는 보관자에게 재물의 보관 상태를 그대로 유지해야 할 의무를 부과하여 그 보관 상태를 형사법적으로 보호할 필요가 있는지 등을 고려하여 규범적으로 판단"(개념에 대한 규범적 평가적 접근법)해야 한다고 하면서 '위탁관계'는 횡령죄로 보호할 만한 가치 있는 신임에 의한 경우로 제한하는 태도를 취한다(후술할 위탁관계의 성질 참조). 이에 따라 대법원은 피고인이 의료기관을 개설할 자격이 없는 자들끼리 노인요양병원을 설립·운영하기로 한 약정에 따라 교부 받은 투자금을 임의로 처분한 경우 이 투자금을 '불법원인급여물'이라는 취지로 횡령죄의 성립을 부정하는 종래의 태도를 유지하였다.[500] 37

다) 위탁관계의 성질 횡령죄의 본질을 (불법)영득행위설에 있는 것으로 보는 한, 하는 위탁관계는 횡령죄로 보호할 만한 가치가 있는 것으로 한정된다.[501] 위탁관계는 사실상의 위탁관계가 있으면 족하고[502] 위탁자와 수탁자 사이에 법률관계가 존재하지 않아도 무방하므로,[503] 위탁할 권한이나 수탁할 권한이 있느냐도 묻지 않는다. 따라서 소유자와 관계없이 사무관리에 의해서도 위탁관계가 성립할 수 있고, 절도범이나 강도범과 같은 불법점유자도 타인에게 재물을 위탁할 수 있다. 또 위탁관계가 법률상 무효·취소된 때에도 이미 인도된 재물의 점유에 대해서 사실상의 위탁관계가 인정될 수 있다. 다만 위탁관계는 객관적으로 존재해야 하므로 행위자가 위탁관계가 있다고 주관적으로 오신하고 재물을 처분해도 이 죄는 성립하지 않는다. 38

절도, 사기, 공갈에 의해 범인이 점유하고 있는 재물은 사실상의 위탁관계가 인정될 여지가 없으므로 범인이 이를 처분하여도 불가벌적 사후행위가 될 뿐 횡령죄는 성립하지 않는다. 따라서 제3자 명의로 된 사기이용계좌(예, 보이스 피싱의 경우 대포통장)를 이용한 피해자를 기망하여 그 대포통장으로 송금 이체된 돈의 경우 사기범은 계좌명의인과의 사이에 횡령죄로 보호할 만한 가치있는 위탁관계가 없어 횡령죄가 성립하지 않는다.[504] 이점은 사기범과 피해자 사이에도 마찬가지이다.[505] 대포통장을 만들어 계좌명의를 빌려준 자가 자기명의 계좌에 39

조달을 위하여 담보로 제공하는 등 사적인 용도로 임의 처분하였다면 그 처분에 관하여 주주총회나 이사회의 결의가 있었는지 여부와는 관계없이 횡령죄의 죄책을 면할 수는 없다"(대법원 2011.3.24. 2010도17396).

500) 대법원 2022.6.30. 2017도21286.

501) "횡령죄의 본질이 위탁받은 타인의 재물을 불법으로 영득하는 데 있음에 비추어 볼 때 그 위탁관계는 횡령죄로 보호할 만한 가치가 있는 것으로 한정된다. 위탁관계가 있는지 여부는 재물의 보관자와 소유자 사이의 관계, 재물을 보관하게 된 경위 등에 비추어 볼 때 보관자에게 재물의 보관 상태를 그대로 유지하여야 할 의무를 부과하여 그 보관 상태를 형사법적으로 보호할 필요가 있는지 등을 고려하여 규범적으로 판단하여야 한다"(대법원 2022.6.30. 2017도21286).

502) "횡령죄에서 재물의 보관이라 함은 재물에 대한 사실상 또는 법률상 지배력이 있는 상태를 의미하며, 그 보관은 소유자 등과의 위탁관계에 기인하여 이루어져야 하는 것이지만, 그 위탁관계는 사실상의 관계이면 족하고 위탁자에게 유효한 처분을 할 권한이 있는지 또는 수탁자가 법률상 그 재물을 수탁할 권리가 있는지 여부를 불문하는 것이(다)"(대법원 2005.6.24. 2005도2413).

503) "이른바 착오송금의 경우 계좌명의인은 송금, 이체된 돈에 대하여 송금의뢰인을 위하여 보관하는 지위에 있다고 보아 이를 영득할 의사로 인출하면 횡령죄가 성립한다"(대법원 2018.7.19. 2017도17494 전원합의체).

504) 2018.7.19. 2017도17494 전원합의체.

505) 대법원 2017.5.31, 2017도3045.

입금된 돈을 영득한 경우에도 위와 같이 사기죄의 본범과 계좌명의인 또는 피해자와의 관계에 대해 적용되는 법리가 그대로 적용되는지가 문제된다.

40 判 대법원은 계좌명의인에 대해서 사기방조죄가 성립하는 경우와 사기방조죄가 성립하지 않는 경우를 피해자와의 위탁관계를 다르게 평가한다. 먼저 계좌명의인이 사기방조범이 되는 경우에는 자신이 가담한 범행의 결과 피해금을 보관하게 된 것일 뿐이어서 피해자와 사이에 위탁관계가 없고, 그가 송금·이체된 돈을 인출하더라도 이는 자신이 저지른 사기범행의 실행행위에 지나지 아니하여 새로운 법익을 침해한다고 볼 수 없다(따라서 횡령죄의 성립도 부정).[506] 그러나 대법원은 그 계좌명의인에게 사기방조죄가 성립하지 않는다면, 그 명의인은 피해자를 위하여 사기피해금을 보관하는 지위에 있음을 인정한다[507](따라서 사기피해자에 대한 횡령죄가 성립한다)고 한다.[508]

41 2) 객체 자기가 보관하는 '타인의 재물'이다.

42 (가) 재물 횡령죄는 순수 재물죄이므로 객체는 재물에 한정된다. 행위자가 위탁자의 신임관계에 위배하여 재산상의 이익을 취득하여도 배임죄가 될 뿐 횡령죄는 되지 않는다. 절도죄와는 달리 부동산도 재물에 포함된다.[509] 절도죄의 경우와 마찬가지로 횡령죄의 경우도 관리가능한 동력도 재물로 간주된다. 이 경우 '관리가능'의 범위에 사무적으로 관리가능한 경우도 포함하는지 물리적으로 관리한 경우로 제한되는지가 문제된다.

43 判 대법원은 동력규정의 '관리가능'은 사무적으로 관리가능한 경우가 아니라 '물리적 또는 물질적' 관리가능한 경우로 제한한다. 이에 따르면 사무적으로 관리가능한 채권이나 그 밖의 권리는 재물이 아니므로 이 죄의 객체가 될 수 없다.[510]

44 例 대법원은 바다의 모래채취권이나 온천개발자의 지위 등과 같은 광업권은 횡령죄의 객체가 될 수 없고(대법원 1994.3.8. 93도2272), 자본의 구성단위 또는 주주의 지위(주주권)을 의미하는 상법상 주식, 주권이 발행되지 않은 상태에서 예탁결제원에 예탁된 주식도 재물이 아니므로 횡령죄의 객체가 될 수 없다(대법원 2023.6.1. 2020도2884)고 하는 반면, 주권은 주주권을 표창하는 유가증권이므로 재물에 해당하여 횡령죄의 객체가 된다(대법원 2005.2.18. 2002도2822)고 한다. 그러나 대법원의 태도에 따르더라도 권리가 화체된 문서는 재물에 속한다. 따라서 채권증서 자체를 보관 중에 취득하면 횡령죄가 되지만 그 증서의 채권을 행사하여 채무자로부터 돈을 변제받으면 배임죄가 성립하고 횡령죄는 성립하지 않는다.

45 (나) 타인 소유의 재물 타인의 재물은 소유권이 타인에게 있는 재물을 말한다.[511] 타인은

---

506) 대법원 2017.5.31. 2017도3045.

507) 대법원 2018.7.19. 2017도17494 전원합의체.

508) 피해자와 사이에 아무런 법률관계 없이 송금·이체된 사기피해금 상당의 돈을 피해자에게 반환하여야 하여야 하기 때문이다(대법원 2014.10.15. 2013다207286참조),

509) "횡령죄에 있어서의 재물은 동산, 부동산의 유체물에 한정되지 아니하고 관리할 수 있는 동력도 재물로 간주되지만, 여기에서 말하는 관리란 물리적 또는 물질적 관리를 가리킨다고 볼 것이고, 재물과 재산상 이익을 구별하고 횡령과 배임을 별개의 죄로 규정한 현행 형법의 규정에 비추어 볼 때 사무적으로 관리가 가능한 채권이나 그 밖의 권리 등은 재물에 포함된다고 해석할 수 없다"(대법원 1994.3.8. 93도2272).

510) "횡령죄에 있어서의 재물은 동산, 부동산의 유체물에 한정되지 아니하고 관리할 수 있는 동력도 재물로 간주되지만, 여기에서 말하는 관리란 물리적 또는 물질적 관리를 가리킨다고 볼 것이고, 재물과 재산상 이익을 구별하고 횡령과 배임을 별개의 죄로 규정한 현행 형법의 규정에 비추어 볼 때 사무적으로 관리가 가능한 채권이나 그 밖의 권리 등은 재물에 포함된다고 해석할 수 없다"(대법원 1994.3.8. 93도2272).

자기 이외의 자연인, 법인, 법인격 없는 단체를 포함한다.

判 대법원은 공유물,[512] 조합의 합유물[513] 또는 총유물과 같은 공동소유물도 각자에 대해 타인소유의 재물 46
이 되므로 구성원 한사람이 보관 중에 영득하면 횡령죄의 성립을 인정한다. 회사와 주주는 별개의 인격체로서 1인회사의 재산이 곧바로 그 1인 주주의 소유가 아니므로 1인 회사의 주주(대표자)가 회사 소유의 금원을 보관하던 중 임의로 소비하면 (업무상) 횡령죄의 성립을 인정한다.[514] 반면에 대법원은 계주가 계원들로부터 수금한 계불입금은 계주에게 소유권이 있으므로 계주가 그 계불입금을 임의로 소비하면 횡령죄가 아니라 배임죄의 성립을 인정한다.[515]

例 재물의 타인성 긍정 판례: 대법원은 ① 동업 중인 지입택시를 폐차하고 새 차를 구입하여 계속 공동사업 47
하기로 합의되었다면 동업자 1인이 단독으로 구입한 새 차도 동업자 합유에 귀속하고(대법원 1983.2.22. 82도2467), ② 피해자의 요청으로 그의 토지를 담보로 제공하여 수령한 대출금은 피해자 소유에 귀속하며(대법원 1996.6.14. 96도106), ③ 복권당첨이 되면 분배하기로 묵시적 합의하에 복권 4장을 각자 골라잡아 그 중 2인이 당첨된 경우 당첨금은 4명의 공유에 속하며(대법원 2000.11.10. 2000도4335), ④ 임대목적물을 공동으로 임대한 것이라면 그 보증금반환채무는 성질상 불가분채무에 해당하므로 위 임대보증금 잔금은 이를 정산하기까지는 공동소유에 속한다(대법원 2001.10.31. 2001도2095)는 이유로 재물의 타인성을 긍정하였다.

例 재물의 타인성 부정 판례: 대법원은 ① 익명조합원이 영업을 위해 출자한 금전 기타 재산은 상대방인 영 48
업자의 재산이 되는 것이고 (대법원 1971.12.28. 71도2032). ② 지입차주들이 납입하는 지입료는 일단 지입회사의 소유로 되어 회사가 그 지입료 등을 가지고 그 운영비와 전체 차량의 제세공과금 및 보험료에 충당할 수 있는 것이며(대법원 1997.9.5. 97도1592). ③ 이른바 프랜차이즈 계약(가맹점 계약)으로 가맹점 주인이 판매한 물품판매 대금은 가맹점 주인의 소유가 되고(대법원 1998.4.14. 98도292), ④ 채권지급담보를 위해서 채무자가 수표를 발행 교부한 때에는 수표상의 권리가 교부받은 채권자에게 귀속하고(대법원 2000.2.11. 99도4979). ⑤ 계주가 계원들로부터 수금한 계불입금은 계주에게 소유권이 있으며(대법원 1976.5.11. 76도730), ⑥ 신입사원의 입사보증금에 대한 소유권도 신입사원이 아니라 사용자에게 이전된다(대법원 1979.6.12. 79도656)는 이유로 재물의 타인성을 부정하였다.

(다) 재물의 소유관계가 문제되는 경우 재물의 소유권 귀속문제는 원칙적으로 민법에 의해 49
결정되지만 형법상 특히 문제되는 경우로는 다음과 같다.[516]

가) 금전 등 대체물이 위탁된 경우 금전이나 곡물 등과 같이 종류·품질·수량에 대해서 50
대체가 가능한 대체물을 위탁한 경우에는 그 위탁물이 누구의 소유가 되느냐에 따라 이를 임의처분한 수탁자의 횡령죄여부가 판가름 난다. 그 대체물이 수탁자의 소유라면 '자기소유'물이 되어 횡령죄의 성립이 부정되기 때문이다. 이러한 경우 소유권 귀속은 그 대체물에 대한

511) "횡령죄의 객체가 타인의 재물에 속하는 이상 구체적으로 누구의 소유인지는 횡령죄의 성립 여부에 영향이 없다"(대법원 2019.12.24. 2019도9773).

512) 대법원 1983.8.23. 80도1161.

513) 대법원 1996.3.22. 95도2824; 대법원 1984.1.24. 83도940.

514) 대법원 1999.7.9. 99도1040.

515) 대법원 1976.5.11. 76도730.

516) 보관자가 누구인가와 관련해서는 재물에 대한 점유가 누구에게 있는가를 중심으로 설명하였던 반면에 여기에서는 재물의 소유자가 누구인가가 쟁점이 된다. 횡령죄의 객체가 '타인 소유'의 '자기 점유'물이기 때문에 이 두 가지 문제가 모두 해결되어야 횡령죄의 성립이 인정될 수 있다.

위탁형식 또는 위탁의 내용에 따라 달라질 수 있다.

51 (a) **'특정물'로 위탁된 경우**－봉함금 또는 공탁금 등과 같이 '특정물'로 위탁된 경우에는 대체물이라도 그 금전의 소유권은 수탁자에게 있지 않고 여전히 위탁자의 소유에 귀속된다. 따라서 수탁자가 임의로 소비하면 횡령죄가 성립한다. 다만 봉함금인 경우에는 그 내용물인 금전의 점유자 내지 보관자도 여전히 위탁자가 된다는 태도(판례)를 취하면 절도죄의 성립을 인정해야 한다는 점에 관해서는 앞에서 설명하였다.

52 (b) **'불특정물'로 위탁된 경우**－특정하지 않은 대체물을 위탁한 경우에는 위탁의 내용에 따라 다음과 같이 경우의 수를 나누어 판단해야 한다.

53 a) **용도·목적이 지정되지 않고 위탁된 불특정물**: 위탁자가 용도나 목적을 지정하지 않고 수탁자에게 위탁한 경우에는 그 법적성질이 소비임치(민법 제702조) ― '점유있는 곳에 소유있다' ― 와 같기 때문에 그 위탁물의 소유권은 수탁자에게 귀속한다는 데 이견이 없다. 따라서 수탁자가 이를 임의로 소비한 경우에는 위탁자에 대한 배임죄의 성부는 별론으로 하더라도 횡령죄는 성립하지 않는다.[517)]

54 b) **용도나 목적이 지정되어 위탁된 불특정물**: ① 위탁자가 용도나 목적을 정하여 위탁한 대체물의 소유권은 원칙적으로 수탁자에게 있다는 견해[518)](배임죄설)와 ② 소유권이 여전히 위탁자에게 유보되어 있다는 견해[519)](횡령죄설)가 대립한다. 용도가 정해져 위탁된 경우는 소비임치와 유사성을 찾기 어렵고 그 용도에 사용될 때까지는 위탁자에게 소유권이 유보되어 있다고 보아야 하므로 횡령죄설이 타당하다. 회사나 은행 혹은 지방자치단체나 국가기관에서 업무분담에 따라 금전의 출납을 관리하는 자가 그 금전의 소유권을 가진다고 할 수 없는 것과 같은 이치이다.

55 判 대법원도 횡령죄설을 취한다. "목적, 용도를 정하여 위탁한 금전은 정해진 목적, 용도에 사용할 때까지는 이에 대한 소유권이 위탁자에게 유보되어 있는 것으로서 (중략) 수탁자가 그 위탁의 취지에 반하여 다른 용도에 소비할 때 비로소 횡령죄를 구성한다"이라고 하고 있기 때문이다.[520)]

---

517) "특히 그 금전의 특정성이 요구되지 않는 경우 수탁자가 위탁의 취지에 반하지 않고 필요한 시기에 다른 금전으로 대체시킬 수 있는 상태에 있는 한 이를 일시 사용하더라도 횡령죄를 구성한다고 할 수 없(다),"(대법원 1995.10.12. 94도2076). "골프회원권 매매중개업체를 운영하는 자가 매수의뢰와 함께 입금받아 보관하던 금원을 일시적으로 다른 회원권의 매입대금 등으로 임의로 소비한 사안에서, 위 매입대금은 그 목적과 용도를 정하여 위탁된 금전으로서 골프회원권 매입시까지 그 소유권이 위탁자에게 유보되어 있으나, 다른 회사자금과 함께 보관된 이상 그 특정성을 인정하기 어렵고, 피고인의 불법영득의사를 추단할 수 없으므로 횡령죄를 구성하지 아니한다"(대법원 2008.3.14. 2007도7568).

518) 김종원, 228면; 배종대, §77/21; 오영근, §21/47; 이재상/장영민/강동범, §20/32; 임웅, 447면.

519) 김일수/서보학, 359면; 박상기, 379면; 손동권/김재윤, §24/25; 이형국/김혜경, 469면; 정성근/정준섭 300면.

520) "목적, 용도를 정하여 위탁한 금전은 정해진 목적, 용도에 사용할 때까지는 이에 대한 소유권이 위탁자에게 유보되어 있는 것으로서, 특히 그 금전의 특정성이 요구되지 않는 경우 수탁자가 위탁의 취지에 반하지 않고 필요한 시기에 다른 금전으로 대체시킬 수 있는 상태에 있는 한 이를 일시 사용하더라도 횡령죄를 구성한다고 할 수 없고, 수탁자가 그 위탁의 취지에 반하여 다른 용도에 소비할 때 비로소 횡령죄를 구성한다"(대법원

例 횡령죄 성립 긍정 판례: 대법원은 증권회사 간부가 은행에 예치된 고객의 신주청약증거금을 그 증권회사 당좌구좌의 적자보전을 위하여 그 구좌에 자의로 대체입금시킨 경우(대법원 1980.9.30. 78도2100), 환전 부탁을 받고 교부받은 돈을 위탁자에 대한 채권에 상계충당하는 경우(대법원 1997.9.26. 97도1520), 피해자로부터 산재보험료지불을 의뢰받아 그 보험료 불입금을 보관 하던 중 피고인의 사업자금 등으로 임의로 소비한 경우(대법원 1990.12.3. 89도904), 빌딩관리회사가 특별수선충당금으로 징수한 충당금을 위탁받아 집행하면서 제한된 용도 이외의 일반경비로 임의 사용한 경우(대법원 2004.5.27. 2003도6988) 사립학교의 교비회계에 속하는 수입을 적법한 교비회계의 세출에 포함되는 용도, 즉 당해 학교의 교육에 직접 필요한 용도가 아닌 다른 용도에 사용하였다면 결과적으로 자금을 위탁한 본인을 위한 면이 있더라도 그 사용행위 자체로서 불법영득의 의사를 실현하는 것이 되어 횡령죄가 성립한다(대법원 2008.2.29. 2007도9755)고 한다. 56

例 횡령죄 성립 부정판례: 대법원은 이미 책정된 예산항목의 유용은 일정한 절차를 거치면 필요경비로 지출이 허용될 수 있었고 항목유용이 엄격히 제한되어 있지 않은 때에는 불법영득의 의사가 없다는 이유로(대법원 2002.2.5. 2001도5439), 보험을 유치하면서 보험회사로부터 지급받은 시책비 중 일부를 개인적인 용도로 사용한 경우에는 목적이나 용도가 특정되어 위탁된 금액이라고 보기 어렵다는 이유로(대법원 2006.3.9. 2003도6733) 횡령죄가 성립하지 않는다고 한다. 57

(c) **금전의 수령을 위임받은 자(위탁매매인)가 수령한 금전**－금전의 수수를 수반하는 사무처리과정에서 수탁자가 수령한 금전은 수령과 동시에 위탁자에게 반환될 것이 예정되어 있어서 '용도가 지정된 위탁금과 같은 성질'을 가지므로 그 소유권은 위탁자에게 있고 따라서 수령자가 임의로 소비하면 횡령죄의 성립이 인정된다(통설·판례[521]). 58

例 따라서 상품납품 주문을 받아오기로 한 자가 수령한 물품대금(대법원 1990.5.25. 90도578), 부동산매도를 위탁받은 자가 부동산의 매매계약금으로 수령한 계약금(대법원 2004.3.12. 2004도134), 토지의 매각대금 3분의 2를 받은 매도인이 매수인의 의뢰를 받고 제3자에게 매도한 매각대금(대법원 1995.11.24. 95도1923), 극장 경영자가 문화예술진흥법에 의하여 입장료에 포함시켜 징수한 문화예술진흥기금(대법원 1997.3.28. 96도3155) 등은 수령과 동시에 위탁금의 보관자가 되므로 이를 임의 처분하면 횡령죄가 성립한다. 59

(d) **장학기금, 기부금 등**－장학기금·건축헌금·불우이웃돕기성금 등과 같은 증여금은 수증자에게 소유권이 이전하고, 수증자는 타인의 사무를 처리하는 지위에 있는 것이 아니므로 그 본래의 용도와 다르게 사용하여도 횡령죄가 성립할 여지가 없다. 60

(e) **'지명채권'[522]의 양도인이 양도통지 전 추심하여 수령한 금전**－채권자가 채권을 타인에게 양도한 후 양도인이 양도통지 전에 그 정을 모르는 채무자로부터 채권을 추심하여 수령한 금전의 소유권은 누구에게 있는지가 문제된다. 이에 관해서는 ① 채권양도인이 수령하였더라 61

1995.10.12. 94도2076).

521) "금전의 수수를 수반하는 사무처리를 위임받은 자가 그 행위에 기하여 위임자를 위하여 제3자로부터 수령한 금전은, 목적이나 용도를 한정하여 위탁된 금전과 마찬가지로, 달리 특별한 사정이 없는 한 그 수령과 동시에 위임자의 소유에 속하고, 위임을 받은 자는 이를 위임자를 위하여 보관하는 관계에 있다고 보아야 한다"(1995.11.24. 95도1923).

522) '지명채권'이란 증권적 채권이 아닌 일반채권으로 채권자가 특정인으로 지명되어 있고, 원칙적으로 양도성을 가지지만, 양도인이 채무자에게 통지하거나 채무자가 승낙하지 아니하면 채무자 기타 제3자에게 대항하지 못하는 채권을 말한다.

도 소유권은 양수인에게 귀속된다는 견해[523](횡령죄설)와 ② 양수인이나 채무자가 양수채권에 대해 용도를 정하여 양도인에게 위탁한 것으로 볼 수 없으므로 추심채권액을 양수인의 소유로 볼 여지가 없다는 견해[524](배임죄설)가 대립한다.

62 생각건대 양도된 '채권' 자체와 그 채권의 목적물인 '금전'은 구별되므로 채권양도계약에 따라 지명채권이 이전되었다는 사정만으로 채권의 목적물인 금전의 소유권까지 당연히 채권양수인에게 귀속한다고 볼 수 없고, 따라서 양도인이 수령한 금전의 소유권은 채권양도인에게 속하는 것으로 보는 것(횡령죄 부정)이 타당하다. 이 뿐만 아니라 채권양도인과 양수인의 관계는 채권양도계약 또는 채권양도의 원인이 된 계약에 따른 채권·채무관계에 있을 뿐이므로 통상의 계약관계를 넘어선 신임관계도 인정되기 어렵다(배임죄 부정).

63 判 대법원은 '통상의 채권양도'의 경우, 종래 양도인이 수령한 금전은 양도인과 양수인 사이에서 양수인의 소유에 속하고, 양도인은 이를 양수인을 위하여 보관하는 자임을 근거로 양도인의 횡령죄 성립을 긍정하였다가,[525] 2022년 전원합의체 판결을 통해 양도인의 횡령죄 성립을 부정하는 태도를 취하고 있다.[526] 채권양도에 따라 채권이 이전되었다는 사정만으로 채권의 목적물인 금전의 소유권까지 당연히 채권양수인에게 귀속한다고 볼 수 없으므로 채권양도인이 수령한 금전의 소유권은 양도인에게 속함을 근거로 한다. 판시의 취지에 따르면 채권양도인에게 배임죄의 성립도 부정하는 것으로 보인다.

다른 한편 대법원은 '채무담보를 위한 채권양도'(이른바 채권양도담보)가 문제되는 사안, 즉 '채무자가 자신의 기존 금전채무를 담보하기 위하여' (자신이 제3채무자에 대해 가지고 있던) 금전채권을 채권자와의 채권양도계약에 따라 양도한 경우 채무자가 제3채무자에게 양도통지를 하지 않은 상태에서 제3채무자로부터 변제를 받은 금원을 임의로 소비한 사안'의 경우는 앞의 '통상의 채권양도' 사안의 경우와 구별하면서 위 전원합의체 판결이 나오기 직전 판결에서부터 횡령죄 성립도 부정하고,[527] 배임죄의 성립도 부정[528]하였다. 채무자가 채권자에 대하여 부담하는 '담보 목적 채권의 담보가치를 유지·보전할 의무'는 채권 양도담보계약에 따라 부담하게 된 채무의 한 내용에 불과하고, 채무자의 사무처리를 통해 채권자가 담보 목적을 달성한다는 신임관계가 존재한다고 볼 수 없으며, 따라서 채무자가 자신이 사용할 의도로 제3채무자로부터 변제를 받아 변제금을 수령한 경우, 이는 단순한 민사상 채무불이행에 해당할 뿐, 채무자가 채권자와의 위탁신임관계에 의하여 채권자를 위해 위 변제금을 보관하는 지위에 있다고 볼 수 없을 뿐 아니라 채권양도담보계약에 따라 부담하는 '담보 목적 채권의 담보가치

523) 손동권/김재윤, §24/28; 정성근/정준섭, 301면; 이형국/김혜경, 469면은 대항요건의 구비여부에 따라 횡령죄의 성부를 달리

524) 오영근, §21/49; 이재상/장영민/강동범, §20/32.

525) 대법원 1999.4.15. 97도666 전원합의체.

526) "채권양도인이 채무자에게 채권양도 통지를 하는 등으로 채권양도의 대항요건을 갖추어 주지 않은 채 채무자로부터 채권을 추심하여 금전을 수령한 경우, 특별한 사정이 없는 한 금전의 소유권은 채권양수인이 아니라 채권양도인에게 귀속하고 채권양도인이 채권양수인을 위하여 양도 채권의 보전에 관한 사무를 처리하는 신임관계가 존재한다고 볼 수 없다. 따라서 채권양도인이 위와 같이 양도한 채권을 추심하여 수령한 금전에 관하여 채권양수인을 위해 보관하는 자의 지위에 있다고 볼 수 없으므로, 채권양도인이 위 금전을 임의로 처분하더라도 횡령죄는 성립하지 않는다"(대법원 2022.6.23. 2017도3829 전원합의체: 건물의 임차인인 피고인이 임대인 A에 대한 임대차보증금반환채권을 B에게 양도하였는데도 A에게 채권양도 통지를 하지 않고 A로부터 남아 있던 임대차보증금을 반환받아 보관하던 중 개인적인 용도로 사용한 사례).

527) 대법원 2021.2.25. 2020도12927.

528) 대법원 2021.7.15. 2015도5184.

를 유지·보전할 의무'를 이행하는 것은 채무자 자신의 사무에 해당할 뿐이고, 채무자가 통상의 계약에서의 이익 대립관계를 넘어서 채권자와의 신임관계에 기초하여 채권자의 사무를 맡아 처리한다고 볼 수 없으므로, 이 경우 채무자는 채권자에 대한 관계에서 '타인의 사무를 처리하는 자에 해당할 수 없음을 근거로 한다.

나) 위탁매매의 경우 위탁된 물건 물건의 매도를 위탁받은 위탁매매인이 그 물건을 수령 64
하더라도 그 소유권은 여전히 위탁자에게 있고 수탁자는 보관자에 불과하므로 그 위탁물을 임의처분한 경우 횡령죄가 성립한다. 뿐만 아니라 매매의 성립으로 인하여 수령한 판매대금도 역시 수령과 동시에 반환될 것이 예정된 위탁금의 성질을 가지므로 위탁자의 소유에 귀속하여(상법 제103조) 그 판매대금을 임의로 소비하면 횡령죄가 성립한다.[529] 뿐만 아니라 복권 구입하여 나눈 후 함께 당첨여부를 확인한 자들 사이에는 당첨금을 공유하기로 하는 묵시적 합의가 있었기 때문에 당첨금 수령인이 그 당첨금 중 타인의 몫에 대해 반환을 거부하면 횡령죄가 성립한다.[530]

다) 소유권유보부매매(할부판매)의 경우 할부판매는 일정기간 분할하여 매매대금을 지불 65
하는 조건으로 매수인이 목적물을 인도받는 것이므로 약관에 따라 대금완납까지는 매도인의 소유가 된다. 따라서 매수인이 대금완납 이전에 임의처분하면 횡령죄가 성립한다. 다만, 소유권 귀속에 관한 약관이 없는 경우에는 목적물의 인도와 함께 소유권도 매수인에게 이전된다. 자동차나 중기등과 같이 등록원부에 매수인의 명의가 등록되는 경우도 등록됨과 동시에 매수인의 소유가 인정된다.

라) 불법원인급여물의 경우 불법원인급여란 불법한 원인으로 재물을 급여하였기 때문에 66
급여자가 그 재물의 반환을 청구할 수 없게 된 경우를 말한다(민법 제746조). 예컨대 뇌물로 제공하도록 교부된 재물이나 도박자금으로 교부된 현금 등과 같이 **불법원인[531]으로 급여된 위탁물을 수탁자가 임의로 처분한 경우** 그 위탁물의 소유권이 누구에게 있느냐에 따라 횡령죄의 성부가 갈린다.

이와 관련해서는 ① 급여자가 민법상 반환청구를 할 수 없기 때문에 수탁자는 위탁물에 67
대한 반환의무가 없고 따라서 소유권은 수탁자에게 귀속되므로 횡령죄를 구성하지 않는다는 견해(횡령죄부정설: 다수설), ② 형법의 불법판단은 민법상의 반환청구허용여부와는 독자적인 견지에서 이루어져야 하므로 위탁물에 대한 소유권은 여전히 급여자에게 있으므로 횡령죄의 성립을 인정할 수 있다는 견해[532](횡령죄긍정설), 그리고 ③ 급여자의 소유권이전의사가 있는 점유이전인 '불법원인급여'와 그렇지 않은 점유이전인 불법원인'위탁'의 경우를 구분하여 전

529) "위탁판매에 있어서는 위탁품의 소유권은 위임자에게 속하고, 그 판매대금은 다른 특약이나 특별한 사정이 없는 한 이를 수령함과 동시에 위탁자에게 귀속한다 할 것이므로 이를 사용·소비한 때에는 횡령죄가 구성된다"(대법원 1986.6.24. 86도1000).

530) 대법원 2000.11.10. 2000도4335.

531) 급여원인의 '불법'은 민법 제103조의 '선량한 풍속 기타 사회질서에 반하는' 정도가 되어야 한다. 따라서 단순히 장물보관을 위탁하는 것과 같은 일반적인 내용은 여기의 불법원인이 될 수 없다고 해야 한다.

532) 임웅, 444~445면.

자의 경우는 수탁자의 소유물이므로 횡령죄의 객체가 될 수 없고, 후자의 경우는 소유권이 급여자에게 남아 있어 횡령죄의 객체가 되기는 하지만 불법위탁관계가 형법적 보호가치를 결하고 있음을 이유로 횡령죄불성립[533] 또는 횡령죄의 불능미수가 될 뿐[534]이라는 견해(절충설)가 대립한다.

68 긍정설을 취하게 되면 민법상 반환의무 없는 자에 대해 결과적으로 반환을 강제하는 것이 되어 법질서의 통일성을 기할 수 없다. 또한 민법 제746조의 급여가 반드시 소유권이전을 전제한 것이 아닌 이상 불법원인급여와 불법원인위탁을 구별하는 것도 의미가 없고, 있다고 해도 결과적으로는 부정설과 같은 결과가 될 것이므로 절충설의 독자적인 의의도 인정되기 어렵다. 민법상 불법원인급여물에 대해 급여자에게 부당이득반환청구권은 물론이고 소유권에 기한 반환청구도 인정할 수 없는 것이라면, 결국 그에 대한 소유권귀속은 수탁자에게 이전되는 것[535]이므로 횡령죄의 성립을 부정하는 것이 타당하다.

69 判 대법원도 기본적으로 횡령죄 부정설의 태도를 취한다.[536] 급여자에게 반환청구권이 없어서 급여물의 '타인소유성'을 부정하기 때문이다. 그러나 대법원은 예외적으로 불법원인급여에 있어서도 수급자의 불법성이 급여자의 그것보다 현저히 큰 사안의 경우에는 급여자의 반환청구를 인정하여(불법성 비교형량론) 수급자의 횡령죄를 인정하고 있다.[537]

70 마) 이중매매의 경우 부동산 물권변동에 관하여 형식주의를 취하는 민법에 의하면 부동산은 소유권이전등기를 경료하기 전까지 그 소유권이 매수인에게 이전되지 않고 여전히 매도인에게 있다. 따라서 매도인이 제1매수인과의 계약체결 후 이전등기경료 전에 이를 제2매수인에게 매도하고 등기이전까지 한 경우라도 횡령죄는 성립하지 않는다.[538] 다만 제1매수인

533) 강동범, "불법원인에 의한 위탁과 횡령죄의 성부", 현대형사법론(竹憲 박양빈교수 화갑기념논문집), 1996, 36면.

534) 김일수/서보학, 453면.

535) "민법 제746조는 단지 부당이득제도만을 제한하는 것이 아니라 동법 제103조와 함께 사법의 기본이념으로서, 결국 사회적 타당성이 없는 행위를 한 사람은 스스로 불법한 행위를 주장하여 복구를 그 형식 여하에 불구하고 소구할 수 없다는 이상을 표현한 것이므로, 급여를 한 사람은 그 원인행위가 법률상 무효라 하여 상대방에게 부당이득반환청구를 할 수 없음은 물론 급여한 물건의 소유권은 여전히 자기에게 있다고 하여 소유권에 기한 반환청구도 할 수 없고 따라서 급여한 물건의 소유권은 급여를 받은 상대방에게 귀속된다"(대법원 1979.11.13. 79다483 전원합의체).

536) "민법 제746조에 불법의 원인으로 인하여 재산을 급여하거나 노무를 제공한 때에는 그 이익의 반환을 청구하지 못한다고 규정한 뜻은 급여를 한 사람은 그 원인행위가 법률상 무효임을 내세워 상대방에게 부당이득반환청구를 할 수 없고, 또 급여한 물건의 소유권이 자기에게 있다고 하여 소유권에 기한 반환청구도 할 수 없어서 결국 급여한 물건의 소유권은 급여를 받은 상대방에게 귀속되는 것이므로, 갑이 을로부터 제3자에 대한 뇌물공여 또는 배임증재의 목적으로 전달하여 달라고 교부받은 금전은 불법원인급여물에 해당하여 그 소유권은 갑에게 귀속되는 것으로서 갑이 위 금전을 제3자에게 전달하지 않고 임의로 소비하였다고 하더라도 횡령죄가 성립하지 않는다"(대법원 1999.6.11. 99도275).

537) "포주가 윤락녀와 사이에 윤락녀가 받은 화대를 포주가 보관하였다가 절반씩 분배하기로 약정하고도 보관 중인 화대를 임의로 소비한 경우, 포주와 윤락녀의 사회적 지위, 약정이 이르게 된 경위와 약정의 구체적 내용, 급여의 성격 등을 종합해 볼 때 포주의 불법성이 윤락녀의 불법성보다 현저히 크므로 화대의 소유권이 여전히 윤락녀에게 속하는 것이어서 포주가 이를 임의로 소비한 행위는 횡령죄를 구성한다"(대법원 1999.9.17. 98도2036).

538) 동산의 경우는 목적물을 인도해야 비로소 소유권이 매수인에게 이전되므로 인도전에 매도인이 이중매매 하더라

에게 중도금까지 받은 경우에는 매도인에게 등기협력의무 등이 인정되어 배임죄의 성립이 가능하다. (동산, 부동산) 이중매매의 경우 매도인의 배임죄 성부에 관해서는 배임죄에 관한 절에서 설명한다.

바) 명의신탁된 부동산 명의신탁된 부동산을 수탁자가 임의처분한 경우 부동산실명법상의 명의신탁계약의 효력 및 신탁부동산에 대한 물권변동의 효력, 그리고 명의신탁계약의 유형에 따라 다르게 평가될 수 있다. 이에 관해서는 관련문제에서 별도로 다룬다. 71

사) 재물이 타인성과 관련된 법률관계에 외국적 요소가 있는 경우 재물을 보관성은 물론이고 타인성의 여부는 원칙적으로 민법·상법 기타의 민사실체법에 의하여 결정된다. 하지만 당사자의 국적 주소 등이 외국과 밀접하게 관련되어 있어 외국적 요소가 있는 경우 어떤 준거법을 기준을 하여 재물의 소유권의 귀속관계를 결정하여야 하는지가 문제된다. 72

判 대법원은 "타인의 재물인가 등과 관련된 법률관계에 당사자의 국적·주소, 물건 소재지, 행위지 등이 외국과 밀접하게 관련되어 있어서 국제사법 제1조 소정의 외국적 요소가 있는 경우에는 다른 특별한 사정이 없는 한 국제사법의 규정에 좇아 정하여지는 준거법을 1차적인 기준으로 하여 당해 재물의 소유권의 귀속관계 등을 결정하여야 한다."고 한다.[539] 73

3) 행위 횡령하거나 반환을 거부하는 것이다. 74

(가) 횡령행위

가) 의의 '횡령행위'란 객관적으로 인식할 수 있는 방법으로 재물에 대한 불법영득의 의사를 표현하는 행위를 말한다(영득행위설). 단순한 내심의 의사결정만으로는 부족하고 불법영득의 의사가 외부에 표현되어야 한다(통설·판례).[540] 75

나) 횡령행위의 태양 횡령행위는 법률행위(매매, 증여, 대여, 교환, 입질 또는 전질, 저당권설정, 가등기설정, 양도담보설정, 채무변제충당, 예금인출, 소유권 주장의 소송제기)·사실행위(소비, 착복, 억류, 은닉, 반출, 대출, 휴대도주, 공유물 독점, 점유부인, 용법에 따른 임의사용)를 불문한다. 법률행위의 경우에는 그것의 유효·무효 또는 취소가능성 여부는 묻지 않는다. 76

도 횡령죄가 성립하지 않는다.

539) 대법원 2011.4.28. 2010도15350(대한민국 국민 또는 외국인이 미국 캘리포니아주에서 미국 리스회사와 미국 캘리포니아주의 법에 따라 차량 이용에 관한 리스계약을 체결하면서 준거법에 관하여는 별도로 약정하지 아니하였는데, 이후 자동차수입업자인 피고인이 리스기간 중 위 리스이용자들이 임의로 처분한 리스계약의 목적물인 차량들을 수입한 사안에서, 국제사법에 따라 위 리스계약에 적용될 준거법인 미국 캘리포니아주의 법에 의하면, 위 차량들의 소유권은 리스회사에 속하고, 리스이용자는 일정 기간 차량의 점유·사용의 권한을 이전받을 뿐이어서(미국 캘리포니아주 상법 제10103조 제a항 제10호도 참조), 리스이용자들은 리스회사에 대한 관계에서 위 차량들에 관한 보관자로서의 지위에 있으므로, 위 차량들을 임의로 처분한 행위는 형법상 횡령죄의 구성요건에 해당하는 위법한 행위로 평가되고 이에 의하여 영득된 위 차량들은 장물에 해당한다는 이유로, 피고인에게 장물취득죄를 인정한 원심판단의 결론을 정당하다고 한 사례임).

540) "횡령죄에 있어서의 불법영득의 의사라 함은 타인의 재물을 보관하는 자가 자기 또는 제3자의 이익을 꾀할 목적으로 업무상의 임무에 위배하여 보관하는 타인의 재물을 자기의 소유인 경우와 같이 사실상 또는 법률상 처분하는 의사를 의미하고, 반드시 자기 스스로 영득하여야만 하는 것은 아니다"(대법원 2000.12.27. 2000도4005).

77 判 대법원은 처분행위가 당연무효로서 애당초 처분행위의 실현가능성이 없어 소유권침해적 결과가 일어날 가능성이 없는 경우에는 횡령이 되지 않는다고 한다.[541] 그러나 이 죄를 침해범으로 해석하는 전제에서 보면, 결과발생 또는 그 가능성과는 무관하게 보관자의 처분행위가 있는 이상 횡령행위의 실행실행의 착수는 인정되지만 행위자의 수단의 오인에 기인한 불능미수로서 위험성유무에 따라 그 가벌성여부를 판단하는 것이 타당할 것으로 보인다.

78 횡령행위는 작위는 물론이고 부작위로도 가능하다. 사법경찰관이 착복의 의사로 피의자가 두고 간 물건에 대하여 영치절차를 밟지 않거나 압수물을 영치한 채 책상서랍에 그대로 두고 검사에게 송부하지 않을 때에는 부작위에 의한 횡령이 된다.

79 例 횡령죄 성립을 긍정한 판례: 대법원은 수개의 학교법인을 운영하는 자가 각 학교법인의 금원을 다른 학교법인을 위하여 사용한 경우, 각 학교법인은 별개의 법인격을 가진 소유주체이고, 단순한 예상항목 유용이나 장부상의 분식 또는 이동이라 할 수 없으므로 다른 학교로부터 전출한 금원보다 더 많은 금원을 유입하였다 해도 횡령죄의 성립을 긍정하였다(대법원 2000.12. 9. 99도214).

80 例 횡령죄의 성립을 부정한 판례: 대법원은 회사에 대하여 개인적인 채권을 가지고 있는 대표 이사가 회사를 위하여 보관하고 있는 회사 소유금전으로 이사회 승인 없이 자기의 채무변제에 충당하는 행위는 대표이사의 권한 내의 회사채무의 이행행위라는 이유로(대법원 2002.7.26. 2001도5459), 회사비자금을 타인이 발견하지 못하도록 장부상 분식한 행위는 횡령행위의 한 태양인 은닉에 해당하지만 그것만으로 불법영득의 의사가 인정될 수 없음을 근거로(대법원 1999.9. 17. 99도2889) 횡령죄의 성립을 부정하였다.

81 (나) 반환거부 반환거부는 횡령행위의 한 태양으로서 소유자의 반환요구에 대하여 정당한 사유 없이 소유자의 권리를 배제하는 의사표시를 말한다.[542] 횡령을 영득행위로 이해하는 이상, 반환거부도 영득이어야 하고 따라서 단순히 반환을 거부하였다는 사실만으로 부족하고, 불법영득의 의사가 외부적으로 인식될 수 있을 정도로 표시되어야 한다. 이를 판단하기 위해서는 반환거부의 이유 및 주관적 의사 등을 고려하여 거부행위가 횡령행위와 동일시될 수 있을 정도이어야 한다.[543] 소유권을 주장하여 민사소송을 제기한 때에는 반환거부가 외부로 표시된 것이 된다. 반환거부에 대해 정당한 사유(동시이행의 항변, 유치권행사 등)가 있으면 반환거부권이 인정되므로 불법영득의 의사가 없어 횡령행위가 될 수 없다.

82 例 반환거부가 긍정된 경우: ① 시 당국으로부터 벽돌 제조기를 무상으로 대여받은 자가 반환을 연기하면서 계속 사용하여 오다가 이를 타인에게 사용료를 받고 대여한 경우(대법원 1968.2. 20. 67도1456), ② 부동산의 매매계약금으로 수령한 돈을 자신의 피해자에 대한 채권의 변제에 충당한다는 명목으로 그 반환을 거부하면서 자기의 소유인 것 같이 이를 처분한 경우(대법원 2004.3.12. 2004도134), ③ 동산담보권자가 담보목적물을 보관하고 있음을 기화로 변제기전에 담보권의 범위를 벗어나서 담보물의 반환을 거부하거나 처분한 경우(대법원 2007.6.14. 2005도7880) 등.

83 例 반환거부가 부정된 경우: ① 임차인이 임차목적물인 점포를 나가면서 놓아둔 물건들을 임대인인 피고인

541) 대법원 1978.3.14. 77도2869; 대법원 1978.11.28. 75도2713.
542) 대법원 1986.10.28. 86도1516.
543) 대법원 1993.6.8. 93도874.

이 보관하면서 연체차임을 지급받기 전까지 반환을 거부한 경우(대법원 1992.11.27. 92도2079), ② 보관자의 지위에 있는 등기명의자가 명의이전을 거부하면서 부동산의 진정한 소유자가 밝혀진 후에 명의이전을 하겠다는 의사표시를 한 경우(대법원 2002.9.4. 2000도637) 등.

(다) 미수와 기수

가) 기수 **횡령죄의 기수시기**에 관해서는 ① 불법영득의사가 외부에 표현되기만 하면 기수가 된다는 견해[544](표현설)와 ② 불법영득의 의사가 표현되는 것만으로는 부족하고 그 의사가 실현되어야 기수가 된다는 견해[545](실현설)가 대립한다. 표현설에 따르면 매매계약의 체결 또는 청약의사의 표시만으로 횡령죄는 기수에 이른다고 하고, 실현설에 따르면 영득의사가 실현되어야 기수가 되고 매매계약의 체결이나 청약의 의사표시만 있는 경우에는 횡령죄의 미수가 될 뿐이라고 한다. 84

표현설은 횡령죄를 위험범으로 보는 견해와 무리 없이 이론적인 정합성을 유지할 수는 있다. 하지만 횡령죄의 본질을 영득행위설로 파악하면서도 횡령죄를 타인의 소유권침해를 내용으로 하는 '침해범'으로 보면서 미수범처벌규정의 존재의의를 고려하기 위해서는 실현설이 타당하다.[546] 실현설에 따르면 횡령죄의 기수시기는 영득의사가 실현된 소유권이전등기가 경료된 때(부동산) 또는 보관물을 제3자에게 인도한 때(동산)가 된다. 85

判 대법원은 횡령죄를 위험범으로 해석하는 전제하에서 그 기수시기도 표현설에 입각하여 판단한다. 이러한 태도는 횡령죄의 본질을 영득행위설에 입각하여 파악하고 있음에 기인한 것으로 보인다. 영득행위설은 횡령행위를 불법영득의 의사가 외부로 표현되는 행위로 해석하기 때문이다.[547] 그러면서도 대법원은 표현설을 일관되게 유지하지 못하고 실현설의 태도로 보이는 결론을 취하기도 한다. 부동산의 경우 기수시기에 대해서는 '소유권이전등기를 경료한 때 또는 저당권을 설정하여 근저당권설정등기를 마친 때'[548] 또는 '건물을 자기명의로 보존등기를 한 때'[549]라고 하기 때문이다. 86

---

544) 김성천/김형준, 503면; 배종대, §77/33; 박상기, 389면; 손동권/김재윤, §24/44; 이재상/장영민/강동범, §20/37; 임웅, 453면.

545) 김일수/서보학, 373면; 김종원, 255면; 오영근, §21/74; 이형국/김혜경, 493473면; 정성근/정준섭, 303면.

546) 다만 실현설을 취할 때 생기는 한 가지 이론적 취약점, 즉 불법영득의 의사를 초과주관적 구성요건요소로 보면 그 의사의 현실적(객관적)인 실현여부는 이 죄의 기수미수와 무관하다는 형법이론상의 문제점이 있다(손동권/김재윤, §24/44). 하지만 이 문제점은 횡령죄의 경우에 한하여 불법영득의사를 초과주관적 구성요건요소로 보지 않는 이론구성을 통해 해결할 수 있다. 횡령죄의 경우에는 횡령죄의 본질상(영득행위설) 횡령행위나 반환거부에 이미 불법영득의 의사가 내장되어 있는 것이기 때문에 불법영득의사를 초과주관적 구성요건요소가 아니라 고의의 내용으로 파악해야 한다는 점에 관해서는 후술한다.

547) "횡령죄는 다른 사람의 재물에 관한 소유권 등 본권을 그 보호법익으로 하고 본권이 침해될 위험성이 있으면 그 침해의 결과가 발생되지 아니하더라도 성립하는 이른바 위태범이므로, 다른 사람의 재물을 보관하는 사람이 그 사람의 동의 없이 함부로 이를 담보로 제공하는 행위는 불법영득의 의사를 표현하는 횡령행위로서 사법私法상 그 담보제공행위가 무효이거나 그 재물에 대한 소유권이 침해되는 결과가 발생하는지 여부에 관계없이 횡령죄를 구성한다"(대법원 2002.11.13. 2002도2219). "횡령죄의 구성요건으로서의 횡령행위란 불법영득의사를 실현하는 일체의 행위를 말하는 것으로서 불법영득의사가 외부에 인식될 수 있는 객관적 행위가 있을 때 횡령죄가 성립한다"(대법원 2004.12.9. 2004도5904).

548) 대법원 1985.9.10. 85도86.

549) 대법원 1993.3.9. 92도2999.

87 나) 미수 표현설의 입장에서 보면 불법영득의 의사가 외부적으로 표현되기만 하면 횡령죄는 기수가 되므로 실제로 미수가 인정되는 경우를 상정하기 어렵다. 하지만 실현설의 입장에서 보면 소유권 침해적 결과가 발생하지 않은 경우, 예컨대 매매신청 또는 계약만 한 경우나 주인의 심부름으로 수금한 돈(수령위탁금)을 가지고 도주하던 중에 되돌아 온 경우에는 미수가 된다.

88 判 대법원은 횡령죄를 침해범으로 보지 않고 위험범으로 해석하는 전제하에서 매매계약만 체결한 단계를 횡령기수로 인정하지 않고 횡령미수로 보기위해 소유권 침해의 위험이 구체적으로 발생하지 않았음을 근거로 삼고 있다.[550] 이에 따르면 대법원은 횡령죄를 구체적 위험범으로 보고 있다고 평가할 수 있다(앞의 보호법익 부분 참조).

(2) 주관적 구성요건

89 1) 고의 재물보관자의 지위를 인식하고 자기가 보관하고 있는 재물에 대한 횡령 또는 반환거부를 한다는 인식과 의사가 있어야 한다. 횡령행위의 본질상 고의의 내용에 불법영득의 의사도 포함된다.

90 2) 불법영득의사의 체계적 지위 절도죄, 강도죄, 사기죄, 공갈죄 등의 경우 재물에 대한 불법영득의 의사는 고의와 별개의 초과주관적 구성요건요소라고 해야 하지만,[551] 횡령죄는 영득죄임에도 불구하고 불법영득의사의 체계적 지위를 다른 영득죄의 경우와 다르게 독자적으로 파악해야 한다. 횡령죄 내지 횡령행위의 본질과 관련하여 영득행위설을 취하는 한 횡령이란 불법영득을 표현하는 행위이기 때문에 횡령의 고의는 개념필연적으로 불법영득의사를 내포하여야 하기 때문이다. 따라서 횡령죄의 경우에는 불법영득의 의사는 초과주관적 구성요건 요소로 자리매김하기 보다는 고의의 한 내용으로 파악하는 것이 타당하다.

91 3) 불법영득의사의 내용 불법영득의사가 인정되기 위해서는 소유물에 대한 소유자의 지위를 누리려는 의사라는 적극적 요소 외에도 소유자지위 배제의사도 요구되지만, 소유자지위 배제의사는 횡령죄의 행위태양(반환거부/횡령)에 따라 다르게 요구될 수 있다.

92 判 대법원도 '반환거부'의 경우에는 소유자 지위배제의사라는 소극적 요소에 초점을 맞춘다. 대법원은 '반환의 거부'라고 함은 "보관물에 대하여 소유자의 권리를 배제하는 의사표시를 하는 행위를 뜻하므로, 타인의 재물을 보관하는 자가 단순히 반환을 거부한 사실만으로는 횡령죄를 구성하는 것이 아니"[552]라고 하고 있다. 이와는 행위태양이 '횡령'인 경우에는 소유자 지위 향유의사는 적극적 요소가 결정적 요소로 요구된다. 이 점은 대법원이 횡령죄의 경우 불법영득의사를 "자기 또는 제3자의 이익을 꾀할 목적으로 위탁의 취지에 반하여 권한 없이 그 재물을 자기의 소유인 것 같이 처분하는 의사"[553]로 정의하고 있음에서 드러난다. 이러한 맥락에서 소유자지위 향유의사라는 적극적 요소는 반드시 행위자 자신이 누려야 할 필요 없이 제3자로 하여금 누리게 하더라도 불법영득의사는 인정되고, 타인 소유물을 사후에 이를 반환하거나 변상·전보하려는 의사가 있었어도 불법영득의 의

550) 대법원 2012.8.17. 2011도9133

551) 물론 이러한 죄들의 경우에도 불법'영득'의 의사가 아니라 불법'이득'의 의사는 고의의 내용으로 파악해야 한다.

552) 대법원 1993.6.8. 93도874.

553) 대법원 2004.3.12. 2004도134.

사를 부정하지 않는다.[554]

횡령죄는 점유침탈이나 점유이전이 없는 경우이므로 불법영득의사의 '불법'의 의미도 절 93
도죄, 강도죄, 사기죄 등의 경우와는 달리 행위태양의 불법을 의미하지 않는다.

判 대법원도 정당한 권리행사(담보권실행을 위해)로 보관중인 재물(양도담보물)을 임의처분하는 경우에는 94
처음부터 불법영득의사를 부정한다.[555] 이러한 취지에 따라 대법원은 '가처분결정에 의해 보관 중인 돈을 채권 확보책의 일환으로 은행에 예치한 경우'[556]나 '회사에 대해 개인적인 채권을 가지고 있는 대표이사가 이사회의 승인 없이 회사를 위해 보관하고 있던 회사소유의 금전으로 자신의 회사에 대한 채권변제에 충당한 경우'[557] 등에 대해서는 처음부터 불법영득의 의사를 부정하고 있다.

例 **불법영득의사가 긍정된 경우:** ① 회사의 경영자가 그 용도가 엄격하게 제한되어 있는 회사의 자금을 회 95
사를 위하여 용도 외로 사용한 경우(대법원 1997.4.22. 96도8), ② 위탁자를 위한 것이든 개인적 목적을 위한 것이든 금전을 용도의 전용을 한 경우(대법원 1999.7.9. 98도4088), ③ 수개의 학교법인을 운영하는 자가 각 학교법인의 금원을 다른 학교법인을 위하여 사용한 경우(대법원 2000.12.8. 99도214), ④ 대학총장이 업무수행에 있어 관계법령을 위반하여 형사재판을 받게 되자 법인의 이사장과 공모하여 법인자금 및 교비회계자금으로 자신의 개인적인 변호사비용을 지급한 경우(대법원 2003.5.30. 2002도235), ⑤ 회사의 대표이사가 일반투자자들이 투자하는 금원을 자신 또는 회사 임직원 명의의 차명계좌에 입금시켜 관리하다가 이사회의 결의나 정관절차 등을 거치지 않고 자의적으로 인출하여 주식매입용이나 대여금 등 개인적인 용도로 사용한 경우(대법원 2000.12.27. 2000도4005), ⑥ 1인주주회사의 1인주주가 회사소유의 금원을 자기소유의 다른 회사의 채무 변제를 위하여 지출하거나 그 다른 회사의 어음결제대금으로 사용한 경우(대법원 1996.8.23. 96도1525) 등.

例 **불법영득의사가 부정된 경우:** ① 보관물의 보관장소나 보관방법을 변경하는 경우(대법원 1979.9.25. 79도198), ② 위탁자 96
본인을 위하여 처분하는 경우(대법원 1982.3.9. 81도3009), ③ 상대방의 승낙을 받고 보관물을 임의처분하는 경우(대법원 1977.11.8. 77도1715), ④ 예산의 용도가 엄격하게 제한되어 있지 않은 상태에서 출장비를 지정용도 이외로 임의소비한 경우(대법원 2002.11.26. 2002도5130), ⑤ 법인의 대표자가 이사회에서 사전에 예비비의 전용결의가 아직 이루어지지 않은 상태에서 법인의 예비비를 전용하여 기관운영판공비, 회의비 등으로 사용한 경우(대법원 2002.2.5. 2001도5439), ⑥ 법인의 대표이사가 법인의 이사에 대해 내려진 직무집행정지가처분결정에 대항하여 항쟁할 여지도 있고 회사업무의 지장을 제거하기 위해 항쟁할 필요성도 있어서 법인의 경비에서 그 이사의 소송비용을 지급한 경우(대법원 2003.5.30. 2003도1174), ⑦ 회사가 신주를 발행하여 실제로는 타인으로부터 제3자 명의로 자금을 빌려 자신의 계산으로 신주를 인수하고 난 후 회사의 대표이사가 가지급금의 형식으로 회사의 자금을 인출하여 위 차용금 채무의 변제에 사용한 경우(대법원 2005.2.18. 2002도2822), ⑧ 소유자의 이익을 위하여 재물을 처분한 경우(대법원 2016.8.30. 2013도658) 등.

---

554) 대법원 2005.8.19. 2005도3045. 따라서 "주식회사의 대표이사가 자신의 다른 횡령사실을 감추기 위한 목적으로 가공의 공사대금을 지급한 것처럼 허위로 회계처리하면서 가공의 공사대금에 대한 부가가치세 명목으로 회사 자금을 임의로 지출한 경우에는 그로써 횡령죄는 기수에 달하는 것이며 그 후에 그 지출액 상당을 매입세액으로 환급받아 회사에 다시 입금하였다고 해서 이미 성립한 횡령죄에 영향을 미치지 아니한다"(대법원 2008.11.13. 2006도4885).

555) 대법원 1979.7.10. 79도1125.

556) 대법원 1974.10.22. 74도2678.

557) 대법원 1992.2.23. 98도2296.

3. 공범과 신분

(1) 비신분자가 횡령죄에 가담한 경우

97 횡령죄는 위탁관계에 의하여 타인의 재물을 보관하는 자만이 정범이 될 수 있는 진정신분범이다. 따라서 비신분자는 제33조의 적용을 받아 횡령죄의 공동정범, 교사범 또는 방조범은 될 수 있지만, 단독범의 형태나 간접정범의 형식으로 이 죄를 범할 수는 없다.

(2) 보관자와 업무상 보관자 간의 공범

98 단순횡령죄의 주체인 보관자(단순신분자)가 업무상 보관자(이중적 신분자)의 횡령행위에 가담하는 경우 단순신분자의 죄책과 처벌에 관해서도 해석상 다툼이 있다. 이 경우 단순신분자는 형법 제33조의 본문의 적용을 받아 업무상 횡령죄의 공동정범 등이 성립하지만 처벌은 단서가 적용되어 단순횡령죄의 법정형을 기준으로 삼는다(판례). 반대로 업무상 보관자가 단순보관자의 횡령에 가담한 경우에는 처음부터 업무상 보관자에 대해서는 형법 제33조 단서가 적용되어 업무상 횡령죄의 공동정범 등이 된다.

99 判 대법원은 횡령으로 인한 특가법 제5조 위반(국고등손실)죄의 경우 회계관계직원이라는 지위에 따라 형법상 횡령죄 또는 업무상 횡령죄에 대한 가중처벌을 규정한 것으로서 신분관계로 인한 형의 경중이 있는 경우로 본다. 이에 따르면 회계관계직원이라는 신분이 없는자가 회계관계직원의 특가법위반행위에 가담하면 제33조 단서가 적용된다.[558]

4. 죄수, 타죄와의 관계

(1) 죄수

100 1) 죄수결정의 기준 횡령죄의 죄수는 위탁관계의 수를 기준으로 판단해야 한다고 한다(통설·판례).[559] 이에 따르면 한 개의 행위로 수인으로부터 위탁받은 재물을 횡령한 때에는 수죄의 상상적 경합이 되지만, 일인으로부터 위탁받은 수인 소유의 재물을 횡령하여도 위탁관계가 한 개이기 때문에 일죄가 된다. 수개의 횡령행위라고 하더라도 '피해법익이 단일하고, 범죄의 태양이 동일하며, 단일한 범의의 발현에 기인하는 일련의 행위라고 인정되는 때에 포괄하여 1개의 범죄가 성립'하고, 수개의 (업무상)횡령행위 도중에 '공범자의 변동이 있는 경우'라도 위 포괄일죄의 요건을 충족하면 포괄일죄가 된다.[560]

101 하지만 횡령죄의 보호법익은 비전속적 법익이기 때문에 위탁관계가 수개 있어도 포괄일죄의 인정요건을 구비하면 일죄가 된다고 하는 것이 이론적으로 타당하다.

102 2) 불가벌적 사후행위 횡령죄는 그 보호법익이 소유권이고, 상태범적 성격을 가지므로

558) 대법원 2020.10.29. 2020도3972.
559) 대법원 1979.8.28. 79도161.
560) 대법원 2009.2.12. 2006도6994.

횡령행위가 종료된 후에 행하여진 횡령물의 처분행위는 불가벌적 사후행위가 되므로 별도로 범죄를 구성하지 않지만,[561] '새로운 법익침해'가 있는 경우에는 별도의 범죄를 구성한다.[562]

判 대법원은 종래 선행 횡령행위가 있은 후 동일 목적물에 대한 후행 횡령행위는 해당 목적물에 대한 소유권에 관한 한 새로운 법익을 침해하는 행위가 아니므로 불가벌적 사후행위로 인정해 왔다 그러나 대법원은 '타인의 부동산을 보관 중인 자가 불법영득의사를 가지고 그 부동산에 근저당권설정등기를 경료하여 일단 횡령행위가 기수에 이른 후 같은 부동산에 별개의 근저당권을 설정'한 사례의 경우 재차의 근저당권 설정행위가 불가벌적 사후행위가 아니라 새로운 횡령죄를 구성하는 것으로 그 태도를 변경하였다[563] 대법원은 재차의 근저당권 설정행위의 불가벌적 사후행위성을 부정하기 위해 '위험의 증가' 또는 '선행처분행위와 무관한 방법'으로 재차의 처분행위가 이루어진 점을 결정적인 논거를 사용하고 있다. 그러나 횡령죄가 '재물에 대한 소유권'의 침해(또는 침해의 위험성)를 본질적 불법내용으로 하는 것이라면 단순히 위험증가가 있을 뿐인 경우는 질적인 측면에서의 새로운 불법이 아니라 불법의 양적 증대가 있는 경우에 지나지 아니하고, 목적물이 동일한 이상 처분의 방법이 소유권 법익을 침해하는 행위에 결정적인 의미를 가지는 것도 아니다. 따라서 대법원이 새로운 법리가 새로운 법익침해라는 종래의 요건을 대체하기는 어려울 것으로 보인다. 103

3) 제3자의 죄책　횡령행위자의 횡령행위를 통해 당해 재물을 양수하거나 담보제공받는 제3자의 경우 처음부터 행위자와 짜고 이를 불법영득하기로 공모하지 아니한 이상 횡령죄의 공동정범은 될 수 없고 장물죄로 처벌될 수 있을 뿐이다.[564] 104

(2) 타죄와의 관계

1) 사기죄와의 관계　재물의 보관자가 영득의 의사로 상대방을 기망하여 영득행위를 완성한 때에는 상대방에게 재산적 처분행위를 시킨 것이 아니므로 횡령죄만 성립한다.[565] 횡령한 재물을 이용하여 타인을 기망하고 타인의 재물을 편취한 때에는 횡령죄 외에 새로운 사기죄가 성립하고 양자는 경합범이 된다. 위탁자로부터 위탁받은 재물을 이용하여 제3자를 기망하여 사기죄를 성립시킨 후 다시 그 위탁물을 영득한 경우에는 제3자에 대한 사기죄와 별도로 위탁자에 대한 횡령죄가 성립한다.[566] 105

2) 배임죄와의 관계　회사의 대표이사가 자신의 채권에 대해 회사로 하여금 연대 보증 106

561) 대법원 1998.2.24. 97도3282.

562) "명의신탁 부동산의 일부에 대하여 수탁자가 토지보상금 중 일부를 착복하고, 이어서 수용되지 않은 나머지 부동산에 대한 반환거부를 한 때에 나머지 부동산에 대한 새로운 법익침해가 있어 별개의 횡령죄가 성립한다"(대법원 2001.11.27. 2000도3463).

563) "(생략) 후행 처분행위가 이를 넘어서서, 선행 처분행위로 예상할 수 없는 새로운 위험을 추가함으로써 법익침해에 대한 위험을 증가시키거나 선행 처분행위와는 무관한 방법으로 법익침해의 결과를 발생시키는 경우라면, 이는 선행 처분행위에 의하여 이미 성립된 횡령죄에 의해 평가된 위험의 범위를 벗어나는 것이므로 특별한 사정이 없는 한 별도로 횡령죄를 구성한다고 보아야 한다"(대법원 2013.2.21. 2010도10500 전원합의체).

564) "부동산의 등기명의수탁자가 명의신탁자의 승낙 없이 이를 제3자에게 양도 또는 담보제공함으로써 횡령죄가 성립하는 경우에 그것을 양수하거나 담보제공받는 자는 비록 그와 같은 사정을 알고 있다 하더라도 처음부터 수탁자와 짜고 이를 불법영득하기로 공모하지 아니한 이상 그 횡령죄의 공동정범이 될 수 없다"(대법원 1985.6.25. 85도1077).

565) 대법원 1980.12.9. 80도1177.

566) 대법원 1998.4.10. 97도3057.

채무를 부담하게 하여 배임죄를 범한 후, 회사의 자금을 임의로 인출하여 개인채무를 변제한 경우에는 별도의 횡령죄가 성립한다.[567] 그러나 회사의 대표이사가 자신의 채권자에게 차용금에 대한 담보로 회사 명의 정기예금에 질권을 설정해 줌으로써 배임죄가 되었다면, 그 후 그 대표이사가 자신의 채권자가 위 정기예금 계좌에 입금되어 있던 회사 자금을 인출하는데 동의하여 회사자금이 인출되게 되었더라도 그 예금인출행위는 배임죄의 불가벌적 사후행위가 되고 별도로 횡령죄가 인정되지 않는다.[568]

107 3) 강제집행면탈죄와의 관계 타인의 재물을 보관하는 자가 그 재물을 영득한 것이 그 타인의 채권자들의 강제집행을 면탈한 결과를 가져온 경우 횡령죄 외에 채권자들의 채권이라는 추가적 보호법익이 침해되었으므로 강제집행면탈죄도 별도로 성립(및 양죄의 상상적 경합)하는지가 문제된다. 횡령죄에서 타인의 소유물에 대한 영득행위가 진의에 기반한 행위인 이상, 이것이 강제집행면탈죄의 은닉 또는 허위양도에 해당하는 것은 아니므로 횡령죄만 성립하고 강제집행면탈죄는 성립하지 않는다.

108 判 대법원도 강제집행면탈죄에 있어서 은닉이라 함은 강제집행을 면탈할 목적으로 강제집행을 실시하는 자로 하여금 채무자의 재산을 발견하는 것을 불능 또는 곤란하게 만드는 것을 말하는 것으로서 진의에 의하여 재산을 양도하였다면 설령 그것이 강제집행을 면탈할 목적으로 이루어진 것으로서 채권자의 불이익을 초래하는 결과가 되었다고 하더라도 강제집행면탈죄의 허위양도 또는 은닉에는 해당하지 않는다고 한다.[569]

109 4) 뇌물죄와의 관계 회사의 이사가 회사자금으로 뇌물을 공여한 경우, 뇌물공여가 증뢰죄에 해당하지만, 그 뇌물공여행위가 회사인 본인을 위한 것이라면 별도로 횡령죄의 성립을 부정할 수 있는지가 문제된다.

110 判 대법원은 회사의 이사 등이 업무상의 임무에 위배하여 보관 중인 회사의 자금으로 뇌물을 공여하였다면 이는 오로지 회사의 이익을 도모할 목적이라기보다는 뇌물공여 상대방의 이익을 도모할 목적이나 기타 다른 목적으로 행하여진 것이라고 보아야 하므로, 그 이사 등은 회사에 대하여 업무상 횡령죄의 죄책을 져야 한다고 하고, 이러한 법리는 회사의 이사 등이 회사의 자금으로 부정한 청탁을 하고 배임증재를 한 경우에도 마찬가지로 적용된다고 한다.[570]

111 5) 장물죄와의 관계 횡령으로 이미 영득한 장물을 취득하는 자에 대해서는 장물취득죄가 성립하고, 횡령을 교사한 후 다시 그 횡령물을 취득하면 횡령죄의 교사범과 장물취득죄

567) 대법원 2011.4.14. 2011도277.

568) 대법원 2012.11.29. 2012도10980.

569) 대법원 2000.9.8. 2000도1447.

570) "회사가 기업활동을 하면서 형사상의 범죄를 수단으로 하여서는 안 되므로 뇌물공여를 금지하는 법률 규정은 회사가 기업활동을 할 때 준수하여야 하고, 따라서 회사의 이사 등이 업무상의 임무에 위배하여 보관 중인 회사의 자금으로 뇌물을 공여하였다면 이는 오로지 회사의 이익을 도모할 목적이라기보다는 뇌물공여 상대방의 이익을 도모할 목적이나 기타 다른 목적으로 행하여진 것이라고 보아야 하므로, 그 이사 등은 회사에 대하여 업무상 횡령죄의 죄책을 면하지 못한다. 그리고 특별한 사정이 없는 한 이러한 법리는 회사의 이사 등이 회사의 자금으로 부정한 청탁을 하고 배임증재를 한 경우에도 마찬가지로 적용된다."(대법원 2013.4.25. 2011도9238).

의 경합범이 된다.

장물보관을 의뢰받은 자가 장물인 점을 알면서 이를 보관하거나 그 장물을 영득 내지 임의처분한 경우 ① 보관위탁된 장물을 불법원인급여물로 이해하여 장물보관죄(또는 장물취득죄) 외에 횡령죄도 별도로 성립하고 양죄가 실체적 경합관계에 있다는 견해[571]가 있다. 하지만 ② 불법원인급여물에 대해서는 횡령죄의 성립을 인정할 수 없고 영득행위는 불가벌적 사후행위에 불과하기 때문에 장물취득죄만 성립하는 것으로 보아야 한다(다수설). 112

判 대법원은 장물보관의뢰를 받은 자에게 장물보관죄가 성립하는 때에는 이미 그 소유자의 소유물추구권을 침해하였으므로 그 후의 횡령행위는 불가벌적 사후행위에 불과하여 별도로 횡령죄를 구성하지 않는다고 한다.[572] 이에 따르면 장물보관을 의뢰받은 자가 장물을 영득하거나 임의로 처분하더라도 '장물취득죄'만 성립(장물을 보관하다가 취득하면 장물취득죄만 성립함)하고 횡령죄는 별도로 성립하지 아니한다. 113

상대방이 보관중인 물건을 임의처분하려는 자로부터 그 사실을 알면서도 매수하는 경우에도 악의의 매수자에게 ① 장물취득죄를 인정하는 견해[573]와 ② 횡령죄의 공범을 인정하는 견해[574]가 대립한다. 114

判 대법원은 목적물이 동산의 경우와 부동산의 경우 그 법리구성을 달리하고 있다. 동산의 경우에는 "횡령죄의 구성요건으로서의 횡령행위란 불법영득의사를 실현하는 일체의 행위를 말하는 것으로서 불법영득의사가 외부에 인식될 수 있는 객관적 행위가 있을 때 횡령죄가 성립하는 것"으로서, 보관자의 임의처분의 목적물이 된 물건은 더 이상 횡령행위에 제공된 물건이 아니라 횡령행위로 취득한 재물 그 자체 이므로, 물건의 교부 자체가 기수임과 동시에 그 물건은 장물이 된다. 따라서 이를 악의의 매수자가 취득하면 장물취득죄의 성립을 인정한다.[575] 반면에 대법원은 부동산의 경우에는 횡령죄의 성립(기수)시기를 불법영득의 의사가 외부에 표시되는 처분행위 시점(예, 계약시)으로 보지 않고, '등기이전이 경료된 때' 본다. 따라서 매도인의 처분의사가 외부에 표시되는 단계에서 이를 알고 취득하는 악의의 매수자에게는 사정에 따라 횡령죄의 공범(또는 공동정범)의 성립이 인정되어야 할 것이다. 115

대법원이 동산의 경우에는 '표현설'에 입각한 것으로 보이는 반면, 부동산의 경우 '실현설'에 따르고 있는 것으로 보인다. 만약 동산의 경우에도 표현설 대신 실현설에 따른다면, 아직 횡령행위의 성립(기수)이 인정되지 않은 단계에서 임의처분의 목적물이 된 물건은 장물이 될 수 없고, 따라서 이를 매수한 제3자는 공범성립의 요건을 구비할 것을 조건으로 횡령죄의 공범(또는 공동정범) 성립을 인정하는 것이 타당하다. 116

571) 임웅, 454면.
572) "절도범인으로부터 장물보관의뢰를 받은 자가 그 정을 알면서 이를 인도받아 보관하고 있다가 임의처분하였다 하여도 장물보관죄가 성립하는 때에는 이미 그 소유자의 소유물 추구권을 침해하였으므로 그 후의 횡령행위는 불가벌적 사후행위에 불과하여 별도로 횡령죄가 성립하지 않는다"(대법원 1976.11.26. 76도3067).
573) 김일수/서보학, 380면; 배종대, §77/40; 정성근/정준섭, 306면.
574) 이재상/장영민/강동범, §20/44; 이형국/김혜경, 476면.
575) 대법원 2004.12.9. 2004도5904

5. 관련문제(명의신탁·양도담보·매도담보)

(1) 명의신탁의 법리와 수탁자의 죄책

117 **1) 명의신탁의 의의** 명의신탁이란 신탁자와 수탁자간의 약정에 따라 대내적 관계에서는 신탁자가 부동산에 대하여 실질적 소유권(기타 물권)을 보유하면서 형식적 등기상으로만 수탁자를 명의인으로 해 두는 것을 말한다. 명의신탁에 있어 수탁자가 자기명의로 되어 있는 부동산을 신탁의 취지에 반하여 제3자에게 임의로 매각(저당권설정)하였을 때 그 제3자에 대한 관계에서 수탁자를 소유자라고 할 수 있느냐에 따라 횡령죄의 성립여부가 결정된다.

118 **2) 명의신탁제도의 변천약사略史** 종래 우리나라의 판례는 명의신탁과 관련하여 대내적으로만 신탁자가 소유자이고, 대외적 관계에서는 수탁자의 소유를 인정하였다(소유권의 관계적 귀속론). 그 결과 수탁자가 그 부동산을 임의처분한 경우 횡령죄의 성립을 부정[576]한 적도 있었으나,[577] 대내관계에서는 수탁자가 여전히 신탁자소유의 재물을 보관하는 자이기 때문에 횡령죄를 인정하는 것으로 방향을 바꾸었다.[578]

119 하지만 1980년대 후반부터 부동산관리 처분상의 편의를 위해 실무상 인정되어온 명의신탁제도가 본래의 취지와는 달리 조세포탈, 부동산은닉, 부동산투기, 불법상속 등 탈법수단으로 악용되는 경향이 격심해졌다. 이에 명의신탁의 악용사례의 강력한 규제를 위해 1995.3.30. '부동산실권리자명의등기에관한법률'(이하 '부동산실명법'이라 약칭함)을 제정하고, 1995.7.1부터 시행에 들어갔다.

120 **3) 부동산실명법 이후의 명의신탁제도와 횡령죄의 성부** 부동산실명법은 부동산물권변동을 수탁자 명의로 등기하는 명의신탁 약정을 무효로 하고, 금지하는 명의신탁 약정에 따라 행하여진 부동산 물권변동도 무효라고 규정하고 있다(제4조). 하지만 부동산실명법은 종중이 보유한 부동산에 관한 물권을 종중 이외의 자의 명의로 등기하는 경우 및 배우자 명의로 부동산에 관한 물권을 등기하는 경우에는 조세포탈, 강제집행의 면탈 또는 법령상 제한의 회피를 목적으로 하지 않는 한 허용되는 유효한 명의신탁이 되는 것으로 규정하고 있다(제8조). 이와 같이 종래 유효한 것으로 인정되어 오던 명의신탁제도가 법률상 '허용되는 명의신탁'과 '금지되는 명의신탁'으로 이원화됨에 따라 명의신탁된 부동산을 임의처분(혹은 반환거부)한 수탁자에

576) "명의신탁 받은 부동산을 임의로 처분한 경우에 배임죄를 구성함은 별론으로 하고 횡령죄를 구성하는 것은 아니다"(대법원 1970.8.30. 70도1434).

577) 대외적 관계에서 수탁자를 소유자로 인정한 결과 수탁자로부터 그 부동산을 매수한 제3자는 명의신탁 사실을 몰랐는지(선의) 알았는지(악의) 상관없이 적법한 소유권 취득이 인정되었다.

578) 대법원 1971.6.22. 71도740 전원합의체(종중 소유 부동산에 대한 명의수탁자가 그 부동산을 임의매각한 사례에서 횡령죄를 인정하고 종전 판례를 폐기하였다). 그 후 대법원 1987.2.10. 86도1607 판결 등에서 위 전원합의체 판결의 취지대로, 부동산보관자라 함은 '부동산에 대한 점유를 기준으로 할 것이 아니고 그 부동산을 제3자에게 유효하게 처분할 수 있는 권능의 유무를 기준으로 하여 결정하여야 할 것이다'라고 하면서 명의수탁자에 대한 보관자의 지위를 인정하여 왔다.

대해 종래와 같이 횡령죄의 죄책을 인정할 수 있는지에 관한 논의가 좀 더 복잡한 양상을 띠게 되었다.

(가) 허용되는 명의신탁의 경우 ① 부동산실명법의 입법취지를 명의신탁의 경우 종래의 '소유권의 관계적 귀속론'도 모두 폐기하는 것으로 이해하는 견해[579]가 있다. 이에 따르면 명의신탁이 허용되는 부동산(종중이 보유한 부동산과 배우자의 부동산)을 수탁자(종중이외의 자, 또는 배우자 중 일방)가 임의로 처분하면 횡령죄는 성립하지 않고 배임죄가 성립될 뿐이라고 한다. 하지만 ② 부동산실명법이 금지되는 명의신탁의 예외로 허용되는 명의신탁제도를 유지하고 있음은 그러한 예외에 대해 종래의 법률관계를 그대로 인정하는 취지라고 이해해야 한다. 따라서 '종중이 보유한 부동산'과 '배우자의 부동산'에 대해 명의신탁을 받은 수탁자가 이를 임의로 처분한 경우 종래의 명의신탁의 법리를 적용하여 수탁자는 신탁자와의 관계에서 '자기보관, 타인소유의 재물'을 임의처분한 것이 되므로 횡령죄의 죄책을 져야 한다.[580] 121

判 대법원도 부동산등기실명법상 허용되는 명의신탁 사안(종중 부동산 명의신탁)에 대해 횡령죄 성립을 긍정하였다.[581] 더 나아가 대법원은 부동산등기실명법에서 허용되는 명의신탁의 경우 그 부동산의 명의수탁자의 지위를 포괄승계한 상속인도 부동산 보관자가 될 수 있고 횡령죄의 주체가 될 수 있다[582]는 태도를 취해왔다. 그러나 금지되는 2자간 명의신탁의 경우 2016도18761 전원합의체를 통해 횡령죄 성립이 부정된 판결 이후 '허용되는 명의신탁' 관련 사례에 대한 대법원 판결은 아직 없지만 횡령죄 성립을 긍정한 종래의 대법원 판결을 따르고 있는 하급심 판결[583]은 있다. 122

(나) 금지되는 명의신탁의 경우 부동산실명법상 허용되는 명의신탁 이외의 명의신탁은 신탁자와 수탁자간의 명의신탁약정도 무효이고 그에 기초해서 이루어진 등기에 의한 부동산물권변동도 무효로 된다. 이에 따라 명의신탁의 유형별로 명의신탁된 부동산을 임의처분한 수탁자의 죄책문제를 검토하면 다음과 같다. 123

가) 2자간 명의신탁의 경우 2자간 명의신탁이란 부동산의 실소유자인 신탁자가 수탁자와 명의신탁약정을 맺고 그 약정에 의하여 신탁자로부터 수탁자 명의로 등기를 이전하는 경우를 말한다. 이러한 경우 **명의수탁자가 부동산을 임의처분할 경우** ①신탁자가 수탁자에게 부동산실명법에 위반한 불법원인급여를 한 것이므로 수탁자에게 소유권이 귀속하여 횡령죄는 성립하지 않는다는 견해[584](횡령죄부정설)와 ② 부동산실명법은 소유권이전등기가 무 124

579) 임웅, 435면.

580) 김일수/서보학, 363면; 손동권/김재윤, §24/33; 이재상/장영민/강동범, §20/27.

581) 종래 허용되는 명의신탁(의 경우 수탁자에게 횡령죄의 성립을 인정하는 판결로는 대법원 2013.2.21. 2010도10500 전원합의체.

582) "위 임야의 사정명의자로서 명의수탁자인 조부가 사망함에 따라 그의 자인 부가, 또 위 부가 사망함에 따라 피고인이 각 그 상속인이 됨으로써 피고인은 위 임야의 수탁관리자로서의 지위를 포괄승계한 것이어서, 피고인은 위 임야를 유효하게 처분할 수 있는 보관자로서의 지위를 취득하였다고 할 것이다"(대법원 1996.1.23. 95도784).

583) 인천지법 2021.7.15. 2020노4736 참조.

584) 박상기, 381면; 오영근, §21/61.

효라고 하고 있으므로 그 부동산의 소유권은 당연히 신탁자에게 귀속하고 수탁자는 부동산 보관자에 해당하여 횡령죄가 성립한다는 견해(횡령죄긍정설; 다수설)가 대립해왔다. 횡령죄설에 의하면 수탁자는 횡령죄 외에 부동산실명법위반죄(동법 제7조 제2항, 제3조 제1항)도 성립하고 경합범이 된다.

125 判 대법원은 종래 부동산실명법의 취지가 명의신탁을 금지하여 부동산거래의 투명성을 확보하는 데 있고 수탁자가 소유권을 취득할 수 있다는 의미가 아니라는 전제하에서 횡령죄 성립을 긍정하였다.[585] 그러나 대법원은 2021.2.18. 전원합의체 판결에서 부동산실명법에 위반한 이른바 양자간 명의신탁의 경우에도, 중간생략등기형 명의신탁에 관한 2014도6992 전원합의체 판결의 법리를 그대로 따르면서 수탁자의 보관자의 지위를 부정하는 태도를 취함으로써 횡령죄의 성립을 부정하는 태도로 입장을 바꾸었다.[586] 그러나 이 법리는 금지되는 명의신탁의 경우에 관한 것이므로 법률상 '허용되는 명의신탁'(종중 또는 배우자 부동산에 대한 명의신탁)은 물론이고 기타 허용되는 명의신탁(예, 공유자 명의의 공유지분 등기)의 경우에는 여전히 횡령죄의 성립을 인정하는 법리가 유지될 것으로 보인다.[587]

126 **나) 제3자간 등기명의신탁(중간생략등기형)의 경우** 제3자간 등기명의신탁이란 신탁자가 매수인이 되어 부동산의 원소유자인 매도인과 매매계약을 체결하면서 다만 등기를 매도인으로부터 신탁자에게 이전하지 않고 — 명의신탁약정을 맺은 — 수탁자 앞으로 직접 이전하는 경우를 말한다. 신탁자 앞으로 등기이전을 생략하고 있기 때문에 중간생략등기형 명의신탁이라고 하기도 한다.

127 중간생략등기형 명의신탁에 있어서도 부동산실명법에 따라 신탁자와 수탁자 간의 명의신탁약정은 무효이고, 수탁자 앞으로의 소유권이전 등기도 무효가 되어 수탁자는 소유권을 취득하지 못한다. 그러나 중간생략등기형의 경우는 아래의 매수위임형의 경우와 달리 신탁자가 매도인과 직접 부동산매매계약을 하는 것이므로 매매계약은 여전히 유효하고, 따라서 신

---

585) "부동산을 소유자로부터 명의신탁을 받아 소유권이전등기를 경료한 후 이를 임의처분하면 명의신탁자에 대한 횡령죄가 성립하며, 그 명의신탁이 부동산실권리자명의등기에관한법률 시행전에 이루어졌고, 같은 법이 정한 유예기간 이내에 실명등기를 하지 아니함으로써 그 명의신탁 약정 및 이에 따라 행하여진 등기에 의한 물권변동이 무효로 된 후에 처분행위가 이루어졌다고 하여 달리 볼 것이 아니다"(대법원 2000.2.22. 99도5227).

586) "형법 제355조 제1항이 정한 횡령죄에서 보관이란 위탁관계에 의하여 재물을 점유하는 것을 뜻하므로 … 횡령죄의 본질이 신임관계에 기초하여 위탁된 타인의 물건을 위법하게 영득하는 데 있음에 비추어 볼 때 위탁관계는 횡령죄로 보호할 만한 가치 있는 신임에 의한 것으로 한정함이 타당하다(대법원 2016.5.19. 선고 2014도6992 전원합의체 판결 참조). … 이른바 양자간 명의신탁의 경우, 계약인 명의신탁약정과 그에 부수한 위임약정, 명의신탁약정을 전제로 한 명의신탁 부동산 및 그 처분대금 반환약정은 모두 무효이다. 나아가 명의신탁자와 명의수탁자 사이에 무효인 명의신탁약정 등에 기초하여 존재한다고 주장될 수 있는 사실상의 위탁관계라는 것은 부동산실명법에 반하여 범죄를 구성하는 불법적인 관계에 지나지 아니할 뿐 이를 형법상 보호할 만한 가치 있는 신임에 의한 것이라고 할 수 없다"(대법원 2021.2.18. 2016도18761 전원합의체).

587) "구분 소유하고 있는 특정 구분 부분별로 독립한 필지로 분할되는 경우에는 특별한 사정이 없는 한 각자의 특정 구분부분에 해당하는 필지가 아닌 나머지 각 필지에 전사된 공유자 명의의 공유지분 등기는 더 이상 당해 공유자의 특정 구분부분에 해당하는 필지를 표상하는 등기라고 볼 수 없고, 각 공유자 상호 간에 상호 명의신탁 관계만이 존속하므로, 각 공유자는 나머지 각 필지 위에 전사된 자신 명의의 공유지분에 관하여 다른 공유자에 대한 관계에서 그 공유지분을 보관하는 자의 지위에 있다." 따라서 공유자 중 한 사람이 위 지분에 근저당권을 설정하는 행위는 횡령죄를 구성한다(대법원 2014.12.24. 2011도11084).

탁자는 유효한 매매계약에 기초하여 매도인에게 소유권이전등기를 청구할 수 있다.[588] **이 경우 수탁자가 부동산을 임의처분한 경우** ① 신탁자에 대한 배임죄만 성립한다는 견해[589](배임죄설)와 ② 횡령죄가 성립한다는 견해(횡령죄설, 다수설)가 대립하였다.

判 종래 대법원은 중간생략등기형의 경우수탁자는 소유자인 신탁자와의 사이에서 명의신탁약정에 기한 부동산의 보관자가 될 수 있다고 하면서 횡령죄의 성립을 인정하였다.[590] 하지만 2016년 대법원 전원합의체 판결은 명의수탁자는 "소유자도 아닌 명의신탁자에 대하여 직접 신탁부동산의 소유권을 이전할 의무를 부담하지 않기 때문에 타인의 재물을 보관하는 자의 지위에 있다고 볼 수 없다"는 이유로 횡령죄의 성립을 부정하였다.[591] "명의신탁자가 매매계약의 당사자로서 매도인을 대위하여 신탁부동산을 이전받아 취득할 수 있는 권리 기타 법적 가능성을 가지고 있기는 하지만," 그것만으로 명의신탁자를 사실상 또는 실질적 소유자라고 평가할 수 없고, "명의신탁자와 명의수탁자 사이에 위탁신임관계를 근거지우는 계약인 명의신탁 약정 또는 이에 부수한 위임약정이 무효임에도 불구하고 횡령죄 성립을 위한 사무관리·관습·조리·신의칙에 기초한 위탁신임관계도 있다고 할 수 없(으며)", 양자 사이의 사실상의 위탁관계 역시 "부동산실명법에 반하여 범죄를 구성하는 불법적인 관계에 지나지 아니할 뿐 형법상 보호할 만한 가치있는 신임에 의한 것이라고 할 수 없(기)" 때문임을 근거로 하였다. 128

다) 계약명의신탁(매수위임형)인 경우 계약명의신탁이란 수탁자가 신탁자와 명의신탁약 129
정을 맺은 후 신탁자의 위임에 따라 매매계약의 당사자가 되어(매수위임), 부동산의 원소유자(매도인)와 부동산매매계약을 체결하고 그 등기도 수탁자의 명의로 하는 경우를 말한다. 계약명의신탁의 경우에는 위임을 받은 수탁자가 매수인으로서 매매계약의 전면에 등장하므로 매도인인 원소유자가 신탁자와 수탁자 사이의 명의신탁사실을 모르고 있는 경우(선의)도 있고, 알고 있는 경우(악의)도 있다.

(a) 매도인이 선의인 경우— 매도인이 명의신탁임을 모르고 매매계약을 체결한 경우 매도인 130
이 선의인 경우는 명의신탁 약정은 무효가 되지만, 수탁자와 매도인 사이의 매매계약 및 그에 따른 부동산 소유권 이전등기는 유효하다(제4조 제2항 단서). 따라서 수탁자는 원소유자인 매도인뿐만 아니라 신탁자에 대한 관계에서도 유효하게 부동산의 소유권을 취득하므로 횡령죄는 성립할 여지는 없고,[592] 배임죄의 성부만 문제된다. 종래 매도인이 선의인 경우 수탁자가 명의신탁

---

588) "부동산실권리자명의등기에관한법률에 의하면, 이른바 3자간 등기명의신탁의 경우 같은 법에서 정한 유예기간 경과에 의하여 기존 명의신탁약정과 그에 의한 등기가 무효로 되고 그 결과 명의신탁된 부동산은 매도인 소유로 복귀하므로, 매도인은 명의수탁자에게 무효인 그 명의 등기의 말소를 구할 수 있게 되고, 한편 같은 법은 매도인과 명의신탁자 사이의 매매계약의 효력을 부정하는 규정을 두고 있지 아니하여 유예기간 경과 후로도 매도인과 명의신탁자 사이의 매매계약은 여전히 유효하므로, 명의신탁자는 매도인에 대하여 매매계약에 기한 소유권이전등기를 청구할 수 있고, 그 소유권이전등기청구권을 보전하기 위하여 매도인을 대위하여 명의수탁자에게 무효인 그 명의 등기의 말소를 구할 수도 있다."(대법원 2002.3.15. 2001다61654).

589) 김일수/서보학, 366면.

590) 대법원 2002.2.22. 2001도6209 등.

591) "명의신탁자가 매수한 부동산에 관하여 부동산실명법을 위반하여 명의수탁자와 맺은 명의신탁약정에 따라 매도인에게서 바로 명의수탁자 명의로 소유권이전등기를 마친 이른바 중간생략등기형 명의신탁을 한 경우, 명의신탁자는 신탁부동산의 소유권을 가지지 아니하고, 명의신탁자와 명의수탁자 사이에 위탁신임관계를 인정할 수도 없다. 따라서 명의수탁자가 명의신탁자의 재물을 보관하는 자라고 할 수 없으므로, 명의수탁자가 신탁받은 부동산을 임의로 처분하여도 명의신탁자에 대한 관계에서 횡령죄가 성립하지 아니한다"(대법원 2016.5.19. 2014도6992 전원합의체).

된 부동산을 임의처분한 경우의 형사책임에 대해 ① 배임죄 긍정설(다수설), ② 배임죄 부정설[593]이 대립하였다.

131 判 대법원은 수탁자는 명의신탁부동산의 소유자이고, 보관자가 될 수 없음을 근거로 횡령죄의 성립을 부정해 오다가,[594] 수탁자에게 타인사무처리자로서의 지위를 인정할 수 없다는 이유로 배임죄의 성립도 부정하는 태도를 분명히 하였다.[595] 그러나 명의신탁 약정 및 그에 기한 부동산 매입 위임 약정의 무효를 근거로 신임관계까지 부정하면서 배임죄의 성립을 부정하는 대법원의 태도는 "배임죄의 사무처리의 근거가 되는 법률행위가 무효인 때에도 사실상의 신임관계는 존재할 수 있다."는 대법원의 법리에 배치되는 측면이 있다.

132 判 다른 한편 최근 대법원이 중간생략등기형의 경우 수탁자에게 횡령죄 성립 부정을 위해 세운 법리(수탁자와 신탁자 사이의 '사실상'의 위탁관계가 인정되더라도 이러한 관계는 '부동산실명법상 범죄를 구성하는 불법적인 관계' 형법상 보호할 가치 없는 위탁관계에 불과하므로 수탁자에게 보관자로서의 지위를 부정해야 한다는 법리)는 배임죄의 신임관계 및 타인사무처리자의 인정여부와 관련한 법리("반사회질서에 기초한 계약 등과 같이 법률의 규정에 의해 당연무효인 계약의 경우 처음부터 신임관계가 발생하지 않는 경우에는 배임죄의 주체가 될 수 없다")[596]는 법리와 조화시키려고 하고 있는 듯하다. 이러한 조화시도가 타당하다고 하려면 명의신탁약정이 선량한 풍속 기타 사회질서에 반할 정도의 무효라고 할 수 있어야 할 것이다. 그러나 이와 관련하여 대법원은 무효인 명의신탁약정이라도 그것만으로 '선량한 풍속위배 또는 반사회적 법률행위'로서 무효로 되는 것이 아니고, '무효인 명의신탁약정에 기하여 타인 명의의 등기가 마쳐졌다는 이유만으로 그것이 당연히 불법원인급여에 해당한다고 볼 수 없다'고 판시한 바 있다.[597] 이러한 대법원의 판시내용을 보면, 대법원이 수탁자의 임의 처분에 대한 배임죄 성립여부에 대해 여전히 양가적 태도를 보여주고 있는 듯하다. 대법원이 부동산실명법에서 금지되

---

592) 횡령죄의 성립을 긍정한 견해로는 김성천/김형준, 493면.

593) 김일수/서보학, 368면; 박상기, 383면; 오영근, §21/25.

594) "그 소유권이전등기에 의한 당해 부동산에 관한 물권변동은 유효하고, 한편 신탁자와 수탁자 사이의 명의신탁약정은 무효이므로, 결국 수탁자는 전소유자인 매도인뿐만 아니라 신탁자에 대한 관계에서도 유효하게 당해 부동산의 소유권을 취득한 것으로 보아야 할 것이고, 따라서 그 수탁자는 타인의 재물을 보관하는 자라고 볼 수 없다"(대법원 2000.3.24. 98도4347).

595) "신탁자와 수탁자가 명의신탁약정을 맺고, 그에 따라 수탁자가 당사자가 되어 명의신탁약정이 있다는 사실을 알지 못하는 소유자와 사이에서 부동산에 관한 매매계약을 체결한 계약명의신탁에 있어, 수탁자는 신탁자에 대한 관계에서도 신탁 부동산의 소유권을 완전히 취득하고 단지 신탁자에 대하여 명의신탁약정의 무효로 인한 부당이득 반환의무만을 부담할 뿐인바, 그와 같은 부당이득 반환의무는 명의신탁약정의 무효로 인하여 수탁자가 신탁자에 대하여 부담하는 통상의 채무에 불과할 뿐 아니라 신탁자와 수탁자 간의 명의신탁약정이 무효인 이상, 특별한 사정이 없는 한 신탁자와 수탁자 간에 명의신탁약정과 함께 이루어진 부동산 매입의 위임 약정 역시 무효라고 할 것이므로, 수탁자가 신탁자와의 신임관계에 기하여 신탁자를 위하여 신탁 부동산을 관리한다거나 신탁자의 허락 없이 이를 처분하여서는 아니되는 의무를 부담하는 등으로 타인의 사무를 처리하는 자의 지위에 있다고 볼 수 없다"(대법원 2008.3.27. 2008도455).

596) 대법원 2010.9.30. 2010도8556.

597) "부동산 실권리자명의 등기에 관한 법률이 규정하는 명의신탁약정은 부동산에 관한 물권의 실권리자가 타인과의 사이에서 대내적으로는 실권리자가 부동산에 관한 물권을 보유하되 다만 그에 관한 등기를 타인의 명의로 하기로 하는 약정을 말하는 것일 뿐이므로, 그 자체로 선량한 풍속 기타 사회질서에 반한다고 단정할 수 없을 뿐만 아니라, 위 법률이 비록 부동산등기제도를 악용한 투기·탈세·탈법행위 등 반사회적 행위를 방지하는 것 등을 목적으로 제정되었다고 하더라도, 무효인 명의신탁약정에 기하여 타인 명의의 등기가 마쳐졌다는 이유만으로 그것이 당연히 불법원인급여에 해당한다고 볼 수 없고(대법원 2003.11.27. 선고 2003다41722 판결 참조), 이는 탈세의 목적으로 한 명의신탁약정에 기하여 타인 명의의 등기가 마쳐진 경우라도 마찬가지이다"(대법원 2010.9.30. 2010도8556).

어 있는 명의신탁약정에 기초한 수탁자와 신탁자의 관계에 대해 한편으로는 '범죄를 구성하는 불법적인 관계에 지나지 아니할 뿐 형법상 보호할 만한 가치 있는 신임관계로 인정할 수 없다'고 하면서, 다른 한편으로는 '선량한 풍속이나 사회질서에 위반될 정도'의 무효가 아니라고 함으로써 사실상의 배임죄로 보호할 신임관계로 인정할 수 있는 여지가 남겨져 있기 때문이다.

특히 대법원의 논거중 하나인 '수탁자에게 타인 사무처리자로서의 지위 부정' 논거에는 매도인이 선의인 경우에는 수탁자가 법률상 완전한 소유권을 취득한다는 점이 반영되어 있다. 그러나 법률상 소유권이 인정된다는 문제와 타인과의 신임관계 속에서 형식적으로 소유권을 확보한 타인의 부동산에 대한 신임관계에 기초하여 그 타인의 사무를 처리할 임무가 부여될 수 있는지의 문제는 별개의 것이다(이에 관해서는 배임죄의 주체 부분 참조). 그럼에도 불구하고 배임죄의 성립을 부정하는 대법원의 태도에는 명의신탁에 관한 사회의 법감정 및 부동산실명법의 취지를 충실하게 좇아 명의신탁을 근절하려는 정책적 고려(효과 지향적 법해석방법)가 강하게 뒷받침되어 있는 것으로 평가할 수 있다. 133

생각건대, 명의신탁 약정의 무효가 신탁자와 수탁자의 사실상의 신임관계까지 무효로 만드는 원인에 기한 것이 아니고, 그 무효원인이 반사회적 법률행위로 평가될 정도도 아니어서 형식논리에 따르면 신탁자의 부동산을 임의로 처분한 수탁자에게 배임죄의 성립을 인정해야 할 것으로 보인다. 그러나 최근 명의신탁제도가 사회적으로 그 반가치성이 날로 커져가고 있는 현실을 감안하면 명의신탁을 둘러싼 수탁자와 신탁자의 관계 및 수탁자의 임의처분 사안에 대한 의미부여도 달라지고 있다. 이러한 변화된 사안의 본질을 법적 견해를 반영하는 방법은 무엇인가? 수탁자가 배임죄로 처벌될 가능성이 열려있는 한, 신탁자와 수탁자간의 명의신탁제도는 발본색원되기 어렵다. 신탁자에게 명의신탁에 대한 유혹이나 동기설정의 단초를 전적으로 없애는 방법은 수탁자에 의한 임의처분에 대한 형사제재의 위험을 전부 제거해 버리는 방법이다. 명의신탁제도를 금지하려는 부동산실명법의 입법취지를 충실히 고려하는 후성적 법학의 법발견 방법에 따르면 수탁자에게 배임죄의 성립도 부정하는 것이 타당한 결론으로 여겨진다. 134

(b) 매도인이 악의인 경우 – 원소유자인 매도인이 신탁자와 수탁자 간의 명의신탁관계를 알고 있는 경우 수탁자가 해당 부동산을 임의처분한 때 ① 원소유자에 대해 횡령죄가 성립한다는 견해[598](횡령죄설)와 ② 신탁자에 대한 관계에서 배임죄가 성립한다는 견해(배임죄설, 다수설)이 대립하였다. 135

매도인이 악의인 경우는 신탁자와 수탁자의 명의신탁약정뿐만 아니라 이 약정에 따라 행하여진 부동산물권변동도 무효가 되므로, 그 부동산의 소유권은 매도인에게 있게 되어 신탁자와 수탁자 간에 당해 부동산에 대한 위탁관계를 인정할 근거가 없다. 따라서 수탁자는 부동산의 보관자가 되지 못하므로 횡령죄가 될 수 없다. 수탁자에 대해 배임죄를 인정할 수 있 136

598) 김성천/김형준, 493면; 박상기, 382면; 임웅, 432면.

을 만한 — 신탁자와의 — 신임관계도 인정할 수 없으므로 배임죄도 성립하지 않는다.

137 判 대법원도 매도인이 악의인 경우 수탁자에게 횡령죄의 성립도 부정하고 배임죄의 성립도 부정한다. 수탁자 명의의 소유권이전등기는 무효가 되어 부동산의 소유권은 매도인이 그대로 보유하게 되는 결과 수탁자는 부동산을 이전받아 취득할 수 있는 권리 기타 법적 가능성을 가지지 못하므로 '타인의 재물을 보관하는 자'가 될 수 없어 횡령죄의 성립이 부정되고,[599] 수탁자가 명의신탁자에 대하여 매매대금 등을 부당이득으로 반환할 의무를 부담하기는 하지만 이것이 '타인의 사무처리자'의 지위를 근거지울 수 없기 때문에 배임죄가 될 수 없다[600]고 한다.

138 명의신탁의 유형에 따른 횡령죄의 성부에 관한 판례의 태도는 다음과 같이 정리될 수 있다.

	의 의	임의처분한 수탁자의 죄책	
2자간 명의신탁 (금지되는 명의신탁)	부동산 소유자(신탁자)가 등기명의를 타인에게 신탁하기로 하는 명의신탁약정을 맺고 등기명의를 그 타인(수탁자)에게 이전하는 것	신탁자에 대한 횡령죄 ×	
3자간 명의신탁 (중간생략 등기형)	신탁자와 수탁자가 명의신탁약정을 맺고 신탁자가 부동산의 원소유자와 매매계약의 당사자로 계약을 체결하되 등기는 매도인에게서 수탁자로 직접 이전	횡령죄 ×	
3자간 명의신탁 (계약명의 신탁)	신탁자와 수탁자가 부동산의 매매위임과 함께 수탁자가 부동산의 원소유자와 매매계약의 당사자가 되어 계약체결한 후 수탁자 앞으로 등기 이전	원소유자 (매도인)의 선의	횡령죄×, 배임죄×
		원소유자 (매도인)의 악의	횡령죄×, 배임죄 ×

599) 대법원 2012.12.13. 2010도10515.

600) 대법원 2012.11.29. 2011도7361. "명의신탁자와 명의수탁자가 이른바 계약명의신탁 약정을 맺고 명의수탁자가 당사자가 되어 명의신탁 약정이 있다는 사실을 알고 있는 소유자와 부동산에 관한 매매계약을 체결한 후 매매계약에 따라 부동산의 소유권이전등기를 명의수탁자 명의로 마친 경우에는 부동산 실권리자명의 등기에 관한 법률(이하 '부동산실명법'이라 한다) 제4조 제2항 본문에 의하여 수탁자 명의의 소유권이전등기는 무효이고 부동산의 소유권은 매도인이 그대로 보유하게 되므로, 명의수탁자는 부동산 취득을 위한 계약의 당사자도 아닌 명의신탁자에 대한 관계에서 횡령죄에서 '타인의 재물을 보관하는 자'의 지위에 있다고 볼 수 없고, 또한 명의수탁자가 명의신탁자에 대하여 매매대금 등을 부당이득으로 반환할 의무를 부담한다고 하더라도 이를 두고 배임죄에서 '타인의 사무를 처리하는 자'의 지위에 있다고 보기도 어렵다. 한편 위 경우 명의수탁자는 매도인에 대하여 소유권이전등기말소의무를 부담하게 되나, 위 소유권이전등기는 처음부터 원인무효여서 명의수탁자는 매도인이 소유권에 기한 방해배제청구로 말소를 구하는 것에 대하여 상대방으로서 응할 처지에 있음에 불과하고, 그가 제3자와 한 처분행위가 부동산실명법 제4조 제3항에 따라 유효하게 될 가능성이 있다고 하더라도 이는 거래 상대방인 제3자를 보호하기 위하여 명의신탁 약정의 무효에 대한 예외를 설정한 취지일 뿐 매도인과 명의수탁자 사이에 위 처분행위를 유효하게 만드는 어떠한 신임관계가 존재함을 전제한 것이라고는 볼 수 없으므로, 말소등기의무의 존재나 명의수탁자에 의한 유효한 처분가능성을 들어 명의수탁자가 매도인에 대한 관계에서 횡령죄에서 '타인의 재물을 보관하는 자' 또는 배임죄에서 '타인의 사무를 처리하는 자'의 지위에 있다고 볼 수도 없다."(대법원 2016.8.24. 2014도6740도 같은 취지).

(2) 양도담보, 매도담보

1) 양도담보의 의의

양도담보란 채무자 또는 제3자가 채권담보를 위하여 목적물의 소유권을 채권자에게 이전하고, 채무자가 채무를 변제하지 않으면 채권자가 그 소유권을 확정적으로 취득하거나 그 목적물로부터 우선변제를 받지만, 채무자가 채무를 이행하면 목적물을 다시 원소유자에게 반환하는 방법에 의한 '소유권이전형 비전형담보'를 말한다. 139

양도담보는 담보제공자가 필요한 자금을 획득하는 방법에 따라, 매매의 형식을 이용하는 '매도담보'와 소비대차의 형식을 이용하는 '좁은 의미의 양도담보'로 나뉜다. 좁은 의미의 양도담보는 다시 채권자의 청산의무가 없는 경우(유담보형의 양도담보)와 청산의무가 인정되는 약한 의미의 양도담보로 구별될 수 있지만, 형사실무에서 양도담보와 관련된 사례에서는 '약한 의미의 양도담보' 사안이 주로 문제되고 있다. 140

2) 채권자 또는 채무자의 죄책

양도담보를 활용하면 목적물의 가액이 민법에서의 담보물권에서보다 높게 평가되어 더 많은 자금을 융통받을 수 있을 뿐 아니라 특히 동산의 경우 점유이전을 위해 점유개정의 방법이 활용되고 있어 양도담보설정자가 그 소유의 동산을 계속하여 점유할 수 있는 장점이 있다. 하지만 이를 기회로 채무자인 양도담보설정자가 목적물을 임의로 처분할 가능성도 높아진다. 부동산의 경우에는 등기명의가 채권자에게 이전되어 있어서 대외적으로 담보권자인 채권자가 목적물을 제3자에게 임의로 처분할 유혹을 받게 된다. 따라서 동산 양도담보든 부동산 양도담보든 목적물의 소유권이 누구에게 있느냐에 따라 채무자 또는 채권자에게 어떤 형사책임이 인정될 수 있을지를 결정하는 것이 타당하다. 141

(가) 동산 양도담보의 경우 동산 양도담보는 채권담보를 목적으로 '동산소유권을 채권자에게 신탁적으로 이전'하는 형태의 양도담보를 말한다. 이 경우 채무자가 그 소유의 동산을 채권자에게 양도하되 점유개정에 의하여 채무자가 이를 계속 점유한다. 이러한 경우는 특별한 사정이 없는 한 채권자와 채무자 사이의 대내적 관계에서 목적물의 소유권은 여전히 채무자가 보유한다. 따라서 '채무자'가 채무변제 이전에 담보목적물을 임의로 처분하더라도 그 목적물은 채무자의 '자기소유'이므로 횡령죄는 성립하지 않는다.[601] 142

判 종래 대법원은 채무자에게 횡령죄의 성립 대신에 채권자에 대한 '배임죄'가 성립한다고 하였으나,[602] — 후술하듯이 — 2020년 대법원은 전원합의체 판결을 통해 채무자가 채권자에 대해 부담하는 의무의 이행은 타인사무가 아니라 자기사무라는 이유로 채무자의 담보물 처분행위가 배임죄 성립도 부정되는 것으로 판례가 변경되었다.[603] 변경된 판례의 핵심법리는 채무자가 양도담보설정계약에 따라 동산을 담보로 제공할 의무와 점유 143

601) 대법원 1980.11.11. 80도2097.

602) 대법원 1983.3.8. 82도1829.

603) "채무자가 금전채무를 담보하기 위하여 그 소유의 동산을 채권자에게 양도담보로 제공함으로써 채권자인 양도

개정의 방법으로 양도담보권을 설정한 후 담보물의 담보가치를 유지·보전할 의무는 모두 양도담보설정계약에 따라 부담하게 된 채무자 자신의 급부의무이므로 타인 사무처리게 해당하지 않는다는 점에 있다. 이러한 법리는 ─ 후술하듯이 ─ 권리이전에 등기·등록을 요하는 동산에 관한 양도담보설정계약에도 마찬가지로 적용되었다.[604)]

144 이와는 달리 '채권자'가 다른 사유(예, 채무자와의 합의)에 의해 동산인 목적물에 대한 (현실적) 점유를 이전받아 보관하고 있는 상태에서 '변제기 도래전'에 채권자가 목적물을 임의로 처분한 경우 채권자의 행위는 '자기점유(보관)'인 '타인(채무자)소유'의 물건에 대한 '횡령죄'를 구성한다. 다만, 채권자가 '변제기 후'에 채권자가 담보권의 실행차원에서 목적물을 처분하더라도 횡령죄가 성립하지 않고, 청산의무를 다하지 않은 경우에도 채권의 청산의무는 형법상 타인사무가 될 수 없으므로 배임죄의 성립도 인정되지 않는다.

145 判 대법원도 변제기 전에 목적물에 대한 현실의 점유를 가지고 있는 채권자가 임의처분한 경우에는 횡령죄의 성립을 인정하지만,[605)] 채권자가 변제기 후에 임의처분한 경우에는 그 목적물의 소유권이 채권자에게 귀속되므로 횡령죄가 성립하지도 않음은 물론이고, 채권자가 담보목적물을 부당하게 염가로 처분하거나 청산금의 잔액을 채무자에게 지급해주지 않더라도 청산의무의 불이행은 채무불이행에 불과하여 배임죄도 성립하지 않는다고 한다.[606)]

146 다른 한편 양도담보의 경우 대내관계에서와는 달리 '대외관계'에서는 채무자는 동산의 소유권을 채권자에게 양도한 무권리자가 된다. 이러한 전제하에서 채권자가 ─ 점유개정의 방법으로 점유이전이 있든 현실의 점유이전이 있든 ─ '변제기 후' '정산절차를 마치기 전' 그 목적물을 제3자에게 매각하고 제3자로 하여금 취득하게 해 간 경우 제3자의 죄책이 문제된다.

147 判 대법원은 동산에 관하여 양도담보계약이 이루어지고 채권자가 점유개정의 방법으로 인도받았다면, 채권자는 변제기 후 그 정산절차를 마치기 전이라도 제3자에 대한 관계에서는 담보목적물의 소유자로서 그 권리를 행사할 수 있으므로 그 목적물이 제3자에게 매각된 경우에는 제3자가 그 목적물에 소유자가 된다. 이 때문에 제3자가 목적물을 취거해 간 경우에는 자기소유물이므로 절도죄의 성립도 인정되지 않는다고 한다.[607)]

담보권자에 대하여 담보물의 담보가치를 유지·보전할 의무 내지 담보물을 타에 처분하거나 멸실, 훼손하는 등으로 담보권 실행에 지장을 초래하는 행위를 하지 않을 의무를 부담하게 되었더라도, 이를 들어 채무자가 통상의 계약에서의 이익대립관계를 넘어서 채권자와의 신임관계에 기초하여 채권자의 사무를 맡아 처리하는 것으로 볼 수 없다. 따라서 채무자를 배임죄의 주체인 '타인의 사무를 처리하는 자'에 해당한다고 할 수 없고, 그가 담보물을 제3자에게 처분하는 등으로 담보가치를 감소 또는 상실시켜 채권자의 담보권 실행이나 이를 통한 채권실현에 위험을 초래하더라도 배임죄가 성립한다고 할 수 없다"(대법원 2020.2.20. 2019도9756 전원합의체).

604) 대법원 2022.12.22. 2020도8682 전원합의체.

605) "채무자가 채무이행의 담보를 위하여 동산에 관한 양도담보계약을 체결하고 점유개정의 방법으로 여전히 그 동산을 점유하는 경우 그 계약이 채무의 담보를 위하여 양도의 형식을 취하였을 뿐이고 실질은 채무의 담보와 담보권실행의 청산절차를 주된 내용으로 하는 것이라면 별단의 사정이 없는 한 그 동산의 소유권은 여전히 채무자에게 남아 있고, 채권자는 단지 양도담보물권을 취득하는 데 지나지 않으므로 그 동산을 다른 사유에 의하여 보관하게 된 채권자는 타인 소유의 물건을 보관하는 자로서 횡령죄의 주체가 될 수 있다"(대법원 1989.4.11. 88도906).

606) "양도담보에 있어서 청산의무를 부담하는 채권자는 담보권 실현에 의해서 채권채무를 청산한 결과 잔액을 채무자에게 지급할 의무가 있다고 할 것이나 채권자가 동 잔액을 채무자에게 지급하지 않는다고 하더라도 그것은 담보계약에 따르는 청산의무를 이행하지 않는데 불과하고 동 의무(잔액지급채무)는 그대로 이행될 때까지 존속되는 것이므로 위 채무불이행을 곧 배임죄로 다룰 수는 없다."(대법원 1976.1.13. 74도2076).

(나) 동산채권담보법의 적용대상인 동산담보[608] 일반적인 동산 양도담보의 경우에 적용되는 위 변경판례의 법리를 '동산채권담보법'에 따라 창설된 새로운 형태의 담보물권인 '동산담보'의 경우에도 동일하게 적용할 수 있는지가 문제된다. 148

判 대법원은 '일반적인 동산 양도담보에서 점유개정에 의하여 양도담보권을 설정한 후 담보권설정자가 목적물을 처분한 것이나, 동산채권담보법에 의한 동산담보등기를 하고 담보권설정자가 이를 점유하다가(담보약정상 담보권자가 점유하도록 정할 수 있지만 담보권설정자가 점유하는 경우가 일반적일 것이다) 처분한 것이나, 담보권자가 담보가치를 상실하여 담보권의 목적을 실현할 수 없게 된다는 점에서 법률적 성격이 동일하고, 따라서 동산채권담보법상의 동산담보권의 경우에도 동산담보계약에 따라 부담하는 담보 제공 의무와 담보권 설정 이후 담보물에 대한 보관·유지의무 등은 모두 담보설정계약에 따라 부담하게 된 채무자 내지 담보권설정자 자신의 의무임'을 근거로 삼아 일반적 동산 양도담보에 대한 법리와 동산채권담보법에 따른 동산담보에 대한 법리를 달리 볼 이유가 없는 것이라는 태도를 취한다.[609] 149

(다) 동산 매도담보의 경우 매도담보란 담보목적물을 채권자에게 매각하여 소유권을 이전시키되, 변제기에 채무변제가 있으면 다시 채무자에게 소유권을 되돌리는 형태인 일종의 환매약관부매매약정을 말한다. 150

동산 매도담보의 경우 소유권이 채권자에게 이전된 매도담보물(동산)을 채권자가 점유하다가 '변제기 전'에 제3자에게 임의로 처분하거나 근저당권설정등기를 경료하더라도 채권자는 '자기소유'의 목적물을 처분한 것이므로 횡령죄가 성립하지 않는다. 151

이와는 달리 채무자가 담보목적물을 계속 점유하면서 사용하고 있는 상태에서 '변제기 전'에 채무자가 이를 임의로 처분하면 '타인소유 자기점유'의 목적물을 처분한 것이 되므로 횡령죄가 된다(통설·판례[610]). 152

(라) '가등기담보법'의 적용을 받는 부동산 매도담보의 경우 매도담보물이 부동산 또는 동산 가운데 등록원부에 소유자명의가 등록이 되는 자동차나 선박 등의 경우 위와 같은 동산매도담보의 법리관계가 적용되지 않는다. '가등기담보 등에 관한 법률'에 따라 매도담보 등으로 153

---

607) "양도담보권자인 채권자가 제3자에게 담보목적물을 매각한 경우, 제3자는 채권자와 채무자 사이의 정산절차 종결여부와 관계없이 양도담보 목적물을 인도받음으로써 소유권을 취득하게 되고, 양도담보 설정자가 담보목적물을 점유하고 있는 경우에는 그 목적물의 인도는 채권자로부터 목적물반환청구권을 양도받는 방법으로도 가능하다. 채권자가 양도담보 목적물을 위와 같은 방법으로 제3자에게 처분하여 그 목적물의 소유권을 취득하게 한 다음 그 제3자로 하여금 그 목적물을 취거하게 한 경우, 그 제3자로서는 자기의 소유물을 취거한 것에 불과하므로, 채권자의 이 같은 행위는 절도죄를 구성하지 않는다"(대법원 2008.11.27. 2006도4263).

608) 동산담보란 기업 또는 자영업자가 금융기관으로부터 자산유동성을 활성화하기 방안으로서, '동산·채권 등의 담보에 관한 법률(동산채권담보법)'에 따라 창설된 새로운 형태의 담보물권을 말한다. 동산 양도담보와 그 성립, 효력, 실행 및 소멸에 있어서 기본적 내용은 동일하다.

609) 대법원 2020.8.27. 2019도14770 전원합의체.

610) "타인에게 매도담보로 제공한 동산을 그대로 계속하여 점유하고 있는 경우에 그 동산을 임의로 처분하였다면 횡령죄가 되는 것이고 권리행사방해죄는 성립되지 않는 것이다"(대법원 1962.2.8. 4294형상470). 반면에 "채무의 담보로 하기 위하여 매매의 형식을 취하여 동산을 담보로 제공하고 이를 계속 사용하고 있다가 채권자의 승낙을 받고 이를 매각하였다면 그 매각대금은 채무자의 소유이므로 이를 채무자가 소비하였다 하더라도 횡령죄가 성립하지 아니한다"(대법원 1977.11.8. 77도1715).

소유권을 채권자에게 이전하는 등기를 하더라도 청산기간 경과 후 청산금을 채무자에게 지급할 때까지는 채권자는 소유권을 취득하지 못하고 담보물권만을 취득한다(법 제4조 제2항). 이에 따르면 청산기간 경과 후 청산금을 채무자에게 지급하는 때에 비로소 소유권이 채권자에게 이전된다.[611] 따라서 변제기 전의 담보목적물에 대한 소유권은 여전히 채무자(담보권설정자)에게 있다. 이러한 상태에서 채권자가 그 담보목적물인 부동산을 임의로 처분하면 횡령죄가 된다.

154 判 대법원은 그러나 이러한 경우 채권자에게 횡령죄가 아니라 배임죄를 인정하였다.[612] 그러나 이러한 대법원의 태도는 금전채무의 변제기이전까지는 채권자가 담보목적이 된 부동산의 소유자 될 수 없다는 가등기담보법의 내용(제4조 제2항)에 반하므로 변제기 전 채권자의 부동산 임의처분은 횡령죄가 된다고 보는 것이 타당할 것 같다.

155 이와는 달리 '채무자'가 '변제기 전'에 담보목적물을 임의처분한 경우에는 자기소유물이기 때문에 횡령죄는 성립할 여지가 없고 배임죄의 성립여부가 문제될 수 있다.

156 判 대법원은 동산을 양도담보로 제공한 채무자가 변제기 전에 그 담보물을 제3자에게 처분한 사안에서, 채무자는 통상계약에서의 이익대립관계를 넘어서 채권자와의 신임관계에 기초하여 채권자의 사무를 맡아 처리하는 것으로 볼 수 없다고 하면서 타인사무처리자 지위를 부정함으로써 배임죄의 성립을 부정하였는데(앞의 대법원 2020.2.20. 2019도9756 전원합의체 참조). 동산에 적용되는 위 판결의 법리가 가등기담보법의 적용을 받는 매도담보상 채무자의 담보물(부동산) 처분에 대해서도 동일하게 적용될 수 있을 것으로 보인다.

157 다른 한편 '변제기 후' '채권자'가 담보권의 실행차원에서 목적물을 임의처분한 경우라면 불법영득의 의사가 없으므로 횡령죄나 배임죄가 성립하지 않는다. 뿐만 아니라 '채권자'가 목적물을 부당하게 염가처분하거나 청산금의 잔액을 채무자에게 환가하지 않더라도 담보권의 실행은 채권자의 '자기사무'이므로 — 동산 양도담보의 경우와 마찬가지로 — 배임죄가 성립하지 않는다.

158 判 대법원도 변제기 경과 후에 채권자(담보권자)의 담보권 실행 및 정산의무는 담보계약에 따라 부담하는 자신의 정산의무이므로 그 의무를 이행하는 사무는 곧 자기의 사무처리에 속하는 것임을 이유로 배임죄의 성립을 부정하고 있고,[613] 이점은 채권자가 정산의무를 불이행한 경우[614]는 물론이고, 목적물을 염가처분한 경우[615]에

---

611) 대물변제의 예약·양도담보·매도담보·환매·재매매의 예약 등 그 명칭여하를 불문하고 그 실질이 채권담보를 목적으로 가등기 또는 소유권이전등기를 한 때에는 예외 없이 본법이 적용된다(제1조, 제2조 제1호).

612) "채권의 담보를 목적으로 부동산의 소유권이전등기를 경료받은 채권자는 채무자가 변제기일까지 그 채무를 변제하면 채무자에게 그 소유 명의를 환원하여 주기 위하여 그 소유권이전등기를 이행할 의무가 있으므로 그 변제기일 이전에 그 임무에 위배하여 이를 제3자에게 처분하였다면 변제기일까지 채무자의 변제가 없었다 하더라도 배임죄는 성립된다"(대법원 1992.7.14. 92도753).

613) "양도담보가 처분정산형의 경우이든 귀속정산형의 경우이건 간에 담보권자가 변제기 경과 후에 담보권을 실행하여 그 환가대금 또는 평가액을 채권원리금과 담보권 실행비용 등의 변제에 충당하고 환가대금 또는 평가액의 나머지가 있어 이를 담보제공자에게 반환할 의무는 담보계약에 따라 부담하는 자신의 정산의무이므로 그 의무를 이행하는 사무는 곧 자기의 사무처리에 속하는 것이라 할 것이고 이를 부동산매매에 있어서의 매도인의 등기의무와 같이 타인인 채무자의 사무처리에 속하는 것이라고 볼 수는 없어 그 정산의무를 이행하지 아니한 소위는 배임죄를 구성하지 않는다"(대법원 1985.11.26. 85도1493 전원합의체).

614) 대법원 1986.7.9. 85도554.

도 마찬가지라고 한다.

Ⅲ. 업무상 횡령죄

> 제356조(업무상 횡령죄) 업무상의 임무에 위배하여 제355조의 죄를 범한 자는 10년 이하의 징역 또는 3천만원 이하의 벌금에 처한다.
>
> 제359조(미수범) 제355조 내지 제357조의 미수범은 처벌한다.
>
> 제361조(친족간의 범행, 동력) 제328조와 제346조의 규정은 본장의 죄에 준용한다.

1. 의의, 성격

업무상의 임무에 위배하여 자기가 보관하는 타인의 재물을 횡령하거나 반환을 거부함으로써 성립하는 범죄이다. 위탁관계가 다시 업무로 제한되어 있어 횡령죄에 비해 형이 가중되는 가중적 구성요건이다. 보관자라는 신분 이외에 업무자라는 가중적 신분까지 요구하는 이중적 신분자가 범하는 범죄로서 부진정신분범에 해당한다. 침해범이고 상태범이라는 점 등은 단순횡령죄와 같다. 159

2. 구성요건

(1) 주체

주체는 업무상 타인의 재물을 보관하는 자이다. 타인의 재물을 보관할 뿐만 아니라 업무상 보관하고 있어야 한다. 160

1) 업무의 개념 여기서 업무란 '사회생활상의 지위에서 계속 또는 반복하여 행하는 사무'로서 업무상 과실치사상죄의 업무와 같지만, 사람의 생명·신체의 위험을 수반하지 않고 타인의 재물을 보관하는 내용의 사무라는 점에는 차이가 있다. 재물을 보관하는 업무가 아닌 업무자가 타인의 재물을 횡령하는 경우에는 단순횡령죄가 성립한다. 반드시 직무·직업 또는 영업과 같이 생계유지를 위한 것임을 요하지 않고, 타인을 대신해서 사실상 행하는 사무도 무방하다.[616] 본무·겸무뿐만 아니라 본래의 업무수행과 밀접한 관련성이 있는 부수적 사무도 이 죄의 업무에 해당한다. 161

2) 업무의 근거·내용 업무의 근거가 법령·계약에 의한 것인 경우뿐 아니라 관례에 따르거나 사실상의 업무도 상관없다.[617] 업무의 내용은 공적·사적인 것을 불문하며, 직접 재물보관을 주된 업무로 하는 것임을 요하지 않고 업무수행과 관련하여 관례상 타인의 재물을 보관하고 있으면 족하다. 따라서 창고업자·운송업자·수선업자·세탁업자·전당포영업자는 162

615) 대법원 1997.12.23. 97도2430.
616) 대법원 1959.5.25. 4292형상84; 대법원 1982.1.12. 80도1970.
617) 대법원 1988.11.22. 88도1523.

물론이고, 고객의 귀중품을 예치받은 목욕탕 주인, 부동산 매매대금을 보관하고 있는 중개인, 유류품 보관센터 직원,[618] 적십자회비를 수금한 동직원도 업무자가 된다. 하지만 위와 같이 일정한 업무에 종사하는 자라도 그 업무와 무관하게 — 예컨대 친구의 부탁으로 — 타인의 재물을 보관하는 때에는 업무상 보관이 아니므로 단순횡령죄를 구성할 뿐이다.

163 허가·면허를 받지 않은 것과 같이 절차상 부적법한 것도 행위 자체의 본질상 위법한 것이 아니면 이 업무에 해당한다. 그러나 사회질서에 반하거나 강행법규에 위반하는 등 금지된 행위는 이 업무에 포함되지 않는다.

164 3) 업무자의 지위의 종료 업무자의 지위는 그 주된 직무상의 지위상실과 동시에 당연히 소멸되지 않고 업무활동의 사실상태에 따라 인정되므로 공무원이나 회사의 직원이 면직되거나 고용관계가 소멸된 후에도 사무인계가 종료할 때까지는 업무상 보관자가 된다(통설·판례[619]).

165 4) 업무 및 위탁관계에 의한 보관 재물에 대한 보관은 업무상의 지위로 인하여 당연히 재물을 보관하게 되는 경우도 있고, 위탁자의 위탁행위에 의해서 보관하게 되는 경우도 있다. 전자의 경우 업무자는 일정한 사무에 대해서 임명·위촉하는 자와의 사이에 포괄적인 신뢰관계가 존재한다. 부하직원이 현실적으로 보관하고 있는 때에는 그 소속장도 업무상 보관자가 될 수 있다.[620]

(2) 행위

166 횡령하거나 반환을 거부하는 것이다. 업무자가 업무상 보관하는 공금을 본래의 목적 외에 유용할 경우 횡령이 되는지는 예산용도의 엄격한 제한여부, 불법영득의 의사의 인정여부 등 종합적인 판단을 내려야 한다.

167 例 **업무상 횡령죄의 성립을 긍정한 판례**: ① 공금을 소속장차관의 취임기념식 및 환영기념식 비용 또는 선물 대금으로 사용한 경우(대법원 1956.2.7. 4288형상291), ② 형사재판을 받는 주식회사의 대표이사가 개인적인 변호사비용과 그의 정신적, 육체적 손해에 대한 보상금을 요양비 또는 퇴직위로금 명목으로 가장하여 회사자금으로 지급한 경우(주주총회의 결의와 상관없이)(대법원 1990.2.23. 89도2466), ③ 재건축조합장이 개인 명의의 손해배상청구소송을 위하여 변호사를 소송대리인으로 선임하고, 그 선임료를 재건축조합의 비용으로 지출한 경우(이사 및 대의원회의 승인을 받았다 하여도 내재적 한계를 벗어나는 승인이라는 이유로)(대법원 2006.10.26. 2004도6280) 업무상 횡령죄의 성립을 인정하였다.

168 例 **업무상 횡령죄의 성립을 부정한 판례**: ① 사찰재산에 대한 관리처분권이 있는 운영책임자가 보수지급

618) 업무상 보관의 객체는 점유이탈물도 상관없기 때문에 유실물이나 분실물을 업무상 보관하는 자도 업무상 횡령죄의 주체가 될 수 있다.

619) "형법 제356조 소정의 업무는 직업 또는 직무라는 말과 같아 법률·계약에 의한 것뿐만 아니라 관례를 좇거나 사실상이거나를 묻지 않고 같은 행위를 반복할 지위에 따른 사무를 가리킨다. 피고인이 등기부상으로 공소외 회사의 대표이사를 사임한 후에도 계속하여 사실상 대표이사 업무를 행하여 왔고 회사원들도 피고인을 대표이사의 일을 하는 사람으로 상대해 왔다면 피고인은 위 회사 소유 금전을 보관할 업무상의 지위에 있다 할 것이다"(대법원 1982.1.12. 80도1970).

620) 대법원 1962.5.17. 4294형상721.

대신 병원치료비 등 생활비로 사용한 경우(대법원 2001.5.8. 99도4699), ② 타인으로부터 금원을 차용하여 주금을 납입한 후 이를 인출하여 그 타인에 대한 차용금변제에 사용한 경우에는 보관금 유용이 보관자의 권한범위 내에 있거나 사회통념상 시인되는 한 업무상 횡령죄의 성립을 부정[621]하였고(대법원 2004.6.17. 2003도7645 전원합의체), ③ 상법상 납입가장죄의 성립을 인정하는 이상 회사자본이 실질적으로 증가됨을 전제로 하는 한, 업무상 횡령죄의 성립을 부정하였다(대법원 2009.6.25. 2008도10096).

3. 공범과 신분

169 보관자도 업무자도 아닌 자가 업무상 보관자의 업무상 횡령죄에 가담한 경우 비업무자는 업무상 횡령죄부분에 대해서도 제33조 본문을 적용하여 업무상 횡령죄의 공범(또는 공동정범)이 성립하고, 과형에 있어서만 제33조 단서에 의하여 단순횡령죄의 형으로 처벌된다(판례[622]). 제33조 본문을 모든 신분을 비신분자에게 종속시키는 의미로 이해해야 하는 판례의 태도가 타당함은 『총론』의 공범과 신분에서 설명하였다.

4. 죄수

170 업무상 횡령죄도 횡령죄와 마찬가지로 위탁관계의 수에 따라 죄수가 결정된다. 공무원이 직할시세, 구체 및 국세를 횡령한 경우 세별로 구분하여 별개의 업무상 횡령죄가 성립하지만, 같은 세 중에서 세목을 달리하는 세금을 횡령한 경우에는 포괄일죄가 된다.[623]

Ⅳ. 점유이탈물횡령죄

> 제360조 (점유이탈물횡령죄) ① 유실물, 표류물 또는 타인의 점유를 이탈한 물건을 횡령한 자는 1년 이하의 징역이나 300만원 이하의 벌금 또는 과료에 처한다.
> ② 매장물을 횡령한 자도 전항의 형과 같다.
>
> 제361조 (친족간의 범행, 동력) 제328조와 제346조의 규정은 본장의 죄에 준용한다.

1. 의의, 성격

171 유실물, 표류물, 매장물 기타 타인의 점유를 이탈한 재물을 횡령함으로써 성립하는 범죄이다. 위탁관계에 의한 신뢰배반이 없기 때문에 횡령죄와 성질을 달리하는 독립된 구성요건에 해당한다.

172 이 죄의 **보호법익의 보호정도**와 관련하여 ① 점유이탈물에 대한 행위자의 불법한 점유취득과 동시에 재산상의 손해도 발생한다는 점에서 침해범이라고 하는 것이 견해가 있다. ② 하지만 이미 점유이탈상태에 있는 물건을 횡령하는 것이므로 횡령으로 인한 재산에 대한 현실

621) 상법상 납입가장죄, 공정증서원본부실기재죄 및 동행사죄의 성립은 인정된다.
622) 대법원 1961.10.5. 4294형상396.
623) 대법원 1995.9.5. 95도1269.

적인 침해를 요하지 않는다는 점에서 보면 위험범으로 이해하는 것이 타당하다. 상태범에 해당한다.

2. 구성요건

(1) 객관적 구성요건

173 **1) 객체** 타인의 점유를 이탈한 타인의 재물이다. 형법은 유실물, 표류물, 매장물을 예시하고 있지만 이에 한정되는 것은 아니다.

174 **(가) 점유이탈물** '점유이탈물'이란 점유자의 의사에 의하지 않고 그 점유를 벗어난 타인 소유물, 또는 아직 누구의 점유에도 속하지 않는 타인 소유물을 말한다. 타인의 점유를 이탈한 것이면 충분하고, 그것이 자기의 점유 하에 있는가는 묻지 않는다. 따라서 행위자가 경찰서에 제출할 의사로 습득하여 보관 중인 유실물도 점유이탈물이다. 승객이 놓고 내린 지하철의 전동차 바닥이나 선반 위에 있는 물건, 고속버스에 승객이 잊고 내린 물건 등에 대해 판례가 점유이탈물로 보고 있음에 대해서는 절도죄의 점유개념과 관련하여 설명하였다.

175 점유이탈물은 타인의 소유라고 인정될 수 있으면 충분하고, 그 소유권의 귀속이 명백할 필요가 없다. 그러나 무주물(쓰레기통에 버려진 물건)은 점유이탈물이라도 재산죄의 객체가 될 수 없다. 타인의 실력지배가 미치는 장소에 방치된 재물은 그 장소를 지배하는 자의 점유에 속하므로 점유이탈물이 아니다. 예컨대 숙박객이 여관의 화장실이나 탈의실에 두고 온 시계 또는 지갑은 여관주인의 점유에 속하므로 이를 가져오면 점유이탈물횡령죄가 아니라 절도죄가 된다. 사회통념상 또는 규범적으로 타인의 점유를 이탈했다고 볼 수 없는 재물도 점유이탈물이 아니다.

176 判 대법원은 폭행 또는 강간의 현장에 떨어져 있는 피해자의 물건(대법원 1984.2.28. 84도38)이나 잠시 길에 세워둔 자전거(대법원 1962.12.15. 62도149) 등을 가져온 경우 점유이탈물횡령죄가 아니라 절도죄로 본다. 대법원은 송금절차의 착오로 자신의 계좌에 잘못 입금된 금원은 예금주와 송금자 사이에 '신의칙상' 보관관계가 성립하므로 점유이탈물이 아니라 자신이 보관하는 타인소유의 재물이 되므로 횡령죄의 객체가 된다(대법원 2010.12.9. 2010도891)고 함으로써 '신의칙'을 매개하여 가벌성을 확장할 가능성을 열어두고 있다.

(나) 유실물·표류물·매장물

177 **가) 유실물** '유실물'이란 잃어버린 물건(분실물)으로서 점유자의 의사에 의하지 아니하고 그 점유를 이탈하여 아직 누구의 점유에도 속하지 아니하는 물건을 말한다. 부동산은 유실물이 될 수 없다. 유실물법상의 유실물과 반드시 일치하지 않는다. 유실물법은 착오로 점유한 물건, 타인이 놓고 간 물건 및 일실한 가축도 준유실물로 규정하고 있다(제12조).

178 **나) 표류물** '표류물'이란 점유를 이탈하여 바다나 하천에 떠서 흐르고 있는 물건을 말한다. 수난구호법(제2조 제5호, 제6호)이 표류물과 침몰품을 구별하고 있어서 양자를 구별해야 한다는 견해[624]도 있다. 하지만 수중에 가라앉아 있는 물건도 이 죄의 표류물에 포함시키는 것이 타당

하다. 해난이나 항공기추락사고로 바다에 떨어진 승객의 휴대품, 화물은 수색 중에 있어도 표류물이 된다.

다) 매장물 '매장물'이란 토지, 해저 또는 건조물 속에 묻혀 있는 물건으로서 점유이탈물에 준하는 것을 말한다. 고분 내에 매장되어 있는 보석, 거울, 칼 등이 그 예이다. 매장문화재에 대해서는 문화재보호법이 적용되어 가중처벌된다. 179

2) 행위 횡령이다. 이 죄의 횡령도 횡령죄의 경우와 마찬가지로 불법영득의사를 가지고 점유이탈물을 자기의 사실상의 지배하에 두는 것을 의미한다. 다만 이 죄의 횡령에는 신뢰관계를 배반하는 요소가 없다는 점에서 횡령죄의 횡령과 다르고, 반환거부라는 행위태양도 이 죄의 행위요소가 아니다. 180

횡령은 부작위로도 가능하므로 고의(불법영득의사)를 가지고 법이 정한 절차를 상당기간 내에 밟지 않으면 이 죄가 성립할 수 있다. 181

3) 기수 불법영득의 의사를 외부에 표현한 것만으로 이 죄의 기수가 되지 않고, 불법으로 점유이탈물을 영득해야 기수가 된다. 당초에는 반환 또는 경찰서에 제출할 의사로 습득하였으나 그 후에 영득의사가 생겨 은닉·사용 등 고의를 실현하는 행위를 한 때에는 이 시점에서 기수가 된다. 점유이탈물을 영득하지 못한 경우는 미수처벌규정이 없어 범죄가 되지 않는다. 이 죄는 상태범이므로 습득한 자기앞수표를 현금과 교환하는 행위는 불가벌적 사후행위가 되어 사기죄를 구성하지 않는다.[625] 182

(2) 주관적 구성요건

이 죄도 횡령죄의 경우와 마찬가지로 불법영득의 의사를 초과주관적 구성요건요소가 아니라 고의의 한 내용으로 이해해야 한다. 유실물·준유실물·매장물은 유실물법에, 표류물·침몰품은 수난구호법에 일정한 절차를 규정하고 있는데, 그 절차를 밟지 않은 것만으로는 횡령의 고의가 없는 한 이 죄가 성립할 수 없다. 183

例 자전거를 습득하여 소유자가 나타날 때까지 보관을 선언하고 수일간 보관한 경우에는 불법영득의사가 없어서 (대법원 1957.7.12. 4290형상104) 점유이탈물횡령죄의 성립이 부정되었고, 유실물인 줄 알면서 당국에 신고하지 않고 친구집에 운반한 사실만으로는 점유이탈물횡령의 고의가 없어서(대법원 1969.8.19. 69도1078) 점유이탈횡령죄가 부정되었다. 184

3. 죄수

점유이탈물횡령죄를 범한 자가 그 재물을 사용하거나 손괴하는 등의 행위는 불가벌적 사후행위로 별개의 죄를 구성하지 않는다. 185

---

624) 이재상/장영민/강동범, §20/50; 임웅, 468면.
625) 대법원 1980.1.15. 79도2948.

§ 30

제6절 배임의 죄

Ⅰ. 총설

1. 의의 및 보호법익

(1) 의의

1 배임의 죄란 타인의 사무를 처리하는 자가 임무에 위배되는 행위를 하여 재산상의 이익을 취하거나 제3자로 하여금 이를 취득하게 하여 본인에게 손해를 가하는 것을 내용으로 하는 범죄이다. 타인의 사무처리자만이 범할 수 있는 신분범이다.

2 배임의 죄에는 배임죄와 배임수증재죄의 두 가지 독립된 범죄유형이 포함되어 있다. 배임죄는 임무에 위배되는 행위를 하는 것을 내용으로 하는 순수이득죄이지만, 배임수증재죄는 부정한 청탁을 받는 것을 내용으로 하고 있어 타인의 사무처리자에 대한 뇌물죄로서의 성격을 가지며, 재물죄이자 이득죄에 해당한다.

(2) 보호법익

3 배임의 죄의 보호법익은 사기의 죄와 마찬가지로 전체로서의 재산 내지 재산권이다.[626] **보호법익이 보호받는 정도**에 대해서는 ① 위험범설과 ② 침해범설이 대립한다.

4 判 대법원은 재산상의 손해발생이 없이 손해발생의 위험성만 있어도 배임죄가 성립한다고 하면서 위험범설을 취하지만,[627] 적어도 손해발생의 위험을 요구하고 있기 때문에 추상적 위험범설이 아니라 구체적 위험범설을 취하고 있는 것으로 평가할 수 있음은 횡령죄의 경우와 동일하다. 다만, 대법원이 손해발생의 위험만 있어도 배임죄의 성립을 인정하는 것은 배임행위의 성격상 손해의 발생이 장래에 일어나는 특별한 사안의 경우를 포착하기 위해 부득이 '손해'개념의 확장적 해석을 도모한 것으로 선해한다면, 대법원의 태도가 사안의 특수성을 고려하지 않고 배임죄의 성격을 일반적으로 위태범에 해당한다고 단언한 것인지는 여전히 논란이 될 수 있다.

5 위험범설은 '본인에게 손해를 가한 때'라는 명문의 규정에 정면으로 반한다. 배임죄의 보호법익을 재산권이라고 이해하는 이상 전체로서의 재산의 손해발생이 곧 구성요건적 결과에 해당하므로 이 죄를 침해범으로 해석하는 것이 타당하다. 다만 사안의 특성상 배임행위와 동시에 손해발생이 일어나지 않고 손해의 발생이 장래에 일어날 것으로 예상되는 경우에는 법적 결정을 현실적 손해발생 시점까지 미룰 수 없으므로 손해발생의 위험이 있으면 손해가 발생한 것으로 볼 수 있을 것이다.

---

626) 배임수증재죄의 보호법익에 관해서는 후술한다.

627) "배임죄는 현실적인 재산상 손해액이 확정될 필요까지는 없고 단지 재산상 권리의 실행을 불가능하게 할 염려 있는 상태 또는 손해 발생의 위험이 있는 경우에 바로 성립되는 위태범이(다)"(대법원 2000.4.11. 99도334).

2. 배임죄의 본질과 횡령죄와의 관계

(1) 배임죄의 본질

배임죄의 본질에 관해서는 ① 타인의 사무를 처리할 법적 처분권한을 가진 자의 권한남용이 배임행위라고 하는 견해(권한남용설)와 ② 타인의 재산을 관리할 의무 있는 자의 신뢰배반을 배임행위라고 하는 견해(배신설)가 대립한다. 6

권한남용설에 따르면 타인의 재산을 처분할 수 있는 법적 대리권이 있는 자만이 배임죄의 주체가 된다. 이에 따르면 법률행위에 대해서만 인정되는 배임죄와 사실행위에 의해서 성립하는 횡령죄는 본질적으로 택일관계에 있다고 한다. 7

배신설에 따르면 대내적으로 본인에 대한 신뢰관계의 배신에 초점을 맞추므로 법률행위뿐만 아니라 사실행위에 대해서도 배임죄가 성립하며, 대외관계에서 대리권을 요구하지 아니하므로 대리권 없는 자의 배임행위도 인정할 수 있다. 이에 따르면 신뢰관계 배반이라는 점에서 배임죄와 횡령죄는 같은 성질의 범죄이지만 재산 일반에 대한 배임죄와 보관하는 개개 재물에 대한 횡령죄는 특별관계에 있다고 하게 된다. 8

권한남용설에 따르면 법적 대리권이 없거나 사실행위에 의한 배임행위 모두를 배제하여 배임죄의 성립범위를 지나치게 제한하는 문제가 생긴다. 형법은 배임죄에 대해 '임무에 위배하는 행위'라고만 규정하고 있기 때문에 횡령행위와 배임행위를 각각 사실행위와 법률행위로 대응시키고 있다고 판단할 근거도 없다. 따라서 배임죄는 횡령죄와 마찬가지로 대내관계에서 상대방의 신뢰를 배신하여 손해를 가하는 범죄로 보는 배신설이 타당하다. 9

判 대법원도 배임죄의 주체인 타인의 사무를 처리하는 자를 '양자 간의 신임관계에 기초를 둔 타인의 재산보호 내지 관리의무가 있음을 그 본질적 내용'으로 하는 것이라고 하고 배임죄가 성립하기 위해 '대외관계에서 적법한 대리권을 요하고 있지 않은 점'에서 배신설에 입각하고 있다.[628] 10

(2) 횡령죄와의 관계

배신설에 따를 때 횡령죄와 배임죄는 다 같이 신분범으로서 신임관계에 위배된다는 점에서 동일하다. 하지만 횡령죄가 개개의 재물을 객체로 함에 반하여 배임죄는 재산상의 이익을 객체로 한다는 점에서 양죄는 구별된다.[629] 즉 횡령죄는 재물죄로서 불법영득의 의사로 재물을 영득하여 신임관계를 침해하는 범죄이고, 배임죄는 이득죄로서 불법이득의 의사로 재산상의 이익을 취득함으로써 신임관계를 침해하는 범죄이다. 따라서 양 죄의 구성요건은 특별법(횡령죄)과 일반법(배임죄)의 관계에 있게 되어 배임죄는 횡령죄에 해당하면 배임죄는 성립 11

628) 대법원 1999.9.17. 97도3219.
629) 이에 반하여 재물을 재산상의 이익에 포함되는 개념으로 파악하면서 양 죄를 행위객체로 구별하는 대신 주체의 특수성(타인의 재물을 보관하는 사무처리자)과 일반성(타인의 사무처리자)으로 구별하는 견해(임웅, "재산범죄에 있어서 '재물'과 '재산상의 이익'개념에 대한 비판적 고찰", 형사법연구 제21권 제4호(2009), 372면)도 있다.

하지 않고, 배임죄는 횡령죄가 성립하지 않을 경우에만 성립가능하다.

3. 구성요건의 체계

12 배임의 죄의 기본적 구성요건은 단순배임죄이다. 이에 대한 가중적 구성요건으로서 업무상배임죄가 있고, 배임수재죄와 배임증재죄를 포함한 배임수증재죄는 법정형이 다른 필요적 공범관계에 있으며, 배임죄에 대해서는 독립된 구성요건이다. 배임의 죄의 모든 범죄는 그 미수범이 처벌되고, 친족상도례 및 동력에 관한 규정도 적용된다.

13 특경법은 배임죄로 인한 이득액이 5억원 이상인 경우(제3조)와 금융기관의 임·직원의 배임수증재죄를 가중처벌하고 있다(제5조). 이외에 상법은 회사의 발기인·업무집행사원·이사·감사·이상의 직무대행자·지배인·회사청산인·사채권자집회의 대표자 등 임직원의 특별배임에 대해서 가중처벌하는 규정을 두고 있다(제622조, 제623조).

14

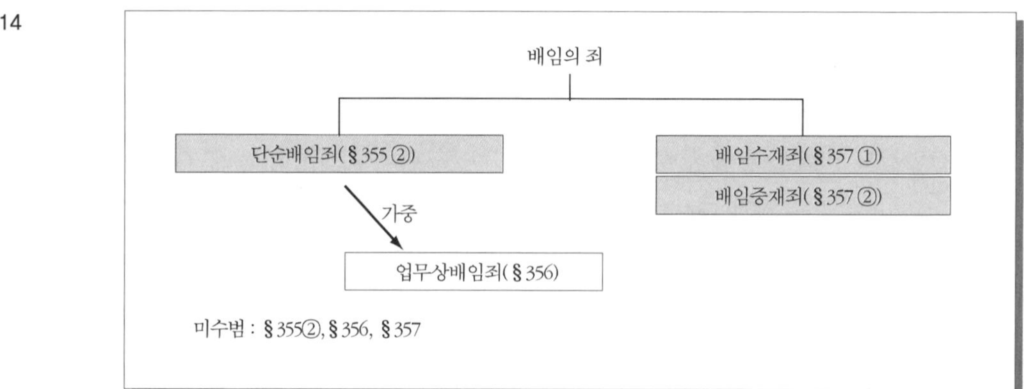

Ⅱ. 단순배임죄

> 第355조 ② (배임죄) 타인의 사무를 처리하는 자가 그 임무에 위배하는 행위로써 재산상의 이익을 취득하거나 제3자로 하여금 이를 취득하게 하여 본인에게 손해를 가한 때에도 전항의 형과 같다.
>
> 第359조(미수범) 제355조 내지 제357조의 미수범은 처벌한다.
>
> 第361조(친족간의 범행, 동력) 제328조와 제346조의 규정은 본장의 죄에 준용한다.

1. 의의, 성격

15 타인의 사무를 처리하는 자가 임무에 위배하는 행위로써 재산상의 이익을 취득하거나 제3자로 하여금 취득하게 하여 본인에게 재산상의 손해를 가함으로써 성립하는 범죄이다. 진정

신분범, 순수 이득죄이고, 침해범(단, 판례는 위태범)이며 상태범이다.

2. 구성요건

(1) 객관적 구성요건

1) 주체 　타인의 사무를 처리하는 자이다. 배임죄의 본질에 관한 배신설에 따르면 타인의 사무를 처리하는 자는 사무처리의 근거가 법률에 국한되는 것도 아니고 배임행위도 법률행위에 제한되지 않기 때문에 배임죄의 주체의 범위를 해석론상 제한해야 할 필요성이 있다. 16

(가) 사무처리자 　'타인의 사무를 처리하는 자'란 타인과의 '대내관계'에서 '신임관계'에 비추어 맡겨진 사무를 신의성실의 원칙에 맞게 처리해야 할 의무있는 자를 말한다. 반드시 제3자에 대한 대외관계에서 그 사무에 관하여 대리권이 존재할 것을 요하지 않는다.[630] 사무처리자가 법적 권한이 소멸되거나 그 직에서 해임된 후 사무인계 전에 사무처리한 경우도 사무처리자에 해당한다.[631] 17

(나) 사무처리의 근거 　타인의 사무처리는 타인과 사무처리자 사이의 일정한 신임관계를 전제로 하는 바, 신임관계에 기초한 사무처리의 근거는 일차적으로 법률(친권자·후견인·파산관재인·집행관·회사대표 등), 계약 또는 법률행위(위임·고용·임차계약·도급) 등이 있다. 18

判 대법원은 사무처리의 근거가 된 법률행위가 무효가 되더라도 (사실상의 신임관계를 인정하여) 타인 사무처리자가 될 수 있지만, 그 범위가 너무 넓어지지 않도록 하기 위해 그 무효의 원인이 선량한 풍속 기타 사회질서에 반하는 것이면 사무처리의 내용에 포함시키지 않는다.[632] 이에 따라 대법원은 불륜관계 지속의 대가로 부동산을 증여하기로 한 계약(대법원 1986.9. 9. 86도1382)이나 국토이용관리법에 의한 규제구역 내의 토지에 대한 허가 없는 토지거래계약(대법원 1996.8. 23. 96도1514) 등은 선량한 풍속과 사회질서에 반하여 무효이므로 소유권 이전등기의무가 사무처리의 내용 속에 포함될 수 없다고 한다. 19

법률이나 계약 이외에도 사무처리의 근거를 인정할 수 있는지가 문제된다. 배임죄의 성립을 제한하기 위해 사무처리의 근거를 법률이나 계약에 국한시켜야 한다는 견해도 있다. 20

判 대법원은 사실상의 신임관계를 만들어내는 관습, 사무관리, 거래의 신의칙 등도 사무처리의 근거로 인정하고(횡령죄의 경우 위탁관계에 기초한 보관자의 근거와 동일), 업무상 배임죄의 업무의 근거에 대해서도 마찬가지의 입장을 취한다.[633] 21

사무처리의 근거를 대법원의 판시와 같이 확장하면, 배임죄의 성립이 지나치게 넓어질 수 22

---

630) 대법원 2000.3.14. 99도457.
631) 대법원 1999.6.22. 99도1095.
632) 김일수/서보학, 480면; 이재상/장영민/강동범, §21/10.
633) "배임죄의 주체로서 '타인의 사무를 처리하는 자'란 타인과의 대내관계에 있어서 신의성실의 원칙에 비추어 그 사무를 처리할 신임관계가 존재한다고 인정되는 자를 의미하고, 반드시 제3자에 대한 대외관계에서 그 사무에 관한 대리권이 존재할 것을 요하지 않으며, 업무상 배임죄에 있어서의 업무의 근거는 법령, 계약, 관습의 어느 것에 의하건 묻지 않고, 사실상의 것도 포함한다."(대법원 2003.1.10. 2002도758).

있다. 이 때문에 사실상의 신임관계가 지나치게 확장되는 것을 막기 위해서는 타인의 재산상의 이익을 보호해야 할 보증인적 지위를 인정하는 것과 같이 일정한 영역 속에 들어오는 자의 사무처리로 제한할 필요가 있다. 이에 따라 관습·사무관리 또는 거래의 신의칙에 기초한 신임관계도 일정한 지위에서 의무를 부담하는 경우에만 사무처리자의 지위를 인정하고, 우연히 자기점유에 들어온 타인의 재물(점유이탈물)이나 민법상의 사무관리규정에 위반한 경우 등은 사무처리자의 지위를 발생시킨다고 할 수 없다고 할 것이다.

23 判 최근 대법원은 계좌관리인 내지 거래소가 자신의 계정으로 잘못 이체된 다른 사람의 비트코인을 임의로 사용한 것이 문제된 사안(이른바 오류 이체사건)에서 — 착오송금된 사안의 경우 위탁관계를 인정하여 횡령죄를 긍정하는 판결(2010도891)과는 달리– 가상자산에 대해서는 현재까지 관련 법률에 따라 법정화폐에 준하는 규제가 이루어지지 않는 등 법정화폐와 동일하게 취급되고 있지 않고 그 거래에 위험이 수반되므로, 법정화폐와 동일한 수준의 형법적 보호가 요구되는 것은 아니라는 점 등을 논거로 들면서, 가상자산을 이체받은 사람을 피해자에 대한 관계에서 배임의 주체인 타인사무처리자로서의 지위를 부정하였다(대법원 2021.12.16. 2020도9789 전원합의체.).

(다) 사무의 내용

24 가) 재산상의 사무여부 사무는 공적·사적이건 상관없으며,[634] 공적 사무의 처리자가 반드시 공무원임을 요하지 않고, 계속적·일시적인 사무도 상관없다. 하지만 **사무가 반드시 재산적 사무여야 하는지**에 관해서는 ① 형법상 사무의 내용에 대해 아무런 제한이 없다는 이유로 재산상의 사무일 필요가 없다는 견해[635](무제한설), ② 반드시 재산적 사무임을 요하지 않으나 적어도 재산적 이해관계가 있는 사무임을 요한다는 견해[636](부분적 제한설), ③ 재산상의 사무로 제한하는 견해(제한설)가 대립한다.

25 判 대법원은 타인을 위하여 대행하거나 타인에게 협력해야 할 사무를 "재산관리"에 관한 사무 또는 타인의 "재산보전행위"라고 판시하고 있기 때문에 타인의 사무를 재산상의 사무로 국한하는 입장을 취하는 것으로 볼 수 있다.[637] 대법원은 특히 계약의 경우 권리가 계약의 목적인 경우라도 타인의 사무성을 인정하기 위해서는 그 권리를 상대방의 "재산"으로서 보호 내지 관리하여야 할 의무의 전형적·본질적 내용으로 하는 신임관계가 되었음을 요구하고 있는 판시대목[638]에서도 '재산'적 사무일 것을 전제하고 있다.

---

634) 대법원 1974.11.12. 74도1138.

635) 오영근, §22/16; 임웅, 468면.

636) 정영석, 383면; 황산덕, 326면.

637) "배임죄에서 '타인의 사무처리'로 인정되려면, 타인의 재산관리에 관한 사무의 전부 또는 일부를 타인을 위하여 대행하는 경우와 타인의 재산보전행위에 협력하는 경우라야만 되는 것이고, 단순히 타인에 대하여 채무를 부담함에 불과한 경우에는 본인의 사무로 인정될지언정 타인의 사무처리에 해당한다 할 수는 없다"(대법원 1984.12.26. 84도2127).

638) "일반적으로 모든 계약에는 상대방의 재산상 이익의 보호를 배려할 신의칙상 의무가 포함되어 있다는 점을 감안하면, 계약의 당사자 일방이 배임죄에서 말하는 '타인의 사무를 처리하는 자'에 해당한다고 보기 위해서는, 계약의 당사자 일방이 상대방에게 위와 같은 신의칙상 의무를 부담하는 것에 그치지 않고 더 나아가 계약의 목적이 된 권리를 계약 상대방의 재산으로서 보호 내지 관리하여야 할 의무를 전형적·본질적인 내용으로 하는 신임관계가 형성되었음을 요구한다고 제한적으로 해석하여야 하고, 계약 당사자 일방의 사무 처리가 타인인 계약 상대방의 이익을 위한 것이라고 하더라도 위와 같은 의미의 타인의 사무가 아니라면 그 사무는 자기의 사무이고 그 일방 당사자는 배임죄의 주체인 '타인의 사무를 처리하는 자'에 해당하지 아니하므로 배임

例 **재산상의 사무처리자로 인정된 경우:** 낙찰계의 경우 계원으로부터 징수한 계금을 지정된 계원에게 지급해야 할 계주(대법원 1994.3.8. 93도2221), 채권담보를 위하여 양도담보로 채권자에 제공한 물건을 담보권의 범위 내에서 관리해야 할 채무자(대법원 1983.3.8. 82도1829), 예금통장에서 예금 인출을 의뢰받은 자(대법원 1972.3.28. 72도297), 경쟁업체에 기업의 영업비밀을 유출하지 않기로 서약한 직원(대법원 1999.3.12. 98도4704), 기업의 자산인 설계도면 및 가공도면 파일을 전송·저장한 전직 설계실장이었던 기계제작사 직원(대법원 2005.7.14. 2004도7962), 학교 경영을 주도하고 학교자금을 보관·관리하는 학교법인 이사(대법원 2000.3.14. 99도457), 미성년자의 상속재산처분에 관여한, 미성년자와 친생자관계가 없으나 호적상 친모로 등재되어 있는 자(대법원 2002.6.14. 2001도3534) 등. 26

배임죄는 재산죄이며, 배신설이 주장하는 배임행위의 범위를 한정하기 위해서는 재산상의 사무로 제한하는 제한설이 타당하다. 따라서 타인의 재산관리와 관계없는 업무, 예컨대 의사가 환자에게 재산적 손해를 가할 의사로 부적절한 수술을 하거나 단순한 타인에 대한 채무를 불이행한 자 등은 배임죄의 사무처리자가 될 수 없다. 27

나) 사무의 독립성 사무처리가 신임관계에 있어 배신성이 있다고 하기 위해서는 사무처리자가 일정한 범위에서 스스로 판단하여 처리할 수 있는 독립성을 부여받을 것을 전제로 해야 한다. 이러한 독립성은 책임인정의 근거가 되는 동시에 배임죄의 성립을 제한해 주는 기능을 한다. 본인의 지시에 따라 단순한 기계적 사무에 종사하는 자는 독립성을 인정받을 수 없다. 하지만 반드시 그 사무를 고유한 권한에 의하여 단독으로 처리할 정도일 필요까지는 없고, 위탁을 받거나 사무를 대행하는 경우 혹은 위탁을 받은 자를 보조하면서도 직접 또는 간접으로 그 처리에 관한 사무를 담당할 정도이면 독립성이 인정된다.[639] 직접 업무를 담당하는 자의 상급자도 실행행위자의 배임행위에 적극 가담하는 정도라면 독립적인 사무처리자가 된다.[640] 28

(라) 타인의 사무 '타인'은 그 사무를 처리할 신임관계에 있는 한 자연인·법인·법인격 없는 단체까지 포함한다. 자기의 사무를 처리하는 자는 이 죄의 주체가 될 수 없다. 따라서 매매계약 당사자와 같이 단순한 채권적 급부의무를 부담하는 데 그치는 경우(즉 일반적인 계약의무이행)는 각자 자기의 사무일 뿐이고, 타인의 사무가 아니다. '타인의 사무'를 처리한다고 하려면 당사자 관계의 본질적 내용이 단순한 채권채무 관계를 넘어서 그들 간의 신임관계에 기초하여 타인의 재산을 보호 또는 관리하는데 있어야 한다.[641] 이에 따르면 채무자가 채권자와의 관계에서 부담하는 의무의 이행이 타인의 사무가 되려면 채무자 사이에는 단순한 채권채무관계와는 별도의 '독자적인 신임관계'[642]가 인정되어야 한다. 29

죄가 성립할 여지는 없다. 따라서 배임죄의 행위주체인 '타인의 사무를 처리하는 자'의 의미를 그 사무의 본질에 입각하여 제한해석하는 것에 합당한 의미를 부여하지 아니한 채, 채무의 이행이 타인의 이익을 위한다는 측면을 겸비하고 있으면 그 채무자의 배신적 행위는 배임죄를 구성할 수 있다고 확대해석하여 현행 형사법상 범죄로 되지 아니하는 채무불이행과의 구분을 모호하게 하는 것은 죄형법정주의의 관점에서도 엄격히 경계되어야 한다(대법원 2011.1.20. 2008도10479 전원합의체 다수의견에 대한 보충의견임).

639) 대법원 2000.4.11. 99도334.

640) 대법원 2004.7.9. 2004도810.

641) 대법원 2011.1.20. 2008도10479 전원합의체.

642) "'타인의 사무를 처리하는 자'라고 하려면, 타인의 재산관리에 관한 사무의 전부 또는 일부를 타인을 위하여

30 判 대법원은 2014년 전원합의체 판결에서 채무자가 금전을 차용하면서 채무를 담보로 제공한 목적물인 ① '부동산에 대한 대물변제의 예약을 한 경우'[643] 그 예약에 따라 채무자가 소유권이전등기절차를 이행할 의무가 타인의 사무가 아니라 자기의 사무라는 판시한 것을 필두로 하여, ―그 이후의 일련의 전원합의체판결에서― ② '부동산에 대한 저당권 설정계약을 한 경우나 부동산에 대한 양도담보설정계약을 체결한 경우,'[644] ③ 「자동차 등 특정동산 저당법」에 따라 동산을 채권자에게 저당권을 설정해주기로 약정하거나 저당권을 설정한 경우 또는 「공장 및 광업재산 저당법」에 따라 동산을 저당권으로 설정한 경우,[645] ④ 「동산·채권담보법」에 따라 동산을 채권자에게 담보로 제공한 경우,[646] ⑤ 동산을 양도담보로 제공한 경우 또는 주식을 양도담보로 제공한 경우[647] 등 채무자가 채권자에게 부담하는 의무의 이행은 그것이 통상의 계약에서 이루어지는 이익대립관계의 범위내에 있는 의무인 경우에는 타인의 사무가 아니라 자기의 사무라는 법리를 관철시키고 있다. ⑥ 이러한 법리는 가장 최근, 권리이전에 등기·등록을 요하는 동산에 관한 양도담보설정계약에도 마찬가지로 적용된다. 따라서 자동차

대행하는 경우와 같이 당사자 관계의 전형적·본질적 내용이 통상의 계약에서의 이익대립관계를 넘어서 그들 사이의 신임관계에 기초하여 타인의 재산을 보호 또는 관리하는 데에 있어야 한다."(대법원 2020.8.27. 2019도14770 전원합의체).

643) "채무자가 대물변제예약에 따라 부동산에 관한 소유권이전등기절차를 이행할 의무는 그 궁극적 목적을 달성하기 위해 채무자에게 요구되는 부수적 내용이어서 이를 가지고 배임죄에서 말하는 신임관계에 기초하여 채권자의 재산을 보호 또는 관리하여야 하는 '타인의 사무'에 해당한다고 볼 수는 없다"(대법원 2014.8.21. 2014도3363 전원합의체).

644) "채무자가 금전채무를 담보하기 위한 저당권설정계약에 따라 채권자에게 그 소유의 부동산에 관하여 저당권을 설정할 의무를 부담하게 되었다고 하더라도, 이를 들어 채무자가 통상의 계약에서 이루어지는 이익대립관계를 넘어서 채권자와의 신임관계에 기초하여 채권자의 사무를 맡아 처리하는 것으로 볼 수 없다. 채무자가 저당권설정계약에 따라 채권자에 대하여 부담하는 저당권을 설정할 의무는 계약에 따라 부담하게 된 채무자 자신의 의무이다. 위와 같은 법리는, 채무자가 금전채무에 대한 담보로 부동산에 관하여 양도담보설정계약을 체결하고 이에 따라 채권자에게 소유권이전등기를 해 줄 의무가 있음에도 제3자에게 그 부동산을 처분한 경우에도 적용된다"(대법원 2020.6.18. 2019도14340 전원합의체: 부동산에 대한 이중저당의 경우도 동일한 법리의 적용을 인정함).

645) "채무자가 금전채무를 담보하기 위하여 「자동차 등 특정동산 저당법」 등에 따라 그 소유의 동산에 관하여 채권자에게 저당권을 설정해 주기로 약정하거나 저당권을 설정한 경우 저당권설정계약에 따라 채무자가 부담하는 의무는 채무자 '자신의 사무'에 해당할 뿐이다. 이는 금전채무를 담보하기 위하여 「공장 및 광업재단 저당법」에 따라 저당권이 설정된 동산을 채무자가 제3자에게 임의로 처분한 사안에도 마찬가지이다"(대법원 2020.10.22. 2020도6258 전원합의체).

646) "채무자가 금전채무를 담보하기 위하여 그 소유의 동산을 채권자에게 「동산·채권 등의 담보에 관한 법률」에 따른 동산담보로 제공함으로써 채권자인 동산담보권자에 대하여 담보물의 담보가치를 유지·보전할 의무 또는 담보물을 타에 처분하거나 멸실, 훼손하는 등으로 담보권 실행에 지장을 초래하는 행위를 하지 않을 의무를 부담하게 되었더라도, 이를 들어 채무자가 통상의 계약에서의 이익대립관계를 넘어서 채권자와의 신임관계에 기초하여 채권자의 사무를 맡아 처리하는 것으로 볼 수 없다"(대법원 2020.8.27. 2019도14770 전원합의체).

647) "채무자가 금전채무를 담보하기 위하여 그 소유의 동산을 채권자에게 양도담보로 제공함으로써 채권자인 양도담보권자에 대하여 담보물의 담보가치를 유지·보전할 의무 내지 담보물을 타에 처분하거나 멸실, 훼손하는 등으로 담보권 실행에 지장을 초래하는 행위를 하지 않을 의무를 부담하게 되었더라도, 이를 들어 채무자가 통상의 계약에서의 이익대립관계를 넘어서 채권자와의 신임관계에 기초하여 채권자의 사무를 맡아 처리하는 것으로 볼 수 없다. 따라서 채무자를 배임죄의 주체인 '타인의 사무를 처리하는 자'에 해당한다고 할 수 없다. 위와 같은 법리는, 채무자가 동산에 관하여 양도담보설정계약을 체결하여 이를 채권자에게 양도할 의무가 있음에도 제3자에게 처분한 경우에도 적용되고, 주식에 관하여 양도담보설정계약을 체결한 채무자가 제3자에게 해당 주식을 처분한 사안에도 마찬가지로 적용된다"(대법원 2020.2.20. 2019도9756 전원합의체: 동산에 대한 이중양도담보의 경우도 동일한 법리의 적용을 인정함).

등에 관하여 양도담보설정계약을 체결한 채무자는 채권자에 대하여 그의 사무를 처리하는 지위에 있지 아니하므로, 채무자가 채권자에게 양도담보설정계약에 따른 의무를 다하지 아니하고 이를 제3자에게 처분하였다고 하더라도 배임죄가 성립하지 아니한다고 한다.[648]

단순히 타인을 '위한' 사무만으로 타인의 사무가 되는 것은 아니다. 즉 그 사무의 처리가 타인에게 이익이 되는 경우라는 이유만으로 타인의 사무가 되는 것은 아니다. 그러나 자기의 사무이면서 동시에 상대방의 재산보전에 협력할 의무를 부담하는 경우는 타인의 사무가 된다. 31

判 대법원도 ① 부동산 이중매매의 경우 매수인의 소유권이전등기에 협력할 매도인의 의무,[649] ② 이중전세의 경우 이중전세권설정자의 의무[650]는 자기의 사무이면서 동시에 상대방의 재산보전에 협력할 의무를 부담하는 경우로서 타인의 사무에 해당하는 것으로 본다. 32

법인은 타인의 사무를 처리해야 할 의무를 부담할 수는 있지만, 법인이 배임죄의 주체도 될 수 있는지는 형법의 해석상 법인의 범죄능력을 부정할 것인가 긍정할 것인가에 따라 달라진다(이에 관해서는 『총론』의 법인의 범죄주체성 부분 참조). 33

判 대법원도 법인을 타인의 사무처리자로서의 법적 주체성을 인정하지만, 배임죄의 주체가 될 수 없다는 전제하에서, 법인을 대표하여 법인의 사무를 처리하는 대표기관인 자연인(예, 대표이사)을 배임죄의 주체로 보고 있다.[651] 34

例 **타인 사무처리자로 인정한 판례:** ① 1인 회사의 대표자도 회사에 대한 관계에서는 타인이므로 회사의 사무를 처리하는 자가 되고(대법원 1983.12.13. 83도2330), ② 채권담보를 위해서 부동산에 가등기를 해 둔 가등기권리자나 소유권이전등기 서류를 임치받은 채권자는 채무자가 채무를 변제할 때까지 목적 부동산이나 해당서류를 보전해야 할 타인의 사무처리자이며(대법원 1990.8.10. 90도414), ③ 계주는 계금징수 및 순번이 돌아온 계원에게 계금을 지급해야 할 타인의 사무처리자이고(대법원 1995.9.29. 95도1176), ④ 증권회사와 고객 사이에 매매거래 위탁계약이 있기 이전에는 증권회사는 고객의 예탁금을 고객의 주문 없이 무단매매하여 고객의 계좌에 손해를 가하지 아니하여야 할 의무를 부담하고, 고객의 재산관리에 관한 사무를 대행하는 타인의 사무처리자의 지위에 있으며(대법원 1995.11.21. 94도1598), ⑤ 중소기업진흥기금은 중소기업진흥이라는 특정한 목적에만 사용하도록 용도가 법정되어 있으므로 기금관리자는 이를 위한 타인의 사무를 처리하는 자이며(대법원 1997.10.24. 97도2042), ⑥ 기업의 영업비밀을 사외로 유출하지 않기로 서약한 회사직원은 경제적 대가 등을 이유로 경쟁업체에 영업비밀을 유출하지 않아야 할 의무가 있는 타인의 사무처리자이고(대법원 1999.3.12. 98도4704), ⑦ 지입차주가 지입회사와 지입계약을 체결함으로써 지입회사에 그 자동차의 소유권등록 명의를 신탁하고 운송사업용 자동차로서 등록 및 그 유지 관련 사무의 대행을 위임한 경우 특별한 사정이 없는 한 지입회사 운영자는 지입차주와의 관계에서 타인사무처리자(대법원 2021.6.24. 2018도14365)로 인정되었다. 35

例 **타인사무처리자로 인정하지 않은 판례:** ① 이른바 보통예금은 은행 등 법률이 정하는 금융기관을 수치인으로 하는 금전의 소비임치 계약으로서, 그 예금계좌에 입금된 금전의 소유권은 금융기관에 이전되고, 예금주는 그 예금계좌를 통한 예금반환채권을 취득하는 것이므로, 금융기관의 임직원은 예금주로부터 예금계좌를 통 36

648) 대법원 2022.12.22. 2020도8682 전원합의체.

649) 대법원 2020.5.14. 2019도16228.

650) 대법원 2003.9.26. 2003도763(위 2019도14340 전원합의체 판결은 이중저당의 경우 이중 저당권설정자의 타인사무처리자의 지위를 부정하면서도, 이중 전세권설정자에 대해 타인사무처리자의 지위를 긍정했던 2003도763 판결을 폐기한다는 명시적 언명은 하고 있지 않다).

651) 대법원 1985.10.8. 83도1375.

한 적법한 예금반환 청구가 있으면 이에 응할 의무가 있을 뿐 예금주와의 사이에서 그의 재산관리에 관한 사무를 처리하는 자의 지위에 있다고 할 수 없고(대법원 2008.4.24. 2008도1408), ② 낙찰계의 계주라도 계원들로부터 계불입금을 징수하지 아니한 상태에서 부담하는 계금지급의무는 단순한 채권관계상의 의무에 불과하여 배임죄에서 말하는 '타인의 사무'에 속하지 아니하며(대법원 2009.8.20. 2009도3143). ③ 주식회사의 이사는 주식회사의 사무를 처리하는 자의 지위에 있다고 할 수 있지만 주식회사와 별개인 주주들에 대한 관계에서는 직접 그들의 사무를 처리하는 자의 지위에 있지 않고(대법원 2009.5.29. 2007도4949 전원합의체). ④ 주권발행 전 주식에 대한 양도계약에서 양도인이 양수인으로 하여금 회사 이외의 제3자에게 대항할 수 있도록 확정일자 있는 증서에 의한 양도통지 또는 승낙을 갖추어 주지 아니하고 위 주식을 다른 사람에게 처분한 경우 양도인이 양수인으로 하여금 회사 이외의 제3자에게 대항할 수 있도록 확정일자 있는 증서에 의한 양도통지 또는 승낙을 갖추어 주어야 할 채무를 부담한다 하더라도 이는 자기의 사무에 불과하며(대법원 2020.6.4. 2015도6057). ⑤ 채권자에게 채무변제가 있을 때까지 자기소유 미등기부동산에 대한 임대권을 부여한 채무자가 중간에 그 부동산을 제3자에게 팔아버린 경우에는 단순히 민사상의 채무불이행만 인정되므로 채무자는 타인사무처리자로 인정되지 않고(대법원 1982.9.14. 80도1816), ⑥ 퇴사한 회사직원은 특별한 사정이 없는 한 타인사무처리자로 인정되지 않고[652](대법원 2017.6.29. 2017도3808). ⑦ 가상자산 권리자의 착오나 가상자산 운영 시스템의 오류 등으로 법률상 원인관계 없이 다른 사람의 가상자산 전자지갑에 가상자산이 이체된 경우, 그 가상자산을 이체받은 자는 가상자산의 권리자 등에 대한 부당이득반환의무를 부담하게 될 수 있지만, 이는 당사자 사이의 민사상 채무에 지나지 않고 이러한 사정만으로 가상자산을 이체받은 사람이 신임관계에 기초하여 가상자산을 보존하거나 관리하는 지위에 있다고 볼 수 없으므로 타인사무처리자가 인정되지 않는다(대법원 2021.12.16. 2020도9787).

37 2) 행위 행위는 임무에 위배하는 행위를 하여 재산상의 이익을 취득하거나 제3자로 하여금 취득하게 하여 본인에게 손해를 가하는 것이다. 임무위배행위, 재산상의 이익취득, 손해발생의 세 가지 요건 모두 충족하여야 한다.

38 영업비밀 보유자의 직원으로서 영업비밀을 인지하여 이를 사용할 수 있는 사람은 이미 당해 영업비밀을 취득하였다고 보아야 하므로 그러한 사람이 당해 영업비밀을 단순히 기업의 외부로 무단 반출한 행위는, 업무상 배임행위에 해당할 수 있음은 별론으로 하고, 「부정경쟁방지 및 영업비밀보호에 관한 법률」의 영업비밀의 취득, 사용 또는 누설에는 해당하지 않는다.[653]

(가) 임무위배행위

39 가) 의의와 태양 임무에 위배하는 행위(배임행위)라 함은 '처리하는 사무의 내용·성질 등 구체적 상황에 비추어 법률의 규정·계약의 내용상 금지되는 행위 또는 (판례법리에 의해 인정되는) 신의칙상 마땅히 해야 할 행위 내지 기대되는 행위를 하지 않음으로써 본인과의 신임관계를 저버리는 일체의 행위'를 말한다.[654] 임무범위 내의 임무를 위배하는 것을 의미하므로

652) 따라서 "퇴사시 반환하거나 폐기하지 아니한 영업비밀 등을 경쟁업체에 유출하거나 스스로의 이익을 위하여 이용하더라도 이는 이미 성립한 업무상배임 행위의 실행행위에 지나지 아니하므로, 그 유출 내지 이용행위가 부정경쟁방지 및 영업비밀보호에 관한 법률 위반(영업비밀누설등)죄에 해당하는지는 별론으로 하더라도, 따로 업무상배임죄를 구성할 여지는 없다. 그리고 위와 같이 퇴사한 회사직원에 대하여 타인의 사무를 처리하는 자의 지위를 인정할 수 없는 이상 제3자가 위와 같은 유출 내지 이용행위에 공모·가담하였더라도 타인의 사무를 처리하는 자의 지위에 있다는 등의 사정이 없는 한 업무상배임죄의 공범 역시 성립할 수 없다"(대법원 2017.6.29. 2017도3808).

653) 대법원 2009.10.15. 2008도9433.

654) "배임죄에 있어서 '임무에 위배하는 행위'라 함은 처리하는 사무의 내용, 성질 등에 비추어 법령의 규정, 계약

임무범위 밖의 행위에 대해서는 배임행위가 되지 않는다.[655)]

대리권 또는 위임받은 권한을 남용하는 경우이건, 법률상의 의무위반이건 상관없다. 법률행위는 물론 사실행위도 포함된다. 법률행위인 경우에는 그 법률행위의 유효·무효를 묻지 않는다.[656)](무효인 법률행위에 의한 배임행위의 성립여부에 관해서는 후술할 '대표이사의 대표권 남용행위' 유형 참조). 40

배임행위는 작위는 물론 부작위에 의해서도 가능하다. 예컨대 사무처리자가 고의로 채권행사를 하지 않음으로써 소멸시효에 걸리게 하거나 소송제기를 의뢰받은 자가 고의로 소를 제기하지 아니하여 소멸시효가 완성된 때에는 부작위에 의한 배임이 된다. 41

하지만 단순한 채무불이행은 배임행위가 될 수 없다. 타인의 재산적 이익이 자기의 반대이익과 상호 급부관계에 있는 채무자(담보물권설정자·양도계약·임대차계약의 일방·고용계약·공급계약 일방)의 의무불이행은 채무불이행이 될 뿐이고 배임행위가 되지 않는다. 42

나) 판단기준 배임행위인지를 판단함에 있어서는 먼저 행위자가 처리하여야 할 사무의 성질·내용 등 행위당시의 구체적 사정을 고려한 후 통상의 사무집행의 범위를 일탈하였는가에 따라 판단해야 한다. 이 경우 타인의 사무처리의 근거가 되는 법령, 계약은 동시에 그에 기초한 사무처리(임무)의 위배여부를 판단하는 기준도 된다. 43

判 대법원처럼 법령, 계약(법률행위) 외에도 신의칙 등 사실상의 신임관계에 기초한 타인 사무처리자도 배임죄의 주체로 인정할 경우, 그 사무처리자가 타인 재산의 관리행위 또는 타인 재산보전을 위한 협력행위로서 '마땅히 해야 할 행위' 또는 '기대되는 행위'를 하였는지의 여부가 결정적인 판단기준이 됨을 주의해야 한다. 그러나 배임죄의 형법적 불법행위 표지인 '임무위배행위'를 판단함에 있어 마땅히 해야 할 행위 또는 당연히 기대되는 행위 여부를 기준으로 삼게 되면 도덕적 잣대를 형법적 반가치판단의 기준으로 삼게 될 우려가 있다.[657)] 44

例 임무위배행위가 긍정된 경우: ① 현저하게 불공정한 가액으로 제3자 배정방식에 의하여 신주 등을 발행하는 행위는 이사의 임무위배행위에 해당하는 것으로서 그로 인하여 회사에 공정한 발행가액과의 차액에 상당하는 자금을 취득하지 못하게 되는 손해를 입힌 경우(대법원 2009.5.29. 2007도4949 전원합의체),② 교회재산관리자가 교회채무변제를 위 45

의 내용 또는 신의칙상 당연히 하여야 할 것으로 기대되는 행위를 하지 않거나 당연히 하지 않아야 할 것으로 기대되는 행위를 함으로써 본인과의 신임관계를 저버리는 일체의 행위를 포함하며, 이에 해당하는 한 재산처분에 관한 결정권을 가진 학교법인의 이사회의 결의가 있었다거나 감독청의 허가를 받아서 한 것이라고 하여 정당화할 수 없다."(대법원 2000.3.14. 99도457).

655) 그러나 대법원처럼 임무(사무처리)의 근거가 사실상의 신임관계를 발생시키는 경우인 신의칙 등으로 확장되면, 임무의 범위도 가변적으로 된다.

656) "그러한 행위가 법률상 유효한가 여부는 따져볼 필요가 없고, 행위자가 가사 본인을 위한다는 의사를 가지고 행위를 하였다고 하더라도 그 목적과 취지가 법령이나 사회상규에 위반된 위법한 행위로서 용인할 수 없는 경우에는 그 행위의 결과가 일부 본인을 위하는 측면이 있다고 하더라도 이는 본인과의 신임관계를 저버리는 행위로서 배임죄의 성립을 인정함에 영향이 없다"(대법원 2002.7.22. 2002도1696).

657) 건설사 임원이 회사자금으로 재개발조합장에게 뇌물을 제공한 사안의 경우 대법원은 배임죄의 고의를 부정하였는데(대법원 2014.10.27. 2014도2952), 이러한 결론이 임무배성을 부정하는 전제하에서의 결론이라면, 회사자금으로 뇌물을 제공한 것이 회사로부터 '기대되는 행위'이기 때문에 임무에 위배되지 않는다는 결론을 내렸을 가능성도 없지 않다.

하여 채무액을 초과하는 액수의 교회재산을 소유권이전등기하여 준 경우(대법원 1986.6.10. 84도2015), ③ 회사직원이 영업비밀이 아니더라도 그 자료가 불특정 다수의 사람에게 공개되지 않았고 사용자가 상당한 시간, 노력 및 비용을 들여 제작한 영업상 주요한 자산인 자료를 반출한 경우(대법원 2009.10.15. 2008도9433), ④ 전세권설정등기 의무자가 이 의무에 위배하여 제3자에게 채권담보를 위한 가등기를 해 준 경우(대법원 1993.9.28. 93도2206), ⑤ 회사 직원이 영업비밀이나 영업상 주요한 자산인 자료를 적법하게 반출하여 그 반출행위가 업무상배임죄에 해당하지 않는 경우라도 퇴사시에 그 영업비밀 등을 회사에 반환하거나 폐기할 의무가 있음에도 경쟁업체에 유출하거나 스스로의 이익을 위하여 이용할 목적으로 이를 반환하거나 폐기하지 아니한 경우(대법원 2009.10.15. 2008도9433), ⑥ 계주가 계원들로부터 징수한 계금을 순번에 해당하는 계원에게 지급하지 않고 자의로 소비한 경우(대법원 1995.9.28. 95도1176), ⑦ 재개발조합 조합장이 조합원들의 이주비차용에 따른 약속어음공증신청을 법무사에 일괄위임함에 있어 과다한 액수의 수수료 요구를 그대로 받아들여 용역계약을 체결한 경우(대법원 1997.6.13. 97도618), ⑧ 특정목적을 위하여 조성된 기금을 부적격업체에 대해 부당지출한 경우(대법원 1997.10.24. 97도2042), ⑨ 기업의 영업비밀을 사외로 유출하지 않을 것을 서약한 회사의 직원이 경제적인 대가를 얻기 위하여 경쟁업체에 영업비밀을 유출하는 경우(대법원 1999.3.12. 98도4704), ⑩ 주택조합 정산위원회 위원장이 해임되고 후임 위원장이 선출되었는데도 업무 인계를 거부하고 있던 중 정산위원회를 상대로 제기된 소송의 소장부본 및 변론기일소환장을 송달받고도 그 제소사실을 정산위원회에 알려주지도 않고 스스로 응소하지도 않아 의제자백에 의한 패소확정판결을 받게 한 경우(대법원 1999.6.22. 99도1095), ⑪ 퇴출위기에 있는 증권회사의 대표이사가 전 직원의 명예퇴직을 실시하고 이에 따라 전 직원에게 퇴직금 이외에 별도로 퇴직위로금을 지급한 경우(대법원 2000.11.10. 99도5463), ⑫ 농협중앙회의 회장이 부회장의 전결로 처리되는 보증 및 대출업무에 대해 직접 결제함이 없이 압력을 가해 농협중앙회에 손해를 입힐 수 있는 지급보증 및 대출을 하게 한 경우(대법원 2003.4.8. 2002도6020), ⑬ 대학교 총장으로 대학교 업무 전반을 총괄함과 동시에 학교법인의 이사로서 학교법인 이사회에 상당한 영향력을 행사하고 있는 자가 학교법인의 이사로서 이사회에 참석하여 전 총장을 명예총장에 추대하는 결의에 찬성하고, 이사회의 결의에 따라 대학교의 총장으로서 대학교의 교비로써 명예총장의 활동비 및 전용 운전사의 급여를 지급한 경우(대법원 2003.1.10. 2002도758), ⑭ 상호지급보증관계에 있는 회사 간에 보증회사가 채무변제능력이 없는 피보증회사에 대하여 합리적인 채권회수책 없이 새로 금원을 대여하거나 예금담보를 제공한 경우(대법원 2004.7.9. 2004도810), ⑮ 서면에 의한 부동산 증여의 의사를 표시한 증여자가 수증자에게 증여계약에 따라 부동산의 소유권을 이전하지 아니하고 부동산을 제3자에게 처분하여 등기를 한 경우(대법원 2018.12.13. 2016도19308) 등이 있다.

46 **例 임무위배행위가 부정된 경우:** ① 회사의 이사가 주주배정방식에 따른 신주발생시 그 발생가액을 시가보다 낮게 정함으로써 주주들로부터 가능한 최대한의 자금을 유치하지 못한 경우(대법원 2009.5.29. 2007도4949 전원합의체), ② 타인명의로 등기된 자기소유의 부동산을 자기 앞으로 등기이전을 경료한 경우(대법원 1974.2.12. 73도2926), ③ 소유자에게 경락포기를 약속한 자가 경락허가결정이 확정된 후에 대금을 완납하고 유효한 소유권을 취득하더라도 그것이 실질적인 권리관계에 상응한 조치인 경우(대법원 1969.2.25. 69도46), ④ 은행직원이 명칭 및 대표이사가 변경된 법인에 대해 종전 대출시 사용하였던 연대보증관계서류를 가지고 대출을 해 주었더라도 은행과 법인 간에 계속적 보증관계가 있고, 그 대출이 보증인이 약정한 보증기간 및 보증한도액 내에서의 대출인 경우(대법원 2002.6.28. 2000도3716), ⑤ 회사의 대표이사가 타인이 단순히 채무초과 상태에 있음을 알면서도 타인의 채무를 회사이름으로 지급보증 또는 연대보증해 준 경우(대법원 2004.6.24. 2004도520), ⑥ 회사 지분비율의 변화가 기존 주주 자신의 선택에 기인한 상황에서 지배주식을 확보하는 데 따르는 부수적인 효과에 불과한 경영권 이전의 경우(대법원 2009.5.29. 2007도4949 전원합의체) 등이 있다.

47 **다) 피해자의 동의** 사무처리에 관한 피해자의 동의가 있으면 임무위배행위라고 할 수 없다(구성요건해당성배제). 예컨대 계주가 계원으로부터 일정액의 계금을 다음달에 지급하겠다는 동의를 받은 후에 그 금액을 뺀 계금을 지급하여도 임무위배행위라고 할 수 없다.[658] 물론

이 경우 피해자의 동의는 사전에 존재해야 하며 사후동의만으로는 배임행위가 되지 않는다고 할 수 없다.[659)]

라) 모험적 거래의 배임행위여부 투자·주식매매와 같이 거래가 본인에게 이익 또는 손해가 될 것인지의 전망이 명확하지 않는 투기적 거래를 모험적 거래라 한다. 모험적 거래가 당사자 내부관계에서 금지되어 있는 경우에는 배임죄가 성립하지만, 그렇지 않을 경우 모험적 거래로 회사에 손해를 입히면 배임죄가 성립하는지는 사무의 성질·내용에 따라 달리 평가되어야 한다. 48

먼저 자금부족으로 부진한 기업의 자금회수가 곤란한 경우라도 그 회수불가능을 피하기 위한 구제로서 재차 자금대출한 때에는 그 정황에 비추어 상당한 회수방법으로 볼 수 있으면 모험적 거래도 허용될 수 있다. 하지만 친권자·후견인은 미성년자·피후견인의 재산에 대하여는 원칙적으로 모험거래를 할 수 없다. 49

증권회사의 직원의 모험적 거래는 사회생활상 일반통념에 따른 업무집행의 범위를 일탈하지 않을 때에만 허용된다고 해야 한다. 따라서 증권회사 직원이 고객의 매입주문이 없는 경우 그 고객이 맡긴 돈으로 임의로 주식을 매입하여 고객에게 손해를 입힌 때에는 배임행위가 된다.[660)] 50

회사의 경영자가 모험거래 내지 적극적 기업활동의 일환으로 회사에 손해를 끼치게 될 경우가 많다. 이와 관련해서는 오늘날 배임죄의 성립을 제한하는 방안으로 이른바 경영판단의 원칙이 판례에서 적용되고 있다. 51

마) 이른바 '경영판단의 원칙'의 적용범위 경영판단의 원칙(business judgement rule)이란 "경영자가 주관적으로 기업의 최대이익을 위하여 성실하게 경영상 판단을 하였고(주관적 요소) 그 판단과정이 공정하다고 볼 만한 절차적 요건을 갖추었다면(절차적 요소) 잘못된 판단으로 기업에 손해가 발생하였다고 하더라도 경영자의 경영상의 판단을 존중하여 그로 인한 책임을 면하도록 하는 법리"를 말한다.[661)] 이 원칙은 원래 미국판례법을 통해 그 개념과 내용이 확립되어 왔다. 우리나라에서는 회사의 이사 등의 '손해배상책임'과 관련하여 그 도입여부가 학설상 논의되어 오다가, 대법원 2002.7.26. 2006다33685 판결부터 금융기관 임원에게 대출과 관련하여 경영판단이 허용되는 재량의 범위 내인지의 여부에 관한 판단이 있은 이래, 이 원칙은 주의의무의 내용에 관한 해석론의 문제와 관련하여 적용되고 있다. 형사법 영역에서는 2003년부터 배임죄의 인정 여부를 판단함에 있어 이 원칙의 도입을 주장하는 견해[662)]가 등장하였다. 52

658) 대법원 1983.11.8. 83도2309.
659) 대법원 1985.9.24. 85도1444.
660) 대법원 1995.11.21. 94도1598.
661) 자세한 내용은 한석훈, 『기업범죄의 쟁점연구』, 법문사, 2013, 108면 이하.
662) 이상돈, "경영실패와 경영진의 형사책임", 법조 제52권 제5호(2003), 88면 이하.

53 判 대법원은 2004년부터 경영판단의 원칙을 배임죄의 성립요건 중 '임무위배행위' 내지 '배임의 고의'의 인정범위를 제한할 수 있는 근거로 적용하기 시작한 이래,[663] 계속 동일한 법리를 적용하고 있다.[664] 그러나 대법원은 경영판단의 내용에 대한 사법적 심사를 자제하고자 하는 미국판례법상의 경영판단의 원칙을 그대로 따르고 있다고 보기는 어렵다.

54 배임죄의 판단에서 법적 안정성이 저해될 소지가 다른 범죄구성요건에 비해 현저하게 큰 것은 사실이다. 판례와 통설의 태도가 임무위배행위의 본질을 배신설의 입장에서 파악해온 결과 그 임무위배행위의 안과 밖을 가르는 경계선을 획정하는 일이 '신의칙이나 조리'와 같은 고도의 추상적인 기준에 의해 이루어지고 있기 때문이다. 이러한 상황에서 미국의 판례법의 태도와 같이 입증책임을 전환하거나 주의의무의 기준을 완화시키거나 경영판단의 영역을 사법심사에서 배제하는 방식으로 경영판단의 원칙을 도입하면 배임죄의 판단에 불확실성이 더욱 심화될 수 있고, 자칫하면 이 원칙이 기업경영자에게 면죄부를 주는 논리로 동원될 수도 있다. 생각건대 경영판단의 원칙을 경영판단의 주관적 요소와 절차적 요소를 중심으로 '임무위배행위'와 '배임의 고의'의 인정여부를 정하는 기준으로 도입하는 수준이 바람직한 것으로 보인다.[665]

55 (나) 이익취득 배임행위로 인하여 재산상의 이익취득이 있어야 한다. 이익취득이 없으면 재산상의 손해가 있어도 배임죄는 성립하지 않는다.[666] 경제적 가치가 있는 모든 재화이면 족하므로(경제적 재산개념), 성적 향응이라도 사실상 재산상 이익으로 환산될 수 있는 경우에는 재산상 이익이 될 수 있지만, 사회적 지위나 신분상의 이익은 재산상의 이익이 되지 않는다. 재산상의 이익의 향유주체는 행위자이건 제3자이건 상관없다.

(다) 재산상의 손해

56 가) 재산상 손해의 의의 임무위배행위로 인한 재산상의 손해는 본인의 전체 재산가치의 감소를 말한다(전체계산원칙).[667] 기존재산의 감소(적극적 손해)이건 장래 취득할 수 있는 이익

---

663) "(생략) 문제된 경영상의 판단에 이르게 된 경위와 동기, 판단대상인 사업의 내용, 기업이 처한 경제적 상황, 손실발생의 개연성과 이익획득의 개연성 등 제반 사정에 비추어 자기 또는 제3자가 재산상 이익을 취득한다는 인식과 본인에게 손해를 가한다는 인식(미필적 인식을 포함)하의 의도적 행위임이 인정되는 경우에 한하여 배임죄의 고의를 인정하는 엄격한 해석기준은 유지되어야 할 것이고, 그러한 인식이 없는데 단순히 본인에게 손해가 발생하였다는 결과만으로 책임을 묻거나 주의의무를 소홀히 한 과실이 있다는 이유로 책임을 물을 수는 없다 할 것이다"(대법원 2004.7.22. 2002도4229).

664) "경영자가 개인적인 이익을 취할 의도 없이 가능한 범위 내에서 수집된 정보를 바탕으로 기업의 이익을 위한다는 생각으로 신중하게 결정을 내렸더라도 예측이 빗나가 기업에 손해가 발생하는 경우가 있으므로, 이러한 경우에까지 고의에 관한 해석기준을 완화하여 업무상배임죄의 형사책임을 물을 수 없다"(대법원 2017.11.9. 2015도12633).

665) 그리고 경영판단의 원칙에 기초한 위 판례법리를 적용하더라도 다음과 같은 전제조건이 충족되어야 한다: '경영자가 아무런 개인적인 이익을 취할 의도 없이 선의에 기하여 가능한 범위 내에서 수집된 정보를 바탕으로 기업의 이익에 합치된다는 믿음을 가지고 신중하게 결정을 내렸으나 그 예측이 빗나가 기업에 손해가 발생하였을 것'.

666) 대법원 1999.7.9. 99도311; 대법원 2006.7.27. 2006도3145.

667) 대법원 1981.6.23. 80도2934.

의 상실(소극적 손해)이건 묻지 않는다. 손해의 가액을 구체적으로 산정할 수 없어도 손해발생을 인정할 수 있다.[668)]

하지만 손해에 상응하는 반대급부로 재산상의 이익을 주어서 전체재산에 대한 감소가 없으면 재산상의 손해는 인정되지 않는다.[669)] 물론 이 경우 배임행위 때문에 취득하게 된 손해배상청구권이나 원상회복청구권 등은 반대급부로서의 재산상의 이익에 포함되지 않는다.[670)] 57

나) 재산상의 이익과 재산상의 손해의 관계 배임죄는 임무위배행위로 인하여 재산상의 이익을 취득하거나 제3자로 하여금 이를 취득하게 하여 본인에게 재산상의 손해를 가한 때 성립한다. 배임죄의 구성요건에서도 '재산상 이익 취득'과 '재산상 손해 발생'은 병렬적으로 규정되어 있는 대등한 범죄성립으로 규정되어 있다. 따라서 사기죄의 경우와 같이 재산상의 이익이 재산상의 손해와 소재 동일성이 요할 정도는 아니지만, 임무위배행위로 인하여 여러 재산상 이익과 손해가 발생하더라도 재산상 이익과 손해 사이에 서로 대응하는 관계에 있는 등 일정한 관련성이 인정되어야 업무상배임죄가 성립한다. 58

判 대법원은 양자의 관계에 관한 이러한 법리에 따라, A 군의 군수이자 사단법인 이사장으로서 그 법인의 재산을 재산을 유지 및 보존, 관리하여야 할 업무상 임무가 있는 자가 B축협 조합원들이 A 군에서 추진하던 신공항 사업을 반대한다는 이유 등으로 사단법인의 재산인 A축협에 예치된 20억 원 상당의 정기예금을 중도해지하고 그 돈을 A농협에 재예치하도록 하게 함으로써 정기예금 중도해지로 인해 만기 이자 중 25,365,760원을 지급받지 못하게 한 경우 A농협에게 위 법인 통상적인 이율보다 지나치게 낮은 정기예금 이자를 지급하였다는 등의 특별한 사정이 없는 한, A농협이 취득한 자금운용의 기회가 곧바로 피고인의 임무위배행위로 인하여 취득한 재산상 이익에 해당한다고 단정하기 어렵다는 이유로 업무상 배임죄의 성립을 부정하였다.[671)] 59

다) 손해발생의 위험 **본인에게 '손해를 가한 때'의 의미**와 관련하여 ① 이 죄를 침해범으로서 이해하는 전제하에서 재산상의 손해가 발생하여야 한다는 견해[672)]와 ② 현실적으로 재산상의 손해가 발생한 경우뿐만 아니라 손해발생의 위험이 있는 경우도 포함한다는 견해[673)]가 대립한다. 60

判 대법원은 이 죄를 위험범으로 파악하는 입장에서 손해발생의 위험이 있는 경우도 포함한다는 태도를 취하고 있다.[674)] 이 죄를 침해범으로 해석하면, 임무위배행위가 있어도 실제로 손해가 발생하였는지는 오랜 기간이 경과된 후에야 확인될 수 있는 사안의 경우 기수시기를 정하는 것이 용이하지 않은 점을 고려한 것 때문인 것으로 보인다. 다만 대법원은 이 죄의 기수시기를 제한하기 위해 손해발생의 위험을 막연한 위험만으로는 부족하 61

---

668) 대법원 2009.10.15. 2009도5655.

669) 대법원 2005.4.15. 2004도7053.

670) 대법원 2003.2.11. 2002도5679.

671) 대법원 2022.8.25. 2022도3717.

672) 김일수/서보학, 486면; 김종원, 243면; 배종대, §80/23; 이형국/김혜경, 511면; 임웅, 474면.

673) 박상기, 405면; 이재상/장영민/강동범, §21/22.

674) 배임죄에서 "'재산상의 손해를 가한 때'라 함은 현실적인 손해를 가한 경우뿐만 아니라 재산상 실해 발생의 위험을 초래한 경우도 포함되고 일단 손해의 위험성을 발생시킨 이상 사후에 피해가 회복되었다 하여도 배임죄의 성립에 영향을 주는 것은 아니다"(대법원 2000.2.8. 99도3338).

고 구체적·현실적 위험이 야기된 정도를 요함으로써 '구체적 위험범'적 성격을 보다 분명히 하고 있다.[675)]

62 그러나 '손해'개념을 손해발생의 위험으로 해석하는 대법원의 목적론적 확장해석은 언어적 차원의 문언의 한계를 벗어난 것일 수도 있다. 뿐만 아니라 구체적 위험범설을 취하더라도 손해발생의 구체적 위험이 언제 나타나는지에 대한 판단은 여전히 용이하지 않다. '걸면 걸리는 죄'로 폄하되고 있는 배임죄의 성립을 제한하기 위해서는 이 죄를 침해범으로 이해하는 전제하에서 객관적 행위표지인 임무위배행위의 비정형성을 보완할 수 있는 명확한 판단기준을 개발하는 것외에, 형사책임과 민사책임의 조화를 위해서라도 재산상의 현실적인 손해발생을 배임죄의 기수시기로 정하고, 손해발생의 위험성이 있는 경우는 이 죄의 미수범 성립을 인정하는 것이 바람직하다(그러나 이하에서는 손해발생의 위험을 손해개념에 포함시키는 대법원 법리에 따라 논의를 전개하기로 한다).

63 **라) 경제적 재산개념과 손해 또는 손해 발생의 위험** 재산상의 손해(또는 손해발생의 위험)의 유무에 관한 판단은—재산상의 이익에 관한 판단과 마찬가지로—법률적 판단에 의하지 아니하고 경제적 관점에서 파악해야 한다. 따라서 법률적 판단에 의해 당해 배임행위가 무효라고 하더라도 경제적 관점에서 파악하여 손해 또는 손해발생을 초래한 경우에는 재산상의 손해를 가한 때에 해당하다.[676)] 예컨대 회사의 대표이사가 개인 채무를 담보하기 위하여 회사명의의 약속어음을 발행한 경우 그 어음 발행행위가 무효인 경우 회사는 상대방에 대해 어음금 채무를 지지 않아 손해발생의 위험도 없지만, 약속어음의 법적 성격상 제3자에게 유통될 경우 회사가 소지인에 대하여 어음금 채무를 부담할 위험은 이미 발생하였다고 볼 수 있다. 따라서 그 약속어음이 제3자에게 유통되지 아니한다는 특별한 사정이 없는 한 경제적 관점에서는 회사에 대하여 재산상 손해발생의 위험이 초래되었다고 해야 한다.[677)]

일단 손해의 위험을 발생시킨 이상 나중에 피해가 회복되었다고 하여도 배임죄의 성립에 영향을 주는 것은 아니다.[678)] 다른 한편, 배임행위로 인한 재산상 손해의 발생 여부가 충분히 증명되지 않았음에도 가볍게 액수 미상의 손해가 발생하였다고 인정하는 것은 손해발생의 위험 초래라는 요건을 충족시킬 수 없다.[679)]

---

675) "재산상 손해가 발생하였다고 평가될 수 있는 재산상 실해 발생의 위험이란 본인에게 손해가 발생할 막연한 위험이 있는 것만으로는 부족하고 경제적인 관점에서 보아 본인에게 손해가 발생한 것과 같은 정도로 구체적인 위험이 있는 경우를 의미한다. 따라서 재산상 실해 발생의 위험은 구체적·현실적인 위험이 야기된 정도에 이르러야 하고 단지 막연한 가능성이 있다는 정도로는 부족하다"(대법원 2017.10.12. 2017도6151).

676) "배임죄에 있어서 재산상 손해의 유무에 대한 판단은 본인의 전 재산 상태와의 관계에서 경제적 관점에 따라 판단되어야 하므로 법률적 판단에 의하여 당해 배임행위가 무효라 하더라도 경제적 관점에서 파악하여 본인에게 현실적인 손해를 가하였거나 재산상 실해 발생의 위험을 초래한 경우에는 재산상의 손해를 가한 때에 해당하여 배임죄를 구성한다"(대법원 2000.11.24. 99도822).

677) 대법원 2012.12.27. 2012도10822.

678) 대법원 2015.11.26. 2014도17180.

679) 대법원 2018.2.13. 2017도17627.

判 대법원은 회사의 대표이사 등 타인의 사무처리자의 배임행위가 법률상 무효인 행위로서 그 무효사유가 '반사회질서 법률행위'인 경우[680] 배임죄의 성립을 인정하지 않는다. 이러한 사안은 행위주체가 업무자이므로 배임죄의 주체성은 인정되지만 재산상 손해가 발생하거나 발생할 위험이 부정되는 경우로서, 신임관계의 기초되는 법률행위가 무효로서 그 무효사유가 반사회질서로서 처음부터 타인의 사무처리자가 되지 못해 배임죄의 성립이 부정되는 경우[681]와 사안의 구조면에서 차이를 보이므로 그 적용법리도 다른 것임에 주의해야 한다. 64

例 **손해발생 또는 손해발생의 위험성이 긍정된 사례:** ① 회사 임원이 부당하게 발행한 어음의 이행청구를 하지 않은 경우(대법원 1983.3.8. 82도2873), ② 신용금고 대표가 예금이 입금된 것처럼 허위거래원장을 작성하고 예금통장을 작성하여 명의인에게 교부한 경우(대법원 1996.9.6. 96도1606), ③ 부동산 매도인이 차용금 담보조로 그 부동산에 대하여 가등기 또는 근저당권 설정등기를 경료한 경우(대법원 1982.2.23. 81도3146), ④ 재단법인 불교방송의 이사장 직무대리인이 후원회 기부금을 정상 회계처리하지 않고 자신과 친분관계에 있는 신도에게 확실한 담보도 제공받지 아니한 채 대여하였고, 그 신도는 이자금을 제때에 불입하였지만 원금은 나중에 변제한 경우(대법원 2000.12.8. 99도3338), ⑤ 피해자와 주택에 대한 전세권설정계약을 맺고 전세금의 중도금까지 지급받고도 임의로 타에 근저당권설정등기를 경료해 줌으로써 전세금반환채무에 대한 담보능력 상실의 위험이 발생된 경우(대법원 2002.1.11. 2001도5790), ⑥ 주식회사의 대표이사가 주주들에게 법인의 가지급금을 지급함에 따라 가지급금에 대한 인정이자를 계산하여 익금에 산입하여야 함에도 주주들로부터 인정이자를 회수하지 않고 회수한 것처럼 회계서류를 조작한 경우(대법원 2005.9.29. 2003도4890), ⑦ 이른바 LBO(Leveraged Buyout) 방식의 기업인수 과정에서, 인수자가 제3자가 주채무자인 대출금 채무에 대하여 아무런 대가 없이 피인수회사의 재산을 담보로 제공한 경우(대법원 2008.2.28. 2007도5987), ⑧ 전환사채 발행하면서 담당자가 전환사채 인수인으로 하여금 인수대금 납입없이도 전환사채를 취득케한 경우(대법원 2015.2.10. 2012도235) 등. 65

例 **손해발생 또는 손배발생의 위험성이 부정된 사례:** ① 은닉 신고된 국유부동산을 매각함에 있어 일반경쟁입찰에 의하여 매각하지 않고 수의계약으로 매각하였지만 매각대금이 일반경쟁입찰의 방식으로 매각할 경우의 예상대금보다 저렴하지 않은 경우(대법원 1981.6.23. 80도2934), ② 자신 소유의 에어컨을 양도담보로 제공하고 점유개정의 방법으로 계속 점유하고 있던 중 이를 다시 제3자에게 양도담보로 제공하고 다시 점유개정의 방법으로 점유를 계속하는 경우(대법원 1990.2.13. 89도1931), ③ 금융거래기관이 거래처의 기존대출금에 대한 연체이자에 충당하기 위하여 대출금을 실제로 교부한 것은 아니지만 위 거래처가 신규대출을 받은 것처럼 서류상 정리한 경우(대법원 2000.6.27. 2000도1155), ④ 점유개정의 방법으로 양도담보에 제공한 동산인 20톤 이하의 어선을 다시 제3자에게 매도하고 어선원부상 소유자 명의를 변경등록한 경우(대법원 2007.2.22. 2006도6686), ⑤ 기왕에 한 담보제공행위로 인하여 이미 재산상의 손해발생 위험이 발생하였고 그 후에 그 담보물을 다른 담보물로 교체한다 하여도 새로 제공하는 담보물의 가치가 기존 담보물의 가치보다 더 작거나 동일한 경우 또는 제공된 전후의 담보방법이 다소 다른 경우(대법원 2008.5.8. 2008도484), ⑥ 채무상환능력이 부족하거나 제공된 담보의 경제적 가치가 부실해서 대출채권의 회수에 문제가 있는 경우가 아닌 한, 새마을금고 임·직원이 동일인 대출한도 제한규정을 위반하여 초과대출행위를 한 경우(대법원 2008.6.19. 2006도4876 전원합의체), ⑦ 질권설정자가 질권의 목적인 채권의 변제를 받은 경우(대법원 2016.4.29. 2015도5665) 등. 66

마) 차입매수(Leveraged Buyout: LBO) 방식의 기업인수와 손해발생의 위험 차입매수방식의 기업인수란 타인으로부터 인수자금을 차입하여 기업을 인수하면서(인수 대상기업이 회사인 경우에는 그 주식 매수를 통해 경영권 취득) 인수 대상기업(이하에서는 대상회사라 함)으로 하여금 그 차입금 채무의 담보를 제공하게 하거나 그 채무를 부담하게 하는 것을 말한다. 차입매수방식 67

680) 대법원 2011.7.14. 2011도3180.
681) 앞의 배임죄의 주체에 관한 설명 참조.

의 기업인수가 대상회사나 인수인에게 유리하게 작용하는 순기능이 있지만, 실질적으로 인수인이 인수자금을 조달하는 것이 아니라 대상회사의 자산이나 가치를 담보로 인수자금을 조달하는 것이므로 대상회사의 경영자가 대상회사에 대해 손해 또는 손해발생의 위험을 가져올 수 있다. 이 때문에 '대상회사의 경영자'에 대해 업무상 배임죄를 인정할 수 있는지가 문제된다. 이는 차입매수방식의 기업인수가 어떤 방식을 취하는지에 따라 달라진다.[682]

68 (a) **담보제공형 차입매수의 경우**-담보제공형은 인수인 또는 인수인이 설립한 특수목적회사(SPC)가 인수자금을 차입하여 대상회사의 주식을 매입하여 경영권을 취득하고 그 대상회사의 자산을 다시 차입금의 담보로 제공하거나 대상회사로 하여금 보증하게 하는 유형이다. 대상회사가 아무런 반대급부를 가지지 않는 것이 인수인이나 SPC에게 재산상의 이익을 취득하게 하고 대상회사에 대해 손해 또는 손해발생의 위험을 초래할 수 있기 때문에 '대상회사의 대표이사'에게 배임죄의 성립을 인정할 수 있는지가 문제된다.

배임죄는 침해범이라는 전제하에 담보제공형 차입매수가 대상회사에 대해 손해발생의 위험을 초래하였더라도 그 담보제공행위 등을 임무위배행위로 평가할 수 없는 한 배임죄나 그 배임죄의 미수범도 성립할 수 없다는 견해[683]가 있다.

69 判 대법원은 배임죄를 위험범으로 보는 입장에 서서 인수인 등이 대상회사의 담보제공으로 인한 위험부담에 상응하는 반대급부를 제공하여 손해방지 조치를 취하지 아니한 이상 담보제공시에 담보가치에 상응하는 재산상의 손해발생의 위험을 가한 것이라는 이유로 배임죄의 성립을 긍정하고 있다(이른바 신한 LBO사건).[684]

70 대상회사의 대표이사가 한 담보제공행위는 대상회사와는 이해충돌이 되는 자기거래인바 이에는 엄격한 공정성이 요구된다. 따라서 담보제공과 등가성 있는 반대급부가 제공되지 아니하는 이상 공정성이 없어 이사로서의 충실의무에 위배된 것임을 부인할 수 없다. 배임죄를 침해범으로 보더라도 임무위배성을 근거로 배임죄의 성립 또는 배임미수죄의 성립이 가능하다.

71 (b) **합병형 차입매수의 경우**-인수인이 대상회사 주주들과 기업인수에 관한 합의를 거쳐 SPC를 설립한 후 그 회사로 하여금 인수자금을 차입하여 대상회사의 주식이나 채권을 취득하게 하고 그 주식이나 채권을 담보로 제공하며, 그 후 대상회사를 합병(또는 대상회사가 SPC를 합병)하는 경우이다. 이 경우 실질적으로 대상회사도 차입금 채무를 부담하게 되므로 그 경영자에게 배임죄의 성립을 인정할 수 있는지가 문제된다.

72 判 대법원은 이러한 경우 대상회사는 인수기업(SPC)과 인격적으로 합일하여 일체가 되는 것이고 그 후에는 대상회사가 합병 후 존속회사와 별도로 존재하는 것이므로 대상회사가 보유하였던 원래 자산으로 차입금 채무를 부담하게 하더라도 대상회사에 대해 손해 또는 손해발생의 위험이 생긴다고 말할 수 없으므로 배임죄 성립을 부

682) 이에 관해서는 한석훈, 앞의 책, 170면 이하 참조.
683) 이상돈, 『경영과 형법』, 법문사, 2011, 349면.
684) 대법원 2006.11.9. 2004도7027; 대법원 2012.6.14. 2012도1283 등.

정한다. 하지만 인수기업(SPC)의 재무구조가 매우 열악하여 대상회사의 자산잠식이 명백히 예상되거나, 합병비율이 부당하거나 그 밖에 합병의 실질이나 절차상 하자가 있는 경우에는 배임죄가 성립할 수 있다고 한다.[685)]

합병형의 경우에도 담보제공형 차입매수의 경우와 같이 실질적으로 차입금 채무의 변제를 위하여 대상회사의 자산을 이용하는 점에는 차이가 없으므로 배임죄의 성립이 가능하다. 73

(c) 환급형 차입매수의 경우—인수인 또는 인수인이 설립한 SPC가 인수자금을 차입하여 대상회사의 주식취득을 통하여 경영권을 취득하고 대상회사로 하여금 유상감자나 이익배당을 실시하게 하여 차입금을 상환하는 방식의 기업인수를 말한다. 인수인의 신용 등 역량을 활용하여 자금을 차입하므로 인수인도 차입금채무를 부담하거나 채무보증을 하는 경우도 있다. 유상감자 등으로 인하여 회사자산이 감소되므로 대상회사의 경영자에게 배임죄의 성립여부가 문제된다. 74

환급형 차입매수의 경우 회사의 자산이 유출되기는 하지만 주주들에게는 손해가 없다고 할 수 있다. 이 때문에 회사본질론 가운데 이해관계자주의 또는 법인이익독립론을 취하느냐 아니면 주주지상주의에 따르느냐에 따라 배임죄의 성립여부가 달라진다. 전자에 따르면 차입매수로 인하여 회사자산의 유출이라는 손해를 발생시키는 차입매수의 경우—특히 유상감자나 이익배당이 위법·부당한 경우에는—배임죄의 성립을 인정한다. 하지만 후자에 따르면 회사는 주주의 이익을 위하여 존재하고 경영자는 전체 주주의 이익을 위해서 활동하여야 하므로 감자나 이익배당으로 주주에게 손해를 끼치지 않는 이상 배임죄를 인정하지 않는다.[686)] 75

判 대법원은 회사본질론에 관해 법인이익 독립론에 따르는 전제하에 대상회사의 경영자가 회사에 손해를 입히는 등의 특별한 사정이 있는 경우에 한하여 배임죄의 성립을 인정하는 태도를 취한다.[687)] 76

마) 대표자의 의무부담행위가 법률상 무효인 경우 대표이사 등이 대표권을 남용함으로써 임무에 위배되는 행위를 하더라도 그 의무부담행위가 법률상 무효인 경우에는 원칙적으로 배임죄의 '손해발생' 요건이 충족되지 않아 배임죄의 성립이 부정된다. 종래 대법원도 이러한 경우 특별한 사정이 없는 한 배임죄를 구성하지 아니한다고 판단하여 왔다.[688)] 그러나 거래의 상대방이 대표이사의 법률행위가 무효임을 몰랐던 경우와 같이 손해발생의 현실적 구체적 위험이 발생하는 '특별한 사정'(무효인 약속어음 발행의 경우)이 있으면 배임죄의 미수 또는 기수가 성립할 수 있다. 이에 관해서는 후술한다. 77

(라) 미수·기수

가) 실행의 착수시기 타인의 사무를 처리하는 자가 배임의 고의(임무에 위배하는 행위를 한다는 점과 이로 인하여 자기 또는 제3자가 이익을 취득하여 본인에게 손해를 가한다는 점에 대한 인식 78

685) 대법원 2010.4.15. 2009도6634.
686) 자세한 내용은 한석훈, 앞의 책, 177면 참조.
687) 대법원 2013.6.13. 2011도524.
688) 대법원 2011.7.14. 2011도3180.

및 의사)를 가지고 임무에 위배한 행위를 개시한 때 실행의 착수가 인정된다.[689] 실행에 착수했으나 재산상의 손해 발생(또는 손해발생의 위험성)이 없거나 이익취득행위를 종료하지 못한 경우, 또는 배임행위와 손해발생 사이에 인과관계가 없는 경우 미수가 된다. 부동산 이중매매의 경우 실행의 착수시기는 후술한다.

79 **나) 기수시기** 배임행위의 결과로서 재산상 손해(또는 손해발생의 위험)가 발생한 때 기수가 된다.[690] 그러나 타인의 사무를 처리하는 자가 형식적으로는 본인을 위한 법률행위를 하는 외관을 갖추고 있지만 그러한 행위가 실질적으로는 배임죄에서의 임무위배행위에 해당하는 경우, 이러한 행위는 민사재판에서 민법 제103조의 반사회질서의 법률행위 등에 해당한다는 사유로 무효로 판단될 수도 있는 바, 이러한 경우에는 본인에 대한 재산상 손해(또는 손해발생의 위험)가 생기지 않을 수도 있지만, 구체적 위험범설을 취하는 대법원의 태도에 따르면 배임죄의 미수는 인정될 수 있다.

80 **다) 대표이사의 대표권남용의 경우** 주식회사의 대표이사가 대표권을 남용하는 등 그 임무에 위배하여 회사 명의로 일반적인 의무를 부담하는 행위하고 그 법률행위가 무효인 경우에는 배임죄의 성립이 부정된다. 그러나 일반적인 의무부담행위와 달리, 약속어음이 발행된 경우에는 발행행위가 무효이고 어음채무가 실제로 이행되지 않은 경우에도 그 약속어음이 제3자에게 유통될 가능성이 부정되지 않으면 곧바로 배임죄의 기수가 성립한다고 보았다. 그러나 이렇게 되면 배임죄의 기수시기가 너무 앞당겨지는 문제가 생긴다. 따라서 이러한 경우 손해발생이 구체화되지 않은 경우에는 손해발생의 위험성을 근거로 배임죄의 미수가 된다고 해석할 필요가 생긴다. 이러한 해석태도는 배임죄의 보호법익의 보호정도를 구체적 위험범설에 따라 해석함으로써 근거지울 수도 있다.

81 判 대법원은 대표이사가 무효인 약속어음을 발행한 경우 어음법상 발행인은 종전의 소지인에 대한 인적 관계로 인한 항변으로써 소지인에게 대항하지 못하므로(어음법 제17조, 제77조), 어음발행이 무효라 하더라도 그 어음이 실제로 제3자에게 유통되었다면 회사로서는 어음채무를 부담할 위험이 구체적·현실적으로 발생하였다고 보아야 하므로 배임죄의 기수범이 된다고 하면서도, 약속어음 발행이 무효일 뿐만 아니라 그 어음이 유통되지도 않았다면 회사는 어음발행의 상대방에게 어음채무를 부담하지 않기 때문에 특별한 사정이 없는 한 회사에 현실적으로 손해가 발생하였다거나 실해 발생의 위험이 발생하였다고도 볼 수 없으므로, 이때에는 배임죄의 기수가 아니라 미수가 된다고 한다.[691]

82 행위자에게 손해를 변상할 자격 유무나 사후에 손해를 변상하였느냐는 기수인정에 영향이 없다. 영업비밀 반출의 경우에는 그 반출시에 업무상 배임죄의 기수가 되고,[692] 수표·어음을 발

689) 대법원 2017.7.20. 2014도1104 전원합의체.

690) "배임죄는 본인에게 손해를 가한 때에 기수가 되는 것이므로 본인에게 손해가 발생하기 이전에 업무상 배임행위로 취득할 유류를 그 배임행위자로부터 미리 이를 매수하기로 합의 내지 응탁한 피고인들의 행위는 배임으로 취득한 장물을 취득한 행위에 지나지 않는 것이 아니라 모두 배임행위 자체의 공동정범이 된다"(대법원 1987.4.28. 83도1568).

691) 대법원 2017.7. 2014도1104 전원합의체.

행하는 경우는 제3자에게 이를 교부한 때에 기수가 된다. 부동산 이중매매의 경우는 후술한다.

(2) 주관적 구성요건

1) 고의 이 죄의 고의로서 자기행위가 임무에 위배된다는 것과 본인에게 재산상의 손해를 가한다는 것, 그리고 자기 또는 제3자가 이익을 취득한다는 인식과 의사가 있어야 한다. 본인을 이익되게 한다는 의사를 가지고 있었더라도 그와 같은 이익은 부수적 의사일 뿐이고 자신 또는 제3자의 이득 또는 가해의 의사가 주된 것이면 배임죄의 고의가 인정된다.[693] 83

判 특히 대법원은 배임죄의 고의와 관련하여 "주관적으로 배임행위의 결과 본인에게 재산상의 손해가 발생 또는 발생될 염려가 있다는 인식과 자기 또는 제3자가 재산상의 이득을 얻는다는 인식이 있으면 족한 것이고, 본인에게 재산상의 손해를 가한다는 의사나 자기 또는 제3자에게 재산상의 이득을 얻게 하려는 목적은 요하지 아니한다"[694] 판시를 일관되게 하고 있는 바, 이를 두고 대법원이 '인식설'에 따르고 있는 것처럼 오해할 여지를 제공한다. 이러한 오해는 대법원이 과거의 판결을 자기준거적으로 참조함으로써 초래되는 것이므로 대법원 스스로 오해의 소지를 제거하는 판시를 해야 할 것이 요구된다. 84

2) 불법이득 의사의 체계적 지위 배임죄는 자기 또는 제3자의 이익취득이 객관적 구성요건요소로 규정되어 있기 때문에 불법이득의 의사가 고의의 한 내용요소가 된다. 따라서 배임죄의 경우에도 횡령죄와 마찬가지로 불법이득의 의사를 초과주관적 구성요건요소로 이해할 것이 아니라 고의의 내용으로 이해하여야 한다. 85

判 대법원도 그 판시내용에서 '불법이득의 의사'라는 개념을 별도로 사용하고 있기는 하지만[695] 이러한 "자기 또는 제3자를 위한 재산상의 이득의 의사"를 고의의 내용과 결합[696]시키고 있기 때문에 불법이득의 의사를 고의와 별개의 초과주관적 구성요건요소로 이해하고 있지는 않은 것 같다.[697] 86

3. 공범관계

(1) 대향자(거래상대방)에 대한 공범성립의 범위

배임행위가 특히 거래상대방의 대향적 행위의 존재를 필요로 하는 경우에는 그 대향자의 공범성립이 제한될 경우가 있다. 특히 대향자인 거래상대방은 배임행위의 실행행위자와는 별개의 이해관계를 가지고 반대편에서 독자적으로 거래에 임하는 자이기 때문이다. 그러나 거래상대방이 배임죄의 법익에 대한 순수한 향유자가 아닌 이상, 그 기여 정도가 배임죄 구성요건실현에 필수적으로 수반되는 단순한 협력관계의 정도를 넘어서는 경우에는 형법총칙 87

692) 대법원 2009.10.15. 2008도9433. 따라서 그 이후에 위 반출자와 접촉하여 영업비밀을 취득하려고 한 자는 업무상배임죄의 공동정범이 될 수 없다(대법원 2003.10.30. 2003도4382).

693) 대법원 2003.2.11. 2002도5679.

694) 대법원 1988.2.23. 87도1436; 대법원 1989.8.8. 89도25 등 참조.

695) 대법원 1990.7.24. 90도1042.

696) 대법원 1983.7.26. 83도819; 대법원 2005.4.29. 2005도856.

697) "배임죄 또는 업무상배임죄의 고의는 업무상 타인의 사무를 처리하는 자가 본인에게 재산상의 손해를 가한다는 의사와 자기 또는 제3자의 재산상의 이득의 의사가 임무에 위배된다는 인식과 결합되어 성립된다"(대법원 2003.2.11. 2002도5679).

의 임의적 공범규정의 적용가능성을 인정하는 대향범의 법리가 적용될 수 있다(필요적 공범 중 대향범 법리에 관한 총론 참조).

88 判 대법원도 이러한 거래의 상대방이 '배임행위를 교사하거나 그 배임행위의 전 과정에 관여하는 등으로 배임행위에 적극 가담'함으로써 그 실행행위자와의 계약이 반사회적 법률행위에 해당하여 무효로 되는 정도의 관여행위가 있으면 배임죄의 교사범 또는 공동정범이 될 수 있다고 한다.[698] 이러한 대법원 판시의 취지에는 배임죄도 구체적인 사례에 따라 편면적 대향범적 성격을 가진 구성요건이고, 만약 대향자가 행위자의 구성요건실현에 대한 통상적인 정도의 협력관계에 그친 경우에는 형법총칙의 임의적 공범규정이 적용될 수 없고, 예외적으로 적극적인 기여를 하는 경우에만 공범규정이 적용될 수 있다는 법리가 전제되어 있는 것으로 평가할 수 있다. 그러나 최근 대법원은 구성요건의 형식상 한사람도 주체가 될 수 있지만, 구체적 사례의 특성상 대립되는 당사자의 존재를 필요로 하는 구성요건의 경우에는 이를 대향범의 범주에서 배제하는 대향범 개념정의에 관해 이른바 형식적 관점에서 법리를 전개하고 있다(『총론』의 필요적 공범, 『각론』의 업무상비밀누설죄, 공무상비밀누설죄 참조). 이에 따르면 형법 총칙의 임의적 공범규정의 적용이 원칙적으로 가능한 구성요건의 종류가 더 확장되고, 결과적으로 가벌성이 확장되는 결과가 초래될 것으로 보인다.

89 종래의 판례 법리에 따르면 불가벌적 대향자에 대한 방조범을 인정하기 위해서도 대향자가 배임행위자의 배임죄 구성요건실현에 필수적으로 수반되는 단순한 협력관계의 정도를 넘어서는 행위기여를 해야 한다. 이 점은 구성요건의 형식적인 측면만 고려하더라도 대향범인 것이 분명한 음화판매죄의 경우에도 마찬가지이다. 매수인이 음화를 매수함으로써 판매자의 매도행위에 관여하는 정도로는 음화판매죄의 방조범이 성립할 수 없지만, 매수인이 그 정도를 넘어서 판매자의 매도행위를 적극적으로 조장하는 등 특별한 기여를 한 경우에는 음화판매죄의 교사범 또는 방조범의 성립도 가능하다고 해야 한다.

90 判 대법원도 '1인 회사의 주주가 개인적 거래에 수반하여 법인 소유의 부동산을 담보로 제공한다는 사정을 알면서도 가등기의 설정을 요구하고 그 가등기를 경료받은 경우에 대해 배임죄의 방조범을 부정함으로써'[699] 이와 같은 법리에 따르고 있다.

(2) 공범과 신분

91 배임죄는 진정신분범이므로, 신분 없는 자가 신분 있는 자의 배임행위에 가담한 경우, 그리고 진정신분범인 단순배임죄와 부진정신분범인 업무상배임죄가 함께 문제되는 경우 공범과 신분의 문제는 횡령죄의 경우와 동일하다.

---

698) "업무상배임죄의 실행으로 인하여 이익을 얻게 되는 수익자 또는 그와 밀접한 관련이 있는 제3자를 배임의 실행행위자와 공동정범으로 인정하기 위해서는 실행행위자의 행위가 피해자인 본인에 대한 배임행위에 해당한다는 것을 알면서도 소극적으로 그 배임행위에 편승하여 이익을 취득한 것만으로는 부족하고, 실행행위자의 배임행위를 교사하거나 또는 배임행위의 전 과정에 관여하는 등으로 배임행위에 적극 가담할 것을 필요로 한다"(대법원 1999.7.23. 99도1911).

699) "배임행위의 거래상대방(의) … 관여의 정도가 거기(즉 배임행위에 적극 가담함으로써 배임죄의 교사범 또는 공동정범이 될 수 있을 정도: 필자 주)에까지 이르지 아니하여 법질서 전체적인 관점에서 살펴볼 때 사회적 상당성을 갖춘 경우에 있어서는 비록 정범의 행위가 배임행위에 해당한다는 점을 알고 거래에 임하였다는 사정이 있어 외견상 방조행위로 평가될 수 있는 행위가 있었다 할지라도 범죄를 구성할 정도의 위법성은 없다고 봄이 상당하다"(대법원 2005.10.28. 2005도4915).

4. 죄수, 타죄와의 관계

(1) 죄수

배임죄도 횡령죄와 마찬가지로 죄수를 신임관계의 개수로 결정하는 입장이 다수를 이루고 있지만, 이 입장의 법리는 전속적 법익에 대한 죄수결정의 법리로서는 타당하지만, 비전속적 법익을 보호하는 배임죄의 경우에는 취하기 어려운 태도임은 횡령죄에서 설명한 바와 같다. 따라서 배임죄의 경우도 배임행위의 개수에 따라 수죄가 되는 것이 아니라 수개의 배임행위가 존재하더라도 포괄일죄의 인정요건이 갖추어지면 포괄일죄가 될 수 있다.[700] 92

判 그러나 대법원은 포괄일죄의 법리를 배임죄의 죄수로 결정하지 않고 배임행위별로 죄수를 결정하고 있는 경우도 있다. 예컨대, 부실한 담보를 받고 대출한도 거래약정 또는 여신한도 거래약정을 체결한 경우, 대법원은 일단 배임죄가 성립하고 그 한도금액을 여러 번에 걸쳐 나누어 인출하면 수개의 배임죄가 각각 성립한다고 한다.[701] 93

배임죄도 횡령죄와 같이 상태범이므로 불가벌적 사후행위에 관한 횡령죄의 설명이 그대로 타당하다. 94

判 대법원은 '갑'이 '을'과 공동으로 불하받은 부동산을 '병'에게 자의로 매도하여 '을'에 대한 배임행위로 처벌받은 후 '병'에 대한 소유권이전등기 의무를 지닌 채 다시 병에게 재매도한 행위는 이미 배임행위로서 이루어진 '갑'의 '병'에 대한 매도행위의 불가벌적 사후행위라고 하지만(대법원 1970.11.14. 70도1998), 1인 회사의 주주가 자신의 개인채무를 담보하기 위하여 회사 소유의 부동산에 대하여 근저당권설정등기를 마쳐 주어 배임죄가 성립한 이후에 그 부동산에 대하여 새로운 담보권을 설정해 주는 행위는 선순위 근저당권의 담보가치를 공제한 나머지 담보가치 상당의 재산상 이익을 침해하는 행위로서 별도의 배임죄가 성립하고 두 개의 배임죄는 경합범이 된다(대법원 2005.10.28. 2005도4915)고 한다. 95

(2) 타죄와의 관계

1) 횡령죄와의 관계 배신설의 입장에서 보면 양죄는 법조경합의 특별관계에 있으므로 횡령죄에 해당하면 배임죄는 성립하지 않는다. 96

2) 사기죄와의 관계 **타인의 사무처리자가 임무에 위반하여 본인을 기망하여 본인에게 손해를 끼친 경우** 배임죄와 사기죄의 상상적 경합으로 보아야 한다는 점에 관해서는 사기죄의 죄수부분에서 설명하였다. 배임죄의 요건인 신임관계는 사기죄에 있어서의 일반적 신뢰와 구별해야 하고, 기망을 수반하지 않는 배임행위도 있기 때문이다. 97

判 대법원도 종래 사기죄만 성립한다는 태도를 변경하여 양 죄의 상상적 경합을 인정하고 있다.[702] 98

700) 대법원 2009.7.23. 2007도541.

701) "배임죄의 범의는 피고인이 자인하지 아니하는 경우 사물의 성질상 배임의 범의와 상당한 관련성이 있는 간접사실을 증명하는 방법에 의하여 입증될 수밖에 없으며, 대출에 있어서 부실한 담보를 받고 대출한도 거래약정 또는 여신한도 거래약정을 체결하면 그 때에 그 한도금액 범위 내에서 한 개의 배임죄가 성립한다고 볼 것이며 그 한도금액을 여러 번에 걸쳐 나누어 인출하였다고 하여 그 여러 번의 인출행위를 포괄하여 배임죄의 일죄가 성립한다고 볼 것은 아니다"(대법원 2001.2.9. 2000도5000).

99 하지만 타인의 사무를 처리하는 자가 본인을 기망하여 본인으로부터 별도의 재물을 교부받는 경우에는 사기죄만 성립하고, 기망을 수단으로 한 배임행위가 있어도 본인의 처분행위가 없는 경우에는 편취가 있다고 할 수 없으므로 배임죄만 성립한다.

100 3) 장물죄와의 관계 배임죄는 순수 이득죄이기 때문에 배임죄에 제공된 물건은 '재산범죄로 인해 영득한 재물'일 것을 요구하는 장물이 될 수 없다.

101 判 대법원도 채권자가 채무자에게 양도담보로 제공한 물건을 임의로 제3자에게 양도하여 배임죄가 성립[703]하는 경우 그 제3자가 양도받은 물건은 배임행위에 제공된 물건일 뿐, 배임행위로 인하여 영득한 물건 자체가 아니어서 장물이 되지 못하고, 따라서 제3자가 배임행위에 제공된 물건임을 알면서 이를 취득하여도 장물취득죄가 성립하지 않는다고 한다.[704]

뿐만 아니라 대법원은 배임행위가 기수에 이르기 전에 상대방과 공모하는 등 배임행위에 적극 가담한 사정이 있는 경우에는 배임행위로 취득할 재물을 자신이 취득하였다 하더라도 장물취득죄가 아니라 배임죄의 공동정범이 된다고 한다.[705]

5. 관련문제 (이중매매 · 이중저당 · 이중양도담보)

(1) 이중매매

1) 부동산의 이중매매

102 (가) 의의 부동산의 이중매매란 부동산의 소유자가 소유권이전의 의사로 타인(선매수인)과 부동산매매계약을 체결하고 아직 이전등기를 경료하지 않은 상태에서 다시 제3자(후매수인)와 매매계약을 체결하여 그에게 소유권이전등기를 경료해준 경우를 말한다.

103 (나) 횡령죄 또는 사기죄의 성립여부 부동산 물권변동에 있어 형식주의를 채택하고 있는 민법 아래에서는 이전등기가 경료되기 전까지는 매도인에게 여전히 부동산의 소유권이 남아 있다. 따라서 매도인이 이를 후매수인에게 이중으로 매도하더라도 매도인 자신의 소유 재물을 처분한 것이 되어 횡령죄가 성립할 여지는 없다. 뿐만 아니라 후매수인은 이전등기를 경료받아 유효한 소유권을 취득하였기 때문에 그에 대한 매도인의 사기죄도 성립하지 않고, 선매수인과 계약을 체결할 당시 처음부터 이중매매할 의도가 매도인에게 있었던 경우를 제외하고는 행위시 선매수인에 대한 기망의 고의가 인정되지 않아 선매수인에 대한 사기죄도 성립하지 않는다.[706]

---

702) 대법원 2002.7.19. 2002도669 전원합의체(판시내용은 사기죄의 죄수 부분 참조).

703) 동산 양도담보의 경우 그 동산을 점유개정의 방법으로 점유하고 있던 채무자가 변제기 도래전 임의처분한 사안에 대해 종래 배임죄가 인정되었으나, 대법원이 판례변경으로 배임죄 성립을 부정(대법원 2020.2.20. 2019도9756 전원합의체)된 점에 관해서는 '횡령죄와 양도담보사례 유형' 참조.

704) "채무자가 채권자에게 양도담보로 제공한 물건을 임의로 타인에게 양도하는 행위는 배임죄에 해당하나 동 물건은 배임행위에 제공한 물건이지 배임행위로 인하여 영득한 물건 자체는 아니므로 장물이라고 볼 수 없고, 따라서 위 타인이 그러한 사정을 알면서 그 물건을 취득하였다고 하여도 장물취득죄로 처벌할 수 없다"(대법원 1981.7.28. 81도618).

705) 대법원 1987.4.28. 83도1568.

(다) 배임죄의 성립여부 하지만 이중매매의 경우 매도인이 선매수인과의 신임관계에 기초한 사무처리자가 될 수 있고 더 나아가 이중매매 자체를 임무위배행위라고 할 수 있으면 배임죄가 성립할 수 있다. 매도인의 배임죄 주체성 및 임무위배행위 여부를 매매계약이 이행되는 단계별로 검토하면 다음과 같다. 104

가) 계약금 수령단계 매도인이 계약금을 받은 단계에서는 언제든지 위약금으로 계약금의 배액을 상환하고(민법 제565조) 계약을 해제할 수 있다. 따라서 매도인은 계약이행의무자에 지나지 않고, 타인의 사무를 처리하는 자가 아니므로 이 단계의 이중매매는 배임죄가 성립할 수 없다(통설·판례[707]). 105

나) 중도금·잔금수령단계 **매도인이 중도금을 수령한 단계가 되면 매도인이 매수인과의 관계에서 신임관계에 기초하여 부동산의 소유권이전에 협력해야 할 의무가 생겼다고 할 수 있을지 있다면 그 협력의무는 배임죄 성립요건과 관련하여 어떻게 자리매김할 수 있을지**가 문제된다. 106

이와 관련하여 ① 중도금수령만으로는 아직 부족하고 매도인이 잔금까지 수령한 후 매수인에게 등기서류를 교부한 단계가 되어야 물권적 합의 및 물권적 기대권에 기초하여 매수인에 대한 협력의무가 생겨 타인의 사무처리자가 될 수 있다는 견해,[708] ② 부동산 매매계약의 경우 그 계약 체결과 동시에 그 계약의 효력으로 매도인에게는 부동산 소유권이전의무가 발생하고, 매수인에게는 매매대금 지급의무가 발생하지만, 매도인이나 매수인의 이러한 의무는 매매계약에 따른 각자의 '자기 사무'일 뿐 '타인 사무'에 해당하지 않으므로 중도금 수령이후라도 배임죄의 성립이 부정되어야 한다는 견해[709] 등이 있다. 107

그러나 매수인이 매도인에게 중도금을 지급함으로써 당사자가 임의로 계약을 해제할 수 없는 구속력이 발생하고, 이 단계부터는 매도인이 매수인의 재산보전에 협력하는 신임관계가 당사자 관계의 전형적·본질적 내용이 된다. 이러한 신임관계에 있는 매도인은 매수인의 소유권취득을 위해 등기이전에 협력해야 할 의무가 생기는 등 배임죄의 주체인 '타인의 사무를 처리하는 자'에 해당하게 된다. 다른 한편 이중매매의 경우 선매수인과의 계약이 무효이거나 해제된 때에는 애당초 배임죄의 문제는 생기지 않는다. 그러나 그 계약해제가 무효이거 108

706) 다만 매도인이 처음부터 이중매매의 의사를 가지고 후매수인에게 소유권이전등기를 해 줄 의사를 가지고 선매수인과 계약을 체결하고 계약금을 교부받은 경우 또는 매도인이 이미 선매수인에게 소유권이전등기를 경료해준 후 이 사실을 숨기고 후매수인과 다시 매매계약을 체결하여 계약금을 받은 경우에는 각자에 대해 사기죄가 성립할 수 있지만 이는 정확하게 이중매매의 개념에 부합하는 사례유형은 아니다.

707) "피고인이 공소외인으로부터 매매계약금만 수령하였다면 피고인은 아직 소유권이전등기절차를 이행할 의무가 있다고 할 수 없으므로 이 사건 임야를 다른 곳에 처분한 행위는 배임죄로 다스릴 수 없다"(대법원 1980.5.27. 80도290).

708) 김종원, 238면; 오영근, §22/37.

709) 특히 대법원 2018.5.17, 2017도4027 전원합의체의 5인(대법관 김창석, 대법관 김신, 대법관 조희대, 대법관 권순일, 대법관 박정화)의 반대의견 참조.

나 매수인의 잔금지급을 고의로 할 수 없게 하여(매도인이 잔금수령을 고의로 회피하여) 계약을 해제한 때에는 배임죄가 성립할 수 있다.[710)]

109 判 대법원도 매도인이 매수인에게 소유권을 이전하기 전에 고의로 제3자에게 목적부동산을 처분하는 행위는 매매계약상의 의무위반이자 배임죄에서 말하는 임무위배행위이고 중도금까지 지급한 매수인의 재산보전에 협력하는 신임관계에 따라 등기이전 협력의무는 타인의 사무에 해당하므로 매도인에게 배임죄의 성립이 인정된다고 본다.[711)] 그러나 대법원은 부동산 이중매매의 경우 민사적 계약위반의 문제를 형벌을 통해 선매수인 보호하려는 배임죄 긍정론이 형법의 보충성원칙에 충실하지 못하다는 비판에 직면하여 배임죄 긍정론의 일각을 무너뜨리기도 했다. 즉 대법원은 '채권담보로 대물변제예약된 부동산'을 소유자가 제3자에게 처분하는 경우에는 형식의 변형된 이중매매 사안의 경우에는 배임죄 성립을 부정하고 있다.[712)]

110 다) 실행의 착수시기와 기수시기 이와 같이 중도금수령단계에서 부동산 이중매도인의 배임죄 주체성을 인정하게 되더라도[713)] 배임죄의 실행의 착수시기 및 기수시기가 언제인지가 문제될 수 있다.

111 대법원은 부동산 이중매매의 경우 배임죄의 실행의 착수시기는 후매수인에 대한 중도금을 수령한 때라고 하고,[714)] 기수시기는 후매수인에게 소유권 이전등기가 완료된 때라고 한다.[715)]

112 물권변동에 관한 형식주의하에서 소유권 이전등기가 완료된 때를 기수시기라고 하는 점에 관해서는 이견이 있을 수 없다. 그러나 중도금 수령시를 일률적으로 실행의 착수시기로 인정할 수 있을지에 관해서는 의문이 있다. 선매수인과 후매수인 양 자로부터 각각 중도금을

---

710) "매매계약에 있어서 매도인이 부동산을 매도한 후 그 매매계약을 해제하고 이를 다시 제3자에게 매도한 경우에 그 매매계약의 해제가 해제요건을 갖추지 못하여 부적법하더라도 매도인이 그 해제가 적법한 것으로 믿고 그 믿음에 정당한 이유가 있다면 매도인에게 배임죄의 범의를 인정할 수 없지만, 피고인이 들고 있는 계약해제사유가 적법한 것이 아닌데 피고인이 이를 적법한 해제사유로 믿고 그 믿음에 정당한 사유가 있었다고 보여지지 아니하는 경우 피고인의 배임의 범의는 인정되며, 이와 같은 법리는 이 사건 기부약정과 같은 증여계약에도 마찬가지로 적용되어야 한다"(대법원 2007.3.29. 2006도6674).

711) "부동산 매매계약에서 계약금만 지급된 단계에서는 어느 당사자나 계약금을 포기하거나 그 배액을 상환함으로써 자유롭게 계약의 구속력에서 벗어날 수 있다. 그러나 중도금이 지급되는 등 계약이 본격적으로 이행되는 단계에 이른 때에는 계약이 취소되거나 해제되지 않는 한 매도인은 매수인에게 부동산의 소유권을 이전해 줄 의무에서 벗어날 수 없다. 따라서 이러한 단계에 이른 때에 매도인은 매수인에 대하여 매수인의 재산보전에 협력하여 재산적 이익을 보호·관리할 신임관계에 있게 된다. 그때부터 매도인은 배임죄에서 말하는 '타인의 사무를 처리하는 자'에 해당한다고 보아야 한다. 그러한 지위에 있는 매도인이 매수인에게 계약 내용에 따라 부동산의 소유권을 이전해 주기 전에 그 부동산을 제3자에게 처분하고 제3자 앞으로 그 처분에 따른 등기를 마쳐 준 행위는 매수인의 부동산 취득 또는 보전에 지장을 초래하는 행위이다. 이는 매수인과의 신임관계를 저버리는 행위로서 배임죄가 성립한다."(대법원 2018.5.17. 2017도4027 전원합의체).

712) "대물변제예약의 궁극적 목적은 차용금반환채무의 이행 확보에 있고, 채무자가 대물변제예약에 따라 부동산에 관한 소유권이전등기절차를 이행할 의무는 궁극적 목적을 달성하기 위해 채무자에게 요구되는 부수적 내용이어서 이를 가지고 배임죄에서 말하는 신임관계에 기초하여 채권자의 재산을 보호 또는 관리하여야 하는 타인의 사무에 해당한다고 할 수 없다"(대법원 2014.8.21. 2014도3363 전원합의체).

713) 매도인이 잔금까지 수령하거나 등기서류를 매수인에게 교부한 경우의 이중매매는 당연히 배임죄를 구성하게 된다.

714) 대법원 1983.10.11. 83도2057.

715) 대법원 1984.11.27. 83도1946.

수령한 후 매도인이 누구에게 등기를 이전해 줄지를 임의로 선택할 수 있는 한 선매수인에 대한 등기협력의무의 이행가능성도 여전히 남아 있을 수 있기 때문이다. 따라서 이중매매의 경우 실행의 착수시기를 후매수인을 위한 등기이전에 착수한 때라고 보는 것이 타당하다.[716)]

라) 악의의 후매수인의 형사책임 이중매매의 후매수인이 매도인의 이중매매행위에 적극 113
가담하여 부동산을 취득하였더라도 그 부동산은 배임죄로 취득한 재물 그 자체가 아니라 '배임행위에 제공된 재물'에 불과하므로 장물이 될 수 없고, 따라서 후매수자가 매도인의 행위가 배임죄를 구성한다는 사실을 알고서 그 부동산을 취득하더라도 장물취득죄는 성립할 수 없다.

이중매매의 경우 매도인에게 성립이 인정되는 배임죄는 '거래상대방의 대향적 존재를 필 114
요로 하는 유형의 배임죄'이므로 편면적 대향범의 공범성립여부에 관한 법리의 엄격한 적용 및 그 완화가 문제될 수 있다. 앞서 언급했듯이 매도인의 배임행위에 가담한 정도가 배임죄의 구성요건 실현에 단순한 협력행위의 정도를 넘어선 경우에는 형법총칙의 임의적 공범규정의 적용을 배제할 사안이 아니므로 악의의 후매수인에게 배임죄의 공동정범 및 협의의 공범성립도 가능하다.

判 대법원도 부동산 이중매매의 경우 악의의 후매수인에 대해 배임죄의 공동정범 및 협의의 공범을 인정하 115
기 위해서도 — 배임죄 일반의 경우와 마찬가지로 — 매도인의 배임행위를 알고 있었다는 점만으로는 부족하고 매도인의 이중매매를 적극적으로 부추기거나 매도인과의 공모관계가 인정되는 등 적극적인 가담행위가 요구된다고 한다.[717)]

대법원의 태도가 악의의 후매수인에게 공동정범의 성립만 인정할 뿐, 방조범의 성립은 부정하는 것으로 평가하는 견해[718)]도 있다. 그러나 이 견해가 인용하고 있는 대법원 판결[719)]의 취지를 보면, 악의의 후매수인의 기여방법이나 기여정도에 따라 공동정범 뿐 아니라 교사범 또는 방조범의 성립의 여지도 인정되어 있다고 보는 것이 타당하다. 특히 위 판시에서 악의의 후매수인에 대한 방조범 성립부정 취지는 구체적으로 방조자(후매수인)의 관여정도가 정범(매도인)의 배임죄의 실현을 위해 최소한의 기본적인 협력정도를 넘어서지 못했다는 사안의 사실관계에 기초한 것이므로 방조범 성립부정론을 대법원의 법리라고 못박을 일은 아니라고 하겠다.

716) 이재상/장영민/강동범, §21/33; 오영근, 제8판, 398면.
717) "거래상대방의 대향적 행위의 존재를 필요로 하는 유형의 배임죄의 경우에, 거래상대방으로서는 기본적으로 배임행위의 실행행위자와는 별개의 이해관계를 가지고 반대편에서 독자적으로 거래에 임한다는 점을 감안할 때, 거래상대방을 배임의 실행행위자와 공동정범으로 인정하기 위해서는 거래상대방이 실행행위자의 행위가 피해자 본인에 대한 배임행위에 해당한다는 것을 알면서도 소극적으로 그 배임행위에 편승하여 이익을 취득한 것만으로는 부족하고, 실행행위자의 배임행위를 교사하거나 또는 배임행위의 전 과정에 관여하는 등으로 배임행위에 적극 가담할 것을 필요로 한다"(대법원 2006.10.26. 2006도5147 등 참조).
718) 오영근, 제8판, 399면.
719) "(전략) 거래상대방이 배임행위를 교사하거나 배임행위의 전 과정에 관여하는 등 배임행위에 적극 가담함으로써 실행행위자와의 계약이 반사회적 법률행위에 해당하여 무효로 되는 경우 배임죄의 교사범 또는 공동정범이 될 수 있음은 별론으로 하고, 관여 정도가 거기에까지 이르지 아니하여 법질서 전체적인 관점에서 살펴볼 때 사회적 상당성을 갖춘 경우에는 비록 정범의 행위가 배임행위에 해당한다는 점을 알고 거래에 임하였다는 사정이 있어 외견상 방조행위로 평가될 수 있는 행위가 있었다 할지라도 범죄를 구성할 정도의 위법성은 없다고 보는 것이 타당하다"(대법원 2011.10.27. 2010도7624).

2) 동산의 이중매매

116 (가) 의의 동산의 이중매매란 매도인이 선매수인과 동산 매매계약을 체결한 후 중도금을 수수하는 등으로 계약의 이행이 진행된 상태에서 다시 후매수인에게 그 동산을 이중으로 매각하는 경우를 말한다. 동산의 이중매매의 경우 부동산과 달리 목적물에 대한 권리가 계약의 상대방에게 이전되기 전인 계약의 이행과정에서 계약의 일방 당사자의 상대방에 대한 계약상의 권리이전의무에 관한 사항을 타인의 사무로 취급할 수 있는지가 관건이다. 이중매매의 구체적인 양태에 따라 달라진다.

117 (나) 통상의 이중매매의 경우 부동산의 경우와 마찬가지로 동산의 경우에도 종래 매도인에게 선매수인에 대한 배임죄가 성립한다는 견해와 배임죄가 부정된다는 견해가 대립하여 왔다.

118 判 대법원은 동산 이중매매의 경우 매도인은 매수인에게 계약에 정한 바에 따라 그 목적물인 동산을 인도함으로써 계약의 이행을 완료하게 되고 그때 비로소 매수인은 매매목적물에 대한 권리를 취득하게 되는 것이므로 매도인의 동산인도의무는 '자기의 사무'에 불과하므로 매도인이 그 목적물을 후매수인에게 매도하여도 배임죄가 성립하지 않는다는 태도를 취하였다.[720] 2020년 대법원은 이러한 법리를 '권리이전에 등록을 요하는 동산의 이중매매' 사안의 경우에도 적용하였다.[721]

119 (다) 반환청구권의 양도에 의한 인도의 경우 매도인(갑)이 점유매개자인 제3자(K)가 점유하고 있는 자신의 동산을 매수인(A)에게 매도한 후 그 동산을 반환청구권의 양도 방법(민법 제190조)으로 매수인에게 인도한 경우가 있다. 이러한 경우 매도인과 매수인 간의 반환청구권양도는 당사자 간의 합의만으로 곧 효력이 발생하므로 반환청구권을 양도받은 매수인은 목적물에 대한 소유권자가 된다. 이 경우 매도인이 이 목적물을 후매수인(B)에게 이중으로 매매한 경우(즉 후매수인도 반환청구권의 양도로 목적물을 인도받게 됨) 매도인은 선매수인(A) 소유의 물건을 법률상 보관(점유매개자를 통한 보관)하는 자로서 이를 임의처분한 것이 되어 A를 피해자로 하는 횡령죄가 된다.[722]

(2) 부동산의 이중저당(이중양도담보의 경우도 동일)

120 부동산의 이중저당이란 부동산 소유자(갑)가 타인(A)으로부터 금전을 차용하고 그에게 1번

---

720) 대법원 2011.1.20. 2008도10479 전원합의체.

721) "매매와 같이 당사자 일방이 재산권을 상대방에게 이전할 것을 약정하고 상대방이 그 대금을 지급할 것을 약정함으로써 그 효력이 생기는 계약의 경우(민법 제563조), 쌍방이 그 계약의 내용에 좇은 이행을 하여야 할 채무는 특별한 사정이 없는 한 '자기의 사무'에 해당하는 것이 원칙이다. 동산 매매계약에서의 매도인은 매수인에 대하여 그의 사무를 처리하는 지위에 있지 아니하므로, 매도인이 목적물을 타에 처분하였다 하더라도 형법상 배임죄가 성립하지 아니한다(대법원 2011.1.20. 선고 2008도10479 전원합의체 판결 등 참조). 위와 같은 법리는 권리이전에 등기·등록을 요하는 동산에 대한 매매계약에서도 동일하게 적용되므로, 자동차 등의 매도인은 매수인에 대하여 그의 사무를 처리하는 지위에 있지 아니하여, 매도인이 매수인에게 소유권이전등록을 하지 아니하고 타에 처분하였다고 하더라도 마찬가지로 배임죄가 성립하지 아니한다."(대법원 2020.10.22. 2020도6258 전원합의체).

722) 매도인이 이중매매를 한 시점이 점유매개자에게 반환청구권의 양도사실에 대한 양도통지를 하기 전이건 하고 난 후이건 상관없다. 양도통지는 양도의 성립요건이 아니라 대항요건에 불과하기 때문이다.

저당권을 설정하기로 약속하였으나 아직 저당권설정등기를 경료하지 않은 것을 이용하여 다시 제3자(B)로부터 금전을 차용한 후 그에게 1번 저당권을 경료해 준 경우를 말한다.

저당권은 여러 사람에게 순번에 따라 설정해 줄 수 있으므로 이중저당 자체는 법적으로 유효하다. 문제는 선순위저당권자가 되어야 할 을이 후순위저당권자가 됨으로써 충분한 채권변제를 받지 못할 위험이 있기 때문에 갑의 행위가 A에 대해 배임죄를 구성하는지가 문제된다.[723] 121

이중저당의 경우에도 배임죄성립여부에 관건이 되는 것은 갑에 대해 타인의 사무처리자의 지위를 인정할 수 있느냐 하는 점이다. 종래 다수설은 갑은 A로부터 금전을 차용했기 때문에 을에 대해 저당권설정등기에 협력해야 할 신의칙상의 의무를 가지므로 갑의 저당권 설정계약 이행은 '자기사무'이지만 동시에 A를 위한 '타인사무'가 되기도 하므로 갑은 A의 사무를 처리하는 자로서 을의 신임관계에 배반하여 B에게 등기해 줌으로써 A에게 재산상의 손해를 가할 수 있기 때문에 배임죄가 성립할 수 있다고 하였다. 122

判 종래 대법원도 채권자(A)에 대한 재산상의 손해발생(또는 그 위험성)이 있을 것을 요건으로 하여 배임죄의 성립을 인정하였다.[724] 그러나 2020년 대법원은 저당권설정계약에 따라 채무자가 채권자에게 채무자 소유의 부동산에 관하여 저당권을 설정할 의무를 부담하게 되었더라도 이는 통상의 계약관계에서의 이익대립관계를 넘어서 채권자와의 신임관계에 기초한 '타인사무'(즉 채권자의 사무)에 해당할 수 없다고 함으로써 이중저당의 경우 채권자에 대한 배임죄 성립을 부정하고 있고, 대법원은 이 법리를 '부동산 양도담보 사안'의 경우에도 그대로 적용된다고 하고 있다.[725] 123

(3) 동산의 이중양도담보

동산의 소유자(갑)가 그 동산을 양도담보로 제공하고 을로부터 금전을 차용하면서 그 동산의 점유를 채권자(A)에게 이전하지 않고 점유개정의 방법으로 점유하고 있던 중 이를 다시 다른 채권자(B)에게 양도담보로 제공하고 역시 점유개정의 방법으로 점유를 계속한 경우 갑(채무자인 소유자)에게 채권자(A)를 피해자로 하는 배임죄를 인정할 것인지가 문제된다. 124

---

723) 병에 대한 기망과 을의 손해발생 사이에는 인과관계가 없을 뿐만 아니라 유효하게 저당권을 취득한 병을 기망하였다고도 할 수 없고, 피기망자와 피해자가 일치하지 않은 경우에는 피기망자가 적어도 을의 재산을 처분할 수 있는 사실상의 지위에 있어야 사기죄가 성립하므로 을과 아무 관계도 없는 병은 이러한 지위에 있다고 할 수 없다. 따라서 애당초 사기죄의 문제는 생길 수 없다.

724) 대법원 1990.4.24. 89도2281.

725) "채무자가 금전채무를 담보하기 위한 저당권설정계약에 따라 채권자에게 그 소유의 부동산에 관하여 저당권을 설정할 의무를 부담하게 되었다고 하더라도, 이를 들어 채무자가 통상의 계약에서 이루어지는 이익대립관계를 넘어서 채권자와의 신임관계에 기초하여 채권자의 사무를 맡아 처리하는 것으로 볼 수 없다. 채무자가 저당권설정계약에 따라 채권자에 대하여 부담하는 저당권을 설정할 의무는 계약에 따라 부담하게 된 채무자 자신의 의무이다. 채무자가 위와 같은 의무를 이행하는 것은 채무자 자신의 사무에 해당할 뿐이므로, 채무자를 채권자에 대한 관계에서 '타인의 사무를 처리하는 자'라고 할 수 없다. 따라서 채무자가 제3자에게 먼저 담보물에 관한 저당권을 설정하거나 담보물을 양도하는 등으로 담보가치를 감소 또는 상실시켜 채권자의 채권실현에 위험을 초래하더라도 배임죄가 성립한다고 할 수 없다. 위와 같은 법리는, 채무자가 금전채무에 대한 담보로 부동산에 관하여 양도담보설정계약을 체결하고 이에 따라 채권자에게 소유권이전등기를 해 줄 의무가 있음에도 제3자에게 그 부동산을 처분한 경우에도 적용된다"(대법원 2020.6.18. 2019도14340 전원합의체).

125 이 경우 후순위 담보권자인 B는 A에 대하여 배타적으로 자기의 담보권을 주장할 수 없기 때문에 을에게 담보권의 상실이나 담보가치의 감소 등 손해가 발생한 것으로 볼 수 없다. 따라서 동산의 이중양도담보는 그 자체만으로 배임죄를 구성하지 않는다(통설·판례[726]).

126 반면에 갑이 채권자 A와 채권자 B에 대해 차례로 자기 소유의 동산을 이중으로 양도담보로 제공한 후 이를 점유개정의 방법으로 점유하고 있던 중, 그 동산을 제3자에게 임의로 처분해 버린 경우에는 사정이 달라진다. 목적물에 대한 현실의 인도를 받지 못한 후순위 채권자인 B는 양도담보권을 취득하지 못하였으므로 갑은 B와의 관계에 대해서는 — 타인사무처리자가 아니므로 — B에 대한 배임죄의 성립은 부정된다.[727] 그러나 갑은 A와의 관계에서는 배임죄가 성립할 수 있다. 왜냐하면 양도담보물을 소유자인 채무자(갑)가 점유하고 있더라도 채무자는 채권자(담보권자)인 A가 변제기에 담보목적을 달성할 수 있도록 이를 보관하는 사무처리자로서 그 동산을 처분하면 담보목적을 실현할 수 없거나 가치를 저하시키게 되므로 A에게 재산상의 손해를 유발할 수 있기 때문이다.

127 判 종래 대법원도 위와 같은 취지에서 동산 이중양도담보의 경우 목적물을 임의처분한 채무자에게 배임죄의 성립을 인정하였다. 그러나 — 앞서 언급했듯이 — 대법원은 2020년 전원합의체 판결을 통해 금전채무 담보를 위해 동산을 담보로 제공한 이후에 채무자가 이를 제3자에게 처분하거나 멸실, 훼손하는 등으로 담보권 실행에 지장을 초래하는 행위를 하더라도 배임죄의 성립을 부정하였다. 채무자가 통상의 계약관계에서의 이익대립관계를 넘어서 채권자와의 신임관계에 기초하여 채권자의 사무를 맡아 처리하는 것으로 볼 수 없음을 근거로 하여 '타인사무처리자'의 지위 자체를 부정하는 법리를 취했기 때문이다. 위 판시에서 대법원은 이 법리를 채무자가 동산에 관하여 양도담보설정계약을 체결하여 이를 채권자에게 양도할 의무가 있음에도 제3자에게 처분한 경우에도 적용되고, 주식에 관하여 양도담보설정계약을 체결한 채무자가 제3자에게 해당 주식을 처분한 사안에도 적용된다고 한다.[728] 더 나아가 대법원은 동산 양도담보와는 달리 채무자가 금전채무를 담보하기 위하여 그 소유의 동산을 채권자에게 동산·채권 등의 담보에 관한 법률('동산채권담보법')에 따른 동산담보로 제공한 경우[729] 채무자가 그 담보물을 제3자에게 처분하는 경우에도 동일한 법리를 적용하여 배임죄의 성립을 부정한다.[730]

---

726) 대법원 1990.2.13. 89도1931.

727) 물론 이 경우 갑에게 목적물이 이미 을에게 양도담보된 사실을 병에게 고지해야 할 의무가 있다고 한다면 병에 대한 부작위에 의한 사기죄의 성립은 가능하다.

728) "채무자가 금전채무를 담보하기 위하여 그 소유의 동산을 채권자에게 양도담보로 제공함으로써 채권자인 양도담보권자에 대하여 담보물의 담보가치를 유지·보전할 의무 내지 담보물을 타에 처분하거나 멸실, 훼손하는 등으로 담보권 실행에 지장을 초래하는 행위를 하지 않을 의무를 부담하게 되었더라도, 이를 들어 채무자가 통상의 계약에서의 이익대립관계를 넘어서 채권자와의 신임관계에 기초하여 채권자의 사무를 맡아 처리하는 것으로 볼 수 없다. 따라서 채무자를 배임죄의 주체인 '타인의 사무를 처리하는 자'에 해당한다고 할 수 없고, 그가 담보물을 제3자에게 처분하는 등으로 담보가치를 감소 또는 상실시켜 채권자의 담보권 실행이나 이를 통한 채권실현에 위험을 초래하더라도 배임죄가 성립한다고 할 수 없다. 위와 같은 법리는, 채무자가 동산에 관하여 양도담보설정계약을 체결하여 이를 채권자에게 양도할 의무가 있음에도 제3자에게 처분한 경우에도 적용되고, 주식에 관하여 양도담보설정계약을 체결한 채무자가 제3자에게 해당 주식을 처분한 사안에도 마찬가지로 적용된다"(대법원 2020.2.20. 2019도9756 전원합의체; 동산 양도담보 사안).

729) 동산 양도담보의 경우에는 점유개정의 방법으로 점유하고 있던 담보권설정자(채무자)가 목적물을 처분하고, 동산채권담보법상의 동산담보의 경우에도 이 법에 따른 담보등기를 하지만 그 점유는 여전히 담보권설정자(채무자)가 하다가 목적물을 처분한다고 한다.

Ⅲ. 업무상배임죄

> 제356조(업무상배임죄) 업무상의 임무에 위배하여 제355조의 죄를 범한 자는 10년 이하의 징역 또는 3천만원 이하의 벌금에 처한다.
>
> 제359조(미수범) 제355조 내지 제357조의 미수범은 처벌한다.
>
> 제361조(친족간의 범행, 동력) 제328조와 제346조의 규정은 본장의 죄에 준용한다.

1. 의의, 성격

업무상의 임무에 위배하여 재산상의 이익을 취득하거나 제3자로 하여금 취득케하고 본인에게 손해를 입힘으로써 성립하는 범죄이다. 배임죄에 비하여 업무자라는 신분으로 인하여 형이 가중되는 가중적 구성요건으로 부진정신분범이다. 128

2. 구성요건

이 죄의 주체에 대해서는 타인의 사무를 처리하는 자로서의 신분(구성적 신분)과 업무자로서의 신분(가중적 신분)이라는 이중적 신분이 요구된다. 타인의 사무처리자에 대해서는 배임죄에서 설명한 내용과 같고, 업무자는 업무상 횡령죄에서의 업무자와 내용이 동일하다. 129

3. 공범관계

업무상배임죄의 경우에도 배임죄의 경우와 마찬가지로 이 죄의 성격상 업무상배임죄의 실행으로 인하여 이익을 얻게 되는 수익자 또는 그와 밀접한 관련이 있는 제3자가 거래상대방으로서 불가벌적 대향자가 될 수 있다. 따라서 이러한 거래상대방의 가담행위가 업무상배임죄의 공동정범 및 협의의 공범이 되기 위해서는 배임죄에서 설명했던 것과 같은 적극적 가담이 인정되어야 한다.[731] 130

업무상배임죄의 주체가 될 수 있는 자의 행위에 사무처리자도 아니고 업무자도 아닌 자가 가담한 경우 업무자와 비신분자의 죄책 및 처벌과 관련하여 제33조의 적용문제는 업무상 횡령죄에서 설명한 내용과 동일하다.[732](이중적 신분범의 경우 순방향 사례 및 역방향 사례에 관한 131

---

730) "채무자가 금전채무를 담보하기 위하여 그 소유의 동산을 채권자에게 동산·채권 등의 담보에 관한 법률(이하 '동산채권담보법'이라 한다)에 따른 동산담보로 제공함으로써 채권자인 동산담보권자에 대하여 담보물의 담보가치를 유지·보전할 의무 또는 담보물을 타에 처분하거나 멸실, 훼손하는 등으로 담보권 실행에 지장을 초래하는 행위를 하지 않을 의무를 부담하게 되었더라도, 이를 들어 채무자가 통상의 계약에서의 이익대립관계를 넘어서 채권자와의 신임관계에 기초하여 채권자의 사무를 맡아 처리하는 것으로 볼 수 없다. 따라서 이러한 경우 채무자를 배임죄의 주체인 '타인의 사무를 처리하는 자'에 해당한다고 할 수 없고, 그가 담보물을 제3자에게 처분하는 등으로 담보가치를 감소 또는 상실시켜 채권자의 담보권 실행이나 이를 통한 채권실현에 위험을 초래하더라도 배임죄가 성립하지 아니한다."(대법원 2020.8.27. 2019도14770 전원합의체: 「동산채권등의 담보에 관한 법률」상 동산담보 사안).

731) 대법원 1997.7.23. 99도1911.

732) "업무상배임죄는 업무상 타인의 사무를 처리하는 지위에 있는 사람이 그 임무에 위배하는 행위로써 재산상의

판례 법리에 관해서는 『총론』 공범과 신분 참조).

Ⅳ. 배임수증재죄

> 제357조 ① (배임수재죄) 타인의 사무를 처리하는 자가 그 임무에 관하여 부정한 청탁을 받고 재물 또는 재산상의 이익을 취득하거나 제3자로 하여금 이를 취득하게 한 때에는 5년이하의 징역 또는 1천만원 이하의 벌금에 처한다.
>
> ② (배임증재죄) 제1항의 재물 또는 재산상 이익을 공여한 자는 2년 이하의 징역 또는 500만원 이하의 벌금에 처한다.
>
> ③ 범인 또는 그 사정을 아는 제3자가 취득한 제1항의 재물은 몰수한다. 그 재물을 몰수하기 불능하거나 재산상의 이익을 취득한 때에는 그 가액을 추징한다.
>
> 제359조(미수범) 제355조 내지 제357조의 미수범은 처벌한다.
>
> 제361조(친족간의 범행, 동력) 제328조와 제346조의 규정은 본장의 죄에 준용한다.

1. 의의, 성격, 보호법익

(1) 의의, 성격

132 타인의 사무를 처리하는 자가 그 임무에 관하여 부정한 청탁을 받고 재물 또는 재산상의 이익을 취득하거나(배임수재죄: 제1항 전단) 제3자로 하여금 이를 취득하게 함으로써(제3자배임수재죄: 제1항 후단), 또는 타인의 사무를 처리하는 자에게 그 임무에 관하여 부정한 청탁을 하고 재물 또는 재산상의 이익을 공여함으로써(배임증재죄: 제2항) 성립하는 범죄이다. 재물죄이면서 이득죄에 해당하고, 배임죄의 경우처럼 임무에 위배되는 행위가 있을 필요가 없다는 점에서 배임죄와 독립된 독자적 구성요건이다. 배임수재죄와 배임증재죄는 필요적 공범에 해당한다.

133 공무원의 뇌물죄에 상응하는 것으로 비공무원으로서 타인의 사적 사무를 처리하는 자의 뇌물죄로서의 성격을 가진다. 하지만 뇌물죄(수뢰죄, 뇌물공여죄)는 요구·약속·공여의 의사표시까지 행위유형에 포함시켜 기수로 처벌하지만, 배임수증재죄는 취득과 공여행위만을 기수로 처벌하고 요구·약속·공여의 의사표시는 미수로 처벌된다는 점에서 차이가 있다.

(2) 보호법익

134 **이 죄의 보호법익**에 대해 ① 사무처리의 청렴성 내지 공정성이라는 견해[733]와 ② 타인의 재산과 사무처리의 청렴성 내지 공정성이라는 견해[734]가 대립한다. 이 죄의 성격을 뇌물죄에

이익을 취득하거나 제3자로 하여금 이를 취득하게 하여 본인에게 손해를 가한 때에 성립하는 것으로서, 이는 타인의 사무를 처리하는 지위라는 점에서 보면 신분관계로 인하여 성립될 범죄이고, 업무상 타인의 사무를 처리하는 지위라는 점에서 보면 단순배임죄에 대한 가중규정으로서 신분관계로 인하여 형의 경중이 있는 경우라고 할 것이므로, 그와 같은 신분관계가 없는 자가 그러한 신분관계가 있는 자와 공모하여 업무상배임죄를 저질렀다면 그러한 신분관계가 없는 자에 대하여는 형법 제33조 단서에 의하여 단순배임죄에 정한 형으로 처단하여야 할 것이다"(대법원 1999.4.27. 99도883).

733) 김일수/서보학, 493면; 박상기, 415면; 배종대, §81/2; 손동권/김재윤, §25/46; 임웅, 485면.

상응하는 범죄로 이해하고 구성요건의 해석상 이 죄의 사무가 반드시 재산관리사무임을 요하지는 않기 때문에 사무처리의 청렴성 내지 공정성만을 보호법익으로 하는 것으로 이해하는 것이 타당하다.

判 대법원도 타인의 사무를 처리하는 자의 청렴성을 이 죄의 보호법익으로 보고 있다.[735] 135

보호법익의 보호받는 정도에 대해서는 ① 재산범을 전제로 하여 침해범이라고 이해하는 견 136
해도 있으나 ② 사무처리의 청렴성 내지 공정성이 침해되지 않아도 부정한 청탁이 있고 재물 또는 재산상의 이익 취득이 있으면 이 죄가 성립하기 때문에 위험범(추상적 위험범)으로 보는 것이 타당하다.

2. 배임수재죄 (제1항)

(1) 구성요건

1) 주체　　주체는 타인의 사무를 처리하는 자이다(진정신분범). 사무처리자의 구체적 내 137
용 및 사무처리의 근거 등은 배임죄의 사무처리자와 기본적으로 동일하다.[736] 다만 배임죄의 경우에는 재산상의 사무에 국한되는 것으로 해석하였지만 이 죄는 재산을 보호법익으로 하지 않기 때문에 재산상의 사무에 국한시킬 필요가 없다.

例 대법원도 대학교수(대법원 1996.10.11. 95도2090), 신문사의 기자겸 지국장(대법원 1970.9.17. 70도1355), 방송국 소속 가요담당 프로듀서 138
(대법원 1991.6.11. 91도688), 수출면장의 발급신청업무처리자(대법원 1982.9.28. 82도1656), 종합병원의사(대법원 1991.6.11. 91도413), 상사에게 임차인을 추천할 권한만 가지고 있을 뿐인 점포 등의 임대 및 관리담당자(대법원 1984.8.21. 83도2447) 등 비재산적 사무처리자도 이 죄의 주체로 인정하고 있다.

이 죄는 또한 배임죄와는 달리 업무상 사무처리를 하는 자에 대한 가중 구성요건을 두고 139
있지 않기 때문에 타인의 사무처리자가 동시에 업무자이든 아니든 상관없다. 타인의 사무를 처리하는 자라도 그 타인의 사무와 전혀 무관한 불법행위를 한 경우에는 이 죄가 성립하지 않는다. 예컨대 수산업협동조합의 총대가 총회에서 조합장선출을 위한 사무를 처리하는 자라고 하더라도 투표권행사는 자기의 사무이기 때문에 후보자들로부터 청탁을 받고 금품을 수수한 경우[737]는 배임수재죄가 성립하지 않는다.

2) 행위　　임무에 관하여 부정한 청탁을 받고 재물 또는 재산상의 이익을 취득하거나 140

---

734) 오영근, §22/64; 이형국/김혜경, 520면; 정성근/정준섭, 330면.

735) "배임수재죄는 타인의 사무를 처리하는 자의 청렴성을 그 보호법익으로 하는 형사범(이다)"(대법원 1984.11.27. 84도1906).

736) "배임수재죄의 주체로서 타인의 사무를 처리하는 자라 함은 타인과의 대내관계에 있어서 신의성실의 원칙에 비추어 그 사무를 처리할 신임관계가 존재한다고 인정되는 자를 의미하고, 반드시 제3자에 대한 대외관계에서 그 사무에 관한 권한이 존재할 것을 요하지 않으며, 또 그 사무가 포괄적 위탁사무일 것을 요하는 것도 아니고, 사무처리의 근거, 즉 신임관계의 발생근거는 법령의 규정, 법률행위, 관습 또는 사무관리에 의하여도 발생할 수 있다"(대법원 2003.2.26. 2002도6834).

737) 대법원 1990.2.27. 89도970.

제3자로 하여금 취득하게 하는 것이다.

141 (가) 임무관련성 '임무에 관하여'란 위탁관계로 인한 본래의 사무뿐만 아니라 본래의 위탁사무와 밀접한 관계가 있는 범위 내의 사무도 포함한다.[738] 따라서 학교 교사가 교장의 위임을 받아 교재구매처를 지정하는 행위는 본래의 교육사무는 아니지만 그와 관련된 임무가 되므로 만약 부정한 청탁을 받고 재물이나 재산상의 이익을 취득하면 이 죄가 된다.

142 **判** 대법원은 대학편입학 사무와 관련이 없는 학교법인의 상무이사가 학생의 편입학사무와 관련하여 금품을 수수한 경우(대법원 1982.4.13. 81도2646)나 고등학교에서 학생의 입학업무와 전혀 무관한 연구부장이 학생의 전입학과 관련하여 부정한 청탁을 받고 금품을 수수한 경우(대법원 2005.11.10. 2003도7970)는 본래의 사무와 밀접한 연관성이 없음을 이유로 배임수재죄의 성립을 부정하였다.

143 (나) 부정한 청탁 '부정한 청탁'이란 사무처리자로 하여금 배임행위에는 이르지 않더라도 사회상규와 신의칙에 반하는 행위를 해 줄 것을 의뢰하는 것을 말한다.[739]

144 「부정청탁 및 금품 등 수수에 관한 법률(청탁금지법)」에는 금지되는 부정청탁이 15개의 행위로 유형화되어 있다(제5조). 이 법에 따르면 누구라도 직접 또는 제3자를 통해 직무를 수행하는 공직자 등에게 부정청탁을 한 경우에는 — 이해당사자가 직접 부정청탁하는 경우는 예외이지만 — 과태료 처분을 받지만(제23조), 부정청탁을 받은 공직자 등이 청탁에 따라 직무처리를 한 경우 재산상의 이익을 취득하지 않았더라도 청탁금지법상의 부정청탁죄에 해당한다(제22조). 공직자 등이 금품을 수수한 경우에는 그 가액이 1회 100만원 또는 동일 회계연도내에 300만원을 초과할 것을 요건으로 하여 직무관련성 또는 명목과 무관하게 금품수수죄가 성립한다(제8조, 제9조).

145 청탁의 내용은 작위·부작위를 불문하고, 청탁의 형식도 반드시 명시적으로 행해질 필요는 없고, 재물 또는 재산상의 이익을 취득할 때 묵시적으로 의뢰의 취지만 표시되면 충분하다. 부정한 청탁이 있으면 족하고, 현실적으로 그 임무를 담당하고 있음을 요하지 않는다. 부정한 청탁을 '받고'란 의뢰에 대해 승낙하거나 받아들인다는 의미이지만 반드시 명시적인 찬동일 필요도 없이 묵시적인 승낙으로 충분하다. 청탁이 있어도 그것이 부정한 청탁이 아니면 이 죄는 성립하지 않는다.

146 **例 부정한 청탁이 인정된 사례:** ① 취재기자 겸 신문사 지국장이 무허가 벌채사건의 기사를 송고하지 말아 달라는 부탁을 받은 경우(대법원 1970.9.17. 70도1355), ② 보험회사 지부장이 피보험자의 사망원인에 대한 의심이 있어 내사 중에 있음에도 보험금을 빨리 타게 해 달라는 부탁을 받은 경우(대법원 1978.11.1. 78도2081), ③ 특정인을 일정 직위에 우선적으로 추천을 해달라는 청탁을 받은 경우(대법원 1989.12.12. 89도495), ④ 은행장이 회수불능이 예상되는 회사로부터 불량대출을 청탁받은 경우(대법원 1983.3.8. 82도2873), ⑤ 건설회사 대표이사가 자기회사의 발주공사에 파산직전의 회사를 공사입찰경쟁업체로 지명해 달라는 청탁을 받은 경우(대법원 1983.12.13. 82도735), ⑥ 종합병원 의사가 의료품 수입업자로부터 특정 의약품이 본래 적응용도 외에 다른 모든 병에 잘 듣는 약이라는 원외처방의 청탁을 받은 경우(대법원 1991.6.11. 91도413), ⑦ 방송국 프로듀서가 특

---

738) "배임수재죄에 있어서의 '부정한 청탁'이라 함은 청탁이 사회상규와 신의성실의 원칙에 반하는 것을 말하고, 이를 판단함에 있어서는 청탁의 내용, 이에 관련되어 취득한 재물이나 재산상 이익의 종류 · 액수 및 형식, 재산상 이익 제공의 방법과 태양, 보호법익인 거래의 청렴성 등을 종합적으로 고찰하여야 하며, 그 청탁이 반드시 명시적일 필요는 없고 묵시적으로 이루어지더라도 무방하다(대법원 2008.12.24. 2008도9602).

739) 대법원 1987.11.24. 87도1560.

정가수의 노래만 자주 방송하여 달라는 청탁을 받은 경우(대법원 1991.1.15. 90도2257), ⑧ 대학교부총장이 대학 부속병원 시설의 운영권 인수자로 우선 추천해 달라는 청탁을 받은 경우(대법원 1991.12.10. 91도2543), ⑨ 국회의원이 중앙당 당기위원에게 지구당 공천비리를 조사하지 말라고 청탁한 경우(대법원 1998.6.9. 96도837), ⑩ 광고대행업무를 수행하는 주식회사의 대표이사에게, 방송사 관계자에게 사례비를 지급하여서라도 특정회사의 이익을 위해 수능과외방송을 하는 내용의 방송협약을 체결해 달라고 부탁한 경우(대법원 2002.4.9. 99도2165), ⑪ 세계태권도연맹의 총재 겸 국기원 원장이 향후 세계태권도연맹을 비롯한 태권도 단체의 주요 보직에 임명해 달라는 취지의 부정한 청탁을 받거나 대한체육회 스포츠의류부분 공식공급업체로 지정해 달라는 취지의 부탁을 받은 경우(대법원 2005.1.14. 2004도6646), ⑫ 재건축조합의 총무가 시공사로부터 업무추진비 명목으로 다액의 돈을 지급받은 경우(대법원 2008.12.24. 2008도9602), ⑬ 입찰의 평가위원으로 선정된 자들에 대하여 자신들의 회사가 낙찰받을 수 있게 설계안에 대하여 좋은 점수를 부여해 달라고 청탁한 경우(대법원 2009.5.28. 2009도988), ⑭ 언론사 논설주간인 자가 기업 대표이사로부터 대표이사 연임 등에 유리할 수 있도록 여론 형성에 도움을 달라는 취지의 부정한 청탁을 받고 유럽여행 비용(총 3,973만원 상당)을 제공받은 경우(대법원 2024.3.12. 2020도1263) 등.

例 부정한 청탁이 부정된 사례: ① 청탁한 내용이 규정이 허용하는 범위 내에서 최대한의 선처를 바란다는 147
내용에 불과한 경우(대법원 1982.9.28. 82도1656), ② 계약관계를 유지시켜 기존의 권리를 확보하기 위하여 부탁한 경우(대법원 1991.8.27. 91도61), ③ 환심을 사두어 후일 범행이 발각될 경우 누설하지 않도록 하기 위해 부정하게 처분한 대금을 나누어 준 경우(대법원 1983.12.27. 83도2472), ④ 대학의 졸업앨범 제작자였던 사진관 경영자가 대학의 졸업준비위원회 위원장과 총무에게 이번에도 졸업앨범 제작자로 지정되게 힘써 달라는 취지의 부탁을 하면서 향응을 베풀고 금원을 제공한 경우(대법원 1987.5.12. 86도1682) 등.

(다) 재물 또는 재산상의 이익취득(전단: 단순배임수재죄) 재물 또는 재산상의 이익의 취득 148
은 청탁과 관련성(대가 또는 사례)이 있어야 한다.[740] 현실적으로 취득이 있어야 하므로 단순한 약속·요구만 있으면 이 죄의 미수가 된다.[741] 취득 당시에 부탁한 내용과 관련된 임무를 담당하고 있음을 요하지 않는다. 따라서 재물 또는 재산상의 이익 취득과 부정한 청탁이 시간적 관계에서 사전·사후라도 상관없고, 부정한 청탁을 받은 후 사직한 다음에 취득하더라도 이 죄가 성립한다.[742]

(라) 제3자로 하여금 취득하게 함(후단: 제3자 배임수재죄) 2016.5.29.부터 타인의 사무를 처리 149
하는 자가 제3자로 하여금 재물 또는 재산상의 이익을 취득하게 한 경우도 이 죄로 처벌되게 되었다. 뇌물죄 체계에서의 제3자 뇌물제공죄와 같은 구조를 가진 제3자 배임수재죄가 신설됨으로써 부정부패에 대한 대응법체계를 정비한 것이다. 그러나 재물 또는 재산상의 이익을 받은 제3자라도 사신 또는 대리인의 경우 등과 같이 부정한 청탁을 받은 자가 직접 받은 것과 같이 평가할 수 있는 관계가 있는 경우에는 제3자 배임수재죄가 아니라 여전히 단순 배임

740) "거래상대방의 대향적 행위의 존재를 필요로 하는 유형의 배임죄에서 거래상대방이 양수대금 등 거래에 따른 계약상 의무를 이행하고 배임행위의 실행행위자가 이를 이행받은 것을 두고 부정한 청탁에 대한 대가로 수수하였다고 쉽게 단정하여서는 아니된다"(대법원 2016.10.13. 2014도17211).

741) "배임수재죄에서 말하는 재산상의 이익의 취득이라 함은 현실적인 취득만을 의미하므로 단순한 요구 또는 약속만을 한 경우에는 이에 포함되지 아니한다고 할 것인 바, (중략) 골프장 회원권에 관하여 피고인 명의로 명의변경이 이루어지지 아니한 이상 피고인이 현실적으로 재산상 이익을 취득하였다고 할 수 없다"(대법원 1999.1.29. 98도4182).

742) 대법원 1997.10.24. 97도2042.

수재죄가 성립한다.[743] **타인사무처리자가 자신이 아니라 자신에게 사무를 위임한 '타인'에게 재물 또는 재산상의 이익을 취득하게 한 경우 행위자의 죄책이 문제된다.** 제3자 배임수재죄가 신설되기 전에는 구성요건의 문언상 배임수재죄의 성립인정이 원천적으로 불가능했고, 대법원의 태도도 마찬가지였다.[744]

150 判 대법원은 제3자 배임수재죄가 신설된 후에도 신문사 소속 기자가, 보도의 대상이 되는 자로부터 소위 '유료 기사' 게재를 청탁받고(부정한 청탁), 자신의 소속언론사(신문사)로 금원을 입금받은 사안에 대해 배임죄의 성립을 부정하고 있다. 개정 형법 제357조의 보호법익 및 체계적 위치, 개정 경위, 법문의 문언 등을 종합하여, 다른 특별한 사정이 없는 한 사무처리를 위임한 타인은 '제3자'에 포함되지 않는 것으로 해석하고 있기 때문이다.[745]

그러나 제3자 배임수재죄가 신설된 후에는 입법목적이나 취지를 고려한 목적론적 해석에 따르면 '제3자'를 자기 이외의 사람으로 새기면 위 사안의 경우에도 제3자 배임수재죄 성립할 여지가 있다. 특히 위 사례에서 '신문사'와 기자의 관계를 고려할 때 신문사가 금원을 받은 것과 부정한 청탁을 받고 사무처리를 한 주체인 '기자'가 직접 받는 것을 동일하게 평가할 수 없다는 전제하에서 보면, 위와 같은 사안의 경우 단순배임죄 대신에 제3자 배임수재죄가 성립을 인정하는 것이 타당할 것으로 보인다.

151 (라) 미수 및 기수 추상적 위험범이지만 재물 또는 재산상의 이익 취득이 구성요건적 결과인 결과범이므로 이를 현실적으로 취득해야 기수가 된다. 청탁자에게 재산상의 손해발생 여부는 이 죄의 성립에 영향이 없고,[746] 기수 인정에 필요한 요건도 아니다. 따라서 재물 또는 재산상의 이익의 요구·약속 또는 공여의 의사표시만 있고, 취득이 없는 경우에는 이 죄의 미수가 된다.

152 3) 고의 타인의 사무를 처리하는 자임을 인식하고서 그 임무에 관하여 부정한 청탁이 있고 재물 또는 재산상의 이익을 취득한다는 점에 대한 인식과 의사가 있어야 한다. 이 죄도 배임죄등과 같이 재물 또는 재산상의 이익을 취득한다는 것을 고의의 내용으로 하고 있기 때문에 불법영득(이득)의 의사를 고의 이외의 별도의 초과주관적 구성요건요소로 이해할 필요가 없다.

---

743) "그 다른 사람이 부정한 청탁을 받은 자의 사자 또는 대리인으로서 재물 또는 재산상 이익을 취득한 경우나 그 밖에 평소 부정한 청탁을 받은 자가 그 다른 사람의 생활비 등을 부담하고 있었다거나 혹은 그 다른 사람에 대하여 채무를 부담하고 있었다는 등의 사정이 있어 그 다른 사람이 재물 또는 재산상 이익을 받음으로써 부정한 청탁을 받은 자가 그만큼 지출을 면하게 되는 경우 등 사회통념상 그 다른 사람이 재물 또는 재산상 이익을 받은 것을 부정한 청탁을 받은 자가 직접 받은 것과 동일하게 평가할 수 있는 관계가 있는 경우에는 위 죄가 성립할 수 있다"(대법원 2006.12.22. 2004도2581).

744) 대법원 2008.4.24. 2006도1202.

745) 대법원 2021.9.30. 2019도17102.

746) "피고인이 그가 대표이사로 있는 회사가 발주하는 공사에 관하여 입찰경쟁업체로 지명함에 있어서 부적당하다는 정을 알면서도 부정한 청탁을 받고 소외 건설업체를 지명하고 그 사례조로 금원을 수수하여 배임수재죄가 성립하였다면 그 후 위 건설업체가 동 공사를 아무런 하자 없이 시공하여 준공검사를 마침으로써 그 회사에 아무런 손해가 발생하지 아니하였더라도 아무런 영향이 없다"(대법원 1983.12.13. 82도735).

(2) 가중구성요건

금융기관의 임·직원의 배임수재를 가중처벌하는 특경법(제5조)의 구성요건은 '부정한 청탁'이라는 요건이 있을 것을 요하지 않을 뿐 아니라 행위도 금품 기타의 이익의 수수(취득) 뿐 아니라 요구나 약속도 포함시키고 있는 점이 형법의 배임수재의 구성요건과 다르다. 153

(3) 죄수 및 타죄와의 관계

배임수재죄는 배임행위가 있을 것을 요건으로 하지 않기 때문에 사무처리자가 부정한 청탁을 받고 재산상의 이익을 취득한 후 배임행위까지 나아가면 배임죄와 실체적 경합이 된다.[747] 반면에 행위자가 부정한 청탁을 받고 배임행위까지 한 후 재물 또는 재산상의 이익을 취득한 경우에는 사무처리자의 배임행위가 배임수재죄의 구성요건과 배임죄의 구성요건을 모두 충족시키므로 양죄의 상상적 경합이 된다. 154

判 대법원은 부정청탁이 포괄일죄의 요건을 갖춘 때에는 여러 차례에 걸친 금품수수의 경우라도 일죄로 인정하지만, 청탁이 동종의 것이라도 여러 사람으로부터 각각 부정한 청탁을 받고 그들로부터 각각 금품을 수수한 경우에는 단일하고 계속된 범의를 부정하여 포괄일죄로 인정하지 않는다.[748] 155

배임수재자가 배임증재자에게서 무상으로 빌려준 물건을 인도받아 사용하고 있던 중에 공무원이 되었는데, 배임증재자가 배임수재자에게 뇌물공여의 뜻을 밝히고 물건을 계속하여 배임수재자가 사용할 수 있는 상태로 두는 경우라도 원칙적으로 뇌물공여죄가 별도로 성립하지 않는다. 하지만 처음에 배임증재로 무상 대여할 당시에 정한 사용기간을 추가로 연장해 주는 등 새로운 이익을 제공한 것으로 평가할 만한 사정이 있다면 뇌물공여죄가 별도로 성립한다.[749] 공동의 사기 범행으로 인하여 얻은 돈을 공범자끼리 수수한 행위가 공동정범들 사이의 범행에 의하여 취득한 돈이나 재산상 이익의 내부적인 분배행위에 지나지 않는다면 돈의 수수행위가 사기죄의 범죄 외에 별도로 배임수증재죄를 구성하지는 않는다.[750] 156

3. 배임증재죄 (제2항)

(1) 구성요건

타인의 사무를 처리하는 자에게 그 임무에 관하여 부정한 청탁을 하고 재물 또는 재산상의 이익을 공여하는 것을 구성요건으로 한다. 배임수재죄의 주체가 타인의 사무처리자라는 157

---

747) "이들 양죄는 행위의 태양을 전혀 달리하고 있어 일반법과 특별법 관계가 아닌 별개의 독립된 범죄라고 보아야 하고, 위 양자를 형법 제37조 전단의 경합범으로 의율처단하였음은 정당하다"(대법원 1984.11.27. 84도1906).

748) "타인의 사무를 처리하는 자가 동일인으로부터 그 직무에 관하여 부정한 청탁을 받고 여러 차례에 걸쳐 금품을 수수한 경우, 그것이 단일하고도 계속된 범의 아래 일정기간 반복하여 이루어진 것이고 그 피해법익도 동일한 때에는 이를 포괄일죄로 보아야 한다. 다만, 여러 사람으로부터 각각 부정한 청탁을 받고 그들로부터 각각 금품을 수수한 경우에는 비록 그 청탁이 동종의 것이라고 하더라도 단일하고 계속된 범의 아래 이루어진 범행으로 보기 어려워 그 전체를 포괄일죄로 볼 수 없다"(대법원 2008.12.11. 2008도6987).

749) 대법원 2015.10.15. 2015도6232.

750) 대법원 2016.5.24. 2015도18795.

신분적 요소를 갖추어야 하지만 배임증재죄의 주체에는 제한이 없으므로 신분범이 아니다(비신분범).

158 배임수재죄와 필요적 공범관계에 있는 범죄이지만 수재죄와 증재죄가 같이 처벌되어야 하는 것은 아니다. 재물·재산상의 이익의 공여가 증재자에 의해 일방적으로 행해진 때에는 증재죄만 성립할 수 있다. 반면에 수재자에 대하여는 부정한 청탁이 되어도 증재자에게 부정한 청탁이라고 볼 수 있는 사정이 없으면 증재죄가 성립하지 않는다.[751]

159 '공여'는 타인의 사무를 처리하는 자에게만 이루어져야 하므로 타인의 사무처리자가 아닌 자에게 재물공여가 있어도 이 죄는 성립하지 않는다. 공여는 현실적으로 있어야 하며, 공여의 의사표시나 악속만으로는 이 죄의 미수가 된다. 공여가 있는 이상 상대방의 취득 여부는 이 죄의 성립에 영향이 없다.

160 금융기관의 임·직원에 대한 증재를 가중처벌하는 특경법상의 구성요건이 형법상의 배임증재죄와 차이가 나는 것은 배임수재의 경우와 같다.

(2) 공범관계

161 이 죄와 업무상배임죄는 별개의 범죄이므로 이 죄를 범한 자가 상대방의 (업무상) 배임행위에 관여까지 한 경우에는 형법 제33조에 따라 (업무상)배임죄의 공동정범 및 협의의 공범이 성립할 수도 있다.

4. 몰수와 추징

162 공여된 재물을 상대방(수재자) 또는 그 정을 아는 제3자가 취득한 때에는 필요적 몰수 또는 추징하여야 하며(제357조 제3항), 수재자가 취득하지 않은 공여된 재물에 대해서는 임의적 몰수를 할 수 있을 뿐이다(제48조 제1항 제1호, 제2호). 법인이 취득한 재물 또는 재산상의 이익을 그 받은 취지에 따라 타인에게 교부한 경우에는 그 부분 이익은 실질적으로 법인에게 귀속된 것이 아니어서 이를 법인으로부터 몰수하거나 그 가액을 추징할 수 없고, 타인에게 교부된 것이 처음부터 예정되어 있던 것이 아니라 그 세부적인 사용이 법인의 독자적 권한에 속해 있었던 것을 사용하는 경우에는 법인이 받은 금액 전부를 추징해야 한다.[752] 수재자가 증재자로부터 받은 재물을 그대로 가지고 있다가 증재자에게 반환하였다면 증재자로부터 이를 몰수하거나 그 가액을 추징하여야 한다.[753]

---

751) "형법 제357조 제1항의 배임수재죄와 같은 조 제2항의 배임증재죄는 통상 필요적 공범의 관계에 있기는 하나 이것은 반드시 수재자와 증재자가 같이 처벌받아야 하는 것을 의미하는 것은 아니고 증재자에게는 정당한 업무에 속하는 청탁이라도 수재자에게는 부정한 청탁이 될 수도 있는 것이다"(대법원 1991.1.15. 90도2257).

752) 대법원 2008.3.13. 2006도3651.

753) 대법원 2017.4.7. 2016도18104.

제7절 장물의 죄 §31

Ⅰ. 총설

1. 의의 및 보호법익

(1) 의의

1 장물의 죄란 재산범죄에 의하여 영득한 재물인 '장물'을 취득·양도·운반·보관하거나 이를 알선하는 것을 내용으로 하는 범죄이다. 장물의 죄는 장물이 발생한 원인이 되는 재산범죄를 전제로 하고, 이 범죄의 범인(이를 본범)을 은닉하거나 그 범죄의 증거를 인멸해 주므로 '본범비호적 성격'을 가지고 있지만, 본범의 범죄를 유발하는 그 자체의 특수한 위험성 때문에 '본범조장적 성격'도 가지고 있다.

2 하지만 형법은 장물의 죄를 국가의 사법작용을 보호법익으로 하는 범인은닉·증거인멸죄와 분리시키고 있으며, 본범에 대한 방조범 내지 사후종범으로도 취급하지 않고 독립된 재산범죄로 규정하고 있다. 그럼에도 불구하고 형법은 장물범과 본범의 피해자 사이에 친족상도례 규정을 적용하고 있을 뿐 아니라 장물범과 본범 사이에 친족관계가 있을 때에도 형을 감경 또는 면제하도록 규정하고 있어 장물의 죄의 본범비호적 성격도 일부 고려하고 있다.

(2) 보호법익

3 **장물의 죄의 보호법익**을 ① 본범의 피해자가 장물에 대해 가지고 있는 추구권으로 파악하는 견해[754]가 있으나 ② 본범의 피해자의 재산권을 보호법익이라고 해석하는 것이 타당하다. 만약 추구권만을 보호법익으로 한다면 뒤에서 설명할 장물죄의 본질에 관해서도 추구권설을 취하여 불법원인급여물에 대해서는 장물죄의 성립을 부정해야 할 것이다. 하지만 장물의 죄는 본범조장적 성격과 위법상태를 유지하는 측면도 있으며, 불법원인급여물도 장물죄를 통해 보호되어야 할 재산권이므로 재산권을 보호법익으로 해석되어야 한다.

4 **보호법익이 보호되는 정도**와 관련해서는 ① 위험범이라는 견해[755](위험범설), ② 장물알선죄만 추상적 위험범이고 나머지는 침해범이라는 견해[756](개별설), ③ 침해범이라는 견해[757](침해범설) 등이 대립한다. 장물에 대한 점유의 이전이 있어도 재산권 그 자체가 침해되는 것은 아니지만 재산권의 실질적 내용을 이루는 사용·수익·처분권이 계속 침해되기 때문에 침해범설이 타당하다.

---

754) 김종원, 248면.
755) 김성천/김형준, 544면; 오영근, §23/4; 이재상/장영민/강동범, §23/4; 이형국/김혜경, 528면; 임웅, 493면.
756) 김일수/서보학, 499면; 박상기, 422면.
757) 배종대, §82/5; 손동권/김재윤, §26/2; 정성근/정준섭, 338면.

2. 장물죄의 본질

(1) 추구권침해설

5 장물죄는 본범의 피해자가 점유를 상실한 재물에 대한 추구·회복을 하는 것, 즉 소유권 기타 물권에 의한 반환청구권의 행사를 방해한다는 점에 본질이 있다는 견해[758]이다.[759]

6 이에 따르면 본범의 피해자에게 반환청구권(추구권)이 인정되지 않는 물건은 장물이 아니라고 하게 된다. 불법원인급여물(민법 제746조), 취소권의 소멸(민법 제146조) 또는 해지권의 소멸(상법 제651조)로 인해 피해자가 취소 또는 해지할 수 없게 된 편취품, 시효가 완성된 물건(민법 제246조), 장물인 재물과 교환된 물건 등도 장물성이 인정되지 않는다.

(2) 위법상태유지설

7 본범 또는 재물의 점유자와의 합의(내적연관)하에 본범에 의해 이루어진 위법한 재산상태를 계속 유지·존속시키는 데에 장물죄의 본질이 있다는 견해[760]이다. 피해자의 사법상의 반환청구권과 관계없이 기왕의 위법한 재산침해상태를 합의를 통해 유지·존속시킨다는 형법의 독자적 판단에 의존한다는 점에서 추구권설과 다르다.

8 이에 따르면, 그 물건의 현 상태의 위법여부가 관건이 되므로 반환청구권이 없는 불법원인급여물도 장물이 되고, 심지어 뇌물죄·도박죄·통화위조죄와 같이 비재산범죄에 의해 취득한 재물에 대해서까지 장물성이 확대되기도 한다. 하지만 시효가 완성된 재물은 위법한 재산상태도 없어졌으므로 장물성을 상실케 된다. 한편, 대체장물에 대해서는 위법상태유지설 내부에서도 (ㄱ) 위법한 재산상태가 단절된다는 견해와 (ㄴ) 장물성이 유지된다는 견해가 갈린다.

(3) 공범설

9 본범이 취득한 경제적 이익에 사후적으로 관여하여 그 이익을 취하는 데에 장물죄의 본질이 있다는 견해이다. 이 견해는 장물범이 본범의 불가벌적 사후행위에 관여하여 이익을 취득하는 사후공범적 성격을 가지고 있으므로 장물죄의 성립에 이득의 의사를 필수요소로 하고, 불법원인급여물은 물론, 대체장물, 연쇄장물, 취소권의 소멸 또는 해지권의 소멸 등의 이유로 피해자에게 반환청구권이 인정되지 않는 재물이라도 장물성을 잃지 않는다고 한다.

(4) 결합설

10 장물죄의 본질을 피해자의 반환청구권행사를 곤란하게 하는 점(추구권침해설)과 위법한 재산상태를 유지한다는 점(위법상태유지설)을 결합시켜 이해하는 입장이다. 결합설 가운데 (ㄱ) 양자의 내용을 동시에 충족시킬 것을 요구하는 견해도 있지만 (ㄴ) 위법상태유지설의 입장을 원

758) 손동권/김재윤, 482면.

759) 추구권설의 본래적인 태도를 견지하면 공무상비밀표시무효죄(제140조) 또는 공무상보관물무효죄(제142조)와 같은 공공범죄를 본범으로 하는 재물의 추구권을 어렵게 하는 경우에도 장물죄를 인정할 수 있지만 현실적으로 추구권설의 입장은 본범을 재산범죄에 제한하고 있다.

760) 김성천/김형준, 547면; 임웅, 496~497면.

칙으로 하면서도 특정사례에서 추구권침해설의 입장을 가미하는 태도도 있다. 전자의 경우 위법상태유지설은 행위자의 측면에서 추구권침해설은 피해자의 측면에서 장물죄의 본질을 설명하는 표리관계에 있는 것으로 이해하는 반면, 후자는 장물죄의 행위태양 가운데 취득·운반·알선·보관은 유지설의 입장에서, 장물범과 본범의 합의가 없는 장물양도의 경우는 추구권침해설의 입장을 가미하여 장물죄를 인정하는 특징이 있다. 결합설에 의하면 연쇄장물은 장물죄가 본범에 해당하므로 장물성을 인정하지만, 불법원인급여물과 대체장물에 대해서는 견해가 일치되어 있지 않다.

(5) 결어

형법의 독자적 견지에서 장물죄의 본질을 파악하는 위법상태유지설의 입장이 기본적으로 타당하다. 결합설의 입장 가운데 두 개의 학설이 표리관계에 있다는 설명방식은 장물성의 인정 여부가 문제될 때 어느 학설을 기준으로 삼아야 할지 모호한 점이 있어 설득력이 없다. 하지만 위법상태유지설의 입장을 기본으로 하면서 장물죄의 행위태양 가운데 추구권침해설로 보완할 것을 요구하는 결합설의 태도는 형법의 해석상 유용하다. 즉 장물을 제3자에게 양도하는 경우 또는 타인의 재물을 보관하던 중에 비로소 장물인 정을 알게 된 경우에는 위법상태유지설의 입장에서는 본범과의 합의가 없어 재물이 위법상태에 있지 않아 장물죄의 성립을 부정해야 하겠지만 형법이 장물죄로 처벌하는 점은 추구권침해설의 태도로 보완되지 않으면 안 되기 때문이다. 11

判 대법원은 종래 추구권침해설의 입장을 취하였다.[761] 하지만 장물인 정을 모르고 보관하던 재물이 장물인 것을 알게 된 경우에도 장물보관죄를 인정[762]하고 있을 뿐만 아니라 환전통화의 장물성도 인정[763]함으로써 장물성의 인정범위를 일정부분 넓히고 있다. 이러한 점을 고려하면 대법원은 추구권침해설과 위법상태유지설의 관점을 보완하는 차원의 결합설을 취하고 있는 것으로 평가할 수 있다. 12

761) "형법상 장물이라 함은 재산권의 침해를 가져올 위법행위로 인하여 영득한 물건으로서 피해자가 반환청구권을 가지는 것을 말한다"(대법원 1972.2.22. 71도2296).

762) "장물인 정을 모르고 보관하던 중 장물인 정을 알게 되었고, 위 장물을 반환하는 것이 불가능하지 않음에도 불구하고 계속 보관함으로써 피해자의 정당한 반환청구권 행사를 어렵게 하여 위법한 재산상태를 유지시킨 경우에는 장물보관죄에 해당한다"(대법원 1987.10.13. 87도1633).

763) "장물이라 함은 재산범죄로 인하여 취득한 물건 그 자체를 말하고, 그 장물의 처분대가는 장물성을 상실하는 것이지만, 금전은 고도의 대체성을 가지고 있어 다른 종류의 통화와 쉽게 교환할 수 있고, 그 금전 자체는 별다른 의미가 없고 금액에 의하여 표시되는 금전적 가치가 거래상 의미를 가지고 유통되고 있는 점에 비추어 볼 때, 장물인 현금을 금융기관에 예금의 형태로 보관하였다가 이를 반환받기 위하여 동일한 액수의 현금을 인출한 경우에 예금계약의 성질상 인출된 현금은 당초의 현금과 물리적인 동일성은 상실되었지만 액수에 의하여 표시되는 금전적 가치에는 아무런 변동이 없으므로 장물로서의 성질은 그대로 유지된다고 봄이 상당하고, 자기앞수표도 그 액면금을 즉시 지급받을 수 있는 등 현금에 대신하는 기능을 가지고 거래상 현금과 동일하게 취급되고 있는 점에서 금전의 경우와 동일하게 보아야 한다."(대법원 2000.3.10. 98도2579).

3. 장물의 개념과 요건

(1) 장물의 개념과 범위

13 장물의 개념에 관해서는 장물죄의 본질을 어떻게 파악하든 '재산범죄로 인해 영득한 재물'로 정의된다. 하지만 **장물의 범주 속에 들어올 범위**에 관해서는 ① 추구권설의 입장은 재산범죄에 의하여 영득한 재물로서 '피해자가 사법상의 반환청구를 할 수 있는 것'이라고 하고, ② 결합설의 입장은 재산범죄에 의하여 영득한 재물로서 '위법한 재산상태가 유지되고 있는 한 피해자가 반드시 법률상 반환 청구할 수 있는 것일 필요는 없는 것'이라고 한다. 결합설의 입장에 의해 장물의 범위를 정하는 것이 타당함은 앞서 설명하였다.

(2) 장물의 요건

1) 장물 그 자체의 요건

14 (가) 재물성 장물은 재물임을 요한다. 재산상의 이익이나 채권·무체재산권 등 권리는 장물이 될 수 없다.[764] 재물에 대한 장물성만 인정되고 가치장물은 장물이 될 수 없는 것이다. 다만 권리가 화체된 증권(유가증권·어음·교환물상환증·기차승차권)은 재물이므로 장물이 될 수 있다. 재물인 이상 반드시 경제적 가치(교환가치)를 가질 것도 요하지 않으며 동산·부동산도 불문한다. 물론 장물운반죄의 경우에는 성질상 가동물에 한하므로 부동산은 운반죄의 객체에서 제외되어야 한다.

15 **관리가능한 동력이 장물이 될 수 있는지에 대해서는** ① 재물의 개념에 관한 관리가능성설의 입장에서는 관리가능한 동력도 재물인 이상 이를 장물에 당연히 포함시키는 견해(다수설)와 ② 유체성설에 따르면 재물 개념을 유체물에 한정시켜야 하는 것이 타당하므로 관리가능한 동력은 장물에서 배제하는 견해가 대립한다.

16 判 대법원은 앞서 절도죄의 객체에서 살펴보았듯이 유체성설의 입장을 취하면서도 관리가능한 동력이 장물이 될 수 있다는 태도를 취한다.[765]

17 유체성설에 따르더라도 제346조를 준용하는 규정이 있는 한 관리가능한 동력도 재물개념에 포함될 수 있다. 하지만 장물죄의 경우에는 제346조의 동력규정 준용조항이 없으므로 관리가능한 동력은 '장물'에서는 제외시키는 것이 타당하다.[766]

18 (나) 재물의 동일성 장물은 재산범죄에 의해서 영득한 재물 그 자체이거나 그것과 물질적 동일성이 인정되는 재물이어야 한다. 재물의 원형만 변형된 경우에는 장물성에 변함이 없

---

764) "전화가입권의 실체는 가입권자가 전화관서로부터 전화역무를 제공받을 하나의 채권적 권리이며, 이는 하나의 재산상의 이익은 될지언정 장물의 범주에는 속하지 아니한다"(대법원 1971.2.23. 70도2589).

765) "장물이란 재산죄로 인하여 얻어진 재물(관리할 수 있는 동력도 포함된다)을 말하는 것으로서 영득된 재물 그 자체를 두고 말한다"(대법원 1972.6.13. 72도971).

766) 박상기, 425면; 배종대, §83/3; 손동권/김재윤, §26/17.

으나 복사물, 대가물, 환전통화, 수표와 교환된 현금 등 이른바 '대체장물'에 대해서는 장물성 여부가 문제된다.

가) 원형의 변형 어느 정도의 원형을 변형하여도 재물의 동일성을 잃지 않은 경우에는 여전히 장물이 된다. 예컨대 귀금속의 원형을 변경하여 금괴로 만든 경우, 도벌한 목재를 톱으로 자른 경우, 자동차 부속품을 떼내어 다른 자동차에 끼운 때에도 장물성을 잃지 않는다. 19

나) 복사물의 장물성 절취한 기업 비밀문서나 영화필름 또는 녹음테이프를 복사한 복사물·복사문서는 내용적으로 동일하지만 원래의 재물의 물질성을 가지고 있지 않으므로 장물이 아니다. 20

다) 대가장물의 장물성 장물의 대가로서 얻은 재물에 대해 추구권설에 의하면 반환청구권이 없으므로 장물이 될 수 없고, 유지설에 의하더라도 위법상태의 유지·존속은 본범에 의해서 영득된 재물에 한정하므로 대가장물의 장물성을 인정할 수 없다. 21

判 대법원도 환전통화의 장물성을 인정한 것과는 달리 기본적으로 추구권침해설에 입각하고 있으므로 대가장물 또는 대체장물의 장물성을 부정한다. 이에 따르면 장물인 금전으로 매입한 다른 물건이나 장물의 매각대금(대법원 1972.6.13. 72도971) 또는 장물을 전당포에 전당 잡힌 전당표(대법원 1973.3.13. 73도58)는 장물 그 자체가 아니며, 장물과 동일성도 없으므로 장물성이 부정된다. 그러나 절취한 전당표를 이용하여 전당포 주인을 기망하여 자기의 물건인 양 전당물을 찾은 경우와 같이 전당물은 절취한 전당표의 단순한 대가물이 아니라 절도범이 새로운 법익침해에 해당하는 별개의 재산범죄(사기죄)로 취득한 것[767]이므로 그 자체 장물성이 인정될 수는 있는 것으로 보인다. 22

라) 환전통화의 장물성 장물인 통화를 다른 종류의 통화로 **환전한 환전통화 또는 절취한 수표를 현금으로 교환한 현금이 장물인지**에 대해서는 논란이 있다. ① 가치총액상 동일성이 유지되므로 장물이 된다는 견해[768](긍정설)와 ② 가치의 동일성을 물건의 동일성으로 취급하는 것은 유추금지원칙에 반하는 것이므로 장물이 될 수 없다는 견해[769](부정설), ③ 환전통화의 경우에는 장물성을 인정할 수 없지만 수표교환의 경우에는 사기죄로 취득한 현금이므로 장물성이 인정된다는 견해[770](구별설)가 대립한다. 금전은 다른 종류의 재물과는 달리 대체성이 높아 물체의 영득보다는 가치취득으로서의 성질을 가지고 있는 것이므로 장물성이 유지되고, 수표의 경우에도 환전통화와 마찬가지의 이유에서 가액의 동일성이 인정되는 한 장물성이 인정된다고 하는 것이 타당하다.[771] 23

767) "소위 장물을 처분하는 것은 재산죄에 수반되는 사실행위여서 별죄를 구성하는 것이 아니나 절취한 전당표를 전당포에 제시 기망하여 전당물을 되찾아 편취하는 것은 다시 새로운 법익을 침해하는 행위로서 사기죄를 구성한다고 봄이 상당하고 이를 절도의 사후 행위라고 본 것이 아니라 할 것인 바 그러므로 본건에 있어 피고인이 절취한 전당표를 공소외 1에게 교부하고 자기 누님 것이니 찾아 달라고 정당한 소지인인 것같이 거짓말을 하여 이를 믿은 동인이 전당포에 이르러 그 종업원에게 위 전당표를 제시 기망케 하고 전당물인 금목걸이를 교부받게 하여 편취한 행위는 마땅히 형법 제347조의 사기죄에 해당한다고 할 것이다"(대법원 1980.10.14. 80도2155).

768) 김성천/김형준, 551면; 손동권/김재윤, §26/22; 이재상/장영민/강동범, §22/20; 정성근/정준섭, 342면.

769) 박상기, 426면; 배종대, §83/4; 오영근, §23/37; 이형국/김혜경, 536면.

770) 김일수/서보학, 509면; 임웅, 502면.

771) 수표의 경우 수표를 현금으로 바꾸는 행위 그 자체가 사기죄가 되고 그 현금은 사기죄로 취득한 재물 그 자체이

24 判 대법원은 앞서 살펴보았듯이 장물인 현금을 금융기관에 예금의 형태로 보관하였다가 이를 반환받기 위하여 동일한 액수의 현금을 인출한 경우,[772] 또는 자기앞수표를 그 액면금액을 현금으로 교환한 경우[773]에 대해 장물성이 인정된다는 태도를 취하고 있다.

2) 본범과 관련된 요건

(가) 본범의 성질

25 가) 재산범죄 장물은 타인의 재산범죄에 의하여 영득한 재물임을 요하므로 본범은 재산범죄임을 요한다.[774] 장물죄의 본범이 될 수 있는 재산죄는 절도죄, 강도죄, 사기죄, 공갈죄, 횡령죄, 배임수재죄(객체가 재물인 경우) 등 형법상의 재산죄 뿐만 아니라, 예컨대 특가법(제5조의4)에 위반한 상습절도나 강도죄, 폭처법(제2조)에 위반한 공갈죄 등과 같이 특별법상의 재산죄도 포함한다. 장물죄도 재산죄이므로 장물죄의 본범이 될 수 있는데 이때의 장물을 특히 연쇄장물이라고 한다.

26 배임죄와 컴퓨터등사용사기죄도 재산죄이긴 하지만 그 객체가 재물이 아니고 재산상의 이익이므로 장물죄의 본범에서 제외된다. 손괴죄는 재물의 영득이 없으므로 장물죄의 본범이 될 수 없다. **권리행사방해죄의 본범여부**에 대해서는 ① 이를 부정하는 견해[775]도 있으나, ② 장물이 반드시 타인소유일 필요는 없기 때문에 장물죄의 본범이 될 수 있다.

27 判 대법원은 장물죄의 본범에 해당하는 범죄행위에 대한 법적 평가는 형법의 장소적 적용과 관련하여 그 행위에 대하여 한국 형법이 적용되지 아니하는 경우에도 한국 형법을 기준으로 하여야 한다고 한다.[776]

28 나) 재산범죄로 영득한 재물 장물은 '재산죄로 영득'한 재물임을 요하므로 재산범죄에 의해서 작성된 물건이나 재산범죄의 수단으로 사용된 재물은 장물이 될 수 없다. 따라서 재산범죄의 수단으로 사용된 흉기는 장물이 될 수 없다.

29 判 대법원은 이중매매의 목적물인 부동산의 경우 배임죄 성립이 인정되더라도 그 부동산은 배임행위로 영득한 재물 그 자체가 아니라 배임행위에 제공된 것에 불과하므로 장물이 될 수 없다고 한다.[777] 양도담보로 제공된 부동산을 담보권 설정자가 임의처분하여 배임죄의 성립이 인정되더라도 마찬가지의 이유에서 장물이 될 수 없다고 하였지만,[778] 변경된 판례법리에 따르면 배임죄 성립자체가 부정되므로 장차 이러한 사안의 경우 장물성은

기 때문에 장물성이 인정된다고 해도 결론은 마찬가지이다.

772) 대법원 2004.4.16. 2004도353.

773) 대법원 1999.9.17. 98도2269.

774) 따라서 수뢰죄에 의하여 수수한 뇌물, 도박죄에 의하여 취득한 금전, 통화위조죄·문서위조죄에 의하여 작출된 위조통화나 위조문서, 탈세로 취득한 재물 등 수산업법에 위반하여 포획한 조수나 어획물, 임산물 단속에 관한 법률위반죄에 의하여 취득한 임산물은 장물이 아니다.

775) 오영근, §23/23.

776) 대법원 2011.4.28. 2010도15350(대한민국 국민 또는 외국인이 미국 캘리포니아주에서 미국 리스회사와 미국 캘리포니아주의 법에 따라 차량 이용에 관한 리스계약을 체결하였는데, 이후 자동차수입업자인 피고인이 리스기간 중 위 리스이용자들이 임의로 처분한 위 차량들을 수입한 사안에서, 피고인에게 장물취득죄를 인정한 원심판단의 결론을 정당하다고 한 사례임).

777) 대법원 1975.12.9. 24도2804.

778) 대법원 1983.11.8. 82도2119.

문제되지도 않을 것이다.

애초에 재산범죄와 무관한 재물이라도 그것이 재산범죄의 객체가 되면 장물이 될 수 있다. 따라서 유가증권(위조탑승권)을 위조한 후 그것을 발매기에서 뜯어감으로써 (그 금제품인 위조된 유가증권에 대한) 절도죄를 구성하면 그 유가증권은 절도죄에 의해 영득된 재물이기 때문에 그 정을 알면서 취득하면 장물취득죄가 된다.[779] 30

(나) 본범의 실현정도

가) 본범에의 종속정도 본범의 재물취득행위가 구성요건에 해당하고 위법성이 조각되지 않는 불법행위이어야 그 취득한 재물이 장물이 된다.[780] 본범의 재산취득행위가 위법성이 조각되면 그로 인해 취득한 재물은 장물성이 인정되지 않는다. 본범의 행위가 업무상과실장물취득죄에 해당하는 경우에는 과실만으로 장물이 되지만, 그 외의 재산범죄는 모두 고의범이므로 고의가 조각되면 구성요건해당성이 부정되어 그로 인해 취득한 재물은 장물이 되지 않는다. 본범의 행위가 유책할 필요는 없기 때문에 본범이 책임무능력자이거나 정당한 이유 있는 위법성의 착오에 해당하여 책임이 조각되더라도 그로 인해 취득한 재물은 장물이 된다. 31

본범의 행위가 친고죄에 해당하여 고소가 없거나, 공소시효가 완성되어 소추할 수 없게 되거나, 친족상도례의 적용으로 형이 면제되는 경우 또는 재판권이 미치지 않는 외교관이나 외국인의 국외범인 경우에도 장물죄의 성립에는 영향이 없다. 본범이 기소되었거나 확정판결로 처벌될 필요도 없다. 32

나) 불가벌적 사후행위의 경우 본범의 행위가 불가벌적 사후행위에 해당하는 경우 그로 인해 재물을 취득하였다면 그 재물이 장물이 될 수 있는지가 문제된다. 33

判 대법원은 본범의 행위가 불가벌적 사후행위라도 그 사후행위가 별도의 재산범죄의 구성요건에 해당할 것으로 조건으로 그 사후행위로 인하여 취득한 물건은 재산범죄로 인하여 취득한 물건으로서 장물이 될 수 있다고 한다.[781] 그러나 컴퓨터등사용사기죄를 범하여 타인의 예금계좌에서 자신의 예금계좌로 돈을 이체한 후 그 중 일부를 인출하여 이를 그 정을 아는 제3자에게 교부한 경우, 그 인출행위는 별도의 절도죄나 사기죄의 구성요건에 해당하지 않고, 또 컴퓨터등사용사기죄에 의하여 취득한 예금채권은 재물이 아니라 재산상의 이익에 불과하므로, 그리고 인출한 일부 현금도 장물을 금융기관에 예치한 후에 이를 다시 인출한 것이 아니므로 장물이 될 수 없다고 한다.[782] 34

779) 대법원 1998.11.24. 98도2967.

780) "여기에서의 범죄행위는 절도죄 등 본범의 구성요건에 해당하는 위법한 행위일 것을 요한다."(대법원 2011.4.28. 2010도15350).

781) "'장물'이라 함은 재산범죄로 인하여 취득한 물건 그 자체를 말하므로, 재산범죄를 저지른 이후에 별도의 재산범죄의 구성요건에 해당하는 사후행위가 있었다면 비록 그 행위가 불가벌적 사후행위로서 처벌의 대상이 되지 않는다 할지라도 그 사후행위로 인하여 취득한 물건은 재산범죄로 인하여 취득한 물건으로서 장물이 될 수 있다"(대법원 2004.4.16. 2004도353).

782) 대법원 2004.4.16. 2004도353.

(다) 본범과 장물범의 시간적 관계

35 가) 본범의 시간적 실현단계 장물죄가 성립하기 이전에 **본범의 행위가 시간적으로 범죄실현의 어느 단계까지 이루어져 있어야 하는지**가 문제된다. 이와 관련해서는 ① 본범이 기수에 달해야 한다는 견해[783](기수범설)와 ② 본범의 기수와 상관없이 재물의 영득사실이 발생하면 장물죄가 성립할 수 있다는 견해[784](재물영득설)가 대립한다. 후설은 실행행위(강도)와 재물영득 간의 인과관계가 부정되어 미수에 그칠 뿐인 경우 기수범설을 취하면 장물성을 부정하는 결과의 부당성을 문제 삼는다. 하지만 이러한 예외적인 경우를 원칙으로 삼게 되면 본범이 미수상태에 있을 때에는 본범의 공범이 될 뿐이라는 또 다른 원칙이 무너지게 된다. 따라서 원칙적으로 기수범설을 취하되 예외적으로(강도살인 또는 강도나 공갈 등) 기수가 되기 전이라도 재물영득이 앞서는 경우에는 장물성이 인정되고 그에 따라 장물죄가 성립하는 것으로 보아야 할 것이다.

36 나) 본범이 횡령죄인 경우 악의의 매수자 **타인의 재물을 보관하는 자가 그 보관물을 임의처분하는 횡령행위에 그 정을 알면서 매수한 자에 대해 장물취득죄를 인정할 수 있는지**가 문제된다. 장물취득죄가 되려면 본범의 행위(횡령행위)가 기수가 되어야 하는데, 횡령죄의 기수시기와 관련하여 표현설을 취하느냐 실현설을 취하느냐에 따라 결론이 달라진다. ① 표현설을 취하면 횡령의 의사를 외부에 표시함으로써 기수가 되므로 그 재물은 이미 장물이 되고, 그것을 다시 취득하는 악의의 매수자는 장물취득죄가 된다고 하게 된다.[785] ② 실현설의 입장에서는 본범의 재물영득이 현실화되지 않은 단계이므로 횡령죄의 공범이 성립될 뿐이라고 한다.[786]

37 判 대법원은 앞서 '횡령죄'에 관한 설명에서 살펴보았듯이 부동산의 경우에는 실현설의 취지에 따라 부동산 등기이전이 경료되어야 횡령죄의 성립(기수)을 인정하는 이상 횡령죄의 본범이 영득을 현실화하지 않는 단계에서 가담한 제3자는 횡령죄의 공범성립만 가능하겠지만, 동산의 경우에는 표현설의 취지에 따라 물건의 교부 만으로 횡령죄의 성립(기수)이 인정되고 그 물건은 장물이 되므로 임의처분된 목적물을 취득한 악의의 매수자에게 장물취득죄의 성립을 인정한다.[787]

38 그러나 동산 부동산 모두 실현설에 따라 횡령죄의 성립(기수)을 인정하는 것이 타당하다. 이에 따르면 악의의 매수자가 적극 가담하여 횡령물을 취득하면 횡령죄의 공범(또는 공동정범)이 성립을 인정하는 것이 타당하다(횡령죄의 악의의 매수자의 죄책 부분 참조).

---

783) 김일수/서보학, 505면; 김종원, 250면; 배종대, §83/8; 손동권/김재윤, §26/15; 이형국/김혜경, 535면; 정성근/정준섭, 341면.
784) 박상기, 427면; 오영근, §23/31; 이재상/장영민/강동범, §22/18; 임웅, 500면.
785) 김일수/서보학, 505면; 박상기, 431면; 배종대, §83/9; 정성근/정준섭, 341면.
786) 손동권/김재윤, §26/16; 오영근, §23/33; 이재상/장영민/강동범, §22/18; 이형국/김혜경, 535면; 임웅, 501면. 이러한 결론은 위의 본범의 시간적 실현단계와 관련하여 기수범설의 태도와 같다.
787) 대법원 2004.12.9. 2004도5904

(3) 장물성의 상실여부가 문제되는 경우

재산범죄에 의하여 영득한 재물이 모두 장물이 되는 것은 아니다. 추구권설에 의하면 사 39
법상의 반환청구권이 인정되지 않은 재물은 장물성이 상실되고, 유지설에 의하면 본범에 의하여 형성된 위법한 재산상태가 제거되면 장물성이 상실된다. 어떤 견해에 의하더라도 장물성의 상실이 확실히 긍정되는 경우가 있는가 하면 견해에 따라 장물성의 상실여부가 달라지는 경우도 있다.

1) 장물성의 상실에 이견이 없는 경우 어느 견해이건 본범 또는 제3자가 그 재물에 40
대하여 하자 없이 소유권을 취득한 때에는 장물성을 상실한다. 따라서 피해자가 본범의 처분에 동의한 경우, 본범이 상속받은 경우, 본범이 대외관계에서 소유자로서의 처분권을 가지고 처분한 재물(예컨대 명의신탁 받은 부동산을 임의로 처분한 때에 그 부동산[788]), 민법상 제3자가 선의취득(제249조)한 경우(단, 도품이나 유실물의 경우에는 도난 또는 유실한 날로부터 2년이 경과한 후), 가공에 의하여 소유권이 가공자에게 귀속한 경우(제259조), 부합(제256조, 제257조)이나 혼화(제258조)에 의해 소유권이 상실된 경우, 시효취득으로 제3자가 소유권을 취득한 경우 등은 장물성이 상실된다.

判 대법원은 미등록 상태인 수입자동차를 절도로 취득하여 최초로 신규등록을 마친 경우라도 그 자동차에 41
대한 선의취득이나 원시취득도 인정하지 않고 장물성을 인정한다. 따라서 이 수입자동차가 장물일지도 모른다고 생각하면서도 이를 다시 제3자에게 양도한 경우에는 장물양도죄의 성립을 인정한다.[789]

2) 민법상 취소할 수 있는 경우 본범이 사기 또는 공갈로 재물을 취득하여 **피해자가** 42
민법상 취소할 수 있는 경우(민법 제109조, 제110조의 착오·사기·강박에 의하여 취득한 재물)에는 ① 추구권설에 의하면 취소하기 전까지는 피해자의 추구권이 존재하지 않기 때문에 장물성이 인정되지 않는다. 하지만 ② 유지설에 의하면 취소할 수 있는 재물의 점유도 위법한 재산상태가 되므로 장물이 된다.

취소권이 소멸되거나 해지권이 소멸되어 반환청구권이 인정되지 않는 경우에도 ① 유지설 43
에서는 위법한 재산상태는 유지되어 장물성을 상실하지 않는다고 하지만,[790] ② 추구권설이나 결합설에서는 이러한 경우 장물성이 상실된다고 한다.

3) 불법원인급여물의 경우 **불법원인급여물(민법 제746조)의 장물성 인정여부**에 대해서도 추구 44
권설과 유지설은 결론을 달리한다. ① 추구권설에서는 (ㄱ) 피해자의 반환청구권이 인정되지 아니한다는 이유로 장물성을 부정하는 견해[791]도 있지만 (ㄴ) 본범이 타인에게 불법원인으로 제공한 경우에는 그 급부 재물에 대하여 피해자의 추구권이 여전히 인정되므로 장물성을 긍정하는 견해[792]도 있다. ② 유지설의 입장에서는 불법원인급여물의 경우에도 위법상태가 유

788) "신탁행위에 있어서는 수탁자가 외부관계에 대하여 소유자로 간주되므로 이를 취득한 제3자는 수탁자가 신탁자의 승낙 없이 매각하는 정을 알고 있는 여부에 불구하고 장물취득죄가 성립하지 아니한다"(대법원 1979.11.27. 79도2410).

789) 대법원 2011.5.13. 2009도3552.

790) 임웅, 504면.

791) 김종원, 251면.

지되고 있다고 보아 장물성을 긍정한다. ③ 결합설의 입장에서도 다수의 견해는 장물성을 긍정한다.

45 불법원인급여물에 대해서 재차 사기죄·공갈죄·강도죄 등을 인정한다면 불법원인급여물이 이러한 범죄를 본범으로 하여 영득된 것이므로 장물성을 인정하는 것이 타당하다. 다만, 피해자 자신이 불법원인으로 급여한 물건을 수급자가 영득한 경우에는 횡령죄의 성립을 부정해야 하기 때문에(앞의 불법원인급여와 횡령죄의 성립여부 참조) 이 횡령물은 장물이 되지 않는다고 해야 할 것이다.

4. 구성요건의 체계

46

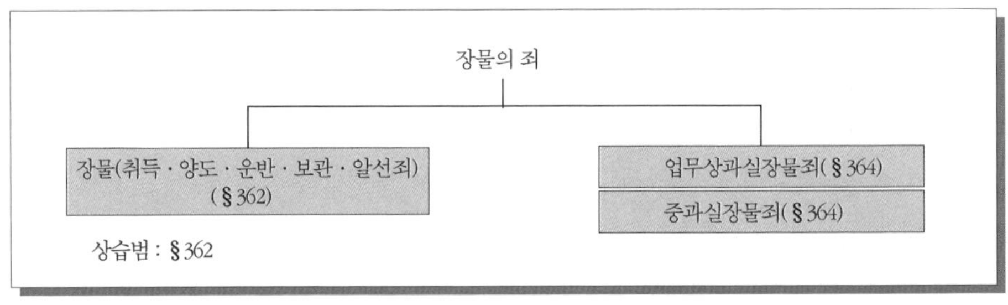

47 장물의 죄의 기본적 구성요건은 장물에 대한 취득·양도·운반·보관죄 및 알선죄이다. 이에 대한 가중적 구성요건으로 상습범에 관한 규정을 두고 있고, 재산죄 중 유일하게 과실을 처벌하는 업무상 과실·중과실 장물죄가 규정되어 있다. 친족 간의 범행에 대해서는 다른 재산죄와 구별하여 특별규정을 두고 있다. 제346조를 준용한다는 명시적 규정이 없다. 그러나 장물죄의 경우에도 동력규정이 준용될 수 있는지에 관해서는 논란이 있다. 미수범 처벌규정은 없다.

Ⅱ. 장물(취득, 양도, 운반, 보관, 알선)죄

> 제362조 ① (장물취득·알선등죄) 장물을 취득, 양도, 운반 또는 보관한 자는 7년 이하의 징역 또는 1천5백만원 이하의 벌금에 처한다.
> ② 전항의 행위를 알선한 자도 전항의 형과 같다.
>
> 제365조(친족간의 범행) ① 전3조의 죄를 범한 자와 피해자간에 제328조 제1항, 제2항의 신분관계가 있는 때에는 동조의 규정을 준용한다.
> ② 전3조의 죄를 범한 자와 본범간에 제328조 제1항의 신분관계가 있는 때에는 그 형을 감경 또는 면제한다. 단, 신분관계가 없는 공범에 대하여는 예외로 한다.

792) 손동권/김재윤, §26/25.

1. 의의, 성격

장물을 취득·양도·운반 또는 보관하거나 이상의 행위를 알선함으로써 성립하는 범죄이다. 장물의 죄의 기본적 구성요건이지만 절도죄나 횡령죄에 비해서 법정형이 중한 것은 범죄조장적 성격을 고려한 취지로 볼 수 있다. 재물죄이지만 영득죄인지에 대해서는 견해가 일치하지 않는다. 48

2. 구성요건

(1) 객관적 구성요건

1) 주체　장물죄는 타인(본범)이 불법하게 영득한 재물의 처분에 관여하는 범죄이기 때문에 본범은 장물죄의 주체가 될 수 없다. 49

判 대법원도 자기범죄로 인하여 영득한 재물에 대해서는 장물죄가 성립하지 아니하고, 이 경우 자기의 범죄를 "정범자(공동정범과 합동범을 포함한다)"에 한정한다. 더 나아가 대법원은 본범의 정범이 절도죄의 성립을 부정하는 근거를 그 장물 처분행위를 장물죄의 불가벌적 사후행위이기 때문이라고 한다.[793] 50

장물죄의 주체부정을 본범의 '정범'이라고 한 이상 공동정범과 합동범외에 간접정범도 포함되는 것이 당연하다. 본범의 교사자와 방조자는 본범의 정범이 아니므로 이 죄의 주체가 될 수 있다. 따라서 절도나 횡령을 교사한 자가 본범(절도범 또는 횡령범)이 획득한 재물(장물)을 취득한 때에는 절도 또는 횡령 교사죄와 장물(취득)죄의 실체적 경합이 된다.[794] 51

2) 객체　장물이다. '장물'의 개념 및 범위에 관해서는 앞에서 장물의 개념 부분에서 설명한 내용이 그대로 타당하다. 52

3) 행위　장물을 취득·양도·운반·보관하거나 이러한 행위를 알선하는 것이다 53

(가) 취득　'취득'이란 점유이전에 의하여 재물에 대한 사실상의 처분권을 얻는 것을 말한다. 취득이 있다고 하기 위해서는 점유 이전과 사실상의 처분권의 획득이라는 두 가지 요소를 충족해야 한다. 54

점유이전은 현실적 이전을 요하므로(기수시기) 약속이나 계약의 성립만으로 취득이 있다고 할 수 없다(취득미수는 처벌규정이 없음). 계약의 유효여부나 대가의 지급여부는 취득죄의 성립여부에 아무런 영향을 주지 못한다. 현실적 점유이전은 장물 자체의 직접적 이전뿐만 아니라 장물을 임의 처분할 수 있는 간접적 점유취득도 이전이 된다. 따라서 자물쇠로 잠긴 시정물의 열쇠를 취득하거나 위탁물의 상환증을 인도받아도 취득이 된다. 55

사실상의 처분권을 획득해야 한다는 점에서 단순한 점유의 이전뿐인 장물운반 또는 보관과 구별된다. 매도담보·소비대차·증여로 취득한 때에도 취득이 된다. 그러나 보관·손괴·임 56

793) 대법원 1986.9.9. 86도1273.
794) 대법원 1969.6.24. 69도692.

대차·사용대차로 인도받거나 본범을 위하여 일시 사용목적으로 장물을 건네받은 경우[795]에는 취득이라 할 수 없다. 따라서 보수를 받을 것을 약속받고 물건을 대신 구입하여 달라는 부탁과 함께 타인으로부터 그가 습득하였다고 주장하는 신용카드 2장을 교부받은 것은 취득죄는 되지 않고 보관죄가 될 뿐이다. 사기피해자가 사기범의 은행계좌로 현금을 송금하고 사기범의 본범이 그 편취금의 일부를 사기방조범에에 송급하고, 사가방조범이 이를 인출하면 그 인출금은 장물이 되고 사기방조범에게 장물취득죄가 인정될 수 있다. 그러나 사기범에게 기망당한 피해자가 사기방조범의 계좌로 직접 입금한 돈을 사기방조범이 인출한 경우 장물취득죄의 '취득'이 인정되는지가 문제된다.

57 判 대법원은 사기죄의 본범에게 편취금이 귀속되는 과정없이 방조범 명의의 계좌로 편취금이 송금됨으로써 사기죄의 범행이 종료되는 것이므로 사기죄의 방조범이 본범으로부터 편취금에 대한 점유를 이전받아 비로소 처분권을 획득하는 것이 아니므로 이 죄의 '취득'이 될 수 없다고 한다.[796]

58 취득은 유상·무상을 묻지 않는다. 유상취득의 예로는 매수·교환·채무변제·대물변제·이자부 소비대차·매도담보의 명의 취득 등이 있고, 무상취득의 예로는 증여를 받거나 무이자부 소비대차로 교부받은 경우 등이 있다. 장물인 음식물을 함께 먹는 것은 독자적인 처분권을 취득한 것이 아니므로 취득에 해당할 수 없지만,[797] 이를 혼자 먹는 것은 취득이 된다.

59 취득은 본범으로부터 직접 취득할 필요가 없다. 제3자를 통한 전매방식을 통해 간접적으로 취득해도 상관없다. 자기를 위한 취득은 물론 제3자를 위한 취득도 이 죄의 취득에 포함된다.

60 행위자가 취득시에 장물인 정을 알고 취득하여야 한다.[798] 장물인 정을 아는 것은 장물을 인도받을 때 있으면 충분하고, 계약 당시에 알고 있어야 하는 것은 아니다. 따라서 계약체결시에는 장물인 정을 몰랐으나 그 후 그 정을 알면서 점유를 인도 받은 경우는 장물취득죄가 성립한다.[799] 그러나 취득 후에 장물이라는 정을 안 때에는 장물보관죄가 성립할 수 있다(보

795) "장물취득죄에서 '취득'이라고 함은 점유를 이전받음으로써 그 장물에 대하여 사실상의 처분권을 획득하는 것을 의미하는 것이므로, 단순히 보수를 받고 본범을 위하여 장물을 일시 사용하거나 그와 같이 사용할 목적으로 장물을 건네받은 것만으로는 장물을 취득한 것으로 볼 수 없다"(대법원 2003.5.13. 2003도1366).

796) "장물취득죄에서 '취득'이라 함은 장물의 점유를 이전받음으로써 그 장물에 대하여 사실상 처분권을 획득하는 것을 의미하는데, 이 사건의 경우 본범의 사기행위는 피고인이 예금계좌를 개설하여 본범에게 양도한 방조행위가 가공되어 본범에게 편취금이 귀속되는 과정 없이 피고인이 피해자로부터 피고인의 예금계좌로 돈을 송금받아 취득함으로써 종료되는 것이고, 그 후 피고인이 자신의 예금계좌에서 위 돈을 인출하였다 하더라도 이는 예금명의자로서 은행에 예금반환을 청구한 결과일 뿐 본범으로부터 위 돈에 대한 점유를 이전받아 사실상 처분권을 획득한 것은 아니므로, 피고인의 위와 같은 인출행위를 장물취득죄로 벌할 수는 없다."(대법원 2010.12.9. 2010도6256).

797) 김일수/서보학, 509면; 이재상/장영민/강동범, §22/21; 임웅, 505면.

798) "장물취득죄는 취득 당시 장물인 정을 알면서 이를 취득하여야 성립하는 것이므로 피고인이 자전거를 인도받은 후에 비로소 장물이 아닌가 하는 의구심을 가졌다고 해서 그 자전거의 수수행위가 장물취득죄를 구성한다고 할 수 없다"(대법원 1971.4.20. 71도468).

799) 대법원 1960.2.17. 4229형상496.

관부분 참조). 취득은 본범이 기수가 된 후가 아니면 성립하지 아니하므로, 예컨대 절도현장에서 탈취하고 있는 재물의 일부를 무상으로 얻었다 하여도 절도죄의 공범이 될 뿐이다.

(나) 양도 양도란 장물인 정을 알지 못하고 취득한 후 그 정을 알면서 제3자에게 수여하는 것을 말한다. 양도는 유상·무상을 묻지 않는다. 61

양도도 현실적인 점유이전이 있어야 하므로 의사표시나 계약 성립만으로 부족한 것은 취득의 경우와 같다. 양도인만 장물인 정을 알고 있으면 되고 양도의 상대방(양수인)이 장물인 정을 알고 있었는가는 문제되지 않는다. 다만 양수인이 장물인 정을 알고 양도받은 경우에는 양수인에게 장물취득죄가 성립하고 이 경우 양도인의 양도죄와 양수인의 장물취득죄는 필요적 공범관계가 인정된다. 62

判 대법원은 장물인 것을 속이고 양수인에게 유상으로 양도한 경우에는 양도죄 외에 양수인에 대한 사기죄의 성립을 별도로 인정하지만,[800] 장물인 정을 알고 취득한 자가 이를 제3자에게 양도한 경우에 장물취득죄가 성립하면 양도행위를 불가벌적 사후행위로 인정한다.[801] 양도죄는 장물인 정을 알지 못하고 취득하였다가 그 후 정을 알고 제3자에게 양도하는 경우에만 성립하는 범죄이기 때문이다. 63

절도범인이 장물을 직접 양도하는 경우에는 양도행위 자체는 범죄가 되지 않지만, 절취된 재물인 줄 모르고 취득한 자가 그 후 비로소 장물인 정을 알고 이를 제3자에게 유상으로 양도하면서 장물인 정을 속인 경우에는 사기죄 외에 양도죄도 별도로 성립하고 양죄는 상상적 경합관계에 있게 된다. 64

(다) 운반 '운반'이란 장물의 소재를 장소적으로 이전하는 것을 말한다. 장소적 이전에는 거리의 원근은 문제되지 않으나 장물에 대한 피해자의 추구·회복 또는 본범의 위법상태의 유지·존속에 영향을 미칠 정도의 것이어야 한다. 유상·무상도 묻지 않는다. 반드시 본범의 위탁을 받아 운반할 필요는 없지만 적어도 본범 또는 장물취득자의 양해 또는 추정적 승낙에 의한 것임을 요한다. 본범 또는 장물취득자가 모르게 운반하거나 그 의사에 반하여 운반한 경우에는 절도죄 등 다른 범죄가 성립할 뿐이다. 본범의 피해자에게 운반을 위탁받는 경우나 그에게 반환하기 위해서 운반하는 경우는 위법재산상태를 유지하는 행위가 아니므로 운반죄가 성립하지 않는다. 65

운반죄의 기수가 되려면 운반을 약속하거나 운반을 위한 인수계약만으로 부족하다. ① 운반의 목적을 달성하여야 비로소 기수가 된다는 견해[802]도 있지만 ② 사실상 운반행위가 개시되면 족한 것으로 보는 것이 타당하다. 운반죄는 계속범의 성질을 가지고 있어서 운반이 계속되는 동안 법익침해도 계속되므로 중도에서 불심검문으로 목적지까지 가지 못해도 운반죄 66

800) 대법원 1980.11.25. 80도2310.
801) "장물인 자기앞수표를 취득한 후 이를 현금 대신 교부한 행위는 장물취득에 대한 가벌적 평가에 당연히 포함되는 불가벌적 사후행위로서 별도의 범죄를 구성하지 아니한다"(대법원 1993.11.23. 93도213).
802) 배종대, §83/16.

의 기수가 된다고 해야 하기 때문이다.

67 의뢰받고 운반할 경우에는 본범으로부터 직접 의뢰받았을 필요가 없다. 운반의 경우에도 장물인 정을 알고 있어야 하므로 장물의 정을 알지 못한 자가 운반도중에 그 정을 알고 운반을 계속한 경우에는 그 이후의 운반행위만이 운반죄를 구성한다.

68 운반의 방법에도 제한이 없다. 장물을 스스로 소지하거나 적재한 트럭에 동승할 필요가 없다. 정을 모르는 타인으로 하여금 운반하게 하면 이 죄의 간접정범이 된다.

69 장물취득자가 이를 다른 장소로 운반하는 것은 불가벌적 사후행위가 되어 운반죄를 구성하지 않는다. 본범 스스로가 장물을 운반하는 때에도 같다. 그러나 제3자가 본범과 공동하여 장물을 운반하면 제3자는 운반죄를 구성한다.[803)]

70 절취한 자동차임을 알면서 운전해 준 때 장물운반죄의 성립이 인정되었지만(대법원 1999.3.26. 98도3030), 절취한 자동차의 뒷좌석에 편승하는 데 그친 경우에는 운반의 실행을 분담하였다고 볼 수 없어 장물운반죄의 성립이 부정되었다(대법원 1983.9.13. 83도1146).

71 (라) 보관 '보관'이란 위탁을 받아 타인을 위하여 재물을 자기의 점유하에 두는 것을 말한다. 유상·무상을 묻지 않는다. 보관은 장물에 대한 점유취득은 있지만 사실상의 처분권이 없다는 점에서 장물취득과 구별된다. 장물을 임금의 담보로 보관하거나, 임대차·사용대차·임치를 위해서나 질물로써 보관하는 경우에도 보관이 된다. 보관의 위탁자가 반드시 본범일 필요도 없다. 보관의 경우에도 인수하는 계약 성립만으로 부족하고 현실적으로 수취하여야 한다.

72 장물인 정을 알고 보관해야 하므로 장물인 정을 모르고 보관하였다가 후에 그 정을 알고 보관을 계속하면 그 때부터 보관죄가 된다(대법원 1987.10.13. 87도1633). 다만 이 경우에도 중도에서 반환이 불가능하거나 채권의 담보로 교부받았거나 선의취득의 효력이 생겨 보관자가 점유할 권한을 가진 때에는 보관죄는 성립하지 않는다(대법원 1986.1.21. 85도2472).

73 장물보관자가 장물을 취득한 때에는 장물취득죄만 성립한다(협의의 포괄일죄). 장물보관자가 횡령한 때에는 횡령행위는 불가벌적 사후행위가 되므로 장물보관죄만 성립한다(통설·판례[804)]). 타인의 증거를 인멸하기 위해 장물을 은닉한 때에는 장물보관죄와 증거인멸죄의 상상적 경합이 된다.

74 (마) 알선 '알선'이란 장물의 취득·양도·운반·보관의 행위를 매개하거나 주선하는 것을 말한다. 매개나 주선에는 매매·교환·질입 등 법률상의 처분행위는 물론이고 운반·보관 등 사실상의 처분행위도 포함한다. 어느 경우이건 본범 또는 장물취득자와 '합의'가 있거나 그의 추정적 승낙이 있어야 한다. 따라서 '물건을 훔쳐오면 팔아주겠다'고 말한 것만으로는

803) "본범자와 공동하여 장물을 운반한 경우에 본범자는 장물죄에 해당하지 않으나 그 외의 자의 행위는 장물운반죄를 구성하므로, 피고인이 본범이 절취한 차량이라는 정을 알면서도 본범 등으로부터 그들이 위 차량을 이용하여 강도를 하려 함에 있어 차량을 운전해 달라는 부탁을 받고 위 차량을 운전해 준 경우, 피고인은 강도예비와 아울러 장물운반의 고의를 가지고 위와 같은 행위를 하였다고 봄이 상당하다"(대법원 1999.3.26. 98도3030).

804) 대법원 1976.11.26. 76도3067.

알선이 될 수 없다.[805] 알선시 장물인 정을 알고 있어야 함은 다른 행위태양의 경우와 같다.

알선행위의 유상·무상을 묻지 않으므로 이익을 위한 알선일 필요도 없고, 직접적이건 타인을 개입시켜 간접적으로 하든 상관없다. 매매 등 법률행위를 알선하는 경우에는 알선자 자신의 명의로 하건 본인 명의나 그 대리인 명의로 하건 상관없다. 75

알선죄의 기수시기에 관해서는 ① 계약체결만으로는 부족하고 알선행위만 있으면 기수가 된다는 견해[806](알선행위설), ② 알선만으로는 부족하고 적어도 장물을 취득·양도·운반·보관하기로 하는 계약이 성립하여야 기수가 된다는 견해[807](계약성립설), ③ 알선의 결과 점유이전까지 있어야 한다는 견해[808](점유이전설) 등이 대립한다. 76

判 대법원은 장물의 취득·양도·운반·보관행위를 중개하거나 편의를 도모한 이상 계약성립이나 점유이전이 없더라도 알선죄가 성립한다고 한다.[809] 이에 따라 장물인 귀금속의 매도를 부탁받은 자가 매매를 중개하고 매수인에게 이를 전달하려다다 매수인을 만나기도 전에 체포된 경우에도 매매 중개가 있으므로 장물알선죄의 성립이 인정된다. 77

장물죄를 거동범이나 위험범이 아니라 침해범으로 해석하는 한 계약성립이나 알선행위만으로 장물에 대한 피해자의 추구·회복을 곤란하게 하는 행위라고 보기 어렵고, 점유이전까지 되어야 재물에 대한 위법상태가 유지·존속되었다고 할 수 있으며, 다른 행위태양이 모두 점유이전을 요건으로 하는 점과 통일적인 해석을 위해서라도 점유이전설이 타당하다. 78

장물을 알선하기 위해 운반·보관한 후 알선하거나 운반·보관 중에 다시 알선을 의뢰받고 알선을 한 때에는 알선죄만 성립한다(불가벌적 사전행위). 보관 중이던 장물을 반환한 후에 이를 제3자에게 알선한 경우에는 보관죄와 알선죄의 실체적 경합이 된다. 79

(2) 주관적 구성요건

1) 고의 장물을 취득, 양도, 운반, 보관 또는 알선한다는 사실에 대한 인식과 의사가 있어야 한다. 장물인 정을 알고 있어야 하는 점은 확정적 인식일 필요가 없고 장물일지도 모른다는 인식, 즉 미필적 인식으로 족하다.[810] 뿐만 아니라 본범의 범행을 구체적으로 알아야 할 필요도 없다.[811] 본범과 친족관계에 있음을 인식하고 있어도 친족관계의 존속은 인적 처벌조각사유에 불과하므로 고의성립에 영향이 없다. 80

행위시에 장물인 정을 알고 있어야 하지만 개별 행위태양마다 취득죄의 성립여부가 달라 81

805) "피고인이 제3자에게 '황소를 훔쳐오면 문제없이 팔아주겠다'고 말한 것"은 제3자가 황소를 절취하여 오면 이 장물에 관하여 매각 알선을 하겠다는 의사표시를 한 것이라고 볼 수 있을 뿐 피고인이 바로 제3자의 황소절취행위를 공동으로 하겠다는 이른바 공모의 의사를 표시한 것이라고 볼 수는 없다"(대법원 1975.2.25. 74도2228).

806) 김성천/김형준, 554면; 김일수/서보학, 513면; 박상기, 429면.

807) 임웅, 508면; 정성근/정준섭, 346면.

808) 배종대, §83/18; 손동권/김재윤, §26/32; 오영근, §23/63; 이재상/장영민/강동범, §22/27; 이형국/김혜경, 541면.

809) 대법원 2009.4.23. 2009도1203.

810) 대법원 1995.1.20. 94도1968.

811) 대법원 1969.1.21. 68도1474.

질 수 있다. 취득죄에 있어서는 취득시에 장물인 정을 알고 있어야 하고,[812] 양도의 경우에도 양도시에 장물인 정을 알고 있어야 한다. 취득 후에 장물인 정을 알고 이를 타인에게 양도하면 취득죄는 성립하지 않고 양도죄만 성립하며, 매매계약시에는 장물인 정을 몰랐으나 그 후 현실의 인도를 받을 때에 장물인 정을 알고 취득하면 취득죄가 된다. 하지만 매수에 의한 인도나 증여받은 뒤에 장물임을 알게 된 때에는 취득죄가 되지 않는다.[813)]

82 계속범에 해당하는 운반죄나 보관죄에 있어서는 행위시에는 장물인 줄 몰랐지만 행위개시 이후에 장물인 것을 알게 되어도 그때부터 고의가 인정된다. 알선의 경우에는 알선시에 알고 있어야 하고 알선 후 점유이전시에 비로소 장물임을 알게 된 때에는 알선죄가 되지 않는다.

83 2) 불법영득 의사의 인정여부　고의 외에 **초과주관적 구성요건요소로서 불법영득의 의사**를 인정할 필요가 있는지에 관해서는 ① 긍정하는 견해[814)]와 ② 부정하는 견해(다수설), 그리고 ③ 취득죄의 경우에만 필요하다는 견해[815)]가 대립한다.

84 장물죄의 본질이 위법상태의 유지와 함께 추구권행사의 곤란에 본질이 있다고 보면 불법영득의 의사가 별도로 요구된다고 볼 필요는 없다. 뿐만 아니라 일시적인 보관 내지 운반 또는 양도나 알선의 경우에는 소유자의 지위를 적극적으로 향유하려는 내용의 불법영득의사가 요구되지 않는 것도 분명하다. 다만 취득죄의 경우에도 피해자의 소유자로서의 지위를 배제하려는 소극적 의사는 요구되지만 이 의사 역시 고의 이외의 별도의 의사로 인정할 필요는 없고 고의의 한 내용으로 인정하면 충분하다. 따라서 장물죄의 경우 불법영득의사는 초과주관적 구성요건요소가 아니라 피해자의 소유자배제의사라는 소극적인 요소에 국한하여 이를 고의의 한 내용이 된다고 이해하는 것이 타당하다.

3. 죄수, 타죄와의 관계

(1) 죄수

85 장물을 보관하다가 취득한 경우에는 장물취득죄만 성립하고, 장물알선을 위해 운반·보관한 후 알선한 경우에는 알선죄만 성립한다(협의의 포괄일죄).

86 장물을 운반한 후 보관한 경우에는 운반죄만 성립하고, 장물을 취득한 후 양도·운반·보관한 경우에는 취득죄만 성립한다(불가벌적 사후행위).

---

812) "장물취득죄는 취득 당시 장물인 정을 알면서 재물을 취득하여야 성립하는 것이므로 피고인이 재물을 인도받은 후에 비로소 장물이 아닌가 하는 의구심을 가졌다고 하여 그 재물수수행위가 장물취득죄를 구성한다고 할 수 없고, 장물인 정을 모르고 장물을 보관하였다가 그 후에 장물인 정을 알게 된 경우 그 정을 알고서도 이를 계속하여 보관하는 행위는 장물죄를 구성하는 것이나 이 경우에도 점유할 권한이 있는 때에는 이를 계속하여 보관하더라도 장물보관죄가 성립한다고 할 수 없다"(대법원 2006.10.13. 2004도6084) .

813) 대법원 1971.4.20. 71도468.

814) 김일수/서보학, 515면; 배종대, §84/22.

815) 임웅, 509면.

(2) 타죄와의 관계

1) 본범과의 관계 장물죄는 타인이 불법하게 영득한 재물에 대해서만 성립하므로 자 87
기의 범죄에 의하여 영득한 재물에 대해서는 다시 장물죄를 구성하지 않는다. 따라서 본범의 공동정범 상호간에 장물을 운반·보관·알선·매수하여도 본범 외에 장물죄는 성립하지 않는다. 그러나 본범의 교사자·방조자는 교사죄·방조죄 외에 장물죄가 별도로 성립하고, 양죄는 실체적 경합이 된다.

2) 횡령죄와의 관계 장물을 보관하다가 횡령한 경우 횡령행위는 불가벌적 사후행위에 88
해당하므로 장물보관죄만 성립한다(통설·판례[816]).

3) 장물에 대한 절도·강도·사기·공갈 **장물인 정을 알면서도 절도 등의 객체로 삼은 경** 89
우 ① 추구권설의 입장에서는 이 경우에도 피해자에게 추구권이 있으므로 장물죄가 성립하고 절도 등의 죄와는 상상적 경합이 된다고 한다. ② 하지만 결합설(또는 유지설)의 입장에서 볼 때 본범과의 '의사합의'(내적 연관)가 없으므로 위법상태의 유지가 단절되어 장물죄는 성립하지 않고 절도 등의 죄만 성립한다고 해야 한다.

判 대법원은 타인이 갈취한 재물을 다시 절취한 경우 장물취득죄는 성립하지 않고 절도죄만 성립한다고 함 90
으로써(대법원 1966.12.20. 66도1437) 결과적으로 결합설 내지 유지설의 태도와 동일하지만 어느 입장에서 내린 결론인지는 분명치 가 않다.

4) 장물양도 또는 알선과 사기죄와의 관계 절도범인이 그 절취한 장물을 자기 것인 양 91
제3자를 기망하여 담보로 제공하고 금원을 편취한 경우에는 제3자에 대한 관계에 있어 새로운 법익의 침해가 있으므로 사기죄가 별도로 성립한다.[817] 하지만 장물인 정을 알고 취득한 장물을 양도 또는 알선하면서 장물인 사실을 숨기고 금품을 수수한 경우는 양도 또는 알선행위가 불가벌적 사후행위에 해당하여 별도의 사기죄가 성립하지 않는다.[818]

반면에 **장물인 정을 모르고 취득하였다가 후에 장물인 정을 알고 난 후 그 장물을 양도 또는** 92
알선하면서 양수인 또는 매수인에게 장물인 사실을 숨기고 대금을 수취한 경우에는 장물양도 또는 알선죄가 성립하는 것과 별도로 양도인 또는 매수인에 대한 기망행위를 통해 새로운 법익을 침해하였기 때문에 사기죄도 성립한다. 이 경우 **양도죄 또는 알선죄와 사기죄의 경합관계**를 ① 실체적 경합이라는 견해[819]가 있으나 ② 묵시적 기망이라는 한 개의 행위에 의한 것이므로 상상적 경합이 된다고 해야 한다.[820]

5) 수뢰죄, 증거인멸죄 등과의 관계 장물인 정을 알면서 공무원이 이를 뇌물로 받은 93
경우에는 장물취득죄와 수뢰죄의 상상적 경합이 되고, 타인의 죄증을 인멸하기 위해 장물을

816) 대법원 1976.11.23. 76도3067.
817) 대법원 1980.11.25. 80도2310.
818) 대법원 1993.11.23. 93도213.
819) 김일수/서보학, 517면; 정성근/정준섭, 347면.
820) 손동권/김재윤, §26/36; 이형국/김혜경, 542면.

은닉한 경우에는 증거인멸죄와 장물보관죄의 상상적 경합이 된다.

4. 친족간의 특례

(1) 장물범과 본범의 피해자 사이

94 장물죄를 범한 자와 본범의 피해자 사이에 친족관계가 존재하는 경우에 다른 재산범죄에 적용되는 친족상도례의 규정을 준용한다(제365조 제1항). 장물죄의 재산범적 성격을 반영한 결과이다.

(2) 장물범과 본범 사이

95 장물죄를 범한 자와 본범 사이에 친족관계가 존재하는 경우에 그 형을 감경 또는 면제하는 혜택을 부여하고 있다(제365조 제2항). 본범과의 친족관계에 있는 경우도 형감면사유로 고려하고 있는 형법의 태도는 장물죄의 범인비호적 성격을 반영한 것으로 평가할 수 있다. 하지만 본범과 친족관계가 없는 장물죄의 공범자에 대해서는 형감면의 효과를 부여하지 않는다(제2항 단서).

Ⅲ. 상습장물죄

> 제363조(상습범) ① 상습으로 전조의 죄를 범한 자는 1년 이상 10년 이하의 징역에 처한다.
> ② 제1항의 경우에는 10년 이상의 자격정지 또는 1천5백만원 이하의 벌금을 병과할 수 있다.
>
> 제365조(친족간의 범행) ① 전3조의 죄를 범한 자와 피해자간에 제328조 제1항, 제2항의 신분관계가 있는 때에는 동조의 규정을 준용한다.
> ② 전3조의 죄를 범한 자와 본범간에 제328조 제1항의 신분관계가 있는 때에는 그 형을 감경 또는 면제한다. 단, 신분관계가 없는 공범에 대하여는 예외로 한다.

96 상습으로 장물을 취득, 양도, 운반, 보관 또는 알선함으로써 성립하는 범죄이다. 상습성으로 인하여 형이 가중되는 가중적 구성요건으로 부진정신분범에 해당한다.

97 判 대법원은 장물알선의 전과가 없는 자가 범한 2회의 장물알선행위에 대해 상습성을 인정하지 않고 있지만,[821] 상습범을 포괄일죄로 취급하면서 장물취득행위와 알선행위와 같이 행위태양이 다른 경우에도 장물알선의 상습성이 인정되는 한 상습장물알선죄의 포괄일죄가 된다고 한다.[822]

98 친족상도례 규정이 적용되며, 특가법상 상습장물죄에 대한 가중처벌규정이 존재한다(제5조의4 제4항).

---

821) 대법원 1972.8.31. 72도1472.
822) 대법원 1975.1.14. 73도1848.

Ⅳ. 업무상과실·중과실 장물(취득, 양도, 운반, 보관, 알선)죄

> 第364조(업무상과실·중과실장물취득등죄) 업무상 과실 또는 중대한 과실로 인하여 제362조의 죄를 범한 자는 1년 이하의 금고 또는 500만원 이하의 벌금에 처한다.
>
> 第365조 (친족간의 범행) ① 전3조의 죄를 범한 자와 피해자간에 제328조 제1항, 제2항의 신분관계가 있는 때에는 동조의 규정을 준용한다.
> ② 전3조의 죄를 범한 자와 본범간에 제328조 제1항의 신분관계가 있는 때에는 그 형을 감경 또는 면제한다. 단, 신분관계가 없는 공범에 대하여는 예외로 한다.

1. 의의, 성격

업무상 과실 또는 중과실에 의하여 장물을 취득·양도·운반·보관 또는 알선함으로써 성립하는 범죄이다. 형법상의 재산범죄 중 유일하게 과실이 처벌되는 범죄이다. 99

업무상과실장물죄는 업무자만이 과실장물죄의 불법을 행할 수 있으므로 진정신분범에 해당한다. 전당포나 고물상과 같이 중고품 취급업무에 종사하는 자는 장물을 취급하기 쉽다는 점을 고려하여 그 업무처리상의 주의의무를 요구한 결과이다. 중과실장물죄는 일반인에 대해 장물의 의심이 강한 물건에 대해 중과실을 피할 것을 요구하는 취지에서 마련된 것이다. 과실장물죄 자체가 처벌되지 않기 때문에 업무상과실장물죄나 중과실장물죄는 가중적 구성요건은 아니다. 100

2. 구성요건

업무상과실장물죄의 업무도 형법상 업무 개념과 동일하므로 본래의 업무에 한하지 않고 그에 부수되는 업무도 포함된다. 고물상, 전당포, 금은방, 전자대리점이나 양곡상인, 우표수집상 등은 장물을 취급함에 있어 업무상 주의의무를 다해야 할 업무자로 인정된다. 하지만 영업용택시 운전사는 승객의 소지품을 확인하여 그 출처와 장물여부를 따져보아야 할 업무자에 해당하지 않는다. 업무자가 매도자의 신원확인 절차를 거친 것만으로는 주의의무위반이 부정되는 것은 아니다. 업무상 주의의무는 "장물인지의 여부를 의심할 만한 특별한 사정이 있거나, 매수물품의 성질과 종류 및 매도자의 신원 등에 좀 더 세심한 주의를 기울였다면 그 물건이 장물임을 알 수 있었음에도 불구하고 이를 게을리 한 경우"에 인정된다.[823] 업무상 주의의무위반과 장물취득 등과의 사이에 인과관계가 있어야 한다. 101

例 업무상 주의의무위반 인정 판례: ① 고물상의 점원이 고물매입을 할 때에는 매도인의 신분·직업·연령·거동·원매가격·물품내용·고물출처·현시가 등에 관하여 신중한 주의를 다하여야 하고, 매도인이 지시하는 가주소·가성명을 기재하는 것은 업무상 주의의무에 위반한 것이다(대법원 1960.9.4. 4293형상316). ② 전자대리점을 경영하는 자가 102

---

823) "물건이 장물인지의 여부를 의심할 만한 특별한 사정이 있는지 여부나 그 물건이 장물임을 알 수 있었는지 여부는 매도자의 인적사항과 신분·물건의 성질과 종류 및 가격·매도자와 그 물건의 객관적 관련성·매도자의 언동 등 일체의 사정을 참작하여 판단하여야 한다"(대법원 2003.4.25. 2003도348).

그 취급물품의 판매회사 사원으로부터 그가 소개한 회사 보관창고의 물품반출업무담당자가 그 창고에서 내어주는 회사소유 물품을 반출하여 판매 후 그 대금을 달라는 부탁을 받고 이를 반출함에 있어서 그 대금도 확실히 정하지 않고 인수증의 발행 등 정당한 출고절차를 거치지 아니하였다면 전자대리점경영자로서는 마땅히 그 회사관계자 등에게 위 물품이 정당하게 출고되는 것인지 여부를 확인하여야 할 업무상의 주의의무가 있다(대법원 1987.6.9. 87도915). ③ 금은방을 운영하는 자가 귀금속류를 매수함에 있어 매도자의 신원확인절차를 거쳤다고 하여도 장물인지의 여부를 의심할 만한 특별한 사정이 있거나, 매수물품의 성질과 종류 및 매도자의 신원 등에 좀 더 세심한 주의를 기울였다면 그 물건이 장물임을 알 수 있었음에도 불구하고 이를 게을리 하여 장물인정을 모르고 매수하여 취득한 경우에는 업무상과실장물취득죄가 성립한다고 할 것이고, 물건이 장물인지의 여부를 의심할 만한 특별한 사정이 있는지 여부나 그 물건이 장물임을 알 수 있었는지 여부는 매도자의 인적사항과 신분·물건의 성질과 종류 및 가격·매도자와 그 물건의 객관적 관련성·매도자의 언동 등 일체의 사정을 참작하여 판단하여야 한다(대법원 2003.4.25. 2003도348).

103 例 업무상 주의의무위반 부정 판례: ① 고물상 영업자가 장물매도인의 사업자등록증과 주민등록증을 확인하고 고물상 장부에 기재한 경우에는 과실을 인정할 수 없다(대법원 1991.11.26. 91도2332). ② 전당포 경영자가 전당물을 입질받음에 있어 소유관계를 묻고 주민등록증을 제시받아 전당물대장에 주소·성명·직업·주민등록번호·연령 등을 기재하였다면 특별한 사정이 없는 한 전당포 경영자로서의 주의의무를 다한 것이고 더 나아가 입질물품이 실제로 상대방의 소유인지의 여부 또는 전당물의 출처·전당잡히려는 동기 등을 확인하여야 할 주의의무까지는 없다(대법원 1987.2.24. 86도2077). ③ 전당포 경영자는 다이아반지를 전당 잡음에 있어서 상대방으로부터 15년 전 혼인시 시집에서 사준 것이고 보증서는 분실하였다는 대답을 들었으면 그 이상 전당물의 출처·소지경위에 관한 진부까지 확인하여야 할 업무상의 주의의무는 없다(대법원 1978.9.26. 78도1902). ④ 우표상이 우표매입시 매도인의 신상을 파악하기 위하여 주민등록증의 제시를 요구하여 성명·주소·주민등록번호를 확인 기재하고 매입가격도 평소 일반인으로부터 매입하던 가격으로 매입하였다면 업무상 요구되는 주의의무를 게을리 하였다고 할 수 없다(대법원 1986.6.24. 86도396).

104 '양도'도 **업무상과실·중과실장물죄의 행위태양에 포함되는 것으로 해석할 수 있는지**가 문제된다. ① 양도개념의 성질상(양도란 장물임을 모르고 취득한 후에 그 정을 알면서 처분하는 것이므로) 과실장물양도죄는 사실상 생각할 수 없다는 견해[824]가 있다. ② 하지만 장물임을 알 것을 전제로 하는 양도개념은 고의범을 전제로 한 것이고, 과실범의 경우에는 장물 양도시에 장물임을 인식하지 못한 데에 과실의 여부를 따지는 것이므로 장물을 정상적 재물로 오인하고 양도한 경우 과실장물양도죄의 성립을 인정할 수 있다.[825]

824) 손동권/김재윤, §26/40; 정성근/정준섭, 348면.
825) 오영근, 제8판, 430면.

제 8 절 손괴의 죄 § 32

Ⅰ. 총설

1. 의의 및 보호법익

(1) 의의

손괴의 죄는 타인의 재물, 문서 또는 전자기록 등 특수매체기록을 손괴 또는 은닉, 기타의 방법으로 그 효용을 해하는 것을 내용으로 하는 범죄이다. 공익건조물을 파괴하거나 토지의 경계표를 손괴·제거 또는 경계를 인식불가능하게 하는 것도 포함하고 있다. 재물이나 문서 이외에 특수매체기록도 행위객체로 하고 있기 때문에 순수 재물죄로만 분류할 수는 없다. 재물 등을 취득하는 것이 아니라 재물 그 자체의 효용가치를 해하는 데에 특색이 있기 때문에 불법영득의 의사를 요구하는 영득죄와 구별된다. 1

(2) 보호법익

손괴의 죄는 재물등의 효용 내지 이용가치를 보호법익으로 하기 때문에 소유권 자체를 직접 보호하는 다른 재산죄와 구별되는 특색이 있다. 뿐만 아니라 손괴의 죄는 서로 객체를 달리하는 재물손괴죄, 공익건조물파괴죄, 경계침범죄라는 세 가지 독립범죄가 구별되어 있기 때문에 각 개별 범죄의 구체적인 보호법익에도 차이가 있다. 2

재물손괴죄의 보호법익은 재물 등의 소유권의 이용가치이고, 중손괴죄는 그 이외에 생명·신체도 보호법익이 된다. 공익건조물파괴죄의 보호법익은 공익건조물의 유지에 관한 공공의 이용가치이고, 경계침범죄의 보호법익은 토지경계의 명확성이다. 보호법익이 보호받는 정도는 구체적 위험범으로 해석되어야 할 중손괴죄를 제외하고는 침해범으로서의 보호이다. 3

2. 구성요건의 체계

4

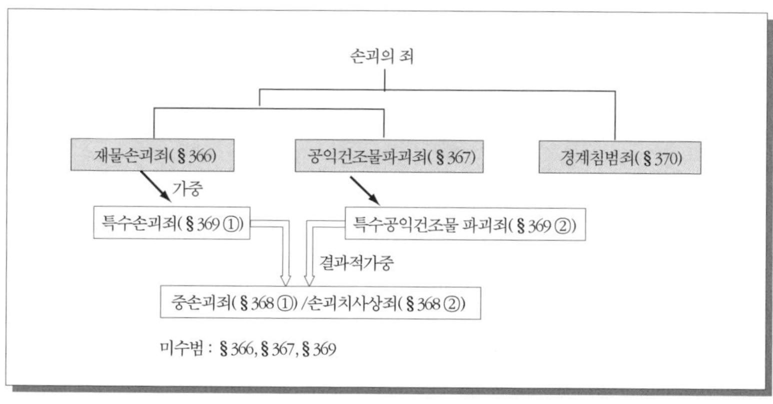

5 손괴의 죄는 재물(문서)손괴죄와 공익건조물파괴죄를 기본구성요건으로 하고, 경계침범죄를 독립된 구성요건으로 두고 있다(미수처벌 규정없음). 재물손괴죄와 공익건조물손괴죄의 결과적 가중범인 중손괴죄와 손괴치사상죄, 그리고 행위방법으로 인한 가중구성요건인 특수손괴죄가 있다. 동력규정은 준용하고 있지만 친족상도례를 준용하는 규정은 없다. 도로교통법에는 자동차운전자의 업무상과실손괴죄를 규정하고 있고(제151조), 폭처법은 2인 이상이 공동하여 이 죄를 범한 경우를 가중처벌하고 있다(제2조 제2항).

Ⅱ. 재물(문서등)손괴죄

> 제366조(재물손괴죄) 타인의 재물, 문서 또는 전자기록 등 특수매체기록을 손괴 또는 은닉 기타 방법으로 그 효용을 해한 자는 3년 이하의 징역 또는 700만원 이하의 벌금에 처한다.
>
> 제371조(미수범) 제366조, 제367조와 제369조의 미수범은 처벌한다.
>
> 제372조(동력) 본장의 죄에는 제346조를 준용한다.

1. 의의, 성격

6 타인의 재물, 문서 또는 전자기록 등 특수매체기록을 손괴·은닉하거나 기타 방법으로 그 효용을 해함으로써 성립하는 범죄이다. 재물죄이고, 침해범, 상태범의 성격을 가진 범죄이다.

2. 구성요건

(1) 객관적 구성요건

7 **1) 객체** 타인의 재물·문서 또는 전자기록 등 특수매체기록이다.

8 **(가) 재물** '재물'은 유체물을 의미하지만 준용규정에 의해 물리적으로 관리가능한 동력도 재물로 간주한다. 경제적 교환가치가 있을 필요는 없지만 이용가치 또는 주관적 가치는 있어야 한다. 재물 본래의 효용가치는 상실되었어도 다른 용도에 사용할 수 있는 경우에는 이용가치가 있으므로 이 죄의 객체가 된다.[826] 동산·부동산을 불문한다. 동산에는 타인의 동물·가축도 포함되고, 부동산에는 일반건조물이나 개인 소유의 공익건조물도 포함한다. 공익건조물은 공용건조물파괴죄(제141조 제2항) 또는 공용서류등무효죄(제141조 제1항)의 객체라는 이유로 이 죄의 객체가 되지 않는다는 견해도 있지만, 공익건조물은 반드시 '공무소에서 사용'하는 것일 필요가 없고, 공익을 위해 사용되기만 하면 족하다는 점에서 공용건조물이나 공용서류 등과 다르다. 따라서 공무소에서 사용하고 공익에 제공되는 건조물은 공용건조물파기죄 또는 공

---

826) "포도주 원액이 부패하여 포도주 원료로서의 효용가치는 상실되었으나 이를 식초의 제조 등 다른 용도에 사용할 수 있으면 손괴죄의 객체인 재물이 될 수 있다"(대법원 1979.7.24. 78도2138).

용서류등무효죄의 객체가 된다.

(나) 문서 　이 죄의 '문서'는 공용서류등무효죄의 서류(공용서류)에 해당하지 않는 모든 서류를 말한다. 사문서는 물론 공문서도 공무소에서 사용하는 공용서류에 해당하지 않으면 이 죄의 객체가 된다. 사문서는 사문서위조죄(제231조)의 경우와는 달리 반드시 권리·의무나 사실증명에 관한 것임을 요하지 않지만, 거기에 표시된 내용이 적어도 법률상 또는 사회생활상 중요한 사항에 관한 것이어야 하며, 재산적 이용가치 내지 효용성이 있어야 한다.[827] 작성명의인이 누구인가도 불문하므로 자기명의의 사문서도 타인소유이면 이 죄의 객체가 된다. 특정인에게 의사를 전달하는 편지나 유가증권은 물론 도화도 이 죄의 문서에 해당한다. 9

(다) 특수매체기록 　'특수매체기록'이란 컴퓨터 등 정보처리장치의 정보처리에 의해 작성된 기록을 말한다. 전자기록도 당연히 여기에 포함되고 전기기록이나 광학기록도 포함된다. 다만 특수매체기록은 전자기록을 포함한 특수매체기록 그 자체, 즉 데이터의 '기록' 내지 '정보'이며 그 기록 내지 정보를 담고 있는 매체물이 아니다. 따라서 컴퓨터 디스켓이나 레이저 디스크, CD나 USB와 같은 기록을 담은 매체물을 손괴하거나 컴퓨터 하드웨어를 파손한 때에는 특수매체기록의 손괴가 아니라 재물손괴에 해당한다. 또 마이크로필름 기록은 문자축소 내지 기계적 확대에 의한 재생에 불과하므로 문서의 일종이며, 영상기록·사진은 재물의 일종이므로 이를 손괴하면 문서손괴 또는 재물손괴에 해당한다. 10

(라) 타인의 소유 　타인의 소유란 타인의 단독 또는 공동소유에 속하는 것을 말한다. 타인에는 자연인뿐 아니라 국가·법인·법인격 없는 단체도 포함된다. 실재하지 않는 단체나 허무인은 소유권을 향유할 수 없으므로 타인에 해당하지 않는다. 자기의 소유물은 제외되므로 타인의 권리 또는 점유의 목적이 된 자기의 소유물을 손괴하는 때에는 권리행사방해죄(제323조)나 공무상보관물무효죄(제142조)가 성립할 뿐이다. 타인소유의 토지에 경작한 경작물 등의 소유권이 누구에게 있는지가 문제된다. 11

判 대법원은 "타인소유의 토지에 사용수익 권한 없이 농작물을 경작한 경우에 그 농작물의 소유권은 경작한 사람에게 귀속되므로" 토지소유자가 그 농작물을 갈아엎은 경우에는 손괴죄가 된다고 하고,[828] 수확되지 아니한 농작물에 있어서는 명인방법을 실시함으로써 그 소유권을 취득하는데, 토지에 있는 농작물의 매수인이 명인방법을 갖추지 않은 경우라면 아직 소유권을 취득하였다고 볼 수 없어 그 소유권은 여전히 매도인에게 있으므로 매도인과 제3자 사이에 일정 기간 후 임의처분의 약정이 있었다면 그 기간 후에 제3자가 그 농작물을 손괴하였 12

827) "손괴죄의 객체인 문서란 거기에 표시된 내용이 적어도 법률상 또는 사회생활상 중요한 사항에 관한 것이어야 하는 바, 이미 작성되어 있던 장부의 기재를 새로운 장부로 이기하는 과정에서 누계 등을 잘못 기재하다가 그 부분을 찢어버리고 계속하여 종전 장부의 기재내용을 모두 이기하였다면 그 당시 새로운 경리장부는 아직 작성 중에 있어서 손괴죄의 객체가 되는 문서로서의 경리장부가 아니라 할 것이고, 또 그 찢어버린 부분이 진실된 증빙내용을 기재한 것이었다는 등의 특별한 사정이 없는 한 그 이기 과정에서 잘못 기재되어 찢어버린 부분 그 자체가 손괴죄의 객체가 되는 재산적 이용가치 내지 효용이 있는 재물이라고도 볼 수 없다"(대법원 1989.10.24. 88도1296).

828) 대법원 1970.3.10. 70도82.

더라도 재물손괴죄가 성립하지 않는다고 한다.[829]

13 判 대법원은 타인 토지 소유에 식재한 수목의 경우에도 "그 수목을 식재할 당시 토지의 소유권자로부터 그에 관한 명시적 또는 묵시적 승낙·동의·허락 등을 받았다면, 이는 민법 제256조에서 부동산에의 부합의 예외사유로 정한 '권원'에 해당한다고 볼 수 있으므로, 해당 수목은 토지에 부합하지 않고 식재한 자에게 그 소유권이 귀속된다"고 한다.[830]

14 타인의 소유물이면 반드시 타인이 점유함을 요하지 아니하므로 자기가 점유하는 타인의 재물·문서·특수매체기록도 횡령죄가 아니라 이 죄의 객체가 된다.[831] 적법한 행정관청의 허가를 얻지 아니한 설치물도 타인소유에 속할 경우 이 죄의 객체가 된다. 무허가건물에 대해서도 법률이나 고시에 의해 잠정적으로 사실상의 소유권이 인정되므로 이 죄의 객체가 될 수 있다.[832] 타인소유의 문서는 작성명의가 자기이든 타인이든 상관없이 타인의 문서가 된다.

15 例 따라서 타인에게 교부한 자기명의의 전세금수령영수증을 전세금을 반환하겠다고 속여 이를 교부받아 찢어버린 경우(대법원 1984.12.26. 84도2290), 약속어음의 발행인이 소지인에게 어음의 액면과 지급기일을 개서하여 주겠다고 하여 위 어음을 교부받은 후 위 어음의 수취인란에 타인의 이름을 추가로 기입하여 위 어음배서의 연속성을 상실하게 한 경우(대법원 1985.2.26. 84도2802), 자기명의로 작성된 허위내용의 확인서를 문서소유자의 의사에 반하여 지운 경우(대법원 1982.12.28. 82도1807), 약속어음의 수취인이 차용금의 지급담보를 위하여 은행에 보관시킨 약속어음을 은행지점장이 발행인의 부탁을 받고 그 지급기일란의 일자를 지움으로써 그 효용을 해한 경우(대법원 1982.7.27. 82도223) 등에 대해서 손괴죄의 성립이 인정되었다.[833]

16 2) 행위 손괴 또는 은닉 기타 방법으로 그 효용을 해하는 것이다.

17 (가) 손괴 '손괴'란 재물 등에 직접 유형력을 행사하여 그 이용가치를 침해하거나 또는 소유자의 이익에 반하는 물체의 상태변화를 가져오는 일체의 행위를 말한다. 반드시 중요부분을 훼손할 필요가 없고 간단히 수리할 수 있는 정도의 경미한 것이라도 상관없다. 물체 자체의 멸실이 없어도 본래의 목적에 따라 사용할 수 없도록 하는 것도 손괴에 해당한다. 그러나 유형력 행사가 있어도 물체의 상태변화가 없이 단순히 재물의 기능을 방해한 것만으로는 손괴라고 할 수 없다. 반드시 영구적임을 요하지 않고 일시적인 이용가치의 침해나 상태변화도 손괴에 해당한다.[834] 전자기록 등 특수매체기록의 손괴는 기록 그 자체를 없애버리거나

---

829) 대법원 1996.2.23. 95도2754.

830) 대법원 2023.11.16. 2023도11885(피고인은 피해자가 제3자로부터 매수한 토지의 경계 부분에 매수 전 자신이 식재하였던 옹아나무 등 수목 5그루 시가 합계 약 2,050만 원 상당을 전기톱을 이용하여 절단하였다고 하여 특수재물손괴의 공소사실로 기소된 사례임).

831) 대법원 1984.12.26. 84도2290.

832) "구 도시재개발법에 의한 재개발구역 안의 무허가건물에 대한 사실상 소유권은 관리처분계획의 인가·고시에 의하여 이에 해당하는 아파트 등을 분양받을 조합원의 지위로 잠정적으로 바뀌(는 것이다)"(대법원 2004.5.28. 2004도434). 따라서 분양처분의 고시가 있기 전에 그 무허가건물을 제3자가 임의로 손괴한 경우에는 재물손괴죄가 성립한다.

833) 타인소유인 자기명의의 문서의 내용을 지우거나 변경하는 경우 문서변조죄가 문제되지 않는 이유는 우리 형법상 사문서의 경우에는 무형위조를 원칙적으로 처벌하지 않기 때문이다. 문서손괴와 문서변조·위조죄와의 관계에 관해서는 죄수부분 참조.

변경하는 것을 말한다. 기록매체물 자체를 파손하는 것은 재물의 손괴가 된다.

例 **손괴가 인정된 경우:** ① 사법경찰관이 참고인과 피해자의 진술을 일치시키기 위해 이미 작성된 참고인 18
진술조서를 찢어버린 경우(대법원 1978.6.27. 76도2196), ② 명도 받은 토지에 설치해 놓은 철조망과 경고판을 치워버린 경우(대법원 1982.7.13. 82도1057), ③ 약속어음의 발행인이 어음을 교부받아 수취인란에 타인의 이름을 기재하는 경우(대법원 1985.2.26. 84도2802), ④ 다른 사람의 광고용 간판을 백색페인트로 도색하여 광고문안을 지워버린 경우(대법원 1991.10.22. 91도2090) 등

例 **손괴가 부정된 경우:** ① 경리장부를 이기하는 과정에서 누계가 잘못된 부분을 찢은 경우(대법원 1989.10.24. 88도1296), ② 19
잡초가 곳곳에 나 있고 동네사람들이 버린 쓰레기와 돌조각으로 뒤덮여 있는 임차한 토지 위에 생활하수처리를 위해 지름 3미터 깊이 80미터 되는 구덩이를 파고 깨어진 콘크리트 조각을 넣어 메운 경우(대법원 1989.1.31. 88도1592) 등.

(나) 은닉 '은닉'이란 재물 등의 소재를 불명하게 하여 그 발견을 곤란 또는 불가능케 20
함으로써 그 효용을 해하는 것을 말한다. 은닉은 반드시 범인의 점유로 이전함을 요하지 않는다. 따라서 피해자가 점유하는 장소에 숨겨두고 발견하기 곤란하게 하는 것도 은닉이 된다. 피해자가 범인의 점유 하에 은닉하고 있음을 알고 있어도 구체적 소재의 발견이 곤란하면 은닉이 된다.

例 따라서 문서(매출계산서와 매출명세서)의 반환을 거부함으로써 회사의 경리사무처리를 못하게 한 경우 21
에 대해서는 은닉이 인정되었지만(대법원 1971.11.23. 71도1576), 데이트 중인 남자가 상대 여성을 좀 더 호젓한 곳으로 데리고 가기 위해 당연히 따라오리라고 생각하고 그 여성의 손가방을 가지고 간 경우에는 은닉이 부정되었다(대법원 1992.7.28. 92도1345).

(다) 기타 방법의 재물의 효용을 해함 손괴·은닉 이외의 방법으로 재물 등의 효용을 해하 22
는 일체의 행위를 말한다. 재물의 효용을 해한다라고 함은 사실상으로나 감정상으로 재물을 본래의 사용 목적에 제공할 수 없는 상태로 만드는 것을 말하고, 일시적으로 재물을 이용할 수 없는 상태로 만드는 것도 포함한다.[835] 예컨대 새장문을 열어 새장 안의 새가 날아가도록 한 경우(사실상의 효용상실) 또는 음식용의 그릇에 방뇨하여 기분상 다시 사용할 수 없게 한 경우(감정상의 효용을 해함) 등도 기타 방법에 포함될 수 있다. 타인의 토지에 무단으로 건물을 신축하는 경우에도 토지에 대한 효용상실로 인정될 수 있는지가 문제된다.

判 대법원은 다른 사람의 소유물을 본래의 용법에 따라 무단으로 사용·수익하는 행위는 소유자를 배제한 채 23
물건의 이용가치를 영득하는 것이고, 그 때문에 소유자가 물건의 효용을 누리지 못하게 되었더라도 효용 자체가 침해된 것이 아니라고 해석한다. 이에 따라 부지의 점유 권원 없는 건물의 소유자였던 자가 토지 소유자와의 철거 등 청구소송에서 패소하고 강제집행을 당했는데도 무단으로 새 건물을 지은 경우 재물손괴죄의 성립이 부정되었다.[836] 토지를 본래의 용법에 따라 사용·수익함으로써 그 소유자로 하여금 효용을 누리지 못하게 한 것일 뿐 효용을 침해한 것이 아님을 근거로 한다.

건조물의 벽면에 낙서를 하거나 게시물을 부착하는 행위 또는 오물을 투척하는 행위 등 24
이 건조물의 효용을 해하는 행위에 해당하는지는 일의적으로 판단하기 어렵고 해당 건조물

834) 대법원 1993.12.7. 93도2701; 대법원 2020.3.27. 2017도20455.
835) 대법원 1993.12.7. 93도2701.
836) 대법원 2022.11.30. 2022도1410.

의 용도와 기능, 미관을 해치는 정도, 원상회복의 난이도와 비용 등에 따라 다르게 판단될 수 있다.[837)]

25 **例 효용해함 긍정 사례:** ① 우물에 연결하고 땅속에 묻어서 수도관 역할을 하고 있는 고무호스 중의 약 1.5 미터를 발굴하여 우물가에 제쳐놓음으로써 물이 통하지 못하게 한 경우(대법원 1971.1.26. 70도2378), ② 문서의 내용을 변경하지 않고 마음대로 명의인을 첨가하는 경우(대법원 1967.7.4. 67도416), ③ 해고노동자 등이 복직을 요구하는 집회를 개최하던 중 래커 스프레이를 이용하여 회사 건물 외벽과 1층벽면 등에 낙서한 경우(대법원 2007.6.28. 2007도2590). ④ 소유자의 의사에 따라 어느 장소에 게시 중인 문서를 소유자의 의사에 반하여 떼어내는 것과 같이 소유자의 의사에 따라 형성된 종래의 이용상태를 변경시켜 종래의 상태에 따른 이용을 일시적으로 불가능하게 하는 경우(대법원 2015.11.27. 2014도13083), ⑤ 자동문을 자동으로 작동하지 않고 수동으로만 개폐가 가능하게 하여 자동잠금장치로서 역할을 할 수 없도록 한 경우(대법원 2016.11.25. 2016도9219)등.

26 **例 효용해함 부정 사례:** ① 계란 30여 개를 건물에 투척한 경우(대법원 2007.6.28. 2007도2590), 회사의 노조원들이 유색 페인트와 래커 스프레이를 이용하여 회사 소유의 도로 바닥에 직접 문구를 기재하거나 도로 위에 놓인 현수막 천에 문구를 기재하여 페인트가 바닥으로 배어 나와 도로에 배게 한 경우(대법원 2020.3.27. 2017도20455). ③ 해고노동자 등이 복직을 요구하는 집회를 개최하던 중 계란 30여 개를 건물에 투척한 경우(대법원 2007.6.28. 2007도2590), ④ 경계의 표시를 위하여 타인 소유의 석축 중 돌 3개에 빨간색 락카를 사용해 화살표 모양을 표시한 경우(대법원 2022.10.27. 2022도8024), ⑤ 환경활동가들이 베트남 석탄화력발전소 건설을 반대하며 두산에너빌리티 회사명이 적힌 조형물에 녹색 수성 스프레이(4개)를 뿌린 경우(대법원 2024.5.30. 2023도5885) 등.

27 자기명의의 타인소유의 문서의 내용을 변경하면 문서의 효용을 해하는 경우에 해당하고, 어느 장소에 게시되어 있는 문서를 소유자의 의사에 반하여 떼어내는 것과 같이 소유자의 의사에 따라 형성된 종래의 이용상태를 변경시켜 종래의 상태에 따른 이용을 일시적으로 불가능하게 하는 경우에도 이 죄에 해당한다.[838)] 그러나 어느 문서에 대한 종래의 사용상태가 문서 소유자의 의사에 반하여 또는 문서 소유자의 의사와 무관하게 이루어진 경우 어느 정도가 되어야 문서에 대한 사용가치를 일시적으로라도 해하였다고 할 수 있는지가 문제된다.

28 **判** 대법원은 문서손괴죄는 문서의 소유자가 그 문서를 소유하면서 사용하는 것을 보호하는 것을 내용으로 한다는 점에 근거하여, 단순히 종래의 사용상태를 제거하거나 변경시키는 것에 불과할 뿐 손괴, 은닉하는 등으로 새롭게 문서 소유자의 문서 사용에 지장을 초래하지 않는 경우에는 문서의 효용, 즉 문서 소유자의 문서에 대한 사용가치를 일시적으로도 해하였다고 할 수 없어 이 죄에 해당하지 않는다고 한다.[839)]

29 기타 방법으로 특수매체기록의 효용을 해하는 행위의 예로는 새로운 프로그램을 입력하여

---

837) "형법 제366조 소정의 재물손괴죄는 타인의 재물을 손괴 또는 은닉하거나 기타의 방법으로 그 효용을 해하는 경우에 성립하는바, 여기에서 재물의 효용을 해한다고 함은 사실상으로나 감정상으로 그 재물을 본래의 사용목적에 제공할 수 없게 하는 상태로 만드는 것을 말하며, 일시적으로 그 재물을 이용할 수 없는 상태로 만드는 것도 여기에 포함된다. 특히, 건조물의 벽면에 낙서를 하거나 게시물을 부착하는 행위 또는 오물을 투척하는 행위 등이 그 건조물의 효용을 해하는 것에 해당하는지 여부는, 당해 건조물의 용도와 기능, 그 행위가 건조물의 채광·통풍·조망 등에 미치는 영향과 건조물의 미관을 해치는 정도, 건조물 이용자들이 느끼는 불쾌감이나 저항감, 원상회복의 난이도와 거기에 드는 비용, 그 행위의 목적과 시간적 계속성, 행위 당시의 상황 등 제반 사정을 종합하여 사회통념에 따라 판단하여야 한다."(대법원 2007.6.28. 2007도2590).

838) 대법원 2015.11.27. 2014도13083.

839) 대법원 2015.11.27. 2014도13083.

본래의 정보를 사용할 수 없게 하는 것, 기록에 다른 내용을 추가하거나 삭제하여 기록내용을 변경하는 것, 또는 바이러스를 감염시켜 전산자료를 사용할 수 없도록 하는 것 등이 있다.

(라) 실행의 착수, 기수시기 손괴의 고의로 재물 등의 효용을 해하는 행위를 직접적으로 개시한 때 실행의 착수가 인정되고, 재물 등의 이용가치의 감소상태 혹은 효용훼손상태가 발생하였을 때 기수가 된다(침해범). 30

(2) 주관적 구성요건

이 죄의 고의는 타인의 재물이나 문서 등에 대한 이용가치의 전부 또는 일부를 해한다는 인식과 의사이고, 그 외 별도로 불법영득의 의사가 없어야 한다. 재물을 은닉하는 경우 불법영득의 의사가 있으면 절도죄가 성립할 수도 있기 때문이다. 고의가 조각되면 형법상 과실손괴는 처벌하지 않는다.[840] 그러나 도로교통법은 운전자의 업무상 과실 또는 중대한 과실로 다른 사람의 건조물이나 그 밖의 재물을 손괴한 경우도 처벌한다(법 제151조).[841] 31

3. 위법성조각사유

손괴죄의 재산범적 성격상 재물의 소유자인 피해자의 동의에 의한 손괴는 사회적 법익에 대한 죄의 성격도 가지고 있는 공익건조물파괴죄의 경우를 제외하고는 원칙적으로 위법성조각적 승낙이 아니라 구성요건해당성배제적 양해로 인정하는 것이 타당하다. 손괴죄의 구성요건에 해당하는 행위라도 형법상 일반적 위법성조각사유(정당방위, 긴급피난, 자구행위, 정당행위)를 충족하면 위법성이 조각된다. 32

例 "뽕밭을 유린하는 소의 고삐가 나무에 얽혀 풀 수 없는 상황에서 고삐를 낫으로 끊고 소를 밭에서 끌어 냄은 사회상규상 용인되어 특단의 사정이 없는 한 처벌할 수 없다"(대법원 1976.12.28. 76도2359)는 판결은 손괴죄가 정당행위로 인해 위법성이 조각된 경우에 관한 판결이고, "쪽파의 매수인이 명인방법을 갖추지 않은 경우, 쪽파에 대한 소유권을 취득하였다고 볼 수 없어 그 소유권은 여전히 매도인에게 있고 매도인과 제3자 사이에 일정 기간 후 임의처분의 약정이 있었다면 그 기간 후에 제3자가 쪽파를 손괴하였더라도 재물손괴죄가 성립하지 않는다"(대법원 1996.2.23. 95도2754)는 판시내용은 동의에 의한 손괴에 대해 구성요건해당성배제의 효과를 부여한 것으로 이해할 수 있다. 33

4. 죄수, 타죄와의 관계

(1) 죄수

비전속적 법익을 보호법익으로 하는 범죄이기 때문에 동일한 손괴행위로 다수인의 다수의 재물을 훼손한 경우 손괴된 재물의 다수는 불법의 단순한 양적인 증가에 불과한 것으로 볼 수 있기 때문에 일죄가 된다. 수개의 손괴행위가 있어도 포괄일죄의 인정요건을 충족하는 34

840) 과실재물손괴는 원칙적으로 불가벌이지만 도로교통법 제151조(운전자 건조물손괴), 군형법 제73조(과실로 군용시설방화, 폭발물파열, 군용시설 손괴, 노획물훼손, 함선·항공기 복몰·손괴)에 예외가 있다.

841) 도로교통법상의 운전자과실손괴죄도 「교통사고처리특례법」의 적용대상이 된다.

한 일죄가 된다.

(2) 타죄와의 관계

35 1) 문서변조죄와의 관계 타인이 소유한 '자기 명의'의 문서의 효력의 일부 또는 전부를 변경하면 문서손괴죄가 되지만, 타인이 소유한 '타인 명의'의 문서의 효력과 내용을 변경하면 문서손괴죄와 특별관계에 있는 문서변조죄만 성립한다.

36 연명의 문서를 명의자 중의 1인의 서명을 말소하거나 명의인을 추가하는 경우에도 문서손괴죄가 된다. 문서의 명의인을 임의로 변경하면 문서손괴가 아니라 문서위조죄가 성립한다.

37 2) 기타 죄와의 관계 살인행위에 수반되는 의복의 손괴는 불가벌적 수반행위로서 살인죄에 흡수되고, 증거인멸이 동시에 재물손괴가 되는 경우에는 양 죄의 상상적 경합이 된다. 컴퓨터 등 정보처리장치나 특수매체기록을 손괴하여 업무를 방해한 때에는 손괴죄는 컴퓨터업무방해죄에 흡수된다(법조경합 중 흡수관계).

38 전면불법파업이 업무방해죄를 구성할 경우 파업기간과 각종 시설물 파괴와 장비손괴가 행해지는 기간이 중첩되지 않는 한 업무방해죄와 손괴죄는 실체적 경합이 되고, 업무방해의 포괄일죄나 양죄의 상상적 경합이 되는 것은 아니다.[842)]

Ⅲ. 공익건조물파괴죄

> 第367조 (공익건조물파괴죄) 공익에 공하는 건조물을 파괴한 자는 10년 이하의 징역 또는 2천만원 이하의 벌금에 처한다.
>
> 第371조(미수범) 제366조, 제367조와 제369조의 미수범은 처벌한다.
>
> 第372조(동력) 본장의 죄에는 제346조를 준용한다.

1. 의의, 성격

39 '공익'에 공供하는 건조물을 파괴함으로써 성립하는 범죄이다. 재물손괴죄의 독립된 구성요건이다. 공익건조물 이외에 '공용'의 건조물·선박·기차 또는 항공기의 파괴에 대해서는 국가의 기능에 대한 죄의 일종인 공용물파괴죄(제141조 제2항)에 별도로 규정되어 있다.[843)]

2. 구성요건

(1) 객체

40 공익에 공하는 건조물이다. '건조물'이란 가옥 기타 이에 유사한 건축물을 말한다. 지붕이

842) 대법원 2003.12.26. 2001도3380.

843) 이 죄와 공용물파괴죄의 관계상 건조물 이외의 공익에 공하는 선박·기차·항공기 등의 손괴(파괴) 행위를 처벌하는 규정은 없다. 따라서 이러한 객체에 대한 파괴는 사람이 현존하는 때에는 제187조(기차등전복죄)에 의해서 처벌되는 경우를 제외하고는 일반 재물손괴죄를 적용할 수밖에 없다.

있고 담벼락 또는 기둥으로 지지되고 토지에 정착하여 그 내부에 사람이 출입할 수 있는 것이어야 한다. 따라서 기둥 위에 마룻대만 올려놓은 것, 지붕 또는 담벼락이 없는 것, 제방·교량·전선주·기념비·분묘 등은 건조물이 아니다. 그러나 건조물의 요건을 갖춘 것이면 공사 중인 미완성의 건물도 건조물에 해당한다.

공익에 '공하는' 건조물이란 건조물의 사용목적이 공공의 이익을 위하여 사용되는 건조물을 말하며 국가·공공단체의 소유이건 개인소유이건 상관없다. 국가소유도 국유재산대부계약에 의해서 개인이 사용하는 한 이 죄의 객체가 되지 않고, 개인소유라도 공익에 사용되면 공익건조물이 된다. 41

현실적으로도 공공의 이익에 제공되어 일반인이 쉽게 출입할 수 있는 곳이어야 하므로 일정한 자격을 갖춘 사람에게만 그 이용이 제한되어 있는 곳(대학도서관, 법원도서관 등)은 이 죄의 객체에서 제외된다.[844] 건조물에 사람이 현존하는 여부는 묻지 않는다. 일반인의 공익에 사용되는 건조물이면 입장권 소지자에 한하여 출입이 허용되어도 공익건조물이 된다(시립미술관, 대중공연장 등). 하지만 공무소에서 사용하는 건조물은 공용물파괴죄(제141조)의 객체가 되므로 이 죄의 객체에서 제외된다. 42

(2) 행위

파괴이다. '파괴'란 건조물의 중요 구성부분을 훼손하여 용도에 따라 사용할 수 없게 하거나 간단히 수리할 수 없을 정도로 사용불가능하게 하는 것을 말한다. 물질적으로 훼손하여 재물의 효용을 해한다는 점에서 손괴와 같으나 손괴보다 훼손의 정도가 큰 것이다. 파괴의 방법 여하는 묻지 않는다. 다만 화력을 사용하여 파괴한 때에는 공익건조물방화죄(제165조), 물을 넘치게 하는 방법으로 파괴한 때에는 공익건조물일수죄(제178조)가 성립(특별관계)하므로 화력·일수의 방법 이외의 모든 방법이 이 죄의 파괴에 해당한다. 공익건조물을 파괴할 의사로 행위하였으나 파괴에 이르지 못했거나 단순한 손괴정도에 그쳤다면 재물손괴죄가 아니라 이 죄의 미수범이 된다. 43

Ⅳ. 중손괴죄, 손괴치사상죄

> 第368조(중손괴죄) ① 전2조의 죄를 범하여 사람의 생명 또는 신체에 대하여 위험을 발생하게 한 때에는 1년 이상 10년 이하의 징역에 처한다.
> ② (손괴등치사상죄) 제366조 또는 제367조의 죄를 범하여 사람을 상해에 이르게 한 때에는 1년 이상의 유기징역에 처한다. 사망에 이르게 한 때에는 3년 이상의 유기징역에 처한다.
>
> 第372조(동력) 본장의 죄에는 제346조를 준용한다.

844) 반대하는 견해로는 오영근, §24/35.

1. 의의, 성격

44 재물손괴죄와 공익건조물파괴죄를 범하여 사람의 생명 또는 신체에 위험을 발생하게 하거나(중손괴죄: 제1항) 사람을 상해 또는 사망에 이르게 함으로써(손괴치사상죄: 제2항) 성립하는 범죄이다.

45 중손괴죄는 부진정결과적 가중범이자 구체적 위험범에 해당하고(중상해죄의 성격과 동일함), 손괴치사상죄는 진정결과적 가중범에 해당한다.

2. 구성요건

46 중손괴죄나 손괴치사상죄 모두 재물손괴죄나 공익건조물파괴죄를 범한 자 또는 그 미수범이 주체가 된다. 따라서 양죄 모두 기본범죄가 미수인 때에도 성립한다. 중손괴죄의 생명·신체에 대한 위험은 결과로서의 구체적 위험을 의미하고 이에 대해서는 고의가 인정되어야 한다. 손괴치사상죄는 진정결과적 가중범이므로 손괴의 고의와 사상의 결과에 대한 예견가능성이 있어야 하며 손괴행위와 결과 사이에 형법상의 인과관계가 인정되어야 한다.

Ⅴ. 특수손괴죄, 특수공익건조물파괴죄

> 제369조 (특수손괴죄) ① 단체 또는 다중의 위력을 보이거나 위험한 물건을 휴대하여 제366조의 죄를 범한 때에는 5년 이하의 징역 또는 1천만원 이하의 벌금에 처한다.
> ② 제1항의 방법으로 제367조(공익건조물파괴)의 죄를 범한 때에는 1년 이상의 유기징역 또는 2천만원 이하의 벌김에 처한다.
>
> 제371조(미수범) 제366조, 제367조와 제369조의 미수범은 처벌한다.
>
> 제372조(동력) 본장의 죄에는 제346조를 준용한다.

47 단체 또는 다중의 위력을 보이거나 위험한 물건을 휴대하여 재물손괴죄를 범하거나(특수손괴죄: 제1항) 공익건조물파괴죄를 범함으로써(특수공익건조물파괴죄: 제2항) 성립하는 범죄이다. 행위방법의 위험성 때문에 재물파괴죄 또는 공익건조물파괴죄에 대하여 형이 가중된 가중적 구성요건이다. 단체·다중의 위력을 보이거나 위험한 물건휴대에 관해서는 특수폭행죄의 경우와 같다.

Ⅵ. 경계침범죄

> 제370조(경계침범죄) 경계표를 손괴, 이동 또는 제거하거나 기타 방법으로 토지의 경계를 인식불능하게 한 자는 3년 이하의 징역 또는 500만원 이하의 벌금에 처한다.
>
> 제372조(동력) 본장의 죄에는 제346조를 준용한다.

1. 의의, 성격

48 경계표를 손괴, 이동 또는 제거하거나 기타 방법으로 토지의 경계를 인식불능하게 함으로

써 성립하는 범죄이다. 재물손괴죄와는 별개의 독립된 구성요건으로 침해범이면서도 미수처벌규정이 없다.

2. 구성요건

(1) 객관적 구성요건

1) 주체 주체에는 제한이 없다. 반드시 경계에 인접하고 있는 일방의 토지권리자 또는 그 이해관계자일 필요가 없고 제3자도 무방하다. 49

2) 객체 이 죄의 **객체가 토지경계인지 토지의 경계표인지**와 관련하여 ① 경계표가 객체라는 견해[845]도 있고, ② 경계표와 토지의 경계 모두가 객체라는 견해[846]도 있지만 ③'경계표'의 손괴나 이동 또는 제거는 토지의 경계를 인식불능하게 하는 행위를 예시한 것에 불과한 것이므로 토지의 경계를 이 죄의 객체로 보는 것이 타당하다. 50

토지의 경계란 소유권 기타 권리의 대상인 토지의 장소적 한계를 나타내는 지표를 말한다. 사법상의 토지경계(소유권, 지상권, 임차권)뿐만 아니라 공법상의 경계(도·시·군·읍·면·동)도 포함한다. 경계는 법률상 정당한 경계뿐 아니라 사실상의 경계도 포함하므로 관습상 일반적으로 승인된 경계, 권한 있는 기관에 의하여 확정된 경계, 당사자의 명시·묵시의 합의에 의해서 정해진 경계 등은 법률상의 정당한 권리관계와 일치하지 아니하여도 상관없다.[847] 51

경계는 객관적으로 경계로서 통용될 수 있는 것이라야 하고, 단지 주관적으로 경계라고 생각한 것이나 당사자의 어느 일방이 기존경계를 무시하고 일방적으로 경계측량을 하여 설치한 경계표에 의한 경계는 이 죄의 경계가 될 수 없다.[848] 토지의 경계는 경계표 또는 이에 준하는 것에 의하여 인식할 수 있는 것이라야 하고, 인위적 경계이건 자연적 경계이건 묻지 않으며, 영속적인 것이 아니라 일시적인 것이어도 이 죄의 객체가 된다.[849] 52

3) 행위 경계표를 손괴·이동 또는 제거하거나 기타 방법으로 경계를 인식불능케 하는 것이다. 53

(가) 경계표 '경계표'란 권리자를 달리하는 토지의 경계를 표시하기 위해서 토지에 설치된 공작물·입목立木 등의 표지를 말한다. 토지에 현출된 것이건 땅속에 매몰된 것이건 묻지 않으며, 설치주체가 누구이건 상관없고, 무주물이라도 무방하다. 처음부터 경계표로 설치된 것은 물론, 기존의 물건을 경계표로 사용하는 것도 무방하다. 54

경계설정의 권한 없는 자가 설치한 경계표도 어느 정도 객관적으로 경계로서 통용되어 사실상 경계를 표시하는 것이면 경계표가 된다. 종래부터 존재하는 경계표 시설이 실제 경계선 55

845) 박상기, 440면.
846) 김일수/서보학, 405면.
847) 대법원 1999.4.9. 99도480.
848) 대법원 1986.12.9. 86도1492.
849) 대법원 1999.4.9. 99도480.

과 다소 상이한 점이 있어도 경계표가 된다. 경계표는 토지에 정착하여 그 위치에서 경계를 표시하는 물건임을 요하므로 단순한 도면은 이에 해당하지 않으나 부동이거나 지중에 박혀 있을 필요는 없다. 경계표의 재료·구조·상태 여하는 묻지 않는다. 그러나 용이하게 변질·붕괴되거나 용해되어 원형을 보존하지 못하는 물건은 경계표가 될 수 없다.

56 (나) 손괴·이동·제거 '손괴'는 경계표를 물질적으로 훼손하는 것이며, '이동'은 원래의 위치로부터 다른 장소로 옮기는 것이고. '제거'는 원래의 설치된 장소로부터 취거해 버리는 것을 말한다. 손괴·제거는 경계 자체에 대한 물리적 변경임에 대해서 이동은 새로운 경계를 만들어 기존의 경계를 인식할 수 없게 하는 것이다. 이들은 토지경계를 인식불능케 하는 전형적인 경우의 예시에 해당한다.

57 (다) 기타 방법 손괴·이동·제거하는 이외의 방법으로 이에 준하는 것을 말한다. 반드시 경계표에 대한 것임을 요하지 않으나 경계표에 준하는 것에 대한 행위가 있어야 한다.

58 例 경계선을 표시하는 언덕위의 나무를 뽑아버리고 인접한 토지를 깎아내려 석축을 쌓은 경우(대법원 1980.10. 27. 80도225), 자기 토지에 인접한 타인 토지를 침범하여 점포를 건축하는 경우(대법원 1968.9. 17. 68도967) 등은 기타 방법으로 인정되었지만, 건물을 신축하면서 건물의 처마를 타인 소유의 가옥 지붕 위로 나오게 한 경우(대법원 1984.2. 28. 83도1533), 기왕에 건립되어 있는 담벽의 연장선상에 추가로 담벽을 설치한 경우(대법원 1992.12. 8. 92도1682) 등은 경계를 인식불능케 하는 행위로 인정되지 않았다.

59 (라) 경계의 인식불가능 이 죄가 성립하기 위해서는 토지의 경계를 인식불능케 하여야 한다. 따라서 경계표를 손괴·이동·제거하는 행위가 있어도 그 결과로 경계를 인식불가능케 하지 않는 한 재물손괴죄에 해당할 수는 있지만 이 죄는 성립하지 않는다.[850)]

60 경계를 인식불가능케 하는 것은 종래의 사실상의 경계에 관한 것이므로 등기부의 조회·지적도의 열람·측량의 방법으로 정확한 경계인식이 가능한 경우에도 이 죄의 성립에는 영향이 없다.[851)] 또 종래의 사실상의 경계를 인식할 방법이 전혀 없어져야 하는 것은 아니며, 새로운 인식방법을 사용하지 않고는 그 경계를 확정할 수 없는 경우라도 인식불가능상태가 되었다고 할 수 있다.

(2) 주관적 구성요건

61 이 죄가 성립하기 위해서는 토지의 경계를 인식불가능케 한다는 인식과 의사가 있어야 한다. 토지의 경계라는 것을 알지 못한 때에는 재물손괴죄가 성립하는 것은 별문제로 하고 이 죄는 성립하지 않는다.

62 이 죄의 객체인 토지의 경계가 정당한 권리관계와 부합하지 않아도 무방하므로 행위자가

---

850) "형법 제370조의 경계침범죄는 단순히 계표를 손괴하는 것만으로는 부족하고 계표를 손괴, 이동 또는 제거하거나 기타 방법으로 토지의 경계를 인식불능하게 함으로써 비로소 성립되며 계표의 손괴, 이동 또는 제거 등은 토지의 경계를 인식불능케 하는 방법의 예시에 불과하여 이와 같은 행위의 결과로서 토지의 경계가 인식불능케 됨을 필요로 하고 동죄에 대하여는 미수죄에 관한 규정이 없으므로 계표의 손괴 등의 행위가 있더라도 토지경계의 인식불능의 결과가 발생하지 않은 한 본죄가 성립될 수 없다"(대법원 1991.9.10. 91도856).

851) 대법원 1991.9.10. 91도856.

정당한 경계가 아니라고 믿고서 원래의 경계를 인식불가능하게 하고 새로운 경계를 설치하더라도 고의가 조각되지 않는다.

63 불법영득의사는 요구되지 않지만, 부동산에 대한 불법영득의 의사를 가지고 경계침범행위를 한 경우에는 부동산절도는 부정되므로 이 죄의 성립은 인정된다.

3. 죄수, 타죄와의 관계

(1) 죄수

64 이 죄의 죄수는 경계의 수를 표준으로 결정한다는 것이 통설이다. 이에 따르면 경계의 수를 정할 때에는 인접하는 토지 경계의 한쪽 끝에서 다른 쪽 끝까지를 한 개의 경계로 본다. 따라서 경계가 한 개이면 수개의 경계표를 손괴하여도 일죄가 되며, 경계가 수개이면 1개의 경계표를 이동하여도 수죄가 된다고 한다.

65 하지만 이 죄의 죄수도 구성요건표준설에 따라 행위자의 범의나 행위태양, 시간적·장소적 접착성 등을 고려해서 결정해야 하며 경계의 수는 어디까지나 고려사항이 될 뿐이고 수개의 경계를 침범해도 포괄일죄의 인정요건을 갖추면 일죄가 될 수 있다고 봐야 한다. 이 죄의 보호법익인 토지경계의 명확성뿐 아니라 토지 경계 그 자체도 일신전속적인 것이 아닌 이상 수개의 경계침범은 불법의 양적인 증가에 불과한 것이지 질적으로 서로 다른 불법을 구성할 수 없기 때문이다.

(2) 타죄와의 관계

66 **타인소유의 경계표를 손괴하는 방법으로 토지의 경계를 인식불능케 한 경우** ① 경계침범죄만 성립한다는 견해[852]와 ② 재물손괴죄 또는 절도죄와 경계침범죄가 상상적 경합이 된다는 견해[853]가 대립한다. 양죄는 보호법익이 다르기 때문에 별개의 죄가 성립하고 손괴라는 공통의 행위에 의한 것이므로 상상적 경합으로 보는 것이 타당하다.

67 **타인의 토지를 영득할 의사로 경계를 침범한 경우** ① 부동산절도를 인정하는 입장에서 (토지)절도죄만 성립하고 경계침범죄는 이에 흡수된다는 견해,[854] ② 절도죄와 경계침범죄가 상상적 경합이 된다는 견해[855] 등이 있지만, ③ 부동산절도는 부정하는 것이 타당하므로 경계침범죄만 성립한다고 해야 한다.

---

852) 박상기, 442면.
853) 김일수/서보학, 410면; 손동권/김재윤, §28/36; 임웅, 527면.
854) 오영근, §24/54.
855) 임웅, 527면; 정성근/박광민, 518면.

§ 33

제9절 권리행사방해의 죄

Ⅰ. 총설

1. 의의 및 보호법익

(1) 의의

1 권리행사를 방해하는 죄는 타인의 점유 또는 권리의 목적이 된 자기의 물건이나 특수매체기록에 대한 타인(권리자)의 권리행사를 방해하거나 공권력에 의한 강제집행을 면탈할 목적으로 채권자를 해하는 것을 내용으로 하는 범죄이다. 넓은 의미에서는 재산범죄에 속하지만, 소유권 이외의 재산권을 보호하기 위한 범죄라는 점에서 일반적인 재산범죄와 구별된다.[856]

(2) 보호법익

2 권리행사를 방해하는 죄의 보호법익은 제한물권과 채권이다. 권리행사방해죄(제324조)는 점유권과 제한물권 및 채권, 점유강취죄(제325조)는 제한물권과 자유권, 그리고 강제집행면탈죄(제327조)는 국가의 강제집행권이 발동될 단계에 있는 채권자의 채권을 보호법익으로 한다.

3 보호법익이 보호받는 정도는 강제집행면탈죄는 추상적 위험범으로서의 보호이고, 점유강취죄, 준점유강취죄는 침해범으로서의 보호이다. 권리행사방해죄는 추상적 위험범설(판례)과 침해범설이 대립하지만 침해범이자 결과범으로 해석하는 것이 타당하다(후술).

2. 구성요건의 체계

4 권리행사를 방해하는 죄의 기본구성요건은 권리행사방해죄, 점유강취죄·준점유강취죄, 강제집행면탈죄이다. 중권리행사방해죄는 점유강취죄와 준점유강취죄의 결과적 가중범이고, 권리행사방해죄에 한하여 친족상도례가 적용되며, 동력규정은 어디에도 적용되지 않는다. 점유강취죄·준점유강취죄에 한해서만 미수처벌규정이 있다.

---

856) 형법전의 제37장에는 권리행사를 방해하는 죄뿐 아니라, 의사결정의 자유 및 신체의 자유를 보호법익으로 하는 강요죄(제324조)와 인질강요죄(제324조의2) 및 인질상해·치상죄(제324조의3)와 인질살해·치사죄(제324조의4)도 함께 규정하고 있다. 하지만 이러한 범죄들은 재산범죄에 해당하는 권리행사를 방해하는 죄와 그 성격이 다르다. 따라서 이 책에서는 강요죄와 인질강요죄 및 그 결과적 가중범 등을 형법전의 편제방식에 따라 취급하지 않고 '자유에 대한 죄'에서 다루었다. 입법론상으로도 강요죄 등은 자유에 대한 죄 부분으로 위치를 옮기고, 권리행사를 방해하는 죄는 손괴의 죄 다음에 위치시키는 것이 바람직하다(1992년 형법개정법률안 참조).

5

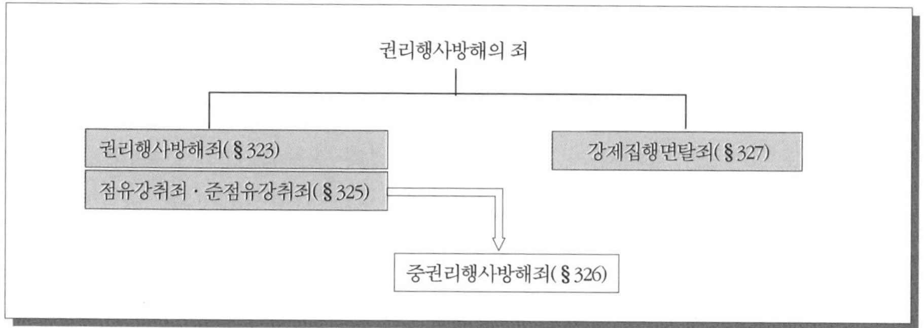

Ⅱ. 권리행사방해죄

> 제323조(권리행사방해죄) 타인의 점유 또는 권리의 목적이 된 자기의 물건 또는 전자기록 등 특수매체기록을 취거, 은닉 또는 손괴하여 타인의 권리행사를 방해한 자는 5년 이하의 징역 또는 700만원 이하의 벌금에 처한다.
>
> 제328조(친족간의 범행과 고소) ① 직계혈족, 배우자, 동거친족, 동거가족 또는 그 배우자간의 제323조의 죄는 그 형을 면제한다.
> ② 제1항이외의 친족간에 제323조의 죄를 범한 때에는 고소가 있어야 공소를 제기할 수 있다.
> ③ 전2항의 신분관계가 없는 공범에 대하여는 전항을 적용하지 아니한다.

1. 의의, 성격

권리행사방해죄는 타인의 점유 또는 권리의 목적이 된 자기의 물건 또는 전자기록 등 특수매체기록을 취거·은닉·손괴함으로써 성립하는 범죄이다. 객체가 자기소유의 재물 또는 특수매체기록이라는 점에서 타인소유의 재물을 객체로 하는 절도죄 및 손괴죄와 구별되고, 타인점유하에 있는 재물을 객체로 한다는 점에서 자기점유(보관)하에 있는 재물을 객체로 하는 횡령죄와 구별된다. 진정신분범이고, 침해범이다(미수처벌규정없음). 6

2. 구성요건

(1) 객관적 구성요건

1) 주체 자기의 물건을 타인에게 제한물권 또는 채권의 목적물로 제공한 소유자이다. **소유자가 아닌 제3자도 이 죄의 주체로 될 수 있는지**에 관해 ① 긍정하는 견해[857]와 ② 부정하는 견해가 대립하지만, 형법이 '자기'의 물건이라고 규정하고 있으므로 재물의 소유자가 아닌 자는 이 죄의 주체가 될 수 없다고 해석하는 것이 타당하다. 7

判 대법원도 자기의 물건이 아닌 목적물에 대해서는 이 죄가 성립할 수 없다고 하기 때문에 소유자만 주체로 8

857) 이재상/장영민/강동범, §24/3.

인정한다.[858]

9 소유자가 아닌 사람은 이 죄의 주체가 될 수 없음을 근거로 삼아 이 죄가 진정신분범에 해당하는지가 문제된다. 이를 부정하는 견해는 권리행사방해죄의 객체가 자기 소유의 물건이라는 점을 이 죄를 진정신분범이라고 한다면 절도죄의 객체가 타인 소유의 재물이 절도죄도 재물의 소유자가 아닌 사람만이 주체가 될 수 있으므로 진정신분범이라고 해야 한다고 주장한다.[859] 그러나 재물의 소유자는 절도죄의 주체가 될 수 없다는 의미의 주체의 소극적 요소를 소유자 아닌 사람만 절도죄의 주체가 될 수 있다는 의미의 주체의 적극적 요소로 전환시킬 수 있다고 해서 그 소유자 아님을 신분범의 신분성을 근거지울 수는 없다. 재물의 소유자 아님은 행위자의 '일신전속적' 특성이나 상태, 지위 또는 관계라는 적극적 요소로 구성되는 신분개념에 포섭될 수 없기 때문이다.

10 이에 반하여 권리행사방해죄의 재물의 소유자는 자신의 소유물에 대한 점유권 또는 채권을 가진 피해자와 '일신전속적 관계'에 있으므로 피해자와 일신전속적 관계없이 물건에 대해서만 배타적 지배권인 소유권을 가지지 않은 자라는 절도죄의 주체와는 그 본질적 특성을 달리한다. 따라서 이 죄의 소유자로서의 신분은 구성적 신분에 해당하는 것으로 해석하는 것이 타당하다.

11 判 대법원도 물건의 소유자가 아닌 자는 이 죄의 주체가 될 수 없으므로 이 죄에 가담한 신분없는 자(비소유자)의 공범 및 공동정범의 성립은 제33조의 적용에 따른다고 함으로써 이 죄를 진정신분범으로 본다.[860]

12 2) 객체 타인의 점유 또는 권리의 목적이 된 자기의 물건 또는 전자기록 등 특수매체기록이다.

13 (가) 자기의 물건 '자기'의 물건이란 자기단독의 소유물을 말한다. 자기와 타인의 공동소유물은 타인의 물건이므로 이 죄의 객체가 되지 않는다. 하지만 자기와 타인이 공동점유하는 자기 소유물과 공범자와 공동소유하는 물건은 자기 물건이 되므로 이 죄의 객체가 된다.[861]

14 '물건'은 재산죄에 있어서 재물과 같은 의미로서 부동산도 포함한다(통설). 다만 은닉행위의 경우는 그 행위의 속성상 동산만 객체가 된다. **관리할 수 있는 동력**도 이 죄의 재물에 포함되는지에 관해 이를 긍정하는 다수 견해와 부정하는 견해[862]가 대립한다. 긍정하는 견해는

858) "형법 제323조의 권리행사방해죄는 타인의 점유 또는 권리의 목적이 된 자기의 물건을 취거, 은닉 또는 손괴하여 타인의 권리행사를 방해함으로써 성립하므로 그 취거, 은닉 또는 손괴한 물건이 자기의 물건이 아니라면 권리행사방해죄가 성립할 수 없다"(대법원 2003.5.30. 20002도5767).

859) 오영근, 제8판, 450면.

860) 따라서 "물건의 소유자가 아닌 사람은 형법 제33조 본문에 따라 소유자의 권리행사방해 범행에 가담한 경우에 한하여 그의 공범이 될 수 있을 뿐이다. 그러나 권리행사방해죄의 공범으로 기소된 물건의 소유자에게 고의가 없는 등으로 범죄가 성립하지 않는다면 공동정범이 성립할 여지가 없다"(대법원 2017.5.30. 2017도4578; 대법원 2022.9.15. 2022도5827).

861) 자기소유의 물건이라도 공무소로부터 보관명령을 받거나 공무소의 명령으로 타인이 관리하는 물건인 경우에는 공무상보관물무효죄(제142조)의 객체가 된다.

재물개념에 관해 관리가능성설을 전제로 하지만, 재물유체성설을 취하는 전제에서 보면, 이 죄에는 동력규정이 준용되지 관리가능한 동력은 이 죄의 객체가 될 수 없다고 하는 것이 타당하다.

'전자기록 등 특수매체기록'도 자기소유의 것이어야 한다. '전자기록'은 전기적 기록·자기 15
적 기록을 포함하며, '특수매체기록'에는 전자적 기록 외에 광기술이나 레이저기술을 이용한 기록도 포함한다. 그러나 마이크로필름과 디스크 자체는 물건의 일종이고 기록에 해당하지 않는다.

例 **자기의 물건으로 인정된 경우:** 대표이사 지위에서 직무집행행위로써 타인이 점유하는 회사물건을 취거 16
한 경우에는 회사의 대표기관의 행위라고 평가되므로 회사의 물건도 권리행사방해죄의 '자기의 물건'에 해당한다(대법원 1992.1.21. 91도1170). 중간생략등기형 명의신탁 또는 계약명의신탁의 방식으로 자신의 처에게 등기명의를 신탁하여 놓은 점포에 자물쇠를 채워 점포의 임차인을 출입하지 못하게 한 경우, 그 점포는 (제3자인 부동산의 임차인에 대한 관계에서는 명의신탁자는 소유자가 될 수 없으므로) 자기의 물건에 해당한다(대법원 2005.9.9. 2005도626).

例 **자기의 물건이 부정된 경우:** 회사명의로 소유권등기가 경료된 타인 점유중인 선박을 회사의 과점주주나 17
부사장이 취거한 경우에는 자기의 물건에 해당되지 않고(대법원 1984.6.26. 83도2413), 본인 소유의 특약 없이 택시회사에 지입한 자동차를 택시운전자가 취거한 경우, 그 자동차는 택시회사의 소유에 속하므로 '자기 물건'에 해당하지 않는다(대법원 2003.5.30. 2000도5767). 부동산강제경매절차에서 타인명의로 매수대금을 완납한 경우 그 경매목적 부동산의 소유권은 매수대금 부담 여부와는 관계없이 그 매수대금 완납시에 그 매수대금을 완납한 타인(명의인)에게 귀속되므로 그 부동산은 실제로 매수대금을 완납한 자의 자기 물건이 될 수 없다(대법원 2019.12.27. 2019도14623).

(나) 타인의 점유 '타인'은 자기 이외의 모든 사람을 말한다. 이 죄의 '타인'은 점유의 주 18
체로서의 타인이므로 재물에 대한 지배의사를 형성할 수 없는 법인이나 법인격 없는 단체는 포함되지 않는다. 사실상의 지배가 없는 간접점유(민법 제194조)도 여기의 점유가 될 수 없다. 이 죄의 점유는 보호객체로서의 점유이기 때문에 원칙적으로 점유할 근원에 기한 점유를 의미한다. 여기서 권원은 법적 근거가 있음을 요하지 않고, 계약 또는 유언의 효과로서 또는 질권, 저당권, 유치권, 용익물권은 물론이고, 임차권이나 사용대차권에 기한 점유도 포함된다.

判 대법원은 반드시 점유할 권원에 기한 점유만을 의미하는 것이 아니고 법정절차를 통한 분쟁 해결시까지 19
잠정적으로 보호할 가치있는 점유도 이 죄의 보호대상이 점유에 포함시킨다. 그러나 대법원은 절도범인의 점유와 같이 점유할 권리 없는 자의 점유임이 외관상 명백한 경우는 잠정적으로도 보호할 가치있는 점유에서 제외한다.[863]

---

862) 손동권/김재윤, §28/4.

863) "권리행사방해죄에서의 보호대상인 타인의 점유는 반드시 점유할 권원에 기한 점유만을 의미하는 것은 아니고, 일단 적법한 권원에 기하여 점유를 개시하였으나 사후에 점유 권원을 상실한 경우의 점유, 점유 권원의 존부가 외관상 명백하지 아니하여 법정절차를 통하여 권원의 존부가 밝혀질 때까지의 점유, 권원에 기하여 점유를 개시한 것은 아니나 동시이행항변권 등으로 대항할 수 있는 점유 등과 같이 법정절차를 통한 분쟁 해결시까지 잠정적으로 보호할 가치 있는 점유는 모두 포함된다고 볼 것이고, 다만 절도범인의 점유와 같이 점유할 권리 없는 자의 점유임이 외관상 명백한 경우는 포함되지 아니한다."(대법원 2006.3.23. 2005도4455).

20 이에 따르면 일단 권원에 의하여 점유를 개시한 이상 그 후에 점유물을 소유자에게 반환하여야 할 사정이 발생해도 점유자가 점유를 계속하고 있는 이상 이 죄의 점유로서 보호되어야 한다.[864] 점유 권원의 존부가 외관상 명백하지 아니하여 법정절차를 통하여 권원의 존부가 밝혀질 때까지의 점유도 보호대상이 점유에 해당한다. 더 나아가 권원에 의한 점유는 반드시 본권에 의한 점유만에 한하지 않고 동시이행의 항변권 등에 기한 점유와 같은 적법한 점유도 포함되며, 더 나아가 공평과 신의칙상 각 당사자의 반환의무가 동시이행의 관계에 있는 것으로 평가할 수 있는 경우도 이 죄의 보호대상인 점유가 된다.[865]

21 **例** 따라서 임대계약기간 만료 후에 임차인이 명도하지 않은 경우(대법원 1977.9.13. 77도1672), 임차인이 임대인의 동의를 얻어 전대된 임차물에 대해 임대인과 임차인 간의 계약이 해지 등으로 종료된 경우(대법원 2001.9.14. 2001도3454), 무효인 경매절차에서 경락받아 점유한 경우(대법원 2003.11.28. 2003도4257)에도 그 목적물은 타인점유의 목적물에 해당한다.

22 (다) 타인의 권리 '권리의 목적'이 된 물건이란 제한물권(질권, 저당권, 유치권, 용익물권)이나 채권(임차권, 사용대차권)의 목적이 되어 있는 것을 말한다. 채권의 목적이 된 물건은 반드시 점유를 수반함을 요하지 않기 때문에 여기의 '타인'에는 자연인뿐 아니라 법인이나 법인격 없는 단체도 포함된다. 타인의 점유가 없는 경우는 물론 자기가 점유하는 물건도 타인의 권리의 목적이 되는 한 이 죄의 객체가 될 수 있다. 점유를 수반하지 않은 채권도 이 죄의 권리에 해당할 수 있지만,[866] 순수한 채권적인 사용관계로서 점유권을 내용으로 하지 않은 경우에는 이 죄의 객체가 되지 않는다.[867]

23 **例** 정지조건부 대물변제예약이 되어 있는 물건(대법원 1968.6.18. 68도616) 가압류된 물건(대법원 1960.9.14. 4292형상537), 근저당이 설정된 동산(대법원 1994.9.27. 94도1439) 등이 타인의 권리의 목적이 된 물건으로 인정되었다.

24 3) 행위 취거, 은닉 또는 손괴하여 타인의 권리행사를 방해하는 것이다.

25 (가) 취거·은닉·손괴 '취거'란 점유자의 의사에 반하여 점유자의 지배를 배제하고 자기 또는 제3자의 지배로 옮기는 것을 말한다. 절도죄의 절취와는 달리 불법영득의사 없이 점유침해만 있는 경우이다. 점유자의 의사에 반해야 하므로 점유자의 하자 있는 의사(편취·갈취)에 의한 교부는 취거가 되지 않는다.[868] 그러나 기망에 의한 경우에도 상대방이 착오에 빠져 있는 틈을 타서 그 물건을 가져가면 취거가 된다(이른바 책략취거).

26 '은닉'이란 물건의 소재의 발견을 불가능하게 하거나 현저하게 곤란한 상태에 두는 것을 말하고, '손괴'란 물건의 전부 또는 일부에 대하여 물질적으로 훼손하거나 기타 방법으로 그

864) 대법원 1977.9.13. 77도1672.

865) 대법원 2003.11.28. 2003도4257.

866) 대법원 1991.4.26. 90도1958.

867) 대법원 1971.6.29. 71도926.

868) "권리행사방해죄에 있어서의 취거라 함은 타인의 점유 또는 권리의 목적이 된 자기의 물건을 그 점유자의 의사에 반하여 그 점유자의 점유로부터 자기 또는 제3자의 점유로 옮기는 것을 말하므로 점유자의 의사나 그의 하자있는 의사에 기하여 점유가 이전된 경우에는 여기에서 말하는 취거로 볼 수는 없다"(대법원 1988.2.23. 87도1952).

이용가치를 해하는 것을 말한다. 타인의 권리의 목적이 된 자기의 소유 토지를 제3자에게 소유권 이전등기한 경우는 이 죄의 취거·은닉 또는 손괴의 어느 경우에도 해당하지 않아 배임죄의 성부는 별론으로 하더라도 이 죄에는 해당하지 아니한다.[869)]

(나) 권리행사방해　권리행사의 방해를 둘러싸고 타인의 소유권 이해의 재산권의 보호법익의 정도와 관련하여 침해범설[870)]과 추상적 위험범설이 대립한다. 27

判 대법원은 '권리행사를 방해한 자'를 타인의 권리행사가 방해될 우려가 있는 상태에 이르게 한 자로 해석하면서 "현실적으로 권리행사가 방해되었음을 요하지"[871)] 않기 때문에 추상적 위험범설로 보고 있다. 다른 한편 대법원은 이 죄와 같이 미수처벌규정이 없는 '직권남용권리행사방해죄'의 경우에도 "현실적으로 구체적 권리행사가 방해되어야 할 것을 요구"하고 있고, 미수처벌규정을 두고 있는 강요죄의 경우도 '현실적 권리행사가 방해되는 결과가 있어야 기수가 된다고 한다. 28

그러나 '권리행사를 방해한 자'라는 문언상 그리고 타인의 점유권 또는 채권의 목적물이 된 물건 등을 취거, 은닉 또는 손괴하는 행위 자체가 있으면 그 타인의 권리가 방해되는 것이 현실화되는 것이므로 현실적으로 권리행사방해의 결과가 발생하여야 이 죄가 성립한다고 보는 것이 타당하다(침해범설). 이렇게 해석해야 직권남용권리행사방해죄 및 강요죄의 '권리행사방해'에 대한 해석과 균형을 이룰 수 있을 것으로 보인다. 29

(2) 주관적 구성요건

고의가 인정되기 위해서는 타인의 점유 또는 권리의 목적이 된 자기의 물건 또는 전자기록 등 특수매체기록이라는 인식과 이를 취거, 은닉 또는 손괴하여 권리행사를 방해한다는 인식과 의사가 있어야 한다. 주체가 소유자이므로 재물에 대한 불법영득의사는 요구될 수 없다. 제3자가 소유자를 위하여 행위를 한 경우에는 이 죄의 주체가 될 수 없을 뿐 아니라 이 죄의 고의도 없으므로 이 죄가 성립하지 않는다. 30

3. 위법성조각사유

이 죄의 행위는 점유자 또는 권리자의 의사에 반한 경우에만 구성요건에 해당하므로 피해자의 동의가 있으면 위법성이 조각되지 않고 구성요건해당성부터 배제된다. 31

4. 죄수

여러 사람의 권리의 목적이 된 자기의 물건을 취거, 은닉 또는 손괴함으로써 그 여러 사람의 권리행사를 방해한 경우 권리자별로 각각 권리행사방해죄가 성립하고 각 죄는 서로 상상적 경합범의 관계에 있다.[872)] 32

---

869) 대법원 1972.6.27. 71도1072.

870) 오영근, 제8판, 499면.

871) "권리행사가 방해될 우려가 있는 상태에 이르면 권리행사방해죄가 성립하고 현실로 권리행사가 방해되었을 것까지 필요로 하는 것은 아니다"(대법원 2017.5.17. 2017도2230).

Ⅲ. 점유강취·준점유강취죄

> 제325조 ① (점유강취죄) 폭행 또는 협박으로 타인의 점유에 속하는 자기의 물건을 강취(强取)한 자는 7년 이하의 징역 또는 10년 이하의 자격정지에 처한다.
> ② (준점유강취죄) 타인의 점유에 속하는 자기의 물건을 취거(取去)하는 과정에서 그 물건의 탈환에 항거하거나 체포를 면탈하거나 범죄의 흔적을 인멸할 목적으로 폭행 또는 협박한 때에도 제1항의 형에 처한다.
> ③ 제1항과 제2항의 미수범은 처벌한다.

1. 의의, 성격

33 폭행 또는 협박으로 타인의 점유에 속하는 자기의 물건을 강취(强取)하거나(점유강취죄: 제1항) 타인의 점유에 속하는 자기의 물건을 취거함에 당하여 탈환에 항거하거나 체포를 면탈하거나 범죄의 흔적을 인멸할 목적으로 폭행 또는 협박을 함으로써(준점유강취죄: 제2항) 성립하는 범죄이다.

34 폭행 또는 협박을 수단으로 하므로 신체의 안전 또는 의사결정의 자유를 침해할 뿐만 아니라 그 객체가 타인의 점유에 속하는 자기의 물건이므로 타인의 제한물권을 침해하는 재산죄로서의 성격을 동시에 가지고 있다. 따라서 이 죄의 보호법익은 사람의 자유(의사결정의 자유와 신체의 자유)와 제한물권이고, 보호법익이 보호받는 정도는 침해범으로서의 보호이다.

2. 구성요건

(1) 점유강취죄

35 행위객체는 타인이 점유하는 자기의 물건에 한한다. 자기의 소유물에 대한 강도죄라 할 수 있으므로 객체와 불법영득의 의사를 제외하고, 폭행·협박의 개념이나 그 정도는 강도죄의 경우도 같다.

36 공무소의 명령으로 타인이 관리하는 자기의 물건을 폭행 또는 협박으로 강취한 경우에도 이 죄가 성립한다. 공무상보관물무효죄(제142조)의 행위가 손상·은닉에 국한되어 있는 반면, 이 죄의 실행행위는 폭행·협박이며 법정형도 더 중하기 때문이다.

37 폭행·협박은 하였지만 재물을 강취하지 못한 경우와 폭행·협박을 하여 재물을 강취하였지만 상대방이 항거불능에 빠지지 않은 경우 이 죄의 미수가 된다.

38 이 죄를 범하여 사람에게 사상의 결과를 발생시킨 경우에는 강도치사상죄에 해당하는 점유강취치사상죄가 없으므로 이 죄와 폭행치사상죄의 상상적 경합이 된다(준점유강취죄의 경우도 마찬가지이다).

(2) 준점유강취죄

39 자기소유물에 대한 준강도죄라고 할 수 있으므로, 타인의 점유에 속하는 자기소유의 물건

872) 대법원 2022.5.12. 2021도16876.

이 객체이고 불법영득의사가 요구되지 않는다는 점을 제외하면 준강도죄와 구조 및 요건이 동일하다. 따라서 폭행·협박의 정도도 (준)강도죄의 경우와 같고, 재물취거행위와 폭행·협박 사이에 시간적·장소적으로 근접성도 인정되어야 한다(강취의 기회). 폭행·협박의 상대방과 점유자가 일치할 필요도 없다.

준강도죄와 마찬가지로 목적범이기 때문에 목적의 달성 여부는 이 죄의 성립에 영향이 없다. 40

이 죄의 기수와 미수를 구별하는 기준에 관해서도 준강도죄와 같이 견해가 대립할 수 있지만, 준강도죄의 경우와 마찬가지로 재물취거행위를 기준으로 하는 것이 타당하다. 폭행·협박은 이 죄의 행위태양일 뿐이고, 재물취거가 결과에 해당하기 때문이다. 따라서 체포를 면하기 위해 폭행·협박을 가했으나 물건을 취거하지 못한 때에 이 죄의 미수가 된다. 41

Ⅳ. 중권리행사방해죄

> 第326조(중권리행사방해죄) 제324조 또는 제325조의 죄를 범하여 사람의 생명에 대한 위험을 발생하게 한 자는 10년 이하의 징역에 처한다.

1. 의의, 성격

점유강취죄 또는 준점유강취죄를 범하여 사람의 생명에 대한 위험을 발생하게 함으로써 성립하는 범죄이다. 사람의 생명에 대한 구체적 위험이 발생해야 성립하는 구체적 위험범이고, 점유강취죄·준점유강취죄의 결과적 가중범이다(부진정결과적 가중범). 42

2. 구성요건

이 죄의 주체는 점유강취죄·준점유강취죄를 범한 자이다. 이 죄의 미수처벌규정이 없고, 점유강취죄 또는 준점유강취죄는 미수가 처벌되기 때문에 점유강취 또는 준점유강취가 미수에 그쳤어도 이 죄가 성립한다. 43

부진정결과적 가중범에 해당하기 때문에 생명에 대한 위험발생에 대한 과실이 있는 경우뿐 아니라 고의가 있는 경우에도 이 죄가 성립한다. 44

점유강취·준점유강취로 인하여 사상의 결과가 발생한 경우에 대한 처벌규정(예컨대 점유강취치사상죄)이 미비되어 있기 때문에 이 경우에 점유강취죄(또는 준점유강취죄)와 폭행치사상죄의 상상적 경합범으로 처벌할 수밖에 없다. 45

Ⅴ. 강제집행면탈죄

> 제327조(강제집행면탈죄) 강제집행을 면할 목적으로 재산을 은닉, 손괴, 허위양도 또는 허위의 채무를 부담하여 채권자를 해한 자는 3년 이하의 징역 또는 1천만원 이하의 벌금에 처한다.

1. 의의, 성격

46 강제집행을 면할 목적으로 재산을 은닉·손괴·허위양도 또는 허위의 채무를 부담하여 채권자를 해함으로써 성립하는 범죄이다. 목적범이고 즉시범이다.[873)]

47 국가의 강제집행이 임박해 있는 '채권자의 채권'을 보호법익으로 한다. **보호법익이 보호받는 정도**와 관련하여 ① 구체적 위험범으로서의 보호라는 견해[874)]와 ② 추상적 위험범으로서의 보호라고 보는 견해[875)]가 대립한다.

48 보호법익의 성격 및 구성요건적 행위속성 및 행위상황 등에 기초하여 '채권자를 해하는'이라는 문언을 해석할 때 이 죄를 추상적 위험범으로 해석하는 것이 타당하다. 채무자가 자신의 재산을 은닉, 손괴, 허위양도 또는 허위의 채무를 부담한다고 해서 항상 채권자의 채권 행사가 위태롭게 되는 것은 아니지만, 강제집행을 당할 위험이 있는 상태하라면, 그 강제집행을 면할 목적을 가지고 위 행위를 하기만 하면 채권자의 채권을 해할 위험성이 있다.

49 判 대법원도 이 죄를 위태범이라고 규정짓고 채무자가 자신의 재산의 은닉 등 일정한 행위를 하기만 하면 이 죄가 성립하고, 반드시 채권자를 해하는 결과의 발생을 이 죄의 성립요건으로 하지 않고 있기 때문에 추상적 위험범설에 입각하고 있다고 볼 수 있다.[876)] 또한 '채권자를 해하는 자'라는 문언을 가지고 이 죄의 성격을 추상적 위험범이라고 해석하는 대법원의 태도는 형법전의 구성요건 중 이와 유사한 문언, 즉 '업무를 방해한 자', '명예를 훼손한 자', '공무를 방해한 자'로 되어 있는 업무방해죄, 명예훼손죄, 폭행협박에 의한 공무집행방해죄[877)] 등의 구성요건을 추상적 위험범으로 해석하는 대법원의 태도와 맞닿아 있다. 이러한 구성요건들의 문언인 '방해', '훼손', '사해(詐害)' 등을 문리적으로 해석하면 이들 죄의 성립을 위해 보호법익에 대한 현실적 침해를 요구해야 할 것으로 보이지만, 대법원은 각 구성요건들의 보호법익의 성격, 행위상황이나 행위속성 등을 종합적으로 고려하여 보호법익에 대한 위험성을 야기하는 구성요건적 행위만으로 이 죄의 성립을 인정한다는 점에 관해서는 앞서

---

873) 강제집행면탈죄는 "허위의 채무를 부담하는 내용의 채무변제계약 공정증서를 작성한 후 이에 기하여 채권압류 및 추심명령을 받은 때에 (이 죄가) 성립함과 동시에 그 범죄행위가 종료되어 공소시효가 진행한다"(대법원 2009.5.28. 2009도875).

874) 배종대, §91/9.

875) 오영근, 제8판, 453면.

876) "강제집행면탈죄는 이른바 위태범으로서 강제집행을 당할 구체적인 위험이 있는 상태에서 재산을 은닉, 손괴, 허위양도 또는 허위의 채무를 부담하면 바로 성립하는 것이고, 반드시 채권자를 해하는 결과가 야기되거나 이로 인하여 행위자가 어떤 이득을 취하여야 범죄가 성립하는 것은 아니며, 허위양도한 부동산의 시가액 보다 그 부동산에 의하여 담보된 채무액이 더 많다고 하여 그 허위양도로 인하여 채권자를 해할 위험이 없다고 할 수 없다"(대법원 1999.2.12. 98도2474).

877) 단, 대법원은 위계에 의한 공무집행방해죄의 경우는 구성요건의 해석상 구체적인 공무의 집행이 현실적으로 방해를 받을 것을 요구하고 있다(위계에 의한 공무집행방해죄 부분 참조).

(위계에 의한 공무집행방해죄 해석론) 살펴보았다.

2. 구성요건

(1) 객관적 구성요건

1) 주체 이 죄의 **주체에 채무자 이외의 자도 포함시킬 수 있는지**가 문제된다. 이에 관해서는 ① 채무자만 주체가 된다는 견해[878](진정신분범설)와 ② 채무자 이외의 제3자도 주체가 될 수 있다는 견해[879](비신분범설)가 대립한다. 앞의 견해는 이 죄가 채권자의 채권을 보호하기 위함에 목적이 있기 때문이라고 하나, 형법이 이 죄의 객체를 '자기(즉 채무자)의 재산'으로 한정하고 있지 않은 한 주체를 채무자에 국한시킬 필요가 없다고 보는 것이 타당하다. 이에 따르면 채무자의 법정대리인·채무자인 법인의 기관·채무자의 대리인과 재산관리인은 물론 채무자의 처나 가족, 채무자인 회사의 경리담당직원 등 채권·채무와 관련 있는 제3자도 주체가 될 수 있다. 50

判 대법원은 명시적인 입장을 밝히고 있지 않다.[880] 채무자 아닌 자(비신분자)가 채무자와 함께 채권자의 강제집행을 불가능하게 할 목적으로 이 죄의 행위인 채무자 '재산의 은닉' 주체로 인정하고 있다는 판시내용에 따르면 대법원이 비신분설을 취한 것으로 볼 수 있다. 그러나 다른 한편 채무자 아닌 자가 채무자와 '공모'하여 '재산의 은닉'을 한 경우 그 채무자 아닌 자(비신분자)의 은익행위를 인정한다는 판시내용에 따르면 대법원이 신분범설 입장을 취한 것으로도 읽을 수 있다. 신분자와 비신분자간에 공모관계가 인정되어 공동정범이 인정되면, 제33조의 규정에 따라 비신분자도 공동정범이 될 수 있기 때문이다. 그러나 대법원이 이 경우 제33조를 적용한다는 점을 밝히고 있지 않기 때문에 대법원의 태도가 비신분설에 입각한 것으로 볼 여지가 더 많다. 51

2) 객체 재산이다. 이 죄의 재산에는 재물 뿐 아니라 민사집행법상 강제집행 또는 보전처분이 가능한 권리도 포함한다. 재물은 동산·부동산을 불문하고, 권리는 채권·기대권·특허 내지 실용신안권도 포함된다.[881] 52

재산이 채무자의 재산에 한하는지에 대해서도 견해가 대립한다. ① 이 죄의 주체를 채무자 이외의 제3자로 확대하는 견해는 채권자 보호를 위하여 채무자명의의 재산에 국한시킬 필요가 없다는 태도를 취한다. ② 하지만 개인 책임의 원칙에 따르면 채무자의 '가족'재산이나 물상보증인의 재산은 채무내용에 들어갈 수 없는 것이기 때문에 채무자의 재산에 국한시키는 53

---

878) 김성천/김형준, 583면; 김일수/서보학, 532면; 박상기, 446면; 임웅, 536면.

879) 배종대, §91/4; 손동권/김재윤, §28/20; 오영근, §25/25; 이재상/장영민/강동범, §24/23; 이형국/김혜경, 568면; 정성근/정준섭, 368면.

880) "강제집행면탈의 한 행위유형인 '재산의 은닉'이라 함은 재산의 소유관계를 불명하게 하는 행위를 포함하는 것으로서, 피고인이 자신의 채권담보의 목적으로 채무자 소유의 선박들에 관하여 가등기를 경료하여 두었다가 채무자와 공모하여 위 선박들을 가압류한 다른 채권자들의 강제집행을 불가능하게 할 목적으로 정확한 청산절차도 거치지 않은 채 의제자백판결을 통하여 선순위 가등기권자인 피고인 앞으로 본등기를 경료함과 동시에 가등기 이후에 경료된 가압류등기 등을 모두 직권말소하게 하였음은 소유관계를 불명하게 하는 방법에 의한 '재산의 은닉'에 해당한다"(대법원 2000.7.28. 98도4558).

881) 대법원 2001.11.27. 2001도4759.

것이 타당하다.

54 判 대법원도 채무자의 재산, 그 중에서도 채권자가 민사집행법상 강제집행 또는 보전처분의 대상으로 삼을 수 있는 것만을 이 죄의 객체로 보고 있다.[882)]

55 例 재산으로 인정된 예: 특허 내지 실용신안 등을 받을 수 있는 권리(대법원 2013.4.26. 2013도2034), 채무자와 제3채무자 사이에 채무자의 장래청구권이 충분히 표시되었거나 결정된 법률관계가 존재하는 경우의 장래의 권리(대법원 2011.7.28. 2011도6115)

56 例 재산으로 인정되지 않은 예: 보전처분 단계에서의 가압류채권자의 지위 그 자체(대법원 2008.9.11. 2006도8721), 무면허의료인이 개설한 의료기관의 요양급여채권(대법원 2017.4.26. 2016도19982), 채무자가 부동산 소유자와 매매계약을 체결한 후 명의수탁자 명의로 소유권이전등기를 마친 부동산[883)](대법원 2011.12.8. 2010도4129)

57 3) 행위상황 이 죄는 강제집행을 면할 목적으로 채권자를 해하는 경우이기 때문에 그 전제로서 강제처분의 대상이 될 수 있는 채권자의 채권이 존재해야 하고, 이 채권에 대한 강제집행을 받을 객관적 상태(강제집행의 임박성 내지 강제집행을 당할 구체적 위험이 있는 상태)가 존재해야 한다.

58 (가) 채권의 존재 구성요건에는 명시되어 있지 않지만 재산권을 보호하는 이 죄는 채권의 존재를 당연히 예정하고 있다고 해야 하며, 만일 채권이 존재하지 않을 때에는 보호할 법익도 없기 때문에 채권의 존재가 이 죄의 성립요건이 된다.[884)] 단순히 채권양도가 있었다는 사정만으로 확정판결에 따른 채권의 존재를 부정할 수는 없고,[885)] 장래 조건부로 발생할 채권이라도 강제집행의 대상이 되는 한 채권이 존재하고[886)] 그 조건의 불성취로 채권이 소멸된 경우에도 일단 성립한 범죄에는 영향이 없다.[887)]

59 (나) 강제집행을 받을 객관적 상태(강제집행의 임박성) 여기서의 강제집행이란 민사집행법의 강제집행 또는 민사소송이 준용되는 강제집행, 즉 가압류 또는 가처분 등의 집행을 가리킨다. 따라서 벌금·과료·몰수 등의 재판집행절차, 과태료나 과징금 등 행정상의 강제집행 등은 이 죄의 강제집행에 해당하지 않는다. 강제집행인 이상 금전채권에 관한 강제집행이나 소유권이전등기에 관한 강제집행도 이 죄의 객체에 포함되고, 신분적 재산권인 부양료 청구권의 실현을 위한 강제집행도 포함된다.

---

882) "강제집행면탈죄의 객체는 채무자의 재산 중에서 채권자가 민사집행법상 강제집행 또는 보전처분의 대상으로 삼을 수 있는 것만을 의미하므로, '보전처분 단계에서의 가압류 채권자의 지위' 자체는 원칙적으로 민사집행법상 강제집행 또는 보전처분의 대상이 될 수 없어 강제집행면탈죄의 객체에 해당한다고 볼 수 없고, 이는 가압류채무자가 가압류해방금을 공탁한 경우에도 마찬가지이다"(대법원 2008.9.11. 2006도8721).

883) 부동산의 소유자가 명의신탁약정 사실을 알고 있는 경우이든 모르고 있는 경우이든 채무자인 신탁자는 그 부동산 소유권을 취득하지 못하기 때문임(이에 관해서는 '명의신탁부동산과 횡령죄' 참조).

884) "강제집행면탈죄는 채권자의 권리보호를 그 주된 보호법익으로 하고 있는 것이므로 강제집행의 기본이 되는 채권자의 권리 즉 채권의 존재는 강제집행면탈죄의 성립요건이라 할 것이며 따라서 그 채권의 존재가 인정되지 않을 때에는 강제집행면탈죄는 성립하지 않는다"(대법원 1988.4.12. 88도48).

885) 대법원 2008.5.8. 2008도198.

886) 대법원 2000.12.26. 99도5562.

887) 대법원 1984.6.12. 82도1544.

例 **강제집행에 포함되지 않은 경우:** 국세징수법에 의한 체납절차(대법원 2012.4.26. 2010도5693), 민사집행법상의 담보권 실 60
행 등을 위한 경매(대법원 2015.3.26. 2014도14909)

例 **강제집행에 포함된 경우:** 광의의 강제집행인 소유권이전등기절차 이행청구의 소(대법원 1983.10.25. 82도808), 의사의 61
진술에 갈음하는 판결의 강제집행(대법원 2015.9.15. 2015도9883)

가압류 후에 목적물의 소유권을 취득한 제3자가 다른 사람에 대한 허위의 채무에 기하여 근저당권설정등기 등을 경료하더라도 이로써 가압류 채권자의 법률상의 지위에 어떤 영향을 미치지 아니하므로 강제집행면탈죄에 해당하지 아니한다.[888] 62

'강제집행을 받을 객관적 상태'(강제집행의 임박성)는 이 죄의 기술되지 않은 구성요건요소로서 민사소송에 의한 강제집행·가압류·가처분 등의 집행이 임박해 있는 객관적 상태를 말한다. 따라서 비록 강제집행을 면할 목적으로 재산의 은닉 등이 있더라도 이러한 상태에 이르지 않은 이상 이 죄는 성립하지 않는다. 63

例 **강제집행의 임박성이 긍정된 경우:** 교통사고 피해자가 피고인에게 치료비지급을 요구하였다가 거절당하 64
여 관계기관에 진정하는 사태에 이른 경우(대법원 1979.4.10. 78도2370), 채권자가 가압류·가처분의 신청을 낸 경우(대법원 1996.1.26. 95도2526), 소의 제기 또는 지급명령을 신청한 사실이 없더라도 채권확보를 위하여 소송을 제기할 '기세를 보인' 경우(대법원 1998.9.8. 98도1949), 약 18억 정도의 채무초과상태에 있는 피고인 발행의 약속어음이 부도가 난 경우(대법원 1999.2.9. 96도3142), 이혼을 요구하는 처로부터 재산분할청구권에 근거한 가압류를 당한 경우(대법원 2008.6.26. 2008도3184) 등

例 **강제집행의 임박성이 부정된 경우:** 이행기가 도과되어 채권자들로부터 채무변제의 독촉을 받고 있거나 65
채권자들 또한 법적 절차를 취할 준비를 하고 있지 않았던 경우(대법원 1974.10.8. 74도1798), 소유권이전 등기를 하였지만 그 이후 피고인이 발행한 수표들이 부도가 난 경우(대법원 1981.6.23. 81도588) 등

4) 행위 재산을 은닉, 손괴, 허위양도 또는 허위의 채무를 부담하여 채권자를 해하는 것이다. 66

(가) 은닉·손괴·허위양도 또는 허위의 채무부담 '은닉'이란 강제집행권자에 대해서 재산의 발견을 불가능하게 하거나 곤란하게 하는 것을 말한다. 재산 소재를 불명하게 하는 경우뿐만 아니라 그 소유관계를 불명하게 하는 경우도 은닉에 해당한다. 67

例 예컨대 강제집행을 면할 목적으로 선순위 가등기권자 앞으로 소유권 이전 본등기를 한 경우(대법원 2000.7.28. 98도4558), 68
채무자 소유동산을 타인소유로 사칭하고 제3자 이의의 소를 제기하여 강제집행정지결정을 받아 그 집행을 저지한 경우(대법원 1992.12.8. 92도1653) 또는 사업장에서 사용하는 금전등록기의 사업자 이름만을 변경한 경우(대법원 2003.10.9. 2003도3387) 등이 은닉에 해당한다.

'손괴'란 재물을 물질적으로 훼손하거나 재산의 가치를 감소시켜 그 효용을 해하는 일체의 행위를 말한다. 69

'허위양도'란 실제로 양도의 진의가 없음에도 불구하고 양도한 것처럼 가장하여 소유명의를 변경하는 것을 말한다. 허위양도의 경우 유상·무상은 묻지 않으며 진실한 양도인 때에는 70

888) 대법원 2008.5.29. 2008도2476.

강제집행을 면할 목적이 있어도,[889] 강제집행의 임박성이 있어도[890] 이 죄의 성립이 인정되지 않는다.

71 例 가장매매, 가옥대장상의 소유자명의를 허위로 변경(대법원 1968.7.31. 68도677), 임대권명의를 제3자에게 허위로 이전하는 경우(대법원 1971.4.20. 71도319), 허위채권의 담보로서 부동산 소유권이전등기를 하는 경우(대법원 1982.12.14. 80도2403) 등이 허위양도에 해당한다.

72 '허위의 채무 부담'이란 채무가 없음에도 불구하고 제3자에게 채무를 부담하는 것처럼 가장하는 것을 말한다. 진실한 채무부담인 때에는 이 죄가 성립하지 않는다. 따라서 장래 발생할 조건부채권담보로 근저당설정을 하여도 이 죄에 해당하지 않는다.[891]

73 (나) 채권자 사해 채권자를 해하는 것이라야 한다. 채권자의 권리를 해할 위험이 있으면 충분하고 현실적으로 침해되었음을 요하지 않을 뿐 아니라 행위자가 어떤 이득을 얻을 필요도 없다(판례)[892](추상적 위험범). 채권자를 해할 위험이 있느냐는 행위시를 기준으로 구체적 상황을 고려하여 판단해야 한다.[893]

74 例 **채권자를 해할 위험을 인정한 판례:** 허위양도한 부동산에 의하여 담보된 채무액 보다 그 부동산의 시가가 더 적어도 허위양도로 채권자를 해할 위험이 인정될 수 있고(대법원 1999.2.12. 98도2474), 약간의 잉여재산이 남아 있는 경우에도 채권자를 해한 것으로 볼 수 있다(대법원 1990.3.23. 89도2506)고 한다.

75 例 **채권자를 해할 위험을 부정한 판례:** 채무자에게 채권확보를 할 수 있는 충분한 재산이 있으면 채권자를 해한 것으로 볼 수 없고(대법원 1968.3.26. 67도1577), 허위의 채무부담을 가장하는 방편으로 채무자 소유의 부동산에 관하여 가등기를 경료해 준 사실만으로 채권자를 해할 위험이 있다고 할 수도 없고(대법원 1987.8.18. 87도1260), 압류금지채권의 목적물을 수령하는 데 사용하던 기존 예금계좌가 채권자에 의해 압류된 채무자가 압류되지 않은 다른 예금계좌를 통하여 그 목적물을 수령하더라도 강제집행이 임박한 채권자의 권리를 침해할 위험이 있는 행위라고 볼 수 없으며(대법원 2017.8.18. 2017도6229), 채권자의 채권이 금전채권이 아니라 토지소유자로서 그 지상 건물의 소유자에 대하여 가지는 건물철거 및 토지인도청구권인 경우라면, 채무자인 건물 소유자가 제3자에게 허위의 금전채무를 부담시키면서 이를 피담보채무로 하여 건물에 관하여 근저당권설정등기를 경료하였다는 것만으로는 직접적으로 토지 소유자의 건물철거 및 토지인도 청구권에 기한 강제집행을 불능케 하는 사유에 해당한다고 할 수 없다(대법원 2008.6.12. 2008도2279).

(2) 주관적 구성요건

76 1) 고의 이 죄의 고의는 강제집행이 임박해 있는 객관적 상태를 예견하면서 재산을 은닉, 손괴, 허위양도 또는 허위의 채무를 부담하여 채권자를 해한다는 인식과 의사를 말한다.

---

889) 대법원 1998.9.8. 98도1949.

890) 대법원 2007.11.30. 2006도7329.

891) 대법원 1996.10.25. 96도1531.

892) "형법 제327조의 강제집행면탈죄는 위태범으로서, 현실적으로 민사소송법에 의한 강제집행 또는 가압류·가처분의 집행을 받을 우려가 있는 객관적인 상태에서, 즉 채권자가 본안 또는 보전소송을 제기하거나 제기할 태세를 보이고 있는 상태에서 주관적으로 강제집행을 면탈하려는 목적으로 재산을 은닉, 손괴, 허위양도하거나 허위의 채무를 부담하여 채권자를 해할 위험이 있으면 성립하는 것이고, 반드시 채권자를 해하는 결과가 야기되거나 행위자가 어떤 이득을 취하여야 범죄가 성립하는 것은 아니다"(대법원 2009.5.28. 2009도875).

893) 대법원 1961.5.31. 4294형상65.

2) 목적 　이 죄는 강제집행을 면할 목적이 있어야 한다. 강제집행을 면할 목적이란 강제집행의 실효를 거둘 수 없게 하려는 목적을 말한다. 목적이 있으면 족하고 목적달성 여부는 이 죄의 성립에 영향을 미치지 않는다. 77

3. 공범관계

강제집행을 면할 목적으로 허위양도하거나 허위채무를 부담시키려는 자로부터 그 사정을 알면서 허위양도를 받거나 허위의 채권자가 된 자는 이 죄의 공범 또는 공동정범이 된다. 78

4. 죄수 및 타죄와의 관계

채권자들에 의한 복수의 강제집행이 예상되는 경우 재산을 은닉 또는 허위양도함으로써 채권자들을 해하였다면 채권자별로 각각 강제집행면탈죄가 성립하고, 상호 상상적 경합범의 관계에 있다.[894] 79

타인의 재물을 보관하는 자가 보관하고 있는 재물을 영득할 의사로 은닉하여 횡령죄가 성립하면 은닉이 채권자들의 강제집행을 면탈하는 결과를 가져와도 별도로 강제집행면탈죄를 구성하지 않는다.[895] 80

채권자가 강제집행절차에 의해 경락을 받은 물건을 채무자에게 보관시킨 경우 채무자가 이를 보관 중에 임의처분하였더라도 이미 강제집행절차가 끝난 상태이므로 횡령죄는 성립할 수 있지만 강제집행면탈죄는 성립하지 않는다.[896] 81

判 대법원은 강제집행면탈행위로서 담보가등기 설정행위를 한 후, 그 가등기를 양도하여 본등기를 경료하게 함으로써 소유권을 상실케 하는 행위는 면탈의 방법과 법익침해의 정도가 훨씬 중하다는 점을 고려하여 불가벌적 사후행위로 인정하지 않았다.[897] 82

894) 대법원 2011.12.8. 2010도4129.
895) 대법원 2000.9.8. 2000도1447.
896) 손동권/김재윤, §28/33.
897) 대법원 2008.5.8. 2008도198.

제3편

사회적 법익에 대한 죄

제 1 장 공공의 안전과 평온에 대한 죄

제 2 장 공중의 건강에 대한 죄

제 3 장 공공의 신용에 대한 죄

제 4 장 사회의 도덕에 대한 죄

제 1 장 공공의 안전과 평온에 대한 죄 § 34

공공의 안전과 평온에 대한 죄에는 공안을 해하는 죄, 폭발물에 관한 죄, 방화와 실화의 죄, 일수와 수리에 관한 죄, 교통방해의 죄가 있다. 형법 전에는 이들 죄 가운데 공안을 해하는 죄(제5장)와 폭발물에 관한 죄(제6장)는 사회적 법익에 대한 죄로 분류되어 있지 않고 국가적 법익에 대한 죄로 편제되어 있다. 국가적 법익에 대한 죄로 분류되는데 의문이 없는 국교에 관한 죄(제4장)와 공무원의 직무에 관한 죄(제7장) 사이에 규정되어 있기 때문이다.[1] 하지만 공안을 해하는 죄와 폭발물에 관한 죄의 구성요건들에 의해 보호되고 있는 법익은 국가의 권위나 국가 안전 또는 국가기능의 적정성 내지 공정성이라는 차원의 국가적 법익이 아니라, 일정한 지역에 살고 있는 불특정 또는 다수인의 사회공동생활의 평온과 안전이라는 차원의 사회적 법익이다. 이 때문에 이 책은 공안을 해하는 죄와 폭발물에 관한 죄를 그 형법전의 형식적 편제에도 불구하고 사회적 법익을 보호하기 위한 범죄로 분류하여 서술한다. 1

제 1 절 공안을 해하는 죄 § 35

Ⅰ. 총설

1. 의의 및 보호법익

(1) 의의

공안(공공의 안전)을 해하는 죄는 사회공공의 안전과 평온을 해하는 것을 내용으로 하는 범죄이다. 개인이 사회내에서 안전한 사회생활을 유지하기 위한 전제조건을 마련하기 위해 형법은 사회의 평온을 위태롭게 하는 작위 또는 부작위 행위들을 범죄단체등조직죄, 소요죄, 다중불해산죄라는 구성요건 형식 안에 규정하고 있다. 형법전의 공안을 해하는 죄(제5장)에는 전시공수계약불이행죄와 공무원자격사칭죄도 공안을 해하는 죄의 구성요건도 두고 있다. 1

하지만 이 두 가지 범죄는 공공의 안전·평온과는 직접적인 관계가 없는 범죄이므로 오히려 국가의 기능보호를 목적으로 하는 국가적 법익에 대한 죄로 분류하는 것이 타당하다.[2] 특히 전시상태의 단순 계약위반 내지 채무불이행을 형사처벌하는 전시공수계약불이행죄는 폐지되는 것이 바람직하다.[3] 2

1) 이러한 형법전의 편제에 기초하여 '공안을 해하는 죄'와 '폭발물에 관한 죄'도 국가의 기능이라는 국가적 법익에 대한 죄로 분류하여 서술하고 있는 교과서(예, 유기천(하), 257면 이하)도 있다.

2) 전시군수계약불이행죄(형법 제103조)는 국가적 법익에 대한 죄(제2장 외환의 죄)로 편제되어 있다.

(2) 보호법익

3 범죄단체등조직죄, 소요죄, 다중불해산죄의 보호법익은 사회공공의 안전과 평온이다(통설). **보호법익이 보호받는 정도**와 관련하여 ① 구체적 위험범으로 이해하려는 견해[4]도 있지만 ② 추상적 위험범으로 해석하는 것이 타당하다(다수설). 범죄단체를 조직하거나 가입하는 행위 또는 다중의 폭행·협박·손괴는 그 행위 자체만으로 사회공공의 안전과 평온을 해할 위험성이 있는 것이고, 공공의 위험발생은 구성요건 요소로도 요구되어 있지 않기 때문이다.

2. 구성요건의 체계

4

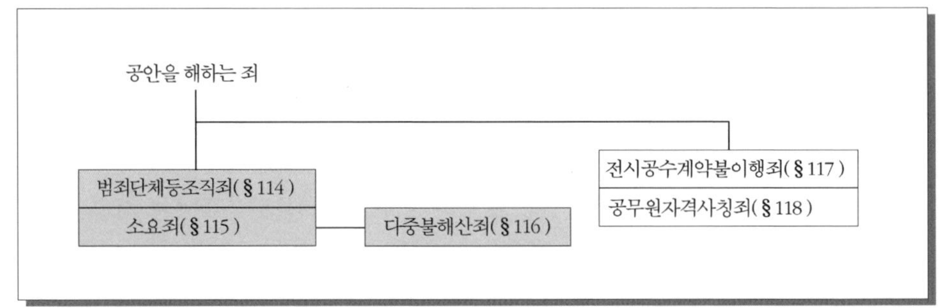

5 범죄단체등조직죄와 소요죄가 기본적 구성요건이고, 다중불해산죄는 소요죄의 예비단계의 범죄적 성격을 갖는 독립된 범죄종류이다. 전시공수계약불이행죄와 공무원자격사칭죄는 국가의 기능에 관한 죄의 일종으로 규정되어 있다.

6 폭처법에는 상해, 폭행, 체포·감금, 협박, 주거침입, 퇴거불응, 강요, 공갈, 손괴죄를 범할 목적으로 한 단체·집단을 구성·가입한 자를 가중처벌하는 규정(제4조)이 있으며, 국가보안법에는 반국가단체를 구성·가입하거나 타인에게 가입권유하는 행위를 처벌하는 규정이 있다(제3조).

Ⅱ. 범죄단체등조직죄

> 제114조(범죄단체등의조직죄) 사형, 무기 또는 장기 4년 이상의 징역에 해당하는 범죄를 목적으로 하는 단체 또는 집단을 조직하거나 이에 가입 또는 그 구성원으로 활동한 사람은 그 목적한 죄에 정한 형으로 처벌한다. 다만, 형을 감경할 수 있다.

1. 의의, 성격

7 범죄를 목적으로 하는 단체 또는 집단을 조직하거나 이에 가입하거나 그 구성원으로 활동함으로써 성립하는 범죄이다. 구체적인 범죄행위의 실행 여부를 불문하고 범죄행위에 대한

3) 1992년 형법개정법률안 참조.
4) 배종대, §93/5.

예비·음모의 성격이 있는 범죄단체의 생성 및 존속 자체를 막으려는 데 입법 취지가 있다. 필요적 공범의 일종인 집단범에 해당한다. 추상적 위험범이자 순수 거동범이고, 목적범에 해당한다.

8 判 대법원은 이 죄를 즉시범으로 보지만,[5] 단체를 조직하거나 가입하는 일의 성격상 조직 또는 가입 후에 일정한 시간이 경과할 것이 요구되므로 계속범으로 보는 것이 타당하다.

9 종래 형법은 범죄'단체'의 조직행위와 가입행위만을 구성요건적 행위로 규정하고 있었지만, 2013.4.5. 형법개정을 통해 조직과 가입의 대상을 범죄단체뿐 아니라 범죄단체에는 이르지 못하였으나 그 위험성이 큰 '범죄집단'을 추가하였고, 조직·가입 이외에 단체와 집단의 구성원으로 활동하는 행위까지 구성요건적 행위유형에 포함시켰다. 반면에 개정 전에는 그 목적으로 하는 범죄에도 아무런 제한이 없었으나 법정형의 장기가 4년 이상인 죄에 국한되도록 그 범위를 제한하면서 병역 또는 납세의 의무를 거부할 목적으로 하는 단체조직 및 가입행위는 가벌성의 대상에서 제외하였다. 범죄단체조직죄가 목적한 범죄의 실행행위의 예비·음모에 불과한 행위를 예외적으로 입법화한 구성요건이므로 그 범위를 제한할 필요가 있다는 점, 2000년 우리나라가 서명한 「국제연합국제조직범죄방지협약」에서 국제조직범죄에 해당하는 범죄가 장기 4년 이상인 점을 요구하고 있는 점 등을 고려하였기 때문이다.[6]

2. 구성요건

(1) 객관적 구성요건

10 1) 행위 범죄를 목적으로 하는 단체 또는 집단을 조직하거나, 이에 가입하거나 그 구성원으로 활동하는 것이다.

11 (가) 범죄 여기서 '범죄'란 형법전에 규정된 범죄뿐만 아니라 특별법에 규정된 범죄도 원칙적으로 여기에 포함되지만,[7] 법정형의 장기가 4년 이상인 죄에 국한된다. 따라서 경범죄처벌법이 적용되는 경범죄는 이 죄의 범죄에서 제외된다.

12 (나) 단체 또는 집단 '단체'란 공동목적을 가진 특정·다수인의 계속적인 결합체를 말한다. 따라서 이 죄의 범죄단체가 되기 위해서는 반드시 구성원이 범죄에 대한 공동목적을 가지고 있어야 하지만,[8] 반드시 정형을 요하는 것은 아니므로 단체의 명칭이나 강령이 명확하

---

5) "단체등의조직죄는 같은 법에 규정된 범죄를 목적으로 한 단체 또는 집단을 구성함으로써 즉시 성립하고 그와 동시에 완성되는 즉시범이지 계속범이 아니다"(대법원 1992.2.25. 91도3192). 폭처법상의 단체등 조직죄에 관한 판결임).

6) 개정형법에 따르더라도 범죄단체등조직죄는 목적으로 하는 범죄행위의 예비행위 내지 음모에 불과한 행위를 그 범죄의 기수범과 같이 처벌함으로써 과잉금지나 보충성의 원칙에 반한다는 비판을 면할 수 없다. 따라서 이 죄는 예비·음모죄의 불법의 정도에 상응하게 그 법정형을 낮추거나 구성요건적 행위를 개별화하여 그 역할이나 가담 정도에 따라 법정형을 차별화하는 방향으로 개선될 것이 요망된다.

7) 다만 '정부를 참칭하거나 국가를 변란할 것을 목적으로 하는' 국내외의 결사 또는 집단인 '반국가단체'를 구성하거나 이에 가입한 경우에는 국가보안법 제9조(반국가단체구성·가입죄)가 우선 적용된다.

게 존재하거나, 그 구성·가입에 단체 결성식이나 가입식 같은 특별한 절차가 필요한 것은 아니다.[9] '집단'도 공동목적을 가진 다수 자연인의 결합체를 의미한다. 특히 이 죄의 범죄집단이 되기 위해서는 범죄실행을 위한 공동목적하에 다수자가 동시에 동일 장소에 집합되어 있고 그 조직의 형태가 수괴, 간부, 가입자를 구분할 수 있는 정도로 결합체를 이룰 것을 요한다.[10] 이에 따르면 단순히 폭력 등의 범죄를 예비, 음모하거나 또는 그 범죄의 모의에 가담하여 실행행위의 분담을 정함에 불과하거나 실행행위를 하였다는 사실만으로는 폭력의 범죄단체를 조직하거나 범죄집단을 구성한 것이라고 할 수 없다.[11]

13 단체와 마찬가지로 집단도 '범죄를 수행한다는 공동목적 아래 구성원들이 정해진 역할분담에 따라 행동함으로써 범죄를 계속적으로 실행할 수 있는 조직체계를 갖춘 계속적인 결합체'를 의미하는 것으로 해석[12]한다면, 구체적으로 **단체와 집단을 어떻게 구별할 것인지**가 문제될 수 있다.

14 判 대법원은 '단체'와 '집단'의 본질적인 구별표지로서 그 결합체(조직)를 주도하는 "최소한의 조직화된 통솔체계"[13]를 요구하고 있지만, 단체와 집단의 본질적인 구별표지로서 요구되는지에 대해서는 명시적 판단이 없다. 하지만 범죄'단체' 뿐 아니라 범죄'집단'의 조직 등도 구성요건에 포함된 현행 형법의 해석론상 단체 또는 집단에도 이르지 못한 결합체를 배제해내거나 '다중'과의 구별이 관건이 되므로 단체와 집단을 개념적으로 엄격하게 구별할 실익은 없다.

15 例 **집단 또는 단체로 인정된 예:** '뜯풀' 또는 '쌩풀' 등 특정 수법으로 중고차량을 비싸게 판매하여 금원을 편취할 목적으로 외부의 무등록 중개 사무실 등에서 그 구성원들이 대표, 팀장, 출동조, 전화상담원 등 정해진 역할에 따라 행동하는 체계를 갖춘 결합체(대법원 2020.9.7. 20207915: 집단), 두목이 있고 행동대원이 있어서 '~파'로 불려지는 조직(대법원 1997.10.10. 97도1829: 단체)이나 보이스피싱 조직(대법원 2017.10.26. 2017도8600: 단체) 또는 심지어 "특성상 단체로서의 계속적인 결집성이 다소 불안정하고 그 통솔체제가 대내외적으로 반드시 명확하지 않은 것처럼 보이더라도 구성원들 간의 관계가 선·후배 혹은 형, 아우로 뭉쳐져 그들 특유의 규율에 따른 통솔이 이루어져 단체나 집단으로서의 위력을 발휘하는 경우가 많은 폭력행위집단"(대법원 2013.10.17. 2013도6401: 폭처법상의 단체) 등.

16 例 **단체로 인정되지 않은 예:** 8명이 회원이 조직에서 회원들이 돌아가면서 맡는 회장과 총무의 주된 업무가 입회비와 월회비로 회원들의 경조사·회식비·교통사고 처리비 지출이 (돌아가면서 맡기로 되어 있는) 회장과 총무의 주된 업무인 회의체(대법원 1991.12.10. 91도2569), 특정 지역 출신의 청년들에 의하여 자생적으로 조직된 조직의 일부 회원들이 그 지역에 들어선 내국인 카지노와 관련하여 폭력 범행을 저지르거나 관여하게 된 경우(대법원 2004.7.8. 2004도2009).

17 (다) 조직, 가입 또는 활동 '조직'이란 특정·다수인이 의사연락에 의하여 집합체를 형성하는 것을 말하며, '가입'이란 이미 조직된 단체의 구성원으로 참가하는 것을 말한다. 조직·가

---

8) 대법원 2004.7.8. 2004도2009.
9) 대법원 2005.9.9. 2005도3857.
10) 대법원 1991.1.15. 90도2301; 대법원 2020.8.20. 2019도16263 전원합의체.
11) 대법원 1983.12.13. 83도2605.
12) 특히 오영근, 제8판, 465면.
13) 대법원 1987.10.13. 87도1240; 대법원 2020.8.20. 2019도16263 전원합의체.

입하는 방법에는 제한이 없다. 구두·문서에 의하거나 적극적으로 자진하여 조직·가입하거나 권유에 의하여 수동적으로 가입해도 상관이 없다.

例 소매치기의 범죄를 목적으로 그 실행행위를 분담하기로 약정한 경우는 계속적이고 통솔체계를 갖춘 단체의 조직 또는 그와 같은 단체에의 가입이 부정되었고(대법원 1981.11.24. 81도2608), 4명이 도박개장을 공모한 경우와 같이 단순히 범죄에 대한 공모도 단체의 조직이 부정되었다(대법원 1977.12.27. 77도3463). 18

단체 또는 집단의 구성원으로 '활동'이란 범죄단체 또는 집단의 내부 규율 및 통솔체계에 따른 조직적, 집단적 의사 결정에 의하여 행하는 범죄단체 또는 집단의 존속·유지를 지향하는 적극적인 행위를 말한다.[14) 19

判 대법원은 종래 폭처법상의 '활동'을 그 구성원의 기여의 정도가 타인에게 범죄단체 또는 집단에 가입할 것을 강요하거나 권유하는 행위(제4조 제3항), 범죄단체 또는 집단의 존속·유지를 위하여 금품을 모집하는 행위(제4조 제4항)에 준하는 것을 의미하는 것으로 보았다.[15) 이에 따라 대법원은 다수의 구성원이 관여되었지만 범죄단체 또는 집단의 존속·유지를 목적으로 하는 조직적, 집단적 의사결정에 의한 것이 아니거나, 범죄단체 또는 집단의 수괴나 간부 등 상위 구성원으로부터 모임에 참가하라는 등의 지시나 명령을 소극적으로 받고 이에 단순히 응하는 데 그친 경우 또는 구성원 사이의 사적이고 의례적인 회식이나 경조사 모임 등을 개최하거나 참석하는 경우 등은 활동에 해당한다고 볼 수 없다고 하면서, 상위구성원들로부터 소극적으로 지시나 명령을 받고 폭행을 당한 것에 불과한 경우를 이 죄의 활동이라고는 할 수 없다고 하였다.[16) 20

2) 기수시기 및 공소시효의 기산점 범죄를 목적으로 하는 단체 또는 집단을 조직·가입하거나 그 구성원으로 활동함으로써 이 죄는 성립한다. 목적한 범죄의 실행여부나 목적달성여부는 이 죄의 성립에 영향을 미치지 않는다.[17) **이 죄의 공소시효의 기산점이 언제인지**는 이 죄의 성격여하에 따라 달라진다. ① 이 죄를 즉시범으로 보면 범죄단체의 조직과 동시에 공소시효가 진행된다고 보게 되지만(판례[18)), ② 이 죄는 계속범으로서 범죄종료시부터 공소시효가 진행되는 것으로 보아야 하기 때문에 단체해산이나 단체로부터 탈퇴한 시점부터 공소시효가 진행된다고 해야 한다. 이 죄를 즉시범으로 본다면 이 죄의 공소시효가 사실상 없게 되는 결과가 되어 부당하다. 21

(2) 주관적 구성요건

범죄를 목적으로 하는 단체나 집단을 조직하거나 가입 또는 그 구성원으로 활동한다는 데에 대한 고의가 있어야 하며, 조직 또는 가입의 경우에는 범죄를 목적으로 하는 단체 또는 집단이라는 사실까지 알고 조직 또는 가입해야 한다. 이 때문에 여기서 범죄목적은 목적범에 22

14) 대법원 2009.9.10. 2008도10177; 2015.9.10. 2015도7081.

15) 대법원은 폭처법상의 '활동'이 다소 추상적이고 포괄적인 면이 없지 않으므로 죄형법정주의의 명확성의 원칙에 위배되지 않도록 입법취지와 처벌의 정도 등을 고려하여 활동에 포섭되어 금지되는 행위에 대한 예측가능성이 인정될 수 있도록 헌법합치적인 해석을 위해서는 이러한 제한적 해석을 하여야 한다고 한다(대법원 2009.9.10. 2008도10177).

16) 대법원 2009.9.10. 2008도10177.

17) 대법원 1975.9.23. 75도2321.

18) 대법원 1992.2.25. 91도3192.

서 말하는 목적이 아니라 고의의 내용에 포함되는 것으로 이해해야 한다.

3. 죄수, 타죄와의 관계

(1) 죄수

23 범죄단체를 구성하거나 이에 가입한 자가 구성원으로 활동하는 경우 이 죄의 포괄일죄가 된다(협의의 포괄일죄).[19] 기존의 범죄단체나 집단의 두목이 바뀌고 활동영역과 태양이 변해도, 기존의 범죄단체와 집단의 동일성이 유지되는 한 별개의 범죄단체등조직죄를 구성하지 않고 일죄가 된다.[20] 수개의 조직·가입행위를 통해 다른 1개의 큰 조직으로 변화해가는 경우에도 1죄가 된다.

(2) 타죄와의 관계

24 **범죄단체등을 조직 또는 가입 한 후 목적한 범죄(예컨대 살인죄)를 실행한 경우** ① 이 죄가 목적한 죄의 예비·음모단계를 특별히 범죄화한 것이므로 목적한 범죄만 성립한다는 견해[21]가 있다. ② 하지만 이 죄의 성격상 목적한 범죄와 보호법익을 달리하는 것이므로 이 죄와 목적한 범죄는 별도의 범죄 성립을 인정하는 것이 타당하다. 이 죄를 계속범으로 이해하는 견지에서 보더라도 행위(조직 내지 활동)가 계속되고 있는 도중에 다른 범죄를 범한 경우 그 행위와 범죄행위는 별개의 행위이므로 양 죄는 실체적 경합이 된다는 판례법리에 부합한다.

25 判 대법원도 범죄단체를 조직하고 나아가 목적한 범죄를 실행한 경우 범죄단체조직죄와 실행한 범죄를 법조경합의 관계에 있는 것으로 인정하지도 않고,[22] 상상적 경합관계에 있는 것으로도 보지 않고,[23] 실체적 경합관계에 있는 것으로 인정한다.

---

19) 대법원 2015.9.10. 2015도7081.

20) 대법원 2000.3.24. 2000도102.

21) 오영근, §27/13; 임웅, 549면.

22) 보이스피싱 사기 범죄단체에 가입한 후 사기범죄의 피해자들로부터 돈을 편취하는 등 그 구성원으로서 활동한 사안의 경우 "범죄단체 가입행위 또는 범죄단체 구성원으로서 활동하는 행위와 사기행위는 각각 별개의 범죄구성요건을 충족하는 독립된 행위이고 서로 보호법익도 달라 법조경합 관계로 목적된 범죄인 사기죄만 성립하는 것은 아니(다)"(대법원 2017.10.26. 2017도8600).

23) "범죄단체 등에 소속된 조직원이 저지른 폭력행위처벌법 위반(단체 등의 공동강요)죄 등의 개별적 범행과 폭력행위처벌법 위반(단체 등의 활동)죄는 범행의 목적이나 행위 등 측면에서 일부 중첩되는 부분이 있더라도, 일반적으로 구성요건을 달리하는 별개의 범죄로서 범행의 상대방, 범행 수단 내지 방법, 결과 등이 다를 뿐만 아니라 그 보호법익이 일치한다고 볼 수 없다. 또한 폭력행위처벌법 위반(단체 등의 구성·활동)죄와 위 개별적 범행은 특별한 사정이 없는 한 법률상 1개의 행위로 평가되는 경우로 보기 어려워 상상적 경합이 아닌 실체적 경합관계에 있다고 보아야 한다."(대법원 2022.9.7. 2022도6993)

Ⅲ. 소요죄

> 제115조 (소요죄) 다중이 집합하여 폭행, 협박 또는 손괴의 행위를 한 자는 1년 이상 10년 이하의 징역이나 금고 또는 1천500만원 이하의 벌금에 처한다.

1. 의의, 성격

다중이 집합하여 폭행·협박 또는 손괴의 행위를 함으로써 성립하는 범죄이다. 내란죄와 같이 성질상 다중의 집합을 요건으로 하는 필요적 공범의 전형적인 형태인 집단범이고 계속범이다. 범죄단체조직죄와 같은 이유에서 추상적 위험범이자 거동범에 해당한다(미수처벌규정 없음). 26

2. 구성요건

(1) 객관적 구성요건

1) 주체 **이 죄의 주체에 관해서는** ① 집합한 다중을 주체로 해석하는 견해[24]와 ② 다중을 구성하는 개인을 주체로 이해하는 견해[25]가 대립한다. 다수인의 일시적 집합을 이 죄의 주체로 볼 수 없을 뿐 아니라 다중의 집합 그 자체는 행위태양으로 이해하는 것이 타당하므로 다중을 구성하는 개개인을 주체로 새기는 견해가 타당하다. 27

判 대법원도 이 죄의 주체를 개인으로 보고 있는 듯하다. 정당인사가 수백명의 군중이 운집하여 있음을 보고 구호를 선창하면서 같이 행진하다가 도중에 짚차 및 승용자의 유리창을 손괴하고 통행인에게 폭행을 가한 경우에도 이 죄의 성립을 인정하고 있기 때문이다.[26] 28

2) 행위 다중이 집합하여 폭행·협박 또는 손괴하는 것이다. 29

(가) 다중 '다중'이란 단체와는 달리 조직화된 통솔체계나 계속적 조직체를 갖추지 못한 다수인의 집합을 말한다. 어느 정도의 다수인이 다중이 되느냐에 대해서는 일률적으로 말할 수 없으나 이 죄의 본질 내지 보호법익에 비추어 한 지방의 평온을 해할 수 있을 정도의 다수인을 말한다. 인원수뿐만 아니라 집단구성원의 성질(연령의 고하, 조직적인 훈련여부), 집단의 목적·시기·장소, 흉기류 소지 여부, 폭행·협박의 정도 등을 종합적으로 고려하여 규범적으로 판단할 것이 요구된다. 30

(나) 집합 '집합'이란 다수인이 일정한 장소에 모여 집단을 형성하는 것을 말한다. 장소적 결합을 본질로 하지만 주모나나 강부 등이 있어서 반드시 통솔체계를 갖추어야 할 필요는 없고(내란죄와의 구별), 공동의 목적 유무나 집합의 동기·목적 여하도 묻지 않는다. 따라서 처 31

---

24) 박상기, 456면; 이형국, 447면.
25) 임웅, 551면.
26) 대법원 1957.3.8. 4289형상341.

음부터 폭행·협박이나 손괴를 할 목적으로 집합할 필요도 없다.

32 (다) 폭행·협박·손괴 이 죄의 폭행·협박은 최광의 의미이다. 즉 '폭행'은 사람 또는 물건에 대한 일체의 유형력의 행사를 말하고, '협박'은 공포심을 일으키게 할 의사에 기한 일체의 해악고지를 말한다. '손괴'는 타인의 재물에 대한 물질적 훼손 또는 효용가치를 해하는 일체의 행위이다.

33 이러한 폭행·협박·손괴는 집합된 다중의 합동력에 의해 행해져야 한다. 여기서 합동력이란 집단 그 자체의 행위로 인정되는 것을 말하기 때문에 다중 속의 개개인의 단순한 행위는 여기에 해당하지 않는다. 따라서 다중 속의 개인의 행위가 합동력을 이용한 것이 아니라 각자 독립하여 폭행·협박 또는 손괴의 행위를 하면 이 죄는 성립되지 않는다. 집합한 다중의 전부 또는 일부가 합동력을 이용한 것이면 처음부터 이러한 행위를 하였거나 도중에 하여도 상관없고, 다중에 참가한 모두가 이러한 합동력에 의한 행위를 하여야 하는 것도 아니다. 필요적 공범의 성질상 다중의 일부만 합동력에 의한 행위를 하여도 다중 모두가 이 죄에 해당하게 된다.

34 특히 폭행·협박 또는 손괴의 정도는 적어도 한 지방의 평온과 안전을 위험하게 할 수 있을 정도가 되어야 한다.[27] 따라서 어느 정도 공격성과 적극성을 띠어야 하기 때문에 단순한 소극적인 저항이나 연좌농성 또는 바리케이트 설치 정도는 이 죄의 폭행·협박에 해당하지 않는다.

35 (라) 기수시기 한 지방의 평온을 해할 정도의 폭행·협박 또는 손괴행위가 있으면 기수가 되고, 현실적으로 평온이 침해되는 결과가 발생할 것이 요구되지는 않는다(추상적 위험범).

(2) 주관적 구성요건

36 이 죄의 고의가 있다고 하기 위해 소요에 대한 공동의사가 요구되는지와 관련하여 ① 이를 요구하지 않는 견해[28]가 있지만, ② 폭행·협박 등이 다중의 합동력에 의한 것이어야 하는 요건상 공동의사는 이 죄의 고의에 개념 필연적으로 요구되는 요소라고 해야 한다. 이 경우 공동의사란 다중이 집합하여 다중의 합동력으로 폭행·협박·손괴하려는 의사를 말한다. 따라서 공동의 의사 없이 다중이 집합한 경우를 이용하여 폭행·협박하는 것은 다수인의 행위라 하여도 특수폭행죄 또는 특수협박죄가 성립할 뿐이다. 그리고 공동의 의사는 군중 속의 각 개인의 의사이기 때문에 반드시 합동력에 의한 행위를 한다는 인식이 확정적일 필요가 없고 미필적 인식으로 족하다.

37 공동의 의사는 공모 내지 통모와 같은 의미가 아니므로 반드시 의사의 연락·교환이나 사

---

27) 한 지방의 평온과 안전을 위험하게 할 정도의 폭행·협박 등을 요구한다는 점 때문에 이 죄의 폭행·협박 개념을 최광의로 이해해서는 안 된다는 견해(오영근, §27/20)가 있다. 하지만 폭행·협박의 개념 그 자체와 폭행·협박의 정도는 차원이 다른 문제이다.

28) 김일수/서보학, 549면; 박상기, 458면.

전의 모의·계획이 있을 필요가 없으며, 평온하게 다중이 집합한 후에도 인정될 수 있다.

3. 공범규정의 적용

필요적 공범 중의 집단범에 해당하므로 집합한 다중 개개인은 가담의 형태나 정도를 묻지 않고 모두 정범이 되므로 가담한 내부자들에 대해서는 총칙상의 공범규정(공동정범, 교사범, 방조범에 관한 규정)이 적용될 여지는 없다. 38

하지만 자금을 조달하거나 정보를 제공하거나 가담을 권유하면서도 직접 집합한 다중의 일원이 되지 않는 외부인은 이 죄의 교사나 방조가 되는데 지장이 없다. 뿐만 아니라 집단 밖의 외부인이 기능적 행위지배가 인정될 정도로 관여하면 공동정범이 될 수도 있다.[29] 39

4. 타죄와의 관계

이 죄가 성립하면 이 죄의 구성요건에 포함되는 (특수)폭행죄·협박죄 또는 (특수)손괴죄는 성립하지 않는다(특별관계). 이 죄의 행위가 동시에 업무방해나 공무집행방해 또는 주거침입이 되는 경우에도 이 죄만 성립한다(전형적 수반행위). 40

소요죄가 살인죄 또는 방화죄의 불법까지 함께 평가하고 있는 범죄는 아니므로 소요죄에 해당하는 폭행·협박 또는 손괴행위를 하면서 사람을 살해하거나 방화하는 경우에는 살인죄 또는 방화죄가 별도로 성립하고 이들 범죄는 소요죄와 상상적 경합관계에 있게 된다. 이 죄와 계엄포고령위반죄도 상상적 경합이 된다.[30] 41

Ⅳ. 다중불해산죄

> 제116조(다중불해산죄) 폭행, 협박 또는 손괴의 행위를 할 목적으로 다중이 집합하여 그를 단속할 권한이 있는 공무원으로부터 3회 이상의 해산명령을 받고 해산하지 아니한 자는 2년 이하의 징역이나 금고 또는 300만원 이하의 벌금에 처한다.

1. 의의, 성격

폭행, 협박 또는 손괴의 행위를 할 목적으로 다중이 집합하여 그를 단속할 권한이 있는 공무원으로부터 3회 이상의 해산명령을 받고 해산하지 아니함으로써 성립하는 범죄이다. 다중이 폭행·협박 또는 손괴의 행위를 할 목적으로 집합하였지만 아직 그 실행이 없는 소요죄의 예비단계의 행위를 독립범죄로 규정한 것이다.[31] 이 죄도 소요죄와 마찬가지로 필요 42

---

29) 이와는 달리 내란죄의 경우에는 외부인이라도 기능적 행위지배가 인정될 정도로 관여하면 '주요임무종사자'가 되어 공동정범의 규정적용이 배제된다. 자세한 내용은 『총론』의 필요적 공범 참조.

30) 대법원 1983.6.14. 83도424.

31) 따라서 집합한 다중이 나아가서 폭행·협박 또는 손괴의 행위를 한 때에는 소요죄만 성립하며, 이 죄의 적용은 배제된다(법조경합의 흡수관계). 또한 집시법에는 폭행 등의 목적이 없는 집회라도, 신고없는 집회 등 일정한

적 공범인 집단범에 해당하며, 진정부작위범으로서 거동범이고(미수처벌규정 없음), 목적범, 계속범이다.

2. 구성요건

(1) 객관적 구성요건

43 1) 주체 주체는 폭행·협박 또는 손괴의 행위를 할 목적으로 집합한 다중의 일원인 개개인이다.

44 2) 행위 단속할 권한이 있는 공무원으로부터 3회 이상의 해산명령을 받고 해산하지 아니하는 것(부작위)이다.

45 (가) 단속할 권한 있는 공무원 '단속할 권한 있는 공무원'이란 법령상의 해산명령권을 가진 공무원(관할경찰관 등)을 말한다.

46 (나) 해산명령 '해산명령'은 예컨대 경찰관 직무집행법 제6조에서 규정하고 있는 "범죄예방을 위한 제지"와 같이 법령에 근거를 가진 적법한 명령이어야 한다. 명령의 방식·형식 여하는 묻지 않으나 집합한 다중에 대해 발해야 하며, 다중의 구성원이 인식할 수 있는 상황에서 전달된 것임을 요한다. 구성원이 그 공무원으로부터 직접 들어서 알게 되었건 타인의 고지로 간접적으로 알게 되었건 상관없다.

47 (다) 3회 이상 **'3회 이상'의 해산명령의 의미**와 관련하여 ① 4회나 5회의 해산명령을 받고 해산할 경우에는 이 죄가 성립한다는 견해[32]가 있지만, ② 3회 이상이란 최소한 3회 이상임을 의미하므로 그 이상의 명령을 받고 해산하여도 이 죄는 성립하지 않는다고 이해해야 한다. 각 회의 명령 사이에는 해산에 필요한 시간적 간격을 두어야 한다. 따라서 시간적 간격을 두지 않고 계속된 세 차례의 해산명령은 1회의 해산명령이 될 뿐이다.

48 (라) 해산 '해산'이란 집합한 다중의 임의적인 분산을 의미한다. 그러므로 단순히 집합상태를 유지한 채 장소의 이동 또는 퇴거는 해산이 되지 않는다. 또 해산은 임의적인 분산을 의미하므로 범죄가 성립한 후에 체포를 면하기 위하여 도주하는 경우는 해산이 아니다. 다중 중의 일부만이 해산한 때에는 해산하지 않는 자에 대해서만 이 죄가 성립한다. 다만 대부분이 해산하고 극소수만 남아 있어 이를 다중이라 할 수 없는 상태(한 지방의 평온을 해할 정도의 다수가 아닌 때)에 이른 때에는 해산이 있는 것이 된다.

49 (마) 성립(기수)시기 해산명령을 3회 이상 받고 해산하지 아니함으로써 기수가 된다. 즉, 해산하지 않는 부작위 그 자체가 기수로 되는 진정신분범으로서 미수를 처벌하지 않기 때문

시위에 대해 경찰서장은 상당한 시간 이내에 자진 해산할 것을 요청하고 이에 응하지 아니할 때에는 해산을 명할 수 있으며, 애산명령을 받은 자는 지체없이 퇴거해야 하고, 이에 불응한 자에 대해서는 6개월 이하의 징역 또는 50만원 이하의 벌금, 구류 또는 과료에 처하는 규정을 두고 있다(법 제20조, 제24조).

32) 김성천/김형준, 603면.

에 순수거동범이 된다.

(2) 주관적 구성요건

이 죄의 고의는 다중이 집합하고 있다는 사실과 공무원의 해산명령을 받고 있음을 인식하고 있어야 하며, 해산하지 않는다는 의사가 있어야 한다. 50

고의 이외에 폭행·협박 또는 손괴의 행위를 할 목적이 있어야 한다(목적범). 목적의 달성 여하는 이 죄의 성립에 영향을 주지 않는다. 목적은 다중이 집합할 당시부터 있음을 요하지 않으나 최소한 해산명령 이전까지는 있어야 한다. 따라서 행위 도중에 이러한 목적을 가지게 된 경우라도 상관없다. 51

Ⅴ. 전시공수계약불이행죄

> 제117조 (전시공수계약불이행죄) ① 전쟁, 천재 기타 사변에 있어서 국가 또는 공공단체와 체결한 식량 기타 생활필수품의 공급계약을 정당한 이유없이 이행하지 아니한 자는 3년이하의 징역 또는 500만원 이하의 벌금에 처한다.
> ② 전항의 계약이행을 방해한 자도 전항의 형과 같다.
> ③ 전2항의 경우에는 그 소정의 벌금을 병과할 수 있다.

1. 의의, 성격

전쟁·천재 기타 사변에 있어서 국가 또는 공공단체와 체결한 식량 기타 생활필수품의 공급계약을 정당한 이유 없이 이행하지 아니하거나(계약불이행죄: 제1항) 이러한 계약이행을 방해함으로써(계약방해죄: 제2항) 성립하는 범죄이다.[33] 이 죄는 공안을 해하는 죄의 장에 규정하고 있지만 국가 또는 공공단체의 기능을 보호법익으로 한다는 데에 이견이 없다. 52

제1항의 죄는 진정신분범이고 진정부작위범이지만, 제2항의 죄는 비신분범이고 작위범이다. 양 죄 모두 추상적 위험범이자 거동범에 해당한다(미수처벌규정 없음). 53

2. 구성요건

제1항의 죄의 주체는 국가 또는 공공단체와 식량 기타 생활필수품의 공급계약을 체결한 자(진정신분범)이고, 제2항의 죄의 주체는 제한이 없다. 행위는 전쟁·천재 기타 사변과 같은 국가비상시라는 행위상황에서 정당한 이유 없이 공급계약을 이행하지 않거나(부작위), 그 이행을 방해(작위)하는 것이다. '정당한 이유'는 계약이행을 기대할 수 없는 행위자의 특별한 사정 및 객관적 환경을 의미하고, 그 유무는 구체적인 경우에 사회통념에 따라 판단해야 한다. 계약이행을 방해하는 방법 여하는 묻지 않는다. 54

---

33) 이 죄는 일종의 채무불이행을 범죄로 규정한 것으로 나치하의 독일 형법 제92조 a에서 유래한 것이다. 그러나 단순한 채무불이행이 형법적 규제대상이 될 수 없을 뿐만 아니라 2차 대전의 종료와 동시에 독일에서 조차 폐지되었음에도 불구하고 우리 형법이 이를 계수한 이후 여전히 존속시키고 있어 그 정당성에 의문이 있다.

3. 성립(기수)시기

55 추상적 위험범이자 거동범이고 미수처벌규정이 없으므로 계약불이행 또는 계약이행의 방해행위가 있으면 그것만으로 이 죄가 성립한다.

Ⅵ. 공무원자격사칭죄

> 第118조 (공무원자격사칭죄) 공무원의 자격을 사칭하여 그 직권을 행사한 자는 3년 이하의 징역 또는 700만원 이하의 벌금에 처한다.

1. 의의, 성격

56 공무원의 자격을 사칭하여 그 직권을 행사함으로써 성립하는 범죄이다. 이 죄는 공안을 해하는 죄의 장에 규정되어 있지만, 공직으로 수행되는 국가기능의 진정성에 대한 신뢰를 보호법익으로 하고 있기 때문에 국가기능에 대한 죄로 분류되어야 한다. 추상적 위험범이자 거동범이다(미수처벌규정 없음).

2. 구성요건

(1) 주체

57 이 죄의 주체는 제한이 없다. 공무원도 다른 공무원의 자격을 사칭하면 이 죄에 해당한다.

(2) 행위

58 공무원의 자격을 사칭하고 다시 그 직권을 행사하는 두 가지 요건을 모두 구비하여야 한다.

59 **1) 공무원의 자격사칭** 사칭되는 '공무원'은 국가공무원법과 지방공무원법 또는 특별법상의 공무원을 포함한다. 공무원임용령에 의하여 임용권자가 채용한 임시직원도 여기의 공무원에 해당한다.[34] 다만 직권을 행사할 수 있는 공무원의 자격을 사칭해야 한다.

60 '자격을 사칭'한다는 것은 자격 없는 자가 공무원의 자격을 가진 것으로 타인을 오신시키는 일체의 행위를 말한다. 비공무원이 공무원이라고 사칭하는 경우는 물론 공무원이 다른 공무원의 자격을 사칭하는 경우도 포함한다. 자격사칭의 방법에는 제한이 없다. 자기 자신이 스스로 사칭하였음을 요하지 않으며, 부작위에 의한 사칭도 가능하다.

61 **2) 직권의 행사** '직권을 행사'한다는 것은 그 사칭한 공무원의 직무에 관한 권한을 행사하는 것을 말한다. 직권행사를 한 것이 사칭한 그 공무원의 직무권한 내에 속하지 않을 때에도 이 죄는 성립하지 않는다. 단순한 사칭에 그치고 직권행사가 없는 때에는 이 죄가 성립

---

34) 대법원 1973.5.22. 73도884.

하지 않고 경범죄처벌법상의 위반행위가 될 뿐이다(제1조 제8호).

例 청와대 민원비서관을 사칭하여 전화국장에게 시외전화선로의 고장수리를 하라고 한 경우(대법원 1972.12.26. 72도2552), 중앙정보부 직원을 사칭하여 대통령의 사진액자가 파손된 사실에 자인서를 작성·제출하라고 한 경우(대법원 1977.12.13. 77도20), 합동수사반원을 사칭하여 채권을 추심한 경우(대법원 1981.9.8. 81도1955), 헌병사령부 정보과원을 사칭하고 정보원의 권한 범위에 속하지 않은 내용을 심문한 경우(대법원 1960.11.9. 4293형상592) 등의 경우는 사칭한 그 공무원의 직권행사에 속하지 않는 것으로 인정되었다. 62

3. 타죄와의 관계

자격사칭하는 행위가 동시에 사기죄, 절도죄, 문서위조죄 등의 구성요건을 충족시키는 경우에는 공무원자격사칭죄와 각 죄는 상상적 경합이 된다. 공무원증이나 압수영장 등을 위조하여 이를 제시하면서 공무원자격사칭죄를 범한 경우에는 공문서위조죄와는 실체적 경합이 되고, 위조공문서행사죄와는 상상적 경합이 된다. 63

공무원의 권한범위 내의 일이지만 자기의 직권과 관계없는 동료 공무원의 직권을 행사하여 금품을 수수한 경우에는 뇌물의 직무관련성이 부정되어 수뢰죄는 성립하지 않고 공무원자격사칭죄(또는 사기죄와 상상적 경합)만 성립한다. 64

제 2 절　폭발물에 관한 죄 § 36

Ⅰ. 총설

1. 의의 및 보호법익

(1) 의의

폭발물에 관한 죄는 폭발물을 사용하여 공중의 생명, 신체 또는 재산을 침해하거나 기타 공안을 문란케 하는 것을 내용으로 하는 범죄이다. 형법은 이 죄를 국가적 법익에 대한 죄로 규정하고 있으나 이 죄는 폭발물을 사용하여 사회 공공생활의 안전과 질서를 해하는 전형적인 '공공위험범'이므로 사회적 법익에 대한 죄에 속한다. 1

(2) 공공위험범과 구체적 위험

공공위험범이란 법익침해를 요하지 않는 위험범 가운데 특히 공공(불특정 또는 다수인)의 생명·신체 또는 재산에 대한 위험이 있으면 성립하는 범죄를 말한다. 형법상 공공위험범으로는 폭발물에 관한 죄 외에도 방화와 실화의 죄, 일수에 관한 죄, 교통방해의 죄, 먹는물에 관한 죄 등이 있다. 공공위험범은 다시 추상적 공공위험범과 구체적 공공위험범으로 나누어질 수 있다. 전자는 공공의 위험이 구체적으로 발생할 필요도 없이 위험한 행위방법만으로 성립하는 범죄를 말하고, 후자는 공공에 대한 구체적 2

인 위험의 발생이 있어야 성립하는 범죄를 말한다. 구체적 공공위험범의 경우 공공에 대한 구체적인 위험의 발생은 그 죄의 구성요건적 결과가 된다. 예컨대 폭발물사용죄는 공공위험범이지만 폭발물을 사용하여(행위) '사람의 생명, 신체 또는 재산을 해하거나 기타 공안의 문란'이라는 구체적 결과(구성요건적 결과) 발생을 구성요건요소로 하고 있으므로 구체적 공공위험범에 해당한다. 이 경우 공공의 안전과 평온이라는 의미의 공안은 사람의 생명, 신체 또는 재산과 구별되는 이 죄의 법익이므로 공안의 문란(어지럽힘)에 초점을 맞추면 공안이 문란할 정도의 '구체적 위험'의 발생이 이 죄의 기수성립을 위해 독자적으로 요구되고, 사람의 생명 신체 또는 재산에 초점을 맞추면, 이들이 침해되는 결과의 발생이 이 죄의 기수성립을 위해 독자적으로 요구된다. 그러나 이 죄의 주된 보호법익인 공안(공공의 안전과 평온)이라는 점에 초점을 맞추면 이 죄를 '침해범'으로 분류해서는 안 될 것으로 보인다. 뒤에서 보듯이 현주건조물방화죄의 경우도 주된 보호법익인 공공의 안전에 초점을 맞추면 '현주건조물의 불탐(소훼)'라는 독자적 침해적 결과가 있다고 해서 이 죄를 침해범으로 분류하지 않는 것과 마찬가지이다.

(3) 보호법익

3 이 죄의 본질이 공공위험범이기 때문에 사회공공의 안전과 평온 외에 불특정 또는 다수인의 생명·신체 또는 재산의 안전도 부차적인 보호법익이 된다. 이 죄의 **보호법익이 보호받는 정도**에 대해서 ① 추상적 위험범으로서의 보호라는 견해, ② 침해범으로서의 보호라는 견해,[35] ③ 구체적 위험범으로서의 보호라는 견해[36] 등이 대립한다. 구체적 위험범설이 타당하다. 추상적 위험범에 속하는 다른 공공위험범과는 달리 이 죄는 구성요건적 결과로서 불특정 또는 다수인의 '생명·신체 또는 재산을 해하거나 공안을 문란케 할 것'임을 요구하는데, 이러한 내용은 공공의 안전이 '침해'된 것이 아니라 '공공의 안전에 대한 위험발생의 구체적 형태'를 의미한다고 해석해야 하기 때문이다.

4 判 대법원은 이 죄를 공공위험범으로 분류하고 있지만 구체적 공공위험범인지 추상적 공공위험범인지에 대해서는 명시적인 태도표명은 없다.[37] '폭발물'에 포섭되는 어떤 제작물의 사용(행위) 및 나아가 사람의 생명 등이 침해되거나 사회의 안전과 평온의 '문란'(어지럽힘)의 결과를 초래할 것(구성요건적 결과발생)을 요구하는 이 죄의 구성요건의 외형에 터잡아 생명, 신체, 재산에 대한 침해적 결과가 요구되거나 공안(공공의 안전과 평온)의 침해적 결과가 요구되므로 이 죄를 침해범으로 해석하는 태도나 이원적으로 분류하는 태도는 분류기준의 일관성을 유지하지 못하고 있는 태도라고 할 수 있다.[38] 특히 이 죄의 보호법익인 '공안'은 이와 독립된 법익인 생명, 신

---

35) 오영근, §28/3.

36) 임웅, 559면(부차적인 보호법익인 생명, 신체 또는 재산에 대해서 침해범으로 보는 견해를 취함).

37) "형법 제119조 제1항에서 규정한 폭발물사용죄는 폭발물을 사용하여 공안을 문란하게 함으로써 성립하는 공공위험범죄로서 개인의 생명, 신체 등과 아울러 공공의 안전과 평온을 보호법익으로 하는 것이고, (중략) 형법은 제172조에서 '폭발성 있는 물건을 파열시켜 사람의 생명, 신체 또는 재산에 대하여 위험을 발생시킨 자'를 처벌하는 폭발성물건파열죄를 별도로 규정하고 있는데 그 법정형은 1년 이상의 유기징역으로 되어 있다. 이와 같은 여러 사정을 종합해 보면, 폭발물사용죄에서 말하는 폭발물이란 폭발작용의 위력이나 파편의 비산 등으로 사람의 생명, 신체, 재산 및 공공의 안전이나 평온에 직접적이고 구체적인 위험을 초래할 수 있는 정도의 강한 파괴력을 가지는 물건을 의미한다"(대법원 2012.4.26. 2011도17254).

38) 구성요건의 해석상 1차적 법익과 2차적 법익 두 가지를 동시에 보호하는 구성요건의 경우 분류기준에 관해서

체, 재산과는 달리 개별행위를 통해 현실적으로 침해될 속성을 가진 것이 아니다. 이 때문에 그 법익에 대한 구체적 위험의 발생을 공안의 '문란'(어지럽힘)으로 표현되어 있다는 점에 초점을 맞추고 나아가 이 죄의 주된 법익을 공공의 안전과 평온으로 본다는 점에 초점을 맞추면 생명 등 법익의 침해적 결과와 무관하게 공공의 안전과 평온에 대한 구체적 위험의 발생(즉 공안의 문란)이 요구된다는 점에서 보면, 이 죄를 구체적 위험범으로 해석하는 것이 타당하다.[39)]

2. 구성요건의 체계

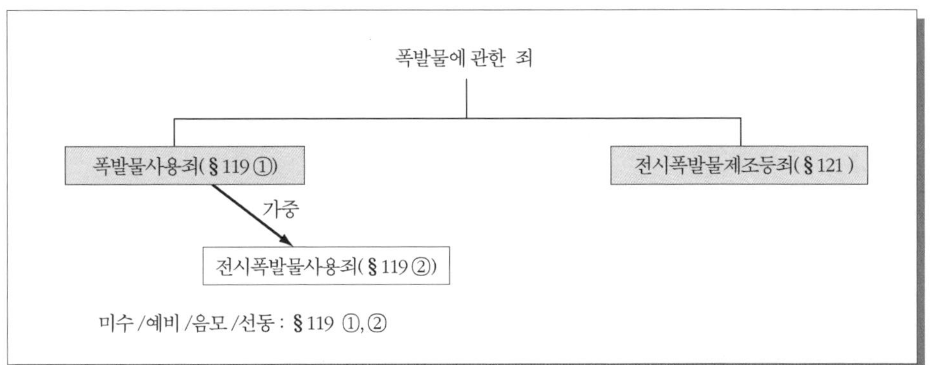

5

Ⅱ. 폭발물사용죄

> 제119조(폭발물 사용) ① 폭발물을 사용하여 사람의 생명, 신체 또는 재산을 해하거나 그 밖에 공공의 안전을 문란하게 한 자는 사형, 무기 또는 7년 이상의 징역에 처한다.
> ③ 제1항과 제2항의 미수범은 처벌한다.

1. 의의, 성격

폭발물을 사용하여 사람의 생명, 신체 또는 재산을 해하거나 그 밖에 공공의 안전을 문란하게 함으로써 성립하는 범죄이다. 다른 공공위험범과는 달리 폭발물의 위험성을 이용하여 '공공의 안전 문란'이라는 '구체적' 위험이 발생(사람의 생명, 신체 또는 재산에 대한 침해는 공공의 안전문란, 즉 공공에 대한 구체적 위험발생의 예시)할 것을 요하는 점에서 구체적 위험범에 해당한다. 6

는 제1편 각론의 총론 중 범죄분류 참조 및 아래 현주건조물방화죄의 법적 성격 참조.

39) 폭발물을 사용하였지만 사람의 생명, 신체 재산이 침해하는 결과가 발생(부차적 법익에 대한 침해적 결과)하지 않았거나 공안의 문란(주된 법익에 대한 구체적 위험발생이라는 결과)이 없으면 이 죄의 미수가 될 수 있을 뿐이다. 어떤 제작물이 그러한 위험성을 발생시킬 정도의 폭발물로 포섭될 수 없을 경우에는 이 죄의 성립이 부정되고 폭발성물건파열죄의 성립여부만 문제된다.

2. 구성요건

(1) 객관적 구성요건

7 **1) 폭발물의 사용** 폭발물이란 '그 폭발작용의 위력이나 파편의 비산 등으로 사람의 생명, 신체, 재산 및 공공의 안전이나 평온에 직접적이고 구체적인 위험을 초래할 수 있는 정도의 강한 파괴력을 가진 물건'을 말한다.[40] 예컨대 다이나마이트·니트로글리세린·아세틸렌가스 등 폭발물로 사용되는 화약과 수류탄·지뢰·시한폭탄 등이 여기에 해당한다. 오락용 폭약이나 화염병도 화학적 개념분류에 따르면 폭발물이지만, 그 파괴력이 공공의 안전을 해할 정도에 미치지 못하므로 이 죄의 폭발물에는 해당하지 않는다. 원자핵은 핵분열과 핵융합이라는 핵에너지 폭발의 특수성을 가지고 있는 것이므로 이 죄의 폭발물과 구별해야 한다.[41] 뿐만 아니라 제조 목적이나 용도가 폭발에 있지 않는 '폭발성 있는 물건'과도 구별해야 한다.[42]

8 '폭발물의 사용'은 폭발물을 그 용법에 따라 폭발시키거나 폭발될 수 있는 상태에 두는 것을 말한다. 따라서 수류탄을 협박수단으로 사용하는 것은 이 죄의 사용에 해당하지 않는다.

9 **2) 공공의 안전 문란** '공공의 안전을 문란'하게 한다는 것은 폭발물을 사용하여 한 지방의 법질서를 교란하게 할 정도에 이른 것을 말한다. 사람의 생명·신체·재산을 해하는 것은 공안문란의 예시로서, 공안문란에 갈음하는 공안에 대한 구체적 위험발생을 의미한다. 사람의 생명이 침해된다고 해서 공공의 안전이 침해되었다고 말할 수는 없으므로 침해범의 침해적 결과를 의미하는 것이 아니다.

10 **3) 기수시기와 미수** 폭발물을 폭발시켜 사람의 생명·신체·재산을 해하였거나 공공의 안전을 문란하게 하였을 때에 기수가 된다. 폭발물을 사용하였으나 폭발되지 않았거나, 폭발되었어도 사람의 생명 등에 대한 재산의 침해적 결과가 발생하지 않았거나 공공의 안전을 문란하게 하지 못하는 등 구체적 위험이 발생하지 않은 경우에는 이 죄의 미수범이 된다.

(2) 주관적 구성요건

11 고의가 인정되기 위해서는 폭발물을 사용한다는 사실에 대한 인식과 의사 뿐 아니라 사람의 생명·신체 또는 재산을 해하거나 공안을 문란케 한다는 사실에 대해서도 인식과 의사가 있어야 한다.[43] 구성요건의 해석상 '구체적 위험'은 위험범의 결과에 해당하므로 결과에 대한

---

40) "따라서 어떠한 물건이 형법 제119조에 규정된 폭발물에 해당하는지 여부는 그 폭발작용 자체의 위력이 공안을 문란하게 할 수 있는 정도로 고도의 폭발성능을 가지고 있는지 여부에 따라 엄격하게 판단하여야 할 것이다"(대법원 2012.4.26. 2011도17254).

41) 원자핵의 폭발을 규율하는 형법규정은 존재하지 않고 다만 가스·전기등방류죄(제172조의2)에서 방사선 또는 방사성 물질의 방출 등에 해당한다고 할 수 있을 뿐이다.

42) 예컨대 보일러, 고압가스, 석유, 가스탱크 기타 인화성 내지 폭발성 있는 화학물질류 등은 폭발성 있는 물건에 해당하고 폭발성물건파열죄(제172조)의 적용대상이 된다.

43) "형법 제119조를 적용하려면 사람의 생명, 신체 또는 재산을 해하거나 기타 공안을 문란하게 한다는 고의가 있어야 한다"(대법원 1969.7.8. 69도832).

고의가 있어야 하는 것은 당연하기 때문이다.

3. 죄수

고의로 폭발물을 사용하여 사람이 사망하거나 상해 또는 불을 질러 건조물을 불태운 결과가 발생한 경우 ① 방화죄와 상상적 경합이 된다는 견해[44]가 있지만 ② 그러한 결과는 이 죄의 구체적 위험에 해당하기 때문에 이 죄만 성립한다고 보아야 한다(법조경합의 보충관계). 12

폭발물을 사용하다가 과실로 이 죄의 결과가 발생한 경우에는 ① 이 죄의 과실처벌규정이 없기 때문에 과실폭발성물건파열죄(제173조의2)가 된다는 견해[45]가 있지만 ② 이 죄의 '폭발물'은 '폭발성 있는 물건'에 해당하지 않기 때문에 과실치사상죄나 실화죄로 처벌될 수 있을 뿐이라고 해야 한다. 13

Ⅲ. 전시폭발물사용죄

> 제119조(전시폭발물사용죄) ② 전쟁, 천재지변 그 밖의 사변에 있어서 제1항의 죄를 지은 자는 사형이나 무기징역에 처한다.
> ③ 제1항과 제2항의 미수범은 처벌한다.

전쟁·천재지변·그 밖의 사변에 있어서 폭발물사용죄를 범함으로써 성립하는 범죄이다. '전쟁·천재지변·그 밖의 사변에 있어서'라는 행위상황으로 인하여 형이 가중되는 가중적 구성요건이다. 14

Ⅳ. 폭발물사용예비·음모·선동죄

> 제120조(예비, 음모, 선동) ① 전조 제1항, 제2항의 죄를 범할 목적으로 예비 또는 음모한 자는 2년 이상의 유기징역에 처한다. 단, 그 목적한 죄의 실행에 이르기 전에 자수한 때에는 그 형을 감경 또는 면제한다.
> ② 전조 제1항, 제2항의 죄를 범할 것을 선동한 자도 전항의 형과 같다.

1. 의의, 성격

폭발물사용죄와 전시폭발물사용죄를 범할 목적으로 예비 또는 음모하거나(제1항), 선동함으로써(제2항) 성립하는 범죄이다. 예비·음모죄는 목적범에 해당한다. 예비·음모를 한 후 목적한 죄의 실행에 이르기 전에 자수한 경우는, 통상의 죄의 자수가 임의적 감면사유로 되어 있는 것과는 달리 필요적 감면사유로 되어 있다. 15

---

44) 김일수/서보학, 558면.
45) 김일수/서보학, 558면.

2. 구성요건

16 ‘예비’란 폭발물을 사용하기 위한 준비행위로서 폭발물의 사용에 착수하지 않은 행위를 말한다. ‘음모’는 폭발물사용죄를 실행하기 위한 2인 이상의 모의를 말한다. ‘선동’이란 타인의 정당한 판단을 흐리게 하여 범죄실행의 결의를 하게 하거나 이미 결의한 자의 결의를 조장하도록 자극을 주는 것을 말한다. 상대방의 결의를 조장·자극하기만 하면 되고, 이에 따라 결의하였음을 요하지 않는다는 점에서 교사와 구별된다. 선동이 범행을 용이하게 할 만큼 영향을 미쳤음을 요하지 않는다는 점에서 방조와도 다르다.

17 폭발물사용죄를 범할 목적으로 예비·음모를 하도록 외부에서 이를 교사 또는 방조한 경우라도 예비·음모죄의 공동정범은 인정될 수 있지만 공범은 인정될 수 없기 때문에 이 죄의 교사 또는 방조범은 인정될 수 없다고 해야 한다.[46]

Ⅴ. 전시폭발물제조등죄

> 제121조(전시폭발물제조등죄) 전쟁 또는 사변에 있어서 정당한 이유없이 폭발물을 제조, 수입, 수출, 수수 또는 소지한 자는 10년 이하의 징역에 처한다.

1. 의의, 성격

18 전쟁 또는 사변에 있어서 정당한 이유 없이 폭발물을 제조·수입·수출·수수 또는 소지함으로써 성립하는 범죄이다. 전시폭발물사용죄의 예비에 해당하는 행위들을 독립된 구성요건으로 규정한 것이다.

2. 구성요건

19 ‘정당한 이유 없이’란 법률의 규정에 의하지 아니하거나 국가기관의 허가가 없음을 의미한다. **정당한 이유가 있는 경우** ① 이 죄의 위법성이 조각된다고 하는 견해가 있으나, ② 전쟁 또는 사변이라는 행위상황 속에서 국가기관의 허가에 따른 폭발물 제조 등의 행위는 구성요건해당성이 배제되는 것으로 이해하는 것이 타당하다.

20 이 죄의 고의로서 폭발물사용에 대한 목적은 요구되지 않는다. 전시폭발물사용죄를 범할 목적으로 폭발물의 제조 등의 행위를 한 경우에는 전시폭발물사용예비죄만 성립한다(법조경합 중 특별관계).

---

46) 대법원 1976.5.25. 75도49.

제 3 절 방화와 실화의 죄 § 37

Ⅰ. 총설

1. 의의 및 보호법익

(1) 의의

방화와 실화의 죄는 고의 또는 과실로 불을 놓아 건물 또는 물건을 불태우거나, 불태워 공공의 위험을 발생하게 하는 것을 내용으로 하는 범죄이다. 형법전은 방화와 실화의 죄(제13장)에서 진화방해죄, 폭발성물건파열죄 등의 죄를 방화죄에 준하여 처벌하고 있는데 이를 준방화죄라고 부른다. 1

(2) 보호법익

방화와 실화의 죄의 **보호법익**과 관련해서는 ① 공공의 안전과 평온만이 보호법익이고 재산죄와는 무관하다는 견해[47](공공위험범설), ② 공공의 안전과 평온을 1차적인 보호법익으로 하여 공공위험범에 해당하지만 개인의 재산권도 부차적인 보호법익으로 하는 재산범적 성격도 가진다는 견해(이중성격설)가 대립한다. 2

형법이 방화죄에 재산에 대한 침해를 의미하는 '불태움'을 독자적 구성요건적 결과로 규정하고 있고, 특히 제166조와 제167조에서 자기소유물과 타인소유물의 방화간에 법정형의 차이를 두고 있는 것은 소유권의 귀속관계에 따른 불법의 차이를 반영한 것으로 볼 수 있다. 따라서 방화의 죄는 기본적으로 공공위험범에 해당하지만 재산범적 성격을 동시에 인정하는 이중성격설이 타당하다 3

判 대법원도 현주건조물방화의 죄의 경우 공공의 안전을 1차적 보호법익으로 하는 동시에 2차적으로는 개인의 재산권을 보호하는 것으로 보면서 이중적 성격을 인정한다.[48] 특히 대법원은 앞서 특가법상의 운전자등폭행등죄 또는 운전자등폭행등치사상죄의 보호법익의 이중적 성격(도로교통의 안전 + 생명 또는 신체의 완전성)을 인정하면서 이러한 류의 구성요건의 보호법익의 보호정도를 해석할 경우 2차적 보호법익을 기준으로 삼지 않고 1차적 보호법익을 기준으로 삼는 분류법에 따라 위 구성요건의 보호정도를 구체적 위험범 또는 침해범이 아니라 '추상적 위험범'으로 분류한다(각론의 총론 중 각칙 범죄의 분류 부분 참조). 4

(3) 보호의 정도

방화의 죄는 기본적으로 공공위험범에 해당하기 때문에 이 죄의 보호법익이 보호받는 정 5

47) 김성천/김형준, 615면; 이재상/장영민/강동범, §26/3.

48) "형법 제164조 전단의 현주건조물에의 방화죄는 공중의 생명, 신체, 재산 등에 대한 위험을 예방하기 위하여 공공의 안전을 그 제1차적인 보호법익으로 하고 제2차적으로는 개인의 재산권을 보호하는 것이라고 할 것이나, 여기서 공공에 대한 위험은 구체적으로 그 결과가 발생됨을 요하지 아니하는 것(이다)"(대법원 1983.1.18. 82도2341).

도도 공공위험을 기준으로 삼아야 한다. 따라서 방화의 죄 가운데 구성요건에서 '공공의 위험발생'을 구성요건적 결과로서 규정하고 있는 죄는 구체적 위험범으로 해석하고, 공공의 위험발생을 구성요건요소로 규정함이 없이 '불태움'만을 독자적 구성요건적 결과로 규정하고 있는 경우에는 공공의 위험이 발생하지 않아도 이 죄의 성립을 인정해야 하므로 추상적 위험범으로 해석하는 것이 타당하다.[49]

6 이에 따르면 제164조(현주건조물방화죄), 제165조(공용건조물방화죄) 및 제166조 제1항(타인소유일반건조물방화죄)은 '추상적 위험범'에 해당하고, 제166조 제2항(자기소유일반건조물방화죄)과 제167조(일반물건방화죄), 제172조 제1항(폭발성물건파열죄)은 '구체적 위험범'에 해당한다.

2. 구성요건의 체계

7

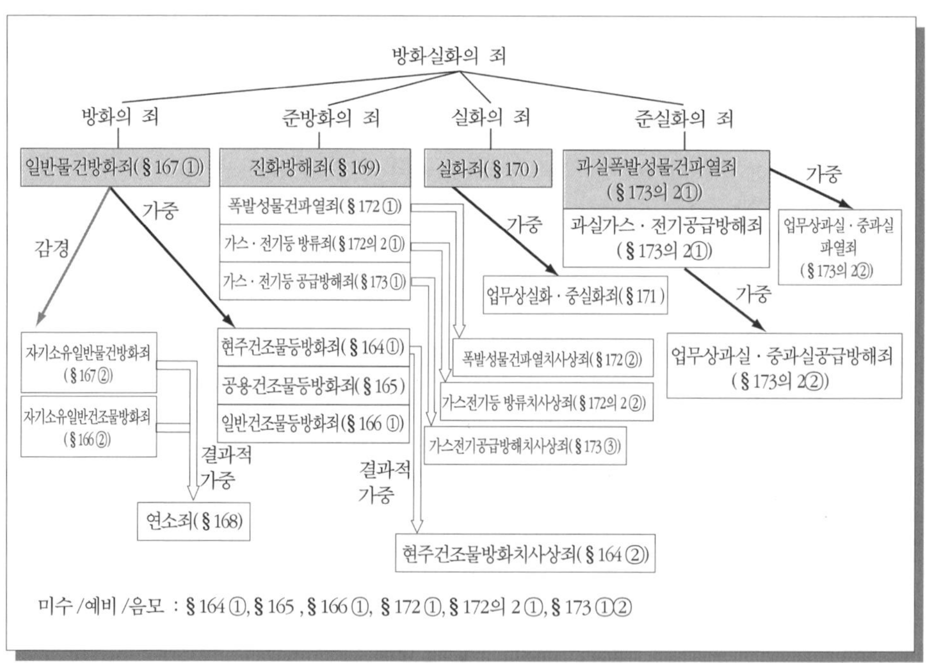

8 방화와 실화의 죄는 방화의 죄와 준방화의 죄 그리고 실화의 죄와 준실화의 죄로 대별된다.

9 방화의 죄의 기본적 구성요건은 일반물건방화죄이고, 이에 대한 가중적 구성요건으로 현주건조물방화죄, 공용건조물방화죄, 그리고 일반건조물방화죄가 있다. 감경적 구성요건으로는 자기소유일반물건방화죄, 자기소유일반건조물방화죄, 그리고 이들의 결과적 가중범에 해당하는 연소죄가 있다. 현주건조물방화치사상죄는 현주건조물방화죄의 결과적 가중범이다.

---

49) 더 나아가 '사람의 생명·신체 또는 재산에 대한 위험'을 구성요건적 결과로 규정하고 있는 경우(제172조)에도 주된 보호법익인 공공의 안전과 평온을 기준으로 삼으면 추상적 위험범에 해당하는 것으로 보아야 한다.

준방화의 죄에는 진화방해죄, 폭발성물건파열죄, 가스·전기등방류죄, 가스·전기등공급방해죄가 있고, 결과적 가중범으로서 폭발성물건파열치사상죄, 가스·전기등방류치사상죄, 가스·전기등공급방해치사상죄가 있다.

실화의 죄의 기본적 구성요건은 실화죄이고, 이에 대한 가중적 구성요건으로 업무상 실 10
화·중실화죄가 있다. 준실화의 죄로는 과실폭발성물건파열죄, 과실가스·전기등방류죄 및 과실가스·전기등공급방해죄가 있고, 이들 각각에 대한 가중구성요건으로 업무상 과실과 중과실을 처벌하는 규정이 있다.

현주건조물방화, 공용건조물방화, 일반건조물방화, 폭발성물건파열, 가스·전기등방류, 가 11
스·전기등공급방해에 대해서는 미수범 및 예비·음모죄를 처벌하며, 예비·음모의 경우 자수에 관한 특칙이 있다. 형법전에는 자기소유에 속하는 물건이라도 압류 기타 강제처분을 받거나 타인의 권리 또는 보험의 목적물이 된 때에는 타인의 물건으로 간주하는 규정을 두고 있다.

Ⅱ. 현주건조물등방화죄

> 제164조(현주건조물등방화죄) ① 불을 놓아 사람이 주거로 사용하거나 사람이 현존하는 건조물, 기차, 전차, 자동차, 선박, 항공기 또는 지하채굴시설을 불태운 자는 무기 또는 3년 이상의 징역에 처한다.
>
> 제174조(미수범) 제164조 제1항, 제165조, 제166조 제1항, 제172조 제1항, 제172조의 2 제1항, 제173조 제1항과 제2항의 미수범은 처벌한다.
>
> 제176조(타인의 권리대상이 된 자기의 물건) 자기의 소유에 속하는 물건이라도 압류 기타 강제처분을 받거나 타인의 권리 또는 보험의 목적물이 된 때에는 본장의 규정의 적용에 있어서 타인의 물건으로 간주한다.

1. 의의, 성격

불을 놓아 사람이 주거로 사용하거나 사람이 현존하는 건조물, 기차, 전차, 자동차, 선박, 12
항공기, 지하채굴시설을 불태움으로써 성립하는 범죄이다. 일반건조물 등에 대한 방화보다 사람의 생명·신체 또는 재산에 대한 위험이 크다는 점을 고려한 가중적 구성요건이다. 추상적 위험범이면서도 미수가 처벌되는 결과범이다.

2. 구성요건

(1) 객관적 구성요건

1) 객체 사람이 주거로 사용하거나 사람이 현존하는 건조물, 기차, 전차, 자동차, 선 13
박, 항공기 또는 지하채굴시설이다.

(가) 사람의 주거에 사용 여기서 '사람'은 범인 이외의 모든 자연인을 말한다. 범인의 가 14

족·동거인도 공범자가 아닌 이상 여기의 사람에 포함된다. 따라서 범인이 그 처와 함께 살고 있는 집을 방화한 경우에도 이 죄가 성립한다. 그 건조물의 소유권이 누구에게 있는가는 묻지 않는다. 범인이 단독으로 살고 있는 집을 방화한 경우에는 일반건조물방화죄(제166조)의 건조물에 해당한다.

15 **사람의 '주거'**란 ① 사람이 일상생활을 영위하기 위하여 점거하는 장소이면 충분하고 반드시 기와침식에 사용하는 장소일 필요가 없다는 견해가 있지만 ② 주거침입죄의 주거와 같이 기와침식起臥寢食의 장소로서 일상생활에 사용하는 장소로 이해하는 것이 타당하다. 주거를 사람의 기와침식에 사용하지 않는 곳은 이 죄의 건조물에 포함시킬 수 있기 때문이다. 그러나 주거가 처음부터 그 용도가 주거용으로 건조된 것일 필요도 없다. 토굴이나 차량(주거차량)도 어느 정도의 주거로서의 설비가 있으면 주거가 되고, '이동식 주거차량'도 주거가 될 수 있다.

16 주거에 '사용'된다는 의미는 사실상 주거로 이용하고 있는 상태를 말한다. 동일인이 계속해서 현존할 필요도 없다. 일정한 계절에만 사용하는 별장, 산장, 공장의 숙직실, 술집의 객실 등도 주거사용에 해당한다. 주거사용은 건조물의 전부일 필요가 없고. 그 일부에 주거사용 부분이 있으면 충분하다. 따라서 사람이 거주하는 가옥의 일부로 되어 있는 우사牛舍에 대한 방화도 이 죄에 해당한다.[50] 주거로 사용하는 건조물이면 방화 당시에 건조물 내부에 사람이 현존할 필요가 없으며, 주거사용 자체가 적법하지 않은 경우에도 주거에 해당한다.

17 (나) 사람이 현존하는 주거 이외의 건조물(전차·자동차·선박·항공기·지하채굴시설)은 방화 당시에 사람이 현존해야 한다. 이 경우 '현존'이란 범인 이외의 자가 방화 당시에 건조물 등의 내부에 있음을 말한다. 건조물의 일부에 사람이 있어도 상관없고, 빈집이라도 방화 당시에 사람이 현존하면 현존하는 건조물이 되며, 사람이 현존하게 된 이유도 묻지 않는다. 주거자가 모두 살해된 직후(주거자가 연탄가스로 모두 사망한 직 후)에 이를 모르고 방화한 경우에는 그 건조물 등은 이 죄가 아니라 제166조(일반건조물방화죄)의 목적물에 해당한다.

18 **범인이 주거자를 모두 살해하고 방화한 경우**에는 ① 이 죄에 해당한다는 견해도 있고, ② 일반건조물방화죄에 해당한다는 견해도 있다. 행위자가 처음부터 살해에 이어 방화하려는 고의가 있었던 것이 아니라 살해 후에 비로소 방화의 고의를 일으킨 경우에는 일반건조물방화죄가 된다고 보는 것이 타당하다.

19 (다) 건조물 등 건조물이란 가옥 기타 이에 유사한 공작물로서 지붕이 있고, 담벼락 또는 기둥으로 지지되어 사람이 그 내부에 출입할 수 있는 구조를 말한다. 그 구조나 규모의 대소, 재료의 종류 여하는 묻지 않는다. 주거침입죄의 건조물에는 주택을 포함하지 않지만 이 죄의 건조물에는 주택은 물론 점포, 창고, 학교, 관공서, 사무소뿐만 아니라 토굴, 방갈로,

50) 대법원 1967.8.29. 67도925.

초소 등도 포함된다. 건조물은 어느 정도 지속성을 가지고 토지에 정착된 것임을 요한다. 건조물의 용도는 묻지 않으며 사람이 현존할 수 있으면 족하다. 건조물과 불가분의 일체를 형성하여 이를 파괴하지 않고는 뜯어낼 수 없는 부속물도 이 죄의 건조물에 해당한다.[51] 건조물 등의 경우에는 자기소유 타인소유 불문한다.

2) 행위 불을 놓아(방화) 목적물을 불태우는 것이다. 20

(가) 방화

가) 방화의 의의 및 방법 '방화'란 화력을 이용하여 일정한 목적물을 불태우는 원인 제공 21
행위를 지칭한다. 그 방법에는 제한이 없다. 직접적으로 목적물에 방화하든 매개물을 이용해서 방화하든 상관없다. 소극적인 부작위의 방법으로도 가능하다.

다만 부작위에 의한 방화가 성립하려면 소화에 대한 보증인적 지위에 있는 자의 보증의무위반이 있어야 한 22
다. 따라서 단순한 소화의무나 소화협력의무의 위반(경범죄처벌법 제3조 제1항 제29호, 소방기본법 제24조) 또는 단순한 진화방해 정도는 부작위에 의한 진화방해죄는 성립이 가능할 뿐, 부작위에 의한 방화가 성립하지는 않는다. 특히 부작위에 의한 진화방해는 '화재시에' 소화활동에 종사해야 할 보증인적 지위에 있는 자의 부작위임에 반해 부작위에 의한 방화는 '화재전후를 불문하고' 화기관리자로서의 소화의무 있는 자의 부작위라는 점에서 양자가 구별된다.

나) 실행의 착수시기 방화에의 직접적 개시가 있어 실행의 착수로 인정되려면 불을 놓 23
는 행위가 있어야 한다.

判 대법원은 이 죄의 실행의 착수가 인정되기 위해 목적물 또는 매개물(도체물체)에 대한 발화 또는 점화가 24
있어야 할 것을 요하고,[52] 특히 매개물을 통한 점화에 의하여 건조물을 소훼함을 내용으로 하는 형태의 방화죄의 경우에는 범인이 그 매개물에 불을 켜서 붙였거나 또는 범인의 행위로 인하여 매개물에 불이 붙게 됨으로써 연소작용이 계속될 수 있는 상태에 이르렀다면, 그것이 곧바로 진화되는 등의 사정으로 인하여 목적물인 건조물 자체에는 불이 옮겨 붙지 못하였다고 하더라도, 방화죄의 실행의 착수를 인정할 수 있다고 한다.[53]

例 방화의 의사로 뿌린 휘발유에 주택주변과 피해자의 몸에 적지 않게 살포되어 있는 것을 알면서도 라이터 25
를 켜 피해자의 몸에 불이 붙은 경우에 비록 외부적 사정에 의하여 불이 방화 목적물인 주택 자체에 옮겨 붙지는 못한 경우에도 실행의 착수가 인정되었고(대법원 2002.3.26. 2001도6641), 매개물인 장롱 안에 있는 옷가지에 불을 놓아 건물을 소훼하려 하였으나 불길이 치솟는 것을 보고 겁이 나서 물을 부어 불을 끈 것 경우에는 실행의 착수가 되었지만, 겁이 나서 불을 끈 점은 자의에 의한 중지가 인정되지 않고 장애미수로 인정되었다(대법원 1997.6.13. 97도957).

(나) 불태움

가) 불태움의 의의 불태움(2021년 개정 이전: 소훼)이란 화력에 의한 목적물의 훼손 내지 26
손괴를 의미한다. 불태움은 방화죄와 실화죄의 구성요건적 결과로서의 의미를 가진다. 따라

51) 대법원 1969.8.29. 67도925.

52) "피고인이 불을 아직 방화목적물 내지 그 도화물체에 점화하지 아니한 이상 이를 즉시 방화의 착수로 논단하지 못할 것이다"(대법원 1960.7.22. 4239형상213).

53) "구체적인 사건에 있어서 이러한 실행의 착수가 있었는지 여부는 범행 당시 피고인의 의사 내지 인식, 범행의 방법과 태양, 범행 현장 및 주변의 상황, 매개물의 종류와 성질 등의 제반 사정을 종합적으로 고려하여 판단하여야 한다"(대법원 2002.3.26. 2001도6641).

서 불태움의 결과가 발생함으로써 이 죄는 기수가 된다.

27 나) 방화죄의 기수시기 **어느 정도에 이르러야 불태움(기수)이 되는지**에 대해서는 견해가 대립될 수 있다. 종래 '소훼'의 개념과 관련하여서는, ① 불이 방화의 매개물을 떠나서 목적물에 옮겨져 독립하여 연소할 수 있는 상태에 이르게 된 때에 소훼가 있고 기수가 된다는 견해[54](독립연소설), ② 독립연소로는 부족하고 목적물의 중요부분이 소실되어 그 본래의 효용을 상실한 때에 소훼가 있고 기수가 된다는 견해[55](효용상실설), ③ 목적물의 중요부분에 연소가 개시된 때에 소훼가 있고 기수가 된다는 견해[56](중요부분연소개시설), ④ 목적물의 중요부분이 소훼될 필요는 없고 손괴죄에 있어서의 손괴의 정도로 일부손괴가 있는 때에 소훼가 있고 기수가 된다는 견해[57](일부손괴설), ⑤ 현주건조물방화죄와 같은 추상적 위험범의 경우에는 독립연소설에 따르고 자기소유 일반건조물방화죄와 같은 구체적 위험범의 경우는 중요부분연소개시설에 따르는 견해[58](이분설) 등이 대립하였다. 이러한 견해대립과 관련하여 종래 "소훼"가 "불태운"으로 개정되기 전, 이 책 제8판 이전에는 아래와 같이 일부손괴설을 지지한 바가 있다.

28 "우리 형법의 해석상 보호법익이 보호받는 정도(침해범/위험범)의 문제와 구성요건적 결과발생의 유무를 기준으로 삼는 기수/미수의 문제는 구별하여 생각해야 한다. 이 점은 방화죄 내에서도 '소훼'(행위)를 통해 '공공의 위험'까지 발생하도록 요구하는 구성요건(구체적 위험범)도 존재하지만(예, 일반건조물방화죄), '공공의 위험'발생을 요구하지 않으면서도 '방화'(행위) 이외에 별도의 구성요건적 '결과'로서 '소훼'가 있을 것을 요구하고 이 결과가 발생하지 않은 경우에는 미수범으로 처벌할 수 있도록 하는 구성요건(추상적 위험범)도 존재한다(예, 현주건조물방화죄)는 점에서 알 수 있다. 이 점에서 보면 독립연소설은 소훼라는 결과발생의 여부를 도외시 한 채 공공의 위험이라는 보호법익 측면에 천착함으로써[59] 기수시기를 너무 앞당기고 있고, 효용상실설은 소훼라는 개념을 손괴죄에서도 요구하지 않는 효용상실개념으로 치환하여 기수시기를 너무 늦추고 있는 문제점이 있다. 뿐만 아니라 중요부분연소개시설은 '중요부분'이 무엇인지 판단하기 어려울 뿐 아니라 중요부분연소'개시'라는 부가어를 통해 결국 독립연소설과 동일하게 되며, 이분설은 독립연소설과 중요부분연소개시설의 문제점을 모두 가지게 된다. 따라서 '불에 타서(燒) 훼손됨(毁)'이라는 소훼개념의 일상적 언어관용에 가장 적합한 상태를 표시하는 일부손괴설(내지 보존상태변경설)이 이 죄의 기수시기를 정하는 기준으로 가장 타당한 것이다."

29 개정 형법은 기존의 소훼(燒燬) 중 훼손함(毁) 부분은 버리고 '불태움(燒)'만 남겼다. 이러한 자구변경을 한 것은 어려운 한자어를 일상언어로 순화시키려는 입법취지를 넘어서서 — 의도치 않게 — 그 개념의 내포까지 건드린 셈이 되고 말았다. 이 뿐만 아니라 불태움이라는 용어가 형법적으로 — 이 죄의 1차적 보호법익과는 독립된 2차적 법익인 재산침해라는 구성요건

54) 김성천/김형준, 619면; 박상기, 471면; 손동권/김재윤, §32/13; 이재상/장영민/강동범, §27/23.

55) 유기천(하), 25면.

56) 이형국/김혜경 602면.

57) 오영근, §29/24; 임웅, 575면; 정성근/정준섭, 393면.

58) 김일수/서보학, 573면; 배종대, §101/12.

59) 독립연소설을 취하는 견해에 내재되어 있는 사고방식(방화죄가 공공위험범죄이므로 기수시기도 공공위험이 야기되는 독립연소시로 결정해야 한다는 사고방식)은 "목적물에 불이 붙어 독립연소의 상태에 이르렀다면 충분히 사회적 법익에 대한 추상적 위험성은 인정될 수 있는 것이다"(손동권/김재윤, 551면)라는 언명에서 가장 극명하게 드러난다.

적 결과의 발생을 지시하는—'의미있는 내용'을 담기에 적합한 용어인지도 의문이다. '불태움'은 일상적 언어관용상—독립연소설이 상정하는—매개물을 떠나 목적물에 불이 옮겨붙는 정도는 넘어서지만, —효용상실설이 요구하듯이—목적물이 완전히 불타 없어진 상태인 전소(全燒) 상태를 표현하고 있다고 보기도 어렵다. 이러한 점을 고려하면 불태움의 단계는 매개물을 떠나 목적물에 옮겨붙기 시작하는 시점부터 완전히 불타 없어지는 (효용상실) 상태의 중간 어느 단계를 가리키는 것으로 이해할 수 있다. 이에 따르면 불태움도 독립연소설의 입장에서 보다는 일부손괴설로 해석하는 태도가 더 타당한 것으로 보인다.

判 대법원은 과거 소훼라는 용어가 구성요건적 결과로 표현되어 있을 때부터 일부손괴설의 입장을 취한 경우도 있었지만,[60] 기본적으로는 독립연소설을 취한다는 태도를 표명해 왔다.[61] 하지만 이러한 대법원의 태도에도 문제는 없지 않았다. 형식적인 측면인 구성요건적 결과발생의 유무를 기수/미수의 구별기준으로 삼지 않고, 이 죄가 추상적 위험범임을 근거로 하여 이 죄의 성립을 위해서는 공공의 위험이 현실적으로 발생할 필요가 없다는 점을 강조하는 가운데 실질적인 측면인 보호법익(공공의 위험)의 관점을 기수인정의 준거로 삼는 문제점[62]이 그것이다.[63] 30

실제로 대법원이 독립연소설의 입장에서 현주건조물방화죄의 기수/미수를 인정하고 있는 판례사례들은 일부손괴설의 입장에서도 여전히 기수/미수로 인정되고 남을 만한 사안이다. 즉 기수를 인정한 사례인 '부모에게 용돈을 요구하였다가 거절당한 피고인이 홧김에 자기 집 헛간 지붕 위에 올라가 거기다 라이타불로 불을 놓고, 이어서 몸채, 사랑채 지붕 위에 차례로 올라가 거기에다 각각 불을 놓아 헛간지붕 60평방센치미터가량, 몸채지붕 1평방미터가량, 사랑채지붕 1평방미터가량을 태운' 사례의 경우(대법원 1970.3.24. 70도330)는 일부손괴설의 입장에서도 기수가 될 수 있고, 미수를 인정한 사례인 '가옥의 창문에 석유를 뿌리고 라이터를 사용하여 불을 붙였으나 창문에 부착된 모기장만 태웠을 뿐'인 사례의 경우(대전지법 1991.6.13., 88고합274. 확정)는 일부손괴설에서도 여전히 미수가 될 수 있다.

(2) 주관적 구성요건

불을 놓아 주거에 사용하거나 사람이 현존하는 건조물 등을 불태운다는 고의가 있어야 한다.[64] 공공의 위험은 구성요건요소가 아니므로 이에 대한 인식은 고의의 내용이 아니다. 31

목적물인 건조물이 주거에 사용되는 것이 아니거나 사람이 현존하지 않는다고 오신한 경우에는 제15조 제1항에 의하여 일반건조물방화죄의 죄책을 부담한다. 32

---

60) "방화죄의 기수시기인 소훼는 화력에 의하여 목적물의 일부가 손괴된 때를 말하는 것이고 반드시 목적물의 전부가 손괴되거나 그 본질적 효용을 상실한 때를 말하는 것이 아니라 할 것이다"(대법원 1961.5.15. 4294형상89).

61) "방화죄는 화력이 매개물을 떠나 스스로 연소할 수 있는 상태에 이르렀을 때에 기수가 된다"(대법원 1970.3.24. 70도330).

62) 독립연소설을 취하는 판례의 태도는 방화죄의 기수시기에 관해 언급하면서 이 죄가 추상적 위험범임을 강조하고 있다. 즉 "형법 제164조 전단의 현주건조물에의 방화죄는 … (중략) … 공공에 대한 위험은 구체적으로 그 결과가 발생됨을 요하지 아니하는 것이고, 이미 현조물에의 점화가 독립연소의 정도에 이르면 동죄는 기수에 이르게 된다"(대법원 1983.1.18. 82도2341).

63) 이 점에 관해서는 주거침입죄의 기수시기에 관한 판례의 태도 참조.

64) "피고인이 동거하던 공소외인과 가정불화가 악화되어 헤어지기로 작정하고 홧김에 죽은 동생의 유품으로 보관하던 서적 등을 뒷마당에 내어 놓고 불태워 버리려 했던 점이 인정될 뿐 피고인이 위 공소외인 소유의 가옥을 불태워 버리겠다고 결의하여 불을 놓았다고 볼 수 없다면 피고인의 위 소위를 가리켜 방화의 범의가 있었다고 할 수 없다."(대법원 1984.7.24. 84도1245).

3. 위법성조각사유

33 방화죄의 이중적 성격으로 인하여 피해자의 동의가 구성요건해당성이나 위법성을 조각시키는 것은 아니지만 재산범적 성격을 가진 부분에 대한 법적 평가를 다르게 하여 적용될 구성요건의 변경을 가져올 수 있다. 즉 현주건조물에 주거하는 자 모두의 동의를 받고 방화한 경우에는 현주건조물방화죄가 되지 않고 일반건조물방화죄가 된다. 현주건물의 소유자이면서 현거주자의 동의를 받고 방화한 경우에는 자기소유일반건조물방화죄가 된다.[65] 건조물이나 물건의 소유자의 동의를 받고 비주거용 또는 비현주건조물을 방화한 경우에는 일반건조물방화죄 또는 일반물건방화죄가 성립하지 않고 자기소유일반건조물방화죄 또는 자기물건방화죄가 성립한다.

4. 죄수, 타죄와의 관계

(1) 죄수

34 한 개의 방화행위로 수개의 (현주)건조물을 불태운 때에도 한 개의 (현주건조물)방화죄가 성립한다. 이 경우 건조물이 수인의 소유에 속한 경우에도 일죄가 되는 것은 마찬가지이다. 동일구역 내의 수개의 건조물에 대하여 차례로 방화한 때에도 포괄일죄의 인정요건을 구비하는 한, 한 개의 방화죄만 성립한다. 방화에 재물손괴가 수반되더라도 방화죄만 성립한다(불가벌적 수반행위).

(2) 타죄와의 관계

35 소요죄의 실행 중에 방화한 경우에는 이 죄와 소요죄의 상상적 경합이 되지만, 소요의 기회를 이용하여 집단행동과 관계없이 방화한 경우에는 실체적 경합이 된다. **내란의 실행으로 방화한 경우**에는 ① 방화행위가 (보다 중한) 내란죄에 흡수된다고 하는 견해, ② 방화죄가 불가벌적 사전행위로서 내란죄와 보충관계에 있다는 견해 등이 있지만, ③ 내란행위에 항상 방화행위가 수단으로 되는 것이 아니고 양죄는 보호법익이 다르므로 이 경우에도 상상적 경합이 된다고 해야 한다.

36 사람이 사는 집에 방화한 후 피해자들이 집밖으로 빠져나오려 하자 이를 막아 나오지 못하게 하여 불에 타죽게 한 경우는 방화행위와 살인행위가 별개의 고의에 기한 별도의 행위이므로 현주건조물방화죄와 살인죄는 실체적 경합이 된다.[66]

37 건조물 내에서 사람을 살해한 후 범죄의 흔적을 인멸할 의사로 방화할 계획을 가지고 차례로 행위수행을 한 경우에는 보호법익이 다르지만 한 개의 고의로 실행한 것이므로 현주건

---

65) 김일수/서보학, 562면.

66) 대법원 1983.1.18. 82도2341.

조물방화죄와 시체손괴죄는 상상적 경합이 되고, 살인죄는 이와 별도로 실체적 경합이 된다. 살해 후 비로소 방화의 고의가 생겼다면 현주건조물방화죄가 아니라 일반건조물방화죄가 성립하는 점에서만 다르다.

보험금을 편취할 목적으로 건조물에 방화한 경우 보험금 청구를 하였으면 사기죄(또는 그 미수범)와 이 죄는 실체적 경합이 되며, 보험금 청구전 전이면 현주건조물등방화죄만 성립한다. 38

Ⅲ. 현주건조물등방화치사상죄

> 第164條(현주건조물방화치상죄·치사죄) ② 제1항의 죄를 지어 사람을 상해에 이르게 한 경우에는 무기 또는 5년 이상의 징역에 처한다. 사망에 이르게 한 경우에는 사형, 무기 또는 7년 이상의 징역에 처한다.
>
> 第176條(타인의 권리대상이 된 자기의 물건) 자기의 소유에 속하는 물건이라도 압류 기타 강제처분을 받거나 타인의 권리 또는 보험의 목적물이 된 때에는 본장의 규정의 적용에 있어서 타인의 물건으로 간주한다.

1. 의의, 성격

현주건조물등방화죄를 범하여 사람을 사상에 이르게 함으로써 성립하는 범죄이다. 치상죄나 치사죄가 각각 상해죄나 살인죄 보다 법정형이 중하므로 중한 결과에 대한 고의가 있는 경우에도 결과적가중범이 성립하는 부진정결과적가중범에 해당한다(통설·판례[67]). 공공의 안전 외에 사람의 생명·신체도 보호하지만, 2차적 법익인 사람의 상해 또는 사망이라는 법익침해적 결과가 발생한 이상 공공의 안전에 대한 위험이 발생하지 않아도 이 죄의 성립은 인정된다. 따라서 이 죄의 보호법익에 대한 보호정도는 1차적 보호법익인 공공의 안전을 기준으로 삼아, 침해범이 아니라 추상적 위험범으로 해석하는 것이 타당하다. 39

2. 구성요건

결과적 가중범이므로 결과적 가중범의 일반적 성립요건을 충족시켜야 한다. 기본범죄는 현주건조물등방화죄이고, 기본범죄가 미수인 경우에는 이 죄가 성립하지 않는다.[68] 여기의 40

67) "형법 제164조 후단이 규정하는 현주건조물방화치사상죄는 그 전단이 규정하는 죄에 대한 일종의 가중처벌 규정으로서 과실이 있는 경우뿐만 아니라, 고의가 있는 경우에도 포함된다고 볼 것이(다)"(대법원 1996.4.26. 96도485).

68) "~의 죄를 범한 자"가 미수범을 포섭하지 않는 조문형식으로 된 경우에는 기수범에 한해야 하기 때문에 기본범죄가 미수인 경우에는 현주건조물방화미수죄와 과실치사상죄의 경합이 된다. "형벌법규는 그 규정내용이 명확하여야 할 뿐만 아니라 그 해석에 있어서도 엄격함을 요하고 유추해석은 허용되지 않는 것이므로 성폭력범죄의처벌및피해자보호등에관한법률 제9조 제1항의 죄의 주체는 "제6조의 죄를 범한 자"로 한정되고 같은 법 제6조 제1항의 미수범까지 여기에 포함되는 것으로 풀이할 수는 없다"(대법원 1995.4.7. 95도94)는 판결의 취지를 반영하여 성폭법이 개정되었다(성폭법 제8조 및 제9조 참조).

사람은 범인(행위자와 그 공동정범) 이외의 사람을 의미한다. 따라서 방화의 공동정범에게 방화로 인한 사상의 결과가 발생된 때에도 이 죄가 성립하지 않는다. 기본범죄(현주건조물등방화)와 중한 결과(사람의 사상) 사이에 형법상의 인과관계가 인정되어야 한다. 부진정결과적 가중범이므로 중한 결과에 대해 과실이 있거나 고의가 있어야 한다. 진화작업에 열중하다가 화상을 입힌 경우에는 과실(예견가능성)도 없는 경우이므로 이 죄가 성립하지 않는다.[69)]

41 다수인이 공모하여 사람이 현존하는 건조물에 방화하는 과정에서 일부가 고의행위로 살상을 가하여 피해자들에게 상해를 입힌 경우 직접 살상행위에 가담하지 않은 다른 공모자들도 그 사상의 결과가 예견가능한 경우라면 현주건조물방화치사상죄의 공동정범이 된다.[70)]

3. 죄수 및 타죄와의 관계

42 **사람을 살해하려는 고의를 가지고 현주건조물에 방화하여 사람을 불에 타죽게 한 경우** ① 이 죄를 진정결과적 가중범으로 해석하면서 현주건조물'방화죄'와 살인죄의 상상적 경합이 된다고 하는 견해와 ② 이 죄를 부진정결과적 가중범으로 해석하는 전제하에서 현주건조물방화치사죄와 살인죄의 상상적 경합이 인정된다고 하는 견해 및 ③ 하나의 고의를 이중평가하지 않기 위해 법조경합에 따라 현주건조물방화죄만 성립한다는 견해가 대립한다.

43 判 대법원 "부진정결과적가중범의 경우 고의로 중한 결과를 발생하게 한 행위가 별도의 구성요건에 해당하고 그 고의범에 대하여 결과적가중범에 정한 형보다 더 무겁게 처벌하는 규정이 있는 경우에는 그 고의범과 결과적가중범이 상상적 경합관계에 있지만, 고의범에 대하여 더 무겁게 처벌하는 규정이 없는 경우에는 결과적가중범이 고의범에 대하여 특별관계에 있으므로 결과적가중범만 성립하고 이와 법조경합의 관계에 있는 고의범에 대하여는 별도의 죄를 구성하지 않는다"는 법리에 따르고 있다.[71)]

44 例 이에 따라 대법원은 살인의 고의를 가졌지만, 피해자가 직계존속인 경우에는 존속살해죄의 법정형이 살인죄의 법정형보다 중하므로 존속살해죄의 성립을 별도로 인정하여 이 죄와 현주건조물'방화치사죄'의 상상적 경합을 인정하고(대법원 1996.4.26. 96도485), 강도살인죄와 현주건조물방화치사죄도 상상적 경합을 인정한다(대법원 1998.12.8. 98도3416).

45 하지만 이러한 태도는 죄수문제해결에 형벌론적 관점(법정형의 경중)을 동원하는 태도로서 구성요건표준설의 관점(보호법익의 상이성)을 일관성 있게 관철시키고 있지 못한 태도라고 하지 않을 수 없다. 부진정결과적 가중범의 보호법익을 기본범죄의 구성요건에서 보호되는 법익을 기준으로 삼으면 '현주건조물방화치사죄'의 보호법익과 '살인죄, 존속살해죄, 강도살인죄'의 보호법익은 다르므로 모든 경우 상상적 경합관계를 인정하는 것이 타당하다.

69) 대법원 1966.6.28. 66도1.
70) 대법원 1996.4.12. 96도215.
71) 대법원 2008.11.27. 2008도7311.

Ⅳ. 공용건조물등방화죄

> 第165조(공용건조물등방화죄) 불을 놓아 공용(公用)으로 사용하거나 공익을 위해 사용하는 건조물, 기차, 전차, 자동차, 선박, 항공기 또는 지하채굴시설을 불태운 자는 무기 또는 3년 이상의 징역에 처한다.
>
> 第174조(미수범) 제164조 제1항, 제165조, 제166조 제1항, 제172조 제1항, 제172조의 2 제1항, 제173조 제1항과 제2항의 미수범은 처벌한다.
>
> 第176조(타인의 권리대상이 된 자기의 물건) 자기의 소유에 속하는 물건이라도 압류 기타 강제처분을 받거나 타인의 권리 또는 보험의 목적물이 된 때에는 본장의 규정의 적용에 있어서 타인의 물건으로 간주한다.

1. 의의, 성격

불을 놓아 공용(公用)으로 사용하거나 공익을 위해 사용하는 건조물, 기차, 전차, 자동차, 선박, 항공기 또는 지하채굴시설을 불태움으로써 성립하는 범죄이다. 일반물건방화죄의 가중적 구성요건으로서, 추상적 위험범이자 결과범(미수범처벌)에 해당하는 것은 현주건조물방화죄와 같다. 46

2. 구성요건

행위객체는 공용으로 사용하거나 공익을 위해 사용하는 건조물, 기차, 전차, 자동차, 선박, 항공기 또는 지하채굴 등이다. '공용'으로 사용한다는 것은 국가 또는 공공단체가 그 이익을 위하여 사용한다는 의미이고, '공익'을 위해 사용한다는 것은 일반 공중(불특정 또는 다수인)의 이익을 위하여 사용한다는 의미이다. 경찰순찰차는 공용에 공하는 자동차이고, 공중전화박스는 공익에 공하는 건조물에 해당한다. 교회건물은 불특정 또는 다수인의 공익에 공하는 것이 아니라 교인들만을 위한 것이므로 이 죄의 객체가 아니라 일반건조물에 해당한다.[72] 47

공용·공익을 위해 사용하는 이상 누구의 소유인가는 묻지 않는다. 건조물 등의 경우에는 현주건조물방화죄와의 관계상 사람이 주거에 사용하거나 사람이 현존하는 건조물 등이 아니어야 한다. 따라서 직원들이 야간근무 중인 경찰서 건물과 같이 공익을 위해 사용하는 건조물이 동시에 사람이 현존하거나 또는 주거로 사용되는 경우에는 현주건조물방화죄가 성립한다. 실행의 착수나 기수시기도 현조건조물방화죄의 경우와 같다. 48

72) 손동권/김재윤, §32/21.

V. 일반건조물등방화죄(타인소유/자기소유)

> 第166조(일반건조물등방화죄) ① 불을 놓아 제164조와 제165조에 기재한 외의 건조물, 기차, 전차, 자동차, 선박, 항공기 또는 지하채굴시설을 불태운 자는 2년 이상의 유기징역에 처한다.
> (자기소유일반건조물등방화죄) ② 자기 소유인 제1항의 물건을 불태워 공공의 위험을 발생하게 한 자는 7년 이하의 징역 또는 1천만원 이하의 벌금에 처한다.
>
> 第174조(미수범) 제164조 제1항, 제165조, 제166조 제1항, 제172조 제1항, 제172조의 2 제1항, 제173조 제1항과 제2항의 미수범은 처벌한다.
>
> 第176조(타인의 권리대상이 된 자기의 물건) 자기의 소유에 속하는 물건이라도 압류 기타 강제처분을 받거나 타인의 권리 또는 보험의 목적물이 된 때에는 본장의 규정의 적용에 있어서 타인의 물건으로 간주한다.

1. 의의, 성격

49 불을 놓아 현주건조물등방화죄와 공용건조물등방화죄에 해당하는 객체 이외의 건조물, 기차, 전차, 자동차, 선박, 항공기 또는 지하채굴시설을 불태우거나(타인소유일반건조물등방화죄: 제1항) 자기 소유인 위의 물건을 불태워 공공의 위험을 발생하게 함으로써(자기소유일반건조물등방화죄: 제2항) 성립하는 범죄이다.

50 타인소유일반건조물등방화죄는 현주건조물방화죄와 같이 목적물을 불태움으로써 기수에 이르는 '추상적 위험범'(미수처벌)인 반면에, 자기소유일반건조물등방화죄는 불태움을 통해 공공의 위험을 발생한 경우에 기수가 되는 '구체적 위험범'(미수불처벌)이다.

2. 구성요건

51 이 죄의 객체는 사람의 주거에 사용하지 않고 사람이 현존하지도 않으면서 동시에 공용 또는 공익을 위해 사용하지도 않는 건조물 등이다. 소유관계에 따른 구성요건상의 차이는 다음과 같다.

(1) 타인소유일반건조물등방화죄(추상적 위험범)

52 이 죄는 공공의 위험이 구성요건적 결과로 규정되어 있지 않아서 이에 대한 고의가 없어도 성립한다. 하지만 목적물의 '불태움'을 결과로 이해해야 하기 때문에 '불태움'개념을 어떻게 이해하느냐에 따라 기수시기가 달라진다(구 형법상 '소훼' 개념에 대해서는 앞의 현주건조물방화죄의 독립연소설, 일부손괴설 등의 대립참조).

(2) 자기소유일반건조물등방화죄(구체적 위험범)

53 이 죄의 경우 공공의 위험 발생이 구성요건적 결과이다. 따라서 이 죄의 성립(기수)이 인정되려면 불태움을 통하여 공공의 위험이 발생하여야 하고, 여기서 공공의 위험이란 불특정 또는 다수인의 생명·신체 또는 재산에 대한 위험을 의미한다. 뿐만 아니라 고의가 인정되려면 행위자에게 불태움 뿐만 아니라 공공의 위험에 대한 인식도 있어야 한다.

54 '자기 소유'란 행위자(공범포함)의 소유에 속하는 것을 말한다. 다만 타인의 소유라도 소유자의 동의가 있는 경우 또는 무주물인 경우에는 자기 소유에 속하는 것으로 간주된다(통설). 반면에 자기 소유에 속하는 건조물 등이라도 압류 기타 강제처분을 받거나 타인의 권리 또는 보험의 목적물이 된 때에는 타인의 건조물 등으로 간주된다(제176조). 여기서의 '강제처분'에는 아무런 제한이 없으므로 국세징수법에 의한 체납처분, 강제경매절차에서의 압류 및 형사소송법에 의한 몰수물의 압류 등도 포함한다. '타인의 권리 목적물'에는 저당권, 전세권, 질권 등 제한물권 뿐만 아니라 임차권 등 채권의 목적물도 포함한다.

Ⅵ. 일반물건방화죄(타인소유/자기소유)

> 제167조(일반물건방화죄) ① 불을 놓아 제164조부터 제166조까지에 기재한 외의 물건을 불태워 공공의 위험을 발생하게 한 자는 1년 이상 10년 이하의 징역에 처한다. (자기소유일반물건방화죄) ② 제1항의 물건이 자기 소유인 경우에는 3년 이하의 징역 또는 700만원 이하의 벌금에 처한다.
>
> 제176조(타인의 권리대상이 된 자기의 물건) 자기의 소유에 속하는 물건이라도 압류 기타 강제처분을 받거나 타인의 권리 또는 보험의 목적물이 된 때에는 본장의 규정의 적용에 있어서 타인의 물건으로 간주한다.

1. 의의, 성격

55 불을 놓아 건조물 등이 아닌 일반물건을 불태워 공공의 위험을 발생하게 함으로써 성립하는 범죄이다(제1항). 다만 물건이 자기 소유인 경우에는 제2차적인 보호법익인 개인의 재산권에 대한 침해가 없으므로 타인소유인 경우에 비해 법정형이 낮게 되어 있다(제2항). 자기소유인 경우나 타인소유인 경우 모두 공공의 위험이 발생해야 성립하는 구체적 위험범이고, 미수처벌 규정이 없다.

2. 구성요건

56 타인소유이거나 자기소유인 경우 공공의 위험에 대한 행위자의 고의가 있어야 하고, 고의가 있었으나 공공의 위험이 발생하지 않았을 경우에는 미수는 불벌이므로 처벌되지 않는다.

57 따라서 객관적으로 공공의 위험발생의 염려가 없는 넓고 한적한 공간에서 타인의 물건에 방화하는 경우에는 공공의 위험발생이 없기 때문에 이 죄가 성립하지 않고, 그 물건이 타인의 소유인 경우에는 불태움의 정도에 따라 손괴죄의 기수 또는 미수로 처벌될 수 있을 뿐이다. 무주물에 방화하는 경우 타인의 재산권을 침해하지 않는 점은 자기소유 물건을 방화하는 경우와 마찬가지이므로 '일반물건방화죄'가 아닌 '자기소유일반물건방화죄'가 성립한다.[73] 자

---

73) 대법원 2009.10.15. 2000도7421.

기의 소유에 속하는 물건을 타인의 물건으로 간주하는 규정(제176조)도 이 죄에 적용된다.

Ⅶ. 연소죄

제168조(연소죄) ① 제166조 제2항 또는 전조 제2항의 죄를 범하여 제164조, 제165조 또는 제166조 제1항에 기재한 물건에 연소한 때에는 1년 이상 10년 이하의 징역에 처한다.
② 전조 제2항의 죄를 범하여 전조 제1항에 기재한 물건에 연소한 때에는 5년 이하의 징역에 처한다.

제176조(타인의 권리대상이 된 자기의 물건) 자기의 소유에 속하는 물건이라도 압류 기타 강제처분을 받거나 타인의 권리 또는 보험의 목적물이 된 때에는 본장의 규정의 적용에 있어서 타인의 물건으로 간주한다.

1. 의의, 성격

58 자기소유일반건조물방화죄 또는 자기소유일반물건방화죄를 범하여 현주건조물 등(제164조), 공용건조물 등(제165조) 또는 타인소유건조물 등(제166조 제1항)에 연소하거나(제1항의 연소죄), 자기소유일반물건방화죄를 범하여 타인소유일반물건(제167조 제2항)에 연소함으로써(제2항의 연소죄) 성립하는 범죄이다.

59 자기소유건조물이나 일반물건에 대한 방화가 예상외로 확대되어 현주·공용 또는 타인소유건조물이나 타인소유일반물건에 연소한 경우를 중하게 처벌하는 진정결과적 가중범이고 구체적 위험범이다.

2. 구성요건

60 '연소'란 행위자가 의도하지 않았던 물체에 불이 옮겨 붙어서 불타게 하는 것을 말한다. 옮겨 붙는 정도로 족하지 않고 불태운 결과를 발생시켜야 한다. 이 죄의 기본범죄에 해당하는 자기소유건조물방화죄나 자기소유물건방화죄가 공공의 위험발생을 요건으로 하고 미수범처벌규정을 두고 있지 않기 때문에 이 죄가 성립하기 위해서는 자기소유건조물이나 물건 등을 불태웠을 뿐만 아니라 이로 인하여 '공공의 위험이 발생'하여야 한다(구체적 위험범). 진정결과적 가중범이므로 중한 결과에 대하여 과실이 있는 경우에만 이 죄가 성립하며, 고의가 있는 때에는 애당초 제164조 내지 제165조의 죄와 제166조 제1항 또는 제167조 제1항의 죄가 성립할 뿐이다.

Ⅷ. 진화방해죄

제169조(진화방해죄) 화재에 있어서 진화용의 시설 또는 물건을 은닉 또는 손괴하거나 기타 방법으로 진화를 방해한 자는 10년 이하의 징역에 처한다.

제176조(타인의 권리대상이 된 자기의 물건) 자기의 소유에 속하는 물건이라도 압류 기타 강제처분을 받거나 타인의 권리 또는 보험의 목적물이 된 때에는 본장의 규정의 적용에 있어서 타인의 물건으로 간주한다.

1. 의의, 성격

61 화재에 있어서 진화용의 시설이나 물건을 은닉 또는 손괴하거나 기타 방법으로 진화를 방해함으로써 성립하는 범죄이다. 방화행위는 없으나 화재시의 진화방해가 방화에 준하기 때문에 준방화죄라고 한다. 추상적 위험범이고 거동범이다(미수불처벌).

2. 구성요건

(1) 행위상황

62 이 죄는 '화재에 있어서'라는 행위상황 하에서만 성립한다. '화재에 있어서'란 공공의 위험이 발생하였거나 그 위험이 발생할 정도의 연소상태가 있는 것을 말하고, 이미 화재가 발생한 경우는 물론 화재가 발생하고 있는 경우도 포함한다. 화재가 발생한 원인은 방화, 실화, 또는 천재 등 무엇이든 상관이 없다.

(2) 객체

63 행위객체는 진화용의 시설 또는 물건이다. '진화용의 시설 또는 물건'이란 제작목적상 소화활동에 사용되도록 만들어진 기구를 말한다. 예컨대, 화재경보기, 소화전, 소화용 저수시설, 소화기, 소화용 망루, 소방자동차, 소화용 호스 등 소방용으로 마련된 시설과 기구이다. 일반공중용의 통신시설이나 수도와 같이 일시적으로 소방용으로 사용된 시설이나 기구는 여기에 포함되지 않는다. 진화용의 시설 또는 물건의 소유관계는 묻지 않는다. 따라서 범인의 소유도 객관적으로 소화활동에 사용될 수 있는 상태에 있으면 이 죄의 객체가 된다.

(3) 행위

64 은닉 또는 손괴하거나 기타 방법으로 진화를 방해하는 것이다. '은닉'이란 진화용의 시설이나 물건의 발견을 불가능 또는 곤란하게 하는 행위를 말하고, '손괴'란 물질적 훼손에 의하여 그 효용을 해하는 일체의 행위를 말한다.

65 '기타 방법'은 은닉·손괴 이외의 방법으로 소화활동을 방해하는 일체의 행위를 말한다. 소방관에 대한 폭행, 소방차의 발진 또는 진로 방해와 같이 작위에 의한 방해는 물론이고 소방관·경찰관 등 법률상 진화의무 있는 자가 화재보고를 하지 아니하여 진화를 방해한 경우와 같이 부작위에 의한 방해도 포함된다.

66 우연히 화재현장을 발견한 자가 소방서에 알리지 않는 경우 또는 단순히 진화협력에 불응한 것으로는 부작위에 의한 진화방해가 되지 않고, 경범죄처벌법에 해당할 뿐이다(제1조 제36호).

(4) 기수시기

67 이 죄는 추상적 위험범이자 거동범이므로 진화의 방해가 될 만한 은닉·손괴 기타 방법의 행위가 있으면 곧 기수가 되며, 현실로 진화방해의 결과가 발생할 것을 요하지 않는다. 미수

범은 처벌하지 않는다.

Ⅸ. 폭발성물건파열죄/폭발성물건파열치사상죄

> 제172조 (폭발성물건파열죄) ① 보일러, 고압가스 기타 폭발성있는 물건을 파열시켜 사람의 생명, 신체 또는 재산에 대하여 위험을 발생시킨 자는 1년 이상의 유기징역에 처한다.
> (폭발성물건파열치사상죄) ② 제1항의 죄를 범하여 사람을 상해에 이르게 한 때에는 무기 또는 3년 이상의 징역에 처한다. 사망에 이르게 한 때에는 무기 또는 5년 이상의 징역에 처한다.
>
> 제174조(미수범) 제164조 제1항, 제165조, 제166조 제1항, 제172조 제1항, 제172조의 2 제1항, 제173조 제1항과 제2항의 미수범은 처벌한다.

1. 의의, 성격

68 보일러, 고압가스 기타 폭발성 있는 물건을 파열시켜 타인의 생명, 신체 또는 재산에 대하여 위험을 발생시키거나(폭발성물건파열죄: 제1항), 폭발성물건파열죄를 범하여 사람을 상해 또는 사망에 이르게 함으로써(폭발성물건파열치사상죄: 제2항) 성립하는 범죄이다. 폭발성 있는 물건의 파괴력은 화력의 파괴력에 준하기 때문에 준방화죄의 일종으로 분류된다.[74] 양죄는 추상적 위험범이지만, 폭발성물건파열죄의 경우는 미수가 처벌되고, 폭발성물건파열치사상죄의 경우 미수는 처벌하지 않는다.

2. 구성요건

(1) 폭발성물건파열죄

69 1) 객체 이 죄의 객체는 보일러, 고압가스 기타 폭발성 있는 물건이다. 폭발물사용죄(제119조)의 폭발물은 여기서 제외된다. 보일러는 공장용·가정용을 묻지 않고, 고압가스에는 압축가스, 액화가스, 아세틸렌가스 등이 포함된다(고압가스안전관리법시행령 제2조). '기타 폭발성 있는 물건'이란 급격한 파열에 의하여 사람의 생명·신체·재산 등을 파괴하는 성질을 가진 물질을 말하고, 보일러와 고압가스 이외에 석유탱크, 가스탱크, 인화성·폭발성 있는 화학물질 등이 포함된다. 총포는 그 자체의 폭발에 의하여 파괴력을 가지고 있는 것이 아니므로 여기에 해당하지 않는다.

70 2) 행위 이 죄의 행위는 파열이다. 파열이란 물체의 급격한 팽창력을 이용하여 폭발에 이르게 하는 것을 말하고, 폭발에 의한 화력이나 폭음으로 파괴력이 나타난다.

71 3) 기수시기 이 죄는 파열행위로 인하여 사람의 생명, 신체 또는 재산에 대한 위험이 발생한 때 기수가 된다. 추상적 위험범에 해당하므로 공공에 대한 위험이 발생할 필요는 없다. 폭발성 있는 물건을 파열시키는 행위를 직접 개시한 때에 실행의 착수가 있고, 파열행위를 개시하였으나 파열이 되지 않았거나, 파열은 되었지만 사람의 생명·신체·재산에 대한 위

74) 방화죄의 성격보다는 폭발물에 관한 죄의 성격이 강하므로 폭발물사용죄와 함께 규정하는 것이 바람직하다.

험이 발생하지 않은 경우에는 이 죄의 미수가 된다(결과범).

4) 고의　폭발성물건을 파열한다는 점뿐 아니라 사람의 생명, 신체 또는 재산에 대해 위험을 발생시킨다는 점에 대한 인식과 의사도 있어야 한다. 72

(2) 폭발성물건파열치사상죄

폭발성물건파열죄를 범하여 사람을 상해에 이르게 한 경우(무기 또는 3년 이상의 징역)에는 상해죄에 비해 법정형이 높기 때문에 '부진정'결과적 가중범에 해당하고, 사망의 결과에 이르게 한 경우(무기 또는 5년 이상의 징역)은 살인죄에 비해 법정형이 낮기 때문에 '진정'결과적 가중범에 해당한다. 73

X. 가스등방류죄/가스등방류치사상죄

제172조의2(가스·전기등방류죄) ① 가스, 전기, 증기 또는 방사선이나 방사성 물질을 방출, 유출 또는 살포시켜 사람의 생명, 신체 또는 재산에 대하여 위험을 발생시킨 자는 1년 이상 10년 이하의 징역에 처한다.
(가스·전기등방류치사상죄) ② 제1항의 죄를 범하여 사람을 상해에 이르게 한 때에는 무기 또는 3년 이상의 징역에 처한다. 사망에 이르게 한 때에는 무기 또는 5년 이상의 징역에 처한다.

제174조(미수범) 제164조 제1항, 제165조, 제166조 제1항, 제172조 제1항, 제172조의2 제1항, 제173조 제1항과 제2항의 미수범은 처벌한다.

1. 의의, 성격

가스, 전기, 증기 또는 방사선이나 방사성물질을 방출, 유출 또는 살포시켜 사람의 생명, 신체 또는 재산에 대한 위험을 발생시키거나(가스등방류죄: 제1항), 가스등방류죄를 범하여 사람을 상해 또는 사망에 이르게 함으로써(가스등방류치사상죄: 제2항) 성립하는 범죄이다. 준방화죄의 일종으로 가스등방류죄는 구체적 위험범이고 미수범은 처벌하며, 가스등방류치사상죄는 미수처벌규정없는 결과적 가중범이다. 74

2. 구성요건

(1) 가스·전기등방류죄

객체는 가스, 전기, 증기 또는 방사선이나 방사성물질이다. '방사선'이란 전자파 또는 입자선선 중 직접 또는 간접으로 공기를 전리하는 능력을 가진 것을 말한다(원자력법 제2조 제7호). '방사성물질'이란 핵연료물질, 사용후핵연료, 방사성동위원소, 원자핵분열생성물을 말한다(동법 제2조 제5호). 75

행위는 방출, 유출 또는 살포하는 것이다. '방출'이란 전기·방사선 등 이온화물질을 외부로 노출시키는 것을 말하며, '유출'이란 가스·증기 등 기체를 밀폐된 용기 밖으로 새어 나가 76

게 하는 것을 말한다. '살포'는 분말상태나 미립자상태의 방사성물질을 흩어 뿌리거나 방사성 물질을 방치하여 분말 또는 미립자가 자연히 흩어지도록 버려두는 것을 말한다.

77 이 죄는 구체적 위험범으로서 사람의 생명·신체 또는 재산에 대한 위험이 발생하여야 기수가 된다. 공공의 위험까지 발생해야 하는 것은 아니다. 방출·유출 등의 행위를 개시한 때에 실행의 착수가 인정되며, 개시행위를 했으나 방출·유출되지 않거나 방출·유출 등이 있어도 사람의 생명·신체 또는 재산에 대한 위험이 발생하지 않으면 미수가 된다.

(2) 가스·전기등방류치사상죄

78 가스등방류치상죄는 부진정결과적 가중범이고, 가스등방류치사죄는 진정결과적 가중범인 것은 폭발성물건파열치사상죄의 경우와 같다.

XI. 가스등공급방해죄/공공용가스등공급방해죄/가스등공급방해치사상죄

> 제173조(가스·전기등공급방해죄) ① 가스, 전기 또는 증기의 공작물을 손괴 또는 제거하거나 기타 방법으로 가스, 전기 또는 증기의 공급이나 사용을 방해하여 공공의 위험을 발생하게 한 자는 1년 이상 10년 이하의 징역에 처한다.
> (공공용가스등공급방해죄) ② 공공용의 가스, 전기 또는 증기의 공작물을 손괴 또는 제거하거나 기타 방법으로 가스, 전기 또는 증기의 공급이나 사용을 방해한 자도 전항의 형과 같다.
> (가스·전기등공급방해치사상죄) ③ 제1항 또는 제2항의 죄를 범하여 사람을 상해에 이르게 한 때에는 2년 이상의 유기징역에 처한다. 사망에 이르게 한 때에는 무기 또는 3년 이상의 징역에 처한다.
>
> 제174조(미수범) 제164조 제1항, 제165조, 제166조 제1항, 제172조 제1항, 제172조의2 제1항, 제173조 제1항과 제2항의 미수범은 처벌한다.

79 가스, 전기 또는 증기의 공작물을 손괴 또는 제거하거나 기타 방법으로 가스, 전기 또는 증기의 공급이나 사용을 방해하여 공공의 위험을 발생하게 하거나(가스등공급방해죄: 제1항), 공공용의 가스, 전기 또는 증기의 공작물을 손괴 또는 제거하거나 기타 방법으로 가스, 전기 또는 증기의 공급이나 사용을 방해하거나(공공용가스등공급방해죄: 제2항), 가스등공급방해죄·공공용가스등공급방해죄를 범하여 사람을 상해 또는 사망에 이르게 함으로써(가스등공급방해치사상죄: 제3항) 성립하는 범죄이다. 모두 준방화죄의 일종이다.

80 제1항의 죄는 구체적 위험범으로서 공공의 위험이 발생하여야 기수가 되며, 공공의 위험발생이 없는 경우에는 미수가 된다.

81 제2항의 죄는 객체가 공공용으로 제한되어 있고, 공공의 위험발생을 요건으로 하지 않아 추상적 위험범이다. 이 죄의 미수범이 처벌되기 때문에 기타의 방법으로 사용방해의 결과가 일어나야 기수가 되며 그러한 결과 없는 경우 미수로 처벌된다.

82 제3항의 죄 가운데 치상죄는 부진정결과적 가중범이고, 치사죄는 진정결과적 가중범인 것

은 폭발성물건파열치사상죄의 경우와 같다.

XII. 방화등예비·음모죄

> 第175조(예비·음모) 제164조 제1항, 제165조, 제166조 제1항, 제172조 제1항, 세172조의2 제1항, 제173조 제1항과 제2항의 죄를 범할 목적으로 예비 또는 음모한 자는 5년 이하의 징역에 처한다. 단 그 목적한 죄의 실행에 이르기 전에 자수한 때에는 형을 감경 또는 면제한다.
>
> 제176조(타인의 권리대상이 된 자기의 물건) 자기의 소유에 속하는 물건이라도 압류 기타 강제처분을 받거나 타인의 권리 또는 보험의 목적물이 된 때에는 본장의 규정의 적용에 있어서 타인의 물건으로 간주한다.

현주건조물등방화죄(제164조 제1항), 공용건조물등방화죄(제165조), 타인소유 일반건조물등방화죄(제166조 제1항), 폭발성물건파열죄(제172조 제1항), 가스·전기등 방류죄(제172조의2 제1항)와 가스·전기등 공급방해죄(제173조 제1항, 제2항)를 범할 목적으로 예비·음모함으로써 성립하는 범죄이다. 목적한 죄의 실행에 이르기 전에 자수한 때에는 필요적으로 형을 감경 또는 면제한다(제175조 단서). 83

XIII. 실화죄

> 제170조(실화죄) ① 과실로 제164조 또는 제165조에 기재한 물건 또는 타인 소유인 제166조에 기재한 물건을 불태운 자는 1천500만원 이하의 벌금에 처한다.
> ② 과실로 자기 소유인 제166조의 물건 또는 제167조에 기재한 물건을 불태워 공공의 위험을 발생하게 한 자도 제1항의 형에 처한다.
>
> 제176조(타인의 권리대상이 된 자기의 물건) 자기의 소유에 속하는 물건이라도 압류 기타 강제처분을 받거나 타인의 권리 또는 보험의 목적물이 된 때에는 본장의 규정의 적용에 있어서 타인의 물건으로 간주한다.

1. 의의, 성격

과실로 현주건조물 등, 공용건조물 등 또는 타인소유의 일반건조물 등을 불태우거나(제1항). 자기소유의 일반건조물 또는 일반물건을 불태워 공공의 위험을 발생하게 함으로써(제2항) 성립하는 범죄이다. 제1항의 실화죄는 추상적 위험범이고, 제2항의 실화죄는 구체적 위험범이다. 84

2. 구성요건

(1) 제1항의 실화죄

제1항의 객체는 현주건조물 등, 공용건조물 등 그리고 타인소유 일반건조물 등을 객체로 한다. 공공의 위험발생을 요건으로 하고 있지 않지만 불태움이라는 결과발생을 요하는 과실 85

'결과범'이다. 따라서 이 죄가 추상적 위험범인 것과는 무관하게 별도로 불태움의 결과가 발생할 것을 요건으로 하고 있지만 미수는 처벌하지 않는다.

86 이 죄는 과실범이기 때문에 『총론』의 과실범 일반론에서 설명한 대로 주의의무위반과 결과(불태움) 간에는 직접적 인과관계가 인정되어야 하므로, 주변의 다른 곳에서 불길이 번지는 등 다른 사정이 개입한 경우에는 인과관계가 부정될 수도 있다. 이러한 경우에는 '행위자에게 주의의무위반이 없었더라도 마찬가지로 불태움의 결과가 발생하였을 가능성'이 있는 경우라면 무죄추정설에 따라 인과관계(객관적 귀속)를 부정해야 한다.

87 ① 도정공장 내에 설치되어 있는 백열전구에 종이류로 된 전등갓을 설치한 후 이를 방치하였다가 뒤늦게 제거하는 과정에서 떨어진 불티로 인하여 화재가 발생한 경우 각자에 대해 (업무상) 실화죄의 성립이 인정된다(대법원 1983.5.10. 82도2279). ② 함께 술을 마신 후 만취된 피해자를 촛불(피해자의 발로부터 불과 약 70 내지 80cm 밖에 떨어져 있지 않은 곳에 마분지로 된 양초갑 위에 놓여져 있음)이 켜져 있는 방안에 혼자 눕혀 놓고 촛불을 끄지 않고 나오는 바람에 화재가 발생하여 피해자가 사망한 경우 촛불을 끄거나 양초가 쉽게 넘어지지 않도록 적절하고 안전한 조치를 취하여야 할 주의의무가 인정된다(대법원 1994.8.26. 94도1291). ③ 2인이 각자 바로 옆에 있는 분리수거장 방향으로 담배꽁초를 던져 버렸지만 각자 본인 및 상대방이 버린 담배꽁초 불씨가 살아 있는지를 확인하지 아니한 채 현장을 떠난 후, 그 담배꽁초 불씨가 분리수거장으로 옮겨 붙어 화재가 발생한 경우 각자에게 주의의무가 인정된다면, 적어도 각 과실이 화재의 발생에 대하여 하나의 조건이 된 이상은 그 공동적 원인을 제공한 사람들은 각자 실화죄의 책임을 면할 수 없다(대법원 2023.3.9. 2022도16120).

위 사례③에서 대법원은 "공동의 과실이 경합되어 화재가 발생한 경우에 적어도 각 과실이 화재의 발생에 대하여 하나의 조건이 된 이상은 그 공동적 원인을 제공한 각자의 과실에 대해 인과관계가 인정된다."고 하는데, 여기서 말하는 '공동의 과실'이 구체적으로 어떤 과실을 말하는지, 위 사례에서 피고인들에게 인정된 죄책이 부작위에 의한 과실범인지 작위에 의한 과실범인지가 문제될 수 있다(이에 관해서는 『총론』의 과실에 의한 부진정작위범 참조).

(2) 제2항의 실화죄

88 제2항의 죄는 구성요건적 결과가 불태움이 아니라 공공의 위험발생이라는 점과, 객체가 '자기소유'에 속하는 '일반건조물' 또는 '일반물건'으로 되어 있다는 점에서 제1항의 죄와 다르다.

89 **제2항의 죄의 객체인 물건에 대한 해석론으로서** ① "자기 소유인(구형법상으로는 '자기의 소유에 속하는')"이라는 수식어는 '제166조에 기재한 물건' 뿐 아니라 '제167조에 기재한 물건'(즉 일반물건)까지 연결되는 것이므로 타인소유의 일반물건은 이 죄의 객체가 될 수 없다는 견해와 ② 타인 소유의 일반물건도 이 죄의 객체가 될 수 있다는 견해가 대립한다. 2020년 개정형법이 "자기소유의"를 "자기소유인"으로 바꾸었지만, '또는'이라는 연결어 전후의 수식관계 불명확성의 문제가 되었다고 보기는 어렵다.

90 判 대법원은 제166조와 제167조 그리고 제170조를 전체적이고 종합적인 해석방법에 따라 "제167조에 기재된 물건"(즉 일반물건)은 "자기의 소유에 속하든 타인의 소유에 속하든 불문하는 것으로 해석하여 타인소유의 일반물건도 이 죄의 객체가 된다"는 태도를 취하고 있다.[75]

---

75) "형법 제170조 제2항에서 말하는 '자기의 소유에 속하는 제166조 또는 제167조에 기재한 물건'이라 함은 '자기의 소유에 속하는 제166조에 기재한 물건 또는 자기의 소유에 속하든, 타인의 소유에 속하든 불문하고 제167조에 기재한 물건'을 의미하는 것이라고 해석하여야 하며, 제170조 제1항과 제2항의 관계로 보아서도 제166조에

생각건대 만약 타인소유의 일반물건을 이 죄의 객체에서 제외하면 자기소유 일반물건에 91
대한 실화죄는 처벌되지만 타인소유 일반물건에 대한 실화는 처벌할 규정이 없어 처벌의 공백이 생기게 된다. 고의범의 경우 타인소유 일반물건방화죄(제167조 제1항)는 자기소유 일반물건방화죄(제167조 제2항)보다 무겁게 벌함에도 불구하고, 과실범의 경우 자기소유 일반물건에 대한 실화죄는 처벌하고 타인소유 일반물건에 대한 실화죄는 처벌하지 않는다고는 할 수는 없으므로 체계적 해석을 취하는 판례의 태도가 타당하다.

XIV. 업무상실화/중실화죄

> 제171조(업무상실화·중실화죄) 업무상과실 또는 중대한 과실로 인하여 제170조의 죄를 범한 자는 3년 이하의 금고 또는 2천만원 이하의 벌금에 처한다.
>
> 제176조(타인의 권리대상이 된 자기의 물건) 자기의 소유에 속하는 물건이라도 압류 기타 강제처분을 받거나 타인의 권리 또는 보험의 목적물이 된 때에는 본장의 규정의 적용에 있어서 타인의 물건으로 간주한다.

업무상 또는 중대한 과실로 인하여 실화죄를 범함으로써 성립하는 범죄이다. 업무자의 신 92
분 또는 중대한 과실 때문에 단순실화죄에 비하여 형이 가중되는 가중적 구성요건이다. 업무상실화죄는 부진정신분범에 해당한다.

여기서의 업무란 이 죄의 성질상 화재의 위험이 수반되는 업무를 말한다. 따라서 주유소 93
와 같이 화재의 위험이 많은 업무, 화기를 취급하는 사람과 같이 화재를 일으키지 않도록 특히 주의해야 할 의무뿐 아니라 화재의 발견 또는 방지 그 자체를 업무내용으로 하는 업무 등도 포함한다.[76]

중대한 과실이란 조금만 주의를 하였다면 결과발생을 예견할 수 있었음에도 불구하고 부 94
주의로 이를 예견하지 못한 경우를 말한다.

例 중과실로 인정된 사례: 성냥불로 담배를 붙인 다음 그 성냥불이 꺼진 것을 확인하지 아니한 채 휴지가 들 95
어 있는 플라스틱 휴지통에 던진 경우(대법원 1993.7.27. 93도135). 약 2.5평 넓이의 주방에 설치된 간이온돌용 새마을 보일러에 연탄을 갈아 넣음에 있어서 연탄의 연소로 보일러가 가열됨으로써 주변의 가열접촉물에 인화될 것을 쉽게 예견할 수 있음에도 불구하고 보일러부터 5센티미터 내지 10센티미터쯤 거리에 가연물질을 그대로 두고 신문지를 구겨서 보일러 공기 조절구를 막아 놓은 채 그 자리를 떠나버림으로써 화재가 발생한 경우(대법원 1988.8.23. 88도855) 등.

기재한 물건(일반건조물 등) 중 타인의 소유에 속하는 것에 관하여는 제1항에서 규정하고 있기 때문에 제2항에서는 그중 자기의 소유에 속하는 것에 관하여 규정하고, 제167조에 기재한 물건에 관하여는 소유의 귀속을 불문하고 그 대상으로 삼아 규정하고 있는 것이라고 봄이 관련조문을 전체적, 종합적으로 해석하는 방법일 것이고, 이렇게 해석한다고 하더라도 그것이 법규정의 가능한 의미를 벗어나 법형성이나 법창조행위에 이른 것이라고는 할 수 없어 죄형법정주의의 원칙상 금지되는 유추해석이나 확장해석에 해당한다고 볼 수는 없을 것이다"(대법원 1994.12.20. 94모32 전원합의체 결정).

76) 대법원 1983.5.10. 82도2279.

96 例 **중과실이 부정된 사례:** 호텔오락실의 경영자가 그 오락실 천정에 형광등을 설치하는 공사를 하면서 그 호텔의 전기보안담당자에게 아무런 통고를 하지 아니한 채 무자격 전기기술자로 하여금 전기공사를 하게 한 경우 전기에 관한 전문지식이 없는 오락실경영자로서는 그로 인하여 전선의 합선에 의한 방화가 발생할 것 등을 쉽게 예견할 수 있었다고 보기는 어려움을 이유로 위 오락실경영자에게 위와 같은 과실이 있었더라도 사회통념상 이를 화재발생에 관한 중대한 과실이라고 평가하기는 어려운 것으로 인정되었다(대법원 1989.10. 13. 89도204).

XV. 과실폭발성물건파열등죄

> 제173조의2(과실폭발성물건파열등죄) ① 과실로 제172조 제1항, 제172조의2 제1항, 제173조 제1항과 제2항의 죄를 범한 자는 5년 이하의 금고 또는 1천500만원 이하의 벌금에 처한다.
> (업무상과실폭발성물건파열죄) ② 업무상과실 또는 중대한 과실로 제1항의 죄를 범한 자는 7년 이하의 금고 또는 2천만원 이하의 벌금에 처한다.

97 과실, 업무상 과실 또는 중대한 과실로 폭발성물건파열죄, 가스등방류죄, 가스등공급방해죄, 공공용가스등공급방해죄를 범함으로써 성립하는 범죄이다. 실화죄와 같이 과실로 목적물을 불태우는 구조를 띠고 있지 않지만 폭발성물건을 다룸에 있어서 기계조작 미숙이나 기술자의 안전조치 소홀이 실화에 준하기 때문에 준실화죄의 성격을 가지고 있다. 단순과실로 이 죄를 범한 경우에 비해 업무상과실 또는 중대한 과실로 이 죄를 범한 경우의 법정형을 더 높게 정하고 있다.

§ 38

제4절 일수와 수리에 관한 죄

I. 총설

1. 의의 및 보호법익

(1) 의의

1 일수의 죄는 고의 또는 과실로 수해를 일으켜 공공의 안전을 위협하는 것을 내용으로 하는 범죄이고, 수리의 죄는 수리권을 방해하는 것을 내용으로 하는 범죄이다. 일수의 죄는 방화의 죄와 같이 공공위험범죄이지만 수리의 죄는 타인의 수리권 방해에 중심을 두고 있기 때문에 공공위험죄는 아니다. 하지만 수리권의 방해도 물을 이용하고, 수리권은 대부분 다수인의 공유에 속하며, 수리방해행위가 일수의 위험을 수반하는 경우도 있기 때문에 일수에 관한 죄와 함께 규정한 것이다.

(2) 보호법익

일수의 죄는 기본적으로 공공의 안전을 보호법익으로 하지만 부차적으로는 개인의 재산 도 보호한다. 보호받는 정도는 추상적 위험범으로서의 보호이고, 자기소유일반건조물등일수 죄와 일반건조물 등에 대한 과실일수죄는 구체적 위험범으로서의 보호이다. 수리의 죄의 보 호법익은 수리권이며 보호의 정도는 추상적 위험범으로서의 보호이다. 2

2. 구성요건체계

일수의 죄의 구성요건체계는 방화의 죄의 그것과 유사하다. 기본적 구성요건은 일반건조 물등일수죄이고, 이에 대한 가중적 구성요건으로는 현주건조물등일수죄와 공용건조물등일수 죄, 그리고 결과적 가중범으로서 현주건조물등일수치사상죄가 있다. 그 외 진화방해죄와 닮 은 꼴인 방수방해죄가 있고, 과실범, 미수범, 예비·음모를 처벌한다. 수리의 죄로는 수리방해 죄만 규정되어 있다. 3

4

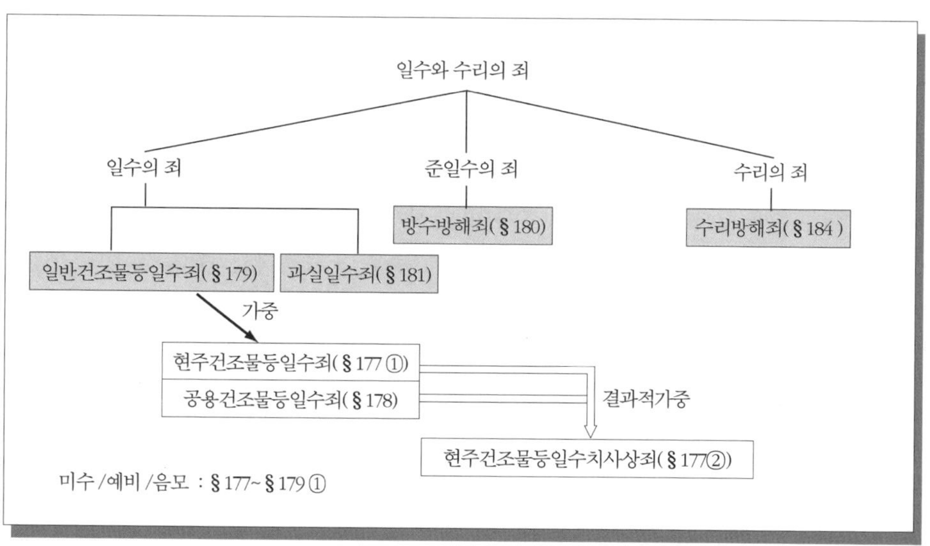

Ⅱ. 현주건조물등일수죄

> 第177조(현주건조물등일수죄) ① 물을 넘겨 사람이 주거에 사용하거나 사람이 현존하는 건조물, 기차, 전차, 자동차, 선박, 항공기 또는 광갱을 침해한 자는 무기 또는 3년 이상의 징역에 처한다.
>
> 第182조(미수범) 제177조 내지 제179조 제1항의 미수범은 처벌한다.

1. 의의, 성격

5 물을 넘겨 사람의 주거에 사용하거나 사람이 현존하는 건조물, 기차, 전차, 자동차, 선박, 항공기 또는 광갱(2020.12.8. 개정에 따라 방화죄에서는 광갱이 '지하채굴시설'로 개정되었으나 일수죄에 있어서는 개정이 이루어지지 않았다)을 침해浸害함으로써 성립하는 범죄이다. 일반건조물등일수죄에 대한 가중적 구성요건으로서 추상적 위험범이자 결과범이다(미수처벌).

2. 구성요건

(1) 객관적 구성요건

6 이 죄의 객체는 현주건조물등방화죄의 객체와 같다. 행위는 물을 넘겨溢水 현주건조물 등을 침해하는 것이다.

7 **1) 물을 넘겨** '물을 넘겨'란 제한되어 있는 물의 자연력을 해방시켜 그 경계 밖으로 범람하게 하는 것을 말한다. 그 물이 유수이건 저수이건 묻지 않으며, 물을 넘기는 수단·방법에도 제한이 없다. 따라서 둑을 무너뜨리거나 수문을 파괴하는 것도 일수에 해당한다.

8 **2) 침해** '침해'란 방화죄의 불태움에 대응되는 개념으로서 목적물의 전부 또는 일부에 대한 효용의 상실 또는 감소를 의미한다. 따라서 반드시 전부 손괴나 중요부분의 효용상실임을 요하지 않으며 목적물이 유실되었을 필요도 없다. 침해개념의 이러한 이해는 방화죄의 기수시기 및 종래 소훼개념에 대한 해석론으로서 일부손괴설과 같은 내용이라고 할 수 있다.

9 **3) 실행의 착수 및 기수시기** 물을 넘기는 행위시에 실행의 착수가 인정되고, 목적물의 침해, 즉 물에 잠기어 훼손 또는 일부손괴가 있는 때에 이 죄의 기수가 된다. 물을 넘기는 행위와 목적물의 침해 사이에 형법상의 인과관계가 인정되지 않거나, 물을 넘겨도 침해의 결과가 발생하지 않은 경우 미수가 된다.

(2) 주관적 구성요건

10 물을 넘긴다는 사실과 목적물을 침해한다는 사실에 대한 인식과 의사가 있어야 한다. 공공의 위험발생에 대한 인식은 고의의 내용이 아니다.

Ⅲ. 현주건조물등일수치사상죄

제177조(현주건조물등일수치사상죄) ② 제1항의 죄를 범하여 사람을 상해에 이르게 한 때에는 무기 또는 5년 이상의 징역에 처한다. 사망에 이르게 한 때에는 무기 또는 7년 이상의 징역에 처한다.

제182조(미수범) 제177조 내지 제179조 제1항의 미수범은 처벌한다.

1. 의의, 성격

현주건조물등일수죄를 범하여 사람을 상해 또는 사망에 이르게 함으로써 성립하는 범죄이다. 결과적 가중범에 해당하면서도 미수처벌규정이 존재한다. 11

2. 구성요건

일수치상죄의 법정형은 상해죄의 법정형에 비해 높기 때문에 부진정결과적 가중범이므로 상해에 대해 고의가 있어도 이 죄가 성립한다. 일수치사죄의 법정형은 살인죄의 경우에 비해 사형은 제외되었지만 하한은 오히려 살인죄에 비해 높기 때문에 진정결과적 가중범으로 볼 것인지 부진정결과적 가중범으로 볼 것인지가 모호하다. 상한을 기준으로 볼 때 사형이 없으므로 진정결과적 가중범으로 해석하는 것이 타당하다. 따라서 물을 넘기면서 현주건조물 등에 있는 사람의 사망에 대한 과실이 있으면 현주건조물등일수치사죄가 성립하지만 사망에 대해 고의가 있는 경우에는 현주건조물일수죄와 살인죄의 상상적 경합이 인정된다. 12

3. 결과적 가중범의 미수

일수죄의 미수처벌규정이 결과적 가중범에 해당하는 현주건조물등일수치사상죄의 규정까지 포함하고 있기 때문에 이 죄의 미수는 처벌된다. **언제 이 죄의 미수가 인정될 수 있는지**에 관해 ① 상해나 사망의 결과는 발생했지만 현주건조물일수가 미수에 그친 경우라고 하는 견해[77]가 있다. ② 하지만 진정결과적 가중범의 경우에는 미수를 인정할 수 없으므로 이 죄의 미수는 부진정결과적 가중범인 일수치상죄의 경우에만 국한되어야 한다. 뿐만 아니라 부진정결과적 가중범의 법리상 미수는 기본범죄인 일수죄가 미수인 경우가 아니라 일수죄가 기수이든 미수이든 상해의 고의가 실현되지 않은 경우라고 하는 것이 타당할 것이다.[78] 13

77) 임웅, 598면.
78) 오영근, §30/16.

Ⅳ. 공용건조물등일수죄

제178조(공용건조물등일수죄) 물을 넘겨 공용 또는 공익에 공하는 건조물, 기차, 전차, 자동차, 선박, 항공기 또는 광갱을 침해한 자는 무기 또는 2년 이상의 징역에 처한다.

제182조(미수범) 제177조 내지 제179조 제1항의 미수범은 처벌한다.

14 물을 넘겨 공용 또는 공익에 공하는 건조물, 기차, 전차, 자동차, 선박, 항공기 또는 광갱을 침해함으로써 성립하는 범죄이다. 현주건조물등일수죄와 마찬가지로 추상적 위험범이자 결과범이다(미수처벌). 공용건조물등방화죄에 대응하는 일수죄로서 현주건조물등일수죄와 객체만 다르고 다른 구성요건은 동일하다.

Ⅴ. 일반건조물등일수죄(타인소유/자기소유)

제179조(일반건조물등일수죄) ① 물을 넘겨 전2조에 기재한 이외의 건조물, 기차, 전차, 자동차, 선박, 항공기 또는 광갱 기타 타인의 재산을 침해한 자는 1년 이상 10년 이하의 징역에 처한다.
(자기소유일반건조물등일수죄) ② 자기의 소유에 속하는 전항의 물건을 침해하여 공공의 위험을 발생하게 한 때에는 3년 이하의 징역 또는 700만원 이하의 벌금에 처한다.
③ 제176조의 규정은 본조의 경우에 준용한다.

제182조(미수범) 제177조 내지 제179조 제1항의 미수범은 처벌한다.

15 물을 넘겨 현주건조물등일수죄와 공용건조물등일수죄에 기재한 이외의 건조물, 기차, 전차, 자동차, 선박, 항공기 또는 광갱 기타 타인의 재산을 침해하거나(타인소유일반건조물등일수죄: 제1항), 자기의 소유에 속하는 제1항의 물건을 침해하여 공공의 위험을 발생하게 함으로써(자기소유일반건조물등일수죄: 제2항) 성립하는 범죄이다.

16 제1항의 죄는 일반건조물등방화죄(제166조 제1항)에 대응되는 추상적 위험범이고, 제2항의 죄는 자기소유일반건조물등방화죄(제166조 제1항)에 대응되는 구체적 위험범이다.

17 소유자가 침해에 동의한 경우나 소유자가 없는 경우에는 자기물건으로 간주해야 한다는 점, 자기의 소유에 속하는 물건이라도 압류 기타 강제처분을 받거나 타인의 권리 또는 보험의 목적물이 된 때에는 타인물건으로 간주한다는 점도 일반건조물등방화죄의 경우와 같다. 미수는 타인소유 일반건조물등일수죄(제1항)에 한하여 처벌한다.

Ⅵ. 일수 예비·음모죄

> 第183조(예비, 음모) 제177조 내지 제179조 제1항의 죄를 범할 목적으로 예비 또는 음모한 자는 3년 이하의 징역에 처한다.

현주건조물등일수죄, 공용건조물등일수죄 또는 타인소유의 일반건조물등일수죄를 범할 목적으로 예비 또는 음모함으로써 성립하는 범죄이다. 방화죄의 예비·음모의 경우와 비교해 볼 때 자수자에 대한 필요적 감면규정이 없는 점이 다르다. 18

Ⅶ. 방수방해죄

> 第180조(방수방해죄) 수재에 있어서 방수용의 시설 또는 물건을 손괴 또는 은닉하거나 기타 방법으로 방수를 방해한 자는 10년 이하의 징역에 처한다.

1. 의의, 성격

수재水災에 있어서 방수용의 시설 또는 물건을 손괴 또는 은닉하거나 기타 방법으로 방수를 방해함으로써 성립하는 범죄이다. 준방화죄인 진화방해죄에 대응하는 범죄로서 준일수죄라고 할 수 있고 추상적 위험범이자 거동범이다(미수불처벌). 19

2. 구성요건

이 죄의 구성요건은 '수재에 있어서'라는 행위상황과, 방수용 시설 또는 물건을 객체로 한다는 점을 제외하고는 진화방해죄의 구성요건과 기본적으로 동일하다. '수재'란 물로 인한 사람의 생명, 신체, 또는 재산에 대한 재해를 말하고, '수재에 있어서'란 수재가 이미 발생한 때뿐만 아니라 수재발생의 위험이 있는 상태를 포함한다. 예컨대, 홍수로 하천이 범람하거나 둑이 무너져 침해의 위험이 발생한 경우이다. 수재발생의 원인도 묻지 않는다. 자연재해, 인재人災는 물론 불가항력적 수재로 인한 경우도 포함한다. 20

'방수용의 시설 또는 물건'이란 방수하기 위하여 제작된 일체의 시설·물건을 말하며, 재료 및 구조여하 또는 소유관계는 묻지 않는다. '방수방해'의 방법에도 제한이 없다. 손괴나 은닉은 예시에 불과하고, 기타 방법으로서 폭행·협박·위력·유혹 등 무엇이든 상관없다. 방수의무 있는 자의 부작위에 의한 방수방해도 가능하지만, 공무원 등의 방수활동에 대한 원조요구에 응하지 않는 협력의무위반은 이 죄가 아니라 경범죄처벌법의 처벌대상이 될 뿐이다(제3조 제1항 제29호). 21

22 '방수방해'는 현실적으로 방해의 결과가 발생하였음을 요하지 않으며(추상적 위험범), 방수활동을 방해하는 행위가 있음으로써 족하고(거동범), 공공의 위험이 발생할 필요도 없다.

Ⅷ. 과실일수죄

> 제181조(과실일수죄) 과실로 인하여 제177조 또는 제178조에 기재한 물건을 침해한 자 또는 제179조에 기재한 물건을 침해하여 공공의 위험을 발생하게 한 자는 1천만원 이하의 벌금에 처한다.

23 과실로 인하여 현주건조물 또는 공용건조물 등의 일수죄에 기재된 물건을 침해하거나(전단) 일반건조물등일수죄에 기재한 물건을 침해하여 공공의 위험을 발생하게 함으로써(후단) 성립하는 범죄이다. 실화죄에 대응하는 과실일수죄로서 전단은 추상적 위험범이고, 후단은 구체적 위험범이다. 업무상과실일수나 중과실일수를 가중처벌하는 규정은 없다.

Ⅸ. 수리방해죄

> 제184조 (수리방해죄) 둑을 무너뜨리거나 수문을 파괴하거나 그 밖의 방법으로 수리(水利)를 방해한 자는 5년 이하의 징역 또는 700만원 이하의 벌금에 처한다.

1. 의의, 성격

24 둑을 무너뜨리거나 수문을 파괴하거나 그 밖의 방법으로 수리를 방해함으로써 성립하는 범죄이다. 일수죄와는 성격이 다르고, 수리권을 직접 보호법익으로 하는 독립된 구성요건이며 추상적 위험범이자 거동범이다(미수불처벌).

2. 구성요건

(1) 객체

25 행위객체는 둑 또는 수문이다. '둑(구형법상 제방)'이란 물의 일출溢出(넘쳐 흐름)이나 유출을 막기 위해 축조된 토목 건축물을 말하고, '수문'은 저수지·댐 등에 저장된 물의 유입·유출량을 조절하기 위해 설치된 시설물을 말한다.

(2) 행위

26 행위는 둑을 무너뜨리거나 수문을 파괴하거나 그 밖의 방법으로 수리를 방해하는 것이다. '수리'라 함은 관개용·목축용·발전이나 수차 등의 동력용·상수도의 원천용 등 널리 물이라는 천연자원을 사람의 생활에 유익하게 사용하는 것을 말한다.[79] 이 죄의 보호법익이 수리권

이기 때문에 이 죄가 성립하기 위해서는 현존하는 수리의 이익이 있어야 한다.[80] 수리권의 근거는 법령, 계약뿐 아니라 관습도 포함한다.[81] '수리를 방해한다' 함은 둑을 무너뜨리거나(결궤) 수문을 파괴하는(파괴) 행위 등을 포함하여 저수시설, 유수로流水路나 송·인수시설 또는 이들에 부설된 여러 수리용 장치를 손괴·변경하거나 효용을 해침으로써 수리에 지장을 일으키는 행위를 가리킨다.

例 삽으로 흙을 떠올려 유수의 물줄기를 막는 경우(대법원 1975.6.24. 73도2594), 농촌주택에서 배출되는 생활하수의 배수관(소형 PVC관)을 토사로 막아 하수가 내려가지 못하게 한 경우(대법원 2001.6.26. 2001도404)에 대해 수리방해가 인정되지 않았다. 27

28 이 죄에 해당하지 않는 개천, 도랑 그 밖의 물길의 흐름에 방해될 행위를 한 자는 경범죄처벌법에 의해서만 처벌될 수 있다(제3조 제1항 제17호). 수리방해가 있으면 이 죄가 성립하며 방해의 결과가 현실로 발생하였음을 요하지 않는다(추상적 위험범).

제 5 절 교통방해의 죄 §39

Ⅰ. 총설

1. 의의 및 보호법익

(1) 의의

1 교통방해의 죄는 교통로 또는 교통기관 등 교통설비를 손괴 또는 불통하게 하여 교통을 방해하는 것을 내용으로 하는 범죄이다. 이 죄도 공공의 교통안전을 해할 뿐만 아니라 나아가서 이로 인하여 불특정 또는 다수인의 생명·신체 또는 재산에 위험까지 야기시키는 이중의 위험을 야기하는 공공위험범에 해당한다.

(2) 보호법익

2 교통방해치사상죄는 공공의 교통안전과 함께 불특정 또는 다수인의 생명·신체 또는 재산의 안전도 부차적인 보호법익으로 하지만, 그 외의 교통방해죄의 구성요건들은 교통의 안전을 보호법익으로 한다. 어느 경우든 보호법익이 보호받는 정도는 추상적 위험범으로서의 보호이다.

---

79) "다만 형법 제185조의 교통방해죄 또는 형법 제195조의 수도불통죄의 경우 등 다른 규정에 의하여 보호되는 형태의 물의 이용은 제외된다"(대법원 2001.6.26. 2001도404).

80) 대법원 1960.9.21. 4293형상522.

81) "몽리민(蒙利民: 수리시설 등으로 혜택을 보아 온 사람)들이 계속하여 20년 이상 평온 공연하게 본건 유지의 물을 사용하여 소유농지를 경작하여 왔다면 그 유지의 물을 사용할 권리가 있다고 할 것이므로 그 권리를 침해하는 행위는 수리방해죄를 구성한다 할 것이다"(대법원 1968.2.20. 67도1677).

2. 구성요건의 체계

3

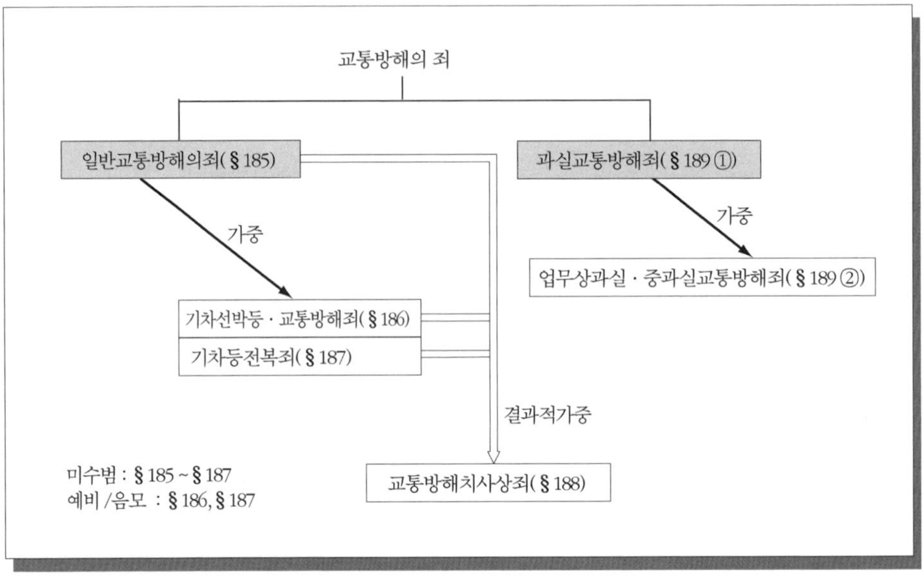

교통방해의 죄

일반교통방해의죄(§185)

과실교통방해죄(§189 ①)

가중

가중

업무상과실 · 중과실교통방해죄(§189 ②)

기차선박등 · 교통방해죄(§186)

기차등전복죄(§187)

결과적가중

미수범 : §185 ~ §187
예비 /음모 : §186, §187

교통방해치사상죄(§188)

4 일반교통방해죄를 기본적 구성요건으로 하고, 이에 대한 가중적 구성요건으로는 기차·선박등교통방해죄와 기차등전복죄, 그리고 결과적 가중범으로서 교통방해치사상죄를 규정하고 있다. 교통방해죄, 기차등교통방해죄와 기차등전복죄는 과실, 업무상과실 그리고 중과실뿐 아니라 미수범도 처벌하며, 기차등교통방해죄와 기차등전복죄는 예비·음모도 처벌한다.

Ⅱ. 일반교통방해죄

> 제185조(일반교통방해죄) 육로, 수로 또는 교량을 손괴 또는 불통하게 하거나 기타 방법으로 교통을 방해한 자는 10년 이하의 징역 또는 1천500만원 이하의 벌금에 처한다.
>
> 제190조(미수범) 제185조 내지 제187조의 미수범은 처벌한다.

1. 의의, 성격

5 육로, 수로 또는 교량을 손괴 또는 불통하게 하거나 기타 방법으로 교통을 방해함으로써 성립하는 범죄이다. 교통방해죄의 기본적 구성요건으로 계속범(판례)이다. 추상적 위험범으로 해석되지만 미수를 처벌하고 있으므로 구성요건적 결과(교통방해)의 의미가 해석되어야 한다.

2. 구성요건

(1) 객관적 구성요건

1) 객체 육로·수로 또는 교량이다. '육로'란 일반 공중의 왕래에 제공된 장소, 즉 특정 인에 한하지 않고 불특정 다수인 또는 차마가 자유롭게 통행할 수 있는 공공성을 지닌 장소를 말한다.[82] 사실상 일반공중의 왕래에 공용되는 것이면 족하고, 그 관리자나 부지의 소유자가 누구인가 또는 그 노면 폭이나 통행인의 다과 등을 불문한다.[83] 도로교통법의 적용을 받은 도로임도 요하지 않는다. 터널도 포함되지만 철로는 제186조와의 관계상 제외해야 한다. 6

'수로'란 선박의 항해에 사용되고 있는 하천·운하·해협·호소(호수와 늪) 등을 말한다. 공해상의 해로도 교통방해의 대상이 될 수 있는 이상 여기에 포함된다. 7

'교량'이란 하천이나 계곡 등에 가설한 시설물로서 공중의 왕래에 사용되는 다리를 말하며, 교량의 형태·대소·재질과 소유자 여하는 묻지 않는다. 육교도 여기에 포함되지만 궤도의 일부가 되는 철교는 제외되어 제186조의 객체로 된다. 8

例 **육로로 인정된 경우:** 농가의 경운기나 리어카가 통행하는 농로(대법원 1995.9.15. 92도1475), 무단출입하여 불법통행하였고 또 소수자의 통행에만 제공되었지만 오랫동안 공중의 왕래에 공용된 학교법인의 토지(대법원 1979.9.11. 79도1761), 행위자 자신의 소유토지라도 주민들에게 의하여 공로로 통하는 유일한 통행로로 오랫동안 이용되어 온 폭 2미터의 골목길(대법원 1994.11.13. 94도2112), 신도로가 개설된 이후에도 여전히 일반공중의 왕래에 공용되고 있는 구도로(대법원 1999.7.27. 99도1651) 등. 9

例 **육로로 인정되지 않은 경우:** 하지만 인근주민들이 도로에 이르는 지름길로 사용한 일시 공터로 둔 토지의 소유자의 땅(대법원 1984.11.13. 84도2192), 공로에 출입할 수 있는 다른 도로가 있는 상태에서 토지 소유자로부터 일시적인 사용승낙을 받아 통행하거나 토지 소유자가 개인적으로 사용하면서 부수적으로 타인의 통행을 묵인한 장소에 불과한 도로(대법원 2017.4.7. 2016도12563) 등. 10

2) 행위 손괴 또는 불통하게 하거나 기타 방법으로 교통을 방해하는 것이다. 11

(가) 손괴·불통·기타 방법 '손괴'란 교통을 방해할 수 있는 정도의 물리력을 행사한 결과 야기된 물질적 훼손을 말하며, 반드시 전부의 손괴일 필요가 없다. 12

判 대법원은 이와는 달리 이 죄의 손괴가 물리력에 의한 손괴일 필요가 없다고 하면서 교량을 건설할 당시 부실제작 및 부실시공이 있었고 몇 십 년 후에 그 교량의 트러스트가 붕괴되는 경우도 이 죄의 손괴에 해당한다[84]고 한다. 하지만 몇십년 후의 결과발생을 이 죄의 '손괴'에 포함시키는 것은 유추이다. 13

'불통'이란 유형의 장애물을 사용하여 왕래를 방해하는 일체의 행위를 말한다. 장애물로 도로를 차단하거나 교통을 불가능하게 하는 것이면 그 방법은 묻지 않는다. '기타 방법'은 손 14

---

82) 대법원 2017.4.7. 2016도12563.

83) 대법원 1989.6.27. 88도2264; 대법원 2020.2.22. 2006도8750.

84) 대법원 1997.11.28. 97도1740(성수대교 붕괴사건에 관한 판결임).

괴·불통 외에 교통방해가 초래될 수 있는 일체의 방법을 말한다. 반드시 손괴와 불통에 준하는 방법일 필요가 없기 때문에 권한 없는 자가 허위의 교통표지를 세우거나 폭력으로 통행을 차단하여 교통을 방해한 행위도 여기에 포함될 수 있다.

15 判 대법원은 도로에서의 집회와 시위가 교통방해행위를 수반하는 사안의 경우 헌법상 집회의 자유를 과잉제한하지 않도록 하기 위해 집회나 시위 참가자 모두에게 당연히 이 죄의 성립을 인정하지 않고 다음과 같은 경우에 한정하여 교통방해죄의 성립을 인정할 수 있다는 제한법리를 제시한다: '① 실제로 참가자가 집회 또는 시위 신고범위를 현저하게 벗어나거나 조건을 중대하게 위반하는데 가담하여 교통방해를 유발하는 직접적 행위를 한 경우 또는 ② 참가자의 참가경위나 관여 정도에 비추어 그 참가자에게 공모공동정범의 죄책을 물을 수 있는 경우'(대법원 2018.1.24. 2017도11408)에는 교통방해죄의 성립을 인정하지만, ③ 도로에서 집회나 시위를 하는 경우 도로의 교통이 어느 정도 제한될 수밖에 없으므로, 그 집회 또는 시위가 신고된 범위 내에서 행해졌거나 신고된 내용과 다소 다르게 행해졌어도 신고된 범위를 현저히 일탈하지 않는 경우라면, 그로 인하여 도로의 교통이 방해를 받았다고 하더라도 특별한 사정이 없는 한 형법 일반교통방해죄가 성립하지 않는다(대법원 2021.7.15. 2018도11349)고 한다.

16 (나) 교통방해 위 방법으로 교통을 방해하여야 한다. '교통방해'가 되기 위해서는 교통을 불가능하게 하는 행위 이외에도 교통방해의 '결과'도 포함하는 것으로 해석하는지가 문제된다. ① 손괴, 불통 기타 방법의 (교통방해) 행위가 있으면 족하다고 하는 견해와 ② 현실적으로 교통방해의 결과가 요구되는 것으로 보는 견해가 대립한다. 전자는 이 죄를 추상적위험범으로 보고, 후자는 이 죄를 결과범으로 해석한다.

17 判 대법원은 이 죄를 추상적 위험범으로 보면서 교통이 불가능하거나 또는 현저히 곤란한 상태가 발생하면 바로 기수가 되고 교통방해의 결과가 현실적으로 발생하여야 하는 것은 아니라는 태도를 취한다.[85]

18 보호법익의 관점에서 보면 추상적 위험범으로 해석되는 것이 타당하지만, 미수를 처벌하는 점에서 법익침해적 결과는 아니더라도 일정한 구성요건적 결과가 발생할 것을 요한다(제2유형의 추상적 위험범). 이 때문에 대법원은 보호법익의 관점에서 '교통의 안전이 현실적으로 침해될 필요가 없거나 그 위험성도 현실화될 필요가 없다'고 표현하지 않은 것은 타당하지만, 구성요건적 결과의 관점에서 '현실의 교통방해'가 발생할 필요가 없다는 표현은 적절하지 않은 것으로 보인다.[86]

19 例 **교통방해로 인정된 사례:** 도로의 토지 일부 소유자가 그 도로의 중간에 바위를 놓아두거나 이를 파헤치는 경우(대법원 2002.4.26. 2001도6903), 비록 교통량이 상대적으로 적은 야간이긴 하지만 왕복4차로의 도로 중 편도 3개 차로쪽에

---

85) "일반교통방해죄는 이른바 추상적 위험범으로서 교통이 불가능하거나 또는 현저히 곤란한 상태가 발생하면 바로 기수가 되고 교통방해의 결과가 현실적으로 발생하여야 하는 것은 아니다"(대법원 2018.5.11. 2017도9146).

86) 형법규정의 해석상 추상적 위험범이라는 의미는 보호법익의 보호 정도에 관한 입법형식이기 때문에 그 죄의 미수를 처벌하고 구성요건에 결과발생을 명문으로 요구하고 있는 경우에는 보호법익의 관점에서 결과가 현실적으로 발생할 필요가 없다고 해석할 필요는 없다. 예컨대 공공위험범이 추상적 위험범의 형식으로 규정되어 있다는 것은 보호법익과 전적으로 무관한 또는 보호법익과 관련되어 있는 일정한 '구성요건적 결과'와는 무관하게 보호법익인 '공공의 평온과 안전'에 대한 위험이 현실적으로 또는 구체적으로 발생할 필요가 없다는 것을 의미하고, 구체적 위험범의 형식으로 규정되어 있다는 것은 구성요건상 명문화된 구체적인 위험이 곧 '결과'이므로 그러한 결과로서의 '공공의 평온과 안전에 대한 위험'이 발생하여야 한다는 것을 의미한다.

차량 2, 3대와 간이테이블 수십 개를 이용하여 길가 쪽 2개 차로를 차지하는 포장마차를 설치하고 영업행위를 한 경우(대법원 2007.12.14. 2006도4662) 등.

例 교통방해에 해당하지 않는 것으로 인정된 사례: 포터트럭을 도로변의 노상주차장에 주차된 차량들 옆으로 바짝 붙여 주차시키기는 하였지만 그 옆으로 다른 차량들이 불편하게나마 충분히 지나갈 수 있을 정도인 경우(대법원 2003.10.10. 2003도4485) 또는 약 600명의 노동조합원들이 차도만 설치되어 있을 뿐 보도는 따로 마련되어 있지 아니한 왕복 4차선도로 우측의 편도 2차선의 대부분을 차지하면서 대오를 이루어 시위진행하였지만 나머지 편도 2차로로 상하행 차량들이 통행하는 데 다소 방해가 되는 정도인 경우(대법원 1992.8.18. 91도2771) 등. 20

(다) 기수, 미수 공공의 위험이 발생하였음을 요하지는 않는다(추상적 위험범). 미수범을 처벌하는 결과범의 형식으로 되어 있기 때문에 대법원의 태도와 같이 현실적으로 교통방해의 결과가 필요한 것은 아니지만, 그렇다고 해서 교통을 방해하는 '행위'만으로 기수죄가 된다고 할 수는 없다. 교통의 방해 내지 교통을 (현저하게 곤란하게 하는) 방해상태가 있어야 기수가 되는 것으로 해석하는 것이 타당하다. 이에 따르면 공공의 안전에 대한 교량 등을 손괴 내지 불통행위에 착수하였으나 교통방해 내지 방해상태에 이르지 못한 경우에는 미수가 된다. 21

계속범이므로 기수가 된 이후에도 교통방해상태가 제거되기 전까지 교통방해행위에 가담한 자는 공동정범이 성립할 수 있고,[87] 교통방해상태가 계속되는 동안 범해진 다른 범죄와의 관계에서는 실체적 경합이 된다. 22

(2) 주관적 구성요건

교통을 방해할 수 있는 정도의 사실을 인식하고 방해행위를 한다는 데에 대한 고의가 있어야 한다. 미필적 고의로서 족하다. 공공의 위험발생에 대한 인식은 고의의 내용이 아니다. 23

Ⅲ. 기차·선박등교통방해죄

> 第186조(기차·선박등교통방해죄) 궤도, 등대 또는 표지를 손괴하거나 기타 방법으로 기차, 전차, 자동차, 선박 또는 항공기의 교통을 방해한 자는 1년 이상의 유기징역에 처한다.
>
> 제190조(미수범) 제185조 내지 제187조의 미수범은 처벌한다.

1. 의의, 성격

궤도, 등대 또는 표지를 손괴하거나 기타 방법으로 기차, 전차, 자동차, 선박 또는 항공기의 교통을 방해함으로써 성립하는 범죄이다. 교통방해죄의 가중적 구성요건이며, 추상적 위 24

87) "일반교통방해죄에서 교통방해 행위는 계속범의 성질을 가지는 것이어서 교통방해의 상태가 계속되는 한 위법상태는 계속 존재한다. 따라서 교통방해를 유발한 집회에 참가한 경우 참가 당시 이미 다른 참가자들에 의해 교통의 흐름이 차단된 상태였더라도 교통방해를 유발한 다른 참가자들과 암묵적·순차적으로 공모하여 교통방해의 위법상태를 지속시켰다고 평가할 수 있다면 일반교통방해죄가 성립한다"(대법원 2018.5.11. 2017도9146).

험범이자 결과범이다(미수처벌).

2. 구성요건

25 행위객체는 궤도, 등대 또는 표지이다. '궤도'란 여객 또는 화물수송을 위해 지상에 부설한 궤조軌條(레일)를 말하며(궤도운송법 제2조), 도시철도법(제3조)상의 철의 궤도는 물론, 궤조와 구조상 불가분의 관계에 있는 침목·궤조의 이음쇠판·철교나 궤도터널도 궤도에 포함된다. '등대'란 선박의 안전한 항해를 위하여 항해로의 방향을 판단하도록 시설한 등화를 말하며, 그 소유 여하는 묻지 않는다. '표지'란 교통의 신호기타 안전교통을 위하여 제작된 설치물로서 공설·사설임을 묻지 않는다.

26 이 죄의 행위는 손괴하거나 기타 방법으로 교통을 방해하는 것이다. 교통방해하는 객체만 제외하고 일반교통방해죄의 내용과 동일하다. 현실적인 교통방해 또는 적어도 교통이 현저하게 곤란하게 되는 상태가 '결과'로서 나타나야 기수가 되고, 그로 인해 공공의 위험이 발생할 필요가 없다는 점(추상적 위험범), 손괴 기타 방법으로 교통방해행위에 착수하였으나 결과가 발생하지 않았을 경우에는 미수로 처벌된다는 점, 그리고 고의의 내용에 공공의 위험에 대한 인식은 요구되지 않는다는 점 등에 대해서도 일반교통방해죄에서 설명한 것과 같다.

Ⅳ. 기차등전복죄

> 제187조(기차등전복죄) 사람의 현존하는 기차, 전차, 자동차, 선박 또는 항공기를 전복, 매몰, 추락 또는 파괴한 자는 무기 또는 3년 이상의 징역에 처한다.
>
> 제190조(미수범) 제185조 내지 제187조의 미수범은 처벌한다.

1. 의의, 성격

27 사람이 현존하는 기차, 전차, 자동차, 선박 또는 항공기를 전복, 매몰, 추락 또는 파괴함으로써 성립하는 범죄이다. 기차등교통방해죄의 가중적 구성요건으로 추상적 위험범이자 결과범이다(미수처벌).

2. 구성요건

(1) 객관적 구성요건

28 1) 객체 사람이 현존하는 기차, 전차, 자동차, 선박 또는 항공기이다.

29 (가) 사람의 현존 사람이 현존한다는 의미는 행위 당시에 범인 이외의 사람이 기차 등의 내부에 현존하고 있는 것을 말한다. 현주건조물등방화죄의 현존과 같은 의미이다. 여기의 사람도 법인 이외의 모든 자연인을 말하며, 인원의 다소와 사람이 현존하게 된 이유 여하는 묻

지 않는다. 현존하는 사람이 반드시 승객일 필요도 없다. 따라서 기관차에 기관사만 타고 있어도 상관없으며 열차의 1량에만 사람이 현존하면 그 전체가 사람의 현존이라는 것이 된다. 반드시 결과발생시에 현존함을 요하지 않고 실행행위를 개시할 때에 사람이 현존하고 있으면 족하다.[88)]

(나) 기차, 전차 등　운행 중인 기차·전차·자동차·선박 또는 항공기는 물론 교통기관으 30
로서의 기능이 유지되는 이상 일시적으로 그 기능이 정지된 경우에도 이 죄의 객체가 된다. 따라서 차고에 들어가 있거나 정차·정박 중인 경우도 포함된다.

2) 행위　전복·매몰·추락 또는 파괴하는 것이다. 31

(가) 전복·매몰·추락·파괴　'전복'이란 기차 등의 전부 또는 일부를 궤도에서 탈선시켜 32
뒤집어엎거나 넘어가게 하는 것이다. '매몰'이란 흙더미에 묻히게 하거나 선박을 수중에 침몰시키는 것을 말하고, 좌초시킨 것은 매몰이라 할 수 없다. 그러나 매몰의 의사로 좌초케 한 때에는 이 죄의 미수가 되고, 좌초로 인하여 선박이 파괴된 때에는 '파괴'에 해당한다. '추락'이란 자동차나 항공기를 높은 곳에서 아래로 떨어뜨리는 것을 말한다. 추락으로 인하여 파괴되었을 필요는 없다. '파괴'란 교통기관으로서의 기능의 전부 또는 일부를 불가능케 할 정도로 그 중요부분을 훼손하는 것을 의미하고,[89)] 그 정도에 이르지 아니하는 단순한 손괴는 포함되지 않는다.[90)] 따라서 자동차의 문짝을 찌끄러뜨리거나 창문을 깨는 정도는 손괴죄의 손괴에 해당할 뿐 이 죄의 파괴에 해당하지 않는다(과실의 경우 도로교통법상의 업무상과실손괴죄와 업무상과실자동차파괴죄의 관계에 관해서는 후술).

(나) 기수·미수　이러한 행위를 하여 전복·매몰·추락·파괴의 결과가 현실적으로 일어 33
나야 한다(결과범). 이러한 실행행위를 하였으나 이러한 결과가 발생하지 않은 경우에는 미수가 된다. 추상적 위험범이므로 이러한 결과 이외에 공공의 위험까지 발생할 필요는 없다.[91)]

(2) 주관적 구성요건

이 죄의 고의로서 행위시에 기차등에 사람이 현존한다는 것을 인식하고 그 객체를 전복· 34
매몰·추락·파괴한다는 인식과 의사가 있어야 한다. 공공의 위험발생은 인식할 필요가 없다.

---

88) 대법원 1970.9.17. 70도1665.

89) 대법원 1970.10.23. 70도1611.

90) "형법 제187조에서 정한 '파괴'란 다른 구성요건 행위인 전복, 매몰, 추락 등과 같은 수준으로 인정할 수 있을 만큼 교통기관으로서의 기능·용법의 전부나 일부를 불가능하게 할 정도의 파손을 의미하고, 그 정도에 이르지 아니하는 단순한 손괴는 포함되지 않는다"(대법원 2009.4.23. 2008도11921).

91) "선박매몰죄의 고의가 성립하기 위하여는 행위시에 사람이 현존하는 것이라는 점에 대한 인식과 함께 이를 매몰한다는 결과발생에 대한 인식이 필요하며, 현존하는 사람을 사상에 이르게 한다는 등 공공의 위험에 대한 인식까지는 필요하지 않고, 사람이 현존하는 선박에 대해 매몰행위의 실행을 개시하고 그로 인하여 선박을 매몰시켰다면 매몰의 결과발생시 사람이 현존하지 않았거나 범인이 선박에 있는 사람을 안전하게 대피시켰다고 하더라도 선박매몰죄의 기수로 보아야 할 것이지 이를 미수로 볼 것은 아니다"(대법원 2000.6.23. 99도4688).

3. 타죄와의 관계

(1) 기차등교통방해죄와의 관계

35 이 죄는 손괴 기타 방법으로 제한 없이 인정되는 기차등교통방해행위와는 달리 행위가 전복, 매몰, 추락, 파괴로 한정되어 있다. 따라서 이 죄는 기차등교통방해죄에 대한 특별법의 관계에 있으며, 이 죄에 해당하지 않을 때에 기차등교통방해죄에 해당하고, 이에도 해당하지 않으면 일반교통방해죄의 문제가 된다.

(2) 업무상과실자동차파괴죄와의 관계

36 업무상과실자동차파괴죄(제189조 제2항)와 이 죄는 보호법익·객체·행위태양을 달리하므로 일반법과 특별법의 관계가 아니라 각각 독립된 범죄로 보아야 한다.

(3) 기타

37 보험금사취의 목적으로 보험에 가입된 선박을 침몰시킨 후 보험금을 지급받은 경우에는 사기죄 이외에 이 죄(선박매몰)도 성립하고 실체적 경합이 된다.

Ⅴ. 교통방해 예비·음모죄

> 제191조(예비, 음모) 제186조 또는 제187조의 죄를 범할 목적으로 예비 또는 음모한 자는 3년 이하의 징역에 처한다.

38 교통방해의 죄 중에서 기차등교통방해죄, 기차등전복죄를 범할 목적으로 예비 또는 음모함으로써 성립하는 범죄이다.

Ⅵ. 교통방해치사상죄

> 제188조(교통방해치사상죄) 제185조 내지 제187조의 죄를 범하여 사람을 상해에 이르게 한 때에는 무기 또는 3년 이상의 징역에 처한다. 사망에 이르게 한 때에는 무기 또는 5년 이상의 징역에 처한다.

1. 의의, 성격

39 일반교통방해죄, 기차등교통방해죄, 기차등전복죄를 범하여 사람을 상해 또는 사망에 이르게 함으로써 성립하는 범죄이다. 치상의 경우에는 상해죄의 법정형보다 높기 때문에 부진정결과적 가중범이고, 치사의 경우에는 살인죄의 법정형보다 높지 않으므로 진정결과적 가중범으로 해석해야 한다. 주된 보호법익인 공공의 교통안전을 기준으로 하면 치사상의 결과가 발생한 이상, 공공의 교통안전에 대한 위험이 없더라도 이 죄는 성립하므로 추상적 위험

범에 해당한다.

2. 구성요건

교통방해치상죄와 교통방해치사죄는 각각 부진정결과적 가중범과 진정결과적 가중범에 해당하므로 결과적 가중범의 성립요건에 관한 일반론이 그대로 타당하다. 다만 이 죄의 '사람'은 교통기관 내에 현존하는 사람뿐만 아니라 보행자나 부근에서 일하던 사람 또는 협의의 공범자도 포함된다. 40

교통방해를 하면서 사람의 상해에 대한 고의도 가져서 상해의 결과가 발생한 경우에는 '교통방해치상죄'와 상해죄의 상상적 경합이 되지만, 사망에 대한 고의를 가지고 사망의 결과를 발생시킨 경우에는 '교통방해죄'와 살인죄의 상상적 경합이 된다. 41

Ⅶ. 과실교통방해죄/업무상과실·중과실교통방해죄

> 第189조(과실교통방해죄) ① 과실로 인하여 제185조 내지 제187조의 죄를 범한 자는 1천만원 이하의 벌금에 처한다.
> (업무상과실·중과실교통방해죄) ② 업무상과실 또는 중대한 과실로 인하여 제185조 내지 제187조의 죄를 범한 자는 3년 이하의 금고 또는 2천만원 이하의 벌금에 처한다.

1. 의의, 성격

과실로 인하여 일반교통방해죄, 기차등교통방해죄, 기차등전복죄를 범하거나(제1항), 업무상 과실 또는 중대한 과실로 인하여 위 죄를 범함으로써(제2항) 성립하는 범죄이다. 일반교통방해죄 등과 같이 추상적 위험범이지만 과실범이므로 결과범에 해당한다. 42

2. 구성요건

과실교통방해죄의 경우의 과실은 일반과실범의 과실과 같다. 다만 업무상과실교통방해죄의 경우 업무는 이 죄의 성질상 직접 또는 간접으로 기차·전차·자동차·선박 또는 항공기와 같은 교통에 종사하는 자의 업무라고 해야 한다.[92] 특히 업무상 과실교통방해죄의 경우(기차등전복죄) 그 객체가 자동차인 경우 자동차는 피고인 이외의 사람이 현존하는 자동차를 지칭한다. 43

형법의 업무상과실자동차등파괴죄와 도로교통법상의 업무상과실손괴죄의 관계는 일반법 44

92) "第189조 제2항에서 말하는 '업무상과실'의 주체는 기차, 전차, 자동차, 선박, 항공기나 기타 일반의 '교통왕래에 관여하는 사무'에 직접·간접으로 종사하는 자이어야 할 것인 바, 성수대교는 차량 등의 통행을 주된 목적으로 하여 건설된 교량이므로, 그 건설 당시 제작, 시공을 담당한 자도 '교통왕래에 관여하는 사무'에 간접적으로 관련이 있는 자에 해당한다"(대법원 1997.11.28. 97도1740).

과 특별법의 관계로 파악하지 않고 별개 독립된 구성요건으로 이해하여야 한다.

45 判 대법원은 위 두 개의 구성요건의 보호법익(공공위험범/제3자의 재물보호), 행위객체(사람의 현존하는 자동차 등/건조물기타 재물), 그리고 행위태양(교통기관으로서의 용법의 전부 또는 일부를 불가능하게 할 정도의 손괴/단순손괴)을 달리하는 점에 착목하여 형법의 구성요건이 도로교통법의 구성요건 보다 축소한정되어 있기 때문에 형법의 위 구성요건과 특별법의 위 구성요건을 일반법과 특별법의 관계로 파악하지 않고 별개 독립된 구성요건으로 인정한다.[93]

3. 죄수, 타죄와의 관계

46 공사장의 작업종사자가 업무상 과실로 인하여 교량을 손괴하여 자동차의 교통을 방해하고 그 결과 교량 위의 자동차를 추락하게 한 경우는 업무상과실교통방해죄외에 업무상과실자동차추락죄가 별도로 성립하고 양죄는 상상적 경합이 된다.[94]

47 운전자가 업무상과실로 교통사고를 유발하여 자동차가 파괴되어 교통이 방해되는 결과를 초래한 경우 앞에서 설명했듯이 위 두 개의 구성요건이 보호법익, 행위객체, 행위태양이 다르기 때문에 형법상 업무상과실자동차파괴죄와 도로교통법상의 업무상과실·중과실손괴죄가 별도로 성립되지만,[95] 양 죄는 상상적 경합이 된다고 보아야 한다.

---

93) "형법 제189조 제2항, 제187조 소정의 업무상과실자동차파괴등죄는 교통방해죄의 한 태양으로서 공중교통안전을 그 보호법익으로 하는 공공위험죄에 속하는데 반해 도로교통법 제74조는 차량운행에 수반되는 위험성에 비추어 운전자에게 고도의 주의의무를 강조하고 나아가 차량운행과 직접 관계없는 제3자의 재물을 보호하는 데 있어 그 보호법익을 달리하고, 그 행위의 객체는 후자가 "건조물 기타 재물" 일반을 그 대상으로 함에 반하여 전자는 "사람이 현존하는 기차, 전차, 자동차, 선박 또는 항공기"로 한정하고, 그 행위의 태양면에서도 후자는 단순손괴로 족함에 반하여 전자는 교통기관으로서의 용법의 전부 또는 일부를 불가능하게 할 정도의 손괴임을 요하는 등 위 형법 본조의 구성요건이 위 도로교통법 제74조의 구성요건보다 축소한정되는 관계인 점 등에 비추어 위 양 법규는 일반법과 특별법관계가 아닌 별개의 독립된 구성요건으로 해석함이 상당하다"(대법원 1983.9.27. 82도671).

94) 대법원 1997.1.28. 97도1740.

95) 대법원 1983.9.27. 82도671.

제 2 장 공중의 건강에 대한 죄 §40

형법은 공중의 건강을 보호하기 위한 범죄로서 먹는 물에 관한 죄와 아편에 관한 죄를 규정하고 있다. 하지만 오늘날 공중의 건강을 해하는 행위로서 식품의 제조·판매과정에서 유해음식물을 양산하는 행위나 전체 생태계를 포함한 환경오염유발행위가 국민의 건강에 보다 큰 위협으로 자리잡고 있으므로 이에 대한 신종범죄화가 요망된다. 뿐만 아니라 상수도가 완비된 오늘날의 현실에서 보면 종래 일상생활에 먹는 물로 사용하는 물의 보존보다 오히려 수질·식수원보호라는 환경법적 차원의 대책이 보다 시급하고, 환경의 보호를 위해 특별법상의 환경범죄에 관한 중요 기본구성요건들을 형법전에 편입시켜야 할 요구가 보다 현실적인 의미를 가지고 있다. 1

제 1 절 먹는 물에 관한 죄 §41

Ⅰ. 총설

1. 의의 및 보호법익

(1) 의의

먹는 물에 관한 죄는 정수淨水(이하 일상생활에서 사람이 '먹는 물'이라 한다) 또는 그 수원水源에 오물·독물 기타 건강을 해하는 물건을 혼입하거나 수도 기타의 시설을 손괴 기타의 방법으로 불통하게 하여 안전한 정수의 보존과 공중의 먹는 물의 이용의 안전을 위태롭게 하는 것을 내용으로 하는 범죄이다.[1] 공중의 먹는 물의 이용에 위해를 입히는 행위를 통해 생존이나 건강을 위태롭게 하는 공공위험범이다. 1

(2) 보호법익

먹는 물에 관한 죄의 보호법익은 일반 공중의 건강이고, 결과적 가중범형식의 구성요건(음용수혼독치사상죄)을 제외하고는 추상적 위험범에 해당한다. 2

---

1) 공공 수도에서는 수원(水源)으로부터 취수되어, 정수지로 도수되어 온 원수(原水)를 물리적, 화학적 처리를 통해 정수(淨水)하게 된다. 보통의 공공 수도에서는 착수정→응집→약품 침전→급속 여과→소독(염소, 오존)의 순서를 거쳐 정수가 진행된다.

2. 구성요건의 체계

3 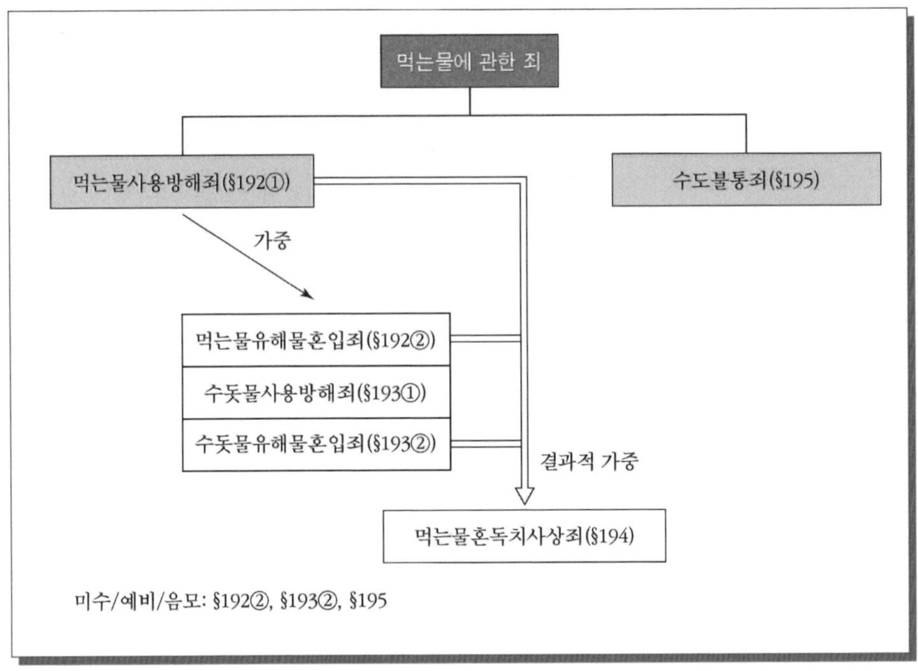

4 먹는물사용방해죄가 기본적 구성요건이고 먹는물유해물혼입죄, 수돗물사용방해죄, 수돗물유해물혼입죄가 이에 대한 가중적 구성요건이며, 수독물유해물혼입죄와 수도물유해물혼입죄의 결과적 가중범으로서 먹는물혼독치사상죄가 있다. 수도불통죄는 독립된 구성요건이고, 음용수유해물혼입죄, 수도음용수유해물혼입죄 및 수도불통죄는 미수범과 예비·음모까지 처벌한다.

5 깨끗한 음용수 확보차원에서 강이나 호수 등 수원의 수질오염을 방지하고 이를 규제할 필요에 부응하기 위해 형법이 아닌 특별법인 '수질 및 수생태계 보전에 관한 법률'이 있고, 고도로 산업화된 현대사회에서 공중의 건강을 대규모로 위협하는 다양한 행위에 의한 피해(유해식품과 환경오염에 의한 피해)를 막기 위해서는 「보건범죄단속에 관한 특별조치법」과 「환경범죄의 단속에 관한 특별조치법」, 「식품위생법」, 「대기환경보전법」, 「소음·진동규제법」, 「유해화학물질 관리법」, 「오수·분뇨 및 축산폐수의 처리에 관한 법률」 등이 있다.

Ⅱ. 먹는물사용방해죄

> 제192조(먹는 물의 사용방해) ① 일상생활에서 먹는 물로 사용되는 물에 오물을 넣어 먹는 물로 쓰지 못하게 한 자는 1년 이하의 징역 또는 500만원 이하의 벌금에 처한다.

1. 의의, 성격

일상생활에서 먹는 물로 사용되는 물(정수淨水)에 오물을 넣어 먹는 물로 사용하지 못하게 함으로써 성립하는 범죄이다. 음용수에 관한 죄의 기본적 구성요건이고, 추상적 위험범이자 거동범이다(미수불처벌). 6

2. 구성요건

(1) 객체

이 죄의 객체는 일상생활에서 먹는 물로 사용되는 물(정수)이다. 일상생활에서 먹는 물로 사용되는 물이란 불특정 또는 다수인이 계속 반복하여 음용에 사용하기에 적합할 정도의 청결한 물을 말한다. 정수의 소유자나 관리자가 누구인가는 문제되지 않고, 수질검사나 수질적합판정 여부와 관계없다. 일상생활에서 먹는 물로 사용되는 물이면 공업용 기타의 용도에 사용되고 있어도 무방하다. 가정의 음료저장 용기나 사무실 음료저장기에 담겨진 음용수도 객체가 된다. 하지만 특정인의 음용에 공할 목적으로 컵·찻잔에 담아둔 정수는 여기에 해당하지 않는다. 일가족의 음용에 공하기 위한 물통의 정수도 객체가 된다. 관개용수·공업용수·세탁이나 목욕에만 전용된 것은 일상음용에 이용되는 것이 아니므로 이 죄의 객체에서 제외되며, 산속 옹달샘이나 계곡에 흐르는 물은 계속 반복하여 일상음용에 사용되는 것이 아니므로 제외된다. 7

(2) 행위

오물을 넣어 먹는 물로 쓰지 못하게 하는 것이다. '오물'이란 정수를 더럽혀 음용에 지장을 줄 수 있는 '독물 기타 건강을 해할 물건'(음용수유해물혼입죄의 객체) 이외의 일체의 물질을 말한다. 대소변·동물의 배설물·쓰레기·비누 세숫물 등이 그 예이다. '(오물을) 넣어'란 어떤 물질을 섞어 넣는 것을 말하지만 반드시 적극적인 물질 혼입뿐만 아니라 우물바닥의 흙을 들추어 물을 흐리게 하여 먹지 못하게 하는 것도 포함한다. 8

'음용하지 못하게 한다'란 음용수로서 이용할 수 없게 하는 것을 말한다. 음용할 수 없게 된 이유는 물리적·화학적으로 혼탁하게 하였건 감정적·심리적으로 불결한 느낌을 갖게 하였건 불문한다. 그 판단기준은 보통인의 감정이다. 따라서 약수물에 냄새나는 음식찌꺼기를 버리거나 유색 식음료를 풀어 우물물을 불쾌한 색으로 만들거나 소변을 보아 불쾌감을 느끼 9

게 하여 음용수로 이용할 수 없게 하는 경우도 이 죄에 해당할 수 있다.

10 먹는 물로 쓰지 못하게 할 것을 요하므로 오물을 넣었으나 먹는 물로 쓰지 못하게 될 정도에 이르지 않은 때에는 경범죄처벌법(제3조 제1항 제10호)에 해당할 뿐이다.

(3) 기수시기

11 이 죄는 추상적 위험범이고 미수처벌규정이 없기 때문에 거동범의 성격을 가지는 것으로 해석된다. 따라서 오물을 넣는 행위만 있으면 기수가 되고, 먹는 물로 쓰지 못하게 된 결과가 발생하거나 공중의 건강에 대한 위험이 발생할 필요 없이 이 죄는 성립한다.

Ⅲ. 먹는물유해물혼입죄

> 第192조(먹는 물의 사용방해) ② 제1항의 먹는 물에 독물 그 밖에 건강을 해하는 물질을 넣은 사람은 10년 이하의 징역에 처한다.
>
> 第196조(미수범) 제192조 제2항, 제193조 제2항과 전조의 미수범은 처벌한다.

1. 의의, 성격

12 일상생활에서 먹는 물로 사용되는 물에 독물 그 밖에 건강을 해하는 물질을 넣음으로써 성립하는 범죄이다. 독물 그 밖에 건강을 해하는 물질을 넣는다는 행위방법의 위험성 때문에 형이 가중되는 가중적 구성요건이다. 추상적 위험범이고, 결과범이다(미수처벌).

2. 구성요건

(1) 행위

13 독물 그 밖에 건강을 해하는 물질을 넣는 것이다. '독물'이란 적은 양이 인체에 흡수되어도 그 화학적 작용으로 사람의 건강을 해할 수 있는 물질(예: 청산가리, 염산, 비소, 농약, 양잿물 등)을 말한다. '그 밖에 건강을 해하는 물질'이란 사람이 음용하면 건강에 장애를 줄 만한 유해물(예: 방사능, 산업폐기물, 석유화학물질, 세균 등)을 말한다.[2)]

(2) 기수시기

14 이 죄는 추상적 위험범이지만 미수가 처벌되는 결과범이다. 따라서 이 죄의 기수가 되려면 — 공중의 건강에 대한 위험이 발생할 필요는 없지만 — 결과에 해당하는 '독물 그 밖에 건강을 해하는 물질을 넣음(혼입)'이 현실적으로 있어야 한다. 혼입에 착수했으나 실제로 혼입하지 못한 경우에는 미수가 된다.

---

2) 「유해화학물질관리법」 제2조 제2호의 '유독물질' 참조.

3. 타죄와의 관계

이 죄의 행위수단인 '독물 그 밖에 건강을 해하는 물질'은 먹는물사용방해죄에서 말하는 '오물'의 특수한 경우에 해당하기 때문에 이 죄는 먹는물사용방해죄에 대해 특별법의 관계에 있다. 따라서 이 죄에 정한 행위수단에 해당하면 먹는물사용방해죄는 성립하지 않는다. 15

Ⅳ. 수돗물사용방해죄

> 제193조(수도물의 사용방해) ① 수도(水道)를 통해 공중이 먹는 물로 사용하는 물 또는 그 수원(水原)에 오물을 넣어 먹는 물로 쓰지 못하게 한 자는 1년 이상 10년 이하의 징역에 처한다.

1. 의의, 성격

수도(水道)를 통해 공중이 먹는 물로 사용하는 물 또는 그 수원(水原)에 오물을 넣어 먹는 물로 쓰지 못하게 함으로써 성립하는 범죄이다. 먹는물사용방해죄의 가중적 구성요건이다. 추상적 위험범이며 거동범이다(미수불처벌). 16

2. 구성요건

(1) 객체

수도(水道)를 통해 공중이 먹는 물로 사용하는 물 또는 그 수원(水原)이다. 일상생활에 먹는 물로 사용하는 물(정수)에 비하여 객체가 제한되어 있다. '수도'란 음용정수를 공급하기 위한 인공적 설비를 말한다. 공공적 설비인지 사설私設인지는 묻지 않으며, 적법절차를 거쳐 가설되었음을 요하지도 않으며, 법령·관습에 의하여 수도로 용인되어 있어야 하는 것도 아니다. 반드시 영구적인 설비임을 요하지 않고 일시적 목적으로 시설된 것도 수도로 될 수 있다.[3] 설비 전체가 인공적임을 요하지 않고 천연수로를 이용하여 인공설비를 한 것도 수도에 해당한다. 대나무관이나 비닐호스 등으로 연결되었더라도 전적으로 자연유수만을 공급하는 것은 수도가 아니다. 17

'공중이 먹는 물로 사용하는 물'이란 인공설비에 의하여 불특정 또는 다수인이 이용할 수 있도록 현재 공급 중에 있는 정수를 말하므로, 이미 공급이 끝나 개인집의 물통에 담겨진 정수는 이 죄의 객체가 아니다. 여기의 공중도 불특정 또는 다수인을 의미하지만 음용수사용방해죄와는 달리 상당한 다수의 사람임을 요한다고 해석해야 한다. 따라서 자기의 가족만이 이용하는 전용수도의 정수는 이 죄의 객체에 해당하지 않고 음용수사용방해죄의 객체가 될 뿐 18

---

3) 따라서 「수도법」 제3조 제5호의 '수도'에 비해 훨씬 넓은 개념이다.

이다.

19 '수원水源'이란 수도에 유입되기 이전의 수류 또는 저수지·정수지의 물을 말한다. 취수장으로부터 저수지·정수장에 이르는 수로의 물은 수원에 해당하지만, 취수장에 이르는 물과 상수원 보호구역의 물은 이 죄의 객체가 아니다.

(2) 행위

20 오물을 넣어 먹는 물로 쓰지 못하게 하는 것이다. 음용수사용방해죄의 행위와 같다.

(3) 기수시기

21 추상적 위험범이고 미수처벌규정이 없으므로 거동범에 해당한다. 따라서 먹는 물로 쓰지 못하게 하는 행위만 있으면 이 죄가 성립하고, 그로 인해 사람의 건강에 위험 또는 장애가 생겼음을 요하지 않는다.

Ⅴ. 수돗물 유해물혼입죄

> 제193조(수돗물 유해물 혼입) ② 제1항의 먹는 물 또는 수원에 독물 그 밖에 건강을 해하는 물질을 넣은 자는 2년 이상의 유기징역에 처한다.
>
> 제196조(미수범) 제192조 제2항, 제193조 제2항과 전조의 미수범은 처벌한다.

22 수도(水道)를 통해 공중이 먹는 물로 사용하는 물 또는 그 수원(水原)에 독물 그 밖에 건강을 해하는 물질을 넣음으로써 성립하는 범죄이다. 먹는물사용방해죄에 비해 행위객체의 위험성이 크다는 이유로 형이 가중되었을 뿐 아니라 수돗물사용방해죄에 대하여 행위수단이 더 위험한 것이므로 이중으로 형을 가중한 가중적 구성요건이다. 수돗물사용방해죄와 마찬가지로 추상적 위험범이지만 결과범에 해당한다(미수처벌). 따라서 독물 그 밖에 건강을 해하는 물질을 넣는(혼입) 결과가 이루어지지 않으면 미수로 처벌된다.

Ⅵ. 먹는물혼독치사상죄

> 제194조(먹는 물 혼독치사상) 제192조 제2항 또는 제193조 제2항의 죄를 범하여 사람을 상해에 이르게 한 경우에는 무기 또는 3년 이상의 징역에 처한다. 사망에 이르게 한 경우에는 무기 또는 5년 이상의 징역에 처한다.

23 먹는물유해물혼입죄와 수돗물유해물혼입죄를 범하여 사람을 상해에 이르게 하거나(치상죄) 사망에 이르게 함으로써(치사죄) 성립하는 범죄이다. 치상죄는 부진정결과적 가중범이고, 치사죄는 진정결과적 가중범에 해당하는 것은 앞에서 설명한 일수방해에 관한 죄나 교통방해의 죄의 경우와 동일하다.

상해 또는 사망의 결과가 발생하면 기본범죄인 먹는물유해물혼입죄나 수돗물유해물혼입죄가 기수이건 미수이건 상관없이 이 죄가 성립한다. 24

Ⅶ. 수도불통죄

> 제195조(수도불통) 공중이 먹는 물을 공급하는 수도 그 밖의 시설을 손괴하거나 그 밖의 방법으로 불통(不通)하게 한 자는 1년 이상 10년 이하의 징역에 처한다.
>
> 제196조(미수범) 제192조 제2항, 제193조 제2항과 전조의 미수범은 처벌한다.

1. 의의, 성격

공중이 먹는 물을 공급하는 수도 그 밖의 시설을 손괴하거나 그 밖의 방법으로 불통(不通)하게 함으로써 성립하는 범죄이다. 객체가 수도 그 밖의 시설인 점과 행위태양이 손괴 그 밖의 방법으로 불통하게 한다는 점 때문에 먹는물사용방해죄에 대해 이중적으로 형을 가중한 가중적 구성요건이다. 추상적 위험범이고 결과범이다(미수처벌). 25

2. 구성요건

(1) 객체

공중이 먹는 물을 공급하는 수도 그 밖의 시설이다. '수도'는 음용수를 공급하는 인공 시설을 말하며 수돗물사용방해죄의 수도와 마찬가지로 반드시 적법한 절차를 밟은 수도임을 요하지 않는다. 따라서 사인이 절차를 밟지 않고 임의로 가설한 수도[4]는 물론이고 사설특수가압수도실[5]도 이 죄의 객체가 된다. '기타시설'은 수도 이외에 공중의 음용수를 공급하는 시설을 말한다. 공중이 이용하는 우물도 여기에 포함될 수 있다. 26

(2) 행위

손괴 그 밖의 방법으로 불통하게 하는 것이다. '손괴'는 그 밖의 불통방법의 예시에 지나지 않는다. '불통하게 한다'란 수도의 유통을 방해하여 먹는물의 공급을 불가능하게 하는 것을 말한다. 전원차단, 이물질에 의한 수도관폐쇄 또는 급수단절도 불통의 방법이 된다. 공급이 불가능하게 될 정도에 이르지 않은 때에는 경범죄처벌법 또는 수도법의 적용 대상이 될 뿐이다. 수도관을 절단해 가면 이 죄와 절도죄의 상상적 경합이 된다. 27

(3) 기수와 미수

추상적 위험범이지만 결과범이므로 수도손괴 이외에 불통의 결과까지 발생해야 기수가 28

4) 대법원 1957.2.1. 4289형상317.
5) 대법원 1971.1.26. 70도2654.

된다. 손괴는 있었지만 음용수의 공급이 불가능하게 되지 않은 경우나 손괴와 음용수 공급불가능 간에 인과관계가 없는 경우 미수가 된다.

3. 위법성조각사유

29 例 사설수도를 설치한 시장번영회가 수도요금을 체납한 회원에게 사전경고까지 하고 단수斷水한 경우 수도불통죄의 위법성이 조각되었고(대법원 1977.11.22. 77도103), 사설특수가압수도시설자가 시설자와의 계약에 의하여 시설운영위원회에 가입한 후 시의 급수승인을 받는 절차를 거치지 않은 자에 대하여 단수조치로서 급수관을 발굴, 절단한한 행위도 위법성이 조각되었다(대법원 1971.1.26. 70도2654).

Ⅷ. 예비·음모죄

> 제197조(예비, 음모) 제192조 제2항, 제193조 제2항 또는 제195조의 죄를 범할 목적으로 예비 또는 음모한 자는 2년 이하의 징역에 처한다.

30 먹는물유해물혼입죄, 수돗물유해물혼입죄 및 수도불통죄의 죄를 범할 목적으로 예비 또는 음모함으로써 성립하는 범죄이다.

§42 제2절 아편에 관한 죄

Ⅰ. 총설

1. 의의 및 보호법익

(1) 의의

1 아편에 관한 죄는 아편을 흡식하거나 아편 또는 아편흡식기구를 제조·수입·판매 또는 소지하는 등의 행위를 내용으로 하는 범죄이다. 아편에 관한 여러 가지 행위태양을 범죄로 만들어 사회적 법익에 대한 죄로 편입시켜 놓은 것은 아편이 가지는 중독성이 사람의 육체적·정신적 건강에 치명적인 결과를 가져오고 나아가 각종 부수범죄와 사회문제를 야기하여 사회의 안전을 위협하는 결과를 가져올 것이라는 국가후견주의적 사고에서 터잡고 있다.

(2) 보호법익

2 아편에 관한 죄의 보호법익은 일반공중의 건강이고 보호받는 정도는 추상적 위험범으로서의 보호이다.

2. 구성요건의 체계

아편에 관한 죄의 기본적 구성요건은 아편흡식죄이며 아편등제조·수입·판매 또는 판매목 3
적소지죄와 아편흡식기제조·수입·판매 또는 판매목적소지죄는 아편흡식죄의 가중적 구성요건이다. 아편흡식등장소제공죄는 아편흡식죄를 방조하는 행위를 독립범죄로 규정한 것이며, 세관공무원의 아편등수입·수입허용죄와 아편에 관한 죄의 상습범은 신분으로 인해 형이 가중되는 가중적 구성요건이다. 아편등소지죄는 아편흡식죄의 예비행위를 독립범죄로 규정한 감경적 구성요건에 해당한다.

4

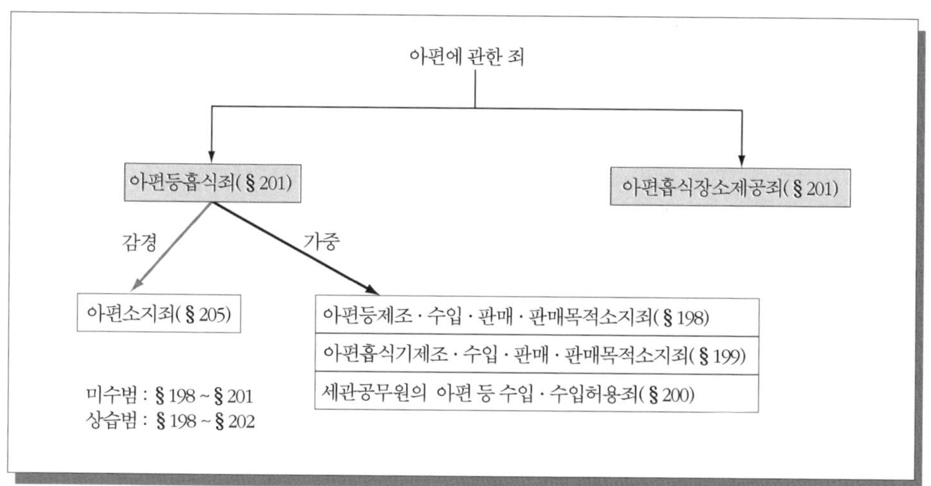

'마약류관리에 관한 법률'은 마약류를 마약,[6] 향정신의약품,[7] 대마[8]로 분류하면서(제2조 제2호) 마 5
약류를 제조, 매매, 매매알선, 제조등 목적 소지, 수출입, 수출입목적 소지 등 다양한 행위태양에 대해 5년 이상 무기징역의 형에 처하고 있고, 이 법률위반의 예비음모, 미수, 그리고 상습범 등에 관한 규정을 두고 있어 실무적으로 마약기본법으로 사용되고 있다. 뿐만 아니라 이 법에 규정된 죄에 제공한 마약류·시설·장비·자금·운반수단 및 그로 인한 수익금에 대한

6) 마약이란 남용되거나 유해한 독성 작용을 일으킬 우려가 있는 화학적 합성품이나 이들을 함유하는 혼합물질·혼합제재를 말한다[천연마약(아편, 양귀비, 코카관목, 코카잎), 합성마약(페이딘계, 메사돈계, 프로폭시펜, 벤조모르핀)].

7) 향정신성의약품이란 인간의 중추신경에 작용하는 것으로서 의료용으로 쓰이지 아니하거나 매우 제한된 의료용으로만 쓰이는 것으로서 이를 오용하거나 남용할 경우 심한 신체적 또는 정신적 의존성을 일으키는 약물 또는 이를 함유하는 물질을 말한다〔각성제(매스암페타민, 암페타민유, 펜플루라민, 앞페르라몬). 환각제(LSD, 페이요트, 사일로사이빈, 메스칼린), 억제제(비르비탈 염류제, 비비르비탈 염류제, 벤조디아제핀 염류제)〕.

8) 대마란 대마초(Cannavis sativa L)와 그 수지(樹脂) 또는 이들을 원료로 하여 제조된 모든 제품을 말한다〔대마초(마리화나), 대마수지(해쉬시), 대마수지기름(해쉬이오일)〕.

몰수와 추징에 관한 규정을 두고 있다(제67조). 더 나아가 '마약류불법거래방지에 관한 특례법'에서는 마약류범죄로 인한 불법수익 뿐 아니라 불법수익에서 유래한 재산까지도 몰수하도록 규정하고 있다(제2조 제3항, 제13조). 특가법은 마약류관리에 관한 법률 제58조 중 마약과 향정신성 의약품 관련 범죄에 한하여(대마 관련 범죄는 제외) 그 가액에 따라 가중처벌하는 규정을 두고 있다(제11조 제1항).

3. 입법론

6 마약류범죄 중 조직범죄적 성격을 띠고 있는 공급범죄의 경우에는 엄정한 형법적 대응을 해야 한다는 점에 대해 이견이 없다. 그러나 대마초(마리화나) 등의 단순 소비범죄의 경우에는 국제적으로 이를 허용하는 입법례가 늘어가고 있는 국제적 추세[9]를 반영하여 이를 비범죄화하는 것이 바람직할 수 있다. 이 뿐만 아니라 특히 경미한 마약류의 경우 단순 소비범죄의 경우 중독자에 대해서는 처벌보다는 치료가 우선이라는 차원에서 볼 때, 실무적으로 치료법원의 치료명령제도나 수강명령 등과 연계하여 실질적으로 비범죄화하는 방향으로 제도개선을 도모할 필요가 있을 것으로 보인다.

Ⅱ. 아편등흡식죄

> 第201조(아편등흡식등) ① 아편을 흡식하거나 몰핀을 주사한 자는 5년 이하의 징역에 처한다.
>
> 第202조(미수범) 전4조의 미수범은 처벌한다.

1. 의의, 성격

7 아편을 흡식하거나 몰핀을 주사함으로써 성립하는 범죄이다. 아편에 관한 죄의 기본적 구성요건으로서 추상적 위험범이자 결과범이다(미수처벌).

2. 구성요건

(1) 객체

8 아편 또는 몰핀이다. 여기의 '아편'은 양귀비의 액즙이 응결된 것과 흡식할 수 있도록 가공된 제조아편(아편연)과 그 원료인 생아편을 포함한 것으로 의약품 이외의 것을 말한다. '몰핀'은 양귀비·아편 또는 코카엽에서 추출되는 알칼로이드 계통의 합성물을 말한다.

---

9) 전보경, "대마초 합법화의 세계적 추세에 따른 형법상 실효성 방안", 가천법학 제7권 제2호(2014), 107면 이하(단, 이 글은 세계적 추세와 무관하게 우리나라는 대마초 사용 및 소지의 불법성을 유지해야 한다고 한다).

(2) 행위

흡식 또는 주사하는 것이다. '흡식'이란 아편을 호흡기 또는 소화기를 통하여 신체 내에 소비하는 것을 말하며, 주사란 주사기에 의하여 신체에 주입하는 것을 말한다. 흡식 또는 주사의 목적이 쾌락을 위한 것인가의 여부는 묻지 않는다. 의학적인 약용으로 흡식 또는 주사한 때에도 의사의 적법한 처방에 의한 것이 아니면 이 죄가 성립한다. 9

(3) 기수와 미수

추상적 위험범이지만 결과범이므로 흡식 또는 주사행위가 종료된 시점이 기수가 된다. 흡식 또는 주사를 시작했으나 종료하지 못하면 이 죄의 미수가 된다. 10

3. 타죄와의 관계

흡식이나 주사의 목적으로 아편이나 몰핀을 소지하고 있다가 이를 흡식 또는 주사한 경우 아편흡식죄만 성립하고 소지죄는 이에 흡수된다(불가벌적 수반행위). 하지만 아편·몰핀을 소지하다가 그 후에 흡식 또는 주사의 고의가 생겨 흡식 또는 주사한 경우에는 이 죄와 소지죄의 실체적 경합이 된다. 판매목적으로 소지하고 있다가 흡식·주사한 경우에는 판매목적소지죄와 본죄의 실체적 경합범이 된다. 11

Ⅲ. 아편흡식장소제공죄

> 제201조(아편흡식장소제공죄) ② 아편흡식 또는 몰핀 주사의 장소를 제공하여 이익을 취한 자도 전항의 형과 같다.
>
> 제202조(미수범) 전4조의 미수범은 처벌한다.

1. 의의, 성격

아편흡식 또는 몰핀 주사의 장소를 제공하여 이익을 취득함으로써 성립하는 범죄이다. 아편흡식죄의 방조에 해당하는 행위를 독립범죄로 규정한 것이다. 추상적 위험범이지만 결과범에 해당한다(미수처벌). 12

2. 구성요건

행위는 장소를 제공하여 이익을 취득하는 것이다. 이익취득은 장소제공의 대가를 얻는 것이므로 단순히 이득의 제공을 약속하는 것만으로는 부족하고 현실적인 이익취득이 있어야 하며 반드시 재산상의 이익에 한하지 않는다.[10] 13

10) "형법 제201조 제2항 또는 본조(마약법 제6조) 제6호의 이른바 취득이익이라 함은 그 장소사용과 관련하여 계정되는

14 현실적인 이익 취득이 있는 때 기수가 된다. 장소제공을 하였으나 이익취득을 하지 못한 경우 또는 장소제공과 이익취득 간의 인과관계가 없는 경우 미수가 된다. 이익취득은 고의내용으로서 이익취득의 목적까지 있을 필요는 없다.

15 '마약류관리에 관한 법률'은 마약사용을 위한 장소제공행위를 가중처벌하고 있으므로 아편흡식장소제공죄의 이익취득이라는 요건은 실제로 무의미하다.

Ⅳ. 아편등제조·수입·판매·판매목적소지죄

> 제198조(아편등제조등죄) 아편, 몰핀 또는 그 화합물을 제조, 수입 또는 판매하거나 판매할 목적으로 소지한 자는 10년 이하의 징역에 처한다.
>
> 제202조(미수범) 전4조의 미수범은 처벌한다.

1. 의의, 성격

16 아편, 몰핀 또는 그 화합물을 제조, 수입 또는 판매하거나 판매할 목적으로 소지함으로써 성립하는 범죄이다. 아편등흡식죄에 대한 가중적 구성요건으로 아편흡식 또는 몰핀주사의 근원적 행위에 대응하기 위한 구성요건이다. 추상적 위험범이고 결과범이며(미수처벌), 소지죄는 목적범이다.

2. 구성요건

(1) 객관적 구성요건

17 객체는 아편·몰핀 또는 그 화합물이다. '그 화합물'이란 아편·몰핀 이외의 모든 화학적 합성물인 마약류를 말한다. 헤로인도 그 화합물에 포함된다.

18 실행행위는 제조, 수입, 판매 또는 판매할 목적으로 소지하는 것이다. '제조'란 아편·몰핀 또는 그 화합물을 만드는 것이고, '수입'이란 국외로부터 국내에 반입하는 것이다. 육로수입의 경우에는 국경선을 넘은 때, 해로의 경우에는 육지에 양륙되었을 때, 항공기에 의한 경우에는 지상에 운반된 때에 기수가 된다. '판매'란 유상양도하는 것을 말하지만 이로 인하여 현실적으로 수익이 있었음을 요하지는 않는다. 계속 반복할 의사를 요하지 않고 1회의 판매라도 판매가 될 수 있고, 특정인에게 판매하더라도 판매에 해당한다.

19 '소지'란 자기의 사실상의 지배하에 두는 것을 말한다. 소지개념을 점유개념보다 물리적 요소가 더 엄격하게 요구되는 것으로 해석되어야 한다는 견해가 있으나 저장, 보관, 은닉, 진

대가적 성질을 띤 일체의 적극적·소극적 이익을 포함하는 것이므로 피고인이 과거에 3년간 사역한 노무에 대한 대가로서 피고인의 거택을 타인의 아편판매장소로 제공한 경우는 위의 이익을 취득한 때에 해당한다"(대법원 1960.4.6. 4292형상844).

열 등을 포함하는 것으로 해석하는 것이 타당하다.[11] 소지의 원인은 묻지 않는다. 따라서 타인을 위하여 소지하건 불법으로 탈취하여 소지하건 모두 여기에 해당된다.

(2) 주관적 구성요건

아편·몰핀 또는 그 화합물임을 인식하고. 이를 제조·수입·판매 또는 소지한다는 점에 대한 고의가 있어야 한다. 특히 소지의 경우에는 고의 이외에 다시 판매할 목적이 있어야 하고(목적범) 판매할 목적이 없으면 단순소지죄가 될 뿐이다. 20

3. 죄수

제조·수입·판매 등이 계속하여 순차로 행하여진 때에는 포괄일죄가 된다(협의의 포괄일죄). 제조한 자가 판매목적으로 소지한 경우, 수입한 자가 판매목적으로 소지한 경우에도 각 죄의 실체적 경합관계가 포괄일죄가 된다(협의의 포괄일죄). 21

Ⅴ. 아편흡식기제조·수입·판매·판매목적소지죄

> 제199조(아편흡식기제조등죄) 아편을 흡식하는 기구를 제조, 수입 또는 판매하거나 판매할 목적으로 소지한 자는 5년 이하의 징역에 처한다.
>
> 제202조(미수범) 전4조의 미수범은 처벌한다.

1. 의의, 성격

아편을 흡식하는 기구를 제조, 수입, 판매하거나 판매할 목적으로 소지함으로써 성립하는 범죄이다. 이 죄는 아편흡식을 조장하는 방조행위에 대해 형을 가중하는 가중적 구성요건이다. 추상적 위험범이고 결과범이며(미수처벌), 판매목적 아편흡식기소지죄는 목적범이다. 22

2. 구성요건

객체는 아편을 흡식하는 기구이다. '아편을 흡식하는 기구'란 특별히 아편흡식에 사용하기 위하여 제조된 기구를 말한다. 흡식을 위해 제조된 기구이므로 아편흡식에 사용되더라도 이를 위해 제조된 것이 아니면 여기에 포함되지 않는다. 따라서 일반주사기는 아편흡식에 사용되더라도 아편흡식기구가 아니다. 행위는 제조·수입·판매 또는 판매할 목적으로 소지하는 것이며, 제조·수입·판매가 순차적으로 행해지면 포괄하여 일죄가 된다(협의의 포괄일죄). 23

11) 소지범죄에 관해서는 최성진, "소지범죄에 관한 형사법적 연구", 형사법연구 제35권 제2호(2023), 175면 이하 참조.

Ⅵ. 세관공무원의 아편등수입·수입허용죄

> 제200조(세관공무원아편등수입죄) 세관의 공무원이 아편, 몰핀이나 그 화합물을 또는 아편흡식기구를 수입하거나 그 수입을 허용한 때에는 1년 이상의 유기징역에 처한다.
>
> 제202조(미수범) 전4조의 미수범은 처벌한다.

1. 의의, 성격

24 세관의 공무원이 아편, 몰핀이나 그 화합물 또는 아편흡식기구를 수입하거나 그 수입을 허용함으로써 성립하는 범죄이다. 세관공무원이라는 신분으로 인하여 일반인의 수입죄에 비해 형이 가중되는 가중적 구성요건으로 부진정신분범이다. 추상적 위험범이고 결과범이다(미수처벌).

2. 구성요건

25 주체는 세관공무원이다. 여기의 세관공무원은 세관에 있는 공무원 중 수입에 관한 사무에 종사하는 공무원만을 말한다. 객체는 아편·몰핀이나 그 화합물 또는 아편흡식기구이다. 행위는 수입하거나 그 수입을 허용하는 것이다. '수입을 허용'한다는 것은 명시적 또는 묵시적으로 수입을 허가·승인·묵인하는 것을 말한다. 작위뿐만 아니라 부작위로도 행할 수 있다. 수입이 기수가 된 때에 수입허용도 기수가 된다.

3. 공범과 신분 및 공범규정의 적용문제

26 신분 없는 자가 신분자의 수입죄에 가담한 경우에는 형법 제33조가 적용되어 수입죄의 공동정범 또는 공범이 될 수 있다. 하지만 수입허용죄의 경우에는 신분 없는 수입자와 신분 있는 수입허용자는 필요적 공범(대향범)에 해당한다. 따라서 세관공무원의 허용을 받아 수입한 자는 수입죄(제198조, 제199조)로 처벌될 뿐 이 죄의 공범이 될 수 없다.

Ⅶ. 상습아편흡식·제조·수입·판매죄

> 제203조(상습범) 상습으로 전5조의 죄를 범한 때에는 각조에 정한 형의 2분의 1까지 가중한다.

27 상습으로 이상의 모든 아편에 관한 죄(제198조~제202조)와 그 미수범을 범함으로써 성립하는 가중적 구성요건이다.

Ⅷ. 아편등소지죄

> 제205조(아편등소지죄) 아편, 몰핀이나 그 화합물 또는 아편흡식기구를 소지한 자는 1년 이하의 징역 또는 500만원 이하의 벌금에 처한다

1. 의의, 성격

아편, 몰핀이나 그 화합물 또는 아편흡식기구를 소지함으로써 성립하는 범죄이다. 이 죄는 28
기본적 구성요건인 아편흡식·몰핀주사를 위한 예비행위를 규정한 독립된 구성요건이자 감
경적 구성요건에 해당한다. 아편이나 목핀이나 그 화합물을 판매할 목적으로 소지한 경우에
는 이 죄가 아니라 판매목적소지죄를 구성한다.

마약류관리법상의 마약류 취급자가 아편등을 소지하거나 그 취급자로부터 투약받아 소지 29
하는 경우에는 법령에 의한 행위로서 위법성이 조각된다.

2. 구성요건

객체는 아편·몰핀이나 그 화합물 또는 아편흡식기구이다. 판매의 목적 없이 소지한 때에 30
만 이 죄가 성립하며, 판매목적이 있으면 아편등판매목적소지죄(제189조)와 아편흡식기판매목적
소지죄(제199조)가 성립한다. 따라서 단순한 소지 그 자체로서 이 죄는 성립하며, 반드시 소지자
자신이 흡식하기 위하여 소지함을 요하지는 않는다. 다만 흡식 또는 주사를 위해 아편이나
몰핀을 일시적으로 소지한 경우에는 단순소지죄가 성립하지 않고 아편등흡식죄만 인정된다
(불가벌적 수반행위).

§ 43

제 3 장 공공의 신용에 대한 죄

1 현대사회를 신용사회라고도 한다. 형법은 신용사회를 유지하기 위해 공공의 신용에 대한 죄로서 통화에 관한 죄, 유가증권·우표·인지에 관한 죄, 문서에 관한 죄, 인장에 관한 죄 등을 규정하고 있다. 공공의 신용에 관한 죄의 기본형태는 문서에 관한 죄이므로 통화에 관한 죄는 유가증권에 관한 죄와 함께 문서에 관한 죄의 특수한 경우에 해당한다. 따라서 통화에 관한 죄가 성립하면 문서에 관한 죄는 별도로 성립하지 않고, 통화에 관한 죄가 성립하지 않더라도 문서에 관한 죄가 성립할 수 있다[1](법조경합의 특별관계).

§ 44

제 1 절 통화에 관한 죄

Ⅰ. 총설

1. 의의 및 보호법익

(1) 의의

1 통화에 관한 죄란 행사할 목적으로 통화를 위조·변조하거나 위조·변조한 통화를 행사·수입·수출 또는 취득하거나 통화유사물을 제조하는 행위를 처벌하는 것을 내용으로 하는 범죄를 말한다. 오늘날 모든 경제생활과 유통거래는 통화를 중심으로 영위되고 있다고 해도 과언이 아니다. 통화발행권은 국가가 독점하고 있으므로 통화위조죄에 있어서는 오직 그 성립의 진정에 관한 위조·변조만이 가능하고 그 내용의 허위 여부는 문제가 될 수 없다.

(2) 보호법익

2 통화에 관한 죄의 보호법익이 통화에 대한 거래상의 안전과 공공의 신용이라는 점에 대해서는 이견이 없다. **부가적인 보호법익**으로 국가의 통화발행권(통화고권)을 인정할 것인지에 대해 ① 외국통화에 비해 내국에서 통용되는 화폐 등을 위조·변조하는 행위를 중하게 처벌하는 점을 들어 이를 긍정하는 견해[2]가 있다. 하지만 ② 양자간의 법정형의 차이는 내국통화의 경우가 외국통화에 비해 거래의 안전과 공공의 신용을 해할 위험이 더 크다는 점의 반영으로 볼 것이지 보호법익과 관련된 문제는 아니다. 따라서 통화에 관한 죄의 보호법익은 거래의 안전과 공공의 신용으로 국한되고, 국가의 통화발행권이라는 국가적 법익은 통화에 관

---

1) "형법상 통화에 관한 죄는 문서에 관한 죄에 대하여 특별관계에 있으므로 통화에 관한 죄가 성립하는 때에는 문서에 관한 죄는 별도로 성립하지 않는다"(대법원 2013.12.12. 2012도2249).

2) 이재상/장영민/강동범, §30/4.

한 죄의 보호법익이 될 수 없다고 해석하는 것이 타당하다.

2. 구성요건의 체계

3

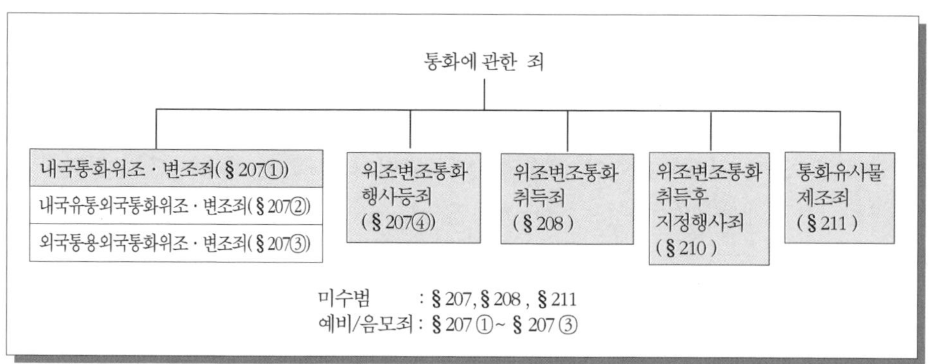

통화에 관한 죄의 기본적 구성요건은 통화위조·변조죄 및 위조·변조된 통화행사죄이다. 다만 통화위조·변조죄는 내국통화·국내유통 외국통화·외국통용 외국통화를 구별하여 법정형에 차이를 두고 있다. 위조·변조통화취득죄, 위조·변조통화취득후 지정행사죄 및 통화유사물제조등죄는 통화에 관한 죄의 독립적 구성요건이다. 위조·변조통화취득후지정행사죄를 제외한 모든 죄의 미수범은 처벌하고, 내·외국통화 위조·변조죄 및 그 행사등죄는 예비·음모도 처벌한다. 다만 실행에 착수하기 전에 자수한 경우에는 형을 감경 또는 면제한다. 4

형법은 외국의 통화도 대한민국의 통화와 함께 보호하고 있으며, 통화에 관한 죄에 대해서는 외국인의 국외범에게도 대한민국 형법을 적용[3]하고 있다(제5조 제4호). 5

Ⅱ. 내국통화위조·변조죄

> 第207조(내국통화위조·변조죄) ① 행사할 목적으로 통용하는 대한민국의 화폐, 지폐 또는 은행권을 위조 또는 변조한 자는 무기 또는 2년 이상의 징역에 처한다.
>
> 제212조(미수범) 제207조, 제208조와 전조의 미수범은 처벌한다.

1. 의의, 성격

행사할 목적으로 통용하는 대한민국의 화폐, 지폐, 은행권을 위조 또는 변조함으로써 성립하는 범죄이다. 목적범이고, 추상적 위험범이자 부진정 거동범이다(미수처벌). 6

3) 단, 외국통용외국통화인 경우에는 세계주의의 적용과 관련하여 견해의 대립이 있다. 『총론』의 형법의 장소적 적용범위 참조.

2. 구성요건

(1) 객관적 구성요건

7 1) 객체 통용하는 대한민국의 화폐, 지폐 또는 은행권이다. 이를 통화라고 한다. 위조통화는 통용될 수 없으므로 다시 위조·변조죄의 객체가 될 수 없다.

8 (가) 통화 통화란 국가 또는 발행권한이 부여된 기관에 의해 발행된 것으로 금액이 표시된 지불수단으로서 강제통용력이 인정된 것을 말한다. 따라서 통용기간이 경과하여 교환중인 구화舊貨는 강제통용력이 없으므로 통화가 아니고 금액이 표시되지 않은 것도 통화가 될 수 없다.

9 통화의 종류로 열거된 '화폐'란 금속화폐인 경화硬貨를 말한다. 제조한 재료에 따라 금화·은화·백동화·청동화·니켈화 등이 있으나, 우리나라에서 통용되는 화폐는 주화(동전)가 있을 뿐이다. '지폐'란 정부 기타 발행권자에 의해 발행된 화폐대용의 증권을 말한다. '은행권'이란 정부의 인허를 받은 특정 은행이 발행하는 화폐대용의 증권을 말하며, 종이로 만들어졌기 때문에 넓은 의미에서 지폐의 일종이라고 볼 수 있지만 우리 형법은 양자를 구별하고 있다. 우리나라는 한국은행만이 은행권을 발행할 수 있다(한국은행법 제47조). 현재 대한민국의 통화에는 은행권(즉 한국은행권)과 화폐에 해당하는 주화밖에 없다.

10 (나) 통용 통용은 법률에 의하여 강제통용력(강제에 의한 교환의 매개물로서의 효력)이 인정되어 있는 것을 말한다.[4] 강제통용력 없이 사실상 국내에서 사용되고 있음을 지칭하는 유통과 개념적으로 구별된다. 조선시대 상평통보와 같은 고화古貨나 대한제국시대 백동화와 같은 폐화廢貨는 사실상 유통되고 있더라도 그 강제통용력이 상실된 것이므로 통화가 아니다. 또 수집대상이 되는 기념주화라도 강제통용력이 인정된 것이라면, 통용하는 통화에 해당하지만, 단순히 판매용으로만 제작된 것(한국조폐공사법 제11조 제1항 제6호)은 통용하는 통화라 할 수 없다.

11 2) 행위 행위는 위조 또는 변조하는 것이다.

12 (가) 위조 위조란 통화발행권이 없는 자가 진정통화(진화眞貨)의 외관을 가진 물건을 만드는 것을 말한다. 국내의 통화발행권은 한국은행에게만 있고, 통화의 제조업무는 한국조폐공사에서 담당하므로 이 외의 방법으로 진정통화의 외관을 가진 물건을 만들면 위조가 된다.

13 **위조의 대상이 되는 진정통화가 실제 존재하여야 하는지에 대해서는** 이를 긍정하는 견해와 부정하는 견해가 있지만 "국내에서 통용하는", "내국에서 유통하는" 또는 "외국에서 통용하는" 대한민국 또는 외국의 통화가 이 죄의 객체인 이상 긍정하는 견해가 타당하다.

14 **判 대법원도 미국에서 발행된 적도 없는 지폐와 과거에 발행되어 외국은행 사이에서 유통되다가 현재는 발**

---

4) 법원이 어떤 금전적 채무에 대한 만족스러운 지급으로 인정하도록 요구하는 돈의 한 형태인 법정 통화(法定通貨, legal tender)도 통용되는 통화에 해당한다.

행되고 있지 않는 지폐는 제207조 제3항의 '외국에서 통용하는 지폐"에 포함되지 않는다고 함으로써 부정하는 태도에 입각해 있다.[5] 이 때문에 이러한 통화는 위변조통화행사죄의 객체도 될 수 없다(아래 위변조통화행사죄 부분 참조).

가) 위조방법 위조의 방법에는 제한이 없다. 고화나 폐화를 이용하여 새로운 통화를 제작하건, 필서·사진·인쇄 또는 복사의 방법에 의하건 상관없다. 진정통화를 재료로 사용하는 경우에도 만들어진 것이 진정통화와 동일성이 없는 때에는 위조가 된다. 위조의 대상이 되는 진정통화가 존재할 필요도 없다. 통화발행이 있을 것으로 예정되어 있는 경우에는 위조통화(위화僞貨)를 진화로 오인할 염려가 있기 때문이다(통설). 위조통화의 교환가치가 진정통화보다 높아도 위조가 된다. 15

나) 위조의 정도 위조의 정도는 일반인이 통상의 주의로써 진정통화로 오신할 수 있는 정도의 외관을 가지고 있어야 한다.[6] 그러나 반드시 진정통화와의 식별이 불가능할 정도로 정교하게 만들 것까지 요하지는 않는다. 진정통화로 혼동할 수 있는 정도이면 종이질, 크기, 문자, 색채, 인장 또는 기호가 진정통화와 유사해야 하는 것도 아니다. 16

例 10원짜리 주화의 표면에 백색의 약칠을 하여 100원짜리 주화와 색채를 같도록 변경만 하거나(대법원 1979.8.28. 79도639) 일만원권 지폐의 앞뒷면을 흑백색으로 전자복사하여 비슷한 크기로 자른 정도(대법원 1986.3.25. 86도255)는 객관적으로 진정통화로 오신될 정도에 이르지 못하여 위조로 인정되지 않았다. 17

(나) 변조 변조란 권한 없는 자가 진정통화에 가공하여 그 가치를 변경하는 것을 말한다.[7] 변조가 되기 위해서는 기존의 진정통화를 전제로 하고 그 외관이나 동일성이 상실되지 않을 정도로 변경을 가해야 한다. 진정통화와 동일성을 상실하게 할 정도가 되면 변조가 아니라 위조가 된다. 따라서 폐화를 녹여서 진정통화로 오신할 정도의 통화를 만든 때에는 변조가 아니라 위조가 되며, 진정통화를 재료로 사용하여 새로운 별개의 위조통화를 만들어 내는 경우(예, 2개의 100원짜리 동전을 500원짜리 동전으로 만듦)에도 변조가 아니라 위조가 된다. 18

변조는 동일성이 유지된 변경을 의미하므로 같은 종류의 화폐(같은 가액의 주화, 같은 가액의 지폐) 사이에서만 인정되며, 다른 종류의 화폐 사이에는 위조가 될 뿐이다. 19

가) 변조의 방법 변조의 방법에는 통화의 모양과 문자를 고쳐서 그 가액을 변경하는 경우(예, 한국은행권 1,000원짜리 숫자를 고쳐 5,000원으로 변경함[8])와 명목가치는 변경하지 않고 진화의 주변이나 일부를 손괴하여 그 실제 가치를 삭감시키는 경우(예, 금화를 감량하여 그 실질적 가치를 감소시킴) 두 가지가 있다. 20

나) 변조의 정도 변조의 정도 역시 위조와 마찬가지로 일반인으로 하여금 진정통화로 21

5) 대법원 2004.5.14. 2003도3487.
6) 대법원 1962.8.23. 4294형상257.
7) 위조통화가 변조의 대상이 될 수 있는지에 관해서는 문서에 관한 죄의 변조 부분 참조.
8) 단, 1,000원 짜리의 외관까지 변경시켜 5,000원 짜리와 같은 외관이 되도록 하는 것은 동일성이 상실되어 위조가 된다.

오신케 할 정도가 되어야 한다.

22 例 500원짜리 주화를 일본의 자동판매기에 투입하여 사용할 목적으로 그 표면 일부만을 깎아 낸 행위는 일본국의 500엔 주화로 오신케 할 정도의 새 화폐를 만들어 낸 것이라고 볼 수 없고, 그 명목가치가 일본국의 500¥으로 변경되었다거나 일반인으로 하여금 일본국의 500¥짜리 주화로 오신케 할 정도에 이르렀다고 볼 수도 없음을 이유로 통화변조로 인정되지 않았다(대법원 2002.1.11. 2000도3950).

23 (다) 기수·미수 추상적 위험범이므로 거래의 안전과 공공의 신용에 대한 위험이 발생하지 않아도, 위조·변조행위가 '종료'되어 진정통화로 오신할 만한 위조통화가 만들어지면 기수가 된다(부진정 결과범). 위조·변조행위를 개시하여 실행의 착수가 인정되더라도, 위조 또는 변조행위를 다하지 못하였거나 그 방법이 조야하여 진정통화로 오신케 할 정도에 이르지 못한 때에 미수가 된다.

24 위조 또는 변조행위의 종료가 기수시기를 결정한다는 법리에 따르면 **위조 위조·변조의 고의로 실행에 착수했으나 위조·변조 행위 자체를 중단에 그쳤거나 진정통화로 오신케 할 정도의 위조또는 변조행위를 종료하지 못한 경우** ①('판매의 목적'이 있을 때에만 성립하는) 통화유사물제조죄에 해당한다는 견해[9]나 ② 불능미수 또는 불능범에 해당한다는 견해[10]가 아니라 ③ 통화위조·변조죄의 미수가 된다고 보는 것이 타당하다.

(2) 주관적 구성요건

25 통용하는 대한민국의 화폐·지폐 또는 은행권을 위조 또는 변조한다는 고의가 있어야 하며, 초과주관적 불법요소로서 행사할 목적이 있어야 한다(목적범). 행사할 목적이란 위조·변조한 통화를 진화로서 유통하게 하려는 목적을 말한다. 따라서 단지 신용을 돋보이게 하는 과시용의 의도 내지 신용력을 증명하기 위한 의도[11]만 있거나 학교의 교재로 사용 또는 진열용의 표본으로 사용할 목적은 이 죄의 행사의 목적이 될 수 없다. 하지만 자기 스스로 유통시키는 경우뿐만 아니라 타인을 개입시켜 진정통화로 유통되게 할 목적인 때에도 행사할 목적이 된다.

3. 죄수, 타죄와의 관계

26 여러 종류의 통화를 각각 다른 기회에 위조한 때에는 각 종류마다 통화위조가 성립한다. 그러나 동일기회에 인쇄기 등으로 수개의 통화를 위조한 때에는 포괄하여 1개의 통화위조죄가 성립한다.

27 **통화를 위조한 후 이를 행사한 경우의 죄책**과 관련해서는 ① 이 죄와 위조통화행사죄의 상

9) 박상기, 495면; 오영근, §34/13; 임웅, 616면.
10) 김일수/서보학, 673면.
11) "형법 제207조 소정의 '행사할 목적'이란 유가증권위조의 경우와 달리, 위조, 변조한 통화를 진정한 통화로서 유통에 놓겠다는 목적을 말하므로, 자신의 신용력을 증명하기 위하여 타인에게 보일 목적으로 통화를 위조한 경우에는 행사할 목적이 있다고 할 수 없다"(대법원 2012.3.29. 2011도7704).

상적 경합이 된다는 견해,[12] ② 법조경합 중 보충관계에 해당하여 위조통화행사죄만 성립한다는 견해,[13] ③ 실체적 경합이 된다는 견해[14] 등이 대립한다.

判 대법원은 통화위조죄와 위조통화행사죄의 관계에 관해서는 판결하고 있지 않지만, 동일한 구조를 가진 문서위조죄와 위조문서행사죄의 관계를 실체적 경합관계로 파악하므로(문서위조죄의 죄수 부분 참조) 통화위조죄와 위조통화행사죄의 관계도 실체적 경합관계가 된다는 결론을 취할 것으로 판단된다. 28

목적범의 목적달성여부는 범죄의 완성에 영향을 주지 못하므로 위조가 완성된 이상 위조죄는 기수가 되고 또 통화위조죄는 독립된 불법을 가진 범죄이므로 단순한 예비죄와는 달리 취급되어야 하기 때문에 법조경합 관계가 아니라 실체적 경합관계로 파악하는 것이 타당하다. 통화위변조죄를 범한 자가 위변조통화행사죄로 나아가는 경우는 뇌물을 요구한 자가 이를 수수하는 경우와 같이 자연적으로 진행되는 관계에 있는 것도 아니므로 협의의 포괄일죄로 파악하기도 어렵다. 29

Ⅲ. 내국유통 외국통화위조·변조죄

> 제207조(내국유통 외국통화위조·변조죄) ② 행사할 목적으로 내국에서 유통하는 외국의 화폐, 지폐 또는 은행권을 위조 또는 변조한 자는 1년 이상의 유기징역에 처한다.
>
> 제212조(미수범) 제207조, 제208조와 전조의 미수범은 처벌한다.

1. 의의, 성격

행사할 목적으로 내국에서 유통하는 외국의 화폐·지폐 또는 은행권을 위조 또는 변조함으로써 성립하는 범죄이다. 추상적 위험범이자 부진정 거동범이다(미수처벌). 30

2. 구성요건

이 죄는 객체 이외의 다른 구성요건요소는 내국통화위조·변조죄의 경우와 같다. 이 죄의 객체는 내국에서 유통하는 외국의 화폐·지폐 또는 은행권이다(내국유통의 외국통화). 내국이란 대한민국의 영역 내를 말한다. 31

(1) 유통

'유통'이란 사실상 거래의 지급수단으로 사용되는 것을 말하며 강제통용력이 없다는 점에서 통용과 구별되는 개념이다. 유통의 범위는 대한민국 영역 전체에서 유통됨을 요하지 않고 일부 지역에서 유통하는 것으로 족하다. 사실상 유통되고 있으면 족하므로 국내에서 그 사용 32

---

12) 이재상/장영민/강동범, §30/15; 배종대, §110/9.
13) 임웅, 617면.
14) 김성천/김형준, 656면; 박상기, 500면; 손동권/김재윤, §37/12; 정성근/박광민, 677면.

이 금지되어 있는가도 문제되지 않는다. 외국에서는 강제통용력이 없거나 국내에서 외국통화의 사용이 금지되고 있다고 하더라도 이 죄의 객체가 된다.

33 통용기간이 경과하였으나 교환 중인 구화도 통화에 포함되는지에 대해서는 이를 긍정하는 견해와 부정하는 견해가 대립한다.

34 判 대법원이 외국의 화폐로서 외국에서 신권과 교환이 가능한 진폐의 경우 이 죄의 객체에서 제외시키고 있는 판시를 하고 있음[15]을 보고 대법원의 태도로 부정설로 평가하고 있는 태도가 있지만, 만약 국내에서 교환이 가능한 것이라면 이 죄의 객체로 인정된다고 할 수 있다는 취지로 이해할 수 있다.

35 이 죄의 구성요건이 "내국에서 유통하는 외국의 통화"를 객체로 하고 있으므로 그 구화가 외국에서 교환되고 있는 통화인지 아니면 국내에서 교환되고 있는 통화인지에 따라 달라진다고 보아야 한다.

(2) 외국통화

36 외국의 통화고권에 의해 발행된 통화를 말한다. 따라서 통화인 이상 원칙적으로 외국(본국)에서 강제통용력을 가져야 한다. 하지만 이 죄에서는 '국내에서 유통'되는 것으로 족하고, 또 외국'통용' 외국통화를 객체로 하는 구성요건(제207조 제3항)이 별도로 있는 관계상 양자를 체계적으로 해석하면 그 본국에서 강제통용력을 가질 필요도 없다. 따라서 강제통용력이 없는 외국의 기념주화도 국내에서 유통되면 이 죄의 객체가 될 수 있다.[16] 여기서 '외국'은 국제법상 승인된 국가이거나 우리나라와 국교가 수립된 것임을 요하지는 않는다.

Ⅳ. 외국통용외국통화위조·변조죄

제207조(외국통용외국통화위조·변조죄) ③ 행사할 목적으로 외국에서 통용하는 외국의 화폐, 지폐 또는 은행권을 위조 또는 변조한 자는 10년 이하의 징역에 처한다.

제212조(미수범) 제207조, 제208조와 전조의 미수범은 처벌한다.

---

15) "피고인들이 행사하거나 취득하였다는 스위스 화폐의 진폐는 스위스 국내에서 1998년까지 일반 상거래를 할 수 있었고 현재 통용되지 않고 있으며 다만 스위스 은행에서 2020. 4. 30.까지 신권과의 교환이 가능하고, 한편 국내은행에서도 신권과 마찬가지로 환전이 되고 따라서 이태원 등 일부 지역에서 외국인 특히 관광객이 이를 상품에 대한 지급수단으로 사용할 여지는 있지만 (중략) 이 사건 스위스 화폐의 진폐가 국내은행에서 환전할 수 있다 하더라도 이는 지급수단이 아니라 은행이 매도가격과 매수가격의 차액 상당의 이득을 얻기 위하여 하는 외국환매매거래의 대상으로서 상품과 유사한 것에 불과하다 할 것이므로 이를 가리켜 국내에서 유통되고 있다고 보기는 어렵고, (중략) (이는) 지급수단이라기보다는 은행에서 환전하는 경우와 마찬가지로 외국환거래의 대상으로 봄이 상당하여, 이 사건 스위스 화폐의 진폐는 내국에서 '유통하는' 화폐라고 볼 수 없다고 판단하였는바, 이는 위에서 본 법리에 따른 것으로서 정당하다"(대법원 2003.1.10. 2002도2340).

16) 하지만 국내은행에서 환전도 가능하고 국내 일부지역에서 상품지급수단으로도 사용되는 외국화폐라도 지급수단으로서가 아니라 외국환매매거래의 대상으로서 상품과 유사한 것에 불과한 경우에는 외국의 화폐에 해당하지 않는다(대법원 2003.1.10. 2002도3340).

1. 의의, 성격

행사할 목적으로 외국에서 통용하는 외국의 화폐·지폐 또는 은행권을 위조 또는 변조함 37
으로써 성립하는 범죄이다. 이 죄의 성격도 앞의 위조·변조죄와 같다.

2. 구성요건

이 죄의 객체는 외국에서 '통용'하는 외국의 통화이다. 따라서 외국에서 강제통용력을 가 38
진 통화를 말한다. 현실적으로 외국에서 강제통용력이 있어야 하므로 강제통용력이 있는 것이라고 일반인이 오인할 수 있어도 실제로 외국에서 강제통용력이 없는 것이라면 이 죄의 객체가 될 수 없다.[17] 뿐만 아니라 그 외국에서 강제통용력을 상실하게 되면 이 죄의 객체로는 될 수 없고 다만 내국'유통' 외국통화 위조·변조죄의 객체로만 될 수 있다.

3. 외국인의 국외범과 형법 제5조의 해석

이 죄가 형법 제5조의 적용대상(외국인의 국외범)이 될 수 있는지에 관해 ① 우리 형법이 장 39
소적 적용범위와 관련하여 세계주의에 입각하여 있다고 해석하는 입장에서 이를 긍정하는 견해[18]가 있다. 하지만 ② 제5조는 세계주의가 아니라 보호주의를 규정한 것으로서 이 죄가 형법 제5조의 적용대상에서 제외되는 것으로 해석하는 것이 타당하다. 따라서 외국인이 외국에서 통용되는 외국통화를 외국에서 위조·변조하는 경우에는 '내국유통 외국통화'와는 달리 우리나라의 거래의 안전과 공공의 신용이라는 이 죄의 보호법익에 대한 추상적 위험조차 없는 것으로 보아야 한다.

17) "외국에서 통용하지 아니하는 즉 강제통용력을 가지지 아니하는 지폐는 그것이 비록 일반인의 관점에서 통용할 것이라고 오인할 가능성이 있다고 하더라도 위 형법 제207조 제3항에서 정한 외국에서 통용하는 외국의 지폐에 해당한다고 할 수 없고, 만일 그와 달리 위 형법 제207조 제3항의 외국에서 통용하는 지폐에 일반인의 관점에서 통용할 것이라고 오인할 가능성이 있는 지폐까지 포함시키면 이는 위 처벌조항을 문언상의 가능한 의미의 범위를 넘어서까지 유추해석 내지 확장해석하여 적용하는 것이 되어 죄형법정주의의 원칙에 어긋나는 것으로 허용되지 않는다"(대법원 2004.5.14. 2003도3487). 따라서 미국에서 관광용기념상품으로 제조·판매되고 있는 미합중국 100만 달러 지폐와 과거 발행·유통되었으나 현재는 발행되지 않고 화폐수집가나 재벌 등이 보유하여 오고 있는 미합중국 10만 달러 지폐는 제207조 제3항의 외국통용지폐가 아니다.

18) 이재상/장영민/강동범, §30/3; 임웅, 613면.

V. 위조·변조통화행사등죄

제207조(위조·변조통화행사등죄) ④ 위조 또는 변조한 전3항 기재의 통화를 행사하거나 행사할 목적으로 수입 또는 수출한 자는 그 위조 또는 변조의 각죄에 정한 형에 처한다.

제212조(미수범) 제207조, 제208조와 전조의 미수범은 처벌한다.

1. 의의, 성격

40 위조 또는 변조한 내국통화·내국유통 외국통화·외국통용 외국통화를 행사하거나 행사할 목적으로 수입 또는 수출함으로써 성립하는 범죄이다. 추상적 위험범이자 부진정 거동범이다(미수처벌). 이 죄 중에서 수입·수출죄는 목적범에 해당한다.

2. 구성요건

(1) 객관적 구성요건

41 1) 객체 위조 또는 변조한 내국통화·내국유통 또는 외국통용의 외국통화이다. 객관적으로 일반인으로 하여금 진정통화로 오신케 할 정도에 이른 것이면 족하고 그 위조나 변조의 정도가 반드시 진정통화와 흡사하거나 일반인이 쉽게 그 진부를 판별하기 불가능한 정도의 것임을 요하지 않는다.[19)]

42 2) 행위 행사, 수입 또는 수출이다.

43 (가) 행사 '행사'란 위조 또는 변조된 통화를 진정통화로 유통되도록 하는 것을 말한다.[20)] 진정통화로 유통시킬 것을 요하므로 단순히 진열장에 비치하거나 자기의 신용력을 보이기 위하여 제시 또는 열람시키는 것만으로는 행사가 되지 않는다. 통화로 유통시키는 이외의 목적으로 교부하는 것도 행사라 할 수 없다. 따라서 위조통화를 명목가치 이하의 상품으로 매매하는 것도 진화로 유통시킨 것이 아니므로 행사가 아니다. 그러나 위조통화를 진정통화로 화폐수집상에게 판매하는 행위는 화폐수집상이 진화로 유통시킬 가능성이 있기 때문에 행사에 해당한다.

44 진정통화로 유통시킨 이상 유상·무상임을 묻지 않는다. 따라서 채무변제용으로나 진화와

---

19) "위조통화행사죄의 객체인 위조통화는 객관적으로 보아 일반인으로 하여금 진정통화로 오신케 할 정도에 이른 것이면 족하고 그 위조의 정도가 반드시 진물에 흡사하여야 한다거나 누구든지 쉽게 그 진부를 식별하기가 불가능한 정도의 것일 필요는 없으나, 이 사건 위조지폐인 한국은행 10,000원권과 같이 전자복사기로 복사하여 그 크기와 모양 및 앞뒤로 복사되어 있는 점은 진정한 통화와 유사하나 그 복사된 정도가 조잡하여 정밀하지 못하고 진정한 통화의 색채를 갖추지 못하고 흑백으로만 되어 있어 객관적으로 이를 진정한 것으로 오인할 염려가 전혀 없는 정도의 것인 경우에는 위조통화행사죄의 객체가 될 수 없다"(대법원 1985.4.23. 85도570).

20) 처음부터 위조 또는 변조된 것임을 알고서 행사하여야 이 죄의 행사가 된다. 위조·변조된 사실을 모르고 취득하였다가 그 이후에 알고서 행사한 경우에는 위조변조통화취득후지정행사죄(제210조)에 해당한다.

의 교환용은 물론 증여·기부용으로 제공하는 것도 행사가 된다. 위조변조된 통화의 사용방법이 위법하여도 유통시킨 이상 행사가 되므로 도박자금으로 사용한 경우에도 행사가 된다. 유통시킴에 있어 상대방에게 진정통화임을 알릴 필요도 없기 때문에 공중전화기나 자동판매기에 투입하는 경우에도 가능하고 위변조된 통화임을 모른 심부름꾼에게 물건을 사오라고 교부하는 것과 같이 간접정범의 방식으로도 행사할 수 있다. 위변조된 통화임을 알고 있는 자에게 교부하여도 행사로 인정될 수 있다.[21)]

(나) 수입·수출 ‘수입’이란 외국에서 국내로 반입하는 것을 말하며, ‘수출’은 국내에서 국외로 반출하는 것을 말한다. 45

(다) 기수시기 행사의 경우 상대방이 있는 경우에는 상대방에게 교부가 되어야 기수가 된다. 교부하였으나 상대방이 수령을 거절하는 등 전달되지 않으면 미수가 된다. 수입의 경우는 양륙시 기수가 되고, 수출의 경우는 내륙이탈시 기수가 된다는 견해와 영해이탈 또는 영공이탈시 기수가 된다는 견해가 대립한다. 내륙이탈시설은 외국의 선박이나 비행기가 수송수단인 경우에만 타당하고 국내선박이나 항공기를 통해 수출하는 경우에는 형법 제4조의 기국주의를 고려하면, 영해나 영공이탈시 또는 외국상륙시를 기수로 인정하는 것이 타당하다.[22)] 일시적으로 우리나라를 통과하는 경우에도 일단 양륙하면 기수가 된다. 46

(2) 주관적 구성요건

위조 또는 변조된 통화임을 알면서 행사하여야 고의가 인정된다. 따라서 강도나 인질범에게 재물로서 제공하는 경우에도 행사의 고의는 인정되지만 사안에 따라 긴급피난에 해당할 수 있다. 수입과 수출의 경우에는 수입 또는 수출한다는 것이 고의가 되고 이 외에 다시 행사의 목적이 있어야 한다(목적범). 47

3. 죄수, 타죄와의 관계

(1) 죄수

수개의 위화를 일괄 행사한 경우에는 1개의 행사죄만 성립한다. 수개의 위화를 일괄하여 수입 또는 수출한 경우에도 같다. 48

(2) 타죄와의 관계

1) 통화위변조죄와의 관계 통화위조·변조죄와 위조통화행사죄의 관계는 실체적 경합관계에 해당한다는 점에 관해서는 앞에서 설명하였다. 위조통화수입·수출죄와 행사죄도 실체적 경합관계이다. 49

---

21) “위조통화임을 알고 있는 자에게 그 위조통화를 교부한 경우에 피교부자가 이를 유통시키리라는 것을 예상 내지 인식하고 교부하였다면 그 교부행위 자체가 통화에 대한 공공의 신용 또는 거래의 안전을 해할 위험이 있으므로 위조통화행사죄가 성립한다”(대법원 2003.1.10. 2002도3340).

22) 오영근, §34/24.

50 2) 문서위변조죄와의 관계 위조변조된 화폐 등이 강제통용력을 가지지 않는 등 이유로 통화위변죄가 성립하지 않더라도 문서위변조죄는 성립할 수 있다. 통화에 관한 죄는 문서에 관한 죄와 특별관계에 있기 때문이다. 따라서 위변조통화행사죄가 성립하지 않더라도 위변조문서 내지 위변조도화행사죄가 성립할 수 있다.[23)]

51 3) 사기죄와의 관계 **위조 또는 변조된 통화를 행사하여 재물을 취득한 경우**에 ① 사기죄는 위조·변조통화행사죄에 흡수된다는 견해[24)]와 ② 두 죄의 보호법익이 다르므로 이 죄와 사기죄가 별도로 성립하고 양자는 상상적 경합이 된다는 견해가 대립한다.

52 判 대법원은 두 죄 사이에 법조경합의 한 형태인 흡수관계를 부정하고, 두 죄의 보호법익이 서로 다름을 근거로 삼아 실체적 경합이 된다는 태도를 취한다.[25)]

53 생각건대 두 죄의 보호법익의 상이성은 실체적 경합의 근거로 작용하는 것이 아니라 두 죄의 별도성립의 근거가 될 뿐이다. 위변조 통화의 행사와 기망(묵시적 기망)이 하나의 동일한 행위에 의한 것이므로 양죄의 상상적 경합관계를 인정하는 것이 타당하다.

54 4) 기타 위조통화를 자동판매기에 투입하여 재물을 취득한 때에도 편의시설부정이용죄와 행사죄의 상상적 경합이 되고, 처음부터 행사의 목적으로 취득한 경우에는 위조·변조통화취득죄가 별도로 성립하고 양죄는 실체적 경합이 된다.

---

23) "형법상 통화에 관한 죄는 문서에 관한 죄에 대하여 특별관계에 있으므로 통화에 관한 죄가 성립하는 때에는 문서에 관한 죄는 별도로 성립하지 않는다. 그러나 위조된 외국의 화폐, 지폐 또는 은행권이 강제통용력을 가지지 않는 경우에는 형법 제207조 제3항에서 정한 '외국에서 통용하는 외국의 화폐 등'에 해당하지 않고(대법원 2004.5.14. 선고 2003도3487 판결 참조), 나아가 그 화폐 등이 국내에서 사실상 거래 대가의 지급수단이 되고 있지 않는 경우에는 형법 제207조 제2항에서 정한 '내국에서 유통하는 외국의 화폐 등'에도 해당하지 않으므로(대법원 2003.1.10. 선고 2002도3340 판결 등 참조), 그 화폐 등을 행사하더라도 형법 제207조 제4항에서 정한 위조통화행사죄를 구성하지 않는다고 할 것이고, 따라서 이러한 경우에는 형법 제234조에서 정한 위조사문서행사죄 또는 위조사도화행사죄로 의율할 수 있다고 보아야 한다"(대법원 2013.12.12. 2012도2249).

24) 오영근, §34/25.

25) "위조통화의 행사라고 함은 위조통화를 유통 과정에서 진정한 통화로서 사용하는 것을 말하고 그것이 유상인가 무상인가는 묻지 않는 것이므로 진정한 통화라고 하여 위조통화를 다른 사람에게 증여하는 경우에도 위조통화행사죄가 성립되고 이런 경우에는 그 행사자(증여자)는 아무런 재산의 불법영득이 없는 것이어서 위조통화의 행사에 언제나 재물의 영득이 수반되는 것이라고는 할 수 없는 것이다. 그렇다면 위조통화행사죄에 관한 규정이 사기죄의 특별규정이라고 할 수는 없는 것이다. 그 뿐만 아니라 통화위조죄에 관한 규정은 공공의 거래상의 신용 및 안전을 보호하는 공공적인 법익을 보호함을 목적으로 하고 있고 사기죄는 개인의 재산법익에 대한 죄이어서 양죄는 그 보호법익을 달리하고 있으므로 위조통화를 행사하여 재물을 불법영득한 때에는 위조통화행사죄와 사기죄의 양 죄가 성립되는 것으로 보아야 할 것이다"(대법원 1979.7.10. 79도840).

Ⅵ. 위조·변조통화취득죄

> 제208조(위조·변조 통화취득죄) 행사할 목적으로 위조 또는 변조한 제207조 기재의 통화를 취득한 자는 5년 이하의 징역 또는 1천500만원 이하의 벌금에 처한다.
>
> 제212조(미수범) 제207조, 제208조와 전조의 미수범은 처벌한다.

1. 의의, 성격

행사할 목적으로 위조 또는 변조된 대한민국의 통화나 외국의 통화를 취득함으로써 성립하는 범죄이다. 목적범이고, 추상적 위험범이자 부진정 거동범이다(미수처벌). 55

2. 구성요건

(1) 객관적 구성요건

행위객체는 위조 또는 변조한 통화(내국통화, 내국유통 또는 외국통용 외국통화)이다. 실행행위로서의 취득이란 자기의 점유로 옮겨 처분권을 획득하는 일체의 행위를 말하며 유상·무상임을 묻지 않는다. 취득의 방법과 원인에도 제한이 없다. 선물·사례비조로 취득한 경우는 물론 절취, 편취, 도박 등 불법적 방법으로 취득한 경우에도 위화의 정을 알고 있는 한 취득죄가 성립한다. 하지만 공범자 사이에서 위조통화를 주고받는 것은 취득에 해당하지 않는다. 56

횡령도 취득에 해당하느냐가 문제된다. 위탁물횡령의 경우는 점유이전이 수반되지 않는 것이므로 취득이 되지 않는다고 해야 한다. 하지만 점유이탈물이 위조통화인 경우에는 취득의 대상이 될 수 있다. 위조통화를 취득하기 위한 행위를 개시한 때에 실행의 착수가 있고, 점유이전으로 취득하면 기수가 된다. 57

(2) 주관적 구성요건

위조 또는 변조된 통화임을 알면서 취득하면 고의가 인정된다. 고의 이외에 행사할 목적이 있어야 한다. 타인을 위한 단순한 보관의사·운송의사만으로 행사할 목적이 있다고 할 수 없다. 고의와 행사할 목적은 늦어도 취득시에는 있어야 한다. 취득시에 고의와 목적이 없으면 위조통화취득후지정행사죄에 해당할 수 있을 뿐이다. 58

3. 죄수, 타죄와의 관계

동일한 기회에 수개의 위조통화를 취득하면 전체로서 1개의 취득죄가 성립한다. **위조통화임을 알면서 취득한 후 이를 행사한 경우,** ① 법조경합의 보충관계로 위조통화행사죄만 성립한다는 견해도 있으나 ② 취득죄와 행사죄의 실체적 경합이 된다고 해야 한다. 다만 위조통화임을 모르고 취득하였다가 나중에 그 정을 알고 행사한 경우에는 위조통화취득후지정행사 59

죄가 된다.

Ⅶ. 위조통화취득후지정행사죄

> 제210조(위조통화 취득 후의 지정행사) 제207조에 기재한 통화를 취득한 후 그 사정을 알고 행사한 자는 2년 이하의 징역 또는 500만원 이하의 벌금에 처한다.

1. 의의, 성격

60 위조 또는 변조된 통화(내국통화, 내국유통 또는 외국통용 외국통화)임을 알지 못하고 취득한 후에 그 사정을 알고 행사함으로써 성립하는 범죄이다. 행사할 목적으로 취득하지도 않았고 취득시 위변조된 통화인 정도 알지 못했음을 근거로 취득죄에 비하여 형이 감경되는 감경적 구성요건이다. 추상적 위험범이면서 단순 거동범에 해당한다(미수불처벌).

2. 구성요건

(1) 객관적 구성요건

61 실행행위는 위조변조된 통화인 사실을 모르고 취득한 후에 그 사실을 알고 행사하는 것이다. '취득'은 적법한 취득이건 불법한 취득이건 문제되지 않는다. '행사'란 위조변조통화 행사죄의 그것과 마찬가지로 진정한 통화로서 유통하게 하는 것을 말하고 유상·무상임을 묻지 않는다.

62 위조인 정을 알지만 행사할 목적은 없이 취득했던 위변조통화를 다시 행사한 경우에는 위변조인 정을 알았기 때문에 이 죄가 성립되지 않고, 행사할 목적이 없었기 때문에 위변조통화취득죄도 되지 않고, 위변조통화행사죄만 성립한다.

(2) 주관적 구성요건

63 **이 죄의 고의내용**과 관련하여 ① 위조변조통화에 대한 확실한 최고도의 인식을 요하는 의미에서 지정고의라는 별도로 명칭을 사용하는 견해가 있다. 하지만 ② 이 죄에서 '그 정을 알고'란 위조변조된 통화라는 사실을 안다는 의미일 뿐이고 이 죄의 고의가 인정되려면 그 정을 아는 외에도 취득 및 행사에 대한 인식과 의사도 있어야 하므로 다른 고의범의 고의와 별개의 의미를 가지는 것은 아니다.

3. 사기죄와의 관계

64 **이 죄를 범하여 타인의 재물을 편취한 경우** ① 이 죄에 항상 기망적 요소가 포함되고 사기죄의 형이 이 죄보다 무겁다는 이유로 사기죄만 성립한다는 견해[26]가 있으나, ② 사기죄와

이 죄는 보호법익이 다르므로 각죄가 별도로 성립하고 상상적 경합관계에 있는 것으로 보아야 한다.

Ⅷ. 통화유사물제조등죄

> 제211조(통화유사물의 제조등) ① 판매할 목적으로 내국 또는 외국에서 통용하거나 유통하는 화폐, 지폐 또는 은행권에 유사한 물건을 제조, 수입 또는 수출한 자는 3년 이하의 징역 또는 700만원 이하의 벌금에 처한다.
> ② 전항의 물건을 판매한 자도 전항의 형과 같다.
>
> 제212조(미수범) 제207조, 제208조와 전조의 미수범은 처벌한다.

1. 의의, 성격

판매할 목적으로 내국 또는 외국에서 통용하거나 유통하는 통화(화폐, 지폐 또는 은행권)에 유사한 물건을 제조, 수입 또는 수출하거나 이를 판매함으로써 성립하는 범죄이다. 이 죄는 진정통화로 유통시키는 것이 아니므로 위조·변조의 경우보다 경하게 처벌한다. 목적범이고, 추상적 위험범이며 부진정 거동범이다(미수처벌). 65

2. 구성요건

(1) 객관적 구성요건

객체는 내국 또는 외국에서 통용하거나 유통하는 통화와 유사한 물건(통화유사물)이다. '유사한 물건'이라 함은 통화와 유사한 외관을 갖추었으나 일반인으로 하여금 진정통화로 오인케 할 정도에 이르지 않는 모조품을 말한다. 진정통화로 오인케 할 정도에 이르면 위조가 되며. 이러한 정도에 이르지 않을 때에만 통화유사물이 된다.[27] 66

행위는 제조, 수입, 수출 또는 판매하는 것이다. 제조란 통화발행권이 없는 자가 위조의 정도에 이르지 않는 통화유사물을 만드는 것을 말하고, 수출입은 국외로 반출·국내반입하는 것을 말하며, 판매란 불특정 또는 다수인에게 유상으로 양도하는 것을 말한다. 불특정 또는 다수인을 상대로 할 의사가 있는 때에는 1인에 대한 1회의 유상양도도 판매에 해당한다. 67

(2) 주관적 구성요건

통화유사물을 제조·수입·수출 또는 판매한다는 인식과 의사가 있어야 하며, 판매죄 이외에는 고의 외에 판매할 목적도 있어야 한다. 68

---

26) 오영근, §34/31.

27) 진정통화로 오인케할 정도에 이르지도 않은 모조품(예, 문방구에서 파는 모조지폐)에 대해서는 공공의 신용이 생기지도 않을 것이므로 입법론상 비범죄화하는 것이 바람직하다.

Ⅸ. 통화위조·변조의 예비음모죄

> 제213조(예비·음모) 제207조 제1항 내지 제3항의 죄를 범할 목적으로 예비 또는 음모한 자는 5년 이하의 징역에 처한다. 단, 그 목적한 죄의 실행에 이르기 전에 자수한 때에는 그 형을 감경 또는 면제한다.

69 이 죄의 기본범죄는 내국통화·내국유통 외국통화·외국통용 외국통화를 위조·변조하는 것이다. 예비·음모의 고의외에 초과주관적 구성요건요소로서 통화위조·변조죄를 범할 목적을 요한다. 명문의 규정에는 요구되어 있지 않지만 행사할 목적도 초과주관적 구성요건요소로서 요구되는 것으로 해석된다. 위조·변조죄를 범할 목적(예비·음모죄의 목적)에는 행사할 목적을 요하므로 결국 위조·변조된 통화를 행사할 목적도 예비·음모죄의 목적으로 요구되기 때문이다.[28)]

70 통화위조·변조죄를 범할 목적으로 예비·음모한 자가 실행의 착수에 이르기 전에 자수한 때에는 그 형을 필요적으로 감경 또는 면제한다. 형법총칙의 임의적 감경사유인 자수의 경우와 달리 자수시기를 실행의 착수 이전일 것을 요구하는 것은 위조변조통화의 유통 자체를 사전에 방지하기 위한 형사정책적 고려 때문이다.

§45 제2절 유가증권·우표와 인지에 관한 죄

Ⅰ. 총설

1. 의의 및 보호법익

(1) 의의

1 유가증권에 관한 죄는 행사할 목적으로 유가증권을 위조, 변조 또는 허위작성하거나 위조, 변조 또는 허위작성한 유가증권을 행사, 수입 또는 수출하는 것을 내용으로 하는 범죄이다. 우표와 인지에 관한 죄는 유가증권의 일종인 우표와 인지를 위조·변조하거나 위조·변조한 우표 또는 인지를 행사하는 것을 내용으로 하는 범죄이다. 유가증권은 본래 권리 의무에 관한 문서의 일종이므로 이에 관한 죄는 문서위조죄의 특별죄에 해당한다. 유가증권은 경제거래의 중요한 교환·지급수단으로 사용되어 유통성에 있어서 통화와 유사한 성질도 가지고 있다.

---

28) "행사할 목적으로 통화를 사진 찍어서 그 필름원판과 이를 확대하여 현상한 인화지를 만들었다면 예비단계에 불과하다"(대법원 1966.12.6. 66도1317).

(2) 보호법익

유가증권, 우표 또는 인지에 관한 죄의 보호법익은 유가증권에 대한 거래의 안전과 공공 2
의 신용이고, 보호받는 정도는 추상적 위험범으로서의 보호이다.

2. 구성요건의 체계

3

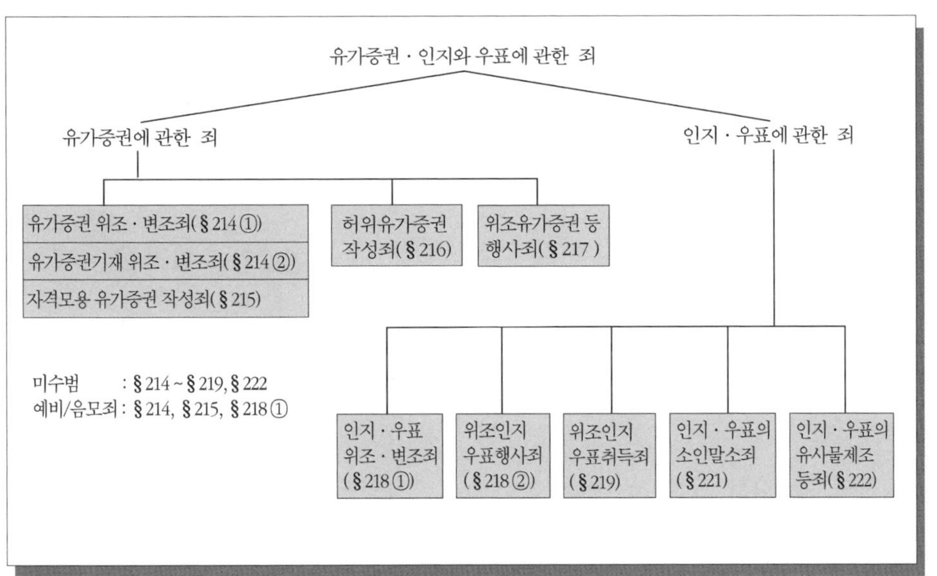

유가증권에 관한 죄에는 유가증권위조·변조죄, 유가증권기재위조·변조죄, 자격모용유가증권작성죄, 허위유가증권작성죄, 그리고 위조·변조등유가증권행사죄가 있고, 유가증권의 일종인 우표와 인지에 관한 죄를 별도로 규정하고 있다. 우표와 인지에 관한 죄는 우표·인지의 위조·변조죄, 동행사죄, 위조·변조의 우표·인지 취득죄, 소인말소죄, 그리고 인지·우표 유사물제조등죄로 규정되어 있다. 소인말소죄를 제외한 모든 죄의 미수범을 처벌하고, 특히 유가증권위조·변조죄, 유가증권기재위조·변조죄, 자격모용유가증권작성죄 및 인지·우표 위조·변조죄의 죄에 대해서는 예비·음모도 처벌한다. 4

형법은 통화에 관한 죄와 마찬가지로 외국의 유가증권도 대한민국의 그것과 동일하게 보호하고 있고(제214조 제1항), 외국인의 국외범에 대해서도 형법을 적용하도록 하고 있다(제5조 제5호). 그러나 통화에 관한 죄의 경우와 마찬가지로 세계주의를 규정한 것은 아니다. 5

수표의 위조·변조에 대해 가중처벌하는 부정수표단속법은 고의범 외에 과실범도 처벌하는 규정을 두고 있다(제2조). 뿐만 아니라 부정수표단속법에는 형법상의 다른 유가증권위조·변조행위보다 그 형을 가중하려는 취지에서 수표의 위·변조행위에 관하여는 범죄성립요건을 완화하여 초과주관적 구성요건인 '행사할 목적'을 요구하고 있지 않다. 6

7 判 대법원은 그러나 부정수표단속법의 처벌범위를 제한하기 위해 이 법 제5조의 적용대상으로 수표의 '배서'를 위조·변조한 경우는 제외하고 수표의 '발행'에 관한 위조·변조로 축소하여 해석하고 있다.[29)]

Ⅱ. 유가증권위조·변조죄

> 제214조(유가증권의 위조 등) ① 행사할 목적으로 대한민국 또는 외국의 공채증서 기타 유가증권을 위조 또는 변조한 자는 10년 이하의 징역에 처한다.
>
> 제223조(미수범) 제214조 내지 제219조와 전조의 미수범은 처벌한다.

1. 의의, 성격

8 행사할 목적으로 대한민국 또는 외국의 공채증서 기타 유가증권을 위조 또는 변조함으로써 성립하는 범죄이다. 유가증권위조죄의 기본적 구성요건이다. 목적범이고, 추상적 위험이자 부진정 거동범이다(미수처벌).

2. 구성요건

(1) 객관적 구성요건

9 1) 객체 대한민국 또는 외국의 공채증서 기타의 유가증권이다.

10 (가) 공채증서 '공채증서'란 국가 또는 지방자치단체에서 발행하는 국채, 공채 또는 지방채의 증권으로서 유가증권의 일종이다. 형법은 유가증권의 일종으로 공채증서를 예시한 것이므로 그 성질과 내용은 유가증권에 준해서 판단해야 한다.

11 (나) 유가증권 '유가증권'이란 재산권이 화체된 증권으로서 증권상에 표시된 권리의 행사나 처분을 하기 위해서는 그 증권의 점유를 필요로 하는 것을 말한다.

12 가) 유가증권의 요건 유가증권은 재산권이 증권에 화체되어 있어야 하고, 권리의 행사와 처분에 증권의 점유를 필요로 한다는 두 가지 요소를 갖추어야 한다.

13 (a) 유가증권에 화체된 재산권은 채권·물권·사원권 기타의 권리임을 묻지 않으며, 기명식·무기명식·지시식 증권이라도 무방하다. 따라서 권리가 아닌 공법상의 지위·권한을 표시한 단순한 자격증서(국적증서·경로우대증·임명장·영업허가장)와, 법률관계의 존부·내용을 증명

29) "형법 제214조에서 발행에 관한 위조·변조는 대상을 '유가증권'으로, 배서 등에 관한 위조·변조는 대상을 '유가증권의 권리의무에 관한 기재'로 구분하여 표현하고 있는데, 구 부정수표 단속법 제5조는 위조·변조 대상을 '수표'라고만 표현하고 있다. 구 부정수표 단속법 제5조는 유가증권에 관한 형법 제214조 제1항 위반행위를 가중처벌하려는 규정이므로, 그 처벌범위가 지나치게 넓어지지 않도록 제한적으로 해석할 필요가 있다. 따라서 구 부정수표 단속법 제5조에서 처벌하는 행위는 수표의 발행에 관한 위조·변조를 말하고, 수표의 배서를 위조·변조한 경우에는 수표의 권리의무에 관한 기재를 위조·변조한 것으로서, 형법 제214조 제2항에 해당하는지 여부는 별론으로 하고 구 부정수표 단속법 제5조에는 해당하지 않는다"(대법원 2019.11.28. 2019도12022).

하는 증거증권(영수증·차용증서·매매계약서)은 재산권이 화체되어 있지 않으므로 유가증권이 아니다. 권리가 문서화되어 작성된 증권이 아니라 증권자체가 금전가치를 가지는 가치증권(지폐·우표·인지)도 유가증권이 아니다. 다만 어음·수표와 공채는 발행인과 상대방 사이의 권리 또는 채권·채무관계를 내용으로 하는 유가증권이라 할 수 있다. 원본이 아닌 사본임을 알 수 있는 선하증권의 경우는 거기에 운송물 인도청구권이 화체되어 있다고 볼 수 없음이 명백하여 유가증권이 될 수 없다.[30)]

신용카드의 유가증권성에 대해서는 ① 유가증권성을 긍정하는 견해[31)]가 있지만, ② 카드사 14
용의 권한사항만 기록된 것이지 카드 자체에 재산권이 화체된 것이라고 평가할 수 없기 때문에 유가증권이 아니라고 해야 한다.

判 대법원도 신용카드는 그 자체에 경제적 가치가 화체되어 있거나 특정의 재산권을 표창하고 있지 않음을 15
이유로 유가증권성을 부정하고 있다.[32)] 마찬가지의 이유에서 현금카드, 후불식 공중전화카드인 KT카드, 인보험증권, 물품구입증은 재산권이 화체 되어 있지 않으므로 유가증권이 아니라고 한다. 그러나 일반공중전화카드,[33)] 스키장의 리프트탑승권, 할부구매전표, 주주권을 표창하는 주권은 유가증권에 해당한다고 한다. 특히 대법원은 한국외환은행소비조합이 조합소속원들에게 발행한 엘칸토(주)제품 대금 3만원짜리 구두 2족을 구입할 수 있는 상품권을 '신용카드'라고 하면서 그 유가증권성을 긍정하였는데[34)] 이는 엄격한 의미에서 신용카드가 아니므로 판례의 태도를 긍정설로 평가할 수는 없다.

(b) 유가증권은 권리행사나 처분을 하기 위해서는 증권의 점유 내지 소지가 있어야 하므로 16
증서의 점유가 권리행사의 요건이 되지 않는 면책증권(공중접객업소발행의 신발표·물품보관증·철도수화물상환증·우편예금통장·무기명정기예금증서)은 유가증권이 아니다. 하지만 양도성예금증서(CD)는 예금채권 및 이자를 표창하고 그 권리의 이전 및 행사에 증권의 소지를 요하므로 유가증권에 해당한다.

정기예탁금증서는 면책증권에 불과하여 점유가 예탁금반환채권을 행사함에 있어 조건이 되는 것이 아니므 17
로 유가증권으로 인정되지 않았다[35)].

(c) 형법상의 유가증권은 유통성을 그 요건으로 하지는 않는다(통설·판례[36)]). 형법상의 유 18

30) 대법원 2010.5.13. 2008도10678.
31) 박상기, 465면; 배종대, §113/5.
32) "신용카드업자가 발행한 신용카드는 이를 소지함으로써 신용구매가 가능하고 금융의 편의를 받을 수 있다는 점에서 경제적 가치가 있다 하더라도, 그 자체에 경제적 가치가 화체되어 있거나 특정의 재산권을 표창하는 유가증권이라고 볼 수 없고, 단지 신용카드회원이 그 제시를 통하여 신용카드회원이라는 사실을 증명하거나 현금자동지급기 등에 주입하는 등의 방법으로 신용카드업자로부터 서비스를 받을 수 있는 증표로서의 가치를 갖는 것이(다)"(대법원 1999.7.9. 99도857).
33) "공중전화카드는 문자로 기재된 부분과 자기기록 부분이 일체로써 공중전화 서비스를 제공받을 수 있는 재산상의 권리를 화체하고 있고, 이를 카드식 공중전화기의 카드 투입구에 투입함으로써 그 권리를 행사하는 것으로 볼 수 있으므로, 공중전화카드는 형법 제214조의 유가증권에 해당한다"(대법원 1998.2.27. 97도2483).
34) 대법원 1984.11.27. 84도1862.
35) 대법원 1984.11.27. 84도2147.
36) "형법 제214조의 유가증권이란 증권상에 표시된 재산상의 권리의 행사와 처분에 그 증권의 점유를 필요로 하

가증권은 권리의 화체성을 중요시하여 거래질서유지를 위해 증권의 진실성에 대한 신뢰보호라는 보호필요성에 따라 개념을 정립하기 때문이다. 따라서 극장입장권, 승차권, 경마투표권도 유가증권에 속한다.

19 (d) 유가증권은 형식이 사법상 유효할 것도 요하지 않는다. 요건이 무효일지라도 일반인이 일응 유효한 유가증권이라고 오신할 만한 외관을 구비한 것이면 족하다.

20 例 따라서 발행일자의 기재가 없는 수표(대법원 1973.6.12. 72도1796), 대표이사의 날인이 없어 상법상 무효인 주권이라도 발행인인 대표이사의 기명을 비롯한 그밖의 주권의 기재요건을 모두 구비하고, 그 위에 회사의 사인까지 날인된 주권(대법원 1974.12.24. 74도294), 문방구 약속어음용지를 이용하여 작성된 어음(대법원 2001.8.24. 2001도2832)도 이 죄의 객체인 유가증권으로 인정되었다.

21 나) 유가증권의 발행인 유가증권의 발행인은 사인(자연인·법인)이건 국가 또는 공공단체이건 상관없다. 이 죄의 유가증권은 형식상 일반인으로 하여금 유효한 유가증권이라고 오신할 수 있을 정도의 외관을 갖추고 있으면 되므로, 명의인이 실재해야 할 필요도 없다. 따라서 허무인 명의라도 유가증권이 된다(통설·판례[37]). 명의인이 있는 경우에도 명의인이 반드시 특정되어 있을 필요가 없으며, 유가증권에 사용한 명칭이 본명이 아니라 별명 기타 거래상 본인으로 인식되는 칭호를 사용하여도 무방하다.

22 2) 행위 위조 또는 변조하는 것이다.

23 (가) 위조 '위조'란 작성권한 없는 자가 타인명의를 모용 또는 사칭하여 유가증권을 작성하는 것을 말한다.

24 가) 타인명의 유가증권을 작성할 권한 없이 타인명의를 모용하는 것이므로 대리권 또는 대표권을 모용하였으나 자기명의로 작성한 경우(예, A주식회사의 대표이사가 갑인 경우 'A주식회사 대표이상 을'로 표시한 경우)에는 위조가 되지 않고 자격모용에의한유가증권작성죄가 성립한다. 본명을 기재하지 않더라도 상호, 별명 기타 거래상 본인을 가리키는 것으로 인식되는 칭호라면 타인명의를 모용한 경우에 해당하지 않는다.[38]

25 나) 작성권한 타인명의로 작성하더라도 작성권한이 있는 경우에는 위조가 되지 않는다. 따라서 명의인의 승낙이나 포괄적 위임이 있는 경우 작성권한 있는 자의 유가증권 작성은 위조가 되지 않고 유효한 작성행위가 된다.[39] 사자 명의의 유가증권인 경우 사망자의 처

는 것을 총칭하는 것으로서 재산권이 증권에 화체된다는 것과 그 권리의 행사와 처분에 증권의 점유를 필요로 한다는 두 가지 요소를 갖추면 족하지 반드시 유통성을 가질 필요는 없(다)"(대법원 2001.8.24. 2001도2832).

37) "유가증권위조죄에 있어서의 유가증권이라 함은 형식상 일반인으로 하여금 유효한 유가증권이라고 오신할 수 있는 정도의 외관을 갖추고 있으면 되는 것이므로, 그것이 비록 허무인명의로 작성되었거나 또는 유가증권으로서의 요건의 흠결 등 사유로 법률상 무효인 것이라고 하더라도 유가증권위조죄의 성립에는 아무런 영향이 없다"(대법원 1971.7.27. 71도905).

38) "피고인이 그 망부의 사망 후 그의 명의를 거래상 자기를 표시하는 명칭으로 사용하여 온 경우에는 피고인에 의한 망부 명의의 어음발행은 피고인 자신의 어음행위라고 볼 것이고 이를 가리켜 타인의 명의를 모용하여 어음을 위조한 것이라고 할 수 없다"(대법원 1982.9.28. 82도296).

의 위임은 발행인의 승낙이라고 볼 수 없다.[40] 주식회사의 대표이사가 그 대표 자격을 표시하는 방식으로 작성한 문서의 명의자는 주식회사이므로 위 방식의 문서 작성행위가 위조에 해당하는지는 그 작성자가 주식회사 명의의 문서를 적법하게 작성할 권한이 있는지에 따라 판단하여야한다.[41]

작성권한이 없으면 정당한 대리권 있는 자의 이름을 모용(대리방식)하거나 허무인을 정당한 대리권자로 표시하여 증권을 작성하여도 이 죄가 성립한다. 그러나 회사의 대표이사가 전前 대표이사의 명의를 모용하여 유가증권을 작성하여도 이 죄의 위조가 되지 않는다.[42] 26

(a) 권한초월의 경우 — 대리인·대표권자가 그 대리권·대표권의 범위를 초월하여 유가증권을 작성하는 경우 ① 이 죄의 위조가 된다는 견해와 ② 자격모용 유가증권작성죄가 성립한다는 견해가 대립한다. 이 경우는 대리인·대표인 '자격'모용인가 '명의'모용인가에 따라 구별해야 한다. 즉 명의가 대리인·대표자명의라면 권한초월이 '자격'만 모용한 것이므로 자격모용 유가증권작성죄가 되고, 대리인·대표자명의가 아니라 대리권이나 대표자격을 준 '본인 또는 회사'명의라면 '명의'를 모용한 것이 되므로 유가증권위조죄가 성립한다.[43] 27

(b) 권한남용의 경우 — 대리권·대표권자가 그 권한의 범위 내에서 권한을 남용하여 본인(또는 회사)명의의 유가증권을 작성하는 것은 위조가 되지 않는다(통설·판례[44]). 하지만 배임죄 또는 허위유가증권작성죄의 성립은 인정될 수 있다. 28

다) 위조의 방법 위조의 방법에는 제한이 없다. 간접정범의 방법으로도 위조는 가능하다. 따라서 기망에 의하여 타인으로 하여금 약속어음 용지에 발행인으로 서명·날인케 한 후 29

---

39) 대법원 1960.5.31. 4292형상588.

40) "사자 명의로 된 약속어음을 작성함에 있어 사망자의 처로부터 사망자의 인장을 교부받아 생존 당시 작성한 것처럼 약속어음의 발행일자를 그 명의자의 생존 중의 일자로 소급하여 작성한 때에는 발행명의인의 승낙이 있었다고 볼 수 없다"(대법원 2011.7.14. 2010도1025).

41) "주식회사의 대표이사가 그 대표 자격을 표시하는 방식으로 작성한 문서에 표현된 의사 또는 관념이 귀속되는 주체는 대표이사 개인이 아닌 주식회사이므로 그 문서의 명의자는 주식회사라고 보아야 한다. 따라서 위와 같은 문서 작성행위가 위조에 해당하는지는 그 작성자가 주식회사 명의의 문서를 적법하게 작성할 권한이 있는지에 따라 판단하여야 하고, 문서에 대표이사로 표시되어 있는 사람으로부터 그 문서 작성에 관하여 위임 또는 승낙을 받았는지에 따라 판단할 것은 아니다"(대법원 2008.12.24. 2008도7836).

42) "타인의 대리 또는 대표자격으로 문서를 작성하는 경우 그 대표자 또는 대리인은 자기를 위하여 작성하는 것이 아니고 본인을 위하여 작성하는 것으로서 그 문서는 본인의 문서이고 본인에 대하여서만 효력이 생기는 것이므로 회사를 대표하여 문서를 작성할 권한이 있는 대표이사가 은행과의 당좌거래계약정이 전대표이사 명의로 되어 있어 당좌거래명의를 변경함이 없이 그대로 전대표이사 명의를 사용하여 회사발행명의의 수표를 발행하였다 하더라도 그 대표이사는 회사명의의 수표를 발행할 권한이 있으니 유가증권위조죄가 성립되지 아니한다"(대법원 1975.9.23. 74도1684).

43) 문서위조죄와 자격모용에 의한 문서작성죄와의 관계도 이와 마찬가지이다.

44) "타인의 대리 또는 대표자격으로 문서를 작성하는 경우 그 대표자 또는 대리인은 자기를 위하여 작성하는 것이 아니고 본인을 위하여 작성하는 것으로서 그 문서는 본인의 문서이고 본인에 대하여서만 효력이 생기는 것이므로 회사의 대표이사직에 있는자가 은행과의 당좌거래 약정이 되어 있는 종전 당좌거래명의를 변경함이 없이 그대로 전 대표이사 명의를 사용하여 회사의 수표를 발행하였다 하여도 유가증권위조죄가 성립되지 아니한다"(대법원 1975.9.23. 74도1684).

에 마음대로 어음요건을 기재하여 어음을 완성한 때에는 간접정범에 의한 위조가 된다.

30 라) 위조의 정도 약속어음과 같이 유통성을 가진 유가증권의 위조는 일반거래의 신용을 해하게 될 위험성이 매우 크다는 점에서 적어도 행사할 목적으로 외형상 일반인으로 하여금 진정하게 작성된 유가증권이라고 오신케 할 수 있을 정도로 작성된 것이어야 한다.[45)]

31 例 찢어진 타인의 약속어음을 조합하여 어음의 외형을 갖춘 경우(대법원 1976.1.27. 74도3442), 약속어음의 액면란에 보충권의 한도를 넘은 금액을 기입한 경우(대법원 1989.12.12. 89도1264), 타인이 위조한 지급기일이 백지로 된 백지어음을 정을 알면서 이를 구입하여 어음의 액면란에 금액을 기입하여 그 위조어음을 완성하는 경우(대법원 1982.6.22. 82도677), 금액란이 백지인 수표의 소지인이 백지보충권의 범위를 초월하여 발행인의 서명날인이 있는 기존의 수표용지를 이용한 새로운 수표를 발행하는 경우(대법원 1999.6.11. 99도1201) 등은 새로운 유가증권을 작성하는 것에 해당하여 유가증권위조로 인정되었다.

32 **폐공중전화카드의** '자기기록부분'에 전자정보를 기록하여 사용가능한 공중전화카드를 만드는 행위가 이 죄의 '위조'에 해당하는지에 대해서는 ① 긍정하는 견해와 ② 부정하는 견해[46)]가 대립한다.

33 判 대법원은 공중전화카드는 문자기재부분과 자기기록부분을 일체로서 파악해야 하기 때문에 자기기록부분의 변경도 위조가 될 수 있다고 한다.[47)]

34 하지만 전자기록부분은 문자나 가독적 부호로 표시된 것이 아니어서 위조의 대상이 될 수 없고, 전자기록 등 특수매체기록의 권한 없는 조작은 형법상 '위작'이라는 별개의 개념으로만 포섭될 수 있으므로 이를 위조라고 할 수 없는 것이 타당하고, 공·사전자기록위작·변작죄의 객체가 될 수 있을 뿐이다.

35 (나) 변조 '변조'란 이미 진정하게 성립된 타인명의의 유가증권의 내용에 권한 없는 자가 그 동일성을 해하지 않는 범위 내에서 변경을 가하는 것을 말한다. 변조는 간접정범의 방식으로도 이루어질 수 있다.[48)] 변조의 요건은 다음과 같다.

---

45) 대법원 2011.7.14. 2010도1025.

46) 오영근, §35/20.

47) "형법 제214조에서 유가증권이라 함은, 증권상에 표시된 재산상의 권리의 행사와 처분에 그 증권의 점유를 필요로 하는 것을 총칭하는 것인바, 공중전화카드는 그 표면에 전체 통화가능 금액과 발행인이 문자로 기재되어 있고, 자기기록 부분에는 당해 카드의 진정성에 관한 정보와 잔여 통화가능 금액에 관한 정보가 전자적 방법으로 기록되어 있어, 사용자가 카드식 공중전화기의 카드 투입구에 공중전화카드를 투입하면 공중전화기에 내장된 장치에 의하여 그 자기정보가 해독되어 당해 카드가 발행인에 의하여 진정하게 발행된 것임이 확인된 경우 잔여 통화가능 금액이 공중전화기에 표시됨과 아울러 그 금액에 상당하는 통화를 할 수 있도록 공중전화기를 작동하게 하는 것이어서, 공중전화카드는 문자로 기재된 부분과 자기기록 부분이 일체로써 공중전화 서비스를 제공받을 수 있는 재산상의 권리를 화체하고 있고, 이를 카드식 공중전화기의 카드 투입구에 투입함으로써 그 권리를 행사하는 것으로 볼 수 있으므로, 공중전화카드는 형법 제214조의 유가증권에 해당한다"(대법원 1998.2.27. 97도2483).

48) "유가증권변조죄에 있어서 변조라 함은 진정으로 성립된 유가증권의 내용에 권한없는 자가 그 유가증권의 동일성을 해하지 않는 한도에서 변경을 가하는 것을 말하고, 설사, 진실에 합치하도록 변경한 것이라 하더라도 권한 없이 변경한 경우에는 변조로 되는 것이고 정을 모르는 제3자를 통하여 간접정범의 형태로도 범할 수 있는 것인 바, 신용카드를 제시받은 상점 점원이 그 카드의 금액란을 정정기재하였다 하더라도 그것이 카드소지인이 위 점원에게 자신이 위 금액을 정정기재 할 수 있는 권리가 있는 양 기망하여 이루어졌다면 이는 간접정

가) 진정하게 성립된 유가증권 변조는 이미 진정하게 성립된 유가증권을 전제로 한다. 예컨대 진정하게 성립된 유가증권의 발행일자·액면·지급인의 주소 등을 임의로 변경하는 것이 변조에 해당한다. 변경된 내용이 진실인지는 묻지 않으며, 변경된 기재가 법률상 유효한가도 묻지 않는다. 이미 위조된 유가증권은 변조의 대상이 될 수 없다(통설·판례[49]). 36

나) 타인명의 유가증권 변조는 타인명의의 유가증권의 내용을 권한 없이 변경하는 것이다.[50] 대표이사가 대표권을 남용하여 주권기재사항을 변경하는 경우와 같이 타인소유의 자기명의의 유가증권을 변경하는 것은 변조를 구성할 수 없고,[51] 손괴죄 또는 허위유가증권작성죄가 될 수 있을 뿐이다. 또 자기명의의 유가증권을 타인이 배서한 후에 증권의 문언을 변경하는 것은 유가증권기재의 변조죄(제214조 제2항)의 변조에 해당한다. 37

다) 동일성의 유지 변조는 유가증권의 동일성을 유지하면서 변경되는 것에 한한다. 변경을 가함으로써 유가증권의 동일성이 유지되지 않을 때에는 위조를 구성할 수 있을 뿐 변조가 될 수 없다. 38

따라서 어음의 발행일자, 액면, 지급인, 주소 등의 변경은 변조가 되지만,[52] 유가증권의 용지에 필요사항을 임의로 기재하여 새로운 유가증권을 만들거나, 이미 실효된 유가증권에 가공하여 다시 유효한 유가증권으로 작성하는 것은 변조가 아니라 위조에 해당한다. 39

(2) 주관적 구성요건

유가증권을 위조 또는 변조한다는 점에 대한 고의가 있어야 한다. 또 이 죄는 목적범이므로 초과주관적구성요건요소로서 행사할 목적도 있어야 한다. 여기의 행사할 목적이란 진정한 유가증권으로 행사할 목적을 말한다. 반드시 유통시킬 목적일 필요는 없다. 40

3. 죄수, 타죄와의 관계

(1) 죄수

이 죄의 죄수는 유가증권의 매수를 기준으로 결정되므로 1통의 유가증권에 수개의 위조 또는 변조가 있는 때에는 포괄일죄가 되지만 동일한 일시와 장소라도 수통의 유가증권을 위조한 때에는 수죄가 성립하며 상상적 경합이 된다(통설·판례[53]). 41

범에 의한 유가증권변조로 봄이 상당하다"(대법원 1984.11.27. 84도1862).

49) "이미 타인에 의하여 위조된 약속어음의 기재사항을 권한 없이 변경하였다고 하더라도 유가증권변조죄는 성립하지 아니한다"(대법원 2006.1.26. 2005도4764).

50) "약속어음의 발행인으로부터 어음금액이 백지인 약속어음의 할인을 위임받은 자가 위임 범위 내에서 어음금액을 기재한 후 어음할인을 받으려고 하다가 그 목적을 이루지 못하자 유통되지 아니한 당해 약속어음을 원상태대로 발행인에게 반환하기 위하여 어음금액의 기재를 삭제하는 것은 그 권한 범위 내에 속한다고 할 것이므로, 이를 유가증권변조라고 볼 수 없다"(대법원 2006.1.13. 2005도6267).

51) "회사의 대표이사로서 주권작성에 관한 일반적인 권한을 가지고 있는 자가 대표권을 남용하여 자기 또는 제3자의 이익을 도모할 목적으로 그들 명의의 주권의 기재사항에 변경을 가한 행위는 유가증권변조죄를 구성하지 아니한다"(대법원 1980.4.22. 79도3034).

52) 대법원 2006.1.26. 2005도4764.

(2) 타죄와의 관계

42 타인의 인장·기명·서명 등을 사용하여 유가증권을 위조·변조 또는 행사한 경우 인장위조죄와 동행사죄는 이 죄에 흡수된다(불가벌적 수반행위). 절취 또는 횡령한 유가증권의 용지를 이용하여 이를 위조한 때에는 절도죄 또는 횡령죄와 이 죄의 실체적 경합이 된다. 유가증권을 위조하여 행사한 경우에는 위조죄와 행사죄의 실체적 경합이 된다.

43 수표를 위조 또는 변조한 때에는 특별법인 부정수표단속법(제5조)이 우선 적용되고 이 죄는 적용될 여지가 없다. 다만 수표 내용 기재사항(부수적 증권행위)의 위조·변조는 부정수표단속법이 아니라 유가증권기재 위조·변조죄(형법 제214조 제2항)가 성립한다.

Ⅲ. 유가증권(권리의무에 관한)기재의 위조·변조죄

> 제214조(유가증권 기재의 위조·변조) ② 행사할 목적으로 유가증권의 권리의무에 관한 기재를 위조 또는 변조한 자도 전항의 형과 같다.
>
> 제223조(미수범) 제214조 내지 제219조와 전조의 미수범은 처벌한다.

1. 의의, 성격

44 행사할 목적으로 유가증권의 권리의무에 관한 기재를 위조 또는 변조함으로써 성립하는 범죄이다. 목적범이고 추상적 위험범이자 부진정 거동범이다(미수처벌).

2. 구성요건

(1) 객체

45 이 죄의 객체인 '유가증권의 권리의무에 관한 기재'란 배서·인수·보증 기타에 관한 기재사항을 말한다. 유가증권위조·변조죄가 기본적 증권행위에 속하는 사항에 대한 것임에 반해 이 죄의 위조·변조의 대상인 기재사항을 부수적 증권행위에 속하는 사항이라고 대비한다.[54]

(2) 행위

46 위조 또는 변조이다. 위조란 기본적 증권행위가 진정하게 성립된 후에 그 부수적 증권행위에 대하여 작성명의를 모용하는 것이다. 예컨대, 타인명의를 모용하여 어음에 배서하는 것이 이 죄의 위조에 해당한다.

47 변조란 진정하게 성립한 유가증권에 대해 부수적 증권행위에 속한 기재사항의 내용을 권

53) "유가증권위조죄의 죄수는 원칙적으로 위조된 유가증권의 매수를 기준으로 정할 것이므로, 약속어음 2매의 위조행위는 포괄일죄가 아니라 경합범이다"(대법원 1983.4.12. 82도2938).

54) 유가증권에 관한 행위는 발행, 배서, 인수, 보증, 지급보증 등의 행위가 있는 데 이중에 발행을 기본적 증권행위에 속한 사항이고, 나머지는 부수적 증권행위에 속한 사항이다.

한 없이 변경하는 것이다. 타인의 진정한 배서부분에 변경을 가하거나 발행일자 또는 지급일자에 변경을 가하는 것이 그 예이다. 부수적 기재사항에 대해서는 작성권한 없는 자는 물론이고 어음의 발행인도 변조를 할 수 있다.[55] 타인의 배서 이후 배서부분에 대해서는 발행인도 권한 없는 자에 해당한다.

Ⅳ. 자격모용에 의한 유가증권작성죄

> 제215조(자격모용에 의한 유가증권작성죄) 행사할 목적으로 타인의 자격을 모용하여 유가증권을 작성하거나 유가증권의 권리 또는 의무에 관한 사항을 기재한 자는 10년 이하의 징역에 처한다.
>
> 제223조(미수범) 제214조 내지 제219조와 전조의 미수범은 처벌한다.

1. 의의, 성격

행사할 목적으로 타인의 자격을 모용하여 유가증권을 작성하거나 유가증권의 권리 또는 의무에 관한 사항을 기재함으로써 성립하는 범죄이다. 목적범이고 추상적 위험범이자 부진정 거동범에 해당한다(미수처벌). 48

2. 구성요건

‘타인의 자격모용’이란 대리권 또는 대표권 없는 자가 타인의 대리인 또는 대표자인 것처럼 자격을 사칭하는 것을 말한다. 처음부터 그러한 자격 없는 자(무권대리)는 물론 이미 가지고 있던 자격이 상실·정지된 자, 그리고 대리인·대표권자가 권한을 초월하거나 그 권한 밖의 사항에 관해 자기명의의 유가증권을 작성한 경우에도 여기에 해당한다. 단순한 권한남용은 자격모용에 해당하지 않는다.[56] 49

例 대표이사 직무집행정지 가처분결정을 받은 대표이사가 회사업무의 중단을 막기 위한 긴급한 인수인계행위로서 자기명의의 유가증권을 작성한 경우(대법원 1987.8.18. 87도145), 대표이사가 타인으로 변경되었음에도 불구하고 이전부터 사용하여 오던 피고인 명의로 된 위 회사 대표이사의 명판을 이용하여 여전히 피고인을 위 회사의 대표이사로 표시하여 — 후임대표이사의 승낙을 얻어 — 약속어음을 발행한 경우(대법원 1991.2.26. 90도577)에는 합법적인 대표이사로서의 50

55) “어음발행인이라 하더라도 어음상에 권리의무를 가진 자가 있는 경우에는 이러한 자의 동의를 받지 아니하고 어음의 기재내용에 변경을 가하였다면 이는 유가증권의 권리의무에 관한 기재를 변조한 것에 해당한다”(대법원 2003.1.10. 2001도6553).

56) “원래 주식회사의 적법한 대표이사는 회사의 영업에 관하여 재판상 또는 재판외의 모든 행위를 할 권한이 있으므로, 대표이사가 직접 주식회사 명의의 문서를 작성하는 행위는 자격모용사문서작성 또는 위조에 해당하지 않는 것이 원칙이다. 이는 그 문서의 내용이 진실에 반하는 허위이거나 대표권을 남용하여 자기 또는 제3자의 이익을 도모할 목적으로 작성된 경우에도 마찬가지이다(대법원 2010.5.13. 선고 2010도1040 판결 참조). 이러한 법리는 주식회사의 대표이사가 대표 자격을 표시하는 방식으로 약속어음 등 유가증권을 작성하는 경우에도 마찬가지로 적용된다”(대법원 2015.11.27. 2014도17894).

권한행사라 할 수 없음을 이유로 자격모용유가증권작성 및 동행사죄의 성립이 인정되었다.

51 자격 뿐만 아니라 명의까지 타인의 명의를 사용한 때에는 자격모용이 아니라 위조가 된다. 예컨대 A법인의 대표이사(갑)가 아닌 을이 행위자가 되어 'A법인의 대표이사 을'이라고 개재한 경우에는 자격모용에 의한 유가증권작성죄가 되지만, 'A법인의 대표이사 갑'이라고 기재하면 유가증권위조죄가 된다. 대리권 또는 대표권을 가진 타인은 실제로 존재해야 하므로 유령회사의 대표이사 자격을 모용한 경우에는 이 죄가 아니라 허위유가증권작성죄가 된다.[57]

52 '유가증권의 작성'이란 유가증권을 발행하는 기본적 증권행위를 하는 것을 말하고, '권리의무에 관한 사항을 기재한다'는 것은 배서나 인수 등과 같은 부수적 증권행위를 하는 것을 말한다.

Ⅴ. 허위유가증권작성죄

제216조(허위유가증권작성죄) 행사할 목적으로 허위의 유가증권을 작성하거나 유가증권에 허위사항을 기재한 자는 7년 이하의 징역 또는 3천만원 이하의 벌금에 처한다.

제223조(미수범) 제214조 내지 제219조와 전조의 미수범은 처벌한다.

1. 의의, 성격

53 행사할 목적으로 허위의 유가증권을 작성하거나 유가증권에 허위의 사항을 기재함으로써 성립하는 범죄이다. 타인의 작성명의를 무단으로 사용하지 않는다는 점에서 위조와 구별되고, 작성권한 있는 자가 이미 진정하게 성립된 유가증권에 허위사항을 기재한다는 점에서 변조 및 기재사항위조·변조와도 다르다. 작성권한 있는 자가 주체가 되기 때문에 진정신분범에 해당한다. 목적범이고, 추상적 위험범이자 부진정 거동범이다(미수처벌).

2. 구성요건

54 유가증권을 작성·기재할 권한이 있는 자가 허위의 유가증권을 작성하거나 유가증권에 허위사항을 기재하는 것이다. '허위의 유가증권 작성'이란 작성권한 있는 자가 타인의 작성명의를 모용하지 않고 기본적 증권행위에 관해 허위내용을 기재하여 자기명의의 새로운 유가증권을 만들어내는 것을 말한다.

55 '허위의 사항 기재'란 기재권한 있는 자가 기존의 유가증권에 배서·인수·보증과 같은 부수적 증권행위에 허위사항을 기재하는 것을 말한다. 다만 배서인의 주소만을 허위기재하는 등 허위의 기재가 권리관계에 아무런 영향을 미치지 않는 사항인 때에는 이 죄에 해당하지

57) 대법원 1970.12.29. 70도2389.

않는다.[58)]

이 죄는 진정신분범이기 때문에 작성권한 없는 자(비신분자)는 간접정범은 될 수 없다.[59)] 56
그러나 작성권한 없는 자도 형법 제33조의 적용에 따라 이 죄의 공동정범이나 협의의 공범 성립이 가능하다.

例 **허위유가증권 작성 긍정 사례:** ① 지급은행과 전혀 당좌거래사실이 없거나 과거의 거래가 정지되었음에도 불구하고 이러한 사유가 없는 것으로 가장하여 수표를 발행한 경우(대법원 1956.6.26. 4289형상128), ② 실재하지 아니함에도 불구하고 실재하는 회사로 가장하여 그 회사 명의로 약속어음을 발행한 경우(대법원 1970.12.29. 70도2389), ③ 주권발행의 권한을 위임받은 자가 그 발행일자를 소급하여 주권을 발행한 경우(대법원 1974.1.15. 73도2041), ④ 약속어음의 작성을 위임받은 자가 위탁자인 발행인 이름 아래 자기의 인장을 날인한 경우(대법원 1975.6.10. 74도2594), ⑤ 화물을 인수하거나 확인하지도 아니하고 수출면장만을 확인한 채 실제로 선적한 사실이 없는 화물을 선적하였다는 내용의 선하증권을 발행한 경우(대법원 1995.9.29. 95도803) 등. 57

例 **허위유가증권 작성 부정 사례:** ① 해당 은행과의 거래가 계속되는 동안 당좌거래은행에 잔고가 없음을 알면서 수표를 발행한 경우(대법원 1960.11.30. 4293형상787), ② 원인채무관계가 존재하지 않으면서 약속어음을 발행한 경우(대법원 1977.5.24. 76도4132), ③ 주권발행 전에 이미 주식을 양도받은 자에게 주권을 발행한 경우(대법원 1982.6.22. 81도1935), ④ 약속어음의 발행인이 그 발행을 위하여 은행에 신고된 것이 아닌 발행인의 다른 인장을 날인한 경우(대법원 2000.5.30. 2000도883) 등. 58

Ⅵ. 위조·변조 유가증권행사등죄

> 제217조(위조·변조유가증권행사등죄) 위조, 변조, 작성 또는 허위기재한 전3조 기재의 유가증권을 행사하거나 행사할 목적으로 수입 또는 수출한 자는 10년 이하의 징역에 처한다.
>
> 제223조(미수범) 제214조 내지 제219조와 전조의 미수범은 처벌한다.

1. 의의, 성격

위조·변조·허위작성 또는 허위기재한 유가증권을 행사하거나 행사할 목적으로 수입 또는 수출함으로써 성립하는 범죄이다. 수입·수출죄는 목적범이고, 위조통화행사죄에 상응하는 것으로서 추상적 위험범이자 부진정 거동범이다(미수처벌). 59

2. 구성요건

(1) 객체

객체는 위조·변조·허위작성 또는 허위기재된 유가증권이다. ① 복사문서의 문서성을 인정한 형법 제237조의2 규정에 비추어 복사한 사본도 이 죄의 객체로 인정할 수 있다는 견해[60)]가 있다. 하지만 ② 복사문서에 국한하여 문서성을 인정한 형법 제237조의2를 주의규정 60

58) 대법원 1986.6.24. 84도547.

59) 비신분자에 대해 허위공문서작성죄의 간접정범이 '원칙적으로' 인정될 수 없는 것과 마찬가지이다. 이에 관해서는 후술한다.

으로서가 아니라 특별규정으로 이해하는 한, 이 죄의 유가증권은 위조 또는 변조된 유가증권의 원본만을 말하며 전자복사기 등을 사용하여 기계적으로 복사한 사본은 이에 해당하지 않는다고 하는 것이 타당하다.

61 判 대법원도 원본에 국한시키고 있다.[61] 따라서 원본성이 없어서 유가증권이 되지 않거나, 서명·날인이 없어 유가증권이 되지 않아도, 진정한 사문서로 보기에 충분한 형식과 외관을 갖추고 있는 경우라면 위조유가증권행사죄의 대상인 유가증권(특별)이 아닌 위조사문서행사죄의 대상인 문서(일반)[62]에 해당하는 것으로 보았다.[63]

(2) 행위

62 행사하거나 수입 또는 수출하는 것이다.

63 1) 행사 행사란 진실한 내용의 유가증권인 것처럼 사용하는 것을 말한다. 반드시 유가증권 본래의 용법에 따라 유통시킬 것을 요하지 않는다. 이 점에서 위조통화행사죄보다 범위가 넓다. 따라서 유가증권을 친족에게 보여주기 위해서 진정한 것으로 교부하거나, 타인에게 어음 할인 의뢰를 위하여 열람시키거나, 자신의 신용력을 보여줄 목적으로 타인에게 제시하거나, 증거자료로서 법원에 제출·송부하는 경우에도 이 죄의 행사에 해당한다.

64 判 대법원은 위조된 상품권을 미리 오락기에 투입해 두고 배출되도록 하는 방식도 이 죄의 행사로 인정하였고,[64] 위조유가증권의 정을 알고 행사할 목적이 있는 자에게 교부하는 경우에도 이 죄의 행사에 해당한다고 하였지만[65] 위조유가증권의 교부자와 피교부자 사이에 위조를 공모하는 등 공범관계에 있는 경우 이들 사이의 위조유가증권 교부행위는 그들 이외의 자에게 행사함으로써 범죄를 실현하기 위한 전단계의 행위에 불과한 것으로서 이 죄의 행사가 부정된다고 하였다.[66]

65 判 대법원은 허위작성된 유가증권을 행사할 의사가 분명한 자에게 교부하여 그가 이를 행사한 때에는 허위작성유가증권행사죄의 공동정범 성립을 인정하였다.[67]

---

60) 김일수/서보학, 702면; 오영근, §35/35; 손동권/김재윤, §38/30.

61) "위조유가증권행사죄에 있어서의 유가증권이라 함은 위조된 유가증권의 원본을 말하는 것이지 전자복사기 등을 사용하여 기계적으로 복사한 사본은 이에 해당하지 않는다"(대법원 1998.2.13. 97도2922).

62) "사문서위조죄는 그 명의자가 진정으로 작성한 문서로 볼 수 있을 정도의 형식과 외관을 갖추어 일반인이 명의자의 진정한 사문서로 오신하기에 충분한 정도이면 성립하는 것이고, 반드시 그 작성명의자의 서명이나 날인이 있어야 하는 것은 아니나, 일반인이 명의자의 진정한 사문서로 오신하기에 충분한 정도인지 여부는 그 문서의 형식과 외관은 물론 그 문서의 작성경위, 종류, 내용 및 일반거래에 있어서 그 문서가 가지는 기능 등 여러 가지 사정을 종합적으로 고려하여 판단하여야 한다"(대법원 2009.7.23. 2008도10195).

63) 대법원 2010.5.13. 2008도10678.

64) 대법원 2007.4.12. 2007도796.

65) "유가증권임을 알고 있는 자에게 교부하였더라도 피교부자가 이를 소통시킬 것임을 인식하고 교부하였다면 교부행위 그 자체가 유가증권의 유통질서를 해할 우려가 있어 위조유가증권행사죄가 성립한다"(대법원 1983.6.14. 81도2492).

66) "위조유가증권의 교부자와 피교부자가 서로 유가증권위조를 공모하였거나 위조유가증권을 타에 행사하여 그 이익을 나누어 가질 것을 공모한 공범의 관계에 있다면, 그들 사이의 위조유가증권 교부행위는 그들 이외의 자에게 행사함으로써 범죄를 실현하기 위한 전단계의 행위에 불과한 것으로서 위조유가증권은 아직 범인들의 수중에 있다고 볼 것이지 행사되었다고 볼 수는 없다"(대법원 2010.12.9. 2010도12553).

67) "허위작성된 유가증권을 피교부자가 그것을 유통하게 한다는 사실을 인식하고 교부한 때에는 허위작성유가증권행사죄에 해당하고, 행사할 의사가 분명한 자에게 교부하여 그가 이를 행사한 때에는 허위작성유가증권행사

2) 수입·수출 위조·변조통화행사죄의 그것과 같다. 66

3. 죄수, 타죄와의 관계

(1) 죄수

① 행사죄도 유가증권매수를 기준으로 결정하므로 수매의 위조유가증권을 일괄하여 행사한 경우에는 수개의 행사죄의 상상적 경합이 된다고 한다(통설). 하지만 ② 이러한 경우는 물론이고 심지어 수인에게 수매의 위조유가증권을 행사한 경우에도 포괄일죄의 인정요건을 갖추는 한 일죄 또는 포괄일죄가 된다고 보는 것이 죄수법리에 부합한다. 67

(2) 타죄와의 관계

유가증권을 위조·변조하거나 허위작성한 후 이를 행사한 경우 ① 상상적 경합이 된다는 견해, ② 행사할 목적으로 위조·변조한 후 행사하면 행사죄만 성립한다는 견해도 있으나, ③ 통화위조변조죄와 동행사죄의 경우와 마찬가지로 실체적 경합이 된다고 보는 것이 타당하다(판례). 위조유가증권을 행사하여 재물을 편취한 때에는 사기죄와 이 죄의 상상적 경합이 된다. 68

Ⅶ. 인지·우표등위조변조죄

> 제218조(인지·우표위조·변조죄) ① 행사할 목적으로 대한민국 또는 외국의 인지, 우표 기타 우편요금을 표시하는 증표를 위조 또는 변조한 자는 10년 이하의 징역에 처한다.
>
> 제223조(미수범) 제214조 내지 제219조와 전조의 미수범은 처벌한다.

1. 의의, 성격

행사할 목적으로 대한민국 또는 외국의 인지, 우표 기타 우편요금을 표시하는 증표를 위조 또는 변조함으로써 성립하는 범죄이다. 우표나 인지도 유가증권의 일종이나 유가증권보다는 통화에 가깝다는 특수성을 고려하여 별도의 규정을 둔 것이다. 목적범이고, 추상적 위험범이자 부진정 거동범이다(미수처벌). 69

2. 구성요건

객체는 대한민국 또는 외국의 인지·우표 기타 우편요금을 표시하는 증표이다. 인지란 민사소송 등 인지법이 정한 바에 따라 일정한 수수료 또는 인지세를 납부하는 방법으로 첨부·사용하게 하기 위하여 정부 기타의 발행권자가 일정한 금액을 권면에 표시하여 발행한 증표를 말한다. '우표'란 정부 기타의 발행권자가 일반인에게 우편요금의 납부용으로 첨부· 70

죄의 공동정범이 성립한다"(대법원 1995.9.29. 95도803).

사용하게 하기 위하여 일정한 금액을 액면에 표시하여 발행한 증표를 말한다. 우표에는 우편엽서도 포함한다. '기타 우편요금을 표시하는 증표'는 우편법 제20조의 규정에 의하여 우표 이외의 우편요금을 표기하는 스탬프형 증표(요금별납 표지)가 여기에 해당된다. 행위는 위조 또는 변조하는 것이며, 유가증권위조·변조죄의 그것과 같다.

Ⅷ. 위조·변조인지·우표등행사등죄

제218조(위조·변조인지·우표등행사등죄) ② 위조 또는 변조된 대한민국 또는 외국의 인지, 우표 기타 우편요금을 표시하는 증표를 행사하거나 행사할 목적으로 수입 또는 수출한 자도 제1항의 형과 같다.

제223조(미수범) 제214조 내지 제219조와 전조의 미수범은 처벌한다.

71 위조 또는 변조된 대한민국 또는 외국의 인지·우표 기타 우편요금을 표시하는 증표를 행사하거나 행사할 목적으로 수입 또는 수출함으로써 성립하는 범죄이다. 위조·변조유가증권행사죄에 상응하는 범죄이고, 수입·수출죄는 목적범이다. 추상적 위험범이자 부진정 거동범이다(미수처벌).

72 이 죄의 행사란 위조 또는 변조된 대한민국 또는 외국의 우표를 진정한 우표로 사용하는 것을 말한다. 반드시 우편요금의 납부 등으로 사용하는 것뿐만 아니라 우표수집의 대상으로 매매하는 경우도 포함되고,[68] 위조된 우표인 정을 알고 있는 자에게 교부하더라도 행사가 된다. 단 이 경우 '행사의 목적'이라는 요건이 충족되려면 위조된 우표인 정을 알고 있는 자가 이를 진정하게 발행된 우표로서 사용할 것이라는 점에 대한 인식은 있어야 한다.[69]

Ⅸ. 위조·변조인지·우표취득죄

제219조(위조·변조인지·우표등의 취득죄) 행사할 목적으로 위조 또는 변조한 대한민국 또는 외국의 인지, 우표 기타 우편요금을 표시하는 증표를 취득한 자는 3년 이하의 징역 또는 1천만원 이하의 벌금에 처한다.

제223조(미수범) 제214조 내지 제219조와 전조의 미수범은 처벌한다.

73 행사할 목적으로 위조 또는 변조된 대한민국 또는 외국의 인지, 우표 기타 우편요금을 표시하는 증표를 취득함으로써 성립하는 범죄이다. 위조변조된 유가증권의 취득행위는 처벌되지 않기 때문에 위조·변조통화취득죄에 상응하는 범죄라고 할 수 있다. 목적범이고 추상적

68) 대법원 1989.4.11. 88도1105.
69) 대법원 1989.4.11. 88도1105.

위험범이자 부진정 거동범이다(미수처벌). 위조 또는 변조한 인지 또는 우표라는 정을 알면서 취득하여야 이 죄가 성립할 수 있다.

X. 소인말소죄

> 제221조(소인말소죄) 행사할 목적으로 대한민국 또는 외국의 인지, 우표 기타 우편 요금을 표시하는 증표의 소인 기타 사용의 표지를 말소한 자는 1년 이하의 징역 또는 300만원 이하의 벌금에 처한다.

행사할 목적으로 대한민국 또는 외국의 인지, 우표 기타 우편요금을 표시하는 증표의 소인消印 기타 사용의 표지를 말소함으로써 성립하는 범죄이다. 목적범이고, 추상적 위험범이자 단순 거동범이다(미수불처벌). '소인 등을 말소'한다는 것은 인지, 우표 등에 진정하게 찍혀 있는 소인의 흔적을 소멸시켜서 그 인지·우표 등을 다시 진정한 것으로 사용할 수 있게 하는 일체의 행위를 말한다. 74

XI. 인지·우표유사물제조등죄

> 제222조(인지·우표유사물제조등죄) ① 판매할 목적으로 대한민국 또는 외국의 공채증서, 인지, 우표 기타 우편요금을 표시하는 증표와 유사한 물건을 제조, 수입 또는 수출한 자는 2년 이하의 징역 또는 500만원 이하의 벌금에 처한다.
> ② 전항의 물건을 판매한 자도 전항의 형과 같다.
>
> 제223조(미수범) 제214조 내지 제219조와 전조의 미수범은 처벌한다.

판매할 목적으로 대한민국 또는 외국의 공채증서, 인지, 우표 기타 우편요금을 표시하는 증표와 유사한 물건을 제조, 수입 또는 수출하거나 이를 판매함으로써 성립하는 범죄이다. 목적범이고 추상적 위험범이자 부진정 거동범이다(미수처벌). 75

공채증서·인지·우표·우편요금표시의 증표에 유사한 물건이란 일반인으로 하여금 진정한 것이라고 오신케 할 정도의 외관을 구비하지 못한 모조품을 말한다. 제조는 공채증서·인지·우표에 유사한 물건을 만드는 것이고, 판매는 불특정 또는 다수인에게 유상양도하는 것이다. 수익의 유무는 묻지 않는다. 76

XII. 위조·변조죄 등의 예비음모죄

> 제224조(예비, 음모) 제214조, 제215조와 제218조 제1항의 죄를 범할 목적으로 예비 또는 음모한 자는 2년 이하의 징역에 처한다.

77 유가증권위조·변조죄, 기재사항위조·변조죄 및 자격모용에 의한 유가증권작성죄와 인지·우표위조·변조죄를 범할 목적으로 예비 또는 음모함으로써 성립하는 범죄이다. 유가증권에 관한 죄 중에서 '유형위조'에 해당하는 죄에 대해서만 예비·음모를 처벌하고 있다. 통화에 관한 죄의 경우와 달리 자수에 관한 필요적 감면규정은 없다.

§ 46 제3절 문서에 관한 죄

I. 총설

1. 의의 및 보호법익

(1) 의의

1 문서에 관한 죄는 행사할 목적으로 문서를 위조, 변조, 자격모용작성, 허위작성, 변개 또는 부실기재하거나, 위조·변조 또는 허위작성된 문서를 행사하거나, 진정하게 성립된 타인의 문서를 부정행사하거나, 전자기록 등 특수매체기록을 위작 또는 변작하는 것을 내용으로 하는 범죄이다. 공공의 신용에 대한 죄의 가장 기본적인 구성요건에 해당하는 죄이지만 형법은 통화에 관한 죄나 유가증권 등에 관한 죄 다음으로 규정하고 있다. 문서에 관한 죄는 통화에 관한 죄나 유가증권 등에 관한 죄가 성립하지 않을 때 비로소 성립하므로 앞의 죄들과 법조경합(특별법과 일반법의 관계)에 있다(통화에 관한 죄 부분 참조).

(2) 보호법익

2 문서에 관한 죄의 보호법익은 문서를 통한 거래의 안전 및 공공의 신용이고(통설·판례[70]), 보호받는 정도는 추상적 위험범으로서의 보호이다. 따라서 문서에 관한 죄로 인하여 피해자가 현실적으로 손해를 입었거나 구체적인 위험이 생길 필요가 없음은 다른 공공의 신용에 대한 죄의 경우와 동일하다.

---

70) 대법원 1998.4.10. 98도164.

2. 구성요건의 체계 3

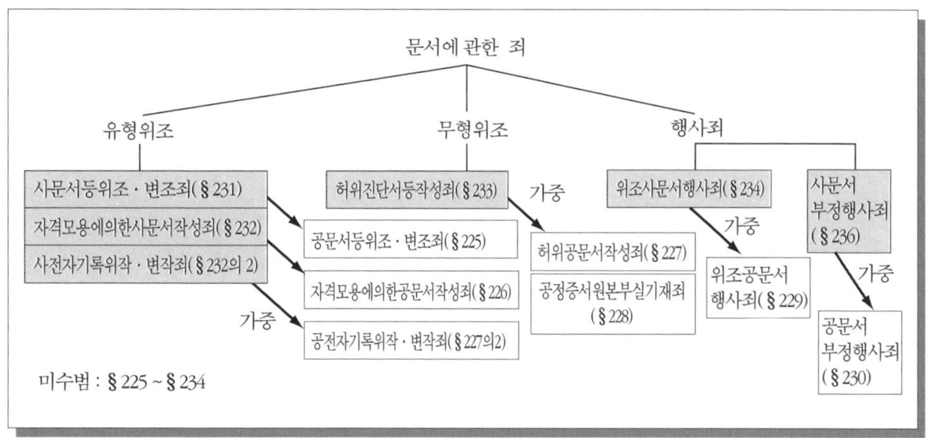

문서에 관한 죄는 공문서와 사문서의 구분을 전제로 문서위조·변조죄, 허위문서작성죄, 위 4
조등문서행사죄, 문서부정행사죄의 네 가지로 유형화되어 있다. 문서위조·변조죄의 기본적 구성요건은 사문서위조·변조죄이고, 공문서위조·변조죄는 이에 대한 가중적 구성요건이다.

자격모용에의한사문서작성죄, 자격모용에의한공문서작성죄, 사전자기록위작·변작죄, 그 5
리고 공전자기록위작·변작죄는 문서위조죄의 특수한 행위태양을 규정한 것으로서 각각은 사문서를 객체로 하는 범죄가 기본적 구성요건이고 공문서를 객체로 하는 범죄는 가중적 구성요건이다.

허위문서작성죄는 사문서의 경우 '허위진단서'작성죄만을 처벌하며, 허위공문서작성죄는 6
이에 대한 가중적 구성요건이다. 공정증서원본등부실기재죄는 허위공문서 작성죄의 간접정범의 형태를 독립적으로 규정한 구성요건이다.

위조등문서의 행사죄는 위조사문서행사죄를 기본적 구성요건으로 하고, 위조공문서행사 7
죄를 가중적 구성요건으로 한다. 문서부정행사죄도 사문서부정행사죄를 기본적 구성요건으로 하며, 공문서부정행사죄를 가중적 구성요건으로 규정하고 있다.

이상의 문서에 관한 죄 가운데 사문서부정행사죄를 제외한 모든 범죄의 미수범을 처벌하 8
며, 복사문서와 도화의 사본에 대하여 문서성을 인정하는 특별규정(제237조의2)을 두고 있다. 문서에 관한 죄 중 공문서를 객체로 하는 범죄(제225조 내지 제230조의 죄)는 외국인의 국외범도 처벌한다(제5조 제6호).

3. 문서에 관한 죄의 기본개념

(1) 문서에 관한 입법형식과 위조 개념

1) 형식주의와 실질주의 문서에 관한 죄는 진실에 반하는 '허위'의 문서의 작출을 처 9

벌함으로써 문서를 통한 거래의 안전과 공공의 신용을 보호한다. 여기서 허위란 구체적으로 문서의 어떤 부분에 대한 허위를 처벌하느냐에 따라 형식주의와 실질주의라는 두 가지 입법 형식이 있다.

10 (가) 형식주의 문서의 성립의 진정Echtheit을 보호대상으로 해야 하므로, 문서의 작성명의에 허위가 있으면 이를 처벌해야 한다는 입법형식이다. 즉 문서의 내용의 진실여하는 불문하고 부진정문서(문서명의인과 문서작성자가 일치하지 않는 문서)를 작성하는 행위만을 처벌하려는 입법태도이다(독일 형법 제267조). 이에 의하면 문서의 작성명의에 허위(자격모용·자격사칭)가 있으면 내용이 진실하여도 처벌대상이 되지만, 작성명의에 허위가 없으면 그 내용이 진실하지 않아도 처벌대상이 되지 않는다.

11 (나) 실질주의 문서에 표시된 내용의 진실Wahrheit을 보호대상으로 해야 하므로, 문서의 내용을 허위로 작성하는 행위를 처벌하려는 입법형식을 말한다. 즉 부진정문서인지 진정문서(문서명의인과 문서작성자가 일치하는 문서)인지를 불문하고, 내용이 허위인 경우만을 처벌하려는 입법태도이다(프랑스 형법 제441조의 1). 이에 의하면 문서에 표시된 사실이 객관적 진실과 일치할 때에는 문서의 성립(작성명의)에 허위가 있어도 사실의 진상을 저해할 위험은 없으므로 처벌대상이 되지 않고, 내용이 허위인 경우에는 작성명의가 진실하여도 처벌대상이 된다.

12 (다) 형법의 태도 우리 형법은 작성명의에 허위가 있는 경우는 공문서와 사문서의 경우 모두 처벌한다(제225조, 제231조). 그러나 작성명의에는 허위가 없으나 내용이 허위인 경우에는 공문서에 한하여 처벌하고(제227조), 사문서에 대하여는 예외적으로 허위진단서작성죄(제233조)만 처벌하고 있다. 따라서 형법은 형식주의를 원칙으로 하면서 실질주의를 예외적으로 인정하고 있는 것으로 볼 수 있다.

13 判 대법원도 사문서에 대한 위조 또는 변조의 경우 문서내용의 진실 여부는 문제되지 않는다고 판시[71]함으로써 형식주의를 원칙으로 하면서 실질주의을 예외적으로 인정하는 형법의 입법태도를 재확인하고 있다.

14 2) 유형위조와 무형위조 문서에 관한 죄를 처벌함에 있어서 문서의 어떤 부분에 대한 허위를 위조개념으로 포섭하느냐가 문제된다. 어떤 내용의 허위를 처벌하는지에 관한 입법형식(형식주의와 실질주의)의 차이에 따라 위조개념이 각기 달라진다.

15 (가) 유형위조 정당한 작성권한이 없는 자가 타인'명의'의 문서를 작성하는 것, 즉 명의위조를 유형위조라고 한다. 즉 유형위조란 문서의 의사표시의 주체인 명의인과 그 문서를 작성한 자가 일치하지 않는 '부진정문서'를 작성하는 것을 말한다. 유형위조는 문서의 작성 행위 자체에 허위가 있는 행위를 위조개념에 포섭한다.

16 (나) 무형위조 문서의 작성명의에는 거짓이 없으나 진실에 반하는 허위'내용'의 문서를

71) "사문서변조에 있어서 그 변조 당시 명의인의 형식적, 묵시적 승낙 없이 한 것이면 변조된 문서가 명의인에게 유리하여 결과적으로 그 의사에 합치한다 하더라도 사문서변조죄의 구성요건을 충족한다"(대법원 1985.1.22. 84도2422).

작성하는 것, 즉 내용위조를 무형위조라고 한다. 다시 말해, 무형위조란 명의인과 작성자는 일치(본인이 자기명의로 작성)하지만 문서의 내용이 진실하지 않은 '허위문서'를 작성하는 것을 말한다. 무형위조는 문서에 기재된 의사·관념의 내용이 허위인 것을 위조개념으로 포섭한다.

(다) 형법의 태도 형식주의를 원칙으로 하는 우리 형법에서는 유형위조를 문서의 '위조' 17
라고 하고, 무형위조를 문서의 '작성'이라고 표현하면서 양자를 구별하고 있다. 그리고 유형위조는 공문서·사문서를 묻지 않고 모두 처벌하고 있으나, 무형위조에 대해서는 문서내용의 진실성을 특히 보호할 필요가 있는 경우에만 예외적으로 처벌하고 있다. 즉 공문서에 대한 무형위조는 공무원이 그 직무에 관한 사항에 대해서 허위문서를 작성하는 경우(허위공문서작성죄: 제227조)를 처벌대상으로 하고 있지만, 사문서의 경우에는 의사 등 특별한 신분 있는 자가 진단서 등에 허위내용을 기재한 경우(허위진단서작성죄: 제233조)에만 예외적으로 무형위조를 처벌하고 있다.[72]

判 대법원도 사문서의 경우에는 무형위조의 경우 공문서의 경우에 비해 처벌의 범위를 더 좁혀 일반인이 주 18
체가 되는 무형위조인 사문서허위작성은 처벌하지 않는 것으로 해석한다.[73]

(2) 문서의 개념

1) 문서의 의의 형법상 문서란 문자 또는 이에 대신할 수 있는 가독적 부호로 물체상 19
에 기재된 의사 또는 관념의 표시로서 그 내용이 법률상 사회생활상 주요사항에 관한 증거로 될 수 있는 것을 말한다.[74] 원본 뿐 아니라 또는 원본과 사회적 기능, 신용성 등을 동시할 수 있는 기계적 방법에 의한 복사본도 문서에 포함된다. 형법상 문서로 인정되기 위해서는 다음과 같은 요소(기능)를 충족하여야 한다.

2) 문서의 요소

(가) 표시적 요소 문서는 사람의 의사 또는 관념이 물체에 화체되어 외부적으로 표시된 20
것이어야 한다.

가) 의사 또는 관념의 표시 문서는 사람의 의사 또는 관념을 외부적으로 표시하는 물체 21
이다. 여기의 '의사 또는 관념'은 사법상의 효과의사보다 의미가 넓은 개념으로서 단순한 관

---

72) 다만 자격모용에 의한 문서작성죄(제226조, 제232조)의 경우는 문서의 '작성'이라고 표시되어 있지만 이를 유형위조의 일종에 해당하는 것으로 이해해야 할 것이다.

73) "이사회를 개최함에 있어 공소외 이사들이 그 참석 및 의결권의 행사에 관한 권한을 피고인에게 위임하였다면 그 이사들이 실제로 이사회에 참석하지도 않았는데 마치 참석하여 의결권을 행사한 것처럼 피고인이 이사회 회의록에 기재하였다 하더라도 이는 이른바 사문서의 무형위조에 해당할 따름이어서 처벌대상이 되지 아니한다"(대법원 1985.10.22. 85도1732).

74) "형법상 문서에 관한 죄에 있어서 문서라 함은 문자 또는 이에 대신할 수 있는 가독적 부호로 계속적으로 물체상에 기재된 의사 또는 관념의 표시인 원본 또는 이와 사회적 기능, 신용성 등을 동시할 수 있는 기계적 방법에 의한 복사본으로서 그 내용이 법률상, 사회 생활상 주요 사항에 관한 증거로 될 수 있는 것을 말하는 것으로 사람의 동일성을 표시하기 위하여 사용되는 일정한 상형인 인장이나, 사람의 인격상의 동일성 이외의 사항에 대해서 그 동일성을 증명하기 위한 부호인 기호와는 구분되며, 이른바 생략문서라는 것도 그것이 사람 등의 동일성을 나타내는 데에 그치지 않고 그 이외의 사항도 증명, 표시하는 한 이는 인장이나 기호가 아니라 문서로서 취급하여야 할 것이다"(대법원 1995.9.5. 95도1269).

념·의사를 말한다. 즉 사법상의 의사표시를 포함하여 널리 사람의 사상이나 관념 또는 감정을 표시한 물체는 모두 문서가 된다. 따라서 문서의 본질은 문서의 존재 그 자체에 있는 것이 아니라 그 속에 화체되어 있는 의사 또는 관념의 표시에 있다.

22 그러므로 물체의 존재 자체나 그 형상이 증명의 대상이고 의사의 외부적 표시라고 할 수 없는 검증의 목적물이나 단순한 증거기호물에 불과한 표지나 표시물(번호표, 인물이나 사물의 동일성만을 표시하는 명찰·문패·물품예치표·신발표, 제조상품의 일련번호, 상품포장에 찍힌 회사표시 등)은 문서가 아니다. 텔레타이프나 전자적 기계에 의해서 자동적으로 외적 상황이 기록되는 기계적 기록(자동차의 주행미터기·전기·수도·전화통화료의 사용미터기 등)도 직접 사람의 의사나 관념을 표시한 것이 아니므로 문서에 해당하지 않는다.

23 例 수사기관이 피의자의 신원을 특정하고 지문대조조회를 하기 위해 직무상 작성하는 서류인 십지지문대조표(대법원 2000.8.22. 2000도2393), 피해자회사의 법인명판과 인감도장만 찍혀진 단순한 백지(대법원 2002.12.10. 2002도5533) 등은 의사표시가 없어서 문서가 되지 못하고, 컴퓨터에 연결된 스캔장치를 이용하여 모니터 화면에 나타나게 만든 이미지 파일은 전자기록으로서 계속성은 있으나 그 자체로서 시각적 방법에 의해 이해될 수 있는 것이 아니므로 형법상 문서가 아니다(대법원 2008.4.10. 2008도1013).

24 나) 표시방법과 정도 의사 또는 관념의 표시방법은 반드시 문자에 의할 것을 요하지 않으며 부호에 의한 표시도 무방하다. 문자에 의한 경우에는 외국의 문자를 사용해도 무방하며, 반드시 문장의 형식을 갖추고 있어야 할 필요도 없다. 따라서 우체국의 일부인, 백지위임장, 등기필증, 수하물인환증 등과 같은 이른바 생략문서도 문서가 될 수 있다(이에 관해서는 문서의 종류 참조).

25 현재 사용하는 문자뿐만 아니라 과거에 사용했던 문자(예컨대 설형문자)를 사용한 경우도 읽을 수 있는 것이면 문서가 된다. 부호는 문자에 대신하여 뜻을 나타낼 수 있고 시각을 통해 읽을 수 있는 부호(가독적 부호)를 말하고 반드시 발음적 부호일 필요는 없다. 따라서 전신부호, 속기용 부호, 맹인의 점자 등을 사용한 것도 문서가 된다. 의사 또는 관념의 표시 정도는 구체적으로 표시된 것이라야 한다. 따라서 단순히 추상적인 사상을 표시한 시·소설 등 예술작품이나 저작물은 문서가 아니다(저작권법의 보호대상). 하지만 반드시 법률상의 형식이 완비되어 있음을 요하지 않으므로 차용인이나 금액의 기재가 없는 보증서도 문서에 해당하며, 무효인 의사표시를 기재한 것도 문서가 된다.

26 **예술작품에 표시된 예술가의 서명과 낙관**도 ① 자기의 작품이라는 의사를 표시한 생략문서에 해당한다는 견해[75]가 있지만, ② 형법상 인장과 서명을 인장에 관한 죄의 객체로 명시하고 있을 뿐만 아니라, 낙관 그 자체는 사실을 증명하는 것이 아니므로 문서에는 해당하지 않는다고 해야 한다.

27 (나) 계속적 요소 문서는 의사 또는 관념이 물체상에 표시되어 어느 정도 계속적인 상

75) 김성천/김형준, 676면; 이재상/장영민/강동범, §32/12.

태에 있어야 하며, 그 내용을 시각적으로 이해할 수 있는 것이라야 한다. 계속성이 없는 것은 법적 거래에 있어서 문서로서의 기능을 할 수 없기 때문이다. 하지만 반드시 영구적일 필요는 없다. 따라서 모래나 눈 위에 쓴 문자, 판자 위에 물로 쓴 문자, 흑판에 백묵으로 쓴 문자 등은 문서에 해당하지 않는다. 영속성이 인정되는 이상 물체에 표시하는 방법에는 제한이 없으며. 물체도 반드시 종이(紙)일 필요가 없다. 따라서 연필·잉크·먹으로 쓰이거나, 타자기·컴퓨터·인쇄기 등을 사용하여 표시하거나, 염료를 사용하여 천·피혁에 글씨를 염색하거나, 실을 사용하여 자수를 놓거나, 약품을 사용하여 목재·금속판을 태워 글씨를 현출시킨 것도 문서가 된다.

계속성이 있는 것이라도 그 내용을 시각적 방법 등 가독적으로 이해할 수 있는 것이어야 28
하므로 음반, 레코드, 녹음테이프 등과 같이 청각에 의하여 내용을 파악할 수 있는 것은 문서가 아니다.

判 대법원은 컴퓨터 모니터 화면에 나타나는 이미지는 이미지 파일을 보기 위한 프로그램을 실행할 경우에 29
그때마다 전자적 반응을 일으켜 화면에 나타나는 것이므로 문서성을 부정하였다(대법원 2007.11.29. 2007도7480). 하지만 그 이미지 파일이 프린트로 출력되면 그 출력물은 문서가 된다고 한다(대법원 2011.11.10. 2011도10468).

(다) 증명적 요소 문서에 의하여 표시된 내용은 현존하는 법적으로 중요한 사실을 증명 30
할 수 있고 또 증명하기 위한 것이어야 한다. 이와 같은 문서의 증명적 기능이 인정되기 위해서는 객관적 증명능력과 주관적 증명의사가 있어야 하며, 이는 사문서 뿐 아니라 공문서에도 당연히 요구되는 요건이다.

가) 객관적 증명능력 문서에 의하여 표시된 내용이 법적으로 중요한 사실을 증명할 수 31
있다는 것은 법률관계 내지 사회생활상 중요한 사항을 증명할 수 있어야 함을 말한다.[76] '법률관계'를 증명하는 문서란 공법관계·사법관계를 불문하고, 권리의무의 발생·유지·변경·소멸에 관해 기재된 문서를 말하며, 매매계약서·각종신청서·청구서·영수증·위임장·유언서·고소장·고발장 등이 그 예이다. '사회생활상 중요한 사항'을 증명하는 문서란 권리의무 이외의 사항으로서 거래상 중요한 사실증명에서 사용될 수 있는 문서를 말한다. 신분증명서·주민등록표·추천서·안내장·이력서·광고의뢰서·계산서·영수증·현금보관증·이사회의 회의록과 결의서·업무일지 등이 그 예이다. 그러나 단지 사상만을 표시하고 있는 소설, 시가와 단순한 예술작품인 서화나 개인의 일기장·문안편지·단순한 메모나 비망록, 강의초안 등은 권리의무나 사실증명에 관한 것이 아니므로 문서가 아니다.

문서의 증명능력이 문서의 명의인과 작성자가 일치하는 진정문서에 대해서만 인정되는가 32
에 관해서는 견해가 대립한다. 이 문제는 진정문서만 문서죄의 객체가 되는가 아니면 부진정

76) 여기서 증명할 수 있음 또는 증명능력은 증거의 실질적 가치(즉 증명력)가 아니라 객관적 기준에 의해 판단된 증명의 유용성 내지 적합성을 의미한다.

문서도 문서죄의 객체가 될 수 있는가의 문제로서 문서의 종류에서 설명하기로 한다.

33 나) 주관적 증명의사 문서는 법률관계 내지 사회생활상의 중요한 사실관계를 증명하기 위한 증명의사에 기하여 작성된 것이어야 한다. 이러한 증명의사는 확정적 의사여야 하고, 작성자의 서명 유무와 관계없다. 시한부로 작성한 것도 증명의사는 있다. 따라서 확정적 의사가 없는 초안·초고는 문서가 아니다. 하지만 가계약서·가영수증은 본계약서·본영수증을 작성할 때까지 확정적 의사가 있는 것이므로 문서가 된다.

34 처음부터 증명의사로 작성된 경우(목적문서)뿐 아니라 증명의사가 사후적으로 생기더라도 증명의사가 발생한 후부터는 문서가 된다(우연문서). 예컨대 모욕·명예훼손이 기재된 문서는 목적문서에 해당하지만, 개인편지·비망록 등과 같이 처음에는 증명의사 없이 쓰여진 것도 범죄사실을 입증하기 위해 법원에 제출된 이후부터는 증명의사가 생겼기 때문에 문서(우연문서)가 된다. 목적문서는 애당초 증명의사가 있는 문서이므로 이를 변조한 때 변조가 된다. 이에 대해서 아직 증명의사가 없는 상태의 문서는 법적 거래에 사용할 의사 없이 이를 변경할 경우 형법상 문제가 되지 않지만, 이를 제3자가 법적 거래에 사용할 의사로 변경했다면 증명의사가 있는 부진정문서를 창출한 변조가 된다.

35 (라) 보증적 요소 문서에는 의사 또는 관념을 표시한 주체, 즉 명의인(작성명의인)이 있어야 하고 명의인이 없으면 문서가 될 수 없다. 문서는 그 명의인이 문서에 나타나 있는 의사표시의 내용을 보증 내지 담보하는 기능을 한다. 따라서 투서나 전단 등과 같은 익명의 사상표현은 명의인의 의사표시가 보증되어 있지 않기 때문에 문서가 아니다.

36 가) 명의인 명의인은 문서에 표시된 의사표시의 주체를 말하므로 문서의 작성자와 반드시 일치하는 것은 아니다. 명의인은 자연인에 한하지 않고 법인·법인격 없는 단체도 무방하다.[77] 명의인은 특정되어야 한다. 명의인이 불특정된 경우 보증적 기능이 불가능하므로 보호할 실익이 없기 때문이다. 특정된 이상 반드시 문서 자체에 명의인 성명이 표시되어 있을 필요는 없으며, 문서의 내용·형식·체재 등에 비추어 그 문서 자체에 의하여 그 작성 명의인을 판별할 수 있으면 족하다.[78] 그러므로 문서에 명의인의 서명·날인이 있어야 할 필요도 없다.[79]

37 나) 사자·허무인 명의의 문서 명의인은 실재함을 요하지 않는다. 따라서 사자나 허무인 명의의 문서도 문서의 진정에 대한 공공의 신용은 저해될 수 있으므로 공문서·사문서를 묻

77) "주식회사의 대표이사가 그 대표 자격을 표시하는 방식으로 작성한 문서에 표현된 의사 또는 관념이 귀속되는 주체는 대표이사 개인이 아닌 주식회사이므로, 그 문서의 명의자는 주식회사이다"(대법원 2008.11.27. 2006도2016).

78) 대법원 2009.3.26. 2008도6895.

79) "사문서의 작성명의자의 인장이 압날되지 아니하고 주민등록번호가 기재되지 않았더라도, 일반인으로 하여금 그 작성명의자가 진정하게 작성한 사문서로 믿기에 충분할 정도의 형식과 외관을 갖추었으면 사문서위조죄 및 동행사죄의 객체가 되는 사문서라고 보아야 한다"(대법원 1989.8.8. 88도2209).

지 않고 문서죄의 객체가 될 수 있다(통설·판례[80]). 따라서 누가 보아도 허무인 명의의 문서임이 애당초 명백한 경우를 제외하고는 실재하지 않는 명의인에 의해 작성된 문서도 보증적 기능을 담당하고 있으므로 문서죄의 객체가 된다.

다) 복본·등본·초본·필사본의 문서성 문서의 의사표시를 보증하기 위해서는 원칙적으로 명의인의 의사 또는 관념을 표시한 물체 그 자체라야 하고 원본임을 요한다. 문서는 현재 존재하는 법적 거래를 증명하는 데에 적합한 것이라야 하고, 증명의사는 확정적 의사임을 요하기 때문이다. 따라서 명의인이 일정한 증명을 위하여 애당초 수통의 문서로 작성한 복본을 제외한 (필)사본·등본·초본은 원본과 동일한 문서임이 인증되지 않으면 문서가 될 수 없다(통설·판례[81]). 38

라) 복사본의 문서성 복사기나 사진기, 모사전송기 등을 사용하여 기계적 방법으로 원본을 복사한 복사문서의 문서성 인정 여부에 관해서는 견해가 대립하였다. 1995년 개정형법에 복사문서의 문서성을 인정한 규정(제237조의2)이 신설됨으로써 논란은 일단 잠재워졌지만,[82] 이 규정이 폐지되어야 한다는 주장[83]도 있다. 39

判 대법원은 형법개정 전부터 해석을 통해 복사문서의 문서성을 인정[84]함으로써 논란을 부추켰고, 그 이후에는 사본을 다시 복사한 재사본까지도 문서성을 인정하고 있다.[85] 40

3) 도화 도화란 문자 이외의 상형적 부호에 의하여 기재자의 의사 내지 관념이 물체에 화체되어 표현된 것을 말한다. 예컨대 토지경계도, 도로측량도, 지적도, 상해의 부위입증 41

80) "문서위조죄는 문서의 진정에 대한 공공의 신용을 그 보호법익으로 하는 것이므로 행사할 목적으로 작성된 문서가 일반인으로 하여금 당해 명의인의 권한 내에서 작성된 문서라고 믿게 할 수 있는 정도의 형식과 외관을 갖추고 있으면 문서위조죄가 성립하는 것이고, 위와 같은 요건을 구비한 이상 그 명의인이 실재하지 않는 허무인이거나 또는 문서의 작성일자 전에 이미 사망하였다고 하더라도 그러한 문서 역시 공공의 신용을 해할 위험성이 있으므로 문서위조죄가 성립한다고 봄이 상당하며, 이는 공문서뿐만 아니라 사문서의 경우에도 마찬가지라고 보아야 한다"(대법원 2005.2.24. 2002도18 전원합의체).

81) "복사본을 작성하여 원본과 동일한 문서임을 인증한 다음 소장에 첨부하여 법원에 제출함으로써 위조문서행사죄는 성립한다"(대법원 1988.1.19. 87도1217).

82) 하지만 복사문서의 문서성을 인정한 형법규정은 문서에 관한 죄에만 규정되어 있고 다른 공공의 신용에 대한 죄에는 준용규정이 없기 때문에 사진복사된 위조유가증권이 위조유가증권행사죄의 객체가 될 수 있는지에 대해서는 여전히 논란이 있다. 이에 관해서는 위조유가증권행사죄 부분 참조.

83) 입법론적으로 이 규정은 위조범죄의 보호법익을 규범적으로 판단하는 목적론적 해석을 포기하고 현실을 규범적으로 설정하는 방법을 택한 문제점을 가지고 있는 것이라는 점에서 폐지되어야 한다는 견해로는 류전철, "보호법익으로서 공공의 신용의 형법해석상 의미", 형사법연구 제18호(2002), 329면.

84) "사진기나 복사기 등을 사용하여 기계적인 방법에 의하여 원본을 복사한 문서, 이른바 복사문서는 사본이더라도 필기의 방법 등에 의한 단순한 사본과는 달리 복사자의 의식이 개재할 여지가 없고, 그 내용에서부터 규모, 형태에 이르기까지 원본을 실제 그대로 재현하여 보여주므로 관계자로 하여금 그와 동일한 원본이 존재하는 것으로 믿게 할 뿐만 아니라 그 내용에 있어서도 원본 그 자체를 대하는 것과 같은 감각적 인식을 가지게 하고, 나아가 오늘날 일상거래에서 복사문서가 원본에 대신하는 증명수단으로서의 기능이 증대되고 있는 실정에 비추어 볼 때 이에 대한 사회적 신용을 보호할 필요가 있으므로 복사한 문서의 사본은 문서위조 및 동행사죄의 객체인 문서에 해당한다"(대법원 1989.9.12. 87도506 전원합의체).

85) 대법원 2000.9.5. 2000도2855.

을 위한 인체도, 건축설계도 등이 여기에 해당한다. 도화도 기재자의 의사 내지 관념이 물체에 화체되어 표현된 것인 이상 문서에 해당한다(광의의 문서). 따라서 도화도 협의의 문서와 같이 계속적 기능, 증명적 기능, 보증적 기능이 있어야 형법상 도화가 된다. 따라서 단순한 미술작품으로서의 회화는 증명적 기능이 없으므로 도화에 해당하지 않는다. 화가의 낙관을 위조하여 쓰거나 가짜 인장을 날인한 회화를 작성한 경우에는 인장·서명위조죄에 해당하고, 문서·도화위조죄는 되지 않는다.

(3) 문서의 종류

42 1) 공문서와 사문서 문서는 작성명의인을 기준으로 공문서와 사문서로 나누어지고 문서죄의 객체가 공문서인지 사문서인지에 따라 처벌을 달리하고 있다.

43 (가) 공문서 '공문서'란 공무소 또는 공무원이 그의 직무에 관하여 작성한 문서를 말한다. 즉, 작성명의인이 공무소 또는 공무원인 문서이다. 공무소 또는 공무원은 우리나라의 공무소 또는 공무원을 말하며, 외국의 공무소·공무원이 작성한 문서는 공문서가 아니다.

44 判 대법원은 행위주체가 공무원과 공무소가 아니지만 형법 또는 특별법에 의하여 공무원 등으로 의제되는 경우(예, 특가법 제4조 또는 공공기관의 운영에 관한 법률 제53조)에도 공무원 또는 공무소가 될 수 있다고 하지만,[86] 계약 등에 의하여 공무와 관련되는 업무를 일부 대행하는 경우가 있는 것만으로는 공무원 또는 공무소가 될 수 없으므로 이들 주체에 의해 작성한 문서는 공문서가 될 수 없다고 한다.[87]

45 공무원 명의라도 직무와 관련 없이 개인적으로 작성된 문서는 공문서가 아니라 사문서이다. 직무권한은 반드시 법률상 근거가 있음을 요하지 않고 명령·내규 또는 관례에 의한 경우도 포함되며, 일반인으로 하여금 공무원 또는 공무소의 권한 내에서 작성된 것이라고 오신할 만한 형식·외관을 구비하면 족하다. 따라서 공무원 또는 공무소의 직인이 없더라도 공문서가 될 수 있다. 국제협약·조약에 의해 국내에서도 동일한 효력을 갖는 외국 공문서(예, 미국 발급의 국제운전면허증)도 우리나라에서 발급한 운전면허증과 같이 공문서로 인정되어야 한다.[88]

46 例 공사를 발주한 관서의 장을 대리하여 현장에 주재하며 공사전반에 관한 감독업무에 종사하는 공사감독관의 지위에서 직무상 작성하는 문서로서 당해 관할관청에 비치하여야 할 공사감독일지(대법원 1989.12.12. 89도1253)는 공문서로 인정되었다.

47 (나) 사문서 '사문서'란 사인私人의 명의로 작성된 문서를 말한다. 사인에는 사법인과 법인격 없는 단체도 포함된다. 형법은 모든 사인명의의 문서를 사문서에 관한 죄의 객체로 하지 않고 그 중에서 권리의무와 사실증명에 관한 사문서만을 객체로 하고 있다. 사문서의 명의인은 내국인·외국인을 불문한다.

---

86) "금융위원회법 제29조, 제69조 제1항에서 정한 금융감독원 집행간부인 금융감독원장 명의의 문서"는 공문서에 해당한다(대법원 2021.3.11. 2020도14666).

87) 대법원 2020.3.12. 2016도19170.

88) 김일수/서보학, 729면.

例 홍콩 경찰청발행의 국제운전면허증(대법원 1998.4.10. 98도164), 미대사관발행의 여권, 일본 문부성이나 국립동경대학교 명의의 졸업증명서 또는 학위증명서(대법원 2003.9.26. 2003도3729), 지방세 수납업무 일부를 담당하는 시중은행 작성의 세금수납 영수증(대법원 1996.3.26. 95도3078), 공무원 명의의 개인적인 매매계약서나 공무원의 사직원 또는 신원보증서(대법원 1984.3.27. 83도2892)는 공문서가 아니라 사문서로 인정되었다. 48

2) 진정문서와 부진정문서, 허위문서 　문서명의인과 작성자의 일치여부에 따라 진정문서, 부진정문서, 허위문서로 나눌 수 있다. 49

(가) 진정문서와 부진정문서 　진정문서는 명의인과 작성자가 일치하는 문서로서 작성명의가 진실한 문서이고, 부진정문서는 양자가 불일치하여 작성명의가 허위인 문서로서 문서위조죄의 결과물로 작출된 문서를 말한다.[89] 50

진정문서가 문서에 관한 죄의 객체로 되는 데 이견이 없다. 하지만 이미 문서위조죄의 결과물로 현출된 **부진정문서가 다시 문서죄(위조·변조)의 객체가 될 수 있는지에** 관해서는 다양한 견해가 있다. ① 부진정문서 그 자체는 문서위조·변조죄의 객체가 될 수 없다는 견해,[90] ② 부진정문서도 위조·변조죄의 객체가 될 수 있다는 견해,[91] ③ 위조죄는 진정문서·부진정문서 모두를 객체로 할 수 있지만 변조죄는 진정문서만을 객체로 한다는 견해[92] 등이 있다. 51

부진정문서를 이용하여 진정문서의 외관을 가진 타인명의의 문서를 작성할 수 있고, 이는 개념상 위조라고 할 수 있다.[93] 따라서 진정문서뿐 아니라 부진정문서도 위조죄의 객체가 될 수 있다. 52

判 대법원은 위조와 변조의 경우를 달리 판단하고 있다. 즉 위조죄의 경우에는 진정문서 뿐만 아니라 부진정문서도 위조의 객체가 될 수 있다고 하지만,[94] 변조죄의 경우에는 진정문서만을 객체로 인정한다.[95] 53

그러나 부진정문서도 변조의 객체가 될 수 있다고 해야 한다. 변조는 새로운 문서작성이 아니라 기존의 문서에 대한 내용변경이고, 기존의 문서를 이용한 경우에도 동일성의 상실여부만 다를 뿐 위조와 그 객체를 달리할 이유가 없고, 문서에 대한 거래의 안전이나 공공의 신용이라는 관점에서 보더라도 위조문서나 허위문서의 작성이 처벌되는 것은 모두 진정문서 54

---

89) 내용이 허위인 문서도 부진정문서에 포함시키는 견해(오영근, 712면)가 있다. 그러나 허위문서란 '작성권한 있는 자'가 허위내용을 작성한 문서로서 성립의 '진정'은 인정되는 문서이므로, 부진정문서와 달리 독자적으로 취급해야 한다.

90) 박상기, 518면; 배종대, §115/15; 이재상/장영민/강동범, §32/17; 정성근/박광민, 616면.

91) 오영근, §36/16.

92) 손동권/김재윤, §39/11.

93) 동일한 논리에서 보면 허위문서나 변조된 문서도 진정문서의 외관을 가지는 것이므로 변조죄의 객체도 될 수 있다고 해야 형법상 문서에 대한 거래의 안전과 공공의 신용을 보호할 수 있다.

94) "전자복사기로 복사한 문서의 사본도 문서위조죄 및 동 행사죄의 객체인 문서에 해당하고, 위조된 문서원본을 단순히 전자복사기로 복사하여 그 사본을 만드는 행위도 공공의 신용을 해할 우려가 있는 별개의 문서사본을 창출하는 행위로서 문서위조행위에 해당한다"(대법원 1996.5.14. 96도785).

95) "이미 진정하게 성립된 타인명의의 문서가 존재하지 않는다면 사문서변조죄가 성립할 수 없다."(대법원 2017.12.5. 2014도14924).

로 오인할 우려가 있는 것이기 때문이다. 따라서 부진정문서는 위조죄뿐 아니라 변조죄의 객체도 될 수 있다.

55 (나) 허위문서 '허위문서'는 작성명의인과 작성자가 일치하지만 작성권자가 허위의 내용을 기재한 문서를 말한다. 허위문서도 변조의 객체가 될 수 있는지가 문제된다.

56 判 대법원은 허위의 문서도 변조의 객체가 될 수 없다[96]고 해석하고 있을 뿐만 아니라 권한없는 자에 의해 이미 변조된 문서도 변조의 객체가 될 수 없다[97]고 한다.

57 그러나 허위문서는 그 자체 작성명의에는 허위가 없어서 진정문서에 해당한다. 이러한 관점에서 보면 진정문서만 변조죄의 객체가 될 수 있다는 대법원의 태도에 따르더라도 허위문서를 변조의 객체에서 배제할 이유는 없다. 이 뿐만 아니라 이미 변조된 문서라도 작성권자가 진정문서의 외관을 가지는 타인명의의 문서로 바꾸는 방법으로 위조할 수도 있고, 그 동일성을 해하지 않는 범위내에서 다른 사항들을 변조할 수도 있다. 문서에 관한 죄가 문서에 대한 공공의 신용과 거래의 안전을 추상적 위험범의 형식으로 보호하는 것이므로 위조 또는 변조의 대상에 제한을 두기 어렵다.

58 3) 개별문서·전체문서·결합문서·복합문서 문서는 그 현상 형태에 따라 다음과 같이 분류될 수 있다.

59 (가) 개별문서 개별적인 의사가 표시된 독립된 문서를 말한다. 통상적으로 불리는 문서는 개별문서에 해당한다.

60 (나) 전체문서 하나하나의 독립된 개별문서가 계속적으로 다수 결합하여 그 전체가 통일된 독자적 의사표시의 내용을 가지게 되는 문서를 말한다. 예컨대 예금통장·상업장부·수사기록·재판기록 등이 여기에 해당한다. 전체문서는 전체가 하나로서 문서죄의 객체가 되고, 죄수를 판단함에 있어서도 그 전체를 하나로 취급한다.

61 (다) 결합문서 문서가 검증의 목적물과 결합되어 하나의 통일된 증명내용을 가지는 경우를 말한다. 예컨대, 사진을 첨부한 증명서나 기존 문서에 대한 인증 등이 이에 해당한다. 결합문서도 결합된 범위 내에서 그 전체가 하나의 문서로 취급된다.

62 (라) 복합문서 1통의 용지 또는 수통의 용지에 2개 이상의 다른 문서가 병존되어 있는 경우를 말한다. 예컨대 일부는 권리의무에 관한 문서이고 일부는 사실증명에 관한 문서(차용

---

96) "공문서변조라 함은 권한 없이 이미 진정하게 성립된 공무원 또는 공무소명의의 문서내용에 대하여 그 동일성을 해하지 아니할 정도로 변경을 가하는 것을 말한다 할 것이므로 이미 허위로 작성된 공문서는 형법 제225조 소정의 공문서변조죄의 객체가 되지 아니한다"(대법원 1986.11.11. 86도1984).

97) "사문서변조죄에서 '변조'는 진정하게 성립된 문서의 내용에 권한 없는 자가 문서의 동일성을 해하지 않는 한도에서 변경을 가하여 새로운 증명력을 작출하는 것을 의미하고, 이와 같이 권한 없는 자에 의해 변조된 부분은 진정하게 성립된 부분이라 할 수 없다. 따라서 문서의 내용 중 권한 없는 자에 의하여 이미 변조된 부분을 다시 권한 없이 변경하였다고 하더라도 사문서변조죄는 성립하지 않는다"(대법원 2012.9.27. 2010도15206; 대법원 2020.6.4. 2020도3809).

증서나 제3자인 입회인 서명·날인이 있는 전세계약서), 공문서와 사문서가 결합된 문서(사적인 사실확인서에 공증인의 인증이 있는 경우) 등이 그 예이다. 복합문서는 각각 그 부분적 성질에 따라 공문서 또는 사문서로 취급한다.

判 따라서 교원실태카드(학교장작성부분과 교원작성부분) 가운데 사적인 희망사항을 적는 교원작성부분은 사문서에 해당하여 이를 변조하면 사문서변조죄가 되고(대법원 1991.9.24. 91도1733), 공증인의 인증이 되어 있는 사서증서(인증부분과 사서증서의 기재부분) 가운데 인증기재부분(공문서)이 아니라 사서증서의 기재부분(사문서)의 일부내용을 변조한 행위도 사문서변조가 된다(대법원 2005.3.24. 2003도2144). 63

4) 완전문서와 생략문서　문서내용의 생략여부에 따른 구분이다. 64

(가) 완전문서　사상 또는 관념이 완전한 문장의 형식으로 표시되어 있는 문서로서 통상의 문서는 완전문서에 해당한다. 65

(나) 생략문서　사상 또는 관점이 완전한 문장의 형식으로 표현되어 있지 않고 축약된 형태로 이루어지거나 의사내용의 일부가 생략되어 표시되어 있는 문서를 말한다. 백지위임장, 승차권, 수화물상환증, 은행의 지급전표나 출금표 등이 그 예이다. 생략문서도 관습상 또는 조리상 일정한 연결된 의미내용을 인정할 수 있거나 그 자체로부터 일정한 의사 또는 관념을 해독할 수 있으면 문서죄의 객체가 될 수 있다. 66

判 대법원도 생략문서는 그 자체로서 사상이나 관념이 표시되어 있고, 그것이 사람 등의 동일성을 나타내는 데에 그치지 않고, 그 이외의 사항도 증명, 표시하는 경우에는 인장이나 기호가 아니라 문서로 인정된다고 한다.[98] 이에 따라 세금영수필통지서에 날인한 구청세무계장 명의의 소인(대법원 1995.9.5. 95도1269), 신용장에 날인된 은행의 접수일부인(대법원 1979.1.30. 77도1879)도 문서로 인정되었다. 67

Ⅱ. 사문서등위조·변조죄

> 제231조(사문서등위조·변조죄) 행사할 목적으로 권리·의무 또는 사실증명에 관한 타인의 문서 또는 도화를 위조 또는 변조한 자는 5년 이하의 징역 또는 1천만원 이하의 벌금에 처한다.
>
> 제235조(미수범) 제225조 내지 제234조의 미수범은 처벌한다.
>
> 제237조의2(복사문서등) 이 장의 죄에 있어서 전자복사기, 모사전송기 기타 이와 유사한 기기를 사용하여 복사한 문서 또는 도화의 사본도 문서 또는 도화로 본다.

1. 의의, 성격

행사할 목적으로 권리·의무 또는 사실증명에 관한 타인의 문서 또는 도화를 위조 또는 변조함으로써 성립하는 범죄이다. 문서에 관한 죄 중에서 가장 기본적인 범죄이다. 목적범이고, 추상적 위험범이자 부진정 결과범이다(미수처벌). 68

98) 대법원 1995.9.5. 95도1269.

2. 구성요건

(1) 객관적 구성요건

69 **1) 객체** 권리·의무 또는 사실증명에 관한 타인의 문서(사문서) 또는 도화(사도화)이다. 사문서·사도화 중에서도 권리·의무 또는 사실증명에 관한 문서에 한정된다. ① 부진정문서(위조문서)는 범행의 결과로 만들어진 행위자의 작품에 불과할 뿐이므로 진정문서만이 이 죄의 객체가 될 수 있다는 견해가 있지만(앞의 판례의 입장 참조) ② 부진정문서도 변조죄의 객체는 물론이고 위조죄의 객체가 될 수 있음은 앞서 설명한 바와 같다.

70 **(가) 타인의 문서(또는 도화)** 타인의 문서란 타인 소유의 문서를 의미하는 것이 아니라 타인'명의'의 문서를 말한다. 즉, 작성명의인이 범인과 그 공범자 이외의 자(자연인·법인·법인격 없는 단체 포함)인 문서(또는 도화)를 말한다.

71 **(나) 권리·의무에 관한 문서(또는 도화)** 권리·의무의 발생·존속·변경·소멸의 효과가 생기게 함을 의사표시의 내용으로 하는 문서를 말한다. 여기서 권리·의무는 사법상의 것이든 공법상의 것이든 묻지 않으며, 반드시 법률상의 문서에 국한하지 않는다. 예컨대, 계약서·청구서·위임장·각종신청서(여권·주민등록 발급등)·영수증 등이 이에 속한다.

72 判 대법원은 대통령 선거에서 특정 후보자에 대한 지지선언 형식의 기자회견을 위해 작성한 허무인 명의 서명부 21장은 그 주된 취지가 특정 대통령후보자에 대한 정치적인 지지 의사를 집단적 형태로 표현하고자 한 것일 뿐, 실체법 또는 절차법에서 정한 구체적인 권리·의무에 관한 문서 내지 거래상 중요한 사실을 증명하는 문서에 해당한다고 하였다.[99]

73 **(다) 사실증명에 관한 문서(또는 도화)** 권리·의무에 관한 문서 이외의 문서로 사회생활상 거래의 중요한 사실을 증명하는 문서를 말한다. 직접 법률적 관계가 있는 것이 아닐지라도 적어도 법률적으로 관련을 가질 가능성이 있으면 족하다. 목적문서·우연문서를 불문한다. 예컨대 추천장·안내장·이력서·신분증·성적증명서·회사상업장부·은행과 우체국 등의 접수일부인·세금영수필통지서에 날인된 소인 등이 이에 속한다. 그러나 사상 또는 관념이 표시되지 않고 사물의 동일성만 표시하는 명함·문패·신발표 등은 이 죄의 객체가 아니다.

---

99) "사문서위조 및 동행사죄의 객체인 사문서는 권리·의무 또는 사실증명에 관한 타인의 문서 또는 도화를 가리키고, '권리·의무에 관한 문서'는 권리 또는 의무의 발생·변경·소멸에 관한 사항이 기재된 것을 말하며, '사실증명에 관한 문서'는 권리·의무에 관한 문서 이외의 문서로서 거래상 중요한 사실을 증명하는 문서를 의미한다. '거래상 중요한 사실을 증명하는 문서'는 법률관계의 발생·존속·변경·소멸의 전후 과정을 증명하는 것이 주된 취지인 문서뿐만 아니라 법률관계에 간접적으로만 연관된 의사표시 또는 권리·의무의 변동에 사실상으로만 영향을 줄 수 있는 의사표시를 내용으로 하는 문서도 포함될 수 있지만, 문서의 주된 취지가 단순히 개인적·집단적 의견의 표현에 불과한 것이어서는 아니되고, 적어도 실체법 또는 절차법에서 정한 구체적인 권리·의무와의 관련성이 인정되는 경우이어야 한다. '거래상 중요한 사실을 증명하는 문서'에 해당하는지 여부는 문서 제목만을 고려할 것이 아니라 문서 내용과 더불어 문서 작성자의 의도, 문서가 작성된 객관적인 상황, 문서에 적시된 사항과 그 행사가 예정된 상대방과의 관계 등을 종합적으로 고려하여 판단하여야 한다"(대법원 2024.1.4. 2023도1178).

判 하지만 담배갑은 그 담배갑 안에 들어있는 담배가 특정 제조회사가 제조한 특정한 종류의 담배라는 사실을 증명하는 기능을 하므로 문서 등 위조의 대상이 되는 도화에 해당한다(대법원 2010.7.29. 2010도2705). 74

2) 행위 위조 또는 변조하는 것이다. 75

(가) 위조 위조란 작성권한 없이 타인명의를 모용(거짓사용)하여 타인 명의의 문서를 작성하는 것을 말한다. 부진정문서를 작성하는 '유형위조'를 말한다. 작성 권한있는 자가 허위내용의 문서를 작성하는 무형위조는 사문서 위조의 '위조'에 포함되지 않는다. 위조가 되려면 작성자의 권한 없음, 타인명의의 모용, 문서의 작성이라는 세 가지 요소를 갖추어야 한다. 76

가) 작성권한 없는 자 작성권한 없는 자란 타인명의의 문서를 작성할 정당한 권한이 없는 자를 말하며, 정당한 권한의 유무는 법규·계약·거래관행·당사자의 의사 등을 고려하여 개별적·구체적으로 판단해야 한다. 77

(a) **명의인의 승낙**－문서작성에 대한 명의인의 유효한 승낙이 있는 경우는 문서를 작성할 권한 있는 경우에 해당하므로 타인(즉 승낙자)의 명의를 사용하더라도 위조가 되지 않는다. 법인의 이사가 사임하면 그 의사표시에는 명의사용에 대한 기존의 승낙이나 동의를 더 이상 유지하지 않는다는 의사도 포함된 것이므로 그 이후에는 더 이상 그 명의를 사용할 수 없다.[100] 명의인의 사전승낙은 명시적이건 묵시적이건 구성요건해당성을 배제하는 승낙(양해)에 해당하지만,[101] 사후승인은 유효한 승낙이 아니다.[102] 78

(b) **명의인의 포괄적 위임 범위 내**－문서작성에 대한 명의인의 포괄적 위임을 받은 자(예컨대 대리권자 또는 대표권자)도 문서를 작성할 권한이 있는 자이므로 '위임의 취지에 따라' 타인(즉 위임자 '본인')의 명의를 사용해도 위조가 되지 않는다. 위임을 받은 자가 위임받은 권한 범위 내에서 '권한을 남용'하여 본인명의로 허위의 문서를 작성해도 위조가 되지 않는다(통설·판례[103]). 사문서의 무형위조에 해당할 뿐이므로 형법상 공문서의 무형위조(즉 허위공문서작성죄)만 처벌하는 형법의 태도에 따르면 사문서허위작성은 범죄가 아니고, 본인에게 손해를 가할 의사가 있는 경우에 배임죄가 될 수 있을 뿐이다. 주식회사의 경우에는 적법한 대표이사라고 하더라도 그 권한을 포괄적으로 위임할 수는 없기 때문에 대표이사로부터 개별적·구체 79

---

100) 대법원 2009.5.14. 2008도11040.

101) "사문서의 위·변조죄는 작성권한 없는 자가 타인 명의를 모용하여 문서를 작성하는 것을 말하는 것이므로 사문서를 작성·수정함에 있어 그 명의자의 명시적이거나 묵시적인 승낙이 있었다면 사문서의 위·변조죄에 해당하지 않고, 한편 행위 당시 명의자의 현실적인 승낙은 없었지만 행위 당시의 모든 객관적 사정을 종합하여 명의자가 행위 당시 그 사실을 알았다면 당연히 승낙했을 것이라고 추정되는 경우 역시 사문서의 위·변조죄가 성립하지 않는다"(대법원 2003.5.30. 2002도235). 하지만 "명의자가 문서작성사실을 알았다면 승낙하였을 것이라고 기대하거나 예측한 것만으로는 그 승낙이 추정된다고 단정할 수 없다"(대법원 2008.4.10. 2007도9987).

102) "사문서위조나 공정증서원본 불실기재가 성립한 후, 사후에 피해자의 동의 또는 추인 등의 사정으로 문서에 기재된 대로 효과의 승인을 받거나, 등기가 실체적 권리관계에 부합하게 되었다 하더라도, 이미 성립한 범죄에는 아무런 영향이 없다"(대법원 1999.5.14. 99도202).

103) 대법원 1983.10.25. 83도2257.

적으로 주식회사 명의의 문서작성에 관하여 위임 또는 승낙을 받은 경우에만 예외적으로 위조가 되지 않는다.[104)]

80 例 **사문서위조를 부정한 판례:** 대법원은 채권의 변제책임을 부담하는 대신으로 가등기담보권을 양수한 자가 양도인 명의의 가등기말소신청서 등을 임의로 작성한 경우(대법원 1984.2. 14. 83도2650), 대금수령을 위임받아 예금청구서와 차용증서를 작성한 경우(대법원 1984.3. 27. 84도115), 지주들의 허락을 받고 점포를 임대하면서 새겨둔 인장으로 임대차계약서를 작성한 경우(대법원 1984.7. 24. 84도785), 연대보증인이 되어줄 것으로 허락한 자들로부터 필요한 문서를 작성하는 데 쓰일 인감도장과 인감증명서를 건네받은 후 그들을 연대보증인으로 하지 않고 직접 차주로 하는 차용금증서를 작성한 경우(대법원 1984.10. 10. 84도1566), 이사들이 이사회의 출석 및 의결에 관한 권한을 피고인에게 위임하고 피고인이 불참한 이사들이 이사회에 참석하여 의결권을 행사한 것처럼 이사회회의록을 작성한 경우(대법원 1985.10. 22. 85도1732) 등에 대해서는 위임의 취지 내에서 정당한 권한을 행사한 것임을 이유로 사문서위조를 인정하지 않았고, 매수인으로부터 매도인과의 토지매매계약체결에 관하여 포괄적 권한을 위임받은 후 실제 매수가격 보다 높은 가격을 매매대금으로 기재한 매수인 명의의 매매계약서를 작성한 경우(대법원 1984.7. 10. 84도1146)에는 작성권한 있는 자가 허위내용의 문서를 작성한 것(사문서 무형위조)일 뿐임을 이유로 사문서위조를 인정하지 않았다.

81 例 **사문서위조를 인정한 판례:** 수탁자가 신탁받은 채권을 자신이 신탁자로부터 증여받았을 뿐 명의신탁받은 것이 아니라고 주장하는 상황에서 신탁자의 상속인이 수탁자의 동의를 받지 아니하고 그 명의의 채권이전등록청구서를 작성·행사한 경우에 대해서는 사문서위조 및 위조사문서행사죄의 성립을 인정하였다(대법원 2007.3. 29. 2006도9425).

82 **(c) 명의인의 포괄적 위임범위 초월 등(월권대리)** – 문서작성에 대하여 위임자(즉 '본인')로부터 권한을 위임 받은 자(대리권 또는 대표권자)라도 위임(권한)의 범위를 초월한 사항에 관하여 '본인'명의로 문서를 작성하면 위조가 된다.[105)] 위임 또는 위탁의 취지에 반하여 본인명의의 문서를 작성한 경우에도 마찬가지로 위조가 된다(통설·판례).[106)]

83 例 **사문서위조를 인정한 판례:** 대법원은 7천 5백만 원의 차용을 위탁받고 위탁자의 인장이 날인된 백지의 대출신청서 및 영수증을 교부받은 자가 1억 5천만 원에 대한 위탁자 명의의 대출신청서 및 영수증을 작성한 경우(대법원 1982.10. 12. 82도2023), 건축주의 포괄적 승낙 하에 분양에 관한 모든 업무를 처리하던 자가 대출을 받기 위해 실제 분양되지도 않은 상가에 대하여 명목상의 건축주 명의로 분양계약서 및 입금표를 작성한 경우(대법원 1997.3. 28. 96도3191)는 위임받은 범위 내지 권한을 초월한 것임을 이유로 사문서위조를 인정하였고, 1순위 저당권자로부터 근저당설정에 관한 문서작성을 위임받은 자가 위탁의 취지에 반하여 2순위로 한 저당권설정에 관한 문서를 작성한 경우(대법원 1982.11. 9. 81도2501), 백지위임장의 취지에 반하여 임의로 본인명의의 보충문서를 작성한 경우(대법원 1984.6. 12. 83도2408), 공동대표이사로 법인등기를 하기로 하고 등기절차를 위임받은 자가 자신을 단독대표이사로 선임한 이사회의사록을 작성한 경우[107)] (대법원 1994.7. 29. 93도1091) 등은 위탁의 취지에 반한 것임을 근거로 사문서 위조를 인정하였다.

84 **(d) 대리권 또는 대표권이 없는 경우(무권대리)** – 문서작성에 대한 대리 또는 대표권이 없는 자가 대리인·대표자의 자격을 모용하여 '본인명의'의 문서를 작성하는 경우에는 ① 자격모용

---

104) 대법원 2008.11.27. 2006도2016.

105) 다만 대리권 또는 대표권 있는 자가 권한을 초월하여 권한 밖의 사항에 대하여 대리인 또는 대표자 명의(즉 '자기' 명의)를 사용하면 '명의'의 모용은 없으므로 위조죄가 성립하는 것이 아니라 자격모용에 의한 문서작성죄가 성립한다고 보아야 한다.

106) 대법원 1984.6.12. 83도2408.

107) 이 경우 단독대표명의로 등기신청하여 등기서류를 비치하면 공정증서원본부실기재죄 및 동행사죄도 성립한다.

에 의한 문서작성죄가 성립한다는 견해(다수설)가 있으나, ② 이 경우는 분명히 '권한 없는 자'가 본인(즉 타인)의 '명의'를 모용한 경우이므로 사문서위조가 성립한다고 하는 것이 타당하다.[108] 자격모용에 의한 문서작성죄는 자격없는 자가 '자기명의'로 문서를 작성하는 경우에 한하기 때문이다.

나) 타인명의의 모용 　타인의 명의를 모용한다는 것은 타인(명의인)의 명의를 사칭하여 85
마치 그 명의인이 작성한 것처럼 허위로 꾸미는 것을 말한다. 사칭한 타인에는 자연인뿐 아니라 법인·법인격 없는 단체도 포함된다.

타인명의를 사칭하였으면 족하고 문서의 기재내용이 진실인가의 여부(무형위조)는 문제가 86
되지 않는다. 타인 명의인 이상 명의인이 반드시 실재할 필요도 없다. 일반인에게 진정문서로 오신케 할 염려가 있으면 사자·허무인명의의 문서도 문서위조죄의 객체가 된다(통설·판례[109]).

타인의 성명을 직접 기재하지 않더라도 표시의 내용이나 형식 또는 부수사정을 종합하여 87
명의인이 특정될 수 있으면 명의모용으로 인정된다. 하지만 작성자가 자신의 가명이나 별명을 기재한 경우 그것을 통해 작성자와의 동일성이 인정될 수 있으면 타인명의의 사칭이 아니므로 위조가 되지 않는다.

例 **타인명의 모용이 인정된 경우:** 대법원은 실존하는 자로 가장하여 본명 대신에 그의 이름과 가장된 이력 88
을 사용하여 회사에 취직한 자가 그 가명을 사용하여 사직원, 서약서, 근로계약서 등을 작성한 경우(대법원 1979.6.26. 79도908)는 단순히 가명을 사용한 것이 아니라 타인명의를 모용한 것으로 보았다.

例 **타인명의 모용이 부정된 경우:** 대법원은 타인이 작성한 문서에 공란으로 되어 있는 작성일자를 기재한 89
경우(대법원 1983.4.26. 83도520), 매도인 또는 매수인이 단독으로 신청할 수 있는 농지매매증명을 발급받음에 있어 신청용지의 신청인란 중에 매수인란에는 피고인의 이름을 기재하고 날인하였으나 매도인란에는 매도인의 이름만 기재하고 날인을 하지 않은 경우(대법원 1986.9.23. 86도1300), 작성명의자의 승낙이나 위임이 없이 그 명의를 모용하여 토지사용에 관한 책임각서 등을 작성하면서 작성명의자의 서명이나 날인은 하지 않고 다만 피고인이 자신의 이름으로 보증인란에 서명·날인한 경우(대법원 1997.12.26. 95도2221)는 작성명의의 모용이 없으므로 위조가 되지 않는 것으로 판단하였다.

다) 문서의 작성 　위조는 타인의 명의를 모용하는 것으로는 부족하고 문서를 작성하여 90
야 한다. 문서의 작성이란 작성자가 명의인의 의사에 반하여 문서를 만들어 내는 것을 말한다(부진정문서의 작출).

(a) 문서작성의 방법－문서작성의 방법에는 제한이 없다. 새로운 문서를 작성하는 것이 기 91
본형태이겠지만(예, 권한 없이 타인명의의 예금청구서를 작성하는 것), 기존의 문서를 이용하는 위조(문서작성)도 가능하다. 아래의 네 가지 사안은 기존문서를 이용하여 문서를 작성하는 행위

108) 대리인 또는 대표권이 있는 자가 위임의 범위를 초월하거나 권한 외의 사항에 관해 본인명의를 사용한 경우와 대리 내지 대표명의(즉 자기명의)를 사용한 경우 위조죄가 되는가 자격모용에 의한 위조죄가 되는가에 관한 판단 방법은 유가증권위조죄 부분 참조.

109) 대법원 2005.2.24. 2002도18 전원합의체.

가 위조로 인정되는 대표적인 경우이다.

92 첫째, 기존의 미완성문서에 가공하여 그 문서를 완성시키는 경우이다. 위탁의 취지에 반하여 백지를 보충하는 이른바 백지위조가 이에 해당한다.

93 例 이미 상대방의 날인이 되어 있는 혼인신고서용지에 임의로 혼인사실을 기재한 경우(대법원 1987.4.11. 87도399), 골재채취장소만을 공란으로 둔 골재채취에 대한 백지동의서에 그 장소를 다른 곳으로 기재한 경우(대법원 1992.3.31. 91도2815)가 문서위조로 인정되었다.

94 둘째, 기존의 완성된 진정문서의 내용에 변경을 가하는 경우로서 이러한 문서작성이 위조에 해당하려면 기존문서의 본질적 부분을 변경하여 변경 전의 문서와 동일성을 상실시키는 정도에 이르러야 한다(동일성이 상실되지 않을 정도의 내용변경인 '변조'와 구별).

95 例 증명서의 성명을 고쳐 별개의 문서를 작성하였다고 볼 수 있는 경우(대법원 2003.9.26. 2003도3729), 홍콩교통국장발행의 국제운전면허증(사문서에 해당)의 유효기간 일자 부분은 그대로 둔 채 사진만을 교체한 경우(대법원 1998.4.10. 98도164) 문서위조로 인정되었다.

96 셋째, 무효가 된 문서에 가공하여 새로운 증명력을 가진 문서를 작출하는 경우이다. 유효기간이 경과한 학원수강증의 발행일자를 정정하여 유효기간 내로 만든 경우가 그 예에 해당한다.

97 넷째, 복사문서의 문서성이 인정되기 때문에 복사의 방법을 통해서 위조가 인정될 수 있다.

98 例 원본이나 복사본을 다시 복사하면서 그 과정에서 조작을 가해 원본과 다른 복사본을 만드는 경우(대법원 2000.9.5. 2000도2855), 이미 위조된 문서를 단순히 전자복사기로 복사하여 그 사본을 만드는 경우[110](대법원 1996.5.14. 96도785), 더 나아가 복사된 위조문서의 사본을 재사본하는 경우(대법원 2000.9.25. 2000도2855), 문서가 원본인지 여부가 중요한 거래(예, 변호사가 법원등에 제출하는 변호사회 발급 경유증표)에서 다른 조작을 가함이 없이 문서의 원본을 그대로 컬러복사기로 복사한 후 복사[111]한 경우(대법원 2016.7.14. 2016도2081) 위조로 인정되었다.

99 문서의 작성은 명의인을 기망하여 문서의 내용을 오신시켜 이를 이용하여 서명날인을 받거나,[112] 명의인으로 하여금 실체관계와 다른 내용의 문서에 인장을 찍게 만든 경우와 같이 간접정범의 방법으로도 가능하다.[113]

100 **(b) 문서작성의 정도**－문서작성(위조)의 정도는 문서의 형식과 내용면에서 반드시 완전할 것을 요하지 않으며, 일반인이 진정문서로 오신할 만한 정도의 형식과 외관을 갖추고 있으면 충분하고[114] 반드시 작성 명의자의 서명이나 날인이 있어야 하는 것은 아니다.[115]

---

110) 위조문서 원본을 전자복사한 경우는 새로운 문서 창출이 아니라 위조문서의 단순한 재현에 불과하므로 원본 위조만 문서위조이고 그 복사는 불가벌적 사후행위가 되며, 위조복사본을 행사할 경우 행사죄가 성립될 뿐이라는 견해(정성근/박광민, 627면)가 있지만, 최초로 위조문서를 작성한 자가 그것을 전자복사한 경우가 아닌 이상 제3자의 복사행위도 새로운 위조문서작성에 해당한다고 해야 한다.

111) 이 경우 복사한 문서의 사본을 원본인 것처럼 행사한 경우 뒤에서 위조사문서행사죄에 해당한다.

112) 대법원 1970.9.29. 70도1759.

113) 대법원 1983.6.28. 83도1036.

114) 대법원 1998.4.10. 98도164.

115) 대법원 1997.12.26. 95도2221.

例 사문서위조가 부정된 경우: 대법원은 작성명의인의 도장도 없고 모두에 사본이라고 표시되어 있는 경우(대법원 1965.7.20. 65도280), 부동문자로 인쇄된 매매계약서의 공란에 매도인이 상대방(매수인) 회사 명칭과 노조위원장 성명만을 타자로 쳐서 보충시켰을 뿐 회사나 회사를 대표 또는 대리하는 날인은 물론 서명도 없는 경우(대법원 1988.3.22. 88도3)는 외관상 진정문서로 오신할 정도가 아니므로 위조가 되지 않는 것으로 보았다. 101

例 사문서위조가 인정된 경우: 대법원은 서명날인은 없지만 명의인의 주소와 직책 및 이름을 구체적으로 적시하여 부산 해운대구 반송○동 ○○○번지 ○○산업사 대표 ○○○라고 새겨진 고무명판을 찍었을 뿐인 경우(대법원 1987.1.20. 86도1867) 외관상 그 명의자가 작성한 사문서로 볼 수 있는 정도의 형식과 외관을 갖춘 이상 사문서위조죄의 성립이 인정하였다. 102

라) 미수·기수 위조의사를 확정적으로 문서에 표시하는 위조행위(문서작성)의 개시가 있는 때 실행의 착수가 있고, 일반인으로 하여금 진정문서라고 오신할 정도의 부진정문서가 작출된 때 기수가 된다.[116] 미수이건 기수이건 추상적 위험범이므로 공공의 신용에 대한 구체적 위험이 발생하였거나 명의인에게 구체적인 손해가 발생할 필요가 없다. 103

(나) 변조 변조란 권한 없는 자가 타인명의의 문서의 동일성을 해하지 않을 정도로 내용상의 변경을 가하는 것을 말한다. 104

가) 타인명의의 문서(변조의 객체) 이미 진정하게 성립된 타인명의의 문서(진정문서)만 변조의 객체가 된다는 견해(통설·판례[117])에 따르면 위조된 문서나 허위작성된 문서는 변조의 대상이 될 수 없다. 하지만 앞에서 살펴보았듯이(문서의 종류 부분 참조) 진정문서는 물론이고 부진정문서 또는 허위문서도 변조의 객체가 될 수 있다고 해야 하고, 이미 변조된 문서까지도 다시 변조의 객체가 될 수 있다고 보아야 한다.[118] 105

변조의 대상이 되는 문서의 내용은 반드시 진실에 합치되거나 적법·유효한 것일 필요도 없으며, 내용이 무효인 경우에도 변조의 대상이 될 수 있다. 하지만 타인이 소유한 자기명의의 문서에 권한 없이 변경을 가하는 것은 변조가 아니라 문서손괴죄에 해당할 뿐이다. 106

나) 권한 없는 자의 변경 변조는 기존의 문서를 변경할 권한 없는 자의 행위라야 한다. 문서작성의 권한이 없는 자의 행위라는 점에서는 위조의 경우와 같다. 권한 있는 자가 위임의 범위 내에서 한 변경은 변조가 아니지만,[119] 그 위임의 범위를 넘어서 임의로 변경하는 경우에는 변조가 된다.[120] 107

116) "재산세과세증명은 그 과세대상자뿐만 아니라 누구라도 구두 또는 서면으로 그 발급신청을 할 수 있는 것이어서 그 증명원에 증명할 사항을 기재하고 원인의 기명만 하면 문서로서 완성되는 것이므로 위 증명원 위조의 기수시기는 원인의 날인이 있고 없음에 관계없이 원인의 이름을 기재한 때라고 보아야 할 것이다"(대법원 1987.11.24. 87도1793).

117) "이미 진정하게 성립된 타인명의의 문서가 존재하지 않는다면 사문서변조죄가 성립할 수 없다"(대법원 2017.12.5. 2014도14924).

118) 오영근, §36/16. 이렇게 되면 '권한 없는 자가 이미 진정하게 성립된 타인명의의 문서내용에 대해 동일성을 해하지 않을 정도로 변경하는 것'이라는 변조에 대한 통설적 개념정의도 수정되어야 한다.

119) 권한 있는 자의 위임범위 내의 변경은 내용이 허위라도 사문서의 '무형'위조로서 변조죄에 해당하지 않는다.

120) 대법원 1983.3.22. 82도2300.

108 다) 동일성을 해하지 않을 정도의 내용변경 변조는 기존문서의 동일성을 해하지 않을 정도의 변경을 가하는 것이라야 한다. 즉 비본질적 부분 또는 중요하지 않은 부분을 변경해야 한다. 본질적 부분(명의인의 표시)이나 중요부분(핵심적 의사표시부분)을 변경하여 새로운 증명력을 가진 별개의 문서를 작출하면 변조가 아니라 위조가 된다.

109 비본질적 부분에 내용변경이 있는 한 명의인의 양해 없이 명의인에게 유리하게 변경하거나[121] 애초 잘못된 기재내용을 바로 잡거나 또는 법규에 어긋난 기재내용을 수정하는 경우[122]에도 변조에 해당하지만 의사표시의 내용이 아닌 단순한 자구수정이나 문서내용에 영향이 없는 단순한 사실의 기재만으로는 변조가 되지 않는다. 그러나 이사가 이사회 회의록에 서명 대신 서명거부사유를 기재하고 그에 대한 서명을 해 둔 경우 그 내용은 이사회 회의록 일부가 되므로 그 서명을 임의로 삭제한 행위는 회의록 내용에 변경을 가한 것으로 변조에 해당한다.[123]

110 例 **변조가 인정된 사례:** 문서에 첨부된 도면을 떼어내고 새로 작성한 도면을 가철한 경우(대법원 1982.12.14. 81도81), 민사소송에서 사실입증에 사용할 목적으로 보관 중인 영수증 위의 할부금 기재부분 옆에 임의로 계쟁부동산을 지칭하는 표시로서 "733–19번지"라고 써 넣은 경우(대법원 1995.2.24. 94도2092) 등.

111 例 **변조가 부정된 사례:** 매매계약서와 대금영수증의 여백부분에 자신의 이름인 ○○○귀하라고 기재하거나, 영수증에 적힌 일상거래에서 통용되는 자신의 이름인 ○○○ 옆에 자신의 본명을 기입한 경우(대법원 1981.10.27. 81도2055).

112 라) 변조의 방법과 정도 변조방법에도 제한이 없다. 기존문서의 문자나 부호를 삭제하거나 삭제부분에 다른 문자나 부호를 기입하는 것 등이 변조에 해당한다. 일반인이 처음부터 그러한 내용으로 작성된 문서라고 오신할 정도의 형식과 외관을 갖추면 변조가 된다.

113 마) 미수·기수 변조의사를 확정적으로 문서에 표시하는 변조행위의 개시가 있는 때 실행의 착수가 있고, 문서에 변경을 가하여 일반인이 종전의 기존문서와 다른 증명력을 가진 문서로 오신할 수 있는 변조행위가 완료된 때에 기수가 된다.

(2) 주관적 구성요건

114 타인명의의 권리의무 또는 사실증명에 관한 문서를 위조 또는 변조한다는 점에 대한 고의가 있어야 할 뿐 아니라, 초과주관적 구성요건요소로서 '행사할 목적'이 있어야 한다.

115 행사할 목적이란 위조 또는 변조한 문서를 진정문서로서 효력을 발생시킬 목적을 말하며, 여기의 행사는 위조문서행사죄의 '행사'와 반드시 같은 의미는 아니다. 따라서 본래의 용법에 따른 진정문서로 사용할 목적이 없더라도 진정문서로서의 효용을 가지도록 할 목적이 있으면 충분하다. 행사할 목적의 인정에 필요한 주관적 태도 가운데 의욕 부분은 확정적이어야 하겠지만, 인식 부분은 미필적 인식으로 족하다(총론의 목적범의 목적의 인식정도 참조).

121) 대법원 1985.1.22. 84도2422.
122) 대법원 1970.9.22. 70도1509.
123) 대법원 2018.9.13. 2016도20954.

3. 죄수, 타죄와의 관계

(1) 죄수

문서에 관한 죄의 죄수를 결정하는 기준에 관해서는 ① 위조행위의 수를 기준으로 하고 116
보호법익을 부차적인 기준으로 하는 견해,[124] ② 보호법익을 일차적 기준으로 하고 행위와 의사를 부차적인 기준으로 삼는 견해[125]가 대립한다.

判 대법원은 작성 명의인이 여러 명인 경우에는 명의자 마다 한 개의 문서죄가 성립한다고 함으로써 문서에 117
기재된 명의인의 수를 기준으로 삼는 태도를 취한다.[126]

하지만 문서에 관한 죄도 일신전속적 법익이 아니므로 명의인의 수가 여러 명이라도 행위 118
개수 및 행위태양, 범죄의사, 행위방법 등을 고려하는 구성요건표준설에 따라 죄수를 결정해야 하는 것이 타당하다. 따라서 문서에 수명의 명의인이 기재되어 있어도 일죄가 될 수 있고, 명의인이 각기 다른 수통의 문서를 수개의 작성행위로써 만들어낸 경우라도 단일한 범의하에 동일한 행위태양으로 시간적·장소적으로 접착된 상태에서 작성한 경우에는 포괄일죄가 될 수 있다.

한 개의 문서에 위조와 변조가 함께 행해진 경우는 포괄하여 위조죄만 성립하고(협의의 포 119
괄일죄), 동일한 기회에 사문서와 공문서를 함께 위조한 경우에는 공문서위조죄만 성립한다(법조경합의 특별관계).

(2) 타죄와의 관계

1) 행사죄와의 관계 이 죄와 위조사문서행사죄와의 관계에 대해서는 통화에 관한 죄 120
에서 설명한 바대로 실체적 경합이 된다(판례[127]).

2) 문서손괴죄와의 관계 자기명의로 작성된 타인소유의 문서를 소유자의 동의 없이 121
내용을 변경하면 문서변조죄는 성립하지 않고 문서손괴죄만 성립한다. 사문서의 경우에는 작성명의인의 허위내용기재, 즉 무형위조(허위사문서작성)가 처벌되지 않기 때문이다.

하지만 반대로 '타인명의로 된 자기소유'의 문서를 작성명의인의 동의 없이 함부로 내용을 122
변경하면 문서변조죄가 성립한다. 마지막으로 '타인소유 타인명의'의 문서의 내용을 권한 없이 임의로 변경한 경우에는 사문서손괴는 사문서변조죄에 흡수되어 사문서변조죄만 성립한

---

124) 임웅, 662면.

125) 이재상/장영민/강동범, §32/46.

126) "문서에 2인 이상의 작성 명의인이 있을 때에는 각 명의자마다 한 개의 문서가 성립되므로 2인 이상의 연명으로 된 문서를 위조한 때에는 작성명의인의 수대로 수개의 문서위조죄가 성립하고 또 그 연명문서를 위조하는 행위는 자연적 관찰이나 사회통념상 하나의 행위라 할 것이어서 위 수개의 문서위조죄는 형법 제40조가 규정하는 상상적 경합범에 해당한다"(대법원 1987.7.21. 87도564).

127) "피고인이 예금통장을 강취하고 예금자명의의 예금청구서를 위조한 다음 이를 은행원에게 제출행사하여 예금인출금 명목의 금원을 교부받았다면 강도, 사문서위조, 동행사, 사기의 각 범죄가 성립하고 이들은 실체적 경합관계에 있다 할 것이다"(대법원 1991.9.10. 91도1722).

다(특별관계).

123 3) 신용카드부정사용죄와의 관계 도난·분실 또는 위조된 신용카드를 사용하여 물품을 구입하면서 매출전표에 서명하여 교부한 경우 행위자의 죄책이 문제된다.

124 判 대법원은 물품구입과 관련하여 사기죄외에 여신전문금융업법상의 신용카드부정사용죄도 별도로 성립하고, 양 죄가 실체적 경합관계에 있음을 인정하고,[128] 매출전표에 서명 교부행위가 사문서위조 및 동행사죄에 해당할 수 있지만, 이 행위는 신용카드부정사용죄에 흡수되어 별도로 성립하지 않는다는 태도를 취한다(불가벌적 수반행위).[129]

125 4) 무고죄와의 관계 **타인명의의 문서나 타인의 성명을 모용한 위조문서를 만들어 수사기관에 무고한 경우** ① 위조문서 행사죄와 무고죄의 실체적 경합이 된다고 하는 견해[130]도 있으나 ② 행사가 곧 무고행위에 해당하므로 상상적 경합이 된다고 해야 한다.

126 5) 인장위조죄와의 관계 위조사문서에 다시 위조인장을 사용한 경우에는 인장위조죄는 사문서위조죄에 흡수된다(불가벌적 수반행위).

Ⅲ. 공문서등위조·변조죄

> 제225조(공문서등위조·변조죄) 행사할 목적으로 공무원 또는 공무소의 문서 또는 도화를 위조 또는 변조한 자는 10년 이하의 징역에 처한다.
>
> 제235조(미수범) 제225조 내지 제234조의 미수범은 처벌한다.
>
> 제237조의2(복사문서등) 이 장의 죄에 있어서 전자복사기, 모사전송기 기타 이와 유사한 기기를 사용하여 복사한 문서 또는 도화의 사본도 문서 또는 도화로 본다.

1. 의의, 성격

127 행사할 목적으로 공무원 또는 공무소의 문서 또는 도화를 위조 또는 변조함으로써 성립하는 범죄이다. 사문서위조·변조죄에 비하여 객체가 공문서이기 때문에 형이 가중된 가중적 구성요건이다. 목적범이고, 추상적 위험범이자 부진정 결과범이다(미수처벌).

2. 구성요건

(1) 객관적 구성요건

128 1) 주체 주체는 아무런 제한이 없다. 공문서의 유형위조를 처벌하는 규정이지만 공무원뿐 아니라 공무원 아닌 자도 권한 있는 공무원의 명의를 모용하여 이 죄의 주체가 될 수 있다. 공무원이 자신의 권한 밖의 공문서를 작성하는 경우에도 이 죄가 성립한다. 이 죄의 성

128) 대법원 1996.7.12. 96도1181.
129) 대법원 1992.6.9. 92도77.
130) 김일수/서보학, 735면.

립이 문제되는 사안을 유형별로 분류하면 다음과 같다.

例 ① 공문서의 작성권한 없는 공무원 등이 작성권자의 결재를 받지 않고 직인 등을 보관하는 담당자를 129
기망하여 작성권자의 직인을 날인하도록 하여 공문서를 완성한 경우(대법원 2017.5.17. 2016도13912) 공문서 위조죄의 성립이 인정된다.

② 공문서 작성을 보조하는 기안담당공무원(대법원 1981.7.28. 81도898) 또는 보충기재의 권한만 위임받은 공무원(대법원 1984.9.11. 84도368)이 작성권자의 결재 없이 임의로 작성권자 명의의 허위내용의 공문서를 작성한 경우에도 공문서위조죄의 성립이 인정된다.[131] 만약 이러한 과정에 업무보조자인 공무원에게 위와 같은 행위를 하도록 지시한 중간결재자인 공무원이 있다면 그 공무원은 공문서위조죄의 공범이 된다(대법원 1996.4.23. 96도424).

③ 공무원이 아닌 자가 관공서에 허위내용의 증명원을 제출하여 그 내용이 허위인 정을 모르는 담당공무원으로부터 그 증명원내용과 같은 증명서를 발급받은 경우 그 비공무원에게 공문서위조죄의 간접정범을 인정할 수는 없다. 왜냐하면 해당 문서는 작성권한을 가진 담당공무원이 자기명의로 작성한 이상 진정하게 성립되어 작성명의가 모용된 사실조차 없기 때문이다(대법원 2001.3.9. 2000도938). 이 경우 담당공무원은 작성권자로서 허위공문서를 작성한다는 점에 고의가 없기 때문에 허위공문서작성죄의 성립이 인정될 수 없다.

④ 공무원이 아닌 자가 허위인 정을 모르는 작성권자에게 허위의 내용을 신고하여 공문서를 작성하게 하더라도 그 비공무원에게는 공정증서원본부실기재죄의 성립 가능성이 있는 경우와는 별도로 허위공문서작성죄의 간접정범의 성립은 인정할 수 없다. 허위공문서작성죄는 작성권한 있는 공무원만 주체가 될 수 있기 때문이다.

⑤ 그러나 작성권한은 없지만 작성권자를 보조하는 기안담당공무원이 초안을 작성하여 작성권자의 결재를 받아 공문서를 작성한 경우 허위공문서작성죄의 간접정범의 성립이 인정되는 경우도 있다(이에 관해서는 허위공문서작성죄 참조).

2) 객체 공무소 또는 공무원이 그의 명의로 작성하여야 할 문서(공문서) 또는 도화(공 130
도화)이다.

(가) 공문서 공문서의 개념에 대해서는 앞서 문서의 종류에서 설명한 내용과 같다. 공 131
문서는 공무원 또는 공무소가 직무상 작성하면 인정되는 것이고 반드시 공법관계에서 작성된 것일 필요도 없다.

例 따라서 공무원이 '원본대조필'이라고 기재하고 날인한 사문서사본도 공문서가 된다(대법원 1981.9.22. 80도3180). 허무인 명의 132
의 공문서(대법원 1965.6.29. 65도428), 노동부장관의 위촉으로 검증위원이 된 자가 작성한 기능검증시험의 실기채점표(대법원 1976.10.12. 76도2522) 등도 모두 공문서가 된다.

(나) 공도화 공무소 또는 공무원이 그 명의로 직무권한 내에서 작성한 도화이다. 그 의 133
의와 요건은 공문서에 준한다. 공무소가 발행한 지적도, 도시계획도, 임시 환지를 표시한 경지정리확정지구원도 등이 그 예이다.

(다) 공문서(또는 공도화)의 작성명의인 형법은 공무소와 공무원만 공문서 작성명의인으 134
로 규정하고 있으나 그 외에도 법령상 공문서의 작성명의인이 될 수 있는 자가 있다. 공증인·집행관, 각종 중재위원, 법무법인·합동법률사무소 등도 특별법상 인정된 공문서 작성

131) 이 경우 내용허위의 문서작성임을 이유로 공문서의 무형위조로서 허위공문서작성죄가 성립한다고 할 수는 없다. 그 기안자나 보조공무원에게 '작성권한'이 없기 때문이다.

의 주체가 된다. 따라서 간이절차에 의한 민사분쟁사건처리특례법에 의하여 공증인가 합동법률사무소가 작성한 사서증서에 관한 인증서도 공문서가 된다.[132] 하지만 계약등에 의하여 공무와 관련되는 업무를 일부 대행하는 경우가 있다 하더라도 공무원 또는 공무소가 될 수는 없다.[133]

135 주민등록증, 주민등록표등본, 인감증명서, 면장명의 주거표·주거표이송부, 한국은행국고 잔액증명서, 호적등본, 토지대장, 증인신문조서, 교도소 의무과장 명의의 진단서, 경찰서 명의로 전문을 기입한 전보의뢰서, 우체국의 금전출납부, 공립학교장 발행의 저금수령증, 철도청 역직원 발행의 화물통지서, 납세증명서, 시재산 처분의 대가로 작성한 시장명의의 영수증, 지방의회 의사록, 전과 회답서, 가옥대장, 전출증명서, 외국인등록증명서, 선거투표통지서 및 투표통지 재교부서, 우체국의 일부인日附印, 검사발행의 피의자출석요구서, 국·공립병원장 발행의 진단서, 국·공립학교장 발행의 졸업장·학위증명서 등이 공문서에 해당한다.

136 3) 행위 위조 또는 변조이다. 구체적 내용은 사문서위조·변조죄에서의 위조 또는 변조와 같다.

137 **例 위조로 인정된 경우:** ① 동회장이 거주증명서를 작성함에 있어서 이름의 중간자를 함부로 고쳐 작성한 경우(대법원 1962.12.20. 62도183), ② 타인의 주민등록증에 붙어 있는 사진을 바꿔 붙인 경우(대법원 2000.9.5. 2000도2855), ③ 유효기간이 경과하여 무효가 된 공문서의 유효기간과 발행일자를 정정하고 그 부분에 작성권자의 직인을 찍은 경우(대법원 1980.11.11. 80도2126).

138 **例 변조로 인정된 경우:** ① 운전면허증에 붙은 사진을 다른 것으로 바꿔 첨부한 경우(대법원 1957.4.12. 4290형상52), ② 건축허가서에 첨부된 설계도면을 바꿔치기한 경우(대법원 1982.12.14. 81도81), ③ 재산세 과세대장의 작성권한이 있던 자가 인사이동되어 그 권한이 없어진 후 그 기재내용을 변경한 경우(대법원 1996.11.26. 96도1862), ④ 인터넷을 통하여 출력한 등기사항전부증명서 하단의 열람 일시 부분을 수정 테이프로 지워 삭제하고 복사한 경우(대법원 2021.2.25. 2018도19043) 등.

139 **例 변조가 부정된 경우:** ① 자신의 주민등록증비닐커버 위에 검은색 볼펜으로 주민등록번호를 덧기재하고 출생년도만 "71"을 "70"으로 고쳐 투명테이프를 붙인 경우는 주민등록증 자체를 변경한 것이 아니며 변조방법도 조잡하여 공공의 위험도 없음을 근거로 공문서변조로 인정되지 않았고(대법원 1997.3.28. 97도30), ② 부동산매도용이 아닌 이상, 그 사용용도란을 신청인이 직접 기재하는 것이어서 인감증명서의 사용용도란의 기재를 피고인이 임의로 고쳐 쓴 경우에는 증명청인 동장이 작성한 증명문구에 의하여 증명되는 부분과 아무런 관계가 없음을 이유로 문서변조로 인정되지 않았으며(대법원 2004.8.20. 2004도2767). ③ 당사자가 이혼의사확인서등본과 간인으로 연결된 이혼신고서를 떼어내고 원래 이혼신고서의 내용과는 다른 이혼신고서를 작성하여 이혼의사확인서등본과 함께 호적관서에 제출한 경우도 공문서인 이혼의사확인서등본 변조 및 변조된 이혼의사확인서등본의 행사로 인정되지 않았다(대법원 2009.1.30. 2006도7777).

(2) 주관적 구성요건

140 고의 이외에 다시 행사할 목적이 있어야 한다. 행사할 목적이란 타인으로 하여금 위조·변조된 문서를 진정한 문서인 것처럼 오신케 할 목적을 말한다. 이러한 목적은 위조행위 당시에 있으면 족하고, 목적달성 여부는 이 죄의 성립에 영향을 주지 않는다.

132) 대법원 1977.8.23. 74도2715.

133) 대법원 2008.1.7. 2007도6987.

Ⅳ. 자격모용에의한사문서작성죄

> 제232조(자격모용에의한사문서작성죄) 행사할 목적으로 타인의 자격을 모용하여 권리·의무 또는 사실증명에 관한 문서 또는 도화를 작성한 자는 5년 이하의 징역 또는 1천만원 이하의 벌금에 처한다.
>
> 제235조(미수범) 제225조 내지 제234조의 미수범은 처벌한다.
>
> 제237조의2 (복사문서등) 이 장의 죄에 있어서 전자복사기, 모사전송기 기타 이와 유사한 기기를 사용하여 복사한 문서 또는 도화의 사본도 문서 또는 도화로 본다.

1. 의의, 성격

행사할 목적으로 타인의 자격을 모용하여 권리·의무 또는 사실증명에 관한 문서 또는 도화를 작성함으로써 성립하는 범죄이다. 대리권 또는 대표권이 없는 자가 타인의 대리자격 또는 대표자격이 있는 것처럼 가장하여 자신의 명의로 문서 또는 도화를 작성하는 경우를 처벌하기 위한 것이다. 자격모용도 작성명의인의 자격 내지 권한이 진정한 것이 아니고 문서에 관한 법적 효과도 타인(즉 본인)에게 귀속되므로 유형위조의 성격을 가진다. 목적범이고 추상적 위험범이자 부진정 거동범에 해당한다(미수처벌). 141

2. 구성요건

타인의 자격을 모용하여 사문서 또는 사도화를 작성하는 것이다. '타인의 자격을 모용'하는 것은 대리권 또는 대표권이 없는 자가 타인(본인)의 대리인 또는 대표자의 자격을 사칭하는 것을 말한다. 예컨대, 대리권이 없는 甲이 乙의 대리인으로서 자기의 성명을 부기한 문서, 즉 "乙 대리인 甲"이라고 문서를 작성하는 경우가 자격모용의 문서이다.[134] 행위자 자신을 위한 행위가 아니고 작성명의인을 위하여 법률행위를 한다는 것을 인식할 수 있을 정도의 표시가 있으면 대표 또는 대리관계의 표시로서 충분하다.[135] 142

---

134) "양식계의 계장이나 그 직무를 대행하는 자가 아닌 자가 양식계의 계장 명의의 내수면사용동의신청서 하단의 계장란에 자신의 이름을 쓰게 하고 그 옆에 자신의 도장을 날인하여 사실증명에 관한 문서인 위 내수면사용동의신청서 1매를 작성하고 이를 행사하였다면 이는 자격모용에 의한 사문서작성, 동행사죄에 해당한다"(대법원 1991.10.8. 91도1703).

135) 피고인이 갑 주식회사 소유의 오피스텔에 대한 분양대행 권한을 가지게 되었을 뿐 갑 회사의 동의 없이 오피스텔을 임대할 권한이 없는데도 임차인들과 임대차계약을 체결하면서 갑 회사가 분양사업을 위해 만든 을 회사 명의로 계약서를 작성·교부하였는데, 임대차계약서에는 임대인 성명이 '을 회사(피고인)'로 기재되어 대표자 또는 대리인의 자격 표시가 없고 또 피고인의 개인 도장이 찍혀있는 사안에서, 임대차계약서의 형식과 외관, 작성 경위, 종류, 내용, 거래에서 위 계약서가 가지는 기능 등 여러 가지 사정을 종합하면, 일반인으로서는 임대차계약서가 을 회사의 대표자 또는 대리인의 자격을 가진 피고인에 의해 을 회사 명의로 작성된 문서라고 믿게 할 수 있는 정도의 형식과 외관을 갖추고 있어 피고인의 행위는 자격모용사문서작성과 자격모용작성사문서행사에 해당됨에도, 이와 달리 보아 무죄로 판단한 원심판결에 자격모용사문서작성죄에서 말하는 타인의 자격 모용 등에 관

143 이 죄의 '타인'에는 자연인뿐만 아니라 법인, 법인격 없는 단체를 비롯하여 거래관계에서 독립한 사회적 지위를 갖고 활동하고 있는 존재로 취급될 수 있으면 여기에 해당한다.[136)]

144 자격모용에 의한 문서작성은 대리자격·대표 '자격만 모용'하고 명의는 자기명의로 작성한다는 점에서, 작성권한 없는 자가 타인의 '명의를 모용'하여 타인명의의 문서를 작성하는 위조죄와 구별된다. 따라서 자격과 명의까지 모용한 경우는 이 죄가 아니라 (사문서)위조죄가 된다.

145 따라서 대리권 또는 대표권이 없는 자가 타인의 대리자격을 표시하여 그 타인(즉 본인)명의의 문서를 작성하는 경우(무권대리), 대리권·대표권이 있는 자가 그 권한 외의 사항 내지 권한을 초월한 사항에 관하여 대리(대표)자격을 표시한 본인명의의 문서를 작성하는 경우(월권대리), 대리(대표)권 소멸 후 대리(대표)인 자격을 모용하여 본인명의의 문서를 작성하는 경우(대리권소멸), 행위자는 권한이 없거나 권한을 초월하였거나 권한이 소멸한 이유로 권한 내지 자격이 없음에도 있는 것처럼 가장하고 타인(즉 본인)의 '명의'까지 모용하였기 때문에 자격모용에 의한 사문서작성이 아니라 사문서위조죄가 된다.

146 하지만 대리권 또는 대표권이 있는 자가 단순히 그 권한을 남용하여 문서를 작성한 때에는 '자기명의'로 작성하든 '본인명의'로 작성하든 사문서위조도 되지 않을 뿐 아니라 자격모용에의한사문서작성죄도 성립하지 않는다.

Ⅴ. 자격모용에의한공문서작성죄

> 제226조(자격모용에의한공문서등작성죄) 행사할 목적으로 공무원 또는 공무소의 자격을 모용하여 문서 또는 도화를 작성한 자는 10년 이하의 징역에 처한다.
>
> 제235조(미수범) 제225조 내지 제234조의 미수범은 처벌한다.
>
> 제237조의2(복사문서등) 이 장의 죄에 있어서 전자복사기, 모사전송기 기타 이와 유사한 기기를 사용하여 복사한 문서 또는 도화의 사본도 문서 또는 도화로 본다.

1. 의의, 성격

147 행사할 목적으로 공무원 또는 공무소의 자격을 모용하여 문서 또는 도화를 작성함으로써 성립하는 범죄이다. 자격모용에 의한 사문서작성죄에 대한 가중적 구성요건이다.

2. 구성요건

148 '자격을 모용하여 공문서를 작성'한다는 것은 특정 공무원 또는 공무소의 자격·지위만 모용(사칭)하여 직무상 작성된 공문서의 외관을 가진 문서를 만든 것을 말한다. '작성권한이 없

한 법리오해의 잘못이 있다고 한 사례(대법원 2017.12.22. 2017도14560).

136) "부동산중개사무소를 대표하거나 대리할 권한이 없는 사람이 부동산매매계약서의 공인중개사란에 '○○부동산 대표 △△△(피고인의 이름)'라고 기재한 경우, '○○부동산'이라는 표기는 단순히 상호를 가리키는 것이 아니라 독립한 사회적 지위를 가지고 활동하는 존재로 취급될 수 있으므로 자격모용사문서작성죄의 '명의인'에 해당한다"(대법원 2008.2.14. 2007도9606).

는 자'가 그 권한을 사칭하여 작성하였다는 점에서는 공문서위조죄와 동일하나, 공문서위조죄는 '타인의 명의'를 모용하는 것임에 대하여 자격모용에 의한 공문서작성죄는 타인의 '자격'만을 모용한다는 점에서 다르다. 하지만 공무원의 자격뿐만 아니라 그 공무원의 '명의'까지 모용하여 공문서를 작성하면 이 죄가 아니라 공문서위조죄가 성립한다는 점에 관해서는 자격모용에 의한 사문서작성죄의 경우에서 설명한 바와 같다. 애초부터 자격(권한)이 없는 경우, 자격(권한)을 초월한 경우, 자격(권한)이 소멸되고 난 경우 그 자격을 표시하고 '명의'까지 그 자격으로 대표되는 자의 명의(본인명의)를 사용해도 이 죄가 아니라 공문서위조죄가 성립한다는 점도 앞에서 설명하였다.

例 **자격모용에 의한 공문서작성이 인정된 사례**: A구청장으로 있다가 B구청장으로 전보된 후 A구청장의 권한에 속하는 건축허가에 관한 기안용지의 결재란에 자신의 이름을 서명한 경우(대법원 1993.4.27. 92도2688), 사인이 영수증을 작성하면서 영수인란에 '국방부합참자료실장 이사관'이라고 적고 그 옆에 자기 이름을 기재한 후 자신의 도장을 압날한 다음 그 상단에 '국방부장관'이라는 고무인을 압날한 경우(대법원 1993.7.27. 93도1435) 등. 149

Ⅵ. 사전자기록위작·변작죄

> 제232조의2 (사전자기록위작·변작죄) 사무처리를 그르치게 할 목적으로 권리·의무 또는 사실증명에 관한 타인의 전자기록등 특수매체기록을 위작 또는 변작한 자는 5년 이하의 징역 또는 1천만원 이하의 벌금에 처한다.
>
> 제235조(미수범) 제225조 내지 제234조의 미수범은 처벌한다.
>
> 제237조의2(복사문서등) 이 장의 죄에 있어서 전자복사기, 모사전송기 기타 이와 유사한 기기를 사용하여 복사한 문서 또는 도화의 사본도 문서 또는 도화로 본다.

1. 의의, 성격

사무처리를 그르치게 할 목적으로 권리·의무 또는 사실증명에 관한 타인의 전자기록 등 특수매체기록을 위작僞作 또는 변작變作함으로써 성립하는 범죄이다. 전자기록 등은 문자 또는 부호에 의해 의사표시가 되는 물체가 아니므로 가시성·가독성이 없고, 그 작출과정의 특성상 명의인이 없거나 불분명하여 문서개념으로 포섭될 수 없어 형법이 문서죄와 별도로 전자기록 등 특수매체기록의 진정성에 대한 거래의 안전과 공공의 신용을 보호하기 위해 마련한 독립된 구성요건이다. 목적범이며 추상적 위험범이자 부진정 결과범이다(미수처벌). 150

2. 구성요건

(1) 객관적 구성요건

1) 객체 　　객체는 권리·의무 또는 사실증명에 관한 타인의 전자기록 등 특수매체기록 151

이다.

152 (가) 타인의 범위 이 죄의 '타인'도 ① 사문서위조·변조죄에서와 마찬가지로 작성명의인이 자기(또는 공범)이외의 '타인'인 경우를 의미하는 것이라는 견해[137]와 ② 작성명의인 외에도 작성된 기록의 소유자·소지자도 포함한 넓은 의미로 해석하는 견해[138]가 대립한다.

153 이 죄에 있어서는 행위객체에 해당하는 전자기록 등 특수매체기록이 가지는 특성상 명의인이 없거나 불분명한 경우가 많고 기록 그 자체가 상품화되어 소유 내지 소지의 폭이 광역화될 수 있다. 뿐만 아니라 전자기록 등은 작성권자가 암암리에(즉 명의인이 표시되는 문서에서와 같이 보증적 기능이 보장되지 않는 사정을 이용하여) 작성한 전자기록이 타인소유 내지 점유로 이전한 후에도 그 내용을 무작위로 변경할 수 있는 가능성이 열려 있다. 따라서 작성명의인의 사후적 기록변개행위에 대한 대응의 차원에서 타인의 범위를 넓혀서 해석하는 후자의 견해가 타당하다.[139]

154 (나) 전자기록 등 특수매체기록 원칙적으로 컴퓨터등사용사기죄의 그것과 동일하다. 하지만 이 죄에서는 전자기록 등은 문서개념과 상응성을 가져야 하므로 단순한 프로그램은 증명적 기능이 없기 때문에, 그리고 모니터 화상에만 나타난 데이터 기록 그 자체나 통신 중의 데이터와 중앙처리장치(CPU)에 의하여 처리 중인 데이터는 계속성이 없어서, 음반(LP)이나 콤팩트디스크 등에 기록된 음성신호는 전자기록이 아니므로 이 죄의 객체가 되지 않는다. 뿐만 아니라 마이크로필름도 문자의 기계적 축소 또는 확대에 불과하기 때문에 이 죄의 객체가 될 수 없다. 하지만 컴퓨터의 기억장치 중의 하나인 램(RAM)에 올려진 전자기록은 이 죄의 객체에 해당한다.[140]

155 2) 행위 위작 또는 변작이다. **이 죄의 위작·변작**을 ① 사문서의 위조·변조에 대응하는 개념으로 이해하는 견해[141](유형위조설)와 ② 사문서위조·변조의 경우와는 달리 유형위조 이외에 무형위조도 포함하는 개념으로 이해하는 견해[142](무형위조포함설)가 대립한다. 유형위조설은 사문서의 경우에는 유형위조만을 처벌하는 형법의 태도에 비추어 전자기록 등의 경우에도 유형위조에 국한해야 한다고 한다.[143]

156 하지만 전자기록은 가시성과 가독성이 없고 작출과정도 문서의 경우와 달라 위조·변조의

137) 박상기, 531면.
138) 김일수/서보학, 738면; 임웅, 670면; 정성근/박광민, 635면.
139) 따라서 이 죄의 행위인 '위작'에는 작성권한 없는 자의 위조와 작성권자의 허위작성까지도 아우르는 개념으로 해석된다고 하는 것이 타당하다.
140) 대법원 2003.10.9. 2000도4993.
141) 김일수/서보학, 738면; 배종대, §117/3; 임웅, 670면; 정성근/박광민, 636면.
142) 김성천/김형준, 689면; 박상기, 531면; 이재상/장영민/강동범, §32/104.
143) 물론 유형위조설을 취하는 견해 중에도 공전자기록의 경우에는 공문서에 대한 무형위조도 처벌하는 것이 형법의 태도이므로 이에 맞추어 공전자기록 위작·변작에 무형위조도 포함시켜야 한다는 견해(박상기, 531면; 이재상/장영민/강동범, §32/108)도 있다.

용어만 수평적으로 바뀐 것으로 볼 수는 없다. 특히 전자기록에는 문서와는 달리 작성자 명의가 표시되지 않는 경우가 많고, 그 제작에 고도의 기술성·전문성을 요하므로 기록작성권자가 기록의 작성·입력의 주체가 표시되지 않는 전자기록의 특성을 이용하여 허위의 내용을 기록(즉 무형위조)하는 경우에 대한 해석론상의 보완책이 필요하다. 따라서 사문서의 경우와는 달리 사전자기록의 경우에는 유형위작 뿐 아니라 무형위작도 위작·변작개념 속에 포함시키는 것이 타당하다.

이에 따르면 '위작'이란 처음부터 권한 없이 기록을 작성하여 저장·기억시키는 경우(유형위작)는 물론이고 허위내용의 기록을 작성하여 저장·기억시키는 경우(무형위작)를 말하고, '변작'이란 권한 없이 기존의 기록을 동일성을 해하지 않는 범위 내에서 부분적으로 고치거나 말소하여 변경하는 경우를 말한다. 157

3) 미수·기수 이 죄는 기록에 대한 위작·변작을 종료한 때(행위종료)에 기수가 되고, 위작·변작행위를 종료하지 못한 때(행위미종료)에는 미수가 된다. 특히 전자기록은 가시성·가독성이 없으므로 외부적으로 보아 일반인이 진정한 것으로 오신할 정도에 이른 때를 기수시기로 삼을 수는 없다. 오히려 행위자가 주관적으로 허위기록을 작출하거나, 기존의 기록내용과 다른 내용의 기록변경을 종료한 때(즉 입력을 마친 때[144])에 기수가 된다고 보는 것이 타당하다. 158

(2) 주관적 구성요건

권리·의무 또는 사실증명에 관한 타인의 전자기록 등 특수매체기록을 위작 또는 변작하는 데 대한 고의가 있어야 한다. 159

고의 외에도 타인의 사무처리를 그르치게 할 목적이 있어야 한다. '사무처리를 그르치게 할 목적'이란 위작 또는 변작된 전자기록이 사용됨으로써 전자적 방식에 의한 정보의 생성·처리·저장·출력을 목적으로 구축된 시스템을 설치·운영하는 주체의 사무처리를 잘못되게 할 목적을 말하는 것[145]으로서 문서죄의 '행사할 목적'에 상응하는 것이다. 다만 문서위조죄와는 달리 전자기록의 특성상 단순한 사용·행사의 목적을 넘어 '증명작용에 실질적인 해를 발생시킬 목적'이 있어야 한다. 따라서 데이터를 기존의 방식과 다른 방식으로 저장하기 위하여 기존 데이터에 수정·변경을 가하거나 기존의 데이터 처리방식보다 능률적인 사무처리를 위하여 데이터에 변경을 가한 경우는 사무처리를 그르치게 할 목적이 없으므로 이 죄에 해당하지 않는다. 160

144) "램에 올려진 전자기록은 원본파일과 불가분적인 것으로 원본파일의 개념적 연장선상에 있는 것이므로, 비록 원본파일의 변경까지 초래하지는 아니하였더라도 이러한 전자기록에 허구의 내용을 권한 없이 수정입력한 것은 그 자체로 그러한 사전자기록을 변작한 행위의 구성요건에 해당된다고 보아야 할 것이며 그러한 수정입력의 시점에서 사전자기록변작죄의 기수에 이르렀다"(대법원 2003.10.9. 2000도4993).

145) 대법원 2008.6.12. 2008도938.

161 **例 사무를 그르치게 할 목적이 부정된 사례:** 인터넷 포탈사이트의 카페에 허위내용의 전자기록을 작성하여 게시하기만 한 경우(대법원 2008.4.24. 2008도294), 새마을금고의 예금 및 입·출금 업무를 총괄하는 직원이 전 이사장 명의 예금계좌로 상조금이 입금되자 전 이사장에 대한 금고의 채권확보를 위해 내부결재를 받아 금고의 예금 관련 컴퓨터 프로그램에 접속하여 전 이사장 명의 예금계좌의 비밀번호를 동의없이 입력한 후 위 금원을 위 금고의 가수금계정으로 이체한 경우(대법원 2008.6.12. 2008도938) 등.

3. 타죄와의 관계

162 **전자기록을 위작·변작한 후 이를 출력하여 사문서를 위조·변조한 경우에는** 사문서위조죄만 성립하지 않고, 양 죄의 실체적 경합이 된다. 양죄는 행위태양이나 객체가 다르기 때문이다.

163 사전자기록의 위작·변작에 특수매체기록의 손괴도 수반되는 경우도 있지만, 손괴는 이 죄에 흡수된다고 보는 것이 타당하다(법조경합 중 흡수관계).

Ⅶ. 공전자기록위작·변작죄

> 제227조의2(공전자기록위작·변작죄) 사무처리를 그르치게 할 목적으로 공무원 또는 공무소의 전자기록등 특수매체기록을 위작 또는 변작한 자는 10년 이하의 징역에 처한다.
>
> 제235조(미수범) 제225조 내지 제234조의 미수범은 처벌한다.
>
> 제237조의2(복사문서등) 이 장의 죄에 있어서 전자복사기, 모사전송기 기타 이와 유사한 기기를 사용하여 복사한 문서 또는 도화의 사본도 문서 또는 도화로 본다.

1. 의의, 성격

164 사무처리를 그르치게 할 목적으로 공무원 또는 공무소의 전자기록 등 특수매체기록을 위작 또는 변작함으로써 성립하는 범죄이다. 사전자기록위작·변작죄에 대한 가중적 구성요건이다. 그 외 성격은 사전자기록위작·변작죄와 동일하다.

2. 구성요건

(1) 객체

165 공무원 또는 공무소의 전자기록 등 특수매체기록이다. 주민등록·등기부등본·토지대장 등의 파일이나 자동차등록파일 등과 같이 공무원 또는 공무소의 직무수행상 작성되도록 되어 있거나 이미 작성된 전자기록을 말한다.

(2) 행위

166 공전자기록 등의 위작·변작도 사전자기록 등의 경우와 마찬가지로 ① 유형위조에 국한시키느냐(유형위조설), 아니면 ② 무형위조도 포함하느냐(무형위조포함설)에 대한 견해 대립이 있

다. 사전자기록등위작·변작죄에서 설명했듯이 전자기록의 특수성, 기록작성자의 명의가 표시되지 않아 보증적 기능을 담보하기 어려운 점 등을 고려하고 특히 공문서의 허위작성(무형위조)까지 원칙적으로 처벌하고 있는 형법의 태도를 감안하면 공전자기록 등의 경우에도 무형위조포함설을 취하는 것이 타당하다.

判 대법원도 경찰관이 고소사건을 처리하지 아니하였음에도 불구하고 그 사건을 송치하였다는 허위의 사실을 경찰범죄정보시스템에 입력한 경우 작성권 있는 공무원의 허위작성(무형위조)도 '위작'에 포함시켜서 무형위조포함설을 취하고 있다.[146] 이러한 해석태도는 2020년 대법원 전원합의체 판결[147]에서도 유지되고 있다 167

Ⅷ. 허위진단서등작성죄

> 제233조(허위진단서등작성죄) 의사, 한의사, 치과의사 또는 조산사가 진단서, 검안서 또는 생사에 관한 증명서를 허위로 작성한 때에는 3년 이하의 징역이나 금고, 7년 이하의 자격정지 또는 3천만원 이하의 벌금에 처한다.
>
> 제235조(미수범) 제225조 내지 제234조의 미수범은 처벌한다.
>
> 제237조의2(복사문서등) 이 장의 죄에 있어서 전자복사기, 모사전송기 기타 이와 유사한 기기를 사용하여 복사한 문서 또는 도화의 사본도 문서 또는 도화로 본다.

1. 의의, 성격

의사, 한의사, 치과의사 또는 조산사가 각종의 진단서, 검안서 또는 생사에 관한 증명서를 허위로 작성함으로써 성립하는 범죄이다. 사문서의 무형위조(허위내용작성)를 처벌하는 유일한 예외규정이다. 진정신분범이지만 공문서의 무형위조에 관한 허위공문서작성죄와는 달리 이 죄는 목적범이 아니다. 추상적 위험범이고 부진정 결과범이다(미수처벌). 168

2. 구성요건

(1) 객관적 구성요건

1) 주체 주체는 의사·한의사·치과의사·조산사에 한정된다(진정신분범). **이 죄가 자수** 169

146) "형법 제227조의2에서 위작의 객체로 규정한 전자기록은, 그 자체로는 물적 실체를 가진 것이 아니어서 별도의 표시·출력장치를 통하지 아니하고는 보거나 읽을 수 없고, 그 생성 과정에 여러 사람의 의사나 행위가 개재됨은 물론 추가 입력한 정보가 프로그램에 의하여 자동으로 기존의 정보와 결합하여 새로운 전자기록을 작출하는 경우도 적지 않으며, 그 이용 과정을 보아도 그 자체로서 객관적·고정적 의미를 가지면서 독립적으로 쓰이는 것이 아니라 개인 또는 법인이 전자적 방식에 의한 정보의 생성·처리·저장·출력을 목적으로 구축하여 설치·운영하는 시스템에서 쓰임으로써 예정된 증명적 기능을 수행하는 것이므로, 위와 같은 시스템을 설치·운영하는 주체와의 관계에서 전자기록의 생성에 관여할 권한이 없는 사람이 전자기록을 작출하거나 전자기록의 생성에 필요한 단위 정보의 입력을 하는 경우는 물론 시스템의 설치·운영 주체로부터 각자의 직무 범위에서 개개의 단위정보의 입력 권한을 부여받은 사람이 그 권한을 남용하여 허위의 정보를 입력함으로써 시스템 설치·운영 주체의 의사에 반하는 전자기록을 생성하는 경우도 형법 제227조의 2에서 말하는 전자기록의 '위작'에 포함된다"(대법원 2005.6.9. 2004도6132).

147) 대법원 2020.8.27. 2019도11294 전원합의체.

범인지에 관해서 ① 이 죄는 신분자만을 주체로 인정하고 있어서 비신분자는 신분자를 이용하더라도 간접정범이 될 수 없기 때문에 자수범이라는 견해(진정자수범설[148]), ② 신분자는 비신분자 또는 다른 신분자를 도구로 이용하여 간접정범이 될 수는 있기 때문에 부진정자수범이라는 견해(부진정자수범설[149])와 ③ 자수범이 아니라는 견해(비자수범설[150]) 등이 대립한다.

170 비자수범설이 타당하다. 간호사 등 의사 아닌 자(비신분자)가 의사(신분자)를 이용하여 허위진단서를 작성하게 한 경우 이 죄의 간접정범이 될 수 없는 것은 이 죄의 행위인 작성행위의 자수성 때문이 아니라 주체자격인 신분성이 결여되어 있기 때문이다. 만약 간접정범의 경우에도 형법 제33조가 적용될 수 있다면 신분자의 범죄에 가담한 비신분자도 얼마든지 신분범의 간접정범이 될 수 있음이 그 반증이다. 자수범이 되려면 신분성과 무관하게(형법 제33조의 적용여부와 무관하게) 오로지 그 행위의 자수성을 이유로 하여 직접 구성요건적 실행행위를 하는 자 이외의 자를 간접정범으로 인정할 수 없게 하는 표지가 존재해야 한다.

171 2) 객체 진단서·검안서 또는 생사에 관한 증명서이다. 진단서란 의사·한의사·치과의사 등이 진찰의 결과에 대한 판단을 표시하여 사람의 건강상태를 증명하기 위하여 작성하는 문서이다. 건강진단서·상해진단서가 일반적이지만, 명칭은 불문하므로 소견서로 표시되어도 무방하다. 검안서란 의사가 시체에 대해서 사망을 의학적으로 확인한 결과를 기재한 문서를 말한다. 변사체의 검시에 참여한 의사가 작성한 시체검안서나 시체를 부검한 의사가 작성한 사인死因 등에 관한 감정서가 이에 해당한다. 생체에 대한 검안의 결과를 기재한 것도 여기에 해당한다는 견해도 있으나 진단서에 해당한다고 보면 족하므로 해석상 논의의 실익은 없다. 생사에 관한 증명서란 사람의 출생 또는 사망에 관한 사실 또는 사망의 원인을 증명하는 일종의 진단서를 말한다. 출생확인서, 사망확인서[151] 등이 이에 해당한다.

172 3) 행위 허위로 작성하는 것이다. 즉 작성권한 있는 자가 허위내용을 기재하여 허위문서를 작성하는 무형위조를 말한다. 여기서 허위란 객관적으로 진실에 반하는 것을 말한다.[152] 주관적으로 허위라고 생각하였어도 객관적으로 진실한 내용이면 허위가 아니다(통설·판례[153]). 허위작성은 사실에 관한 것이건 판단에 관한 것이건 묻지 않고 진실에 반한 내용을

148) 배종대, §117/5; 이재상/장영민/강동범, §32/57.

149) 임웅, 674면.

150) 손동권/김재윤, §39/96.

151) "부검을 통하지 않고 사망의 의학적 원인을 정확하게 파악하는 데에는 한계가 있으므로, 부검 결과로써 확인된 최종적 사인이 이보다 앞선 시점에 작성된 사망진단서에 기재된 사망 원인과 일치하지 않는다는 사정만으로 사망진단서의 기재가 객관적으로 진실에 반한다거나, 작성자가 그러한 사정을 인식하고 있었다고 함부로 단정하여서는 안 된다"(대법원 2024.4.4. 2021도15080).

152) 위증죄의 '허위'는 객관적으로 진실한 사실이라도 주관적으로 허위라고 생각한 경우에는 '허위'가 된다고 해석하는 점에서 이 죄의 '허위'개념과 구별된다.

153) "허위진단서작성죄에 있어서 허위의 기재는 사실에 관한 것이건 판단에 관한 것이건 불문하는 것이나, 본죄는 원래 허위의 증명을 금지하려는 것이므로 그 내용이 허위라는 의사의 주관적 인식이 필요함은 물론, 실질상 진실에 반하는 기재일 것이 필요하다"(대법원 1990.3.27. 89도2083).

기재하는 것을 말한다.[154] 따라서 타살로 인정되는 시체에 대해 자살로 기재하거나,[155] 진찰 결과 안정가료의 필요가 없다고 인식하면서도 안정가료를 요한다고 기재하거나 단순한 타박상을 골절상이라고 기재하는 것은 허위작성에 해당한다. 또 의사가 진찰한 사실이 없음에도 불구하고 진단서를 작성하는 경우도 이 죄에 해당한다. 그러나 진찰을 소홀히 하였거나 착오를 일으켜 오진함으로써 진실과 다른 진단서를 작성한 때에는 이 죄가 성립하지 않는다.

4) 기수시기　진단서·검안서 또는 생사에 관한 증명서가 작성됨으로써 기수가 되고, 그 후 이를 공무소 기타에 제출하였느냐의 여부는 이 죄의 성부에 영향이 없다. 허위진단서 등을 공무소 기타에 제출한 경우에는 이 죄와 별도로 허위작성진단서행사죄(제234조)의 경합범이 된다. 173

(2) 주관적 구성요건

이 죄의 고의에는 의사·한의사·치과의사·조산사가 자신의 신분과 진단서·검안서·생사증명서를 작성한다는 사실을 인식할 뿐만 아니라, 허위내용을 기재한다는 인식과 의사가 있어야 한다. 진찰을 소홀히 하거나 오진으로 인하여 실제 진실에 반하는 내용을 기재한 때에는 고의가 인정될 수 없다.[156] 목적범이 아니므로 행사할 목적은 요구되지 않는다. 174

3. 타죄와의 관계

(1) 사문서위조죄와의 관계

의사 아닌 자가 '의사의 명의'를 모용하여 허위의 진단서·검안서 등을 작성한 때에는 (공)사문서위조죄를 구성하고 이 죄가 되지 않는다.[157] 반면 의사 아닌 자가 의사의 자격과 칭호를 사칭하여 '자기명의'로 허위진단서를 작성한 때에는 자격모용에 의한(공)사문서작성죄가 성립한다. 175

(2) 허위공문서작성죄와의 관계

허위진단서등작성죄의 의사·한의사·치과의사·조산사는 사인私人으로서 자격을 가진 자만을 의미한다. 따라서 **공무원인 의사가 허위진단서를 작성한 경우** 허위공문서작성죄와의 관계가 문제된다. ① 허위진단서작성죄만 성립한다는 견해, ② 허위진단서작성죄와 허위공문서작성죄의 상상적 경합이 된다는 견해, ③ 허위공문서작성죄만 성립한다는 견해가 대립한다. 공문서는 사문서에 해당하는 허위진단서작성죄와 특별관계에 있기 때문에 허위공문서작성죄만 성립한다는 견해가 타당하다. 176

判 대법원은 종래 상상적 경합설을 취한 적이 있지만,[158] 그 후 판결에서는 공무원인 의사가 공무소의 명의 177

154) 대법원 2017.11.9. 2014도15129.
155) 대법원 2001.6.29. 2001도1319.
156) 대법원 1978.12.13. 78도2343.
157) "피고인이 국립경찰병원장 명의의 진단서에 직인과 계인을 날인하고 환자의 성명과 병명 및 향후치료소견을 기재하였다면 비록 진단서 발행번호나 의사의 서명날인이 없더라도 이는 공문서로서 형식과 외관을 구비하였으므로 공문서위조죄가 성립한다"(대법원 1987.9.22. 87도1443).

로 허위진단서를 작성한 경우 허위공문서작성죄만 성립한다고 하였다.[159]

Ⅸ. 허위공문서등작성죄

제227조(허위공문서작성등죄) 공무원이 행사할 목적으로 그 직무에 관하여 문서 또는 도화를 허위로 작성하거나 변개한 때에는 7년 이하의 징역 또는 2천만원 이하의 벌금에 처한다.

제235조(미수범) 제225조 내지 제234조의 미수범은 처벌한다.

제237조의2(복사문서등) 이 장의 죄에 있어서 전자복사기, 모사전송기 기타 이와 유사한 기기를 사용하여 복사한 문서 또는 도화의 사본도 문서 또는 도화로 본다.

1. 의의, 성격

178 공무원이 행사할 목적으로 그 직무에 관한 허위의 문서 또는 도화를 작성하거나 변개變改함으로써 성립하는 범죄이다. 공문서는 사문서에 비하여 사회적 신용성과 증명력이 크기 때문에 사문서의 경우와는 달리 허위내용의 문서작성행위(무형위조)를 일반적으로 처벌하기 위해 마련한 구성요건이다. 진정신분범이고 목적범이며, 추상적 위험범이자 부진정 결과범이다(미수처벌).

2. 구성요건

(1) 객관적 구성요건

179 1) 주체 주체는 직무상 문서 또는 도화를 작성할 권한이 있는 공무원이다(진정신분범). **이 죄의 자수성여부**에 관해서는 ① 비신분자는 신분자를 이용하여 간접정범이 될 수 없다는 이유로 이 죄를 부진정자수범이라고 하는 견해[160]가 있지만, ② 허위진단서작성죄의 경우와 마찬가지로 비신분자가 이 죄의 간접정범이 될 수 없는 것은 신분요소의 결여 때문이지 자수성 문제와는 무관한 것이므로 어떤 의미에서도 자수범은 아니다.[161]

180 작성권한 있는 공무원과 문서의 명의인은 반드시 일치해야 하는 것은 아니다. 명의인이 따로 있어도 그를 대리하여 전결권을 위임받은 자, 명의인의 대리권·대표권을 가진 자도 작성권한 있는 자에 해당하므로 이 죄의 주체가 된다.

181 공문서에 보충 기재할 권한만 위임받은 공무원 또는 말단 공무원이 작성권자의 직인을 사

158) 대법원 1955.7.15. 4288형상74.

159) "형법이 제225조 내지 제230조에서 공문서에 관한 범죄를 규정하고, 이어 제231조 내지 제236조에서 사문서에 관한 범죄를 규정하고 있는 점 등에 비추어 볼 때 형법 제233조 소정의 허위진단서작성죄의 대상은 공무원이 아닌 의사가 사문서로서 진단서를 작성한 경우에 한정되고, 공무원인 의사가 공무소의 명의로 허위진단서를 작성한 경우에는 허위공문서작성죄만이 성립하고 허위진단서작성죄는 별도로 성립하지 않는다"(대법원 2004.4.9. 2003도7762).

160) 임웅, 681면.

161) 비신분자(공무원 아닌 자)는 제33조에 의해 이 죄의 공동정범이나 협의의 공범은 인정될 수 있다.

용하여 허위의 공문서를 작성한 때에는 작성권한 있는 자가 아니므로 이 죄가 아니라 공문서위조죄가 성립한다.[162] 작성권한 있는 공무원이라도 그 권한 밖의 사항에 대해서 허위 내용을 작성한 때에도 공문서위조죄가 된다.

判 대법원은 공무원이라 할지라도 문서의 작성권한이 없는 경우에는 이 죄의 주체로 인정하지 않는다. 따라서 사법경찰관리의 권한이 없는 일반 행정서기보가 피의자신문조서를 작성한 경우(대법원 1974.1.29. 73도1854), 동사무소 임시직원이 소재증명을 작성하는 경우(대법원 1976.10.12. 76도1682), 작성권한 있는 공무원(면장)을 보조하여 기안을 담당하는 면사무소 호적계장이 면장의 결재 없이 허위내용의 호적정정기재를 한 경우(대법원 1990.10.12. 90도1790)에는 이 죄가 성립하지 않고 공문서위조죄의 성립을 인정한다. 하지만 작성권한이 있는 공무원이 권한의 범위 내에서 권한을 남용하여 자기명의로 허위공문서를 작성한 경우에는 (작성권한이 있고 자기명의이므로) 공문서위조죄가 아니라 허위공문서작성죄가 성립한다. 소방서장 명의로 작성발급되는 화재증명의 발급사무가 민원실장의 전결사항으로 되어있고 민원실장의 부재중에는 방호과장이 대리 전결하도록 위임되어 있는 경우에 방호과장이 허위의 화재증명을 전결하여 발행한 경우는 허위공문서작성죄의 성립이 인정되었다(대법원 1977.1.11. 76도3884). 182

2) 객체 공무소 또는 공무원이 직무에 관하여 작성한 문서(공문서) 또는 도화(공도화)이다. '직무에 관한 문서·도화'란 공무원이 직무권한의 범위 내에서 직무권한에 속하는 사항을 공무소 또는 공무원의 명의로 작성한 문서·도화를 말한다. '직무권한'은 반드시 법률에 근거를 가질 것을 요하지 않으므로 명령·내규 또는 업무관례에 따라 직무권한의 범위가 정해진 것도 포함한다. 직무에 관한 문서이면 대외적인 문서이건 대내적인 품의서이건 묻지 않는다. 183

例 따라서 합동법률사무소 명의로 작성된 공증서(대법원 1977.8.23. 74도2715), 노동청장의 위촉을 받은 검정위원이 작성한 기능검정시험의 실기채점표(대법원 1976.10.12. 76도2522) 등은 모두 공문서에 해당한다(앞의 공문서위조죄의 객체 부분 참조). 184

3) 행위 허위내용의 문서 또는 도화를 작성 또는 변개하는 것이다. 185

(가) 허위작성 허위의 작성이란 작성권한 있는 자가 그 권한의 범위 내에서 진실에 반하는 허위내용을 기재하는 것을 말한다.[163] 작성권한 있는 자가 작성한 허위문서이면 명의는 누구라도 상관없다. 예컨대 대리권 또는 대표권을 가진 자가 본인명의로 허위문서를 작성해도 이 죄가 성립한다. 또 권한의 범위 내에서 문서를 작성한 것이면 권한을 남용한 경우에도 허위문서의 작성이 된다. 186

가) 허위의 의의 및 작성방법 '허위'란 내용이 진실(객관적 사실)에 합치되지 않는 것을 말하며, 사실에 관한 것뿐만 아니라 의견과 판단에 관한 것도 포함한다. 기재내용이 법규에 위반하여 법률상 효력이 없는 경우에도 그 내용이 진실에 합치되는 한 허위는 아니다. 187

허위문서의 작성방법에는 제한이 없다. 작위뿐 아니라 부작위에 의해서도 허위문서를 작성할 수 있다. 예컨대 출납부에 고의로 수입 사실을 기재하지 않은 경우[164]가 이에 해당한다. 188

162) 대법원 1984.9.11. 84도368.
163) 작성권한 없는 자의 문서작성은 위조문서(부진정문서·유형위조)이며, 이 경우 그 내용이 허위인 때에도 허위문서의 작성이 아니라 공문서위조가 된다.
164) 대법원 1960.5.18. 4293형상125.

189 例 **허위공문서작성죄의 성립이 인정된 사례:** ① 피의자신문에 참여하지 않은 사법경찰리를 참여한 것 같이 기재한 경우(대법원 1966.9.6. 66도874), ② 가옥대장에 무허가건물을 허가받은 건물로 기재한 경우(대법원 1983.12.13. 83도1458), ③ 가옥대장의 기재와 다른 내용을 기재한 가옥증명서를 발행한 경우(대법원 1973.10.23. 73도395), ④ 준공검사를 하지 않고 준공검사조서에 준공검사를 하였다고 기재한 경우(대법원 1983.12.27. 82도3063), ⑤ 경찰서 보안과장이 일련번호가 동일한 음주운전 적발보고서에 다른 사람의 음주운전사실을 기재하게 한 경우(대법원 1996.10.11. 95도1706), ⑥ 소유권 이전등기와 근저당권설정 등기의 신청이 동시에 이루어진 경우 고의로 근저당권설정등기를 기입하지 않은 채 소유권 이전등기기재에 대한 등기부등본만을 발급한 경우(대법원 1996.10.15. 96도1669), ⑦ 인감증명서 발급업무를 담당하는 공무원이 발급신청인이 직접 출두하지 않았음에도 불구하고 신청인이 직접 신청하여 발급받은 것처럼 인감증명서에 기재한 경우(대법원 1997.7.11. 97도1082), ⑧ 사법경찰관인 피고인이 검사로부터 '피해자들로부터 교통사고경위에 대해 구체적인 진술을 청취하여 운전자 도주 여부에 대해 재수사할 것'을 요청받았음에도 재수사 결과서의 재수사 결과란에 피해자들로부터 진술을 청취하지 않고도 진술을 듣고 그 진술내용을 적은 것처럼 기재하고 자신의 독자적인 의견이나 추측에 불과한 것을 마치 피해자들로부터 직접 들은 진술인 것처럼 기재한 경우(대법원 2023.3.30. 2022도6886) 등.

190 例 **허위공문서작성죄의 성립이 부정된 사례:** ① 공무원이 신규주민등록신고를 한 자에 대하여 전입신고 사실이 없다는 내용의 확인서를 작성한 경우(대법원 1972.12.12. 72도1233), ② 집배원이 특별우체물의 수취인의 소재에 관하여 여러 사람에게 문의하기는 하였지만 실제로는 문의하지 않은 자들의 이름을 허위로 쓰고 반송처리한 경우(대법원 1974.4.23. 74도716), ③ 당사자로부터 뇌물을 받고 적용해서는 안 되는 조항을 적용하여 과세표준을 결정하고 세금을 산출하였으나 세액계산에 허위 내용의 기재가 없는 경우(대법원 1996.5.14. 96도554), ④ 도주운전에 해당하는 교통사고 실황조사서의 사고원인 기재란에 가해자의 사고 후의 행동이 기재된 가해자 및 피해자의 관련자 진술만 첨부하였을 뿐 사고도주 표시란에 아무런 표시를 하지 않은 경우(대법원 1997.3.11. 96도2329), ⑤ 고의로 법령을 잘못 적용하여 공문서를 작성하였으나 그 법령적용의 전제가 된 사실관계에 대한 내용에 거짓이 없는 경우(대법원 2000.6.27. 2000도1858) 등.

191 **나) 신고에 의한 허위문서의 작성** 공문서의 내용이 일반인(또는 작성권한 없는 공무원)의 허위신고에 의하여 허위사실이 기재되는 경우 담당 공무원이 신고내용에 대해 '실질적 심사권'을 가진 경우(가옥대장·토지대장 등)에는 그 신고내용의 허위성을 알면서도 이를 기재하였다면 당연히 허위공문서작성죄가 성립한다.

192 하지만 **담당 공무원이 형식적 심사권만 가진 경우(등기부·호적부 등)** ① 일정한 형식과 요건을 구비한 신고만 있으면 담당 공무원에게 그에 따른 문서작성의 직무상 의무가 생기므로 허위공문서작성죄가 되지 않는다는 견해(부정설[165]), ② 신고자와 공모한 경우에는 이 죄가 성립하지만 우연히 신고사실의 허위성을 알게 된 때에는 이 죄가 성립하지 않는다는 견해(절충설[166]), ③ 형식적 심사권만 있는 경우에도 이 죄가 성립한다는 견해(긍정설[167]) 등이 대립한다. 형식적 심사권만 가진 경우에도 담당공무원이 신고내용의 허위성을 알았을 때에는 그 서류접수 기재를 거부할 수 있고, 허위내용이 기재되면 공문서에 대한 공공의 신용이 저해될 수 있기 때문에 허위공문서작성죄의 성립을 긍정하는 것이 타당하다.

165) 정영석, 174면.
166) 정성근/박광민, 595면.
167) 김일수/서보학, 757면; 배종대, §117/14; 오영근, §36/104; 이재상/장영민/강동범, §32/66.

判 대법원은 허위신고임을 알면서 허위기재한 경우에 이 죄를 인정하고 있으므로 긍정설의 입장을 취한 것으로 볼 수 있다.[168] 그러나 대법원이 사실의 확인·증명이 아닌 허가사항에 대해 허가요건을 갖추지 못한 신청에 대해 허가서를 발부한 사안에 대해 허가서 그 자체에 허위사실을 기재한 것은 아니라는 이유에서 이 죄의 성립을 부정한 판결[169]을 가지고 대법원의 태도가 부정설을 취한 것으로 이해해서는 안 된다. 같은 논리에 따르면 수사기록이나 공판기록의 경우에도 작성자가 진술인이 허위진술을 하는 것을 알면서 그대로 기재할 경우 적법한 조서작성일 뿐 이 죄의 성립을 인정할 수 없을 것으로 보인다. 193

(나) 변개 변개란 작성권한 있는 공무원이 진정하게 작성된 기존문서의 내용을 허위로 고치는 것(변경)을 말한다. 진정문서에 대한 변개이므로 부진정문서(위조문서), 변조된 공문서는 변개대상이 될 수 없다. 진정하게 작성된 기존문서의 내용을 변경한다는 점에서는 유형위조의 변조와 유사하지만 작성권한 있는 자의 변경이라는 점에서 변조와 구별된다. 또 작성권한 있는 자의 행위라는 점에서는 '허위작성'과 동일하나 기존문서의 내용의 동일성을 해하지 않는 범위 내에서의 허위변경이라는 점에서 처음부터 허위작성하는 경우와 다르다. 194

(다) 기수시기 작성권한 있는 자가 허위내용을 기재하여 문서작성을 완료한 때(작성의 경우), 그리고 기존의 진정문서의 내용을 허위로 변경한 때(변개의 경우)에 기수가 된다. 문서로서의 형식과 요건을 구비하여 작성명의인이 누구인지를 알 수 있을 정도에 이르러야 작성완료로 인정할 수 있다.[170] 하나의 공문서에 작성자가 2인 이상 있는 때에는 그 중 1인의 작성행위가 완료되면 다른 자의 서명날인이 없어도 그 1인의 허위공문서작성죄는 기수에 이른다.[171]이 죄의 기수가 되기 위해 공공의 신용을 위태롭게 할 정도에까지 이를 필요도 없다(추상적 위험범). 195

(2) 주관적 구성요건

작성 또는 변개한 공문서의 내용이 허위라는 것과, 그 직무에 관한 것이라는 인식과 작성 또는 변개할 의사가 있어야 고의가 인정된다. 고의 외에 행사할 목적이 있어야 한다. 196

判 대법원의 허위작성이 인정되는 한, 작성자가 진술인의 진술에 신빙성이 부족하다는 이유에서 작성자 자신의 판단에 따라 기재하는 내용이 객관적인 사실에 부합할 것이라고 생각하였다고 하더라도 고의가 부정되는 197

---

168) "신고사항이 허위인 것이 명백한 경우에는 호적리는 그 기재를 거부할 수 있다고 해석할 것이므로 허위임을 알고 있으면서 이를 호적부에 기재하였다면 허위공문서작성죄가 성립한다"(대법원 1977.12.27. 77도2155).

169) "건축 담당 공무원이 건축허가신청서를 접수·처리함에 있어 건축법상의 요건을 갖추지 못하고 설계된 사실을 알면서도 기안서인 건축허가통보서를 작성하여 건축허가서의 작성명의인인 군수의 결재를 받아 건축허가서를 작성한 경우, 건축허가서는 그 작성명의인인 군수가 건축허가신청에 대하여 이를 관계 법령에 따라 허가한다는 내용에 불과하고 위 건축허가신청서와 그 첨부서류에 기재된 내용(건축물의 건축계획)이 건축법의 규정에 적합하다는 사실을 확인하거나 증명하는 것은 아니라 할 것이므로 군수가 위 건축허가통보서에 결재하여 위 건축허가신청을 허가하였다면 위 건축허가서에 표현된 허가의 의사표시 내용 자체에 어떠한 허위가 있다고 볼 수는 없다 할 것이어서, 이러한 건축허가에 그 요건을 구비하지 못한 잘못이 있고 이에 담당 공무원의 위법행위가 개입되었다 하더라도 그 위법행위에 대한 책임을 추궁하는 것은 별론으로 하고 위 건축허가서를 작성한 행위를 허위공문서작성죄로 처벌할 수는 없다"(대법원 2000.6.27. 2000도1858).

170) 대법원 1973.9.29. 73도1765.

171) 대법원 1973.6.26. 73도733.

것은 아니라고 한다.[172)]

198 例 **고의가 긍정된 판례사안:** 대법원은 허위사실임을 인식한 이상 '상사나 상급관청의 양해 또는 지시'가 있었다고 해서 고의가 부정되는 것은 아니라는 입장이다(대법원 1971.11.9. 71도177).

199 例 **고의가 부정된 판례사안:** ① **선례에 따른 경우:** 물품검사를 하면서 실물검사는 전체량의 일부만 추출하여 했음에도 불구하고 외관검사를 행한 수량 중의 일정량을 실물검사한 것처럼 보고서를 작성하여도 그것이 업무상 관행에 의한 경우(대법원 1982.7.27. 82도1026), 공무원이 여러 차례의 출장반복의 번거로움을 회피하고 민원사무를 신속히 처리한다는 방침에 따라 사전에 출장조사한 다음 출장조사내용이 변동 없다는 확신하에 출장복명서를 작성하고 다만 그 출장일자를 작성일자로 기재한 경우(대법원 2001.1.15. 99도4101), ② **통상 있을 수 있는 사소한 정도의 오기:** 대수선허가 면적보다 1층은 1.12평, 2층은 0.25평이 더 증축된 것을 알면서도 허가된 면적대로 준공되었다는 준공검사보고서를 작성한 경우(대법원 1985.5.28. 85도327), ③ **단순한 오기:** 출장복령서에 특별히 도착시간을 은폐해야 할 이유가 없으면서도 "11:00 출발"을 "11:00 현지도착"이라고 기재한 경우(대법원 1978.4.11. 77도3781) 등.

3. 허위공문서작성죄의 간접정범 인정여부

(1) 작성권자(신분자)가 타인을 이용하는 경우

200 공문서를 작성할 권한 있는 공무원(신분자)이 권한 없는 자(비신분자)를 이용하거나 작성권한 있는 다른 공무원(신분자)을 이용하여 허위공문서를 작성하게 한 때에는 모두 이 죄의 간접정범이 성립할 수 있다는 점에 대해서는 이견이 없다. 이 죄가 진정신분범에 해당하는 데서 추론되는 당연한 결론이다.

(2) 작성권자 이외의 자(비신분자)가 작성권자(신분자)를 이용하는 경우

201 1) 일반 사인이 작성권자를 이용하는 경우 　비신분자인 일반인은 허위공문서작성죄의 간접정범이 될 수 없다고 하는 데에 견해가 일치한다.[173)] 그 논거로서 제228조의 공정증서원본등부실기재죄와의 관계나 입법취지를 들고 있지만 그것은 간접적인 논거에 불과하고, 직접적인 근거는 이 죄가 진정신분범에 해당하기 때문에 비신분자는 이 죄의 주체가 될 수 없으며, 형법 제33조를 간접정범의 경우에는 적용할 수 없기 때문이다.[174)] 하지만 공동정범의 형태로는 일반인(비신분자)도 형법 제33조의 적용에 따라 작성권자(신분자)가 범하는 허위공문서작성죄(또는 그 간접정범)의 공동정범이 될 수 있다(물론 협의의 공범도 가능하다[175)]).

202 判 대법원도 일반인은 이 죄의 간접정범이 될 수 없음을 오래전부터 인정해오고 있으면서,[176)] 다른 한편 '공

---

172) 대법원 2023.3.30. 2022도6886.

173) 이 경우 행위객체인 문서가 공정증서원본인 경우에는 일반인의 허위공문서작성의 간접정범형태를 독자적으로 규율하는 공정증서원본등부실기재죄(제228조)가 인정될 수는 있다. 뿐만 아니라 가담형태에 따라 형법 제33조에 의해 허위공문서작성죄의 공동정범이나 교사범 또는 방조범이 성립할 수도 있다.

174) 제33조의 전3조의 규정에 간접정범도 포함시키는 견해는 일반인(비신분자)도 작성권자(신분자)의 허위공문서작성죄의 간접정범이 될 수 있다고 해야 할 것이다.

175) 물론 이 경우 간접정범의 공범(공동정범이나 협의의 공범)이라고 해도 간접정범이 된다는 것을 의미하는 것이 아니라 어디까지나 공동정범 또는 협의의 공범이 되는 것에 불과하다.

176) "형법은 공문서에 대해서만 무형위조를 처벌하고, 공문서의 경우에도 공무원의 허위공문서작성(제227조)을 처벌

문서 기안담당공무원'이 허위공문서작성죄의 간정정범이 된다는 전제하에 그와 공모한 일반 사인에 대해 간접정범의 공범(공동정범)이 성립한다고 한다.[177] 하지만 공문서 기안 담당공무원이 작성권자로서 허위공문서작성죄의 간접정범이 될 수 있는지에 대해서는 논란이 많다.

2) 공문서작성의 보조자가 작성권자를 이용하는 경우 **공문서의 기안을 담당하는 보조공무원이 허위공문서를 기안·작성하여 그 정을 모르는 상사(작성권자)**의 '결재를 받아' 공문서를 완성한 경우, 일반인이 작성권자를 이용하는 경우와는 달리 ① 보조자에게 허위공문서작성죄의 간접정범을 인정하는 견해(긍정설[178])와 ② 부정하는 견해(부정설[179])가 대립한다. 203

긍정설은 기안담당 보조자는 문서작성 명의인이 아니므로 직접정범은 될 수 없지만, '사실상 또는 실질적'으로 공문서를 작성하고 있으므로 단순한 비공무원과는 동일하게 취급할 수 없어 간접정범이 될 수 있다고 하고 있다. 204

判 대법원도 그 근거는 밝히지 않고 있지만 일관해서 보조공무원의 허위공문서작성죄의 간접정범성을 인정하면서[180] 면의 호적계장이 정을 모른 '면장의 결재'를 받아 허위내용의 호적부를 작성한 경우에 허위공문서작성(및 동행사죄)의 간접정범이 성립한다고 한다. 205

하지만 허위공문서작성죄는 그 주체를 작성권한 있는 공무원으로 엄격히 제한하는 진정신분범이므로 형법 제33조의 적용확대를 통하지 않고서는 비신분자에게 신분의 효과를 종속적(연대적으로)으로 미치게 할 수 없다. 따라서 작성권한 있는 공무원 이외의 모든 사람에 대해 이 죄의 간접정범의 성립을 인정할 수 없으므로, 작성권자를 이용한 비신분자의 죄책은 경우에 따라 위계에 의한 공무집행방해죄나 직무유기죄의 성립을 인정하거나 입법을 통해 처벌의 흠결을 보충하는 수밖에 없다. 206

3) 공문서작성의 보조자가 작성권자의 결재 없이 공문서를 완성한 경우 공문서작성의 보조자(내지 기안담당자)가 작성권자의 '결재를 거치지도 않고' 독자적으로 작성권자를 명의인으로 하는 공문서를 완성하는 경우가 있다. 207

判 대법원은 이러한 경우 작성권한 없는 자에 의한 공문서 명의도용에 해당하므로 허위공문서작성죄(또는 그 간접정범)가 아닌 공문서위조죄의 성립을 인정하고(대법원 1981.7.18. 81도898), 공무원의 문서작성을 보조하는 직무에 종사하는 공무원이 허위공문서를 기안하여 작성권자의 결재없이 또는 임의로 작성권자의 직인 등을 부정사용함으로써 208

함과 동시에 예외적으로 공무원에 대하여 허위의 신고를 하여 공정증서원본 등에 허위의 사실을 기재한 경우를 특별히 처벌하는 규정을 두면서(제228조), 제228조를 제227조보다 현저히 가볍게 벌하고 있는 점에 비추어 비공무원은 제228조에 해당하는 경우 이외에는 허위공문서작성죄의 간접정범으로 처벌되지 아니한다는 것을 형법의 취지로 보아야 한다"(대법원 1961.12.14. 4292형상647 전원합의체).

177) 대법원 1992.1.17, 91도2837.

178) 배종대, §117/19; 정성근/박광민, 654면.

179) 김일수/서보학, 761면; 박상기, 498면; 이재상/장영민/강동범, §32/73; 임웅, 682~683면.

180) "허위공문서작성죄의 주체는 직무상 그 문서를 작성할 권한이 있는 공무원에 한하고 작성권자를 보조하는 직무에 종사하는 공무원은 허위공문서작성죄의 주체가 되지 못하나 이러한 보조직무에 종사하는 공무원이 허위공문서를 기안하여 허위인 정을 모르는 작성권자에게 제출하고 그로 하여금 그 내용이 진실한 것으로 오신케 하여 서명 또는 기명날인케 함으로써 공문서를 완성한 때에는 허위공문서작성죄의 간접정범이 성립된다"(대법원 1990.10.30. 90도1912).

공문서를 완성한 경우에도 공문서위조죄의 성립을 인정한다(대법원 2017.5.17. 2016도13912).

209 4) 보조자가 작성권자의 적극적인 착오를 유발하여 결재를 받아낸 경우 기안담당공무원이 작성권자의 판단에 필요한 소명자료를 제출하지 않고 적극적으로 착오를 유발하여 결재를 받아 공문서를 완성한 경우에는 상사의 결재 자체가 허위공문서작성에도 해당하지 아니하므로 기안담당자에 대해서는 허위공문서작성죄의 간접정범도 되지 않고, 공문서위조죄도 될 수 없고, 위계에 의한 공무집행방해죄만 인정될 수 있을 뿐이다.

210 判 대법원은 출원에 의한 심사업무가 문제되는 것과 같은 일정한 사안의 경우 단순한 허위사실의 신고만으로 위계에의한공무집행방해죄의 성립을 인정하지 않고 해당 공무원의 적법한 직무집행을 방해로 연결될 정도와 같이 보다 적극적인 위계를 요건으로 요구한다[181](이에 관해서는 위계에 의한 공무집행방해죄 부분 참조).

4. 타죄와의 관계

(1) 공정증서원본부실기재죄와의 관계

211 작성권한 있는 공무원이 공정증서원본에 허위내용을 기재한 때에는 공정증서원본부실기재죄(제228조 제1항)가 아니라 허위공문서작성죄가 된다.

(2) 허위진단서작성죄와의 관계

212 공무원인 의사가 허위진단서를 작성한 경우 허위공문서작성죄와 허위진단서작성죄의 상상적 경합이 된다고 하는 견해가 있으나, 공문서는 사문서에 해당하는 허위진단서작성죄와 특별관계에 있으므로 허위공문서작성죄의 성립만 인정하는 것이 타당하고, 판례도 허위공문서작성죄의 성립만 인정한다(허위진단서작성죄 부분 참조).

(3) 직무유기죄와의 관계

213 공무원이 일정한 위법사실을 발견하고도 직무상의 조치 없이 이를 적극적으로 은폐할 목적으로 허위공문서를 작성한 경우 직무유기죄는 성립하지 않고 허위공문서작성죄만 인정된다(흡수관계).[182] 이와는 달리 허위공문서의 작성이 기존의 직무위배의 위법상태를 은폐하기 위한 것이 아니라 그와 관련된 다른 이익을 위하는 등 새로운 위법상태를 창출하기 위한 것인 때에는 이 죄와 직무유기죄의 실체적 경합이 된다.[183]

---

181) 대법원 1997.2.28. 96도2825 등 참조.

182) "예비군 중대장이 그 소속 예비군대원의 훈련불참사실을 알았다면 이를 소속 대대장에게 보고하는 등의 조치를 취할 직무상의 의무가 있음은 물론이나, 그 소속 예비군대원의 훈련불참 사실을 고의로 은폐할 목적으로 당해 예비군대원이 훈련에 참석한 양 허위내용의 학급편성명부를 작성, 행사하였다면, 직무위배의 위법상태는 허위공문서작성 당시부터 그 속에 포함되어 있는 것이고 그 후 소속대대장에게 보고하지 아니하였다 하더라도 당초에 있었던 직무위배의 위법상태가 그대로 계속된 것에 불과하다고 보아야 하고, 별도의 직무유기죄가 성립하여 양죄가 실체적 경합범이 된다고 할 수 없다"(대법원 1982.12.28. 82도2210).

183) "공무원이 어떠한 위법사실을 발견하고도 직무상 의무에 따른 적절한 조치를 취하지 아니하고 위법사실을 적극적으로 은폐할 목적으로 허위공문서를 작성·행사한 경우에는 직무위배의 위법상태는 허위공문서작성 당시부터 그 속에 포함되는 것으로 작위범인 허위공문서작성, 동행사죄만이 성립하고 부작위범인 직무유기죄는 따로 성립하지 아니하나, 위 복명서 및 심사의견서를 허위작성한 것이 농지일시전용허가를 신청하자 이를 허가하여 주기

(4) 수뢰후부정처사죄와의 관계

공무원이 뇌물을 받고 허위공문서를 작성하여 행사한 경우 수회후부정처사죄 외에 허위공문서작성죄 및 동행사죄가 성립한다. 이 경우 허위공문서작성죄(A)와 동행사죄(B)는 실체적 경합관계가 인정되고(판례), 수뢰후부정처사죄(C)는 허위공문서작성죄(A)와 동행사죄(B)와 각각 상상적 경합관계가 인정된다는 점에는 의문이 없다. 하지만 A, B, C죄의 관계와 관련해서는 연결효과에 의한 상상적 경합의 법리를 인정하는 견해와 부정하는 견해가 대립한다. C죄의 법정형이 A, B죄에 비해 중하거나 최소한 동일할 것을 조건으로 하여 C죄가 A, B의 연결하는 효과를 발휘하여 세 개의 죄가 모두 상상적 경합관계에 있음을 인정하는 것이 타당하다(『총론』 죄수 및 경합론의 상상적 경합 참조). 214

判 대법원은 연결효과에 의한 상상적 경합의 법리를 적용하는지에 대한 명시적 태도표명은 없지만 위 세 개의 죄가 모두 상상적 경합관계에 있음을 인정하고 있다.[184] 215

X. 공정증서원본등부실기재죄

제228조(공정증서원본등부실기재죄) ① 공무원에 대하여 허위신고를 하여 공정증서원본 또는 이와 동일한 전자기록등 특수매체기록에 부실의 사실을 기재 또는 기록하게 한 자는 5년 이하의 징역 또는 1천만원 이하의 벌금에 처한다.
② 공무원에 대하여 허위신고를 하여 면허증, 허가증, 등록증 또는 여권에 부실의 사실을 기재하게 한 자는 3년 이하의 징역 또는 700만원 이하의 벌금에 처한다.

제235조(미수범) 제225조 내지 제234조의 미수범은 처벌한다.

제237조의2(복사문서등) 이 장의 죄에 있어서 전자복사기, 모사전송기 기타 이와 유사한 기기를 사용하여 복사한 문서 또는 도화의 사본도 문서 또는 도화로 본다.

1. 의의, 성격

공무원에 대하여 허위신고를 하여 공정증서원본이나 이와 동일한 전자기록 등 특수매체기록에 부실의 기재 또는 기록을 하거나(제1항), 면허증, 허가증, 등록증 또는 여권에 부실의 사실을 기재하게 함으로써(제2항) 성립하는 범죄이다. 216

이 죄는 허위공문서작성죄의 간접정범 중 특수한 경우를 독립된 범죄로 만든 경우이다. 이 217

위하여 한 것이라면 직접적으로 농지불법전용 사실을 은폐하기 위하여 한 것은 아니므로 위 허위공문서작성, 동행사죄와 직무유기죄는 실체적 경합범의 관계에 있다"(대법원 1993.12.24. 92도3334).

184) "예비군 중대장이 그 소속예비군으로부터 금원을 교부받고 그 예비군이 예비군훈련에 불참하였음에도 불구하고 참석한 것처럼 허위내용의 중대학급편성명부를 작성, 행사한 경우라면 수뢰후 부정처사죄 외에 별도로 허위공문서작성 및 동행사죄가 성립하고 이들 죄와 수뢰후 부정처사죄는 각각 상상적 경합관계에 있다고 할 것이다. 허위공문서작성죄와 동행사죄가 수뢰후 부정처사죄와 각각 상상적 경합관계에 있을 때에는 허위공문서작성죄와 동행사죄 상호간은 실체적 경합범관계에 있다고 할지라도 상상적 경합범관계에 있는 수뢰후 부정처사죄와 대비하여 가장 중한 죄에 정한 형으로 처단하면 족한 것이고 따로이 경합가중을 할 필요가 없다"(대법원1983.7.26. 83도1378).

죄는 신분범도 아니고 목적범도 아니라는 점만 제외하면 허위공문서작성죄와 성격이 같다.

218 허위공문서작성죄는 작성권한 있는 공무원만을 주체로 하는 진정신분범이다. 따라서 이러한 신분이 없는 자가 허위여부를 알지 못하는 공무원을 이용할 경우에는 간접정범이 되지 않을 뿐 아니라, 이용당하는 공무원에게 고의가 조각되기 때문에 이용자인 비신분자의 공범(교사 또는 방조) 성립도 애당초 불가능하다. 이러한 처벌의 공백상태를 메우기 위해 — 비록 행위객체를 모든 공문서로 하지 않고 공정증서원본 등으로만 제한하였지만 — 비신분자인 일반 사인이 작성권한 있는 공무원을 이용하여 허위공문서작성죄를 범하도록 하는 경우를 간접정범의 형태의 독립된 범죄로 입법하게 된 것이다. 만약 공무원이 신고사실의 허위성을 안 경우에는 공무원에게 공정증서원본등부실기재죄가 아니라 허위공문서작성죄가 성립하고,[185] 허위신고를 한 신고자는 허위공문서서작성죄의 공동정범이나 교사범 또는 방조범의 성립이 인정된다.

2. 구성요건

(1) 객관적 구성요건

219 1) 주체 주체에는 제한이 없다. 따라서 공무원도 주체가 될 수 있다. 그러나 허위신고를 받은 작성권한 있는 공무원은 이 죄의 수단으로 이용될 뿐이지 이 죄의 주체가 될 수 없다.

220 2) 객체 공정증서원본, 이와 동일시되는 전자기록 등 특수매체기록, 면허증, 허가증, 등록증 또는 여권이다.

221 (가) 공정증서원본 공정증서란 공무원이 직무상 작성하는 문서로서 권리·의무에 관한 사실을 증명하는 효력을 가진 공문서를 말한다(통설·판례[186]). '권리·의무'는 공법상·사법상의 것을 묻지 않으며, 사법상의 권리·의무는 재산상의 권리·의무 외에 신분상의 그것도 포함한다. 예컨대 호적부, 부동산등기부, 선박등기부, 상업등기부,[187] 법인등기부[188] 등이 공정증서원본에 해당한다. 그러나 권리·의무관계를 증명하는 것이 아닌 주민등록부, 인감대장, 토지대장, 가옥대장, 임야대장, 선박원부, 선거인 명부의 원본이나 도민증, 시민증, 주민등록증 등은 단순히 사실을 증명하는 증서에 불과하므로 공정증서원본이 아니다.

222 법원의 판결원본과 지급명령원본은 공정증서이지만 증명을 직접목적으로 하지 않고 주로 처분문서의 성격을 가지므로 이 죄의 객체에 속하지 않는다.[189] 화해조서도 처분문서이지만 권리·의무관계를 증명하는 기능도 하므로 공정증서에 해당한다.[190] 공정증서원본은 허위신고에 의하여 부실사실을 그대로 기재할 수 있는 성질의 증서라야 한다. 따라서 신고내용의 채택 여부가 재량에 속하는 수사기관의 각종 진술조서·감정인의 감정서·소송상의 각종 조

185) 대법원 1977.12.27. 77도2155.
186) 대법원 1988.5.24. 87도2696.
187) 대법원 1986.9.9. 85도2297.
188) 대법원 2001.8.21. 2000도5418.
189) 김일수/서보학, 749면; 임웅, 686~687면.
190) 오영근, §36/123.

서 등은 이 죄의 객체가 될 수 없다.

공정증서는 원본만이 이 죄의 객체가 된다. 여기의 "원본"이란 공정증서 자체를 말한다. 따라서 공정증서의 정본[191]·등본·사본·초본·전자복사한 복사본은 이 죄의 객체가 될 수 없다. 223

例 공정증서원본 긍정례: 간이절차에 의한 민사분쟁사건처리특례법에 의하여 합동법률사무소 명의로 작성된 공증에 관한 문서(대법원 1977.8.23. 74도2715), 위조하여 작성된 집행수락부 약속어음 증서(대법원 2006.6.27. 2006도2864) 등. 224

例 공정증서원본 부정례: 공증인법상의 공증인이 인증한 사서증서는 단순히 사실을 증명하는 증서에 불과하므로 공정증서가 아니다(대법원 1984.10.23. 84도1217). 단순히 채권양도가 있다는 사실만을 증명하는 공정증서는 채권의 존재 자체에 관한 증명이 아니므로 이 죄의 객체인 공정증서원본이 아니다(대법원 2004.1.27. 2001도5414). 225

(나) 공정증서원본과 동일한 전자기록 등 특수매체기록 　전자적 기록 또는 광기술을 이용한 특수매체기록으로서 공정증서원본과 동일한 효력과 기능을 가진 것을 말한다. 예컨대 공무소에서 보관하는 것으로서 전산화한 부동산등기 파일, 자동차등록 파일, 호적파일, 국세청의 세무자료 파일, 특허원부 등이 이에 해당한다. 226

(다) 면허증, 허가증, 등록증, 여권 　'면허증'이란 특정된 기능을 가진 특정인에게 그 기능을 수행할 수 있는 권리를 부여하기 위하여 공무소 또는 공무원이 작성하여 교부하는 증명서를 말한다(의사면허증·약사면허증·자동차운전면허증 등). 그러나 단순히 일정한 자격이 있음을 표시함에 불과한 시험합격증이나 교사자격증은 면허증에 포함되지 아니한다. '허가증'이란 특정인에게 일정한 영업이나 사업을 허가하였다는 사실을 증명하는 공문서로 공무소가 작성하여 교부하고 이를 교부받은 자가 비치하거나 휴대해야 하는 것을 말한다(주류판매의 영업허가증, 자동차·선박 등의 영업허가증 등). '등록증'이란 일정한 자격을 취득한 자에게 그 활동에 상응하는 권능을 부여하기 위하여 공무원 또는 공무소가 작성하는 증서를 말하고(변호사·변리사·공인회계사 등의 등록증), 사업자등록증은 사업을 할 수 있는 자격이나 요건을 갖추었음을 인정하는 것이 아니므로 여기에 해당하지 않는다.[192] '여권'이란 공무소가 여행자를 위하여 발행하는 여행허가장을 말한다. 227

3) 행위 　공무원에 대하여 허위신고를 하여 부실의 사실을 기재하게 하는 것이다. 이 죄는 허위공문서작성죄의 간접정범에 해당하므로 허위신고는 신고자(행위자)의 이용행위에 해당하고, 부실기재는 피이용자(공무원)의 실행행위에 해당한다. 228

(가) 공무원 　여기의 공무원은 공정증서의 원본 등에 신고사항을 기재 또는 특수매체에 기록할 수 있는 권한을 가진 공무원을 말한다. 신고받는 공무원은 기재사실이 부실임을 알지 못해야 한다. 허위신고를 받은 공무원이 허위의 사실을 알고 부실기재하면 그 공무원은 허위공문서작성죄가 되고, 허위신고자는 허위공문서작성죄의 공범(교사범)이 된다.[193] 우연히 허 229

191) 대법원 2002.3.26. 2001도6503.

192) 대법원 2005.7.15. 2003도6934.

193) 이 경우 허위신고자인 일반인은 신분자가 아니지만 신분범인 허위공문서작성죄의 공범이 될 수 있는 것은 형

위신고임을 알고 부실의 기재를 한 때에도 그 신고에 대해 실질적 심사권 또는 형식적 심사권이 있느냐와 관계없이 허위공문서작성죄가 성립하고 이 죄는 성립하지 않는다.

230 (나) 허위신고 허위신고는 일정한 사실의 존부에 대한 진실에 반하는 신고를 말한다. 신고내용이 허위인 경우뿐만 아니라 등기명의인이 아닌 자가 명의인 자격을 모용하여 소유권이전등기신청을 하는 경우와 같이 신고인의 자격을 사칭하는 경우도 허위신고에 해당한다.

231 신고의 방법에도 제한이 없다. 행위자가 직접 또는 대리인을 통하여 하든지, 구두나 서면, 자기명의 또는 타인명의의 신고이든 불문한다. 반드시 신고 또는 기재사항이 불법한 것일 필요도 없다. 법원을 기망하여 확정판결을 받고 이에 기하여 등기신청을 하는 경우,[194] 화해조서의 내용이 허위임을 알면서 등기신청 하는 경우[195]에도 허위신고에 해당한다. 하지만 반드시 당사자의 허위신고가 있어야 하므로 법원의 촉탁에 따라 부실등기가 이루어진 경우에는 이 죄가 성립하지 않는다.[196]

232 (다) 부실사실의 기재 또는 기록 공정증서원본이 증명하는 사항과 관련하여 중요한 부분에서 객관적 진실에 반하는 사실을 기재 또는 기록하게 하는 것을 말한다.[197]

233 **例 부실기재로 인정된 사례:** ① 국내취업을 위한 입국을 가능하게 할 목적으로 형식상 혼인하기로 한 경우(대법원 1996.11.22. 96도2049), ② 해외이주의 목적으로 위장결혼을 하고 혼인신고한 경우(대법원 1985.9.10. 85도1481) 등은 참다운 부부관계의 설정을 바라는 효과의사가 없음을 이유로 부실기재로 인정되었고, ③ 채무를 가장하여 허위근저당설정등기를 한 경우(대법원 1997.7.25. 97도605), ④ 공동대표이사로 법인등기하기로 위임받고 단독대표의 법인등기를 한 경우(대법원 1994.7.29. 93도1091), ⑤ 1인 주주회사의 1인 주주가 형식적인 절차를 거치지 않고 특정인을 이사로 선임한 후 자발적 사임을 등기원인으로 하여 사임등기를 경료한 경우(대법원 1981.6.9. 80도2641), ⑥ 종중대표자가 종중총회의 결의 없이 종중 재산 부동산에 근저당 설정등기를 마친 경우(대법원 2005.8.25. 2005도4910), ⑦ 부동산에 관한 종중 명의의 등기를 하면서 허위의 종중 대표자를 기재한 경우(대법원 2006.1.13. 2005도4790) 등.

234 그러나 허위의 사실이라도 권리·의무에 관한 사항에 영향을 주지 않거나 전혀 관계가 없는 사항이면 부실의 사실을 기재한 것이 되지 않는다.[198] 기재절차에 하자가 있거나 등기의 원인관계가 실제와 다르다고 하더라도 기재 또는 기록 내용의 중요부분이 당사자의 의사에 합치되거나 실체권리관계와 부합하는 때에는 부실의 기재·기록이 아니다.[199] 기재사실에 무효나 부존재에 해당하는 하자가 있다면 그 기재는 부실기재가 되지만 그것이 객관적으로 존재하는 사실이고 취소사유에 해당되는 하자일 뿐인 경우에는 취소되기 전의 그 결의내용이 공정증서원본에 기재된 이상 부실기재가 되지 않는다.[200]

법 제33조 때문이다. 허위신고자와 허위사실을 알면서 부실기재를 하는 공무원이 서로 공모하면 허위신고자에게 공동정범의 성립이 인정될 수도 있음은 앞서 설명하였다.

194) 대법원 1996.5.31. 95도1967(공정증서원본등부실기재죄와 동행사죄의 경합범이 된다).

195) 대법원 1981.2.24. 80도1584.

196) 대법원 1983.12.27. 83도2442.

197) 대법원 2020.2.27. 2019도9293.

198) 대법원 1967.7.11. 65도592.

199) 대법원 1980.12.9. 80도1323.

235 **例 부실기재로 인정되지 않은 사례:** ① 예고등기를 말소하는 경우는 권리의무에 영향을 미치지 않아서(대법원 1972.10.31. 72도1966), ② 당사자간의 합의에 의하여 가장매매를 원인으로 하여 소유권이전등기를 경료한 경우는 당사자 사이에 소유권이전등기를 경료시킬 의사가 있었기 때문에(대법원 1991.9.24. 91도1164), ③ 1인 회사의 1인 주주가 특정인과 합의 없이 주주총회의 소집 등 형식적 절차를 거침이 없이 특정인을 이사의 지위에서 해임하였다는 내용을 법인등기부에 기재하게 한 경우 1인 주주회사는 1인주주의 의사가 바로 주주총회 및 이사회의 결의이기 때문에(대법원 1996.6.11. 95도2817), ④ 해외이주의 목적으로 일시 이혼하기로 하고 이혼신고를 한 경우 일시적으로 법률상의 부부관계를 해소하려는 의사의 합치가 있기 때문에(대법원 1976.9.14. 76도107), ⑤ 협의상 이혼의 의사표시가 기망에 의하여 이루어지고 그에 따라 이혼신고가 이루어진 경우 그것이 취소되기 전까지는 신고가 유효하므로(대법원 1997.1.24. 95도448), ⑥ 자신이 점유하고 있는 토지가 점유에 의한 소유권취득시효가 완성된 경우 그 토지에 대해 매매를 원인으로 하는 소유권이전등기소송을 제기하여 의제자백에 의한 승소판결을 받아 자신명의의 소유권이전등기를 경료한 경우 절차상 하자는 있지만 사실상 권리관계에 부합하는 유효한 등기이기 때문에(대법원 1987.3.10. 86도864), ⑦ 중간생략등기를 한 경우 등기부의 기재내용은 당사자의 의사 및 실체 법률관계와 합치되므로(대법원 1967.11.28. 66도1682), ⑧ 재건축조합 임시총회의 소집절차나 결의방법이 법령·정관에 위반되어 임원개선결의가 사법상 무효라고 하여도 실제로 총회에서 임원개선결의가 있었고 이에 따라 임원변경등기를 마친 경우(대법원 2004.10.15. 2004도3584), ⑨ 신주발행이 판결로써 무효로 확정되기 이전에 그 신주발행사실을 담당 공무원에게 신고하여 법인등기부에 기재하게 한 경우(대법원 2007.5.31. 2006도8488), ⑩ 대주주가 주주총회결의의 취소사유에 불과한 적법한 소집절차나 임시주주총회의 개최 없이 나머지 주주들의 의결권을 위임받아 자신이 임시의장이 되어 임시주주총회 의사록을 작성하여 법인등기를 마친 경우(대법원 2008.6.26. 2008도1044), ⑪ 유한회사의 사원 등 회사설립에 관여하는 사람이 회사설립 당시 회사를 실제로 운영할 의사없이 회사를 이용한 범죄 의도나 목적이 있었다거나 회사로서의 인적·물적 조직 등 영업의 실질을 갖추지 않았더라도 상법 등 법령에 정한 회사설립의 요건과 절차에 따라 회사설립등기를 마친 경우(대법원 2020.3.26. 2019도7729) 등.

236 (라) 인과관계 공무원에 대한 허위신고와 부실사실의 기재·기록 사이에는 인과관계가 있어야 한다. 공무원이 주의의무를 위반하여 부실기재를 한 경우 인과관계를 인정할 수 있다.

237 (마) 실행의 착수·기수시기 착수시기는 공무원에게 허위신고를 한 때이며, 기재 공무원이 아니라도 신고접수를 담당하는 공무원에게 허위신고를 해도 실행의 착수가 인정된다. 공무원이 허위신고에 의하여 공정증서원본 등에 부실의 기재·기록을 완료한 때에 기수가 된다. 부실의 기재·기록 후에 이해관계인의 동의 또는 추인이 있거나 기록내용이 객관적 권리관계와 일치하게 되는 것은 기수인정에 영향을 미치지 않는다.[201] 허위신고를 하였으나 기재·기록되지 아니한 때에는 이 죄의 미수범이 된다.

(2) 주관적 구성요건

238 신고사실이 허위임을 인식하고 이를 신고하여 부실의 기재를 하게 한다는 인식과 의사가 있어야 한다. 객관적으로 부실의 기재·기록이 있는 때에도 이에 대한 인식이 없으면 성립은 부정된다. 행사할 목적은 필요 없다.

239 **例 부실기재의 고의가 부정된 사례:** 임시주주총회를 개최하여 절차에 따라 임기만료 전의 대표이사의 해임을 결의하고 등기변경의 원인으로는 '해임등기'로 하지 않고 '임기만료'로 인한 퇴임이라고 하였지만 그것이 전

200) 대법원 1993.9.10. 93도698.
201) 대법원 1998.4.14. 98도16; 대법원 2001.11.9. 2001도3959.

임자의 잔임기간 경과에 따른 임기만료라는 정관해석에 근거한 경우(대법원 1994.11.4. 93도1033), 사망한 남편과 동명이인 소유의 부동산에 관하여 자기 앞으로 상속을 원인으로 한 소유권이전등기를 경료한 경우(대법원 1995.4.28. 94도2679), 부친이 적법하게 취득한 토지인 것으로 믿고 실체관계에 부합하게 하기 위해 소유권보존등기를 경료한 경우(대법원 1996.4.26. 95도2468) 등.

3. 타죄와의 관계

(1) (소송) 사기죄와의 관계

240 법원을 기망하여 승소판결을 받고 그 확정판결에 의한 허위신고로 소유권이전등기를 경료한 경우, 승소판결시 사기죄가 기수가 되고, 소유권이전등기를 경료한 행위는 공정증서원본부실기재죄가 되므로, 사기죄와 공정증서원본등부실기재죄 및 동행사죄의 실체적 경합이 된다.[202)]

(2) 사문서위조죄와의 관계

241 1인회사 1인주주가 이사직에서 사임한 적도 없고 사임의사를 밝히지도 않은 상태에서 허위의 사임서를 작성하고 이를 상업등기부에 기재하게 한 경우에는 사문서위조죄와 공정증서원본부실기재죄의 실체적 경합이 된다.[203)]

(3) 위계에 의한 공무집행죄와의 관계

242 혼인의사없이 입국하여 취업할 목적으로 다른 사람의 인적사항을 이용하여 대한민국 국적취득한 뒤 여권을 발급받아 이를 출입국심사공무원에게 제출한 경우 위계에 의한 공무집행방해죄와 공정증서원본불실기재 및 동행사죄 등이 성립하고 각 죄는 실체적 경합이 인정된다.[204)]

XI. 위조·변조·작성등사문서(전자기록)행사죄

> 제234조(위조사문서등행사죄) 제231조 내지 제233조의 죄에 의하여 만들어진 문서, 도화 또는 전자기록등 특수매체기록을 행사한 자는 그 각 죄에 정한 형에 처한다.
>
> 제235조(미수범) 제225조 내지 제234조의 미수범은 처벌한다.
>
> 제237조의2(복사문서등) 이 장의 죄에 있어서 전자복사기, 모사전송기 기타 이와 유사한 기기를 사용하여 복사한 문서 또는 도화의 사본도 문서 또는 도화로 본다.

---

202) 대법원 1983.4.26. 83도188.

203) "이른바 1인회사에 있어서 1인주주의 의사는 바로 주주총회나 이사회의 의사와 같은 것이어서 가사 주주총회나 이사회의 결의나 그에 의한 임원변경등기가 불법하게 되었다 하더라도 그것이 1인주주의 의사에 합치되는 이상 이를 가리켜 의사록을 위조하거나 불실의 등기를 한 것이라고는 볼 수 없다 하겠으나 한편 임원의 사임서나 이에 따른 이사사임등기는 위와 같은 주주총회나 이사회의 결의 또는 1인주주의 의사와는 무관하고 오로지 당해 임원의 의사에 따라야 하는 것이므로 당해 임원의 의사에 기하지 아니한 사임서의 작성이나 이에 기한 등기부의 기재를 하였다면 이는 사문서위조 및 공정증서원본불실기재의 죄책을 면할 수 없다"(대법원 1992.9.14. 92도1564).

204) 대법원 2022.4.28. 2020도12239.

1. 의의, 성격

사문서위조·변조죄에 의하여 위조 또는 변조되거나 자격모용에 의한 사문서작성죄로 작성된 사문서·사도화 또는 의사 등에 의하여 작성된 허위진단서·검안서·생사에 관한 증명서 또는 위작·변작된 특수매체기록 등을 행사함으로써 성립하는 범죄이다. 문서행사죄의 기본적 구성요건이다. 추상적 위험범이자 부진정 결과범이다(미수처벌). 243

2. 구성요건

(1) 주체

주체에는 제한이 없다. 반드시 사문서를 위조·변조·작성 또는 위작·변작한 자가 행사함을 요하지 않는다. 사문서위조 등을 한 자가 이를 행사한 때에는 사문서위조등죄와 이 죄의 실체적 경합이 된다. 244

(2) 객체

위조·변조 또는 자격모용에 의하여 작성된 사문서·사도화 또는 허위로 작성된 허위진단서·검안서·생사에 관한 증명서 또는 위작·변작된 전자기록 등 특수매체기록이다. 행사할 목적 없이 위조·변조·작성·위작·변작된 사문서 또는 전자기록도 이 죄의 객체가 된다. 원본뿐 아니라 사본(전자복사기나 모사전송기 등을 이용한 복사본)도 행사의 객체가 될 수 있는지에 관해서는 복사문서의 문서성과 동일한 맥락에서 논란이 있었으나 개정형법(제237조의2)에 의해 당연히 행사죄의 객체가 될 수 있게 되었다. 그러나 필사본은 행사죄의 객체가 될 수 없고, 이미 위조된 문서를 스캐너(scanner)로 읽어 들여 이미지화된 것은 문서가 아니다.[205] 245

(3) 행위

행사하는 것이다. 246

1) 행사의 의의　행사란 위조·변조 또는 작성된 사문서 등을 진정문서 또는 내용이 진실한 기록인 것처럼 사용하는 것을 말한다.[206] 이 경우 행사란 문서 본래의 용도와 상관없이 법적 거래에서 위조·변조 또는 작성된 사문서의 '기능적 이용'을 의미한다. 따라서 위조문서를 위조문서 그 자체로서 수사기관에 위조의 증거로 제출하는 것은 행사가 아니다. 247

2) 행사의 방법　행사의 방법에는 제한이 없으며, 제시·교부·송부·비치·열람 등 상대방이 그 내용을 인식할 수 있는 상태에 두는 것이면 족하다. 특수매체기록의 행사는 입력·출력·수정할 수 있는 상태에 두면 행사가 된다. 따라서 상대방이 현실로 문서내용을 보았음을 요하지도 않으며, 행사의 결과로 실해가 발생하거나 실해 발생의 위험이 있을 필 248

205) 대법원 2008.10.23. 2008도5200.
206) 대법원 1986.2.25. 85도2798.

요도 없다. 따라서 문맹자·맹인에게 교부하거나 위조된 차량통행증을 승용차에 붙이고 주차장으로 들어가는 것도 행사가 된다. 그러나 위조문서를 승용차에 싣고 다닌 경우, 상대방에게 단지 위조문서를 소지하고 있다는 취지를 고지하거나 위조문서의 존재를 상상시키는 것만으로 아직 행사가 될 수 없다.

249 반드시 문서 그 본래의 용법에 따라 사용할 필요가 없고 진정문서·진실문서로서의 효용을 갖게 할 목적으로 사용하면 족하다.[207] 행사는 행위자 자신의 행위로서 할 수 있을 뿐만 아니라 타인의 행위를 이용하는 간접정범의 형태로도 가능하다.

250 원본뿐 아니라 복사본도 문서개념에 포함되는 이상 행사의 수단으로 사용할 수 있는 것은 당연하다. 더 나아가 위조 또는 변조된 문서 그 자체를 모사전송의 방법으로 제시하거나, 그 문서를 컴퓨터에 연결된 스캐너(scanner)로 이미지화한 다음 이를 컴퓨터 화면상에서 보게 하는 것도 행사에 해당한다.[208]

251 **3) 행사의 상대방** 행사의 상대방에도 특별한 제한이 없다. 일반인에게 제시·교부하건 우연히 교통경찰에게 제시하건 상관없다. 다만, 행사의 상대방은 위조 내지 변조 등의 문서라는 정을 알지 못하는 자임을 요한다.[209] 따라서 위조문서를 밝혀서 제시한 때에는 행사라 할 수 없고, 위조문서를 공범자에게 제시·교부하더라도 행사가 될 수 없다.[210]

252 **4) 기수시기** 행사는 제시·교부·비치 등에 의하여 상대방이 그 내용을 인식할 수 있는 상태에 둠으로써 기수가 되며, 그 후 범인이 문서를 철회하였거나 열람할 수 없도록 하였더라도 행사죄의 성립에는 영향이 없다. 상대방이 문서의 내용을 현실로 인식하였거나 문서에 대한 공공의 신용이 침해되었음도 요하지 않는다. 위조문서를 우편발송하는 경우에는 도달된 때에 기수가 된다.[211] 비치에 의한 행사는 열람이 가능한 일정한 장소에 비치함과 동시에 기수가 되며, 반드시 공개장소에 비치할 필요는 없다.

---

207) 이 점은 위조등 통화의 행사가 그 제조된 본래의 목적으로 사용하는 것(즉 유통에 놓을 것)과 구별된다. 위조 등 유가증권의 행사도 위조등문서의 행사와 마찬가지로 반드시 유통에 놓을 것을 요하지 않는다. 따라서 위조통화의 경우에는 단순한 신용력을 보이기 위한 제시는 행사에 해당하지 않지만 유가증권이나 문서의 경우에는 그러한 경우에도 행사에 해당하므로 위조통화행사죄의 행사보다 범위가 넓다.

208) 대법원 2008.10.23. 2008도5200.

209) 이 점은 위조통화나 위조유가증권등의 행사죄의 행사와 구별된다. 통화나 유가증권 등은 그 자체 유통성이 있는 것이므로 진정한 통화나 유가증권이 아니라는 것을 아는 상대방에게 교부하여도 행사가 된다. 그 상대방이 다시 그 위조된 통화나 유가증권을 진정한 것으로 사용할 수 있는 가능성이 있기 때문이다.

210) "위조문서행사죄에 있어서의 행사는 위조된 문서를 진정한 것으로 사용함으로써 문서에 대한 공공의 신용을 해칠 우려가 있는 행위를 말하므로, 행사의 상대방에는 아무런 제한이 없고 위조된 문서의 작성 명의인이라고 하여 행사의 상대방이 될 수 없는 것은 아니며, 다만 문서가 위조된 것임을 이미 알고 있는 공범자 등에게 행사하는 경우에는 위조문서행사죄가 성립될 수 없다"(대법원 2005.1.28. 2004도4663).

211) "위조사문서의 행사는 상대방으로 하여금 위조된 문서를 인식할 수 있는 상태에 둠으로써 기수가 되고 상대방이 실제로 그 내용을 인식하여야 하는 것은 아니므로, 위조된 문서를 우송한 경우에는 그 문서가 상대방에게 도달한 때에 기수가 되고 상대방이 실제로 그 문서를 보아야 하는 것은 아니다"(대법원 2005.1.28. 2004도4663).

XII. 위조·변조·작성등공문서(전자기록)행사죄

> 제229조(위조등공문서행사죄) 제225조 내지 제228조의 죄에 의하여 만들어진 문서, 도화, 전자기록등 특수매체기록, 공정증서원본, 면허증, 허가증, 등록증 또는 여권을 행사한 자는 그 각 죄에 정한 형에 처한다.
>
> 제235조(미수범) 제225조 내지 제234조의 미수범은 처벌한다.
>
> 제237조의2(복사문서등) 이 장의 죄에 있어서 전자복사기, 모사전송기 기타 이와 유사한 기기를 사용하여 복사한 문서 또는 도화의 사본도 문서 또는 도화로 본다.

1. 의의, 성격

위조·변조한 공문서 또는 공도화, 자격모용에 의하여 작성한 공문서, 허위로 작성한 공문서, 부실기재한 공정증서원본·면허증·허가증·등록증·여권, 위작·변작된 공전자기록 등을 행사함으로써 성립하는 범죄이다. 위조 등 사문서행사죄에 상응하는 것으로서 특별한 증명력을 가진 공문서라는 점에서 사문서행사죄에 대하여 형을 가중한 가중적 구성요건이다. 사문서의 경우와 성격이 같다. 253

2. 구성요건

(1) 주체, 객체

주체에는 제한이 없으므로 공무원, 일반인 모두 주체가 될 수 있다. 객체는 위에 열거한 공문서·공도화·공정증서원본 등이며, 위조문서 등이 만들어진 동기가 무엇인지도 상관없으므로 반드시 위법·유책한 행위에 의해서 만들어진 것임을 요하지 않는다. 당해 구성요건의 실행행위에 의하여 만들어진 것이면 족하기 때문에 미수에 그친 행위나 불가벌의 과실행위에 의하여 만들어진 것이라도 무방하다. 예컨대 자신의 사진을 첨부하고 다른 사람의 명의를 사용하여 발급받은 운전면허증도 이 죄의 객체가 된다.[212] 단 공정증서'원본'이 아닌 '정본'은 행사죄의 객체가 되지 않는다.[213] 254

(2) 행위

행사하는 것이다. 255

행사의 의의, 방법 등은 사문서등행사죄의 경우에 상응한다. 행사의 상대방은 위조 변조 또는 변작사실을 알지 못하여야 하므로, 공범자에게는 행사가 인정될 수 없음도 사문서행사죄의 경우와 동일하다. 행사가 되려면 위조공문서 등을 휴대·소지하는 것만으로는 부족하고 256

212) 손동권/김재윤, §39/67. 이에 관해서는 공문서부정행사죄의 객체 참조.

213) "형법 제229조, 제228조 제1항의 규정과 형벌법규는 문언에 따라 엄격하게 해석하여야 하고 피고인에게 불리한 방향으로 지나치게 확장해석하거나 유추해석하여서는 아니되는 원칙에 비추어 볼 때, 위 각 조항에서 규정한 '공정증서원본'에는 공정증서의 정본이 포함된다고 볼 수 없으므로 불실의 사실이 기재된 공정증서의 정본을 그 정을 모르는 법원 직원에게 교부한 행위는 형법 제229조의 불실기재공정증서원본행사죄에 해당하지 아니한다"(대법원 2002.3.26. 2001도6503).

상대방이 인식할 수 있는 상태에 두어야 한다. 위조된 신분증을 항상 휴대하고 다니는 것은 상대방이 인식할 수 있는 상태가 아닐 뿐 아니라 행사의 실행의 착수조차도 인정할 수 없다.[214] 소송자료로 법원에 제출하는 것도 행사에 해당하고,[215] 모사전송(팩스)으로 타인에게 제시하는 것도 행사에 해당한다.[216] 컴퓨터모니터 화면에 나타나는 이미지 자체는 계속적으로 화면에 고정된 것이 아니어서 문서에 해당하지 않아 공문서 위조 및 동행사죄를 구성하지 않지만,[217] 위조된 문서를 스캐너 등을 통해 '이미지화한 다음' 이를 전송하여 컴퓨터 화면상에서 보게 하는 경우도 행사에 해당한다.[218]

257 행사는 간접정범의 방법으로도 가능하다. 허위신고를 하여 그 정을 모르는 등기공무원으로 하여금 부실기재한 등기부를 등기소에 비치하게 하는 경우도 행사가 되고,[219] 심지어 위조문서행사 범행에서 도구로 이용된 자에게 행사한 경우에도 이 죄의 행사로 인정된다.[220]

XIII. 사문서등부정행사죄

> 第236條(사문서등부정행사죄) 권리·의무 또는 사실증명에 관한 타인의 문서 또는 도화를 부정행사한 자는 1년 이하의 징역이나 금고 또는 300만원 이하의 벌금에 처한다.
>
> 第237條의2(복사문서등) 이 장의 죄에 있어서 전자복사기, 모사전송기 기타 이와 유사한 기기를 사용하여 복사한 문서 또는 도화의 사본도 문서 또는 도화로 본다.

1. 의의, 성격

258 권리·의무 또는 사실증명에 관한 타인의 문서 또는 도화를 부정행사함으로써 성립하는 범죄이다. 문서부정행사죄의 기본적 구성요건이다. 추상적 위험범이고 거동범이다(미수처벌규

214) 대법원 1959.11.2. 4289형상240.

215) 대법원 1988.1.19. 87도1217.

216) 대법원 1994.3.22. 94도4.

217) "형법상 문서에 관한 죄에 있어서 문서라 함은, 문자 또는 이에 대신할 수 있는 가독적 부호로 계속적으로 물체상에 기재된 의사 또는 관념의 표시인 원본 또는 이와 사회적 기능, 신용성 등을 같게 볼 수 있는 기계적 방법에 의한 복사본으로서 그 내용이 법률상, 사회생활상 주요 사항에 관한 증거로 될 수 있는 것을 말한다(중략) 컴퓨터 모니터 화면에 나타나는 이미지는 이미지 파일을 보기 위한 프로그램을 실행할 경우에 그때마다 전자적 반응을 일으켜 화면에 나타나는 것에 지나지 않아서 계속적으로 화면에 고정된 것으로는 볼 수 없으므로, 형법상 문서에 관한 죄에 있어서의 '문서'에는 해당되지 않는다고 할 것이다"(대법원 2007.11.29. 2007도7480).

218) "위조문서행사죄에서 행사란 위조된 문서를 진정한 문서인 것처럼 그 문서의 효용방법에 따라 이를 사용하는 것을 말하고, 위조된 문서를 진정한 문서인 것처럼 사용하는 한 행사의 방법에 제한이 없으므로 위조된 문서를 스캐너 등을 통해 이미지화한 다음 이를 전송하여 컴퓨터 화면상에서 보게 하는 경우도 행사에 해당하지만, 이는 문서의 형태로 위조가 완성된 것을 전제로 하는 것이므로, 공문서로서의 형식과 외관을 갖춘 문서에 해당하지 않아 공문서위조죄가 성립하지 않는 경우에는 위조공문서행사죄도 성립할 수 없다"(대법원 2020.12.24. 2019도8443).

219) 대법원 2012.4.26. 2009도5786.

220) 대법원 2012.2.23. 2011도14441.

정 없음).

2. 구성요건

(1) 객체

권리·의무 또는 사실증명에 관한 타인의 진정문서 또는 도화이다. 위조나 변조 등 진정하지 않거나 진실하지 않은 문서를 행위객체로 하지 않고 진정한 문서를 객체로 하고 전자기록 등 특수매체기록은 객체로 하지 않는다는 점에서 일반 '행사'죄의 경우와 다르다. 259

절취한 타인의 전화카드(후불식 공중전화카드)가 이 죄의 객체로 될 수 있는지가 문제된다. ① 전화카드는 문서가 아니라 '전자기록'으로 보아야 하기 때문에 이 죄의 객체가 될 수 없다는 견해가 있으나, ② 후불식 전화카드의 자기띠 부분은 카드 발행자, 사용기간 등 카드의 나머지 부분과 불가분적으로 결합되어 전체가 하나의 '문서'를 구성하므로, 이 죄의 객체가 될 수 있다(판례). 260

判 대법원도 전화기가 전화카드로부터 판독할 수 있는 부분은 자기띠 부분에 수록된 전자기록이지만, 전자기록 부분과 전화카드 전체가 하나의 문서로서 사용되는 것이므로 전화카드도 문서에 해당하는 것으로 본다[221] (편의시설부정이용죄 참조). 261

(2) 행위

문서 또는 도화를 부정행사하는 것이다. 262

1) 부정행사 '부정행사'란 진정하게 성립된 타인의 사문서·사도화를 '사용할 권한 없는 자'가 문서의 명의자로 가장하여 그 문서의 '본래적 용도에 맞게' 기능적으로 사용하는 것을 말한다. 타인의 학생증(ID카드)을 도서관출입용으로 사용하는 경우와 같이 '권한없는 자'의 '용도내 사용'이 사문서부정행사죄의 성립이 인정된다는 점에서 이견이 없다. 263

이에 따르면 '권한없는 자'의 '용도외 사용'이나 '**권한 있는 자**'의 '용도외 사용'도 부정행사가 되느냐에 대해서 긍정설[222]과 부정설(다수설)이 대립한다. 264

判 대법원은 사문서의 경우 권한없는 자의 용도외 사용이 사문서부정행사죄를 구성하는지에 관한 판시는 없지만, '권한있는 자'의 '용도외 사용'에 관해서는 긍정설에 입각하고 있다. "사용할 권한이 있다 하더라도 문서를 본래의 작성목적 이외의 다른 사실을 직접 증명하는 용도에 이를 사용하는 것"도 부정사용에 포함시키고 있기 때문이다(대법원 1978.2.14. 77도2645). 이에 따르면 현금보관증이 자기 수중에 있다는 사실 자체를 증명하기 위하여 증거로서 제 265

221) "사용자에 관한 각종 정보가 전자기록되어 있는 자기띠가 카드번호와 카드발행자 등이 문자로 인쇄된 플라스틱 카드에 부착되어 있는 전화카드의 경우 그 자기띠 부분은 카드의 나머지 부분과 불가분적으로 결합되어 전체가 하나의 문서를 구성하므로, 전화카드를 공중전화기에 넣어 사용하는 경우 비록 전화기가 전화카드로부터 판독할 수 있는 부분은 자기띠 부분에 수록된 전자기록에 한정된다고 할지라도, 전화카드 전체가 하나의 문서로서 사용된 것으로 보아야 하고 그 자기띠 부분만 사용된 것으로 볼 수는 없으므로 절취한 전화카드를 공중전화에 넣어 사용한 것은 권리의무에 관한 타인의 사문서를 부정행사한 경우에 해당한다"(대법원 2002.6.25. 2002도461).

222) 배종대, §117/34.

출하는 행위는 본래의 용도에 사용하는 것이므로 부정행사에 해당하지 않게 된다(대법원 1985.5. 28. 84도2999).

266 하지만 '행사'를 문서의 기능적 이용, 즉 문서의 본래의 용도에 따른 사용으로 해석하고, '부정'행사를 그 문서를 사용할 권한이 없이 이용하는 것으로 해석한다면, '권한 있는 자'의 이용은 '부정'개념에 포함될 수 없고, '용도외 사용'은 기능적 이용을 의미하는 '행사'개념에 포함될 수 없다. 따라서 '권한 있는 자'의 '용도외 사용'은 부정행사가 되지 않는다고 하는 것이 타당하다.[223] 부정행사의 방법은 행위자 스스로 하건 제3자를 이용하여 하건 묻지 않는다.

267 2) 미수불처벌 공문서등부정행사죄의 경우와는 달리 이 죄의 미수는 처벌하지 않는다(문서죄에서 미수를 처벌하지 않는 유일한 경우). 따라서 부정사용하여 상대방이 인식할 수 있는 상태에 도달하여야 처벌할 수 있다. 예컨대 우편송달의 경우 상대방에게 도달하지 않는 경우에는 불가벌이 된다.

XIV. 공문서등부정행사죄

> 제230조(공문서등부정행사죄) 공무원 또는 공무소의 문서 또는 도화를 부정행사한 자는 2년 이하의 징역이나 금고 또는 500만원 이하의 벌금에 처한다.
>
> 제235조(미수범) 제225조 내지 제234조의 미수범은 처벌한다.
>
> 제237조의2(복사문서등) 이 장의 죄에 있어서 전자복사기, 모사전송기 기타 이와 유사한 기기를 사용하여 복사한 문서 또는 도화의 사본도 문서 또는 도화로 본다.

1. 의의, 성격

268 공무원 또는 공무소의 문서 또는 도화를 부정행사함으로써 성립하는 범죄이다. 사문서등부정행사죄에 비하여 행위객체가 공문서등이라는 이유로 형이 가중된 가중적 구성요건이다. 추상적 위험범이고,[224] 거동범이다(미수처벌). 공무원이든 사인이든 부정행사할 수 있는 주체가 되므로 신분범은 아니다.

2. 구성요건

(1) 객체

269 진정하게 성립된 공문서 또는 공도화이다.[225] 다만 진정하게 성립된 공문서·공도화 중에

---

223) "실질적인 채권채무관계 없이 당사자 간의 합의로 작성한 '차용증 및 이행각서'는 그 작성명의인들이 자유의사로 작성한 문서로 그 사용권한자가 특정되어 있다고 할 수 없고 또 그 용도도 다양하므로, 설령 피고인이 그 작성명의인들의 의사에 의하지 아니하고 위 '차용증 및 이행각서'상의 채권이 실제로 존재하는 것처럼 그 지급을 구하는 민사소송을 제기하면서 소지하고 있던 위 '차용증 및 이행각서'를 법원에 제출하였다고 하더라도 그것이 사문서부정행사죄에 해당하지 않는다"(대법원 2007.3.30. 2007도629).

224) "형법 제230조의 공문서부정행사죄는 공문서의 사용에 대한 공공의 신용을 보호법익으로 하는 범죄로서 추상적 위험범이다."(대법원 2022.9.29. 2021도14514).

도 사용권한자와 사용목적이 특정된 공문서·공도화에 한한다.

判 대법원도 사용권한자가 특정되어 있지 않고 용도도 그 용도가 다양한 경우에는 이 죄의 객체가 되지 않는다고 한다.[226] 이에 따라 타인의 주민등록표등본(대법원 1999.5.14. 99도206), 인감증명서나 등기필증(대법원 1983.6.28. 82도1985). 화해조서경정신청에 대한 기각결정문(대법원 1984.2.28. 82도2851)은 공문서부정행사죄의 객체성이 부정되었다. 270

하지만 부동산 매도용인감증명서는 사용권한자와 용도가 특정되어 있기 때문에 부정행사죄의 객체가 될 수 있다. **자신의 사진과 지문이 찍힌 채 타인명의로 발급받은 주민등록증도 이 죄의 객체가 될 수 있는**지가 문제된다. 이러한 주민등록증은 그 내용이 허위이기 때문에 공문서부정행사죄의 객체가 된다고 보기 보다는 허위공문서'행사죄'의 객체가 될 뿐이라고 하는 견해가 있다. 그러나 발급권자가 그 내용의 허위성을 몰랐다면, 행위자는 허위공문서작성죄로 처벌되지 아니하는 자를 이용한 간접정범의 성립이 부정되므로 허위공문서행사죄의 성립도 인정될 수 없고, 발급권자에 의한 진정 성립이 인정되는 이상 사용권한 없는자의 용도내 사용인 이상 공문서부정행사의 객체로 인정하는 것이 타당하다. 271

判 대법원도 문제의 주민등록증의 발급 자체가 내용허위인 것과 무관하게 정당한 발급권한을 가진자에 의해 발급한 것이기 때문에 진정하게 성립된 공문서임을 전제로 삼아 행위자가 모용된 명의자의 신원증명을 위한 사용권한이 없다는 점에 초점을 맞춰 부정사용의 객체로 인정하였다.[227] 272

(2) 행위

부정행사이다. 여기의 '부정행사'도 사문서부정행사의 경우와 마찬가지로 '사용권한이 없는 자'가 사용권한이 있는 것처럼 가장하여 그 문서 또는 도화의 '사용용도내에서 행사'하는 것을 말한다. 공문서 등의 경우에도 사문서 등의 경우와 같이 객체가 사용권한 있는 자와 사용용도가 특정된 것이어야 하므로 부정행사에 해당하는지의 여부가 다양하게 문제될 수 있다. 273

1) 사용권한 없는 자의 용도 내의 사용 사용권한 없는 자가 용도에 따라 사용한 경우에 이 죄가 성립한다는 데에는 이견이 없다. 예컨대 타인의 여권이나 운전면허증, 주민등록증을 출입국관리공무원이나 검문경찰관에게 자기 것인 것처럼 제시하는 경우이다. 274

判 대법원은 종래 운전면허증의 경우 신분확인용으로 사용하는 것이 용도 내의 사용이 아니라고 하여 이 죄 275

225) 위조 또는 변조된 공문서·공도화를 부정행사한 때에는 이 죄가 아니라 위조·변조공문서행사죄에 해당할 뿐이다.

226) "공문서부정행사죄는 사용권한자와 용도가 특정되어 작성된 공문서 또는 공도화를 사용권한 없는 자가 사용권한이 있는 것처럼 가장하여 부정한 목적으로 행사하거나 또는 권한 있는 자라도 정당한 용법에 반하여 부정하게 행사하는 경우에 성립되는 것이다"(대법원 1998.8.21. 98도1701).

227) "공문서부정행사죄는 그 사용권한자와 용도가 특정되어 작성된 공문서 또는 공도화를 사용권한 없는 자가 그 사용권한 있는 것처럼 가장하여 부정한 목적으로 행사한 때 또는 형식상 그 사용권한이 있는 자라도 그 정당한 용법에 반하여 부정하게 행사한 때에 성립한다고 해석할 것인 바, 피고인이 공소외 (갑)인 양 허위신고하여 피고인의 사진과 지문이 찍힌 공소외 (갑)명의의 주민등록증을 발급받은 이상 주민등록증의 발행목적상 피고인에게 위 주민등록증에 부착된 사진의 인물이 공소외 (갑)의 신원 상황을 가진 사람이라는 허위사실을 증명하는 용도로 이를 사용할 수 있는 권한이 없다는 사실을 인식하고 있었다고도 할 것이므로 이를 검문경찰관에게 제시하여 이러한 허위사실을 증명하는 용도로 사용한 것은 공문서부정행사죄를 구성한다"(대법원 1982.9.28. 82도1297).

의 성립을 부정하였지만, 운전면허증의 사회적 기능이 변하여 자격증명뿐 아니라 동일인 증명도 동시에 가지고 있는 것임이 인정되어 타인의 운전면허증을 신분증명용으로 사용하는 것도 용도 내 사용에 해당하여 이 죄가 인정되는 것으로 판례를 변경하였다.[228] 다만, 최근 대법원은 '음주단속을 하는 경찰관으로부터 자동차운전면허증의 제시를 요구받고, 휴대폰에 저장해 놓은 타인의 자동차운전면허증 이미지파일을 피고인의 자동차운전면허증인 것처럼 경찰관에게 제시한 경우'에 대해 "이러한 이미지파일을 보여주는 행위는 운전면허증의 특정된 용법에 따른 행사가 아니므로 공문서부정행사죄를 구성하지 아니한다"고 보았다.[229]

276 2) 사용권한 없는 자의 용도외 사용 **사용권한 없는 자의 용도외 사용이 이 죄에 해당하는지**에 대하여는 사문서부정행사죄의 경우와 마찬가지로 긍정설과 부정설이 대립한다. 긍정설은 사용권한 있는 자의 용도외 사용도 이 죄가 되는 것이라는 전제 하에 이보다 불법의 정도가 더 심한 사용권한 없는 자의 용도외 사용도 이 죄로 처벌해야 한다고 한다.

277 하지만 사문서부정행사죄에서 언급했듯이 부정'행사'죄의 행사개념은 일반적인 행사개념과 마찬가지로 그 문서의 기능적 사용을 의미하는 한, 본래의 용도 내 사용에 국한하여야 하므로 부정설이 타당하다.

278 判 대법원은 권한없는 자의 용도외 사용의 경우 부정행사를 긍정하는 사문서의 경우와는 달리, 공문서의 경우에는 처벌범위의 확대를 제한하기 위해 사용권한없는 자의 경우 그 본래의 용도외 사용에 대해서는 공문서부정행사죄를 부정하는 입장을 취한다.[230]

279 例 습득한 타인의 주민등록증을 피고인 가족의 것이라고 제시하면서 그 주민등록증상의 명의 또는 가명으로 이동전화 가입신청을 한 경우, 타인의 주민등록증을 본래의 사용용도인 신분확인용으로 사용한 것이라고 볼 수 없어 공문서부정행사죄의 성립을 부정하고(대법원 2003.2.26. 2002도4935), 장애인사용자동차표지를 사용할 권한이 없는 사람이 장애인전용주차구역에 주차하는 등 장애인 사용 자동차에 대한 지원을 받을 것으로 합리적으로 기대되는 상황이 아니라면 단순히 이를 자동차에 비치하였더라도(장애인 전용주차 구역에 주차한 것이 아니라면) 장애인사용자동차표지를 본래의 용도에 따라 사용했다고 볼 수 없어 공문서부정행사죄의 성립을 부정하고(대법원 2022.9.29. 2021도14514), 조세범처벌법위반 사건으로 지방세무서 조사과에서 조사를 받으면서 다른 사람인 것처럼 행세하기 위하여 범칙혐의자 심문조서의 진술인란에 다른 사람 명의로 서명하여 이를 조사관에게 제시하고 다른 사람 명의의 국가유공자증을 조사관에게 제시한 경우, 국가유공자증의 본래 용도는 신분의 동일성을 증명하는 것이 아니라는 이유로 공문서부정행사죄의 성립을 부정[231]한다(대법원 2022.10.14. 2020도13344).

280 3) 사용권한 '있는 자'의 '용도 외 사용' **사용권한 있는 자의 용도 외 사용이 이 죄에 해당하는지**에 대하여도 긍정설과 부정설이 대립한다. 긍정설은 공문서의 경우는 사문서와는 달

228) "현실적으로 운전면허증은 주민등록증과 대등한 신분증명서로 널리 사용되고 있다. 따라서, 제3자로부터 신분확인을 위하여 신분증명서의 제시를 요구받고 다른 사람의 운전면허증을 제시한 행위는 그 사용목적에 따른 행사로서 공문서부정행사죄에 해당한다고 보는 것이 옳다"(대법원 2001.4.19. 2000도1985 전원합의체).

229) 대법원은 2019.12.12. 2018도2560

230) "형법 제230조는 본죄의 구성요건으로 단지 '공무원 또는 공무소의 문서 또는 도화를 부정행사한 자'라고만 규정하고 있어, 자칫 처벌범위가 지나치게 확대될 염려가 있으므로 본죄에 관한 범행의 주체, 객체 및 태양을 되도록 엄격하게 해석하여 처벌범위를 합리적인 범위 내로 제한하여야 한다. 사용권한자와 용도가 특정 되어 있는 공문서를 사용권한 없는 자가 사용한 경우에도 그 공문서 본래의 용도에 따른 사용이 아닌 경우에는 공문서부정행사죄가 성립되지 아니한다"(대법원 2022.9.29. 2021도14514).

231) 다만 위 사안에서 진술인란에 다른 사람 명의로 서명하고 제시한 행위는 사서명위조 및 동행사죄가 성립한다.

리 그 사용용도가 사회일반인에게 주지되어 있으므로 공문서의 용법에 대한 공공의 신용을 보호할 필요가 있고, 사용권한 있는 자가 공문서를 용도 이외의 용법으로 악용하는 행위를 처벌할 필요성이 있기 때문이라고 한다.

判 대법원도 권한있는 자라도 정당한 용법에 반하여 부정하게 행사하는 경우를 공문서부정행사죄를 긍정하는 태도를 위한다.[232] 281

하지만 사용권한 없는 자의 용도외 사용에 대해 이 죄의 성립을 부정하면서 사용권한 있는 자의 용도외 사용을 다시 이 죄에 해당한다고 해석하는 것은 균형이 맞지 않는다. '부정행사'라는 개념의 본질이 사용권한 '없는 자'의 '용도내' 사용이라는 점을 고수하는 한 부정설이 타당하다. 282

제 4 절 인장에 관한 죄 § 47

Ⅰ. 총설

1. 의의 및 보호법익

(1) 의의

인장에 관한 죄는 행사할 목적으로 인장, 서명, 기명 또는 기호를 위조 또는 부정사용하거나 위조 또는 부정사용한 인장, 서명, 기명 또는 기호를 행사하는 것을 내용으로 하는 범죄이다. 1

인장에 관한 죄는 문서나 유가증권을 위조하는 수단이 되는 경우가 많다. 따라서 문서위조죄 또는 유가증권위조죄가 성립할 때에는 인장에 관한 죄는 여기에 흡수되어 이 죄를 구성하지 않는다. 따라서 인장에 관한 죄는 인장·서명 등을 이용한 문서·유가증권의 위조·변조가 범죄로 되지 않는 경우, 인장·서명 등을 위조·부정사용한 자와 문서 또는 유가증권을 위조한 자가 서로 다른 경우, 그리고 인장·서명 등이 문서·유가증권과 관계없이 독자적 의의를 가지는 경우에 한하여 독립하여 성립한다. 2

(2) 보호법익

인장에 관한 죄의 보호법익은 인장·서명·기명·기호 등의 진정에 대한 공공의 신용이다. 보호받는 정도는 추상적 위험범으로서의 보호이다. 3

---

232) "공문서부정행사죄는 사용권한자와 용도가 특정되어 작성된 공문서 또는 공도화를 사용권한 없는 자가 사용권한이 있는 것처럼 가장하여 부정한 목적으로 행사하거나 또는 권한 있는 자라도 정당한 용법에 반하여 부정하게 행사하는 경우에 성립되는 것이다"(대법원 1998.8.21. 98도1701).

2. 구성요건의 체계

4 인장에 관한 죄는 인장·서명 등의 성립의 진정(위조와 부정사용)만을 보호하고 그 내용의 진실 여부는 묻지 아니한다.[233] 따라서 위조(부정사용 포함)와 행사의 두 가지만 처벌하고 변조도 처벌의 대상에서 제외된다. 그 결과 인장에 관한 죄는 사인등위조·부정사용죄와 위조사인등행사죄를 기본적 구성요건으로 하여 공인등위조·부정사용죄와 위조공인등행사죄를 이에 대한 가중적 구성요건으로 규정하고 있다. 모든 미수범을 처벌하며, 공인 등을 객체로 하는 범죄의 경우는 외국인의 국외범도 처벌한다(제5조 제7호).

5

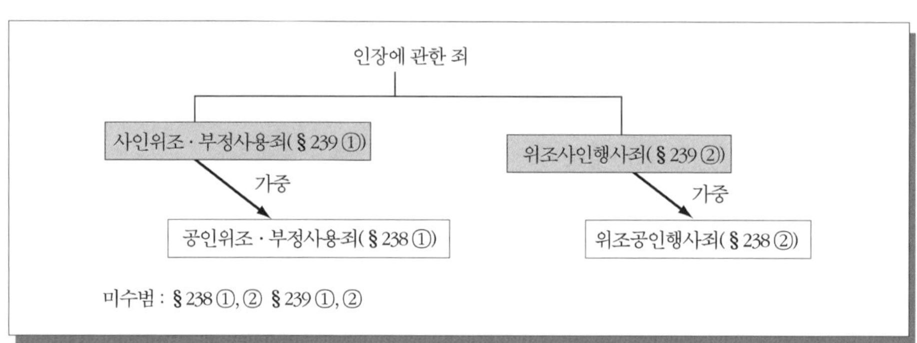

3. 인장에 관한 죄의 기본개념

(1) 인장

6 1) 의의 인장印章이란 특정인의 인격(주체)과 그 동일성을 증명하기 위하여 사용되는 일정한 상형을 말한다. 상형은 반드시 문자로 표시될 필요가 없으므로 지장·무인·도형도 인장에 해당하고, 반드시 성명일 것도 요하지 않으므로 별명이나 약칭도 무방하다.

7 2) 인장의 범위 형법상 인장이 인영인지, 인과인지 아니면 양자를 모두 포함하는 것인지가 문제된다. 인영印影이란 일정한 사항을 증명하기 위하여 물체상에 현출시킨 문자 기타 부호의 영적影跡을 말하며, 인과印顆란 인영을 현출시키는 데 필요한 문자 기타 부호를 조각한 물체 내지 인형印形을 말한다. 형법은 인장의 부정사용(이때의 인장은 인과를 의미)과 부정사용한 인장의 행사(이때의 인장은 인영을 의미)를 구별하고 있다. 뿐만 아니라 인과의 위조 그 자체로서도 진정한 인영에 대한 공공의 신용을 해할 위험성이 있기 때문에 위조된 인영만을 현출한 때뿐만 아니라 위조된 인과를 제작한 때에도 인장위조죄가 성립(기수)한다. 따라서 형법의 인장은 인영과 인과를 모두 포함하는 것으로 이해해야 한다.

---

233) 이 점에서 내용의 진실까지도 보호하는 문서에 관한 죄 및 유가증권에 관한 죄와 그 취지가 다르고 오히려 통화에 관한 죄와 유사하다.

3) **생략문서와의 구별** 생략문서라도 일정한 의사 또는 관념을 해독할 수 있으면 형법상 문서가 된다. 따라서 물체에 찍힌 인장이 인격의 동일성 이외에 다른 사항까지 증명할 수 있으면 인장이 아니라 문서라고 해야 한다(통설·판례[234]). 따라서, 소인消印이나 우편물에 찍힌 접수일부인接受日附印, 수하물인환증, 임대차 확정일자인 등도 인장이 아니라 문서가 된다. 서화에 표시된 예술가의 낙관·아호인·서명은 ① 자기의 작품이라는 의사를 표시한 생략문서에 해당한다는 견해도 있지만 ② 형법이 인장과 서명을 인장위조의 객체로 별도로 명시하고 있고, 낙관·아호인 그 자체는 예술가의 인격의 동일성을 표시함으로써 부수적으로 자기 작품을 확인하기 위한 것이므로 문서가 아니라 인장이라고 해야 한다. 8

4) **인장의 증명대상** 인장은 반드시 권리·의무의 증명에 관한 것임을 요하지 않으나, 그 위조 또는 부정사용에 의하여 공공의 신용을 해할 염려가 있는 것이어야 하므로 적어도 거래상 중요한 사실증명을 위하여 사용된 것임을 요한다. 따라서 사찰이나 명승지의 기념스탬프는 인장이 될 수 없다. 9

(2) 서명

'서명'이란 특정인이 자기를 표시한 문자를 말한다. 성명을 표기하는 것이 보통이지만 단지 성 또는 이름만을 표기하거나 상호 또는 거래상 사용되는 약호·옥호·아호 기타 부호문자를 사용하여 본명과 동일한 지칭을 한 것이면 모두 서명에 해당한다. 성명의 일부만 표시하여도 무방하다. 다만 형법은 서명과 기명을 구별하고 있으므로 서명은 자필서명自署에 한한다고 해야 한다. 자필서명을 조각한 고무도장이나 나무도장을 사용해도 서명이다. 10

서명도 반드시 권리·의무에 관한 것임을 요하지 않으나 법률상·거래상 의미있는 것이라야 한다. 따라서 운동선수·영화배우의 싸인은 인장에 관한 죄의 서명에 해당하지 않지만 서화의 서명은 이 죄의 서명에 해당한다. 11

(3) 기명

기명이란 특정인이 자기를 표시한 문자로서 자서自署 이외의 것을 말한다. 대필이나 인쇄 등에 의하여 특정인의 성명·호칭을 표시한 것이 기명에 해당한다. 12

(4) 기호

기호란 물건에 압날押捺하여 그 동일성을 증명하는 문자 또는 부호이다. **기호와 인장의 구별**에 관해서는 ① 사용되는 물체를 기준으로 삼아 문서에 압날하여 증명에 사용하는 것은 인장이고 상품·산물·서적 등에 압날하는 것은 기호라고 하는 견해(물체표준설)와 ② 증명목적을 기준으로 하여 사람의 동일성을 증명하는 것은 인장이고 기타의 사항을 증명하는 것은 기호 13

---

234) "형법상 문서에 관한 죄에 있어서 문서라 함은 (중략) 사람의 동일성을 표시하기 위하여 사용되는 일정한 상형인 인장이나, 사람의 인격상의 동일성 이외의 사항에 대해서 그 동일성을 증명하기 위한 부호인 기호와는 구분되며, 이른바 생략문서도 그것이 사람 등의 동일성을 나타내는 데에 그치지 않고 그 이외의 사항도 증명, 표시하는 한 인장이나 기호가 아니라 문서로서 취급하여야 한다"(대법원 1995.9.5. 95도1269).

라고 하는 견해(목적표준설)가 대립한다. 물체표준설에 따르면 위조된 인과가 물체상에 압날될 때까지는 인장인지 기호인지를 결정할 수가 없다. 인장은 특정된 사람과 그 인격의 동일성을 증명하는 데에 본질이 있는 것이므로 증명의 목적을 기준으로 구별하는 목적표준설이 타당하다. 따라서 검인檢印이나 장서인藏書印등은 인장이 아니라 기호로 보는 것이 타당하다.[235)]

Ⅱ. 사인등위조·부정사용죄

> 제239조(사인등위조·부정사용죄) ① 행사할 목적으로 타인의 인장, 서명, 기명 또는 기호를 위조 또는 부정사용한 자는 3년 이하의 징역에 처한다.
>
> 제240조(미수범) 본장의 미수범은 처벌한다.

1. 의의, 성격

14 행사할 목적으로 타인의 인장, 서명, 기명 또는 기호를 위조 또는 부정사용함으로써 성립하는 범죄이다. 인장 등의 성립의 진정을 보호하기 위한 기본적 구성요건이다. 목적범이고, 추상적 위험범이자 부진정 결과범이다(미수처벌).

2. 구성요건

(1) 객관적 구성요건

15 1) 객체 객체는 타인의 인장·서명·기명 또는 기호이다.

16 (가) 타인 타인이란 공무원·공무소 이외의 사인私人을 의미하며, 자기와 그 공범자를 제외한 사람을 말한다. 자연인뿐만 아니라 법인·법인격 없는 단체도 포함한다. 일반인으로 하여금 진정한 인장으로 오신케 할 정도로 유사한 인장을 사용할 때에도 인장에 대한 공공의 신용은 해할 수 있으므로 타인이 실재함을 요하지 않는다. 따라서 사자나 허무인 명의의 인장을 위조하는 것도 사인위조죄에 해당한다.

17 判 대법원은 인장 등의 명의인이 실재하여야 한다는 전제에서 사자나 허무인 명의의 인장위조죄를 부정(대법원 1984.2.28. 82도2064)하고 있지만, 사자·허무인 명의의 문서위조·변조죄를 인정한 2005년 전원합의체 판결(대법원 2005.2.24. 2002도18 전원합의체)에 상응하게 그 태도를 변경해야 할 것이다.

18 (나) 인장, 서명, 기명, 기호 앞의 기본개념에서 설명한 내용과 같다.

19 2) 행위 행위는 위조 또는 부정사용이다. 무형위조와 변조는 행위태양으로 인정되어 있지 않고 유형위조와 부정사용만 이 죄의 행위로 되어 있다.

---

235) 다만 형법은 인장과 기호의 위조를 동일한 법정형으로 처벌하고 있으므로 해석상 논쟁의 실익은 없다.

(가) 위조 위조란 권한 없이 타인의 인장·서명·기명 또는 기호를 작출하거나 물체상에 현출 내지 기재하는 것을 말한다. 권한 없는 경우뿐만 아니라 대리권 또는 대표권을 가진 자가 그 권한 이외의 무권대리행위로 서명·압날하는 경우도 위조가 된다(문서부정행사에서 권한 없는 자의 부정사용과 구별된다). 하지만 인장 명의자의 승낙하에 도장을 조각한 경우에는 처음부터 인장위조가 되지 않는다.[236] 이 경우 승낙 내지 위임은 명시적인 경우는 물론이고 묵시적인 경우도 포함된다.[237] 20

위조의 방법에도 제한이 없다. 인과제조, 인영현출, 기존의 진정한 인영을 재료로 하여 전혀 새로운 증명력을 가진 인영을 현출시키는 것도 위조가 된다. 서명위조에는 펜, 필묵, 연필을 사용하거나 카본지를 사용하여 기재하여도 상관없다. 위조의 정도는 문서위조죄의 그것과 같이 일반인으로 하여금 명의인의 진정한 인장등으로 오신케 할 정도의 것이면 족하다. 따라서 위조된 인장 등이 진정한 것과 반드시 비슷할 것을 요하지 않으며, 그 명의인의 성명·호칭과 일치할 필요도 없다. 21

判 대법원은 일단 서명이 완성된 이상 (무인 또는 간인이 필요한 경우와 같이) 문서가 완성되지 아니한 경우에도 일반인으로서는 그 문서에 기재된 타인의 서명을 그 명의인의 진정한 서명으로 오신할 수 있으므로 서명 위조를 인정한다.[238] 이에 따라 휴대용정보단말기(PDA)에 표시된 음주단속결과통보 중 운전자의 서명란에 타인인 A인 것처럼 하면서 A의 이름 대신 의미를 알 수 없는 부호를 기재한 행위도 A의 서명 위조로 인정되었다(대법원 2020.12.30. 2020도14045). 22

(나) 부정사용 부정사용이란 진정한 인장·서명 등을 권한 없이 사용하거나(무권한사용) 권한 있는 자가 그 권한을 남용하여(월권사용) 부당하게 사용하는 것을 말한다.[239] 부정사용은 진정하게 만들어진 인장·서명 등을 부정하게 사용한다는 점에서 인장이나 인영 등을 새롭게 만들어내는 위조와 구별되고, 용법에 따라 사용하는 문서의 부정행사와 구별된다. 뿐만 아니라 인장부정사용죄에서는 권한 있는 자라도 부당하게 사용하는 경우까지 부정사용에 포섭할 수 있다는 점에서 권한 없는 자가 권한 있는 자처럼 부정하게 사용하는 문서의 부정행사와 구별된다. 23

부정사용이 있으면 타인이 현실로 열람하였거나 권한 있는 사용이라고 오신하였을 필요는 없다. 인장·기호의 경우 인영 또는 영적을 물체상에 현출시킨 것으로는 아직 사용이 있다고 할 수 없다. 24

236) 대법원 1981.5.6. 81도721.
237) 대법원 2014.9.26. 2014도9123.
238) 대법원 2005.12.23. 2005도4478.
239) "형법 제238조 제1항에서 규정하고 있는 공기호인 자동차등록번호판의 부정사용이라 함은 진정하게 만들어진 자동차등록번호판을 권한 없는 자가 사용하든가, 권한 있는 자라도 권한을 남용하여 부당하게 사용하는 행위를 말하는 것이고, 같은 조 제2항에서 규정하고 있는 그 행사죄는 부정사용한 공기호인 자동차등록번호판을 마치 진정한 것처럼 그 용법에 따라 사용하는 행위를 말하는 것으로 그 행위개념을 달리하고 있다"(대법원 1997.7.8. 96도3319).

(2) 주관적 구성요건

25 고의와 초과주관적구성요건요소로서 행사할 목적이 있어야 한다. 행사할 목적이란 명의인의 의사에 반하여 위조인장 등을 진정한 인장인 것처럼 거래일반에 사용하려는 의사를 말한다. 행위자 자신의 행사할 목적뿐만 아니라 타인으로 하여금 행사시킬 목적도 포함된다.

3. 타죄와의 관계

26 인장·서명 등의 위조 또는 부정사용이 유가증권위조 또는 문서위조의 수단으로 행해진 때에는 유가증권위조 또는 문서위조에 흡수된다(흡수관계). 그러나 문서위조죄가 성립하지 않는 때에는 인장위조죄가 성립한다.

27 절취한 인장을 매각·양도·손괴하는 행위는 불가벌적 사후행위로 되지만 절취한 인장을 부정사용하면 절도죄와 부정사용죄가 별도로 성립하고, 인장을 위조한 자가 다시 행사해도 인장위조죄와 부정사용죄가 별도로 성립하고 실체적 경합이 된다.

Ⅲ. 위조사인등행사죄

제239조(위조등사인행사죄) ② 위조 또는 부정사용한 타인의 인장, 서명, 기명 또는 기호를 행사한 때에도 전항의 형과 같다.

제240조(미수범) 본장의 미수범은 처벌한다.

1. 의의, 성격

28 위조 또는 부정사용한 타인의 인장, 서명, 기명 또는 기호를 행사함으로써 성립하는 범죄이다. 추상적 위험범이고 거동범이다(미수처벌).

2. 구성요건

29 이 죄의 '행사'란 위조 또는 부정사용한 타인의 인장·서명·기명 또는 기호 등을 진정한 것처럼 또는 권한 있는 자가 정당하게 사용하는 것처럼 그 용법에 따라 사용하는 것을 말한다. 공범자 이외의 자에게 사용해야 한다. 따라서 위조된 인영·인명·기명·기호 등을 타인이 열람할 수 있는 상태에 두거나 인과를 날인하여 일반인이 열람할 수 있는 상태에 이른 때에 행사가 있다고 하게 된다. 열람할 수 있는 상태에 두면 족하고 타인이 현실로 열람하였거나 인식하였음을 요하지 않는다.

Ⅳ. 공인등위조·부정사용죄

> 第238조(공인등위조·부정사용죄) ① 행사할 목적으로 공무원 또는 공무소의 인장, 서명, 기명 또는 기호를 위조 또는 부정사용한 자는 5년 이하의 징역에 처한다.
> ③ 전2항의 경우에는 7년 이하의 자격정지를 병과할 수 있다.
>
> 第240조(미수범) 본장의 미수범은 처벌한다.

1. 의의, 성격

행사할 목적으로 공무원 또는 공무소의 인장, 서명, 기명 또는 기호를 위조 또는 부정사용 30
함으로써 성립하는 범죄이다. 행위의 객체가 공무원 또는 공무소의 인장 등이라는 이유로 형이 가중된 가중적 구성요건이다. 그 밖의 성격은 사인위조·부정행사죄와 같다.

2. 구성요건

공무원의 인장 등이란 공무원이 공무상 사용하는 모든 인장 등을 말하고, 공무소의 인장 31
등이란 공무소가 그 사무와 관련하여 문서에 사용하는 인장 등을 말한다. 공무원이 공무상 사용하는 인장이면 사인·공인을 묻지 않는다. 공무원의 서명은 공무원이 신분을 명시한 서명을 말한다. 청인廳印, 서인署印, 직인職印, 계인契印 등은 공무소의 인장이다. 공기호는 해당 부호를 공무원 또는 공무소가 사용하는 것만으로는 부족하고, 그 부호를 통하여 증명을 하는 사항이 구체적으로 특정되어 있고 해당 사항은 그 부호에 의하여 증명이 이루어지는 기호를 말한다.[240]

例 택시미터기의 검정납봉의 봉인封印(대법원 1982.6.8. 82도138), 임산물 생산확인용 철제극인(대법원 1981.12.22. 80도1472), 자동차등록번 32
호판(대법원 1997.7.8. 96도3319)은 공기호로 인정되었다. 그러나 온라인 구매사이트에서 제작 주문하여 배송받아 승용차에 '공무수행'이라는 문구를 표시하여 부착한 검찰 업무표장(또는)은(대법원 2024.1.4. 2023도11313) 공기호로 인정되지 않았다.[241]

이 죄의 부정사용도 진정하게 만들어진 공인장·공기호등을 권한 없이 사용하거나 권한을 33
초월하여 부당하게 사용하는 행위를 말한다. 예컨대 어떤 자동차의 등록번호판을 다른 차량에 부탁하면 그 자체만으로 공기호부정사용죄가 성립한다.[242]

---

240) 대법원 2024.1.4. 2023도11313.

241) "위 각 표지판에 사용된 검찰 업무표장은 검찰수사, 공판, 형의 집행부터 대외 홍보 등 검찰청의 업무 전반 또는 검찰청 업무와의 관련성을 나타내기 위한 것으로 보일 뿐, 이것이 부착된 차량은 '검찰 공무수행 차량'이라는 것을 증명하는 기능이 있다는 등 이를 통하여 증명을 하는 사항이 구체적으로 특정되어 있다거나 그 사항이 이러한 검찰 업무표장에 의하여 증명된다고 볼 근거가 없고, 일반인들이 위 각 표지판이 부착된 차량을 '검찰 공무수행 차량'으로 오인할 수 있다고 해도 위 각 검찰 업무표장이 위와 같은 증명적 기능을 갖추지 못한 이상, 이를 공기호라고 볼 수 없(다)"(2024.1.4. 2023도11313).

242) 대법원 2006.9.28. 2006도5233.

Ⅴ. 위조공인등행사죄

> 제238조(위조등공인행사죄) ② 위조 또는 부정사용한 공무원 또는 공무소의 인장, 서명, 기명 또는 기호를 행사한 자도 전항의 형과 같다.
>
> ③ 전2항의 경우에는 7년 이하의 자격정지를 병과할 수 있다.
>
> 제240조(미수범) 본장의 미수범은 처벌한다.

1. 의의, 성격

34 위조 또는 부정사용한 공무원 또는 공무소의 인장, 서명, 기명 또는 기호를 행사함으로써 성립하는 범죄이다. 위조사인등행사죄에 대한 가중적 구성요건이다.

2. 구성요건

35 이 죄의 행사는 위조 또는 부정사용된 공무원 또는 공무소의 인장 등을 진정한 것처럼 또는 권한 있는 자가 정당하게 사용하는 것처럼 그 용법에 따라 사용하는 것을 말한다. 부정사용한 공기호를 공범자 이외의 자에게 보이는 것도 행사죄에 해당한다.[243] 따라서 부정사용된 인장이나 공기호 등을 타인에게 보이는 외부적 행위만으로 이 죄의 '행사'에 해당하기 때문에 절취한 타인의 차량등록번호판을 렌트카에 부착(공기호부정사용죄)하고 운행하면 공기호부정사용죄와 별도로 공기호부정행사죄가 성립하며,[244] 양죄는 새로운 법익침해에 해당하므로 절도범행의 불가벌적 사후행위가 아니다.[245]

---

243) 대법원 1981.12.22. 80도1472.

244) "부정사용한 공기호인 자동차등록번호판의 용법에 따른 사용행위인 행사라 함은 이를 자동차에 부착하여 운행함으로써 일반인으로 하여금 자동차의 동일성에 관한 오인을 불러일으킬 수 있는 상태 즉 그것이 부착된 자동차를 운행함을 의미한다고 할 것이고, 그 운행과는 별도로 부정사용한 자동차등록번호판을 타인에게 제시하는 등 행위가 있어야 그 행사죄가 성립한다고 볼 수 없다"(대법원 1997.7.8. 96도3319).

245) 대법원 2007.9.6. 2007도4739.

제4장 사회의 도덕에 대한 죄 §48

인간과 동물을 구별하는 표지 중의 하나가 본능과 환경의 지배에 종속되지 않고 윤리적 자기결정을 할 수 있는 존재라는 것이다. 형법은 인간의 윤리적인 자기결정능력을 전제로 하여 도덕적 합리성을 지닌 공동체 구성원에게 지배적 윤리의식에 따를 것을 요구하기 위해 사회의 도덕에 관한 죄를 정해두고 있다. 평화로운 공존질서를 유지하기 위한 사회윤리적 기본질서를 보호하기 위해 형법은 성풍속에 관한 죄, 도박과 복표에 관한 죄, 신앙에 관한 죄 등을 두고 있다. 1

제1절 성풍속에 관한 죄 §49

Ⅰ. 총설

1. 의의 및 보호법익

(1) 의의

성풍속에 관한 죄는 성생활에 관련되는 성도덕 내지 성풍속을 해하는 것을 내용으로 하는 범죄이다. 형법상 성풍속에 관한 죄(형법각칙 제22장)는 음행매개죄, 음란물제조등죄, 음란물반포등죄, 그리고 공연음란죄 등이 있다. 형법전은 제정형법 이래 60여 년 동안 간통죄를 성풍속에 관한 죄의 하나로 처벌하고 있었으나, 오랫동안의 존폐논쟁을 거듭해 오다가 2015.2.26 헌법재판소가 위헌결정[1]에 따라 2016.1.6 형법개정을 통해 형법전에서 삭제되었다. 음화판매죄와 음화제조등죄의 경우도 그 구성요건 요소가 극히 추상적이어서 사회일반인의 관점에서 볼 때 가벌성과 불가벌성을 판단하기에 예측가능성이 없어서 적용상 남용의 위험이 내재되어 있어 비범죄화의 방향으로 변화가 요구된다. 1

(2) 보호법익

성풍속에 관한 죄는 당해 구성요건의 규율대상이 되는 행위마다 보호법익에도 약간씩 차이가 있는 이질적인 범죄들로 이루어져 있다. 2

음화반포등죄·음화제조등죄와 공연음란죄는 사회의 선량한 성풍속이 보호법익이고 보호의 정도가 추상적 위험범으로서의 보호라는 데에 이견이 없다. 음행매개죄의 경우는 이 죄의 주된 보호법익이 선량한 성풍속이고 그와 함께 부차적으로 피음행매개자 개인의 성적 자유 3

1) 헌법재판소 2015.2.26. 2009헌바17.

도 보호법익이라는 이유로 침해범이라고 하는 견해[2]가 있다. 하지만 피해자의 성적 자유가 침해되었다고 해서 선량한 풍속이 무너졌다고 할 수는 없다. 따라서 음행매개죄는 주된 보호법익의 관점에서 추상적 위험범으로 해석하는 것이 타당하다.[3]

2. 구성요건의 체계

4

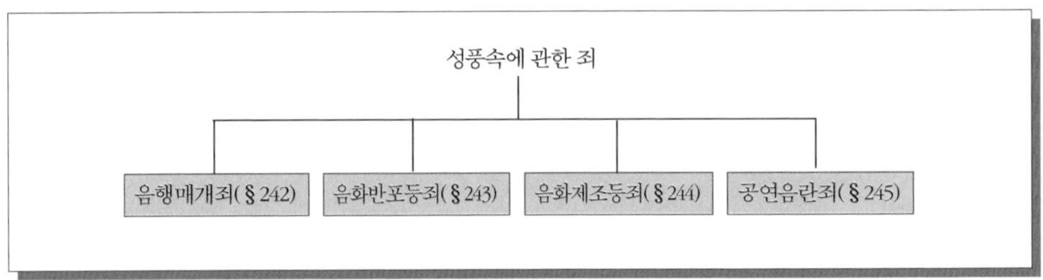

5 성풍속에 관한 죄는 음행매개죄, 음화반포등죄, 음화제조등죄, 그리고 공연음란죄라는 각기 독립된 구성요건으로 되어 있다. 군형법에는 남성간의 동성애를 처벌하는 계간鷄姦죄의 구성요건(제92조의5)이 있었으나 동성애가 가벌성이 대상에서 배제됨에 따라 삭제되고 폭행 또는 협박이 없는 항문성교나 추행의 처벌규정(제92조의6)은 여전히 남겨두고 있어 위헌논란이 계속되고 있다.[4]

6 음행매개죄의 특별법으로는 18세 미만의 아동에게 음란한 행위를 시키거나 음란한 행위를 매개한 경우를 처벌하는 아동복지법(제71조 제1항 제1호의2, 제17조 제2호)과 성매매를 강요하거나 알선하는 자를 처벌하는 성매매알선법(제18조, 제19조), 그리고 만 19세 미만의 아동·청소년의 성을 사는 행위, 성매매를 강요하거나 알선영업행위 등을 처벌하는 아청법(제13조에서 제15조) 등이 있다. 성매매알선법에서 성인간의 성매매행위를 처벌하는 규정(제21조)에 대해서는 비범죄논의 및 위헌시비가 계속중이다.[5] 아청법은 음화등반포죄와 음화등제조죄의 특별법으로는 19세 미만의 아동·청소년 등이 등장하는 아동·청소년성착취물의 제조·배포와 관련한 다양한 행위태양들을 가중처벌하고 있을 뿐 아니라 단순소지행위까지 처벌한다(제11조).

Ⅱ. 음행매개죄

> 제242조(음행매개죄) 영리의 목적으로 사람을 매개하여 간음하게 한 자는 3년 이하의 징역 또는 1천500만원 이하의 벌금에 처한다.

---

2) 배종대, §129/1; 이재상/장영민/강동범, §36/16.
3) 오영근, §38/35; 임웅, 742면.
4) 헌법재판소 2023.10.27. 2017헌가16은 '그밖의 추행' 부분의 위헌제청에 대해 5:4로 합헌결정하였다.
5) 헌법재판소 2016.9.29. 2015헌바65는 성매매에 대한 헌법소원에 대해 합헌결정을 내렸다.

1. 의의, 성격

영리의 목적으로 사람을 매개하여 간음하게 함으로써 성립하는 범죄이다. 목적범이고, 추 7
상적 위험범이자 거동범이며(미수처벌규정 없음), 필요적 가담(대향범)에 해당한다.

2. 구성요건

(1) 객관적 구성요건

1) 주체 제한이 없다. 부녀의 부모·남편·보호감독자도 주체가 될 수 있다. 매개자와 8
대향적 관계에 있는 미성년의 부녀와 음행의 상습 없는 부녀 및 그 상대방 간음자는 처벌되지 않지만, 이 죄의 성립에는 대향자가 반드시 필요하기 때문에 필요적 가담형태로서 대향범에 해당한다.[6)]

2) 객체 사람이다. 종래에는 객체가 '미성년 또는 음행의 상습 없는 부녀'로 제한되어 9
있었으나 2012.12.18. 형법개정을 통해 제한을 없앴다.

혼인여부에 상관없고, 성매매를 직업으로 하고 있는 자도 객체가 될 수 있다. 피해자가 13 10
세 미만자인 경우에는 미성년자의제강간죄(제305조)의 교사·방조범과 이 죄의 상상적 경합이 인정된다. 미성년자가 음행에 동의하였어도 이 죄의 성립에 영향이 없다.

3) 행위 사람을 매개하여 간음하게 하는 것이다. 11

(가) 매개 매개란 사람을 간음에 이르도록 알선하는 일체의 행위를 말한다. 직접 간음 12
을 알선하는 것이 아니라 만남의 주선이나 파티를 개최하는 것만으로는 매개라 할 수 없다. 반드시 총칙상의 교사행위일 필요가 없다. 따라서 행위객체에게 원래부터 간음의 의사가 있었는지도 문제되지 않는다. 폭행·협박이 수반된 매개는 이 죄의 매개에서 제외된다(경우에 따라 강간죄 또는 위력에 의한 간음죄가 된다).

(나) 간음 간음이란 배우자(사실혼관계 포함) 이외의 자와의 성교행위를 말한다. 간음 13
이외에 추행케 한 경우는 여기에 해당하지 않지만, 유사 성교행위를 제외한 것은 입법의 불비로 보여진다. 간음은 성매매행위임을 요하지 않으며, 타인의 첩이 되도록 하는 것도 포함된다.

(다) 미수·기수시기 간음을 함으로써 기수가 된다. 간음을 매개하였지만 응하지 않았거 14
나 간음은 결의시켰으나 실행에 이르지 않은 때에는 미수가 되어 처벌되지 않는다.

---

6) 필요적 공범이라는 개념보다는 필요적 가담이라는 개념을 사용해야 할 이유에 관해서는 『총론』의 '필요적 공범' 참조. 불가벌적 대향자(미성년부녀와 음행의 상습 없는 부녀)는 이 죄의 부차적인 보호법익으로 보호받는 법익의 향유자이기 때문에 형법총칙상의 임의적 공범규정의 적용을 받지 않는다는 점에 관해서도 『총론』의 '필요적 공범' 참조.

(2) 주관적 구성요건

15 고의 이외에 영리의 목적이 있어야 한다. 고의가 인정되려면 사람을 매개하여 간음하게 한다는 인식과 의사가 있어야 한다. 영리의 목적이란 재산적 이익을 취득할 목적으로서 일시적·영구적 이익임을 묻지 않으며, 제3자에게 취득하게 할 목적이 있어도 상관없다. 현실적으로 영리를 달성하였는지는 이 죄의 성립에 영향이 없다.

3. 죄수, 타죄와의 관계

(1) 죄수

16 매개행위와 간음행위가 모두 있어야 이 죄가 성립한다. 시간과 장소를 달리하여 수회의 매개행위와 간음행위가 있더라도 포괄일죄의 인정요건을 구비하면 일죄가 될 수 있다.

(2) 타죄와의 관계

17 폭행·협박이 수반된 매개행위로 간음한 때에는 이 죄가 아니라 강간죄 또는 미성년자간음죄(위력에 의한 간음죄)가 성립한다.

Ⅲ. 음화등반포(판매·임대·공연전시·상영)죄

> 제243조(음화반포등죄) 음란한 문서, 도화, 필름 기타 물건을 반포, 판매 또는 임대하거나 공연히 전시 또는 상영한 자는 1년 이하의 징역 또는 500만원 이하의 벌금에 처한다.

1. 의의, 성격

18 음란한 문서, 도화, 필름 기타 물건을 반포, 판매 또는 임대하거나 공연히 전시 또는 상영함으로써 성립하는 범죄이다. 반포·판매·임대행위는 즉시범이고, 공연전시·상영행위는 계속범이다. 경향범은 아니라는 견해가 통설이지만 음란성의 개념의 문제성과 관련하여 이 죄의 성립범위를 제한하는 취지에서 경향범으로 보는 것이 타당하다. 추상적 위험범이자 거동범이다.

2. 구성요건

(1) 객관적 구성요건

19 1) 객체 음란한 문서, 도화, 필름 기타 물건이다. 이를 통칭하여 '음란물'이라고 한다.[7] 문서, 도화, 필름은 음란물의 예시에 불과하다.

---

7) 아청법의 적용대상이 되는 '아동·청소년성착취물'(이른바 아동포르노그래피)은 음란성을 요건으로 하지도 않지 않고, 그 대상도 아동·청소년 뿐만 아니라 아동·청소년으로 명백하게 인식될 수 있는 사람이나 표현물로 확장되어 있다(제2조 제5호)

(가) 음란성 일반적·추상적인 개념으로 되어 있는 규범적 구성요건요소이므로 가치충 20
전적 보충해석이 필요하다.[8)]

가) 음란의 개념 음란이란 일반 보통인의 성욕을 자극하여 성적 흥분을 유발하고 정 21
상적인 성적 수치심을 해하여 성적 도의관념을 현저히 침해하기에 적합한 행위를 말한다(통설·판례[9)]). 표현물을 전체적으로 관찰·평가해 볼 때 단순히 저속하다거나 문란한 느낌을 준다는 정도를 넘어서 존중·보호되어야 할 인격을 갖춘 존재인 사람의 존엄성과 가치를 심각하게 훼손·왜곡하였다고 평가할 수 있을 정도로 노골적인 방법에 의하여 성적 부위나 행위를 적나라하게 표현 또는 묘사한 것을 말한다.[10)]

判 대법원은 음란개념이 그 자체가 사회와 시대적 변화에 따라 변동하는 상대적이고도 유동적인 것이고, 그 22
시대에 있어서 사회의 풍속, 윤리, 종교 등과도 밀접한 관계를 가지는 추상적인 개념임을 인정한다.[11)] 따라서 구체적인 사건에서 음란성의 판단기준, 주체 및 판단방법 등을 다음과 같이 인정하고 있다.

나) 판단기준 및 판단주체 대법원은 음란성을 구체적으로 판단할 경우 '사회통념상 일반 23
보통인의 정서를 그 판단의 규준으로 삼아야 하지만, 그 최종적인 판단의 주체는 당해 사건을 담당하는 법관이고, 이 때 법관은 자신의 정서가 아닌 일반 보통인의 정서를 대리하여 판단하여야 한다고 한다.[12)] 법원은 형법적 음란성 판단에서 영상물등급위원회의 판단에 기속되지도 않는다.[13)]

다) 판단방법(객관적, 전체적 판단방법) 대법원은 음란성을 판단방법을 그 시대의 건전한 24
사회통념에 따른 객관적 판단 및 그 사회의 평균인의 입장에서 문서 전체를 대상으로 할 것으로 요함으로써 이른바 객관적, 전체적 판단 방법에 따라야 한다고 한다.[14)] 이에 따르면 음

---

8) "'음란'이라는 개념은 사회와 시대적 변화에 따라 변동하는 상대적이고도 유동적인 것이고, 그 시대에 있어서 사회의 풍속, 윤리, 종교 등과도 밀접한 관계를 가지는 추상적인 것이므로, 구체적인 판단에 있어서는 사회통념상 일반 보통인의 정서를 그 판단의 기준으로 삼을 수밖에 없다고 할지라도, 이는 일정한 가치판단에 기초하여 정립할 수 있는 규범적인 개념이므로, '음란'이라는 개념을 정립하는 것은 물론 구체적인 표현물의 음란성 여부도 종국적으로는 법원이 이를 판단하여야 한다"(대법원 2008.3.13. 2006도3558).

9) 대법원 2000.10.27. 98도679. "음란성은 그 제작자, 판매자의 주관적 의사에 좌우되는 것이 아니라 객관적으로 일반 보통인의 성욕을 자극하여 성적 흥분을 유발하고 정상적인 성적 수치심을 해하여 성적 도의관념에 반하는 것이다"(대법원 1995.2.10. 94도2266).

10) 대법원 2012.10.25. 2011도16580.

11) 대법원 1995.2.10. 94도2266.

12) "'음란'이라는 개념은 (중략) 추상적인 것이므로 결국 구체적인 판단에 있어서는 사회통념상 일반 보통인의 정서를 그 판단의 규준으로 삼을 수밖에 없다고 할지라도, 이는 법관이 일정한 가치판단에 의하여 내릴 수 있는 규범적인 개념이라 할 것이어서 그 최종적인 판단의 주체는 어디까지나 당해 사건을 담당하는 법관이라 할 것이니, 음란성을 판단함에 있어 법관이 자신의 정서가 아닌 일반 보통인의 정서를 규준으로 하여 이를 판단하면 족한 것이지 법관이 일일이 일반 보통인을 상대로 과연 당해 문서나 도화 등이 그들의 성욕을 자극하여 성적 흥분을 유발하거나 정상적인 성적 수치심을 해하여 성적 도의관념에 반하는 것인지의 여부를 묻는 절차를 거쳐야만 되는 것은 아니라고 할 것이다."(대법원 1995.2.10. 94도2266).

13) 대법원 2008.3.13. 2006도3558.

14) "형법 제243조 및 제244조에서 말하는 '음란'이라 함은 정상적인 성적 수치심과 선량한 성적 도의관념을 현저히 침해하기에 적합한 것을 가리킨다 할 것이고, 이를 판단함에 있어서는 그 시대의 건전한 사회통념에 따라

란성은 성욕을 자극·흥분케 한다는 행위자의 주관적 목적을 요하지 않으며 외부에 나타난 사실만을 가지고 객관적으로 판단해야 하며 그 판단은 행위자의 주관적 의도가 아니라 사회일반의 성인(평균인)을 기준으로 삼아 그 시대의 건전한 사회통념에 따를 것이 요구된다. 여기서 말하는 전체적 판단방법은 문서·작품의 일부분만을 떼어서 판단할 것이 아니라 전체적 흐름의 내용과 표현방법, 독자나 관람자에게 준 전체적 인상, 표현된 사상과 서술형식, 예술성, 사상성에 의한 성적 자극의 완화 등 전체를 관련시켜서 판단하는 방법을 말한다.[15] 그러나 사안의 특수성상 작품의 음란부분만 분리하여 복사·제작한 경우에는 전체적 판단방법에 따르면 음란하지 않더라도 음란성이 인정될 수도 있음을 배제하지는 않는다.

25 判 대법원은 '미술교사 나체사진사건'에서와 같이 원칙적으로 작품 내지 표현물의 전체를 고려하여 음란여부를 판단하는 이른바 전체적 판단방법에 따르고 있지만, 과거 고야의 작품 '나체의 마야 사건'에서와 같이 명화집에 실린 그림을 성냥갑에 복사하여 제조·시판한 경우 일반인의 성적 정서와 선량한 사회풍습을 해칠 가능성이 있는 때에는 음화제조·판매죄가 성립한다고 함으로써 판단방법의 상대성을 인정한 바 있다.[16] 하지만 이것이 뒤에서 설명할 음란개념의 상대성을 의미하는 '상대적 음란성(개념)이론'의 수용을 의미하는 것은 아님을 주의해야 한다.[17]

26 **라) 예술작품·학술서 등의 음란성** 헌법은 학문과 예술의 자유(헌법 제22조 제1항)를 보장하고 있다. 따라서 헌법적 관점에서 볼 때 **예술작품·학술서 등의 음란성에 관한 사법적 판단의 허용성 내지 상대적 음란개념의 허용여부**에 관해 ① 학문과 예술은 기존관념을 깨뜨리고 발전해 나아가는 데에 본질이 있으므로 성풍속이라는 기존관념으로 된 사법적 잣대로 재단될 수 없다는 견해[18]와 ② 예술성 및 학술성과 음란성은 차원을 달리하는 개념이며(형식적 학문·예술개념), 예술작품이나 학술서 등도 공중에게 음란성을 제공할 수 있는 특권을 가질 수는 없으므로 일단 음란성이 인정되는 한 학문과 예술의 자유의 보장한계 밖에 놓여야 한다는 견해(다수설)가 대립한다.

27 判 대법원은 어떤 예술작품에 예술성이 있다고 하여 그 작품의 음란성이 당연히 부정되는 것은 아니라는 전제하에서 그 작품의 예술적 가치, 주제와 성적 표현의 관련성 정도 등에 따라 그 음란성이 완화되어 형사처벌의 대상으로 편입될 수 있다는 이른바 상대적 음란이론에 입각하고 있는 듯하다.[19]

객관적으로 판단하되 그 사회의 평균인의 입장에서 문서 전체를 대상으로 하여 규범적으로 평가하여야 할 것이다"(대법원 2000.10.27. 98도679).

15) "표현물의 음란 여부를 판단함에 있어서는 당해 표현물의 성에 관한 노골적이고 상세한 묘사·서술의 정도와 그 수법, 묘사·서술이 그 표현물 전체에서 차지하는 비중, 거기에 표현된 사상 등과 묘사·서술의 관련성, 표현물의 구성이나 전개 또는 예술성·사상성 등에 의한 성적 자극의 완화 정도, 이들의 관점으로부터 당해 표현물을 전체로서 보았을 때 주로 그 표현물을 보는 사람들의 호색적 흥미를 돋우느냐의 여부 등 여러 점을 고려하여야 하며, 표현물 제작자의 주관적 의도가 아니라 그 사회의 평균인의 입장에서 그 시대의 건전한 사회통념에 따라 객관적이고 규범적으로 평가하여야 한다"(대법원 2005.7.22. 2003도2911).

16) 대법원 1970.10.30. 70도1879,

17) 양자를 구별하지 않는 견해로는 임웅, 751~752면; 오영근, 제8판, 628면.

18) 배종대, §130/5; 이재상/장영민/강동범, §36/28; 임웅, 753면.

19) "예술성과 음란성은 차원을 달리하는 관념이므로 어느 예술작품에 예술성이 있다고 하여 그 작품의 음란성이

예술에 대한 사회적 통념은 '예술은 아름다움'이라는 18세기적 예술개념에 기반을 두고 있다. 하지만 현대사회에서 예술의 사회적 기능은 자연을 모방한 '아름다움'보다는 현대사회와 인간의 삶을 그려내는 변종의 새로움을 창조해내는 역할을 보다 의미 있게 감당하고 있음을 부인하기 어렵다. 이에 따르면 예술작품에 대한 평가의 잣대는 보통사람의 가치기준이라는 보편성에 근거할 수 없고, 자연과 인간과 인간의 삶을 바라보는 작가의 다양한 내적 논리와 시각에 맡겨져야 한다. 28

이러한 관점에서 보면 이른바 예술작품이나 학술서에서 예술적 가치, 주체와 성적 표현의 관련정 정도에 따라 음란성을 완화할 수 있다는 상대적 음란이론도 현대에 와서 그 만큼 설 기반이 약화된다. 특히 상대적 음란성이론은 19세기 독일학자 카일 빈딩(Karl Binding)의 이론으로서 작품의 내용뿐만 아니라 작가나 출판자의 의도, 광고·선전·판매의 방법, 독자·관람자의 제한성 등의 부수 사정에 따라 음란성에 대한 평가가 달라지기 때문에 이러한 사정을 고려하여 음란성 여부를 상대적으로 판단해야 한다는 것을 요체로 삼는다. 이에 따르면 예술작품이나 학술서가 가지는 가치와 의미를 보통사람의 가치기준에 따라 가늠하여 예술과 학문을 사회통념이라는 닫힌 시각으로 바라보는 한계가 생긴다. 따라서 예술과 학문에서 필요한 열린 시각과 창조적 사고를 인정하려면 예술작품이나 학술서에서 음란성에 관한 사법적 잣대는 적절하지 않은 것으로 보인다. 29

(나) 문서·도화·필름 기타 물건 문서, 도화, 필름은 비밀침해죄(제316조)와 문서위조죄(제225조 이하)의 그것과 원칙적으로 같은 개념이지만, 계속적 기능과 증명적 기능은 필요하지 않다는 점에서 차이가 있다. 뿐만 아니라 문서·도화는 거래의 안전과 공공의 신용에 대한 보호라는 측면에서 제한이 있으나 음화등반포등죄에서는 음란한 것이면 족하다. '기타 물건'에는 성적 행위를 표현하는 조각품·음반·녹음테이프·비디오테이프 등이 있다. 음란한 영상화면을 수록한 컴퓨터프로그램파일은 문서, 도화, 필름, 기타 물건 어디에도 속하지 않는다. 따라서 음란한 영상화면을 수록한 컴퓨터프로그램 파일도 이 죄의 '기타 물건'에 포함되지 않고,[20] 정보통신망법 위반죄의 객체가 될 뿐이다. 30

例 음란문서 또는 음란 물건을 인정된 예: 소설 '즐거운 사라'(대법원 1995.6.16. 94도2413), 소설 '내게 거짓말을 해봐'(대법원 2000.10.27. 98도679), 남성용 자위기구인 모조여성성기(대법원 2003.5.16. 2003도988) 등. 31

例 음란한 물건으로 인정되지 않은 예: 성인여성의 엉덩이 윗부분을 본 떠 만든 남성용 자위기구(대법원 2014.7.24. 2013도9228)등. 32

당연히 부정되는 것은 아니라 할 것이고, 다만 그 작품의 예술적 가치, 주제와 성적 표현의 관련성 정도 등에 따라서는 그 음란성이 완화되어 결국은 형법이 처벌대상으로 삼을 수 없게 되는 경우가 있을 수 있을 뿐이다" (대법원 2002.8.23. 2002도2889).

20) 이 파일을 컴퓨터 통신망을 통하여 전송하는 방법으로 유포하거나 판매한 행위는 정보통신망법(제74조 제1항 제2호)과 성폭법(제13조, 제14조)에서 별도로 범죄행위로 규정하고 있다. 뿐만 아니라 아동·청소년이용음란물인 경우에는 아청법의 적용대상이 된다.

33 2) 행위 반포·판매·임대 또는 공연히 전시 또는 상영하는 것이다.

34 (가) 반포·판매·임대 '반포'란 불특정 또는 다수인에게 무상으로 교부하는 것을 말한다. 따라서 특정인의 의뢰를 받고 음란사진을 복제하여 그 의뢰자에게 교부한 때에는 반포(유상이라면 판매죄)에 해당하지 않는다. 반포는 현실로 인도되어야 하므로 우송하였으나 아직 도달하지 않았으면 반포죄가 되지 않는다. '판매'란 불특정 또는 다수인에게 유상으로 양도하는 것을 말한다. 반드시 매매·교환에 의할 필요가 없고, 술값 대신으로 음화를 주거나 회원에게 기관지 기타 자료로 배부한 때에도 대가관계가 인정되면 판매죄에 해당한다. 판매 역시 물건이 현실로 인도되어야 한다. '임대'란 유상으로 대여하는 것을 말한다. 반드시 영업적으로 행할 필요는 없다.

35 (나) 공연전시·공연상영 공연히 '전시'하는 것은 불특정 또는 다수인이 실제로 음란물을 인식할 수 있는 상태에 두는 것을 말한다.[21] 반드시 동시에 다수인에게 보일 필요는 없으며 순차로 관람케 하여도 무방하다. 유상·무상임을 묻지 않으며, 현실로 불특정 또는 다수인이 관람하였음도 요하지 않는다. '상영'이란 필름 등 영상자료를 화면에 비추어 불특정 또는 다수인에게 보여주는 것을 말한다. 실물전시는 상영이 아니다.

36 例 **공연전시로 인정되지 않은 사례**: 집 방안에서 친구 두 사람이 보는 앞에서 영사기로 도색영화필름을 상영한 경우(대법원 1973.8.21. 73도409)

37 例 **공연전시로 인정된 사례**: 회원제로 운영되는 인터넷사이트의 카페에 회원들 상호간에 음란물을 게시, 공유하더라도 카페의 회원수가 일정범위를 넘은 경우(대법원 2009.5.14. 2008도10914), 인터넷 웹사이트에 음란한 부호 등으로 '링크를 해두어' 불특정·다수인이 이러한 링크를 이용하여 별다른 제한 없이 음란한 부호 등에 바로 접할 수 있는 상태가 실제로 조성되는 경우(대법원 2003.7.8. 2001도1335) 등.

(2) 주관적 구성요건

38 (가) 고의 음란한 문서, 도화, 필름 기타 물건을 반포·판매·임대 등을 한다는 사실에 대한 고의가 있어야 한다. 전시와 상영의 경우에는 공연성에 대한 인식도 있어야 한다. 음란성은 규범적 구성요건요소이므로 음란성에 대한 사회 평균인이 하는 정도의 의미의 인식이 있어야 한다(총론의 고의의 인식정도 부분 참조). 이 죄의 고의가 인정되기 위해서는 객관적으로 음란성이 인정되는 행위가 가지는 표지(즉 타인을 성적으로 자극·흥분 또는 만족시키거나 선량한 성적 도의관념을 해하는 정도의 속성)를 실현하려는 의사까지는 요하지 않는다.

39 (나) 초과주관적 구성요건 요소의 필요성 해석론상 이 죄의 주관적 구성요건요소로서 행위자에게 목적물의 음란성에 대한 인식(고의)뿐 아니라 타인을 성적으로 자극시키거나 흥분시키려는 등의 내심의 경향성을 인정하는 것이 바람직하다.[22] 왜냐하면 음란성에 대한 인식 이

---

21) 대법원 1999.2.24. 98도3140; 대법원 2009.5.14. 2008도10914.

22) 특히 초과내심적 경향을 이 죄의 구성요건요소로 인정하면 예술작품이나 학술서의 음란성도 사법적 판단의 대상이 되어야 한다는 통설·판례의 태도를 따르더라도 학문과 예술의 자유 또는 표현의 자유와 갈등을 일으키는

외의 행위자의 내심적 경향을 별도의 주관적 요소로 요구하지 않으면 객관적으로 (사회통념상) 음란성이 인정되기만 하면 다른 목적으로 이루어지는 많은 영역(사회통념에 도전하기 위한 예술이나 학문활동의 영역)에서 가벌성이 쉽게 인정될 수 있기 때문이다. 예술이나 학문은 원래가 사회통념(음란성에 대해서뿐 아니라 사회의 모든 고정관념)과 긴장관계 속에서 발전해 나가면서 인류의 진보에 기여하는 것이기 때문이다.

3. 공범관계

반포·판매 등의 상대방에 대해서는 형법상 처벌규정이 없다. 따라서 반포 등의 상대방은 원칙적으로 이 죄의 공범(교사범·방조범)으로도 처벌되지 않는다(불가벌적 대향자). 하지만 불가벌적 대향자라도 구성요건실현에 수반되는 필연적인 기여행위를 넘어서는 적극적인 행위가 있을 경우(예컨대 반포나 판매 등을 할 의사가 없는 자로 하여금 음란물건의 입수경로에 관한 정보를 주어 입수하게 한 다음 본인이 직접 양수받은 경우)에는 이 죄의 공범(또는 공동정범)이 될 수도 있다(『총론』의 편면적 대향범 및 『각론』의 배임죄 참조). 40

Ⅳ. 음화등제조(소지·수입·수출)죄

> 제244조(음화제조등죄) 제243조의 행위에 공할 목적으로 음란한 물건을 제조, 소지, 수입 또는 수출한 자는 1년 이하의 징역 또는 500만원 이하의 벌금에 처한다.

1. 의의, 성격

반포·판매·임대 또는 공연히 전시 또는 상영할 목적으로 음란한 물건을 제조, 소지, 수입 또는 수출함으로써 성립하는 범죄이다. 음화 등 반포등죄의 예비단계에 해당하는 행위를 독립된 범죄로 규정한 것이다. 목적범이고 추상적 위험범이다. 음화판매등죄와 마찬가지로 경향범이다. 41

2. 구성요건

객체는 음란한 물건이다. 이 죄의 물건에는 문서, 도화, 필름 등을 포함한다. '제조'란 음란한 물건을 만드는 것을 말한다. '소지'란 음란한 물건에 대한 사실상의 지배하에 두는 것을 의미한다. '수입'은 외국에서 국내로 반입하는 것을 말하고, '수출'은 국내에서 국외로 반출하는 것을 말한다. 영상물을 만드는 경우 이 죄의 '제조'가 되려면 반드시 본인이 직접 촬영행위를 하여야 할 필요는 없고, 그 영상을 만드는 것을 기획하고 촬영행위를 하게 하거나 만드 42

소지를 없앨 수 있는 이론구성을 할 수 있다.

는 과정에서 구체적인 지시를 하면 제조가 되는 것으로 해석될 수 있다.[23)]

43 목적범이므로 반포 등의 목적이 없는 단순소지는 이 죄의 소지가 되지 않는다.[24)] 반포 등 목적이 있는 이상 반드시 휴대할 필요가 없고 자택에 두고 있어도 사실상 지배상태가 되므로 소지죄가 된다. 이 죄를 범한 후 음화반포등죄를 범한 경우에는 이 죄가 성립하지 않고 음화등반포등죄만 성립한다.

44 例 대법원은 남성용 자위기구인 '체이시'는 여성 성기를 지나치게 노골적으로 표현함으로써 사회통념상 그 것을 보는 것 자체만으로도 성욕을 자극하거나 흥분시킬 수 있고 일반인의 정상적인 성적 수치심을 해치고 선량한 성적 도의관념에 반한다는 이유로 음란한 물건에 포함시키고 있다(대법원 2003.5.16. 2003도988). 하지만 남성성기확대기구인 해면체비대기(대법원 1978.11.21. 78도2327), 여성용 자위기구나 돌출콘돔(대법원 2000.10.13. 2000도3346) 등은 기구 그 자체가 성욕을 자극·흥분 또는 만족시키게 하는 물건으로 볼 수 없을 뿐 아니라 일반인의 정상적인 성적 수치심을 해치고 선량한 성적 도의관념에 반하지 않으므로 음란한 물건에 해당하지 않는다고 하였다.

V. 공연음란죄

> 제245조(공연음란죄) 공연히 음란한 행위를 한 자는 1년 이하의 징역, 500만원 이하의 벌금, 구류 또는 과료에 처한다.

1. 의의, 성격

45 공연히 음란한 행위를 함으로써 성립하는 범죄이다. 음란한 행위 자체를 처벌하는 거동범이고 경향범이다.

2. 구성요건

(1) 객관적 구성요건

46 공연히 음란한 행위를 하는 것이다.

47 **1) 공연성** '공연히'란 불특정 또는 다수인이 인식할 수 있는 상태를 말하지만(명예훼손죄의 공연성 참조) 여기서도 불특정 또는 다수인이 직접 인식할 수 있는 상태(내지 방법)를 의미하는 것으로 이해해야 한다. 따라서 폐쇄된 공간에서 내부적으로 결합된 수인 사이에서 음란행위를 하는 것은 공연성이 인정되지 아니한다. 그러나 집 안에서의 음란행위라도 외부에서

---

23) "피고인이 아동·청소년으로 하여금 스스로 자신을 대상으로 하는 음란물을 촬영하게 한 경우 피고인이 직접 촬영행위를 하지 않았더라도 그 영상을 만드는 것을 기획하고 촬영행위를 하게 하거나 만드는 과정에서 구체적인 지시를 하였다면, 특별한 사정이 없는 한 아동·청소년이용음란물 '제작'에 해당하고, 이러한 촬영을 마쳐 재생이 가능한 형태로 저장이 된 때에 제작은 기수에 이른다"(대법원 2021.3.25. 2020도182850: 아청법 제11조 제1항의 처벌대상인 '아동·청소년성착취물' 제작에 관한 사안임).

24) 아청법에는 행위자가 아동·청소년성착취물임을 아는 전제하에서 '단순소지'나 '시청'도 처벌하는 규정이 있다(제11조 제5항).

쉽게 볼 수 있도록 개방되어 있으면 공연성은 인정되며, 반대로 거리에서 행해진 경우라도 숨어서 또는 한적한 외딴 곳에서 음란행위를 한 경우에는 공연성이 인정되지 않는다. 현실적으로 불특정 또는 다수인이 이를 인식할 필요는 없다.

2) 음란행위 사람의 성욕을 자극 또는 흥분시키는 것으로 보통사람의 정상적인 성적 수치심을 해하고 선량한 성적 도의관념에 반하는 행위를 말한다(음화등반포죄의 음란성개념 참조). **음란행위가 성교행위나 자위행위에 국한되는지**에 관해 ① 이를 긍정하는 견해[25]가 있으나 ② 음란행위가 동성간 또는 남성이나 여성이 단독으로도 할 수 있으므로 반드시 성행위를 묘사하거나 성적인 의도를 표출할 것을 요하지 않는다고 해야 한다. 48

判 대법원도 이 죄의 음란행위로 인정되기 위해서는 '반드시 성행위를 묘사하거나 성적인 의도를 표출할 것을 요하는 것은 아니'라는 태도를 취하면서도,[26] '구체적인 사정에 비추어 단순히 다른 사람에게 부끄러운 느낌이나 불쾌감을 주는 정도에 불과한 경우는 음란행위가 아니라 경범죄처벌법상의 '공개된 장소에서 공공연하게 성기·엉덩이 등 신체의 주요한 부위를 노출하여 다른 사람에게 부끄러운 느낌이나 불쾌감을 준 행위'(경범죄 처벌법 제3조 제1항 제33호)로 인정한다.[27] 49

이에 따르면 공개장소에서의 키스행위, 신체의 과다한 노출행위, 스트리킹, 언어에 의한 성희롱, 음담패설 등은 음란행위로 인정되기 어렵다. 부부간의 성행위도 공연히 행하면 음란행위가 된다. 스트립쇼도 그 자체만으로는 음란행위가 될 수 없지만 성행위의 자세를 묘사하는 경우에는 음란행위라고 할 수 있다. 50

例 **음란행위로 인정된 사례:** 남녀 관객이 지켜보는 연극무대에서 온몸이 노출되는 완전나체 상태에서 끌어안고 서로 격렬하게 뒹굴며 유혹하여 성교를 갈구하는 장면을 연기하고, 남자 주인공이 여주인공을 전신 및 음부까지 노출된 완전나체의 상태로 만든 다음 양손을 끈으로 묶어 창틀에 매달아 놓고 자신은 그 나신을 유심히 내려다 보면서 자위행위를 하는 장면을 6, 7분 동안 연기한 경우(연극 미란다사건)(대법원 1996.6.11. 96도980), 요구르트 제품의 홍보를 위하여 전라의 여성 누드모델들이 일반 관람객과 기자 등 수십 명이 있는 자리에서, 알몸에 밀가루를 바르고 무대에 나와 분무기로 요구르트를 몸에 뿌려 밀가루를 벗겨내는 방법으로 알몸을 완전히 드러낸 채 음부 및 유방 등이 노출된 상태에서 무대를 돌며 관람객들을 향하여 요구르트를 던진 행위(대법원 2006.1.13. 2005도1264), 경찰의 연행에 항의하기 위하여 다수인이 보는 고속도로상에서 성기를 노출하여 나체시위를 한 경우(대법원 2000.12.22. 2000도4372) 등. 51

例 **음란행위로 인정되지 않은 사례:** 말다툼을 한 후 항의의 의사표시로 뒤돌아서서 엉덩이를 노출시킨 행위는 다른 사람에게 부끄러운 느낌이나 불쾌감을 주는 정도에 불과하므로 음란행위 해당성이 부정되고 경범죄처벌법상의 신체 과다노출행위로 인정되었다(대법원 2004.3.12. 2003도6514). 52

---

25) 김일수/서보학, 641면; 박상기, 586면; 배종대, §130/13; 이재상/장영민/강동범, §37/38.

26) 대법원 2006.1.13. 2005도1264.

27) "경범죄 처벌법 제3조 제1항 제33호가 '공개된 장소에서 공공연하게 성기·엉덩이 등 신체의 주요한 부위를 노출하여 다른 사람에게 부끄러운 느낌이나 불쾌감을 준 사람'을 처벌하도록 규정하고 있는 점 등에 비추어 볼 때, 성기·엉덩이 등 신체의 주요한 부위를 노출한 행위가 있었을 경우 그 일시와 장소, 노출 부위, 노출 방법·정도, 노출 동기·경위 등 구체적 사정에 비추어, 그것이 단순히 다른 사람에게 부끄러운 느낌이나 불쾌감을 주는 정도에 불과하다면 경범죄 처벌법 제3조 제1항 제33호에 해당할 뿐이(다)"(대법원 2020.1.16. 2019도14056).

(2) 주관적 구성요건

53 1) 고의 공연히 음란한 행위를 한다는 점에 대한 고의가 있어야 한다. 행위자가 자신의 행위에 대한 음란성에 대한 인식을 하여야 하는지 아니면 행위자는 음란한 행위를 공연히 하고 있다는 것만 인식하는 것으로 족한지가 문제될 수 있다.

54 判 대법원은 "행위자들이 위(연극 미란다사건의 행위) 행위들의 음란성을 인식하지 못하였다고 하더라도 객관적으로 음란하다고 인정되는 위 행위들을 공연히 하고 있다는 것만 인식하는 것으로 족하다"고 한다.[28)]

55 하지만 위 판시내용은 음란성 여부에 대한 판단이 객관적이라는 문제(음란성의 개념)와 객관적으로 판단된 음란성을 행위자도 주관적으로 인식하는 문제(고의)가 구별되지 않고 있다. 음란성 여부가 행위자의 주관적 의사에 의해 결정되는 것은 아니지만, 규범적 구성요건요소에 대한 고의인정의 법리상, 행위자는 적어도 자신의 행위가 음란하다는 점에 대한 일반인의 평가와 평행한 평가는 하여야 하기 때문이다. 다시 말하면, 행위자는 자신의 행위가 음란하다는 사실(행위의 객관적 음란성)에 대해서까지 주관적으로 인식하여야 인정될 수 있다.

56 2) 초과주관적 구성요건요소 고의 이외에 객관적으로 음란성이 인정되는 행위가 가지는 표지(즉 타인을 성적으로 자극·흥분 또는 만족시키거나 선량한 성적 도의관념을 해하는 정도의 속성)를 실현하려는 의사, 즉 **초과주관적구성요건요소로서의 내적 경향도 필요한지**가 문제된다.

57 判 대법원은 행위의 음란성에 대한 의미의 인식이 있으면 족하고, 주관적으로 성욕의 흥분, 만족 등의 성적인 목적이 있어야 성립하는 것은 아니라고 함으로서 초과주관적 구성요건요소를 요구하지 않는 태도를 취한다.[29)]

58 그러나 앞에서 음화판매등죄에서 언급 했듯이 해석론상 이 죄의 주관적 구성요건요소로서 행위자에게 자신의 행위가 음란하다는 점에 대한 인식뿐 아니라 타인을 성적으로 자극시키거나 흥분시키는 등의 내심의 경향성이 필요하다고 보는 것이 바람직하다.[30)] 그렇지 않으면 객관적으로 (사회통념상) 음란성이 인정되기만 하면 행위예술(특히 연극)을 공연음란죄로 몰고갈 우려가 생기기 때문이다.

3. 죄수, 타죄와의 관계

(1) 죄수

59 통설은 이 죄의 죄수결정의 기준을 음란행위의 수에 따라 결정한다고 한다. 하지만 다른 죄의 경우와 마찬가지로 구성요건표준설에 따라 수개의 음란행위가 있어도 행위자의 주관적

---

28) 대법원 1996.6.11. 96도980.

29) "형법 제245조 소정의 '음란한 행위'라 함은 일반 보통인의 성욕을 자극하여 성적 흥분을 유발하고 정상적인 성적 수치심을 해하여 성적 도의관념에 반하는 것을 가리킨다고 할 것이고, 위 죄는 주관적으로 성욕의 흥분, 만족 등의 성적인 목적이 있어야 성립하는 것은 아니고 그 행위의 음란성에 대한 의미의 인식이 있으면 족하다" (대법원 2004.3.12. 2003도6514).

30) 초과내심적 경향을 이 죄의 주관적 구성요건요소로 요구하면 앞의 연극 미란다사건이나 고속도로상의 엉덩이 노출사건의 경우에도 공연음란죄의 인정을 부정해야 할 것이다.

의사(범의의 단일성)나 행위태양, 시간적·장소적 접착성 등을 고려하여 일죄가 인정될 수 있다고 해야 한다.

(2) 타죄와의 관계

강제추행죄·강간죄를 공연히 범한 경우에는 강제추행죄·강간죄와 공연음란죄의 상상적 경합범이 된다고 하지만, 이 죄에 내적 경향이라는 초과 주관적구성요건요소가 필요하다고 하면 공연음란죄는 부정해야 할 것이다. 60

강제추행이나 공중밀집장소에서의 추행의 경우도 음란성의 요건을 충족시키면 공연음란죄와 강제추행죄 또는 성폭법의 공중밀집장소추행죄와 상상적 경합관계가 인정될 수 있지만, 음란성의 요건을 충족시키지 못하면 공연음란죄는 성립하지 않고 이들 죄만 성립한다. 61

제 2 절 도박과 복표에 관한 죄 § 50

Ⅰ. 총설

1. 의의 및 보호법익

(1) 의의

도박과 복표에 관한 죄는 우연한 사정에 의하여 재물 또는 재산상의 이익의 취득 여부를 결정하는 것을 내용으로 하는 범죄이다. 형법은 도박하거나 도박장이나 공간을 개설하거나 또는 복표를 발매·중개 또는 취득하는 행위유형들을 범죄구성요건으로 만들어 두고 있다. 1

도박과 복표에 관한 죄의 행위들은 사람의 사행심을 조장하여 건전한 근로관념을 상실시키기 때문에 국가가 이를 금지한다는 점에서 국가후견주의적 사고를 바탕으로 하고 있다. 2

(2) 보호법익

도박과 복표에 관한 죄의 보호법익은 국민일반의 건전한 근로관념과 공공의 미풍양속 내지 경제에 관한 건전한 도덕법칙이다.[31] 보호받는 정도는 추상적 위험범으로서의 보호이다. 3

31) "도박죄를 처벌하는 이유는 정당한 근로에 의하지 아니한 재물의 취득을 처벌함으로써 경제에 관한 건전한 도덕법칙을 보호하기 위한 것(이다)"(대법원 1983.3.22. 82도2151).

2. 구성요건의 체계

4

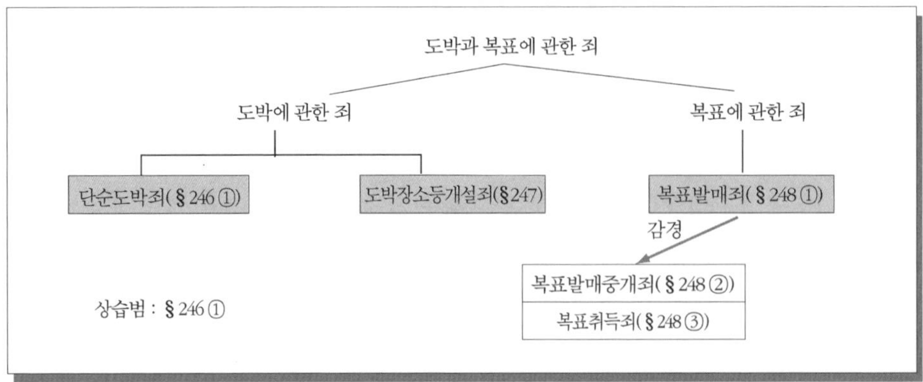

5 도박에 관한 죄의 기본적 구성요건은 단순도박죄이고, 가중구성요건으로 상습도박죄가 있으며, 독립된 구성요건으로 도박장소등개설죄를 두고 있다.

6 복표에 관한 죄는 복표발매죄를 기본적 구성요건으로 하고 복표발매중개죄와 복표취득죄를 이에 대한 감경적 구성요건으로 규정하고 있다. 복표에 관한 죄에는 「사행행위등규제 및 처벌특례법」이 적용될 수 있다.

Ⅱ. 단순도박죄

> 제246조(도박, 상습도박죄) ① 도박을 한 사람은 1천만원 이하의 벌금에 처한다. 다만, 일시오락 정도에 불과한 경우에는 예외로 한다.

1. 의의, 성격

7 도박함으로써 성립하는 범죄이다. 도박한 상대방도 처벌하므로 필요적 공범의 일종인 대향범이다. 단순도박은 불확실성과 우연성으로 이루어져 있는 세계에서 살아가는 인간의 본성적 측면에 해당하는 것이고, 국가도 지역별(강원도 정선) 도박을 허용하고 있음에 비추어 건전한 근로의식의 보호라는 법익보호의 토대도 취약하므로 비범죄화시키는 것이 바람직하다.[32)]

32) 입법례로서 독일형법은 공연히 행하는 도박만을 처벌하고, 프랑스 형법은 도박개장죄만 처벌하고 있다.

2. 구성요건

(1) 주체

주체에는 제한이 없다. 도박은 성질상 2인 이상의 사이에서만 행하여질 수 있으므로 이 죄는 필요적 공범으로서 관여자 모두가 처벌되는 대향범에 해당하다. 따라서 도박에 관여한 내부가담자들에 대해서는 형법총칙상의 임의적 공범규정이 적용되지 않는다. 8

(2) 객체

도박죄의 객체로서 종래 형법은 재물만을 규정하고 있었다. 하지만 「국제연합국제조직범죄방지협약」의 이행입법 차원에서 이루어진 2013.4.5. 형법개정으로 도박죄의 객체에 '재물' 뿐만 아니라 '재산상의 이익'도 포함시켰다. 도박죄에 있어서의 '재물'은 도박행위의 수단이지 재산죄에서 말하는 재물이 아니기 때문에 타당한 태도이다. 따라서 금전뿐 아니라 부동산이나 채권도 도박의 객체가 될 수 있고, 그 가액의 다소나 교환가치의 유무도 묻지 않는다. 재물 또는 재산상이 이익이 현장에 있을 것도 요하지 않으며, 그 대상 가액이 애당초 확정되어 있을 필요도 없고 승패가 결정된 경우에 확정할 수 있으면 족하다. 9

(3) 행위

도박하는 것이다. '도박'이란 당사자가 서로 재물 또는 재산상의 이익을 걸고 우연한 승부에 의하여 그 득실을 결정하는 것을 말한다. 10

1) 우연성 도박은 재물 또는 재상상의 이익의 득실이 우연에 의해서 결정되는 것이라야 한다. 우연이란 당사자가 확실히 예견하거나 자유로이 지배할 수 없는 경우를 말한다. 당사자에게 주관적으로 우연한 것이면 객관적으로 우연한 것일 필요는 없다.[33] 주관적으로 불확실한 인식을 가진 것이면 장래의 사실에 한하지 않고 과거 또는 현재의 사실에 대해서도 우연성을 가지고 도박할 수 있다. 우연성에 의하여 결정되는 재물 또는 재산상의 이익의 득실은 경제적으로 정당한 이익이 아니라야 한다. 따라서 생명과 화재 또는 교통사고에 대비한 보험가입계약은 경제수요에 대비하는 것으로 이익이 아니므로 도박이 될 수 없다. 11

2) 사기도박(편면적 도박) 우연성은 도박 가담자 모두에게 존재해야 한다. 따라서 가담자의 일방에게만 우연성이 있는 이른바 편면적 도박의 경우에는 도박에 필요한 우연성이 결여되어 있으므로 도박이 아니라 사기죄가 성립하고 그 상대방은 범죄를 구성하지 않는다 (통설 · 판례[34]). 12

---

33) "'우연'이란 주관적으로 '당사자에 있어서 확실히 예견 또는 자유로이 지배할 수 없는 사실에 관하여 승패를 결정하는 것'을 말하고, 객관적으로 불확실할 것을 요구하지 아니한다. 따라서, 당사자의 능력이 승패의 결과에 영향을 미친다고 하더라도 다소라도 우연성의 사정에 의하여 영향을 받게 되는 때에는 도박죄가 성립할 수 있다"(대법원 2008.10.23. 2006도736).

34) "도박당사자의 일방이 사기의 수단으로 승패의 수를 지배하는 경우에는 사기죄만이 성립되고 도박죄는 성립하지 아니한다"(대법원 1960.11.16. 4293형상743)."화투의 조작에 숙달하여 원하는 대로 끝수를 조작할 수 있어서

13 3) 운동경기 등의 도박성 **운동경기나 오락성게임과 같이 당사자의 능력이 승패의 결과에 영향을 미치는 경우도 도박이 되는지**에 대해서는 견해가 대립한다. ① 조금이라도 우연성이 개입하면 도박이 된다는 견해에서는 우연의 지배에서 완전히 벗어나지 않는 한 운동경기나 게임의 경우에도 도박이 된다고 하는 반면, ② 운동경기나 바둑과 장기와 같은 게임과 같이 우연적 요소보다도 당사자의 기량·체력·승부욕·집중도와 같은 개인적 요소가 더 비중있는 경우에는 도박이 되지 않는다고 한다.

14 判 대법원은 "당사자의 능력이 승패의 결과에 영향을 미친다고 하더라도 다소라도 우연성의 사정에 의하여 영향을 받게 되는 때에는 도박죄가 성립할 수 있다"고 하면서 내기골프의 도박성을 인정(대법원 2008.10.23. 2006도736)함으로써 앞의 견해를 취하였다. 이 판결은 억대의 내기골프 사안에 대해 "경기자의 기능과 기량이 승패의 전반을 결정하기 때문에 도박이 아니다"며 무죄를 선고한 1심판결(서울남부지법 2005.2.18. 2004고단4361)을 파기하고 내기골프의 도박성을 인정한 원심판결(서울고법 2006.1.12. 2005노2065)을 인용한 판결이다.

15 물론 어느 입장에서도 화투·포커·마작 등과 같은 경우는 우연적 요소가 더 강하게 작용하므로 도박에 해당한다는 점에서는 일치점이 있다. 하지만 조금이라도 우연이 개입하는 경우를 모두 도박이라고 한다면 이 세상에 우연이 개입하지 않는 경우란 거의 없으므로 후자의 견해가 타당하다.

16 4) 기수시기 도박행위의 착수가 있으면 바로 기수가 된다. 따라서 예컨대 화투도박에서 화투장을 배부하기 시작하면 기수가 된다. 승패가 결정되거나 현실로 재물의 득실이 있음을 요하지 않는다. 미수처벌규정은 없다.

3. 위법성조각사유

(1) 일시오락

17 도박행위가 일시오락의 정도에 불과한 때에는 예외로 한다(제246조 제1항 단서)는 규정에서 '예외'의 의미를 위법성조각사유로 볼 것인지 구성요건해당성배제사유로 볼 것인지가 문제된다.

18 判 대법원의 태도는 분명하지 않으나 기본적으로 구성요건해당성배제사유로 보고 있는 듯하다. "일시 오락 정도에 불과한 도박은 그 재물의 경제적 가치가 근소하여 건전한 근로의식을 침해하지 않을 정도이므로 건전한 풍속을 해할 염려가 없는 정도의 단순한 오락에 그치는 경미한 행위에 불과하고, 일반 서민대중이 여가를 이용하여 평소의 심신의 긴장을 해소하는 오락은 이를 인정함이 국가정책적 입장에서 보더라도 허용된다."[35]고 판시하고 있기 때문이다.

19 명절 등 가족간, 친구들간의 일시오락에 그치는 도박은 도박죄가 보호하는 법익의 침해가 없고, 그 행위 역시 오랫동안 사회적으로 정상적인 생활행태의 인정되어 왔다는 점을 고려하면 '사회적 상당성'의 법리에 따라 도박죄의 엄격한 형식성을 완화하는 차원에서 구성요건해

우연성이 없음에도 피해자를 우연에 의하여 승부가 결정되는 것처럼 오신시켜 돈을 도하게 하여 이를 편취한 행위는 이른바 기망방법에 의한 도박으로서 사기죄에 해당한다"(대법원 1985.4.23. 85도583).

35) 대법원 2004.4.9. 2003도6351.

당성배제사유로 인정하는 것이 바람직하다.

判 종래 대법원의 태도가 일시오락을 '사회상규에 위배되지 아니하는 행위로서 위법성을 조각하는 경우'로 이해한 태도는 처음부터 단순도박죄가 문제된 사안이 아니라는 점도 눈여겨볼 필요가 있다. 풍속영업자가 자신이 운영하는 여관에서 친구들과 일시 오락 정도에 불과한 도박을 한 사안에 대해 대법원이 풍속영업의규제에관한법률위반죄의 구성요건해당성은 인정되지만,[36] 사회상규에 위배되지 않는 행위로서 위법성이 조각된다고 한 것도 때문이다. 이러한 대법원의 태도에는 일반인이 가정집에서 일시오락의 차원에서 행한 행위는 형법의 단순도박죄의 구성요건해당성을 부정하는 것이 전제되어 있는 것이라고 볼 수 있다. 20

문제는 **어느 정도를 일시오락으로 볼 것인지**에 있다. ① 재물 또는 재상상의 이익의 경제적 가치가 근소하여 이를 방임해도 사회에 큰 영향을 미치지 않을 정도일 것을 요하는 견해가 있지만, ② 도박의 시간과 장소·재물의 가액·도박자의 사회적 지위(직업)와 재산정도·도박의 동기·도박재물의 용도와 그 흥미성 등 여러 사정을 종합적으로 참작하여 객관적으로 결정해야 할 것이지 일률적으로 판단할 수는 없다(통설·판례[37]). 이에 따르면 도박에 건 것이 금전인 경우에도 일시오락의 경우에 해당할 수 있다(통설·판례[38]). 21

(2) 외국 카지노에서의 도박행위

한국인이 도박죄를 처벌하지 않는 외국 카지노에서 도박을 했을 경우 위법성을 조각할 수 있는지가 문제된다. 형법의 장소적 적용에 관한 속인주의에 관한 형법의 태도(제3조)에 기초하면, 예외적으로 내국인의 출입을 허용하는 폐광지역개발지원에관한특별법 등에 따라 카지노에 출입하는 경우 법령에 의한 행위로 위법성조각이 인정될 경우 이외에는 위법성조각을 인정할 법적 근거가 없다(통설·판례[39]). 하지만 한국형법의 인공위성화를 초래하는 제3조의 속인주의(절대적·적극적 속인주의)의 내용에 대하여 쌍방가벌성의 원칙[40](제한적·적극적 속인주의)이 타당하도록 입법적 수정을 가하는 것이 바람직하다. 22

---

36) "풍속법 제3조 제3호에서 풍속영업자의 준수사항으로 "풍속영업소에서 도박 기타 사행행위를 하게 하여서는 아니된다."는 사항을 부과하고 있는바, 위와 같은 풍속법의 입법목적에 비추어 보면, 풍속영업자가 풍속영업소에서 도박을 하게 한 때에는 그것이 일시 오락 정도에 불과하여 형법상 도박죄로 처벌할 수 없는 경우에도 풍속영업자의 준수사항 위반을 처벌하는 풍속법 제10조 제1항, 제3조 제3호의 구성요건해당성이 있다고 할 것이다."(대법원 2004.4.9. 2003도6351).

37) 대법원 1985.11.12. 85도2096.

38) "각자 1,000원 내지 7,000원을 판돈으로 내놓고 한 점에 100원짜리 속칭 '고스톱'을 한 것은 일시 오락의 정도에 불과하다"(대법원 1990.2.9. 89도1992).

39) "형법 제3조는 "본법은 대한민국 영역 외에서 죄를 범한 내국인에게 적용한다."고 하여 형법의 적용 범위에 관한 속인주의를 규정하고 있고, 또한 국가 정책적 견지에서 도박죄의 보호법익보다 좀더 높은 국가이익을 위하여 예외적으로 내국인의 출입을 허용하는 폐광지역개발지원에관한특별법 등에 따라 카지노에 출입하는 것은 법령에 의한 행위로 위법성이 조각된다고 할 것이나, 도박죄를 처벌하지 않는 외국 카지노에서의 도박이라는 사정만으로 그 위법성이 조각된다고 할 수 없다"(대법원 2004.4.13. 2002도2518).

40) 문제의 행위가 자국에서뿐 아니라 행위지에서도 범죄가 되는 경우에 한하여 속인주의원칙이 적용될 수 있다는 원칙을 말한다. 이에 관해서는 『총론』의 '형법의 장소적 범위' 참조.

4. 죄수, 타죄와의 관계

23 같은 일시에 동일한 장소에서 동일한 도박을 계속한 때에는 도박참가자의 변동이 있어도 1개의 도박죄가 된다. 도박장소등개설자가 스스로 도박에 가담한 때에는 도박죄와 도박장소등개설죄의 실체적 경합이 된다.

Ⅲ. 상습도박죄

제246조(상습도박죄) ② 상습으로 제1항의 죄를 범한 사람은 3년 이하의 징역 또는 2천만원 이하의 벌금에 처한다.

제249조(벌금의 병과) 제246조 제2항, 제247조와 제248조 제1항의 경우에는 1천만원 이하의 벌금을 병과할 수 있다.

1. 의의, 성격

24 상습으로 도박함으로써 성립하는 범죄이다. 단순도박죄에 대하여 상습성 때문에 형이 가중되는 가중적 구성요건이며 부진정신분범이다.

2. 구성요건

25 이 죄의 상습도 다른 죄의 상습성과 동일하다. 반복하여 도박행위를 하는 습벽을 말하고, 반드시 동종·동일방법에 속한 도박을 하는 습벽일 필요가 없다. 이러한 습벽이 있는 한 회수, 기간의 장단, 영업성의 유무도 묻지 않는다.[41)]

3. 공범과 신분

26 상습성은 가감적 신분에 해당하므로 **상습자(신분자)가 비상습자(비신분자)의 도박에 가담한 경우**에는 ① 비상습자는 단순도박죄에 해당하지만 상습자는 제33조 단서조항에 따라 상습도박죄의 공범으로 처벌된다는 견해(통설·판례[42)])가 있지만, ② 단서조항은 비신분자가 정범인 경우(역방향 사례)에도 적용될 수 있다고 해석하기는 어렵다. 따라서 신분자에게 제33조가 적용되지 않고 공범종속성에 관한 일반원칙에 따라 신분자인 상습자에게는 단순도박죄의 공

41) "상습도박죄에 있어서의 상습성이라 함은 반복하여 도박행위를 하는 습벽으로서 행위자의 속성을 말하는데, 이러한 습벽의 유무를 판단함에 있어서는 도박의 전과나 도박횟수 등이 중요한 판단자료가 되나 도박전과가 없다 하더라도 도박의 성질과 방법, 도금의 규모, 도박에 가담하게 된 태양 등의 제반 사정을 참작하여 도박의 습벽이 인정되는 경우에는 상습성을 인정하여도 무방하다"(대법원 1995.7.11. 95도955).

42) "상습도박의 죄나 상습도박방조의 죄에 있어서의 상습성은 행위의 속성이 아니라 행위자의 속성으로서 도박을 반복해서 거듭하는 습벽을 말하는 것인 바, 도박의 습벽이 있는 자가 타인의 도박을 방조하면 상습도박방조의 죄에 해당하는 것이다"(대법원 1984.4.24. 84도195).

범이 성립한다고 하는 것이 타당하다.

判 최근 대법원도 정범인 비신분자의 행위에 신분자가 공범으로 가담한 역방향 사례의 경우 신분자에게 공범성립이 인정할 수 없다고 판시[43]하였다. 27

4. 죄수

상습자가 수회에 걸쳐서 도박한 경우 ① 전체를 포괄하여 한 개의 상습도박죄만 성립한다(통설). 이에 따르면 상습성 있는 자가 도박죄와 도박방조죄를 범한 때에도 상습도박죄만 인정된다.[44] ② 하지만 상습성만으로는 일죄인정의 기준으로 삼을 수 없고, 포괄일죄의 다른 요건도 갖추어야 일죄가 된다는 점에 관해서는 다른 상습범죄의 경우와 같다. 28

Ⅳ. 도박장소등개설죄

> 제247조(도박장소등개설죄) 영리의 목적으로 도박을 하는 장소나 공간을 개설한 사람은 5년 이하의 징역 또는 3천만원 이하의 벌금에 처한다.
>
> 제249조(벌금의 병과) 제246조제2항, 제247조와 제248조제1항의 경우에는 1천만원 이하의 벌금을 병과할 수 있다.

1. 의의, 성격

영리의 목적으로 도박을 하는 장소나 공간을 개설함으로써 성립하는 범죄이다. 이 죄는 성질상 도박행위를 교사하거나 준비시키는 예비행위에 불과하지만 형법은 이를 독립범죄로 하였다. 단순도박죄보다 가중처벌하고 있는 이유는 도박장소 등의 개설로 인한 수입이 범죄단체의 운영자금으로 사용되는 등 그 불법성이 크기 때문이다.[45] 목적범이고 계속범이다. 29

2. 구성요건

(1) 행위

도박을 하는 장소나 공간을 개설하는 것이다. 30

---

43) 대법원 2022.9.15. 2022도5827. "형법 제323조의 권리행사방해죄는 타인의 점유 또는 권리의 목적이 된 자기의 물건을 취거, 은닉 또는 손괴하여 타인의 권리행사를 방해함으로써 성립하므로 취거, 은닉 또는 손괴한 물건이 자기의 물건이 아니라면 권리행사방해죄가 성립할 수 없다. 물건의 소유자가 아닌 사람(필자주: 비신분자)은 형법 제33조 본문에 따라 소유자(필자주: 신분자)의 권리행사방해 범행에 가담한 경우에 한하여 그의 공범이 될 수 있을 뿐이다. (중략) 정범인 공소외 3의 권리행사방해죄가 인정되지 않는 이상 교사자인 피고인에 대하여 권리행사방해교사죄도 성립할 수 없다."

44) 대법원 1984.4.24. 84도195.

45) 개정형법이 이 죄의 법정형의 상한을 3년에서 5년으로 상향조정한 것은 도박장소등개설행위가 범죄단체의 운영자금 등으로 사용되는 경우가 많기 때문에 이 죄를 「국제연합국제조직범죄방지협약」의 대상범죄에 포함시키기 위함이다.

31 1) 도박장소나 공간의 개설 도박장소나 도박공간을 개설한다는 것은 스스로 도박의 주재자가 되어 그 지배하에 도박의 장소나 공간을 개설하는 것을 말한다. 도박을 유인하거나 자신이 도박행위를 할 필요는 없다. 주체에는 제한이 없으므로 상습자임을 요하지 않으며 임시적 개설도 무방하다. 도박의 주재자가 되어 그 장소나 공간에 대한 지배권을 가져야 하므로 주재자가 되지 않고 단순히 도박장소나 공간을 제공함에 그친 때에는 도박죄의 방조범이 될 뿐이다. 2013.4.5. 형법개정 전에는 도박장소만을 행위객체로 하고 있었지만, 인터넷상에 사이버공간(도박사이트)을 제공한 경우도 이 죄에 분명하게 포섭되도록 하기 위해 도박장소뿐 아니라 도박하는 공간을 개설한 경우도 처벌할 수 있음을 분명히 확인하였다.

32 例 **도박개장으로 인정된 사례:** 고스톱대회를 개최하여 참가비를 받고 참가자들로 하여금 인터넷을 통해 사이트에서 제공하는 고스톱게임을 하게 하여 입상자에게 상금을 지급한 경우(대법원 2002.4.12. 2001도5802), 유료낚시터를 운영하는 자가 입장료 명목으로 요금을 받은 후 물고기에 부착된 시상번호에 따라 경품을 지급한 경우(대법원 2009.2.26. 2008도10528), 성인PC방 운영자가 손님들로 하여금 컴퓨터에 접속하여 인터넷 도박게임을 하고 게임머니의 충전과 환전을 하도록 하면서 게임머니의 일정금액을 수수료 명목으로 받은 경우(대법원 2008.10.23. 2008도3970) 등.

33 2) 기수시기 영리의 목적으로 도박장소나 공간을 개설하면 기수가 되며, 현실로 도박이 행해짐을 요하지 않는다.[46]

34 判 대법원은 가맹점(피씨방)을 모집하여 인터넷 도박게임이 가능하도록 시설 등을 설치하고 도박게임 프로그램을 가동하던 중 문제가 발생하여 더 이상의 영업으로 나아가지 못한 것만으로도 도박개장죄는 이미 '기수'에 이르렀고, 그 가맹점(피씨방)의 업주들이 그곳을 찾은 이용자들에게 개설된 도박게임 사이트에 접속하여 도박을 하게 한 사실이 없다고 하여 도박개장죄의 성립이 부정된다고 할 수 없다고 한다(대법원 2009.12.10. 2008도5282).

(2) 고의 및 영리의 목적

35 이 죄가 성립하기 위해서는 고의 이외에 영리의 목적이 있어야 한다(목적범). 영리의 목적이란 도박장소나 공간의 개설의 대가로 불법한 재산상의 이익을 얻으려는 의사를 말한다. 여기의 재산상의 이익은 도박을 하는 자로부터 입장료·수수료 등의 명목으로 도박장소나 공간개설의 대가를 얻는 것을 말하며, 도박을 통해서 얻게 되는 것을 의미하지 않는다. 반드시 도박장소나 공간의 개설의 직접적 대가뿐만 아니라 간접적으로 얻게 될 이익도 포함된다.[47] 영리의 목적이 있으면 족하고 현실로 이득을 얻었는가, 징수한 대가를 술값 등에 소비하여 이득이 남지 않았는가는 이 죄의 성립에 영향이 없다. 단순오락용게임을 제공하는 인터넷 게임사이트의 온라인게임에서 통용되는 사이버머니를 판매한 경우 정범의 행위에 대해 이 죄의

46) "따라서 영리의 목적으로 속칭 포커나 바둑이, 고스톱 등의 인터넷 도박게임 사이트를 개설하여 운영하는 경우, 현실적으로 게임이용자들로부터 돈을 받고 게임머니를 제공하고 게임이용자들이 위 도박게임 사이트에 접속하여 도박을 하여, 위 게임으로 획득한 게임머니를 현금으로 환전해 주는 방법 등으로 게임이용자들과 게임회사 사이에 있어서 재물이 오고갈 수 있는 상태에 있으면, 게임이용자가 위 도박게임 사이트에 접속하여 실제 게임을 하였는지 여부와 관계없이 도박개장죄는 '기수'에 이른다"(대법원 2009.12.10. 2008도5282).

47) 대법원 2008.10.23. 2008도3970.

성립이 부정되기 때문에 이 죄의 방조범의 성립도 인정할 수 없다.[48)]

3. 죄수, 타죄와의 관계

도박장소 또는 공간을 개설한 자가 수회 연속하여 손님으로부터 수수료를 징수하여도 일죄가 된다. 그러나 별개의 의사로 일시·장소를 달리하여 개설한 때에는 수죄의 실체적 경합이 된다. 도박장소 또는 공간의 개설을 방조한 자는 이 죄의 방조범이 되며 별도로 도박방조죄는 성립하지 않는다. 36

Ⅴ. 복표발매·중개·취득죄

> 第248조(복표발매죄) ① 법령에 의하지 아니한 복표를 발매한 자는 5년 이하의 징역 또는 3천만원 이하의 벌금에 처한다.
>
> (복표발매중개죄) ② 전항의 복표발매를 중개한 자는 3년 이하의 징역 또는 2천만원 이 하의 벌금에 처한다.
>
> (복표취득죄) ③ 제1항의 복표를 취득한 자는 1천만원 이하의 벌금에 처한다.

1. 의의, 성격

법령에 의하지 아니한 복표를 발매(제1항), 발매중개(제2항), 취득(제3항)함으로써 성립하는 범죄이다.[49)] 복표의 발매·취득도 우연성에 의하여 그 승패가 결정된다는 점에서 광의의 도박에 해당하지만 형법은 이를 별도로 독립된 범죄로 규정하고 있다.[50)] 발매와 취득은 필요적 공범의 한 형태인 대향범에 해당한다. 37

2. 구성요건

1) 객체 법령에 의하지 아니한 복표이다. 38

(가) 복표 복표란 발매자가 미리 특정한 표찰을 발매하여 다수인으로부터 금품을 모은 다음 추첨 기타 우연한 방법으로 당첨자에게 재산상의 이익을 제공하고 다른 참가자에게 손실을 가져오게 하는 것을 말한다[51)](사행행위 등 규제 및 처벌특례법 제2조 제1항 제2호 가목 참조). 다른 참가자의 손실없이 상품구매에 부가하여 이익을 제공하는 경품권·사은권은 추첨으로 당첨자를 결정하여도 복표가 아니다. 39

48) 대법원 2007.11.29. 2007도8050.

49) 복표는 이미 국가적·사회적으로 사실상 시인되어 비범죄화되어 있는 영역이 광범위하다(예컨대 한국마사회법, 증권거래법, 로또복권·주택복권·올림픽복권 등). 따라서 복표에 관한 죄도 형벌법규에서 삭제하고, 일정한 요건을 갖추어 국가나 행정관청의 허가사항으로 하여 관리·통제하면 충분하다. 하지만 2013.4.5. 형법개정에 따라 복표발매죄의 경우에도 「국제연합국제조직범죄방지협약」의 대상범죄가 될 수 있도록 하기 위해 법정형의 상한을 종래 3년에서 5년으로 오히려 상향조정되었다.

50) 실제로는 복표를 발행한 때에 특별법인 「사행행위 등 규제 및 처벌특례법」(제2조 제1항 제2호 가목, 제30조 제1항)이 적용되므로 형법상의 이 죄가 적용되는 경우는 거의 없다.

51) 대법원 2003.12.26 2003도5433.

40 복표와 도박은 세 가지 점에서 차이가 있다. 첫째, 도박이 추첨 이외의 우연한 방법에 의해서 재물 또는 재산상의 이익의 득실을 결정하는 것임에 반하여, 복표는 추첨에 의하여 손익을 결정하는 것이고, 둘째, 도박에서는 재물 또는 재산상의 이익에 대한 소유권이 승패가 결정될 때까지 승자에게 이전되지 않음에 반하여, 복표에서는 재물 또는 재산상의 이익의 제공이 있으면 그 소유권이 발행자에게 이전되는 것이며, 셋째, 도박에서는 당사자 모두가 재물 또는 재산상의 이익의 득실위험을 부담하는 것임에 반하여, 복표에서는 구매자만이 이 위험을 부담한다.

41 (나) 법령에 의하지 않을 것　　복표는 법령에 의하지 아니한 것만이 죄의 객체가 된다. 따라서 사회에서 공인된 복표는 제20조의 정당행위에 해당하여 위법성이 조각된다.

42 2) 행위　　발매, 발매중개 또는 취득하는 것이다.

43 발매는 구매자에게 유상으로 복표를 양도하는 것을 말하고, 중개는 발매자와 구매자의 중간에서 매매를 알선하는 것이다. 중개는 직접적·간접적이건, 보수가 있건 없건 묻지 않는다. 취득이란 발매된 복표에 대해서 점유 또는 소유권을 얻는 것을 말하며 유상이든 무상이든 상관없다.

§51 제3절 신앙에 관한 죄

Ⅰ. 총설

1. 의의 및 보호법익

(1) 의의

1 공중의 종교생활의 평온과 종교감정을 침해하는 것을 내용으로 하는 범죄이다. 국교가 인정되고 있지 않은 우리나라는 종교의 자유를 헌법적으로 보장하고 있다(헌법 제20조). 따라서 국가는 모든 종교 내지 신앙의 자유를 인정할 뿐만 아니라 일정한 범위 내에서 종교생활의 평온과 종교감정도 형법적으로 보호한다. 형법의 신앙에 관한 죄는 이러한 헌법이념이 구체화된 형벌법규이다.

(2) 보호법익

2 신앙에 관한 죄에는 시체에 관한 죄와 같이 신앙 내지 종교감정과 무관한 죄도 있어서 보호법익도 달리 파악되어야 한다.

3 장례식등방해죄는 사회풍속으로서의 종교감정과 종교생활의 평온이 보호법익이고, 사체에 관한 죄는 사체에 대한 일반인의 숭경의 감정을 보호법익으로 하고 있으며, 특히 변사체

검시방해죄는 공무집행을 보호법익으로 하고 있다고 해석할 수 있다.

보호받는 정도는 장래식등방해죄, 시체오욕죄, 변사체검시방해죄, 분묘발굴죄와 시체등손 4
괴죄 등 모두 추상적 위험범으로서의 보호형식으로 규정되어 있다.

2. 구성요건의 체계

형법은 신앙에 관한 죄의 성격을 가장 강하게 가진 죄로서 장례식등방해죄를 규정하고 있 5
고, 시체에 관한 죄로서 시체등오욕죄, 분묘발굴죄, 시체등손괴죄, 시체등영득죄 및 변사체검시방해죄를 규정하고 있다. 이들 가운데 분묘발굴죄, 시체등손괴죄 그리고 분묘발굴시체등손괴죄의 미수범을 처벌한다. 그리고 변사체검시방해죄는 종교생활의 평온이나 종교감정과는 아무런 관련이 없으며, 오히려 범죄수사를 방해하는 공무방해죄로서의 의미를 갖는다. 따라서 이 죄는 형법에서 삭제하거나 공무방해죄의 장에서 규정하는 것이 입법적으로 타당하다.

6

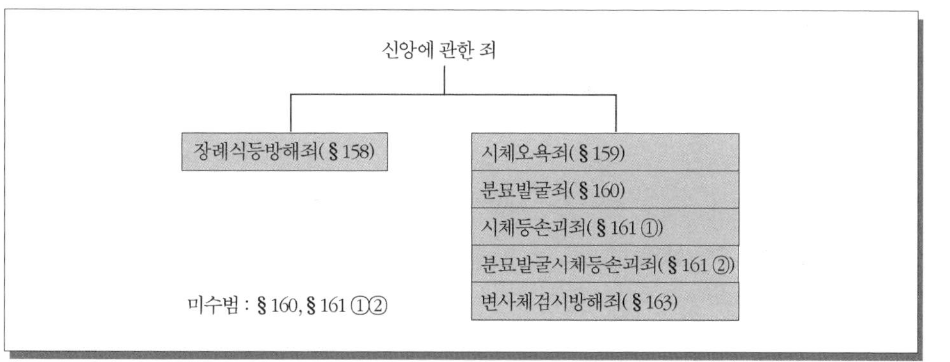

Ⅱ. 장례식등방해죄

> 第158조(장례식등방해죄) 장례식, 제사, 예배 또는 설교를 방해한 자는 3년 이하의 징역 또는 500만원 이하의 벌금에 처한다.

1. 의의, 성격

장례식, 제사, 예배 또는 설교를 방해함으로써 성립하는 범죄이다. 자유로운 종교적 행사 7
를 방해하는 행위를 처벌하여 종교행사의 자유와 종교생활의 평온을 보호하는 추상적 위험범이다.

2. 구성요건

(1) 객체

8 장례식·제사·예배 또는 설교이다. 이외의 교회 내에서의 종교단체의 회합, 정치적·학술적 강연을 위한 집회나 바자회·결혼식 등은 이 죄의 객체가 되지 않는다. 장례식이란 사자死者를 장사지내는 의식을 말한다. 반드시 종교적 의식일 필요가 없으며(민간습속도 장례의식에 포함), 시체가 존재할 것도 요하지 않는다. 그러나 사자에 대한 장례식임을 요하므로 동물에 대한 의식은 포함되지 않고 사태死胎도 시체등오욕죄의 객체는 되지만 이 죄의 객체가 될 수 없다.

9 제사란 사자에 대한 추모 등의 의식을 말한다. 윤리적 관습에 의한 의식(문중시제, 마을의 서남방제)뿐만 아니라 종교적 의식(석존대제, 종묘대제)도 여기에 포함된다. 그러나 단오제, 율곡제, 춘향제 등 문화행사는 제사에서 제외된다.

10 예배란 종교단체의 관례와 형식에 따라 신神에게 기도하고 숭경하는 종교적 의식을 말한다. 예배의 장소는 문제되지 않는다. 따라서 교회나 불당 이외에 기도원 또는 선박에서의 예배 또는 야외예배 등도 포함된다. 예배라고 하기 위해서는 다수인이 참여하여야 하므로 혼자서 보고 있는 예배는 포함되지 않는다. 결혼예배나 영결예배도 종교적 관례와 형식에 따라 진행되면 예배에 속한다. 특정 종교집단에서 사교邪敎단체라고 규정되어도 정통이냐 사교냐는 신학적 평가의 대상에 불과하므로 그 단체의 예배도 이 죄의 객체가 되어 보호되는 것이 타당하다.[52)]

11 설교란 종교상의 교의를 해설하거나 설명하는 것을 말한다. 종교행정·종교정치·종교학술에 관한 연설이나 강연과 전도행위는 여기서 제외되지만, 정식절차를 밟지 아니하여 설교가 거부된 위임목사가 행하는 설교와 예배인도도 이 죄의 설교 또는 예배가 된다.[53)]

(2) 행위

12 방해하는 것이다. 방해란 장례식 등의 평온과 진행에 지장을 주는 일체의 행위를 말한다. 폭행·협박에 의한 방해뿐만 아니라 소음을 내거나 혼란에 빠뜨리는 것도 방해에 해당한다. 반드시 내부에서의 방해일 필요가 없고 외부에서의 방해도 무방하며 일시적 방해라도 무관하다. 장례식을 집행하기 위하여 파놓은 묘혈을 메우거나 파지 못하게 하는 행위, 목사·승려 등을 감금하여 장례식을 진행하지 못하게 방해한 행위가 된다.[54)]

13 방해는 장례식이나 예배 등 구체적인 의식을 대상으로 해야 하므로 문서를 반포하여 종교

---

52) 하지만 종전 교회의 교인들의 예배를 방해한 경우 방해된 예배는 이 죄에서 보호하는 예배가 아니다(대법원 2008.2.28. 2006도4773).

53) 대법원 1971.9.28. 71도1465.

54) 이 경우는 이 죄와 감금죄의 상상적 경합이 될 수도 있다.

를 비방하거나 예배자의 수를 감소시킨 때에는 방해가 있다고 할 수 없다. 방해행위는 장례식 등의 진행 중에 있을 필요는 없고 그 진행과 시간적으로 밀접불가분의 관계에 있는 준비단계에서 방해행위가 있어도 이 죄가 된다.[55]

(3) 기수시기

장례식 등에 대한 방해가 있음으로써 기수가 되며, 이로 인하여 종교적 의식이 현실로 방해된 결과가 발생하였음을 요하지 않는다. 이 죄의 미수는 처벌하지 않는다. 14

Ⅲ. 시체등오욕죄

> 제159조(시체등오욕죄) 시체, 유골 또는 유발(遺髮)을 오욕한 자는 2년 이하의 징역 또는 500만원 이하의 벌금에 처한다.

1. 의의, 성격

시체, 유골 또는 유발을 오욕함으로써 성립하는 범죄이다. 사자에 대한 사회일반의 숭경의 감정(종교적 감정)을 보호하기 위한 범죄이지 유족의 종교감정을 보호하는 범죄가 아니다. 15

2. 구성요건

(1) 객체

시체·유골 또는 유발이다. 16

1) 시체 시체란 사자의 시신을 말하고 시체의 전부뿐만 아니라 일부도 포함된다. 사태死胎도 인체의 형태를 갖춘 이상 시체에 포함된다고 해석하는 것이 타당하다. 사자에 대한 숭경의 감정은 인체의 형태를 갖춘 사태에 대해서도 인정할 수 있으며, '장사등에 관한 법률'(제2조)은 임신 4개월 이상의 사태도 시체에 포함시키고 있기 때문이다. 금이빨이나 금속뼈와 같은 인공가공물도 시체에 포함되지만 시체에서 뽑아낸 혈액은 시체 또는 그 일부라 할 수 없다. 17

2) 유골·유발 유골이란 화장 기타의 방법으로 백골이 된 시체의 일부분을 말하며, 사자를 제사·기념하기 위하여 보존하는 대상에 한한다. 따라서 시체를 화장하고 버려진 재는 객체가 되지 않는다. 유발은 사자를 제사·기념하기 위하여 보존하는 모발이다. 학술표본으로 된 유골·유발은 이 죄의 객체가 될 수 없다. 18

(2) 행위

오욕하는 것이다. 오욕이란 폭행 기타 유형력의 행사에 의한 모욕적인 행위를 말한다. 시 19

55) 대법원 2008.2.1. 2007도5296.

체에 침을 뱉거나 방뇨하는 행위, 시체를 간음하는 행위 등이 여기에 해당한다. 그러나 단순한 언어에 의한 모욕은 여기의 오욕이라고 할 수 없다. 시체 등이 손괴되면 시체등손괴죄(제161조)가 되므로 이 죄의 오욕은 손괴에 이르지 않는 정도이어야 한다.

Ⅳ. 분묘발굴죄

> 第160조(분묘발굴죄) 분묘를 발굴한 자는 5년 이하의 징역에 처한다.
> 第162조(미수범) 전2조의 미수범은 처벌한다.

1. 의의, 성격

20 분묘를 발굴함으로써 성립하는 범죄이다. 분묘의 평온을 유지하여 사자에 대한 종교적 감정을 보호하기 위한 범죄이다. 추상적 위험범이지만 결과범이다(미수처벌).

2. 구성요건

(1) 객체

21 분묘이다. 분묘란 사람의 시체·유골·유발을 매장하여 사자를 제사 또는 기념하는 장소를 말한다. 인체의 형태를 갖춘 사태가 매장된 장소도 분묘에 해당한다. 묘표의 유무는 묻지 않으나 묘표가 있는 때에도 시체·유골 등이 매장되어 있지 않으면 분묘는 아니다. 분묘에 대한 소유권자·관리자가 현존함을 요하지 않으며. 시체나 유골이 토괴화 되었거나 사자가 누구인지 불명하더라도 현재 제사·숭경하고 종교적 예의 대상이 되어 있고 이를 수호·봉사하는 자가 있으면 분묘가 된다. 반드시 적법하게 매장된 분묘임을 요하지 않으므로 암매장된 분묘도 이 죄의 객체가 된다. 그러나 고분과 같이 제사의 대상이 되지 아니하는 것은 여기의 분묘라 할 수 없다.

(2) 행위

22 발굴하는 것이다. 발굴이란 복토의 전부 또는 일부를 분묘관리자[56]나 수호·봉사자의 의사에 반하여 제거하거나 묘석 등을 파괴·해체하여 분묘를 훼손하는 것을 말한다.

(3) 기수·미수시기

23 이 죄의 미수를 처벌하므로 분묘 발굴이 완성되어야 이 죄의 기수가 된다. **발굴(분묘훼손)의 정도**에 관해서는 ① 분묘 내의 관이나 시체·유골 등이 외부에 표출된 때라고 하는 견해(외부표출설)와 ② 반드시 관 또는 시체가 현출될 필요가 없고 복토를 제거한 상태가 되면 충분하

---

56) "분묘발굴의 피해법익은 종교감정의 공서양속을 해치는 데 있으므로 생모의 묘를 설묘 관리하는 "갑"의 의사에 반하여 그 묘를 발굴한 "을"은 설령 그 묘가 자기의 생모("갑"과는 이부 동복간)의 묘라도 죄가 성립한다"(대법원 1971.10.25. 71도1727).

다는 견해(복토제거설)가 대립한다. 판례는 복토제거설을 취하고 있으나,[57] 이 죄의 미수가 처벌되고 발굴이라는 문자적 의미를 고려하면 외부표출설이 타당하다. 이에 따르면 복토제거한 후 외부표출상태까지 나아가지 못한 경우에는 미수가 된다고 해야 한다.

3. 위법성조각사유

분묘의 발굴이 검증·감정을 위한 것인 경우와 같이 법적 근거에 기한 경우에는 위법성이 24
조각된다. 분묘를 개장·이장 또는 수선하기 위하여 관리자·수호봉사자의 동의를 얻어 시체에 대한 예를 갖추어 발굴한 경우에도 위법성이 조각된다.[58] 하지만 토지구획정리사업 시행자로부터 분묘의 개장명령을 받은 경우에도 그 분묘를 보존 수호하는 권한 있는 자의 승낙을 받지 못한 경우에는 위법성이 조각되지 아니한다.[59]

Ⅴ. 시체등손괴·유기·은닉·영득죄

> 제161조(시체등영득죄) ① 시체, 유골, 유발 또는 관 속에 넣어 둔 물건을 손괴(損壞), 유기, 은닉 또는 영득(領得)한 자는 7년 이하의 징역에 처한다.
> ② 분묘를 발굴하여 제1항의 죄를 지은 자는 10년 이하의 징역에 처한다.
>
> 제162조(미수범) 전2조의 미수범은 처벌한다.

1. 의의, 성격

시체, 유골, 유발 또는 관 속에 넣어 둔 물건을 손괴, 유기, 은닉 또는 영득하거나(제1항) 분묘 25
를 발굴하여 제1항의 죄를 범함으로써(제2항) 성립하는 범죄이다. 사회일반의 종교적 감정을 보호하기 위한 범죄로서 추상적 위험범이고 재산죄와는 관계가 없다.

2. 구성요건

(1) 시체등손괴등죄(제1항)

1) 주체　　주체에는 제한이 없다. 사자의 후손이나 시체 등에 대하여 처분권 있는 자도 26
이 죄의 주체가 될 수 있다.

2) 객체　　시체, 유골, 유발 또는 관 속에 넣어 둔 물건이다. 시체, 유골, 유발의 의미는 27
시체오욕죄와 동일하다. 관 속에 넣어 둔 물건이란 사자를 기념하기 위하여 시체와 함께 관내에 넣어둔 일체의 부장물을 말한다. 그러나 관 자체는 관내의 부장물이 아니므로 관 속에

57) "분묘발굴죄에 있어서의 분묘의 발굴행위에는 유골시체가 외부로부터 인지할 수 있는 상태까지 현출함이 필요치 않다"(대법원 1962.3.29. 4294형상539).
58) 대법원 1995.2.10. 94도1190.
59) 대법원 1978.5.9. 77도3588.

넣어 둔 물건이 될 수 없다.

28 3) 행위 손괴, 유기, 은닉 또는 영득하는 것이다.

29 (가) 손괴 이 죄의 손괴란 종교적 감정을 해할 정도의 물질적인 훼손 내지 파괴를 말한다. 효용가치를 해할 것을 요하지 아니하므로 재물손괴죄의 손괴와는 의미가 다르다. 유골의 일부 분리도 손괴에 해당할 수 있다.[60]

30 (나) 유기 유기도 종교적·사회적 관례상 매장이라고 인정되는 방법에 의하지 않고 시체 등을 방기하는 것을 말하므로 유기죄의 유기와 같지 않다. 시체 등을 장소적으로 이전할 것을 요하지 않는다. 작위에 의한 장소이전의 경우뿐만 아니라 법령·계약·관습·조리에 의해 매장할 작위의무 있는 자가 시체를 그대로 방치하는 부작위에 의한 유기도 이 죄의 유기에 해당한다. 매장할 작위의무 없는 자는 단순한 방치만으로 유기가 될 수 없으므로 타인을 살해하고 그 시체를 현장에 방치하여도 살인죄 외에는 별도로 시체유기죄를 구성하지 않지만, 매장의무 없는 자라도 시체 등을 현재 장소로부터 다른 장소에 옮겨서 방기하면 작위에 의한 유기가 된다. 따라서 타인을 살해한 후 범죄를 은폐하기 위하여 시체를 다른 장소에 옮겨서 유기하면 살인죄와 시체유기죄의 실체적 경합이 된다.[61] 더 나아가 시체를 매몰·매장한 때에는 살인죄와 시체은닉죄의 경합범이 된다.

31 (다) 은닉 은닉이란 시체 등의 발견을 불가능하게 하거나 심히 곤란하게 하는 일체의 행위를 말한다. 예컨대, 살인의 죄적을 인멸하기 위하여 시체를 매몰하거나 집 마루 밑에 숨기거나 바다 밑에 가라앉히는 것은 모두 은닉에 해당한다. 그러나 시체발견을 곤란하게 할 목적으로 피해자를 인적이 드문 장소로 유인하거나 실신한 피해자를 끌고 가서 그 곳에서 살해하고 그대로 도주한 사안에서는 살인죄 이외에 별도로 시체은닉죄가 성립하지 아니한다.[62]

32 (라) 영득 영득이란 시체 등을 불법하게 점유하는 것을 말한다. 점유취득의 방법에는 제한이 없다. 직접적·간접적이든, 유상·무상이건 묻지 않는다. 또 절취·편취에 의한 취득도 영득이 되며, 시체영득자로부터 재차 취득하는 것도 이 죄의 영득에 해당한다.

33 사자에 대한 숭경의 대상이 되는 시체 등은 소유의 대상이 아니므로 재물이 될 수 없기 때문에 영득하여도 재산죄가 별도로 성립하지는 않는다. 하지만 관 속에 넣어 둔 물건의 경우에는 재물성이 인정될 수 있으므로 관 속에 넣어 둔 물건을 강취 또는 절취하면 이 죄와 강도죄 또는 절도죄의 상상적 경합이 될 수 있다.

(2) 분묘발굴시체등손괴등죄(제2항)

34 이 죄는 분묘를 발굴하여 시체, 유골, 유발 또는 관 속에 넣어 둔 물건을 손괴, 유기, 은닉

---

60) 대법원 1957.7.5. 4290형상148.

61) 대법원 1984.11.27. 84도2263.

62) "비록 결과적으로 사체의 발견이 현저하게 곤란을 받게 되는 사정이 있다 하더라도 별도로 사체은닉죄가 성립되지 아니 한다"(대법원 1986.6.24. 86도891).

또는 영득하는 것을 내용으로 하기 때문에 분묘발굴죄와 시체등손괴등죄의 결합범에 해당한다. 따라서 분묘발굴죄가 성립하지 않으면 이 죄도 성립할 수 없다. 그러므로 분묘를 발굴하여 시체를 영득한 타인으로부터 그 시체를 영득하면 시체영득죄만 성립할 뿐이다.

Ⅵ. 변사체검시방해죄

> 제163조(변사체검시방해죄) 변사자의 시체 또는 변사(變死)로 의심되는 시체를 은닉하거나 변경하거나 그 밖의 방법으로 검시(檢視)를 방해한 자는 700만원 이하의 벌금에 처한다.

1. 의의, 성격

변사자의 시체 또는 변사의 의심이 있는 시체를 은닉 또는 변경하거나 그 밖의 방법으로 검시를 방해함으로써 성립하는 범죄이다. 이 죄는 종교적 감정을 보호하기 위한 신앙에 관한 죄와 아무런 관련이 없고, 범죄수사를 방해하는 공무방해죄로서의 성질을 가지고 있다.[63] 35

2. 구성요건

(1) 객체

변사자의 시체 또는 변사의 의심이 있는 시체이다. 변사자의 시체라 함은 자연사 또는 통상적인 병사에 의한 것이 아닌 시체로서 범죄로 인한 사망의 의심이 있는 시체를 말한다. 따라서 질병으로 치료받다가 사망하였거나 자살 또는 범죄로 인하여 사망한 것이 명백한 경우에는 변사자가 아니다(통설·판례[64]). 36

(2) 행위

시체를 은닉 또는 변경하거나 그 밖의 방법으로 검시를 방해하는 것이다. 검시방해란 검시를 불가능하게 하거나 현저히 곤란하게 하는 것을 말한다. 검시란 사인이 범죄로 인한 것인지를 판단하기 위하여 수사기관이 변사자의 상황을 조사하는 것을 말하며, 수사처분인 검증이 아니라 수사단서에 지나지 않는다. 따라서 범죄의 의심이 있는 때에 행하는 사법검시와 전염병사의 의심이 있을 때에 행하는 행정검시가 이 죄의 검시에 해당한다. 은닉이란 변사체의 소재를 불분명하게 하여 그 발견을 곤란하게 하는 일체의 행위이다. 변경은 시체의 원상을 변화시키는 행위로서 시체의 외형적 변화를 가져오는 것뿐 아니라 내부적 변화를 일으키 37

---

63) 사산아를 감추거나 정당한 이유 없이 변사체 또는 사산아가 있는 현장을 변경한 때에는 경범죄처벌법(제3조 제1항 제5호)의 적용대상이 된다.

64) "형법 제163조의 변사자라 함은 부자연한 사망으로서 그 사인이 분명하지 않은 자를 의미하고 그 사인이 명백한 경우는 변사자라 할 수 없으므로, 범죄로 인하여 사망한 것이 명백한 자의 사체는 같은 법조 소정의 변사체검시방해죄의 객체가 될 수 없다"(대법원 2003.6.27. 2003도1331).

는 것도 포함된다. 그 밖의 방법이란 은닉·변경 이외의 방법으로 검시활동을 방해하는 일체의 행위로 화장은 물론 폭행·협박으로 검시작업을 위협·저지하는 것도 포함한다.

(3) 기수시기

38 검시를 방해할 위험이 있는 방해가 있으면 기수가 되고 현실로 장애의 결과가 발생할 필요는 없다. 이 죄의 미수는 처벌되지 않는다.

3. 공무집행방해죄와의 관계

39 **검시관에 대한 폭행·협박으로 검시작업을 방해한 경우**의 죄책에 관해서는 ① 공무집행방해죄와 이 죄의 상상적 경합에 해당한다는 견해가 있으나, ② 이 죄는 공무방해의 죄로서의 성격을 가진 범죄라는 점에 비추어 공무집행방해죄가 성립할 때에는 이 죄가 별도로 성립하지 않는다고 보는 것이 타당하다.

제4편

국가적 법익에 대한 죄

제 1 장 국가의 존립과 권위에 대한 죄
제 2 장 국가의 기능에 대한 죄

제 1 장 국가의 존립과 권위에 대한 죄 § 52

형법은 자유민주적 법치국가의 존립과 안전 및 헌법질서를 보호하기 위해 내란의 죄와 외환의 죄를 두고 있고, 국가의 권위를 보호하기 위해 국기·국장에 관한 모독·비방죄를 두고 있다. 내란과 외환의 죄는 정치적 동기가 아니라 객관적으로 정형화된 국가의 존립과 안전, 헌법질서를 보호하는 형법규정을 침해함으로써 성립되는 범죄로서 국사범 또는 정치범이라고 한다. 형법상의 국기·국장에 관한 모독·비방죄는 국가의 권위 자체를 보호하거나 국가의 권위 전부를 보호하는 것이 아니라 국가적 권위의 일부 상징물만을 보호하는 태도를 취함으로써 상징입법의 일례에 해당한다. 1

제 1 절 내란의 죄 § 53

Ⅰ. 총설

1. 의의, 보호법익

(1) 의의

내란의 죄는 폭동에 의하여 국가의 내부로부터 헌법의 기본질서를 침해하여 국가의 존립을 위태롭게 하는 것을 내용으로 하는 범죄이다. 내란의 죄는 외환의 죄와 함께 국가 존립의 안전을 보호하는 국가보호형법에 속하는 범죄이지만 국가의 외부로부터 국가의 존립을 위태롭게 하는 외환의 죄와 구별된다. 한편 내란의 죄는 일정한 목적을 가지고 다중이 집합하여 폭동함으로써 성립하는 집단범이라는 점에서는 소요죄와 같지만 대한민국 영토의 전부 또는 일부에서 국가권력을 배제하거나 국헌을 문란하게 할 목적이 있어야 성립하고, 집합한 다중이 그 목적달성을 위하여 어느 정도 조직화되어 있어야 한다는 점에서 소요죄와 다르다. 1

(2) 보호법익

내란의 죄의 보호법익은 국가의 존립과 헌법적 질서를 포함한 국가의 (내적) 안전이다. **보호법익이 보호받는 정도**에 대해서는 ① 구체적 위험범설과 ② 추상적 위험범설이 대립한다. 내란의 죄는 국가존립이나 국가의 내적 안전에 대한 구체적 위험을 구성요건요소로 요구하고 있지 않고 일정한 목적을 가지고 폭동으로써 성립하는 범죄이기 때문에 추상적 위험범설이 타당하다. 하지만 내란목적살인죄의 경우는 사람의 생명이 침해되어야 하므로 침해범에 해당한다. 2

2. 구성요건의 체계

3

내란의 죄

내란죄(§87) | 내란목적살인죄(§88)

미수/예비/음모/선동/선전: §87, §88

4 내란의 죄는 내란죄와 내란목적살인죄를 각각 독립된 범죄로 규정하고 있다. 범죄의 중대성에 비추어 두 죄의 미수범과 예비·음모 외에도 내란선동·선전까지도 처벌하고, 외국인의 국외범도 처벌한다(제5조 제1호).

5 국가보안법에는 반국가단체의 구성 등에 대한 가중처벌규정을 두고 있고(제3조) 군형법에는 군인의 내란행위를 가중처벌하는 반란죄(제5조)가 규정되어 있다. 이 외에도 내란의 죄는 헌정질서파괴범죄의 공소시효 등에 관한 특례법상의 헌정질서파괴범죄에 해당하여 형사소송법등의 공소시효규정이 적용되지 아니한다.

Ⅱ. 내란죄

> 제87조(내란죄) 대한민국 영토의 전부 또는 일부에서 국가권력을 배제하거나 국헌을 문란하게 할 목적으로 폭동을 일으킨 자는 다음 각 호의 구분에 따라 처벌한다.
> 1. 우두머리는 사형, 무기징역 또는 무기금고에 처한다.
> 2. 모의에 참여하거나 지휘하거나 그 밖의 중요한 임무에 종사한 자는 사형, 무기 또는 5년 이상의 징역이나 금고에 처한다. 살상, 파괴 또는 약탈 행위를 실행한 자도 같다.
> 3. 부화수행(附和隨行)하거나 단순히 폭동에만 관여한 자는 5년 이하의 징역이나 금고에 처한다.
>
> 제89조(미수범) 전2조의 미수범은 처벌한다.
>
> 제91조(국헌문란의 정의) 본장에서 국헌을 문란할 목적이라 함은 다음 각호의 1에 해당함을 말한다.
> 1. 헌법 또는 법률에 정한 절차에 의하지 아니하고 헌법 또는 법률의 기능을 소멸시키는 것.
> 2. 헌법에 의하여 설치된 국가기관을 강압에 의하여 전복 또는 그 권능행사를 불가능하게 하는 것.

1. 의의, 성격

6 대한민국 영토의 전부 또는 일부에서 국가권력을 배제하거나 국헌을 문란하게 할 목적으로 폭동함으로써 성립하는 범죄이다. 목적범이며, 필요적 공범 가운데 집단범에 해당한다.

2. 구성요건

(1) 객관적 구성요건

1) 주체 자연인이면 누구나 주체가 될 수 있다. 내국인·외국인을 묻지 않는다. 다만 행위가 다수인이 참가하여야 하는 폭동이기 때문에 대한민국 영토의 일부를 점거하거나 헌법질서를 파괴·변혁시킬 수 있을 정도의 조직화된 상당한 다수인이어야 한다. 7

다만 형법은 범죄실행에 관여한 정도에 따라 그 주체를 '우두머리', '모의참여자·지휘자·중요임무종사자', '부화수행(附和隨行)자·단순폭동관여자'로 구별하여 그 처벌을 달리하고 있다. 8

(가) 우두머리 폭동을 조직·통솔하는 최고 지휘자의 지위에 있는 자로서 반드시 1인임을 요하지 않는다. 또 내란의 발의자 또는 주모자에 한하지 않으며, 반드시 폭동의 현장에서 지휘·통솔해야 할 필요는 없다. 9

(나) 모의참여자·지휘자·중요임무종사자 모의참여자는 우두머리의 상담 상대로서 폭동계획에 참여한 자를 말하고, 지휘자는 폭동에 가담한 다수인의 전부 또는 일부를 지휘하는 자로서 현장에서 지휘할 필요는 없고, 그 지휘는 폭동개시 전후를 불문한다. 중요임무종사자는 모의참여자·지휘자 이외의 자로서 폭동에 중요한 역할을 담당하는 자이다. 10

(다) 부화수행자·단순관여자 시위현장에서 돌을 던지거나 구호를 외치는 등의 방법으로 막연히 폭동에 참가하여 폭동의 세력을 증대시킨 자를 말하지만 이 죄의 공범이 아니라 정범이다. 11

2) 행위 폭동하는 것이다. 12

폭동이란 다수인이 결합하여 폭행·협박하는 것을 말한다. 폭동의 내용인 폭행은 사람뿐만 아니라 물건에 대한 일체의 유형력의 행사를 의미하며, 동맹파업이든 태업이든 불법시위든 내란목적을 위한 것이면 무엇이든 이 죄의 폭행에 해당한다(개념상 최광의의 폭행[1]). 협박은 공포심을 생기게 할 만한 해악고지가 있으면 충분하고 현실적으로 상대방이 공포심을 일으켰느냐는 묻지 않는다(개념상 광의의 협박). 폭행·협박은 국가권력배제나 국헌문란의 목적달성을 위한 수단으로 사용된 것이어야 하고, 적어도 한 지방의 평온을 해할 정도에 이르는 것이어야 한다. 13

3) 기수, 미수 폭행·협박이 한 지방의 평온을 해할 정도에 이른 때에 기수가 된다(통설·판례[2]). 그 정도에 이르지 못하면 미수가 된다. 대한민국 영토의 전부 또는 일부에서 국가 14

---

1) "형법 제87조의 구성요건으로서의 "폭동"이라 함은 다수인이 결합하여 폭행, 협박하는 것을 말하는 것으로서 다수인의 결합은 어느 정도 조직화될 필요는 있으나, 그 수효를 특정할 수는 없는 것이고, … 폭동의 내용으로서의 폭행 또는 협박은 최광의의 것으로서 이를 준비하거나 보조하는 행위를 총체적으로 파악한 개념이라고 할 것이다"(대법원 1980.5.20. 80도306 전원합의체).

2) "내란죄는 국토를 참절하거나 국헌을 문란할 목적으로 폭동한 행위로서, 다수인이 결합하여 위와 같은 목적으로 한 지방의 평온을 해할 정도의 폭행·협박행위를 하면 기수가 되고, 그 목적의 달성 여부는 이와 무관한 것

권력을 배제하거나 또는 국헌문란의 목적을 달성하였느냐의 여부는 이 죄의 기수·미수를 구별하는 데에 영향이 없다.

(2) 주관적 구성요건

15 1) 고의 이 죄의 고의는 다수인이 집합하여 폭동한다는 인식과 의사를 말한다.

16 2) 목적 고의 이외에 특수한 주관적 불법요소로서 대한민국 영토의 전부 또는 일부에서 국가권력을 배제하거나 국헌을 문란하게 할 목적이 있어야 한다(목적범). 이러한 목적 없이 집합한 다중이 폭행·협박으로 나아가면 소요죄가 될 뿐이다.

17 (가) 국가권력배제의 목적 대한민국의 통치권이 미치는 영토의 전부 또는 일부 에 대하여 불법적으로 국가권력을 배제하려는 목적(구법상으로는 '국토참절' 목적)을 말한다.

18 (나) 국헌문란의 목적 헌법의 기본질서를 파괴·변혁하려는 목적(즉 헌법내란의 목적)을 말한다. 형법의 법적 정의(제91조)에 따르면 국헌문란의 목적이란 '헌법 또는 법률에 정한 절차에 의하지 아니하고 헌법 또는 법률의 기능을 소멸시키는 것'(제1호)과 '헌법에 의하여 설치된 국가기관을 강압에 의하여 전복 또는 그 기능행사를 불가능하게 하는 것'(제2호)이라고 한다. 전자는 민주적 기본질서에 기초한 국가의 통치작용을 의미하고, 후자는 제도로서의 헌법기관의 존속과 기능을 의미한다. 이에 따르면 대통령제도나 내각제도 자체를 폐지하고 그 권한을 정지시키는 것은 헌법내란으로서의 국헌문란이 되지만, 특정한 정부(정권) 또는 내각을 타도하는 것이나[3] 대통령·국무총리 등을 살해하고 이를 경질하는 것은 국헌문란이 되지 않는다.[4] 폭동을 하여 정부로 하여금 일정한 행동을 하도록 강요하거나 사퇴를 강요하는 것도 헌법질서의 교란일 뿐 헌법기관 자체를 전복시키거나 그 본질을 변경시킨 것이 아니므로 국헌문란이 되지 않는다.

19 (다) 목적의 인식정도 국가권력배제·**국헌문란의 목적**은 ① 확정적 인식임을 요한다는 견해도 있으나, ② 고의와 목적범에 있어서의 목적은 의욕적인 측면에서만 다를 뿐(고의는 용인 내지 감수, 목적은 확실한 의욕), 인식적인 측면에서는 구별할 수 없으므로 미필적 인식으로 족하다고 해야 한다(판례[5]).

으로 해석되므로, 다수인이 한 지방의 평온을 해할 정도의 폭동을 하였을 때 이미 내란의 구성요건은 완전히 충족된다고 할 것이어서 상태범으로 봄이 상당하다"(대법원 1997.4.17. 96도3376 전원합의체).

3) 대법원 1997.4.17. 96도3376 전원합의체.

4) "내란죄에 있어서의 국헌문란의 목적은 현행의 헌법 또는 법률이 정한 정치적 기본조직을 불법으로 파괴하는 것을 말하고 구체적인 국가기관인 자연인만을 살해하거나, 그 계승을 기대하는 것은 이에 해당되지 않으나 반드시 초법규적인 의미는 아니라고 할 것이며, 공산, 군주 또는 독재제도로 변경하여야 하는 것은 더욱 아니고, 그 목적은 엄격한 증명사항에 속하고 직접적임을 요하나 결과발생의 희망, 의욕임을 필요로 한다고 할 수는 없고, 또 확정적 인식임을 요하지 아니하며, 다만 미필적인식이 있으면 족하다 할 것이다"(대법원 1980.5.20. 80도306 전원합의체).

5) 대법원 1997.4.17. 96도3376 전원합의체.

3. 공범관계

(1) 공범규정의 적용여부

내란죄는 필요적 공범의 일종인 집단범에 해당하므로 '집단 내의 가담자'에 대해서는 단독범에 대한 임의적 공범을 전제로 한 총칙상의 공범규정이 원칙적으로 적용되지 않는다(통설). '집단 외의 가담자'에 대해서는 ① 총칙상의 공범규정은 언제나 적용되지 않는다는 견해(소극설[6])와 ② 공동정범의 규정은 적용될 수 없지만 협의의 공범규정은 적용될 수 있다는 견해(절충설[7])가 대립한다. 20

내란집단 외의 자가 내란죄의 기능적 행위지배가 인정되어 공동정범이 인정될 정도이면 이미 내란죄 자체의 우두머리 아니면 중요임무종사자가 되어 버리므로 공동정범의 적용은 배제될 수밖에 없다. 하지만 필요적 공범이라도 그 집단 외부에서 교사 또는 방조한 자에 대해서까지 공범이 되는 것을 배제할 이유는 없다. 따라서 절충설이 타당하다(소요죄의 경우와 동일). 21

(2) 목적 없는 고의 있는 도구를 이용한 경우

국가권력배제 또는 국헌문란의 목적을 가진 자가 이러한 목적 없는 자를 이용하여 폭동하게 한 경우 목적 없는 자는 폭행·협박죄나 소요죄가 성립하겠지만, 목적 있는 자에게 내란죄의 성립을 인정할 수 있을지가 문제된다(이른바 '목적 없는 고의 있는 도구'사례). 목적 있는 이용자(배후자)는 규범적·사회적 행위지배가 인정되어 내란죄의 간접정범이 될 수 있다고 보아야 한다(『총론』 간접정범론 참조). 22

判 대법원도 "'어느 행위로 인하여 처벌되지 아니하는 자'를 이용하여서도 이를 실행할 수 있으므로, 내란죄의 경우에도 '국헌문란의 목적'을 가진 자가 그러한 목적이 없는 자를 이용하여 이를 실행할 수 있다"[8]고 함으로써 간접정범의 성립을 인정한다. 23

4. 죄수, 타죄와의 관계

(1) 죄수

내란폭동 중에 살인·상해·강도·방화·손괴 등의 행위가 있는 경우 내란죄와의 관계에 대해서는 ① 내란죄와 이러한 행위가 구성하는 범죄들은 그 보호법익을 달리하며, 이러한 행위들이 내란행위에 반드시 수반되는 것도 아니라는 이유로 내란죄와 상상적 경합이 된다는 견해와 ② 이러한 행위들은 내란목적을 달성하기 위한 수단에 불과하다는 이유로 내란죄에 흡수된다는 견해가 대립한다. 내란의 실행과정에서 수반되어 일어난 행위들이라면 내란죄 24

6) 김일수/서보학, 941면.
7) 임웅, 792면.
8) 대법원 1997.4.17. 96도3376 전원합의체.

에 흡수되고 별도의 범죄를 성립시키지 않는다고 해야 하므로 흡수관계를 인정하는 것이 타당하다.

25 判 대법원도 내란의 실행과정에서 폭동행위에 수반하여 개별적으로 발생한 것이라면 살인행위까지도 내란행위의 한 구성요소를 이루는 것이므로 내란행위에 흡수된다고 한다. 하지만 이러한 경우와는 달리 살해행위가 내란의 와중에 폭동에 수반하여 일어난 것이 아니라 그것 자체가 특정인 또는 일정한 범위 내로 제한하여 의도적으로 실행된 경우에는 내란에 흡수되지 않고 내란목적살인죄의 별죄를 구성하고 내란죄와 실체적 경합이 된다고 한다.[9]

(2) 국가보안법과의 관계

26 국가의 안전을 위태롭게 하는 반국가활동을 규제하기 위한 국가보안법(제3조: 반국가단체구성·가입죄)은 내란예비·음모죄와의 관계에서는 형법에 대한 특별법이므로 형법에 우선하여 적용된다. 뿐만 아니라 반국가단체의 지령을 받아 그 목적수행을 하거나 이를 지원 또는 그 지배하에 있는 지역으로부터 잠입하거나 그 지역으로 탈출한 자도 국가보안법이 적용된다(동법 제4조, 제5조, 제6조). 하지만 국가보안법은 내란행위 자체에 대한 규정은 두고 있지 않기 때문에 반국가단체의 구성·가입이 내란의 기수로 발전하면 형법상의 내란죄만 적용된다.

Ⅲ. 내란목적살인죄

> 제88조(내란목적 살인죄) 대한민국 영토의 전부 또는 일부에서 국가권력을 배제하거나 국헌을 문란하게 할 목적으로 사람을 살해한 자는 사형, 무기징역 또는 무기금고에 처한다.
>
> 제89조(미수범) 전2조의 미수범은 처벌한다.
>
> 제91조(국헌문란의 정의) 본장에서 국헌을 문란할 목적이라 함은 다음 각 호의 1에 해당함을 말한다.
> 1. 헌법 또는 법률에 정한 절차에 의하지 아니하고 헌법 또는 법률의 기능을 소멸시키는 것.
> 2. 헌법에 의하여 설치된 국가기관을 강압에 의하여 전복 또는 그 권능행사를 불가능하게 하는 것.

1. 의의, 성격

27 대한민국 영토의 전부 또는 일부에서 국가권력을 배제하거나 국헌을 문란할 목적으로 사람을 살해함으로써 성립하는 범죄이다. **이 죄의 성격**에 관해서는 ① 요인암살을 내용으로 하는 내란죄의 독립된 구성요건이라는 견해(독립범죄설), ② 내란목적 때문에 불법이 가중된 가중적 구성요건이라는 견해(살인죄의 가중유형설), ③ 내란행위 중 폭동에 수반되지 않고 계획적으로 이루어진 살인행위를 특별취급하는 내란죄의 특별규정이라는 견해(폭동관련구별설) 등이

9) 대법원 1997.4.17. 96도3376 전원합의체.

대립한다.

이 죄의 구성요건상 '살인'을 요인살해로 제한할 이유가 없고, 이 죄는 본질상 내란죄에 속하여 살인죄와 성질을 달리하는 것이므로 폭동관련구별설이 타당하다. 이에 따르면 내란목적살인이 폭동에 수반되어 행해진 경우에는 내란죄가 되고, 폭동에 수반되지 않고 별개의 의도로 이루어진 경우에는 내란목적살인죄에 해당한다. 판례의 태도도 마찬가지이다.[10] 28

2. 구성요건

(1) 객체

사람이다. **이 죄의 객체를 헌법기관을 구성하는 정부요인, 정당지도자, 주요당직자로 한정해야 하는지**에 대해서는 ① 한정해야 한다는 견해가 있으나 ② 요인에 한정할 이유가 없고 내란의 폭동에 수반되지 않는 한 어떤 사람이든 이 죄의 객체가 될 수 있다고 해석하는 것이 타당하다. 따라서 내란목적으로 일반인이나 경비 중인 군인을 살해한 때에도 이 죄를 구성한다. 29

(2) 행위

살해하는 것이다. 내란목적을 가지고 살해해야 하므로 내란목적이 있는 한 폭동의 실행에 나아가기 전이나 그 이후에 살해해도 상관없다. 내란목적으로 폭동에 수반하여 살해하면 이 살인행위는 내란죄에 흡수되어 내란죄만 성립한다. 30

(3) 고의 및 목적

사람을 살해한다는 고의 이외에 국가권력배제 또는 국헌문란의 목적이 있어야 한다. 목적이 없으면 단순살인죄가 되지만, 목적이 있는 한 목적의 달성 여부는 내란목적살인죄의 성립에 영향이 없다 31

3. 공범관계

(1) 공범규정의 적용

이 죄는 폭동행위를 전제로 한 필요적 공범이 아니므로, 이에 공범이 가공한 경우에는 내란죄와 달리 공동정범은 물론 교사범·방조범에 관한 총칙규정이 적용될 수 있다. 32

(2) 목적 없는 고의 있는 도구를 이용한 경우

이 죄의 목적을 가진 자가 이 죄의 목적이 없는 자를 이용하여 사람을 고의로 살해하게 한 경우 간접정범이 인정될 수 있는 것은 내란죄의 경우와 동일하다. 33

4. 타죄와의 관계

국헌문란 등의 목적으로 폭동에 관여한 자가 내란행위 중에 폭동에 수반되지 않은 의도적 행 34

10) 내란죄의 죄수부분에 인용된 대법원 1997.4.17. 96도3376 전원합의체 참조.

위를 통해 내란목적의 살인을 한 경우에는 ① 이 죄가 별도로 성립하고 이 죄는 내란죄와 상상적 경합이 된다는 견해가 있지만, ② 폭동행위와 폭동행위에 수반되지 않은 살인행위는 별개의 행위이므로 실체적 경합이 된다고 보는 것이 타당하다(판례[11]).

35 반면에 폭동의 준비단계에서 내란목적으로 사람을 살해하면 살인행위가 곧 내란예비행위가 되므로 내란예비죄와 내란목적살인죄의 상상적 경합이 된다. 그러나 내란목적으로 사람을 살해한 후 다시 폭동으로 나아간 경우에는 내란목적살인죄와 내란죄의 실체적 경합이 된다.

Ⅳ. 내란 예비·음모·선동·선전죄

> 제90조(예비·음모·선동·선전) ① 제87조 또는 제88조의 죄를 범할 목적으로 예비 또는 음모한 자는 3년 이상의 유기징역이나 유기금고에 처한다. 단, 그 목적한 죄의 실행에 이르기 전에 자수한 때에는 그 형을 감경 또는 면제한다.
> ② 제87조 또는 제88조의 죄를 범할 것을 선동 또는 선전한 자도 전항의 형과 같다.
>
> 제91조(국헌문란의 정의) 본장에서 국헌을 문란할 목적이라 함은 다음 각호의 1에 해당함을 말한다.
> 1. 헌법 또는 법률에 정한 절차에 의하지 아니하고 헌법 또는 법률의 기능을 소멸시키는 것.
> 2. 헌법에 의하여 설치된 국가기관을 강압에 의하여 전복 또는 그 권능행사를 불가능하게 하는 것.

1. 의의, 성격

36 내란죄 또는 내란목적살인죄를 범할 목적으로 예비 또는 음모를 하거나(제1항), 내란죄 또는 내란목적살인죄를 범할 것을 선동 또는 선전함으로써(제2항) 성립하는 범죄이다. 기본범죄인 내란죄나 내란목적살인죄와 독립된 범죄가 아니라 기본범죄의 발현형태로서 수정된 구성요건이다.

2. 예비·음모죄

37 예비·음모의 개념은 총론상의 예비·음모와 동일하다. ① 예비·음모죄를 독립된 구성요건으로 보는 견해에서는 이에 대한 교사·방조도 처벌된다고 한다.[12] 하지만 ② 수정된 구성요건에 불과한 예비·음모의 공범을 인정하면 실행행위의 정형성을 확보할 수 없어 죄형법정주의에 반할 소지가 생기므로 예비·음모의 공동정범은 인정할 수 있지만 협의의 공범은 인정하지 않는 것이 타당하다. 판례의 태도도 마찬가지이다.[13]

38 어떤 범죄를 실행하기로 막연하게 합의한 경우나 특정한 범죄와 관련하여 특히 내란음모

---

11) 대법원 1997.4.17. 96도3376.
12) 김일수/서보학, 929면.
13) 『총론』의 예비·음모의 공범부분 참조.

가 성립하였다고 하기 위해서는 개별 범죄행위에 관한 세부적인 합의가 있을 필요는 없으나, 공격의 대상과 목표가 설정되어 있고, 그 밖의 실행계획에 있어서 주요 사항의 윤곽을 공통적으로 인식할 정도의 합의가 있어야 하고, 실행행위로 나아간다는 확정적인 의미를 가진 것이어야 하며, 단순히 내란에 관한 생각이나 이론을 논의한 것으로는 부족하다.

判 대법원도 내란음모죄에 해당하는 합의가 있다고 하기 위해서는 단순히 내란에 관한 범죄결심을 외부에 표시·전달하는 것만으로는 부족하고 객관적으로 내란범죄의 실행을 위한 합의라는 것이 명백히 인정되고, 그러한 합의에 실질적인 위험성이 인정될 것을 요한다[14]고 한다. 39

내란을 예비·음모한 자가 실행에 이르기 전에 자수한 때에는 그 형을 필요적으로 감경 또는 면제하도록 하고 있다(제1항 단서). 여기서 '실행에 이르기 전'이란 내란죄의 폭동이나 내란목적의 살인행위를 개시하기 이전을 의미하고, 반드시 발각 전일 필요는 없다. 40

3. 선동·선전죄

'선동'이란 내란이 실행되는 것을 목표로 하여 피선동자에게 내란행위를 결의, 실행하도록 충동하고 격려하는 일체의 행위를 말한다.[15] 불특정 다수인에 대해서만 가능하고, 범죄의 고의를 가진 자에 대해서도 선동할 수 있다는 점에서 교사와 다르다. 수단·방법에는 제한이 없으므로 언동·문서·도화·슬라이드 상영 등에 의해서도 할 수 있다. 내란을 실행시킬 목표를 가지고 있다고 하여도 단순히 특정한 사상이나 추상적인 원리를 옹호하거나 교사하는 것만으로는 내란선동이 될 수 없고, 그 내용이 내란에 이를 정도의 폭력적인 행위를 선동하는 것이어야 한다.[16] 41

예비·음모의 경우와 **마찬가지로 피선동자가 내란으로 나아갈 실질적인 위험성이 인정되어야** 하는지가 문제된다. 42

判 대법원은 피선동자에게 내란결의를 유발하거나 증대시킬 위험성이 인정되면 충분하고 내란선동의 위험성이 인정되기 위해서는 내란의 실행행위로 나아갈 개연성이 인정될 필요가 없다고 한다.[17] 43

하지만 선동의 경우에도 예비·음모와 같은 정도의 실질적 위험성을 요건으로 삼아야 한다. 언어적 표현에 의한 선동의 특성상 내란선동죄의 구성요건을 해석함에 있어서는 헌법상의 기본권인 표현의 자유가 위축되거나 그 본질적 내용이 침해되지 않도록 엄격하게 해석할 필요가 있고, 특히 2인 이상의 합의도 필요하지 아니한 선동은 내란음모의 전단계의 행위로 44

14) 대법원 2015.1.22. 2014도10978 전원합의체.
15) 대법원 2015.1.22. 2014도10978 전원합의체.
16) 대법원 2015.1.22. 2014도10978 전원합의체.
17) 대법원 2015.1.22. 2014도10978 전원합의체(특정 정당 소속의 국회의원 피고인 갑 및 지역위원장 피고인 을이 공모하여 이른바 조직원들과 두 차례 회합을 통하여 회합 참석자 130여 명에게 한반도에서 전쟁이 발발하는 등 유사시에 상부명령이 내려지면 바로 전국 각 권역에서 국가기간시설 파괴 등 폭동을 할 것을 주장한 사실에 대해 내란음모죄는 부정하였지만 선동죄는 인정하였음).

서 내란음모보다 내란의 직접적인 실현가능성이 높지 아니함에도 양자의 법정형은 동일하게 되어 있음을 고려해야 하기 때문이다.

45 '선전'이란 내란의 필요성에 관한 취지를 불특정 다수인에게 이해시키고 그들의 찬동을 얻기 위한 일체의 의사전달 행위를 말한다. 반드시 상대방에게 직접적으로 전달할 필요가 없고, 수단·방법에도 제한이 없다.

§ 54 제 2 절 외환의 죄

Ⅰ. 총설

1. 의의 및 보호법익

(1) 의의

1 외환의 죄는 외국으로 하여금 무력행사를 유발하게 하거나 대한민국에 항적抗敵하거나 적국을 위하여 이익을 제공하여 국가의 존립과 안전을 외부로부터 위태롭게 하는 것을 내용으로 하는 범죄이다.

(2) 보호법익

2 외환의 죄도 국가의 존립과 안전을 위태롭게 하는 범죄라는 점에서는 내란의 죄와 본질을 같이 하나, 국가의 외부로부터 국가의 존립과 안전을 위태롭게 한다는 점에서 내란의 죄와 구별된다. 따라서 외환의 죄는 국가의 외적 안전을 보호법익으로 한다. **보호의 정도**와 관련해서는 ① 구체적 위험범설[18]과 ② 추상적 위험범설이 대립하나 내란의 죄에서와 같은 이유에서 추상적 위험범설이 타당하다.

2. 구성요건의 체계

3 외환의 죄는 외환유치죄, 여적죄, 일반이적죄, 간첩죄를 독립된 구성요건으로 한다. 모병이적죄, 시설제공이적죄, 시설파괴이적죄, 물건제공이적죄를 일반이적죄에 대한 가중적 구성요건으로 규정하고, 이외에 독립된 구성요건으로 전시군수계약불이행죄가 있다. 전시군수계약불이행죄를 제외한 모든 외환의 죄의 미수범 및 예비·음모·선동·선전을 처벌한다. 모든 외환의 죄는 동맹국에 대한 행위에도 적용되며, 외국인의 국외범도 처벌한다(제5조 제2호).

18) 김일수/서보학, 948면; 배종대, §144/1; 정성근/박광민, 929면.

4

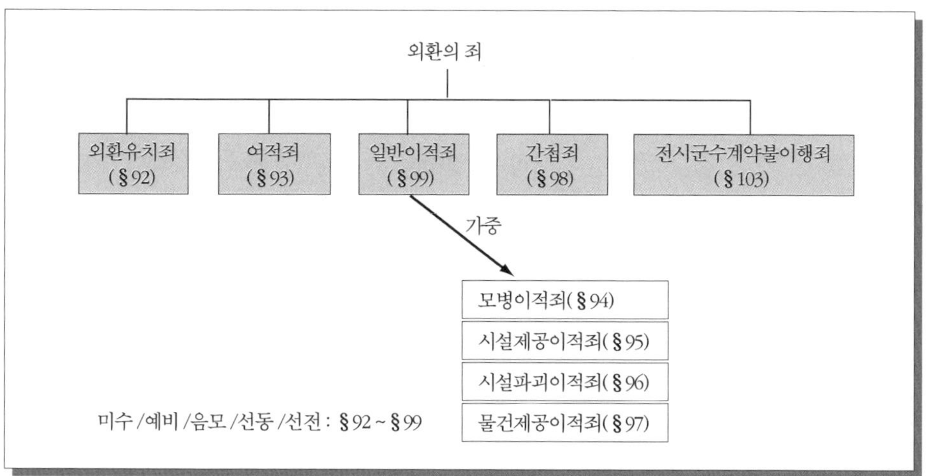

Ⅱ. 외환유치죄

> 제92조(외환유치죄) 외국과 통모하여 대한민국에 대하여 전단을 열게 하거나 외국인과 통모하여 대한민국에 항적한 자는 사형 또는 무기징역에 처한다.
>
> 제100조(미수범) 전8조의 미수범은 처벌한다.
>
> 제104조(동맹국) 본장의 규정은 동맹국에 대한 행위에 적용한다.

1. 의의, 성격

외국과 통모하여 대한민국에 대하여 전단戰端을 열게 하거나 외국인과 통모하여 대한민국에 항적함으로써 성립하는 범죄이다. 외환의 죄의 독립된 구성요건이다. 5

2. 구성요건

(1) 주체

내국인은 누구나 이 죄의 주체가 된다. 내국인과 통모하는 외국인도 이 죄의 주체가 될 수 있으나 다만 적국인은 여적죄의 주체가 되므로 이 죄의 주체가 되지 않는다. 6

(2) 행위

외국과 통모하여 대한민국에 대하여 전단을 열게 하거나 외국인과 통모하여 대한민국에 항적하는 것이다. 7

1) 외국과 통모하여 전단을 개시 외국이란 대한민국 이외의 국가로서 반드시 국제법상 승인된 국가임을 요하지 않는다. 하지만 적국은 여적죄와의 관계상 여기서 제외된다. 여기서 국가란 그 국가를 대표하는 정부기관(정부, 군대, 외교사절)을 의미한다. '통모'란 의사연락 8

에 의한 합의를 말한다. 합의이어야 하므로 일방적 의사표시는 통모가 되지 않는다. 통모의 발의자가 누구이며 직접 통모하였는가 간접적으로 통모하였는가는 묻지 않는다. 외국인도 주체가 될 수 있으므로 외국인이 자국과 통모하는 경우도 상관없다.

9 전단을 연다는 것은 전투행위를 개시하는 일체의 행위를 말한다. 국제법상의 전쟁개시뿐만 아니라 사실상의 전쟁도 포함한다. 사실상의 전쟁도 대한민국의 외적 안전을 위협할 수 있는 위험한 행위이기 때문이다.

10 **2) 외국인과 통모하여 항적** 외국인이란 외국을 대표하는 정부기관 이외의 외국의 사인과 사적단체를 말한다. 전투원이건 비전투원이건 불문한다. 항적이란 적국을 위하여 적국의 군무에 종사하면서 대한민국에 적대하는 일체의 행위를 말한다.

11 **3) 기수시기** 통모에 의하여 전단이 개시되거나 통모하여 항적한 때 기수가 된다. 통모와 전단개시 또는 항적 사이에 인과관계가 있어야 한다. 국가의 외적 안전이 침해되거나 외적 안전에 대한 위험이 발생할 필요는 없다(추상적 위험범).

Ⅲ. 여적죄

제93조(여적죄) 적국과 합세하여 대한민국에 항적한 자는 사형에 처한다.

제100조(미수범) 전8조의 미수범은 처벌한다.

제102조(준적국) 제93조 내지 전조의 죄에 있어서는 대한민국에 적대하는 외국 또는 외국인의 단체는 적국으로 간주한다.

제104조(동맹국) 본장의 규정은 동맹국에 대한 행위에 적용한다.

1. 의의, 성격

12 적국과 합세하여 대한민국에 항적함으로써 성립하는 범죄이다. 외환의 죄의 기본적 구성요건이다. 형법전에서 절대적 법정형으로서 사형만을 규정해 놓은 유일한 범죄이다.[19)]

2. 구성요건

13 적국이란 대한민국과 교전상태에 있는 외국을 말한다. 대한민국에 적대하는 외국 또는 외국인의 단체도 적국으로 간주된다(제102조). 국제법상 선전포고를 하고 대한민국과 전쟁을 수행하는 상대국뿐만 아니라 사실상 전쟁을 수행하고 있는 외국도 포함한다.

14 항적이란 적국을 위하여 대한민국에 대해 적대행위를 하는 것을 말한다. '합세하여'란 자발적으로 힘을 한데 모아서라는 의미이므로 항거할 수 없는 불가항력적 강압에 의하여 적대행위를 한 때에는 이 죄를 구성하지 않는다.[20)]

---

19) 하지만 정상참작감경 규정(제53조)에 의한 감경은 가능하다.

항적행위가 현실로 행해졌을 때에 기수가 되며 이에 이르지 아니한 때에는 이 죄의 미수 15
가 된다.

Ⅳ. 모병이적죄

> 제94조 (모병이적죄) ① 적국을 위하여 모병한 자는 사형 또는 무기징역에 처한다.
> ② 전항의 모병에 응한 자는 무기 또는 5년 이상의 징역에 처한다.
>
> 제100조(미수범) 전8조의 미수범은 처벌한다.
>
> 제102조(준적국) 제93조 내지 전조의 죄에 있어서는 대한민국에 적대하는 외국 또는 외국인의 단체는 적국으로 간주한다.
>
> 제104조(동맹국) 본장의 규정은 동맹국에 대한 행위에 적용한다.

적국을 위하여 모병하거나 모병에 응함으로써 성립하는 범죄이다. 모병이란 전투에 종사 16
할 사람을 모집하는 것을 말하고, 모병에 응한 자란 자발적으로 이에 지원한 자를 말한다. 따라서 징병의 경우에는 처음부터 이 죄가 되지 않는다. 적국을 위해서 모병 또는 모병에 응해야 하므로 모병 또는 모병에 응한다는 고의 외에 적국을 이롭게 할 이적의사가 별도로 있어야 한다(목적범).

Ⅴ. 시설제공이적죄

> 제95조(시설제공이적죄) ① 군대, 요새, 진영 또는 군용에 공하는 선박이나 항공기 기타 장소, 설비 또는 건조물을 적국에 제공한 자는 사형 또는 무기징역에 처한다.
> ② 병기 또는 탄약 기타 군용에 공하는 물건을 적국에 제공한 자도 전항의 형과 같다.
>
> 제100조(미수범) 전8조의 미수범은 처벌한다.
>
> 제102조(준적국) 제93조 내지 전조의 죄에 있어서는 대한민국에 적대하는 외국 또는 외국인의 단체는 적국으로 간주한다.
>
> 제104조(동맹국) 본장의 규정은 동맹국에 대한 행위에 적용한다.

군대, 요새, 진영 또는 군용에 공하는 선박이나 항공기 기타 장소·설비 또는 건조물을 적 17
국에 제공하거나(제1항), 병기 또는 탄약 기타 군용에 공하는 물건을 적국에 제공(제2항)함으로써 성립하는 범죄이다. 군대·요새·진영은 군사시설의 예시이고, 군용에 공하는 설비 또는 물건이란 우리나라의 군사목적에 직접 사용하기 위하여 설비한 일체의 시설 또는 물건을 말한다. 비군용에 공하는 물건에 대해서는 물건제공이적죄가 적용된다.

---

20) 책임이 조각될 수 있다는 견해(손동권/김재윤, §45/5)도 있으나 '합세하여'에 해당하지 않기 때문에 구성요건해당성이 배제되는 경우에 해당한다고 해야 한다.

Ⅵ. 시설파괴이적죄

> 제96조(시설파괴이적죄) 적국을 위하여 전조에 기재한 군용시설 기타 물건을 파괴하거나 사용할 수 없게 한 자는 사형 또는 무기징역에 처한다.
>
> 제100조(미수범) 전8조의 미수범은 처벌한다.
>
> 제102조(준적국) 제93조 내지 전조의 죄에 있어서는 대한민국에 적대하는 외국 또는 외국인의 단체는 적국으로 간주한다.
>
> 제104조(동맹국) 본장의 규정은 동맹국에 대한 행위에 적용한다.

18 적국을 위하여 시설제공이적죄(제95조)에 기재한 군사시설 기타 물건을 파괴하거나 사용할 수 없게 함으로써 성립하는 범죄이다. 이 죄의 성립에도 적국을 위한다는 의사인 이적의사가 별도로 있어야 한다(목적범). 따라서 적국의 수중에 넘어가는 것을 면하기 위하여 승선을 침몰케 하는 경우는 이적의사가 없으므로 이 죄가 되지 않는다.

Ⅶ. 물건제공이적죄

> 제97조(물건제공이적죄) 군용에 공하지 아니하는 병기, 탄약 또는 전투용에 공할 수 있는 물건을 적국에 제공한 자는 무기 또는 5년 이상의 징역에 처한다.
>
> 제100조(미수범) 전8조의 미수범은 처벌한다.
>
> 제102조(준적국) 제93조 내지 전조의 죄에 있어서는 대한민국에 적대하는 외국 또는 외국인의 단체는 적국으로 간주한다.
>
> 제104조(동맹국) 본장의 규정은 동맹국에 대한 행위에 적용한다.

19 군용에 공하지 아니하는 병기, 탄약 또는 전투용에 공할 수 있는 물건을 적국에 제공함으로써 성립하는 범죄이다. 일반이적죄에 대한 가중적 구성요건이다.

Ⅷ. 간첩죄

> 제98조(간첩죄) ① 적국을 위하여 간첩하거나 적국의 간첩을 방조한 자는 사형, 무기 또는 7년 이상의 징역에 처한다.
> ② 군사상의 기밀을 적국에 누설한 자도 전항의 형과 같다.
>
> 제100조(미수범) 전8조의 미수범은 처벌한다.
>
> 제102조(준적국) 제93조 내지 전조의 죄에 있어서는 대한민국에 적대하는 외국 또는 외국인의 단체는 적국으로 간주한다.
>
> 제104조(동맹국) 본장의 규정은 동맹국에 대한 행위에 적용한다.

1. 의의, 성격

적국을 위하여 간첩하거나 적국의 간첩을 방조하거나(제1항) 군사상의 기밀을 적국에 누설(제2항)함으로써 성립하는 범죄이다. 적국을 위한다는 이적의사가 있어야 한다(목적범). 20

2. 구성요건

간첩죄는 적국을 위한 간첩, 적국의 간첩방조, 적국에 대한 군사상의 기밀누설 등 세 가지 행위태양별로 구성요건이 다르다. 21

(1) 적국을 위한 간첩

1) 적국　　앞에서 설명한 적국개념과 같다. 이에 따르면 북한도 간첩죄의 적용에 있어서는 적국에 포함된다(통설·판례[21]). 22

2) 간첩　　간첩이란 적국에 알리기 위하여 국가의 기밀(군사상의 기밀포함)을 탐지·수집하는 것을 말한다. 적국을 위하여 간첩한 것이어야 하므로 적어도 적국과의 의사연락은 있어야 하며, 편면적 간첩은 있을 수 없다. 따라서 적국과 의사연락 없이 일방적으로 적국을 위하여 기밀을 수집하는 행위는 간첩예비죄에 해당할 뿐이다. 23

(가) 국가기밀　　국가기밀이란 대한민국의 외적 안전에 중대한 불이익이 될 위험을 방지하기 위하여 타국에 비밀로 하여야 할 사실·대상 또는 지식으로서 제한된 범위의 사람에게만 알려져 있는 것을 말한다. 국가기밀여부의 판단기준은 국가기관의 기밀표지나 기밀보존의사의 유무와 같은 형식적인 기준에만 의할 것이 아니라 대한민국의 안전을 위하여 타국에 대하여 비밀로 해야 할 실질적인 이익이 있느냐에 따라 판단해야 한다(실질적 비밀개념: 통설). 따라서 행정상의 기밀이나 군사상의 기밀뿐 아니라 정치·경제·사회·문화·사상 등 국가정책상 타국에 알려지지 아니함이 대한민국의 이익이 되는 모든 기밀을 포함하고, 그 기밀사항이 국외에 존재하여도 국가기밀이 된다.[22] 24

(나) 공지의 사실과 모자이크 이론　　국내에서 이미 널리 알려진 공지의 사실, 예컨대 신문·잡지·라디오 등에 보도되어 알려진 사실도 국가기밀이라고 할 수 있는지에 대해서는 ① 이른바 모자이크 이론에 따라 '개별적으로는 기밀이 아닌 공지의 사실이지만 이러한 사실들을 결합하여 새로이 중요사실을 판단할 수 있는 정보가 될 경우에는 기밀로 보아야 한다'는 견해[23]가 있지만, ② 이미 적국에 대해 기밀로 해야 할 실질적 이익이 없으므로 국가기밀이 25

---

21) "북한괴뢰집단은 우리 헌법상 반국가적인 불법단체로서 국가로 볼 수 없음은 소론과 같으나, 간첩죄의 적용에 있어서는 이를 국가에 준하여 취급하여야 한다는 것이 당원의 판례이며(1959.7.18 선고 4292형상180 판결 및 1971.9.28 선고 71도1498 판결 각 참조), 현재 이 견해를 변경할 필요는 느끼지 않는다. 위와 같은 견해가 헌법에 저촉되는 법률해석이라는 논지는 독단적 견해에 불과하여 받아들일 수 없다"(대법원 1983.3.22. 82도3036).

22) 대법원 1988.11.8. 88도1630.

23) 박상기, 615면; 손동권/김재윤, §45/15.

아니라고 해야 한다(통설·판례[24]). 기밀이 아닌 공지의 사실을 결합한다고 해도 기밀이 될 수 없을 뿐 아니라 독자적인 의미가 있는 정보로 탈바꿈시키는 것은 적국에서도 얼마든지 가능한 것이므로 모자이크이론은 수용할 수 없다.

26 (다) 위법한 국가기밀 침략전쟁을 준비하는 것 등과 같이 위법한 국가기밀도 기밀로 보호할 가치가 있는지에 대한 의문은 있지만, 그 사실이 적국에 알려짐으로써 국가의 외적 안전이 위협을 받을 수도 있기 때문에 간첩죄의 국가기밀이 될 수 있다고 보아야 한다.

27 3) 실행의 착수시기·기수시기 실행의 착수시기와 관련해서 ① 판례는 침투간첩의 경우 간첩활동을 위해 국내에 잠입·침투·상륙·입국한 때에 실행의 착수가 있다는 태도를 취하고 있다.[25] ② 하지만 이러한 경우는 국가보안법상의 잠입죄(동법 제6조)에 해당할 수는 있지만 국가기밀의 탐지·수집에 대한 직접적인 개시행위라고 할 수 없다. 따라서 국내에 있는 간첩이건 침투간첩이건 상관없이 직접 국가기밀을 탐지·수집하는 행위의 개시가 있어야 실행의 착수가 인정된다고 해야 한다.[26]

28 기수시기는 국가기밀을 탐지·수집한 때이다. 따라서 기수가 되기 위해서는 국내에 잠입하여 활동무대를 구축하거나 동지를 포섭 또는 접선한 것으로는 부족하지만 탐지·수집한 국가기밀을 지령자나 접선자에게 전달할 필요까지는 없다.[27]

(2) 적국의 간첩방조

29 1) 간첩방조 간첩방조란 적국의 간첩이라는 정을 알면서 그의 간첩행위를 원조하여 그 실행을 용이하게 하는 일체의 행위를 말한다. 하지만 간첩'방조'는 독립된 간첩죄에 해당하므로 공범을 전제로 한 총칙상의 '방조'개념과는 다르다. 따라서 이 죄의 방조에는 총칙상의 방조범규정이 적용되지 않고, 방조범 감경도 되지 않는다.[28]

30 **例 간첩방조 인정 사례:** 남파된 대남공작원을 상륙시킨 경우(대법원 1961.1.27. 4293형상807), 남파공작원의 신분을 합법적으로 가장시킨 경우(대법원 1970.10.30. 70도1870), 간첩과의 접선방법을 합의한 경우(대법원 1971.9.28. 71도1333) 등.

31 **例 간첩방조 부정 사례:** 간첩활동과 무관하게 간첩에게 단순히 숙식의 편의를 제공한 경우(대법원 1967.1.31. 66도1661), 은닉처를 제공한 경우(대법원 1979.10.10. 75도1003), 무전기를 매몰하는 데 망을 보아준 경우(대법원 1983.4.26. 83도416) 등.

24) "현행 국가보안법 제4조 제1항 제2호 (나)목에 정한 기밀을 해석함에 있어서 그 기밀은 정치, 경제, 사회, 문화 등 각 방면에 관하여 반국가단체에 대하여 비밀로 하거나 확인되지 아니함이 대한민국의 이익이 되는 모든 사실, 물건 또는 지식으로서, 그것들이 국내에서의 적법한 절차 등을 거쳐 이미 일반인에게 널리 알려진 공지의 사실, 물건 또는 지식에 속하지 아니한 것이어야 하고, 또 그 내용이 누설되는 경우 국가의 안전에 위험을 초래할 우려가 있어 기밀로 보호할 실질가치를 갖춘 것이어야 한다"(대법원 1997.7.16. 97도985 전원합의체).

25) 대법원 1984.9.11. 84도1381.

26) "외국에서 우리나라로 귀국함에 있어 반국가단체의 구성원으로부터 국내에서의 동지포섭 및 지하당조직과 같은 지령만 받았을 뿐 국가기밀을 탐지보고하라는 지령을 전혀 받은 바 없다면 귀국행위가 바로 간첩죄의 착수가 된다고 할 수 없다"(대법원 1968.7.30. 68도754).

27) 대법원 1963.12.12. 63도312.

28) 대법원 1959.6.12. 4292형상131.

2) 미수 간첩방조는 독자적인 간첩죄의 유형이므로 주범인 간첩의 기수·미수와 관계 없이 방조행위 그 자체가 미수에 그친 때에 이 죄의 미수범이 된다.[29] 32

(3) 군사상의 기밀누설

군사상의 기밀을 지득한 자가 그 기밀을 적국에 알리는 것을 말한다. 제1항과의 체계해석상 탐지·수집행위 없이 기밀을 누설하는 것을 말하므로 직무와 관련하여 직무상 알게 된 군사기밀을 누설한 경우에 제한하여야 한다. 따라서 이 죄는 진정신분범에 해당한다(통설·판례[30]). 따라서 직무와 관계없이 알게 된 군사상의 기밀을 누설한 때에는 일반이적죄(제99조)가 성립할 뿐이다.[31] 군사상 기밀은 순수한 군사상의 기밀에 그치지 않고 사회·경제·정치 등에 관한 기밀도 동시에 군사상의 기밀이 될 수 있다.[32] 33

3. 죄수

간첩이 탐지·수집한 기밀을 적국에 제보하여 누설까지 한 경우 별도의 범죄(군사상기밀누설죄등)가 성립하는지가 문제된다. 간첩행위는 적국을 위하여 기밀을 탐지·수집함으로써 기수가 되고 그 이후의 행위는 이미 간첩행위에 함께 평가된 것이기 때문에 불가벌적 사후행위가 되어 별죄를 구성하지 않는다.[33] 34

Ⅸ. 일반이적죄

제99조(일반이적죄) 전7조에 기재한 이외에 대한민국의 군사상 이익을 해하거나 적국에 군사상 이익을 공여하는 자는 무기 또는 3년 이상의 징역에 처한다.

제100조(미수범) 전8조의 미수범은 처벌한다.

제102조(준적국) 제93조 내지 전조의 죄에 있어서는 대한민국에 적대하는 외국 또는 외국인의 단체는 적국으로 간주한다.

제104조(동맹국) 본장의 규정은 동맹국에 대한 행위에 적용한다.

1. 의의, 성격

제92조 내지 제98조(외환유치죄, 여적죄, 모병이적죄, 시설제공이적죄, 시설파괴이적죄, 물건제공이적죄, 간첩죄)에 기재한 이외의 행위로서 대한민국의 군사상의 이익을 해하거나 적국에 군사상의 이익을 제공함으로써 성립하는 범죄이다. 외환유치죄, 여적죄, 모병이적죄, 시설제공이적죄, 시설파괴이적죄, 물건제공이적죄 및 간첩죄에 대한 보충규정(법조경합 중 명시적 보충관 35

29) 대법원 1954.4.30. 4292형상109.
30) 대법원 1972.6.27. 72도963.
31) 대법원 1982.11.23. 82도2201.
32) 대법원 1980.9.9. 80도1430.
33) 대법원 1974.7.26. 74도1477(단, 판례는 포괄일죄라고 표현하고 있음).

계)이므로 이상의 죄를 구성하는 때에는 이 죄의 적용은 배제된다.

2. 구성요건

36 대한민국의 군사상의 이익을 직접적 행위객체로 하므로 적국의 정황을 허위보고하여 대한민국의 작전계획을 그르치게 하거나 적국을 위하여 자금을 조달하는 경우 등이 그 예에 해당한다. 직무와 관계없이 지득한 기밀을 적국에 누설한 경우에는 이 죄가 성립하지만 직무에 관하여 군사상 기밀을 지득한 자가 이를 적국에 누설하면 이 죄가 아니라 간첩죄가 된다.[34)]

Ⅹ. 이적 예비·음모·선동·선전죄

제101조(예비, 음모, 선동, 선전) ① 제92조 내지 제99조의 죄를 범할 목적으로 예비 또는 음모한 자는 2년 이상의 유기징역에 처한다. 단 그 목적한 죄의 실행에 이르기 전에 자수한 때에는 그 형을 감경 또는 면제한다.
② 제92조 내지 제99조의 죄를 선동 또는 선전한 자도 전항의 형과 같다.

제102조(준적국) 제93조 내지 전조의 죄에 있어서는 대한민국에 적대하는 외국 또는 외국인의 단체는 적국으로 간주한다.

제104조(동맹국) 본장의 규정은 동맹국에 대한 행위에 적용한다.

37 외환유치죄, 이적죄, 모병이적죄, 시설제공이적죄, 시설파괴이적죄, 물건제공이적죄, 간첩죄 또는 일반이적죄를 범할 목적으로 예비·음모(제1항) 또는 선동·선전(제2항)을 함으로써 성립하는 범죄이다. 예비·음모한 자가 그 목적한 죄의 실행에 이르기 전에 자수한 때에는 필요적으로 그 형을 감경 또는 면제한다.

Ⅺ. 전시군수계약불이행죄

제103조(전시군수계약불이행죄) ① 전쟁 또는 사변에 있어서 정당한 이유없이 정부에 대한 군수품 또는 군용공작물에 관한 계약을 이행하지 아니한 자는 10년 이하의 징역에 처한다.
② 전항의 계약이행을 방해한 자도 전항의 형과 같다.

제104조(동맹국) 본장의 규정은 동맹국에 대한 행위에 적용한다.

38 전쟁 또는 사변에 있어서 정당한 이유 없이 정부에 대한 군수품 또는 군용공작물에 관한 계약을 이행하지 않거나(제1항) 계약이행을 방해(제2항)함으로써 성립하는 범죄이다. 제1항의 계약불이행죄는 진정부작위범이고, 제2항의 계약이행방해죄는 작위범으로 규정되어 있다.[35)]

34) 대법원 1982.7.13. 82도968.

이 죄에서의 정부란 행정부를 통칭하지만 정부를 대표하여 군수계약을 체결할 수 있는 지 39
방관서도 포함하며, 군수품·군용공작물이란 군작전상 필요로 하는 일체의 물자와 시설을 말한다.

제3절 국기에 관한 죄 §55

Ⅰ. 총설

1. 의의 및 보호법익

(1) 의의

국기에 관한 죄는 대한민국을 모욕할 목적으로 국기國旗 또는 국장國章을 손상, 제거, 모욕 1
또는 비방하는 것을 내용으로 하는 범죄이다. 이 죄는 모욕죄와 손괴죄로 이루어진 결합범에 해당한다.

(2) 보호법익

국기와 국장은 국가의 권위를 상징하는 표지이다. 따라서 이 죄의 보호법익은 국가의 권 2
위와 대외적 체면이다. **보호법익이 보호받는 정도**에 관해서는 ① 구체적 위험범설과 ② 추상적 위험범설이 대립하고 있으나, 국가권위에 대한 구체적 위협 없이도 국기손상, 제거, 모욕 또는 비방만으로 이 죄가 성립하는 것이므로 추상적 위험범설이 타당하다.

2. 구성요건의 체계

3

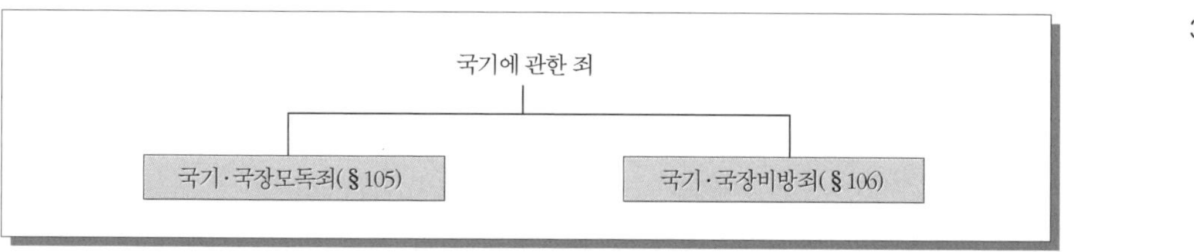

형법은 국기에 관한 죄로 국기·국장모독죄와 국기·국장비방죄를 규정하고 있다. 외국의 4
국기·국장에 대한 죄는 국교에 관한 죄의 일종으로서 그 대상을 공용에 공하는 국기 등에 한정하고 있고, 우리나라의 국기·국장에 대한 모독이나 비방에 비해 경하게 처벌되고 있다. 국기에 관한 죄는 외국인의 국외범도 처벌한다(제5조 제3호).

35) 이 죄도 전시공수계약불이행죄(제117조)와 마찬가지로 사법상의 계약불이행이나 계약이행방해를 범죄로 인정한 규정으로서 입법론상 폐지되어야 할 구성요건에 해당한다.

Ⅱ. 국기·국장모독죄

> 제105조(국기·국장모독죄) 대한민국을 모욕할 목적으로 국기 또는 국장을 손상, 제거 또는 오욕한 자는 5년 이하의 징역이나 금고, 10년 이하의 자격정지 또는 700만원 이하의 벌금에 처한다.

1. 의의, 성격

5 대한민국을 모욕할 목적으로 국기 또는 국장을 손상, 제거 또는 오욕함으로써 성립하는 범죄이다. 목적범이면서 모욕죄와 손괴죄의 결합범이다.

2. 구성요건

(1) 객체

6 국기 또는 국장이다. 국기란 국가의 권위를 상징하기 위하여 일정한 형식에 따라 제작된 기를 말한다. 반드시 치수와 규격이 정확할 필요는 없다. 국장이란 국가를 상징하는 국기 이외의 일체의 휘장을 말한다. 육·해·공군의 군기, 대사관·공사관의 휘장, 나라문장 등이 여기에 해당한다.

7 국기 또는 국장은 공용에 공하는 것임을 요하지 않고 사용에 공하는 것도 포함한다. 국기·국장의 소유권이 누구에게 있느냐도 묻지 않는다. 따라서 자기소유의 국기·국장에 대해서도 모욕의 목적을 가지고 손상하면 이 죄에 해당한다.

(2) 행위

8 손상, 제거 또는 오욕하는 것이다. 손상이란 손괴죄의 손괴와 같은 의미로 물질적으로 국기 또는 국장의 전부 또는 일부를 훼손하는 것을 말한다. 제거란 국기·국장을 손상함이 없이 현재 게양되고 있는 장소에서 철거하거나 장소 이전 없이 다른 물건으로 가려서 보이지 않게 하는 것을 말한다. 오욕이란 국기·국장을 불결하게 하는 일체의 유형적·물리적인 행위를 말한다.

(3) 기수시기

9 **이 죄의 기수시기**와 관련하여 ① 대한민국의 권위와 체면을 손상시킬 정도의 손상·제거 또는 오욕이 있어야 한다는 견해(구체적 위험범설)가 있지만, ② 국가의 권위와 체면이 어느 정도의 국기손상 등에 의해 손상될 위험이 있는지도 의문이고, 그러한 법익의 위험성은 이 죄의 구성요건요소로 되어 있지도 않은 이상 국기의 손상이나 제거 등이 있는 경우에 이 죄가 성립하고 기수가 된다고 해야 한다(추상적 위험범설).

(4) 고의와 목적

10 목적범이므로 국기·국장을 손상·제거 또는 오욕한다는 고의 이외에 경멸의 의사를 표시

하는 모욕할 목적이 있어야 한다. 목적달성의 여부는 이 죄의 성립에 영향이 없다.

Ⅲ. 국기·국장비방죄

> 第106条(국기·국장비방죄) 전조의 목적으로 국기 또는 국장을 비방한 자는 1년 이하의 징역이나 금고, 5년 이하의 자격정지 또는 200만원 이하의 벌금에 처한다.

1. 의의, 성격

대한민국을 모욕할 목적으로 국기 또는 국장을 비방함으로써 성립하는 범죄이다. 국기·국장모독죄와 행위태양이 다르기 때문에 형이 감경되는 감경적 구성요건이다. 11

2. 구성요건

국기·국장모독죄와 행위태양이 다를 뿐 객체와 목적은 같다. 비방이란 언어나 거동·문장 또는 회화에 의하여 모욕의 의사를 표현하는 것을 말하는 것으로서 물질적·물리적 훼손 이외의 모욕의사 표시를 말한다.[36] 12

공연성 요건은 명시적으로 없지만 비방에 의하여 국가의 권위와 체면을 손상시킬 정도가 되기 위해서는 공연성이 있어야 하는 것으로 해석해야 한다(통설). 따라서 밀실에서 국기·국장에 대해 조소하는 언동을 하였어도 이 죄에 해당하지 않는다. 13

제4절 국교에 관한 죄 §56

Ⅰ. 총설

1. 의의 및 보호법익

(1) 의의

국교에 관한 죄는 국제법상 보호되는 외국의 이익을 해함으로써 외국과의 평화로운 국제관계와 우리나라의 대외적 지위를 위태롭게 하는 것을 내용으로 하는 범죄이다. 외국과의 국교관계를 원활히 하려는 데 입법취지가 있다. 1

---

36) "교리상 국기에 대하여 절을 해서는 안 되나 국가를 존중하는 의미에서 가슴에 손을 얹고 주목하는 방법으로 경의를 표할 수 있다고 말한 것은 국기에 대한 비방에 해당하지 않는다"(대법원 1975.5.13. 74도2183).

(2) 보호법익

2 이 죄의 보호법익에 대해서는, ① 우리나라의 대외적 지위를 보호한다는 견해와 ② 국제법상 요구되는 외국의 이익을 보호한다는 견해가 있지만, ③ 외국의 이익을 보호하면서 (특히 외교상의 기밀누설죄의 경우) 우리나라의 대외적 지위도 보호하는 이중적 의미를 가지고 있는 것으로 보는 것이 타당하다.[37] 보호법익이 보호받는 정도는 추상적 위험범으로서의 보호이다.

2. 구성요건의 체계

3

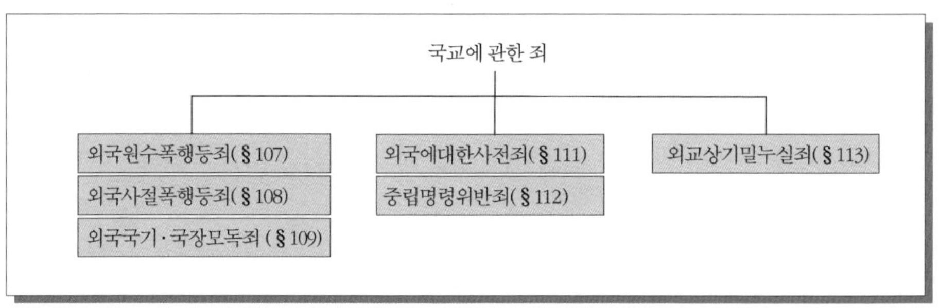

4 국교에 관한 죄는 세 가지 유형으로 구별할 수 있다. (1) 외국원수·사절·국기에 대한 죄로서 외국원수에대한폭행등죄(제107조), 외국사절에 대한폭행등죄(제108조) 및 외국국기·국장모독죄(제109조)는 내국 또는 내국인에 대한 경우보다 가중처벌 또는 특별취급을 하였고, (2) 외국에대한사전죄私戰罪(제111조)와 중립명령위반죄(제112조)는 외국에 대한 국제적 의무위반 내지 평화를 해하는 행위를 처벌하기 위한 것이며, (3) 외교상기밀누설죄(제113조)는 이와 독립된 범죄형태로서 외환죄의 성격을 포함하고 있는 범죄이다.

Ⅱ. 외국원수에대한폭행(협박·모욕·명예훼손)죄

> 제107조(외국원수폭행등죄) ① 대한민국에 체재하는 외국의 원수에 대하여 폭행 또는 협박을 가한 자는 7년 이하의 징역이나 금고에 처한다.
> (외국원수모욕등죄) ② 전항의 외국원수에 대하여 모욕을 가하거나 명예를 훼손한 자는 5년 이하의 징역이나 금고에 처한다.
>
> 제110조(피해자의 의사) 제107조 내지 제109조의 죄는 그 외국정부의 명시한 의사에 반하여 공소를 제기할 수 없다.

1. 의의, 성격

5 대한민국에 체재하는 외국의 원수에 대하여 폭행 또는 협박을 가하거나(제1항) 모욕을 가하

---

37) 특히 우리나라의 국교에 관한 죄는 상대국의 형법에 동일한 규정이 있는 경우에 한하여 자국법의 적용을 인정하는 상호주의를 취하지 않고, 상대국의 형법의 태도와 무관하게 자국법을 적용하는 단독주의를 취하고 있다.

거나 명예를 훼손(제2항)함으로써 성립하는 범죄이다. 행위객체가 대한민국에 체재하는 외국의 원수라는 점에서 일반인에 대한 폭행죄 등에 비해 형이 가중된 가중적 구성요건이다. 일반인에 대한 폭행죄 등과 특별관계에 있다.

2. 구성요건

(1) 객체

6 대한민국에 체재하는 외국의 원수이다. 외국이란 국가로서의 실질적 요건을 갖추고 있는 대한민국 이외의 국가로서 대한민국의 정식승인을 받았거나 대한민국과 외교관계를 맺고 있음을 요하지 않는다. 원수란 외국의 헌법에 의하여 국가를 대표할 권한이 있는 자를 말한다. 따라서 외국의 대통령과 군주는 원수에 해당하지만, 내각책임제 국가의 수상이나 국제법상 국가로 인정할 수 없는 집단의 장은 외국원수가 아니다. 그리고 외국원수에 한하므로 그 원수의 가족은 이 죄의 객체가 될 수 없다.

(2) 행위

7 폭행, 협박, 모욕 또는 명예훼손이다. 폭행·협박은 폭행죄·협박죄의 경우와 같다. 모욕과 명예훼손도 모욕죄·명예훼손죄의 그것과 내용이 같으나, 이 죄에서는 공연성이 요구되지 않는다는 점에 차이가 있다. 명예훼손죄에 있어서의 위법성조각사유(제310조)의 적용이 없으며 일반 모욕죄가 친고죄임에 대해서 이 죄는 모욕·명예훼손의 경우 반의사불벌죄로 규정되어 있다.

Ⅲ. 외국사절에대한폭행(협박·모욕·명예훼손)죄

> 제108조(외국사절폭행등죄) ① 대한민국에 파견된 외국사절에 대하여 폭행 또는 협박을 가한 자는 5년 이하의 징역이나 금고에 처한다.
> (외교사절모욕등죄) ② 전항의 외국사절에 대하여 모욕을 가하거나 명예를 훼손한 자는 3년 이하의 징역이나 금고에 처한다.
>
> 제110조(피해자의 의사) 제107조 내지 제109조의 죄는 그 외국정부의 명시한 의사에 반하여 공소를 제기할 수 없다.

8 대한민국에 파견된 외교사절에 대하여 폭행·협박 또는 모욕을 가하거나 명예를 훼손함으로써 성립하는 범죄이다. 객체가 외국원수가 아니라 대한민국에 파견된 외교사절이라는 점을 제외하고는 외국원수에대한폭행등죄와 동일하다.

9 외교사절이란 대사·공사를 말하고 영사는 포함되지 않는다. 외교사절이면 상설·임시임을 묻지 않으며, 정치적·의례적임을 구별할 필요도 없고, 그 직급의 여하도 문제되지 않는다. 대한민국에 파견된 외교사절에 한하므로 제3국에 파견되어 부임 또는 귀국 중에 대한민국에 일시 체재하는 자는 포함되지 않는다. 또 외교사절에 한하므로 외교사절의 가족·수행원·사

자 등은 이 죄의 객체가 될 수 없다. 반의사불벌죄에 해당한다.

Ⅳ. 외국국기·국장모독죄

> 第109조(외국국기·국장모독죄) 외국을 모욕할 목적으로 그 나라의 공용에 공하는 국기 또는 국장을 손상, 제거 또는 오욕한 자는 2년 이하의 징역이나 금고 또는 300만원 이하의 벌금에 처한다.
>
> 제110조(피해자의 의사) 제107조 내지 제109조의 죄는 그 외국정부의 명시한 의사에 반하여 공소를 제기할 수 없다.

10 외국을 모욕할 목적으로 그 나라의 공용에 공하는 국기 또는 국장을 손상, 제거 또는 오욕함으로써 성립하는 범죄이다. 행위객체가 '공용에 공하는' 외국의 국기 또는 국장인 점을 제외하고는 우리나라의 국기·국장모독죄(제105조)의 구성요건과 동일하다.

11 '공용公用에 공供한다'란 국가의 권위를 상징하기 위하여 그 나라의 공적 기관이나 공무소에서 사용되는 것을 말한다. '사용私用에 사용'하는 것은 제외되므로 장식용 만국기나 외국인을 환영하기 위하여 사인이 게양·휴대·소지하는 외국기 또는 현실적으로 사용되지 않는, 소장 중인 외국의 국기·국장 등은 이 죄의 객체로 될 수 없다. 초국가적인 국제연합은 이 죄의 외국이 아니므로 UN기나 그 휘장도 이 죄의 객체가 아니다.

Ⅴ. 외국에대한사전죄

> 제111조(외국에대한사전죄) ① 외국에 대하여 사전한 자는 1년 이상의 유기금고에 처한다.
> (미수범) ② 전항의 미수범은 처벌한다.
> (예비·음모) ③ 제1항의 죄를 범할 목적으로 예비 또는 음모한 자는 3년 이하의 금고 또는 500만원 이하의 벌금에 처한다. 단, 그 목적한 죄의 실행에 이르기 전에 자수한 때에는 감경 또는 면제한다.

1. 의의, 성격

12 외국에 대하여 사전私戰함으로써 성립하는 범죄이다. 국민이 개인적으로 외국과 전투행위를 하는 것은 외국의 정부나 국민의 감정을 해하여 외교관계를 악화시키고 나아가서 국가존립까지 위태롭게 할 위험이 있기 때문에 처벌하는 규정이다.

2. 구성요건

사전의 상대방은 외국이다. 여기서 외국은 우리나라에 의해 승인된 것일 필요는 없지만 국가권력을 의미하므로 개인인 외국인 또는 외국인의 집단이나 단체는 해당하지 않는다. 사전이란 국가의 전투명령에 의하지 않고 국가의사와 관계없이 개인 또는 집단이 외국에 대하여 전투행위를 하는 것을 말한다. 폭력이나 단순한 외국인 사살 정도로는 부족하고 외국에 대하여 무력에 의한 조직적인 공격이 있어야 한다. 하지만 국가의사에 의한 전쟁 중에 사령관의 명령 없이 자의로 진격하는 것은 사전이 아니라 군형법의 불법진퇴죄(제20조)에 해당할 뿐이다. 13

이 죄는 미수범뿐 아니라 외국에 대하여 사전할 목적으로 예비 또는 음모한 경우도 처벌된다. 다만 목적한 죄의 실행에 이르기 전에 자수한 때에는 그 형을 필요적으로 감경 또는 면제 한다. 14

Ⅵ. 중립명령위반죄

> 제112조(중립명령위반죄) 외국간의 교전에 있어서 중립에 관한 명령에 위반한 자는 3년 이하의 금고 또는 500만원 이하의 벌금에 처한다.

1. 의의, 성격

외국 간의 교전에 있어 중립에 관한 명령에 위반함으로써 성립하는 범죄이다. 국가의 중립명령에 대한 의무위반은 국가의 중립선언을 무의미하게 할 뿐 아니라 상대국과의 국교관계를 위태롭게 할 위험성이 있으므로 이를 특히 처벌하기 위한 규정이다. 15

구성요건의 내용이 중립명령에 의해 보충되도록 위임되어 있으므로 백지형법에 해당한다. 또 이 죄의 구성요건이 시행되더라도 중립명령이 폐지될 때까지만 효력을 가질 것이므로 일시적 사정에 대처하기 위한 한시법(광의의 한시법)의 성격을 가진다. 16

2. 구성요건

1) 외국 간의 교전　외국 간의 교전이란 우리나라가 참가하지 않는 전쟁이 2개국 이상의 외국 사이에 행해지고 있는 상태를 말한다. 즉 대한민국이 전쟁 당사국이 아닌 외국 간의 전쟁을 말한다. 여기의 교전은 국제법상의 전쟁일 필요는 없고, 국내법상의 중립명령이 존재하는 경우에만 이 죄의 구성요건이 완성된다. 17

2) 중립명령위반　중립명령이란 우리나라가 교전국의 어느 한쪽에도 가담하지 않고 국 18

외중립을 지키도록 하는 명령을 말한다. 여기의 명령은 대통령령·부령 등과 같은 협의의 명령에 한정되지 않는다. 또 이 죄는 현실적으로 중립명령이 발포되어 있고 그 명령에 위반한 때에 성립한다. 따라서 국제법상의 중립위반이 있어도 우리나라의 중립명령에서 금지하는 사항이 아니면 이 죄는 성립하지 않는다.

Ⅶ. 외교상의기밀누설(탐지·수집)죄

> 제113조(외교상기밀누설죄) ① 외교상의 기밀을 누설한 자는 5년 이하의 징역 또는 1천만원 이하의 벌금에 처한다.
> ② 누설할 목적으로 외교상의 기밀을 탐지 또는 수집한 자도 전항의 형과 같다.

1. 의의, 성격

19 외교상의 기밀을 누설하거나(제1항) 누설할 목적으로 외교상의 기밀을 탐지 또는 수집(제2항)함으로써 성립하는 범죄이다. 외환죄의 성격을 가지고 있는 구성요건이고, 탐지·수집죄는 목적범이다.

2. 구성요건

(1) 주체

20 주체는 제한이 없어서 직무상 기밀을 다루는 자일 필요가 없다. 이 점에서 신분범인 공무상비밀누설죄(제127조)나 군사상기밀누설죄(제98조 제2항)와 다르다.

(2) 객체

21 행위객체는 외교상의 기밀이다. 이 점에서 국가기밀 또는 군사상의 기밀을 누설하는 간첩죄(제98조)와 다르다. 외교상의 기밀이란 외국과의 관계에서 국가가 지켜야 할 기밀을 말하고, 외국과의 비밀조약을 체결한 사실 또는 체결하려고 하는 사실 등이 이에 해당한다. 이미 국내에서 공지에 속한 사실은 아직 외국에 알려져 있지 않은 때에도 이를 비밀로 해야 할 이익이 없으므로 외교상 기밀이 될 수 없다. 외국 언론에 이미 보도된 외국에서의 공지의 사실도 특단의 사정이 없는 한 외교상의 기밀에 해당하지 않을 뿐 아니라(통설·판례[38]), 그러한 사항에 대해 정부가 보도지침의 형식으로 국내언론기관의 보도여부 등을 통제하고 있다는 사실을 알리는 것도 외교상의 기밀누설에 해당하지 않는다.[39]

(3) 행위

22 누설하거나 탐지 또는 수집하는 것이다.

---

38) 대법원 1995.12.5. 94도2379.

39) 대법원 1995.12.5. 94도2379.

1) 누설 누설이란 직접·간접으로 타국 또는 타인에게 알리는 것을 말한다. 다만 외교상의 기밀 중에 간첩죄에 해당하는 군사기밀도 포함되므로 이를 적국에 누설하면 간첩죄에 해당하고, 외교상의 기밀을 적국 아닌 타국에 누설한 때에만 이 죄가 성립한다. 23

2) 탐지·수집 탐지·수집하는 행위는 기밀누설에 대해 예비단계에 해당하는 행위이지만 독립범죄로 규정한 것이다. 외교상의 기밀을 탐지·수집하는 때에는 고의 외에 누설할 목적이 있어야 한다(목적범). 24

§ 57

제 2 장 국가의 기능에 대한 죄

1 형법은 국가적 법익에 대한 죄로서 국가의 존립과 헌법질서 그리고 국가의 권위를 보호하는 범죄 이외에도 국가의 일반권력기능을 보호하는 범죄와 국가의 사법기능을 보호하는 범죄를 규정하고 있다.

2 '국가의 일반권력기능'을 보호하는 범죄로는 공무원의 직무에 관한 죄와 공무방해의 죄가 있고, '국가의 사법기능'을 보호하는 범죄로는 도주와 범인은닉의 죄, 증거인멸의 죄, 위증의 죄 그리고 무고의 죄를 규정하고 있다.

§ 58

제 1 절 공무원의 직무에 관한 죄

Ⅰ. 총설

1. 의의 및 보호법익

(1) 의의

1 공무원의 직무에 관한 죄는 공무원이 직무를 위배하거나 직권을 남용하는 행위와 뇌물을 수수하는 행위를 내용으로 하는 범죄이다. 공무원의 직무에 관한 죄는 공무원이 범죄의 주체가 되는 신분범이라는 의미에서 공무원범죄라고도 하고, 공무원의 직무와 관련된 범죄이기 때문에 강학상 이를 직무범죄라고 부르기도 한다.

(2) 보호법익

2 직무범죄는 국가기관인 공무원이 국가기관의 내부로부터 국가의 기능을 해하는 것을 내용으로 하므로 그 보호법익도 국가의 기능이다. 다만 형법상 직무범죄에는 다양한 종류 범죄구성요건이 있어 구성요건마다 보호법익의 구체적인 내용도 조금씩 다르다. 보호법익이 보호받는 정도는 모두 추상적 위험범으로서의 보호에 해당한다.

2. 구성요건의 체계

3

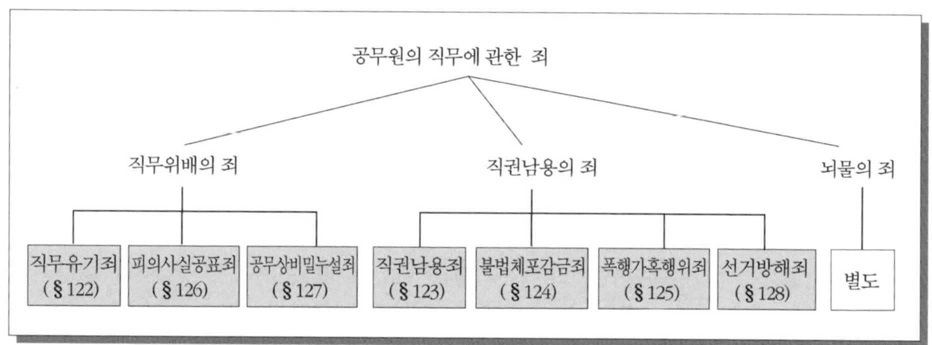

형법에 규정된 공무원의 직무범죄에는 크게 '직무위배의 죄', '직권남용의 죄', '뇌물의 죄'라는 세 가지 유형이 있다. 이를 형법상의 구성요건별로 재분류해 보면 직무유기죄, 피의사실공표죄, 공무상비밀누설죄는 직무위배의 죄에 해당하고, 직권남용죄, 불법체포·감금죄, 폭행·가혹행위죄, 선거방해죄는 직권남용의 죄에 속한다. 형법은 공무원이 직권을 남용하여 직무범죄 이외의 죄를 범한 때에는 가중처벌하는 특별규정을 두고 있다(제135조). 특가법은 범죄 수사의 직무에 종사하는 공무원의 (특수)직무유기를 가중처벌하고 있다(제15조). 뇌물의 죄는 뒤에서 별도로 다룬다. 4

3. 직무범죄의 기본개념

(1) 공무원의 개념과 범위

공무원의 직무범죄는 공무원이라는 신분이 있는 자의 범죄이다(진정신분범). 형법에는 공무원의 개념에 관한 규정이 없다. 일반적으로 공무원이란 법령에 의하여 국가 또는 지방단체의 공무에 종사하는 직원을 말한다.[1] 이에 따르면 공무원의 범위는 원칙적으로 공무원법과 지방공무원법 및 기타 법령에 의하여 정해진다. 공무원법 등 법률상 공무원은 아니지만, 특별법상 벌칙을 적용함에 있어서 일정한 주체를 공무원으로 간주하는 법령(예, 특가법 제4조)들도 있다. 5

공무원은 경력직 공무원과 특수경력직 공무원으로 구분된다. 경력직 공무원은 실적과 자격에 의해 임용되고 그 신분이 보장되는 공무원으로서 일반직 공무원, 특정직 공무원 및 기능직 공무원으로 구성된다. 특수경력직 공무원은 경력직 공무원을 제외한 정무직 공무원, 별정직 공무원, 계약직 공무원 및 고용직 공무원으로 이루어져 있다. 그 밖에 특별법에 의한 공무원으로는 한국은행의 임원과 직원, 한국산업은행, 한국수출입은행, 중소기업은행의 임원 6

---

1) "일반적으로 공무원이라 함은 광의로는 국가 또는 공공단체의 공무를 담당하는 일체의 자를 의미하며, 협의로는 국가 또는 공공단체와 공법상 근무관계에 있는 모든 자를 말한다"(대법원 1997.3.11. 96도1258).

및 특별검사, 특별검사보, 특별수사관, 청원경찰관 등이 있다.

7 例 특수경력직공무원 중 환경미화원·공원·인부·사환 등의 고용직공무원은 형법상의 직무범죄의 주체인 공무원의 범위에서 제외(대법원 2002.11.22. 2000도4593; 대법원 1978.4.25. 77도3709)된다. 이들은 공법상 공무원이긴 하지만 직무범죄에 의해 보호되는 법익에 단순한 기계적·육체적 노무는 포함되지 않기 때문이다.

하지만 세무수습행정원(대법원 1961.12.14. 4294형상99), 도시계획법 및 그 시행령에 따라 도시계획에 관하여 시장 또는 구청장의 자문에 응하여 당해 시 또는 구의 도시계획에 관한 사항을 심의하기 위하여 설치된 시·구 도시계획위원회의 위원 등 공법인의 직원(대법원 1997.6.13. 96도1703), 세관장이 채용한 특채관리(대법원 1958.5.30. 4291형상208), 사병인 군인(대법원 1969.9.23. 69도1214), 국회의원이나 지방의회 의원(대법원 1997.3.11. 96도1258) 등은 공무원에 포함된다.

8 判 대법원은 행정기관에 준하는 공법인의 직원을 공무원으로 보지만, 벌칙규정의 주체로 인정하는 공무원 의제규정이 없는 한 이들을 공무원으로 해석하기는 어렵다. 그러나 우편집배원의 직무는 단순한 기계적·육체적 노무가 아니고 그 직무상 우편업무의 공정성이 요구되므로 공무원에 포함되어야 할 것이다.

(2) 형법상 직무범죄의 종류

1) 진정직무범죄와 부진정직무범죄

9 (가) 진정직무범죄 공무원만이 범죄의 주체가 될 수 있고 비공무원은 단독으로 범죄의 주체가 될 수 없는 직무범죄를 말한다. 직무유기죄, 수뢰죄, 공무상비밀누설죄, 선거방해죄가 이에 속한다.

10 (나) 부진정직무범죄 직무범죄로 규정되어 있지 않은 일반 구성요건적 행위를 공무원이 주체가 될 것을 요건으로 형을 가중하고 있는 구성요건을 부진정 직무범죄라고 한다. 불법체포·감금죄, 폭행·가혹행위죄 등이 그 예이다.

11 (다) 구별실익 비공무원이 공무원의 직무범죄에 가담한 경우 진정직무범죄의 공무원이라는 신분은 구성적 신분이 되고 부진정직무범죄의 공무원이라는 신분은 가감적 신분이 되므로, 형법 제33조의 적용에 따라 비공무원의 직무범죄에 대한 가담형태 및 처벌의 내용이 달라진다.

2) 일반직무범죄와 특수직무범죄

12 (가) 일반직무범죄 모든 공무원이 범할 수 있는 범죄로서 직무유기죄, 뇌물죄, 공무상비밀누설죄 및 공무원의 권리행사방해죄가 여기에 해당한다.

13 (나) 특수직무범죄 구성요건이 예정하고 있는 특수한 직무에 종사하는 공무원만이 범할 수 있는 범죄로서, 불법체포감금죄, 특수폭행·가혹행위죄, 피의사실공표죄 및 선거방해죄가 이에 해당한다.

14 (다) 구별실익 특수직무범죄에 있어서의 특수공무원의 지위는 구성적 신분이지만, 특수공무원이 아닌 일반인이나 일반공무원도 당해 직무범죄는 아니지만 동일한 행위유형을 범죄로 규정한 구성요건(체포·감금죄나 폭행죄 등)의 주체가 될 수 있다. 따라서 특수직무범죄의 경우에도 특수공무원이 아닌 자가 특수공무원의 직무범죄에 가담한 경우 형법 제33조의 적용

에 따라 가담형태와 처벌의 내용이 달라진다.

Ⅱ. 직무유기죄

> 제122조(직무유기죄) 공무원이 정당한 이유없이 그 직무수행을 거부하거나 그 직무를 유기한 때에는 1년 이하의 징역이나 금고 또는 3년 이하의 자격정지에 처한다.

1. 의의, 성격, 보호법익

공무원이 정당한 이유 없이 직무수행을 거부하거나 직무를 유기함으로써 성립하는 범죄이다. 진정신분범 내지 진정직무범죄이자 계속범이다. 15

보호법익은 국가기능(또는 그 공정)이다. **보호법익이 보호받은 정도**와 관련해서는 ① 구체적 위험범설[2]과 ② 추상적 위험범설[3]이 대립한다. 구체적 위험범설은 국가공무원법의 모든 직무상의 의무위반을 처벌하는 것이 아니라 불법의 정도가 징계사유를 넘어 형벌부과의 대상이 될 정도에 이르러야 이 죄가 성립을 인정하는 것으로 해석되어야 한다는 점을 근거로 한다. 16

判 대법원도 이 죄를 구체적 위험범으로 해석하는 취지로 평가될 수 있다. "국가기능의 저해에 대한 구체적인 위험성"이 없는 경우에는 이 죄의 직무 '유기'에 해당하지 않는 것으로 해석하기 때문이다.[4] 17

하지만 국가공무원법의 성실의무(제56조)와 직장이탈금지의무(제58조)는 형법상의 범죄와 별도로 행정기관 내부의 특별관계 속에서의 징계사유로서 단순한 과실적인 직무태만이나 직무해태 또는 부지에 의한 방임 등은 직무유기죄의 고의적인 직무수행'거부'나 의도적인 '유기'와는 다르다. 뿐만 아니라 유독 직무유기죄만 구체적 위험범이라고 하면 공무원범죄(화이트칼라범죄)에 대한 지나친 온정주의가 지배하게 되어 다른 직무범죄(대부분 추상적 위험범)와의 형평성이 깨어질 수 있다. 그러나 이 죄를 추상적 위험범으로 이해하면서도 직무수행의 '거부' 또는 직무의 '유기'를 직무의 의식적인 방임 내지 포기 등으로 제한해석함으로써 단순한 성실의무의 위반 내지 단순한 게으름 등 근무태만은 직무유기죄의 성립을 부정할 수 있다. 18

判 직무유기죄를 추상적 위험범으로 해석하면, 직무유기 행위가 있으면 국가기능은 그것으로만 이미 저해될 (추상적) 위험성은 인정되기 때문에, 구체적 위험설을 취하는 대법원의 태도와 같이 직무유기 행위 외에 추가적으로 "국가기능의 저해가능성이나 국민에 대한 피해유발가능성"까지 추가적으로 요구할 필요가 없다. 19

---

2) 김일수/서보학, 777면; 배종대, §157/1; 이재상/장영민/강동범, §43/11; 정성근/박광민, 779면.

3) 박상기, 625면; 오영근, §45/9; 임웅, 827면.

4) "직무유기죄는 구체적으로 그 직무를 수행하여야 할 작위의무가 있는데도 불구하고 이러한 직무를 버린다는 인식하에 그 작위의무를 수행하지 아니함으로써 성립하는 것이고, 또 그 직무를 유기한 때라 함은 공무원이 법령, 내규 등에 의한 추상적인 충근의무를 태만히 하는 일체의 경우를 이르는 것이 아니고, 직장의 무단이탈, 직무의 의식적인 포기 등과 같이 그것이 국가의 기능을 저해하며 국민에게 피해를 야기시킬 가능성이 있는 경우를 말하는 것이므로, 휴가 중인 자의 경우 구체적인 작위의무 내지 국가기능의 저해에 대한 구체적인 위험성이 있다고 할 수 없어 직무유기죄의 주체로 될 수는 없다"(대법원 1997.4.22. 95도748).

2. 구성요건

(1) 객관적 구성요건

20 **1) 주체** 주체는 공무원이므로 진정신분범에 해당한다. 공무원의 개념과 범위에 관해서는 앞에서 설명한 내용과 같다.

21 判 대법원은 병가중인 공무원은 '구체적인 작위의무 내지 국가기능의 저해에 대한 구체적인 위험성이 있다고 할 수 없어' 이 죄의 주체가 될 수 없다고 한다.[5)]

22 **2) 행위** 직무수행을 거부하거나 직무를 유기하는 것이다.

23 (가) 직무 이 죄의 직무는 공무원이 그 지위에 따라 수행해야 할 공무원법상의 본래의 직무 또는 고유한 직무를 말한다. 따라서 공무원이라는 신분관계로 인하여 부수적·파생적으로 발생하는 일반적 고발 의무 등은 여기에 포함되지 않으며(무단결근이나 단순한 직무태만이나 착각이 있는 경우에는 징계처분 대상으로서 형법상 불법에 포함되지 않음), 직무의 내용도 구체적인 것이어야 하므로 법령에 근거하지 않거나 특별한 지시·명령에 따른 것이 아니면 직무라 할 수 없다. 직무의 성질이 기속행위냐 재량행위냐를 따지지 않는다.

24 법령이나 공무소 내의 업무분장에 의해 고발업무를 담당하는 공무원의 경우에는 고발업무는 직무범위에 속하지만, 형사소송법에 의한 일반적인 고발의무를 직무로 포함하는 것으로 해석할 수는 없다.

25 例 대법원도 약사감시원이 무허가 약국개설자를 적발하고 상사에 보고하여 그 지시에 따라 약국을 폐쇄하도록 하였지만, 수사관서에 고발하지 아니하는 경우를 직무유기로 보지 않았고(대판 1969.2.4. 67도184). 통고처분이나 고발을 할 권한이 없는 세무공무원이 그 권한자에게 범칙사건조사결과에 따른 통고처분이나 고발조치를 건의하는 등의 조치를 취하지 않은 경우도 직무유기를 부정하였다(대법원 1997.4.11. 96도2753).

26 (나) 직무수행의 거부 직무를 능동적으로 수행할 의무가 있음에도 불구하고 이를 수행하지 않는 것을 말한다. **직무수행의 거부**를 ① 진정부작위범의 부작위에 해당하는 것으로 파악하는 견해[6)]가 있으나, ② 신고서류를 접수해야 할 의무 있는 공무원이 도착한 서류를 반송해버린 경우와 같이 작위로서 거부하는 것도 가능하다.[7)]

27 (다) 직무의 유기 직무에 관한 의식적인 방임 내지 포기나 직장의 무단이탈 등 정당한 사유 없이 직무를 수행하지 아니하여 그것이 국가의 기능을 저해하며 국민에게 피해를 야기시킬 수 있는 경우를 말한다.[8)] 따라서 공무원이 태만, 분망, 착각 등으로 인하여 직무를 성실하게 수행하지 아니한 경우나 직무를 형식적으로 처리하거나 단순히 소홀히 한 경우는 이 죄

---

5) 대법원 1997.4.22. 95도748.
6) 김일수/서보학, 793면; 손동권/김재윤, §48/11.
7) 임웅, 799면.
8) 대법원 2009.3.26. 2007도7725.

의 '유기'에 해당하지 아니한다.[9] 뿐만 아니라 직무집행이 있으면 법정절차를 이행하지 않아도 이 죄는 성립하지 않는다.[10]

判 특히 대법원은 교육기관 등의 장이 징계의결을 집행하지 못할 법률상·사실상의 장애가 없는데도 징계의 28
결서를 통보받은 날로부터 법정 시한이 지나도록 그 집행을 유보하는 경우, 모든 유보가 직무유기죄가 성립하는 것은 아니고, 해당 유보가 직무에 관한 의식적인 방임이나 포기에 해당한다고 볼 수 있는 경우에 한하여 직무유기죄가 성립한다고 한다.[11]

'직무유기'는 직무수행의 거부와 마찬가지로 부작위뿐만 아니라 작위로도 가능하다. 예컨 29
대 수행해서는 안 될 직무상의 의무가 있는데도 불구하고 그것을 적극적으로 수행하는 경우는 작위에 의한 직무유기죄가 된다.

특정 사례에서 "작위범인 위계에 의한 공무집행방해죄만이 성립하고 부작위범인 직무유기죄는 따로 성립하 30
지 아니한다"[12]는 판결의 판시내용으로부터 대법원의 입장이 직무유기죄를 부작위범이라는 결론을 도출할 수는 없다. 위 판시는 직무유기죄의 성격에 대한 일반적인 차원의 해석론을 전개한 것이 아니라 구체적인 사례에서 행위자의 행위가 작위에 의한 경우가 아닌 '부작위에 의한 유기'임의 표현에 불과한 것으로 이해할 수 있다.

(라) 정당한 이유 없이 '정당한 이유 없이'란 법률의 규정에 의하지 않거나 일반적 업무규 31
칙·예규·관행을 벗어나 자의적으로 위법·불공정하게 처리하는 것을 의미한다. 적법·공정한 직무집행을 확보하기 위해서 사용된 '구성요건적' 표지이다. 따라서 정당한 이유가 인정되는 직무유기는 직무유기죄의 구성요건에 해당하는 직무유기가 부정된다. 직무를 수행할 현실적 가능성이 없는 사정이 있는 경우가 대표적인 예이다. 특히 대법원은 결근함으로써 '무단이탈'이 있는 경우에도 일률적으로 직무유기의 여부를 판단하지 않고 구체적인 사정을 고려하여 정당한 이유 유무를 판단해야 한다고 한다.[13]

例 직무유기가 인정된 경우: ① 차량번호판의 교부담당직원이 운행정지처분을 받은 자동차에 대하여 번호 32
판을 재교부한 경우(대법원 1972.6.27. 72도969), ② 세무공무원이 과세자료전 등이 은닉되어 있음을 발견하였음에도 이를 양성화하여 과세처분되도록 조치하지 않은 경우(대법원 1984.4.10. 83도1653), ③ 수송관 겸 출납관이 신병을 이유로 업무일체를 계원에게 맡겨두고 이에 대한 확인감독도 하지 않은 경우(대법원 1986.2.11. 85도2471), ④ 가축도축업체의 가축검사원이 퇴근시 소 계류장의 시정·봉인조치를 취하지 아니하고 그 관리를 도축장 직원에게 방치한 경우(대법원 1990.5.25. 90도191), ⑤ 학생군사교육단

9) 대법원 1997.8.29. 97도675.
10) 대법원 1961.8.23. 61도223.
11) 대법원 2014.4.10. 2013도229.
12) "피고인이, 출원인이 어업허가를 받을 수 없는 자라는 사실을 알면서도 그 직무상의 의무에 따른 적절한 조치를 취하지 않고 오히려 부하직원으로 하여금 어업허가 처리기안문을 작성하게 한 다음 피고인 스스로 중간결재를 하는 등 위계로써 농수산국장의 최종결재를 받았다면, 직무위배의 위법상태가 위계에 의한 공무집행방해 행위 속에 포함되어 있는 것이라고 보아야 할 것이므로, 이와 같은 경우에는 작위범인 위계에 의한 공무집행방해죄만이 성립하고 부작위범인 직무유기죄는 따로 성립하지 아니한다"(대법원 1997.2.28. 96도2825).
13) "무단이탈로 인한 직무유기죄 성립 여부는 결근 사유와 기간, 담당하는 직무의 내용과 적시 수행 필요성, 결근으로 직무수행이 불가능한지, 결근 기간에 국가기능의 저해에 대한 구체적인 위험이 발생하였는지 등을 종합적으로 고려하여 신중하게 판단해야 한다. 특히 근무기간을 정하여 임용된 공무원의 경우에는 근무기간 안에 특정 직무를 마쳐야 하는 특별한 사정이 있는지 등을 고려할 필요가 있다."(대법원 2022.6.30. 2021도8361).

의 당직사관이 당직근무 중 술을 마시고 화투놀이를 한 다음 애인과 함께 자고난 뒤 교대할 당직근무자에게 당직근무의 인계·인수 없이 퇴근한 경우(대법원 1990.12. 21. 90도2425), ⑥ 농지사무를 담당하고 있는 군직원이 농지불법전용 사실을 알게 되었으면서도 아무런 조치를 취하지 아니한 경우(대법원 1993.12. 24. 92도3334), ⑦ 경찰관이 분실습득된 오토바이를 오토바이 상회 운영자에게 보관시키고도 경찰관 스스로 소유자를 찾아 반환하도록 처리하거나 상회 운영자에게 반환 여부를 확인도 하지 않은 경우(대법원 2002.5.17. 2001도6170), ⑧ 경찰관이 불법체류자의 신병을 출입국관리사무소에 인계하지 않고 훈방하면서 이들의 인적사항조차 기재해 두지 아니한 경우(대법원 2008.2.14. 2005도4202) 등.

33 例 직무유기가 부정된 경우: ① 세관감시과 소속 감시반의 운전사무에 종사하는 자가 관세포탈사범을 검거하지 않은 경우(대법원 1959.8.28. 4291형상482), ② 보급관이 차량부속품 중의 일부품목을 받지 않았음에도 받은 것처럼 공제하여 준 경우(대법원 1977.11. 22. 77도2952), ③ 형사피의사건을 입건수사하지 않고 조사 후 훈방조치한 경우(대법원 1982.6. 8. 82도117), ④ 예비군 교관이 분대전투에 관한 수업을 하는 대신 정신교육으로 수업시간을 마친 경우(대법원 1979.3. 27. 79도291), ⑤ 직속부하가 깊은 밤중에 소재가 파악되지 않은 상황에서 술에 만취되어 총으로 주민을 쏘면서 난동을 부린 데 대해 경찰서장이 그 관내에서 일어난 총기난동사건에 대하여 전혀 효과적인 대응책을 강구하지 못한 경우(대법원 1981.1. 18. 82도2624), ⑥ 호송교도관들에게 호송업무 등을 대강 지시한 후에 구체적인 확인·감독을 하지 못한 결과(제대로 직무를 수행할 것으로 믿은 업무태만) 피호송자들이 집단도주하는 결과가 발생한 경우(대법원 1991.6. 11. 91도96), ⑦ 지방자치단체장이 전국공무원노동조합이 주도한 파업에 참가한 소속 공무원들에 대하여 관할 인사위원회에 징계의결요구를 하지 아니하고 가담 정도의 경중을 가려 자체 인사위원회에 징계의결요구를 하거나 훈계처분을 하도록 지시한 경우(대법원 2007.7.12. 2006도1390), ⑧기간제 교사가 임기 종료 이후 성적 처리에 관한 최종 업무 종료일 이후까지 답안지와 채점결과를 학교 측에 인계하지 않았으나, 이는 피고인의 임기가 종료되어 공무원으로서의 지위를 상실한 이후의 사정인 경우(대법원 2022.6.30. 2021도8361).

34 (마) 기수시기 이 죄를 추상적 위험범으로 해석하는 한 직무수행거부나 직무유기가 인정되면 별도로 국가기능을 저해시킬 만한 구체적 위험의 발생을 요구할 필요가 없다. 시스템화되어 있는 국가기능의 저해가능성은 공무원 개인의 직무수행거부나 직무유기로 초래될 성질의 것도 아니다.

(2) 주관적 요건

35 이 죄가 성립하기 위해서는 주관적으로 직무수행을 거부하거나 의식적으로 포기 또는 방임한다는 고의가 있어야 한다. 공무원 신분에 대해서는 수반의식으로 족하다.

36 例 야간특파근무 공무원이 근무상의 관례에 따라 밤 10시경에 근무지를 떠나 귀가한 경우(대법원 1971.2. 9. 70도2590)나 전매공무원이 외제담배를 긴급 압수한 후 도주한 범칙자를 찾는 데 급급하여 미처 압수수색영장을 신청하지 못한 경우(대법원 1982.9. 28. 82도1633)는 직무유기의 고의가 인정되지 않았다.

3. 죄수, 타죄와의 관계

(1) 죄수

37 직무유기의 위법상태는 기수가 된 이후부터 시간적으로 계속 존재하고 있으므로(계속범) 그 이후 더해지는 직무유기와 함께 포괄하여 직무유기가 된다(통설·판례[14]).

---

14) "직무유기죄는 그 직무를 수행하여야 하는 작위의무의 존재와 그에 대한 위반을 전제로 하고 있는 바, 그 작위의무를 수행하지 아니함으로써 구성요건에 해당하는 사실이 있었고 그 후에도 계속하여 그 작위의무를 수행하지 아니하는 위법한 부작위상태가 계속되는 한 가벌적 위법상태는 계속 존재하고 있다고 할 것이며 형법 제

(2) 타죄와의 관계

1) 허위공문서작성죄의 관계 공무원이 위법상태를 발견하고 적절한 조치를 취함이 없이 이를 적극적으로 은폐할 목적으로 허위공문서를 작성·행사한 경우 직무유기죄는 성립하지 않고 허위공문서작성죄 및 동행사죄만 인정된다. 직무위배의 위법상태는 허위공문서작성 당시부터 그 속에 포함되어 흡수되기 때문이다.[15) 38

반면에 허위공문서의 작성·행사가 위법사실을 은폐하기 위한 것이 아니라 그 공무원이나 이해관계인에게 다른 이익을 제공하는 등의 방법을 통해 새로운 위법상태를 만들어 내거나 기왕에 존재하는 자신의 직무유기사실을 은폐하기 위한 경우에는 직무유기죄도 성립하고, 양죄는 실체적 경합관계가 된다(허위공문서작성죄의 죄수참조). 39

2) 수뢰죄와의 관계 공무원이 직무유기를 하고 그 직무유기의 결과 혜택을 받은 자로부터 대가를 지급받은 경우에는 직무유기죄와 수뢰죄의 실체적 경합이 인정된다.[16) 공무원이 뇌물을 받은 후 그 대가로 직무수행을 유기한 때에는 수뢰죄가 별도로 성립하고, 수뢰후부정처사죄와 직무유기죄는 행위의 부분적 동일성에 의해 상상적 경합이 된다. 40

3) 위계에 의한 공무집행방해죄와의 관계 공무원이 어업허가를 받을 수 없는 자라는 사실을 알면서도 그 직무상의 의무에 따른 적절한 조치를 취하지 않고 오히려 부하직원으로 하여금 어업허가처리기안문을 작성하게 한 다음 자기 스스로 중간결재를 하는 등 위계로써 농수산국장의 최종결재를 받았다면, 직무위배의 위법상태가 위계에 의한 공무집행방해행위 속에 포함되어 있는 것이라고 보아야 할 것이므로, 이와 같은 경우에는 작위범인 위계에 의한 공무집행방해죄만이 성립하고 부작위범인 직무유기죄는 따로 성립하지 아니한다.[17) 41

4) 범인도피죄와의 관계 검사로부터 범인을 검거하라는 지시를 받고서도 적절한 조치를 취하지 않고 오히려 전화로 도피하라고 권유하여 도피하게 한 경찰관에 대해서는 범인도피죄(제151조 제1항) 이외에 직무유기죄는 별도로 성립하지 않는다. 직무위배의 위법상태가 범인도피행위 속에 포함되어 있기 때문이다.[18) 42

5) 증거인멸죄와의 관계 경찰관이 압수물을 그 직무상의 의무에 따라 수사계에 인계하고 검찰에 송치하여 범죄 혐의의 입증에 사용하도록 하는 등의 적절한 조치를 취하지 않 43

122조 후단은 이를 전체적으로 보아 1죄로 처벌하는 취지로 해석되므로 이를 즉시범이라고 할 수 없다"(대법원 1997.8.29. 97도675).

15) 대법원 1982.12.28. 82도2210. 그러나 위 판결의 법리는 형법 제122조의 직무유기죄와는 별도의 범죄인 특정범죄가중처벌등에 관한 법률 제15조의 특수직무유기죄의 경우에도 그대로 적용될 수 없다. 따라서 이 경우는 다음과 같은 법리가 타당하다: "사법경찰리 직무취급을 겸하여 산림법위반의 범죄수사에 종사하는 공무원이 특정범죄가중처벌등에 관한 법률위반의 범죄사실을 인지하고도 필요한 조치를 취하지 아니하고 그 범죄사실을 은폐하기 위하여 그 직무에 관한 허위의 공문서를 작성행사하였다면 특정범죄가중처벌등에 관한 법률 제15조의 특수직무유기죄가 성립한다 할 것이다"(대법원 1984.7.24. 84도705).

16) 대법원 2002.5.17. 2001도6170.

17) 대법원 1997.2.28. 96도2825.

18) 대법원 1996.5.10. 96도51.

고, 오히려 부하직원에게 압수물을 피압수자에게 돌려주라고 지시하여 이를 돌려준 경우, 작위범인 증거인멸죄만이 성립하고 부작위범인 직무유기(거부)죄는 따로 성립하지 아니한다.[19]

Ⅲ. 피의사실공표죄

> 제126조(피의사실공표죄) 검찰, 경찰 그 밖에 범죄수사에 관한 직무를 수행하는 자 또는 이를 감독하거나 보조하는 자가 그 직무를 수행하면서 알게 된 피의사실을 공소제기 전에 공표(公表)한 경우에는 3년 이하의 징역 또는 5년 이하의 자격정지에 처한다.

1. 의의, 성격, 보호법익

44 검찰, 경찰 그 밖에 범죄수사에 관한 직무를 수행하는 자 또는 이를 감독하거나 보조하는 자가 그 직무를 수행하면서 지득한 피의사실을 공소제기 전에 공표함으로써 성립하는 범죄이다. 공무상비밀누설죄와 유사한 성격을 가진다. 진정신분범이고 진정직무범죄이자 특수직무범죄에 해당한다.

45 보호법익은 국가의 범죄수사기능이고 부차적으로 피의자의 인권(명예)도 보호법익으로 한다. 수사공무원 등이 직무상 지득한 사실을 누설하기만 하면 범죄수사기능이 저해를 받지 않아도 이 죄는 성립하기 때문에 추상적 위험범에 해당한다.

2. 구성요건

(1) 주체

46 검찰, 경찰 그 밖에 범죄수사에 관한 직무를 수행하는 자와 이를 감독하거나 보조하는 특수공무원이다. 범죄수사의 직무를 수행하는 검사·검찰수사관·사법경찰관·조서작성에 참여하는 검찰주사·사법경찰리·감독하는 검사장 등이다. 검사가 청구한 영장을 심사하여 구속영장을 발부한 법관도 강제수사에 대한 사법적 통제를 하고 있으므로 이 죄의 주체가 된다.

(2) 객체

47 직무를 수행하면서 알게 된 피의사실이다. 직무행위 자체와 직무행위의 외형을 갖춘 행위와 관련하여 알게 된 피의사실을 포함한다. 따라서 직무와 관련 없이 알게 된 사실은 해당하지 않는다. 피의사실은 형사피의사실로서 고소장·고발장·범죄인지서·체포나 구속영장 등에 기재된 사실을 포함하며 지득방법이나 경위 및 그 진실성 여부는 불문한다.

(3) 행위

48 공소제기 전에 피의사실을 공표하는 것이다. 공표(公表)란 불특정 또는 다수인에게 그 내

---

19) 대법원 2006.10.19. 2005도3909.

용을 알리는 것을 말한다. 공연히 알릴 것을 요하지 않기 때문에 명예훼손죄의 경우와는 달리 특정한 1인에게 알린 때에도 이로 인하여 불특정 또는 다수인이 알 수 있었을 때에는 공표가 된다. 하지만 피의자의 가족이나 변호인에게 알리는 것은 공표에 해당하지 않는다.

공표의 수단·방법에는 제한이 없으므로 작위는 물론 부작위로도 가능하다. 따라서 신문기 49
자의 기록열람을 묵인하는 것도 공표가 된다. 공표는 공소제기 전에 하여야 한다. 공소제기 전은 이 죄의 행위상황이다. 따라서 공소제기 이후에는 피의사실을 공표하여도 이 죄를 구성하지 않는다.

(4) 기수시기

피의사실을 공표함으로써 곧바로 기수가 되고, 수사기능이 저해를 받았을 필요도 없고, 불 50
특정 또는 다수인이 현실로 인식하였음을 요하지 않는다(추상적 위험범).

3. 위법성조각사유

피해자(즉 피의자)의 동의가 있어도 위법성이 조각되지 않는다. 수사활동상 필요에 의한 공 51
표의 경우에도 위법성이 조각되지 않는다.[20] 다만 수사실무상 공개수사를 위하고 동일범죄의 재발을 방지하기 위한 공공의 이익에서 일반인에게 고지하는 경우는 정당행위로서 위법성이 조각될 수 있다.[21]

현행 수사실무에서 관행화되어 있는 이른바 '중간수사발표'가 제20조의 정당행위 또는 형 52
법 제310조 적용을 통해 위법성이 조각될 수 있는지는 국민의 알권리 충족과 피의자에 대한 명예, 헌법상의 무죄추정원칙 등을 비교형량하여 판단해야 한다.

Ⅳ. 공무상비밀누설죄

> 제127조(공무상비밀누설죄) 공무원 또는 공무원이었던 자가 법령에 의한 직무상 비밀을 누설한 때에는 2년 이하의 징역이나 금고 또는 5년 이하의 자격정지에 처한다.

1. 의의, 성격, 보호법익

공무원 또는 공무원이었던 자가 법령에 의한 직무상 비밀을 누설함으로써 성립하는 범죄 53

---

20) "피해자의 진술 외에는 직접 증거가 없고 피의자가 피의사실을 강력히 부인하고 있어 보강수사가 필요한 상황이며, 피의사실의 내용이 국민들에게 급박히 알릴 현실적 필요성이 있다고 보기 어려움에도 불구하고, 검사가 마치 피의자의 범행이 확정된 듯한 표현을 사용하여 검찰청 내부절차를 밟지도 않고 각 언론사의 기자들을 상대로 언론에 의한 보도를 전제로 피의사실을 공표한 경우, 피의사실 공표행위의 위법성이 조각되지 않는다"(대법원 2001.11.30. 2000다68474).

21) 「경찰수사사건등의 공보에 관한 규칙(경찰청훈령)」 제4조는 피의사실의 공개금지를 원칙으로 하고, 다만 제5조는 재발방지, 인적·물적증거확보, 피해의 급속확산 방지, 오보 또는 추측성보도로 인한 인권침해 등의 사유가 있는 경우 등에 대해 피의사실 공개가 가능하다고 규정하고 있다.

이다. 진정신분범이고, 진정직무범죄이자 일반직무범죄에 해당한다. 이 죄가 편면적 대향범인지에 관해서는 다툼이 있다(후술).

54 判 대법원은 이 죄를 편면적 대향범으로 이해하는 전제하에서 누설의 상대방에 대한 처벌규정이 별도로 없고, 누설의 상대방에게 형법상 임의적 공범규정 적용을 배제하였다.[22] 하지만 최근 판례가 내놓은 대향범에 관한 새로운 개념정의에 따르면 이 태도가 유지될지는 미지수이다(이에 관해서는 제1편 각론의 총론 범죄분류 및 업무상비밀누설죄 참조).

55 이 죄의 보호법익은 공무상의 비밀이 아니라 공무상 비밀이 누설됨으로 인하여 위협받게 되는 국가의 기능이고, 공무상 비밀은 행위객체에 불과하다. 따라서 이 죄는 직무상 비밀을 상대방에게 알리는 누설행위만 있으면 성립하는 추상적 위험범이고, 실제로 상대방이 그 비밀내용을 이해하거나 국가기능이라는 법익에 대한 구체적 위험이 생길 것도 요하지 않는다.

56 判 대법원도 이 죄의 보호법익을 국가기밀로 보지 않고 비밀의 누설에 의하여 위협받는 국가의 기능이라고 해석하고 있다.[23]

2. 구성요건

(1) 주체

57 공무원 또는 공무원이었던 자이다. 국가공무원법상의 비밀엄수의무는 재직 중인 경우는 물론 퇴직 후에도 준수되어야 하기 때문에 퇴직공무원도 이 죄의 주체가 된다.

(2) 객체

58 법령에 의한 직무상 비밀이다. 여기서의 비밀은 일반적으로 알려져 있지 않은 사항(비공지성)으로서 그것을 알리지 아니하는 것이 특히 국가나 공공단체의 이익이 되는 것(비밀로서의 이익성)을 말한다. 직무상 비밀이란 이 죄의 주체가 직무와 관련하여 알게 된 비밀을 말하며, 자기의 직무에 관한 비밀뿐만 아니라 다른 공무원의 직무에 관한 비밀도 포함한다.

59 **'법령에 의한 비밀'로 인정되는 범위**가 어디까지인지가 문제된다. ① 법령에 특별한 근거가 없어도 객관적·일반적으로 외부에 알리지 않음으로써 국가에 상당한 이익이 되는 것이면 족한 것으로 새기는 일부 견해[24]가 있다. ② 하지만 이 죄의 구성요건이 단순히 공무상의 비밀이 아니라 '법령에 의한 비밀'이라고 규정하고 있고, 국민의 알권리와의 관계에서 보더라도 비밀의 폭은 필요한 최소한도에 그치는 것이 바람직하므로 법령에 의하여 비밀로 규정되거

---

22) 특히 대법원은 누설의 상대방이 공무원이 직무상 지득한 비밀을 알려주도록 부탁하거나 요구하는 등 적극적으로 관여행위를 한 경우에도 그 상대방에 대해 교사범이 성립할 수 없다는 태도(대법원 2011.4.28. 2009도3642)를 취한다. 편면적 대향범의 불가벌적 대향자에 대한 임의적 공범규정 적용 절대적 배제론의 문제점에 관해서는 『총론』의 '필요적 공범' 부분 참조.

23) "본죄는 기밀 그 자체를 보호하는 것이 아니라 공무원의 비밀엄수 의무의 침해에 의하여 위협하게 되는 이익, 즉 비밀의 누설에 의하여 위협받는 국가의 기능을 보호하기 위한 것이다"(대법원 1996.5.10. 95도780).

24) 이재상/장영민/강동범, §43/26.

나 분류된 것에 제한되는 것으로 해석해야 한다.

判 대법원은 반드시 법령에 의하여 비밀로 규정되었거나 비밀로 분류 또는 명시된 사항에 한하지 않고, 비밀로 보호 내지 유지할 가치라는 실질적 관점에 따라 비밀개념을 넓게 해석한다.[25) 60

例 **공무상 비밀로 인정된 경우:** 공무원선발시험 정리원이 수험생의 부탁으로 알려준 시험문제(대법원 1970.6.30. 70도562), 서울시도시계획국에 근무하는 토목기사가 알려준 서울시청 이전계획과 관련된 이전부지(대법원 1982.6.22. 80도2822), 피의자에게 알려준 형사사건에 있어서 제출된 증거에 관한 정보(대법원 2005.9.15. 2005도4843), 검찰고위간부가 수사대상자에게 전달한 수사진행 중인 수사기관의 자료확보 내역, 사안의 죄책여하, 신병처리 의견 등의 정보(대법원 2007.6.14. 2004도5561), 지방자치단체의 장 또는 계약담당공무원이 수의 계약에 부칠 사항에 관하여 당해 규격서 및 설계서 등에 의하여 결정된 '예정가격'(대법원 2008.3.14. 2006.도7171), 검사가 수사의 대상, 방법 등에 관하여 사법경찰관리에게 지휘한 내용을 기재한 '수사지휘서'(대법원 2018.2.13. 2014도11441) 등. 61

例 **공무상 비밀에 해당하지 않는 것으로 판단된 경우:** 기업의 비업무용 부동산 보유실태에 관해 감사원이 언론에 공개한 국정감사보고서(대법원 1996.5.10. 95도780), 수사사건의 내사결과보고서(대법원 2003.12.26. 2002도7339), 국가정보원 내부감찰과 관련하여 감찰조사개시시점, 감찰대상자의 소속 및 인적사항의 일부(대법원 2003.11.28. 2003도5547), 유사휘발유 제조현장 부근에서 잠복근무에 이용되고 있던 경찰청 소속 차량의 소유관계에 관한 정보(대법원 2012.3.15. 2010도14734) 등. 62

(3) 행위

누설하는 것이다. 누설이란 비밀사항을 비밀을 아직 모르는 제3자에게 알리는 것을 말한다.[26) 어렴풋이 알고 있는 자에게 확실히 알리는 것도 누설에 해당하지만 이미 알고 있는 사람에게 알리는 것은 누설이 아니다. 누설되는 내용은 어느 정도 구체성을 가진 것이어야 한다. 누설의 방법에는 제한이 없으므로 서류열람을 묵인하는 것과 같은 부작위에 의한 누설도 가능하다. 명예훼손죄의 사실 '적시'와 같이 '공연성'을 요건으로 하지 않기 때문에, 불특정 다수인에게 알리는 경우 뿐 아니라 특정 소수인에게 알리는 것도 누설이 된다. 63

누설함으로써 곧 바로 기수가 되며 국가기능에 대한 구체적인 위험이 발생하여야 하는 것은 아니며, 상대방에게 알리면 족하고 상대방이 그 내용을 이해할 것까지 요구되지 않는다.[27) 특정상대방의 존재를 전제하지 않더라도 누설이 되기 때문에 업무상비밀누설죄와 마찬가지로 이 죄를 편면적 대향범으로 해석하기는 어렵다. 64

공무원이 직무집행과 관련있는 다른 공무원에게 직무집행의 일환으로 비밀을 제공한 경우에는 누설에 해당하지 않는다. 다만, 비밀을 전달받은 공무원이 이를 그 직무집행과 무관하게 65

25) "형법 제127조는 공무원 또는 공무원이었던 자가 법령에 의한 직무상 비밀을 누설하는 것을 구성요건으로 하고 있고, 동 조에서 법령에 의한 직무상 비밀이란 반드시 법령에 의하여 비밀로 규정되었거나 비밀로 분류 명시된 사항에 한하지 아니하고 정치, 군사, 외교, 경제, 사회적 필요에 따라 비밀로 된 사항은 물론 정부나 공무소 또는 국민이 객관적, 일반적인 입장에서 외부에 알려지지 않는 것에 상당한 이익이 있는 사항도 포함하는 것이나, 동 조에서 말하는 비밀이란 실질적으로 그것을 비밀로서 보호할 가치가 있다고 인정할 수 있는 것이어야 할 것이다"(대법원 1996.5.10. 95도780).

26) 대법원 2021.11.25. 2021도2486.

27) 대법원 1970.6.30. 70도562.

제3자에게 누설할 것으로 예상되는 등 국가기능에 위험이 발생하리라고 볼 만한 특별한 사정이 인정되는 경우에는 누설이 될 수도 있다.[28] 이 죄의 보호법익이 비밀 자체가 아니라 국가기능이기 때문이다.

66 判 이에 따라 대법원은 영장재판에 관한 정보를 일선법원 판사 등이 법원행정처 판사에게 제공한 행위와 관련해서도 이를 '사법행정사무의 일환'이라고 하거나 '직무상 비밀을 이를 취득할 지위 내지 자격이 있는 사람에게 전달'한 것이라는 이유를 들어 공무상비밀누설의 성립을 부정했다.[29] 그런데 '법관'의 경우 기본적으로 헌법상 독립성이 강조되기 때문에 사법행정사무임을 구실로 삼아 재판에 관한 비밀을 법원 외부로(특히 법원행정처로) 전달·제공하는 것이 과연 '직무집행의 일환'으로 정보를 제공하는 것이라고 볼 수 있는지는 의문이다.

3. 위법성조각사유

67 공무원의 비밀누설행위가 공직자의 부패행위를 부패방지위원회에 신고하는 것인 경우에는 법령(부패방지법 제55조, 제56조)에 의한 정당행위로서 위법성이 조각된다. 그 밖에 비밀누설행위가 내부의 부정·비리를 고발하기 위한 경우에는 긴급피난이나 사회상규에 위배되지 아니하는 행위로 위법성이 조각될 수 있다.

4. 타죄와의 관계

68 공무원이 직무상 지득한 비밀을 누설하여 재물 또는 재산상의 이익을 취득하거나 제3자로 하여금 취득하게 한 경우에는 부패방지법 제86조 업무상비밀이용죄가 성립하고 공무상비밀누설죄는 이에 흡수된다. 시험을 관리하는 공무원이 돈을 받고 시험문제를 알려준 경우에는 이 죄와 수뢰후부정처사죄의 상상적 경합이 된다.[30]

Ⅴ. (일반)직권남용죄

> 제123조(직권남용죄) 공무원이 직권을 남용하여 사람으로 하여금 의무없는 일을 하게 하거나 사람의 권리행사를 방해한 때에는 5년 이하의 징역, 10년 이하의 자격정지 또는 1천만원 이하의 벌금에 처한다.

1. 의의, 성격, 보호법익

69 공무원이 직권을 남용하여 사람으로 하여금 의무 없는 일을 하게 하거나 사람의 권리행사를 방해함으로써 성립하는 범죄이다. 보호법익은 국가기능의 공정한 행사이며, 보호받는 정

28) 대법원 2021.11.25. 2021도2486.
29) 대법원 2021.12.30. 2021도11924.
30) 대법원 1970.6.30. 70도562.

도는 추상적 위험범으로서의 보호이다(미수처벌 규정 없음[31]).

70 **이 죄의 성격**을 ① 공무원이라는 신분으로 인해 강요죄에 대한 가중적 구성요건이라고 파악하는 견해[32](부진정직무범죄설)가 있지만, ② 강요죄와는 달리 폭행·협박을 수단으로 하고 있지 않으므로 강요죄와는 구별되는 독립범죄로서 진정직무범죄로 보아야 한다(진정직무범죄설).

71 부진정직무범죄설에 따르면 공무원이 직권남용하여 폭행·협박으로 사람의 권리행사를 방해한 경우에는 강요죄(제135조에 의한 가중처벌)만 인정되지만, 진정직무범죄설에 따르면 강요죄(제135조에 의한 가중처벌)이외에 직권남용죄도 별도로 성립하고 양죄는 상상적 경합이 된다.

2. 구성요건

(1) 주체

72 공무원이다. 이 죄의 성질상 일정한 행위를 명하고 필요한 경우 이를 강제할 수 있는 직무를 행하는 공무원(예컨대 경찰, 검찰수사관, 집행관, 세관원, 마약감시원, 환경감시원, 산림보호원 등)이 이 죄의 주된 주체이다. 따라서 반드시 강제력을 수반하는 직무를 행하는 공무원만 이 죄의 주체로 보려는 견해도 있지만, 직무권한의 '남용'개념('직권남용'이란 공무원이 일반적 직무권한에 속하는 사항에 관하여 그 권한을 '위법·부당하게 행사'하는 것을 뜻함)과의 관계상 반드시 법률상의 강제력을 수반하는 직무를 행하는 필요가 없다고 해석하는 것이 타당하다.

73 判 대법원도 공무원의 일반적 직무권한이 반드시 법률상의 강제력을 수반하는 것임을 요하지 않는다고 한다.[33] 대법원은 대통령비서실 민정수석비서관(대법원 1992.3.10. 92도116)이나 재정경제원장관(대법원 2004.5.27. 2002도6251)도 직권남용죄의 주체로 보고 있다.

74 퇴임한 공무원의 경우는 퇴임으로 해당 직무에서 벗어난 것이므로 원칙적으로 이 죄의 주체가 될 수 없지만, 퇴임전 공모한 범행에 관해 기능적 행위지배를 하는 등 퇴임 후의 범행에 일정한 영향력을 미친 경우라면 제33조의 적용을 통해 이 죄의 공범성립도 가능하다.[34]

(2) 행위

75 행위는 직권을 남용하여 사람으로 하여금 의무 없는 일을 하게 하거나 권리행사를 방해하는 것이다. 이 죄는 직권의 남용을 행위수단으로 한다는 점에서 폭행 또는 협박만을 수단으로 하는 '강요죄'(제324조)와 다르다.

---

31) 이 죄의 구성요건과 그 구조가 동일한 강요죄(형법 제324조)의 경우에는 미수처벌규정이 존재하는 것과 대조적이다.

32) 배종대, §158/1.

33) 대법원 2007.7.13. 2004도3995.

34) "공무원이 공직에서 퇴임하면 해당 직무에서 벗어나 … 위와 같은 직권이 존재하지 않으므로, 퇴임 후에도 실질적 영향력을 행사하는 등으로 퇴임 전 공모한 범행에 관한 기능적 행위지배가 계속되었다고 인정할 만한 특별한 사정이 없는 한, 퇴임 후의 범행에 관하여는 공범으로서 책임을 지지 않는다"(대법원 2020.1.30. 2019도5186 전원합의체).

76 (가) 직권남용 '직권의 남용'이라는 구성요건적 행위 또는 행위수단은 일반적으로 직권남용으로 통칭해서 불리우지만, 이 구성요건 요소는 그 동안 형법이론상으로나 실무에서 중요하게 취급되지 않았으나, 최근 국정농단 사건 및 그 이후의 사법농단사건에서 이 구성요건의 표지가 중요한 해석과제로 급부상한 이래 직권남용으로 기소되는 사건이 현저하게 증가하고 있는 추세이다.

77 ① 대법원의 개념해석 가장 최근의 판례[35]를 중심으로 분석해 보면 대법원은 직권, 남용, 그리고 직권남용을 다음과 같이 해석하고 있다.

78 (ⅰ) 직권개념과 '일반적' 직권 직권 개념에 대해 대법원은 "어떠한 직무가 공무원의 일반적 직무권한에 속하는 사항이라고 하기 위해서는 그에 관한 법령상 근거가 필요하다. 법령상 근거는 반드시 명문의 규정만을 요구하는 것이 아니라 명문의 규정이 없더라도 법령과 제도를 종합적, 실질적으로 살펴보아 그것이 해당 공무원의 직무권한에 속한다고 해석되고, 이것이 남용된 경우 상대방으로 하여금 사실상 의무 없는 일을 하게 하거나 권리를 방해하기에 충분한 것이라고 인정되는 경우에는 직권남용죄에서 말하는 일반적 직무권한에 포함된다"고 해석한다.

79 위 법리는 직무권한을 일반적 직무권한으로 표현을 바꾸어 그 범위를 확장하고 있고, 일반적 직무권한의 존부는 형식적 법령의 근거를 넘어서 실질적 종합적 판단에 따르도록 하고 있다.[36] 실질적 종합적으로 판단할 때 어떤 권한이 남용될 경우 사실상 상대방의 권리를 방해하기에 충분하면 그 권한이 '일반적 직무권한'에 포함된다는 진술은 무엇을 의미하는가? '일반적 직무권한'은 행위자의 '남용'으로 사실상 '구성'된다는 의미로 읽혀진다. 이 점은 '남용' 개념에 대한 정의와 남용여부를 판단하기 위한 기준에 관한 대법원의 태도에서도 드러난다.

80 (ⅱ) 남용 개념과 판단 기준 대법원은 '남용'개념에 대해 "'직권남용'은 일반적으로 '형식적, 외형적으로는 직무권한에 속하는 사항에 관하여 실질적으로는 정당한 권한 이외의 행위를 하는 것"으로 해석한다.[37] 또한 대법원은 남용여부를 판단하기 위한 기준으로서 "구체적인 공무원의 직무행위가 본래 법령에서 그 직권을 부여한 목적에 따라 이루어졌는지, 직무행위가 행해진 상황에서 볼 때 필요성·상당성이 있는 행위인지, 직권행사가 허용되는 법령상의 요건을 충족했는지 등을 종합"[38]하여 판단하도록 한다.

81 대법원이 새기고 있는 남용의 의미 및 그 판단기준을 보면 직무권한범위내와 권한범위 밖의 경계선이 형식적으로 그어지기 어려운 것임을 자인하고 있는 것처럼 보인다. '형식적'으로는 '직무권한'에 속하지만, '실질적'으로 정당한 권한 '외'의 행위가 남용이라면, 그 준거가 되는 직무권한 범위 밖의 행위까지 남용에 포섭될 수 있음이 시사되어 있기 때문이다. 이 점은 권한부여의 목적, 필요성·상당성이라는 남용여부의 판단기준을 보더라도 마찬가지이다.

82 (ⅲ) 직권남용의 해석공식 대법원은 직권과 남용을 결합어를 만들어 "'직권남용'이란 공무원이 일반

---

35) 대법원 2020.2.13. 2019도5186.
36) 대법원 2019.3.14. 2018도18646도 같은 취지.
37) 대법원 2019.3.14. 2018도18464.
38) 대법원 2020.2.13. 2019도5186.

적 직무권한에 속하는 사항에 관하여 그 권한을 위법·부당하게 행사하는 것"으로 해석한다.

이처럼 대법원이 직권개념을 실질적으로 평가하여 '일반적 직무권한'으로까지 확장적으로 83
해석하거나(앞의 첫째 법리 참조) 남용개념의 정의 속에서 실질적으로 정당한 권한외의 권한행사까지 남용으로 인정하는 태도(앞의 둘째 법리 참조)를 조합함으로써 일정부분 권한 범위 밖의 권한 행사까지 사실상 '직권남용'으로 판단할 가능성도 인정한다.[39]

(iv) 직권남용과 '지위이용 불법행위'의 구별 **判** 대법원은 '일반적 직무권한'에 속하는 행위를 위법 84
부당하게 하는 수행하는 경우와 일반적 직무권한에 속하지 아니하는 행위를 단순히 공무원으로서의 '지위'를 이용하여 수행한 경우를 구별하면서, 전자만 직권남용에 해당하는 것으로 보고, 후자는 '지위를 이용한 불법행위'로 규정하면서 직권남용에 해당할 수 없다고 한다.[40]

그러나 '직권남용행위'와 '지위이용불법행위'를 개념적으로 구별할 수 있을지는 의문이다. 85
한편으로 남용의 대상인 '직무권한의 범위'가 실질적 가변적이라고 하고, '남용'이 실질적으로 정당한 직무권한 이외의 행위를 포함시킬 가능성을 인정하면서, 다른 한편으로 공무원이라는 '지위' 내지 '직위'는 그 직무수행 및 직무수행에서의 권한과 떼려야 뗄 수 없이 결합되어 있어 권한의 행사인지 단순한 지위의 이용인지는 말처럼 쉽고 분명하게 구별되기 어렵기 때문이다. 특히 공무원의 권한은 그가 가진 지위에서 나오고, 그 지위가 권한을 부여하는 원천이라면, 지위의 위법부당한 이용(지위이용 불법행위)와 권한의 위법부당한 행사(직권남용) 사이에 한계선을 긋는 것은 사실상 불가능하다. 직무권한범위를 인위적으로 좁게 인정하면, 행위자가 행사한 권한은 권한 밖의 것이 되고, 그 권한의 행사는 결과적으로 직권남용에서 배제되고 지위이용불법행위가 된다고 사후적으로 규정지우는 것에 지나지 않게 된다.

例 일반적 직무권한범위 속에 포함되어 직권남용이 인정된 경우: 재정경제부 장관이 국장을 통해 은행장 86
에게 개인용도의 대출금을 요구하거나(대법원 2004.5.27. 2002도6251) 시의 자치행정국장이 업무담당자에게 허가요건을 갖추지 못한 주택허가를 해주도록 한 경우(대법원 2004.10.14. 2004도2899), 검찰의 고위간부가 내사 담당 검사로 하여금 내사를 중도에서 그만두고 종결처리하도록 한 행위(대법원 2007.6.14. 2004도5561), 인사계장 또는 총무과장이 5급사무관 승진 예비심사단계에서 예비심사위원들에게 특정한 승진대상자들에게 높은 점수를 주거나 낮은 점수를 주도록 하게 한 행위(대법원 2007.7.13. 2004도3995), 대통령비서실장 및 정무수석비서관실 소속 공무원들이 전국 경제인연합회에 특정 정치성향 시민단체들에 대한 자금지원을 요구한 경우(대법원 2020.2.23. 2019도5186), 자신의 지휘 감독아래 있는 국군기무사령부 소속 부대원들로 하여금 인터넷 공간에서 특정 정당화 정치인들 지지 찬양 또는 반대 비방하거나 대통령과 국가정책을 홍보하는 의견을 유포하도록 한 경우(대법원 2021.9.9. 2019도5371), 서울지방경찰청장, 경찰청장으로 재임하던 중 소속 경찰관들에게 신분을 드러내지 않

---

39) 이러한 태도는 다음과 같은 판시에서도 시사되어 있다. "직권남용죄는 공무원이 일반적 직무권한에 속하는 사항에 관하여 직권의 행사에 가탁(假托)하여 실질적, 구체적으로 위법·부당한 행위를 한 경우에 성립한다"(대법원 2021.3.11. 2020도12583; 대법원 2009.1.30. 2008도6950). 대법원이 사용한 '가탁'이라는 용어의 의미가 '자신의 생각이나 감정을 사물에 반영하여 나타냄'의 뜻으로 쓰인 것인지 아니면 '없는 것을 있는 것으로 거짓으로 꾸며댐'의 뜻으로 쓰인 것인지 분명하지 않지만, 후자로 쓰인 것으로 추측된다. 어떻게 보더라도 행위자가 행사할 수 있는 직무권한이 없거나 있어도 그 권한의 범위를 일정부분 넘어선 경우를 직권남용에 포함될 수 있음을 함축하는 뜻으로 새겨질 수 있다.

40) 대법원 2019.3.14. 2018도18464; 대법원 2013.11.28. 2011도5329.

은 채 마치 일반 시민들이 인터넷상의 각종 이슈에 관하여 경찰 입장 또는 정부 정책을 옹호하는 의견을 제시하는 것처럼 인터넷 댓글등을 달아 정부 정책 또는 경찰에 우호적인 여론을 조성하도록 지시하여 그 지시를 받은 경 찰관들로 하여금 위와 같은 내용의 댓글을 작성하도록 한 행위(약 6개월간 약 900개 이상의 댓글 내지 트위터글을 작성 및 게시한 MB정부 댓글공작의 경우(대법원 2022.6.30. 2022도3744), 국방부장관인 등이 국군사이버사령부 530단 사령관 및 부대원들과 순차 공모하여 2011~2013년 동안 특정 정치세력이나 정치인을 비판하는 내용의 인터넷 댓글을 달거나 (리)트윗하게 한 경우(대법원 2022.10.27. 2020도15105), 대통령비서실 소속 해양수산비서관과 정무수석비서관들이, 세월호특조위 설립준비 관련 업무를 담당하거나 위원회 설립준비팀장으로 지원근무 중이던 해양수산부 소속 공무원들에게 '세월호 특별 조사위 설립준비 추진경위 및 대응방안' 문건을 작성하게 한 행위 및 해양수산비서관이 해양수산비서관실 행정관 또는 해양수산부 소속 공무원들에게 위원회의 동향을 파악하여 보고하도록 지시한 경우(대법원 2023.4.27. 2020도18296) 등.

87 **例 일반적 직무권한 밖이므로 직권남용이 부정('단순한 지위이용' 불법행위로 인정된) 경우:** 당직대의 조장이 당직근무를 마치고 내무반에 들어와 하급자에게 다른 이유로 기합을 준 경우(대법원 1985.5.14. 84도1045), 치안본부장이 국립과학수사연구소 법의학 1과장에게 고문치사자의 사망에 관하여 기자간담회에 참고할 메모를 작성하도록 요구한 행위(대법원 1991.12.27. 90도2800), 대통령경호실장이 대통령의 별도 주거지를 마련하기 위하여 서울시장에게 공용청사부지로 지정토록 요청한 행위(대법원 1994.4.12. 94도128), 국방부근무지원단장이 해병대 사령관의 쌀군납사건 및 진급로비사건에 대한 수사를 지시하거나 관할 지청에 이에 대한 내사요청을 지시한 경우(대법원 2014.12.24. 2012도4531), 국가정보원국장과 기업정보담당관이 사기업으로 하여금 특정 보수단체에 자금을 지급하게 한 경우(대법원 2019.3.14. 2018도18646), 국방부 장관이 국군사이버사령부 군무원 선발과 관련하여 특정 정치적 성향의 지원자를 선발하기 위해 특정지역 출신 을 배제하는 등의 평가방안을 마련 시행하도록 한 경우/국군사이버사령부 530단 정치관여 의혹사건 수사의 진상은폐를 위하여 조사본부장으로 하여금 A에 대 한 불구속 송치를 하게 하고 수사상황에 부합하지 않는 내용으로 중간수사결과를 발표하게 한 경우(대법원 2022.10.27. 2020도15105) 등.

88 (ⅴ) 직권남용여부를 판단의 기본 프레임　대법원은 직권남용인지 지위이용 불법행위인지를 판단함에 있어 직권남용죄에 관한 다음과 같은 기본적 이해에서 출발하고 있다. "직권남용죄는 공무원에게 직권이 존재하는 것을 전제로 하는 범죄"라는 이해가 그것이다.

89 형식적으로 보면 어떤 행위가 직권을 남용한 것이 되려면 언제나 해당 공무원에게 직권(직무권한)의 존재를 전제로 하는 것은 당연해 보인다. 공무원인 이상 대기발령, 휴직 등 특별한 사정이 없는 한 직무권한 없는 공무원은 없기 때문이다. 그러나 대법원은 위 진술을 행위주체가 현직 공무원이 아니라 퇴직한 공무원인 경우 등의 경우에는 직권이 없으므로 직권의 남용도 인정될 수 없다는 단순한 사실진술 이상의 중요한 해석공식을 도출하고 있다. 즉 대법원은 '직권없이 남용없다'는 형식논리로부터 직무권한'내'에서의 행위만 남용에 해당하고 직무권한'밖'의 행위는 직권남용이 아니라 '단순한 지위이용 불법행위'에 불과하다는 확장된 해석 공식을 만들어내고 있는 것이다.

90 ② 대법원 법리의 문제점　형법 제124조의 구성요건의 해석론을 통해 이러한 해석공식을 도출하는 대법원의 태도는 다양한 문제점이 있으므로 대안적 해석이 요구되거나 보완적 법리가 필요하다.

91 (ⅰ) 직권종속적 남용이해의 문제점　직무권한의 범위내의 권한 행사만 '남용'될 수 있고 그

권한 범위밖의 행위는 직권'남용'이 될 수 없다는 논리는 남용개념을 직권종속적으로 이해하는 태도로서 제124조의 남용개념에 대한 해석이 되기 어렵다. .

제124조의 문맥상 어떤 직권을 가진 공무원이 자신의 직권을 '남용'했느냐의 여부는 그 '직권'이 자신의 직무권한의 범위 안인가 밖이냐가 선결정된 이후에 판단되는 것이 아니라 자신에게 인정된 모종의 '권한'을 어떻게 행사하느냐에 따라 남용여부가 결정되고 그로부터 직권의 남용 여부가 최종 결정된다고 보아야 하기 때문이다.

判 직권남용여부는 직권에 종속적으로 결정되는 것이 아니라 어떤 직무권한을 가진 자가 자신에게 주어진 권한을 어떻게 사용하였는지에 따라 직무권한의 남용여부가 결정된다고 보는 사고논리는 대법원이 사용하고 있는 형식논리와 정반대의 논리에 해당한다고 할 수 있다. 다시 말해 대법원과 같이 공무원에게 귀속된 직무권한의 범위가 먼저 정해지고 그것을 어떻게 행사하였는지에 따라 그 직권의 남용여부가 결정되는 것(직권종속적 남용이해!)이 아니라,[41] 공무원에게 부여된 직권이 무엇이든간에 그것의 행사(사용)에 따라 그 직권의 남용여부가 결정되는 것(행사종속적 남용이해!)으로 보아야 하는 것이다. 92

이러한 이해방식이 타당하다는 점은 대법원이 정의하고 있는 남용의 개념 및 남용여부를 판단하는 기준을 보더라도 충분히 알 수 있다. 즉 행위주체가 사용한 권한이 자신에게 본래적으로 그 권한할 부여한 목적에 부합하여 사용하였는지, 그 권한의 사용이 목적달성을 위한 필요한 수단이고 사회적으로 상당성이 인정되는 수단인지에 따라 그 권한 행사가 직무권한 범위내의 적법한 권한행사인지 아니면 직무권한범위 밖의 남용적 사용인지가 판가름 나기 때문이다. 권한범위의 안과 밖이 처음부터 미리 정해지는 것이 아니라 주어진 권한의 사용이 어떠했는지에 따라 사후적으로 정당한 권한 행사와 불법한 권한행사인지의 경계(또는 직무권한의 안과 밖의 경계)선이 그어지는 것이다. 이에 따르면 직권남용이라는 행위구조는 민법의 권리남용행위 또는 행정법상의 재량권 남용 또는 권한을 넘어서는 월권행위와 동일한 행위구조를 가진 것으로 볼 수 있다. 93

判 대법원은 특히 직권남용죄는 직권의 존재를 전제로 하는 범죄라는 형식논리를 확장시켜 직무권한 범위내의 권한의 불법적 사용만 직권남용이 되고, 직무권한 범위 밖의 행위는 '지위이용적 불법'이 된다는 변형된 형식논리를 만들고 있다. 이러한 형식논리에 기초하여 직권남용에 관한 법리는 직권남용죄의 구성요건적 행위인 '남용' 개념에 대한 해석의 결론으로 수용하기 어렵다. 대법원이 기초한 형식논리의 문제점은 앞서 언급했듯이 남용행위를 '직권' 종속적으로 이해하는 태도(직권 종속적 남용!)이다. 그 반대로 어떤 직무권한을 가진 공무원이 그 권한을 어떻게 사용했느냐에 따라 남용여부가 결정되어야 한다(사용종속적 남용). 94

대상이 행위를 규정하는 것이 아니라 행위가 대상을 규정한다는 점은 일상적 사례에서도 드러난다. 음식물 섭취행위의 대상인 '음식'은 먹는 행위이전에 가용음식과 불용음식으로 미리 결정되어 있지 않다. 그 대상의 섭취행위에 의해 사후적으로 결정된다. 그것을 먹어서 신 95

41) 이와 같은 법원의 형식논리에 대한 비판적 접근으로는 김성돈, "직권남용죄, 남용의 의미와 범위", 법조 제68권 제3호, 법조협회, 2019, 205면 이하; 김성돈, "사법농단과 직권남용 … 다시금 시험대에 오른 법관의 독립성"(http://www.ohmynews.com/NWS_Web/View/at_pg.aspx?CNTN_CD=A0002693572).

체에 이상반응이나 기분이 나빠지지 않으면 가용음식의 범위 속에 들어오고 취식후의 평가에서 문제가 생기면 가용음식 밖으로 분류되는 평가가 나올 뿐이다. 취식행위가 그 대상인 음식에 종속적이 아니라 취식대상에 관계적일 뿐이고, 취식 후의 신체변화에 대한 평가를 통해 사후적으로 가용음식과 불용음식이 결정되는 것이다. 약물남용의 경우도 마찬가지이다. 남용이 약에 따라 종속적으로 결정(남용의 약물 종속성)되는 것이 아니라 그 약을 제조목적에 맞게 사용하였는지 환자의 상태에 따라 필요한 만큼 상당하게 사용하였는지 등에 따라 약물의 '남용'여부가 결정(약물남용의 사용행위 종속적)되는 것이다. 처음부터 어떤 약은 남용의 대상이고 어떤 약은 남용의 대상이 되지 않는다고 미리 정해져 있는 것이 아니다. 마약의 사용도 남용이 되지 않는 경우가 있다.

96 행정법상 공무원의 권한사용이 재량권행사의 범위내이냐 재량일탈적 행위이냐는 사후적으로 결정되는 것이지 처음부터 그 직무권한이 형식적으로 정해져 있지 않다. 형법상 직권남용여부를 결정함에 있어서도 직무권한 안과 밖에 미리 형식적으로 정해져 있는 전제하에서 직무권한에 속하는 행위를 불법적으로 한 경우에만 직권남용이 된다는 판단하는 것이 아니다. 형법적 불법의 고유성, 즉 당해 구성요건의 보호법익과 그 구성요건의 다른 요소와 관계(후술할 상대방의 권리행사 방해하거나 의무없는 일을 하게 한 점: 이는 부차적 법익 보호의 표현양식이다)속에서 평가적으로 결정되어진다. 대법원도 일반적 직무권한여부를 판단함에 있어서 이러한 형식적으로 법령에 따라 미리 정해져 있는 것이 아님을 인정하고 있음은 일면 타당한 측면이 있다. 행정법상으로도 실제로 직무권한은 형식적 법규에 미리 정밀하게 규정될 수 없기 때문에 '재량범위'라는 평가가 요구된다. 그러나 바로 이 때문에라도 직무권한은 사전에 미리 전제될 수 없고 행위주체가 자신에게 부여된 권한 사용여부에 따라 '관계적'으로 구성되어 가는 것이라고 해야 한다. 단순 지위이용적 불법행위의 경우에도 공무원자격사칭죄와는 달리 그 지위 이용 공무원은 나름 자신의 제한된 직무권한을 가지고 있다. 그런데 그 지위에 기초하여 형식적으로 정해진 직무권한은 일정한 재량범위를 가지고 확장될 수 있다. 이 확장은 권한 행사 '행위'를 통해 이루어진다. 권한의 행사에 대한 평가를 하기 이전에 문제의 행위가 권한범위안에 속해있느냐 권한범위 밖이냐는 미리 결정될 수 없다. 문제의 행위가 규범이 당해 공무원에게 부여한 목적의 범위내에서 이루어졌는가, 목적달성을 위한 수단으로서 필요한가 또는 목적달성을 위해 사회적으로 인정될 수 있는 상당한 수단인가라는 평가작업을 통해서 비로소 '남용'여부가 결정되어야 한다.

97 (ii) 대안적 해결방안 직권남용여부에 대한 대법원의 사고논리('대상' 종속적 행위이해) 대신에, 모종의 '직무권한'의 불법적 사용여부에 따라 직권남용여부를 판단하는 사고논리('행위' 종속적 남용이해)에 따르면 사용된 직무권한이 직무권한의 범위 안팎이냐는 경계선도 사후적으로 규범적 평가적인 방법으로 그어진다. 더 나아가 어떤 특정권한을 가진 자가 그 권한할

불법한 목적을 가지고 위법한 절차에 따라 필요하고 상당한 정도로 사용하지 않는다는 평가가 내려지지만 그것으로 그 권한행사는 자신의 직권을 넘어서는 권한행사, 즉 직권남용이 된다. 따라서 직권남용의 결과는 직무권한밖의 불법행위, 즉 월권행위와 동전의 양면처럼 하나인 것이다. 물론 공무원이 자신의 직무권한과 전적으로 무관하게, 즉 직무 관련성 없이 불법적 행위(사적 차원의 불법행위)를 한 경우는 그 불법행위가 형법적 구성요건에 포착되어 있지 않은 경우도 있다. 이러한 경우가 비공무원에 대해 적용되는 자격사칭죄에 상응하는 공무원에 대해 적용되어야 할 단순 지위 이용 불법행위의 전형적인 경우이다. 이를 위해서는 별도의 입법론이 필요하다.

다른 한편, 일정한 범위내의 직무권한을 가진 공무원이 그 직무 관련성이 인정되는 행위 98
수행을 자신의 직무수행을 빌미삼아(대법원식 표현대로라면 '자신의 직무권한에 가탁하여') 행한 행위가 그러한 권한을 부여한 목적과 권한행사의 절차에 반하거나 또는 필요성과 상당성의 범위를 초과하는 방식으로 이루어진 것으로 평가될 경우, 단순한 지위이용적 불법이 아니라 직무권한의 '월권적 남용'으로서의 '직권남용'으로 해석되어야 한다. 그렇지 않으면 공무원에게 부여된 직무권한 적법한 행사를 통해 '국가기능의 공정성'과 상대방의 의사결정의 자유를 보호하려는 직권남용죄의 존재의의가 무의미하게 되기 때문이다. 공무원의 위법부당한 행위가 있어도 그러한 행위가 직무권한 범위 밖에 있다는 이유로 직권남용죄의 적용대상에서 배제한다면, 공무원에게 지나친 특혜를 주는 결과가 되고, 직권남용죄를 통해 보호하려는 법익보호가 무의미하게 된다.

대법원식 법리, 즉 직권종속적 남용이해에 따르면 '공무원 조직사회'내부에서 전개되는 99
수많은 권력남용행위들의 상당수는 직무권한범위내의 행위가 아니라는 이유만으로 해당 공무원에게 면책의 기회가 부여된다. 자유민주적 기본질서를 근간으로 하는 규범체계에서 공무원에게 '불법한 행위'를 하도록 하는 것을 직무권한으로 정하고 있는 법규범은 존재하지 않기 때문이다.

상급공무원이 하급공무원에게 한 어떠한 갑질행위라도 그것은 상급공무원의 직무권한범위에 속하지 않는다. 100
국정원직원이 건축주를 협박하여 약속어음을 받아내거나, 군대의 상관이 하급자들에게 점심도시락을 가져오도록 지시한 행위[42]등은 법령상의 직무권한을 확장한 일반적 직무권한 범위내의 행위가 될 수 없다. 이러한 모든 행위들은 직무권한 범위에 속하지 않는 행위는 남용의 대상이 되지 않는다는 직권종속적 남용개념의 프레임에 따라 법의 사각지대로 방출된다.

이 점은 서울중앙지방법원의 형사수석부장판사로 재직중이던 피고인이 계속 중인 사건의 재판에 관여(일정한 사실 확인을 위해 소송지휘권 행사하라, 판결이유를 수정삭제하라, 구공판 사건에 대해 약식명령을 하도록 하고 공판 절차회부통지서를 시스템상 삭제하라 등)하였다는 이유로 직권남용죄로 기소된 이른바 사법농단 사건에서 직권남용죄의 성립여부에 대해서도 마찬가지였다. 1심에서는 재판개입의 '위헌성'까지 인정하였으나, 2심법원[43]은 '권한 없이 남용 없다'라는 형식적 논리에 기초하여 법관의 재판개입권은 법관의 일반적 직무권한 범

42) 헌법재판소 2012.3.29. 2011헌마254.

위에 속하지 않는다는 근거를 가지고 다음과 같이 판결을 내렸고, 이러한 형식논리는 대법원에 의해서도 그대로 인정되었다.[44)]

"피고인의 판시와 같은 행위는 부당하거나 부적절한 재판관여행위에 해당한다. 그러나 피고인의 위와 같은 각 재판관여행위는 법관의 재판권에 관한 것인데, 이에 대하여는 사법행정권자에게 직무감독 등의 사법행정권이 인정되지 않으므로 각 재판관여행위에 관하여 피고인에게 직권남용죄에서 말하는 '일반적 직무권한'이 존재하지 않고, 일반적 직무권한의 범위를 넘는 월권행위에 관하여는 직권남용죄가 성립하지 않는다. 헌법, 법원조직법, 관련 대법원 규칙과 예규를 종합하더라도 피고인에게 재판에 관여할 직무권한을 인정할 수 없다. 결국 각 재판관여행위가 피고인이 서울중앙지방법원 형사수석부장판사로서의 일반적 직무권한에 속하는 사항에 관하여 직권을 행사하는 모습으로 이루어진 것은 아니다."

101 직권남용죄에 대한 이러한 기계론적 형식논리는 다음과 같이 희화화되기 십상이다. '직무권한범위 내의 행위를 하다가 그 정도가 지나친 평가를 받아 직권남용죄로 처벌받게될 위험성을 감수하는지 차라리 직무권한 범위 밖의 행위를 하자. 그러면 직권없이 남용없다는 해방논리에 따라 무죄판결은 명약관화하다.' 직권남용에 관한 '법(법리)'이 이러한 희화화의 대상이 되지 않으려면 직권남용여부의 판단에서 직권종속적 남용이해라는 형식적 기계적 개념법학적 사고를 벗어나야 한다.

102 判 대법원은 그 동안 많은 판결들에서 구체적 사례에 타당한 '법(법리)'을 발견을 하기 위해 또는 처벌의 흠결을 메우려는 형사정책적 요구에 부응하여, 때로는 체계적 해석을 통해 또는 목적론적 해석태도나 역사적 해석방법을 사용하여왔다. 그러나 유독 직권남용죄의 해석 및 적용에 있어 심지어 형식적 법실증주의하에서 타당했던 형식적 기계적 개념법학적 해석 방법에 따라 연역추론적 포섭방법을 사용하고 있다.[45)] 이러한 태도는 대법원이 형법의 다른 법적 개념들에 대해서는 규범적 평가적 접근방법을 취하면서 목적론적 해석을 광범위하게 사용해 온 것과는 극명한 대조를 이룬다. 대법원이 직권남용죄에서 기계론적 개념법학적 방법을 고수하면, 권한 범위 내에서의 위법부당한 행위는 직권남용에 해당할 수 있지만, 그 권한을 넘어서서 '월권'적 권한행사인 더 큰 불법에 대해서는 권한없이 남용없다는 형식논리로 돌아가 형법적 개입이 차단되는 모순되는 결과가 생긴다.

103 '직권남용'에 관한 현재의 대법원 법리를 통하면, 직권남용이 의심되는 사건을 온전히 법원의 통제권아래 둘 수 있게 된다. 법관이 만약 해당사안에 대해 유죄판결을 내리려면 남용의 대상인 일반적 직무권한의 범위를 넓게 인정하는 방향으로 논의를 전개하고, 반면에 무죄판결을 일반적 직무권한의 인정범위를 좁게 인정하는 방안으로 논거를 만들어 대처할 수 있기 때문이다. 물론 그 판시내용은 '권한없이 남용없다'는 형식논리와 권한내의 직권남용과 '지위이용 불법행위' 구별론에 근거하여 지극히 논리적 귀결인 것으로 포장될 것이다.

104 대법원의 직권남용죄에 관한 법리, 즉 직무권한 범위내에서 이루어지는 직권남용과 권한외 지위이용적 불법행위를 형식적, 획일적 구별을 전제하는 입장은 공직사회 안과 밖에서 고

43) 서울고등법원 2021.8.12. 2020노4721.

44) 대법원 2022.4.28. 2021도11012.

45) 이러한 해석방법의 선별적 선택이 법원의 '제식구 감싸기'라는 세간의 의혹이 합리적 의심에 기초한 의심인 측면이 있다는 점에 관해서는 김성돈, "법이해, 법발견 방법, 그리고 직권남용죄", 형사법연구 제33권 제4호(2021), 107면 이하 참조.

위직 공무권에 의해 자행되는 수많은 위법·부당한 행위에 대한 처벌의 공백을 만들어낸다.

형법상 직권남용죄외의 다른 범죄구성요건에 의해서도 처벌될 수 없는 공무원의 월권행위가 종국적으로 형사처벌의 대상에서 배제되면,[46] 권한범위내의 사소한 권한남용은 형사처벌의 대상이 되는 반면에, 하급직 공무원 또는 일반시민의 의사결정의 자유를 침해하는 더 큰 불법행위는 단순한 지위이용적 불법행위에 불과하다는 명목으로 불가벌로 된다. 해당공무원에게 불법행위를 할 법적 권한 내지 법적 근거가 없는 이상, 불법행위를 하면 언제나 '직무권한 범위'내의 일이 아닌 것으로 처리되어 직권남용죄의 적용대상에서 배제되기 때문이다. 법관의 재판개입행위가 위헌적이라고 하면서도 그러한 개입권한은 어떤 경우에도 존재할 수 없으므로, 직무권한 범위에 속하지 않는다는 논리를 작동시켜 남용의 대상이 될 수 없다는 결론도 권한없이 남용없다는 형식 논리에 의해 뒷받침되고 있는 것이다. 직무권한내의 재량적 이탈 보다 훨씬 더 큰 불법내용을 가진 직무권한외 월권적 권한행사를 남용개념에 포섭하지 않음으로써 생기는 처벌의 공백은 어떻게 메워져야 하는가? 105

이러한 처벌의 공백은 앞서 살펴보았듯이 직권남용죄의 '남용' 개념에 대한 이해에서 '직권 종속적' 이해방법 대신에 '행사종속적 이해방법'으로 메워질 수 있다. 이에 따르면 공무원이 자신에게 부여된 권한의 행사를 목적을 넘어서, 그리고 필요성과 상당성의 범위를 넘어서 행사하면 그 권한의 행사는 남용이 되고 따라서 권한의 '남용'에는 '월권'도 포함되는 것이 당연한 이치이다. 회사의 A동과 B동의 관리자가 각기 갑과 을로 나누어져 있지만 각자가 A동과 B동의 모든 사무실 문을 열수 있는 마스터키를 가지고 있음을 기회로 갑이 근무시간외에 사적 목적으로 자신의 마스터키로 B동의 특정 사무실에 들어간 경우, 직권종속적 남용이해방식에 따르면 A동 사무실에 부당하게 들어간 것이 아니므로 관리권 범위외의 위법한 행사이므로 남용이 될 수 없다고 해야 하지만, 행사종속적 남용이해방식에 따르면 전형적인 '남용'이 될 수 있다. 106

(iii) 대법원 법리에 대한 보완적 해결방안 위와 같은 해석태도가 급진적이어서 수용하기 어렵다면, 적어도 절충적 방법이라도 선택해야 한다. 구체적 사례에서 해당 공무원의 위법부당한 행위가 외관상 직무권한에 속하는 것으로 평가되거나 상대방에게 오신을 불러일으키는 경우에 한하여(이른바 준월권적 행위) 직권남용으로 판단하는 방안이다. 이에 따르면 형식적으로 직무권한의 범위에 속하지 않아서 단순히 지위이용 불법행위에 불과한 것으로 보이는 경우라도 구체적인 사례에서 그 지위 내지 직위(및 그로부터 나오는 직무권한) 때문에 상대방의 권리행사를 사실상 방해할 수 있고, 상대방이 직무권한의 범위내에 있는 것으로 오신될 수 있는 경우는 직권남용에 해당하는 것으로 판단할 수 있다. 이러한 해석옵션은 직권종속적 남용개념 대신에 직권 '관계적' 남용개념으로 이해할 수 있다. 107

(나) 의무 없는 일의 강요 법령상 일정한 의무가 없는 자에게 이를 하게 하는 것을 말한 108

46) 물론 대법원 법리에 따르더라도 구체적 사례에 따라 권한범위외의 월권행위도 직권남용죄외의 다른 구성요건에 의해 처벌이 가능한 경우도 있다. 예컨대 집행관이 채무자를 체포하거나 세무공무원이 미납세자를 감금하는 행위, 군수사기관이 간통 당사자를 체포하여 자인서를 받아내는 행위 등은 남용의 대상인 '일반적 직무권한'이 없으므로 직권남용죄가 성립하지 않지만, 체포·감금죄 등 별도의 죄를 구성할 가능성이 있기 때문이다.

다. 직권남용 이외에 독자적 구성요건 요소로서 공무원이 한 행위가 직권남용에 해당한다고 하여 그러한 이유만으로 상대방이 한 일이 '의무 없는 일'에 해당한다고 인정할 수는 없다.[47] '의무없는 일'에서 '의무'는 법률상의 의무를 말하고 단순한 심리적 의무감 또는 도덕적 의무감은 의무에 해당하지 않는다.[48] 전혀 의무 없는 자는 물론, 의무 있는 자라 할지라도 그 의무의 태양을 변경하여 하게 하는 것도 포함한다. 따라서 불법으로 과중한 납세의무를 과하거나 필요 없는 조건을 부가하거나 의무이행의 시기를 단축시키는 것은 모두 이 죄에 해당한다. 정기상납이나 명절떡값 또는 전별금 명목으로 관내업소에 금품을 강요하는 경우 등의 의무없는 일을 하게 하는 경우의 전형적 예이다.

109 **判** 대법원은 직권남용의 상대방이 일반사인인 경우와 공공기관 등의 임직원인 경우 의무없는 일을 하게 한 경우를 각기 다르게 판단한다. 즉 ① 직권남용의 상대방이 일반사인인 경우에는 특별한 사정이 없는 한 직권에 대응하여 따라야 할 의무가 없으므로 그에게 어떠한 행위를 하게 하였다면 '의무 없는 일을 하게 한 때'에 해당할 수 있지만, ② 직권남용의 상대방이 공무원이거나 법령에 따라 일정한 공적 임무를 부여받고 있는 공공기관 등의 임직원인 경우에는 법령에 따라 임무를 수행하는 지위에 있으므로 그가 한 일이 형식과 내용 등에 있어 직무범위 내에 속하는 사항으로서 법령 그 밖의 관련 규정에 따라 직무수행 과정에서 준수하여야 할 원칙이나 기준, 절차 등을 위반하지 않는다면 특별한 사정이 없는 한 법령상 의무 없는 일을 하게 한 때에 해당하지 않는 것으로 구분한다.[49]

110 다른 한편, 공무원이 자신의 직무권한에 속하는 사항에 관하여 실무 담당자로 하여금 그 직무집행을 보조하는 사실행위를 하도록 하는 것은 공무원 자신의 직무집행으로 귀결될 뿐이므로 원칙적으로 의무 없는 일을 하게 한 때에 해당하지 않는다. 이와는 달리 직무집행의 기준과 절차가 법령에 구체적으로 명시되어 있고 실무 담당자에게도 직무집행의 기준을 적용하고 절차에 관여할 고유한 권한과 역할(특히 일정한 재량)이 부여되어 있다면 실무 담당자로 하여금 그러한 기준과 절차를 위반하여 직무집행을 보조하게 한 경우에는 '의무 없는 일을 하게 한 때'에 해당한다.[50]

111 **判** 대법원은 법무부 검찰국장인 피고인이 검사전보인사를 담당하는 검사로 하여금 인사안을 작성하게 한 경우 법령에서 정한 검사 전보인사의 원칙과 기준을 위반하여 '의무 없는 일을 하게 한 때'에 해당할 수 없다고 하였고(대법원 2020.1.9. 2019도11698), 대통령비서실장등이 문체부 공무원을 통하여 문화예술진흥기금 등 정부의 지원을 신청한 개인·단체의 이념적 성향이나 정치적 견해 등을 이유로 한국문화예술위원회 등이 수행한 각종 사업에서 이른바 좌파 등에 대한 지원배제 지시를 하자(직권남용에 해당), 문체부 공무원이 지원배제 방침을 심의위원에게 전달하

47) "공무원이 한 행위가 직권남용에 해당한다고 하여 그러한 이유만으로 상대방이 한 일이 '의무 없는 일'에 해당한다고 인정할 수는 없다. '의무 없는 일'에 해당하는지는 직권을 남용하였는지와 별도로 상대방이 그러한 일을 할 법령상 의무가 있는지를 살펴 개별적으로 판단하여야 한다. 직권남용 행위의 상대방이 일반 사인인 경우 특별한 사정이 없는 한 직권에 대응하여 따라야 할 의무가 없으므로 그에게 어떠한 행위를 하게 하였다면 '의무 없는 일을 하게 한 때'에 해당할 수 있다"(대법원 2020.2.13. 2019도5186).

48) 대법원 1991.12.27. 90도2800.

49) 대법원 2020.1.30. 2018도2236 전원합의체.

50) 대법원 2020.1.30, 2018도2236 전원합의체.

면서 지원배제 대상자의 탈락을 종용하는 행위 등을 하게 한 행위는 심의위원들의 독립성을 침해하고 자율적인 절차진행과 운영을 훼손하는 것으로서 한국문화예술위원회 직원들이 준수해야 하는 법령상 의무에 위배되므로 '의무 없는 일을 하게 한 때'에 해당한다고 판시하였다(대법원 2020.1.30. 2018도2236).

(다) 권리행사의 방해 법령상 인정되어 있는 권리를 행사하지 못하게 방해하는 것을 말 112
한다. 경찰관리의 부당한 영업정지 명령이나 담당공무원의 부당한 인·허가 거부로 권리행사나 권리발생을 방해하는 것이 그 예이다. 다만 권리행사의 방해는 권리의 현실적인 행사가 방해되어야 하므로[51] 고발사건을 검사가 불기소하였다는 사실만으로 권리행사가 방해되었다고 할 수 없다.

判 대법원은 직권남용죄의 '권리행사방해'를 해석함에 있어 구체화된 권리의 현실적 행사의 방해가 필요하 113
다는 입장이다.[52] 이러한 대법원의 해석태도는 형법 제137조 위계에 의한 공무집행방해죄의 '공무집행방해'의 해석에서 견지하고 있는 태도와 동일한 의미맥락을 가지고 있다. 즉 위계에 의한 공무집행방해죄는 폭행 협박을 수단으로 한 공무집행방해죄의 경우와는 달리 위계를 수단으로 하고, 또 미수범 처벌규정도 없는 특색을 가지고 있지만, '위계' 이외에 요구되는 '방해'라는 요건을 단순히 위계를 수단으로 한 방해행위로 이해하지 않고 "구체적인 직무집행을 저지하거나 현실적으로 곤란"하게 하는 것을 방해의 의미로 해석하고 있는 것이다. 직권남용죄의 경우에도 별도의 미수범 처벌규정이 없음을 감안하여 '직권남용' 이외에 요구되는 권리행사방해라는 요건을 단순히 '행위'로 이해하지 않고, '구체적 권리의 현실적 방해'라는 의미의 결과로 해석하는 것이다. 그러나 대법원이 '방해'라는 개념을 현실적 방해결과로 이해하지 않는 경우도 있다. 미수범 처벌규정이 없는 형법 제314조 업무방해에서는 "업무방해의 결과가 실제로 발생함을 요하는 것이 아니고 … 결과를 초래할 위험이 발생하는 것이면 족하다"라고 하고,[53] 형법 제315조 입찰방해에서는 "결과의 불공정이 현실적으로 나타나는 것을 필요로 하지 않는다"고 하며,[54] 미수범 처벌규정이 있는 형법 제185조 일반교통방해에서도 대법원은 "교통방해의 결과가 현실적으로 발생하여야 하는 것은 아니"라고 하고 있다.[55] 이와 같은 다양한 해석태도는 결국 대법원이 '동일한 법령에서의 용어는 법령에 다른 규정이 있는 등 특별한 사정이 없는 한 동일하게 해석·적용하여야 한다'는 해석의 원칙[56]도 명목상의 원칙에 불과한 측면이 있음을 보여주고 있다. 이러한 비일관된 해석은 물론 폭행, 협박, 위계, 허위 등이 해당구성요건의 보호법익이나 다른 구성요건 요소와의 관계속에서 각기 다르게 해석되어야 하는 경우와는 다른 차원의 문제이다.

(라) 인과관계 직권남용을 하여 상대방이 '의무없는 일을 하거나, 권리행사가 현실적으 114
로 방해되는 결과발생'을 독자적인 구성요건 요소로 규정되어 있다. 따라서 이 결과는 직권남용 행위로 인한 것이어야 한다(인과관계).[57]

(마) 기수시기 추상적 위험범이면서도 결과범이므로 의무 없는 일을 한 때 또는 권리행 115
사가 방해되는 결과가 현실로 발생한 때에 기수(또는 성립)가 된다.[58] 예컨대 도청장치를 하였

51) 대법원 2006.2.9. 2003도4599.
52) 대법원 2006.2.9. 2003도4599.
53) 대법원 2005.5.27. 2004도8447.
54) 대법원 2007.5.31. 2006도8070.
55) 대법원 2018.2.28. 2017도16846.
56) 대법원 2020.8.27. 2019도11294 전원합의체.
57) 대법원 2005.4.15. 2002도3453.
58) "형법 제123조의 직권남용죄에 (중략) 해당하려면 현실적으로 다른 사람이 의무 없는 일을 하였거나 다른 사람의

다가 뜯겨서 도청을 못한 경우 도청당하지 않을 권리의 침해가 없으므로 이 죄가 성립하지 않는다[59](미수처벌규정 없음). 이 죄의 기수(또는 성립)에 국가기능의 공정이라는 보호법익이 현실로 침해되거나 침해될 구체적 위험이 생길 필요는 없다(추상적 위험범).

3. 죄수 및 타죄와의 관계

116 형법상 직권남용권리행사방해죄는 국가기능의 공정한 행사라는 국가적 법익을 보호를 주된 목적으로 하고 부차적으로 상대방의 의사결정의 자유를 보호법익으로 하고 있으므로 포괄일죄의 일죄인정요건을 갖추었으나 그 직권남용의 상대방이 수인 경우 수죄인지 포괄일죄인지가 문제될 수 있다.

117 判 대법원은 "동일한 사안에 관한 일련의 직무집행 과정에서 단일하고 계속된 범의로 일정 기간 계속하여 저지른 직권남용행위에 대하여는 설령 그 상대방이 수인인 경우"라도 포괄일죄가 인정된다고 한다.[60]

118 그러나 상대방의 의사결정의 자유은 주된 법익인 국가기능의 공정한 행사와는 달리 일신전속적 법익이므로 상대방의 수인 경우에는 수죄가 성립한다고 보는 것이 타당하다(이에 관해서는 『총론』 죄수론 참조).

119 判 다른 한편 대법원은 직권을 남용하여 서로 다른 공공기관을 통하여 각 기관이 주관하는 사업별로 별도로 실행되도록 한 경우 각 사업수행자별 사업 사이 및 연도별 사업 사이에서 포괄일죄의 인정요건을 갖추지 못하면 포괄일죄가 아니라 사업별로 각각 수개의 죄가 성립한다.[61]

120 공무원이 직권남용으로 폭행·협박을 사용한 강요죄를 범한 경우에는 이 죄와 강요죄(제135조에 따른 가중처벌)의 상상적 경합이 된다. 공무원이 공무집행 중의 다른 공무원에 대하여 직권을 남용한 경우에는 이 죄와 공무집행방해죄의 상상적 경합이 될 수 있다.[62]

구체적인 권리행사가 방해되는 결과가 발생하여야 하며, 또한 그 결과의 발생은 직권남용 행위로 인한 것이어야 한다"(대법원 2005.4.15. 2002도3453).

59) 대법원 1978.10.10. 75도2665; "정보통신부장관이 개인휴대통신 사업자 선정과 관련하여 서류심사는 완결된 상태에서 청문심사의 배점방식을 변경함으로써 직권을 남용하였다 하더라도, 이로 인하여 최종 사업권자로 선정되지 못한 경쟁업체가 가진 구체적인 권리의 현실적 행사가 방해되는 결과가 발생하지는 아니하였"(기 때문에) 무죄가 된다(대법원 2006.2.9. 2003도4599).

60) 대법원 2021.9.9. 2021도2030; 대법원 2021.3.11. 2020도12583(국가정보원법상 직권남용권리행사방해죄에 대한 판례임).

61) 대법원 2020.1.30. 2018도2236 전원합의체.

62) "공무원이 직무관련자에게 제3자와 계약을 체결하도록 요구하여 계약 체결을 하게 한 행위가 제3자뇌물수수죄의 구성요건과 직권남용권리행사방해죄의 구성요건에 모두 해당하는 경우에는, 제3자뇌물수수죄와 직권남용권리행사방해죄가 각각 성립하되, 이는 사회 관념상 하나의 행위가 수 개의 죄에 해당하는 경우이므로 두 죄는 형법 제40조의 상상적 경합관계에 있다"(대법원 2017.3.15. 2016도19659).

Ⅵ. 불법체포·감금죄

> 제124조(불법체포·불법감금죄) ① 재판, 검찰, 경찰 기타 인신구속에 관한 직무를 행하는 자 또는 이를 보조하는 자가 그 직권을 남용하여 사람을 체포 또는 감금한 때에는 7년 이하의 징역과 10년 이하의 자격정지에 처한다.
> (미수범) ② 전항의 미수범은 처벌한다.

1. 의의, 성격, 보호법익

재판, 검찰, 경찰 기타 인신구속에 관한 직무를 행하는 자 또는 이를 보조하는 자가 그 직권을 남용하여 사람을 체포 또는 감금함으로써 성립하는 범죄이다. 보호법익은 인신구속에 관한 국가기능의 공정한 행사이며, 개인의 신체활동의 자유를 부차적인 보호법익으로 한다. 보호정도는 추상적 위험범으로서의 보호이고(미수처벌), 계속범이다. 121

① 이 죄가 특수직무범죄로서 일반인에 의한 체포·감금죄(제276조)와 성격을 달리한다는 견해[63](진정직무범설)가 있지만, ② 체포·감금죄와 다른 구성요건은 동일하고 특수신분을 가진 자를 주체로 하는 점만 다르므로 특수신분으로 인해 체포·감금죄의 형이 가중되는 가중적 구성요건이라는 견해(부진정직무범설)가 타당하다. 특가법은 이 죄를 범하여 사람을 상해 또는 사망에 이르게 한 경우를 가중처벌하고 있다(제4조의2). 122

2. 구성요건

(1) 주체

재판, 검찰, 경찰 기타 인신구속에 관한 직무를 행하는 자 또는 이를 보조하는 자이다. 기타 인신구속에 관한 직무를 행하는 자란 교도소장·구치소장·소년분류심사원장·소년원장·산림보호공무원·선장 등 '사법경찰관리의 직무를 수행할 자와 그 직무범위에 관한 법률'에 규정된 자를 말한다. 이를 보조하는 자란 법원·검찰의 서기나 사법경찰리, 헌병하사와 같이 법령에 의하여 그 직무상 보조자의 지위에 있는 자를 말한다. 그러나 현행범을 체포한 사인 같은 사실상의 보조자는 여기에 포함되지 않는다. 집행관도 이 죄의 주체가 될 수 있다는 판례[64]가 있으나 집행관은 인신구속에 관한 직무권한이 없는 자로 이 죄의 주체가 될 수 없다. 123

(2) 행위

직권을 남용하여 체포·감금하는 것이다. 직권을 남용하여야 하므로 직권과 관계 없이 행한 체포·감금은 단순 체포·감금죄를 구성한다. 124

例 경찰관이 법정절차에 의하지 아니하고 피의자를 경찰서 보호실에 구금한 경우(대법원 1971.3.9. 70도2406), 임의동행한 125

63) 손동권/김재윤, §48/28; 이재상/장영민/강동범, §43/34.
64) 대법원 1969.6.24. 68도1218.

피의자를 조사 후 귀가시키지 않고 경찰서의 조사실·보호실에 계속 유치한 경우(대법원 1985.7. 29. 85모16)뿐 아니라 경찰서 내에서 직장동료들과 식사도 하고 사무실 안팎을 내왕까지 하였으나 영장 없이 유치장에 유치되었기 때문에 심리적·무형적 장애가 있는 경우(대법원 1991.12. 30. 91모5) 또는 그 장소가 경찰서 내 대기실로서 일반인과 면회인 및 경찰관이 수시로 출입하는 곳이고 여닫이문만 열면 나갈 수 있도록 된 구조라 하여도 경찰서 밖으로 나가지 못하도록 그 신체의 자유를 제한하는 유형·무형의 억압이 있었다면 즉결심판 피의자라도 그의 귀가요청을 묵살한 채 경찰서 내 즉결피의자 대기실에 10분 내지 20분 있게 한 경우(대법원 1997.6. 13. 97도877)는 불법감금죄가 된다.

3. 위법성조각사유

126 단순체포·감금죄의 경우와는 달리 이 죄는 피해자의 승낙이 있더라도 위법성이 조각되지 아니한다. 이 죄의 보호법익은 국가의 인신구속권의 행사의 공정이고, 피해자 개인의 신체활동의 자유는 어디까지나 부차적인 보호법익이기 때문이다.

Ⅶ. 폭행·가혹행위죄

> 제125조(폭행·가혹행위죄) 재판, 검찰, 경찰 그 밖에 인신구속에 관한 직무를 수행하는 자 또는 이를 보조하는 자가 그 직무를 수행하면서 형사피의자나 그 밖의 사람에 대하여 폭행 또는 가혹행위를 한 경우에는 5년 이하의 징역과 10년 이하의 자격정지에 처한다.

1. 의의, 성격, 보호법익

127 재판, 검찰, 경찰 그 밖에 인신구속에 관한 직무를 수행하는 자 또는 이를 보조하는 자가 폭행 또는 가혹행위를 함으로써 성립하는 범죄이다. 이 죄의 보호법익은 인신구속에 관한 국가기능의 공정한 행사이며, 개인의 신체의 안전(내지 인권)을 부차적인 보호법익으로 한다.

128 **보호법익이 보호받는 정도**에 관해서는 ① 침해범설[65]과 ② 추상적 위험범설이 대립하지만, 폭행·가혹행위로 인해 신체의 안전에 대한 침해가 없어도 이 죄가 성립하는 거동범(미수처벌 규정 없음)이므로 추상적 위험범설이 타당하다.

129 **이 죄의 성격**에 관해서도 이를 ① 독립된 진정직무범죄로 보는 견해가 있지만 ② 불법체포·감금죄의 경우와 마찬가지로 부진정직무범죄로 보는 것이 타당하다.

2. 구성요건

(1) 주체

130 재판, 검찰, 경찰 그 밖에 인신구속에 관한 직무를 수행하는 자 또는 이를 보조하는 자이다. 불법체포·감금죄의 주체와 같다.

---

65) 김일수/서보학, 811면; 박상기, 637면.

(2) 객체

형사피의자나 그 밖의 사람이다. 그 밖의 사람에는 형사피고인·증인·참고인 등 수사나 131
재판에 있어서 조사의 대상이 된 자뿐만 아니라 행정경찰상(산림·해양·철도·환경·노동·부녀 등)의 감독·보호를 받는 자 또는 그 관계인도 포함되며, 교도소·구치소·소년원 등에 수용된 자도 이 죄의 객체가 된다.

(3) 행위

직무를 수행하면서 폭행 또는 가혹행위를 하는 것이다. 132

1) **직무를 수행하면서** 직무를 행하는 기회에 있어서라는 의미로서 직권남용의 경우도 133
당연히 포함되는 포괄적인 행위상황을 일컫는다. 따라서 직무행위는 아니라도 직무와 시간적·사항적·내적 관련이 있는 것이면 족하다.

2) **폭행·가혹행위** 폭행이란 사람의 신체에 대한 유형력의 행사(협의의 폭행개념)를 의 134
미하며, 가혹한 행위란 폭행 이외의 방법으로 육체적 또는 정신적으로 고통을 가하는 일체의 행위를 말한다(학대보다 넓은 개념으로 중체포·감금죄 참조). 여자의 옷을 벗겨 수치심을 일으키거나 추행·간음 등의 음행행위를 하는 유형적 방법, 음식을 주지 않거나 잠을 자지 못하게 하는 등 무형적 방법도 여기에 해당한다. 다만 구속된 부녀를 간음한 경우에는 이 죄와 피구금부녀간음죄(제303조 제2항)의 상상적 경합이 된다. 폭행 또는 가혹행위를 함으로써 이 죄의 기수(또는 성립)가 된다.

국가적 법익에 대한 죄이므로 피해자의 승낙이 있더라도 이 죄의 성립에 영향이 없는 것 135
은 불법체포·감금죄의 경우와 같다.

3. 특별형법

특가법은 이 죄를 범하여 사람을 상해 또는 사망에 이르게 한 경우에 가중처벌하는 규정 136
을 두고 있다(제4조의2). 법률에 따라 구금된 사람을 감호하는 사람이 그 사람을 추행한 때에는 성폭법(제10조 제2항)이, 군사법원의 법무관·검찰관·군수사기관의 수사요원의 가혹행위에 대해서는 군형법(제62조)이 우선 적용된다.

Ⅷ. 선거방해죄

> 제128조(선거방해죄) 검찰, 경찰 또는 군의 직에 있는 공무원이 법령에 의한 선거에 관하여 선거인, 입후보자 또는 입후보자되려는 자에게 협박을 가하거나 기타 방법으로 선거의 자유를 방해한 때에는 10년 이하의 징역과 5년 이상의 자격정지에 처한다.

1. 의의, 성격, 보호법익

검찰, 경찰 또는 군軍의 직에 있는 공무원이 법령에 의한 선거에 관하여 선거인, 입후보자 137

또는 입후보자가 되려는 자에게 협박을 하거나 기타 방법으로 선거의 자유를 방해함으로써 성립하는 범죄이다.

138 보호법익은 선거권의 자유로운 행사이고, 보호받는 정도는 추상적 위험범으로서의 보호이다.

139 이 죄는 일반직권남용죄와 비교해 볼 때 특수공무원에 한정되고, 행위태양도 자유로운 선거권의 행사라고 하는 특별한 권리행사를 방해하는 것을 구성요건요소로 하고 있어 직권남용죄의 특별유형에 해당한다. 따라서 이 죄가 성립하면 일반직권남용죄는 성립하지 않는다(법조경합 중 특별관계).

2. 구성요건

(1) 주체

140 검찰, 경찰 또는 군의 직에 있는 공무원에 한정된다. 군인 외에 군속도 군의 직에 있는 공무원에 포함된다.

(2) 행위

141 법령에 의한 선거에 관하여 선거인, 입후보자 또는 입후보하려는 자에게 협박을 가하거나 기타 방법으로 선거의 자유를 방해하는 것이다. 법령에 의한 선거에 한하므로 법령에 의하지 않는 공공단체와 사적 단체의 선거는 포함하지 않는다. 입후보자 되려는 자란 정당의 공천을 받으려는 자 또는 입후보등록절차를 밟고 있는 자 등을 말한다. 협박은 방해의 예시이며, 방해의 수단·방법에는 제한이 없으며 작위·부작위를 불문하고, 반드시 불법한 방법일 필요도 없다.

142 선거의 자유를 방해하는 행위를 하면 기수(또는 이 죄의 성립)가 되며(미수처벌규정 없음) 현실로 선거방해의 결과가 발생하였음을 요하지 않는다(추상적 위험범).

Ⅸ. 뇌물죄 일반론

1. 의의 및 보호법익

(1) 뇌물죄의 의의

143 뇌물죄란 공무원 또는 중재인이 직무행위의 대가로 부정한 이익을 취득하거나 공무원 또는 중재인에게 부정한 이익을 제공하는 것을 내용으로 하는 범죄를 총칭한다. 뇌물죄에는 크게 뇌물을 받는 수뢰죄와 뇌물을 주는 증뢰죄가 있다. 수뢰죄는 공무원의 직무범죄이나 증뢰죄는 원칙적으로 공무원의 직무범죄가 아니지만 공무원의 직무범죄와 관련성이 있을 뿐만 아니라 수뢰죄와 증뢰죄는 서로 대향관계로서 성립하는 것이 보통이므로 뇌물죄에서 함께 규정하고 있다.

(2) 입법태도

144 뇌물죄를 규율하는 입법태도는 크게 두 가지로 대별될 수 있다. 하나는 직무행위의 대가로 뇌물을 받기만 하면 직무의무에 위반한 행위가 없어도 뇌물죄로 처벌하는 태도(로마법사상에 기초한 규율방식)이고, 다른 하나는 직무의무에 위반하는 부정한 행위가 있는 경우에만 뇌물죄로 처벌하는 태도(게르만법사상에 기초한 규율방식)이다.

145 형법은 부정한 직무행위가 있었는지와 무관하게 공무원이 뇌물을 수수·요구 또는 약속만 하면 수뢰죄가 성립하는 것으로 규정하면서(형법 제129조), 부정한 직무행위가 있는 경우에는 형을 가중(제131조)하는 혼합방식을 취하고 있다.

(3) 보호법익

146 로마법 사상을 기본으로 하면서 게르만법 사상을 보충하고 있는 뇌물죄의 보호법익을 어떻게 볼 것인지에 관해 견해가 대립한다. 로마법사상에 기초하면 뇌물죄의 보호법익을 직무행위의 불가매수성을 뇌물죄의 보호법익이 되고, 게르만법 사상에 따르면 직무행위 자체의 순수성 내지 불가침성을 보호법익이 되기 때문이다.

147 1) 학설의 태도 뇌물죄의 보호법익이 직무행위의 불가매수성이라고 보는 견해도 있지만, 직무행위에 대한 불가매수성과 함께 직무집행의 공정성 및 이에 대한 사회일반의 신뢰까지 보호법익으로 하는 견해(이른바 종합설)가 다수설이다.

148 2) 판례의 태도 대법원은 종래 직무행위의 불가매수성을 보호법익으로 보는 태도를 취한 적이 있지만, 최근에는 종합설적 태도를 취하고 있다.[66]

3) 결론

149 ① 종합설의 타당성 직무행위의 불가매수성만을 보호법익으로 하면 원칙적으로 뇌물이 직무와 외형상 직선적인 연결고리가 확실하게 형성되는 경우에 한해서만 뇌물죄가 인정된다고 하게 된다. 부정한 직무행위가 없더라도 뇌물죄의 성립을 요구하기 위해서는 수뢰자의 직무관련성 및 그 직무와 뇌물의 대가관계라는 요건이 필요하기 때문이다. 뇌물죄의 성립을 지나치게 엄격하게 요구하면 부정부패가 만연한 한국적 풍토에서 형법적 대응방안에 한계가 생긴다. 공무원이 직무권한을 달리하는 직무로 전직한 후 전직 전의 직무와 관련하여 뇌물을 받은 경우에는 직무관련성이 부정되어 뇌물죄를 인정할 수 없게 되고, 더 나아가 뇌물과 직무의 대가관계를 개별적으로 요구하게 되면 그 대가관계의 입증곤란 때문에 뇌물죄의 성립이 어렵게 되기 때문이다.

150 그러나 뇌물죄의 보호법익을 직무행위에 대한 불가매수성과 함께 직무집행의 공정성 및 이에 대한 사회일반의 신뢰까지 보호법익으로 삼는 태도와 직무행위의 불가매수성만을 보호법익으로 보는 태도 간에는 ― 아무런 실익없는 논쟁[67]이 아니라 ― 뇌물죄의 구성요건을 해석론에서 차이가 생길 수 있다. 예컨대 전직 전의 직무의

66) "뇌물죄는 공무원의 직무집행의 공정과 이에 대한 사회의 신뢰 및 직무행위의 불가매수성을 그 보호법익으로 하고 있고, 직무에 관한 청탁이나 부정한 행위를 필요로 하는 것은 아니(다)"(대법원 2001.10.12. 2001도3579).

공정성에 대한 사회일반의 신뢰를 보호해야 한다는 태도를 취하면 결국 직무관련성의 범위를 확장할 수 있게 되고, 이를 통해 뇌물과 직무수행간의 대가관계도 포괄적으로 파악할 수 있게 하는 이론적 토대를 삼을 수도 있다. 뇌물죄가 직무집행의 공정과 이에 대한 사회의 신뢰 및 직무행위의 불가매수성을 보호법익으로 한다고 해석하면, 공무원이 이익을 수수하는 것으로 인하여 사회 일반으로부터 직무집행의 공정성을 의심받게 되는지 여부도 뇌물죄의 성립 여부를 판단할 때에 기준이 될 수 있기 때문이다.[68]

151 ② 입법적 보완(청탁금지법) 대법원이 뇌물죄의 보호법익을 확장함으로써 직무관련성이 인정되는 범위를 넓히고, 대가관계를 포괄적으로 인정하는 해석태도를 취해왔지만, 공직사회에 만연한 부정부패의 카르텔이 없어지지는 않았다. 뇌물죄의 성립이 인정되려면 — 완화되기는 했지만 — 여전히 직무관련성과 대가관계라는 요건이 재판에서 입증되어야 하는데, 뇌물범행의 속성상 그 입증곤란의 어려움까지 해소될 수는 없었기 때문이다. 이 때문에 2015년 입법자는 전격적으로 '청탁금지법'을 만들어 제8조 제1항(금품등의 수수금지)에서 공직자 등이 1백만원을 초과한 금품등을 받거나 요구하거나 약속한 경우 직무관련성이나 대가관계라는 요건이 없어도 형사처벌이 가능하게 하였다(3년이하의 징역 또는 3천만원 이하의 벌금). 이에 따라 청탁금지법의 '금품제공' 구성요건이 오히려 형법의 수뢰죄(제129조: 5년 이하의 징역 등)의 구성요건에 비해 일반법적 의미를 가지게 되었다.

152 ③ '대가관계'라는 요건의 필요성 여부 형법의 뇌물죄의 구성요건 요소로도 '대가관계'를 요구할 필요가 없다고 보는 견해[69]도 있다. 이 견해는 형법이 '직무에 관하여 (수수, 요구, 또는 약속된) 뇌물'이라고 규정하고 있을 뿐, '직무에 대한 대가로 (수수, 요구, 또는 약속된) 뇌물'이라고 규정되어 있지 않다는 점과 대가관계를 명시적 요건으로 요구했던 독일 구형법의 해석론을 그대로 가져와서는 안 된다는 점에 근거하여 통설과 판례의 태도를 "아이러니컬"한 일로 비판한다.

153 그러나 뇌물죄의 구성요건이 직무에 관하여 수수등의 대상이 되는 것이 단순히 금품 또는 이익 또는 재물이라고 하지 않고, '뇌물'이라고 하고 있음은 뇌물이 직무수행을 둘러싸고 주고받은 '불법'한 이익의 표현이다. 즉 직무수행의 부정함을 요건으로 하고 있지 않은 구성요건의 해석상 주고받은 '금품' 등과 직무수행의 상호관계가 부당한 대가적 관계에 있음을 요건으로 할 필요가 있고, 그 관계의 반가치성이 가치중립적 용어인 '이익'이나 '재물'이 아니라 '뇌물'이라는 용어로 표현되어 있는 것이다, 물론, 그 대가관계를 어느 정도 엄격하게 요구할 것인지는 별개의 문제이다. 다른 한편 독일형법은 3년 이하의 징역에 처해지는 단순 수뢰죄(제331조 제1항)의 구성요건에서 대가관계(Gegenleistung) 대신에 직무수행에 '대한'(für) 이익이라는 완화된 요건을 규정하고 있지만, 이 완화된 요건에 관한 독일의 학설과 판례[70]는 수뢰자의 특

67) 오영근, 712면.
68) 대법원 2011.3.24. 2010도17797.
69) 오영근, 714면.
70) BGHSt 53, 6; Schönke/Schröder/Heine/Eisele Rn. 37.

정직무수행에 대한 이익이 아니라 직무수행 일반에 대한 이익으로 해석하면서 여전히 넓은 의미의 대가관계—즉 한국 대법원의 태도와 같은 포괄적인 대가관계—가 요구된다는 태도를 취하고 있다. 이 뿐만 아니라 제331조 제2항에서 그 주체가 법관 등인 경우에는 '대가관계'가 명시적으로 요구되어 있으며, 5년 이하의 징역에 해당하는 수뢰죄(특히 이익 취득이라는 요건에 추가하여 '직무상의 의무위반'까지를 요구하는 구성요건)의 경우에도 '대가관계'가 명시적으로 요구되어 있으며(제332조), 뇌물공여죄(제334조)의 경우에도 '대가관계'가 명시되어 있다.[71] 이와 같은 독일형법의 뇌물죄 규정체계를 개관해 보면(제331조~제334조)를 한국 형법의 뇌물죄와 단순 비교를 통한 결론도 성급하다. 마지막으로 대가관계를 요구하지 않는 금품수수등을 처벌하는 청탁금지법과의 관계 속에서 보더라도 형법의 뇌물죄는 대가관계가 요구되는 것으로 해석해야 할 이유가 추가되었다(체계적 해석).

2. 뇌물죄의 체계와 상호관계

(1) 뇌물죄의 체계

154

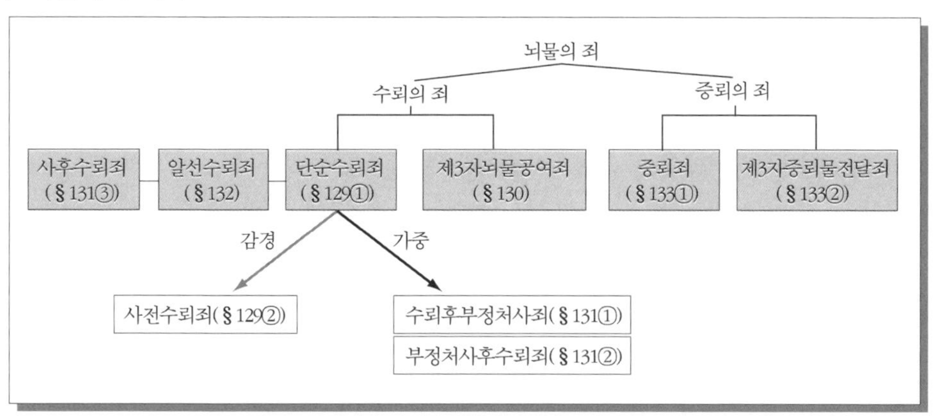

형법은 뇌물죄를 수뢰죄와 증뢰죄로 대별하고 있다. 수뢰죄의 기본적 구성요건은 단순수뢰죄이다. 사전수뢰죄는 단순수뢰죄의 감경적 구성요건이고, 제3자뇌물공여죄는 단순수뢰죄의 수정구성요건이다. 수뢰후부정처사죄는 수뢰와 관련하여 부정한 행위까지 한 경우를 가중처벌하는 가중적 구성요건이고, 부정처사후수뢰죄는 수뢰후부정처사죄에 대응하는 구성요건이며 사후수뢰죄는 사전수뢰죄에 대응하는 구성요건이다. 155

그 외 알선수뢰죄는 공무원이 지위를 이용하여 다른 공무원에게 알선하는 행위를 직무행 156

71) 특히 독일형법에서 명시되어 있는 "대가관계"(즉 이익과 직무행위간의 상호반대급부관계)은 다음과 같은 요건 하에서 그 충족이 요구된다고 해석되고 있다. 즉 그 이익이 수령자에게 일정하게 행해진 또는 장래에 행해질 직무행위를 위해 제공된 것이어야 하고, 그 이익은 양 당사간의 명시적 또는 묵시적 합의한 바에 따른 바로 그 직무행위에 근거한 것이어야 하거나 그 직무수행에 대해 등가물(Äquivalent) 또는 보수(Entgelt)로서 제공된 것일 것이 요구된다(BGH, 4 StR 347/93)

위에 준하는 것으로 보아 파생적 구성요건으로 규정되어 있다. 증뢰죄는 수뢰죄에 대응하는 범죄이며 그에 대한 독립된 구성요건으로 제3자증뢰물전달죄가 규정되어 있다.

157 그 밖에 특가법은 수뢰액이 3천만원에서 5천만원 미만인 경우와 5천만원 이상 1억원 미만인 경우 그리고 1억원 이상인 경우를 각각 가중처벌하는 규정(제2조)과 뇌물죄 적용대상을 확대하는 공무원 의제규정(제4조)을 두고 있다.

(2) 수뢰죄와 증뢰죄의 관계

158 1) 필요적 공범관계인지 여부 **수뢰죄와 증뢰죄의 관계와 관련하여, 특히 양자가 필요적 공범인지**에 대해서는 ① 뇌물죄는 수뢰자와 증뢰자의 협동을 필요로 하므로 두 죄는 1개의 범죄의 양면에 불과하고, 다만 범인의 신분 유무에 따라 형의 경중을 달리하는 필요적 공범이라는 견해(필요적 공범설), ② 수뢰죄는 신분범으로서 공무원의 직무위배죄임에 비하여 증뢰죄는 공무원의 직무위반을 유혹하는 범죄이므로 양자는 성질을 달리하는 별개의 독립된 범죄라는 견해(독립범죄설), ③ 뇌물죄 가운데 '수수·공여·약속'은 필요적 공범이지만, '요구와 공여의 의사표시'는 일방적 의사표시로도 가능하므로 독립범죄라는 견해(이원설)가 대립한다.

159 判 대법원은 뇌물죄가 기본적으로 협동관계를 필요로 한다고 함으로써 필요적 공범설의 기반 위에 서 있으면서,[72] 뇌물공여자의 뇌물공여죄가 성립한다고 해서 반드시 상대방의 뇌물수수죄가 성립하는 것은 아님을 인정함으로써 처벌받지 않는 대향자가 있는 경우도 필요적 공범의 개념범주 속에 포함시키고 있다.[73]

160 생각건대 요구의 행위태양과 공여의사표시의 행위태양의 경우에는 일방적 의사표시에 의해 일방만이 뇌물죄로 인정될 수 있고 그 상대방은 처벌되지 않지만 상대방의 존재 없이는 요구나 공여의 의사표시 자체가 이루어질 수 없다. 따라서 뇌물죄는 모든 경우에 2인 이상의 대향적 존재가 반드시 필요하다는 점에서 필요적 공범설이 타당하다.

161 2) 총칙상의 공범규정의 적용문제 필요적 공범에 해당하는 경우에는 총칙상의 공범규정이 적용되지 않으므로 공무원은 수뢰죄, 증뢰자는 증뢰죄가 된다. 하지만 이 경우에도 외부가담자가 있을 경우에는 원칙적으로 총칙상의 공범규정이 적용된다. 다만 이 경우 외부가담자가 수뢰자의 행위(신분범)에 가담한 경우는 형법 제33조의 본문이 적용되어 외부가담자는 수뢰죄의 공범(또는 공동정범)이 되고, 증뢰자의 행위(비신분범)에 가담한 외부가담자는 제33조의 적용여지 없이 행위기여의 정도 및 공범종속성의 일반원칙에 따라 증뢰죄의 공범(또는 공동정범)이 성립한다.

162 공무원의 뇌물수수행위에 가담한 비공무원의 행위는 형법 제33조 적용에 따라 수뢰죄의 공동정범의 성립이 인정되지만, 반대로 '비공무원의 뇌물수수의 실행행위'에 공무원이 가담한 경우로 본다면, (제33조가 신분자의 신분범죄에 비신분자가 가담한 경우를 전제하고 있기 때문에) 형법 제33조의 적용이 없는 때에 해당하므로 그 비공무원은 공무원과 수뢰죄의 공동정범이 될 수 없다고 해야 할 것이다. 문제는 '공무원과 비공무원이 뇌물을

72) 대법원 1971.3.9. 70도2536.

73) 대법원 1987.12.22. 87도1699; 대법원 1996.8.23. 96도1231.

받으면 뇌물을 비공무원에게 귀속시키기로 미리 모의하거나 뇌물의 성질에 비추어 비공무원이 전적으로 사용하거나 소비할 것임이 명백한 경우'라는 특수사정이 있는 경우에 있다. 이러한 경우를 제33조의 적용이 있는 사안으로 볼 것인지 없는 사안으로 볼 것인지가 문제된다.

判 대법원은 위 사안의 구조를 '공무원이 증뢰자로 하여금 비공무원에게 뇌물을 공여하게 한 사안'이라고 하면서도 제33조 적용 사례에 포함시킨다[74]고 한다. 이러한 법리에 따른다면 비공무원에게 뇌물을 공여하게 한 공무원에 대해서도 수뢰죄의 공동정범만 성립하고 제3자 뇌물수수죄는 성립하지 않을 것이다.[75] 그러나 위 사안을 제33조 적용이 없는 사안으로 본다면, 뇌물을 수수한 비공무원에 대해서는 수뢰죄가 성립하지 않고, 그에게 뇌물공여하게 한 공무원에 대해서는 — 증뢰자의 부정한 청탁이 있을 것으로 전제로 — 제3자 뇌물제공죄의 성립이 인정될 것이다(위 전원합의체 판결의 다수의견에 대한 반대의견 참조). 163

3. 뇌물의 개념

(1) 뇌물의 의의

164 뇌물이란 공무원 또는 중재인이 그 직무에 관하여 받은 일체의 부정한 이익을 말한다. 뇌물은 모든 뇌물죄에 공통되는 본질적 요소(수뢰행위의 객체 또는 수뢰행위의 수단)이다. 뇌물개념에서 공무원 또는 중재인의 '직무관련성'과 '부정한 이익'의 내용을 어떻게 파악할 것인가가 문제된다.

(2) 직무관련성

165 **1) 직무** 직무란 공무원 또는 중재인이 그 지위에 따라 담당하여야 할 일체의 집무를 말한다. 직무의 범위는 직접 법령에 정해진 경우는 물론 훈령·내규·행정처분·관례 등에 의한 경우를 포함하며, 반드시 법령에 직접적인 규정이 없더라도 그 직무와 관련하여 사실상 처리하고 있는 행위 및 결정권자를 보좌하거나 영향을 줄 수 있는 직무행위도 무방하다.[76] 따라서 부하 공무원이 관례상 또는 상사의 지휘감독하에 명령을 받아 취급하는 업무는 독립적인 결재권이 없더라도 직무에 포함된다.[77]

166 법령상 공무원의 일반적(추상적)인 직무권한에 속하는 것이면 충분하고 현재 구체적으로 담당하고 있는 사무임을 요하지 않는다. 따라서 과거에 담당하였거나 장래에 담당할 사무 또

---

74) "공무원이 아닌 사람(이하 '비공무원'이라 한다)이 공무원과 공동가공의 의사와 이를 기초로 한 기능적 행위지배를 통하여 공무원의 직무에 관하여 뇌물을 수수하는 범죄를 실행하였다면 공무원이 직접 뇌물을 받은 것과 동일하게 평가할 수 있으므로 공무원과 비공무원에게 형법 제129조 제1항에서 정한 뇌물수수죄의 공동정범이 성립한다"(대법원 2019.8.29. 2018도2738 전원합의체).

75) "공무원이 뇌물공여자로 하여금 공무원과 뇌물수수죄의 공동정범 관계에 있는 비공무원에게 뇌물을 공여하게 한 경우에는 공동정범의 성질상 공무원 자신에게 뇌물을 공여하게 한 것으로 볼 수 있다. 공무원과 공동정범 관계에 있는 비공무원은 제3자뇌물수수죄에서 말하는 제3자가 될 수 없고, 공무원과 공동정범 관계에 있는 비공무원이 뇌물을 받은 경우에는 공무원과 함께 뇌물수수죄의 공동정범이 성립하고 제3자뇌물수수죄는 성립하지 않는다"(대법원 2019.8.29. 2018도2738 전원합의체).

76) 대법원 1998.2.27. 96도582.

77) 대법원 1961.4.15. 4290형상201.

는 사무분장에 따라 현실적으로 담당하고 있지 아니한 직무라도 상관없다.[78] 직무행위는 작위·부작위를 묻지 않고 직무행위의 적법·위법여부와도 상관없다.[79]

167 2) 직무에 관하여 뇌물은 공무원 또는 중재인의 직무에 관한 이익이어야 한다. 여기서 직무관련성은 권한에 속하는 직무행위 자체에 관한 것뿐만 아니라 직무행위에는 속하지 않더라도 직무와 밀접한 관계가 있는 행위, 그리고 직무와 관련하여 사실상 처리하고 있는 행위도 포함된다.[80]

168 직무와 관계없는 단순한 사적 행위에 대한 이익은 그것이 집무시간 내에 집무장소에서 행해진 경우에도 직무와 관계없이 공여된 것이므로 뇌물이 아니다. 그러나 개인적인 친분관계가 있다고 해서 무조건 직무관련성을 부정되는 것은 아니다.[81]

169 특히 직무와 밀접한 관계가 있는 행위란 보통 직무상의 지위를 이용하거나 그 직무에 기한 세력을 기초로 공무의 공정에 영향을 줄 수 있는 행위를 말한다. 자기와 동일한 권한을 가지고 있는 공무원에게 권유·청탁하는 행위, 직무권한은 다르지만 소관사무에 관한 의견이 사실상 존중되고 결정권자의 판단에 영향을 미칠 수 있는 경우, 기관 구성원 사이에 사실상 권한위임을 받거나 공조하여 사무를 취급하는 경우, 공무원 본래의 직무집행에 대한 준비적 행위의 성격을 가진 경우, 또는 조언적 행정지도나 규정적 행정지도를 하는 경우 등이 직무와 밀접한 관계가 있는 행위라 할 수 있다.

170 추상적 직무권한을 달리하는 다른 직무로 전직한 후에 전직 전의 직무와 관련하여 뇌물을 수수한 경우에도 전직 전의 직무에 대한 공정과 이에 대한 사회일반의 신뢰를 보호할 필요가 있으므로 직무관련성을 인정해야 한다(통설).[82]

171 判 대법원은 보호법익과의 관점에서 볼 때 공무원의 이익수수로 인하여 사회일반으로부터 직무집행의 공정성을 의심받게 되는지 여부도 직무관련성여부를 판단함에 있어서 기준이 될 수 있다고 한다.[83]

---

78) 대법원 1994.3.22. 93도2962. 그러나 "그 이익을 수수할 당시 장래에 담당할 직무에 속하는 사항이 그 수수한 이익과 관련된 것임을 확인할 수 없을 정도로 막연하고 추상적이거나, 장차 그 수수한 이익과 관련지을 만한 직무권한을 행사할지 자체를 알 수 없다면, 그 이익이 장래에 담당할 직무에 관하여 수수되었다거나 그 대가로 수수되었다고 단정하기 어렵다"(대법원 2017.12.22. 2017도12346).

79) 다만 부정한 직무행위에 대해서는 경우에 따라 형이 가중되는 수뢰후부정처사죄·부정처사후수뢰죄가 되거나 사후수뢰죄가 성립할 수 있다.

80) 대법원 1982.11.23. 82도1549.

81) "공무원이 그 직무의 대상이 되는 사람으로부터 금품 기타 이익을 받은 때에는 사회상규에 비추어 볼 때에 의례상의 대가에 불과한 것이라고 여겨지거나, 개인적인 친분관계가 있어서 교분상의 필요에 의한 것이라고 명백하게 인정할 수 있는 경우 등 특별한 사정이 없는 한 직무와의 관련성이 없는 것으로 볼 수 없으며, 공무원이 직무와 관련하여 금품을 수수하였다면 비록 사교적 의례의 형식을 빌어 금품을 주고 받았다 하더라도 그 수수한 금품은 뇌물이 된다"(대법원 2001.10.12. 2001도3579).

82) 이에 따르면 공무원이 직무상 부정한 행위를 한 후 추상적 직무권한을 달리하는 직무로 전직하고 뇌물을 수수한 경우에 대해 가중수뢰죄(제131조 제2항)의 성립을 인정하게 된다. 이에 반해 이 경우 직무관련성을 부정하는 견해를 취하면 사후수뢰죄(제131조 제3항)의 성립을 인정하게 된다.

83) 대법원 2002.3.15. 2001도970.

例 **직무관련성이 긍정된 경우**: ① 업무집행을 지휘·감독하는 상급자인 공무원이 그 하급자로부터 부하의 비행묵인의 취지로 금원을 받은 경우(대법원 1968.12.24. 66도1575), ② 교통부장관을 보좌하는 보좌관이 관광호텔 골프장 등 관광이용시설업체의 지휘·감독 등의 업무를 관장하면서 골프클럽에 대한 지도감독업무와 관련하여 금품을 수수한 경우(대법원 1984.8.14. 84도1139), ③ 교도소의 경비교도가 수형자로부터 서신연락이나 담배 등의 반입의 편의를 봐달라는 부탁과 함께 금원을 받은 경우(대법원 1987.11.24. 87도1463), ④ 구청 위생계장이 유흥업소를 경영하는 자로부터 건물용도변경허가와 관련하여 금품을 수수한 경우(대법원 1989.9.12. 89도597), ⑤ 대통령경제수석 비서관이 시중 은행장으로부터 은행이 추진 중인 업무전반에 관하여 선처해 달라는 부탁을 받은 경우(대법원 1994.9.9. 94도619), ⑥ 토지구획정리사업에 대한 심의회의 심의와 관련하여 영향을 미칠 수 있는 지위에 있는 시의회 의장이 당해 사업과 관련하여 금품을 수수한 경우(대법원 1996.11.15. 95도1114), ⑦ 국회의원이 자신의 직무권한인 의안의 심의·표결권 행사의 연장선상에서 일정한 의안에 관하여 다른 동료의원에게 작용하여 일정한 의정활동을 하도록 권유·설득한 경우 위 직무권한의행사와 밀접한 관계가 있는 행위가 되므로 그와 관련하여 금품을 수수한 경우(대법원 1997.12.26. 97도2609), ⑧ 국책사업의 사업자 선정도 대통령의 직무범위에 속하거나 밀접한 관계가 있는 행위이므로 그와 관련하여 대통령에게 금품을 공여(뇌물공여죄)한 경우(대법원 1997.4.17. 96도3377), ⑨ 택지개발현장에서 공사관리를 총괄하는 직무를 담당하는 국토토지개발공사 서울지사 공사부장이 A건설회사가 건축물 폐재류의 처리공사를 담당할 하도급업체를 선정하는 일에 B기업이 선정될 수 있도록 A건설회사에 청탁한 경우(대법원 1998.2.27. 96도582), ⑩ 국립대학교 교수가 교수신규채용과 관련하여 청탁을 받은 경우(대법원 1999.1.29. 98도3584), ⑪ 음주운전을 적발하여 단속관련서류를 작성한 후 면허취소업무를 담당하는 직원에게 이를 인계하는 업무를 담당하는 경찰관이 피단속자로부터 면허가 취소되지 않도록 하여 달라는 청탁을 받고 금원을 교부받은 경우(대법원 1999.11.9. 99도2530), ⑫ 경찰관이 자신이 조사하는 피의자들이 특정변호사를 변호인으로 선임하도록 알선하고 수임료의 일부를 받은 경우(대법원 2000.6.15. 98도3697), ⑬ 국립대학교 교수 겸 총장이 농림부 주관 농림기술개발사업의 일환으로 시행한 연구업무를 수행하면서 장차 개발할 백신기술을 특정연구소에 우선적으로 전수하여 달라는 청탁을 받고 금품을 수수한 경우(대법원 2005.10.14. 2003도1154), ⑭ 경찰관이 재건축조합 직무대행자에 대한 진정사건을 수사하면서 진정인 측에 의하여 재건축 설계업체로 선정되기를 희망하던 건축사사무소 대표로부터 금원을 수수한 경우(대법원 2007.4.27. 2005도4204), ⑮ 재건축추진위원장이 재건축조합의 조속한 설립인가를 위해 담당공무원에게 두 차례에 걸친 점심식사를 제공한 경우(대법원 2008.11.27. 2007도8779), ⑯ 국회의원이 특정협회로부터 요청받은 자료를 제공하고 그 대가로서 후원금 명목으로 금원을 교부받은 경우(대법원 2009.5.14. 2008도8852) ⑰ 시의원이 신문사와 노인단체의 부탁을 받고 노인시설에서 구독하는 신문의 구독료 예산을 확보하여 지급되도록 한 다음 수수료 명목의 돈을 수수한 경우(대법원 2011.12.8. 2010도15628) 등. 172

例 **직무관련성이 부정된 경우**: ① 교육부 소속 공무원이 검정교과서의 내용검토 및 개편수정작업을 의뢰받고 그에 소용되는 비용을 받은 경우(이 업무는 발행자나 저자의 책임에 속하므로 부정)(대법원 1979.5.22. 78도296), ② 공판에 참여하여 양형에 관한 사항의 심리내용을 공판조서에 기재하는 업무를 하는 법원의 참여주사가 형량을 감경하여 달라는 청탁과 함께 금품을 수수한 경우(형사사건의 양형이 참여주사의 직무와 밀접한 관계가 있는 사무가 아니므로 부정)(대법원 1980.10.14. 80도1373), ③ 경찰청 정보과 경찰이 외국인 산업연수생에 대한 국내관리업체 선정과 관련하여 모회사로부터 금원을 받은 경우(대법원 1999.6.11. 99도275), ④ 국립대학교 부설연구소 소속책임연구원인 국립대학교 교수가 연구소 자체가 수주한 어업피해조사용역업무를 수행하다가 이와 관련하여 금품을 수수한 경우(국가와 별개의 지위에서 연구소라는 단체의 명의로 체결한 사업에서 조사용역업무는 교육공무원의 직무 또는 그와 밀접한 관계가 있는 행위가 아니므로 부정)(대법원 2002.5.31. 2001도670), ⑤ 서울대학교 의과대학 교수 겸 서울대학교병원 의사가 구치소로 왕진을 나가 진료하고 진단서를 작성해 주거나 법원의 사실조회에 대하여 회신을 해 준 경우(의사로서의 진료업무이지 교육공무원인 서울대학교 의과대학 교수의 직무와 밀접한 관련 있는 행위라고 할 수 없기 때문에 부정)(대법원 2006.6.15. 2005도1420) 등. 173

(3) 부정한 이익

174 1) 대가관계 뇌물은 직무에 관한 부정한 이익이므로 직무행위와의 사이에 급부와 반대급부라는 '대가적 관계'가 있어야 한다. 따라서 직무와 관계없는 사적 행위에 대한 보수는 뇌물이 아니다.

175 직무행위와 대가관계가 있는 보수와 직무 이외의 행위에 대한 보수가 불가분적으로 결합되어 있는 경우에도 전체로서 대가관계를 인정해야 한다.[84] 뇌물죄의 성립을 위해 대가관계가 불필요하다는 견해가 있지만 이러한 해석태도를 취할 수 없음은 앞서 언급하였다.

176 (가) 포괄적 대가관계 대가관계는 해당 공무원이 행한 직무행위가 특정될 것도 요하지 않는다고 해야 한다. 이러한 해석태도는 뇌물죄의 보호법익을 직무행위의 불가매수성 뿐 아니라 직무집행의 공정 및 이에 대한 사회일반의 신뢰까지로 넓히는 태도에 의해 뒷받침될 수 있다(통설). 이에 따르면 대가관계가 개개의 직무행위에 대해 구체적으로 존재하지 않더라도, 전체적으로 파악하여 그 공무원의 직무에 관하여 '일반적 포괄적인 대가관계'가 있으면 직무집행의 공정성 및 그에 대한 사회일반의 신뢰가 저해될 위험이 충분히 있는 것으로 볼 수 있기 때문이다.

177 判 대법원도 포괄적 대가관계론에 입각하고 있다. '공무원의 직무와 금원의 수수가 전체적으로 대가관계에 있으면 뇌물수수죄가 성립하고, 특별히 청탁의 유무, 개개의 직무행위의 대가적 관계를 고려할 필요가 없으며, 또한 그 직무행위가 특정된 것일 필요도 없다[85]고 하기 때문이다.

178 (나) 사교적 의례와의 구별 **사교적 의례로서의 선물과 뇌물의 구별**이 문제된다. 이와 관련해서는 ① 사교적 의례로서의 선물이라도 직무행위와 대가관계가 인정되는 때에는 뇌물이 된다는 견해,[86] ② 직무행위와 대가관계가 인정되어도 사회에서 관행적으로 승인되고 있는 경조부조금·전별금·환송연이나 계절적인 문안·인사 등을 위한 선물 등은 뇌물이 아니라는 견해(다수설), ③ 직무와의 대가관계가 인정되는 한 사교적 의례범위 내의 선물도 뇌물이지만 사회상규에 반하지 않는 행위로서 위법성이 조각된다는 견해[87]등이 대립한다.

179 判 대가관계가 인정되는 한, 사교적 의례의 형식을 빌려 수수되더라도 뇌물임에는 틀림없다. 뇌물개념에 관한 한 ①설과 ③설은 같은 태도이다. 대법원도 대가관계가 인정되면 금액의 다과나 명목이 무엇이든 간에, 즉 사교의 의례라는 명목 하에 금전이 수수되더라도 뇌물성을 인정하는 태도이다.[88] 다만 뇌물성이 인정된다고 해서

---

84) 대법원 2002.8.23. 2002도46.

85) "뇌물죄는 직무집행의 공정과 이에 대한 사회의 신뢰에 기하여 직무수행의 불가매수성을 그 직접의 보호법익으로 하고 있으므로, 공무원의 직무와 금원의 수수가 전체적으로 대가관계에 있으면 뇌물수수죄가 성립하고, 특별히 청탁의 유무, 개개의 직무행위의 대가적 관계를 고려할 필요가 없으며, 또한 그 직무행위가 특정된 것일 필요도 없다 할 것이(다)"(대법원 1997.12.26. 97도2609).

86) 손동권/김재윤, §49/18.

87) 김성천/김형준, 818면; 오영근, §45/88; 임웅, 859면.

88) "뇌물은 직무에 관한 행위의 대가로서의 불법한 이익을 말하므로 직무와 관련 없이 단순히 사교적인 예의로서 하는 증여는 뇌물이라고 할 수 없으나, 직무행위와의 대가관계가 인정되는 경우에는 비록 사교적 예의의 명목을 빌

뇌물죄로 처벌되는 것은 별개의 문제이므로 사회상규에 반하지 않는 사교적 의례의 뇌물의 수수는 뇌물죄의 위법성이 조각될 수 있다는 여지를 남겨두는 것이 합당하다. 다만 대법원은 공무원이 직무의 대상이 되는 사람으로부터 금품 기타 이익을 받았더라도 그것이 그 사람이 종전에 공무원으로부터 접대 또는 수수받은 것을 갚는 것으로서 사회상규에 비추어 볼 때에 의례상의 대가에 불과한 것이라고 여겨지거나, 개인적인 친분관계가 있어서 교분상의 필요에 의한 것이라고 명백하게 인정할 수 있는 경우 등 특별한 사정이 있으면 직무관련성을 부정할 수 있다는 태도를 취하고 있다.[89)]

2) 이익 뇌물의 내용인 이익이란 '금전, 물품 기타의 재산적 이익뿐만 아니라 사람의 180
수요와 욕망을 충족시키기에 족한 일체의 유형·무형의 이익을 말한다.'[90)] 투기적 사업에 참여할 기회를 얻는 것도 이익에 해당한다.[91)] 경제적·법적·인격적으로 유리한 지위를 주는 것이라는 제한도 필요 없고, 금전으로 환산가능한지의 여부가 문제될 필요도 없다. 뿐만 아니라 약속 또는 제공 당시에 현존하거나 확정적 또는 영속적일 필요가 없으며, 장차 예상할 수 있거나 조건부 이익이라도 무방하다. 따라서 향후 전원주택지로 개발이 되면 가격이 많이 상승할 것으로 기대되는 토지와 교환하는 것도 이익에 해당한다. 하지만 비재산적 이익인 때에는 객관적으로 측정할 수 있는 것이라야 한다. 따라서 명예욕이나 허영심을 만족시키는 비재산적 이익은 객관적으로 측정이 불가능하고 몰수·추징도 불가능하므로 뇌물이 될 수 없다.

判 대법원은 제공된 것이 "성적 욕구의 충족"도 뇌물의 내용인 이익에 포함시키지만,[92)] 성욕은 명예욕이나 181
호기심과 마찬가지로 객관적으로 측정하기 어려워 뇌물이 되지 않는다고는 견해[93)]도 있다.

例 **뇌물성이 인정된 경우:** ① 금전소비대차에 의한 금융이익(대법원 1976.9.28. 75도3607), ② 급행료(대법원 1992.10.26. 81도1409), ③ 조합아 182
파트 가입권에 붙은 프리미엄(대법원 1992.12.22. 92도1762), ④ 시가앙등이 예상되는 체비지를 낙찰원가에 매수한 경우(대법원 1994.11.4. 94도129), ⑤ 신주배당을 받은 경우(대법원 2005.7.15. 2003도4293), ⑥ 제공받은 상당액수의 향응(대법원 1996.12.6. 96도144), ⑦ 은행대출금채무에 대한 연대보증을 받은 경우(대법원 2000.1.15. 2000도4714), ⑧ 장기간 처분하지 못했던 토지를 택지개발로 인해 가격상승이 예상되는 토지와 교환한 경우(무형의 이익)(대법원 2001.9.18. 2000도5438), ⑨ 투기적 사업에 참여할 기회(무형의 이익)(대법원 2002.5.10. 2000도2251), ⑩ 차용금명목의 금원(대법원 2004.5.28. 2004도1442), ⑪ 장래 시가가 앙등될 것으로 예상되는 주식의 액면가 매수 및 투기적 사업에 참여할 기회의 획득(대법원 2012.8.23. 2010도6504) 등.

Ⅹ. (단순)수뢰죄

> 제129조(수뢰죄) ① 공무원 또는 중재인이 그 직무에 관하여 뇌물을 수수, 요구 또는 약속한 때에는 5년 이하의 징역 또는 10년 이하의 자격정지에 처한다.
>
> 제134조(몰수, 추징) 범인 또는 사정을 아는 제3자가 받은 뇌물 또는 뇌물로 제공하려고 한 금품은 몰수한다. 이를 몰수할 수 없을 경우에는 그 가액을 추징한다.

더라도 뇌물성을 부정할 수 없다"(대법원 1999.7.23. 99도390).

89) 대법원 2017.1.12. 2016도15470.

90) 대법원 1995.9.5. 95도1269.

91) 대법원 1995.9.5. 95도1269.

92) 대법원 2014.1.29. 2013도13937.

93) 오영근, 제8판, 715면. 각주 1.

1. 의의, 성격

183 공무원 또는 중재인이 그 직무에 관하여 뇌물을 수수, 요구, 약속함으로써 성립하는 범죄이다. 수뢰죄의 기본적 구성요건이다. 진정신분범이자 진정직무범죄이다. 뇌물을 받고 부정한 행위까지 한 경우에는 이 죄가 아니라 수뢰후부정처사죄(제131조 제1항)가 성립한다.

2. 구성요건

(1) 객관적 구성요건

184 1) 주체 공무원 또는 중재인이다.

185 (가) 공무원 법령에 의하여 공무(국가 또는 지방자치단체의 사무)에 종사하는 직원으로서 노무의 내용이 단순한 기계적·육체적인 것에 한정된 경우를 제외한 자를 말한다(앞의 공무원 개념과 범위참조). 전직轉職한 경우나 기한부로 채용된 임시직,[94] 지방의회의원[95]도 이 죄의 주체가 된다. '특가법'이 적용될 경우에는 정부관리기업체의 간부직원(제4조), 일정한 금융기관임직원(시행령 제2조) 및 지방공사와 지방공단의 임·직원도 공무원으로 본다(지방공기업법 제83조).

186 현재 공무원의 지위에 있는 자만이 이 죄의 주체가 되며, 앞으로 공무원이 될 자는 사전수뢰죄(제129조 제2항)의 주체가 될 뿐이고, 공무원의 지위가 상실된 이후에 뇌물을 수수한 자는 사후수뢰죄(제131조 제3항)의 주체가 될 뿐이다.[96] 하지만 공무원으로 의제되는 일정한 임원의 경우에는 그 지위를 상실한 경우에도 사실상 직무를 수행하고 있는 한 여전히 공무원으로 의제되어 뇌물죄의 주체가 될 수 있다.[97]

187 (나) 중재인 법령에 의하여 중재의 직무를 담당하는 자 중 공무원 아닌 자를 말하고 단순한 사적私的인 조정자는 여기의 중재인이 아니다. 노동조합 및 노동관계조정법에 의한 중재위원(제64조), 중재법에 의한 중재인(제11조 이하)이 법령에 의한 중재인이다. 중재인의 경우에도 현재 중재인의 지위에 있는 자만이 이 죄의 주체가 된다.

188 2) 객체 뇌물이다. 뇌물의 개념에 관해서는 전술하였다.

189 3) 행위 뇌물을 수수, 요구 또는 약속하는 것이다. 직무에 관하여 뇌물을 수수·요구

---

94) 대법원 1971.10.19. 71도1113.

95) 대법원 1997.3.11. 96도1258.

96) "공무원이 직무와 관련하여 뇌물수수를 약속하고 퇴직 후 이를 수수하는 경우에는 뇌물약속과 뇌물수수가 시간적으로 근접하여 연속되어 있다고 하더라도, 뇌물약속죄 및 사후수뢰죄가 성립할 수 있음은 별론으로 하고, 뇌물수수죄는 성립하지 않는다"(대법원 2008.2.1. 2007도5190).

97) "정비사업조합의 이사인 피고인이 정비구역 안의 토지 및 건축물의 소유권을 상실함으로써 조합원의 자격과 함께 조합 이사의 지위를 상실하였거나 조합 이사의 임기가 만료된 후 후임이사가 선임됨에 따라 조합 이사의 직무수행권을 상실하였다고 하더라도, 피고인이 그 후에도 조합의 법인 등기부에 이사로 등기되어 있는 상태에서 계속하여 실질적으로 조합 이사로서의 직무를 수행하여 왔다면, 피고인은 여전히 뇌물수수 범행에 있어서 공무원으로 보아야 한다."(대법원 2016.1.14. 2015도15798).

또는 약속하는 것으로 충분하며 공무원이 청탁을 받았는지의 여부는 묻지 않는다. 수수·요구·약속하는 행위는 증뢰죄에 있어서의 공여·공여의 의사표시·약속에 각각 대응하는 개념이다.

(가) 수수 수수란 뇌물을 현실적으로 취득하는 것을 말한다. 유형의 재물인 경우에는 점유취득에 의해서, 무형의 이익인 경우에는 현실적으로 그 이익을 향유함으로써 수수가 인정되며 이로써 이 죄는 기수가 된다. 수수의 장소가 비밀장소일 필요도 없고, 수수의 동기나 수수한 뇌물의 용도(개인적 용도에 사용하였든 또는 행정에 소요되는 비용에 충당하였든) 여하도 상관없다.[98] 공무원이 직접 수수하지 않고 다른 사람에게 공여하게 한 경우라도 실질적으로 공무원 자신에게 공여한 것과 같은 경우에는 수수가 된다.[99] 190

수수가 인정되려면 영득의사가 있어야 한다. 따라서 반환할 의사로 일시 받아둔 것이라면 수수가 될 수 없지만,[100] 일단 영득의사로 수수한 것이라면 후일에 반환한 경우[101]는 물론이고 액수가 너무 많아서 후일 반환할 의사로 보관하고 있어도 수수죄의 성립에는 영향을 미치지 못한다.[102] 수뢰자가 먼저 뇌물을 요구하여 증뢰자로부터 돈을 받았다면 수뢰자에게는 받은 돈 전부에 대한 영득의 의사가 인정된다.[103] 수수 이전에 별도로 뇌물을 요구 또는 약속을 하여야 하는 것은 아니다.[104] 수수시에 상관의 승낙이 있어도 수수죄는 성립한다.[105] 191

(나) 요구 요구란 취득의사로 상대방에게 뇌물공여를 청구하는 것을 말한다. 뇌물제공의 약속을 청구하는 것도 포함한다. 일방적 행위로써 충분하며 상대방이 이에 응하였는가는 문제되지 않는다. 요구가 있으면 족하며 현실로 교부가 있을 필요는 없다. 따라서 요구가 있으면 이로써 기수가 되며, 요구하여 수수한 때에는 포괄하여 수수죄만 성립한다. 192

(다) 약속 두 당사자 사이에 뇌물의 수수를 합의하는 것을 말한다. 후일에 이익의 수수가 약속되면 충분하고, 반드시 약속 당시에 그 이익이 현존할 필요는 없으며, 후일의 수수를 예상할 수 있으면 족하다. 가액이 확정되었을 필요도 없으며, 이익이 금액인 경우에는 그 금액과 이행기가 확정되어 있지 않아도 무방하다.[106] 일단 약속이 이루어진 이상 후에 약속을 193

98) 대법원 1984.2.14. 83도3218.

99) "공무원이 직접 뇌물을 받지 아니하고 증뢰자로 하여금 다른 사람에게 뇌물을 공여하도록 한 경우, 그 다른 사람이 공무원의 사자 또는 대리인으로서 뇌물을 받은 경우나 그 밖에 예컨대, 평소 공무원이 그 다른 사람의 생활비 등을 부담하고 있었다거나 혹은 그 다른 사람에 대하여 채무를 부담하고 있었다는 등의 사정이 있어서 그 다른 사람이 뇌물을 받음으로써 공무원은 그만큼 지출을 면하게 되는 경우 등 사회통념상 그 다른 사람이 뇌물을 받는 것을 공무원이 직접 받는 것과 같이 평가할 수 있는 관계가 있는 경우에는 형법 제130조의 제3자뇌물제공죄가 아니라, 형법 제129조 제1항의 뇌물수수죄가 성립한다"(대법원 2004.3.26. 2003도8077). 유사한 취지로는 대법원 2020.9.24. 2017도12389.

100) 대법원 1985.1.22. 84도2082.

101) 이 경우 수령한 액수 전부에 대해 뇌물죄가 성립한다(대법원 2007.3.29. 2006도9182).

102) 대법원 1992.2.28. 91도3364.

103) 대법원 2017.3.22. 2016도21536.

104) 대법원 1986.11.25. 86도1433.

105) 대법원 1955.10.18. 4288형상235.

이행하지 않거나 해제하는 의사표시가 있어도 약속죄는 성립한다.

(2) 주관적 구성요건

194 공무원이 직무에 관하여 부정한 이익을 수수·요구 또는 약속한다는 사실에 대한 고의가 있어야 한다. 뇌물을 받은 대가로서 직무집행을 할 의사는 요구되지 않는다. 정당한 보수로 오신한 때에는 고의가 조각된다.

195 例 자기도 모르는 사이에 돈뭉치를 놓고 간 것을 발견하고 연락하여 반환한 경우(대법원 1978.1.31. 77도3755), 택시를 타고 떠나려는 순간 뒤쫓아 와서 돈뭉치를 창문으로 던져 놓고 가버려 의족을 한 불구의 사유가 있어 뒤따라가 돌려줄 방법이 없어 그대로 귀가하였다가 다음날 다른 사람을 시켜 반환한 경우(대법원 1979.7.10. 79도1124)에는 고의가 조각되지만, 사례조로 교부받은 자기앞수표를 일단 자신의 은행구좌에 예치시켰다가 동료직원들에게 교부자에 대해 탐문해 본 결과 믿을 수 없다고 하므로 후환을 염려하여 2주일 후 반환한 경우(대법원 1984.4.10. 83도1499)에는 고의가 인정된다.

3. 죄수, 타죄와의 관계

(1) 죄수

196 뇌물을 요구 또는 약속한 후 이를 수수한 때에는 포괄하여 한 개의 수수죄가 성립한다(협의의 포괄일죄). 뇌물을 여러 차례에 걸쳐 수수하였더라도 단일하고도 계속된 범의 하에 받은 일자가 상당한 기간에 걸쳐 있다면 각 수수기간 사이에 간격이 상당하여도 포괄일죄가 된다.[107]

(2) 뇌물공여죄와의 관계

197 뇌물수수죄는 뇌물공여죄와 필요적 공범관계에 있지만, 반드시 협력자 전부가 책임이 있음을 필요로 하지 않는다. 따라서 공여자들이 함정에 빠뜨릴 의사로 금품을 공여한 경우에도 공무원이 그 금품을 직무와 관련하여 수수한다는 의사를 가지고 받아들이면 뇌물공여자들의 함정교사라는 사정은 당해 공무원의 책임을 면하게 하는 사유가 될 수 없어 뇌물수수죄는 독자적으로 성립한다.[108]

(3) 타죄와의 관계

198 공무원이 직무집행의 의사로 직무에 관하여 공갈(또는 기망)하여 금품을 교부받은 경우 수뢰죄와 공갈죄(또는 사기죄)의 상상적 경합이 된다.[109] 이 경우 대가관계가 없는 경우에는 공갈죄(또는 사기죄)만 성립한다.

199 **직무집행의 의사가 없는 경우**에는 ① 공갈죄(또는 사기죄)만 성립한다고 하는 것이 통설과

106) "뇌물약속죄에 있어서 뇌물의 목적물인 이익은 약속 당시에 현존할 필요는 없고 약속당시에 예기할 수 있는 것이라도 무방하며, 뇌물의 목적물이 이익인 경우에는 그 가액이 확정되어 있지 않아도 뇌물약속죄가 성립하는 데는 영향이 없으므로 공무원이 건축업자로부터 그가 건축할 주택을 공사비 상당액으로 분양받기로 약속한 경우에는 매매시가 중 공사비를 초과하는 액수만큼의 이익을 뇌물로서 약속한 것이 되어 뇌물약속죄가 성립한다"(대법원 1981.8.20. 81도698).

107) 대법원 2000.1.21. 99도4940.

108) 대법원 2008.3.13. 2007도10804.

109) 대법원 1966.4.6. 66도12(공갈죄와 상상적 경합); 대법원 1977.6.7. 77도1069(사기죄와 상상적 경합).

판례[110]의 태도이지만 ② 수뢰죄는 직무집행의 의사와 무관하게 성립하는 것이므로 직무집행 의사여부와 상관없이 수뢰죄와 공갈죄(또는 사기죄)의 상상적 경합을 인정하는 것이 타당할 것이다(공갈죄의 죄수 참조).

횡령 범행으로 취득한 돈을 공범자끼리 수수한 행위가 공동정범들 사이의 범행에 의하여 취득한 돈을 공모에 따라 내부적으로 분배한 것에 지나지 않는다면 별도로 그 돈의 수수행위에 관하여 뇌물죄가 성립하는 것은 아니다.[111] 200

4. 뇌물의 몰수와 추징

(1) 필요적 몰수·추징

형법은 임의적 몰수(추징)를 원칙으로 한다(제48조). 하지만 뇌물죄의 경우에는 이에 관한 특칙으로 '범인 또는 사정을 아는 제3자가 받은 뇌물 또는 뇌물에 제공하려고 한 금품은 몰수한다. 이를 몰수할 수 없을 경우에는 그 가액을 추징한다'(제134조)고 함으로써 필요적 몰수(추징)에 관한 특칙을 두고 있다. 몰수와 추징의 대상은 수수한 뇌물에 한하지 않고, 제공되었으나 수수되지 않은 뇌물과 제공이 약속된 뇌물까지도 포함한다. 그러나 뇌물을 요구만 한 경우에는 뇌물이 특정되지 않았기 때문에 몰수할 수 없고 그 가액을 추징할 수도 없다(판례[112]). 201

공무원범죄에 관한 몰수 특례법은 수뢰행위로 얻은 불법수익뿐만 아니라 불법수익에서 유래한 재산(수익과실·대가로 얻은 재산·수익의 변형·증식으로 형성된 재산)까지 몰수·추징할 수 있도록 하고 있다(제2조, 제3조 제1항). 202

(2) 몰수·추징의 상대방

필요적 몰수를 규정한 취지로 보아 뇌물을 현재 보유하고 있는 자가 상대방이 된다. 뇌물이 수뢰자에게 있는 때에는 수뢰자가, 증뢰자에게 있는 때에는 증뢰자가 몰수·추징의 상대방이 된다. 따라서 수뢰자가 뇌물을 그대로 보관하였다가 증뢰자에게 반환한 때에는 증뢰자가 상대방이 된다.[113] 그러나 수뢰자가 수수한 뇌물을 소비하고 같은 금액을 증뢰자에게 반환하였거나[114] 수수한 수표를 소비하고 그 금액을 증뢰자에게 반환한 경우[115]에는 뇌물 그 자체를 반환한 것은 아니므로 이를 몰수할 수 없고 수뢰자로부터 추징해야 한다. 203

수뢰자(제1수뢰자)가 수수한 뇌물을 다시 타인(제2수뢰자)에게 뇌물로 공여한 경우에는 수수받은 금액을 소비하는 방법에 불과하므로 제1수뢰자로부터 추징하여야 한다.[116] 수수한 수표 204

110) 대법원 1994.12.22. 94도2528.
111) 대법원 2019.11.28. 2018도20832.
112) 대법원 1996.5.8. 96도221.
113) 대법원 1984.2.28. 83도2783.
114) 대법원 1990.10.30. 90도1770.
115) 대법원 1999.1.29. 98도3584.
116) 대법원 1999.5.11. 99도963.

를 은행에 예금하였다가 그 액면 상당액을 증뢰자에게 반환한 경우에도 뇌물 자체가 증뢰자에게 귀속된 것이 아니므로 수뢰자로부터 추징해야 한다.[117]

(3) 몰수·추징의 방법과 범위

205 수인이 공동하여 뇌물을 수수한 경우에는 각자가 분배받은 금품을 몰수하거나 그 가액을 추징하여야 한다.[118] 수수한 뇌물을 공동으로 소비하였거나 분배액이 불명한 경우에는 평등하게 추징하여야 한다.[119] 추징은 뇌물의 전부 또는 일부를 몰수할 수 없을 때에 하게 되며 몰수할 수 없는 이유는 묻지 않는다. 그러나 이성 간의 정교情交와 같이 가액을 처음부터 금전적으로 환산할 수 없는 때에는 추징도 할 수 없다.

206 判 추징액을 산정함에 있어서 뇌물 등을 받는 데 지출한 비용이 있더라도 공제대상이 되지 않으며, 몰수의 경우에는 공무원이 그 취득을 위하여 상대방에게 경제적 이익이나 비용을 제공하였더라도 이를 공제하지 않고 그 받은 뇌물 자체를 몰수하여야 한다.[120] 제3자가 수뢰자와 함께 접대를 받는 경우에는 그 제3자가 수뢰자와 별도의 지위에서 접대를 받는 것이라는 특별한 사정이 없는 한 그 제3자의 접대에 소요된 비용도 수뢰자의 접대에 소요된 비용에 포함시켜 증뢰액으로 본다.[121]

(4) 추징가액산정의 기준

207 **뇌물의 추징가액을 산정하는 기준시기**에 대해서는 ① 뇌물수수시설, ② 몰수불가능한 사유발생시설, ③ 판결선고시설이 대립한다. 몰수는 판결선고시에 하는 것이고 추징은 몰수에 대신하는 것이므로 추징액도 (원심)판결선고시의 가액을 기준으로 하는 것이 타당하다.

208 判 대법원도 기본적으로 판결선고시설을 취하고 있지만,[122] 다만 주식이 뇌물인 경우 주식의 발행회사가 다른 회사에 합병되어 판결선고시 주가를 알 수 없거나 그 처분가액도 알 수 없는 사정이 있는 경우에는 주식의 시가가 가장 낮은 때를 기준으로 산정한 가액을 추징한다.[123]

XI. 사전수뢰죄

> 제129조(사전수뢰죄) ② 공무원 또는 중재인이 될 자가 그 담당할 직무에 관하여 청탁을 받고 뇌물을 수수, 요구 또는 약속한 후 공무원 또는 중재인이 된 때에는 3년 이하의 징역 또는 7년 이하의 자격정지에 처한다.
>
> 제134조(몰수, 추징) 범인 또는 사정을 아는 제3자가 받은 뇌물 또는 뇌물로 제공하려고 한 금품은 몰수한다. 이를 몰수할 수 없을 경우에는 그 가액을 추징한다.

117) 대법원 1996.10.25. 96도2022.
118) 대법원 1993.10.12. 93도2056.
119) 대법원 1975.4.22. 73도1963.
120) 대법원 1999.10.8. 99도1638.
121) 대법원 2001.10.12. 99도5294.
122) 대법원 1991.5.28. 91도352; 대법원 2001.11.27. 2001도4829.
123) 대법원 2005.7.15. 2003도4293.

1. 의의, 성격

공무원 또는 중재인이 될 자가 그 담당할 직무에 관하여 청탁을 받고 뇌물을 수수, 요구 또는 약속함으로써 성립하는 범죄이다. 수뢰죄에 대한 감경적 구성요건이다. 취직 전의 비공무원이 청탁을 받고 뇌물을 수수하는 경우에도 앞으로 담당할 공무의 공정과 그 신뢰를 해할 위험성이 있는 행위로 평가하여 구성요건화한 것이다. 공무원 또는 중재인이 된다는 요건은 이 죄의 성립요건이 아니라 객관적 처벌조건에 불과하다. 209

2. 구성요건

(1) 주체

공무원 또는 중재인이 될 자이다. 현재 공무원 또는 중재인이 아니지만 앞으로 예정되어 있는 자를 말하고, 반드시 공무원·중재인이 될 것이 확실할 필요는 없다. 예컨대 공선에 의한 의원에 입후보하고 있는 자, 채용시험에 합격하여 발령을 대기하고 있는 자 등이 이에 해당한다. 210

(2) 행위

담당할 직무에 관하여 청탁을 받고 뇌물을 수수, 요구 또는 약속하는 것이다. 211

1) 담당할 직무에 관하여 담당할 직무란 장차 공무원 또는 중재인이 되었을 때에 담당할 것으로 예정되어 있는 직무를 말한다. 직무에 관하여란 그 직무행위나 이와 밀접한 관계가 있는 행위와 뇌물 사이에 대가관계가 인정되는 것을 말한다(뇌물개념의 직무관련성 참조). 212

2) 청탁을 받고 '청탁'이란 장래 직무와 관련된 일정한 행위를 하여 줄 것을 의뢰하는 것을 말하고, 청탁을 '받고'란 그러한 의뢰에 응할 것을 약속하는 것을 말한다. 반드시 부정한 직무행위에 대한 청탁일 필요도 없고 청탁(및 그에 대한 약속)이 명시적임을 요하지 않는다.[124] 부정한 청탁은 이 죄의 행위상황에 속한다. 213

3) 수수·요구·약속 단순뇌물죄의 수수·요구·약속과 동일하다. 214

3. 객관적 처벌조건

이 죄는 행위자가 공무원 또는 중재인으로 된 때에 처벌한다. **공무원 또는 중재인이 된 때의 의미**를 ① 이 죄의 성립을 위해 사후에 공무원 또는 중재인이 반드시 되어야 하다는 뜻으로 새겨 이를 객관적 구성요건요소로 이해하는 견해[125]도 있지만, ② 객관적 처벌조건에 불과한 것으로 보아야 한다(다수설). 왜냐하면 이 죄의 고의가 인정되기 위해서는 행위자가 '행위 215

124) 대법원 1999.7.23. 99도1911.
125) 유기천(하), 312면.

시' 공무원 또는 중재인이 될 자라는 인식과 직무에 관한 부정한 이익이라는 인식이 있으면 족하지 '사후적으로' 공무원 또는 중재인이 되었다는 점에 대한 인식을 요구하면 사후고의를 인정하는 것이 되기 때문이다.

XII. 제3자뇌물제공죄(제3자뇌물수수죄)

> 제130조(제삼자뇌물제공죄) 공무원 또는 중재인이 그 직무에 관하여 부정한 청탁을 받고 제삼자에게 뇌물을 공여하게 하거나 공여를 요구 또는 약속한 때에는 5년 이하의 징역 또는 10년 이하의 자격정지에 처한다.
>
> 제134조(몰수, 추징) 범인 또는 사정을 아는 제3자가 받은 뇌물 또는 뇌물로 제공하려고 한 금품은 몰수한다. 이를 몰수할 수 없을 경우에는 그 가액을 추징한다.

1. 의의, 성격

216 공무원 또는 중재인이 그 직무에 관하여 부정한 청탁을 받고 제3자에게 뇌물을 공여하게 하거나 공여를 요구 또는 약속함으로써 성립하는 범죄이다. 행위주체와 수뢰주체가 동일인이 아니라는 점에서 단순수뢰죄와 구별된다. 진정신분범이자 진정직무범죄에 해당한다.

217 뇌물을 받는 주체가 공무원 또는 중재인이 아니라 제3자이므로 **이 죄의 성격과 관련해서** ① 실질적으로 간접수뢰를 규정한 것으로 보는 견해[126](간접수뢰죄설)와 ② 간접수뢰와 구별되는 독자적인 수뢰죄의 일종으로 보는 견해(독자적 수뢰죄설, 다수설)가 대립한다. 간접수뢰죄설에 의하면 제3자는 공무원 또는 중재인과 이해관계 있는 자에 국한되어야 하고, 독자적 수뢰설에 의하면 제3자에 대한 그러한 제한이 필요 없다고 해석하게 된다.

218 이 죄는 단순수뢰죄의 경우와는 달리 '부정한 청탁'[127]을 요건으로 하고 있으며,[128] 만약 이 죄가 간접수뢰라면 단순수뢰죄와 별개의 구성요건으로 존재할 이유도 없기 때문에 독자적 수뢰죄설이 타당하다.

---

126) 김일수/서보학, 838면; 임웅, 870면; 정성근/정준섭, 557면.

127) "형법 제130조의 제3자뇌물공여죄에 있어서 … '부정한 청탁'이란 위법한 것뿐만 아니라 사회상규나 신의성실의 원칙에 위배되는 부당한 경우도 포함하는 것인 바, (중략) 비록 청탁의 대상이 된 직무집행 그 자체는 위법·부당한 것이 아니라 하더라도 당해 직무집행을 어떤 대가관계와 연결시켜 그 직무집행에 관한 대가의 교부를 내용으로 하는 청탁이라면 이는 의연 '부정한 청탁'에 해당하는 것으로 볼 수 있으며, 청탁의 대상인 직무행위의 내용도 구체적일 필요가 없고 묵시적인 의사표시라도 무방하며, 실제로 부정한 처사를 하였을 것을 요하지도 않는다"(대법원 2007.1.26. 2004도1632).

128) "'부정한 청탁'은 명시적인 의사표시에 의한 것은 물론 묵시적인 의사표시에 의한 것도 가능하다. 묵시적인 의사표시에 의한 부정한 청탁이 있다고 하기 위하여는, 당사자 사이에 청탁의 대상이 되는 직무집행의 내용과 제3자에게 제공되는 금품이 그 직무집행에 대한 대가라는 점에 대하여 공통의 인식이나 양해가 존재하여야 하고, 그러한 인식이나 양해 없이 막연히 선처하여 줄 것이라는 기대에 의하거나 직무집행과는 무관한 다른 동기에 의하여 제3자에게 금품을 공여한 경우에는 묵시적인 의사표시에 의한 부정한 청탁이 있다고 보기 어렵다. 공무원이 먼저 제3자에게 금품을 공여할 것을 요구한 경우에도 마찬가지이다"(대법원 2009.1.30. 2008도6950).

2. 구성요건

(1) 주체

공무원 또는 중재인이다. 제3자로 하여금 뇌물을 공여 받게 하는 공무원 또는 중재인으로 그 제3자와 이해관계가 있을 필요가 없으며 간접적으로 이익을 향유할 필요도 없다. 219

(2) 제3자

제3자란 행위자와 공동정범자 이외의 사람을 말한다. 교사자와 방조자는 제3자가 될 수 있다.[129] **공무원 또는 중재인이 부정한 청탁을 받고 제3자에게 뇌물을 제공하게 하고 제3자가 그러한 공무원 또는 중재인의 범죄행위를 알면서 방조한 경우**에는 그 제3자의 죄책이 문제된다. 형법은 제3자에 대한 별도의 처벌규정을 두고 있지 않지만 방조범에 관한 형법총칙의 규정을 적용되어 제3자뇌물제공(수수)방조죄로 처벌하는 것이 타당하다.[130] 자연인인 경우는 물론 법인·법인격 없는 단체도 제3자가 될 수 있다. 외형적으로는 제3자가 뇌물을 수수하지만 실질적으로 공무원이 직접 수수하는 것과 동일하게 평가할 수 있는 실질적인 관계가 있는 경우에는 제3자에 포함되지 않는다.[131] 따라서 처자나 기타 생활관계를 같이하는 가족은 이 죄의 제3자로 될 수 없고, 이러한 자가 받더라도 단순수뢰죄가 성립한다. 220

例 따라서 공무원의 사자使者나 대리인 또는 공무원이 채무를 부담하고 있는 채권자(대법원 1998.9.22. 98도1234), 공무원이 실질적인 경영자로 되어 있는 회사(대법원 2004.3.26. 2003도8077) 등도 이 죄의 제3자가 될 수 없기 때문에 이들이 뇌물을 수수한 경우에는 제3자뇌물공여죄가 성립하지 않고 단순수뢰죄가 성립할 뿐이다. 221

(3) 기수시기

제3자에게 뇌물을 공여하게 하거나 공여를 요구 또는 약속한 때에 기수가 된다. 제3자가 그 정을 알고 있는가의 여부, 제3자가 현실적으로 뇌물을 수수하였는가의 여부도 상관없다. 제3자가 뇌물의 수수를 거절하였어도 이 죄는 성립한다(추상적 위험범). 222

XIII. 수뢰후부정처사죄

> 제131조(수뢰후부정처사죄) ① 공무원 또는 중재인이 전2조의 죄를 범하여 부정한 행위를 한 때에는 1년 이상의 유기징역에 처한다.
>
> 제134조(몰수, 추징) 범인 또는 사정을 아는 제3자가 받은 뇌물 또는 뇌물로 제공하려고 한 금품은 몰수한다. 이를 몰수할 수 없을 경우에는 그 가액을 추징한다.

---

129) 대법원 2017.3.15. 2016도19659.

130) 대법원 2017.3.15. 2016도19659.

131) 대법원 1998.9.22. 98도1234; 대법원 2004.3.26. 2003도8077 등.

1. 의의, 성격

223 공무원 또는 중재인이 단순수뢰죄·사전수뢰죄·제3자뇌물공여죄를 범하여[132] 부정한 행위를 함으로써 성립하는 범죄이다. 공무원 또는 중재인이 수뢰한 후에 다시 부정한 행위를 하였음을 이유로 한 가중적 구성요건이다(가중수뢰죄). 진정신분범이자 진정직무범죄에 해당한다.

2. 구성요건

(1) 부정한 행위

224 부정한 행위란 적극적·소극적으로 그 직무에 위배되는 일체의 행위를 말한다. 위법·부당한 행위뿐만 아니라 직권남용행위도 포함한다. 공무원이 건축업자에 대해 위법한 건축허가를 해 주거나[133] 직무상 지득한 구술시험문제 중의 일부를 알려주는 경우[134] 등이 이에 해당한다. 위배하는 직무행위에는 권한 내의 직무행위는 물론 그와 밀접하게 관련되어 있는 직무행위도 포함된다. 교통계에 근무하고 있어 도박범행의 수사등에 관한 구체적인 사무를 담당하고 있지 않은 경찰관이라도 도박장개설 및 도박범행을 단속하지 않고 이를 묵인하고 편의를 봐 주면 부정처사행위가 될 수 있다.[135]

(2) 기수시기

225 부정한 행위를 함으로써 기수가 되고 그로 인해 국가 또는 공공단체에 현실로 손해가 초래되었음을 요하지 않는다(추상적 위험범). 수뢰의 사실과 부정한 행위 사이에도 일정한 인과관계가 있어야 한다. 뇌물을 요구·약속한 후 부정한 행위를 하고, 다시 그 후에 뇌물을 수수한 경우에도 이 죄에 해당한다.

3. 죄수, 타죄와의 관계

(1) 죄수

226 이 죄는 단순수뢰죄, 사전수뢰죄, 제3자뇌물공여죄를 범한 것을 전제로 하여, 다시 직무상 부정한 행위를 하는 경우를 가중처벌하는 것이므로 뇌물을 수수·요구·약속한 후에 부정한 행위를 하지 아니한 때에는 전제되는 범죄만 성립하고 이 죄는 성립하지 않는다(법조경합의 특별관계). 만일, 단일하고도 계속된 범의 아래 일정 기간 반복하여 일련의 뇌물수수행위와 부정한 행위가 행하여졌고 그 뇌물수수 행위와 부정한 행위 사이에 인과관계가 인

---

132) 여기서 단순수뢰죄 등을 '범하여'의 의미는 반드시 "반드시 뇌물수수 등의 행위가 완료된 이후에 부정한 행위가 이루어져야 함을 의미하는 것은 아니고, 결합범 또는 결과적 가중범 등에서의 기본행위와 마찬가지로 뇌물수수 등의 행위를 하는 중에 부정한 행위를 한 경우도 포함하는 것"이다(대법원 2021.2.4. 2020도12103).

133) 대법원 1981.8.20. 81도698.

134) 대법원 1970.6.30. 70도562.

135) 대법원 2003.6.13. 2003도1060.

정되며 피해법익도 동일하다면, 최후의 부정한 행위 이후에 저질러진 뇌물수수 행위도 최후의 부정한 행위 이전의 뇌물수수 행위 및 부정한 행위와 함께 수뢰후부정처사죄의 포괄일죄에 해당한다.[136)]

(2) 타죄와의 관계

부정한 행위가 동시에 횡령죄(또는 배임죄)를 구성하면 이 죄와 횡령죄(또는 배임죄)의 상상적 경합이 된다. 227

부정한 행위의 일환으로 허위공문서 등을 작성하여 이를 행사한 경우에는 허위공문서작성죄와 동행사죄는 각각 실체적 경합관계에 있지만 이들 각죄는 수뢰후부정처사죄와 상상적 경합관계에 있으므로 연결효과에 의한 상상적 경합이 인정되어 가장 중한 죄인 수뢰후부정처사죄로 처벌된다.[137)] 228

XIV. 부정처사후수뢰죄

> 제131조(부정처사후수뢰죄) ② 공무원 또는 중재인이 그 직무상 부정한 행위를 한 후 뇌물을 수수, 요구 또는 약속하거나 제삼자에게 이를 공여하게 하거나 공여를 요구 또는 약속한 때에도 전항의 형과 같다.
>
> 제134조(몰수, 추징) 범인 또는 사정을 아는 제3자가 받은 뇌물 또는 뇌물로 제공하려고 한 금품은 몰수한다. 이를 몰수할 수 없을 경우에는 그 가액을 추징한다.

공무원 또는 중재인이 그 직무상 부정한 행위를 한 후 뇌물을 수수, 요구 또는 약속하거나 제3자에게 이를 공여하게 하거나 공여를 요구 또는 약속받거나 제3자에게 공여하게 함으로써 성립하는 범죄이다. 단순수뢰죄에 대한 가중적 구성요건이다(가중수뢰죄). 229

부정한 행위를 한 후에 뇌물을 수수하는 점에서 사후수뢰죄라고 하기도 하지만, 부정행위와 뇌물수수의 순서가 수뢰후부정처사죄의 경우와 뒤바뀐 점에서 부정처사후수뢰죄라고 부르는 것이 좋다. 부정한 직무행위를 한 후 일정한 시간이 경과한 후에 다른 명목으로 금품을 수수한 경우에도 그 금품 수수가 직무행위의 부정과 관련된 것인 한 이 죄를 구성한다.[138)] 230

---

136) 대법원 2021.2.4. 2020도12103.

137) "형법 제131조 제1항의 수뢰후부정처사죄에 있어서 공무원이 수뢰후 행한 부정행위가 허위공문서작성 및 동행사죄와 같이 보호법익을 달리하는 별개 범죄의 구성요건을 충족하는 경우에는 수뢰후부정처사죄 외에 별도로 허위공문서작성 및 동행사죄가 성립하고 이들죄와 수뢰후부정처사죄는 각각 상상적 경합관계에 있다고 할 것인바, 이와 같이 허위공문서작성죄와 동행사죄가 수뢰후부정처사죄와 각각 상상적 경합범관계에 있을 때에는 허위공문서작성죄와 동행사죄 상호간은 실체적 경합범관계에 있다고 할지라도 상상적 경합범관계에 있는 수뢰후부정처사죄와 대비하여 가장 중한 죄에 정한 형으로 처단하면 족한 것이고 따로이 경합가중을 할 필요가 없다"(대법원 1983.7.26. 83도1378). 공도화변조 및 동행사죄와 수뢰후부정처사죄와의 관계도 동일하다(대법원 2001.2.9. 2000도1216).

138) 대법원 1983.4.26. 82도2095.

231 부정행위를 한 공무원이 퇴직하였다가 다시 복직하여 퇴직 전의 직무행위에 대한 대가를 받은 경우에도 수뢰시 공무원의 신분이 있기 때문에 이 죄가 성립한다.

232 **국립병원에 근무하는 공무원인 의사가 부정행위의 일환으로 허위진단서를 작성한 후 그 사례명목으로 금품을 수수한 경우** ① 부정처사후수뢰죄와 허위공문서작성죄가 별도로 성립하고 양죄는 실체적 경합관계에 있다는 견해(판례[139])가 있지만, ② 허위공문서작성행위와 부정처사행위의 동일성이 인정되어 양죄의 상상적 경합으로 보는 것이 타당하다.

XV. 사후수뢰죄

> 제131조(사후수뢰죄) ③ 공무원 또는 중재인이었던 자가 그 재직 중에 청탁을 받고 직무상 부정한 행위를 한 후 뇌물을 수수, 요구 또는 약속한 때에는 5년 이하의 징역 또는 10년 이하의 자격정지에 처한다.
>
> 제134조(몰수, 추징) 범인 또는 사정을 아는 제3자가 받은 뇌물 또는 뇌물로 제공하려고 한 금품은 몰수한다. 이를 몰수할 수 없을 경우에는 그 가액을 추징한다.

233 공무원 또는 중재인이었던 자가 그 재직 중에 청탁을 받고 직무상 부정한 행위를 한 후 뇌물을 수수, 요구, 또는 약속함으로써 성립하는 범죄이다. 사전수뢰죄에 대한 가중적 구성요건이다(가중적 수뢰).

234 재직 중에 청탁을 받아 부정행위를 한 후 퇴직하여 수뢰하는 경우로서 공무원으로 임명되기 전에 수뢰하는 사전수뢰죄에 대비되므로 사후수뢰죄라고 부를 수 있다. 공무원 내에서 단순히 자리만 옮기는 전직의 경우에는 공무원으로서의 신분을 상실한 경우가 아니므로 이 죄가 성립하지 않고 부정처사후수뢰죄만 인정될 뿐이다.

XVI. 알선수뢰죄

> 제132조(알선수뢰죄) 공무원이 그 지위를 이용하여 다른 공무원의 직무에 속한 사항의 알선에 관하여 뇌물을 수수, 요구 또는 약속한 때에는 3년 이하의 징역 또는 7년 이하의 자격정지에 처한다.
>
> 제134조(몰수, 추징) 범인 또는 사정을 아는 제3자가 받은 뇌물 또는 뇌물로 제공하려고 한 금품은 몰수한다. 이를 몰수할 수 없을 경우에는 그 가액을 추징한다.

1. 의의, 성격

235 공무원이 그 지위를 이용하여 다른 공무원의 직무에 속한 사항의 알선에 관하여 뇌물을

139) 대법원 2004.4.9. 2003도7762.

수수, 요구 또는 약속함으로써 성립하는 범죄이다. 간접적으로 직무행위의 공정성을 보호하고자 하는 구성요건이다. 진정신분범이자 진정직무범죄에 해당한다.

2. 구성요건

(1) 주체

공무원에 한하며 중재인 기타 사인私人은 포함하지 않는다. 공무원이라도 그의 지위를 이 236
용한 것이 아니라 단순히 사적인 입장에서 행한 때에는 이 죄에 해당하지 않는다. 공무원의 지위의 고하는 묻지 않으며 다른 공무원에 대한 임면권이나 직접 압력을 가할 수 있는 법적 근거가 있어야 할 필요도 없다. 그러나 직무를 처리하는 공무원과 직무상 직접 또는 간접의 연관관계를 가지고 법률상 또는 사실상 영향을 미칠 수 있는 공무원이어야 한다(통설·판례[140]).

例 검찰사무주무(검찰주사)는 검사의 수사사무에 대하여(대법원 1982.6.8. 82도403), 군청건설과 농지계에 근무하는 직원은 237
골재채취예정지 고시사무를 담당하는 도지사의 직무에 대하여(대법원 1984.1.31. 83도3015) 법률상 또는 사실상 영향을 미칠 만한 지위에 있지 않기 때문에 이 죄의 주체가 될 수 없다. 하지만, 지방법원장은 예하 법관에 대한 지휘감독권을 보유한 이상 예하 법관에 대하여 영향을 줄 수 있고(대법원 1956.3.2. 4288형상179), 현재 서광주 세무서 징세계장인 자라도 압류재산의 공매를 담당하는 남광주 세무서 징세계장의 전임자라면 그 후임자의 직무에 대해 사실상의 영향력을 행사할 수 있는 지위에 있으므로(대법원 1989.12.26. 89도2018) 이 죄의 주체가 될 수 있다.

(2) 행위

지위를 이용하여 다른 공무원의 직무에 속한 사항의 알선에 관하여 뇌물을 수수, 요구 또 238
는 약속하는 것이다.

1) 지위이용 지위이용이란 영향력을 미칠 수 있는 공무원이 그의 지위나 신분을 이용 239
하는 것을 말한다. 그 영향력은 직접적·간접적, 법률적·사실적임을 가리지 않는다. 다만 단순한 사적인 알선과 구별하기 위해서는 다른 공무원의 직무에 일반적 또는 구체적으로 영향을 미칠 수 있는 관계가 있어야 한다. 이러한 관계는 반드시 양자 사이에 상하관계·협동관계·감사관계 등의 지위에 있을 것까지 요하지는 않지만[141] 친구, 친족관계 등 사적인 관계를 이용하는 경우에는 이에 해당하지 않는다.[142]

例 지위이용관계가 인정된 경우: ① 노동부 직업안정국 고용대책과장이 관계공무원에게 청탁하여 연예인 240
국외공급 사업허가를 받아 달라는 부탁과 함께 금원을 교부받은 경우(대법원 1989.9.12. 89도1297), ② 서울시 공무원으로 11년 이상 근무하여 왔고 5급 별정직의 신분으로 서울시 부시장의 비서관으로 재직하던 자가 시청 관재과 소속공무원에

---

140) "알선수뢰죄의 주체가 되기 위해서는 적어도 당해 직무를 처리하는 공무원과 직무상 직접, 간접의 연관관계를 가지고 법률상이거나 사실상 이거나를 막론하고 어떠한 영향력을 미칠 수 있는 지위에 있는 공무원이라야 한다" (대법원 1982.6.8. 82도403).

141) 대법원 1999.6.25. 99도1900.

142) 대법원 2001.10.12. 99도5294.

게 부탁하여 체비지를 불하받도록 하여 주겠다고 약속하고 그 교제비로 금원을 교부받은 경우(대법원 1989.11. 14. 89도1700), ③ 피고인이 국회의원에게 한국마사회 발주공사를 수의계약으로 수주할 수 있도록 한국마사회장에게 알선하여 달라는 청탁을 하고 금원을 지급한 경우(대법원 1990.8. 10. 90도665), ④ 서울시 공무원이 서울시 지하철공사의 임직원의 직무에 속한 사항의 알선에 관하여 뇌물을 수수한 경우(대법원 2001.10. 12. 99도5294) 등.

241 **例 지위이용관계가 부정된 경우:** ① 군청 건설과 농지계 공무원은 도지사의 골재채취예정지 고시사무와 직접 또는 간접의 연관관계가 있다고 볼 수 없을 뿐 아니라 도지사의 위 직무에 관하여 법률상 또는 사실상 어떠한 영향을 미칠 만한 지위에 있는 자라고도 볼 수 없다(대법원 1984.1. 31. 83도3015). ② 도교육 위원회 사회체육과 보건계에서 아동급식과 아동 및 교원의 신체검사에 관한 업무를 담당하는 지방보건기사는 도보건사회국에서 유흥업소 허가 및 감독사무를 담당하는 지방행정주사보와 직접·간접의 연관관계도 없을 뿐만 아니라 법률상이나 사실상 어떠한 영향력을 줄 수 있는 지위에 있지 않다(대법원 1983.8. 23. 82도956). ③ 피고인 갑이 해외여행 중인 국회의원인 피고인 을에게 (농협이 해외에서 구입한 물품이 한국 도착시 물량부족임이 발견되었음에도 그 배상문제가 신속히 타결되지 않고 있는) 문제의 타결에 힘써 달라고 요청하여 피고인 을이 개인자격으로 외국수출업체의 부사장을 만나 부족물량의 변상을 설득, 그에 대한 승낙을 받아내자 피고인 갑이 피고인 을에게 감사의 뜻으로 금품을 제공한 경우에는 피고인 갑이 다른 공무원의 직무에 속한 사항의 알선에 관하여 교부한 것이라고 볼 수 없다(대법원 1984.4. 10. 82도766).

242 2) 알선 일정한 사항을 중개하여 어떤 사람과 그 상대방 사이에 교섭이 성립하도록 편의를 제공하는 행위를 말한다.[143] 알선행위는 과거의 사항에 관한 것이건 장래의 사항에 관한 것이건 묻지 않는다.[144] 그러므로 장래의 알선행위에 대해서 뇌물을 수수, 요구 또는 약속한 경우에는 그 후에 알선했는지 묻지 않고 이 죄가 성립한다. 알선은 청탁의 유무와 상관없이도 가능하므로, 예컨대 명함에 "선처요망" 등의 기재가 있으면 알선에 해당한다. 알선대상인 행위가 정당한 직무행위이건 아니건 상관이 없다.[145] 알선에 의한 편의는 증뢰자를 위한 것이건 제3자를 위한 것이건 묻지 않는다. 하지만 공무원의 지위이용과 다른 공무원의 직무에 속한 사항에 대해 알선이 있어야 하므로 친구나 친족 기타의 사적 관계를 이용하거나 직무와 관계 없는 사항에 대해 교섭을 하더라도 알선이 되지 않는다.[146] 알선행위와 재물교부 사이에 대가관계(포괄적 대가관계)가 있어야 한다.

243 3) 뇌물수수 등 알선한다는 명목으로 뇌물을 수수, 요구 또는 약속을 하는 행위이다. 특히 요구의 경우 알선의 상대방인 다른 공무원이나 그 직무의 내용이 구체적으로 특정될 필

143) "특정경제범죄가중처벌등에관한법률 제7조의 알선수재의 죄에서 말하는 '알선'이라 함은 일정한 사항에 관하여 어떤 사람과 그 상대방의 사이에 서서 중개하거나 편의를 도모하는 것을 의미하므로 어떤 사람이 청탁한 취지를 상대방에게 전하거나 그 사람을 대신하여 스스로 상대방에게 청탁을 하는 행위도 위 조항에서 말하는 '알선'행위에 해당한다"(대법원 1997.12.26. 97도2609).

144) "알선행위는 장래의 것이라도 무방하므로, 알선뇌물요구죄가 성립하기 위하여는 뇌물을 요구할 당시 반드시 상대방에게 알선에 의하여 해결을 도모하여야 할 현안이 존재하여야 할 필요는 없다"(대법원 2009.7.23. 2009도3924).

145) "다른 공무원의 직무에 속한 사항의 알선행위는 그 공무원의 직무에 속하는 사항에 관한 것이면 되는 것이지 그것이 반드시 부정행위라거나 그 직무에 관하여 결재권한이나 최종결정권한을 갖고 있어야 하는 것이 아니다"(대법원 1992.5.8. 92도532).

146) 대법원 2006.4.27. 2006도735.

요는 없지만, 요구명목이 그 사항의 알선에 관련된 것임이 구체화되어야 한다.[147)]

(3) 기수시기

244 알선에 관하여 뇌물을 수수, 요구 또는 약속한 때에 기수가 되고 현실적으로 알선행위가 있어야 하는 것은 아니다.

3. 특별법상의 알선수재죄

(1) 특가법상의 알선수재죄

> 제3조(알선수재) 공무원의 직무에 속한 사항의 알선에 관하여 금품이나 이익을 수수·요구 또는 약속한 사람은 5년 이하의 징역 또는 1천만원 이하의 벌금에 처한다.

245 특가법의 알선수재죄는 공무원의 직무에 속한 사항의 알선에 관하여 금품이나 이익을 수수, 요구 또는 약속함으로써 성립하는 범죄이다.[148)]

246 이 죄의 주체는 알선을 의뢰한 사람(알선의뢰인)과 알선의 상대방이 될 수 있는 공무원(알선상대방) 사이를 중개하는 자(알선중개인)이어야 한다.

247 例 중개인이 아닌 제3자가 (공무원의 직무에 속한 사항에 관한 청탁을 받고) 스스로 알선행위(즉 중개행위)를 하지 아니하고 알선중개인을 소개시켜 준 경우에도 소개인을 통하여 알선중개를 하였다고 평가해서 이 죄가 성립한다(대법원 2002.10.8. 2001도3931.). 뿐만 아니라 알선을 의뢰한 사람으로부터 금품을 받아 중개자에게 이를 전달하는 행위를 하는 경우 행위자가 중개자의 알선행위에 대한 공동가담의 의사를 가지고 있는 때에는 알선수재죄의 공동정범도 될 수 있다(대법원 1998.12.8. 98도3051.). 하지만 중개자의 알선행위에 대한 공동가담의 의사 없이 알선의뢰자로부터 금품을 받아 알선행위자에게 단순히 전달만 한 경우에는 알선수재죄가 되지 않는다(대법원 1999.5.11. 99도963.).

248 의뢰 당사자를 위하여 공무원의 직무에 속하는 사항에 관한 일정한 행위를 하고 그 대가를 수수하기로 하는 등으로 **타인의 사무에 관하여 자문·고문·컨설팅계약 등을 체결하는 경우** '알선수재'에 해당하는지가 문제된다.

249 判 대법원은 이러한 경우 '알선'에 해당하는지는 당사자가 붙인 계약의 명칭이나 형식에 구애될 것이 아니라, 자문 등의 계약이 체결된 경위와 시기가 어떠한지, 의뢰 당사자가 사무처리를 의뢰하고 그 대가를 제공할 만한 구체적인 현안이 존재하는지 등 종합적인 사정을 바탕으로 계약의 실질에 따라 판단하여야 한다고 한다.[149)]

---

147) 대법원 2009.7.23. 2009도3924.

148) 특가법상의 알선수재죄는 형법상의 알선수뢰죄와는 달리 행위주체를 공무원 또는 중재인으로 제한하지 않기 때문에 공무원 등은 물론이고 일반인도 알선수재죄의 주체가 될 수 있고, 공무원의 지위를 이용할 것을 요건으로 하지 않는다. 따라서 공무원이 지위를 이용하지 아니하고 다른 공무원의 직무에 속한 사항의 알선에 관하여 금품이나 이익을 수수한 때에는 특가법상의 알선수재죄에 해당한다.

149) "알선수재죄가 성립하는지 여부는 당사자가 붙인 계약의 명칭이나 형식에 구애될 것이 아니라, 자문 등의 계약이 체결된 경위와 시기가 어떠한지, 의뢰 당사자가 피고인에게 사무처리를 의뢰하고 그 대가를 제공할 만한 구체적인 현안이 존재하는지, 피고인이 지급받는 계약상 급부가 의뢰 당사자와 공무원 사이를 매개·중개한 데 대한 대가인지, 현안의 중요도나 경제적 가치 등에 비추어 자문료 등 보수의 액수나 지급조건이 사회통념·거래관행상 일반적인 수준인지, 보수가 정기적·고정적으로 지급되는지 등 종합적인 사정을 바탕으로

250 이에 따르면 그 계약이 구체적인 현안의 직접적 해결을 염두에 두고 체결되었고 행위자가 의뢰 당사자와 공무원 사이에 서서 중개하거나 편의를 도모하는 것에 대한 대가로서 보수를 수령하는 경우에는 알선수재행위에 해당할 수 있는 반면, 그 계약이 구체적인 현안을 전제하지 않고, 업무의 효율성·전문성·경제성을 위하여 피고인의 전문적인 지식과 경험에 바탕을 둔 편의제공에 대한 대가로서 보수가 지급되는 것이라면, 통상의 노무제공행위에 해당하여 알선수재행위에 해당하지 않게 된다. 알선과 수재 사이에 대가관계가 포괄적으로나마 인정되어야 하는 점은 일반 수뢰죄의 경우와 같다.[150)]

251 특가법상 알선수재와 유사한 구성요건으로 변호사법 제111조 제1항이 있다.[151)] 양죄의 구성요건 문언에서 보듯이 변호사법위반죄는, 알선 뿐만 아니라 '청탁'도 처벌하고 '제3자'에게 공여·공여약속한 경우도 포함하기 때문에 특가법상 알선수재에 비하여 그 성립범위가 넓다.[152)] 뿐만 아니라 변호사법위반죄는 특가법상 알선수재와 달리 벌금형이 징역형과 병과될 수도 있다.

252 判 대법원은 공무원이 취급하는 사건에 관하여 청탁 또는 알선을 할 의사와 능력이 없음에도 청탁 또는 알선을 한다고 기망하고, 이에 속은 피해자로부터 청탁 또는 알선을 한다는 명목으로 금품을 받은 경우, 변호사법위반죄 내지 특가법상 알선수재가 성립하고 또한 사기죄가 성립된다고 하면서 변호사법위반죄 내지 특가법상 알선수재와 사기의 관계는 상상적 경합으로 보고 있다(대법원 2008.2.28. 2007도10004).

(2) 특경법상의 알선수재죄

> 제7조(알선수재의 죄) 금융기관의 임·직원의 직무에 속하는 사항의 알선에 관하여 금품이나 기타 이익을 수수, 요구 또는 약속한 사람 또는 제3자에게 이를 공여하게 하거나 공여하게 할 것을 요구 또는 약속한 사람은 5년 이하의 징역 또는 5천만원 이하의 벌금에 처한다.

253 특경법의 알선수재죄는 금융기관의 임직원의 직무에 속한 사항의 알선에 관하여 금품 기타 이익을 수수, 요구 또는 약속하거나, 제3자에게 이를 공여하게 하거나 공여하게 할 것을 요구 또는 약속함으로써 성립하는 범죄이다. 이 경우에도 알선의뢰인과 알선상대방(금융기관의 임직원) 사이를 중개하는 중개인이 이 죄의 주체가 된다.

계약의 실질에 따라 신중하게 판단하여야 한다."(대법원 2023.12.28. 2017도21248).

150) "공무원의 직무에 속하는 사항의 알선과 수수한 금품 사이에 '대가관계'가 있는지 여부는 해당 알선의 내용, 알선자와 이익 제공자 사이의 친분관계 여부, 이익의 다과, 이익을 수수한 경위와 시기 등 제반 사정을 종합하여 결정하되, 알선과 수수한 금품 사이에 전체적·포괄적으로 대가관계가 있으면 족하다"(대법원 2016.9.28. 2014도9903).

151) 변호사법 제111조 제1항 "공무원이 취급하는 사건 또는 사무에 관하여 청탁 또는 알선을 한다는 명목으로 금품·향응, 그 밖의 이익을 받거나 받을 것을 약속한 자 또는 제3자에게 이를 공여하게 하거나 공여하게 할 것을 약속한 자는 5년 이하의 징역 또는 1천만원 이하의 벌금에 처한다. 이 경우 벌금과 징역은 병과할 수 있다."

152) 자세하게는 이주원, 「특별형법」 제5판, 홍문사, 2018, 692면 이하.

例 **알선수재를 부정한 판례**: 알선중개를 스스로 하지 않고 알선중개인을 소개시켜 주는 제3자의 소개행위는 특경법상의 알선수재죄의 구성요건에 해당할 수 없다(대법원 2000.10.14. 99도3115). 제3자는 알선의뢰인에게 편의를 제공하고 그 대가로서 금품을 수수한 경우에도 금융기관의 임직원의 직무에 속한 사항에 관하여 금품을 수수한 것이라고 할 수 없다(대법원 2005.8.19. 2005도3045). 변호사인 피고인이 정식으로 법률사건을 의뢰받고 그 위임의 취지에 따라 금융회사 등의 임직원을 접촉하여 의뢰인의 입장을 전달하며 상대방을 설득하는 것은 변호사가 수행할 수 있는 적법한 법률사무에 해당하고 알선수재에 해당하지 않는다(대법원 2023.12.14. 2022도163). 254

4. 타죄와의 관계

공무원이 다른 공무원의 직무에 속한 사항에 대해서 알선할 의사 없이 알선해 줄 것처럼 기망하여 뇌물을 수수하면 대가관계가 없기 때문에 알선수뢰죄는 성립하지 않고 사기죄만 성립한다. 하지만 알선의사를 가지고 그 내용에 대해 상대방을 기망하여 재물의 교부를 받으면 이 죄와 사기죄의 상상적 경합이 된다. 255

알선수뢰한 금원 중 일부를 증뢰한 경우에는 알선수뢰죄와 증뢰죄의 실체적 경합이 된다.[153] 256

XVII. 증뢰죄(뇌물공여죄 및 증뢰물전달죄)

> 제133조(뇌물공여등죄) ① 제129조부터 제132조까지에 기재한 뇌물을 약속, 공여 또는 공여의 의사를 표시한 자는 5년 이하의 징역 또는 2천만원 이하의 벌금에 처한다.
> (증뢰물전달죄) ② 제1항의 행위에 제공할 목적으로 제3자에게 금품을 교부한 자 또는 그 사정을 알면서 금품을 교부받은 제3자도 제1항의 형에 처한다.
>
> 제134조(몰수, 추징) 범인 또는 사정을 아는 제3자가 받은 뇌물 또는 뇌물로 제공하려고 한 금품은 몰수한다. 이를 몰수할 수 없을 경우에는 그 가액을 추징한다.

1. 의의, 성격

뇌물을 약속, 공여 또는 공여의 의사를 표시하거나(뇌물공여죄: 제1항), 이에 제공할 목적으로 제3자에게 금품을 교부하거나 그 사정을 알면서 교부받음(증뢰물전달죄: 제2항)으로써 성립하는 범죄이다. 수뢰죄가 공무원의 직무범죄임에 대하여 증뢰죄는 비공무원 또는 비중재인(공무원 또는 중재인이라도 직무와 관계없이)이 공무원 또는 중재인의 수뢰행위를 교사·방조하는 공범적 성격을 갖는 행위를 독립된 범죄로 규정한 것이다. 비신분범이고 비직무범죄이다. 257

뇌물공여죄(제1항)는 공여·약속·공여의 의사표시라는 세 가지 행위로 구성되어 있으며, '공여와 약속'은 수뢰죄의 '수수·약속'과 필요적 공범관계에 있고 '공여의 의사표시'는 뇌물을 공여받을 상대방과, 필요적 공범관계에 있으나 그 상대방이 반드시 처벌될 것을 요하지 않는다. 258

증뢰물전달죄(제2항)는 뇌물에 제공할 목적으로 제3자에게 뇌물을 교부하는 '제3자뇌물교부죄'와 그 사정을 알고 교부받는 '제3자뇌물취득죄'로 구성되어 있고 양자는 필요적 공범관계 259

153) 대법원 1967.1.31. 66도1581.

에 있다.

2. 구성요건

(1) 주체

260 주체는 제한이 없다. 공무원도 직무와 관련 없이 행한 때에는 이 죄의 주체가 된다.[154] 증뢰자에게 수뢰자의 직무권한에 대응하는 어떤 의무가 있음을 요하지 않는다.

(2) 객체

261 뇌물이다. 증뢰죄의 뇌물도 수뢰죄의 경우와 마찬가지로 직무에 대한 대가관계가 있어야 한다.

(3) 행위

262 약속, 공여 또는 공여의 의사표시를 하거나(뇌물공여죄) 제3자에게 금품을 교부하거나 그 사정을 알면서 교부받는 것이다(증뢰물전달죄). 부정한 청탁은 필요하지 않다.

263 **1) 약속·공여·공여의 의사표시** 이는 공무원 또는 중재인의 직무에 관하여 행해져야 한다(통설·판례[155]). '약속'이란 뇌물에 관하여 증뢰자와 수뢰자 사이에 의사가 합치하는 것을 말한다. 어느 쪽이 먼저 제의하였느냐는 묻지 않는다. 따라서 공무원 또는 중재인의 요구를 승낙하는 경우와 장차 공여할 것을 자진하여 약속하는 경우도 포함한다. 약속의 시기는 공무원·중재인의 직무행위 전후를 묻지 않는다. '공여'란 수수하도록 제공하는 것을 말한다. 상대방이 뇌물을 수수할 수 있는 상태에 두면 족하고 현실로 수수하지 아니하여도 무방하다.

264 공여의 상대방은 반드시 공무원·중재인일 필요가 없다. 공무원의 처나 가족에게 할 수도 있다.[156] 특별법에 의해 공무원으로 의제되는 자(예컨대 도시 및 주거환경정비법에 의한 재건축조합장)도 직무와 관련하여 공여의 상대방이 될 수 있다.[157]

265 '공여의 의사표시'란 상대방에게 뇌물을 공여하겠다는 일방적 의사표시를 말한다. 의사표시 방법은 묻지 않는다. 따라서 구두 또는 서면으로 할 수도 있고, 묵시의 방법으로 공여의

---

154) "형법 제133조 제2항은 증뢰자가 뇌물에 공할 목적으로 금품을 제3자에게 교부하거나 또는 그 정을 알면서 교부받는 증뢰물전달행위를 독립한 구성요건으로 하여 이를 같은 조 제1항의 뇌물공여죄와 같은 형으로 처벌하는 규정으로서, 제3자의 증뢰물전달죄는 제3자가 증뢰자로부터 교부받은 금품을 수뢰할 사람에게 전달하였는지의 여부에 관계없이 제3자가 그 정을 알면서 금품을 교부받음으로써 성립하는 것이고, 본죄의 주체는 비공무원을 예정한 것이나 공무원일지라도 직무와 관계되지 않는 범위 내에서는 본죄의 주체에 해당될 수 있다 할 것이므로, 피고인이 자신의 공무원으로서의 직무와는 무관하게 군의관 등의 직무에 관하여 뇌물에 공할 목적의 금품이라는 정을 알고 이를 전달해준다는 명목으로 취득한 경우라면 제3자뇌물취득죄가 성립된다"(대법원 2002.6.14. 2002도1283).

155) "뇌물공여죄에 있어서 "직무에 관하여"라 함은 공무원이 그 지위에 수반하여 공무로서 취급하는 일체의 사무를 말하는 것으로서, 그 권한에 속하는 직무행위뿐만 아니라 이에 밀접한 관계가 있는 경우와 그 직무에 관련하여 사실상 처리하고 있는 행위까지도 포함된다"(대법원 1987.11.24. 87도1463).

156) 대법원 1968.10.8. 68도1066.

157) 대법원 2008.1.24. 2006도5711.

의사표시를 해도 충분하다.[158] 의사표시의 상대방은 공무원의 가족이라도 무방하며, 상대방이 인지할 수 있는 상태에 있으면 충분하고 현실로 수수할 수 있는 상태가 될 필요도 없다(공여와 구별).

2) **금품교부·교부받음** 뇌물에 제공할 목적으로 제3자에게 금품을 교부하거나(제3자뇌물교부죄) 제3자가 그 사정을 알면서 교부받는 것이다(제3자뇌물취득죄). 여기에서의 제3자란 행위자와 공동정범 이외의 자를 말하며,[159] 제3자가 금품을 수뢰할 사람에게 전달하였느냐는 이 죄의 성립에 영향이 없다.[160] 제3자로부터 전달받은 금품을 곧바로 증뢰자에게 반환한 경우에도 교부죄·취득죄는 성립한다.[161] 266

(4) 기수시기

뇌물공여죄의 경우, 약속·공여 또는 공여의 의사표시가 있으면 기수가 된다. 증뢰물전달죄의 경우에는 제3자에게 교부함으로써 기수가 되고, 그 제3자가 알면서 교부받은 경우 금품을 수뢰할 사람에게 전달하였는가의 여부는 상관없다. 267

3. 죄수, 타죄와의 관계

(1) 죄수

약속·공여의 의사표시를 한 후에 뇌물을 공여한 경우에는 포괄하여 1개의 공여죄만 성립한다(협의의 포괄일죄). **한 개의 행위로 수인의 공무원에게 증뢰한 경우**에는 ① 수개의 증뢰죄의 상상적 경합이 된다는 것이 통설이나, ② 뇌물죄의 법익이 일신전속적 법익이 아닌 이상 한 개의 증뢰죄가 성립한다고 보아야 할 것이다. 268

(2) 타죄와의 관계

뇌물공여죄는 뇌물을 공여하는 행위가 있으면 충분하고 반드시 상대방 측에 뇌물수수죄가 성립하여야 하는 것은 아니므로 수뢰죄가 무죄가 되더라도 증뢰죄만 성립할 수 있다.[162] 공무원에게 뇌물에 제공할 목적으로 공무원이 아닌 자에게 5천만원을 교부하였는데, 그 제3자가 4천만원만 공무원에게 전달하고 나머지 1천만원은 자신이 취득한 교부자의 죄책이 문제된다. 5천만원 전체에 대해 제3자뇌물교부죄가 성립한다는 견해가 있지만, 실제로 공무원에게 전달된 4천만원에 대해서는 뇌물공여죄가 인정되고 1천만원에 대해서는 제3자뇌물교부죄가 성립한다.[163] 269

158) 대법원 1959.9.4. 4291형상284.
159) 대법원 2006.6.15. 2004도756.
160) 대법원 1985.1.22. 84도1033.
161) 대법원 1983.6.28. 82도3129.
162) 대법원 1987.12.22. 87도1699.
163) 교부받은 비공무원은 5천만원 전체에 대해 제3자뇌물취득죄(제133조 제2항)가 성립되지만, 1천만원은 불법원인급여물로서 횡령죄의 성부가 문제된다. 4천만원을 받은 공무원에 대해서는 특가법상의 뇌물수수죄가 성립한다.

270 공무원이 기망 또는 공갈에 의해 뇌물을 공여하게 한 때에도 증뢰죄는 성립한다. 증뢰물전달죄의 경우 제3자가 교부받은 금품을 수뢰자에게 전달한 때에 증뢰물전달죄 이외에 별도의 뇌물공여죄가 성립하는 것은 아니다.[164)]

XVIII. 공무원의 직무상 범죄에 대한 형의 가중

> 제135조(공무원의 직무상 범죄에 대한 형의 가중) 공무원이 직권을 이용하여 본장 이외의 죄를 범한 때에는 그 죄에 정한 형의 2분의 1까지 가중한다. 단 공무원의 신분에 의하여 특별히 형이 규정된 때에는 예외로 한다.

271 공무원이 직권을 이용하여 이 장(공무원의 직무에 관한 죄)의 직무범죄 이외의 죄를 범한 때에는 그 죄에 정한 형의 2분의 1까지 가중한다. 단 공무원의 신분에 의하여 특별히 형이 규정된 때에는 예외로 한다(제135조). 공무원의 직무와 관련된 범죄를 남김 없이 규정하는 것은 입법기술상 불가능하므로 이 장에 규정되지 아니한 범죄라 할지라도 범죄행위 자체가 공무원이 직권을 이용하여 또는 직권과 관련하여 행해진 경우 이를 중하게 처벌할 필요가 있기 때문에 이 규정을 둔 것이다.

§ 59

제 2 절 공무방해에 관한 죄

Ⅰ. 총설

1. 의의 및 보호법익

(1) 의의

1 공무방해에 관한 죄는 국가 또는 공공기관의 공권력행사를 방해하는 것을 내용으로 하는 범죄이다. 공무원이 범하는 직무상의 범죄가 아니라 공무원이 수행하는 국가기능에 대한 범죄라는 점에서 공무원의 직무범죄와 구별된다.

(2) 보호법익

2 국가 또는 공공기관의 기능적 작용인 공무 그 자체를 보호법익으로 하지만, 구성요건별로 구체적인 내용을 달리한다. 공무원은 이 죄의 행위객체일 뿐이고 이 죄에 의해 공무원의 신분 또는 지위가 보호되는 것은 반사적 효과에 불과하다.

3 보호법익이 보호받는 정도는 기본적으로 추상적 위험범으로서의 보호이다. 특수공무방해

164) 대법원 1997.9.5. 97도1572.

치사상죄의 경우라도 공무원의 생명·신체가 침해되는 것과 이 죄의 보호법익인 국가의 기능적 작용으로서의 공무 그 자체가 침해되는 것은 별개의 층위에 있는 문제이기 때문이다. 단, 공용서류등무효죄, 부동산강제집행효용침해죄, 공용물파괴죄, 공무상보관물무효죄는 침해범이다.

2. 구성요건의 체계

공무방해에 관한 죄는 일반공무방해의 죄와 특별공무방해의 죄로 대별될 수 있다. 일반공 4
무방해에 관한 죄의 기본적 구성요건은 공무집행방해죄이며, 직무강요죄와 위계에의한공무집행방해죄는 행위방법의 차이에 따른 수정된 구성요건이다. 특별공무방해의 죄로는 법정·국회회의장모욕죄, 인권옹호직무방해죄, 공무상비밀표시무효죄, 부동산강제집행효용침해죄, 공용서류등무효죄, 공용물파괴죄, 공무상보관물무효죄가 있고, 이들 범죄(위계에의한공무집행방해죄, 인권옹호직무방해죄 제외)에 대한 가중적 구성요건으로 행위방법으로 인해 형이 가중되는 특수공무방해죄와 결과적 가중범에 해당하는 특수공무방해치사상죄가 있다.

5

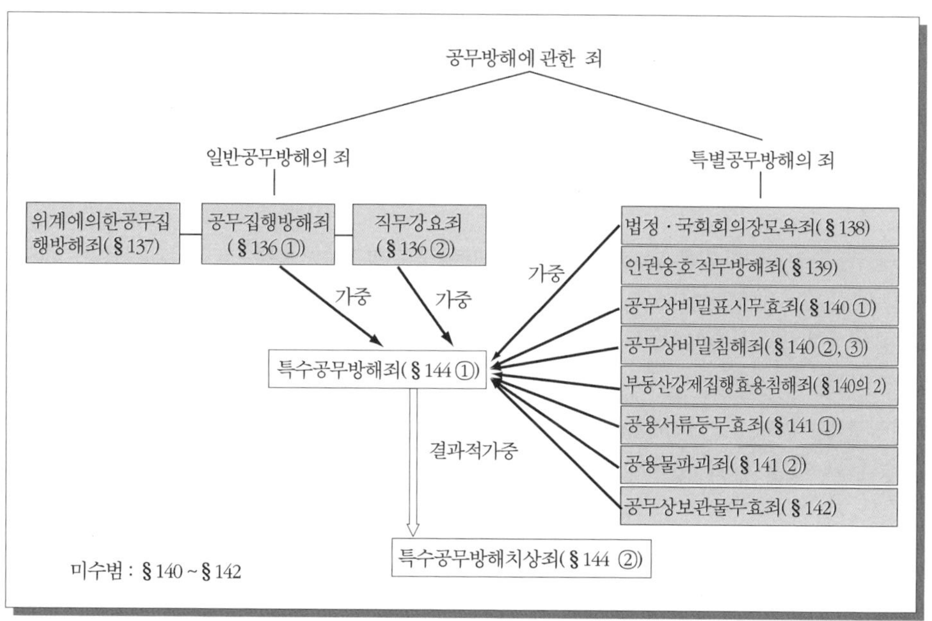

Ⅱ. 공무집행방해죄

> 제136조(공무집행방해죄) ① 직무를 집행하는 공무원에 대하여 폭행 또는 협박한 자는 5년 이하의 징역 또는 1천만원 이하의 벌금에 처한다.

1. 의의, 성격

6 직무를 집행하는 공무원에 대하여 폭행 또는 협박함으로써 성립하는 범죄이다. 공무방해에 관한 죄의 기본적 구성요건으로 추상적 위험범이자 거동범이다(미수처벌규정없음).

2. 구성요건

(1) 객관적 구성요건

7 **1) 주체** 주체는 아무런 제한이 없다. 반드시 공무원의 직무집행행위의 상대방일 필요가 없으며, 공무원의 직무집행과 아무런 상관이 없는 제3자라도 무방하고 공무원도 이 죄의 주체가 될 수 있다.

8 **2) 객체** 직무를 집행하는 공무원이다.

9 **(가) 공무원** 법령에 의하여 국가 또는 공공단체의 공무에 종사하는 자를 말한다(뇌물죄의 공무원개념 및 범위 참조). 대한민국의 공무를 보호하는 것이므로 외국의 공무원도 제외된다.

10 **例 공무원에 포함된 자:** 전투경찰순경(대법원 1992.8.18. 92도1244), 청원경찰관(대법원 1986.1.28. 85도2448), 파출소에 근무하는 방범대원(대법원 1991.3.27. 90도2930) 등.

11 **例 공무원에 포함되지 않은 자:** 주민자치적 방범활동을 위하여 각출한 비용으로 구성된 방범위원회에서 위촉되어 보수를 받는 방범대원(대법원 1983.2.22. 82도794), 국민권익위원회 위원장과 근로계약을 체결한 기간제근로자로서 청사안전관리 및 민원인 안내 등의 사무를 담당한 자(대법원 2015.5.29. 2015도3430) 등.

12 **(나) 직무집행** 공무원이 직무상 취급할 수 있는 사무를 행하는 것을 말한다.

13 **가) 직무집행의 범위** 직무의 범위는 강제력을 행사하는 권력적 직무일 필요가 없고, 공무원이 직무상 행해야 할 처분행위면 족하다. 따라서 임의수사에 불과한 피의자 또는 참고인에 대한 수사기관의 신문도 직무에 포함된다. 공무원이 직무수행에 직접 필요한 행위를 현실적으로 행하고 있는 때만을 가리키는 것이 아니라 공무원이 직무수행을 위하여 근무 중인 상태를 포괄하므로, 반드시 현실적으로 구체적인 업무를 처리하고 있을 필요는 없고,[165] 자기 자리에 앉아 있는 것만으로도 직무집행 중인 것으로 볼 수 있고, 직무의 성질상 장시간 대기를 요하는 경우에는 대기 자체[166]가 직무행위가 된다.[167]

---

165) 대법원 2009.1.15. 2008도9919.

166) 대법원 2002.4.12. 2000도3485.

167) "형법 제136조 제1항에 규정된 공무집행방해죄에서 '직무를 집행하는'이라 함은 공무원 이 직무수행에 직접 필요한 행위를 현실적으로 행하고 있는 때만을 가리키는 것이 아니라 공무원이 직무수행을 위하여 근무 중인

시간적으로는 원칙적으로 직무집행을 개시하여 종료되기 이전일 것을 요하지만, 직무집행과 밀접불가분의 관계가 있는 행위도 직무집행 중인 것으로 포함해야 한다. 따라서 직무집행에 착수하기 전의 준비행위, 일시적 휴식행위도 직무집행에 포함되지만, 직무집행을 위하여 출근하는 행위와 같이 직무의 집행이 있을 것으로 예상되는 것만으로는 직무집행이라 할 수 없다. 직무의 집행을 종료한 직후의 행위도 이 죄에서 보호되는 직무에 포함될 수 없다. 14

例 **직무집행이 부정된 판례사안:** 시청소속 수도검침원인 공무원이 수도검침을 위해 특정인의 집을 향하여 가다가 그 집과 약 32미터 떨어진 공터에서 폭행을 당한 경우 공무집행방해가 되려면 폭행당시 공무를 집행하고 있다거나 공무집행 중이라고 볼 만한 근접행위가 있다고 할 수 있어야 하므로 공무집행방해죄가 부정된다(대법원 1979.7.24. 79도1201). 15

例 **직무집행이 긍정된 판례사안:** 불법주차 차량에 불법주차 스티커를 붙였다가 이를 다시 떼어낸 직후에 있는 주차단속 공무원에 대해 폭행을 가한 경우에는 일련의 직무수행을 위하여 근무 중인 상태에 있었다고 보아야 하므로 공무집행방해에 해당한다(대법원 1999.9.21. 99도383). 근로감독관이 노동조합관계자들과 회사의 사용자측 사이의 다툼을 수습하다가 노동조합측이 지시에 따르지 않자 경비실 밖으로 나와서 회사의 노사분규 동향을 파악하거나 파악하기 위해 대기 또는 준비 중이라면 일련의 직무수행을 위하여 근무 중인 상태에 있었다고 보아야 한다(대법원 2002.4.12. 2000도3485). 야간 당직 근무 중인 청원경찰은 불법주차 단속권한은 없지만 민원 접수를 받아 다음날 관련 부서에 전달하여 처리하고 있으므로 불법주차 단속업무는 야간 당직 근무자들의 민원업무이자 경비업무로서 공무집행방해죄의 '직무집행'에 해당한다(대법원 2009.1.15. 2008도9919). 16

나) 직무집행의 적법성 직무집행의 적법성을 명문으로 요구하고 있지 않지만 형법의 해석상 위법한 직무집행에 대해서는 국민이 복종할 의무가 없고, 이 죄는 개개 국민의 이익을 부당하게 침해하지 않는 합법적인 공무만을 보호하기 위한 것이므로 적법한 직무집행일 것을 요한다(통설·판례[168]). 17

(a) **적법성요건**—통설과 판례에 따르면 직무집행이 적법하기 위한 요건은 다음과 같다. 18

첫째, 직무집행행위가 그 공무원의 추상적 직무권한에 속하는 것이어야 한다. 공무원의 직무는 보통 사물적·장소적으로 한정되어 있으므로 이 범위를 초과한 행위는 직무집행행위라 할 수 없고 적법성이 인정될 수 없다. 따라서 집행관이 강제처분을 하는 것은 권한 내의 직무행위가 되지만 순경이 조세를 징수하거나 철도공안원이 철도시설 이외의 장소에서 수사를 하는 행위 등은 적법한 직무집행이 될 수 없다. 하지만 직무의 범위가 내부적인 사무분담에 따른 것일 경우에는 그 직무가 우선한다. 예컨대 교통경찰관이 불심검문을 하는 것도 적법한 19

상태에 있는 때를 포괄하고, 직무의 성질에 따라서는 그 직무수행의 과정을 개별적으로 분리 하여 부분적으로 각각의 개시와 종료를 논하는 것이 부적절하고 여러 종류의 행위를 포괄하여 일련의 직무수행으로 파악함이 상당한 경우가 있다"(대법원 2022.3.17. 2021도13883: 시청청사 내 주민생활복지과 사무실에서 소란을 피우던 피고인을 민원 담당 공무원이 제지하며 사무실 밖으로 데리고 나가려고 하자 피고인이 담당 공무원을 폭행한 경우 밖으로 데리고 나가는 행위를 직무집행에 포함시켜 공무집행방해를 긍정하는 취지의 판결임).

168) "공무집행방해죄는 공무원의 적법한 공무집행이 전제로 된다 할 것이고, 그 공무집행이 적법하기 위하여는 그 행위가 당해 공무원의 추상적 직무 권한에 속할 뿐 아니라 구체적으로도 그 권한 내에 있어야 하며 또한 직무행위로서의 중요한 방식을 갖추어야 한다고 할 것이(다)"(대법원 1991.5.10. 91도453).

공무집행이 될 수 있다. 뿐만 아니라 추상적 직무권한은 반드시 법령에 명시되었거나 공무원이 본래 독립하여 행할 수 있는 권한일 필요도 없다. 예컨대 순경이 싸움하는 자를 보고 이를 제지하거나 상사의 지휘 명령을 받아 사무를 집행하는 경우에도 적법한 직무집행이 된다. 하지만 면사무소 공무원이 면사무소에 설계도면을 제출할 의무가 없는 자에게 자신의 행정사무의 편의를 위한 목적으로 설계도의 제출을 요구한 행위는 적법한 직무집행에 해당하지 않는다.[169)]

20 둘째, 직무집행행위가 공무원의 구체적인 권한 내에 있어야 한다. 즉 법률에 정해져 있는 직무행위의 요건 및 직무담당을 위한 실행의 전제조건을 구비해야 한다. 예컨대 사법경찰관이 현행범을 체포하는 경우에는 형사소송법 제211조의 요건이 있어야 하고, 집행관은 자기에게 위임된 사건에 대해서만 강제집행이 가능하다.

21 例 **공무집행의 적법성이 부정된 경우**: 범죄의 사전진압이나 교통단속의 목적만을 이유로 임의동행을 강요한 경우(대법원 1992.5.22. 92도506), 검사나 사법경찰관이 수사기관에 자진출석한 사람을 긴급체포의 요건을 갖추지 못하였음에도 실력으로 체포하려고 한 경우(대법원 2006.9.8. 2006도148), 특정지역에서의 불법집회에 참가하려는 것을 막기 위하여 시간적·장소적으로 근접하지 않은 다른 지역에서 집회예정장소로 이동하는 것을 제지한 경우(대법원 2008.11.13. 2007도9794), 출입국관리공무원이 관리자의 사전동의 없이 사업장에 진입하여 불법체류자 단속업무를 개시한 경우(대법원 2009.3.12. 2008도7156), 경찰관들이 체포를 위한 실력행사에 나아가기 전에 체포영장을 제시하고 미란다 원칙을 고지할 여유가 있었음에도 애초부터 미란다 원칙을 체포 후에 고지할 생각으로 먼저 체포행위에 나선 경우(대법원 2017.9.21. 2017도10866) 등.

22 셋째, 직무집행행위가 법령이 정한 방식과 절차에 따르는 것이어야 한다. 예컨대 압수·수색영장 없이 공판정 외에서 압수·수색한 경우, 또는 체포·구속당시에 헌법 및 형사소송법에 규정된 이른바 미란다원칙고지 등의 절차를 밟지 않은 경우[170)] 등은 위법한 직무집행이 된다.

23 例 **공무집행의 적법성이 부정된 경우**: 피의자에 대한 구속영장을 소지하였지만 미란다절차를 밟지 아니한 채 실력으로 연행하려 한 경우(대법원 1996.12.23. 96도2673), 위법한 집회·시위가 장차 특정지역에서 개최될 것이 예상된다고 하더라도, 이와 시간적·장소적으로 근접하지 않은 다른 지역에서 그 집회·시위에 참가하기 위하여 출발 또는 이동하는 행위를 함부로 제지한 경우(대법원 2008.11.13. 2007도9794) 등

24 例 **공무집행의 적법성이 인정된 경우**: 교육인적자원부 장관이 약학대학 학제개편에 관한 공청회를 개최하면서 행정절차법상 통지절차를 위반한 경우(대법원 2007.10.12. 2007도6088).

25 (b) **적법성의 판단기준**－직무집행의 적법성을 판단하는 기준에 대해서는 ① 법원의 법령해석에 따라 객관적으로 결정해야 한다는 견해(객관설), ② 직무를 집행하는 공무원이 적법하다고 믿었느냐에 따라 결정해야 한다는 견해(주관설), ③ 주관과 객관의 양면을 모두 판단해야 한

---

169) 대법원 1982.11.23. 81도1872.

170) 미란다 고지는 다음과 같은 예외가 있다. "달아나는 피의자를 쫓아가 붙들거나 폭력으로 대항하는 피의자를 실력으로 제압하는 경우에는 붙들거나 제압하는 과정에서 하거나, 그것이 여의치 않은 경우에라도 일단 붙들거나 제압한 후에 지체 없이 행하여야 한다"(대법원 2004.8.30. 2004도3212).

다는 견해(절충설), ④ 일반인의 입장에서 판단해야 한다는 견해(일반인표준설) 등이 대립한다.

判 대법원은 공무집행의 적법성은 객관적으로 합리적으로 판단할 것을 요하므로 객관설의 입장이고, 그 적법성 판단방법은 사후판단이 아니라 행위 당시의 구체적 상황을 기초로 하는 사전판단 방법에 따라야 한다고 한다.[171] 26

주관설은 공무원의 주관에 따라 위법 여부가 좌우될 위험이 있어서 실제로 직무집행의 적법성을 요하는 취지를 무의미하게 하며, 일반인표준설에 의하면 법에 문외한인 일반인의 부정확한 판단에 의존해야 하기 때문에, 그리고 절충설은 판단기준이 모호하기 때문에 타당하지 않다. 따라서 객관설이 타당하다. 이에 따르면 직무집행의 적법성은 법관이 법령의 해석을 통해 객관적으로 공무집행 당시의 구체적 행위사정을 고려하여 판단하여야 하며(사전판단) 사후적으로 판단해서는 안 된다.[172] 객관설에 따르면 공무원이 상관의 위법명령을 집행한 경우에도 당해 공무원이 그 직무행위의 위법·적법성에 대해 어떤 판단을 했든지 간에 위법한 직무행위가 된다. 27

(c) **적법성요건의 체계적 지위**—공무의 적법성은 공무집행방해죄를 통해 공무를 보호하기 위한 전제조건이다. **공무의 '적법성'의 범죄론상의 체계적 지위**에 관해서는 ① 공무집행의 적법성은 객관적 처벌조건에 불과하다는 견해(객관적 처벌조건설), ② 공무집행의 적법성은 공무집행방해죄의 구성요건요소라는 견해(구성요건요소설, 다수설), ③ 직무집행이 적법하면 공무집행방해행위가 위법하다는 의미에서 적법성요건을 위법성요소라고 하거나 공무집행이 위법하면 그에 대한 저항행위의 위법성이 조각된다는 의미에서 적법성요건을 위법성조각사유라고 이해하는 견해[173](위법성요소설 또는 위법성조각사유설)가 대립한다. 28

判 종래 대법원은 적법성의 체계적 지위에 관해서 아무런 태도표명이 없었으나 최근의 판결에서 적법성을 공무집행방해죄의 규범적 구성요건요소로 파악하는 입장으로 추론할 수 있는 판결을 내렸다. 이에 관해서는 후술할 적법성 요건에 대한 착오의 효과와 관련하여 후술한다. 29

객관적 처벌조건설에 의하면 공무원의 위법한 직무집행에 대해 저항하는 정당방위조차 인정될 수 없기 때문에 부당하다. 위법성조각사유설에 의하면 위법한 공무집행에 대해 저항하는 정당방위도 일단 '공무집행'방해라는 구성요건을 충족한다고 하는 점에서 체계론상 문제가 된다. 뿐만 아니라 위법성요소설이 '보호'대상이 되는 공무에 적법성을 요구하면서 이를 동시에 '공격'행위인 '방해행위'의 위법성표지로 삼는 것은 일관되지 못한 태도이다. 적법성을 공무집행방해죄의 객체의 한 요소인 '공무집행'의 요건으로 해석하는 한, 적법한 공무집행에 대한 방해행위만 공무집행방해죄가 된다고 해야 하므로 적법성은 공무집행방해죄의 구성요 30

171) "추상적인 권한에 속하는 공무원의 어떠한 공무집행이 적법한지 여부는 행위 당시의 구체적 상황에 기하여 객관적 합리적으로 판단하여야 하고 사후적으로 순수한 객관적 기준에서 판단할 것은 아니라고 할 것이다" (대법원 1991.5.10. 91도453).

172) 대법원 2002.4.12. 2000도3458.

173) 오영근, §46/25; 임웅, 888면; 정성근/정준섭, 570면.

건요소라고 보는 태도가 타당하다.

31 (d) **적법성에 대한 착오의 효과** — 적법한 공무집행을 위법한 공무집행으로 오인하고 이에 대해 저항하는 행위에 대한 평가는 적법성요건의 체계적 지위를 어떻게 파악하느냐에 따라 달라진다. ① 객관적 처벌조건설에서는 적법성에 대한 인식유무는 고의의 성부나 범죄성립에 영향이 없다고 하고, ② 위법성요소설 또는 위법성조각사유설에서는 이에 관한 착오를 위법성의 착오 또는 위법성조각사유의 객관적 전제사실의 착오로 이해한다. ③ 구성요건요소설을 취하게 되면 이에 관한 착오는 고의가 조각된다. 다만 공무집행의 적법성은 그 판단에 있어 법관의 객관적 법령해석을 요하는 규범적 구성요건요소이므로 행위자의 오인이 적법성요건을 너무 좁게 해석하여 포섭의 착오를 일으킨 경우에는 위법성의 착오가 될 수도 있다.[174)]

32 判 종래 대법원은 적법성의 오인에 대한 법효과에 대해 아무런 태도표명이 없었다. 하지만 최근 대법원은 단속업무를 수행하는 경찰관의 적법한 공무수행을 위법한 공무집행으로 오인하고 해당 경찰관에게 항의를 계속하던 피고인이 갑자기 고성을 지르고 몸을 들이밀면서 다가간 행위를 하여 공무집행방해죄로 기소된 사례에 대해 피고인의 오인을 위법성조각사유의 전제사실의 착오로 보면서 행위자의 행위를 무죄로 판단한 원심과 달리, 피고인이 경찰관을 밀친 행위로 나아가게 된 전제사실 자체에 관하여는 피고인의 인식에 어떠한 착오도 존재하지 않고, 다만 '경찰관의 직무집행의 적법성에 대한 주관적인 법적 평가가 잘못되었을 여지가 있을 뿐'이라고 하면서 형법 제16조의 위법성의 착오로서 '정당한 이유' 유무 판단으로 나아갔다.[175)] 이러한 판시내용에서 보면 대법원은 위법한 공무집행에 대한 저항행위를 위법성조각사유로 보는 출발점에 서 있는 원심과는 달리 적법성을 구성요건의 규범적 요소로 보는 출발점에 서 있다고 평가할 수 있다. 대법원이 적법한 공무집행을 위법한 공무집행으로 잘못 생각한 피고인의 오인을 적법성여부에 대한 법적 평가를 잘못이라고 한 것은 피고인의 오인이 규범적 구성요건 요소에 대한 포섭의 착오에 해당한다는 취지의 판시이고, 포섭의 착오는 위법성의 착오의 일종이므로 형법 제16조의 적용대상이 되고 따라서 유무죄 판단에 정당한 이유의 유무를 관건으로 삼은 것이기 때문이다.

33 3) 행위 폭행 또는 협박하는 것이다.

34 (가) 폭행 이 죄의 폭행은 공무를 집행하는 공무원에 대한 직접·간접의 유형력의 행사를 말한다(광의의 폭행). 따라서 공무원의 신체에 대한 유형력일 필요는 없고, 직접적으로는 물건에 대한 유형력이지만 그것이 공무집행에 영향을 줄 수 있는 경우(간접폭행)에도 이 죄의 폭행이 될 수 있다(판례[176)]).

35 例 따라서 대법원은 집달리(집행관)에 대한 폭행이 아니라 그를 보조하는 인부에 대해 폭행을 한 경우(대법원 1970.5.12. 70도561), 파출소 사무실 바닥에 인분이 들어 있는 통을 집어 던지고 책상 위에 있던 재떨이에 인분을 퍼담아

174) 착오가 경우에 따라 구성요건착오에 해당할 수도 있고 위법성의 착오에 해당할 수도 있다는 설명(김일수/서보학, 682면)을 이분설(구성요건요소/위법성요소 구분설)로 이해하기도 하지만(신동운, 170면), 행위자의 착오가 어떤 종류의 착오에 해당하는지는 행위자의 오인 또는 불인식이 '구성요건적 사실'에 대한 것인지 아니면 자신의 행위의 금지성 부분에 대한 것인지에 따라 달라지는 결론일 뿐, 공무집행의 적법성이라는 요건의 체계적 지위를 이중적으로 파악하는데 따른 결론이라고 말할 수 없다.

175) 대법원 2024.7.25. 2023도16951.

176) "형법 제136조에서 정한 공무집행방해죄는 직무를 집행하는 공무원에 대하여 폭행 또는 협박한 경우에 성립하는 범죄로서 여기서의 폭행은 사람에 대한 유형력의 행사로 족하고 반드시 그 신체에 대한 것임을 요하지 아니(한다)"(대법원 2018.3.29. 2017도21537).

사무실 바닥에 던지는 경우(대법원 1981.3.24. 81도326), 군의회의원들이 회의장에 들어가지 못하도록 출입문을 가로막은 경우(대법원 1998.5.12. 98도662), 공무원의 직무수행에 대한 비판이나 시정을 요구하는 집회·시위과정에서 의사전달수단으로서의 합리적 범위를 넘어서 상대방에게 고통을 줄 정도로 음향을 이용한 경우(대법원 2009.10.29. 2007도3584) 등도 이 죄의 폭행으로 인정하였다.

(나) 협박　　이 죄의 협박은 공무를 집행하는 공무원에게 공포심을 생기게 할 수 있는 일체의 해악고지를 말한다(광의의 협박). 상대방이 현실로 공포심을 일으켰는가는 묻지 않고, 고지된 해악의 내용, 고지방법도 묻지 않는다. 협박도 직접적으로 공무원에게 가할 필요가 없고 제3자에 대한 협박도 그것이 공무원의 직무집행을 방해할 수 있는 것이면 족하다. 36

例 대법원도 가옥명도를 집행하는 집달관(집행관)에게 욕설하고 마루밑으로 밀면서 불법집행이라고 소리쳤다는 일련의 언동(대법원 1969.2.18. 68도44), 폭력행위 등 전과 12범인 피고인이 그 경영의 술집에서 떠들며 놀다가 주민의 신고를 받고 출동한 경찰로부터 조용히 하라는 주의를 받은 것뿐인데 그후 새벽 4시의 이른 시각에 파출소에까지 뒤쫓아 가서 "우리 집에 무슨 감정이 있느냐, 이 순사새끼들 죽고 싶으냐"는 등의 폭언(대법원 1989.12.26. 89도1204)을 이 죄의 협박으로 인정하였다. 37

(다) 폭행·협박의 방법과 정도　　이 죄의 폭행·협박은 공권력을 행사하는 국가 공무원을 대상으로 하는 것이기 때문에 적극성을 띠어야 하고, 소극적인 저항이나 불복종은 폭행이 되지 않고, '공무원이 개의치 않을 정도의 경미성'을 띤 경우 등은 객관적으로 상대방으로 하여금 공포심을 느끼게 하는 정도가 되지 않아 협박이 되지 않는다.[177] 38

例 따라서 대법원은 경찰관의 임의동행요구에 면도칼로 자신의 복부를 그어 피를 보이며 죽어버리겠다고 한 경우(대법원 1976.3.9. 75도3779), 차량을 일단 정차한 다음 경찰관의 운전면허증 제시요구에 불응하고 다시 출발하는 과정에서 경찰관이 잡고 있던 운전석 쪽의 열린 유리창 윗부분을 놓지 않은 채 어느 정도 진행하다가 차량속도가 빨라지자 더 이상 따라가지 못하고 손을 놓아버린 정도(대법원 1996.4.26. 96도281)는 이 죄의 폭행·협박으로 인정하지 않았다. 39

(라) 기수시기　　이 죄는 폭행·협박이 가해짐으로써 기수가 되며 직무집행의 현실 적 방해라는 결과발생을 요하지 않는다[178](추상적 위험범). 40

(2) 주관적 요건

1) 고의　　상대방이 공무원이고 직무집행 중이라는 사실과 이에 대해 폭행 또는 협박을 가한다는 고의가 있어야 한다. 이 경우 공무원의 직무가 적법하다는 점에 대한 인식도 있어야 하고, 만약 객관적으로 적법한 공무집행임에도 불구하고 위법한 것으로 오인하여 이에 대한 저항을 하였을 경우에는 고의가 조각된다. 하지만 예컨대 행위자가 현행범체포의 경우에도 사전에 영장이 필요하다고 생각하는 경우와 같이 적법성에 대한 포섭의 착오를 일으킨 경 41

177) "공무집행방해죄에서 협박이란 상대방에게 공포심을 일으킬 목적으로 해악을 고지하는 행위를 의미하는 것으로서 고지하는 해악의 내용이 그 경위, 행위 당시의 주위 상황, 행위자의 성향, 행위자와 상대방과의 친숙함의 정도, 지위 등의 상호관계 등 행위 당시의 여러 사정을 종합하여 객관적으로 상대방으로 하여금 공포심을 느끼게 하는 것이어야 하고, 그 협박이 경미하여 상대방이 전혀 개의치 않을 정도인 경우에는 협박에 해당하지 않는다"(대법원 2011.2.10. 2010도15986).

178) 대법원 2018.3.29. 2017도21537.

우에는 고의가 조각되지 않고 위법성의 착오로 될 뿐이다.

42 2) 방해의사의 요부 **공무집행을 방해한다는 의사의 필요성과 관련하여** ① 고의의 내용 또는 고의를 초과한 주관적 구성요건요소로서 별도로 요구하는 견해[179]가 있으나 ② 이 죄의 구성요건이 목적범의 형식으로 이루어진 것이 아닌 이상 방해의사는 필요하지 않다(통설·판례[180]). 따라서 사적인 원한관계를 풀기 위해 공무집행 중인 공무원에 대한 폭행·협박을 가한 경우에도 이 죄는 성립한다.[181]

3. 죄수, 타죄와의 관계

(1) 죄수

43 **이 죄의 죄수결정의 기준**으로 ①'공무'의 수를 기준으로 하는 견해와 ②'공무원'의 수를 기준으로 하는 견해(판례)가 대립한다. 기본적으로 보호법익에 해당하는 공무를 기준으로 하는 것이 타당하지만, 이 죄의 행위수단이 폭행·협박이고 이 부분은 일신전속적 법익에 해당하기 때문에 결국은 폭행·협박의 객체인 공무원의 수를 기준으로 하는 것이 타당하다. 따라서 동일한 공무를 집행하는 수인의 공무원을 폭행하면 수개의 공무집행방해죄의 상상적 경합이 된다.[182]

(2) 타죄와의 관계

44 이 죄의 행위수단으로 범해지는 폭행죄·협박죄는 이 죄에 흡수되어 별죄를 구성하지 않는다(흡수관계). 그러나 폭행·협박이 그 범위를 넘어 살인·상해·강도 등의 죄로 비화한 때에는 이들 각 죄와 상상적 경합이 된다. 다만 강도가 체포면탈 목적으로 경찰관에게 폭행한 때에는 강도죄와 이 죄의 실체적 경합이 되고, 절도범인이 경찰관에게 체포를 면탈하기 위해 폭행을 가한 경우에는 준강도와 공무집행방해죄의 상상적 경합이 된다.[183]

45 공무집행방해죄와 업무방해죄의 관계에 대해서는 업무방해죄의 업무에 공무를 포함시킬 것인가에 대한 견해대립의 결론에 따라 달라질 수 있지만(업무방해죄 참조), 업무방해죄의 업무에 공무는 제외된다고 해석해야 하므로 이 죄가 성립한 경우에는 업무방해죄는 성립하지 않는다.

---

179) 유기천(하), 332면.

180) "공무집행방해죄에 있어서의 범의는 상대방이 직무를 집행하는 공무원이라는 사실, 그리고 이에 대하여 폭행 또는 협박을 한다는 사실을 인식하는 것을 그 내용으로 하고, 그 인식은 불확정적인 것이라도 소위 미필적 고의가 있다고 보아야 하며, 그 직무집행을 방해할 의사를 필요로 하지 아니하(다)"(대법원 1995.1.24. 94도1949).

181) 하지만 위계에의한공무집행방해죄의 경우에는 공무집행방해의 의사가 고의의 내용으로 요구된다고 해석해야 한다. 이에 관해서는 후술한다.

182) 대법원 1961.9.28. 61도415.

183) 대법원 1992.7.28. 92도917.

Ⅲ. 직무·사직강요죄

> 제136조(직무·사직강요죄) ② 공무원에 대하여 그 직무상의 행위를 강요 또는 저지하거나 그 직을 사퇴하게 할 목적으로 폭행 또는 협박한 자도 전항의 형과 같다.

1. 의의, 성격, 보호법익

공무원에 대하여 그 직무상의 행위를 강요 또는 저지하거나 그 직을 사퇴하게 할 목적으로 폭행 또는 협박함으로써 성립하는 범죄이다. 현재 직무집행 중의 공무가 아니라 장래의 공무집행을 보호대상으로 하고, 목적범의 구조로 되어 있다는 점에서 공무집행방해죄의 수정된 구성요건이다. 46

보호법익과 관련해서는 국가기능으로서의 공무 그 자체만을 보호법익으로 한다는 견해[184] 도 있으나, 공무원으로서의 직 그 자체를 사퇴케 할 목적이 있는 경우에도 이 죄가 성립한다는 점에서 공무뿐 아니라 공무원의 지위의 안전도 보호법익에 포함시키는 것이 타당하다. 47

2. 구성요건

(1) 객관적 구성요건

1) 주체 및 객체 주체에는 아무런 제한이 없고, 객체도 공무원이라는 점에서 공무집행방해죄와 같지만, 다만 이 죄의 객체는 공무집행방해죄의 경우와 같이 공무집행 중인 공무원일 필요는 없고, 모든 공무원이라는 점에 차이가 있다. 따라서 직무집행 중인 공무원뿐만 아니라 장래에 직무를 집행할 공무원도 이 죄의 행위객체가 된다. 48

2) 행위 이 죄의 행위도 폭행 또는 협박으로서 공무집행방해죄의 경우와 같다. 직무상의 행위를 강요·저지 또는 사퇴시키기 위하여 뇌물을 제공하는 등 폭행·협박 이외의 방법을 사용하면 이 죄에 해당하지 않는다. 직무강요나 사퇴시킬 목적으로 폭행 또는 협박을 가함으로써 이 죄는 기수가 되며(추상적 위험범, 거동범) 목적달성 여부는 이 죄의 성립에 영향을 주지 않는다. 49

(2) 주관적 구성요건

1) 고의 공무원에 대하여 폭행 또는 협박을 가한다는 인식 및 의사가 있어야 한다. 50

2) 목적 직무상의 행위를 강요 또는 저지하거나 그 직을 사퇴하게 할 목적이 있어야 한다. 51

(가) 직무상의 행위 직무상의 행위란 공무원이 직무에 관하여 수행하는 행위를 말한다. **직무상의 행위의 범위**에 관해서는 ① 공무원의 직무와 관계있는 행위이면 충분하고 권한 내 52

---

184) 김일수/서보학, 847면; 오영근, §46/39.

의 행위이건 아니건 묻지 않는다는 견해,[185] ② 당해 공무원의 추상적 권한에 속하는 것이면 충분하고 반드시 구체적인 권한에 속할 것을 요하지 않는다는 견해(다수설) 등이 있지만, ③ '강요'의 경우에는 위법한 직무집행도 포함하기 때문에 구체적인 직무권한에 속할 필요는 없지만 '저지'의 경우에는 구체적 직무권한 내의 적법한 직무행위에 해당하는 것으로 보아야 한다.[186] 이 경우에는 추상적 직무권한에 속하는 직무행위라도 구체적인 직무권한에 속하지 않으면 위법한 직무행위가 되어 보호할 필요가 없기 때문이다.

53 (나) 직무행위의 적법성 **직무상의 행위가 적법해야 하는지**에 대해서 ① 적법할 것을 요하는 견해[187]가 있지만, ② 강요의 경우에는 그 자체가 위법하기 때문에 적법성 여부를 불문하지만, 저지의 경우에는 적법한 직무행위에 한한다고 해석하는 것[188]이 타당하다.

54 (다) 직무행위의 강요·저지 '강요'는 직무에 관계된 처분을 적극적으로 하게 하는 것을 의미한다. 국회의원의 의사에 반하는 의견을 협박에 의하여 발표하게 하는 것이 그 예이다. '저지'란 공무원에게 부작위처분을 강요하는 것을 말한다. 예컨대 국회에 출석하려는 국회의원을 길목에서 기다렸다가 그에게 폭행·협박을 가하여 출석을 단념시키는 것이 이에 해당한다.

55 (라) 그 직의 사퇴 **단순한 개인적인 사정에 의해 사직시키는 경우도 포함하는지**에 대해 ① 이 죄의 보호법익을 공무 그 자체에 국한시키는 입장은 이를 제외하는 견해를 취하지만 ② 공무와 관계없이 사직케 하는 경우에도 공무에 위험을 초래할 수 있기 때문에 공무집행과 상관없이 단순한 개인적인 사정에 의해 사직시키는 경우도 포함시켜야 한다. 사퇴의 대상인 직무는 본직은 물론 겸직도 포함한다.

3. 죄수, 타죄와의 관계

(1) 죄수

56 폭행·협박죄가 이 죄에 흡수되는 것은 공무집행방해죄의 경우와 같다. 한 개의 직무강요행위라고 하더라도 폭행·협박의 상대방인 공무원의 수에 따라 수죄가 성립하고 상상적 경합관계가 된다.

(2) 타죄와의 관계

57 **이 죄와 강요죄의 관계**에 대해서는 ① 강요죄의 특수한 경우로 보아야 한다는 이유로 강요죄도 이 죄에 흡수된다는 견해[189]가 있으나, ② 강요죄와는 보호법익을 달리하므로 상상적 경합관계에 있다고 해야 한다.

185) 박상기, 662면.
186) 손동권/김재윤, §50/33.
187) 김일수/서보학, 864면; 배종대, §112/4.
188) 이재상/장영민/강동범, §44/35.
189) 손동권/김재윤, §50/33.

Ⅳ. 위계에의한공무집행방해죄

> 제137조(위계에의한공무집행방해죄) 위계로써 공무원의 직무집행을 방해한 자는 5년 이하의 징역 또는 1천만원 이하의 벌금에 처한다.

1. 의의, 성격

위계에 의하여 공무원의 직무집행을 방해함으로써 성립하는 범죄이다. 공무집행방해의 수단이 위계이고 폭행·협박이 아니라는 점, 객체가 현재 공무를 집행하고 있는 공무원임을 요하지 않고 장래의 직무집행이 예상되는 경우도 포함되며, 공무원의 공무집행과 관련있는 제3자도 위계의 상대방이 될 수 있다는 점에서 공무집행방해죄와 구별되는 독립적 구성요건이다. 58

국가기능으로서의 공무가 보호받는 정도와 관련해서는 '구체적 위험범설'[190]도 있으나, 추상적 위험범설이 타당하다(이 죄의 기수시기 참조). 미수처벌규정이 없으므로 거동범에 해당한다. 59

2. 구성요건

(1) 객관적 구성요건

1) 객체 객체는 직무집행 중에 있는 공무원, 장차 직무집행의 수행이 예상되는 공무원, 그리고 직무집행과 관련되는 제3자도 이 죄의 객체가 된다. 60

2) 행위 위계로써 공무집행을 방해하는 것이다. 61

(가) 위계 위계란 기망보다 넓은 개념으로써 상대방을 착오에 빠지게 하는 행위뿐 아니라 타인의 부지 또는 착오를 이용하는 일체의 행위를 말한다. 기망 외에도 **유혹의 수단을 사용하는 경우도 위계에 포함되는지**가 문제된다. 유혹의 수단은 위계에 포함되지 않는다는 견해[191]가 있지만, 유혹을 통해 사실부지 상태를 만들고 착오를 유발시킬 수 있는 한 제외시킬 이유는 없다[192](업무방해죄 등의 위계와 같다). 위계의 상대방은 직접 직무를 담당하고 있는 공무원일 필요가 없고 제3자를 기망하여 공무원의 직무를 방해하는 경우도 무방하다. 62

例 위계가 긍정된 경우: 운전면허시험에 대리응시한 경우(대법원 1986.9.9. 86도1245), 자격시험의 경우 응시자격을 증명하는 수료증명서를 허위로 작성하여 제출한 경우(대법원 1982.7.27. 82도1301), 시험감독관이 특정 응시자의 부정행위를 눈감아 준 경우(대법원 1996.1.26. 95도2461), 타인의 소변을 자신의 소변인 것처럼 수사기관에 건네주어 필로폰 음성반응이 나오게 한 경우(대법원 2007.10.11. 2007도6101), 공무원 근무성적평정위원회에 조작한 근무성적 평정표를 그에 따라 평정대상인 공무원들의 순위를 심사하고 결정하도록 한 경우(대법원 2012.1.27. 2010도11884), 위조한 총장 표창장 등을 제출하여 국립대에 입한 경우(대법원 2022.4.27. 2020도12239) 등. 63

例 위계가 부정된 경우: 피의자나 참고인이 수사기관에 자발적이고 계획적으로 피의자를 가장하여 허위사 64

190) 배종대, §162/8.
191) 오영근, §46/48; 임웅, 893면.
192) 이재상/장영민/강동범, §44/37.

실을 진술한 경우(대법원 1977.2.8. 76도3685), 피고인의 주소를 허위로 기재하여 법원공무원으로 하여금 변론기일소환장 등을 허위주소로 송달케 한 경우(대법원 1996.10.11. 96도312), 대학교 시간강사 임용과 관련하여 허위의 학력이 기재된 이력서만을 제출한 경우(대법원 2009. 1.30. 2008도6950), 과속단속카메라에 촬영되더라도 불빛을 반사시켜 차량 번호판이 식별되지 않도록 하는 기능이 있는 일명 '파워매직세이퍼'를 차량번호판에 뿌린 상태로 차량을 운행한 경우(대법원 2010.4.15. 2007도80240).

65 공무원이 사실을 심리 또는 수사해야 할 사항에 대해서는 허위신고, 허위진술 또는 허위자료를 제출하였다는 것만으로는 이 죄의 위계에 해당하지 아니한다. 행정관청의 심사나 수사는 애당초 사실과 다른 진술이나 자료가 있다는 전제하에서 행해지는 것이고, 설령 허위사실을 믿고 결정을 내렸다고 하더라도 이는 해당 관청의 불충분한 심리 또는 수사에 의한 것이기 때문이라고 해야 하며, 감시·감독해야 할 공무원에게는 그러한 감시감독의 권한뿐 아니라 의무가 주어져 있는 것이기 때문이다. 판례의 태도도 원칙적으로 이와 같다.

66 判 대법원은 ① 인·허가 사항의 심사에 있어서 허위자료를 제출한 경우,[193] ② 범죄수사에 있어서의 허위신고나 허위진술을 한 경우,[194] ③ 더 나아가 금지규정을 준수해야 할 자를 감시·감독해야 할 공무원에 대해 감시감독을 피하는 행위를 한 경우[195] 등의 경우 이 죄의 위계를 부정한다.

그러나 다른 한편 대법원은 (a) 인허가관청이 충분한 심사를 하였으나 허위성을 발견하지 못하여 인·허가처분을 하게 된 경우나 심사담당 공무원이 출원사유가 허위라는 점을 알면서도 결재권자를 위계하고 결재권자의 착오 등을 이용하여 결재를 받아낸 경우[196]나, 등기신청의 경우 충분한 심사를 하였음에도 허위성을 발견하지

---

193) "행정관청이 출원에 의한 인·허가처분을 함에 있어서는 그 출원사유가 사실과 부합하지 아니하는 경우가 있음을 전제로 하여 인·허가할 것인지의 여부를 심사, 결정하는 것이므로 행정관청이 사실을 충분히 확인하지 아니한 채 출원자가 제출한 허위의 출원사유나 허위의 소명자료를 가볍게 믿고 인가 또는 허가를 하였다면 이는 행정관청의 불충분한 심사에 기인한 것으로서 출원자의 위계가 결과 발생의 주된 원인이었다고 할 수 없어 위계에 의한 공무집행방해죄를 구성하지 않는다고 할 것이(다)"(대법원 2002.9.4. 2002도2064). "초등학교를 졸업하였음에도 초등학교 중퇴 이하의 학력자라는 허위 내용의 인우보증서를 첨부하여 운전면허 구술시험에 응시하였다는 사실만으로는 위계에 의한 공무집행방해죄가 성립하지 않는다"(대법원 2007.3.29. 2006도8189).

194) "형사 피의자와 수사기관이 대립적 위치에서 서로 공격방어를 할 수 있는 취지의 형사소송법의 규정과 법률에 의한 선서를 한 증인이 허위로 진술을 한 경우에 한하여 위증죄가 성립된다는 형법의 규정 취지에 비추어 수사기관이 범죄사건을 수사함에 있어서는 피의자나 피의자로 자처하는 자 또는 참고인의 진술여하에 불구하고 피의자를 확정하고 그 피의사실을 인정할 만한 객관적인 제반증거를 수집 조사하여야 할 권리와 의무가 있는 것이라고 할 것이므로 피의자나 참고인이 아닌 자가 자발적이고 계획적으로 피의자를 가장하여 수사기관에 대하여 허위사실을 진술하였다 하여 바로 이를 위계에 의한 공무집행방해죄가 성립된다고 할 수 없다"(대법원 1977.2.8. 76도3685; 대법원 2003.7.25. 2003도1609).

195) "수용자가 교도관의 감시, 단속을 피하여 규율위반행위를 하는 것만으로는 단순히 금지규정에 위반되는 행위를 한 것에 지나지 아니할 뿐 이로써 위계에 의한 공무집행방해죄가 성립한다고는 할 수 없고, 수용자가 아닌 자가 교도관의 검사 또는 감시를 피하여 금지물품을 교도소 내로 반입되도록 하였다고 하더라도 교도관에게 교도소 등의 출입자와 반출·입 물품을 단속, 검사하거나 수용자의 거실 또는 신체 등을 검사하여 금지물품 등을 회수하여야 할 권한과 의무가 있는 이상, 그러한 수용자 아닌 자의 행위를 위계에 의한 공무집행방해죄에 해당하는 것으로는 볼 수 없으며, 교도관이 수용자의 규율위반행위를 알면서도 이를 방치하거나 도와주었더라도, 이를 다른 교도관 등에 대한 관계에서 위계에 의한 공무집행방해죄가 성립하는 것으로 볼 수는 없다"(대법원 2003.11.13. 2001도7045).

196) "출원자가 행정관청에 허위의 출원사유를 주장하면서 이에 부합하는 허위의 소명자료를 첨부하여 제출한 경우 허가관청이 관계 법령이 정한 바에 따라 인·허가요건의 존부 여부에 관하여 나름대로 충분히 심사를 하였으나 출원사유 및 소명자료가 허위임을 발견하지 못하여 인·허가처분을 하게 되었다면 이는 허가관청의 불충분한 심사가 그의 원인이 된 것이 아니라 출원인의 위계행위가 원인이 된 것이어서 위계에의한공무집행방해죄가 성립된

못한 채 등기가 마쳐진 경우는 '위계'가 될 수 있다고 하고,[197] (b) 단순한 허위진술 또는 불리한 증거은닉을 넘어서서 적극적으로 허위의 증거를 조작하여 제출함으로써 수사기관이 충실한 수사를 하더라도 제출된 증거가 허위임을 발견할 수 없을 경우[198] 위계에의한공무집행방해죄의 성립을 인정하며, (c) 단속업무를 수행하는 공무원에 대하여 위계를 사용하여 그 업무집행 자체를 못하게 한 경우[199]에도 위계에의한공무집행방해죄의 성립을 인정한다. 그러나 (c-1) 단속업무를 수행하는 공무원에 대한 위계를 사용하여 업무집행 자체를 못하게 한 경우가 아니라 단순히 감시 단속을 피하여 금지규정을 위반한 경우에는 위계에 의한 공무집행방해죄가 성립하지 않는다.[200]

例 대법원은 따라서 (c) 유형인 '변호사가 접견을 핑계로 수용자를 위하여 휴대전화와 증권거래용 단말기를 67
구치소 내로 몰래 반입하여 이용하게 한 경우(대법원 2005.8.25. 2005도1731)는 위계에 의한 공무집행방해죄의 성립이 인정되었지만, (c-1)의 유형인 '시사프로그램 PD, 촬영팀이 서울구치소장의 허가 없이 구치소에 수용중인 사람을 취재하

다"(대법원 2002.9.4. 2002도2064). "출원에 대한 심사업무를 담당하는 공무원이 출원인의 출원사유가 허위라는 사실을 알면서도 결재권자로 하여금 오인, 착각, 부지를 일으키게 하고 그 오인, 착각, 부지를 이용하여 인·허가처분에 대한 결재를 받아낸 경우에는 출원자가 허위의 출원사유나 허위의 소명자료를 제출한 경우와는 달리 더 이상 출원에 대한 적정한 심사업무를 기대할 수 없게 되었다고 할 것이어서 그와 같은 행위는 위계로써 결재권자의 직무집행을 방해한 것에 해당하므로 위계에의한공무집행방해죄가 성립한다"(대법원 1997.2.28. 96도2825).

197) "행정청에 대한 일방적 통고로 효과가 완성되는 '신고'의 경우 신고서에 허위사실을 기재하거나 허위 소명자료를 제출한 경우 특별한 사정이 없는 한 위계에 의한 공무집행방해죄가 성립하지 않는다. 다만, 등기신청의 경우 단순한 신고가 아니라 신청에 따른 등기관의 심사 및 처분을 예정하고 있기 때문에 허위 소명자료에 대해 등기관이 나름대로 충분히 심사를 했음에도 이를 발견하지 못하여 등기가 마쳐진 경우 위계에 의한 공무집행방해죄의 가능성이 있다"(대법원 2016.1.28. 2015도17297).

198) "피의자나 참고인이 피의자의 무고함을 입증하는 등의 목적으로 적극적으로 허위의 증거를 조작하여 제출하였고 그 증거 조작의 결과 수사기관이 그 진위에 관하여 나름대로 충실한 수사를 하더라도 제출된 증거가 허위임을 발견하지 못하여 잘못된 결론을 내리게 될 정도에 이르렀다면, 이는 위계에 의하여 수사기관의 수사행위를 적극적으로 방해한 것으로서 위계에 의한 공무집행방해죄가 성립된다"(대법원 2003.7.25. 2003도1609). 따라서 "타인의 소변을 마치 자신의 소변인 것처럼 수사기관에 건네주어 필로폰 음성반응이 나오게 한 경우, 수사기관의 착오를 이용하여 적극적으로 피의사실에 관한 증거를 조작한 것이므로 위계에의한공무집행방해죄가 성립한다"(대법원 2007.10.11. 2007도6101). 하지만 "과속으로 인하여 과속단속카메라에 촬영되더라도 불빛을 반사시켜 차량 번호판이 식별되지 않도록 하는 기능이 있는 이 사건 '파워매직세이퍼'를 차량 번호판에 뿌린 상태로 차량을 운행한 행위만으로는 경찰청의 교통단속업무를 구체적이고 현실적으로 수행하는 경찰공무원에 대하여 그가 충실히 직무를 수행한다고 하더라도 통상적인 업무처리과정 하에서는 사실상 적발이 어려운 위계를 사용하여 그 업무집행을 하지 못하게 한 것이라고 보기 어렵다"(대법원 2010.4.15. 2007도8024).

199) "법령에서 교도소 수용자에게는 흡연하거나 담배를 소지·수수·교환하거나 허가 없이 전화 등의 방법으로 다른 사람과 연락하는 등의 규율위반행위를 하여서는 아니될 금지의무가 부과되어 있고, 교도관은 수용자의 규율위반행위를 감시, 단속, 적발하여 상관에게 보고하고 징벌에 회부되도록 하여야 할 일반적인 직무상 권한과 의무가 있다고 할 것인바, 구체적이고 현실적으로 감시, 단속업무를 수행하는 교도관에 대하여 위계를 사용하여 그 업무집행을 못하게 한다면 이에 대하여 위계에의한공무집행방해죄가 성립한다고 할 것이(다)"(대법원 2003.11.13. 2001도7045).

200) "법령에서 일정한 행위를 금지하면서 이를 위반하는 행위에 대한 벌칙을 정하고 공무원으로 하여금 금지규정의 위반 여부를 감시·단속하도록 한 경우 공무원에게는 금지규정 위반행위의 유무를 감시하여 확인하고 단속할 권한과 의무가 있으므로 구체적이고 현실적으로 감시·단속 업무를 수행하는 공무원에 대하여 위계를 사용하여 업무집행을 못하게 하였다면 위계에 의한 공무집행방해죄가 성립하지만, 단순히 공무원의 감시·단속을 피하여 금지규정을 위반한 것에 지나지 않는다면 그에 대하여 벌칙을 적용하는 것은 별론으로 하고 그 행위가 위계에 의한 공무집행방해죄에 해당한다고 할 수 없다. 피고인이 금지규정을 위반하여 감시·단속을 피하는 것을 공무원이 적발하지 못하였다면 이는 공무원이 감시·단속이라는 직무를 소홀히 한 결과일 뿐 위계로 공무집행을 방해한 것이라고 볼 수 없다."(대법원 2022.3.31. 2018도15213).

기 위하여 '명함지갑' 형태의 녹음하거나 녹화장비를 소지한 채 접견실에 들어가 수용자를 취재한 경우'(대법원 2022.3.31. 2018도15213) 및 '피고인이 미결수용 중에 이른바 '집사변호사'를 고용한 후 변호인 접견을 가장하여 형사사건 변호활동이 아닌 개인 업무 처리 등을 하게 한 경우'(대법원 2022.6.30. 2021도244)는 위계에 의한 공무집행방해죄의 성립이 부정되었다.

68 (나) 공무집행방해 방해는 공무집행 자체에 지장을 주거나 줄 위험성이 있는 일체의 행위를 말한다. 따라서 공무집행 자체를 방해하는 경우뿐만 아니라 공무집행을 위한 사무를 저해하는 것도 포함한다. 단순한 소극적 저항이나 불복종은 방해행위에 해당하지 않고 사실상 직무집행을 곤란하게 만드는 적극적 거동이어야 한다.[201]

69 방해의 대상이 되는 공무원의 직무집행은 법령의 위임에 따른 공무원의 '적법'한 직무집행이어야 한다. 여기에는 공권력의 행사를 내용으로 하는 권력적 작용뿐 아니라 비권력적 작용도 포함된다. 따라서 국가가 사경제주체로서 활동을 하는 경우도 방해의 대상이 되는 공무집행에 포함된다.[202] 집행이 예상되는 직무는 포함되지만 성질상 방해대상이 될 수 없는 직무는 이 죄의 공무원의 직무에 포함되지 않는다.[203]

70 (다) 기수시기 **이 죄의 기수시기 및 법적 성격**과 관련하여 ① 이 죄는 폭행 또는 협박만을 행위태양으로 하고 있는 다른 공무집행방해죄와는 달리 공무집행의 '방해'라는 구성요건적 행위를 명시적으로 요구하고 있으므로 이 죄가 성립하려면 보호법익의 침해상태인 공무집행의 방해라는 결과가 발생해야 한다는 견해(침해범설)과 ② 공무집행을 방해한다는 점에서 다른 공무집행방해죄와 본질적으로 그 성질이 동일하므로 반드시 추상적인 국가의 기능적 작용으로서 공무가 침해될 필요가 없다는 견해(추상적 위험범설)가 대립한다.

71 判 대법원은 공무집행방해죄가 위계를 사용하는 이상 그 위계행위만으로는 부족하고 상대방이 그에 따라 일정한 공무집행에 기능적 장애상태를 만들어내는 외부적 처분행위가 있어야 하기 때문에 현실적으로 구체적인 공무집행이 저지되거나 현실적으로 곤란하게 되는 상태(방해)에 이르러야 이 죄가 성립된다고 한다.[204]

72 例 이에 따라 법원경매업무를 담당하는 집행관의 구체적인 업무를 저지하거나 현실적으로 곤란하게 하는 정도에 이르지 않고 입찰의 공정을 해하는 정도의 행위(대법원 2000.3.24. 2000도102) 또는 민사소송을 제기함에 있어 피고의 주소를 허위로 기재하여 법원공무원으로 하여금 변론기일소환장 등을 허위주소로 송달케 하는 정도(대법원 1996.10.11. 96도312)는 공무집행이 현실적으로 방해되었다고 할 수 없어 이 죄가 성립하지 않는다고 한다.

---

201) 김일수/서보학, 851면.

202) 대법원 2003.12.26. 2001도6349.

203) 대법원 1995.5.9. 94도2990(몰수물이 압수되어 있는 경우에는 검사의 집행지위만으로 집행이 종료되므로 몰수물이 압수되어 있는 상태에서 검사의 몰수판결 집행업무를 타인의 위계에 의하여 방해당할 수 없다고 본 판례임).

204) "위계에의한공무집행방해죄에 있어서 위계라 함은 행위자의 행위목적을 이루기 위하여 상대방에게 오인, 착각, 부지를 일으키게 하여 그 오인, 착각, 부지를 이용하는 것을 말하는 것으로 상대방이 이에 따라 그릇된 행위나 처분을 하여야만 이 죄가 성립하는 것이고, 만약 범죄행위가 구체적인 공무집행을 저지하거나 현실적으로 곤란하게 하는 데까지는 이르지 아니하고 미수에 그친 경우에는 위계에의한공무집행방해죄로 처벌할 수 없다"(대법원 2003.2.11. 2002도4293).

이러한 판례의 태도를 두고 대법원이 이 죄를 침해범으로 보고 있다고 평가하긴 어렵다. 위계에 의한 공무집행방해죄의 구성요건적 행위는 '위계'이므로 폭행 또는 협박만으로 공무집행이 방해가 인정될 수 있는 일반공무집행방해죄와는 달리 공무집행이 현실적으로 '방해' 되는 상태에 이를 것을 추가적으로 요구하고 있을 뿐이다. 개별 공무원의 공무집행이 방해되었다고 해서 이 죄의 보호법익인 국가의 '기능적 작용'으로서 공무 그 자체가 침해되었다고 할 수는 없고 이 죄의 구성요건에서 '방해'라는 표현도 위계를 통해 공무집행에 대한 '방해'행위의 표현으로 이해하고, 이를 행위와 독립된 구성요건적 '결과'(공무라는 법익침해적 결과)가 아니라 일정한 '행위상태'로 해석한다면, 이 죄를 여전히 추상적 위험범으로 파악하는 것이 타당하다. 73

(2) 주관적 구성요건

공무원에 대해 위계를 사용한다는 점에 대한 인식이 고의의 내용이라는 점에는 이견이 없지만, **공무방해의 의사까지 고의의 내용이 되는지**에 대해서는 이견이 있다. ① 폭행·협박에 의한 공무집행방해죄의 경우와 달리 해석해야 할 근거가 없다는 이유로 공무방해의 의사를 고의의 내용으로 요구하지 않는 견해[205]가 있지만, ② 이 죄는 다른 공무집행방해죄와는 달리 '공무집행의 방해'를 구성요건적 결과로 명시적으로 요구하고 있는 이상 공무방해의 의사도 이 죄의 고의의 내용에 당연히 포함된다고 해석해야 한다. 판례의 태도도 마찬가지이다.[206] 74

3. 타죄와의 관계

(1) 범인은닉죄와의 관계

피의자나 참고인이 아닌 자가 자발적이고 계획적으로 피의자를 가장하여 수사기관에 허위사실을 진술한 경우 위계에의한공무집행방해죄는 성립하지 않더라도 범인은닉죄는 성립한다.[207] 75

(2) 직무유기죄와의 관계

인·허가사항과 관련하여 출원인이 허위사실을 신고한다는 사실을 알면서도 직무상의 의무에 따른 적절한 조치를 취함이 없이 오히려 결재권자를 위계로서 기망하여 최종결재를 받은 경우 위계에의한공무집행방해죄가 성립하면 직무유기죄는 별도로 성립하지 아니한다.[208] 76

---

205) 이재상/장영민/강동범, §44/42.

206) "위계에의한공무집행방해죄가 성립되려면 자기의 위계행위로 인하여 공무집행을 방해하려는 의사가 있을 경우에 한한다고 보는 것이 상당하다할 것이므로 피고인이 경찰관서에 허구의 범죄를 신고한 까닭은 피고인이 생활에 궁하여 오로지 직장을 구하여 볼 의사로서 허위로 간첩이라고 자수를 한 데 불과하고 한 걸음 더 나아가서 그로 말미암아 공무원의 직무집행을 방해하려는 의사까지 있었던 것이라고는 인정되지 아니한다"(대법원 1970.1.27. 69도2260).

207) 대법원 1977.2.8. 76도3685.

208) 대법원 1997.2.28. 96도2825.

V. 법정·국회회의장모욕죄

> 第138조(법정·국회회의장모욕죄) 법원의 재판 또는 국회의 심의를 방해 또는 위협할 목적으로 법정이나 국회회의장 또는 그 부근에서 모욕 또는 소동한 자는 3년 이하의 징역 또는 700만원 이하의 벌금에 처한다.

1. 의의, 성격

77 법원의 재판 또는 국회의 심의를 방해 또는 위협할 목적으로 법정이나 국회회의장 또는 그 부근에서 모욕 또는 소동함으로써 성립하는 범죄이다. 법정의 사법기능과 국회의 입법기능을 보호하기 위한 구성요건으로 공무집행방해죄의 독립변형구성요건이다. 목적범이고 추상적 위험범이자 거동범이다.

2. 구성요건

(1) 객관적 구성요건

78 **1) 주체** 제한이 없다. 피고인, 증인, 방청인뿐만 아니라 검사나 변호인 기타 소송관계인이나 국회의원도 주체가 될 수 있다.

79 **2) 행위** 법정이나 국회회의장 또는 그 부근에서 모욕 또는 소동하는 것이다.

80 (가) 모욕·소동 모욕이란 경멸의 의사를 표시하는 것을 말한다. 모욕의 상대방은 법관·국회의원임을 요하지 않고 증인, 방청인·검사·변호인이나 법원 또는 국회의 구성원 전체도 상대방이 될 수 있다. 이 죄의 모욕은 법원의 재판[209]이나 국회의 심의를 방해 또는 위협할 정도가 되어야 하므로 적극적인 거동이 아니라 소극적 부작위나 단순한 지시불복종만으로는 모욕에 해당하지 않는다. 증인이 정당한 이유 없이 선서거부나 증언거부를 하는 것은 소송법상의 제재사유가 될 뿐 이 죄에는 해당하지 않는다. 소동이란 법원의 재판 또는 국회의 심의를 방해할 정도의 질서를 혼란시키거나 소음을 내는 문란한 행위를 말한다. 소동자는 한 사람이건 다수인이건 상관없지만, 내란죄의 폭동이나 소요죄의 폭행·협박의 정도에 이르지 않아야 한다.

81 모욕과 소동행위는 반드시 재판 중 또는 국회의 심의 중에 있을 것을 요하지 않고, 재판 또는 심의의 개시 직전과 직후는 물론 휴식 중에도 가능하다. 모욕 또는 소동은 법정이나 국회회의장 또는 그 부근에서 행해져야 한다.

82 (나) 기수시기 법정이나 국회회의장 또는 그 부근에서 모욕 또는 소동함으로써 기수가 되며(미수불처벌), 그로 인하여 법원의 재판 또는 국회의 심의가 현실적으로 방해될 것을 요하지 않는다(추상적 위험범·거동범).

---

209) 여기의 법원의 재판에는 '헌법재판소의 심판'도 포함된다(대법원 2021.8.26. 2020도12017).

(2) 주관적 구성요건

법정 또는 국회회의장이나 그 부근에서 모욕 또는 소동을 일으킨다는 고의가 있어야 한다. 고의 이외에 법원의 재판 또는 국회의 심의를 방해 또는 위협할 목적이 있어야 한다(목적범). 재판 또는 심의를 방해·위협할 목적이란 국가의 사법작용 또는 입법작용을 방해·위협하여 적정한 국가기능을 해하겠다는 목적을 말한다. 목적달성 여부는 이 죄의 성립에 영향이 없다. 83

3. 타죄와의 관계

(1) 모욕죄와의 관계

이 죄의 모욕행위가 동시에 법관이나 국회의원 등 개인에 대한 모욕행위가 되어도 모욕죄는 성립하지 않고 이 죄만 성립한다(흡수관계). 84

(2) 공무집행방해죄와의 관계

공무집행방해죄가 성립하면 이 죄는 별도로 성립하지 않는다(특별관계). 85

(3) 법원조직법상의 심리방해죄와의 관계

법원조직법 제61조의 심리방해에 대해서는 감치 또는 과태료처분이라는 행정질서벌이 규정되어 있을 뿐이므로 형벌부과 대상이 되는 법정·국회회의장모욕죄와 경합문제가 생기지 않는다. 86

Ⅵ. 인권옹호직무방해죄

> 제139조(인권옹호직무방해죄) 경찰의 직무를 행하는 자 또는 이를 보조하는 자가 인권 옹호에 관한 검사의 직무집행을 방해하거나 그 명령을 준수하지 아니한 때에는 5년 이하의 징역 또는 10년 이하의 자격정지에 처한다.

1. 의의, 성격

경찰의 직무를 행하는 자 또는 그 보조자가 인권옹호에 관한 검사의 직무집행을 방해하거나 그 명령을 준수하지 아니함으로써 성립하는 범죄이다. 국가의 기능 중에서 특히 검사의 인권옹호에 관한 직무집행기능을 보호하기 위한 독립변형구성요건이다. 진정신분범이고, 추상적 위험범에 해당한다. 87

2. 구성요건

(1) 주체

경찰의 직무를 집행하는 자 또는 이를 보조하는 자에 한한다. 수사의 직무를 담당하는 사 88

법경찰관과 이를 보조하는 사법경찰리가 이에 해당한다. 사법경찰관리에는 일반사법경찰관리와 특별사법경찰관리를 포함한다. 다만 검사의 수사지휘를 받지 않는 사법경찰은 이에 포함되지 않는다고 본다. 그리고 경찰의 직무를 보조하는 자란 그 직무상 보조하는 지위에 있는 자를 말하고, 정보원으로서 사실상 이를 보조하는 사인私人은 이에 포함되지 않는다.

(2) 행위

89 인권옹호에 관한 검사의 직무집행을 방해하거나 그 명령을 준수하지 아니하는 것이다.

90 **1) 인권옹호에 관한 검사의 직무집행·명령** 형사소송법상 각종의 강제처분에 대한 검사의 영장 집행지휘(제81조, 제115조, 제209조), 구속장소감찰(제198조의2), 재판의 집행지휘(제460조) 등이 이에 해당한다. 이 죄의 입법 취지 및 보호법익, 그 적용대상의 특수성 등을 고려하면 여기서 말하는 '인권'은 범죄수사 과정에서 사법경찰관리에 의하여 침해되기 쉬운 인권으로서, 주로 헌법 제12조에 의한 국민의 신체의 자유 등을 그 내용으로 한다.[210] 인권옹호에 관한 것이면 충분하므로 반드시 강제성을 띤 것에 제한하지 않는다. 명령은 작위·부작위, 서면·구두 여부를 불문한다. 직무를 방해하는 방법에도 제한이 없으므로 폭행·협박도 상관없다. 검사의 직무집행, 특히 명령은 적법해야 한다.[211]

91 **2) 직무집행의 방해·명령불준수** 방해는 직무집행에 지장을 주는 일체의 행위이고, 위계에의한공무집행방해죄의 방해와 같다. 따라서 방해는 보호법익과는 독립된 구성요건적 결과로서 현실적인 방해가 일어나야 한다. 명령불준수는 인권옹호에 관한 검사의 명령·지시에 복종하지 않는 것을 말한다. 명령불준수의 경우에는 검사의 공무집행을 현실적으로 방해할 것은 요하지 않는다.

92 **3) 기수시기** **이 죄의 성립**을 위해 ① 검사의 직무집행의 방해가 현실적으로 일어나야 한다는 견해(침해범설)가 있지만, ② 위계에의한공무집행방해죄의 경우와 마찬가지로 적극적인 방해행위가 있으면 족하다고 해야 한다(추상적 위험범설). 마찬가지로 명령불준수의 경우도 명령을 준수하지 않는 것만으로 이 죄가 성립한다.

93 **4) 죄수 및 경합** 형법 제139조에 규정된 인권옹호직무명령불준수죄가 동시에 형법 제122조에 규정된 직무유기에 해당할 수도 있어 양자의 죄수 및 경합관계가 문제된다. 양 죄는 행위태양과 보호법익이 달라 별도로 성립하고 상상적 경합관계에 있는 것으로 보아야 한다.[212]

---

210) 대법원 2010.10.28. 2008도11999.

211) "형법 제139조에 규정된 '인권옹호에 관한 검사의 명령'은 사법경찰관리의 직무수행에 의하여 침해될 수 있는 인신 구속 및 체포와 압수수색 등 강제수사를 둘러싼 피의자, 참고인, 기타 관계인에 대하여 헌법이 보장하는 인권 가운데 주로 그들의 신체적 인권에 대한 침해를 방지하고 이를 위해 필요하고도 밀접 불가분의 관련성 있는 검사의 명령 중 '그에 위반할 경우 사법경찰관리를 형사처벌까지 함으로써 준수되도록 해야 할 정도로 인권옹호를 위해 꼭 필요한 검사의 명령'으로 보아야 하고 나아가 법적 근거를 가진 적법한 명령이어야 한다"(대법원 2010.10.28. 2008도11999).

212) 대법원 2010.10.28. 2008도11999.

Ⅶ. 공무상비밀표시무효죄

> 제140조(공무상비밀표시무효) ① 공무원이 그 직무에 관하여 실시한 봉인 또는 압류 기타 강제처분의 표시를 손상 또는 은닉하거나 기타 방법으로 그 효용을 해한 자는 5년 이하의 징역 또는 700만원 이하의 벌금에 처한다.
>
> 제143조(미수범) 제140조 내지 전조의 미수범은 처벌한다.

1. 의의, 성격

공무원이 그 직무에 관하여 실시한 봉인 또는 압류 기타 강제처분의 표시를 손상 또는 은닉하거나 기타 방법으로 그 효용을 해함으로써 성립하는 범죄이다. 94

국가기능으로서의 공무가 보호법익이고, 구성요건의 '강제처분의 표시'는 행위객체에 해당한다. 강제처분의 표시를 손상, 은닉하거나 기타 방법으로 표시기능의 효용상실은 법익침해적 결과가 아닌 독자적 구성요건적 결과에 해당한다. 따라서 행위객체에 대한 결과가 발생하지 않으면 미수로 처벌된다(추상적 위험범이자 결과범). 95

2. 구성요건

(1) 객관적 구성요건

1) 주체 주체에는 제한이 없다. 반드시 봉인 또는 압류 기타 강제처분을 받은 자에 한하지 않으며, 공무원도 주체가 될 수 있다. 96

2) 객체 공무원이 그 직무에 관하여 실시한 봉인 또는 압류 기타 강제처분의 표시이다. 97

(가) 공무원의 직무에 관하여 '공무원의 개념'과 '직무에 관하여'는 공무집행방해죄의 그것과 같다. 직무에 관하여 실시한 것이라야 하므로 사직 또는 퇴직 후에 실시한 것은 제외된다. 98

(나) 봉인 봉인이란 물건에 대한 임의적 처분(개피·열람·내용물 취급 등)을 금지하기 위하여 그 외장에 시행한 봉함 기타 이와 유사한 장치를 말한다. 불순물을 섞은 양주판매를 금하는 방법으로 권한 있는 공무원이 그 술통의 뚜껑 및 마개에 종이쪽지를 첨부하고 이에 봉인하여 봉함하는 것이 그 예이다. 봉인은 반드시 인장(인영)을 사용할 필요가 없다. 그러나 단순히 그 물건에 부착되어 있는 자물통을 잠그는 것만으로는 봉인이라 할 수 없다. 99

(다) 압류 기타 강제처분의 표시 압류 기타 강제처분의 표시는 압류나 강제처분이 있다는 것을 명시하기 위하여 시행한 표시로서 봉인 이외의 것을 말한다. 예컨대 입간판, 고시문 등이 이에 속한다. 압류란 공무원이 그 직무상 보전해야 할 물건을 자기의 점유로 옮기는 강제처분을 말한다. 민사소송법에 의한 유체동산의 압류·가압류·가처분, 국세징수법에 의한 압류 등이 이에 속한다. 기타 강제처분은 물건을 공무원의 점유 하에 옮기지 않고(따라서 압류가 아닌 방법으로) 타인에게 일정한 작위 또는 부작위를 명하는 처분을 말한다. 민사소송법의 규 100

정에 의한 부동산의 압류나 금전채권의 압류 등이 기타의 강제처분에 속한다. 압류 기타 강제처분의 표시는 사실상 실시되어 있는 행위 당시에 현존해야 하고,[213] 가압류·가처분명령을 송달받은 상태만으로는 아직 강제처분의 표시가 있다고 할 수 없다.[214]

101 (라) 강제처분의 유효성 압류 기타 강제처분의 표시는 강제처분의 효력이 유효할 것을 전제로 한다. 따라서 강제처분이 완결된 후에는 이 죄가 성립할 수 없다.[215] 압류가 해제되지 않은 이상 채무를 변제하였다는 사실만 가지고는 강제처분의 효력이 부정되지 않는다.[216] 강제처분의 결정이 절차상 또는 실체상 하자가 있어 부당하더라도 그 결정이 적법한 절차에 의해 취소되지 않는 한 강제처분의 효력은 여전히 인정된다.[217]

102 (마) 강제처분의 적법성 강제처분의 결정에 취소될 수 있는 하자가 있는 경우와 달리, 강제처분의 결정이 공무원의 직권남용으로 위법하게 내려져 법률상 당연무효 또는 부존재라고 볼 수 있는 경우에는 강제처분의 효력조차 없는 것이 되어 그 봉인 등의 표시는 이 죄의 객체가 될 수 없다(통설·판례[218]).

103 3) 행위 봉인, 압류 기타 강제처분의 표시를 손상·은닉 기타 방법으로 그 효용을 해하는 것이다.

104 (가) 손상·은닉 손상이란 봉인 등을 물질적으로 훼손하는 것으로 그 외표를 훼손·파괴하는 경우뿐만 아니라 전부를 뜯어내는 것도 포함한다. 영구적 손상뿐 아니라 일시적 손상도 포함되며 사후에 원상회복이 가능한지 여부도 묻지 않는다. 은닉이란 봉인 등의 소재를 불명하게 하여 발견을 곤란하게 하는 행위를 말한다.

105 (나) 기타 방법으로 효용을 해하는 행위 손상 또는 은닉 이외의 방법으로 효용을 해할 수 있는 일체의 행위를 말한다. 예컨대 압류된 물건을 매각하는 행위, 봉인된 물건을 절취·횡령하는 행위 등이 이에 해당한다. 표시 자체의 효력을 사실상으로 감살 또는 멸각시키는 것을 의미하는 것이지, 그 표시의 근거인 처분의 법률상의 효력까지 상실케 한다는 의미는 아니다.[219] 압류의 표시가 이미 제3자에 의하여 뜯어졌거나 손괴된 이후에 압류된 물건을 반출하는 행위는 이 죄를 구성하지 않는다.

---

213) 대법원 1997.3.11. 96도2801.

214) 대법원 1975.5.13. 73도2555.

215) 대법원 1985.7.23. 85도1092.

216) 대법원 1982.10.13. 80도1441.

217) "법원의 가처분결정에 기하여 집달관이 한 강제처분 표시의 효력은 그 가처분 결정이 적법한 절차에 의하여 취소되지 않는 한 지속되는 것이며, 그 가처분 결정이 가령 부당한 것이라 하더라도 그 효력을 부정할 수는 없다" (대법원 1985.7.9. 85도1165; 대법원 2001.1.16. 2000도1757).

218) 반면에 "공무원이 실시한 봉인 등의 표시에 절차상 또는 실체상의 하자가 있다고 하더라도 객관적·일반적으로 그것이 공무원이 그 직무에 관하여 실시한 봉인 등으로 인정할 수 있는 상태에 있다면 적법한 절차에 의하여 취소되지 아니하는 한 공무상표시무효죄의 객체로 된다"(대법원 2001.1.16. 2000도1757).

219) 대법원 2004.10.28. 2003도8238.

例 점유자에 대한 점유이전금지의 가처분집행된 건물의 일부를 다른 사람이 점유하게 하는 경우(대법원 1972.9.12. 72도1441), 106
압류물을 채권자나 집달관 몰래 원래의 보관장소로부터 상당한 거리에 있는 다른 장소로 이동시킨 경우(대법원 1986.3.25. 86도69), 영업금지의 가처분에 대하여 고시된 내용과 저촉되는 판매업무를 계속하는 행위(대법원 1971.3.23. 70도2688), 압류물을 집달관의 승인 없이 임의로 그 관할구역 밖으로 옮긴 경우(대법원 1992.5.26. 91도894) 등은 효용을 해하는 행위가 되고, 압류된 골프장시설을 보관하는 회사의 대표이사가 위 압류시설의 사용 및 봉인의 훼손을 방지할 수 있는 적절한 조치 없이 골프장을 개장하게 하여 봉인이 훼손되게 한 경우에는 부작위에 의한 공무상표시무효죄의 성립이 인정된다(대법원 2005.7.22. 2005도3034).

그러나 효용손상이 없다면 압류상태에서 그 용법에 따라 종전대로 사용하는 것은 허용되므로 압류표시된 원동기를 가동한 경우(대법원 1984.3.13. 83도3291)에는 효용을 해하는 것이 아니고, 출입금지나 공사중지의 가처분을 받은 자가 특정 채무자로 지정되어 있는 경우에는 그 이외의 자에게 가처분의 효력은 미치지 아니하기 때문에 예컨대, 남편을 채무자로 한 출입금지가처분을 무시하고 그 처가 출입금지된 밭에 들어가 작업을 하는 경우(대법원 1979.2.13. 77도1455)나 갑 회사에 대한 공사중지 가처분에 대하여 을 회사가 건축공사를 하는 경우(대법원 1976.7.27. 74도1896)는 효용을 해하는 행위가 없으므로 이 죄를 구성하지 아니하며, 출입금지가처분을 받은 건조물에 가처분채권자의 승낙을 얻어 출입하는 경우에는 출입금지가처분표시의 효용을 해하는 것이 아니고(대법원 2006.10.13. 2006도4740), 불가피한 사정으로 채권자에게 압류물의 이동사실 및 이동장소를 고지하여 승낙을 얻은 때에는 집행관의 승인을 얻지 못해도 효용을 해한 경우에 해당하지 않는다(대법원 2004.7.9. 2004도3029).

(2) 주관적 구성요건

1) 고의의 내용(강제처분의 적법성에 대한 인식) 이 죄의 고의내용이 봉인 또는 압류 107
기타 강제처분의 표시를 손상 또는 은닉하거나 기타 방법으로 그 효용을 해한다는 인식과 의사라는 점에 대해서는 이견이 없다. 다만 **고의의 내용으로 봉인 등의 표시가 유효·적법하다는 것도 인식해야 하는지**에 대해서 ① 이 죄의 강제처분의 유효성 내지 적법성을 위법성요소라는 점에서 출발하는 입장에서 이를 부정하는 견해(부정설)가 있지만, ② 앞서 공무집행방해죄의 공무집행의 적법성의 체계적 지위와 관련하여 설명한 바와 같이 강제처분의 유효성 내지 적법성을 이 죄의 구성요건요소로 보는 한 이들 규범적 요소도 고의의 내용이 되는 것으로 이해해야 한다(긍정설).

2) 강제처분의 유효성·적법성에 대한 오인 **행위자가 유효·적법한 강제처분을 유효·적** 108
법하지 않은 것으로 오인한 경우를 ① 이들 요소를 위법성요소로 이해하는 입장에서는 위법성의 착오로 이해하지만, ② 이 요소들을 구성요건요소로 이해하는 한, 행위자의 이러한 오인도 (규범적 구성요건요소에 대한) 구성요건적 착오가 된다고 해야 한다. 따라서 행위자가 행위상황을 잘못 파악하여 예컨대 공무원이 아닌 자가 행한 표지이므로 적법하지 않은 봉인이라고 생각한 경우에는 구성요건적 착오가 되어 고의가 조각되겠지만, 절차상의 하자가 있어도 일단은 유효하고 적법한 봉인이 된다는 점을 잘못 평가하여 그러한 경우에도 무효인 봉인에 해당한다고 생각하여 뜯어낸 경우에는 규범적 구성요건요소에 대한 포섭의 착오를 일으킨 것이 되어 위법성의 착오가 된다고 해야 한다.[220]

---

220) 배종대, §162/18.

109 判 대법원도 이와 같이 규범적 구성요건요소에 대한 착오를 이원적으로 파악하여 사실상황에 대한 착오인 경우는 형법 제13조가 적용되는 구성요건적 착오가 되고(대법원 1972.11.14. 72도1248), 유효 내지 적법의 법적 의미평가에 대한 오인이 있는 경우는 형법 제16조가 적용되는 위법성의 착오가 된다(대법원 2000.4.21. 99도5563)는 식으로 이해하고 있다. 다만 대법원이 위법성의 착오가 되면 고의(범의)가 조각되는 것으로 판시하고 있는 경우도 있는데(대법원 1970.9.22. 70도1206), 이러한 판시내용은 대법원이 위법성의 인식도 고의(범의)의 한 내용으로 보는 이른바 고의설의 태도에 입각하고 있는 것에 기인한 것이지 형법상의 착오문제에 대한 자리매김이나 태도표명에서 혼선을 빚고 있는 것으로 보이지는 않는다.

3. 타죄와의 관계

110 봉인 등의 표시를 한 물건을 절취(또는 횡령)한 때에는 이 죄와 절도죄(또는 횡령죄)가 상상적 경합이 된다. 봉인 등의 표시가 있는 타인의 재물을 손괴함과 동시에 강제처분의 효력도 해하는 경우에도 이 죄와 재물손괴죄의 상상적 경합이 된다. 그러나 봉인 등의 표시를 무효케 한 후 그 물건을 절취(또는 횡령)한 경우에는 이 죄와 절도죄(또는 횡령죄)의 실체적 경합이 된다.

Ⅷ. 공무상비밀침해죄

> 제140조(공무상비밀침해죄) ② 공무원이 그 직무에 관하여 봉함 기타 비밀장치한 문서 또는 도화를 개봉한 자도 제1항의 형과 같다.
> (기술수단이용공무상비밀침해죄) ③ 공무원이 그 직무에 관하여 봉함 기타 비밀장치한 문서, 도화 또는 전자기록등 특수 매체기록을 기술적 수단을 이용하여 그 내용을 알아낸 자도 제1항의 형과 같다.
>
> 제143조(미수범) 제140조 내지 전조의 미수범은 처벌한다.

111 공무원이 그 직무에 관하여 봉함 기타 비밀장치한 문서 또는 도화를 개봉하거나(제2항), 또는 봉함 기타 비밀장치한 문서, 도화 또는 전자기록 등 특수매체기록을 기술적인 수단을 이용하여 그 내용을 알아냄(제3항)으로써 성립하는 범죄이다. 봉인등비밀표시무효죄(제1항)와 함께 공무상비밀표시무효죄로 총칭되기도 한다. 공무상의 비밀을 보호법익으로 한다.

112 제2항의 죄(공무상비밀침해죄)는 내용지득과 무관하게 개봉만 함으로써 성립하는 추상적 위험범이자 결과범인 데 반해, 제3항의 죄(기술수단이용공무상비밀침해죄)는 내용(비밀)을 알아내는 것을 요건으로 하므로 침해범이자 결과범으로 해석된다.[221)]

221) 개인의 비밀을 보호법익으로 하는 형법 제316조 제2항(기술수단이용비밀침해죄)의 경우도 같은 구조를 가진 구성요건으로 침해범이지만 미수처벌규정이 없다는 점에서 비교된다.

Ⅸ. 부동산강제집행효용침해죄

> 제140조의2(부동산강제집행효용침해죄) 강제집행으로 명도 또는 인도된 부동산에 침입하거나 기타 방법으로 강제집행의 효용을 해한 자는 5년 이하의 징역 또는 700만원 이하의 벌금에 처한다.
>
> 제143조(미수범) 제140조 내지 전조의 미수범은 처벌한다.

1. 의의, 성격

강제집행으로 명도明渡 또는 인도引渡된 부동산에 침입하거나 기타 방법으로 강제집행의 효용을 해함으로써 성립하는 범죄이다. 법원의 강제집행에 의하여 채권자에게 일단 명도 또는 인도된 부동산에 대하여 채무자가 다시 침입하거나 불법점유하는 행위에 대응하기 위한 구성요건이다. 보호법익은 국가의 강제집행의 효용 내지 기능이고, 보호받는 정도는 침해범으로서의 보호이다. 113

2. 구성요건

(1) 주체

제한이 없다. 반드시 채무자에 한하지 않고, 채무자와 관련있는 가족, 동거인, 고용인 등 제3자도 이 죄의 주체가 될 수 있다. 114

(2) 객체

강제집행으로 명도 또는 인도된 부동산이다. 여기서 강제집행이란 민사소송법에 의한 집행을 말하고 적법한 강제집행이어야 한다. 명도는 채무자 기타의 사람이 거주하거나 점유하고 있는 부동산에 대해서 채무자 등의 거주 또는 점유를 배제하고 채권자 또는 권리자에게 완전한 점유를 이전시키는 것을 말하고, 인도는 부동산의 점유만 이전하는 것을 말한다. 부동산은 토지·건물·토지의 지상물 등을 말한다. 강제집행으로 명도 또는 인도된 부동산에는 담보권실행을 위한 부동산경매절차에 의해 경락인에게 인도된 부동산은 물론이고, 강제집행으로 퇴거집행된 부동산도 포함된다.[222] 115

(3) 행위

침입하거나 기타 방법으로 강제집행의 효용을 해하는 것이다. 침입 기타 방법은 강제집행을 해하는 수단이다. 116

1) 침입 또는 기타 방법 침입이란 권리자 또는 점유자의 의사 또는 추정적 의사에 반하여 부동산의 경계 안으로 들어가는 것을 말한다. 침입은 공공연하게 행해졌느냐 폭력적 수단에 의하여 행해졌느냐는 묻지 않는다. 다만 침입은 어느 정도 계속적 성격을 가진 것이므 117

222) 대법원 2003.5.13. 2001도3212.

로 일순간의 침입은 여기의 침입행위에 속한다고 할 수 없다. 기타 방법은 부동산을 훼손하거나 출입구에 장애물을 설치하는 등 권리자의 점유 기타의 권리행사를 방해하는 일체의 행위를 말한다.

118 2) 강제집행의 효용을 해함 강제집행으로 인도 또는 명도받은 부동산에 대하여 권리자가 그 용도에 따라 사용·수익하거나 권리를 행사하는 데 지장을 초래하는 일체의 행위를 말한다.[223] 침입 또는 방해행위가 반드시 강제집행이 행해진 직후에 행해질 필요는 없으나 어느 정도 시간적 관련성은 있어야 한다. 침해 또는 방해행위와 효용침해의 사이에 인과관계도 있어야 한다.

119 3) 미수·기수시기 강제집행으로 명도·인도된 부동산에 침입 기타의 방해행위를 개시한 때에 실행의 착수가 인정된다. 기수시기는 침입 또는 방해행위로 인하여 강제집행의 효용이 저해되거나 권리자의 권리실현이 지체되는 효과가 발생한 때이다. 침해 또는 방해행위의 개시는 있었으나 강제집행의 효용을 침해하는 결과가 발생하지 않았거나 침해 또는 방해행위와 효용침해 사이에 형법상의 인과관계가 없을 경우에는 미수가 된다.

3. 타죄와의 관계

120 강제집행으로 확보된 타인의 부동산을 침입 또는 효용을 해한 경우라도 이 죄가 성립하면 주거침입죄 또는 손괴죄는 성립하지 않는다(보충관계). 부동산을 절도죄의 객체로 인정하는 입장에서는 부동산에 대한 침입이 있으면 이 죄와 별도로 부동산에 대한 절도죄도 성립하고 양자는 상상적 경합이 된다고 하겠지만, 부동산절도를 인정하지 않는 입장에서는 절도죄는 성립하지 않고 이 죄만 성립한다고 해야 한다. 설령 부동산절도를 인정하더라도 이 죄의 입법취지상 이 죄만 성립한다고 해야 할 것이다.

X. 공용서류등무효죄

> 제141조(공용서류등무효죄) ① 공무소에서 사용하는 서류 기타 물건 또는 전자기록등 특수매체기록을 손상 또는 은닉하거나 기타 방법으로 그 효용을 해한 자는 7년 이하의 징역 또는 1천만원 이하의 벌금에 처한다.
>
> 제143조(미수범) 제140조 내지 전조의 미수범은 처벌한다.

1. 의의, 성격

121 공무소에서 사용하는 서류 기타 물건 또는 전자기록 등 특수매체기록을 손상 또는 은닉하거나 기타 방법으로 그 효용을 해함으로써 성립하는 범죄이다. 손괴죄의 일종이지만 행위객

---

223) 대법원 2002.11.8. 2002도4801.

체가 공용물이라는 점에서 목적물의 소유관계와 무관하게 공무 그 자체를 보호하려는 구성요건이다. 목적물에 대한 손상 또는 효용침해는 보호법익에 대한 침해가 아니라 행위객체에 대한 결과에 불과하므로 추상적 위험범이자 결과범에 해당한다.

2. 구성요건

(1) 객체

공무소에서 사용하는 서류 기타 물건 또는 전자기록 등 특수매체 기록이다. 122

1) 공무소 공무소란 공무원이 직무를 집행하는 조직체의 장소를 말한다. 장소나 건조물 같은 물적 시설을 지칭하는 것이 아니라 국가 또는 공공단체의 의사를 결정하는 권한을 가진 기관을 의미한다. 공공조합·공법인·영조물법인뿐 아니라 한국은행도 국고금예수豫受관계에서는 공무소에 해당하지만,[224] 사립중고등학교는 공무소가 아니다.[225] 123

2) 서류 기타 물건 등 공무소에서 사용·보관하고 있는 일체의 서류·물건·특수매체기록을 말한다. 공무소에 보관된 것이면 서류의 작성자·소유권자가 개인이라도 무방하며 그 작성목적이 공무소를 위한 것이든 개인을 위한 것이든 묻지 않는다. 공문서·사문서를 묻지 않으며, 정식절차를 밟아 접수 또는 작성되었거나 완성되지 않은 것이라도 상관없고,[226] 완성되어 효력이 발생할 것도 요하지 않는다.[227] 124

例 따라서 증거로서 검찰청에 제출된 사문서(대법원 1948.9.14. 4281형상81), 작성권한 없는 기관이 작성하여 공문서가 될 수 없는 문서(대법원 1961.8.26. 4294형상262), 허위문서·위조문서나 보존기간 경과 후의 문서(대법원 1972.9.26. 72도1132), 아직 미완성되어 작성자와 피의자의 서명날인이 없어 공문서로서의 효력이 없는 피의자신문조서(대법원 1980.10.27. 80도1127) 또는 경찰이 작성한 미완성의 진술조서(대법원 2006.5.25. 2003도3945), 상사에게 보고하지도 않고 수사기록에도 편철되지 않은 진술조서(대법원 1990.10.27. 80도1127)도 이 죄의 객체가 된다. 125

기타 물건은 서류를 제외한 모든 동산, 부동산 및 도화 등이 포함될 수 있다. 다만 공무소에서 사용·보관하는 것이라야 하며, 소유권이 누구에게 있는지도 묻지 않는다. 전자기록 등 특수매체기록은 전기적 기록, 전자적 기록, 광기술이나 레이저 기술을 이용한 기록을 포함한다. 126

(2) 행위

손상, 은닉 기타 방법으로 그 효용을 해하는 것이다. 손상이란 서류 등을 물질적으로 파손하여 그 효용을 감소·소멸시키는 일체의 행위를 말한다. 공문서의 경우에는 그것이 작성자의 현실적 지배를 떠나 작성권자라도 그 내용을 변경·삭제할 수 없는 단계에 이른 경우에 한하여 그 변경, 삭제 또는 파기가 이 죄의 손상에 해당한다.[228] 그렇지 않은 단계에서 작성 127

---

224) 대법원 1969.7.29. 69도1012.

225) 대법원 1966.4.26. 66도30.

226) 대법원 1971.3.30. 71도324; 대법원 2020.12.10. 2015도19296.

227) 대법원 1982.10.12. 82도368; 대법원 2020.12.10. 2015도19296.

228) 대법원 1995.11.10. 95도1395.

권자는 언제든지 그 내용을 변경 또는 일부삭제할 수 있고, 만약 그 내용을 허위로 변경한 경우라도 허위공문서작성죄가 될 수 있음은 별론으로 하고 이 죄의 손상에는 해당하지 않는다.[229] 은닉이란 서류 등을 일시 사용할 수 없는 상태에 두는 것을 말한다.

128 기타 방법은 물질적으로 파손하지 않고 그 효용을 해하는 일체의 행위를 말한다. 문서내용의 일부나 서명을 말소하거나 자기가 제출한 허가신청서에 첨부된 설계도면을 바꾸어 넣는 행위,[230] 보관문서를 상대방에게 임의로 교부하거나 반환하는 행위[231] 등이 여기에 해당할 수 있다. 손상된 문서를 다시 작성하는 것이 가능한지의 여부는 이 죄의 성립에 영향이 없다.

3. 타죄와의 관계

129 등기서류에 첨부되어 있는 인지를 떼내어 이를 절취하면 이 죄와 절도죄의 상상적 경합이 된다. 공문서의 서명·날인을 말소한 다음 공문서를 위조한 경우에는 이 죄와 공문서위조죄의 실체적 경합이 된다.[232] 입시문제를 절취하여 이용한 경우 이 죄와 위계에의한공무집행방해죄가 상상적 경합이 된다.[233]

XI. 공용물파괴죄

> 제141조(공용물파괴죄) ② 공무소에서 사용하는 건조물, 선박, 기차 또는 항공기를 파괴한 자는 1년 이상 10년 이하의 징역에 처한다.
>
> 제143조(미수범) 제140조 내지 전조의 미수범은 처벌한다.

1. 의의, 성격

130 공무소에서 사용하는 건조물, 선박, 기차 또는 항공기를 파괴함으로써 성립하는 범죄이다. 특수한 공용물을 파괴하는 손괴죄의 일종이지만 그 행위객체의 특수성으로 인해 소유관계와 상관없이 공무를 보호하기 위해 공무방해죄의 일종으로 규정된 구성요건이다. 공용물손괴죄의 경우와 마찬가지로 행위객체에 대한 결과는 법익침해적 결과가 아니므로 이 죄도 추상적 위험범이자 결과범으로 해석될 수 있다.

2. 구성요건

131 공익건조물파괴죄(제367조)와의 관계상 공익에 공하는 건조물은 이 죄의 객체에 포함되지 않

229) 대법원 1995.11.10. 95도1395.
230) 대법원 1982.12.14. 81도81.
231) 대법원 1981.8.25. 81도1830.
232) 대법원 1967.3.21. 67도122.
233) 대법원 1966.4.26. 66도30.

는다. 자동차의 경우는 객체로 명시되어 있지 않기 때문에 이 죄의 객체에서 제외되고 공용서류등무효죄(제141조 제1항)의 객체가 된다.

이 죄의 행위인 파괴는 손괴보다 물질적 훼손의 정도가 큰 경우를 의미하므로 파괴의 정도에 이르지 아니하면 이 죄의 미수가 되거나, 파괴의 고의가 아니라 손괴의 고의라면 공용서류등무효죄가 된다. 132

이 죄를 범하여 사람을 사상에 이르게 한 때에는 이 죄와 과실치사상죄의 경합범이 되며, 소요행위시에 이 죄를 범하면 소요죄와 상상적 경합이 된다. 133

Ⅻ. 공무상보관물무효죄

> 제142조(공무상보관물무효죄) 공무소로부터 보관명령을 받거나 공무소의 명령으로 타인이 관리하는 자기의 물건을 손상 또는 은닉하거나 기타 방법으로 그 효용을 해한 자는 5년 이하의 징역 또는 700만원 이하의 벌금에 처한다.
>
> 제143조(미수범) 제140조 내지 전조의 미수범은 처벌한다.

1. 의의, 성격

공무소로부터 보관명령을 받거나 공무소의 명령으로 타인이 관리하는 자기의 물건을 손상 또는 은닉하거나 기타 방법으로 그 효용을 해함으로써 성립하는 범죄이다. 권리행사방해죄(제323조)에 대한 특별규정이지만, 공무소의 보관명령을 받은 물건의 효용유지를 통해 공무 그 자체를 보호하는 공무방해죄의 일종으로 규정되어 있다. 보호법익이 아닌 행위객체에 대한 결과발생을 요하는 구성요건이므로 추상적 위험범이자 결과범이고, 진정신분범이다. 134

2. 구성요건

(1) 주체

주체는 공무소로부터 보관명령을 받거나 공무소의 명령으로 타인이 관리하는 물건의 소유권자이다(진정신분범). 135

(2) 객체

공무소로부터 보관명령을 받거나 공무소의 명령으로 타인이 관리하는 자기의 물건이다. 공무소의 보관명령·간수명령은 반드시 법령에 근거한 것이라야 한다. 보관명령이란 공무소의 위탁에 의하여 사실상·법률상의 지배를 할 수 있는 명령으로서 '적법'한 명령을 말한다. 물건에 대한 보관명령을 받아야 하므로 단순히 채권압류결정의 정본을 송달받은 것만으로는 보관명령을 받은 것이라 할 수 없다.[234] 136

234) 대법원 1983.7.12. 83도1405.

137 공무소의 명령으로 타인이 관리하는 물건이란 공무소의 처분에 의하여 자기의 사실상의 지배력이 배제되고 공무소의 사실상의 지배하에 옮겨진 것을 제3자가 공무소의 명령을 받아 그의 사실상의 지배하에 두는 것을 말한다.

(3) 행위

138 손상·은닉 기타 방법으로 그 효용을 해하는 것이다. 공무상봉인등표시무효죄의 행위와 동일하다.

XIII. 특수공무방해죄

> 제144조(특수공무방해죄) ① 단체 또는 다중의 위력을 보이거나 위험한 물건을 휴대하여 제136조, 제138조와 제140조 내지 전조의 죄를 범한 때에는 각조에 정한 형의 2분의 1까지 가중한다.

1. 의의, 성격

139 단체 또는 다중의 위력을 보이거나 위험한 물건을 휴대하여 공무집행방해죄, 직무·사직강요죄, 법정·국회회의장모욕죄, 공무상비밀표시무효죄, 공무상비밀침해죄, 부동산강제집행효용침해죄, 공용서류등무효죄, 공용물파괴죄, 공무상보관물무효죄 및 그 미수의 죄를 범함으로써 성립하는 범죄이다. 행위방법의 위험성으로 인하여 형이 가중되는 가중적 구성요건이다. 특수공무방해치사상죄는 이에 대한 결과적 가중범이다.

2. 구성요건

140 단체 또는 다중의 위력을 보이거나 위험한 물건을 휴대하여라는 의미는 특수폭행죄의 내용과 동일하다. 이 죄의 '다중의 위력을 보인다'에 해당하려면 다수의 중합된 인원이 집단성을 띠어야 하므로 그 인원이 불과 3인인 경우에는 다중의 위력을 과시한 것이라고 인정할 수 없다는 판례의 태도는 타당하지만,[235] 위험한 물건 '휴대'의 의미를 소지뿐 아니라 '널리 이용한다'는 의미도 포함하는 것으로 해석하는 판례의 태도[236]는 재고를 요한다.

XIV. 특수공무방해치사상죄

> 제144조(특수공무방해치사상죄) ② 제1항의 죄를 범하여 공무원을 상해에 이르게 한 때에는 3년 이상의 유기징역에 처한다. 사망에 이르게 한 때에는 무기 또는 5년 이상의 징역에 처한다.

235) 대법원 1971.12.21. 71도1930.
236) 대법원 1984.10.23. 84도2001.

특수공무방해죄를 범하여 공무원을 상해 또는 사망에 이르게 함으로써 성립하는 범죄이 141
다. 치사죄의 경우에는 진정결과적가중범이지만, 치상죄의 경우에는 부진정결과적가중범으로 해석하여야 한다(통설·판례[237]). 상해의 고의범에 비해 이 죄의 법정형이 중하기 때문이다. 행위자가 공무원의 상해에 대한 고의를 가지고 특수공무방해죄를 범하여 상해의 결과까지 발생한 경우 특수공무방해치상죄와 상해죄는 보호법익이 다르므로 별도로 성립하고 양죄는 상상적 경합이 된다. 추상적 위험범이자 결과범이지만 미수처벌 규정이 없다.

判 대법원은 부진정결과적가중범의 경우 고의범과 결과적가중범의 법정형을 비교하여 결과적가중범의 법 142
정형이 더 중한 경우에는 결과적가중범이 고의범에 대하여 특별관계에 있으므로 결과적가중범만 성립하고 이와 법조경합의 관계에 있는 고의범에 대하여는 별도의 죄를 구성하지 않는다고 한다(특히 현주건조물방화치사죄의 죄수참조). 따라서 직무를 집행하는 공무원에 대하여 위험한 물건을 휴대하여 고의로 상해를 가한 경우에는 특수공무집행방해치상죄만 성립할 뿐, 이와는 별도로 폭처법위반죄(집단·흉기등 상해)죄를 구성하지 않는다고 한다.[238]

제 3 절 도주와 범인은닉의 죄 § 60

Ⅰ. 총설

1. 의의 및 보호법익

(1) 의의

도주의 죄는 법률에 의하여 체포 또는 구금된 자가 스스로 도주하거나 타인이 범인의 도 1
주에 관여하는 것을 내용으로 하는 범죄이고, 범인은닉의 죄는 벌금이상의 형에 해당하는 죄를 범한 자를 은닉 또는 도피하게 하는 것을 내용으로 하는 범죄이다.

(2) 보호법익

1) 도주의 죄 ① 국가의 형사사법기능(국가의 수사권·재량권·형집행권의 행사)이라는 견 2
해와 ② 국가의 구금권이라는 견해가 대립한다. 도주의 죄는 구금이 형식적으로 적법하면 족하고 실질적으로 정당한가를 문제삼지 아니하므로 이 죄의 보호법익은 국가의 구금권 내지 구금기능이라고 하는 것이 타당하다. 보호법익이 보호받는 정도는 침해범이다.

2) 범인은닉의 죄 ① 국가의 형사사법기능이라는 견해와 ② 국가의 정당한 형벌청구권 3
이라는 견해가 대립한다. 형벌청구권만을 보호법익으로 한다면 유죄판결이 확정된 자를 은닉·도피시킨 경우에는 이 죄가 성립하지 않는다고 해야 하는 문제점이 있으므로 범인은닉죄

237) 대법원 1995.1.20. 94도2842.
238) 대법원 2008.11.27. 2008도7311.

의 경우에는 국가의 형사사법기능을 보호법익으로 보는 것이 타당하다. 보호법익이 보호받는 정도는 추상적 위험범으로서의 보호이다.

2. 구성요건의 체계

4 도주의 죄는 단순도주죄를 기본적 구성요건으로 하여 도주원조죄를 독립된 구성요건으로 규정하고 있으며, 집합명령위반죄는 단순도주죄에 준하는 구성요건이다. 특수도주죄는 행위방법의 위험성으로 인해 형이 가중되는 가중적 구성요건이고, 간수자도주원조죄는 행위주체가 특수지위에 있는 자라는 점에서 도주원조죄에 대해 형이 가중되는 가중적 구성요건이다.

5 범인은닉의 죄는 도주의 죄와 독립된 범죄유형으로 범인은닉·도피죄의 구성요건만 규정되어 있고, 친족 간의 특례조항이 있다. 도주의 죄에는 미수범뿐 아니라 예비·음모도 처벌하는 규정이 있지만, 범인은닉죄의 미수는 처벌되지 않는다.

6

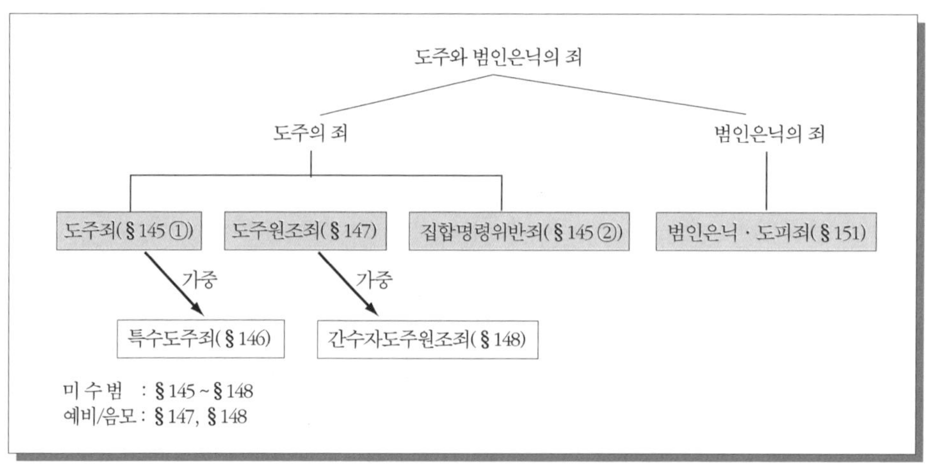

Ⅱ. 단순도주죄

> 제145조(도주죄) ① 법률에 따라 체포되거나 구금된 자가 도주한 경우에는 1년 이하의 징역에 처한다.
>
> 제149조(미수범) 전4조의 미수범은 처벌한다.

1. 의의, 성격

(1) 의의와 입법론

7 법률에 따라 체포 또는 구금된 자가 도주함으로써 성립하는 범죄이다. 체포·구금된 자의 자

기도주만 처벌되므로 진정신분범이고 침해범이다. 도주원조죄와는 필요적 공범관계에 있다.

자기사건의 증거인멸은 처벌하지 않으면서 자기도주(즉 단순도주죄)를 처벌하는 형법의 태도는 기대가능성 측면이나 인간의 자유본능적 본성에 반하고, 구금된 자를 도주하지 못하게 하는 것은 국가의 의무에 속하는 것이기 때문에 이 죄는 종국적으로 집합명령위반죄와 함께 폐지하는 것이 바람직하다. 8

(2) 법적 성격과 기수시기

이 죄의 성격과 관련하여 ① 즉시범이라고 하는 견해,[239] ② 계속범이라고 하는 견해,[240] 그리고 ③ 상태범으로 해석하는 견해[241]가 대립한다. 9

判 대법원은 이 죄를 즉시범으로 해석한다.[242] 이에 따라 도주죄의 범인이 도주행위를 하여 기수에 이른 이후부터는 범인의 도피를 도와주는 행위는 도주원조죄가 성립하지 않고, 범인 도피죄에 해당할 수 있을 뿐이라고 한다.[243] 10

구성요건의 해석상 간수자의 실력적 지배를 이탈함으로써 곧 도주의 기수가 되고 도주행위도 종료한 것이 되지만 그 이후 국가의 구금권이라는 보호법익의 침해상태가 일정기간 계속되는 것이므로 상태범설과 계속범설로 해석될 가능성이 있다. 그러나 이미 기수가 된 이후에 간수자의 실력적 지배를 이탈하는 행위가 자체가 계속된다고 보기 어렵기 때문에 계속범설 보다는 상태범설이 더 타당하다. 11

계속범설을 취하면 도주죄의 기수 이후의 제3자가 가담한 경우 도주죄의 공범(방조범) 또는 공동정범이 되지만, 즉시범설이나 상태범설에 따르면 도주가 기수에 이른 후 도주를 도와주는 행위는 도주원조죄의 성립은 인정되지 않고, 범인은닉·도피죄의 성립가능성만 남게 된다.[244] 즉시범설이나 상태범설을 취하면 도주한 범인이 계속 도주상태가 되면 공소시효가 완성하는 경우가 생길 수 있지만, 계속범설을 취하면 다시 체포되지 않는 한, 범행종료가 되지 않으므로 공소시효도 완성될 일이 없게 되는 문제점이 생긴다. 상태범설을 취하면 즉시범과 달리 도주죄의 기수후에도 계속유지되고 있는 법익침해를 강화하는 제3자의 방조범 성립은 가능하다. 12

2. 구성요건

(1) 주체

법률에 따라 체포되거나 구금된 자이다(진정신분범). 13

1) **법률에 따라 체포·구금된 자** 법률에 근거하여 적법하게 체포·구금되어 신체의 자 14

239) 오영근, 772면.
240) 임웅, 912~913면.
241) 김성천/김형준, 861면; 정성근/박광민, 803면.
242) "도주죄는 즉시범으로서 범인이 간수자의 실력적 지배를 이탈한 상태에 이르렀을 때에 기수가 되어 도주행위가 종료(한다)"(대법원 1991.10.11. 91도1656).
243) 대법원 1991.10.11. 91도1656.
244) "도주원조죄는 도주죄에 있어서의 범인의 도주행위를 야기시키거나 이를 용이하게 하는 등 그와 공범관계에 있는 행위를 독립한 구성요건으로 하는 범죄이므로, 도주죄의 범인이 도주행위를 하여 기수에 이른 이후에 범인의 도피를 도와 주는 행위는 범인도피죄에 해당할 수 있을 뿐 도주원조죄에는 해당하지 아니한다"(대법원 1991.10.11. 91도1656).

유를 구속받고 있는 자를 말한다.

15 (가) 체포된 자 '체포된 자'는 국가기관의 체포영장에 의해 체포 또는 긴급체포된 자와 현행범으로 체포된 자를 말한다. 사인에 의하여 현행범으로 체포(형사소송법 제212조)된 자도 이 죄의 주체에 포함시켜야 하는지에 대해 ① 이를 긍정하는 견해[245]가 있으나, ② 국가기관에 인도하기 전까지는 국가의 구금기능이 침해된다고 할 수 없으므로 이 죄의 주체가 될 수 없다.

16 (나) 구금된 자 '구금된 자'는 수형자이건 미결구금자이건 묻지 않는다. 수형자는 징역형을 선고 받고 교도소에 복역중인 자뿐만 아니라 환형처분(제69조 제2항)으로 노역장에 유치되어 있는 자도 포함한다(형집행법 제2조 제4호). 미결구금자는 재판확정 전에 형사소송절차에 의하여 구금된 자를 말하고, 구속영장에 의하여 구금된 자뿐만 아니라 감정유치 중인 자도 포함한다.

17 (다) 법률에 따라 체포·구금의 근거인 '법률'은 형사소송법 외에도 소년법, 형집행법, 및 기타 법률을 포함한다. 형식적 적법성이 있으면 족하고 실질적 적법성까지 요하지 않는다. 따라서 미결구금된 자가 도주한 후 무죄판결이 확정되어도 이미 성립한 도주죄에는 영향을 주지 못한다. 그러나 불법하게 연행된 자나 임의동행되었다가 경찰서 보호실에 유치된 자, 불법체포로부터 6시간 상당이 경과한 후에 긴급체포된 자 등과 같이 위법한 체포·구금상태에 있는 자는 이 죄의 주체가 될 수 없다.[246]

18 (라) 문제되는 경우 **구인된 피고인·피의자**의 주체성에 대해서는 ① 구인과 구금은 구별해야 한다는 이유에서 주장되는 부정설이 있지만, ② 체포와 구인은 다같이 구금 이전에 인신의 자유를 제한하는 강제처분으로서 구속영장에 의해서 집행되며, 구금은 구인도 포함한 개념이므로 긍정설이 타당하다. 다만 구인된 증인(동법 제152조, 민사소송법 제312조)은 국가구금권 실현의 직접적 대상이 아니므로 이 죄의 객체가 될 수 없다.

19 **보호관찰·치료감호와 같은 보안처분을 받은 자**도 ① 이 죄의 주체가 된다는 견해가 있지만 ② 이러한 처분을 받은 자가 도주한 때에는 보호관찰 등에 관한 법률(제39조 이하)이나 치료감호법(제33조의2 제1항 이하)에 의하여 구인 또는 보호구속할 수 있으므로 이 죄가 성립하지 않는다고 본다. 하지만 보호처분으로 소년원에 수용되어 있는 자(소년법 제32조 이하)나 소년분류심사원에 있는 자의 경우에는 소년원 또는 분류심사원의 수용도 실질적으로 구금된 것과 차이가 없으므로 이 죄의 주체가 된다고 보는 것이 타당하다. 동일한 이유에서 형집행장의 집행으로 구인된 자(형사소송법 제473조), 출입국관리법에 의한 피수용자(제51조)도 이 죄의 주체가 된다.

20 2) 이 죄의 주체가 될 수 없는 것이 분명한 자 체포·구금된 자는 현실로 구금된 것임을 의미하므로, 가석방이나 보석 중에 있는 자 또는 형의 집행정지나 구속의 집행정지 중에 있는 자는 이 죄의 주체에서 제외된다. 아동복지법에 의하여 아동복지시설에 수용된 자(제10조),

245) 김성천/김형준, 860면; 오영근, §47/8.
246) 대법원 2006.7.6. 2005도6810.

경찰관 직무집행법에 의하여 보호 중에 있는 자(제4조), 감염병예방법에 의하여 격리수용 된 자(제41조) 등은 구금된 자가 아니므로 이 죄의 주체가 될 수 없다.

(2) 행위

도주하는 것이다. 21

1) 도주 도주란 체포·구금된 상태에서 이탈하는 것을 말한다. 일시적 이탈로도 족하며 특수도주죄(제146조)의 구성요건으로 규정된 수단·방법을 제외하고는 그 수단·방법에 제한이 없다. 작위뿐만 아니라 부작위에 의한 도주도 가능하다. 22

2) 기수시기 기수시기는 체포·구금으로부터 이탈한 때, 즉 체포자 또는 간수자의 실력적 지배로부터 완전히 벗어났을 때이다. 따라서 외벽을 넘지 못하고 시설 내에 잠복하고 있거나 외벽을 넘었더라도 계속 추적 중에 있는 경우에는 미수가 될 뿐이다. 도주죄가 일단 기수로 된 후 체포되었다가 다시 도주하면 새로운 구금작용을 침해한 별도의 도주죄가 성립한다. 23

Ⅲ. 집합명령위반죄

> 제145조(집합명령위반죄) 제1항의 구금된 자가 천재지변이나 사변 그 밖에 법령에 따라 잠시 석방된 상황에서 정당한 이유없이 집합명령에 위반한 경우에도 제1항의 형에 처한다.

1. 의의, 성격

법률에 따라 구금된 자가 천재지변이나 사변 그 밖에 법령에 따라 잠시 석방된 상황에서 정당한 이유없이 집합명령에 위반함으로써 성립하는 범죄이다. 진정신분범이며, 부작위 자체가 행위인 진정부작위범이자 계속범이다. 24

2. 구성요건

(1) 주체

법률에 따라 구금되었다가 천재지변이나 사변 그 밖에 법령에 의하여 잠시 석방된 자이다[247](진정신분범). 구금된 자를 전제로 하므로 체포된 자는 이 죄의 주체에서 제외된다. 25

이 죄의 주체의 범위와 관련하여 ①'천재지변 또는 사변'과 '그 밖의 법령'을 별개의 사유로 취급하여 천재지변 또는 사변시 불법출소한 경우나 교도소장의 일시 귀휴허가를 받는 수용자(형집행법 제77조)까지도 이 죄의 주체가 된다는 견해[248]가 있다. ② 하지만 천재지변 또는 사변도 법령에 의해 잠시 석방될 수 있는 기타 사정으로 보아 천재지변 또는 사변 및 '이에 준하는 상태'에서 '법령에 의해 잠시 해금된 경우'로 해석하는 것이 타당하다. 왜냐하면 단순도주죄 26

247) 이 죄도 단순도주죄의 경우와 마찬가지의 이유로 입법론상 폐지되는 것이 바람직하다.
248) 김일수/서보학, 876면; 오영근, §47/14.

와의 관계상 천재지변 또는 사변에서 법령에 의하지 않고 불법출소한 경우까지 이 죄에 포섭할 수는 없기 때문이다. 따라서 귀휴허가를 받은 자의 경우에도 천재지변 또는 사변에 준하는 상태에서 해금된 자가 아니므로 이 죄의 주체가 되지 않고 단순도주죄가 된다.

27 判 대법원도 6·25사변시 각 교도소 및 경찰서에 구금되었다가 불법출소하여 그 후 법무부장관이 공고한 기일 내에 자수치 않은 자에 대하여 도주죄를 인정한 바 있다.[249)]

(2) 행위

28 정당한 이유없이 집합명령에 위반하는 것이다. '정당한 이유'란 집합명령에 응하는 것이 기대불가능하거나 불가항력적 사유가 있는 경우라 할 수 있다. 집합명령은 다수인에게 일정한 장소에 집결하라는 작위명령을 말하고 이에 응하지 않는 부작위가 있으면 이 죄는 기수가 된다. 미수처벌규정이 있지만 미수를 인정할 수 있는 상황을 예상하기 어렵다.

Ⅳ. 특수도주죄

> 제146조(특수도주죄) 수용설비 또는 기구를 손괴하거나 사람에게 폭행 또는 협박을 가하거나 2인 이상이 합동하여 전조 제1항의 죄를 범한 자는 7년 이하의 징역에 처한다.
>
> 제149조(미수범) 전4조의 미수범은 처벌한다.

1. 의의, 성격

29 법률에 의하여 체포 또는 구금된 자가 수용설비 또는 기구를 손괴하거나, 사람에게 폭행 또는 협박하거나, 2인 이상이 합동하여 도주함으로써 성립하는 범죄이다. 단순도주죄에 비하여 행위방법 측면에서 위험성이 크기 때문에 가중처벌하는 가중적 구성요건이다. 도주죄와 마찬가지로 진정신분범이며, 행위태양에서 합동범인 경우도 있다. 도주원조죄가 성립하는 경우에는 이 죄와 필요적 공범관계에 있게 된다.

2. 구성요건

30 수용설비 또는 기구를 손괴하고 도주하거나, 사람에게 폭행 또는 협박하고 도주하거나 또는 2인 이상이 합동하여 도주하는 것이다.

31 1) 수용설비 또는 기구의 손괴 　수용설비는 사람의 신체의 자유를 계속적으로 구금하기 위한 장소·시설을 말한다. 교도소·소년교도소·구치소는 물론이고, 경찰서에 설치된 유치장, 노역장, 법원청사와 검찰청사의 구치감(피의자 또는 피고인의 대기실) 등 구금장소와 이러한 장소에 설치된 자물쇠·비상벨 등이다. 피의자, 피고인, 수형자의 호송차량도 포함한다.

249) 대법원 1954.7.3. 4287형상45.

기구란 신체의 자유를 직접 구속하는 데 사용되는 장비·기구로서 포승수갑·사슬·안면보호구 등 계구가 여기에 해당한다. 여기의 손괴는 물리적 손괴만을 의미한다고 해석해야 하므로 재물에 대한 효용가치의 손상까지도 포함하는 손괴죄의 손괴와 다르다. 따라서 물리적 훼손 없이 구금장소의 자물쇠를 열거나 단순히 수갑을 풀고 달아나는 것만으로는 이 죄가 아니라 단순도주죄가 될 뿐이다. 32

2) 사람에 대한 폭행·협박 도주의 수단으로 간수자 또는 그 협력자에게 폭행 또는 협박을 하는 경우이다. 이 죄는 사람의 신체의 안전성을 보호법익으로 하는 범죄가 아니므로 여기의 '폭행·협박'개념은 광의의 폭행·협박에 해당한다. 따라서 폭행은 사람의 신체에 대한 간접적인 유형력 행사라도 상관없고, 협박의 경우에는 해악의 고지로 인해 상대방이 현실로 공포심을 가졌음을 요하지 않는다. 폭행·협박의 시기는 도주의 전후를 불문한다. 33

3) 2인 이상이 합동하여 도주(합동범) 2인 이상이 합동하여란 합동범에 있어서의 합동을 의미하므로 2인 이상이 의사연락 하에 시간적·장소적으로 협력관계에 있어야 한다(현장설). 이때 2인 이상의 자는 모두 법률에 의하여 구금된 자임을 요하고 공동실행의 의사가 있어야 한다. 따라서 도주를 협력한 제3자는 이 죄와 필요적 공범관계에 있는 도주원조죄(제147조)를 구성할 뿐 합동도주죄로 처벌되지 않는다. 34

Ⅴ. 단순도주원조죄

> 제147조(도주원조죄) 법률에 의하여 구금된 자를 탈취하거나 도주하게 한 자는 10년 이하의 징역에 처한다.
>
> 제149조(미수범) 전4조의 미수범은 처벌한다.

1. 의의, 성격

법률에 의하여 구금된 자를 탈취하거나 도주하게 함으로써 성립하는 범죄이다. 도주죄의 교사 또는 방조에 해당하는 행위를 독립된 구성요건으로 규정하면서 자기도주에 비해 형을 가중하고 있다. 도주죄와 필요적 공범관계에 있으므로 총칙상의 임의적 공범규정은 이 죄에 적용하지 않는다(통설). 따라서 구금된 자는 타인을 교사하여 자기를 도주하게 하였어도 이 죄의 교사범이 아니라 도주죄만 성립한다. 침해범이다. 35

2. 구성요건

(1) 주체

주체는 제한이 없다. 법률에 의하여 구금되어 있는 자도 다른 구금자를 도주하게 한 때에 36

는 이 죄의 주체가 된다. 그러나 피구금자가 의사연락하에 함께 도주한 때에는 특수(합동)도주죄가 된다.

(2) 객체

37 법률에 의하여 구금된 자이다(단순도주죄 참조). 구금은 적법한 것이라야 하며, 체포되어 연행 중인 자는 구금된 자가 아니므로 객체가 되지 않는다. 구금된 자이어야 하기 때문에 이미 구금상태로부터 벗어난 자는 도주죄의 기수에 이른 자 이기 때문에 이를 도와주는 행위는 도주원조죄의 성립이 인정되지 않는다.

38 判 대법원도 이미 구금상태를 벗어난 자를 도와주는 것은 (범인은닉·도피죄에 해당할 수 있는 것과는 별개로) 도주원조죄의 성립을 인정하지 않는다.[250] 도주죄를 즉시범으로 보는 대법원의 태도에 따르면 이미 기수에 이른 도주죄의 방조범의 성립도 부정될 것이다.

(3) 행위

39 탈취하거나 도주하게 하는 것이다. 탈취란 피구금자를 간수자의 실력적 지배로부터 이탈시켜 자기 또는 제3자의 실력적 지배로 옮기는 것을 말한다. 탈취의 수단·방법에는 제한이 없다. 폭행·협박은 물론 기망·유혹·위계도 탈취의 방법에 포함된다. 피구금자의 동의 여부나 도주의사의 유무도 불문한다. 기존의 구금을 배제하는 일을 개시하였을 때에 실행의 착수가 있고, 피구금자를 자기 또는 제3자의 실력적 지배하에 두었을 때에 기수가 된다.

40 도주하게 한다는 것은 피구금자의 도주를 야기시키거나 이를 용이하게 하는 일체의 행위를 말한다. 도주의사 없는 자에게 교사하거나 도주실행을 용이하게 도와주는 방조이건, 수용시설의 문을 개방하거나 간수자에게 폭행 또는 협박하여 달아나게 하건 상관이 없다. 피구금자가 도주에 동의하였는지도 문제되지 않는다. 도주를 야기시키거나 이를 용이하게 하는 행위를 개시하였을 때 실행의 착수가 있고, 피구금자가 간수자의 실력적 지배에서 이탈하였을 때 기수가 된다.

Ⅵ. 간수자도주원조죄

> 제148조(간수자도주원조죄) 법률에 의하여 구금된 자를 간수 또는 호송하는 자가 이를 도주하게 한 때에는 1년 이상 10년 이하의 징역에 처한다.
>
> 제149조(미수범) 전4조의 미수범은 처벌한다.

250) "도주죄는 즉시범으로서 범인이 간수자의 실력적 지배를 이탈한 상태에 이르렀을 때에 기수가 되어 도주행위가 종료하는 것이고, 도주원조죄는 도주죄에 있어서의 범인의 도주행위를 야기시키거나 이를 용이하게 하는 등 그와 공범관계에 있는 행위를 독립한 구성요건으로 하는 범죄이므로, 도주죄의 범인이 도주행위를 하여 기수에 이르른 이후에 범인의 도피를 도와 주는 행위는 범인도피죄에 해당할 수 있을 뿐 도주원조죄에는 해당하지 아니한다"(대법원 1991.10.11. 91도1656).

1. 의의, 성격

법률에 의하여 구금된 자를 간수 또는 호송하는 자가 도주하게 함으로써 성립하는 범죄이 다. 간수자 또는 호송자라는 신분을 이유로 해서 단순도주원조죄에 대하여 형이 가중된 가중 적 구성요건이다. 부진정신분범이고 침해범이다. 41

2. 구성요건

(1) 주체

법률에 의하여 구금된 자를 간수 또는 호송하는 자이다. 간수 또는 호송의 임무는 법령의 근거를 가질 것을 요하지 않으며, 현실로 그 임무에 종사하고 있으면 충분하다. 따라서 공무 원일 필요는 없다. 간수자 또는 호송자라는 신분은 행위시에 있으면 족하다. 42

(2) 객체

법률에 의하여 구금된 자이다(단순도주죄 참조). 체포된 자는 이 죄의 객체가 아니므로 사인이 현행범을 체포하여 경찰관에게 인도하지 않고 풀어주더라도 이 죄가 성립하지 않는다.[251] 43

(3) 행위

피구금자를 도주하게 하는 것이다(도주원조죄 참조). 작위에 의한 경우는 물론 피구금자가 도주할 것임을 알면서 이를 방지하지 않는 부작위로도 가능하다. 이미 도주의 의사를 가진 자에 대하여 그 실행을 용이하게 하는 것도 포함된다. 피구금자가 도주하였을 때에 기수가 되며, 도주하게 하였으나 도주하지 못하였을 때에는 이 죄의 미수범이 된다. 44

Ⅶ. 범인은닉·도피죄

> 제151조(범인은닉·도피죄) ① 벌금 이상의 형에 해당하는 죄를 범한 자를 은닉 또는 도피하게 한 자는 3년 이하의 징역 또는 500만원 이하의 벌금에 처한다.
> (친족간의 특례) ② 친족 또는 동거의 가족이 본인을 위하여 전항의 죄를 범한 때에는 처벌하지 아니한다.

1. 의의, 성격

벌금 이상의 형에 해당하는 죄를 범한 자를 은닉 또는 도피하게 함으로써 성립하는 범죄이다. 범인비호적 성격 내지 범인의 사후종범적 성격의 행위를 독립적인 구성요건으로 규정한 것이다. 추상적 위험범이며, 계속범이다(통설·판례). 45

251) 다만 이 경우 사인에 의해 체포된 현행범을 도주죄의 '법률에 의해 구금된 자'속에 포함시키는 견해는 도주죄의 공범이 성립한다고 하겠지만, 국가기관에 인도되기 전이라면 도주죄의 객체에 포함시킬 수 없으므로 도주죄의 공범도 되지 않는다고 해야 한다.

46 判 대법원은 도주죄를 즉시범으로 해석하지만, 범인은닉도피죄는 계속범으로 해석한다. "범인을 도피하게 함으로써 기수에 이르지만 범인도피행위가 계속되는 동안에는 범죄행위도 계속되고 행위가 끝날 때 비로소 범죄행위가 종료"된다고 설명되고 있지만,[252] 좀 더 보완해서 설명할 필요가 있다. 계속범의 특징은 기수후에도 법익침해상태 뿐 아니라 그 '행위'도 계속되는 경우를 말한다. 따라서 위 판시에서 '범인도피행위가 계속되는 동안'이란, '범인이 도피행위를 하고 있는 동안'이고, '범죄행위도 계속된다'는 표현이 범인도피죄의 행위주체의 행위계속, 즉 '은닉 또는 도피하게 하는 행위'를 말한다. 도피하게 함으로써 기수가 된 후 도피하게 하는 행위는 어떻게 계속되는가? 범인을 도피하게 하는 행위주체의 행위는 적극적인 작위가 아니라 소극적인 부작위로 계속되고 있다고 보아야 한다.

2. 구성요건

(1) 객관적 구성요건

47 1) 주체 주체에는 제한이 없다. 다만 이 죄가 범인을 은닉·도피하게 하는 범죄이므로 범인이 자신의 범행에 대한 자기 방어권행사의 일환으로 하는 행위는 도피하게 한 행위가 아니므로 범인은 이 죄의 주체에서 제외되는 것으로 해석되어야 한다.

48 (가) 공범자 간의 범인은닉·도피 범인과 공범관계에 있는 '공범자'의 자기은닉 또는 도피도 자기 방어권의 행사범위 속에 들어가므로 이 죄의 구성요건해당성이 없고, 이러한 은닉 등 행위가 다른 공범자를 도피하게 하는 경우에도 자기 방어권의 범위밖의 것이라고 할 수 없어서 이 죄가 성립하지 않는다.

49 判 종래 대법원은 공동정범 관계에 있는 자가 다른 공동정범을 도피하게 하는 경우에는 이 죄의 주체가 될 수 있는 입장[253]을 취해왔다.[254] 그러나 최근 대법원은 명시적으로 판례변경을 한 것은 아니지만, 공범자 간의 범인은닉등 행위는 자기 방어권의 범위속에 있는 것으로 보아 공범자는 이 죄의 주체에서 제외하는 입장을 분명히 하였다.[255]

50 (나) 범인의 자기은닉·도피의 교사 범인이 타인을 교사하여 자신을 은닉·도피하게 한 경우 범인은닉죄의 교사범이 성립할 수 있는지에 대해 ① 이를 부정하는 견해(부정설)와 ② 교

---

252) "범인도피죄는 범인을 도피하게 함으로써 기수에 이르지만 범인도피행위가 계속되는 동안에는 범죄행위도 계속되고 행위가 끝날 때 비로소 범죄행위가 종료(된다)"(대법원 1995.9.5. 95도577).

253) "형법 제151조 제1항 소정의 범인 도피죄에 있어서 공동정범 중의 1인이 타 공동정범인을 도피시킴에 대하여 동조 제2항과 같은 불처벌의 특례를 규정한 바 없으므로 공동정범 중의 1인인 소외 1이 타 공동정범인인 소외 2외 1인을 도피시킴은 범인도피죄의 죄책을 면치 못(한다)"(대법원 1958.1.14. 57도393).

254) "공범자의 범인도피행위의 도중에 그 범행을 인식하면서 그와 공동의 범의를 가지고 기왕의 범인도피상태를 이용하여 스스로 범인도피행위를 계속한 자에 대하여는 범인도피죄의 공동정범이 성립한다"(대법원 1995.9.5. 95도577).

255) "공범 중 1인이 그 범행에 관한 수사절차에서 참고인 또는 피의자로 조사받으면서 자기의 범행을 구성하는 사실관계에 관하여 허위로 진술하고 허위 자료를 제출하는 것은 자신의 범행에 대한 방어권 행사의 범위를 벗어난 것으로 볼 수 없다. 이러한 행위가 다른 공범을 도피하게 하는 결과가 된다고 하더라도 범인도피죄로 처벌할 수 없다. 이때 공범이 이러한 행위를 교사하였더라도 범죄가 될 수 없는 행위를 교사한 것에 불과하여 범인도피교사죄가 성립하지 않는다."(대법원 2018.8.1. 2015도20396).

사범이 될 수 있다는 견해[256](긍정설)가 대립한다.

51 부정설은 범인의 자기 은닉도피 교사는 자기비호의 연장에 불과하며 정범이 될 수 없는 자가 공범으로 처벌받는 것은 논리적 모순이라고 하고, 긍정설은 타인을 교사하여 자신을 은닉·도피하게 하는 것은 자기비호의 한계를 일탈하는 것이라는 생각에 기초하고 있다.

52 判 종래 대법원의 태도는 긍정설로 소개되어왔지만, 대법원이 무조건 범인의 자기은닉도피죄의 교사범의 성립을 긍정하고 있는 것은 아니다. 즉 대법원은 범인이 스스로 방어권의 남용으로 볼 수 있을 정도의 적극적인 불법을 창출한 경우, 즉 "범인이 자신을 위하여 타인으로 하여금 허위의 자백을 하게 하여 범인도피죄를 범하게 하는 행위"를 하였을 것을 전제로 해서만 자기도피죄의 교사범을 인정하고 있다.[257] 이러한 맥락에서 보면 판례의 태도는 자기도피죄의 교사범은 원칙적으로 부정하지만 일정한 조건하에서는 범인에게도 범인도피죄의 교사범 성립을 긍정하는 입장(원칙적 부정/제한적 긍정설)으로 평가하는 것이 타당하다.[258]

53 생각건대 범인이 자신을 은닉·도피시키는 타인의 행위에 기본적으로 협력하면서 통상적으로 가담한 경우(예컨대 도주자금을 수령하거나, 자신이 알고 있는 은신처에 연락을 취하는 등)에는 자기비호의 연장에 불과하므로 교사범이나 방조범이 될 수 없다고 해야 한다(원칙적 부정). 하지만 자신을 은닉·도피시키는 타인의 행위를 적극적으로 야기하거나 자신의 은닉·도피행위를 주도하는 자로 하여금 허위의 자백을 하게 하는 등 방어권의 남용으로 볼 수 있는 적극적인 불법을 창출할 경우에는 불가벌적 대향자로서의 자격을 상실하게 되어 타인의 불법에 종속적 불법뿐 아니라 독립적 불법도 갖추게 된다. 범인이 자기은닉·도피의 주체가 될 수 없는 이론적 근거를 '책임조각적 신분'으로 보더라도 그 신분은 어디까지나 자신의 자기은닉·도피와의 관련성 속에서 인정되는 것이지 타인, 즉 자신을 은닉·도피시키는 제3자와 내지 제3자의 범행과의 관계에서는 그러한 신분성을 인정받을 수 없기 때문에 교사범의 성립을 인정할 수 있다(제한적 긍정). 범인은닉·도피죄의 '범인'은 이 죄의 주체와의 관계에서 처벌되지 않는 대향자(불가벌적 대향자)이지만 미성년자의제강간죄 등의 경우 보호법익의 향유자인 미성년자와 같은 차원에서 불가벌로 처리되는 자가 아니기 때문에 총칙상의 공범규정의 적용이 무조건 배제된다고 할 수도 없다.

54 判 이러한 관점에서 볼 때 '일정한 조건하'에서 범인 자신의 범인도피죄 교사범성립을 인정(제한적 긍정설)하고 있는 대법원의 태도는 배임죄나 사기죄에서 이익을 취득하는 거래상대방의 공범성립을 인정하는 취지와

256) 안동준, 177면.

257) "범인이 자신을 위하여 타인으로 하여금 허위의 자백을 하게 하여 범인도피죄를 범하게 하는 행위는 방어권의 남용으로 범인도피교사죄에 해당한다"(대법원 2000.3.24. 2000도20).

258) "범인 스스로 도피하는 행위는 처벌되지 아니하므로, 범인이 도피를 위하여 타인에게 도움을 요청하는 행위 역시 도피행위의 범주에 속하는 한 처벌되지 아니하며(원칙적 부정: 필자 주), 범인의 요청에 응하여 범인을 도운 타인의 행위가 범인도피죄에 해당한다고 하더라도 마찬가지이다. 다만 범인이 타인으로 하여금 허위의 자백을 하게 하는 등으로 범인도피죄를 범하게 하는 경우와 같이 그것이 방어권의 남용으로 볼 수 있을 때에는 범인도피교사죄에 해당할 수 있다(제한적 긍정: 필자 주). 이 경우 방어권의 남용이라고 볼 수 있는지 여부는, 범인을 도피하게 하는 것이라고 지목된 행위의 태양과 내용, 범인과 행위자의 관계, 행위 당시의 구체적인 상황, 형사사법의 작용에 영향을 미칠 수 있는 위험성의 정도 등을 종합하여 판단하여야 한다."(대법원 2014.4.10. 2013도12079).

동일한 맥락 속에 있는 것이라고 할 수 있다(배임죄의 공범관계 및 사기죄의 공범관계 부분 참조). 대법원은 심지어 허위자백 보다 강도가 더 낮은 행위기여를 요구한 경우, 즉 음주운전 혐의로 적발된 피고인이 평소 알고 지내던 A에게 전화를 걸어 음주단속 현장으로 나오게 하여 그로 하여금 단속경찰관인 B가 피고인에 대한 주취운전자 적발보고서를 작성하거나 재차 음주측정을 하지 못하도록 제지하는 등으로 B의 수사를 곤란하게 하거나, "어떻게 좀 해 보라"고 계속 재촉한 경우'에 대해서도 범인도피교사를 인정하고 있다.[259]

55 2) 객체 벌금 이상의 형에 해당하는 죄를 범한 자이다.

56 (가) 벌금 이상의 형에 해당하는 죄 범인은닉죄는 본범의 범죄가 벌금 이상의 형에 해당하는 죄임을 전제로 해서만 성립한다. 여기서 벌금 이상의 형은 법정형을 의미하고, 법정형 중 가장 중한 형이 벌금이면 선택형으로 구류나 과료를 함께 규정하고 있어도 무방하다. 형법 각칙에 규정된 죄는 모두 벌금 이상의 형에 해당하는 죄에 속한다.

57 (나) 죄를 범한 자 죄를 범한 자이면 정범뿐만 아니라 교사범·방조범, 미수범 또는 예비·음모한 자도 그 형이 벌금 이상에 해당하면 여기에 해당한다. 다만 구성요건에 해당하고 위법·유책한 행위를 한 자라야 하며, 처벌조건이나 소추조건을 구비해야 하는 범죄에 있어서는 이러한 요건까지 구비하고 있어야 한다.[260]

58 이상과 같은 요건을 갖추고 있으면 반드시 실제로 유죄판결이 확정되었거나 공소가 제기되었거나 수사가 개시되었음을 요하지 않는다. 따라서 수사개시 이전 또는 범죄혐의를 받고 수사가 진행 중(수배 중)에 있는 자[261]는 물론 도피케 하는 행위 당시 수사대상이 되어 있지 않은 자[262]라도 범인은닉·도피죄의 대상에 포함된다. 더 나아가 함정수사에 의해 범행을 한 자가 장차 공소기각의 판결을 받게 될 경우라도 그 이전에는 이 죄의 객체가 된다.

59 하지만 피은닉·도피자가 사실상 죄를 범한 경우에도 무죄나 면소의 판결이 확정되어 처벌이 불가능한 자, 공소시효의 완성·형의 폐지·사면에 의하여 소추 또는 처벌의 가능성이 없는 자는 국가형벌권행사를 해할 염려가 없으므로 이 죄의 객체가 되지 않는다. 친고죄에서 고소기간이 경과한 경우에도 처벌의 가능성이 없어졌으므로 이 죄의 객체가 되지 않는다.[263] 검사의 불기소처분을 받은 경우도 불기소처분에 법률상 확정력은 없지만 특별한 사정변경이 없는 이상 사실상 형사절차는 종결되었기 때문에 이 죄의 객체가 되지 않는다고 해야 한다.[264]

60 (다) 진범眞犯의 요부 죄를 범한 자가 실제로 죄를 범한 진범이어야 하는지에 관해서는

---

259) 대법원 2006.5.26. 2005도7528.

260) 따라서 인적처벌조각사유가 인정되는 자에 대해서는 형이 면제될 뿐 유죄판결이 선고되더라도 이 죄가 성립하지 않는다.

261) 대법원 1983.8.23. 83도1486.

262) 대법원 2003.12.26. 2003도4533.

263) 비친고죄의 경우나 친고죄라도 고소기간 내에 있는 경우는 여전히 소추·처벌의 가능성이 있기 때문에 이 죄의 객체가 된다.

264) 배종대, §165/4; 손동권/김재윤, §51/23; 이재상/장영민/강동범, §45/28; 임웅, 992면.

① 진범일 것을 요하는 견해(적극설)[265]와 ② 진범일 필요는 없고 수사 또는 소추를 받고 있는 자를 포함한다는 견해(소극설),[266] ③ 형법실현단계에 따라 수사개시 전에는 진범임을 요하나 수사단계에서는 진범이거나 적어도 진범이라고 강하게 의심받는 자이어야 하며, 소추·재판단계 및 집행단계에서는 진범 여부를 불문한다는 견해[267](단계적 구별설)가 대립한다.

적극설에 따르면 진범을 알 수 없어 진범인가 여부가 불확실한 단계에서 피의자·피고인을 은닉한 경우에 항상 이 죄의 성립을 부정하게 되고, 진범을 진범이 아니라고 오인했다는 행위자의 변명이 언제나 고의조각으로 귀결되기 때문에 이 죄의 보호법익인 국가의 형사사법기능을 보호할 수 없는 결론으로 이르고 만다. 따라서 범죄혐의가 인정되는 이상 수사개시 전후를 불문하고 진범일 필요가 없다는 소극설이 원칙적으로 타당하다(단계적 구별설도 수사개시 이후에는 기본적으로 소극설과 동일). 61

判 대법원도 수사의 대상인 자를 도피·은닉시킨 이상 그가 그 후 무혐의로 석방되어도 범인은닉도피죄의 성립에 영향이 없다고 함으로써 소극설의 입장에 따르고 있다.[268] 62

3) 행위 은닉 또는 도피하게 하는 것이다. 63

(가) 은닉 은닉이란 수사기관의 발견·체포를 면할 수 있는 장소를 제공하여 범인을 감추어 주는 행위를 말한다. 은닉장소 여하는 묻지 않는다. 선박이나 차량에 태우고 운행하여도 은닉에 해당한다. 도피와의 관계에서 볼 때 범인을 어느 정도 자기의 영향력이 미치는 장소 내에 둘 필요는 있으나 지배복종관계까지 있을 필요는 없다.[269] 은닉은 작위는 물론이고 보증인적 지위에 있는 자의 부작위에 의해서도 이루어질 수 있다. 하지만 범인신고의무가 없는 일반인에게 신고의무를 전제로 한 부작위에 의한 은닉은 인정할 수 없다.[270] 64

(나) 도피하게 함 도피하게 한다는 의미는 은닉 이외의 방법으로 수사기관의 발견·체포를 곤란 또는 불가능하게 하는 일체의 행위를 말한다. 장소적 관련성이 없다는 점이 은닉과 다르다. 도피행위는 직접 범인을 도피시키는 행위 또는 도피를 직접 용이하게 하는 행위에 한정되고 간접적으로 범인이 안심하고 도피할 수 있게 한 정도로는 도피에 해당하지 않는다.[271] 도피의 경우 역시 보증의무 있는 자의 부작위에 의한 도피도 가능함은 은닉의 경우와 65

265) 오영근, §47/41; 이재상/장영민/강동범, §45/29; 정성근/정준섭, 601면.

266) 김성천/김형준, 866면; 박상기, 679면; 배종대, §165/3; 손동권/김재윤, §51/25; 이형국/김혜경, 877면; 임웅, 922면.

267) 김일수/서보학, 903면.

268) 대법원 1982.1.26. 81도1931.

269) "범인은닉죄라 함은 죄를 범한 자임을 인식하면서 장소를 제공하여 체포를 면하게 하는 것만으로 성립한다 할 것이고, 죄를 범한 자에게 장소를 제공한 후 동인에게 일정 기간 동안 경찰에 출두하지 말라고 권유하는 언동을 하여야만 범인은닉죄가 성립하는 것이 아니며, 또 그 권유에 따르지 않을 경우 강제력을 행사하여야만 한다거나, 죄를 범한 자가 은닉자의 말에 복종하는 관계에 있어야만 범인은닉죄가 성립하는 것은 더욱 아니다"(대법원 2002.10.11. 2002도3332).

270) 이에 대한 예외로서 인정되고 있는 국가보안법상의 불고지죄는 고지의무가 형벌로 강제되어 있다(동법 제10조).

271) "형법 제151조에서 규정하는 범인도피죄는 범인은닉 이외의 방법으로 범인에 대한 수사, 재판 및 형의 집행 등

마찬가지이다.

66 수사기관에 출두한 참고인이 범인에 관하여 조사를 받으면서 알고 있는 사실을 묵비하거나 허위로 진술하여 진범인이 석방되었다고 해도 그것으로만 범인도피가 되는 것은 아니다.[272)]

67 **例** 따라서 절도사건과 관련하여 사법경찰리로부터 조사를 받는 과정에서 공범의 이름을 단순히 묵비한 경우(대법원 1984.4.10. 83도3288), 참고인이 수사기관에서 범인으로 체포된 사람과 자신이 목격한 범인이 동일함에도 불구하고 동일한 사람이 아니라고 허위진술하여 그로 인해 범인이 석방된 경우(대법원 1987.2.10. 85도897), 참고인이 실제의 범인이 누구인지 정확하게 모르는 상태에서 범인이 아닐지도 모른다고 생각하면서도 범인으로 지목하는 허위진술을 함으로써 그 지목한 사람이 구속기소된 결과 실제 범인이 용이하게 도피하는 결과가 초래된 경우(대법원 1997.9.9. 97도1596), 신원보증서를 작성하여 수사기관에 제출하는 보증인이 피의자의 인적사항을 허위로 기재한 경우(대법원 2003.2.14. 2002도5374)에도 범인도피죄가 성립하지 않는다.

68 하지만 참고인이 수사기관을 적극적으로 기망하여 착오에 빠지게 함으로써 범인의 발견 또는 체포를 곤란 내지 불가능하게 할 정도의 허위진술을 한 것이라면 범인도피죄가 성립한다.[273)] 이러한 법리는 피의자가 수사기관에서 공범에 관하여 묵비하거나 허위로 진술한 경우에도 그대로 적용된다.[274)]

69 **例** 따라서 범인 아닌 자가 수사기관에 범인임을 자처하고 허위진술을 하여 진범의 체포와 발견에 장애를 준 경우(대법원 1996.6.14. 96도1016)에는 범인도피죄에 해당하고, 범인 아닌 자로 하여금 범인으로 가장케 하여 수사를 받도록 한 경우(대법원 1967.5.23. 67도366), 음주운전 혐의로 적발된 피고인이 평소 알고 지내던 자에게 전화를 걸어 음주단속 현장으로 나오게 하여 "어떻게 좀 해 보라"고 계속 재촉한 경우(대법원 2006.5.26. 2005도7528) 범인도피교사죄가 인정된다.

70 변호사가 증언거부권자에게 증언을 거부하도록 권유하거나 피고인·피의자에게 진술거부권을 행사하도록 권유하는 것은 소송법상 소송관계인에게 허용된 권리의 행사를 권유한 것이므로 도피에 해당하지 않는다.

71 **例 범인은닉도피죄를 인정한 경우:** ① 사제가 범인에게 은신처를 제공해 줌으로써 은닉·도피하게 한 경우(대법원 1983.3.8. 82도3248), ② 공범간에 서로 만나게 해 주고 도피를 용이하게 한 경우(대법원 1990.12.26. 90도439), ③ 공범이 더 있다는 것을 숨긴채 허위보고를 하고, 조사를 받고 있는 범인에게 다른 공범이 더 있음을 실토하지 못하게 한 경우(대법원 1995.12.26. 93도904), ④ 검사로부터 범인을 검거하라는 지시를 받고서도 그 직무상의 의무에 따른 적절한 조치를 취하지 않고 오히려

형사사법의 작용을 곤란 또는 불가능하게 하는 행위를 말하는 것으로서 그 방법에는 어떠한 제한이 없고, 또 이는 위험범으로서 현실적으로 형사사법의 작용을 방해하는 결과가 초래될 것이 요구되지는 아니하나, 다른 한편 형사사법의 작용을 방해하는 모든 행위 내지 범인을 돕는 모든 행위가 범인도피죄의 구성요건에 해당한다고 본다면 이는 일반 국민의 행동의 자유를 지나치게 제한하는 것으로서 부당하므로, 범인도피행위는 범인을 도주하게 하는 행위 또는 도주하는 것을 직접적으로 용이하게 하는 행위에 한정된다고 봄이 상당하고, 그 자체가 도피시키는 것을 직접의 목적으로 한 것이라고는 보기 어려운 행위로 말미암아 간접적으로 범인이 안심하여 도피할 수 있도록 하는 것과 같은 경우는 이에 포함되는 것이 아니라고 해석하여야 하며, 나아가 어떤 행위가 범인도피죄에 해당하는 것처럼 보이더라도 그것이 사회적으로 상당성이 있는 행위일 때에는 이 또한 처벌할 수 없다고 보아야 한다"(대법원 1995.3.3. 93도3080).

272) 참고인의 허위진술은 증거 자체를 위조한 것도 아니므로 증거위조죄도 되지 않는다(대법원 1993.4.7. 94도3412).

273) 대법원 2008.6.26. 2008도1059.

274) 대법원 2008.12.24. 2007도11137.

범인에게 전화로 도피하라고 권유하여 도피하게 한 경우(대법원 1996.5.10. 96도51), ⑤ 다른 사람의 교통사고 사실을 숨기고 자신이 교통사고를 일으켰다고 경찰에 신고한 경우(대법원 1996.6.14. 96도1016), ⑥ 국방부 합동조사단장으로부터 수배중인 범인을 체포하라는 지시를 받고 그 직무를 수행함에 있어 범인과 수차례 전화통화도 하고 범인이 필요한 서류를 전달해 주기도 하고 예금통장까지 개설해 준 경우(대법원 1999.11.26. 99도1904), ⑦ 범인이 기소중지자임을 알고도 범인의 부탁으로 다른 사람의 명의로 대신 임대차 계약을 체결해 준 경우(대법원 2004.3.26. 2003도8226) 등.

例 범인은닉도피죄가 부정된 경우: ① 부정수표단속법 피의자인 A가 공소외 B에 대해 지는 다른 노임채무 72
를 인수키로 하는 지불각서를 작성하여 주고 공소외 B가 A를 수사당국에 인계하는 것을 포기하기로 하는 합의가 이루어져 A가 수사당국에 인계되지 않도록 한 경우[275](대법원 1984.2.14. 83도2209), ② 주점 개업식날 찾아온 범인에게 '도망다니면서 이렇게 와 주니 고맙다. 항상 몸조심하고 주의하여 다녀라. 열심히 살면서 건강에 조심하라'고 안부인사를 한 경우(대법원 1992.6.12. 92도736), ③ 범행자금 중 일부를 여러 차례에 걸쳐 가명으로 예금하고 입금과 출금을 되풀이하면서 그 인출한 돈 중 일부를 범인의 자녀들의 생활비나 범인 소유 유령회사들의 운영유지비 등으로 사용하게 하고 범인의 도피자금으로 비축하여 도피생활을 용이하게 한 경우(대법원 1995.3.3. 93도3080), ④ 지명수배자인 공소외 1이 공소사실 기재 일시 및 장소에서 공소외 ○○○와 술을 마시다가 검문을 받아 도주한 사실을 알면서도 검찰에서 참고인으로 진술함에 있어서 공소외 1을 잘 알지 못할 뿐 아니라 위 ○○○와 함께 술을 마신 사람 가운데 공소외 1은 없었다고 허위진술을 한 경우(대법원 1991.8.27. 91도1441), ⑤ 폭행 용의자의 인적사항을 묻은 경찰관의 질문에 답하면서 허무인의 이름을 진술하고 구체적인 인적사항에 대해서는 모른다고 진술한 경우(대법원 2008.6.26. 2008도1059) 등.

(다) 기수시기 범인을 은닉 또는 도피하게 함으로써 기수가 되고(추상적 위험범), 현실적으 73
로 형사사법의 작용에 방해하는 결과가 초래될 필요는 없다. 이 죄는 계속범이기 때문에 공범자의 범인도피행위의 도중에 그 범행을 인식하면서 그와 공동의 범의를 가지고 기왕의 범인도피상태를 이용하여 스스로 범인도피행위를 계속한 자는 범인도피죄의 공동정범이 된다.[276]

(2) 주관적 구성요건

벌금 이상의 형에 해당되는 죄를 범한 자를 은닉 또는 도피하게 한다는 점에 대한 고의가 74
있어야 한다. 범인의 성명이나 범죄의 구체적 내용과 평가내용을 정확하게 알 필요는 없다. 벌금 이상의 형에 해당하는 죄에 대한 인식이 있다고 하기 위해서는 그 법정형이 벌금이상이라는 것까지 알 필요가 없다.[277]

3. 죄수

동일한 범인을 은닉하여 도피하게 한 경우에는 범인도피죄가 된다(협의의 포괄일죄). 동일 75
사건에 관한 수인의 범인을 하나의 행위로 은닉 또는 도피하게 한 때에는 수죄가 성립하며 상상적 경합이 된다. 그러나 동일한 범죄사실이라도 수인의 공범자를 수 개의 행위로 각각 은닉 또는 도피하게 한 때에는 수죄에 대한 실체적 경합이 된다.

---

275) 범인을 신고·체포할 작위의무가 없기 때문에 수사기관에 인계하지 않은 부작위에 의한 범인도피로 인정될 수 없기 때문이다.

276) 대법원 1995.9.5. 95도577.

277) 대법원 1995.12.26. 93도904.

76 범인을 알고 적절한 조치를 취해야 할 자가 범인을 도피케 하여 직무를 유기한 경우에는 범인도피죄만 성립하고 직무유기죄는 별도로 성립하지 않는다.[278]

4. 친족 간의 특례

(1) 의의, 성격

77 범인의 친족 또는 동거의 가족이 범인을 위하여 범인은닉·도피죄[279]를 범한 때에는 처벌하지 아니하는 특례규정이 있다(제151조 제2항). **친족 간의 특례의 법적 성격**에 관해서는 ① 친족 간에도 범죄는 성립하지만 형만 면제된다는 견해[280](인적처벌조각사유설)와 ② 친족 간에는 적법행위가 기대불가능하기 때문에 책임이 조각되어 범죄가 성립하지 않는다는 견해(책임조각사유설, 다수설)가 대립한다.

78 밀접한 친족 간의 정의情誼에 비추어 친족 등을 위해 이 죄를 범하지 않을 것을 기대하기 어렵기 때문에 범죄성립이 배제되는 것으로 보는 것이 타당하다. 형법이 범죄는 성립하고 처벌만 조각될 경우에는 형을 면제한다는 용어를 사용하는 반면, 범죄성립을 배제할 경우(위법성조각 또는 책임조각)에는 '벌하지 아니한다'라는 용어를 사용하고 있다는 점도 이 해석을 뒷받침한다. 따라서 이 특례조항에 해당하면 형면제판결이 아니라 무죄판결을 해야 한다.

(2) 적용요건

79 친족 간의 특례가 적용되려면 범인의 친족 또는 동거가족이 본인을 위하여 이 죄를 범해야 한다. 친족 또는 동거가족의 범위는 원칙적으로 민법에 의해 정해지지만, **사실혼관계에 있는 자가 이 규정의 친족에 포함되는지**가 문제된다. ① 판례는 사실혼관계에 있는 자를 제외시키고 있다.[281] ② 하지만 특례가 기대불가능성에 기초하여 인정되는 것으로 이해한다면 사실혼관계에 있는 자와 그 출생자도 이 특례의 적용을 받도록 해야 할 것이다.

80 '본인을 위하여'란 본인의 형사책임상의 이익을 위한 것을 말한다. 이익·불이익의 판단은 범인의 주관에 의해 결정되는 것이 아니라 객관적인 평가에 따라 결정되어야 한다. 본인에 대한 형사소추나 유죄판결 또는 형집행을 면하게 하기 위한 경우는 특례가 적용되지만, 본인의 불이익을 위한 경우나 본인의 공범자의 이익을 위한 경우 또는 재산상의 이익을 위한 경우에는 적용되지 않는다.

81 본인의 이익과 함께 공범자의 이익을 위한 때에도 특례의 적용여부와 관련해서는 적용불가론[282]이 있으나 기대불가능성을 특례의 존재근거로 보는 이상 주된 이유가 본인의 형사처

---

278) 대법원 1996.5.10. 96도51.
279) 증거인멸죄에도 이러한 특례규정이 있다(제155조 제4항).
280) 이정원, 806면.
281) "형법 제151조 제2항 및 제155조 제4항은 친족, 호주 또는 동거의 가족이 본인을 위하여 범인도피죄, 증거인멸죄 등을 범한 때에는 처벌하지 아니한다고 규정하고 있는 바, 사실혼관계에 있는 자는 민법 소정의 친족이라 할 수 없어 위 조항에서 말하는 친족에 해당하지 않는다"(대법원 2003.12.26. 2003도4533).

벌상의 이익인 경우에는 특례를 적용하는 것이 타당하다.

(3) 공범관계(소극적 신분과 공범)

1) **원칙론** 이 규정은 친족 간의 특례로서 범인과 친족인 자(신분자)와 친족관계가 없는 자(비신분자)가 공범관계에 있는 경우에는 공범과 신분에 관한 제33조의 규정이 적용되지 않는다. 제33조의 신분은 적극적 신분(구성적 신분과 가감적 신분)을 의미하지만 특례규정의 친족관계는 소극적 신분(책임조각적 신분)에 해당하기 때문이다.[283] 따라서 친족과 비친족이 공동정범이 되는 경우에도 특례는 친족에게만 적용되어 친족은 불가벌이 되므로, 종국적으로 공동정범은 인정되지 않는다. 82

2) **비친족(제3자)이 친족을 교사·방조한 경우** 이 특례는 범인과 친족관계 있는 자에 대해서만 적용되기 때문에 친족은 책임이 조각되어 처벌되지 아니하나 위법성은 인정되므로 거기에 가담한 비친족은 범인은닉·도피죄의 교사범 또는 방조범이 성립한다(제한종속형식). 83

3) **친족이 비친족(제3자)을 교사·방조한 경우** 비친족은 범인은닉·도피죄의 정범이 된다고 하는 데에는 이견이 없지만, **친족에 대해 교사·방조범을 인정할 수 있을 것인지**에 대해서는 ① 부정설(다수설)과 ② 긍정설[284]이 대립한다. 84

부정설은 이 특례가 기대불가능성에 의한 책임조각에 그 취지가 있다면 친족 자신이 범인을 은닉하는 경우와 타인을 교사하여 은닉하게 하는 경우를 구별할 이유가 없으므로 친족은 이 경우에도 책임조각을 이유로 이 죄의 교사·방조범이 될 수 없다고 한다. 85

하지만 친족이 책임조각이 되는 것은 결국 범인과 친족이라는 신분적 지위 때문인데, 이 신분은 범인은닉·도피죄를 범하는 새로운 범인(제3자)과의 관계에서는 인정될 수 없으므로 자신의 친족인 범인을 은닉·도피시키는 경우와는 달리 책임이 조각될 수 없다고 보아야 한다. 86

이에 관한 판례는 아직 없다. 그러나 범인이 제3자를 교사하여 자신을 은닉·도피하게 하는 경우 범인은닉·도피죄의 교사범을 인정하고 있는 판례[285]의 취지에 따른다면, 친족의 경우에도 이 죄의 교사범을 인정하는 태도를 취할 것으로 보인다. 87

4) **범인이 친족을 교사하여 자기를 은닉·도피시킨 경우** 이 경우 친족은 범인은닉·도피죄의 책임이 조각되어 처벌되지 않고 범인도 친족이 아닌 제3자에게 적극적으로 개입하여 자기를 은닉·도피시킨 경우와는 달리 피교사자가 친족이므로 그와의 관계에서 책임조각적 신분이 유지되어 교사범이 성립되지 않는다고 해야 할 것이다. 88

判 대법원은 범인이 자신을 위하여 타인으로 하여금 허위의 자백을 하게 하여 범인도피죄를 범하게 하는 행 89

282) 박상기, 682면; 배종대, §166/11; 이재상/장영민/강동범, §46/37; 정성근/박광민, 816면.
283) 이에 관해서는 『총론』의 소극적 신분과 공범 참조.
284) 김성돈, 『총론』 소극적 신분과 공범.
285) 대법원 2000.3.24. 2000도20.

위는 방어권의 남용으로 범인도피교사죄에 해당한다는 태도(대법원 2000.3.24. 2000도20)를 이 경우에도 그대로 유지한다. 즉 대법원은 범인도피죄를 범한 타인이 형법 제151조 제2항에 의하여 처벌을 받지 아니하는 친족, 호주 또는 동거 가족에 해당한다 하여 달리 볼 것은 아니라고 하면서 무면허 운전으로 사고를 낸 사람이 동생을 경찰서에 대신 출두시켜 피의자로 조사받도록 한 경우에 대해 범인도피교사죄를 인정(대법원 2006.12.7. 2005도3707)하고 있다. 또 대법원은 범인을 위해 범인의 처가 범하는 범인도피죄를 범인 스스로 방조하는 경우에 대해 범인도피방조죄도 인정한다(대법원 2008.11.13. 2008도7647).

§61

제4절 위증과 증거인멸의 죄

Ⅰ. 총설

1. 의의 및 보호법익

(1) 의의

1 위증의 죄는 법률에 대하여 선서한 증인이 허위의 진술을 하거나, 감정인·통역인 또는 번역인이 허위의 감정·통역 또는 번역을 하는 것을 내용으로 하는 범죄이고, 증거인멸의 죄는 타인의 형사사건 또는 징계사건에 관한 증거를 인멸·위조 또는 변조하거나, 위조 또는 변조한 증거를 사용하거나(증거인멸), 또는 타인의 형사사건·징계사건에 관한 증인을 은닉 또는 도피하게 하여(증인은닉) 국가의 심판권의 행사를 방해하는 것을 내용으로 하는 범죄이다.

2 위증과 증거인멸의 죄는 국가의 사법작용과 심판기능을 침해하는 범죄이므로 국가의 구속기능을 침해하는 도주의 죄 및 국가의 형벌권행사를 방해하는 범인은닉죄와 구별된다.

(2) 보호법익

3 위증의 죄의 보호법익은 국가의 사법기능(징계처분과 같은 유사 사법기능도 포함)이다.[286] 법익이 보호받는 정도는 추상적 위험범으로서의 보호이다.

4 증거인멸의 죄도 국가의 사법기능을 보호법익으로 하고, 보호법익이 보호받는 정도도 추상적 위험범으로서의 보호이다.

2. 양자의 관계

5 위증죄와 증거인멸죄가 본질적으로 동일한 법익을 보호한다는 점에서는 같지만, 전자가 무형적인 방법으로 증거의 증명력을 해하는 범죄임에 반해 후자는 유형적인 방법으로 물적 또는 인적 증거의 증명력을 해하는 범죄라는 점에서 다르다. 뿐만 아니라 증거인멸죄는 국가

286) "위증죄는 선서를 한 증인이 허위진술을 함으로써 성립하는 죄이며 국가의 재판권, 징계권을 적정하게 행사하기 위한 것이 그 주된 입법이유이다"(대법원 1987.7.7. 86도1724).

의 형사재판·징계재판의 기능만 보호한다는 점에서 징계처분을 포함한 국가의 재판기능 일반을 보호하는 위증죄보다 적용범위가 좁다. 더 나아가 위증죄는 주체가 법률에 의해 선서한 증인 등으로 제한되어 있는 진정신분범이고 자수범이지만, 증거인멸죄는 주체에 아무런 제한이 없다는 점에서도 구별된다. 따라서 위증죄는 증거인멸죄에 대하여 특별관계에 있는 것이 아니라, 서로 중첩적 요소를 가지고 있지 않으므로 양립할 수 없는 독자적 범죄라고 해야 한다.

3. 구성요건의 체계

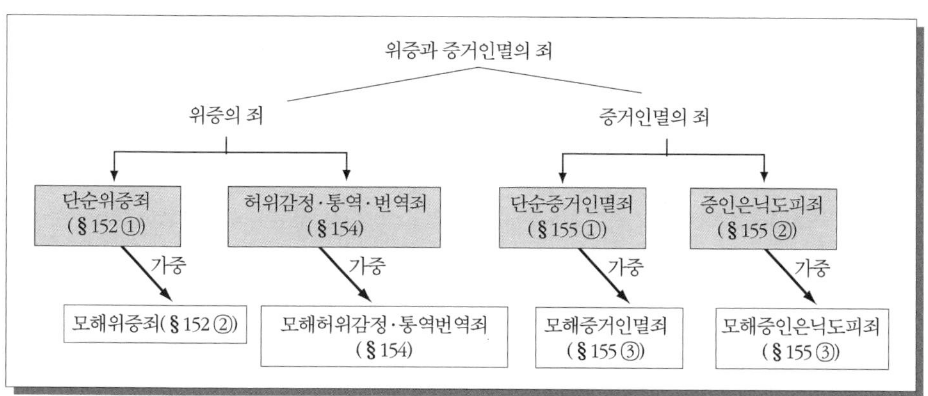

6

위증의 죄는 단순위증죄와 허위감정·통역·번역죄를 기본적 구성요건으로 하고, 모해목적 위증죄를 가중적 구성요건으로 규정하고 있다. 증거인멸의 죄는 단순증거인멸죄와 증인은닉도피죄를 기본적 구성요건으로 규정하고 있고 각각에 대한 가중적 구성요건으로 모해증거인멸죄와 모해증인은닉도피죄, 그리고 친족 간의 특례조항으로 이루어져 있다. 7

Ⅱ. 단순위증죄

> 제152조(위증죄) ① 법률에 의하여 선서한 증인이 허위의 진술을 한 때에는 5년 이하의 징역 또는 1천만원 이하의 벌금에 처한다.
>
> 제153조(자백, 자수) 전조의 죄를 범한 자가 그 공술한 사건의 재판 또는 징계처분이 확정되기 전에 자백 또는 자수한 때에는 그 형을 감경 또는 면제한다.

1. 의의, 성격

법률에 의하여 선서한 증인이 허위의 진술을 함으로써 성립하는 범죄이다. 주체가 증인으로 제한되는 진정신분범이며, 증인 스스로가 허위의 진술을 하도록 요구하고 있는 자수범에 해당한다. 8

2. 구성요건

(1) 객관적 구성요건

9 1) 주체 법률에 의하여 선서한 증인이다(진정신분범). 증인이라 할지라도 선서하지 않고 증언한 자는 이 죄의 주체가 될 수 없다.[287)]

10 (가) 법률에 의한 선서 법률에 의한 선서란 법률에 근거하여 그 절차와 형식에 따라 유효하게 행해진 선서를 말한다. 법률은 직접 명시 규정이 있는 법률(예, 형사소송법, 민사소송법, 특허법, 국회에서의 증언·감정 등에 관한 법률)뿐만 아니라 법률의 위임에 의한 명령 기타의 하위법규에 규정이 있는 경우도 포함한다. 형사소송법상의 선서인 경우에는 피고사건, 피의사건(제184조, 제221조의2)임을 묻지 않는다. 법률상 근거가 없는 경우에는 증인으로 출석하여 선서를 하고 허위의 진술을 해도 그 선서는 무효가 되어 위증죄가 성립하지 않는다.

11 判 대법원은 심문절차로 진행되는 소송비용확정신청사건(대법원 1995.4.11. 95도186), 가처분신청사건(대법원 2003.7.25. 2003도180)의 경우 제3자가 증인으로 출석하여 선서를 하고 허위진술하였더라도 그 선서는 법률상 근거가 없어 무효라는 이유로 위증죄의 성립을 부정하였다.

12 선서는 선서하게 할 권한이 있는 기관에 대하여 행한 선서라야 한다. 따라서 참고인이 검사 또는 사법경찰관에 대하여 선서하였다 하여도 법률에 의한 선서가 되지 않는다. 선서의 취지를 이해할 수 없는 선서무능력자(제159조)의 선서는 선서로서의 효력이 없으므로 법률에 의한 선서가 되지 않는다.[288)] 하지만 선서나 증언의 절차상 사소한 하자가 있다는 것만으로 선서의 효력이 상실되지 않는다. 위증의 벌을 경고하지 않고 선서하게 한 경우, 선서한 법원에 관할위반이 있거나 기소절차와 증인신문절차가 부적법하였다는 이유만으로 선서의 효력이 상실되는 것은 아니다. 선서거부권자(민사소송법 제324조)가 거부권을 행사하지 않고 선서하였거나 선서의 여부가 법원의 재량인 경우 법원의 재량에 따라 선서한 경우(민사소송법 제323조)에도 그 선서는 유효하다.

13 선서는 증언하기 이전에 하는 것이 원칙이지만 증언한 후에 선서하는 경우도 있다(형사소송법 제156조 단서, 민사소송법 제319조 단서). 따라서 사전선서인가 사후선서인가를 구별하지 않고 이 죄에 해당한다.

14 判 대법원도 증인의 증언은 그 전부를 일체로 관찰 판단하는 것이라는 전제하에 그리고 위증죄의 기수시기는 신문 진술이 종료한 때로 해석하면서, 진술후에 선서를 명하는 경우인 '사후선서'의 경우에는 선서종료한 때 기수가 된다고 한다.[289)]

---

287) 위증죄는 증거인멸죄와의 관계에서 특별관계에 있다고 보는 견해(이재상/장영민/강동범, §46/6면)에 따르면 선서하지 않은 자는 위증죄의 주체가 될 수는 없지만 증거인멸죄에 해당할 수는 있다.

288) 대법원 1957.3.8. 4290형상23.

289) "증인의 증언은 그 전부를 일체로 관찰 판단하는 것이므로 선서한 증인이 일단 기억에 반한 허위의 진술을 하였더라도 그 신문이 끝나기 전에 그 진술을 취소 시정한 경우에는 위증이 되지 아니한다고 봄이 상당하며 따라서 위증죄의 기수시기는 신문 진술이 종료한 때로 해석할 것이다. (진술후에 선서를 명하는 경우는 선서

(나) 증인 증인이란 법원 또는 법관에 대하여 자신이 과거에 경험한 사실을 진술하는 15
제3자를 말한다.

가) 증인적격자 증인적격이 있는 한 형사소송의 경우 기소 후 공판절차에서의 증인은 16
물론이고 증거보전절차에서의 증인(형사소송법 제184조, 제221조의2)도 포함된다. 하지만 형사피고인은 증인적격이 없는 자이므로 증인으로서 선서도 할 수 없고, 스스로 허위진술을 하더라도 위증죄가 성립하지 않는다. 하지만 이미 유죄의 확정판결을 받은 피고인의 경우 공범의 형사사건에서는 그러하지 아니하다.[290] 민사소송상 당사자가 선서하고 진술할 수 있는 당사자신문제도(민사소송법 제367조)에서 당사자도 '증인'은 아니기 때문에 이 죄의 주체가 될 수 없고 민사소송의 당사자인 법인의 대표자도 마찬가지로 증인적격자가 아니다.[291]

공동피고인의 경우 공범자 아닌 공동피고인은 증인적격이 있으므로 이 죄의 주체가 될 수 17
있지만, 공범자인 공동피고인은 당해 소송절차에서는 피고인의 지위에 있어서 증인적격이 없으므로 이 죄의 주체가 될 수 없다(통설·판례[292]). 하지만 소송절차가 분리되어 피고인의 지위에서 벗어나게 되면 다른 공동피고인에 대한 공소사실에 대한 증인이 될 수 있으므로[293] 이 죄의 주체가 될 수 있다.

나) 증언거부권자 증언거부권자(형사소송법 제148조 이하, 민사소송법 제314조 이하)가 거부권을 행사하지 않고 선서한 후 증 18
언한 경우에도 이 죄의 주체가 된다. 증언거부권은 증인의 권리이지 의무가 아니므로 이를 행사하지 않고 허위진술을 한 때에 이 죄의 성립을 부인할 이유가 없기 때문이다. 증언거부권을 고지 받지 못하고 허위의 진술을 한 경우에도 위증죄가 성립될 수 있는지가 문제된다. 이러한 경우에는 증인이 침묵하지 않고 진술을 한 것이 자신의 진정한 의사에 의한 것인지의 여부를 기준으로 위증죄의 성립여부를 판단해야 한다.[294] 이에 따르면 증인이 증언거부권을 고지받지 못함으로 인하여 자신에게 인정되는 증언거부권을 행사하는 데 사실상 장애가 초래되었다고 볼 수 있을 때에는 위증죄의 성립을 부정해야 한다.

종료한 때 기수가 될 것이다)"(대법원 1974.6.25. 74도1231).

290) "이미 유죄의 확정판결을 받은 피고인은 공범의 형사사건에서 그 범행에 대한 증언을 거부할 수 없을 뿐만 아니라 나아가 사실대로 증언하여야 하고, 설사 피고인이 자신의 형사사건에서 시종일관 그 범행을 부인하였다 하더라도 이러한 사정은 위증죄에 관한 양형참작사유로 볼 수 있음은 별론으로 하고 이를 이유로 피고인에게 사실대로 진술할 것을 기대할 가능성이 없다고 볼 수는 없다"(대법원 2008.10.23. 2005도10101).

291) "민사소송의 당사자는 증인능력이 없으므로 증인으로 선서하고 증언하였다고 하더라도 위증죄의 주체가 될 수 없고, 이러한 법리는 민사소송에서의 당사자인 법인의 대표자의 경우에도 마찬가지로 적용된다"(대법원 1998.3.10. 97도1168).

292) "피고인과는 별개의 범죄사실로 기소되고 다만 병합심리된 것뿐인 공동피고인은 피고인에 대한 관계에서는 증인의 지위에 있음에 불과하므로 선서 없이 한 그 공동피고인의 피고인으로서 한 공판정에서의 진술을 피고인에 대한 공소범죄 사실을 인정하는 증거로 쓸 수 없다"(대법원 1979.3.27. 78도1031).

293) 대법원 2008.6.26. 2008도3300.

294) 반면에 "민사소송절차에서 재판장이 증인에게 증언거부권을 고지하지 아니하였다 하여 절차위반의 위법이 있다고 할 수 없고, 따라서 적법한 선서절차를 마쳤는데도 허위진술을 한 증인에 대해서는 달리 특별한 사정이 없는 한 위증죄가 성립한다고 보아야 한다"(대법원 2011.7.28. 2009도14928).

19 判 종래 대법원은 선서한 증인이 허위의 진술을 한 이상 증언거부권 고지 여부를 고려하지 아니한 채 위증죄가 바로 성립한다는 태도를 취하였으나,[295] 2010년 전원합의체 판결에서 증인이 증언거부권을 고지받지 않은 상황에서 허위의 진술을 한 경우와 같이 증인신문절차에서 법률에 규정된 증인 보호를 위한 규정이 지켜진 것으로 인정되지 않은 경우에는 증인이 허위의 진술을 하였다고 하더라도 "법률에 의하여 선서한 증인"에 해당하지 아니하므로 이를 위증죄로 처벌할 수 없는 것이 원칙임을 확인하면서, 예외적으로 자기부죄거부특권에 관한 것이거나 기타 증언거부사유가 있음에도 불구하고 증언거부권을 고지 받지 못함으로 인하여 그 증언거부권을 행사하는 데 사실상 장애가 초래되었다고 볼 수 있을 때에는 위증죄의 성립을 부정해야 한다는 태도로 입장을 바꾸었다.[296]

20 例 이에 따라 대법원은 갑이 을과 증·수뢰사건으로 기소되어 공동피고인으로 함께 재판을 받으면서 서로 뇌물을 주고받은 사실이 없다고 다투던 중 을에 대한 사건이 변론분리되어 뇌물공여 또는 뇌물수수의 증인으로 채택되었다가 증언거부권을 고지 받지 못한 상태에서 종전의 주장을 되풀이하면서 허위진술을 한 경우에는 갑이 증언거부권을 행사하는 데 사실상 장애가 초래되었다고 보기 충분하다는 이유로 위증죄를 부정(대법원 2010.2.25. 2009도13257)하였지만, 전남편 A의 음주운전사건의 증인인 전처 갑이 증언거부권을 고지받지 않은 채 범행을 부인하는 A의 변명에 부합하는 허위진술을 한 경우에는 증언거부권을 고지받지 않았다고 하더라도 그로 인하여 증언거부권이 사실상 침해당한 것으로 평가할 수 없음을 이유로 위증죄의 성립을 긍정(대법원 2010.2.25. 2007도6273)하였다.[297]

21 2) 행위 허위의 진술을 하는 것이다.

22 (가) 허위 '허위'의 개념이 무엇인지와 허위성의 판단방법이 문제된다.

23 가) 허위의 개념 **허위의 개념**에 관해서는 ① 진술의 내용이 객관적 진실에 반하는 것을 의미하며 그 진술이 증인의 주관적 기억과 일치하느냐를 묻지 않는 견해(객관설)와 ② 진술의 내용이 증인의 주관적 기억에 반하면 허위가 되고 그 기억이 객관적 진실과의 일치여부는 묻지 않는 견해(주관설)가 대립한다.

24 두 견해의 실제상의 차이는 ① 증인이 기억에 반하는 진술을 하였으나 진술내용이 객관적 진술과 일치하는 경우, 주관설에 의하면 위증죄가 성립하지만 객관설에 의하면 위증죄가 되지 않는다는 점에 있다. ② 반면에 증인이 기억에 반하는 사실을 진실이라고 믿고 진술하였는데 실제로는 객관적 진실에 반하는 것으로 밝혀진 경우, 주관설에 의하면 위증죄가 성립하지만 객관설에 의하면 허위성에 대한 고의가 부정되어 위증죄가 되지 않게 된다.

하지만 두 견해의 결론이 일치하는 경우도 있다. ③ 증인이 자신의 내적 사실(감정·동기·목적·확신 등)에 대하여 기억에 반하는 진술을 할 경우, '주관설'에 따르면 기억에 반하는 진술이 되고, '객관설'에 따르면 객관적 사실에 반하기 때문에 어느 학설에 따르더라도 위증죄가 된다. ④ 또한 증인이 외부적 사실에 대해 자신의 기억에 따라 진술하였지만 그것이 객관적 진실과 일치하지 않는 경우, 주관설에서는 허위성이 부정되고 객관설에 따르면 허위성은 인정되지만 허위성에 대한 증인의 고의가 부정되므로 결국 어느 설에 따르더라도 위증죄가 되지 않으며, ⑤ 이 경우 진술이 객관적 진실과 일치하면 어느 설에 따르더라도 허위성이 부정되어 위증의 문제가 전혀 생기지 않는다.

---

295) 대법원 1987.7.7. 86도1724 전원합의체.

296) 대법원 2010.1.21. 2008도942 전원합의체.

297) 물론 유죄판결이 확정된 증인에 대해서는 증언거부권 자체가 인정되지 않는다. "자신에 대한 유죄판결이 확정된 증인은 재심을 청구하더라도 이미 유죄의 확정판결이 있는 사실에 대해서는 일사부재리의 원칙에 의하여 거듭 처벌받지 않기 때문에 그에 대해서는 공범에 대한 피고사건에서 증언을 거부할 권리가 없으므로 증언에 앞서 증언거부권을 고지받지 못하였더라도 증인신문절차상 잘못이 없으므로 위증죄의 성립을 인정할 수 있다"(대법원 2011.11.14. 2011도11994).

객관설은 객관적 진실에 합치되는 증인의 진술은 국가의 사법기능을 해할 위험이 없기 때문이라는 점을 논거로 삼고 있다. 하지만 증인에 대해서는 자신의 경험과 기억 이상의 내용을 진술해 줄 것을 기대할 수는 없기 때문에 기억한 사실을 진술하여 법원의 진실발견에 협력하는 것으로 증인의 의무를 다하는 것이 된다. 뿐만 아니라 과실위증을 처벌하지 않고 있는 형법의 태도를 고려하더라도 증인의 진술내용이 객관적 진실과 합치될 것을 요구할 이유가 없다. 보호법익의 측면에서 보더라도 증인의 기억에 반하는 진술만으로도 국가 사법기능을 해할 추상적 위험이 있고, 위증죄의 처벌의 전제조건이 되는 선서의 취지 역시 선서에 위배하는 비양심적 진술에 대한 경고적 의미가 있음을 부인할 수 없다. 따라서 주관설이 타당하다. 25

判 대법원도 허위의 진술을 증인이 자기의 기억에 반하는 사실의 진술이라고 정의하면서 일관되게 주관설에 따르고 있다.[298] 특히, 기억이 불확실한 사실을 확실히 기억하고 있다는 진술을 한 경우(대법원 1971.7.6. 71도815), 직접 관여하지 않은 사실을 직접 확인하거나 목격하여 알고 있다고 진술한 경우(대법원 1974.9.10. 74도1110), 전해 들은 사실을 직접 목격하였다고 진술한 경우(대법원 1984.3.27. 84도48), 전해 들은 금품전달사실을 자신이 전달한 것으로 진술한 경우(대법원 1990.5.8. 90도448) 등과 같이 증인이 내적 사실에 대하여 기억에 반하는 진술을 하고 그것이 객관적 진실에도 반하는 경우(위 ③의 유형)에는 주관설이나 객관설 어느 설에 따르더라도 위증죄가 된다. 26

나) 허위성의 판단방법 진술의 허위성 여부는 증언의 단편적 구절에 구애되어 판단할 것이 아니라 증인이 진술하고자 하는 전체 취지에 따라 판단하여야 한다. 따라서 그 신문절차에서의 증언 전체를 일체로 파악하여야 하므로 사소한 부분에 관하여 기억과 불일치하는 면이 있어도 허위의 진술이라고 할 수 없다.[299] 27

(나) 진술 진술은 증인이 법원 또는 법관에 대하여 자기가 경험한 사실 그대로 말하는 것이다. 28

가) 진술의 대상 증인의 진술은 자기가 경험한 사실을 그대로 진술하는 것이므로 진술의 대상은 경험한 사실에 한정된다. 경험한 사실인 이상 내적사실(감정·동기·목적·확신 등)이거나 외적사실(경험한 존재사실·사건경위)임을 묻지 않는다. 29

가치판단에 해당하는 주관적 평가나 법률적 효력에 관한 의견은 허위감정죄의 성부는 별론으로 하더라도 이 죄의 진술의 대상이 될 수 없다.[300] 경험한 객관적 사실에 대한 증인 나름의 법률적·주관적 평가나 의견을 부연한 부분에 다소 오류나 모순이 있더라도 위증이 되지는 않는다.[301] 다만 법률적 평가에 이르게 된 경우에 대해 허위의 증언을 한 경우[302] 또는 30

---

298) "위증죄에서 말하는 허위의 진술이라는 것은 그 객관적 사실이 허위라는 것이 아니라 스스로 체험한 사실을 기억에 반하여 진술하는 것, 즉 기억에 반한다는 사실을 말한다"(대법원 1984.2.28. 84도114).

299) "증인의 증언이 기억에 반하는 허위진술인지 여부는 그 증언의 단편적인 구절에 구애될 것이 아니라 당해 신문절차에 있어서의 증언 전체를 일체로 파악하여 판단하여야 할 것이고, 증언의 전체적 취지가 객관적 사실과 일치되고 그것이 기억에 반하는 공술이 아니라면 사소한 부분에 관하여 기억과 불일치하더라도 그것이 신문 취지의 몰이해 또는 착오에 인한 것이라면 위증이 될 수 없다"(대법원 1996.3.12. 95도2864).

300) 대법원 1996.2.9. 95도1797.

301) 대법원 2009.3.12. 2008도11007.

302) 대법원 1983.9.27. 83도42.

사실관계를 단순히 법률적 표현을 써서 진술한 경우[303]에는 사실의 진술이므로 이 죄가 성립한다.

31 나) 진술의 방법 아무런 제한이 없다. 구두에 의한 진술이 많으나 거동이나 표정에 의한 경우도 진술이 될 수 있다. 또 증인신문에 대하여 자기가 기억하고 있는 사실의 전부 또는 일부를 묵비함으로써 전체로서의 진술내용이 허위가 되는 때에는 부작위에 의한 위증이 될 수 있다. 그러나 단순한 진술거부의 경우에는 증언거부에 대한 제재(형사소송법 제161조, 민사소송법 제318조)의 대상은 되지만 위증은 되지 않는다.

32 다) 진술의 내용 증인신문의 대상이 되는 것이면 모두 진술의 대상이 된다. 따라서 당해 사건의 요증사실에 대한 것으로 재판의 결과에 영향을 미치는 내용일 필요가 없고,[304] 진술의 내용이 된 사실 자체의 적법여부, 유효여부도 불문하며, 허위진술이 행하여진 공판절차가 위법하여 무효가 된 때에도 이 죄의 성립에 영향이 없다.

33 例 지엽적인 사항(대법원 1982.6.8. 81도3069) 또는 사실의 동기·내력에 관한 진술은 물론이고(대법원 1969.6.24. 68도1593), 인정신문에 대한 진술내용뿐 아니라 반대신문에 대한 진술내용도 포함된다(대법원 1967.4.18. 67도254).

34 (다) 기수시기 신문절차가 종료하여 그 진술을 철회할 수 없는 단계에 이르렀을 때에 기수가 된다(통설·판례[305]). 일회의 증인신문절차에서의 증언은 포괄적으로 1개의 행위로 파악함이 타당하기 때문이다. 신문이 종료한 후에 허위진술을 취소한 때에는 자백에 의한 형의 감면을 받을 수 있을 뿐이다.[306]

(2) 주관적 구성요건

35 법률에 의하여 선서한 증인이 자신의 기억에 반하는 진술을 한다는 점에 대한 고의가 있어야 한다. 객관적 진실에 반한다는 인식이나 동기·목적 여하는 묻지 않는다. 판사의 신문취지를 오해하거나 착오로 진술한 때에도 고의를 인정할 수 없다.[307] 착오로 인하여 기억에 반한다는 인식 없이 한 진술은 구성요건적 착오로서 고의가 조각된다.[308] 타인을 모해할 목적

---

303) 대법원 1986.6.10. 84도2039.

304) 대법원 1990.2.23. 89도1212.

305) "증인의 증언은 그 전부를 일체로 관찰 판단하는 것이므로 선서한 증인이 일단 기억에 반한 허위의 진술을 하였더라도 그 신문이 끝나기 전에 그 진술을 취소 시정한 경우에는 위증이 되지 아니한다고 봄이 상당하며 따라서 위증죄의 기수시기는 신문 진술이 종료한 때로 해석할 것이다.(진술 후에 선서를 명하는 경우는 선서 종료한 때 기수가 될 것이다)"(대법원 1974.6.25. 74도1231).

306) 증인이 1회 또는 수회의 기일에 걸쳐 이루어진 1개의 증인신문절차에서 허위의 진술을 하고 그 진술이 철회·시정된 바 없이 그대로 증인신문절차가 종료된 경우 그로써 위증죄는 기수에 달하고, 그 후 별도의 증인 신청 및 채택 절차를 거쳐 그 증인이 다시 신문을 받는 과정에서 종전 신문절차에서의 진술을 철회·시정한다 하더라도 그러한 사정은 형법 제153조가 정한 형의 감면사유에 해당할 수 있을 뿐, 이미 종결된 종전 증인신문절차에서 행한 위증죄의 성립에 어떤 영향을 주는 것은 아니다. 위와 같은 법리는 증인이 별도의 증인신문절차에서 새로이 선서를 한 경우뿐만 아니라 종전 증인신문절차에서 한 선서의 효력이 유지됨을 고지 받고 진술한 경우에도 마찬가지로 적용된다"(대법원 2010.9.30. 2010도7525).

307) 대법원 1986.7.8. 86도1050.

308) 대법원 1991.5.10. 89도1748.

이 있는 때에는 모해위증죄(제152조 제2항)에 해당하여 형이 가중된다.

3. 공범관계

(1) 비신분자의 정범적격

36 위증죄는 선서한 증인이 스스로 허위의 진술을 한 경우에만 구성요건적 행위가 되는 자수범이기 때문에 이 죄는 간접정범의 형식으로 범할 수는 없다. 자수범이기 때문에 공동정범의 성립도 원천적으로 불가능한 것으로 이해하는 견해가 많지만, 2인 이상이 각자 선서하고 의사연락하에서 함께 허위의 진술을 한 경우라면 스스로 구성요건실현행위를 한 경우이므로 공동정범의 성립은 인정될 수 있는 것으로 이해해야 한다.[309]

(2) 비신분자의 공범

37 비신분자라도 타인으로 하여금 선서한 후 위증하도록 교사하거나 위증을 방조한 경우에는 형법 제33조에 따라 위증죄의 교사범·방조범으로 인정될 수 있다.

(3) 자기의 형사사건에 관한 위증교사

38 **형사사건의 피고인이 자신의 형사사건과 관련하여 타인을 교사하여 위증하게 한 경우에 위증교사죄가 성립하는지에 대해서**는 범인은닉·도피죄의 경우와 동일한 맥락에서 ① 부정설과 ② 긍정설이 대립한다(범인은닉·도피죄 참조). 형사피고인의 자기위증은 자기비호이므로 진실을 진술할 것으로 기대할 수 없고, 타인의 위증을 소극적으로 방조하는 정도는 자기비호의 연장이므로 타인의 위증을 저지할 것을 기대할 수 없다. 하지만 위증의 고의가 없는 다른 증인으로 하여금 위증을 하도록 교사하는 행위는 자기비호를 넘어서는 행위이기 때문에 통상적으로 잘 말해 달라는 정도가 아니라 구체적인 허위의 내용을 적시하는 등 적극적인 위증교사를 한 경우에는 위증교사죄가 성립한다고 해야 할 것이다.

39 判 대법원도 피고인이 타인을 교사하여 위증죄를 범하는 것은 방어권의 남용임을 이유로 위증교사를 인정한다.[310]

4. 자백·자수의 특례

(1) 의의, 성격

40 위증죄를 범한 자가 그 진술한 사건의 재판 또는 징계처분이 확정되기 전에 자백 또는 자수한 때에는 그 형을 필요적으로 감경 또는 면제하도록 하는 규정이다(제153조). 위증으로 인한

---

309) 손동권/김재윤, §52/18.

310) "피고인이 자기의 형사사건에 관하여 허위의 진술을 하는 행위는 피고인의 형사소송에 있어서의 방어권을 인정하는 취지에서 처벌의 대상이 되지 않으나, 법률에 의하여 선서한 증인이 타인의 형사사건에 관하여 위증을 하면 형법 제152조 제1항의 위증죄가 성립되므로 자기의 형사사건에 관하여 타인을 교사하여 위증죄를 범하게 하는 것은 이러한 방어권을 남용하는 것이라고 할 것이어서 교사범의 죄책을 부담케 함이 상당하다"(대법원 2004.1.27. 2003도5114).

오판을 미연에 방지하기 위한 정책적 규정이다.

(2) 적용요건

41 자백 또는 자수가 시간적으로 위증죄의 기수 이후에 '재판 또는 징계처분이 확정되기 전'에 이루어져야 한다. 이미 자신의 진술이 허위라는 사실이 간파된 후에도 상관없다. 신문절차가 종결되기 전 위증이 기수가 되지 않은 상태에서의 자백은 자백이 아니다. 그러나 '재판 또는 처분이 결정된 후'라면 집행되기 전이라도 이 특례가 적용되지 않는다.

42 1) 자백 자백이란 허위의 진술을 한 사실을 고백하는 것을 말한다. 법원 또는 수사기관의 물음에 대해서 자인하는 경우도 자백이 된다. 따라서 자진하여 고백한 경우뿐만 아니라 수사기관의 신문에 응하여 고백한 경우도 포함된다.[311]

43 2) 자수 자수란 범인 자신이 자발적으로 자기의 범죄 사실을 수사기관에 신고하여 그 소추를 구하는 의사표시를 말한다. 비자발적인 경우도 포함하는 자백과는 달리 반드시 자발적이어야 한다. 수사기관에 대한 것이어야 하므로 법원에 대한 자수는 불가능하다.

(3) 적용범위

44 정범자뿐 아니라 공범에게도 적용된다. 다만 형의 감면은 일신전속적이기 때문에 공범자라도 자백 또는 자수하지 않으면 특례가 적용되지 않는다.

5. 죄수, 타죄와의 관계

(1) 죄수

45 동일 사건의 같은 법정에서 수개의 위증을 하거나 일회의 선서로 하나의 사건에서 수차례 허위진술을 하여도 이 죄의 포괄일죄가 된다.[312] 민사소송의 같은 심급에서 변론기일을 달리하여 수차례 증인으로 나가 수개의 허위진술을 하더라도 최초에 한 선서의 효력을 유지시킨 이상 1개의 위증죄가 된다.[313]

(2) 타죄와의 관계

46 타인으로 하여금 형사처분을 받게 할 목적으로 허위신고를 한 행위와 그 허위신고로 인한 재판에서 증인으로서 허위신고와 동일한 내용의 허위진술을 한 경우에는 무고죄와 위증죄의 실체적 경합이 된다.

---

311) "형법 제153조 소정의 위증죄를 범한 자가 자백, 자수를 한 경우의 형의 감면규정은 재판 확정전의 자백을 형의 필요적 감경 또는 면제사유로 한다는 것이며, 또 위 자백의 절차에 관하여는 아무런 제한이 없으므로 그가 공술한 사건을 다루는 기관에 대한 자발적인 고백은 물론, 위증사건의 피고인 또는 피의자로서 법원이나 수사기관의 심문에 의한 고백도 위 자백의 개념에 포함된다"(대법원 1973.11.27. 73도1639).

312) 대법원 1998.4.14. 97도3340.

313) 대법원 2005.3.25. 2005도60.

Ⅲ. 모해위증죄

> 제152조(모해위증죄) ② 형사사건 또는 징계사건에 관하여 피고인, 피의자 또는 징계혐의자를 모해할 목적으로 전항의 죄를 범한 때에는 10년 이하의 징역에 처한다.
>
> 제153조(자백, 자수) 전조의 죄를 범한 자가 그 공술한 사건의 재판 또는 징계처분이 확정되기 전에 자백 또는 자수한 때에는 그 형을 감경 또는 면제한다.

1. 의의, 성격

형사사건 또는 징계사건에 관하여 피고인, 피의자 또는 징계혐의자를 모해할 목적으로 위증죄를 범함으로써 성립하는 범죄이다. 단순위증죄에 대한 가중적 구성요건이다. 모해목적을 신분으로 이해하면 부진정신분범으로 파악할 수 있지만, 모해목적은 신분적 요소가 아니므로(이에 관해서는 『총론』 신분개념 참조), 이 죄는 목적범일 뿐 신분범이 아니다. 47

2. 구성요건

모해할 목적이란 불이익하게 피고인·피의자·징계혐의자에게 형사처분 또는 징계처분을 받게 할 목적을 말한다.[314] 목적달성 여부는 이 죄의 성립에 영향이 없다. 목적의 내용에 피고인 외에 피의자를 포함시킨 것은 공소제기 이전의 증거보전절차(형사소송법 제184조)와 참고인에 대한 증인신문의 청구(형사소송법 제221조의2)의 경우 피의사건에 대한 증인신문이 가능하기 때문이다. 48

'**모해할 목적**'을 ① 일신전속적 신분으로 이해하는 일부학설[315] 및 판례[316]가 있지만, ② 신분이란 '객관적' 행위자적 요소이어야 하므로 '주관적' 행위자적 요소인 목적 등은 신분이 아니라고 해야 한다(총론의 신분개념 참조). 49

3. 공범관계

모해할 목적으로 이러한 목적이 없는 타인을 교사하여 위증을 하게 한 경우 모해목적 없는 피교사자가 단순위증죄로 된다는 점에 대해서는 의문이 없지만 **목적 있는 교사자의 형사책임**에 관해서는 학설과 판례가 갈린다. 학설은 모해목적은 신분이 아니므로 형법 제33조가 50

---

314) "모해위증죄에 있어서 '모해할 목적'이란 피고인·피의자 또는 징계혐의자를 불리하게 할 목적을 말하고, 허위진술의 대상이 되는 사실에는 공소범죄사실을 직접, 간접적으로 뒷받침하는 사실은 물론 이와 밀접한 관련이 있는 것으로서 만일 그것이 사실로 받아들여진다면 피고인이 불리한 상황에 처하게 되는 사실도 포함된다. 그리고 이러한 모해의 목적은 허위의 진술을 함으로써 피고인에게 불리하게 될 것이라는 인식이 있으면 충분하고 그 결과의 발생까지 희망할 필요는 없다"(대법원 2007.12.27. 2006도3575).

315) 손동권/김재윤, §52/22.

316) "형법 제152조 제1항과 제2항은 위증을 한 범인이 형사사건의 피고인 등을 '모해할 목적'을 가지고 있었는가 아니면 그러한 목적이 없었는가 하는 범인의 특수한 상태의 차이에 따라 범인에게 과할 형의 경중을 구별하고 있으므로, 이는 바로 형법 제33조 단서 소정의 "신분관계로 인하여 형의 경중이 있는 경우"에 해당한다고 봄이 상당하다"(대법원 1994.12.23. 93도1002).

적용될 수 없고, 공범종속성에 관한 일반원칙에 따라 교사자에게 단순위증죄의 교사범의 성립을 인정한다(다수설).[317)]

51 判 대법원은 모해목적을 신분으로 이해하는 전제하에서 이 죄가 부진정신분범이므로 형법 제33조 단서를 적용하여 모해목적 없는 자(비신분자)는 단순위증죄가 되고 모해목적 있는 자(신분자)는 모해위증죄의 교사범으로 처벌된다고 한다.[318)]

52 그러나 형법 제33조가 공범종속성에 관한 일반원칙에 우선적으로 적용되는 신분의 종속성을 선언한 특별규정이라면, 이 특별규정은 '신분없는 자'의 행위(정범)에 '신분있는 자'가 가담한 경우(순방향 사례)에 대해 적용되어야 하고, 역방향사례의 경우는 공범종속성에 관한 일반원칙이 적용하는 것이 타당하다. 단서조항의 경우도 순방향 사례의 적용을 전제로 하여 처벌의 개별화를 도모하고 있는 것이므로 역방향 사례의 경우에는 단서조항의 적용도 배제되어야 한다.

Ⅳ. 허위감정·통역·번역죄

> 제154조(허위감정·통역·번역죄) 법률에 의하여 선서한 감정인, 통역인 또는 번역인이 허위의 감정, 통역 또는 번역을 한 때에는 전2조의 예에 의한다.

1. 의의, 성격

53 법률에 의하여 선서한 감정인, 통역인 또는 번역인이 허위의 감정, 통역 또는 번역을 함으로써 성립하는 범죄이다. 위증죄의 독립된 변형구성요건이고, 모해목적이 없는 경우에는 단순위증죄의 형으로 처벌되고, 모해목적이 있는 경우에는 모해목적위증죄의 형으로 처벌된다.

2. 구성요건

(1) 주체

54 법률에 의하여 선서한 감정인, 통역인 또는 번역인이다. '감정인'이란 자신이 가진 특수한 지식·경험에 의하여 알 수 있는 법칙 또는 그 법칙을 적용하여 얻은 판단을 법원 또는 법관

---

317) 위 사안에 대해 모해목적있는 자에게 '목적 없는 고의 있는 도구'를 이용한 사안으로 자리매김하여 간접정범의 성립을 인정할 수 없고 교사범의 성립을 인정할 수밖에 없는 이유는 모해위증죄가 자수범이므로 간접정범의 형식으로 범해질 수 없기 때문이다.

318) "피고인이 갑을 모해할 목적으로 을에게 위증을 교사한 이상, 가사 정범인 을에게 모해의 목적이 없었다고 하더라도, 형법 제33조 단서의 규정에 의하여 피고인을 모해위증교사죄로 처단할 수 있다. …(중략)… 형법 제31조 제1항은 협의의 공범의 일종인 교사범이 그 성립과 처벌에 있어서 정범에 종속한다는 일반적인 원칙을 선언한 것에 불과하고, 신분관계로 인하여 형의 경중이 있는 경우에 신분이 있는 자가 신분이 없는 자를 교사하여 죄를 범하게 한 때에는 형법 제33조 단서가 형법 제31조 제1항에 우선하여 적용됨으로써 신분이 있는 교사범이 신분이 없는 정범보다 중하게 처벌된다"(대법원 1994.12.23. 93도1002).

에게 보고하는 자를 말한다. 법원 또는 법관에게 보고하는 자이므로 수사기관으로부터 감정을 위촉받은 감정수탁자(형사소송법 제221조)나 민사소송법에 의한 감정서의 설명자(민사소송법 제341조 제2항)는 이 죄의 객체가 아니다. 특수한 지식·경험에 의하여 지득한 사실을 보고하는 감정증인도 증인에 해당할 뿐이고 이 죄의 감정인은 아니다. 통역인·번역인도 법률에 의한 선서를 한 자로서 법원 또는 법관에 의하여 위촉을 받아 그 재판활동을 돕는 자이다. 반면 수사기관에 의하여 통역·번역을 위촉받는 자는 이 죄의 주체가 될 수 없다.

(2) 행위

허위의 감정, 통역 또는 번역을 하는 것이다. 여기의 허위의 의의도 위증죄의 그것과 같다 55
(주관설). 허위의 감정·통역 또는 번역의 행위가 있으면 족하고, 그 결과가 현실로 심판의 자료로 사용되거나 판결에 영향을 미칠 것을 요하지 않는다.

허위의 감정·통역·번역의 결과를 서면으로 제출하는 경우에는 서면제출시, 구두로 보고 56
하는 경우에는 그 진술의 전체가 종료한 때, 그리고 서면 및 구두로 보고하는 경우에는 그 전체를 종합적으로 고려하여 전체적으로 종료한 때에 각각 기수가 된다.

3. 죄수

하나의 소송사건에서 동일한 선서하에 이루어진 법원의 감정명령에 따라 감정인이 동일 57
한 감정명령사항에 대하여 수차례에 걸쳐 허위의 감정보고서를 제출한 경우라도 포괄하여 한 개의 허위감정죄가 성립한다(접속범).[319]

Ⅴ. (단순)증거인멸죄

> 제155조(증거인멸죄) ① 타인의 형사사건 또는 징계사건에 관한 증거를 인멸, 은닉, 위조 또는 변조하거나 위조 또는 변조한 증거를 사용한 자는 5년 이하의 징역 또는 700만원 이하의 벌금에 처한다.
> (친족간의 특례) ④ 친족 또는 동거의 가족이 본인을 위하여 본조의 죄를 범한 때에는 처벌하지 아니한다.

1. 의의, 성격

타인의 형사사건 또는 징계사건에 관한 증거를 인멸, 은닉, 위조 또는 변조하거나, 위조 58
또는 변조한 증거를 사용함으로써 성립하는 범죄이다. 유형적 방법으로 증거의 증명력을 해하여 국가의 형사사법의 기능을 방해하는 범죄로서 범인은닉죄 및 도주원조죄와 같이 범인비호적 성격을 가지고 있다. 추상적 위험범이다.

319) 대법원 2000.11.28. 2000도1089.

2. 구성요건

(1) 객체

59 타인의 형사사건 또는 징계사건에 관한 증거이다.

60 1) 타인의 사건 '타인'은 행위자 이외의 자를 말하기 때문에 자기 사건에 관한 증거는 이 죄의 객체가 되지 않는다. 두 가지 경우가 문제된다.

61 (가) 자기의 형사사건에 대한 증거인멸교사 타인을 교사하여 자기의 형사사건이나 징계사건에 관한 증거를 인멸하게 한 경우에 이 죄의 교사범이 성립하는지가 문제된다. 범인은닉·도피죄 및 위증죄에서와 동일한 맥락에서 ① 부정설과 ② 긍정설이 대립한다(범인은닉·도피죄 참조).

62 判 대법원은 긍정설의 입장을 취하고 있으며,[320] 심지어 증거인멸 내지 증거은닉 교사의 시점이 당해 사건에 관한 수사나 징계절차가 개시되기 전에도 교사범이 성립한다고 한다.[321] 범인이 타인으로 하여금 증거인멸을 단순히 부탁하기만 하는 것으로 교사범의 성립이 인정될 수 있을지에 대해 대법원은 범인도피죄의 경우와는 달리 증거인멸의 경우에는 아직 자기비호권의 정도를 넘어서는 적극적 '관여행위'의 정도에 관한 정밀한 법리(제한적 긍정설)를 만들어 내고 있지 않다. 사안의 특수성을 고려하여 변호인이 교사범 성립을 부정할 수 있는 법리를 주장할 것이 기대된다.

63 자기가 스스로 자기 사건의 증거를 인멸하는 경우가 아니라 타인의 증거인멸죄에 의해 혜택을 누리는 그 자체는 원칙적으로 불가벌로서 교사범이 성립이 인정될 수 없다고 해야 한다. 그러나 적극적으로 타인으로 하여금 증거인멸을 교사한 경우에는 자기비호권의 범위를 넘어선 경우이므로 증거인멸교사범이 성립할 수 있다고 보는 것이 타당하다. 범인의 범인도피교사죄의 경우와 같이 교사범의 성립을 인정하기 위해 자기비호권의 범위에 관한 사례관련적 논의가 요구된다.

64 (나) 공범자의 형사사건에 관한 증거인멸 **공범자의 형사피고사건에 관한 증거를 타인의 형사사건에 관한 증거라고 할 수 있는지**가 문제된다. ① 공범자와 자기에게 공통되는 증거는 타인의 형사사건에 관한 증거가 되므로 이 죄의 객체가 된다는 견해(긍정설), ② 공범자의 사건은 타인의 사건이 아니므로 이 죄의 객체가 될 수 없다는 견해(부정설), ③ 공범자의 이익을 위해 증거를 인멸한 때에는 타인의 사건이 되지만 자기만을 위하거나 자기 또는 공범자의 이익을 위해 증거를 인멸한 때에는 자기의 사건이 되어 이 죄의 객체가 되지 않는다는 견해(절충설)

---

320) "자기의 형사사건에 관한 증거를 인멸하기 위하여 타인을 교사하여 죄를 범하게 한 자에 대하여는 증거인멸교사죄가 성립한다"(대법원 2000.3.14. 99도5275).

321) "형법 제155조 제1항의 증거은닉죄에 있어서 '타인의 형사사건 또는 징계사건'이라 함은 이미 수사가 개시되거나 징계절차가 개시된 사건만이 아니라 수사 또는 징계절차 개시전이라도 장차 형사사건 또는 징계사건이 될 수 있는 사건을 포함한 개념이라고 해석할 것이므로, 피고인이 위와 같이 교사하여 증거를 은닉케 할 당시 아직 그 실화사건에 관한 수사나 징계절차가 개시되기 전이었다고 하여도 증거은닉죄의 교사범이 성립되는 것이(다)"(대법원 1982.4.27. 82도274).

가 대립한다.

공범관계에 있을 경우 관련 증거가 항상 타인의 증거가 된다고 하는 긍정설은 부당하고, 자기 아닌 다른 공범자를 위한 증거인멸도 결국 자기에게 이익이 되는 경우가 많고, 역으로 자기의 이익을 위한 증거인멸도 공범에게 이익이 될 수도 있다. 하지만 공범사건이라도 증거가 분리될 수 있는 경우도 있을 뿐 아니라 공범자 상호 간에 이해관계가 상반되는 경우도 있으므로 부정설처럼 일률적으로 공범사건을 자기사건으로 취급하기보다는 절충설의 입장에서 판단하는 것이 합리적이라고 할 수 있다. 65

判 대법원은 자기의 이익을 위한 증거인멸이 동시에 공범자에게 이익이 되는 경우에도 증거인멸죄를 부정하는 태도를 취하고 있다[322](이 한도 내에서는 부정설의 입장에서도 설명이 가능하고 절충설의 입장에서도 설명이 가능함). 하지만 공범자만의 이익을 위해 증거를 인멸할 경우에 대한 판단을 하고 있는 판례는 아직 없다. 66

2) 형사사건 또는 징계사건 인멸되는 증거는 형사사건 또는 징계사건에 관한 것이라야 한다. 따라서 민사, 행정 또는 비송사건이나 선거사건 등은 여기에 포함되지 않는다. 형사사건인 때에는 피고사건뿐 아니라 피의사건도 포함되고, 범죄의 경중은 물론이고 심급도 상관없다. 따라서 상소사건, 재심사건 또는 비상상고사건도 포함된다. 67

수사개시 전의 사건이 이 죄의 사건에 포함되는지에 관해 ① 이를 부정하는 견해[323]가 있지만 ② 범인도피죄 등의 경우와 마찬가지로 수사개시 이전이라도 장차 수사가 개시될 경우에는 국가의 심판기능을 해할 수 있기 때문에 수사개시 전의 사건도 포함되는 것으로 해석하는 것이 타당하다(판례[324]). 68

3) 증거 증거란 범죄 또는 징계의 성부成否, 범죄의 유형(기수·미수·공범), 형의 가감 및 정상참작 또는 처분의 경중 등을 인정하는 데 사용되는 일체의 자료를 말한다.[325] 증거방법(증거물 또는 증거서류)뿐 아니라 증거조사 후의 증거자료(증인의 증언·증거서류의 내용·감정인의 감정)도 이 죄의 증거에 포함된다. 증거가치의 여하 및 피고인 또는 피의자에게 유리한지 불리한지 여부도 묻지 않는다.[326] 다만 증인에 대하여는 별도로 증인은닉·도피죄(제155조 제2항)가 성립하므로 여기의 증거에서 증인은 제외된다. 69

(2) 행위

증거를 인멸, 은닉, 위조 또는 변조하거나 위조 또는 변조한 증거를 사용하는 것이다. 70

---

322) 대법원 1995.9.29. 94도2608.

323) 배종대, §167/7; 오영근, §48/47; 이재상/장영민/강동범, §46/43.

324) "증거은닉죄에 있어서 "타인의 형사사건 또는 징계사건"이란 은닉행위시에 아직 수사 또는 징계절차가 개시되기 전이라도 장차 형사 또는 징계사건이 될 수 있는 것까지를 포함한다"(대법원 1982.4.27. 82도274).

325) "증거위조죄에서 말하는 '증거'란 타인의 형사사건 또는 징계사건에 관하여 수사기관이나 법원 또는 징계기관이 국가의 형벌권 또는 징계권의 유무를 확인하는 데 관계있다고 인정되는 일체의 자료를 뜻한다. 따라서 범죄 또는 징계사유의 성립 여부에 관한 것뿐만 아니라 형 또는 징계의 경중에 관계있는 정상을 인정하는 데 도움이 될 자료까지도 본조가 규정한 증거에 포함된다."(대법원 2021.1.28. 2020도2642).

326) 대법원 2007.6.28. 2002도3600.

71 **1) 인멸** 증거에 대한 물질적 훼손뿐만 아니라 효용을 멸실·감소시키는 일체의 행위를 말한다. 증거의 사용방해나 현출방해도 증거은닉이 아니라 '인멸'에 해당한다(판례[327]). **선서하지 않은 증인에게 허위의 진술을 교사하는 경우**에 대해 ① 위증죄와 증거인멸죄가 특별관계에 있으므로 선서가 없어서 위증이 될 수 없다면 증거인멸이 될 수 있다는 견해가 있지만,[328] ② 양죄는 독자적 범죄이므로 위증교사를 증거인멸로 볼 수 없다고 해야 한다. 판례의 태도도 마찬가지이다.[329]

72 **2) 은닉** 적극적으로 증거를 숨기거나 그 발견을 곤란하게 하는 일체의 행위를 말한다. 단순한 증거제출거부나 소지사실의 부인은 은닉이 될 수 없다. 증인을 숨기거나 도망하게 하는 것은 증인은닉·도피죄(제155조 제2항)를 구성하므로 은닉에서 제외된다.

73 **3) 위조** 부진정한 새로운 증거를 작출하는 것을 말한다. 진실한 증거와 유사한 물건자체를 새로 만드는 경우 뿐 아니라 범죄 사실과 관계없는 기존의 물건을 이용하여 범죄 사실과 관련이 있는 것처럼 꾸미는 경우가 그 예이다. 하지만 이 죄의 위조(뒤의 변조도 마찬가지)는 문서의 위조(또는 변조)와 달리 새로운 증거의 창조를 의미하는 것으로[330], 작성권한의 유무나 문서내용의 진실여부는 이 죄의 성립에 영향이 없다.[331] 따라서 허위의 영수증을 발급하거나 허위 문서를 작성한 경우에도 위조에 해당한다.

74 **허위의 진술을 하게 하는 것이 증거의 위조가 될 수 있는지**가 문제된다. 이 죄의 위조가 '증거자체의 위조'를 의미하는 것이기 때문에 새로운 증거가 만들어지는 경우가 아닌 한 위조가 될 수 없다.

75 例 증거위조가 인정된 경우: 존재하지 아니하는 증거를 이전부터 존재하는 것처럼 작출하는 경우(대법원 2011.7.28. 2010도2244), 참고인이 타인의 형사사건 등에 관하여 제3자와 대화를 하면서 허위로 진술하고 그 진술이 담긴 대화내용을 녹음한 녹음파일 또는 이를 녹취한 녹취록을 만들어 수사기관 등에 제출하는 경우(대법원 2013.12.26. 2013도8085) 등.

76 例 증거위조가 부정된 경우: 참고인이 수사기관에서 허위의 진술을 한 경우(대법원 1995.4.7. 94도3412), 선서무능력자로서 범죄 현장을 목격하지도 못한 사람으로 하여금 형사법정에서 범죄 현장을 목격한 양 허위의 증언을 하도록 하는 경우(대법원 1998.2.10. 97도2961) 등.

77 **4) 변조** 기존의 진정한 증거를 가공하여 증거가치를 변경시키는 것을 말한다. 문서의 내용에 허위내용을 첨가하거나 훔친 자동차를 도색하거나 차량번호판을 바꾸어 단 경우 등

327) 대법원 1961.10.19. 4294형상347.

328) 손동권/김재윤, §52/32.

329) "단순히 타인의 형사피의사건에 관하여 수사기관에서 허위의 진술을 하거나 허위의 진술을 하도록 교사하는 정도의 행위로서는 타인의 형사사건에 관한 증인을 은닉 또는 도피하게 한 것에 해당되지 아니함은 물론 증거의 현출을 발행하여 증거로서의 효과를 멸실 또는 감소시키는 증거인멸 등의 적극적 행위에 나선 것으로는 볼 수 없다 할 것이므로 위와 같은 행위가 증거를 위조하고 또는 그 위조를 교사한 죄를 구성한다고 볼 수 없다"(대법원 1977.9.13. 77도997).

330) 대법원 2021.1.28. 2020도2642.

331) 대법원 2015.10.29. 2015도9010.

이 이에 해당한다. 그러나 범죄 흔적을 없애기 위해 사고차량의 바퀴를 교체한 경우는 변조라고 할 수 없다.

5) 사용 위조·변조된 증거를 진정한 증거인 양 법원이나 수사기관 또는 징계기관에 78
제출하는 것을 말한다. 자발적 제출일 필요가 없고 당해 기관의 요구로 제공한 경우도 포함된다. 사용행위자와 위조·변조자가 동일인일 필요도 없다.

3. 친족 간의 특례

친족이나 동거의 가족이 본인을 위하여 증거인멸죄를 범한 때에는 처벌하지 않는다 79
(제155조 제4항). 이 특례가 책임조각사유로서의 법적 성격을 가지는 점, 적용범위, 공범관계 등은 범인은닉·도피죄에서 설명한 내용과 같다.

4. 죄수, 타죄와의 관계

(1) 죄수

증거에 대한 인멸·은닉·위조·변조·사용행위 상호간에는 포괄일죄의 관계에 있으므로 위 80
조·변조한 후 사용하면 증거사용죄로 일죄가 된다(협의의 포괄일죄).

(2) 타죄와의 관계

이 죄의 각 행위가 동시에 다른 죄명에 해당하는 경우에는 상상적 경합이 된다. 따라서 타 81
인의 형사사건에 관한 증거를 인멸하기 위하여 장물을 은닉한 경우, 압수한 증거물을 절취하여 은닉한 경우에는 각각 장물죄, 절도죄·증거인멸죄 또는 증거은닉죄의 상상적 경합이 된다. 또 타인의 형사사건에 관한 증거로서 문서를 위조한 때에는 문서위조죄와 이 죄의 상상적 경합이 된다.

Ⅵ. 증인은닉·도피죄

> 제155조(증인은닉·도피죄) ② 타인의 형사사건 또는 징계사건에 관한 증인을 은닉 또는 도피하게 한 자도 제1항의 형과 같다.
> (친족간의 특례) ④ 친족 또는 동거의 가족이 본인을 위하여 본조의 죄를 범한 때에는 처벌하지 아니한다.

1. 의의, 성격

타인의 형사사건 또는 징계사건에 관한 증인을 은닉 또는 도피하게 함으로써 성립하는 범 82
죄이다. 증거인멸죄의 수정적 구성요건이다. 증인을 객체로 한다는 점 외에는 증거인멸죄와 성격이 같다. 친족 간의 특례가 있다.

2. 구성요건

(1) 객체

83 타인의 형사사건 또는 징계사건에 관한 증인이다. 여기의 증인에는 형사소송법상의 증인뿐만 아니라 수사기관에서 조사하는 참고인도 포함한다. 인적 증거로서의 증인에 한하며 증거자료로서의 증언 자체는 제외된다. 피고인은 증거방법에 불과하므로 범인은닉죄의 객체가 될 뿐이고 이 죄의 증인이 될 수 없다. 자기사건의 증인이면서 타인사건의 증인은 이 죄의 객체에 포함되지 않는다.[332]

(2) 행위

84 증인을 은닉 또는 도피하게 하는 것이다. 여기의 은닉이란 증인의 출석을 방해 또는 곤란하게 하는 일체의 행위를 말한다. 증인을 숨길 장소에 감금하거나 증인을 살해하는 것이 이에 해당한다. 도피하게 하는 것은 은닉 이외의 방법으로 증인의 출석을 곤란 또는 불가능하게 하는 일체의 행위로서 도망하게 하거나 도피를 야기 내지 방조하는 행위를 포함한다. 하지만 타인의 형사피의사건에 관하여 수사기관에서 허위의 진술을 하거나 허위의 진술을 하도록 교사하는 정도로는 (증거인멸은 물론이고) 증인의 은닉 또는 도피에도 해당하지 않는다.[333]

3. 타죄와의 관계

85 증인을 은닉하여 도피하게 하면 포괄일죄가 된다(협의의 포괄일죄). 이 죄를 범할 의사로 증인이나 참고인 등을 체포, 감금 또는 살해한 경우에는 각각 체포·감금죄, 살인죄(특가법 제5조의 9의 보복목적살인죄)와 이 죄의 상상적 경합이 된다.

Ⅶ. 모해증거인멸/증인은닉·도피죄

> 제155조(모해증거인멸죄등) ③ 피고인, 피의자 또는 징계혐의자를 모해할 목적으로 전 2항의 죄를 범한 자는 10년 이하의 징역에 처한다.
>
> (친족간의 특례) ④ 친족 또는 동거의 가족이 본인을 위하여 본조의 죄를 범한 때에는 처벌하지 아니한다.

86 피고인, 피의자 또는 징계혐의자를 모해할 목적으로 타인의 형사사건 또는 징계사건에 관한 증거를 인멸, 은닉, 위조 또는 변조하거나 위조 또는 변조한 증거를 사용하거나 증인을 은

---

332) "형법 제155조 제2항 소정의 증인도피죄는 타인의 형사사건 또는 징계사건에 관한 증인을 은닉·도피하게 한 경우에 성립하는 것으로서, 피고인 자신이 직접 형사처분이나 징계처분을 받게 될 것을 두려워한 나머지 자기의 이익을 위하여 증인이 될 사람을 도피하게 하였다면, 그 행위가 동시에 다른 공범자의 형사사건이나 징계사건에 관한 증인을 도피하게 한 결과가 된다고 하더라도 이를 증인도피죄로 처벌할 수 없다"(대법원 2003.3.14. 2002도6134).

333) 대법원 1977.9.13. 77도997.

닉 또는 도피하게 함으로써 성립하는 범죄이다.

모해목적으로 인해 증거인멸죄와 증인은닉·도피죄에 비해 형이 가중되는 가중적 구성요건이다. 목적범이고, 친족 간의 특례조항도 있다. 모해목적의 신분성 및 공범관계는 모해목적 위증죄의 설명과 같다. 국가보안법상 증거날조·인멸·은닉죄(제12조 제1항)에 해당하면 가중처벌된다. 87

제 5 절 무고의 죄 §62

Ⅰ. 총설

1. 의의 및 보호법익

(1) 의의

무고의 죄는 타인으로 하여금 형사처분 또는 징계처분을 받게 할 목적으로 공무소 또는 공무원에 대하여 허위의 사실을 신고하는 것을 내용으로 하는 범죄이다. 체계적으로 국가적 법익에 위치하고 있지만, 개인적 법익도 보호하는 이중적 성격을 가지고 있다. 이 죄의 성립요건으로서 타인으로 하여금 형사처분이나 징계처분을 받게 할 주관적 목적을 요구하고 있기 때문이다. 1

(2) 보호법익

무고의 죄의 본질은 국가의 심판기능이라는 국가적 법익을 보호하면서도 부차적으로 피무고자가 부당한 처벌 내지 처분을 받지 않을 개인적 이익도 보호하는 데 있다.[334] 따라서 무고의 죄의 주된 보호법익은 국가의 심판기능의 적정한 행사이고, 부차적 보호법익은 피무고자의 법적 안정이다. 보호법익이 보호받는 정도는 추상적 위험범으로서의 보호이다. 2

2. 구성요건의 체계

3

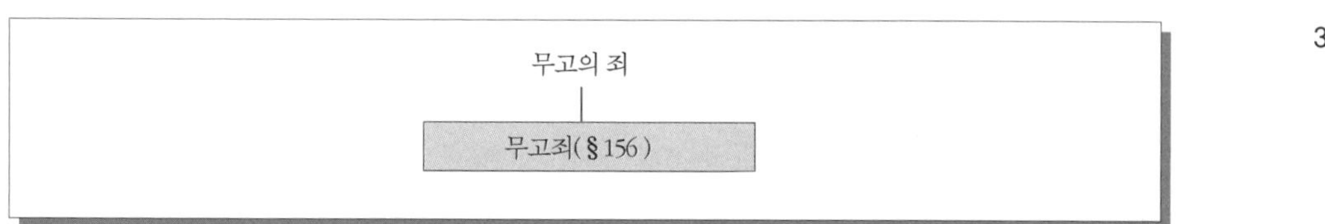

무고의 죄에는 무고죄만 규정되어 있고, 국가보안법은 피무고된 동법의 범죄에 동일한 형으로 처벌하고 있으며(제12조 제1항), 특가법에서는 동법에 규정된 범죄[335]를 무고한 경우에 3년 이상 4

334) 대법원 2005.9.30. 2005도2712.

335) 그러나 특가법상 열거된 범죄를 범하였다고 허위의 사실을 신고한 경우에만 특가법상의 무고죄로 처벌되는

의 유기징역에 처하도록 하고 있다(제14조). 경범죄처벌법은 '있지 아니한 범죄나 재해 사실을 공무원에게 거짓으로 신고한 사람'을 60만원 이하의 벌금, 구류 또는 과료의 형으로 처벌하도록 하고 있다(제3조 제3항 2호).

Ⅱ. 무고죄

> 제156조(무고) 타인으로 하여금 형사처분 또는 징계처분을 받게 할 목적으로 공무소 또는 공무원에 대하여 허위의 사실을 신고한 자는 10년 이하의 징역 또는 1천500만원 이하의 벌금에 처한다.
>
> 제157조(자백·자수) 제153조는 전조에 준용한다.

1. 의의, 성격

5 타인으로 하여금 형사처분 또는 징계처분을 받게 할 목적으로 공무소 또는 공무원에 대하여 허위의 사실을 신고함으로써 성립하는 범죄이다. 목적범이고 추상적 위험범이다.

2. 구성요건

(1) 객관적 구성요건

6 **1) 주체** 주체에는 제한이 없는 비신분범이다. 따라서 공무원도 이 죄의 주체가 될 수 있다. 고발내용을 기재한 고소장의 명의가 타인으로 되어 있어도 실제로 수사기관에 제출하고 수사기관에 대해 고발인진술을 하는 등 고발행위를 주도한 자가 있다면 피명의인이 아니라 고발인이 무고죄의 주체가 된다.[336)]

7 **2) 행위** 공무소 또는 공무원에 대하여 허위의 사실을 신고하는 것이다.

8 **(가) 행위(신고)의 상대방** 무고행위는 공무소 또는 공무원에게 하여야 한다. 여기의 공무소 또는 공무원은 공문서위조죄에서와 같은 넓은 의미가 아니라, 신고내용이 되는 형사처분·징계처분을 취급할 수 있는 해당관서 또는 그 소속공무원을 의미한다. 형사처분에 있어서는 수사기관인 검사·사법경찰관과 그 보조자 기타 범죄수사에 종사하거나 이를 통할·감독하는 공무원을 말하며, 징계처분에 있어서는 징계처분을 심사 결정할 수 있는 직권을 가진 소속장뿐만 아니라 위반사항을 기관장에게 상신上申하여 징계처분을 촉구할 수 있는 기관을 포함한다.

9 **例** 수사기관을 통할하는 대통령(대법원 1977.6.28. 77도1445), 관내 경찰서장을 지휘·감독하는 도지사(대법원 1982.11.22. 81도2380), 조세범칙행

것이지, 특가법상의 무고죄 자체를 범하였다고 허위신고한 경우에는 형법상의 무고죄로 처벌될 뿐이다. 즉, 특가법 제14조의 '이 법에 규정된 죄'에 특가법 제14조 자체를 위반한 죄는 포함되지 않는다고 해석함이 타당하다(대법원 2018.4.12. 2017도20241. 2017전도132).

336) 대법원 1989.9.26. 88도1533.

위에 대해 고발권이 있는 국세청장(대법원 1991.12.13. 91도2127), 지방변호사회의 장(대법원 2010.11.25. 2010도10202)은 신고의 상대방이 되지만, 농협협동조합중앙회나 중앙회장(대법원 1980.2.12. 79도3109)은 신고의 상대방이 될 수 없다.

(나) 행위태양 　허위의 사실을 신고하는 것이다. 10

가) 허위의 사실 　허위의 사실이란 객관적 진실에 반하는 사실을 말한다(통설). 무고죄에 있어서는 객관적 진실에 합치되는 사실을 신고한 것이면 국가의 심판기능의 적정한 행사가 방해될 수 없기 때문이다. 11

判 대법원도 허위의 사실을 객관적 진실에 반하는 사실로 이해(객관설)함으로써,[337] 위증죄의 경우 허위의 사실을 주관적 기억에 반하는 사실로 이해하는(주관설) 입장과 구별하고 있다. 12

따라서 행위자가 신고내용이 허위라고 오신한 경우에도 우연히 그 신고가 객관적 진실에 합치되면 이 죄에 해당하지 않는다(미수처벌규정 없음). 뿐만 아니라 객관적 진실에 반하는 허위사실이라도 행위자가 객관적 진실에 합치되는 사실이라고 오신하고 신고한 때에는 무고의 고의가 없으므로 이 죄가 성립하지 않는다.[338] 13

이 죄의 '사실'은 그것이 신고될 경우 상대방이 형사처분이나 징계처분 등을 받게 될 위험이 있는 것이어야 한다.[339] 이러한 제한은 명예훼손죄에서 적시되는 '사실'이 사람의 사회적 평가(명예)를 저하시킬 가능성이 있는 사실로 제한하는 법리와 동일한 맥락이라고 할 수 있다. 14

(a) **허위성의 판단방법** – 신고된 사실이 허위인가의 여부는 신고사실의 핵심 또는 사실의 중요내용이 객관적 진실과 합치되느냐에 따라 판단해야 한다.[340] 따라서 반드시 신고사실의 전부가 허위일 필요는 없으나, 정황을 다소 과장한 정도로는 허위사실이라고 할 수 없다. 신고사실이 객관적 사실관계와 일치하는 경우에는 법률적 평가나 죄명을 잘못 적은 정도 또는 형사책임을 부담해야 할 자를 잘못 지적한 것 정도로는 허위신고라고 할 수 없다. 일부만 허위사실인 경우 그것이 고소사실 전체의 성질을 변경시키는 때(예, 도박자금으로 대여한 금전의 용도에 관하여 적극적으로 다른 용도를 제시하면서 허위신고한 경우)에는 허위신고에 해당한다.[341] 15

하지만 허위의 일부사실의 존부가 전체적으로 보아 범죄사실의 성립여부에 직접 영향을 16

337) "무고죄는 타인으로 하여금 형사처분 등을 받게 할 목적으로 신고한 사실이 객관적 진실에 반하는 허위사실인 경우에 성립되는 범죄로서, 신고자가 그 신고내용을 허위라고 믿었다 하더라도 그것이 객관적으로 진실한 사실에 부합할 때에는 허위사실의 신고에 해당하지 않아 무고죄는 성립하지 않는 것이며, 한편 위 신고한 사실의 허위 여부는 그 범죄의 구성요건과 관련하여 신고사실의 핵심 또는 중요내용이 허위인가에 따라 판단하여 무고죄의 성립 여부를 가려야 한다"(대법원 1991.10.11. 91도1950).

338) 대법원 2003.1.24. 2002도5939.

339) 대법원 2010.2.25. 2009도1302.

340) 대법원 1991.10.11. 91도1950.

341) "신고사실의 일부에 허위의 사실이 포함되어 있다고 하더라도 그 허위부분이 범죄의 성부에 영향을 미치는 중요한 부분이 아니고, 단지 신고한 사실을 과장한 것에 불과한 경우에는 무고죄에 해당하지 아니하지만, 그 일부 허위인 사실이 국가의 심판작용을 그르치거나 부당하게 처벌을 받지 아니할 개인의 법적 안정성을 침해할 우려가 있을 정도로 고소사실 전체의 성질을 변경시키는 때에는 무고죄가 성립될 수 있다"(대법원 2004.1.16. 2003도7178).

줄 정도에 이르지 아니하는 내용에 관계되는 것(예, 고소인이 차용사기로 고소함에 있어서 단순히 차용인이 변제의사와 능력의 유무에 관하여 기망하였다는 내용으로 고소한 경우, 실제로는 도박자금으로 차용하였음을 알면서 그 용도를 단순히 묵비한 경우)이면 무고죄가 되지 않는다.[342] 따라서 피고인 자신이 상대방의 범행에 공범으로 가담하였음에도 자신의 가담사실을 숨기고 상대방만을 고소한 경우, 상대방의 범행부분에 관한 한 진실에 부합하므로 허위의 사실이라고 할 수 없다.[343] 신고한 수개의 사실 중 일부사실이 진실이고 다른 사실은 허위사실인 경우 허위사실 부분만 독립하여 무고죄가 성립할 수 있다.[344] 그러나 피해자가 성폭행 등의 피해를 입었다고 신고한 사실에 관하여 불기소처분 내지 무죄판결이 내려졌다고 하여, 그 자체를 무고를 하였다는 적극적인 근거로 삼아 신고내용을 허위라고 단정할 수도 없다.[345]

17 例 강간당한 사실만 있는데도 상해를 입은 사실을 포함시켜 고소한 경우(대법원 1983.1.18. 82도2170), 다투는 과정에서 시비가 되어 서로 허리띠나 옷을 잡고 밀고 당긴 정도였는데 구타당하여 상해를 입었다고 고소한 경우(대법원 1996.5.31. 96도771), 고소장에 대여금의 액수가 부풀려져 있었던 경우(대법원 2003.1.24. 2002도5939), 재물편취를 횡령으로 기재한 경우(대법원 1980.5.27. 80도819) 등은 허위신고가 되지 않는다.

18 (b) **허위성의 정도**－신고되는 허위의 사실은 피무고자에게 있어서 범죄 등을 구성하는 요건에 관계되는 것으로서 피무고자의 형사처분 또는 징계처분의 원인이 될 수 있을 정도이어야 한다. 허위사실 적시의 정도는 수사관서 또는 감독관서에 대하여 수사권 또는 징계권의 발동을 촉구하는 정도의 것이면 충분하고 반드시 범죄구성요건 사실이나 징계요건 사실을 구체적으로 명시하여야 하는 것은 아니다.[346] 반드시 성명을 표시할 필요는 없지만 누구인지를 인식할 수 있을 정도로 피무고자가 특정되어야 한다.[347]

19 例 무고죄 성립이 부정된 경우: 신고사실이 허위일지라도 형벌권행사를 위한 조사가 전혀 필요없음이 명백한 경우에는 무고죄가 성립하지 않는다. 따라서 그 사실이 사면되어 공소권이 소멸된 것이 분명한 경우(대법원 1970.3.24. 69도2330), 허위의 사실을 신고하였다 하더라도 그 사실 자체가 형사범죄로 구성되지 아니하는 경우(대법원 2007.4.13. 2006도558), 신고내용 자체에 의하여 공소시효가 완성되었음이 분명한 경우(대법원 1994.2.8. 93도3445), 친고죄의 경우 고소기간이 경과되었음이 신고내용 자체에 의해 분명한 경우(대법원 1998.4.14. 98도150), 그 사실에 대한 벌칙조항이 없는 경우(대법원 2002.6.28. 2002도2707) 등.

20 例 무고죄 성립이 긍정된 경우: 객관적으로 공소시효가 완성되었더라도 고소를 제기하면서 마치 공소시효가 완성되지 아니한 것처럼 고소한 경우(대법원 1995.12.5. 95도1908), 위법성조각사유가 있음을 알면서도 그 사실을 숨긴 채 고소함으로써 적극적으로 위법성조각사유가 적용되지 않는 범죄사실을 주장한 경우(대법원 1998.3.24. 97도2956), 경찰관이 乙을 현행범으로 체포하려는 상황에서 경찰관을 폭행하여 현행범으로 체포된 甲이 경찰관의 현행범체포업무를 방해한 일

---

342) 대법원 2004.12.9. 2004도2212; 2011.9.8. 2011도3489.
343) 대법원 2008.8.21. 2008도3754.
344) 대법원 2002.3.29. 2002도197.
345) 대법원 2019.7.11. 2018도2614
346) 대법원 2006.5.25. 2005도4642.
347) 대법원 1987.3.24. 87도231.

이 없다고 하면서 경찰관을 불법체포로 고소한 경우(대법원 2009.1.30. 2008도8573) 등.

나) 허위사실의 신고 신고란 자진하여 사실을 고지하는 것을 말한다. 신고방식은 구두에 의하건 서면에 의하건 관계가 없을 뿐 아니라, 그 신고내용이 타인으로 하여금 형사처분 또는 징계처분을 받게 할 목적의 허위사실이면 족한 것이지 그 명칭을 반드시 고소장으로 해야만 무고죄가 성립하는 것은 아니다.[348] 따라서 서면에 의한 경우에는 그 명칭이 고소·고발장이건 진정서이건 묻지 않으며 서명 없이 익명으로 신고하거나 타인명의를 사용한 경우도 무방하다. 부작위에 의한 무고는 인정되지 않는 것으로 해석해야 한다. 이 죄의 허위신고 자체가 적극적으로 신고하여 형사 또는 징계처분의 원인을 제공할 정도이어야 하기 때문이다. 21

신고는 자발적이라야 하므로 정보원, 수사관 등의 요청에 응하여 지득한 사실이나 정보를 제공하는 경우[349]와 수사기관의 신문에 대하여 허위답변을 하는 경우[350]는 신고에 해당하지 않는다. 그러나 고소장에 기재하지 않은 사실을 수사기관에서 고소 보충조서를 받으면서 자진하여 허위사실을 진술한 경우에는 신고에 해당한다.[351] 허위의 신고를 한 후 고발의무자를 도구로 이용하여 수사기관에 고발을 하게 하고 이어 수사기관에 대하여 특정인을 범인으로 지목한 경우에도 자발적인 허위의 사실의 신고가 있는 것으로 평가할 수 있다.[352] 수사기관의 신문에 대하여 진범이 자기의 범죄혐의를 부인한 것으로는 이로 인하여 다른 사람에 대한 수사가 개시된 때에도 허위사실의 신고에 해당하지 않는다. 허위사실을 신고한 것이 아닌 이상 그 신고된 사실에 대한 형사책임을 부담할 자를 잘못 택하였다고 해도 이 죄는 성립하지 않는다.[353] 22

신고의 수단·방법에는 제한이 없다. 서면·구두에 의하건, 고소·고발의 형식에 의하건 묻지 않는다. 23

다) 기수시기 허위신고가 당해 공무소 또는 공무원에게 도달한 때에 기수가 된다. 수사관·조사관 등이 열람할 수 있는 상태에 있으면 충분하고 반드시 문서가 접수되었거나 현실적으로 열람하였음을 요하지 않으며, 수사개시나 공소제기되었을 필요도 없다. 미수는 벌하지 아니하므로 허위신고 자체가 도달하지 않았을 때에는 범죄가 성립하지 않는다. 24

判 대법원은 공무소·공무원에게 도달한 이상 그 후 무고문서를 되돌려 받은 경우라도 무고죄의 성립을 인정하고,[354] 무고행위 당시 형사처분의 대상이 될 수 있었던 허위신고사실이 사후적인 판례변경에 따라 범죄가 되 25

---

348) 대법원 1985.12.10. 84도2380.
349) 대법원 1955.3.18. 4287형상209.
350) 대법원 1990.8.14. 90도595.
351) 대법원 1996.2.9. 95도2652.
352) 대법원 2005.12.22. 2005도3203.
353) 대법원 1982.4.27. 81도2341.
354) "피고인이 최초에 작성한 허위내용의 고소장을 경찰관에게 제출하였을 때 이미 허위사실의 신고가 수사기관에 도달되어 무고죄의 기수에 이른 것이라 할 것이므로 그 후에 그 고소장을 되돌려 받았다 하더라도 이는 무고죄의 성립에 아무런 영향이 없다"(대법원 1985.2.8. 84도2215).

지 않게 된 경우에도 이미 기수가 된 무고죄의 성립에는 영향이 없다[355]고 한다.

(2) 주관적 구성요건

26 1) 고의 무고자에게 공무소 또는 공무원에게 허위의 사실을 신고한다는 인식 및 형사처분 또는 징계처분을 받게 될 것이라는 인식 및 의사가 있어야 한다.[356]

27 고의가 있어야 한다. 허위사실에 대한 인식도 고의의 내용이 되므로 진실한 사실로 오인하고 신고하였을 때에는 고의가 조각되어 이 죄는 성립하지 않는다.[357]

28 **허위사실에 대한 인식의 정도**와 관련해서는 ① 확정적 인식임을 요한다는 견해[358](확정적 인식설)와 ② 미필적 인식으로 족하다는 견해[359](미필적 인식설)가 대립한다. 확정적 인식설은 허위사실에 대한 인식이 미필적 인식으로 족하다고 한다면 무고자가 객관적 진실이라는 확신 없이 고소·고발하는 경우에 무고의 고의가 인정되어 처벌의 범위가 넓어지고 고소·고발권이 제한된다는 점을 근거로 한다. 하지만 고소·고발은 원래 확신상태가 아닌 혐의상태에서 이루어지는 경우가 많고, 무고죄의 성립을 제한하기 위해서 고의 이외에 목적을 별도로 요구하고 있다. 또한 확정적 인식설에 따르면 진실하다고 적극적으로 확신하지 않은 모든 경우에 무고의 고의가 부정되는 결과를 초래하여 피무고자의 법적 안전을 위태롭게 할 소지가 커진다. 따라서 허위성에 대한 미필적 인식만으로 이 죄의 고의가 인정된다고 해야 한다.

29 判 대법원도 진실하다는 확신 없는 사실을 신고하여도 무고죄가 인정된다는 판례[360]나 허위일 가능성이 있다는 인식이 있을 경우에도 무고죄가 불성립하는 것은 아니라는 판례[361]에서 미필적 인식설에 입각하고 있다.

---

355) "허위로 신고한 사실이 무고행위 당시 형사처분의 대상이 될 수 있었던 경우에는 국가의 형사사법권의 적정한 행사를 그르치게 할 위험과 부당하게 처벌받지 않을 개인의 법적 안정성이 침해될 위험이 이미 발생하였으므로 무고죄는 기수에 이르고, 이후 그러한 사실이 형사범죄가 되지 않는 것으로 판례가 변경되었더라도 특별한 사정이 없는 한 이미 성립한 무고죄에는 영향을 미치지 않는다"(대법원 2017.5.30. 2015도15398).

356) "무고죄의 허위신고에 있어서 다른 사람이 그로 인하여 형사처분 또는 징계처분을 받게 될 것이라는 인식이 있으면 족하므로, 고소당한 범죄가 유죄로 인정되는 경우에, 고소를 당한 사람이 고소인에 대하여 '고소당한 죄의 혐의가 없는 것으로 인정된다면 고소인이 자신을 무고한 것에 해당하므로 고소인을 처벌해 달라'는 내용의 고소장을 제출하였다면 설사 그것이 자신의 결백을 주장하기 위한 것이라고 하더라도 방어권의 행사를 벗어난 것으로서 고소인을 무고한다는 범의를 인정할 수 있다"(대법원 2007.3.15. 2006도9453).

357) 대법원 2000.7.4. 2000도1908.

358) 김일수/서보학, 932면; 배종대, §169/10; 이재상/장영민/강동범, §47/13; 이형국/김혜경, 904면; 임웅, 953~954면.

359) 김성천/김형준, 882면; 박상기, 702면; 손동권/김재윤, §53/12; 오영근, §49/19; 정성근/정준섭, 621면.

360) "무고죄에 있어서의 범의는 반드시 확정적 고의임을 요하지 아니하므로 신고자가 진실하다는 확신 없는 사실을 신고함으로써 무고죄는 성립하고 그 신고사실이 허위라는 것을 확신할 것까지는 없다"(대법원 1991.12.13, 91도2127). "여기에서 허위사실의 신고라 함은 신고사실이 객관적 사실에 반한다는 것을 확정적이거나 미필적으로 인식하고 신고하는 것을 말하는 것이므로, 설령 고소사실이 객관적 사실에 반하는 허위의 것이라 할지라도 그 허위성에 대한 인식이 없을 때에는 무고에 대한 고의는 인정할 수 없다"(대법원 2000.11.24. 99도822).

361) "무고죄에 있어서 신고사실이 객관적 사실과 일치하지 않는 것이라도 신고자가 진실이라고 확신하고 신고하였을 때에는 무고죄가 성립하지 않는다고 할 것이나, 진실이라고 확신한다 함은 신고자가 알고 있는 객관적인 사실관계에 의하더라도 신고사실이 허위라거나 또는 허위일 가능성이 있다는 인식을 하지 못하는 경우를 말하는 것이지, 신고자가 알고 있는 객관적 사실관계에 의하여 신고사실이 허위이거나 허위일 가능성이 있다는 인식을 하면서도 이를 무시한 채 무조건 자신의 주장이 옳다고 생각하는 경우까지 포함되는 것은 아니다"(대법원 2008.5.29. 2006도6347).

2) 목적 무고죄는 고의 이외에 주관적 불법요소로서 타인으로 하여금 형사처분 또는 징계처분을 받게 할 목적이 있어야 한다(목적범). 따라서 이러한 목적 없이 허위의 사실을 신고하거나, 혐의사실에 대한 공정한 수사를 하여 사실의 진위(흑백)를 가려 달라는 취지의 신고는 이 죄를 무고할 목적이 없다.[362] 30

(가) 타인 이 죄의 타인은 특정되고 인식될 수 있는 범인 이외의 자(자연인 또는 법인)를 말한다. 실재하지 않는 허무인·사자에 대한 무고는 무고죄를 구성하지 않는다. 타인으로 하여금 형사처분 또는 징계처분을 받게 할 목적이 있어야 하므로 **'자기무고'는** 무고죄의 구성요건에 해당하지 아니하여 무고죄를 구성하지 않는다. 하지만 자기와 타인이 공범관계에 있다고 허위의 사실을 신고한 '공동무고'는 타인에 대한 부분에 한하여 무고죄가 성립할 수 있다. 31

> 判 대법원도 자기 자신을 무고하기로 제3자와 공모하고 이에 따라 무고행위에 가담한 경우(자기무고)는 무고죄의 구성요건에 해당하지 않아 범죄가 성립할 수 없는 행위를 실현하고자 한 것이므로 무고죄의 공동정범도 될 수 없다고 한다.[363] 32

제3자를 교사·방조하여 자기를 무고하게 한 경우에는 피무고자에게 무고죄의 교사·방조범이 성립하는지가 문제된다. 위증죄, 범인은닉·도피죄, 증거인멸죄 등의 경우에서와 같이 제3자의 행위에 대해 범죄성립이 인정되는 이상 그 성립한 무고죄의 교사·방조범의 죄책을 인정하는 것이 타당하다. 33

> 判 대법원도 피무고자의 촉탁·승낙을 받은 제3자가 허위신고를 한 경우 허위신고자에게 무고죄가 인정될 수 있음을 전제로 삼아 피무고자에게 무고죄의 교사·방조범의 성립을 인정한다.[364] 특히 대법원은 피무고자 개인의 승낙이 있어도 그에 기한 허위신고자의 무고죄의 성립을 인정하는(위법성조각도 부정) 근거가 이 죄의 주된 보호법익이 국가의 심판기능의 적정이라는 점에 있음을 확인하고 있다.[365] 34

(나) 형사처분·징계처분 형사처분에는 형법에 의한 형벌뿐만 아니라 보안처분도 포함한다. 따라서 소년법의 보호처분이나 사회봉사명령 또는 수강명령의 형사제재도 포함된다. 징계처분을 ① 법률에 근거한 모든 공적 징계로 이해하여 변호사·공증인·법무사·공인회계사 35

---

362) 대법원 1978.8.22. 78도1357.

363) 대법원 2017.4.26. 2013도12592.

364) "형법 제156조 의 무고죄는 국가의 형사사법권 또는 징계권의 적정한 행사를 주된 보호법익으로 하는 죄이나, 스스로 본인을 무고하는 자기무고는 무고죄의 구성요건에 해당하지 아니하여 무고죄를 구성하지 않는다. 그러나 피무고자의 교사·방조 하에 제3자가 피무고자에 대한 허위의 사실을 신고한 경우에는 제3자의 행위는 무고죄의 구성요건에 해당하여 무고죄를 구성하므로, 제3자를 교사·방조한 피무고자도 교사·방조범으로서의 죄책을 부담한다"(대법원 2008.10.23. 2008도4852).

365) "무고죄는 국가의 형사사법권 또는 징계권의 적정한 행사를 주된 보호법익으로 하고 다만, 개인의 부당하게 처벌 또는 징계받지 아니할 이익을 부수적으로 보호하는 죄이므로, 설사 무고에 있어서 피무고자의 승낙이 있었다고 하더라도 무고죄의 성립에는 영향을 미치지 못한다 할 것이다. 그리고 무고죄에 있어서 형사처분 또는 징계처분을 받게 할 목적은 허위신고를 함에 있어서 다른 사람이 그로 인하여 형사 또는 징계처분을 받게 될 것이라는 인식이 있으면 족한 것이고 그 결과발생을 희망하는 것까지를 요하는 것은 아니므로, 고소인이 고소장을 수사기관에 제출한 이상 그러한 인식은 있었다고 보아야 할 것이다"(대법원 2005.9.30. 2005도2712).

등에 대한 징계까지 포함시키는 견해[366]가 있으나 ② 이 죄의 주된 보호법익이 '국가'의 심판작용의 적정한 행사이므로 공법상의 복종의무를 전제로 하는 특별권력관계에 기인하여 과해지는 제재에 국한시키는 것이 타당하다.

36 判 대법원은 변호사에 대한 징계처분의 경우에는 무고죄의 징계처분이 공법상의 특별권력관계에 기인하여 과해지는 제재에 국한되어야 한다는 출발점에 서서,[367] 이를 무고죄의 징계처분에 포함된다고 해석하면서도[368] 사립대학교 교수들에 대한 징계처분의 경우에는 징계처분을 '공법상의 감독관계에서 질서유지를 위하여 과하는 신분적 제재'로 정의하면서도 징계권자인 학교법인 등과 사립학교 교원들 사이의 법률관계는 사법상 법률관계임을 전제로 삼아 그 징계처분을 무고죄의 징계처분에 해당하지 않는 것으로 해석한다.[369]

37 변호사의 경우나 신분적으로는 사립학교 교원이나 공법상의 특별권력관계 또는 공법상의 감독관계 바깥에 있는 국외자임에는 마찬가지이지만, 대법원은 징계처분의 대상으로서 양자를 차별취급하고 있다. 양 자의 차별취급을 보다 설득력 있게 근거지우지 못하면 헌법상 '같은 사례에 대한 동등취급'원칙 내지 자의금지에 반할 수 있다.

38 (다) 목적의 인식정도 목적의 인식정도와 관련해서는 ① 결과발생을 의욕할 것을 요하거나 적어도 확정적 인식이 있어야 한다는 견해(확정적 의욕설 내지 확정적 인식설)와 ② 미필적 인식으로 족하다는 견해(미필적 인식설)가 대립한다.

39 목적의 의욕적 측면에 관한 한 확정적 의욕이 있어야 하는 것은 분명하다. 하지만 목적의 인식적 측면에 관한 한, 인식의 정도는 고의와 마찬가지로 미필적 인식으로 족하다고 해야 한다. 판례의 태도도 미필적 인식으로 족하다고 한다[370](『총론』의 목적의 인식정도 참조).

3. 죄수, 타죄와의 관계

(1) 죄수

40 무고죄가 피무고자 개인의 법적 안전도 부차적인 보호법익으로 하고 있으므로 죄수는 피무고자의 수가 기준이 된다. 한 개의 행위로 동일인에 대한 수개의 허위사실을 신고한 때에는 단순일죄가 되지만 한 개의 행위로 수인을 무고한 때에는 수죄의 상상적 경합이 된다. 동일인에 대하여 동일한 무고사실을 기재한 수개의 서면을 순차적으로 수사기관에 제출한 때

366) 손동권/김재윤, §53/15.

367) "형법 제156조는 타인으로 하여금 형사처분 또는 징계처분을 받게 할 목적으로 공무소 또는 공무원에 대하여 허위의 사실을 신고한 자를 처벌하도록 정하고 있다.여기서 '징계처분'이란 공법상의 특별권력관계에 기인하여 질서유지를 위하여 과하여지는 제재를 의미하고, 또한 '공무소 또는 공무원'이란 징계처분에 있어서는 징계권자 또는 징계권의 발동을 촉구하는 직권을 가진 자와 그 감독기관 또는 그 소속 구성원을 말한다"(대법원 2010.11.25. 2010도10202).

368) 대법원 2010.11.25. 2010도10202.

369) 대법원 2014.7.24. 2014도6377.

370) "무고죄에 있어서 형사처분 또는 징계처분을 받게 할 목적은 허위신고를 함에 있어서 다른 사람이 그로 인하여 형사 또는 징계처분을 받게 될 것이라는 인식이 있으면 족한 것이고 그 결과발생을 희망하는 것까지를 요하는 것은 아니므로, 고소인이 고소장을 수사기관에 제출한 이상 그러한 인식은 있었다고 보아야 한다"(대법원 2005.9.30. 2005도2712).

에는 포괄일죄의 요건을 갖추면 일죄가 될 수 있지만, 제출한 수사기관이 다르거나 범의의 갱신이 있는 등의 사유가 있으면 수죄의 실체적 경합이 된다.

(2) 타죄와의 관계

무고행위를 한 후 피고인으로 된 피무고자의 재판에서 다시 무고와 동일내용의 위증을 한 41
때에는 위증죄와 이 죄의 실체적 경합이 된다. 위조문서를 우송하여 무고한 때에는 위조문서 행사죄와 무고죄의 상상적 경합이 된다. 스스로 위조문서를 작성·제출하여 무고한 때에는 무고죄는 행사죄와는 상상적 경합이 되지만, 문서위조죄와는 실체적 경합이 된다.

4. 자백·자수에 대한 특례

무고죄를 범한 자가 그 신고한 사건의 재판 또는 징계처분이 확정되기 전에 자백 또는 자 42
수한 때에는 그 형을 필요적으로 감경 또는 면제한다(제157조). 국가의 적정한 심판기능의 침해를 미연에 방지하기 위한 정책적 규정이다. 다만 국가보안법상의 무고죄(제12조 제1항)에 대해서는 이 특례조항이 적용되지 않는다. '재판 확정전'이란 판결이 확정되기 전을 말하지만, 여기에는 피고인의 고소사건 수사결과 피고인의 무고혐의가 밝혀져 피고인에 대한 공소가 제기되고 피고소인에 대해서는 불기소결정이 내려져 재판절차가 개시되기 않은 경우도 포함한다.[371] 자백·자수의 개념 및 적용범위에 관한 내용은 위증죄의 경우와 같다.

判 대법원은 무고죄의 필요적 감면사유에 해당하는 '자백'을 '자신의 범죄사실, 즉 타인으로 하여금 형사처 43
분 또는 징계처분을 받게 할 목적으로 공무소 또는 공무원에 대하여 허위의 사실을 신고하였음을 자인'하는 것으로 개념 정의하고, 단순히 그 신고한 내용이 객관적 사실에 반한다고 인정함에 지나지 아니하는 것은 특례 조항의 자백에 해당하지 않는다고 한다.[372]

例 이에 따라 대법원은 '무고자가 신고한 사건을 다루는 기관에 대해 고백하는 경우, 또는 그 사건을 다루는 44
재판부에 증인으로 다시 출석하여 이전에 한 신고가 허위의 사실이었음을 고백하는 경우, 더 나아가 무고 사건의 피고인 또는 피의자로서 법원이나 수사기관에서의 신문과정에서 고백하는 경우도 특례조항의 자백에 해당하고(대법원 2018.8.1. 2018도7293), 제1심에서 공소사실을 부인하였지만 제1심의 유죄 판결에 대하여 양형부당을 이유로 항소하면서 양형부당의 항소 취지와 이 사건 공소사실을 모두 인정한다는 취지가 기재된 항소이유서를 진술한 경우에도 특례조항의 자백에 해당한다(대법원 2021.1.14. 2020도13077)고 한다.

371) 대법원 2018.8.1. 2018도7293.
372) 대법원 1995.9.5. 94도755.

사항색인

[ㄱ]

가스등공급방해죄 582
가스등공급방해치사상죄 582
가스등방류죄 581
가스등방류치사상죄 581
간수자도주원조죄 860
간접폭행 830
간첩죄 754
간통죄 710
갈취의 불법설 415
감금 153
강간 185
강간과 추행의 죄 178
강간등살인·치사죄 200
강간등상해·치상죄 197
강간죄 181
강도강간죄 357
강도살인·치사죄 354
강도예비·음모죄 361
강도의 죄 330
강요의 죄 139
강요죄 140
강요행위 142
강제집행면탈죄 538
강제처분의 유효성 844
강제추행죄 189
거동범 9
거증책임전환설 86
검시방해 737
결과범 9
결과범의 재분류 16
경계침범죄 526
경계표 527
경매·입찰방해죄 260
경영판단의 원칙 471
경쟁가격설 262
경향범 717
계속범 23
계약명의신탁(매수위임형 명의신탁) 447
고살 45
고지의무 369
공갈의 죄 409
공갈죄 410
공공용가스등공급방해죄 582
공공의 신용에 대한 죄 618
공공의 안전과 평온에 대한 죄 547
공동점유 302
공동점유자 422, 423
공무방해에 관한 죄 824
공무상보관물무효죄 851
공무상비밀누설죄 777
공무상비밀침해죄 846
공무상비밀표시무효죄 843
공무원 769, 806, 826
공무원의 직무에 관한 죄 768
공무원자격사칭죄 558
공무집행방해죄 826
공문서 656
공문서등 부정행사죄 698
공문서위조·변조죄 668
공범설 498
공범자의 형사사건 882
공안을 해하는 죄 547
공안의 문란 562
공여 822
공여의 의사표시 822
공연성 219, 718
공연음란죄 718
공용건조물등방화죄 575
공용건조물등일수죄 590
공용물파괴죄 850
공용서류등무효죄 848
공익건조물손괴죄 524
공인등위조·부정사용죄 707
공전자기록위작·변작죄 676
공정증서원본 688
공정증서원본등부실기재죄 687
공중의 건강에 대한 죄 603
과실교통방해죄/업무상과실·중과실교통방해죄 601
과실일수죄 592
과실치사상의 죄 100
과실치사죄 103
과실치상죄 103
과실폭발성물건파열등죄 586

광의의 폭행 91, 830
교통방해 예비·음모죄 600
교통방해의 죄 593
교통방해치사상죄 600
구금된 자 856
구분의 상대성 6
구체적 위험범 11, 13
국가기밀 755
국가의 기능에 대한 죄 768
국가의 존립과 권위에 대한 죄 741
국교에 관한 죄 761
국기·국장모독죄 760
국기·국장비방죄 761
권리행사방해 142
권리행사방해의 죄 530
권리행사방해죄 531
권리행사와 불법영득(이득) 의사 415
권유·종용 65
권한남용설 461
금전 등 대체물 429, 445, 446, 447
금제품 297, 365
기망행위 367
기수와 미수의 구별기준 19
기차·선박등교통방해죄 597
기차등전복죄 598

[ㄴ]
낙태 110, 114
낙태치사상죄 118
난치 81
내국유통 외국통화위조·변조죄 623
내국통화위조·변조죄 619
내란 예비·음모·선동·선전죄 748
내란목적살인죄 746
내란의 죄 741
내란죄 742
내적 경향 720
노동력착취의 목적 168
뇌물 801
뇌물공여죄 821
뇌물죄 796
뇌사설 48

[ㄷ]
다중 95, 553
다중불해산죄 555
단계별 범죄성립 심사 5
단순강도죄 332
단순거동범 9
단순도박죄 722
단순도주원조죄 859
단순도주죄 854
단순배임죄 462
단순소지 718
(단순)수뢰죄 805
단순위증죄 871
단순절도죄 293
(단순)증거인멸죄 881
단순횡령죄 421
단체 95, 549
담보제공형 차입매수 476
대법원의 해석방법 36
도박과 복표에 관한 죄 721
도박장소등개설죄 727
도주의 죄 853
도피 865
도화 655
동산 매도담보 453
동산의 이중매매 486
동산의 이중양도담보 487
동시범특칙규정 86
동의낙태죄 116

[ㅁ]
매개 711
맥박종지설 48
먹는물사용방해죄 605
먹는물에 관한 죄 603
먹는물혼독치사상죄 608
명예 212, 216
명예에 관한 죄 212
명예와 신용·업무에 대한 죄 212
명예훼손죄 215
명의신탁 444
모병이적죄 753
모욕죄 237
모자보건법 115
모자이크 이론 755
모집, 운송 또는 전달 177
모해위증죄 879
모해증거인멸/증인은닉·도피죄 886
모험적 거래 471
목적범 26
목적의 인식정도 894
몰수 809
무고의 죄 887
무고죄 888
무형위조 650
묵시적 기망행위 368
문서 651
문서에 관한 죄 648
물건제공이적죄 754
미성년자 의제강간·강제추행죄 208

미성년자등위계등간음·
추행죄 201
미성년자약취·유인죄 161

[ㅂ]
방수방해죄 591
방해의사 832
방화 569
방화등예비·음모죄 583
방화와 실화의 죄 565
배신설 461
배임수재죄 491
배임수증재죄 490
배임의 죄 460
배임증재죄 495, 496
범인은닉·도피죄 861
범인은닉의 죄 853
범죄각론 7
범죄단체등조직죄 548
법률상책임추정설 86
법익의 기능변화 32
법정·국회회의장모욕죄 840
법학교육 39
변개 683
변사자 737
변사체검시방해죄 737
변작 674
변조 621, 638, 665
보관자 422
보호의무 122
복표발매·중개·취득죄 729
본범 502
봉함물의 점유 422
부당이득죄 406
부동산강제집행효용침해죄 847
부동산의 이중저당 486
부동산의 재물성 296
부동의낙태죄 118
부작위에 의한 기망 369
부정처사후수뢰죄 815
부정한 이익 804
부정한 청탁 492
부정행사 697
부진정 거동범 9
부진정문서 657
분만개시설 47
분묘발굴사체등손괴등죄 736
분묘발굴죄 734
불법영득(이득) 339
불법영득(이득)의사 307, 381,
388, 415, 451, 512
불법원인급여물 365, 505
불법이득 의사 479
불법체포·감금죄 793
불치 81
비밀 271
비밀침해의 죄 264
비밀침해죄 266

[ㅅ]
사기도박 723
사기의 죄 362
사기죄 364
사람 46, 185
사람의 시기(始期) 47
사람의 종기 48
사무처리자 463
사문서 656
사문서등부정행사죄 696
사문서위조·변조죄 659
사생활의 평온에 대한 죄 264
사용절도의 312
사인등위조·부정사용죄 704
사자명예훼손죄 232
사자의 점유 301
사전수뢰죄 810
사전자기록위작·변작죄 673
사체등손괴등죄 735
사체등오욕죄 733
사회의 도덕에 대한 죄 709
사후수뢰죄 816
살인예비·음모죄 69
살인의 죄 43
살인죄 46
살해 50
3자간 등기명의신탁(중간생략등기
형 명의신탁) 446
상간자 286
상습강간 등 죄 210
상습강도죄 360
상습공갈죄 418
상습도박죄 726
상습사기죄 408
상습상해등죄 89
상습아편흡식·제조·수입·
판매죄 616
상습장물죄 514
상습절도죄 324
상습체포·감금죄 158
상습폭행죄 100
상습협박죄 138
상태범 23
상하주종관계 302
상해 75, 197
상해의 동시범 85
상해의 죄 71
상해죄 74
상해치사죄·존속상해치사죄 82,
85
생리적 기능훼손설 75
생명보호의 상대화 49

선거방해죄 795
선서무능력자 872
성매매의 목적 168
성적 자기결정의 자유 178
성적 착취의 목적 169
성전환수술 183
성풍속에 관한 죄 709
세계주의 161
세관공무원의 아편등수입·
 수입허용죄 616
소극적 신분과 공범 869
소극적 안락사 55
소비자불매운동 142
소송사기 386
소요죄 553
소인말소죄 647
소훼 569
손괴 318, 520, 554, 595
손괴의 죄 517
손괴치사상죄 525
손괴 후 야간주거침입절도 318
수도불통죄 609
수돗물사용방해죄 607
수돗물 유해물혼입죄 608
수뢰후부정처사죄 813
수리방해죄 592
수용설비 858
승낙 62
시설제공이적죄 753
시설파괴이적죄 754
시장가격설 262
신뢰의 원칙 108
신분범 25
신앙에 관한 죄 730
신용·업무와 경매에 관한
 죄 242
신용카드 389, 635
신용카드와 관련된 범죄 390
신용훼손죄 243
신체의 완전성침해설 75
실질주의 649, 650
실화죄 583
심신상실 195
심장사설 48

[ㅇ]

아동혹사죄 128
아편등소지죄 617
아편등제조·수입·판매·판매목적
 소지죄 614
아편등흡식죄 612
아편에 관한 죄 610
아편흡식기제조·수입·판매·판매
 목적소지죄 615
아편흡식장소제공죄 613
안락사 54, 56
알선 818
알선수뢰죄 816
알선중개인 819
야간주거침입강도 341
야간주거침입절도죄 315
약속 822
약취 163
약취와 유인의 죄 159
약취, 유인, 매매, 이송 등 살인·치
 사죄 175
약취, 유인, 매매, 이송 등 상해·치
 상죄 174
양도담보 451, 453
업무 105, 455
업무방해 253
업무방해죄 245
업무상 과실 106
업무상 과실·중과실 장물(취득, 양
 도, 운반, 보관, 알선)죄 515
업무상 배임죄 489
업무상 횡령죄 455
업무상동의낙태죄 117
업무상비밀누설죄 269
업무상실화/중실화죄 585
여적죄 752
연소죄 578
영득(이득)의 불법설 415
영득행위설 420
영아살해죄 62
영아유기죄 126
예방형법 30
외국국기·국장모독죄 764
외국사절에 대한 폭행(협박·모욕·
 명예훼손)죄 763
외국에 대한 사전죄 764
외국원수에대한폭행(협박·모욕·명
 예훼손)죄 762
외국통용 외국통화위조·
 변조죄 624
외환유치죄 751
외환의 죄 750
원칙 43
월권행위설 420
위계 68, 248, 249, 261
위계에 의한 공무집행방해죄
 835
위계·위력에 의한 살인죄 67
위력 68, 95, 252, 261
위법상태유지설 498
위작 674
위조 620, 636, 661
위조·변조 유가증권행사등죄
 643
위조·변조·작성등공문서
 (전자기록)행사죄 695

위조·변조·작성등사문서
(전자기록)행사죄 692
위조·변조인지·우표등
행사등죄 646
위조·변조인지·우표취득죄 646
위조·변조죄 등의
예비음모죄 648
위조·변조통화취득죄 629
위조·변조통화행사등죄 626
위조공인등행사죄 708
위조사인등행사죄 706
위조통화취득후지정행사죄 630
위증과 증거인멸의 죄 870
위증교사죄 877
위탁관계 425
위탁된 봉함 포장물 304
위탁매매 433
위험한 물건 96
유가증권 634
유가증권기재위조·변조죄 640
유가증권·우표와 인지에 관한
죄 632
유가증권위조·변조죄 634
유골·유발 733
유기와 학대의 죄 119
유기죄 121
유사강간죄 187
유서 296
유실물 458
유인 163
유형위조 650
은닉 521, 865
음란성 713
음란행위 719
음행매개죄 712
음화등반포(판매·임대·공연전시·
상영)죄 712
음화등제조(소지·수입·수출)죄
717
2자간 명의신탁 445, 451, 453
이적 예비·음모·선동·선전죄
758
이중매매 434, 482
인과관계의 사실상 추정설 86
인권옹호 842
인권옹호직무방해죄 841
인신매매죄 170
인장 702
인장에 관한 죄 701
인지·우표등위조변조죄 645
인지·우표유사물제조등죄 647
인질강도죄 349
인질강요죄 146
인질살해·치사죄 149
인질상해·치상죄 148
일반건조물등방화죄 576
일반건조물등일수죄 590
일반교통방해죄 594
일반물건방화죄 577
(일반)직권남용죄 780
일반범 25
일반이적죄 757
일반화의 과정 6
일수 예비·음모죄 591
일수와 수리에 관한 죄 586
일시오락 724
임의적 가담범 26

[ㅈ]
자격모용에 의한
유가증권작성죄 641
자격모용에의한
공문서작성죄 672
자격모용에의한
사문서작성죄 671
자기낙태죄 114
자기은닉·도피의 교사 862
자기의 형사사건 882
자동차등불법사용죄 322
자백 877, 895
자살교사·방조죄 64
자수 877, 895
자수범 25
자유에 대한 죄 131
장기상실 81
장기적출의 목적 169
장례식등방해죄 731
장물 365, 500
장물(취득, 양도, 운반, 보관, 알선)
죄 506
장물의 죄 496, 497
장물죄의 특칙 330
재물 293
재물(문서등의)손괴죄 518
재산상의 손해 379, 472
재산상의 이익 333, 365
재산에 대한 죄 291
적극적 안락사 56
전단계 범죄화 31
전시공수계약불이행죄 557
전시군수계약불이행죄 758
전시폭발물사용죄 563
전시폭발물제조등죄 564
전파성이론 219
절대적 생명보호 43
절도의 기회 344
절도의 죄 291
점유 298
점유강취죄 536
점유매개자 422
점유보조자 422

점유이탈물 458
점유이탈물횡령죄 457
제1유형의 추상적 위험범 13
제2유형의 추상적 위험범 14
제310조의 특수한 위법성조각사유 226
제3유형의 추상적 위험범 15
제3자뇌물교부죄 823
제3자뇌물제공죄 812
제3자뇌물취득죄 823
제4유형의 추상적 위험범 15
제5유형의 추상적 위험범 16
제왕절개수술 47
조직, 가입 또는 활동 550
존속살해죄 58
존속상해죄 79
존속유기죄 126
존속중상해죄 81, 82
존속체포·감금죄 156
존속체포·감금치사상죄 158
존속학대죄 126
존속협박죄 138
존엄사 54, 56
주거 277
주거·신체수색죄 289
주거침입의 죄 273
주거침입죄 276
주도적 역할기준설 66
죽음 48
준강간·준강제추행죄 194
준강도죄 342
준사기죄 402
준점유강취죄 536
중강요죄 145
중과실치사상죄 109
중권리행사방해죄 537
중립명령위반죄 765
중상해죄 79
중손괴죄 525
중유기죄·존속중유기죄 126
중체포감금죄·존속중체포감금죄 156
즉시범 23
증거 883
증거인멸교사 882
증언거부권자 873
증인 873
증인은닉·도피죄 885
증인적격자 873
직계존속 60
직권의 행사 558
직무·사직강요죄 833
직무관련성 801
직무범죄 769
직무유기죄 771
직무집행 826
직무집행의 적법성 827
직무행위의 강요·저지 834
직무행위의 적법성 834
진범 864
진술 875
진정문서 657
진통설 47
진화방해죄 578
집단 549
집합 553
집합명령위반죄 857
집합명칭 217
징계사건 883

[ㅊ]

차입매수 475, 477
책략절도 300, 375
책임조각적 신분 863
처분행위 374, 375
체포 152
체포·감금죄 151
체포된 자 856
체포와 감금의 죄 149
촉탁 62
촉탁·승낙살인죄 62
최광의의 폭행 91
최협의의 폭행 91
추구권설 498
추상적 위험범 11
추상적 위험범과 결과범의 중층구조 16
추상적 위험범의 재분류 13
추징 809
추행 191
추행등목적매매죄 171
친고죄 규정의 폐지 181
친양자제도 60
친족 간의 특례 885
친족간의 특례 514, 868
친족상도례 326, 383
침입 279
침해범 11

[ㅋ]

컴퓨터등사용사기죄 397
컴퓨터등업무방해죄 257

[ㅌ]

타인 소유의 재물 428
탈취 860
토지의 경계 527
통화 620
통화에 관한 죄 618
통화위조·변조의 예비음모죄 632

통화유사물제조등죄 631
퇴거불응죄 287
특수강도죄 341
특수공무방해죄 852
특수공무방해치사상죄 852
특수공익건조물파괴죄 526
특수도주죄 858
특수매체기록 519
특수손괴죄 526
특수절도죄 318
특수주거침입죄 289
특수체포·감금죄 157
특수폭행죄 94
특수협박죄 138

[ㅍ]
파업(집단적 노무제공거부) 252
판례법리 38
편면적 대향범 27
편의시설부정이용죄 403
폭발물 562
폭발물사용예비·음모·선동죄 563
폭발물사용죄 561
폭발물에 관한 죄 559
폭발성물건파열죄 580
폭발성물건파열치사상죄 580
폭행 98, 141, 184, 188, 190, 334, 344, 411, 554
폭행·가혹행위죄 794
폭행의 죄 90
폭행죄 92
폭행치사상죄 99
피감호자위계·위력간음죄 204
피구금자간음죄 207
피약취, 유인, 매매, 이송자수수·은닉죄 176
피의사실공표죄 776
필요적 가담범 26

[ㅎ]
학대 127
학대죄 126
합동강도 342
합동절도 320
합병형 차입매수 476
합의동사 67
항거불능 195
해방감경규정 147
해산 556
해산명령 556
해상강도강간죄 359
해상강도살인·치사죄 359
해상강도상해·치상죄 359
해상강도죄 359
해석방법의 표준 37
행위단계의 구분에 따른 구별 21
행위지배기준설 66
허용된 위험 108
허위 874
허위감정·통역·번역죄 880
허위공문서등작성죄 680
허위공문서작성죄의 간접정범 684
허위문서 658
허위사실에 대한 인식 892
허위사실의 신고 891
허위사실적시명예훼손죄 232
허위유가증권작성죄 642
허위의 사실 889
허위진단서등작성죄 677
현주건조물등방화죄 567
현주건조물등방화치사상죄 573
현주건조물등일수죄 588
현주건조물등일수치사상죄 589
협박 133, 141, 184, 187, 190, 334, 344, 411, 554
협박의 죄 131
협박죄 132
협의의 폭행 91
형법각칙과 형법총칙 3
형법각칙의 해석 방법 34
형법의 해석 방법론 33
형식주의 649
환급형 차입매수 477
횡령 435
횡령의 죄 419
후성법학 35
휴대 97, 320
흉기 97, 319
흉기휴대강도 341

저자 약력

김성돈金成敦

경북대학교 법과대학 졸업
성균관대학교 대학원에서 법학석사 및 법학박사학위 취득
독일 프라이부르크(Freiburg) 대학에서 박사과정 수학
경북대학교 법과대학 전임강사·조교수·부교수 역임
사법시험·변호사시험 출제위원
법무부 형사법개정특별자문위원회 위원 역임
현재 성균관대학교 법학전문대학원 교수

주요 저·역서

1. 사례연구 형법총론(1998)
2. 미국형사소송법(역, 1999)
3. 로스쿨의 영화들(2007)
4. 독일형사소송법(역, 2012)
5. 도덕의 두 얼굴(역, 2015)
6. 기업 처벌과 미래의 형법: 기업은 형법의 주체가 될 수 있는가(2018)
7. 법의 이름으로(역, 2020) 등

제9판
형법각론

초판발행 2008년 3월 15일
제9판발행 2024년 9월 30일

지은이 김성돈
펴낸이 안종만·안상준

편 집 이승현
기획/마케팅 조성호
표지디자인 이은지
제 작 고철민·김원표

펴낸곳 (주) 박영사
서울특별시 금천구 가산디지털2로 53, 210호(가산동, 한라시그마밸리)
등록 1959. 3. 11. 제300-1959-1호(倫)
전 화 02)733-6771
f a x 02)736-4818
e-mail pys@pybook.co.kr
homepage www.pybook.co.kr
ISBN 979-11-303-2942-0 93360

정 가 48,000원